北京社会科学年鉴 2009

北京市社会科学界联合会 编

北京出版集团公司
北 京 出 版 社

图书在版编目（CIP）数据

北京社会科学年鉴. 2009／北京市社会科学界联合会编. —北京：北京出版社，2009. 12
ISBN 978－7－200－08055－1

Ⅰ. ①北…　Ⅱ. ①北…　Ⅲ. ①社会科学—北京市—2009—年鉴　Ⅳ. ①C121－54

中国版本图书馆 CIP 数据核字（2009）第 215106 号

责任编辑　陈　飞　等
美术编辑　刘京川
责任印制　宋　超

北京社会科学年鉴 2009
BEIJING SHEHUI KEXUE NIANJIAN 2009
北京市社会科学界联合会　编
*
北京出版集团公司
北　京　出　版　社　出　版
（北京北三环中路 6 号）
邮政编码：100120
网　址：www．bph．com．cn
北京出版集团公司总发行
北京春华腾飞印刷有限责任公司
*
787×1092　16 开本　56. 5 印张　彩插 40 页　1790 千字
2009 年 12 月第 1 版　2009 年 12 月第 1 次印刷
ISBN 978－7－200－08055－1
C·214　定价：185. 00 元

北京市社会科学界联合会《北京社会科学年鉴》编辑部
地　　址：北京市朝阳区北四环中路 33 号
邮政编码：100101
联系电话：（010）64855817　（010）64871405
E-mail：sklwh@vip. sina. com

《北京社会科学年鉴》编辑委员会名单

编 辑 说 明

一、《北京社会科学年鉴》是一部记述首都北京哲学社会科学事业发展状况和学术动态的综合性资料工具书，由北京市社会科学界联合会编纂。

二、本年鉴以马列主义、毛泽东思想、邓小平理论和“三个代表”重要思想为指导，深入贯彻落实科学发展观，坚持党的基本路线，坚持“二为”方向、“双百”方针，解放思想，实事求是，与时俱进，开拓创新，力求年鉴编纂中的科学性、客观性。

三、本年鉴宗旨：努力为党和政府决策提供社会科学方面的参考；为社会科学工作者从事学术研究及教学提供资料和借鉴；为社会各界了解首都社会科学领域的现状提供最新的信息；努力促进北京哲学社会科学的全面发展和繁荣。

四、本年鉴从2000年开始，逐年编纂。当年出版的年鉴，记述上一年首都哲学社会科学事业的发展状况。本年鉴收录的资料来自在京的党政机关，社会科学教学、研究和科研管理等机构。

五、本年鉴采用分类编辑法，以条目为主体，学科综述采用文章体。全书采用规范的语文体、记述体，行文力求言简意赅。

六、本年鉴的基本栏目设有：特载、学科综述、科研课题、获奖成果、学术活动、机构、学术团体、社科理论期刊、大事记、附录。本卷的“社科理论期刊”栏目因可供资料不足而暂不收录。

七、为更好地发挥本年鉴的作用，在出版《北京社会科学年鉴》纸质版的同时出版电子版（CD-ROM）。

八、本卷年鉴在资料收集、编写过程中，得到了有关单位、部门和学者的大力支持，在此表示衷心感谢！

《北京社会科学年鉴》编辑部

2009 年 10 月

The Editors' Notes

October 2009

1. *Beijing Social Science Yearbook* is a comprehensive reference book, which records the development of the undertakings of philosophy and social sciences, as well as the concerning academic events in Beijing, the capital of the People's Republic of China. It is compiled by the Beijing Federation of the Social Science Circles.

2. In compiling this yearbook, we have followed the guidance of Marxism-Leninism, Mao Zedong Thought, Deng Xiaoping Theory and the important thought of "Three Represents", earnestly implemented the Scientific Outlook on Development and adhered to the basic line of the Communist Party of China, to the orientations of serving the people and serving the socialist cause, to the policy of "letting a hundred flowers blossom and a hundred schools of thought contend" and to the principles of emancipating the minds, seeking truth from facts, advancing with the times, and blazing new trails in a pioneering spirit. We have tried our best to be as objective and scientific-minded as possible in compiling this yearbook.

3. The purpose of this yearbook is to strive to provide the Party and Government departments with references in relation to social sciences needed in their policy-making, supply social science workers with materials and references needed for their academic research and teaching, provide latest information for people of various social circles to learn about the current situation in the domains of social sciences in Beijing, and strive to promote the overall development and prosperity of philosophy and social sciences in Beijing.

4. This yearbook has been complied and published once a year since 2000. Each volume of this yearbook records the development of the undertakings of philosophy and social sciences in the previous year in Beijing. The materials contained in this yearbook have been collected from the Party and Government departments in Beijing, and from the institutions which engage in social science teaching, research and management of research in Beijing.

5. This yearbook is compiled by the classification method, with subject entries as its main body. The Survey of Various Subjects is arranged in articles. The whole yearbook is loritten in a normative prose style and narrative style, trying to make the wording brief but the implication profound.

6. The standing columns of this yearbook are Special Reprints, Survey of Various Subjects, Lists of Research Topics, Award-Winning Academic Achievements, Academic Activities, Academic Institutions, Academic Organizations, Social Sciences Theoretical Journals, Chronicle and Appendix. Due to the insufficient supply of available materials, the column of Social Sciences Theoretical Journals is not included temporarily.

7. While *Beijing Social Science Yearbook* is published in paper edition, it is also available in CD-ROM format simultaneously, so as to bring it into full play.

8. We would like to express our heartfelt thanks to those concerning institutions, departments and scholars for their immense help in the course of data-collection and compilation of this volume.

The Editorial Department of
Beijing Social Science Yearbook

2008年8月8日，第29届夏季奥林匹克运动会在中国国家体育场隆重开幕。这是开幕式上的升旗仪式。新华社记者刘大伟摄

2008年9月6日，北京2008年残奥会开幕式在中国国家体育场举行。这是中国运动员入场。新华社记者凡军摄

2008年9月29日，北京奥运会残奥会总结表彰大会在北京人民大会堂隆重举行。新华社记者姚大伟摄

2008年10月6日，北京市举行奥运会残奥会总结表彰大会。新华社记者公磊摄

2008年10月8日，全国抗震救灾总结表彰大会在北京人民大会堂举行。新华社记者高洁摄

2008年12月18日，纪念中共十一届三中全会召开30周年大会在北京人民大会堂举行。新华社记者兰红光摄

2008年12月29日，中共北京市委宣传部、北京市邓小平理论和“三个代表”重要思想研究中心、北京日报社、前线杂志社、北京市社会科学院、北京市社会科学界联合会、北京市哲学社会科学规划办公室联合举办“首都理论界学习胡锦涛同志重要讲话，纪念改革开放30周年理论研讨会”

2008年6月20日，北京市邓小平理论和“三个代表”重要思想研究中心、北京大学、北京市社会科学界联合会联合举办“马克思主义中国化论坛·2008”

2008年4月18日，中共北京市委社会工作委员会、北京市教育委员会、北京市社会科学界联合会、北京市科学技术协会、北京市哲学社会科学规划办公室、中国人民大学联合举办以“关注民生、构建和谐”为主题的“首届北京社会建设论坛”

2008年6月14日，中共北京市委宣传部、北京市社会科学界联合会、北京市哲学社会科学规划办公室、首都师范大学联合举办以“改革开放与理论创新”为主题的“第二届北京中青年社科人才‘百人工程’学者论坛”

2008年12月1日至5日，“2008·全国社科联协作会议”在京召开

中共北京市委常委、宣传部部长、副市长蔡赴朝出席会议并作重要讲话

北京市政协原副主席、北京市社科联主席满运来向大会致辞

北京奥组委执行副主席蒋效愚作《北京2008年奥运会、残奥会回顾与盘点》的专题报告

中央党史研究室副主任章百家作《改革开放30年的历史研究与思考》的专题报告

各省区市社科联领导进行交流发言

2008年5月24日，以“奥运北京·和谐社会”为主题的“北京自然科学界和社会科学界联席会议2008·高峰论坛”在京举办

2008年10月15日，北京市邓小平理论和“三个代表”重要思想研究中心、中国人民大学、北京市社会科学界联合会共同举办“‘北京创举：奥林匹克的精神财富’论坛”

2008年11月20日，北京市邓小平理论和“三个代表”重要思想研究中心举办“学习落实党的十七届三中全会精神座谈会”

2008年3月28日，中共北京市委宣传部、首都师范大学、北京市社会科学界联合会、北京市科学技术委员会、北京市科学技术协会、北京市哲学社会科学规划办公室共同举办“2008·北京区县创新发展论坛”

2008年12月10日，北京市社会科学界联合会召开“纪念北京市社会科学界联合会成立25周年大会”。北京市社科联党组书记史秋秋在会上作了题为《在探索中前进，在创新中发展》的工作汇报

2008年11月22日，北京市社会科学界联合会与北京师范大学共同举办以“科学发展：社会秩序与价值建构”为主题的“2008·学术前沿论坛”。图为主论坛会场

“2008·学术前沿论坛”部分分会场

2008年4月至8月，北京市第十届哲学社会科学优秀成果奖评奖工作全面展开

2008年12月29日，在“纪念改革开放30周年理论研讨会”上，中共北京市委、市政府对北京市第十届哲学社会科学优秀成果进行了表彰

2008年10月11日，中共北京市委宣传部、北京市社会科学界联合会共同主办“2008·北京社会科学普及周”活动

“2008·北京社会科学普及园”开园式

有关领导参加社科普及周活动

社科普及讲座

“人文之歌”广场演出

深受欢迎的社科普及图书

“人文之光——2008·北京社会科学普及周”电视主题晚会

2008年4月19日，由中共北京市委宣传部、中共北京市委社会工作委员会和北京市社会科学界联合会共同举办的“2008·北京周末社区大讲堂”活动正式启动

“2008·北京周末社区大讲堂”活动在各区县深入开展

中国社会科学院举办各类学术研讨会和工作座谈会

北京大学开展各种学术活动

中国人民大学举办各种学术研讨会

清华大学积极推进人文社会科学研究

北京师范大学开展学术研讨活动

中央民族大学开展各种学术活动

中央财经大学举办各类学术研讨会

对外经济贸易大学积极开展国际学术交流

中国政法大学开展各种学术活动

中国农业大学举办社科学术研讨会

外交学院开展各种学术活动

中国青年政治学院举办各类学术研讨会

首都师范大学积极开展各项活动

首都经济贸易大学举办各类学术研讨会

北京科技大学开展学术活动

北京工商大学举办学术研讨会

北京工业大学举办学术研讨会

北京林业大学举办学术报告会

北京市社会科学院开展各种学术活动

中共北京市委党史研究室积极推进党史研究工作

中共北京市委党校 北京行政学院举办学术报告会

北京市国际税收研究会开展理论研讨活动

北京市教育学会举办各类学术研讨会

目　录

·科研课题·

·获奖成果·

·学术活动·

经济学

城市科学

历史学（含中共历史、中外史、考古）

教育学　心理学

语言文学

·机　构·

·学术团体·

Contents

(Abridged)

Special Reprints

Survey of Various Subjects

Lists of Research Topics

·特　　载·

胡锦涛在同全国宣传思想工作会议代表座谈时强调 扎扎实实做好新形势下的宣传思想工作 为全面建设小康社会提供思想文化保证

李长春主持　习近平出席

本报北京1月22日电　中共中央总书记、国家主席、中央军委主席胡锦涛22日上午在北京同全国宣传思想工作会议代表座谈。他强调，要牢牢掌握宣传思想工作的领导权和主动权，高举伟大旗帜，唱响奋进凯歌，振奋民族精神，服务人民大众，以更深刻的认识、更开阔的思路、更有效的政策、更得力的措施，着力建设社会主义核心价值体系，着力巩固壮大主流思想舆论，着力推进改革创新，推动社会主义文化大发展大繁荣，提高国家文化软实力，为继续解放思想、坚持改革开放、推动科学发展、促进社会和谐营造良好氛围，为夺取全面建设小康社会新胜利、开创中国特色社会主义事业新局面提供强大思想文化保证。

中共中央政治局常委李长春主持座谈会。中共中央政治局常委、中央书记处书记习近平出席。

胡锦涛在讲话中指出，党的十六大以来，中央在聚精会神搞建设、一心一意谋发展的同时，高度重视宣传思想工作，制定了一系列方针政策，作出了一系列重大部署。宣传思想战线认真贯彻中央精神，各项工作在整体推进中实现重点突破、在改革创新中焕发新的活力，宣传思想工作保持了积极健康、蓬勃向上的良好态势。

胡锦涛强调，党的十七大站在继续解放思想、坚持改革开放、推动科学发展、促进社会和谐的战略高度，从全面建设小康社会对文化建设的新要求和各族人民对文化工作的新期待出发，强调要更加自觉、更加主动地推动社会主义文化大发展大繁荣，兴起社会主义文化建设新高潮，提高国家文化软实力，使人民基本文化权益得到更好保障，使社会文化生活更加丰富多彩，使人民精神风貌更加昂扬向上。这充分反映了我们党对当今国际国内发展大势和我国文化建设地位的准确把握，也对宣传思想工作提出了新的更高要求。

胡锦涛指出，我们要科学分析国际国内形势，准确把握党和国家工作大局，全面审视面临的机遇和挑战，充分认识做好新形势下宣传思想工作的重大意义。宣传思想工作是党和国家工作的重要组成部分，在中国特色社会主义事业全局中具有重要地位，发挥着不可替代的作用。实现党的十七大描绘的宏伟蓝图，宣传思想工作担负着统一思想、凝聚力量的重大任务，担负着推动社会主义文化大发展大繁荣、兴起社会主义文化建设新高潮的重大使命。

胡锦涛强调，做好当前和今后一个时期的宣传思想工作，在新的历史起点上开创宣传思想工作新局面，要坚持高举旗帜、围绕大局、服务人民、改革创新。高举旗帜，就是要把深入学习宣传贯彻党的十七大精神作为首要政治任务，高举中国特色社会主义伟大旗帜，坚持以邓小平理论和“三个代表”重要思想为指导，深入贯彻落实科学发展观，把坚持马克思主义基本原理同推进马克思主义中国化结合起来，用党的理论创新成果武装头脑、指导实践、推动工作，巩固马克思主义在意识形态领域的指导地位。围绕大局，就是要认真贯彻中央的决策部署，紧紧围绕经济建设这个中心，坚持正确导向，把社会效益放在首位，一手抓繁荣、一手抓管理，大力倡导一切有利于国家富强、民族振兴、人民幸福、社会和谐的思想和精神，着力推动科学发展、促进社会和谐，为改革开放和社会主义现代化建设提供有力的思想保证、营造良好舆论氛围。服务人民，就是要坚持以人为本，贴近实际、贴近生活、贴近群众，充分发挥人民主体作用，把人民是否满意作为根本标准，尊重差异、包容多样，努力满足人民多层次、多方面、多样化的精神文化需要，让人民共享文化发展成果，促进人的全面发展。改革创新，就是要用时代要求审视宣传思想工作，以改革精神推动宣传思想工作，积极创新内容形式、方法手段、体制机制，增强吸引力和感染力，努力做到体现时代性、把握规律性、富于创造性。

胡锦涛指出，要高举中国特色社会主义伟大旗帜，进一步巩固全党全国各族人民团结奋斗的共同思想基础；推进社会主义核心价值体系建设，进一步增强全民族团结和谐、奋发向上的精神力量；提高舆论引导能力，进一步为改革发展稳定营造良好氛围；加强思想道德建设，进一步培育文明风尚；建设公共文化服务体系，进一步保障人民基本文化权益；深化文化体制改革，进一步提高文化发展活力；做好对外宣传工作，进一步展示和提升国家良好形象。

胡锦涛强调，只有把握时代脉搏、反映时代精神、贴近现实生活、引领人民思想的文化，才能始终赢得人民，才能始终成为社会进步的先导。要立足中国特色社会主义伟大实践，从波澜壮阔的现实生活中汲取养分，准确把握人民精神文化需要的新变化，深入把握新形势下宣传思想工作的特点和规律，改进宣传思想工作的领导方式、组织方式、工作方式、管理方式，形成鼓励机制，充分运用先进技术手段丰富文化的生产方式和表现形式，极大丰富文化品种、样式、载体、风格，让一切创造活力竞相迸发，让一切创新才华充分施展，让一切创新成果得到尊重，努力使精神文化产品和社会文化生活更加丰富多彩。

胡锦涛指出，坚持物质文明和精神文明两手抓、两手都要硬，是中国特色社会主义的显著特征。高度重视宣传思想工作，是党在长期革命、建设、改革实践中形成的优良传统，也是中国特色社会主义的一大优势。各级党委要按照中央要求，加强和改善对宣传思想工作的领导，全面做好宣传思想工作。要加强对宣传思想文化领域全局性、前瞻性、战略性问题的研究，大力弘扬求真务实精神，把长远目标与阶段性任务结合起来，把原则要求与具体措施结合起来，加强督促检查，狠抓工作落实，确保宣传思想工作扎实推进、富有成效。

李长春在主持座谈会时说，胡锦涛总书记的讲话十分重要。讲话站在党和国家事业长远发展的战略高度，精辟论述了宣传思想工作在全局中的地位和作用，充分肯定了党的十六大以来宣传思想工作取得的新成绩，深刻阐明了宣传思想工作面临的新形势新任务，为做好当前和今后一个时期宣传思想工作指明了方向。讲话高屋建瓴、总揽全局、思想深刻、内容丰富，具有很强的针对性和指导性，是在新的历史起点上开创宣传思想工作新局面的纲领性文献。我们一定要认真学习，深刻领会，坚决贯彻。

座谈会上，北京市委常委、宣传部部长蔡赴朝，上海市委常委、宣传部部长王仲伟，辽宁省委常委、宣传部部长焦利，中央宣传部副部长、中央外宣办主任蔡武，国家新闻出版总署署长柳斌杰先后就加强和改进宣传思想文化工作发言。

出席座谈会的还有：刘云山、李源潮、徐才厚、令计划、王沪宁、陈至立、陈奎元。

中央宣传思想工作领导小组成员，各省、自治区、直辖市和副省级城市党委宣传部长，新疆生产建设兵团党委宣传部长，中央和国家机关有关部委、有关人民团体、中央宣传文化系统各单位负责同志，全国文明办主任会议代表，解放军和武警部队有关负责同志参加了座谈会。

（原载《人民日报》2008 年 1 月 23 日）

胡锦涛在全党深入学习实践科学发展观活动动员大会暨省部级主要领导干部专题研讨班开班式上发表重要讲话强调切实搞好深入学习实践科学发展观活动把贯彻落实科学发展观提高到新的水平

吴邦国温家宝贾庆林李长春李克强贺国强周永康出席　习近平主持

新华社北京9月19日电　全党深入学习实践科学发展观活动动员大会暨省部级主要领导干部专题研讨班开班式19日上午在中央党校举行。中共中央总书记、国家主席、中央军委主席胡锦涛发表重要讲话。他强调，适应新形势，完成新任务，实现新发展，要求我们必须深化用中国特色社会主义理论体系武装全党工作，把深入学习实践科学发展观摆在突出位置，把党的政治优势和组织优势转化为推动经济社会又好又快发展的强大力量，为全面推进社会主义经济建设、政治建设、文化建设、社会建设以及生态文明建设，为全面推进党的建设新的伟大工程，为实现全面建设小康社会的宏伟目标，进一步奠定重要的思想基础、政治基础、组织基础。

中共中央政治局常委吴邦国、温家宝、贾庆林、李长春、李克强、贺国强、周永康出席。中共中央政治局常委习近平主持。

胡锦涛指出，这次大会和研讨班，是在经过全党全军全国各族人民团结奋斗，四川汶川特大地震抗震救灾斗争取得重大胜利，北京奥运会、残奥会取得圆满成功的形势下举行的，这对于我们弘扬伟大抗震救灾精神，充分利用北京奥运会、残奥会成功举办的好形势，推动全面贯彻党的十七大精神、做好改革发展稳定各项工作，具有十分重要的意义。

胡锦涛强调，在全党开展深入学习实践科学发展观活动，是党的十七大作出的战略决策，是用中国特色社会主义理论体系武装全党的重大举措，是“三个代表”重要思想学习教育活动和保持共产党员先进性教育活动的继续，是深入推进改革开放、推动经济社会又好又快发展、促进社会和谐稳定的迫切需要，是提高党的执政能力、保持和发展党的先进性的必然要求。党的十七大提出在全党开展深入学习实践科学发展观活动，就是要在世情、国情、党情发生深刻变化的条件下，更好地用中国特色社会主义理论体系这一马克思主义中国化最新成果武装和统一全党思想，动员全党更好地为实现党的十七大提出的宏伟蓝图和行动纲领而团结奋斗。深入学习实践科学发展观，是在深刻变化的国际环境中推动我国发展的迫切需要，是落实实现全面建设小康社会奋斗目标新要求的迫切需要，是以改革创新精神全面推进党的建设新的伟大工程的迫切需要。

胡锦涛强调，改革开放以来，我们党高度重视自身建设，坚持党要管党、从严治党，全面推进党的建设新的伟大工程，推动党的建设在不断改进中得到加强。同时，我们必须清醒地看到，随着改革开放和社会主义市场经济不断发展，随着党执政时间的增加和党的队伍的变化，党的自身建设面临许多新课题新考验，党面临的执政考验、改革开放考验、发展社会主义市场经济考验将是长期的、复杂的，管党治党的任务比过去任何时候都更为繁重。当前，党的执政能力与新形势新任务的要求还不完全适应、不完全符合，一些党员、干部的思想观念、能力素质与党的先进性要求还不完全适应、不完全符合，一些基层党组织的管理手段和创新能力与经济社会发展任务还不完全适应、不完全符合，一些地方的党组织、领导班子、领导干部党性党风党纪方面还存在这样那样的问题。今年以来，一些地方发生重大生产安全事故和食品安全事故给人民群众生命财产造成重大损失。从这些事件中反映出，一些干部缺乏宗旨意识、大局意识、忧患意识、责任意识，作风飘浮、管理松弛、工作不扎实，有的甚至对群众呼声和疾苦置若罔闻，对关系群众生命安全这样的重大问题麻木不仁。我们对这些事件及其后果的严重性必须充分估计，对其中的惨痛教训必须牢牢记取。这些事件再一次告诫我们，只有抓紧解决党员干部队伍中存在的突出问题，使全党同志始终坚持立党为公、执政为民，始终坚持以人为本，始终把人民群众安危冷暖放在心上，我们党才能更好地带领广大人民群众为夺取全面建设小康社会新胜利而奋斗。

胡锦涛强调，在开展学习实践活动中要着重从以下几方面作出不懈努力。第一，进一步深刻理解贯彻落实科学发展观的重大意义。组织广大党员、干部深入学习贯彻党的十七大精神，认真学习领会毛泽东、邓小平、江泽民同志关于科学发展的重要思想和党的十六大以来我们党关于科学发展的一系列重要观点，认真总结和学习我国改革开放30年的经验，着力推动广大党员、干部深刻理解和全面把握科学发展观的科学内涵、精神实质、根本要求，增强贯彻落实科学发展观的自觉性和坚定性。第二，进一步抓好发展这个党执政兴国的第一要务。必须坚持不懈地抓好发展这个党执政兴国的第一要务，任何时候任何情况下都不能动摇、不能放松。同时，发展必须是以人为本、全面协调可持续的科学发展。要着力增强广大党员、干部贯彻党的基本理论、基本路线、基本纲领的自觉性和坚定性，使全党同志更加自觉、更加坚定地牢牢扭住经济建设这个中心，团结带领人民继续聚精会神搞建设、一心一意谋发展，不断为发展中国特色社会主义打下更为坚实的基础。第三，第一步实现好、维护好、发展好最广大人民的根本利益。着力把最广大人民的根本利益作为贯彻落实科学发展观的根本出发点和落脚点，努力兴办人民群众希望办的实事好事，使贯彻落实科学发展观的过程成为不断为民造福的过程，成为不断提高人民生活质量和水平的过程，成为不断提高人民思想道德素质、科学文化素质和健康素质的过程，成为不断保障人民经济、政治、文化、社会权益的过程，让发展成果惠及广大人民群众。第四，进一步坚持解放思想、改革创新。着力坚持解放思想、实事求是、与时俱进，深刻把握我国经济社会发展趋势和规律，继续坚定不移地把改革创新精神贯彻到治国理政各个环节，加快重要领域和关键环节改革步伐，着力构建充满活力、富有效率、更加开放、有利于科学发展的体制机制。第五，进一步提高党员干部队伍素质。着力提高各级党组织、领导班子和领导干部贯彻落实科学发展观的本领，努力把各级党组织建设成为贯彻落实科学发展观的坚强堡垒、把干部队伍建设成为贯彻落实科学发展观的骨干力量，为推动科学发展提供坚强组织保证。第六，进一步动员广大人民群众投身科学发展的伟大实践。必须紧紧依靠人民群众，做到谋划发展思路向人民群众问计，查找发展中的问题听人民群众意见，改进发展措施向人民群众请教，落实发展任务靠人民群众努力，衡量发展成效由人民群众评判，最大限度地把全社会的发展积极性引导到科学发展上来。

胡锦涛指出，这次学习实践活动总的要求是：全面贯彻党的十七大精神，高举中国特色社会主义伟大旗帜，以邓小平理论和“三个代表”重要思想为指导，组织广大党员特别是各级领导班子和党员领导干部深入学习实践科学发展观，紧紧围绕党员干部受教育、科学发展上水平、人民群众得实惠，进一步解放思想、实事求是、改革创新，切实增强贯彻落实科学发展观的自觉性和坚定性，着力转变不适应不符合科学发展要求的思想观念，着力解决影响和制约科学发展的突出问题以及党员干部党性党风党纪方面群众反映强烈的突出问题，着力构建有利于科学发展的体制机制，提高领导科学发展、促进社会和谐的能力，使党的工作和党的建设更加符合科学发展观的要求。在学习实践活动中，各地区各部门各单位要牢牢把握中央提出的坚持解放思想、突出实践特色、贯彻群众路线、正面教育为主的原则，努力实现提高思想认识、解决突出问题、创新体制机制、促进科学发展的目标。

胡锦涛指出，要坚持用中国特色社会主义理论体系武装全党，大兴求真务实之风，坚持讲党性、重品行、作表率，进一步把科学发展观转化为推动科学发展的坚强意志、谋划科学发展的正确思路、领导科学发展的实际能力、促进科学发展的政策措施，使人民群众感受到新变化新气象。

胡锦涛强调，这次学习实践活动的重点是县级以上领导班子和党员领导干部。各级领导干部特别是党委（党组）主要负责同志能否发挥示范带头作用，对学习实践活动的成效有着重要影响。领导干部带头，首先要从中央政治局常委同志做起。希望大家带头学习、深入学习，带头调查研究，带头坚持解放思想、实事求是，带头分析检查，带头整改落实。

习近平在主持会议时指出，胡锦涛总书记的重要讲话，科学分析国际国内形势的新变化，全面把握党和国家事业发展的新要求，精辟阐述了在全党开展深入学习实践科学发展观活动的重大意义，全面部署了把贯彻落实科学发展观提高到新水平的目标任务，明确提出了确保学习实践活动取得实效的基本要求。我们要认真学习、深刻领会，深刻认识开展学习实践活动的重大现实意义和紧迫性，深刻理解中央关于开展学习实践活动的指导思想、工作目标、方法步骤、基本要求，为在全党开展学习实践活动做好充分思想准备和工作准备，确保学习实践活动取得实效。

王乐泉、王兆国、王岐山、回良玉、刘淇、刘云山、刘延东、李源潮、汪洋、张高丽、张德江、俞正声、徐才厚、郭伯雄、薄熙来、令计划、王沪宁、马凯、孟建柱、戴秉国出席会议。

参加这次大会和研讨班的有各省区市、中央和国家机关以及军队各大单位主要负责同志。

（原载《人民日报》2008年9月20日）

纪念党的十一届三中全会召开30周年大会在京隆重举行　胡锦涛发表重要讲话

江泽民温家宝贾庆林李长春习近平李克强贺国强周永康出席　吴邦国主持

新华社北京12月18日电　（记者孙承斌、李亚杰）30年改革开放波澜壮阔，30年中华大地沧桑巨变。纪念党的十一届三中全会召开30周年大会18日上午在人民大会堂隆重举行。中共中央总书记、国家主席、中央军委主席胡锦涛在会上发表重要讲话。他强调，实践充分证明，党的十一届三中全会以来我们党团结带领人民开辟的中国特色社会主义道路、形成的理论和路线方针政策是完全正确的。党的十一届三中全会的伟大意义和深远影响，已经、正在并将进一步在党和国家事业蓬勃发展的进程中充分显现出来。我们要充分认识改革开放的重大意义和伟大成就，深刻总结改革开放的伟大历程和宝贵经验，坚持党的十一届三中全会精神，高举中国特色社会主义伟大旗帜，以马克思列宁主义、毛泽东思想、邓小平理论和“三个代表”重要思想为指导，深入贯彻落实科学发展观，在中国特色社会主义道路上，继续把改革开放伟大事业推向前进。

江泽民、温家宝、贾庆林、李长春、习近平、李克强、贺国强、周永康出席大会。大会由吴邦国主持。

鲜花竞艳，灯火辉煌，人民大会堂大礼堂内气氛庄重而热烈。主席台台口上方悬挂着“纪念党的十一届三中全会召开30周年大会”会标，帷幕正中是熠熠生辉的中国共产党党徽，10面红旗分列两侧。二楼眺台上悬挂着醒目的横幅：“紧密团结在以胡锦涛同志为总书记的党中央周围，高举中国特色社会主义伟大旗帜，以邓小平理论和‘三个代表’重要思想为指导，深入贯彻落实科学发展观，继续把改革开放伟大事业推向前进！”

上午10时，吴邦国宣布大会开始。全体起立，唱国歌。

胡锦涛发表了重要讲话。他指出，在邓小平同志领导下和其他老一辈革命家支持下，党的十一届三中全会作出了把党和国家工作中心转移到经济建设上来、实行改革开放的历史性决策。党的十一届三中全会标志着我们党重新确立了马克思主义的思想路线、政治路线、组织路线，标志着中国共产党人在新的时代条件下的伟大觉醒，显示了我们党顺应时代潮流和人民愿望、勇敢开辟建设社会主义新路的坚强决心。在党的十一届三中全会春风吹拂下，神州大地万物复苏、生机勃发，党和国家又充满希望、充满活力地踏上了实现社会主义现代化的伟大征程。

胡锦涛强调，30年来，以邓小平同志为核心的党的第二代中央领导集体、以江泽民同志为核心的党的第三代中央领导集体和党的十六大以来的中央领导集体，团结带领全党全国各族人民，承前启后，继往开来，接力推进改革开放伟大事业，谱写了中华民族自强不息、顽强奋进新的壮丽史诗。我们党集中全党全国各族人民智慧，形成了党的基本理论、基本路线、基本纲领、基本经验，制定和作出了指导改革开放和社会主义现代化建设的一整套方针政策和工作部署，成功开辟了中国特色社会主义道路。

胡锦涛指出，30年来，我们始终以改革开放为强大动力，在新中国成立以后取得成就的基础上，推动党和国家各项事业取得举世瞩目的新的伟大成就。我们锐意推进各方面体制改革，使我国成功实现了从高度集中的计划经济体制到充满活力的社会主义市场经济体制的伟大历史转折；不断扩大对外开放，使我国成功实现了从封闭半封闭到全方位开放的伟大历史转折；坚持以经济建设为中心，我国综合国力迈上新台阶；着力保障和改善民生，人民生活总体上达到小康水平；大力发展社会主义民主政治，人民当家做主权利得到更好保障；大力发展社会主义先进文化，人民日益增长的精神文化需求得到更好满足；大力发展社会事业，社会和谐稳定得到巩固和发展；坚持党对军队绝对领导，国防和军队建设取得重大成就；成功实施“一国两制”基本方针，祖国和平统一大业迈出重大步伐；坚持奉行独立自主的和平外交政策，全方位外交取得重大成就；坚持党要管党、从严治党，党的领导水平和执政水平、拒腐防变和抵御风险能力明显提高。30年的伟大成就，为我们党、我们国家、我们人民继续前进奠定了坚实基础。

胡锦涛强调，此时此刻，我们更加深切地怀念毛泽东同志、邓小平同志等老一辈革命家。没有以毛泽东同志为核心的党的第一代中央领导集体团结带领全党全国各族人民浴血奋斗，就没有新中国，就没有中国社会主义制度。没有以邓小平同志为核心的党的第二代中央领导集体团结带领全党全国各族人民改革创新，就没有改革开放历史新时期，就没有中国特色社会主义。此时此刻，我们要向以江泽民同志为核心的党的第三代中央领导集体致以崇高的敬意，他们团结带领全党全国各族人民高举邓小平理论伟大旗帜，继承和发展了改革开放伟大事业，把这一伟大事业成功推向21世纪。全党全国各族人民要永远铭记党的三代中央领导集体的伟大历史功绩。

胡锦涛指出，改革开放以来我们取得一切成绩和进步的根本原因，归结起来就是：开辟了中国特色社会主义道路，形成了中国特色社会主义理论体系。在30年的创造性实践中，我们经过艰辛探索，积累了宝贵经验。胡锦涛从10个方面对这些宝贵经验进行了阐述。一、必须把坚持马克思主义基本原理同推进马克思主义中国化结合起来，解放思想、实事求是、与时俱进，以实践基础上的理论创新为改革开放提供理论指导。二、必须把坚持四项基本原则同坚持改革开放结合起来，牢牢扭住经济建设这个中心，始终保持改革开放的正确方向。三、必须把尊重人民首创精神同加强和改善党的领导结合起来，坚持执政为民、紧紧依靠人民、切实造福人民，在充分发挥人民创造历史作用中体现党的领导核心作用。四、必须把坚持社会主义基本制度同发展市场经济结合起来，发挥社会主义制度的优越性和市场配置资源的有效性，使全社会充满改革发展的创造活力。五、必须把推动经济基础变革同推动上层建筑改革结合起来，不断推进政治体制改革，为改革开放和社会主义现代化建设提供制度保证和法制保障。六、必须把发展社会生产力同提高全民族文明素质结合起来，推动物质文明和精神文明协调发展，更加自觉、更加主动地推动文化大发展大繁荣。七、必须把提高效率同促进社会公平结合起来，实现在经济发展的基础上由广大人民共享改革发展成果，推动社会主义和谐社会建设。八、必须把坚持独立自主同参与经济全球化结合起来，统筹好国内国际两个大局，为促进人类和平与发展的崇高事业作出贡献。九、必须把促进改革发展同保持社会稳定结合起来，坚持改革力度、发展速度和社会可承受程度的统一，确保社会安定团结、和谐稳定。十、必须把推进中国特色社会主义伟大事业同推进党的建设新的伟大工程结合起来，加强党的执政能力建设和先进性建设，提高党的领导水平和执政水平、拒腐防变和抵御风险能力。

胡锦涛强调，30年来，我们党的全部理论和全部实践，归结起来就是创造性地探索和回答了什么是马克思主义、怎样对待马克思主义，什么是社会主义、怎样建设社会主义，建设什么样的党、怎样建设党，实现什么样的发展、怎样发展等重大理论和实际问题。30年的历史经验归结到一点，就是把马克思主义基本原理同中国具体实际相结合，走自己的路，建设中国特色社会主义。30年的经验是极为宝贵的财富，全党同志要倍加珍惜和自觉运用这些宝贵经验。

胡锦涛指出，30年来，我们取得了伟大成就，但同我们的远大目标相比，同人民群众对美好生活的期待相比，我们没有任何理由骄傲自满、固步自封。全党同志一定要更加兢兢业业地工作，永远不辜负人民的信任和期望。全国各族人民一定要更加同心同德地奋斗，永远保持和发扬自强不息的进取精神。在新的国际国内形势下和新的历史起点上，我们必须坚定不移地坚持党的十一届三中全会以来开辟的中国特色社会主义道路，坚定不移地坚持党的基本理论、基本路线、基本纲领、基本经验，勇于变革、勇于创新，永不僵化、永不停滞，不为任何风险所惧，不被任何干扰所惑，继续奋勇推进改革开放和社会主义现代化事业。我们一定要坚持高举中国特色社会主义伟大旗帜，继续推进马克思主义中国化。我们一定要坚持改革开放的正确方向，着力构建充满活力、富有效率、更加开放、有利于科学发展的体制机制。我们一定要坚持抓好发展这个党执政兴国的第一要务，更好地做到发展成果由人民共享。我们一定要坚持戒骄戒躁、艰苦奋斗，不断开创改革开放和社会主义现代化事业新局面。

胡锦涛最后强调，我们取得的成就已经载入史册，新的更加艰巨繁重的任务正摆在我们面前。

我们的事业崇高而神圣，我们的前景光明而美好，我们的责任重大而光荣。让我们更加紧密地团结起来，坚定不移地沿着党的十一届三中全会以来开辟的中国特色社会主义道路奋勇前进，继续解放思想，坚持改革开放，推动科学发展，促进社会和谐，为夺取全面建设小康社会新胜利、开创中国特色社会主义事业新局面、实现中华民族伟大复兴而团结奋斗，努力为人类作出新的更大的贡献。(讲话全文另发)

吴邦国在主持大会时指出，胡锦涛总书记的重要讲话，高度评价了党的十一届三中全会在我们党和国家发展历史上的重要地位和伟大意义，深刻总结了30年来我们党领导人民进行改革开放和社会主义现代化建设取得的伟大成就和宝贵经验，明确指出了继续推进改革开放伟大事业的前进方向，号召全党全军全国各族人民继续解放思想，坚持改革开放，推动科学发展，促进社会和谐。我们一定要认真学习，深刻领会，全面贯彻到党和国家各项工作中去。

大会在雄壮的国际歌声中结束。

出席大会的领导同志还有：王刚、王兆国、王岐山、回良玉、刘淇、刘云山、刘延东、李源潮、张德江、徐才厚、郭伯雄、李鹏、朱镕基、李瑞环、尉健行、李岚清、曾庆红、吴官正、罗干、何勇、令计划、王沪宁、乌云其木格、韩启德、华建敏、陈至立、周铁农、李建国、司马义·铁力瓦尔地、蒋树声、陈昌智、严隽琪、桑国卫、梁光烈、马凯、孟建柱、戴秉国、王胜俊、曹建明、廖晖、杜青林、白立忱、陈奎元、阿不来提·阿不都热西提、李兆焯、黄孟复、张梅颖、张榕明、钱运录、孙家正、李金华、郑万通、邓朴方、万钢、厉无畏、罗富和、陈宗兴、王志珍和郑天翔、杨白冰、丁关根、田纪云、迟浩田、张万年、姜春云、吴仪、曹刚川、曾培炎、王汉斌、倪志福、邹家华、布赫、铁木尔·达瓦买提、彭珮云、周光召、曹志、李铁映、司马义·艾买提、何鲁丽、成思危、许嘉璐、蒋正华、顾秀莲、热地、盛华仁、唐家璇、肖扬、韩杼滨、贾春旺、杨汝岱、宋健、钱正英、孙孚凌、万国权、胡启立、陈锦华、赵南起、王文元、王忠禹、李贵鲜、罗豪才、张克辉、郝建秀、徐匡迪、张怀西、李蒙，中央军委委员陈炳德、李继耐、廖锡龙、常万全、靖志远、吴胜利、许其亮，以及傅全有、于永波、王克、王瑞林。

中央党政军群各部门及北京市主要负责同志，各民主党派中央、全国工商联负责人以及首都各界群众代表共约6000人出席大会。

(原载《人民日报》2008年3月19日)

建设“人文北京、科技北京、绿色北京”

中共中央政治局委员、北京市委书记　刘　淇

在党中央、国务院的坚强领导下，在全国人民的大力支持下，在国际奥委会、国际残奥委会和相关国际组织的积极帮助下，北京奥运会、残奥会取得了圆满成功。坚持贯彻“绿色奥运、科技奥运、人文奥运”的理念，是北京奥运会、残奥会成功举办的关键，也是贯彻落实科学发展观的具体体现和生动实践。认真总结奥运会、残奥会的成功经验，按照首都工作的特点和规律，不断丰富、升华、发展“人文、科技、绿色”三大理念，努力建设“人文北京、科技北京、绿色北京”，必将有力推动首都经济社会又好又快发展。

一

20世纪90年代末，党中央、国务院作出申办2008年奥运会的重大决策。2000年初，北京奥申委根据中央的指示，在集中有关专家和广大群众智慧的基础上提出了“新北京，新奥运”的申办口号和“绿色奥运、科技奥运、人文奥运”的申办理念，并在2001年1月将其正式写入了《申办报告》。申办口号和三大理念集中表达了北京奥运会的特色，阐明了举办奥运会与促进我国经济社会科学发展的高度一致性。

“绿色奥运”的理念萌生于奥林匹克运动对自身可持续发展的探索，具体实践始于2000年悉尼奥运会。北京奥运会借鉴往届奥运会的成功经验，把繁荣奥林匹克运动与党中央关于建设生态文明、实现可持续发展的伟大号召，与首都加强生态环境建设、

建设宜居城市的战略目标紧密结合起来，通过制定严格的生态环境标准和保障制度，全面推进环境治理和环境保护，广泛开展环境教育，使“绿色奥运”理念在思想深度和实践广度上实现了前所未有的飞跃。

科技进步是奥林匹克运动发展的重要动力。北京奥运会从实施科教兴国战略、提高国家自主创新能力的高度出发，明确提出将“科技奥运”作为指导奥运筹办工作的重要理念。通过以科学精神引领奥运、以科学技术支撑奥运、以科技奥运惠及社会这三个层面的丰富实践，在举办一届荟萃人类最新科技成果的奥运盛会的同时，全面推动我国科学技术的跨越式发展。

人文精神是奥林匹克运动的核心。北京奥运会把“人文奥运”作为核心目标，全方位挖掘奥林匹克人文精神的时代价值和丰富内涵，积极推动东西方文化在体育及更广泛领域的交流，努力建设让所有奥运会参与者满意的自然和人文环境，进一步促进体育与教育、体育与社会的融合，使北京奥运会成为有史以来民众参与程度最高的一届奥运会。

三大理念的实施，全面提升了奥运筹办工作的水平，确保了有特色、高水平和“两个奥运、同样精彩”目标的实现，达到了让国际社会满意、让各国运动员满意、让人民群众满意的要求。国际社会对北京奥运会、残奥会给予了充分肯定和高度评价。国际奥委会主席罗格认为北京奥运会是“一届真正的无与伦比的奥运会”。国际残奥委会主席克雷文认为北京残奥会是“有史以来最伟大的一届残奥会”。联合国秘书长潘基文认为中国政府和人民为举办北京奥运会作出了“前所未有的努力”，同时也取得了“前所未有的成功”。

二

实践“绿色奥运、科技奥运、人文奥运”三大理念的过程，是我们在奥运筹办、举办工作中不断深化对科学发展观认识的过程，是我们不断运用科学发展观解决矛盾、推动发展的过程，也是我们深入贯彻落实科学发展观的过程。

奥运申办成功时，首都的发展正处于人均国内生产总值由3000美元向6000美元迈进的关键阶段。一方面，经过改革开放20多年的建设和发展，首都的现代化建设已经有了很好的基础和实力；另一方面，发展中的一些矛盾和问题也逐步显现出来，人口资源环境的问题日益严峻，亟须调整经济结构、转变经济增长方式，找到符合首都功能定位要求的新的经济增长点；城市建设特别是基础设施建设以及城市管理水平相对滞后，交通拥堵、环境污染问题严重；经济社会发展不平衡，区域、城乡之间发展的差异较大；社会管理体制和公共服务体系不够完善，许多关系群众切身利益的问题迫切需要解决。为了破解这些难题，我们紧紧抓住筹办奥运的契机，以实践“绿色奥运、科技奥运、人文奥运”三大理念为抓手，不断解放思想、转变观念、改革创新，推动首都各项工作向前发展。

在经济发展方面，我们跳出了发展经济就是发展工业，就是建工厂、上项目的老框框，从首都的功能定位出发，不断深化对首都经济的认识。一方面，对不符合首都城市功能要求的企业实施关停改造；另一方面，明确高端产业的发展思路，把发展的重点放在推动高新技术产业、现代服务业、生产性服务业和文化创意产业上。与此同时，通过全国经济普查，我们搞清了中央在京企业、科研院所和高校的资源总量以及在国家、首都经济中的重要位置，更加深刻地认识到推动首都的发展，必须做好为中央在京企业、科研院所服务的工作。根据首都经济的这些特点，我们着力加强中关村、北京商务中心区（CBD）等高端产业功能区、文化创意产业聚集区以及金融后台服务区的建设。经过多年努力，目前全市第三产业比重已经超过了70%，形成了以服务业为主导的产业发展格局，聚集了一大批自主创新资源，提高了区域自主创新的能力，保证了首都经济平稳较快发展。

在城市建设方面，我们注重转变“重建轻管”的观念，抓住筹办奥运的契机，强化城市的科学规划、科学建设和科学管理。2005年国务院对北京城市总体规划作出批复，进一步明确了“两轴、两带、多中心”的城市发展格局和国家首都、国际城市、历史名城、宜居城市的功能定位，为北京按照科学发展观的要求，搞好建设与发展奠定了基础。在贯彻国务院批复的过程中，我们把基础设施建设放在城市建设的首位，确定了公交优先的战略，大力发展地铁交通。奥运筹办的7年，轨道交通运营总里程由42千米增加到200千米，并实行地铁、公交低票价政策，人民群众普遍受惠。我们始终把保护古都风貌放在首都城市建设的突出位置，下大力气完成明城墙、永定门城楼、南中轴线等一批重要文物、景观的修复工程。同时先后对郊区所有行政村、170多个城中村、600多条胡同、400多个老旧小区及城八区100多条大街进行了整治，结合老城区保护修缮，解决了一大批危旧房住户的住房问题。积极创新城市管理体制，树立人性化管理理念，运用数字信息技术手段和网格化管理模式，实现了精细、高效、优质的城市综合管理。

在生态文明建设方面，注重环境治理与保护，不断改善城市环境质量。在奥运筹办过程中，我们深刻地认识到，大力加强生态文明建设，切实改善首都的环境质量，不仅是实现绿色奥运的必然要求，更是实现首都可持续发展的重要保障。狠抓大气治理工作，先后实施了14个阶段控制大气污染措施，累计投资1400多亿元，采取了200多项措施，空气质量连续9年得到改善，2007年空气质量二级和好于二级的天数比例达到67%。大力推动生态修复工程，加强绿化美化工作，2007年北京市林木绿化率达到51.6%，山区林木绿化率达到70.49%，城市中心区绿化覆盖率达到43%，自然保护区面积占全市国土面积的8.18%。大力发展循环经济，发展节能产业和环保产业，积极利用新能源与清洁技术，促进再生资源回收利用，提高城市污水处理能力和再生水利用水平。

在社会建设方面，我们注重改善民生，加快各项社会事业的发展，不断促进社会和谐。保障民生、改善民生，是我们党和政府的宗旨与职责所在。自2002年开始，我们每年都采取“折子工程”的办法，为群众办一批好事、实事。2007年北京市第十次党代会确定了重点解决就业、教育、医疗、住房、交通、环境6大民生问题。2007年以来，针对群众的迫切需求，建立了“零就业家庭”就业保障机制、“一老一小”医疗保险制度、城乡无社会保障老人养老保障制度。2008年年初，进一步提出要实现“无零就业家庭、无城镇危房户、无重大重复上访户、无社会救助盲点、无拖欠工资问题”的“五无”目标，为建立和谐稳定的社会环境奠定了坚实基础。同时我们不断加快各项社会事业的全面发展。一是创新社会管理体制，提出构建社会主义和谐社会首善之区的目标，制定了建设和谐社区、和谐村镇的有关意见，组建了市委社会工委和市社会建设工作办公室，加强和改进对社会组织的管理，创新社会组织动员机制，初步构建了党委领导、政府负责、社会协同、公众参与的社会管理格局。二是创新群众性精神文明创建活动的载体，深入开展“迎奥运、讲文明、树新风”活动，全面提高首都市民文明素质，提升城市文明程度。三是积极开展志愿服务工作。奥运期间，170万名志愿者在不同的工作岗位上开展了多种形式的志愿服务活动和社会公益实践活动，使“奉献、友爱、互助、进步”的志愿服务理念在全社会蔚然成风。四是加大社会矛盾的排查化解力度，认真开展全市区县党政领导干部大接访活动，创新群众动员机制，健全社会治安防控体系，增强公安等专门部门的安保能力，确保了首都的安全稳定。

在实践“绿色奥运、科技奥运、人文奥运”三大理念的过程中，我们积极探索和创新党的建设服务、保障和促进中心工作的新途径、新方法，为在首都工作中贯彻落实科学发展观提供了坚强保障。全面开展大规模的干部教育培训工作，不断提高广大党员干部贯彻落实科学发展观的自觉性和运用科学发展观解决问题的能力。建立健全了适应科学发展观要求的干部政绩考核体系和绩效评价标准，在注重经济指标的同时注重人文指标、资源指标、环境指标和社会指标，健全相应的考核制度和奖惩制度，努力形成正确的政绩导向与用人导向。加强对科学发展观落实情况的督促检查，坚决纠正各种不符合科学发展要求的做法。

回顾奥运筹办的7年，可以说“绿色奥运、科技奥运、人文奥运”三大理念的提出是科学发展观与首都实际相结合的重要理念创新成果；实践三大理念，是科学发展观在奥运筹办过程中的具体生动体现。三大理念完全符合中央对首都工作的要求，符合首都的功能定位，也顺应了广大人民群众的新期待，在今后的工作中必须长期坚持下去。

三

北京奥运会、残奥会的圆满成功，标志着首都的经济社会发展已经站在了一个新的起点上。面对新形势、新任务、新要求和人民群众的新期待，必须深入贯彻落实科学发展观，认真总结奥运会、残奥会的成功经验，按照首都工作的特点和规律，不断丰富、升华、发展“人文、科技、绿色”三大理念，把以人为本、科技创新、生态文明的要求摆在更加重要的位置，努力建设“人文北京、科技北京、绿色北京”。

建设“人文北京”，就是要在首都各项工作中全面落实“以人为本”的要求，尊重人民主体地位，发挥人民首创精神，真正做到发展为了人民、发展依靠人民、发展成果由人民共享；就是要切实保障人民群众的经济、政治、文化、社会权益，不断提高群众的思想道德素质、科学文化素质和健康素质，提高城市文明程度；就是要深入发掘首都丰厚的文化资源，大力发展文化事业和文化产业，充分展现首都文化的魅力；就是要妥善协调好各方面的利益关系，切实维护公平正义，不断促进首都的和谐与稳定。

建设“科技北京”，就是要充分发挥首都的科技智力优势，加快经济结构调整和经济发展方式转变，切实把经济发展转变到依靠科技进步、劳动者素质提高、管理创新的轨道上来；就是要切实增强自主创新能力，推动科技创新，推进高新技术成果在城市管理与群众生活中的广泛应用，加快创新型城市建设；就是要大力推进改革创新，努力构建充满活力、富有效率、更加开放、有利于科学发展的体制机制。

建设“绿色北京”，就是要把城市的发展建设与改善生态环境紧密结合起来，努力建设生态文明，加快环境友好型和资源节约型城市建设；就是要加大环保基础设施的建设力度，继续下大力气治理空气质量，加强绿化美化，不断提升首都的环境质量；就是要大力推广节能环保新技术，加强节能减排，发展循环经济，使首都的发展更加可持续；就是要倡导绿色健康的生活方式和消费方式，不断增强全社会的环保意识。

推动“人文北京、科技北京、绿色北京”的建设，我们将重点抓好以下几方面的工作。

一是着力调整产业结构和转变经济发展方式。按照高端、高效、高辐射力的发展方向，加快发展生产性服务业、文化创意产业和高新技术产业，积极发展金融业，形成符合科学发展观要求的产业结构、经济发展方式。

二是着力推动科技进步和自主创新。要抓好奥运成果的运用，尝试建立有利于科技进步和自主创新的体制机制。认真研究推动中关村改革与创新的问题，探索建立国家自主创新综合配套改革试验区的问题，推动创新型城市建设，使科技创新成为促进首都发展的主要动力。

三是着力加强城市建设与管理。要以志愿者机制为抓手，进一步提高市民素质和城市的文明程度，完善市民参与和谐社会建设的体制机制，提升社会管理水平，提高网格化城市管理水平，形成社会管理新机制。通过各方面的共同努力，不断提高人民群众生活水平，保持首都城市和谐、有序、文明、亮丽。

四是着力推动节能减排。大力开展节约能源行动，进一步发展循环经济，加强生态环境建设，努力把北京建设成为生态之都。要按照城乡经济社会发展一体化的要求，统筹城乡发展，落实区县功能定位，推进社会主义新农村建设，推动城乡一体化，解决好首都的人口资源环境问题。

五是着力加强首都文化建设。要充分继承举办奥运所带来的精神遗产，进一步加强对外文化交流，增强首都的文化中心功能，不断强化文化软实力。进一步深化文化体制改革，推动文化创意产业的发展。开展丰富多彩的文化活动，满足新形势下广大市民的精神文化需求。

六是着力推进改革创新。建立健全经济社会发展综合评价机制。积极推进行政管理体制改革，强化社会管理与公共服务，深化财税体制改革，建立健全领导体制和工作机制，不断提高全市各级党委政府的服务能力和水平。

深入贯彻落实科学发展观，建设“人文北京、科技北京、绿色北京”，是一项长期任务。我们一定要在以胡锦涛同志为总书记的党中央的坚强领导下，全面贯彻落实党的十七大和十七届一中、二中、三中全会精神，高举中国特色社会主义伟大旗帜，坚持以邓小平理论和“三个代表”重要思想为指导，深入贯彻落实科学发展观，进一步落实好“人文、科技、绿色”三大理念，不断开创首都改革开放和现代化建设的新局面，努力把北京建设成为繁荣、文明、和谐、宜居的首善之区。

（原载《求是》2008 年第 23 期）

中国的法治建设

中华人民共和国国务院新闻办公室

2008 年 2 月·北京

前言

法治是政治文明发展到一定历史阶段的标志，凝结着人类智慧，为各国人民所向往和追求。

中国人民为争取民主、自由、平等，建设法治国家，进行了长期不懈的奋斗，深知法治的意义与价值，倍加珍惜自己的法治建设成果。

一国的法治总是由一国的国情和社会制度决定并与其相适应。依法治国，建设社会主义法治国家，是中国人民的主张、理念，也是中国人民的实践。

中国共产党领导中国人民成功地开辟了中国特色社会主义道路。在这条道路上，中国适应经济建设、政治建设、文化建设、社会建设不断发展的客观要求，坚持党的领导、人民当家做主和依法治国有机统一，坚持以人为本，弘扬法治精神，树立民主法治、自由平等、公平正义理念，建立和完善中国特色社会主义法律体系，全面实施依法行政，深化司法体制改革，完善权力制约和监督机制，保障公民的合法权益，维护社会和谐稳定，不断推进各项工作法治化。

中国人民正在全面落实依法治国基本方略，加快建设社会主义法治国家。这是一场由中国共产党领导的、13亿中国人民共同参与的、史无前例的伟大社会实践。有着悠久历史和灿烂文明的中华民族，正在民主与法治的道路上阔步前进，努力开创人类政治文明发展的新境界。

一、建设社会主义法治国家的历史进程

中国是一个具有五千年文明史的古国，中华法系源远流长。早在公元前21世纪，中国就已经产生了奴隶制的习惯法。春秋战国时期（公元前770年—公元前221年），中国开始制定成文法，出现了自成体系的成文法典。唐朝（618年—907年）时，中国形成了较为完善的封建法典，并为以后历代封建王朝所传承和发展。中华法系成为世界独树一帜的法系，古老的中国为人类法制文明作出了重要贡献。

1840年鸦片战争后，中国逐渐沦为半殖民地半封建的社会。为了改变国家和民族的苦难命运，一些仁人志士试图将近代西方国家的法治模式移植到中国，以实现变法图强的梦想。但由于各种历史原因，他们的努力最终归于失败。

在中国共产党的领导下，中国人民经过革命、建设、改革和发展，逐步走上了建设社会主义法治国家的道路。

1949年中华人民共和国的建立，开启了中国法治建设的新纪元。从1949年到20世纪50年代中期，是中国社会主义法制的初创时期。这一时期中国制定了具有临时宪法性质的《中国人民政治协商会议共同纲领》和其他一系列法律、法令，对巩固新生的共和国政权，维护社会秩序和恢复国民经济，起到了重要作用。1954年第一届全国人民代表大会第一次会议制定的《中华人民共和国宪法》，以及随后制定的有关法律，规定了国家的政治制度、经济制度和公民的权利与自由，规范了国家机关的组织和职权，确立了国家法制的基本原则，初步奠定了中国法治建设的基础。20世纪50年代后期以后，特别是“文化大革命”十年（1966年—1976年）动乱，中国社会主义法制遭到严重破坏。

20世纪70年代末，中国共产党总结历史经验，特别是汲取“文化大革命”的惨痛教训，作出把国家工作中心转移到社会主义现代化建设上来的重大决策，实行改革开放政策，并明确了一定要靠法制治理国家的原则。为了保障人民民主，必须加强社会主义法制，使民主制度化、法律化，使这种制度和法律具有稳定性、连续性和权威性，使之不因领导人的改变而改变，不因领导人的看法和注意力的改变而改变，做到有法可依，有法必依，执法必严，违法必究，成为改革开放新时期法治建设的基本理念。在发展社会主义民主、健全社会主义法制的基本方针指引下，现行宪法以及《刑法》、《刑事诉讼法》、《民事诉讼法》、《民法通则》、《行政诉讼法》等一批基本法律出台，中国的法治建设进入了全新发展阶段。

20世纪90年代，中国开始全面推进社会主义市场经济建设，由此进一步奠定了法治建设的经济基础，也对法治建设提出了更高的要求。1997年召开的中国共产党第十五次全国代表大会，将“依法治国”确立为治国基本方略，将“建设社会主义法治国家”确定为社会主义现代化的重要目标，并提出了建设中国特色社会主义法律体系的重大任务。1999年，将“中华人民共和国实行依法治国，建设社会主义法治国家”载入宪法。中国的法治建设揭开了新篇章。

进入21世纪，中国的法治建设继续向前推进。2002年召开的中国共产党第十六次全国代表大会，将社会主义民主更加完善，社会主义法制更加完备，依法治国基本方略得到全面落实，作为全面建设小康社会的重要目标。2004年，将“国家尊重和保障人权”载入宪法。2007年召开的中国共产党第十七次全国代表大会，明确提出全面落实依法治国基本方略，加快建设社会主义法治国家，并对加强社会主义法治建设作出了全面部署。

中华人民共和国成立近60年来，特别是改革开放30年来，在建设中国特色社会主义的伟大实践中，中国的法治建设取得了巨大成就。

——确立了依法治国基本方略。实行依法治国，建设社会主义法治国家，成为国家基本方略和全社会共识。以依法治国为核心内容、以执法为民为本质要求、以公平正义为价值追求、以服务大局为重要使命、以中国共产党的领导为根本保证的社会主义法治理念逐步确立。全社会法律意识和法治观念普遍增强，自觉学法守法用法的社会氛围正在形成。

——中国共产党依法执政能力显著增强。中国共产党不断增强科学执政、民主执政、依法执政的自觉性和坚定性。中国共产党领导人民制定宪法和法律，同时以宪法为根本的活动准则，在宪法和法律的范围内活动，坚持宪法和法律至上，带头维护宪法和法律的权威，最广泛地动员和组织人民依法管理国家事务和社会事务、管理经济和文化事业。通过领导立法、带头守法、保证执法，中国共产党执政地位不断巩固。

——以宪法为核心的中国特色社会主义法律体系基本形成。在现行宪法基础上，制定并完善了一大批法律、行政法规、地方性法规、自治条例和单行条例，法律体系日趋完备，国家经济、政治、文化和社会生活的各个方面基本实现了有法可依。立法的科学化、民主化水平和立法质量不断提高，法律在促进经济社会发展、维护社会公平正义、保障人民各项权利、确保国家权力正确行使等方面的作用不断增强。

——人权得到可靠的法制保障。在通过经济社会发展改善人民的生存权和发展权的同时，国家高度重视通过宪法和法律保障公民的基本权利和自由。依法保证全体社会成员平等参与、平等发展的权利。随着法律规定、司法体制、维护权益机制的不断完善，人权在立法、执法、司法等各个环节得到了更加充分的保障，人权事业全面发展，公民的政治、经济、社会、文化权利得到切实尊重和全面保障。

——促进经济发展与社会和谐的法治环境不断改善。按照建立社会主义市场经济的要求，加强经济立法，完善宏观调控，依法禁止任何组织或个人扰乱社会经济秩序。中国建立健全了一系列促进经济发展、维护市场秩序、实现社会公平正义的法律和制度，初步建立了社会主义市场经济的法律制度，以社会保险、社会救助、社会福利为基础，以基本养老、基本医疗、最低生活保障制度为重点，以慈善事业、商业保险为补充的社会保障体系不断完善。

——依法行政和公正司法水平不断提高。通过建立健全行政执法和司法的组织法制和工作机制，保证了行政和司法机关按照法定权限和程序行使权力、履行职责。行政立法和制度建设进一步加强，各类公开办事制度不断完善，法治政府建设不断推进。公安机关依法履行职责，维护国家安全和社会治安秩序，保障人民安居乐业。审判机关和检察机关依法独立行使审判权、检察权，坚持以事实为依据、以法律为准绳，坚持公民在法律面前一律平等，维护和实现司法公正和权威。

——对权力的制约和监督得到加强。不断建立健全决策权、执行权、监督权既相互制约又相互协调的权力结构和运行机制，已建立起比较完善的监督体系和监督制度，监督合力和实效不断增强。各级人民代表大会及其常委会依法对本级人民政府和人民法院、人民检察院进行监督。人民政协充分发挥民主监督作用，监督行为逐步制度化、规范化。公众和新闻舆论对政府及司法工作的监督渠道不断拓宽。质询、问责、经济责任审计、引咎辞职、罢免等制度的日益健全，保证了对国家公务人员的监督有力有效。

二、中国特色的立法体制和法律体系

中华人民共和国是统一的、多民族的、单一制的社会主义国家。为维护国家法制统一，体现全体人民的共同意志和整体利益，中国实行统一而又分层次的立法体制。

中国《宪法》规定，国家立法权由全国人民代表大会及其常务委员会行使。全国人民代表大会制定和修改刑事法律、民事法律、国家机构组织法和其他基本法律。全国人民代表大会常务委员会制定和修改除应当由全国人民代表大会制定的法律以外的其他法律，并可以对全国人民代表大会制定的法律进行部分补充和修改，但是补充和修改不得同该法律的基本原则相抵触。

中国《立法法》规定，涉及国家主权的事项，国家机构的产生、组织和职权，民族区域自治制度、特别行政区制度、基层群众自治制度，犯罪和刑罚，对公民政治权利的剥夺、限制人身自由的强制措施和处罚，对非国有财产的征收，民事基本制度，基本经济制度，财政、税收、海关、金融和外贸的基本制度，以及诉讼和仲裁制度等事项，属于全国人民代表大会及其常务委员会的专属立法权。

中国幅员辽阔，情况复杂，各地发展不平衡。为维护国家法制统一，同时又适应各地不同情况，《宪法》和《立法法》规定，除全国人民代表大会及其常务委员会制定法律外，国务院根据宪法和法律，可以制定行政法规；省、自治区、直辖市的人民代表大会及其常务委员会在不同宪法和法律、行政法规相抵触的前提下，可以制定地方性法规，批准较大的市的人民代表大会及其常务委员会制定地方性法规；民族自治地方的人民代表大会有权依照当地民族的政治、经济和文化的特点，制定自治条例和单行条例。此外，国务院各部门和具有行政管理职能的直属机构根据法律和行政法规，可以在其职权范围内制定部门规章；省、自治区、直辖市和较大的市的人民政府，根据法律、行政法规和本省、自治区、直辖市的地方性法规，可以依法制定规章。

为使法律符合公众的根本利益和国家的整体利益，同时又兼顾各方面的具体利益，保证立法的科学性和民主性，中国法律规定了全国人民代表大会及其常务委员会的立法程序，以及国务院制定行政法规、地方人民代表大会及其常务委员会制定地方性法规的程序。全国人民代表大会常务委员会审议法律案一般实行“三审制”，即法律案一般应当经过三次常务委员会会议审议后再交付表决，对重大的、意见分歧较大的法律草案，审议的次数可以超过三次，如物权法草案经过全国人民代表大会常务委员会七次审议后，才提请第十届全国人民代表大会第五次会议审议通过。提请全国人民代表大会审议的法律草案，要经过代表大会会议、代表团全体会议、代表小组会议的反复审议；提请全国人民代表大会常务委员会审议的法律草案，要经过常务委员会全体会议、分组会议的反复审议。每部法律的出台，都要经过反复审议，充分讨论，基本达成一致意见后，再提请全国人民代表大会或者全国人民代表大会常务委员会的全体会议表决。这种多次审议的过程，就是通过协商以求充分表达各种利益诉求，并力求把各种利益关系调整好、平衡好的过程。经过充分协商再提请表决的程序民主，体现了中国人民代表大会制度的鲜明特点。

在立法过程中，坚持发扬民主，集中民智，反映民意。在提出法律草案和行政法规草案、地方性法规、草案时，通过召开座谈会、论证会、听证会等多种形式，广泛听取各方面意见，增强立法的透明度和公众参与度。关系公众切身利益或者涉及需要设立普遍的公民义务的法律、法规草案，还要在新闻媒体上全文公布，征求全体人民的意见。法律、法规通过后，及时在各级人大及政府公报、政府网站、公众媒体上公开刊登。近年来，全国人民代表大会常务委员会和国务院分别将物权法、劳动合同法、就业促进法、物业管理条例等多部法律草案和行政法规草案向社会公布，广泛征求各方面意见。全国人民代表大会常务委员会还就修改文物保护法、个人所得税法等，召开论证会和听证会。

为保证国家法制统一和法律规范之间的协调，中国法律规定了不同层级法律规范的效力：宪法具有最高的法律效力，一切法律、行政法规、地方性法规、自治条例和单行条例、规章都不得与宪法相抵触；法律的效力高于行政法规、地方性法规、规章；行政法规的效力高于地方性法规、规章；地方性法规的效力高于本级和下级地方政府规章。法律规定了法规和规章的备案审查制度：行政法规报全国人民代表大会常务委员会备案；地方性法规报全国人民代表大会常务委员会和国务院备案；部门规章和地方政府规章报国务院备案。全国人民代表大会有权改变或者撤销全国人民代表大会常务委员会制定的不适当的法律；全国人民代表大会常务委员会有权撤销同宪法和法律相抵触的行政法规，有权撤销同宪法、法律和行政法规相抵触的地方性法规等；国务院有权改变或者撤销不适当的部门规章和地方政府规章。全国人民代表大会授权香港、澳门特别行政区依照特别行政区基本法的规定享有立法权；特别行政区的任何法律，均不得同特别行政区基本法相抵触。

中国法律还规定了对行政法规、地方性法规、自治条例和单行条例的合宪性和合法性审查的程序：国务院、中央军事委员会、最高人民法院、最高人民检察院和各省、自治区、直辖市的人民代表大会常务委员会认为行政法规、地方性法规、自治条例和单行条例同宪法或者法律相抵触的，可以向全国人民代表大会常务委员会书面提出进行审查的要求；其他国家机关和社会团体、企业事业组织以及公民也可以向全国人民代表大会常务委员会书面提出进行审查的建议。

有法可依是建设社会主义法治国家的前提。经过多年不懈的努力，以宪法为核心的中国特色社会主义法律体系基本形成。当代中国的法律体系，部门齐全、层次分明、结构协调、体例科学，主要由7个法律部门和3个不同层级的法律规范构成。7个法律部门是：宪法及宪法相关法，民法商法，行政法，经济法，社会法，刑法，诉讼与非诉讼程序法。3个不同层级的法律规范是：法律，行政法规，地方性法规、自治条例和单行条例。目前，全国人民代表大会及其常务委员会已经制定了229件现行有效的法律，涵盖了全部7个法律部门；各法律部门中，对形成中国特色社会主义法律体系起支架作用的基本的法律，以及改革、发展、稳定急需的法律，大多已经制定出来。与法律相配套，国务院制定了近600件现行有效的行政法规，地方人民代表大会及其常务委员会制定了7000多件现行有效的地方性法规，民族自治地方的人民代表大会制定了600多件现行有效的自治条例和单行条例。国务院有关部门以及省、自治区、直辖市和较大的市的人民政府还制定了大量规章。

在中国特色社会主义法律体系中，宪法居于核心和统帅地位。中国现行宪法是在1954年宪法的基础上，经过全民讨论，于1982年由第五届全国人民代表大会第五次会议通过的。宪法是国家的根本大法，具有最高的法律效力。在中国，各族人民、一切国家机关和武装力量、各政党和各社会团体、各企业事业组织，都必须以宪法为根本的活动准则，并负有维护宪法尊严、保证宪法实施的职责。实行依法治国基本方略，首先要全面贯彻实施宪法。

中国现行宪法总结历史经验并汲取“文化大革命”教训，不仅对公民的各项基本权利作出规定，而且对公民的人格尊严不受侵犯、公民的人身自由和宗教信仰自由等，都有具体规定。现行宪法根据国家机构实行民主集中制的原则和中华人民共和国成立以后政权建设的经验，对国家机构作了全面规定，包括：加强作为中国根本政治制度的人民代表大会制度，将全国人民代表大会的一部分职权交由它的常务委员会行使；设立国家主席和副主席；国家设立中央军事委员会，领导全国的武装力量；在中央的统一领导下，加强地方政权建设，县级以上的地方各级人民代表大会设立常务委员会；规定国家主席、副主席，全国人民代表大会常务委员会委员长、副委员长，国务院总理、副总理、国务委员，最高人民法院院长，最高人民检察院检察长等国家领导人连续任职不得超过两届等。现行宪法还规定，各少数民族聚居的地方实行区域自治，设立自治机关，行使自治权；在城市和农村实行基层自治；国家在必要时得设立特别行政区，在特别行政区内实行的制度按照具体情况由全国人民代表大会以法律规定。

现行宪法通过后，为与中国社会发生的变革相适应，全国人民代表大会又先后4次对宪法的部分内容和条款作了修改。1988年的宪法修正案规定，国家允许私营经济在法律规定的范围内存在和发展；土地的使用权可以依照法律的规定转让。1993年的宪法修正案规定，国家实行社会主义市场经济；中国共产党领导的多党合作和政治协商制度将长期存在和发展。1999年的宪法修正案规定，国家实行依法治国，建设社会主义法治国家；国家在社会主义初级阶段，坚持公有制为主体、多种所有制经济共同发展的基本经济制度，坚持按劳分配为主体、多种分配方式并存的分配制度。2004年的宪法修正案规定，国家鼓励、支持和引导非公有制经济的发展，并对非公有制经济依法实行监督和管理；公民的合法的私有财产不受侵犯，国家依照法律规定保护公民的私有财产权和继承权；国家尊重和保障人权等。

中国的法律体系，既与人类政治文明发展的普遍性原则相一致，又与中国社会主义初级阶段的基本国情相适应，与社会主义的根本任务相协调，具有鲜明的中国特色。这一法律体系的本质是以人为本，反映人民的共同意志，保障人民的根本利益。这一法律体系与国家经济发展和社会进步相适应，为国家的科学发展、和谐发展、和平发展提供法律保障。

中国特色社会主义法律体系是开放的和发展的。中国正处在社会转型期，法律体系具有阶段性和前瞻性特点，今后仍将继续制定新的法律和修改原有的法律，使法律体系不断发展和完善。

三、尊重和保障人权的法律制度

中国把消灭贫穷落后，让每个人享有充分的人权，建设富强民主文明和谐的社会主义现代化国家，作为不懈的奋斗目标。中国发展人权事业的基本立场是：坚持生存权、发展权的首要地位，把发展作为第一要务，同时不断发展公民的政治、经济、社会、文化权利，努力实现人的全面发展。

以宪法为根本依据，中国制定和完善了一系列保障人权的法律制度，人权保障事业不断法律化、制度化。

——生命权的法律保障。中国重视对公民生命权的保障。《宪法》、《刑法》、《民法通则》等法律对保障公民生命权作了基本规定。《安全生产法》、《职业病防治法》等法律法规，对保护劳动者的生命安全和身体健康作出规定。根据本国情况，中国在法律上保留了死刑，但坚持“少杀、慎杀”的政策，严格控制和慎重适用死刑，确保死刑仅适用于极少数罪行极其严重的犯罪分子。犯罪的时候不满18周岁的人和审判的时候怀孕的妇女，不适用死刑。中国《刑法》还规定了有利于严格控制死刑适用的死刑缓期两年执行的制度，以减少实际执行死刑的人数。

——人身自由、人格尊严的法律保护。《宪法》规定，公民的人身自由不受侵犯。任何公民，非经人民检察院批准或者决定或者人民法院决定，并由公安机关执行，不受逮捕。禁止非法拘禁和以其他方法非法剥夺或者限制公民的人身自由。公民的住宅不受侵犯，禁止非法搜查或者非法侵入公民的住宅。公民的通信自由和通信秘密受法律保护，禁止非法检查公民的通信。《刑事诉讼法》明确禁止刑讯逼供，对于拘留、逮捕、搜查取证等涉及人身自由和安全的强制方法和手段，规定了严格的法律程序。《刑法》对于司法人员的刑讯逼供罪也专门作了规定。《立法法》和《行政处罚法》还规定，行政法规和地方性法规均不得设定限制人身自由的处罚；限制人身自由的强制措施和处罚，只能由法律设定。国务院于2003年颁布《城市生活无着的流浪乞讨人员救助管理办法》，同时废止了《城市流浪乞讨人员收容遣送办法》。《宪法》规定公民的人格尊严不受侵犯，禁止用任何方法对公民进行侮辱、诽谤和诬告陷害。《民法通则》规定了公民的姓名权、名誉权、肖像权等各种人格权。

——平等权的法律保障。中国宪法确立了公民在法律面前一律平等的原则。任何公民都平等地享有宪法和法律规定的权利，同时平等地履行宪法和法律规定的义务；在适用法律时，对于任何人的保护或者惩罚，都是平等的，不因人而异；任何组织或者个人都不得有超越宪法和法律的特权，一切违反宪法和法律的行为都必须予以追究。《宪法》和《民族区域自治法》规定，各民族一律平等，国家保障各少数民族的合法权利和利益，禁止对任何民族的歧视和压迫。各民族都有使用和发展自己的语言文字的自由，都有保持或者改革自己的风俗习惯的自由。《宪法》和《妇女权益保障法》等法律规定，妇女在政治的、经济的、文化的、社会的和家庭的生活等方面享有同男子平等的权利。

——政治权利的法律保障。《宪法》规定，国家的一切权力属于人民。《立法法》规定，只有法律才能设定对公民政治权利的剥夺。选举权是公民重要的政治权利。宪法和法律规定，年满18周岁的中国公民，除依法被剥夺政治权利外，不分民族、种族、性别、职业、家庭出身、宗教信仰、教育程度、财产状况、居住期限，都有选举权和被选举权。根据《选举法》和《地方各级人民代表大会和地方各级人民政府组织法》的规定，选民或者代表10人以上联名，可以推荐代表候选人，并与政党、社会团体推荐的代表候选人具有同等法律地位；各级人民代表大会代表、地方各级人民代表大会常务委员会副主任和人民政府副职领导人员，一律由差额选举产生。地方各级人民代表大会常务委员会主任、人民政府正职领导人员、法院院长和检察院检察长也由差额选举产生；如果提名的候选人只有一人，也可以等额选举。宪法和法律还保障公民言论、出版、集会、结社、游行、示威的自由。《选举法》、《集会游行示威法》等法律以及有关出版、社团登记管理方面的行政法规，为公民的政治权利和自由提供了法制保障。国务院颁布的《信访条例》，通过强化政府信访工作责任来依法保障公民的批评、建议、申诉、控告、检举权利。

——宗教信仰自由的法律保障。《宪法》规定，公民有宗教信仰自由，任何国家机关、社会团体和个人不得强制公民信仰宗教或者不信仰宗教，不得歧视信仰宗教的公民和不信仰宗教的公民。国家保护正常的宗教活动。任何人不得利用宗教进行破坏社会秩序、损害公民身体健康、妨碍国家教育制度的活动。宗教团体和宗教事务不受外国势力的支配。国务院颁布的《宗教事务条例》，依法保护宗教团体、宗教活动场所和信教公民的合法权益和正常的宗教活动。改革开放以来，中国公民的宗教信仰自由得到了充分尊重和保障。为了尊重在中国境内的外国人的宗教信仰自由，依法保护和管理境内外国人的宗教活动，依法保护境内外国人在宗教方面同中国宗教界进行的友好往来和文化学术交流活动，1994年国务院还颁布了《境内外国人宗教活动管理规定》。

——劳动者权益的法律保障。《劳动法》、《劳动合同法》、《劳动争议调解仲裁法》、《就业促进法》和《职工带薪年休假条例》、《劳动保障监察条例》等法律法规，规范和促进了就业，合理界定了用人单位和劳动者的权利和义务，维护了劳动者的合法权益。《工伤保险条例》、《失业保险条例》、《社会保险费征缴暂行条例》以及《企业职工生育保险试行办法》等法规、规章，保证了劳动者在养老、失业、患病、工伤和生育等情况下能够享有必要的物质帮助。《残疾人就业条例》、《女职工劳动保护规定》、《禁止使用童工规定》等法规和规章，对不同类型弱势群体的身心健康和合法权益给予特别保护。

——经济、社会、文化和其他权利的法律保障。《宪法》规定，公民的合法的私有财产不受侵犯。《物权法》规定，国家、集体、私人的物权和其他权利人的物权受法律保护，任何单位和个人不得侵犯。《老年人权益保障法》、《母婴保健法》、《未成年人保护法》、《残疾人保障法》等法律，加强对特殊群体的保护。《城市居民最低生活保障条例》、《农村五保供养工作条例》等法规，规定对城市贫困人口和农村无劳动能力、无收入来源又无人赡养、抚养、扶养的农民提供基本生活保障。《军人抚恤优待条例》和《退伍义务兵安置条例》等法规，规定了国家对退役和伤亡军人及家属的抚恤优待制度。公民受教育的权利受宪法和法律保护。《义务教育法》强化了国家保障义务教育实施的责任，将义务教育全面纳入财政保障范围，保障所有适龄儿童、少年平等接受义务教育的权利。《宪法》还规定，公民有进行科学研究、文学艺术创作和其他文化活动的自由。

中国参加了22项国际人权公约，其中包括《消除一切形式种族歧视国际公约》、《消除对妇女一切形式歧视公约》、《禁止酷刑和其他残忍、不人道或有辱人格的待遇或处罚公约》、《儿童权利公约》、《经济、社会及文化权利国际公约》等核心国际人权公约。中国政府认真履行所承担的相关义务，积极提交履约报告，充分发挥国际人权公约在促进和保护本国人权方面的积极作用。

四、规范市场经济秩序的法律制度

改革开放以来，在从计划经济体制向市场经济体制转变过程中，中国不断加强经济立法和相关立法，符合社会主义市场经济要求的法律制度已基本形成。

——民事法律制度。与建立社会主义市场经济体制相适应，中国把财产权的确认、变更、行使、流转、消灭和保护规则作为民事法律制度的核心。《民法通则》、《合同法》、《担保法》和《物权法》等一系列法律，建立健全了债权制度和包括所有权、用益物权、担保物权的物权制度，确立了合同自由原则以及国家、集体、私人的物权和其他权利人的物权受法律平等保护的原则，形成了各种所有制经济合法共存、平等竞争、相互促进新格局。

——市场主体的法律制度。中国市场主体法律制度经历了以所有制为导向向以组织和责任形式为导向的立法的转变，适应了市场经济对市场主体的基本要求。《公司法》、《合伙企业法》、《个人独资企业法》、《商业银行法》和《农民专业合作社法》等法律，确认各类市场主体的合法地位，保障其公平参与市场竞争。《公司法》确立了有限责任公司和股份有限公司等基本制度，完善了公司治理结构，为建立现代企业制度、保障公司投资者和利益相关人的合法权益奠定了制度基础。《企业破产法》建立了规范市场主体退出的破产制度。中国还建立了法律、财务、信息咨询等大批市场服务组织，完善了市场中介组织法律制度。

——市场管理的法律制度。《反垄断法》、《反不正当竞争法》规范了市场竞争行为，促进了垄断行业的改革，加强了政府监管和社会监督，并相应地确立了民事赔偿和行政赔偿并存的法律救济制度。《消费者权益保护法》、《产品质量法》建立了保护消费者利益和保证产品质量的法律制度。《城市房地产管理法》建立了有利于城市房地产的管理，维护房地产市场秩序，保障房地产权利人合法权益的制度。《保险法》、《证券法》、《银行业监督管理法》和《外汇管理条例》等法律法规，确立了以公开、公平、公正为价值取向的行业监督管理制度，以有效防范和化解金融风险。《直销管理条例》、《商业特许经营管理条例》等法规也有效规范了市场行为。

——宏观调控的法律制度。运用法律手段对经济进行宏观调控是中国社会主义市场经济的一大特点。在充分发挥市场机制优化资源配置作用的同时，为促进国民经济又好又快地发展，《预算法》、《审计法》、《政府采购法》、《价格法》、《个人所得税法》、《企业所得税法》、《税收征收管理法》和《中小企业促进法》等法律，对相关领域进行宏观调控依法作出规定。《中国人民银行法》等法律，为保持币值稳定、化解金融风险、保证金融安全提供了制度保障。《统计法》为国民经济和社会发展的科学决策提供了法律基础。宏观调控法律制度建设，有效地发挥了国家发展规划和产业政策在宏观调控中的导向作用，提高了宏观调控水平。

——知识产权保护的法律制度。通过制定《专利法》、《商标法》、《著作权法》和《反不正当竞争法》等法律，以及出台《计算机软件保护条例》、《集成电路布图设计保护条例》、《著作权集体管理条例》、《信息网络传播权保护条例》、《知识产权海关保护条例》、《植物新品种保护条例》等一批行政法规，建立起比较完善的保护专利权、商标权、著作权、集成电路布图设计权、植物新品种权等知识产权法律制度。中国采取了司法审判与行政执法“两条途径，协调运作”的知识产权执法保护机制。司法审判在知识产权执法保护中居于基础地位，发挥主导作用。执法机关依法主动查处和依当事人请求居间处理相结合，为当事人提供了可选择的途径。最高人民法院、最高人民检察院制定了《关于办理侵犯知识产权刑事案件具体应用法律若干问题的解释》、《关于办理侵犯知识产权刑事案件具体应用法律若干问题的解释（二）》，依法打击侵犯知识产权的犯罪行为。

——资源节约和环境保护的法律制度。中国将资源节约和环境保护确立为基本国策，不断加强环境与资源保护法制建设。制定了《环境保护法》、《环境影响评价法》、《大气污染防治法》、《水污染防治法》、《环境噪声污染防治法》、《固体废物污染环境防治法》和《放射性污染防治法》等9部环境保护方面的法律，以及《可再生能源法》、《节约能源法》、《土地管理法》、《水法》、《森林法》、《草原法》、《矿产资源法》、《煤炭法》、《电力法》和《清洁生产促进法》等17部资源节约和保护方面的法律。出台了与环境和资源保护相关的行政法规50余件，地方性法规、部门规章和政府规章660余项，国家标准800多项。建立健全了环境影响评价、“三同时”、排污申报登记、排污收费、限期治理、总量控制和排污许可制度，以及自然资源的规划、权属、许可、有偿使用、能源节约评估等方面的法律制度。中国十分重视资源节约和环境保护领域的国际合作，缔结或参加了《联合国气候变化框架条约》、《京都议定书》、《生物多样性公约》、《联合国防治荒漠化公约》等30多项国际环境与资源保护条约，并积极履行所承担的条约义务。

——对外经贸合作的法律制度。《中外合资经营企业法》、《中外合作经营企业法》、《外资企业法》和《对外贸易法》等一系列法律，为外国投资者在中国投资提供了多种模式或组织形式，充分保障了外国投资者在中国投资、开展经贸活动的合法权益。2001年加入世界贸易组织后，中国通过修订《对外贸易法》，进一步规范对外贸易经营者的权利和义务，健全货物进出口、技术进出口和国际服务贸易管理制度，建立起符合中国特色的对外贸易调查制度和对外贸易促进体制，并根据世界贸易组织规则完善贸易救济制度，完善海关监管和进出口商品检验检疫制度，确立统一、透明的对外贸易制度。按照发展社会主义市场经济的要求和入世承诺，中国对利用外资的有关法律法规进行了全面清理。6年来，共对887件对外经贸领域内的部门规章和其他规范性文件进行了清理。

五、依法行政与建设法治政府

依法行政，建设法治政府，是全面落实依法治国基本方略的重要内容，成为中国政府施政的基本准则。多年来，中国政府采取一系列措施切实推进依法行政，建设法治政府。继1999年颁布《关于全面推进依法行政的决定》后，2004年中国政府又发布《全面推进依法行政实施纲要》，明确了建设法治政府的目标，提出了此后10年全面推进依法行政的指导思想和具体目标、基本原则和要求、主要任务和措施。目前，中国各级人民政府的行政权力已逐步纳入法治化轨道，规范政府权力取得和运行的法律制度基本形成，依法行政取得了重要进展。

——行政主体法律制度。按照《宪法》、《国务院组织法》和《地方各级人民代表大会和地方各级人民政府组织法》的规定，中国实行五级政府管理体制，分别是：国务院；省、自治区、直辖市人民政府；设区的市、自治州人民政府；县、自治县、不设区的市、市辖区人民政府；乡、民族乡、镇人民政府。《宪法》规定，国务院即中央人民政府，是全国人民代表大会的执行机关，是最高国家行政机关；地方各级人民政府是地方各级人民代表大会的执行机关，是地方各级国家行政机关。地方各级人民政府都是国务院统一领导下的国家行政机关，都服从于国务院。

——行政行为法律制度。一是行政许可制度。《行政许可法》对行政许可设定的事项和程序等作了严格限制和规定：凡是公民、法人或者其他组织能够自主决定的，市场竞争机制能够有效调节的，行业组织或者中介机构能够自律管理的，行政机关采用事后监督等其他行政管理方式能够解决的事项，一般不设定行政许可。《行政许可法》还规定，行政机关实施行政许可必须合法、公开、公正、便民，遵循不得擅自改变已经生效的行政许可的信赖保护原则。二是行政征收、征用制度。按照《宪法》和《物权法》的规定，国家为了公共利益的需要，依照法律规定的权限和程序，可以征收集体所有的土地和单位、个人的房屋及其他不动产。征收集体所有的土地，应当依法足额支付土地补偿费、安置补助费、地上附着物和青苗的补偿费等费用，安排被征地农民的社会保障费用，保障被征地农民的生活，维护被征地农民的合法权益。征收单位、个人的房屋及其他不动产，应当依法给予拆迁补偿，维护被征收人的合法权益；征收个人住宅的，还应当保障被征收人的居住条件。三是行政处罚制度。《行政处罚法》规定，对违反行政管理秩序的行为，应当给予行政处罚的，只能由法律、法规或者规章设定，并由行政机关依照该法规定的程序实施。没有法定依据或者不遵守法定程序的，行政处罚一律无效。行政机关发现公民、法人或者其他组织有依法应当给予行政处罚的行为的，必须全面、客观、公正地调查，收集有关证据。行政处罚决定作出后，当事人有权申请行政复议、提起行政诉讼或者依法提出赔偿要求。

——行政监督、救济法律制度。一是行政复议制度。《行政复议法》规定，公民、法人或者其他组织认为具体行政行为侵犯其合法权益的，可以向行政机关申请行政复议。行政复议机关经过审理，可以依法决定撤销、变更或者确认该具体行政行为违法，可以责令行政机关在一定期限内履行法定职责或者重新作出具体行政行为。二是行政诉讼制度。《行政诉讼法》规定，公民、法人或者其他组织对行政机关和行政工作人员作出的具体行政行为不服的，有权依法向人民法院提起诉讼。人民法院经过审理，对具体行政行为存在主要证据不足、适用法律法规错误、违反法定程序、超越职权、滥用职权等情形的，可以判决撤销或者部分撤销，并可以判决被告重新作出具体行政行为。三是行政赔偿制度。《国家赔偿法》规定，行政机关及其工作人员违法行使行政职权侵犯人身权和财产权的，受害人有获得赔偿的权利，并对行政赔偿请求人和行政赔偿义务机关、赔偿程序、赔偿方式和计算标准等作了规定。四是行政监察和审计制度。《行政监察法》规定，由监察机关对行政机关在遵守和执行法律、法规和人民政府的决定、命令中的问题进行监察。《审计法》规定，由审计机关对国务院各部门和地方各级政府的财政收支，国有金融机构和企业事业组织的财务收支等进行审计监督。

——国家公务员法律制度。公务员是行政行为的主要实施者。《公务员法》和《行政机关公务员处分条例》，规定了公务员的任职条件、义务和权利、职务与级别、录用、考核、职务任免与升降、奖惩、培训、交流与回避、工资福利保障、辞职与辞退、退休、申诉控告、职位聘任以及法律责任等，确立了公务员分类管理制度和职位聘用制度，并确定了行政机关公务员处分制度。

近年来，中国政府通过切实加强自身建设，进一步转变职能，加快建设法治政府步伐。一是加快建立突发事件应急机制，提高政府应对公共危机的能力，努力建设服务政府。全国人民代表大会常务委员会制定了《突发事件应对法》，国务院发布了《国家突发公共事件总体应急预案》。国家有关部门制定了25件专项预案、80件部门预案，31个省、自治区、直辖市制定了本地区的总体预案，初步形成了全国应急预案体系。二是进一步做好政府信息公开工作，努力建设“阳光”政府。国务院公布了《政府信息公开条例》。中央政府门户网站于2006年正式开通，目前全国80%县级以上政府和政府部门建立了门户网站。74个国务院部门和单位，31个省、自治区、直辖市人民政府建立了新闻发布和发言人制度。三是加大行政问责力度，努力建设责任政府。各级政府及其工作部门逐步推行行政问责制，按照“谁决策、谁负责”的原则，对超越权限、违反程序决策造成重大损失的，严肃追究决策者责任。

推进行政执法责任制，不断提高行政执法水平，是建设法治政府的必然要求。中国政府高度重视行政执法体制改革，要求各级行政机关严格按照法定权限和程序行使职权，全面推行行政执法责任制，严格执法责任。按照国务院办公厅2005年7月印发的《关于推行行政执法责任制的若干意见》的要求，各地区、各部门围绕推行行政执法责任制，依法界定执法职责，科学设定执法岗位，规范执法程序，明确行政执法主体和行政执法职权，清理不合法的行政执法主体。据不完全统计，自推行行政执法责任制以来，全国各级行政机关共追究行政执法责任28万多人次。

在建设法治政府进程中，中国政府不断加强行政监督责任，积极解决行政争议。加强对制定法规、规章和规范性文件等抽象行政行为的监督。2008年1月15日，国务院总理签署国务院令，公布《国务院关于废止部分行政法规的决定》，对截至2006年底现行行政法规共655件进行了全面清理，对主要内容被新的法律或者行政法规所代替的49件行政法规予以废止；对适用期已过或者调整对象已经消失，实际上已经失效的43件行政法规，宣布失效。国务院在加强法规、规章备案审查的基础上，进一步健全省、市、县、乡“四级政府、三级备案”的规章、规范性文件备案体制，促进地方各级政府依法行政。2003年3月至2007年底，国务院对有立法权的地方和国务院部门报送备案的8402件地方性法规、自治条例和单行条例、地方政府规章和国务院部门规章进行了审查，对存在问题的323件法规、规章依法进行了处理。国务院制定了《行政复议法实施条例》，并积极探索行政复议体制改革，加强各级行政复议工作人员能力建设。自1999年行政复议法实施以来，全国平均每年通过行政复议解决8万多起行政争议。

六、司法制度与公正司法

人民法院是中国的审判机关。人民检察院是中国的法律监督机关。人民法院和人民检察院依照《宪法》、《人民法院组织法》、《人民检察院组织法》、《民事诉讼法》、《行政诉讼法》和《刑事诉讼法》的规定，分别独立行使审判权和检察权，不受行政机关、社会团体和个人的干涉。

中国审判机关包括最高人民法院、地方各级人民法院和军事法院等专门人民法院。地方各级人民法院分为基层人民法院、中级人民法院、高级人民法院。最高人民法院是最高审判机关，监督地方各级人民法院和专门人民法院的审判工作，上级人民法院监督下级人民法院的审判工作。

中国建立健全了审判制度，完善了民事、行政和刑事三大审判体系，形成了符合建设社会主义法治国家要求的现代司法制度，努力维护司法公正和社会正义。

——公开审判制度。人民法院审判案件实行依法公开、及时公开的原则。离婚案件和涉及商业秘密的民事诉讼案件，当事人申请不公开审理的，可以不公开审理。其他的案件，除涉及国家秘密、个人隐私和未成年人犯罪外，人民法院审理案件一律公开进行。对公开开庭审理的案件预先公告，允许公民和新闻媒体记者旁听审理过程。人民法院还主动邀请人大代表和政协委员旁听案件的审理，在审理过程中公开举证、质证，公开审判，在法定时限内快速完整地公开与保护当事人权利有关的立案、审判、执行工作各重要环节的有效信息。

——合议制度。人民法院审判第一审案件，除简单的民事案件、轻微的刑事案件和法律另有规定的案件可以适用简易程序由审判员一人独任审判外，由审判员组成合议庭或者由审判员和人民陪审员组成合议庭进行；审判上诉和抗诉案件，由审判员组成合议庭进行。合议庭的成员人数，必须是单数。

——人民陪审员制度。为保障公民依法参加审判活动，促进司法公正，除适用简易程序审理的案件和法律另有规定的案件外，人民法院审理社会影响较大的民事、行政和刑事诉讼案件，以及刑事案件被告人、民事案件原告或者被告、行政案件原告申请由人民陪审员参加的一审案件，由人民陪审员和法官组成合议庭进行。人民陪审员依法参加合议庭审判案件，除不得担任审判长外，与合议庭其他成员享有同等的权利，承担同等的义务，并共同对事实认定、法律适用独立行使表决权。

——辩护制度。为了保障犯罪嫌疑人、被告人的人权，确保刑事诉讼程序正义，刑事案件的犯罪嫌疑人、被告人依法享有辩护权，人民法院有义务保证被告人获得辩护。犯罪嫌疑人、被告人除自己行使辩护权外，还可以委托一至二人作为辩护人。辩护人依据事实和法律提出犯罪嫌疑人、被告人无罪、罪轻或者减轻、免除其刑事责任的材料和意见，维护犯罪嫌疑人、被告人的合法权益。

——诉讼代理制度。在民事、行政诉讼活动中，无诉讼行为能力人由其监护人作为法定代表人代为诉讼，法定代理人之间相互推诿代理责任的，由人民法院指定其中一人代为诉讼。当事人、法定代理人可以委托一至二人作为诉讼代理人。在刑事诉讼活动中，公诉案件的被害人及其法定代理人或者近亲属、自诉案件的自诉人及其法定代理人、附带民事诉讼的当事人及其法定代理人均有权委托诉讼代理人。律师、当事人的近亲属、有关的社会团体或者所在单位推荐的人，经人民法院许可的其他公民，都可以被委托为诉讼代理人。诉讼代理人以当事人的名义参加诉讼活动，实现和维护当事人的合法权益。

——回避制度。案件当事人如果认为审判人员与本案有利害关系或者与本案当事人有其他关系，可能影响对案件公正审理的，有权申请审判人员回避。审判人员如果是案件当事人、诉讼代理人的近亲属，或者认为自己与案件有利害关系或者其他关系的，必须回避。

——司法调解制度。人民法院审理民事案件，依照“能调则调，当判则判，调判结合，案结事了”的原则，根据自愿、合法、民主的要求，在审判人员的主持下，采取调解的方式，促使双方当事人达成和解，解决民事权益的争议。2006 年全国民事一审案件的调解撤诉率约为 56% 。

——司法救助制度。对于经济确有困难的当事人，为维护自己合法权益而向人民法院提起民事、行政诉讼的，人民法院实行缓交、减交、免交诉讼费用的救助制度。最高人民法院制定的《关于对经济确有困难的当事人提供司法救助的规定》，依法保障弱势群体的诉讼权利。

——两审终审的审级制度。地方各级人民法院第一审案件的判决或者裁定，在法定期限内，当事人可以依法向上一级人民法院上诉；当事人不上诉的，法定期满即发生法律效力。对上诉、抗诉的案件的判决和裁定，上一级人民法院作出的判决和裁定，除死刑案件需要最高人民法院复核外，都是终审判决和裁定。最高人民法院审判的第一审案件的判决和裁定，是终审判决和裁定。

——死刑复核制度。死刑复核制度是独立于两审终审的审级制度以外的、对判处死刑的案件进行复查核准的重要制度。死刑除了依法由最高人民法院判决的以外，都应当报请最高人民法院核准。最高人民法院制定了《关于复核死刑案件若干问题的决定》，严格掌握和统一死刑适用的标准、统一死刑案件的证据标准，严格规范死刑复核程序，确保死刑案件的慎重与公正。从 2006 年下半年起，所有死刑二审案件全部开庭审理。

中国检察机关包括最高人民检察院、地方各级人民检察院和军事检察院等专门人民检察院。最高人民检察院是最高检察机关，领导地方各级人民检察院和专门人民检察院的工作，上级人民检察院领导下级人民检察院的工作。

人民检察院的职责是维护司法公正和法律的正确实施。法律规定，人民检察院对叛国案、分裂国家案以及严重破坏国家的政策、法律、政令统一实施的重大犯罪案件，行使检察权；对国家工作人员利用职务贪污受贿、渎职侵权等直接受理的刑事案件，进行侦查；对公安机关提请批准逮捕的案件，依法决定是否批准逮捕；对公安机关移送起诉的案件，进行审查后，依法作出起诉或者不起诉的决定；对刑事案件提起公诉或支持公诉等。法律还规定，检察机关对人民法院的审判活动，公安机关和国家安全机关的侦查活动，监狱的执法活动的合法性进行监督。各级人民检察院设立检察委员会，在检察长的主持下，讨论决定重大案件和其他重大问题。

中国制定了《仲裁法》、《律师法》、《公证法》、《劳动争议调解仲裁法》等法律，建立了仲裁制度、律师制度、公证制度、法律援助制度和司法考试制度等制度。

《仲裁法》规定，根据自愿原则，公民、法人和其他组织之间发生的合同纠纷和其他财产权益纠纷，可以仲裁；婚姻、收养、监护、扶养、继承纠纷和应当由行政机关处理的行政争议不能仲裁。中国实行一裁终局的制度。除非人民法院依法裁定撤销或者不予执行，当事人不能就同一纠纷再次申请仲裁或者向人民法院起诉。《劳动争议调解仲裁法》规定，用人单位与劳动者发生争议，当事人不愿协商、协商不成或者达成和解协议后不履行的，可以向调解组织申请调解；不愿调解、调解不成或者达成调解协议后不履行的，可以向劳动争议仲裁委员会申请仲裁；对仲裁裁决不服的，除法律另有规定外，可以向人民法院提起诉讼。

《律师法》规定，通过国家统一司法考试的人员申请律师执业，必须拥护宪法，在律师事务所实习满一年，品行良好，才能取得律师执业证书。律师可以接受聘请担任法律顾问，可以接受委托担任诉讼代理人，可以为刑事案件的犯罪嫌疑人提供法律帮助，担任刑事案件犯罪嫌疑人、被告人的辩护人。律师依法执业受法律保护。截至2006年底，全国共有律师事务所13000多个，执业律师130000多人。中国的律师事务所可以由律师合伙或者个人设立，也可以由国家出资设立。

《公证法》规定，担任公证员必须通过国家司法考试取得执业资格。根据当事人的申请，公证机构可以对民事法律行为、有法律意义的事实和文书的真实性、合法性予以证明。公证文书具有法定的效力，主要包括证据效力、强制执行效力、法律行为要件效力、公示及对抗第三人效力、不可撤销效力等。近年来，全国公证机构年办证量均在1000万件左右，其中涉外公证300多万件，发往100多个国家和地区使用。截至2006年底，全国共有公证机构3000多家，执业公证员近12000人。

中国自1994年起开始建立法律援助制度。公民因经济困难没有委托代理人，依法请求国家赔偿，请求给予社会保险待遇或者最低生活保障待遇，请求发给抚恤金、救济金，请求给付赡养费、抚养费、扶养费，请求支付劳动报酬，主张因见义勇为行为产生的民事权益的，可以按照国家规定申请法律援助。在刑事诉讼中，公民因经济困难没有聘请律师、委托诉讼代理人或者辩护人的，可以按照国家规定申请法律援助；对于被告人是盲、聋、哑或者未成年人而没有委托辩护人的，或者被告人可能被判处死刑而没有委托辩护人的，人民法院应当指定承担法律援助义务的律师为其提供辩护。各级政府建立了法律援助机构，设置了法律援助专职工作人员。

国家对初任法官、检察官和取得律师资格实行统一的司法考试制度，初任法官、检察官必须从通过国家司法考试人员中择优录用。中国从1986年开始实行全国统一的律师资格考试。为了建立和规范国家统一司法考试制度，《国家司法考试实施办法（试行）》专门对考试内容、考试方式、考试组织、报名条件和授予资格等作了规定。2002年至2007年，中国连续举行了6次全国统一司法考试，推动了法官、检察官、律师、公证员的职业化建设。

近年来，中国加快了深化司法体制改革的步伐。中国的司法体制改革坚持从国情出发，注意借鉴国外有益做法，以维护司法公正为目标，从人民不满意的问题入手，以加强权力制约和监督为重点，优化司法职权配置，规范司法行为，推进司法民主和司法公开，努力建设公正高效权威的社会主义司法制度，保证审判机关、检察机关依法独立公正地行使审判权、检察权。

——通过加强对司法权的监督制约，一些影响司法公正的突出问题得到有效解决。不断完善审判公开、检务公开、警务公开、狱（所）务公开等司法公开制度，公众的参与权、知情权、诉讼权有了更好的保障；对诉讼活动的检察监督机制，特别是对司法工作人员渎职行为的监督机制进一步健全。人民监督员试点工作平稳推进，重点对不服逮捕、拟撤销、拟不起诉案件实施监督。涉及检察人员办案不文明、不规范的投诉明显减少。

——通过完善刑事司法制度，在尊重和保障人权方面取得新进展。死刑案件办理程序进一步完善。未成年人司法制度进一步完善，适合未成年人特点的侦查、批捕、起诉和审判方式逐步建立。超期羁押人数明显下降，刑罚执行的法律监督更加规范。监狱体制改革试点稳步推进，教育改造质量进一步提高，依法维护了在押罪犯的合法权益，罪犯脱逃率和狱内发案率大幅度下降。社区矫正试点和人民监督员制度试点取得良好效果，全国25个省、自治区、直辖市积极推进社区矫正试点工作，社区服刑人员重新犯罪率不足1%。

——通过改革和完善工作机制，司法效率进一步提高。目前，法院适用简易程序审理刑事案件已达38.87%，运用简易程序审理民商事案件达到71.26%。全国绝大多数人民法院实现了直接立案。人民调解、行政调解、司法调解的多元化矛盾调解机制进一步健全，2006年全国各类调解组织共调解民间纠纷400多万件。95%以上的矛盾纠纷得到及时化解。为理顺和规范司法鉴定管理体制，全国人大常委会通过《关于司法鉴定管理问题的决定》。通过开辟网上立案、远程立案，建设“数字法庭”，提高了工作效率。

——通过加大司法救助和法律援助力度，诉讼难、执行难问题得到有效缓解。新颁布的《诉讼费用交纳办法》平均降低诉讼费用60%。新实施的《律师服务收费管理办法》，严格收费程序，严惩违法违规收费行为。近年来，国家对法律援助经费的投入逐年加大，中央财政和部分省级财政对贫困地区法律援助的转移支付制度已经建立。2006年全国各地共办理各类法律援助案件318514件，为3193801人（次）提供了法律咨询服务，同比分别增长25.6%、19.9%。

——通过改革和完善干部管理体制和经费保证机制，司法公正得到更充分保障。进一步完善了司法行政工作与审判、检察业务相分离的管理制度，制定完善了公开招考、竞争上岗、干部交流等制度。近年来，国家和地方财政对司法的投入大幅增加，为司法部门履行职能提供了更多的物质保障。

七、普法和法学教育

中国积极推动在全体公民中树立法治观念。多年来，国家坚持不懈地开展法制宣传教育，弘扬法治精神，加强公民意识教育，努力使全社会形成学法守法用法的良好风尚。

从1985年起，全国人民代表大会常务委员会先后通过了5个在全民中普及法律知识的决定，并已连续实施了四个五年的普法规划。“一五”（1986年—1990年）普法期间，有7亿多公民学习了相关的初级法律知识；“二五”（1991年—1995年）普法期间，有96个行业制定了普法规划，组织学习专业法律法规200多部；“三五”（1996年—2000年）普法期间，30个省、自治区、直辖市结合普法活动开展了依法治理工作，95%的地级市、87%的县（区、市）、75%的基层单位开展依法治理工作。“四五”（2001年—2005年）普法期间，有8.5亿公民接受了各种形式的法治教育。目前，“五五”普法正在蓬勃开展。

普及法律知识的对象是全体公民，重点是国家公务人员。对普通公民，普及法律知识的目的不仅是要让每个公民知法守法，更重要的是让广大公民学会运用法律的武器维护自己的合法权益；对国家公务人员，则是要求他们牢固树立法治观念，更加自觉地依法办事。中国始终强调普及法律知识与依法治理相结合，广泛开展“依法治省”、“依法治市”等活动，使法治建设融入各地方、各部门、各单位的日常工作和公民的生产生活之中，努力提高全社会的法治水平，实现学法和用法的结合。

当今中国，普及法律知识已经成为全社会共同参与的行动。中国共产党第十六次全国代表大会召开以来，中共中央政治局先后组织了20多次有关法治的集体学习，对推动全社会特别是国家公务人员学习法律知识、树立法治观念，起到良好示范作用。全国人民代表大会常务委员会、国务院常务会议、全国政协常务委员会组成人员举行了一系列法治学习，各级党组织和国家机关集体学习法律知识已形成制度。国家组织开展各种形式的法治宣传教育活动。每年的12月4日即现行宪法颁布日被确定为中国的法制宣传日。3月15日国际消费者权益保护日、6月5日世界环境日、6月26日国际禁毒日，以及重要法律颁布实施纪念日等，都把法治作为宣传教育的重要内容。各级各类学校把法治教育纳入必修课程，广播、电视、报刊、网络等新闻媒体加强了法治宣传，目前已有300多家省级、市级电视台开设了法治栏目，一些地方还开办了法治宣传教育网站。

国家高度重视发展法学教育。中华人民共和国成立初期，由中央人民政府统一规划，在全国各地建立了北京政法学院、华东政法学院、中南政法学院、西南政法学院、西北政法学院，在中国人民大学、东北人民大学、北京大学、复旦大学等综合性大学设立了法律系，使中国的法学教育初具规模。改革开放以来，中国的法学教育进入了一个快速发展时期。截至2006年底，设立法学本科专业的高等院校已达603所，在校的法律专业本科生接近30万人。有法学硕士学位授予权的高等院校和科研机构达333所，有法学博士学位授予权的高等院校和科研机构29个，有13个法学教育机构设有法学博士后科研流动站。经过近30年的恢复、重建、改革和发展，一个以法学学士、硕士、博士教育为主体，法学专业教育与法律职业教育相结合的法学教育体系已经形成，基本适应了建设社会主义现代化国家的需要。

八、法治建设的国际交流与合作

中国坚持从国情出发开展法治实践，同时也注意借鉴和吸收国外法制建设的有益经验和人类共同创造的法治文明成果，丰富和完善中国特色社会主义法治文明。

中国注意参考和借鉴国外的立法经验。在民商法领域，民法通则、物权法、合同法等法律，兼采普通法系和大陆法系国家的诸多基本制度，吸收了国际通行的私法精神与立法原则，确认契约自由、意思自治与主体平等，保障公共财产和公民私人合法财产。在行政法领域，吸收了现代行政法治中通行的比例原则、信赖保护等原则。在刑事法领域，刑法和刑事诉讼法借鉴和吸收了国外罪刑法定和公开审判等现代刑事法治的基本原则和精神。近年来，针对刑事犯罪中出现的新情况，参照国外刑事立法经验，在刑事法律中规定了资助恐怖活动罪、洗钱罪、内幕交易罪、操纵证券期货交易价格罪、妨害信用卡管理罪等新罪名。中国在知识产权保护和环境保护的立法方面，也吸收了不少国外的立法经验。

中国与许多国家和国际组织建立了平等互惠的司法合作关系，接受和采纳国际上通行的司法合作规则。截至2007年10月，中国分别与53个国家签署了涉及国际司法合作的双边条约和协定98项。除签署双边条约和协定外，中国还加入了20余项包含司法合作内容的多边国际公约。2001年，中国与上海合作组织其他成员国签署了《打击恐怖主义、分裂主义和极端主义上海公约》，中国还分别于2003年和2005年加入了《联合国打击跨国有组织犯罪公约》和《联合国反腐败公约》，加强了在打击有关犯罪方面的司法合作。中国还通过国际会议等多种形式开展法治领域的国际交流。1990年、2005年，中国相继举办了第十四届和第二十二届世界法律大会。2006年，国际反贪大会在中国召开。

中国重视通过国内立法，将国际司法合作落实为具体的操作规则。《民事诉讼法》规定，人民法院在审理涉外民事案件时，国内法律规定与中国缔结或参加的国际条约不一致的，优先适用国际条约的规定。该法还规定了涉外案件司法管辖和司法协助的原则、条件和程序。《刑事诉讼法》将国际条约关系和互惠原则确立为中国司法机关对外开展刑事司法协助的基础。《引渡法》吸收国际上通行的引渡合作规则，规定了中国与外国开展引渡合作的具体准则、条件和程序。目前，中国主管机关依据有关双边条约或多边公约处理的司法协助事务呈逐年上升趋势。大量的民商事司法协助请求获得有效执行，维护了中外诉讼当事人的权益。在刑事诉讼领域，国际司法合作发挥了越来越重要的作用。

在最近10年中，中国与一些国家和国际组织针对涉及杀人、贪污、贿赂、恐怖犯罪、侵犯知识产权、洗钱等犯罪的案件，开展了有效的刑事司法合作，相互协助调取证据材料，冻结扣押并追回被非法转移的犯罪所得，引渡或者遣返在逃的犯罪嫌疑人，有效地维护了司法公正。

近年来，中国与联合国、国际人权组织和世界贸易组织开展经常性法治对话，启动了与欧盟、东盟、阿盟、上海合作组织，以及美国、英国、德国、法国、澳大利亚等国家的多边与双边法治交流机制，促进了相互理解和信任。

结束语

中国是世界上最大的发展中国家，处于并将长期处于社会主义初级阶段。中国的法治建设仍面临一些问题：民主法治建设与经济社会发展的要求还不完全适应；法律体系呈现一定的阶段性特点，有待进一步完善；有法不依、执法不严、违法不究的现象在一些地方和部门依然存在；地方保护主义、部门保护主义和执行难的问题时有发生；有的公职人员贪赃枉法、执法犯法、以言代法、以权压法，对社会主义法治造成损害；加强法治教育，提高全社会的法律意识和法治观念，仍是一项艰巨任务。

社会主义法治建设的伟大实践使中国人民深刻认识到，全面贯彻落实依法治国基本方略必须遵循以下原则：坚持中国共产党的领导、人民当家做主、依法治国有机统一，保证中国共产党在法治建设中始终发挥总揽全局、协调各方的领导核心作用，保障广大人民群众依照宪法和法律的规定实现当家做主的权利，保证国家各项工作都依法进行；坚持一手抓建设、一手抓法治，紧密结合经济社会发展的客观需要，不断健全和完善法律制度，使法治建设为经济社会发展和构建和谐社会服务；坚持把法治建设植根于中国社会的实际，既注意借鉴国外的有益经验，又立足于中国国情，不照搬别国的法律制度和政治体制；坚持把法治建设的基础放在制度建设和增强全社会的法治观念上，不断提高全社会法治文明水平。

在新世纪新阶段，中国将坚持科学发展观，从完善立法、严格执法、公正司法、自觉守法等方面扎实推进，全面落实依法治国基本方略，加快建设社会主义法治国家。通过加强和改进立法工作，进一步提高立法质量，尽快形成更加完备的中国特色社会主义法律体系；通过加强宪法和法律实施，维护人民合法权益和社会公平正义，维护社会主义法制的统一、尊严、权威；通过加强对执法活动的监督，确保权力正确行使，真正做到有权必有责、用权受监督、违法要追究；通过深入开展法治宣传教育，进一步提高全社会的法律意识和法治观念，形成自觉学法守法用法的社会氛围。

中国人民正在全面建设小康社会的征程上奋勇前进。随着经济社会的又好又快发展，中国人民的各项权益必将得到更好的保障，社会主义法治国家建设必将取得更加丰硕的成果，中国必将对人类社会发展进步事业作出新的更大贡献。

附录：

中华人民共和国现行有效法律分类目录（229件）

（一）宪法及宪法相关法（39件）

1. 中华人民共和国宪法（1982年）

中华人民共和国宪法修正案（1988年）

中华人民共和国宪法修正案（1993年）

中华人民共和国宪法修正案（1999年）

中华人民共和国宪法修正案（2004年）

2. 城市街道办事处组织条例（1954年）

3. 中华人民共和国地方各级人民代表大会和地方各级人民政府组织法（1979年，1982年修正、1986年修正、1995年修正、2004年修正）

4. 中华人民共和国全国人民代表大会和地方各级人民代表大会选举法（1979年，1982年修正、1986年修正、1995年修正、2004年修正）

5. 中华人民共和国人民法院组织法（1979年，1983年修正、1986年修正、2006年修正）

6. 中华人民共和国人民检察院组织法（1979年，1983年修正、1986年修正）

7. 中华人民共和国国籍法（1980年）

8. 中华人民共和国全国人民代表大会组织法（1982年）

9. 中华人民共和国国务院组织法（1982年）

10. 全国人民代表大会常务委员会关于县级以下人民代表大会代表直接选举的若干规定（1983年）

11. 中华人民共和国民族区域自治法（1984年，2001年修正）

12. 全国人民代表大会常务委员会关于在沿海港口城市设立海事法院的决定（1984年）

13. 中华人民共和国外交特权与豁免条例（1986年）

14. 中华人民共和国全国人民代表大会常务委员会议事规则（1987年）

15. 全国人民代表大会常务委员会关于批准中央军事委员会《关于授予军队离休干部中国人民解放军功勋荣誉章的规定》的决定（1988年）

附：关于授予军队离休干部中国人民解放军功勋荣誉章的规定

16. 中华人民共和国全国人民代表大会议事规则（1989年）

17. 中华人民共和国集会游行示威法（1989年）

18. 中华人民共和国城市居民委员会组织法（1989年）

19. 中华人民共和国香港特别行政区基本法（1990年）

附件一　香港特别行政区行政长官的产生办法

附件二　香港特别行政区立法会的产生办法和表决程序

附件三　在香港特别行政区实施的全国性法律

20. 中华人民共和国国旗法（1990年）

21. 中华人民共和国领事特权与豁免条例（1990年）

22. 中华人民共和国缔结条约程序法（1990年）

23. 中华人民共和国国徽法（1991年）

24. 中华人民共和国领海及毗连区法（1992年）

25. 中华人民共和国全国人民代表大会和地方各级人民代表大会代表法（1992年）

26. 中华人民共和国澳门特别行政区基本法（1993年）

附件一　澳门特别行政区行政长官的产生办法

附件二　澳门特别行政区立法会的产生办法

附件三　在澳门特别行政区实施的全国性法律

27. 中华人民共和国国家赔偿法（1994年）

28. 中华人民共和国法官法（1995年，2001年修正）

29. 中华人民共和国检察官法（1995年，2001年修正）

30. 中华人民共和国戒严法（1996年）

31. 中国人民解放军选举全国人民代表大会和县

级以上地方各级人民代表大会代表的办法（1981年，1996年修订，修改为现名称）

32. 中华人民共和国香港特别行政区驻军法（1996年）

33. 中华人民共和国专属经济区和大陆架法（1998年）

34. 中华人民共和国村民委员会组织法（1998年）

35. 中华人民共和国澳门特别行政区驻军法（1999年）

36. 中华人民共和国立法法（2000年）

37. 反分裂国家法（2005年）

38. 中华人民共和国外国中央银行财产司法强制措施豁免法（2005年）

39. 中华人民共和国各级人民代表大会常务委员会监督法（2006年）

（二）民法商法（32件）

1. 中华人民共和国中外合资经营企业法（1979年，1990年修正、2001年修正）

2. 中华人民共和国婚姻法（1980年，2001年修正）

3. 中华人民共和国商标法（1982年，1993年修正、2001年修正）

4. 中华人民共和国专利法（1984年，1992年修正、2000年修正）

5. 中华人民共和国继承法（1985年）

6. 中华人民共和国民法通则（1986年）

7. 中华人民共和国外资企业法（1986年，2000年修正）

8. 中华人民共和国全民所有制工业企业法（1988年）

9. 中华人民共和国中外合作经营企业法（1988年，2000年修正）

10. 中华人民共和国著作权法（1990年，2001年修正）

11. 中华人民共和国收养法（1991年，1998年修正）

12. 中华人民共和国海商法（1992年）

13. 中华人民共和国反不正当竞争法（1993年）

14. 中华人民共和国消费者权益保护法（1993年）

15. 中华人民共和国公司法（1993年，1999年修正、2004年修正、2005年修订）

16. 中华人民共和国商业银行法（1995年，2003年修正）

17. 中华人民共和国票据法（1995年，2004年修正）

18. 中华人民共和国担保法（1995年）

19. 中华人民共和国保险法（1995年，2002年修正）

20. 中华人民共和国拍卖法（1996年，2004年修正）

21. 中华人民共和国合伙企业法（1997年，2006年修订）

22. 中华人民共和国证券法（1998年，2004年修正、2005年修订）

23. 中华人民共和国合同法（1999年）

24. 中华人民共和国个人独资企业法（1999年）

25. 中华人民共和国招标投标法（1999年）

26. 中华人民共和国信托法（2001年）

27. 中华人民共和国农村土地承包法（2002年）

28. 中华人民共和国证券投资基金法（2003年）

29. 中华人民共和国电子签名法（2004年）

30. 中华人民共和国企业破产法（2006年）

31. 中华人民共和国农民专业合作社法（2006年）

32. 中华人民共和国物权法（2007年）

（三）行政法（79件）

1. 公安派出所组织条例（1954年）

2. 全国人民代表大会常务委员会批准国务院关于劳动教养问题的决定的决议（1957年）

附：国务院关于劳动教养问题的决定

3. 全国人民代表大会常务委员会批准国务院关于华侨捐资兴办学校办法的决议（1957年）

附：华侨捐资兴办学校办法

4. 中华人民共和国户口登记条例（1958年）

5. 全国人民代表大会常务委员会关于批准《国务院关于安置老弱病残干部的暂行办法》的决议（1978年）

附：国务院关于安置老弱病残干部的暂行办法

6. 全国人民代表大会常务委员会批准《国务院关于劳动教养的补充规定》的决议（1979年）

附：国务院关于劳动教养的补充规定

7. 中华人民共和国学位条例（1980年，2004年修正）

8. 全国人民代表大会常务委员会关于批准《国务院关于老干部离职休养的暂行规定》的决议（1980年）

附：国务院关于老干部离职休养的暂行规定

9. 中华人民共和国海洋环境保护法（1982年，

1999年修订）

10. 中华人民共和国文物保护法（1982年，1991年修正、2002年修订、2007年修正）

11. 中华人民共和国水污染防治法（1984年，1996修正、2008年修订）

12. 中华人民共和国兵役法（1984年，1998年修正）

13. 中华人民共和国药品管理法（1984年，2001年修订）

14. 中华人民共和国外国人入境出境管理法（1985年）

15. 中华人民共和国公民出境入境管理法（1985年）

16. 中华人民共和国义务教育法（1986年，2006年修订）

17. 中华人民共和国国境卫生检疫法（1986年，2007年修正）

18. 中华人民共和国海关法（1987年，2000年修正）

19. 中华人民共和国大气污染防治法（1987年，1995年修正、2000年修订）

20. 中华人民共和国档案法（1987年，1996年修正）

21. 中国人民解放军军官军衔条例（1988年，1994年修正）

22. 中华人民共和国保守国家秘密法（1988年）

23. 中华人民共和国野生动物保护法（1988年，2004年修正）

24. 中华人民共和国传染病防治法（1989年，2004年修订）

25. 中华人民共和国环境保护法（1989年）

26. 中华人民共和国军事设施保护法（1990年）

27. 中华人民共和国归侨侨眷权益保护法（1990年，2000年修正）

28. 中华人民共和国人民警察警衔条例（1992年）

29. 中华人民共和国测绘法（1992年，2002年修订）

30. 中华人民共和国国家安全法（1993年）

31. 中华人民共和国科学技术进步法（1993年，2007年修订）

32. 中华人民共和国教师法（1993年）

33. 中华人民共和国城市房地产管理法（1994年，2007年修正）

34. 中华人民共和国母婴保健法（1994年）

35. 中华人民共和国监狱法（1994年）

36. 中华人民共和国人民警察法（1995年）

37. 中华人民共和国教育法（1995年）

38. 中华人民共和国预备役军官法（1995年）

39. 中华人民共和国体育法（1995年）

40. 中华人民共和国固体废物污染环境防治法（1995年，2004年修订）

41. 中华人民共和国食品卫生法（1995年）

42. 中华人民共和国行政处罚法（1996年）

43. 中华人民共和国律师法（1996年，2001年修正、2007年修订）

44. 中华人民共和国促进科技成果转化法（1996年）

45. 中华人民共和国职业教育法（1996年）

46. 中华人民共和国枪支管理法（1996年）

47. 中华人民共和国环境噪声污染防治法（1996年）

48. 中华人民共和国人民防空法（1996年）

49. 中华人民共和国国防法（1997年）

50. 中华人民共和国行政监察法（1997年）

51. 中华人民共和国建筑法（1997年）

52. 中华人民共和国献血法（1997年）

53. 中华人民共和国防震减灾法（1997年）

54. 中华人民共和国消防法（1998年）

55. 中华人民共和国执业医师法（1998年）

56. 中华人民共和国高等教育法（1998年）

57. 中华人民共和国行政复议法（1999年）

58. 中华人民共和国气象法（1999年）

59. 中华人民共和国国家通用语言文字法（2000年）

60. 中华人民共和国现役军官法（1988年，1994年修正、2000年修正，修改为现名称）

61. 中华人民共和国国防教育法（2001年）

62. 中华人民共和国防沙治沙法（2001年）

63. 中华人民共和国人口与计划生育法（2001年）

64. 中华人民共和国科学技术普及法（2002年）

65. 中华人民共和国清洁生产促进法（2002年）

66. 中华人民共和国环境影响评价法（2002年）

67. 中华人民共和国民办教育促进法（2002年）

68. 中华人民共和国海关关衔条例（2003年）

69. 中华人民共和国居民身份证法（2003年）

70. 中华人民共和国放射性污染防治法（2003年）

71. 中华人民共和国行政许可法（2003年）

72. 中华人民共和国道路交通安全法（2003年，2007年修正）

73. 中华人民共和国公务员法（2005年）

74. 中华人民共和国治安管理处罚法（2005年）

75. 中华人民共和国公证法（2005年）

76. 中华人民共和国护照法（2006年）

77. 中华人民共和国突发事件应对法（2007年）

78. 中华人民共和国城乡规划法（2007年）

79. 中华人民共和国禁毒法（2007年）

（四）经济法（54件）

1. 华侨申请使用国有的荒山荒地条例（1955年）

2. 全国人民代表大会常务委员会关于批准《广东省经济特区条例》的决议（1980年）

附：广东省经济特区条例

3. 中华人民共和国个人所得税法（1980年，1993年修正、1999年修正、2005年修正、2007年两次修正）

4. 中华人民共和国海上交通安全法（1983年）

5. 中华人民共和国统计法（1983年，1996年修正）

6. 中华人民共和国森林法（1984年，1998年修正）

7. 中华人民共和国会计法（1985年，1993年修正、1999年修订）

8. 中华人民共和国草原法（1985年，2002年修订）

9. 中华人民共和国计量法（1985年）

10. 中华人民共和国渔业法（1986年，2000年修正、2004年修正）

11. 中华人民共和国矿产资源法（1986年，1996年修正）

12. 中华人民共和国土地管理法（1986年，1988年修正、1998年修订、2004年修正）

13. 中华人民共和国邮政法（1986年）

14. 中华人民共和国水法（1988年，2002年修订）

15. 中华人民共和国标准化法（1988年）

16. 中华人民共和国进出口商品检验法（1989年，2002年修正）

17. 中华人民共和国铁路法（1990年）

18. 中华人民共和国烟草专卖法（1991年）

19. 中华人民共和国水土保持法（1991年）

20. 中华人民共和国进出境动植物检疫法（1991年）

21. 中华人民共和国税收征收管理法（1992年，1995年修正、2001年修订）

22. 中华人民共和国产品质量法（1993年，2000年修正）

23. 中华人民共和国农业技术推广法（1993年）

24. 中华人民共和国农业法（1993年，2002年修订）

25. 中华人民共和国注册会计师法（1993年）

26. 全国人民代表大会常务委员会关于外商投资企业和外国企业适用增值税、消费税、营业税等税收暂行条例的决定（1993年）

27. 中华人民共和国台湾同胞投资保护法（1994年）

28. 中华人民共和国预算法（1994年）

29. 中华人民共和国对外贸易法（1994年，2004年修订）

30. 中华人民共和国审计法（1994年，2006年修正）

31. 中华人民共和国广告法（1994年）

32. 中华人民共和国中国人民银行法（1995年，2003年修正）

33. 中华人民共和国民用航空法（1995年）

34. 中华人民共和国电力法（1995年）

35. 中华人民共和国煤炭法（1996年）

36. 中华人民共和国乡镇企业法（1996年）

37. 中华人民共和国公路法（1997年，1999年修正、2004年修正）

38. 中华人民共和国动物防疫法（1997年，2007年修订）

39. 中华人民共和国防洪法（1997年）

40. 中华人民共和国节约能源法（1997年，2007年修订）

41. 中华人民共和国价格法（1997年）

42. 中华人民共和国种子法（2000年，2004年修正）

43. 中华人民共和国海域使用管理法（2001年）

44. 中华人民共和国政府采购法（2002年）

45. 中华人民共和国中小企业促进法（2002年）

46. 中华人民共和国港口法（2003年）

47. 中华人民共和国银行业监督管理法（2003年，2006年修正）

48. 中华人民共和国农业机械化促进法（2004年）

49. 中华人民共和国可再生能源法（2005年）

50. 中华人民共和国畜牧法（2005年）

51. 中华人民共和国农产品质量安全法（2006年）

52. 中华人民共和国反洗钱法（2006年）

53. 中华人民共和国企业所得税法（2007年）

54. 中华人民共和国反垄断法（2007年）

（五）社会法（17件）

1. 全国人民代表大会常务委员会关于批准《国务院关于工人退休、退职的暂行办法》的决议（1978年）

附：国务院关于工人退休、退职的暂行办法

2. 全国人民代表大会常务委员会关于批准《国务院关于职工探亲待遇的规定》的决议（1981年）

附：国务院关于职工探亲待遇的规定

3. 中华人民共和国残疾人保障法（1990年）

4. 中华人民共和国未成年人保护法（1991年，2006年修订）

5. 中华人民共和国工会法（1992年，2001年修正）

6. 中华人民共和国妇女权益保障法（1992年，2005年修正）

7. 中华人民共和国矿山安全法（1992年）

8. 中华人民共和国红十字会法（1993年）

9. 中华人民共和国劳动法（1994年）

10. 中华人民共和国老年人权益保障法（1996年）

11. 中华人民共和国预防未成年人犯罪法（1999年）

12. 中华人民共和国公益事业捐赠法（1999年）

13. 中华人民共和国职业病防治法（2001年）

14. 中华人民共和国安全生产法（2002年）

15. 中华人民共和国劳动合同法（2007年）

16. 中华人民共和国就业促进法（2007年）

17. 中华人民共和国劳动争议调解仲裁法（2007年）

（六）刑法（1件）

中华人民共和国刑法（1979年，1997年修订）

全国人民代表大会常务委员会关于惩治骗购外汇、逃汇和非法买卖外汇犯罪的决定（1998年）

中华人民共和国刑法修正案（1999年）

中华人民共和国刑法修正案（二）（2001年）

中华人民共和国刑法修正案（三）（2001年）

中华人民共和国刑法修正案（四）（2002年）

中华人民共和国刑法修正案（五）（2005年）

中华人民共和国刑法修正案（六）（2006年）

（七）诉讼与非诉讼程序法（7件）

1. 中华人民共和国刑事诉讼法（1979年，1996年修正）

2. 全国人民代表大会常务委员会关于对中华人民共和国缔结或者参加的国际条约所规定的罪行行使刑事管辖权的决定（1987年）

3. 中华人民共和国行政诉讼法（1989年）

4. 中华人民共和国民事诉讼法（1991年，2007年修正）

5. 中华人民共和国仲裁法（1994年）

6. 中华人民共和国海事诉讼特别程序法（1999年）

7. 中华人民共和国引渡法（2000年）

（原载《人民日报》2008年2月29日）

· 学科综述 ·

概述

本栏目记述 2008 年度北京地区哲学社会科学 15 个学科的理论综述文章 52 篇；北京研究的理论综述文章 6 篇；并附录 2 篇在报刊发表的综述性理论文章。综述作者多为首都社会科学界重要学术机构的资深学者、学科带头人及有较高学术水平的社科理论工作者。这些学科综述均从各自视角记述并分析了相关研究领域本年度的主要研究方向、科研项目、学术活动、学术成果、学术观点、学术价值及社会影响等内容，反映出首都哲学社会科学工作者始终坚持为人民服务、为社会主义服务的方向，坚持百花齐放、百家争鸣的方针，广泛深入地开展各学科的理论研究与学科建设，以丰硕的研究成果，繁荣学术，服务首都。

马克思主义

马克思主义经典著作研究

彭萍萍

2008 年是马克思诞辰 190 周年和《共产党宣言》出版 160 周年。对于马克思主义经典著作的研究，学界也掀起了一股新的热潮，开展了多种形式的纪念活动。

首先是“马克思学论坛”的多次举行。2008 年第五至九届“马克思学论坛”分别在中央编译局、北京大学、北京市委党校、中国政法大学、中国人民大学举行，会议就《1844 年经济学哲学手稿》、《共产党宣言》和《资本论》等原著进行解读。其次，“全国马克思主义”论坛再次召开。11 月 6 至 7 日会议在南京举行，由中共中央编译局和解放军南京政治学院联合主办。另外，中国马克思主义研究基金会还举办了优秀论文评选活动。更值得一提的是，马克思主义理论研究与建设工程仍然在如火如荼地展开，取得了丰硕的成果。

2008 年关于马克思主义经典著作的研究状况概述如下：

一、马克思主义经典著作研究

1. 关于《共产党宣言》的研究

2008 年是《共产党宣言》发表 160 周年，所以以此为契机开展了多种形式的纪念活动，对其研究也呈现新的景象，取得了一些新成果。

首先，有学者指出，在新的历史条件下要重读《共产党宣言》，并对相关问题进行了新的解读。（1）关于消灭私有制问题。学者指出不能作简单理解，认为马克思并不一般地反对私有制或私有财产，相反倒是对于以自己劳动为基础的私有制或私有财产制度基本上持一种肯定的态度。当然，这种私有制只是一定历史阶段的产物，它必将随着生产力的发展、生产规模的扩大和生产方式的改变而逐渐被历史所超越，这是不以人们的意志为转移的。而在不完全否定“私有制”的同时，学者还提出要废除、消灭或扬弃资本主义所特有的剥削式的即劳动者受到资本奴役的不公平的财产制度。（2）关于公有制问题。学者指出马克思、恩格斯所讲的公有制是以资本主义大生产为基础的一种现代财产占有方式。所以，他们认为公有制是在资本主义私有制基础上产生的，是一种历史的必然，而不是主观任意的自主构造。在对于公有制的理解中，研究者们常常忽略的一点是：在马克思看来，公有制是在资本主义“旧社会的胎胞里成熟”的一种社会制度，现代的公有制是资本主义时代的成就。

针对当前社会上存在的一些极“左”思潮，还有学者对《共产党宣言》的核心思想进行辨析，指出“每个人的自由发展”才是其核心精神，而过去所提的“一个消灭，两个彻底决裂”（即“消灭私有制”和“同传统的所有制关系实行最彻底的决裂”、“同传统的观念实行最彻底的决裂”）只是达到“每个人的自由发展”的步骤和手段之一，并不是目标。不论在国际或中国范围内，实现“一个消灭，两个最彻底决裂”都将是漫长的、渐进的历史过程，不可能一蹴而就，急于求成。对于《共产党宣言》的正确理解，必须要从原文出发。而对于其中的一些译文还需要进一步的商榷。比如，对于“消灭私有制”就有人提出改译为“扬弃私有制”，对“最彻底的决裂”的翻译也有不同的意见①。

关于《共产党宣言》的特征，有学者指出它作为共产党人的第一个全面完整的党纲，具有指导性；作为一个博大精深的“科学理论体系”，具有科学性；而与时俱进的理论品质则使其具有开创性。正因为具有这些特性，马克思主义才不断地得到丰富和发展，并放射出更加耀眼的真理光芒②。

关于《共产党宣言》的现代价值，学者指出，(1)《宣言》的基本原理是建设中国特色社会主义的理论基础。“两个必然”原理昭示了中国特色社会主义的前途；生产力理论指明了中国特色社会主义的任务和途径；全球化思想指明了社会主义中国走向世界的最佳策略。(2)《宣言》所揭示和总结的一系列规律和观点为研究和解决现时代的新问题提供了启示或思路。这集中体现在《宣言》的社会和谐观、阶层分化整合观、农村城市化观点和统治阶级意识形态观等方面。(3)《宣言》是一部进行求实精神教育的好教材，但同时学者也指出要直面现实、批判照搬、反对教条③。

还有学者通过追溯《共产党宣言》在中国翻译、传播的过程，指出《共产党宣言》的光辉思想不仅对中国现代政治、经济产生了重要影响，而且彻底改变了中国传统的话语体系，促成了中国现代哲学社会科学的形成，决定了中国现代文化发展的方向，在我国先进文化建设中起着非常重要的作用④。

鉴于对《共产党宣言》的创作史及文本结构研究较少，有学者指出，目前国内外学界对此有加强的趋势⑤。

2. 关于《资本论》的研究

有学者指出，以往我国对《资本论》的研究存在很多问题，现在是需要全面超越原有研究方式和水准的时候了。要言之，在当代新的境遇下重新研究《资本论》，必须以权威、完整和准确的文献资料、版本作为基础；必须突破把它仅仅看做是单纯的政治经济学著作和哲学上只是对唯物史观的运用与检验的传统而狭窄的研究思路，要将其宽广的思想视野、深邃的历史意识和深刻的哲学蕴涵全面地展示、提炼出来；必须结合对20世纪资本批判史的梳理以及目前资本全球化的发展态势来重新理解和评价《资本论》中的资本理论及其对资本逻辑的批判，确立其思想史地位和当代意义⑥。

还有学者指出，《资本论》中蕴涵着丰富的公平正义思想。马克思以劳动和劳动中结成的社会关系为主线，以每个人的发展为出发点，科学地说明了各个不同的社会经济形态中的公平正义的观念形式和社会现实的发展历程。认为公平正义观是历史地发展的，建立在商品经济基础上的平等权利观念，是区分古代的公平正义观和现在的公平正义观的根据。资产阶级公平正义观具有虚幻性，是商品交换领域的意志关系和契约关系的观念表现。马克思在《资本论》中确立了马克思主义的公平正义观，它以“每一个人的全面而自由的发展”为核心，是对资产阶级以平等权利为核心的公平正义观的超越，是真理标准和价值标准的统一⑦。

3. 对《关于费尔巴哈的提纲》的研究

针对国内某些学者无批判地接受国外“版本研究的新成果”、否定《关于费尔巴哈的提纲》在马克思主义哲学史上重要意义的观点，有学者通过对国外有关《提纲》及其相关文本的文献考证历史的缜密研究，揭示了文献考证同文本解读、思想诠释之间具有不可分割的内在联系，说明所谓“版本研究的新成果”不仅不能否定，反而进一步证实了《提纲》是“包含着新世界观的天才萌芽的第一个文件”⑧。

另外，关于经典著作的翻译问题，学者们也提出了一些商榷的意见。有学者总结了对“全世界无产者，联合起来”的74种中文译法，在《共产党宣言》出版160年之际，把不同译文的考证资料仔细整理和比较评析，并郑重提出改译为“所有国家劳动者，联合起来！”的新建议，认为这种译法既忠实于原著，有利于准确、深入地理解马克思主义的精神实质，又有利于联合全世界所有国家的全体劳动者，最终实现人的解放，更有利于促进全世界所有国家长期和平共处，共同维护世界和平、发展与合作，构建和谐社会与和谐世界，增进人类福祉[9]。

二、马克思主义经典作家思想研究的新进展

（一）马克思主义经典作家关于社会问题的重要观点

1. 马克思、恩格斯的和谐社会思想

马克思、恩格斯在批判和继承前人和谐思想的基础上，形成了其和谐社会思想。他们认为生产力和生产关系是影响社会和谐的根本原因，人民是构建和谐社会的动力，建立无产阶级政权是和谐社会建立的前提，和谐社会的本质是切实地解决各种矛盾，而实现每个人都能自由而全面发展是和谐社会建设的最终目标。这些基本思想蕴涵着和谐是矛盾的对立统一、实践的最终目的和有机的发展过程等哲学观点[10]。

有学者指出，马克思、恩格斯的和谐社会思想还体现为他们对“民生”的关注，认为关切“民生”是不能忽视的马克思的思想传统。这首先在于它是马克思理论（包括历史观、哲学、批判理论、解放理论和共产主义理论）的运思传统和现实镜像。其次在于它内在地包含于马克思思想的生成逻辑中，是其思想传统。这在马克思世界观的形成过程中发挥了不同的作用，不仅是年青马克思世界观萌发的原生基地和推动力量，还是其在1842年至1844年底间形成共产主义世界观的思想基地和推动力量，更是马克思确定和完善科学世界观的思想基地和推动力量。关切民生确立了马克思思想的“以民众为本”思维，确立了马克思思想的辩证性思维以及实践性思维，还蕴涵了马克思思想的和谐思维。这些对于我们构建中国特色社会主义“和谐社会”具有重要意义[11]。

针对资本主义及其代言人标榜资本主义社会是真正的和谐社会，马克思、恩格斯在指出其进步性的同时，指出资本主义社会本身具有矛盾性，是一个极端不和谐的社会。这全面地表现在资本主义社会中的政治、经济和文化等各个方面，如经济自由掩盖下的极端强制性、政治民主掩盖下的极端专制性、文化繁荣掩盖下的极端虚无性，这样整个资本主义社会道德体系就呈现是非不分、美丑莫辨、善恶颠倒的状况。但马克思、恩格斯同时指出，虽然资本主义社会是人类历史上迄今出现的最不和谐的社会，但它又为真正的和谐社会——共产主义社会的实现创造了较为完备的条件[12]。

2. 马克思、恩格斯对未来社会的预测

有学者指出，马克思、恩格斯在回答资本主义发展提出的现实问题和剖析资本主义的过程中，对未来社会的组织状况、发展方向和基本特征等问题作了历史的预测和天才的设想。这一设想是包括价值目标、科学体系、制度设计在内的三位一体的科学理论。其内容包括：（1）关于未来社会的发展阶段，指出无产阶级夺取政权以后，经过一个过渡阶段就进入未来社会，其发展也要经历一个漫长的过程。（2）关于未来社会是自由人的联合体，指出实现人的全面和自由发展是未来社会的本质特征，最根本的是生产力的充分发展。（3）关于未来社会的经济特征，指出国家以社会的名义占有生产资料；社会生产的无政府状态将被按照全社会和每个成员的需要进行有计划的调解；当社会占有生产资料之后，就消灭了商品生产，消除了商品对生产者的统治；劳动产品的分配原则将是社会直接占有生产资料以维持和扩大再生产，而生活资料归个人直接占有；旧的社会分工将被消灭，生产劳动将给每个人提供全面发展和表现自己全部才能的机会，劳动成为需要和快乐，而不是一种负担；城乡对立消除。（4）关于未来社会的政治特征，即消灭阶级差别，国家自行消亡。（5）未来社会不是一种一成不变的东西，是经常变化和改革的社会。（6）工人阶级的解放需要有自己的知识分子队伍，需要通过教育和训练培养全面发展的新人。（7）共产主义是以生产力的普遍发展和以世界交往的普遍发展为前提的[13]。

还有学者指出，马克思把人类社会的发展看做是一个“自然历史过程”，而把未来共产主义看成这一客观运动过程的必然结果。在对未来社会的预见上，马克思更多地把认识的重点放在对现存社会的批判上。他们从深刻剖析现实资本主义社会基本矛盾入手，揭示出资本主义社会将不可避免地被未来新社会所代替的历史必然性。同时，他又极其谨慎地提出了共产主义社会按其成熟的不同程度分为“第一阶段”和“高级阶段”的论点。马克思关于未来社会的预见，提供的不是现成的教条，而是进一步研究的出发点和供这种研究使用的方法。马克思对未来社会的预见不是教义而是方法[14]。

3. 马克思、恩格斯关于东西方社会发展问题的思考

有学者指出马克思、恩格斯从战略层面上思考了俄国、中国的社会发展与西方社会发展的关系，

形成和提出了东西方的社会发展“相互补充”和“两极相联”的理论。列宁、斯大林、毛泽东等从路线和方针的层面上思考了东西方社会发展的关系，形成了和平建设的理论与吸收西方文明成果的理论[15]。

对晚年马克思“跨越”思想研究一直是学术界关注的问题。《晚年马克思“跨越”思想研究——兼论东方社会主义的历史发展》一书对这一思想的历史缘由、理论价值、完善发展以及在东方的实践及当代意义等进行了详细地论证。由于马克思在晚年集中精力研究了人类学和俄国问题，才使他得以形成了关于落后国家在特定的条件下可以实现“跨越”发展的思想，进而明确提出了俄国有可能“跨越资本主义卡夫丁峡谷”的理论构想。理论界较为一致的看法是，马克思针对俄国问题而提出的，并进而推演至东方经济文化落后国家能够“跨越”资本主义独立发展阶段而走上社会主义的发展道路，这开辟了一个科学社会主义理论与实践的新领域，具有极为重要的理论和实践意义。作者还指出，马克思“跨越”思想的动因主要有两个方面：（1）理论方面：完善理论，澄清误解；（2）实践方面：回答疑问，指导革命[16]。

（二）马克思主义经典作家关于政治问题的观点

1. 关于无产阶级政党建设学说

马克思、恩格斯在创建无产阶级政党并指导其开展革命活动的过程中，曾就无产阶级政党应对国际局势的问题作过很多论述。他们阐明了无产阶级应对国际形势的必然性和基本要求，提出无产阶级政党要“洞悉国际政治的秘密”，揭露、监督和反对剥削阶级政府的外交活动；要以各国工人的兄弟联盟来对付各国资产阶级的联盟；声援和支持被压迫民族的解放运动；要根据国际局势的变化及时调整应对策略；努力构建和平、正义的新世界。这一思想不仅在当时对各国无产阶级政党的活动起了积极的指导作用，而且在现时对各国无产阶级政党（尤其是执政党）作用的发挥仍有着重要的指导意义。也正因如此，在随后的革命与建设时期，这一问题成为无产阶级革命家们关注的重要问题[17]。

有学者总结列宁共产党执政思想的主要内容涉及了党执政后的根本任务、党执政的本质、执政方式、执政能力、执政基础、执政地位、执政党自身建设等有关政党执政的基本问题，具体包括：（1）俄共（布）必须实现从革命党向执政党的角色转变；（2）共产党执政的实质在于人民当家做主；（3）执政党内部要实现充分的党内民主，实现民主决策；（4）执政党要实现党的执政方式的科学化；（5）执政党必须正确协调与其他阶级、阶层的关系，巩固和扩大党的执政基础；（6）关于执政党巩固自身执政地位的基本主张，强调群众的认同等；（7）关于执政党要加强自身建设的思想，强调提高党员质量，加强组织建设，密切群众关系，进行批评与自我批评等[18]。

学者在指出列宁共产党执政思想作出开创性历史贡献的同时，也提出其不可避免地具有种种局限性。（1）列宁的某些认识有失偏颇，甚至是错误的。如关于计划和市场的认识。（2）列宁的某些认识自身充满了矛盾。如对待知识分子问题。（3）列宁的某些认识有待于深化。如对党政关系的处理方面。（4）列宁在特定历史条件下提出某些正确主张并不具有普适性。如禁止党内派别活动问题。（5）列宁的某些认识具有空想成分。如对于中央委员会的人数等方面[19]。

2. 关于“中央集权制”的思考

有学者指出，在马克思、恩格斯的理论视阈中，东西方不同社会条件下的中央集权制虽有着不同的制度内涵和发展路径，但都共同体现了国家所具有的本质特征。由于集权制作为“国家的本质”具有功能异化的可能，因此需要其他形式政府体制的补充以克服其制度供给的不足。工人阶级国家政权则为实现中央集权制与分权制的有机统一提供了可能性。这就产生了无产阶级专政国家构建“中央集权制”的理论命题，具体应当体现为四项主要原则：“议行合一”原则、“去官僚化”原则、“组织权威”原则、“有限集权”原则[20]。

3. 关于民主问题的论述

民主问题一直是马克思研究的一个重要视阈，它不仅是马克思探讨政治问题的理论出发点，也是其哲学思想得以表达的辐射点。马克思的民主思想贯穿于其一生，其民主观的发展经历了四个时期，在启蒙主义、理性主义、人本主义和自由主义的基础上，马克思不断对其民主理论进行完善。他立足于对资本主义经济事实和具体政治事件的哲学分析，赋予民主观更多的理论内涵，使之趋于完善和系统化。民主的思想在马克思思想发展史上有着连续性。从早期对专制主义的批判来考察民主的基本概念，到中期通过《资本论》来分析民主背后深层的经济根源，再到晚期巴黎公社的具体实践给民主带来的生命力和活力。这些表明，马克思虽然没有用专著的形式系统地表达民主，但是在其文本群中的确存在着关于民主的思想体系。在马克思思想发展的各个时期，他都强调民主对于无产阶级国家、未来社会的重要性。尤其是在当前政治哲学的研究中，强调马克思的民主观，恢复马克思政治哲学思想的正统地位，具有十分重要的理论和现实的意义[21]。

（三）马克思主义经典作家关于经济问题的论述

有学者提出马克思、恩格斯理论中有一些长期为我们所忽视的重要思想观点，如关于股份制企业是对资本主义私有制的一种扬弃和向新生产方式转化的过渡形式的思想，关于公有制是在资本主义"旧社会的胎胞里成熟"的一种社会制度的思想、关于重建个人所有制的思想，关于财产权是人的自由全面发展的前提条件的思想，关于小块土地的私人占有是农民及其家庭生存发展的必要条件的思想等[22]。

关于马克思的社会分工理论，长期以来，我国经济理论界存在一种普遍性的认识，即将社会分工范畴的物质内容部分当成了该经济范畴的全部内涵。但学者指出，马克思经济学中的社会分工理论认为，社会分工概念的内涵应当是物质内容和社会形式的辩证统一，这体现为两重维度：前者是从人与物、人与自然条件关系方面而言的，后者是从人与人、人与社会条件关系方面而言的。马克思认为社会分工是在旧生产方式瓦解基础上形成的，是商品经济的一般范畴；作为贯穿整个马克思经济理论体系始终的主线，社会分工具有结构分析的方法论意义，这使我们在现今的理论创新和对经济实际作理论分析时要注意运用的；社会分工规律对于社会生产和流通具有调节作用，我们普遍认为的调节社会生产和流通的价值规律也包含于社会分工规律之内，是社会分工规律及其作用的一个重要部分。马克思关于社会分工扩大的思想和观点散见于《资本论》以及其他的经济学手稿中。他还有一个相关的重要观点是认为产品创新是社会分工扩大的重要推动因素。这是运用结构变动的观点来解释社会经济发展过程，即是将社会经济的发展看做是由内在的创新力量推动社会分工体系不断变动和拓展的运动过程。由此，学者认为马克思是现代经济成长理论研究的先驱者。

（四）关于其他重要论述的研究

1. 马克思、恩格斯关于现代化的理论

有学者指出，马克思、恩格斯虽然没有专门的关于现代化的著作，但其关于现代化的理论却有着丰富的内容，主要是指马克思、恩格斯运用唯物史观对现代化现象进行辩证思考所形成的理论，包括全球化理论、东方现代化理论、超越时空的生态学理论、以人的全面发展为核心的发展观、跨越发展理论、社会和谐理论等[23]。

另有学者指出，马克思和恩格斯是对现代性进行彻底历史化把握的思想家。早在《共产党宣言》中他们就曾精辟地分析了资本主义现代性的历史演变及特点。认为新的市民社会的产生是形成资本主义现代性的根本前提，而新市民社会只有在旧市民社会的解体中才能形成。资产阶级市民社会是个人独立性形成、个人权利和私人利益支配的世界；资产阶级使人的主体性和科学技术力量得到高扬，真正构建起作为现代性主要内核的人的主体性和科技理性；资产阶级开拓了世界市场，使现代性具有了世界性和人类性的因素；随着资产阶级所开创的世界市场和世界历史的发展，也就形成了资本主义的世界文明模式；而资本主义现代社会和现代性不同于传统社会的根本点是"不断变革"[24]。

2. 关于马克思、恩格斯的关系问题

有学者认为透过《共产党宣言》的创作过程，可以看出两人的关系问题。我国学者根据文献学的新成果，对《共产党宣言》的创作过程和文本内容进行新的解读，认为其创作是三份手稿的理论结晶，它的草稿可以从1847年1月算起，到最后的定稿是"一年三稿"，即恩格斯撰写了第一、二稿《共产主义信条草案》、《共产主义原理》，最后的定稿是马克思、恩格斯的共同之作，是三易其稿的理论升华。至于两人的思想是否一致，学者认为，在创作过程中，马克思、恩格斯的总体思想是一致的，但是涉及具体内容的阐述，两者在思想深度和广度上存在着细微的差异[25]。

也有学者指出，马克思与恩格斯思想的差异性研究一直是西方学者研究马克思主义的一个重要角度，也是近年来国内一些学者讨论的热点问题。关于马克思与恩格斯思想差异性研究最早起源于早期"西方马克思主义"者。我国真正关注、研究马克思与恩格斯的思想差异并形成一定学术影响，始于20世纪90年代后期。尽管目前国内的相关研究还是初步的、不系统的，但是具有重要的积极意义，不仅改变了马克思与恩格斯思想不能区分开来的传统观念，有利于深化马克思、恩格斯思想研究；而且重视文本研究与比较研究，有助于拓宽马克思主义发展史研究领域。研究中提出的问题为当代中国的马克思主义理论研究与建设提供了有益的借鉴[26]。

尽管差异性研究在深化马克思、恩格斯思想研究方面有重要的学术贡献，但也存在着值得关注的重大缺陷。（1）否定马克思主义的批判情结。差异性研究者一般从批判马克思主义的所谓不足或缺陷入手“发现”马克思与恩格斯的思想差异，并把超越或解构马克思主义作为理论落脚点。（2）褒扬马克思、贬抑恩格斯的理论立场。（3）回到“真正马克思”的思想旨趣。（4）与现当代西方社会思潮接轨的创新路径。（5）绝对化、片面化、纯学理化的主观主义思维方式。具体到两人的差异，则具有以下性质和特点：（1）思想根本一致基础上的差异；（2）分工合作基础上的差异；（3）发展创新的差异；（4）生平个性和思想分割的不同所造成的理论形式的差异[27]。

3. 斯大林建设社会主义的思想

学者指出，以1882年普列汉诺夫翻译、出版《共产党宣言》（俄文版）为起点，截至目前，马克思主义的俄国化进程已经经历了120多个春秋。尽管人们可以使用不同的标准对这段历史进行不同的划分与归纳，但普列汉诺夫主义——列宁主义——斯大林思想——发达社会主义理论应当被看做是这段历史演进的主线和主脉。其中列宁主义是关于俄国无产阶级革命的学说，而斯大林思想所涉及的最重要和最具独创性的是关于在俄国进行社会主义建设的观点、主张和构想。

斯大林建设社会主义思想（或社会主义观）主要由三部分组成：一是关于苏联能够建成社会主义社会的论述；二是关于怎样建设社会主义即建设社会主义的方式、方法、途径、道路的论述等；三是关于建成什么样的社会主义即社会主义社会的本质特征和面貌的论述。而这每一部分思想在形成过程中都经历过巨大的转变。第一次转变是在20世纪20年代中后期，内容是在苏联能否单独建成社会主义的问题上，斯大林的观点从“不能建成论”转变为“建成论”；第二次转变是在20世纪20年代末30年代初，围绕着苏联怎样建设社会主义的一系列问题，斯大林的主张从“渐进论”转变为“激进论”；第三次转变是在20世纪30年代中后期苏联宣布建成社会主义社会的时候，在对社会主义社会面貌的确认方面，斯大林从“理想论”转变为“现实论”。这三次转变之间是一个相互间存在内在关系的联动过程。斯大林建设社会主义的三次转变具有鲜明的客观动因和实际依据，是列宁主义合乎逻辑的延续，对苏联的社会主义建设乃至整个国际共产主义运动的发展都产生了重大的影响[28]。

三、研究马克思主义经典著作的方法问题

1. 关于马克思解读模式的问题

关于马克思解读模式问题，自20世纪80年代以来就一直是国内马克思主义研究的焦点问题。有学者指出，从19世纪40年代以来，对于马克思主义哲学的解读先后出现过“以恩解马”、“以苏解马”、“以西解马”、“以马解马”等较为流行的解读模式。还有学者曾提出“五大解读模式”说，即西方马克思学的模式、西方马克思主义人本学的模式、阿尔都塞的模式、苏联学者的模式和我国学者的模式等。在此基础上，近年来我国学者又提出“中国特色马克思学”的多维解读模式，自觉建构中国特色马克思学的方法论体系，以求实现互文本阅读和马克思学研究的国际对话[29]。

有学者指出，关于对马克思主义的研究要把握其整体性，并将之与对马克思主义丰富内容进行分门别类研究相结合，做到相辅相成。而研究和把握马克思主义整体性至少要有以下几个角度：（1）马克思主义的形成过程；（2）马克思主义各个组成部分的内在联系和马克思主义基本著作的内容；（3）马克思主义的革命性与科学性的统一；（4）马克思主义的创新性和实践性。学者进一步指出那种认为对马克思主义只分为哲学、政治经济学、科学社会主义三个组成部分来把握就可以了，而不必从整体进行把握的结论，是后人对马克思主义的一种错误的、至少是不准确的理解[30]。

2. 关于“四个分清”

国内学者一致认为，党中央前几年提出的“四个分清”是坚持和发展马克思主义最基本的方法论前提和原则。联系中国实际，中国特色社会主义理论体系的创立和发展过程，就是“四个分清”的过程。

在具体的方法方面，有学者指出必须在扎实的文本研究的基础上，历史地呈现马克思、恩格斯、列宁真实思想发展进程的原貌。只有正本清源地回到马克思、回到列宁，才能真正地分清和把握其基本立场、基本观点、基本方法。

也有学者提出要在新的起点上推进以马克思主义中国化、时代化为主旨的理论创新，应把中国特色社会主义理论体系、学习贯彻科学发展观等重大理论和现实问题作为主攻方向，实现理论研究视角从“革命理论”到“建设理论”的转变，推动理论研究方式的现代化和理论研究成果走向世界。

还有学者强调要科学区分马克思主义的“核心主题”与“次核心主题”或“非核心主题”，马克思主义的“核心主题”就是“人类解放的社会理想”，这是贯穿于马克思思想始终的“硬核”，而对于马克思、恩格斯提出的具体的斗争策略、方法手段，我们则要作历史的、具体的理解、分析和

判断[31]。

另有学者指出，检视马克思思想发展的演变，历来的研究著作和教材都认为，马克思早期经历了一个从“革命民主主义向共产主义、从唯心主义向唯物主义”的转变过程，这对于哲学史、思想史来说是一种误读和曲解。这种对于马克思思想发展史上的解释，至多只能是对马克思早期思想发展的一种解释，而不是唯一的解释。而实现哲学思维方式由僵持于本原问题上两极抽象对立的还原论实现了向以实践关系为基础的辩证解决的转变，堪称哲学观上的重大变革[32]。

（作者：中共中央编译局副编审）

注：

①高放：《〈共产党宣言〉的核心思想辨析》，《中共银川市委党校学报》，2008 年第 3 期。

②姜辉：《〈共产党宣言〉中的“主义之辨”及其当代意义》，《教学与研究》，2008 年第 3 期。

③陈朝余：《〈共产党宣言〉的现代价值》，《社会主义研究》，2008 年第 3 期。

④杨金海：《〈共产党宣言〉与中华民族的百年命运》，《光明日报》，2008 年 7 月 3 日。

⑤㉕郭丽兰：《透视马克思和恩格斯关系的一面镜子——〈共产党宣言〉创作史新探》，《学术论坛》，2008 年第 9 期。

⑥聂锦芳：《重新研究〈资本论〉：基本原则与基础文献》，《云南大学学报》（社会科学版），2008 年第 6 期。

⑦陈传胜：《〈资本论〉的公平正义思想研究》，《当代世界与社会主义》，2008 年第 5 期。

⑧姚顺良、夏凡：《〈关于费尔巴哈的提纲〉写作时间的判定及其思想史定位》，《马克思主义研究》，2008 年第 8 期。

⑨《“全世界无产者，联合起来！”74 种中译文考证评析》，《文史哲》，2008 年第 2 期。

⑩徐进功、吴桂韩：《马克思恩格斯和谐社会思想的哲学意蕴及现实启示》，《马克思主义与现实》，2008 年第 2 期；白琳：《马克思恩格斯和谐社会思想的三维解读》，《当代世界与社会主义》，2008 年第 4 期。

⑪吴苑华：《关切“民生”：一个不能忽视的马克思传统》，《马克思主义研究》，2008 年第 6 期。

⑫袁杰：《马克思恩格斯对资本主义社会和谐虚伪性的批判》，《马克思主义研究》，2008 年第 10 期。

⑬何根海、季正矩：《科学认识马克思恩格斯对未来社会的历史预测》，《当代世界与社会主义》，2008 年第 6 期。

⑭俞思念、雷忠：《论马克思关于未来社会预见的科学性》，《马克思主义研究》，2008 年第 7 期。

⑮俞良早：《马克思主义关于东西方国家社会发展关系的理论发展》，《马克思主义研究》，2008 年第 7 期。

⑯孟宪东：《晚年马克思“跨越”思想研究——兼论东方社会主义的历史发展》，当代中国出版社，2008 年版。

⑰李爱华：《论马克思恩格斯关于无产阶级政党应对国际局势的思想》，《当代世界与社会主义》，2008 年第 2 期。

⑱⑲王进芬：《试论列宁共产党执政思想的局限性》，《当代世界与社会主义》，2008 年第 3 期。

⑳连朝毅：《论马克思恩格斯思想视阈的“中央集权制”》，《马克思主义研究》，2008 年第 10 期。

㉑王东、郭丽兰：《马克思民主观的发展轨迹》，《马克思主义与现实》，2008 年第 1 期。

㉒李惠斌：《重读〈共产党宣言〉——对马克思关于“私有制”、“公有制”以及“个人所有制”问题的重新解读》，《当代世界与社会主义》，2008 年第 3 期。

㉓郑继江：《马克思的现代性视野考察》，《当代世界与社会主义》，2008 年第 2 期。

㉔周雅难：《论〈共产党宣言〉对现代性的历史化把握》，《当代世界与社会主义》，2008 年第 3 期。

㉖㉗吴家华：《正确看待马克思与恩格斯的思想差异》，《马克思主义研究》，2008 年第 7 期。

㉘徐之明：《马克思主义俄国化进程中的加速阶段——斯大林建设社会主义思想的三次转变》，《马克思主义研究》，2008 年第 10 期。

㉙王刚：《穿越西方马克思学深化，走向中国特色马克思学——基于对马克思的解读模式视角》，《当代世界与社会主义》，2008 年第 2 期。

㉚逄锦聚：《研究和把握马克思主义整体性》，《马克思主义研究》，2008 年第 6 期。

㉛关于“四个分清”问题的阐述，参见第五届马克思主义论坛上的相关发言。

㉜聂锦芳：《对马克思思想研究中一种流行的解释思路的质疑》，《理论视野》，2008 年第 1 期。

马克思主义中国化研究

唐洲雁

2008年，首都学者以党的十七大精神为指导，以纪念毛泽东诞辰115周年、改革开放30周年以及真理标准大讨论30周年等活动为契机，认真开展对毛泽东思想和中国特色社会主义理论体系的研究和探讨，取得了丰硕的成果。

一、关于中国特色社会主义理论体系与毛泽东思想的关系

十七大把邓小平理论、"三个代表"重要思想和科学发展观等重大战略思想概括为中国特色社会主义理论体系，并认为这个理论体系"坚持和发展了马克思列宁主义、毛泽东思想"，"是马克思主义中国化的最新成果"。这是对中国特色社会主义理论体系与毛泽东思想继承和发展关系的科学界定。2008年，首都学者围绕这一科学判断进行了深入具体的阐述。

有学者指出，马克思主义与中国具体实际相结合，有两次历史性飞跃，解决了两大历史性课题。第一次历史性飞跃，所要解决的是切合中国实际的革命道路问题；第二次历史性飞跃，所要解决的是切合中国实际的社会主义建设道路问题。在第一次飞跃中，产生了毛泽东思想这一马克思主义中国化的理论成果；在第二次飞跃中，产生了中国特色社会主义理论体系这一马克思主义中国化的理论成果。二者之间一脉相承，是继承和发展的关系。至于毛泽东对如何建设社会主义所作的理论探索及其思想成果，则属于第一次飞跃的延续、第二次飞跃的准备，从理论形态上看，仍然属于毛泽东思想的范畴，不包括在中国特色社会主义理论体系之内①。

有学者认为，中国特色社会主义理论体系不包括毛泽东思想，并不降低或否定毛泽东思想的历史地位和深远影响。因为毛泽东思想与马克思列宁主义都是中国特色社会主义理论体系的思想来源，是中国特色社会主义形成和发展的指导思想，它与中国特色社会主义理论体系之间是源头和活水的关系。中国特色社会主义理论体系不包括毛泽东思想，是因为毛泽东思想基本上没有解决中国特色社会主义的基本问题，即什么是社会主义、怎样建设社会主义的问题②。

在研究过程中，首都学者特别强调了正确评价毛泽东和科学继承毛泽东思想的重要意义。他们在深入理解十七大报告关于"三个永远铭记"思想的基础上，着重探讨了毛泽东和毛泽东思想对于中国特色社会主义理论的重要贡献。学者们研究指出，虽然毛泽东没有具体地提出"建设中国特色社会主义"这个命题，但他确实明确地论证过中国的社会主义必定带有中国特点这个思想；贯穿于毛泽东思想的活的灵魂，是实事求是、群众路线和独立自主这些原则，同时也是中国特色社会主义理论所遵循的思想路线；毛泽东开辟了中国特色社会主义道路的政治前提和制度基础；毛泽东所提出的关于中国社会主义现代化建设的目标、步骤和时间表已经被中国特色社会主义理论体系所吸收，至今仍然在发挥着作用③。以邓小平为代表的中国共产党人，创立中国特色社会主义理论是从完整准确地理解毛泽东思想开始的，是从恢复中共八大路线开始的，是从系统阐述毛泽东思想科学体系开始的。"三个代表"重要思想、科学发展观等重大战略思想，同样不断地从毛泽东思想那里吸取理论创新的智慧和养料，是在毛泽东思想的根基上由实事求是精神和改革开放精神悉心培育出来的智慧结晶。因此，在理解毛泽东思想同中国特色社会主义理论体系的关系问题上，要坚持实事求是的思想方法，贯彻唯物辩证法的"两点论"，坚持全面辩证地看问题④。

学者们还具体分析了毛泽东思想对于中国特色社会主义理论形成和发展的先导作用，认为《论十大关系》和党的八大的核心与实质，就是要解决以经济建设为中心和如何以经济建设为中心的问题；"世界各国，什么地方有好东西，统统学来"等思想，实际上就是为适应当时情况而提出的关于改革和开放的思想；毛泽东在八大以后的先行探索，为改革开放30年来的飞速发展奠定了坚实基础，保证了我国在东欧剧变的巨大冲击下巍然屹立并蓬勃发展⑤。毛泽东哲学思想是中国特色社会主义理论体系的哲学基础，并在改革开放30年实践中形成又一个应用发展阶段，推动了当代中国经济社会的巨大发展⑥。毛泽东创造性地开辟了一条适合中国特点的社会主义改造道路，为和平实现社会主义改造创造了人类历史上的新经验；他还在将资本主义工商业的社会主义改造推向高潮的过程中，进一步探索了中国社会主义建设的规律，这些都为中国特色社会主

义理论的创立奠定了一定的基础。因此，要铭记毛泽东对中国特色社会主义的奠基作用[7]。总之，学者们认为，没有毛泽东思想指导下的新民主主义革命和之后的社会主义革命，中国共产党领导的人民民主政治制度便难以建立和巩固，公有制的主体地位便不会确立；马克思主义的主导意识形态地位也难以确立和巩固。没有这些政治、经济和文化上的制度基础，中国特色社会主义事业便失去了根基和前提；没有毛泽东那代共产党人对社会主义建设规律的艰辛探索和经过数十年努力建立的独立的工业体系和国民经济体系，改革开放便会失去立足点或启动的平台。所有这些都必须给予充分的肯定[8]。

二、关于毛泽东思想

2008年是毛泽东诞辰115周年，首都学者参加了一系列学术研讨活动，发表了不少理论文章，掀起了研究毛泽东和毛泽东思想的又一个新的浪潮，充分体现了“说不尽的毛泽东”的永恒魅力。

这一年相关研究的重点，仍然是毛泽东对中国社会主义建设的历史贡献。有学者指出，这些贡献主要表现在：全面确立了人民民主专政制度、人民代表大会制度、多党合作和政治协商制度、民主区域自治制度等社会主义基本政治制度和公有制的社会主义基本经济制度；取得了《论十大关系》、确定八大主题和制定八大路线、《关于正确处理人民内部矛盾的问题》、社会主义社会阶段论和“两步走”的战略等一批重要思想理论成果；建立了独立的比较完整的工业体系和国民经济体系。这一切，为当代中国一切发展进步，奠定了初步而坚实的基础[9]。

有学者把毛泽东在新中国成立后的贡献分为6个方面：（1）在总结社会主义革命和建设经验的基础上，写出了《论十大关系》、《关于正确处理人民内部矛盾》等著作；（2）领导建立人民民主专政的国家，主持制定《共同纲领》和《中华人民共和国宪法》，确立社会主义基本政治制度；（3）在制定社会主义建设总路线之后，又总结正反两方面经验教训，制定了一整套具体路线和具体政策；（4）探索了富有中国特色的社会主义工业化道路，初步建立了独立的比较完整的工业体系和国民经济体系，培养了经济文化建设等方面的骨干力量；（5）制定了繁荣文化、发展科学的“双百”方针，中国的教育、科学、文化、卫生、体育事业都取得了巨大发展；（6）倡导、实行和平共处五项原则，提出划分“三个世界”的战略，始终不渝地奉行独立自主的外交方针和国际统一战线策略，确立了中国在国际上政治大国的地位[10]。

与此相关，关于毛泽东思想各个领域的研究全面展开。有学者深入研究了毛泽东的执政党建设思想，认为毛泽东的党建思想是我们党宝贵的思想理论财富。毛泽东强调在执政条件下，要把党建设成为领导社会主义事业的坚强核心，用马克思列宁主义教育全党，切实发扬党内民主，培养和造就千百万无产阶级革命事业的接班人，进一步健全党的民主监督机制，高度重视党风廉政建设。这些思想观点，奠定了执政党建设的理论基础[11]。有学者还进一步研究指出，中国是一个“官国”，特权思想具有很深厚的历史土壤。中国共产党及其创建的中华人民共和国，是告别“官国”的历史起点，毛泽东是中国历史上第一个与“官国”传统决裂的人[12]。

在中美建交30周年即将到来之际，不少学者发表了毛泽东与中美关系问题的研究论著。其中有的学者研究了毛泽东“转折年代”的美国观，认为从1946年6月全面内战爆发到1947年7月至9月人民解放军由战略防御转入战略进攻，短短的一年时间内，中国历史的发展就来了个大转折。由于此前“调处”的失败，美国人在中国的历史舞台上开始由台前走向幕后，只能通过援助国民党的方式来继续干涉中国内政，与中国共产党人展开间接的较量。毛泽东反复分析和考量站在战场远端的美国，不仅提出了“一切反动派都是纸老虎”的著名论断，而且提出了“中间地带的革命”理论，接受了“两个阵营”划分的新理念，极大地丰富和发展了他在“转折年代”的美国观[13]。有学者分析了新中国成立初期毛泽东打破以美国为首的西方国家封锁和包围的经验，认为毛泽东在新中国成立后，正确分析第二次世界大战后的国际局势，认清以美国为首的西方国家对中国的敌视态度，确定要团结世界上一切可以团结的力量，在与以苏联为首的社会主义国家建立“同盟关系”的同时，强调要特别做好以印度、缅甸、印尼等为代表的“中间国家”的工作，以此作为打破封锁和包围的主要突破口和重要战略步骤[14]。还有学者独辟蹊径，分析和研究了毛泽东的意识形态安全思想，指出以毛泽东为首的中国共产党人，针对新中国成立以后，以美国为首的西方国家对我国意识形态的渗透、中苏在意识形态领域的分歧以及我国国内意识形态领域的斗争，通过加强对资产阶级及其知识分子的改造，进行整风运动来加强马克思主义在党内的教育以及对人民群众进行大规模的社会主义教育运动等措施，来确保新中国的意识形态安全，最终建立和确保了马克思主义在我国意识形态领域的主体地位[15]。

一些学者还特别关注对毛泽东精神、意志、品质、作风和能力的研究。认为毛泽东精神是中华民族的民族精神在当代中国的集中体现，是振兴中华民族强大的精神动力。它主要包括以下几个方面：(1) 个性不受束缚、强烈的创新意识；(2) 解放思想、独立思考的精神；(3) 实事求是、勇于实践的精神；(4) 尊重群众、甘当群众小学生的精神；(5) 博览群书、刻苦学习的精神；(6) 出于公心、无所畏惧的精神⑯。我们要学习他在迷惘中判断形势、把握方向的能力；善于总结经验、善于理论思考、善于把握规律、把握本质的能力；识人、用人、团结人、爱护人的能力；不迷信、不盲从，勇于探索、善于探索的精神；正确对待挫折、对待失败、对待失误的精神⑰。

三、关于中国特色社会主义理论体系

党的十七大把邓小平理论、“三个代表”重要思想和科学发展观等重大战略思想概括为“中国特色社会主义理论体系”，有力地推动了学术界对这一马克思主义中国化最新理论成果的研究。

首都学者着重探讨了中国特色社会主义理论体系形成的条件和原因，指出之所以将邓小平理论、“三个代表”重要思想、科学发展观等理论成果统称为中国特色社会主义理论体系，是由于这几个理论成果，都坚持以实事求是为核心的中国化马克思主义哲学思想作为自己的理论基础；都紧紧围绕着“什么是社会主义、怎样建设社会主义”这个首要的和基本的理论主题；都始终坚持关于中国特色社会主义的基本理论观点⑱。它们有一个鲜明的主题和主线；有一个深厚的理论基础和哲学基础；有一个核心内容和核心思想；围绕主题和主线有一系列崭新的中国特色社会主义基本理论⑲。

学者们还进一步探讨了中国特色社会主义理论体系的思想价值。认为改革开放30年来，我国在思想观念方面取得的进步，集中体现为中国特色社会主义理论体系的创新，包括马克思主义的新境界、社会主义的新观念和执政党建设的新觉醒⑳。有研究者把这种创新上升到体制高度，认为中国特色社会主义道路的形成和中国特色社会主义理论体系的提出，标志着“中国社会主义模式”即“中国模式”的正式诞生㉑。中国特色社会主义理论体系的新概括，不是对这个理论体系科学内涵的固化和终结，而是为这个理论体系的开拓、创新和发展提供了新的起点㉒。这个最新概括有三大优点：突出了理论体系的本源性；突出了改革开放以来取得一切成绩和进步的根源性；突出了理论发展的开放性㉓。有学者认为，中国特色社会主义理论体系是一个复合理论体系，目前还没有哪一种民族化的当代马克思主义形态的内容会如此丰富，它是“新时期以来我们党全部理论创新成果准确鲜明而又富有新意的科学综合”㉔。

有学者还专门探讨了中国特色社会主义理论与改革开放实践之间的关系，指出中国特色社会主义理论体系科学回答了改革开放不同发展阶段所面临的若干重大历史课题，既推动了中国特色社会主义实践的发展，又推动了马克思主义理论的创新。马克思主义理论源于实践、又指导实践，中国特色社会主义理论体系则是源于改革开放和现代化建设实践、又对这种实践发挥重要指导作用的科学理论体系。它是我们党领导改革开放的行动指南，继续解放思想、坚持改革开放是坚持和发展中国特色社会主义理论体系的动力㉕。

1. 关于邓小平理论

2008年是中国改革开放和真理标准问题大讨论30周年，首都学者围绕邓小平对改革开放和真理标准问题大讨论的贡献，进行了比较系统的研究。一致认为邓小平既是中国特色社会主义道路的第一开辟者，又是“建设有中国特色社会主义理论”的主要创立者。邓小平不仅为中国特色社会主义理论体系奠定了原生的初始形态，而且奠定了走向富强民主文明和谐的社会主义现代化国家的基础㉖。邓小平领导的中国特色社会主义建设，是中国人民追求富强、民主的第三次伟大变革，它把富强和民主变成了生动的现实。从这个意义上说，邓小平是近代以来中国三次伟大变革的集大成者㉗。作为当代中国改革开放的总设计师，他运用矛盾普遍性和特殊性关系的原理，提出“走自己的路，建设有中国特色的社会主义”的理论和实践主题；抓住发展生产力这个主要矛盾，作出把工作重心转移到经济建设上来的重大决策；根据社会主义社会基本矛盾的理论和辩证法普遍联系的观点，作出改革开放的重大决策；根据事物发展的客观规律，制定了社会主义现代化的发展战略；按照唯物辩证法的“两点论”，提出“两手抓，两手都要硬”的一系列建设中国特色社会主义的战略方针，充分体现了这位总设计师的辩证思维㉘。有学者强调，邓小平理论是中国特色社会主义的本源理论，因为“中国特色社会主义”的科学概念最初源于邓小平；中国特色社会主义理论的两个基本元素，一为民族化，一为当代化，均源于邓小平理论；中国特色社会主义理论在实践中不断丰富、发展和创新，取得了三大原创性的突破，即社会主义初级阶段论、社会主义市场经济论和社会主义和谐社会论，都能从邓小平理论中寻根溯源[29]。

学者们充分肯定了邓小平对开展真理标准问题大讨论的重大贡献，认为《实践是检验真理的唯一标准》文章的发表，是邓小平领导进行拨乱反正的产物。文章的核心内容，即倡导完整准确地理解毛泽东思想、反对“两个凡是”，这个观点是邓小平首先提出并阐发的。这篇文章发表后，党内对“两个凡是”的不同意见开始公开化，邓小平因势利导，果断发动了一场大讨论。真理标准问题大讨论以思想解放为先导，从解决思想路线入手，进而解决政治路线问题。大讨论主题的转变与深化，完全是邓小平一手推动的[30]。有学者指出，关于“真理标准问题”的大讨论，除了具有政治意义和理论影响之外，还对思想和学术领域产生了重大作用，开辟了新中国成立以来理论研究工作的新时代，即“百家争鸣”的新时代[31]。研究30年前这场改变中国历史命运的真理标准问题大讨论，必须高度重视邓小平坚持从现阶段我国的基本国情出发解放思想的经验。从经济发展的角度来看，我们必须在经济发展方式的转变上来一次思想大解放；从社会发展的角度来看，我们必须在经济与社会统筹发展的问题上来一次思想大解放；从政府治理的角度来看，我们必须在行政管理体制改革的问题上来一次思想大解放[32]。

一些学者还研究探讨了邓小平理论对毛泽东思想的传承关系。指出毛泽东选择实行高度集中的计划经济体制，在一个时期内基本适应并推动了我国生产力的发展，但这个体制后来被推向极端，制约了生产力的发展；邓小平选择实行社会主义市场经济体制，是在改革开放的总思路下，总结和借鉴前人经验教训的结果，这一选择扫除了生产力发展的障碍，在理论和实践上都取得了重大突破[33]。邓小平是站在“毛泽东的肩上”看问题和处理问题，完整、准确地认识和把握毛泽东探索“走自己的道路”的成功与失误，努力去解决毛泽东没有解决好的问题。他既继承毛泽东又发展和超越了毛泽东，开辟了中国特色社会主义道路，并开创了中国特色社会主义理论。邓小平为后世树立了将马克思主义与具体实际相结合来解决新问题和正确处理继承与发展关系的典范[34]。

2. 关于“三个代表”重要思想

与邓小平理论一样，“三个代表”重要思想与中国特色社会主义理论体系的关系，也是首都学术界研究的一个重点。对这个问题的清晰回答，不仅有助于人们自觉抵制那种认为此理论体系是直接承接“邓小平理论”而与“三个代表”重要思想关联度不大的错误观点，而且对于人们正确认识和理解这个理论体系的科学内涵、精神实质都至关重要。有学者认为，“三个代表”重要思想在中国特色社会主义理论体系中具有承上启下、继往开来的重要地位；它坚持和继承了邓小平理论的立场、观点和方法，为中国特色社会主义理论体系奠定了更为深厚的理论基础和更为宽广的现实土壤；在应对世情、国情和党情的新变化、新发展和新要求中，进一步丰富和深化了中国特色社会主义理论体系，使之无论在逻辑框架上，还是在具体内容上都更加充实，更富“中国特色”；在新的历史起点和认识高度上进一步开启了中国特色社会主义理论体系不断创新的坚定步伐，使得这一理论体系更具有时代性、系统性和开放性[35]。

一些学者着重研究了“三个代表”重要思想对于科学发展观的先导作用。认为中国共产党人理论创新的主线是马克思主义中国化，“三个代表”重要思想和十六大以来党中央的重大战略思想都是马克思主义中国化的最新成果。“三个代表”重要思想作为面向21世纪的中国化马克思主义，反映了当代世界和中国的发展变化对党和国家工作的新要求。“三个代表”重要思想的精神实质是坚持与时俱进，坚持党的先进性，坚持执政为民。它和科学发展观的出发点和主题都是又好又快地建设中国特色社会主义[36]。有学者指出，“三个代表”重要思想中关于科学发展的观点非常丰富，并且具有借鉴国外发展经验的明显特色。党的十五大提出“可持续发展”的概念，这一提法实际上就借鉴了当今发达国家的发展观。在十六大报告中，再次强调要坚持“可持续发展”的战略。正是在此基础上，十六届三中全会把“可持续发展战略”提升为科学发展观，而十七大则进一步把科学发展观作为我国经济社会发展的重要指导方针，作为发展中国特色社会主义必须坚持和贯彻的重大战略思想[37]。

有学者还具体论述了“三个代表”重要思想对于全面建设小康社会的重要贡献，指出在党的十六大报告中，系统地揭示了全面建设小康社会的内容与目标。“三个代表”重要思想不仅为我们探索全面建设小康社会的基本规律指明了根本的途径和方法，而且对全面建设小康社会基本规律作了科学揭示，即社会全面协调发展的规律、社会发展与人的发展相互促进的规律、社会和谐稳定的规律。这些规律性的认识也进一步丰富和发展了辩证唯物主义和历史唯物主义关于社会发展的理论[38]。

3. 关于科学发展观

2008年，首都学者对科学发展观的理论意义、时代精神以及价值取向进行了深入的研究和探讨。一致认为，科学发展观是我们党从新世纪新阶段党和国家事业发展全局出发提出的重大战略思想。它开拓了马克思主义中国化的新境界，是对党中央领导集体关于发展的重要思想的继承和发展，客观地反映了中国社会主要矛盾在现阶段的新特点、新要求，为全面建成小康社会提供了重要指针[39]。科学发展观是对我们党关于社会主义发展理论的重大发展。它进一步回答了什么是发展、为什么发展和怎样发展的重大问题，赋予党的发展理论以新的时代内涵和实践要求，深化了对于社会主义发展规律的认识，实现了马克思主义发展理论的新飞跃，是中国化的马克思主义发展理论的新形态[40]。

学者们指出，科学发展观体现了一种新的理念和价值观，它顺应了当今世界的发展潮流，反映了当今世界最新发展理念，是引领当代中国社会发展的时代精神之精华。它蕴涵着丰富的时代精神，其中它的核心价值理念体现了以人为本精神，它的基本要求和根本方法体现了和谐协调精神，它的动力来源体现了改革创新精神[41]。从根本上来说，科学发展观的价值取向是由以人为本的人文价值观、全面协调发展的社会价值观以及人与自然和谐共生的生态价值观三个价值维度构成的价值规范系统。深入贯彻落实科学发展观，必须坚持和贯彻上述价值观。它具有强烈而深厚的人民性，是对邓小平理论和“三个代表”重要思想人民性的继承和发展，开辟了中国特色社会主义理论体系价值取向的新境界。科学发展观坚持发展为了人民、发展依靠人民、发展成果由人民共享，使中国特色社会主义的发展目的更加明确，使实现中国特色社会主义发展目的的思路更加清晰，使中国特色社会主义制度的优越性更加彰显[42]。

如何贯彻落实科学发展观？有学者提出，在政治上，必须坚持四项基本原则，把改革开放作为强国之路，作为社会主义社会发展的动力；在经济上，必须坚持把经济建设作为社会主义的根本任务，作为执政兴国的第一要务；在体制上，必须坚持和完善公有制为主体、多种所有制经济共同发展的基本经济制度，完善和发展社会主义市场经济；在分配领域，坚持共同富裕的目标；在文化思想方面，始终坚持马克思主义的指导地位，并从初级阶段的实际出发，尊重差异，包容多样[43]。在此基础上，有学者还进一步提出了落实科学发展观要深刻认识社会主义初级阶段基本情况的新观点，强调必须正确认识初级社会主义的特定社会性质和发展程度，坚定不移地立足初级阶段和基本路线，全面建设中国特色社会主义，以实现十七大所强调的实现全面建成小康社会的奋斗目标[44]。还有一些学者深入研究了科学发展观与民主政治之间的辩证关系，认为贯彻科学发展观对社会主义民主政治建设提出了新的更高要求，坚持走中国特色社会主义政治发展道路是贯彻科学发展观的根本前提，提出要深化政治体制改革，为实现科学发展提供政治保障[45]。

纵观2008年度的中国化马克思主义研究，应该说成绩不菲。尤其是关于毛泽东思想、邓小平理论和科学发展观的研究，无论是在研究的广度还是深度方面，都较上一年有所进步。但对于“三个代表”重要思想的研究，则显得相对薄弱，成果甚微。这不能不说是一个遗憾。希望下一年度有更多的首都学者加强这方面的研究，拿出自己的丰硕成果。

（作者：中共中央文献研究室研究员）

注：

①秦宣：《解读“中国特色社会主义理论体系”》，《社会主义论丛》，2008年第1期。

②贾建芳：《毛泽东思想与中国特色社会主义理论体系》，《科学社会主义》，2008年第2期。

③沙健孙：《毛泽东对中国社会主义建设道路的积极探索》，《高校理论战线》，2008年第11期。

④李捷：《从毛泽东思想到科学发展观》，《当代中国史研究》，2008年第6期。

⑤李慎明：《毛泽东对中国特色社会主义道路与理论的探索和贡献》，《人民论坛》，2008年第18期。

⑥石仲泉：《毛泽东哲学思想与改革开放30年》，《湘潭大学学报》，2008年第9期。

⑦程中原：《铭记毛泽东对中国特色社会主义的奠基作用》，《中国井冈山干部学院学报》，2008年第9期。

⑧杨凤城：《关于毛泽东思想与中国特色社会主义理论关系的思考》，《教学与研究》，2008年第4期。

⑨熊华源：《第一代中央领导集体为当代中国一切发展进步奠基的历史贡献》，《“现代化视野中的毛泽东思想研究”国际学术研讨会论文集》（2008年）。

⑩程中原：《毛泽东进行“第二次结合”的探索奠定了中国特色社会主义的基础》，《“现代化视野中的毛泽东思想研究”国际学术研讨会论文集》（2008年）。

⑪梁柱：《执政条件下毛泽东建党学说的新发展》，《政治学研究》，2008 年第 1 期。

⑫梁柱：《毛泽东：第一个与“官国”传统决裂的人》，《报刊荟萃》，2008 年第 11 期。

⑬唐洲雁：《“纸老虎”·“中间地带”·“两个阵营”——毛泽东“转折年代”的美国观》，《现代哲学》，2008 年第 5 期。

⑭廖心文：《二十世纪五十年代毛泽东等打破西方封锁和包围的决策历程》，《党的文献》，2008 年第 4 期。

⑮田改伟、李会：《试析建国后毛泽东的意识形态安全思想》，《郑州大学学报》，2008 年 3 月。

⑯许全兴：《“毛泽东精神”研究四题》，《湖南科技大学学报》，2008 年第 6 期。

⑰李捷：《学习毛泽东　研究毛泽东》，《中国井冈山干部学院学报》，2008 年第 1 期。

⑱陈占安：《“中国特色社会主义理论体系”的思想内涵》，《思想政治工作研究》，2008 第 3 期。

⑲赵曜：《论中国特色社会主义理论体系》，《中国特色社会主义研究》，2008 年第 4 期。

⑳董德刚：《中国特色社会主义理论体系的三大创新》，《江南论坛》，2008 年第 9 期。

㉑马龙闪：《中国特色社会主义就是“中国模式”》，《北京日报》，2008 年 6 月 2 日。

㉒赵存生：《中国特色社会主义理论体系探析》，《北京大学学报》（哲学社会科学版），2008 年第 1 期。

㉓石仲泉：《“中国特色社会主义理论体系”这一新概括的三大优点》，人大复印资料《中国特色社会主义理论》，2008 年第 9 期。

㉔梁树发：《一个民族化的、开放性的复合性理论体系》，人大复印资料《中国特色社会主义理论》，2008 年第 9 期。

㉕邢贲思：《中国特色社会主义理论体系——指引改革开放不断取得胜利的科学理论》，《人民日报》，2008 年 10 月 27 日。

㉖石仲泉：《邓小平与当代中国改革开放 30 年》，《中国井冈山干部学院学报》，2008 年第 6 期。

㉗龙平平：《论邓小平与近代中国的第三次变革》，《中国特色社会主义研究》，2008 年第 4 期。

㉘唐洲雁：《当代中国改革开放的总设计师》，《中国特色社会主义研究》，2008 年第 6 期。

㉙石仲泉：《邓小平理论：中国特色社会主义的本源理论》，《中国井冈山干部学院学报》，2008 年第 1 期。

㉚龙平平：《邓小平是真理标准问题大讨论的发动者与领导者》，《北京党史》，2008 年第 3 期。

㉛黄枬森：《真理标准讨论开辟了“百家争鸣”的时代》，《北京观察》，2008 年第 5 期。

㉜李君如：《继续解放思想解放什么？——兼谈邓小平领导和支持真理标准讨论的历史经验》，《江海纵横》，2008 年第 3 期。

㉝廖心文：《从计划经济体制向社会主义市场经济体制的转变》，《党的文献》，2008 年第 6 期。

㉞曹应旺：《邓小平对毛泽东探索“走自己的道路”的继承与发展》，《党的文献》，2008 年第 5 期。

㉟齐鹏飞、张海星：《“三个代表”重要思想与中国特色社会主义理论体系内在关系的逻辑解读》，《长白学刊》，2008 年第 2 期。

㊱李君如：《“三个代表”重要思想与科学发展观》，《中国延安干部学院学报》，2008 年第 1 期。

㊲胡为雄：《科学发展观与马克思主义一脉相承的关系探源》，《中国特色社会主义理论》，2008 年第 9 期。

㊳张新：《“三个代表”重要思想和科学发展观对全面建设小康社会基本规律的科学揭示》，《中国特色社会主义理论》，2008 年第 5 期。

㊴李君如：《深入贯彻落实科学发展观》，《红旗文稿》，2008 年第 3 期。

㊵石仲泉：《科学发展观对中国特色社会主义和马克思主义理论的丰富和发展》，《理论前沿》，2008 年第 2 期。

㊶王春玺：《论科学发展观的时代精神》，《马克思主义与现实》，2008 年第 3 期。

㊷夏兴有：《科学发展观的人民性》，人大复印资料《中国特色社会主义理论》，2008 年第 9 期。

㊸梁柱：《科学发展观与社会主义基本原则》，《中华魂》，2008 年第 5 期。

㊹程恩富：《落实科学发展观要深刻认识社会主义初级阶段的理论》，《河南社会科学》，2008 年第 3 期。

㊺李慎明：《坚定不移发展社会主义民主政治》，《前线》，2008 年第 12 期。

科学社会主义

李瑞琴

2008年时值马克思诞辰190周年、《共产党宣言》发表160周年、中国改革开放30周年，北京市科学社会主义理论的研究紧紧围绕着上述主题。其次，由于拉美国家在从推行自由主义的灾难中记取教训，拉美畅行的21世纪的社会主义、欧洲社会主义思潮也成为关注的重点。此外，苏联解体的原因等国际共产主义运动史研究、当代社会主义与资本主义的关系也是常新的主题。还有一个值得关注的新研究亮点是，结合党的十七大提出的科学发展观，一些学者将此与马克思主义的生态社会主义、生态文明理论，与世界兴起的生态文明理论结合起来进行了合理阐释。

一、围绕纪念马克思诞辰190周年、《共产党宣言》发表160周年科学社会主义理论与实践的研究

1. 对与时代发展、实践紧密相关的基本理论问题的研究

有学者针对马恩关于新社会因素的观点提出：马克思、恩格斯从来没有讲过在资本主义社会内部不能自发地孕育和形成社会主义因素。“资本主义社会内部不能自发地孕育和形成社会主义因素”是列宁首先提出的，经过斯大林的强化，苏联理论界的系统化，最后经过毛泽东更加强烈的意识形态化而形成的。这是对马恩的极大误解。马恩在《共产党宣言》中讲道：“当人们谈到整个社会革命化的思想时，他们只是表明了一个事实：在旧社会内部已经形成了新社会的因素，旧思想的瓦解是同旧生活条件的瓦解步调一致的。”这里的旧社会主要指资本主义社会，这里的新社会主要指代替资本主义社会的社会主义社会。这里的“新社会的因素”，不仅指建立社会主义社会的物质技术条件，而且包括社会主义的经济关系的因素。由此，作者进一步提出，马克思在1867年发表的《资本论》第1卷中，在1871年写的总结巴黎公社经验的《法兰西内战》一书，在1877年《给“祖国纪事”杂志编辑部的信》中，在《1857—1858年经济学手稿》中，在《资本论》第3卷中，恩格斯在《反杜林论》中谈到的新社会因素，新的生产关系都是指代替资本主义的新社会主义因素[①]。

就此，有学者有不同看法，指出：“新社会的因素”不等于“社会主义因素”，二者是两个既有联系又有区别的概念。《共产党宣言》中的“新社会的因素”不是泛指，而是特指“使整个社会革命化的思想”，并不包括新的社会关系的因素，《资本论》中的暴力“助产婆”论，没有自发孕育和形成社会主义因素的观点。《法兰西内战》中的合作社，不是社会主义因素或未来社会的经济组织。给《祖国纪事》的信中“新的经济制度的要求”不是社会主义经济制度的因素。综观《共产党宣言》及其前后一些著作中，不仅没有资本主义社会自发形成新的社会关系（特别是生产关系）的论述或思想，而且从推翻“一切旧的生产关系……”，到实行两个“彻底的决裂”，再到四个消灭、改变“一切”阶级差别、生产关系、社会关系及其观念，无一不是对自发形成论的直接否定。谈论从资本主义向社会主义的转变，如果只讲发展水平而不讲基本矛盾，空论量变质变而不讲社会革命，那么这是“和平长入”论还是“革命转变”论，是自发论还是唯物史观[②]？

有学者指出：在21世纪社会主义面临重大挑战和机遇之际，高举《宣言》的旗帜具有特殊的政治意义和理论意义。一是对《宣言》理论的应用，要“随时随地都要以当时的历史条件为转移”。各个国家应当认真研究当时当地的实际情况，把一般原理同本国的实际结合起来，使之具体化、民族化。二是对《宣言》理论的完善。《宣言》发表至今160年，资本主义社会、阶级结构、社会主义实践都发生了巨大的变化。根据这些巨大变化的事实对《宣言》相关论述进行深入研究并加以完善，既是可能的，也是必要的。三是对《宣言》理论的创新。马克思和列宁时代都对《宣言》的理论进行了创新，深化了马克思主义关于社会结构和社会发展的理论、无产阶级建党学说、马克思主义哲学认识论和辩证法、帝国主义理论，创造性地提出了社会主义革命可以在一个国家或几个国家首先获得胜利。以毛泽东为代表的中国共产党人，创立了新民主主义革命理论，指导中国革命取得了胜利。改革开放30年来，以邓小平为代表的中国共产党人，提出了实行改革开放和现代化建设的新理论[③]。

有学者称，《共产党宣言》是一部关于“主义之辨”的杰作。《宣言》运用新的唯物史观和阶级分析方法，透彻地分析了资本主义社会两大阶级的对立、

斗争及其发展趋势，所以这里讲《宣言》的“主义之辨”，首先是资产阶级与无产阶级、资本主义与共产主义的之分之辨，其次是科学社会主义同其他种种以“社会主义”冠名的思潮流派之辨。《宣言》是科学社会主义的奠基之作，也是阶级观点和阶级分析方法的奠基之作。正是这样的观点和方法的运用，使科学社会主义同其他种种思潮流派区分开来。《宣言》对正确认识和评判当今诸种社会主义思潮流派有指导意义。科学社会主义同其他社会主义思潮有着实质的区别，同时又是开放的、发展的，不是离开人类文明发展的大道而固故步自封的宗派学说。当代社会主义理论的创新和发展，必然要吸收和借鉴其他社会主义思潮和流派的有益探索成果和经验[④]。有学者对《共产党宣言》“全世界无产者，联合起来!”的不同译文的考证资料进行细加整理和比较评析提出，在当今新时代，把这一炼句改译为“所有国家劳动者，联合起来!”既忠实于原著，有利于准确、深入地理解马克思主义的精神实质，又有利于联合全世界所有国家的全体劳动者；最终实现人的解放，更有利于促进全世界所有国家长期和平共处，共同维护世界和平、发展与合作，构建和谐社会与和谐世界，增进人类福祉[⑤]。

有学者对马克思逝世周年纪念性话语——马克思主义的历史命运给予了关注。认为这一中心话语的实质是提出了马克思主义理论与实践的关系问题。马克思主义理论与实践的关系是马克思主义发展中的基本矛盾，此外还有如下各种矛盾影响、推动马克思主义的发展：马克思主义的思想体系（存在于马克思主义创始人著作中的思想）与叙述体系、原本马克思主义与发展了的马克思主义、马克思主义与民族化的马克思主义、马克思主义基本原理与具体结论、马克思主义理论家的素质与马克思主义的发展要求、马克思主义与社会主义的发展、马克思主义与马克思主义政党建设、马克思主义的坚持与发展等。这些矛盾同理论与实践的关系构成马克思主义发展的矛盾体系[⑥]。该学者还提出：马克思主义发展应该成为马克思主义研究的对象。马克思主义发展研究的本质是发现马克思主义发展的规律。马克思主义发展阶段研究是马克思主义发展研究的重要内容，从马克思主义发展史、马克思主义发展的阶段性上，可以发现中国特色社会主义理论体系其实是马克思主义发展的当代形态或阶段的标志[⑦]。

2.《共产党宣言》与科学社会主义基本原则

有学者撰文论述科学社会主义的基本原则具有以下特质：第一，它是社会主义特有的质的规定性，与资本主义或其他主义具有本质区别；第二，它反映的是社会主义的共性，不管是什么民族或国家，只要宣称搞社会主义，就必须坚持这些原则；第三，它具有超越历史阶段的普遍性，即不管处在社会主义的什么发展阶段，都必须始终遵循；第四，它是社会主义理论中最核心层次的原理，只有在与各民族国家的具体实际结合中才能发挥对实践的指导作用；第五，它是历史的、与时俱进的，必然随着社会主义实践的发展而发展，随着人们对社会主义认识的深化而深化。由此，实现人的自由而全面发展是社会主义的价值目标；实现绝大多数人利益并最终达到共同富裕是社会主义的出发点和归宿；促进社会生产力的不断发展是社会主义的根本任务；消灭私有制，建立生产资料公有制是实现社会主义目标的前提；无产阶级政党的领导和无产阶级的统治是建立社会主义的根本保证[⑧]。

有学者进一步提出，理解和把握科学社会主义基本原则的前提和依据是：要注意科学社会主义基本原则与马克思主义基本原则、与历史唯物主义基本原则、与科学社会主义基本原理、与具体某一个甚至几个国家建设社会主义所必须坚持的一些具有特定民族特色与特定时代特色的基本原则的联系和区别。科学社会主义的五项基本原则是：第一，人类社会由资本主义向社会主义、共产主义的进化和发展是一个客观的历史过程。第二，人类社会由资本主义向社会主义、共产主义进化和发展的目标是人的解放。第三，人类社会由资本主义向社会主义、共产主义的进化与发展必须经过工人阶级自觉的、长期的斗争才能实现。第四，无产阶级要推动人类社会由资本主义向社会主义、共产主义的进化和发展必须要有成熟政党的正确领导。第五，无产阶级要推动人类社会由资本主义向社会主义、共产主义的进化与发展必须掌握国家政权[⑨]。

有学者严正指出：近来在关于什么是社会主义的讨论中，科学社会主义的基本原则几乎全都遭到批判和攻击。有人公开提出，中国特色社会主义是民主社会主义，“只有民主社会主义才能救中国”。重温《共产党宣言》，一个需要着重解决的问题是廓清科学社会主义，民主社会主义以及新自由主义在基本原则上的本质区别。中国特色社会主义就是科学社会主义基本原则在中国具体条件下的实现，是科学社会主义基本原则与中国革命和建设的具体实际相结合的产物。“两个必然”的论断和阶级斗争的基本观点是科学社会主义的基本原则；社会主义必然取代资本主义的结论，是科学社会主义的最基本的原理，也是我们坚定社会主义信念的最根本的理论依据。在社会主义初级阶段，私有制还在一定范围内存在，加上国外的影响，意识形态出现多样性是不可避免的。但是，指导思想必须一元化。我们必须坚持马克思主义在意识形态中的指导地位。我们要通过社会主义核心价值体系来引领各种社会思潮，引导人们同传统观念相决裂，绝不能听任资产阶级思想自由泛滥[10]。

有学者提出：当前我国意识形态建设的一个根本要求，就是把我国改革开放的伟大成就，及时充分地转化为人民对于社会主义基本制度和共产党领导的认同。从理论上说，必须驳倒西方意识形态用以对抗科学社会主义的所谓“经济增长的阶段”假设，认为现代化的过程是一个从传统社会向现代社会转变、必须经历不同经济增长阶段的客观过程，而与资本主义或社会主义的选择无关；打破认为“马克思关于无产阶级、关于无产阶级政党、关于无产阶级革命的基本观点，都是一种虚幻的乌托邦，浸透着空想的激情，但是没有任何现实根据”的判断。在此基础上阐明中国的改革开放是以共产主义世界观、历史观为基础的；无论革命时期还是建设时期，维护工人阶级的主体地位、共产党的领导地位、革命变革的历史地位，不仅是科学社会主义的基本要求，而且是我国改革开放的基本实践[11]。

有学者强调了民主作为社会主义本质属性的当代意义。在马克思主义经典作家那里，民主是社会主义的本质属性，是无产阶级和人民群众的原则，更是无产阶级政党的旗帜，甚至某种程度上说，民主就是社会主义。社会主义民主重在实践，没有民主的实践就不可能有社会主义，而社会主义国家如果不实行充分的民主，就不能保证它所取得的胜利。社会主义民主的切实落实必须要有制度保障，其中废除干部职务终身制和在适当的时候实行普选制是两项关键举措[12]。

二、改革开放 30 年：科学社会主义在中国的实践

1. 解放思想使社会主义焕发蓬勃生机和活力

有学者总结了 30 年来我国发生的深刻变化：(1) 从工作重点看，30 年来始终扭住经济建设这个中心不放，集中力量发展生产力。(2) 从生产资料所有制看，已经从“一大二公三纯”、公有制一统天下的局面，转变为以公有制为主体、多种所有制共同发展的基本经济制度。(3) 从经济体制看，已经从高度集中统一的计划经济体制，转变为社会主义市场经济体制。(4) 从社会状态看，已经从封闭的墨守成规的状态变为全面改革、日趋活跃并融入世界的状态。(5) 从出发点看，强调要重视改善人民生活，解决民生问题，并提出了以人为本。从十一届三中全会到党的十七大，中国特色社会主义的内涵不断充实，从建设物质文明和精神文明两个文明，到建设物质文明、政治文明和精神文明三个文明，再到建设物质文明、政治文明、精神文明和生态文明四个文明。中国特色社会主义，是坚持科学社会主义的基本原理和基本原则，遵循经济和社会发展的客观规律，借鉴人类文明成果，结合中国实际和时代特征，在这三者统一的基础上，解放思想，改革创新，科学发展的结果[13]。

有学者热情讴歌了伴随我国改革开放 30 年的思想解放运动。指出：十一届三中全会以来的 30 年，也是我们围绕“什么是社会主义、怎样建设社会主义”这个当代中国首要基本问题解放思想的 30 年。解放思想使社会主义在中国焕发出蓬勃的生机和活力；使认识社会主义的思维方式发生了重大变化，把对什么是社会主义的理解提高到新的科学水平；使我们开辟了建设中国特色社会主义的新道路；使我们形成和发展了中国特色社会主义理论体系。解放思想是一个永无止境的过程。解放思想贵在创新，重在实效，关键是尊重实践和尊重群众。30 年沧桑巨变，使我们得出一个重要的历史结论：解放思想是党的思想路线的本质要求，是发展中国特色社会主义的一大法宝，只有解放思想、实事求是、与时俱进，勇于变革、勇于创新，永不僵化、永不停滞，社会主义才能永葆生机和活力[14]。还有学者回顾 30 年来，解放思想的历程归结起来，就是对中国特色社会主义理论体系的认同、坚持和实践，这就是改革开放 30 年来解放思想与时俱进最重大的成果。关于“什么是社会主义，怎样建设社会主义”的问题：(1) 必须联系实际，划清真假社会主义的界线，坚持科学社会主义，反对和抵制假社会主义；(2) 必须总结历史经验，放弃和纠正对社会主义的误解；(3) 必须进行理论思考和升华。关于“怎样正确认识当代资本主义，如何对待资本主义”的问题：(1) 坚持马克思主义对资产阶级、资本主义在历史上发挥过非常革命的作用的观点；(2) 要把马克思恩格斯对资本主义的“两个必然”和“两个决不会”的观点统一起来，全面认识当今资本主义的本质和现象；(3) 从中国实际出发，大胆吸收和借鉴人类社会包括当今资本主义发达国家创造的一切文明成果，实现我国经济社会跨越式发展[15]。

有学者阐释了改革开放以来，中国特色社会主义经济理论发展的几个问题。指出：中国社会主义经济理论与实践的发展，既坚持了马克思主义经济理论的一些根本性的原理，如社会主义要大力发展生产力，以所有人的富裕为目的，实行公有制、按劳分配，缩小和最终消除城乡差别、体脑差别，实现人的全面自由发展等；又从中国的国情出发，将马克思主义与中国的经济实践相结合，发展和创新了马克思主义创始人的科学社会主义经济理论，走出了一条中国特色社会主义经济理论与实践的新路。这一理论体系的内容，从经济制度和经济体制的角度看，主要有三个方面：其一是明确社会主义经济是公有制基础上有计划的商品经济；其二是社会主义市场经济理论的确立与发展；其三是社会主义初级阶段基本经济制度的创立。这一理论的创立经过了一个长期的思想解放和理论发展过程。在这些问题上，人们存在不同的理解和各自的观点，需要澄清理论是非，按照理论发展的轨迹及其本意去把握[16]。

2. 马克思主义主流意识形态、社会主义核心价值体系研究

有学者指出：在我国现阶段存在着多种意识形态成分的情况下，马克思主义是社会主义意识形态的旗帜和灵魂，是社会主义社会的主流意识形态。(1) 社会主义意识形态建设迫切需要以马克思主义的最新成果为指导，回答意识形态领域中的重大理论和现实问题。(2) 社会主义社会主流意识形态不能搞多样化。在任何社会中，社会意识可以多样化，而社会主流意识形态则只能“一元化”。(3) 加强社会主义社会主流意识形态的建设必须处理好以下几个方面的关系：必须正确区分学术问题、思想认识问题与政治问题的界限；必须正确处理坚持马克思主义基本原理与发展马克思主义的关系；必须正确处理坚持马克思主义的指导地位与贯彻“双百”方针的关系[17]。

有学者全面论述了社会主义核心价值体系的问题。指出：不断增强社会主义意识形态吸引力和凝聚力，对于更好地发展壮大社会主义意识形态具有鲜明的战略意义；社会主义政权得以稳定和巩固的灵魂工程，对于中国特色社会主义事业具有基础性的根本意义；鲜明地向世人展现了我们党思想上精神上的旗帜，对于坚定不移地走中国特色社会主义道路具有带方向性的政治意义；巩固全党全国各族人民团结奋斗共同思想基础，对于坚持和发展中国特色社会主义具有重要的现实意义；在激烈的国际竞争中把握发展机遇、应对各种挑战、维护国家利益、实现民族振兴，对于提升中国国际影响、推进中国和平发展具有积极的世界意义。社会主义核心价值体系的基本内容它包括四个方面，即马克思主义指导思想是社会主义核心价值体系的旗帜；中国特色社会主义的理论是社会主义核心价值体系的主题；以爱国主义为核心的民族精神和以改革创新为核心的时代精神是社会主义核心价值体系的精髓，是社会主义核心价值体系的基础。第三，社会主义核心价值体系的精神实质和特征是：主导价值与社会制度的统一；一元化与多样化的统一；先进性与广泛性的统一；理想性与现实性的统一；传统与时代的统一；抽象理论性和具体实践性的统一；稳定性与发展性相统一[18]。

3. 科学发展观与科学社会主义原则，与生态文明建设

有学者阐述：在科学发展观中体现的社会主义基本原则，就是要把科学发展观放在整个中国特色社会主义理论体系中考察。科学发展观是中国特色社会主义理论体系的一个组成部分，这个理论体系中所体现的科学社会主义基本原则，同样体现在科学发展观中，贯穿于整个科学发展观指导实践的整个过程。这一点，在十七大的报告中作了多方面的阐述。一是政治上必须坚持四项基本原则。二是要坚持和完善公有制为主体、多种所有制经济共同发展的基本经济制度。三是坚持把经济建设作为社会主义的根本任务，作为执政兴国的第一要务，使社会主义在强大的物质技术基础上获得巩固和发展。四是在文化思想方面，要始终坚持马克思主义的指导地位，并从初级阶段的实际出发，既尊重差异，包容多样，又有力抵制各种错误和腐朽思想的影响，推动社会主义文化大发展大繁荣。五是把改革开放作为强国之路，作为社会主义社会发展的动力。六是在分配领域坚持共同富裕的目标。中国特色社会主义理论是在改革开放的历史进程中形成并逐步完善起来的。历史证明，对这样一个正确的方向和道路，停顿和倒退是没有出路的。值得注意的是近些年来甚嚣尘上的民主社会主义思潮，由于它打着社会主义的旗号，又冠以民主的时尚话语，具有很大的欺骗性。民主社会主义思潮的实质，是为了颠覆社会主义。我们必须对此保持高度的警惕，从苏联解体的历史教训中增强我们坚持四项基本原则的自觉性[19]。

有学者结合科学发展观阐述了建构马克思主义生态文明理论的意义。“马克思主义生态文明理论”既是对关于人和自然的辩证关系的“一门科学”的

理论指认，也是我们统筹人与自然和谐发展的生态文明实践的指导思想。构建马克思主义生态文明理论，需要我们将蕴藏在马克思主义文本中的关于人和自然辩证关系的立场、观点和方法转化为一种显性的理论体系，并将之转化为实践活动的理论科学图景。(1) 在研究对象上，要将人和自然的辩证图景作为理论主题，将与之相关的人和人的关系、人和社会的关系作为附属主题，科学展现马克思主义生态文明思想。(2) 在研究方法上，要将整体性和多学科性作为展现人和自然的辩证关系的基本方法，综合运用马克思主义哲学、政治经济学和科学社会主义的理论成果，要在自然科学和社会科学之间建立起多元的对话机制，要实现科学和哲学的新的联盟，形成统一的“一门科学”。(3) 在实践价值上，要将生态文明的实现和重构作为一项系统工程来建设，不仅要谋求科学技术和产业的生态化，思维方式、生活方式和价值观念的生态化，而且要将生态变革和社会变革统一起来[20]。

有学者强调，生态文明是人类新文明。建设生态文明社会是人类世界史的一个根本性变革。党的十七大报告把建设生态文明作为全面建设小康社会的奋斗目标，加快社会全面转型的进程，率先走上建设生态文明社会的道路。这是中华民族对人类的新的伟大贡献。解决工业文明社会所积累的社会基本矛盾，需要一次新的文化革命，需要超越工业文明模式建设生态文明，用生态社会主义代替资本主义。生态社会主义作为新的科学社会主义，是生态学原则与社会主义原则结合，人与人社会关系矛盾分析和人与自然生态关系矛盾分析的统一：社会主义原则是工人阶级组成政党，通过革命夺取政权取代资本主义，消灭剥削，实现生产资料公有制，以及社会平等、正义和共同富裕。生态学原则是：世界是“人—社会—自然”复合。生态马克思主义者认为，社会主义原则与生态学原则结合产生生态社会主义，这是社会主义本质的发现。生态社会主义的政治特征是以人为本的社会民主主义。它的主要原则是公正和平等，人民共同富裕，包括社会公平和环境公平、社会正义和自然正义[21]。

三、对世界社会主义运动的关注

1. 对苏联剧变问题的研究继续深入进行

有学者继续深入研究东欧剧变的原因和教训：在对各家立论进行辨析的基础上，把苏联演变的原因概括为三大类：一是帝国主义推行的和平演变战略；二是苏联社会主义实践中的失误和弊病；三是苏共以戈尔巴乔夫为首的领导集团提出并推行一条新的修正主义路线——人道的民主社会主义路线。作者认为苏联演变是这三类因素综合起作用的结果，第三类因素是苏联演变的根本的、决定性的原因，赫鲁晓夫的修正主义观点是戈尔巴乔夫“新思维”的思想政治渊源[22]。还有学者以苏联共产党的执政活动为主线，发掘众多史料，引用主要当事人的回忆和国际社会权威的评论，梳理了苏联从兴盛走向衰落直至剧变的历史演变过程，对苏共跨台、苏联解体的决定性因素及其精神遗产进行了深度分析。作者认为，苏共垮台苏联解体的终极原因，根本原因，决定性因素，在于执政党——执政党的思想路线、执政党的政治纲领、执政党的领导方式、执政党的作风形象、执政党的执政能力、执政党的领袖集团；在于执政党与民众的关系——是认同，还是拒绝；是拥护，还是反对；是得民心，还是失民心。对大多数人心灵的缺失和拥有，才是一个政党、一个政权生死存亡、兴盛衰落的决定因素[23]。

有学者对2008年俄罗斯新版历史教科书《俄罗斯现代史：1945—2006年》给予了高度关注，概括了教科书的新观点：(1) 苏联体制确实存在弊端，但断言苏联体制完全失败的观点是幼稚的，对苏联取得的历史性成就给予了肯定。(2) 斯大林被视为苏联最成功的领导人。(3) 戈尔巴乔夫、叶利钦应对苏联解体承担主要责任。第一，戈尔巴乔夫倡导的“民主化、公开性”造成了混乱。第二，戈尔巴乔夫经济改革的失败。不但没有实现社会经济的加速发展，反而导致生产下降、国民生活水平降低以及群众对党的领导人的不满。第三，叶利钦也起了很大的作用。第四，民族问题的爆发。第五，最重要的一个问题是：苏共领导权的丧失。第六，实行多党制原则。这不仅意味着削弱了苏共的领导，同时削弱了国家政权。教科书最明确写道：“苏联解体并没有命中注定的必然性。被改革唤醒的活动家的政策和改革者们自身的错误，导致苏联不复存在。”教科书最后引用2001年俄罗斯民意调查的结果证明：56%以上的民众认为戈尔巴乔夫给国家造成危害，只有14%的人认为他的作为对国家是有利的[24]。

关于十月革命的理论问题一直是国内学者关注的重点。有学者针对关于十月革命的方式方法问题撰文说：十月革命是俄国无产阶级遭受暴力压迫而进行的暴力反抗。列宁等俄国无产阶级革命家继承和发展了马克思主义暴力革命的理论，在二月革命后复杂的形势下，适时地选择和平与暴力的手段，最终以暴力形式获得革命胜利。他们没有一味地强调暴力手段，也没有滥施暴力，诟病十月革命的暴力形式是没有道理的[25]。还有学者对针对"十月革命"含义的多重性进行了阐发：第一，是指以城市为中心的革命道路；第二，是指暴力革命道路；第三，是指苏俄和苏联革命和建设的经验[26]。

有学者对于毛泽东如何评价斯大林和苏联经验的问题进行了研究，指出：毛泽东在领导起草《无产阶级专政的历史经验》和《再论无产阶级专政的历史经验》两篇文章中，在关于如何评价和对待斯大林及苏联经验问题上，提出要坚持辩证唯物主义和历史唯物主义的观点、阶级分析的评价原则，运用把握本质、总体评价，一分为二、辩证评价，功过分明、量化评价，区分主次、侧重评价，成绩错误、分别评价等唯物辩证方法，成功解决了国际共产主义运动史评价历史人物的基本原则、评价方法及目的，为后人树立了光辉典范，为推进社会主义事业作出了卓越贡献。对于世界上第一个建立了社会主义制度的苏联及其重要历史人物的评价，事关世界社会主义的未来。用什么样的态度对待这段历史，会得出不同的结论，因而其影响也是巨大的[27]。

还有学者跟踪研究了俄罗斯当代社会思潮中的怀旧现象。文章指出：苏联剧变后，俄罗斯人怀念苏联的社会现象从来没有消失过，目前这一现象更是不断扩大，众多20世纪70年代后出生的年轻人也加入了怀念苏联的群体。这也是近年来俄罗斯政府和学术界重评苏联历史、重评斯大林等举措出台的深刻的社会根源[28]。

2. 对世界各种社会主义思潮的研究

中国社会科学院世界社会主义研究中心连续跟踪研究已经出版四辑世界社会主义跟踪研究报告。该报告主要是选取上一年度世界社会主义中心研究人员有权威性、前沿性和有代表性的研究成果结集出版的，反映了世界社会主义研究领域的最新发展和动态[29]。

有学者对当代世界社会民主主义进行了评析。第二次世界大战以后，"社会民主主义"一词逐渐被民主社会主义取代，第一，实现非马克思主义化和世界观多元化。第二，民主社会主义不是根据资本主义社会本身矛盾的发展来论证社会主义的必然性，而是认为社会主义是一些伦理价值的实现。第三，与两次世界大战之间时期的社会民主主义一样，民主社会主义继续主张在议会制民主共和国的框架内通过改良实现社会主义，但是它对现存国家的态度有了很大的发展。第四，第二次世界大战结束后的初期，大多数社会党仍旧认为生产资料公有化是社会主义题中应有之义，一些执政的社会党还曾努力推行国有化。1992年9月，社会党国际十九大标志着民主社会主义回到社会民主主义的一个新阶段的开始。这次代表大会以"变化中的世界上的社会民主主义"为主要论题并就此发表了声明。此后，他们不再主张从制度上以社会主义取代资本主义[30]。

有学者对印度共产党进行了关注。东欧剧变以来，印共虽遭受严重冲击，但却在调整政策纲领和生存策略的努力下生存并获得发展。在今天的印度政坛，印共通过与印共（马）等左翼政治力量联合，多次在地方层面参政或执政，并成为"团结进步联盟"等主流政治力量竞相拉拢的结盟对象，在国内政治舞台上发挥着重要的影响力。近半个世纪以来，印共虽然始终没有在印度实现全国执政，但却在地方层面和国会内取得了不菲的成绩。印共几十年的执政和参政实践，为把马克思主义与印度具体国情相结合积累了丰富的经验。通过执政或参政，印共也进一步认清了印度当前的国情，为自身的进一步发展提供了实践经验[31]。

后马克思主义也是当今一种不可忽视的社会思潮。有学者对后马克思主义作了全面阐释，指出，当今后马克思主义主要有三大特点。（1）运用后现代主义的思维方式"解构主义"来解读马克思和马克思主义。（2）运用脱离群众的"话语"阐述当代"革命"问题。（3）政治上表现为"形左实右"的极左倾向。后马克思主义实际上是对马克思主义进行"解构"，以修正马克思主义中以工人阶级为革命主体、建立无产阶级政党、社会主义必然代替资本主义的思想；提出马克思主义已经"过时"、"退隐"；实现社会主义的"新策略"就是实现"新霸权"，以"激进的多元民主"代替"民主集中制"，主张"自由社会主义"；否认马克思主义的历史决定论的观点，主张历史发展完全是"偶然性"的观点；反对马克思主义的"阶级论"和"革命论"的问题；改变马克思主义关于政治的一系列命题，"回归"到一种"激进—自由—民主的政治哲学"。因此，后马克思主义不是马克思主义，其所说的"马克思主义"与经典马克思主义、科学社会主义格格不入。作为主体的后马克思主义即右翼后马克思主义不是马克思主义，而是新历史条件下的"新修正主义"[32]。

有学者认为：在一定意义上，2001年通过的威斯特罗斯"党纲"，是瑞典社民党近百年"修正"社会民主主义之集大成。第一，"党纲"仍没有明确改变该党的阶级属性定位，只是到近年来其领导人才开始在讲话中强调“自己是跨越社会各阶层和集团的党”，逐步调整其工人阶级政党的传统定位。第二，“党纲”对唯物主义历史观给予了充分肯定，指出“唯物主义历史观……是卡尔·马克思的中心思想之一”，但同时又宣称：“他们的理论的其他部分已被证明是片面的或错误的。”这里的“其他部分”，主要是指科学社会主义。第三，“党纲”虽然保留了“民主社会主义”的提法，但其内涵仅仅是“自由、公平、团结互助”的价值观追求。第四，关于如何对待旧的国家机器的问题。欧洲各社民党先后走上了认同资本主义的“民主制度”，保留旧的国家机器，在资本主义现行的国家框架内实行改良的道路。第五，关于社会主义必然取代资本主义的客观规律认同问题。“党纲”称，“他们（马克思、恩格斯）的历史发展遵循某些法则的理论在现代科学中找不到任何依据，”是一种“宿命论”。因此，关于欧洲社民党社会民主主义“转型”的实质即：社会民主主义经过社民党近百年的“修正”，已由19世纪70—90年代的同马克思主义的科学社会主义相通的、工人阶级的理论武器逐步蜕变为资产阶级左翼和小资产阶级的“改良”资本主义的思潮[33]。

有学者继续指出：20世纪70年代以后，由一些学者、理论工作者各自表述的、因其相近或类同观点而形成的西方生态社会主义思潮，在西方的新社会运动中发挥着强大影响。其主张认为：（1）苏联模式、现存社会主义、共产主义已随东欧剧变一起崩溃；（2）社会主义已丧失了它的先知的维度、物质基础和历史主体，必须把社会主义的目标扩展到自主的人的活动领域，增强个体自我实现的可能性；（3）要把社会主义理解为对资本主义的超越，而不要把它理解为可供选择的另一种制度；（4）社会主义现代化的关键是要给予经济的发展一个社会的、生态学的方向；（5）社会主义左翼要同新社会运动结成联盟；（6）有的生态社会主义者提出了未来社会主义的目标和策略。对其评析：（1）生态社会主义提出要把经济学与生态学结合起来，给予经济的发展以一个社会的、生态学的方向的主张；提出资本主义的生态现代化改变不了资本主义的基本趋势，只有实现社会主义生态现代化才能解决矛盾等主张，在新发展观的形成和发展中有贡献。（2）通过对资本主义酿成生态危机的揭露和批判，以及从酝酿社会主义变革的高度去思考和设计种种替代方案，为人类超越资本主义工业文明的弊端，形成建设社会主义生态文明这种新颖文明的道路作出了贡献。（3）生态社会主义的某些主张是片面的[34]。

有学者关注到第四世界这一个使用逐渐增多的概念。全球化的网络按照自身的价值判断对各种要素进行选择或排斥，被排斥的地区与全球化脱钩成为第四世界，主要指在全球资本主义价值体系中价值极小的国家或地区。第四世界的主要成因是非全球化，是全球资本追逐利润内在逻辑的结果，也是西方强权国家倾向性政策的结果。一些发展中国家的错误政策也是内因。全球化的世界呈现“豹斑”色彩，第四世界遍布在发展中国家广大地区尤其是撒哈拉以南的非洲，也点缀在发达国家都市的贫穷区[35]。

3. 拉美社会主义

有学者进一步关注查韦斯、科雷亚、莫拉莱斯和巴西劳工党主张的社会主义的异同点，同古巴的社会主义的异同，同科学社会主义的异同。（1）它们的共同点是都反对美国在拉美所推行的以“华盛顿共识”为主导的新自由主义，在对外关系方面，强调对外关系多边化，减少对美国的依附，加强拉美国家之间的一体化和团结。不同点是，委内瑞拉和玻利维亚实行了比较激进的石油资源的国有化，玻利维亚的社会主义强调印第安人的权利，巴西的劳工社会主义更多地强调劳工的利益，厄瓜多尔科雷亚不赞成完全国有化，主张实现产权的合理化，而不是完全的国有化。（2）这四个拉美国家的社会主义与古巴的社会主义的共同点是在不同程度上都反对新自由主义和反对帝国霸权主义，都主张在本国进行政治经济和社会的改革。不同点是古巴社会主义国家的建立是通过武装斗争的道路，古巴目前是共产党领导的社会主义国家，而这四个国家都是左翼政党或组织通过选举当政，这些左翼政党、组织并不是由马列主义思想为主导的共产党，私有制依然在这四个国家占主导地位。（3）四个拉美国家的社会主义从目前来看并不是科学社会主义。“21世纪社会主义”与科学社会主义相比较，相同点在于：都认为“劳动要比资本重要”；都强调“集体行动”对于发展的重要性；都认为与交换价值相比，使用价值更重要；都强调社会公正。不同点在于：“21世纪社会主义”只有原则而没有统一的模式；它吸收了基督教的特点；它认为社会生产方式的改变应该通过投票的方式而不是采取激进的方式来实现，不赞成通过暴力方式实行社会变革；它寻求实现拉美一体化；强调维护国家主权和健康的民族主义[36]。

有学者指出：目前影响拉美的社会主义思潮大致有三种：（1）马恩创立的共产主义现在仍是拉美

共产党追求的理想目标。此外，列宁主义、毛泽东思想，基督教社会主义和托洛茨基主义等在拉美也有很大影响。（2）社会民主主义成为拉美中左翼的主要价值取向。（3）查韦斯“21世纪社会主义”是具有拉美特色的新社会主义思潮。查韦斯“21世纪社会主义”：一是声称“21世纪社会主义”决不是照搬传统的社会主义模式；二是其思想很大程度上受古巴领导人卡斯特罗的影响；三是查韦斯始终坚持反美政策，抵制美国倡导的美洲自由贸易区建议；四是查韦斯的变革虽表现出社会主义的一些特性，但还没有形成一个完整的理论体系，与科学社会主义和社会民主主义都不太相同，是具有拉美特色的新社会主义[37]。

有学者进一步研究了查韦斯为实施“21世纪社会主义”采取的措施：在理论上和组织上创造条件，奉行“强人政治”战略，控制舆论工具，强化国家在经济生活中的作用，大力实施扶贫计划，开展土地改革，努力提升自己的国际知名度，对美国保持“政冷经热”的关系，清算“全民公决”中的反对派。查韦斯在追求“21世纪社会主义”的过程中面临的挑战：政治上的反对派与大资产阶级利益集团沆瀣一气，对委内瑞拉的政治稳定构成巨大威胁；许多委内瑞拉人对“21世纪社会主义”的含义不理解，甚至不支持；缺乏一个强有力的马列主义政党；“21世纪社会主义”的经济基础不牢固；美国继续对查韦斯采取敌视政策[38]。

四、对当代资本主义的认识

有学者提出从马克思的社会革命观看20世纪资本主义的社会变革。资本主义制度一是作为其生产关系总和构成的经济制度，二是作为建立其上并与之相适应的上层建筑构成的政治和法律制度。资本主义社会形态下的社会革命可以是在这两个不同层面上进行的。20世纪的资本主义在这两个层面上都经历了一场“渐进的社会革命”。首先，竞争和积累是资本主义不断变革和适应变革的内在动力。其次，阶级斗争依然是推动社会改革进程的一个有力因素。再者，政府活动日益成为不同政治力量相互作用的集中体现。由此20世纪资本主义社会变革从多个层面改变了19世纪的自由资本主义所导致的社会基本矛盾激化趋势。这种可变性使得资本主义的生产关系在一定的时期（至少这个时期已经超出了许多19世纪的预言者们的设想）能够保持与生产力的适应甚至是促进生产力的发展。但这种渐进的变革无法突破它不能改变资本主义作为一种制度（包括经济制度和政治制度）质的规定性的底线。从这一意义上说，仅靠渐进的变革是无法实现社会革命的最终目标的。但这并不意味在一定历史时期这种渐进的社会变革失去了其必要性和意义[39]。

有学者以马克思主义方法研究“两种制度”关系，审视科学社会主义理论对人类社会历史走向的影响，以及十月革命以来的社会主义实践对资本主义历史、现实变化的主要影响。一是科学社会主义理论使人们以科学眼光审视资本主义。科学社会主义理论在社会历史观上实现了革命性变革，结束了人类在社会历史领域总是在黑暗中摸索的状况。二是十月革命打破了资本主义的一统天下，为人类开辟了战胜资本主义私有制的道路，对资本主义世界产生强烈震撼。三是社会主义使人类挣脱了“世界战争”的肆虐，尤其是第二次世界大战对人类命运产生了巨大影响，是人类历史的重大转折点。四是社会主义为埋葬野蛮的殖民体系发挥了巨大作用。五是社会主义由一国走向多国，改变了世界政治格局。六是社会主义优越性促进资本主义改良。七是社会主义运动低潮中，资本加强对劳动的剥削。在迄今的经济全球化进程中，从资本在世界范围疯狂增殖的残酷现实中，我们看到，无论历史还是现实，社会主义对资本主义都产生了重要影响[40]。

（作者：中国社会科学院副研究员）

注：

①赵家祥：《资本主义社会内部能够孕育和形成社会主义因素——澄清对马克思恩格斯思想的一种误解》，《北京大学学报》（哲社版），2008年第5期。

②钟哲明：《要准确理解马克思恩格斯说的“新社会的因素”》，《思想理论教育导刊》，2008年第6期。

③陶文昭：《〈共产党宣言〉是与时俱进的伟大旗帜》，《教学与研究》，2008年第3期。

④姜辉：《〈共产党宣言〉中的“主义之辨”及其当代意义》，《教学与研究》，2008年第3期。

⑤高放：《“全世界无产者，联合起来！”74种中译文考证评析》，《文史哲》，2008年第2期。

⑥梁树发：《马克思逝世周年纪念性话语及其启示》，《中国人民大学学报》，2008年第3期。

⑦梁树发：《马克思主义发展研究与中国特色社会主义理论体系定位》，《当代世界与社会主义》，

2008 年第 3 期。

⑧秦宣：《论科学社会主义的基本原则》，《教学与研究》，2008 年第 3 期。

⑨蒲国良：《如何认识科学社会主义的基本原则》，《毛泽东邓小平理论研究》，2008 年第 8 期。

⑩《马克思主义研究》记者：《〈共产党宣言〉的当代价值》，《马克思主义研究》，2008 年第 3 期。

⑪侯惠勤：《中国的改革开放与科学社会主义共命运》，《马克思主义研究》，2008 年第 3 期。

⑫许耀桐：《民主是社会主义固有的东西》，《社会主义论丛》，2008 年第 1 期。

⑬沈宝祥：《中国特色社会主义三十年》，《学习时报》，2008 年 9 月 1、15、22 日。

⑭杨春贵：《解放思想与中国社会主义的历史命运》，《光明日报》，2008 年 5 月 8 日。

⑮陈雪薇：《解放思想与改革开放的三十年》，《理论动态》，2008 年第 5 期。

⑯卫兴华：《改革以来中国特色社会主义经济理论发展的几个问题》，《学术月刊》，2008 年第 9 期。

⑰张雷声：《论社会主义社会主流意识形态》，《马克思主义研究》，2008 年第 4 期。

⑱季明：《论建设社会主义核心价值体系》，《学习与实践》，2008 年第 8 期。

⑲梁柱：《科学发展观与社会主义基本原则》，《中华魂》，2008 年第 5 期。

⑳张云飞：《国外马克思主义生态文明理论研究》，《马克思主义、列宁主义研究》，2008 年第 2 期。

㉑余谋昌：《建设生态文明　实现社会全面转型》，《深圳大学学报：人文社科版》，2008 年第 5 期。

㉒周新城、张旭：《苏联演变的原因与教训：一颗灿烂红星的陨落》，社会科学文献出版社，2008 版。

㉓肖德甫：《世纪悲歌：苏联共产党执政失败的前前后后》，中共党史出版社，2008 年版。

㉔吴恩远：《俄罗斯新版历史教学参考书的新观点》，《马克思主义研究》，2008 年第 4 期。

㉕郭春生：《试论十月革命暴力手段的必然性》，《世界社会主义运动》，2008 年第 2 期。

㉖蒲国良：《关于十月革命研究中两个基本问题的思考》，《世界社会主义运动》，2008 年第 4 期。

㉗李瑞琴：《毛泽东是如何评价斯大林的》，《高校理论战线》，2008 年第 4 期。

㉘李瑞琴：《“我想回到苏联”——俄罗斯青年怀念苏联现象分析》，《世界社会主义研究动态》，2008 年 2 月。

㉙李慎明主编：《世界社会主义跟踪研究报告——且听低谷新潮声》（之一、之二、之三、之四），社会科学文献出版社，2005 年、2006 年、2007 年、2008 年版。

㉚殷叙彝：《“民主社会主义”和“社会民主主义”概念的渊源和演变》，《社会主义论丛》，2008 年第 1 期。

㉛高鹏怀、宫玉涛：《印度共产党的执政实践与后冷战时代的策略调整》，《北京教育学院学报》，2008 年第 2 期。

㉜《国外理论动态》记者：《“后马克思主义”的基本问题及其研究意义》，《国外理论动态》，2008 年第 9 期。

㉝何秉孟：《从“瑞典模式”看欧洲社民党社会民主主义“转型”的实质》，《高校理论战线》，2008 年第 4 期。

㉞徐崇温：《当代西方生态社会主义思潮及评析》，《红旗文稿》，2008 年第 13 期。

㉟陶文昭：《全球资本主义的第四世界》，《社会主义论丛》，2008 年第 1 期。

㊱《国外理论动态》记者：《如何看待拉丁美洲的社会主义》，《国外理论动态》，2008 年第 2 期。

㊲柴尚金：《影响拉美左翼的三种社会主义思潮》，《当代世界》，2008 年第 6 期。

㊳江时学：《论查韦斯的“21 世纪社会主义”》，《拉丁美洲研究》，2008 年第 1 期。

㊴林德山：《从马克思的“社会革命”观看 20 世纪资本主义的社会变革》，《社会主义论丛》，2008 年第 2 期。

㊵赵汇：《论社会主义对资本主义历史、现实的主要影响》，《高校理论战线》，2008 年第 1 期。

国外马克思主义

黄继锋　唐旭昌　宋德孝

2008年，北京地区学者对国外马克思主义的研究呈现出积极、活跃的态势。围绕着如何深化国外马克思主义研究、国外马克思主义的代表人物和流派等诸多问题，学术界取得了丰硕的研究成果。现将本年度的研究状况概述如下。

一、关于正确对待和深入研究国外马克思主义的讨论

1. 梁树发撰文指出，近年我国当代国外马克思主义的研究在广度和深度上比以往都有所前进，但也存在主题分散、对欧美地区之外的马克思主义的关注和研究不够等问题，这些在今后的研究中应当加以改进。他特别强调，我们对当代国外马克思主义的研究需要转变视角和态度，关键是我们是否把当代国外马克思主义看做是马克思主义具体化的理论成果。其实，国外马克思主义者也往往从马克思主义的发展、马克思主义具体化、民族化的角度提出问题和在理论上回答问题，至于这种回答是否正确则是另一个问题。他提出，应当从发展马克思主义的目标来看当代国外马克思主义研究，把当代国外马克思主义研究当作发展马克思主义的一个必要环节，要从马克思主义发展史的角度为当代国外马克思主义赢得一席"正统"地位。马克思主义发展史研究的对象，不只是中国的马克思主义，也不只是无产阶级政党和组织的马克思主义、"正统的"马克思主义，不只是马克思主义的过去，不能排除：国外的马克思主义、国外学者个人的马克思主义研究、所谓"异端的"马克思主义、关于马克思主义的今天和明天的研究。我们应当更多地关注国外马克思主义研究的积极成果，要有一种"沙里淘金"的态度[①]。

2. 如何认识和看待"西方马克思主义"，是近年来国内学者争论的一个问题。梁树发认为，"西方马克思主义"代表了20世纪马克思主义发展的一种趋势，在如何认识和对待马克思主义问题上，它提供给我们的经验和教训是非常丰富而深刻的，随着时间的推移，我们会有更强烈的认识。另一方面，关于"西方马克思主义"形成的逻辑，它在马克思主义发展史上的具体影响，它的一些理论、观点的性质与意义值得深入研究和重新认识。因此，虽然"西方马克思主义"是一个终结了的马克思主义研究流派，但对它的研究仍然具有重要的理论意义和现实意义[②]。张立波撰文探讨了关于西方马克思主义对于我们研究马克思主义的意义和局限问题。他指出，相较于我们长期以来惯于背诵一些条条框框、惯于引经据典，几乎没有真正把马克思主义作为研究对象，西方马克思主义具有特别重要的方法论意义，即一定要"读"马克思，要摒弃直接阅读的神话，对马克思主义进行审读、细读、历史地读和深度解读。但我们不能过分强调西方马克思主义的意义。西方马克思主义是以欧洲为中心的，它并没有替我们解决任何思想问题和现实问题，它也没有提供马克思主义哲学的基本范式。作者批评国内一些学者沉迷于西方马克思主义，把西方马克思主义视作对马克思文本的唯一客观的阐释，或者对马克思思想方法唯一科学的运用，实际上是把西方马克思主义视作新的正统[③]。

3. 近年来，国内的"马克思学"有升温之势，特别是有学者提出应当建立"中国马克思学"之后，如何看待"马克思学"成为一个争论的焦点问题。针对"马克思学"有无意识形态的色彩、创建"中国马克思学"是否有利于促进和激活中国马克思主义事业等问题，赵玉兰撰文进行了探讨。指出，"马克思学"一词并不是西方首创和特有的，更不是所谓西方资产阶级意识形态的标签。实际上，它是由老一辈马克思主义理论家梁赞诺夫作为一个中性的科学术语提出的，其宗旨是要以科学的态度来研究马克思的文本、思想以及实践，从而构造一门严密的科学。我们所倡导的"中国马克思学"旨在强调马克思学的中国性、中国特色，它有以下独特内涵：(1)"中国马克思学"是中国人独立进行的马克思研究，在世界历史范围内成一家之言。(2)"中国马克思学"必须要超越传统的"以恩解马"、"以苏解马"、"以西解马"这三种流行的解读模式，采取"以马解马"的全新解读模式。(3)"中国马克思学"要有意识地发掘中国古典解释学的思想宝藏与方法宝藏，与近现代解释学、马克思主义解释学融为一体，并在解释方法上凸显时代特色与中国特色。(4)"中国马克思学"不能亦步亦趋地追随"苏联马克思学"和"西方马克思学"的思想足迹，而是要独辟蹊径，提出自己的一系列新观点、新思想、

新方法。(5)“中国马克思学”是与我们的时代特点和民族特点相结合的，是为马克思主义中国化和建设有中国特色社会主义作理论铺垫的基础工程[④]。梁树发则通过对“马克思学”的研究对象和研究主体的考察，认为“马克思学”只能是指非马克思主义者，甚至是资产阶级学者对马克思（包括恩格斯）和马克思主义的研究。其根据有两点：一是“马克思学”作为一门“学科”的提出本身就具有挑战性，即挑战马克思主义者对马克思和马克思主义的研究，特别是恩格斯、列宁等对马克思思想的理解、解释，从而生造出“两个马克思”、“恩格斯反对马克思”、“马克思反对马克思主义”、“列宁主义反对马克思主义”等奇谈怪论。二是“马克思学”与马克思主义有强烈的对抗性，带有明显的意识形态色彩。但梁树发同时指出，我们把“西方马克思学”看做是一种消极的思想文化现象和文化思潮，并不否认对马克思文本的研究以及通过文本研究认识马克思主义的意义。从这个意义上说，应当承认有一种不受地理限制和不带意识形态色彩的一般“马克思学”，即对马克思文献进行客观的研究。鉴于我国现在还没有真正意义上的马克思和马克思主义文献学研究，应当支持“中国马克思学”的建设和发展[⑤]。

二、对“西方马克思主义”的研究

1. 对葛兰西的研究。“西方马克思主义”早期代表人物葛兰西是本年度研究的热点人物。仰海峰撰文提出要重读葛兰西，理由是：其一，国内现有的研究虽然涵盖了葛兰西的实践哲学、国家与市民社会理论以及霸权思想，但在将这些内容作为有机的整体来研究方面还有待深入。其二，在西方马克思主义发展史上，从第一代开创者到今天的后马克思主义，存在着两条重要的理论线索：一条由卢卡奇开创，经法兰克福学派的中介、以阿多诺为转折点，实现了由“西方马克思主义”向后马克思主义的转变。另一条由葛兰西开始，经阿尔都塞、结构语言学和后结构主义的中介，并产生了重要影响：英国伯明翰学派的大众文化批判以及由拉克劳和墨菲为代表的新葛兰西主义，都是从葛兰西的“霸权”概念获得自己的灵感的。而这条线索还没有得到应有的重视和研究。仰海峰指出，对葛兰西的重读和研究，有助于为我们解读马克思提供当代的参照系，并锻造一个具有当代视域、能透视当代社会与文化的马克思主义哲学框架[⑥]。吴友军撰文认为，葛兰西的“实践哲学”以恢复马克思主义哲学的实践本体论变革为反思支点，批判了在第二国际和第三国际居于“正统”地位的马克思主义，将卢卡奇和柯尔施所论及的无产阶级革命意识和革命理论的缺失，归结于他们在现代西方市民社会中的文化领导权的丧失，从而引发了“西方马克思主义”的文化批判和知识分子作为主体夺取文化领导权的两个转向。在“西方马克思主义”批判理论发展史上，起到了上承卢卡奇、柯尔施的反思，下启法兰克福学派理论的重要作用[⑦]。田时纲的著文则对把葛兰西的思想划入“西方马克思主义”提出了质疑。他指出，在葛兰西的故乡意大利和西方主流学界从不承认葛兰西是“西方马克思主义者”，而是把他看做是国际共产主义运动著名活动家，是20世纪最富独创性的马克思主义理论家。田文认为，葛兰西同“西方马克思主义”的创始人卢卡奇和柯尔施无论是在政治立场上（如对列宁主义和共产国际的态度）还是在理论倾向上（如对黑格尔唯心主义的态度）都是泾渭分明和针锋相对的。西方学者安德森和科莱蒂把葛兰西说成是“西方马克思主义者”是出于其政治需要，即否定传统马克思主义，反对列宁主义。国内有的学者认为葛兰西是“西方马克思主义者”，这除受安德森、科莱蒂影响外，主要是研究对象的复杂、研究材料的匮乏和研究方法论的缺陷所致[⑧]。

2. 对霍克海默的研究。霍克海默是法兰克福学派的主要代表人物。吴友军对霍克海默社会批判理论的实质与局限进行了研究。她指出，霍克海默的社会批判理论并不是真正意义上的理性批判哲学，其批判指向的正是理性所带来的艰难的、压抑人的后果；霍克海默的社会批判理论以自由和平等为终极原则和批判前提，表达了对自由被剥夺、平等成为幻影的社会现实的抗拒，其本质是一种人道主义伦理批判。作者认为，由于霍克海默拒斥理性的终极合法性，而没有理性检审的规范是不可理解的，因此社会批判理论关于自由和平等的意义总是含糊和晦暗的，这构成了其根本困境。社会批判理论只能在与各类现实的结合点上寻找生长点，并表现为对科学、艺术、宗教、家庭等各种具体现实的批判。因此，社会批判理论失去了实际改造社会的政治和经济上的依托力量，而成为仅仅建立于道义基础上的纯粹文化意义上的理论批判[⑨]。杜丽燕撰文指出，霍克海默对启蒙的批判可以归纳为一个黑格尔式的圆圈：神话—启蒙—神话。启蒙战胜了超自然力量的绝对统治（第一个“神话”），产生了人的自我意识即理性，理性又成为一种新的绝对支配力量（第二个“神话”）。文章分析说，霍克海默把理性视为工具理性，并认为人凭借理性的工具性和欺诈，从神话中被启蒙了。霍克海默从启蒙的结果反思启蒙，认为启蒙使人受到理性和科学的独裁，并导致了人的异化和不平等。她不同意霍克海默的这一观点，认为启蒙虽然没有消除社会不平等，但是在理论和实践上都做出了尝试[10]。

三、对后马克思主义的研究

1. 对后马克思主义基本问题的研究。曾枝盛围绕“后马克思主义”的定义、基本问题、评价等问题谈了自己的看法。他认为：“后马克思主义”有“广义”和“狭义”之分，广义的后马克思主义主要是指马克思和恩格斯逝世后的各种各样的马克思主义派别；东欧剧变后，尤指各种与苏联“共产主义”的马克思主义不同的马克思主义。而狭义的后马克思主义则是专指由后现代主义所派生出来的各马克思主义派别，通常我们所讲的“后马克思主义”都是狭义的后马克思主义。后马克思主义涉及的基本问题众多，主要表现为对马克思主义进行“解构”，提出马克思主义“过时”、“隐退”的问题，主张实现社会主义的“新策略”问题，主张历史发展完全是偶然性的观点，反对马克思主义的“阶级论”和“革命论”问题等。曾枝盛认为，后马克思主义有左、中、右之分，右翼（如拉克劳和墨菲）对马克思主义否定和批判最多；中翼（如德里达）对马克思主义持一定的肯定态度；左翼（如詹姆逊）则较多地肯定马克思主义。总的来说，后马克思主义不是马克思主义，甚至是反马克思主义的[11]。周凡通过对“西方马克思主义”创始人卢卡奇和后马克思主义的旗手拉克劳的研究，探讨了从“西方马克思主义”到后马克思主义的“后现代转换”。他指出，卢卡奇在变化了的历史条件下解决无产阶级革命问题，并借助辩证法进行了论证。相对于卢卡奇，拉克劳既放弃作为“本体”的无产阶级概念，也放弃了为抢救这一“本体”而重新发现的辩证法。他致力于再造一种新的主体。拉克劳认为，随着西方发达资本主义弹性生产方式的推广、资本主义非组织程度的提高、福利政策的影响、平等话语向经济领域的延伸、权利意识的增强以及公共空间的进一步拓展，主体身份的建构以及政治对抗的形式越来越复杂化。主体认同不再是由必然性逻辑所决定的，而是建立在外在的、偶然性的关系中。相对于卢卡奇的完整主体，拉克劳提供了一个“相关的半身份构成区”的主体。简单的二元阶级对抗消失了，取而代之的是各种分散的对抗形式。这些局部性的、零碎的、微观化的对抗如何在某种激进目标或想象的霸权接合下形成深化民主、改造社会的积极力量，成为拉克劳式的“后马克思主义”的理论宗旨[12]。

2. 对鲍德里亚的研究。孔明安撰文指出，鲍德里亚是一个对现代性进行激进批判的理论家，他不仅具有诸多后现代主义的特征，还是一个后现代性的超论者。一方面，鲍德里亚窥见了由技术发展而导致的后现代现象，他否定了理性历史观，用仿真与仿像、诱惑与致命策略等概念摧毁了西方近代理性主义与形而上学，具有后现代主义的特征。另一方面，鲍德里亚基于象征交换与现代技术进行哲学思考，追求原始本真、关注走向未来的预言，从而致使其思想中混杂着基于技术的后形而上学的玄学沉思。他指出，后者正是鲍德里亚不同于后现代主义之处[13]。闫方洁、宋德孝对鲍德里亚的消费社会意识形态批判理论进行了分析。鲍德里亚认为，在消费社会中，符号价值成为消费的基础，意识形态作为符号形式渗透到社会的各个层面。而马克思的拜物教理论由于预设了真实的主体与需要，同样陷入了资本主义意识形态的陷阱。因此，必须进入符号学视阈建立符号政治经济学批判，这样才能有效批判符号价值与符号形式，进而揭秘消费社会的意识形态。作者指出，对鲍德里亚的这一观点，我们应当持辩证的批判态度[14]。

3. 对詹姆逊的研究。杨生平对詹姆逊的马克思主义论纲进行了分析。他将詹姆逊的主要观点归纳为：（1）制度的扩张和全新商品的生产使资本主义增强了其免疫力，但却不能改变其内在的结构性矛盾，马克思主义是关于资本主义固有矛盾的科学；（2）尽管资本主义采取了巧妙的意识形态话语，但它不能从根本上否定社会主义意识形态，苏联解体不是共产主义的失败，共产主义仍然是一种理想的社会目标；（3）社会主义的实现必须采取革命的形式，即要求全球性的、彻底的制度变化，而不是循序渐进的改良。杨文认为，詹姆逊旗帜鲜明地坚持马克思主义立场，较为全面地论述了当今资本主义社会存在的矛盾以及社会主义的美好前景，形成了一种新形态的马克思主义，其思考符合马克思主义精神实质，具有很强的启发意义[15]。杨生平、吴歧范还对詹姆逊的后现代大众文化理论进行了研究[16]。

4. 对大卫·哈维的研究。仰海峰对哈维的辩证的乌托邦理论进行了剖析。他指出，在哈维看来，弹性生产构成了现代资本主义的生产方式，资本主义积累则通过分散劳动力市场、劳动过程和消费市场等来完成。在弹性生产时代，空间障碍的消除使空间中的任何一个地方都被纳入资本的全球规划之中，资本通过控制空间而控制着有利于自己发展要求的政治权利。哈维认为，面对资本的全球空间规划，应该重新规划历史唯物主义，在辩证乌托邦的基础上建构一种新的替代性方案。辩证的乌托邦强调一种总体性的替代观念，这种观念是从社会结构与人类行为技术的关系中得以产生的。作为整体的替代方案，在空间规划上体现为对从事批判的政治个人的建构，以及集体政治学的建构。作者认为，哈维的这一观点实际反对的是后现代话语，他提供的并不是一个替代方案，而是建构替代方案的一些理念[17]。

四、对若干关于现实资本主义和未来社会主义观点的分析

1. 黄继锋撰文对生态学马克思主义的资本主义危机理论变化进行了评析。他认为，生态学马克思主义前后两个时期对资本主义危机分析的思路有很大不同。早期的代表人物如阿格尔等主要沿袭西方人道主义马克思主义的传统，尤其是法兰克福学派的异化理论，对资本主义生态危机展开批判，认为异化消费导致了过度生产以及对自然资源的掠夺性开发，因此寄希望于“期望破灭的辩证法”，使人们不断从消费领域转向生产领域来获得满足，进而消除生态危机。后期的奥康纳力图把对资本主义危机的分析建立在经过重建的历史唯物主义之上，认为资本主义不仅存在生产力与生产关系之间的矛盾，而且还存在生产力和生产关系一起与生产条件之间的矛盾。这两种矛盾导致资本主义经济危机与生态危机并存的局面，且经济危机可以引发生态危机，而生态问题又会反过来引发经济危机。同时资本主义的双重矛盾内涵着一种转向社会主义形态的可能性。他指出，较之早期的阿格尔，奥康纳对资本主义危机的分析更加深刻和更具说服力，也具有更大的政治实践意义[18]。

2. 周明海、黄刚撰文对国外左翼学者视野中的现实资本主义及其未来社会主义观进行了评介。文章介绍了美国学者丹·希勒、爱德华·勒特韦克、阿里夫·德里克、贝特尔·奥尔曼，英国学者苏珊·斯特兰奇，俄罗斯学者普列特尼科夫，法国学者米歇尔·阿尔贝尔，墨西哥学者海因兹·迪德里奇等人关于现实资本主义的观点，指出他们从不同视角描述和分析了资本主义发展中蕴藏的不可克服的内在矛盾，并预测了资本主义必然衰落和崩溃的趋势，提出了“后资本主义”、“新的历史蓝图”等替代资本主义的若干方案选择。文章还对国外学者的未来社会主义观进行了介绍。包括沙夫的允许生产资料私有制存在、市场与计划并存、多元化民主、以人为目的“新型社会主义”，罗默的以平等为出发点的市场社会主义，施韦卡特的实现经济民主的社会主义，迪德里奇的基于团结、互助、爱、正义、自由和平等的“21世纪社会主义”等。文章指出，我们对这些国外学者的思考和理论要持辩证的批判态度，既要看到它的进步性和积极意义，又要看到它的局限性和非科学性[19]。熊光清对詹姆斯·扬克的市场社会主义理论进行了介绍研究。詹姆斯·扬克是当代市场社会主义理论的重要代表人物。他从克服资本主义经济制度分配不平等的弊端出发，认为市场社会主义是比市场资本主义优越的经济制度，并设计了一种实用的市场社会主义的蓝图。实用的市场社会主义主要是试图通过对生息资本进行社会化的方式，在保持资本主义效率的同时，消除其分配方面的极端不平等。在东欧剧变后，詹姆斯·扬克对市场社会主义面临的许多挑战性问题进行了探索，进一步丰富发展了其理论[20]。郑萍介绍了当前日本左翼学者的马克思主义研究动态。指出，日本左翼学者注重把对世界社会主义历史的研究与当今国际社会主义运动的现状以及未来的展望结合在一起。例如，他们也关注中国特色社会主义的发展情况，这表现了他们历史与现实相结合的研究态度[21]。

（作者：黄继锋，中国人民大学教授；
唐旭昌、宋德孝，中国人民大学博士生）

注：

①②梁树发：《关于深化当代国外马克思主义研究的几点意见》，《北京联合大学学报》（人文社会科学版），2008年第9期。

③张立波：《西方马克思主义的意义和局限》，《哲学研究》，2008年第1期。

④赵玉兰：《“马克思学问题”与创建中国马克思学——与周嘉昕同志商榷》，《哲学研究》，2008年第6期。

⑤梁树发：《西方马克思学与国外马克思主义研究学科建设》，《马克思主义与现实》，2008年第1期。

⑥仰海峰：《为何重读葛兰西》，《中国图书评论》，2008年第1期。

⑦吴友军：《论葛兰西对“正统”马克思主义的批判》，《中共天津市委党校学报》，2008年第3期。

⑧田时纲：《葛兰西是“西方马克思主义者”吗?》，《教学与研究》，2008年第11期。

⑨吴友军：《人道主义伦理批判的实质和局限——论霍克海默的社会批判理论》，《哲学研究》，2008年第4期。

⑩杜丽燕：《霍克海默式的启蒙圆圈：神话—启蒙—神话》，《北京行政学院学报》，2008年第3期。

⑪《“后马克思主义的基本问题及其研究意义”——曾枝盛教授访谈》，《国外理论动态》，2008年第9期。

⑫周凡：《“后马克思主义”：西方马克思主义的后现代转换》，《哲学研究》，2008年第1期。

⑬孔明安：《鲍德里亚是一个后现代主义者吗？——兼论现代技术与后现代的关系》，《现代哲学》，2008年第6期。

⑭闫方洁、宋德孝：《走向符号政治经济学的意识形态批判——鲍德利亚对消费社会意识形态之解码》，《教学与研究》，2008年第4期。

⑮杨生平：《马克思主义是关于资本主义矛盾的科学——解读詹明信后马克思主义论纲》，《马克思主义研究》，2008年第3期。

⑯杨生平、吴歧范：《詹明信后现代大众文化理论探析》，《教学与研究》，2009年第1期。

⑰仰海峰：《弹性生产与资本的全球空间规划——从马克思到哈维》，《江海学刊》，2008年第2期。

⑱黄继锋：《从生态危机论到双重危机论——生态学马克思主义的资本主义危机理论评析》，《北京行政学院学报》，2008年第2期。

⑲周明海、黄刚：《国外学者视野中的现实资本主义与未来社会主义》，《科学社会主义》，2008年第6期。

⑳熊光清：《詹姆斯·扬克实用的市场社会主义理论述评》，《科学社会主义》，2008年第4期。

㉑郑萍：《当前日本左翼学者的马克思主义研究动态——马克思主义研究院代表团访日综述》，《马克思主义研究》，2008年第9期。

哲　学

马克思主义哲学

王　东　王晓红

对理论界一年来学术研究状况的认真梳理，发现开掘源头和不断创新依然是马克思主义哲学研究的主要趋势，它主要涵盖以下6个具有生长点意义的重大问题：马克思哲学创新源头的新开掘、改革开放30年与马克思主义哲学创新、以人为本的科学发展观新探、和谐社会的哲学思考、民族精神的现代革新、社会主义价值体系的哲学理念探索。

一、马克思主义哲学创新源头的新开掘

创新是我们当下最重要的时代课题。哲学创新贯穿了马克思的一生，要不断实现马克思主义哲学创新，首先要对马克思主义哲学创新的源头做出新的理论开掘。理论界主要在以下4个方面做出了努力：

1. “马克思学论坛”的持续举行

北京大学王东教授等人共同发起成立的“马克思学论坛”持续进行，对马克思哲学创新源头做出了新开掘。3月29日，第五届“马克思学论坛”暨纪念《共产党宣言》发表160周年学术研讨会在中央编译局召开，来自理论界的数十位专家学者就《共产党宣言》（以下简称《宣言》）的写作时间、写作背景、文本结构、基本思想及现实意义进行了深入研讨。中央编译局杨金海作“《共产党宣言》的文本解读及其当代意义”的主题报告。对《宣言》在中国的传播过程进行了深入分析，并结合中国特色社会主义的实际，对《宣言》所蕴涵的社会发展一般规律，以及社会主义的本质、根本任务和发展阶段等进行了阐发。中国人民大学哲学系安启念教授强调，《宣言》发表160年来，共产主义事业从来没有像今天这样正在我们身边迅速发展。

4月11日，由“马克思学论坛”与北京大学“二十一世纪哲学创新论坛”联合主办，清华大学、中国人民大学、中共中央编译局、中国政法大学、武汉大学和《光明日报》等多家单位参加的“第六届马克思学论坛——《资本论》哲学意蕴新解读”

学术研讨会在北京大学举行，安启念教授作了主题报告“《1844年经济学哲学手稿》：大唯物史观与实践辩证法”。与会者主要就《1844年经济学哲学手稿》、《资本论》及其手稿中的哲学底蕴做出了新的解读，并就《资本论》哲学的当代意义、马克思唯物史观的内涵等问题展开了广泛而深入的讨论。在此论坛的基础上，王东教授在《哲学动态》上主持发表了一组有关《资本论》研究的文章，包括王东的《〈资本论〉的哲学意义》、孙承叔的《〈资本论〉及其手稿的哲学地位》、何萍的《马克思〈资本论〉的历史性解读》、王晓红的《〈资本论〉续篇的准备材料群》、郭丽兰的《〈资本论〉中的民主观》以及吴敏燕的《马克思近代科学技术制度综合创新论》。王东指出，《资本论》不仅是马克思经济学的主要著作，而且是马克思哲学的主要著作；《资本论》是马克思作为“千年思想家”、“最大哲学家”的主要思想见证；《资本论》哲学才是马克思一生哲学创新的中心点与制高点；马克思晚年笔记是《资本论》续篇的准备材料，是《资本论》哲学的续篇与升华。《资本论》哲学潜藏在四大基石组成的《资本论》文本群中：《资本论》正卷的四卷本、《资本论》六大手稿、作为《资本论》及其续篇准备材料的笔记、《资本论》相关书信。《资本论》哲学是马克思哲学创新在当代最富于活力的主要生长点，也是马克思主义哲学中国化新形态的首要源头活水。孙承叔认为，《资本论》是一部哲学著作，《1857—1858年经济学手稿》的哲学地位表现在：形成了最高意义的现代史观，发现了市场经济的真正起源，第一次从正面肯定了商品、交换、货币与资本的历史地位和作用，奠定了历史唯物主义的古代社会基础，第一次从生存论角度提出时间概念，提出社会有机体学说①。

6月13日，第七届马克思学论坛在北京市委党校召开，梁树发作“关于《哲学的贫困》的若干问题”的主题报告。9月12日，第八届“马克思学论坛”在中国政法大学举行，清华大学王峰明作《形式规定、经济范畴、物像化论：马克思资本论手稿关键概念解读之一》的主题报告。12月19日，第九届“马克思学论坛”在中国人民大学马克思主义学院举行，中国政法大学张秀琴作了主题报告，题目是“马克思意识形态论发展的三个阶段”。论坛的持续召开，推进了马克思学研究，提出了许多富有创见性的观点，为推动学术创新、促进马克思主义研究作出了重要贡献。

2.《共产党宣言》发表160周年

为纪念《共产党宣言》出版160周年，学者们围绕着《宣言》的出版史、基本思想和当代价值等重大问题展开了热烈的讨论，产生了积极的理论成果。

黄楠森认为，《宣言》中，马克思主义的三个主要组成部分，即哲学、经济社会学和科学社会主义的基本精神都得到了体现；《宣言》也有自己的价值观，并且价值观从属于历史观②。

庄福龄认为，《宣言》不仅有鲜明的阶级性，坚持社会发展和阶级变动的总趋势，同时又着眼于每个人和一切人的发展与解放。海纳百川的博大胸怀既是《宣言》的理论特色，也是马克思和恩格斯毕生革命实践的原则和风格，成为共产党人一脉相承的优良传统③。

高放指出，《宣言》的核心思想不是“一个消灭、两个最彻底决裂”，而是“每个人的自由发展”；实现“一个消灭、两个最彻底决裂”是漫长、渐进的历史过程，不可能一蹴而就、急于求成。另外，“消灭私有制”的“消灭”不如译为“扬弃”更好；“最彻底的决裂”建议改成“最坚决破除”④。

李惠斌认为，对消灭私有制问题不能作简单理解，与空想社会主义者不同，马克思并不一般的反对私有制或私有财产，相反地，马克思对于以自己劳动为基础的私有制或私有财产制度基本上持一种肯定的态度。现代公有制是资本主义时代的成就，是一种历史的必然，而不是主观任意的制度，当然，这种公有制是对于资本主义制度本身的一种否定形式。构造重建劳动者个人所有制是马克思认为切实可行的理想，届时生产资料的公共占有和生活资料的个人占有不再矛盾⑤。

3. 唯物史观新探讨

针对孙正聿提出的以“感性的人的活动”为立足点的“新世界观”就是马克思恩格斯创立的“以现实的人及其历史发展”为内容的“历史唯物主义”观点，段忠桥提出了不同看法，认为历史唯物主义不是以“历史”的解释原则构成的“世界观”，而是以“历史”为研究对象的“历史观”，马克思恩格斯创建的历史唯物主义的经典表述不在《关于费尔巴哈的提纲》中，而是在马克思《〈政治经济学批判〉序言》中⑥。

安启念认为，将《〈政治经济学批判〉序言》中的一段话当作唯物史观的经典表述是不能成立的，要对社会历史做出唯物主义的说明，仅仅从生产力出发是不够的，还必须对生产力的发展予以唯物主义的解释，最接近于“经典表述”的是《德意志意识形态》中的一段话。马克思的历史思想是一种“大唯物史观”，这就是他的实践唯物主义。之所以说它“大”，是因为它把自然界、人类社会和人自身的发展都包括在内；之所以说它是“唯物史观”，是因为它用劳动实践对自然界、人类社会和人自身的现状及其历史发展做了唯物主义解释。它的核心内容是人的发展，人的解放[⑦]。

张曙光撰文指出，唯物史观既包含着社会理论的内容，又体现着重大的哲学意义，即看待人类历史活动的唯物主义方法论原则。我们要合理分析中国的时代性与民族性、普遍性与特殊性，不断形成、修正和丰富中国经验[⑧]。马俊峰撰文认为，历史唯物主义的当代解读应注意三个问题：一是文本解读本身有自己特定的界限以及相应的局限性；二是唯物史观是马克思与恩格斯共同创立的，二人思想存在一定差别，但并无根本对立；三是唯物史观的“历史”是以人的实践活动为核心为基础，把一切存在都理解为历史性存在的历史[⑨]。

4.《德意志意识形态》哲学意义估价

韩立新主编了《新版〈德意志意识形态〉研究》，本书从文献学的角度对《德意志意识形态》的篇章结构、核心概念和热点问题进行了探讨，还对目前国际上有关《德意志意识形态》的最新研究成果进行了梳理和评介[⑩]。

聂锦芳认为，施蒂纳的观点在相对有限的意义上有一定合理性和价值。马克思和恩格斯从现实出发的致思路向找到了透视利己主义的基点，批判了施蒂纳“利己主义者的现象学”，指出利己主义作为一种观念和理论根源于现实生活和社会变迁，而不是人的精神需求和逻辑推断，它本身不可能独立产生和演变。他们还指出，施蒂纳把“探求自身”依托在所谓“创造”之上，而又把纯粹的“反思”视为“创造”本身，这种对利己主义、对人、对精神的理解必然是一种虚妄和幻觉[⑪]。

魏小萍指出，财产所有制问题是马克思和恩格斯批判资本主义社会、设想共产主义社会的核心问题。《德意志意识形态》中，马克思和恩格斯并非简单接受作为与既有的私有制社会相对而言的理想社会制度的设想而提出来的“公有”、“共有”或“公共所有”概念，而是以现实社会的生产关系为基础，对取代当下社会关系的可能性进行了分析。他们将联合起来的个人，而不是共同体、不是所有人，作为普遍交往以及与普遍交往相适应的生产力综合的占有者。他们对自由的理解也是具体的，以人与人之间非压迫、非剥削为前提的个人自主、自由取代人与人之间压迫、剥削关系中的非自主、自由状态[⑫]。

二、改革开放30年与马克思主义哲学创新

30年来，改革开放为马克思主义哲学创新提供实践基础和强大动力，马克思主义哲学创新为改革开放的顺利推进提供理论支持和引导。学者们对改革开放30年与马克思主义哲学创新的关系研究，成为当代马克思主义哲学研究的重要议题。国内学界召开了多次以此为主题的理论研讨会。比如，由北京大学邓小平理论研究中心等单位联合举办，于2008年10月30—31日召开了“改革开放30年：中国道路与世界视野国际学术研讨会”。与会学者主要围绕着改革开放30年的总体评价、基本经验、问题与前景、改革开放30年与哲学社会科学发展等问题展开了热烈讨论。与会学者黄楠森认为，改革开放方针的确立是马克思主义思想路线的胜利，改革开放30年社会发展取得的空前巨大成就，离不开马克思主义的指导，要想缓解、解决改革开放中所出现的难题和弊端，马克思主义思想路线依然是关键。王东指出，改革开放30年取得了突出的伟大历史成就，围绕“中国现代化创新”这个主题，初步实现了“体制—理论—科技—文化—哲学”现代化的五大创新；积累的问题也很突出，“分配不公—官僚腐败—文化失落—生态破坏—价值倾斜”是走向科学发展之路必须突破的五道难关；中国的发展前景更为突出，中国特色社会主义市场经济模式必将成为创造新型世界文明的源头活水。此外，美国哥伦比亚大学萨卡·考培拉教授指出，中国的改革开放为全世界提供了强大的榜样示范，为发展中国家带来希望；俄罗斯科学院远东研究所专家安德烈进一步进行了中俄比较；韩国首尔大学教授宋荣培把中国革命的开展过程归于主观意志向“历史性意志”的转变；越南国家政治学院教授阮鹏翔指出越南革新过程中与中国改革开放相类似的一些问题[⑬]。由《中国社会科学》杂志社和武汉大学马克思主义哲学研究所共同主办的主题为“马克思主义哲学中国化与当代中国哲学建设”的第八届“马克思哲学论坛”于2008年10月11—13日在武汉隆重举行，与会者围绕马克思主义哲学中国化的缘起、内涵、实质、关系、路向、视角、限度、历史、问题、经验、规律、方法及其对当代中国哲学建设的重要意义等问题展开了热烈的讨论，取得了丰硕的成果。

许全兴指出，在毛泽东阐述“马克思主义中国化”之前，马克思主义者和进步的文化人在总结五四以来新文化运动的基础上，已从不同视角提出了

马克思主义的具体化中国化的问题，论述了中国马克思主义者应是中国传统优秀文化的继承者和发展者的问题。毛泽东对“中国化”的阐述既吸取了当时理论工作者的观点，又大大高出于他们的思想，具有经典性。马克思主义中国化的重要内涵是继承和发扬中国历史文化的优良传统⑭。

王伟光指出，改革开放的实践发展史，也是马克思主义中国化的理论探索史。深刻的思想解放运动带动了中国特色社会主义实践和理论的伟大飞跃。30年改革开放的伟大实践积累了十分宝贵的历史经验，奠定了中国特色社会主义理论体系的实践基础和科学依据。改革开放是发展中国特色社会主义的强大动力。坚持解放思想、实事求是和生产力标准的观点，坚持科学发展观和正确改革观也就是坚持中国特色社会主义理论体系。进一步改革开放，发展中国特色社会主义，最重要的是坚持中国特色社会主义理论体系的指导⑮。

郭建宁认为，改革开放以来，当代中国马克思主义哲学研究体现了时代精神、实现了全面推进、具有多样性和个性化特征，同时也实现了研究主题和思维方式的重大转换，并在当代中国马克思实践哲学、人的哲学、发展哲学和文化哲学等方面取得了重大进展，但也面临一些严峻的挑战和突出的问题需要正视和解决⑯。

方克立指出，张岱年先生提出的综合创新论既符合文化发展的规律，又符合当代中国先进文化的前进方向，符合科学发展观的要求，因此这种理论的生命力一定会越来越充分地显示出来，在中国特色社会主义文化建设中将处于无可置疑的中心和主导地位。此外，该学者还对综合创新文化观产生的历史必然性、综合创新是文化发展的规律、综合创新论的基本理论内容、综合创新的具体方法和可操作程序研究、哲学和文化上走综合创新之路的典型个案研究、综合创新论研究的深化——“马魂、中体、西用”论、综合创新与中国哲学的“合法性”问题、综合创新中的“一元主导”与“多元兼容”问题、中国特色社会主义理论体系中的文化综合创新问题以及综合创新与科学发展观等重要问题进行了深入思考⑰。

三、以人为本的科学发展观新探

黄楠森认为，马克思恩格斯在《关于费尔巴哈的提纲》、《德意志意识形态》和《共产党宣言》等多部著作中都谈到了“人”，他们不是不讲人，而是从现实的人出发，从具体的不是纯粹抽象的人出发。《宣言》中讲的共产主义的人是自由发展的人，也是具体的、现实的人。自由发展的人就是在现实条件下发展的人。所谓自由发展的人，就是不受阶级剥削和压迫的人，能够按照社会的需求，个人意愿、兴趣、条件（包括天赋）等自由发展，当然一定的限制是永远不可避免的⑱。

丰子义指出，社会发展理论研究在我国主要呈现出以下基本走向：拓宽了新的领域、从译介性转向研究性、日益具有实践性、研究方法逐渐趋于综合性。研究中存在的明显问题是：比较平面化、问题抓得不太准确、缺乏准确的理论定位，这就要求我们加强发展哲学的研究，建立具有中国特色、适于中国发展的理论。要充分发挥和提升马克思社会发展理论的当代价值，就要从问题出发，从发展的经验教训、从不同发展理论的比较中、从马克思社会发展理论的特质与内在品格等几个方面来看待其当代价值⑲。

李君如认为，中国共产党人理论创新的主线是马克思主义中国化。“三个代表”重要思想和十六大以来党中央的重大战略思想都是马克思主义中国化的最新成果。科学发展观与社会主义和谐社会理论来自于实践，进一步推进了马克思主义中国化。“三个代表”重要思想和科学发展观的出发点和主题都是又好又快地建设中国特色社会主义⑳。

杨金海指出，“以人为本”不是资产阶级的专利，马克思主义中也有“以人为本”思想，它是对“为人民服务”的继承和发展。“以人为本”思想扩大了“为人民服务”的人民的范围；强调人民群众而非仅仅是中国共产党人是历史活动的主体；不同于“为人民服务”所倡导的主要是中国共产党的党风，“以人为本”倡导的是更具普适性的新的社会风尚。因此，“以人为本”的提出比“为人民服务”更加适应我国经济社会发展的客观要求和广大人民群众的迫切愿望，标志着我们党的思想理论建设和中国现代化建设进到一个新的境界㉑。

梁树发强调指出，建设的实践需要建设的哲学。中国特色社会主义建设实践需要中国特色社会主义建设哲学。中国特色社会主义建设哲学是中国特色社会主义建设的本质与规律的学说。中国特色社会主义理论体系具有建设哲学的充分意义。毛泽东思想、中国特色社会主义理论体系包含丰富的中国特色社会主义建设哲学思想。尤其需要用科学发展观指导中国特色社会主义建设哲学的建构。科学发展观使这一哲学建构的理论条件趋于成熟㉒。

马俊峰等人不赞同把以人为本的人或是武断地定位为个人或是简单地定位为人民的做法，认为人的概念比个人和人民都要丰富和具体。以人为本的科学发展观，以实现人的全面发展为最终目标，以中国还处于社会主义初级阶段的基本国情为根据，以切实保障人民群众的经济、政治和文化权益，让发展的成果惠及全体人民为基础，是对改革开放以来中国特色社会主义建设的新经验的深刻总结，也是深刻反思国际共产主义运动和东欧教训的结果，它体现了共产党的最高纲领与现阶段基本路线的有机统一，既具有现实的针对性，也具有历史的前瞻性。它应该成为全体人民和所有公民的历史主体意识和民主意识的自觉表现[23]。

四、和谐社会的哲学思考

汤一介认为，中华民族的复兴是和儒学的复兴分不开的。在儒家思想中包含着“和谐社会”的理想以及为建设“和谐社会”大量的思想资源。新时代的儒学必须不断地反思其自身，揭示其真精神，发掘其真精神所具有的普遍性意义和特殊的理论价值，自觉地适时发展和更新其自身，这是儒学复兴的生命线[24]。

郭建宁指出，改善民生是构建社会主义和谐社会的基础，注重改善民生要坚持以民为先、强调公平正义、做到共建共享。利益协调是构建社会主义和谐社会的关键，要运用政策、法律、经济、行政、协商、调解等综合手段，坚持顾全大局、疏导为主、互相协商、公平竞争、合理分配、瞻前顾后、普遍受益、改革成果与改革代价共同承受的原则。和谐文化是构建社会主义和谐社会的精神支撑，要培育和谐的文化精神，倡导和谐的价值理念，弘扬和谐的哲学思维，营造和谐的社会氛围[25]。

易杰雄等人认为，我们面临的一切挑战只有通过创新去解决。创新是全面落实科学发展观、构建社会主义和谐社会的迫切需要，是国家发展战略的核心，是提高综合国力的关键[26]。

韩震等人指出，从文化认同的角度研究和谐社会是一个全新的视角。文化认同的目的是寻求生存方式的同一性、稳定性和连续性，但其过程却起始于人的社会生活的流变性、历史断裂或社会的断层，是在发现差异时开始的。当代中国社会发展面临着“多样化”趋势不断增强的趋势，不同文化观念之间的和谐相处是和谐社会建构的内在要求。文化认同和国家认同是增进国家凝聚力、建设社会主义和谐社会的必要条件。传统民族文化如何实现现代性转化，并成为增进人们文化认同的重要因素，是当代和谐社会建设必须解决的问题。我们首先应该对“社会主义和谐社会”这一命题的理论前提作深入分析和说明，进而提炼出其中的文化和价值意蕴；其次对与文化认同相关的理论问题进行细致深入的分析；最后应当对文化认同的建构方法作出新的阐释[27]。

郭湛等人强调指出，改革、发展、稳定、和谐都涉及利益关系，利益关系是将四者有机统一的一条红线。改革内在地包含着利益的调整，要建立有效的利益驱动机制，其结果就是社会的发展。社会的发展是利益驱动机制与利益协调机制共同作用的结果。没有利益协调机制，社会发展就是不可持续的，最终会影响社会的稳定。实现社会的稳定是利益协调机制的基本功能。当利益驱动机制与利益协调机制实现良性互动和有机统一时，其结果从社会运行看就是社会的科学发展，从社会状态看就是社会的和谐发展。这是中国社会主义现代化建设的一种规律性的现象，并且具有根本的性质[28]。

五、民族精神的现代革新

王东指出，源远流长的中华民族精神，在2008年抗震救灾中不仅得到高度弘扬，而且经历了现代洗礼，走向了现代创新。这具体表面在以下7个方面：（1）快速反应的高效性；（2）人民监督的民主性；（3）以人为本的人道性；（4）与现代科技手段相结合的自强性；（5）现代社会机体的凝聚性；（6）信息传递的公开性；（7）面向世界的开放性。王东还在《北京魅力》一书中逐层深入地回答北京文化研究的三个基本问题：北京文化源头在哪里——北京文化特色是什么——北京文化精神底蕴是什么？深入发掘了北京景观、北京文化中蕴涵的“北京精神”，阐发它在创造中国与世界新型文明中的源头活水作用，集中展现了北京文化的独特魅力、个性特征、精神气质[29]。

杨河认为，抗震救灾斗争为加强和改进高校思想政治教育提供了新的契机和新的内容。我们要通过学习伟大抗震救灾精神，教育学生坚持人文精神、协作精神、拼搏精神，发扬科学精神，文明生活，健康成才。抗震救灾斗争启示我们，应根据当代大学生新的时代条件下所具有的新特点，采取更有效的措施，扎实改进和推进高校思想政治教育[30]。

赵存生指出，中华民族精神是激励和支撑中国社会发展与中华民族兴旺发达的强大动力；以人为本、关爱生命的仁爱精神，临危不惧、顽强奋斗的抗争精神，团结一心、共克时艰的互助精神，舍己为人、不怕牺牲的奉献精神，百折不挠、面向未来的乐观精神等民族精神在与灾难抗争中得到彰显和弘扬。赵存生、宇文利等人还在《中国精神读本》

中，从探讨源远流长的中华文明入手，从爱国主义、团结统一、爱好和平、勤劳勇敢、自强不息、改革创新等6个方面将传统与现代结合起来，深入、生动地诠释了中国精神的丰富内涵[31]。

杨金海指出，此次抗震救灾以无可辩驳的事实彰显了中国人光彩照人的精神风貌和崇高无比的价值理念，回答了人们的各种疑虑，是社会主义核心价值体系的彰显。灾难主要彰显了中国人的“以人为本”精神、民族精神、伦理精神和时代精神[32]。

陈其泰认为，“中华民族精神”既有其核心的内容，又有在不同的历史阶段和不同环境中多样的表现，研究者应当从历史进程中深入探讨民族精神的提升和发展及其不同特点。中华民族在上升时期，民族精神勃发，其主要特点是，催发、增强有利于社会前进的积极因素，如在西汉时代；在民族遭受挫折和危机时期，民族精神受到磨炼、淬厉，其主要特点是，批判、扫除阻碍社会前进的落后腐朽的东西，在危难之中寻找新的出路，如在清朝嘉庆、道光时代[33]。

六、社会主义价值体系的哲学理念探索

袁贵仁指出，“社会主义核心价值体系是社会主义意识形态的本质体现”，是社会主义制度的内在精神。它是一个层次清晰、结构严谨的有机整体。中国特色社会主义共同理想，既是社会主义核心价值体系的一个基本内容，又是整个社会主义核心价值体系的主题。马克思主义指导思想是它的灵魂；民族精神和时代精神是它的精髓；社会主义荣辱观是它的基础。社会主义核心价值体系是社会主义和谐社会的生命之魂，是全面推进中国社会主义发展的精神旗帜。建设社会主义核心价值体系，教育至关重要[34]。

李德顺认为，价值和价值观念都具有主体性。社会主义是一个人民当家做主的社会，它的主导价值观就必须以人民为主体，以人民的利益为标准。以人民为主体的社会主义价值观的核心内容是平等、公平、正义。对社会主义核心价值的概括和阐述应该是：主体宜显不宜隐；理论层次宜高不宜低；思想内容宜实不宜虚；形式宜简不宜繁；用语宜熟不宜生[35]。

韩震指出，马克思主义是社会主义核心价值体系的灵魂，发展马克思主义是建设社会主义核心价值体系的关键。始终坚持马克思主义的指导地位，是建设社会主义核心价值体系的根本前提。没有马克思主义的指导，社会主义核心价值体系就失去了灵魂和方向。始终坚持马克思主义的指导地位，在于马克思主义是科学的世界观和方法论，是开放的体系和发展着的科学。为了始终坚持马克思主义指导地位，大力建设社会主义核心价值体系，首先必须“大力推进理论创新，不断赋予当代中国马克思主义鲜明的实践特色、民族特色、时代特色”[36]。

叶朗指出，普世价值并非就是西方价值。中国文化的很多方面，同样体现了普世价值，主要包括：强烈的生态意识、开放性和包容性、强烈的和平意识。我们要借举办北京奥运会的机会，向国际社会展示活泼的中国文化，特别要注重展示中国文化中体现人类普世价值的内容。这也将大大有助于国际社会对中国文化的了解、沟通和认同，有助于消除西方世界一些人对中国文化的隔膜、误解和曲解，从而大大有助于在国际范围内构建多元文明之间的和谐和共同繁荣的格局[37]。

赵敦华从过去、现在和未来三个维度说明“中国哲学现代形态”概念的含义。首先在回顾中国哲学从古代形态向现代形态转变过程的基础上，总结历史经验，指出应当避免对马克思主义的狭隘和错误理解、要避免把马克思主义哲学与中国哲学和西方哲学对立起来的做法、反对教条主义是一个长期的任务；其次提出了当前中国哲学界面临的问题和障碍，指出打破“中西马”的学科壁垒刻不容缓；最后提出并论证了中国哲学应向“一般哲学”和“世界哲学”方向发展的主张，指出实现中国哲学现代形态普遍性和普世性是可能的[38]。

综上可知，北京的马克思主义哲学界取得了较前些年更为丰硕的成果，他们结合当下正在进行的社会实践彰显马克思主义哲学的当代价值，及时做出符合时代精神的理论概括，并努力为实践的进一步发展提供理论引导和帮助。他们对马克思主义哲学创新、改革开放30年、科学发展观、和谐社会、民族精神、社会主义价值体系等重要问题的研究，极大地丰富和发展了马克思主义哲学，这无疑会对当前中国特色的社会主义建设起到重大的推动作用。

（作者：王东，北京大学教授；
王晓红，中央民族大学讲师）

注：

①王东：《〈资本论〉的哲学意义》；孙承叔：《〈资本论〉及其手稿的哲学地位》，《哲学动态》，2008年第11期。

②黄楠森：《关于〈共产党宣言〉的三个问题》，《马克思主义与现实》，2008年第3期。

③庄福龄：《海纳百川的博大胸怀——纪念〈共

产党宣言〉发表160周年》，《理论视野》，2008年第7期。

④高放：《〈共产党宣言〉的核心思想辨析》，《中共银川市委党校学报》，2008年第6期。

⑤李惠斌：《重读〈共产党宣言〉——对马克思关于“私有制”、“公有制”以及“个人所有制”问题的重新解读》，《当代世界与社会主义》，2008年第3期。

⑥段忠桥：《什么是马克思恩格斯创建的历史唯物主义？——与孙正聿教授商榷》，《哲学研究》，2008年第1期。

⑦安启念：《关于唯物史观“经典表述”的两个问题》，《哲学研究》，2008年第9期。

⑧张曙光：《唯物史观及其创新的“中国经验”》，《哲学研究》，2008年第9期。

⑨马俊峰：《历史唯物主义的当代解读应注意的三个问题》，《哲学研究》第9期。

⑩韩立新主编：《新版〈德意志意识形态〉研究》，中国人民大学出版社，2008年版。

⑪聂锦芳：《马克思恩格斯对施蒂纳“利己主义者的现象学”的批判——〈德意志意识形态〉中“圣麦克斯”章解读》，《哲学研究》，2008年第8期。

⑫魏小萍：《马克思和恩格斯对未来社会产权形式的探讨——〈德意志意识形态〉的原版阅读与时代境遇下的再思考》，《教学与研究》，2008年第11期。

⑬参见《“改革开放30年：中国道路与世界视野国际学术研讨会”论文集》，2008年10月30日。

⑭许全兴：《“马克思主义中国化”提出的文化背景》，《西南民族大学学报》，2008年第2期。

⑮王伟光：《改革开放是发展中国特色社会主义的强大动力》，《中国社会科学》，2008年第5期。

⑯郭建宁：《当代中国马克思主义哲学的新发展》，《学习与探索》，2008年第5期。

⑰方克立：《综合创新之路的探索与前瞻》，《哲学动态》，2008年第3期。

⑱黄楠森：《马克思恩格斯关于人的思想》，《理论视野》，2008年第7期。

⑲丰子义：《发展理论研究的发展——从马克思社会发展理论的视角看》，《山东社会科学》，2008年第6期。

⑳李君如：《“三个代表”重要思想与科学发展观》，《中国延安干部学院学报》，2008年第1期。

㉑杨金海：《“以人为本”与“为人民服务”辨析》，《北京行政学院学报》，2008年第1期。

㉒梁树发：《贯彻科学发展观，要解决三个问题》，《理论视野》，2008年第11期。

㉓马俊峰、王全宇等：《以唯物史观全面理解“以人为本”》，《哲学动态》，2008年第5期。

㉔汤一介：《儒学是建设和谐社会极重要的思想资源》，《中共宁波市委党校学报》，2008年第4期。

㉕郭建宁：《关于构建社会主义和谐社会的几个问题》，《北京大学学报》，2008年第1期。

㉖易杰雄、刘荣：《全面创新：构建和谐社会的决定性前提》，《理论前沿》，2008年第1期。

㉗韩震、吴玉军：《当代和谐社会建构中的文化认同问题论纲》，《山东社会科学》，2008第11期。

㉘郭湛、谭清华：《从社会利益机制看改革、发展、稳定、和谐的互动》，《教学与研究》，2008年第7期。

㉙王东：《中华民族精神的现代洗礼——抗震救灾中的七大创新萌芽》，《河北学刊》，2008年第6期；王东：《北京魅力——北京文化与北京精神新论》，北京大学出版社，2008年版。

㉚杨河：《发扬伟大抗震救灾精神　促进高校思想政治教育》，《高校理论战线》，2008年第9期。

㉛赵存生：《中华民族精神：多难兴邦的强大精神支柱》，《光明日报》，2008年6月26日；赵存生主编：《中国精神读本》，合肥：安徽人民出版社，2008年版。

㉜杨金海：《感悟灾难：核心价值彰显了什么》，《人民论坛》，2008年第11期。

㉝陈其泰：《勃发与淬厉：民族精神发展的不同时代特点》，《人文杂志》，2008年第2期。

㉞袁贵仁：《建设社会主义核心价值体系》，《中国社会科学》，2008年第1期。

㉟李德顺：《关于价值与核心价值》，《党政干部学刊》，2008年第3期。

㊱韩震：《建设社会主义核心价值体系必须始终坚持马克思主义的指导地位》，《思想政治工作研究》，2008年第8期。

㊲叶朗：《展示中国文化中的普世价值》，《人民论坛》，2008年第15期。

㊳赵敦华：《中国哲学现代形态的时间轨迹》，《学术研究》，2008年第11期。

中国哲学

姚春鹏

2008年北京地区中国哲学研究在各分支领域均有收获，发表的论文数量与往年大致相当。今从一般问题研究，儒学研究，道家、道教、佛教研究，易学与简帛研究，宋明理学及近现代研究5个方面，将中国哲学研究情况作一综述。

一、一般问题研究

中国哲学的本质是什么？与其他民族的哲学特别是西方哲学相比有什么独特的性质和特点？一直以来是学者们关注和研究的一个热点问题。李存山认为，中西哲学有普遍性，但中国哲学又有不同于西方哲学的特殊性。中国哲学的主题是“究天人之际”，故“推天道以明人事”是中国哲学的普遍架构，它的“实质上的系统”就是由天论和人论以及如何“知天”“、知人”的知论所组成的系统。“天人合一”是中国哲学最主要的特点，这也决定了中国哲学的其他特点，如本体与现实的统一、本体论与宇宙论的统一、人性论与价值论的统一、逻辑和认识论的意识不发达等等[①]。金春峰认为，《淮南子》的哲学思想基本上是本体论的，只是不像王弼哲学那样是一个完整的本体论体系。它关注的是人生、政治，虽未形成体系，但已足够证明，汉人或汉代哲学同样有很高的哲学抽象能力，并不是只能作经验的观察和实证的分析与归纳[②]。在21世纪，人类社会进入全球化时代，中国现代哲学应如何发展？这是中国哲学家和哲学工作者要认真考虑的问题。汤一介认为，一百多年来，在西方哲学的冲击下，中国哲学逐渐由传统走向现代，从而建立了现代型的中国哲学。从历史和现实两个角度思考这个问题，中国现代哲学应该沿着以下三个路向“接着讲”：接着中国传统哲学讲，接着在西方影响大的哲学流派讲，接着马克思主义哲学讲[③]。胡伟希从中观的角度理解哲学，认为中观形而上学是康德与海德格尔形而上学之合题。在此可以沟通中西哲学，中国哲学属于中观哲学。将中国哲学置于中西哲学比较的视野下加以观照，可以发现：中国哲学属于中观思维，其特征有五：（1）分别“两边”，（2）执两用中，（3）否定辩证法，（4）讲究经权，（5）强调“时中”[④]。他还认为，相对于西方哲学的“二分法”思维，中国哲学可以概括为中观思维，其基本含义是“执两用中”。中观思维贯穿中国哲学的始终。中国哲学的中观思维具有玄有性、人间性、践履性和机用性4个特点[⑤]。张耀南写了几篇论文具体论证中西哲学的差异。关于“大利主义”，他认为，中国哲学家根本不倡导“西式功利主义”：不主张以“义”、“动机”、“利他”、“利物”为手段。“一人遂其生，推之而与天下共遂其生，仁也”，才是中国哲学看待一切问题的坐标。中国哲学讲功利，但必把群体之功利摆到优先于个人功利的位置上，亦必把天地万物之功利摆到优先于人类功利的位置上；中国哲学家习惯于立足“宇宙背景”谈“功利”，优先考虑“天地之利”或“大利”。这就是所谓“大利主义”。“大”是中国哲学考量一切问题的出发点与归宿，撤掉这个“宇宙背景”，则中国哲学失其为“中国哲学”矣。“大利主义”完全不可用“西式功利主义”去解读[⑥]。

国学成为近年来全社会和学术界关注的重要话题，国学如何发展、如何对现实社会发生实际的意义。很多学者撰文发表了自己的看法。

李景林等认为，近年的“国学热”具有深厚的社会生活基础，其意义与上世纪局限于学术范围的“国学”活动颇有不同，需要加以切实的反思。目前民间学术和教化的兴起与学院学术的逐渐民间化，为这一文化精神的复活提供了一个很好的契机；而近年来逐渐建立起来的“国学”机构，如果思路和宗旨恰当，正可为这两股力量的凝聚生长提供一个合适的平台。作者指出，时下学院学术与民间学术都有自身需要解决的问题。民间学术与教化的学术水平亟待提高。学院学术在学术力量和资源掌握上都处于主导和优势的地位。但由于缺乏价值系统建构和自身的“通”性基础，其学术研究尚难以为中国文化的振兴提供出有效的人文积累。在“国学”机构这个平台上，作者提倡，跳出学科的阈限，实现一种学院学术与关乎世道人心的人文精神的融合交汇[⑦]。方克立认为，国学研究大体上可以分为三个阶段：一是传统国学研究阶段；二是用资产阶级世界观和方法论来“保存国粹”、“整理国故”的阶段；三是以马克思主义为指导的新国学研究阶段。创建适应社会主义时代需要的新国学，要有分析的态度、开放的态度和前瞻的态度，抵制国学中的复古主义和否定国学的历史虚无主义思潮[⑧]。金春峰认为，每一个文化系统，皆由两部分组成。一是以信仰为核心及围绕它而产生的部分；一是由社会政治、经济状况所决定的部分。中国文化的基本价值观念，如“人为贵”，“自强不息”，“忠孝传家”等，皆以天地与祖先崇拜信仰为背景，成为“道”的系统，成为中国的文化心灵和文化创造之根。世俗部分，一是各种基本知识、哲学学说、思维方式等。一是随社会生产和生活方式而变化的价值观念，如民主、平等、自由、人权思想及对进步和效率的追求。今天，中国取得了完全的自主与自信，两个新的趋势在同时兴起：一是全方位的开放，一是兴起“国学”热，自觉继承和重新诠释传统。两个趋向的交流融合，正在培育出一代新人和一种新的文化。它将反过来促进东西方文化的全方位的交流[9]。陈来对30年来中国哲学研究的变化与进展作了宏观的回顾，从方法、态度、资源、理解、制度、主体几个方面，总结了近30年来中国哲学研究取得的成绩和进步，展望了中国哲学研究进一步发展的前景，也指出了目前中国哲学研究面对世界范围学术竞争的问题和不足[10]。

二、儒学研究

儒家哲学研究包括儒学基本范畴研究、儒学与政治、经济的关系、儒学与西方思想的会通，儒学的现代意义等方面。白奚认为，“克己复礼”的行为符合“仁”的原则和精神，是孔子之前已经取得的思想认识。但是，“克己复礼”和“仁”之间有什么样的具体的理论联系，为什么“克己复礼”符合“仁”的精神，却不得而知。孔子承接了这一原有的认识，将“仁”和“礼”的关系具体化，丰富和推进了这一思想。“仁”与“礼”的互动是孔子的一个重要的理论创造，内在的“仁”德保证了“礼”的真实性和有效性，“礼”的实践则促进了内在之“仁”德之养成和提高[11]。关于早期儒家文化的“礼”，王杰等认为，“礼”是人类精神文明的产物，是人类在社会生活中相互交往的一种行为规范。儒家所称颂的“礼”几乎涵盖了社会政治、经济、军事、法律、教育、文化生活的方方面面。由于历史上社会剧烈变动，往往导致礼崩乐坏，使传统的礼仪失去维系人心和稳定社会的作用，所以以周公、孔子、孟子、荀子为代表的早期儒家先哲，结合自己时代的特点，对传统之“礼”在继承的基础上进行了改良或创新，用新观念、新思想对“礼”进行了新的诠释，既丰富了“礼”文化的内涵，又重构了“礼”的合法性基础，恢复了“礼”的权威和地位。他们这种“损益”观，给中国数千年的“礼”文化赋予了新的生机和活力[12]。

关于早期儒学的政治理念，梁涛认为，早期儒学的人性平等、人格平等虽然主要是就个人的成德而言的，但也包含了权利的思想，因为既然“人皆可以为尧舜”，那么自然也就意味着人皆具有参政、议政的权利。只是囿于时代的因素，这一思想没有得到充分发展而已。所以在早期儒学政治理念的基础上，如何由“士”的自觉走向“人”的自觉，如何由德性主体发展出权利主体，便成为儒学在当代面临的一大挑战，也是儒学需要解决的重大理论问题[13]。林存光认为，如何防范权力的滥用而将官员的一己之私情私心转化为治政为民的公义公心，这是自古以来就受到政治家和思想家们普遍关注的根本政治问题。为了应对和解决这一问题，儒家极力倡导仁者爱人的德政观，希望治政理民者能够破除其自私的心魔，大其心量，提升其境界，化除人心的隔膜与疏离，乃至本着廓然大公、“仁民爱物”、“民胞物与”或痛痒相关而休戚忧乐与共的仁者的道德情怀与胸襟去担当为陌生的大众服务的政治责任，因为在他们看来，权力与责任是密不可分的。当这样一种政治的期望与为官之道的理想最终落实在官员的行动上，也就发展出了一种极富中国特色的“循吏文化”[14]。

关于思孟学派的气论，梁涛认为，在孟子那里，由于还没有合适的概念对“浩然之气”做出概括与说明，以致孟子有“难言”之慨，到了孟子后学，则明确提出仁气、义气、礼气的概念，承认有德气的存在。而根据孟子后学的观点，我们可以断定孟子的“浩然之气”确实是发自仁义之心的德气，所以它“至大至刚”，“塞于天地之间”，具有不同于血气、情气且能涵盖融摄血气、情气的性质与功能，因而“养吾浩然之气”便成为孟子乃至以后中华民族有志之士培养崇高气节，树立坚定信念，挺立道德人格的重要方法，而孟子的“浩然之气”要结合其后学的“德气”才能得到合理的阐释和理解[15]。

父子相隐是近年来儒学讨论的一个热点，周桂钿认为，直躬证父攘羊，在古代从孔子、庄子，到《吕氏春秋》、《淮南子》，都是否定的。如何理解儒家讲的孝和隐，才能正确理解“子为父隐”的真正意义：政治法律不能超越道德伦理。从此引出如何对待先哲精神的问题，过去着重于分析批判，现在应着重于阐发弘扬[16]。关于孟子心性论，刘清平认为，孟子一方面把普遍性的“恻隐之心”与特殊性的“事亲从兄”分别界定为“仁义礼智”的“端”

与“实”，并肯定了二者间的互动转化，试图在君子“心性”中为仁义礼智奠定一个统一的基础；另一方面又依据传统儒家的基本精神，把“事亲从兄”说成是君子“心性”的至高无上的唯一本根，并由此否定了“心性之端”与“心性之实”之间的互动转化，结果陷入了难以消解的深度悖论[17]。

关于荀子宗教观的当代价值，牟钟鉴认为，荀子不相信有鬼神，但他能够从社会管理的高度，超出个人的信仰，把神道视为人道的一部分，使其发挥神道设教的功能。荀子认为，宗教祭祀是建立社会秩序的积极力量，“君子以为文，而百姓以为神”，“官人以为守，百姓以成俗”，这种差别与互补是正常和有益的。这对于我们今天不信神的社会主义者进行社会管理、正确对待民众的宗教信仰、慎重处理民族宗教问题仍有参考意义[18]。王博认为，《劝学篇》在荀子思想以及儒家思想史中的意义，在过去的研究中并没有被特别地强调。作者指出，它其实代表着一种迥然不同于子思和孟子的儒学路径。《劝学篇》呈现出来的学以致圣理路也呼应着《荀子》整部书的编排理念，并与《论语》从《学而》到《尧曰》的结构相一致。与此相对，子思和孟子代表的则是思以致圣的方向。学与思的分别并不仅仅关系到修身的方法，同时也牵涉着各自的核心主张，如对人性、人心以及天道等的理解。从这个意义上来说，《劝学篇》所突出的“学”的观念，给我们提供了一个进入荀子乃至整个儒家思想的门径[19]。

关于儒学与经济的关系，胡伟希认为，儒家的中观经济哲学理论既重视经济的发展，同时又顾及社会和谐发展这一总体目标，这与奠基于效率或效率优先原则之上的传统经济学理论有重大的不同。近代以来，人类的经济活动及其经济模式都是以追求效率为目的的，这已导致严重的能源危机、全球性的环境破坏、消费主义至上等一系列问题，甚至危及人类社会与经济的可持续发展。在这种情况下，重温儒家的中观经济哲学思想，将有助于我们对以往人类的经济活动进行反省，并以此出发提出一种能增进人类总体福祉的经济发展模式[20]。张立文认为，现代社会的经济活动，处在形式、性质、水平不同的既冲突又融合的经济和合体之中。儒教伦理的整体性、贯通性、融突性，在当代经济活动中有其现实的价值和意义。按和合学的逻辑结构，经济和合体可分为再生型经济和合体、互利型经济和合体、创新型经济和合体。作者提出和合经济学的理念，认为经济运动发展的根据是“和实生物”的“和”。和合经济学的“中和大本达道”原则，是当下信息化时代经济运动健康发展的原理[21]。

关于儒学与自由的关系，宋志明认为，中国的自由主义思潮不是西方自由主义的简单引入，而是中国社会变革的产物。在中国自由主义思潮的发展过程中，如何处理自由理念与儒学之间的关系，是一个十分重要的理论问题。在中国近代思想史上，严复有把自由理念同儒学对立起来的倾向，但他没有把个体性原则同群体性原则对立起来，对儒学也有某种程度的同情；胡适则把自由理念同儒学对立起来、把个体性原则同群体性原则对立起来，思想比较偏激；孙中山和熊十力试图把自由理念与儒学融会贯通，体现出较强的思想原创力[22]。关于儒家哲理的特征，张祥龙认为，儒家是一种典型的非普遍主义，因为它尽管坚信自己学说是终极真理，但认为这真理与实际生活的变化过程内在相关，依靠健全的文化生态而存活，并且否认任何普遍主义的更高标准的有效性。所以，在当今的文化间交往中，儒家会主张一种真实的对话态度：既不参与任何你死我活的文明冲突，不搞普遍主义的竞赛与对抗。儒家坚持一种“允许中止交往”的对话原则，即对话的任何一方都可以随时中止可能的和现实进行着的交往[23]。

关于儒学的复兴及现代意义，汤一介认为，中华民族的复兴必须有中华文化的复兴来支撑，而儒学在历史上是中华文化的主流，因此中华民族的复兴是和儒学的复兴息息相关的。特别是当前，我们国家正在建设“和谐社会”，而在儒学中包含着的“和谐社会”理想可以为建设“和谐社会”提供极其有意义的资源。复兴儒学必须关注当前中国社会和全人类社会存在的问题。现在，“人和自然”、“人与人”、“自我身心”的矛盾已成为人们今后是否能继续生存和发展的重要问题。儒家思想中“天人合一”、“人我合一”、“人自我身心内外的合一”的现代诠释会对解决上述问题提供有意义的理论基础[24]。

三、道家、道教、佛教研究

道家哲学研究仍然多集中于老子和庄子方面。学者们从文本、哲学理念和现实价值等方面进行了探讨。通行本关于《老子》中“躁胜寒，静胜热，清静为天下正”的确解为何？白奚认为，这一句是老子根据人在寒暑不同季节中对湿度、温度等环境条件的感受和需求，来引出和论证“清静为天下正”的道理。作者认为，这是郭店竹简本《老子》此句的确解，也是今本《老子》第45章的古义。在《老子》的流传过程中，“滄”和“清”演变为字形和意义相近的“寒”和“静”，此句遂渐失古义，郭店竹简的出土，使我们得见《老子》此句的古貌，并由此探求其本来意义，这不能不说是一件幸事㉕。关于老子哲学的现实意义，宋志明认为，基于“道”的哲学理念，老子设想“为腹不为目”的圣人人格，提出“无为而治”的基本原则，画出“小国寡民”的理想社会蓝图，表达了道家的社会和谐思想。道家比较强调尊重个体自由，儒家比较强调群体至上，儒道两家的社会理想构成互补效应㉖。胡伟希认为，单纯出于经济考量的社会与经济发展战略给今日的人类社会造成难以弥补的恶果。老子的中观哲学教导我们：凡事要把握“度”，简单的是最好的；对于人类生存来说，生命质量与生活意义的考量是最重要的。老子的这种中观哲学思想对于当代人类社会价值的重建以及新的社会发展模式的建立，无疑具有重要参考价值㉗。严春友认为，庄子的“绝圣弃智”的方法的确是解决人类所有问题的最根本的方法。如果没有了意识，形形色色的问题就都没有存在的余地了。可是，这又是一种无可奈何的方法，因为，即使意识到了智慧的根源性的负面作用，人也没有办法消除它，智慧对于人来说是本体性的，若是消除了这种本体和根源，人也就不存在了。就此而言，消除智慧，也就意味着消除“人”，其结果必定是“人死了”。一个丧失了“意识”的人，那还是人吗？这才是庄子“绝圣弃智”思想的问题所在㉘。关于《淮南子》“无为而治”思想的意义，许抗生认为，《淮南子》治国“同”、“异”论是古代治国理论的精华之一。它体现了黄老道家以自然天道观为核心、注重宏观思维、依循社会规律的治国理论范式，强调发挥国君、臣下及大众的聪明智慧，特别重视纳“异”即广泛吸取各种不同意见，这样才能达到“同”、“异”互补，避免以“同”斥“异”而造成的治国失误。《淮南子》“同”、“异”互补治国论自有其闪光之处㉙。

关于全真道教，王树人认为，中国传统文化得以形成的主导思维方式是“象思维”，具有诗意性、悟性之特征。全真道教创始人，以诗词或以具体实物等隐喻方式，陶铸自身和教诲弟子，正是体现中国“象思维”之文化传统。王重阳始终强调“三教合一”，既是全真道之文化特征，也是其文化底蕴深厚之体现。这种“三教合一”，实质上主要是道教与佛教以道教为出发点和归宿的“合一”，但又不是崇尚内外丹术，而是崇尚精神的清静无为㉚。

佛教哲学研究方面，姚卫群发表了一系列文章，重点探讨了佛教与婆罗门教的关系。如关于神的观念。他指出，婆罗门教和佛教是印度古代的两个主要宗教。两教关于“神”的观念有重要不同。婆罗门教的主流思想认为存在着一个作为世间一切事物根本因的神，而佛教则通常认为事物是缘起的，不存在实在的作为本体的最高神。两教的神观念与其各自理论体系的基本倾向一致，也与印度古代不同社会阶层间的冲突直接相关㉛。另外涉及的问题有佛教与婆罗门教禅观念比较，奥义书与大乘佛教中相关思想比较，佛教与婆罗门教的事物形态类别划分理论比较，佛教与婆罗门教的真理观念比较，佛教与婆罗门教的量论比较等。

四、易学与简帛研究

易学研究发表的文章较多，包括易学的发源史、易学的解释学、易学研究的现代出路、道教易学、易学的历史哲学等方面。

蒙培元认为，伏羲作八卦不仅是可能的，而且是可信的。伏羲八卦又意味着中国文字的创造，伏羲作为中国的“人文始祖”，其地位应充分肯定㉜。王博认为，易学的发展是通过经典解释即把新意义注入旧经典的方式完成的。这又依赖于卦爻辞具有的巨大的弹性，当然，这种弹性当然是由解释活动赋予的，并且会影响到对于语言和文字的理解。按照《易传》的理解，文字具有指向性。这种指向性的理解为卦爻辞打开了丰富的解释空间。如“仁”进入易学主要是通过对乾卦卦辞“元亨利贞”中“元”字的解释完成的。就“元”字来说，它原本就具有大和始的意义，根据指向性的原则，它当然也可以被理解为德之大者和始者。在儒家的价值体系中，大而始者非仁莫属，于是就有了“元者善之长也”和“体仁足以长人”的说法。在此路向的引导之下，义、礼、信等重要的德行都被容纳到易学的系统之中。这一方面使得《周易》正式成为儒家经典系统的一部分，另一方面也扩大了儒家价值的解释基础。此种路向在后世也产生了重要的影响，如《程氏易传》几乎抛弃易象，完全采取“由辞以通其义”的诠释方式㉝。杨庆中认为易学研究因为受西方分科体制研究模式的冲击，经学的价值追求被抛弃，使得现代易学研究面临了易学史上从未有过的困境。整个20世纪也没有建构出具有现代形态的新易学。要想突破这一困境，要注意3方面：首先，应审慎回归传统易学的知识系统；其次，努力继承传统易学的价值追求；最后，探索现代解易新体例。其中的解易新体例又必须具备4个条件：其一，脱胎于传统易学；其二，能够用来解通卦爻辞；其三，能够彰显《周易》的解释空间，从而触入新知识；其四，能够成为当代经典诠释的出发点，从而发挥其理论思维及价值导向的作用。只有这样，才能激活传统易学精神，融会时代主题，从而建构出具有现代意义的新易学[34]。章伟文认为，北宋儒者力图从儒学经典中去探求一种大中至正之道，将之上升为最高的理性原则和文化精神，即所谓天道或天理，并以之来制约王权在世间所具有的至高无上地位，为经世济民提供理论指导，这是北宋儒学复兴的深层动因之一。北宋儒者主要通过阐发《周易》之理来实现儒学的复兴。他们希望通过对理想政治蓝图的描画来规正现实政治生活的发展道路，为此，他们对历史发展目标、社会历史的结构及其变迁、历史发展的动力与规律等历史哲学的问题进行了深入探讨，从而形成了较为系统的易学历史哲学思想[35]。另外，章伟文对李道纯的道教易老学思想，郑万耕对《后汉书》与《周易》的关系、《易传》时观溯源等问题作了研究。

简帛研究仍然是学术热点之一。蒙培元认为，《性自命出》以气说性虽非其独有，但以情说性却是其最大特色。其以生说性，揭示了儒学的根本特征，影响了整个儒学的发展。其性之善恶说，实是性善论的初期形态，且已明确提出"性善"说。性的实质内容是情，而情是情感。它从正面高度评价了情的地位与作用。其情感说已成为儒家礼乐文化理论基础[36]。陈来认为，荀子指责子思、孟子的五行说，必有二人明白倡导五行说的作品为之根据，换言之，荀子应看到过帛书《五行》篇的文献，而且他知道此篇乃子思唱之于经，孟轲和之于说，所以他才有这样明确的批评。子思作五行的经文，孟子作五行的说文，此一子思唱之，孟轲和之的《五行》篇，应是荀子作出如此批评的主要根据。同时，由于子思和孟子具有被诠释和诠释的关系，这使得所谓"思孟学派"具有了更加直接的承续关联，从而，有关"思孟学派"的传承和内涵也都可借助《五行》而获得一新的肯定[37]。另外，晁福林对上博简《诗论》的《诗·小明》作了评析，李学勤讨论了楚简中《说命》的佚文，廖名春对帛书《要》篇"夫子老而好易"章，及《周易·乾》卦作了新释。

五、宋明理学及近现代哲学研究

2008年宋明理学研究方面的文章不是很多。李存山认为，范仲淹对宋代道学的发生具有重要影响，为道学之先驱。范仲淹"泛通六经，长于《易》"，并重视《中庸》和《春秋》，对于道学的发展有重要影响；范仲淹与道学在思想上的联系，更主要的是他首先在宋儒中提出了"孔颜乐处"的问题；宋学精神之所寄在书院，范仲淹重视教育，大力兴办学校，对于宋代书院的兴起有开创奠基之功[38]。蒙培元有三篇朱熹哲学研究的论文。他认为，"理一分殊"说不只是从概念"推下来"，而且是从经验"推上去"，是经验与观念的统一，分析与综合的统一。人人有真、善、美的价值诉求，但最重要的是理会多样性，立足于分殊而理会理一。理一作为生命的根本法则就是仁，其实现的方法是"忠恕"，只有尊重事物的差异性，从中理会一贯的道理，才能实现共同价值。朱子从生命哲学的立场，试图为人类生活建立统一的价值法则，直接讨论人类生存方式这一重大课题，并深入到心灵世界的深处，挖掘共同的生命诉求，坚持多样性是人类存在的基本形态，通过多样性的实践而实现共同价值，有其重要意义[39]。他的另外两篇文章，《两个世界还是一个世界——朱子哲学辩证之一》和《朱熹心说再辨析》对朱熹的理气论和心性论提出了新的看法。张立文和葛荣晋有两篇文章，分别对傅山的人文精神和实学的"近代指向"作了论析。

胡军分析了梁漱溟的生命观，认为梁的生命观受柏格森的影响甚大，但将生命归结为意欲却有失偏颇，而意欲与理智也很难分开；强调人生应向内追求固然不错，但任何生命意义的设置和实现都不可能离开自己生活于其中的社会与自然，且人与社会、自然的关系内在于人的生命之中[40]。胡军还分析了冯友兰的文化观。宋志明分析了冯友兰的新理学的形上维度。

（作者：曲阜师范大学副教授。
本文由北京大学李中华教授审订）

注：

①李存山：《中国哲学的系统及其特点》，《北京行政学院学报》，2008年第2期。

②金春峰：《从〈淮南子〉看中国哲学思想及其特点》，《淮南师范大学学报》，2008年第4期。

③汤一介：《西方哲学冲击下的中国现代哲学》，《文史哲》，2008年第2期。

④胡伟希：《从中西哲学比较到中观哲学》，《文史哲》，2008年第1期。

⑤胡伟希：《中国哲学的中观思维》，《中国人民大学学报》，2008年第3期。

⑥张耀南：《论中国哲学没有"功利主义"——兼论"大利主义"不是"功利主义"》，《北京行政学院学报》，2008年第2期。

⑦李景林：《国学：中国学术文化的家园》，《哲学研究》，2008年3期。

⑧方立克：《创建适应时代需要的新国学》，《高

校理论战线》，2008 年第 8 期。

⑨金春峰：《传统文化的价值及在当今的发展和前景》，《文史哲》，2008 年第 5 期。

⑩陈来：《中国哲学研究三十年回顾（1978—2007）》，《天津社会科学》，2008 年第 1 期。

⑪白奚：《援仁入礼　仁礼互动——对“克己复礼为仁”的再考察》，《中国哲学史》，2008 第 1 期。

⑫王杰等：《早期儒家“礼”文化内涵的嬗变》，《哲学动态》，2008 年第 5 期。

⑬梁涛：《论早期儒学的政治理念》，《哲学研究》，2008 年第 10 期。

⑭林存光：《儒家的仁爱政治观点循礼文化》，《孔子研究》，2008 年第 5 期。

⑮梁涛：《“浩然之气”与“德气”——思孟一系之气论》，《中国哲学史》，2008 年第 1 期。

⑯周桂钿：《“子为父隐”新议》，《中国社会科学院研究生院学报》，2008 年第 4 期。

⑰刘清平：《论孟子心性理论的深度悖论》，《江苏行政学院学报》，2008 年第 1 期。

⑱牟钟鉴：《荀子宗教观的当代价值》，《社会科学战线》，2008 年第 6 期。

⑲王博：《论〈劝学篇〉在〈荀子〉及儒家中的意义》，《哲学研究》，2008 年第 5 期。

⑳胡伟希：《儒家中观经济论》，《哲学动态》，2008 年第 6 期。

㉑张立文：《儒教伦理对和合经济发展的指导意义》，《探索与争鸣》，2008 年第 2 期。

㉒宋志明：《自由理念与儒学的冲突与会通》，《社会科学战线》，2008 年第 4 期。

㉓张祥龙：《儒家哲理特征与文化间对话——普遍主义还是非普遍主义》，《求是学刊》，2008 年第 1 期。

㉔汤一介：《关于复兴儒学的思考》，《天水师范学院学报》，2008 年第 6 期。

㉕白奚：《〈老子〉“躁胜寒，静胜热”释义新探——以郭店竹简本为依据》，《哲学研究》，2008 年第 3 期。

㉖宋志朋：《老子治世之道与社会和谐》，《太原师范学院学报》，2008 年第 5 期。

㉗胡伟希：《老子的中观哲学——对人类社会价值重建的启示》，《探索与争鸣》，2008 年第 3 期。

㉘严春友：《绝圣弃智——庄子对人类智慧的批判》，《河南社会科学》，2008 年第 4 期。

㉙许抗生：《〈淮南子〉论“无为而治”》，《安徽大学学报》，2008 年第 6 期。

㉚王树人：《全真道教之文化底蕴初探——王重阳诗魂育全真评析》，《中国社会科学院研究生院学报》，2008 年第 4 期。

㉛姚卫群：《婆罗门教与佛教神观念比较》，《杭州师范大学学报》，2008 年第 5 期。

㉜蒙培元：《伏羲与周易文化》，《天水师范学院学报》，2008 年第 4 期。

㉝王博：《卦爻辞的弹性——以〈易传〉的解释为中心》，《中国哲学史》，2008 年第 3 期。

㉞杨庆中：《现代易学研究的困境与出路》，《学术月刊》，2008 年 1 月号。

㉟章伟文：《北宋儒学复兴与易学历史哲学的关系》，《周易研究》，2008 年第 2 期。

㊱蒙培元：《性自命出的思想特征及其与思孟学派的关系》，《甘肃社会科学》，2008 年第 2 期。

㊲陈来：《“慎独”与帛书〈五行〉思想》，《中国哲学史》，2008 年第 1 期。

㊳李存山：《范仲淹与宋代新儒学》，《湖南大学学报》，2008 年第 1 期。

㊴蒙培元：《朱熹关于世界的统一性与多样性——理一分殊说》，《北京大学学报》，2008 年第 3 期。

㊵胡军：《梁漱溟的生命观》，《大连大学学报》，2008 年第 4 期。

西方哲学

杜丽燕

2008 年是改革开放 30 周年，中国西方哲学研究界的一些学术活动、会议、论文、出版物，都有纪念开放改革 30 年的色彩。

一、学术活动

2008 年 6 月，由中国社会科学院哲学研究所、中华全国外国哲学史学会、中国现代外国哲学学会、安徽师范大学共同主办的“全国外国哲学学术研讨会”在安徽芜湖召开，专家学者共 120 余人参加了本次会议。

与会学者对我国改革开放 30 年来的外国哲学研

究，进行了全面回顾与深刻反思。普遍认为，改革开放30年，是中国哲学界对西方哲学的态度发生巨大变化的30年。中国哲学界对待西方哲学的态度，经历了从简单评介—冷静评述—平等对话的转变。代表们指出，中国人在研究外国哲学的过程中，用中国传统哲学的特殊视野来诠释西方哲学，不失为一种创新。中国人有自己特殊的文化和话语方式，中国学术不能丢掉自己的根去简单迎合西方哲学，更不能照搬外国哲学的模子来研究哲学，中国哲学研究唯一的出路就是，用中国人自己的眼光看西方哲学。这里的"中国人自己的眼光"，不只是特定的文化传统和话语方式，还包括了不同历史时期、不同时代背景等诸多方面的因素。在此基础上研究和创新哲学思想，让中国人真正走向世界，让中国哲学真正融入世界哲学之中。

学者们对当代中国哲学界若干学术热点进行了分析，指出，近20年来现代性问题研究、道德与政治哲学研究等，一直是中国哲学界研究的热点问题。现代性问题之所以成为热点，首先是因为中国社会本身自改革开放以来进入现代化的进程加速，它所产生的经济发展、社会转型的巨大变化，使中国正在成为一个"现代"国家的事实，无疑刺激着学者们对中国的"现代性"究竟如何、将来应当如何的问题进行探讨；其次是"后现代主义"思潮的引进、介绍，也从特定的角度激发了人们对现代性问题的兴趣——不管这种兴趣是出于肯定还是否定；再次，现代性研究也可以说是"现代化"研究的一种自然延伸。随着中国进入现代化进程的继续，现代性及后现代哲学的研究必将继续发展。有学者介绍了当代西方主流道德与政治哲学教学和研究的若干热点，以及学术研究上所取得的进展和创新，指出西方政治哲学流派所讨论的热点问题，给不断改革开放、多样化发展和汇入全球化大潮的中国，提供了丰富多彩的理论借鉴。今天我们讨论构建和谐社会、维护社会正义等问题时，显然不应该忽视所有这些理论争论和思想成果。

2008年10月9日至11日，由北京大学哲学系、北京大学外国哲学研究所和歌德学院主办的"理性的命运—启蒙的当代理解"国际学术研讨会在北京卧佛山庄召开。来自德国洪堡大学、哈勒大学、慕尼黑大学、科隆大学、杜塞尔多夫大学、美因兹大学、马堡大学、柏林自由大学、乌帕塔尔大学；美国杜兰大学、莱斯大学；法国巴黎七大等海外著名学者；北京大学、中国人民大学、复旦大学、中山大学、中国社会科学院、香港中文大学、台湾"中央研究院"等国内著名学者出席会议。在为期两天的会议中，40多位中外学者在6个专题研讨会上发表学术报告，围绕"启蒙的概念"、"启蒙与理性"、"康德与启蒙"、"启蒙的历史性考察"、"启蒙与宗教"、"启蒙与后现代"、"启蒙与反启蒙"等主题进行了深入的讨论。

2008年10月31日至11月2日，"当代西方哲学的新进展"学术研讨会暨中国现代外国哲学学会2008年会在杭州举行。会议由浙江大学和中国现代外国哲学学会主办，浙江大学外国哲学研究所、浙江大学人文学院哲学系承办。百余名专家学者出席会议。与会专家学者围绕古典与现代、历史与现实、现代与后现代、哲学与宗教、哲学与政治、哲学与科学、法国哲学研究、哲学与社会科学等主题进行了研讨。与会者一致认为，当代西方哲学在新的现实情境下出现了不少新的变化和进展，在关注西方哲学多元共存状态的基础上，更应该以灵活开放的姿态关注当代西方哲学的新进展，借鉴国外新的精神文化成果，来繁荣发展中国的社会科学。

来自北京大学、中国人民大学、复旦大学、浙江大学、南京大学、北京师范大学、香港中文大学、澳门中国哲学会、中国社会科学院等30多所高校和科研机构的近百名专家学者参加了会议。研讨会期间，中国现代外国哲学学会还举行了学会理事和代表会议，选举产生了新一届理事会领导机构，中国社会科学院研究员江怡当选为理事长。

二、30年的西方哲学研究

2008年是改革开放30年，国内西方哲学研究者纷纷撰文，回顾30年中国的西方哲学研究状况。读这些论文，让人感慨良多。

涂纪亮先生在《近三十年的西方哲学研究》①一文指出，30年西方哲学研究分为两个阶段。第一阶段：复苏阶段，1978—1987年。这个阶段的首要任务是恢复和整顿西方哲学的科研教学机构，开展科研教学工作。1977年，中国社会科学院成立后，哲学研究所恢复西方哲学史研究室和现代外国哲学研究室，《哲学研究》和《哲学译丛》复刊，北大、复旦、人大、武大等校也重建西方哲学史教研室，有些大学还新建了现代西方哲学教研室，开设西方哲学史和现代西方哲学课程。1978年起哲学研究所与上述高等院校开始招收西方哲学专业的硕士生和博士生，为其后二三十年西方哲学的科研教学工作培养了大批骨干，其中许多人目前已成为教授、博士生导师等学科带头人。

这一时期的主要作品是编写西方哲学史，约有

20余部。在现代西方哲学方面也编写了30多部教材。除以通史、专题史的形式系统地评介西方哲学外，还出版了许多部西方哲学家评传。同时亦出版了一些有重要参考价值的工具书。1978年在芜湖召开的西方哲学讨论会，此次大会后成立了“中华外国哲学史学会”和“中国现代外国哲学学会”。在青年知识分子中，对现代西方哲学兴趣酿成三次研究热潮：即20世纪70年代末至80年代初的“萨特热”，80年代中期的“弗洛伊德热”和“尼采热”，由此引起大批有关论著的出版。

第二阶段，繁荣时期，1998—2008年。这既得力于在此之前十年内在学科基本建设方面打下的巩固基础，也得力于这十年内派到国外进修的中青年学者和在国内培养的大批硕士生和博士生，这是我国西方哲学研究的一支颇有实力的生力军。粗略说来，前一阶段侧重于从宏观角度研究西方哲学，出版了一大批西方哲学史和现代西方哲学流派教材，后一阶段则侧重于从微观角度对西方哲学的各个历史阶段的哲学思潮、流派以及哲学家进行深入细致的研究。这个特点无论在西方哲学史研究或者在现代西方哲学研究方面都表现得相当明显。

谢地坤在《西方哲学30年（1978—2008）的反思》②一文指出，从20世纪80年代起，随着我国西方哲学研究界对西方哲学的基本理论和哲学史观的认识深入，我们的西方哲学的研究和教学发生了深刻变化。哲学恢复了其本来的“求真爱智”面貌，西方哲学研究与哲学领域的其他学科一样，提倡是实事求是、勇于发问的科学精神，艰苦探索、锲而不舍的学风。我们不再把哲学简单地看做是现实世界、尤其是政治状况的直接反映，而是认为哲学作为一门独特的理论形态有其特殊的性质、范畴、概念和体系，有其特定的研究对象、任务和规律，有其特殊的研究方法和表述方式。我们不再把西方哲学史简单地看做是唯物主义和唯心主义、辩证法和形而上学的“两军对立的历史”，而是承认哲学是人类追求真理、认识真理的一个发展过程。其中不同的学派、人物对世界的统一性原理在认识和把握上，会有唯物主义与唯心主义的差异，但他们都以自己的创造性认识把握了世界的某一方面，构成了人类认识过程的一个环节。我们不再拒绝非马克思主义哲学的流派、人物和著作，更不会把马克思以后出现的各种西方哲学思潮，统统当作非理性主义的、腐朽反动的东西而加以全盘否定，而是以严肃认真的态度去重新思考和研究。过去我们对西方哲学史上的各种流派和人物曾经只是否定和批判。我们开始以开放的心态去对待和分析各种各样的新思想、新流派，我们的哲学视阈大大拓展。我们的方法不再是单纯地介绍和评析，而是博采众长，既吸收西方哲学中的概念判断、逻辑分析、本质还原等方法，也继承中国文化中原有的形象思维、义理结合等传统，力图开创我们中国人特有的新理路、新方法。

由此来看，我们对西方哲学的研究得到了全面恢复，不仅接续了此前百来年的积累，而且以从未有过的广度、深度和速度对西方哲学展开了全方位研究。从研究的领域来看，德国古典哲学（其中包括我们原本不重视的费希特和谢林哲学），古希腊罗马哲学、近代经验论和唯理论哲学，现象学和存在主义（包括法国的萨特和梅洛—庞蒂哲学），分析哲学和相应的语言哲学，西方马克思主义哲学，逻辑实证主义，科学哲学中的实在论与反实在论，叔本华和尼采的意志哲学、生命哲学、解释学、过程哲学、实用主义哲学、以弗洛伊德为代表的心理主义哲学等等，都是我们研究的对象。近些年来，我们对后现代主义、分析的马克思主义、应用伦理学（尤其是其中的环境伦理学和生态伦理学）、心灵哲学、当代的政治哲学、文化哲学等也都予以了足够的关注和追踪研究。当然，中西比较，尤其是分析中西哲学思维这两个范式的不同特点和差异，注意中西文化的相互补充和相互融通，常常也是题中之意。

这个时期我们西方哲学研究的工作成效主要表现在两个“结合”上：一是翻译与研究相结合，二是通史研究与专题研究相结合。第一个“结合”是由我们西方哲学研究的特点所决定的。翻译西方哲学原著，是为我们西方哲学研究提供第一手资料，因而翻译是西方哲学研究的前提条件和基础；反过来，在此基础上展开的研究对翻译的质量和数量会提出新要求，尤其是在概念的把握和提炼、语句的表述和文风等方面，哲学著作都必须坚持自己的严谨性、精确性、规范性等特点。30年来，西方哲学著作的翻译是“文革”前的数十倍，商务印书馆、人民出版社、三联书店和全国各地的地方出版社出版了大量的西方哲学著作。这些年，除了翻译一些单本的经典著作外，还出版了一些重要哲学家的全集本或选集本。

第二个“结合”是与我们这些年来在西方哲学专题研究方面所取得的进步相关联的。20个世纪80年代和90年代，我们对西方哲学的各个历史时期的主要流派、人物及其代表性著作都有一定程度的涉猎，尤其是对德国古典哲学、希腊哲学、经验论和唯理论哲学、现象学和存在主义、分析哲学和语言哲学、西方马克思主义哲学等，进行了比较深入的研究，出现了一大批具有较高学术价值的专著。在这样的学术背景下，撰写一部高屋建瓴、通观全部西方哲学发展历程，且又能够涵盖西方哲学各个流派和人物，而不失之空洞的西方哲学通史，就提上了议事日程。从90年代后期开始，不少单位都确定了撰写西方哲学通史的计划，比如北京大学、复旦大学。这并不是说，我们以前就没有撰写过“西方哲学史”之类的书籍，而是说在“文革”前后一段时间内，由于指导思想有偏差，再加上专业学者和有关资料的缺乏，我们以前所写的只是些大纲似的教材，常常是停留在俯瞰式的粗线条刻画上，缺乏对哲学史上各个重要的哲学流派的认识和每个重要哲学家思想的细致分析，在学术观点方面有时也是借用西方学者的思路，甚至是某些观点，很少有中国学者的研究视角，难以形成我们自己对西方哲学的总体认识，这与全国哲学事业的发展需要相差甚远。

我国的西方哲学研究中出现了以下这些问题：(1) 缺少以中国学者的眼光去研究西方哲学的文化自觉，盲目地跟随西方时髦，以西方的学术标准去衡量中国的学术，以至于不少学者还是跟在外国学者后面“照着讲”，从而造成我们的西学研究缺少自己的建树，完全脱离中国社会现实，丧失了西学在中国的活力。(2) 不把西学研究看做是一项创造性的劳动，而是当做简单地介绍和评述，不少学者在自身还没有完全理解原著的情况下，就用那种谁也看不懂的汉语去翻译和解说西方哲学。这种情况被戏称为“汉话胡说”或“胡话汉说”，这种“以其昏昏，使人昭昭”的做法，如果在西学东渐之初是可以理解的，那么，现在则是必须“叫停”的。(3) 与上述两种情况完全相反，无视中西两种不同文化的差异，以一种所谓“纯粹的”中国文化形态，去比附西方哲学的一些概念和范畴，甚至完全用中国的传统概念去解释西方哲学的概念、范畴、方法等，形成了一种“非西非中”的特殊东西。(4) 学风浮躁，一些学者乐于炒作一些学派和人物，乐于创造概念新词，但却不肯下工夫去读书，常常是借用西方的二手资料去哗众取宠，不仅得不到真经，甚至是以讹传讹，误人子弟。(5) 学术翻译质量滑坡。这里面又分为几个层面：其一是现行的出版和版权制度，要求译者在很短时间就把书翻译出来，过去提倡的“十年磨一剑”在现行制度面前行不通，再加上出版社和编辑都以市场效益为核心，致使很多学术译著粗制滥造。其二是少数译者缺少学术良心，外语不好、汉语不好，不懂学术，已经很糟糕了，再加上争名争利，以致昧着良心在说话。明明是从英语转译过来的，却偏偏说是从希腊文、拉丁文、法文、德文等原版翻译的。其三是我们缺少正常的批评氛围，明知那些译著存在问题，碍于面子，很少敢于公开提出意见。

江怡发表《现代外国哲学研究30年》③，对现代西方哲学研究30年的历程进行了简略地总结和概括。不过从总体上看，这种回顾性的文章较之其他学术论文的数量要少得多。不敢多说者有之，不愿多说者有之，不关心者有之。

三、诠释学研究

诠释学研究在西方哲学研究界不是显学，与现象和存在主义相比，要显得冷清得多。正因为它不热，研究者多为对此有兴趣的学者，因而研究质量和论文水平相对较好。

潘德荣在《理解方法论视野中的读者与文本：伽达默与方法论诠释学》④一文指出，判定伽达默的理论立场是一个复杂的问题。他的本体论诠释学，一般被视为文本中心论的理解理论。然而通过对他的出发点——现象学前提的分析，可以清楚地看出，他持读者中心论的立场。正是基于这一立场，作者放弃了对原意或文本原义之诉求，由此必然导致对理解方法论的漠视。但是，就人们有意识的理解活动而言，首要的以及根本的任务，仍然是努力获得某种相对正确的理解，而普遍有效的方法论，就是其必要的前提。诠释学的认识论意义便在于此。

伽达默学说被“误解”是家常便饭。他学说如此普遍地被“误解”，其原因可能并不像伽达默自己所说那样简单：因为启用了“诠释学”这一术语，或者是以“真理与方法”作为书名所致。作者认为，最深层的原因，显然与伽达默诠释学本身的特征有关。伽达默反复申明，他的诠释学是一种本体论学说，他不想构建一套理解的方法论程序，用以指导精神科学的研究；他将原本关于对象的理解理论，转化为关于读者的自我理解的理论，以说明人类精神现象的生成性和生存性。

伽达默以文本（历史流传物）为“本体”，文本自身所提出的问题成为理解的出发点，人们通过对问题的理解进而理解文本，把握文本的意义。据此，便可得出以下结论：伽达默认为，文本既是“本体”，又是理解活动的出发点和对象。因此，他的诠释学是“文本中心论”的；若将文本——而不是审美体验——视为诠释活动的本体与核心，就其哲学而言便具有“唯物主义”的性质；站在这一立场上，伽达默的诠释学，也就包含了对于认识的某种客观性要求：了解文本的真实性，更好地认识文本和我们自己。

潘德荣对此提出质疑，他认为，在我们看来，隐含于伽达默学说中的基本理念，归根结底是一种读者中心论的观点。正如他自己所表白的那样：诠释学的立场“就是每一个读者的立场”。

汪家堂在《世俗化与科学的诠释学因素：伽达默与爱尔兰根学派》⑤一文，着重讨论世俗化与科学的诠释学因素问题。文章揭示了伽达默与爱尔兰根学派之间的互动与分歧，以及他们在何种程度上，以互补的方式丰富了德国哲学的内容。

在世俗化与科学的问题上，论文阐释了卡姆拉的“世俗化”概念的两种意义，即“Profanierung”和“Saekularisierung”，指出伽达默如何以卡姆拉的这一概念来解释近代科学的起源。在科学的解释学问题上，论文既分析了伽达默与爱尔兰根学派在科学的诠释学问题上的相同立场（即把科学的解释问题归根于语言问题），又指出他们如何处理科学的理想语言与交流语言关系的差异。

薛华《宇宙之镜：莱布尼茨与跨文化诠释学》⑥一文，试图从莱布尼茨在近代诠释学或解释学发展史上的巨大影响开始，说明他在跨文化诠释学理论基础方面和跨文化诠释学亲身实践方面的贡献。薛华认为，他在两个方面都具有典范意义。论文讨论了三个问题：第一，莱布尼茨的普遍和谐理论，是否对于不同文化之间进行理解和解释的可能性提供了一种哲学说明，从而对于跨文化诠释学的可能性提供了一种哲学论证。第二，简要讨论了莱布尼茨在“关于中国人的自然神学观念的讨论”中的基础思路，看他如何在相异的文化中看到自己的文化，和在自己的文化中看到相异的文化，从而否定存在着纯粹文化和纯粹文化传统。第三，从莱布尼茨及其时代谈论不同文化的习惯方式，提出关于“西方文化”、“东方文化”或者“中国文化”这类说法是否存在着问题，是否和如何可能会导致误解。主要意图是突出探讨跨文化诠释学的基础理念与方法的重要性。

此外，洪汉鼎的《伽达默的前理解学说》⑦阐释伽达默学说的诠释学循环、前理解、事情本身完满性前把握等概念。刘泉厚的《哲学诠释学与语言学的交点融合——语言诠释的方法》⑧、林栋梁的《哲学诠释学的辩证法之维》⑨、彭启福的《走向生存论意义的方法论——关于伽达默哲学诠释学的方法论沉思》⑩等均从不同的角度探讨诠释学问题。

四、哈贝马斯研究

哈贝马斯研究同样不是热门话题。张庆熊《交往行为与语言游戏：论哈贝马斯对维特根斯坦语言哲学的接纳与批判》⑪一文指出，当哈贝马斯在把交往行为与言语行为联系起来时，哈贝马斯承认从维特根斯坦那里学到很多东西。但同时，他又强调自己与维特根斯坦的区别。一方面，他承认把后期维特根斯坦的语言用法理论引入生活形式和社会规范的意义，另一方面，又批评维特根斯坦在关注语言与生活形式（社会规范）的联系时，丢失了语言与客观世界的关联。作者觉得，哈贝马斯对维特根斯坦的批评有失公允。作者显然是站在维特根斯坦的立场，回应哈贝马斯对维特根斯坦的批评。他主张，维特根斯坦引入生活形式和语言游戏规则的概念，并不意味着否定语言与世界的关联，而是强调并没有纯粹的客观世界和主观世界，强调语言所反映的世界，是打上了人的实践印记的世界，是受生活形式和语言游戏规则制约的世界，即人类社会实践的一元世界。

铁省林在《哈贝马斯公共领域的宗教意蕴——一种基于诠释学立场的解读》⑫一文指出，从哈贝马斯宗教思想演变的轨迹来看，哈贝马斯在研究公共领域时，把宗教看成是理性的对立物，对宗教的排斥多于认同。然而，如果我们基于诠释学立场，对哈贝马斯公共领域思想进行深度解读，就会发现，公共领域与宗教的关系，并不如哈贝马斯最初设想的那样，只是一种否定和排斥的关系。实际上，公共领域具有很强的宗教意蕴。哈贝马斯在研究公共领域的历史来源时提到，曾在封建的中世纪存在的、与宗教神学密切相关的一种代表型公共领域。本来，古希腊出现的公共领域，已经具有现代公共领域的雏形，但是，由于欧洲历史在古希腊罗马之后进入了一个特殊的历史时期——封建的中世纪，因而中断了古希腊的公共领域。封建的欧洲中世纪，以充满宗教精神的代表型公共领域，取代了古希腊充满民主气息的公共领域。

哈贝马斯所研究的代表型公共领域，并不是他心目中理想的公共领域。他之所以研究代表型公共领域，目的是从反面说明理想的公共领域的基本特征。在哈贝马斯看来，福柯的权力话语的排挤机制总是能够建构出“他者”。而代表型公共领域也具有排挤性的机制，代表型公共领域的话语规则也总是能够建构出自己的“他者”。“福柯将权力话语的形成规律，视为总是能建构出‘他者’的排挤机制。

在排挤机制中，内部与外部之间不存在交流。话语参与者和持反对态度的他者之间不存在共同语言。我们可以通过这一方式，理解传统的代表型公共领域与处于反对地位的大众文化之间的关联：大众不得不在他者空间中行动，并表达自身。”如果说代表型公共领域的话语排挤大众文化和下层民众，把大众文化和下层民众建构为“他者”，那么哈贝马斯设定的公共领域话语也具有排挤机制，它排挤宗教，把宗教建构为理性话语的“他者”。

虽然哈贝马斯开始提出公共领域问题时，并没有系统地考虑宗教问题，但公共领域却具有很强的宗教意蕴。特别是在当代多元的社会环境中，如果公共领域中缺少了宗教共同体，如果公共讨论缺少了宗教话语，那么这个公共领域至少是不完全的。这也就是为什么神学家对哈贝马斯的公共领域概念颇感兴趣，乐于讨论、批评和吸取哈贝马斯的公共领域概念的原因。也是为什么哈贝马斯在近期提到公共领域时，往往提到宗教共同体和宗教话语的原因。

童世骏在《后世俗社会的批判理论——哈贝马斯与宗教》⑬也探讨哈贝马斯与宗教的关系。此外，李素梅在《哈贝马斯交往理性与现代性重建》⑭、杨礼银；朱松峰的《论哈贝马斯的“实践话语”理论》⑮等文章中，分别从不同的角度探讨哈贝马斯学说。

就整体而言，2008 年西方哲学研究最热门的话题依然是现象学和存在主义。2008 年关于现象学和存在主义的论文数量较大。然而能让人眼前一亮的论文却少之又少。年轻一代的研究，是有一些颇有洞见的论文，然而炒老师的冷饭，或者炒老师的老师的冷饭，也是较为普遍的现象。康德、黑格尔研究人数有所增加，相关论文较之过去相对多了一些。然而最有分量的论文，依然是老先生和大先生的。希腊热了一阵，2008 年论文似有所减少。近代和中世纪哲学的研究尚需加强。至少从发表论文的情况看，远不如现代哲学，特别是存在主义热门。西方哲学界扎堆研究的状况，在某种程度上影响了研究视野和研究质量。希望 2009 年这种状况有所改变。

（作者：北京市社会科学院研究员）

注：

①《社会科学战线》，2008 年第 2 期。

②《安徽师范大学学报》，2008 年第 4 期。

③《光明日报》，2008 年 11 月 22 日。

④《中国社会科学》，2008 年第 2 期。

⑤《世界哲学》，2008 年第 1 期。

⑥《云南大学学报》，2008 年第 3 期。

⑦《学术月刊》，2008 年第 3 期。

⑧《齐齐哈尔大学学报》，2008 年第 1 期。

⑨《兰州学刊》，2008 年第 1 期。

⑩《天津社会科学》，2008 年第 1 期。

⑪《马克思主义与现实》，2008 年第 4 期。

⑫《山东大学学报》，2008 年第 1 期。

⑬《社会科学》，2008 年第 1 期。

⑭《湖北经济学院学报》（人文社会科学版），2008 年 2 月。

⑮《国外社会科学》，2008 年第 3 期。

科学技术哲学（自然辩证法）

郭兴华　张成岗　曾国屏

2008 年是改革开放、思想解放 30 年，北京自然辩证法学界空前活跃，学术研究的内容呈现出多维度、多进路、多视域的特色。本文从学会活动、学术研究、学术交流等方面，对此进行总体回顾。

一、学会活动

2008 年 1 月 5 日，纪念邓小平批准中国自然辩证法研究会成立 30 周年大会暨中国自然辩证法研究会六届二次理事会在京隆重召开。大会高度评价了邓小平等党和国家领导人，在历史关键时刻的远见卓识，对于中国改革开放事业和自然科学与社会科学的联盟及交叉学科事业的发展所发挥的重要历史作用，进而认真总结了 30 年来中国自然辩证法发展的基本经验。会议认为，30 年来中国自然辩证法事业的发展不仅从一个侧面体现了中国改革开放的伟大历程和所取得的辉煌成就，而且已经发展成为在中国学术界广有影响的、在世界学术界有较高威望的学术组织。会议指出，中国自然辩证法事业成功的一条基本经验是高举中国特色社会主义的伟大旗帜，坚持学科交叉和兼容并蓄，坚持理论联系实际和积极为国服务的正确办会方针。会议期间还举办了中国自然辩证法研究会 30 年成果展及三个专题会议：一是以生态文明为主题的首届“自然与社会”

论坛，二是“首届全国科技哲学及交叉学科研究生论坛”，三是“科技风险与人类未来专题学术会议”[①]。

2008年2月29日，自然辩证法研究会工作与学科发展座谈会在京召开。会议邀请中国社会科学院、北京大学等单位的专家学者共谋自然辩证法事业发展大计。会议聚焦本会秘书处2007年和2008年的工作，以及六届二次理事会确定的工作目标，就“中国自然辩证法研究会的工作要紧跟时代，关注社会热点、难点、焦点问题”等6个议题进行了研讨[②]。

“科技创新与生态文明研讨会暨北京自然辩证法研究会2007年会”于2008年1月13日上午在北京航空航天大学召开，会议听取了2007年度工作汇报和2008年度工作设想，以及近期工作建议。2008年5月27日，北京市自然辩证法研究会在中国人民大学逸夫会议中心举行换届选举。会议由第五届副理事长卢继传教授主持，理事长吴延涪作了工作报告，选举王鸿生为第六届研究会理事会理事长、李建军为秘书长。

二、学术研究

1. 科学哲学

科学哲学研究正在进入一个多元发展时期：传统的科学哲学中人与自然的探究继续展开和深化；人与社会的维度得到深层次的展开；科学实践哲学继续受到学者的关注，“另类科学哲学”开始被“审度”，科学哲学对社会现实进行深描。

吴国盛指出，“自然”一词在西方经历了一个由“本性”向“自然界”的转义过程。“自然”作为希腊人最原始的存在领悟，经历了一再地跌落。本来属于内在性领域的自然，最终反而成了外在性本身。中国古代未作出这种“自然的发现”，因而未成为科学的故乡，这不是错失，而是存在的命运[③]。

肖显静认为，古希腊哲学家提出的自然哲学思想中含有丰富的科学思想成分：一是对自然加以自然主义解释；二是将自然本质数学化，提出数学天文学；三是从实体的角度考察事物的形成与变化；四是将世界逻辑化并进行相应的经验观察。所有这些对于近代科学的诞生具有十分重要的意义[④]。

孟伟、刘晓力分析了正统认知科学与涉身—嵌入认知科学的理论区别，着重对认知科学哲学基础的进行了探索。笛卡儿主义心理学被视为正统认知科学的哲学基础。海德格尔认知观显示了反笛卡儿主义心理学的内涵与特征。涉身—嵌入认知科学的形成则展现了一种海德格尔主义的认知科学[⑤]。

李建会、刘松涛讨论了赖西将科学价值中立主张概括为无偏见性、中立性和自主性三个相关的论题。指出，赖西把科学看做是系统的经验的探究，其目的是获得关于对象的理解，其终极价值是保持人类持续繁荣，并以这一价值预设为基础，提出科学研究的多重战略构想，并对三个论题进行修正和辩护。但是，由于其论证前提的合理性及对科学的矛盾态度，使其结论在“科学价值中立”（理想）与“科学价值负载”（现实）之间摇摆不定[⑥]。

李醒民对科学研究的动机的探讨中认为，个人动机一般包括外在功利动机和内在心理动机。内在心理动机可以分为消极心理动机和积极心理动机。积极心理动机又可再分为理性心理动机和情感心理动机。首要的情感心理动机是好奇心或惊奇感，还有对自然和科学的兴趣、爱好和热爱，对自然美和科学美的鉴赏和陶醉，难以名状的激情与精神上的乐趣和快慰，以及冒险和刺激，而科学是一种智力冒险，所以它能吸引一批乐于和敢于体验冒险刺激的人投身其中[⑦]。

刘大椿、刘永谋认为，当下科学哲学领域的一个重要现象是另类科学哲学家异军突起。费耶阿本德、罗蒂、福柯等的另类科学哲学思想，共同指向对正统科学哲学的解构，揭示了当代科学哲学的发展动向。对此应加以关注，在科学知识论与认知科学、科学知识社会学与科学人类学、科学文化哲学以及科学伦理学等领域扩展科学哲学研究[⑧]。

黄顺基认为，中、西医有不同的理论体系，根据科学理论的基本条件判断，中医学与西医学都是科学。随着科学技术的发展，西医学研究人的生命活动、研究疾病的观点和方法发生了重大的改变。而中医学总的看来在基本理论框架上没有多大改变，表现为长期积淀的经验。中、西医理论模式不同，但二者是互补的[⑨]。他还以开放复杂巨系统的理论与方法，从科学对象、科学方法与科学理论三个方面，阐明中医学与西医学之间的异同，认为中医学与西医学不是互相排斥的，而是互相补充的；中医学的最大特点与优势是把调动患者自我痊愈能力放在首位，而用药则是辅助手段[⑩]。

苗东升分别从开放论、涌现论、非线性论、自组织论和他组织论等五个方面考察中医，指出中医在医学思想和哲学思想上跟复杂性科学有诸多深刻的一致性，从而揭示中医具有还原论看不到的科学性，进而讨论了中医复兴和复杂性科学的关系[⑪]。

吴彤、张姝艳从科学实践哲学的维度，阐释中医学作为一种地方性知识，具有与西方医学不同的品格和特征，这种品格和特征同样是有价值的。中医学是一门具有丰富理论基础和临床实践经验的知识体系。对中医学价值的正确认识和公正评价不仅关乎对待中国传统文化的态度，而且涉及医药文卫事业的发展，是一个非常重要的学术问题和现实社会问题[12]。

何华青、吴彤探讨并比较了传统的科学观和SSK、新实验主义两者对实验可重复性的相关研究，对如何看待实验可重复性提出了新的见解。自然说明科学实验及其成果具有地方性的语境，无论是产生还是辩护均如此。由此，也可以说明新实验主义的部分成果可以汇流成为科学实践哲学的一个方面[13]。

郭兴华、翟源静从自然对象、科学家和表征三个角度论证了科学知识建构过程的可塑性问题，探讨了卡琳·诺尔—塞蒂娜提出的知识建构模型，把认知视角从实验转向了实验室，突出了实践的重要作用，增加了文化和社会环境的因素[14]。

郝苑、孟建伟指出，作为“后现代科学”首倡者之一的图尔明基于后现代视角对科学合理性危机做出了诊治。图尔明倡导的在理论与实践、逻辑与修辞、地方性和普遍性之间保持平衡的后现代理性观，为解决科学合理性危机开辟了一条新思路[15]。

吴彤以2007年《涌现》杂志发表物为分析对象，讨论了当今复杂性科学探索的若干特征：把复杂性概念运用于各个实践领域并且在实践中发现复杂性的新特性，是未来研究的重点；在实践中，人类和人工生命以及人工社会的复杂性研究可能更为重要；关注复杂性的哲学层面，结合各种复杂性特性，抽取其共性，继续深化复杂性概念的认识，是未来研究的一个重要方面；中华文化有着极其厚重的复杂性研究底蕴，结合中国传统文化中各类知行实践进行研究，是我们义不容辞的学术责任[16]。

2. 技术、工程与产业哲学

2008年北京地区的技术、工程与产业哲学研究中，突出的亮点是对技术决定论、社会建构论的扬弃，对技术与社会的相互建构、整合、融合、一体化的深入探讨，对技术和工程的风险、伦理问题进行了深刻反思，现实中技术与工程问题的社会文化意义和现代性维度持续推进，工程创新和工程共同体以及产业哲学的研究得到关注。

朱葆伟认为技术是我们时代问题的聚焦处。技术力量的强大和影响之深远、发展之迅猛，其内在的不确定性及可能带来的巨大风险，是我们需要技术伦理学的原因。技术伦理的研究应当深入到“技术本身”。今天，人类对自然的干预深入到了它的基础层次。我们的身体也由技术的出发点变成了技术塑造的对象和材料。由此提出了一些带有根本性的哲学问题和伦理问题，要求发展出一些新的原则[17]。

张明国指出，生态文明缘起于生态运动和“替换技术论”，是延续工业技术及其文明、建构生态主体、关注“自然—社会”生态、现实性和未来性相统一的新文明；面向生态文明的技术批判应该扬弃技术决定论传统、秉承社会决定论旨趣、实现生态文明论转向；创建生态文明的技术建构要修正既存技术，建构生态技术体系，构建生态政治，保障生态技术运行，重建“生命共性”理念，为生态技术的建构和运行提供哲学基础；要开展转向生态文明的技术哲学研究[18]。他还探究了现代技术特别是高科技的迅速发展对人类社会传统的伦理道德产生了巨大的冲击[19]。

王秀丽、王德胜认为，网络出版技术的出现拓宽了出版的范围和边界，从介质的更新、流程的再造到内容的管理、阅读方式的改变，数字化已经渗透到出版业的每一个环节。网络出版将根本改变出版的生产、消费及交换方式，必将推动出版生产力的发展[20]。

肖峰评述了信息主义和信息哲学之间的关系：差别性和关联性。指出，对于信息主义和信息哲学的开放性和包容性应有清楚的认识[21]。他还分别阐发了广义和狭义的信息文化、信息主义，认为在信息文化建设的不同阶段，需要在信息主义和非信息主义视界之间采取不同的策略，或者说在追求信息主义和超越信息主义之间保持一种适度的平衡[22]。

朱洪启、刘兵阐发了在当前以杨柳青年画传统木版技术为消费核心的文化语境中，杨柳青年画木版技术正在发生着复杂的技术转型。这种研究对于我们理解技术的社会型塑，提供了一个很有启发性的案例[23]。

杨舰、王华英等在对2007年中国、日本、瑞典手机与社会调查问卷进行对比分析的基础上，深入分析了移动技术与社会的双向建构，探讨了手机与社会、文化的相互建构性，研究了基于移动技术的移动社会的共性及不同国家基于不同的社会、文化、技术基础而选择的不同移动技术，进而分析了这种移动技术经由不同社会文化情境重塑而形成的不同社会效应，表明了技术及技术文化的地域性[24]。白欣、杨舰等从技术、社会、文化视角对手机加以分析和解剖，从中揭示“手机与社会”的某种“变数”，探讨了对未来手机技术发展的启示[25]。

李兆坚、江亿等从伦理学角度对建筑空调舒适性与节能的关系进行了分析，认为对空调舒适性的过度追求是以牺牲公众利益和生态环境为代价的；我国的住宅空调应该坚持走分散式空调的发展道路[26]。

谢乾丰追溯了在中国古代冶金技术领域蕴涵着丰富的“和（合）”思想。从中国古代冶金技术的具体实践出发，论述了中国古代冶金技术中所蕴涵的“和（合）”哲学思想，表明正是在这一哲学思想的影响下，促进了中国古代冶金技术的进步和辉煌成就[27]。

唐素琴、李志红从大科学工程预制研究的含义和特点出发，通过对我国现有的高能加速器、合肥同步辐射光源以及上海光源几个典型大科学工程预制研究的考察，揭示了我国大科学工程预制研究的主要模式和特点，从而进一步提出在大科学建设中预制研究的必要性[28]。

李伯聪追溯了理性（合理性）观念的发展，指出工程合理性是合理性理论研究的新课题和新领域，提出研究工程合理性要特别重视运用“直面对象，得意忘言”的方法[29]。他还对科学共同体与工程共同体进行了比较分析，指出工程共同体主要由投资者、管理者、工程师、工人和其他的利益相关者组成，有“工程职业共同体”和“工程活动共同体”两个基本类型，着重分析了维系“工程活动共同体”的四种主要纽带[30]。张秀华认为“工程共同体”不同于“科学共同体”和“技术共同体”，是现实工程活动所必需的特定人群共同体[31]。

张秀华认为，建设性后现代的科学和技术范式，简称科学和技术的建设性范式，打破主体性哲学和意识哲学所支持的现代科学的世界形象，矫正征服、宰制自然的技术方案，为我们走向和谐发展的以后工业工程样式为主的当代工程提供了可能性[32]。

苏俊斌、曹南燕从技术与社会的视角对中国工程师学会1933年到1996年之间《中国工程师信条》的内容修订进行考察，在与美国工程师社团伦理守则进行比较的基础上，分析《中国工程师信条》历次修订所蕴涵的工程师伦理意识的变迁，并讨论导致变迁的影响因素[33]。

肖显静、顾敏注意到，在工程实践过程中，工程师经常会遇到“是维护人类利益还是保护动物”这一问题。认为泰勒生物中心论为工程师处理上述问题提供了决策依据，可以作为他们走出环境伦理困境的思想基础[34]。

王蒲生、杨君游等认为，20世纪以来全球生产方式演进的步伐加快，次第出现了福特制、丰田制和温特制，对产业乃至社会文化的发展产生了深远影响，成为产业哲学研究的重要内容。生产方式的进步是一种系统整体演进的过程，是技术发展水平、劳动力素质、管理理念、社会发展阶段以及国内外政治经济环境等诸多变量相互作用的产物。同时，由于不同产业以及同一产业内不同部门的变量存在差异，生产方式的进步又具有相对性[35]。

3. 科技政策与科学普及研究

作为北京地区自然辩证法界关注的焦点和研究热点的一个方面，2008年，科技政策的内容、范式以及科技政策史的研究都比较深入，对R&D的多维度研究引人注目，对高新技术领域的知识产权保护研究提上日程，科学普及研究则在公民科研、科技公民权、科普与文化产业等视域深入展开。

王程铧、曾国屏通过设定“国家主义—民主主义”与“战争—和平”思维两个维度及其衍生的四种模式，认为《美国竞争法》的成功出台，代表着科技政策方面国家主义“危机动员”模式的延续，而教育政策方面从“民权推动型”转向“民生推动型”则包含着妥协的因素；“国家主义—民主主义”维度的分歧作为美国政策范式的最显著特点也会长期延续。他们认为，美国对于人才“本土化”和“全球化”的理念性分歧在一定时间内会继续存在，还引出了对我国建设创新型国家应有的两点关注[36]。

肖显静、丁云云指出，发达国家凭借其生物技术优势，特别是透过TRIP、协议框架，采取专利保护方式，对发展中国家遗传资源进行掠夺，这与CBD体系下的基因资源保护背道而驰。发展中国家必须合理利用CBD机制予以积极应时，维护本国利益[37]。

肖芳、胡新和指出，知识产权是研究大科学不能回避的问题，大科学项目中知识产权问题更为突出的主要原因是：知识产权制度自身的两面性，大科学项目和私人资助的科研项目中国家主体地位的不同，以及大科学与知识产权制度在价值取向上的冲突[38]。

孙喜杰、曾国屏通过对美国1953年以来的相关研发投入情况的统计分析，探讨了美国研发投入的增长规律及其与基础研究投入的协调规律。目前我国正值科技投入的快速增长期，这些分析结果对我国现阶段的研发投入具有一定的借鉴意义[39]。

肖广岭通过阐述我国政府R&D经费占全社会R&D经费比重的历史与现状，分析和借鉴国外的有关经验，估算提出我国2006—2020年该比重应在26%左右或在24%—30%之间[40]。他还揭示了我国高校 R&D 人员规模大大高于统计数据而人均 R&D 经费太低，我国高校 R&D 产出超过研究与开发机构，而高校 R&D 人员潜力还远远没有发挥出来；提出我国高校 R&D 经费占全社会 R&D 经费的比例应提高到 15% 以上及相关政策建议[41]。

李春景通过相关数据库分别对香港科学知识生产、技术知识生产以及技术创新绩效进行考察，并通过与世界其他最具竞争力的中小型经济体的比较研究，探讨香港创新系统的知识生产机制与产业创新绩效之间的相关性[42]。

刘立回顾了自 1978 年以来的 30 年中国科技政策出现的 4 个里程碑，系统地分析研究了中国科技政策从计划经济体制下的追赶战略到市场经济体制下的创新战略转变中的重大事件和重要决策过程[43]。

徐善衍、雷润琴认为，公众理解科学运动不但能够实现公众通过科学参与民主的需要，而且能够促进以科学为核心的知识经济的发展，对于中国而言，它还是补中国传统文化之不足的文化事件。因此公众理解科学是一个随着科技的进步、国情的变化以及世界文明的演进而内涵不断丰富变化的综合性概念[44]。

李醒民在界定伪科学或假科学的基础上，集中论述伪科学的属性、特征和判断标准，剖析伪科学今日为什么依然拥有市场。强调伪科学是有害的，必须坚决反对伪科学[45]。

马蕾蕾、曾国屏考察了科普工作与文化产业间的作用结合机制，在分析二者间相互作用的基础上，分析了科普——文化产品并将其划分类别，最后结合两个具体案例作了说明[46]。

任定成指出，公民科研是普通公众参与职业科学家主导的科研活动，这种形式的活动早已形成全球性的浪潮。在我国组织开展公民科研活动，将构筑民主生活与科技创新相结合的新平台。我国的公民科研应由中国科协牵头，科学界、政府、公众共同协商制订计划，并借鉴国外相关经验，搭建起公民科研的新平台[47]。

刘华杰借助电报传入中国的“老”故事提醒我们，科学传播也要“看人下菜碟”。菜的贵贱是一方面，重要的是内容要与传播对象相契合，要“投其所好”，亦即得注意方法和实效。作者也点到“科学败给迷信”并非虚传，若要让人们对科学有“好感”而不是远离科学，真得好好“做准备、动脑筋”[48]。

佟贺丰指出，科技公民权在 20 世纪 90 年代随着人们对风险社会的认识，被很多专家所关注。介绍了国外有关科技公民权的出现背景，与之相关的一些重要概念，以及科技公民权本身的内涵。揭示了这个新兴的概念对我国公民科学素质建设的一些现实意义和启示[49]。

蒋劲松认为费耶阿本德对另类医学的看法，对于我们如何看待中医、今天如何从事科学传播颇具启发意义，值得关注[50]。

三、学术活动及国际交流

2008 年北京学术活动及国际交流呈现出更加繁荣发展的态势：既有对学理的深入探讨，更有紧扣时代脉搏、体现自然辩证法界“为国服务”理念的多维展开。

2008 年 6 月 10 日，中国自然辩证法研究会与国际中西哲学比较研究学会（ISCWP）共同举办 2008 年度“北京当代哲学国际圆桌学术研讨会”，与会学者围绕“心智哲学”这一主题，对《塞尔哲学与中国哲学：建设性交锋——交融》一书中在若干中国哲学（儒家、道家和佛家）观点与塞尔（John · Searle）哲学观点之间，就“心智哲学”（philosophy of mind）问题的建设性交锋——交融对话，展开反思批评。

“2008 年北京 STS 学术论坛”于 2008 年 10 月 14 日下午在北京化工大学召开。日本学者杉山笃先生作了题为“从市民角度分析、行动后谈日本社会的发展与课题”和“学习‘被刻在脑海中的话’并为之行动”的学术报告。

“系统科学哲学与社会发展”2008 年国际研讨会暨中国复杂性与系统科学哲学研究会第五次研讨会于 2008 年 11 月 12—16 日在广州华南师范大学召开。清华大学吴彤教授的主题演讲《中国的复杂性科学哲学研究向何处去?》对复杂性科学哲学的研究现状及其未来发展趋势作了总结与探索。北京师范大学的李建会教授则对人工生命问题提出自己的看法，所做题为《强人工生命的可能性》（“Onthe Possibility of Strong Artificial Life”）的发言[51]。

2008 年 5 月 23 日，中国自然辩证法研究会主办了“自然与社会”——“从汶川大地震谈人与自然关系”学术座谈会。朱训理事长指出，中国自然辩证法研究会要充分发挥本会交叉学科学术团体的优势，用科学发展观引领自然辩证法研究与抗震救灾工作。曾国屏教授在发言中谈到，人在自然面前要有所作为，这个作为不仅要依靠科学技术，还要有人文社会科学的关怀，因为社会自然的建设风险和治理就包括人文社会科学的关怀。

全国科学技术学暨科学学理论与学科建设2008年联合年会于2008年7月31日至8月3日在安徽黄山召开。本次年会主题是“S&TS与中国科技发展：理论、方法与案例研究”。大会特邀报告有清华大学曾国屏教授的《对三版STS手册的一点考察》、中国科学院李醒民教授的《科学自主、学术自由与计划科学》以及北京大学吴国盛教授的《自然的发现》。吴彤教授、杨启全研究员、刘立副教授等多位北京学者分别从各自关心的视角对S&TS研究及其发展进行了大会交流。

2008年12月14日至16日，“发展风险与和谐未来学术研讨会”在北京友谊宾馆召开。本次会议就是以中国南方雪灾、汶川地震和国际金融危机为背景，围绕发展风险的状况、类型、成因及灾后重建和社会治理等问题，从科学技术对发展风险影响的现状、机制及人与自然的关系的角度，讨论发展风险的人文协调与和谐社会的建设问题，探讨了“自然辩证法如何作为”等一系列有深度和新意的思考和对策建议。

2008年12月14日至15日，中国自然辩证法研究会主办的第二届科学技术哲学及交叉学科研究生论坛在北京友谊宾馆嘉宾楼举行。来自北京大学、清华大学、中国科学院研究生院等高校和科研机构的近300名硕士生和博士生们围绕自然哲学、科学哲学、技术哲学、工程哲学、科学技术与社会（STS）、科学技术思想史等撰写了论文，是中国30年来科学技术哲学研究生教育成果的一次集中展示。

值得提到的还有，“北京技术哲学论坛活动”、“清华大学科学哲学与技术哲学沙龙”以及“北京青年学术论坛”在2008年的活动都十分活跃，都分别举办了多次学术活动。

（作者：郭兴华，清华大学硕士生；
张成岗，清华大学副教授；
曾国屏，清华大学教授）

注：

①刘孝廷：《自然辩证法研究》，2008年第2期。

②张明国：《自然辩证法研究会工作与学科发展座谈会在京召开》，《自然辩证法研究》，2008年第4期。

③吴国盛：《自然的发现》，《北京大学学报》（哲学社会科学版），2008年第2期。

④肖显静：《古希腊自然哲学中的科学思想成分探究》，《科学技术与辩证法》，2008年第4期。

⑤孟伟、刘晓力：《认知科学哲学基础的转换——从笛卡儿到海德格尔》，《科学技术与辩证法》，2008年第6期。

⑥李建会、刘松涛：《在理想与现实之间——赖西科学价值中立论研究》，《自然辩证法研究》，2008年第11期。

⑦李醒民：《科学探索的动机或动力》，《自然辩证法通讯》，2008年第1期。

⑧刘大椿、刘永谋：《关于另类科学哲学的思考》，《中国人民大学学报》，2008年第3期。

⑨黄顺基：《中医学是否是科学——诘难何祚庥院士“中医不科学”之说》，《辽东学院学报》（社会科学版），2008年第2期。

⑩黄顺基：《从科学哲学看中、西医学之异同——再诘难何祚庥院士“中医不科学”之说》，《首都师范大学学报（社会科学版）》，2008年增刊。

⑪苗东升：《从复杂性科学看中医——发现中医的科学性》，《首都师范大学学报》（社会科学版），2008年增刊S1期。

⑫吴彤、张姝艳：《从地方性知识的视域看中医学》，《中国中医基础医学杂志》，2008年第7期。

⑬何华青、吴彤：《实验的可重复性研究——新实验主义与科学知识社会学比较》，《自然辩证法通讯》，2008年第4期。

⑭郭兴华、翟源静：《视角的转换：从实验到实验室——兼论卡琳·诺尔—塞蒂娜的实践观》，《自然辩证法研究》，2008年第9期。

⑮郝苑、孟建伟：《回归平衡的理性——图尔明对科学合理性危机的诊治》，《科学技术与辩证法》，2008年第6期。

⑯吴彤：《复杂性前沿探索Ⅱ：综述和展望——以2007〈涌现〉文献分析为例》，《系统科学学报》，2008年第4期。

⑰朱葆伟：《关于技术伦理学的几个问题》，《东北大学学报》（社会科学版），2008年第4期。

⑱张明国：《技术哲学视阈中的生态文明》，《自然辩证法研究》，2008年第10期。

⑲张明国：《现代技术发展的伦理考量》，《北京化工大学学报》（社会科学版），2008年第3期。

⑳王秀丽、王德胜：《网络出版技术的生产力价值》，《自然辩证法研究》，2008年第10期。

㉑肖峰：《信息主义与信息哲学：差异中的关联与包容》，《中国人民大学学报》，2008 年第 5 期。

㉒肖峰：《信息文化与信息主义》，《中国青年政治学院学报》，2008 年第 1 期。

㉓朱洪启、刘兵：《消费文化语境中的杨柳青年画木版技术变迁》，《自然辩证法研究》，2008 年第 7 期。

㉔杨舰、王华英等：《移动社会的跨文化研究——科学技术社会化时代的案例分析》，《全国科学技术学暨科学理论与学科建设 2008 年联合学术年会论文集》。

㉕白欣、杨舰等：《手机技术的发展与社会文化制约——对中日两国手机使用与社会文化的调查分析》，《未来与发展》，2008 年第 3 期。

㉖李兆坚、江亿等：《对空调舒适性的伦理学思考》，《暖通空调》，2008 年第 5 期。

㉗谢乾丰：《中国古代冶金技术实践中“和（合）”哲学思想管窥》，《自然辩证法研究》，2008 年第 8 期。

㉘唐素琴、李志红：《我国大科学工程预制研究的特点及几点思考》，《自然辩证法研究》，2008 年第 1 期。

㉙李伯聪：《略论理性的对象和解释中的转变——兼论工程合理性应成为合理性研究的新重点》，《山西大学学报（哲学社会科学版）》，2008 年第 2 期。

㉚李伯聪：《工程共同体研究和工程社会学的开拓——“工程共同体”研究之三》，《自然辩证法通讯》，2008 年第 1 期。

㉛张秀华：《工程共同体的本性》，《自然辩证法通讯》，2008 年第 6 期。

㉜张秀华：《走向后工业工程：科学认知与技术实现建设性范式的整合》，《北京师范大学学报》（社会科学版），2008 年第 1 期。

㉝苏俊斌、曹南燕：《中国工程师伦理意识的变迁——关于〈中国工程师信条〉1933—1996 年修订的技术与社会考察》，《自然辩证法通讯》，2008 年第 6 期。

㉞肖显静、顾敏：《泰勒生物中心论与工程师环境伦理抉择》，《山西大学学报》（哲学社会科学版），2008 年第 4 期。

㉟王蒲生、杨君游等：《产业哲学视野中全球生产方式的演化及其特征——从福特制、丰田制到温特制》，《科学技术与辩证法》，2008 年第 3 期。

㊱王程韡、曾国屏：《政策范式的社会形塑——以〈美国竞争法〉为例》，《科学学研究》，2008 年第 1 期。

㊲肖显静、丁云云：《转基因技术专利保护对发展中国家遗传资源的影响——以 TRIPS 和 CBD 为背景》，《科技与法律》，2008 年第 5 期。

㊳肖芳、胡新和：《大科学与知识产权制度冲突的成因初探》，《自然辩证法研究》，2008 年第 2 期。

㊴孙喜杰、曾国屏：《美国 R&D 与基础研究经费增长和协调的统计分析及启示》，《科学学研究》，2008 年第 4 期。

㊵肖广岭：《我国政府资金占 R&D 经费的比重多大为宜》，《科学学研究》，2008 年第 1 期。

㊶肖广岭：《我国高校 R&D 经费占全社会 R&D 经费的比例多大为宜》，《中国科技论坛》，2008 年第 3 期。

㊷李春景：《香港创新系统知识生产及创新绩效分析评价》，《中国科技论坛》，2008 年第 11 期。

㊸刘立：《改革开放以来中国科技政策的四个里程碑》，《中国科技论坛》，2008 年第 10 期。

㊹徐善衍、雷润琴：《试论公众理解科学在中国的理解与实践》，《科普研究》，2008 年第 3 期。

㊺李醒民：《伪科学或假科学面面观》，《学术界》，2008 年第 6 期。

㊻马蕾蕾、曾国屏：《科普与文化产业间的作用结合机制探析》，《科普研究》，2008 年第 3 期。

㊼任定成：《公民科研：构筑民主生活与科技创新相结合的新平台》，《贵州社会科学》，2008 年第 8 期。

㊽刘华杰：《科学之曲线传播》，《科普研究》，2008 年第 2 期。

㊾佟贺丰：《有关科技公民权的理论、实践与启示》，《自然辩证法研究》，2008 年第 8 期。

㊿蒋劲松：《中医是伪科学吗？——无政府主义认识论视野中的另类医学》，《科普研究》，2008 年第 1 期。

(51)张珍：《跨学科研究的新视野——“系统科学哲学与社会发展”2008 年国际研讨会综述》，《自然辩证法研究》，2009 年第 3 期。

伦　理　学

罗国杰　葛晨虹　陈伟功

一、学术活动概况

2008年7月14日至15日，由中国伦理学会与韩国国民教育伦理学会共同举办的“第16次中韩伦理学讨论会”在韩国城南市韩国学中央研究院举行，会议主题为“现代社会与伦理问题”。与会学者围绕“现代社会与伦理意识”、“现代社会与应用伦理”以及“现代社会与道德教育”3个议题进行了深入探讨。会议还就中韩两国在现代化进程中遇到的诸如信息伦理、大众传媒伦理等新伦理问题进行了探讨。会议展示了中韩两国学者在伦理学理论和实践研究方面取得的成果，也进一步加强了中韩两国伦理学届的学术交流与合作。

2008年5月3日至4日，“科学、技术、工程伦理与和谐社会建设学术研讨会暨科学技术与工程伦理专业委员会成立大会”在大连理工大学举行。会议由中国自然辩证法研究会科学技术与工程伦理专业委员会（筹）主办，大连理工大学承办。在本次会议上，中国自然辩证法研究会科学技术与工程伦理专业委员会正式宣告成立。与会学者们就科技伦理、技术伦理、工程伦理、生态伦理和生命伦理的有关问题进行了广泛研讨。

2008年10月18日至21日，中国伦理学会德育专业委员会第四届学术研讨会在山东省龙口市召开，来自全国各地的1500多名德育专家学者和教育工作者共同探讨中小学生及幼儿的德育教育。中国伦理学会德育专业委员会会长、“和谐德育研究与实验”总课题组组长詹万生教授介绍了“和谐德育”的理论体系和实践模式。该重点课题提出了在原有整体构建大、中、小、幼学校德育体系的基础上，进一步整体构建学校、家庭、社会和谐德育体系的思路。

2008年11月1日至2日，“第六届海峡两岸伦理学讨论会”在福建武夷学院举行，会议由中国伦理学会、福建省精神文明建设指导委员会办公室、福建省社会科学界联合会、福建省精神文明建设研究会、福建师范大学联合主办，福建省伦理学会、武夷学院共同承办，会议主题为“道德传承·两岸和谐”，旨在推动海峡两岸伦理学研究，促进海峡两岸伦理文化交流。中国伦理学会会长陈瑛先生、台湾中华伦理教育学会副理事长曲立昂先生以及120多名两岸伦理学界专家学者出席了讨论会。10年来，海峡两岸伦理学研究者、伦理教育工作者通过学术讨论会这一平台，就中华传统伦理文化与现代化、青少年道德教育、家庭伦理以及社会公平正义等主题展开了研讨，对促进两岸文化交流产生了积极影响。

2008年11月8日至9日，“首届中国未成年人思想道德建设论坛”在江苏省徐州市举办，会议由中央文明委未成年人思想道德建设工作组、中国伦理学会主办，由中共徐州市委、徐州市人民政府承办，会议主题为“做一个有道德的人——未成年人道德品质养成的理论与实践”。论坛旨在深入贯彻落实《中共中央、国务院关于进一步加强和改进未成年人思想道德建设的若干意见》和党的十七大及十七届三中全会精神，对“做一个有道德的人”主题实践活动进行理论研究和经验总结，探索未成年人思想道德建设规律及全社会为未成年人思想道德建设提供全社会支援的有效途径。中宣部原常务副部长、中国人民大学道德科学研究院院长徐惟诚，中央文明办未成年人思想道德建设工作组组长张英伟，中国伦理学会会长陈瑛，江苏省副省长、中共徐州市委书记徐鸣等领导，与来自中国社会科学院、北京大学、中国人民大学伦理学基地等科研机构、高等院校的知名专家学者，以及各省市宣传部、文明办的负责同志等160多人围绕主题进行了深入探讨，交流了当前深化未成年人思想道德建设的新思路、新举措，取得了广泛共识。

2008年11月14日，第三届中法生命伦理学学术研讨会在武汉华中科技大学隆重举行。会议由“科技进步与人文精神”国家哲学社会科学创新基地、中国自然辩证法研究会生命伦理学专业委员会筹备委员会、法国驻武汉总领事馆和华中科技大学生命伦理学研究中心等单位联合主办。来自哲学、伦理学、法学、医学和生命科学等不同学科的中法学者不仅关注生物医学引发的伦理和法律问题，也探讨了实践和规范层面，尤其是伦理管治（ethical governance）方面的问题。

2008年11月22日至23日，“改革开放30周年首都精神文明建设论坛”在北京市怀柔区举办。论坛由中国伦理学会、首都精神文明办公室、北京伦理学会主办，主题为“传承人文奥运精神，推进精神文明建设科学发展”。中宣部原常务副部长徐惟诚出席并讲话，首都文明办主任舒小峰作主题报告，中国伦理学会会长陈瑛、怀柔区委副书记蔡淑敏分别致辞。来自全国各地的专家、学者和精神文明建设工作者百余人参加了论坛，与会者围绕改革开放30年首都精神文明建设、人文奥运及公民素质、民族精神及传统美德等3个议题，分别就人文奥运与公民道德、中华传统美德教育与社会主义文化建设、公民意识与公共文明建设和“迎奥运、讲文明、树新风”群众性实践活动的基本经验等具体问题进行了研讨和交流。

2008年12月5日至7日，由中国自然辩证法研究会生命伦理学专业委员会筹备委员会、广州医学院人文社科学院主办的第二届全国生命伦理学学术会议（NBC' 2008年）在广州医学院举行。与会的近百位专家、学者围绕生命科学和生物技术中的伦理问题、人或动物的生物医学研究中的伦理问题、公共卫生中的伦理问题、临床实践中的伦理问题、哲学和文化层面等5个主题进行了探讨。

2008年12月5日至7日，“生态文明高层论坛”暨中国环境伦理学研究会学术年会在苏州举行，会议由中国环境伦理学研究会、中国自然辩证法研究会环境哲学专业委员会主办，苏州高新区管委会、苏州科技大学共同承办。本次会议主旨是为进一步深入贯彻十七大精神，积极推动全社会确立生态文明理念，全面促进生态文明建设，加强国内生态文明的理论研究与社会实践成果交流。与会专家研讨了生态文明与马克思主义、国外生态理论研究、生态哲学、生态伦理和生态文明建设实践等重要问题。

12月27日至28日，“全国德性伦理与个人品德建设学术研讨会”在哈尔滨东北林业大学召开，会议由教育部人文社会科学重点研究基地——中国人民大学伦理学与道德建设研究中心和东北林业大学人文社会科学学院共同举办，中国伦理学会会长陈瑛研究员，中国伦理学会顾问魏英敏教授，黑龙江大学张锡勤教授，中国人民大学伦理学基地主任吴潜涛教授，东北林业大学党委副书记陈文斌教授出席会议并致辞，来自全国的伦理学界著名专家学者共150余人参加了会议，开幕式由中国人民大学伦理学基地常务副主任葛晨虹教授主持。与会专家就德性伦理学的维度、德性伦理和个人品德问题、德性的结构以及德性伦理建构等问题进行了深入探讨和交流。

二、主要出版著作

2008年，伦理学研究著作成果显著。主要有：

万俊人著《政治哲学的视野》（郑州大学出版社），吴潜涛主编《论公共伦理和公德》（湖北人民出版社），中国社会科学院应用伦理研究中心、西南政法大学应用伦理研究中心、中国伦理学会编《中国应用伦理学2007—2008年伦理与法律专辑》（光明日报出版社），高晓红著《政府伦理研究》（中国社会科学出版社），龚群著《社会伦理十讲》（中国人民大学出版社），肖群忠著《中国道德智慧十五讲》（北京大学出版社），郭金鸿著《道德责任论》（人民出版社），刘长明著《和谐发展沉思录》（人民出版社）、倪愫襄著《制度伦理研究》（人民出版社），秦越存著《追寻美德之路：麦金太尔对现代西方伦理危机反思》（中央编译出版社），王海明著《新伦理学（修订版）》（商务印书馆），王露璐著《乡土伦理》（人民出版社），王珏著《组织伦理：现代性文明的道德哲学悖论及其转向》（中国社会科学出版社），王文科著《走进生命伦理》（人民出版社），程立显、刘建等译《伦理学与生活》（第9版）（雅克·蒂洛、基思·克拉斯曼著，世界图书出版公司），龚群译《伦理学理论》[（美）拉福莱特著，中国人民大学出版社]，龚群译《生活质量》[（印）森，（美）努斯鲍姆著，社会科学文献出版社]，李茂森译《保护弱势：社会责任的再分析》（中国人民大学出版社），林航译《孔子与亚里士多德的伦理学》[（美）余纪元著，中国人民大学出版社]。

在以上所述新作中，万俊人教授的专著《政治哲学的视野》，以学术普及为旨归，学术讲演为形式，集中探讨了罗尔斯政治自由主义的哲学基础，以及罗尔斯问题，罗尔斯的政治哲学遗产，现代社会的正义问题，制度伦理与政治文明，公共哲学视阈中的现代媒体，政治如何进入哲学，经济全球化与文化多元化问题，以及当代政治哲学的历史、现在与未来等问题。

三、学术研究概述

在基本理论方面，学界深入探讨了许多重要的范畴及相关原则和重要问题，这对于学科理论发展具有重要意义；在实践方面，学者们将理论与我国当前社会实际相结合，发挥伦理学理论对解决当前重大社会实践问题的指导作用，在这方面也取得了许多成果，有些甚至具有开创性意义。

（一）伦理学基本理论

学科的发展与完善是一个动态的过程，只有基本理论研究的不断深入才能为其提供坚实的基础。随着时代的发展，一些重大的理论问题被提出，伦理学在回答这些问题时必然要对自己的基本理论进行反思与创新，并在不断检验中得到进一步的深化。

1. 关于道德的本质

有学者认为，道德是人类具有的一种价值理性智慧。人类在认识世界、改造世界的过程中，构成了以研究客体自然为中心的认知理性，即科技理性，也形成了以研究人类及其社会应然规划为中心的人文价值理性，即道德理性。两种理性各具魅力和独特功能，共同构成人类认识、改造世界的理性能力。两种理性在本质上是合一的，在人类经济和社会发展中也应当整合起来而发挥作用，解决“真”问题的认知理性从来都是在善价值理性指导下才有益于人类，也只有在人类主体的道德价值理性选择中，事实世界及其物质成果才有其合理的存在理由[①②]。

2. 关于伦理学的相关范畴

有学者结合中国伦理思想史对中华伦理范畴与中华伦理精神的价值合理性进行了分析，认为中华民族伦理精神的价值合理性，就在于与时偕行的社会历史发展中，以其伦理精神价值的具体合理性适应现实社会的伦理道德的需要。中华伦理范畴在和合学“竖观”、“横观”、“合观”的视野下，其逻辑的结构性，思维的整体性，形态的动静合一性，历时同时态的融合性，内涵的易生性，都得到了充分展示，中华民族伦理精神和道德行为规范的价值合理性也得到了完善说明。有学者对荀子的荣辱范畴进行了探析，认为在中国伦理思想史上，荀子继承和发展了孔孟的知耻思想，第一次对荣辱范畴进行了系统论述。研究荀子的荣辱思想对于我们进一步继承和弘扬中国传统文化中关于荣辱思想的精华、进一步学习和践行社会主义荣辱观有着重要的理论意义和现实价值[③④]。

3. 关于道德虚构主义

这是最近几年被系统提出的一种元伦理学理论，有学者对此进行了研究，分析了道德虚构主义产生的历史和理论背景，也对现有版本的道德虚构主义的理论优势以及它们所面临的困难进行了分析，在此基础上提出了另一个版本的道德虚构主义，包括变革型的与诠释型的“孟买水手综合征”式的道德虚构主义。有学者认为，道德虚构主义试图在实在论和反实在论、认知主义和非认知主义之间采取一种调和的第三种路线。它接受了反实在论的道德属性本体观，但同时又和实在论者一样坚持道德话语表面的规范性特点。道德虚构主义并不可能实现它的理论目标，在它的理论承诺中有着不可逾越的缺陷。为了成为一种有效的元伦理理论，它应该寻找新的出路[⑤⑥]。

4. 关于改革开放30年伦理学

改革开放以来，我国伦理学研究的热点问题除了伦理学基本问题、道德本质外，还有人道主义、集体主义、市场经济的伦理效应、权利与正义、制度伦理、普遍伦理、人对自然的伦理义务、克隆人的伦理合法性等，在基本理论方面，伦理学研究不仅成功地实现了诸多的视角转换，而且还有效地论证和阐释了许多对现代伦理生活具有普遍意义的基本价值和道德规范。有学者认为通过回顾改革开放30年来中国伦理学研究的发展历程及其成果，分析其得失和存在的问题，揭示中国伦理学研究的未来趋势，对于推进学术研究健康发展具有重要意义。改革开放30年来，中国伦理学研究取得了丰硕成果，但也存在一些问题。概而论之主要缺憾和问题有二：一是急功近利和自说自话的学术研究风气，二是“三重三轻”现象突出[⑦⑧]。

（二）规范伦理学

自从罗尔斯发表《正义论》以来，西方伦理学的主流研究从元伦理学重新回到规范伦理学的轨道上来，我国伦理学研究一直注重规范伦理学的研究，也注重学习西方伦理学的研究成果。近些年尤其在有关正义、公正的理论与公共伦理理论方面取得了不少成果，因为在所有的规范中，正义是最重要的因素，而规范本身也主要以公共伦理为研究内容。

1. 关于道义论与功利论

有学者认为当代西方规范伦理学的这两种基本理论形态的区分可以以正当与善何者优先来界定，强调正当优先于善，并不以善来界定正当的理论是道义论理论，而以善优先于正当，并以善来规定正当的理论是功利论理论。也有学者认为两者貌似对立，其实都是通向自由的必要环节，它们内在的逻辑联系彰显了伦理学的内在逻辑进程：善——正当——自由，确证了伦理学是自由之学[⑨⑩]。

2. 关于正义的研究

有学者对中国传统义德进行了分析，认为“义”在中国传统道德体系中，是一个重要的德目，比如，孟子把义看做是与仁同等重要的德目。在儒家的“五常”即仁义礼智信中和管子的“四维”即礼义廉耻中，义均位居次席，地位显著。“义者，宜也。”这层意义的义代表的是一般性的善、正确或恰当，这可以说是一个普遍的价值辞。表达道德价值与律令的义实际上可训为“正”、“理”、“则”。义的实质道德内容主要是等级秩序、天下公义、角色责任、义务自觉。思想史上仁义内外的辩论表明义的实质既是一种客观伦理精神，也是一种主观伦理精神。传统义德对我们现代社会生活和道德建设具有重要启示[⑪]。

有学者从价值论的角度分析，认为公正不是一个描述性概念，而是一个价值概念，一种规范性概念，因此，必须从哲学价值论的角度才能获得更好的理解。公正作为制度的首要价值，作为一种元规范和价值调节原则，它是自由与平等之间矛盾的暂时解决方式，是自由和平等的合题。公正作为一种标准，不是一条线，而是一个范围，上限是相关各方“都很满意”，下限则是“还能接受”。公正概念自身又包含着形式与实质、应然与实然、历史维度与现实维度之间的张力[12]。

有学者认为正义是伦理学、政治学的基本范畴。按照柏拉图及孔孟传统的观念可以把正义分为“私德”与“公德”两类，正义作为“正直”的德性，依循的是从私德推出公德的思路。近代以来，罗尔斯的分配正义、诺齐克的历史原则正义与马克思的正义观念不同程度地存在着矛盾和张力。需要综合这些张力的复杂关系，才能对现代中国社会的正义问题作出更全面、更合理的理论解释。如有的学者分析了作为公共政策基础的正义价值观的由来，及其对于正义权利的基本规定，认为正义的公平框架中的正义权利可分为3种，即正义的基本权利、正义的扩展权利和正义的发展权利，在制定公共政策的实践中，必须以正义的基本权利和扩展权利为优先满足的公平要求，它也能够得到合理的辩护。正义的基本权利和扩展权利的实现必须考虑到效率的要素或者考虑到总体福利增长的要求[13][14]。

正义是人类追求的永恒的价值，学者们针对这个概念的内涵和外延及其在规范中的运用作了较为深入的分析阐述，这对今后进一步在思维方式及理论视野方面的研究提供了良好的条件。

3. 关于公共伦理

随着市场经济的深入发展与完善，随着法制的健全，也随着网络技术的运用与普及，人们越来越可能生活在一个较少私密的空间，因此，公共伦理学的发展非常快，也取得了很多研究成果。

关于公共领域及其公德，有学者对社会生活共同体进行了分析，认为它所指涉的是人们自由、平等、和睦、友爱的和谐生活样态，根据德国社会学家滕尼斯的划分，共同体与社会这两个概念及其指涉人们的两种生活样态是对立的。共同体生活是自然而然的，社会是人工制品。还有学者对电梯这样的现代社会中典型的公共生活区域的公德问题进行了分析，认为这一特殊场所的道德问题对我国当前社会公德建设具有重要的启示：公德强则社会强，公德衰则民众衰，许多消极的社会问题的产生是社会公德缺失的代价，而解决这些问题增加了社会的运行成本[15][16]。

有学者提出，作为市场社会充分发展的产物，公民伦理的本义是以公民身份出现的个人、组织在公共交往和公共生活中可以相互提出的有效性要求。公民伦理的显现领域和实现方式就主要表现为以个体和组织为主体的公共交往活动及其规则的有效性。从性质上看，公民伦理作为公共伦理的主要形态，其根本特征是它的功利性，即便以友爱的形式出现，其终极目标是自利。有学者认为异质性或多元性仅仅是公民社会的现代显性特征。公民社会的更基本的性质原理在于人们作为公民的交往方式所特有的普遍性质。有3个基本的原理：平等原理、自愿原理和基于预先同意原理，这3个原理在现代环境下并未丧失其基本有效性[17][18]。

关于性权利，有学者认为性权利的文明发展是在性的尊严、健康、和谐的文明发展进程中逐步实现的，性权利的合理行使必须以性尊严、性健康、性和谐为文明尺度[19]。

4. 对于功利主义

有学者从墨家和法家思想与西方趋利思想的关系进行了分析，认为虽然墨子和边沁的思想均属于功利主义，但在许多方面存在着区别。墨子是在人的生存层次上谈利，因此一切与生存无关的事物都被认为是一种浪费。边沁则是在快乐的层次上谈利，认为这种生存方式能够引发出消费主义和奢侈的合理性。中国以韩非子为代表的法家和西方以霍布斯为代表的政治哲学，尽管它们并不在政治家的辞令中出现，却是中国和西方的公共管理制定规则的潜在的基本原理，也是政治家们实际应用的政治思想体系。也有学者对边沁和密尔的功利主义思想进行比较，主要从密尔对边沁功利主义的修正，即快乐主义向幸福主义的转换、功利原则和“最大多数人的最大幸福”、“道德制裁”3个方面进行分析[20][21]。

（三）美德伦理学

美德伦理学曾经长期是以儒家伦理学为主体的中国传统伦理学的基本理论形态和学理进路，虽然近些年有关美德伦理学的研究已经逐渐为国内伦理学界所关注，但从总体来看，国内美德伦理学的当代研究仍处在复苏初期。考虑到在现、当代中国伦理学语境中重释乃至重构中国文化特色的美德伦理学理论，似乎更有理由要求更多更高的理论关注和学术探究。要对美德伦理学研究所面临的一些基本问题进行探究，主要涉及关于美德伦理学的身份确认；美德伦理学的基本方法论问题；美德伦理学与

“现代性”问题；美德伦理学面临的几种指控，等等。2008年，学界就德性伦理学的维度、德性伦理和德性社会问题、生态伦理和生态道德问题、德性结构问题、学者的德性问题等进行了研究㉒。

1. 关于品德结构

学者认为，人的品德形成于他的长期的伦理行为，伦理行为形成于道德意志，道德意志形成于道德认识和道德感情，而道德感情形成于道德认识，因此，个人道德认识是伦理行为的心理指导、必要条件，是品德的指导因素、首要环节；个人道德情感是伦理行为的心理动因、必要条件，是品德的动力因素、决定性因素，是品德的基本环节，个人道德意志是伦理行为的心理过程、充分且必要条件，是品德的过程因素、最终环节㉓㉔。

2. 关于道德教育

学者们围绕中华传统伦理文化与现代化、青少年道德教育、家庭伦理以及社会对于环境等主题进行了研究，有学者在原有整体构建大、中、小、幼学校德育体系的基础上，提出整体构建学校、家庭、社会和谐德育环境的思路。有学者探索了未成年人思想道德建设规律及全社会为未成年人思想道德建设提供全社会支援的有效途径。有些学者围绕改革开放30年首都精神文明建设研究、人文奥运研究、民族精神等问题，分别就人文奥运与公民道德、中华传统美德教育与社会主义文化建设、公民意识与公共文明建设，以及“迎奥运、讲文明、树新风”群众性实践活动的基本经验等具体问题进行了研究。

（四）应用伦理学

“理论是灰色的，而生活之树常青。”将伦理学的基本理论研究成果应用在具体实践中，以期对国家、社会及民众的福祉产生积极作用，只有这样，伦理学的发展才能充满生机。“人性尊严”已成为当前伦理学的前沿问题，表明相关的基础理论研究正在向哲学批判进一步深入。如何将人性尊严纳入理论视野，这理所当然地成了应用伦理学探究的一个热点。

1. 关于应用伦理学的基本理论

有学者认为，伦理学应用研究的基本问题是特定社会历史条件和生活领域中，人们所追求的人生目的或至善目标及其实现的伦理手段和途径。也有学者认为，现代社会出现了很多道德困境，这导致以解决道德难题为使命的应用伦理学的产生。而依据道德困境产生的原因，可以把道德难题区分为3类，即相关事实不清而导致的事实性难题；道德规范缺失和冲突而导致的规范性难题；以及道德范畴和道德推理的有效性难以确证而导致的元伦理难题。在这3类难题中，规范性难题是应用伦理学研究和实践中碰到的最普遍的道德难题，主要表现为：规范缺失、规范冲突和角色冲突等难题。其中，规范缺失性难题和对抗性的规范冲突性难题，是应用伦理学关注的重点㉕㉖。

2. 关于生命伦理

学者们主要关注的是国家生命伦理委员会的角色和职能，涉及人的生物医学研究和动物实验的伦理管制，器官移植和器官捐献的伦理问题，生物材料数据库的伦理问题，以及遗传检测的伦理问题等生命科学和生物技术中的伦理问题，公共卫生中的伦理问题，临床实践中的相关伦理问题等。

3. 关于生态伦理

学者认为生态文明是超越现代工业文明的更高级的文明。建设生态文明，必须普及生态知识，树立生态价值观，实现“良心的革命”，摒弃物质主义、经济主义和消费主义价值观，必须促成科技的生态学转向，必须使制度建设摆脱“资本的逻辑”的束缚，激励生态经济的成长和发展，鼓励绿色消费。有学者则对中国的儒、道、佛学的生态伦理思想进行了比较，认为儒家是一种仁爱型的人类中心主义生态伦理观，道家是一种超人类中心主义的无为主义生态伦理观，佛家是一种破妄型反人类中心主义生态伦理观。马克思主义与生态文明，这些生态伦理观对全面深刻地认识当代的人类中心主义立场、反人类中心主义立场和超人类中心主义立场的生态伦理学说，妥善处理人与自然的关系，是可借鉴的、极有价值的文化资源㉗㉘。

除上述热点问题外，2008年北京伦理学界在中国传统伦理思想、西方伦理思想和马克思主义伦理思想等方面也进行了学理、现实层面的研究讨论，取得了很多研究成果。

（作者：罗国杰、葛晨虹，中国人民大学教授；
陈伟功，中国人民大学博士研究生）

注：

①游兆和：《论“人生价值论”的本质及其与一般价值论的区别》，《教学与研究》，2008年第2期。

②葛晨虹：《道德是人类具有的一种价值理性智慧》，《湖北大学学报》（哲学社会科学版），2008年第6期。

③张立文：《中华伦理范畴与中华伦理精神的价值合理性》，《齐鲁学刊》，2008年第2期。

④王易、任超阳：《荀子荣辱思想探析》，《伦理学研究》，2008年第2期。

⑤赉益民：《道德虚构主义》，《社会科学战

线》，2008 年第 8 期。

⑥张亚月：《道德虚构主义的理论困境与可能前景》，《湖南师范大学社会科学学报》，2008 年第 1 期。

⑦杨通进：《改革开放以来我国伦理学研究的十大热点问题》，《伦理学研究》，2008 年第 4 期。

⑧焦国成、郭忻：《改革开放三十年来的中国伦理思想史研究》，《道德与文明》，2008 年第 5 期。

⑨龚群：《论道义论与功利论的一个根本区分：正当与善何者优先》，《道德与文明》，2008 年第 1 期。

⑩任丑：《目的论还是义务论——伦理学的困境与出路》，《武汉大学学报》，2008 年第 4 期。

⑪肖群忠：《传统“义”德析论》，《中国人民大学学报》，2008 年第 5 期。

⑫马俊峰、宁全荣：《公正概念的价值论分析》，《教学与研究》，2008 年第 4 期。

⑬赵敦华：《正义：公德与私德的张力》，《社会科学战线》，2008 年第 8 期。

⑭陈少峰：《作为公共政策基础的正义的权利》，《甘肃理论学刊》，2008 年第 2 期。

⑮池忠军：《社会生活共同体建构的德性之维》，《道德与文明》，2008 年第 6 期。

⑯李茂森：《电梯里的公德启示录》，《道德与文明》，2008 年第 2 期。

⑰晏辉：《公民伦理的显现领域与实现方式》，《首都师范大学学报》，2008 年第 4 期。

⑱廖申白：《形成中的中国公民社会》，《首都师范大学学报》，2008 年第 4 期。

⑲安云凤、李金和：《性权利的文明尺度》，《哲学动态》，2008 年第 10 期。

⑳韦正翔：《墨家和法家思想与西方趋利思想的关系分析》，《中国人民大学学报》，2008 年第 4 期。

㉑罗俊丽：《边沁和密尔的功利主义比较研究》，《兰州学刊》，2008 年第 3 期。

㉒万俊人：《关于美德伦理学研究的几个理论问题》，《道德与文明》，2008 年第 3 期。

㉓王海明：《论品德结构》，《湖南师范大学社会科学学报》，2008 年第 2 期。

㉔孙英：《品德概念新探》，《吉首大学学报》（社会科学版），2008 年第 1 期。

㉕宣兆凯：《应用伦理学研究的基本问题及其范式整合》，《哲学动态》，2008 年第 3 期。

㉖曹刚：《道德困境中的规范性难题》，《道德与文明》，2008 年第 4 期。

㉗卢风：《生态文明和绿色消费》，《深圳大学学报》，2008 年第 5 期。

㉘任俊华、李朝运：《人类中心主义、超人类中心主义和反人类中心主义》，《理论学刊》，2008 年第 11 期。

逻 辑 学

吴家国

2008 年，北京地区逻辑学学科的学术活动保持了比较兴旺的势头，各领域的研究成果较为丰硕，教学研究与普及有新的进展。现分别概述如下：

一、学术活动

4 月 20 日，北京市逻辑学会主办的通识课逻辑学教学讨论会在中央财经大学召开。中国社会科学院的诸葛殷同、中国人民大学的陈慕泽、中国青年政治学院的谷振诣、中央财经大学的袁正校、中国政法大学的朱素梅等在会上分别作了题为“继续解放思想，坚持改革开放，中国逻辑学才有希望”、“逻辑学与通识教育”、“发展逻辑与批判性思维教育”、“逻辑学案例教学的实践——通识课逻辑学教学的探索”、“中国政法大学逻辑教学简介”的发言。

5 月 30 日至 6 月 1 日，“第三届两岸逻辑教学学术会议”在台湾东吴大学召开，北京地区有 10 多位逻辑学者到会。他们分别向会议提交了论文，并在会上作了发言，其中包括：中国社会科学院张家龙的“论沈有鼎悖论在数理逻辑发展史上的地位”，中国人民大学刘晓力的“哥德尔的概念实在论及其辩护策略”，中国人民大学孙中原的“墨辩逻辑元研究——论墨家的归谬推理”，清华大学蔡曙山的“逻辑是什么——第 13 届国际逻辑学、方法论和科学哲学大会留下的思考”，清华大学刘奋荣的“偏好改变的机制”，北京师范大学郭佳宏的“自省主体对 Moore 型资讯的处理与融合”，首都经贸大学傅殿英的“模糊逻辑——现代逻辑应用的一枝奇葩”，北京大学周北海的“基于涵义语义的范畴空间——兼论范畴空间的认知语义学意义”，中央财经大学袁正校的“建设逻辑学教学平台——推进逻辑学案例研究”等。

10月4日，北京师范大学哲学与社会学学院逻辑与认知科学研究所邀请正在北京访问的荷兰阿姆斯特丹大学逻辑、语言与计算研究所教授、荷兰皇家艺术与科学学院院士约翰·范·本特姆（Johan Van Benthem）来校作学术演讲，题为“动态认知逻辑与认识论的相遇”。他从两个备受争议的认知逻辑公式切入，阐述了认知逻辑与认识论的紧密联系。

11月1日至2日，中国逻辑学会主办的第八次中国逻辑大会在天津商业大学举行，北京地区有20多位逻辑学者到会。在大会上，有4位来自北京的学者作学术报告，其中，北京大学叶峰报告的题目是《从自然主义的角度看形式主义与不完全性定理》，清华大学刘奋荣报告的题目是《谈谈知识、信念和偏好的动态变化》，中国人民大学陈慕泽报告的题目是《逻辑学与通识教育》，中国社会科学院刘新文报告的题目是《图形与逻辑——传统与现代》。在“基本逻辑”、“应用逻辑”和“逻辑史与逻辑哲学”3个分组会上，有10多位北京的学者作专题发言。大会期间举行了中国逻辑学会第二届优秀成果奖颁奖活动，中国社会科学院张家龙和刘培育等合著的《逻辑学思想史》、张清宇的专著《弗协调逻辑》、邹崇理的论文《多模态范畴逻辑研究》获得二等奖；清华大学蔡曙山的专著《语言、逻辑与认知》、首都师范大学夏年喜的论文《从蒙太格语法的局限性看DRT的理论价值》、中国人民大学杨武金的专著《墨经逻辑研究》、余俊伟的论文《一个极小的弗协调逻辑系统》、中央财经大学张立英与北京大学周北海合写的论文《基于主谓项涵义联系概称句推理的几个逻辑》以及周北海的论文《一个关于常识推理的基础逻辑》获得三等奖。

11月23日，作为北京市社会科学界联合会与北京师范大学共同主办的“2008·学术前沿论坛”的分会场之一、北京市逻辑学会主办的“逻辑现代化：回顾与展望”在北京师范大学举行。吴家国、诸葛殷同、赵总宽和张家龙在会上回顾了改革开放30年来我国逻辑学各领域取得的丰硕成果和巨大发展。袁正校、陈慕泽、陈波、周北海、王路、刘奋荣、王洪、邹崇理等在会上作了专题报告或发言，分别介绍了当前现代逻辑各领域所关注的问题以及本人的最新研究成果。此外，会上还讨论了与逻辑教学现代化有关的一些问题。

二、学术研究成果

1. 数理逻辑

张清宇的《直言推理系统》构造了直言推理的一个形式系统MA，内容包括直接推理和三段论，但未考虑单称命题。此系统实际上是名辞逻辑系统MZ的一个子系统，精确地说是关于类名及其否定和由它们形成的本辞的系统。文中给出了MA的语言和语义，证明了公理系统MA的可靠性和完全性，并提出了它的自然推理系统①。

周北海的《涵义语义与关于概称句推理的词项逻辑》认为，亚里士多德三段论是一种词项逻辑，但它是外延的和单调的。这两方面的情况使得有必要考虑新的词项逻辑，即概称句三段论。概称句三段论推理是更为常用的一种推理。文中给出了概称句的含义语义，讨论了概称句三段论推理的形式系统GACh和Gaa，以及这两个系统的可靠性②。（完全性另文讨论）

刘壮虎的《有限全序语义和广义皮尔斯律》认为，虽然从理论上可以考虑一般的全序，但从广义真值的来源看，有限的全序更为重要。该文将二值逻辑刻画实质蕴涵的保真性推广到有限全序中，用这推广的“保真性”给出蕴涵在有限全序中的语义条件，从而给出了完整的有限全序语义；建立了刻画有限前言序的逻辑系统FO，证明了FO的可靠性、完全性和可判定性；提出了广义的皮尔斯律，并证明它能够区分不同基数的有限全序；还给出了FO系统的一个扩充系统③。

余俊伟的《从邻域语义学的观点看否定》采用否定邻域框架的方法系统地分析了各种弱否定的对应性与典范性，进而讨论了7个与弱否定相关的序列（sequent）。该文指出，与常见的处理弱否定的星框架和相容框架相比，否定邻域框架的处理能力更强，采用后者所得的结果比采用前两者所得的结果更为一般。很多文献中的结果都是本文采用否定邻域框架所得结果的特例④。

陈慕泽的《正确理解哥德尔不完全性定理》分析了温邦彦在《禁止使用自指代命题》一文中对哥德尔不完全性定理的误解，指出：温先生未能准确理解和把握形式化理论的一系列基本概念，如未能准确区分公式和公式的含义、公式的真和可证、系统内的公式和系统外的断定、系统内的证明和系统外的证明、内定理和元定理等等，这使得他对哥德尔不完全性定理的批评性研究缺乏必要的基础。该文认为，哥德尔不完全性定理包括两个内容：第一，一个不弱于初等数论的形式系统，如果一致，则不完全；第二，这样的形式系统如果一致，则这种一致性在系统内不可证⑤。

2. 哲学逻辑

杨武金著《辩证法的逻辑基础》一书探讨了哲学逻辑的一个重要分支——弗协调逻辑的基本理论，其中第一、二章讨论弗协调逻辑的理论特征、思想来源和发展脉搏，第三章着重论述了科斯塔的一系列弗协调逻辑系统，第四章具体考察了科斯塔与沃尔夫合作运用弗协调逻辑思想建立的辩证逻辑系统DL，第五章深入分析和评述了普里斯特所建立的悖论逻辑系统LP及其相关问题，第六章以科斯特的弗协调命题逻辑为基础建立起了一个弗协调认知逻辑系统 C_nT（m），第七章对弗协调逻辑在悖论问题上的立场和观点进行了一些思考和分析，最后一章对弗协调逻辑在人工智能和法律等领域中的应用作了一些具体考察[⑥]。

余俊伟在《弗协调命题逻辑 C_n 的判定性问题》一文中认为，弗协调逻辑是非经典逻辑（哲学逻辑）的一个新兴分支，它是一种不能从矛盾推出一切的逻辑理论，即：矛盾律在其中不普遍有效；在其中从相互矛盾的两个前提推不出一切公式。该文首先介绍了弗协调命题逻辑 C_n 的判定方法，并对其进行了分析，指出其中存在的漏洞，然后给出了一个修正办法[⑦]。

郭佳宏在《研究主体信念修正的不同路径》一文中主要评价了历史上研究主体信念修正的不同方案，包括ACM理论、动态信念逻辑、动态克里普克框架等内容。指出了它们各自的优势和不足，同时也指出了自省性对于理性主体的重要性，表明信念修正应该从这一角度来作进一步研究，从而在一定意义上反映理想自省主体的信念修正过程[⑧]。

郭佳宏在另一篇文章《自省主体对Moore-型信息的处理与融合》中提出：主体的信念状态随着世界的改变和新信息的输入等因素在不断地演化，对于信念状态变化规律的描述和形式刻画在一定程度上可以帮助我们模拟人类具有的高级智能，从而为计算机人工智能这样的学科提供理论基础，对哲学、逻辑学等本身的发展也有一定的理论意义。该文说，这里我们考察具有足够推理能力的完全自省主体在信念修正过程中对Moore-型信息的处理规律，即把相应主体信念状态的Moore-型断定作为新信息输入，用来修正原来的信念状态。经典的AGM理论可以较好地刻画不含模态算子的客观信息的修正。然而，如果把主体信念状态中的信息和用来修正的新信息的形式扩大到模态的情况，“成功”和“一致性”公设不可能同时成立。为此，我们首先讨论自省主体i在自己的信念状态和客观事实的信念的不同组合情况下，对涉及自身信念状态的Moore-型信息 $A \wedge \neg BiA$ 的修正可能与结果。然后选出其中有意义的过程，定义和说明一种弱化的“成功”版本——“不成功修正”；并且在继承经典AGM某些公设的基础上，给出上述修正过程的局部描述。此外，我们还将结合动态信念逻辑等工具，试图给出上述修正过程的逻辑表达[⑨]。

赵总宽在《从经典逻辑到数理辩证逻辑》一文中认为：经典逻辑是现代逻辑发展早期的最基本最重要的成果。它成为现代逻辑进一步发展的基础。现代逻辑的发展表明，经典逻辑既有其适用性，又有其局限性。数理辩证逻辑是在保障其适用性，又克服其局限性基础上发展起来的现代逻辑系统。数理辩证逻辑将现代逻辑适用领域扩展到非直谓性、不确定性和内涵性推理领域。数理辩证逻辑扬弃了源于经典逻辑的逻辑悖论，防止了基于经典逻辑的逻辑怪论[⑩]。

刘奋荣、余俊伟等译的《逻辑、信息和互动》一书出版。该书收录了当代世界著名的逻辑学家、荷兰阿姆斯特丹大学教授约翰·范本特姆关于模态逻辑的13篇经典论文，展示了模态逻辑的发展历程，系统地阐述了模态逻辑的基本理论，特别是模态逻辑在研究主体的知识和信念、信息流、计算，以及主体在博弈或其他社会活动中的交流互动等方面的应用。幸运的是，范本特姆为本书的每一部分专门撰写了新的导读。译者认为：通过阅读本书，读者不仅可以直接了解当下模态逻辑的问题、作者的解决方案及逻辑技巧在其中发挥的作用，而且能够直接进入对开放问题的继续研究阶段[⑪]。

3. 逻辑哲学

陈波在《“逻辑的可修正性”再思考》一文中指出，“逻辑的可修正性”论题提出后，引起了广泛而激烈的争论。迄今为止，很难说它已获得广泛认同。该文认为：逻辑之所以是可修正的，就是因为它直接反映、刻画了我们的认知实践，间接反映、刻画了我们所面对的外部世界，反映了我们最深层、最基本的思维方式，因而其中具有某种描述性成分，而描述就有真假对错之分。在这个意义上，我们也可以说，逻辑和逻辑真理是可错的。“逻辑（真理）是可错的”与“逻辑是可修正的”这两种说法之间没有本质区别：逻辑中的可修正论就是可错论，可错论就是可修正论，它们两者是一回事[⑫]。

陈波还发表了一篇与逻辑哲学有关的文章，题为《深入地思考，作出原创性贡献——威廉姆森教授访谈录》。文中主要围绕英国牛津大学威克汉姆逻辑学教授、英国科学院院士威廉姆森的4本书《同一和分辨》(1990)、《模糊性》(1994)、《知识及其限度》(2000) 和《哲学的哲学》(2007) 展开问答与对话。重点记述了威廉姆森在这几本书中所表达的基本观点，读者可以从本访谈录中获取当代西方哲学和逻辑的大量信息。如他在《哲学的哲学》中指出：20世纪西方哲学中所发生的“语言转向”和“概念转向”是错误的，哲学并不只是研究语词和概念，后两者具有关涉性（aboutness），它们是关于、指涉这个世界的；哲学也是人类理解这个世界整体理智努力的一部分，在题材、目标、方法论、评价标准等方面与其他科学没有实质性差别，哲学例外论是错误的[13]。

4. 语言逻辑

邹崇理在《组合原则》一文中论述了“什么是组合原则”、“组合原则的价值作用”和“自然语言的反例和调整组合原则的适用条件”等。认为：组合原则是逻辑语义学的基本原则表现为函项的思想和句法与语义的对应。就构造逻辑而言，组合原则是一种方法论。作为延伸到自然语言形式语义学的产物，组合原则起到一种核心灵魂的作用。组合原则在理论层面和应用领域皆获得一些有价值的结果。自然语言违反组合原则的实例主要表现为歧义现象、语用因素和句法与语义不对应的情况，这正是调整组合原则的适用条件从而促进形式语义学发展的契机。经过意义组合处理的自然语言永远是计算机信息处理所期望的目标[14]。

王路在《逻辑与自然语言》一文中讨论了逻辑与自然语言之间的关系，评述了与此有关的不同看法，指出：一种观点认为，传统逻辑是用自然语言表述的，现代逻辑是用形式语言表述的。这种观点暗示着现代逻辑不能解决自然语言中的问题，而传统逻辑能够解决。这种观点是有问题的。传统逻辑和现代逻辑虽然有形式方面的区别，但最主要的区别还是句法和语义的：前者是主谓结构，后者是谓词结构。由此区别出发，传统逻辑和现代逻辑形成了对自然语言的不同解释，而后者的能力无疑更强[15]。

贾改琴、邹崇理在《汉语NP短语的形式语义分析》一文中认为，自然语言的形式分析和计算机对自然语言的信息处理是当今时代比较热门的研究领域。文中以转换生成语法、范畴语法和类型论、λ-演算和时态逻辑等为工具，分别对现代汉语的若干类NP短语中的领属定语、数量定语、时间定语3种类型作了较详细的形式语义分析，刻画了定语所表示的拥有领属关系、数量度量关系和时间先后长短关系，同时对不同种类的定语在句法范畴和语义类型的形式处理方面作了严格统一的处理。这样有助于汉语的计算机信息处理[16]。

5. 归纳逻辑与博弈逻辑

熊立文在《归纳逻辑在现代的发展》一文中指出，现代归纳逻辑产生于20世纪20年代。20世纪40年代到20世纪70年代是归纳逻辑蓬勃发展的时期，其中富有成果并对后来的研究产生了深刻影响的是逻辑贝叶斯派和主观贝叶斯派的理论，以及归纳接受的理论。20世纪80年代之后，归纳逻辑领域显得有些冷清，但是，这并不意味着归纳逻辑已经走向衰亡，逻辑学家虽然陆续离开了归纳，人工智能的学者却进入这个领域，他们汲取归纳学者的思想精华，不断推出新的成果，为归纳逻辑的研究带来了生机和活力。人工智能与归纳逻辑有深刻理论渊源的两个主题是不确定性（uncertainty）和理性决策（rational decision），概率是处理不确定性推理的主要工具，但由于计算方面的困难，20世纪70年代到80年代中期，人工智能学者对用概率处理不确定性失去兴趣，出现许多代替概率的方法，包括D-S理论、模糊集与模糊逻辑、非单调逻辑等等。1986年帕尔（Judea Pearl）提出贝叶斯网络后，概率理论在人工智能中再次兴起。人工智能领域对不确定性推理的研究和应用，产生了用现代逻辑的规范来处理这些推理的需求。人工智能学者是以与逻辑学家相同的理念和规范来建立逻辑系统的，其中哈尔彭（J. Y. Halpern）的工作具有代表性。因此，归纳逻辑仍在发展，不过现在推动归纳逻辑前进的主要力量不是逻辑学家，而是人工智能学者[17]。

陈招万、郭家宏在《多植逻辑与语义赋值博弈》一文中讨论了多值逻辑的句法和Tarski语义，扩展博弈，多值逻辑的语义赋值博弈，经典逻辑的博弈化。文章在扩展博弈上给出了多值逻辑的语义赋值博弈的一般框架，避免了博弈者在多值逻辑的语义博弈中声明无穷对象的问题；然后通过Elaise赢的策略定义博弈的语义概念——赋值，证明了多值逻辑的博弈语义与Tarski语义是等价的；最后，根据语义赋值博弈框架对经典逻辑进行了博弈化[18]。

关珠在《试论博弈思维的逻辑结构》一文中认为，博弈思维是决策主体在竞争和对抗中选择策略以实现收益最大化目标的思维活动。文章讨论了博弈思维逻辑结构的基石——博弈思维概念，博弈思维逻辑结构的支柱——博弈推理，博弈思维逻辑结构的方法论——博弈思维方法。文中重点论述了博弈推理中的“搜寻制定备选方案的推理”、“成本估算推理”、“方案评估推理”、“剔除劣势策略推理”等。指出：探讨和分析博弈思维的逻辑结构，有助于加深对博弈思维的认识[19]。

6. 逻辑史

张家龙在《亚里士多德对“偏好”如是说》一文中指出，亚里士多德在《前分析篇》和《论辩篇》中提出了关于“偏好”的理论，认识到“偏好”概念的重要性。文章从现代偏好逻辑的观点分析了亚里士多德的偏好理论，其中包括：提出了“强偏好”和“无差别偏好”等概念，提出了“强偏好的完全性”、“强偏好的不对称性”、“强偏好的换质位”以及“强偏好的合取扩展”等基本原理，并且对这些原理的合理性给出了论证，这与现代逻辑学家们对偏好属性的探讨如出一辙[20]。

张娟娟在《中世纪指代理论》一文中指出，在逻辑学发展的历史长河中，中世纪是逻辑学发展的重要时期，指代理论是中世纪逻辑学取得的巨大成就，是中世纪独具特色的理论，在中世纪逻辑史上占有重要地位。文章在论述了“指代”的含义之后，重点介绍了中世纪晚期著名逻辑学家奥卡姆对指代所进行的划分。奥卡姆首先将指代分为“恰当的指代”和“不恰当的指代”，然后把恰当的指代分为“人称指代”、“简单指代”和“实质指代”，再把人称指代分为“分离指代”和“普通指代”，又把普通指代分为“确切指代”和“模糊指代”，进而把人称模糊指代分为“仅仅模糊的指代”和“模糊周延的指代”，把模糊周延的指代分为“模糊周延的可变指代”和“模糊周延的不变指代”。文章认为，这些关于“指代”划分的理论闪现着现代逻辑的量词理论的思想，对于逻辑学的发展具有重要的意义，对于语言哲学的发展也有启发作用[21]。

刘新文在《皮尔士逻辑语义学思想》一文中指出，模型论始于20世纪30年代初期，一般追溯到塔尔斯基、马尔捷夫以及罗宾逊等，“成名”于20世纪50年代。美国著名逻辑学家和哲学家查尔斯·S. 皮尔士已经开始了命题逻辑的可能世界语义学分析，也开始了多模态和量化模态逻辑的可能世界语义学分析。文章主要是从量词、模态词、逻辑连结词以及存在图等方面，整理和论述了皮尔士关于博弈论语义学和可能世界语义学等模型论思想[22]。

陈波发表《荀子的政治化和伦理化的语言哲学——一个系统性的诠释、建构、比较与评论》一文认为：荀子提出了一个名称分类体系，其中涉及名称和事物之间的种属包含关系，其思想领先于古罗马的波菲利至少6个多世纪，但不如后者的理论系统完善和深入；他强调了名称的社会性、约定性和强制性，论述了名称的“约定俗成”本质，以及“约定俗成”的制名过程，这涉及语言的社会分工；他论及了名称的认知功能和交际功能，但更为关注名称的社会政治功能和道德教化功能；他讨论了制名的本体论根据和认识论根据：命名对象本身的同异，以及人的认识器官对这种同异的感知和认识，是制定不同名称去指涉这些对象的基础；他讨论了制名和正名的一些关键性环节（制名之枢要），以及使用名称的3种基本谬误（“三惑”）；最后探讨了名称在辩说体系中的地位和作用。荀子的名称理论内容丰富，思想深刻，有很多真知灼见，其最重要的特征是政治化和伦理化，并有明确的社会约定论承诺，但对有关名称的认识论和逻辑学方面重视不够。总的说来，他的理论达到了一定的高度和深度，也具有内在的缺陷和不足；仍然具有现实的指导意义[23]。

张忠义、张家龙在《从现代逻辑观点看印度新因明三支论式》一文中说，因明学者们把新因明三支论式与西方逻辑比较，提出4种观点：三段论AAA说，充分条件假言推理说，转化说和外设三段论说。这些观点有的对这种推理合适，对另一种推理却不合适。综合它们的长处和不足，我们认为，三支论式的形式应为4种：（1）形式蕴涵的肯定式；（2）全称量词消去后的充分条件假言推理肯定前件式；（3）形式蕴涵的否定式；（4）全称量词消去后的充分条件假言推理否定后件式。文中结合因明的推理例证，列出了各种推理的现代逻辑形式。最后指出，令人感兴趣的是，我们总结的4种形式均可在现代的一阶逻辑中得到证明。这就表明，印度新因明的四个论式是有效的推理形式[24]。

三、逻辑教学与逻辑应用

杨武金编著的21世纪高等院校教材《逻辑学基础》出版。该书考察了逻辑学的范围、研究对象、性质和作用，着重介绍了命题逻辑、词项逻辑、谓词逻辑、模态逻辑和归纳逻辑等各种逻辑分支，分析了逻辑学的基本规律和论证方法。全书共有8章，每章都力求体现理论和实例相结合，尤其注重结合思维训练来作分析[25]。

王洪著的“十一五”国家重点图书出版规划项目《法律逻辑学》出版。该书提出：法律逻辑学是一门关于法律思维的学问，因此，应当从法律思维出发寻求对法律逻辑学的研究对象及基本体系这些重大理论问题的理解与回答。法律思维可以分为立法与司法两个主要领域。在司法过程中，法官不可避免地要解决三方面的问题：一是确认案件事实；二是寻找法律依据；三是将案件事实置于法律规范之下，即根据事实和法律作出判决。这样，法官相应地就要进行三种不同意义的推理：事实推理，法律推理，判决推理。据此，该书分为6章：第一章是绪论；第二章是法律分析；第三章是法律推理；第四章是事实推理；第五章是判决推理；第六章是法律论证。为贯彻理论联系实际的原则，该书援引了大量的法例与判例，在附录里还列有3个典型判例[26]。

陈慕泽在《逻辑学与通识教育》一文中指出：通识教育是高等教育的组成部分，是不同专业方向的大学生都应该接受的非专业性教育，目的是提高受教育者的综合素养。文章着重讨论了逻辑学与通识教育的关系，认为：在逻辑思维素养的构成中，相关的逻辑知识以直觉形态存在。逻辑思维素养的差异，不在于这些知识的掌握程度，而在于这些知识的直觉形态的灵敏度。"逻辑需要的是训练而不是记忆"。逻辑通识课覆盖逻辑知识，但其实质部分是有效的思维训练。案例思考与分析是课程的结点，案例教学是基本方法。数理逻辑（一阶逻辑）不应当是，事实上也从来不是逻辑学通识课。逻辑学通识课的角色一直是由传统形式逻辑承担的。这是传统形式逻辑的历史地位。作为通识课，传统形式逻辑必须改进以取得新的形态[27]。

由全国报刊逻辑语言应用病例有奖征集活动组委会办公室组编、宇文现主编的《报刊逻辑与语言病例评析1100例》出版。全书分为两大部分：第一部分是逻辑病例评析；第二部分是语言病例评析。在逻辑病例评析中，有5个标题：一、概念不明确；二、明确概念所使用的逻辑方法不当；三、判断不恰当；四、推理不合逻辑；五、思维表达违背逻辑规律。在每个标题下，先写了知识性概述，再分别列出病例原文，接着逐一对其进行评改：分析其中犯了何种逻辑错误，提出修改的建议。该书在"编者的话"中表示：我们希望本书的出版，对向社会传播逻辑与语言知识，对提高逻辑与语言文字的应用水平，能够发挥积极的作用[28]。

（作者：北京师范大学教授）

注：

①②《逻辑学研究》，第1卷第1期，2008年夏季号。

③④《逻辑学研究》，第1卷第2期，2008年秋季号。

⑤《湖南科技大学学报》（社科版），2008年第2期。

⑥商务印书馆，2008年4月出版。

⑦《湖南科技大学学报》（社科版），2008年第4期。

⑧《暨南学报》（哲社版），2008年第3期。

⑨《北京师范大学学报》（社科版），2008年第5期。

⑩《毕节学院学报》（综合版），2008年第1期。

⑪科学出版社，2008年6月出版。

⑫《哲学研究》，2008年第8期。

⑬《逻辑学研究》，第1卷第3期，2008年冬季号。

⑭《逻辑学研究》，第1卷第1期，2008年夏季号。

⑮《求是学刊》，2008年第5期。

⑯《重庆工学院学报》（社科版），2008年第6期。

⑰《哲学研究》，2008年第2期。

⑱《逻辑学研究》，第1卷第1期，2008年夏季号。

⑲《天津商业大学学报》，第28卷第2期，2008年3月。

⑳《逻辑学研究》，第1卷第2期，2008年秋季号。

㉑《哲学研究》，2008年第6期。

㉒《燕山大学学报》（哲社版），2008年第2期。

㉓《台大文史哲学报》，第69期，2008年11月。

㉔《哲学研究》，2008年第1期。

㉕科学出版社，2008年5月出版。

㉖中国政法大学出版社，2008年9月出版。

㉗《绵阳师范学院学报》，2008年第4期。

㉘首都师范大学出版社，2008年6月出版。

宗 教 学

黄夏年

2008年，中国内地的宗教学研究较前一年来说，有了明显进步，总的说来，我国内地的宗教研究正在朝着深入方向发展的趋势，虽然发表文章的总数仍然与过去基本持平，但是在学术水平较过去有明显提高，这无疑是一个好的发端。现将2008年我国内地宗教研究情况综述如下：

一、宗教学研究

宗教立法工作虽然取得了重要进展，也积累了不少宝贵经验，但仍然存在不少问题。王作安《我国宗教立法的回顾与思考》[①]，回顾了经过近30年我国初步建立起了宗教方面的法律框架，成为以宪法为核心的中国特色社会主义法律体系的组成部分，走出了一条符合我国国情和教情的宗教立法之路，积累了极其宝贵的经验的过程，提出今后应当按照党的宗教工作基本方针，继续推进宗教立法工作，形成以宪法为核心，以法律为主干，包括行政法规、地方性法规及部门规章、地方政府规章在内的较为完备的宗教方面法律体系，为宗教工作实现法制化、规范化提供有效的法律保障之方向。

学者一般认为，马克思的宗教观的建立主要是受到了黑格尔思想的影响，但是王志军《论犹太教对马克思的影响》[②]认为，马克思首先是一个对资本主义传统社会毫不妥协的革命者、批判者，同时也是一个吸取了多种文化滋养的文化巨匠，正因如此，犹太教对马克思的影响不应被忽略。犹太教对马克思的影响主要为：一是作为一种文化精神的犹太教对马克思的精神气质的影响；二是犹太教对现实的、社会的“人”的重视与马克思思想的主旨具有一定的暗合性；三是与基督教的“博爱”、“来世精神”相比，犹太教更突出了“平等”、“公义”和现实生活，这与马克思对资本主义的无情批判有一定联系；四是马克思将作为一种生活方式的犹太教与对资本主义金钱崇拜的批判直接对应起来；五是马克思的著名格言“宗教是人民的鸦片”等蕴涵着明显的犹太情怀。

宗教与民族有着非常紧密的联系，近年来学者牟钟鉴提出民族宗教学概念。曹兴《国际视野对于民族宗教学研究的价值》[③]认为民族宗教学的核心问题、主要研究对象和研究视野在于国际现象和全球视野，应从下述两个方面展开，首先无论是民族宗教学的学科性质，还是研究对象，都具有其独特的综合性。一方面，由于民族宗教学注定要涉猎相关多学科现象，因此民族宗教学的学科性质必定是综合性的。另一方面，在研究对象方面和研究方法方面，由于民族宗教现象的复杂性和国际性，决定了研究者必须扩大研究视野，把民族宗教学的研究视野定位于国际现象。其次，在民族宗教学的研究中，有两种研究的进路或者路径，一种是从民族宗教现象到民族宗教本质（理论）的提升，简称从现象到理论的提升，一种是相反，即从民族宗教理论到实证现象。两条道路可谓殊途同归，各有千秋。作者主张第三条道路，或者主张把前两条路径进行综合。

张志刚《再论宗教—文化观的方法论意义》[④]提出有意义的看法。他简要回顾了相关的学术背景和作者对宗教—文化观的探索过程，通过反思流行的宗教观点，提出了值得反省的方法论问题，认为用宗教—文化观来探讨一个重大现实问题——宗教因素对冷战后诸多国际热点问题和重大冲突的深层影响，阐释了宗教因素及其影响的四个主要特性，即积淀性、弥漫性、渗透性和深层性，从基础理论上深化对于宗教现象的社会作用或文化功能的认识。

对近年来我国宗教学界一度炒热的是宗教市场论，范丽珠《现代宗教是理性选择吗？——质疑宗教的理性选择研究范式》[⑤]对此提出质疑，认为以理性选择理论解释现代社会宗教的有效性是有问题的，“宗教经济”范式中的宗教市场的“供方”与“求方”是理解宗教的错误逻辑，在工具理性和价值理性两个重要概念中有相互混淆和偷换之嫌，目前仅以宗教市场理论研究中国宗教具有一定的危险性，必须谨慎地使用。

赵敦华《只是“金规则”吗？——评宗教对话的一个误区》[⑥]提出质疑。认为在宗教伦理中，道德则有高下之分，可以分为“金律”、“银律”、“铁律”。其中金规则即金律是比银律更高的伦理规则，非道德的是铜律，反道德的是铁律。由于全球伦理只注重“金规则”，忽视另外三律的研究，以致无法有效地推进宗教间实质性的对话，实现宗教和解的目标。

在2008年出版的专著中，王子华主编的《中国宗教研究百年书目（1900—2000)》[⑦]一书，系资料汇编，对研究百年的宗教学研究非常实用。金泽、邱永辉主编《中国宗教报告（2008）》[8]（含光盘），号称“中国第一部宗教蓝皮书”。通过这部蓝皮书，人们可以了解中国宗教的新生态，当代中国多元宗教（信仰）结构的新变化，了解“五大宗教”中出现的新问题，了解中国宗教和宗教学研究面临的新的国际环境和新挑战。该书对于深入研究中国宗教状况的新变化新趋势，研究新思路新办法，妥善解决涉及宗教的各类矛盾，促进宗教关系和谐，对全面建设小康社会、促进社会主义现代化，具有十分重要的意义。

二、佛教研究

佛学研究在2008年，比较突出的是有关内蒙古的藏传佛教与当代宗教调查的研究成果，弥补了学术界的不足。最新佛学工具书《大藏经总目提要》出版，立足于原典的解析，收录齐备，释义详尽，史料丰赡，考订缜密，是迄今为止这一研究领域中最新、最全的知识密集型工具书。

中国近百年来，西学东渐，西方文化精神以及学术研究方法在学术界渐渐占据统治地位，周贵华《佛学研究的内在诠释之——以印度佛教瑜伽诠义思想为例》[9]指出，当前佛教研究中的首要任务是厘清佛教诠义思想，把握佛教的内在或者说自我的诠释方式，以尝试建立佛教研究中的外在或者说他者诠释方式，由此才能逐渐消解百年来的累积与传统的隔绝感，从而通过佛教学术研究，既呈现佛教思想的精神特质与历史面貌，又能发扬佛教思想优秀精华。陈坚《护教学还是宗教学：汉语佛教研究方法的再反思》[10]，认为我们发现汉语佛教研究在研究范式上徘徊于护教学与宗教学之间，护教学的研究和宗教学的研究没有明确的界限，两相混乱，被印顺法师形容为是“东倒西歪，非驴非马”，从而导致了这两种范式的研究都得不到纯正而深入的发展，影响了汉语佛教研究的整体推进。李向平《“社会理性”：佛教研究的新视角——从对马克斯·韦伯的误解说起》[11]，提出佛教理性化的范式、特征和向度，决定了中国人间佛教的演变方向和社会的特质，决定了中国佛学界研究范式的一大变迁。张伟然《历史学家缺席的中国佛教研究》[12]，希望有越来越多的史学家逐渐加入到佛学研究的行列。通过史学家和哲学家深度交流与合作，逐渐开创出中国佛学研究的新局面。唐忠毛《“学”、“证”之间——近代以来佛教研究方法的困境及其反思》[13]，认为建立新传统的一些思路也许在于“返本开新”，所谓“返本”，将其置于“古、今、中西”的背景下进行，要求研究者既要从佛学整体精神出发，也应当兼顾学术与体证，教内与教外的辩证统一，还要自觉到佛教在现代发展不能是固步自封闭地自说自话，还要应有其世界文化的视野。刘宇光文《现代佛教研究概论》[14]回顾了欧美学术界与日本佛学界研究的情况。特别指出，中国内地佛教研究现阶段急需的是重新建立与国际学界的学术合作及交往关系，从中吸收外界的现有成果。……中国当前的佛教研究正处于逐渐重建常态规范的阶段，除内地同仁的努力外，参考国外经验，尤其加强发展与其他华人地区佛教研究同人的合作将有助于研究事业的进展。宋道发《中国佛教史观研究导论》[15]对中国史学观的建立，提出了把佛教的“缘起论”作为佛教史学观的根本。李正宇《敦煌佛教研究的得失》[16]认为，作为中国佛教史，不顾中国佛教寺、僧侣及广大信众的信行实践，只按照佛学义理的匡范加以取舍，用模具铸造出的所谓“中国佛教史”，并非真实存在，不能令人信服。

李放《南北朝时期佛教对法律思想的影响》[17]说，南北朝佛教冲击了儒家的忠孝、丧葬和等级观念，促进了发性社会地位的提升，为传统法律注入了平等因素。佛教对犯罪起到了教化和惩戒作用，增强了法律对人的生命的重视，并影响了立法者的思想。武宝宁、吴硕《〈唐律〉对僧道法律规定及其特点》[18]指出，《唐律疏议》中有关佛道教规定的这些特点，和当时宗教、政治的关系很密切，影响到此后宋、明、清的相关宗教立法。

孙昌武《十六国时期的佛教与民族大迁徙与大融合》[19]，强调十六国时期民族迁徙与融合促进了佛教的传播与兴旺，为此后中国佛教的繁荣昌盛奠定了基础，而佛教又成为联结与融合各民族精神纽带，各少数民族接受汉地文化的津梁，从而对于各民族交流与融合，对于中华民族大家庭的发展与巩固，作出了贡献。赵毅、刘庆宇《清建国前女真族之佛教信仰》[20]认为，佛教文化对女真人的影响是实际存在的。佛教是女真人多元信仰之一种，这种因素在女真建国后，随着女真文明的发展而日益增强，并最终成为后金—清王朝宗教信仰的历史背景，影响了未来的后金—清王朝的佛教政策。

惟善《试论九定与解脱的关系——依说一切有部的观点》[21]试图从说一切有部的观点出发，论述九定或等至与涅槃解脱的关系。行者只要获得九种定（包括未至定、中间定、四根本禅和前三无色定）中的任何一个，都有可能通过出离三界烦恼而获得解脱。圣凯《摄论学派与早期华严宗的形成》[22]，认为摄论学派对《华严经》的研究，是以昙迁为中心人物而展开，唯识学经过《摄论》的中介作用，最后进入《地论》、《起信论》的终教。法藏通过接受摄论学派的“三无性同一无性”，而提出“三性一际”，最后归入《起信论》的如来藏缘起，建立了“法界缘起”。朱岚《论儒佛孝道观的歧异》[23]说，佛教孝道的慈悲、平等精神，与儒家孝道对尊卑上下等级秩序的追求形成鲜明对比，佛教孝道浓厚的出世、宗教色彩，也与儒家孝道世俗、人间的面貌大相径庭，并由此而成为对儒家孝道的重要补充。乔宇《印光儒释融通思想》[24]认为，印光把“孝道”作为儒释二教伦理之根本，提倡信众过一种宗教修习与奉行孝悌融合在一起的生活化的宗教生活。又把“佛教以孝为本”的“孝道”提升为佛教根本精神的思想，体现了佛教伦理对于中国主流传统的儒家伦理的妥协与适应。他实质上已经把原先置于宗法等级制上的“孝”改造成建立在佛教“众生平等”基础之上的对于众生“慈悲心”了。把“孝道”作为儒释融通之根本，这与自清入民国，僧人素养不高、知识分子研究佛学蔚然成风，形成佛学在居士不在佛门的局面有很大的关系。徐明生《“承负”与“轮回”——道教与佛教两种果报理论的比较》[25]，分别道教的果报观“承负说”呈现出道德他律，伦理本位，现世果报的特点。而佛教的“业报轮回说”则体现了道德自律，个人本位，追求出世的特征。它们都否定宿命论和命运偶然论，在道德教化即劝善的价值目标上趋于一致。

曹刚华《融合中的变化：传统史学与中国佛教方志的发展》[26]，指在厚重的中国传统史学影响下，佛教史家自觉、实用地借用资世存史、体裁体例、实录直笔、人物评论等概念，编撰传统史学化的佛教方志，促使了中国佛教方志学的全面发展。曹刚华《明代佛教方志及作者考——〈全元文〉补遗》[27]，补了《全元文》漏收的10篇文章，对元代的佛教的研究有俾补的功用。纪华传《永觉元贤〈鼓山志〉及其文献价值》[28]，依据的《鼓山志》品相极佳的足本，考察了历代编修的鼓山寺志的内容和存逸情况，指出元贤所编的《鼓山志》从内容、特色以及版本上都具有极为重要的文献价值。杨健《乾隆朝废除度牒的原因新论》[29]认为，度牒制度被废除的内因是乾隆帝利用该制度裁减僧人所导致的5个矛盾和外部4个条件结合起来，才是乾隆朝废除度牒制度的真正原因。释印顺《构建“人文佛教”平台　努力探索和践行现代寺院管理模式》[30]介绍了弘法寺在寺庙管理与制度改革方面理念和具体做法，作者特别注意将古代的传统与现实相结合，以此来作为寺院管理改革的主要依据，并从理论与实践的视角，阐述了两者之间的关系，因之具有典型意义。

吴慧《“北斗八女”考——另附汉译密教佛经中南斗北斗之汉化分析》[31]，比对相关文献考得此“北斗八女”并非“北斗七星”之讹写，其背后是道教的北辰北斗崇拜对密教的影响。温玉成《谈王崇仁藏佛舍利五重宝塔》[32]，对王崇仁先生所收藏的“佛舍利五重宝塔”，确认是一件辽代前期（10世纪下半叶）契丹民族所创制的一件国宝级文物。戴晓云《北水陆法会修斋仪轨考》[33]，对北水陆仪文进行考订，认为《天地冥阳水陆仪文》即为北水陆法会的修斋仪轨。

李普文《唐释彦（宗）与隋彦琮考辩》[34]指出，隋释彦琮，唐释彦宗，时代既异，迹亦不同。彦琮著译，阐扬佛理。彦宗编撰，维护佛风。各有撰述，不可混同。高华平《论佛教对中国古代文学体裁的影响》[35]，认为这种影响主要表现在：1. 它促进了中国古代文学旧文体的“新变”；2. 它为中国古代文体园增添了许多新的品种；3. 它极大地推动了中国古代俗文体的发展。黄夏年《浮山华严寺朗目禅师评传》[36]根据现存的史料，对朗目的生平事迹及其思想作一评述。朗目遵从前辈的路数，遵循了特有的传统“九带禅”路数，既重视经教，又提出要实修，用华严融禅，提倡禅净合一，身体力行从事实践的活动，在当时佛教界里树立了一个好的榜样，为扭转当时的风气发挥了自己应有的作用。林观潮《费隐通容〈五灯严统〉的毁板与日本重刻》[37]说，从费隐著述可知，在法门内外，他与同门师兄弟、曹洞宗僧人，与天主教徒等展开过许多论争。在这些论争中，《严统》诉讼是突出的一件。此外，谭志词《侨僧拙公和尚与“拙公禅派”的传承关系与思想》[38]介绍了17世纪越南禅宗拙公派的传承及其禅法思想，指出了该派的禅学思想以“三教合一”、“禅净双运”、“心即是佛”为主。越南的佛教来自于中国，但是中国的学术界对这方面情况至今了解不多。

三、道教研究

从思想史角度来看，道教上清派炼丹术延续了贱草木而贵金属的思想，修道与天地造化通途的思想，变化的思想，以及对宇宙造化之理探索的思想，一直贯穿在后来的道教的思想体系之中。戈国龙《〈大丹直指〉非丘处机作品考》[39]以文献考据与义理疏通互证的方法，指出《大丹直指》其文源出《钟吕传道集》、《西山群仙会真记》、《修真太极混元图》等，并非一原创性的作品，明显是传承施肩吾一系所传早期钟吕丹法之作品，是属于“由命而性”而非“由性而命”的全真丹法系统，近张紫阳之南宗而远王重阳之北宗。张崇富《术道糅杂：道教上清派炼丹术的启示》[40]认为，上清丹经对师徒的授受、斋戒仪式、设灶、造鼎、炼丹的环境、炼丹的阶段，以及服丹的各种效验均有详细说明，对具体的炼丹术具有很强的指导作用，可视作炼丹的操作手册。此类丹法除可操作性强，理旨淡薄外，还有一不同于参同契一系炼丹术的特点就是上清派丹经不用龙虎、真铅、真汞等名词，亦不援引《参同契龙虎经》。朱越利《宋元社会与阴丹术的流行》[41]提出，宋元时期，享乐文化为阴丹术提供了土壤，上层社会为阴丹术提供了空间，道教的世俗文化为阴丹术增加了信徒和传播者，陈抟易学给宋元参同阴丹术带来了理论的推动，宋元时期性禁锢强化的趋势对遏制阴丹术的传播作用有限。

郭树森、陈金凤《元代玄教与龙虎宗的关系论》[42]，认为龙虎山天师包括玄教创立者张留孙都未有意识到要为建立龙虎宗服务的玄教，只是在元廷的政治推动下和扶持下，玄教才出台。龙虎山天师或许希望玄教成为其力量的延伸，但他没有能力左右玄教首领，玄教首领无为天师服务的义务，也非唯天师之命是从。正一道所合道派有龙虎宗、茅山宗、阁皂派、神霄派、清微派、东华派、天心派、净明道、太一道，但不包括玄教在内，这也说明玄教是独立于正一道之外的道派。更不能说，有了玄教，才有可能把江南诸符录派逐渐联合在一起，组成正一派。玄教由于元室的扶持而产生、兴盛，缺乏坚实的社会民众的根基，自我发展、自我生存的能力有限，因而最终随着元朝的灭亡而灭亡，玄教不得不回归到正一道派之中。张经久、张田生《王权的膨胀与道教衰落——雍正与道教关系论析》[43]，说雍正视神仙说虚无，仅看重道教的教化功能和治病等实用功能，将道教工具化了，从而决定了道教的衰落命运——道教被归入佛门，最后从大传统中排挤出来。

邵正坤《北朝家庭的道教信仰》[44]，认为从长时段的角度观察，道教信仰对北朝家庭的规模结构、生活方式、日常消费、亲属关系甚至于家内子孙名字的择取都产生了或隐或显的影响。李志鸿《天心正法与两宋道教的斋醮之变》[45]以天心正法为中心，指出两宋之际新出的符箓派，其产生以及发展都与两宋道教“斋醮之变”的整体趋势紧密相连。“恪守古法”与“随俗行事”是道教仪式文化在两宋之际呈现出多维度发展的表现。刘永华《明清时期的神乐观与王朝礼仪——道教与王朝礼仪互动的一个侧面》[46]，强调更为重要的是道教与儒教互动的情形：神乐观道士不是作为道教神职人员表演道教的科仪，而是作为赞相礼仪的礼生，或是演奏音乐和表演礼仪舞蹈的乐舞生，参加到王朝祭祀礼仪当中，表演属于儒教的祭祀礼仪，并在整个仪式过程中占据了主导的地位。在儒教与道教关系史上，这也许是最为特殊的侧面之一。周郢《东岳庙在舆的传播与分布》[47]梳理了东岳庙在全国分布的情况，并理出了传播时间上可分为三大时段——隋唐时期、宋元时期、明清时期，从空间上可分为三重区域——中原地域、江南地域、边疆地域。可以看出，以东岳庙为标志的泰山信仰传播过程，也正是华夏文明由中原广被周边的一个“局部的缩影”。

李光伟《民国道院暨世界红万卍字会的慈善教育活动述论——以山东省为例》[48]，主要利用了青岛市档案馆保存的红卍字会材料，作了细致的研究，可以作为近代中国宗教界在慈善教育方面的一个范例。刘正平《〈问答宝卷〉解析——江南无为教觉性正宗派的传世经卷》[49]，认为潘三多针对姚文宇“灵山正派”无为教的种种弊端，大胆提出改革，主张回复无为教原始教义，被教徒尊为四祖。《问答宝卷》的发现，对挖掘觉性正宗派历史，揭示潘氏宗教思想，推进江南无为教历史研究具有重要意义。车文明《中国古代民间祭祀组织“社”与“会”初探》[50]认为“社”为纯粹的民间自治组织，以宗教信仰与社区、行业之共同利益为基础，是一种自由的自我约束和自我发展的社团组织，既不属于任何党派，也不属于任何政府。后者是政府基层行政组织，带有半官半民的性质，是中央政权直接或间接地控制和管理乡村民众生活的主要媒介和渠道，是一种地缘性的社会控制制度。在共同信仰的旗帜下，在共同利益的驱使下，“社”与“会”不仅成功地组织实施宗教祭祀活动，而且增强了人们的认同感，规范着人们的行为，维护着合理的秩序，发挥着重要的社会整合功能。

四、基督宗教研究

2008 年的基督教研究虽然仍然在近代教案的研究上表现出深入，但是学者们的视野已经有了一些转向，以往把教案的发生归结为帝国主义侵略，但是现在有好几位学者都认为，教案的发生，更多的是一些清廷内部的原因所致。

基督教在中国的传入并不太顺利，直到今天基督教作为一个来自西方的宗教，始终未能很好地融入中国社会，在宗教的理论上也没有很好地完成与本土文化的结合与创新。张西平《基督教在中国文化境域中的困境》[51]从明清之际基督教在中国的发展所遭遇的问题与困境出发，分析基督教在中国文化境域中所面临的挑战，说明基督教如果要在中国的文化境域中得到发展，与其他宗教和睦相处，就必须在理论上有所创新。顾卫民《中国基督宗教艺术的历史》[52]介绍研究基督教艺术的东渐史，尤其在中国的发展演变史，以促进中西文化艺术的交流，并为基督教的中国本色化作出贡献。孙波《明末传教士与西方演绎逻辑的传入》[53]认为，利玛窦推动译介的《几何原本》及傅汎际推动译介的《名理探》带有浓厚的为宗教传道先行的色彩，带动了其后国内学界对挖掘本土以名辩学为基础的中国逻辑史研究的热潮。

胡玲、何日取《耶稣会教育与天主教的复兴》[54]认为，耶稣会教育在促进天主教复兴、扼制新教传播方面起到了举足轻重的作用，为近代欧洲新旧教并存的宗教格局的形成作出了贡献。林中泽《晚明来华耶稣会士的经济伦理及其对儒学的调适》[55]强调耶稣会的"适应"策略指引他们走上了与中国传统思想相协调的道路。他们充分利用了先秦儒学与宋明理学之间的差异，巧妙地周旋于西学与中学当中，一方面继承了中世纪禁欲主义传统，主张"弃绝财货"；另一方面则发挥了近代早期的人文主义精神，强调"物尽其用"；在消费观上糅合中西，倡导中庸之道，并大胆传播天主教的爱德，呼吁"广施博济"。张天杰、肖永明《谭嗣同〈仁学〉与基督教思想》[56]认为谭嗣同效仿基督教来传播孔教、改革孔教。他将"灵魂"概念引入"仁学"体系，加深了对"仁"的思想阐发；引入"博爱"与"平等"的观念，形成"仁—通—平等"的这一"仁学"体系核心思想。

张先清《多明我会士黎玉范与中国礼仪之争》[57]，发现黎玉范等早期入华多明我会传教士并对于传教争端基本能够秉持一种客观谨慎的态度。中国礼仪之争的历史中仍然存在着许多被掩藏于单一史料表象下的真相，等待今人在综合各方史料表述的基础上加以披露与解构。以往晚清中外关系研究往往强调了甲午战争后民教冲突的一面，而从未提到过传教士迫切希望减少这种冲突并为此而作的努力。陶飞亚《教会防范教案：甲午战争后新教传教士集体上疏清廷考》[58]概述了这件事情的发生与经过，论证了清廷官员的态度与决策过程，指出了影响。邹振环《明末南京教案在中国教案史研究中的"范式"意义——以南京教案的反教与"破邪"为中心》[59]认为，中国教案史研究曾经是学术界的一个热点，但有关鸦片战争前的教案研究却相对薄弱，研究的焦点多集中在晚清。一个重要原因就是以往对教案产生的原因多从单一的"帝国主义侵略论"来解释，由于这一解释框架的局限，我们很难用这种民族矛盾日益尖锐的解释来分析明末清初的教案。发生在明代万历十四年（1586）的"南京教案"，是排异机制的重要组成部分和变态反应。马自毅《1906年"南昌教案"研究》[60]，认为教案真正的起因却是地方大员玩法徇私，事后又竭力欺上瞒下，弥缝推诿所引发的。

赵晓兰《19世纪传教士中文报刊的历史演变及其近代化进程》[61]指出，外国传教士创办的中文报刊将西方近代报刊的概念与形式介绍到中国，揭开了中国近代报刊的序幕。这些传教士报刊还经历了从传播宗教到传播西学的转变，它们又是促使中国人自办近代化报刊的催化剂。周典恩、王邦虎《近代来华新教传教士与闽台方言字典》，认为传教士针对闽台地区的闽南语和福州话这两大区域方言，编撰了一定数量的闽南腔方言字典和榕腔方言字典，保存了大量闽台方言中业已流变的古音，创制了汉语拼音方案，促进了闽南白话字的产生，并且在一定程度上推动了闽台地区的文化教育。

周施廷《宗教改革时期新教木刻宣传版画中所反映的路德形象》[62]认为，新教的木刻版画在阐述新教基本信仰的基础上，从道义上肯定了宗教改革运动的合法性。董黎《岭南近代基督教堂建筑艺术》[63]指出，岭南近代教堂建筑因受特定时期政治、经济、文化背景的影响，经历了哥特式样、哥特复兴式样、文艺复兴式样、巴洛克式样、中西合璧式样、混合式样等艺术样式，并逐渐形成一种中西建筑理念与元素互补的"东方特色"。

五、伊斯兰教研究

当前，对伊斯兰教的研究，仍然集中在国外的伊斯兰教方面，国内的伊斯兰教研究，主要集中在回族伊斯兰教研究方面，近年来对苏菲派的研究越来越重视，但是不可忽视的是对新疆地区的伊斯兰教研究也成为近期的一个热点。

西北胡门门宦的始传人马伏海在西安化觉巷清真寺学习数年，受到格迪目的影响，使胡门门宦的宗教思想具有格迪目教派和苏菲学派相混合的内容，形成了胡门门宦独特的苏菲学理和遵行特点。马桂芬《胡门门宦的宗教思想及其礼仪特点》[64]介绍胡门门宦的宗教学理、遵行与虎菲耶苏菲思想基本一致，与其他虎菲耶支系的派别例如洪门、华寺等门宦学理相似。如：胡门在教义上属逊尼派，教法上属哈乃斐耶派，以《古兰经》和圣训为基本依据，遵行天命五功，默念迪克尔（赞主词），教内分穆勒什德（导师）与穆勒迪（寻道者），实行道统继承制。它重视教乘与道乘并重，提倡先奉教乘，再行道乘等等。李宗俊、董知珍《玉门吾艾斯拱北的历史解读》[65]认为，吾艾斯于唐初来华传教和病逝于路途的事迹为我国穆斯林世代传颂的佳话，其事迹传说具有一定可信度，至少有历史的影子在里面。在中国西北广大穆斯林中，对玉门吾艾斯及其拱北有着极大的认同感。但今天重要的不在于这种"历史记忆"完全真实，而在于长期以来其民族和群体成员集体赋予它的象征意义和文化内涵；在于其民族溯源和群体认同中的特殊功能。作为历史文化遗产，玉门惠回堡拱北应该受到学术界和社会各界的进一步关注。

杨晓东《关于1931年中华书局刊本〈正教真诠〉的版本渊源及相关问题》[66]指出，中华书局刊本《正教真诠》实出自同治三年刊本《真诠要录》，只是节录本。该书并无独立的版本学的价值，但是该书的内容有出《正教真诠》的地方。问永宁《蒋湘南与伊斯兰哲学》[67]认为，蒋湘南不是穆斯林，他甚至把伊斯兰教看做婆罗门教的一支。蒋氏对于伊斯兰教，颇有隔核。然而伊斯兰教汉经，多苏菲派内容，其所论真一，颇近大梵。蒋湘南的宗教哲学思想，差不多就是汉译伊斯兰哲学的翻版，自然，也有不少理学、佛学的变化，不过核心思想，无疑是伊斯兰哲学，主要来源，就是汉经。哈宝玉《伊斯兰教苏菲派研究及其相关》[68]，认为深入研究苏菲派，不仅有利于钩沉苏菲派历史和揭示苏菲派的本质，而且有利于对其社会表现特征和社会影响力进行准确分析，更重要的是有利于加深中国学术界对世界的了解和世界对中国学术的认识，有利于加深文明间的对话与交流，宗教间的了解与互动，从这种意义上讲，注重苏菲派的理论与现实研究就不仅仅是一种单纯的学术活动。

梁海峡《浅析清朝对回疆阿訇的管理政策》[69]指出，清朝吸取历代王朝统治经验，对回疆地区实行宗教信仰自由的政策，给予广大穆斯林群众信仰伊斯兰教的极大自由，从而避免了宗教信仰的对抗性，加强了政府对回疆地区的有效治理。通过禁止阿訇干政、实行政教分离政策，以及逐步控制阿訇的任免权等一系列政策，将伊斯兰教上层人士阿訇纳入自己的统治范畴，成为其管理回疆的有力助手。通过对参与、叛逆行为阿訇的镇压，以此震慑那些不安分子，将不稳定因素控制在一定范围，同时又通过怀柔政策，表彰和奖励一批为平叛作出积极贡献的阿訇，最终达到以儆效尤的目的，从而加强其统治。从整体而言，清朝政府对阿訇的管理政策是成功的，大部分阿訇为反对和卓之乱，维护祖国作出了不可磨灭的贡献。范若兰《马哈蒂尔的伊斯兰教理念与实践评析》[70]主要从分析马来西亚总理马哈蒂尔的著作和讲演入手，分析马哈蒂尔对伊斯兰教的现代诠释：强调伊斯兰是进步、与时俱进和充满活力的宗教，强调学习所有知识，与现代化相适应；认为伊斯兰价值观与繁荣、进步、发展或资本主义没有冲突，追求财富是符合伊斯兰教的；指出伊斯兰是宽容和温和的；强调伊斯兰鼓励努力工作、勤奋、节俭。马哈蒂尔还通过提倡"新马来人"、"正确的"伊斯兰和伊斯兰教国，来应对种族问题、政党斗争和极端主义，协调伊斯兰与现代化，促进马来西亚的现代化。

六、其他宗教研究

李树辉《试论摩尼教消亡的时间》[71]认为，东部地区摩尼教的消亡应与高昌回鹘王国的禁令相关，而西部地区摩尼教的消亡亦即摩尼教的最终消亡，则与伊斯兰教的发展密切相关。此前，学术界普遍认为，维吾尔族至晚在15世纪末便已实现了全民的伊斯兰化。据此看来，塔里木盆地的西缘和北缘（或许也包括南缘）地区应是摩尼教坚守的最后一块阵地。但是《大霍加传》的文字应是有关摩尼教存世的最后记载。粘良图《泉州晋江草庵一带新发现的摩尼教遗存——关于摩尼教消亡时间问题必须重新审视》[72]通过近年来在草庵及其周围一带进行田野调查，发现苏内村境主宫的摩尼教神灵、摩尼教宗派活动仍然活跃于民间，说明摩尼教在中国自明代以后，并未消亡，它只是变成民间信仰中的一个别具特色的支派，以往的说法应该修正。张小贵《唐伊吉祆"素书"非塑像辩》[73]认为，敦煌文献S. 367记录了敦煌伊州伊吾县祆庙的宗教仪式活动，学界指出文献记载的"素书"乃"素画"之误，遂认为此座祆庙供奉的乃该教神祇的彩绘形象。作者考察了古汉语中的"素"字用法，及该段记载的具体语境，认为"素书"或"素画"皆应指该庙中所供的祆神素描画像，而不是彩绘塑像。萨珊波斯琐罗亚斯德教本无神像崇拜，中土祆教的画像崇拜本身即表明其由中亚地区"间接"传入的特色。随着时间的推移，传入中土的祆教画像其功能发生了改变，原本在袄庙中供奉的袄画，到了唐末五代，进入民间，为当地百姓赛袄所用。

以上笔者对2008年的中国内地的宗教学研究作了简单的介绍，限于篇幅限制与视野有限，尚有不完全的地方。通过检索2008年中国内地的宗教研究成果，我们认为，这些成果应该主要反映在：(1)认识问题的视野宽了，对许多宗教的问题都作出了新的看法，这尤其在佛教与基督宗教两个问题的研究上表现明显。(2)媒体对宗教研究更加重视，一些媒体专门组织专栏，讨论有关宗教的研究问题，让不同方面的声音发表出来。(3)学者对现实性的问题更加重视了，特别是对当前一些宗教热点问题，许多学者都发表了看法，特别是田野调查的报告增多。四、一些过去研究薄弱的领域，得到了加强，特别是在民族宗教理论方面，有了一些新的想法和文章，弥补了过去的不足。

（作者：中国社会科学院编审）

注：

①《世界宗教研究》，2008年第3期。

②《世界宗教研究》，2008年第1期。

③《中国民族报》，2008年7月29日第6版。

④《世界宗教研究》，2008年第4期。

⑤《社会》，2008年第6期。

⑥《社会科学战线》，2008年第2期。

⑦香港中国文化出版社，2008年10月出版。

⑧社会科学文献出版社，2008年7月出版。

⑨⑩⑪⑫⑬《华东师范大学学报》，2008年第4期。

⑭《历史教学问题》，2008年第3期。

⑮《西南民族大学学报》，2008年第1期。

⑯《南京师范大学学报》，2008年第5期。

⑰《船山学刊》，2008年第3期。

⑱《延安大学学报》，2008年第5期。

⑲《中华文史论丛》，2008年第3期。

⑳《史学月刊》，2008年第9期。

㉑《世界宗教研究》，2008年第4期。

㉒《宗教学研究》，2008年第1期。

㉓《世界宗教研究》，2008年第1期。

㉔《兰州学刊》，2008年6期。

㉕《江苏科技大学学报》，2008年第2期。

㉖《世界宗教研究》，2008年第4期。

㉗《黑龙江民族丛刊》，2008年第6期。

㉘㉙《世界宗教研究》，2008年第2期。

㉚《世界宗教研究》，2008年第4期。

㉛《世界宗教研究》，2008年第2期。

㉜《世界宗教研究》，2008年第3期。

㉝《世界宗教研究》，2008年第1期。

㉞《宗教学研究》，2008年第1期。

㉟《世界宗教研究》，2008年第1期。

㊱《江淮论坛》，2008年第2期。

㊲《世界宗教研究》，2008年第3期。

㊳《八桂侨刊》，2008年第3期。

㊴《世界宗教研究》，2008年第3期。

㊵《船山学刊》，2008第3期。

㊶《宗教学研究》，2008年第1期。

㊷《江西社会科学》，2008年第5期。

㊸《西北民族大学学报》，2008年第2期。

㊹《史学月刊》，2008年第12期。

㊺《世界宗教研究》，2008年第1期。

㊻《世界宗教研究》，2008年第3期。

㊼《泰山学院学报》，2008年第2期。

㊽《青岛师范学院学报》，2008年第3期。

㊾㊿《世界宗教研究》，2008年第4期。

(51)《学术研究》，2008年第1期。

(52)《世界宗教研究》，2008年第1期。

(53)《世界宗教研究》，2008年第2期。

(54)(55)《世界宗教研究》，2008年第1期。

(56)《世界宗教研究》，2008年第4期。

(57)《世界宗教研究》，2008年第3期。

(58)《上海大学学报》，2008年第6期。

(59)《学术月刊》，2008年第5期。

(60)《中华文史论坛》，2008年第2期。

(61)《世界宗教研究》，2008年第1期。

(62)《世界宗教研究》，2008年第3期。

(63)《世界宗教研究》，2008年第4期。

(64)(65)《世界宗教研究》，2008年第2期。

(66)《西北第二民族学院学报》，2008年第3期。

(67)《世界宗教研究》，2008年第3期。

(68)《西北民族研究》，2008年第4期。

(69)《青海社会科学》，2008年第3期。

(70)《世界宗教研究》，2008年第1期。

(71)《世界宗教研究》，2008年第4期。

(72)《泉州师范学院学报》，2008年第5期。

(73)《中华文史论坛》，2008年第2期。

经 济 学

政治经济学

卫兴华 孙咏梅

一、关于中国改革与发展的成就的总结及未来发展道路的争论

1. 对于改革开放30年成就及存在问题的评价

厉以宁认为，改革开放30年来，中国取得的最突出的成就，是完成了3件事：第一个是农村的家庭承包制；第二个是国有企业的股份制改革以及在此基础上形成了证券市场；第三个是民营经济的兴起。改革开放30年后的今天，我们面临的问题主要有3个：一是城乡二元结构；二是行业垄断；三是社会保障①。

吴敬琏认为，改革开放30年后的今天，我们面临的问题除了城乡二元结构问题之外，还有产权问题与法治问题。产权制度改革没有到位，涉及中国将近一半人口的土地地权这个问题，即我们经济学上说跟级差地租相联系的那个产权，这个问题不解决，我们很多问题都解决不了；另外一个就是法制建设问题。因为市场经济的核心问题就是自主决策，是自由的交易，如果是一个什么行政的或者其他的权力在那里支配，这根本不叫市场经济。所以这方面的改革进展太缓慢②。他还认为，任何真正的改革都必定是市场取向的。建立了市场经济并不意味着一了百了，现实迫使我们思考：市场经济是不是也有好坏之分？什么是坏的市场经济？什么是好的市场经济？实行法治，即符合公认正义的法律统治，是发达市场经济共有的特征。实行法治乃是实现政治稳定和经济繁荣的必要条件③。

高尚全认为，进入新世纪以来，社会上产生了关于改革的一系列质疑。有人说我国的改革是完成了"四化"（私化、西化、腐化、分化），培养了大批资产阶级分子，也有人大肆批判所谓"新自由主义"，认为"问题就在于执行了一条修正主义路线，走了一条资本主义复辟道路"。借机批判改革，否定改革④。改革开放中意识形态领域的争论很突出，你问姓"资"姓"社"，他问姓"公"姓"私"，标准往往停留在本本上，停留在老祖宗说没说过。比如搞股份制，有人说这是资本主义的，后来就去找经典著作上有没有。幸好，马克思对股份制有过论述，这才有了勇气去推行。反过来看，假如马克思没讲过，怎么办？我们对老祖宗太苛刻了，哪能要求他预言100多年以后的事？30年经验、教训都很深刻，不能再走回头路⑤。

刘国光认为，30年过去了，我们仍然要继续解放思想，要与时俱进，但要坚持小平同志所倡导的以正确的马列主义毛泽东思想为指导，就是要以马克思主义与当代中国实践相结合的中国特色社会主义理论为指导，解决过去积累以及新出现的问题，正确改革与生产力不相适应的生产关系和上层建筑。传统社会主义思想当中不适应社会主义自我完善的东西，如社会主义与商品市场经济不相容、所有制结构只能是"一大二公"不允许非公有制经济存在等教条，必须加以破除，建立符合社会主义初级阶段和社会主义市场经济体制的新观念。今后还要进一步扫除妨碍社会主义制度自我完善的意识形态，树立促进社会进步的新思想观念。但是，思想解放是有底线的，不是无边无际的胡思乱想。这个底线，就是发展了的马克思主义和科学社会主义。忽视了社会主义的底线、突破了社会主义初级阶段的思想解放，不是我们所需要的，也不是我们所希望看到的⑥。

卫兴华认为，改革开放以来，我国经济快速发展的根本原因，是制度与体制的改革和不断扩大的对外开放。而改革开放之所以能获得成功，是因为走的是中国特色社会主义道路。我们既要坚持改革的方向不动摇，又要坚持开放的正确大方向，即党领导下马克思主义和社会主义的方向。主要有：一是实行了公有制为主体，多种所有制共同发展的基本经济制度，不同所有制平等竞争，各显神通，促进生产力发展；二是实行了按劳分配为主体，多种分配方式并存的分配制度，将公平与效率统一起来，有利于充分发挥诸生产要素的积极作用；三是国有企业通过改革有了自主权和自主“钱”，打破了“吃大锅饭”和平均主义的旧体制；四是社会主义市场经济体制的确立，将社会主义制度的优越性与市场配置资源的灵活性结合起来，有利于搞活经济；五是通过对外开放，利用了有利于经济发展的国内和国际两种资源和两个市场。所有这些，都调动了多种经济成分的生产经营积极性和多种生产要素的有效利用，形成了一种综合动力，推动我国社会经济的强劲发展。他认为，总结改革30年，既要总结在实践中取得的巨大成就，也要总结缺失和偏误；既要总结中国特色社会经济理论体系的创建及其指导作用，又要澄清理论是非，分清科学的和非科学的经济理论界限⑦。

刘树成认为，中国的经济体制改革能够取得如此良好的发展绩效，一个很重要的原因在于，中国的改革不是遵循市场原教旨主义，不是简单地复制其他国家现成的市场经济模式，而是根据中国本国国情，独立自主地、创造性地进行制度选择和制度安排，使市场经济的一般规律与中国经济的具体情况相结合，形成内生性的制度变迁轨迹，由此避免了那种强制性的制度移植和输入所带来的灾难性后果。中国改革的国别特色和“本土化”制度创新模式，成为转轨经济中独树一帜的模式。党的十七大对30年来相继形成的马克思主义中国化的理论成果，作了完整统一的概括和鲜明科学的大整合。这就是：把党的十一届三中全会以来整个历史新时期我们所高举的旗帜，统称为中国特色社会主义伟大旗帜；相应地，把改革开放以来我们在实践探索中所走过的道路，统称为中国特色社会主义道路；把邓小平理论、“三个代表”重要思想以及科学发展观等重大战略思想，统称为中国特色社会主义理论体系。这是党的十七大在理论上的历史性重大贡献⑧。

林岗认为，改革开放30年以来，具有中国特色的经济体制和经济发展模式初步形成，主要经验有以下几个方面：坚持以公有制为主体、多种所有制经济共同发展的社会主义初级阶段的基本经济制度，把坚持公有制的主体地位与积极发展多种所有制经济结合起来；坚持社会主义市场经济的改革方向，努力把社会主义制度的优点与市场机制的长处结合起来，把国家的宏观调控与市场机制结合起来；坚持按劳分配为主件、多种分配方式并存，允许并鼓励一部分人先富起来，最终实现共同富裕，把提高效率与促进公平结合起来⑨。

张宇认为，所谓的中国模式，就是对改革开放30年以来中国改革与发展的基本制度、基本政策和基本道路的概括与总结，包括了经济改革模式、经济发展模式、对外开放模式和中国特色社会主义道路4个方面的主要内容。概括起来讲，中国模式就是与中国的国情相适应，以发展中国特色社会主义为核心，以市场化、全球化和工业化为内容，以实现中国经济和社会的现代化和中华民族的伟大复兴为目标的经济改革与发展模式。这一模式既有特殊性，也有普遍意义；既是民族的，又是世界的⑩。

2. 对于改革开放以来所有制发生新变化的争论

樊纲在总结改革开放30年时说，过去研究的一个主题就是当时把宏观经济的问题都归结为计划经济，我们是要把问题归结为公有制，因为你搞了这个制度，必然会产生后面的一系列经济现象。在20世纪80年代末90年代初，讨论了大量的为什么不能搞国有制，为什么要民营化等等。20世纪90年代初又开始鼓吹发展民营经济，产权规范化等等，应该说在1992年初期大家都在谈国有制改革的时候，我当时就觉得，国有企业改革的根本是要走一条路，但是怎么也改不动，改不动就创造条件，创造条件就发展民营经济，这样创造改革国有经济的制度环境和市场环境，市场竞争的环境，国有企业改革才能逐步动起来，后来事实证明也确实是这样，中国民营经济的发展为整个一系列的改革创造了条件⑪。

茅于轼认为，穷国与富国，根本还是在于制度的不同。改革以前，都是“别人的钱为别人花”即公有制，这是有问题的。最有效率的是“用自己的劳动为自己赚钱”，最典型的是小商贩。他们不偷懒、不贪污，因为有竞争，也不会降低质量，这是最有效率的，独资企业和个体户就是这种情况。改革开放前人们的劳动就等于义务劳动，你的劳动成果自己看不到，全国变成了一个义务劳动的国家，这会有效率吗？用别人的劳动为别人赚钱，国有企业就是如此。企业是国家的，赚的钱不是总经理的而是国家的。在这种情况下，大家都不太关心劳动的效率。改成私营后，生产效率就得到了提高。所以，改革的目标就是使生产和消费都具有效率，药方就是私有化⑫。

陈志武认为，从人类更长的历史趋势和人的本性看，私有经济是中国未来的希望。私营经济是解决中国就业问题的真正希望，民营经济能给中国经济带来全新的活力⑬。他还认为，国有经济分量越重，对法治建设的威胁就越大。为了法治发展，中国也应该私有化，将土地、国有资产分回到私人手里，让中国老百姓除了工资收入外，也能享受到土地升值、资产升值的好处。这样，就能带动内需的增长，降低对出口的依赖度，从而结束目前“国家太富、老百姓太穷”的局面。在国有资产私有化的操作上，他主张应把国资委体系掌握的国有资产一部分划拨给社保基金，剩下的跟国土资源部掌握的一些国有土地一起放到一个或几个大基金，然后把基金份额分给全国老百姓，每个公民得到同样多的基金股份，并允许个人自由交易这些基金股份，就像现在的股票基金可以交易一样[14]。

刘国光认为，对于社会主义初级阶段的私有经济，应当从两个方面来正确对待。一方面是不应轻视，不应歧视；另一方面，不应捧抬，不应护短。现在对私营企业轻视歧视的现象的确是有，特别是前面提到的融资问题和负担问题。例如我国大银行对中小企业（主要是私营），除了“重大轻小”，“嫌贫爱富”外，还存在“重公轻私”的所有制歧视。私有经济在竞争性领域有广大的投资天地，在关系国民经济命脉的一些重要部门现在也可以参股投资，分享丰厚的赢利，他们应当知足了。作为“社会主义建设者”群体和“新社会阶层”，私营企业业主大概不会觊觎社会主义经济的“主体地位”。但是确有某些社会精英明里暗里把他们往这方面推。要教育他们不要跟着这些精英跑[15]。

郭飞认为，在我国现阶段，在所有制结构总体上兴利抑弊，最大限度地体现“三个有利于”的根本标准，使公有制经济与非公有制经济的发展统一于建设中国特色社会主义的伟大实践，关键是要坚持社会主义公有制的主体地位，不断探索、发展和完善公有制的有效实现形式。坚持走基于公有制为主体、多种所有制经济共同发展的中国特色社会主义道路，是我国现阶段实现国家富强、民族振兴、人民幸福的唯一正确的道路。东欧剧变后一些国家在生产力、综合国力、人民生活水平等方面出现的历史大倒退，其根本的经济制度原因就在于放弃或改变了社会主义公有制的主体地位，实行以资本主义私有制为主体的所有制结构[16]。

王中保认为，只有公有制（也就是国家或集体占有生产资料）和按劳分配才能保证经济的可持续发展，或者说公有制是可持续的科学发展的经济基础。我们在“毫不动摇地鼓励、支持、引导非公有制经济发展的时候”，一定要“毫不动摇地巩固和发展公有制经济”，进而保障以“按劳分配为主体”，这是经济可持续的科学发展的需要。因此，只有“公有制为主体，多种所有制共同发展的基本经济制度”，才能保证我国社会主义经济比资本主义经济更快、更可持续地科学发展[17]。

二、对美国次贷危机的起源及其影响的分析

2007年4月美国爆发的次贷危机，日渐演变为全球性的金融危机，并引发了实体经济危机。关于引发危机的原因，不同立场的学者从不同角度作了各自的分析与解释。一些人认为，金融危机的爆发是新自由主义带来的不利影响的结果；有的学者认为危机的爆发是市场经济不彻底、不完善的结果，“自由市场万能论”是站不住脚的；更有一些学者建议加大我国私有化的力度，以避免中国爆发类似的危机；而另一些学者开始重新捧起马克思的著作，以求从中找到解释危机的答案。

陈志武认为，不负责任的放贷行为、受利益冲突的证券评级等，才是这次危机的主因。在美国的按揭贷款衍生证券市场上，由于所隐含的委托代理关系链太长，其隐含的结构性系统风险总有一天要爆发，这是必然的[18]。

余永定认为，美国金融危机的根本原因是美国居民的消费需求严重超过居民收入。鲁比尼早就指出：60% ~70%的美国人实际工资下降，靠借钱维持过去的生活水平；20%的美国人靠借款维持超出其收入水平的生活水平。在房地产价格不断上升的情况下，负债的最常见形式是住房抵押贷款。在此基础上，通过再融资，美国居民进一步扩大了负债。储蓄率的下降和负债率的上升，意味着风险的提高。各种衍生金融工具的出现只能转移风险，并不能减少风险，更不能消除风险。美国货币当局无法令利息率无止境地下降，也无法令住房价格无止境地上升。当贷款者最终无法偿还贷款（付息）之时，就是美国金融危机爆发之日。美国次贷危机给我们的第一个启示是：无论政府执行何种政策，无节制的负债必然会导致金融危机的爆发[19]。

杨圣明认为，次贷危机说明虚拟经济同实体经济严重脱节。这两部分本应大体一致，但由于商品的价值同使用价值的运行渠道、轨迹、方式以及监管机构、经营主体各不相同，这就导致虚拟经济与实体经济脱节。当这种背离达到相当严重的程度时，就有可能出现严重的通货膨胀、巨额财政赤字和外贸赤字，直至金融危机和经济危机。美国金融危机爆发的根源之一，就在于虚拟经济（其主要代表是金融业）严重脱离实体经济而过度膨胀[20]。

白暴力、梁泳梅认为，由美国次贷危机引起全球的金融危机，其原因绝不仅是对金融市场缺乏有效监管，而是实体经济中以房屋为代表的商品卖不出去，最终引起危机爆发。生产相对过剩、有效需求不足是资本主义基本矛盾的表现，危机的根源正是资本主义经济制度。此外，金融产品、国家垄断资本主义和资本主义全球扩张的因素推迟并加深了经济矛盾，导致本次危机的集中强烈爆发。此次危机严重打击了资本主义经济，动摇了资本主义制度和观念，必将对资本主义全球化产生抑制，并推进社会主义事业的发展[21]。

三、关于公平与效率关系问题的争论

与分配相关的效率与公平的关系问题，为学界长期关注和讨论。尽管中央有关文件中不再提“效率优先、兼顾公平”，而是一再强调要更加注重社会公平。特别是在党的十七大报告中提出：“把提高效率与促进社会公平结合起来”，并将其作为巩固和发展我国社会主义的“宝贵经验”之一，还进一步具体提出：“初次分配和再分配都要处理好效率和公平的关系，再分配更加注重公平”。但学界的争论并未因此停止，2008 年仍有不同意见的讨论与争鸣。

蔡继明认为，平等与效率之间存在着替换关系；公平是主观评价收入分配状况的规范概念，要解决我国目前存在的收入分配不公问题，必须继续坚持效率优先、兼顾平等和按生产要素贡献分配的原则[22]。

吴敬琏认为，“效率优先、兼顾公平”是 20 世纪 80 年代针对当时占统治地位的平均主义提出的。这话有个前提，即在人们的机会是平等的情况之下，效率和平等之间才会呈现某种负相关的关系。目前中国居民收入不平等的主因恐怕是机会不平等而非效率。而机会不平等的消除却恰是跟效率提高相辅相成。所以，认为目前收入差别过大主要是由于过分强调了效率，多少混淆了不同的问题。一个富人富得有道理，穷人仍然有希望、有保障的社会，人们是能够接受贫富差距的，贫富差距是自由竞争后的必然结果，是成功与失败的恰当距离。这种可以接受的贫富差距自然不会成为可怕的贫富分化[23]。

魏杰认为，注重效率而忽视公平，似乎是现在不少人对新体制的一种流行性评价，但这种评价是没有实践根据的。其根本错误是将效率与公平绝对地对立起来。效率与公平实际上是相统一的。有人经常将收入差距作为评价社会公平的重要指标，据此认为现在收入差距过大，引发了社会不公平。这种观点是非常值得商榷的。事实上，不能将收入差距作为评价社会公平的唯一指标。我们评价社会公平的最主要指标，是看人们的机会是否均等，机会均等下的收入差异是正常的。对于那些靠自身禀赋和努力而获得较多利益的人，人们并不认为这种情况不公平。人们的不公平感并不是来自效率本身，而恰恰来自和效率相对立的垄断和权钱交易，因而不能把缺乏公平的帽子戴到新体制头上，不公平的现象是由传统体制的未能真正改过来的弊端形成的[24]。

邹东涛认为，由于收入分配差距的拉大和贫富矛盾的凸现，不少人包括一些经济学家对“效率优先，兼顾公平”也提出了质疑，好像收入差距拉大是因为改革开放以来实行“效率优先”造成的。如果是这样，就得降低效率了。迄今为止，我国的劳动生产率和资金产出率还远低于发达国家。国家和社会应当关注社会公平，但关注公平，实现贫富和谐，绝不能向效率开刀。我们不能一般地反对收入差距。收入差距是市场机制的重要内容，是激励效率的重要杠杆。而收入差距过大，则会影响社会公平和社会稳定[25]。

卫兴华、张福军认为，现在中央强调“更加重视社会公平”，并提出“把提高效率同促进社会公平结合起来”，不存在何者优先、何者兼顾、孰重孰轻的问题。而是将两者结合与统一起来，效率与公平并重。十七大所提“初次分配和再分配都要处理好效率和公平的关系，再分配更加注重公平”，也不能与原来讲的“初次分配注重效率，再分配注重公平”相混同。“初次分配注重效率”，意味着初次分配不注重公平，只是在再分配中注重公平。而现在强调“初次分配与再分配都要处理好效率与公平的关系”，就是主张在初次分配中也要注重公平，不能只注重效率，再分配则更加注重公平。另一方面，提高劳动者的劳动报酬比重，应是一个逐步推进的过程，不要过急过快，要把眼前利益和长远利益结合起来[26]。

余斌认为，公平是最广大人民群众的效率。在公平与效率的辩证关系中，公平是矛盾的主要方面，公平促进效率。但是，由于以往的某些政策没有把握公平与效率的辩证关系，社会矛盾在“效率优先”的一些改革措施的副作用下日益严重起来。与再分配中的公平与效率的矛盾相比，当前初次分配中的公平与效率的矛盾是主要矛盾。民心向背是决定社会制度变革成败的最关键因素，改革开放只有促进社会公平，向着实现社会公平正义的方向发展，才能得到人民群众的真心拥护和全力支持[27]。

中央党校邓小平理论和“三个代表”重要思想研究中心认为，我国经济社会生活中效率问题与公平问题并存，但公平问题更突出。不能因重视效率问题而否认、忽视公平问题，也不能因为正视、重视公平问题而否认、忽视效率问题。效率与公平问题并存，失衡，主要在于公平问题，当前公平问题日益凸显，已经成为当今中国社会的一个强烈的诉求。公平问题不仅是社会问题，直接影响到社会安定、稳定，还会严重影响经济的发展和效率的提高[28]。

四、关于贫富差距扩大的不同见解

吴敬琏认为，旧路线的捍卫者宣传说，“赞成市场取向改革的人们主张扩大贫富差距，而市场化改革正是我国贫富差距扩大的罪魁祸首”，这种说法完全不符合事实。我国收入差距过大，正是一批主张改革的学者在20世纪90年代初期提出，并逐渐引起了社会注意的。问题的焦点在于，中国贫富分化加剧的原因何在，解决该问题的着力点又应当在哪里。旧路线的捍卫者断言，它是由市场取向改革造成的，因此，他们主张把矛头对准在市场经济中由于勤于劳动、善于经营而取得中等和中等以上收入的人们，以便拉平他们和低收入阶层之间的收入差距。而主张用改革的办法解决目前社会问题的人们则认为，中国社会中贫富差距的不正常拉大，主要原因是机会不平等，也就是由于各级党政机关有过大的支配资源的权力，能够接近这种权力的人就可以凭借这种权力发财致富。因而，缩小贫富差距的着力点，应当是推进市场化改革，挖掉寻租活动的基础，坚决打击“权力搅买卖”的腐败行为[29]。

茅于轼认为，从历史的发展看，财富的“不平”从来没有减少过，不但没有减少，反而越来越大，不但在中国还是在全世界都是这样。但是，地位的“不平”却越来越减少，在有些国家基本消灭，人和人变得地位上相同。对于现在社会上的贫富差距，不但消灭不了，还要有条件地继续保留下去，因为在市场经济下，个人的收入主要取决于他的要素贡献，或取决于他创造了多少社会财富，保留一定的财富差距有利于社会财富的创造。否则，贡献多与贡献少的都拿着同样的收入，这样势必不利于社会财富的增长。因此，我们应保持一定的财富差距，应尽全力消除地位的差距。这对于今后的改革会有很重要的影响[30]。

刘国光指出，我们从发达市场经济国家经验看，财富和收入分配的集中度在上升，贫富差距在扩大。我们不能说明市场经济越发达越成熟，贫富差距问题就能自然解决。所谓“市场化改革”到位，就能解决这个问题，只能是纸上谈兵而已。从分配领域着手，特别是从财税等再分配领域着手，来调整收入分配关系，缩小贫富差距，我们现在已经开始这样做。这是必要的，但是远远不够。还需要从基本生产关系，从基本经济制度来接触这一问题，才能最终阻止贫富差距扩大、向两极分化推进的趋势，实现共同富裕[31]。

丁冰认为，在生产资料所有制结构上，非公有制经济过度膨胀，乃是导致基尼系数过大的根本原因。随着经济增长，在人们收入生活水平总体提高的同时适当拉开收入差距，这是完全合理和必要的，也是不可避免的。但若削弱、动摇甚至改变了公有经济的主体地位，使私营、外资经济的比重过大，贫富差距的合理界限也就势必难保了。由于生产力发展水平高低的差别，城乡之间、东西地区之间形成的收入差别是又一重要原因。除上述所有制结构和生产力布局两方面的问题外，还有一些次要的原因导致基尼系数过大，如某些垄断性行业的垄断性经营等，但腐败不是对基尼系数影响的主要因素[32]。

五、关于进一步深化农村改革问题的讨论

2008年9月30日，中共中央总书记胡锦涛在安徽小岗村考察时说，“要赋予农民更加充分而有保障的土地承包经营权”，同时，“允许农民以多种形式流转土地承包经营权，发展适度规模经营”。10月19日，中共十七届三中全会通过了《关于推进农村改革发展若干重大问题的决定》，指出“允许农民以转包、出租、互换、转让、股份合作等形式流转土地承包经营权，发展多种形式的适度规模经营”。《决定》公布后，农村改革与发展问题再次成为理论界关注的热点，这些热点主要集中在土地私有化还是集体化、农业生产经营、土地调整权等问题上。其中，“土地流转”问题是讨论的焦点。一些人认为，新土改已经到来，土地私有化势在必行；一些人认为，土地承包经营权流转放开，将成为进一步扩大土地改革的一个有效突破口；农村土地的自由流转将引发土地所有制层面的剧变，其意义绝不亚于30年前的“承包到户”。也有学者对此表示了忧虑，认为如此一来，有可能出现失地流民。

陈志武认为，如果能通过土地私有，那么那些官权就少了牵着农民鼻子走的最重要的物质基础。而土地又是农民的命根子，没有自己的土地，他们就只能求着官权，就不会有“还权于民”。有了“还产于民”才会有“还权于民”。但如果像在一些地方试验的那样，只有名义上的“私有产权”而同时行政权力不受制约的话，那么真正的“私有产权”会很难，因为行政权力可随时侵犯产权。土地私有后不会比现在的局面更糟糕。在土地国有或集体所有制度下，土地照样在转为非农用途，在此过程中权力和资本获益最多。相比之下，如果土地私有，在转让过程中拥有地权的农民至少还有点发言权，是交易的主体方，在许多情况下农民的所得不至于像现在这样少。农村土地私有化的制度收益是，农民会更富有了；其制度成本是，那些掌权者少了捞钱、捞权的基础。只能是把土地产权分回到家庭个人，这才可彻底发挥出农民最自然的责任感[33]。

张曙光认为，保护耕地等于只让农民务农，与农民通过参与工业化和城市化获得利益的愿望相悖。保护耕地和增加建设用地也会发生矛盾。加快农地转用，扩大建设用地，既能促进经济增长，又能增加财政收入[34]。

秦晖认为，土地私有制是目前可以选择的各种方案中相对比较好的一种方案。在目前中国的特定条件下，土地私有制在促进公平上有它的意义。“土地不能归农民私有，是因为土地是农民的最后保障，从社会保障的角度讲不能让它私有”，这种说法是极荒唐的。在目前体制下，我们就把土地宣布为农民的私产又能怎么样？我们现在没有承认土地私有权，但是我们承认城市住房的私有权，人们是有房产证的，但是政府要“征”那不还是照样征吗？也没有说因为它是私有的就只能自由购买了。至于说“集体所有制”，如今的体制能允许中国农民具备集体主义精神吗？宁可允许私有制，也不能允许这种集体[35]。

温铁军认为，土地私有化是认识上的误区。在我国大部分地区，人多地少，土地已经基本上转化为农民的社会保障，世界上有哪个国家把社会保障私有化？那些人均耕地面积多于一亩的地方多在北方，然而北方缺水严重，旱魔肆虐，经常是数以千万亩的土地受旱，因此，尽管那些地方土地资源相对宽松，但水资源缺乏导致产出率低，耕地的社会保障功能仍然是第一位的，也没有条件以所谓的耕地私有化来形成规模经济。因此，中国农业事实上不可能依靠提高土地的规模来参与国际竞争。这些所谓照搬现代经济学理论来考量中国农业问题的思路，在目前我们这样的资源环境中都要碰壁[36]。农业用地的流转，自20世纪80年代推进家庭承包以来，从来没有在任何政治文件中消失过，历来都是鼓励流转的，也从来没有过障碍。在农业内部，农地的流转是顺畅的，从20世纪80年代到现在，只是根据生产力要素的配比关系发生过数量形态的变化，而没有本质性的变化，所以在基本制度上我们是坚持的，这点没有什么太大不同[37]。

马晓河认为土地流转跟私有化是没关系的。土地流转的基础是集体所有制，土地所有权是集体的，只有使用权、交易权、支配权是农民的，现在流转是使用权，不是所有权，所有权始终是集体的。农村的土地是集体所有的，这一性质不会改变。而农民要流转的是一种使用权，等到合同到期，承包权可以再收回来[38]。

张晓山认为，农村“土地私有化”的论调是对政策的误读。国家只不过是想在土地家庭承包经营基本制度不变的前提下，对承包经营权的具体实现方式作出调整。土地可以转包、转租或者股份合作，这几种方式之前的文件精神中都已提到，现在关键是农地的“抵押”和“继承”尚未突破。如果这两者都突破了，就将对农民的土地经营权进一步“物权化”[39]。

厉以宁认为，农村改革目前可行的做法是：坚持农村基本经营制度，稳定和完善土地承包关系，按照依法自愿有偿原则，健全土地承包经营权流转市场。目前可以在农村土地承包制不变的条件下，农民根据自愿原则，实行承包土地使用权的流转，尤其是采取转包、租赁、土地使用权入股等方式，促进规模经营。有的地区还试行“土地银行”经营方式，即外出务工的农民或家中缺少劳动力的农户把所承包土地存入农村信用社，按年取得利息。总之，只要承包土地的使用权能够流转起来，农村土地承包制的局限性就可以大大减少，城镇化的速度也可以加快[40]。

丁关良认为，土地承包经营权流转中的“土地承包经营权”，其法律性质为用易物权，而不是所有权。我国土地所有权可分为两类：一是国有土地所有权；二是农民集体土地所有权。农村土地承包主要也有两类：一是家庭承包；二是其他方式承包。土地承包经营权流转中的“流转”，转移的是“物权性质土地承包经营权或者物权性质土地承包经营权中的部分权能”，而不能转移土地所有权。所以，任何人拥有农村土地承包经营权、流转农村土地经营承包权，都不得也不可能改变土地的所有权性质[41]。

（作者：卫兴华：中国人民大学教授，
孙咏梅：首都师范大学副教授）

注：

①厉以宁：《改革开放30年成就了三件大事》，《中国改革》，2008年7月28日。

②中央电视台《经济半小时》：《吴敬琏PK厉以宁：改革30年成败得失》，“中国新闻网”，2008年1月14日。

③张维迎：《10位经济学者谈中国改革》，《全国新书目》，2008年第5期。

④高尚全：《社会主义所有制理论的发展》，《经济研究导刊》，2008年第8期。

⑤高尚全：《每次改革开放重大突破都是以解放思想为先导》，《人民日报》，2008年12月18日。

⑥刘国光：《试用马克思主义哲学方法总结改革开放30年》，“中国共产党新闻网”，2008年12月3日。

⑦卫兴华：《改革开放三十年：实践和理论两个层面都要总结》，《理论动态》，2008年12月10日，第1799期。

⑧刘树成：《中国经济改革与发展30年》，“人民网”，2008年12月17日。

⑨林岗：《中国经济改革的经验与启示》，《教学与研究》，2008年第11期。

⑩陈翔云、张宇：《“中国〈资本论〉研究会第14次学术研讨会暨第8次会员大会”综述》，《教学与研究》，2008年第11期。

⑪樊纲：《计划经济的残余是中国改革的瓶颈》，“《中国改革30年》新书发布暨2008经济问题点评会”发言，新浪网“新浪财经”，2008年7月9日。

⑫茅于轼：《国富与国穷：制度和中国的经济改革》，《商界（评论）》，2008年第2期。

⑬陈志武：《中国经济的希望在“民企”》，《中国市场》，2008年第11期。

⑭陈志武：《陈志武：对改革路径的再思考——私有化和宪政民主不能再回避》，《经济观察报》，2008年2月16日。

⑮刘国光：《“国退民进”争论的实质与发展私营经济的正确道路》，《南京理工大学学报》（社会科学版），2008年6月。

⑯郭飞：《深化中国所有制结构改革的若干思考》，《中国社会科学》，2008年第3期。

⑰王中保：《公有制是可持续的科学发展的经济基础》，《马克思主义研究》，2008年第2期。

⑱陈志武：《陈志武：从美国次贷危机中学到什么?》，《21世纪经济报道》，2008年5月10日。

⑲余永定：《美国次贷危机：背景、原因与发展》，《当代亚太》，2008年第5期。

⑳杨圣明：《美国金融危机的由来与根源》，《人民日报》，2008年11月21日。

㉑白暴力、梁泳梅：《当前世界金融——经济危机的原因及后果》，《经济学动态》，2008年12期。

㉒蔡继明：《从中共十三大到中共十七大——解读平等、效率和公平关系的演变》，《经济学动态》，2008年第1期。

㉓吴敬琏：《吴敬琏谈贫富分化加剧主因：是机会不平等而非效率》，《理论前沿》，2008年第12期。

㉔魏杰：《中国经济体制改革的历史进程及不同阶段的任务——纪念中国改革开放三十周年》，《社会科学战线》，2008年第4期。

㉕邹东涛：《正确处理收入分配问题》，《学习时报》，2008年6月14日。

㉖卫兴华、张福军：《应重视十七大关于效率与公平关系的新观点》，《高校理论战线》，2008年第5期。

㉗余斌、丁晓钦：《试论公平与效率的辩证关系及其现实意义》，《中国特色社会主义研究》，2008年第1期。

㉘中央党校邓小平理论和“三个代表”重要思想研究中心：《正确认识和处理效率与公平的关系》，《光明日报》，2008年12月2日。

㉙吴敬琏：《中国经济改革三十年历程的制度思考》，《中国市场》，2008年第46期。

㉚茅于轼：《看得清和看不清的“不平”》，《上海经济》，2008年第12期。

㉛宋毅成：《坚持以马克思主义思想为指导 走中国特色社会主义道路——刘国光谈30年改革开放历史经验》，《中国城市经济》，2008年第5期。

㉜丁冰：《试析当前我国基尼系数过大的主要原因》，《中华魂》，2008年第3期。

㉝陈志武：《农村土地私有化后结果不会比现在糟》，“观点地产网”，2008年10月14日。

㉞张曙光：《中央与地方之间存在土地目标冲突》，《农村工作通讯》，2008年第19期。

㉟秦晖：《十字路口的中国土地制度改革》，《南方都市报》，2008年10月7日。

㊱温铁军：《土地私有化不是中国未来农村的未来方向》，《环球企业家》，2008年第13期。

㊲温铁军：《“十七届三中全会决定”三大亮点》，“党政频道网”，2008年11月21日。

㊳马晓河：《土地流转与土地私有化有本质不同》，人民网，2008年10月20日。

㊴张晓山：《土地私有化是误读》，《21世纪经济报道》，2008年12月4日。

㊵厉以宁：《农村改革关键在于改革城乡二元体制》，“人民网强国论坛”，2008年10月6日。

㊶丁关良：《土地承包经营权能否完全自由流转》，《解放日报》，2008年12月8日。

宏观经济学

陈享光 袁 辉

2008年是我国改革开放30周年，同时，国际上发生了自20世纪二三十年代“大萧条”以来最严重的金融危机。我国经济学界结合国际国内的新情况和新问题，对宏观经济问题进行了深入的理论和实证研究，特别是对宏观经济中储蓄投资失衡、价格波动和通货膨胀、经济增长的机制与约束条件、经济周期和经济波动、金融危机冲击下的宏观经济态势、财政分权与财政政策的有效性、货币政策效果和货币政策的选择等问题的研究取得了新的进展。

一、宏观经济储蓄投资失衡与结构失衡问题的研究

储蓄与投资的失衡是宏观经济失衡的一个表现。林桂军等详细分析了我国经济中各部门的储蓄与投资的具体状况，结果证明，在宏观经济层次上储蓄大于投资是我国经济近10多年来一直存在的一个问题。在人民币汇率保持相对稳定的情况下，这一失衡使得经常项目呈现顺差成为必然。此外，还发现，外资的流入具有挤出我国部分国内储蓄、形成资本外流的作用（1995年—2005年间，流入外资额约为我国资本流出总额的56%），也就是说，单从资金平衡角度，我国并不需要引进外资，现有国内储蓄足以满足国内投资的需要，外资的流入客观上起到为国内资金创造流出机会的效应。本文的结果暗示，减少我国贸易顺差的一个重要方面是进一步深化金融体制改革，单纯使用人民币汇率升值等短期政策是有风险的①。

邹卫星等从高积累的形成机制、高积累的循环加深机制和政府调控机制3个方面研究了中国投资消费失衡的原因，研究表明，中国投资与消费失衡并非单一因素作用的结果，而是由整体经济一系列特征所共同决定，其中最根本的特征就是资本在效用中权重过大。基于财富效用和生产外部性的建模分析发现，资本在效用中的权重越大，生产外部性越高，则经济增长率越高，消费资本比越低②。

陈璋等也发现，中国经济增长中一个重要的事实就是储蓄率居高不下，并存在进一步上升的趋势。他们运用一个结构模型对中国宏观经济基本假设条件下储蓄率的变动进行了理论与实证研究后发现，此现象是由生产力不平衡结构、引进技术进步机制、劳动力过剩和强政府控制力等特定的中国宏观经济基本假设条件所导致的③。

祝丹涛认为，金融体系效率高的国家向金融体系效率低的国家输出“金融中介”功能，“帮助”其完成储蓄向投资的转化，结果前者储蓄小于投资，经常项目逆差，净输入资本；后者储蓄大于投资，经常项目顺差，净输出资本。我国金融体系不发达，储蓄向投资转化效率低，既造成储蓄“虚高”于投资和经常项目“表面盈余”，又造成资金配置过剩和不足并存，外资变成为国内投资融资的手段。通过引入国外高效率的金融中介完成我国储蓄向投资的转化，我们已为此付出不少成本④。

项俊波利用1992—2007年的宏观经济数据，构建了中国经济结构失衡测度的指标体系，并对20世纪90年代以来的经济结构失衡进行了测度，结果显示，中国经济结构失衡指数从1992年的2.42增加到2007年的4.02，表明中国经济结构失衡程度总体上在增加⑤。

有学者还考察了实体经济与虚拟经济失衡。曹源芳基于1998—2008年的月度数据，运用协整检验、Granger因果关系检验、脉冲反应和方差分解技术对我国实体经济与虚拟经济的关系进行了实证分析。结果表明，我国实体经济与虚拟经济是彼此背离的，虚拟经济与实体经济不存在长期稳定的协整关系，彼此不成为对方的Granger原因，实体经济并不是虚拟经济发展的基础，虚拟经济也未成为我国实体经济的“晴雨表”⑥。

二、价格波动和通货膨胀问题的研究

我国2008年出现了一定程度的价格波动和通货膨胀，经济学界对造成价格波动和通货通胀的原因及影响进行了研究。

CPI与PPI倒挂是此次通货膨胀的典型特征。尽管CPI与PPI之间的因果关系或非因果关系有多种可能的情形，但是贺力平和樊纲等运用格兰杰因果检验法对2001年1月至2008年7月间中国的CPI和PPI进行了研究，结果显示，在所考察的时期内，CPI是PPI变动的格兰杰原因，后者经过1~3个月左右对前者的变动作出反应。这意味着，在所有的考察期内，在影响以CPI衡量的国内通货膨胀中，

需求方面的因素相对大于供给方面的作用，尽管需求和供给因素都共同地影响了国内通货膨胀的走势[⑦]。

陈建奇发现，非对称供求结构是造成PPI、CPI倒挂的主要原因，具体来说，（1）我国消费市场具有供给过剩与稀缺并存二重性特征。工业消费品属于买方市场，厂商转嫁商品生产成本的能力很弱；食品及居住类消费品短期内供给缺乏弹性而难以迅速调整供求缺口，外部冲击造成该类商品出现短缺现象，由于该类商品消费需求缺乏价格弹性导致消费价格水平迅速攀升，从而主导CPI上涨及消费支出总量同向波动。（2）我国经济增长的投资驱动特征促使投资总水平不断上升，加大对生产资料的需求，从而推动PPI的不断上涨。因此，投资需求的拉动是PPI总体增幅不断上升的主要原因。（3）PPI几乎不向CPI传导，而PPI、CPI倒挂的主要原因在于投资驱动和消费持续低迷综合作用的结果。为此，宏观通货膨胀调控必须兼顾要素市场与消费市场的非对称供求结构，必须着力于投资需求与消费需求的结构性调整[⑧]。

陈彦斌提出了包含需求拉动、成本推动、通胀预期和通胀惯性4种因素的新凯恩斯菲利普斯曲线模型，并运用2001年第1季度至2007年第4季度的数据对其进行了实证检验，结果表明，该模型的最小二乘估计比GMM估计更具有稳健性，在通胀的4个决定因素中，通胀预期对当前通胀的影响最显著，其他依次是通胀惯性、需求拉动和供给推动[⑨]。

卢峰考察若干大宗进口商品经验证据以实证评估输入型通胀论，他发现，虽然结构性因素有一定解释作用，但新一轮通胀的主要根源应是过去一段时期总需求增长偏快和货币供应偏多，需要更多采用货币和其他总量型紧缩措施进行彻底治理。另外，中国在一些重要经济领域需求增量全球贡献度很高，客观上具有“巨型经济体”地位和影响，国际经济学标准理论中“小国模型”、“价格接受者”之类假定并不适用，理解中国经济成长具体规律，需要重视和运用大国分析思路和方法[⑩]。

周其仁认为，对物价指数的结构性分析并不能帮助人们认识通货膨胀。面对通货膨胀的压力，应该到超发的货币数量中去寻找原因和治本之策。本轮货币过多的主要原因是开放条件下汇率机制的歪曲。在通胀已经形成的条件下，物价管制不但不能抑制通胀，而且会因为增加经济运行的制度成本而损害中国经济增长。反通胀要走釜底抽薪的路线，即校正汇率失衡、从紧控制货币总量[⑪]。

中国经济增长与宏观稳定课题组在充分考察全球流动性的转化、国际大宗商品价格的传导、人民币汇率升值的紧缩效应、国际利率的影响以及价格扭曲效应为外部冲击所放大等典型化事实的基础上，应用扩展的菲利普斯曲线方程和VAR模型对外部冲击影响国内通胀的程度和路径进行了实证研究。计量结果表明，短期内，国际食品价格是导致国内物价上涨的主要因素；国际原油价格对国内物价的影响在中长期逐步上升；人民币升值抑通胀的效果要经过一段时间才能体现出来；国际利率变化对国内物价有影响；全球流动性的转化因央行的有效对冲对物价的直接影响并不明显。他们认为，综合而言，外部冲击只是导致通胀的因素之一，而GDP增长率仍是影响物价的最主要因素。因此，防止经济增长过快，调整要素价格抑制投资需求膨胀，以及提高汇率机制弹性以增强货币政策独立性并使之成为应对外部冲击的第一道防线，将是治理中国通胀的根本途径[⑫]。

此外，张成思运用格点拔靴估计方法研究了2001—2007年间中国36个主要城市通货膨胀动态时序的持久性特征，结果表明，我国不同城市之间通货膨胀的持久性水平有很大差异，因此，在制定通货膨胀目标的过程中，需要将不同城市通货膨胀持久性水平的差异纳入考虑范围，以保证政策的有效性[⑬]。

三、经济增长的机制与约束条件的研究

中国经济增长与宏观稳定课题组通过在企业生产函数中引入由政府福利函数而得到的政府支持系数，得出了这样的结论：即在突破贫困线阶段，政府与企业目标高度一致，政府支持系数大，企业享受了地税、低资源价格等有利因素；在进入中等收入阶段，随着城市化快速提高，政府转向福利支出目标，福利刚性不断加大，政企目标冲突，政府支持系数下降甚至出现惩罚，政企在新的阶段都面临转型，转型失败可能会落入“中等收入陷阱”。确定中国未来的新增长机制，政府转型是关键，明确政府福利支出与企业发展能力相匹配，而不是靠债务融资推动福利和增长，更多地让市场发挥激励创新和优化配置资源的功能，以促进经济的可持续增长[⑭]。

李富强等将制度引入增长模型以诠释要素发展和经济增长关系，通过数理分析，他们发现，制度越完善，经济增长就越表现为人力资本积累和技术进步；制度越不完善，经济增长就越受限于制度的发展。他们利用对数线性模型，将产权制度以直接或与资本相结合的形式进入模型，分类检验资本、技术进步、制度、贸易、金融和地域与经济增长的关系。OLS 和 GMM 估计结果显示，物质资本、人力资本和产权制度对我国经济增长的解释更具效力，省际面板数据的稳健性检验也印证了上述结论。他们的结论是：制度不仅直接作用于经济增长，而且还通过影响生产要素投入和配置效率来促进经济增长，产权制度是我国现阶段经济增长的最主要动力[15]。

刘伟等通过将技术进步和产业结构变迁从全要素生产率中分解出来，实证度量了 1978—2006 年间产业结构变迁对中国经济增长的贡献。研究发现，改革开放以来的 30 年中，虽然产业结构变迁对中国经济增长的贡献一度十分明显，但是随着市场化程度的提高，产业结构变迁对经济增长的贡献呈现出不断降低的趋势，逐渐让位于技术进步。结构变迁效应的减弱并不表明市场化改革的收益将会消失，某些发展和体制因素仍然阻碍资源配置效率进一步提高。从这个层面来看，我国完善市场机制的工作仍然任重而道远[16]。

林毅夫等运用 1985—2002 年间中国分省区的面板数据，考察了银行业结构对经济增长的影响。他们用中小金融机构的市场份额衡量，不同规模的银行在银行体系中的相对重要性，并用 1994 年启动的国有银行商业化改革的政策因素构造银行业结构的工具变量以解决银行业结构可能存在的内生性问题。通过运用双向固定效应模型进行估计，他们发现，现阶段，中小金融机构市场份额的上升对经济增长具有显著的正向影响，反映银行业规模的变量与经济增长率之间显著负相关，说明造成中国银行体系低效率的原因，不仅在于国有银行的所有制偏向，而且在于不合理的银行业规模，因为组织规模庞大的四大国有银行在为符合中国比较优势的劳动密集型中小企业提供融资服务方面缺乏优势[17]。

李宇等用结构优化的视角，考察了汇率变动与经济增长的转换，认为汇率变动具有实际收入效应，居民实际收入的变化会影响需求结构，并进而改变不同产业间的相对价格，引起产业结构的变动。由于产业结构的优化对经济增长方式的转变具有重要影响，因此，汇率变动在改变产业结构的同时，也会对经济增长方式产生重要影响。通过对当前中国经济特征的具体分析，他们认为，人民币汇率升值对国内居民实际收入水平的总效应为正，这样，人民币升值进程就会对国内产业结构的优化和经济增长方式的转变产生积极的作用[18]。

张其仔等认为，经济增长可以分为资源驱动、劳动驱动、资本驱动和技术驱动等不同的形式，在纳入资源环境因素后，他们对影响工业增长的因素进行了研究，结果发现，资源环境对工业增长的贡献大大高于资本的贡献，我国的工业增长仍属于资源驱动型。我国工业增长的这种性质决定了我国经济增长的性质还没有完全摆脱资源驱动型的特征。这一特征对我国宏观经济政策的效果、对宏观经济政策及宏观调控方式的选择都有着重要影响[19]。

李刚等重点研究了矿产资源对经济增长的长短期影响。他们认为，由于矿产资源供给与需求价格弹性较低，矿产资源对经济增长的短期约束较大；而长期约束由于替代和技术的进步可能较小。通过运用矿产资源 2001—2006 年的进出口数据，他们估计了矿产资源对中国经济增长的实际影响，结果发现，矿产资源对我国经济增长的短期约束呈现不断上涨的趋势，2006 年影响经济增长 4.96 个百分点，估计 2007 年影响经济增长 5.74 个百分点以上；矿产资源对我国经济增长的长期约束有限，矿产资源对经济增长的长期影响大约为 0.23 个百分点[20]。

四、经济周期与经济波动的研究

贾俊雪、郭庆旺等人认为新中国成立以来，我国宏观经济共经历了 9 轮完整的周期波动。改革开放以来，尤其是 20 世纪 90 年代中期以来，我国经济周期波动特征发生了明显的变化，波动明显趋缓，非线性特征明显减弱。其原因可以归结为改革开放以来，我国宏观经济稳定政策的出现，以及财政和金融体制改革不断深化所带来的宏观经济稳定政策的制度基础、作用机制和作用工具的逐步完善。为了更好地应对未来可能出现的经济波动，确保经济平稳快速增长，就需要继续深化经济体制改革，消除制约我国宏观经济稳定政策效能发挥的制度障碍，并尽快构建适合我国国情的宏观经济稳定政策的完整理论体系[21]。

胡乃武等人的研究也证实了郭庆旺等人的基本判断。他们认为，自改革开放以来，中国经济在实现高速增长的同时，其经济波动具有平缓化特征。特别是自 1997 年以来，与世界主要发达国家经济波动平缓化趋势一样，中国经济波动的幅度进一步降低，经济扩张和经济紧缩间的转换更为平稳，经济波动平缓化的趋势更加明显。在全球经济一体化和产业结构高级化的历史背景下，消费者行为理性化、投资冲动减弱、技术冲击强度下降、市场结构完善以及宏观经济政策稳健操作，是构成 1997 年以来中国经济波动平缓化的主要原因。在未来一个较长的时期内，在日益完善的市场经济体制和宏观经济政策体系的支持下，中国经济波动平缓化趋势将能够继续保持[22]。

刘金全等基于门限自回归模型方法对我国1990年1季度至2007年3季度经济增长率进行研究，识别和检验我国经济周期呈现的基本特征，并对我国经济增长走势进行分析，研究发现，三区制门限自回归模型适合于描述我国经济周期波动。他们进而刻画了我国经济增长呈现出的低速增长——适速增长——高速增长——适速增长——低速增长周期规律；经济周期三阶段性可由拐点8.2和9.71进行划分；通过非线性预测，点预测结果表明经济增长率将在未来两年内可能出现持续下降态势，但仍会高于10%的高位上运行，而区间预测结果则显示未来12个季度内我国经济增长率将主要在7%～13%的区间运行[23]。

张晓晶基于长周期的视角，通过考察大宗商品价格的百年变化及半个多世纪以来全球增长的历史，认为当前全球经济正面临周期性调整。考察了过去30年中国增长的轨迹，从多个层面分析了中国经济周期性调整的不可避免。并指出，本轮调整是内外部因素共同作用的结果，但内因（如宏观调控）占主导，这也决定了中国经济有较大的“可控性”，不会进入低增长周期。文章最后表明，综合运用财政货币政策、防止周期重叠造成调整过度、完善价格体系、摆脱“高增长依赖症”，实现发展方式转型，是未来中国经济可持续增长的重要保证[24]。

赵留彦也得出了与张晓晶相似的结论。他使用结构VAR方法考察中国短期宏观经济波动的成因，并比较国外冲击以及国内供给和需求冲击对产出短期波动的相对解释能力，结构冲击的识别基于Blanchard和Quah的长期约束条件。结果表明，国内供给冲击是产出波动的主要来源，而国外冲击对国内宏观经济波动的溢出效应并不明显。此外，国内吸收政策的变化尽管决定着国际收支，但对于稳定经济增长的效果却并不理想[25]。

对造成经济波动的原因学界有不同的看法。车维汉等将国际贸易对中国宏观经济波动的影响分解为供给冲击、国外需求冲击和名义冲击3个方面，通过构建结构向量自回归模型，对改革开放以来中国宏观经济波动的贸易冲击效应进行了实证检验，识别了国际贸易结构性冲击，并考察了各种冲击对中国经济波动的动态效应。研究结果表明，预测期内，在国际贸易3种结构性冲击中，国外需求冲击与供给冲击能在较大程度上解释中国经济波动，所不同的是前者为正效应，后者为负效应，前者短期效应较明显，而后者长期效应较明显；名义变量（贸易条件）对经济波动的冲击效应则不显著。随着中国汇率制度的改变，贸易条件冲击成为影响宏观经济波动的主要因素，应引起重视[26]。

陈太明基于Lucas基准模型，采用中国1985—2005年间的国家一级城乡居民消费数据、省一级居民消费数据、省一级城乡居民消费数据对中国经济周期福利成本的城乡间差异性、地区间差异性、地区内城乡间差异性进行定量分析，并且通过1952—2005年间的国家一级居民消费数据实证分析中国经济周期福利成本的阶段性差异。定量研究结果显示，采用中国省一级的居民消费数据得到的中国经济周期福利成本，不仅大于国家一级居民消费数据估计的中国经济周期福利成本，而且远远大于Lucas（1987）的估计结果；中国经济周期的福利成本存在显著的城乡间差异性、地区间差异性、地区内城乡间差异性和阶段差异性。因此，中国政府在重视经济增长的同时，不但要关注经济波动，而且还要考虑经济波动的各种差异性[27]。

五、金融危机冲击下的宏观经济及对策

孙学工等发现，次贷危机的影响主要通过外需、资本流动、资产负债表、金融市场、国际初级产品价格、汇率及货币政策等渠道传递到中国。初步预计，美国金融危机将使我国2008年和2009年的经济增长率分别放慢1个和0.5个百分点，但危机对我国价格水平的稳定有所助益。分行业来看，消费品生产行业是受危机影响最大的行业，包括高技术产业在内的一些制造行业也受到程度不同的影响，与贸易相关的服务业相应受到拖累，一些城市的房地产市场受到一定冲击。当前，应从改善宏观调控、加快贸易调整、稳定投资增长和支持消费等几方面着手应对危机影响[28]。

陈雨露等认为，在全球新型金融危机背景下，中国外汇储备管理的战略应该向人民币国际化这一方向调整，尽管目前时机尚未成熟，但在通胀环境、金融深化和经济发展方面已经为将来实现人民币国际化提供了一定的基础和保证。从长期看，要实现人民币国际化，首先需要实现人民币周边国际化，然后发展到人民币亚洲化，在循序渐进的过程中不断提高人民币的国际货币职能，从而最终实现人民币国际化的目标[29]。

余永定认为，尽管中国当前面临着金融危机和国内通胀的双重压力，但是当前中国经济形势总体上是良好的。中国完全可以有效遏制通货膨胀，实现经济的软着陆。中国应该继续保持紧缩性货币政策和人民币升值的方针，必须加强对跨境资本流动的管理，更加积极、妥善地发挥财政政策的作用[30]。

黄海洲指出，次贷危机以来，全球经济格局正从由美国主导的全球化向多极世界转变，美国正在积极转型，其第三产业（尤其是金融业）在收缩，但第一、第二产业在快速发展。如此发展，全球资本流量和贸易量将可能下降。中国将不能继续过去粗放式的、以外贸出口为主导的发展和开放模式。中国经济的内部和外部不平衡的特征十分明显。中国经济的外部不平衡既有着深刻的全球化背景，也源于内部不平衡——内部不平衡更具有基础性、恒久性，带来的不良后果也更为严重。我们需要认真研究一系列重要问题，包括对外的贸易、汇率、货币和国际金融战略，对内的财政、税收、收入分配、社会保障、城市化、环保、农业、产业结构转型、技术升级等等[31]。

六、财政分权与财政政策的有效性

财政分权是我国财政制度改革的一项重要举措，在改革开放30年之际，我国学者围绕着财政分权的各个方面进行了大量的实证研究。张军等利用DEA非参数技术和受限Tobit模型，计算了财政分权改革后中国省级地方政府财政支出的相对效率，结果显示，中国大部分省级政府的支出效率都不是很高，但比较而言，东中部地区的政府支出效率相对较高且相差不大，西部地区与之相比则低很多。具体来看，20世纪80年代地方财政包干时期，东中部地区的支出效率呈现共同的下降趋势，西部地区变化不大，但在1994年分税制改革之后，地方政府的支出效率总体上得到了显著改善，这主要是由东部和西部地区效率的较大提高引起的，而中部地区支出效率相对于此前几乎没有改善[32]。

赵文哲通过从全要素生产率中分解出前沿技术进步和技术效率，利用中国1986—2005年省际数据研究了财政分权对二者的影响。回归结果显示，财政分权对前沿技术进步和技术效率的影响根据分权指标选取的不同而有所不同：以地方政府本级财政收入所占比重衡量的财政分权指标对前沿技术进步和技术效率的影响比较显著，它与前沿技术进步呈反比，与技术效率呈正比；以地方政府本级财政支出衡量的财政分权指标对前沿技术进步和技术效率的影响则不显著。考虑到分税制的影响，文章又以1994年为分水岭分两个阶段进行了回归，结果发现，1994年前，财政分权对前沿技术进步和技术效率的影响都是正的；1994年后，财政分权对前沿技术进步和技术效率的影响都是负的[33]。

周业安等采用面板数据模型，利用1999—2004年间市场化指数和中国省级面板数据进行分析发现，市场化和财政分权都是推动中国经济发展的重要力量，但市场化进程对经济增长的影响又依赖于各地区的财政分权水平，对于财政分权度高的地区，市场化进程对经济增长的促进作用显著为负。这一发现，无论对于我们通过深化市场化改革促进经济发展的方向，还是对于理解中国分权式改革的多重影响，都具有重要意义[34]。

王德祥等根据我国1978—2007年的数据，运用协整、Granger因果检验、脉冲响应函数研究了我国财政分权、经济增长对外贸依存度的动态影响。研究发现：长期内财政分权会推进外贸依存度的提高，而短期内财政分权对外贸依存度的作用不显著；以人均GDP衡量的经济增长，在短期内可提高外贸依存度水平，而在长期中却会降低外贸依存度。他们认为，财政分权引致的地方政府为经济增长而产生的对FDI和出口的激励，以及贸易升级、产业结构调整、内需导向型经济增长模式，是财政分权、经济增长和外贸依存度之间动态关系产生的内在逻辑[35]。

杨子晖结合最新发展的“有向无环图”（DAG）技术，研究了我国财政与货币政策对私人投资的影响，并考察政策工具在传导过程中的有效性及其动态关系。研究结果表明，尽管“信贷渠道”在我国货币政策传导中发挥着主导作用，但由于货币到信贷传导环节的断裂，使得“信贷渠道”自身存在着较大的政策局限性，与此同时，财政政策对私人投资的影响具有较强的独立性和有效性。递归的预测方差分解分析也证实了该文结论的稳健性[36]。

七、货币政策效果与货币政策的选择

通货膨胀目标制自20世纪90年代新西兰中央银行宣布实施后，逐渐成为理论和实践的焦点。张雪兰等通过简单的前瞻性模型分析发现，通货膨胀目标制不一定优于其他货币政策规则。从现实情况来看，我国尚未完全具备实施通货膨胀目标制所需的制度条件和经济条件，因而，现阶段通过膨胀目标制并非我国的最有货币政策选择[37]。

于泽利用2002年1月至2008年6月的月度数据，通过基于自回归分布滞后方法的因果检验和标准的格兰杰因果检验分析了我国货币的供给过程，发现了我国M_2的顺周期现象。造成这种现象的不是因为央行对目前以货币总量为中介目标的货币政策策略执行不力，而是央行无法控制货币量的供给，原因是货币量在现代银行体系中是内生变量，取决于银行的贷款标准和企业的贷款意愿等。因此，需要放弃数量型货币政策，转向以利率为中介目标[38]。

范志勇也认为，在双顺差快速增长的背景下，数量型货币政策工具的紧缩效果在较短时间内即被外汇占款增长所抵消。名义利率调整滞后于价格水平上涨导致真实利率下降，在一定程度上进一步抵消了货币当局通过数量工具收缩流动性的效果。在宏观经济存在潜在过热风险的情况下，货币政策可依据泰勒规则加强对名义利率的调整，避免宏观经济的过度波动[39]。

卞志村通过一个前瞻性小国开放经济模型，首先分析了开放经济下中央银行的最优货币政策，发现开放经济中的最优政策需要同时考虑IS曲线和菲利普斯曲线中的结构参数。他发现，这一模型推导出的修正的MCI与传统MCI有着明显的区别，在修正的MCI中，实际汇率的权重取决于所有模型的参数及货币当局的偏好。在此基础上，他构建了中国的实际货币状况指数和名义货币状况指数，并分别考察了实际MCI与产出增长率的关系以及名义MCI与通货膨胀率的关系。实证结果表明，基于传统MCI的货币政策操作在中国是行不通的，但可用名义MCI来监测通货膨胀率的变动情况，以最终提高我国货币政策的操作效率[40]。

闫红波等研究发现，制造业中不同行业对货币政策3种传导途径——利率途径、汇率途径和信贷途径——的反应速度和深度各不相同，所以统一的货币政策对不同产业往往带来不同的影响，这种影响既包括产量也包括价格，被称为货币政策产业效应的非对称性。他们利用向量自回归和脉冲响应函数证实了我国货币政策对制造业中各产业存在的这种非对称性。通过PEARSON检验发现，货币政策的产出效应与行业的产出效率、企业的规模成反比，与资本密集度、对外依存度成正比；而货币政策的价格效应与资本的密集度成反比。总的来看，行业的对外依存度与货币政策的行业效应相关程度最高、统计上最显著，其次便是行业的资本密集度。随后的Logistic模型结果也显示，资本密集度确实能够解释我国货币政策的行业效应，那些资本密集度低的行业在面对货币政策冲击时，只能通过调整产品的产量和价格来使自己的利润最大化。在货币政策的价格效应方面，除了资本的密集度外，行业的对外依存度也是影响货币政策价格效应大小的一个重要变量，货币政策通过汇率渠道对那些对外依存度较高的行业产生较大的影响，迫使这些行业对产品的价格作出相应的调整[41]。

吴培新认为，金融系统“过度顺周期性”的潜在特性，以及由信贷结构产品销售模式导致的市场参与者难以准确评估风险，是次贷危机的形成机理。在此基础上，他分别分析了其在风险承担的积累时期和金融失衡的释放时期对现行货币政策框架的含义。他发现，现行货币政策框架可以减缓金融失衡的释放对经济金融的冲击，但难以约束以承担更高风险方式所导致的金融失衡。因而，必须对现行货币政策框架作出改进：即在坚持币值稳定和经济增长目标的同时，也要适当考虑资产价格的过度偏离；延长货币政策目标的覆盖期限至整个经济周期，并考虑货币政策在全经济周期中的均衡性；建立宏观金融审慎框架，加强央行与监管机构的合作与沟通，改善货币政策环境；开展对我国人民币升值背景下货币政策框架的内在不稳定性的研究，改善货币政策传导机制，采取预防性货币政策，防止经济大起大落[42]。

（作者：陈享光，中国人民大学教授；
袁辉，中国人民大学博士研究生）

注：

①林桂军、Ronald Schramm：《我国储蓄/投资差额的结构分析与经常项目顺差》，《财贸经济》，2008年第4期。

②邹卫星、房林：《为什么中国会发生投资消费失衡?》，《管理世界》，2008年第12期。

③陈璋、李学林：《中国式储蓄率波动趋势的实证研究》，《经济理论与经济管理》，2008年第11期。

④祝丹涛：《金融体系效率的国别差异和全球经济失衡》，《金融研究》，2008年第8期。

⑤项俊波：《中国经济结构失衡的测度与分析》，《管理世界》，2008年第9期。

⑥曹源芳：《我国实体经济与虚拟经济的背离关系——基于1998—2008年数据的实证研究》，《经济社会体制比较》，2008年第6期。

⑦贺力平、樊纲、胡嘉妮：《消费者价格指数与生产者价格指数：谁带动谁?》，《经济研究》，2008年第11期。

⑧陈建奇：《PPI、CPI倒挂与通货膨胀调控——基于非对称供求结构与价格决定机制的实证研究》，《中国工业经济》，2008年第11期。

⑨陈彦斌：《中国新凯恩斯菲利普斯曲线研究》，《经济研究》，2008年第12期。

⑩卢峰：《大国经济与输入型通胀论》，《国际经济评论》，2008年第7—8期。

⑪周其仁：《货币、制度成本与中国经济增长》，《国际经济评论》，2008 年第 5－6 期。

⑫中国经济增长与宏观稳定课题组：《外部冲击与中国的通货膨胀》，《经济研究》，2008 年第 5 期。

⑬张成思：《中国 36 个城市通货膨胀持久性研究》，《中国人民大学学报》，2008 年第 6 期。

⑭中国经济增长与宏观稳定课题组：《证据、理论和政策》，《经济研究》，2008 年第 10 期。

⑮李富强、董直庆等：《制度主导、要素贡献和我国经济增长动力的分类检验》、《经济研究》，2008 年第 4 期。

⑯刘伟、张辉：《中国经济增长中的产业结构变迁和技术进步变迁》，《经济研究》，2008 年第 10 期。

⑰林毅夫、孙希芳：《银行业结构与经济增长》，《经济研究》，2008 年第 9 期。

⑱李宇、姜波克：《汇率变动与经济增长方式的转换——基于结构优化的视角》，《国际金融研究》，2008 年第 10 期。

⑲张其仔、郭朝先：《中国工业增长的性质：资本驱动或资源驱动》，《中国工业经济》，2008 年第 3 期。

⑳李刚、陈志等：《矿产资源对中国经济增长约束的估计》，《财贸经济》，2008 年第 7 期。

㉑贾俊雪、郭庆旺：《中国经济周期波动特征变化与宏观经济稳定政策》，《经济理论与经济管理》，2008 年第 7 期。

㉒胡乃武、孙稳存：《中国经济波动的平缓化趋势分析》，《中国人民大学学报》，2008 年第 4 期。

㉓刘金全、郑挺国：《我国经济周期阶段性划分与经济增长走势分析》，《中国工业经济》，2008 年第 1 期。

㉔张晓晶：《中国经济增长的周期性调整、未来走势与政策选择》，《财贸经济》，2008 年第 10 期。

㉕赵留彦：《供给、需求与中国宏观经济波动》，《财贸经济》，2008 年第 3 期。

㉖车维汉、贾利军：《国际贸易冲击效应与中国宏观经济波动：1978—2005》，《世界经济》，2008 年第 4 期。

㉗陈太明：《中国经济周期的福利成本差异性研究》，《管理世界》，2008 年第 5 期。

㉘孙学工、杜飞轮：《美国金融危机对中国经济影响及对策研究》，《国际经济评论》，2008 年第 11 期。

㉙陈雨露、张成思：《全球新型金融危机与中国外汇储备管理的战略调整》，《国际金融研究》，2008 年第 11 期。

㉚余永定：《中国当前的内外部经济形势及其宏观经济政策前瞻》，《国际经济评论》，2008 年第 9－10 期。

㉛黄海洲：《全球经济格局转变与中国经济结构转型》，《国际经济评论》，2008 年第 9－10 期。

㉜陈诗一、张军：《中国地方政府财政支出效率研究：1978—2005》，《中国社会科学》，2008 年第 4 期。

㉝赵文哲：《财政分权与前沿技术进步、技术效率关系研究》，《管理世界》，2008 年第 7 期。

㉞周业安、章泉：《市场化、财政分权和中国经济增长》，《中国人民大学学报》，2008 年第 1 期。

㉟王德祥、李建军：《财政分权、经济增长与外贸依存度——基于 1978—2007 年改革开放 30 年数据的实证分析》，《世界经济研究》，2008 年第 8 期。

㊱杨子晖：《财政政策与货币政策对私人投资的影响研究——基于有向无环图的应用分析》，《经济研究》，2008 年第 5 期。

㊲张雪兰：《通货膨胀目标制是现阶段我国的最有货币政策选择吗？——基于损失函数及先决条件的分析》，《财贸经济》，2008 年第 8 期。

㊳于泽：《我国 M_2 顺周期性的原因分析——货币供给内生性的视角》，《管理世界》，2008 年第 12 期。

㊴范志勇：《流动性过剩背景下货币政策工具的特点及政策》，《经济理论与经济管理》，2008 年第 4 期。

㊵卞志村：《开放经济下的最优货币政策、MCI 及在中国的检验》，《数量经济技术经济研究》，2008 年第 4 期。

㊶闫红波、王国林：《我国货币政策产业效应的非对称性研究——来自制造业的实证》，《数量经济技术经济研究》，2008 年第 5 期。

㊷吴培新：《次贷危机的形成机理及其对货币政策框架的含义》，《国际金融研究》，2008 年第 10 期。

微观经济学

陈享光　王选华

2008年我国经济学界结合我国改革开放30周年实践对微观经济学进行了较为深入研究和探索，提出了很多具有重要理论和实践价值的思想观点，特别是在微观收入分配、居民消费行为、企业控制权的配置、企业投融资、资本结构、企业海外投资和政府管制等问题的研究上，取得了新的进展。

一、微观收入分配问题研究

市场化条件下，收入分配包括两个相互独立又相互联系的过程，即微观收入分配过程和宏观收入调节过程。我国微观收入分配过程中问题越来越引起学界的关注。陈享光认为，微观收入分配过程是与生产条件的分配过程联系在一起的，生产条件的分配直接决定收入分配的结果。生产条件的分配包括生产条件在社会成员之间的分配和生产条件在不同生产和部门之间的分配。在市场经济条件下，生产条件在这两方面实现均衡分配是实现收入公平分配的关键。生产条件在两方面的过度非均衡分配，将会造成收入分配的严重不公，我国收入分配差距的扩大和不公与我国生产条件在这两方面的不均衡分配直接相关①。

胡浩志等通过实证研究发现，能够促进城镇居民收入公平的因素主要有经济增长率、第一产业就业比重、教育支出水平、政策性补贴水平、对外开放度、工业贷款比例、金融效率以及转移率等8种因素；而约束收入分配公平性的因素主要有市场化进程、城市化水平、工业化程度、经济发展水平、第三产业就业比重、人均受教育年限、抚恤福利和救济水平、价格水平、投资（城镇固定资产投资水平和投资率）、外贸依存度、金融规模等。其中，金融规模和城市化水平对收入分配公平性的影响最为显著，经济增长率的影响最弱②。

柏培文考察了企业收入分配的结构，认为公司内部薪酬制定程序不公平，企业的收入分配集中于公司管理人员、特别是高层管理人员，管理人员的收入既与企业业绩无关，也与其投入不相称，并且这种分配差距已经到达了社会收入分配的警戒线③。李全伦认为，要消除企业收入分配不合理的差距，需要考虑创建合理分享企业收入的协商机制；建立有效测算利息、薪金、工资、税收的制度；科学测算每类企业收入形式的浮动部分；提高利息、薪金、工资、税收中浮动部分的比例，主要依靠企业收入增量解决企业收入分配差距④。

在市场经济条件下，国民待遇对于实现收入分配公平至关重要，陈享光认为，当前农民的非国民待遇制度安排不仅违反了国民待遇的公平原则，也造成了严重的社会经济后果，已成为阻碍我国农村社会经济发展和城乡协调发展的严重障碍。只有从根本上改变这种状况，使农民从不合理的制度束缚中解脱出来，实现从农民到国民的身份转变，使农民能够真正享受国民权利和国民待遇，才能促进社会范围内公平的实现⑤。贾让成等考察了进城务工人员收入分配地位问题，认为对于进城务工人员来说，由于其受教育水平、劳动生产率、劳动技术含量、组织缺乏以及其“外来”身份决定的政治地位等因素的限制，他们在收入的初次分配和再次分配中处于弱势地位。要改变这种弱势地位的现状，需要从两个方面加强他们的权益保障：一是建立和完善外来务工人员的工会制度，大力推行工资集体协商。二是建立健全外来务工人员的社会保险体系⑥。

另外一些学者将收入分配作为国家创新、经济增长的内生因素进行了研究，他们认为，我国缺乏创新发展能力的原因在于现阶段偏向于资本而非劳动者的收入分配结构造成的需求规模与需求结构的“扭曲”所导致。而要改变创新发展滞后局面的政策措施是把视野拓宽到如何调节收入分配决定机制对需求结构的传导机制上来，把政策视角集中于增强合理的需求结构对微观企业创新动力的诱致功能和对形成自主创新能力发展的内在激励机制方面⑦。而陈昌兵认为，将收入分配视为经济增长的内生因素时，不同的阶段其影响效果差异较大。工业化时期，经济增长主要是由物质资本推动的，收入分配通过物质资本直接影响经济增长和收入不均等影响物质资本积累从而间接影响经济增长，这时收入差距扩大影响经济增长的方向不能确定；现代经济时期，经济增长主要是由人力资本推动的，收入分配通过人力资本直接影响经济增长和收入差距通过物质资本和人力资本影响经济增长，此时收入差距扩大不利于经济增长⑧。

二、居民消费问题研究

在研究消费理论方面，大多数学者使用实证研究方法考察了居民消费同政府支出、经济增长、消费结构优化、发展水平以及社会财富效应之间的联系。楚尔鸣等考察了地方政府支出与居民消费之间的关系，认为二者总体上呈现互补关系，只是互补程度不高，这可能与地方政府以 GDP 为导向所形成的支出和投资结构密切相关。地方政府为了应付绩效考核，快速增加财政收入，选择“短平快”和回报率高的项目作为投资重点，而那些投资周期长、回报率低的公共物品项目被放弃，结果会导致部分政府投资挤出私人投资。尽管政府选择的“短平快”项目投资有部分通过工资增长的途径拉动居民消费，但总体上政府投资直接和间接拉动消费增长的效应很低。这种地方政府的支出和投资结构不可能产生对居民消费较大的正向挤入效应。因此，可以通过增加地方政府对农村基础设施、教育和健康服务、社会保障的投入来改变这种支出和投资结构[9]。杨智峰的实证研究表明，地方财政总支出对居民消费是一种不显著的挤出效应，这种挤出效应因不同地区、不同时期而不同；在国家实施积极财政政策时期，只有西部地区其他支出对居民消费有显著的挤出效应，其他地区的其他功能性分类财政支出对居民消费的效应均不显著；在国家实施稳健性财政政策时期，功能性分类财政支出对居民消费的影响随地区不同而不同[10]。

袁晓玲考察了居民消费和经济增长、政府消费之间的关系，认为居民消费增长对经济增长具有推动作用，成为经济增长的原因，而政府消费增长是居民消费增长的原因。目前我国消费率很低，经济增长主要依赖于投资和出口推动。我国最理想的消费率应当是政府消费能够有效促进居民消费，因为居民消费才是最终消费的主体。但即使政府消费不能拉动居民消费，也至少应当根据居民消费进行调整，以补充居民消费之不足，从而使最终消费率保持在适度水平上。总的来说我国目前消费率偏低，这在一定程度上严重制约着国民经济的健康快速发展[11]。吴炜峰等专门研究了居住消费与发展水平之间的联系。已有研究表明居住消费与发展水平间具有倒 U 形结构。而转型期我国居民居住消费快速增长，从居住消费收入弹性的实证数据来看，我国居住消费的收入弹性是人均收入的函数；我国城乡居民消费收入弹性的模式处于居住消费与发展水平的倒 U 形结构左边的快速上升阶段。同时，改革因素构成我国城乡居住消费收入弹性变动的主要特征，特别是房改因素对城镇居民消费收入弹性的增加产生重要影响[12]。

梅洪常基于按照消费市场变化调整产出结构、促进消费型经济增长的理论逻辑，提出从投资与消费、居民消费总水平和居民消费支出结构 3 个层次来设定居民消费结构优化目标，提出了若干基于居民消费总量增长的消费结构优化概算方案，并在此基础上预测未来消费变动趋势，即要引导消费倾向，统筹以消费为主、投资和进出口协调拉动发展的多种路径[13]。而董岫岩认为，我国居民消费结构存在诸多问题，如城乡市场所占份额不匹配，农村市场的贡献率偏低；消费差距拉大，使潜在市场难以充分扩张；不同消费群体的实际生活状况反差强烈；消费品供给结构滞后于消费结构的变化。应当努力扩大中等收入群体；缩小贫富差距，减少低收入人群；分层次加快居民消费结构升级[14]。

一些学者从财富效应视角研究了消费问题。赵怡虹等通过实证数据考察了股票资产对我国居民消费的影响，他们认为，股票资产在长期对居民消费有负向影响，财富效应微弱，而房产财富对居民消费的正向效应比较明显，刺激消费作用较强。当前财富效应的产生与我国股市发展不稳定及房地产市场的发展特性相关，而个人可支配收入和储蓄仍是影响我国居民消费支出的主要因素；人均可支配收入增加 1 个百分比，将促进消费增加 14.896 个百分比，是促进消费的主要动因；而储蓄是阻碍居民增加消费的主要因素[15]。孙巍等利用我国房地产市场的财富效应研究了收入差距、利率政策对居民消费行为的影响。分析结果表明，收入仍然是决定消费的最主要因素；对各收入阶层来讲，房地产市场价格的不断攀升并未对消费行为产生任何促进作用。另外，不断紧缩的长期贷款利率政策严重制约了中等收入人群的生活质量[16]。

钟甫宁等从消费者特征考察消费行为，他们利用调查数据研究了超市消费者的各类特征对其食用油购买行为的影响，并分析消费者个体购买行为如何加总形成转基因油的市场趋势。结果表明，消费者的购买行为受到购买决策者的特征、风险意识、家庭社会经济因素等的影响。此外，转基因油市场份额的改变受到较高收入者的“结构效应”影响，而低收入者的“总量效应”没有发生[17]。

三、企业边界和控制权问题研究

在企业边界问题研究方面，经济学界主要围绕企业边界的决定因素和企业边界的变动两个方面展开。徐超丽等认为，企业的边界主要是由具有专用性的耐用人力资本的必要存量来决定，这一存量是由人力资本的加权总量来确定，而企业的最优规模是由人力资本的最优量来决定。而保持人力资本均衡水平的稳定必须满足其成本与收益的边际条件，企业最优规模确定条件是：$MRTS_{KL}\to\infty$，企业人力资本增量的 $MC=MR$。人力资本均衡规模的控制通过人力资本的载体——队员来实现[18]。张弘认为，随着信息技术的发展，企业模块化组织和价值网络不断形成，决定企业边界的因素相继发生了变化，由传统的以市场为基础的边际效应决定企业边界逐步转变为以价值模块为基础的核心竞争能力决定企业边界，加之企业价值网络的扩展和收缩处于动态调整中，企业边界呈现出一系列趋势：企业的有形边界和无形边界出现分化趋势；规模边界趋于模糊，而能力边界扩大；规模边界缩小，能力边界扩大；规模边界不变，能力边界扩大；地理边界扩大，业务边界缩小等等[19]。徐盈之基于中国制造业经验数据考察了技术进步与企业边界问题，他认为，对于中国目前的制造业来说，企业信息技术的使用可以让内部协调成本的节约程度低于外部市场交易成本的节约程度，因此企业注重从纵向一体化来扩大企业边界，将企业做大做强。而在高新技术行业中，技术进步会缩小企业边界，外包业务数量不断增加，但是技术进步对高新技术行业企业边界的影响可能呈现出不同于一般制造业企业的特点[20]。

在研究企业边界的变动方面，大多数学者是从交易费用的角度来理解。刘善庆等认为，企业边界的变动是企业不断适应环境变化、为节省交易费用而对企业组织结构调整的结果，是技术和经济发展的必然结果。企业边界的变动必须与时俱进，以适应不同的技术和经济发展阶段。只有这样，企业才能生存、发展、壮大[21]。曾楚宏认为，交易费用和知识整合成本分别决定企业的能力边界和规模边界，企业在确定一种边界的同时也影响对另一种边界的决策，这种相互影响体现在企业的知识基础与产品范围的匹配决策上。而现实中的企业往往由于各种原因使得两者之间存在不匹配的现象，这就有必要采取有效的措施进行适当的调整，由此形成了能力边界和规模边界之间的协同演化现象。又由于企业的知识基础与产品范围分别决定着企业知识整合成本与交易成本的结构，因此对这两者的调整势必影响到企业边界的变动[22]。郑军等研究了企业边界同企业能力、企业行为之间的相互关系，认为由企业内部各种资源形成的企业边界通过一定的协整、学习与重构行为并在路径依赖的作用下，沿着既定的路径影响产品在市场上的竞争力、产品生产成本与交易成本，从而改变企业能力。相应的，企业能力变动也通过协整、学习与重构行为改变企业拥有的资源数量，改变企业边界。企业能力、企业行为与企业边界构成一个互动循环，在这个循环中企业实现成长或者退出[23]。

企业控制权的配置问题一直是学界研究的一个热点问题。杨智恒区分了权力和权利，将企业控制权分为控制权利和控制权力，而控制权利与所有权、收益权构成企业产权；控制权力则由控制权利产生，因职务等级不同而有区别。由于有限责任的公司制度使得中小股东的控制权利无法产生控制权力，因此损害到了权利的平等性，为了维护控制权利平等性和保障控制效率，应当给予中小股东否定大股东意志的权力[24]。曾楚宏认为，企业控制权配置行为是获取和维持持续竞争优势的战略性行为，而企业中各要素所有者根据自己所掌握的资源是否具备成为战略性资产的充要条件而进行讨价还价来进行控制权配置。由于在企业成长的不同阶段符合战略要求、能够成为战略性资产的资源并不相同，由此导致了企业的控制权配置是一个动态演进的过程[25]。朱心来通过调查 25 家创业投资机构的控制权分配情况后认为，实践中科技创业企业的控制权分配取决于创业资本家和创业者之间谈判力量的对比。创业资本家获得控制权的方式主要来自合同，而创业者主要通过多数投票权、董事会席位以及强制性股票回购的方式来获得控制权，而这些途径都要通过所占股份来体现，而合同赋予创业者的权利很少。相比较而言，前者比后者获得更多的控制权。同时，创业资本家在投资合同中通过使用董事会席位的附带条款和管理层的更换权，使科技创业企业的控制权安排具有状态依存性特征：在企业业绩比较好时，创业资本家的控制权比较小；当企业的业绩较差时，创业资本家往往会得到较多的控制权。同时，选择性回购权发挥着清算权的作用，从而使创业资本家在企业进入糟糕状态时的作用类似于债权人的角色[26]。徐细雄等运用实验研究方法检验了企业控制权动态配置的内在机理。实验结果表明：控制权动态配置与相机转移机制有利于抑制管理者控制权私有收益，保护投资者利益；控制权转移强度越大，则管理者追求私有收益的投入水平越低，追求企业价值创造的努力水平越高；控制权转移强度与企业价值之间存在着非线性倒 U 形关系；控制权动态配置机制跟外部信息披露与监管机制之间存在相互补充的关系，但却与董事会、监事会等内部治理机制之间存在相互替代的关系[27]。潘秀丽通过研究企业的控制权配置方式来对经营者的业绩进行评价。她认为，企业的所有权与控制权的配置方式不同，对经营者业绩进行评价的主体、目标、内容及方法都会存在很大的差异。这些差异对企业运转目标及对企业经营者业绩评价会产生相当大的影响[28]。

党兴华等研究了风险企业控制权结构与企业的成长能力之间的关系，他们认为这两者之间具有高度的相关性。因为影响风险企业控制权结构的因素首先是董事会权，其次是清算权、一票否决权等特殊控制权，最后是股权。并且董事会权和特殊控制权也是影响风险企业成长能力的主要因素，这也说明了风险企业家面临“控制”与“成长”两难处境现象，因此为了风险企业更快地成长，风险企业家必须让渡自己的控制权给风险投资家，而相对于股权，董事会权和特殊控制权将更有利于风险企业的成长[29]。

四、企业融资问题研究

企业融资理论的研究主要集中在中小企业融资问题的研究上。学界认为，导致中小企业融资难的原因是多方面的，主要是：一是来自金融机构方面，金融机构经营理念存在偏颇，与中小企业之间信息不对称，金融服务水平低，缺乏适应中小企业特点。二是来自融资环境方面，主要是资本市场层次单一、发展缓慢、直接融资渠道不畅，中小民营企业不能在较高层次的货币市场和资本市场上如愿地获得资金支持；同时，银行市场结构及其竞争变化对中小企业融资效率也产生影响，因为大银行市场竞争的变化导致中小企业融资效率和福利的明显损失，中小银行逐步成为中小企业的信贷提供者，但其发展滞后于中小企业的融资需求，而中小企业自身的信用问题影响了与中小银行的合作。三是来自中小企业自身，主要是部分中小企业运作不规范，管理水平和经营状况欠佳，信用不高，缺乏必要的信用意识，信贷状况具有不确定性，产业结构和产品结构不合理，导致贷款风险加大[30]。

对于如何破解中小企业的融资难问题，经济学界从不同角度进行了研究。顾光青认为，动产担保、风险投资、典当融资和民间借贷是解决中小企业融资困境的有效方式。建立和完善多层次、多品种资本市场，完善间接融资体系[31]。鲁丹等认为，通过构建银行业合理市场结构，在长期内通过促进中小银行市场发展突破中小企业融资困境，在短期内通过引导大银行市场合理竞争改善中小企业融资效率。既要充实和完善中小银行市场，有效发挥其基于客户关系的信息生产优势，又要提高大银行市场的竞争水平，通过租金激励机制和成本机制改善中小企业的融资效率[32]。程兴华提出，创新金融制度安排，构建一种能够使外部投资者与中小民营企业建立起横向信用联系的内生性融资契约，通过信托私募融资能够最小化中小民营企业融资的代理成本和信息成本，从而使中小民营企业能够沿着既有的融资路径有效地获得所需的资金[33]。邱云章认为，建立和完善中小企业信用担保机构，监管部门要将支持中小企业的业务指标纳入商业银行监管评级，规定中小企业贷款的增长指标和贷款结构指标，对商业银行实施硬约束。商业银行要建立和完善中小企业的评价机制。对中小型企业要更加注重软信息和非财务信息，重视实地、侧面调查。对中小企业自身来讲，要树立现实的融资观，主要依靠自身的努力来解决资金问题，要内强素质，外树形象，建立健全财务管理[34]。

五、资本结构问题研究

李春琦等从公司内部的经济变量（如公司规模、成长性、净资产比率、赢利能力以及非负债税盾等）出发，考察了这些因素对资本结构的影响，认为公司规模和成长性与企业资本结构之间具有正的相关性，而净资产比率的提高会引起公司负债率相应提高，赢利能力与资本结构之间呈现负相关关系，非负税盾同资本结构之间的关系并不明显[35]。伊志宏等从我国上市公司的经验数据考察了影响资本结构的因素，他们认为，人均居民消费水平与企业资产负债率正相关，在人均 GDP 较高的地区，人均居民消费水平对资产负债率影响较小，企业资产负债率较高；企业非债务税盾越大，人均 GDP 对其资产负债率影响越小；城乡储蓄年度余额越高的地区，企业资产负债率越高；随着地区人均 GDP 的提高，城乡储蓄对企业资产负债率的影响减小；资本形成总额越高，企业资产负债率越高[36]。

孙力强等考察了风险不对称下的最优企业资本结构问题，他们认为，由于债权与股权之间的定价机制存在风险的不对称性，从而导致资本结构会影响企业的加权平均资本成本。通过加权成本的最小化，在无税和有税两种条件下都能得到最优资本结构，最优资本结构依股票市场零 Beta 组合的期望收益率的不同清况，或为 100% 权益融资，或为 0～100% 之间某一负债率。他们通过比较静态分析和数值分析对影响最优资本结构的主要因素进行探讨后发现，最优负债率随着企业资产风险的增大而降低，随着市场零 Beta 组合的期望收益率和所得税率的增大而增大[37]。

姜付秀从资本结构与产品市场之间的关系考察

了产品市场竞争对资本结构的动态调整的影响，认为，公司所在的产品市场竞争越激烈，公司资本结构偏离目标资本结构的幅度越小。同时，在产品市场竞争强度趋向更加激烈时，资本结构表现出向目标资本结构接近的趋势。但是，产品市场竞争的动态变化与资本结构调整的状况相互独立，互不影响[38]。汤丹沁则认为，企业的资本结构决策会受到产品市场决策所产生的“有限责任效应”和破产成本效应的影响，即如果产品市场需求发生变化，企业会调整其产品市场决策，从而相应地进一步改变最优资本结构决策。产品市场需求变化的方向（上升或下降）、强度不同，企业的资本结构决策也会有所改变[39]。王丽认为，如果将企业的融资决策视为经理人的代理行为，那么就会导致经理人选择财务杠杆来实现其个人利益最大化目的，进而经理人可以通过选择资本结构来缓解追求个人最大化利益时所受到的双重约束（即企业被接管威胁和破产风险）。在发达的控制权市场中，经理人会选择较高的债务水平以防止企业被接管；反之，则会选择较低的债务水平以降低企业破产风险[40]。张兆国考察了资本结构与代理成本之间的关系，认为股东持股比例与民营和国有控股上市公司的代理成本的相关性并不一致，与前者负相关，而与后者正相关，管理者持股比例与代理成本正相关，而社会公众持股比例与代理成本没有相关性；债务总体水平与代理成本正相关（其中：银行借款比例对代理成本的影响要好于商业信用比例，这两种债务比例对民营上市公司代理成本的效果影响要好于国有控股上市公司；流动负债比例和长期借款比例与民营上市公司和国有控股上市公司的代理成本正相关，但无差异性）。因此，资本结构是导致民营和国有控股上市公司代理成本之间存在差异的重要因素[41]。

六、企业对外投资问题研究

随着我国“走出去”战略的逐步实施，大量国内企业开展跨国经营活动，总体上实现了跨越式发展，投资多元化格局初步形成，在这种情况下，企业海外投资问题成为经济学关注的重要问题之一。一些学者提出，随着美国金融风暴席卷全球，海外投资企业面临的风险种类日益繁多而复杂，比如政治风险、监管风险、市场风险、操作风险等，尤其是在资本市场方面产生了与日俱增的市场系统性风险，投资业绩下滑较快，分别在对商业银行境外理财产品、境外投资基金、保险公司等方面遭受较大的损失。同时，金融风暴也给我国海外投资企业带来了难得的机遇：一是美国金融危机标志着美国核心竞争力有所削弱。对其他国家而言，是重大的战略机遇，中国在世界经济中的话语权加大。二是中国经济还需通过海外投资进一步分散国内经济的风险，未来中国经济的规模将会更大，中国企业到海外并购，不仅可拓宽海外市场，而且可为其在国内的竞争增添诸如研发、品牌、人才、新经营模式等多方面的优势。三是获得高端的金融人才资源。此外，当华尔街金融危机冲击整个金融业时，海外金融服务机构与高端技术处于供过于求的形势，资产价格相对较低[42]。

张承惠认为，要正确认识和妥善处理海外投资风险，我国政府应针对海外投资活动的不同类型实施有差别的投资和监管政策。第一大类是具有主权基金性质的海外投资。对于这类投资的风险控制，要重点进行战略性投资，不宜以提高收益率为目标在市场上去追逐短期利润；具体投资运作，宜采用多种方式进行，特别需要探讨以委托商业机构运作的方式；要充分利用当前我国的有利谈判地位，置换我国外汇储备中的风险较大资产，改善我国海外资产的结构。第二大类是金融机构的海外投资。美国金融危机发生后，外国资产价格大跌为我国入资外国金融机构提供了有利条件。但是，仅仅因为外国金融机构股权已经很“便宜”而去盲目“抄底”是有风险的，关键在于我们是否有能力把握机遇、创造价值。如果没有清晰的战略理念，没有对市场的准确把握，没有真正的人才，没有足够的控制和承担风险的能力，再低成本的收购也是得不偿失的。第三大类是工商企业的海外投资。政府管理应侧重于对企业海外投资的引导和保护，帮助其防范单凭企业一己之力难以防范的风险，进一步改善企业的投资环境[43]。因此，我国的海外投资要从长期的战略角度出发，应采取审慎渐进的原则。在海外直接投资方面，要符合国家的产业发展需要。在海外间接投资方面，应增加中国机构投资者适应不同市场环境的能力，积累国际化操作经验，引导国内金融市场与国际金融市场的对接。

俞秀宝等通过研究华源（墨西哥）纺织制造项目的案例表明，我国本土企业“走出去”所需要的基础条件更多一些，企业海外投资项目的成功，不仅需要有母公司的优势支持、投资地的优势支持，还需要有强有力的领军人物和管理团队，需要母国政府的支持和本土企业学习的能力。母公司的品牌、技术、资金、行业经验及投资地的政治、经济、地理、市场等优势要素在海外投资的成功中起着非常关键的作用，它们是成功的基础条件[44]。对于海外投资模式选择，彭明等认为，从筹资的方式来看，可以是直接投资、间接投资和其他投资。直接投资又包括绿地投资和海外并购两种模式，而海外并购可以细分为股权、有形资产和无形资产并购。间接投资模式则包括参股、债券、金融衍生品 3 种模式；其他投资模式则有多种，具体包括融资租赁模式、国际承包、回购模式、产品分成合同模式、矿税协议合同模式、风险服务合同模式、提高采收率合同模式以及股权捆绑油源的集合投资模式等[45]。彭继民认为，我国海外投资的未来趋势是，贸易、制造及自然资源开采运输和加工是中国企业未来对外直接投资欲望最强的三大领域；大型企业龙头作用继续增强，民营企业成为生力军；发达国家将成为投资的重点地区，非洲成为中国海外企业投资的新热点；跨国并购将成为我国企业对外投资的主要方式[46]。

七、政府管制问题研究

杨绍政认为，经济转轨时期的政府管制主要属于渐进式改革内生存在的计划经济体制的大量遗留管制，这些管制一部分维护了经济体制的平稳运行，属于积极的政府管制，而另一部分则阻碍生产要素流动、封锁市场的消极政府管制。这两种性质的政府管制最终会被遗弃，取而代之的是有利于市场经济更加有效运行的符合市场规则的政府管制[47]。张明认为，政府管制并不十分有效，企业可以通过一定渠道规避政府管制，对于那些试图海外上市的中国企业来说，可以在私募股权基金的帮助下，通过红筹模式、盛大模式和境外期权模式等方法规避外国政府管制，对于试图投资于 A 股上市企业的境外私募股权基金，可以通过借道外资银行或地下钱庄、股东借款、第三方持股、假股权真债权、收购内资投资公司等方法规避中国政府管制。对我国政府来说，进行行业管制和资本项目管制并不十分有效，应该解除对某些国有垄断行业的管制，加强对真正意义上的战略性行业的管制，特别要加强对资本流出的管制[48]。

陈冬华等考察了政府管制与法律环境和隐性契约之间的关系，他们认为，我国经济转轨时期的政府管制产生于法律机制欠缺的衍生机制，而管制权利具有外溢的可能性，一旦发生便构成隐性契约，而证券管制机构的行为就会产生管制权利的外溢[49]。唐要家认为，一旦这种外溢发生，就容易出现管制失灵，因此要通过有效的管制控制机制来实现管制权的公正行使。管制权控制机制包括对管制权的授权立法监督、管制决策程序控制和管制行为的司法审查[50]。

特殊行业的政府管制是学界研究的又一重要问题。白涛考察了房地产市场的政府管制问题，认为房地产市场的绩效与其垄断性市场结构和垄断行为有着密切的关系，政府应当对房地产市场实行价格管制的同时，还要综合运用土地管制、信贷利率和税收政策等手段[51]。吕本友考察了医疗服务市场的政府管制问题，他认为，在这一市场政府干预的主要目的是解决市场化导致的低收入者看不起病的问题，通常采用的方法是为他们提供免费医疗或给予一定的医疗补贴。而我国的医改中采用的政府管制方式是价格管制，这促使医院提供过多的医疗服务以及把服务的重点放在药品和检查上，在增加了医疗费用的同时也降低了医疗服务市场的效率。同时低价政策不但没有解决低收入群体看不起病的问题，反而增重了他们的医疗负担，进一步增加了医疗服务的社会不公平性[52]。

关于政府管制的改革问题，赵映诚提出，在构建和谐社会的环境下，传统的政府管制模式需要实现相应的转变：即从政府主导的模式逐渐转变为市场主导的创新模式，从单纯政府限制模式逐渐转变为提高管制对象自觉精神的激励模式，从单纯的政府政策模式转变为政府主导的协商型政策管制模式，从政府单一主体的管制模式转变为社会参与的多管制主体模式[53]。张秉福认为，由于政府社会性管制具有纠正市场失灵、维护社会公共利益、保障社会安定有序等重要功能，我国政府管制必须确立社会性管制改革的根本取向，健全社会性管制的主体体系，综合运用命令性和激励性管制方法，实现对管制者的有效管制，从而完善我国政府的社会性管制职能，最终满足构建社会主义和谐社会的要求[54]。吴光芸认为，目前我国的政府管制面对的主要是行政垄断问题以及管制结构的不合理。因此，我国政府管制改革重点应在于管制结构重构的问题：一方面要消灭原来计划体制的管理体制、管理办法和管理方式，消除行政垄断；另一方面要转变管制重点实行分类管制，即根据垄断性产业的业务进行划分实施放松管制的政策，根据不同产业以及同一产业不同时期实施放松管制政策[55]。

（作者：陈享光，中国人民大学教授；
王选华，中国人民大学博士研究生）

注：

①陈享光：《论我国微观收入分配中的公平》，《经济学动态》，2008 年第 8 期。

②胡浩志：《城镇各阶层收入分配公平性的影响因素——基于 PLS 的分析》，《当代财经》，2008 年

第 8 期。

③柏培文：《国有企业内部收入分配公平性研究——基于 M 公司的案例研究》，《南开管理评论》，2008 年第 4 期。

④李全伦：《企业收入分配的基本结构与测算依据：一种四维企业产权视角》，《中国工业经济》，2008 年第 5 期。

⑤陈享光：《农民的国民待遇问题研究》，《学习论坛》，2008 年第 8 期。

⑥贾让成、李龙：《外来务工人员收入分配地位成因的博弈分析：一个扩展的讨价还价模型》，《上海经济研究》，2008 年第 7 期。

⑦张杰、刘志彪：《需求与我国自主创新能力的形成：基于收入分配视角》，《经济与管理研究》，2008 年第 2 期。

⑧陈昌兵：《收入分配影响经济增长的内在机制》，《当代经济科学》，2008 年第 6 期。

⑨楚尔鸣、鲁旭：《基于面板协整的地方政府支出与居民消费关系的实证检验》，《经济理论与经济管理》，2008 年第 6 期。

⑩杨智峰：《地区差异、财政支出与居民消费》，《经济经纬》，2008 年第 4 期。

⑪袁晓玲、杨万平：《政府、居民消费与中国经济增长的因果关系》，《当代经济科学》，2008 年第 5 期。

⑫吴炜峰、杨蕙馨：《转型时期我国城乡居民居住消费收入弹性研究》，《产业经济评论》，2008 年第 9 期。

⑬梅洪常：《居民消费增长和结构优化路径分析》，《中国工业经济》，2008 年第 8 期。

⑭董岫岩：《居民消费结构变化存在的问题与对策》，《经济纵横》，2008 年第 6 期。

⑮赵怡虹、李峰：《居民资产、财富效应与我国城镇居民消费》，《经济经纬》，2008 年第 1 期。

⑯孙巍、王文成等：《基于 PI－LC 理论的现阶段居民消费行为研究》，《中国软科学》，2008 年第 10 期。

⑰钟甫宁、陈希：《转基因食品、消费者购买行为与市场份额：以城市居民超市食用油消费为例的验证》，《经济学》（季刊），2008 年第 4 期。

⑱徐超丽、杨宏力：《企业边界的确定：一个人力资本角度的假说》，《产业经济评论》，2008 年第 5 期。

⑲张弘：《价值网络对企业边界的影响分析》，《求索》，2008 年第 6 期。

⑳徐盈之、金乃丽等：《技术进步、企业边界与外包决策——基于中国制造业数据的经验研究》，《经济评论》，2008 年第 5 期。

㉑刘善庆、叶小兰：《企业边界变动的原因与结果分析》，《经济问题》，2008 年第 1 期。

㉒曾楚宏、林丹明等：《企业边界的协同演化机制研究》，《中国工业经济》，2008 年第 7 期。

㉓郑军：《企业边界与企业能力的共同演化模型》，《统计与决策》，2008 年第 22 期。

㉔杨智恒：《权力与权利区分下的企业控制权内涵界定》，《生产力研究》，2008 年第 10 期。

㉕曾楚宏、林丹明等：《基于资源基础观的企业控制权配置论》，《中南财经政法大学学报》，2008 年第 5 期。

㉖朱心来：《科技创业企业控制权分配的经验分析》，《经济经纬》，2008 年第 5 期。

㉗徐细雄、淦未宇等：《企业控制权动态配置的内在机理及其治理效应——实验的证据》，《经济科学》，2008 年第 4 期。

㉘潘秀丽：《企业控制权配置与经营者业绩评价》，《中央财经大学学报》，2008 年第 1 期。

㉙党兴华、贺利平等：《基于典型相关的风险企业控制权结构与企业成长能力的实证研究》，《软科学》，2008 年第 4 期。

㉚曹一萍：《中小企业融资困境及对策》，《经济纵横》，2008 年第 10 期。刘畅：《中小企业融资问题新探》，《经济纵横》，2008 年第 7 期。鲁丹、肖华荣：《银行市场竞争结构、信息生产和中小企业融资》，《金融研究》，2008 年第 5 期。

㉛顾光青：《破解中小企业融资难题：经验与启迪——中小企业金融服务国际研讨会综述》，《上海经济研究》，2008 年第 9 期。

㉜鲁丹、肖华荣：《银行市场竞争结构、信息生产和中小企业融资》，《金融研究》，2008 年第 5 期。

㉝程兴华：《中小民营企业融资创新研究：融资路径依赖与内生性契约构建》，《经济管理》，2008 年第 16 期。

㉞邱云章：《探讨新型银企关系，破解中小企业融资难题》，《中国金融》，2008 年第 16 期。

㉟李春琦、黄群慧：《我国企业资本结构问题的理论与现实考察——来自上市公司面板数据的分析》，《经济管理》，2008 年第 4 期。

㊱伊志宏、曹淮扬等：《地方经济发展与企业资本结构选择——来自我国上市公司的经验证据》，《经济管理》，2008 年第 13 期。

㊲孙力强、陈小悦：《风险不对称下的最优资本结构》，《南开管理评论》，2008 年第 2 期。

㊳姜付秀：《产品市场竞争与资本结构动态调整》，《经济研究》，2008 年第 4 期。

㊴汤丹沁：《产品市场需求与寡头企业的资本结构决策》，《产业经济研究》，2008 年第 5 期。

㊵王丽、曾庆久：《内部人控制、资本结构与控制权市场》，《经济评论》，2008 年第 3 期。

㊶张兆国等：《资本结构与代理成本——来自中国国有控股上市公司和民营上市公司的经验证据》，《南开管理评论》，2008 年第 1 期。

㊷俞秀宝、李建华等：《我国本土制造企业海外投资成功关键要素研究：华源墨西哥 SINATEX 案例研究》，《上海管理科学》，2008 年第 1 期。郑楚琳：《基于资本流动视角的中国海外投资策略思考》，《中国集体经济》，2008 年第 7 期。

㊸张承惠：《正确认识与妥善应对海外投资风险》，《求是》，2008 年第 22 期。

㊹俞秀宝、李建华等：《我国本土制造企业海外投资成功关键要素研究：华源墨西哥 SINATEX 案例研究》，《上海管理科学》，2008 年第 1 期。

㊺彭明、周玉晶：《我国石油企业海外投资模式的选择》，《经济研究导刊》，2008 年第 4 期。

㊻彭继民：《“走出去”战略与我国企业海外投资》，《经济研究参考》，2008 年第 26 期。

㊼杨绍政：《政府管制的理论演进及我国经济转轨期政府管制的理论假说》，《经济体制改革》，2008 年第 3 期。

㊽张明：《境外私募股权基金是如何规避中国政府管制的》，《世界经济》，2008 年第 3 期。

㊾陈冬华、章铁生等：《法律环境、政府管制与隐性契约》，《经济研究》，2008 年第 3 期。

㊿唐要家：《试析政府管制的行政过程与控制机制》，《天津社会科学》，2008 年第 4 期。

51白涛：《房地产市场绩效与政府管制》，《理论前沿》，2008 年第 10 期。

52吕本友：《医疗体制改革中政府管制途径和方式的研究》，《管理评论》，2008 年第 8 期。

53赵映诚：《论和谐社会架构下政府管制模式与手段的创新》，《学习与探索》，2008 年第 3 期。

54张秉福：《政府社会性管制与和谐社会构建》，《财经科学》，2008 年第 9 期。

55吴光芸：《分类适度管制：放松管制背景下的我国政府管制结构重构》，《现代经济管理》，2008 年第 7 期。

国际经济学

卫兴华　张福军

2008 年，我国经济学界对国际经济的理论和实际问题的研究焦点主要集中在：一、美国次贷危机引发的金融危机及其对中国的影响；二、人民币汇率水平与汇率制度改革；三、利用外资、跨国公司及外资银行问题；四、全球经济失衡与我国对外贸易政策实务；五、经济全球化与中国对外开放战略；六、粮食危机；七、国际能源问题。

一、美国金融危机及其对中国的影响

1. 美国次贷危机引发的金融危机和金融危机产生的原因

杨圣明认为，美国次贷危机已经发展成全面金融危机，正向实体经济渗透。次贷危机主要是由于一种金融衍生品，即“住宅抵押贷款支持证券”的泛滥造成的。前几年，美国住房市场火暴，不少金融机构把十分畅销的金融衍生品同次级证券甚至垃圾证券“打包”出售，多年积累下来的大量金融残次品甚至垃圾涌向了美国以及世界金融市场，其后果就是金融危机的爆发①。

严海波认为，此次美国金融危机是由于弱势美元政策到强势美元政策的转换中出现了问题，打破这个循环，美国只有以一种极端的方式转嫁危机②。

邓翔等认为，随着全球金融市场的飞速发展，新的金融产品不断涌现，衍生产品多、产业链长、金融风险隐蔽等新情况使得金融危机的防范和监管日益困难。美国爆发金融危机的主要原因是金融监管未能跟上金融创新的步伐，从而导致监管的缺失③。

张明认为，次级抵押贷款证券化、金融机构的会计记账方法和资产负债管理模式，导致危机从信贷市场传导至资本市场。商业银行被迫为特别投资载体提供信贷支持，受损商业银行为了降低风险资产比重以符合资本充足率的监管要求，导致危机从资本市场再度传导至信贷市场。次贷危机造成美国住房投资萎缩，资产价格泡沫破灭，抑制了美国居民消费和企业投资，导致危机从金融市场传导至实体经济。在经济和金融全球化背景下，危机将通过贸易和投资渠道，从美国传导至全球[④]。

罗熹提出美国次贷危机产生的原因是：（1）在货币政策和金融管制周期性放宽这一历史背景下，两个资金循环链条——围绕美国房地产市场的资金循环和以美国为中心的全球资金循环出现断裂，是这次危机爆发的根本原因；（2）多重环节的利益链条断裂是危机的深层原因；（3）美联储的宽松货币政策是危机的重要成因；（4）对金融机构放松监管是导致危机的重要因素；（5）金融全球化是危机传导的背景条件[⑤]。

2. 美国金融危机对世界经济的影响

卜伟等认为，当前由美国次贷危机引发的金融市场动荡继续蔓延，房地产业仍在衰退，消费和投资信心都创下新低，美国经济可能出现的大幅减速，将会对欧盟和中美等经贸关系及中国经济产生一定负面影响。对欧盟经济的冲击和影响：导致一些金融机构损失严重；扰乱了欧盟货币市场的运行；导致债券市场和股票市场震荡；影响到货币政策走向；导致信贷紧缩；对欧盟一些新成员国的影响可能更为长期。对中国经济的影响：中国的贸易出口将受到冲击；流动性过剩可能加剧；宏观调控难度加大[⑥]。

张燕生等认为，次贷危机以来的世界经济形势：美国经济衰退风险增加，影响扩大；国际金融市场不确定性风险加大。全球经济下滑可能会降低对我国通胀的压力；全球资源价格高位运行对我国经济也有很大负面影响[⑦]。

肖本华等认为，东亚经济体为世界美元本位提供了最重要的支撑，而美元本位也放大了次级债危机对东亚经济的影响。加强东亚区域间货币合作，是削弱美元本位、应对美国资产泡沫破灭对东亚经济冲击的根本之策[⑧]。

3. 中国应对次贷危机的策略及应该汲取的教训

阳建勋认为，美国的次贷危机为中国提供了经验教训：一是加强信贷风险管理，完善证券化风险防范法律制度；二是加强市场化监管，完善金融机构破产法律制度；三是加强监管成本意识，完善金融监管协调机制；四是谨防国际金融风险，加强金融监管的国际合作[⑨]。

刘艺欣等认为，中国房贷市场较之美国市场存在的问题更多，应及早采取有力措施防患于未然：（1）规范房地产市场、控制投机行为；（2）建立健全信用等级制度、加速资产证券化的步伐；（3）保持中国经济快速、稳定地增长[⑩]。

蒋志芬认为，美国次贷危机警示我们要加强对金融衍生品市场的监管，不断完善金融市场基础建设，循序渐进地推出金融衍生产品[⑪]。

李若谷等认为，对于中国来说，尽管美国次贷危机带来的直接影响有限，不过，中国对次贷危机应采取以下应对措施：（1）密切监测国际国内经济形势；（2）搞好宏观调控；（3）关注国内资产泡沫风险；（4）积极稳妥地推进对外投资和跨国并购[⑫]。

二、人民币汇率水平与汇率制度改革

1. 人民币汇率制度改革和政策目标

徐翀认为，在金融全球化的背景下，人民币汇率制度改革应关注以下几个方面的问题：坚持汇率改革市场化方向的同时要打破市场对人民币单边升值的预期；加大国际游说和沟通力度，保持改革的话语权并赢得外部支持；严防投机性资本的冲击，金融全球化背景下货币危机的发生往往与资本项目的开放有着紧密的联系；大力发展金融衍生品市场，深化商业银行和企业的改革；协调好汇率与利率等货币政策工具的关系[⑬]。

李杰等认为，在总体上支持央行的现行汇率制度的条件下，提出了人民币汇率制度改革的一揽子规划，即中期和长期目标模式：中期目标模式是爬行盯住一揽子汇率制；长期目标模式是更加灵活的、有管理的浮动汇率制[⑭]。

谷宇等认为，我国政府应控制人民币的升值幅度和速度，密切关注资产价格，并采取利率等多种政策工具收紧流动性。同时，货币当局应加强对非法跨境套利资本的打击力度，以避免大规模国际资本流动对人民币汇率造成重大冲击[⑮]。

2. 人民币汇率变动对我国经济的影响

刘亚等认为，在开放经济条件下，汇率变动对一国通货膨胀水平的决定具有什么作用？通过研究人民币汇率变动对国内通货膨胀的传递效应，表明，人民币汇率变动对以 CPI 衡量的通货膨胀水平的传递是不完全的，且存在明显的时滞，长期和短期汇率传递效应都很低；汇率变动对我国CPI的传递效应受食品价格冲击的影响非常大[16]。

唐东波提出，汇率对通胀率呈显著的负相关性。为了有效治理通货膨胀，在采取有效措施防止国际游资投机行为的同时，存贷款利率均不宜继续上升。与此同时，应以较稳定的人民币汇率作为抑制通货膨胀的重要工具[17]。

张纯威认为，短期内人民币汇率与通胀之间既不存在直接关系，也不存在间接关系，也就是说，人民币升值无法起到抑制通胀作用。因此，目前针对汇率杠杆的政策操作思路不应是放任升值，而是要采取有效措施，防范投机性资本大规模流入，稳定有效汇率，弱化升值预期，以免人民币升值过速对出口以至国内经济造成严重的负面冲击[18]。

三、利用外资、跨国公司及外资银行问题

1. 中国利用外资问题

裴长洪等认为，中国应继续完善投资环境，从法律层面、制度层面、政策层面、管理层面、服务层面为继续积极有效利用外资创造良好的条件，通过量的增长和质的提高，使外资在提升中国开放型经济水平、激励自主创新、推动产业升级、促进区域协调发展以及构建和谐社会等方面发挥积极作用[19]。

李炳炎等认为，随着外资在华并购案例的显著增多，并购规模不断扩大，并购投资成为我国利用国外直接投资的主要方式。但外资并购所带来的产业安全问题令人担忧。因此，有必要在认清外资并购现状的基础上，采取有效措施维护我国的产业安全[20]。

邓宗豪等认为，我国应以维护经济安全与主权为外资监管标准，借鉴发达国家经验，对外资准入及其经营活动进行监管，协调好投资自由化与外资监管政策，使外资更好地为我国改革开放和经济建设服务[21]。

赵蓓文认为，通过回顾中国从第一阶段吸收港澳台资本到第二阶段吸收大型跨国公司到第三阶段跨国公司在华大规模开拓市场的整个过程，提出了改革和开放双轮驱动是中国吸引外部资本要素流入和集聚的主要原因。在此基础上，中国应更多地通过制度优化来创造吸引外部资本要素流入的经济环境和市场环境，实施中国与跨国公司的互利共赢[22]。

王霞等认为，外商直接投资（FDI）对我国产权制度变迁有多方面的影响，主要体现在：促进了我国产权交易的进行；进一步提高了产权结构的效率；主要通过竞争机制、外资并购、改变国企改革条件、外资优惠政策4个方面影响了我国产权制度的变迁[23]。

2. 跨国公司相关问题

薛求知等认为，腐败不但会对FDI流入总量产生影响，还会对跨国公司的战略产生影响，通过研究得到以下结论：第一，东道国国家层面感知腐败、产业层面感知腐败，会使跨国公司采用持股比例较低的合资（控股或非控股）进入模式；第二，东道国腐败程度对跨国公司进入模式战略的影响会受到跨国公司进入东道国战略动机的调节[24]。

黄顺武认为，当代跨国公司R&D出现分散化的特点，并采用了国际许可证、国际合作、“绿地投资”和并购等方式。R&D分散化会产生资源配置与利益分配、“挤出”与“挤入”、技术外溢等诸多效应，并对经济全球化产生影响[25]。

李东阳等认为，跨国公司R&D国际化的基本特征：在国外R&D型分支机构数量不断扩张、国外R&D支出的规模和比重不断上升、国外R&D活动的地区更加分散、国外R&D型分支机构专利成果迅速增多、国外R&D投资向高技术产业转移和R&D战略联盟迅速发展等。在此背景下，我国应采取的策略为：加大R&D投资力度，营造良好的投资环境；提高利用跨国公司R&D投资的技术外溢效应的能力；提高抵御技术安全风险的能力；鼓励企业“走出去”，参与R&D国际化[26]。

李文瑛认为，从我国的引资数量上看，在外商直接投资总量增加的同时，跨国公司的股权结构也发生了变化，更多的跨国公司倾向建立独资公司。独资化有利于实现跨国公司的最大利益，但对我国产业安全将会产生一定的负面效应，主要体现在对产业主导权、产业结构、产业竞争力、市场竞争结构等方面的负面效应[27]。

张琴等认为，从跨国投资角度来看，股权安排是一个动态选择的过程，既包括跨国公司初入东道国时的股权安排，也包括经营若干年后对股权安排作出的重新调整。在对不同股权安排的优劣及影响因素进行分析的基础上，阐述不同阶段跨国公司通过什么样的股权安排来实现其经营目标[28]。

李珮璘提出，跨国公司并购对中国本土企业生存与成长的抑制，所造成的产业垄断以及对中国产业安全与国家经济安全的影响等问题不容回避。在跨国并购背景下，中国战略产业的发展战略主要包括外资并购的政府规制、政府产业支持政策和企业自主创新3个方面[29]。

徐康宁等揭示了决定跨国公司价值链区位分布的主要因素：在区位选择上，市场规模、交通便利程度、金融条件等对制造类跨国公司的影响度较大；研发类跨国公司对区域或城市的技术基础或人力资本、通信能力等较为敏感；营运类跨国公司与地理方位、制度透明性和服务业发达程度关联紧密。同时，高端跨国公司在区位选择上对低成本劳动力这一因素并不敏感[30]。

3. 外资银行相关问题

王喜认为，外资银行进入国内的规模同FDI和出口正相关，同进口负相关。中国的区位优势对外资银行具有一定吸引力，国内银行业竞争水平的提升一定程度上可以限制外资银行进入[31]。

夏辉等认为，入世以后，外资银行加快了在华开设分支机构的步伐，但从资产总额、存贷款市场份额、赢利水平等指标来看，其对我国银行业的竞争结构并没有产生实质影响。实际上，外资银行是通过投资参股国内银行的方式来弥补其在网点分布和客户基础方面的不足，并以此来分享中国经济高速增长的成果[32]。

孙会国认为，通过梳理外资银行的进入对东道国银行业绩效的影响机制后发现：外资银行进入的增加，导致国内银行管理费用增加；促使国内银行的赢利能力提高；伴随着外资银行的进入，银行竞争不断加剧，银行效率也呈现出降低的趋势[33]。

陈奉先等认为，短期内外资银行进入会导致东道国银行业利润水平下降、风险管理水平上升；外资银行机构数量的增加和持股比重的上升，都能刺激中国银行业效率的改进，但是外资银行持股比重的影响更具普遍性；不同类型银行对外资银行进入的反应存在差异，国有商业银行反应比较迟钝，而股份制和城市商业银行反应比较迅速[34]。

李伟等认为，外资银行带来的实际竞争压力还很有限，只有当外资银行进入程度达到并超过一定水平时，才会对我国银行业的市场竞争发挥促进作用[35]。

四、全球经济失衡与我国对外贸易政策

1. 全球经济失衡问题

蔡昉认为，一方面是以美国为代表的长期的经常项目和财政“双赤字”，另一方面是包括中国在内的亚洲经济体和新兴市场经济经常项目和资本项目“双顺差”，表现出的所谓全球经济失衡，既是世界经济的一个不稳定因素，又是中国经济增长的一个不可多得的机会窗口[36]。

雷达等提出，美国宏观经济政策制定的根本目的都是实现国内经济增长以及充分就业，而不是内外均衡同时实现。21世纪以来美国宏观经济政策由于没有给予外部失衡足够的权重，导致了美国经常账户赤字的持续攀升以及全球经济失衡的加剧[37]。

李新功认为，近一轮全球经济失衡主要是美国既定经济政策的产物，将持续相当长时期。全球经济失衡虽然能加剧美国同有关国家的经济矛盾，对世界经济带来风险，但也是美国和世界经济中的一个利多因素[38]。

刘威认为，当前的全球经济失衡调整可从3个方面重点突破：渐进式的调整外国对美资本流入、缩小美中两国间结构性贸易失衡及为失衡调整建立必要的政策协调机制。中国在参与全球经济失衡调整中，需坚持“以我为主”的互利共赢开放战略，加快东亚区域自由化、扩大内需、渐进式推进人民币汇率制度改革、完善外资引入政策[39]。

陈继勇等认为，衡量全球经济失衡是否可持续的实质是考察美中贸易失衡是否可持续。在经济全球化背景下，由于外商对华加工装配类制造业直接投资与美国对华技术出口管制难以持续，使美、中贸易失衡呈现不可持续的发展趋势。在其影响下，全球经济失衡最终将难以持续[40]。

2. 对外贸易问题

温怀德等认为，外贸与FDI都在整体上促进了中国经济增长，其中，进口对经济增长的作用较小；出口与FDI加剧了中国环境污染；进口贸易可抑制环境污染，但作用比较小[41]。

何莉认为，鉴于中国各地区对外贸易发展水平和结构非常不均衡，从而得出：（1）支持中西部地区发展对外贸易。（2）构建区域经济社会协调发展的宏、微观环境。（3）为中西部地区经济发展提供适当的政策支持。（4）优化投资环境，引导各项资本向中西部地区流动[42]。

刘方等认为，区城经济增长与初级产品进出口和工业制成品出口贸易的增长更为相关。初级产品对经济增长的作用稍大，而工业制成品的效应略小[43]。

梁平等认为，出口对国内就业具有显著的正向影响，进口对国内就业具有地区性差异；不能以出口为导向来解决我国的就业问题，调整进口商品的结构，对解决就业具有十分重要的意义[44]。

姚枝仲认为，中国当前对外贸易存在3个制定进口战略时所必须考虑的主要问题：一是巨大的对外不平衡；二是国内巨大的能源资源需求与国外能源资源卖方垄断和其他干扰之间的矛盾；三是处理技术引进、国外技术管制与本国高技术行业的发展以及技术创新之间的矛盾[45]。

五、经济全球化与中国对外开放战略

1. 经济全球化的特征及其对中国经济的影响

王晓峰认为，经济全球化时代我国经济发展存在对跨国资本、西方技术、外部市场的依赖以及原有经济体系被打破等问题，应对经济全球化的挑战，我国应进一步强化在国际生产链的加工环节中形成的优势，扶持民营资本的发展，增强经济体系中的竞争程度[46]。

朱炎生认为，随着经济全球化的发展，经济全球化自身存在的诸多不足与局限也日益显现：（1）对人口流动的限制；（2）对知识产权的过度保护；（3）贸易自由化的程度有限；（4）国际直接投资的地域分布过度集中；（5）国际金融体系缺乏稳定性。对此，发展中国家需要在国内和国际两个层面建立起有效的发展机制，才能实现自己的经济发展目标[47]。

赵晓明等认为，在在经济全球化背景下，发展中国家应该将战略性贸易政策和产业政策结合起来，扶持国内面临外国竞争的产业，保护和促进国内产业的发展；协调竞争政策和产业政策，要以竞争政策为基础，通过竞争政策的实施，促进资源的有效配置、产业竞争力的提高和产业发展[48]。

关进礼提出，经济全球化的基本特征表现为：企业全球化；生产全球化；贸易全球化；市场经济体制全球化；金融全球化和经济信息化；区域经济一体化不断加强；国际经济组织日益健全。对于广大发展中国家而言，经济全球化是一把“双刃剑”，具有正面效应和负面效应二重性[49]。

张薇等认为，在经济全球化背景下，发达国家经济技术优势的压力、发展中国家之间竞争的加剧以及国内经济矛盾的加剧等，都会对我国的经济安全产生不同程度的负面影响。只有通过持续、健康的经济发展，显著提高综合国力，才能有效消除这些负面影响，保证国家经济安全[50]。

张幼文提出，从生产要素的国际流动是经济全球化的本质特征这一论点出发，论证了经济全球化条件下发达国家与发展中国家共赢的逻辑以及各自机遇和挑战的内容，说明了吸引稀缺要素的流入是全球化条件下发展战略的核心，世界服务贸易发展是发展中国家参与全球化的机遇[51]。

颜鹏飞等认为，坚持独立自主同参与经济全球化结合起来，是我国加快实现现代化、巩固和发展社会主义的宝贵经验。“独立自主”是带有中国形态、中国风格和中国特色的“自主创新”概念，而“创新型国家”则涵盖着制度创新、科技创新、文化理论创新。我们必须构建中国特色社会主义体制和发展模式、独立自主的国家发展战略、自主创新的核心技术和知识体系以及中国形态的哲学社会科学体系[52]。

2. 中国对外开放战略

桑百川认为，在全面融入全球经济主流和国内工业化加速发展中，对外开放为全面建设小康社会、和谐社会服务，为深化改革服务，为谋求又好又快发展服务。这决定了我国对外开放进入全面转型期。为此，在政策选择上应该进行调整：（1）谋求对外开放内容向纵深扩展；（2）调整对外贸易战略；（3）调整利用外资战略；（4）推进涉外经济体制改革，谋求可持续发展[53]。

张二震等认为，由于政治稳定、要素集聚能力强，中国的对外开放抓住了全球化带来的机遇，有效地规避了全球化的风险，实现了繁荣富强。在参与经济全球化的过程中，坚持以切合比较优势的方式参与国际分工，实施正确的开放战略，保持正确的开放时序至关重要。同时，对现有的国际经济秩序只能是合理的“扬弃”[54]。

王宏森认为，改革开放以后，中国逐渐形成了国家干预下一套比较系统的，以资本控制、出口导向、税收及准财政激励固定汇率及强制结售汇制为四大支柱的“新重商主义”开放模式或战略。对中国开放模式或战略进行重新审视，应分析作为这一模式的中国新重商主义的结构特征、绩效机制、政策困境和改进思路，在此基础上提出以“既有干预，更重市场”、“既要重工，也要重融”、“既要重商，更重富民”为准则改进中国新重商主义战略的具体对策[55]。

六、粮食危机

贾善和认为，当前的全球粮食危机主要是“价格危机”，美国是制造“全球粮食危机”的最大嫌疑国。全球粮食危机对我国的影响有：（1）通过进口直接影响国内市场价格；（2）通过上下游传导影响国内价格；（3）通过心理作用强化国内涨价预期。所以，面对当前的粮食新形势，我们应该采取以下措施：（1）进一步增强农业综合生产能力；（2）大力推进“开源节流”工作；（3）加强粮食市场调控能力建设；（4）加大政府对粮食流通环节的支持力度[56]。

高长武等指出，当前世界粮食危机的主要表现有：（1）世界粮食库存急剧下降。（2）世界粮食价格不断攀升。（3）许多国家和地区出现了消费者囤粮与零售商限购粮食的现象。（4）当前发生的这场世界粮食危机短期内不会结束。世界粮食危机发生的主要原因有：（1）发达国家多年来一方面采取高额补贴本国农业的政策，大力加强自身粮食生产，另一方面却诱使发展中国家竞相发展用于出口的工业产品的生产而放松粮食生产。（2）粮食危机中隐含着以美国为首的西方发达国家的战略意图。（3）西方农业跨国公司的垄断加剧了世界粮食危机。（4）西方金融投机商对农产品的投机、炒作行为扭曲了粮食价格。（5）一些发达国家大力推广生物燃料的做法也是引发粮食价格上涨的一个重要原因[57]。

竺彩华认为，随着粮价的不断攀升，世界正面临越来越严重的粮食危机。东亚由于人口比重与可耕地比重严重不成比例，平均农业生产力低下，因此，粮食危机对东亚国家的未来社会安全和经济发展提出了严峻挑战。为此，东亚国家需要转变观念，既在国内调整相关政策倾向，重新重视农业生产，同时也要加强区域内的农业投资合作以及农产品贸易机制，以确保粮食安全和经济社会安全[58]。

彭珂珊认为，为了应对粮食危机，我国粮食发展应采取的措施：（1）加强粮食宏观调控，促进农业经济发展。（2）坚持加强科技投入，进行集成创新。（3）建立稳固的产粮基地，切实保护粮农利益。（4）坚持依法行政，保证食品卫生安全。（5）必须保持必要的库存量，加快推进粮食物流现代化建设。（6）普及粮食营养知识，倡导科学消费。（7）必须始终立足国内，保障我国粮食供求平衡[59]。

刘晓雪等认为，粮食价格上涨的全球性因素有：（1）美元贬值是粮食价格攀升的助推器；（2）供小于求的国际粮食供求状况。同时，国内“供弱需强”的供求状况也推动了粮价的上升[60]。

七、国际能源问题

鲍健强等认为，随着资源环境与经济发展的矛盾日益突出，以低能耗、低物耗、低排放、低污染为特征的低碳经济是未来经济发展方式的新选择。国际社会对温室气体减排的关注导致了低碳经济产生与发展，研究了低碳经济对传统的建立在化石燃料（能源）基础之上的现代工业文明的影响，以及发展低碳经济的路径和方法[61]。

李广众等考察了石油与14种初级品价格的长期互动关系。通过研究认为，石油价格与相关初级农产品价格间存在较强的长期均衡性关系，与初级金属品关系次之。然而并不能完全认定近年来石油价格的上升是引发各类初级品价格上涨的主要原因，其中可能存在更为复杂的作用机制[62]。

李天德等认为，通过分析石油价格波动与世界经济周期性波动的关系，石油危机或剧烈的价格波动初期与世界经济周期性波动有紧密的关联，加深了世界经济波动的幅度，拉长了世界经济波动的周期，但在滞后期对世界经济周期性波动的影响正逐步减弱，并由最初的异向变动转为同向变动[63]。

李卓认为，尽管石油战略储备有助于平缓石油冲击的影响，但并不能消除石油冲击发生时油价的跳跃性波动，由此也凸现了战略性石油储备的功能和战略目标主要应该定位在应付外部石油供给的突然中断，而不适宜定位在平抑油价走势上。在石油供给有限以及油价不断攀升的背景下，积极推行能源消费多元化战略对于经济发展和能源安全都具有积极意义[64]。

余建华认为，当今世界石油供需的宏观态势表明，石油资源的供应总量可以满足全球消费的基本需求。此轮国际油价的飙升是多种因素交互作用的合力结果。虽然高油价对世界经济的冲击在弱化[65]。

吴巧生等认为，从各国突破能源约束的实践中，中国可以借鉴的经验主要是：推行能源来源多元化战略，减少对动荡地区的过度依赖；建立石油战略储备；注意节能、增效，发展节能技术；开发新能源和可再生能源；综合考虑国家的能源安全，动员各方面的力量认真制定科学的、全面的、系统的、有预见性的国家能源战略[66]。

随着金融危机的加深和扩大，发达国家陷入衰退和发展中国家经济严重滑坡的趋势已难以迅速扭转，石油需求将全面降低。尽管欧佩克石油生产国继续削减产量，北半球进入冬季取暖季节，预计仍难以阻止国际油价的进一步走低。进入2008年11月份，国际油价继续下滑，进一步拉大了国内外油品的价差。加之国内油品需求持续低迷，国内油品市场价格下行的压力不断加大，市场对政府下调油品价格的预期日增[67]。

（作者：卫兴华，中国人民大学教授；张福军，中国人民大学博士研究生）

注：

①杨圣明：《美国金融危机的由来与根源》，《人民日报》，2008年11月21日。

②严海波：《美国金融危机转嫁的政治经济学分析》，《马克思主义与现实》，2008年第4期。

③邓翔、李雪娇：《“次贷危机”下美国金融监管体制改革分析》，《世界经济研究》，2008年第8期。

④张明：《次贷危机的传导机制》，《国际经济评论》，2008年第4期。

⑤罗熹：《美国次贷危机的演变及对我国的警示》，《求是》，2008年第18期。

⑥卜伟、段建宇：《次贷危机对世界经济的影响分析》，《宏观经济研究》，2008年第3期。

⑦张燕生、王海峰等：《次贷危机以来世界经济形势及对我国经济的影响》，《宏观经济研究》，2008年第3期。

⑧肖本华：《美国次级债危机及其对东亚经济的影响与对策》，《亚太经济》，2008年第2期。

⑨阳建勋：《美国对次贷危机干预的两难选择与启示》，《财经科学》，2008年第9期。

⑩刘艺欣、张力等：《美国次贷危机及中国房贷危机的预防》，《当代经济研究》，2008年第9期。

⑪蒋志芬：《美国次贷危机与我国金融衍生品市场发展战略选择》，《经济学动态》，2008年第1期。

⑫李若谷、冯春平：《美国次贷危机的走向及对中国经济的影响》，《国际经济评论》，2008年第2期。

⑬徐翀：《全球化背景下人民币汇率制度改革面临的挑战》，《中国金融》，2008年第4期。

⑭李杰、沈鲁青：《人民币汇率制度目标模式选择的思考》，《经济体制改革》，2008年第4期。

⑮谷宇、高铁梅等：《国际资本流动背景下人民币汇率的均衡水平及短期波动》，《金融研究》，2008年第5期。

⑯刘亚、李伟平等：《人民币汇率变动对我国通货膨胀的影响：汇率传递视角的研究》，《金融研究》，2008年第3期。

⑰唐东波：《人民币汇率与通货膨胀率的动态关系研究》，《经济科学》，2008年第4期。

⑱张纯威：《人民币升值抑制通胀效应的实证检验》，《财贸经济》，2008年第7期。

⑲裴长洪、樊瑛：《利用外资仍要坚持数量与质量并重》，《中国工业经济》，2008年第3期。

⑳李炳炎、唐思航：《外资在华并购新动向与应对策略》，《经济纵横》，2008年第1期。

㉑邓宗豪、冯镜：《国际投资自由化趋势与我国外资监管》，《经济体制改革》，2008年第3期。

㉒赵蓓文：《跨国公司在华投资战略演变与中国的外资政策调整》，《世界经济研究》，2008年第5期。

㉓王霞、陈柳钦：《外商直接投资对中国产权制度变迁的影响》，《教学与研究》，2008年第5期。

㉔薛求知、韩冰洁：《东道国腐败对跨国公司进入模式的影响研究》，《经济研究》，2008年第4期。

㉕黄顺武：《跨国公司R&D分散化的方式与效应分析》，《经济问题探索》，2008年第3期。

㉖李东阳、周学仁：《跨国公司R&D国际化与我国的策略》，《财经问题研究》，2008年第8期。

㉗李文瑛：《跨国公司独资化对我国产业安全的负面效应及对策》，《经济问题探索》，2008年第1期。

㉘张琴、余雅乖：《跨国公司海外经营过程中的股权安排研究》，《经济纵横》，2008年第6期。

㉙李珮璘：《跨国公司并购与中国战略产业的发展》，《世界经济研究》，2008年第7期。

㉚徐康宁、陈健：《跨国公司价值链的区位选择及其决定因素》，《经济研究》，2008年第3期。

㉛王喜：《母国客户、东道国区位优势与外资银行进入——来自中国的证据》，《当代财经》，2008年第7期。

㉜夏辉、苏立峰：《入世后外资银行在华发展状况及应对政策》，《财经科学》，2008年第5期。

㉝孙会国、李泽广：《外资银行对国内银行业“组合绩效”的影响机制》，《财经研究》，2008年第6期。

㉞陈奉先、涂万春：《外资银行进入对东道国银行业效率的影响——东欧国家的经验与中国的实践》，《世界经济研究》，2008年第1期。

㉟李伟、韩立岩：《外资银行进入对我国银行业市场竞争度的影响：基于Panzar—Rosse模型的实证研究》，《金融研究》，2008年第5期。

㊱蔡昉：《顺水行舟——失衡世界经济背景下的中国经济调整》，《经济前沿》，2008年第6期。

㊲雷达、黄族胜：《21世纪以来美国宏观经济政策与全球失衡》，《甘肃社会科学》，2008年第4期。

㊳李新功：《论全球经济失衡与中国的选择》，《国际问题研究》，2008年第1期。

㊴刘威：《全球经济失衡的调整重心及中国的参与策略》，《武汉大学学报》（哲学社会科学版），2008年第4期。

㊵陈继勇、吴宏：《全球经济失衡的可持续性问题研究——基于美中贸易失衡的角度》，《武汉大学学报》（哲学社会科学版），2008年第4期。

㊶温怀德、刘渝琳：《对外贸易、FDI的经济增长效应与环境污染效应实证研究》，《当代财经》，2008年第5期。

㊷何莉：《对外贸易、制度变迁与地区经济增长的差异性》，《财经科学》，2008年第8期。

㊸刘方、赵忠秀：《对外贸易结构与区域经济增长——基于东北老工业基地的实证分析》，《财贸经济》，2008年第5期。

㊹梁平、梁彭勇等：《我国对外贸易就业效应的区域差异分析——基于省级面板数据的检验》，《世界经济研究》，2008年第1期。

㊺姚枝仲：《当前对外贸易中存在的主要问题》，《经济研究参考》，2008年第36期。

㊻王晓峰：《经济全球化时代我国经济发展困境的思考》，《广西社会科学》，2008年第3期。

㊼朱炎生：《经济全球化对发展中国家经济发展的影响与对策经济问题》，《经济问题》，2008年第4期。

㊽赵晓明、韩小威：《经济全球化对发展中国家产业政策运行空间的影响》，《当代经济研究》，2008年第9期。

㊾关进礼：《经济全球化的基本特征及对发展中国家的影响》，《当代经济》，2008年第1期（上）。

㊿张薇、翟秀文等：《经济全球化背景下我国经济安全影响因素分析》，《经济经纬》，2008年第3期。

51张幼文：《要素的国际流动与开放型发展战略——经济全球化的核心与走向》，《世界经济与政治论坛》，2008年第3期。

52颜鹏飞、贺静：《坚持独立自主与参与经济全球化相结合　构建创新型国家》，《思想理论教育导刊》，2008年第7期。

53桑百川：《我国对外开放进入全面转型期的政策选择》，《国际贸易》，2008年第1期。

54张二震、方勇：《经济全球化与中国对外开放的基本经验》，《南京大学学报》（哲学·人文科学·社会科学），2008年第4期。

55王宏森：《中国的“新重商主文”及其改进思路：对外开放模式的一个审视》，《经济与管理研究》，2008年第4期。

56贾善和：《全球粮食危机的深层原因、影响及启示》，《经济研究参考》，2008年第35期。

57高长武、雷侃：《世界粮食危机的表现及其成因》，《中华魂》，2008年第9期。

58竺彩华：《世界粮食危机对东亚的影响及其应对》，《国际经济合作》，2008年第8期。

59彭珂珊：《2008年全球粮食危机和中国粮食问题观察》，《粮食问题研究》，2008年第4期。

60刘晓雪、徐振宇：《全球视角下粮食价格上涨的原因探析》，《粮食问题研究》，2008年第5期。

61鲍健强、苗阳等：《低碳经济：人类经济发展方式的新变革》，《中国工业经济》，2008年第4期。

62李广众、吕继伟等：《石油价格对初级产品价格的影响研究》，《国际贸易问题》，2008年第7期。

63李天德、宗建亮等：《石油危机对世界经济周期性波动的影响》，《国际贸易问题》，2008年第1期。

64李卓：《石油战略储备计划与石油消费的动态路径分析》，《管理科学学报》，2008年第1期。

65余建华：《世界石油供需态势与油价高位问题》，《社会科学》，2008年第5期。

66吴巧生、金炬：《突破能源约束的国际比较及对中国的启示》，《宏观经济研究》，2008年第4期。

67周向彤：《近期国际石油价格回顾与预测》，《国际石油经济》，2008年第11期。

宏观经济管理与政策

方 芳 袁 成

2008年中国经济增长速度的放缓，CPI的止涨和回归正常，宏观调控的力度加大，货币政策对于货币流动的控制以及财政政策对经济发展模式和发展结构的调整，金融风险的加剧带来的充满变数的股市，以及一直都不会变化的重民生的经济主旋律构成了独具特色的一年宏观经济形势。表现在拉动经济增长的“三驾马车”上，出口方面因为美国次贷危机及其他发达国家经济放缓所引发的国际需求下降的影响，出口增速放缓，贸易顺差增幅明显下降；投资方面投资增幅有所回落，但受政策调节，投资结构有所改善；消费方面，受人均收入加速增长、扩大消费需求政策生效、奥运经济刺激的影响，消费对经济增长的拉动作用明显，对GDP贡献7年来首超投资，意味着经济增长方式可能开始出现“拐点”。

这一年中国宏观经济运行经历了大起大落。总的来说，经济基本运行面良好：结构调整出现积极变化，服务业加快发展；区域发展的协调性逐步改善；经济效益大幅提高，财力连年大幅增加；节能减排初见成效；对外经济平稳增长；农业生产再获丰收；体制改革多点突破：集体林权改革、新型农村金融机构试点、国有资本经营预算制度建立、统筹城乡综合配套改革试验、统一内外资企业所得税、扩大增值税转型试点范围等方面的工作积极推进；金融调控体系不断完善；人民币汇率弹性进一步增强；国有企业、行政管理体制、投资体制、土地管理体制、资本市场改革和农村综合改革等继续深化；人民生活实惠增多，就业岗位明显增加，农村居民人均现金收入增长。但是伴随美国次贷危机升级为世界金融危机，西方主要经济体陷入衰退的风险不断加大，国内房地产、钢铁、汽车等重要支柱产业产销大幅度下滑，宏观态势的急转直下显现出当前经济发展中存在的长期积累的经济增长模式的矛盾：经济增长特别是工业增长仍然偏快，结构调整仍然滞后，经济发展付出的代价过大；节能减排形势严峻，能源消耗大量增加，重大环境污染事件时有发生；涉及群众切身利益的食品安全和收入保障、公共服务问题严重。从深层次看，是发展方式粗放、结构不合理、体制机制不健全的反映。

一、2008年宏观经济运行态势和宏观调控

在宏观调控上，根据经济运行态势的调整，保持平稳较快增长成为当前首要任务：财政政策从“稳健”转为“积极”，货币政策从“从紧”转为“适度宽松”，调控重点从年初的“双防”、年中的“一保一控”，到年底的经济工作会议上提出的“保增长、扩内需、调结构”。

对调控政策实施效果、宏观经济运行态势的判断、解决“三农”问题的途径、坚持调整结构和转变发展方式的重点、推进改革和自主创新，着力加快社会发展和改善民生，包括促进经济社会又好又快发展的方式上专家提出了各自不同的见解。

学者们基本认同中国宏观经济调控正在进入一个新的阶段，一个比较微妙的阶段，在这个阶段，需要作出调整，同时需要准备应付一些不测事件。经济增长既有趋势性的变化，也有周期性因素，必须把周期性因素和趋势性变化加以分离，以确定中国的潜在经济增长速度。其认为目前中国的潜在经济增长速度提高肯定是有的，但不会有大幅度的跳跃①。

有学者认为，转型期宏观调控需要大智慧。尽管经济增长11.5%，但投资增速仅26%，货币供应量的增长，在各种对冲办法之后，仅相当于GDP增速的1.6倍，因此当前经济并未显示出明显过热迹象。但是高增长、低通胀以及汇率升值的宏观环境，容易滋生资产价格泡沫，因此中国真正值得忧虑的是在对可能出现的泡沫经济及其导致的民生负面影响上。借鉴日本经济变革前车之鉴，调控之策不能只用“打压”和“紧缩”，而要系统治理。对于新的经济部署，概括起来就是7个字，“防热防胀重民生”②。

有学者针对当前我国宏观经济运行态势及调控政策分析，认为当前我国的宏观经济运行在继续稳步增长的同时，面临着外部经济环境的复杂性和多变性的挑战，未来的经济运行态势出现不确定性。流动性过剩、通货膨胀压力依然存在，人民币升值趋势明显，房地产与股票市场前景存在不确定性。宏观调控政策立足于“双防”、适度从紧的基础上，应对经济走势更加灵活审慎地调整，并致力于优化经济增长模式和结构调整，实现整体经济又好又快

地协调发展[3]。

二、关于通胀与通缩的讨论

中国持续5年的“高增长、低通胀”黄金组合在2007年被最终打破。自2007年中后期开始，通货膨胀持续爬升。2008年，通货膨胀日益成为社会公众关注的焦点。通货膨胀是否是当前经济运行的首要危险，CPI的上涨是明显的通货膨胀还是温和的价格调整，通货膨胀现象的出现是价格因素、商品结构因素、指标因素、货币因素还是经济基本面的变化，宏观调控的首要任务如何定义，目前是否适合进行价格机制的改革等问题，成为各界广泛关注的话题。

有学者指出，中国的通货膨胀往往起源或伴随着流动性过剩。宏观经济中的流动性过剩是经济发展的阶段性和制度性因素相互作用的结果，是经济发展战略选择的必然结果，是传统的农业国家实现工业化过程不可回避的经济现象和无法跨越的一个经济发展阶段；从本质上说是社会发展中的经济现象在金融领域中的反映，只是金融领域又助推了这一现象的发展趋势，内在根源在于经济结构的失衡，是我国长期的粗放型和外需拉动型经济增长模式导致的必然结果。由此建议从调整经济结构入手，进一步落实科学发展观，调整国民收入分配政策、转变贸易发展方式、提高货币政策的科学性、前瞻性和时效性等[4]。

有学者用实证方法寻求通货膨胀的发生原因，通过分析发现通货膨胀与货币供给量、汇率、外汇储备和国际原油价格之间的关系，发现长期中通货膨胀与货币供给M_1增量、汇率、外汇储备、国际原油价格之间存在长期均衡关系。外汇储备和国际原油价格都是通货膨胀的格兰杰原因，而外汇储备是货币供应M_1增量的格兰杰原因[5]。

有学者从人民币升值和我国通货膨胀这一对看似矛盾的经济现象入手，发现近年的通货膨胀和人民币升值压力之间存在着一种相互依赖和推动的关系，维系这种关系的纽带有对通货膨胀伴随经济增长的预期、国际热钱的投机、对通货膨胀的预期、货币当局的政策、对人民币升值的强烈预期等，因此要想在目前汇率政策之下实现内部和外部经济的同时均衡，靠市场经济自身的运行几乎是无法达到的，宏观经济管理和决策部门必须运用各种有效的手段化解维系当前通货膨胀和人民币升值相互推动的纽带，才能保证我国经济在一段无法实现内外同时均衡的时期内健康、平稳、快速地发展[6]。

有学者判断物价上涨根本上不是由于总供求关系严重失衡导致，而是主要由国际粮价上涨造成的，因此中国经济并不存在非常严重的通货膨胀的压力。中国经济增长情况不错，总供求关系基本平衡，经济增长速度基本稳定，但是，中国经济中不平衡现象的存在威胁着中国经济的未来。储蓄太多、外贸顺差和外汇储备太多，造成流动性风险增大，而这些资金有向股市和楼市集中的投资趋势。据此政府需要防止流动性过度增长，严格银行贷款监管，引导市场正确投资理念，在房地产市场上加紧研究物业税等控制需求的制度，同时更注重增加供给[7]。

有学者认为本轮通货膨胀源起一系列利于制造业的政策和对服务业准入的管制造成了资源过多流入制造业，全球范围的经济繁荣又加剧了这个进程，最终带来了中国贸易顺差的持续大幅增长；其次，贸易顺差激发了货币升值预期和热钱流入，货币当局面临严峻挑战，几乎不可能很好地管理总需求；最后，过多的货币带来了过度需求和通货膨胀。因此解决通货膨胀，关键还在于管好货币。纠正政策扭曲、理顺产业结构才能从根本上解决贸易顺差和持续的人民币升值预期问题。要使更加有效的货币和需求管理成为可能，需要尽快实现人民币汇率的市场化决定机制，放开对服务业的准入管制和建立行业内公平竞争的市场秩序[8]。

有学者提到宏观经济的失衡的特殊性，对我国现阶段通货膨胀产生了深刻的影响。就长期而言，我国经济潜藏着通货紧缩的威胁，但就短期而言，却面临着巨大的通货膨胀的压力。通过探讨我国在商品和生产要素市场化过程中，高速经济增长、体制创新、经济发展阶段、经济全球化等特殊因素对我国价格总水平变动的影响，指出治理通货膨胀必须在需求和供给方面同时采取措施，既要治理通货膨胀，也要防止通货紧缩，尤其应该重视深化市场化改革，理顺各种商品和生产要素的价格关系及形成机制，为我国的经济增长和经济发展创造好的环境。在宏观调控中，应注意价格总水平的变动与经济增长、就业和可持续发展之间的均衡[9]。

有学者认为目前我国经济社会发展面临着十分严峻的复杂的局面。一方面，GDP增速高位适度回落，有利于抑制物价过快上涨。另一方面，成本上升、能源资源供求矛盾突出、部分行业和企业生产经营困难、涨价预期增强等因素，价格上涨压力增大。当前世界经济“滞胀”风险明显增加。价格机制能够有效地促进经济平稳较快发展，建立完善的价格机制十分必要。建立价格机制首先应该控制价格总水平的剧烈波动，保持商品价格对消费的积极影响，促进经济平稳持续发展，增强消费对经济的推动作用；其次需理顺价格机制，增强价格调控的预见性、有效性，把国内和国际因素统一考虑，特别是加快理顺我国资源类商品价格机制，做好价格预测预警制度[10]。

三、关于奥运会对中国经济影响的讨论

举办奥运会既是一项大型社会活动，又可产生巨大的经济效应，从而形成“奥运经济”，推动经济发展。因此，2008 年北京奥运会对中国经济的影响是巨大的，这种影响具体怎样，奥运会后中国经济是否仍沿着宏观调控预期方向发展，学者们提出各自见解。

有学者指出，从经济规模上来说，中国经济规模大，举办城市在经济中的比重相对较小；从固定资产投资上来说，北京固定资产投资不会在奥运会之后出现大幅度下滑；从心理预期上来说，奥运会之后中国经济没有进一步调整的理由，从而能够开始新一轮相对比较稳健的增长。不过因为中国经济转轨时期的内在经济结构问题和外在的全球经济衰退压力，中国经济发展存在挑战，但是这些与奥运会无关，在改革开放基础上加上奥运会积极的推动作用，将有利于各种产业的升级，有利于我国更好地融入国际市场[11]。

有学者认为奥运会主办国经济出现“奥运后的滑坡”原因为：资源型城市在资源枯竭后面临困境，没有后续的产业支撑奥运会这一资源；奥运之前形成了投资高潮，在奥运会结束后国内不能出现新的投资热点，拉动经济增长；奥运会结束后，部分服务人员的就业压力增大。对于中国，政府在基础设施方面的连续巨额投资，在带动经济增长中起了重要的作用，有持续的后续需求，投资也将保持兴旺状态，从而中国不会出现“奥运后滑坡现象”[12]。

有学者看到对于一些经济总量比较大的国家，“后奥运效应”并不明显。中国经济的发展关键还是要看内在的运行质量和驱动力。工业化、城市化进程要求，投资空间仍较大，外贸需求和内需动力的增强，为中国经济提供了源源不断的动力，奥运所起的作用更多的是锦上添花。不过中国举办奥运会仍要吸取世界其他举办国的经验教训，避免不必要的损失和浪费，使得北京奥运会远离“怪圈”，续写“巴塞罗那效应”[13]。

有学者指出在奥运会后的 3—5 年内，由于旅游、投资的衰退、基础设施的闲置及其财政负担，经济会呈现低谷的“蒙特利尔陷阱”。北京奥运的巨额投资，支柱产业的投资，股市泡沫化日益明显以及奥运场馆的赛后维护的巨额费用是导致北京的“后奥运经济”陷入“蒙特利尔陷阱”的消极因素。防止北京“后奥运经济”陷入“蒙特利尔陷阱”的微观应对措施包括做好长远规划，合理建设场馆，保证奥运会后的场馆再利用，避免浪费；采用适当的运作模式和管理模式。宏观应对措施包括熨平投资波动幅度，强化旅游业等相关服务产业的经济推动作用，加速产业结构调整，努力发展文化体育相关新兴产业，从而实现经济持续、稳定、健康发展[14]。

有学者认为“后奥运经济”需要应对的风险是“前奥运经济”阶段涉及的经济行为的负面效应，包括由于投资结构不合理、投资体制不规范的风险、“注意力经济”效应短期化的风险和产生“奥运泡沫”的风险等。控制“后奥运经济”的风险需要改进奥运投资、融资管理体制，合理控制奥运泡沫，抓住奥运机遇，进行地区间产业结构调整，放大“奥运”经济扩散效应，控制风险。“后奥运经济”面临的风险，部分来自奥运经济本身的特性，但风险的深层次原因，主要还在于我国市场体系发育不完善，市场运作经验缺乏。因此控制风险的根本出路在于按市场规则办事[15]。

有学者提出奥运会给中国带来的经济效益不言而喻。然而，奥运过后带来的“低谷效应”也将随之显现，“奥运低谷效应”源于奥运投资需求膨胀所带动的远期需求急剧萎缩。后奥运“低谷效应”的原因包括：预算执行超支严重，奥运前期投资巨大，赛后场馆利用率低下和奥运泡沫经济加剧。规避风险的应对措施主要是有效执行预算，建立多元化的投融资机制，充分考虑奥运会后场馆的改造利用和保持房地产、证券等产业健康稳步发展。只有对“奥运低谷效应”引起足够重视才能从奥运会中受益良多[16]。

四、关于全球金融危机对中国宏观经济运行影响的讨论

2007 年中国经济增长预计将高达 11.5%，受到世人瞩目。但对于中国在 2008 年奥运之后的经济走势，国内外有着各种截然不同的说法，“中国传递通货膨胀论”、“中国传递通货紧缩论”、“中国威胁论”、“中国即将崩溃论”众说纷纭，受到学界的关注。

有学者提出佩佐夫的“中国大萧条预言”不会发生，因为中国走的是和平崛起道路，人均量还相当低，只是刚刚走出全面建设小康社会的第一步。在正确的宏观调控下，巨大潜在需求的成长就会以相对动态均衡的形式而不是以过度繁荣后的大萧条形式出现。并且中国的“人口红利”仍然可持续，而当人口红利消失时，中国将从投资和出口推动型经济向消费推动型经济的转变，更有利于充分就业、高消费和社会保障有力的经济目标的实现，有利于实现增加消费、优化产业结构和经济增长方式的转变。经济的周期波动是经济社会发展中客观存在的现象，但只要政府采取切实有效的宏观调控政策，则可拉长周期时间，减缓波动幅度，保证经济运行的质量和效率[17]。

有学者指出由美国次贷危机引发的世界金融危机对我国经济产生冲击是肯定的，波及我国外贸出口，导致我国外汇资产贬值，拖累我国股市，影响外商直接投资。但是这些影响均属侧面冲击。危机同时也为我国经济发展带来机遇：人民币升值压力降低，国际资源性产品价格走低，我国经济运行成本、通货膨胀压力降低，有助于推进我国的国际资源战略布局，加快我国的经济结构调整。目前我国的资本项目没有放开，金融工具创新有严格控制，巨额外汇储备为我国抗御金融危机重要力量，保持我国经济继续快速增长态势的基本因素和我国经济增长新的动力结构正在形成，我国抵御金融危机风险存在强大实力[18]。

有学者评析经济危机对中国的影响，认为在虚拟经济方面金融危机引发的国外资产组合调整和对中国新兴市场重估，推动了股市下跌；国内资本品价格的上升，产生投机泡沫，影响人民币有效汇率的稳定，给中国的货币政策运用、宏观调控带来很大困难。但中国金融业相对封闭，我国金融业的直接影响不大。在实体经济方面，全球对外需求降低，中国的产能过剩问题更为突出，导致经济衰退，增加国内就业压力；进口方面企业利润空间降低，引发通货膨胀。此外金融危机挤压房地产泡沫时会增加商业银行房地产贷款所面临的风险。因此中国应加强金融业的监管，调整外汇储备战略，刺激内需，升级产业结构，加强监管房地产市场[19]。

有学者提出了金融危机背景下宏观经济的运行状态，中国宏观经济运行中存在的3类问题：第一，近年来宏观经济运行中存在的主要问题，包括：经济增长和固定资产投资增速过快；货币供应偏大，信贷投放过多；贸易顺差过大，外汇储备增长过快。第二，我国经济社会发展存在的长期问题，包括：农业持续增长和农民持续增收的问题；调整投资与消费的比例关系的问题；提高服务业占GDP比重的问题；居民收入差距扩大的问题；节能减排问题。第三，当前需要密切关注和重视的问题是通货膨胀问题。2008年宏观调控政策总体还是要保持政策的连续性和稳定性，同时要根据国内外形式的变化，及时适度地对调控政策的方向和力度进行必要的调整[20]。

有学者着重于探讨宏观经济的走势，探求当前中国宏观经济的周期特征以及拐点问题。经济周期波动阶段性的识别和检验一直是经济周期理论关注的主要内容之一，它关系到经济周期扩张和衰退的转变点判断和经济周期非对称性存在等问题。通过对我国经济增长走势的分析，发现我国经济增长呈现出的低速增长—适速增长—高速增长—适速增长—低速增长周期规律，经济周期三阶段的两个拐点分别为8.2%和9.71%。经济增长率将在未来两年内可能出现持续下降态势，但仍会在高于10%的高位上运行，未来12个季度内我国经济增长率将主要在7%～13%的区间运行[21]。

五、关于对需求结构管理的讨论

连续5年GDP增长率超过10%，显示了中国经济强劲增长的良好态势。但与此同时中国经济总量持续增长的背后隐藏着深刻的结构不平衡，尤其是总需求结构不平衡已引起越来越多的关注。

有学者提出消费需求、投资需求和出口需求在总需求结构中应保持适当的比例关系，投资增长会造成新的供给，而新的供给只有被新的消费所吸收才是有效的供给。否则，投资带来经济增长的同时会导致产能闲置、产品积压、效益下降，最终造成经济的大波动。因此只有消费驱动型的经济增长模式才是有利于中国经济持续、高效、和谐发展的有效选择。目前中国存在消费与投资、内需与外需的矛盾。中国政府应通过建立完善的社会保障体系、政府投资体制以及充分运用出口退税等财税政策，促进中国总需求结构的调整，扩大消费需求并调整投资需求和出口需求的总量与结构，从而实现宏观经济持续、稳定、和谐发展的目标[22]。

有学者指出当前我国贸易顺差出现同比下降，全年我国对外贸易总体仍将延续出口放缓、进口增速格局，贸易顺差迅猛扩张势头以及贸易失衡矛盾将得到逆转。宏观政策的调控目标是创造内需与外需，内需将支撑外需下滑带来的不利影响。近几年我国城乡居民实际收入和财政收入增长较快，为扩大内需和加大财政对经济增长的支持力度提供了基础条件，并且消费加速增长对经济增长具有乘数效应。但是保持内需驱动力仍需作出巨大努力，包括：强化收入预期和弱化支出预期，确定灵活的价格机制，推动城市化进程，逐步形成“双向”良性循环的对外开放格局，把遏制热钱炒作和防止成本推动型物价过快上涨作为宏观调控的重要内容，妥善运用宏观调控手段，巩固经济基本面[23]。

有学者指出2003年以来，为促进经济增长由主要依靠投资、出口拉动向依靠消费、投资、出口协调拉动转变，逐步提高消费在GDP中的比重，国家在宏观调控中，围绕增加居民收入、稳定消费预期、培育消费热点、改善消费环境等方面，制定和实施了一系列有针对性的、比较系统的促进消费的政策措施。近年来，城乡居民收入快速增长，消费结构不断优化，衣食住行用的水平全面提高，享有的公共服务显著增强，消费需求稳步扩大。目前坚持扩大内需特别是消费需求继续采取多方面措施，包括：努力提高城乡居民特别是中低收入者收入，加强就业和社会保障工作，减轻居民教育、医疗负担；促进住房、汽车、电信及服务性消费发展；完善鼓励消费的各项政策，着力改善消费环境[24]。

有学者指出2007年下半年以来，国内外经济环境发生了很大变化。在我国投资、出口和消费三大需求中，出口呈现明显的回落之势。因此总需求结构中出现外需明显回落，外贸顺差同比减少，一些大宗商品出口增长放慢，能源资源进口量增价上涨，加工贸易增速继续回落，各类企业出口增长均收缓，对美出口增长放慢，与东亚和新兴市场贸易活跃的特征。为了防止我国出口增长出现过快回落，同时加快转变外贸增长方式，应当保持外贸政策和人民币汇率基本稳定。采取切实措施优化出口商品结构。促进加工贸易升级和梯度转移。稳步扩大开放，积极增加有需求的进口[25]。

有学者提出，我国狭义外部失衡主要是内生性和外源性的，是国际经济格局、外国及我国实质经济因素共同作用的结果，有其客观必然性和存在的合理性，是在失衡的国际经济格局中我国经济发展所必要的，其扭曲性、不合理的成分只占很小的比重。以美国为代表的西方各国对中国贸易顺差的非难和迫使中国通过政策调控减少贸易顺差的要求是不合理的。狭义外部失衡并不意味着真正的外部失衡，从包含金融经济在内的整体经济运行的角度看，我国的国际收支也许是动态平衡的。经济调控的根本目的不在于静态的绝对平衡。即使存在真正的外部失衡，短期内不可能靠调控政策完全消除，强行消除反而不利于经济稳定运行。面对外部失衡的政策重点应在于尽力阻断外部失衡向国内经济传导和对国内经济协调运行构成的负面冲击[26]。

有学者针对拉动内需，提高我国居民消费水平的问题，研究我国居民消费与收入的关系，得出在考虑到人均可支配收入这一重要解释变量的影响下，消费性支出仍然存在显著的空间相关性，其中某一省市的城镇及农村居民人均消费性支出受其相邻省市城镇及农村居民消费水平的影响。一个省市的消费性支出水平不仅受到本区域的解释变量（人均可支配收入）的显著影响，同时还受邻近区域的消费性支出水平和解释变量（人均可支配收入）的共同影响。消费性支出水平空间相关性的普遍存在。因此就政策层面来说，全面协调的出台消费刺激政策更有效[27]。

六、关于中国经济增长的模式和资源约束的讨论

经济增长与发展问题一直是经济学家们关注的基本问题之一，经济增长包括经济增长数量与经济增长质量两方面内容，只有经济增长质量才是发展的根本。我国经济改革近30年的时间里经济增长质量问题成为经济转型过程中一个备受关注的焦点问题，对经济增长质量和经济增长中面临的资源、能源等问题的研究已经成为经济研究中主要课题之一。

有学者指出，影响经济发展结果的不仅仅是经济增长的速度，还有经济增长的质量。经济增长的质量也是一国经济发展的重要内容之一。经济转型实质是一场大规模的制度变迁过程，经济转型的关键是“使制度正确”，形成社会制度结构中的关键变量有社会激励结构，经济增长过程中的交易成本和有效提高经济增长质量的激励和治理机制。中国特有的经济转型与经济增长质量变化之间存在密切关系，体现我国经济转型的市场化率、工业化率、城市化率与经济增长质量之间是正向的相关关系。因此可以说明我国的经济转型在一定程度上促进了经济增长质量的提高[28]。

有学者指出转变经济发展方式现实意义重大，传统经济发展方式属于经济增长高度依赖投资和出口，易引发流动性过剩和通胀压力加大；工业的扩张，服务业发展相对滞后，会带来产业发展失衡；经济增长高度依赖低成本资源和生产要素的高强度投入，导致资源环境压力加大而难以为继。因此需要加快推进经济发展方式，实现“三个转变”：在需求结构上，促进经济，坚持扩大国内需求；在产业结构上，促进经济增长向依靠第一、第二、第三产业协同带动转变；在要素结构上，促进经济增长向主要依靠科技进步、劳动者素质提高、管理创新转变；深化资源价格形成机制、财税体制、行政管理

体制改革，构建有利于经济发展方式转变的微观基础[29]。

有学者关注资源与经济增长之间的关系，认为资源充裕的国家（或地区）可以成为经济增长的赢家，也可以成为经济增长的输者。如果一个国家或地区能够通过有效的制度安排，鼓励行为主体将主要精力和充裕的资源投入于生产性努力，则会增加经济产出，促进经济增长，反之当制度安排有利于攫取者时，充裕的资源将用于非生产性活动而减小产出。只有当制度安排有利于生产者时，充裕的资源才能用于从事生产性活动而增加产出，“资源的诅咒”仅仅会出现在制度缺失或制度弱化的国家或地区。无论是从历史还是现实的角度来看，以寻租为目的的攫取资源行为的产生都与制度质量密切相关。因此，提高制度质量是保证自然资源对经济增长贡献的有效途径[30]。

有学者指出节能减排是经济发展阶段变化所引起的增长方式转变的内在需要，以及人均收入水平提高所引起的对环境质量的更高要求。其能否真正得以贯彻的关键在于是否与地方政府的发展动机及企业行为激励相容。通过拟合环境库兹涅茨曲线、预测排放水平从提高到下降的转折点，考察中国经济内在的节能减排要求，结果显示：对于温室气体的减排来说，被动等待库兹涅茨转折点的到来，已无法应对日益增加的环境压力。在这种情况下，需要依靠中央政府的决心、地方政府和企业转变增长方式的动机，加大激励力度，以实现可持续经济增长[31]。

有学者从节能问题出发，考虑能源使用效率和分配的合理性问题。基于随机前沿生产函数的地区能源效率差异分析框架，测算中国能源效率地区差异中各因素的作用大小，发现改革以来中国各地区能源效率存在较大差异，其中全要素生产率差异的作用在不断提高，是中国能源效率地区差异扩大的主要原因，增长方式趋同的东部地区能源效率存在显著收敛趋势，而中西部能源效率内部差异呈现波动性变化。从政策含义上来说，即只有改善中西部地区的资源配置效率并促进区域间的技术扩散才能有效提高落后地区的能源利用效率[32]。

七、关于三农问题和拉动农村内需问题的讨论

中国作为一个农业大国，“三农”问题有中国特有的客观实际，建设社会主义新农村，需要从农村人口向城市转移入手，对宏观政治体制、经济管理体制多方面综合改革，在实践中探讨、创造、建设农村小康社会。因为其关系到国民素质、经济发展，关系到社会稳定、国家富强而备受学术界关注。

有学者指出实现农业的现代化，是摆在当前全面建设小康社会，开创中国特色社会主义事业新局面的一个重大课题，通过四条可行的解决路径：稳步加大对农业的投入，全面改善农业基础设施，出台进一步对农业的优惠政策，加大教育支农的力度，做足投入上面的文章；取消农民义务工实行用工制，扩大就业机会，减轻农民负担，便利实现就业，改善农村稳定状况；支付农业补贴；免除农民税负，才能从根本上解决“三农”问题，实现农村经济和社会的全面协调发展[33]。

有学者看到20世纪80年代中期以来，农民收入增长乏力，农村内部的收入不平等持续扩大。针对农地制度对于农民收入不平等的影响，通过考察在家庭联产承包责任制这一制度安排之下，土地“按人分配”而不是“按劳分配”带来的土地的细碎化现实，采用最新的基于回归方程的夏普里值分解法发现土地细碎化与农民的总收入水平呈正相关的关系，同时，土地细碎化还有利于农民收入不平等的缩小。从而表明现有的农地制度起到了公平分配生产资料，缩小农民收入不平等问题上的积极作用[34]。

有学者认为在解决农民温饱问题的同时，逐步建立和完善农村社会保险制度，对于深化农村改革、保障农民利益、解除农民后顾之忧、促进农村经济发展和社会稳定具有深远意义。目前，农村保险市场存在农村保险市场供给主体数量少、农村保险市场险种单一、农业保险发展滞后、农村投保低的主要问题。因此发展中国农村特色保险业道路需要强化保险宣传，培育理性的投保人；创新保险业务，提高对农村市场的适应性；改进营销方式，保持农村保险市场的持续发展；加大政府对发展农村保险市场的支持力度[35]。

有学者指出当代农村金融制度安排，要把握住农村的变化：我国农村社会经济仍然存在着很大的差距，金融作用于农村更要支持农业生产、农产品的加工运输，提高农业生产，农产品的科学技术含量；更要作用于农民的主观世界，提高农民的整体素质；更要完善金融服务，防范风险、增加收入。农村金融制度安排要以扩大农业保险和增强农民的社会保障力度为基点。支持“三农”要以提高农民素质增加农民收入为目标，要把推进县域经济发展作为切入点，要把发展、壮大民营经济作为着力点，发挥政策性金融作用[36]。

有学者指出扩大内需，增强消费对经济增长的拉动作用是我国现阶段一项重要的政策。对于目前中国消费不足的情况，其最根本的原因是因为农村消费没有真正启动，而农民增收困难，消费水平低；农民不确定性预期加强，消费倾向低；缺乏信贷消费的信心；缺乏健全完善的农村社会保障制度是目前农村消费不足的重要原因。因此要建立完善的农村社会保障制度，建立农村最低生活保障制度，健全农村社会养老保险制度，完善新型农村合作医疗制度，加强农村教育保障，从而扩大内需、保持经济持续稳定发展[37]。

有学者关注循环经济，指出发展循环经济是解决我国农业资源枯竭、环境恶化的根本途径之一，是实现我国农业可持续发展的必然选择。通过阐述循环经济理论，分析了发展农业循环经济的制约因素，从强化农业生态环境建设、建立健全适应发展循环经济的农业管理体系、健全农业循环经济科技支撑体系、广泛开展农业循环经济的宣传教育、加大农业循环经济配套设施建设5个方面提出了发展循环经济、促进农业可持续发展的措施[38]。

有学者以科学发展观为指导，从我国建设社会主义新农村的现实情况和对技术创新强烈需求的实际情况出发，提出搞好社会主义新农村建设，其核心就是要推进农业技术创新，建设具有现代科学技术体系的新农村。其具体措施包括：搞好农业技术创新，提高农业劳动生产率；积极推进技术创新，形成转变农业增长方式的强大动力；搞好技术创新成果转化，推进高效农业规模化发展；构建农业技术创新体系，提升新农村建设可持续发展能力。加快发展“数字农业”是农业技术创新的重点方向，通过用技术创新搞好农村生态环境建设，用技术创新加强农村基础设施建设，加快培育农业队伍技术创新，加大农业技术创新投入，实现新农村建设目标[39]。

八、关于对重大疫情、安全事故及突发事件管理的讨论

我国是世界上灾害发生频率最高、种类最多、破坏损失最为严重的国家之一。城市灾害源于城市化进程，同时，城市灾害具有群发性、交叉性，易于诱发次生灾害等特点。因此加强公共安全管理，反思政府应急机制的科学性、可行性和系统性成为亟待研究的话题。2008年初的雪灾、5月份的四川汶川地震以及三鹿奶粉事件等引起学界的广泛的讨论。

有学者指出政府信息资源共享就是在一定的政策体制、激励措施和安全保障的基础上，在政府内部、政府与政府外部之间，共同使用政府信息资源的一种机制。政府信息资源共享能提高政府管理的效率、丰富经济效益和社会效益，能有效提高政府的决策水平。提高公共管理和公共服务水平可由公共数据中心法、虚拟数据中心方法和开放式的WEB服务法实现，同时需要建立统一的政府信息资源共享的领导机制，“一体化”的电子政务战略规划，政府信息资源共享的经济激励机制，形成政府信息资源共享的良好机制和政策环境[40]。

有学者指出中国目前正处于转型期，如何有效、及时、和平地处理突发性危机事件已经成为今后一定时期内必须重视的重大问题。公共危机严重影响公众的社会生活，对传统政府危机管理形成挑战。我国危机管理机制的建设首先需要完善预防机制：建立统一的政府危机管理控制指挥中心，高效的危机风险评估机制，提高公众的危机意识，建立健全的社会救助机制。其次也需要完善政府公共危机管理中的应对机制：充分尊重公众的知情权，政府要对危机具有强烈的敏感性，正确发挥其行为的规范导向功能，及时发挥政府宏观协调、整合资源的作用，做好善后沟通工作，加强全球合作[41]。

有学者结合今年我国南方暴风雪灾害持续时间长，影响范围广，危害程度深，具有极端性突出的特点，认为是其极端天气事件与极端技术事件交互作用、耦合的结果。不确定性和不可测性对我国的应急管理提出了巨大的挑战。对于突发事件，我们一方面要继续本着“预防为主”的原则，加强风险预测的能力；另一方面，要看到人类思维和理性的局限性，不断提高应急管理的能力，使我们的应急管理可以应对任何类型、级别的风险。应急管理应该从原因导向型进一步转变为“能力基础”型，加强城市基础设施应急管理，在基础设施应急管理中推行“一体化风险管理”的理念[42]。

有学者针对四川汶川地震，从地震灾难角度重新认识人口与资源环境的关系，认为自然的生态体系中存在人类居住环境适宜区、人类居住环境危险区和人类居住环境不适宜区3类人类居住区。人口的合理分布必须考虑到人类活动对脆弱生态环境的负面影响，以及脆弱的生态环境对人类生存与发展的制约。政府在建立起科学的、符合实际的人居环境评价体系时，必须依据生态整体主义和以人为本原则的双重考量标准，根据历史资料的文献记载和环境科学综合评估，分出3类人居地区。并且针对可能出现的家庭和国家的人口损失，我国必须通过必要的生育储备来建构人口安全发展的政策机制[43]。

有学者针对三鹿奶粉事件，认为我国的食品质量安全现状在农产品原料方面、加工制造方面和市场和流通方面存在问题。而我国食品安全存在监管体制设置效率低，法律、法规和标准建设滞后，关键检测技术及设备相对落后，缺乏食品安全的系统检测与评价背景资料，对加工食品新增内容的安全性评估重视不够的问题。因此建立一个集中统一、协调有力的政府主管机构；加快食品安全法律、法规、标准体系；加强源头监管，完善并严格推行市场准入制度；建立和完善食品安全信用体系；建设研究建立符合国情的HACCP体系；建立和完善检验检测体系；建立食品召回制度；加强全民食品安全教育，重视和发挥行业协会作用将有效改善我国的食品质量安全现状[44]。

九、关于政府积极刺激投资政策的讨论

全球金融危机爆发后中国政府迅速制定和颁布了规模庞大的4万亿元人民币经济刺激计划和十大产业振兴计划，向国际社会显示了决心和力量。中国快速而有力的应对措施已初显成效，这一系列刺激投资政策的后继效果如何，是否恰当，成为学界进一步探讨的问题。

有学者指出投资项目前期可行性研究工作存在可行性研究的深度不够，质量不高；不重视多种方案的论证和比较，可行性方案单一；调查研究肤浅，项目投资收益计算失真；可行性研究报告的编制缺乏独立性、公正性和客观性；研究分析中不注重对敏感性和风险因素分析；投资单位重咨询轻评估，追求可行性研究报告评估过程的高“通过率”等诸多问题，为保证可行性研究工作及其成果质量的真实、合法、有效和正确，应该在项目评估基础上开展对投资额巨大的规模以上项目进行可行性研究工作必要性审计[45]。

有学者指出政府投资项目是适应和推动国民经济或区域经济发展，满足社会文化生活需要，出于政治、国防等因素的考虑，通过财政预算投资兴建的。这些项目存在的问题包括：改革战略部署缺少明确的目标，投资调控体系没有真正建立，责任追究制度难落实，决策咨询机制流于形式，有些项目管理仍不规范，项目监管体制有待进一步完善。因此推进政府投资项目管理体制改革需要理顺政府和市场的关系，按照市场经济要求创新基础设施的投资和建设管理体制，建立权责分明、制约有效、科学规范的工程项目管理体制和运行机制，完善政府投资项目管理的基本制度，加强政府投资项目实施过程的管理，健全完善监管制度[46]。

有学者指出目前我国地方产业规划存在的问题较多：规划体系不健全，规划定位不准确，规划边界不明确。因此提高产业规划的有效性，需要明确产业规划在规划编制体系中的地位和作用，使产业规划与其他专项规划相互衔接。在产业规划的目标定位上，要坚持的原则是：目标既是清晰的又是可调的，对当地所处的发展阶段要有准确把握，既不能落后于时代，又不能过度超前于时代；要充分考虑人口、空间和环境等方面的因素，确立“空间均衡”的原则，在人口和资源的承载能力以及生态环境容量的约束内合理规划产业发展大计；明确“为什么而规划、规划什么、怎样规划”等问题，使产业规划的制定过程更加科学化、规范化和具体化。体现政府和市场各自作用的领域[47]。

有学者回顾2007年投资发展，指出2008年作为在经济发展中“十一五”规划承上启下的一年，在经济进入较快增长的时期，如果投资增长下滑得过快，会给国民经济和社会发展带来较大的损失。因此投资增长速度应保持近几年的发展趋势：经济和投资增长取决于国家的调控的方向和力度，为实现政府的职能，投资仍要保持平稳增长；国力能够支持经济和投资的快速增长，企业效益大幅度提高也为2008年加大投资提供了条件。但我国应在以下几个方面加强工作：继续“提高管严市场准入门槛”，筹建为全社会服务的投资信息服务系统，严格限制地方政府的投资行为，中央政府应加大投资的力度，促进房地产业健康平稳发展[48]。

有学者就我国的制造业发展规划提出当前制造业地域集中度不断增加，集群和地方专业化呈增长趋势，与外商直接投资密切相关，形成了互动发展格局。但地区差异性较大，以传统制造业为主导，制造业集群发展的低端道路，有导致“贫困化增长”和“产业转移”的倾向。因此应该：以内源传统型制造业集群，以内源品牌型制造业集群，以外源型制造业集群，以资源型制造业集群和以高新技术制造业集群为选择路径，以科学发展观为指导，加强技术创新，构建制造业集群的创新网络系统；发展生产者服务业，建立支撑制造业集群升级的服务平台；推进产业整合，提高制造业集群的市场组织化程度；加强市场监管，规范制造业集群的竞争秩序[49]。

十、关于对就业问题的讨论

就业是民生之本，高劳动力剩余率和失业率，会引发居民支付能力低，国内消费不足，劳动参与财富的创造和分配不足等后果，成为社会动荡和不稳定的隐患。当前就业形势十分严峻，是已进入高失业阶段还是就业压力增大，大学生就业问题如何解决，各级政府部门在鼓励创业和解决就业方面如何进行长期艰巨的工作，在学术界得到最高度的重视和讨论。

有学者从经济学角度分析了造成我国失业问题严重的原因主要是劳动力供大于求、就业弹性低、经济体制改革造成隐性失业显性化和产业结构调整造成结构性失业和知识失业。提出失业问题是不可消除的，但需要采取行之有效的措施把我国的失业率控制在一个合理适度的范围内，包括：控制劳动力的供给、实施就业优先的经济增长战略、调整就业结构和就业方式、建立相应的培训机构和完善我国的教育体制[50]。

有学者指出我国作为一个处于经济、社会转型中的社会主义大国，人口基数庞大，二元社会结构特征明显，就业压力特别紧张。我国的失业问题源自生产力发展和市场经济运行造成人口相对过剩，传统的城乡二元社会结构，相关市场经济体制不成熟以及分配格局不合理的影响。失业现象是世界各国经济发展过程中普遍遭遇的难题，解决我国失业问题需要改革分配和就业的社会制度；考察社会功能的健全与否以及历史的、现实的和技术的根源。解决失业问题不仅要强调劳动力的安置，还要从社会制度甚至文化方面着手，以社会繁荣和和谐为准则，努力促进社会发展[51]。

有学者指出我国政府高度重视就业问题，并采取有效措施，探索完善就业制度，形成了积极的就业政策，收到了良好的效果，但依然面临着诸多问题。因此，在政府积极解决就业问题的同时，必须充分发挥国民的主动性、创造性，鼓励民众创业。鼓励民众创业是解决灵活就业群体不稳定就业问题的需要，鼓励民众创业是解决庞大的城镇生活困难群体就业的需要，是解决日渐增多的失地农民群体就业的需要，是解决越来越突出的大学生就业问题的需要。鼓励民众创业、推动就业问题解决的对策在于积极培养民众创业的意识和能力，建立有利于民众创业的环境和融资渠道，重视民众创业空间的开拓，进一步实施"保根蓄英"的经济发展战略[52]。

有学者关注近年来大学生就业难问题。认为主观上是因为大学生综合能力不足难以满足需要，毕业生对就业的期望偏高，缺乏职业生涯规划和初次就业竞争力不占优势；客观上是因为高校扩招，高校课程结构设置滞后于经济结构调整，高校就业指导工作不到位和企业设置的障碍的缘故。所以解决大学生就业难要增强大学生就业政策导向作用，调整高校课程结构设置，加强高校就业指导工作，毕业生对就业应形成正确认识[53]。

有学者指出大学生失业的原因是多方面的，从劳动力市场分割的角度去探析大学生自愿性失业现象，认为中国劳动力市场从地域范围、职业等级、就业单位性质来看存在明显分割，由于劳动力不能自由流动，部分大学生不愿在次劳动力市场就业，其内在原因是为了追求经济利益最大化，是其理性选择的结果。因此必须全面地看待大学生失业问题，不能单纯地将其原因归为大学生自身或高校扩招等某一方面，要解决我国大学毕业生自愿性失业问题，就要努力打破劳动力市场分割，统筹城乡发展，扩宽大学毕业生的就业范围[54]。

有学者通过建立以高校毕业生的平均起薪为因变量，以高校毕业生总人数增长率、大学生起薪与社会平均工资水平的差异率、GDP 增长率为自变量的多元线性回归方程，看到对大学生平均起薪影响最大的是 GDP 增长率，其次是毕业生总人数的增长率，最后是薪资优势，即差异率。因此面对大学生低起薪现象应该首先重视经济大环境对大学生起薪的影响，保持经济平稳较快的健康发展，以经济的可持续发展促进高等教育的可持续发展。其次作为即将进入社会的大学生，也应该调整好自己的心态，尽量找到与自身人力资本相等价的工作岗位[55]。

有学者从辩证的角度对大学毕业生的失业效应进行分析，认为大学毕业生失业的消极效应包括浪费教育资源，影响教育和经济的快速发展，冲击公众和家庭的教育投资心理和消费心理；大学毕业生失业的积极效应包括有利于引导与转变社会的教育投资与消费心理，有利于大学生努力增强人力资本投资。因此应该发挥大学毕业生失业的积极效应，规避其消极效应：对高等教育进行调整和改革，建立和完善统一开放的劳动力市场；同时毕业生就业要打破常规思维，避免盲目性[56]。

（作者：方芳，中国人民大学教授；
袁成，中国人民大学硕士研究生）

注：

①余永定：《中国宏观经济面临的十个问题》，《国际金融研究》，2008 年第 1 期。

②赵晓：《转型期宏观调控需要大智慧》，《中外管理》，2008 年第 1 期。

③宋玮：《当前我国宏观经济运行态势及调控政策分析》，《成人高教学刊》，2008 年第 4 期。

④计承江：《流动性过剩形成原因及对策》，《金

融研究》，2008 年第 7 期。

⑤李庆海、林娟娟：《通货膨胀与其影响因素的动态分析》，《商场现代化》，2008 年第 35 期。

⑥陈欣：《浅析近年来人民币升值和我国通货膨胀的关系》，《商场现代化》，2008 年第 34 期。

⑦樊纲：《中国经济的暗礁不是通胀》，《中外管理》，2008 年第 1 期。

⑧张斌、徐奇渊：《中国的通货膨胀：寻找完整一致的解释》，《国际经济评论》，2008 年第 6 期。

⑨刘伟、蔡志洲：《供求失衡的特点与通货膨胀的治理》，《经济学动态》，2008 年第 4 期。

⑩武腾：《发挥价格机制在“保发展，控物价”中的主导作用》，《中国物价》，2008 年第 9 期。

⑪樊纲：《奥运会后中国经济不会衰退》，《光彩》，2008 年第 8 期。

⑫厉以宁：《中国经济不会出现“奥运后滑坡”》，《农村工作通讯》，2008 年第 17 期。

⑬倪建军、王凯：《后奥运经济发展的国际经验》，《当代世界》，2008 年第 1 期。

⑭黄中文、陈易安：《警惕北京“后奥运经济”陷入“蒙特利尔陷阱”》，《交流》，2008 年第 2 期。

⑮余非、齐卫军：《北京“后奥运经济”的风险分析及控制》，《商场现代化》，2008 年第 2 期。

⑯顾园：《浅析如何规避后奥运经济的风险》，《消费导刊》，2008 年第 1 期。

⑰颜双波：《“中国大萧条”的预言将不攻自破》，《中国改革》，2008 年第 1 期。

⑱赵长茂：《把握世界金融危机对我国经济影响的两面性》，《理论视野》，2008 年第 12 期。

⑲郭西虎：《浅议美国金融危机对我国经济的影响与对策》，《商场现代化》，2008 年第 36 期。

⑳汪同三：《中国宏观经济运行的深层次问题与宏观调控政策取向》，《财贸经济》，2008 年第 7 期。

㉑刘金全，郑挺国：《我国经济周期阶段性划分与经济增长走势分析》，《中国工业经济》，2008 年第 1 期。

㉒李海莲：《促进中国总需求结构调整的财税政策探析》，《税务与经济》，2008 年第 1 期。

㉓梁达：《加快经济由外需拉动向内需推动转换》，《经济视角》，2008 年第 9 期。

㉔金贤东、张春：《提高居民收入，扩大消费需求》，《宏观经济管理》，2008 年第 1 期。

㉕李健：《外需下滑的可能性及应对之策》，《中国金融》，2008 年第 18 期。

㉖张纯威：《我国经济外部失衡的量化分解与评估》，《国际金融研究》，2008 年第 1 期。

㉗马骊、孙敬水：《我国居民消费与收入关系的空间自回归模型研究》，《管理世界》，2008 年第 1 期。

㉘钞小静、任保平：《中国的经济转型与经济增长质量：基于 TFP 贡献的考察》，《当代经济科学》，2008 年第 4 期。

㉙王一鸣：《加快推进经济发展方式的“三个转变”》，《宏观经济管理》，2008 年第 1 期。

㉚汪戎、朱翠萍：《资源与增长间关系的制度质量思考》，《清华大学学报》（哲学社会科学版），2008 年第 1 期。

㉛蔡昉、都阳等：《经济发展方式转变与节能减排内在动力》，《经济研究》，2008 年第 6 期。

㉜史丹、吴利学等：《中国能源效率地区差异及其成因研究》，《管理世界》，2008 年第 2 期。

㉝陈明：《浅论发展我国农村经济的四条路径》，《商场现代化》，2008 年第 2 期。

㉞许庆、田士超等：《农地制度、土地细碎化与农民收入不平等》，《经济研究》，2008 年第 2 期。

㉟上官小放、唐志道：《对完善我国农村保险市场的思考》，《理论前沿》，2008 年第 1 期。

㊱曾康霖：《农村金融制度安排必须审时度势》，《管理世界》，2008 年第 1 期。

㊲李菲、王霞辉等：《完善农村社会保障制度，启动农村消费》，《消费导刊》，2008 年第 1 期。

㊳李凤升、赵俊平等：《基于循环经济理论的农业可持续发展研究》，《商场现代化》，2008 年第 2 期。

㊴高万龙：《技术创新对建设社会主义新农村的引擎作用》，《中国科技论坛》，2008 年第 1 期。

㊵李卫东：《政府信息资源共享的原理和方法》，《中国行政管理》，2008 年第 1 期。

㊶张珏、魏殿林：《试论我国公共危机的管理机制建设》，《消费导刊》，2008 年第 2 期。

㊷王宏伟：《从南方雪灾谈我国应急管理的未来发展》，《安全》，2008 年第 3 期。

㊸穆光宗：《震灾呼唤安全的人口发展》，《世界知识》，2008 年第 12 期。

㊹侯瑜：《我国食品安全现状、差距及建议》，《食品研究与开发》，2008 年第 1 期。

㊺王勇、陈延辉：《试论对投资项目可行性研究实施必要性审计》，《建筑经济》，2008 年第 1 期。

㊻吴秋艳、周国栋：《深化政府投资项目管理体制改革的思考》，《宏观经济管理》，2008 年第 2 期。

㊼邢华：《如何提高地方产业规划的有效性》，《中国国情国力》，2008年第3期。

㊽张汉亚：《我国投资发展分析和政策建议》，《宏观经济管理》，2008年第1期。

㊾武云亮：《我国制造业集群升级的路径选择及政策建议》，《宏观经济管理》，2008年第1期。

㊿于婷、侯贵生：《从经济学角度分析我国的失业问题以及应对措施》，《全国商情》（经济理论研究），2008年第5期。

51张磊：《中国失业问题的原因及对策分析》，《商场现代化》，2008年第20期。

52谭泓：《鼓励民众创业是解决就业问题的重要举措》，《中国党政干部论坛》，2008年第3期。

53潘玮：《我国大学生就业难问题的原因分析及解决对策》，《成人高教学刊》，2008年第2期。

54夏珍：《劳动力市场分割与大学生自愿性失业》，《消费导刊》，2008年第5期。

55路万忠：《我国大学毕业生一次性就业与起薪研究》，《中国青年研究》，2008年第1期。

56张宏英、马丹：《我国大学毕业生失业效应的辩证分析》，《中国市场》，2008年第52期。

法　学

法　理　学

朱景文　冯玉军

改革开放30年来，在建设中国特色社会主义的伟大实践中，中国的法治建设取得了巨大成就。总结改革开放30年来我国法治建设的经验，提升中国特色社会主义法律理论的研究水平，是2008年的法理学研究的重要特征。

一、中国特色社会主义法律理论30年的形成与发展

对于改革开放30年来的中国法理学来说，“三十而立”和“三十年河东，三十年河西”这两个古代俗语是适用的。长期以来，中国的学术与政治实际发生着里里外外的各种联系。一方面，政必有其学，学术指导政治，而“新政”也往往从“新学”开始，正所谓“其表在政，其里在学”；另一方面，学受制于政，学术容易受到政治的支配和影响而难以独立自主发展。学术与政治因此在历史上多表现出盛衰相因的规律。时隔近30年，当法学告别“以阶级斗争为纲”的年代，摆脱一个又一个政治运动的干扰，并伴随改革开放以来中国经济持续迅速增长而得到充足稳健发展之后，中国法理学确实犹如一位该成家立业的30岁青年那样，是值得让人期待和期许的[①]。

《法学家》杂志2008年底特别刊发了《中国特色社会主义法律理论的形成和发展——纪念改革开放30年》的署名长文。该文提出，中国特色社会主义法律理论是中国特色社会主义理论体系的有机组成部分，是马列主义、毛泽东思想与改革开以来中国法制建设的实践相结合的产物，邓小平的民主法制思想、以江泽民同志为核心的党的第三代领导集体的依法治国理论和以胡锦涛同志为总书记的党中央所提出的法制工作的指导思想一脉相承，既体现了历史的连续性、继承性，又体现了中国共产党人在社会主义法制建设的过程中与时俱进，在认识与实践上的阶段性。

抚今追昔，马克思主义法学中国化的具体阶段有：

1. 产生于19世纪的马克思主义法学是整个法学历史上的一场伟大的革命，对资本主义法律制度的批判和对未来社会主义法律制度的思想构建，为社会主义法律理论的建立奠定了基础，是马克思主义法学留给我们的最重要的历史遗产。

2. 毛泽东的人民民主专政理论是马克思主义国家学说，特别是无产阶级专政理论的继承和发展。它使无产阶级专政第一次在一个有着数亿人口、农民占人口的90%以上的东方大国由理论变成现实，也为在这样的国度中法制的发展奠定了基础。

3. 1978年底的中共中央十一届三中全会，标志

着中国特色社会主义的探索进入一个新的阶段，这个阶段的理论成果就是邓小平理论。邓小平的民主法制思想是邓小平理论的重要组成部分，它把法制建设在整个社会主义事业中的地位和意义的认识提高到一个崭新的高度，是中国特色社会主义法律理论形成的标志。

4.“三个代表”重要思想是马克思主义中国化的第三大理论成果。以江泽民同志为代表的第三代领导集体在新的历史条件下继承和发展了邓小平理论，他们的法律思想，依法治国，建设社会主义法治国家的理论是“三个代表”重要思想的有机组成部分，是中国特色社会主义法律理论的高度凝结。

5. 以胡锦涛同志为总书记的党中央依据我国社会主义法制建设的新情况提出以“依法治国，执法为民，公平正义，服务大局，党的领导”为主要内容的社会主义法治理念，提出了法律职业者始终坚持党的事业至上、人民利益至上、宪法法律至上的社会主义法治原则，提出了以人为本的科学发展观和建设社会主义和谐社会等一系列新的思想，成为新世纪中国法治建设的基本指针。

回顾中国特色社会主义 30 年发展以及马克思主义法律思想中国化的过程，从毛泽东到邓小平、江泽民再到以胡锦涛为总书记的党中央，我们似乎看到了一个从人到制度再回归到人的轨迹，看到了从群众运动到制度化建设的轨迹。从“为人民服务”到“以人为本”这似乎是一个回归，但它是一个经过制度建设的环节的回归，由于有了制度建设、法制建设，以人为本，以人的全面发展为中心才有了更加强有力的制度体现和保障，也恰恰是由于以人为本，才使得制度建设、法制建设牢记自己的根本和方向②。

二、社会主义法治理念研究

有学者认为，社会主义法治理念是中国共产党作为执政党，从社会主义现代化建设事业的现实和全局出发，借鉴世界法治经验，对近现代特别是改革开放以来中国经济、社会和法治发展的历史经验的总结。它既是当代中国社会主义建设规划的一部分，同时也是执政党对中国法治经验的理论追求和升华，是中国特色社会主义理论在法治建设上的体现。要深入理解社会主义法治理念，最主要的是要理解中国国情，中国的经济、社会转型和发展，以及与之相伴的法治，同时必须同中国的伟大复兴和中国和平发展的历史使命联系起来。基于历史和国情，比较中国社会主义法治理念和西方资本主义国家的法治观念，有助于深入理解社会主义法治理念，对于当代中国特色社会主义建设具有重要意义。西方法治的核心观点体现了人类近代以来为在世俗社会的基础上构建现代民族国家，保证本国社会和平和安定，推进本国资本主义发展和国际竞争而进行的探索与思考，凝结了西方各国政治法律实践的一般经验。但应清醒意识到，西方资本主义法治理念的核心内容与价值仍然回应了当时当地资本主义国家的经济基础的需要，它反映了资产阶级法律思想家对资本主义经济以及本国问题的理论思考，不仅具有阶级的局限，而且有强烈的时代以及地域（本国）的印记。社会主义法治理念是在中国社会主义建设和发展中，特别是在改革开放的经济、社会发展中，在当代中国政治和法治实践过程中逐渐形成与发展起来，是对中国法治建设的经验教训的一个初步总结。这一理念与中国，与社会主义，以及与法治分不开。其一，中国革命和建设的基本经验教训以及经济社会转型决定了必须依法治国。其二，社会主义以及人民共和国的性质决定了必须执法为民。其三，社会主义和人民共和国的性质还决定了法治必须公平正义。其四，中国基本国情和改革发展稳定的国策要求法治服务大局。其五，中国社会主义法治建设的时代特征决定了必须坚持党的领导③。

三、和谐社会与法治的一般理论研究

在中共中央提出构建和谐社会任务伊始，就有学者指出，无数历史事实，特别是《香港特别行政区基本法》、《澳门特别行政区基本法》的颁布和实施充分证明：法这种社会调整器的重要价值在于“和”、在于促进和谐。法是使矛盾获得协调、使对立得以统一、使争执纳入秩序、使对抗变为互促、使相反得以相成的精巧有效的手段。这似乎与法本身的性质有关④。在此基础上，该学者在 2008 年的作品中进一步论证指出：法的和谐价值在于法有协调不同主体或同一主体之间多种、多样、多变的价值追求，从而促进人们之间的和谐、促进社会和谐的价值。就其性质来看，法是社会生活中稳定与和解的因素，它是使对立的方面在一定条件下获得协调和统一的有效手段。法，特别是社会主义法有许多价值，但其最主要的价值在于和谐、在于“和”、在于协调人们的各种价值追求，为人民之间、民族之间、个人与社会或国家之间、国家之间、人与自然之间的和谐，提供解决的前提、理念、原则、规范、程序和措施⑤。

有学者认为，建设法治国家和建设和谐社会，是当代中国执政党和政府近年提出的重要理念和任务，也是中国人民追求的愿景。和谐是以存在差别和矛盾为前提的，和谐的本质特征，就是要求尊重差别。人们所追求的和谐社会，应当是兼容天下、兼爱天下的和谐，是中国共产党关于建设和谐社会的决定中所界定的“民主法治、公平正义、诚信友爱、充满活力、安定有序、人与自然和谐相处”的和谐境界；人们所要建构的和谐社会，其最高的境界应当是马克思、恩格斯在《共产党宣言》上提出的“自由人的联合体”，即每个人都能得到自由发展的社会。构建和谐社会是一个不断化解社会矛盾的持续过程，应当是以合法的、和平的手段去争取实现公正的和谐社会[⑥]。

四、人权理论与实践研究

有学者认为，只有基于人权的普遍化和经济的全球化发展基础上的民主政治和法制秩序才能为民族主权国家的继续存在和发展提供正当性基础。唯有如此，各民族主权国家才可能在追求自身发展的同时，为经济的全球化和人权的普遍化提供起码的社会条件的保障，担负起对于全球自然、经济、文化环境保护的政治责任。这既是康德提倡的各国政府遵守对于“世界公民”之政治承诺的实践理性之内涵，也是当代中国倡导的“和谐社会”之政治理念的精神实质所在。“和谐社会”政治理念在当今国际政治仍然处处以武力相威胁的“战国时代”之情境中，必定拒绝一切美妙而高调的政治谎言，所追求的乃是通过法制建构去实现人与人、人与社会、人与自然的谐和共处，以及民族与民族、国家与国家之间的永久和平状态。它与康德用现代人类通用的哲学语言所建构的世界历史图景若合符契。人类政治消除战争而通过法制共建“和谐社会”的实践终将成就人作为“世界公民”的崭新形象[⑦]。

还有学者将人权视角引入中国法律文化的合理性自证问题：一方面，“人权”已经成为不同文化共同体共同使用的语词，人权已经可以作为一种共享的文化符号而成为文化认同的基础；另一方面，人权理念并非一个已经发展得尽善尽美、内恰圆满的价值观念，围绕这一理念而形成的制度和行动方案的设计也远远还没有完成。在后一个方面，首先，人权理念涉及“人是什么，人应当怎样生活”的根本性问题。对此问题的解答，目前还存在着尖锐的分歧。而诸多分歧观点之间的平衡与融合，离不开对人类社会生存状况和现实困境的哲学思考，离不开各学科的相互对话、协同努力。其次，即使形成了较为完备的人权理论，该理论如何能演绎出一套符合它的理想的制度设计，仍是一个需要严肃面对的问题。发言认为既要反对“无原则的折中和嫁接”，也要反对对他者的“整体复制”或者纯粹以“自己的文化同一性作为动力”的制度建设路径[⑧]。

五、法社会学实证研究

有学者对改革开放以来我国诉讼数量的变迁进行了数据分析，他指出，改革开放以来，中国诉讼数量迅速增长，但1997年以后诉讼增长率明显降低。对于在社会转型期诉讼增长率不升反降的原因，可以通过非诉讼纠纷解决机制、司法政策和法院公信力3个方面来分析纠纷的走向。关于诉讼与非诉讼纠纷解决机制的年均增长率、相关系数和比重的数据分析表明，中国诉讼增长率的下降也伴随着人民调解和经济仲裁作用的下降，但行政解决机制的增强、不受理的司法政策、诉讼费用改革以及针对司法腐败的一系列制度性建设，遏制了诉讼量的快速增长[⑨]。

有学者通过法社会学的实证研究，细致地分析了法律工作者的职业化情况。调查显示：改革开放以来，随着我国法制化的进程，法律工作者的数量和文化素质都获得了很大提高，但是，随着法律工作者职业化进程的推进，特别是随着职业准入考试制度，在我国西部地区出现了明显的法律职业短缺现象。中国法律工作者包括正规化、半正规化和非正规化3部分，他们服务于不同人口的法律需要。正规化的法律工作者的发展决定着法制建设所达到的水平，但是它不应该以弱化、边缘化半正规化、非正规化的法律工作者为前提，不应该把满足城市和发达地区人口法律需求建立在牺牲农村和不发达地区人口的法律需求的基础上。对此，应该从我国纠纷解决的整体布局出发，全面反思和考虑法律职业和法学教育问题[⑩]。

有学者通过对广西金秀瑶族自治县六巷瑶族村规民约的考察，指出六巷瑶族的村规民约受到瑶族固有习惯法的深刻影响，在制定目的、主要内容、处罚方式、保障实施等方面明显体现瑶族固有习惯法的痕迹，瑶族固有习惯法通过村规民约形式在当代瑶族地区发挥作用。由于政治因素的影响，六巷瑶族通过村规民约进行村民自治受到一定的限制。由于国家力量的深入，六巷瑶族的村民自治空间逐步受到挤压。因此，村规民约的实际作用不断降低，瑶族的村规民约更没有瑶族固有习惯法那样的广泛功能。由此需要对村规民约进行全面认识，特别是基层人民政府应当加强对村民会议制定村规民约的指导，建立一整套有可操作性的、行之有效的村规民约备案审查制度，继承瑶族固有习惯法的优秀内容，避免村规民约与国家法律的冲突，使瑶族固有习惯法能通过村规民约这一现代形式予以弘扬⑪。该学者还从社会资本理论视角，对中国律师执业中的关系因素进行了调查和分析，该项研究表明：作为重要的社会资本，人际关系在中国律师执业中具有重要的意义。中国律师执业既要依靠法律，也离不开关系⑫。

有学者对城市社区治理的法律框架作了研究，提出尽管社区建设已在全国范围内如火如荼地展开，但无论是在理论上，还是在实践中，无论是学界，还是政府部门，都缺乏一个明确的社区定位。与这种情形相对应，现实中出现了"自然社区"、"分层社区"、"行政社区"、"共同利益社区"、"公民社区"、"法定社区"等多个社区治理的法律版本。文章认为，我国社区治理的法律框架应该在总体上表现为一种私法主治、公法补充的格局。具体地说，我国社区治理的法律框架应该包括以"地权"、"社区社团网络"、"居委会"和"政府责任"为基点的法律制度体系。从法域上框定社区治理的法律框架，将有利于从立法角度催生社区治理的私法组织载体（民间组织），并为社区治理的真正社会化打下坚实的主体性基础⑬。

（作者：皆为中国人民大学教授）

注：

①李林主编：《中国法学 30 年（1978—2008）》，胡水君撰《法理学 30 年》，中国社会科学出版社，2008 年版。

②朱景文：《中国特色社会主义法律理论的形成与发展——纪念改革开放 30 年》，《法学家》，2008 年第 6 期。

③苏力：《社会主义法治理念与资本主义法治思想的比较》（在中共中央政法委的专题讲座稿），参见 http：//article. Chinalawinfo. com/Article _ Detail. asp？ArticleID＝46255

④孙国华：《简论法的和谐价值》，《东方法学》，2006 年第 2 期。

⑤孙国华：《论法的和谐价值》，《法学家》，2008 年第 5 期。

⑥郭道晖：《和谐的法治要义与四大关系》，《2008 年中国法学会法理年会暨第 7 届东亚法哲学大会论文集》。

⑦赵明：《经济的全球化与人权的普遍性——论通向世界和平秩序之法制构建的基础和原则》，《比较法研究》，2008 年第 3 期。

⑧王莉君：《文化认同与普遍人权》，《2008 年中国法学会法理年会暨第 7 届东亚法哲学大会论文集》。

⑨朱景文：《中国诉讼分流的数据分析》，《中国社会科学》，2008 年第 3 期。

⑩朱景文：《职业化的反思——中国法律工作者职业化的数据分析》，《法学研究》，2008 年第 5 期。

⑪高其才：《村规民约中的瑶族习惯法——以广西金秀六巷为考察对象》，《云南大学学报法学版》，2008 年第 5 期。

⑫高其才：《中国律师执业中的法律与关系因素——社会资本理论视角的分析》，《法学家》，2008 年第 5 期。

⑬周少青：《论城市社区治理法律框架的法域定位》，《法学家》，2008 年第 4 期。

宪 法 学

胡锦光　蒋卫君

2008 年中国宪法学的研究进一步深入，这主要表现在 3 个方面：一是开始深切反思几十年来中国宪政建设所取得的成就与不足；二是开始自觉反思宪法学研究本身，力图从问题意识和方法论上构造宪法学研究的独立性；三是在关于基本权利的研究上，从基本权利的总论和各项基本权利的保护进行了更加全面和深刻的研究。

一、关于宪法学研究的反思

有学者认为，以传统意义上的公法作为法学的研究对象，仅仅在立法政策学的意义上是可行的。对公法问题的研究可以帮助立法机关进行科学的立法规划和建立起系统化的立法体系，但前提是必须以宪法作为立法机关享有立法职权的法律依据，因此，宪法作为根本法，本身是公法的理论和制度前提，它既包括了公法的正当性，又涉及私法的正当性。基于宪法与公法的不同法律特性，宪法学应当尽量地以解决实际生活中出现的宪法问题为主线，尽量减少宪法学自身的抽象性，避免使宪法学的范畴与公法学的范畴相混淆[①]。

有学者认为，分析实证主义法学的“分离命题”无法在宪法学的研究中贯彻到底：离开宪法的道德解释，“命令说”无法解释宪法对主权者的约束；“纯粹法理论”无法证成宪法的效力；“规则说”无法理顺承认规则和宪法的关系；“制度实证主义”无法解释宪法的初始选择；“渊源论”无法解释违宪审查制度。宪法学研究应该走综合的进路，其中也包含意识形态的研究进路[②]。

有学者认为，方法论的自觉与合理运用是宪法学发展的基础与标志。随着宪法实践的发展，学者们以更开放的学术视野努力建立具有专业性、综合性与多样性的方法论[③]。

有学者认为，学术研究有其存在的历史境域。对一个学科而言，只有在贴合具体的历史境域下讨论该学科的学术研究，讨论该学科的发展方向时才具有意义。从我国历史上看，宪法学研究从清末开始，到现在已有100多年，无论其几经沧海桑田，但它之所以可以沿承到现在，自有它自立的关切方法、问题和理论体系。中国宪法研究的中国性问题，不仅涉及宪法学在中国的时间性差别问题，也涉及其地域性差别问题[④]。

有学者认为，中国宪法学研究经历20世纪80年代的恢复和发展之后，90年代开始反思，进入21世纪以来开始有了一定的崛起。回顾近30年我国宪法学的研究发展状况，可以说还没有达到繁荣阶段，只是在朝着进入繁荣阶段的方向缓慢发展。尽管在主客观方面还存在着许多困难和障碍，但宪法学界正在解放思想、实事求是，努力为宪法学的繁荣开拓新的局面。展望未来，中国宪法学将更加关注中国问题，也将致力于建立完备的宪法学科体系及深入开展跨学科对话，并实现宪法学方法论的多元化[⑤]。

二、关于宪法基本理论

有学者认为，我国宪法适用主要应该走最高国家权力机关立法适用和监督适用的路径。宪法适用“司法化”的路径悖离现行宪法，行不通。现行宪法从来没有任何规定曾由司法机关作为裁判依据合法地适用过。如果一定要说我国有“宪法司法化”的案例，那也只能作为个别法院违宪违法的证据，不应成为其他法院效法的榜样。一些法律、法学界人士对“宪法司法化”的渲染是非理性的。应当以现行宪法为基础确立理性的宪法适用观念。鼓励“宪法司法化”不仅无助于促进宪法适用，还会妨碍我国宪法适用体制的完善和宪法适用效能的提升。法院审理案件援引宪法与“宪法司法化”没有必然联系，而法院审理案件未援引宪法也并不表明其行为一定不具有“宪法司法化”性质。对于法院援引宪法应根据不同情况区别对待。消解“宪法司法化”的关键在于强化宪法立法适用，落实宪法监督适用[⑥]。

有学者认为，公共利益原则是一项重要的宪法原则，其含义和意义在宪法文本中以多种方式进行表达。公共利益原则在实践中的运用不是某一个国家机关独享的权力，需要立法机关、行政机关和司法机关的相互配合，因此，这一原则的实施路径应该与国家机关的权力分工相耦合。其中，公共利益类型化、利益衡量与司法审查分别是国家三机关适用公共利益原则的主要方法[⑦]。

有学者认为，20世纪90年代中期之后，自由主义宪政观理论被大量介绍进中国，为相当部分学者接受。自由主义宪政观否定宪政的核心价值是民主，主张宪政的核心价值是国家权力的有限性，是保护个人自由。他们所说的个人自由的核心权域是私有财产自由，他们所说的国家权力有限性实质是以私有财产制度为基础的经济活动自治性，自由民主政体也不是所谓共和政体而具有鲜明利益色彩，当代自由主义者将个人自由的制度保障寄托于给司法注入政治功能。我们坚持民主是宪政的核心价值，实质就是要坚持大多数人民的利益至上，规范、限制国家权力只能主要依靠民主进行，违宪审查也只能在民主制度的大框架内运作[⑧]。

有学者认为，从制度和文化的交互作用出发，中国宪政的百年进化历程可以从民主、法治、人权和分权4个维度进行分析。百年宪政之路表明，中国宪政要取得进步，必须首先克服“国情论”和“本土论”的误区，虚心吸取和借鉴其他国家的先进制度经验。中国只是世界文明大家庭中的一员，和其他民族与人种有着同样的人性需要和追求。这就决定了中国宪政也必然具有世界各国宪政的某些共同特点，并为了共同的人性目的而遵循某些共同的价值理念和统治规律。改革开放近30年的历程，尤其表明中国宪政并不是世界宪政的例外，而是日益融为世界宪政大家庭中的重要组成部分。只有人民自觉拥护宪政理念并主动产生制度建设的诉求，中国宪政才能真正走向世界并为世界宪政文明贡献独特的“中国经验”[⑨]。

有学者认为，中国宪政百年历程表明，宪政的发展至少取决于3个条件：宪政理念和知识的引入，既得利益集团对宪政改革的让步以及公民宪政意识的觉醒。中国百年宪政历程之所以命途多舛，正是因为宪政理念因意识形态保守而迟迟没有引入、既得利益集团阻碍改革进程和社会大众缺乏参与。人民是宪政的根本动力，只有广大民众在思想启蒙和制度改革的良性互动中真正觉醒了，中国宪政才有希望[10]。

三、关于基本权利的基本理论

有学者认为，宪法诉讼是现代保障公民基本权利最为有效的方式。在俄罗斯，履行宪法诉讼职能的机构是宪法法院。实践中，宪法法院主要依托宪法诉愿制度，适用蕴涵比例原则的俄罗斯《宪法》第55条第3款作为审查基准保障公民基本权利。此外，宪法法院还常在判决中援引国际条约和欧洲人权法院判例，其目的是用先进的权利保障标准来要求和促进俄罗斯的公民基本权利保障[11]。

有学者认为，在宪法原则中，人民主权是逻辑起点，基本人权是终极目标。人民主权表征了国家权力的合法性，基本人权保证了权利的不可侵犯性。但在传统的理论中二者存在着何者优先的张力。哈贝马斯的宪法有效性理论认为，包括宪法在内的法律形成于公民的自我理解，是主体之间商谈的结果，宪法的承受者同时也是法律规则的创造者。宪法中的人权与人民主权原则是同源的，是互为前提、相互证成的；人权使得人民主权的合法行使成为可能，人民主权在法律上的制度化是人权本身的要求。因此，宪法人民主权原则与基本人权原则之间的紧张可以通过宪法的有效性而沟通[12]。

有学者认为，现行日本宪法是在战后制定。该宪法之制定不但引进“立宪主义”之人权保障，也引进理性“人”的价值，即“人性尊严”价值。并且，该宪法在吸收欧美传统的同时，努力建构了具有本国特色之宪法“基本权核心概念”体系。在我国关于宪法权利保障研究中，吸收各国宪政建设之有益经验，构建具有我国特色之基本权保障体系成为现今我们宪法学研究之必要任务，而其中基本权核心概念的建立更是显得非常重要[13]。

有学者认为，穷尽法律救济原则并非无中生有，而有其存在的逻辑基点。宪法规范位阶的最高性是穷尽法律救济原则的规范基点；立法行为的公定力，即立法行为在通过法定程序被宣布违宪之前被推定有效，是穷尽法律救济原则的秩序基点；宪法纠纷与法律纠纷的区分是穷尽法律救济原则的理论基点；“禁止向一般条款逃逸”原则所蕴涵的方法论是穷尽法律救济原则的方法论基点。对于穷尽法律救济原则存在逻辑的理解不能机械化。在英美法系国家，解决纠纷虽然在形式上未遵循穷尽法律救济原则，但在本质上仍然遵循了穷尽法律救济原则的逻辑思路[14]。

有学者认为，基本权利是现代宪法学的重要部分，直接体现了国家与公民的基本关系。不同的宪法文化与体制孕育着不同风格与特色的基本权利体系。中国宪法学上的基本权利体系反映了中国社会结构与宪法发展的基本特点，日益呈现出开放性与多样性的发展趋势[15]。

四、关于各项基本权利

有学者认为，我国现行宪法文本上虽然仅有“人格尊严”这一用语及其保护条款，而缺落了可与诸多立宪国家宪法上的“人的尊严”又或“个人尊严”相提并论的基础性价值原理，但彼此之间在语义脉络上也存在着某种相通之处，尤其是与德国基本法中的那种以“人格主义”为哲学基础的“人的尊严”这一概念之间就存在着某种可互换的意义空间。正因如此，同时也基于对我国现行宪法第38条本身内部规范结构的规范分析，吾人可以对这一人格尊严条款作出一种新的、更为合理的解释，此即“人格尊严条款双重规范意义说”[16]。

有学者认为，宪法上的劳动权包含个体劳动权和集体劳动权两类，我国现行宪法仅规定了个体劳动权，对于集体劳动权在宪法性法律上有不完整的规定。通过对德日两国有关个体劳动权规定的比较，不同的宪法文本、宪法理论对劳动权的性质的影响巨大，从我国宪法上劳动权的历史和体系来看，应属于社会权属性。作为一种社会权，劳动权仍具有两种给付请求权功能。同时，对于劳动义务，应将其理解为对公民劳动权的一种内在的限制，但在宪法上作专门规定的意义不大[17]。

有学者认为，福利权作为我国宪法中确认并加以保障的重要权利之一，在转型期的中国如何获得更好的保障，不仅仅是应对制度困境的需要，同样也应成为公法学者的关注课题。从目前我国的宪法规范来看，相关内容已较为全面。但是，其实现仍面临着诸多难题。理想的路径是建立违宪审查制度以确保福利权的实现，而在该制度尚未建立之前，行政诉讼及福利行政过程中的相关保障也可以作为选择路径之一[18]。

有学者认为，农民社会生活平等权是指农民作为公民在社会生活方面所享有的与其他公民同等的权利，其实质是农民立基于公民身份而享有的社会生活方面的机会平等。现实中，农民的社会生活平等权是极不充分的。应当立基于宪法视野采取措施保护农民的社会生活平等权，真正把农民当做公民来看待，尊重农民作为公民的基本权利，实现农民到公民这一“从身份到契约”的根本转变⑲。

有学者认为，新闻自由作为一种宪法赋予的民主权利，其性质的界定尚存在一定的争议。新闻自由作为宪法中明确规定的基本权利，它是一种制度性权利。除了具有传统意义上的保障公共舆论形成的功能外，在现代民主社会，新闻自由同时发挥着监督政府权力的作用。在内涵上，新闻自由与言论自由也存在差异。所以，新闻自由从性质上来说，是一项从言论自由中分离、独立的宪法权利⑳。

有学者认为，财产权入宪有近代与现代两条路径，它们在理论基础、适用原则、补偿基准等方面存在较大的差异。近代路径采取绝对保障模式，虽然在一定的历史阶段繁荣了经济，促进了自由，但在现代背景下其越发凸显出反民主多数的原罪难题。现代路径对近代路径进行了民主检验，采取相对保障模式，为实现财产权与民主多数的和谐，现代路径重构了财产权制度之目的，扩展了警察权力的范围，创立了宽松的司法审查基准。中国现处于社会主义初级阶段，近代课题与现代课题相互交融，在财产权入宪问题上，宜采取具有中国特色的混合路径㉑。

有学者认为，各国宪法文本中的环境权条款是对环境权提出的带有根本性的实证回应，环境权自身的宪法权利属性以及环境问题的根本性进一步从理论层面证成宪法上的环境权。宪法上的环境权既有解释、修改等实践价值，又有生态、公平、安全、和谐、节约等观念价值㉒。

有学者认为，东航事件其本质是劳动者行使罢工权利的表现，罢工自由之所以作为一项宪法权利，是基于对宪法上财产自由或契约自由的一种制约。在我国当前法律体系中，罢工自由由全国人大常委会批准的《经济、社会和文化权利公约》所确立，借助《宪法》第33条中“国家尊重与保障人权”条款成为我国宪法中的基本权利。在公民行使罢工权利的过程中，国家负有消极的不干预义务和协调劳资关系的积极义务，而公民本身也受到行使主体、行使方式等界限制约。现有的集体协商制度不能发挥作用，反而加剧罢工行为的发生，而罢工权利真正使劳动者的利益得到保障，则必须依赖于劳工结社权的充分实现㉓。

（作者：胡锦光，中国人民大学教授；
蒋卫君，首都医科大学讲师）

注：

①莫纪宏：《宪法学与公法学的关系——从立法政策学看公法学的制度价值》，《江汉大学学报》（社会科学版），2008年第1期。

②刘连泰：《分析实证主义法学方法在宪法研究中的局限性——以“分离命题”为中心》，《厦门大学学报》（哲学社会科学版），2008年第1期。

③韩大元：《中国宪法学方法论的学术倾向与问题意识》，《中国法学》，2008年第1期。

④刘康磊：《时间抑或地域——宪法学研究之中国性》，《西南政法大学学报》，2008年第1期。

⑤杜钢建：《近三十年宪法学研究的回顾与展望》（上），《太平洋学报》，2008年12期。

⑥童之伟：《宪法适用应依循宪法本身规定的路径》，《中国法学》，2008年第6期。

⑦褚江丽：《我国宪法公共利益原则的实施路径与方法探析》，《河北法学》，2008年第1期。

⑧唐忠民：《自由主义宪政观评析——兼论宪政的核心价值》，《现代法学》，2008年第1期。

⑨张千帆：《走向世界的中国宪政——制度与文化的百年进化》，《北方法学》，2008年第1期。

⑩张千帆：《中国百年宪政历程的反思与展望》，《法学》，2008年第4期。

⑪尤晓红：《论俄罗斯宪法法院对公民基本权利的保障》，《北方法学》，2008年第6期。

⑫李龙、李小萍：《论宪法中人民主权与基本人权原则的沟通——以哈贝马斯的宪法有效性理论为视角》，《法律科学》，2008年第1期。

⑬秦前红、韩永红：《宪法“基本权利核心概念”研究——基于中日比较的视角》，《广东社会科学》，2008年第1期。

⑭胡锦光、王书成：《论穷尽法律救济原则之存在逻辑》，《中州学刊》，2008年第1期。

⑮韩大元：《中国宪法学上的基本权利体系》，《江汉大学学报》（社会科学版），2008年第1期。

⑯林来梵：《人的尊严与人格尊严——兼论中国宪法第38条的解释方案》，《浙江社会科学》，2008年第3期。

⑰王锴：《论我国宪法上的劳动权与劳动义务》，《法学家》，2008年第4期。

⑱胡敏洁：《转型时期的福利权实现路径——源于宪法规范与实践的考察》，《中国法学》，2008年第6期。

⑲杨海坤、赵中华：《宪法视野中的农民社会生活平等权及其保护》，《唯实》，2008年第1期。

⑳张书琴：《试论新闻自由为独立之宪法权利》，《昆明理工大学学报》（社会科学版），2008 年第 1 期。

㉑欧爱民：《财产权的入宪路径与民主检验》，《河北法学》，2008 年第 2 期。

㉒张震：《宪法上环境权的证成与价值——以各国宪法文本中的环境权条款为分析视角》，《法学论坛》，2008 年第 6 期。

㉓葛翔：《论作为经济基本权的罢工自由及其实现——"东航"事件的宪法之维》，《黑龙江政法干部管理学院学报》，2008 年第 5 期。

行政法学

胡锦光　蒋卫君

2008 年，中国行政法的相关制度进一步完善，同时，中国行政法学的研究成果也进一步发展，两个方面都取得了不斐的业绩。制度上的重大进展，一是《政府信息公开条例》正式开始实施，二是我国国内第一部地方性行政程序立法《湖南省行政程序规定》颁布实施。这两个问题也成为今年国内行政法学界研究的热点问题。总体来说，今年行政法学研究的成绩主要表现在以下几个方面：

一、关于政府信息公开

有学者认为，信息公开是美国《联邦行政程序法》的重要组成部分，也是美国对世界行政法治的一大贡献。在简要总结了美国信息公开制度的历史进程和最新发展之后，还需详细探讨信息公开原则及其例外的司法适用，并深入分析信息公开和个人隐私之间的复杂关系诸问题。由于信息公开与透明度在行政程序中发挥着特别重要的作用，美国的经验应能对中国相关制度的完善提供有益的启示①。

有学者认为，知情权具有宪法基本权利的位阶。在我国，宪法没有直接规定知情权，但它却被确认于地方政府规章以及党和国家的重要文件中。通过宪法解释方法将知情权列入宪法基本权利的条件已经成熟。《政府信息公开条例》作为保障公民知情权的行政法规，需要处理好处于其上位的《保守国家秘密法》、《档案法》以及处于其下位的"法规和国家有关规定"之间的关系，协调与"卷宗阅览权"、"隐私权"保护之间关系。由政府信息公开引发行政争议构成了一种新类型的行政诉讼，它需要我们在行政诉讼法理论与实务中作出积极的回应，方可切实保障公民的知情权②。

有学者认为，在有限理性——公共政策制定者的基本假设的前提下，政府信息公开的学术含义就是减少公共行政组织内外的信息不对称，而有限理性是造成信息不对称的主观原因。政府信息公开加大了政府决策时的信息量，加强了对政府决策行为的监督，因此成为扩展理性的最有效的方法③。

有学者认为，《政府信息公开条例》的颁布是我国行政公开法制的一座里程碑和新起点，为保障其顺利实施，各级政府的主要准备工作包括：确定主管部门和工作机构，建立各种信息公开工作机制，依法开辟政府信息公开场所，以建设政府网站为中心完善各种公开方式，编制公开目录和公开指南。但经调查发现，各地政府机关对上述任务的完成进度不一、结果悬殊，总体情形不容乐观，需要有针对性地采取有效举措，避免实施后的被动局面出现④。

有学者认为，政府信息公开应该追求最大限度公开，依照申请公开政府信息制度在运行中不能限制申请人的范围和审查申请人的理由。政府信息公开是原则，不公开是例外，但为保障在公开政府信息过程中法律所保护的重要利益不受影响或者损害，除了国家秘密、商业秘密和个人隐私不予公开之外，可能干扰执法和司法的政府信息、行政机关内部事务信息、行政过程中的未完成和不确定的信息等 3 类信息也应纳入不予公开范围。对于政府历史信息，除了档案公开，也应通过主动公开或者依照申请公开方式满足公众的知情权⑤。

有学者认为，《政府信息公开条例》从宗旨和原则，范围和主体，方式和程序，监督和保障等方面对政府信息公开制度进行了规范，对我国政府信息公开制度的发展具有重要意义。但我国政府信息公开立法仍然存在立法层次低、配套法律制度缺位等诸多缺陷，应从思想、制度、监督、实践、法律等方面采取措施，进一步完善我国政府信息公开制度，尤其是要制定《政府信息公开法》和配套法律法规从立法层面加以修改和完善。⑥

二、关于行政程序

有学者认为，《湖南省行政程序规定》是我国第一部系统规定行政程序的立法。这部地方政府规章以推进依法行政、建设法治政府为根本立法目的，以公民的程序权利为主要内容，参与和公开构成其核心要素。湖南的尝试必将对中国统一行政程序法典的出台从路径到内容产生深远的影响[7]。

有学者认为，行政案卷排他原则的运作必须以下列3个条件为前提，即保障相对人主体地位的正当行政程序，由客观事实到法律事实，看得见的程序真相。在此基础上，行政案卷排他原则通过排斥正当程序以外的因素对行政行为起作用，同时过滤、净化程序中的事实因素和法律因素，从而避免行政程序成为一种形式、摆设，甚至是骗局，最终保障行政行为是程序自然而然的结果。同时，案卷排他也使相对人的程序权利得以切实行使，并使相对人行使的程序权利延续到行政行为中，从而使相对人的主体地位和人格尊严得以实现，相对人的程序权利得以保障[8]。

有学者认为，必须摒弃神秘主义行政文化传统观念，树立阳光行政和行政程序法治观念，推动提升行政透明度的民主化转型。《行政许可法》、《政府信息公开条例》等法律文件对行政程序透明和阳光政府建设提出了要求、创造了条件。在实践中，许多地方和部门积极开展行政程序公开、政府信息公开、公众参与管理、完善监督救济和创设服务中心等方面的探索创新，天津、成都、邯郸等地的改革经验值得研究借鉴。进一步努力建设阳光政府，需要充分发挥地方的主动性、积极性和创造性[9]。

有学者认为，中国学者对行政程序法的研究，集中于理念和制度两个方面。对行政程序法的理念研究，主要集中于目标模式和功能模式两大问题。目标模式涉及行政程序的效率、公平及其权衡等问题，功能模式则涉及程序和实体的关系问题。对行政程序制度的研究，主要集中于程序原则、规则设计。如何将理念和制度研究与中国行政过程的现实以及地方性知识结合起来，将是中国行政程序法研究领域的一个重大挑战，也是中国行政程序立法所面临的挑战。在当前，打通理念、制度与实践的最佳路径，应是鼓励地方进行行政程序立法实践，并尽快启动国家层面上《行政程序法》的制定[10]。

有学者认为，近几十年来在越来越多的国家，民主从政治领域的选举、代议走向行政领域，行政立法、行政决策、具体行政行为等都打上民主参与的烙印。与此同时，强调双方协商沟通并达到社会共同治理的“善治”也渐渐有取代“管理”的趋势。这两个方面的社会进步，其实都集中到行政程序法治建设中。公众参与作为行政程序法的最重要一环，是行政领域的民主制度，是达成善治的途径。《湖南省行政程序条例》的出台，是责任型、法治型和服务型政府从理念迈向具体的重要一步。从地方扩展到全国，从行政民主跨进政治民主，也许是符合国情的理性、稳妥的选择[11]。

有学者认为，财政、财政权与财政资金等问题是国家运行的重要基础，是“国之利器”，政府财政权涉及政府在实施社会管理过程中方方面面的问题。在现代民主法治社会，应当加强财政权在行政程序中的控制，以合法、合理的行政程序，保证财政资金的科学支出；健全科学民主的决策体系，使公共服务均等化，充分满足公共利益的最大化[12]。

三、关于行政立法

有学者认为，现代国家的规制系统往往是复杂而庞大的。在政府对经济的规制中，应当否定和废止的规制大量存在，同时，应当肯定和强化的规制同样大量存在。在经济规制立法的正统性方面，在立法和制定政策的过程中应实现意思决定的科学性、专门性，强调对各种信息的梳理、排除和活用，围绕立法和政策制定的“科学公正性”和“社会公正性”以及由此而得以确保的“社会可靠性”，在“民主参与”、“专门性输入”及评价、救济等“专门性保障”的意义上，来构筑规制立法和政策形成的“正统性”[13]。

有学者认为，我国目前的行政立法程序制度是以明确行政过程环节内部责任的方式调整行政法规和规章这些具有法的外形规范的制定过程，因此其无法将实质上同样具有外部效果的各类以“无名规范”方式表现的行政规定纳入调整的范围之内，因而也就不能建立起具有权利性质的参与制度。在现代国家中的行政立法程序已经成为一种裁量过程的情况下，行政立法程序制度建设需要将包括“无名规范”在内的所有法规范都同样地纳入调整的对象范围之中，并在程序过程中相应地设置保障社会成员提供可以行使参与权的程序性装置[14]。

有学者认为，行政立法回避制度是我国行政立法程序发展的重大突破。行政立法回避制度既具有理论上的正当性，又具有制定法上的合法性，更为重要的是，其所蕴涵的精神理念和价值功能值得进一步总结与反思。行政立法回避只是一种有限的回避，其适用范围和具体运作方式需要从理论上予以构建[15]。

有学者认为，随着我国经济、社会的发展，跨省市的区域经济一体化趋势已十分明显。但目前我国各省、市各自为政的地方行政立法现状不适应这一客观要求。借鉴欧盟法在其成员国中直接适用和优先适用的成功经验，我国可构建一种能在一定经济区域内的各行政区划内统一适用的区域行政立法模式和体系，这是介于国家行政立法与现行地方行政规章之间的行政立法合作模式，它对于协调目前地方行政立法冲突、适应和促进区域经济和谐发展是一种较为有利的选择[16]。

四、关于给付行政

有学者认为，行政给付诉讼具有争讼对象广泛性、诉讼功能多重性及诉讼两造变动性等特征。行政给付诉讼的类形态应包括请求财产给付之诉、请求事实行为之诉、请求规范颁布之诉和请求不得作为之诉。行政给付诉讼的特殊起诉规则主要包括：给付须因公法上原因而发生，给付须限于行政行为以外的财产或其他行为，原告须主张给付义务损害其权益以及给付不能于撤销诉讼中一并请求。在审理行政给付案件时，司法审查的重心应当是当事人是否有公法请求权并应注意调解方式的有限运用以及判决种类的正确选择[17]。

有学者认为，随着公法和私法的融合、福利国家的兴起，给付行政已成为当代行政的重要内容。给付行政的崛起，需要行政主体大量使用新型的行政私法行为。对于行政私法行为这类兼具行政和私法双重性质的行为，单凭公法或者私法一方的力量难以进行良好的制约，而应当综合运用公法、私法予以法律约束，努力打造行政私法行为的“公私合作约束模式”，即它们在实体上受公私合作理念影响的法律原则和规则的制约，在程序上遵循行政程序和民事程序相谐调的“行政私法程序”，在权利救济上实行由性质主导的私法、公法二元化救济[18]。

有学者认为，行政听证的理论需要在实践之中得到充分应用与发展，如此才能推动行政程序法制建设之完善与健全。在中国大力发展民生事业、推动给付行政体系建立的现实背景之下，从规范及制度层面探讨给付行政中的听证制度及其面临的课题是具有理论及现实意义的。行政听证制度的构建应当与所适用的对象相协调，强调多样性与正当性，进而全面提升行政质量及保障公民基本权利的实现[19]。

有学者认为，给付行政中的法治原则由法律优先和法律保留两个要素构成。法律优先是指行政应当受现行法律的约束，不得采取任何违反法律的措施；法律保留是指行政机关只有在取得法律授权的情况下才能实施相应的行为。我国给付行政贯彻法治原则的现状是：法律层面上的立法缺位与空白授权，主要的法规范形式是行政法规、规章及其以下的规范，有关的国家政策大量存在。完善我国给付行政的法治原则，需将法律优先和法律保留切实落到实处[20]。

有学者认为，行政法中公私协力问题在德国、日本以及我国台湾地区等地都有相当大的发展和相当精深的研究。当前公私协力行为在我国大陆行政实践中也广泛存在，然而我国大陆行政法学者的关注却很不够，理论研究严重滞后于现实发展的需要。从实现给付行政的国家任务入手，可以从宏观上把握公私协力所处的时代背景和所秉持的行政法理念。公私协力中的行为形式选择既是重要的理论问题，也是实践中无法回避的问题。公私协力行为也对传统行政法学构成巨大的挑战，理应获得足够的重视[21]。

有学者认为，行政诉讼一般给付判决以保护行政相对人公法上的请求权为主要目的，该请求权的内容以财产或金钱的给付为主，并逐步扩宽到信息行为、对生存的照顾和基础设施的给付、因公法合同而提起的诉求等等。它不同于履行判决，后者以支持行政相对人请求行政机关作出具体行政行为为内容，两者在功能上具有相互排斥、相互补充的特点。一般给付判决尚未被法律规范所承认，这是我国行政诉讼判决体系的一种缺失[22]。

有学者认为，法律保留原则最早产生于政府实施“警察权”的背景之下，意义在于约束侵害行政和保障公民基本利益，要求行政机关的行为必须有明文法规可依。而随着现代社会政府的职能和角色越来越从管理向服务发展，给付行政的兴起要求行政机关根据需要作出授益性的行政行为，并随之带来了法律缺位时行政自由裁权和公民权利的处理难题。因此，传统法律保留原则必须在给付行政的适用中，进行修正和重新释义[23]。

五、关于行政强制的研究

有学者认为，《行政强制法（草案）》在地方立法的行政强制设定权问题上，有较大的进步。相比较于《行政处罚法》和《行政许可法》，《行政强制法（草案）》规定了公共利益和当事人合法权益兼顾原则，使得公民权利得到更大程度的保护；在设定权分配上，没有赋予地方政府规章行政强制设定权，改变了既设定损益行为、又亲自执行损益行为的状况；在行使条件上，规定了更为详细的设定权行使条件，使得地方立法机关的行政强制设定权受到了一定的限制[24]。

有学者认为，《中华人民共和国突发事件应对法》（简称《突发事件应对法》）以及有关法律规定了行政机关的各种强制措施，行政机关采取的这些行政强制措施都具有时间紧迫、范围广泛、直接影响基本权利、政府直接指挥等特点，这对保证政府应对突发事件是必要的，但也最容易对行政相对方的合法权益造成侵害。如何做到既保证行政机关有效地采取必要的行政强制措施，妥善处理突发事件，预防、避免以及减少突发事件造成的损害，又最大限度地保护行政相对方合法权益，这是建立和完善应对突发事件法律制度所面临的重要课题[25]。

有学者认为，行政强制法出台在即，人们所关注的重点是其具体内容的设定，特别是行政强制法将要创制什么样的新制度，对如何从立法技术上实现立法的宏观协调鲜有论及。应选择基本法律作为行政强制法的立法类型，使其与行政强制制度改革等重要内容相匹配；起草好法律的过渡条款，使行政强制法与此前的立法较好地衔接；在法律颁布之后预留足够的时间做好实施准备工作，从而保证法律公布与法律实施之间的协调[26]。

有学者认为，我国现行行政强制执行体制，仍然是以申请人民法院执行为原则，以行政主体自行强制执行为例外的双轨制。这不利于行政强制执行工作的顺利开展，削弱了司法的权威，同时也不利于保障行政相对人的合法权益，存在着严重弊端。解决这一问题的有效途径是，取消人民法院的强制执行，采用行政主体自行强制执行制。这符合高效行政的要求，有利于人民法院司法救济活动的顺利开展，同时能有效制约行政强制执行的权力[27]。

有学者认为，行政直接强制既是行政强制执行法所要解决的核心问题，又是行政强制执行制度中最难以规范的问题，然而，行政直接强制程序的理论，尤其是行政直接强制程序的法律地位一直是行政法学界比较困惑的，在我国《行政强制执行法》即将制定之际，系统探讨这一问题是非常必要的。包括行政直接强制程序立法的现状评价、行政直接强制属性与程序性质确定、行政直接强制程序立法技术等[28]。

（作者：胡锦光，中国人民大学教授；
蒋卫君，首都医科大学讲师）

注：

①张千帆：《政府公开的原则与例外——论美国信息自由制度》，《当代法学》，2008年第5期。

②章剑生：《知情权及其保障——以〈政府信息公开条例〉为例》，《中国法学》，2008年第4期。

③周洪、徐刚：《政府信息公开——公共政策制定者有限理性的理性扩展》，《湖北社会科学》，2008年第8期。

④莫于川、林鸿潮：《〈政府信息公开条例〉实施准备调研报告——以苏闽川滇数省等作为考察重点》，《法学》，2008年第6期。

⑤刘华：《论政府信息公开的若干法律问题》，《政治与法律》，2008年第6期。

⑥周杏梅：《〈政府信息公开条例〉颁布与政府信息公开制度之发展》，《河南省政法干部管理学院学报》，2008年第4期。

⑦王万华：《统一行政程序立法的破冰之举——解读〈湖南省行政程序规定〉》，《行政法学研究》，2008年第3期。

⑧金承东：《论行政案卷排他原则的运作原理》，《浙江大学学报》（人文社科版），2008年第4期。

⑨莫于川：《行政程序法治观与行政许可透明度》，《现代法学》，2008年第2期。

⑩王锡锌：《行政程序法理念与制度：发展、现状及评估——兼评〈湖南省行政程序规定〉正式颁行》，《湖南社会科学》，2008年第5期。

⑪刘莘、李辉：《民主、善治与公众参与——湖南行政程序立法在中国的意义》，《湖南社会科学》，2008年第5期。

⑫王源：《论财政权的行政程序法规制》，《黑龙江省政法管理干部学院学报》，2008年第4期。

⑬杨建顺：《论经济规制立法的正统性》，《法学家》，2008年第5期。

⑭朱芒：《行政立法程序调整对象重考——关于外部效果规范与程序性装置关系的考察》，《中国法学》，2008年第6期。

⑮催卓兰、卢护锋：《论行政立法回避制度——从重庆市人民政府立法回避的实践切入》，《河南省政法干部管理学院学报》，2008年第1期。

⑯方世荣、王春业：《经济一体化与地方行政立法变革——区域行政立法模式前瞻》，《行政法学研究》，2008年第3期。

⑰章志远：《给付行政与行政诉讼法的新发展——以行政给付诉讼为例》，《法商研究》，2008年第4期。

⑱王太高、邹焕聪：《论给付行政中行政私法行为的法律约束》，《南京大学法律评论》，2008年春秋号。

⑲高秦伟：《论给付行政中的听证制度及其构建》，《甘肃行政学院学报》，2008 年第 4 期。

⑳刘亚凡：《关于给付行政中的法治原则思考》，《理论探索》，2008 年第 6 期。

㉑黄学贤、陈峰：《试论实现给付行政任务的公私协力行为》，《南京大学法律评论》，2008 年春秋号。

㉒邵燕芬：《我国行政诉讼中一种缺失的判决：一般给付判决》，《中共郑州市委党校学报》，2008 年第 1 期。

㉓桂舒：《给付行政中的法律保留原则理论与适用研究》，《河南科技大学学报》（社会科学版），2008 年第 4 期。

㉔孙波：《试论地方行政强制设定权》，《长白学刊》，2008 年第 5 期。

㉕刘杰：《应急行政强制措施与相对方权利保护》，《法治论坛》，2008 年第 1 期。

㉖荆月新：《行政强制法如何实现立法的宏观协调》，《法学》，2008 年第 2 期。

㉗欧仁山：《行政强制执行：双轨制、弊端及其克服》，《理论探索》，2008 年第 5 期。

㉘关保英：《行政直接强制的程序探讨》，《法律科学》，2008 年第 2 期。

刑 法 学

韩玉胜 刘崇亮

一、2008 年刑法学研究概览

（一）学术著述成果丰硕

据粗略统计，2008 年度出版的刑法学著作达上百部，在各类报刊发表的刑法学术论文共 1000 多篇，刑法学研究呈现出较为繁荣的局面。主要教材有：冯军、肖中华《刑法学总论》，周光权《刑法各论》，陈兴良《规范刑法学》（第三版）、《走向规范的刑法学》（第二版）和《走向哲学的刑法学》（第二版）等；个人学术专著如：陈兴良《刑法的格致》，黎宏《日本刑法精义》，梁根林《合理组织对犯罪反应》，赵秉志《侵犯著作权犯罪研究》、《犯罪未遂形态研究》，张明楷、劳东燕《司法工作人员犯罪研究》，李洁《罪与刑立法规定模式》，刘宪权《金融犯罪刑法理论与实践》等；主要译著有：（日）大谷实著、黎宏译《刑法讲义总论》（第二版）和《刑法讲义各论》，陈志军译《匈牙利刑法典》，（美）乔治·弗莱特著、邓小滨译《反思刑法》等。

（二）学术交流活动活跃

2008 年学术研讨活动相当活跃，促进了刑法学研究的发展。

11 月 1 日至 3 日，由中国政法大学与最高人民检察院检察官国际交流中心联合主办的“中俄与德日两大犯罪论体系比较研究”国际研讨会在北京隆重举行。来自中国大陆、俄罗斯、德国、日本和中国香港、中国台湾等国家和地区的 100 多位专家学者参加了此次研讨会。与会专家学者就两大犯罪论体系优、缺点及借鉴和完善等问题进行了深入的探讨。

11 月 29 日至 30 日，由国家重点研究基地中国人民大学刑事法律科学研究中心主办的“第二届刑事政策国际论坛”在北京隆重举行。来自中国大陆、德国、日本、韩国、中国台湾等国家和地区的 100 多位知名专家学者和司法实务界人士参加了此次论坛。与会国内学者主要围绕刑事政策基础理论、刑事政策与刑事处罚改革、犯罪与刑事对策、刑事执行政策及其他相关问题展开了深入探讨。此次论坛一方面将促进中外学者在刑事政策研究领域的交流与合作，另一面，它将对深化中国刑事政策与刑事处罚改革的研究、推进中国刑事法制建设产生重要影响。

二、2008 年的刑法理论研究的热点

（一）刑法总论方面

1. 关于刑法的目的

有关“刑罚目的”的论文都是汗牛充栋，而对于刑法目的则很少有学者论及。但是近几年来国内学者逐渐意识到了其在刑法理论的重要地位，特别是在刑事法治的背景下，如何认识我国刑法的目的，是一个需要深入研究的重大课题[①]。本年度的一些刑法学者给予了集中和深入的探讨。

有的学者认为刑法目的首先具有阶段性，前现代之一元化刑法目的——惩罚犯罪，现代之二元化刑法目的——规划惩罚权，保卫社会。其次具有分层性，刑法设置刑罚是为了遏制犯罪，犯罪在刑法上呈现为两大基本类型，即自然犯和法定犯，随着社会关系多样而复杂化和风险社会的到来，刑法更关注风险的控制，与此相适应，出现了法律上的犯

罪形态结构性演变：在数量上由传统的自然犯占绝对比重，变为法定犯占绝对优势的格局。再次具有主观性，刑法目的虽然不是个人想象，但毕竟还是立法者或学术群体的主观意向，刑法目的虽有导向作用，但在理论上和实践中应当注重客观属性的刑法功能和刑法控制[②]。

对于刑法目的的本体性认识各学者分歧较大。有的学者认为刑法的目的就是刑法的任务和机能，刑法目的说似乎较刑法机能更具有主观色彩，但实质上刑法目的与刑法机能并无实质区分。如果从文字本身来理解，刑法的任务、机能与目的这些概念之间确实存在一定的区别，但刑法的目的主要是从主观上确立刑法所追求的价值，刑法的任务则介于两者之间，是客观上的手段与主观上目的的统一，就实现任务的方法而言，离不开刑法的机能，就确定任务的目的而言，又离不开刑法的目的，所以刑法的任务、机能与目的都属于同一层次的概念。而刑法的机能包括刑法的规制机能、保护机能和保障机能，在我国当前刑事法治建设的大背景下更应当强调刑法的人权保障，只有这样才能实现刑法的最终目的[③]。

有的学者也赞成刑法的目的就是刑法的任务并且和刑法机能具有一致性。该学者认为目的是刑法的创造者，《刑法》第2条关于刑法任务的规定也是刑法目的的规定。保护法益是刑法的整体目的，由《刑法》第2条规定属于第一层次的刑法目的，分则各章是第二层次的目的，分则各章之下的是第三层次的目的，分则各本条的目的是第四层次的刑法目的。刑法的目的具有刑事政策的机能（指导刑事立法的机能），要求刑事立法以保护法益为目的，实行有效的犯罪化，充分发挥刑法的一般预防作用。作为刑法目的的法益，不只是保护一般人的法益，也包括保护行为人的法益，而刑法的机能也是法益保护和人权保障，在此意义上刑法的目的和刑法的机能完全一致。构成要件核心表述、对违法性的实质理解、将有责性作为犯罪成立条件都是刑法目的的基本要求，另外刑法的目的决定了刑罚目的，刑罚的属性制约了刑法目的内容[④]。有的学者从中国特色罪刑法定原则双向表述出发，认为刑法的目的与任务本应由刑法的社会保护机能来体现，刑法的人权保障则应由罪犯法定原则赋予，而我国的刑法目的和任务及罪刑法定原则各应承载的刑法机能被混同和单一化为社会保护，并由此注定了刑法人权保障机能的先天缺陷[⑤]。

有些学者则认为刑法目的与刑法任务不同，但这些观点也存在着较大分歧。有的学者认为在并合主义的刑法观下，刑法目的和刑法的任务不同，刑法有其自身的目的，刑法的目的包括根本目的和直接目的，根本目的是维护社会基本秩序，直接目的则包括保护法益、预防犯罪、确认刑罚权和限制刑罚权[⑥]。有的学者认为刑法目的和刑法任务不同，刑法的任务集中地体现在《刑法》第2条，它与刑法目的虽然密切且极为相似，但刑法任务是一个政治用语，源于苏联，是社会主义刑法的根本特色，其根本宗旨是反映刑法的阶级本质。刑法目的必须符合正义原则和功利要求，其核心内涵即保护法益。但刑法却不以保障人权为唯一目的，刑法的目的是国家制定刑法和适用刑法主观上所希望达到的结果，刑法的目的取决于国家的性质与目的，而国家正当目的应当采取保护主义原则，所以刑法的目的必须立足于保护主义立场，必须以保护主义为原则，即法益的保护。刑法的目的也不同于刑法机能，刑法的机能可以区分为社会保护机能与人权保障机能，刑法的法益目的的最终实现依赖于刑法机能的平衡发挥[⑦]。

另外有的学者认为刑法的目的具有相对性，存在现实目的和最终目的。刑法的目的究竟是保护法益还是维护规范的有效性，必须放在特定的时代背景和社会环境下考虑。当前的中国定位于法益保护至少存在着法益保护在实践中可能落空，法益概念可能高度抽象化、精神化，法益保护有时显得为时太晚，法益侵害也可能带来价值一元，只看到现象没有揭示刑法目的本质等问题。在社会平和和法治的时代，规范已经成为行为的指导原则，遵守规范是个人生活的一部分。但是当前中国处在剧烈的社会转型期，各种权利关系不明确、公众规范依赖感不强等，必须特别强调规范的有效性，需要动用刑法来证明，刑法的目的就是稳定规范和证实规范的效力。待我国权利关系明确、国民规范意识渐趋形成后，刑法的目的可能从规范维护转向对法益保护，刑法的法益保护就成为最终目的[⑧]。

2. 关于期待可能性

今年因为许霆案件而使得学者对期待可能性的探讨和关注前所未有，特别是学者们针对我国是否引进德日刑法中的期待可能性展开了激烈的讨论，有的持赞成论，有的持否定论。

赞成论如有的学者认为尽管国内学者在期待可能性问题上虽分歧较大，但至少可以肯定期待可能性的存在是刑事责任得以成立的前提条件。因为其一，责任的判断必须以期待可能性的判断为前提，从某种意义上说责任的判断过程很大部分是期待可能性的判断过程，从而期待可能性的判断是必要；其二，期待可能性的内核是行为人特定条件下的意志自由，前者是意志自由规范判断的结果，后者则是期待可能性判断的实质；其三，即使在我国刑法理论体系下，期待可能性仍是独立的、积极的客观归责要素，责任能力、故意和过失的判断不能代替期待可能性的判断[⑨]。有的学者认为国内很多学者认为如果在司法中引进期待可能性则会破坏对罪犯法定原则的机能，解决期待可能性司法适用与罪刑法定原则的对峙，关键是对罪刑法定原则的理解。罪刑法定原则有实质意义和形式意义之分，形式的罪刑法定实现并不是刑事司法价值的终极目标，形式的罪刑法定只有与公平正义实质内容融合，才能显示其理性。如果两者发生冲突时，形式的罪刑法定则应进行适度的调整，让位于公平正义这一实质内容。而期待可能性的可行之处就在于普遍人性的尊重。对没有期待可能性的行为作为超规范阻却事由能使制定法的内在缺陷在司法中得到补充，即给予事实上的非罪化处理；对期待可能性较小的行为不作为减轻责任的事由，这是对制定法局限性的回应，是司法能动的体现，是罪刑法定原则在动态中选择公平正义的充分体现。在我国犯罪论体系没有根本改变的情况下，将缺乏期待可能性的行为纳入“情节显著轻微，危害不大”的主体范围[⑩]。

有的赞成论学者认为在我们国家将期待不可能性作为罪责排除事由是合适的。他认为我国犯罪构成体系来自苏俄，犯罪构成体系存在着严重问题之一就是事实判断与价值判断混乱。事实判断包括行为事实与心理事实，而价值判断主要是指客观上的违法判断与主观上的责任判断。违法性判断在为社会危害性判断，责任判断则糅合在故意过失的概念中难以分析。在这种情况之下，没有形成科学合理的犯罪构成体系，成为我国刑法研究进一步深入发展的结构性障碍。故从期待可能性的体系地位出发，应当对我国犯罪构成体系中的责任要件进行重构。在罪责这一主观构成要件中，除责任能力作为责任要素以外，分别确立了两种责任形式，即故意与过失责任。作为一种责任形式，故意不仅是一种心理事实，而且包含着规范评价，由此形成统一的故意概念。故意分为心理构造与规范构造，将违法性认识与期待可能性作为故意规范评估要素纳入其中，过失也是如此。在这一责任构造中，责任能力、违法性认识和期待可能性都是作为消极的责任要素出现的，故意与过失等心理要素是作为积极的责任要素出现的。无责任能力、违法性认识错误和期待不可能就是罪责排除事由的具体表述[⑪]。

还有的赞成论者认为期待可能性在中国当前的法治背景下具有完全的正当性价值，因为社会现象包罗万象且处于不断发展变化之中，法律不能穷尽一切，事实上也不可能穷尽一切，此时制定法背后正义的理念便发挥作用，而期待可能性正是可以作为减轻或免除被告人刑事责任的超法规责任阻却事由而存在的。在不具备期待可能性存在着超法规的责任阻却事由和法律规定的责任阻却事由，结合我国的实际情况，应当将阻却责任事由纳入犯罪构成体系之中。以许霆案件为切入口，在此案件中，期待可能性不存在即使不能成为被告人无罪的绝对事由，但至少“机器本身出了故障”所提供的便利条件应成为被告人减免刑事责任的事由。应从微观罪过形式的角度，解决两种罪过形式单薄性带来的刑法适用的法律效果与社会效果不统一的弊端，赋予期待可能性这一判断因素一定的法律地位，更好地实现刑法目的，以符合正义理论的实质要求[⑫]。

不赞成期待可能性引进的学者也不占少数。有的学者认为期待可能性从法律理论和司法的角度承认了人性中普遍存在的脆弱一面，因此在今天的中国研究期待可能性的理论对于丰富中国刑法学的内容，提高中国刑法学的品位，并且能够与世界特别是大陆法系的刑法文化进行对话，有着一定的意义。但是期待可能性却没有必要引入我国的刑法体系和司法实践中来。因为期待可能性实际上是一种基于行为在法律的规范评价上认定罪犯本是不存在任何技术的障碍，只是考虑到行为人所实施的行为具有某些特殊原因所以需要通过特别的期待可能性的价值评价，在刑事责任上给予特别处理。其实我国刑法的“但书”规定和许多有关刑法减免性元素本身也反映了此种要求，同时酌定情节也充满着价值评价的成分。所以期待可能性观念的引进本身不是问题，关键在于是否能够获得技术上的支持，但在我国现存的犯罪论体系框架下没有必要让其进入刑事立法层面而成为一种规范规定[⑬]。

还有的否定论者直接认为期待可能性在中国的前景具有不可能期待性。首先适用期待可能性理论的社会基础不复存在：（1）补偿弱者的期待可能性因社会体制完善而失去了制度基础；（2）危险社会导致适用期待可能性的成本加大；（3）期待可能性理论在德日司法实践中业已萎缩。其次期待可能性用个人主义破坏了公共利益和安全：（1）在非紧急情况下避轻就重违背了刑法立场，其价值取向是个人利益高于公共利益；（2）追加雇主的责任才是现代癖马案的正确方向。再次仅从行为时判断期待可能性会得出片面的结论：（1）所有罪犯在犯罪时都在一定程度上缺少期待可能性；（2）期待可能性违背了意志自由和处罚胁从犯的刑法原理。最后通过扩张心理责任等即可使得期待可能性的合理目标通过既有刑法理论实现[14]。

3. 关于刑罚体系的改革和完善

我国刑罚制度的体系在法治文明不断提高的背景下饱受诟病，对刑罚制度进行系统改革意义重大。本年度关于刑罚体系的改革和完善引起众多学者的关注。

1997年刑法修订时并未对刑罚体系的合理建构给予重视，以至于现在法典存在法网不严密、法定刑种的组合关系不协调、法定刑的刑度不合理的重大缺陷，使刑罚的作用没有很好地发挥出来[15]。因此有的学者认为未来我国刑罚制度的改革，应该重视对死刑的进一步严格限制，自由刑的调整完善，罚金刑的扩大适用，非监禁刑的充分重视，刑罚整体结构则会进一步宽和。这种刑罚体系应当是一种锐三角形：极为严厉的死刑将仅仅只是三角形顶点处极小的一部分；长期自由刑作为相当部分死刑的替代措施或严重犯罪的惩罚措施，占据三角形上部较小的部分；而中期自由刑和上升为主刑的罚金刑，处于三角形底部，为最主要的刑罚种类；资格刑仍应作为特定犯罪中附加适用的附加刑而出现。在此思路下，可进一步考虑死刑、无期徒刑、有期徒刑、罚金刑、资格刑在分则具体罪名中的搭配和协调问题，以实现我国刑罚体系的惩罚适度、结构合理和内容科学[16]。

从我国刑法规定的死刑罪名和自由刑的配置来看，我国现行的刑罚结构从世界范围来看属于一个重型结构，甚至是超重的刑罚结构[17]。面对我国刑法的重刑结构和国际社会刑罚轻缓化的立法走向，有的学者认为我国的刑罚结构应当进行改革，其依据是：宽严相济的刑事政策是刑罚结构改革的政策依据，人道主义是指导刑罚结构改革的理性依据，正当稳定、经济繁荣是刑罚结构改革的哲学基础，刑法谦抑性是刑罚结构改革的内在根据。具体的立法构想为：（1）对于没有造成人员死亡的经济犯罪都可以考虑死刑之废除；（2）对于用非暴力方法实施的，没有造成人死亡的非暴力犯罪之死刑废除；（3）废除备而不用之死刑罪名，包括背叛国家罪、分裂国家罪、战时违抗命令罪、战时临阵脱逃罪等；（4）对于轻罪配重刑的应当修改部分的法定刑，设置以短期自由刑为主导的刑罚结构；（5）将罚金刑易为主刑，并引入罚金刑易科制；（6）增设相关的资格刑和社区劳役刑等[18]。

有的学者从宽严相济的刑事政策来论述我国刑罚体系的完善。认为根据宽严相济的刑事政策，我国的刑种设置必须采取宽严有度的结构类型，即严厉的刑种和宽缓的刑种过渡自然，形成互相衔接、良性互动的刑罚体系，具体设想是：（1）大幅度削减死刑罪名。刑法分则第三章经济犯罪的所有死刑应取消；第一章中7个死刑罪名和第十章中13个死刑罪名，可以用特别刑法方式解决，平时不用的可从刑法中取消；侵犯公民人身权利和民主权利罪中的4个死刑罪名虽不能从立法上取消，但应当在司法实践中严格限制适用。（2）增加终身监禁的无期徒刑。（3）调整有期徒刑的刑期。考虑到上述的死刑取消及生死两重天等原因，可把有期徒刑数罪并罚后的最长刑期设置为30年。（4）丰富资格刑的内容等[19]。

4. 关于死刑制度改革

限制和减少死刑已成为理论界的共识，如何对死刑制度进行改革切实推动中国废止死刑进程仍然是学界今年的研究热点。

一些学者对中国刑法中的死刑替代措施进行了有针对性的探讨。关于死刑替代措施的概念学者们认识并不统一。有的学者认为是指基于限制死刑适用的目的，对于立法上规定为死刑特定性质的犯罪，司法中特殊情况下的罪犯，不适用死刑立即执行，而代之以其他刑罚处罚方法[20]。有的学者认为是指在废除了最严重犯罪死刑的所采取的替代死刑的处罚方法[21]。有的学者认为前面两种观点最大的分歧在于死刑替代措施究竟是指的死刑的立法替代措施还是指司法适用上的替代措施，他认为死刑替代措施即是指在立法上对某些具体犯罪不适用死刑时，基于罪责刑相适应的要求而采取的其他严厉性基本相当或者相近的刑罚措施，鉴于此，死刑替代措施是针对废除最严重犯罪的死刑之观点值得肯定。因为对于明显不必配置死刑的犯罪，应该直接删除其法定刑中的死刑，或者在司法上根本不予适用，并不涉及以其他刑罚措施替代其死刑的问题[22]。

基于上述概念的分歧，学者们对于死刑替代措施的具体构想存在着差异。有的学者认为死刑替代措施具体设计包括：（1）死刑替代措施的种类。包括作严厉化调整后的死刑缓期执行制度，即对死缓考验期满之后的无期徒刑，上限定为30年，最少实际执行为20年；严格的无期徒刑，即将无期徒刑区分严格的无期徒刑和一般的无期徒刑，将严格的无期徒刑作为中止适用死刑的某些犯罪的切实可行的替代措施，第一次减后上限定为25年，数次减刑后或假释后实际执行期不得少于15年；附赔偿的长期自由刑。（2）死刑替代措施的立法方式。即可以专门针对死刑制度完善、刑罚体系调整问题，出台一个修正案，中止某些非暴力犯罪特别是单纯的经济犯罪的死刑适用，限制司法中某些特定情形下死刑的适用，并将死刑替代措施加以全面体现。（3）死刑替代措施的司法适用。针对特定案件，如有出现影响犯罪社会危害性、犯罪人人身危险性或其他特殊的法定、酌定从宽处罚情节时，即使罪行十分严重，也应充分考虑是否可以不适用死刑立即执行，而代之以法律规定范围内尽可能的严格执行的死缓、无期徒刑和附赔偿的长期徒刑等其他刑罚处罚措施[23]。

有的学者认为刑法中死刑替代措施的确定应当以我国刑法立法为基点，短期内不可能废除死刑，但可以争取的目标只能是在较短的时间内废除部分死刑，在68个死刑罪名中可以考虑只保留12个死刑罪名，而其他的54种犯罪的死刑规定都应给予废除，代之以其他的刑罚方法。在考察世界上其他废除死刑采取替代措施后结合我国的实情，该学者认为我国的死刑替代措施应是25年不得假释或者减刑实际服刑期不得少于25年的无期徒刑。与此相适应死刑替代措施确定后应与刑法规定之间的协调，现行刑法应作以下内容的修改：（1）被判无期徒刑的罪犯至少服刑25年才可获准假释。（2）有期徒刑的最高期限应从15年提高到20年，以确保被判处无期徒刑的罪犯通过减刑最少也要执行25年刑期。（3）被判处死缓的罪犯只规定可以减为无期徒刑，从而体现被判处死缓的犯罪分子实际服刑期不能少于无期徒刑的犯罪人的实际服刑期。（4）一些无期徒刑替代死刑罪名中的死刑后，相应的调整现行刑法中最高法定刑规定为最长的有期徒刑，即为20年，以形成轻重衔接的罪刑阶梯[24]。

有的学者也赞成从立法层面上考虑死刑废除后的替代措施，在立法上废止具体犯罪死刑的情况下，使对该犯罪的刑事制裁仍维持在相当严厉的程度，以贯彻罪责刑相适应原则的内在要求，并在客观上适应大幅度削减死刑罪名乃至逐步全面废止死刑的实际需要。具体设想为：未来替代死刑的措施主要是长期自由刑和无期徒刑，但像有的学者认为可采用终身监禁的无期徒刑显然不符合刑法的人道主义，所以参照有关国家和地区的规定，考虑到犯有严重罪行的犯罪人释放后的再犯可能性，并结合我国男女的平均寿命和犯罪年龄的实际状况，犯罪人在监狱中实际执行的刑期不应少于20年或25年；应从立法上革新和完善现行刑法典所规定的无期徒刑、有期徒刑以及数罪并罚、减刑、假释等制度，建构合理的死刑替代措施，以适应未来大幅度削减死刑罪名乃至全面废止死刑的趋势[25]。

有的学者从从联合国公约对于世界废除死刑进程影响的角度来探讨我国死刑制度改革。该学者认为联合国自成立以来先后通过的一系列关于废除死刑的国际公约与会议决议，尤其2007年“暂停死刑执行”决议的通过，对世界死刑废止进程产生了实质性的影响。而中国仍然在刑法中大量保留着死刑以及实际执行死刑。如何应对死刑废止全球化应从联合国公约决议关于死刑规定的流变入手，在解读相关条约决议的内容基础上，结合中国实际提出刑事立法与司法上应对策略。具体设想如下：（1）刑事立法上应对策略。一是有步骤缩减死刑罪名，为司法上死刑适用限制提供立法前提；二是对70岁以上老年人不得适用死刑；三是修改现行刑法中4个配置绝对死刑的条文；四是完善我国现行的刑罚制度，应严格规定限制无期徒刑减刑、假释后最低服刑年限为20年至25年，有期徒刑最高为25年，数罪并罚时不超过30年；五是确立死刑犯减刑与赦免制度，严密死刑执行控制的法律制度。（2）刑事司法上应对策略。一是完善死缓制度，发挥死刑控制安全阀的作用，通过司法解释来明确死缓适用的具体情节，并将死缓制度规定为死刑的必经程序；二是加强死刑复核工作，严格控制死刑判决与执行数量等[26]。

（二）刑法分论方面

今年的分论研究和往年相比因为司法实践的原因对责任事故进行了较为广泛的关注，下面仅举几例。

关于重大责任事故罪，有的学者认为现行重大责任事故罪的显著特点就在于规定方式发生了变化，要正确理解该罪首先要理清该法条中的第1款和第2款的逻辑关系。第1款所规定的并非一般从业人员的行为，而是包括了具有一定管理权限的人在内的所有从事生产、作业人员。只是违反安全管理规定，造成严重后果的行为当中，如果采用了“强令他人违章冒险作业”的方式的话，就要按照第2款处理。换言之，《刑法》第134条第1款和第2款之间应当是一般法和特殊法的关系。其次，关于本罪的主体，修改后此罪的主体因取消了“工厂、矿山、建筑企业或者其他企业、事业单位的职工”的表述，故只要是在生产、作业中违反有关安全管理应遵守的注意义务，并因此酿成事故，造成严重后果的，都应属于重大责任事故罪的范畴，即该罪的主体即为一般犯罪主体。最后对“强令他人违章冒险作业”的理解应明确：（1）实施强令行为的主体，必须是和他人处于同一单位的人员，而不可能是主管该单位的上级国家机关工作人员；（2）强令行为的内容，既包括利用职权而命令他人，也包括利用与职权无关的其他威胁来要求他人从事某种冒险行为；（3）违章冒险作业中的章节应作广义的理解，即第1款中的“有关安全方面的规定”；（4）违章冒险作业中的“险”，应作客观的理解㉗。

关于交通肇事罪，有的学者首先认为在实践中，交通管理部门只是根据行为人是否违反交通管理法规及其违反程度以确定行为人负有何种责任，但道路交通管理法上的责任明显不同于刑事责任，所以明确两个责任之间的关系尤为重要。有的道交法责任基本上导致刑事责任；有的道交法责任根本不可能导致刑事责任；有的道交法责任只是行为构成交通肇事罪前提下影响法定刑的选择与量刑，而不能成为行为人应当承担交通肇事罪刑事责任的根据；有的道交法责任是否导致交通肇事罪的刑事责任取决于违章行为是否发生结果的原因，以及行为人对行为结果是否存在刑法上的过失。其次刑事司法机关在认定刑事责任时，不能仅以交通管理部门的责任认定为根据，而应以交通肇事罪的构成要件为依据来认定行为人是否承担交通肇事的刑事责任。特别应注意：（1）行为违反了道路交通安全法且在道交法上负全部责任，但如果该违章行为并不是伤亡结果原因的，行为人不承担交通肇事罪的刑事责任；（2）即使违章行为造成了伤亡结果，行为人负有道交法责任，但如果行为人对伤亡结果没有过失的，也不承担交通肇事罪的刑事责任；（3）交通管理部门基于推定所认定的道交法责任，不能作为认定交通肇事罪的刑事责任根据㉘。

（作者：韩玉胜，中国人民大学教授；
刘崇亮，中国人民大学博士研究生）

注：

①③陈兴良：《刑法机能的话语转换——刑法目的论的一种探讨路径》，《环球法律评论》，2008年第1期。

②储槐植：《刑法目的断想》，《环球法律评论》，2008年第1期。

④张明楷：《刑法目的论纲》，《环球法律评论》，2008年第1期。

⑤刘艳红：《刑法目的与犯罪论的实质化》，《环球法律评论》，2008年第1期。

⑥周少华：《刑法目的及其观念分析》，《华东政法大学学报》，2008年第2期。

⑦曲新久：《刑法目的论要》，《环球法律评论》，2008年第1期。

⑧周光权：《论刑法目的的相对性》，《环球法律评论》，2008年第1期。

⑨谢望原、邹兵：《论期待可能性之判断》，《法学家》，2008年第3期。

⑩孙国祥：《期待可能性司法适用研究》，《金陵法律评论》，2008年春季卷。

⑪陈兴良：《期待可能性的体系地位——以罪责构造的变动为线索的考察》，《中国法学》，2008年第5期。

⑫徐岱、王军明：《期待可能性：学说、本体及其展开》，《金陵法律评论》，2008年春季卷。

⑬杨兴培：《期待可能性的实践批评》，《金陵法律评论》，2008年春季卷。

⑭高艳东：《期待可能性的不可期待性》，《金陵法律评论》，2008年春季卷。

⑮⑲刘守芬：《刑事政策变迁与刑种改革及完善》，《环球法律评论》，2008年第1期。

⑯赵秉志：《当代中国刑罚制度改革论纲》，《中国法学》，2008年第3期。

⑰蒋熙辉：《宽严相济刑事政策与刑事法治改革》，《中共中央党校学报》，2008年第3期。

⑱冯殿美：《刑罚结构改革之理性思考》，《山东大学学报》，2008年第1期。

⑳㉓高铭暄：《略论中国刑法中的死刑替代措施》，《河北法学》，2008年第2期。

㉑㉔李希慧：《论死刑的替代措施——以我国刑法立法为基点》，《河北法学》，2008年第2期。

㉒㉕赵秉志：《中国死刑替代措施要论》，《学术交流》，2008年第2期。

㉖韩玉胜、沈玉中：《联合国国际公约对死刑的规定及中国应对》，《政法学刊》，2008年第3期。

㉗黎宏：《重大责任事故罪相关问题探析》，《北方法学》，2008年第5期。

㉘张明楷：《交通肇事的刑事责任认定》，《人民检察》，2008年第2期。

民商法学

林　嘉　姚　辉

一、民法学

1. 总体概况

2008 年是新中国完成民法典的伟大进程中承上启下的重要阶段，也是改革开放 30 年法治建设回顾完善的重要时期，更是民法保障建设和谐社会的法律完善阶段。纵观 2008 年民商法界重大影响活动，都是围绕着民法典制定、完善既有法律、进一步维护公平建设和谐社会这几点逐次展开的。围绕着民法典的制定，理论界和实务界召开了多次理论研讨会，其中具有代表性的是全国人大常委会法制工作委员会联合中国人民大学等众多研究机构召开的“2008 年民法体系国际研讨会与侵权法国际高峰论坛”，此次会议对中国未来民法典制定提出了许多意见和建议，充分吸取了来自德国和日本民法专家的建议，对侵权责任法和人格权立法方面尤其作出了深刻讨论研究。

2008 年发生的“5 · 12”大地震中，民商法对灾后重建工作起到了举足轻重的重要协调作用，为此北京市的各个民商法学研究机构召开多次理论研讨会，为灾后重建工作出谋划策。面对民法领域不断出现的其他新问题、新情况，民商法学界积极思考，认真钻研，产生了大批新的成果，以下分别介绍北京市民商法学界在 2008 年的研究热点和主要创新观点。

2. 物权法

不动产征收是物权法中的重要制度，也是关系社会和谐稳定的实践问题。有学者认为：“我国《物权法》对征收征用制度仅作了原则规定。为严格征收征用的规定和程序，严格补偿的规则，防止行政权对公民财产权的不正当干预和侵害，尚需制定《征收征用法》，并且修改《城市房屋拆迁管理条例》。”[①]在物权变动方面，焦点仍然集中在我国《物权法》是否采纳了物权行为理论上。有学者通过对《物权法》第 142 条但书的解读，指出：“多数人认为我国物权法没有采纳这一理论。但是这一解读不符合物权法立法的本意。”[②]有学者认为：“从法律解释的角度看，考虑到《物权法》的制定过程，可以认为《物权法》中基于法律行为的不动产所有权变动中承认了物权行为的独立性和抽象性。”[③]有学者认为：“尽管要求在原则上以交付和登记行为作为标的物所有权移转的表征，但并不承认所谓物权合意的存在，认为债权合同就是所有权移转的内在动力和根本原因。”[④]

在所有权的保护和限制问题上，有学者结合北京市在奥运期间实行的机动车分单双号出行，认为：“单双号限行中的法律关系的实质，其实是单个人与公权力关系的紧张与舒解。所提示的是所有权的哪些薄弱环节得以提供给公权力入侵；所有权保护又必须以何种方式，才能融进公民针对公权力所享有的一般保护之中。”“有关权利限制的事项，主要还是应当通过立法来进行，另外司法解释和在司法推理中对具体权利的含义的判定也是一种常见的方式。”[⑤]

在建筑物区分所有权问题上，有学者结合灾后重建认为：“区分所有建筑物全部灭失时，应依据《物权法》第 97 条决定是否予以重建；部分灭失时，可依据《物权法》第 76 条决定是否予以重建或修缮。”[⑥]有学者认为：“住宅小区车位、车库具有构造上、使用上和法律上的独立性，在性质上属于建筑物区分所有权的专有部分，可以成为建筑物区分所有权的客体。”“车位、车库应由业主法定地共有。”[⑦]有学者认为：“确定外墙、屋顶平台、停车位、停车库、地下室等，是属于共有部分还是专有部分，抑或单独所有权的客体，需要综合考虑。”[⑧]

关于担保物权的实行，有学者认为：“虽然在公力救济途径中规定了可以直接申请拍卖、变卖担保财产，但在民事执行法上，担保合同无法作为执行根据。在现有的制度框架下，人民法院也无法根据当事人的申请直接作出许可拍卖、变卖担保财产的裁定。我国《物权法》上被誉为担保物权实行制度之‘革命性’的规定无法得到程序法的配合。修改《民事诉讼法》或制定《民事非讼程序法》时应当增列‘申请拍卖、变卖担保财产程序’。”[⑨]

关于占有，有学者认为：“我国《物权法》第 19 章对于占有和持有不加区分。”“由于未规定时效取得等制度，占有和持有的区分意义在我国《物权法》上具有相对性。”[⑩]

3. 侵权法

民法典立法进程的加快，特别是《侵权责任法（草案）》提交审议，引发了北京市民法学界对侵权法立法问题的讨论。有学者认为："我国侵权责任法应定位为一种救济法。应采取多元归责原则，将过错责任作为一般条款，将严格责任、公平责任原则进行类型化分解；采'过错吸收违法'的观点，侵权责任构成要件应由损害、过错与因果关系三要件组成；绝对权请求权不应全部纳入侵权责任法中，而应将它们分置于民法典的相应部分。"⑪也有学者通过文义分析、比较法探讨和实证研究，认为："'新闻侵权'或者'媒体侵权'不应当写入侵权责任法条文。"⑫

有学者对侵权责任构成要件中的过错之过失的判断标准进行了分类和研究，认为："根据判断标准的性质，过失可分为抽象的过失和具体的过失。抽象的过失又可分为重大过失和一般过失。重大过失和具体过失只在法律有明确规定的情形才可作为责任成立的条件或确定责任范围的依据。一般过失的判断标准主要有法定的注意义务、合理人的注意义务、汉德公式等。"⑬关于侵权法上的作为义务，有学者认为："应借鉴德国法的经验，对我国侵权法上的作为义务进行扩张，对此，可通过'重塑安全保障义务制度'予以实现。"⑭

关于人身损害赔偿问题，有学者详细梳理并评述了我国现行法律关于侵权死亡赔偿的各种规定，认为："应以'物质水平维持说'作为被扶养人生活费和死亡赔偿金的理论基础，以填补损害为主要功能的侵权责任法，只能通过损害赔偿的方式对与死者有密切关系的生者予以救济，以使其遭受的相关财产损失或未来可得的财产利益损失得到填补、痛苦的心灵得到抚慰，并使其物质生活水平在失去亲人后得到合理的维持。"⑮在道路交通事故责任问题上，有学者认为："我国应在坚持过错推定作为基本归责原则的基础上采用多元的道路交通事故责任规则原则体系的做法。"⑯有学者研究了"机动车一方"承担责任问题，认为："机动车与行人、为机动车驾驶人之间的事故责任，本质上为高度危险作业者认损害的无过错责任，之所以要让'机动车一方'对行人或非机动车一方承担责此等无过错责任，是因为其将作为高速运输工具的机动车开到道路上给他人带来了危险。顺理成章的是，机动车的实际驾驶人（保有者、占有者）应当承担这一责任，因为他控制着这样的危险，这是确定'机动车一方承担赔偿责任'的基本出发点。"⑰关于医疗损害赔偿问题，有学者对医疗过失赔偿责任中如何准确适用原因力规则进行了研究，认为："应当适用原因力规则即法医学通常所说的损害参与度来确定医疗机构的赔偿责任，使医疗机构仅承担医疗过失行为作为原因力所造成的损害部分的赔偿责任，公平合理地保护受害患者的合法权益，同时又避免医疗机构承担过重的赔偿责任，影响其利用、发展新兴医疗技术的积极性，或者促使其把赔偿责任转嫁于患者，从而损害更多人的正当利益。"⑱

"艳照门"事件的发生，让学界对于网络侵权问题更加关注，有学者从人格权法和侵权法角度对"艳照门"事件涉及的诸多法律问题进行了探讨，包括网络媒体和网民在事件中的是否构成侵权责任主体问题，以及事件中侵权行为的类型和方式问题⑲。有学者关注了网络隐私侵权中的经济利益损失赔偿问题，认为："这种经济损失属于间接损失的范围，对此予以赔偿时，应当采取可预见性规则，并在确认隐私权主体对其隐私有保密义务的前提下，适用过失相抵规则。"⑳有学者从法经济学角度解读了事件，认为："保护隐私权更为有效的手段是事前的预防性救济，即消除危险的人格权请求权，以防止侵权行为蔓延为大规模窥私事件，从而在人格尊严保障和信息自由流动之间寻求某种平衡。"㉑

2008 年 9 月"三鹿问题奶粉"事件引发了学界关于产品责任问题的讨论。有学者认为："不应单纯依靠行政手段处理此类危机事件，而应坚持'用侵权法原理处理问题。'一方面，用侵权法的眼光审视整起事件有助于侵权行为的理论化进程，对相关制度的完善能够起到良好的推进作用；另一方面，法院对于侵权之诉的受理也有利于在个案上切实保护受害者的合法权益。"㉒有学者认为："'问题奶'生产者、销售者之间属于一种'不真正连带责任'，如果债权人因数债务人之一履行了全部义务而实现债权，就不应再向其他债务人请求给付。"㉓有学者对侵权法上的企业组织责任进行了研究，认为："作为独立侵权形态的企业组织责任的归责原则为客观过失推定，构成要件包括违反组织义务、损害以及二者之间具有因果联系。我国未来侵权立法应当规定企业责任，尤其是企业组织责任。"㉔

4. 合同法

在债权的概念和种类问题上，有学者提出了用益债权的概念，认为用益债权不但明显地区别于用益物权，而且与其他债权相比也有自己的明确特征㉕。关于债权让与，有学者认为："债权让与合同生效，现实债权即移转于受让人，债权让与通知与否影响不到这个事实。债权让与合同存在着可撤销的原因时，当事人即可主张让与合同的变更或撤销。债务人对于让与人的抗辩，并非总能够对抗受让人。

对于债权打包让与，可将打包的债权拆包，就每一项债权专门成立一个债权让与，分别赋予其法律效力；亦可将打包债权视为一个“物”，按照一项债权让与处理。债权让与通知为一种事实通知，其本身不得作为诉讼时效中断的事由。”[26]

在关于第三人合同的问题上，有学者认为“为第三人利益的合同不一定赋予第三人直接的给付请求权，突破合同的相对性与否亦非认定这种合同类型的标准，我国《合同法》第64条所规定的仍然属于为第三人利益的合同，如此定性与定位利大于弊。作为立法论，制定我国民法典时宜赋予第三人直接的给付请求权。”[27]有学者认为《合同法》第64条规范的是“不真正利他合同”，“‘不真正利他合同’在本质上是合同的一种特殊履行方式，其中只实现了一次具有法律意义的财产给与。”[28]

在违约责任方面，有学者认为：“违约责任的归责原则实质上应为违约损害赔偿的归责原则。”关于违约损害赔偿的归责原则，“违反方式性义务者，应承担过错责任；违反结果性义务者，应承担严格责任。”[29]有学者认为：“违约精神损害是客观存在，尽管我国合同法的立法本意拒绝给予赔偿，但司法实务已经承认。由产妇到医院生产、旅游、观看演出、婚庆典礼、拍摄结婚照、洗印照片、骨灰盒保管等合同的属性决定，应当承认违约的精神损害赔偿。”[30]有学者认为：“我国法上的减价责任是一项违约责任，而非独立的或者相对独立的物的瑕疵担保责任。”“减价权性质上为形成权，而非请求权。”“减价与损害赔偿并不一样，前者功能在于按质论价，以维持合同的均衡；后者则是使债权人遭受的损害获得填补。减价的主张通常并不排斥继续主张损害赔偿。”[31]

四川汶川大地震的发生，令不可抗力和情事变更再度成为研究的热点。有学者认为：“法官确定地震是否构成不可抗力适用免责规则，应当有以下3种标准：第一，将国家规定的地震灾区范围作为适用不可抗力规则的一般标准；第二，将特定地区的地震烈度及造成损害后果的确认作为损害程度的具体标准；第三，将当事人证明自己的地震损害应当适用不可抗力规则的要件作为适用不可抗力规则的证据标准。”[32]有学者指出，随着震后重建的展开和深入，需要援引情势变更制度处理的涉及地震影响案件必将会逐渐诉至法院，其中涉及长期性、持续性合同的纠纷当中，情况将更为突出。这无疑为重新思考情事变更制度提供了坚实的实践基础和理论观察视角。作者进一步认为，“情事变更原则追求实质公平，表现形式多样，故形式严格的条文对其是无法穷尽的，情势变更的类型化既无可能，也不必要。立法上只需在民事法律中作概念的定义和原则性的规定，法官可以突破概念法学的限制，运用细致、精巧的法律方法，在法律渊源体系内部获得回旋的余地，同时有效运用案例指导方式，创设可以作为裁判依据的规范。”[33]

5. 民法总则及其他

回顾改革开放30年来我国民法的发展，有学者指出：“中国民法在价值与体系方面均取得进步，具体表现为人的私法主体地位的逐步确立、私法自治基石性地位的奠定、私人利益与私人权利得以确立并获确实保障、民法的科学性得到长足发展等。不过，现行民法在形式理性化的程度上仍有改进的空间。对中国社会而言，坚持民法的自主性、形式化发展方向具有特别重要的意义。同时，也必须通过保持民法一定程度的开放性来克服形式理性法的某些内在缺陷。”[34]

关于民法典，有学者认为：“无论是单行法之路还是法律汇编的方式，皆不足以承担起实现我国民法体系化的历史使命”，“法典化是实现中国民法体系化的最佳途径”，指出“民法体系化必须协调民法典和单行法之间的关系”[35]。有学者认为：“从目前的情况看，中国民法的发展仍然坚持着依据潘德克顿法学的立法模式进行法典化的道路”，“潘德克顿法学是关于民法立法技术的学说，该学说在中国事实上走向了复兴”[36]。有学者认为：“德国民法上物权与债权的二元划分及法律行为不仅与五编制的外在形式相互一致，而且与一系列制度具有内在逻辑的一致性。这对我国民事立法与理论研究具有重要启示”，我国“应该吸取日本民法典的教训，在吸收与借鉴德国民法典债权与物权两分的情况下，正视债权行为与物权行为的划分及物权行为的无因性，正视该体系的内在逻辑”[37]。有学者认为我国应当“以法律关系为中心来构建民法典，民法典应当首先设立总则，总则之中应当包括法律关系的基本要素，即主体、客体、法律行为、责任。民法典的分则以法律关系的内容（即民事权利）为中心展开，分则部分包括：人格权、亲属法、继承法、物权、债权总则和合同法、侵权责任法”[38]。

在民法方法论方面，有学者区别了价值判断本身与作为法教义学重要组成部分的“价值判断的论证规则”，指出“任何法律规则背后都需要有妥当的价值，追问到重点，所有的价值判断问题都需要在哲学思辨中寻找答案”。“哲学思辨和社会科学考量本身不能代替法律规则。只有通过细致、体系化的法律规则，才能将抽象的价值判断转化为具有可操作性的技术性规则，使裁判便捷和统一。只有强调价值判断与法律规则的二元区分，规则才成其为规则，才能具有约束力，为此，法教义学必不可少。”[39]有学者借助《合同法》有关条文的分析，研究了规范类型中的混合性规范，认为：“所谓混合性规范，即有时发挥补充性任意性规范的功能，有时发挥强制性规范功能的法律规范。”“在我国现行民事立法尚未明确认可混合性规范的背景下，裁判者就应当以保护性公序为依据，进行法律漏洞填补，让混合性规范发挥其应有作用。”[40]

人格权法的基本概念和范畴仍然是学界讨论的热点。在一般人格权问题上，有学者比较了德国民法上的一般人格权理论，认为德国的一般人格权是一种“框架性权利”，“就其实质而言，一般人格权不能被看做是一种严格意义上的权利，它其实不过是借助了‘权利’这一外衣，表达了关于人格权法益应受到保护这样一个宽泛的法律原则而已。……对中国民法而言……如果我们不纯粹通过侵权行为法的框架来考虑人格性质的法益的保护问题，如果我们试图积极地从正面来规定人格权的具体类型，那么我们就根本没有必要仿效德国这一理论。”[41]

在具体人格权问题方面，有学者研究了英国法上的名誉权保护方式——诽谤之诉。认为：“诽谤之诉的构成要件包括三点，即被告的言论具有诽谤性、针对性和公开性。作为保护被告言论自由的平衡机制，被告一般可以主张四点抗辩理由，即被告的言论是真实的，被告的言论是合理的评论，被告享有绝对的特权和被告享有相对的特权。而英国法官通常会给予胜诉的原告3种救济措施，即命令被告对其行为给予适当的纠正；命令被告对原告赔礼道歉；裁定被告支付原告损害赔偿金。”[42]此外，先后发生在当年的“艳照门”事件和“人肉搜索”问题引发了学界关于隐私权和名誉权保护问题的极大关注，就此发表了相当数量的论文。

在法律行为方面，有学者认为：“除私法领域之外，再无法律行为的生存空间，根本无须兴师动众地去‘区分法域’。”“当《民法通则》以合法性定义法律行为的做法被指斥为背离传统时，批评或是建立在望文生训的基础之上，或是源自传统概念的误解，故亦未见其可。”“实际上，时至今日，与其念念不忘于译名的‘拨乱反正’，不如致力于阐发法律行为的语用逻辑，后者对于理解概念及其背后的学术脉络或许更具建设性意义。”[43]有学者认为：“就其本质而言，法律行为更多的应该属于‘规范’的世界，而不是属于作为法律调整对象的‘事实’的世界。正是由于对法律行为基本性质的定位出现错误，‘合法性’判断与‘有效性’判断之间的区别被混淆。”[44]

在民事责任方面，有学者认为：“在古代法上，民事责任最为本质的特征是强制性。随着社会的进步和文明的发展，民事责任的强制性逐渐淡化，并最终退到强制执行法领域。强制执行法属于公法，而非私法。作为私法概念的民事责任的最后归属是债，民事责任是债的一种存在形式。”[45]

二、商法学

1. 商法总则

对于商法总则部分的研究，其焦点在于商事立法的问题。有学者认为：“中国制定《商法通则》的时机已经成熟、条件基本具备，中国应采取私法二元结构的立法模式，即采取具有中国特点的民商分立的立法模式，在《民法典》之外再单独制定一部相对集中的带有商事总则性质的法律。中国在《民法典》之外不另立独立之商法典，制定《商法通则》，建立一个《商法通则》加商事单行法的立法模式。”[46]有学者认为：“传统意义的民商分立和民商合一在法学理论和立法实践中都存在优劣问题，而现代意义的民商分立具有相对的合理性。从个人主义、相对主义和现实主义出发，商法是一个独立的法律部门，我国宜在民法典之外另设《商法通则》。”[47]

2. 公司法

在公司社会责任的问题上，有学者认为：“公司社会责任首先是一种法律责任，法律责任为公司社会责任设定了最低标准；同时，公司社会责任的意义更在于道德准则，道德准则反映了公司社会责任的价值追求。”[48]有学者认为：“《公司法》第5条第1款规定的公司社会责任可分解为法律层面和道德层面的责任，至少使得该款规定的社会责任中的一部分具有直接可强制实施的意义，该款规定的道德层面的责任至少可以弥补法律责任的不足，对法制进步中的中国具有重要的意义，也为公益股东通过股东临时提案或派生诉讼等已有的公司法机制强制公司承担社会责任创造了条件。”[49]有学者认为：“应当强调公司社会责任，鼓励进行有社会责任的收购行为，防止恶意收购；利用公司社会责任理论，防御外资并购。”[50]有学者认为：“我们在引入、解释、适用公司社会责任制度（理念）时，必须强调公司的本质是营利性组织，营利是第一位的，而公司社会责任，不过是公司营利过程中被强行戴上的‘完美镣铐’。”[51]在公司治理的问题上，有学者认为：“任何一种公司治理都被嵌入在由社会中的博弈者之间的互动、合作、谈判、寻租之中，被嵌入在一个融政治、经济、社会、文化、历史，以及既有的法律规则体系的系统之中。就公司治理和公司法而言，作为法律中的技术性规则，并不存在所谓‘中国特色’的问题。”[52]

有学者认为：“股东代表诉讼制度的引入并非简单的条文移植，而是需要经由司法实践不断丰富规则、完善程序。理论界和实务界不应拘泥于法条的诠释，而应当结合中国股东代表诉讼的实际状况不断反思制度架构和运作程序。”[53]有学者认为：“新《公司法》虽然禁止股东抽逃出资，但未明确抽逃出资股东的民事责任。抽逃出资股东对公司应承担侵权责任，对公司债权人承担补充清偿责任。”[54]有学者认为：“资本多数决与少数股东保护之间有内在的冲突，成为控制股东损害少数股东利益的诱因。从制度设计上约束控制股东，维护少数股东与控制股东利益的平衡，是公平、正义等法的基本价值的体现。”[55]有学者认为：“股东代表诉讼是新《公司法》全面移植的重要制度，但是该制度在立法上尚需完善，亟待司法解释予以周延。”[56]在股权问题上，有学者认为：“股权平等的核心是妥善处理股东之间包括大小股东之间的利益关系，构建控制股东与非控制股东各得其所、相互尊重、和谐相处的股东利益共同体。”[57]有学者认为：“有控股股东又有制衡股东的股权结构更有助于改善公司治理绩效，因此，它应当成为大小非解禁过程中政策引导的目标。”[58]

对于我国的公司制度实践，有学者认为：“现代公司法律不应当禁止公司的承包经营，但在理论上我们应当明晰公司承包经营模式与股东有限责任之间的关系，并在此基础上对公司承包经营模式下的公司债务承担规则、利润分配规则、公司治理规则等进行合理的配置。”[59]对于经理控制的问题，有学者认为：“法律只是经理控制中的一种方式，经理在经营中的很多权能不为法律所调整和规范，在法律适用中也很难确定相应的法律事实，实践中经理人的控制的选择机制、业绩考评机制、激励机制与责任机制也很难找到相对应的法律制度，经理人实践中的失范进一步实证了法律在经理控制中的有限性。”[60]

3. 破产法

我国《企业破产法》已实施一年多，对于破产法的研究，多集中在如何完善《企业破产法》的问题上。有学者认为：“在破产启动后，司法权和根本性行政权在交互涉及领域的关系的处理上，应当以司法权统一裁判为原则。”[61]有学者认为：“目前我国缺乏对关联企业的法律规制，特别是对关联企业破产的规制，使对债权人利益的保护存在严重缺失，为控制企业利用对从属企业的控制进行欺诈逃债行为提供了制度空间，严重危害了市场经济秩序和交易安全，应当通过立法和司法解释加以制约。”[62]有学者认为：“如何建立一个符合破产制度目的的债务人高管人员民事责任追究机制，是《企业破产法》在实施过程中所面临的一个现实问题。”[63]有学者认为：“重整程序与和解程序的建构是中国破产制度完善的重要标志，为了有效地实现企业的重整，学界有必要从解释论和立法论的视角对两种程序的功能及构造进行深入的考察。”[64]有学者认为：“我国《企业破产法》目前在承认外国破产程序域外效制度方面，主要是欠缺主要破产程序与非主要破产程序的区分及配套制度。”[65]

4. 其他

对于证券公司在从事经纪业务时与投资者之间的法律关系问题，有学者认为：“证券公司在从事经纪业务时与投资者之间是委托代理关系，应在修改《证券法》时将‘经纪业务’置换为‘代理业务’。”[66]

对于投资基金的立法问题，有学者认为：“投资基金立法应重点规范的内容包括基金份额持有人大会及其权利、基金管理人和托管人的责任、外商参股基金管理公司和私募基金等问题。”[67]

对于票据法中的票据诉讼抗辩，有学者认为：“票据抗辩的界定、票据抗辩的构成以及票据抗辩的法定事由均是票据诉讼理论研究和司法实践中的重要问题。”[68]

在信托法的研究方面，有学者认为：“为保持立法的连贯性和一致性，同时考虑实践的可操作性和资源的合理配置，信托登记的效力宜兼采登记生效主义和对抗主义，登记的对象限于信托财产的权属及性质，并由现有的权属登记部门承担信托登记职能。”[69]

（作者：皆为中国人民大学教授）

注：

①王利明：《〈物权法〉的实施与征收征用制度的完善》，《法学杂志》，2008 年第 4 期。

②孙宪忠：《我国物权法中物权变动规则的法理评述》，《法学研究》，2008 年第 3 期。

③田士永：《〈物权法〉中物权行为理论之辨析》，《法学》，2008 年第 12 期。

④王轶、关淑芳：《物权变动制度三论》，《法律适用》，2008 年第 1－2 期。

⑤姚辉：《单双号限行中的所有权限制》，《法学家》，2008年第5期。

⑤周江洪：《区分所有建筑的灾后重建》，《中国社会科学》，2008年第5期。

⑦高圣平：《住宅小区车位、车库的性质及其权利归属研究——兼评〈物权法〉第74条》，《法学家》，2008年第6期。

⑧崔建远：《对业主的建筑物区分所有权之共有部分的具体考察》，《法律科学》，2008年第3期。

⑨高圣平：《担保物权实行途径之研究——兼及民事诉讼法的修改》，《法学》，2008年第2期。

⑩石佳友：《〈物权法〉占有制度的理解与适用》，《政治与法律》，2008年第10期。

⑪王利明：《我国侵权责任法的体系构建——以救济法为中心的思考》，《中国法学》，2008年第4期。

⑫张新宝：《新闻（媒体）侵权否认说》，《中国法学》，2008年第6期。

⑬龚赛红：《论民法上的过错——以过失程度及其判断标准为核心》，《中国社会科学院研究生院学报》，2008年第5期。

⑭周友军：《我国侵权法上作为义务的扩张》，《法学》，2008年第2期。

⑮张新宝：《侵权死亡赔偿研究》，《法学研究》，2008年第4期。

⑯杨立新：《我国道路交通事故责任归责原则研究》，《法学》，2008年第10期。

⑰张新宝、解娜娜：《“机动车一方”：道路交通事故赔偿义务人解析》，《法学家》，2008年第6期。

⑱杨立新：《论医疗过失赔偿责任的原因力规则》，《法商研究》，2008年第6期。

⑲杨立新：《网络传播他人自拍不雅照片的法律问题——“艳照门”事件的人格权法和侵权法思考》，《政治与法律》，2008年第4期。

⑳陈龙业：《解析网络隐私权侵权的损害与赔偿——以“艳照门”事件为中心》，《政治与法律》，2008年第4期。

㉑马特：《隐私权的法经济学解读——以“艳照门”事件为对象》，《政治与法律》，2008年第4期。

㉒张新宝：《从公共危机事件到产品责任案件》，《法学》，2008年第11期。

㉓吴春岐：《“问题奶”生产者、销售者的不真正连带责任》，《法学》，2008年第11期。

㉔朱岩：《论企业组织责任——企业责任的一个核心类型》，《法学家》，2008年第3期。

㉕隋彭生：《用益债权——新概念的提出与探析》，《政法论坛》，2008年第3期。

㉖崔建远：《债权让与续论》，《中国法学》，2008年第3期。

㉗崔建远：《为第三人利益合同的规格论——以我国〈合同法〉第64条的规定为中心》，《政治与法律》，2008年第1期。

㉘薛军：《“不真正利他合同”研究——以〈合同法〉第64条为中心而展开》，《政治与法律》，2008年第5期。

㉙朱广新：《违约责任的归责原则探究》，《政法论坛》，2008年第4期。

㉚崔建远：《论违约的精神损害赔偿》，《河南省政法管理干部学院学报》，2008年第1期。

㉛韩世远：《减价责任的逻辑构成》，《清华法学》，2008年第1期。

㉜杨立新：《地震作为民法不可抗力事由的一般影响》，《政治与法律》，2008年第8期。

㉝姚辉：《情事变更重述——以“5·12”震灾为视角》，《中州学刊》，2008年第5期。

㉞王利明、易军：《改革开放以来的中国民法》，《中国社会科学》，2008年第6期。

㉟王利明：《中国立法体系化之路径》，《法学研究》，2008年第6期。

㊱孙宪忠：《中国民法继受潘德克顿法学：引进、衰落和复兴》，《中国社会科学》，2008年第2期。

㊲李永军：《物权与债权的二元划分对民法内在与外在体系的影响》，《法学研究》，2008年第5期。

㊳王利明：《中国民法典制定的回顾与展望》，《法学论坛》，2008年第5期。

㊴许德风：《论法教义学与价值判断——以民法方法为重点》，《中外法学》，2008年第2期。

㊵王轶：《论合同法中的混合性规范》，《浙江工商大学学报》，2008年第3期。

㊶薛军：《揭开“一般人格权”的面纱》，《比较法研究》，2008年第5期。

㊷王军、王轩：《英国法上的名誉权保护——以诽谤之诉为考察对象》，《法学杂志》，2008年第2期。

㊸朱庆育：《法律行为概念疏证》，《中外法学》，2008年第3期。

㊹薛军：《法律行为“合法性”迷局之破解》，《法商研究》，2008年第2期。

㊺柳经纬：《从“强制取得”到对债的依归——

关于民事责任性质的思考》，《政法论坛》，2008年第2期。

㊻苗延波：《论中国商法的立法模式——兼论〈商法通则〉的立法问题》（上）（下），《法学评论》，2008年第1－2期。

㊼曾大鹏：《商法通则：扬弃民商分立与民商合一》，《法学杂志》，2008年第5期。

㊽朱慈蕴：《公司的社会责任：游走于法律责任与道德准则之间》，《中外法学》，2008年第1期。

㊾楼建波：《中国公司法第五条第一款的文义解释及实施路径——兼论道德层面的企业社会责任的意义》，《中外法学》，2008年第1期。

㊿杨东：《论上市公司收购与公司社会责任》，《法学杂志》，2008年第4期。

51沈云樵：《迷思与重塑——公司社会责任再思考》，《法学杂志》，2008年第5期。

52邓峰：《中国公司治理的路径依赖》，《中外法学》，2008年第1期。

53刘凯湘：《股东代表诉讼的司法适用与立法完善——以〈公司法〉第152条的解释为中心》，《中国法学》，2008年第4期。

54刘俊海：《论抽逃出资股东的民事责任》，《法学杂志》，2008年第1期。

55刘辅华、李敏：《论资本多数决原则——对股东大会决议规则的反思》，《法学杂志》，2008年第1期。

56刘凯、司明：《股东代表诉讼配套制度的完善》，《法学杂志》，2008年第2期。

57刘俊海：《论股权平等原则》，《法学杂志》，2008年第3期。

58邓辉：《我国上市公司股权集中模式下的股权制衡问题——兼议大小非解禁带来的股权结构转型契机》，《中国法学》，2008年第6期。

59刘俊海：《新公司法框架下的公司承包经营问题研究》，《当代法学》，2008年第2期。

60茅院生：《经理控制的法律有限性》，《政法论坛》，2008年第5期。

61王欣新、李江鸿：《破产法制中司法权与行政权关系探析》，《政治与法律》，2008年第9期。

62王欣新、蔡文斌：《论关联企业破产之规制》，《政治与法律》，2008年第9期。

63甘培忠、赵文贵：《论破产法上债务人高管人员民事责任的追究》，《政治法论》，2008年第2期。

64金春：《中国重整程序与和解程序的功能及构造》，《政法论坛》，2008年第1期。

65王欣新、王健彬：《我国承认外国破产程序域外效力制度的解析及完善》，《法学杂志》，2008年第6期。

66徐海燕：《论证券公司在从事经纪业务时与投资者之间的代理关系》，《法学杂志》，2008年第4期。

67张少峰、朱姝：《投资基金立法研究》，《法学杂志》，2008年第5期。

68叶永禄：《票据诉讼抗辩》，《政法论坛》，2008年第3期。

69汤淑梅：《信托登记制度的构建》，《法学杂志》，2008年第6期。

诉讼法学

陈卫东　汤维建　刘计划　许尚豪

一、刑事诉讼法学

（一）研究概况

2008年，适逢改革开放30周年，在这极具历史意义的年度里，刑事诉讼法学研究不仅秉承了一贯务实而稳健的学术步伐，更呈现出蓬勃繁荣的研究气势。国内外交流访问及国际、国内学术会议颇为频繁，无论是理论研究、立法修改抑或司法改革实践都非常活跃且成果丰硕。其中，刑事诉讼法修改的难点问题和刑事诉讼构造等基本理论问题仍然是研究的重点，同时，围绕新律师法的实施、刑事和解制度、量刑程序改革等热点问题，各界展开了更加热烈的探讨。总体而言，刑事诉讼法学研究更趋于深入、科学与理性。

本年度，北京学者取得了突出的成绩。出版的学术著作主要有：樊崇义等主编：《刑事审判程序改革调研报告》、《域外检察制度研究》；崔敏主编：《刑事诉讼与证据运用》（第四卷）；陈卫东主编：《中欧遏制酷刑比较研究》、《规范取证行为、遏止刑讯逼供警察培训手册》、《刑事诉讼法学研究》、《刑事二审开庭程序研究》、《刑事审前程序与人权保障》；陈瑞华著：《刑事诉讼的中国模式》；卞建林、王肃元主编：《刑事诉讼法修改：问题与前瞻》（2007年卷）；田心则著：《刑事诉讼中的国家权力与程序》；冀祥德著：《控辩平等论》；汪海燕著：《我国刑事诉讼模式的选择》；程雷著：《秘密侦查比较研究——以美、德、荷、英四国为样本的分析》；吴丹红著：《特免权制度研究》；毛立新著：《侦查法治研究》；季美君著：《专家证据制度比较研究》；郎胜主编：《刑事辩护与非法证据排除》；李玉华著：《刑事证明标准研究》；等等。

本年度，北京刑事诉讼法学界召开的学术会议主要有：（1）1月13日，中国人民大学律师业务研究所、诉讼制度与司法改革改革研究中心与美国律师协会共同主办的“新律师法与刑事诉讼法再修改的衔接与互动”研讨会在香河举行；（2）4月26日至27日，中国社科院法学所在京召开“依法治国与深化司法体制改革——纪念法学研究所成立50周年”理论研讨会；（3）5月10日至11日，中国政法大学诉讼法学研究院在北京召开“我国司法制度改革”研讨会；（4）7月26日至27日，中华全国律师协会、最高人民法院中国应用法学研究所、中国人民大学诉讼制度与司法改革研究中心共同主办的“审判程序规范化专题研讨会”在北京举行；（5）9月20日至22日，中国法学会刑事诉讼法学研究会2008年年会在江西井冈山举行。总议题为刑事诉讼制度的科学构建，分议题包括：刑事司法职权的优化配置；宽严相济刑事政策的立法与司法化研究；刑事诉讼法学研究30年回顾与展望；（6）10月11日，中国人民大学证据学研究所与中国刑警学院侦查系、法律部联合主办的“刑事错案的预防”研讨会在沈阳举行；（7）10月23日至24日，最高人民法院中国应用法学研究所与耶鲁大学中国法律中心在京共同主办了“中美量刑改革国际研讨会”；（8）10月25日，中国人民大学刑事法律科学研究中心、西北政法大学韩国法研究中心、韩国韩中刑事法研究会联合主办的首届“中韩刑事司法改革的新进展”研讨会在中国人民大学举行；（9）10月26日，中国人民大学诉讼制度与司法改革研究中心主办的《模范刑事诉讼法典》（第二版）论证研讨会在中国人民大学举行；（10）10月30日至31日，北京师范大学刑事法律科学研究院与英中协会共同主办的“国际公约对中国死刑改革的影响学术研讨会”在北京友谊宾馆举行；（11）11月15日至16日，中国人民大学诉讼制度与司法改革研究中心、吉林辽源市人民检察院、英中协会共同举办的中欧遏制刑讯逼供项目结项暨辽源羁押巡视制度试点总结研讨会在吉林省辽源市举行；（12）12月6日至7日，中国政法大学诉讼法学研究院和北京市朝阳区人民检察院共同主办的“刑事和解与程序分流”研讨会在北京市朝阳区人民检察院召开。

（二）热点和重点

2008年刑事诉讼法学的研究热点和重点主要是中国刑事诉讼法学研究30年之回顾与展望。许多学者以总结经验、反思问题、寻求对策、促进发展为主要脉络，对30年来刑事诉讼法学研究进行了回顾与展望。有学者从6个方面总结了30年来的研究成果：一是端正刑事诉讼目的，确立人权保障意识；二是弘扬程序法治理念，健全程序制裁机制；三是遵循诉讼运行规律，理顺控诉审判关系；四是发展诉讼主体理论，完善刑事诉讼构造；五是引入谦抑比例原则，规制追诉权力行使；六是贯彻宽严相济政策，探索新型诉讼程序[①]。

（三）刑事诉讼基础理论

1. 不得强迫自证其罪原则

有学者认为，我国刑诉法规定了嫌疑人“如实回答”义务，使其陷入极为不利的境地。从承认和尊重嫌疑人诉讼主体地位出发，有必要确立不得强迫自证其罪原则。该原则的确立将促使刑事诉讼结构转向以平等对抗为基础的当事人主义诉讼，并为“口供本位”转向“物证本位”、“由供到证”转向“由证到供”的侦查模式改革提供契机，还有助于进一步完善刑事证据制度[②]。

2. 刑事诉讼构造

有学者认为，中国刑事诉讼制度形成了一种“义务本位主义”的诉讼模式。面对国家追诉机关的调查讯问，嫌疑人负有服从和配合的义务，以协助国家机关查明事实真相。在这种强调公民服从义务的政策影响下，所谓供述自愿性、保持沉默的权利、被告人与国家的平等对抗等自由主义哲学意义上的理念，并没有太多的存在空间[③]。

有学者认为，在当代法治视野中，控辩平等的内涵已经有了新的丰富的发展。平等武装、平等保护、平等对抗、平等合作4种模式共生共长，凝聚而成控辩平等的现代内涵。特别是和谐社会（世界）构建之时代背景之下，控辩平等合作模式的构建，应当在刑事诉讼体制改革中有所担当[④]。

（四）刑事诉讼法修改

1. 刑事诉讼法修改的目标、方向和理念

为了推进刑事诉讼法治建设的进一步发展，有学者从宏观视野上提出如下建议：第一，应当以建设公正、高效、权威的社会主义司法制度，促进构建和谐社会为目标；第二，加强司法民主；第三，坚持实体公正与程序公正并重；第四，坚持客观真实与法律真实相结合；第五，创建刑事和解机制；第六，正确对待司法机关依法独立行使职权⑤。

有学者认为，刑事诉讼法再修改要坚持理性的要求：由以斗争哲学为指导转向以和谐哲学为指导；由国家本位转向国家、社会与个人本位并重；由一元化价值观转向多元化价值观；由权力治人转向权利保障；由有罪推定转向无罪推定；由口供本位转向物证本位；由客观真实转向法律真实；由重实体轻程序转向两者并重最终转向程序本位；由高压从重转向宽严相济；由国内优位转向国际优位⑥。

2. 侦查程序改革

关于羁押权，有学者认为，权力分立制衡原则是现代法治国刑事司法权力运作的基础。就国际公约与欧、美先进国家的法治经验论，检察官无羁押权为各国立法之通例。如果检察官已经行使侦查、公诉职权，就不宜再在侦查程序中担当预审法官，也不应当享有羁押决定权⑦。

关于附条件逮捕，有学者认为，附条件逮捕是一项以剥夺人身自由的方式提出的措施，须慎之又慎。第一，不符合刑诉法关于逮捕的规定，降低了要求。第二，不符合党和国家少捕慎捕、可捕可不捕的不捕的刑事政策。第三，附条件逮捕本质上是"以捕代侦"。第四，这项制度是检察机关自我授权，突破了正当性。羁押制度的改革方向是建立司法审查制度、保释制度，降低逮捕率，而不是抓更多的人⑧。

3. 特别程序

关于认罪案件程序，有学者认为，被告人认罪案件诉讼程序的构建在我国具有重大意义。但是将理论转化为现实还需要对我国目前的被告人认罪案件诉讼程序作相应的完善：完善被告人认罪案件诉讼程序的启动制度；强化法院对案件事实的审查；明确处罚的减轻幅度；合理限制上诉理由的范围⑨。

（五）司法改革

1. 关于法律文化

有学者认为，尽管目前刑事司法中自生自发的改革正在蓬勃展开，但中西法律文化的冲突问题不容忽视。要取得刑事司法改革的成功，需要着力构建权利救济制度，推进刑事诉讼体制的改革，并在刑事诉讼程序观念上有重大的转变⑩。

2. 新律师法修改

有学者认为，新律师法在辩护律师在会见、阅卷等问题上突破了刑诉法的规定，为实现有效辩护创造了较好的条件。但一方面由于新律师法的个别规定不够务实，另一方面由于有的实务部门人员对辩护权的强化保障持抵触和拒绝执行的态度，致使当前新律师法有关规定陷于"有法不依"困境⑪。许多学者认为，律师法在一定程度上改善了律师执业环境，但律师法规定的律师权利并不易真正实现。学者普遍认为律师法的修改扩大了律师权利，给侦查工作带来了挑战，但从长远来看有利于促进侦查水平的提升和办案质量的提高⑫。

3. 量刑程序改革

有学者认为，合一化的定罪与量刑程序日益受到批判与摒弃，改革应朝着构建独立的量刑程序的方向发展。定罪与量刑尽管都是刑事审判活动的重要构成部分，而且包含的内容有联系，有交叉，但不能等同，二者在目的、审理对象、证据规则等方面却有着明显的区别，相应地处理不同的问题就应当有相适应的程序予以解决。同时，基于促进量刑的公开、公正，建构与定罪程序相分离的独立的量刑程序具有相当的必要性⑬。

4. 刑事和解制度

有学者认为，我国适用刑事和解具有正当性基础：构建和谐社会理论和宽严相济为其提供了理论依据和政策基础；刑事和解是我国司法现实的需要，是实现利益兼得、有效化解矛盾的重要途径，也是联合国所提倡的、各国通行的解决刑事纠纷的方式之一；刑事和解与传统刑事司法理论并不相悖，体现了解决刑事案件方式的多元化和价值追求的多元化⑭。由于受现行法律框架、司法资源、考评机制以及传统司法观念的束缚，检察机关对当事人和解的刑事案件的处理，在适用范围、处理方式及相关配套措施等方面还存在一些问题。应建立与我国时代背景和法律文化相契合的刑事和解制度，明确其适用程序，健全相关配套措施等⑮。

有学者认为，检察机关刑事和解的实践没有突破《刑法》第37条的授权和《刑诉法》第142条的规定。基于实现公正的需要及检察官"法律监督者"的角色定位，检察机关有义务组织、主导、推动刑事和解实践，并在犯罪嫌疑人要求或同意时主持和解⑯。

有学者认为，国家与被追诉人之间的"刑事和解"和被害人与犯罪人之间的"刑事谅解"具有完全不同的法律意义。我国和谐司法语境下的刑事谅解与西方恢复性司法语境下的刑事谅解有着不同的产生背景，但都旨在促进被害人与犯罪人之间的协商。应以刑事谅解为基础构建具有中国特色的刑事和解制度[17]。

5. 陪审制

有学者认为，在当今中国，陪审制度不仅具有重要的政治意蕴与司法功能，而且对于深化司法体制改革以实现审判独立与完善刑事审判程序具有独特的技术功能。《关于完善人民陪审员制度的决定》规定仍显简略，且一些条款与陪审制度的本质和规律不尽契合，抑制了陪审功能的发挥。应对我国陪审制度进行实质化改造，保障其功能的充分实现[18]。

（六）证据制度

1. 证据法学理论基础

有学者认为，无论是英美法系国家还是大陆法系国家，证据法基本上都是围绕查明事实真相这个中心发展的。因此，保证司法人员准确地认定案件事实是证据法的基本功能。证据法的功能具有多元性：保证查明事实真相、保障人权、维护司法公正、降低诉讼成本、提高司法效率、规范侦查行为等，而其中居于首位的功能还是保证查明事实真相[19]。

有学者认为，从历史的角度考察，证据能力的概念并不是静止的，而处于动态的变化之中。在现代国家，由于价值论逐步渗入证据论的范畴，证据制度的设计愈来愈多地体现出价值冲突和选择的色彩。证据能力也不可避免地成为一种价值载体[20]。

2. 证据规则

有学者认为，关于“审查判断证据”的语词及其内涵的变化在一定程度上反映了我国证据学研究重心的转移。审查认定证据的规则包括证据的采纳规则和采信规则。不同种类的证据有不同的审查认定路径和方法[21]。

有学者认为，我国关于司法认知的规定不仅零散、尚未形成体系，而且存在许多认识性的错误。司法认知规则的运用紧密联系着当事人的诉讼权利，对司法认知规则的含义、司法认知与相关免证事实的区别进行理论上的梳理极有必要[22]。

二、民事诉讼法学

（一）研究概况

2008 年是中国民事诉讼法学发展的重要一年，随着民事诉讼法的修改及其相应司法解释的出台，从立法层面呈现了 2008 年民事诉讼法学研究的新课题。在这一年里，民事诉讼法学的研究继续深入、理性。据不完全统计，本年度全国各类期刊上发表的民事诉讼法学论文、文章达近千篇，出版的学术著作和教材 30 多部，涌现了一批具有相当理论价值的研究成果和富于创新精神的学术观点。民事诉讼法学界对本年度司法实践中的热点、难点问题给予了高度关注，特别是民事诉讼法完善问题的研究较为突出。各种研究活动及其成果，进一步拓展了我国民事诉讼法学研究的领域和视角，为不断提升我国民事诉讼法学研究的层次与水平，为民事司法实践提供理论指导和立法建议，作出了积极的贡献。

本年度，北京学者出版的著作主要有：江伟著：《中国当代法学家文库：探索与构建——民事诉讼法学研究》（上下卷）；江伟主编：《民事诉讼法典专家建议稿及立法理由》；汤维建等著：《民事诉讼法全面修改专题研究》、《群体性纠纷诉讼解决机制论》；汤维建著：《民事证据立法的理论立场》；肖建华主编：《民事诉讼立法研讨与理论探索》；叶自强著：《民事诉讼法的新发展》；罗结珍译：《法国新民事诉讼法典（附判例解释）》（上下册）；相庆梅著：《从逻辑到经验—民事诉权的一种分析框架》；宋朝武著：《调解立法研究》；任自力著：《证券集团诉讼——国际经验中国道路》；孙邦清著：《民事诉讼管辖制度研究》；毛立华著：《论证据与事实》；王开定著：《美国集体诉讼制度》；李建伟著：《公司诉讼专题研究》。

本年度，北京民事诉讼法学界召开的学术会议有：（1）2008 年 9 月，中国法学会民事诉讼法学研究会 2008 年年会在甘肃政法学院召开，共有来自理论界、实务界的 200 多名代表参加了会议。会议围绕 30 年回顾展望与民事诉讼法典的全面修改、再审程序、执行程序多个议题进行了研讨。（2）2008 年 1 月 11 日，“民事诉讼法全面修改研讨会”在中国人民大学法学院举行，30 多名学者、法官围绕我国民事诉讼法律制度的改革与完善这一中心议题进行了广泛、深入的研讨，并特别就 2007 年民事诉讼法修正案出台以后如何更进一步、更加全面地修改民事诉讼法展开了探讨。（3）2008 年 6 月 28 日，中国人民大学民商事法律科学研究中心在青岛举办“社会和谐与群体性纠纷的诉讼解决”研讨会。来自理论界和实务界的专家学者 40 多人就“社会和谐与群体性纠纷的诉讼解决”这一主题进行了广泛的研讨。（4）2008 年 9 月，中国法学会民事诉讼法学研究会与韩国法学研究会在中国人民大学法学院联合举办了“中韩民事诉讼法学国际研讨会”，与会 100 多位专家学者围绕中国与韩国的民事诉讼法学展开深入讨论和对话。

（二）热点和重点

1. 民事诉讼法的全面修改

2007 年针对问题突出的再审和执行程序进行了《民事诉讼法》的修改，这次修改是以解决现实问题的应付性举措，其内容亦局限于对具体的技术性操作层面，并没有从根本上改变中国民事诉讼法的基本理念和体制结构，是一次小范围的修补。由于这次“小改”的现实，促使人们认识到，对于民事诉讼法的修改，除去具体的法律内部的直接理论问题之外，还应当关注民事诉讼法修改的起点、范围、层次、步骤等如何修改法律的立法层面的理论问题，而这一理论问题相对于具体的民事诉讼法律的内部理论来讲，在修法的角度上具有统领性和先决定性。如果不能解决民事诉讼法中的“大改”、“小改”的理论问题，那么就无法从根本上解决中国民事诉讼法制的痼疾，理论上对于民事诉讼法律具体问题的探究，则可能会因为修改范围、应对目标等局限而无法体现在修改后的民事诉讼法中，使诸多的理论探讨失去其应有的现实意义。因此，在涉及民事诉讼法的修改理论研究中，人们在关注民事诉讼法内部理论问题如诉讼指导理念、基本理论、程序结构等问题之外，开始并逐渐将更多的目光投入到推动民事诉讼法全面修改的理论方面。总体来说，对民事诉讼法进行全面修改的条件已经成熟。一方面中国社会经济已发生了根本性的变化，人们已经很不习惯现行立法所塑造的程序范式，甚至对过度的职权干预形成了本能式的反弹和抵制；另一方面学界为民事诉讼法的全面修改所作的具体的理论准备也十分充分，可以说，几乎所有的民事诉讼法的具体问题，均有学者进行过理论上的研究和探索，并没有实质性理论空白点。而且从最高人民法院近几年来连续性地发布的诸多司法解释来看，也较为充分地吸收了理论的研究成果，说明众多的理论研究成果基本适合中国国情，具有相当强的立法转化性和现实操作性。因而，虽然表述的方法和角度可能会存在一定的差异，但理论上对于民事诉讼法应当适行全面修改已基本达成共识，民事诉讼法的全面修改理论已成为民事诉讼法修改的中心和热点问题[23]。

2. 再审程序

有学者分析了辩论权的法理基础和保障方式，以及我国司法实务中剥夺辩论权的表现形式，认为保障当事人的辩论权是尊重人格尊严，保障当事人的诉讼主体地位，防止突袭审判，确保诉讼正当性，提升当事人对裁判依赖度的要求。因为法院的原因导致当事人未就裁判的基础事实、证据材料和法律适用问题进行辩论，法院不得裁判[24]。裁判脱漏是司法实践中常见的现象。有观点认为，对裁判脱漏应以当事人申请补充判决或法院随时以职权补充判决。对当事人申请补充判决的，不应规定法定不变期间[25]。

3. 执行程序

新修订后的民事诉讼法规定的执行救济制度，引起了学者的争论。有学者对于如何在实践中适用执行异议、案外人异议之诉以及如何处理执行救济程序的竞合进行了详细的分析，对于理清这几种程序之间的关系提出了具体的建议[26]。与此相关，有观点论述了民事执行权是一种具以行政权性质为主兼有司法权的性质的混合权力。民事执行权行政权为主的性质决定了执行机构应以行政化模式为主设置，同时应当执行机构中设置相应的执行法官，行使执行裁判权[27]。

（三）民事诉讼基本理论问题

1. 民事诉讼模式

有论者以“申诉信访率”的变迁为切入点，揭示了法院司法能力弱化的现状，并认为其原因在于现行诉讼模式改革思路片面强调限缩法院审判权力而忽视当事人诉讼能力仍然相当微弱这一事实。进而可以从几个方面分析当事人诉讼能力微弱的社会原因，及其对诉讼模式建构的影响。认为在社会转型的现实下，整体上仍需要将法院的司法权力维持在一定范围和行使的强度内，在国家与社会关于纠纷解决的资源配置方面，国家应当担负起应有的公共责任[28]。

有学者对民事争讼程序的基本原理进行了论述。在民事争讼程序中，解决民事私益案件和民事公益案件的程序原理或主义既有共同的，比如对审主义、当事人进行主义与职权进行主义、集中审理主义、直接言词审判主义和公开审判主义等；又有相异的，比如解决民事私益案件的适用处分主义和辩论主义，而解决民事公益案件的则采用职权干预主义和职权探知主义。这些基本原理相辅相成，一并构成了民事争讼程序基本原理体系和正当性原理[29]。

2. 诉权

有学者以权利保障为视角考察了诉权与诉讼权利间关系，认为二者之间的关系并非静态稳定的，而是处于动态平衡之中。在动态平衡中，应突出的是人的主体地位。对诉权的理解不能抽象化，也不能过于具体化，而必须从其与诉讼权利的关系中理解其具体含义。诉权与诉讼权利间动态作用过程同时也是一个权利保障的过程，其中反映着观念、理论与制度的深层次问题[30]。

有观点认为，听审请求权由陈述权、证明权、到场权、辩论权、意见受尊重权等内容组成。为保障当事人的听审请求权，我国应当着重做到：民事诉讼法上确立听审原则、加强法官的释明权、进一步公开法官的心证、完善当事人收集证据的保障机制、改进送达方式[31]。

3. 判决效力

有学者认为，已确认事实的预决力是我国民事诉讼法确立的一项具有独特内涵的制度，既不同于裁判的既判力，也有别于“争点效”和“争点排除规则”。然而，由于我国民事诉讼法未明确预决力的条件和范围，从而致使司法实践中法院的做法各不相同，这种状况一方面有损法院判决的一致性、权威性，也与确立预决力制度的初衷相违背，因此，民事诉讼法的修改应明确预决力的条件和范围。实践中，法院应根据已确认事实的不同具体认定其不同的预决力[32]。

（四）具体程序制度

1. 陪审制度

有学者从结构功能主义的视角出发，考察各个主体在陪审向度中的利益需求，发现国家出于政治目的大力推广人民陪审制的符号意义，但陪审制的司法功能却由于缺乏足够的制度支持，而为诉讼法律关系主体的初审法院和当事人所排斥，并在司法实践中发生异化。由此，对陪审制度的完善提出了建议[33]。

2. 送达制度

有学者分析了我国民事诉讼送达中的效率化倾向，并在此基础上从法理与实践两个方面对民事电子送达方式的应然性、局限性和未来规划进行了研究，提出了辩证看待民事电子送达方式并对其进行规制的观点[34]。

3. 诉讼费用制度

针对《诉讼费用交纳办法》生效一年之后的实施情况，有学者进行了实证分析研究，认为，诉讼费用的下降确实带来了法院受理的民商事案件出现明显增长的事实。在中央加大对法院专项经费保障力度的同时，可以期待诉讼费收与法院运转费用保障之间不再密切相关。需要正确引导当事人正确利用审判的动机和意愿，提高法院的服务意识和质量[35]。有观点认为，“减半交纳案件受理费”没有考虑到基层法院的实际利益和现实需求，本身也不具有合理性。据此提出了相应的完善思路[36]。

4. 中间判决

有学者对我国民事诉讼中先决事项的司法判定进行了研究，通过解析德国和法国等大陆法系国家中间判决制度，将中间判决的适用对象分解为实体性先决事项、程序性先决事项和攻击防御事项，进而在我国民事裁判体系的整体框架中，讨论这3种事项的决定形式，重点分析了实体性先决事项的中间裁判制度及与我国现有基本理论和现行制度的协调问题[37]。

5. 上诉程序

有学者分析了法院层级关系对上诉审的功能的影响，认为上诉审功能的理想定位应当是通过吸纳当事人的不满而将相关争议控制在司法体系之内解决，从而在根本上维护司法系统的权威，法院对案件的再次审理不过是对原审判决进行验算而已[38]。

6. 民事检察制度

有观点结合社会形势对民事行政检察工作现状中存在的实际问题，阐述了民事行政检察工作专业化的基本内涵和重要意义，并在办案模式、队伍管理方面提出了若干具体思路[39]。

有观点对于民事诉讼检察监督的职权配置和程序设计进行了分析，认为我国民事诉讼检察监督职权配置的内容应当全面和开放，包括对起诉的监督和对裁判行为、执行行为的监督，但行使职权时应当有所限制和谦抑；监督的重心环节应当适当前移。行使职权的方式包括提起诉讼、参与诉讼、抗诉等，相伴随的程序应当明确、具体、刚性、效率。同时，检察机关应当具备保障性职权[40]。

7. 群体诉讼制度

有观点分析了团体诉讼的概念内涵和制度特征及其制度的优势和弊端，揭示出团体诉讼制度所蕴涵的社会发展前提及其强劲的政治影响功能，主张团体诉讼与集团诉讼可以优势互补分别适用于不同类型的群体纠纷[41]。

有学者分析了现代型民事诉讼的内涵及相应理念，现代型民事诉讼是建立在自由主义民事诉讼法典基础之上、用于解释和解决现代型纠纷的一种崭新的民事诉讼理念和相关的诉讼程序制度安排，具有区别于传统型民事诉讼的诉讼构造及其独特的法律功能、社会功能和政治功能。中国现代型纠纷的解决必须克服制度供给不足和司法政策瓶颈等多重障碍，在构建和谐社会的背景下积极推行司法能动主义策略，从而重塑中国民事诉讼制度的面貌[42]。

（五）民事证据制度

1. 诉讼证明

有学者论述了诉讼证明中的法官自由裁量权。这种裁量权可以分为开放型与封闭型两种基本类别。我国应当将“以开放的体系追求证据制度在逻辑上的统一”作为证据制度的发展目标，以此确保诉讼证明的和谐性与确定性之间的统一㊸。

有学者对经验法则的应用问题进行了分析，认为经验法则是法官发现事实真相、对案件作出裁判的一种不可或缺的证明方法。鉴于经验法则本身具有逻辑推理特质和主观心理成分，决定了它既能够对法官的自由心证发挥内在规制的功能，同时又存在被滥用、误用、偏废的可能。保障裁判的品质的关键在于要把握好经验法则与自由心证之间的平衡点与着力点㊹。

2. 推定

推定是证据法学中一个重要且复杂的理论问题。有学者用"三层递进"的标准对推定的概念进行了界定，认为推定是对未知案件事实或争议事实的认定；推定是以推理为桥梁的对未知事实的间接认定；推定是关于这种事实认定的法律规定。证明责任中的行为责任、说服责任和后果责任三者是不可分的，适用推定的结果是举证责任的倒置，在研究推定规则的适用时，应把重心从证明责任转向证明标准㊺。

（作者：陈卫东、汤维建，中国人民大学教授；
刘计划，中国人民大学副教授；
许尚豪：中国人民大学讲师）

注：

①王金贵：《深入推进刑事诉讼制度的科学构建——中国法学会刑事诉讼法学研究会2008年年会综述》，《人民检察》，2008年第19期。

②樊崇义：《从"应当如实回答"到"不得强迫自证其罪"》，《法学研究》，2008年第2期。

③陈瑞华：《义务本位主义的刑事诉讼模式——论"坦白从宽、抗拒从严"政策的程序效应》，《清华法学》，2008年第1期。

④冀祥德：《和谐社会语境下的控辩平等——以构建平等合作诉讼模式为中心的研究》，《法学家》，2008年第3期。

⑤陈光中：《进一步推进刑事诉讼法制建设》，《中国法学》，2008年第5期。

⑥樊崇义：《刑事诉讼法——再修改的理性思考》（上），《法学杂志》，2008年第1期。

⑦刘磊：《从分权制衡原则审视羁押权之归属》，《环球法律评论》，2008年第3期。

⑧陈卫东：《控制犯罪与保障人权的权衡》，《国家检察官学院学报》，2008年第6期。

⑨樊崇义、吴光升：《论中国特色被告人认罪案件诉讼程序的构建》，《人民检察》，2008年第14期。

⑩陈瑞华：《近年来刑事司法改革的回顾与反思》，《国家检察官学院学报》，2008年第1期。

⑪陈光中：《进一步推进刑事诉讼法制建设》，《中国法学》，2008年第5期。

⑫王金贵：《深入推进刑事诉讼制度的科学构建——中国法学会刑事诉讼法学研究会2008年年会综述》，《人民检察》，2008年第19期。

⑬陈卫东：《定罪与量刑程序分离之辩》，《法制资讯》，2008年第6期。

⑭宋英辉、向燕：《我国刑事和解的正当性解构》，《河北法学》，2008年第5期。

⑮宋英辉等：《我国刑事和解实证分析》，《中国法学》，2008年第5期。

⑯甄贞：《建构刑事和解制度的基本思路》，《政法论坛》，2008年第6期。

⑰卞建林、封利强：《构建刑事和解的中国模式——以刑事谅解为基础》，《政法论坛》，2008年第6期。

⑱刘计划：《我国陪审制度的功能及其实现》，《法学家》，2008年第6期。

⑲何家弘：《证据法功能之探讨——兼与陈瑞华教授商榷》，《法商研究》，2008年第2期。

⑳陈卫东、付磊：《我国证据能力制度的反思与完善》，《证据科学》，2008年第1期。

㉑何家弘：《证据的审查与认定原理论纲》，《法学家》，2008年第3期。

㉒陈卫东、李美蓉：《论司法认知》，《江海学刊》，2008年第6期。

㉓汤维建：《民事诉讼法全面修改专题研究》，北京大学出版社，2008年版，序言。

㉔刘敏：《民事诉讼中当事人辩论权之保障——兼析〈民事诉讼法〉第179条第1款第10项再审事由》，《法学》，2008年第4期。

㉕杜睿哲：《论裁判脱漏及其程序上的处理》，《甘肃政法学院学报》，2008年第3期。

㉖肖建国：《〈民事诉讼法〉执行编修改的若干问题探讨——以民事强制执行救济制度的适用为中心》，《法律适用》，2008年第4期。

㉗侍东波：《论民事执行权性质及执行机构设置》，《法律适用》，2008年第10期。

㉘陈杭平：《反思民事诉讼模式改革——从司法的纠纷解决力切入》，《法制与社会发展》，2008年第4期。

㉙邵明：《民事争讼程序基本原理论》，《法学家》，2008年第2期。

㉚丰霏：《诉权理论的发展路向》，《中外法

学》，2008 年第 5 期。

㉛刘敏：《论民事诉讼当事人听审请求权》，《法律科学》，2008 年第 6 期。

㉜江伟、常廷彬：《论已确认事实的预决力》，《中国法学》，2008 年第 3 期。

㉝刘哲玮：《人民陪审制的现状与未来》，《中外法学》，2008 年第 3 期。

㉞宋朝武：《民事电子送达问题研究》，《法学家》，2008 年第 6 期。

㉟王亚新：《诉讼费用与司法改革——〈诉讼费用交纳办法〉施行后的一个“中期”考察》，《法律适用》，2008 年第 6 期。

㊱刘哲玮：《“减半交纳案件受理费”的诉讼法考察》，《法律适用》，2008 年第 6 期。

㊲傅郁林：《先决问题与中间判决》，《中国法学》，2008 年第 6 期。

㊳许尚豪：《上诉审纠错功能的法律思考——以法院层级关系为分析视角》，《河北法学》，2008 年第 4 期。

㊴北京市人民检察院联合课题组：《检察机关民事行政检察工作的专业化发展》，《法学杂志》，2008 年第 1 期。

㊵国家检察官学院课题组、邵世星：《民事诉讼检察监督的职权配置和程序设计》，《国家检察官学院学报》，2008 年第 5 期。

㊶汤维建：《论团体诉讼的制度理性》，《法学家》，2008 年第 5 期。

㊷肖建国：《现代型民事诉讼的结构和功能》，《政法论坛》，2008 年第 1 期。

㊸陈桂明、纪格非：《证据制度中法官自由裁量权的类型化分析》，《法学研究》，2008 年第 3 期。

㊹毕玉谦：《经验法则及其实务应用评论推荐》，《法学》，2008 年第 2 期。

㊺何家弘：《论推定规则适用中的证明责任和证明标准》，《中外法学》，2008 年第 6 期。

经济法学

吴宏伟　朱大旗

2008 年，中国经济立法方兴未艾：制定颁布了保障国有企业改革顺利进行的《企业国有资产法》，保障国民经济持续发展的《循环经济促进法》，开始审议保险法修订草案，陆续制定颁布《反垄断法》的具体实施条例。经济立法的实践，不仅体现了经济法理念与社会经济发展的需求，同时也为经济法的理论研究提供了素材并推动着经济法理论研究纵深发展。

一、学术研讨活动

本年度经济法学学术活动呈现出主题突出、研究深入、成果丰硕的趋势。2008 年 1 月 12 日，对外经济贸易大学竞争法中心在北京举办了“反垄断法实施与司法程序研讨会”，会议就《反垄断法》实施过程中人民法院受理反垄断案件是否应该实施“行政前置”、反垄断案件的级别管辖和举证责任、反垄断法实施细则的制定等问题进行了研讨。2008 年 3 月 20 日，中国人民大学法学院在北京举办了“中日证券金融法制国际研讨会”，会议介绍了日本最新公司法、证券法、金融法制等领域改革动向和实施状况，并探讨其对中国的借鉴意义。2008 年 4 月 10 日至 11 日，国务院法制办和欧盟竞争总司在北京共同举办了“中欧经营者集中申报制度研讨会”，在会议上，中欧双方专家结合中国的历史、经济、政治和法律背景并从不同的视角交换了各自关于经营者集中申报制度的观点和考虑。2008 年 4 月 19 日，对外经济贸易大学竞争法中心在北京举办了“创新与竞争——与知识产权相关的反垄断规则论坛”，会议以知识产权制度与反垄断法在深层次上的政策取向为中心，就反垄断法与各项宏观政策的联系与协调、反垄断法实施后规制知识产权滥用行为的情况，并购交易中的知识产权保护等问题进行了研讨。2008 年 6 月 10 日，对外经贸大学竞争法中心在北京举办了“中国—瑞士竞争法研讨会”，会议就两国竞争法的制定与实施及其相关问题进行了研讨。2008 年 7 月 5 日至 6 日，中国人民大学经济法研究中心、北京市经济法研究会、上海市法学会经济法研究会、云南理工大学法学院在云南共同举办了“第三届中国经济法治论坛”，与会代表就“改革开放三十周年与中国经济法”、“湄公河区域经济合作与发展法律问题研究”两项主题进行深入探讨。2008 年 7 月 11 日至 7 月 14 日，北京大学经济法研究所和内蒙古大学法学院在内蒙古共同举办了“第九届全国经济法前沿理论研讨会”，会议就“中国经济法学30年历程回顾及展望”和“《反垄断法》与经济法其他法律制度的协调”的相关问题进行了研讨。2008年9月21日，对外经济贸易大学竞争法中心、中国社会科学研究院规制与竞争研究中心、中国人民大学产业经济与竞争政策研究中心在北京联合举办了“反垄断法实施与经济分析研讨会”，会议首次将反垄断法与经济分析结合起来进行专题讨论，是一次跨学科的多元视角研讨会。2008年11月1日至2日，中国法学会经济法学研究会2008年年会暨第十六届全国经济法理论研讨会在上海开幕，与会代表就经济法理论、财税法（宏观调控法）、金融法、竞争法与市场监管法等相关理论与实践进行了研讨与交流。另外，北京地区经济法学界还针对一些具体法律制度制定与实施召开了数次小规模的学术研讨会，同样取得了研究成果。

除此之外，在京经济法专家与学者在学术期刊和网络媒体上就其学术研究内容发表了数量颇丰、质量上乘的论文，出版了数十部各种类型的经济法著作，受到了学界、立法部门的关注。

二、关于经济法基础理论的研究情况

1. 关于经济法形成与创新的探究

一般而言，经济法产生的经济基础，在于市场失灵背景下的国家干预或介入社会经济生活，换言之，在既有市场经济法律体系中无法容纳和调整由国家干预或介入而产生的新的经济关系，造就了经济法产生的法律环境。然而，有学者在考察了我国经济法产生的时代背景的前提下，认为真正意义上的我国经济法产生于20世纪70年代末，产生于由计划经济向市场经济的转型时期，这决定了中国经济法产生的独特性，即：中国经济法的产生和形成被寓于社会主义市场经济及其法律制度体系创建的过程中，政府主导、政府失灵和市场失灵的交错构成这一时期国家干预的基础①。

众所周知，我国经济法是在国家经济体制改革和法制建设中崛起并日益对国民经济运行发生重大作用的新兴法律部门。经济法的社会实践，引发了学界的研讨，尤其是如何真正理解其理论内涵并据此探寻经济法对传统法学理论的创新，便具有了重要的意义。有学者在梳理我国经济法产生的脉络的前提下，就经济法对传统法学理论的创新内涵进行了研究，并得出经济法的创新点在于4个方面：一是经济法理论对公法与私法两分法局限的突破；二是经济法理论对传统部门法调整对象理论的更新；三是经济法理论对法律调整机制及功能的拓展；四是经济法社会本位思想对个体本位理论的超越②。

2. 关于“促进型经济法”的研究

一般而言，研究经济法的理论问题，往往将经济法调整的对象、经济法的原则，及其保证经济法实施的责任作为研究问题展开。这种研究方法的益处是，可将经济法所涉及的一般理论问题，统一地放在经济法的框架中进行，有利于探索。然而，有学者从经济法调整目的、调整手段、调整功能的角度更进一步细致地把经济法规范分为两类，一类以鼓励和促进为目的，称为“励进型”或“促进型”经济法；另一类以限制和禁止为目的，称为“限禁型”经济法，并就“促进型经济法”进行了论述。认为，促进型经济法是旨在通过法定的鼓励性手段来促进经济社会发展的经济法规范的总称；基于经济法体系构成中有这么一类旨在促进国家经济发展的“促进型经济法”规范，经济法才能有效地被促进发展；“促进型经济法”规范具体体现在经济法的宏观调控法和市场规制法等具体法律制度中③。

3. 关于《物权法》与经济法关系的研究

按照民法学界的研究成果来看，物权法属于民法的范畴，因而，在社会实践中形成的物权关系均应由体现民法原则的《物权法》调整。然而，这种理论观点却在经济法学界受到了质疑。有学者认为，物权关系的法律调整不等于《物权法》对物权关系的调整，物权关系需要整个法律体系及其各法律部门协同调整。从历史来看，民法及其物权法并不能调整各种性质和类型的物权关系；从发展趋势看，经济、社会的社会化是物权关系需要各部门法协同调整的根本原因；从实践看，各部门法协同调整物权关系是经济、社会的客观要求。例如，民法及其物权法在调整投资经营公司或企业法人条件下形成的物权关系、国家和地方物权关系、合作制集体物权关系时存在着固有的劣势与不足，因此需要企业和公司法、国有财产法、合作社法等与民法及其物权法的功能组合，才能实现对这些物权关系的有效调整④。

三、关于经济法主体制度的研究情况

1. 关于公司法的研究

2005年修正的新《公司法》在规定股东出资中，禁止股东抽逃出资，但是，该法并未明确规定抽逃出资股东的民事责任，由此引发了学界的议论。有学者根据自己的研究，主张抽逃出资股东对公司承担侵权责任，对公司债权人承担补充清偿责任，并就抽逃出资事实的认定、抽逃出资与借款行为的区别、抽逃出资股东之外的行为人对公司的债权人的补充清偿责任、诉讼时效的起算点等问题提出了学术见解[⑤]。

保护股东利益需要奉行股权平等原则，尽管这是一个老问题，但是，有学者从建设和谐社会的角度重新审视了股权平等原则的社会意义。认为，股权平等是和谐股权文化的又一重要内容，股权平等的核心是妥善处理股东之间包括大小股东之间的利益关系，构建控制股东与非控制股东各得其所、相互尊重、和谐相处的股东利益共同体，因此在现实生活中既要反对控制股东恃强凌弱，也要反对小股东以小讹大，从而真正实现股权平等。这种要求应渗透于资本市场法治的全部领域[⑥]。

在现代市场经济条件下，公司能否实施由他人承包经营的模式，这一问题在实践中虽然已经开始操作，但在理论上还需进行研讨，从而为我国立法完善方面作准备。有学者认为，公司的承包经营不同于过去的一般企业的承包经营，公司的承包经营与股东有限责任之间又存在着关联；对于公司的承包经营，现代公司法上不应当禁止，但在理论上应当明晰公司承包经营模式与过去的一般企业的承包经营、股东有限责任之间的关系，并在此基础上对公司承包经营主要涉及的公司债务承担问题、利润分配问题、公司内部治理等进行合理的规制[⑦]。

2. 关于企业社会责任的研究

新的《公司法》实施后，基于企业社会责任条款的规定，学界对此问题进行了研讨。有学者认为，企业社会责任与经济全球化紧密相连，经济全球化使得各国对企业社会责任的范围的理解日渐趋同；但由于世界各国社会发展程度、文化传统各异，无论是发达国家和发展中国家之间，还是发达国家内部，企业社会责任“国别化”、“差异性”长期存在。在此大背景之下，应该对企业社会责任进行多元的解释，正视我国企业社会责任与国际标准的差距，制定相关法律和实施细则，增强现有法律的可操作性，建立符合中国国情的企业社会责任认证体系，推广行业的分业管理，充分发挥行业协会或利益集团等非政府组织的作用，重视思想道德建设，为企业履行社会责任构建良好的社会舆论环境[⑧]。

有学者认为，公司社会责任本质上是特定的经济和社会条件对公司的客观要求，是指企业应当守法、“做好自己”及在此基础上对利益相关各方和社会自愿承担道德义务；实现公司社会责任的关键在于强化企业的守法责任，对其“做好自己”和道德责任，则应通过提倡、鼓励和引导来实现；可行的具体途径包括：完善与公司社会责任相关的法律法规，加大执法和司法的力度，建立企业履行社会责任的有效激励机制，引导企业参与有关社会责任的国际性活动，等等[⑨]。

有学者则从公司环境责任的角度，阐述了公司社会责任这一命题，认为：公司从事经营活动，必须遵守法律法规，遵守社会公德、商业道德，诚实守信，接受政府和社会公众的监督，承担社会责任，而公司的避免环境污染的责任称之为公司环境责任；我国资源节约型社会和环境友好型社会建设从法律制度上要求市场经济的主要主体即公司应当承担环境责任，这种社会责任的形成取决于“生态契约论”和“环境权”理论对公司的要求，同时，也应在具体法律制度中体现与实现[⑩]。

3. 关于破产法的研究

当今经济社会中，关联企业扮演着十分重要的角色。在关联企业迅速发展的同时也暴露出越来越多的法律问题，特别是对关联企业破产的规制，使对债权人利益的保护存在严重缺失，为控制企业利用对从属企业的控制进行欺诈逃债行为提供了制度空间，严重危害了市场经济秩序和交易安全，应当通过立法和司法解释加以制约。有学者就此撰文进行了研讨。认为，关联企业中的控制与从属关系在其内部企业间形成严重的利益冲突，不仅破坏各关联企业的内部权力结构，更直接危害其资产安全。控制企业利用关联关系以欺诈手法将债务、资产在关联企业间相互转移、避债，往往导致从属企业人格缺陷，严重损害从属企业及其他债权人的权益；而当控制企业、从属企业均陷入破产时，在债权债务清理、资产追索、重整等方面出现许多新问题，要想公平保护关联企业广大债权人的权益，远比单个企业破产复杂得多。因此，规制关联企业破产问题，是我国破产法制完善面临的急迫重要任务[⑪]。

有学者针对《企业破产法》规定的债务人的高管人员应在企业破产时承担民事责任的问题进行了研究，认为，《企业破产法》有关责任追究机制的框架设计尚不甚清晰。如何建立一个符合破产制度目的的债务人高管人员民事责任追究机制，是《企业破产法》在实施过程中所面临的一个现实问题。破产债务人高管人员的民事责任制度的实现有赖于一个较为完善的民事责任追究机制的确立和运行。民事责任追究机制的中心是确定民事责任的追究主体和实现方式以及法院的特殊审理程序与职权。逐步明确和完善以债务人高管人员民事责任追究主体和法院职权为核心的责任追究机制，是实现《企业破产法》所设计的债务人高管人员民事责任制度的核心与制度保障[12]。

在破产法制过程中，司法权与行政权经常会在金融机构破产、上市公司破产和公用企业等特定主体破产的案件中相互发生关系，如何理顺这些关系，对于妥善处理这类破产案件具有重要意义。有学者认为，司法权和行政权关系的“连接点”通常表现为某些行政权前置于司法权、某些行政权配合司法权行使、某些行政权参与司法权行使，由此，金融机构提出破产申请前是否需要经过监管部门行政批准，要区分不同情况作出立法安排，上市公司提出破产申请则不必进行事前的审批；在破产启动后，司法权和根本性行政权在交互涉及领域的关系的处理上，应当以司法权统一裁判为原则[13]。

四、关于宏观调控法的研究情况

1. 关于财政法与税收的研究

始于2007年的世界金融危机，引发了学界对财政、税收、金融等法制建设的深入思考。如何在法制保障下顺利促进国家财政、税收、金融等经济政策的实现，便成了经济法学界关注的一个热点问题。有学者认为，我国国民经济快速发展，财政收支快速运行，在这种情况下应当通过财税法制建设实现国家的可持续发展，维护社会的公平正义，实现社会的和谐，进一步发挥财税法制的宏观调控作用，并加强与货币政策的协调配合，保持经济平稳快速发展的好势头，努力防止经济增长由偏快转为过热，防止价格有结构性上涨，导致明显通货膨胀。为此，必须进一步完善财政立法、税收立法、财税立法以及与财税立法密切相关的社会立法、经济立法，尽快改变这方面存在的一些滞后的现象，防止有关部门和地方的随意性和侵权行为，坚决防止社会分配存在的不公和差距的扩大[14]。

经济法基础理论的形成基于具体经济法律制度的深入研究，而经济法理论的研究成果则对具体经济法律制度的完善具有重要的实践价值。在建设和谐社会的前提下，如何在法律层面上理解“和谐”，则是学界应该关注的问题。有学者认为，和谐是法的最高层次的长远价值，也是财政法的基本价值和理念，和谐只有通过民主与法治的健全与完善才能实现，而财政法的和谐价值理念也必须要通过财政法治建设来实现；以纳税人为本的财政法理念是财政法基本理论的出发点与归宿，应当充分发挥财政法的收入分配功能，在以纳税人为本的财政法治理念指导下，解决经济和社会发展的具体问题，促进国家与社会、政府与纳税人、社会成员之间的和谐相处，实现包括财政法在内的法的和谐价值目标[15]。

税收是国家财政收入的主要形式。由于税收涉及多方主体的利益，因此，如何在税收法律制度中协调各种税负，以防国家税收流失和侵害纳税人权益的现象发生，也就成了近期税法研究的热点。有学者针对企业所得税和个人所得税法之间的关联，认为：为了避免重复课税和防止税收空隙与流失，必须注意企业所得税和个人所得税法的衔接，这种衔接着重表现在两方面，一是“企”、“个”两税征收对象、范围和减免优惠项目边缘的衔接；二是“企”、“个”两税税率和列支扣除项目边缘的衔接，否则会造成对纳税人的税负不公。如果在这两方面不做好两个税种之间边缘政策的衔接，不注意个人所得税的缴纳同企业所得税的缴纳之间的总体税负平衡或税负公平，就会产生政策误导，一方面会出现不合理避税造成税收流失的严重情况；另一方面又会出现侵犯纳税人权益、违背税负公平原则、影响社会公平正义的情况[16]。

新《企业所得税法》的出台，使得原有中资企业所得税法和外资企业所得税法得到了统合，这是中国财税立法乃至整个经济立法的长期理想和重要界碑，体现着国家力图构建与市场经济体制相适应的法律体系的决心。然而，有学者认为，这种形式上实现了企业所得税法的统合，由于外在局限和内在局限的约束，这种统合并不彻底，其统一适用仅具有相对意义，不宜过于强调，其原因在于：主体差异、客体量化、义务量化等相互关联的多重内在局限的存在，各类纳税主体所适用的具体税法规范并不一致，在不同地区、不同行业、不同领域，虽同属企业所得税法规定的纳税主体，但所适用的具体规范却可能大异其趣；同时，在制度的统一与裂分、主体的独立性与关联性、行为的商业目的性与税收目的性方面，有许多具体问题值得关注，它们集中地体现了财税法上的差异性原理。由此，全面认识上述问题，才能有效地解决理论和实践中的相关具体问题，这对于新《企业所得税法》的有效实施和未来完善，对于解决好中央与地方的财权分配，对于更好地提炼与丰富财税法理论，是有益的[17]。

税收法定原则是税法至为重要的基本原则，作为税收领域中一项基本制度的税权纵向划分制度当然也必须遵循法定原则，才能保证其权威性和稳定性，才能实现地方财政自主权和中央宏观调控权的统一，才能保证中央和地方的税权都在法律的框架内规范地运行。有学者依据法治社会的基本要求，对税权纵向划分这一问题进行了研究，并提出了相关的立法建议，即：我国税权纵向划分应该在宪法或法律的层面上加以规定，使其在宪政的框架内进行，而目前我国税权纵向划分仍基本停留在行政性操作层面而未上升到法律层面，为弥补这一重大缺陷，应修改《宪法》、《立法法》和《税收征管法》的相关规定，为税权的纵向划分消除法律障碍并提供原则性指导。而最为重要的是通过制定《税收基本法》对税权的纵向划分进行具体规定，其基本内容包括：税权纵向划分原则，中央税权创设机关和创设程序，地方税权创设机关和创设程序，中央税权的具体范围，地方税权的具体范围，中央税权和地方税权的协调，中央对地方税权的保障与规范等[18]。

2. 关于预算法的研究

预算法在宏观调控法领域同样具有重要的意义。有学者从预算行为的可归责性和预算责任的法定性两个维度，分析了预算法律责任的理论依据，提出了预算法律责任的构成要件，并着重对预算违法行为的内涵和种类进行了探讨；在此基础上，论述了行政责任、刑事责任、宪政责任、经济责任以及预算法中可能涉及的其他责任形式；最后，对预算法律责任的实现机制进行了研究，其中对预算监督机制的完善提出了明确的建议，对预算法律责任追究主体的确定进行了较系统的分析，并对将司法程序引入预算法的可能性进行了研究[19]。

五、关于市场规制法的研究情况

基于在经济法体系中具有基础性意义的《反垄断法》的颁布与实施，在经济法学界掀起了研讨反垄断法律制度及其实施的热潮。本年度的经济法研究主要集中在对《反垄断法》的研究层面上。

我国《反垄断法》的颁布与实施，举国上下对其寄予了很高的厚望，期望它能宛如一柄利剑斩除我国市场经济建设进程中的各式经济垄断及所谓的“行政垄断”，还市场一个竞争有序的环境，予以消费者实惠。由此，有学者撰文探究我国《反垄断法》实施的预期效应，并依据《反垄断法》的本质，即《反垄断法》是国家基于“公平与效率”的价值追求而创设的市场经济基础性法律，旨在维护市场有序竞争，落实国家竞争、产业等经济政策，实现国家经济管理职能，得出了它的实施必将产生下列一系列预期效应：国家竞争政策将得到统一并付诸实施，反垄断指南或条例将具有法律效力而成为规制竞争秩序的手段，“成文法”与“判例法”将共同作用于反垄断实践，为保护国家利益增添了新的法律手段，将促进我国行政管理体制的进一步改革与完善等[20]。

《反垄断法》是我国社会主义市场经济的产物。然而，《反垄断法》与社会主义市场经济之间究竟是一种什么关系，还需深入探究。有学者就此问题发表了自己的观点，认为：市场经济的精髓在于市场关系的自发性，而体现意思自治的民商法则顺应了这种关系的要求并对其予以调整，然而，市场经济有两个天然的倾向，一个是市场主体通过联合、排挤而人为地限制竞争，另一个是不顾商业道德而过度竞争，如果任由这两个倾向侵蚀、消灭市场关系的自发性，最终必定会否定市场经济本身，反垄断法便应运而生了；反垄断法是一种国家调控、监管经济的工具，但它与民商法相呼应，又是一种立足于市场的自发性、旨在维护这种自发性的法，也就是说，一旦市场的自发行为影响其他社会成员或市场主体的独立决策，损害了市场机制，反垄断法就要出手，以及时恢复市场的自发性，使市场始终得以保持有效配置资源的功能和作用；这是一种建立在民商法调整之上的高级的二次调整[21]。

我国《反垄断法》的价值目标究竟应如何表述，这在学界是有争议的。有学者认为，预防和制止垄断行为，保护市场公平竞争，提高经济运行效率，维护消费者利益和社会公共利益，促进社会主义市场经济健康发展，这些都是我国反垄断法追求的价值目标，形成了我国反垄断法的价值体系；实现正义、社会整体效益、消费者利益是反垄断法的独特价值；在反垄断法诸多价值构成的体系中，因其满足主体需要和利益的积极意义的多方面与多层次，也使反垄断法价值体系呈现出多元性与层次性的特点，然而，基于消费者是经济法主体体系中的核心主体，反垄断法应以消费者需要的利益为优先，构建以消费者利益为核心价值的反垄断法价值体系[22]。

不同的法律部门有着不同的本位观，不同的本位观反映着不同法律部门的本质属性。反垄断法应坚持何种本位观，这是值得研讨的问题。有学者根据社会本位的实质性内涵、反垄断法的成因、反垄断法应体现的理念、反垄断法的实践等条件，认为：反垄断法是资本高度集中、生产社会化的产物，是适应经济和市场社会化的迫切要求，是解决社会化引起的市场矛盾和冲突的当然结果，因此，反垄断法必然要以社会为本位，在尊重市场竞争机制的前提下，规范竞争行为、营造良好有序的竞争环境、平衡市场主体之间的利益，进而达至国民经济的健康发展，从而真正发挥其“经济宪法”的功能和效用[23]。

关于反垄断的立法宗旨，世界各国的学者至今有很大争论，我国也如此。德国学界占主导地位的观点是，反垄断立法目的是反对垄断和保护市场竞争，美国芝加哥学派的观点是，反垄断法就是为了提高经济效率。那么，我国《反垄断法》的立法宗旨究竟是什么，这是学界热议的一个话题。有学者认为，世界各国反垄断立法的目的基本是一致的，即直接目的是反对垄断和保护竞争，其最终目的是提高经济效率和维护消费者的利益。依据我国《反垄断法》第一条“为了预防和制止垄断行为，保护市场公平竞争，提高经济运行效率，维护消费者合法权益和社会公共利益，促进社会主义市场经济健康发展，制定本法”的规定，我国反垄断立法的直接目的是预防和制止垄断行为，保护市场竞争，最终目的是提高经济效率，维护消费者合法权益和维护社会公共利益[24]。

我国《反垄断法》规制的经济垄断有3大类，“经营者集中”则是其中的一类，如何深刻理解该法对这类垄断的规定以及所涉及的相关问题，则是学界应该关注的问题。有学者就此撰文评析“经营者集中”。作者在阐释经营者概念及其内涵的基础上，评析了我国《反垄断法》的适用范围，“经营者集中”时应履行的申报法定程序与执法机构两阶段的审查期限，禁止并购（集中）的实质性要件，法定的经营者集中的豁免情形，经营者违法集中的救济形式，外资并购的国家安全审查[25]。

市场经济运行中的反竞争行为形形色色、五花八门，只有逐一对各种反竞争行为进行系统的研究，才能保证我国《反垄断法》的准确实施。有学者专门对搭售行为中的拒绝交易问题进行了研究。作者在分析美国Kodak（1992）案的基础上，认为市场经济活动中的搭售行为是经营者实施拒绝交易行为的手段，有时拒绝交易行为又是经营者进行搭售行为的手段，有时这两种行为又会出现混合；基于搭售行为和拒绝交易行为均属于限制竞争或可能限制竞争的行为，因此，要以《反垄断法》的不同的分析规则和判断方法对其进行规制；同时并建议，我国在反垄断司法实践中判断搭售行为和拒绝交易行为时，应考量实施主体的资格条件，主体的搭售行为和拒绝交易行为的合理与否，搭售行为和拒绝交易行为混合时应从行为结果来认定行为的归类[26]。

我国《反垄断法》是国家规范市场经济条件下竞争秩序的法律制度，因此，从某种意义上讲，反垄断执法机构设置的如何，直接会影响到该法的实施。国外反垄断法的实施机制中，准司法制度是一种有效的制度，如何引进该项制度，完善我国《反垄断法》实施机制，则成了学界热议的话题。有学者认为，反垄断法中的准司法制度目前已经成为外国反垄断实施机制的主流模式，它是一个国家的反垄断主管机关通过类似法庭审理和裁决的方式处理涉嫌垄断案件的活动；反垄断准司法制度在制度发轫的理论逻辑、制度产生的外在需求以及制度发展的内在禀赋3个方面体现了它是一种将行政和司法两大要素之特质完美融合的统一体。由此建议：可将我国的反垄断委员会改造成为一个独立、权威、统一的反垄断准司法机关，并辅之以相关的制度要件，进而更有利于我国《反垄断法》的实施[27]。

基于《反垄断法》是规范市场竞争关系的，因此，它必然会与调整某一领域的法律制度相衔接。在我国推行技术标准过程中，也就会发生知识产权与反垄断法的衔接问题。就此问题，有学者撰文进行了探索。作者认为，在“新经济”时代，基于知识经济和网络经济的双重特性需求，决定了知识产权和技术标准之间存在着不可避免的内在矛盾，即知识产权垄断性和技术标准开放性的矛盾；按照传统观点，知识产权属于“私权利”，而标准由于其适用的统一性需要将知识产权纳入其中以实现公共利益，然而，在有关技术标准的法律关系中却出现了传统法律调整路径无法解决的矛盾；因此，在新经济条件下为了实现技术标准化过程中的利益平衡，必须重新审视知识产权法和反垄断法的互补式互动关系，应当基于知识产权“有限保护原则”和反垄断法的“关健设施原则”实现新型的知识产权和反垄断法的嵌入式互动，以此构建解决标准化过程中利益失衡问题的法律规则[28]。

我国《反垄断法》的基本目标，在于通过消除与禁止垄断、规范市场竞争，进而维护市场竞争秩序、提高市场运行效率，但在其实施过程中不免会与其他相关利益或价值目标相冲突。对此，国家通常立足社会整体，依据本国经济和社会实际状况对诸种利害关系进行平衡协调，并制定、实施相关产业政策，以实现国家经济管理职能和产业政策目标。这反映到法律制度层面上来说，便是国家需通过适用除外制度来落实相关政策、保证上述目标的实现。由此，研讨《反垄断法》的适用除外制度，便具有了现实的意义。有学者认为，适用除外制度是《反垄断法》的重要组成部分，国家设置适用除外制度的本意在于协调产业政策与竞争政策之间关系，通过法律路径落实国家产业政策，并致力于统一大市场的构建和国家经济安全的维护，以实现社会整体利益的最大化。事实上，在《反垄断法》中设置适用除外制度，运用法律手段保护、促进国内某些行业或领域的秩序与效率，维护和实现社会整体利益，是市场经济国家通行的做法[29]。

在我国，国有资产在国民经济中具有重要的意义，也正因为如此，国有资产长期以来都属于国家监管的对象。《反垄断法》的颁布并将国有企业纳入其调整范围就引发了国有资产监管的重新界定的问题。有学者就此撰文，认为，在原有监管体系下，《反垄断法》仅仅是对国有企业的竞争行为进行规制，尽管对国有企业竞争行为进行规制会影响到国有资产的增减、盈亏，但这种规制事实上表明的是国有企业依法竞争的问题，所以，两种法律制度都具有监管的含义[30]。

在《反垄断法》的实施过程中，反垄断法与行业监管法是一例无法回避的矛盾关系。如何协调这两种法律制度的关系，值得学界思考。有学者认为，探究并解决反垄断法与行业监管法的协调关系，实际上应该协调好3个方面的关系，即：反垄断法与规制行业的关系，反垄断法与行业监管法的关系，反垄断执法机构与行业监管机构的关系。对于第一层关系，就是要界定规制行业的范围，进而解决行业监管法的适用范围；对于第二层关系，就是要在法律制度的层面上处理两法的适用范围及其相互协调；对于第三层关系，就是要在执法系统中明确并协调两种执法机构的职责权限及其相应的执法行为[31]。

在我国反垄断法实施过程中，有可能遇到行业协会的垄断行为。基于行业协会在市场经济中的“中介”地位，如何规制行业协会的行为，便具有了实践意义。有学者撰文就此问题进行了研讨。作者认为，在市场经济运行中存在着行业协会有可能实施限制竞争的行为，对此，我国《反垄断法》应通过“补充标准”或“术语解释”的方式将其纳入规制范围，并采用“实质高于形式”的规制原则；在具体措施上，在法律层面上设定行业协会职能的法律界限，限制行业协会处罚权的行使，从实体与程序两个方面规定了行业协会的活动规则。然而，我国《反垄断法》对行业协会规制所确立的实体制度与程序制度相对简单，法律责任设置也存在缺漏或可操作性障碍，建议修改完善[32]。

反垄断法上实施农业豁免制度，是其他国家的一贯做法，我国也不例外。如何理解我国的规定及其完善需求，也是《反垄断法》实施过程中的一个热点问题。有学者就此问题发表了意见。作者在阐述农业豁免原因即农业生产者的联合或协同行为有利于追求效率和分配正义、农业产品相对“无弹性”需求、无法预测、季节性供应以及不能长期储藏等特点不能单靠市场解决的基础上，农业豁免制度便具有了存在的合理性，而我国《反垄断法》第五十六条的规定需要进一步地完善实施，需要明确界定农产品和农业经济组织的概念，同时必须对农业豁免采取一定的限制，建立农业豁免的监督机制和撤销机制[33]。

我国银行业是否属于《反垄断法》豁免的范畴，这是一个重要的理论与实践相结合的现实问题。有学者在分析目前我国银行业的新型垄断行为的基础上认为，银行业同样属于《反垄断法》调整的范围，只是应该根据银行业特殊的地位而细化反垄断的标准与规则，其中包括建立反垄断执法机构与银监会的管辖分工和协调机制，在宏观调控中实现竞争政策与金融政策的有机配合，赋予银行业垄断行为量化标准足够的灵活性，界定银行业垄断行为豁免的判断标准，严格《反垄断法》对银行业垄断行为的域外适用等[34]。

价格和竞争是市场机制的核心要素，二者密不可分。有学者从价格法的视角探究价格法与竞争法之间的关系，认为，价格宏观调控和直接管制是政府价格管理的主要方式，二者既有联系又有区别，但都应当立足于市场与竞争机制；价格法的完善不限于《价格法》，随着市场化程度的提高，竞争法的价值和作用日益显现，对价格不正当竞争和价格垄断行为的规制应当成为价格监管的核心；竞争法与价格法及其主管机关之间应建立起有效的协调配合机制，价格宏观调控也应立足于市场经济的理念和市场机制，摆脱对行政手段的倚重和过度运用[35]。

六、其他法律制度的研究情况

1. 关于外商投资法的研究

外商投资法是我国建立社会主义市场经济体制的产物，因此，它必然和我国的具体国情相关联。有学者撰文，总结了我国加入世界贸易组织后，外商投资法律环境不断得到改善，外商投资企业在投资、税收、金融、劳动等领域的法制建设取得了很大的成就，并就在经济全球化条件下，应积极推进我国改革开放和经济结构调整，加强环境保护，实现经济增长方式的转变，完善我国外商投资法律环境进行了展望与建议[36]。

2. 关于国有资产信托法的研究

如何实现国有资产的保值与增值，学界已有多种观点。有学者对国有资产实施信托的问题进行了研究，认为，在我国金融业全面开放的大环境下，尤其是在与国有资产管理体制改革的互动中，国有资产信托凭借其独特的作用机制，开始在有效实现国有资产保值增值以及有效调整国有经济布局和结构方面，受到各级国资委、众多国有企业以及信托公司等金融机构的关注和重视，基于此，制定一部符合国情、严谨务实的国有资产信托特别法，已成为完善我国信托法律体系，为信托业务创新成果提供法律支持和保障的关键。该学者还就国有资产信托法的基本框架进行了论述[37]。

3. 关于直销问题的法律研究

现实生活中，基于直销和传销的特殊性，国家专门制定相关的规定予以调整。有学者针对这些规定，就规制直销的问题进行了评述，认为，从总体上讲，《直销管理条例》与《禁止传销条例》规定的监管制度，一方面体现着政府保护直销企业合法权益，促进中国直销业发展的良好愿望；另一方面体现着政府严厉打击非法传销行为的坚强决心。同国外立法相比，《直销管理条例》与《禁止传销条例》所体现的监管制度虽更为严格，但仍然给直销企业保留了一定的自由空间。当前在中国几家国际知名直销企业能够选择不同营销策略即是明证[38]。

4. 关于可再生能源开发利用的法律研究

我国可再生能源产业的发展一直以来缺乏稳定的政策和法律保障，因此，如何在结合我国国情的基础上，通过市场竞争过程实现可再生能源产业的健康发展，便成了这一领域的基本问题。有学者在国情研究的基础上，提出了我国的可再生能源产业的发展应该依托国家产业政策与竞争政策的合力并设计相关制度落实于市场经济运行中的建议。这些相关制度应该包括：可再生能源产业的国家政策的法制化，非国有经济进入可再生能源产业的准入，可再生能源产业的反垄断，可再生能源产业所需资金、技术等物质条件的保障，可再生能源产业依法发展的执法等制度[39]。

（作者：皆为中国人民大学教授）

注：

①徐晓松：《中国经济法产生与形成的独特性》，《成人高教学刊》，2008年第5期。

②徐孟州：《经济法理论对法学基础理论的几点创新》，《法学论坛》，2008年第3期。

③张守文：《论促进型经济法》，《重庆大学学报》（社会科学版），2008年第5期。

④史际春、冯辉：《论物权关系的法律调整——以经济法与民商法的功能协同为中心》，《昆明理工大学学报》社科（法学）版，2008年第9期。

⑤刘俊海：《论抽逃出资股东的民事责任》，《法学杂志》，2008年第1期。

⑥刘俊海：《论股权平等原则》，《法学杂志》，2008年第3期。

⑦刘俊海：《新公司法框架下的公司承包经营问题研究》《当代法学》，2008年第2期。

⑧沈四宝、程华儿：《经济全球化与我国企业社会责任制度的构建》，《法学杂志》，2008年第3期。

⑨史际春、肖竹、冯辉：《论公司社会责任：法律义务、道德责任及其他》，《首都师范大学学报》（社会科学版），2008年第2期。

⑩高桂林：《论公司环境责任的法理学基础》，《甘肃理论学刊》，2008年第3期。

⑪王欣新、蔡文斌：《论关联企业破产之规制》，《政治与法律》，2008年第9期。

⑫甘培忠、赵文贵：《论破产法上债务人高管人员民事责任的追究》，《政法论坛》，2008年第2期。

⑬王欣新、李江鸿：《破产法制中司法权与行政权关系探析》，《政治与法律》，2008年第9期。

⑭刘隆亨：《财税法制建设几个重大问题的研究》，《东方法学》，2008年第1期。

⑮徐孟州：《论法的和谐价值与财政法核心理念》，《重庆大学学报》（社会科学版），2008年第4期。

⑯李志萍、刘隆亨：《论企税法律制度与个税法律制度的关系及其发展前景》，《法学杂志》，2008年第5期。

⑰张守文：《企业所得税法统合的内在局限》，《税务研究》，2008年第2期。

⑱徐孟州、周俊鹏：《税权纵向划分的立法思考》，《湖南社会科学》，2008年第1期。

⑲朱大旗、何遐祥：《预算法律责任探析》，《法学家》，2008年第5期。

⑳吴宏伟、金善明：《〈反垄断法〉实施的预期效应探究》，《政法论丛》，2008年第1期。

㉑史际春：《〈反垄断法〉与社会主义市场经济》，《法学家》，2008年第1期。

㉒徐孟州：《论我国反垄断法的价值与核心价值》，《法学家》，2008年第1期。

㉓吴宏伟、金善明：《社会本位观：反垄断法立足之本》，《法学家》，2008年第1期。

㉔王晓晔：《我国反垄断立法的宗旨》，《华东政法大学学报》，2008年第2期。

㉕王晓晔：《〈中华人民共和国反垄断法〉中经营者集中的评析》，《法学杂志》，2008年第1期。

㉖孟雁北：《搭售行为中的拒绝交易问题研究》，《中国人民大学学报》，2008 年第 6 期。

㉗时建中、陈鸣：《反垄断法中的准司法制度构造》，《东方法学》，2008 年第 3 期。

㉘时建中、陈鸣：《技术标准化过程中的利益平衡——兼论新经济下知识产权法与反垄断法的互动》，《科技与法律》，2008 年第 5 期。

㉙吴宏伟、金善明：《论反垄断法适用除外制度的价值目标》，《政治与法律》，2008 年第 3 期。

㉚黄勇：《关注国有资产监管体制》，《新华文摘》，2008 年第 7 期。

㉛杨东：《论反垄断法与行业监管法的协调关系》，《法学家》，2008 年第 1 期。

㉜盛杰民、焦海涛：《论中国反垄断法对行业协会的规制》，《重庆大学学报》（社会科学版），2008 年第 4 期。

㉝时建中、钟刚：《试析反垄断法农业豁免制度——兼论我国〈反垄断法〉第五十六条》，《财贸研究》，2008 年第 2 期。

㉞席月民：《我国银行业反垄断执法难题及其化解》，《上海财经大学学报》，2008 年第 2 期。

㉟史际春、肖竹：《论价格法》，《北京大学学报》（哲学社会科学版），2008 年第 6 期。

㊱席月民：《经济全球化下的外商投资法律环境建设》，《成人高教学刊》，2008 年第 1 期。

㊲席月民：《我国应制定一部国有资产信托法》，《中国经贸导刊》，2008 年第 20 期。

㊳王雨本：《中国现行直销立法解读》，《中国工商管理研究》，2008 年第 8 期。

㊴孟雁北：《可再生能源竞争政策与产业政策的协调与互动》，《社会科学研究》，2008 年第 5 期。

环境资源法学

周 珂 楚道文

一、2008 年环境资源法学研究概况

环境资源法学研究的基本特点是：以科学发展观为核心，以奥运保障和应对全球经济危机为重点，对环境资源法学基本理论的探索加深，并与民法、刑法等学科产生共鸣；跟踪立法实践，研究立法中的环境资源法律问题，特别是针对奥运环境质量保障、《水污染防治法》的修改和将要制定的《侵权责任法》，学者们展开了广泛而热烈的讨论；进一步拓展研究领域，环境卫生法、环境侵权法、长江法等问题进入研究视野，法学研究体系更加成熟。

本年度内召开的有关环境资源法的会议主要有：

由环境科学院大气研究所等单位主办的“中美《大气污染防治法》修改国际研讨会”于 2008 年 11 月 3 日在北京召开，该次会议以我国《大气污染防治法》的修改为主要议题，并对大气研究所所提出的《大气污染防治法》修改意见稿进行了热烈的讨论。

结合奥运期间北京市环境质量特别是大气环境质量保障，由北京市环保局、中国人民大学法学院和北京市环境资源法学研究会承担的《北京奥运大气质量保障政策与法律问题研究》课题成果的研究和实施，对于北京奥运环境质量保障起到了重要的作用，其成功经验对奥运会后转换为长期机制亦开始体现出来。通过制定较为严格的《北京奥运空气质量保障措施》等法律措施，北京奥运期间的大气环境质量全部在二级以上（其中有 10 个左右的一级天），北京兑现了关于奥运空气质量保障的全部承诺。也正因为这些措施高效作用的发挥，北京已经着手准备将奥运会期间的临时减排措施以一定形式在奥运后会固定下来并进一步加大大气环境保护的力度。

党的十七届三中全会就如何在新形势下推进农村改革发展等问题作出了重大决策，全会通过的《中共中央关于推进农村改革发展若干重大问题的决定》全面分析了我国农村的形势，提出了“到 2020 年，资源节约型、环境友好型农业生产体系基本形成，农村人居和生态环境明显改善，可持续发展能力不断增强”的农村改革发展基本目标任务。为抵御国际经济环境对我国的不利影响，11 月 5 日，国务院常务会议出台了“当前进一步扩大内需、促进经济增长的 10 项措施”，其中第五项措施是：“加强生态环境建设，加快城镇污水、垃圾处理设施建设和重点流域水污染防治，加强重点防护林和天然林资源保护工程建设，支持重点节能减排工程建设。”2008 年 11 月 29 日，中国人民大学和北京市环境资源法学研究会联合主办的“北京环境法制论坛”举办了以

“煤、电企业的科学发展与环境保护法制建设”、“农村资源与环境保护法律问题研究”、“国务院‘十条’中有关环保与金融危机应对问题”等主题的系列活动。该系列论坛共收到70余篇学术论文，一些政策和立法建议提交到有关立法和行政部门。

中国人民大学法学院和日本一桥大学法学院于2008年3月28日举行了中日环境法学术研讨会。本次研讨会的主题是：土壤污染防治立法、废弃物再利用法律问题、节约型社会与循环经济、能源法、环境教育立法、气候变化、生态损害填补、土地退化防治等问题。与会并发表学术演讲的日本学者有：日本一桥大学法学院高桥糍副学部长、日本一桥大学法学院桑原副学部长，来自北京市8所高校法学院的学者和全国人大环资委、国家环境保护部的30余名专家和学者到会并发言。

此外，中国政法大学、清华大学、北京大学等环境法研究较为活跃的院校也举办了多种会议或论坛。

2008年4月，北京市法学会环境资源法学研究会法律援助部成立，该组织依托北京市法学会环境资源法学研究会建立，受北京市法学会环境资源法学研究会的领导，为环境资源保护领域的向社会提供环境资源保护法律援助服务的环境保护团体。事务部的宗旨为：遵守宪法、法律的规定，以科学的、民主的、可持续的发展观念为指导，提高人们的环境资源保护意识，推动环境法制的发展，保护人们的环境法律权利，服务和谐社会的构建。事务部的目的为：事务部以保护环境资源、服务社会为最终目的。事务部将凝聚北京市和国内外的环境资源保护方面的专家、学者和广大志愿者，通过开展环境资源保护法律咨询与援助、教育与培训、立法研究与国际交流等活动，实现事务部的宗旨。

二、2008年环境资源法研究热点问题

本年度我市环境资源法学研究在全国产生较为重要影响的领域包括：环境保护与食品安全及环境健康、环境法的实施与环境法律责任、生态建设法研究、环境资源法学教育研究、以环保应对经济危机、气候变化与低碳经济等。

1. 关于环境保护与食品安全及环境健康研究

王灿发等学者认为[①]，环境与健康管理的立法涉及宪法、刑法、民法、卫生法、环境法、劳动法及相关司法解释和环境标准。中国环境与健康管理的政策和立法面临缺乏系统政策、缺乏健全法律法规体系、缺乏必要的法律制度、现有制度未能有效实施等挑战。在分析原因之后，提出我国环境与健康管理的政策和立法完善应该从以下几个方面入手，包括形成坚强有力的环境与健康管理执法机制、建立一整套相互衔接和配合的环境与健康管理制度、逐步健全环境与健康的法律法规体系、制定全面系统的环境与健康管理政策等。杨素娟认为[②]，侵害人体健康是严重的环境污染危害后果之一，环境健康损害的医学判定应当规范化，法律救济措施应当逐步类型化，国家环境保护政策与法律应视保障人体健康为终极目标。我国现有立法不能适应环境健康损害赔偿的需要，致使相关纠纷处在困境之中，因此，制定以保障人身健康为目的的环境健康损害赔偿法是十分必要的。那力提出[③]，目前面临的最大挑战是能否处理好世界上最贫穷国家、地区和人民的公共健康问题，满足其基本生存需要，她建议世界卫生组织与国际组织、国家、企业、基金、民间组织合作，达成全球公共健康框架公约，有效改善穷国的卫生条件，帮助它们进行能力和机构建设。对于环境健康法律纠纷解决机制，刘长兴认为[④]，环境污染可能涉及对生命健康权、环境人格权的侵犯，污染者应当承担相应的赔偿责任；符合一定条件时，精神损害赔偿和惩罚性赔偿也应当适用。蒋兰香认为[⑤]，经济的快速发展使得环境破坏日益严重，人类的健康因此受到严重威胁。刑法作为最严厉的法律，可以保护环境这一最重大的利益；传统行政手段、民事手段处罚环境违法行为上作用有限，需要刑法出面予以干预；环境破环行为与生俱来的犯罪性以及公众对环境违法行为的犯罪感也要求刑法介入环境与健康的保护。

2. 关于环境法的实施与环境法律责任研究

本年度中华环保联合会、中国人民大学法学院、中国政法大学、北京大学等院校均对这一研究领域予以充分的关注，分别举办了一些较有影响的学术研讨活动。2008年《水污染防治法》第88条规定了代表人诉讼和支持起诉制度。由此，有学者认为我国环境公益诉讼已初露端倪，这是2008年《水污染防治法》的重大突破之一。但是，另外一些学者却表达了截然相反的观点。此外，环境公益诉讼的适格原告也成为学者们研讨的核心问题之一。王小钢认为[⑥]，尽管2008年《水污染防治法》没有明确提及环境公益诉讼的概念，但1989年《中华人民共和国环境保护法》第6条的控告权条款在很大程度上为我国实施环境公益诉讼制度保留了一个较大的空间。不仅没有确立环境公益诉讼条款，反而删掉了环境公益诉讼的潜在法律依据。因此，《水污染防治法》确立的代表人诉讼制度和支持起诉制度不是环境公益诉讼制度。李希昆等人认为[7]，2008年《水污染防治法》第88条充分贯彻了环境公益诉讼理念，但并没有确定环境公益诉讼制度的法律地位。对于环境公益诉讼，他们指出，检察机关、环境保护行政部门、环保型非政府组织作为原告都存在一定的局限性；就我国目前的经济和城镇发展状况而言，应当重视社区组织的作用，发挥其在环境公益诉讼中的作用，而这是法学界多年来一直忽视的一个问题。秦天宝等人也认为[8]，2008年《水污染防治法》第88条与公益诉讼无关。原告资格的认定问题是环境公益诉讼制度的核心问题。国外环境公益诉讼的原告主要有公民、环保型非政府组织、检察机关和环境保护行政部门等，但在我国，环境公益诉讼原告应该以检察机关为主，辅以公民和环保型非政府组织，由此构建我国环境公益诉讼的原告体系，而环境保护行政部门等不宜成为公益诉讼的原告。

3. 生态建设法研究

本年度中国人民大学法学院竺效博士的论文《生态环境损害的社会化填补法理研究》获全国优秀博士论文提名奖。党的十七大提出建立生态损害补偿机制，这是环境资源法学研究的新的重要课题。生态补偿机制是自然资源有偿使用原则的具体体现，对流域生态补偿的主体、标准、方式、模式等法律问题进行研究，具有重要的理论和实践意义。关于生态补偿主体，多数学者认为，政府是生态补偿的补偿主体之一。但是，黄锡生指出[9]，在集中式饮用水源所在地域的范围内各种社会主体都有可能因水源地生态保护而获得利益，这些社会主体因而也就成了实质上的生态服务受益者。虽然政府在整个生态补偿中居于主导地位，但政府只是生态补偿的具体实施者，而并非集中式饮用水资源生态补偿的主体。目前，通过各级财政转移支付的方式实施生态补偿是普遍的做法，但也不能据此认定政府是生态补偿法律关系中的义务主体。关于生态补偿的标准，史玉成认为[10]，应根据机会成本来制定生态补偿标准，同时加强对生态系统服务功能价值化研究的扶持力度，逐步向根据生态服务确立补偿标准的方向过渡，这是确立生态补偿标准的发展方向。杨永芳认为[11]，生态补偿应以生态建设和环境治理成本作为补偿标准。曹明德认为[12]，生态补偿量应介于生态环境服务的价值与保护生态环境的机会成本之间。如果全社会都认为应该保护某一生态环境，那么说明该生态环境提供的生态环境服务的价值大于保护该生态环境的机会成本。黄锡生则提出[13]，生态补偿应尽可能弥补生态保护、发展机会等成本，在引入市场竞价机制的同时要考虑社会和社会发展水平、生态环境质量状况等非市场因素，发挥环保型非政府组织的作用。关于生态补偿方式，学者们从不同角度提出了不同的见解。黄锡生认为[14]，生态补偿方式可以分为资金性补偿（补偿金）和非资金性补偿，集中式饮用水资源生态补偿应以资金性补偿为主，适当发展集中式饮用水资源的非资金性生态补偿，坚持生态补偿方式的多样性发展方向。钱水苗认为[15]，目前主要有两种补偿方式：资金补偿和实物补偿。后者即“输血型”补偿，是现在最急需的补偿方式，但从长远看，流域生态补偿的形式还是应以“造血型”补偿方式为主，即政策补偿、项目补偿和智力技术补偿等方式。

4. 环境资源法学教育研究

关于环境法学课程设置和教材建设，王灿发等学者认为[16]，环境法课程设置应基于理论性与实践性并重原则、现实性与前瞻性兼顾原则和普适性与特色性结合原则进行。基于这些原则，环境法课程的体系应包括环境法、比较环境法、国际环境法、自然资源法、能源法、环境法诊所课程和环境法专题研究课程。王彦昕[17]针对环境行政执法面临的令行不止的困境，提出了在教学和科研领域创设环境行政政策法的教学大纲和科研路径，在理论上为我国环境行政法做好了必要的准备。关于环境教育立法，田肇树等学者[18]提出了美国环境教育法应成为我国环境教育立法经验借鉴的主要对象，并从宏观框架构建到具体制度设计、从立法模式的选择到基本内容的确定，对我国环境教育立法提出了一些设想。廖柏明等学者认为[19]，要加强高校环境教育，在职环境教育与社会环境教育，我国应制定《环境教育法》，做到有专门法可依，促进我国环境教育的规范化和法制化，使环境教育向更深远发展。

5. 关于以环保应对全球经济危机

本年度北京学者对如何以环保应对全球经济危机予以关注，北京市法学会环境法学研究会和在京高校组织了专题研讨会。国务院在应对全球经济危机十条措施中提出的节能减排也是落实科学发展观，转变经济增长方式，从根本上缓解资源约束，减轻环境压力，实现全面建设小康社会目标和经济可持续发展的必然选择。不少学者指出，如果不能摆脱传统发展方式和资源环境利用方式，我国经济社会发展受到的资源和环境制约将越来越严峻。在当前世界性金融危机的背景下，转变发展方式就更要狠抓资源环境问题，以此为契机，淘汰高投入、高污染、高耗能等落后生产方式，引导企业采取环境友好的生产方式。同时，在改变发展方式的同时还要推行有利于节约资源、保护环境的生活方式和消费模式，从而促进经济健康增长。中国基于科学发展观提出的以环保促经济、以环保应对危机的全新理念和机制为可持续发展注入新的内涵。这个新理念和机制还需要我们在实践中探索和完善，这个过程将有力地证明中国科学发展观的生命力和价值[20]。

6. 关于气候变化与低碳经济研究

2008年北京市法学会一级研究课题是《气候变化与碳汇交易法律问题研究》，这是北京市在全国率先启动的新型课题。有学者指出，《京都议定书》的二元机制有向单一的减排机制转化的趋势，对气候变化问题认知和对策路径提出了挑战。成因的多元化要求应对机制的多元化。实现的路径是以《联合国气候变化框架公约》为主导，在重视减排的同时，加强增汇机制的作用，并且应增加水循环改善这一新的机制要素，形成减排—增汇—治水的三元应对机制。减排的主要对象依然是发达国家，对于中国等碳汇潜力巨大、水循环影响力巨大的国家，则要通过生态保护建设增加碳汇，并加强水利建设改善水循环，加强和培育自然界碳循环和水循环对温室效应的修复功能[21]。翟勇在《论气候变化的理性思考》[22]一文中指出，通过回顾应对气候变化问题从科学认识到形成国际法律规范，最终成为政治家和国际社会关注焦点的演变过程，分析对待有关国际公约的各种政治力量的一系列政治、经济博弈的表现及其根源，应当高度重视在非理性意识的影响下在应对气候变化问题上的影响。

（作者：周珂，中国人民大学教授；
楚道文，山东政法学院讲师）

注：

①王灿发、王晓辉、陈懿：《论中国环境健康立法面临的挑战与对策》，《中国环境科学学会环境法学分会首届全国会员代表大会论文集》（非出版物）。

②杨素娟：《环境污染对人体健康损害赔偿的立法必要性》，《中国环境科学学会环境法学分会首届全国会员代表大会论文集》（非出版物）。

③那力：《国际卫生法的新使命：全球公共健康治理》，《中国环境科学学会环境法学分会首届全国会员代表大会论文集》（非出版物）。

④刘长兴：《论环境侵权之人身损害赔偿责任的范围》，《中国环境科学学会环境法学分会首届全国会员代表大会论文集》（非出版物）。

⑤蒋兰香：《环境与健康保护需要刑事手段介入》，《中国环境科学学会环境法学分会首届全国会员代表大会论文集》（非出版物）。

⑥王小钢：《论污染防治法中的环境公益诉讼条款——兼评2008年〈水污染防治法〉第88条》，《水资源可持续利用与水生态环境保护的法律问题研究——2008年全国环境资源法学研讨会（2008.10.16—19·南京）论文集》（非出版物）。

⑦唐瑭、李希昆：《论水法规体系中环境公益诉讼制度之构建——兼评新〈水污染防治法〉第88条》，《水资源可持续利用与水生态环境保护的法律问题研究——2008年全国环境资源法学研讨会（2008.10.16—19·南京）论文集》（非出版物）。

⑧秦天宝、汪玲霞：《浅论我国环境公益诉讼原告的确定——从水污染防治出发》，《水资源可持续利用与水生态环境保护的法律问题研究——2008年全国环境资源法学研讨会（2008.10.16—19·南京）论文集》（非出版物）。

⑨、⑬、⑭黄锡生、王江：《集中式饮用水资源生态补偿探究》，《水资源可持续利用与水生态环境保护的法律问题研究——2008年全国环境资源法学研讨会（2008.10.16—19·南京）论文集》（非出版物）。

⑩史玉成：《生态补偿的理论蕴涵与制度安排》，《水资源可持续利用与水生态环境保护的法律问题研究——2008年全国环境资源法学研讨会（2008.10.16—19·南京）论文集》（非出版物）。

⑪杨永芳：《黄河流域不同区段生态补偿关键问题探悉》，《水资源可持续利用与水生态环境保护的法律问题研究——2008年全国环境资源法学研讨会（2008.10.16—19·南京）论文集》（非出版物）。

⑫曹明德、王凤远：《跨流域调水生态补偿法律问题研究——以南水北调中线库区水源区（河南部分）为例》，《水资源可持续利用与水生态环境保护的法律问题研究——2008年全国环境资源法学研讨会（2008.10.16—19·南京）论文集》（非出版物）。

⑮钱水苗、范莉：《钱塘江流域生态补偿机制构想》，《水资源可持续利用与水生态环境保护的法律问题研究——2008年全国环境资源法学研讨会（2008.10.16—19·南京）论文集》（非出版物）。

⑯王灿发、于文轩：《论我国环境法学的课程设置与教材建设》，《当代法学》，2008年第6期。

⑰王彦昕：《〈环境行政政策法〉学科性质界定的必要性及其教研可行性》，《中国环境科学学会环境法学分会首届全国会员代表大会论文集》（非出版物）。

⑱田肇树、李志龙：《环境教育立法问题研究》，

《中国环境科学学会环境法学分会首届全国会员代表大会论文集》(非出版物)。

⑲廖柏明、宋志国:《环境教育探析——以高校环境教育为例》,《中国环境科学学会环境法学分会首届全国会员代表大会论文集》(非出版物)。

⑳周珂、梁文婷:《以环保应对危机》,2008年11月28日第八届北京市环境论坛论文集(非出版物)。

㉑周珂:《论水循环与气候变化应对机制》,《河海大学学报》,2008年第3期。

㉒翟勇:《论气候变化的理性思考》,《河海大学学报》,2008年第3期。

国际法学

余民才　敖　山

一、学术活动

2008年的主要学术活动有:5月29日至30日,中国国际法学会在北京举行了主题为“挑战与机遇:中国和平发展面临的国际法问题”学术年会,来自相关政府部门、高校和研究机构的专家和学者与会,讨论的议题有:国际法与和谐世界的构建;中国和平发展的环境与国家安全;中国经济的可持续发展与国际法;国家主权与人权的国际保护;中国涉外民事诉讼制度和仲裁制度以及区域经贸合作中的法律问题。11月1日,北京市国际法学会在国际关系学院举行了主题为“我国改革开放30年与中国国际法回顾与展望”学术年会,与会者就国际法在中国的传播与展望、中国国际法实践、中国保护人权的法制构建、中国海洋权益的维护、中国涉外民商事法律适用及管辖权,以及外商投资法律制度等问题进行了研讨。12月6日至7日,中国社会科学院国际法研究中心主办了第五届国际法论坛——“改革开放与国际法”。

二、国际法基本理论

有学者用比较的方法,对比分析了各种全球性、区域性和国内司法机构对国际强行法规则的发展,认为国际法院对强行法规则的认定和适用是相当谨慎的,直到2006年“在刚果境内的军事行动案”的判决书中,才一般地对强行法规则作出了有限的响应。但这种响应并不是对强行法的内容进行界定,而是通过否定刚果关于强行法规则与国际法院管辖权之间的关系的主张,最终维护法院管辖权取得方式的唯一性。在如欧洲人权法院和美洲人权法院等区域司法层面上,国际强行法得到的重视程度要比在全球性司法机构中更高一些,在具体案件中论及国际强行法的情况也要更多一些。在这些具体案件中,司法机构的态度甚至更为激进,它们似乎更愿意就国际强行法的具体内容等问题发表自己的意见。在国内司法层面上,各国法院的实践各有不同。但无论如何,其对于强行法问题的判断和适用同样也是比较谨慎的。上述各类机构在面临国际强行法认定和适用等问题上的谨慎态度与强行法规则缺乏明确判断标准,范围比较模糊有着很大的关系①。

有学者对国际法的主体与国际犯罪的主体进行了区分,认为那种根据第二次世界大战以后审判战争罪犯的实践把个人说成是国际法的主体的观点与国际关系的实践不相符合。迄今为止的国际关系的实践都表明,个人不是国际权利与义务的享受者和承担者,因此,个人不是国际法的主体。尽管在特定的场合下,个人在国际上具有一些有限的行为能力,但是这与国际法主体的资格相比还差得很远,达不到构成国际法主体资格的基本条件。用国际法主体的概念来解释犯国际罪行的罪犯的法律性质,是不正确的。审判和惩罚战争罪犯属于国际刑法问题,因此必须用国际刑法学的一个概念——国际犯罪的主体来认识和解释它。如果用国际法的概念——国际法的主体来解释,那就不可避免地要得出错误的结论。对战争罪犯的国际审判,不能作为个人是国际法主体的证明,只能作为个人是国际犯罪主体的证明。国家是国际法的主体,但不是国际犯罪的主体。虽然国家要对其发动和进行侵略战争担负责任,但这种责任不是刑事责任,而是政治责任(被占领和被管制)和赔偿损失的经济责任②。

有学者从统一解释原则的确定与适用的角度,对WTO规则在欧盟法律体系中效力的新发展予以关注,认为WTO规则在其成员国国内具有何种法律效力这一问题同保护私人从WTO规则中所获得的确定性和可预见性有着紧密的联系。在WTO成员普遍反对直接适用WTO规则的情况下,欧盟法院于最近案例中确立的统一解释原则为WTO规则的国内效力问题的发展带来了曙光。尽管欧盟法院在适用统一解释原则时存在法律解释技术上的问题，这一实践对于其他 WTO 成员实践的影响仍值得期待[③]。

三、外交保护

外交保护是国家的权力。有学者以国际法院 2007 年迪亚洛案（初步反对意见）判决为例，分析了对海外投资的外交保护问题，认为允许外国投资者直接利用国际仲裁解决其与东道国间投资争议的制度和投资者本国的外交保护并不矛盾。国际法院判决总结了自巴塞罗那公司案以来国际法的实践，对于一国行使外交保护的两个重要的限制条件——国籍原则和用尽当地救济——或是重申了传统国际法的认识，或是对存有争议的问题作出了权威性判定。这对于我国加强对海外投资的外交保护具有不可忽视的指导作用。有学者结合巴塞罗那公司案和国际法委员会关于外交保护草案条款研究了公司的外交保护问题，认为公司的外交保护与股东的外交保护不同。公司外交保护的国籍国是指公司依照其法律成立的国家，但若公司与另一国有更密切联系（如受其国民控制，在成立地国没有实质性商业活动，管理总部和财务控制权位于该国），则该国可视为国籍国。对于股东来说，若是其自身的权利受到侵害，应该寻求股东国籍国行使外交保护；若是公司的权利受到损害，只有当公司依据成立地法不再存在时，股东国籍国才能行使外交保护权。外交保护草案条款基本上尊重了国际法院在巴塞罗那公司案中确认的规则，并在此基础上对这些习惯规则作了一定程度的修改和发展，包括在确认以公司成立地国作为国籍国的基础上，允许在例外情况下将与公司有更密切联系的国家作为公司的国籍国；在确认由公司而不是股东的国籍国行使外交保护权的原则的同时，也允许股东国籍国在例外的情况下行使外交保护权等。这些发展总的来说顺应了客观实际的需要，在某些方面反映了国际社会的共识，具有客观性和合理性。但是，对其中的某些规则还需采取谨慎的态度，需要进一步深入研究和评估其作用和影响，特别是应考虑到历史上曾深受西方大国滥用外交保护权之害的广大发展中国家的权力和利益，使外交保护的规则更趋完善[④]。

有学者专门研究了我国民间对日索赔诉讼涉及的战争遗留问题上的外交保护的实体权力和程序问题，认为在外交保护的实体权力上，应该区分日本的侵略责任与日本战时违反武装冲突法的具体的国际不法行为导致中国公民受害的责任。中国民间对日索赔诉讼并不是泛泛地针对日本侵华战争，而是对这场战争中起因于日本违反武装冲突法而给中国原告带来的具体的侵害。对此，不论发生于中国还是日本的侵害，中国政府都有保护性求偿的权力。中国政府在《中日联合声明》和《中日和平友好条约》中放弃的是对日本发动和实施侵略战争的责任要求赔偿的权力，而对于日本违反武装冲突法的责任，中国政府在《中日联合声明》中既没有放弃权力要求，在其后也没有通过其他双边条约、协定作出相应的安排或由中国政府作出单方面的放弃，所以仍然保留外交保护的权力。在行使这一外交保护的程序问题上，法律适用直接排除了用尽当地救济规则。中国政府在任何时候都可以向日本政府提起交涉，行使这一权力，并不受日本法院审判的左右。当然，外交保护作为国家的权利，是否行使以及行使的具体步骤，取决于我国政府的政策判断[⑤]。

四、人权保护

人民自决权是一项集体人权。这项权利的主体范围是什么，理论上的认识往往有分歧。有学者分析指出，在现代国际法上，自决权是国际社会所有人民的权利，即所有主权国家的人民和所有其他领土上的人民的权利。具体说，人民自决权的主体范围包括殖民地人民、外国占领或统治下的人民、主权国家的全体人民和少数者人民这 4 种类型。在国家主权和领土完整问题上，自决权的主体应当是全国人民。殖民地人民和外国占领下的人民作为人民自决权的主体应当是暂时的或例外的情形，主权国家的全体人民和少数者人民作为自决权的主体才是长期的和正常的情形[⑥]。有学者依据《关于难民地位的公约》及其议定书，论证了国家对非法入境难民保护的两项原则：一是边界不拒绝，即不应拒绝越过边界的难民停留，且在紧急情况下不拒绝难民入境；二是宽容和便利，包括不施以刑罚和不必要的限制和提供获得第三国接受的便利[⑦]。

有学者依据国际法批驳了一种将《公民权利和政治权利国际公约》第 25 条 b 项视为香港普选的法律根据的观点，指出该条款并不构成香港普选的法律根据，因为英国在批准《公民权利和政治权利国际公约》时曾声明将该公约的适用范围扩展至包括香港在内的 10 个英国属土，并特别针对第 25 条 b 项作了保留。这项保留直至香港回归前，英国也没有撤回，保留继续有效。我国政府承诺公约适用于香港，有关规定继续有效，通过香港特区法律予以实施。这里在香港回归后继续有效的公约条款显然只局限于原已适用于香港的“有关规定”，当然不包括第 25 条 b 项。人权事务委员会 2006 年就中国政府代为提交的香港特区实施该公约有关规定的报告所作的审议结论，即：香港特区应采取一切必要措施，使立法会经普及平等的选举产生，并确保对《基本法》作出的所有解释（包括涉及选举及公共事务的解释）符合公约的规定，以及香港法院的判决都不能改变公约第 25 条 b 项不适用于香港的法律地位。这种状况在法律技术层面迄今未改变，并且在当前不具有更改的可行性。而且，该条款的实质性内容已经经由香港特区基本法第 45 条和第 68 条的规定在香港逐步实施⑧。

五、国际司法

有学者分析了国际刑法上招募儿童入伍罪的构成要件及其地位，认为该罪行的行为要件既包括招募行为本身，也包括使用儿童直接参与武装冲突，心理要件应当采用“有理由知道”标准。同时，该罪行作为战争罪的一种，只有在存在武装冲突的情况下才成立。为了更好地保护武装冲突中的儿童，对使用儿童“直接参与武装冲突”应当进行扩张性的解释，同时招募儿童入伍的最低年龄标准也应由 15 岁提高到 18 岁。现今招募儿童入伍罪不仅是一项习惯国际法，而且已经发展为一项强行法。因而，任何国家不得以任何理由拒绝承担禁止与惩治招募儿童入伍的义务⑨。

有学者分析了“或引渡或起诉”原则的性质，认为它是强制性的义务，而非选择性的。对于理论上一种建议对外逃腐败犯罪嫌疑人采取缺席刑事审判的观点，该学者认为，这种做法剥夺了被告人的辩护权利，违反了国际人权法的要求，还可能使引渡成为泡影，因此建议采用国际私法确认的涉外民事诉讼程序，即向本国法院提起涉外民事诉讼来追回腐败犯罪嫌疑人卷走的资产。另有学者以“袁宏伟案”为背景，分析了引渡中非常规替代措施的合法性问题。他认为，引渡的非常规替代措施主要是指跨国绑架和跨国诱骗。这类措施的采用虽然可以绕过引渡合作的法律障碍从境外将被通缉人员捉拿归案，但却可能有损相关国家的法制或主权、侵犯相关当事人的人权，因而在法律上是不正当的或者是有争议的。美国设圈套将中国公民袁宏伟诱骗到英国实行拘捕并启动引渡程序的做法，不仅侵犯了中国公民的基本人权，而且故意规避了中国法律的强制性禁止规范，并对我国法院正在进行的审判活动造成了干扰，是对中美司法合作关系的损害，不利于推进缔结中美双边引渡条约的进程⑩。

六、WTO 问题

有学者对 WTO《农业协定》及农产品贸易规则的执行情况进行了分析，认为在发达国家，“绿色壁垒”已成为变相的非关税壁垒，国内支持还在继续产生扭曲贸易的效果。《农业协定》的实施只是将发达国家的巨额补贴的合法化从国内法扩展到国际法。《农业协定》不可能公平地解决农产品贸易的自由化问题。一方面，发达国家凭借技术和科技优势，将发展中国家唯一可能进行竞争的劳动密集型农产品进口，通过技术性贸易壁垒和严格的卫生检验检疫措施阻挡在国门之外。另一方面，发达国家通过强大的农业补贴优势，在国际市场大量倾销其廉价农产品，不断打击发展中国家本来就脆弱的农业经济和农产品出口贸易，使其从根本上丧失提高农业生产的能力，形成对发达国家农产品的依赖。多哈回合在农业问题上的谈判注定要失败。如果不对《农业协定》及农产品贸易规则作出实质性的变革，任何新一轮谈判都将不会取得任何实质性成果⑪。有些学者围绕“美国对华铜版纸案”对反倾销与反补贴问题展开了讨论，认为在 WTO 法律体系下，对于成员国向其他成员国的同一产品同时实施反倾销措施和反补贴措施的问题，GATT 1994 并非持否定态度。美国商务部对原产于中国的铜版纸同时实施反倾销措施和反补贴措施的行为，虽然有国际法和国内法两个层面的法律依据，但在案件的具体操作中存在滥用相应规则的嫌疑。就“铜版纸案”来看，某些国家对我国实施“双反”措施已经不是中国出口贸易面临的潜在威胁，而是现实威胁。我国在改革补贴政策和措施的同时，还应针对“双反”措施，建立一套出口监测预警系统，即对有关重点出口产业和出口企业的出口贸易额以及国内补贴状况进行监测，对相关进口国的国内相关产业的市场情况进行监测和预测，并结合有关数据调整我国相关产业的出口额度或对相关产业或企业的补贴幅度，或建议有关企业改变出口策略转向市场竞争相对缓和的国家或地区出口，以避免由补贴导致的倾销行为或其他倾销行为的产生，继而避免有关国家对我国展开“双反”调查并征收“双反”税。

有学者分析了 WTO 的决策机制，认为世界贸易组织协定规定了共识决策和表决决策两种决策方式，但实践中遵循的都是共识决策方式。前 3 次总干事的选任过程突出了共识决策在世界贸易组织中的地位和问题。共识决策方式是一种比较现实的决策方式，能比较好地维护各成员的利益，但需要以牺牲一定的效率为代价⑫。

在 WTO 争端解决机制方面，有学者提出，在 WTO 争端解决中，无论是上诉机构的观点，还是上诉机构和专家组的实际做法，都体现出明显的案例法的指导作用的特点。与普通法制度不同，WTO的案例都是依据WTO规则的解释形成的，并非独立于WTO协定的法律渊源。中国有必要且应该了解、掌握、运作争端解决机构的游戏规则，重视案例制度在WTO争端解决过程中的作用[13]。另有学者认为，世界贸易组织争端解决规则的谈判不会导致对现有规则的较大修改。一些程序性的时间的延长或缩短，也只是条文上的，并不真正影响实践中的延长或缩短，因为现有的时间性问题主要是没有按照条文兑现的问题。因此，最终的修改与完善部分很少，执行异议程序与要求授权报复程序的关系、对报复实施的监督与撤销，可能是比较有价值的修改[14]。

七、国际投资、融资、外资并购问题

有学者回顾了改革开放30年与我国国际投资法制的发展与完善，认为改革开放以来我国的国际投资法制已经较为健全，但面对新的形势和新的挑战，我国关于国际投资的政策与立法也需要根据实际发展不断加以调整和完善。一方面，作为发展中国家中的最大资本输入国，我们要继续加强对外资的保护，同时也要维护国家对外资的管理权；另一方面，随着我国企业境外投资的发展，作为资本输出国，我们应采取必要国内法和国际法措施，加强对境外投资的法律保护，促进国际经济合作的发展[15]。

有学者对国际股本融资法律制约进行了分析，指出国际股本融资已经在各国得以实践，其对发展中国家来说具有十分重要的意义。由于各国基本经济制度、政治制度和文化制度的差异，所以在国际股本融资中必然存在着因为不同法律制度所产生的制约因素。正确的处理规则是必须有金融市场全球化观念和宽阔的制度设计视野，以金融法治为宗旨和目标，树立投资者利益保护观念，内外统筹，为有效融入国际金融市场提供完善的制度支持。

有学者对美国外资并购的国家安全审查制度进行了探讨，并对中国的外资并购国家安全审查制度的构建提出了建议。该学者认为，美国国会2007年通过的美国外国投资与国家安全法扩大了外国投资属于国家安全审查的范围，进一步改进了外国投资领域的国家安全审查制度。在外资并购领域加强国家安全审查制度是美国维护其国家利益的重要措施。为有效维护本国利益，我国也应建立外资并购领域国家安全审查制度，应尽快制定外资与国家安全的相关立法，将我国国家经济安全审查机制作为一个相对独立的审查机制，在其适用范围上应规定较为宽泛的管辖范围，适时建立国家安全联席审查机制[16]。

八、国际知识产权保护

有学者讨论了私人集团在知识产权国际立法保护中的作用，认为知识产权国际保护制度的发展是私人集团推动的结果，这种现象的背后是全球化所带来的深刻变革。私人集团通过影响政府公共政策的制定和国际关系的走向来提高知识产权国际保护水平。中国不能片面地以国际公约为准绳来评价自身的知识产权制度，而应调整应对策略，在不违背国际义务的同时选择适合自身的发展道路。有学者通过分析美国对中国的知识产权保护问题和对于外国音像制品、图书以及其他媒体过于严格的市场准入限制问题向WTO提出的两起申诉，对比分析了中美知识产权海关处置措施，指出中美海关对知识产权侵权物品的处置方法虽然存在着不小的差异，但都符合TRIPS协议的相关规定。就中国海关的处置方法而言，衡量是否正确的基础不是美国法而是TRIPS协议的相关规定。我国海关处置侵权物品的方法能在TRIPS协议中找到充分合理的依据[17]。

九、国际私法的新发展

有学者对关于非合同之债准据法的《罗马Ⅱ规则》进行了评析，肯定了《罗马Ⅱ规则》的可取之处主要在于增加了非合同之债准据法的确定方面的法的稳定性和可预见性，并在立法技术上顺应了当今国际私法的发展趋势。相比之下，我国现行制定法中关于非合同之债准据法的国际私法规则还有诸多不足之处。对于正在进行的中国国际私法立法来说，有必要从国际私法的比较研究中获取养分和受到启发。具体而言，在完善我国关于非合同之债的冲突规则的过程中，《罗马Ⅱ规则》可以在立法技术上提供可资借鉴的成功范例[18]。还有学者对我国承认外国破产程序域外效力制度进行了分析，认为目前我国破产法相关规定的内容显然还不够具体，未能提供足以指导司法实践的可操作性规则。建立非主要破产程序是完善我国承认外国破产程序域外效力立法的关键。这一方面有利于更好地执行外国破产裁决，协助实现外国破产程序的域外效力；另一方面也有利于维护我国债权人的合法权益。《跨境破产示范法》提供了比较合理而又具有可操作性的承认外国破产程序域外效力的规则，可以弥补我国《企业破产法》这方面的立法空白。因此，可以根据国情采纳《跨境破产示范法》规定的一些基本内容，建立我国的非主要破产程序制度。

十、其他

有学者评析了科索沃“独立”问题，认为科索沃走向单方面独立，其根本原因在于欧美大国的支持。科索沃单方面独立不仅没有真正确定其最终地位，反而带来了新的“最终地位”问题，而且将给国际秩序及国际关系造成持续的破坏性影响[19]。有学者探讨了我国履行《保护臭氧层维也纳公约》及《保护臭氧层维也纳公约蒙特利尔议定书》所规定义务的国内立法，认为我国为此已经制定了一系列的政策和立法。但是，面对消耗臭氧层物质强制淘汰期的到来，我国现有的立法存在诸多缺陷，不能满足国际履约的需要，比如法规体系不健全，立法层级普遍较低，缺乏权威性和执行力，以及缺乏管理体制的规定等。我国正在起草的消耗臭氧层物质管理条例应当包含我国已经参加的保护臭氧层方面的国际法律文件的主要内容，并应为未来可能加入的《议定书》蒙特利尔修正案和北京修正案留出足够空间。

有学者分析了WTO框架下数字产品在线跨境交易的法律性质，认为从“美国影响赌博服务跨境提供措施案”专家组报告、《服务部门分类表》和《1993年列表指导方针》的法律意义、分销服务的性质以及将GATS规范适用于数字产品的在线跨境交易的实施效果来看，将数字产品的在线跨境交易这种国际贸易规则统一划归为服务贸易并适用GATS的法律规则，是有效地逐步推进国际贸易自由化的内在要求。有学者讨论了WTO框架对出口鼓励措施的约束，指出出口补贴正逐步受到WTO规则及多边贸易协定的限制和约束，出口信贷及出口信用保险是WTO框架所允许的出口鼓励措施，成为各国贸易和金融体系重点支持的对象。我国应加快出口信用保险立法进度，提供法律保障，同时要加快推进我国出口信用保险体制改革进程。

还有学者对仲裁规则的性质及其与仲裁法之间的关系进行了讨论，指出仲裁规则是规定如何通过仲裁的方法解决当事人之间争议的程序性规则。仲裁适用的规则既可以由当事人约定，也可以由仲裁机构或者相关的国际经济贸易组织制定。仲裁规则的本质是契约性，仅在当事人选择适用的情况下对相关当事人或者仲裁机构具有法律上的拘束力。当事人也可在不违反相关国家有关强制性法律规则的情况下对他们选择适用的仲裁规则进行修订。国家的仲裁法所规范的是在该国境内进行的一切仲裁活动，无须当事人对此作出选择。仲裁法还是仲裁规则的重要补充。如果当事人或者仲裁规则未能对争议事项作出规定或规定不明确的，可以通过相关国家的国内仲裁立法加以补充与完善。由于仲裁规则与仲裁法在本质上的不同，决定了它们在适应范围和法律效力上的不同[20]。

（作者：余民才，中国人民大学副教授；
敖山，中国人民大学硕士研究生）

注：

①廖诗评：《司法视野下国际强行法规则的新发展——基于不同机构司法实践的一个比较分析》，《华东政法大学学报》，2008年第6期。

②林欣：《国际法和国际私法理论若干新观点》，《环球法律评论》，2008年第6期。

③吕晓杰：《WTO规则在欧盟法律体系中效力的新发展——统一解释原则的确定与适用》，《现代法学》，2008年1月第1期。

④余劲松：《公司的外交保护》，《政法论坛》，2008年第1期。

⑤张新军：《外交保护的实体权利和程序问题：以中国民间对日索赔诉讼中的战争遗留问题为素材》，《中外法学》，2008年第1期。

⑥赵建文：《人民自决权的主体范围》，《法学研究》，2008年第2期。

⑦梁淑英：《非法入境难民的处理原则》，《法学杂志》，2008年第6期。

⑧饶戈平：《人权公约不构成香港普选的法律根据》，《中外法学》，2008年第3期。

⑨王倩倩：《论国际刑法上的招募儿童入伍罪》，《武大国际法评论》，2008年。

⑩黄风：《论引渡的非常规替代措施——由“袁宏伟案”说起》，《法商研究》，2008年第2期。

⑪王传丽、梁思思：《WTO〈农业协定〉及农产品贸易规则执行评价》（上、下），《政法论丛》，2008年10月第5、6期。

⑫韩立余：《从总干事的选任看WTO的决策机制》，《法学家》，2008年第2期。

⑬韩立余：《WTO争端解决中的案例法方法》，《现代法学》，2008年第3期。

⑭韩立余：《WTO争端解决规则的完善能走多远》，《上海财经大学学报》，2008年第5期。

⑮余劲松：《改革开放30年与我国国际投资法制的发展与完善》，《理论前沿》，2008年第21期。

⑯邵沙平、王小承：《美国外资并购国家安全审查制度探析——兼论中国外资并购国家安全审查制度的构建》，《法学家》，2008年第3期。

⑰杨帆：《对中美知识产权海关处置措施的对比分析》，《政法论坛》，2008年第6期。

⑱陈卫佐：《欧共体国际私法的最新发展——关于非合同之债准据法的〈罗马Ⅱ规则〉评析》，《清

华法学》，2008 年第 5 期。

⑲张健：《科索沃“独立”问题探析》，《现代国际关系》，2008 年第 3 期。

⑳赵秀文：《论仲裁规则的性质及其与仲裁法之间的关系》，《河北法学》，2008 年第 6 期。

法律史学

曾宪义　叶秋华　赵晓耕　王云霞

一、学术活动与对外交流

2008 年北京法律史学界各种学术交流活动频繁，其中较为重要的会议和活动包括：

1. “中国传统司法与司法传统”国际学术研讨会暨中国法律史学会 2008 年年会

2008 年 10 月 23 日，由中国法律史学会主办，西南政法大学、西北政法大学承办的“中国传统司法与司法传统”国际学术研讨会暨中国法律史学会 2008 年年会在重庆召开。来自中国人民大学、北京大学、中国政法大学等国内外著名院校的超过 170 位法律史界专家学者参加了本次盛会。会议共收到代表论文共计 120 余篇。本届年会还进行了中国法律史学会理事和常务理事的换届选举。经过民主投票，102 名来自全国各高校和科研单位的学者顺利当选新一届学会理事，新当选的理事又通过投票选出了 44 名新一届的常务理事。

2. 全国外国法制史研究会第 21 届年会

由全国外国法制史研究会主办、华中科技大学和华东政法大学共同承办的全国外国法制史研究会第 21 届年会于 2008 年 9 月 22 日在华中科技大学召开。来自高校、研究机构等 100 余名专家学者出席了本次会议，提交论文 60 余篇。北京学者 20 余人与会，提交论文 10 余篇。本届年会以“英美法系及其对中国的影响”为主题，举行了数场专题研讨会，与会学者围绕普通法的一般理论、英美宪政制度、英美私法制度、英美司法制度、英美法系的传播及域外影响等问题展开了热烈的讨论。

3. 全国西方法律思想史研究会 2008 年学术年会

由全国西方法律思想史研究会主办、山东大学法学院承办的全国西方法律思想史研究会 2008 年学术年会于 11 月 22 日在山东大学举行。来自中国人民大学、北京大学、清华大学等高校的专家、学者 50 余人，围绕“西方法律思想与中国社会转型”的主题，展开了热烈的讨论。本届年会探讨了西方法律思想对中国传统与当代社会及社会转型的影响，并以中国为视角对西方法学家及其法律思想进行了解读，梳理了西方法律思想传入中国的谱系，提出了西方法律思想中国化研究的新路径。

4. 第二届东亚法治论坛——“西洋法在东亚的继受和创造”国际研讨会

第二届东亚法治论坛——“西洋法在东亚的继受和创造”国际研讨会于 2008 年 11 月 22 日在中国人民大学开幕。论坛由中国人民大学法学院、日本一桥大学法学院、韩国釜山大学校法科大学和法国艾克斯马赛第三大学欧亚研究所联合主办，主要议题为：（1）法国宪法 1958 年宪法的历史地位及其在东亚各国宪政的影响；（2）欧美各国宪法在东亚的继受和创造；（3）欧美各国行政法在东亚的继受和创造；（4）东亚经济一体化与东亚法制一体化；（5）东亚共同法形成的基础。来自中国、法国、日本和韩国的 120 多名学者和官方代表参加了该论坛，与会人员围绕东西方法律文化和制度比较、东亚经济一体化和法制协调等问题展开了广泛而深入的交流。

5. 社会转型与法律变革国际研讨会

2008 年 10 月 18 日至 19 日，由中国政法大学法律史学研究院主办的“社会转型与法律变革国际研讨会”在北京香山举行。来自国内外的 100 多名专家、学者围绕“社会转型与法律变革”这一主题，就中国法律传统与法律变革、美国宪法经济观、德国的宪政思想与实践、社会发展与罗马法体系的形成等问题，进行了热烈的讨论，有效地促进了中外学者之间的学术交流。

6. 第二届全国法律文化博士论坛

2008 年 11 月 1 日，由中国人民大学法律文化研究中心及曾宪义法学教育和法律文化基金会主办的“全国法律文化博士论坛”（北京 · 2008）在中国人民大学举行。本届论坛的主题是“中国传统司法的历史发展”和“近代以来西方司法制度在中国的传播和影响”。来自中国人民大学、北京大学、中国社科院、中国政法大学、中央民族大学、中国人民公安大学等 15 所高校的百余位博士生以及来自中国法律史学会和全国外国法制史研究会的20余位知名法史教授参加了本届论坛。

论坛旨在为全国法律史博士生提供开放性的学术交流平台。26位博士生围绕“西方司法文明在中国的传播与影响”、“近代中国司法制度的历史变革”、“中国传统司法制度及其理念”和“清代司法制度及其转型”4个主题作了发言。与会的教授分别担任论坛各阶段的主持人和评议人，对博士的发言逐一进行了精彩点评。

7. 第一届“中国法律文化研究优秀成果奖”评审活动

2008年11月15日，由教育部教学指导委员会、中国法学会法学教育研究会、中国法律史学会、全国外国法制史研究会、曾宪义法学教育与法律文化基金会共同主办的第一届“中国法律文化研究优秀成果奖”评定会议在中国人民大学举行。经过评定专家投票表决，产生了第一届“中国法律文化研究优秀成果奖”获奖名单，多位在京法制史同人榜上有名。一等奖获奖者包括李贵连教授（北京大学），王云霞教授（中国人民大学）；荣获二、三等奖的获奖者包括国家法官学院、北京师范大学、中国人民大学、北京大学、清华大学等多个北京高校与科研机构的人员。

8. “改革开放30年法律文化研究回顾与展望研讨会”暨第一届“中国法律文化研究成果奖”颁奖大会

2008年12月14日，“改革开放30年法律文化研究回顾与展望研讨会”暨第一届“中国法律文化研究成果奖”颁奖大会在中国人民大学举行。来自中国人民大学、北京大学、清华大学等20所高校的获奖专家学者，来自新华社、人民日报社、法制日报社、中国青年报社、《瞭望》、《半月谈》等新闻媒体的记者以及近百名中国人民大学博士研究生、硕士研究生出席了本次研讨会。

二、重要学术成果综述

张家山汉简出土之前，学者们对汉初法律思想的研究和评述基本以文献所载为依据，张家山汉简的出土使得系统研究汉初法律制度及法律思想成为可能。高恒研究汉简多年，2005年起进一步对各地陆续出土的汉简中法制文书进行辑录分类，并在此基础上一一注释考证，2008年出版《秦汉简牍中法制文书辑考》。涉及秦律，对秦简牍中有关职官、“啬夫”、私人奴婢等具体问题进行考证分析；摘取汉简中所记载与汉律有关的零碎资料，并将其细致分类进而连缀成篇，大大丰富了汉代法制史的内容[①]。

长期从事少数民族法律文化研究的李鸣本年度出版了两部学术著作。《碉楼与议话坪——羌族习惯法的田野调查》讲述羌族的历史及羌族习惯法的历史演进，采用田野调查的方法，对羌族经济生活、婚姻亲属、社会组织和宗教信仰等领域的习惯法进行了全面、系统的介绍和具体分析。该书对促进羌族地区的民族法制建设有重要意义[②]。《中国民族法制史论》是“民族法理论探索丛书”中的一本，秉承丛书宗旨，作者将人类学的田野调查、社会学的定量分析与法学的规范实证分析相结合，立足于统一多民族国家这一中国实际国情，力争从不同学科不同视角，探索并解决当前民族工作面临的各种问题，促进民族团结、维护国家统一[③]。

在对台湾地区法制研究中，《台湾地区金融法律制度变迁研究》从历史发展的脉络，以台湾在经济金融宏观调控方面的金融法律制度作为研究对象，对台湾金融法律制度的历史与现状进行梳理分析。第一部分主要关于国民党迁台之初到1980年之前，涉及台湾金融管制立法与实践的研究；第二部分主要研究20世纪80年代中后期，台湾金融自由化的法律问题；第三部分主要涉及台湾应对金融危机的法律政策研究；第四部分是对台湾金融法律制度的发展变迁的总体评价。该书是教育部青年基金项目“台湾地区金融法律制度变迁研究”的项目成果[④]。

本年度还有两部涉及法学学科史的著作出版发行。《中国法律史学的新发展》一书，是中国社会科学院法学所法制史研究室为纪念建所50周年所编写的。编者希望通过对中国法律史学科研究情况的梳理介绍，展现近年来的学科发展。该书第一、二章分别为学科综述和热点问题研究，宏观介绍法制史及其研究状况。第三至十章，以年代为序，介绍断代法制史学研究现状及展望。该书的出版为学界同人进行中国法制史研究提供了便利[⑤]。

《中国法学30年（1978—2008）》一书以学科为章节，历数改革开放30年来中国法学从幼稚到成熟，从冷门到显学的不平凡发展历程，在对中国法学进行全面总结的基础上指陈得失，展望未来，意在为进一步推动中国特色、中国风格的法学研究，推进依法治国、加快建设社会主义法治国家而努力[⑥]。

《法律与革命——新教改革对西方法律传统的影响》一书力图阐明德国的路德宗教教义和英国的加

尔文宗教教义在16世纪早期至18世纪早期如何极大地影响了西方法律传统的转型。其时的路德宗教和加尔文宗教信仰体系不仅是君主和贵族阶级统治、镇压不同意见以及其他种种罪恶的渊源，而且是对法律秩序和法律正义进行更新的重要渊源。作者认为，重新体会并挖掘西方法律传统和西方宗教传统之间的历史性联系，在发展普遍的法律标准和共同的法律制度的过程中，将不仅加强而且会促进世界各主要文化间的对话与合作⑦。

《学说汇纂》代表了优士丁尼法典化运动的最高水平，而第一卷的内容又具有特殊的意义，因为它讨论了罗马法的基础理论问题，也是以后各卷的总纲。该卷第1—4章是对法律的概要论述。在第1章，法的功能被界定为正义；第2章讲述的是法的起源及其发展；第3章将法律、元老院决议和习惯并列为法的渊源，它们的共同基础在于理性；第4章肯定了皇帝谕令作为法的渊源的地位；第5—7章讨论的是人法的问题；第8章讨论了物的分类及其性质；第9—22章，详细阐述了公法，尤其是有关共和国官职的内容⑧。

《罗马法提要》是已故罗马法泰斗周枏先生生前的讲稿。该书为罗马法初学者提供了简明扼要而又不失完整的罗马法基础知识，使其能从一开始就对内容广泛、法理精深的罗马法各项制度的把握不至迷失方向，同时，它也为罗马法的普通读者提供了亲近罗马法的机缘⑨。

《萨克森明镜》是产生于13世纪初期日耳曼社会的一部习惯法汇编，也是一部透视出中世纪德意志正义观念与社会秩序的百科全书，它不仅对日耳曼人的社会生活产生了巨大的影响，而且还对《普鲁士普通邦法》乃至《德国民法典》都产生了重要影响。《〈萨克森明镜〉研究》一书围绕《萨克森明镜》的几个主要存世抄本展开研究，力图发掘其渊源，追寻其流变，还原其面貌，展现其价值⑩。

《西欧中世纪法律概略》针对伯尔曼的《法律与革命——西方法律传统的形成》一书的主要观点和内容进行了探讨。作者着重讨论了5个方面的问题：(1)西方法律传统及其主要特征与演变过程；(2)教皇革命对于中世纪盛期教会法律生成的意义；(3)教会法形成、发展和衰落的大致轨迹，教会法与罗马法的关系等；(4)同一历史进程中世俗政府与世俗法律的情况；(5)对这一传统的价值评析。该书对于理解西方法律传统很有帮助⑪。

《大陆法系研究》是国内第一部对大陆法系进行系统研究的著作，同时也是本学科第一本研究生教材。它着力对大陆法系的历史传统和基本原理进行系统研究和阐述，既从宏观上阐释了大陆法系的形成及演变、大陆法系的总体特征及其成因、大陆法系的渊源与分类等问题，又从微观上对大陆法系的宪法、民商法、经济法、刑法、诉讼法等主要部门法的基本特征、重要原则和制度进行了具体论述和介绍。该书为读者从总体上了解大陆法系各国的法律制度以及它们的法律传统提供了便利⑫。

三、中国法律史研究热点问题

就论文涉及的内容而言，2008年法律史研究的热点集中在3个方面，一是归纳中国古代法律制度与思想理念；二是对中国近代以来法律变革进行分析；三是对改革开放以来法制史学科的回顾和综述。与往年相比，本年度在京学者的研究论文不乏角度新颖、论证充分、颇具开拓性的力作。下面选取重点一一详述。

1. 关于中国古代法律史的研究

有学者结合诉讼法原理，对唐代死刑复核制度进行深入研究。死刑复核程序是指国家相关部门对判处死刑的案件，依照事先制定的法律，进行审查核准的特殊的诉讼程序。作者梳理相关史料，进行归纳和细致分析，认为唐代十分重视对死刑的复核，立法机关、司法机关、行政机关、监督机关和皇帝本人都参与其中。享有至高权威的皇帝除了拥有对死刑的最高复核权外，还通过多种渠道掌握死刑复核程序，具体而言，“刑部从司法体系内部对死刑进行复核，门下省和中书省则以立法机关的身份对死刑进行复核，尚书都省作为尚书省的行政监督机关通过行使复核权对死刑进行监督，御史台从监察角度对死刑进行复核”。而皇帝对死刑的复核权的行使，“既是专制皇权强化的标志，也表明中国古代中央集权体制在司法领域的最终完成”。⑬

还有学者撰文对比现代与古代法律监督制度，以探讨中国古代法律监督制度的特点。文章认为，“中国古代权力监督形式集中地体现在古代御史制度上，这是一种法律监督与行政监察合而为一的特殊的监督形式，是在行政权与司法权没有分离的前提下所逐步形成的一种权力监督制度，其中包含有对法律实施和司法活动的监督”。而古代法律监督制度的特点应该包括3个方面：其一，高度集权专制下的权力制衡模式；其二，监督权力十分广泛；其三，法律监督与行政监察合而为一⑭。

提及唐律，最经典的评价莫过于清代《四库全书总目提要》所说：“一准乎礼，出入得古今之平。”有学者曾撰文辨正唐律之“一准乎礼”，时隔两载，又对“得古今之平”之后续心得做一补辨。文章指出，“得古今之平”的评价虽时常为研究者们所引证、称道，然而仔细推敲却可发现，“其所说的‘古’，若止于嬴秦，本无可异；但若也包容了‘三代’或‘三古’，便与正统儒家，特别是宋儒所崇奉的古史观大相径庭了”。继而，文章从古史观之异、纪昀与《四库提要》之编纂、《唐律》提要所反映之价值观、《四库提要》与乾嘉学派的反理学思潮4个部分，一步一步分析“大相径庭”之体现与原因。最后，作者得出自己的结论：“虽然仍不能绝对地肯定《四库提要》所谓‘论者谓唐律一准乎礼，以为出入得古今之平’一句必出于纪昀手笔，但就这句话所体现的价值观来看，确实符合纪昀的基本理念。本文以为，在此理念背后所要表达的并不止是纪昀个人的学术见解，而更主要的是以乾隆为代表的清王朝所推行的文化羁縻政策。”其后潜存的深意则在于，“承认唐律为公平法律的典范，当然也就承认了以唐律为宗祖制定的大清律的正统地位；进而，也就等于承认了‘以力服人’的‘霸道’的合理，即以暴力、胁迫、欺诈等手段攫夺和维护政权的合法性。接下来，自然而然的逻辑当然便是：清王朝的武力征服和异族压迫都是合理合法的。与此同时，这也就等于否定了宋儒所崇尚的以周公、孔子为代表的‘王道’，亦即否定了以获得人民的‘心服’与否作为判断一切政权和法律制度合法性的价值标准”。[15]

2. 关于中国近代法律史的研究

关于《钦定宪法大纲》。有学者以传统在宪政发展中所扮演的角色为切入点，探究中国社会为什么缺乏西方民众那样的“宪政情感”。文章指出，宪政是一个舶来品，是西方社会、文化自然演进的结果，是“传统发展不期而至的产物”。宪政思想在清末的发端，是以探求中国传统与西方宪政之契合点的中西融合和托古改制的方式开始的，但是，“西方的议院、宪政制度在比较中越来越清晰地展现在时人的眼前，而中国古制却越来越模糊而笼统”。“宪政思想真正成为时尚并为民众所接受，始于众所周知的戊戌变法……戊戌变法之所以普及了宪政思想，得到当时人的拥护，皇帝的支持与‘托古改制’的形式是非常重要的因素。”“我们理解当时维新者变法的迫切心情并对他们的历史功绩给予充分的肯定，但是我们不能因此而忽视托古改制所造成的传统失落的后果，因为戊戌变法后，宪政思想在中国的发展确实有了一个明显的转折，即传统几乎完全被视为社会改革的阻力，而民心不再被视为宪政的基础，因为民众在立宪者看来，也成为须经启蒙训练的未开化之愚民。”民国时期，宪政思想在迷茫中继续发展，中国固有之传统被打破，初来乍到的宪政理念又无法成为新的信念被遵守被崇尚，加之频繁更迭的政权，“宪法沦为证明权力合法性的工具和装饰品”。文章进一步指出，“中国近代宪政的真正不幸在于：宪政思想自西而来之际，正值中华民族生死存亡之时，被动，甚至是被迫地接纳与仿效，不但破坏了中国文化巨大的融合力，而且也破坏了中国文化的创造力。传统在宪政思想发展中的式微，是宪政无法获得广泛的社会基础的重要原因。宪法与民族精神及传统密切相关，所以不同国家的宪法也不尽相同。……这种产生于历史传统与社会风俗习惯并体现人民共同价值观的‘大法’，需要我们耐心地品味传统。值得庆幸的是，我们今天有了这一从容环境和条件。更值得庆幸的是宪政在近代中国虽几经曲折，多遭冷遇，但它至今也未能被人们忘怀”。[16]

有学者从君主立宪和共和制度之间的激烈论证的角度来考察近代中国宪政历程。“清末由于变法维新思想的影响、日俄战争的推动、内忧外患的驱使、权利斗争的需要等原因，产生了一批主张在中国实行君主立宪制度的立宪派，他们或发文或上书，主张在中国实行君主立宪政体。”文章特别以君主立宪派的代表梁启超为例，按照梁启超的思路，“立宪政体代替专制政体是政治体制新陈代谢的必然趋势，地球各国必然同归于立宪政体，中国从专制走向立宪符合时代潮流的发展。中国实行立宪政体的具体计划是，首先由皇帝宣布实行立宪政体，然后派官员出国考察宪政，设立法局起草宪法并征求民意，讨论5年至10年后正式颁布，诏令下达20年后实行宪法”。而革命派“出于对清廷腐朽本质的透彻认识，从理想角度加以论证，专注于必然和应然问题，但却忽略了清廷内部的某些变革因素。他们认为只要有崇高的理想，以革命手段推翻清王朝，废除君主制，就可以轻松地迎来民主共和，不懂得像我们这样一个拥有数千年专制传统的国度要过渡到民主阶段，不是一夜之间就能到位的，忽视了民族传统、社会现实等历史条件的承受能力，不明白中国当时还不具备立即建立民主共和政体的必要条件。同时，革命派作为先天具有妥协性的民族资产阶级的政治代表，由于历史和阶级的局限，不能也不敢提出彻底的反帝反封建的资产阶级民主革命纲领，不能领导中国人民真正走上独立富强之路”。文章的最后总结道：“中国由封建向近代的推进，从政治、经济、军事、文化等各个方面来说，都是一个不断的推陈出新的过程。但就政体的演进来说，二元君主制、议会君主制、总统制、议会内阁制，先后在中国上演，体现了中国人民对政治近代化的不断追求。当然，在这个追求的过程中尝试的各种政体，或因设计者的急功近利，或因错过了历史机遇，都没有把中国引上富强之路，最终不得不让位于人民代表大会制度。今天，我们对清末的君宪、共和之争进行回顾和反思，无疑将有助于我们吸取历史教训，尽快实现胡锦涛同志提出的‘以宪治国’的宪政目标。”[17]

有学者考察清末与民国时期宪法学方法运用状况，意在分析宪法学在我国的传播路径和宪法学研究中的方法论问题。文章指出，起步于清末的宪法学是中国传统律学所不包含的内容，引入初期，“宪法解释方法赖以展开的文本基础或宪法惯例在这个时期的大部分时间内尚不存在，能勉强充当宪法文本功能的1908年《钦定宪法大纲》、1911年《宪法重大信条十九条》出台不久，尚来不及展开并过渡为《钦定宪法》，就随着清政府被推翻而灰飞烟灭，于是宪法解释学没有展开的平台；其他方法也因为宪法历史尚无或尚短以及学术积累尚浅而未能展开。在比较宪法学方法的运用中，前述著述都形成于内忧外患、救亡图存的窘迫形势下，没有太多的时间对各项比较法素材进行全面透彻的把握，并在此基础上展开评价和提炼，比较法方法的运用还停留在对外国法的简单介绍和直接参照的较低层次上。同样由于这种过于急切的外在目的，对宪法学方法论有意识的关注以及多项方法的全面运用，也就自然地退居次要地位”。而民国宪法学研究在方法运用上，呈现出三方并立的格局，“首先，在政权频繁更迭的民国时期，各种政治力量均打着宪法、宪政的旗号争相登上政治舞台，宪法、宪政作为政权合法性来源的角色得到了高度的强调。这也影响到宪法学关注的视角，更多是从民主、宪政的宏观层面进行关注，论述中有较浓的政治哲学色彩。其次，从传统向近代国家转型的过程中，对如何嫁接传统与舶来的宪法制度、使宪法制度植根于当时的社会现状，宪法社会学方法本应发挥其重要的作用。然而，该方法的运用在民国时期从政体上看，在宪法学研究中是失语的。再次，民国时期没有出现关于宪法学方法论的专门研究，当然，其他部分法方法论的也没有。……宪法学研究缺乏对方法论的自觉与反思，也是其不能克服或缓解宪法学研究中政治伦理色彩过浓、对宪法社会学方法的忽视等倾向的原因之一。这些状况，对于关注新中国成立后的宪法学发展，提供了一个重要的反思的视角和比较的参照”。[18]

3. 法制史学科与中国法律史学的发展

“法史学向何处去？”是引起很多法制史学同人思考的问题。有学者指出：“中国法律史学科近年来面临着重大危机，但已有的种种对策并不足以改变现状”，“中国法律史学渐离了法学应对社会的特质与品性，其学科性质基本被史学同化，缺乏作为一门法学学科的独立性”，“中国法律史研究也往往忽视现代中国的法律问题及其他法学学科关注的重大课题。这种与主流史学研究相适应的中国法律史研究有些类似于学者的自我智力娱乐，未能向其他法学学科积极提供历史经验或学术智慧，故而在法学领域的影响力十分有限”。这样的批评不可谓不尖锐，也在一定程度上反映了法律史学当前所面临的“被边缘化”的问题。作者总结了一些学者针对这些问题提出的解决方案，并在肯定的基础上指出其局限性，最后提出自己的解决思路：“法史学除了在扎实了解法的历史事实的基础上对法律现象进行理论的抽象、因果阐释并确立以此为基础的价值判断外，还应提倡以法学基本原理与现代法学问题意识作为引导法律史研究前进的首要方向，并基于法学学科的一些学术共性，获得与其他法学学科沟通、对话的平台，推进中国法学研究或法治建设的发展。”就具体步骤而言，“首先，把握法学学科作为经世致用之学、实践性科学的性质，通过考察当代中国面临的重大法律问题与主流法学研究的重大动向，优先选择适合进入法学范畴的中国法律史研究对象；其次，依据确立的研究对象决定应进一步汲取的相关领域基础法学理论资源，将其作为法律史研究之理念反思与规范分析的重要工具，并注意避免将现代西方法学概念简单套用于中国法律史实；最后，分析与思索此项研究与当代法律问题的联系及其在何种角度可为当代法学或法律制度的优化提供历史借鉴和学术启发”。[19]

法史学界前辈后学，应当为学科的繁荣与发展贡献自己的力量，使“中国法律史学究竟向何处去？”的问题不再成为一个问题。

四、外国法律史研究热点问题

1. 外国古代、中世纪法的研究

古希腊虽然没有孕育出发达的私法，但是其宪政实践和宪政思想却给后世以持久深入的影响。有学者撰文讨论了梭伦改革与雅典土地问题的关系。对梭伦立法中的财产分等制度、“解负令”和遗嘱法的内容作了详细的考辨，并结合当时的社会历史条件分析了梭伦改革与雅典土地所有权之间的关系。作者认为，雅典的土地所有权经历了一个由模糊到明晰的渐进过程，在这一过程中，虽然雅典特殊的传统或者说国情发挥了作用，但是梭伦改革的推动作用更为重要，为其创造了一个非常有利的发展环境[20]。

教会法作为西方法律文化的重要历史渊源之一，对西方法制的发展有着重要的影响。有学者分析了教会法对英国婚姻家庭法的影响，认为中世纪英国教会的婚姻家庭法侧重于对家庭关系中弱势一方合法权益的保护，例如，教会法对于婚姻中的女性规定了相当多的保护。再如，对于杀婴罪的惩处、对于非婚生子女抚养义务的强调、对于未成年人的监护制度的重视等等，均可显示这一点。就婚姻家庭法而言，教会法至少在监护方面填补了英国普通法的缺位，中世纪英国教会法给后来的英国世俗法提供了一个可资借鉴的范例[21]。

英国宪法是近代宪政之母，其理念、原则和制度对后世产生了深远的影响。英国宪法具有独特的表现形式和特征，其发展演变与英国独特的历史条件不可分割。有学者对英国宪法的进化过程进行了研究，指出：英国宪法的具体制度、基本体系和效力都是以进化形态生成的，这种进化形态具有连续性、自主性、持续性等特征。该学者认为，英国宪法是英格兰民族传统与习俗长期积淀的产物，是漫长历史进化的结果，我们应当尊重历史，而不能实行割裂历史的拔苗助长式的发展[22]。

2. 近现代西方法研究

在德国法律史上，蒂堡与萨维尼的论战可谓是一次划时代的事件。但以往学界仅将目光投注在萨维尼身上，而缺乏对蒂堡的必要理解。蒂堡之文中译本的发表无疑改变了这一状况。蒂堡认为他那个时代的德国法只是一堆大杂烩，充满了彼此矛盾、相互否定、光怪陆离的规定，只会造成德意志人民之间的隔阂，也使法官们与律师们不可能对法律有清楚的认识。就算是对这一堆混乱的大杂烩有了充分的认识，也不能解决什么问题。他认为，德意志民法需要整体的、快速的变革。只有德意志所有邦国一致行动，来起草一部不掺杂各邦恣意的，为全德意志制定的法典，德意志人在民事法律关系上才有幸福可言。这一巨大革新的好处在于，只有在这样一部法典的基础上，法学理论的真正发展才有其可能；采用一部新的、明智的民族法典，对于推动法学教育很有好处，会使所有的法学课程变得生动有趣。此外，市民之间的交往也使那种统一成为必要。最后，作者反驳了对于这种革新的种种异议[23]。

格老秀斯是近代国际法的奠基人之一。有学者从时代背景、思想路径和国际法、海洋法、民商法3部分内容，具体论述了格老秀斯法权思想的精要。就具体的法权体系来看，格老秀斯通过应对自由海洋的时代问题，构建了他的国际法体系，并进而为欧洲乃至当时的世界秩序奠定了一个法律理论框架。从思想史的角度看，格老秀斯法权理论的一个基本特征就是体现着一种“现实的理想主义”的政治哲学，这为新兴国家的崛起提供了一整套有关法权—政治、国内—国际的理论辩护。今日中国正处在历史巨变的时代，合理地汲取格老秀斯开辟出来的这种隐藏于国际法权背后的政治哲学，显然具有重大的理论和现实的意义[24]。

有学者比较了罗马法上的人格与近现代民法中权利能力的异同，认为两者虽在功能上是相同的，但建立的基础却不同。人格与身份相联系，而权利能力与平等相联系。权利成为了近代民法所要解决的核心问题，而罗马法的核心问题是解决哪些人能够成为法律上主体的问题[25]。

3. 法律移植与法制现代化

2008年，学界对东方各国的法律移植和法律现代化问题尤为关注，并就此进行了深入的理论分析。

有学者探讨了法律文化与法律移植的一般含义，重新思考了中西古今法律文化的异同及其与法律移植的关系。他认为传统中西社会的法律文化存在诸多共同之处和相通之点，这些共同之处和相通之点会使得中西之间的法律移植并不十分困难。中国移植西方法制的困难在于，近代中国所面对的和移植的法律不再是西方传统的法律，而是西方现代的法律，在不具备现代法律文化的土壤上，移植的法律制度无论多么“现代”或“先进”，都难以落地生根。就当代中国法治及其法律移植而言，首先应着力培养现代的法律文化，没有现代的法律文化，移植的现代法律制度难于运作。为此，我们应在中国的传统中发掘现代法律文化的因素，并提炼、升华使之获得新的生命力，同时从西方乃至整个世界引进普适性现代法律文化，从而实现法律文化的中西之维和古今之维的会通[26]。

还有学者研究了勒内·达维德与《埃塞俄比亚民法典》的关系。勒内·达维德作为当代法国著名的比较法学家，对非洲法律现代化作出了巨大贡献。他首次将“马达加斯加和非洲各国法”作为一个单独的法域提出来加以研究，体现了他对非洲法研究的高度重视。1954年，达维德应埃塞俄比亚皇帝海尔·塞拉西之邀，为埃塞起草民法典。达维德博采众长，充分发挥作为比较法学家的优势，于1960年5月5日完成了《埃塞俄比亚民法典》的编纂。该法典可能因为过于先进而不完全符合埃塞国情，但由于它汇集了法国自其颁布民法典150多年以来的特别法立法经验、判例和学说的精华，以及其他国家的先进经验，在结构和内容上均有许多可借鉴之处，从而促进了埃塞的法律发展与社会进步[27]。

还有一些学者观察了英美法对东方国家，尤其是印度的影响。有学者研究了19世纪印度遗孀法律地位变革的过程，分析了《印度教遗孀再婚法》的内容及其社会效果，阐明了印度遗孀法律地位的变革过程中各派别的不同主张。他认为，殖民时期法律的建构确实为印度社会的变革打开了门扉，但是同样真实的是它与印度人民的生活存在着不小的疏离感。对于印度人民来说，法律与社会生活的融合仍然是有待努力的[28]。

（作者：皆为中国人民大学教授）

注：

①高恒：《秦汉简牍中法制文书辑考》，社会科学文献出版社，2008年9月。

②李鸣：《碉楼与议话坪——羌族习惯法的田野调查》，中国法制出版社，2008年10月。

③李鸣：《中国民族法制史论》，中央民族大学出版社，2008年11月。

④柴荣：《台湾地区金融法律制度变迁研究》，北京师范大学出版社，2008年1月。

⑤中国社会科学院法学所法制史研究室：《中国法律史学的新发展》，中国社会科学出版社，2008年10月。

⑥李林：《中国法学30年（1978—2008）》，中国社会科学出版社，2008年12月。

⑦（美）哈罗德·J. 伯尔曼著，袁瑜琤、苗文龙译：《法律与革命——新教改革对西方法律传统的影响》，法律出版社，2008年。

⑧罗智敏译：《学说汇纂》（第一卷）以及桑德罗·斯奇巴尼教授为本书所作的序，中国政法大学出版社，2008年。

⑨周枏：《罗马法提要》，北京大学出版社，2008年。

⑩高仰光：《〈萨克森明镜〉研究》，北京大学出版社，2008年。

⑪郭义贵：《西欧中世纪法律概略》，中国社会科学出版社，2008年。

⑫叶秋华、王云霞：《大陆法系研究》，中国人民大学出版社，2008年。

⑬王宏治：《唐代死刑复核制度探究》，《政法论坛》，2008年7月。

⑭袁啸：《中国古代法律监督制度的特点》，《法学杂志》，2008年6期。

⑮苏亦工：《唐律"得古今之平"补辨——兼评〈四库提要〉之价值观》，《政法论坛》，2008年9月。

⑯马小红：《试论"传统"中国宪政发展中的失落》，《法学家》，2008年4期。

⑰卞修全：《君宪、共和之争与近代中国的宪政历程》，《法学家》，2008年4期。

⑱郑磊：《清末与民国时期宪法学方法运用状况考察》，《法学家》，2008年4期。

⑲邓建鹏：《中国法律史研究思路新探》，《法商研究》，2008年1期。

⑳何元国：《梭伦改革与雅典的土地所有权》，《比较法研究》，2008年第4期。

㉑郭义贵：《论中世纪英国教会的婚姻家庭法》，《法学家》，2008年第2期。

㉒谢红星：《论英国宪法的进化：一种宪法发展形态的研究》，全国外国法制史研究会第21届年会论文。

㉓（德）A. F. J. 蒂堡著，傅广宇译：《论制定一部德意志统一民法典之必要性》，《比较法研究》，2008年第3期。

㉔高全喜：《格老秀斯与他的时代：自然法、海洋法权与国际法秩序》，《比较法研究》，2008年第4期。

㉕马京平、王小玲：《近代民法对罗马法之法律人格理论的反思——兼评"无财产即无人格"》，《法学杂志》，2008年第3期。

㉖高鸿钧：《法律文化与法律移植：中西古今之间》，《比较法研究》，2008年第5期。

㉗夏新华：《勒内·达维德与〈埃塞俄比亚民法典〉》，《西亚非洲》，2008年第1期。

㉘黄树卿：《19世纪印度遗孀法律地位的变革》，全国外国法制史研究会第21届年会论文。

政 治 学

政 治 学

王乐理　杨绘荣

2008年度，北京地区的政治学者们继续秉承了一贯严谨的学术作风，在政治学领域刻苦钻研，研究的维度更广，视角更多元，其成果可谓多彩纷呈。纪念改革开放30周年、中国特色社会主义道路的建设是本年度的热门话题，学者们围绕着相关主题从多个角度进行论证。其中，民主政治、政治发展、体制改革和执政党建设是学者们最为关注的几个问题。

一、政治学理论

1. 国家理论

有学者试图用新古典主义国家理论解释两个现实问题，即《物权法》出台的国家行为背景和《物权法》颁布的产权理论意义。他们指出，国家修宪背景下的《物权法》的出台，直接或间接地解释了国家在制度变迁中的主导作用，以及国家在产权形成和产权规则制定中的作用[①]。

有学者认为，诺思国家理论的贡献并不在于以制度制约权力或对宪政的强调上，而在于他提出了衔接政治学和经济学之间的经典问题——承诺问题，并在经济学文献中将国家权力、可信承诺和经济绩效问题一起考察[②]。

还有学者指出，我国的国家权力体系是党通过民主集中制原则而组织起来的，享有高度集中的权力。但是在实践中，不合理的“条条关系”造成部门利益的冲突，计划经济时期形成的“条块关系”在市场经济时期遇到了挑战，二者都从不同方面分割着国家权威[③]。

另有学者指出，为深入理解创新型国家的内涵和意义，需要从不同学科的分析框架角度进行研究：一是经济学分析框架——文化经济学；二是系统科学分析框架——国家创新体系；三是文化学分析框架——经济文化学。这个分析框架是通过经济、文化和社会要素的相互作用、相互整合而形成的不同视角下的学科框架[④]。

2. 民主理论

有学者认为，作为当代中国基层民主的重要实践形式，基层群众自治出现了城乡一体化倾向，即城市的居民自治与农村的村民自治良性互动。不断推进的城市基层群众自治实践促进了城乡社区间的对接和城乡优势互补，也为共同打造城乡和谐社区、构建人们社会生活共同体，提供了新的发展机遇[⑤]。

也有学者指出，政治参与是古典民主的价值体现和唯一的表现形式，也是现代民主的核心和重要的内容。但是，政治参与不能等同于民主，政治参与的扩大也不能简单视为民主政治的发展。有益的政治参与应该是公民在制度环境下的自觉自主选择的政治活动[⑥]。

还有学者认为，“协商民主理论”所强调的人民主权和公共利益、公民的平等参与和协商能力及相应的程序机制等内容，对于丰富和完善我国的政治协商制度有着重要启示。西方协商民主理论与我国政治文化传统中的某些因素相契合，也与我国非竞争性的民主体制相符合，它丰富了人们对民主的理解，有利于制约行政权的膨胀[⑦]。

另有学者指出，发展中国特色的社会主义民主政治，是中国特色社会主义事业总体布局的重要组成部分。以人民代表大会制度为主要内容的票决民主形式，以共产党领导的多党合作以及政治协商制度为主要内容的协商民主形式，是中国特色社会主义民主政治的两种基本形式[⑧]。

3. 民族理论

有学者提出，族际人口流迁是民族交往的直接形态，发生于国家之间和国内不同民族之间。此外，族际人口流迁还是民族融合的门槛，跨入其中的人们在此熔冶着共性，实现着民族过程的进一步推进。无论在历史上还是现实中，族际人口流迁都是民族过程推进的直接途径和最终途径[⑨]。

还有学者认为，少数民族的政治参与是政治参与研究中的一项重要内容。民族平等是实现少数民族政治参与的出发点，确立民族身份和进行相应的政治制度安排，是少数民族政治参与的前提。少数民族政治参与是多民族国家民主建设的重要内容[10]。

另有学者认为，统筹兼顾是我们正确认识和处理中国民族问题的根本方法。在当前民族宗教问题日益成为社会热点的情况下，应善于应对涉及民族因素的特殊事件，维护好民族团结；在对中国民族理论政策基本状况的认识问题上，我们应反对否定一切的虚无主义[11]。

4. 新制度主义

有学者认为，政治学对新制度主义的认识比较迟缓，而目前大多数政治学者眼中的新制度主义就是指新制度经济学。至于社会学制度主义，仅在社会学的研究中比较盛行，对中国政治学界的影响不大，几乎看不到专门的译介文章。即使撇去社会学制度主义不谈，目前对理性选择制度主义和历史制度主义的引介也存在极大的偏差[12]。

还有学者提出，新制度主义理论是政治科学中的一种元理论（meta – theory），自然可以用来解释欧洲认同的形成。欧共体的制度建设和政策通过象征体系的暗示，行政、司法参与和民主政治实践，对公民生活经历的影响，对文化和价值观的塑造，培育超国家精英阶层以影响公共观念等方式，促进了欧洲认同的形成[13]。

另有学者认为，在效率与公平的问题上，新制度主义与罗尔斯代表了两种不同的解决方案。新制度主义认为，有效地保障私有产权制度将会带来效率，但是，公平问题影响效率又是一个无法回避的现实。与此不同，罗尔斯提出的“作为公平的正义”原则通过设定“无知之幕”下的个人选择，在理论上解决了公平问题，从而为效率的实现扫清了障碍[14]。

5. 政治参与

有学者根据参与主体的目标和行为诱因把政治参与模式划分为信念要求型、信念支持型、分配支持型和分配要求型。政治参与模式的类型取决于社会政治环境，同时对社会政治发展又具有重要的影响。在发展中国家的政治经济转型期，同时存在分配要求型参与模式与信念要求型参与模式。因此，社会转型期将充满着不稳定的风险。通过拓宽政治参与的制度化渠道，强化公民教育，将有助于降低社会转型期的政治风险[15]。

另有学者从中国古代阶级社会、民国、1949 年至 1977 年、1978 年至 1990 年等 4 个不同阶段民众政治参与的态度、方式，以及不同样体在参与影响力上的差别入手，以影响中国民众政治参与的两个重要影响因素——政治文化和社会结构为解释变量，以古观今，全面分析 20 世纪 90 年代以来由政治文化与社会结构的变化引起的参与危机[16]。

还有学者指出，在中国，公民的政治参与面临着两方面的挑战：一方面，既往单位体制下的公民参与以政府组织和动员的方式进行，缺乏公民权利的体现；另一方面，在社会变迁的过程里，人们有较多的利益诉求，尚未形成合适的表达渠道。促进公民有序的政治参与，需要加强公民的参与能力，促进制度化参与机制的形成[17]。

6. 政治发展

有学者研究了当代政治发展问题，主要包括 3 个方面的内容：当代中国的政治发展问题——包括政党执政方式、人民代表大会制度、三权分立、政治稳定、乡镇党委直选等；当代思潮——包括西方民主理论、现代化理论、依附理论和世界体系理论、第三条道路以及英国工党的宪政改革；马克思的社会形态理论、亚细亚生产方式与中国社会[18]。

另有学者通过问卷与访谈的实地调研方式，从民主、法治、政治稳定、政治平等、透明、效率、政治文化等 7 个方面，对浙江、广东、四川、内蒙古 4 省区的政治发展作了描述与评论；在此基础上结合其经济发展水平，对 4 省区的经济政治发展模式作了总结，为人们认识经济政治关系提供了实证依据[19]。

还有学者指出，从社会力量配置结构的角度看，影响中国社会的负面拉动力量有 3 种：第一种是平均主义；第二种是没有任何约束的资本扩张；第三种是缺乏限制的公权扩张，它也是最为严重的负面拉动力量。改革要有利于民生，有利于发展，并且能被社会各个阶层广泛认同和接受[20]。

7. 政治文化

有学者认为，美国自从立国以来，其政治文化中一直存在着普遍平等的、个体本位的自由主义原则与白人新教精英主义的实践政治原则，这是美国政治二元结构的具体体现。两者的并存与相互矛盾是美国政治和社会发展的动力之一，同时也是美国体制在过去 200 多年间保持基本稳定的重要因素[21]。

还有学者认为，农民上访具有深层次的政治文化根源，认同危机、清官意识、臣民意识以及非制度化参与的激励效果，分别是农民上访的直接诱因、内在驱动、潜在因素和外在刺激。农民上访会造成一些负面影响，我们需要培育参与性为主的复合型公民文化，将农民的非制度化政治参与纳入制度化轨道[22]。

二、政治哲学

1. 自由主义与社群主义

有学者认为，以公民资格为焦点来看，当代自由主义和社群主义之间的主要差异为：自由主义以个体价值立论，重视个人自由和权利的保障，而社群主义则以群体价值立论，重视社会公共善的达成。这两种公民资格观所标榜的公民精神，都在不同方面契合当代中国社会发展的需要[23]。

还有学者指出，当代社群主义力图通过对自由主义自我观、社群观和德性观的改造，来建构共享式的人际关系和提升个体的德性水平，以此解决当代西方社会面临的认同问题。社群主义的理论努力无疑具有积极意义，但其中潜在的危险也是显而易见的。首先，它主张将自我放置在历史脉络之中，这可能会引发群体对自我的压制。其次，它对自我与社群关系的过度强调，会使自我丧失对社群的批判和反思能力[24]。

也有学者认为，政治自由主义是托克维尔自由主义思想的重要组成部分。在思想体系上，它包括国家、个人和社会 3 个层面，在社会层面，托克维尔提出了“中间权力”的重要概念。托克维尔的政治自由主义具有非常明显的保守主义色彩[25]。

还有学者认为，以自主性和本真性这两个密切关联又相互竞争的理念为线索去考察自由主义和社群主义的论辩，可以发现背后是哲学理念上的深刻差异。由于这种差异，自由主义者和社群主义者对善观念在政治领域以及公民实践中应占有什么地位产生了不同的看法，这进一步导致了他们对于制度设计和政府行为抱有不同的期望[26]。

2. 女性主义

有学者指出，美国的女权主义运动和其他西方国家的女权主义运动一样，都是起源于启蒙运动时期的思想和 18 世纪的社会政治和革命运动。20 世纪中期以来，后现代主义的反中心化理论，则成了美国女权运动新的基本理论基础。作为女权运动的一个重要的表达形式，美国女权主义文学由于有了后现代主义反中心化的理论，其在文学表达和叙事方面也具有了新的特点，美国女权主义运动也因为有了这些新的文学表达而得到了进一步发展[27]。

也有学者指出，后现代理论对同一性的一味消解威胁到了女性主义赖以存在的基础，后现代女性主义受到了某种质疑。斯皮瓦克提出的策略本质主义的理论指出，尽管并不存在普遍的女性本质，但是要尊重不同女性群体之间在经济、文化等方面的差异，在争取政治权益时可以利用“女性”这一概念来团结所有女性。策略本质主义使后现代女性主义得以求同存异，成功地走出了困境[28]。

还有学者认为，人和自然之间的生态关系与性别关系具有内在的关联。围绕着这个问题，生态女性主义向马克思主义提出了挑战。马克思主义生态文明理论对性别问题也有自己的论述。在社会发展进程中，人自身的生产和物质生产都是客观的物质力量，其内在统一才能使女性获得自由和解放，这样，包括女性在内的全面发展的人才能科学地对待自然。自然支配和性别支配都是在私有制基础上产生的，只有在消除私有制的过程中，才能彻底消除其他形式的支配[29]。

3. 正义观

有学者指出，柏拉图和亚里士多德正义思想的宗旨是相同的，都主张“和谐正义论”，并区分了个人正义与城邦正义，即“个体的理性主导的灵魂和谐正义论”和“城邦的关系和谐正义论”。但是在正义的价值基础和实现方式上，柏拉图和亚里士多德的思想迥然。柏拉图主张“秩序正义”与“贤政正义”，亚里士多德则秉持“公益正义”与“法治正义”，并认为在实践的可行性上，亚里士多德的思想确实比柏拉图的理想设定更具实效性[30]。

还有学者指出，马克思的正义视界基于现实的人性规定，着眼于现实社会的实际状况，其实践批判与价值诉求呈现出正义的两重维度。从伦理道德、法律与意识形态角度可见马克思正义观的 3 种表达，其中浸润对资本现代性的否定，旨在确立“自由人联合体”[31]。

另有学者认为，柏拉图的正义观主要有 3 个基本特征。一是城邦本位，即柏拉图的“正义”始终是围绕是否有利于城邦的存在和实现城邦的“善”而展开的；二是贵族立场，柏拉图认为只有少数哲学家统治城邦，才能实现城邦的善；三是唯心主义[32]。

4. 现代性

有学者认为，启蒙时代以来标榜二元对立的现代主义已经走到了尽头，人们再也不相信沿着单一的道路可以抵达唯一的天堂，西方文化也失去了乐观主义和普世主义情结，反而是中国文明提供的新视角使人们能重新审视纷繁复杂的“生态地球”[33]。

还有学者指出，马克思现代性理论的政治意蕴是马克思区别于其他现代性理论的核心。马克思现代性理论的背景和主题是人与社会的分离，其核心内容为市民社会批判。马克思市民社会批判可分为 3 个阶段：第一阶段为市民社会的方法论批判；第二阶段为市民社会的实证性批判；第三阶段为市民社会的现象学批判。现代性问题的最终解决是实现共产主义，达到人与社会的和谐统一[34]。

另有学者认为，如果中国坚持西方的现代性观念，遵循西方的现代化道路模式，那么，在现代性观念指导下的现代化只可能是西方式的现代化，在现代性观念指导下的社会进步不可能解决现代性所引发的问题。为了顺利实施中国的现代化，需要反思、扬弃和重建现代性，建设有中国特色的现代化[35]。

三、当代中国政府与政治

1. 和谐社会

有学者指出，发达国家之所以发展快，并能基本保持稳定，根本原因是它们能从思想观念到政治制度，从科学技术到生产实践，不断地进行全面的创新。我们面临的一切挑战也只有通过创新去解决。创新是全面落实科学发展观、构建社会主义和谐社会的迫切需要[36]。

另有学者指出，新社会运动是西方发达资本主义国家社会结构转型的结果，它对我们构建社会主义和谐社会具有重要的启示作用：重视社会阶层结构的变化；研究转型期的社会矛盾；强化国家的利益整合功能；扩大政策参与体系；加强党的执政能力建设[37]。

2. 政治体制改革

有学者认为，中共十七大报告提出的“逐步实行城乡按相同人口比例选举人大代表”的建议，是我党根据变化的客观情况做出的适应潮流之举，它体现了与时俱进的时代精神。它表明了在新的历史条件下，中国共产党人将积极探索与不断提高与公民政治参与相适应的政治渠道，大力发展社会主义民主[38]。

另有学者指出，政治管理要很好地适应社会进步的要求，必须走出传统的政治管理模式，构建能够应对市场经济条件下人民群众日益增长的社会需求和政治需求的服务型政治管理模式，以平等的态度对待每一个公民，充分认识政府自身的局限性，充分尊重社会自身的创造性和自主性[39]。

3. 宪政思想

有学者认为，中国近代宪政的真正不幸在于：宪政思想自西而来之际，正值中华民族生死存亡之时，被动，甚至是被迫地接纳与仿效，不但破坏了中国文化巨大的融合力，而且也破坏了中国文化的创造力。传统在宪政思想发展中的式微，是宪政无法获得广泛的社会基础的重要原因[40]。

还有学者指出，列宁领导下的布尔什维克党一经执政，就开始了分权制衡一国之内最高政治统治权威——国家主权——的宪政思考。中国共产党在早期执政中的宪政探索，是列宁提出的调整党与苏维埃权力关系的宪政思想的继续与发展，并对当下改革党的执政方式、构建社会主义政治文明具有重要的历史参考价值[41]。

另有学者认为，信访作为公民参与国家经济、文化、社会事务管理和反映利益诉求的重要渠道，是人民主权和人民民主宪法原则的直接体现，是公民对国家公权力运行状态的民主监督方式，直接体现国家的宪政文明发展程度[42]。

4. 执政党建设

有学者认为，中国共产党从革命党向执政党的转变问题，是一个相当复杂的问题。从多视角观察可以看出，无产阶级政党从革命党到执政党的转变与资产阶级政党从革命党到执政党的转变是有很大区别的。我们党经历了从“局部执政”到“全局执政”的发展过程。从1949年新中国成立起，已实现了“地位转变”，但却长期未能实现“角色转变”，从而形成了“革命（党）角色”与“执政（党）地位”的历史错位和矛盾冲突。这主要表现在，革命观念与执政地位、革命体制与执政地位之间存在的矛盾冲突长期困扰着我们。在强调加强执政党建设的今天，应该着力消除这种矛盾冲突[43]。

也有学者指出，坚定不移地发展社会主义民主政治，必须如中共十七大报告提出的那样，把“发展基层民主”作为“基础性工程重点推进”。基层民主包括基层人民民主和基层党内民主两大部分，其中基层党内民主尤其重要[44]。

5. 政治文明

有学者指出，第三代领导集体之政治文明建设有以下特点：由管理型向管理与服务并重型政府的转变；社会主义民主的经济基础的建立；开辟了一条先法治后民主、以法治促民主的民主发展道路；建立了市场经济与民主法治政治的辩证良性互动体系；把党的建设作为政治文明建设的重中之重[45]。

也有学者指出，大量社会中介组织的产生和发展及其广泛地参与社会政治、经济生活，参与社会公共事物的监督与管理，不仅提高了人们的政治主体意识和政治参与的积极性，而且加强了政府与社会成员之间的沟通、协调与合作，推动了政治运行的民主化、制度化和法治化建设，从而促进了政治文明建设。它们促进了政府机构改革与政府职能转变；培育了公民文化；克服了政府的合法性危机；

有利于社会资本的构建[46]。

6. 社会治理

有学者指出，治理理论的兴起是对现代性政治的一种反思，在一定程度上对现代性政治内涵的中心论和单一论倾向进行了解构。治理理论认为社会政治的建构在解决国家或政府与社会大众之间的关系上应该采取协商、解释、谈判和说服的方式，在沟通中寻求共识的达成[47]。

还有学者认为，道德与制度在协调社会关系、促进社会和谐方面是相辅相成的。在现代社会中，利益主体在逐利中需要遵守基本的社会价值和行为规范。而利益观念的形成是一个社会化过程，其中道德作为社会的内在凝聚剂，制度则为逐利行为划定了基本的活动边界和行为准则[48]。

也有学者认为，新中国成立以来，我们在经济体制上多次经历了“一放就乱、一收就死”的循环，其根源在于看不到“放权”所导致的社会利益结构多元化所必然要求的与之相适应的社会治理转型。当前，要避免重蹈“放乱收死”的老路，就必须推进制度创新，加快社会治理的多层次、复合化转型[49]。

四、中外政治制度史与政治思想史

1. 中国方面

有学者认为，中国科举制度与西方文官制度之间存在着渊源关系。兴盛了千年的科举制度在成为晚清衰亡的“陪葬品”的同时，却又变换为西方近代文官制度，并成为我国当代公务员制度效仿的典范，是值得我们深思的[50]。

还有学者从史籍、政书、碑文与墓志中钩稽北魏的官名，在考述中，除每一职官都引述其出处并溯及其来源外，对于有争议的问题，如北魏前期京畿实行分部制问题、八部大夫与八部帅是否一回事的问题、道武明元时期尚书省的解散问题，以及如何理解罢尚书诸曹与诸外署设曹问题，均予以考释辨明[51]。

有学者认为儒文化的起源和殷商遗民参与制定周礼有关，周礼蕴涵的文化理念和价值内涵给儒文化以永久的启示。儒道墨法各家中，只有儒家认同周代王官文化的核心价值理念，这也是儒学后来成为与中国传统政治相适应的主流意识形态的文化基础[52]。

有学者指出，法家一套以法、术、势为中心的理论，不过是为了应对战国时代战乱环境的需要，其目的在于加强君主对于社会经济、军事、人口等资源的全面控制以增强国家实力，保证国家在战乱时代的生存与发展，因此，法家的理论表现出强烈的国家主义倾向[53]。

另有学者论述了清末新政时期官方意识形态面临严峻挑战后的调整历程，指出其历经了由“理学经世”到“中体西用”的转变，强调“中体西用”是新政时期官方意识形态的核心思想，详细论述了这一时期清政府控制民众思想意识形态的系统与机制，反思了这一套控制系统与机制最终走向失败的主要原因[54]。

还有学者指出，自由主义有多种形态，其本质特征是主张以立宪政治保障个人自由。近代中国的自由主义在终极价值上是认同自由主义的思想原则的。近代中国的自由主义在“说到底”处仍是以“发现”、“个人”为职志的，个人自由构成其言说的重要对象[55]。

2. 外国方面

有学者以17世纪以来英国政治哲人霍布斯的经典著作《利维坦》为研究对象，旨在探寻以霍布斯为代表的西方近代政治哲学的道德基础。他提出了两个简明而基本的判断，即在政治上，利维坦是绝对的，在道德上，利维坦又是正义的[56]。

也有学者认为黑格尔的“市民社会”与“国家”并不是现代意义上的社会和国家。黑格尔的“市民社会”既是社会，也是国家，它是黑格尔在法哲学中使用的3种国家概念之一。“市民社会”是“国家”的历史前提，“国家”是“市民社会”的归宿[57]。

另有学者系统地介绍和评述了后现代主义的文化马克思主义、生态社会主义、新马克思主义的女性主义、新发展主义、当代英国新左派、英美理性选择的马克思主义、英国后马克思主义、法国批判的马克思主义、新马克思主义的当代西方阶级和社会结构理论、新马克思主义的参与民主理论、新马克思主义的经济理论、新马克思主义的全球化与反全球化理论和当代意大利新马克思主义的“帝国”理论等，勾勒了20世纪90年代以来西方新马克思主义的整体发展轮廓[58]。

还有学者认为，20世纪战后的西方资本主义世界发生了社会转型、文化变迁、民主发展、政党变革等一系列引人注目的变化，根源在于其不同于以往的阶级和社会结构——“中产阶级”空前壮大[59]。

五、世界各国政治

有学者指出，两党“政治极化”既是美国政党和选举政治变化的结果，反过来又对美政党和选举政治产生了深刻的影响。在“极化”的政治环境下，两党在主要政策领域的分歧增大，总统和国会围绕立法控制权和司法任命的斗争愈演愈烈，从而导致更多的立法僵局[60]。

也有学者指出，马克思恩格斯讲的“无产阶级专政”是指一种战争状态下的临时措施，而民粹派讲的“人民专制”是先进者强迫落后者的政治常态。在俄国革命实践中，列宁用民粹派的“专制”换了马恩的“专政”，从而改造了俄国马克思主义，并成为后来苏联模式的思想基础[61]。

还有学者认为，普京执政8年中，俄罗斯政治经历了从制度巩固到确立主流政治价值观的政治发展历程，完成了新权威主义原则指导下对宪政制度的完善和巩固，是一种国家治理模式的重大变化[62]。

有学者指出，冷战后的日本社会主义运动面临着前所未有的挑战和发展困境，以日本社会党和日本共产党为主的社会主义政党均对党的基本理论、政策等进行了较大调整或转型，从而出现了新的变化。尽管这种调整遭遇了挫折，但日本社会主义政党仍然坚持继续寻求和探索社会主义的发展道路[63]。

另有学者认为，在阿富汗2004年宪法制定过程中，围绕君主制与共和制、总统制与议会制、单一制与复合制等敏感而重要的问题，展开了激烈的争议。阿富汗现行政体因此呈现强行政与弱议会（弱司法）、强中央与弱地方、政教分离等特色，反映出加强中央集权而不是增强地方分权的发展趋势[64]。

六、比较政治学

有学者运用比较政治学和比较法学的研究方法，较系统地探讨了地方政府与地方制度的基本理论、中国和主要西方国家的地方政府和地方制度。他主要从3个方面比较：一是地方制度基本原理的比较；二是地方政府典型国别的比较；三是地方制度基本内容的比较[65]。

还有学者认为，福柯用“话语/权力”学说构筑新的人文科学话语，对以人道主义为基本特质的近现代哲学进行清算，并有意保持与马克思主义的意识形态理论之间的距离。作为一个用生活实践理论的哲学家，福柯充满战斗性和反抗精神的个人生活与马克思所说的革命在旨趣上相距甚远[66]。

另有学者概括了中国与苏联东欧社会主义国家改革成败的基本政治经验：改革是否具有长期独立探索的思想理论和实践基础，具有关键的作用；改革中是否坚持科学社会主义基本原则，对社会主义国家的前途命运具有决定性的作用；以历史虚无主义的态度对待和评价社会主义国家的历史实践导致灭亡，以科学态度正确评价自己的实践历史就能够团结稳定；党和国家的最高权力是否掌握在马克思主义者手中，决定着改革成败[67]。

七、研究方法

有学者指出，政治领域中政治人的人性假设不仅应成为政治学方法论的基本前提，而且应构成政治学在社会科学诸学科中独树一帜的基本依据。政治理性人是在特定的政治经济环境中，基于物质需求与精神需求，在三元利益的激励下，追求、夺取并运用权力，来实现特定的利益权威性分配以满足特定利益需求[68]。

还有学者认为，多重因果路径分析是传统二元因果分析的一个延伸，它强调了因果链条的重要性，即在传统的自变量和因变量之间可能存在着若干个中介变量。多重因果路径分析分别在定量研究、定性研究以及形式理论中得到了广泛运用[69]。

另有学者讨论了政治学的“规范化”问题，并在此基础上，结合中国的政治现实，提出了政治学研究的“语境——议程——方法”命题，即研究方法取决于研究议程，而研究议程又取决于一个国家的政治语境[70]。

八、学术会议

由北京市政治文明建设研究中心、人民代表大会制度研究所共同举办的“改革开放30年政治文明建设学术研讨会”，于2008年5月4日在北京平谷召开。围绕中国改革开放30年政治文明建设主题，从史实、事实、事件、过程、变化、进展和经验的结合上，对中国特色社会主义发展道路的重大课题进行了深入研讨[71]。

由北京大学政党研究中心、中央社会主义学院中国政党制度研究中心共同举办的“首届中国政党研究论坛暨中国政党制度的功能与价值”研讨会于2008年6月27日至28日在中央社会主义学院举行。来自北京大学、全国政协、中央社会主义学院等38个单位的72名代表围绕中国政党制度的结构与功能、政党制度的民主价值、政党制度的完善及功能开发等问题展开了热烈讨论[72]。

2008年6月28日至29日，由中央编译局比较政治与经济研究中心与经济社会体制比较杂志社联合举办的“中国地方政府治理改革30年学术研讨会”在北京召开。来自中央编译局、中国行政管理学会、北京大学、中山大学、浙江大学等近30余家单位的学者专家和新闻媒体近50人出席了研讨会。与会专家围绕地方治理变革的制度背景、乡镇改革与乡镇民主、地方治理的多维度、地方治理创新、地方治理的研究路径与方法等专题进行了深入的研讨[73]。

2008年12月6日，中国人民大学国际关系学院政治系在逸夫会议中心举办了“观念、制度与中国政治发展（1978—2008）”学术研讨会，众多知名学者云集一堂，与会代表共60余人，共提交了80多万字的论文，其中许多论文让知名学者“眼前一亮”。例如，张广生强调思想史的角度深入揭示现代西方历史意识的来源、构成和内在矛盾；陈忠云从探讨脑机制与意识的关系切入，展开对制度意识的深入研究；景跃进以政治权利的享有主体以及城乡居民代表权两条线索为基本脉络，通过历史的考察和比较，阐明党的十七大报告关于城乡人口同比选举人民代表的建议的时代意义。会议围绕“中国经验与制度变迁理论”、“政治制度与治理”、“我国政治改革与民主政治建设”以及“现代国家建设问题”等分议题进行了气氛热烈的交流和对话[74]。

（作者：王乐理，中国人民大学教授；
杨绘荣，中国人民大学博士研究生。
本文经中国人民大学李景治教授审阅）

注：

①曾毅、杨光斌：《〈物权法〉的新古典主义国家理论阐释》，《学习论坛》，2008年第1期。

②刘和旺、单颖：《可信承诺与国家理论——诺思国家理论的新进展》，《统计与决策》，2008年第20期。

③杨光斌：《试论我国现行国家权力结构与权威资源的关系》，《学习论坛》，2008年第6期。

④段培君：《建设创新型国家的理论与实践》，《中共中央党校学报》，2008年第2期。

⑤肖立辉：《基层群众自治：中国基层民主的经验与道路》，《中国行政管理》，2008年第9期。

⑥邱永文：《困境与出路——民主理论中的政治参与》，《理论研究》，2008年第3期。

⑦鲁民：《协商民主理论的积极价值及其对我国政治协商制度的借鉴意义》，《理论研究》，2008年第3期。

⑧李贺林、左宪民：《中国特色协商民主研究》，中共中央党校出版社，2008年10月第1版。

⑨王希恩：《当代族际人口流迁与民族过程》，《西南民族大学学报》（人文社科版），2008年第201期。

⑩严庆、青觉：《浅谈我国的少数民族政治参与》，《西南民族大学学报》（人文社科版），2008年第201期。

⑪王希恩：《认识和处理中国民族问题中的统筹兼顾》，《民族研究》，2008年第5期。

⑫李国强、徐湘林：《新制度主义与中国政治学研究》，《四川大学学报》（哲学社会科学版），2008年第2期。

⑬范勇鹏：《欧洲认同的形成——一个新制度主义的解释》，《世界政治与经济》，2008年第2期。

⑭张康之、张乾友：《效率与公平的两种解决方案——对新制度主义与罗尔斯的比较》，《长白学刊》，2008年第1期。

⑮高旺：《政治参与模式的演变与社会政治转型》，《天津社会科学》，2008年第2期。

⑯王绍光：《政治文化与社会结构对政治参与的影响》，《清华大学学报》（哲学社会科学版），2008年第4期。

⑰贾西津：《中国公民参与——案例与模式》，社会科学文献出版社，2008年10月第1版。

⑱刘启云：《当代政治发展研究》，中共中央党校出版社，2008年11月第1版。

⑲包雅钧：《当代中国经济政治协调发展研究——以浙、粤、川、内蒙古4省区政治发展为重点的考察》，中央编译出版社，2008年10月第1版。

⑳吴忠明：《走向公正的中国社会》，山东人民出版社，2008年4月第1版。

㉑唐士其：《美国政治文化的二元结构及其影响》，《美国研究》，2008年第2期。

㉒舒绍福：《政治文化视野中的农民上访研究》，《理论导刊》，2008年1月。

㉓宋建丽：《当代自由主义和社群主义之争：以公民资格为焦点》，《伦理学研究》，2008年第1期。

㉔吴玉军：《共享式关系的建构与德性的提升——社群主义认同政治简论》，《北京师范大学学报》（社会科学版），2008年第2期。

㉕杜涛：《浅析托克维尔的政治自由主义》，《社会科学辑刊》，2008年第5期。

㉖张容南：《自主性与本真性——自由主义与社群主义的一种比较视角》，《哲学动态》，2008年第4期。

㉗王晓露：《美国女权主义——反中心化和文学表达》，《河南师范大学学报》（哲学社会科学版），2008年第3期。

㉘李平：《策略本质主义述评——后现代女性主义的“阿里阿德涅之线”》，《中国人民大学学报》，2008年第1期。

㉙张云飞、刘江华：《马克思主义生态文明理论的性别意识——对生态女性主义挑战的一种回应》，《中国人民大学学报》，2008年第1期。

㉚王淑芹、曹义孙：《柏拉图与亚里士多德正义观之辨析》，《哲学动态》，2008年第10期。

㉛臧峰宇：《马克思政治哲学的正义视界》，《马克思主义与现实》，2008年第5期。

㉜严宏：《语境中的"正义"——论柏拉图正义观的基本特征》，《贵州大学学报》（社会科学版），2008年第1期。

㉝胡淼淼：《"去中国化"：一种现代性话语的建构与衍变》，《贵州社会科学》，2008年第10期。

㉞吴楠、朱虹：《马克思现代性理论的政治意蕴》，《北方论丛》，2008年第1期。

㉟肖显静：《中国现代化背景下的现代性反思》，《学习与探索》，2008年第1期。

㊱易杰雄、刘荣：《全面创新：构建和谐社会的决定性前提》，《理论前沿》，2008年第1期。

㊲孟鑫：《西方新社会运动对我国构建和谐社会的启示》，《科学社会主义》，2008年第5期。

㊳景跃进：《人大代表城乡同比的政治意蕴》，《学习月刊》，2008年第2期（上半月）。

㊴李景鹏：《政治管理如何适应社会发展的要求》，《中共中央党校学报》，2008年第4期。

㊵马小红：《试论"传统"中国宪政发展中的失落》，《法学家》，2008年第4期。

㊶陶庆、孙广厦：《中国共产党在早期执政中的宪政思想探源——"俄共（布）党团—苏维埃"政制的主权视角》，《社会科学》，2008年第2期。

㊷刘素华：《重视信访诉求促进宪政文明》，《理论前沿》，2008年第19期。

㊸王贵秀：《从革命党到执政党——中国共产党政治成长中的地位转变与角色转换》，《中共中央党校学报》，2008年第4期。

㊹许耀桐：《加快发展和落实执政党基层民主》，《民主与法治》，2008年第4期。

㊺丁英宏、蔡建英：《论第三代领导集体政治文明建设思想特色》，《东岳论丛》，2008年第3期。

㊻朱虹、吴楠：《社会中介组织与政治文明建设》，《齐齐哈尔大学学报》（哲学社会科学版），2008年5月。

㊼曹胜：《解构、多元与合作——后现代主义语境中的治理理论》，《中国行政管理》，2008年第5期。

㊽李俊伟：《论道德和制度在社会治理中的合理分野——一种社会治理的跨文化比较研究》，《中共中央党校学报》，2008年第5期。

㊾韩朝华：《跳出"放乱收死"循环实现社会治理创新——改革30年的制度得失》，《探索与争鸣》，2008年第1期。

㊿李永强、马慧玥：《论中国科举制度对西方文官制度的影响》，《中国人民大学学报》，2008年第1期。

51俞鹿年著：《北魏职官制度考》，社会科学文献出版社，2008年12月第1版。

52王鸿生：《中国的王官文化与儒学的起源》，《文史哲》，2008年第5期。

53江荣海、任远、郭战伟：《刍议先秦法家政治文化中的合理因子及其现代启示》，《兰州学刊》，2008年第1期。

54白文刚：《应变与困境：清末新政时期的意识形态控制》，中国传媒大学出版社，2008年4月第1版。

55闫润鱼：《以立宪政治保障个人自由——中国近代自由主义本质特征探析》，《中国人民大学学报》，2008年第1期。

56王利著：《国家与正义：利维坦释义》，上海人民出版社，2008年1月第1版。

57从日云：《论黑格尔的"市民社会"概念》，《哲学研究》，2008年第10期。

58周穗明等：《20世纪末西方新马克思主义》，学习出版社，2008年1月第1版。

59周穗明、王玫等：《西方左翼论当代西方社会结构的演变》，江苏人民出版社，2008年9月第1版。

60张业亮：《"极化"的美国政治：神话还是现实?》，《美国研究》，2008年第3期。

61秦晖：《社会民主主义VS"警察民粹主义"："人民专制"论及其转向》，《社会科学论坛》，2008年3月（上）。

62庞大鹏：《普京8年：俄罗斯复兴之路（2000—2008）政治卷》，经济管理出版社，2008年5月第1版。

63朱艳圣著：《冷战后的日本社会主义运动》，中央编译出版社，2008年7月第1版。

64王凤：《从制宪进程看阿富汗现行政治体制的特点》，《西亚非洲》，2008年第10期。

65任进著：《比较地方政府与制度》，北京大学出版社，2008年10月第1版。

66张羽佳：《从理论旨趣到政治实践：关于福柯

与马克思的一个比较》，《北京行政学院学报》，2008年第5期。

⑥⑦刘书林：《试论社会主义国家改革的基本政治经验——中国与苏联东欧国家改革的比较研究》，《政治学研究》，2008年第4期。

⑥⑧汪波：《“政治理性人”的基本逻辑——政治学基本人性假设的新思路》，《海南大学学报》（人文社会科学版），2008年2月第1期。

⑥⑨张桂琳：《多重因果路径分析述评》，《政治学研究》，2008年第5期。

⑦⓪杨光斌：《中国政治学的研究议程与研究方法问题》，《教学与研究》，2008年第7期。

⑦①北京市政治文明建设研究中心：《“改革开放30年政治文明建设学术研讨会”召开》，《北京联合大学学报》（人文社会科学版），2008年第2期。

⑦②王江燕：《“首届中国政党研究论坛暨中国政党制度的功能与价值”研讨会综述》，《探索与争鸣》，2008年第4期。

⑦③季哲：《“中国地方政府治理改革30年”学术研讨会在北京召开》，《中国行政管理》，2008年第8期。

⑦④来源：http://sis.ruc.edu.cn/news/shownews.asp?newsid=746.

社 会 学

社 会 学

郑杭生 奂平清

2008年是中国改革开放30周年，中国社会学也经历了从恢复重建到茁壮成长的历程，在积极回应社会剧变和转型的过程中实现了自身的发展。北京社会学界的专家学者对中国社会学30年来所取得的成就、存在的问题，以及今后努力的方向等方面都进行了较多的讨论，成为今年社会学的热门话题。在社会学理论、社会思想史、社会研究方法、社会建设与和谐社会研究、社会结构、社会分层和阶层关系、“三农”问题研究、社会问题、社会政策、社会保障和社会工作、组织社会学、环境社会学、社会心理学等领域都取得了可喜的成果。

一、社会学理论、社会思想史、社会研究方法与学科发展研究

在中国社会学恢复重建30年之际，对中国社会学进行回顾、反思与展望，成为2008年中国社会学理论的一个热点话题，北京的社会学者在这方面取得了很多重要的成果。

对于如何把握中国社会学30年来的发展历程和今后的发展方向，有学者作了深入分析和总结。认为对科学性与价值性、经验性与理论性、建设性与批判性、传统性与现代性、本土性与国际性等5个问题能否正确处理和把握，关系重大，当代中国社会学30年来在这些问题上经历了从不成熟到较为成熟的曲折历程[①]。中国社会学这30年的历史轨迹和鲜明特色，可以概括为“确认指导、立足现实、开发传统、借鉴国外、创造特色”，当代中国社会学既承继了中国社会学前辈开启的探索之路，又指明了此后创新理论和服务实践的学术路径，这是一条“本土特质与世界眼光”相结合、“立足本土与超越本土”相结合、“本土化与国际化”相结合的康庄大道[②]。中国社会学者必须坚持建设性反思批判精神，这种精神不仅体现了19世纪、20世纪和新世纪的学术潮流和趋势，而且也是当代中国重要的时代精神之一。建设性反思批判精神对于全面正确地认识复杂的中国社会、对我们进行制度创新、对缺乏人生经验和社会经验的青年学子的成长和成就事业，以及对推进中国社会学健康发展有着重要意义[③]。

对于中国社会学学科30年的发展，学者们作了很多的总结，其中郑杭生主编的《中国社会学30年（1978—2008）》，对近30年来中国社会学理论与方法、各分支社会学以及社会学其他二级学科的发展作了梳理，全面展示了30年来中国社会学发展的基本脉络和丰富的研究成果。李强主编的《中国高校哲学社会科学发展报告：1978—2008：社会学》也

对中国高校社会学研究成果作了回顾与展望[4]。

有学者指出，在社会学恢复重建30年之际，有必要在原有一些学者自觉努力的基础上更进一步、更加深入地追寻社会学的核心价值，以赋予中国社会学更加鲜活的灵魂，促进中国社会学更加健康快速的发展，并为中国现代化实践作出更大的贡献。社会学这门学科实际上有着3项重要价值追求，即追求公正、追求和谐、追求发展，这也是社会学的核心价值[5]。

有学者认为，我们在西方社会学理论研究中应坚持清醒的文化自觉或学术自觉，不仅要以批判的眼光审视西方社会学理论的区域性、差异性和局限性，进而在一个较高的学术水准上借鉴其理论成果，而且还要深入挖掘本民族文化传统中的学术资源，特别是那些对中国社会的行为方式、制度规范、伦理关系和生活秩序等方面作出了丰富论述的学说理论。应当超越西方社会学概念系统的限制，努力吸取本民族的优秀文化遗产，为在新形势下重构中国社会学理论获得更丰富的学术支持[6]。有学者分析了当代社会学的感性论转向，认为社会理性化是社会学自形成以来的一个基本追求，这个追求的片面性和局限性受到了当代社会学的深刻反省和深入批判。影视文化推进的文化传播感性化，以及各民族在全球化浪潮中形成的文化自觉，是当代社会学发生感性论转向的现实基础[7]。

社会学者对改革开放30年来中国社会经济发展的“中国模式”和中国经验作了总结和理论概括。有学者指出，30年来中国的发展显示出一条从初级发展到科学发展的轨迹。其中差不多前20年是沿着初级发展的路径前进的，其发展的初级性表现为：发展目标是初级的；发展手段是初级的；用于发展的资源是初级的；参与发展的各主要方面的关系是初级的；发展的结果是初级的。科学发展是对我国以往初级发展实践的深刻总结，既有继承的一面，又有创新的一面[8]。

有分析认为，中国改革开放30年，逐步形成了“中国经验”，产生了影响全局的3个方面的重大理论：一是社会主义初级阶段理论；二是社会主义市场经济理论；三是社会主义和谐社会理论。“中国经验”包含着对“市场经济”、“民主政治”和“公正社会”3种现代性价值的实践探索、反思与重塑过程[9]。

在对中国经验、中国模式的解释上，新布达佩斯学派的狭义社会转型论认为，所谓“中国经验”就是中国在“打造没有资本家的资本主义”过程中出现的一系列特点。有学者对此论点作了深入的分析与批判，认为中国的现实，不论是自上到下，还是自下到上的现实，都使新布达佩斯学派不断地、日益地感到失望和失落。时间和事实越来越证明，中国社会转型的实质，是中国特色社会主义这种新型社会主义的成长，而绝不是从社会主义转变为资本主义，中国特色社会主义是一种新型社会主义。分析广义转型论与狭义转型论之间根本分野就可以发现，新布达佩斯学派狭义转型论有重大理论缺陷，而广义转型论则以开放的、宽阔的、包容的视野来看待现代性与社会转型、社会主义与资本主义，以及现代化理论、发展社会学与当代社会学的关系[10]。理解中国经验，离不开分析传统与现代的关系，从“现代的成长”与“传统的被发明”的视角来看，现代性实际上就是“现代的成长”与“传统的被发明”的有机统一。传统与现代二者这种密不可分的关系，使得广义转型论成为了社会学的一个不老的论题[11]。

有学者分析了在快速转型过程中中国社会的两重性和复杂性，即社会优化与社会弊病并生、社会进步与社会代价共存、社会协调与社会失衡同在、充满希望与饱含痛苦相伴。社会代价、社会问题又有自己非常明显的特点：不同时段、不同空间的社会问题和社会思潮，一下子出现在面前，这就极大地增加了中国社会管理和治理的难度。但中国社会所具有的极强的自我调适能力，是战胜一切困难的保证，是社会沿着既定目标前进的强大推动力[12]。

从中国古代思想史中发掘社会学思想源泉是近年来社会学基础理论研究的一个重要方向。有学者在研究春秋战国时期道家社会思想时，发现了社会运行的另类思路：道法自然，静默无为。认为道是超越天地、万物的创生之源和最高存在，是个人存在、社会运行的终极根据。人遵道而无为，社会就会形成一种自然和谐的秩序。通过考察春秋战国时期墨子的社会思想，提炼出了社会运行的一体化理论：天道兼爱，尚同节用。认为墨子的10大主张构成一个求治去乱的理论体系，天志、兼爱、尚同、节用是其基本架构。墨子的“十伦”是社会良性运行和秩序稳定的完美设想。而在西周的社会思想中，天是一切合法性的终极根据，也是一切凝聚力和向心力的根源；德作为君主的品质和能力，既是敬仰天命的本质要求，也是君临下民的内在需求。天与德是王朝盛衰、社会治乱的深层背景，也是设官分职的内在依据。设官分职是推动社会有序运行的制度构建，三公、六卿既是官职，也是职能部门，分别代表着不同的社会子系统，共同构成社会的基本框架[13]。

有学者认为，马克思主义社会学理论研究仍是当代中国社会学研究的一个薄弱环节，其原因不仅在于受到了“左”倾教条主义和实证主义等西方社会学流派的影响，而且也在于中国社会学的自我意识不足，未能把马克思主义社会学看做中国社会学的重要组成部分。我们应当明确认识马克思主义社会学的本质特点和历史地位，在空前有利的机遇下努力推进马克思主义社会学理论研究[14]。

在社会学方法论和调查方法方面，今年的研究成果也较为丰富。

有学者以对“现代化”的解释为例，区分了实证主义、诠释学、多元话语分析3种不同分析模式的异同[15]。有分析指出，当代社会科学研究出现了根本的“叙事转向”和“质的革命”，而“谈话分析”是实现和表达这一转向和革命的具体而典型的路径之一。谈话分析注重揭示微观研究领域中日常谈话的细节。谈话不仅代表“说者—听者”之间彼此交流或传递信息的活动，更表现为一个社会化的过程，谈话的连续性、互动性和交流的继续，从根本上说也是社会结构作用的结果，是人们基于身份、地位、语境、话语结构而实现的[16]。

在具体研究方法方面，有学者认为，在调查中若对无应答单位进行“替换”处理，应对替换前后的样本单位作出区分，计算相应的“初始应答率”，并在应答率不变的假设下，用初始应答率来代替调查应答率。如果在调查执行中，未能全面保留相关执行资料，可以利用实际接触的住户数和访谈成功数，对应答率进行事后估算。无应答替换方法包括明显替换、补充抽样和二重抽样等，其中前两种方法由于是独立抽样，存在着用应答单位替换无应答单位的困境[17]。有分析认为，在调查问卷中设置“开放题”是一种失误，结果是把定量调查变为定性调查，“开放题”难以用来进行社会学调查所要求的“假设—检验”操作，而且“开放题”等于问卷设计者的无原则放权，很难保证调查的质量。即使在封闭式问卷的备选答案中，也应该慎用“其他”这个半开放题，因为它不仅会增加大量的缺失值，而且实际上用处很有限。所以，在调查问卷中不应该设置任何一种直接询问“原因”的提问[18]。有学者认为，在确定定性调查的分类与性质时，不应仅按照操作方式的不同来进行，而应确定不同调查方法在“光谱式存在”中的相应位置。“求同法”就是寻找不同对象的相同侧面的共性，用以说明某个主题，“求异法”更靠近定性调查，是旨在发现同一主题在不同对象中的不同存在的差异性与多样性。唯有“求全法”强调在一个时空情境中深入地了解某个对象，是定性调查的最理想状态。这种对定性调查的性质划分，有利于更加深刻地理解定量调查与定性调查的冲突[19]。

二、社会建设与和谐社会研究

关于社会建设与和谐社会的研究仍然是本年度的热点话题之一。

有学者对社会建设的内涵和外延作了分析，认为社会建设的基本内涵可以理解为，在社会领域建立和完善对各种社会资源和社会机会进行合理配置的社会结构和社会机制，以及处理社会矛盾、社会问题和社会风险的新机制。社会建设的外延从广义上说，是指包括政治、经济和思想文化各子系统在内的整个社会大系统的建设；从狭义上说，着重是指与政治、经济、思想文化各子系统并列的社会子系统的发展、建设和管理。社会建设对于弥补政府失灵和市场失灵、增进社会公平正义、奠定社会和谐的坚实基础，有着至关重要的意义。社会建设在把自然代价和社会代价减少到最低限度的新型现代性实践的过程中，发挥着不可替代的作用[20]。

有学者认为，改善民生既是社会建设的重点，也是促进实现公平正义的基本途径。灾后重建尤其要把民生放在更加突出的位置[21]。有学者认为，民生主要是指民众的基本生存和基本生活状态，以及民众的基本发展机会、基本发展能力和基本权益的状况等方面。民生问题包括民众基本生计状态的底线、民众基本的发展机会和发展能力，以及民众基本生存线以上的社会福利状况等3个层面的具体内容。民生问题具有直接生活消费性、基础保障性、生存保底性和增益不可逆性的特征。改善民生是巩固党执政基础、推动经济持续健康发展、实现社会安全运行之必需，应合理确立我国改善民生的近期及中长期目标，以促进社会的和谐发展[22]。有学者分析了党的十七大报告对社会建设概念的科学界定及其具有的学术意义，论述了关于社会建设的制度和政策创新及其实践价值，认为当前加强社会建设的关键是调整财政支出结构，建立面向民生的财政体系，而关键的关键则是改变发展思路，真正确立经济与社会协调均衡发展的观念[23]。

有学者回顾了改革开放30年中国社会建设工作实践，指出中国社会建设取得了相当成就，同时也存在一些突出问题，主要表现为：人民生活水平整体提升，但贫富差距日益扩大；就业方式日益多元化，但是就业压力依然很大；教育机会不断扩大，但是教育公平与教育质量问题日益突出；医疗卫生条件不断改善，但是供需矛盾依然突出；社会保障改革逐步推进，但是其防范风险的能力还不强；民间组织迅速发展，但是其社会功能仍然有限；基层社区建设不断加强，但是居民认同与自治程度依然有限；社会奉献显著成长，但是还没有形成规模性力量；突发公共危机应对能力不断增强，但是公共安全仍然不容乐观；环境保护一直受到重视，但环境状况依然持续恶化[24]。

有学者以布洛维的理论为基础，认为在经典马克思主义的体系中欠缺关于“社会本身”的领域，社会主义无社会，所以社会建设要以布洛维为代表的“社会学的马克思主义”为引导，“保卫社会”是当代社会学所面临的重大实践任务，社会建设要以“公民运动”的形式开展，如农民通过维护地权而走向公民权，劳工通过维护劳权而走向公民权，中产阶级通过维护产权而走向公民权[25]。

与上述观点不同，有学者指出，在利益分化和价值多元化的时代，中国社会建设的重要任务是构建社会共同体和社会共同性，增进利益共同性与价值共同性。社会共同性建设的主要方面是要增强和培育文化软实力。只有通过社会建设和社区建设，把社会主义核心价值体系培育成优质的大传统，并把这种潜在的文化软实力转变成为实实在在的文化软实力，中国特色社会主义这种新型的社会主义才能持续发展，中华民族也才能真正实现伟大复兴和崛起。中国社会学必须在构建中国社会文化软实力的伟大事业中，起到自己独特的作用。中国社会学也必须具有建设性反思批判能力，能够正确处理价值性和科学性、理论性和经验性、建设性和反思性、传统性和现代性、本土性和国际性等关系，能够把握全球现代性进程和本土社会转型两者脉动，既站在国际社会学前沿，又深入本国城乡制度创新第一线，从而把追求前沿与深入基层结合起来、把世界眼光与草根精神结合起来[26]。社会日益开放多元的时代，也是社会成员的利益意识和权利意识方面的歧义日益显化的时期，因此更需要以积极的、建设性的方式来增进社会共同性，尤其是观念和价值观的共同性，这关系到社会秩序、社会稳定与社会和谐赖以生存和维系的根基[27]。

有学者指出，在市场经济的陌生人世界里构筑人际关系和谐的新社区，这是时代提出的新问题，社会建设、社区建设正是为了破解这一难题。目前全国各地都在为破解这个难题而做出各自的努力。就社会建设和社区建设的关系而言，社区建设是构建社会主义和谐社会的重要举措，社区建设与社会建设的结合，将有力推动中国社会发展。改善民生既是社会建设的重点，也是社区建设的重点。以改善民生为重点的社会建设的目标和任务，就是努力使全体人民学有所教、劳有所得、病有所医、老有所养、住有所居。社区服务、社区就业、社区保障、社区学院等充分体现了民生“五有”的内容[28]。

有学者对深圳城市社区建设的实地调查发现，作为传统中国社会纠纷化解的一种重要机制，也是中国法律传统的重要组成部分的人民调解制度，在现代社会中其社会基础和作用、对象都发生了很大的变化，使这一制度出现了合法性危机。如何通过制度创新，在市场经济和陌生人社会中重塑人民调解的合法性，是一个时代性难题。深圳市的实践探索表明，拓展调解领域、创新调解载体、构建大调解工作格局，以及推进人民调解的规范化、专业化是新时期重新激活人民调解制度的必然选择[29]。

作为社会建设的主要方面，公民意识和公民性的培育和成长受到较多的关注。有学者指出，公民意识教育应以培养国家主人意识和民族精神为基本任务和宗旨；公民意识教育应以权利和义务教育为核心任务；公民教育应以民主与法治教育为基础内容，树立社会主义民主法治、自由平等、公平正义理念，以道德与文明教育为延伸内容，形成文明习惯，推动社会文明发展[30]。公民性的测量可以预测人们的社会行为及其变化轨迹，有人提出了一个测量当代中国人公民性的理论框架，从倾向于关注公共事物与利益的程度和以契约权利方式处理公私矛盾的程度这两个维度测量公民性取向。由此划分了4种公民性类型：高公共性、高契约性取向（公民行为）；高公共性、低契约性取向（臣民行为）；低公共性、高契约性取向（消费者或商人行为）；低公共性、低契约性取向（熟人或自己人行为）[31]。有学者认为，若以“公民性”的若干基本内涵作为指标判断中国社会，目前还有很多过去存留下来的价值和机制在发挥作用，但经过30年的改革开放，中国社会已经从单位社会迈进公民社会[32]。

三、社会结构、社会分层和阶层关系研究

处于转型加速期的中国社会，社会结构尤其是阶级阶层结构发生着巨大的变化，在中国改革开放30年之际，这方面的研究尤其成为一个热门话题，也取得了很多成果。

有学者认为，改革开放30年来中国社会分层结构的变化表现在5个方面，即从以身份社会指标转

化为以非身份指标来区分社会地位，经济分层取代政治分层，贫富差距扩大，社会中心群体与边缘群体关系的变化，新社会阶层的形成[33]。中国社会是政府主导型社会，在社会分层的影响因素中，国家政策是重要变量。国家政策变量影响社会分层的具体机制有3个层次，首先是“基调理论”，其次是将基调理论转化为“大的政策原则”，最后是落实为很多具体的政策[34]。

有学者认为，我国社会结构变化的一个重要特征是从改革以前的“整体型社会聚合体”演变为今天的“碎片化”的利益群体。整体型社会聚合体比较容易引发整体利益冲突，而“碎片化”的社会群体，将利益分解、分散，使大规模的、整体的冲突失去了社会基础。中国目前的现实是，由于社会利益结构朝多元化方向发展，使得社会的多重利益交织在一起，而不是壁垒森严的裂痕型的或断裂型的分化。阶层利益的碎片化、社会利益的碎片化减小了社会震动，有利于社会稳定[35]。有学者则认为，改革开放以来以市场化过程为核心的改革过程，导致中国社会分层结构、机制和阶层间关系发生了巨大的变革，分层逻辑由国家再分配机制的“决定性关系”变为市场制度下的“交易性关系”，这为社会整合机制带来了意义深远的挑战。当利益矛盾与冲突成为普遍化的常态时，相对组织化的利益冲突主体能够更有效地达到利益的协调与整合[36]。

有学者通过对综合社会调查数据的分析，发现中国社会分层具有城乡户口差别和城市户口等级差别并存的特点，户口转变和迁移的开放性程度与个人社会流动机会获得有正相关关系。市场转型虽带来了较多流动机会，但户口等级差别以及户口对体制内流动所起的结构性影响依然存在。鉴于户籍制度的强黏附性生成了社会差别，改革这一制度的基本方向是推行户口一元化和迁移自主化[37]。有分析认为，由于中国独特的城乡制度以及行政管理体制，中国城市化呈现为主动城市化和被动城市化两种模式，并呈现多种城市化主体，而政府和企业则是中国城市化的主导性主体，其最主要动力机制是制度和利益。受其制约，中国社会结构变迁趋势表现为：在利益机制驱使下，形成了城乡差别不断扩大、城市内部分化明显的利益分配格局；由于缺乏公开、公正、民主的配置机制，各个城市化主体之间的博弈竞争导致各种暴力冲突、相互仇视的问题，导致城市社会运行秩序问题和相当严重的合法性危机，对未来中国的城市化提出了严峻的挑战[38]。

有分析认为，社会主义社会的分层结构是由平等主义国家理想与区隔主义官僚体系间的矛盾所决定的。再分配本身并不产生不平等，而是再分配过程中的官僚及官僚政治行为造成了社会主义的社会不平等。与再分配中心的距离远近不仅决定了在再分配体系中的地位高低，也决定了遭受官僚政治影响的程度大小。在社会转型时期，基层官僚在再分配时期的优势将进一步继续，而整个社会分层结构上的差异也将逐步扩大[39]。

有学者指出，社会公正是现代社会基本制度设计和安排的基本理念依据，依据社会公正理念建设的现代社会的基本制度符合“共享”的基本价值取向，能被广大民众所广泛认可并自觉遵循，能够增进社会的团结与合作。在中国现阶段，社会贫富差距状况的主要指标呈现出一种恶化的态势，解决这些问题的关键在于：在全社会范围内确立起共享社会发展成果的基本理念，在大力推进经济社会发展的同时，建立起初级的社会公正保障体系，进而形成两头小、中间大的橄榄形社会分配结构[40]。

有学者对改革开放以来中国精英群体的演进作了分析，认为中国的经济精英、政治精英和知识精英3大精英群体实现了同步化的发展，改变了以往政治精英群体一枝独秀的局面；精英群体的职业化程度和专业化水准越来越高；精英群体在社会经济生活中的位置越来越凸显。精英群体在发展中的特征和问题，主要表现在：精英群体以“效率优先，兼顾公平”为主轴的一面倒的片面行为和政策取向；政治精英群体呈现出强烈的公权扩张冲动；精英群体之间利益结盟现象日渐明显；精英群体呈现出一定的自我封闭化和壁垒化倾向。现阶段中国精英群体存在的问题，造成公共投入的巨大浪费，扭曲和损伤了正处在定型过程中的现代社会阶层结构，造成改革与发展两者之间的背离[41]。

中产阶级研究也是本年度的一个热点。有学者以收入、职业和教育作为三个基本维度，利用调查数据，对中国当前发展阶段的中产阶级规模进行了测算，认为我国目前的中产阶级在全国占12.1%，在城市社会中占25.4%，但这个所谓中产阶级，目前并不是一个具有统一的社会态度和行为取向的“阶级”。在当前的中国，在人们归属社会“中层”主观选择的影响因素中，最具有显著意义的影响因素是“收入”和“年龄”。人们的“社会中层”认同感主要取决于收入的高低[42]。有学者利用2003年中国综合社会调查数据，从阶层认知、政治意识与参与和利益分配3个方面，揭示了中间阶层的阶层认知与政治意识特征。认为在阶层认知、政治参与、利益分配以及部分政治意识问题上，中间阶层都显现出和其他阶层的显著差异，但这些差异有的反映了中间阶层的相对独立性，有的则显现出中间阶层的成熟程度，而在部分政治意识和参与领域中，中间阶层还没有形成自身的特征[43]。有研究认为，正在兴起的中国中产阶级是促进社会政治稳定的力量。在受益不断扩大的状态下，中产阶级表现出对政府较高程度的信任和对社会现状的较好评价，同时他们也希望现存社会政治秩序能够维持稳定。中产阶级也显示出较强的民主意识，包括社会政治生活的参与意愿和自身利益的维护意识。但中产阶级的社会政治态度与他们的利益满足密切相关，如果将来政策不利于其福利的增加，中产阶级的社会政治态度有可能会改变[44]。有学者认为，对于中间阶层的社会—政治功能特征的研究，需要从多维特征的描述转变为两个更为重要的理论问题：一是从中间阶层在社会等级结构中的矛盾位置解释多维特征的结构基础；二是在什么样的社会环境条件下中间阶层会彰显出特定的功能特征。可以用经济发展、政体性质和秩序化程度等社会环境变量的关系模式，阐释中间阶层随着环境模式的变化，彰显出不同社会—政治功能的内在机制，揭示社会环境变量与中间阶层特定社会功能之间的逻辑关系[45]。

有学者对阶级分析和分层研究两大范式的根本区别作了分析，认为阶级分析关于社会不平等的基本假设是冲突论的，认为社会不平等是统治阶级的需要和权力强制的结果，因此阶级分析更关注社会剥夺和集体抗争，而分层研究是功能论的，认为社会不平等是社会整体的需要和自由竞争的结果，因此分层研究更关注地位获得和“市场形势”。鉴于20世纪90年代后期以来中国社会形势日趋紧张，认为只有重新引入阶级分析视角，才能对中国社会不平等的结构和形成作出更有洞察力和前瞻性的分析[46]。

有学者认为，对于中国改革开放以来发生的社会利益关系的复杂分化，人们从贫富差别、阶层分化、社会矛盾和发展不平衡等多种视角对利益关系分化所引起的社会结构变迁开展了多方面的研究。然而，与社会利益关系直接相关的意识形态变迁问题却没有引起足够的重视，而这正是研究利益关系变化引起社会结构变迁的一个不可回避的问题。因为阶级利益对立与意识形态冲突有着紧密的联系，所以应该重视意识形态的研究，充分发挥意识形态的整合功能[47]。

有学者用跨时段的全国抽样调查数据，估计了过去20年里性别收入差距变化的趋势，分析了导致性别收入差距变化的原因。发现过去20年来性别收入差距在稳定和显著地增长，在改革开放的最初10年里，市场机制是导致性别收入差距扩大的主要原因，但在最近的10年里，性别歧视因素成为影响性别收入差距的更重要因素[48]。有学者分析认为，社会主义社会中的性别歧视是父权主义借助区隔主义的官僚政治，扭曲再分配过程，在平等主义国家无法监控的基层生成的，并由此构建了一个特征鲜明的性别分层结构：与再分配中心的距离越远，受到的性别歧视就越严重。随着社会转型的推进，原来受到再分配体系保护的等级地位较高的女性受到的歧视也将逐渐加重[49]。

随着市场化改革的深入进行，劳动（资）关系问题也越来越受到社会学者的关注。

有人结合具体案例，阐释了在市场转型期拥有共同经历的国企工人的群体认同和阶级意识产生的过程及特征，认为国企工人的群体认同和阶级意识产生于生产过程之外，国企工人抗争的本质并非是雇佣劳动力与资本的斗争，导致国企工人形成群体认同和阶级意识的也并非是工厂纪律，而是社会制度变迁和单位管理层的腐败[50]。

有学者研究发现，在跨国资本的作用下，中国形成了三位一体金字塔式的劳动力市场结构。跨国公司巨大的资本优势建构了高端劳动力市场的过度市场化和高端劳动力的碎片化。在华跨国公司高端劳动力人员与公司的权威—控制关系受到后现代资本主义生产模式的影响，在任务管理取向下，高端劳动力人员超强劳动，且因内部劳动力市场的激励效应而呈现甘愿性顺从的倾向；此外，高端劳动力人员依靠自身的专业技术资格与竞争能力发展出积极的职业生涯策略[51]。有人以四家国有工业企业为研究样本，分析了转制后国有工业企业存在的简单控制型劳动关系。认为简单控制型的劳动关系与非正规劳动力市场有着重要的依存关系，它有效地瓦解了工会的作用，并使固定工以及劳务工们在市场中碎片化[52]。

有分析认为，改革开放以来，中国劳资关系演变深受两种力量的影响：一种是中国传统（包括农业社会传统和社会主义传统）；另一种是全球化、市场化力量。在这两种力量的左右下，当前中国劳资关系正在经历两大转型：从传统的关系向工业化、市场化的关系转型，从早期工业化阶段的关系向着现代型关系转型。温州劳资关系的变迁是考察这两大转型的典型案例[53]。针对目前我国劳资关系的紧张，有学者分析认为，在市场化和全球化环境中，劳动关系应该由单边决定、双边决定向“三方协和”转型，以达到一种新的平衡，使厂商获得适当高的灵活性，以提高市场竞争力；使劳动者得到合理的安全性，以实现社会公平；更重要的是，实现国家的繁荣富强和长治久安[54]。

四、“三农”问题研究

关于农业、农村和农民问题的研究今年也取得了很多可喜的成果。

有学者通过分析党的十七届三中全会对农村改革发展的总结与部署，认为前30年中国农村改革主要是“还利于民”，30年后农村改革的重点应是“还权于民”。“还权于民”的实质是要尊重农民的主体作用和首创精神，农村经济社会制度建设要围绕保护农民利益、尊重农民权利这条主线，要更加注重落实社会公平[55]。

有学者认为，我国农村已经进入新中国成立以来第三个黄金发展期，农村农业形势很好，但是“三农”问题的深层次问题并没有得到解决。三农问题说到底是结构问题、体制问题，必须从改革“城乡分治、一国两策”的城乡体制层面才能得到解决，必须进行农村第二次改革。第二次改革必须是结构性的、体制性的，因而是全方位的，内容涉及户籍制度、土地制度、农民工体制、粮食和农产品价格的形成机制、财政体制、金融体制、农村公共服务和基层设施建设体制、县政体制以及筹建新农委[56]。

科学地推进社会主义新农村建设需要科学地认识农民和农村现状，有学者利用2006年中国综合社会调查（CGSS）的数据对农民对新农村建设的基本需求和心态进行了系统分析。发现农民的相对剥夺性需求依次是：扩大收入、减轻负担、加强基础设施建设、完善保险保障体制、充实公共管理和发展文化教育事业。农民的期望性需求依次是：保险保障、农业补贴、基础设施建设、教育培训。对这些需求产生影响的因素主要是：农民对农业的依赖、非农业收益机会递减、社会保障及公共品获得较少[57]。有分析认为，中国治理的困境主要存在于农村建设的管理与自治、村干部的行政权与自治权以及村民的分散经营与集体认同的3对悖论中，因此，需要重整国家政府、基层政权与乡村的利益，并大力发展乡村集体经济[58]。

我国“三农”问题最大的困境之一是农业人口的出路问题。农业人口的转移，一般主要是通过农业的深度开发和多种经营吸纳劳动力，通过发展乡镇企业向农村第二、三产业转移劳动力，以及向城市转移劳动力等途径。有人以河北定州的调查为例，认为由于城市化滞后，农村剩余劳动力只能继续在集市等传统经济部门中寻求生计，众多的商贩在乡村集市中巡回销售，乡村集市盛行，坐商、店铺发展缓慢，小城镇发展更为缓慢，乡村社会仍处于“内卷化”状态。因此，只有走大中型城市或集中型城市化道路，才有望走出这种困境[59]。

有学者在河北省Y县调查发现，税费改革之后乡镇政权的财政收入大多采用转移支付的形式实现，乡镇政权的一些职能也被上收到了上级职能部门，极大地收缩了它们工作的自主空间，乡镇政权是在夹缝中寻求自我空间的。工作做得比较优秀的乡镇政权，基本都有这样的特点：乡镇干部了解如何有选择地做事，以缩小贯彻上级意志的工作范围；在与县级政权的以依赖与软性反抗为特征的关系互动中，营造基层政权的自主空间；在与基层村民的关系中，调动各种权力技术，权宜地运用权力与村民进行互动，扩大自主空间；同时有些地方在组织上还形成了一套积极和高效的体系，甚至机关文化，以保证在上级政府的考核中获取优胜[60]。

有分析认为，农民生活方式越来越趋向二元化，流动导致了乡土社会双重二元化格局的形成。在这一格局中，农民经受着既非市民亦非农民的身份认同困惑，以及对未来预期的高不确定性。对城市和乡村的不确定预期，使得农村居民不得不通过不断的流动来增加保障。不确定性造成农民发展风险和成本的提高，同时也可能引发农民重复投资和资源的浪费[61]。有学者的实地调查发现，在中国当下的政治社会和经济体制条件下，当农民面对不确定的生存和保障前景时，会坚持固守一条独特的公正底线——“转换生计，持续保障”。这种公正观具有其坚实的草根基础。农民所采取的基本策略是运用“韧武器”——一种既柔软又坚实的武器，即采取非对抗性的抵制方式，选择不给被“拿走”（剥夺）的机会的做法，并借助于“集体（合作）力”的效应，使他们面临的问题公共化，从而获得行动的合法性[62]。

有学者以4个农村合作组织为例，从组织的缘起和演化、组织结构与功能、活动内容与成效等方面对其进行了比较分析，提出综合性农协应该是未来中国农村合作组织发展的方向，同时指出农村合作组织的发展需要有外生机制和内生机制的共同推动，尤其需要政府对农村合作组织的社会政策支持[63]。

有学者认为，应在理性建构与传统承继的统一中开展目前正在推进的社会主义新农村建设。农村人民公社运动和20世纪30年代的乡村建设运动，清楚地证明片面强调理性建构或单纯依靠传统都是行之无效的。在新形势下开展社会主义新农村建设，不能把城市中的市场经济原则和社会理性化的某些经验简单地推及农村，应当因地制宜地规划和实施各地的新农村建设方案，各种规章或政策只有得到农民依据日常生活经验而普遍认同，同农民的思想观念和生活习俗发生真实融合，才能发挥有效作用[64]。

五、社会问题、社会政策、社会保障与社会工作研究

有分析认为，中国社会开始进入了一个高风险时期，极易引发社会问题和危机。中国中期重要的社会危机变量可分为诱因变量（包括经济波动、物价上涨、失业率居高不下、金融危机以及生态环境破坏等）和本因变量（包括贫富差距过大、社会保障滞后、三农问题、劳资纠纷和冲突、中等收入人群发展得相对缓慢、腐败问题以及中央政府效率和权威削弱问题等）。在中国未来的20年当中，一般性的社会危机的发生是不可避免的，甚至将成为一种常态，较为严重的社会危机发生的可能性比较大，需要高度重视，而严重的、带有颠覆性的社会危机的发生概率极小。应对未来社会危机要特别注意3点，一是要建立起雄厚的战略资源战略物资储备体系；二是要建立起公正合理的并且是制度化的利益协调机制；三是要形成一个“两头小，中间大”的橄榄形的社会阶层结构[65]。

有人对乡村艾滋病病人的调查发现，如果乡村艾滋病病人不公开个人艾滋信息，就无法获取国家和地方为乡村艾滋病病人提供的各项优惠政策、接受正规的治疗，这实际上等于是在接受慢性的肉体自杀；但乡村艾滋病病人的个人艾滋信息公开后，会引起个体社会关系的部分或全面断裂，形成人情压力，并很容易造成精神死亡及至肉体自杀。因此，需要寻找乡村艾滋病病人个人艾滋信息公开的干预策略，在艾滋病病人的人情压力与病情压力之间寻找平衡点，为乡村艾滋病病人创造一个良好的生存和治疗空间[66]。

有人对社会歧视问题及其发生机制作了深入分析，认为社会歧视的核心内涵是不公平和不平等，态度、行为、制度是其三个维度。社会歧视是一个由偏见到制度性歧视（个人偏见→社会偏见→行为性歧视→制度性歧视）的连续发展谱系或社会歧视链。社会歧视的发生具有复杂的机制，因此需要相应的治理策略，包括“综合治理—逆向推进”的总体思路和加强群体沟通、反歧视宣传、弱势群体自立自强、壮大反歧视的力量等具体策略[67]。

有人对汶川地震后“万科捐款门事件”引发的广泛网络论争作了分析，认为在此事件中，网络参与的是一场非直接物质性冲突，是合理化行为采取了吊诡的形式，促使其合理性目标的实现。这种冲突具有正反两方面的影响，在急速转型的中国社会，关注和适时调节非直接物质性社会冲突，对于缓和冲突，尤其是防范直接物质性的社会冲突具有先导性的意义[68]。

有学者认为，从改革开放30年来中国社会政策的演变和发展来看，一种引致和谐的社会政策正在中国形成：社会政策的结构从实践性社会政策与学科性社会政策的失衡走向协调；主题从发展与公正分离走向二者的统一；目的从追求高的生活水平走向追求好的生活方式；功能从应付矛盾走向引致和谐；品格从他性走向自性；地位从边缘走向中心[69]。

有人从个人、社会与国家之间关系的角度分析了社会福利问题，认为福利的本质是个人因有真实机会实现自己有价值的功能导致的快乐、幸福。社会发展的目的是增进所有社会成员的福利。当然，个人对他人的福利、国家和社会对个人的福利都应该或必须承担一定的责任。在国家承担公民的福利职责方面，既可能存在“不及”，也可能产生“过度”。这不止是政策制定层面的问题，也与理论上如何理解社会福利与国家福利的关系密切相关[70]。

有学者认为，中国的社会保障研究能否有新的突破，关键在于3个“超越”：一是要超越20世纪既成的社会保障刻板印象；二是要超越教科书式的社会保障概念体系；三是要超越发达国家工业化过程中形成的对社会保障制度的思维定式[71]。

有学者的研究认为，北京市社会保障制度目前总体上已形成比较鲜明的三元格局，制度的覆盖率、待遇水平、运行机制、法规建设等在全国居于领先地位，但北京市的社会保障制度的运行与发展仍存在着明显的不平衡性，农村社会保障制度建设严重滞后。认为北京市构建城乡衔接的社会保障体系的时机已基本成熟，北京市城乡衔接的社会保障体系建设的目标模式应是“整合模式”或“有差别的统一模式”，应当秉持循序渐进的原则，分项目、分人群、分区域、分阶段地推进改革，最终实现建立城乡整合的社会保障体系的目标[72]。

有分析认为，中国残疾人社会保障制度建设的目标是建立一个比较完善的现代社会保障制度体系，当务之急是根据社会现阶段所能提供的各种实际条

件，构建残疾人社会保障制度的过渡模式。在推进残疾人社会保险制度建设的政策选择上，一是全面提高残疾人社会保险的覆盖水平；二是加大对失业保险和工伤保险的实施力度；三是重点关注社会保险水平较低的残疾类型及青年和高龄残疾人；四是推动各地区残疾人社会保险均衡发展；五是加快农村地区社会保险制度建设[73]。

社会工作在构建社会主义和谐社会中的意义和作用日益明显，我国也正在大力推进社会工作职业化进程。有学者指出，社会工作作为一项减少社会疾苦的专业工作方法，应当担负起专业责任，发挥在灾后重建中的作用[74]。有学者认为，当前推进社会工作职业化既存在许多有利条件，也面临诸多困境。因此，充分利用当前发展社会工作的各种有利条件，同时针对各种制约因素逐个加以应对、化解，是推进社会工作职业化的合理路径与策略[75]。

六、组织社会学研究

在组织社会学和组织理论方面今年也取得了较多的成果。关于中国单位制的变革，有学者认为，随着改革开放的深入，国家与单位两极构造所形成的中国社会的基本结构会松动和逐渐消逝，但以单位组织为主导的基本结构格局在短时期内还不会彻底改变，单位组织和非单位组织并存，两种社会组织行为规范并存，且相互作用、相互影响、相互制约的状态还会维持相当长的一段时间。而这种状态可能产生的一个重要社会后果是，不同组织中的社会成员在相互比较的过程中会产生出一种不平等和不公正感，从而使不同社会成员、不同群体和不同组织之间的矛盾趋于激化，中国单位制度变迁与创新的社会环境也会随之恶化。为最大限度地避免这种状况的发生，为使中国的单位制度顺利地实现创新与变迁，有必要充分利用单位组织中现有的制度资源，包括充分发挥意识形态的作用等[76]。

有学者对中国工会组织的功能问题作了分析，认为行政机关的组织结构具有等级性、人治性和亲缘性特征，它在带来诸多正效应的同时也产生某些副作用，包括权力自我服务、权力自由扩张、有限理性和有限信息、制度的副作用、制度功能的非完全性等。这些都会导致对机关工作人员的结果不公平、程序不公平、互动不公平、需求不满以及难题和风险，而这些作为自变量又会导致机关人员的各种负面行为，对执政党的社会基础、对行政机关的效率效能、对民众的公共福利和机关干部的成长等造成不利影响。而国家机关工会的功能定位，就是通过国家层面的影响法律和政策，单位层面的参与协商和充分信息，工会层面的自我规范和形成集体理性，会员层面的互助合作与自我满足，纠正或者补偿行政机关组织结构所产生的副作用，维护公务员的权利，实现权利与权力的相对平衡[77]。

有学者认为，产权结构的改革是改革开放30年来使中国的经济和社会面貌发生巨大变化的基础性变革之一。中国的产权结构改革已取得重大进展，但产权结构的进一步完善仍需进一步解决3个问题：一是怎样形成对国家权力的约束机制，以免国家权力掌握者为自身利益而使产权结构成为低效率，或与社会的基本价值观念严重违背；二是社会急剧分化对经济资源占有的社会认可程度的影响；三是金融资产的保护机制[78]。

有人以民间商会为个案，发现地方政府愿意并能认同"非法"状态的草根民间商会的原因在于：一方面，正义原则是草根民间商会的合法基础；另一方面，地方政府业已认识到自身权威的合法性危机并试图走出危机。地方政府与民间社会暂时悬置相关法规，在互动中互补自身的合法性不足，使"非法"与合法语境在法治框架中有效自如地进行时空转换，地方政府权威与民间社会权利在重建社会秩序中因此能够和谐共处[79]。

有分析认为，社会网结构与社会关系可以在集体行动与个体行动之间搭起一座桥，而其间的自组织现象更使得集体行动绝非个体行动的线性加总，而有着复杂现象的特性——不同的自组织会产生分歧的行动结果，相同的个体行动可能在不同的结构中产生完全相反的集体行动。因此，解开此非线性行为之谜，正是未来社会网研究要继续努力的重要方向[80]。

有人根据调查数据，讨论了个人的社会网络对其精神健康和身体健康的影响，以及这种影响在城乡居民之间的差异，发现个人的社会网络规模对身心健康均起着积极作用：紧密度高、异质性低、强关系多的"核心网络"对精神健康有积极影响，而相反特征的松散网络则对身体健康更有利，个人在网络中的相对地位对精神健康起着积极作用。此外，社会网络对健康的作用在农村地区表现得更为明显[81]。

七、环境社会学研究

有学者认为，中国目前环境衰退的一个突出特征是"边治理、边衰退"，具体表现为治理失灵。我国环境治理所具有的早生性、外生性、形式性和脆弱性，都导致了治理失灵，但更重要的原因是由于治理主体不完整这一内在的、结构性的缺陷。因此，改进中国环境治理的新方向，应该是借助公众的理性维权行动，以完善我国环境治理主体，改进环境治理效果[82]。有人以云南水电开发争议为例，认为在确保一定合法性空间的前提下，民间环保组织可以突破“小世界”的局限，参与到涉及重大利益冲突的问题中来。同时民间环保组织之间合作制度化的趋势，也将增强民间环保组织重组底层社会的潜力[83]。

有人以华南P县的一起大规模环境诉讼案件为例，“展示”并分析了在当前中国基层社会中通过集团诉讼进行环境维权所面临的多重困境，即集体行动的“搭便车困境”，农民维权的“合法性困境”，司法诉讼的“体制性困境”，法律逻辑下的“环境权困境”。在这四重困境中，在推进“通过法律的环境维权”时，农民的行动中蕴涵着特殊的行动逻辑，其动力机制包括村民们因基本生存面临威胁而不得不进行的生存抗争，诉讼精英的使命感和道德勇气，诉讼精英生存危机下不得不将斗争进行到底。其行动策略包括始终控制在法律范围内的行动，选择性激励，诉苦、弱者的武器、“问题化”、“挟中央以抗地方”等动员策略，引入媒体、专业环境诉讼帮助NGO、环保支持网络等外力以搅动地方利益格局等[84]。

有学者通过对西方（主要是美国）环境公正研究的历史、理论与方法的回顾和梳理，认为环境公正是多方环境利益主体在特定社会结构和历史过程中互动、建构的产物，因而不同社会的环境公正有着不同的表现，研究者所关注的焦点也有所不同[85]。

有分析认为，城市社区生态问题主要有资源供需失衡及环境污染问题，产生的原因主要有人为控制自然资源、争夺自然资源，结果造成人与自然、人与社会的不和谐，使自然和社会都付出巨大的代价。因此，需要倡导人与自然双赢、人与社会双赢、两者关系协调和谐的生态观[86]。

八、社会心理学研究

对于中国社会急剧转型期的社会心理研究，以及对于社会心理学的任务，学者们开始有更多的思考。有学者认为，改革开放以来的中国社会转型给中国社会心理学者提供了独特的社会实验室，中国社会转型已经并正在型塑中国人的历史命运，社会转型通过型塑不同的社会力量，必然在所有中国人身上烙下独特印迹，这印迹不是随机的和偶然的，也不是个别的，它必然体现在有共同历史命运或共同认知/体验/意向的个体身上，使多元群体成员资格的生成渠道和空间、组合方式和权重发生变化。以多元群体资格为核心，就可能准确刻画、理解和解释社会转型中的中国人心理和行为逻辑[87]。

有学者认为，面对急速的社会变迁，中国社会心理学需要以变迁与文化的视角来选择研究问题。中国社会文化中群己关系的社会心理机制，即“我们”概念的形成机制及其转换的可能与条件，正是一个体现着双重视角的基本问题。对这一问题的探讨不仅有助于解释社会凝聚力、群体行动的逻辑，讨论国家与个人、社会与个人、类别与个人的关系，也有助于培植社会转型时期的社会心理资源和社会心理支持系统，从而促进社会合作。研究发现，中国人“我们”概念是在社会情境的启动和价值取向等因素影响之下，经由相互交织的“关系化”与“类别化”双重过程形成的[88]。

此外，对于社会高度分化时代的社会信任、社会认同，以及风险社会的公众安全感等社会心理现象的关注和研究也在增加。

（作者：郑杭生，中国人民大学教授；
奂平清，中国人民大学副教授）

注：

①郑杭生：《改革开放30年：日趋成熟的中国社会学——有关中国社会学发展全局的几个重大问题》，《江苏社会科学》，2008年第3期。

②郑杭生：《改革开放30年：当代中国社会学的历史轨迹和鲜明特色》，《教学与研究》，2008年第6期。

③郑杭生：《论建设性反思批判精神》，《华中师范大学学报》（人文社会科学版），2008年第1期。

④郑杭生主编：《中国社会学30年（1978—2008）》，中国社会科学出版社，2008年版；李强主编：《中国高校哲学社会科学发展报告：1978—2008：社会学》，广西师范大学出版社，2008年版。

⑤洪大用：《公正、和谐、发展——追寻社会学的核心价值》，《教学与研究》，2008年第6期。

⑥刘少杰：《从移植到重构——研究西方社会学的理论转向》，《教学与研究》，2008年第6期。

⑦刘少杰：《当代社会学的理性化反省与感性论转向》，《中国人民大学学报》，2008年第3期。

⑧郑杭生：《“中国模式”的社会学解读》，《人民论坛》，2008年第24期。

⑨李培林：《现代性与中国经验》，《社会》，2008年第3期。

⑩郑杭生：《狭义转型论遭遇“中国经验”尴尬》，《人民论坛》，2008年第4期；郑杭生、杨敏：《新布达佩斯学派狭义转型论的重大理论缺陷》，《红

旗文稿》，2008 年第 3 期。

⑪郑杭生：《论现代的成长和传统的被发明》，《天津社会科学》，2008 年第 3 期。

⑫郑杭生：《改革开放 30 年：快速转型中的中国社会——从社会学视角看中国社会的几个显著特点》，《社会科学研究》，2008 年第 4 期。

⑬郑杭生、胡翼鹏：《道法自然，静默无为：社会运行的另类思路——春秋战国时期道家的社会思想》，《河北学刊》，2008 年第 2 期；《天道兼爱，尚同节用：社会运行的一体化理论——春秋战国时期墨子的社会思想研究》，《社会科学》，2008 年第 1 期；《敬天明德与设官分职：社会运行的理念和实践——西周时期的社会思想研究》，《社会科学战线》，2008 年第 2 期。

⑭刘少杰：《马克思主义社会学理论研究的历史与机遇》，《江海学刊》，2008 年第 5 期。

⑮谢立中：《实证、诠释与话语：以现代化研究为例》，《社会》，2008 年第 3 期。

⑯朱红文、王鲭钧：《谈话分析与社会科学的方法论转向》，《华中科技大学学报》（社会科学版），2008 年第 1 期。

⑰郝大海：《抽样调查中的无应答替换与应答率》，《统计与决策》，2008 年第 11 期。

⑱潘绥铭、黄盈盈、王东：《问卷调查：设置“开放题”是一种失误》，《社会科学研究》，2008 年第 3 期。

⑲潘绥铭、王东：《定性调查：“求同法”、“求异法”与“求全法”的不同性质》，《中国人民大学学报》，2008 年第 4 期。

⑳郑杭生、杨敏：《关于社会建设的内涵和外延——兼论当前中国社会建设的时代内容》，《学海》，2008 年第 4 期。

㉑郑杭生：《抓住改善民生不放推进和谐社会构建——从社会学视角领会党的十七大报告的有关精神》，《广东社会科学》，2008 年第 1 期；《灾后重建要把民生放在更加突出的位置》，《求是》，2008 年第 15 期。

㉒吴忠民：《改善民生的有效途径》，《北京观察》，2008 年第 2 期。

㉓景天魁：《社会建设的科学构思和周密布局》，《江苏社会科学》，2008 年第 1 期。

㉔洪大用：《中国社会建设 30 年：成就与问题》，《学习与实践》，2008 年第 8 期。

㉕郭于华、史云桐：《马克思主义与社会——布洛维“社会学马克思主义”的启示》，《开放时代》2008 年第 3 期；沈原：《又一个 30 年？转型社会学视野下的社会建设》，《社会》，2008 年第 3 期。

㉖郑杭生：《论社会建设与“软实力”的培育——一种“大传统”和“小传统”的社会学视野》，《社会科学战线》，2008 年第 10 期。

㉗杨敏：《价值观多元开放时代的社会共同性追求——体制改革 30 年来公众价值观变化的社会学思考》，《甘肃社会科学》，2008 年第 5 期。

㉘郑杭生：《破解在陌生人世界中建设和谐社区的难题——从社会学视角看社区建设的一些基本问题》，《学习与实践》，2008 年第 7 期；《中国特色社区建设与社会建设——一种社会学的分析》，《中南民族大学学报》（人文社会科学版），2008 年第 6 期。

㉙郑杭生、黄家亮：《论现代社会中人民调解制度的合法性危机及其重塑——基于深圳市城市社区实地调查的社会学分析》，《思想战线》，2008 年第 6 期。

㉚郑杭生：《从政治学、社会学视角看公民意识教育的基本内涵》，《学术研究》，2008 年第 8 期。

㉛杨宜音：《当代中国人公民意识的测量初探》，《社会学研究》，2008 年第 2 期。

㉜高丙中：《中国的公民社会发展状态——基于“公民性”的评价》，《探索与争鸣》，2008 年第 2 期。

㉝李强：《改革开放 30 年来中国社会分层结构的变迁》，《北京社会科学》，2008 年第 5 期。

㉞李强：《试分析国家政策影响社会分层结构的具体机制》，《社会》，2008 年第 3 期。

㉟李强：《从“整体型社会聚合体”到“碎片化”的利益群体——改革开放 30 年与我国社会群体特征的变化》，《新视野》，2008 年第 5 期。

㊱李路路：《社会分层结构的变革：从“决定性”到“交易性”》，《社会》，2008 年第 3 期。

㊲陆益龙：《户口还起作用吗——户籍制度与社会分层和流动》，《中国社会科学》，2008 年第 1 期。

㊳王春光：《中国城市化与社会结构变迁》，《中国农业大学学报》（社会科学版），2008 年第 3 期。

㊴王天夫、李博柏：《平等主义国家理想与区隔主义官僚体系：一个社会分层结构的新模型》，《社会》，2008 年第 5 期。

㊵吴忠民：《论社会公正对制度建设的重要意义》，《社会科学》，2008 年第 5 期；《中国现阶段的社会公正问题》，《河北学刊》，2008 年第 2 期。

㊶吴忠民：《改革开放以来中国精英群体的演进

及问题》,《文史哲》,2008年第3、4期;《精英群体的基本特征及其他》,《中共中央党校学报》,2008年第2期。

㊷李培林、张翼:《中国中产阶级的规模、认同和社会态度》,《社会》,2008年第2期。

㊸李路路、王宇:《当代中国中间阶层的社会存在:阶层认知与政治意识》,《社会科学战线》,2008年第10期。

㊹李春玲:《中产阶级的社会政治态度》,《探索与争鸣》,2008年第7期。

㊺李路路:《中间阶层的社会—政治功能:新的问题和视角》,《探索与争鸣》,2008年第7期;《中间阶层的社会功能:新的问题取向和多维分析框架》,《中国人民大学学报》,2008年第4期。

㊻冯仕政:《重返阶级分析——论中国社会不平等研究的范式转换》,《社会学研究》,2008年第5期。

㊼刘少杰:《利益关系分化中的意识形态变迁》,《社会》,2008年第3期。

㊽李春玲、李实:《市场竞争还是性别歧视——收入性别差异扩大趋势及其原因解释》,《社会学研究》,2008年第2期。

㊾王天夫、赖扬恩、李博柏:《城市性别收入差异及其演变:1995—2003》,《社会学研究》,2008年第2期。

㊿吴清军:《市场转型时期国企工人的群体认同与阶级意识》,《社会学研究》,2008年第6期。

(51)佟新:《跨国资本与中国中产阶级的生产——以在华跨国公司中方高端劳动力为例》,《社会》,2008年第4期。

(52)佟新:《国有工业企业简单控制型的劳动关系分析》,《开放时代》,2008年第5期。

(53)王春光等:《转型中的中国劳资关系研究——以温州为例》,《学习与探索》,2008年第4期。

(54)石秀印:《劳动关系:由单边决定、双边决定向三方协和转型》,《北京工业大学学报》(社会科学版),2008年第6期。

(55)郑杭生、彭莉莉:《"还权于民"的"路径图"——从社会学视角体会十七届三中全会精神》,《经济视角》,2008年第11期。

(56)陆学艺:《统筹城乡发展,农村要进行第二次改革》,《经济学家》,2008年第2期;《解决好三农问题亟须农村第二步改革》,《中共福建省委党校学报》,2008年第7期。

(57)陆益龙:《新农村建设中的农民需求及影响因素——基于2006年中国综合社会调查的分析》,《中国人民大学学报》,2008年第3期。

(58)郑红娥、吴殿朝:《困厄与出路:乡村治理与新农村建设》,《云梦学刊》,2008年第1期。

(59)奂平清:《华北乡村社会转型的困境与城市化道路》,《中共中央党校学报》,2008年第3期;《施坚雅乡村市场发展模型与华北乡村社会转型的困境——以河北定州为例》,《社会主义研究》,2008年第4期。

(60)杨善华、宋倩:《税费改革后中西部地区乡镇政权自主空间的营造——以河北Y县为例》,《社会》,2008年第4期。

(61)陆益龙:《流动的村庄:乡土社会的双二元格局与不确定性——皖东T村的社会形态》,《中国农业大学学报》(社会科学版),2008年第1期。

(62)折晓叶:《合作与非对抗性抵制——弱者的"韧武器"》,《社会学研究》,2008年第3期。

(63)杨团、李振刚:《4个农村合作组织案例的比较分析:发展需要内外机制并举》,《学习与实践》,2008年第10期。

(64)刘少杰:《寻求理性建构与传统延续的统一——关于20世纪中国农村建设运动经验教训的思考》,《江苏社会科学》,2008年第1期。

(65)吴忠民:《中国中期社会危机的可能趋势分析》,《东岳论丛》,2008年第3期。

(66)徐晓军:《病情与人情:乡村艾滋病病人的双重压力与自杀风险》,《华中师范大学学报》(人文社会科学版),2008年第5期。

(67)黄家亮:《论社会歧视及其治理——一个社会学视角的理论分析》,《华东理工大学学报》(社会科学版),2008年第3期。

(68)明世法、陈为智:《网络参与非直接物质性社会冲突的个案及社会学思考——基于汶川地震减灾中的"万科捐款门事件"》,《兰州学刊》,2008年第12期。

(69)景天魁:《引致和谐的社会政策——中国社会政策的回顾与展望》,《探索与争鸣》,2008年第10期。

(70)杨伟民:《论个人福利与国家和社会的责任》,《社会学研究》,2008年第1期;《论社会福利与国家福利的关系》,《中国人民大学学报》,2008年第1期。

(71)唐钧:《中国的社会保障政策评析》,《东岳论丛》,2008年第1期。

(72)李迎生等:《构建城乡衔接的社会保障体

系——以北京市为例》，《中国人民大学学报》，2008年第6期。

⑬李迎生等：《中国残疾人社会保障制度现状及完善策略》，《河北学刊》，2008年第5期。

⑭王思斌：《发挥社会工作在灾后重建中的作用》，《中国党政干部论坛》，2008年第6期。

⑮李迎生：《我国社会工作职业化的推进策略》，《社会科学研究》，2008年第5期。

⑯李汉林：《变迁中的中国单位制度——回顾中的思考》，《社会》，2008年第3期。

⑰石秀印：《行政机关工会的功能定位与制度嵌入》，《湖南社会科学》，2008年第2期。

⑱刘世定：《产权保护与社会认可对产权结构进一步完善的探讨》，《社会》，2008年第3期。

⑲陶庆：《合法性的时空转换——以南方市福街草根民间商会为例》，《社会》，2008年第4期。

⑳罗家德等：《社会网研究的架构——以组织理论与管理研究为例》，《社会》，2008年第6期。

㉑赵延东：《社会网络与城乡居民的身心健康》，《社会》，2008年第5期。

㉒洪大用：《论改进中国环境治理的新方向》，《湖南社会科学》，2008年第3期。

㉓晋军、何江穗：《碎片化中的底层表达——云南水电开发争论中的民间环保组织》，《学海》，2008年第4期。

㉔黄家亮：《通过集团诉讼的环境维权：多重困境与行动逻辑》，《中国乡村研究》（第六辑），福建教育出版社，2008年版。

㉕洪大用、龚文娟：《环境公正研究的理论与方法述评》，《中国人民大学学报》，2008年第6期。

㉖刘小流、陈玉生：《环境社会学视野下的城市社区生态和谐》，《兰州学刊》，2008年第2期。

㉗方文：《转型心理学：以群体资格为中心》，《中国社会科学》，2008年第4期。

㉘杨宜音：《关系化还是类别化：中国人“我们”概念形成的社会心理机制探讨》，《中国社会科学》，2008年第4期。

民　族　学

民　族　学

杨圣敏　祁进玉

2008年民族学、人类学的研究与教学中，更多分支学科的教学与研究受到重视，很多高校和研究机构将更多经费投放于该学科研究中，跨学校、跨单位和跨地区的合作研究活跃。在针对现实问题的专项研究中，跨学科合作得到进一步加强，如民族学与宗教学、生物学、历史学、经济学、心理学等学科的合作都有明显扩大，并取得了可喜的进展。

一、民族学、人类学学科建设、基本理论与方法研究

中国古代的历史文献是最为丰富的，最明显的标志是汉文的二十四史。但汉文历史文献记述的重点是中原地区的历史，边疆和少数民族史的研究却往往会遇到史料缺少或不够完整的困难。我们在研究新疆几千年的历史时，有很多空白点、疑难点由于史料之缺乏而无法解决。于是以往在新疆史的撰写中，就出现了不少由于史料不足而众说纷纭的观点，甚至任意的揣测。有研究者指出，解决这个问题的唯一办法就是发掘更多的史料。发掘史料的办法很多，除了诸如开发各种少数民族文字、古代死文字、外文的历史文献之外，还有一个办法就是借用其他学科的研究视角去开阔搜寻史料的范围。其中一个很重要的视角就是民族学、人类学的角度。从这个角度出发，很多过去在传统历史学角度看来没有什么价值的材料，如一些神话传说、宗教文书、游记、壁画等等都可以给我们透露出一些真实的历史信息①。

在海外民族志研究方面，有研究者选择美国中西部一个小镇进行长期田野作业的预调查。在这个期间，笔者广泛地参与社区日常生活的各个方面，也接触了自愿者组织、学校、教会、博物馆等公民

社会组织或机构，形成了一些把这里的社区生活与多种关于“美国”的意识、观念关联起来的想法，以便于今后进一步的调查研究[②]。有研究者指出，民族志包括两个艰苦的知识生产过程，一个是长期参与观察的田野作业，一个是民族志文本的思考与撰写。贝特森在《纳文》写作之前经历了曲折的田野作业经历和心灵的磨炼，别开生面地把人类学家的民族志写作过程当做描述的对象，把民族志作为学术研究的方法能够达到的可能性推到了新的高峰，从而在完整的知识生产过程中说明民族志研究的心智条件[③]。

无论表现如何不同，人类学最主要的目的是形成关于对象文化的认识。与其他学科相比，人类学认识的特殊性在于它以田野作业为基础。田野作业的基础性使人类学研究的经验性与实证性得到充分强调，与此同时，也可能让研究者陷入未经反思的实在论承诺，以致忽视必不可少的认识论考量。不幸的是，这一倾向在目前的人类学界仍然很普遍。在此背景下，有研究者借田野中“何物存在”这个问题引出关于人类学实在观的讨论，在田野作业的方法论情境中审视实在论的困局和不可避免的建构性，进而从理论的维度反观人类学表层实在、深层实在、关系实在和解构实在4种实在观的变更脉络，为人类学实在观的建构与反思创造必要的认识论语境[④]。深入访谈是从事现代民族志写作的基础，是现代人类学研究不可或缺的研究方法之一。有研究者不仅阐述了现代人类学研究中深入访谈的形式、特征与要求，同时指出了现代人类学研究中深入访谈需要注意的具体事项[⑤]。

有研究者认为，把世界想象、历史叙事中的德性及与本体论相结合的“当地的广泛综合”当做人类学研究的焦点，这一对欧美现代人类学“他者”概念的坚持，与对于中国古代异域志的领悟相一致。无论是中国的“田野”，还是其他地方的田野，都告诉我们，人无法不生活于一个自我与他者的密切关系中——尽管不同文化对于自我与他者有不同的定义[⑥]。也有研究者认为，中国古代文献中存有丰富的民族志资料，而人类学则是一门近代兴起于西方的社会科学。以今察古，需要借助主位与客位研究法。目前对古代中国思想史从人类学的角度进行研究的深度还不够，而这应该成为西学本土化关注的焦点之一[⑦]。

有研究者指出，人类学的中国研究要成为一个有世界意义的“地区类型”，就要在学科内部探索人类学知识与“当地思想”的“现实表达”之间的关系。致力于中国研究的人类学若要对世界人类学有所贡献，那就需要“反思地继承”前人成就，探索新的研究方法，对中国历史上的文明、政治文化的历史动态过程、帝国宇宙观展开深入研究，将对世界人类学的理论探讨和当代世界文化关系的处理产生重大影响[⑧]。

二、全球化与民族主义、民族理论、民族政策研究

从20世纪90年代至今有关全球化的争论一直没有停止过，形成这样一种现象的原因主要归咎于全球化对世界经济、政治、文化、制度乃至社会进程等多层次多方面都产生作用和影响，而且这种影响有进一步强化的趋势。从全球化视野看待民族学与人类学研究，则有着重要的理论与现实意义。

全球化的发展，不但向我国的历史传统和固定特性的国家观念提出了挑战，而且对我国的共同价值观的观念也提出了质疑。有研究者以人类学视野借助田野个案来侧重考察广义的“全球化”对民族国家的影响，尤其是政治全球化、文化全球化和经济全球化对相关的一些身份认同，诸如族群/民族身份认同、国家认同和国民身份建构以及公民认同等的影响[⑨]。也有研究者认为，民族主义意识对于我们国家发展的重要作用也是比较明显的，民族主义是一个历史的概念，它的内容已经随着历史的发展而处于不断的变化当中，我国在民族主义意识建构过程中存在的问题与挑战主要来自3个不同的层面：从次国家的层面看我国目前受到了地方分裂主义意识的困扰，地方分裂主义意识的主要表现是“台独”势力的分裂活动；从国家间的层面来看，我国民族主义意识的问题主要是国家自身在国际社会中的定位不是很明确，以至于很多在国际交往中的问题被打上了民族主义的意识；在超国家的层面上来看，我国的民族特性正越来越多地受到了地区主义和全球主义的挑战[⑩]。

第二次世界大战以后，以“民族自决”为理念基础的全民公决运动使得许多殖民地国家获得了独立。20世纪90年代，随着第三波民主浪潮的出现，全民公决运动又使许多国家分崩离析。有研究者认为，目前要求“自决”和“独立”的全民公决运动仍在继续，并危及许多独立主权国家的存亡。从全民公决的视角对民族自决理论进行反思，对民族自决权与国家主权、住民自决的适用范围等多个国际政治重大问题进行法理探讨，很有必要[⑪]。也有研究者提出，民族主义是发源于西方的思想运动和政治实践。如果以民族主义理论分析中国的现实，那就应该首先在比较历史研究中梳理中国的民族主义政治史。通过这种比较研究我们可以发现：民族主义绝不是一种权力或知识精英单方面教化大众的意识形态话语，而是政治共同体全员基于共同生活体验的共同思想。而当今中国社会并不存在所谓的民族主义。在中国，不是民族主义带来了麻烦，真正的问题是民族主义应该得到重建[12]。

有研究者认为，改革开放以来近30年，中国特色社会主义民族理论体系作为中国共产党处理社会主义初级阶段民族问题实践经验的理论升华，经历了邓小平民族理论、“三个代表”重要思想的民族理论以及党的十六大以来民族理论的新发展3个阶段，形成了比较完备的成熟的理论，是马列主义民族理论中国化的最新成果[13]。有研究者认为，新中国区域自治的模式，为多民族国家既适当满足民族的政治权力要求，又能保持国家统一和民族友好相处指明了出路。民族平等团结是我国民族关系的基本准则，要实现民族双重发展任务与各民族共同繁荣，必须用科学发展观统领民族发展[14]。也有研究者分析指出，新中国成立初期系统接受了斯大林民族理论，以苏联为模式制定了一系列有关民族问题的制度和政策。新中国成立50多年来，中国社会和世界形势发生了天翻地覆的变化，我国各少数民族地区也出现了一些实际问题。为使我们的研究工作跟上时代的步伐，必须解放思想，拓展视野，深入实际进行调查研究，努力推动符合中国最新发展国情的理论创新和学术创新[15]。也有研究者提出，中国当代政治文化以人民当家做主为核心，具有中国特色的政治文化从较深的层面规约着中国民族政策的价值取向，决定了中国解决民族问题的制度模式特色[16]。

有研究者通过分析十一届三中全会以来中国的社会发展和历届党的全国代表大会的报告，尤其是十七大报告，结合我国民族问题的现实和研究情况进行思考。强调指出：在社会主义初级阶段，无论是执政纲领还是民族研究，都必须结合国情，服务于社会主义建设主流，同时针对民族研究中“边缘化”的趋势提出了一些看法[17]。

对历代统治阶级的民族政策进行梳理与分析，有助于我们以史为鉴，对解决全球化背景下纷繁复杂的民族关系有着重要的理论意义。有研究者分析指出，清代民族政策的本质可以概括为：统治阶级意志、利益和认识事物水平在认识处理民族问题方面的集中体现；统治阶级对多民族国家的民族事务进行有效管理的最重要工具之一；统治阶级适应多民族国家社会发展需要的主要方式之一[18]。也有研究者认为，冷战结束后，跨界民族问题的复杂性、国际性和重要性特点更加突显，跨界民族问题已成为影响世界稳定的重要因素。我国是一个多民族国家，又是一个多跨界民族的国家，民族理论学科应加强跨界民族研究，以丰富马克思主义民族理论体系[19]。

三、民族与族群问题研究

民族认同问题是社会心理学、人类学、社会学及民族学等学科共同关注的一个交叉领域，它与民族偏见、文化适应、心理健康等研究领域都存在着密切的关系，因而也是国外相关学科研究的焦点之一，在我国近年来相关研究中，学术界对民族认同的研究兴趣日益浓厚。目前，有关族群或民族认同与国家认同、公民身份等的跨学科研究成为该领域研究的焦点议题。

随着经济全球化在世界各地的不断推进和各国社会在不同层面出现的“本土化”反弹，对于民族关系的分析与民族主义思潮的研究已经成为当今世界各国政府非常关注的社会问题。有研究者系统地考察与分析了各国民族关系形成的历史和现实的民族交往状况，根据若干核心因素在组合中的差异特点，把当代主要国家的民族关系归纳为几个基本类型，并在不同类型的比较研究中分析各国民族关系的历史演变，讨论影响各国民族关系的具体因素的表现形式，希望能从中获得某些启示，有助于理解和认清中国的民族关系[20]。

中国是统一多民族国家，在长期的历史发展中各个民族的内部认同在不断发展。但与民族的内部认同相比，国家的认同却不是一帆风顺地发展。有研究者指出，应认真分析现代多民族国家的民族认同与国家认同的理论与实践，吸取其经验教训，探索我国以民族认同为基础的全国范围内的政治认同和文化认同方法，推动实现从民族认同到国家认同的发展[21]。也有研究者认为，中华民族认同经历了颇为复杂的历史进程，在近代中国才最终得以实现，成为凝聚全民族力量的核心价值所在。这一认同对于中华民族精神的塑造，对于中华民族精神各项功能的发挥，都起了巨大作用[22]。也有研究者认为，在当代中国，随着社会主义市场经济体制的逐步完善和发展，随着中国加入世界贸易组织以后国际化进程的加快，不同文化之间，不同价值观念之间的碰撞越来越突出，在文化价值观念日益多样化的背景下，如何倡导和确立主导价值观，进而增进人们的文化认同感，成为摆在我们面前的一个现实而紧迫的问题[23]。

也有研究者认为如果只强调少数民族自身的权

利，而忽略总体性文化认同，那么就如同加拿大的所谓“马赛克”式的民族政策，最终会将难以弥合的裂缝扩大；如果只强调同化，如同美国以前的“大熔炉”式归化政策，那么也会引起因为压抑造成的反抗。中国各民族关系是一种“大花园”式的百花齐放，应该具有自己独特的风格与思路[25]。

四、民族地区发展与和谐社会建设

加快民族地区经济发展方式的转变，关系到民族地区经济长远发展全局，也关系到全国区域经济的协调发展。在相关研究领域，有关民族地区的经济与文化互动问题是民族经济学研究的核心问题；此外，生态经济、区域经济和民族文化的资本化运作等议题也是一直以来学术界关注的重点。

有研究者应用定性与定量相结合的方法及 GIS 技术，对民族地区 79 个地州市的经济社会发展状况进行综合评价，从中可分析民族地区经济社会地域分异特征，揭示民族地区经济社会发展的地域分异规律，并对民族地区经济社会分异规律的成因进行了探讨[25]。也有研究者通过个案调查和文献资料梳理发现，援助西藏的经济建设项目取得了巨大成就，但项目的社会和经济效益表现得参差多态。由政府主导资源配置实施的项目援藏，强化了计划经济，导致资源配置的低效，有可能带来援助依赖[26]。

我国社会经济的可持续发展取决于资源的可持续利用，少数民族地区虽然拥有丰富的自然资源，但是民族地区的经济发展依然落后。有研究者认为，民族地区自然资源利用补偿模式的探索关系着民族地区生态保护和建设工程的成败，是我国可持续发展的重要组成部分，具有重要的现实意义。目前我国少数民族地区自然资源利用补偿机制还存在诸多问题，需要采取相应对策加以解决[27]。也有研究者认为，北方农牧交错带的形成和变迁是自然、经济和制度等因素综合作用的结果，其界限不断北移引起蒙古族经济文化类型的变化，农耕经济快速发展，草原畜牧业萎缩。该区经济文化类型的变化导致蒙古族经济社会领域的一系列变化[28]。

五、少数民族社会历史文化、民族宗教研究

在少数民族历史文化研究方面。有研究者指出，塔吉克族实行父系继嗣的单边继承习俗，该习俗至今发挥着共靠——反哺式的家庭养老功能。受伊斯兰教伊斯玛依派教法中继承规范的影响，散居在莎车、泽普和叶城等地的塔吉克族妇女享有一定的遗产继承权。在招赘婚的情况下，塔吉克族妇女可以成为亡者遗产的继承人[29]。

有研究者认为，那达慕作为蒙古族所特有的一种古老民俗活动，其发展动力不仅来自当时蒙古族生产、生活、宗教、军事和政治需求，更是基于蒙古民众精神和心灵的必然诉求。那达慕以充满象征、隐喻的方式表达蒙古族对自我历史的记忆和想象，延续着蒙古人对过往生活的认知，凝聚和强化了族群认同[30]。也有研究者认为，台湾南岛语民族历史上曾拥有较高纺织技术，但这种技术没有延续下来。从明清开始，台湾南岛语民族的服饰，一方面沿着服饰自身的规律发展演变；另一方面接受外来服饰文化的影响，内部和外部的力量结合，使服饰的文化内涵显得异常丰富[31]。

原始宗教研究一直以来是民族宗教研究的重点议题。满族的鄂漠锡妈妈崇拜属于萨满教。有研究者认为，满族统治者入主中原成为国家最高统治者以后，其国家宗教有一个逐渐向汉式宗法宗教转化的过程。事实证明，在满族独特的社会发展中，作为现成的文化传统，萨满教的乌麦信仰被不断加以运用和改造，最终成为清代皇室不断举行的关于佛立佛多鄂漠锡妈妈的求福仪式[32]。也有研究者认为，随着满族社会封建化进程的不断加快，萨满教与封建文化、封建集权统治的不可调和性也日益突出，从而注定了其无法改变的衰落命运。此后，随着满族入关和中原文化的进一步渗透，满族的传统信仰逐步走上与封建礼教结合的道路[33]。

有研究者指出，清朝前期，由于清政府的民族宗教政策，藏传佛教在蒙古地区得以迅猛发展，然而，这种情况在清代晚期却发生了很大变化，呈现出日益衰落的迹象。晚清时期政策之转变、儒家文化的浸润、启蒙思想的兴起、寺院经济的膨胀等因素都是导致藏传佛教在近代蒙古社会衰落的原因[34]。也有研究者认为，彝族氏族祭祖大典，既是彝族宗教活动中超度祖先亡灵最为隆重的祭祀活动，又是古代彝族宗法制度中氏族集会的盛大典礼，集中地体现了彝族古代社会生活的各个方面，对彝族的社会历史和传统文化有着深刻的影响[35]。

六、分支民族学、人类学学科发展

我国的民族学、人类学的各个分支学科领域的研究已经取得较大的进展。各学科之间加强相互交流和跨学科研究的趋势也日益明显，不断涌现出大量的交叉、跨学科的研究成果，学术研究更加趋于规范，跨学科之间的整合研究趋势越来越得到加强。

1. 社会人类学研究

人类学与欧洲启蒙运动之间的关系非常密切。有研究者通过对卢梭、孟德斯鸠及伏尔泰作品的分析指出，非西方文化作为一种文化批评的有效手段，在启蒙运动中启发了人们对自身文化的反思，帮助本文化走出混沌，走向理性的光明[36]。也有研究者认为，民族学是一门应用性学科。文化策划就是一种民族学应用的新模式，要在“大”文化的视野中作“小”文化策划。文化策划的基本框架包括：基本观点和方法论、侧重点、立足点、关注点。文化策划的基本要求是充分掌握文化资源、熟悉政策法规、跨学科的综合研究[37]。

有研究者认为，范庄“龙牌会”和安顺“地戏”是知识生产反思的两个案例。在这两个案例中，知识生产既“生产”了知识，也“生产”了对象。借助于学者“在场”，村民不仅“生产”了“地方性知识”，也“生产”了关注他们的学者[38]。也有研究者通过分析畲族风情村的制造、族群符号的盗用、表述的真实性、婚俗展演及其对游客和目的地的影响，探讨地方族群文化商品化与消费问题，并提出改进民族旅游的建议[39]。自20世纪80年代以后，一批批新疆维吾尔族人陆续来到北京，他们大多聚居于北京的魏公村和甘家口两地，形成了两个维吾尔族村庄。有研究者围绕新疆村的维吾尔餐馆展开，并利用文献材料展示了北京新疆村自元代以来的种种变迁[40]。

在海内外中国人类学研究中，“东南区”与“西南区”本都有民族学与汉人社会研究，但在20世纪下半叶特定的历史背景下，海内外人类学、民族学研究者对两个“学术区”加以研究内容与使命的区分，致使东南的汉人社会与西南的民族相互分离，东南的“社会人类学”与西南的“民族学”相互区分。有研究者指出，为了深化两个“学术区”的研究，有必要重建二者之间的历史纽带，在一个更广阔的视野下，“反思地继承”东西两大“学术区”的遗产，促成一个“东西结合”的学术范式，通过历史文明、政治文化、帝国宇宙观诸方面的研究，展开“关系结构”的社会科学思考[41]。

2. 历史人类学研究

20世纪70年代以来，人类学日渐注重历史研究的视角，开始关注“他者”的历史，由此产生了新的理论洞见和新的研究方法。一方面，揭示了“他者”是有历史的，并在历史建构中具有重要的能动作用，以此为基础提出了“文化界定历史”的创新性理论架构，冲击了传统的“客观历史”说，根本性地突破了人类学中长期存在的“文化”与“历史”、“结构”与“历史”、“结构”与“事件”等基本矛盾的对立。另一方面，传统民族志也得到了更新改造，人类学研究方法从单一的田野调查中解脱出来，走进了历史的“田野”之中，融文献史料、田野调查于一体，人类学文化撰写方式日渐呈现综合性、多元化的发展态势。有研究者对西方人类学“历史化”的学术环境进行系统梳理，以期能对全面、深入理解西方人类学的“历史化”有所裨益[42]。

藏族喇嘛僧人留住京城始于明初洪武年间。永乐迁都后，藏僧东来更趋频繁，留住京城藏僧逐渐增加，对僧人的生活供给也曾成为朝廷的一项巨大开支。有研究者认为，以往各类文献记载及少量研究多从负面评述。明代历朝都准允藏僧留住京城同时给予优厚待遇，此举有着更为深层的社会功用的考量，总体来说是明代各朝治藏政策的重要组成部分，对维护明朝中央对西藏地方的有效管辖及促进西藏地方的和平稳定发展起了重要的积极作用[43]。

也有研究者认为，雍正年间台湾原住民“熟番”赴闽贺寿，其事虽未引起朝廷重视，但毕竟是清廷与原住民在皇朝仪轨范畴互动的开端。乾隆年间台湾原住民“生番”两次赴大陆朝觐贺寿，则标志着清廷在台湾“理番”政策的变革，对后世影响显著[44]。

3. 语言人类学研究

有研究者认为，藏语词汇的变化一直和社会的发展、变迁密切相关。所有这些变化，均要求藏语词汇的加快更新和发展，新词术语大量涌现。使用意译等手段创制是产生藏语新词术语的主要方式，可通过使用藏语现有的词语（有的是古代书面语中的固定词语）来表达新概念，更常见的则是使用旧材料构成复合、派生或缩略等不同结构的新词术语[45]。

有研究者尝试借用皮埃尔·布迪厄文化再制理论中“文化资本”的概念来分析和探讨，提出土族、羌族语言及其新创文字是一种潜在的文化资本，它有利于满足土族、羌族群体对民族传统文化传承的长远需要。教育部门应努力建构适应土族和羌族学生发展的双语教育模式，重视学校教育的文化选择，探究应对主流文化社会的学校教育策略，使其由潜在的文化资本转变为现实的文化资本，以保护和弘扬土族、羌族语言文化的多样性[46]。

湖南省城步苗族自治县长安营乡长安营村是典型的多民族杂居村。有研究者认为，村内苗族和侗族人口虽然最多，但苗语和侗语却基本没有保留下来。绝大多数村民虽掌握多种语言变体，但只有长安营话最通用，城步县各民族的共同交际语儒林话却并不通行。尽管普通话在不同场合、针对不同交际对象和话题的使用十分有限，但人们对其认同程度最高，行为倾向也最明显。尽管苗语和侗语是绝大多数被试的民族语，本民族对其认同程度也有明显差异，但总体而言，人们对其评价不如普通话和长安营话[47]。也有研究者指出，莫旗达斡尔语的结构演化趋势是：借词元音趋于稳定、借自汉语的辅音有的已经音位化，有的处于过渡状态，某些固有词逐渐淡出族人记忆，汉语借词的数量将进一步增大。达斡尔语的功能发展趋势是：母语型人群将极度萎缩，兼用型人群稳定发展，转用型人群大幅增加；母语在农村家庭和社区语言环境中的地位没有动摇，但潜存危机，汉语在城区和散居区的地位继续巩固和强化，其优势地位逐渐向农村社区延伸；城市化将增加达汉语言接触的范围及深度[48]。

4. 法律人类学研究

近30年以来，中国的“法律和人类学”研究经历了既相互区分又通过对话而融合的过程。这一过程不仅仅有法学者和人类学者的参与，实际上也有历史学者、社会学者的参与。其中心问题包括法律与情理、反思现代法治、法律语境化、延伸个案研究方法。有研究者指出，适时分类整理这一跨学科研究的主要问题，将会对降低学科间的知识壁垒、强化彼此的知识互惠能力产生积极影响，也有助于形成一个中国法律和人类学研究的认知框架[49]。

在法律人类学研究中，不同时期、不同学者的研究对象有所不同，因此，任何试图界定法律人类学的概念化尝试均注定是无法获得成功的。基于上述认识，有研究者通过梳理西方法律人类学研究的演进过程以及当前的发展趋势，来探究法律人类学的内涵、方法以及其为传统法律研究所带来的冲击与影响[50]。也有研究者认为，法律人类学与法史学有着很深的渊源，二者都重视对文化的研究，但是法律人类学侧重于文化的横向比较，关注文化在具体社会中的功能与结构，是一种共时性问题的研究；法史学则从纵向来研究文化发展的过程，是一种历时性问题的研究[51]。

有研究者指出，变迁中塔吉克族社区的法律秩序井然有序，而起着支配作用的主要是家系主义的内控力量。塔吉克族社区“夜不闭户、路不拾遗”的淳朴社会风尚和当地的贫困现象之间并不存在正相关关系。遵从伦理、族籍和宗教文化转移控制的约束，即使逐渐富裕了的塔吉克族人身处国际旅游接待地的生人社会格栅之中，外来文化也没有对当地的善良风俗产生根本的影响[52]。也有研究者认为，民族习惯是重要的社会调整手段，是法的渊源，它与成文法相得益彰。随着各民族交往范围的不断扩大，各民族习惯处于补益与冲突并存的局面。在全球化背景下，认真对待国外民族习惯和国际规则，认真整理和提炼本国各民族的习惯，正视本国民族习惯的作用，在坚持法制统一的前提下，实行私法相对自治的原则，是我国法制和法治建设的重要方面[53]。

少数民族人权的法律保护是构建和谐社会、促进社会发展的需要。中国是一个统一的多民族国家，党和国家一直十分重视民族问题，不仅确立了正确的民族政策，实行民族区域自治，还制定了一整套适合中国国情的保护少数民族人权的法律制度。有研究者指出，我国少数民族人权法律保护方面也还存在着问题，建立和完善对少数民族人权保障的社会保障性法律制度以及其他相关法律制度，是构建我国和谐社会的有效途径[54]。

5. 教育人类学研究

随着社会的进步和发展，教育越来越显示出其在社会、经济、文化发展方面的重要作用，长期的教育效果能够促进社会变迁。从政治方面看，任何一个国家都在运用教育的力量完成其政治功能，实现其社会目的。在民族教育研究方面，近年来学术界关注的重点议题是关于多民族国家中如何构建“多元一体”教育体系、双语教育、少数民族或族群的公民教育、多元文化教育及其实践、教育公平、教育人类学的规范性研究等内容。其中，对多元文化教育与公民教育、教育公平的探讨可谓该领域研究的热点问题。

有研究者认为，现代学校教育起到了普及化的制度作用，同时培养公民的自豪感。多民族国家学校公民教育的实践要求地方性知识和国家整体观念的结合培养，兼顾民族地区社会、经济和文化的现状，并进行民族历史教育，树立民族整体观和中华民族多元一体观，以及强化公民意识和国民身份认同[55]。

在中国教育发展的历史中，少数民族在教育模式方面的探索与实践是丰富多彩的，也是卓有成效的。有研究者认为，加强这方面的研究具有多方面的价值，其作用也将拓展至更广泛的社会，成为构建多民族国家学习型社会的重要依据和参照[56]。也有研究者针对我国民族教育中存在教育质量较低等问题，提出在民族教育的改革中应该遵循背景公平原则，即民族地区的教育模式、教材内容的背景知识及其教育教学方法符合大多数民族学生的文化与生活背景[57]。也有研究者在解说民族志含义的基础上，对教育民族志的基本特点和主要类型作了分析[58]。

双语教育是民族教育的一个重要组成部分，搞好双语教育有利于民族教育的发展。族际关系和少数群体如何发展，在多民族国家始终是个核心问题。

当各族拥有自己的独特语言和文化传统时，各族语言的使用及发展趋势也必然成为一个敏感的社会问题。新疆是我国西北一个非常重要的少数民族自治区。当地少数民族教育事业的发展也一直为政府和学术界所关注。有研究者通过对相关统计资料和研究文献的梳理，试图对新疆民族教育的基本模式和发展历程予以分析，并利用2007年在南疆喀什地区实地调查所得到的信息，对南疆维吾尔族聚居区近年来在双语教育方面的发展及实践中反映出的问题展开讨论[59]。

6. 生态人类学研究

在生态人类学研究方面，近年来关注的重点是有关生态文化、生态伦理与民族生态旅游等议题。建设生态文明是十七大提出的新理念、新要求、新战略，如何保持经济与环境、资源之间的相互协调发展，实现区域经济的可持续发展，已成为社会各界普遍关注的问题。其中，少数民族生态文化是指少数民族在一定的自然地理环境中演化形成的那些与自然资源息息相关的生产方式、生活方式，以及与之相适应的一整套与自然资源紧密相连的朴素的保护自然的思想和行之有效的方法，这些思想和方法对自然资源保护具有重要意义。

传统知识议题已成为国际生物多样性和知识产权保护论坛的重要热点议题。有研究者划分了与生物多样性相关的传统知识的5个范畴，首次阐明传统知识的具体概念，针对中国在传统知识保护方面存在的问题，提出今后一段时期传统知识保护的战略、阶段目标和行动措施[60]。有研究者回顾了生物入侵的历史特征，论述了我国各地区尤其是少数民族地区生物入侵的现象，提出了从自然界、人类、民族和社会的角度对生物入侵的理解，给出了应对生物入侵在人类、民族基础上的国家对策[61]。

在人类社会不同性质的活动作用下，全球生态环境不断恶化，人类生存环境遇到了前所未有的挑战和威胁，内蒙古牧业社区也不例外。牧业社区人口自然增长与移民数量的增多以及超负荷放牧已成为导致草场破坏、环境恶化与突变的主导原因，人口对自然的影响是显著的。历史上，东西方对自然界有不同的认识，应合理调节牧业经济自身产业结构、游牧文化特性与其他文化之间的现代性联系，并使传统习惯与现代制度性安排相互完善和补充。这也是社会学所追求和强调的视角[62]。也有研究者指出，青海退牧还草和生态移民工程取得一定进展，但仍存在较多问题。建议抓紧建立生态补偿机制，提高补偿标准，完善补偿公式和补偿方式，将户籍游牧人口纳入补偿范围；加强移民区基础设施建设，发展后续产业，提高社会保障水平；加快发展义务教育，加大对牧民的教育及培训投入力度以及拓宽资金来源[63]。

7. 应用人类学及其他

在艺术人类学研究方面。对甘南郎木寺乡赛赤寺法会中的宗教乐舞“羌姆”，以往的文献记载及研究十分有限。为了填补郎木寺“羌姆”研究之空白，有研究者深入该地区，对“羌姆”宗教仪礼乐舞的整体结构、艺术特征、社会功能及文化内涵等方面进行客观记录并进行本体性理论探讨，以便进一步认识和保护这一既具有悠久历史文化传统，又具有独特审美价值的艺术[64]。有研究者认为，蒙元时期的头饰在材质、形制、种类以及装饰诸方面，均达到了相当高的水平，展现出草原游牧文化、中原农业文化与中亚文化相交融的多元文化特质[65]。也有研究者认为，不断地思索人类艺术创作的根源、思索文明进步的得失、体味人类原本的自然生命力，以文化人类学的观点阐释艺术，对于走出审美误区，回归艺术的“纯”与“真”有着重要的意义，对于当下的艺术教育也有着新的启示和新的视野。艺术人类学与对物质的研究密不可分[66]。

在文学人类学研究方面。有研究者认为，《敕勒歌》与哈萨克诗歌在内容、音节、韵律等方面具有很多相似之处，这不仅因为哈萨克族与敕勒族有着亲缘关系，而更重要的是相同的自然环境和生产生活方式孕育和继承了相似的气质和性格，以至于产生相似的美感体验[67]。也有研究者认为，“文化空间”是作为非物质文化遗产的一种重要或主要的样式来表述与认定的。这使“文化空间”同时具有了一种类型学的意义。其存在的核心价值和理论依据在于它完整地、综合地、真实地、生态地、生活地呈现了非物质文化遗产[68]。

在经济人类学研究方面。有研究者认为，在经济人类学学科发展的早期阶段，研究主题侧重于“原始人的经济生活”领域。此后历经了20世纪60年代“形式与实在之争”，以及20世纪70年代新马克思主义思潮的涌动，研究主题日趋广泛与多样化，逐渐扩展到“一切积极的、具有经验主义基础的、关于人类经济行为和经济制度的研究”，包括市场与市场地、性别角色和非正式经济等综合性主题[69]。也有研究者认为，民族地区曾经历了以财政优惠形式出现的宽泛意义的财政转移支付制度和过渡期转移支付制度。在支持民族地区发展方面，财政转移支付制度发挥了重要作用，但也存在诸多问题。因此，需在总量、结构、分配办法等方面进行优化调整[70]。

在旅游人类学研究方面。关于处理好旅游开发与环境保护的关系，是生态脆弱民族地区面临的重大问题。有研究者对生态脆弱民族地区旅游开发中存在的生态问题进行剖析。生态脆弱民族地区旅游开发应坚持“保护第一”的原则；搞好旅游环境容量评价；采取收入型旅游开发模式；实施生态旅游品牌战略[71]。也有研究者认为，从传承角度来研究乡村旅游对乡村文化的影响，将有助于人们更客观、更全面地看待乡村地区旅游发展中出现的种种文化变迁现象，从而为乡村传统文化的保护与开发提供一个新的视角和方向[72]。

七、世界民族研究

随着全球化进展，区域性的民族主义思潮也越演越烈。近年来以“光头党”为主要表现形式的新纳粹主义思潮，是俄罗斯社会转型过程中传统的大俄罗斯民族主义朝向极端民族主义政治演进的结果。有研究者认为，俄罗斯民族主义和极端民族主义的发展有着深刻的民族历史原因、社会现实原因及国际背景，在短期内是难以被遏制的。但俄罗斯并不存在法西斯兴风作浪的政治大环境，俄罗斯民族主义一旦摈弃极端民族主义成分，吸纳自立、自强和自信的民族爱国主义因素，将成为振兴俄罗斯的伟大精神力量[73]。

有研究者指出，全球化时代的埃及现代阿拉伯民族主义包括政府层面和民众层面两种状态。在政府层面，主要特征是：重现实而轻理想；崇尚和平、弃置战争；扬理性、贬浮躁；倡开放、抑封闭。在民众层面，主要特征是：富于情绪化而缺乏理性；有暴力情结；广泛的群众性[74]。也有研究者提出，以是否整体对抗、主体民族的对抗、民族量能3大因素的综合性标准，可把民族冲突划分为下列4种类型：主体民族的冲突、跨界性民族冲突、移民性民族冲突及文化传播性民族冲突。巴以冲突是当今世界最严重的民族冲突之一，属于具有整体对抗性的主体民族的冲突[75]。

索马里族问题的复杂性集中表现在它是一个跨界民族。埃塞俄比亚境内的索马里族问题主要体现在，以欧加登民族解放阵线为代表的地方民族主义者要求分离，且对埃塞国家的向心力渐行渐远。如果这种趋势继续发展下去，将严重到危及埃塞领土主权的地步。有研究者认为，虽然埃塞境内索马里族成功分离的可能性很小，但索马里民族问题处理不当会使民族和边界问题升级。相对于埃塞严峻的人口、贫困、就业等问题而言，埃塞政府目前在解决索马里族问题方面尚未形成一套成熟且行之有效的策略和可预期的时间表[76]。

八、重要学术会议、学术交流活动

1. 由中央民族大学“985工程”中国当代民族问题战略研究基地、中央民族大学民族学与社会学学院、华东师范大学俄罗斯研究中心、华东师范大学国际关系研究院联合主办的“中部欧亚地区民族问题”国际学术报告会于2008年1月20日至23日在中央民族大学召开，来自俄罗斯、乌兹别克斯坦、吉尔吉斯斯坦、美国、日本等国的8位学者就俄罗斯、中亚、黑海沿岸地区的民族问题作了报告。

2. 2008年1月2日在中央民族大学，由中央民族大学“985工程”中国当代民族问题战略研究基地民族学人类学理论与方法研究中心举办第二届人类学强化讲习班——“混沌论、物质论与控制论”。本次讲习班由著名人类学家、美国弗吉尼亚大学教授弗雷德里克·戴蒙（Frederick Damon）主讲。

3. 2008年3月，由中国社会科学院民族学与人类学研究所、加拿大哥伦比亚大学联合主办，加拿大驻华大使馆协办的“西部开发及其经济社会变迁中加国际学术研讨会”在北京召开。

4. 2008年5月30日至6月2日，由中央民族大学“985工程”中国当代民族问题战略研究基地民族发展与民族关系问题研究中心和吉首大学历史与文化学院联合主办的“中国民族关系与社会发展”学术研讨会在湖南省吉首大学召开。

5. 2008年12月20日，中国社会科学院民族学与人类学研究所成立50周年庆祝大会在中央民族大学举行。建所50年来，完成了大规模的民族识别、社会历史和语言调查，编写完成了《民族问题五种丛书》中的部分著作。尤其是改革开放30年来，民族所在学科建设、成果积累、人才培养等方面都有了长足发展，推出了大量研究专著、译著、论文、资料、民族学人类学影视片等成果，建立了中国社会科学院中国少数民族语言、西夏文化、海外华人、蒙古学和藏族历史文化5个院属研究中心，担当着中国民族研究学术重镇的重要角色。

（作者：杨圣敏，中央民族大学教授；
祁进玉，中央民族大学副教授）

注：

①杨圣敏：《更多借用民族学人类学的视角去发掘史料》，《北京大学学报》（哲学社会科学版），2008年第5期。

②高丙中：《近距离看美国社会：石河镇田野作业笔记·预调查篇》（上），《西北民族研究》，2008

年第1期。

③高丙中：《民族志是怎样“磨”成的？——以贝特森的〈纳文〉为例》，《思想战线》，2008年第1期。

④李立：《田野中“何物存在”——以人类学实在观为焦点》，《广西民族研究》，2008年第4期。

⑤刘中一：《现代人类学研究中深入访谈的运用与发展》，《世界民族》，2008年第3期。

⑥王铭铭：《从“当地知识”到“世界思想”》，《西北民族研究》，2008年第4期。

⑦胡鸿保、黄娟：《反观中国古代思想的人类学研究价值》，《中央民族大学学报》，2008年第1期。

⑧王铭铭：《从弗思的“遗憾”到中国研究的“余地”》，《云南民族大学学报》，2008年第3期。

⑨祁进玉：《全球化与地方性：认同的全球化话语——基于同仁县“五屯”地区人类学田野调查的个案分析》，《青海民族研究》，2008年第1期。

⑩王金良：《全球化背景下民族主义的新内涵》，《云南行政学院学报》，2008年第1期。

⑪廉思、潘维：《民族自决原则的演变与困境——以全民公决制度为视角的分析》，《社会科学》，2008年第6期。

⑫刘建平：《在比较历史研究中理解民族主义：伪问题与真问题》，《阴山学刊》，2008年第1期。

⑬龚学增：《试论中国特色社会主义民族理论体系》，《民族研究》，2008年第2期。

⑭江平、黄铸：《构建中国民族理论的学术话语体系》，《中央民族大学学报》（哲学社会科学版），2008年第1期。

⑮马戎：《民族研究的创新需要坚持实事求是、解放思想》，《西北民族研究》，2008年第1期。

⑯青觉、严庆：《中国民族政策价值取向的政治文化分析》，《广西民族研究》，2008年第1期。

⑰陈丽明、熊坤新：《从十七大报告谈我国民族研究的思路——兼驳民族研究的边缘化问题》，《青海民族研究》，2009年第1期。

⑱余梓东：《论清朝民族政策的本质》，《黑龙江民族丛刊》，2008年第5期。

⑲金炳镐、张兴堂等：《加强跨界民族研究丰富马克思主义民族理论体系》，《黑龙江民族丛刊》，2008年第1期。

⑳马戎：《世界各国民族关系类型特征浅析》，《社会科学战线》，2008年第1期。

㉑贺金瑞、燕继荣：《论从民族认同到国家认同》，《中央民族大学学报》（哲学社会科学版），2008年第3期。

㉒李帆：《近代中国的民族认同和民族精神的弘扬》，《史学集刊》，2008年第1期。

㉓韩震、吴玉军：《当代和谐社会建构中的文化认同问题论》，《山东社会科学》，2008年第11期。

㉔刘大先：《新疆文化差异与国家认同》，《粤海风》，2008年第5期。

㉕董锁成、薛梅：《民族地区经济社会地域分异规律探讨》，《中央民族大学学报》，2008年第2期。

㉖靳薇：《项目援助与西藏经济发展》，《西北民族研究》，2008年第4期。

㉗吴燕红、曹斌等：《我国民族地区自然资源利用补偿模式研究》，《中央民族大学学报》，2008年第2期。

㉘黄健英、薛晓辉：《北方农牧交错带变迁对蒙古族社会经济发展的影响初探》，《中央民族大学学报》，2008年第2期。

㉙白振声、黄华均：《单系继嗣：对塔吉克族财产继承习俗的文化阐释——以民族学和应用人类学为研究的视角》，《西北民族研究》，2008年第1期。

㉚张曙光：《蒙古族那达慕传承发展的动力机制研究》，《中央民族大学学报》，2008年第3期。

㉛姜莉芳：《台湾南岛语民族服饰沿革和形制初探》，《青海民族研究》，2008年第1期。

㉜孟慧英：《佛立佛多鄂漠锡妈妈探究》，《中央民族大学学报》，2008年第2期。

㉝刘明新：《浅析满族萨满教信仰的式微》，《中央民族大学学报》，2008年第1期。

㉞宝贵贞：《藏传佛教在近代蒙古社会衰落之原因分析》，《中央民族大学学报》，2008年第1期。

㉟朱崇先：《彝族氏族祭祖礼俗及其文化内涵》，《中央民族大学学报》，2008年第2期。

㊱张经纬、李红伟：《人类学、文化批评与欧洲启蒙运动》，《中央民族大学学报》，2008年第1期。

㊲胡守勇：《民族学应用的新模式——文化策划》，《阿坝师范高等专科学校学报》，2008年第4期。

㊳李立：《“龙牌会”与“地戏”——知识生产的两个例子及启示》，《贵州民族研究》，2008年第6期。

㊴兰林友：《小黄山畲族风情村：符号盗用、表述真实与文化消费》，《中央民族大学学报》，2008年第6期。

㊵杨圣敏、王汉生：《北京“新疆村”的变迁——北京“新疆村”调查之一》，《西北民族研

究》，2008 年第 2 期。

㊶王铭铭：《东南与西南——寻找“学术区”之间的纽带》，《社会学研究》，2008 年第 4 期。

㊷刘海涛：《论西方人类学“历史化”的学术环境》，《世界民族》，2008 年第 5 期。

㊸陈楠：《论明代留京藏僧的社会功用》，《中央民族大学学报》，2008 年第 5 期。

㊹郝时远：《清代台湾原住民赴大陆贺寿朝觐事迹考》，《中国社会科学》，2008 年第 1 期。

㊺李永斌：《藏语新词术语的创制》，《中央民族大学学报》，2008 年第 2 期。

㊻宝乐日：《文化资本理论视野下土族、羌族语言及其新创文字使用与发展研究》，《中央民族大学学报》，2008 年第 4 期。

㊼王远新：《湖南省城步县长安营乡长安营村语言使用、语言态度调查》，《中央民族大学学报》，2008 年第 1 期。

㊽丁石庆：《莫旗达斡尔族语言发展趋势预测》，《中央民族大学学报》，2008 年第 5 期。

㊾侯猛：《法律和人类学研究：中国经验 30 年》，《法商研究》，2008 年第 4 期。

㊿明辉：《穿行于法律与人类学之间——西方法律人类学的历史、现状及趋势》，《比较法研究》，2008 年第 4 期。

51粟丹：《历史深处看法人类学——以法人类学与法史学之联系为视角》，《海南大学学报》，2008 年第 6 期。

52白振声、黄华均：《贫困和伦理：塔吉克族公法秩序建立的文化阐释——塔什库尔干县农牧区低犯罪率调研实录》，《中央民族大学学报》，2008 年第 2 期。

53张俊杰：《简析全球视野下的民族习惯》，《中央民族大学学报》，2008 年第 5 期。

54赵崇明、赵林克：《论少数民族人权的法律保护与和谐社会构建》，《西南民族大学学报》，2008 年第 1 期。

55祁进玉：《国家认同与公民身份的生成场域：学校教育的衍生功能》，《民族教育研究》，2008 年第 6 期。

56程方平：《简论中国少数民族的传统教育模式》，《教育研究》，2008 年第 7 期。

57钟志勇：《论民族教育中的背景公平原则》，《赤峰学院学报》，2008 年第 4 期。

58巴战龙：《教育民族志：含义、特点、类型》，《湖南师范大学教育科学学报》，2008 年第 3 期。

59马戎：《新疆民族教育的发展与双语教育的实践》，《北京大学教育评论》，2008 年第 2 期。

60薛达元：《民族地区生物多样性相关传统知识的保护战略》，《中央民族大学学报》（自然科学版），2008 年第 4 期。

61桑卫国、冯金朝、薛达元：《生物入侵与人类、民族与社会关系认识与对策》，《中央民族大学学报》（自然科学版），2008 年第 4 期。

62常宝：《牧业社区生态保护研究中的社会学视角——以内蒙古为例》，《中央民族大学学报》，2008 年第 4 期。

63陈洁：《青海省三江源退牧还草和生态移民考察——基于玛多县的调查分析》，《青海民族研究》，2008 年第 1 期。

64马盛德、胡晶莹：《甘南郎木寺“羌姆”考察》，《西北民族研究》，2008 年第 1 期。

65苏日娜：《蒙元时期的头饰》，《中央民族大学学报》，2008 年第 4 期。

66苏和平：《艺术人类学与艺术教育刍议》，《民族教育研究》，2008 年第 2 期。

67努尔巴汗：《草原牧歌——〈敕勒歌〉在文学中的地位及其与哈萨克诗歌的关系》，《中央民族大学学报》，2008 年第 2 期。

68向云驹：《论“文化空间”》，《中央民族大学学报》，2008 年第 3 期。

69施琳：《论经济人类学的重要研究主题》，《黑龙江民族丛刊》，2008 年第 2 期。

70王玉玲：《论民族地区财政转移支付制度的优化——基于历史和现实背景的分析》，《民族研究》，2008 年第 1 期。

71王亚欣：《生态脆弱民族地区旅游开发思考——以内蒙古额济纳旗旅游开发为例》，《中央民族大学学报》，2008 年第 1 期。

72朱丹丹、张玉钧：《旅游对乡村文化传承的影响研究综述》，《北京林业大学学报》，2008 年第 2 期。

73赵龙庚：《俄罗斯极端民族主义思潮与“光头党”现象》，《世界民族》，2008 年第 6 期。

74陈德成：《全球化时代的埃及阿拉伯民族主义》，《西亚非洲》，2008 年第 2 期。

75曹兴：《从民族冲突类型看巴以冲突的根源与走向》，《西亚非洲》，2008 年第 1 期。

76张湘东：《埃塞俄比亚境内的索马里族问题》，《西亚非洲》，2008 年第 1 期。

教 育 学

教 育 学

劳凯声 马效义 蔡金花 罗 爽 刘俊仁

一、中国教育改革30年总结

改革开放30年来，我国教育改革和其他领域社会改革一样不断扩展和深化。有学者将我国教育改革划分为4个历史时期，即教育改革酝酿与教育事业恢复发展时期（1978—1984）、教育改革起步与教育事业稳步发展时期（1985—1992）、教育改革全面展开与教育事业快速发展时期（1993—1998）、教育改革持续深入与教育质量全面提升时期（1999—2008）[①]。在这30年间，我国教育改革取得了历史性成就。有学者对此进行了梳理，指出了我国各级各类教育，包括基础教育、高等教育、职业教育和民办教育等都发生了深刻的变化，并总结了教育与经济发展的关系：经济发展为教育经费提供了更有力的保障，而教育则为经济发展贡献了更多的优质人力资源[②]。但是，有学者认为，从总体上来说，教育改革具有社会性和政治性，是对不同历史时期社会发展需求的政策表达；教育改革的根本动因不在于教育自身，而在于社会经济和科技进步提出的客观需要；教育改革采取的是自上而下的路径；教育改革的价值诉求明显侧重于国家主义和经济主义等[③]。

在教育改革30年里，教育思想观念上有着重大的突破，有学者总结之后认为，这些重大突破的观念主要包括：第一，教学是学校的中心工作；第二，知识分子是工人阶级的一部分；第三，教育要面向世界，面向未来，面向现代化；第四，教育改革要从体制入手；第五，素质教育是教育工作的主题；第六，教育在现代化建设中具有基础性、先导性、全局性作用；第七，教育是崇高的公益性事业；第八，教育公平是社会公平的重要基础；第九，教育要坚持全面协调可持续发展[④]。

有学者侧重对教育体制改革的历程进行梳理，将教育体制改革划分为4个阶段，包括以恢复高考为标志的破冰期（1978—1984）、以《中共中央关于教育体制改革的决定》为标志的发轫期（1985—1991）、以《中国教育改革和发展纲要》为标志的深化期（1992—2001）和以提出教育是民生之基观点为标准的转型期（2002—2008）。其中，基础教育体制改革是围绕公共教育权力的重新分配和运行机制的变革从管理体制和办学体制两个方面来展开。在纵向上，在公共教育权力体制内部由中央政府向地方政府、下级组织机构和学校下放权力；在横向上，则是由公共教育权力体制内部向体制外部的公民社会领域、市场领域转移权力。因而在基础教育领域，基本上形成了“地方负责、分级管理”，以县为主、以省统筹、社会力量有限介入的教育管理与办学体制[⑤]。有学者对我国教师教育体制改革的进展进行了梳理，指出我国不断探索教师教育体制改革的新路子，不仅实现了从独立设置的师范教育体系向多元开放的教师教育体系的转变，而且实施了一系列保障教师教育培养质量和提高教师专业化水平的政策措施，提高了我国教师队伍的整体质量和水平，适应了我国基础教育改革对高素质教师队伍的需要[⑥]。

许多学者对30年来我国教育法制建设和政策变迁进行了回顾。在教育法制建设方面，有学者指出我国制定了一批教育基本法律、单行法律、行政法规、地方性法规和政府规章，教育法体系的框架已经初步建立。当前，教育法制建设面临着双重任务：一方面，要继续完善教育法制，真正做到有法可依；另一方面，由于社会的变迁，原来制定的法律、法规中一些条文已经过时，或与变革中的新制度设计相抵触，应适时加以修订[⑦]。在政策变迁方面，有学者对德育政策的变化进行了研究，将政策分为以重建为主的政策，以完善为主的政策，以改进为主的政策和以深化为主的政策，并指出了我国在德育政策上积累了宝贵的经验，就是要始终坚持社会主义方向，始终把中小学德育工作放在首要位置，始终强调党和政府对中小学德育工作的领导，政策结构完整，政策内容丰富[⑧]。有学者对民族教育政策进行了梳理，将民族教育政策的发展分为恢复与发展时期（1978—1992）、快速发展时期（1992—2002）和全面发展的新时期（2002—2008）。纵观30年来我国民族教育政策建设取得的成绩，主要表现在以下几个方面：第一，已初步形成了一个比较完善的民族教育政策体系。第二，民族教育政策目标越来越明确，政策措施也越来越具体。第三，民族教育政策逐步向法制化发展，初步形成了民族教育法规体系的雏形。但是，民族教育政策也逐步不能满足民族教育发展的需要，这种不相适应的矛盾已经日显突出，主要表现在：第一，民族教育政策层级过低、刚性不足。第二，民族教育政策指导思想有失偏颇。第三，民族教育政策内容不完善，重点不突出。第四，民族教育政策的执行监督机制远未形成。第五，民族教育政策理论研究亟待加强⑨。

部分学者对30年来教育学相关学科的发展进行了总结。有学者对教育科学的总体发展进行了论述，指出教育科学的发展特点表现在研究范围的扩大、教育科研队伍的壮大、教育科研密切结合教育实际和教育科研走向世界等方面⑩。有学者对教育学话语变迁进行了梳理，认为教育学学术话语的变迁，经历了20世纪80年代的“反政治化的政治化”阶段，20世纪90年代的“知识化和专业化”阶段，以及2000年“超越知识的文化追求”阶段。这个过程，也是学术、政治和大众3大文化系统从混沌一体，到分化独立，再到沟通对话并呈现出融合趋势的过程⑪。有学者通过对30年比较教育学科所发表著作、论文及承担的课题情况的整理和分析，将比较教育的发展分为3个阶段：第一个阶段从20世纪70年代末至80年代中期，这一时期我国比较教育的学科建设刚刚起步，比较教育研究处于对外国教育的描述和介绍阶段；第二个阶段从20世纪80年代中期至20世纪90年代中期，这一时期比较教育的学科建设取得突破，比较教育研究已经进入了国别研究和专题研究阶段；第三个阶段从20世纪90年代中期至今，这时我国比较教育的学科建设得到进一步发展，比较教育研究也更为广泛和深入⑫。有学者对教育经济学的学科发展进行了回顾，将该学科30年的发展划分为萌芽期、初创期与发展期3个阶段，并分析了每个阶段的成就。总的来说，教育经济学取得了巨大的进步，但也存在几个方面的不足：第一，教育经济学基础理论研究相对薄弱；第二，理论研究引进与移植国外的模型较多，原创性理论研究严重不足；第三，人才培养体系严重滞后；第四，解决国家教育发展中重大问题的能力不足⑬。有学者对30年我国中小学德育课程建设进行了梳理，将德育课程建设分为恢复重建、规范化探索以及专业化发展3个主要阶段。在这30年里，中小学德育课程的进步主要表现在：第一，教学大纲向课程标准的转变。第二，分科课程向综合课程的转变。第三，学科逻辑向生活逻辑的转变。第四，小学德育层次更加分明。第五，高中德育的模块化以及选修课的设置。第六，教育学和心理学专家及一线教师的加盟，保证了德育课程的专业化水平。第七，德育课程管理体制的三级管理赋予了学校在德育课程建设方面更多的主动性和创造性，大量地方德育课程、校本德育课程应运而生。另外，义务教育阶段学校德育课程实行的“一纲多本”也在很大程度上赋予了地方在教材选择方面的自主性⑭。有学者对1978年以来的外国教育史研究发展、成绩以及问题进行了历史的梳理，认为30年来外国教育史研究经历了艰难恢复、稳定发展和积极革新3个时期。该学科在正确的路线和思想的指导下取得了重大的发展成就，但也存在因社会变革而产生的困境和危机。应对挑战所作的革新则推动着外国教育史在新世纪的发展和进步⑮。

有学者对北京市特殊教育的发展进行了调查，认为：改革开放30年以来，北京市从学前特殊教育到高等特殊教育的体系已经构建，并形成特殊教育与普通教育融合的特点，民办特殊教育在一定程度上弥补了公办特殊教育的不足；北京市已经形成以随班就读为主体、特殊学校为骨干、其他形式为补充的特殊教育格局；绝大多数区教育行政部门在经费投入方面对特殊教育有所倾斜⑯。

二、关于教育公平的研究

教育公平问题作为重要的教育理论和实践问题，依然是学界关注的重点。面对这一历久弥新的话题，学者们的理论视野不断开阔，认识得到了进一步深化，并更加注重从制度制定和政策完善的角度来解决实际问题。相关研究成果主要集中在以下几个方面：

1. 教育公平的内涵

教育公平的内涵是研究教育公平问题的起点和基石，学者们从不同的视角对其进行了阐释。有学者将教育公平作为社会公平的重要基础来进行研究，指出教育公平的主要内涵包括人人享受平等的教育权利；人人平等地享有公共教育资源；公共教育资源配置向社会弱势群体倾斜（“不平等”的矫正）；反对各种形式的教育特权⑰。有学者从教育政策的视角对教育公平的含义进行了探索，认为教育公平不完全等同于教育平等，其包含教育资源配置的3种合理性原则，即平等原则、差异原则和补偿原则。平等原则包括受教育权平等和教育机会平等两个方面，强调教育起点平等和教育过程平等。差异原则是指根据受教育者个人存在的禀赋、兴趣和能力差异，差异性地配置教育资源，以满足其个性充分发展的需要。补偿原则关注受教育者的社会经济地位的差距，并对社会经济地位处境不利的受教育者在教育资源配置上予以补偿[18]。有学者将教育公平置于社会学和微观政治学的视野之中进行研究，认为结构功能论认同“自然的”社会分层，坚持机会均等以及与之内在一致的结果平等的教育公平观，从而把教育公平的实现过程看成一种技术过程，人为切断了家庭与学校的内在联系，不但忽视了教育分层过程中的权力要素，反而进一步强化了这些权力要素，并导致产生了一种对知识的非分要求。因此，应当坚持权利平等的教育公平观，并重建家庭、社区与学校、国家的关系[19]。

2. 教育公平与政府责任

政府是推进教育公平的重要力量，因此政府在实现教育公平中的责任问题一直是学界关注的焦点。有学者认为，维护和促进教育公平是政府的职责，现阶段政府在促进教育公平方面的主要目标与任务是：义务教育的真正免费、完全普及；基础教育的均衡发展；保证非义务教育阶段的教育机会公平[20]。有学者则从教育政策分析的视角指出，现代政府的基本教育职能之一是供给保障教育公平的有效率的教育政策，并作出相应的教育制度安排。长期以来，我国宏观教育政策活动存在明显的城市偏向、高等教育偏向、公办教育偏向和精英教育偏向，教育政策制定主要是以“自上而下”精英决策为主，难以全面保障教育的公共性。因此，应明确界定政府的教育公平职责，推进教育决策与政策实施的科学化与民主化，推动建立教育的公共治理模式[21]。有学者剖析了当前政府在解决教育公平问题的过程中所面对的3对基本矛盾——公平与效率、公平与自由、公平与优秀，并指出它们影响到政府在教育资源配置中公平与效率的考量；影响到政府在扩大公共服务时如何防止行政权力的扩张，落实社会和学校的教育自由；影响到政府在促进义务教育均衡发展的过程中，如何认识学校教育培养“优秀”的功能，以及如何看待重点学校[22]。

要在市场经济条件下实现教育公平，如何处理政府与市场两种机制的关系就成为一个十分重要的问题。有学者以教育公平与教育效率这对教育目标的关系为出发点，分析指出现代教育应该坚持“教育公平与教育效率并重”的原则。单一依靠政府或者单一依靠市场都是有缺陷的，需要一种政府发挥主导作用、市场发挥辅助作用的混合机制[23]。有学者从我国社会主义初级阶段的基本国情出发，认为市场和政府都是促进教育公平的有效力量。就我国当前教育公平所要解决的主要问题来看，应当加强政府在解决教育发展不均衡方面的作用，满足人民群众要求平等分配公共教育资源的强烈愿望。同时，政府也要正确积极地评价民办教育的兴起、教育市场的发育在增加教育资源供给总量，凸显教育服务类型多样化，满足部分受教育人口个性化教育需求方面的重要作用[24]。

义务教育的公平问题是政府责任的重中之重。有学者认为，义务教育阶段的公平在一定程度上具有起点公平的含义，对于整个教育阶段的公平有重要意义。按照新《义务教育法》有关规定的要求，贯彻“免试、就近”入学原则，努力缩小学校办学条件之间的差距，采取各种措施保障流动人口的子女享有平等的受教育机会，是当前政府在义务教育公平方面的主要责任[25]。有学者对“后普九”阶段义务教育公平的主要矛盾及其成因进行了探究，并在此基础上提出，推进“后普九”阶段义务教育公平需要强化和界定政府的教育责任，通过确立以公平为基础的教育政策价值取向、转变政府的教育投入方式、建立新的教育发展评价标准、完善政府问责和监督体系等，不断提高义务教育公平质量，满足人们对义务教育公平的新要求[26]。有学者对我国政府在促进义务教育均衡发展方面施行的政策及其效果进行了分析，提出在全国全面“普九”、城乡全面免费的新阶段，如何进一步促进义务教育的均衡发展是政府提供基本公共服务所需面对的问题。为此，政府应建立和完善公共财政制度，逐步实现公共财政均等化；合理配置教育资源，实现教育机会和过程的公平；改革和完善公办学校制度，以制度创新满足社会多样化教育需求[27]。还有学者从社会学的角度分析了义务教育非均衡发展问题，指出家庭和学校社会资本通过参与择校而成为义务教育均衡发展的障碍之一，因而政府应当通过合理的政策选择和制度安排，在义务教育学校资源配置均衡的基础上，降低家庭社会资本在教育选择中的作用，建设学校社会资本发挥作用的良性竞争环境[28]。

3. 教育公平与择校

义务教育阶段的“择校”是当前社会反映最强烈的教育公平问题之一。有学者从政府责任的角度对择校问题进行了分析，认为“择校热”一方面反映了“后普九”阶段社会对优质教育的强烈需求与政府供给不足的深刻矛盾；另一方面也暴露了政府垄断性的教育公共品供给形式的单一[29]。有学者则将非规范性择校行为看做是义务教育非均衡发展的直接后果，并指出，在择校过程中，家庭和学校社会资本的力量日益突出，其负向功能被诱发，破坏了就近入学政策，加剧了家庭与家庭之间、学校与学校之间社会资本的分化，损害了教育公平价值[30]。有学者通过比较我国城市地区义务教育阶段家庭社会经济地位与子女就读学校水平之间的对应性的实证研究发现：相对于不择校家庭，择校家庭的社会经济地位与子女就读学校水平之间的正相关关系更强；在其他条件相同的情况下，择校家庭的社会经济地位对子女就读学校水平的正向影响更强。这说明家庭社会经济地位与子女就读学校水平之间的一致性增强，义务教育阶段的择校行为在一定程度上强化了社会分层与教育分层之间的对应性，从而进一步引发教育机会分布的不公平性[31]。还有学者分析了英国择校政策中的公平与效率问题，指出20世纪80年代末撒切尔政府实行的择校政策在扩大选择、提高效率的同时亦引发了教育公平方面的质疑，因此新工党执政后，试图寻求择校政策中公平与效率之间的平衡，采取了扩大特色学校计划、规范学校招生行为、赋予特色学校与地方其他学校分享其资源的责任、实行公平拨款政策等一系列改革措施[32]。

4. 教育公平与和谐教育

和谐教育是建设和谐社会的重要组成部分，因此和谐教育中的教育公平问题成为学界关注的重点之一。有学者指出，和谐社会需要和谐教育，而教育公平又是和谐教育的基础。在此基础上，主张“差异而公平”是教育的基本原则，并提出了办学体制灵活化、学校课程多样化、评价制度多元化、学校文化和谐化的改革建议，以实现教育公平，促进社会的和谐发展[33]。还有学者认为，教育公平具有系统性，它是教育系统内的公平，同时又处于多层次的公平之中。和谐教育中的教育公平应该是指向和谐发展的公平，尊重合理差异的公平以及接纳有序冲突的公平[34]。

三、教师专业发展研究

在义务教育基本普及和高等教育进入大众化阶段之后，提高教育质量成为中国教育发展的一个重要目标，提高教育质量依赖于高质量的教师，而充分认识教师的专业特性是保证教师教育质量的基本前提[35]。鉴于此，学者对教师专业发展进行了重点研究，其研究表现在两个方面：教师专业发展的实证分析和教师专业发展的理论建构。

1. 教师专业发展的实证分析

有学者在对我国改革开放30年的教师教育体制改革考察的基础上，认为我国实施的一系列提高教师专业化水平的政策措施保证了教师队伍整体质量和水平的提高，它适应了我国基础教育改革对高素质教师队伍的需要[36]。还有学者在对北京市5255名教师进行问卷调查的基础上，考察了中小学教师专业发展的结构与现状特点，其结论是：（1）中小学教师专业发展的5个因素，即专业精神、专业理念、专业能力、专业知识、自主反思与发展意识，能够比较好地解释教师专业发展的心理结构；（2）不同职业生涯发展阶段教师的专业素质表现出逐渐提高的趋势，其中11—15年教龄教师的专业发展水平达到最高；（3）不同教龄、城郊区中小学教师的专业发展表现出差异性。更新与提升郊县农村中小学教师的专业理念与专业能力应是北京市教师教育的关注点[37]。

2. 教师专业发展的理论建构

理论是实践的先导，教师专业发展的实践离不开理论的指导，学者从不同视角尝试建构教师专业发展的理论。有学者认为，教师不仅需要学术理论，更重要的是挖掘和提升自己的实践理论，教师在自己实践性理论的基础上与学术理论展开对话，才能更有效地提高自己的思维和行动品质，进而促进教师个体和集体的专业发展[38]。有学者认为，在教师专业发展中，对生命意义的体察异常重要，因为生命意义不仅是人存在的本质，而且更是教师做好育己育人工作的前提要求。生命意义的体现，具体表现为教师专业发展的整体性、目的性、实践性和超越性，每一个特性都需要教师具备一定的方法和策略[39]。有学者认为，教师的人文情怀有其教育特殊性，具有人文情怀是教师获得自我专业化发展以提升自身境界的内在要求[40]。有学者认为，当前教师专业发展所倡导的合作文化与个人主义的教师文化在“专业为本”与“以人为本”、集体行动和个体专业自主、团体利益与个体利益、教学的“公开”性与“隐密”性之间存在某种程度的冲突，这种冲突既可能成为教师专业发展的动力，也可能成为教师专业发展的阻力。正确理解两者关系，在两种文化之间保持一种合理的张力是建构真正的合作文化，促进教师专业发展的关键[41]。有学者系统探讨了全纳教育理念下教师专业素质结构及专业化标准的构建原则和基本内涵，认为构建原则包括：普教与特教的统一、理论性与实践性的统一、历史性与时代性的统

一、确定性与生成性的统一、个体性与群体性的统一、指导性与自主性的统一、世界性与民族性的统一；基本内涵可以概括为4大子系统：专业理念、专业智能、专业情怀、专业规范[42]。还有学者从法学视角讨论了教师专业发展，认为我国的教育体制改革已经使传统的教师与政府、学校之间的法律关系发生了根本性的变化，教师职业的性质正逐步由过去的国家干部转变为专业人员。但教师职业实现专业化还需要一个长期的过程，其中，法律制度的设计和实施对实现教师职业的专业化发挥着关键性的作用[43]。

四、关于公民教育的研究

公民教育对于国家发展具有重大的意义，只有培养具有理性和责任感的现代公民，才能促进当代中国的民主政治发展和推进中国的现代化进程。正如有学者认为的那样，公民教育对于快速发展的中国具有特殊价值，公民教育是社会主义民主制度建设的需要，是社会主义市场经济体制建立与完善的需要，是公民社会形成与发展的需要[44]。

有学者追溯和梳理了中国公民教育的历史发展脉络，将新中国成立以来公民教育发展分为3个阶段：第一阶段是1949年至20世纪70年代末，在这一阶段公民教育不受重视甚至蒙上禁忌色彩；第二阶段是20世纪80年代至20世纪90年代末，这是公民教育复兴的阶段，在这一阶段，市民社会的孕育与发展，要求培养具有公共生活品格和积极理性参与、敢于担当责任的合格的公民主体，公民教育势在必行；第三阶段是2000年至今，这是公民教育新发展的阶段；在这一阶段，国家对公民教育高度重视，力图通过不断提升公民素质推进经济社会整体进步[45]。

在当前公民教育发展的新阶段，有学者提出，要从全球化的视域来考察、把握和发展公民教育的内涵。实际上，对于公民教育全球化的探讨就是探讨现代性问题，全球化时代的公民教育必须体现现代性的深刻内涵，这就要求：第一，强调权利本位，公民教育不仅要满足社会需要，也要满足个人自我实现的需要；第二，强调独立人格的培养，注重自由、平等、公正等价值观的培养；第三，重视情感教育，关爱生命，关爱他人，关爱自然；第四，强调尊重个性和创造性，让每一个人成为他自己。因此，公民教育的目的应当包括权利意识的生成与品德的培养、世界公民的培养、生产公民社会和公民文化的条件3个层面，公民教育的内容必须考虑人权教育、和平教育、环境教育、生活教育、理解教育几个方面[46]。对于公民教育研究而言，在全球化时代必须避免研究方法上的单一化以及研究成果的浅表化，跳出原有的狭隘视野，把握本土化、规范化和国际化三个维度的研究路径。为真正实现公民教育研究的本土化，那么，研究的意识要彰显本土，研究的对象要立足本土，研究的旨趣要服务本土。为推进公民教育研究的规范化，那么，要确立研究的形式规范，要确立研究的内容规范，要确立研究的方法规范。为推进我国公民教育研究的国际化进程，要提高公民教育研究的原创性，要扩大用英语表达教育研究成果的学术通道，要遵守公民教育研究的国际学术规范[47]。

但是，公民教育也面临种种困境。有学者提出了几种困境：第一，政治理想主义与个人实用主义存在交锋；第二，有效的公民教育无法在纯教育的范围内实现，必须借助公民生活的开展及其示范意义，但我国的公民生活仍然处于发育状态；第三，公民教育既从属于教育学和伦理学范畴，也从属于政治学、宪政学乃至经济学范畴，教师难以把握公民教育的边界。公民教育内在地包含了现代政治对个体的要求，继而成为国家认同的有机组成部分，但公民教育先天地具有强烈的民众关怀和平等意识，以及由此而来的对现实生活的质疑、批判和反抗姿态，这就表明，公民教育既是现代建制的组成部分，又不可避免地构成对现代建制的挑战，这样一种悖论则成为公民教育的最大困境[48]。

学者将研究视野投向国外，一是从国外引入公民教育的理论基础，一是从国外借鉴实践经验。有学者介绍了英国学者马歇尔公民理论中公民身份的3个组成部分，即公民的要素、政治的要素、社会的要素，阐释了3者各自的发展过程，并讨论了3者之间的复杂关系。希望通过介绍这一个对西方产生重要影响的理论，能够为我国思考和建设公民教育提供一定的参考[49]。有学者介绍了澳大利亚和新加坡的公民教育，总结了这两个国家的公民教育具有以下优势：第一，国家大力倡导全国性的主流价值观；第二，政府采取有力措施推进公民教育；第三，公民教育的实施途径多样，内容丰富；第四，公民教育不断改革，持续发展。基于以上优势，研究者提出，我国中小学价值观教育应借鉴澳大利亚和新加坡的先进经验：第一，以本土文化为基本营养要素，同时吸收其他地区和民族的文化精华；第二，政府应有实实在在的落实措施；第三，学校全方位参与整合；第四，采取灵活多样的教学方法[50]。

五、农村教育研究

2008年学界对农村教育的关注重点是农村中小

学教育问题，集中体现在对农村中小学教师、农村留守儿童、农村义务教育阶段教育经费、农村义务教育阶段学校布局调整和寄宿制学校等问题的研究。

1. 农村中小学教师问题

农村中小学教师问题的研究主要表现在对农村中小学教师队伍建设问题的探讨、农村代课教师问题的分析、教师资源均衡配置问题等方面。

关于农村中小学教师队伍建设中存在的问题，有学者认为主要表现在以下几方面：教育质量不高、学历普遍偏低、在职培训机会有限、生活与工作中面临较大压力、代课教师问题亟待解决、教师参与学校管理不够等，建议应完善相应的政策配套措施，保障并落实农村教师应有的福利待遇，提高教师编制的合理性，重视农村中小学教师培训机制的建立与完善，鼓励教师积极参与学校管理等[51]。

有学者针对农村中小学师资保障问题以历史的角度，从政策、制度层面进行了分析，认为原因主要是：师范院校包括教师进修院校没有树立为农村基础教育，为农村中小学教师服务的意识；基础教育的分层投资管理体系影响了农村教师的引进，限制了农村教师的专业发展；市场化的分配制度很难把优秀师范毕业生分到农村从教。建议把农村基础教育的责任由县提升到省和国家；切实提高农村教师的待遇，改善工作环境，提高其后续发展机会；实行免费师范生制度，确保优秀的师范毕业生进入农村教师队伍；严格执行教师资格证书制度，确保获得资格的教师从教；教师教育院校要切实承担起为农村培养教师的任务等[52]。

有学者对农村中小学教师在工作、生活中存在的突出问题进行了总结，认为农村中小学教师流失严重，生活条件较为艰苦，建议应建立农村教师生活工作的保证体系和专门的教师政策落实机构[53]。

有学者认为教师资源的均衡配置将有利于促进义务教育的均衡发展，认为教师资源配置失衡是制约义务教育发展的关键，建议建立教师交流和支教制度，城乡学校结对交流共同评价促进资源柔性和良性流动[54]。另外，农村教师管理政策中也存在较为突出的问题，主要表现在用人管理中的编制限制、教师培训不到位、教师考核制度流于形式等[55]。

关于农村代课教师发展的现状，有学者从代课教师的基本特征、教师专业发展和工资待遇等几个方面进行了探讨，认为研究发现，农村代课教师年纪轻、教龄短，主要在本村从事教学工作，女性居多；代课教师的专业素质相对偏低，但教学工作尽职尽责，以期能被长期聘用；农村代课教师进修培训机会少，很少参与教学研究；代课教师的工资待遇比公办教师低，而且大多数代课教师工资不能按时发放，合理、公正、有效地解决代课教师问题，是加强农村教师队伍建设，提高农村教育教学质量的重要保证[56]。也有学者从代课教师产生的历史根源、代课教师群体的多元化和教师专业性等方面，主张对农村代课教师应实行分类分流政策，解决农村代课教师问题与建设一支合格的农村教师队伍是硬币的两面，短期内清退农村代课教师只是治标之策，治本之法是从制度上提升农村教师社会经济地位、提高农村教师的待遇[57]。针对农村教师队伍中出现的问题，有学者借鉴国际教师发展的经验，建议通过“导师制”促进农村教师的专业发展，强调教师发展同学校发展相联系，对教师进行技能培训，对教师专业发展给予技术支持等[58]。

2. 农村中小学经费问题

2005年底，农村义务教育经费保障机制的改革将农村义务教育全面纳入公共财政保障范围，建立了中央和地方分项目、按比例分担的经费保障新机制。截至2007年，新机制在全国范围内建立，农村免费义务教育全面实现。关于农村义务教育经费保障机制的研究学界多是从教育经济学的角度进行分析探讨。

有学者对农村义务教育经费保障机制的运行进行了效果评估，认为“新机制”改革对提高农村义务教育经费的保障程度、降低农村家庭的义务教育经济负担有重要的作用，对实现公用经费的保障有突出的作用；“新机制”改革也强化了各级政府（特别是地方政府）的农村义务教育经费投入责任，提高了义务教育经费管理和使用的规范化程度。但同时指出新机制的管理效能有待进一步提高，也指出了保障机制改革进一步研究的方向[59]。

有学者从农村义务教育经费中的公用经费使用着手研究，认为公用经费的充足性未得到充分重视，拨付的公用经费不能满足学校和学生达到较高学业产出的实际需求。为此，需要改革现有国家公用经费定额标准的制定手段，将公用经费的拨付标准与学生的学业需要相结合，运用成本函数法等科学的手段测算农村中小学公用经费的充足性水平，切实提高农村中小学（尤其是在中部和西部的人口大省）公用经费的拨款基准，避免农村中小学公用经费投入过低、教学质量低下的情况，也有助于监督教育支出过大、成本过高、教育设施建设讲排场等资金浪费现象，同时能促进教育发展走向均衡化、稳定化[60]。

有学者主张农村教育人事权力的配置与教育财政改革之间是一种互动的关系，认为单纯强调教育财政投入不足或者将财政投入的责任上移由中央和省级来承担并不能解释影响农村基础教育发展的深层动因；教育绩效与教育体制的变化存在着密切而复杂的联系，深入分析包括财政体制在内的农村教育管理体制的内部结构及运行模式将是回答上述问题的基础[61]。

3. 农村中小学校布局调整与寄宿制学校问题

2001 年《国务院关于基础教育改革与发展的决定》颁布实施以来，我国农村中小学开始了新一轮学校布局大调整。有学者认为农村中小学布局调整对于优化农村基础教育结构、合理配置农村教育资源取得明显成效，但布局调整后各地出现了一些新情况、新问题，制约了新形势下农村地区教育的进一步发展；建议应科学规划布局结构，适当保留“教学点”，建立农村中小学布局调整资金保障体系，以确实保证调整后的学校条件有所改善，同时，各级职能部门要加强监管，以切实化解布局调整带来的负面影响[62]。也有学者认为农村小学布局的调整对家庭教育投资产生了一定的影响，居住格局的改变对家庭教育投资的选择影响较大，布局调整后的生活环境和教育质量有待于完善[63]。

农村寄宿制学校问题也是一直困扰农村义务教育发展的主要问题，学界对农村寄宿制学校的研究主要表现在对农村寄宿制学校的补贴政策研究、农村寄宿制学校课余生活管理研究等方面。有学者通过梳理我国农村寄宿制学校学生补贴政策的制定过程和发展脉络，总结政策实施过程中存在的主要问题是“一补”资金不足和执行不利，并就可能的解决方案提出政策建议[64]。

有学者通过和别国的农村寄宿制学校进行比较研究，对农村寄宿制学校学生补贴政策及实施特点和问题，寄宿制学校本身的基本条件保障问题作了分析。在不少国家，因政府给予农村寄宿制学校学生的补贴有限，因而导致学生伙食差、居住环境差，这也是学生补贴政策必须考虑的问题。学生补贴政策如何在保障学校基本投入的同时，有针对性通过政策关注和发挥农村寄宿制学校中不同亚文化的作用将是一个长期的挑战[65]。也有学者对农村寄宿制学校学生的课余生活管理中存在的问题，进行原因分析和对策建议[66]。

4. 对农村留守儿童问题的关注

有学者针对西部农村留守儿童的学业心理状况，以量化研究的思路，考察留守儿童的学业自我概念、师生关系和学校态度等学业心理特点和规律，并以此为依据探讨学校管理对策[67]。有学者从学校布局调整对农村留守儿童产生的影响进行了分析和探讨，认为应重新思考学校布局的原则，解决学校撤并带来的困难和问题，当务之急是解决留守儿童的衣食住行等最基本的生活问题[68]。

六、关于教学理论的研究

学者对教学理论的研究主要集中在两个方面：

1. 教学方法

教学方法是教学理论的重要组成部分，学者在关注传统教学方法的同时，更多关注现代教学方法的发展。有学者认为，讲授法在今天的中国似乎正在失去合法性，这是值得忧虑也值得研究的教育现象。根据相关理论，讲授法在学校中的主导地位并非某个人或者某些人的意愿，而是社会和教育自身发展合乎规律的选择。今天，对待讲授法的合理态度是在运用的基础上不断探讨和完善，而不是简单地批评甚至否定[69]。有学者对暗示教学法的原理、策略、历史和现状进行了研究，在此基础上认为，暗示教学法对我国教学改革有重新安排课程和教材、对暗示因素的再思考、对教师进行严格的全面的培训、消除学生的抗暗示性的抵触心理、制定新的教学效果评价标准、教学过程为目标服务、注意与其他教学法的结合等 6 个方面的启示[70]。

对话教学已经成为教学方法研究中的热点问题，学者从不同角度对其进行了研究。有学者认为，对话教学的目标设计是整个教学设计中的关键一环，目标设计的着眼点应在于构建学生的新生活，即可能生活。对话教学在目标设计上呈现出典型的“生成性目标”取向，在处理预设与生成的关系上，对话教学目标设计的态度是：有预设而不拘泥，有生成而不随意，在预设与生成之间保持恰当的张力[71]。有学者认为，根据后现代理论，教师和学生是一种平等的对话关系，因此，教师的教学话语应该转型，具体变现为：由缺乏情感的表演性教学话语转变为充满人文关怀的真实性教学话语，由缺乏激情的蔑视性教学话语转变为充满激励唤醒的鼓励性教学话语，由缺乏理性的独断性教学话语转变为体现科学意识的规范性话语，由强调绝对的真理性教学话语转变为体现质疑精神的批判性话语，由强调单一的封闭性教学话语转变为体现多元意识的开放性话语，由强调统一的压制性教学话语转变为体现个性意识的差异性话语，由忽视细节的体态性教学话语转变为注重艺术价值的体态性话语[72]。还有学者从对话教学与新课程的关系出发认为，对话教学是深刻体现新课程理念和精神的教学形态，建构对话教学的课程应从两个层面予以把握：在课程本质方面做到从“学科”到“经验”，在课程内容方面做到从“蓝本”到“文本”[73]。

2. 教学评价

教学评价是教育变革中一个至关重要的问题。学者普遍认为，面临学校教育的现代发展以及国家新课程改革的要求，我国当前主流的课堂教学评价标准越来越暴露出问题和不足。为了解决该问题，有学者认为，应该从社会学视角反思学生评价中存在的误区，深入探讨其背后的成因，提出改进课堂教学实践的思路[74]；有学者以“学习性评价”为理论基础，认为我国需要从评价制度（如督导）和政策层面上确立“学习性评价”在课程与教学中的地位，积极发挥“学习性评价”对课程与教学改革的促进作用[75]；还有学者认为，重建课堂教学评价标准，必须界定课堂教学科学化研究的论域，确立体现现代教学观的课堂教学评价标准所应坚持的基本命题，以有利于教师教学经验的概括提升和教学行为的改善[76]。

七、学前教育研究

学前教育是基础教育的重要组成部分，对儿童发展以及社会发展都具有重要意义。

政府在学前教育中的责任是学者关注的重点。有学者认为，我国应当从公民的平等权出发，强化政府在学前教育中的保障学前教育条件投入的责任，明确其对学前教育机构的管理、监督义务，建立内容全面、系统协调、义务与法律责任相统一的学前教育法律体系[77]。有学者则通过实践活动，认为非正规教育形式为外来务工人员子女提供学前教育服务是可行的。因此呼吁政府为这些非正规学前教育提供适宜的政策环境，促进非正规教育的发展[78]。有学者关注学前教育科研的发展情况，希望通过介绍美国的相关成熟经验能够对我国提供一定的借鉴。美国注重通过立法保障学前教育科研，其经验可以概括为5个方面：一是明确政府及其相关部门在促进学前教育科研中的重要职责；二是保障学前教育科研经费，重点项目重点投入；三是明确学前教育科研机构的职责与任务；四是明确学前教育科研人员的权利与科研竞争机制；五是规范和促进科研成果的推广与应用[79]。

有学者提出要关注幼儿园教育改革的成效，为幼儿教育政策决策服务。开展幼儿园教育改革成效研究应当抓住影响改革成效的关键阶段与关键问题，采取定性、定量相结合的实证性研究方法，从多个角度客观、公正、全面地分析和评价我国幼儿园教育改革的成效[80]。在此观点指导之下，有学者专门对政策文本传递的质量进行了系统分析，认为教育改革文本传递中存在两个问题，一是地方性政策文本对国家政策文本的发展性程度较低；二是地方性政策文本的可行性程度较低。因此，监控幼儿园教育改革文本传递过程应进一步加强政策文本的发展、推行力度，在地方层面逐级具体化、细化、操作化，在技术层面设定专门的机构与人员，帮助地方政府完成政策文本的地方性转换；规范地方分级分类验收标准等，以进一步指导幼儿园与教师全面把握国家、地方政策文本的目标与理念，避免在实践中出现关键教育目标流失的现象；在评价政策文本传递落实效果时，应当注意质与量评价方法的统整[81]。同时，有学者通过话语分析方法对国家政策文本理念向教师教育观念转变进行了剖析，认为国家、地方政策文本话语构成基本保持一致，但在教师操作性文本中出现了部分话语缺失。其中，在幼儿园中参与改革性政策文本研究和制定的研究者看待问题的观点角度各异，幼儿园管理者的观点则趋于传统，幼儿园教师对改革中关键主题概念的理解出现一定程度的偏差。因此，要帮助幼儿园管理者进一步完成改革观念建构，重点关注教师在改革理念理解上的偏转[82]。

学者开始关注幼儿园教师的专业化发展。有学者对幼儿园教师的资格考核进行了分析，认为师范院校学生的资格标准已经很难得到保障，针对非师范专业人员的教师资格考试也面临挑战。为了有效改善幼儿园教师资格的考核，应在调查研究的基础上形成专业的、体现地区差异和幼儿园教师工作特殊性的幼儿园教师资格标准；关注培养机构的课程建设和教师资格考试，保证幼儿园教师的质量，并注意与小学教师资格标准及考核保持一致性与连贯性[83]。有学者通过问卷调查的方式了解幼儿园教师的专业自主权，通过分析发现，幼儿园的领导与教师普遍缺乏专业自主权意识，虽然教师期望能够在课程与教学、教师评价等方面有更多的自主权，但在实践中，教师仅仅在课程制度上具有一定自主权。教师的学历和年龄与教师的自主权意识和期望之间没有显著相关，但领导管理模式与教师群体文化都对教师自主权现状产生一定的影响[84]。有学者关注教师的全纳教育观念与能力。通过对北京市部分幼儿园进行调查发现，幼儿园教师对全纳教育对特殊及普通儿童的作用认识不足，缺乏全纳教育的经验和能力。教师普遍对幼儿园招收残疾儿童持保守态度，对在自己班级里安排残疾儿童的态度消极，缺乏信心[85]。

学者关注幼儿园的教育环境质量。有学者通过实地调研，比较分析了不同办园体制幼儿园班级在教育环境质量上的异同。研究结果表明：不同办园体制的幼儿园都有可能提供高质量的班级教育环境；乡镇办园班级的教育环境质量显著低于其他类型的幼儿园，体现了我国幼儿园教育在区域间及体制间发展的不均衡；总体上，教育部门办园班级的教育环境质量明显优于其他类型的幼儿园；民办力量办园的总体水平处于乡镇办园与教育部门办园之间，但内部差异较大；各类型幼儿园的班级在课程质量上都有待进一步提高[86]。其中，教师学历、师幼比、在班幼儿人数和收费标准是影响幼儿园教育环境质量的主要结构变量；师幼比和在班幼儿人数对幼儿园教育环境总体质量、物质环境质量、人际互动质量有影响，但这种影响受到教师学历因素的中介作用；收费标准仅对物质环境质量有影响，但收费标准的提高并不必然导致物质环境质量的显著改善；生活活动与课程质量仅受到教师学历的影响；结构变量在不同地区和办园体制的幼儿园之间分布不平衡，导致不同地区和办园体制的幼儿园在教育环境质量上出现较大差异[87]。

八、职业教育研究

中央政府于2007年实施了中等职业教育国家资助政策，这是我国首次建立的职业教育贫困学生助学制度，是实现教育公平和教育和谐发展的重要举措。2008年学界对职业教育的研究主要有以下几方面：发展职业教育的意义、职业教育的内涵、特征和目的、职业教育存在的主要问题及对策建议等。

有学者认为，发展职业教育是人力资源开发的战略基石[88]，大力发展职业教育是建设人力资源强国的重要基础条件[89]。

有学者认为职业教育的内涵随着社会的发展变迁已发生了变化，现代职业教育有其职业性、技能性、社会性、终身性和全民性，而其中职业性和技术性是职业教育的本质属性[90]。作为一种教育形式，职业教育有着自己的特点。也有学者提出职业教育的目的，不仅仅在于教育人、培养人，也不仅仅局限于“为了学生的就业”，而主张“实现完美的就业”应当成为职业教育今后努力追求的目的。只有实现完美的就业，才能真正体现职业教育的价值，才能真正促进职业教育的良性发展[91]。

而职业教育存在的主要问题表现在：职业教育发展与师资培养的问题，职业教育与基础教育的关系问题、中职就业状况问题分析和高职课程评价体系问题等。

有学者认为中职师资的培养没有跟上中职学校发展的速度，导致师资数量不足，质量不高，缺乏师资培养的总体规划和稳定的职业师资培养渠道是影响职教师资队伍建设的根源。因而建议统筹规划师资培养的数量和层次，建立稳定的合乎标准的师资培养培训基地，制定严格的职教教师资格标准，制定从其他行业吸纳优秀人员的配套措施[92]。

有学者提出发展职业教育需基础教育作出变革，首先，中小学教师要树立多样化的人才需求需要多样化的教育观念；其次，职业指导和职业生涯教育应从小学抓起，使多数学生了解自己的个性和特长，自愿、主动地选择适合自己的多种教育类型。管理制度的改革，应从3个方面着手：一是建立合理的职业教育教师资格认定制度，提高职教教师的专业化水准；二是完善职业学校教师职务制度，逐步调整和规范中等职业学校教师职务序列，突破中等职业学校现有的以副教授或高级讲师为最高职称的界线，增设类似于教授一级的高级职务，改进职务评审办法，为职教教师提供更为有利的职业发展空间；三是改革中等职业学校教师分配制度，在保障教师基本工资待遇的前提下，将教师收入与学校发展、所聘岗位及个人贡献挂钩，充分发挥收入分配的激励作用。通过以上制度改革，保障实现职业教育教师的可持续发展[93]。

有学者就中职就业状况从社会分层、待业时间以及就业质量等方面考察了中国城镇的中等职业教育。认为中等职业教育类型对于社会分层的作用并没有人们预计的那么严重；中等职业教育毕业生相比普通高中毕业生经历了较短的从学校到工作的心理调整期，从而待业时间缩短；在就业质量上，中等职业教育的长期优势表现不明显[94]。

（作者：劳凯声，首都师范大学教授；
马效义、蔡金花，北京师范大学博士后；
罗爽、刘俊仁，北京师范大学博士生）

注：

①石中英、张夏青：《30年教育改革的中国经验》，《北京师范大学学报》（社会科学版），2008年第5期。

②李敏谊：《改革开放30年教育事业发展的伟大成就》，《教育学报》，2008年第6期。

③石中英、张夏青：《30年教育改革的中国经验》，《北京师范大学学报》（社会科学版），2008年第5期。

④袁振国：《改革开放 30 年教育思想观念的重大突破》，《中国高等教育》，2008 年第 20 期。

⑤刘复兴：《改革开放以来我国基础教育体制改革的问题与路向》，《理论视野》，2008 年第 9 期。

⑥张斌贤、李子江：《改革开放 30 年来我国教师教育体制改革的进展》，《教师教育研究》，2008 年第 6 期。

⑦劳凯声：《改革开放 30 年的教育法制建设》，《教育研究》，2008 年第 11 期。

⑧冯婉桢、檀传宝：《改革开放 30 年的中小学德育政策》，《中国教育学刊》，2008 年第 12 期。

⑨陈立鹏：《改革开放 30 年来我国民族教育政策回顾与评析》，《民族研究》，2008 年第 5 期。

⑩顾明远：《改革开放以来我国教育科学的重建与发展》，《教育研究》，2008 年第 9 期。

⑪于述胜：《改革开放 30 年中国的教育学话语与教育变革》，《教育学报》，2008 年第 5 期。

⑫顾明远、阚阅、乔鹤：《改革开放 30 年中国比较教育的重建和发展》，《比较教育研究》，2008 年第 12 期。

⑬杜育红：《中国教育经济学 30 年回顾与展望》，《清华大学教育研究》，2008 年第 6 期。

⑭班建武、檀传宝：《改革开放 30 年中小学德育课程的变迁与发展》，《思想理论教育》，2008 年第 24 期。

⑮王晨：《从艰难恢复到积极革新——外国教育史研究 30 年（1978—2008）》，《清华大学教育研究》，2008 年第 12 期。

⑯刘艳虹、顾定倩、焦青：《改革开放 30 年北京市特殊教育发展及其现状研究》，《中国特殊教育》，2008 年第 10 期。

⑰石中英：《教育公平的主要内涵与社会意义》，《中国教育学刊》，2008 年第 3 期。

⑱褚宏启、杨海燕：《教育公平的原则及其政策含义》，《教育研究》，2008 年第 1 期。

⑲康永久：《教育公平的政治维度》，《教育研究与实验》，2008 年第 6 期。

⑳文东茅：《促进教育公平是政府的职责》，《理论视野》，2008 年第 7 期。

㉑刘复兴：《政府的基本教育责任：供给"公平"的教育政策》，《北京师范大学学报》（教育科学版），2008 年第 4 期。

㉒杨东平：《教育公平三题：公平与效率、公平与自由、公平与优秀》，《教育发展研究》，2008 年第 9 期。

㉓褚宏启：《教育公平与教育效率：教育改革与发展的双重目标》，《教育研究》，2008 年第 6 期。

㉔石中英：《论社会主义初级阶段的教育公平观》，《皖西学院学报》，2008 年第 1 期。

㉕乔锦忠：《政府在促进基础教育公平方面的责任》，《人民教育》，2008 年第 8 期。

㉖鲍传友：《"后普九"阶段义务教育公平的主要矛盾与政府责任》，《教育发展研究》，2008 年第 3 期。

㉗谈松华：《义务教育的均衡发展：从行政措施到制度建设》，《群言》，2008 年第 11 期。

㉘张东娇：《义务教育均衡发展的社会资本障碍及其政府治理》，《北京师范大学学报》（社会科学版），2008 年第 2 期。

㉙鲍传友：《"后普九"阶段义务教育公平的主要矛盾与政府责任》，《教育发展研究》，2008 年第 3 期。

㉚张东娇：《义务教育均衡发展的社会资本障碍及其政府治理》，《北京师范大学学报》（社会科学版），2008 年第 2 期。

㉛李湘萍：《义务教育阶段择校行为与教育机会分布公平性研究——基于中国 18 个城市居民家庭教育选择支出的实证分析》，《教育研究》，2008 年第 3 期。

㉜王璐：《英国择校政策中的公平与效率问题》，《外国教育研究》，2008 年第 3 期。

㉝顾明远：《教育公平与和谐教育》，《比较教育研究》，2008 年第 4 期。

㉞余清臣：《教育公平的系统性与和谐教育》，《教育研究与实验》，2008 年第 1 期。

㉟袁振国：《大力提高教师专业化水平》，《教师教育研究》，2008 年第 5 期。

㊱张斌贤、李子江：《改革开放 30 年来我国教师教育体制改革的进展》，《教师教育研究》，2008 年第 6 期。

㊲李琼、曾晓东、杜亮：《北京市中小学教师专业发展：结构与特点研究》，《教师教育研究》，2008 年第 6 期。

㊳陈向明：《理论在教师专业发展中的作用》，《北京大学教育评论》，2008 年第 1 期。

㊴于泽元、田慧生：《教师的生命意义及其提升策略》，《课程·教材·教法》，2008 年第 4 期。

㊵姜月：《人文情怀：教师专业化发展的内在呼唤》，《基础教育》，2008 年第 10 期。

㊶鲍传友：《个人主义与合作主义：教师专业发

展中的文化冲突》，《教育学术月刊》，2008 年第 4 期。

㊷孟万金：《全纳教育理念下教师专业素质及专业化标准研究》，《中国特殊教育》，2008 年第 5 期。

㊸劳凯声：《教师职业的专业性和教师的专业权力》，《教育研究》，2008 年第 2 期。

㊹㊺梁金霞：《中国公民教育的历史关照与当代价值》，《中国德育》，2008 年第 7 期。

㊻王啸：《全球化时代公民教育的定位与选择》，《思想理论教育》，2008 年第 16 期。

㊼刘丹：《本土化、规范化、国际化——全球视野下我国公民教育研究应把握的三个维度》，《中国德育》，2008 年第 7 期。

㊽何雪莲：《论公民教育的可能困境》，《教育科学研究》，2008 年第 12 期。

㊾从立新：《马歇尔的公民身份理论——公民教育的理论基础研究》，《全球教育展望》，2008 年第 9 期。

㊿周蔺：《澳大利亚、新加坡的公民教育对我国的启示》，《现代中小学教育》，2008 年第 12 期。

51梁文艳、胡咏梅：《农村中小学教师队伍建设的实证研究——基于中国西部农村的调查》，《上海教育科研》，2008 年第 12 期。

52胡艳：《我国农村中小学师资保障问题的历史分析及对策探讨》，《教育学报》，2008 年第 2 期。

53杨润勇：《关于农村中小学教师工作、生活中突出问题的调查分析与对策研究》，《中国农村教育》，2008 年第 10 期。

54杨银付、韩民、王蕊、安雪慧：《以教师资源的均衡配置促进义务教育均衡发展——城乡义务教育教师资源均衡配置的政策与制度创新》，《中小学管理》，2008 年第 2 期。

55杨润勇：《农村地区教师管理政策中的突出问题与解决策略》，《中国教师》，2008 年第 7 期。

56安雪慧、颉俊祥：《西部农村代课教师发展现状调查》，《教师教育研究》，2008 年第 1 期。

57雷万鹏、陈贵宝：《论农村代课教师的分流政策》，《华中师范大学学报》，2008 年第 1 期。

58郑新蓉、涂元玲、黄力：《通过“导师制”促进农村教师的专业发展——罗马尼亚的经验与启示》，《中国教师》，2008 年第 23 期。

59丁延庆、薛海平、王莉红：《“农村义务教育经费保障新机制”改革效果初探》，《教育与经济》，2008 年第 4 期。

60杜育红、梁文艳、杜屏：《我国农村中小学公用经费充足性研究》，《北京师范大学学报》，2008 年第 6 期。

61李小土、刘明兴、安雪慧：《西部农村教育财政改革与人事权力结构变迁》，《北京大学教育评论》，2008 年第 4 期。

62王颖、杨润勇：《新一轮农村中小学布局调整后的负面效应：调查反思与对策分析》，《教育理论与实践》，2008 年第 12 期。

63霍震、赵文嘉：《农村小学布局调整对家庭教育投资的影响——基于山西省原平市的调查分析》，《教育理论与实践》，2008 年第 4 期。

64李韧竹：《我国农村寄宿制学校学生补贴政策研究》，《教育发展研究》，2008 年第 19 期。

65卢海弘、史春梦：《农村寄宿学生补贴政策比较研究——以澳大利亚等国为例》，《教育发展研究》，2008 年第 19 期。

66中央教育科学研究所课题组：《贫困地区农村寄宿制学校学生课余生活管理研究——基于广西壮族自治区都安县、河北省丰宁县的调研》，《教育研究》，2008 年第 4 期。

67姚计海、毛亚庆：《西部农村留守儿童学业心理特点及学校管理对策研究》，《教育研究》，2008 年第 2 期。

68牛志奎：《农村留守儿童的处境及其改善——学校撤并的影响及对策》，《中国教师》，2008 年第 4 期。

69从立新：《讲授法的合理与合法》，《教育研究》，2008 年第 7 期。

70李静：《暗示教学法及其对中国教育改革的启示》，《科技信息》，2008 年 16 期。

71张增田：《对话教学的目标设计》，《首都师范大学学报》，2008 年第 2 期。

72韩立福：《后现代语境下的教学话语转型》，《教学与管理》，2008 年第 4 期。

73张增田：《经验与文本：对话教学的课程观解读》，《教育理论与实践》，2008 年第 4 期。

74周逸先、赵婧：《新课程背景下课堂教学评价的实施误区》，《河北师范大学学报》（教育科学版），2008 年第 1 期。

75丁邦平：《从“形成性评价”到“学习性评价”：课堂评价理论与实践的新发展》，《课程·教材·教法》，2008 年第 9 期。

76裴娣娜：《论我国课堂教学质量评价观的重要转换》，《教育研究》，2008 年第 1 期。

77余雅风：《从平等权视角看学前教育中的政府

责任》，《学前教育研究》，2008年第7期。

(78)张燕：《城市流动学前儿童的生存状态与教育状况——以北京四环综合市场和游戏小组为例》，《幼儿教育》（教育科学），2008年第9期。

(79)沙莉、庞丽娟：《立法保障学前教育科研：美国学前教育法的重要内容》，《学前教育研究》，2008年第2期。

(80)刘焱、刘丽湘：《研究幼儿园教育改革成效，深化幼儿园教育改革》，《学前教育研究》，2008年第11期。

(81)刘丽湘、刘焱：《幼儿园教育改革政策落实过程中的误区透析——从文本传递质量看改革成效》，《学前教育研究》，2008年第12期。

(82)刘丽湘、刘焱：《幼儿园教育改革：从国家政策文本理念向教师教育观念传递的过程及其反思》，《幼儿教育》（教育科学），2008年第6期。

(83)孙爱琴、冯晓霞：《我国现行幼儿园教师资格考核中的问题及对策思考》，《学前教育研究》，2008年第6期。

(84)刘焱、潘月娟等：《幼儿园教师专业自主权的现状与影响因素的初步研究》，《教师教育研究》，2008年第4期。

(85)严冷：《北京幼儿园教师全纳教育观念的调查》，《学前教育研究》，2008年第5期。

(86)刘焱、李志宇等：《不同半园体制幼儿园班级教育环境质量比较》，《学前教育研究》，2008年第8期。

(87)潘月娟、刘焱等：《幼儿园结构变量与教育环境质量之间的关系研究——以山西省幼儿园为例》，《学前教育研究》，2008年第4期。

(88)张力：《大力发展职业教育，建设人力资源强国》，《西北职教》，2008年第7期。

(89)吴智泉、陈孝劲、周伟平：《发展职业教育是人力资源开发的战略基石》，《中国电力教育》，2008年第9期。

(90)和震：《论现代职业教育的内涵与特征》，《中国高教研究》，2008年第10期。

(91)李兴洲：《实现完美的就业——职业教育目的新论》，《职教论坛》，2008年第1期。

(92)胡艳：《我国中等职业教育发展与师资培养的问题探讨》，《教育与职业》，2008年第20期。

(93)和震：《职业教育不应为基础教育补课》，《西北职教》，2008年第1期。

(94)丁小浩、李莹：《中国城镇中等职业教育就业状况分析》，《教育科学》，2008年第4期。

心 理 学

张厚粲　陈海平

一、学术与社会活动

1. 大地震后的心理援助

2008年5月12日14时28分，我国发生了震惊世界的四川汶川特大地震灾害，造成4625万多名群众受灾、69227名同胞遇难、17923名同胞失踪以及1510万受灾群众需要紧急转移安置[①]。

地震是一个创伤性很大的事件，受灾的人们处于高度应急状态，容易出现各种心理及生理疾病，进而衍生各种社会问题，必须适时地进行必要的危机干预和心理疏导，提供人文关怀，消除灾民的恐惧心理和不稳定情绪，帮助他们重新树立生活的信心，重建心灵家园。灾情就是命令，北京的心理学工作者，包括中国心理学会、中国心理卫生协会等行业协会以及北京师范大学心理学院、中国科学院心理所、北京大学心理学系等学术机构的专业人员，在灾后第一时间就积极行动起来开展了多种多样的抗震救灾活动：很多人立即奔赴灾区一线开展救援，有些人则组织起来连夜编写心理援助的普及教材和公众心理自助手册，在最短时间内带到灾区开展心理援助服务；广大心理学工作者利用专业知识，在参与救援的同时，还深入调查灾情多次及时地向中央和地方政府提交报告和提供各种专业性建议，并且与当地政府、学校、媒体以及非政府组织合作举办各种群众性的抗震救灾知识讲座和心理援助方面的宣传、培训心理辅导和咨询的专业技术人员，此外，还联合或者向国内外众多心理学机构发出了携起手来共同投入抗震救灾、积极承担专业义务和社会责任的倡议，得到积极响应，中国香港、中国台湾和日本/欧美的一些心理学家也陆续来大陆提供支援和传授经验。所有这一切都对我国抗震救灾取得伟大胜利发挥了重要作用。由于这次抗震救灾活动声势浩大，内容丰富，形式灵活多样，需要多学科多领域的通力合作，才能取得良好效果，对于心理学来说，在如何服务社会，提高自身建设方面是一个严峻挑战，但也提供了一次难得的机遇。经过全体心理学工作者的共同努力，最终取得了良好的社会效益，既扩展了社会各阶层对心理学的认识，也丰富了心理学的内容，有力地促进了心理学的发展，如咨询辅导心理学的进一步深入研究，灾害心理学开始受到重视等等。由于抚平心理创伤需要时间，而且在灾后不同时期又会有新的问题出现，即使到了灾后重建时期，心理救助和心理重建仍然需要，为此中国科学院心理所和北京师范大学心理学院等一些心理学单位都在灾区设立了长期的心理援助工作站或危机干预中心，继续为灾区培训心理援助人员，开展灾后对口支援行动，联合当地政府、学校、企业开展长期的心理援助活动，已始见成效。总之，广大心理学工作者抓住了这次心理学应用和知识普及的极好契机，将心理援助和宣传有组织有领导地开展得轰轰烈烈，结果心理学在2003年SARS事件之后再次得到国家领导人的高度重视和肯定，受到全国人民的普遍关注，学科形象得以高调张扬，这对中国心理学的未来发展起到了极大的促进作用[②]。

2. 为奥林匹克运动会服务

第29届奥运会2008年在中国北京举行，这是中国第一次举办的“无与伦比”（国际奥委会主席罗格语）的盛会，创造了很多的辉煌。为了帮助中国运动员备战奥运，心理学工作者几年前就积极投入体育心理的研究和应用探索，有20多名运动心理专家参与了20多个国家运动队的备战训练，对教练员提供策略咨询，为运动员提供心理咨询、监控、心理训练、比赛方案制定的服务，内容涵盖注意力集中、情绪控制、情绪稳定、目标定向、参赛角色定位、心理疲劳恢复、自信心建立和维护、唤醒水平调节、赛前心理准备、与教练沟通、团队凝聚力等多个方面，为运动员取得骄人成绩作出了巨大贡献，在理论和实践应用上都获得了丰硕的成果[③]。

3. 其他重要事件和活动

中国心理学会理事长、中国科学院心理所所长张侃教授在2008年7月柏林举行的第29届国际心理学大会上当选为国际心理科学联合会（IUPsyS，简称国际心联）副主席，成为继我国心理学家荆其诚、张厚粲教授之后我国担任心理学最高国际组织—国际心联副主席的第三人[④]，它充分显示了我国心理学在国际上的重要地位。

我国心理学的奠基者和播种人之一张厚粲教授从教60周年庆典9月份在北京师范大学举行，海内外的众多学者和张教授的历届弟子近200人汇聚一堂，回顾历史发展热烈祝贺张厚粲教授的成就[⑤]。同时还举行了“心理学的传承与发展”学术研讨会。

行为遗传学研究的是遗传因素对行为的影响，它在国外已有相当长的历史，但国内心理学同行比较陌生。心理学报杂志社特邀University of Minnesota儿童发展所的葛小佳教授，专门组织了国外超重量级的几位学者专题专刊介绍行为遗传学的最新发展，特别突出介绍了研究从计量遗传学向分子遗传学的转变情况，这对全面理解心理学以及社会行为的生理心理机制具有重要意义[⑥]。

“文化大革命”以后，中国心理测量学家在修订外国著名测验、开发本土测验、证书考试、资格认定、人才选拔等领域做了大量的工作，中国心理测验从理论水平到实践技术都有了很大的提高，各种现代测量理论和技术都在中国的应用实践中得到探索和应用，心理测量技术和心理测验的广泛使用同时带来了一些新的问题，例如市场混乱、公众版权意识薄弱、心理测验版权保护不力、心理测量技术应用低水平重复、理论创新匮乏等。为促进上述问题的解决，中国心理学会心理测量专业委员会致力于加强心理测验开发和使用的规范化管理，组织专家于2007—2008年间修订了1993年颁行的《心理测验管理条例》，充实了大量有关心理测验登记、鉴定和日常管理的具体可行的规定[⑦]。

国际著名心理学家、发展中国家科学院院士、中国科学院心理研究所研究员，新中国心理学事业的卓越开拓者和带头人荆其诚教授因突发心脏病于2008年9月28日逝世，享年82岁。荆其诚教授投身心理学事业66年，始终不渝地为心理学的发展潜心研究，奔走努力，为中国心理学走向国际作出了巨大贡献，开拓了具有国际影响的“颜色视知觉的研究”，培养了很多弟子相继成为中国心理学界的中坚人物，获得了众多的国际奖项和荣誉，赢得了国内外同人的普遍尊敬。他的突然去世是我国心理学界极其重大的损失，国内外重要的心理学学术机构及其分支机构、知名心理学家均以各种形式悼念这位伟大学者[⑧]。

中国科学院心理所继2007年主办首届中国心理学家大会之后，于2008年7月在北京再次举办了第二届中国心理学家大会[⑨]。

二、学术研究

1. 判断与决策研究

判断与决策的基础研究有几项值得引用的成果。有人借助先进的脑成像技术，用ERP实验探讨了不同精细程度的心理刻度对自发锚定加工和外部锚定加工的影响。结果表明，只有自发锚引起的锚定加工才存在心理刻度效应，支持锚定调整启发模型；而外部锚引起的锚定加工没有出现心理刻度效应，却出现了一个与通达有关的N300成分，支持选择通达加工模型，这种结果显示锚定判断是主动调整还是选择通达取决于不同的情境[10]。另有研究采用自行设计的图形材料进行实验，对行为数据和口头报告资料分析显示：干扰越多，任务越复杂，成人数量估计的误差越多，反应时间越长[11]。对自我框架的实验探讨发现：自我框架对风险选择的影响方向因情境的不同而不同，备选方案自我描述的情绪语气越正面这个方案被选择的可能性越大，机会威胁是自我框架效应的一个中介变量。也就是说，备选方案的自我描述语气影响了风险认知，进而影响决策者的风险偏好和选择[12]。

一些深度的行为决策问题开始受到学者们的关注。例如李纾领导的团队撰文回顾了后悔的定义和影响因素，结合研究者提出的不同后悔模型，分析了作为效应、后悔规避和不作为惯性等方面对决策行为的效应[13]。鉴于后悔是影响行为决策的一种基于认知的消极情感，是行为决策领域中有关决策情感的最重要研究领域之一，如果能够坚持对这一问题的探索，应该会产生一批具有启发价值的成果。再如群体决策中的非共享信息也是一个重要问题，有学者对影响非共享信息加工和提取的因素进行了介绍[14]。

现实行为中的判断与决策研究有增多的趋势。以实验设计与问卷测量相结合的方法，采用真实的环境风险材料对风险认知进行研究。实验发现人为风险比自然风险引起更高的风险认知，形象性信息的呈现增加风险认知，但不同感觉通道的信息输入对风险认知没有影响，电视比网页唤起更高的风险认知[15]。利用模拟谈判手段，综合考察了第一次出价对谈判破裂的影响。研究证明第一次出价越高，谈判越容易失败，谈判双方权力不对等会增大第一次出价对谈判破裂的负面作用。弱者的第一次出价越高，谈判越容易破裂[16]。还有人探讨了决策制定中小概率权重因背景而异的问题及其相关研究结果的可能应用[17]。

利用博弈模型研究儿童在决策中的价值取向的发展，国内开始了有益的探索。有研究采用中国小学三、六年级、初中八年级、大学一年级4个年龄组学生为被试，研究儿童在最后通牒和独裁者博弈中的经济决策行为，结果发现儿童在两个博弈中都显示出公平和分享行为，这种分享行为随着儿童年龄的增长反而减少，这个发现与以往国外研究结果明显不同[18]。

总的看，这一领域的研究有增多的倾向，研究的手段和主题趋于多样化，尽管研究的兴趣不够集中，但研究的主题还是非常有意义的，假以时日应该能取得重要的成果。

2. 统计与测量研究

现代测量理论和测量方法的新应用方面得到较多关注。张厚粲教授领导的团队进行了多个研究，得到一些有启发性的结论。例如他们用音像教材的测评数据检验了多元概化理论对编制评定量表的指导价值[19]；用结构化面试的真实评分证明了项目反应理论的多面Rasch模型可以提高选拔精度[20]；可以基于内隐偏差的某些假设用条件性推理测验（采用的问题类似于传统归纳推理测验）评估反应者的人格倾向[21]。另外有研究显示多水平项目反应模型在测验开发中具有某些特殊优势[22]；计算机模拟表明，计算机化自适应测验（CAT）若允许被试检查并修改答案，综合考虑被试两次作答信息可以得到更精确的能力估计值[23]。

量表开发是一个永远不会老化的领域，有一些新的量表在开发或者进一步搜寻效度证据，例如青少年心理韧性量表的编制和效度验证[24]、中外人格差异的探索[25]以及高校教师师德状况的调查表编制和品质研究[26]。探索新版韦氏儿童智力测验修订的经验启示[27]。还有研究根据相关的信息加工理论、学习理论以及人格特征类型理论，构建了我国远程学习者学习风格的理论模型，并编制了测量量表加以验证[28]。值得特别一提的是对中国企业情境下领导授权赋能行为（empowering leadership behavior）的维度及其测量研究，研究者对问卷进行探索性和验证性因子分析，提出领导授权赋能行为的6因素结构，包括个人发展支持、过程控制、权力委任、结果和目标控制、参与决策和工作指导[29]。

统计方法也有少量的探讨。例如有人分析了α系数作为测验同质性信度估计的局限性，介绍了λ系数在估计同质测验内部一致性时相对α系数的优点[30]；利用模拟数据探索样本容量、因子载荷、评分等级、分数分布形态等因素对SEM拟合指数的可能影响及其模型选择问题[31]。

3. 认知神经科学研究

运用现代实验脑成像等先进技术，研究知觉、学习等脑神经机制使得认知神经科学成为一个比较热门的研究领域。实验发现，视知觉对无意识呈现的图形加工，在不同知觉判断任务条件下具有不同的启动效应，这可能意味着任务的信息通道是个重要因素，对局部形状特征的注意很可能涉及对周围整体形状信息加工自动抑制的过程[32]。比较图形视觉和心理表象以及不同认知框架下表象加工的眼动参数，发现从视知觉到视觉心理表象，眼动经过重新编码，眼动模式更加简洁[33]。ERP研究结果显示，在预知条件下，简单任务转换的内源性准备可能开始于任务呈现后300ms，内源性准备和外源性调节都可能是存在认知冲突的反映[34]。

对参照系的实验研究发现，绝对方位判断存在0°、90°和180°位置优势效应[35]。采用遮挡范式对专职公交车驾驶员实验研究显示，被试对不同类别和速度运动物体的碰撞时间（TTC）估计有显著差异，表明除了视觉信息和物理信息之外，运动物体的概念信息也是影响横向运动TTC估计的重要因素[36]。在多目标追踪研究中发现，消失目标的位置和运动轨迹信息都在目标追踪中得到应用，当追踪目标数量增加时这些信息的作用就减低了[37]。静态的知觉组织原则在多目标追踪中同样发挥作用[38]。

人得到负面评价在ERP中会产生一个相对负走向的波形变化，称为反馈负波（Feedback Negativity, FN）。采用模拟点钞的实验结果发现，FN只受结果效价，而不受数额或预期强度水平的影响[39]。对普遍存在的强烈性别刻板印象问题，要求被试判断具体人物图片与刻板化特征词是否匹配，结果发现：在刻板印象冲突情景下额叶与颞叶出现了晚正成分P600，波幅随冲突强度的增加而减弱，刻板印象的记忆表征单元以典型样例优先，基本范畴次之[40]。采用信号检测论技术，以人格词单记忆为实验任务进行的实验结果表明，样例激活与群体范畴的交互效应对社会信息加工过程存在显著干扰作用；内群体的信息加工比外群体更不易受到干扰，消极样例特质的信息加工比积极样例特质更不易受到干扰[41]。

国外的研究表明，学习与经验可以改变脑皮层的厚度与树突的结构，增加树突棘的数量，修饰其形状，对脑的功能代表区产生影响[42]。国内学者在学习的机制方面进行了不少有益的探讨。例如，对大学生被试的研究表明，类别内部的项目机械特征的相似程度和主题特征是否一致都影响类别联想对类别学习的效果[43]。使用理解评价范式实验发现，元理解的准确性高，能促进某些被试进行更有效的自我调节学习[44]。

实验结果表明，预警对错误记忆影响不显著，重复学习可减弱错误记忆，反馈难以降低错误记忆[45]。采用学习—再认研究范式和事件相关电位的大学生结果表明，字频是影响相继记忆效应的重要因素，低频比高频、非字比真字的相继记忆效应更大[46]。

卡片分类测验和词汇流畅性测验的成绩表明，剥夺睡眠后的认知执行功能下降与剥夺时间有一定关系，45h后下降显著[47]。采用孤立范式进行的实验表明，知觉孤立不影响学习判断，而语义孤立对学习判断的影响受到关键项目所处位置的限制[48]。使用语义启动词汇判断范式的实验结果表明，语言经验可以改变词汇形式表征的加工速率以及从形式表征出发激活词汇意义的模式，从而使得第二语言有可能取代母语而上升为主导语言[49]。流畅性是个体作学习判断（Judgements of Learning, JOLs）时的重要线索，研究结果显示，一般儿童进行学习判断总是利用效度更高的流畅性线索，延迟学习判断主要利用提取流畅性线索[50]。

4. 汉语信息加工研究

实验发现ERP结果在距离效应出现的同时仍然存在符号效应，表明阿拉伯数字与汉字数字的编码表征是不同的[51]。有研究显示，音节或"音节+声调"是汉语词汇产生中的编码单元，音节促进音韵编码，声调只能与音节结合才能起作用[52]；语音通达字形过程中存在同音字家族数效应和语义透明度效应[53]。

眼动实验结果显示，中性句子语境的歧义词意义通达仅受其意义的相对频率影响，而在偏向句子语境中，语境对歧义词的意义具有整合作用，支持次要意义的语境解歧信息会受到更久的注视[54]。至于整体语境和局部语境对代词理解的影响，眼动实验发现，对代词的理解不是一次完成的，初期受整体语境的语义偏向影响，后期主要受局部语境的影响[55]。

人类如何把不同语言区分开来？实验结果表明，同一种语言加工任务运用的是不同脑区，语言区分的脑皮层激活模式是音韵、语音和词汇信息竞争的函数[56]。运用动窗技术对中文阅读的实验结果显示，中文阅读同样存在边界效应，只有当切分标记表示的时间在前一事件持续的时间跨度外才能消除边界效应[57]。无论其信息结构如何，重读会提高其标志的概念节点在语篇表征中的激活[58]。采用关系再认范式（relation - recognition paradigm）和句子—探测再认范式（sentence - probe - recognition paradigm）的实验结果一致表明，在语言理解过程中，将来取向（顺时序）的事件获得优先加工处理，时间距离对语言理解的影响取决于不同时距的事件能否整合成情景模型[59]。

与英文阅读模型完全相同的计算机模型，可以成功模拟出汉字阅读的规则性、一致性效应及其与频率的交互作用，得到与行为实验相同的结果模式，但改变声旁独立成字时的字形表征，结果规则性效应消失。模拟结果一方面表明汉字与英语词汇阅读可能具有普遍的加工机制，都是对输入语料的形—音对应关系的统计学习，另一方面表明输入语料的不同统计属性可能是汉字阅读的语言特异性来源[60]。

5. 情绪加工

情绪的产生和转换受到我国心理学家的关注。研究发现，无论是否存在干扰，都存在阈上情绪启动和阈下情绪启动，有干扰时的阈上情绪启动不如阈下情绪启动程度大[61]。采用词汇判断任务和后掩蔽范式的行为实验发现，在阈上条件下只有当注意资源缺乏时才出现消极情绪偏向，而阈下条件无论注意资源多少都没有出现消极情绪偏向，表明消极情绪偏向的出现受到注意资源多少的影响[62]。以汉语双字词为刺激材料进行的情感启动实验结果表明，刺激的重复呈现会导致偏好的产生，进而可能产生积极情感[63]。实验发现，积极名词与正性形容词联结的反应时显著快于其与负性形容词的联结，重复呈现的中性名词与正性形容词联结的反应时同样显著快于与负性形容词的联结，当没有重复时与积极形容词联结还是与消极形容词联结没差别，表明刺激的重复呈现可能是积极情感产生的一个来源[64]。行为实验考察表明，情绪图片诱发的情绪状态对任务转换存在影响，与中性条件相比，积极情绪促进任务转换，消极情绪延缓任务转换[65]。

6. 心理健康

发表的心理健康研究比较集中在大学生和教师身上，这可能与研究实施的方便性有关。例如对北京某大学6165份有效数据的分析表明，家庭的多种因素影响大学生的心理健康[66]。对728名中学教师进行的问卷调查显示，教学效能感是工作压力和工作倦怠之间的部分中介，工作压力可以直接导致工作倦怠，也可以通过影响教师的教学效能感导致工作倦怠[67]。对30名高校教师连续14天的日记式追踪揭示，工作家庭冲突与工作家庭促进主要受个体内因素影响，工作要求能正向预测工作家庭冲突，工作控制能负向预测工作家庭冲突和正向预测工作家庭促进，工作要求对男教师的工作家庭冲突的影响作用更小[68]。

特别要指出的是北京大学钱铭怡教授率领的课题组对全国6大区，全国29个省、市、自治区1543名被试关于心理咨询和心理健康管理状况的调查。调查表明，各地区的心理治疗、咨询管理、心理治疗师（咨询师）专业水准发展不均衡，华北、华东地区专业水平较高，各种培训和机构的管理规范比较完善，相关人员专业水平较高，专职工作比较完善，而西北地区则相对比较落后，体现在专业机构要求不高、机构规范欠缺、治疗师（咨询师）专职化即专业化程度较低等方面[69]。

问卷调查发现，工作不安全感对员工的工作幸福感和工作绩效都有显著的消极影响，一般自我效能感在工作不安全感与身心健康之间、不安全感与工作绩效之间起调节作用，对关系也具有显著的调节作用，但对工作满意度的调节作用不显著。这表明，工作不安全感在当今中国转型社会里是影响员工工作幸福感和工作绩效的一个重要因素[70]。个案研究表明，箱庭疗法对选择性缄默症的治疗是有效的[71]。

总的来说，心理咨询和心理健康是目前飞速发展的一个领域，人员队伍迅速膨胀，各地纷纷开设侧重心理咨询的心理学专业，社会各界普遍十分关注，汶川大地震更是把这一领域推向热点。但从发表在重要心理学刊物上的文章来看，今年的研究少了有关心理应激机制的内容，较多保留了调查研究的特点。这固然有学科领域特点和学术杂志要求的因素，一些案例研究、小规模调查或质性研究不太容易发表在一流学术刊物上，但这个领域的研究如何更上一层楼也确实是一个值得观察的问题。

7. 组织行为研究

一个比较突出的研究主题是探讨各个影响变量之间的确切关系。对16家制造型企业数百名员工、同事及直接领导的配对数据进行的多层线性模型（HLM）分析结果表明，员工—领导关系是政治技能与职业发展之间的中介变量，政治技能促进员工与领导的良好关系，进而影响个人在组织中的职业发展，当然组织政治知觉影响政治技能与领导之间的关系形成[72]。动态的心理契约是员工—组织关系的重要形式，考察189名大学本科毕业生入职前初始信念和入职后组织提供的诱引因素两者如何改变员工对组织的义务感，研究发现组织支持对关系型义务感和交易型义务感的变化都有明显的影响，入职前初始信念对员工义务感的发展受到包括工作奖赏和组织支持等组织诱引的调节[73]。通过对342个大学生短期团队完成决策任务行为的层次回归与结构方程模型分析表明，团队过程变量（协作、信念、凝聚力）在团队人格组成（外向性、宜人性、神经质）与团队有效性之间起中介作用㉔。对272名失业人员求职行为的多元回归分析表明，求职意向能正向预测求职行为，经济压力和知觉到的就业机会能预测求职意向，求职的自我效能感和就业承诺而非环境变量能预测求职行为，求职意向在求职自我效能感、就业承诺对求职行为的作用过程中起中介作用㉕。

再一个研究主题是测量量表的构想结构。以MBA学生为被试进行的假想情境参与研究表明，主观道德强度是单维结构，能显著预测道德识别、道德判断和道德意图㉖。对于基层党政领导干部，中国人人格量表（QZPS）测量的七个人格维度及其次级因素均与工作绩效存在不同程度的相关，其中处世态度、人际关系和外向性与任务绩效相关最高，处世态度、情绪性和行事风格与个人品质绩效相关最高，而情绪性与他人评定绩效相关最高，QZPS所解释的工作绩效变异高于NEOPI－R量表㉗。

（作者：张厚粲，北京师范大学教授；
陈海平，北京师范大学讲师）

注：

①胡锦涛在全国抗震救灾表彰大会上的讲话。2008年10月8日11：50中国新闻网（http：//www.sina.com.cn）。

②2008年中国心理学会大事记，《中国科学院心理研究所通讯》，2009年第1期；

《弘扬抗震救灾精神，用爱心为恢复重建助力》，《北京师范大学校报》，2009年5月8日；

中国科学院心理所2008年度大事记，《中国科学院心理研究所通讯》，2009年第1期；

中国心理卫生协会2008年大事记——抗震救灾；

http：//www.camh.org.cn/admin/MakeTopictoHTML.php？channelID＝4&topicID＝403&language＝CN&Action＝ViewNews&newsID＝919&pageID＝0；

《中国科学院心理研究所通讯》，2009年第1期；

《灾区心理援助计划启动》和《北师大为灾区教师提供心理培训》，《北京师范大学校报》，2008年8月1日；

《“学校—政府—企业”三位一体心理援助模式创立》，《北京师范大学校报》，2008年12月30日；

刘川生：《弘扬抗震救灾精神和奥运精神推动学校各项事业科学发展——在奥运会残奥会暨抗震救灾工作总结表彰大会上的讲话》，《北京师范大学校报》，2008年11月10日。

③张忠秋、张力为、刘运洲、梁祎明、李姝：《运动心理学研究进展：奥运会中的心理训练》，中国科学技术协会主编、中国心理学会编著：《心理学学科发展报告2008—2009》，中国科学技术出版社，2009年。

④中国心理学会秘书处：《心理所所长张侃当选第29届国际心理科学联合会副主席》，《中国科学院心理研究所通讯》，2008年第4期。

⑤《张厚粲喜迎从教60周年》，《北京师范大学校报》，2008年11月20日。

⑥葛小佳：《特邀编辑的几句话》，《心理学报》，2008年第10期。

⑦陈海平、放平等：《心理测验规范管理的研究》，中国科学技术协会主编、中国心理学会编著：《心理学学科发展报告2008—2009》，中国科学技术出版社，2009年。

⑧荆其诚同志治丧委员会讣告。http：//www.psych.ac.cn/CN/News/2008－09/EnableSite_ReadNews124016001222704000.html.

⑨中国科学院心理所继续教育中心：《第二届中国心理学家大会在京召开》，《中国科学院心理研究所通讯》，2008年第4期。

⑩曲琛、周立明等：《锚定判断中的心理刻度效应：来自ERP的证据》，《心理学报》，2008年第6期。

⑪徐继红、司继伟：《不同干扰刺激对成人数量估计的影响》，《心理科学》，2008年第1期。

⑫张文慧、王晓田：《自我框架、风险认知和风险选择》，《心理学报》，2008年第6期。

⑬饶俪琳、梁竹苑等：《行为决策中的后悔》，《心理科学》，2008年第5期。

⑭于泳红、汪航：《群体决策中非共享信息加工的影响因素研究进展》，《心理科学》，2008年第4期。

⑮谢晓非、李洁等：《怎样会让我们感觉更危险——风险沟通渠道分析》，《心理学报》，2008年第4期。

⑯王敏、张志学等：《谈判者第一次出价对谈判破裂的影响：角色的调节作用》，《心理学报》，2008年第3期。

⑰陈荣、何枫：《小概率权重问题及其市场应用》，《心理学报》，2008年第2期。

⑱朱莉琪、皇甫刚等：《从博弈游戏看儿童经济决策行为的发展》，《心理学报》，2008年第4期。

⑲安哲锋、骆方等：《多元概化理论在评定量表编制中的作用——以音像教材测评数据分析为例》，《心理科学》，2008年第5期。

⑳孙晓敏、薛刚：《多面 Rasch 模型在结构化面试中的应用》，《心理学报》，2008年第9期。

㉑李中权、张厚粲：《条件性推理测验：人格测验的新思路》，《心理科学》，2008年第5期。

㉒刘红云、骆方：《多水平项目反应理论模型在测验发展中的应用》，《心理学报》，2008年第1期。

㉓陈平、丁树良：《允许检查并修改答案的计算机化自适应测验》，《心理学报》，2008年第6期。

㉔胡月琴、甘怡群：《青少年心理韧性量表的编制和效度验证》，《心理学报》，2008年第8期。

㉕王登峰、崔红：《中西方人格结构差异的理论与实证分析——以中国人人格量表（QZPS）和西方五因素人格量表（NEOPI - R）为例》，《心理学报》，2008年第3期。

㉖廖凤林、陈宁：《高校师德状况调查表的研究》，《心理科学》，2008年第1期。

㉗陈海平：《韦氏儿童智力测验第四版的修订及其对智力测验开发的启示》，《宁波大学学报》（教育科学版），2008年第6期。

㉘朱祖林、安哲锋等：《中国远程学习者学习风格理论模型与验证》，《心理科学》，2008年第6期。

㉙王辉、武朝艳等：《领导授权赋能行为的维度确认与测量》，《心理学报》，2008年第12期。

㉚刘红云：《α系数与测验的同质性》，《心理科学》，2008年第1期。

㉛郭庆科、李芳等：《不同条件下拟合指数的表现及临界值的选择》，《心理学报》，2008年第1期。

㉜柯学、白学军：《视知觉无意识对局部形状和颜色特征加工的注意调节》，《心理科学》，2008年第2期。

㉝钟娟、高湘萍：《图形视觉与心理表象眼动模式的比较研究》，《心理科学》，2008年第6期。

㉞孙天义、肖鑫等：《预知任务转换的内源性准备和外源性调节》，《心理学报》，2008年第5期。

㉟周荣刚、张侃：《多参照系条件下信息获取方式对绝对方位判断的影响》，《心理学报》，2008年第11期；《基于场景记忆的参照系整合过程中的物体方位判断》，《心理学报》，2008年第12期。

㊱黄端、张侃：《碰撞时间估计的影响因素研究》，《心理科学》，2008年第6期。

㊲张学民、姚林等：《位置和轨迹信息在短暂消失目标复原过程中的作用》，《心理学报》，2008年第1期。

㊳张学民、舒华等：《复合运动刺激视觉追踪的初步研究》，《心理科学》，2008年第1期。

㊴孙世月、罗跃嘉：《欺骗任务中结果评价的FN效应》，《心理学报》，2008年第6期。

㊵王沛、张国礼：《刻板印象的心理表征：范畴还是样例？——来自 ERP 的证据》，《心理科学》，2008年第2期。

㊶王新波、单洪雪：《社会认知中的样例激活效应与内—外群体效应》，《心理科学》，2008年第6期。

㊷周加仙、董奇：《学习与脑可塑性的研究进展及其教育意义》，《心理科学》，2008年第1期。

㊸郑海燕、郭璐等：《机械特征相似程度不同情况下类别联想对类别学习的影响》，《心理科学》，2008年第3期。

㊹徐富明、施建农：《元理解准确性及其与自我调节学习的关系》，《心理科学》，2008年第5期。

㊺李宏英、连榕等：《预警、重复学习和反馈对错误记忆的影响——错误记忆的信号检测论分析》，《心理科学》，2008年第6期。

㊻刘聪慧、郭春彦等：《字频和预存表征对相继记忆效应的影响》，《心理学报》，2008年第6期。

㊼宋国萍、张侃等：《不同时间的睡眠剥夺对执行功能的影响》，《心理科学》，2008年第1期。

㊽陈功香、傅小兰：《学习判断中的孤立效应》，《心理科学》，2008年第1期。

㊾周晓林、玛依拉·亚克甫：《语言经验可以改变双语者的主导语言》，《心理科学》，2008年第2期。

㊿侯瑞鹤、俞国良：《加工流畅性和提取流畅性与学习不良儿童学习判断的关系》，《心理学报》，2008年第9期。

51赵晖、张红川等：《不同符号形式数字的数量表征》，《心理科学》，2008年第3期。

52张清芳：《汉语单音节和双音节词汇产生中的音韵编码过程：内隐启动范式研究》，《心理学报》，2008年第3期。

53周海燕、舒华：《汉语音—形通达过程的同音字家族数效应和语义透明度效应》，《心理科学》，2008年第4期。

54任桂琴、韩玉昌等：《句子语境中汉语词汇歧义消解的眼动研究》，《心理科学》，2008年第4期。

55高兵、杨玉芳：《整体语境和局部语境对代词理解的影响》，《心理学报》，2008年第4期。

56 Zhao, JJ; Shu, H; Zhang, LJ, etal. (2008). Cortical competition during language discrimination. NEUROIMAGE, Vol. 43, 3: 624 - 633.

57何先友、林崇德:《中文阅读中的边界效应及其消除:事件持续效应》,《心理学报》,2008年第6期。

58程婷、杨玉芳:《重读对语篇表征中的信息的激活的影响》,《心理科学》,2008年第1期。

59何先友、林崇德:《时间顺序与时间距离对语言理解的影响:进一步的证据》,《心理科学》,2008年第1期。

60杨剑峰、舒华:《汉字阅读的联结主义模型》,《心理学报》,2008年第5期。

61陈满琪、方平等:《干扰条件与情绪启动关系的实验研究》,《心理科学》,2008年第1期。

62胡治国、刘宏艳等:《注意资源对正常人消极情绪偏向的影响》,《心理科学》,2008年第6期。

63屠莺、周仁来:《单纯呈现效应与积极情感的产生》,《心理科学》,2008年第2期。

64侯舒艨、周蔚等:《内隐联结测验下单纯呈现效应与积极情感的产生》,《心理科学》,2008年第5期。

65王艳梅、郭德俊:《积极情绪对任务转换的影响》,《心理学报》,2008年第3期。

66曾美英、晏宁等:《家庭因素对大学生心理健康的影响研究》,《心理科学》,2008年第3期。

67李志鸿、任旭明等:《教学效能感与教师工作压力及工作倦怠的关系》,《心理科学》,2008年第1期。

68林丹瑚、王芳:《高校教师工作家庭关系的日记式追踪研究》,《心理科学》,2008年第3期。

69钱铭怡、陈红等:《国内六大区心理治疗和咨询管理状况的调查》,《心理科学》,2008年第2期;秦漠、钱铭怡等:《国内心理治疗和咨询专业人员及工作状况调查》,《心理科学》,2008年第5期。

70冯冬冬、陆昌勤等:《工作不安全感与幸福感、绩效的关系:自我效能感的作用》,《心理学报》,2008年第4期。

71徐洁、张日昇:《11岁选择性缄默症女孩的箱庭治疗个案研究》,《心理科学》,2008年第1期。

72刘军、宋继文等:《政治与关系视角的员工职业发展影响因素探讨》,《心理学报》,2008年第2期。

73刘小禹、刘军等:《初始信念、组织诱引对员工心理契约变化的影响》,《心理学报》,2008年第1期。

74林绚晖、卞冉等:《团队人格组成、团队过程对团队有效性的作用》,《心理学报》,2008年第4期。

75张淑华、郑久华等:《失业人员求职行为的影响因素及作用机制——基于沈阳市的一项研究》,《心理学报》,2008年第5期。

76李晓明、傅小兰等:《主观道德强度对企业道德决策的预测作用》,《心理科学》,2008年第2期。

77王登峰、崔红:《领导干部的人格特点与工作绩效的关系:QZPS与NEOPI-R的比较》,《心理学报》,2008年第7期。

历 史 学

史学理论及史学史

汪高鑫 马小能

2008年度,北京地区学者关于史学理论及史学史的研究,在改革开放与史学理论、马克思主义史学、中外史学理论、历史教育与教学等诸多领域都取得了丰硕的成果,具体介绍如下:

一、改革开放与史学理论研究

2008年是改革开放30年,将改革开放的历史与史学理论研究有机地结合起来,是这一年度北京地区学者史学研究的重要特色之一。

2008年12月21日,由中国人民大学历史学院和北京师范大学《史学史研究》编辑部联合举办的"改革开放新时期史学理论与史学史研究成就和学科建设——首都史学界纪念中共十一届三中全会召开

30周年座谈会”，在中国人民大学召开，来自中国社会科学院、北京大学、清华大学、北京师范大学、中国人民大学、首都师范大学等科研机构、高等院校以及《光明日报》等新闻出版单位近50位学者参加了会议。与会学者围绕改革开放30年来史学理论与史学史研究取得的重大成就、白寿彝等老一辈史学工作者的学术贡献、未来史学理论与史学史研究的发展趋势及关键突破问题等展开了深入的探讨。

学者们对近30年来史学理论与史学史研究所取得的重大成就给予了高度肯定，同时也指出了学科发展的不足。有学者指出，30年来不论是国外史学理论的介绍，还是对中国传统史学理论的总结，均取得了丰硕的成果，但中国研究史学理论与史学史的学者与西方研究此学科的学者之间却存有“异己”的感觉，我们应力求达到二者的融合。有学者指出，改革开放30年来，史学理论研究最重要的进展就是史学观念的更新，但也存在不少问题，如史学理论界缺少大家共同关注的“热点”问题；史学理论发展中缺少学派、缺乏学派之间论争等问题，这是今后史学工作者需要努力的方向。

学者们对近30年来老一辈学者的学术贡献进行了回顾，肯定了白寿彝等老一辈学者在治学上都能融贯中西，为历史学科的发展作出了突出的贡献。有学者认为，白先生强调读书要“好学深思，心知其意”，与西方史学家强调的“与历史对话”是相通的；他所说的“不要认为历史是死的”，与伽达默尔的“效果历史”是相通的；他将“成一家之言”理解为既承认多元性又承认历史性，则与西方文明注重“真理的自明”是相通的。还有学者对白先生治学的3个阶段进行了回顾与概括：新中国成立前为起步阶段，建国至改革开放是学步阶段，改革开放之后则是取得多方面成果的时期。认为白寿彝先生的学术成就，在一定程度上体现了30年来史学的发展历程。

学者们还就史学理论与史学史未来发展与要突破的主要问题进行了系统探讨。有学者指出，改革开放以来史学理论研究取得了显著成果，但真正有分量、能够流传下去的论著仍不是很多，我们应该抓住宝贵的学习机会，做好扎实的研究。现今世界各国的联系非常密切，而国内史学界对外国史学理论的研究却稍显不足。因而，适当地进行“西学”研究，从而贯通中西古今，是十分必要的。也有学者指出，史学理论与史学史是有所不同的，史学史研究是基础、长期的学科，史学理论则与社会变动密切相关。在历史学进一步科学化的背景下，在全球史观的影响下，史学理论将再次成为史学研究的热点，我们应紧紧把握住时代的脉搏，从现在的情境出发，探讨一些历史方向性的发展，以推动本学科的继续创新发展，使史学理论与史学史的研究再上一个新的台阶①。

除了召集会议集中讨论之外，不少学者都对改革开放与史学理论问题给予了充分关注，展开了深入的探讨。有学者对改革开放30年来的史学理论研究进行了回顾，指出大体可以分为3个发展阶段：从1978年到20世纪80年代末和90年代初是一个理论热时期；20世纪90年代史学理论研究进入一个相对低潮期；而进入21世纪迄今又迎来了史学理论大论战的新一波热潮。指出认真审视这3个阶段的经验和教训，对今后史学理论研究的发展十分重要②。

有学者从理论层次上揭示了史学理论发展与改革开放之间的关系，认为改革开放促进了史学和文化领域的改革开放，使中国的历史学焕发了新的生命，促进了史学理论的兴起和繁荣；同时也要在史学理论研究中坚持改革开放，要坚持正确的指导思想，进一步解放思想，注意继承发扬传统文化③。

有学者指出改革开放30年，中国史学理论在研究的广度和深度上都得到了进一步的拓展，形成了以唯物史观为指导，中国史学思想研究与西方史学理论研究齐头并进的格局。而介绍和引入大量的西方史学理论与方法，则是这一时期史学理论研究的主要特点。但理论无论是西方的，还是中国的，都是多样性中的一部分，对待多样性最好的办法，就是兼顾与超越并存，这就要求我们必须坚持科学的理论和批判的精神④。

有学者从类型学的视角对改革开放30年来史学理论研究的类型进行了系统总结，认为大致可以归纳为4种类型：历史理论的研究，史学史的研究，从事外国史学理论研究的人和专门从事历史哲学研究的学者。这种从研究路数上对中国史学理论研究的划分，为观察我国史学理论研究的状况提供了新视角⑤。

也有学者认为，改革开放30年的史学理论研究虽然发生了翻天覆地的变化，取得了卓著的成就，但也存在着一些亟待改进的问题，譬如史学理论研究如何体现出鲜明的时代精神和民族精神；史学理论研究如何和历史研究实践建立起更密切联系；如何在唯物史观指导下，在史学理论研究中建立起自己独立的理论、原则和方法，等等这些问题，都是当代中国的史学理论研究工作者需要加以认真思考和探究的⑥。

二、马克思主义史学研究的新进展

1. 马克思主义唯物史观研究

马克思主义唯物史观是我们从事历史科学研究的指导思想。当代的中国和世界已经发生了急剧变革，各种学术思潮和不同研究范式在中国学术界展开了激烈碰撞。在这种情况下，如何进一步深化对唯物史观的研究，如何将唯物史观与解说中国现实问题有效地结合起来，已成为北京地区学者们思考的重点问题。

有学者指出，历史唯物主义从本质上来讲就是现代历史的产物，但其作为现代早期资本主义社会自我理解和自我批判的理论，既具有超越时代的普遍理论意义，同时也打上了它赖以产生的时代及其语境的特殊印记。因而，运用历史唯物主义的基本精神分析和解答当代社会问题，就必须要将其置于现代历史的运动中，不断地进行深入的审视、阐释和理论创新。只要我们依据现代实践理解人类历史，又能以历史的视角看待现代人的实践方式及理论形态，就能不断地推进历史唯物主义的理论创新，并藉以指导我们自身社会的发展和对全球性问题的思考与解答[⑦]。

有学者以“唯物史观与思想路线”为研究对象，指出唯物史观是马克思的伟大发现，是马克思主义史学的核心，思想路线则是贯彻唯物史观的思想基础，有什么样的唯物史观，就有什么样的思想路线。而解放思想则是我们运用马克思主义基本原理研究新情况找到的正确的思想路线，它以哲学的方式为中国的改革开放作出了巨大贡献[⑧]。

有学者关注到了近年来关于唯物史观讨论的两种理论倾向，一种是强调立足现实，着眼当代，认为以对经典的解读为根据容易导致回避现实的问题，提出马克思主义的当代性取决于它的基本原理的有效性，实践检验是马克思主义当代性的决定性标准；一种则极力“提升”实践的地位和意义，从各种角度强调并论证实践的“本原性”、“基础性”、“根据意义”、“本体论意义”等等，试图在“本原”的意义上解读马克思的实践概念[⑨]。

此外，有关唯物史观的基本原则和范式研究，也是学者们所关注的一个重要方面。有学者指出，是否遵循实事求是的方法论原则，是判定唯物史观还是唯心史观的根本标志，也是二者判然有别的分水岭。此外，还需要坚持具体问题具体分析的原则[⑩]。有学者则对唯物史观的规律范式和实践范式这两种范式展开了比较研究，指出唯物史观的规律范式侧重于科学地解释社会历史，体现了对旧历史观超越的本质；实践范式则蕴涵着规律范式，体现了合规律性与合目的性、科学认识与价值取向的统一，确立实践范式，有助于回应唯物史观所面临的挑战，凸显唯物史观的当代性和当代价值。认为二者关系的厘定，是关系到唯物史观发展路径的选择以及对唯物史观当代性和当代价值阐释的重大问题[⑪]。

总而言之，探讨历史学的相关问题，其核心议题即在于如何认识唯物主义历史观对于历史研究的意义[⑫]。但唯物史观的发展，不能仅仅局限于一个理论层面的研究，它是与中国国家与民族的现实利益密切相关的，因而，对于真正关心唯物史观命运的中国史学工作者来说，必须要具有发展唯物史观的强烈责任感和使命感[⑬]。

2. 马克思主义史学研究

有学者系统概括了30年来中国马克思主义史学发展所取得的成绩。指出，国际化、多样化、深细化是其突出特点。但也存在值得商榷的地方，如形式化、碎片化、玄学化等不良现象大有存在。因而，马克思主义史学的进一步发展，首先应坚守和发展唯物史观；其次要有与时俱进、综合创新的精神；还要按照中国模式建构中国特色的史学理论体系，争取在国际上树立一个具有中国气派、中国气象、中国特色的史学理论形态[⑭]。

有学者对20世纪五六十年代马克思主义史学中国化进程中的世界意识进行了科学总结。指出，20世纪五六十年代的马克思主义史学的世界意识主要体现在倡导研究历史应将爱国主义与国际主义相结合、反对“欧洲中心论”、世界史学科的确立以及可贵的理论探索等方面。尽管这一时期国际上的史学交流带有很大的局限性，但其中所具有的世界意识和世界眼光却是值得肯定的，应该引起学界的充分注意[⑮]。

有学者就近年来马克思主义史学理论所取得的成果进行了系统总结，认为这些成果主要体现在6个方面：对唯物史观内涵和外延的新阐发、历史理论的探讨深化了对中国历史特点的认识、以历史认识论研究为重点构建史学理论体系、史学方法的更新和多样使历史研究更具魅力、对历史学功能的新探索以及构建中国特色马克思主义史学的理论体系和学科体系。这种总结，既是当前史学发展的需要，也是丰富和发展中国特色社会主义理论体系的需要，更是历史赋予史学界的重要任务之一[⑯]。

有学者指出，对于马克思主义史学思想史的研究，要努力做到理论与实践、历史与现实相结合。其研究内容应包括唯物史观的创立和发展；中外马克思主义史学的萌生和发展，主要理论成就和历史经验；马克思主义史学发展进程中的重大理论问题和某些规律性的内容等。而坚持中国特色社会主义理论体系的理论指导，则是在新的历史条件下推动马克思主义史学史研究的前提和关键。在新的历史条件下，加强马克思主义史学思想史研究，自觉为建设社会主义核心价值体系服务，是广大史学工作者义不容辞的责任和使命，这需要所有史学工作者的共同努力[17]。

学者们对中国马克思主义史学家的史学贡献进行了探讨。有学者指出，李大钊作为马克思主义在中国的最早的传播者，其主要贡献是在对唯物史观的理解上，他以中国固有哲学的优良传统、中国近代哲学新思潮为底色，以改造中国社会为目标，使马克思主义深深打上了中国化的印记[18]。有学者指出，早期马克思主义史学家通过对中国古代史和传统史学的研究，不仅巩固和扩大了马克思主义的影响，而且还在史学理论方面逐步构筑起了一个新的史学研究体系，初步奠定了中国马克思主义史学的基础。同时它还开创了以马克思主义为指导建立一个新学科的先例，为后来马克思主义在整个学术界指导思想地位的确立积累了重要的实践经验[19]。有学者指出，马克思主义历史学家胡绳在新民主主义革命时期以中国近代史作为战斗武器，“以史论政”；同时用唯物史观观察近代中国，提出了近代中国历史上若干重大问题的认识。1949 年以后，他推重革命性与科学性的结合，在中国近代史研究和著作的实践中，提出了中国近代史学科体系规范的一系列重大认识，在推动创建科学的中国近代史学科体系中发挥了重要的作用。从“以史论政”到科学的学科体系的创建，胡绳的中国近代史研究是一个历史过程[20]。有学者则系统论述了“五四”以来几代马克思主义学者在民族问题、历史评价问题、历史认识方法论问题、史学社会功能、坚持唯物史观和大力吸收西方新学理等方面所作的深入探讨及其理论价值[21]。

关于西方马克思主义史学理论研究的进展情况，也受到了学者们的关注。有学者以佩里的《马克思主义与历史学》和布莱克利奇的《反思马克思主义史学理论》为例，就近年来国外学者对马克思主义史学理论所取得的研究成果进行了系统总结与比较研究。这对于中国学界了解国外马克思主义史学最新动态，把握西方马克思主义史学理论的发展轨迹是大有裨益的，同时也为中国学者的马克思主义史学研究提供了可资利用的思想资源[22]。

三、中国传统史学理论研究的新突破

2008 年 9 月 12 日，由北京师范大学史学理论与史学史研究中心、大连大学中国古代社会与思想文化研究中心、大连大学人文学部联合主办的“史学批评与史学文化”学术研讨会在大连大学召开，来自中国大陆和台湾的学者 70 余人参加了会议。与会学者围绕史学批评的意义、范畴，史学批评的成就和特点，以及史学文化的内涵等相关问题展开了深入探讨。其中北京地区学者就“史学批评”和“史学文化”两个论题提出了不少具有价值性的观点，深化了关于史学理论问题的探讨。

“史学批评”是史学理论的重要组成部分。一些学者从宏观上对这一问题作了阐释。有学者指出，所谓史学批评，就是对有关史学家、史书、史学现象等史学问题发表的评论性、商榷性意见与见解，其功用是联系史学与社会公众的桥梁，也是推动史学不断发展的内部动因之一[23]。也有学者指出，史学批评能否在史学研究中成为积极有效的力量，为史学的健康发展而效力，要取决于批评者所处的社会环境。正常的社会环境下，史学批评能起到维护史学健康发展的效果，否则，就会成为史学发展的破坏力量[24]。

不少学者则从微观层面对这一论题进行了研究。有学者指出，王充《论衡》中的史学批评思想是十分突出的，他继承和发扬了中国史学崇尚实录，重点写当代史的优良传统，为构建司马迁“实录”在中国的崇高丰碑提供了坚实基础[25]。有学者通过对明代史学家王世贞的史学批评及理论贡献的深入分析，指出其辩证分析各种史料的相对史学价值，并从史学方法论的层面进行高度概括的史学精神对后世影响深远[26]。与会学者一致认为，史学批评理论体系的完善，还需要大大加强史学批评相关领域的研究。

“史学文化”的内涵更为丰富。有学者指出，史学文化既包含阐述史学的文化价值，又包含从文化的视角观察、论说史学的社会意义。充分挖掘史学文化，既有利于史学功能的发挥，也有利于文化研究领域的开拓。诸如史学与社会生活、史学与人文素养、史学与文化积累、史学与文明传承、史学与民族精神等等，都可视为史学文化[27]。

而从中国史学的优良传统审视史学文化，则是这一论题的另一个重要方面。有学者认为，经学和史学之间的因缘颇深，一方面，经学作为古代中国社会的统治思想，对于不同历史时期的史学与史学思想的发展和演变有着重要的思想影响和指导作用；另一方面，史学也为经学的建构和发展提供了具体

的历史素材，人们关于经义的探求不能离开具体的古今历史的发展变化，不能缺少历史的说明和验证[28]。由此可见，经学与史学是相互促动、相得益彰的关系，这是中国传统社会和传统学术文化发展进程中的独特现象。

中西史学文化的接轨与融合问题，也是史学文化研究领域值得重视的一个问题。有学者指出，梁启超的“新史学”，不仅仅在于“移植西方科学史学于中土，同时也是对传统历史观念与史学思想的推陈出新”。这是一套将儒家哲理、大乘佛学和现代进化论融合起来的历史观、世界观与人生观，是一套独特的历史观念与历史诠释方式[29]。对于史学工作者来讲，史学文化是一个具有重要历史意义的、大有可为的研究领域，值得更多关注。

除了上述学术会议的集中讨论之外，在这一年度，人们还着重就传统史学的“求真”与“致用”理论问题进行了笔谈，发表的一组文章对于这一理论问题的深入探讨颇有裨益。

有学者认为，“求真”是中国古代史学的根本要求，“求真”从根本上决定了历史记述以至史学的价值；“致用”是中国古代史学的主要动机，二者是一种既对立又统一的关系[30]。

有学者就“求真”与“致用”的史学属性问题展开了深入探讨，指出“求真”是史学的本质属性，“致用”是史学的价值属性，二者共同作用于史学家的史著里，体现在史学家的思想中。然而，由于史学家所处时代和主观意识的不同，他们对于“求真”与“致用”所表现出的思想取向往往又是不尽相同的。如在汉代史学发展过程中，司马迁的“实录”精神与班固的“宣汉”意识，便分别代表了汉代史学思潮的两种取向[31]。

有学者以唐初贞观年间君臣的论政作为切入点，指出史鉴在“求真”与“致用”之间，史鉴与求真、致用，犹如一车两轮、一鸟两翼，一个中心两个基本点，3 者原本即是一个整体，缺一不可[32]。

也有学者对历代史学的“求真”与“致用”之关系进行了探讨。如认为宋元义理史学也有讲究“求真”的一面，能够适当处理议论褒贬与历史事实之间的关系，注意把握“致用”与“求真”的相互制衡维度[33]。认为明清之际实学思潮的兴起，学者们立场鲜明地举起了经世致用的旗帜，力反明末的空疏学风，使史学的“求真”与“致用”达到了高度的统一[34]。

四、西方史学理论关注的几个热点问题

1. 全球史观问题

有学者指出，斯塔夫里阿诺斯的《全球通史》是西方具有影响的真正用全球观点和囊括全球文明进行编写的世界史著作，其全球史观不但为中国史学变革提供了思路，而且对我国的世界史研究和教学产生了重大影响。具体表现在以下 5 个方面：（1）开始打破西欧中心论或欧美中心论，建立了全球史观的研究思路。（2）打破了过去用国别史拼凑世界史的历史编纂模式，建立了以全球史观为指导的世界史的历史编纂体系。（3）历史感与现实感的统一的研究取向，并且把如何创建中国学派提到中国史学发展的重要地位。（4）多元方法的运用，比较史学的研究方法重要性的凸现，并且这一方法也得到进一步的探讨。（5）在全球史观的影响下，中国学者从 20 世纪 80 年代开始借鉴《全球通史》的编纂体系，以全球史观为指导建立中国特色的世界史新体系，形成了以整体性、全球性和通史性为特点的史学研究新观点：整体史观、现代化史观和文明史观[35]。

有学者指出，全球史观在德国史学界的回应则是展开了跨民族史学的研究。认为这种史观放弃了民族—国家历史的传统模式，而是格外关注跨民族的历史空间，强调各种社会历史现象之间的联系与互动，并力求在全球性视野下研究局部的、具体的历史现象。具体到研究方法，则可采用历史比较、“双向交流”或是将“比较”与“交流互动”相结合的方法。但也指出，从理论和方法的完善程度来看，德国的跨民族史学和全球史研究仍未步入成熟阶段，传统的民族史学根深蒂固，区域史研究基础相对薄弱，缺乏与国际同行特别是全球史学者的广泛而密切的学术交往，需要给予更多关注[36]。

还有学者认为，应该以总体的观念来探讨早期人类的复杂社会，并以这种观点具体探讨了早期美索不达米亚、尼罗河流域、印度河流域，以及欧亚大陆中部的社会历史。认为早期人类社会尝试建立经济和政治体制的时候，有的以神庙为中心，有的先建立城市。而周边的较小的国家、较为不发达的国家与发达的大国互利互补，同时又总是伺机而入，在强国走下坡时取而代之。这是因为，早期复杂社会大致开始于同一个时代，孰前孰后不过几百年，在社会发展的高潮时期，两者实际上是同时代的[37]。

2. 政治体制问题

有学者通过对王权与专制主义这两个概念的考察，并结合古埃及各个历史阶段公共权力的演变，对王权与专制主义之间的内在联系进行了剖析。指出，王权在一定的历史条件下可以发展为专制主义，专制主义在发展过程中又因不同的历史条件的变化而呈现出不同的阶段性特征，有的阶段专制主义受到某些因素的限制而表现出某种局限性，有的阶段专制主义因外来统治而强化，有的阶段则因外来统治而失去了原来的显著特征。当然，并非所有经历过王权统治的国家和地区都会发展成为专制主义，也并非所有的专制主义都会经历不同的发展阶段和表现出不同的阶段性，这需要具体问题具体分析[38]。

有学者通过对百余年来西方史学界对中古英国“宪政王权”的属性、起源、运作的考量，指出这一考量经历了一个诸说纷纭、不断深化的历程，总的趋势是从带有先验色彩的学理阐释走向具体的实证研究，从对理想化制度的勾勒走向对“实际政治”的解读。越来越多的学者不再依据预设的“宪政”原则，而是注重从国王与贵族之间的权益关系及政治实力对比来透视“宪政王权”的属性与特质，注意将观念与制度中的政治和实际发生的政治结合起来，解读它的历史常态。并且指出对于这一特殊现象尽可能地作出接近于历史实际的诠释，全面而审慎地借鉴西方的学术成果，是中国史学界的一大重要任务[39]。

还有学者指出，作为当代研究中世纪权力史的大家，比森的权力史理论不仅描述了中世纪权力的历程，而且建构了解释中世纪权力的模式。在比森看来，中世纪欧洲权力存在的主要形式是领主权，而在实现权力政治化之前，领主权的根本特征是非政府性。比森从政治制度史到权力史的研究转向，一方面是其学术创新的体现，另一方面则反映了20世纪后期美国中世纪史研究的新取向[40]。

3. 历史哲学问题

有学者对历史哲学从缘起到后现代的历史进行了系统回顾与总结。指出维柯的《新科学》确立了历史哲学的基本面貌，标志着历史哲学的诞生。黑格尔在启蒙运动的进步观念和康德哲学的自由概念中注入了新的因素，充分阐述了理性在历史中的作用，并把历史哲学的任务确定为把握历史的规律，这标志着历史哲学的合法性得以完成。英国哲学家沃尔什把历史哲学明确区分为思辨的历史哲学与分析的历史哲学两大流派。思辨的历史哲学关注的重心是历史本身，研究历史本身如何运动；分析的历史哲学注意的中心则是人们如何认识历史运动，而不再是历史本身如何运动。这就使历史哲学的主题从历史本体论转移到历史认识论。马克思主义的历史哲学超越了思辨的历史哲学与分析的历史哲学，成为现代历史哲学“三足鼎立”的重要一维。后现代历史哲学的兴起意味着知识的不确定性，表征的则是社会的不确定性。它在否认历史客观性的同时，极大地强化了批判性；同时它并没有否认历史的意义，显示出对历史哲学的最初梦想以及思辨的历史哲学的高层次复归[41]。

有学者从历史学的语言转向角度作出自己的思考，对后现代历史哲学的挑战作出郑重而系统的回应。认为历史学的语言学转向，揭露了历史研究中的主观性因素、历史写作中的文学特征、历史叙述的修辞特色和历史研究的内在矛盾，启发了我们正视自己的缺点，突破局限和偏蔽，辩证地认识历史，为史学在否定之否定的轨道上健康发展作出了特殊的贡献[42]。

有学者指出在历史研究中坚持辩证法的重要性。文章认为应该将苏共意识形态“突变”与“渐变”辩证地统一起来，全面加以认识。只看到它“一夜之变”的突发性、剧变性特点，而不讲或忽略它的“渐变”及其原因，就会造成片面性。指出苏共意识形态的“渐变”，一是源于长期的信息封锁和思想禁锢，二是来自理论是非和真理标准的斯大林化。这样就造成了教条主义盛行、思想理论僵化，扼杀了改革思想和理论创新。而信息封锁和思想禁锢，又把苏共的“理论队伍”培养长期置于“无菌的温室”环境里，这又造成他们信息上的“封闭性”和理论上的“脆弱性”，这样，在他们遇到戈尔巴乔夫实行的“公开性”和面对西方五光十色的理论学说和文化思潮之时，便束手无策，无以应对，在“一夜之间”败下阵来，这绝不是偶然的[43]。

也有一些学者对历史的客观性问题进行了探讨。有学者指出，20世纪二三十年代的史学相对主义思潮以及70年代以后的后现代主义思潮，使客观性这一历史学传统的核心价值和信念遭受了两次大的冲击。相对主义以历史学所无法离弃的选择性和主观性、叙事主义以标示出历史文本的伦理和审美的层面以及对于历史文本整体特性的强调，对客观性提出了质疑。但是历史学的客观性并未因此丧失其成立的依据。历史实在和历史学家的技艺，既是维系历史学客观性的依据，也是在进一步对其进行探讨时所需要着重考虑的因素[44]。而实践唯物主义语言观则是我们理解后现代语境下历史客观性问题的有效指南，也是我们批判后现代历史学的有力武器[45]。

五、历史教育教学与世界史学科体系构建问题

1. 历史教育与教学问题

学者们认为，应该重视高校的历史教育与教学问题。有学者指出，高校的社会科课程体系中也要进行历史教育，这是因为历史知识及方法关乎人们

认识自我和社会的深度，关乎公民教育的质量，以至凡涉及人的权利、义务、道德、态度、价值观等教育内容时，历史知识及方法就成了理解人、社会和人的精神世界的核心内容之一[46]。也有学者指出，在全国高校中设立“中国近现代史纲要”课程，无疑是一个具有战略意义的重大决定。但如何才能使中国近现代史纲要课成为学生真心喜欢、终生受益的课程，则是一个不能不研究的重大课题。有学者指出，搞好“中国近现代史纲要”课教学，教师与学生均应确立3大观念：（1）历史是国家综合实力的重要组成部分；（2）“近现代”不仅仅是一个时间观念，而是有其特定的内涵；（3）近现代史的主题是建设现代国家[47]。

有学者以十月革命为例，对高校俄国史研究型教学方法进行了系统探讨。指出研究动态、档案文献、学术理念等史学治学方法的传授，是同一条链条上不可分割的整体。我们必须把动态研究向授课对象作纵深的、客观的阐释，为他们打开多元视野，才能在“是历史决定观念，而不是观念决定历史”的诉求中使授课对象的治学思路得到升华。而尽可能多地发掘历史事件发生时期的社会资源信息，对比第一手原始档案文献，加之解读经典作家的相关原著，则有助于提升授课对象鉴别真实历史的能力，从中感悟史学治学要义，并将其批判历史的洞察力建立在科学、扎实的基础之上。同时，作为传道、授业者，应该摒弃所谓能够即刻解答授课对象提出的问题为上的传统意识，“解惑”新意不是要即刻解决问题，而是要提出问题[48]。

学者们也对中学历史教育、教学问题进行了有益的探讨。有学者指出，建立一个科学的中学历史课程结构，以达到历史教育所独具的目标，是历史教育的一个重要方面。而要充分发挥历史教育的功能，就必须要明确一些根本性的问题。比如铸造“以爱国主义为核心的民族精神”问题、培养正确的历史观问题、训练科学的方法论问题等，实际上就是要建立一个科学的中学历史课程体系的问题。只有明确这一问题，关于知识与能力的培养、过程与方法和情感态度价值观的培养、教学有效性等一系列问题的讨论才具有比较实际的意义[49]。

有学者指出，教师在中学历史教学中应注意坚持民族平等的原则，充分肯定少数民族的历史贡献，正确评判古代民族战争的是非功过，并由教师引导学生作出正确的判断[50]。切忌大汉族主义或狭隘的民族主义思想。

有学者以“祖冲之和圆周率”的教学为例，阐述分析了历史知识的类型（事实性知识、概念性知识、方法性知识）；挖掘了不同类型历史知识的教育价值的方法；并对以不同类型历史知识的教学为载体而实现历史知识教育与价值观教育有效整合的途径进行了讨论。指出，提高历史教学质量的关键是把握历史教学的本质，而明确不同类型历史知识的教育价值是把握历史教学本质的基础，学会分析历史知识的类型是历史教师专业化发展的切入点[51]。

还有学者指出，历史教育应从共存、共生的角度审视历史课程中国际理解教育内容的范畴与内涵、课程目标与实践，并由此归纳出历史学科国际理解教育的共同价值，从而借助课程改革的动力进一步完善历史课程，为健全我国的公民教育体系作出贡献[52]。

2. 世界史学科体系的构建

21世纪，中国的世界史研究进入了一个全新时代，世界史学科体系建设也已成为中国历史研究非常重要的学术问题。以马克思主义史学观为指导，从中国世界史学科的历史背景与和谐社会建设的实际情况出发，积极构建具有中国特色的世界史学科体系，成为世界史学人的重要使命。

有学者指出，世界历史体系的真正建立，应该让各个国家、各种背景、各种文化传统的历史学家都来参加这项工作，尤其是第三世界国家的历史学家应该发挥更大的作用，他们应该重新研究自己的文明，自己的历史，也研究世界的历史，并且按照自己的认识，参照世界上已有的史学理论成果，建立自己的史学理论体系，同时还需要世界各地的历史学家共同交流，相互学习[53]。特别是在世界近现代史的研究过程当中，应对其研究对象、内容、意义和方法等，进一步展开讨论，进行深入地剖析梳理，以此促进世界史学科的建立和发展[54]。

对于是否应将现代化作为主题来构建世界近现代史的新的学科体系，在学界是颇有争议的一大问题。有学者指出，中国的世界史学科需要探索一个属于中国自己的、适合中国特色社会主义现代化需要的工作框架，使其既能在世界学术之林独树一帜，又能为中国的现代化事业作出贡献，所以，应以现代化为主题来构建世界近现代史的新的学科体系[55]。但也有学者提出了相反意见，有人认为，现代化是不能作为世界近现代史学科新体系的主线的。这是因为，排除了不同道路发展模式的“社会经济”的不同性质而笼统地提现代化，会很容易陷入西方学者所设置的资本主义现代化道路的陷阱[56]。

不少学者还就世界史教材的编写问题提出了自

己的具体看法。有学者指出，一部好的世界史教材的编写，首先需要搞清楚“世界历史”的内涵是什么，这是进一步探讨世界史体系的共同基础，也是世界史体系构建工作的起点。而在这个过程当中，马克思主义历史理论是我们应当依靠的基本理论[57]。这是因为，马克思主义世界历史理论是世界历史发展进程中的产物，它深刻揭示了世界历史形成和演变的内在规律，为我们认识、理解和把握世界历史的整体发展指明了基本方向。它通过深入揭示生产力因素在人类社会发展过程中所发挥的决定性作用，为我们深入理解人类历史和改造世界提供了科学的理论与方法论支持，并为当代的世界史或全球史的研究和编纂提供了具有方法论意义的科学指南[58]。

但从总体上来说，今天的世界史体系是由西方学者建立的，欧洲中心论是十分突出的问题，因而，新世纪世界史教材的编写应具有改革和创新的精神。其教学内容要有“主线”、要有“战略重点”，同时还要考虑到教学内容的社会功能。在世界史教材中，政治、经济和文化等方面都要讲到。除此之外，还要编写一个参考性的最低要求的课程标准，鼓励创新和百花齐放[59]。将外国历史尽快提升为一级学科，这不仅是学科发展的需要，是社会进步的需要，也是中国走向世界的需要，是我们这个继往开来的时代的呼唤[60]。

（作者：汪高鑫，北京师范大学教授；
马小能，北京师范大学博士生）

注：

①⑭白雪松、范国强：《传承创新　继往开来——“改革开放新时期史学理论及史学史研究成就与学科建设”座谈会综述》，《史学史研究》，2009年第1期。

②吴英：《史学理论研究30年》，《史学理论研究》，2008年第2期。

③陈启能：《史学理论与改革开放》，《史学理论研究》，2008年第2期。

④张旭鹏：《西方话语与中国史学理论》，《史学理论研究》，2008年第3期。

⑤姜芃：《史学理论研究的类型》，《史学理论研究》，2008年第3期。

⑥于沛：《中国史学理论研究30年：1978—2008》，《社会科学战线》，2008年第2期。

⑦张曙光：《历史唯物主义与现代历史》，《哲学研究》，2008年第4期。

⑧李景源：《唯物史观与思想路线》，《学术探索》，2008年第3期。

⑨李福麟：《当前唯物主义历史观研究中的3个重大议题》，《理论学习与探索》，2008年第1期。

⑩王和：《实事求是是唯物史观的基本原则——以“五种社会形态理论”为中心的探讨》，《史学月刊》，2008年第11期。

⑪陈新夏：《唯物史观的发展路径与当代价值——唯物史观两种范式的比较研究》，《河北学刊》，2008年第1期。

⑫侯惠勤：《略论唯物主义历史观对于历史研究的意义》，《历史研究》，2008年第6期。

⑬李崇富：《历史唯物主义在改革开放伟大实践中的创造性运用和发展深化》，《马克思主义研究》，2008年第11期。

⑮曹守亮：《20世纪五六十年代马克思主义史学中国化进程中的世界意识》，《廊坊师范学院学报》，2008年第1期。

⑯侯云灏、曹守亮：《改革开放以来中国特色马克思主义史学理论成就综述》，《学术研究》，2008年第12期。

⑰于沛：《马克思主义史学思想史研究刍议》，《江海学刊》，2008年第4期。

⑱宋志明：《李大钊对唯物史观的传播与理解》，《中国人民大学学报》，2008年第2期。

⑲徐文杰：《早期马克思主义史学家对中国传统史学的研究与新史学的创建》，《贵州大学学报》(社会科学版)，2008年第1期。

⑳张海鹏、赵庆云：《试论胡绳的中国近代史研究》，《历史研究》，2008年第2期。

㉑陈其泰：《中国马克思主义史学的理论成就》，北京图书馆出版社，2008年版。

㉒鲁克俭：《近年来国外学者对马克思主义史学理论的思想史梳理》，《教学与研究》，2008年第7期。

㉓㉗瞿林东：《史学批评的宗旨和史学文化的意义》，《“史学批评与史学文化”学术研讨会论文集》，2008年版。

㉔邹兆辰：《史学批评与社会环境——以苏联史学在中国的命运为例》，《“史学批评与史学文化”学术研讨会论文集》，2008年版。

㉕施丁：《王充〈论衡〉的史学批评》，《“史学批评与史学文化”学术研讨会论文集》，2008年版。

㉖向燕南：《王世贞的史学批评及其理论贡献》，《“史学批评与史学文化”学术研讨会论文集》，2008年版。

㉘汪高鑫：《论“通经致用”》，《“史学批评与

史学文化”学术研讨会论文集》，2008 年版。

㉙江湄：《“新史学”之“新”义——梁启超“人群进化之因果”观中的佛、儒思想因素》，《“史学批评与史学文化”学术研讨会论文集》，2008 年版。

㉚许殿才：《中国古代史学的“求真”与“致用”》，《史学史研究》，2008 年第 2 期。

㉛汪高鑫：《“实录”与“宣汉”：汉代史学思潮的两种取向》，《史学史研究》，2008 年第 2 期。

㉜牛润珍：《史鉴在“求真”与“致用”之间——由唐初贞观君臣论政引发的思考》，《史学史研究》，2008 年第 2 期。

㉝罗炳良：《宋元义理史学的“致用”与“求真”》，《史学史研究》，2008 年第 2 期。

㉞周文玖：《实学思潮与明清之际的史学》，《史学史研究》，2008 年第 2 期。

㉟孟凡东、乔瑞雪：《论斯塔夫里阿诺斯的〈全球史观〉对中国史学的影响》，《黑龙江教育学院学报》，2008 年第 12 期。

㊱何涛：《跨民族史：全球史在德国史学界的回应》，《首都师范大学学报》（社会科学版），2008 年第 6 期。

㊲刘欣茹：《以总体的观念来探讨早期的复杂社会》，《世界历史》，2008 年第 1 期。

㊳郭子林：《王权与专制主义——以古埃及公共权力的演变为例》，《史学理论研究》，2008 年第 4 期。

㊴孟广林：《西方史学界对中世纪英国“宪政王权”的考量》，《历史研究》，2008 年第 5 期。

㊵黄春高：《追寻中世纪“权力的历程”——托马斯·N. 比森的权力史研究》，《历史研究》，2008 年第 5 期。

㊶杨耕、张立波：《历史哲学：从缘起到后现代》，《学术月刊》，2008 年第 4 期。

㊷蒋重跃：《回应挑战启迪深思——〈历史学研究的语言学转向——西方后现代历史哲学研究〉读后》，《宁夏大学学报》（人文社会科学版），2008 年第 5 期。

㊸马龙闪：《坚持辩证法，全面认识苏共意识形态的剧变》，《历史教学问题》，2008 年第 1 期。

㊹彭刚：《相对主义、叙事主义与历史学客观性问题》，《“史学批评与史学文化”学术研讨会论文集》，2008 年版。

㊺董立河：《后现代语境中的历史客观性问题》，《求是学刊》，2008 年第 3 期。

㊻赵亚夫：《社会科课程体系中的历史教育》，《课程·教材·教法》，2008 年第 8 期。

㊼王宪明：《中国近现代史的性质、特质与主题》，《清华大学学报》（哲学社会科学版），2008 年第 1 期。

㊽王奇：《俄国史研究型教学方法探讨——以十月革命为例》，《历史教学》，2008 年第 2 期。

㊾陈其：《明确中国高中历史教育的核心目标》，《课程·教材·教法》，2008 年第 6 期。

㊿陈梧桐：《正确阐述我国历史上的民族关系》，《课程·教材·教法》，2008 年第 3 期。

51方美玲：《历史知识分类与历史教学本质——从“祖冲之和圆周率”的教学谈起》，《课程·教材·教法》，2008 年第 7 期。

52赵亚夫：《历史·文化·理解——从国家理解的视角看学校历史教育的新问题》，《中国教育学刊》，2008 年第 9 期。

53马克垚、邹兆辰：《我对世界通史体系的思考——访马克垚教授》，《历史教学问题》，2008 年第 2 期。

54齐世荣：《世界史和世界现代史——古老的历史学中两个年轻的分支学科》，《社会科学战线》，2008 年第 11 期。

55钱乘旦：《现代化与中国的世界近现代史研究》，《历史研究》，2008 年第 2 期。

56李世安：《现代化能否作为世界近现代史学科新体系的主线》，《历史研究》，2008 年第 2 期。

57俞金尧：《什么是“世界历史”及如何构建世界史体系》，《历史研究》，2008 年第 2 期。

58董欣洁：《世界历史进程中的马克思主义世界历史理论》，《史学理论研究》，2008 年第 3 期。

59李世安、金永丽：《对世界史研究和教材编写创新的探索——李世安教授访谈录》，《历史教学》，2008 年第 8 期。

60许平、高岱：《外国历史应该成为一级学科》，《历史教学》，2008 年第 4 期。

中国古代史

仝卫敏　金　鑫

2008年，北京地区中国古代史领域的学者们笔耕不辍，在诸多研究领域取得了新的进展，现将本年度北京地区史学界中国古代史的研究情况综述如下：

一、主要学术交流活动

本年度由北京古史学界发起主办了多次重要学术会议。2008年6月14日至15日，由中国社会科学院历史研究所、中国人民大学历史学院、《唐研究》编委会共同主办的"《天圣令》研究——唐宋礼法与社会"学术研讨会，在中国人民大学召开。本次研讨会的参加者，以中国社会科学院历史研究所《天圣令》课题组和中国人民大学"唐令读书班"为主，同时也特邀了我国台湾地区与日本的部分专家与会。这是自《天一阁藏明钞本天圣令校证》一书出版后，第一次围绕《天圣令》进行的集中讨论会。与会学者围绕唐令复原、具体令文的研读、《天圣令》与唐宋社会等3个主题，展开了热烈的讨论。2008年10月17日至19日，由中国人民大学清史研究所与美国旧金山大学利玛窦中西文化历史研究所合作举办的"互动与交流：西方人与清代宫廷"国际学术研讨会在北京召开。本次会议，共有来自中、美等10多个国家和地区的30多位学者参加，他们就西方人对于清代宫廷在政治、外交、科学技术、思想观念、艺术等各领域的影响，作了深入的探讨。

二、出土文献的整理与研究

甲骨卜辞研究方面，殷墟花园庄东地甲骨卜辞自2003年出版刊布以来，一直是甲骨学、殷商史学界关注的焦点。围绕花东H3卜辞人物身份的争论仍在持续。有学者认为花东H3卜辞中的丁，是日名，有的是生者，有的是死者，活着的丁是尚未即位的武丁，卜辞中的王是小乙，H3卜辞的占卜主体应在小乙时代。还有学者结合新发现的花东卜辞及相关缀合材料，对殷墟小屯南地出土的无名组晚期征夷方卜辞提出了新的看法，认为该组卜辞实际上和黄组征夷方卜辞存在联系，都属于帝辛（纣）时期。新发现或新缀合的一些材料证明，帝辛九祀二月已有夷方大举侵犯的迹象，商王朝遂开始准备，并于十祀九月正式出征。该祀十二月为战事第一阶段，十一祀正月为第二阶段，除黄组卜辞外，均有无名组晚期卜辞，两者有共同的时间、地点和人物。由此证明，无名组晚期卜辞下限到帝辛，村中、南系卜辞从"自历间组"、历组、无名组到无名组晚期，构成一贯的序列①。

金文研究方面，在中国文物咨询中心征集品中出现的伯父簋，因其铭文与周厉王征伐南淮夷有关，故引起关注。有学者认为从器形、纹饰及铭文内容判断，此器应属厉王时器。其中提到的淮夷是南夷诸邦中最强大的一支，铭文称淮夷为"服子"是表示其被周王朝征服要服侍周。从铭文来看，西周晚期厉王时，给周王朝造成巨大侵扰的南淮夷活动的中心区域，在今江苏西北部、淮泗交汇处及洪泽湖周边地区②。而此前未见于著录的西周晚期青铜器文盨也引起学者的瞩目。李学勤认为文盨年代应在周宣王二十三年，作为司寇士曶父的僚属，文主要引领南土的小诸侯国君长前往成周集体朝见宣王。结合时代相隔不远的兮甲盘和驹父盨铭文可知，经历数年征伐淮夷的战事后，到宣王二十三年，南方业已稳定，于是筹备了24年的隆重朝见。文盨的记载证明，史书所谓"宣王中兴"至此达到了盛期③。

简牍帛书方面，上海博物馆藏战国楚竹书依然是学界研究的前沿热点。自2000年底迄今，上博简已出版至第七册，但第一册《孔子诗论》的重要性不言而喻。有学者分析了《诗论》第25简与第26简，指出前者末尾的"不"字当依古音通假之例，读若负担、负责之"负"字。孔子评价的《小明》一诗作者应当是一位忧国忧民、与友人相善的、正直的、有较高德操的王朝大夫。汉儒定其为大夫"悔仕"之作的看法失之偏颇；而后者以"闷"字来评析《柏舟》，字意为忧愁，正是孔子政治思想以及他对于隐士看法的表现。关于《诗·邶风·柏舟》的主旨历来有歧义，由上博简可知《诗序》所说的"仁人不遇"之诗最为切近④。

此外，对马王堆帛书的整理研究工作也逐步深入，由张政烺先生独著的《马王堆帛书周易经传校读》一书，包括了帛书《六十四卦》、《二三子问》、《系辞》、《易之义》、《要》、《缪和》、《昭力》等各篇的释文与校注，并附以帛书的原始照片，为学界深入研究帛书周易提供了极好的注解本⑤。

秦汉史领域，里耶秦简、张家山汉简依然是研究重点。有学者通过分析里耶所出"秦代迁陵县南阳里”户籍残简的书写方式及特点，指出这就是文献中所说的“版”，即户版。这批户版登录的各户籍贯都是南阳里，从其反映的家庭结构、男子普遍受爵、书写格式特别是各户家口没有注明年龄或身高等情况来分析，应该是秦占领楚地后不久编制的[⑥]。另有学者以里耶秦简为主，兼考云梦睡虎地秦简、张家山汉简、走马楼吴简等材料，探讨了秦汉时期“小女子”的称谓问题。认为见诸简牍的“小女子”应是秦汉时期对未成年女子的统称，“小女子”的“子”并非女子名字的第一字[⑦]。以往研究张家山汉简的学者多着力于考证其中的法律制度问题，而对诸律的年代问题则极少涉及。有鉴于此，有学者撰文集中探讨了张家山汉简的年代，指出《二年律令》的“二年”具有标志意义，但不宜将之理解为律令颁行或制作年代。其他律令如《钱律》年代似应在吕后二年之前。《秩律》与《爵律》是汉制比较成熟完善时的产物，制定的时间应早于律令颁行的时间。《行书律》中的具体例证表明，高帝五年应是汉律制定或施行的时间界限[⑧]。还有学者以出土的秦汉简牍材料为中心，重点考察了秦汉乡里基层行政组织所承担的经济职能，指出除经济剥削这一主要职能外，乡里基层组织还有其他诸多经济职能，如具体执行国家维护小农经济稳定与发展的经济措施等。乡里社会自身日益复杂的经济事务，基层吏员也有解决与处理的职责，从而构成了封建国家乡里组织设立的另一重要原因[⑨]。

此外，围绕其他出土汉简的研究也在持续中。如关于尹湾汉墓竹简的研究，有学者主要利用尹湾汉简中的《元延二年日记》和五号木牍材料，以郡、县官员日常活动为中心，深入分析了传舍使用情况与汉帝国日常统治的关系。认为传舍在维护帝国上对下的监督与巡视、人员与物资的调动这两项维持帝国持久存在的活动上，均发挥了支撑作用。尽管传舍及管理传舍的官吏地位低微，它却是保证帝国存在与正常运转不可缺少的机构[⑩]。又如长沙东牌楼东汉简牍[⑪]也引起秦汉史专家的关注。有学者重点考察了这批简牍的“户籍简”，认为“户籍简”中所载“算卒”之语当指“算”（算赋）、“卒”（兵役）两种赋役名称，整理者认为是汉代“算赋之一种”的说法与汉代史籍有一定距离。通过与里耶所出秦代户版、走马楼孙吴户籍简在形制、格式方面的比较，进一步指出这几枚“户籍简”既非乡户籍，亦非县户籍复本。从其所载内容均为“笃癃”、“九十复”、“甲卒”等特定名目，再结合汉代的造籍程序可知，东牌楼所出户籍简应是临湘县案比民户的专门簿籍[⑫]。

魏晋南北朝史领域，长沙走马楼吴简仍是学者们关注的焦点。有学者依据走马楼吴简，对吴国的民屯系统、屯田者的构成、剥削方式、剥削率等问题进行了深入分析，指出吴国前期民屯实行都尉、州郡县四级体制，都尉屯田听命于孙权，州郡县司屯曹分别主持州郡县屯田，和地方行政合二为一，各级民屯收入由县级政府征收。民屯劳动者由山越、蛮夷等少数民族人民、官府依附民、官奴婢、诸吏及其伙处父兄子弟、罪犯、破产或濒临破产的农民等组成。屯的共同特点是耕种限田，缴纳定额租，剥削率超过三分之二1/3，民屯者只有再租佃国有土地，承受近50%的剥削才能维持生计，这是其与曹魏民屯的最大区别[⑬]。

隋唐史领域，对西北地区出土古代文书的整理和研究，也取得了新进展。荣新江等主编的《新获吐鲁番出土文献》[⑭]一书，汇集整理了1997年以来吐鲁番地区发现的公元4—8世纪的各类古代文书，内容包括对这批文书的考古学、历史文献学概说，以及所有文书的彩色图版和与之相对应的录文，还备有人地名索引，为学人研究和运用这批史料提供了极大的便利。1959年在新疆哈密出土的一批10—11世纪的回鹘文写本中，有20页属于20世纪初在塔里木盆地出土的《十业道譬喻故事花环》一书的残卷。有学者对该残卷进行了研究，回溯了国内外学界以往的相关成果，又在文本解读的基础上，对哈密残本的基本状况作了扼要描述，并对其部分内容作了拉丁转写和汉译[⑮]。

三、传统课题的新进展

在传统课题的研究方面，学者们也取得了突出的成绩，这首先表现在个人文集及专著的集中出版。如先秦史有李学勤的《文物中的古文明》、《李学勤讲中国文明》、《李学勤早期文集》[⑯]，梁涛的《郭店竹简与思孟学派》[⑰]；秦汉史有宋超的《昭宣时代》[⑱]；魏晋史领域有张泽咸的《晋唐史论集》[⑲]、曹文柱的《魏晋南北朝史论合集》[⑳]；隋唐史有王小甫的《隋唐五代史——世界帝国·开明开放》[㉑]、张广达的《文本、图像与文化流传》[㉒]；辽金史有刘浦江的《松漠之间——辽金契丹女真史研究》[㉓]；明史有王天有等著的《明史——一个多重性格的时代》[㉔]；清史有史志宏的《清代户部银库收支和库存统计》[㉕]及林存阳的《三礼馆：清代学术与政治互动的链环》[㉖]等。

具体到政治、经济、文化、社会生活等各个领域，学者们发表的各类论文也颇为可观。

1. 政治史领域

先秦史方面，有学者考察了传世文献和金文中所载的西周伯制，指出西周存在王官伯和方伯两种伯。前者由身为王官之长的上公出任，对方伯诸侯有统领权力；后者则是西周王朝针对殷商旧族、蛮夷异族势力等强劲地区设立的，由力量强大的地方诸侯，主要是姬姓王亲和异姓姻亲诸侯出任，其权力主要体现在奉王命讨伐反叛的诸侯及敌对戎狄方面[27]。

秦汉史方面。秦汉时期的官僚体系问题素来为学界研究的重点所在。有学者撰文详细分析了秦汉官僚体系中的公卿大夫士爵位系统及其意义，指出公卿大夫士“爵位”系统，从先秦的“卿大夫士”系统发展演变而来。为适应统一王朝的需要，西汉数次对官秩系统的改革皆因此而起，其背后则贯穿着秦汉大一统国家理念的生成与演化过程。秦汉官僚体系由公卿大夫士爵位系统、以石数标称秩级的禄秩系统以及20等爵系统3个支架构成，公卿大夫士爵位系统则是其中的核心和基准系统，其他两个系统均是从这一系统衍生发展演变而来，3者之间有一定的对应关系[28]。

监狱制度是汉代法制史研究的重要内容。有学者重点考察了汉代的廷尉狱，指出汉代的廷尉狱位于廷尉府内，属于“诏狱”，专门收审重大案件的涉嫌人犯，其中多有王侯大臣和郡国守相，东汉时还收押有宦官，他们在狱中拥有一些特殊待遇和权利。汉代“廷尉诏狱”一语另有法庭的含义。因廷尉狱本身容量有限、监护防范有疏漏，加上皇帝通过派遣使者直接控制案件的司法审判过程，致使“廷尉诏狱”的一部分犯人常被安置在中都官诸狱[29]。

魏晋南北朝时期。蜀汉政权的政治构成和制度建设一直是学术界关注的热点，有学者着重分析了蜀汉政权内部不同政治势力从蜀汉创立到三国对峙期间的逐步分化过程，指出蜀汉政权从立国之初就内部矛盾重重，既有作为外来者的刘备集团与益州本地势力和刘璋旧部存在的矛盾，随刘备而来的外来势力内部之间也存在着严重的冲突。当面对孙吴、曹魏及西南少数民族的压力时，各个势力之间不得不进行不同程度的合作，抵御外敌。这些复杂的关系交织在一起，对蜀汉政权政策的实施产生了实质性的制约，并影响着蜀汉政局的微妙变化，使蜀汉政权内部虚弱进而逐渐灭亡[30]。还有学者撰文集中梳理了魏晋南北朝时期皇家宗庙制度的变迁历程，认为这一时期的皇家宗庙制度大体经历了从五庙到七庙的过程，从曹魏、两晋到南北朝各个时期皇家宗庙制度呈现出各不相同的形态，既有当时社会政治原因或文化背景的作用和影响，各种形态之间也有着继承、发展、相互影响的关系[31]。

魏晋南北朝特别是北朝时期北方各少数民族交错融合尤为频繁，随着新材料《大代持节豳州刺史山公寺碑》[32]的公布，北魏中后期羌、氐等族与鲜卑族的关系问题日渐引起学者关注。有学者即以此碑文材料为契机，参考同时期关中地区的其他石刻，深入分析了北魏立国后对境内其他胡族的统治策略，认为一是相机逐步推行“离散部落”将部民编户化；另一是沿用魏晋16国旧制，在胡族聚居区设立护军，创立镇戍制，驻军设官加以镇抚，同时容忍胡族旧有部落组织的存在。两种政策交替演进与北魏政治局势、军队构成的变化以及国家形态有直接关系[33]。

隋唐史方面，有学者对唐代《贞观礼》修撰的背景与理念进行了研究，指出《贞观礼》因于隋《开皇礼》，是一部以继承为主体的礼典，在总体框架上仍具北朝特色，但其所改革的“二十九条”，也体现着南北礼制的融合，展现了世族社会向官僚社会过渡时期礼仪的复杂性[34]。突厥是隋唐时代北方最具影响的少数民族，其在政治名号的使用上，同往代与后世的北方民族，多有相似相通之处。有学者以后突厥汗国的著名历史人物阙特勤名中的“阙（kül）”为个案，探讨了该名号的语源、用法及汉字转写形式，继之又梳理了此语在突厥及前突厥时代内亚草原上的使用情况，进而指出北族政治制度的传统有着强固的连续性、继承性，充分认识这一事实，对于分析当时蒙古高原上的民族形势、政治演进和社会发育有着重要的意义[35]。

宋史方面，有学者考察了北宋东京城的士人拜谒求进之风，分析了其活动的主体、内容以及方式上所呈现出的特殊性，并深入剖析了北宋科举考试改革后门生关系结成方式的演变发展[36]。宋代重文轻武，因而其时武将群体所处的政治地位是相当微妙的。有学者以宋代石刻材料《郭景脩墓志铭》为个案，对碑文中所记一个青史无名的北宋下层边防武官一生的政治活动作了详细的考证，以此人为缩影，展现了当时普通武职官员的生活状况，以及北宋与西夏、吐蕃等少数民族政权间的复杂关系，生动阐释了重文轻武这一国策对北宋历史的深远影响[37]。淫祀是历代王朝典章制度所禁止的祭祀。有学者注意到，宋代对于淫祀的打击力度较之往代尤为突出，通过对相关诏令案例的分析，指出朝廷对民众祠神信仰的政策，是打击与封赐同行，目的在于加强对地方社会的控制；此外也与中央朝廷对西南、岭南等地区的政治拓展、经济开发有关[38]。

辽金元史方面，对近年出土的契丹石刻材料中的“丹国”一词，部分契丹语文学家认为其应是辽灭渤海国后所建立的附属国——东丹国的本名，而东丹一称则系史家所创。有学者对此提出质疑，认为从其他辽代石刻材料和五代十国至北宋文献资料中的大量用例来看，当时契丹与东丹皆可称为丹国，契丹字石刻中的丹国，其实是东丹国的简称[39]。金朝为防备蒙古诸部侵扰，曾于北边修建防御工事，后世习惯称其为“界壕”。关于“界壕”与长城间的关系，学术界一直没有定说。有学者结合《金史》记载与考古发掘，指出界壕应属于长城之类的防御工程，其所以常被误解为壕沟，是因早年王国维的研究忽略了其地上的墙体特征所致[40]。通事在中国古代常用以指翻译人员，但在宋元时代该词还具有其他含义。有学者通过对南宋利用从蒙古来的各国各族逃人组建的“通事军”，以及元代的“回回通事”、“放良通事”、“通事汉军”等特殊人群的研究，指出通事一词在当时还可指称因避罪、被掳掠等原因而寓居他国的异族人[41]。怯薛轮值是元代政治制度的重要组成部分，颇为国内外学界关注。有学者仔细甄别了目前所见104条怯薛轮值史料，指出其中有7条应属太子诸王怯薛，又深入分析了6条前人尚未涉及的元代皇帝怯薛轮值的史料，在此基础上对元代御前奏事中的怯薛轮值人员的身份和位次进行考证[42]。还有学者仔细研读1846年在俄国叶尼塞州出土的八思巴字长牌，通过梳理元代牌符制度源流，认为此长牌应系元世祖时期，由工部牌符局统一制造的，发给千户官员佩戴的金质长牌，并对牌上所书文字特别是蒙古语 aldaqu 一词的含义、用法，作了考释[43]。

清史方面，有学者对清代京官群体的仕进与为官状态作了剖析，从资历、能力及俸禄入手，对清代官场中与制度并行的潜规则进行了考察，细致分析了当时京官在铨选、内外迁转、日常办公、收入等方面的实际状况，进而揭示了清代官僚制度存在的诸多弊病及其所暗含的政治危机[44]。还有学者以嘉庆初年山东士民京控案件的急剧增多为例考察了清代地方士民赴京伸冤告状的所谓“京控”现象，分析其产生的原因以及嘉庆皇帝的应对举措，指出京控确实可以达到“民隐上通”这一制度上的预设目的[45]。中国古代的科举制曾经对西方国家的文官制度产生过深远影响。有学者对明清时期科举制被介绍到西方并逐渐引发反响，最终促成欧美文官制度改革的历史过程，作了细致梳理，阐明了科举制与西方文官制间的渊源，并充分肯定了科举制平等竞争、公开公正的文化传统在今天的现实意义[46]。

边疆与民族问题的研究成果依然丰硕。有学者对明代驻京藏僧群体进行研究，详细分析了其在朝廷的宗教活动及少数民族事务的处理上所具有的职能和功用，指出藏僧留京是明代治藏政策的重要组成部分，对于中央朝廷实现对西藏的有效管辖有积极作用[47]。喀尔喀左右翼演变成土谢图、札萨克图、车臣3个汗部，是蒙古族历史上的重要事件。因史料不足，该课题鲜有人问津。有学者以清初满蒙文档案为据，结合蒙文、汉文、藏文记叙性史料，考述了第一代三汗登场的历史背景和过程，填补了这一空白[48]。对于1640年蒙古喀尔喀与卫拉特会盟的召集人、举行地点和政治目的，中外学界的看法历来不一。有学者通过对《喀尔喀——卫拉特法典》序文、《咱雅班第达传》和清代相关档案所提供的历史信息的解读，指出这次会盟的召集者应为喀尔喀部札萨克图汗，会盟在其领地内举行，主要目的是为了抵御来自清的军事威胁[49]。

此外，还有学者关注到清代顺、雍、乾三朝中俄关系的确立和发展，认为以《尼布楚条约》、《恰克图条约》为界，中俄关系的发展脉络分成3个阶段，通过对双方外交文书的细致解读，探讨了时人对两国关系认识的发展演变，并分析了中俄双方交往中存在的差异及其原因[50]。

2. 经济史领域

城市作为古代社会经济发展的活跃地带，向来是经济史研究的重要内容。宋辽金元是我国古代城市制度日趋完备的时期，有学者分宋辽、金、元3个时段，梳理介绍了都厢、警巡院、录事司、司候司等城市管理机构的产生及其职能，并探讨了城市行政建制与区域行政区划体系发展完善的过程[51]。

关于明代社会经济重要指标的物价和工资的研究，前人关注较少。有学者深入挖掘了《万历会计录》、《宛署杂记》、《工部厂库须知》等明代经济史料，对其中的数据系统地加以搜集、整理和分析，概述了万历年间北京城的物价和工资状况[52]。张显清主编的《明代后期社会转型研究》一书以“社会转型”概念为核心，诸位作者分别对明代后期的农业、手工业、商业、金融、城镇、市场等社会经济各领域所出现的新变化、新趋势作了全面系统的考察，从社会经济基础角度深入探讨了明代后期中国古代社会开始起步向近代社会转型这一重要命题[53]。

在清王朝政治经济文化政策的全面影响下，蒙古地区的商业贸易取得长足发展。有学者以清代“蒙古城镇”作为考察对象，对其中最具特色的商业区"买卖城"进行研究，分别探讨了买卖城的概念性质、特征布局、商业特点、管理方式等问题，揭示了清代蒙古地区城镇建设的状况和特点，深化了学界对清代蒙古社会经济发展的认识[54]。衣食消费水平是衡量古代社会经济发展程度的重要尺度。有学者以19世纪初松江地区方志所载慈善机构内节妇的衣物消费标准为据，考察了当时纺织品的消费水平，认为松江地区人年均棉布消费量至少达2.2匹，高于前人所估算的当时全国的人均消费量，甚至也高于清末民初乃至改革开放初期当地纺织品消费量的统计数据[55]。

文献研究与理论探索。《孔子和坛记》是中古时期我国西北地区产生的一本道家俗文学著作，汉文原本已逸。有学者对黑水城遗址发现的该书的西夏文本，作了细致而准确的翻译，构拟出了该书的汉文底本，指出该书的汉文原本应出于唐中叶以后，其内容杂糅佛道两家思想，反映了当时佛道两教的世俗化倾向[56]。

《日历》是唐中期出现的一种官修史书，是国史修撰的一种基本形式。有学者对唐五代时期《日历》的编纂及其相关问题作了考察，指出唐五代《日历》的编纂虽时断时续，但在编撰制度上有很大完善和发展，为宋代《日历》全面系统的纂修奠定了基础[57]。王徵是晚明著名的思想家，学贯中西，一生著述甚丰，但经清代的毁禁损逸，其著作大部分已流失。有学者全面梳理了王徵的著述，介绍了其各类著述的规模和主要内容，及其在后世的流传情况，为学人研究王徵的学术思想提供了便利[58]。

清代官书典籍的研究尤其引人注目。有学者对康熙《大清一统志》、乾隆《钦定大清一统志》、嘉庆《重修大清一统志》的编纂背景、启动、组织、实施与管理、告竣等一系列过程作了仔细梳理，考证了3次编修所经历的艰曲及主要难题的解决[59]。满文及满文古籍文献，具有重要的历史文化价值。有学者对满文及其古籍文献的各方面情况作了细致的综述，介绍了满文的创制及其改进过程、传世满文古籍文献的数量及流布、现行的编目与分类方法等，并回溯了以往学界对满文古籍文献的发现与研究[60]。《清汉对音字式》是乾隆钦定的满汉合璧语音辞书，以往学界对其纂修过程和目的意义的认识并不充分。有学者对该书的内容与编订方法作了分析，并梳理了其成书的缘起经过，指出该书对满汉音韵学的形成发展，以及汉满合璧音序词典的编纂，具有里程碑式的指导意义[61]。清代国史馆修书常于地方征集书档。关于其征书的操作方式，目前学界的认识尚未明晰。有学者以光绪初年黄体芳《江南征书文牍》为个案，对整个清代国史馆征书的程序及对所征书册的处理，作了深入探讨，丰富了学界对这一问题的认识[62]。

近年来由于新材料的不断刊布，出土材料成为人人争占的学术制高点，但在研究方法上出现的问题也同样引起学者的反思和质疑。以当前的简帛研究为例，有学者仔细梳理了自秦汉至近代以来学者对文献当中"重文"现象的认识及利用"重文"所进行的学术实践，指出郎瑛的"秦汉书多同"及章学诚的"言公"之说应该是我们对待古书"重文"的基本态度。我们可以利用"重文"进行校勘、训诂，而超出这一范围进行分析年代、辨伪等工作则是不合适的，其中存在错误的预设和不适当的前提，所谓"重文"分析的通则也是有疑问的。由出土文献看，应该更多地运用"同出一源说"对待古书中的"重文"现象[63]。

3. 社会史领域

近年大量出土的战国秦代简牍及其他文字材料中蕴涵着大量卜筮、祭祷的材料，为深入探讨上古信仰习俗提供了契机。有学者以此类出土文献为主并参考传世文献考察了周代的祷辞与信仰观念，文章指出尽管周代信仰追本溯源皆与原始信仰相关，但在发展过程中由于受周人主流文化影响的程度各异，上层贵族和下层民众之间存在明显的差异：前者将"文德"传统植入个体的信仰活动，使信仰意识注入新的因素，从而与原始信仰区别开来；而后者则多感性直观而缺少个体的认知活动，巫术的成分还比较浓厚，保留了较多的原始信仰特征。而当时社会中的一些智者超越于上、下层信仰意识之外，开始由物质因素来解释人生诸象，由人文观念出发而对祷请之类流行的做法予以驳斥与批判。上述情况体现出上古社会文化呈现社会智者、贵族阶层、下层民众的多层级分层状态[64]。

冠服佩饰的变化紧紧追随时代变迁节奏，是研究社会史的一个独特视角。以往对传统冠服体制一个流行的笼统观念即"等级性不断强化"，有学者通过从周到明长时段的历史考察对此提出不同认识，认为传统的王朝冠服体系其实经历了更为曲折的发展阶段：秦汉冠服体制的"自然分类"和"职事分类"相对突出，服饰元素的等级性相对较弱；魏晋以降，冠服体制的重心日益向"级别分等"和"场合分等"偏转，服饰元素的等级规划日趋繁密。冠服叙述模式也逐渐从"以冠统服，由服及人"向"由人及服"变迁[65]。

在民族融合的背景下，蒙元时期的服饰呈现出了与其他朝代不同的风貌。有学者引证大量文献并结合考古实物，对当时的头饰文化作了专题研究，介绍了古代东胡族系发型的历史变化过程以及元代蒙古人的髡发式样，并考述了元代帽冠的材质、形制、种类、装饰，阐明了其所具有的多元文化特质[66]。

婚姻家庭是古代社会生活的重要组成部分，而夫妻关系更是古代家庭生活之核心。有学者依据墓志和笔记等材料对唐代社会中的夫妻关系作了专题研究，分夫妻齐体、妻主中馈、妻与妾、婚姻生活等几个方面，剖析了唐代夫妻关系的真实状态，指出尽管成文法的规定贯彻着儒家的礼教，但人情伦常仍是判断实际生活中家庭亲情关系的最可靠依据[67]。

其他研究领域。“文质之辩”是中国文化史中一个重要命题，其在明清鼎革时期曾被赋予新的含义。满族入主中原后带来的新生活方式及清统治者修正“大一统”观念的举动，对汉族传统的“文质之辨”产生强烈冲击，但与此同时，汉族士大夫与清初帝王在对质朴生活的推崇上却殊途同归。有学者以这一过程为考察重点，探讨了知识阶层与帝王间在鼎革之际的关系重构[68]。

4. 历史地理领域

学界一般认为汉武帝元鼎三年将函谷关东移约300里，是楼船将军杨仆因耻居关外而请求武帝移关的结果。对此有学者从秦朝至西汉初年国家地域控制变迁角度提出不同看法，认为武帝时期向东推延函谷关并非偶然的孤立事件，实具有重大的政治和军事地理意义。武帝将函谷关东移和把太行山以东地区划入关中，大大增强了朝廷依托关中以控制关东这一基本治国方略的效力[69]。还有学者着重分析了合肥在魏、吴对峙中的军事“通衢”地位及其变化，认为合肥是三国时期著名的南北水陆要冲，对于魏、吴两国的边防安全具有重要保障作用，因此成为双方长期激烈争夺的焦点所在。但随着曹魏陆续调整合肥及扬州的兵力部署，并在防御作战中屡次取得成功；而东吴在孙权死后国势每况愈下，无力与曹魏在合肥一带进行长期对抗的消耗战争，合肥的军事地位已经明显下降，渐成为可争可弃之地[70]。

四、北京史地研究的新进展

金代是北京地区城市发展演变的重要转折时期。有学者以当时中都路地区城市群为研究对象，对其发展演变与空间布局进行了深入的分析，认为这一时期中都路的城市群发展不仅表现为经济发展带动下的数量增加，政治格局、区域经济格局、交通格局的演变，也使其在地域结构上出现了新的特点，在空间布局上，呈现出以交通道路为骨架，按照河流流域组团分布的格局[71]。北京作为全国的首都始于元世祖兴建大都城。有学者对大都城修建的历史背景、决策与实施过程、原因及影响作了探讨，进而指出，大都城作为全国政治中心有其历史必然性，元世祖这一重大决策的历史意义值得充分肯定[72]。

作为历史名城，北京的地名无疑带有深刻的时代印迹。民间和学界对北京城众多古今地名演变的解释丰富多彩，其中不乏符合史实的真词源，但也有许多是有附会曲解之嫌的俗词源、伪词源。有学者以牛栏庄到六郎庄的渐变，广宁门与彰义门及广安门的关系，四川营与棉花胡同的命名缘由为例，对以上3种词源解释的基本特征做了诠释，强调在地名语源研究中，对民间的俗词源解释不应盲从，结论必须以可靠的文献为依据[73]。还有学者对簸箩仓、龙须沟两地名的语源进行了考证，指出簸箩仓一名是由明代地名哱啰仓演变而来的，得名于当时存储军用号角“哱啰”的仓库；而龙须沟一名则与明代的隆禧寺有关，是由隆禧寺派生出隆禧沟，继而又音转为龙须沟[74]。

清康熙三十七年永定河大规模砌筑石堤，以后历朝又不断加以巩固维修。有学者结合大量史实，指出此举在减少京城水患的同时，也引起了北京地区的水环境的变化，带来了诸如加剧永定河故道水体湮废和水源短缺，增加地下水补给困难，引起水质恶化、下游环境灾害等一系列负面影响，进而强调了水利工程必须兼顾环境效应的历史启示[75]。

（作者：仝卫敏，北京师范大学图书馆馆员；
金鑫，北京师范大学博士研究生）

注：

①李学勤：《帝辛征夷方卜辞的扩大》，《中国史研究》，2008年第1期。

②朱凤瀚：《由伯父簋铭再论周厉王征淮夷》，《古文字研究》，第27辑。此处的“服子”二字原拓片写法不便排版，故写做隶定字。

③李学勤：《文盨与周宣王中兴》，《文博》，2008年第2期。

④分别参见晁福林：《“浑厚”之境——论上博简〈诗论〉对〈诗·小明〉的评析》，《学习与探索》，2008年第6期；晁福林：《赞美忧愁：论上博简〈诗论〉关于〈诗·柏舟〉的评析》，《北京师范大学学报》，2008年第4期。

⑤张政烺：《马王堆帛书周易经传校读》，中华书局，2008年6月版。

⑥张荣强：《湖南里耶所出“秦代迁陵县南阳里户版”研究》，《北京师范大学学报》，2008 年第 4 期。

⑦王子今：《秦汉“小女子”称谓再议》，《文物》，2008 年第 5 期。

⑧张忠炜：《〈二年律令〉年代问题研究》，《历史研究》，2008 年第 2 期。

⑨卜宪群：《从简帛看秦汉乡里组织的经济职能问题》，《史学月刊》，2008 年第 3 期。

⑩侯旭东：《传舍使用与汉帝国的日常统治》，《中国史研究》，2008 年第 1 期。

⑪长沙市文物考古研究所、中国文物研究所编：《长沙东牌楼东汉简牍》，文物出版社，2006 年 4 月版；《长沙东牌楼 7 号古井（J7）发掘简报》，《文物》，2005 年第 12 期。

⑫张荣强：《长沙东牌楼东汉“户籍简”补说》，《中国史研究》，2008 年第 4 期。

⑬蒋福亚：《吴简所见吴国前期民屯——兼论魏吴民屯的区别》，《中华文史论丛》，2008 年第 1 期。

⑭荣新江、李肖、孟宪实：《新获吐鲁番出土文献》，中华书局，2008 年 4 月版。

⑮耿世民：《回鹘文〈十业道譬喻故事花环〉哈密本残卷研究》，《中央民族大学学报》，2008 年第 1 期。

⑯李学勤：《文物中的古文明》，商务印书馆，2008 年 10 月版；《李学勤讲中国文明》，东方出版社，2008 年 12 月版；《李学勤早期文集》，河北教育出版社，2008 年 1 月版。

⑰梁涛：《郭店竹简与思孟学派》，中国人民大学出版社，2008 年 5 月版。

⑱宋超：《昭宣时代》，陕西人民出版社，2008 年 7 月版。

⑲张泽咸：《晋唐史论集》，中华书局，2008 年 9 月版。

⑳曹文柱：《魏晋南北朝史论合集》，商务印书馆，2008 年 6 月版。

㉑王小甫：《隋唐五代史——世界帝国·开明开放》，三民书局，2008 年 6 月版。

㉒张广达：《文本、图像与文化流传》，广西师范大学出版社，2008 年 9 月版。

㉓刘浦江：《松漠之间——辽金契丹女真史研究》，中华书局，2008 年 7 月版。

㉔王天有、高寿仙：《明史——一个多重性格的时代》，三民书局，2008 年 5 月版。

㉕史志宏：《清代户部银库收支和库存统计》，福建人民出版社，2008 年 2 月版。

㉖林存阳：《三礼馆：清代学术与政治互动的链环》，社会科学文献出版社，2008 年 5 月版。

㉗邵蓓：《西周伯制考索》，《中国史研究》，2008 年第 2 期。

㉘杨振红：《秦汉官僚体系中的公卿大夫士爵位系统及其意义——中国古代官僚政治社会构造研究之一》，《文史哲》，2008 年第 5 期。

㉙宋杰：《汉代的廷尉狱》，《史学月刊》，2008 年第 1 期。

㉚白杨、黄朴民：《论蜀汉政权的政治分化》，《中国史研究》，2008 年第 4 期。

㉛梁满仓：《魏晋南北朝皇家宗庙制度述论》，《中国史研究》，2008 年第 2 期。

㉜吴荭、张陇宁、尚海啸：《新发现的北魏“大代持节豳州刺史山公寺碑”》，《文物》，2007 年第 7 期。

㉝侯旭东：《北魏境内胡族政策初探——从〈大代持节豳州刺史山公寺碑〉说起》，《中国社会科学》，2008 年第 5 期。

㉞吴丽娱：《关于〈贞观礼〉的一些问题——以所增“二十九条”为中心》，《中国史研究》，2008 年第 2 期。

㉟罗新：《论阙特勤之“阙”》，《中国社会科学》，2008 年第 3 期。

㊱梁建国：《北宋东京的士人拜谒——兼论门生关系的形成》，《中国史研究》，2008 年第 3 期。

㊲游彪：《小人物与大历史：一个被遗忘的北宋将官》，《北京师范大学学报》，2008 年第 4 期。

㊳皮庆生：《论宋代的打击“淫祀”与文明的推广》，《清华大学学报》，2008 年第 2 期。

㊴刘浦江：《再谈“东丹国”国号问题》，《中国史研究》，2008 年第 1 期。

㊵李鸿宾：《金界壕与长城》，《中国边疆史地研究》，2008 年第 3 期。

㊶刘晓：《宋元时代的通事与通事军》，《民族研究》，2008 年第 3 期。

㊷刘晓：《元代怯薛轮值新论》，《中国社会科学》，2008 年第 4 期。

㊸蔡美彪：《叶尼塞州蒙古长牌再释》，《中华文史论丛》，2008 年第 2 期。

㊹刘凤云：《从清代京官的资历、能力和俸禄看官场中的潜规则》，《中国人民大学学报》，2008 年第 6 期。

㊺崔岷：《山东京控“繁兴”与嘉庆帝的应对策

略》，《史学月刊》，2008年第1期。

㊻李永强、马慧玥：《论中国科举制度对西方文官制度的影响》，《中国人民大学学报》，2008年第1期。

㊼陈楠：《论明代留京藏僧的社会功用》，《中央民族大学学报》，2008年第5期。

㊽乌云毕力格：《喀尔喀三汗的登场》，《历史研究》，2008年第3期。

㊾达力扎布：《1640年喀尔喀——卫拉特会盟的召集人及地点》，《民族研究》，2008年第4期。

㊿王和平：《从中俄外交文书看清前期中俄关系》，《历史档案》，2008年第3期。

51韩光辉、何峰：《宋辽金元城市行政建制与区域行政区划体系的演变》，《北京大学学报》，2008年第2期。

52高寿仙：《明万历年间北京的物价和工资》，《清华大学学报》，2008年第3期。

53张显清主编：《明代后期社会转型研究》，中国社会科学出版社，2008年11月版。

54祁美琴、王丹林：《清代蒙古地区的"买卖城"及其商业特点研究》，《民族研究》，2008年第2期。

55李伯重：《19世纪初期松江地区的纺织品消费水平》，《中国社会经济史研究》，2008年第2期。

56聂鸿音：《〈孔子和坛记〉的西夏译本》，《民族研究》，2008年第3期。

57赵贞：《唐五代〈日历〉杂识》，《史学史研究》，2008年第4期。

58毛瑞方：《王徵著述考》，《历史档案》，2008年第3期。

59牛润珍、张慧：《〈大清一统志〉纂修考述》，《清史研究》，2008年第1期。

60吴元丰：《满文与满文古籍文献综述》，《满族研究》，2008年第1期。

61春花：《乾隆敕修〈钦定清汉对音字式〉及其影响》，《历史档案》，2008年第1期。

62张升：《从〈江南征书文牍〉看清朝国史馆征书》，《史学史研究》，2008年第3期。

63李锐：《"重文"分析法评析》，《清华大学学报》，2008年第1期。

64罗新慧：《禳灾与祈福：周代祷辞与信仰观念研究》，《历史研究》，2008年第5期。

65阎步克：《分等分类视角中的汉唐冠服体制变迁》，《史学月刊》，2008年第2期。

66苏日娜：《蒙元时期的头饰》，《中央民族大学学报》，2008年第4期。

67张国刚：《"立家之道，闺室为重"——论唐代家庭生活中的夫妻关系》，《清华大学学报》，2008年第1期。

68杨念群：《从"文质之辩"看清初帝王与士林思想的趋同与合流》，《清史研究》，2008年第2期。

69辛德勇：《汉武帝"广关"与西汉前期地域控制的变迁》，《中国历史地理论丛》，2008年第23卷第2辑。

70宋杰：《合肥的战略地位与曹魏的御吴战略》，《首都师范大学学报》，2008年第2期。

71陈喜波、韩光辉：《试析金代中都路城市群的发展演变及其空间分布特征》，《中国历史地理论丛》，2008年第1期。

72王岗：《元世祖与大都城》，《首都师范大学学报》，2008年第4期。

73孙冬虎：《北京地名的伪俗词源举隅》，《中国历史地理论丛》，2008年第3期。

74孙冬虎：《簸箩仓、龙须沟语源蠡测》，《北京社会科学》，2008年第2期。

75吴文涛：《清代永定河筑堤对北京水环境的影响》，《北京社会科学》，2008年第1期。

中国近现代史

张 皓 王 纯

一、关于政治史的研究

政治史的研究，向来是学术界关注的重点，以五四运动和新中国成立为界，可分3阶段来作介绍。

1919年以前的历史，鸦片战争和太平天国运动是研究的重点。王开玺考察了第一次鸦片战争期间耆英的制夷思想与具体实践，认为他是一位探求制夷之策的大员，并不是可耻的卖国者、投降派①。郑起东通过分析清政府镇压太平天国后实行的减赋、减差、劝农桑、兴水利等措施，认为清政府镇压太平天国后确有"让步政策"，促进了经济发展②。

光绪帝死因一直扑朔迷离，成为研究的热点。钟里满细致研究了光绪三十四年十月十日至二十一日光绪帝死亡的情况，并结合现代医学知识，确定光绪之死属于急性胃肠型砒霜中毒，其中毒的上限可推至十九日、十八日、十七日，十六日是可能情况下的最大极限[③]。包振远综合中子活化分析等实验、法医病理毒化检测结果，以及运用侦查方式进行的分析判断，认定光绪明显符合急性中毒死亡的特征[④]。戴逸通过考察认为慈禧太后担心自己死后光绪出来掌权，于是在临终前令手下毒死光绪[⑤]。

学者们还对这一时期一些重要的具体问题进行了分析。侯宜杰对彭剑指出的清季预备立宪9年清单中未宣布开国会的年限提出质疑，通过分析档案史料认为清廷宣布了召开国会年限[⑥]。辛红光对严复与袁世凯的关系进行了研究，认为严复对袁世凯的态度是赞许与鄙视、支持与不支持的矛盾交织体[⑦]。汪朝光考察了民国初年南北对峙局面的形成及护法运动，揭示了孙中山与西南地方实力派在“护法”早期的政治关系和矛盾纠葛[⑧]。

1919年至1949年这段历史，有以下几个研究热点：

其一，关于抗日战争的研究。蒋介石的对日态度一直是学术界研究的热点。周天度通过分析七七事变前后蒋介石的日记，认为蒋对日本进一步发动的侵华战争，主张抵抗，反对妥协退让[⑨]。曾景忠认为七七事变爆发后蒋介石确定了“不求战，必应战”的方针，采取了一系列动员应战措施，积极对日应战[⑩]。

对于抗战时期的文化问题和知识分子问题也作了研究。徐志民通过研究近代以来日本对伪蒙疆政权留日学生的接受、教育、管理等政策，揭露了日本企图利用“培养”的亲日势力把蒙古从中国分离出去，有效配合其“北上”或者“南进”的侵略面目[⑪]。张振鹍围绕具体实例分析了抗战背景下沦陷区知识分子迁徙情况[⑫]。

此外，王勇忠对南京大屠杀时期金陵大学难民收容所进行了研究，揭露了侵华日军在大屠杀期间的暴虐行径[⑬]。臧运祜系统论述了1941年至1945年日本实施“重庆工作”的目的、措施等一系列问题[⑭]。黄力民细致考订了二战结束后中国战区接受投降日军中的陆军第二十二师团、陆军承德支队和海军“华中空军司令部”3个投降单位[⑮]。李东朗对近10年来中国抗战的地位和作用的研究情况进行了述评[⑯]。

其二，关于国民党政治的研究。张皓系统分析了蒋介石与CC系在《中华民国宪法》下的权力斗争，认为《中华民国宪法》的颁布和推行既与美国有关，同时也是“蒋介石集团内部权利斗争演变的结果”[⑰]。舒文探讨了国民党在抗战胜利后迅速崩溃的原因，认为其失败关键在于国民党本身存在诸如国民党统治区内暴露的严重社会危机、战略战术上的弱点等[⑱]。

其三，关于国共关系的研究。这方面以邓野的两篇文章为代表。他紧紧围绕蒋介石1943年出版的《中国之命运》，深入剖析了国共二次合作期间双方展开的激烈的政治批判，指出蒋“以著书立说的方式，为国共合作的政治前途，完成了理论意义上的埋葬”[⑲]。他还根据国共两党关于皖南事变的政治处理情况，系统考察了皖南事变之后国共之间的政治较量[⑳]。

新中国时期的历史，有以下几个热点：

其一，关于“大跃进”、人民公社化问题。牛大勇就“大跃进”和人民公社化运动的发起谈了自己的看法，认为不能只从理论上找原因，而应从实际出发[㉑]。张海荣以河北部分地区包产到户为中心，考察了人民公社时期县社干部在农村政策执行中的“变通”问题，认为变通的原因主要包括解决民生问题、社会心理因素、人情世故等方面[㉒]。王瑞芳总结了“大跃进”时期农田水利建设得失问题的研究情况[㉓]。

其二，关于农民生活、农业发展问题。辛逸、葛玲通过考察3年困难时期城乡差异的粮食政策，认为国家在救助城乡饥荒时采取的不同对策以及农村干部考核任用的制度性缺陷，在一定程度上加重了农村饥荒，困难时期的饥荒在某种程度上可视为“制度性”的农村饥荒[㉔]。王希锋从社会演进的纵向视角分析了20世纪70年代末至80年代初中国农村改革顺利开展的原因，认为从新中国成立初到1982年中国农村的发展为80年代农村改革顺利发展做了重要积淀[㉕]。

其三，关于改革开放和中国特色社会主义问题。在学术会议方面，2008年是改革开放30周年，召开了以“中共十一届三中全会与当代中国的历史发展”为主题的第八届国史学术年会。在各个微观问题上，李正华回顾了中共十一届三中全会与改革开放的伟大历程[㉖]。朱佳木撰文指出党的十一届三中全会是“建国以来党的历史上具有深远意义的伟大转折”[㉗]。左鹏分析了邓小平为中国社会主义农业改革与发展所作出的卓越贡献[㉘]。王旸探讨了中共十一届三中全会至十四大期间政治体制改革的提出、发展和特点[29]。陈少铭从改革开放以来召开的6次党代会报告中对时代主题和国际格局的判断、对中国外交目标及外交政策的认识等方面出发，系统考察了改革开放后中国外交战略的发展变化[30]。朱佳木考察了中国改革开放前后29年的发展情况及相互关系，认为改革开放前的29年是探索中国社会主义道路的历史，后29年是开创并全面发展中国特色社会主义的历史[31]。

其四，关于重要人物的研究，主要集中在领袖。李东朗对毛泽东与外宾谈话时说的"感谢日本侵略"或类似话语进行了考察，认为毛泽东所说的"感谢"是有特指的，即日本帝国主义的侵略在客观上促使中国人民觉醒[32]。

2008年是周恩来诞辰110周年纪念，学者们从政治、外交等方面展开了研究，成果颇丰。李蓉探讨了周恩来与中共七大的关系，充分肯定了其为大会的圆满成功所作的贡献[33]。章百家从中国外交方面论述了周恩来所作的巨大贡献[34]。曹应旺分析了周恩来与池田大作的友情，指出追求世界和平、维护中日友好、坚持服务人民、珍惜朋友之情是两人友情的基础[35]。黄小同分析了周恩来与人民政协成立和发展的关系，高度赞誉了其为人民政协的建设和发展作出的重要贡献[36]。杨文利考察了周恩来与中国环境保护工作的起步问题，高度评价了周恩来对环境保护工作所作的贡献[37]。

2008年也是刘少奇诞辰110周年，江俊伟探讨了刘少奇关于新民主主义城乡关系的构想与实践[38]。欧阳雪梅分析了刘少奇社会主义民主政治思想与实践，指出刘少奇所提出的许多真知灼见，对今天中国特色社会主义民主政治的建设具有重要的借鉴意义[39]。

此外，学者们还就某些具体问题进行了研究。比如，李格对镇压反革命运动历时一年说提出了质疑，认为该运动一直进行到1953年底，历时3年之久[40]。侯松涛对朝鲜战争爆发后中国政府对相关谣言的处理进行了研究，充分肯定了中国共产党的执政能力[41]。夏杏珍分两个时期对"双百"方针的研究情况进行了总结评述[42]。耿化敏对妇女运动领域的拨乱反正进行了初步考察，填补了学术界在该领域的空白[43]。傅颐对1961年冬"畅观楼事件"的由来、经过、蒙冤、平反等问题进行了详述和解读[44]。

二、关于经济史的研究

关于经济史的研究，可分为4个时期进行介绍。

其一，关于清末经济的研究，倪玉平就王庆云《石渠余纪》所记载的19世纪40年代清朝关税问题进行了细致辨析，认为道光晚期关税征收量仍然保持着很高水平，王庆云所断定"道光关税收入继续下降"及"道光萧条"是有问题的[45]。邱远猷系统考察了林则徐治税观的形成、内涵和重要意义[46]。刘克祥依据方志史料，考察了近代农村地区钱庄业的兴衰[47]。卢忠民论述了近代北京商业店铺中的人力股制度及其作用和影响，认为这种制度所表现出来的先进理念值得今天的企业借鉴[48]。王力根据统计资料探讨了20世纪初期中日煤炭贸易的情况[49]。方行探讨了领主制经济与地主制经济的同一性问题，认为它们从生产力条件、经济本质以及发展归宿上看，同一性大于差异性[50]。

其二，关于抗战前后经济的研究，高超群以申新三厂和民生公司为例，从劳资关系的视角分析了20世纪二三十年代中国许多企业自发兴起的科学管理改革[51]。徐建生考察了抗战前中国机械工业的发展情况和萎缩的原因[52]。汪敬虞、纪辛通过对抗战前后的易货贸易、中福两矿的合并等问题的系统研究，指出近代中国的历史"是一部现代化征程艰难跋涉的历史"[53]。

其三，关于过渡时期经济的研究，赵学军系统论述了20世纪50年代前期我国的经济发展和制度变迁[54]。张旭东系统分析了国民经济恢复时期共产党对资本主义经济采取的政策，认为这些政策为向社会主义过渡创造了条件[55]。陈东林分析了陈云解决1951年棉花"禁运"危机的谋略，认为这对新中国恢复时期经济的发展起到了重要的支持作用[56]。刘佐系统梳理了新中国成立以来私营、个体经济税收政策与制度的变迁[57]。王丹莉对1953年粮食统购统销政策的研究情况进行了总结分析[58]。张素华系统梳理了关于20世纪60年代第一次国民经济调整的研究情况[59]。

其四，关于改革开放以来经济的研究，武力对改革开放30年来经济改革的历程进行了梳理[60]。萧冬连从农民和中国农村改革角度深入探究了改革开放30年来中国经济"奇迹"的成因[61]。庞松探讨了改革开放与中国经济社会向现代化转型的互动关系，认为改革开放大大推动了中国社会走向现代化的进程[62]。沈传亮深入分析了1976年至1980年第五个五年计划期间，中国共产党转变经济发展方式的初步探索[63]。

当然，学者们还对新中国其他时期的经济也作了研究。杨艺丹、高德步分析了1957年至1966年农村私人高息借贷和高利贷问题，认为当时政府以打击为主的方式并不能铲除高利贷的根源[64]。石建国探讨了“文革”时期的放权改革对东北工业的影响，认为东北工业体制由此经历了一个停滞与推进、徘徊与勃兴的逆向互动过程[65]。

三、关于思想文化史的研究

这方面研究的热点，可以概括为几个方面：

其一，对于1919年以前的社会思想文化问题，爱国主义、戊戌变法是研究热点。史革新撰文指出鸦片战争后传统爱国主义在时代动荡中得到重铸和更新，升华为近代爱国主义，支撑着民族精神的大厦[66]。罗检秋考察了清末仁学的开展与困境，从学术角度分析了戊戌思想家的悲剧根源，认为维新派试图以仁学开出仁政的社会政治方案走向了“道德理想主义”[67]。此外，郭双林对中国现代史上重要的思想文化流派——“甲寅派”进行了系统考察[68]。张昭君从话语构建的角度考察了20世纪初期革命精神的生成问题[69]。

其二，对于1919年至1949年的社会思想文化问题，五四新文化运动、社会主义思潮是热点。史革新从1923年周恩来对胡适所鼓吹的“好政府主义”的批评，探析了五四新文化思潮的分化[70]。郑师渠系统分析了欧战后，反省现代性思潮在中国的影响，认为国人追求现代性与反省现代性并存，正构成了新文化运动的内在张力[71]。郑大华、谭庆辉对20世纪30年代初中国知识界的社会主义思潮进行了分析，指出其与五四时期的社会主义思潮相比，“带有浓厚的计划经济气息和缺少理论上的建树两个显著特点”[72]。康沛竹、郑建撰文探讨了1935年共产国际七大对中国共产党提出“马克思主义中国化”的指导与帮助作用[73]。

除了这两个热点之外，学者们还就一些具体问题进行了研究。罗志田从新文化运动以来的时代背景出发，细致考察了1932年清华大学入学考试的对对子事件[74]。刘永生以1932年的《申报》禁邮事件和《自由谈》改版事件为切入点，探讨了民国政府对舆论的控制与媒体的反抗问题[75]。徐秀丽以清华、北大为例，分析了20世纪40年代后期教授在校务管理中的参与程度及相关问题[76]。于化民细致分析了“一·二一”运动期间西南联大的教授会、学校与学生之间的互动关系，认为教授会和教授们是推动运动向前发展的重要力量[77]。

其三，对于新中国成立后的社会思想文化，知识分子问题是研究热点。王素莉通过分析20世纪50年代中期党的知识分子政策，指出该政策的演变折射了党对社会主义艰辛探索的历程[78]。孙丹梳理了新中国成立初期知识分子思想改造运动的研究情况[79]。此外，朱法娟、张太原对新中国成立以来左翼文化运动的研究情况进行了梳理[80]。刘建美考察了1949年至1966年中国文物保护政策的相关问题[81]。樊锐细致探究了1979年中国文学艺术工作者第四次代表大会的来龙去脉，展示了文艺界拨乱反正的曲折历程[82]，等等。

其四，在重要人物的思想方面，梁启超、陈独秀、李大钊、张君劢等重要人物的思想一直是学术界研究的重点。江湄对梁启超《新史学》之“新”义进行了阐释，认为“新”不但在于移植西方科学史学，同时也是对中国传统历史观念与史学思想的推陈出新[83]。郑师渠探讨了陈独秀与反省现代性问题，认为陈对欧洲反省现代性思潮缺乏足够的理解和重视，他虽然转向了唯物史观，但依然未脱离民族虚无主义的倾向，固守“科学万能”论[84]。宋志明分析了李大钊对唯物史观的传播与理解问题，指出李大钊的理解深深打上了中国化的印记[85]。翁贺凯围绕《穆勒约翰议院政治论》深入剖析了张君劢民主思想的起源，认为这篇文章在很大程度上为张君劢的民主宪政思想奠定了基调[86]。

2008年是纪念闻一多诞辰108周年和殉难61周年，首都各界专家学者、西南联大校友等60人出席纪念座谈会，与会者纷纷发言缅怀闻一多先生的爱国精神和不朽业绩。商金林论述了闻一多的教育理念和教育业绩[87]。闻立树、闻立欣围绕闻一多的《楚辞校补》，分析了闻一多对《楚辞》研究的贡献[88]。闻立鹏以《拍案颂》为中心，探讨了闻一多在中国现代美术史上的卓越成就[89]。

5月5日，蔡元培诞辰140周年纪念大会在北大召开，与会专家学者从教育思想、爱国精神等方面对蔡元培所作的重大贡献给予高度赞誉。耿云志通过蔡元培在新文化运动时期的主要言行揭示其领袖风范和君子人格[90]。郭建荣分析了蔡元培美育思想的基本内涵及其对近代中国美育事业的贡献等问题[91]。

其五，在史学史和史学理论研究方面，成果很多，集中在：关于唯物史观，王和以“五种社会形态理论”为中心对实事求是的方法论进行了深入探讨，认为实事求是是唯物史观的基本原则，据此原则考察历史，“符合过去人们所理解的五种社会形态理论本来所规定的意义和内涵”[92]。侯惠勤撰文探讨了唯物主义史观对于历史研究的意义并指出现在历史研究过程中所存在的问题[93]。吴英系统梳理了改革开放30年来史学界对唯物史观的研究历程[94]。

关于中国近现代史的研究理论，王宪明探讨了中国近现代史的性质、特质和主题，认为“近代史”

不仅仅是一个时间观念，而有其特定内涵，近现代史的主题是建设现代国家[95]。王建伟分析了20世纪20年代末期现代专门性史学期刊与现代中国史学的互动关系[96]。

关于当代史研究的理论问题，齐鹏飞对“国史”的学科属性和定位、历史主题和历史分期等问题进行了系统分析[97]。张星星总结了中华人民共和国史研究的现状，并对深化国史研究提出了几点思考[98]。郑珺就国史学理论问题的研究情况进行了总结[99]。

关于史学家的治学思想，王大庆从两个方面对刘家和教授的历史比较思想进行了总结和评述[100]。张海鹏、赵云庆分析了胡绳先生在中国近代史研究方面从“以史论政”到科学的学科体系创建的研究历程，充分肯定了胡绳对中国近代史研究所作出的贡献[101]。赵庆云还系统分析了金毓黻对中国近代史研究所作的贡献[102]。蔡乐苏、尹媛萍分析了蒋廷黻的史学理论，高度评价了其对历史学发展所作的贡献[103]。

关于其他重要史学理论与史学研究方法问题，陈启能探讨了史学理论与改革开放的关系，指出进一步改革开放，解放思想，是史学理论研究继续发展的必由之路[104]。宋学勤撰文指出当代中国史学科发展的重要趋势是整合其他学科的理论和方法、实现自身的进步[105]。曾业英从释读《蒯共随军日记》入手，分析了历史当事人的记述与历史真实的问题，指出对待历史当事人的记述，应依据其记述历史的立场、动机和方法，采取科学分析的态度[106]。徐浩探讨了历史研究的人类学转向的过程，象征和符号人类学的兴起问题[107]。王胜分析了乡村口述史的研究现状、作用和意义[108]。徐兆仁对理论历史学的基本问题、研究范式和研究方向进行了考察[109]。方闻对中国艺术史的研究情况进行了分析，认为中国艺术史研究的“滞后”对世界艺术史研究具有一定的积极意义[110]。周雷鸣探讨了1938年中央研究院代表中国参加国际历史学会的相关问题[111]。

其六，在教育科技方面，黄兴涛、曾建立对清末新式学堂里伦理教育的由来、课程设置、原则和主要内容等问题进行了考察，分析了伦理学作为一门学科在中国兴起时的背景和特点[112]。左玉河对清季科举制废除后学堂奖励出身制进行了研究，在考察该制度的设计与具体实施的基础上分析科举制与学堂在性质和功能上的差异[113]。董节英对1949年至1952年进行的高等学校课程改革的指导思想、进程、意义和局限性等问题进行了总结分析[114]。

四、关于外交史、军事史的研究

其一，关于外交史的研究，可以分作中苏、中美、中英、中日和多边关系进行介绍。

在中苏关系方面，张盛发结合近些年新披露的档案文献，考察了1949年底苏联归还中长铁路给中国的历史过程，指出铁路归还弱化了苏联对中国经济的影响，逐渐瓦解了苏联在中国东北的侨民社会[115]。

在中美关系方面，赵入坤对二战结束前后美国对华政策进行了研究，认为此时美国对华政策是促进国共合作，组成以蒋介石为首的联合政府，指出抗战胜利后美国“扶蒋反共”观点存在片面之处[116]。高翠系统考察了陈纳德计划的产生、美国政府接受的过程及原因等问题[117]。李秉奎、冯小丽根据中美两国解密的外交档案，细致分析了20世纪50年代中美两国实现平民回国问题谈判的历程[118]。

在中英关系方面，张志勇分析了在中英《藏印条约》的谈判过程中赫德发挥的重要作用，指出他灵活扮演了幕后指挥、中方的外交顾问与调停者的角色[119]。张北根考察了巴黎和会后至华盛顿会议前英国对山东问题的态度，认为在巴黎和会后英国的表现较之在巴黎和会上有所进步[120]。周雷鸣撰文分析了英国科学家李约瑟与中央研究院的关系，充分肯定了其在为中央研究院提供科学器材和文献等方面作出的积极贡献[121]。许建英系统地梳理了英国驻新疆省首府迪化领事馆建立的过程，简析了其特点和意义[122]。张俊义通过解读美国斯坦福大学胡佛研究所开放的宋子文档案，系统考察了广州沙面事件的始末[123]。齐鹏飞、冯越对中缅边界问题的研究情况进行了梳理分析[124]。

在中日关系方面，臧运祜以九一八到七七事变日本对华政策的演变过程为大背景，重点分析西安事变前后日本对华政策的变化，认为西安事变的爆发打乱了日本的侵华步骤，导致了日本政局的大动荡[125]。曾景忠撰文指出九一八发生时日本外交方针与军部方针存在对立，但之后日本外交则极力为关东军的侵略行径作辩护[126]。林晓光系统探讨了《中日和平友好条约》的签订过程、历史背景、国际环境和意义[127]。

在多边关系方面，金东吉对20世纪30年代《苏日中立条约》的签订和影响进行了分析，指出该条约具有明显的帝国主义性质，它是抗战期间中苏关系发生重要变化的转折点，也是中美结盟的转折点[128]。王建朗以蒋介石日记为中心，比较了抗战后期英美对华政策的差异及国民政府对英美外交的差异[129]。居之芬比较了二战期间日本与德国对中国占领区人民实施强制劳动的异同[130]。

此外，学者们还就其他一些重要的外交问题进行了研究。曹雯通过考察清政府19世纪80年代以后在朝鲜推行的一系列政策，解明了清末新型外交体制——“中外外”模式的实践过程以及运作效果[131]。黄庆华探讨了抗战时期及战后初期中法两国间复杂的关系[132]。潘敬国探讨了新中国成立初期与印度建交问题，认为这确立了中国同其他国家谈判后建交的原则[133]。

其二，关于军事史的研究，抗日战争和解放战争时期是重点。黄延敏对延安时期中国共产党人对《孙子兵法》的研究情况进行了研究，认为这对提高全国抗日军民的作战水平具有重要的指导作用[134]。章慕荣对日本侵华时期国民政府陆军武器装备的建设情况进行了考察，指出国民政府的陆军武器装备建设存在严重缺陷[135]。为纪念济南战役胜利60周年，张皓、王纯撰文分析了济南战役与中共中央政治局九月会议的关系，认为济南战役的胜利“对九月会议做出的战略目的的实现和决战进程的缩短产生了重大影响”[136]。

五、关于社会、民族、宗教的研究

其一，社会史是近些年来学者们比较关注的一个研究领域，其中清末和新中国成立后的社会情况是学者们研究的重点。

关于清末社会的研究，何岩巍细致考察了巴黎外方传教会两位来华教士所写信件中提到的清代东北地区的地名和见闻[137]。史革新考察了晚清的自然灾害及其成因，认为中国近代社会出现的经济衰退、政治腐败等现象，都直接或者间接与自然灾害有关[138]。贾艳丽从3个典型的旗人自杀事例入手，分析了清末旗人的处境和自救活动[139]。王娟以北京为例，从社会救济史的角度考察了近代乞丐的来源、生存状况以及政府的管理措施，通过局部现象反映近代中国社会变迁的历程与面貌[140]。贾国静对20世纪以来清代黄河史的研究情况进行了总结[141]。

关于新中国成立后社会的研究，成海军考察了从20世纪50年代起中国的社会福利制度[142]。刘亚秋从知青苦难角度探讨了中国社会特有的城乡关系[143]。谢敬考察了20世纪后半期城乡隔离的重要现象，认为这对新中国成立后民众的社会生活产生了重要影响，甚至给当今社会主义市场经济制度下中国由乡村社会向现代社会的成功转型带来困难[144]。赵入坤分析了“文化大革命”以前中国城市劳动就业问题，指出该问题在20世纪50年代和60年代呈现不同的特点，都留下了一些经验教训[145]。

其二，民族研究方面，西藏问题、民族政策是研究的重点。

关于西藏问题，孙宏年论述了1914年至1928年间蒙藏院在西藏治理、稳固西南边疆方面的重要作用[146]。张凯峰探讨了近代西藏留学生对西藏近代化建设的重要作用，认为这些留学生在某种程度上打破了西藏由来已久的权力平衡[147]。桑丁才仁对民国“康藏航空”中转站玉树巴塘机场的发展历程进行了阐述[148]。廖东凡的《西藏民间文化丛书》已由中国藏学出版社出版了其中6种，分别介绍了西藏的历史、文化、宗教信仰、风土民俗等[149]。

宋月红探讨了新中国成立以来中国共产党援助西藏的一系列政策和措施，指出这些政策和措施有力地促进了西藏地区的民主改革和社会发展[150]。她还对西藏和平解放《十七条协议》的谈判、签订等问题进行了研究，指出该协议的签订在中央与西藏地方关系史上具有里程碑意义[151]。此外，宋月红对新中国成立后人民币在西藏地方取代藏币的具体情况进行了考察，指出人民币取代藏币加强了西藏和内地的联系[152]。冯智系统分析了中国政府对西藏文化、文物保护所做的工作及其意义[153]。曾国庆撰文探讨了吴丰培在藏学研究、文献编纂整理上作出的巨大贡献[154]。

关于民族政策问题，卢梅通过考察清末康区改流中政府对改革方案的选取，探究了国家如何通过制度建构的方式，逐步将权力向民族地方的基层社会扩张问题[155]。陈夕考察了解放战争时期中国共产党的民族政策与民族工作，指出这些为解放战争的最后胜利作出了重要贡献[156]。王玉玲分析了民族地区财政转移支付制度的历史演变、现状以及优化措施等问题[157]。龚学增论述了中国特色社会主义民族理论体系的思想来源、形成和发展等问题[158]。周竞红撰文指出加快推进以改善民生为重点的社会建设是民族关系和谐的重要保障[159]。王希恩论述了统筹兼顾在认识和处理中国民族问题上的重要意义[160]。熊坤新、王建华梳理总结了改革开放以来中国民族理论若干问题研究的情况[161]。

除了这两个研究热点外，学者们还对其他问题作了探讨。黄伟探讨了民族自治地方政府与其他地方政府行政权力的异同[162]。于逢春、刘民考察了晚清政府对蒙古族的国语教育政策和晚清少数民族国民教育的实际状态[163]。刘丽敏分析了晚清乡土社会天主教民的恩宠信仰问题[164]。

（作者：张皓，北京师范大学教授；
王纯，北京师范大学研究生）

注：

①王开玺：《略论第一次鸦片战争期间耆英的制

夷思想与实践》，《社会科学辑刊》，2008 年第 1 期。

②郑起东：《试论清政府镇压太平天国后的让步政策》，《清史研究》，2008 年第 3 期。

③钟里满：《清光绪帝砒霜中毒类型及日期考》，《清史研究》，2008 年第 4 期。

④包振远：《光绪死亡原因探析》，《近代史研究》，2008 年第 3 期。

⑤戴逸：《光绪之死》，《清史研究》，2008 年第 4 期。

⑥侯宜杰：《清廷宣布了召开国会年限》，《近代史研究》，2008 年第 6 期。

⑦辛红光：《严复与袁世凯关系探微》，《史学月刊》，2008 年第 5 期。

⑧汪朝光：《南北对峙中的护法运动——兼论护法时期的孙中山与西南地方实力派》，《史学月刊》，2008 年第 1 期。

⑨周天度：《从七七事变前后蒋介石日记看他的抗日主张》，《抗日战争研究》，2008 年第 2 期。

⑩曾景忠：《卢沟桥事变爆发后，蒋介石有未下定抗战决心》，《民国档案》，2008 年第 1 期。

⑪徐志民：《近代日本政府对伪蒙疆政权留日学生政策探微》，《抗日战争研究》，2008 年第 2 期。

⑫张振鹍：《抗日战争中沦陷区青年学生投奔大后方的回顾》，《抗日战争研究》，2008 年第 3 期。

⑬王勇忠：《南京大屠杀时期的金陵大学难民收容所》，《抗日战争研究》，2008 年第 4 期。

⑭臧运祜：《抗战中后期日本的“重庆工作”述论（1941—1945）》，《抗日战争研究》，2008 年第 2 期。

⑮黄力民：《关于投降日军单位的三则考订》，《抗日战争研究》，2008 年第 3 期。

⑯李东朗：《近 10 年来中国抗日战争的地位和作用研究述评》，《民国档案》，2008 年第 1 期。

⑰张皓：《蒋介石与 CC 系在〈中华民国宪法〉下的权力之争》，《历史档案》，2008 年第 2 期。

⑱舒文：《国民党政府在抗战胜利后迅速崩溃的原因分析》，《清华大学学报》（哲学社会科学版），2008 年增 1 期。

⑲邓野：《蒋介石关于“中国之命运”的命题与国共的两个口号》，《历史研究》，2008 年第 4 期。

⑳邓野：《皖南事变之后国共两党的政治较量》，《近代史研究》，2008 年第 5 期。

㉑牛大勇：《从实际出发，经实践检验》，《北京党史》，2008 年第 4 期。

㉒张海荣：《人民公社时期县社干部农村政策执行中“变通”问题研究——以河北省部分地区包产到户为中心的考察》，《中共党史研究》，2008 年第 5 期。

㉓王瑞芳：《大跃进时期农田水利建设得失问题研究评述》，《北京科技大学学报》（社会科学版），2008 年第 4 期。

㉔辛逸、葛玲：《三年苦难时期城乡饥荒差异的粮食政策分析》，《中共党史研究》，2008 年第 3 期。

㉕王希锋：《非动力性与动力性的合奏——新时期中国农村改革后蓬勃发展的纵向条件分析》，《当代中国史研究》，2008 年第 1 期。

㉖李正华：《中共十一届三中全会与改革开放的伟大历程》，《当代中国史研究》，2008 年第 6 期。

㉗朱佳木：《党的十一届三中全会与中国当代史上的伟大转折》，《当代中国史研究》，2008 年第 5 期。

㉘左鹏：《邓小平与中国社会主义农业改革和发展的“两个飞跃”》，《当代中国史研究》，2008 年第 1 期。

㉙王旸：《中共十一届三中全会至十四大期间政治体制改革述评》，《中共党史研究》，2008 年第 5 期。

㉚陈少铭：《从改革开放以来历次党代会报告看中国外交战略的发展变化》，《中共党史研究》，2008 年第 5 期。

㉛朱佳木：《从改革开放前后两个时期的历史性质及其相互关系上认识中国特色社会主义道路的内涵》，《当代中国史研究》，2008 年第 1 期。

㉜李东朗：《毛泽东关于日本侵略一个表述之真意》，《抗日战争研究》，2008 年 1 期。

㉝李蓉：《周恩来与中共七大》，《中共党史研究》，2008 年第 3 期。

㉞章百家：《忠于时代，超越时代— —周恩来与中国外交》，《中共党史研究》，2008 年第 4 期。

㉟曹应旺：《周恩来与池田大作友情的基础》，《当代中国史研究》，2008 年第 3 期。

㊱黄小同：《周恩来与人民政协的成立和发展》，《中共党史研究》，2008 年第 4 期。

㊲杨文利：《周恩来与中国环境保护工作的起步》，《当代中国史研究》，2008 年第 3 期。

㊳江俊伟：《刘少奇关于新民主主义城乡关系的构想与实践》，《当代中国史研究》，2008 年第 6 期。

㊴欧阳雪梅：《刘少奇社会主义民主政治思想及实践》，《当代中国史研究》，2008 年第 6 期。

㊵李格：《镇压反革命运动历时一年说质疑》，

《当代中国史研究》，2008 年第 5 期。

㊶侯松涛：《试析朝鲜战争爆发后中国政府对相关谣言的应对与处理》，《中共党史研究》，2008 年第 5 期。

㊷夏杏珍：《“双百”方针研究述评》，《当代中国史研究》，2008 年第 3 期。

㊸耿化敏：《妇女运动拨乱反正述略》，《当代中国史研究》，2008 年第 3 期。

㊹傅颐：《重寻“畅观楼事件”的真实》，《中共党史研究》，2008 年第 5 期。

㊺倪玉平：《王庆云〈石渠余纪〉所载道光关税辨析》，《近代史研究》，2008 年第 5 期。

㊻邱远猷：《民惟邦本、统筹兼顾国计与民生——林则徐的治税观》，《首都师范大学学报》（社会科学版），2008 年第 4 期。

㊼刘克祥：《近代农村地区钱庄业的起源和兴衰——近代农村钱庄业探索之一》，《中国经济史研究》，2008 年第 2 期。

㊽卢忠民：《近代北京商业店铺中的人力股制度》，《中国经济史研究》，2008 年第 3 期。

㊾王力：《20 世纪初期中日煤炭贸易的分析》，《中国经济史研究》，2008 年第 3 期。

㊿方行：《领主制经济与地主制经济》，《中国经济史研究》，2008 年第 1 期。

(51)高超群：《科学管理改革与劳资关系——以申新三厂和民生公司为中心》，《中国经济史研究》，2008 年第 3 期。

(52)徐建生：《抗战前中国机械工业的发展与萎缩》，《中国经济史研究》，2008 年第 4 期。

(53)纪辛、汪敬虞：《中国现代化征程的艰难跋涉》，《中国经济史研究》，2008 年第 3 期。

(54)张学军：《中国金融业发展研究（1949—1957）》，福建人民出版社，2008 年 4 月第 1 版。

(55)张旭东：《国民经济恢复时期对资本主义经济的政策》，《当代中国史研究》，2008 年第 2 期。

(56)陈东林：《陈云解决 1951 年棉花“禁运”危机的谋略》，《当代中国史研究》，2008 年第 5 期。

(57)刘佐：《新时期私营、个体经济税收政策与制度的变迁》，《当代中国史研究》，2008 年第 2 期。

(58)王丹莉：《统购统销研究述评》，《当代中国史研究》，2008 年第 1 期。

(59)张素华：《第一次国民经济调整研究述评》，《当代中国史研究》，2008 年第 1 期。

(60)武力：《中国共产党领导经济改革三十年的阶段分析》，《中共党史研究》，2008 年第 4 期。

(61)萧冬连：《农民的选择成就了中国改革——从历史视角看农村改革的全局意义》，《中共党史研究》，2008 年第 6 期。

(62)庞松：《改革开放与中国经济社会向现代化转型的互动》，《中共党史研究》，2008 年第 6 期。

(63)沈传亮：《“五五”期间中共对转变经济发展方式的初步探索》，《中共党史研究》，2008 年第 4 期。

(64)杨艺丹、高德步：《农村高利贷及其治理的历史审视：1957—1966 年》，《中国经济史研究》，2008 年第 2 期。

(65)石建国：《“文革”时期放权改革对东北工业的影响》，《当代中国史研究》，2008 年第 3 期。

(66)史革新：《近代中国爱国主义精神的历史性光大》，《高校理论战线》，2008 年第 9 期。

(67)罗检秋：《清末仁学的开展与困境——从学术上看戊戌思想家的悲剧根源》，《清史研究》，2008 年第 3 期。

(68)郭双林：《前后“甲寅派”考》，《近代史研究》，2008 年第 3 期。

(69)张昭君：《20 世纪初期革命精神的生成——以话语分析为径》，《史学集刊》，2008 年第 1 期。

(70)史革新：《从周恩来评胡适的文章看五四新文化思潮的分化》，《北京师范大学学报》（社会科学版），2008 年第 5 期。

(71)郑师渠：《欧战前后国人的现代性反省》，《历史研究》，2008 年第 1 期。

(72)郑大华、谭庆辉：《20 世纪 30 年代初中国知识界的社会主义思潮》，《近代史研究》，2008 年第 3 期。

(73)康沛竹、郑建：《共产国际七大在马克思主义中国化历史进程中的影响》，《清华大学学报》（哲学社会科学版），2008 年增 1 期。

(74)罗志田：《1932 年清华大学入学考试的对对子风波》，《文史知识》，2008 年第 8 期。

(75)刘永生：《〈申办〉禁邮及“自由谈”改版事件》，《史学月刊》，2008 年第 11 期。

(76)徐秀丽：《1940 年代后期的国立高校治理——以清华、北大为例》，《史学月刊》，2008 年第 3 期。

(77)于化民：《“一·二一”运动中的西南联大教授会》，《史学月刊》，2008 年第 6 期。

(78)王素莉：《二十世纪五十年代中期党的知识分子政策的历史演变——以什么是社会主义、如何建设社会主义为背景》，《中共党史研究》，2008 年第 4 期。

⑲孙丹：《建国初期知识分子思想改造运动研究述评》，《当代中国史研究》，2008 年第 3 期。

⑳朱法娟、张太原：《新中国成立以来的左翼文化运动研究》，《中共党史研究》，2008 年第 2 期。

㉑刘建美：《1949—1966 年中国文物保护政策的历史考察》，《当代中国史研究》，2008 年第 3 期。

㉒樊锐：《第四次文代大会与文艺领域的拨乱反正》，《中共党史研究》，2008 年第 4 期。

㉓江湄：《“新史学”之“新”义——梁启超“人群进化之因果”论中的儒、佛思想因素》，《史学月刊》，2008 年第 4 期。

㉔郑师渠：《陈独秀与反省现代性（下）》，《河北学刊》，2008 年第 1 期。

㉕宋志明：《李大钊对唯物史观的传播与理解》，《中国人民大学学报》，2008 年第 2 期。

㉖翁贺凯：《张君劢宪政民主思想的起源——以〈穆勒约翰议院政治论〉为中心的考察》，《清华大学学报》（哲学社会科学版），2008 年第 5 期。

㉗商金林：《闻一多的教育理念和教育业绩》，《首都师范大学学报》（社会科学版），2008 年第 1 期。

㉘闻立树、闻立欣：《闻一多与〈楚辞校补〉及其他》，《首都师范大学学报》（社会科学版），2008 年第 1 期。

㉙闻立鹏：《〈拍案颂〉：走进闻一多的一座宽阔桥梁》，《首都师范大学学报》（社会科学版），2008 年第 1 期。

㉚耿云志：《蔡元培的领袖风范与君子人格》，《北京大学学报》（哲学社会科学版），2008 年第 4 期。

㉛郭建荣：《蔡元培美育思想探析》，《北京大学学报》（哲学社会科学版），2008 年第 4 期。

㉜王和：《实事求是是唯物史观的基本原则——以“五种社会形态理论”为中心的探讨》，《史学月刊》，2008 年第 11 期。

㉝侯惠勤：《略论唯物主义历史观对于历史研究的意义》，《历史研究》，2008 年第 6 期。

㉞吴英：《唯物史观与历史研究：近三十年探讨的回顾与展望》，《历史研究》，2008 年第 6 期。

㉟王宪明：《中国近现代史的性质、特质与主题》，《清华大学学报》（哲学社会科学版），2008 年增 1 期。

㊱王建伟：《20 世纪二三十年代的专业期刊与史学革新》，《史学月刊》，2008 年第 1 期。

㊲齐鹏飞：《关于“国史”研究和“国史”学科建设若干问题的再认识》，《中共党史研究》，2008 年第 3 期。

㊳张星星：《中华人民共和国史研究的现状》，《当代中国史研究》，2008 年第 2 期。

㊴郑珺：《国史学理论问题研究述评》，《当代中国史研究》，2008 年第 2 期。

⑩⓪王大庆：《谈刘家和先生的历史比较研究思想》，《史学理论研究》，2008 年第 1 期。

⑩①张海鹏、赵庆云：《试论胡绳的中国近代史研究》，《历史研究》，2008 年第 2 期。

⑩②赵庆云：《论金毓黻与中国近代史研究》，《史学史研究》，2008 年第 2 期。

⑩③蔡乐苏、尹媛萍：《蒋廷黻史学理论释要》，《清华大学学报》（哲学社会科学版），2008 年第 3 期。

⑩④陈启能：《史学理论与改革开放》，《史学史研究》，2008 年第 2 期。

⑩⑤宋学勤：《跨学科研究与当代中国史学科发展的前景》，《当代中国史研究》，2008 年第 2 期。

⑩⑥曾业英：《历史当事人的记述与历史真实》，《近代史研究》，2008 年第 3 期。

⑩⑦徐浩：《历史是文化——历史研究的人类学转向》，《史学理论研究》，2008 年第 2 期。

⑩⑧王胜：《乡村口述史的理论与实践——以笔者在农村的访谈为例》，《当代中国史研究》，2008 年第 5 期。

⑩⑨徐兆仁：《理论历史学的基本问题、研究范式和研究方向》，《史学理论研究》，2008 年第 3 期。

⑪⓪方闻：《中国艺术史与现代世界艺术博物馆：论“滞后”的好处》，《清华大学学报》（哲学社会科学版），2008 年第 2 期。

⑪①周雷鸣：《民国史学的一次世界之旅——中央研究院参加国际历史学会始末》，《史学史研究》，2008 年第 2 期。

⑪②黄兴涛、曾建立：《清末新式学堂的伦理教育与伦理教科书探论——兼论现代伦理学学科在中国的兴起》，《清史研究》，2008 年第 1 期。

⑪③左玉河：《论清季学堂奖励出身制》，《近代史研究》，2008 年第 4 期。

⑪④董节英：《50 年代高等教育制度改革的先导：课程改革》，《首都师范大学学报》（社会科学版），2008 年第 6 期。

⑪⑤张盛发：《中长铁路归还中国的历史考察》，《历史研究》，2008 年第 4 期。

⑪⑥赵入坤：《二战结束前后美国对华政策问题再

探讨》，《抗日战争研究》，2008 年第 3 期。

⑪⑦高翠：《对陈纳德计划的历史考察》，《首都师范大学学报》（社会科学版），2008 年第 2 期。

⑪⑧李秉奎、冯小丽：《艰难的握手：中美实现平民回国问题谈判的历程》，《当代中国史研究》，2008 年第 4 期。

⑪⑨张志勇：《赫德与中英〈藏印条约〉》，《中国边疆史地研究》，2008 年第 3 期。

⑫⓪张北根：《巴黎和会后至华盛顿会议前英国对待山东问题的态度》，《历史档案》，2008 年第 1 期。

⑫①周雷鸣：《李约瑟与中央研究院》，《民国档案》，2008 年第 3 期。

⑫②许建英：《英国驻迪化领事馆的建立及活动述论》，《中国边疆史地研究》，2008 年第 3 期。

⑫③张俊义：《1948 年广州沙面事件之始末——以宋子文档案为中心》，《中国社会科学》，2008 年第 6 期。

⑫④齐鹏飞、冯越：《中缅边界问题研究述略》，《当代中国史研究》，2008 年第 2 期。

⑫⑤臧运祜：《西安事变与日本的对华政策》，《近代史研究》，2008 年第 2 期。

⑫⑥曾景忠：《九一八事变过程中日本侵华的军事外交二重唱》，《史学月刊》，2008 年第 2 期。

⑫⑦林晓光：《〈中日和平友好条约〉的签订》，《当代中国史研究》，2008 年第 6 期。

⑫⑧金东吉：《〈苏日中立条约〉的缔结与影响》，《中共党史研究》，2008 年第 1 期。

⑫⑨王建朗：《从蒋介石日记看抗战后期的中英美关系》，《民国档案》，2008 年第 4 期。

⑬⓪居之芬：《论日本与纳粹德国在“强制劳动”罪行上的异同点（1933. 9—1945. 8）》，《民国档案》，2008 年第 2 期。

⑬①曹雯：《晚清政府对外政策的调整与朝鲜》，《清史研究》，2008 年第 2 期。

⑬②黄庆华：《抗日战争时期及战后初期的中法关系》，《抗日战争研究》，2008 年第 2 期。

⑬③潘敬国：《中印建交与新中国外交抉择》，《当代中国史研究》，2008 年第 1 期。

⑬④黄延敏：《延安时期的中国共产党人与〈孙子兵法〉研究》，《首都师范大学学报》（社会科学版），2008 年第 2 期。

⑬⑤章慕荣：《日本侵华时期国民政府陆军武器装备建设之考察》，《抗日战争研究》，2008 年第 1 期。

⑬⑥张皓、王纯：《济南战役与中共中央政治局九月会议——济南战役胜利 60 周年纪念》，《历史教学问题》，2008 年第 2 期。

⑬⑦何岩巍：《近代来华天主教士笔下的东北地区及行程见闻——以巴黎外方传教士布鲁尼埃和维尔诺特的信件为例》，《中国边疆史地研究》，2008 年第 1 期。

⑬⑧史革新：《晚清时期的自然灾害及其成因、影响约议》，《湘潭大学学报》（哲学社会科学版），2008 年第 4 期。

⑬⑨贾艳丽：《清末旗人的民间自救》，《首都师范大学学报》（社会科学版），2008 年第 2 期。

⑭⓪王娟：《近代北京乞丐问题简述》，《历史档案》，2008 年第 2 期。

⑭①贾国静：《二十世纪以来清代黄河史研究述评》，《清史研究》，2008 年第 3 期。

⑭②成海军：《计划经济时期中国社会福利制度的历史考察》，《当代中国史研究》，2008 年第 5 期。

⑭③刘亚秋：《知青苦难与乡村城市间关系研究》，《清华大学学报》（哲学社会科学版），2008 年第 2 期。

⑭④谢敬：《五十年代城乡隔离的背景：现代化、资源与权力》，《中共党史研究》，2008 年第 1 期。

⑭⑤赵入坤：《“文化大革命”以前中国城市劳动就业问题》，《当代中国史研究》，2008 年第 4 期。

⑭⑥孙宏年：《蒙藏院与民国时期的西藏治理述论》，《中国边疆史地研究》，2008 年第 4 期。

⑭⑦张凯峰：《略论近代西藏留学生与西藏近代化》，《中国藏学》，2008 年第 4 期。

⑭⑧桑丁才仁：《民国“康藏航空”中转站玉树巴塘（三江源）机场述略》，《中国藏学》，2008 年第 2 期。

⑭⑨廖东凡：《西藏民间文化丛书》，中国藏学出版社，2008 年 6 月第 1 版。

⑮⓪宋月红：《中央扶持和全国支援西藏》，《当代中国史研究》，2008 年第 4 期。

⑮①宋月红：《西藏和平解放〈十七条协议〉谈判、签订问题研究》，《史学月刊》，2008 年第 2 期。

⑮②宋月红：《人民币在西藏地方取代藏币的历史考察》，《中国经济史研究》，2008 年第 3 期。

⑮③冯智：《当代西藏文化、文物保护及其意义》，《当代中国史研究》，2008 年第 4 期。

⑮④曾国庆：《论吴丰培先生对藏学的贡献》，《中国藏学》，2008 年第 1 期。

⑮⑤卢梅：《国家权力扩张下的民族地方政治秩序建构——晚清康区改流中的制度性选择》，《民族研究》，2008 年第 5 期。

⑯陈夕：《论全国解放战争时期党的民族政策与民族工作》，《中共党史研究》，2008 年第 1 期。

⑰王玉玲：《论民族地区财政转移支付制度的优化——基于历史和现实背景的分析》，《民族研究》，2008 年第 1 期。

⑱龚学增：《试论中国特色社会主义民族理论体系》，《民族研究》，2008 年第 2 期。

⑲周竞红：《民族关系和谐的保障：加快推进以改善民生为重点的社会建设》，《民族研究》，2008 年第 5 期。

⑳王希恩：《认识和处理中国民族问题中的统筹兼顾》，《民族研究》，2008 年第 5 期。

⑯熊坤新、王建华：《改革开放以来中国民族理论若干问题研究述评》，《民族研究》，2008 年第 6 期。

⑯黄伟：《民族自治地方政府与其他地方政府行政权力的比较研究》，《民族研究》，2008 年第 3 期。

⑯于逢春、刘民：《晚清政府对蒙古族的国语教育政策》，《中国边疆史地研究》，2008 年第 2 期。

⑯刘丽敏：《晚清乡土社会天主教民的恩宠信仰》，《北京科技大学学报》（社会科学版），2008 年第 3 期。

中国共产党历史

张静如　王炳林　刘　强

2008 年，是中国的奥运年，也是贯彻落实十七大精神、学习和实践科学发展的重要一年。党史学界以科学发展观为指导，以弘扬奥运精神为契机，不断掀起党史研究的新高潮。这一年，是党的十一届三中全会召开 30 周年，中国改革开放 30 周年，中共六大召开 80 周年，周恩来诞辰 110 周年，刘少奇诞辰 110 周年，薄一波诞辰 110 周年，各种规模的纪念大会和多种层次的学术研讨会纷纷举行，研究成果颇为丰硕。

一、主要学术活动和学术著作

1. 纪念党的十一届三中全会召开 30 周年

2008 年 12 月 18 日上午，纪念中国共产党十一届三中全会召开 30 周年大会在北京人民大会堂举行。中共中央总书记、国家主席、中央军委主席胡锦涛发表重要讲话。他指出，党的十一届三中全会，是新中国成立以来我们党历史上具有深远意义的伟大转折，开启了我国改革开放历史新时期。在今天，我们要充分认识改革开放的重大意义和伟大成就，深刻总结改革开放的伟大历程和宝贵经验，坚持党的十一届三中全会精神，高举中国特色社会主义伟大旗帜，以马克思列宁主义、毛泽东思想、邓小平理论和“三个代表”重要思想为指导，深入贯彻落实科学发展观，在中国特色社会主义道路上，继续把改革开放伟大事业推向前进。11 月 11 日至 12 日，由中共中央党史研究室和中国中共党史学会联合举办的“纪念改革开放 30 周年学术研讨会”在北京举行。中共中央党史研究室主任欧阳淞出席会议并讲话，中共中央党史研究室副主任章百家作了题为《积极开展改革开放史研究》的学术报告。来自中央有关部门、各省、自治区、直辖市以及党校、军队、高等院校、文博系统的 80 多位专家学者聚集一堂，围绕“改革开放与中国特色社会主义的形成和发展”这一主题，展开了深入的研讨。此次研讨会共收到应征论文 181 篇，经过专家学者的严格遴选，有 70 篇论文入选，13 位同志作了大会交流发言。与会学者通过不同的形式，对改革开放伟大历史进程以及取得的经验成就广泛深入地交流了意见，达成了许多共识①。

2. 纪念周恩来诞辰 110 周年

2 月 29 日上午，中共中央在人民大会堂举行座谈会，纪念周恩来同志诞辰 110 周年。座谈会由中共中央政治局常委、国务院总理温家宝主持。胡锦涛在重要讲话中指出，周恩来同志 50 多年的革命生涯，同中国共产党的建立、发展、壮大，同我国新民主主义革命的胜利，同我国社会主义革命和建设的历史进程紧密联系在一起。他毫无保留地把全部精力奉献给了党和人民，直到生命的最后一息。他身上集中体现了中国共产党人的高风亮节，在中国人民心中矗立起一座不朽的丰碑。温家宝指出，周恩来同志把自己的一生无私地献给了中国人民的革命和建设事业。他深深地爱着人民，人民也深深地爱戴他。周恩来同志虽然离开了我们，但他的光辉业绩连同他为人民鞠躬尽瘁、死而后已的革命精神和崇高品德是永存的。我们纪念周恩来同志，就是要学习他的精神、品德和人格，继承他未竟的事业。周恩来同志永远活在人民心中！

3. 纪念刘少奇同志诞辰110周年

11月11日下午，中共中央在人民大会堂举行纪念刘少奇同志诞辰110周年座谈会，中共中央总书记胡锦涛发表重要讲话。他指出，刘少奇同志是伟大的马克思主义者，伟大的无产阶级革命家、政治家、理论家，党和国家主要领导人之一，中华人民共和国开国元勋，是以毛泽东同志为核心的党的第一代中央领导集体的重要成员。刘少奇同志的光辉业绩、崇高风范、高尚品德，永远铭记在全党同志和全国各族人民心中。刘少奇同志为党和人民事业贡献了毕生精力。我们要永远铭记老一辈革命家为创建新中国和探索社会主义建设道路作出的历史贡献。今天，我们可以告慰刘少奇同志等老一辈革命家的是，在改革开放历史新时期，在老一辈革命家带领党和人民建设社会主义的基础上，我们成功开辟了中国特色社会主义道路、形成了中国特色社会主义理论体系，中国人民的面貌、社会主义中国的面貌、中国共产党的面貌发生了历史性变化，中国特色社会主义焕发出更加蓬勃的活力，中华民族伟大复兴展现出更加广阔的前景。

4. 纪念薄一波同志诞辰100周年

1月28日，中共中央办公厅、中共中央党史研究室主办的纪念薄一波同志诞辰100周年座谈会在北京召开。会议由国务院副总理曾培炎同志主持，中共中央政治局常委贾庆林同志做重要讲话。他指出，薄一波同志是中国共产党的优秀党员，伟大的共产主义战士，杰出的无产阶级革命家，我党经济工作的卓越领导人。在80多年的革命生涯中，他为中国革命、建设和改革事业倾注了全部心血，鞠躬尽瘁、奋斗不已，作出了重大贡献。薄一波同志的一生，是光辉战斗的一生，是无私奉献的一生。他为新中国的成立、社会主义建设和改革开放事业的发展，建立了不朽的历史功绩，受到广大人民群众的尊敬和爱戴。百年沧桑，英名永存，薄一波同志的光辉业绩和崇高风范，永远镌刻在党和人民心中。我们纪念薄一波同志，就是要继承老一辈无产阶级革命家的遗志，努力把各行各业、各个方面的工作做得更好。让我们更加紧密地团结在以胡锦涛同志为总书记的党中央周围，高举中国特色社会主义伟大旗帜，以马克思列宁主义、毛泽东思想、邓小平理论和“三个代表”重要思想为指导，深入贯彻落实科学发展观，锐意创新、开拓进取，在全面建设小康社会、实现中华民族伟大复兴的宏伟事业中，创造新的业绩，作出新的贡献。

5. 中共中央党史研究室召开高校党史研究座谈会

为加强中共中央党史研究室与全国高校党史研究机构的交流和合作，进一步推动党史研究工作，2008年3月16日上午，中央党史研究室李忠杰副主任主持召开高校党史研究座谈会。全国有关高校的12名专家学者应邀与会。座谈会提出了中共中央党史研究室和高校党史研究合作的意见和建议，希望教育部等有关部门积极支持中共党史学科建设[②]。

6. 北京市党史工作会议在京召开

2008年3月28日上午，北京市党史工作会议在北京会议中心召开。中央党史研究室副主任龙新民，市委常委、组织部部长吕锡文出席会议并讲话。会议传达了全国党史研究室主任会议精神和中央领导有关党史工作的讲话精神，总结了2005年至2006年全市党史工作，表彰了2005年至2006年度全市党史工作先进集体和先进工作者并部署了近一时期全市党史工作。吕锡文在讲话中指出，全市党史工作者要深入学习贯彻党的十七大精神，紧紧围绕奥运筹办工作，进一步增强使命感和责任感，不断强化旗帜意识、责任意识和创新意识，扎实做好改革开放30周年和国庆60周年纪念活动，充分发挥好党史资政育人的作用。龙新民在讲话中充分肯定了北京党史工作所取得的成绩。他要求，新时期、新阶段，党史工作者要以党的十七大精神为指引，深入学习、宣传、贯彻党的十七大精神，抓住改革开放30周年和北京奥运会等重点工作，围绕中心，服务大局，确保各项党史工作落到实处，更好地为首都经济社会科学发展服务。

7.《北京改革开放30年》等著作出版

为纪念我国改革开放30周年，总结我国在30年改革开放中的基本经验，一系列相关著作相继出版。中共北京市委党史研究室编写的《北京改革开放30年》系列丛书，由中央文献出版社正式出版。中共北京市委副书记王安顺任丛书编委会主任，市委常委、组织部部长吕锡文任副主任。丛书包括《北京改革开放简史》、《北京改革开放大事记》和全市18个区县的改革开放专题共20本书构成，约700万字。丛书充分展示30年来北京市委在党中央的领导下，带领全市广大干部群众，在经济、政治、文化、社会等各个方面改革开放的历史进程、巨大成就和丰富经验，反映北京面貌发生的历史性变化，进一步坚定走中国特色社会主义道路的决心和信心，为坚持改革开放、推动科学发展、促进社会和谐提供思想文化保证[③]。童青林编著的《回首1978——历史在这里转折》（人民出版社出版），该书阐述了

1978年我国改革开放决策的来龙去脉。张静如、王炳林主编的《十一届三中全会以来中国共产党思想史》（青岛出版社出版）一书。对30年来中国共产党的思想发展史进行了系统的梳理和深入研究，充分体现了中国共产党在思想建设方面的最新成果。该书被中共中央宣传部、国家新闻出版总署列入“纪念改革开放30周年重点图书”。

二、主要学术观点

（一）关于十一届三中全会和改革开放30年若干重大问题的研究

1978年召开的中共十一届三中全会，开辟了中国改革开放的新时期，成为我国社会主义建设事业的命运转折点。在十一届三中全会召开和改革开放30周年之际，相关研究精彩纷呈，呈现出研究角度多、内容全、资料新、学术价值高等特点。

1. 关于十一届三中全会历史地位和贡献的研究

有的研究者认为，党的十一届三中全会是新中国成立以来党的历史上具有深远意义的伟大转折，也是中国当代史上的伟大转折。具体地说，十一届三中全会是一个里程碑，标志着共和国新的历史时期的开始；是一尊巨鼎，铭刻着党的第二代中央领导集体带领全党全国人民进行新长征的业绩；是前进的号角，鼓舞着中华民族为实现伟大复兴而奋力地拼搏。它和党的遵义会议一样，必将永载史册④。

有的研究者认为，十一届三中全会的贡献在于全面恢复了马克思主义中国化第一次历史性飞跃的理论成果；重新确立了马克思主义中国化理论成果的精髓即实事求是的思想路线；把坚持马克思主义基本原理同推进马克思主义中国化结合起来，开启了改革开放新时期。有的学者从中国特色社会主义事业发展的高度看十一届三中全会的历史地位，认为此会不仅是开辟中国特色社会主义道路的历史起点，而且为中国特色社会主义理论体系的形成提供了重要思想来源。推动中国从阶级斗争为纲转向以经济建设为中心、从封闭半封闭转向逐步开放、从墨守成规转向全面改革，成为开辟中国特色社会主义道路的历史起点。另外，该会高扬的改革精神、开拓精神、民主精神、务实精神，为建设中国特色社会主义事业提供了强大精神动力⑤。

2. 多角度认识真理标准问题大讨论的意义和作用

真理标准讨论意义重大，学者大多是从思想上来评价的，一致认为它是一场深刻的马克思主义思想解放运动，重新确立了党的实事求是的思想路线，为十一届三中全会的召开奠定了坚实的基础。

有的研究者认为，真理标准大讨论对当代中国发展进步产生了巨大而深刻的影响：第一，重新确立的马克思主义的思想路线，既为拨乱反正提供了强大思想武器，也为中国进行以改革开放为主题的第二次伟大革命奠定了坚实的思想基础；第二，既是确立以邓小平为核心的中央领导集体的巨大推动力，又为第二次伟大革命的发动和不断展开提供了丰富的干部资源；第三，使党的政治路线实现了从“以阶级斗争为纲”到以经济建设为中心、从僵化半僵化和封闭半封闭到全面改革开放、从计划经济到社会主义市场经济的伟大历史转折，当代中国进入建设中国特色社会主义的新的历史时期；第四，为十一届三中全会后的理论创新开辟了异常广阔的空间，形成一个又一个马克思主义中国化的新成果，并对今后的理论创新持续产生深刻影响⑥。

有的研究者认为，真理标准问题讨论最直接的作用是：推倒了“两个凡是”，破除了个人迷信，否定了“文化大革命”，否定了“以阶级斗争为纲”，解决了历史遗留问题，为十一届三中全会的召开、实现历史的伟大转折，奠定坚实的思想基础。其影响极为深远：一是重新确立并发展了党的思想路线，使实事求是、实践是检验真理的唯一标准的观点深入人心。二是在什么是社会主义的问题上解放了思想，否定了社会主义传统模式，提出了建设有中国特色社会主义的目标⑦。

有的学者认为，真理标准大讨论不仅为十一届三中全会作了思想上的准备，也为三中全会作了政治上和组织上的准备；有的认为，真理标准大讨论形成了全党全国的思想解放运动，为党的十一届三中全会准备了思想条件和群众基础；也有的认为，真理标准讨论不仅为党的思想路线确立作了理论准备，更为重要的还在于这一讨论所确立的理论原则、思维模式，对以后社会主义道路的理论探索和社会主义现代化建设的具体实践产生了极为深远的影响⑧。

3. 关于改革开放30年来的基本历史经验

党的十七大深入总结了改革开放的伟大历史进程，指出：“改革开放以来我们取得一切成绩和进步的根本原因，归结起来就是，开辟了中国特色社会主义道路，形成了中国特色社会主义理论体系。”这是对改革开放所取得的基本经验的深刻总结，为全党和全国人民指明了今后努力的方向，也为学术界的研究指明了方向。

有的研究者认为，改革开放近30年的实践经验主要有：其一，在政治上，必须坚持四项基本原则，这是我们的立国之本；其二，坚持和完善公有制为主体、多种所有制经济共同发展的基本经济制度；其三，坚持把发展作为执政兴国的第一要务，使社会主义在强大的物质技术基础上获得巩固和发展；其四，在文化思想方面，既要始终坚持马克思主义的指导地位，又从初级阶段的实际出发，既尊重差异，包容多样，又有力抵制各种错误和腐朽思想的影响，为社会主义文化大发展大繁荣指明了正确方向；其五，把改革开放作为强国之路，作为社会主义社会发展的动力；其六，在分配领域坚持共同富裕的目标[9]。

有的研究者指出，从1978年开始，中国经过近30年改革开放的伟大实践，积累了丰富的经验，其中最主要的就是：第一，不断推进党的指导思想的与时俱进，是改革开放成功的重要前提；第二，始终坚持党在社会主义初级阶段的基本路线不动摇，是改革开放成功最可靠的保证；第三，始终坚持把发展作为党执政兴国的第一要务，是改革开放成功的最重要关键[10]。

（二）关于中共六大相关问题的研究

中共六大是中国共产党历史上一次重要的会议，在马克思主义中国化历程中占有重要地位。同时也是一次特殊的会议，是迄今为止唯一一次在国外举行的中国共产党全国性代表大会。在纪念中共六大召开80周年之际，学术界从不同的角度提出了许多新的见解，使关于中共六大的研究又向前推进了一步。

1. 关于中共六大在莫斯科召开的原因

中共六大为什么在莫斯科召开呢？研究者从不同的角度进行了探讨。

有的研究者认为，其原因主要有6点：第一，国内白色恐怖极为严重；第二，在国内没有找到能够保证安全开会的会址；第三，在莫斯科召开，可以得到共产国际的直接指导；第四，有利于会后直接派代表参加共产国际的几个会议；第五，可增加同共产国际、各国兄弟党代表之间接触和交流经验的机会；第六，可以利用留苏学生做会务工作的有利条件[11]。

有学者认为，类似上述分析基本上是从中共的角度出发的，却忽略了另外一个重要因素，即苏联和共产国际的影响。中共六大在莫斯科召开的原因，应该从中共以及苏联和共产国际两个方面进行分析。对于苏联和共产国际而言，要把100多名中共代表接到莫斯科去开会，既需要花费大量金钱，同时也是要冒很大的政治风险。如果不是有着更为重要的政治考虑，是不大可能同意中共在莫斯科召开六大的。因此，中共六大之所以在莫斯科召开，苏联和共产国际的因素不应该被忽略。研究者引用了国内学者杨奎松相关论述："3月下旬，共产国际做出决定，不惜冒极大风险、花大量金钱，把100名至110名中国共产党的代表偷渡到莫斯科来，在共产国际的直接指导下，召开第六次代表大会，彻底改组中共中央的领导机关。"鉴于当时中共领导人在实践斗争中相继犯了右倾机会主义和"左"倾盲动主义的错误，"斯大林等对中国党最关心的就是它能否摆脱小资产阶级知识分子的影响，使其领导权真正保持在无产阶级手中。必欲找一个工人出身的领导人来担任中共的最高领导职务"，从而达到彻底改组中共中央领导机关的目的[12]。

2. 关于中共六大召开时全国党员人数的研究

党的六大召开时全国的党员人数到底有多少，至今尚无定论，学术界存在着"二万说"、"三万说"、"四万说"和"十三万说"等不同说法。目前，人们争论的焦点主要集中在"四万说"和"十三万说"上面。

有研究者认为，"四万说"是新中国建立后的传统说法，但始终没有文献根据，是估计或推断出来的。而"十三万说"，则是唯一有档案资料根据的，虽然在当时的统计情况下很难准确统计，但这个数字总的来说还是比较可信的。"十三万说"这个党员数字见于以下3个文献资料：一是1928年6月30日中共六大通过的《组织问题报告大纲》；二是同日周恩来在中共六大上所作的《组织问题报告和结论》；三是中共六大档案资料：1928年6月《全国党员数量统计》。根据这份统计资料，到六大开会时，全国共有17个省委（包括临委），40个特委，391个县委，38个市委，56个区委，165个特支；把各省分别统计的党员人数加起来，总计为130194人[13]。

有研究者认为，六大时全国有党员人数4万多名的数据应该是基本可信的，13万人则不可能。理由是：根据相关资料，1927年4月，中共五大时有党员5.7万多名。但在国民党"清党"反共之后，共产党党员人数急剧减少，6万多党员只剩下了1万多党员。八七会议之后，随着各地农村革命根据地的开辟，出现了大批的农民党员，党员数量开始增加。但是，要在不到一年的时间里，党员从1万多名发展到13万多名，增长近13倍，这是很难想象的。况且，在1929年6月中共六届二中全会时，当时党员仅为6.9万余人。六大之后随着农村根据地进一步发展壮大，虽然党员数量不断增长，却不可能在没有发生重大变故的一年时间里又突然减少一半。因此，我们认为，六大时全国有党员人数4万多名的数据应该是基本可信的[14]。

（三）关于周恩来的外交思想和贡献

作为新中国外交工作的奠基者、决策人和实践家，周恩来在领导外交工作27年的历程中，提出了一系列重要的思想观点，确立了中国外交政策的基本原则，奠定了中国对外关系的基础和框架，今天中国外交的发展在许多重大方面均体现出对周恩来外交思想的继承。

有研究者认为，和平共处五项原则是周恩来外交思想最集中的概括和最精彩的体现，最初是在中国和印度两国政府处理双边关系的过程中产生的，后来成为世界各国普遍接受的外交基本原则和当代国际法的基本准则。和平共处五项原则倡导国家间在和平稳定的环境下进行互利合作，为促进国际经济文化合作、推动各国共同发展指明了方向，也为当今建设和谐世界指明了现实路径。他既强调国际合作的必要性，又坚持国际合作的原则性，即平等互利的原则。这是和平共处五项原则在经济文化领域的具体运用，体现了新中国处理对外经济文化关系的价值观，是实现国际经济文化合作的前提。周恩来外交思想中还有一个重要的理念就是求同存异，其实质是战略上的原则性和策略上的灵活性的统一，这是建设和谐世界的最佳思维方法[15]。

有研究者认为，周恩来在做好官方外交的同时，还提出了一系列重要的思想观点和理论原则，初步形成了一个既有中国特色又能充分反映他个人风采的民间外交理论体系。他曾指出，民间外交工作的范围很广，国际经济、科学技术、文化艺术、卫生、教育等方面的合作交流以及和平组织、红十字会、救济团体的活动都是外交工作，甚至军事上也有外交工作。周恩来和毛泽东一起提出了一系列切实可行且行之有效的关于民间外交工作的基本方针，诸如："民间先行，以民促官"、"官民并举，以官带民"、"民间外交与官方外交相辅相成"、"广交新朋友，不忘老朋友"等。

周恩来的民间外交思想在发展中日、中美关系中得到了有效贯彻并取得了极大成功，在发展同西德、法国、意大利、奥地利等西欧以及拉美、阿拉伯等地区的国家关系时，我国也始终坚持"民间先行、以民促官"的方针，在民间往来的基础上逐步同这些地区的绝大多数国家实现了关系正常化。周恩来关于民间外交的重要论述及其对民间外交实践的高度重视，不仅丰富了外交思想和实践的基本内涵，而且拓宽了外交活动的领域与范围，对新时期中国的民间外交实践活动产生了深远而又广泛的影响[16]。

（四）关于大跃进和人民公社问题的研究

2008年是"大跃进"和人民公社化运动50周年，深入研究和总结"大跃进"和人民公社化运动中的历史经验教训，是党史研究的一项重要任务。

1. 大跃进和人民公社运动的教训和警示

有的研究者认为，"大跃进"和人民公社化运动是在整个社会主义探索时期走的一段弯路。和探索中的其他失误一样，不能只从思想理论上找问题。因为中国的社会主义道路应该怎么走，不是单纯的思想理论问题，而是理论脱离实际的问题。一切要从实际出发，不能从理论出发。1949年以后中国面临的问题，要做的事情，是没有一个现成的理论能够解决的。当时用来指导中国社会主义建设的理论，是从苏联模式演化而来的。现在看来，基本上不符合中国的国情。所以说，1949年以后中国的发展探索本来应该从实际出发，而不能从理论出发。理论不能产生在实践的前头。对照着看中国改革开放的发展史，改革开放是从什么理论出发？很显然，不是从马列书本出发的，是邓小平从实际出发，从人民群众和基层的实践出发，借鉴国际上的经验，硬闯出来的一条发展道路。理论从实践中产生，还要再不断地接受实践的检验，通过实践不断地总结提炼。不论新民主主义、社会主义建设，还是改革开放，都是如此[17]。

有的研究者认为，"大跃进"和人民公社化运动告诫我们，没有调查就没有发言权，没有正确的调查同样没有发言权。1958年8月上旬和10月中下旬，毛泽东曾两次就人民公社问题进行调查。这两次农村调查虽然相距的时间并不长，但调查所产生的结果却不一样。8月上旬的调查致使人民公社化运动在全国迅速展开；10月中下旬调查则为人民公社化运动降了温。

毛泽东在8月上旬的调查其实是走马观花式的。他这次调查虽然所到地方不少，路程不短，但基本上一天视察一处或几处地方，自然难以深入到群众和实际当中去。这样的调查虽然也能了解到一些情况，但看到的更多是"大跃进"中形式主义的一些东西，有些干部更是投其所好，汇报的都是"大跃进"带来了粮食大丰收，办大社好之类的话。由此可见，由于他在调查前其实已带着某种框框，调查的目的是为了印证这种框框的可行性，于是得出了"还是办人民公社好"的结论。相反，毛泽东在10

月中下旬的调查却掌握较多的真实情况，其原因就在于这次调查的方式与8月上旬的调查不同有关。这次他虽然没有到田间地头视察，但调查却深入得多，形式也很多样。有河北省委及陈伯达、田家英等人率调查组的调查，有他自己亲自在天津主持的河北省委和保定地区几个县委负责人的汇报会，也有他前往郑州的途中听取沿线地区负责人的汇报。这样，他通过多种形式的调查，比较全面地了解到了农村的实际情况。就他本人而言，这次调查主要是采取开调查会的方式，这种方式虽然没有与群众直接接触，但了解问题很深入[⑱]。

2. 人民公社时期广大干群“反人民公社化”行为研究

人民公社制度作为中国乡村最重要的制度模式和最基本的农民组织方式，对传统的乡村社会实现了史无前例的改造。然而，在实施过程中却遭到了广大干群的自发抵制，出现了一些“反人民公社化”的行为。

有的研究者认为，在人民公社时期，各地农村瞒产私分、黑市交易、包产到户、借地、买工分等农民自发性的活动到处发生，这是不争的事实。从制度变迁角度看，这类当时看来非正常的活动具有积极的制度创新意义。表现在：第一，瞒产私分突破了公社单一所有制及以人民公社为基本核算单位的制度安排，引发了国家政策的调整。第二，包产到户的试验与潜伏突破了“三级所有，队为基础”的经营体制和分配体制，开启了中国农村改革的序幕。第三，以借地、买工分、外出积肥等方式突破制度限制，催生制度创新[⑲]。

有的研究者通过对较为详细的个案资料的分析研究，指出，在人民公社时期，县社干部往往采取多种策略，冒着被整肃的风险，与广大农民一起对不合实际的农村政策进行了“变通”。其原因主要有：解决民生问题是主要动因；费力不讨好、常常被问责是社会心理因素；人情世故的复杂以及升迁机会的渺茫是个中细故；极富特点的个性特征是软动力之一。在实践中，县社干部采取了诸多或明或暗的多种行事策略，主要有：合情合理地上书与报告；做而不说与做而巧说；纠而不严与多面周旋[⑳]。

（作者：张静如、王炳林，北京师范大学教授；刘强，北京师范大学博士研究生）

注：

①宁宇：《纪念改革开放三十周年学术研讨会述要》，《中共党史研究》，2009年第1期。

②宁宇：《中共中央党史研究室召开高校党史研究座谈会》，《中共党史研究》，2008年第3期。

③温里：《一套记述北京30年成就的系列丛书》，《北京党史》，2008年6月。

④朱佳木：《党的十一届三中全会与中国当代史上的伟大转折》，《当代中国史研究》，2008年第5期。

⑤沈传亮：《中共十一届三中全会的历史地位》，《北京党史》，2008年第6期。

⑥石仲泉：《邓小平与改革开放三十年》，《中共党史研究》，2008年第6期。

⑦沈宝祥：《真理标准问题讨论的深远影响和宝贵经验》，《北京党史》，2008年第3期。

⑧转引自莫志斌：《真理标准问题大讨论研究述评》，《中共党史研究》，2008年第4期。

⑨梁柱：《要善于在总结经验中推进改革开放的伟大事业》，《北京党史》，2008年第6期。

⑩李正华：《略论中国改革开放的成功经验》，《北京党史》，2008年第6期。

⑪⑬韩泰华：《关于中共六大研究的若干问题》，《中共党史研究》，2008年第4期。

⑫龙心刚：《30年来国内中共六大研究述评》，《党的文献》，2008年第3期。

⑭龙心刚：《30年来国内中共六大研究述评》，《党的文献》，2008年第3期。

⑮王家云：《周恩来外交思想对建设和谐世界的启迪》，《当代中国史研究》，2008年第3期。

⑯王玉贵：《试论周恩来民间外交思想》，《当代中国史研究》，2008年第2期。

⑰牛大勇：《从实际出发，经实践检验》，《北京党史》，2008年第4期。

⑱罗平汉：《不做正确的调查同样没有发言权》，《北京党史》，2008年第4期。

⑲应小丽：《关于人民公社制度变迁动力和机制的探讨》，《中共党史研究》，2008年第4期。

⑳张海荣：《人民公社时期县社干部农村政策执行中“变通”问题研究》，《中共党史研究》，2008年第5期。

世界史

郭家宏　刘林海　王广坤

一、史学理论与史学史

许平、高岱呼吁应该把外国历史设为一级学科[①]。马克垚指出了欧洲中心论对于中国编写世界通史体系的阻碍，即其在研究和世界通史体系中的危害。认为中国的学术研究还没有形成一种可以取代欧洲中心论的理论体系，要想从自己的历史理论体系出发，与欧中心论抗衡，第三世界的历史学家必须对自己的历史有充分的研究，同时要共同交流、互相学习，才能完成这个任务[②]。俞金尧认为，世界历史是人们建构出来的一个主观性的知识体系；肯定主观作用，但不能走上忽视历史研究中的客观性的极端；马克思主义历史理论是在世界史体系构建过程中应当依靠的基本理论[③]。

于沛指出，近代以来，中国和世界的交往进入一个新的发展阶段。从先进的知识分子"睁眼看世界"开始，中国对世界历史的认识也进入了一个新的发展阶段。近代中国人民"救亡图存"、争取民族独立解放的时代主题主宰了世界历史的介绍研究[④]。张炜、郭方梳理了常乃悳在世界史研究领域的成绩，指出其显著之处在于力图以国家主义为中心构建出一种新的历史叙述体系。这种尝试对目前中国的世界史研究具有借鉴意义[⑤]。

于沛指出，作为当代中国史学理论研究的重要内容，马克思主义史学思想史的研究虽然受到中国史学工作者的重视，但在整体上较薄弱，至今还没有一部系统研究中外马克思主义史学思想史的学术专著问世。研究马克思主义史学思想史，要做到理论与实践、历史与现实相结合。坚持中国特色社会主义理论体系的理论指导，是在新形势下推动马克思主义史学史研究的前提和关键[⑥]。董欣洁提出，如何在经济全球化时代构建科学和系统的世界历史阐释体系，这一时代要求凸显了马克思世界历史理论的科学性和重要性。马克思世界历史理论深刻揭示了世界历史形成和演变的内在规律。它既是认识、理解和把握世界历史的整体发展的指导思想，也是世界史或全球史的研究和编纂的科学方法指南[⑦]。

于沛提出，历史认识不是体验性的感性认识，而是与价值判断联系在一起的理性认识。历史学在本质上是一门立足于现实的、关于价值判断的科学。历史的机制判断是以历史认识和社会认识实践为基础的，不能脱离现实生活[⑧]。社会的核心价值体系决定着社会意识的性质和方向。马克思主义的历史科学在建设社会主义核心价值体系中具有不可替代的重要作用，它正确揭示了共产主义实现的历史必然性，增强了民族自信力，培养了高尚的情操，对建设社会主义核心价值体系有重要意义[⑨]。孟庆龙认为，当今各国的竞争主要表现为综合国力之争，而文化的地位和作用越来越突出，民族精神是文化的重要部分，历史发展和历史研究中体现出的民族精神和时代精神，对于提高文化实力和综合国力有着重要作用[⑩]。

徐浩指出，在现象学的影响下，20世纪的诠释学发生了本体论化，并成为后现代历史哲学的重要渊源和组成部分。要使现代史学健康发展，就必须辩证反思的诠释学，即要借鉴其对文本和诠释的重要研究成果，重视历史学科的特殊性，又要反对它以文本取代历史实在，以历史相对主义取代历史客观性的种种极端认识[⑪]。20世纪六七十年代，历史研究的人类学转向的本质在于人类学的文化转向，引发历史学理论、方法及实践等一系列深刻变革；"文化取代经济与社会不仅没有加强社会科学的历史学，反而导致了社会科学历史学的危机"[⑫]。

王旭东考察了社会信息史研究领域的"信息化"的概念及其在当代世界史学语境中的作用[⑬]。赵亚夫则探讨了口述史的理解问题[⑭]。

于沛指出，中国的史学理论研究在过去的30年里步入了全面复兴、发展和繁荣的时期，唯物史观指导下的中外史学理论研究取得长足进步，但也存在着不足。中国的史学理论研究工作者应当认清使命，为中国特色社会主义的伟大事业贡献力量[⑮]。姜芃认为，过去的30年来，中国史学理论研究大致可以分为历史理论的研究、史学史的研究、外国史学理论研究和历史哲学研究4类[⑯]。张旭鹏认为，兼顾与超越并存是对待西方理论、西方理论中的"欧洲中心主义"倾向、跨文化语境中的理论传播的最好办法[⑰]。

刘林海探讨了"教会史之父"尤西比乌的历史思想，对其在历史思想方面的贡献及影响作了分析[⑱]。杜廷广探讨了汤因比的人本史观[⑲]。张作成梳理了过去20年来国内学界对柯林武德的研究状况[⑳]。

马细谱对保加利亚学者亚历山大·利洛夫的《文明的对话》进行了评价[21]。俞金尧评价了美国学者杰里·本特利和赫布·齐格勒著的《新全球史——文明的传承与交流》[22]。

二、古代史

刘欣茹提出，在教授世界的早期历史时候，应该从总体的观念来探讨早期美索不达米亚的、尼罗河流域的、印度河流域的，以及欧亚大陆中部的各种大、中、小型的政体，它们的形成和发展是“早期人类社会建立经济和政治体制的尝试”[23]。

古代埃及研究。王海利认为，古代埃及文明的最突出的特点之一就是寻求社会和谐，虽然具有深深的阶级烙印，但对于社会的稳定和发展具有积极作用[24]。最新的考古发现解决了哈特舍普苏特的身份之谜[25]，郝海迪等考察了埃及与努比亚的关系等问题[26]，郭子林探讨了托勒密埃及的一些问题。托勒密埃及国王的人格被神化，国王具有至高无上的地位并对国家进行专制统治，具备了专制主义的所有特征，但又有着与古代世界其他文明的专制主义不同的特点。王权和神权在托勒密王朝时期发生了重大变化，王权有效地控制了神权。托勒密王朝王权与神权之间是赤裸裸的利用与被利用的关系，这也正是托勒密王朝逐渐失去本土埃及人支持的重要原因之一。托勒密埃及的诉讼制度与法老埃及的诉讼程序之间具有继承性，请愿是主要的诉讼形式，在形式和程序上都体现了和谐的理念，但与中国的和谐社会理论有着根本的区别[27]。王海利和郭子林撰文介绍了刘文鹏教授的生平及学术贡献[28]。

古代西亚研究。王献华分析了雅各布森关于古代两河流域的研究著作及其存在的问题，提出对早期两河流域宗教的研究和对早期两河流域社会与文化的历史研究必须是合二为一的学术进程，在早期两河流域宗教研究中，神灵史的路径可以是下一阶段的学术方向[29]。

古代希腊研究。杨共乐指出，小邦寡民、公民整体主义与邦内自给自足共同构成了希腊城邦的主要特征。小邦寡民是在新的生产关系下形成的一种有效的组织形式，对城邦的发展起着规定性的作用。公民集体是希腊城邦之核心，组成了利益一致的有机整体，对希腊文明影响深刻。城邦的自给自足既能保障城邦或全体公民的生产资料和生活资料的生产，又能保障作为人类的公民自身的生产和再生产[30]。高洪清、郭小凌指出，雅典是古代希腊城邦文明的典型。到古典时期，雅典已经发展出比较完备的古代民主制度和惩罚体系[31]。晏绍祥指出，斯巴达城邦的政治生活中具有相当浓厚的民族色彩[32]。王雅、孙艳萍提出，为了保证生育强壮和合格的公民战士，斯巴达城邦给予女性较大的户外活动自由[33]。崔丽娜指出，希腊化宗教是希腊因素和东方因素融合的结果，但东方因素更为突出，严格说来，是东方化而非希腊化[34]。朱孝远探讨了理想美与希腊艺术的意境[35]。

古代罗马研究。杨共乐认为，早期罗马的早期宗教具有明显的目的性、独特性和开放性。早期罗马人信奉的是多神教，自然崇拜和祖先崇拜两者兼而有之，同时宽容其他宗教。这是罗马人留给人类的一大创举，也是罗马人成就地中海霸业的重要因素[36]。晏绍祥认为，20世纪初以来有关罗马共和国政治生活的讨论经历了3个阶段：从格尔泽尔的典型贵族政治观，到米拉的民主政治论，再到新世纪的精英控制理论。新的多元化的理论虽各有所长，但也存在缺陷[37]。杨共乐分析了弗罗鲁斯、斯特拉波、老普林尼的著作，对传统认为的赛里斯使者在奥古斯都时期到达罗马的说法提出质疑[38]。刘林海对早期基督教在罗马帝国的命运问题作了分析，罗马的传统宗教并非基督教的天敌，罗马宗教具有包容性的多神信仰特征，并不断吸收外来的神，基督教最初并非罗马唯一的选择，基督教优势的确立一方面是在具体的发展过程中体现出来的，另一方面则在于罗马传统宗教自身的失败，在很大程度上成全了基督教[39]。王玉冲、田德全探讨了共和国小农阶层的壮大及影响[40]。此外，在西塞罗《论老年》的动机、老普林尼的精神世界、奥古斯都的安邦战略及3世纪危机等方面也有作者涉及[41]。

中西比较研究。刘家和认为，就宗教与历史之关系来说，中国的三代与希腊罗马各不相同，但各个城邦又都有自己的守护神，在这点上又有相同之处[42]。蒋重跃认为，新约的道德金规则与论语的忠恕思想都主张博爱，但来源与表达方式有很大的差异[43]。王大庆对刘家和的历史比较研究思想做了研究，梳理了其比较史学研究思想的产生、发展和成熟的过程，同时做了概要性的归纳和评析[44]。冯正好比较了地主制经济和领主制经济的不同[45]。

三、中世纪史

《首都师范大学学报》辟专栏“庆贺戚国淦先生九十寿辰”，以访谈的形式介绍了戚国淦的个人成长、教育、工作经历，尤其对其创办首都师范大学历史系、英国都铎王朝历史、中英比较史、外国史学名著翻译等的巨大贡献，同时刊登郭方、赵文洪、刘新成、刘城、夏继果、龙学文等人的文章，回忆其道德文章[46]。

黄春高分析了托马斯·N. 比森在中世纪权力史研究方面的成就。比森不仅描述了中世纪权力的历程，而且建构了解释中世纪权力的模式。比森从政治制度史到权力史的研究转向，既是其学术创新的体现，又反映了20世纪后期美国中世纪史研究的新取向[47]。张文涛分析了从20世纪60年代至80年代初，E. P. 汤普森与佩里·安德森展开了长达20年的学术争论及其原因[48]。孟广林梳理了西方对中世纪英国的“宪政王权”的研究，指出，中古英国实际政治的运作远比政治制度或者政治史编撰中的一些简约论断复杂、曲折。他还回顾了改革开放以来的中国中世纪史研究的状况，指出了取得的成绩与存在的问题[49]。与此同时，他还与美国著名史学家R. W. 卡尤珀教授就如何探讨中世纪西欧政治史进行了学术对话。

侯树栋指出，“封建主义”一词具有多义性，其学术史是由狭义封建主义、广义封建主义和马克思主义的封建主义概念这三大理论发生和发展的历史构成的。狭义封建主义概念源于16世纪法学家，专指封臣制和封土制。广义封建主义概念是18世纪启蒙运动的产物，代表整个中世纪社会。马克思主义的封建主义概念源于马克思对前资本主义社会形态的研究，代表社会形态演进的一个阶段。三大封建主义概念都有各自的学术功用，它们为认识前资本主义社会提供了不同的角度和层面，无需再以“封建”的本义否定这个词的其他含义[50]。

赵文洪探讨了欧洲公地共同体管理中的人治和法制因素，如法律至上、人人平等、严密的法律程序等[51]。冯正好分析了中世纪西欧城市的特许状问题，指出，它的出现是历史发展的必然，在本质上是一种特别授权的法律，是近代资本主义宪政的源头和基础[52]。

余永和讨论了英格兰被宪政史家誉为“1327年宪政革命”的事件，指出这只是一场宫廷政变。并非现近代意义的“宪政革命”[53]。李威讨论了中世纪英格兰的医疗师，对其医生制度和医院制度进行了论述，指出了其与基督教的密切关系[54]。

刘新成研究了都铎王朝的议会选举问题。他认为，英国革命以议会与王权冲突的形式发轫，而此前都铎时期的议会便被视为蕴藏着革命发生原因的“富矿”。都铎时期，乡绅入侵现象严重，无论“辉格史学”的“贵族政治论”，还是“修正史学”的“政府管理论”，都存在一定的问题，只有“从当时的历史文化语境入手，正确理解都铎时期下议员的身份和议会选举的性质”。外地乡绅作为城市代表出席议会这一现象，如果放在都铎时期政治文化的背景下来审视，完全是正常的现象，称之为“入侵”并且视之为“异常”，乃是出于现代政治理念对这一历史现象的“误读”[55]。朱孝远认为，英国在伊丽莎白一世统治时期，实行了把宗教置于政府管理之下的宽容政策，制止了国家的分裂，保障了英国的整体利益，取得一定成效的，是欧洲近代国家的兴起中的一个重要步骤[56]。陈志坚分析了盛行于英国近代早期的家产析分契约（strict settlement），认为针对普通继承法而出现的一种家产分配方案，具有矛盾的性质[57]。

朱孝远通过解读但丁、彼特拉克、布鲁尼、马基雅维里的政治思想，探讨了文艺复兴时期意大利人文主义者政治思想的变化，折射出不同时期公民参政的目标和要求。这些思想对近代政治学的诞生具有重要影响。文艺复兴时期的公民参政已经突破了古代希腊、罗马的模式和中世纪公民参政的传统，发展成为以建立近代政府为目标的、人民的政治运动[58]。

刘林海认为，宗教改革时期的济贫改革是近代欧洲社会福利制度发展过程中的重要环节。基督教的济贫观念在这个时期发生了显著变化，从传统的以互惠为主要特征的功利性救济观转为以强调爱，即上帝之爱和基督徒之爱为主要特征的利他性救济观。救济不再是为救赎准备条件的手段，而成为责任和义务，是基督徒身份的主要标志，宗教改革与这种观念的形成关系密切[59]。周施廷分析了德国宗教改革时期新教宣传品木刻版画中的路德形象[60]。高铁军则梳理了德国宗教改革时期的小册子[61]。彭小瑜以20世纪美国修士托马斯·默顿为研究对象，剖析了现当代背景下，西方的修士和修女对世俗社会的积极干预，以及隐修生活与社会干预之间的张力。在关爱世界的同时保持自己的独立思想，这就是默顿符合基督教修道精神的方式[62]。

郭云艳介绍了拜占庭的仿制金币，同时分析了萨珊波斯帝国在拜占庭金币在传入中国中的影响[63]。

四、世界近现代史研究

2009年北京地区世界近现代史研究领域进一步拓宽，成果显著。

国际关系史研究。张建华认为，20世纪70年代苏美关系以缓和为主要特征，这种缓和实际上是双方互相限制的手段，它在一定程度上缓解了双方以往的僵硬对抗，部分地改善了国际紧张局势。“苏攻美守”是这一时期苏美关系突出特点，国家利益是外交活动的实质[64]。许海云认为北约不断扩张的基础在于冷战后特殊的政治环境和冷战思维的长期存在，苏联和波罗的海国家的态度以及北约内部成员利益的协调需要。指出东扩虽然强化了北约的国际战略地位，但却给国际社会带来不确定因素，尤其给新成员国内政外交造成冲击。只有去除冷战思维、改变以单纯扩大数量为标准的发展模式并尊重现有的国际行为准则才能使北约得到健康发展[65]。徐蓝认为冷战的爆发主要是由于美苏两大国的国家大战略互相冲突而造成的。指出正是由于美国的国际扩张战略和苏联要求划分势力范围的国家战略互相冲突但又不肯互相妥协导致了冷战在美苏间不断强硬的敌对中爆发。整个冷战历史的发展演变是和美苏两国不断调整其基于国家战略利益基础上的政策、行动措施为根据的，同时又与国际体系从两极格局向多极化趋势发展紧密相关[66]。她还就改革开放30年来我国的战后国际关系史研究成果作了回顾和展望，认为中国学术界对中外关系的研究甚为关注，成就突出，冷战史研究成绩卓然，创新性成果较多。此外对欧洲一体化也比较重视，非殖民化研究也随着殖民体系的土崩瓦解成为中国学者的兴趣所在。认为我们的研究深度仍然不够、相关研究领域过于集中而且跨学科研究很少，应该进一步拓展研究深度和广度，密切关注国际学术界动向，使我们的战后国际关系史研究更上一层楼[67]。习罡华认为对于印巴分治以来克什米尔性质问题的认识应该用地缘政治学理论来阐释，指出克什米尔问题的实质就是地缘政治张力下的双重冲突，具体来说就是印巴两国对整个查谟和克什米尔邦领土的控制权之争，以及印度对印控克什米尔地区的民族整合所引起的矛盾。这种角度的认识要比将克什米尔问题性质当做是霸权主义问题、殖民主义问题、宗教冲突、文明冲突、恐怖主义问题、民族主义问题等看法更有说服力[68]。李世安和吴岳霞认为由来已久的犹太复国主义恐怖活动在以色列建国前后达到高潮，这种恐怖活动动摇了英国在巴勒斯坦的殖民统治，加快了以色列的建国进程，同时也伤害了无辜百姓，破坏了巴勒斯坦地区的社会秩序，给巴勒斯坦阿拉伯人的生存、安全和发展带来了巨大威胁；导致了阿拉伯人对犹太人的仇恨和暴力冲突的形成，加剧了中东地区“以暴制暴”、“以怨报怨”思维的盛行[69]。潘华琼看到中国与非洲自20世纪90年代中期以来关系的日益密切激起了西方舆论的担心、怀疑、非议和诬蔑。认为西方这种舆论只看到了中非关系的个别现象和经济层面，没看到中非关系的密切根源于双方在历史上的友好交往和相似经历，两者关系是着眼于互利合作和共同发展的，与殖民主义是两回事。中国与非洲政府对双边关系的重视保障了双边关系健康发展的可持续性，现在的中非关系已经日益成为推动世界体系朝着进一步公正、合理与和谐方向发展的积极因素[70]。

法国史研究。高毅认为开始于20世纪五六十年代苏联历史学家鲍里斯·波尔什涅夫和法国历史学家罗朗·穆尼埃关于法国社会性质的争论是马克思主义和非马克思主义史学界的一次具有代表性的学术交流，指出虽然两人的争论有着很强烈的政治意识形态色彩，但是涉及到有关法国大革命起源的许多重大问题，有助于相关问题研究的进一步深化，同时也可以给马克思主义历史学如何通过提升自己科学性来推动世界历史学发展这一问题提供启示[71]。在对法国大革命的反思和解析中，他认为这次革命彰显出法国民众的一种崇尚平等的文化心理特性。指出天主教和罗马法传统的强大、私有权观念的根深蒂固、更为激烈的阶级斗争和阶级冲突以及小农社会的基本形态都注定了法兰西民族更加崇尚平等主义的价值观念，大革命则正是这种民族心态的反映，使他们过分的热衷于平等而忽视了自由和博爱，认为现代民主政治的构建必须考虑到自由与平等的温和协调[72]。庞冠群认为法国旧制度的崩溃和法国绝对主义原则的内涵息息相关，认为法国的绝对主义并非专制主义，是一系列现实势力互相妥协，各种力量综合平衡的结果，然而在旧制度末年，由法国政府所主导实施的想要实现君主绝对权威的莫普改革妄图抛却绝对主义的制约性因素，达到王权至高无上的理想状态是注定行不通的。同时通过这次改革所带来的社会大争论也更加使人们认识到法国绝对君主制的局限性和困境[73]。乐启良认为皮埃尔·罗桑瓦龙对法国近代民主史的解读可以让我们更加清楚地理解市民社会的缺陷、盎格鲁·撒克逊民主的局限以及民主本身的内在张力等问题。强调罗桑瓦龙的那种对法国民主的解读所导致出来的对市民社会自治的重视，以及对于宪政民主和精英民主的批判性解读对我们理解审视民主政治而言是一个不可多得的财富，指出罗桑瓦龙那种复兴民主活力、扩大民主内涵的目标还会有后人不断探讨[74]。他还认为罗桑瓦龙的另外一部著作《法兰西政治模式》是他继续关注市民社会自治问题的杰出作品，其意义在于立意新颖、角度创新，没有从传统套路去分析“自治管理”运动的各项主张，而是致力于梳理近代法国市民社会的转型过程，并且尤其重视对影响市民社会进程的政治文化因素方面的分析和考察。强调这本书透露出作者真挚的现实主义关怀和强烈的介入意识，对于我们理解法国社会、透视国家与市民社会的张力、理解民主的复杂性都具有重要意义[75]。姚百慧认为法国在1959年3月从北约撤出地中海舰队事件是其最终退出北约的预演，戴高乐要求独立的外交和防务是这次舰队撤出事件的根本原因，而美国对此事件调解举措的失当最终导致了撤出事件的不可避免，而撤出事件并没有给当时急需要美国提供核援助的法国带来什么好处，反而一定程度上激怒了美国政府[76]。

美国史研究。宋云伟认为联邦政府在美国各州事务管理中发挥着重要作用。联邦政府通过联邦制原则给予的赠地和拨款的权力插手州内事务，正是通过赠地和拨款，联邦政府促进了各州交通、教育和人民福利的发展，改善了各州的社会状况。尽管联邦权力干扰了各州独立自主的权责，但是加强了各州管理经济和社会事务的权力[77]。对美国内战之前关于主权问题的论争分析中，他认为自从美国建国一直到内战之前的近70年时间里，联邦主权和州主权倡导者一直存在激烈的思想交锋，尽管《联邦宪法》已在事实上确立了联邦主权，但是各州从自身利益出发，试图否认联邦主权而要求独立的州主权。而随着美利坚统一国家民族意识的形成，这种要求解散联邦恢复各州独立自主主权的做法已经不太现实[78]。他还认为美国对菲律宾的殖民统治给菲律宾人民带来深重的灾难，阻碍了菲律宾国家经济与社会的健康发展。美国人将自己的政治制度强加给菲律宾，经济上威逼着菲律宾签订一系列不平等条约，文化上大力推行自己的价值观念和意识形态。这些都侵犯了菲律宾的主权和民族独立，造成了菲律宾经济的畸形发展和人民的贫困，同时也阻碍了菲律宾民族文化的传承[79]。在周钢认为美国大平原北部放牧业发展的原因是大平原南部牧区的牛羊超载、北部平原的丰富牧草优势、稳定旺盛的市场需求以及纽曼兄弟的偶然发现，也得益于第二次工业革命所提供的历史机遇。指出北部大平原放牧业的发展促进了美国西部大开发和现代化，所采取的模式和经营方法也适应了市场经济和规模化生产的需要，但这种放牧业是一种掠夺式的开发，破坏了草原的自然风貌和生态平衡，引发了许多牧区纠纷和流血冲突，值得我们反思和吸取教训[80]。他还认为妇女在美国内战后西部大平原上的“牧牛王国”的兴起和发展起着不可替代的重要作用。牧区妇女对牧牛王国的兴起和牧区社会的进步作出了独特的贡献，指出牧区妇女在调理牧区伙食、养育牧区儿童、促进牧区社交活动以及协助牧区管理等方面都发挥着比男人更为巨大的作用，而导致牧区妇女们有着如此杰出表现的原因就是她们对于艰苦环境的克服和适应、自己婚姻家庭生活的固定和在艰苦环境下所锻炼出来的心理承受力的提高[81]。于展认为美国的民权运动历来受到众多学者的重视，成果丰富。20世纪六七十年代以来的民权运动研究都将其作为一场全国民权组织与政府联合起来反对种族歧视、进行政治改革的运动来阐释，而20世纪80年代以来的民权运动研究则对那种20世纪六七十年代研究传统进行了更正和创新，提出了很多新观点。正是在这些不同观点的激烈交锋和融汇下，美国的民权运动研究才呈现出百家争鸣、丰富多彩的繁荣局面[82]。他还认为美国学术界的民权运动史研究经历了从现实主义关怀到学术性侧重的过渡，认为美国早期的民权运动史研究起源于黑人史研究为现实服务的传统，在当时动荡激进的社会环境中具有强烈的现实政治和宣传的色彩，损害了史学的真实性和学术性，后来由于时代和社会环境的变化，史学家们开始追求民权运动研究的学术性，这样的转变促进了美国民权运动史的研究[83]。对于20世纪60年代美国黑人民权运动领袖马尔科姆·爱克斯的种族思想他也作过较详细的考察探究，认为马尔科姆早期的种族思想是极端的，内心极度仇视和排斥白人，而到了晚年，他开始抛弃极端的“白人魔鬼论”，对白人自由派和进步人士采取认真分析、适度联合的态度，尽全力追求黑人的自由、正义、平等和尊重。他的种族思想经过了从早期简单模仿白人种族主义的“黑人至上”到晚期超越了单纯种族主义的“人权至上”的历程[84]。李剑鸣认为在我国的美国早期史研究人员太少而且视域狭窄，关注的往往是美国学者们眼中早已过时的政治史、精英史，研究所涉及的主题往往比较功利和贴近现实，缺少对学术热情的真正追求。强调我们要紧紧关注国际学术界的美国早期史研究，开阔自己的研究视野，努力增强研究能力和学术素质，重视社会科学相关学科的理论训练，提高英文文献的阅读和翻译水平，培育敏锐强烈的问题意识，如此才能够繁荣我国的美国早期史研究[85]。

英国史研究。高岱认为在一战前夕的20世纪最初几年，英国自由党政府以新自由主义为基础的社会改革成效显著。这种社会改革是建立在英国国家实力和当时社会现状基础之上的，并进行了具体的社会调查研究。社会改革为中下层民众提供了相当优惠的立法和补助，这些立法和补助促进了英国社会的抗风险能力，提升了英国社会的和谐与稳定，在一战的摧残之下仍能够维持社会结构稳定和经济的不间断发展[86]。郭家宏和李雁认为一战期间英国政府的士兵分居补贴制度之所以经由民间慈善机构管理到政府设置专门机构进行管理的变化原因是新自由主义社会思潮的影响、英国慈善传统和观念的改变、特定时期军队国家利益的需要以及政治家对民间慈善组织缺陷的日益关注，指出这个时期的补贴制度以人的“权利为基础”的，具有临时性、延续性和政府严格监控等特点。这种士兵分居补贴制度虽然随着一战的结束而消亡，但是在战时的确改善了士兵家庭的生活状况[87]。赵秀荣认为英国政府对医疗体制方面的立法在十六七世纪主要是为了维护传统原有的医疗行业体制和分层，即在加大内科医生的特权的同时维护内科、外科、药剂三者鼎立的局面，指出这样的做法在于竭力维护传统的社会等级制度。但到18世纪英国政府则开始放松了对医疗界的各等级划分，调节了医疗行业之间的分工和合作，这个时期英国政府的医疗立法促进了后来英国医疗事业的健康发展，对其他国家也起到明显的表率作用[88]。张文涛认为英国新左派代表人物著名的马克思主义史学家E. P. 汤普森以及佩里·安德森之间的关于对于英国革命的认识、英国劳工运动的前景以及历史知识的看法等等内容的学术分歧是由于两者不同的学术背景和知识结构所造成的，认为时代的大环境给予了他们认识客观世界视野的不同，自身经验的差异导致了他们对具体历史问题的不同学术见解，但不管他们对具体问题的学术见解有何不同，他们的思想都是对特定时期社会主义运动前景的无奈表示[89]。赵军秀认为一战后主要由英国政府主导、协约国协商出台的针对土耳其的《色佛尔条约》的出台经历了多种力量的博弈和冲突。条约之所以失败的根源就在于英国与法国、意大利等协约国之间的尖锐矛盾、各国利益的不协调以及英国内阁首相劳合·乔治的一意孤行。强调英国政府制定协约过程中完全没有顾及到土耳其人民的民族感受，也没有协调好协约国各国的意见，将英国的意志强加于各协约国之上，这就必然导致针对土耳其的《色佛尔条约》不被人们所接受[90]。李世安和陈淑荣认为自卢沟桥事变后至太平洋战争爆发前并不存在所谓的英美等国勾结共同出卖中国的“远东慕尼黑阴谋”。指出卢沟桥事变后英国的对日政策从九一八事变后的绥靖政策逐步转变为一种自私自利的、被迫的“援华抗日”政策，英国虽然不敢与日本正面冲突，但他们对日退让的底线是“恢复到卢沟桥事变前的状态”。这种政策虽然没有完全摆脱绥靖政策的阴影，但已经逐渐强硬，并没有出卖中国与日本妥协进而实现其在远东地区利益的计划和阴谋[91]。

德国史研究。景德祥认为德国史学与纳粹主义的兴起和发展有着密切的联系，早在希特勒上台前德国历史学家们就通过对魏玛共和国的批评给纳粹主义希特勒上台制造舆论；而在希特勒上台后，德国史学虽然并没有被纳粹化，但由于德国国家主义和民族极端主义的传统，历史学家们大都支持希特勒的侵略扩张政策并且还为之出谋划策。因此可以说一个没有深度纳粹化的德国史学充当了纳粹政权的得力助手，促成了纳粹主义带给人类的巨大灾难[92]。徐健认为市民社会的形成没有固定统一的模式，只是一种具有特质的社会现象。这种市民社会的发展特质和形成模式表现在德国就是普鲁士改革中的乡镇自治策略，具体来说就是靠普鲁士国家借助法律手段掌控公众舆论的方式来强行规范公民的政治参与，将农民和城镇市民从家庭、血缘、社团、行会等传统权力的支配下解放出来，进而卷入国家政治生活。这种模式使德国国家和社会之间紧密联系、相辅相成，但也导致西方式的议会民主难以呈现[93]。

俄苏史研究。张建华认为，“领主”和“贵族”曾经是早期罗斯社会的两个统治阶层，其起源和词源伴随早期俄罗斯的国家发展均发生了重大的变化。贵族作为帝俄的统治阶层，享有政治、经济、文化等方面的特权，同时也是俄国近代知识分子和进步思想的发源地[94]。他还认为，从冯维津的“俄国与西方”命题到斯拉夫派与西方派的大辩论，俄国发展道路问题成为年轻的俄国知识分子群体思考的首要问题。西方派和斯拉夫派之争，在俄国思想文化史上具有巨大的开创性的意义，它标志着具有批判精神和独立意识的俄国知识分子群体的形成，并且由此产生了俄国知识分子思想史中“西方主义”和“斯拉夫主义”两大传统，而这两大思想传统酝酿和造就了未来的俄国知识分子群体中的“自由主义”流派和“激进主义—社会主义”流派。它左右着俄国和苏联的现代化进程，并且影响至今[95]。黄立茀认为正是由于1991年苏联解体后意识形态多元化和大量苏联历史档案的解秘促成了俄罗斯苏维埃日常生活史研究的兴起，这种研究使用个性化、多棱面的新档案文献并且采取微观研究的方法，立体地再现了苏维埃社会生活的原貌，提出了一些不同于传统观点的新看法，具有重要的意义。但俄罗斯学者对这种研究范式的评价并不统一、争议较大[96]。她还认为苏联的现代化建设取得重大成就但不为国民认同，其主要因素是由于苏联共产党的不切实际以及过分的国家行政专一化所导致的社会流动渠道不畅，使人们实现不了个人自由和自主的愿望。而普京时代的俄罗斯之所以能受到民众的欢迎主要是因为给人民提供了极大的个人发展空间，苏联的主要缺陷在于国家巩固强大以后忽视了人民自主发展的愿望，致使人民对它产生了隔膜、疏离甚至对立[97]。王奇在以苏俄十月革命为例而进行的俄国史教学法探讨中认为不同的学者虽然以不同的参照物和理念得出不同的学术性结论，但客观史实不会变。指出历史学家们要用自己的良知、责任和使命将那些看来是躺倒着的、死掉的、完全不动的档案文献、经典著作等资料还原为活生生的历史画卷，同时也必须紧紧关注史学研究的研究动态、档案文献和学术理念[98]。赵龙庚认为俄罗斯近年出现的以“光头党”为主要表现方式的新纳粹主义思潮是俄罗斯社会转型过程中传统的大俄罗斯民族主义朝向极端民族主义政治演进的结果。俄罗斯民族主义和极端民族主义的发展有着深刻的民族历史原因、社会现实原因及国际背景，但是俄罗斯并不存在法西斯兴风作浪的政治大环境，如果俄罗斯民族主义一旦摒弃极端民族主义成分，吸纳自立、自强、自信的民族爱国主义因素，将会成为振兴俄罗斯的伟大精神力量[99]。秦晖认为马克思恩格斯所讲的“无产阶级专政”是指一种战争状态下的临时措施，民粹派所宣称的“人民专制”指的是先进者强迫落后者的政治常态，而在俄国革命的具体实践过程中，列宁用民粹派的“专制”替换了马克思恩格斯的“专政”，从而改造了俄国的马克思主义，并且成为后来苏维埃模式的思想基础[100]。张树华认为俄罗斯和中国在自己民族的政治发展道路上都获得了极大的进步，有力地回击了西方国家对自己所谓民主政治文明优越论的论调，认为俄罗斯敢于质疑西方民主模式的权威性，勇于探索适合自己的主权民主，并能够从戈尔巴乔夫的“假民主”以及叶利钦时代的“寡头民主”中划清界限、吸取教训，坚决反对“颜色革命”，走自己的路，非常难能可贵[101]。

亚非拉史研究。王立新认为，日本在追求现代化生活的过程中，非常注重自己传统文化的保存，不管历史现实发生怎样的变化，日本民族仍然坚持自己的传统文化决不动摇。这种对本民族文化的重视和传承对于正在进行现代化的中国是一个重大的启示，引导着我们去思考中华民族的传统文化怎样与现代化的发展紧密融合[102]。宋成有认为日本朝野妄图征服中国东北地区的“满蒙情结”由来已久，指出“满蒙情结”的征服野心直接导致了“征韩论”的出台，前者是后者的铺垫和延伸，从此以后的日本政府所有决策制定都围绕着这种“满蒙情结”为中心，大兴侵略战争，妄图征服世界，结果是这种“满蒙情结”和“征韩论”的野心越来越超出了日本国力的承受极限，导致了日本帝国的终结，沦为二战后美国的一个附属国[103]。崔世广认为日本在明治维新后的现代化进程中国家文化的建设和发展对促进现代化相当重要。指出日本政府是文化政策的制定者、文化建设的领导者和组织者，知识分子是文化建设的鼓动者和倡导者，基层民众要求则是文化建设的主要参考对象。日本文化建设机制正是建立在日本政府、知识分子和基层民众要求这3个层面基础之上从而为日本现代化的实现奠定了良好的文化铺垫[104]。他还认为日本战后居于主导地位的思想潮流是以吉田茂为代表的保守主义，指出日本在战后存在的和平民主主义比右翼的民族主义更有民众市场，但随着20世纪60年代后国际共产主义运动的分裂和日本国民对经济发展问题的过分关注而逐渐失宠，而民族主义思潮由于其具有战争鼓动和法西斯色彩一直在民众中威信不大。随着日本经济的迅速发展、国际地位的日益提高，其先前的保守主义思想越来越倾向于和民族主义右翼思潮结成联盟，在冷战后期日本社会的主流思潮开始由保守主义向新民族主义转变[105]。金永丽认为印度社会素以复杂性和多样性著称于世，要理解、探究和厘清印度社会最便利的手段就是采取社会分层的方法，而现在的社会分层研究大都只是关注种姓制度或阶级阶层这两个不同方向的一种，没有将两者结合起来综合考虑，这是不应该的；指出研究印度社会有必要将两者结合起来，印度社会的种姓制度就是一种具有印度特色的阶级制度，阶级阶层和种姓分立在一定程度上是等同的[106]。在对非洲史研究的历史回顾中，郑家馨认为研究的最大困难是资料过于匮乏，指出对人类文明影响甚大的尼罗河文明为什么在非洲没有起作用以及刚果河流域为什么诞生不出伟大的黑人文明都是值得研究的课题[107]。吴国平在简单总结了拉丁美洲国家二战后经济发展的基本概况后，认为拉丁美洲收入分配不均、两极分化严重带来了社会的不稳，经济的高速增长造成了区域发展严重失衡、城市化无序恶性的盲目膨胀带来了管理的不便、过多引进和依赖外资导致了拉美经济的脆弱，这些都是影响和阻碍拉美国家经济发展和社会进步的罪魁祸首，要想彻底改变就一定要充分发挥政府宏观调控经济的能力，加强对经济发展的监控和管治[108]。

世界环境史研究。包茂红认为东南亚环境史学研究内容丰富，特点突出，对这方面的研究要遵循总体概括和具体案例分析相结合的方式。并通过他对当今国际学术界最著名的东南亚环境史研究专家彼得·布姆加德的访谈感受，认为布姆加德教授的访谈实录会给我们带来对东南亚环境史研究更为直接和切身的了解和认识，对于东南亚环境史研究在我国的开展有重要的借鉴意义[109]。他还认为海洋环境史的研究是大势所趋，只是当前的研究对象过于偏向于大西洋、地中海、波罗的海等海域，对亚洲海域重视不足。强调在研究海洋亚洲环境史过程中要采取历史学分期和分类研究的方法，具体研究中还应该注意亚洲海域环境在不同时期的不同特征。指出海洋亚洲环境史研究能够帮助我们化解海洋亚洲遇到的资源领土争端，促进建设和谐繁荣的海洋亚洲，加强环境史研究的批判和警示功能[110]。高国荣认为美国的环境史研究起步较早，成就非凡，起源于美国环境保护主义的兴起，并由于20世纪90年代环境正义运动的起步进入到一个崭新的发展阶段，同时促进了城市环境史和环境社会史研究的开展。美国的环境史研究也在不同程度上折射出西方学者的价值观，西方中心主义、生物中心主义的理念往往在具体研究过程中被西方国家利用来反对第三世界的发展，这提醒我们在介绍和引进美国的环境史研究成果的同时，必须保持清醒的头脑，进行适当必要的取舍和扬弃[111]。他还认为《乡村里的推土机——郊区蔓延和美国环境主义的兴起》一书是非常成功的环境史著作，拓展了环境史研究的领域，对美国环保运动作出了新颖的解释，开阔了我们的视野，在多方面深化了环保运动史的研究，是城市环境史研究的成功典型，对美国的环境管制问题也进行了深入的探讨，对我国的城市建设也有一定的启示作用，值得一读[112]。梅雪芹认为环境问题虽然关乎自然，但实质上却是一个社会历史性问题，环境问题所具有的累积突发、性质复杂、责任具体、影响持久、治理艰难等特点都可纳入历史学的研究视野。在环境史具体研究过程中，要更加关注社会各种因素对环境问题的影响，挖掘环境问题深层次的文化根源，细腻而生动地描述环境问题的变化和发展，旗帜鲜明地宣扬环保主义的价值取向，争取为现实环境问题的治理提供借鉴。指出历史学在影响政府环境决策和促进大众环境教育过程中具有重要意义[113]。她还认为美国环境史领域研究的开创者之一唐纳德·休斯对环境史研究的理论贡献非常突出，这些理论包括对生态环境及其在历史中作用的论述、对“什么是环境史”及其与其他学科关联性的分析、对环境史和其他历史研究类型的区别及联系的阐述、对环境史丰富意义的揭示等。这些理论能使我们了解到休斯环境史研究的个性特征，也让我们得以从总体上把握他对环境史研究理论问题的基本认识，而他对环境史研究意义的揭示则使我们深刻体会到历史学家在研究和叙述历史的同时也在创造历史[114]。她还指出，在当前的国际环境史学界，世界史视野下的环境史研究尤其值得我们重视。认为世界史视野下的环境史研究能充分揭示人类史和自然史之间的连接，突破传统历史研究聚焦于人类社会的古老模式，更新我们的认识；并且可以将研究对象置于广阔的空间视域，可以全面展现环境问题及相关研究内容的地区差异性。在此基础上她强调中国的环境史研究必须走向世界，这是世界环境史和中国环境史研究健康发展的必然要求[115]。贾珺认为英国地理学家西蒙斯的环境史研究理论和方法论虽然因为自然科学的局限、史学专业性的训练不足而导致的对历史问题研究深度的缺陷，但他对历史学家进行环境史研究的启示还是相当大的，认为不同知识结构和体系的有效综合可以丰富我们的知识结构，提升我们的环境史研究水平，而地理学的知识补充对环境史研究学者来说尤为必要[116]。

思想文化史研究。许平认为西方国家于20世纪60年代普遍发生学生运动的主要原因是战后高速发展的社会经济急切需要与之相适应的社会文化和思想观念。指出学生运动是一次文化变革运动，从解放人性的角度来看，与文艺复兴有异曲同工之妙。这场运动使那些承载着历史的重负与未来的希望的青年学生们在展现自我、实现自我的过程中完成文化变革，促进了整个人类社会向后现代化过渡的基本进程[117]。李世安认为恐怖主义不是现代特有的东西，而是历史的产物，恐怖主义在历史的进步中逐渐由个人恐怖主义发展到有组织的恐怖主义和国家恐怖主义。产生恐怖主义的根源是不合理的国际政治经济秩序、种族压迫和种族歧视以及各种不合理的社会现象，要消灭恐怖主义就要反对殖民主义、霸权主义和帝国主义，实行平等的社会经济政策、实现社会公正、建设和谐社会、建设合理的国际政治新秩序、防止大国欺压小国、尊重国家主权、实现民族平等[118]。在关于现代化能否作为中国世界近现代史研究新体系主线问题的争论中，李世安认为现代化其实就是一种欧化，而二战后的现代化理论更是成为了一种反共产主义的意识形态，笼统地提现代化来发展世界近现代史学科很容易陷入西方学者设置的资本主义现代化模式的陷阱，以马克思主义为核心的唯物史观和社会经济形态发展作为主题的世界近现代史体系具有科学性，不能被轻易抛弃而去另起炉灶[119]。而钱乘旦则认为以现代化为主题构建世界近现代史新的学科体系是完全值得提倡的，不但能够使我们更好地了解世界还能够给我国的现代化建设提供经验教训方便借鉴，具有鲜明的时代特征和独特的学术视野。传统的世界近现代史研究的“苏联体系”仍坚守单一信条（阶级斗争）来解释历史已经跟不上时代的发展，必须更换血液，而现代化则是世界近现代史发展主题的恰当反映，既能姓“资”也能姓“社”并且不排斥其他历史观对发展世界史学科的重大作用[120]。刘文明认为“文明”观念在欧洲经历了一个演变过程，它源于中世纪宫廷社会的“宫廷礼仪”，文艺复兴时称“礼貌”，至18世纪中叶才叫做“文明”，到19世纪才发展成为现代含义的“文明”概念。指出“文明”观念逐渐由欧洲上层社会的自我意识发展成为欧洲人表述自我的一种意识形态，并最终随着欧洲霸权的确立而成为具有现代性、普世性的观念[121]。

（作者：郭家宏、刘林海，北京师范大学教授；
王广坤，北京师范大学硕士研究生）

注：

①许平、高岱：《外国历史应该成为一级学科》，《历史教学》，2008年第4期。

②马克垚、邹兆辰：《我对世界通史体系的思考——访马克垚教授》，《历史教学问题》，2008年第2期。

③俞金尧：《什么是“世界历史”及如何构建世界史体系》，《历史研究》，2008年第2期。

④于沛：《近代早期中国对世界历史的认识》，《北方论丛》，2008年第1期。

⑤张炜、郭方：《以国家主义为中心构建的历史体系——常乃悳世界史研究成就探析》，《史林》，2008年第3期。

⑥于沛：《马克思主义史学思想史研究刍议》，《江海学刊》，2008年第4期。

⑦董欣洁：《世界历史进程中的马克思世界历史理论》，《史学理论研究》，2008年第3期。

⑧于沛：《关于历史认识的价值判断》，《历史研究》，2008年第1期。

⑨于沛：《历史科学与社会主义核心价值体系建设》，《史学理论研究》，2008年第1期。

⑩孟庆龙：《弘扬历史研究中的民族精神和时代精神》，《世界历史》，2008年第4期。

⑪徐浩：《历史是文本——论西方后现代主义历史哲学中的诠释学视角》，《学习与探索》，2008年第4期。

⑫徐浩：《历史是文化——历史研究的人类学转向》，《史学理论研究》，2008年第2期。

⑬王旭东：《20世纪下半叶“信息化”概念及用词历史源流考释》，《史学理论研究》，2008年第3期；《社会信息化概念的历史考察及其厘定》，《安徽师范大学学报》（人文社会科学版），2008年第4期。

⑭赵亚夫：《怎样理解“活着”的历史——口述史》，《历史教学问题》，2008年第4期。

⑮于沛：《中国史学理论研究三十年：1978—2008》，《社会科学战线》，2008年第2期。

⑯姜芃《史学理论研究的类型》，《史学理论研究》，2008年第3期。

⑰张旭鹏：《西方话语与中国史学理论》，《史学理论研究》，2008年第3期。

⑱刘林海：《“教会史之父”尤西比乌的历史思想初探》，《史学史研究》，2008年第2期。

⑲杜廷广：《汤因比的“人本史观”》，《社会科学战线》，2008年第2期（下）。

⑳张作成：《近20年来国内柯林武德历史哲学思想研究综述》，《江西社会科学》，2008年第1期。

㉑马细谱：《利洛夫和他的〈文明的对话〉》，《世界历史》，2008年第2期。

㉒俞金尧：《全球史观下的文明传统与交往》，《中国图书评论》，2008年第2期。

㉓刘欣茹：《以总体的观念来探讨早期的复杂社会》，《世界历史》，2008年第1期。

㉔王海利：《古代埃及社会观简论》，《北方论丛》，2008年第6期。

㉕王海利：《尘埃落定——女法老哈特舍普苏特的木乃伊被确认》，《世界历史》，2008年第3期。

㉖郝海迪、孙异：《试析古王国时期埃及与努比亚关系的演变》，《社会科学论坛》，2008年第6期（下）；郝海迪：《试析新王国时期努比亚的埃及化》，《兰州学刊》，2008年第2期。

㉗郭子林：《论埃及托勒密王朝王权与神权的关系》，《古代文明》，2008年第4期；《论托勒密埃及的专制主义》，《世界历史》，2008年第3期；《诉讼与和谐——文献视域中的托勒密埃及诉讼制度》，《内蒙古民族大学学报》（社会科学版），2008年第

1 期。

㉘王海利：《刘文鹏教授与我国的埃及学研究——纪念刘文鹏先生逝世一周年》（内蒙古民族大学学报），2008 年第 3 期；郭子林：《垦荒播种奠基绝学——刘文鹏先生的史学贡献》，《世界历史》，2008 年第 2 期。

㉙王献华：《早期两河流域的宗教与社会——对雅各布森研究的检索与反思》，《河北学刊》，2008 年第 2 期。

㉚杨共乐：《古代希腊城邦特征探析》，《北京师范大学学报》（社会科学版），2008 年第 6 期。

㉛高红清、郭小凌：《古典时期雅典的惩罚体系》，《中国政法大学学报》，2008 年第 1 期。

㉜晏绍祥：《古典斯巴达政治制度中的民主因素》，《世界历史》，2008 年第 1 期。

㉝王雅、孙艳萍：《论斯巴达女性的户外活动》，《广西社会科学》，2008 年第 2 期。

㉞崔丽娜：《试析希腊化宗教中的东方传统》，《首都师范大学学报》（社会科学版），2008 年第 5 期。

㉟朱孝远：《理想美与希腊艺术的意境》，《艺术评论》，2008 年第 7 期。

㊱杨共乐：《早期罗马宗教传统的特点》，《河北学刊》，2008 年第 2 期。

㊲晏绍祥：《显贵还是人民——20 世纪初以来有关罗马共和国政治生活特点的争论》，《历史研究》，2008 年第 5 期。

㊳杨共乐：《“赛里斯（Seres）遣史罗马”说质疑》，《北京师范大学学报》（社会科学版）2008 年第 1 期。

㊴刘林海：《早期基督教的命运》，《河北学刊》，2008 年第 2 期。

㊵王玉冲、田德全：《罗马共和国小农阶层的壮大及影响》，《菏泽学院学报》，2008 年第 6 期。

㊶张献军：《论西塞罗〈论老年〉的创作动机》，《社会科学论坛》，2008 年第 5 期（下）；王玉冲、郑坤芳：《老普林尼精神世界初探》，《社会科学论坛》2008 年第 7 期（下）；王玉冲：《论奥古斯都的安邦战略》，《建汉大学学报》（人文科学版），2008 年第 6 期；胡小溪：《3 世纪危机时罗马军队对国家政治的影响》，《长江师范学院学报》，2008 年第 3 期。

㊷刘家和：《从中西比较的视角论说中国古代宗教信仰与历史的关系》，《河北学刊》，2008 年第 2 期。

㊸蒋重跃：《〈新约〉金规则与〈论语〉忠恕思想之比较》，《河北学刊》，2008 年第 2 期。

㊹王大庆：《谈刘家和先生的历史比较研究思想》，《史学理论研究》，2008 年第 1 期。

㊺冯正好：《中西封建经济比较研究——地主制经济与领主制经济的比较》，《经济研究导刊》，2008 年第 5 期。

㊻邹兆辰：《灌园育人，开拓世界中世纪史研究新领域——访戚国淦教授》，《首都师范大学学报》（社会科学版），2008 年第 3 期。

㊼黄春高：《追寻中世纪“权力的历程”——托马斯·N. 比森的权力史研究》，《历史研究》，2008 年第 5 期。

㊽张文涛：《析 E. P. 汤普森与佩里·安德森之间的争论》，《山东社会科学》，2008 年第 11 期。

㊾孟广林：《西方史学界对中世纪英国“宪政王权”的考量》，《历史研究》，2008 年第 5 期；《改革开放以来的西欧中世纪史研究》，《史学月刊》，2008 年第 9 期；《比较视野下的中古西欧政治史研究——与美国历史学家 R. W. 卡尤珀的学术对话录》，《史学月刊》，2008 年第 4 期。

㊿侯树栋：《论三大封建主义概念》，《北京师范大学学报》（社会科学版），2008 年第 6 期。

(51)赵文洪：《欧洲公地共同体管理中的法治因素》，《史学理论研究》，2008 年第 3 期。

(52)冯正好：《中世纪西欧的城市特许状》，《西南大学学报》（社会科学版），2008 年第 1 期。

(53)余永和：《中古英国废黜爱德华二世之辨析——兼评“1327 年宪政革命”说》，《北方论丛》，2008 年第 3 期。

(54)李威：《中世纪英格兰的医生》，《广西社会科学》，2008 年第 1 期；《中世纪英格兰医院制度论略》，《北方论丛》，2008 年第 2 期。

(55)刘新成：《“乡绅入侵”：英国都铎王朝议会选举中的异常现象》，《历史研究》，2008 年第 2 期。

(56)朱孝远：《国家稳定的一个步骤：论伊丽莎白一世的宗教宽容政策》，《学海》，2008 年第 1 期。

(57)陈志坚：《论“家产析分契约”的性质和作用——兼评英国家庭史研究中的“变革与延续之争”》，《世界历史》，2008 年第 4 期。

(58)朱孝远：《公民参政思想变化新论——文艺复兴时期人文主义者参政思想浅析》，《世界历史》，2008 年第 6 期。

(59)刘林海：《从互惠到利他——宗教改革时期基督教济贫观念的变化》，《北京师范大学学报》（社会科学版)，2008 年第 6 期。

⑥⓪周施廷:《宗教改革时期新教木刻宣传版画中所反映的路德形象》,《世界宗教研究》,2008 年第 3 期。

⑥①高铁军:《德国宗教改革时期的“小册子”》,《成都大学学报》,2008 年第 3 期。

⑥②彭小瑜:《一个隐修者的入世情怀——托马斯·默顿的社会和政治思想》,《中国社会科学》,2008 年第 5 期。

⑥③郭云艳:《两枚拜占庭金币仿制品辨析》,《考古与文物》,2008 年第 3 期;《萨珊波斯帝国在拜占庭金币传入过程中的影响》,《安徽史学》,2008 年第 4 期。

⑥④张建华:《国家利益视野下勃列日涅夫时期的对美关系》,《杭州师范大学学报》(社会科学版),2008 年第 2 期。

⑥⑤许海云:《从北约对乌克兰政策看北约东扩进程》,《教学与研究》,2008 年第 2 期。

⑥⑥徐蓝:《论题:美苏国家大战略的演变和冷战》,《历史教学问题》,2008 年第 5 期。

⑥⑦徐蓝:《战后国际关系史研究的成果和展望》,《历史研究》,2008 年第 6 期。

⑥⑧刁罡华:《试析克什米尔问题的性质》,《江西科技师范学院学报》,2008 年第 1 期。

⑥⑨李世安、吴岳霞:《以色列建国前后的恐怖主义》,《河南师范大学学报》(哲学社会科学版),2008 年第 6 期。

⑦⓪潘华琼:《中非关系发展辨析》,《西亚非洲》,2008 年第 7 期。

⑦①高毅:《“波穆之争”的来龙去脉及其他》,《清华大学学报》(哲学社会科学版),2008 年第 5 期。

⑦②高毅:《从法国大革命看法兰西民族的一种文化特性》,《历史教学》,2008 年第 4 期。

⑦③庞冠群:《从绝对主义理论看法国旧制度末年君主制改革的困境》,《浙江学刊》,2008 年第 6 期。

⑦④乐启良:《法国何以告别革命?——皮埃尔·罗桑瓦龙对近代法国民主史的解读》,《社会学研究》,2008 年第 4 期。

⑦⑤乐启良:《透视国家与社会的张力——评罗桑瓦龙〈法兰西政治模式〉》,《史学理论研究》,2008 年第 4 期。

⑦⑥姚百慧:《1959 年法国从北约撤出地中海舰队事件初探》,《唐都学刊》,2008 年第 5 期。

⑦⑦宋云伟:《论内战以前美国联邦政府在州公共管理中的作用》,《山西师范大学学报》(人文社会科学版),2008 年第 2 期。

⑦⑧宋云伟:《美国内战前关于主权问题的论争》,《武汉大学学报》(人文科学版),2008 年第 6 期。

⑦⑨宋云伟:《美国对菲律宾的殖民统治及其影响》,《世界历史》,2008 年第 3 期。

⑧⓪周钢:《美国大平原北部放牧业的发展及经验教训》,《史学集刊》,2008 年第 5 期。

⑧①周钢:《美国西部牧区妇女在拓荒时期的重要贡献》,《史学月刊》,2008 年第 5 期。

⑧②于展:《美国民权运动研究述评》,《美国研究》,2008 年第 1 期。

⑧③于展:《现实性与学术性的张力——以美国学术界对民权运动的研究为例》,《学术研究》,2008 年第 9 期。

⑧④于展:《论马尔科姆·爱克斯的种族思想》,《世界民族》,2008 年第 3 期。

⑧⑤李剑鸣:《我们需要什么样的美国早期史》,《史学月刊》,2008 年第 2 期。

⑧⑥高岱:《20 世纪初英国的社会改革及其影响》,《史学集刊》,2008 年第 2 期。

⑧⑦郭家宏、李雁:《第一次世界大战期间英国士兵分居补贴制度研究》,《史学月刊》,2008 年第 4 期。

⑧⑧赵秀荣:《近现代英国政府的医疗立法及其影响》,《世界历史》,2008 年第 6 期。

⑧⑨张文涛:《析 E. P. 汤普森与佩里·安德森之间的争论》,《山东社会科学》,2008 年第 11 期。

⑨⓪赵军秀:《试析 1918—1920 年英国对土耳其的政策——兼论〈色佛尔条约〉的艰难出台》,《世界历史》,2008 年第 1 期。

⑨①李世安、陈淑荣:《卢沟桥事变后英国对日政策的改变》,《河南师范大学学报》(哲学社会科学版),2008 年第 4 期。

⑨②景德祥:《纳粹时期的德国史学》,《山东社会科学》,2008 年第 8 期。

⑨③徐健:《普鲁士改革中的乡镇自治与市民社会的培育》,《史学月刊》,2008 年第 1 期。

⑨④张建华:《俄国贵族阶层的起源、形成及其政治觉醒》,《理论学刊》2008 年第 6 期。

⑨⑤张建华:《冯维津命题与近代俄国知识分子的觉醒》,《黑龙江社会科学》,2008 年第 4 期。

⑨⑥黄立茀:《当代俄罗斯史学的新领域——苏维埃日常生活史研究》,《史学史研究》,2008 年第 3 期。

⑰黄立苇：《苏联人为何不重视苏联》，《南风窗》，2008年第16期。

⑱王奇：《俄国史研究型教学方法探讨——以十月革命为例》，《历史教学》，2008年第2期。

⑲赵龙庚：《俄罗斯极端民族主义思潮与“光头党”现象》，《世界民族》，2008年第6期。

⑽秦晖：《社会民主主义VS－警察民粹主义－人民专制论及其转向》，《社会科学论坛》，2008年第3期。

⑾张树华：《中国与俄罗斯——政治发展的理论价值和现实意义》，《俄罗斯中亚东欧研究》，2008年第3期。

⑿王立新：《大和民族传统文化和现代化融合》，《绿叶》，2008年第7期。

⒀宋成有：《日本朝野的“满蒙情结”与中韩联合抗战》，《当代韩国》，2008年第3期。

⒁崔世广：《日本现代化过程中文化建设的主要力量及其作用机制》，《日本学刊》，2008年第6期。

⒂崔世广：《战后日本社会思潮的结构解析》，《日本研究》，2008年第1期。

⒃金永丽：《印度种姓制度的阶级阶层分析——印度社会分层的理论探索》，《鲁东大学学报》（哲学社会科学版），2008年第5期。

⒄郑家馨：《非洲在曲折中探索与前进》，《西亚非洲》，2008年第12期。

⒅吴国平：《拉丁美洲经济发展的经验和教训》，《刊授党校》，2008年第1期。

⒆包茂红：《东南亚环境史研究述评》，《东南亚研究》，2008年第4期。

⒇包茂红：《海洋亚洲——环境史研究的新开拓》，《学术研究》，2008年第6期。

⑪高国荣：《环境史在美国的发展轨迹》，《社会科学战线》，2008年第6期。

⑫高国荣：《郊区和环保》，《读书》，2008年第11期。

⑬梅雪芹：《历史学与环境问题研究》，《北京师范大学学报》（社会科学版），2008年第3期。

⑭梅雪芹：《什么是环境史——对唐纳德·休斯的环境史理论的探讨》，《史学史研究》，2008年第4期。

⑮梅雪芹：《世界史视野下环境史研究的重要意义》，《社会科学战线》，2008年第6期。

⑯贾珺：《英国地理学家西蒙斯的环境史研究》，《社会科学战线》，2008年第6期。

⑰许平：《20世纪60年代西方学生运动解读》，《探索与争鸣》，2008年第12期。

⑱李世安：《恐怖主义的历史考察》，《烟台大学学报》（哲学社会科学版），2008年第4期。

⑲李世安：《现代化能否作为世界近现代史学科新体系的主线》，《历史研究》，2008年第2期。

⑳钱乘旦：《现代化与中国的世界近现代史研究》，《历史研究》，2008年第2期。

㉑刘文明：《自我、他者与欧洲“文明”观念的建构——对16—19世纪欧洲“文明”观念的历史人类学反思》，《江海学刊》，2008年第3期。

考 古 学

考 古 学

张闻捷 高崇文

2008年，北京地区各科研单位及高校陆续发表了一系列新的考古资料和研究成果，在众多领域均取得了重要进展。现综述如下：

一、重要学术会议

5月9日至11日在北京召开了“汉代文明国际学术研讨会”，与会者就“汉代文明”、“考古学与汉代文明”、“幽燕地区汉代文明”、“大葆台汉墓相关问题研究”等5个主题进行了深入探讨[①]。

6月3日至5日召开了第四届东亚考古大会，来自澳大利亚、法国、加拿大、美国、日本等国家以及中国的将近200余位学者参加了此次大会。会议就“中国青铜时代新探”、“东亚与世界早期复杂社会的比较研究”、“中国考古中的墓葬分析”等相关问题进行了深入的讨论②。

9月26日至27日在中国美术学院召开了“考古学与艺术史的交汇”国际学术研讨会，共分为“金石学的现代意义”、“卷轴画、古墓与文献”、“物质文化、博物馆与艺术史新方向”、“考古新发现与近30年中国美术史研究”等4个主题，探讨了考古学与艺术学之间的交流与合作③。

10月22日，中国考古学会第十一次年会暨第五届会员代表大会在中国社会科学院考古研究所隆重召开。学者们围绕“改革开放30年来的中国考古学”的中心议题进行了研讨，内容主要包括改革开放30年来的考古新发现和研究，各个时期的专题研究，以及文物保护和科技考古等方面的研究④。

12月于清华大学召开了“出土饱水竹木漆器及简牍保护学术研讨会”⑤。

二、考古发现与研究

1. 石器时代的考古发现与研究

2003年、2004年两次发掘了内蒙古呼伦贝尔辉河水坝细石器遗址（8550—4000BP），共清理出细石器制作现场、地穴式居住遗迹1处、篝火遗迹2处、动物骨骼灰坑1个、墓葬1座以及大量的文化遗物，为分析和研究北方草原早期人类的生产、生活和埋葬习俗等提供了重要资料，有助于对“哈克文化”的进一步研究，完善了呼伦贝尔地区的新石器时代文化序列。而大量细石器的发现也为了解这一地区细石器制作工艺流程提供了重要参考⑥。

2005年至2007年在山西襄汾陶寺遗址发现了面积约1万余平方米的大型夯土基址IFJT3，年代为陶寺文化中期，上部有主体殿堂柱网遗迹，柱洞直径多为0.45米至0.5米，周围并发现有5处奠基性的人骨遗存，从而确证了陶寺城址中宫殿区和宫殿建筑的存在，对于研究陶寺遗址的功能区划具有重要意义。而殿堂基础内铜容器残片和朱书扁壶残片的发现则为青铜器和文字研究提供了新的资料⑦。

2005年于河南灵宝市西坡遗址墓地发掘出墓葬22座，均为长方形土坑竖穴墓，单人仰身直肢葬，墓内均无葬具，部分有脚坑来放置器物，出土有陶器、石器、骨器、玉器和象牙器等随葬品，年代在仰韶文化中期晚段。陶器组合比较固定，尤其以成对簋形器和成套明器釜灶为组合的特征十分突出，为认识西坡聚落的整体布局及这一时期的埋葬习俗、社会结构等均提供了重要的新材料⑧。

河南新密新砦遗址1999年至2000年考古发掘报告也于今年正式出版⑨。庞小霞、高江涛对此考古学文化进行了研究，提出将新砦期遗存独立为一个新的文化——新砦文化，并对新砦文化的分布范围、类型及性质等问题做了探讨⑩。

韩建业对中国西北地区先秦时期的自然环境与文化发展进行了系统的研究，书中将西北地区划分为三区，即半干旱半湿润的黄土高原区、贺兰山以东的内蒙古半干旱草原区和贺兰山以西直到新疆的西北内陆干旱区，首先考察了每一区的自然环境及其在全新世期间演变的情况，接着考察各区考古学文化的演变发展，最后讨论了自然环境与文化发展的关系并归纳出5条显著的特征⑪。李新伟借助地理信息系统对兴隆洼文化南台子聚落和白音长汗A、B两聚落的手工业生产活动进行了分析，研究结果表明，初级的专业化生产很可能在新石器时代中期的辽西地区就已经存在，并且受到居于社会上层的亲属集团的控制⑫。李鑫以郑州西山古城的兴衰为切入点，结合塞维斯酋邦理论中的一个酋邦兴起模式和制度经济学的一些原理，揭示出中国早期城市起源的一个很重要的模式，即由经济交换中心进而发展成为有城墙的政治中心⑬。哈尔滨阎家岗遗址曾发现了两处由动物骨骼围成的圈状堆积，多被认为是古人类营地遗址。黄可佳通过将其与国外旧石器时代居址材料相比较，认为可能只是和早期人类的屠宰活动有关，是经过水的冲刷、分选而形成的⑭。

朱乃诚对红山文化兽面玦形玉饰进行了系统的研究，确定其年代在（3360—2667BC）之间，主要是那些发挥原始宗教作用的男性成员使用的一种特殊饰品。而在三星他拉发现的玉龙则和兽面玦形玉饰没有直接的演变关系，可能不是红山文化的玉器而属于夏家店下层文化，所以之前依据此玉龙提出的龙在5000多年前辽河流域文明起源中的作用问题，也应需要重新认识⑮。张忠培、徐光冀主编的《玉魂国魂——中国古代玉器与传统文化学术讨论会文集》（三）一书共刊登论文25篇，对三星堆遗址、金沙遗址等地出土玉器均进行了专门研究⑯。

2. 夏商时代的考古发现与研究

2007年7月至2008年1月，河北临城补要村遗址发掘取得重大收获，发现了大批仰韶文化晚期、先商时期、晚商时期、汉唐时期的遗迹与遗物，其中仰韶文化遗存可能属于另一个新的仰韶文化地方类型，而夏商时期遗存则为研究先商文化提供了重要资料⑰。

2004年发掘的殷墟大司空村M303为长方形土

坑竖穴墓，方向15度，南北长4.25米，东西宽2.05米至2.25米，墓底中部有腰坑，殉狗1只。葬具有棺有椁，椁顶有彩绘痕迹，棺木四角有棺饰。墓内另有殉人4具，填土中殉狗3只。出土有铜、陶、玉、金、石、骨质随葬品200余件，主要礼器组合包括10爵7觚，年代在殷墟四期偏晚阶段，填补了殷墟四期高等级贵族墓葬的空白。铜器均带铭文“马危”，推测墓主人可能是“马危”族的首领或高级贵族⑱。

《中国早期青铜文化——二里头文化研究专题》一书共收录了对二里头文化墓葬、青铜器、玉器、石器和动物遗存进行的专题研究论文5篇，从不同的层面对二里头文化与中国早期青铜文明的社会结构、礼仪制度、生产方式、生活方式等进行了深入的探讨⑲。许宏、刘莉则对二里头遗址的研究进行了反思，认为二里头文化衰败于第四期的传统观点是值得商榷的，发掘资料显示这一时期二里头遗址仍然在继续发展，只是到二里头上层文化时期才沦为了一般性的聚落。虽然具体衰败原因还不清楚，但没有证据表明二里头毁于火灾或战争，可能只是一种战略性的决定。而在其东部崛起的郑州商城从铸铜技术和青铜器风格看，都显示出源自二里头遗址的极强的连续性。故推测在二里头文化四期之后包括工匠在内的二里头都邑的人口可能都被迁移至郑州地区了。在研究夏商世系等考古学问题时尤其要注意口传历史的误导⑳。冯时撰文探讨了山西襄汾陶寺遗址H3403出土陶扁壶上的朱书文字，认为应释作“文邑”，即夏启所建的夏邑。它标志着陶寺文化的晚期正是启所创建的中国历史上第一个家天下的奴隶制国家——夏朝的诞生㉑。胡进驻对殷墟王陵制度进行了分析研究，揭示出了东、西区在埋葬制度上的差别，并进一步指出，晚商时期王权在逐步加强，父死子继的王位传承制度也逐渐巩固并最终确立㉒。李先登依据相关考古与文献资料认为，青铜斝是夏商时代盛酒进行祼（灌）祭的祼器，是中国年代最早的青铜祼器和礼器㉓。

朱继平通过运用历史地理学的研究方法，探讨了商代山东境内夷、商两大集团的分布与对峙情况，并分析了商人东进、周人东征对于东方族群地域政治结构的影响㉔。安志敏、安家瑶对中国早期（先秦）的黄金制品进行了考古学研究，详细整理了从夏家店下层文化、四坝文化直至春秋战国时期的黄金制品的分布情况，并探讨了其矿料来源和制作工艺㉕。

3. 两周时代的考古发现与研究

周原考古队2003年、2004年在周原庄李遗址发掘了西周时期墓葬26座，车马坑1座。其中M9是迄今周原遗址内出土铜器数量最多、保存较为完整、器物组合较齐全的一座墓葬，其随葬3鼎2簋的铜器组合以及两马一车的车马坑反映出墓主应具有士的身份和地位，这对研究西周早期的丧葬礼俗和礼制等都提供了重要的资料，推测墓主人可能是管理铸铜作坊的官吏㉖。

本年度正式公布了甘肃礼县大堡子山遗址的系列发掘简报㉗。发掘者并著文对“乐器坑”的相关问题做了详尽的探讨。认为其不应属于秦公大墓的从葬或附葬坑，而应与“郑国大型青铜礼乐器坑”及“秦武公钟镈坑”类似，属祭祀地神后土之类的祭祀遗址，旨在祈佑大墓主人乃至秦国平安。铭文“秦子”当指秦国太子静公，而乐器坑的主祭人则为文公㉘。梁云对此提出了不同的意见，他认为“乐器坑”是祭祀其旁边大墓的祭坑，乐器的主人是春秋早期秦国国君出子。出土的3件铜虎是金文及文献中的“柷虎”或“敔”，编钟的悬挂方式也不合周制，如大、小钟混杂，不忌商音等㉙。另在甘肃礼县西山遗址的发掘也取得了重大收获，共发现了6座西周时期的墓葬和200多处东周时期灰坑、墓葬、房址等遗迹，文化特点显示其属秦人的文化遗存，为了解秦人早期历史和生活提供了重要资料。而具有一定规模的马匹掩埋坑的发现，则是研究秦人祭祀习俗和宗教活动的重要参考㉚。相关课题组还对西汉水上游地区进行了大规模考古调查，从整体上把握了早期文化在西汉水上游地区的分布，为深入探索早期秦文化以及开展进一步工作提供了第一手的考古资料㉛。

2008年4月出版了南水北调中线一期工程北京段考古发掘报告集，共发掘墓葬100座、窑址6处，时代跨春秋战国、两汉、北魏、唐、辽金、明清时期，为研究北京地区这一时期的丧葬习俗提供了丰富的考古学资料。尤其丁家洼遗址，是迄今北京地区所发现的最大的一处春秋时期遗存，为研究燕文化的分布地域提供了新资料㉜。

王子初对“周乐戒商”问题进行了系统的研究，通过大量出土文物和文献证明，“周乐戒商”确有其事，是西周时期由于商周民族对立的政治需要而推行的政策。其实施范围仅限于用作国典的“六乐”等少数礼仪音乐，而非泛指西周的一切音乐。“周乐戒商”的商，本意就是指“商声”，是音阶的一个音级。历史上的“商声”、“商调”之争，是基于儒家音乐观的无谓之争㉝。高崇文结合三礼等文献记载以及器物自铭对楚墓中出土的“镇墓兽”进行了重新诠释，认为其应该是《仪礼》中记载的“重”，即依附死者神灵之物，这样既符合楚人的生死观，也符合丧葬之礼仪[34]。而在另一篇关于车马殉葬制度的文章中，他再次引用了大量文献与考古材料证明西汉诸侯王墓中所殉的3辆马车确为周代以来的魂车（乘、道、稾车）而并非是安车、戎车或猎车、辒车，并比较了魂车、遣车与柩车的区别[35]。刘绪从墓葬形制、随葬吴越式铜剑、带钩和青铜镈的时代特征等方面推断了辉县琉璃阁大墓的年代应主要属春秋晚期，为晋卿范氏之墓[36]。梁云从考古学的角度考察了战国时代的东西差别问题，系统总结了秦国和东方六国在器物群、对周礼的破坏形式、等级序列、都城和中小城市等5个方面的差别，并进一步归结为历史发展道路和社会结构的差别[37]。欧亚草原青铜时代晚期以及斯基泰时期曾十分流行豹、狼形的卷曲状动物风格艺术主题，郭物认为可能与“参宿白虎”的天文知识有关，是草原牧业社会学习中国天文知识的重要反映[38]。

曹定云分析了北京琉璃河遗址出土的3片卜骨，认为它们并不是燕国本国的占卜之物，而是召公为“成周”占卜取名时的遗物，是召公到达燕国后所遗留[39]。李学勤对新发现的“景之定”楚铜器群进行了研究，文中推测“景之定”为《左传》中的楚左司马眅，与《春秋·哀公四年》“晋人执戎蛮子赤归于楚”的史实有关[40]。刘雨则整理了两周时期的曹国铜器，修正了《史记》中关于曹国公室世系的缺漏和错记，并对金文中的曹国铜器、曹国地望和曹都地理沿革做了初步的考察[41]。董珊系统梳理了前人关于越者汈钟铭的研究，并提出其年代应该在越国晚期，可能是越王勾践赏赐大臣“柘稽”之物[42]。

4. 汉唐考古发现与研究

广州南越王宫署遗址继续有重大发现。在遗址的一口砖井J270内清理出铁甲一件，颇为散乱，可能是古代铁甲修缮中被淘汰的一些残锈片。而在另一口土壁井J302中则清理出皮甲1件，属马甲上的胸甲。二者年代均在东晋、南朝时期，填补了这一阶段铠甲资料的欠缺，对于研究汉魏以后的铠甲工艺、制度等均具有重要意义[43]。

2003年4月至7月，社科院考古所汉长安城工作队对西安市楼阁台遗址进行了钻探与试掘，发现了东、西两个相通的小城，推断为自前赵以来直至隋初长安城的东、西宫城遗址，东宫为太子宫，西宫为皇宫。西宫内的楼阁台建筑遗址应是前后秦时期的太极前殿、北周时期路寝的旧址，而两阙间或者就是路门的所在[44]。

北京丰台王佐遗址2007年共发掘了汉代墓葬37座，唐代墓葬1座，辽金时期墓葬1座，明清时期墓葬41座，窑址8座，发现各类遗物350余件，对了解这一地区古代居民的生活和文化都具有重要意义[45]。2006年还于北京先农坛发掘了唐墓一座，为单室砖券墓，整体似“船”形，平面成梯字形，由墓道、墓室、墓门组成，年代属晚唐时期，为了解北京地区晚唐时期墓葬的营造形式及葬俗提供了确切的依据[46]。

黄展岳《先秦两汉考古论丛》一书共收录了其包括秦汉陵墓制度、秦汉简牍、铭刻与墓志、汉代礼制建筑与饮食文化、早期铁器和农耕、两广青铜文化、南越王和南越国考古等相关问题的论文共52篇[47]。赵化成对秦始皇陵“文官俑坑”的性质进行了解析，认为无论是“马厩坑”还是中央官署机构“廷尉”的说法均有许多难以解释的疑点，他认为可能与车马出行有关[48]。杨哲峰对渭北西汉陵区的形成问题进行了研究，认为该陵区的形成实与当时渭水上的桥梁之间存在着紧密的关联[49]。而东汉的“懿陵”则存在着“从陵到冢”的追废现象，其最初本是按东汉时期寿陵的常制为帝后合葬所设计的，但因外戚梁氏的覆灭而追废为冢，所葬的也只有恒帝的懿献梁皇后[50]。刘瑞撰文探讨了徐州北洞山楚王墓的墓主身份，从钱币、印章分析其年代应早于狮子山楚王墓和驼蓝山楚王墓，所以墓主不会是较晚的楚王刘道而应是楚元王刘交[51]。此外山东巨野红土山西汉墓的墓主人不是昌邑王刘髆，而应该是山阳王刘定，墓葬的年代应在刘定去世的武帝建元五年（136BC）左右[52]。孙华对重庆忠县邓家沱出土的石阙重新进行了复原研究，推断其年代应在东汉中晚期前后，而阙的主人可能即是绵竹令王君[53]。他还对汉朐忍令景云碑考释论文进行了补释，并指出碑首画像右侧的人形图像是到天门内求取不死之药的羽人而非玉兔，碑铭提到的大禹出生地“汶川之会”，只是当时人们用追寻禹迹来掩饰自己先人流放边陲的说法，景云死后归葬在故乡梓潼县，其继任者雍陟给他在朐忍树立的石碑是德政碑，而非墓前的神道碑[54]。

沈睿文对唐陵神道石刻的意蕴进行了解读，认为其表现的是一种出行、升仙的场景[55]。孙机对米芾《蜀素帖》中的一首吟咏双鹤衔龟故事的诗进行了考证，认为应是来源于佛经中所载的印度寓言，并成为日本室町、江户时代铜镜上流行的双鹤衔龟纹[56]。扬之水通过将文献与考古实物相互印证，判定法门寺地宫出土的《衣物帐》上所记“壘子一十枚，波（破）罗子一十枚，疊子一十枚”，应分别指出土的10枚银金花檪子、10枚银金花五曲圈足碟和10枚银金花五曲碟[57]。此外，还对南方宋墓出土的金银首饰的类型与样式、元代金银酒器中的马盂、马杓等问题均进行了研究[58]。

5. 宋元明考古发现与研究

1997年在浙江建德市大洋镇下王村发掘了宋代并列双室砖砌券顶墓一座，由墓园、墓前建筑和墓室3部分组成，出土有铜器、漆器、金银装饰品等随葬物，年代在南宋中后期。墓前建筑的发现意义十分重大，为了解宋代江南地区的葬俗传统以及对明代帝陵制度的影响均提供了新的资料[59]。此外，在甘肃清水县贾川乡董湾村还发掘了金代彩绘砖雕壁画墓一座，为仿木结构的方形单室砖墓，带一条竖穴土坑墓道。墓室八角攒尖顶，四壁有人物、花卉等砖雕壁画，以孝行故事为主要题材，墓主可能是当地家境富裕的大户乡绅，这一发现为研究西北地区宋金时期的墓葬风格和丧葬制度提供了重要资料[60]。

内蒙古巴林左旗辽代祖陵的考古发掘又取得了新收获。2007年8月至10月先后发掘了一座大型砖筑五室陪葬墓（PM1）和龟趺山高台建筑基址，并收获了契丹大字和汉文双语石碑一块，可能为辽太祖的纪功碑。这次发现首次从考古学上佐证了文献所定的辽祖陵地望，推进了辽代陵寝制度的研究，双文石碑对于增补史料以及解读契丹大字也均具有重要的参考价值[61]。

林梅村撰文重点介绍了2006年度中国国家博物馆蒙古高原考察队对成吉思汗史迹的调查情况，包括奥克洛克奇城、黑林行宫、曲雕阿兰行宫、哈老徒行宫、起辇谷等，并记有近年国际学术界在蒙古汗国考古领域所取得的重要进展[62]。北京玉河遗址2007年度考古发掘报告于今年出版，共发现有元代通惠河堤岸遗存、玉河庵山门、东配殿基址及众多遗物，对于研究古代北京漕运、水源、供排水系统和环境变迁等提供了新的参考资料[63]。1999年在河北邢台市发掘了一座元代壁画墓，墓葬形制为圆形单室土洞带墓道、甬道，壁画内容主要是“供养场景”和“出行卤簿”，另有少量孝行图[64]。

2007年于北京市朝阳区发掘了明代昌宁侯赵胜夫妇合葬墓，墓室包括砖石混砌的前、中、后三室，平面成曲尺形，用石板封顶，出土有金、银、瓷、玉器、铜钱、墓志等随葬品[65]。而丰台区明中军都督府左都督李文贵及夫人俞氏合葬墓则为长方形竖穴土坑墓，木质棺椁，出土了数量众多的铜钱及金、银、玉、铜质随葬品[66]。虽然二墓均被盗严重，但为研究明代的葬制、官制、军事和经济等提供了新资料，对研究赵氏、李氏家族世系也具有重要作用。有学者即结合相关文献对赵胜墓志作了详尽的考释，可与史料相互印证并有所补充[67]。

秦大树撰文讨论了北宋皇陵的等级制度，认为其可分为在位皇帝的山陵、追尊皇帝的山陵、皇后山陵、皇后园陵以及一品的陪陵墓等5个不同的等级，同时详细探讨了特殊政治环境对于北宋皇陵制度的影响[68]。孙勐对北京出土的金代东平县君韩氏墓志进行了考释，并对志文中所涉及的天德科举、辽金官制、韩吕两大家族间婚姻交往等重要历史问题进行了研究[69]。另有学者对浙江宁波天一阁博物馆明州碑林中所藏的一块元碑上的八思巴文进行了释读，判断其内容是宣示公据为洋山砂岸所有权所颁，具有法律证件的性质[70]。

瓷器研究方面，马文宽利用新的考古资料和大量古瓷研究的新成果对《陶记》一书的成书年代做了探讨，文中指出，《陶记》可能初写于南宋末期，以写本流传，其原貌已不可知，作者是否为蒋祁尚存疑问。今存康熙、乾隆、道光诸版很有可能是经浮县藏湾人藏廷凤改写、增删后收在其所撰的《浮梁州志》中，应成书于元代，不晚于1325年[71]。黄义军则结合考古学与陶瓷工艺学的成果，在梳理唐宋之际南方白瓷生产情况的基础上，认为青白瓷应起源于南方地区早期的白瓷生产，并不是仿照青白玉的结果。青白瓷的产生体现了南北瓷业技术的结合，繁昌窑可能是最早大量生产青白瓷的窑厂[72]。权奎山初步分析了洪州窑瓷器的流布情况，指出其创始于东汉晚期，兴盛于东晋至唐代中期，唐晚、五代时期衰落。它的产品除大量销售于江西地区，还较多的销往江西以外的地区。流布的范围，南到广东、广西，北到郑州、洛阳、西安一线，东到浙江，西到湖北，并且还传到了韩国。洪州窑之所以如此多销是因为它具有鲜明的特点和好的质量，它在江西和江西以外地区的销售主要是通过水路完成[73]。

6. 佛教考古

钟晓青对安阳灵泉寺北齐双石塔进行了重新探讨，从刹座、宝珠、涡纹、门楣等方面比较了东、西塔的区别，并以此推测东塔的年代应在唐永徽、显庆年之后，即至少比西塔晚100年以上，或许是出于后人对灵裕大师的崇敬与追认而建造的[74]。李裕群则系统分析了五台山南禅寺旧藏的一件金刚宝座石塔，从佛教造型、造像样式及题材等方面判定其雕造年代应在北魏迁洛前的孝文帝太和时期，即公元477年至494年，为五台山诸寺庙中现存最早的遗物，对研究五台山佛教的传入与发展均具有一定的意义[75]。陈悦新对浙江普陀山法雨寺背屏式造像进行了综合考察，认为其具有南朝造像的特征，年代约在齐梁之际[76]。

7. 科技考古

运用自然科学手段来研究考古问题已经愈来愈成为学界的热点，多学科交叉的研究思路也大大提升了对于考古资料的诠释和认识水平。今年社科院考古所碳十四实验室又公布了河南偃师二里头及登封王城岗遗址的共计30个测年数据[77]。王树芝等中日学者对青海省德令哈地区夏塔图墓内出土的祁连圆柏木进行了树轮年代学研究，建立了2332年的长序列的年轮年表，为青海地区古文化的研究树立了精确的年代标尺[78]。崔剑锋、吴小红对铅同位素在考古学中的应用进行了系统研究，在总结铅同位素的分馏效应、重叠效应等理论问题的基础上，用实验和实例分析的方法对其进行了检验。对包括云南剑川海门口、昆明王家墩青铜时代早期遗址出土的青铜器、云南万家坎、石寨山、东山等地出土的铜鼓铅同位素进行了测量分析，并对其矿料来源的问题进行了探讨[79]。部分学者分析了安阳殷墟刘家庄北1046号墓出土铜器的化学组成，发现铅的含量普遍较高，从而进一步证实了殷墟第一期至第四期，铜容器中锡的含量逐渐降低而铅的含量逐渐增高的趋势。三元合金特别是高铅青铜合金是殷墟第四期铜器的一大特点[80]。陈建立等学者对福建武夷山城村汉城出土的部分铁器标本进行了金相组织研究，研究表明，汉代钢铁技术在城村汉城得到了较多体现，表明闽越国对钢铁性质的认识达到了较高的水平，特别是炒钢制品的发现，再次为炒钢技术的发展和大规模使用提供了实物资料[81]。此外马清林等学者通过对洛阳C1M3943战国墓中出土的八棱柱进行自然科学分析，加深了对于“中国蓝”和“中国紫”的认识[82]。

（作者：张闻捷，北京大学博士研究生；
高崇文，北京大学教授）

注：

①张振松、靳宝：《“汉代文明国际学术研讨会”纪要》，《考古》，2008年第11期。

②从德新：《第四届东亚考古学大会综述》，《考古》，2009年第2期。

③张鹏：《“考古学与艺术史的交汇”国际学术研讨会纪要》，《考古》，2009年第3期。

④中国社会科学院考古研究所网站，WWW. CASS. CN。

⑤赵桂芳：《“出土饱水竹木漆器及简牍保护学术研讨会”纪要》，《文物》，2009年第3期。

⑥中国社会科学院考古研究所细石器课题组等：《内蒙古呼伦贝尔辉河水坝细石器遗址发掘报告》，《考古学报》，2008年第1期。

⑦中国社会科学院考古研究所山西队等：《山西襄汾县陶寺城址发现陶寺文化中期大型夯土建筑基址》，《考古》，2008年第3期。

⑧河南省文物考古研究所等：《河南灵宝市西坡遗址墓地2005年发掘简报》，《考古》，2008年第1期。

⑨北京大学古代文明研究中心、郑州市文物考古研究所：《新密新砦——1999—2000年考古发掘报告》，文物出版社，2008年1月。

⑩庞小霞、高江涛：《关于新砦期遗存研究的几个问题》，《华夏考古》，2008年第1期。

⑪韩建业：《中国西北地区先秦时期的自然环境与文化发展》，文物出版社，2008年9月。

⑫李新伟：《地理信息系统支持的兴隆洼文化手工业生产专业化研究》，《考古》，2008年第6期。

⑬李鑫：《西山古城与中原地区早期城市的起源》，《考古》，2008年第1期。

⑭黄可佳：《哈尔滨阎家岗遗址动物骨骼圈状堆积的初步研究》，《考古学报》，2008年第1期。

⑮朱乃诚：《红山文化兽面玦形玉饰研究》，《考古学报》，2008年第1期。

⑯张忠培、徐光冀主编：《玉魂国魂——中国古代玉器与传统文化学术讨论会文集》（三），北京燕山出版社，2008年6月。

⑰王迅、常怀颖等：《河北临城补要村遗址发掘取得重要收获》，《中国文物报》，2008年2月29日。

⑱中国社会科学院考古研究所安阳工作队：《殷墟大司空M303发掘报告》，《考古学报》，2008年第3期。

⑲中国社会科学院考古研究所编：《中国早期青铜文化——二里头文化研究专题》，科学出版社，2008年6月。

⑳许宏、刘莉《关于二里头遗址的省思》，《文物》，2008年第1期。

㉑冯时：《“文邑”考》，《考古学报》，2008年第2期。

㉒胡进驻：《略论殷墟王陵制度的形成》，《华夏考古》，2008年第3期。

㉓李先登：《试论青铜鬶》，《中原文物》，2008年第4期。

㉔朱继平：《从商代东土的人文地理格局谈东夷族群的流动与变化》，《考古》，2008年第3期。

㉕安志敏、安家瑶：《中国早期黄金制品的考古学研究》，《考古学报》，2008年第3期。

㉖周原考古队：《陕西扶风县周原遗址庄李西周墓发掘简报》，《考古》，2008年第12期。

㉗早期秦文化联合考古队：《2006年礼县大堡子山21号建筑基址发掘简报》；《2006年礼县大堡子山21号祭祀遗址发掘简报》；《2006年礼县大堡子山东周墓葬发掘简报》；《文物》2008年第11期。

㉘赵化成、王辉等：《礼县大堡子山秦子"乐器坑"相关问题探讨》，《文物》，2008年第11期。

㉙梁云：《甘肃礼县大堡子山青铜乐器坑探讨》，《中国历史文物》，2008年第4期。

㉚赵丛苍、王志友等：《甘肃礼县西山遗址发掘取得重要收获》，《中国文物报》，2008年4月4日。

㉛甘肃省文物研究所等：《西汉水上游考古调查报告》，文物出版社，2008年1月。

㉜北京市文物研究所编著：《北京段考古发掘报告集》，科学出版社，2008年4月。

㉝王子初：《周乐戒商考》，《中国历史文物》，2008年第4期。

㉞高崇文：《楚"镇墓兽"为"祖重"解》，《文物》，2008年第9期。

㉟高崇文：《再论西汉诸侯王墓车马殉葬制度》，《考古》，2008年第11期。

㊱刘绪：《晋乎？卫乎？——琉璃阁大墓的国属》，《中原文物》，2008年第3期。

㊲梁云：《战国时代的东西差别——考古学的视野》，文物出版社，2008年7月。

㊳郭物：《参宿白虎与欧亚草原》，《中国文物报》，2008年3月7日。

㊴曹定云：《北京琉璃河出土的西周卜骨与召公卜"成周"——召公曾来燕都考》，《考古》，2008年第6期。

㊵李学勤：《论"景之定"及有关史事》，《文物》，2008年第2期。

㊶刘雨：《两周曹国铜器考》，《中原文物》，2008年第2期。

㊷董珊：《越者汈钟铭新论》，《东南文化》，2008年第2期。

㊸广州市文物考古研究所、中国社会科学院考古研究所南越王宫博物馆筹建处：《广州南越国宫署遗址东晋南朝的铁甲和皮甲》，《考古》，2008年第8期。

㊹中国社会科学院考古研究所汉长安城工作队：《西安市十六国至北朝时期长安城宫城遗址的钻探与试掘》，《考古》，2008年第9期。

㊺张智勇、郭京宁等：《北京丰台王佐遗迹考古发掘取得重要收获》，《中国文物报》，2008年5月9日。

㊻北京市文物研究所：《北京市先农坛唐墓发掘简报》，《北京文博》，2008年第1期。

㊼黄展岳：《先秦两汉考古学论丛》，科学出版社，2008年6月。

㊽赵化成：《秦始皇陵"文官俑坑"性质解析》，《中国文物报》，2008年7月11日。

㊾杨哲峰：《渭北三桥与渭北西汉陵区的形成》，《中国文物报》，2008年4月18日。

㊿杨哲峰：《从陵到冢——关于东汉"懿陵"的思考》，《中国文物报》，2008年2月1日。

51刘瑞：《徐州北洞山楚王墓墓主考》，《考古》，2008年第10期。

52刘瑞：《巨野红土山西汉墓墓主新考》，《中国文物报》，2008年2月29日。

53孙华：《重庆忠县邓家沱阙的几个问题》，《文物》，2008年第4期。

54孙华：《汉朐忍令景云碑考释补遗》，《中国历史文物》，2008年第4期。

55沈睿文：《唐陵神道石刻意蕴》，《考古与文物》，2008年第4期。

56孙机：《从米芾〈蜀素帖〉说起》，《中国历史文物》，2008年第5期。

57扬之水：《法门寺出土的银金花罍子与银金花破罗子》，《文物》，2008年11期。

58扬之水：《南方宋墓出土金银首饰的类型与样式》，《考古与文物》，2008年第4期；扬之水：《元代金银酒器中的马盂和马杓》，《中国历史文物》，2008年第3期。

59北京大学中国考古学研究中心杭州市文物考古所：《浙江省建德市大洋镇下王村宋墓发掘简报》，《考古与文物》，2008年第4期。

60北京大学中国考古学研究中心甘肃省文物考古研究所：《甘肃清水县贾川乡董湾村金墓》，《考古与文物》，2008年第4期。

61中国社会科学院考古研究所内蒙古第二工作队、内蒙古文物考古研究所：《内蒙古巴林左旗辽代祖陵考古发掘的新收获》，《考古》，2008年第2期。

⑫林梅村：《成吉思汗史迹调查》，《考古》，2008 年第 9 期。

⑬北京市文物研究所北京市东城区文化委员会编著：《北京玉河：2007 年度考古发掘报告》，科学出版社，2008 年 6 月。

⑭北京大学中国考古学研究中心邢台市文物管理处：《邢台市邢钢元代壁画墓发掘简报》，《考古与文物》，2008 年第 4 期。

⑮北京市文物研究所：《北京市朝阳区明赵胜夫妇合葬墓发掘简报》，《文物》，2008 年第 9 期。

⑯北京市文物研究所：《北京市丰台区明李文贵墓》，《文物》，2008 年第 9 期。

⑰贾利民、张中华：《明赵胜墓志考》，《文物》，2008 年第 9 期。

⑱秦大树：《试论北宋皇陵的等级制度》，《考古与文物》，2008 年第 4 期。

⑲孙勐：《北京出土金代东平县君韩氏墓志考释》，《中国历史文物》，2008 年第 4 期。

⑳照那斯图罗·乌兰：《释“庆元儒学洋山砂岸复业公据”中八思巴文》，《文物》，2008 年第 8 期。

㉑马文宽：《评〈蒋祈《陶记》著作时代考辨〉——与刘新园先生商榷》，《考古学报》，2008 年第 3 期。

㉒黄义军：《唐宋之际南方的白瓷生产与青白瓷的产生》，《华夏考古》，2008 年第 1 期。

㉓权奎山：《洪州窑瓷器流布初探》，《中国历史文物》，2008 年第 3 期。

㉔钟晓青：《安阳灵泉寺北齐双石塔再探讨》，《文物》，2008 年第 1 期。

㉕李裕群：《五台山南禅山旧藏北魏金刚宝座石塔》，《文物》，2008 年第 4 期。

㉖陈悦新：《浙江普陀山法雨寺背屏式造像》，《文物》，2008 年第 4 期。

㉗中国社会科学院考古研究所考古科技实验研究中心碳十四实验室：《放射性碳素测定年代报告（三四）》，《考古》，2008 年第 7 期。

㉘王树芝、邵雪梅等：《跨度为 2332 年的考古树轮年表的建立与夏塔图墓葬定年》，《考古》2008 年第 2 期；王树芝等：《精确定年的祁连圆柏碳十四年代的加速器质谱测定》，《考古》，2008 年第 8 期。

㉙崔剑锋、吴小红：《铅同位素考古研究》，文物出版社，2008 年。

㉚赵春燕、岳占伟、徐广德：《安阳殷墟刘家庄北 1046 号墓出土铜器的化学组成分析》，《文物》，2008 年第 1 期。

㉛陈建立等：《福建武夷山城村汉城出土铁器的金相实验研究》，《文物》，2008 年第 3 期。

㉜马清林、张治国：《洛阳战国墓出土八棱柱中的中国蓝和中国紫研究》，《文物》，2008 年第 8 期。

语 言 学

中国语言学

宋作艳　李子鹤　邱立坤　李计伟　杜兆金　陈保亚

一、现代汉语

1. 语音研究

现代汉语语音研究集中在韵律和音段的发音特征、声学特征方面。

韵律方面，有学者就普通话词重音问题研究发现，双音节语音词存在左重、右重两种格式，词内音节轻重程度的感知与基频关系最密切，语义重音在韵律词内的分派有前置倾向①。有学者对普通话疑问句的音高、音长、句末音节声学特质进行了声学分析，发现疑问句调特征在全句的基调和音高变化幅度中都有所体现，无句法标记的韵律词中，最后一个正常重音音节是语气的重要载体，带疑问词的句子中，语气词的调域及其与前接音节的音高关系也参与疑问语气表达②。另有学者研究了情感句重音模式，发现情感句重音有向句末转移的趋势，转移程度与表达的情感内容有关③。

发音特征、声学特征方面，有学者设计出了提取声道形状、推导普通话元音共振峰的方法，利用计算机从X光录像中自动提取声道清晰边缘，手工标记模糊边缘，并推导出元音共振峰频率和带宽④。有学者进行了普通话元音过渡与辅音腭位关系的实验，结果表明声学数据与生理动作间有密切的关系。后字辅音对前字元音约束度很大，而对后字辅音约束较弱，其发音部位对前后元音过渡段起到决定性作用⑤。有学者基于电子腭位实验发现，辅音发音部位不同会引起口腔收紧点的前后腔形状不同，从而影响辅音的频谱特性，塞音的感知很大程度上依赖元音后过渡。辅音对后接元音的携带发音过程是辅音协同发音现象的主要成因⑥。

2. 词汇研究

本年度现代汉语词汇方面的研究成果比较多，仍然集中在构词和词义方面。

构词方面，研究重点在类词缀构词、复合词构词。有学者基于《现代汉语语法信息词典》8万词的词库，对类词缀的构词频率进行了统计和分析，区分了类词缀与部件词，对每一个类词缀从读音、义项、同形、词频、构词方式等方面进行全方位的考察，共确立了现代汉语的23个单音节类前缀、53个类后缀⑦。在此基础上，作者重点讨论了三字词中的类词缀，发现类词缀在构成三字词时规则性比较强，文章还进一步探讨了类词缀的领域特征以及类词缀在未登录词中的识别问题⑧。有学者根据组成成分替换的自由程度区分了3类不同的组合：自由组合、有限组合和凝固组合。通过“打+名词”的分析发现：（1）有限组合内部成分的选择限制有程度的差别和方向性；（2）组合成分之间结合的紧密程度取决于组合所表示的是否是核心事件、组合内成分语义虚化的程度以及组合概念整合的程度。据此，针对外向型搭配词典的体例设计提出了一些建议⑨。另有学者发现复合属性词/区别词（如：公营、国营、私营、民营）的构词方式主要有4种：同素构词、反义/类义语素构词、同/近义语素构词和类词缀构词。并发现相同语素主要居于词尾、不同语素主要居于词首这一构词倾向。形成上述构词特点的原因主要有：属性词语域的影响，反义/类义语素的区分性与属性词功能的高度吻合以及构词模式“种差+类属”或“方式+行为”对同异语素词内位置的影响⑩。成组属性词在组内词目数、义项和语义3方面表现出的不同程度的对应性，影响对应性的因素主要有：影响组内词目数对应的主要是语义上的同/近义关系与普遍认知中的趋好心理；影响义项对应的主要是单音词的多义性、参与构词的不同语素义以及词义引申的不均衡程度；影响语义对应的主要是组内词目数的不对应、反义类比构词中的语义不对应以及构词语素义的影响⑪。还有学者从语义、语法、语用等几个层面分析了“纸张”、“房间”等集合性复合词的特点，同时，从历时的角度对这类复合词的形成进行了推演，指出南北朝时期大量量词的形成是集合性复合词得以产生的根本原因，而表达的需要也是这类词产生的重要原因⑫。另外，有学者对汉语构词法进行了实验研究，得出了如下结论：（1）汉语双字词词汇判断中存在组合类型效应，对于不同复合词构词法类型分别有着不同的词汇判断识别方式和心理机制。（2）再一次验证了词首效应的存在，即首词素是判断和识别汉语双字词的重要指标和信息来源，末词素虽然也起到一定的作用，但作用的大小视双字词组合类型的差异而不同：在动宾结构中，首字的贡献较大；在偏正结构中，首字与末字的贡献较为均衡。（3）词素的位置频率是汉语双字复合词的构词法意识的根源。首字频率效应在动宾和偏正两种结构类型中都存在，但末字频率效应则会随着结构类型的不同而不同——对偏正结构显然更为重要，在动宾结构中则几乎不存在⑬。

词义方面，有学者研究了语义综合现象，即把两个形式表达的内容综合成一个形式来表达的现象，如“蹬煤—蹬车运煤”。文章首先分析了形成语义综合的语义条件，然后讨论了语义综合造成的词义演变：语义综合后，语义重心会由动1向动2转移，所以动1的词义在保留原义或其痕迹的同时，还会产生动2的词义，从而造成词义演变。然后探讨了在词典释义中如何处理语义综合产生的意义⑭。有学者研究了词义的透明度，即词义可从构成要素的意义上推知的难易度。从透明到隐晦，把词义透明度大致分成了4个梯级：完全透明、比较透明、比较隐晦、完全隐晦。词义透明度递减的过程即是语义词化递增的过程。语义词化与结构词化，二者虽不同步但却相辅相成⑮。另有学者基于326个反义复词（如“裁缝、爱憎”），利用计量统计的方法对反义复词内部结构的构合关系及其词义与词素义的关系进行了统计分析，认为反义复词的内部结构实指语义结构，其主要构合关系为：引引>本本>引本>本引。词义与词素义的关系类型为：加合型>转指型>概括型>比喻型> 偏义型>选择型⑯。

3. 语法研究

本年度现代汉语语法的研究呈现出几个显著的特点：一是篇章的研究成果比较突出，学者们在研究中尤其注重口语语料、话语分析的重要性；二是韵律的研究渗透到词汇和语法研究中，从一个新的角度重新解释了一些词汇语法现象，很有启发性。

关于篇章、话语的研究主要集中在衔接语、语篇组织方面，学者们越来越重视口语语料在语篇研究中的重要性。有学者在考察口语和书面语语料库的基础上，对汉语中“因为”和英语中 because 引导的原因从句进行了比较研究。结果表明，在汉语和英语中原因从句后置都是优势语序，不过汉语中原因从句前置的比例比英语高得多。就后置原因从句而言，在对话中，英语的 because 通常出现在非偏爱的语境中，而汉语的“因为”从句除了出现在非偏爱的语境之外，还可以出现在受偏爱的表达格式中；在书面语中，汉语的“因为”从句不仅像英语一样可以出现在否定、对比、强烈的表达等特征后，而且还经常出现在情态、比较等特征后。文章认为，语用互动因素对语言结构有巨大的影响，同时，不同的语言结构特征也能导致话语表现细节上的不同以及语法格式使用的功能范围上的差异[17]。有学者分析、考察了让转复句“X 是 X，就是……”发现：句间连接词为“就是”的让转复句，虽与“可是”、“但是”类有共性：前后间均表示让转关系。但“可是”、“但是”类后项也可以为意愿类；而用“就是”连接的让转复句，后项语义表征通常只能是非意愿类。“但是”类，前后转折义较重、较明显。与“可”类、“但”类比较，“就是”属“轻转”，基本语义表示“美中不足”[18]。有学者考察发现，“否则”语段中前面小句主要限于祈使句、已然陈述句或已然、未然不定的推测陈述句等。这类句子通常带有特定的标记词语。文章最后就“否则”的语法性质作了简略的分析，认为将其看作“否定代词”更符合语言事实[19]。另有学者基于自然口语语料，考察了“那”及“那个”的 4 种话语标记用法。通过对“那”和“那个”在口语中的音韵特征、出现位置、互动功能的分析，发现人们在日常会话中通过频繁运用“那”和“那个”作为话语标记成分，可以成功实现话语使用者之间的互为主体的关系，促进人际间的话语和社会互动。文章通过比较还发现电话交谈比面谈时更多使用话语标记“那（个）”，用以提示话题和维持话语进程[20]。有学者用认知心理学的口语报告法对汉语隐性语篇话题的确定做了个案研究。通过实验发现话题的确定过程是将语篇中捕捉的特征信息与储存在大脑中相关事物的特征信息相匹配的过程。汉语语篇的说明小句对语篇话题具有赋值能力，确定隐性语篇话题的过程就是根据说明陈述的特征重组话题的过程[21]。有学者基于电视心理咨询真实语料，运用应用语言学谈话分析的方法，考察了话语结构中的话语权问题。结果显示：谈话参与者的话语权在职业场景的谈话活动中有其预设的规律；谈话者在谈话活动中享有的话语权大小受到话语角色的制约；话语权在谈话中呈动态形式，其话语置控权和话语赋权行为可以通过话语结构布局和谈话人担当的话语角色得以实施[22]。有学者考察了关系小句的语法特征和篇章特征，发现关系小句的使用让整个篇章显得更加紧凑，更富层次感。如果把所有关系小句都改为主句小句的话，整个篇章的层次结构就会发生变化[23]。在实际语篇中有一些直接引语与间接引语混用的现象。有学者通过对文本中用例的分析，总结出直接引语与间接引语混用可分为两种类型，一种是在文本中的人物言语中又出现新的言说关系时产生的混用，另一种是文本叙述人的转述与文本中人物言语的直述相混合。这种现象的产生是由于叙述中心理空间的转换，可以看作语篇层面的糅合[24]。

从韵律角度考察词汇句法现象是当前研究中的一个趋势。有学者突破传统离合词的分类，将离合词分为词汇离合词和句法离合词两类，认为词汇离合词由合而分、句法离合词由分而合，皆缘于核心重音。词汇离合词是指可以在核心重音作用下打开成为动宾结构（包括假动宾）短语的词汇词，如“考试——考了三场试”；句法词就是通过句法运作产生的词，如“收徒——收徒弟”[25]。有学者从韵律角度考察了介词的分布和长度，发现：（1）谓语之后没有双音介词；（2）主谓之间的介词有单有双，但只出现在主谓之间的都是单音介词；（3）主语之前的介词有单有双，但只出现在主语之前的均非单音介词。文章运用韵律句法学理论，探讨了现代汉语介词合法分布与其音节数目之间的关系，认为核心重音原则在介词的长度和分布中起着至关重要的作用，在此基础上区分了现代汉语中的饰 V′介词和饰 VP 介词，揭示了韵律与句法的交互作用[26]。另有学者考察了韵律、语体对动词重叠的制约，认为动词词长会影响重叠的能力和重叠的形式，单音节动词和双音节动词可以重叠，三音节及以上的动词无法重叠；部分动宾式双音节动词在普通重音的作用下扩词为语，具有短语的性质而只能遵循单音节动词的重叠方式[27]。

在语言类型学大背景考察汉语是近年来的一个趋势。有学者通过汉语与众多语言的比较及汉语内部的共时历时简要比较，从语序、标记、范畴 3 个方面总结了现代汉语名词性短语的主要句法类型特征，解释了汉语一些较有特色的句法现象包括特色歧义结构的类型原因，对汉语一些相关的热点问题从类型学角度提出了一些新的看法。如：（1）汉语NP在语序方面的突出类型特点是一切定语包括内涵定语和外延定语都在核心名词之前，这在世界上的SVO—前置词语言中堪称罕见。这一特点也深刻影响了汉语的其他类型特点。其中关系从句前置在SVO—前置词语言中最为罕见。这种独特的类型配置造成了一些汉语特有的歧义结构。在汉语中领属语属于内涵定语，可以与限定词等外延定语同现，而且同现时一般领属语前置于限定词，这也使汉语限定词有机会发展出定语标记的作用。汉语外延定语内部的语序比较固定，而外延定语相对于内涵定语的位置却有漂移性。内涵定语之间的语序主要由语义、认知、语用和韵律决定，除韵律制约外多体现人类语言的共性。（2）汉语定语标记凸显定语内涵外延之别。各类内涵定语都可以使用“的”，而外延定语都不能加“的”（数量短语带“的”时转化为内涵定语）[28]。有学者考察了多种语言中话题标记替代系词功能的现象，发现在有话题标记的语言里，当表判断义的肯定式名词谓语句出现话题标记时，系词的使用可能不是强制性的。话题标记在判断义肯定式名词谓语句中具有替代系词的功能，这与话题标记联系和切分两个相邻语言单位，并标明语言单位的话题、述题身份的功能有关。话题标记替代系词的现象多发生于话题优先型语言[29]。

对特定语法结构的研究仍然是语法研究的重点。研究主要集中在一些常见的语法结构上，是老问题新看法、新角度。如“王冕死了父亲”这类句式一直是现代汉语语法研究中的一个热点问题。有学者探讨了这类句式的生成方式，解释了为什么有的不及物动词可以让其唯一论元居于动词之后，而有的不可以。这一问题的解决主要从两个方面来着手，一是动词移位，二是句法与信息结构的接口。文章首先论证汉语中抽象动词“有”的存在，然后指出抽象的“有”既可以实现为词汇动词，又可以实现为体貌标记。当它作为体貌成分存在时，它所处的位置是VP之内，而词汇动词只能通过VP内的动词移位来获得这一体貌标记。最后从句法与信息结构的接口要求上对相关句式的合法或不合法的情况做了进一步分析，指出句法向信息结构输出的成分要满足信息结构对相关信息进行有效分拣的基本要求[30]。有学者以“差点儿VP”与“差点儿没VP”、“VP之前”与“没VP之前”等正反同义结构为研究对象，指出否定式是由语义具有同一性的正反两个概念表达式叠加整合而成的；否定式与肯定式语义基本相同，但语义重点、感情色彩有异，因而适用范围或有所不同；否定式是一个与其原型同形异构的新构式，异构式造成语义异指，因此在语义上跟肯定式不相对称[31]。有学者论证了“他是去年生的孩子”和“他是昨天进的医院”这类句子的生成方式不是派生而是复合，不是移位而是类推，类推是通过两种表达式的糅合来实现的。这类句子属于一种独立的句式，表达一种独有的“移情”义——主观认同，这种意义属于糅合产生的“浮现意义”[32]。动结式始终是语法研究中的重点问题，有学者重新讨论了动结式“V累”的句法结构及其语义解释，基本结论是：在补语为一价动词的动结式（包括“V累”）的论元结构中，处于动结式宾语位置上的成分只能是补语动词的主体论元；如果它只能成为述语动词的客体论元（如“老张喝醉了酒”的“酒”），那就只能把这个动结式看作句法和语义的结构规则的例外，而不能看作通例[33]。有学者论述了汉语“每”和“都”的语义配合和制约关系。“每”具有显性的语用分组功能，把有关个体域中的所有原子个体分割成一个个单元，形成一个复数性覆盖；“都”的语义功能是把VP所指谓的属性分配到其量化域中的每一个覆盖。覆盖中的单元是独元集时，“都”可以不依赖于“每”而独立使用，但“每”对“都”有相当的依赖性[34]。另有学者研究发现，“都”指向单数“一量名”的制约规则有3条：（1）动词必须是动作动词或变化动词；（2）“一量名”必须是动词的受事；（3）“一量名”必须大于动词的单位量。统称之“动词分割规则”。“动词分割规则”比前人基于名词分割的解释和基于事件多次量化的解释更有说服力[35]。在汉语中，当疑问从句做宾语时，一个句法语义上的陈述句或祈使句，可能因为言语行为的作用而成为疑问句，这就是汉语中的非典型疑问句。有学者从言语行为的角度划分出4种非典型疑问类型，发现所有这些非典型疑问句的主句都可带非疑问标记，而不能有疑问标记，它们有着不同的疑问程度。汉语中某些特定的话语标记在类似的结构中也有同样的功能。从语力、邻接性和话语标记角度看，共有6个因素决定究竟有怎样的疑问程度[36]。还有学者考察了现代汉语中能用“名＋名”形式进行句法命名的轻动词模式（如：凉席用竹子做成→用竹子做成的凉席→竹子凉席）。研究发现，轻动词模式里的介词只能是语义理解时与源形式具有正相关的连续式介词，而不能是导引话题性名词的间隔式介词，也不能是具有受影响性和偏离性的负相关连续式介词。从语义上看，现代汉语的这些正相关介词或轻动词所扮演的角色主要有：材料、方式、工具、成分、处所、原因、目的、与事。文章还给出了句法命名中的全部轻动词并把汉英两种语言里用于句法命名的轻动词模式作了对比[37]。

虚词方面的研究多集中在副词和语气词方面。有学者认为，虚词语义依赖与之共现的其他成分，换言之，虚词往往引导出一些实体、时间、处所等语义要素，虚词语义就表现在对这些要素加以组织，赋予一定的关系。语义结构就是虚词所引出的语义要素以及虚词所表达的语义要素间的关系。分析清楚一个虚词的语义结构，也就把这个虚词的基本语义分析清楚了。文章尝试用语义结构分析法描写副词“还”和助词“了”的语义，发现了一些新的义项[38]。有学者在界定“到底”义位的基础上，探讨了“到底”的共时差异：短语性质的“到底”凸显运动体运动到终点或活动进行到达到目的；时间副词性质的“到底”凸显目的达成之不易或结果出现在预料中；作为评注语气副词的“到底”凸显事物某特点足以作为推出结论之原因；作为疑问语气副词的“到底”用来追究问题答案[39]。其中“毕竟”义的评注语气副词“到底”有着多样的句法表现、语义和语用功能。作者从“到底”的元语意义出发，通过建立模型的方法，对“到底”句的“反预期、解—反预期”等主观化表达功能作出了解释，并为这些解释寻找到了形式上的验证[40]。有学者考察了副词“其实”的主观性和主观化，认为“其实”的主观化经历了这样的过程：客观对比——主观对比——主观认识——话语标记，“其实”出现的语境由最初的对比性语境发展到非对比性语境，最后发展出话语标记的功能。这个过程是“其实”的语义不断虚化、主观性程度不断增强的过程。文章通过对语料库的定量分析，发现“其实”主要出现在对话体中，在客观性的语体（如词典释义、法律文本等）中没有用例，这为“其实”的主观性意义提供了语体上的证明。最后，文章还从历时层面考察了“其实”的语法化和主观化过程，发现“其实”经历了一个从偏正词组到句内副词再到句子副词这样的过程，这个过程也是不断主观化的过程[41]。情态、语气词方面，有学者认为，汉语中时间指示系统和情态指示系统间的演变是双向的。在演变的过程中，语境和语用推理都起着重要的作用。不同的语气助词处于不同的演变阶段上：“了$_2$”刚刚开始向情态表达演变；“的”虽然已向情态表达渗透，但是需要其他情态成分配合，与“是”之间的纠缠尚未了断；“啦”虽然与时体表达关系密切，且隐现与否对语句的合法性影响较大，但在情态表达上特点比较明显；“来着”已经完成了演变，但是时体用法和情态用法并存；“着呢”已经完成了从时体向情态的演变，成为一个独立的语气助词；“呢”、“啊”则已开始向时体表达渗透；而“吧”、“嘛”、“吗”、“罢了”还尚未向时体表达渗透[42]。另有学者研究发现，语气词“嘛”标记说话人的知情状态，具体表现为说话人对听话人知情状态的预测，即认为听话人不知道自己应该知道的；“嘛”是一个直陈语气词，反映说话人对命题为真的强确定态度；“嘛”的强确定性以及附带的“不满”情绪都来源于它所标记的说话人的知情状态，这也显示了知情状态与认识情态之间的密切关系[43]。还有学者用语音听辨、文本理解等方法，将实际言语中语调和语境等因素根据多人的感知量化，证明了剥离开语调和语境的作用，大多数句子中的语气词“吧”都能够起到传达疑问信息的作用，因此“吧”可以算作疑问语气词。但在具体的语境中，语气词“吧”的功能却要受到语境的制约，有时语境只允许“吧”表达揣测的口气，这是疑问程度大大降低的一种有疑而未问的口气[44]。

语序方面，有学者对“生物”和“人工物”两类名词的限定性定语进行了考察，得到了两个不同的语义类型排列顺序，并对这两个排列顺序做了简要的解释。这两种顺序分别是：

（1）人的社会属性 > 具体物状态 > 生理属性 > 大小属性 > 具体物类型 > “生物”类中心语。

（2）品牌属性 > 大小属性 > 颜色色调属性 > 材料属性 > 形式构件属性 > 内容结构情节属性 > 功能属性 > 具体物类型 > “人工物”类中心语[45]。

另有学者发现，现代汉语中存在“主语 + 名词 + 副词 + 动词”（“大学没有毕业”）和“主语 + 副词 + 名词 + 动词”这样两种并存的语序（“没有大学毕业”）。这种共时的语序变异是由于谓语部分的“名词 + 动词”实际上在结构分析上有两种可能，即分析成主谓结构或状中结构，其中后一种语序中的“名词 + 动词”有词汇化倾向，确切地讲是熟语化倾向[46]。

认知角度的研究。有学者从认知角度考察了“完了”和“好了”，发现二者的对立恰好对应着“渐次扫描”和“简括扫描”两种观察方式的对立，观察方式上的对立带来了各自语义条件、句法分布的对立。“好了”和“完了”都立足于动作的终结点，采用完整式的观察视角，类似于“完整体”。但是“好了”的观察方式侧重于凸显终结是否完备。“完了”则只表示终结，不凸显终结是否完备。“好了”和“完了”作为不同的终结图式，在扫描方式以及价值趋向诸方面都有所不同，这些差异造成二者在受事数量、分布条件、适用范围诸方面既有对立，又有交叉[47]。有学者解释了“移动样态动词 + 处所宾语”结构（如：逛商场、走小路）的语义动因。指出，移动和某些处所的“规约性”联系是处所宾语结构从介词结构中发展出来并取得“事类”语义身份的根本动因。通过与平行变换句式的介词结构进行比较，研究发现处所宾语结构所反映的认知模式是总括扫描，作为处所宾语的场所名词实现了其事物性，而场所性受到了抑制；对应的介词结构反映了次第扫描的认知模式，介词后的成分实现了其场所性，但事物性却受到了抑制[48]。另有学者详细考察了 NP 为施事、受事、结果、领事、与事、处所、工具、时间和原因时，“VP 的”称代“VP 的 NP”中 NP 的情况，指出称代 NP 的“VP 的”存在着范畴化现象。NP 为施事、受事、结果时，“VP 的”是原型成员，是无标记的；NP 为领事、与事、处所、工具、时间、原因时，“VP 的”是边缘成员，是有标记的[49]。

现代汉语语法会受其他语言或方言的影响而变化。有学者探讨了欧化对现代汉语语法的影响，以及汉语语法欧化的方式和特点，并在此基础上，对间接语言接触的性质和特点进行一些讨论。文章认为，五四以来，现代汉语语法受到印欧语言的影响，但由这些影响而引发的语法演变通常并不能摆脱汉语语法已有资源的制约，而只是对这些已有资源的进一步开发和利用，这些语法演变主要是一种书面语现象，而很少波及日常口语[50]。“A 很多”属于某些位于南方地区的汉语方言的句法结构。20 世纪 90 年代中后期它逐渐进入了普通话。有学者考察发现，7 年来 15 家报纸上这一结构逐年增加。文章对今后这一结构在共同语中的发展进行了预测，认为“A 很多”出现在普通话中并迅速增加有其存在的语义基础，“A 很多”丰富了共同语形容词程度表达的形式，是一种应该欢迎的句法结构[51]。

社会语言学方面，重点在礼貌语的研究上。有学者验证了在汉语语境下，Brouwer 关于性别与年龄差异对礼貌语言使用论述的有效性：发话者的年龄因素，而非自身的性别因素，导致了他们在某些表示礼貌的词语和言语行为使用上的差异；受话者的性别与年龄，作为重要变量因素，在很大程度上影响会话双方礼貌语言的使用。研究表明语言学范围内的性别与年龄差异研究，应从情景交际模式入手，考虑多方面因素，力求做出科学、准确、客观的解释[52]。另有学者对“感谢——应答”会话模式中的回谢语进行了研究，以实地语言调查为基础，发现现代汉语回谢语这一语言变项有多种变异形式，现代汉语回谢语的使用状况与职业、性别、年龄等社会因素之间有着规则性的对应[53]。

儿童早期句法发展一直是国际儿童语言习得研究的一个重要领域。早期句法的发展机制也一直是语言学、心理语言学关注的焦点。有学者通过分析一个汉语儿童两岁半以前把字句的自然语料，揭示了汉语儿童早期把字句的特点和规律，同时回应了早期句法习得的一个核心问题：早期句法发展是基于规则还是基于使用？研究发现该儿童两岁左右已经开始对把字结构的句法、语义特征敏感，而基于使用的句法发展理论则很难解释汉语把字句的发展[54]。另有学者使用句法判断和句法修改任务探查了句法复杂性对汉语儿童汉语句法意识发展的影响，结果发现，儿童对不同句型的判断和修改正确率有显著差异，对不同句型的判断和修改正确率随着年龄增长显著提高，而且句法错误的类型随着年龄增长而变化；句法复杂性影响句法意识的发展[55]。

此外，学者们还从具体问题出发，对一些理论问题进行了深入探讨。有学者区分了语言的层面，认为（1）有声语言应该区分为语音、语汇—语法、语义/语用 3 个大的层面；（2）从共时角度看，文字与语音是并列于语汇—语法层面之下的两个独立层面，它们都是语汇—语法的形式方面；（3）语言和文字一起构成语文大系统。在此基础上，文章着重论证了字本位有不同层面之分：语音分系统的字本位，文字分系统的字本位，语汇—语法层的字本位，汉语文大系统的字本位；并详细讨论了语汇—语法层字本位的表现：单字自由、单音有义双音定义、音节数与语汇单位层级、单双音功能有别、组合同模[56]。语块是由两个或两个以上词构成的、连续的或不连续的序列，整体储存在记忆中，使用时整体提取，是一种预制的语言单位。有学者把这一概念引入汉语研究，强调了这一研究方法的重要性，认为语块减轻加工压力和社会交际这两大功能决定了每种语言都存在着大量的语块。语块的研究对第一语言习得、第二语言习得、语言的生成和理解过程以及计算机信息处理都有重要意义。并把汉语的语块分成了词级单位、句级单位和语篇单位[57]。

二、计算语言学

机器翻译、分词和词性标注等仍然是最受关注的研究方向。在基于句法的翻译模型中，基于树的翻译模型使用一棵句法分析树作为输入，因此与基于串的翻译模型相比具有简单高效的优势，但容易受到句法分析错误的影响。有学者提出了基于森林的句法翻译模型，针对性地改进基于树的翻译模型的这一缺点。通过对许多种可能的句法分析结果进行编码，从而降低了单一句法分析结果所引起的偏差[58]。除最近几年最流行的条件随机场（Conditional Random Fields）模型之外，有学者使用基于字的感知机（character-based perception）模型一体化地解决分词和词性标注的问题。相比于条件随机场模型，这一模型具有以下优点：资源消耗少，可以处理大规模标记集；可以方便地集成各种知识资源；可以同时提高分词和词性标注的结果[59]。另有学者提出看一种基于内部结构特征和上下文特征的混合模型来解决汉语新词词性猜测的问题。该模型将词性猜测视为序列标注过程，使用条件随机场模型，利用包括成分、成分语法属性在内的内部结构特征得到了一个基于内部结构特点的词性猜测模型。此外，通过引入若干个句法模板来集成上下文信息，又进一步提高了词性猜测效果[60]。还有学者面向大型叙事作品，提出了一种基于邻字熵统计和规则发现相结合的指人成分识别方法。实验对小说《英雄出世》的生文本进行了多次抽样测试，取得了86.93%的正确率和91.83%的召回率[61]。

语义资源的建设及其应用是当前计算语言学研究的一个热点。理论方面，有学者讨论了语义资源建设的最新趋势和长远目标。文章分析了wordnet、verbnet、propbank和framenet等主流语义资源的结构及其各自的缺陷，介绍了在不同资源之间建立起映射关系（包括义项映射和框架映射）的方法，并且指出当前深层语义关系表示和标注的趋向[62]。文章认为面向处理汉语的信息检索系统的语义资源，至少应该包括下列3种：（1）汉语词网（CWN），提供基本的词汇概念及其关系信息；（2）汉语谓词网（CVN），提供谓词的论元角色及其句法配置信息；（3）汉语命题库（CPB），提供谓词的论元结构在真实文本中如何实现为命题结构的信息[63]。具体应用方面，有学者另从语料选取、词典选择、标注规模和标注质量等方面介绍了已经建成的较有影响的若干词义标注语料库，并针对词义标注语料库建设存在的问题提出了自己的分析和思考[64]。

对于具体语言现象的计算研究也进一步深入。汉语小句句首成分缺失的现象十分常见，一般作为篇章分析中的零形回指问题去研究，有学者更换角度，把这看作跨越标点的句法关系问题设计了表示跨标点句句法关系的换行缩进的直观表示方法，揭示了跨标点句句法关系的性质，包括句法关系类型的搭配条件、栈式结构规律以及栈式结构进退的限度[65]。另有学者通过短语结构限定的方式（nn，n的n），全面地考察了汉语名词性隐喻的分布和构成特点，总结和发现了名词性隐喻的表达规律，同时在大规模语料考察的基础上，尝试规则约束和机器学习方法，探讨了汉语名词性隐喻的理解和识别。实验证明，机器学习方法在汉语名词隐喻识别中取得了较为满意的效果[66]。

三、汉语史

汉语音韵学方面，本年度的研究主要集中在对一些传统问题重新审视上，汉语音韵学方面的研究主要集中在对一些传统问题的探讨和重新审视上，有学者指出了传统上古音研究的观念和方法。主要有：（1）追求对词义、语音现象的解释力；（2）遵循以内证为主的基本原则；（3）充分估计汉语内证材料的泛时和异域特点；（4）音类关系的确立比微观音值的构拟更重要。研究上古音应该利用传统音韵学已有的成果[67]。有学者统计了《诗经》诗句末字的相逢次数，采用数理统计的方法，证明它们的相逢并不是任意的，"《诗经》是押韵的"这个假设是成立的[68]。有学者通过对两种截然相反的观点的分析和举证，认为"美"在上古当归入"微"部，而不是"脂"部[69]。有学者在穷尽统计两汉诗文用韵的基础上，认为两汉时代，在绝大多数方言里，侯鱼不曾有过合并[70]。有学者通过对明末宣城文人诗歌用韵的联系，得到其诗歌韵部21部，其用韵有明显的方音特点[71]。有学者深入探讨了"反切"问题，认为自反和合音字不是反切，东晋时的《鸠摩罗什法师通韵》是现存最早反映悉昙跟双声叠韵关系的汉语文献，最先把反切运用于文献注音并加以提倡和推广的是服虔、应劭等，反切大行始于魏[72]。有学者指出黄永镇早于王力先生23年提出觉部独立[73]。还有学者研究了宋代王质《诗总闻》的叶音[74]，在系列研究的基础上提出努力发掘传统文献学的研究成果，借鉴吸收，以助现代文献学和音韵学的研究[75]。此外，学者对成书于14世纪下半叶的《回回药方》残卷中对音汉字进行了音韵分析，认为该残卷中对音语料所依据的原语是以波斯语为主、杂有阿拉伯语口音的混合语，对音材料反映了某些近代汉语的语音特征[76]。

词汇语义方面的研究重点是对语义演变机制和语音构词的研究。有学者研究了汉语五味之名及其引申义，上古五味“甘、苦、辛、咸、酸”，后来变成“甜、苦、辣、咸、酸”；五味之名的引申各不相同，“苦”引申义最多，“酸”引申最曲折，“咸”无引申义；该文还对江蓝生考证过的“醋大/措大”一词有所补正：“醋大”包含的“酸”义当为“酸寒/寒酸”，在唐代主要是嘲讽儒生之穷，而不是书生那酸溜溜的劲儿[77]。有学者选取“容/许、许/准”等几个动词，讨论了它们如何由带小句宾语的动词，演变为情态动词、出现于提升结构，或者演变为情态副词。文章说明了它们的语义变化并不是子句主语在表层的提升带动的，而是在特定句式的重新分析过程中实现的。带小句宾语的动词要转变为情态词，基本前提是母句主语不出现；对其中部分动词而言，重新分析要求子句主语也不能出现。汉语“代词脱落”的特征，是这些动词在句法上发生重新分析、在语义上发生变化的重要因素[78]。有学者从佛经翻译角度提出了汉语词义演变的一种新方式——移植，如“持”的“记住”义和“踊跃”的“高兴、欢喜”义就是移植产生的[79]。有学者通过大量的例子说明“相因生义”只有在A这个词的词义系统发生了“病变”的情况下，才能通过类推将其词义再类推到与之相关的B的词义系统中[80]。语音构词方面，有学者认为元曲中的“吉丢古堆、吸留忽剌、乞留曲律”等四字格拟声拟态词是单音节词的多次变形重叠，变形重叠是指重叠部分与基式在声母或韵母或声调上不同，重叠又可以分为顺向重叠和逆向重叠，顺向变声，逆向变韵，如“团”顺向变声重叠为“团圞”，“团”顺向变声逆向变韵产生不完全重叠式“剔团圞”，“团圞”再逆向变韵重叠就会产生“剔留团圞”。变形重叠产生的根本动因是语言的相似性[81]。此外，还有学者从词汇变化对语法影响的角度继续探讨了汉语“从隐含到呈现”的词汇变化模式[82]。

汉语语法史方面，材料和理论并重，句法构式、词语语法化和动词配价是本年度研究的重点。句法构式方面，有学者重新探讨了“广义处置式”的来源，认同梅祖麟曾经提出的“处置式是一种多元句式”的观点，认为上古的“以”字处置式为一类，由工具式演变而来，“将/把”字为一类，由连动式演变而来[83]。有学者研究了唐宋时期禅宗语言中的“即心即佛”这一特殊格式，认为其中的“即”是焦点小词，“即心即佛”是“即心是佛”叠加在“心即是佛”上形成的[84]。有学者援引新的材料，尤其是出土文献，对汉语“数+量+名”格式的来源提出了不同看法，认为最早的例子是没有“之”的“数词+度量衡单位词+名词”构式，故不存在“之”的脱落，“数词+个体量词+名”格式的产生远早于两汉，不可能是“类推”汉代前后才获得实际计量功能的“数词+单位词+名词”的产物，有限定倾向的“数+量+名”和有陈述倾向的“名+数+量”在语用上的兼容性，是“数+量+名”构式产生的根本原因[85]。有学者研究了上古汉语中的“子产而死”这种“名而动”格式，认为“而”的基本语法功能是标记“两度陈述”，“名”本是一个判断句的谓语部分，和“而”后的“动”通过“而”连接构成一个复杂谓语形式，共同对句子的话题性主语加以陈述[86]。还有学者指出“王冕死了父亲”这一句式产生的原因是语义演变，是“死”替换“当事+丧+对象”句型中的“丧”而出现的[87]。词语语法化方面，有学者依据体貌类型学关于体貌标记语法化路径的研究，认为静态“也”表示状态，属于广义的结果体，动态“也”静态“也”进一步语法化的结果[88]。有学者探讨了负面排他标记“除舍”的来源和发展，认为“除舍”表except的用法源于佛典翻译中的外借，而其表besides的用法是重新分析的结果[89]。重新分析是语言变化发展的一种重要机制，有学者基于汉语及跨语言资料提出“无标化解释”，认为促使重新分析实际发生并常呈单向性的根本原因是人类语言对无标记状态的追求。表达需求的无限拓展和表达方式的新奇性追求总会诱发语言的有标记现象，主要由现有手段的扩展所致，可称旧瓶装新酒现象。对此，语言会产生回归无标记状态的推力，于是通过重新分析实现无标化，产生新酒塑新瓶的效应[90]。有学者运用Talmy的词汇化模式理论，首次全面描写了“适”、“之”、“造”、“就”等30余个路径动词的演变及其演变对词汇系统和动词论元结构的影响[91]。另有学者探索了一个语言的词法特点对其句法和语法化模式的影响，认为汉语动转名的无标记性影响了汉语语法化的模式，如被动标记“被”后面的宾语最初都是名词，由于动转名的无标记性，其后出现了一些名词化了的动词性成分，然后经过重新分析，其后的名词化动词被重新分析为真正的动词，“被”也就被重新分析为被动标记了[92]。动词配价方面，有学者分别就《庄子》中的二价双向“处置”类动词[93]和全部1657个动词[94]的配价进行了全面的考察，描写分析了这些动词的语义特征、配价结构、基本句式、派生句式、配位规则等。

此外，值得一提的是，有学者把韵律词法和韵律句法的相关理论用于古汉语研究，并在此基础上探索了语言和文学的关系。文章认为远古汉语是单音节音步，两汉前后开始出现双音节音步，三言与双音节音步密不可分，但由于古今韵律结构的不同，上古的三言与后来的三言不可同日而语，［2+1］这一三音节的构词韵律东汉时出现，而真正的五言诗也是始于东汉，这不是巧合，而是说明汉语的诗歌发展与韵律息息相关[95]。

四、方言

方言研究方面，学者们在类型学、语言接触等理论背景下，充分调查了现代方言并结合文献，在语音、语法方面都有较丰富的成果。

本年度方言研究的一项重要成果是《汉语方言地图集》的出版。参与编著的各位学者实地调查了930个方言点，对语音、语法、词汇等项目进行了描写，编制了510幅语言特征地图，并对汉语方言分区的原则和实践，以及各省方言状况作了文字说明。本图集全面反映了20世纪汉语方言的基本面貌[96]。

几位学者或者从民族语入手，或者从现代方言入手，或者从文献材料入手，运用层次分析，讨论了方言的历史音变。有学者探讨了广州话长短元音和介音的问题，指出广州话区分长短元音，介音i、u可以分别处理为声母j、w，反映了韵母类型的改变，难以用汉语的音变规律来解释。通过对周边壮侗语的研究，发现有长短元音，没有介音是壮侗语韵母的特点，广州话韵母的变化是接触的结果[97]。有学者根据反映近代官话的韵书和记音材料，整理了北京话古微母、影疑母开口一二等字的声母变化路径，认为这是一种“逆向音变”，并指出了逆向音变主要是由语言结构格局的稳固性造成的[98]。有学者依据元代以来的几种韵书，详细探讨了北京话o、uo、e、ie、ye等韵母的来源，认为结构整齐对称的要求和外方言的影响是这几个韵母产生的重要原因[99]。有学者分析了益阳方言古全浊声母今读的层次，认为本地层次内部按语音条件分化较细的原因是先后受到3种音变规则作用的结果，每种音变均以词汇扩散方式进行，扩散中滞后的音类则按后来的规则变化[100]。有学者比较了粤语、平话多个方言点古庄母字的声母读音，列举了一些今读鼻音、半元音或零声母的字，并通过与周边少数民族语言的对照，推测其成因可能是少数民族换用汉语后带入的本族语成分[101]。还有学者描写了浙江九姓渔民方言声母的分化，认为大量活跃的、不规则的变异是濒危语言的重要特点[102]。

吴语单点方言的研究较为深入，主要集中在绍兴、温州的音系共时描写和历史音变。有学者对绍兴方言的音系作了详细的描写，并给出了同音字表[103]。作者还撰文进一步指出，绍兴方言百年来的语音变化主要是由声韵调的音值变动引起的音类分合。如精组字的分化、知组与精组的合流、晓匣母合口与非组的合流，以及韵母中元音的变化、韵类的合流、n尾韵转为鼻化韵、撮口韵减少，等等。绍兴方言百年来的语音变化体现了北部吴语语音系统简化的共同趋向[104]。作者另有研究发现，绍兴方言中少数字的主要元音有ɒ、a两读，是一种“感染性音变”。这种音变目前只见于绍兴话[105]。有学者对温州方言做了全面的研究，整理了温州方言的文献材料，描写了现代温州方言的音系、语流音变、儿尾词及其变化、语法变化和词汇系统，并追溯了温州话的历史音变，认为温州话至迟在南宋之前就已形成，并保存了部分其他吴方言已不能分别的《切韵》音类分别[106]。另有专文对温州话常用方言词本字做了考释[107]。

方言语法的研究趋向全面系统，且注重其类型学的普遍意义。有学者分析了苏州话的重叠构词法，分别讨论了词法层面的语素重叠及语序规则、音系层面的音节重叠及音韵规则和象声词重叠中的响度原则，指出重叠构词是一种规则复杂，变化多样的跨层次语言现象，具有类型学的意义[108]。有学者把昆明方言的四音格状态形容词分为实语素并列重叠、实语素非重叠、实语素叠音、类拟声叠音4种，并指出汉语形容词丰富的重叠形式是缺乏比较级的弥补形式，与语言类型有一定的蕴涵关系[109]。有学者讨论了广州话的句末语气词“来”的用法，指出“来”在广州话中主要表曾然和表判断，还有一种非强制的，表持续的用法。这些用法中“来”都含有确认义和预设。作者在此基础上进一步为句末语气词“来”构拟了语义演化路径[110]。有学者归纳了关中方言趋向表达的6种表达式，指出关中方言是更典型的“卫星框架式”类型，并且伴随“来、去”的助词话和“到/着”的附缀化，符合汉语语法化过程中“一个句子只要一个主要动词”的趋势[111]。作者另文整理了关中方言永寿话的关系从句类型，描写了“的”、“下”分别单独作关系化标记，二者组合作关系化标记，零标记等5种关系从句类型，并讨论了标记与主句、从句的谓语类型之间存在的关联模式，以及这种模式的类型学意义[112]。

另外，有学者归纳了闽南溪南方言的连调规则，认为每个连调组中有一个基字，基字读单字调，其他字发生变调，且根据位置的不同有不同的变调规则[113]。有学者全面描写了黟县宏村方言，包括语音系统、音变特点、同音字汇、分类词汇、语法例句、语料标音等[114]。两项较有特色的研究是：有学者运用方言地理学方法，结合社会历史条件的研究，分析了日照方言的内部语音差异[115]；另有学者运用社会语言学方法，调查了湖南城步一个多民族聚居村的语言使用和语言态度，说明语言的使用状况与认同程度会之间有差异[116]。

五、民族语言

本年度许多学者继续保持着从新的角度、利用各种科学方法和技术来研究民族语言的态势，并有新的发展。有学者基于对哈尼语100对松紧对立词的声学分析，从松紧元音的声谱图表现，到谐波料率、信噪比HNR等多个角度作了定量分析，证实了哈尼语元音的松紧对立源自发声态区别，松元音是常态元音，紧元音是嘎裂声元音[117]。有学者根据现代藏文与3大方言语音之间的对应规律和藏文正字法，提出了从文字上对藏文声母和韵母拆分的“字丁分解法”，以实现藏文到各方言国际音标的自动转换[118]。有学者对藏缅语族语言里的代词化现象做了一个概括性的介绍、分析、解释和总结，并提出现在保存在许多汉藏语系语言里的亲属称谓名词前面的［a］词头，来源于第一人称代词演化来的人称领属词头[119]。另有学者通过对16位发音合作人291个含有所有类型的双音节和三音节词的声学分析，归纳总结了蒙古语（标准音）单词在固定语流中的自然节奏模式，探讨了节奏模式和词类型之间的关系问题[120]。还有学者利用声学分析的方法研究安顺仡佬语的单音节词声调和双音节词的声调，研究结果表明安顺仡佬语的单音节词声调可归纳为4个（用五度值标写为24、31、43、55），安顺仡佬语的双音节词调位模式可归纳为16种，单音节词声调在双音节词中不发生变调[121]。

民族语语法的方面，除了继续从类型学的视角来研究外，许多学者还结合接触语言学的架构来观察受汉语影响而发生的语法项目的演变或变异。有学者研究了中国南方很多民族语言的“A-not-A”型极性问句以及处所介词短语位置的演变和变异，认为这些语言里的“A-not-A”疑问构式源于汉语“VP不VP”正反问句的扩散，演变的动因是这些民族语言社团中受过教育的双语或多语人群，其第一语言与汉语标准语的密切接触，演变的机制是“构式复制”[122]；处所介词短语和主要动词的固有语序是V-PP，而部分语言出现的PP-V模式则是与汉语接触引发的V-PP > PP-V演变的产物[123]。有学者运用语言类型学的理论与方法对中国南方近百种民族语言的构成结构的语序类型进行了描写和跨语言比较研究，提出了中国南方民族语言语序类型的一些独特的特点并进行了概括[124]。有学者研究了OV型藏缅语连动结构的类型学特征，认为连动结构是藏缅语句法结构中的一个独立的单位，它能够大面积地存在是由OV型语序内部机制决定的，连动结构的词序先后与认知特点有关，但无绝对的蕴涵关系[125]。作者通过比较研究还发现，藏缅语与汉语的连动结构存在诸多共性，而二者的差异主要是连动结构的紧密度不同，以及连用动词的顺序受“临摹原则”制约的强弱不同，其原因是OV型、VO型语序的差异造成的[126]。有学者通过景颇语句尾词的语义、语法特点分析，说明景颇语谓语的人称标记与主语之间不是简单的“一对一”的关系，而是为了增强、扩大句子的语言表达功能而生成的一种语义、语法手段，具有多选择性、多功能性的特点，并揭示了谓语人称标记多选择性的成因和条件[127]。作者还讨论了景颇语“给”字句的类型特征，认为景颇语的OV语序决定了“给”和其他动词连用时有较高的紧密度，容易出现语法化；语义上包括了“给予”、“方向”、“受事”等多个义项，而且有多个近义的同族词；在词源上，景颇语的“给”与藏缅语亲属语言、与汉语都没有同源关系，可以初步认为景颇语的“给”是后来自己的创新[128]。有学者研究了满语中的构词法，认为满语动词词干形式表达动词直接命令式的同时也能表达第二人称祈请式，以-me结尾的副动词在修饰谓语动词的同时，也作为定语修饰名词[129]。有学者研究了西夏语句子的“谓词人称后缀”，认为西夏谓词的复数第一和第二人称后缀形式nit来自代词和名词后缀“等”njiz；西夏语之所以没有谓词第三人称后缀，是因为在西夏语乃至整个羌语支的早期都没有真正的第三人称代词[130]。有学者讨论了维吾尔语在名词化短语基础上形成的复数短语（PLP）、从属短语（POSP）、格短语（KP）和后置词短语（PSTP）的结构特征[131]。另有学者讨论了羌语子句关系化的主要手段，关系化手段所受的类型制约及关系化手段的类型学意义[132]。

语言接触方面的研究仍紧紧围绕借词、语序等重点内容展开，而且还注意结合古汉语研究、考古学等成果来厘清民族语言接触的层次问题。原来使用阿尔泰语系语言的云南蒙古族，现在转用了与彝语支语言相近的喀卓语，有学者对这一语言转用现象进行了系统的研究，讨论了云南蒙古族转用喀卓语的原因、过程，以及喀卓语的使用现状及其未来发展问题[133]。有学者从考古和语言两个方面说明汉藏、南岛和南亚的语言来自史前的华南，认为史前的语言接触造成词的扩散，不同语系语言中的相近说法是早期传播的结果[134]。有学者参考不同历史时期侗台语的汉语借词和南岛语底层词的演变，讨论了侗台语不同历史时期的语音演变[135]。有学者从形式入手，根据苗瑶语诸方言汉语借词的语音对应关系，讨论了寻找汉藏语系语言区分借词和同源词的方法，文章认为应从语词的语音形式和意义内容两方面着手解决借词和同源词的区别问题[136]。有学者讨论了帮组三等汉借词在黔东苗语的不同表现形式，说明上古汉语重纽三等韵有＊-r-介音，文章提供的材料还显示轻唇韵与重纽四等韵的介音只是发音部位相同，但发音方式有异[137]。有学者以帮母字为例，运用历史比较法对汉越语关系词声母、声调和韵母的对应进行分析，对汉越语关系词的界定提出了自己的看法，并对汉越语关系词层次分析的操作方法作了初步的探索[138]。有学者指出朝鲜语汉字音主要有上古、中古和近古3个层次，朝鲜语汉字音系统是从汉语不同方言在中古时代借入半岛三国，后又经由接触叠置而形成的，朝鲜汉字音的历史层次应是同汉字读音系统叠置的产物[139]。有学者通过研究发现，壮语量词的来源有4个渠道：借自名词、专有量词的产生、部分吸收汉语量词、来自词头，其中“吸收汉语量词”是壮语量词来源的主渠道[140]。另有学者认为缅彝语舒声有A、B、C三个声调，入声有D调，组成祖调系统，缅彝语支诸语言在声调上反映出它们的亲缘关系，缅彝语支语言与非本语支语言划界的一个重要依据是该声调特征[141]。还有学者系统研究了满语书面语中学界历来有争议的两个元音和三个辅音，首先对5个音的汉字注音进行了研究，确认这些汉字的声韵属于近代北京音系；然后又用其他材料进行了对比研究，最后确定了这几个音位的音值[142]。

民族语文献方面，不少学者对民族语的文献进行了搜集和系统的梳理，并通过与汉语的比较还原民族语、汉语的历史面貌及演变。如有学者从宋元史籍中收集了用汉字音译的契丹词语，并通过与阿尔泰语言的对比来确定其实际读音和意义，在此基础上归纳出辽代契丹语的音位系统和简单的语法规则，为阿尔泰历时语言学研究和契丹文字的解读提供了宝贵的参考资料[143]。有学者首次刊布了现存113行的番文写本《将苑》，研究表明译者没有过多地拘泥于汉文本的《将苑》，而是使用了与汉文本没有直接对应关系的番文特有词汇，文章认为应把《将苑》番文译本定性为对汉文的改编[144]。另有学者对法藏敦煌P.3861号文献中的梵汉对音资料进行研究，认为这些梵汉对音资料所呈现的语音规律与《千字文》、《开蒙要训》等敦煌遗存资料大体一致，西夏与敦煌河西方音有明显的承续关系[145]。

（作者：宋作艳，北京师范大学讲师；
李子鹤、邱立坤、李计伟、杜兆金，
北京大学博士研究生；
陈保亚，北京大学教授）

注：

①王韫佳、初敏：《关于普通话词重音的若干问题》，《中国语音学报》，第1辑。

②王韫佳：《试论普通话疑问语气的声学关联物》，《语言学论丛》，第37辑。

③李爱军：《情感句重音模式》，《中国语音学报》，第1辑。

④汪高武、孔江平等：《从声道形状推导普通话元音共振峰》，《中国语音学报》，第1辑。

⑤哈斯其木格、郑玉玲：《普通话元音过渡与辅音腭位关系解析》，《中国语音学报》，第1辑。

⑥郑玉玲、刘佳：《普通话辅音发音部位及约束研究》，《中国语音学报》，第1辑。

⑦曾立英：《现代汉语类词缀的定量与定性研究》，《世界汉语教学》，2008年第4期。

⑧曾立英：《三字词中的类词缀》，《语言文字应用》，2008年第2期。

⑨钱旭菁：《有限组合选择限制的方向性和制约因素》，《世界汉语教学》，2008年第4期。

⑩孟凯：《成组复合属性词的构词方式及成因》，《语言文字应用》，2008年第3期。

⑪孟凯：《成组属性词的对应性及其影响因素》，《中国语文》，2008年第1期。

⑫陈绂：《浅析集合性复合词》，《语言文字应用》，2008年第4期。

⑬高立群、赵媛琳：《日本学生汉语复合词构词法意识实验研究》，《汉语学习》，2008年第2期。

⑭谭景春：《语义综合与词义演变及动词的宾语》，《中国语文》，2008年第2期。

⑮李晋霞、李宇明：《论词义的透明度》，《语言研究》，2008年第3期。

⑯杨吉春：《反义复词内部结构分析与词汇教学》，《汉语学习》，2008年第4期。

⑰宋作艳、陶红印：《汉英因果复句顺序的话语分析与比较》，《汉语学报》，2008年第4期。

⑱郑懿德：《“X是X，就是……”让转句式考察》，《语言文字应用》，2008年第1期。

⑲王灿龙：《“否则”的篇章衔接功能及其词性

问题》，《汉语学习》，2008 年第 4 期。

⑳许家金：《汉语自然会话中话语标记“那（个）”的功能分析》，《语言科学》，2008 年第 1 期。

㉑乐耀：《汉语隐性语篇话题确定过程的心理语言学个案研究》，《语言文字应用》，2008 年第 2 期。

㉒晏小萍：《心理咨询话语结构分析：控权与赋权》，《语言文字应用》，2008 年第 4 期。

㉓徐赳赳：《关系小句的语法和篇章特征分析》，《汉语学习》，2008 年第 5 期。

㉔董秀芳：《实际语篇中直接引语与间接引语的混用现象》，《语言科学》，2008 年第 4 期。

㉕崔四行：《离合词与核心重音》，《汉语学习》，2008 年第 5 期。

㉖王丽娟：《从韵律看介词的分布及长度》，《语言科学》，2008 年第 3 期。

㉗王永娜：《谈韵律、语体对汉语表短时体的动词重叠的制约》，《语言科学》，2008 年第 6 期。

㉘刘丹青：《汉语名词性短语的句法类型特征》，《中国语文》，2008 年第 1 期。

㉙强星娜：《话题标记代系词功能的类型学初探》，《语言科学》，2008 年第 1 期。

㉚胡建华：《现代汉语不及物动词的论元和宾语》，《中国语文》，2008 年第 5 期。

㉛江蓝生：《概念叠加与构式整合——肯定否定不对称的解释》，《中国语文》，2008 年第 6 期。

㉜沈家煊：《“移位”还是“移情”?》，《中国语文》，2008 年第 5 期。

㉝施春宏：《动结式“V 累”的句法语义分析及其理论蕴涵》，《语言科学》，2008 年第 3 期。

㉞袁毓林：《关于“每”和“都”的语义配合和制约关系》，《汉藏语学报》，第 2 期。

㉟蒋静忠：《“都”指向单数“一量名”的制约规则及相关解释》，《语言研究》，2008 年第 3 期。

㊱陈振宇：《现代汉语中的非典型疑问句》，《语言科学》，2008 年第 4 期。

㊲刘贤俊：《句法命名中的轻动词模式》，《世界汉语教学》，2008 年第 2 期。

㊳郭锐：《语义结构和汉语虚词语义分析》，《世界汉语教学》，2008 年第 4 期。

㊴张秀松：《“到底”的共时差异探析》，《世界汉语教学》，2008 年第 4 期。

㊵张秀松：《“毕竟”义“到底”句的主观化表达功能》，《语文研究》，2008 年第 3 期。

㊶崔蕊：《“其实”的主观性和主观化》，《语言科学》，2008 年第 5 期。

㊷徐晶凝：《情态表达与时体表达的互相渗透》，《汉语学习》，2008 年第 1 期。

㊸强星娜：《知情状态与直陈语气词“嘛”》，《世界汉语教学》，2008 年第 2 期。

㊹江海燕：《语气词“吧”和疑问语气的传达》，《语言文字应用》，2008 年第 4 期。

㊺樊青杰：《两类限定性定语的语义类型及顺序研究》，《世界汉语教学》，2008 年第 2 期。

㊻董秀芳：《现代汉语中存在的一种语序变异》，《汉语学习》，2008 年第 3 期。

㊼陈忠：《“完了”和“好了”的替换条件及其理据》，《中国语文》，2008 年第 2 期。

㊽徐靖：《“移动样态动词 + 处所宾语”的认知模式》，《语言教学与研究》，2008 年第 2 期。

㊾杨德峰：《试论“VP 的”的范畴化》，《汉语学习》，2008 年第 2 期。

㊿贺阳：《现代汉语欧化语法现象研究》，《世界汉语教学》，2008 年第 4 期。

51荣晶、丁崇明：《“A 很多”结构的历时考察及其在现代汉语中的扩散》，《语言文字应用》，2008 年第 1 期。

52段成钢：《汉语礼貌语言使用的性别与年龄差异研究》，《语言教学与研究》，2008 年第 3 期。

53王春辉：《汉语回谢语类型与使用的社会语言学考察》，《语言教学与研究》，2008 年第 4 期。

54杨小璐、肖丹：《现代汉语把字句习得的个案研究》，《当代语言学》，2008 年第 3 期。

55龚少英、彭聃龄：《句法复杂性对句法意识发展的影响》，《语言研究》，2008 年第 1 期。

56王洪君：《语言的层面与“字本位”的不同层面》，《语言教学与研究》，2008 年第 5 期。

57钱旭菁：《汉语语块研究初探》，《北京大学学报》（哲学社会科学版），2008 年第 5 期。

58Haitao Mi, Liang Huang and Qun Liu, Forest-Based Translation, Proceedings of ACL-08: HLT, pages 192 – 199。

59Wenbin Jiang, Liang Huang, Qun Liu and Yajuan Lü, A Cascaded Linear Model for Joint Chinese Word Segmentation and Part-of-Speech Tagging, Proceedings of ACL-08: HLT, pages 897 – 904。

60Likun Qiu, Changjian Hu and Kai Zhao A Method for Automatic POS Guessing of Chinese Unknown Words, Proceedings of COLINF 2008, pages 705 – 712。

61钱小飞、陈小荷等：《面向大型叙事作品的指人成分识别》，《语言文字应用》，2008 年第 1 期。

(62)袁毓林：《语义资源建设的最新趋势和长远目标》，《中文信息学报》，2008年第3期。

(63)袁毓林：《面向信息检索系统的语义资源规划》，《语言科学》，2008年第1期。

(64)金澎等：《词义标注语料库建设综述》，《中文信息学报》，2008年第3期。

(65)宋柔：《现代汉语跨标点句句法关系的性质研究》，《世界汉语教学》，2008年第2期。

(66)王治敏：《名词隐喻的计算研究及识别实验》，《语言教学与研究》，2008年第2期。

(67)王宁：《谈传统上古音研究的观念和方法》，《汉藏语学报》，2008年第2期。

(68)李书娴、麦耘：《证“〈诗经〉押韵”》，《中国语文》，2008年第4期。

(69)郑张尚芳：《“美”字的归部问题》，《语言学论丛》，第38辑，2008年。

(70)孙顺：《两汉鱼侯分部》，《语言学论丛》，第38辑，2008年。

(71)高永安：《明末宣城诗人用韵考》，《语言科学》，2008年第4期。

(72)张渭毅：《论反切起源问题》，《菏泽学院学报》，2008年第1期。

(73)冯蒸：《黄永镇是上古音觉部独立说的创始人》，《古汉语研究》，2008年第1期。

(74)张民权：《王质〈诗总闻〉叶音性质与宋代语音史问题》，《语言学论丛》，第38辑，2008年。

(75)张民权：《唐宋时期经史典籍中的音韵训诂与文献考订》，《首都师范大学学报》，2008年第1期。

(76)唐均：《〈回回药方〉残卷胡汉对音研究发凡》，《语言学研究》，第6辑，高等教育出版社，2008年1月。

(77)蒋绍愚：《五味之名及其引申义》，《江苏大学学报》，2008年第3期。

(78)李明：《从“容”、“许”、“保”等动词看一类情态词的形成》，《中国语文》，2008年第3期。

(79)朱冠明，移植：《佛经翻译影响汉语词汇的一种方式》，《语言学论丛》，第37辑，2008年。

(80)周俊勋、吴娟：《相因生义的条件》，《南京社会科学》，2008年第6期。

(81)江蓝生：《变形重叠与元杂剧中的四字格状态形容词》，《历史语言学研究》，第1辑，2008年。

(82)胡敕瑞：《从隐含到呈现（下）——词汇变化影响语法变化》，《语言学论丛》，第38辑，2008年。

(83)蒋绍愚：《汉语“广义处置式”的来源——兼论“词汇替换”》，《历史语言学研究》，第1辑，2008年。

(84)李明：《说“即心即佛”——唐宋时期的一类特殊焦点格式》，《历史语言学研究》，第1辑，2008年。

(85)姚振武：《〈汉语“数+量+名”格式的来源〉读后》，《中国语文》，2008年第3期。

(86)杨荣祥：《论“名而动”结构的来源及其语法性质》，《中国语文》，2008年第3期。

(87)帅志嵩：《“王冕死了父亲”的衍生过程和机制》，《语言科学》，2008年第3期。

(88)陈前瑞：《句末“也”体貌用法的演变》，《中国语文》，2008年第1期。

(89)胡敕瑞：《汉语负面排他标记的来源及其发展》，《语言科学》，2008年第6期。

(90)刘丹青：《重新分析的无标化解释》，《世界汉语教学》，2008年第1期。

(91)马云霞：《汉语路径动词的演变与位移事件的表达》，中央民族大学出版社，2008年。

(92)董秀芳：《汉语动转名的无标记性与汉语语法化模式的关联》，《历史语言学研究》第1辑，2008年。

(93)殷国光、华建光：《〈庄子〉二价双向“处置”类动词及其相关句式的考察》，《古汉语研究》，2008年第2期。

(94)殷国光、华建光：《〈庄子〉动词配价研究》，《中国语文》，2008年第5期。

(95)冯胜利：《论三音节音步的历史来源与秦汉诗歌的同步发展》，《语言学论丛》第37辑，2008年。

(96)曹志耘主编：《汉语方言地图集》，商务印书馆，2008年。

(97)王福堂：《广州方言韵母中长短元音和介音的问题》，《汉藏语学报》，第2期。

(98)张世方：《北京话古微疑母字声母的逆向音变》，《语文研究》，2008年第2期。

(99)高晓虹、刘淑学：《北京话韵母 o uo e ie ye 溯源》，《语言教学与研究》，2008年第1期。

(100)夏俐平：《益阳方言的古全浊声母》，《中国语文》，2008年第6期。

(101)覃远雄：《平话和粤语古庄母的特殊读音》，《方言》，2008年第4期。

(102)刘倩：《浙江九姓渔民方言　组声母的分化现象》，《中国语文》，2008年第5期。

⑩王福堂：《绍兴方言同音字汇》，《方言》，2008年第1期。

⑩王福堂：《绍兴方言百年来的语音变化》，《吴语研究：第四届吴方言学术研讨会论文集》，上海教育出版社，2008年。

⑩王福堂：《绍兴方言韵母又读中的元音ɒ和a》，《语言学论丛》，第37辑。

⑩郑张尚芳：《温州方言志》，中华书局，2008年。

⑩郑张尚芳：《温州常用方言词本字辨正》，《东方语言学》，第3辑。

⑩李小凡：《重叠构词法：语序规则、音韵规则、响度规则——以苏州话为例》，《21世纪汉语方言语法新探索——第三届汉语方言语法国际研讨会论文集》，暨南大学出版社，2008年。

⑩丁崇明、荣晶：《昆明方言四音格状态形容词》，《21世纪汉语方言语法新探索——第三届汉语方言语法国际研讨会论文集》，暨南大学出版社，2008年。

⑩麦耘：《广州话的句末语气词"来"》，《21世纪汉语方言语法新探索——第三届汉语方言语法国际研讨会论文集》，暨南大学出版社，2008年。

⑪唐正大：《关中方言趋向表达的句法语义类型》，《语言科学》，2008年第2期。

⑫唐正大：《关中永寿话的关系从句类型》，《方言》，2008年第3期。

⑬陈宝贤：《闽南漳平（溪南）方言的连读变调》，《语言学论丛》，第37辑。

⑭谢留文、沈明：《黟县宏村方言》，中国社会科学出版社，2008年。

⑮岳立静：《日照方言语音的内部差异及其社会历史原因》，《民俗研究》，2008年第1期。

⑯王远新：《湖南省城步县长安营乡长安营村语言使用、语言态度调查》，《中央民族大学学报》，2008年第1期。

⑰朱晓农，周学文：《嘎裂化：哈尼语紧元音》，《民族语文》，2008年第4期。

⑱李永宏、孔江平等：《藏语文—音自动规则转换及其实现》，《清华大学学报》（自然科学版），2008年，第48卷第S1期。

⑲孙宏开：《关于汉藏语系语言里的代词化现象》，《东方语言学》，第3辑，上海教育出版社，2008年5月。

⑳呼和、陶建华等：《蒙古语单词自然节奏模式》，《中国语音学报》第1辑，商务印书馆出版，2008年4月。

㉑杨若晓：《安顺仡佬语声调的实验研究》，《中国语音学报》第1辑，商务印书馆出版，2008年4月。

㉒吴福祥：《南方语言正反问句的来源》，《民族语文》，2008年第1期。

㉓吴福祥：《南方民族语言处所介词短语位置的演变和变异》，《民族语文》，2008年第6期。

㉔李云冰：《中国南方民族语言语序类型研究》，北京大学出版社，2008年1月。

㉕戴庆厦、邱月：《OV型藏缅语连动结构的类型学特征》，《汉语学报》，2008年第2期。

㉖戴庆厦、邱月：《藏缅语与汉语连动结构比较研究》，《世界汉语教学》，2008年第2期。

㉗戴庆厦：《景颇语谓语人称标记的多选择性》，《中国语文》，2008年第5期。

㉘戴庆厦：《景颇语"给"字句的类型学特征》，《中国语言学》，第1辑。

㉙季永海：《满语探索三题》，《满语研究》，2008年第2期。

㉚聂鸿音：《西夏语谓词人称后缀补议》，《语言科学》，2008年第5期。

㉛木再帕尔·阿布都茹苏里：《维吾尔语名词化短语的一些句法特征》，《民族语文》，2008年第4期。

㉜黄成龙：《羌语子句的关系化手段》，《民族语文》，2008年第4期。

㉝戴庆厦等：《云南蒙古族喀卓人语言使用现状及其演变》，商务印书馆，2008年11月。

㉞吴安其：《史前华南地区的语言接触》，《民族语文》，2008年第3期。

㉟吴安其：《侗台语语音的历史演变》，《语言研究》，2008年第4期。

㊱金理新：《借词的形式判别标准——以苗瑶语中的汉语借词为例》，《民族语文》，2008年第5期。

㊲石德富：《黔东苗语帮系三等汉借字的形式》，《民族语文》，2008年第4期。

㊳咸蔓雪：《汉越语关系词层次分析——以帮母字为例》，《语言学论丛》，第37辑。

㊴张维佳：《朝鲜汉字音的层次和来历》，《民族语文》，2008年第5期。

㊵覃晓航：《壮语量词来源的主渠道》，《语言研究》，2008年第1期。

㊶李永隧：《缅彝语：一种声调祖语》，《民族语文》，2008年第3期。

⑫季永海：《有关满语语音的几个问题》，《民族语文》，2008 年第 5 期。

⑬孙伯君、聂鸿音：《契丹语研究》，中国社会科学出版社，2008 年 8 月。

⑭克平、龚煌城著，彭向前译：《诸葛亮〈将苑〉的番文译本》，《宁夏社会科学》，2008 年第 6 期。

⑮孙伯君：《法藏敦煌 P. 3861 号文献的梵汉对音研究》，《语言研究》，2008 年第 4 期。

英语语言学

王逢鑫

布拉格学派对现代语篇研究作出了贡献。该学派先驱 Weil 提出了主位、述位概念的雏形。在此基础上，Mathesius 提出了分析句子成分信息功能的实际切分法，又称“功能句子观”。Firbas 则根据句子成分的交际动力定义主位、述位，强调结合上下文综合确定交际动力，而不是孤立地研究句子。在布拉格学派中语篇意识最强的是 Dane (s)，其主位推进模式已完全超出了句子的范围。据此，姜望琪认为布拉格学派的语法理论虽名为“句子观”，实际却是“语篇观”。他们研究的是大于句子的语言使用单位，是不能脱离上下文的。这是他们的思想深刻影响现代语篇分析的根本原因①。

自然语言具有模糊性。这种模糊性表现为 3 种基本形式：连续性模糊、范畴模糊和评价性模糊。从语用学角度看，模糊语言的理解对语境具有很强的依赖性。语境不是一成不变的，而是动态的。庞建荣认为模糊性是自然语言的特征。在分析模糊语言 3 种表现形式的基础上，探讨了影响模糊语言使用和理解的 3 个语境因素，同时用实例分析和论证了模糊语言在实际语言交际中对于语境的依赖性②。

语法隐喻是系统功能语法的重要组成部分，是从小句向语篇过渡的核心环节。侯建波对语法隐喻进行了立体地“透视”，认为其不足表现为：没有固定的界线；过分强调一致式与隐喻式的同一性；对人际意义的描写不完整；个别语法隐喻的设置不合理；以及对一个句子进行语法隐喻分析可能会过于复杂，不便操作。造成不足的原因在于 Halliday 过分注重词汇语法在理论中的作用为这些不足提供了可能条件。而轻视一致式与隐喻式在意义上的差别是导致不足的直接原因③。

通过考察系统功能语法中的早期语法隐喻概念、语法隐喻概念的发展，以及系统功能语法隐喻观与认知隐喻理论之间的关系，何伟论证了语法隐喻“既是一种形式变体又是一种意义变体”观点的合理性。研究发现，只强调形式变化的语法隐喻观不完全符合系统功能语法的基本原则，而无论是从语法隐喻新解的内容和特征，还是从系统功能语法隐喻观与认知隐喻理论的关系看，语法隐喻新解的提出有着必然性和合理性④。

Fawcett 认为语法隐喻是一个包含内容过多的、松散的概念，并且认为它只会使问题复杂化；他试图通过对语义层更加详尽的描写，用语法隐喻来解释语言现象。侯建波认为，Fawcett 的质疑和解释虽然不能完全解构语法隐喻，但为审视语法隐喻提供了一个全新的视角⑤。

何伟通过对时态之情态用法的界定，对时态、时间和情态三者之间关系的讨论，以及对此用法是否具备语法隐喻 3 个区别性特征的考察，推论出时态的情态用法的基本属性。他的结论是：时态的情态用法属于人际功能隐喻的范畴，是情态隐喻的一种体现形式，而且当它与特定句式结合在一起时又是语法隐喻的一种体现形式⑥。

话语范围导入词是篇章衔接的一个重要手段。当空间范围起这个作用时，一定位于句首作为旧信息，启动一个话题，引出新信息。王秀丽认为这种篇章功能削弱了它的语义和句法功能，增强了它与上句、下句的所指链条联系⑦。

语篇中断是一类比较特殊的语言现象，其特殊性和复杂性使其成为自然语言处理的难题之一。Grosz&Sidner (1986) 对语篇结构理论做出了精辟的分析。王德亮的研究表明，与同类的其他语篇理论相比，Grosz&Sidner 的语篇结构理论可以对语篇中断提供较全面、较合理的解释，为语篇中断处理提供较好的理论借鉴⑧。

认知域的不同术语，如理想化认知模式 (ICM)、框架、图式、凸显和百科网对指称性转喻用法有一定的解释力，但未能揭示转喻操作的多域现象。陈香兰、申屠菁提出在矩阵域 (matrix domain）中操作转喻；赞同转喻操作最终发生在两域之间的观点，但认为转喻操作过程可能涉及到多个认知域。同时转喻操作过程可以看做是转喻映射推理过程，这个过程受认知背景、现时语境和个人语用因素的影响[9]。

“意象”与“识解”是两个意义相近的认知语法术语，用来表示以不同方式建构某一情景的认知能力。通过比较 Langacker 对两者的应用，王义娜、李亚培发现“意象”或“规约意象”多出现于其早期著述（1987），而后与“识解”概念交替使用（1990；1991），并逐渐由“识解”取而代之（1999）。这一术语调整反映出“意象”作为认知术语的不确切性，同时也折射出认知能力和语言规约在认知语法理论架构中的核心地位[10]。

Goldberg 界定的构式语法的“构式”包括了传统语法的从语素到句型的各个层级单位，这一点可以从其定义、示例和阐释中看出来。陈满华认为构式语法界定的构式范围很广，是对传统的 construction 概念定义的重大改进，但是并不等于包括所有语言单位。构式语法的构式界定在构式主义理论体系内部具有充分的自足性，同时与经典的认知语法关于构式的定义并不矛盾。Goldberg 定义和示例的构式至少具有二分性[11]。

过去 40 年里，基本色彩语码的进化论研究，作为一种语言普遍原则，得到广泛的验证与接受。杨永林、丁韬、杨小璐认为基本色彩词汇理论所显示的发展过程，并没有在儿童色彩词语的习得过程中得到正确的反映与充分的确认。他们通过跨语言分析对比的方法，针对基本色彩词语进化论的观点，揭示出儿童色彩词汇发展过程中的 3 个值得思考的问题：顺序、类属和难度[12]。

格莱斯原则诞生 40 年来一直被学术界推崇为经典。后起的语用学对其争论、批判、阐释、改造和修正也几乎没有间断。封宗信对格莱斯原则的概念及哲学方法论性质进行了阐释，对“后格莱斯原则”和“新格莱斯原则”的发展做了简单梳理，指出格莱斯原则的价值在于为解释非语义学现象提供的方法论而不是对具体交流行为的制约和限制；它的普遍性在于高度概括了隐含意义产生和理解的真谛，为语用学和相关学科提供了无法超越的哲学框架[13]。

2004 年，Horn 和 Ward 出版的《语用学手册》共有 4 个部分，其中内容比较新的是第二部分——语用学与语篇结构。姜望琪分析该书，发现语用学出现了“语篇转向”。但如果细究语用学与语篇分析的关系，则语用学的最新发展可以说是“语篇回归”。对语言实例的分析表明，语用学的语篇转向或回归十分重要[14]。

如何区分西方当代文体学流派，是一个貌似简单而实际上非常复杂的事情。申丹进一步探讨了在同一著述中，是否应该采用同一区分标准；如何区分语言学文体学和文学文体学；以及文体学流派是否应分为两个不同层次等问题。她认为通过梳理，可以更好地认识各种区分标准及其短长，看清文体学研究的性质、特点和发展变化[15]。

中国大学生和英语本族语者使用 it 分裂句和假分裂句存在显著差异。王立非、陈功基于语料库考察了大学生英语写作中分裂句的特征，发现中国学生使用分裂句时在具体类型上存在过度使用和使用不足并存的特点；不同水平中国学生的分裂句使用也存在差异；it 分裂句和假分裂句的使用频率随着年级的提高呈现出线性起伏的趋势[16]。

朱叶秋、文秋芳以《中国大学生英语口笔语语料库》中 60 个英语专业二年级学生的口语文本为语料，探讨了英语学习者在口语中的冠词使用情况，发现学生对冠词掌握的总体情况比较好，但内部差异明显；他们在语言交际中的冠词正确率远远高于冠词知识测试中的正确率；三种冠词中，定冠词的正确率最高，不定冠词其次，零冠词最低；口语中常见的冠词错误为漏用 the/a（n）和滥用 the 两种；学生在口语中对冠词错误的自我修正比较少见[17]。

朱叶秋、文秋芳以《中国大学生英语口笔语语料库》中的口语语料库的部分文本为数据来源，首先比较了两组不同口语水平学生的冠词使用正确率，然后从两组各选取 5 名学生进行个案研究。结果发现，从正确率来看，口语水平对不同学生的冠词使用并无影响；但个案研究的结果显示，高分组和低分组在冠词错误严重程度与广度上均有明显差别。同时在名词词组的表达上，高分组停顿倾向于出现在冠词前，低分组停顿常出现在冠词后，从而破坏了名词词组的完整性[18]。

语言学能研究起源于 20 世纪 20 年代中期，经历了发展、高潮、沉寂、重新活跃等阶段。目前围绕语言学能展开的研究主要有 4 种模式：语言编码差异假设、外语习得中的创新认知能力理论、信息加工步骤理论和语言学能综合体理论。戴运财、蔡金亭在分析、讨论这些模式的基础上，提出要重新认识语言学能的结构，创新语言学能测试[19]。

30 多年来，二语词汇习得研究成为二语习得研究中最热门的领域之一。二语词汇习得研究无论在理论性研究还是实证性研究方面都有新的发展。骆涵认为理论性研究的成果包括三大心理模型的建立、实证性研究致力于在不同的学习条件下二语词汇是怎样被习得的，以及什么因素会影响二语词汇习得的效度和方式。此外，认知语言学的兴起为二语词汇习得带来了新的发展趋势[20]。

高一虹、周燕借鉴社会建构主义的理论视角，在历时两年的大学基础阶段，结合量的和质的方法，对北京5所高校的约1300名学生进行了英语学习与自我认同变化的跟踪。结果显示，大学生的自我认同在两年的英语学习过程中发生了一定变化。其中“自信变化”最为突出；“削减性”变化显著上升；“附加性”和“生产性”变化有所显露但深度有限；接触英语文化较多的英语专业学生，其文化认同变化高于非英语专业学生。该研究对全球化背景下外语情境中的英语学习目标提供了启示[21]。

语调是语言最重要的特征之一，是人类传情达意的重要手段。王红梅论述了语调音系学的发展历程，首先介绍了传统的语调分析理论，然后对近年来在语调研究领域影响最大的AM理论以及优选论在语调分析中的应用做了具体的介绍和阐释。她力求通过上述介绍和阐释来理清语调研究发展的脉络和取向[22]。

英语学习词典的开拓者在20世纪20年代后期就开始关注搭配问题。但是第一代英语学习词典并未将提供搭配信息作为词典的设计特征，计算机时代出版的第二代学习词典一般以黑体标识搭配，而所提供的搭配信息既不详细，也不系统。陈国华、田兵认为对于英语学习者而言，搭配的重要性不亚于语法。下一代学习词典将以对搭配信息的详细、系统处理作为新的设计特征[23]。

中国英语既有标记语言使用者社会文化特征的功能，又是语言使用者实现不同交际目的的有效工具。胡晓丽从语言功能的角度探究中国英语变体在其本土的存在、应用和发展中所承担的各种功能，希望为揭示中国英语变体的特征提供一个新的视角[24]。

20世纪70年代，“水门事件”披露，导致尼克松政府下台。过去30年里，Watergate一词成为美国社会最为活跃的词语之一。－gate也从最初的“组合成分”演变为一个独立后缀，专指名人高层形形色色的丑闻事件。新世纪以来，－gate所具有的社会语义，在全球化、信息化、网络化、传媒化等多重因素的促动下，借助文化传播的“模因化”之力，使各类“门”字事件迅速而广泛传播。杨永林从社会语言学与文化传播学角度入手，通过“模因”理论，探讨了最近一段时间里各类“门”字事件在国内新闻媒体快速传播的现象，为研究我国语言文化生活的现状提供一个跨文化比较的实例[25]。

结构观将认同视为相对固定、“客观”的外部社会结构范畴，或者以此为分类基础的主观定位。建构观将认同视为在社会文化历史情境中，个体与外界互动而发展出来的多元、动态的身份定位及其过程。高一虹、李玉霞、边永卫以“结构观”、“建构观”的理论视角为框架，综述有关语言与认同特别是语言学习者认同的理论与实证研究，认为半个世纪以来，认同在语言学习和使用研究视野中的位置，由从属地位上升为关注焦点，且呈现了由结构观到建构观的发展趋势[26]。

大学英语四、六级考试自实施以来，在广大英语教师、学生和各学校领导与教务部门的大力支持下，有力地推动了大学生的英语学习。而且，随着对英语教学和应用要求的不断提高，四、六级考试也在不断地发展和完善。时至今日，四、六级考试又发展到了必须进行新一轮改革的时候，教育部高等教育司和大学英语四、六级考试委员会为此也进行了长达几年的准备。张尧学指出近期内，教育部将通过试点和逐步展开的方式推进四、六级考试改革[27]。

为进一步了解学生语言能力发展和知识建构的动态过程中各种学习模式（包括自主学习、合作学习和研究性学习）的作用，李立、孙平华探索了各种学习模式的意义和价值，以提高学生的学习效果，并使其取得理想的学习成绩。通过分析研究数据及阐释各种有效的语言学习模式，发现培养学生的自主学习能力、团队合作精神和科学的研究方法离不开学习过程中各种学习模式的应用、变化、交叉和融合[28]。

在21世纪，英语教学面向全球化、信息化、数字化时代，教育部启动了一系列大学英语教学改革的项目工程，对于中国语境中的英语教学与研究，产生了重要的影响。其中一项是“体验英语写作”训练系统的开发建设与应用实践。杨永林基于“体验英语写作”训练系统建设的研究，讨论了数字写作教学方面的一些问题，以期有助于促进我国新时期英语教学的改革[29]。

王金铨、王立非通过对双语语料的分析，从形式和语义两方面探讨计算语言学方法对翻译研究的作用和启示。在语言形式方面，通过文本特征统计信息研究了双语文本的基本形式特征，通过赋码语料研究了双语文本的深层句法信息。在语言意义方面，运用潜语义分析方法计算语句意义的相似度，语句计算的结果与人工评判的结果相差无几，表明计算语言学的意义分析方法十分有效，对判断多个译文，以及译文与原文间的“形似”与“神似”有重要意义㉚。

计算机辅助外语研究是21世纪研究方法的一个发展动向，基于语料库的翻译研究得到发展。人们使用ParaConc软件应用到翻译语料库研究中去。王立非、王金铨指出：计算机辅助的研究方法对翻译研究具有重要方法论意义㉛。

韩宝成、刘润清论述了近半个世纪我国中小学英语教育以及宏观外语教育政策的演变，指出中小学英语教育的发展是在国家政治、经济、外交及社会等各种因素影响下不断调整和适应的过程。他们结合当今国外外语教育政策及国际政治生态，肯定目前我国外语（英语）教育政策的大方向。他们指出在基础教育阶段外语（英语）教育中，素质教育应把外语（英语）教育的出发点和归宿放在促进学生心智发展、提高其人文素养上面，不应只考虑其实用目的㉜。

（作者：北京大学教授）

注：

①姜望琪：《现代语篇分析的萌芽——布拉格学派语篇分析思想研究》，《外语教学与研究》，2008年第3期。

②庞建荣：《模糊语言及其语境依赖性》，《外语与外语教学》，2008年第7期。

③侯建波：《语法隐喻：新解与反思》，《外语教学》，2008年第5期。

④何伟：《语法隐喻：形式变体和意义变体》，《解放军外国语学院学报》，2008年第3期。

⑤侯建波：《从语义层到词汇语法层——评Fawcett对语法隐喻的质疑》，《外语与外语教学》，2008年第5期。

⑥何伟：《时态的情态用法：语法隐喻》，《外语与外语教学》，2008年第7期。

⑦王秀丽：《话语范围导入词——对存在句的篇章分析》，《外语教学与研究》，2008年第5期。

⑧王德亮：《语篇中断处理》，《外语与外语教学》，2008年第8期。

⑨陈香兰、申屠菁：《转喻矩阵域观》，《外国语》，2008年第2期。

⑩王义娜、李亚培：《由意象与识解看认知语法的理论架构》，《北京第二外国语学院学报》，2008年第6期。

⑪陈满华：《关于构式的范围和类型》，《解放军外国语学院学报》，2008年第6期。

⑫杨永林、丁韬、杨小璐：《顺序、类属、难度——儿童色彩语码习得中的几个问题》，《外国语》，2008年第3期。

⑬封宗信：《格莱斯原则四十年》，《外语教学》，2008年第5期。

⑭姜望琪：《从“语用学手册”看语用学的最新发展》，《解放军外国语学院学报》，2008年第2期。

⑮申丹：《再谈西方当代文体学流派的区分》，《外语教学与研究》，2008年第4期。

⑯王立非、陈功：《大学生英语写作中分裂句的特征——基于语料库的考察》，《外语教学与研究》，2008年第5期。

⑰朱叶秋、文秋芳：《大学生英语口语中冠词的研究》，《外语教学》，2008年第3期。

⑱朱叶秋、文秋芳：《不同水平英语学习者口语中冠词的使用》，《解放军外国语学院学报》，2008年第6期。

⑲戴运财、蔡金亭：《二语习得中的语言学能研究：回顾、现状、思考与展望》，《外国语》，2008年第5期。

⑳骆涵：《二语词汇习得研究综述》，《外语教学》，2008年第2期。

㉑高一虹、周燕：《英语学习与学习者的认同发展——五所高校基础阶段跟踪研究》，《外语教学》，2008年第6期。

㉒王红梅：《语调音系学的发展历程》，《外语与外语教学》，2008年第9期。

㉓陈国华、田兵：《下一代英语学习词典的设计特征》，《外语教学与研究》，2008年第3期。

㉔胡晓丽：《中国英语之功能研究》，《外语与外语教学》，2008年第11期。

㉕杨永林：《千门万门，同出一门——从美国“水门事件”看文化“模因”现象》，《外语教学与研究》，2008年第5期。

㉖高一虹、李玉霞、边永卫：《从结构观到建构观：语言与认同研究综观》，《语言教学与研究》，2008年第1期。

㉗张尧学：《关于大学英语四、六级考试改革的总体思路》，《外语界》，2008年第5期。

㉘李立、孙平华：《大学生公共英语语言学习模式研究报告》，《外语界》，2008年第5期。

㉙杨永林：《面向全球化、信息化、数字化时代的英语教学——基于“体验英语写作”训练系统建

设的研究》，《外语与外语教学》，2008年第5期。

㉚王金铨、王立非：《计算语言学视角下的翻译研究》，《外国语》，2008年第3期。

㉛王立非、王金铨：《计算机辅助翻译研究方法及其应用》，《外语与外语教学》，2008年第5期。

㉜韩宝成、刘润清：《我国基础教育阶段英语教育回眸与思考（一）——政策与目的》，《外语教学与研究》，2008年第2期。

外国语言学（英语除外）

彭广陆 鲍 红 周 彤

本文所涉及的对象主要是2008年间发表在北京地区出版的学术刊物或论文集上的与外语语言学（英语除外）有关的有代表性的学术论文以及北京地区学者出版的学术专著等，兼及北京地区学者在外地或国外的学术刊物上发表的学术论文。以下分东方外语语言学和西方外语语言学两大部分进行综述。东方外语语言学的综述以日语语言学为主，西方外语语言学的综述以俄语为主。

一、东方外语语言学

1. 主要学术活动

2008年6月25日，"《中日交流标准日本语》首版发行20周年（1988—2008）纪念会暨学术研讨会"在人民教育出版社举行，来自全国各大学的代表共60余人参会，20名代表围绕日语语言学、教学方法以及教材编写等领域的问题进行了学术探讨。

2008年10月11日至12日，由清华大学外语系和创价大学文学部联合主办的"日语动词及周边"国际研讨会在清华大学举行，来自海内外的80多位代表出席了会议，并就日语动词及相关领域的问题展开了学术研讨。

2. 语音学、音韵学研究

同以往一样，2008年度的语音学、音韵学的研究仍然比较少。其中，崔昆利用学会演讲的语音资料，从语音停顿和末尾莫拉的时长两个方面考察了日语韵律单元边界的声学特征，证实了无声停顿的长短和末尾莫拉的时长决定于其所在韵律单元的层级①。

赵志刚以19世纪初汉日对音资料《琉球译》为资料，对其中的对音字声母进行了分析，总结了当时冲绳方言中カ行辅音的塞擦化规律：「カ」「キ」「ケ」的辅音是/K/，但当其前有高元音i时，会出现塞擦化现象，即/K/变成/tʃ/②。

3. 文字学研究、词汇学研究

较之上一年度，本年度的文字学、词汇学方面的研究成果有所减少。其中，文字学研究方面，靳卫卫梳理了汉字在日本的传入、使用和发展历程，并在此基础上讨论了日语汉字与汉语汉字在字体、字音、字义方面的区别与联系③。

词汇学研究方面，邱根成考察了成对出现的非促音形式和促音形式的词语，指出后者在使用范围、构词功能、词义与活用等方面均受到了明显的限制④。

4. 语法学研究

语法学研究依然是本年度日语语言研究的重点。2008年度的语法学研究成果总体来说具有以下几个特点：（1）研究视野开阔：不少学者在研究日语问题的时候积极借鉴汉语界以及英语界的研究方法和成果，同时，与以往现代日语研究一边倒的现象相比，本年度在古代、中世、近世日语的研究方面也涌现出一批新成果；（2）学者范围扩大：本年度在京出版的学术刊物上刊登了不少非北京地区学者的研究成果，其中不乏日本、韩国等外国学者的论文，学者之间的交流对于学术的繁荣发展必将有着积极的促进作用；（3）敬语研究的成果相对集中。

4.1 日语本体研究

4.1.1 词法学研究

铃木泰就古代日语的词法（形态论）进行了较为系统的阐述。首先，作者站在与现代日语历时比较的角度，指出古代日语名词的裸格形式既可表示主格，又可表示宾格（对格）。与近现代日语中用ガ格标记主语相比，古代日语的主格没有专用的格标记，由此作者提出这一差异反映出古代日语与近现代日语有可能分属于不同的语言类型。其次，作者将词法形式按断续功能的不同分为终止形、中止形、连体形和条件形，分别介绍了古代日语各种活用形式的用法并与近现代日语进行了比较。对于古代日语动词的词形变化，作者将"式"、"极性"、"语气"、"时"等主观性较强的范畴方面的变形看做狭义的词形变化，同时认为对于"语态"与"体"等客体性较强的范畴方面的变化而言，其语法意义往往渗透于词汇意义内，应将其视为“语法性的派生动词”[⑤]。

现代日语研究方面，胡稹借用汉语研究中谓词隐含的概念对「教師へノ批判」一类结构中的「ノ」的词性进行了探讨，作者认为从语义及句法表征层面看来，不妨将「ノ」视为谓词隐去并置换出动作性名词后留下的语迹[⑥]。黄成湘、张佩霞运用认知语言学的原型理论，以「デノ」结构、「ヘノ」结构为例，对「格助词＋の」结构与连用格的对应关系进行了考察。结果表明：对于デ格、ヘ格来说，只有原型义及原型义的一次扩展义项才能对应「デノ」或「ヘノ」结构；而对于ヲ格、ニ格而言，周边义则更容易与「デノ」结构对应[⑦]。

4.1.2　句法学研究

于一乐对「V＋ながらの＋.P」句式中V与NP的语义特征进行了描写，在此基础上依据Vendler（1967）动词四分类的测试，证明了出现在该句式中的V或NP绝大多数具有持续性，二者施事相同，在词汇概念结构中都相当于x[⑧]。杨文江则从时间关系和逻辑关系两个方面分析了「PながらQ」句式的语义类型。作者借用了工藤（1995）关于シテイル语篇功能的研究成果，证明了动词P的语法体意义直接影响P和Q的语义关系，其中，当P为完成性时表现出时间关系上的非同时性，P和Q则由于主观化的原因表现出逻辑上的逆接关系[⑨]。

4.1.3　敬语研究

古代敬语研究方面，都基祯以镰仓时期的资料「とはずがたり」中的谦让语为研究对象，将其按照动词的语义分为「言語行動」「往来」「存在」「授受」「奉仕関係」5个类别，对其用法及“待遇性”分别进行了考察。作者指出，除了继承已有的用法之外，中世的谦让语还出现了一些新的用法[⑩]。

2007年2月，日本文化审议会出台了《敬语的指针》，引发了日语学界对敬语问题研究的热潮。其中，森山卓郎从句子类型的角度出发，指出将郑重语只限定为「です、ます、でございます」的做法不够全面，动词句的命令形式「なさい、ください」以及其应答「はい、ええ」也应该列为郑重语。同时，作者建议添加“高级郑重语「上級丁寧語」”（如「なさいませ」、「くださいませ」等）这一类别，并呼吁将文体、敬语形式和句子类型三者结合起来重新定位“郑重语”与“谦让语Ⅱ”[⑪]。

4.2　汉日对比研究

彭广陆以《雾都孤儿》的中日译本为资料，考察了两种语言中移动动词的使用情况，指出中译本与日译本中移动动词使用上的不对应主要表现在译者观察事物的角度，即视点的不同上。另外，研究表明日文译本中出现的移动动词，尤其是复合动词，不少表现为中立的视点。对于同一句话，汉语的不同译本有时译作“来”，有时译作“去”，这一现象反映出译者观察角度的不同，进而印证了汉语表达中视点的游移性[⑫]。

贾黎黎对于先行研究中“语义程度极小的词语只能用于否定，语义程度极大的词语只能用于肯定”这一“公理”提出了质疑，通过汉语及日语的对比研究，指出只要该词语含有一定程度的语义（定量），那么它便难以进入否定结构[⑬]。

5. 语用学研究

语用学研究延续了近年来的热潮，其中语用推理的研究是本年度的一个研究重点。杨久成对否定型拒绝策略组合使用的语力变化规律进行了分析，指出：同层次组合使用时，否定型拒绝策略之间多属于并列关系，跨层次组合使用时，否定型拒绝策略之间多属于因果推理关系；并列式否定型拒绝策略的组合使用加强拒绝语力，而因果式否定型拒绝策略的组合使用中和拒绝语力[⑭]。李旖旎立足于关联性理论，对日语笑话的意图传达和语境效果、认知努力的关系进行了探讨[⑮]。

6. 语料库语言学及其相关研究

随着信息科学技术的不断进步，近年来语料库的建设也蓬勃兴起。基于国内外尚无一个能够分析多种语言的通用语料库分析研究工具的现状，施建军介绍了建设“汉日通用语料库”的构想与该工具软件拟实现的主要功能[⑯]。

作为基于语料库对特定语言现象的研究，戴宝玉利用从3年的报刊资料中抽取的数据，对诸如「よりよい人生」之中的「より」的使用情况进行了观察分析。结果表明「より」主要接在形容词（包括所谓的形容动词）和部分专事修饰体言的动词前用作接辞（前缀），置于动词或其他词类前用作副词的例子只占少数，这一语言事实表明以往将「より」的词性定为副词的做法是欠妥的[⑰]。

7. 翻译理论及实践研究

翻译研究可谓本年度的一个热点领域，翻译理论探索、翻译实践及翻译教学研究方面均有不少成果涌现[⑱]。林璋对于译文的质量提出了“可接受性＋最大对应关系”这两个衡量指标，其中对应关系应确保的优先顺序是：语用意图 > 言语意义 > 语言意义[⑲]。

8. 日语教学研究

张慧霞根据学习者语言背景的特点，将日语教学的类型进行了划分，并讨论了日语专业日语教学的属性，指出日语专业的学生应当具备较高的语言能力，掌握丰富的语言、文学知识，形成较高的人文修养[20]。刘元满则对同属于第二语言教学的"日本语教育"与对外汉语教学进行了对比考察，从学科历史、学科归属、学科研究领域等方面探讨了二者的区别与联系[21]。

在具体教学实践研究方面，何环、周浩以日语专业一年级和三年级学生为调查对象，对于两个年级学生对数量词读音的习得情况、学习策略等进行了实证性研究，并提出了相应的教学建议[22]。

3月20日至23日，"信息化社会的俄语与俄语教学"学术研讨会在洛阳解放军外国语学院召开。共有来自国内外40余所院校近80名代表参加，研讨会共收到学术论文67篇，议题涉及了语用学、语义学、社会语言学、修辞学、语言哲学、语言对比等诸多领域。

二、西方外语语言学

1. 重大学术会议

4月4日至7日，"俄罗斯学在中国"国际学术研讨会在四川外国语学院举行，来自国内外近30所高校、研究机构、出版机构的知名学者出席了大会，收到论文近60篇。

5月23日至25日，"中俄文化比较"学术研讨会在北京外国语大学俄语系举办。会议围绕中俄文化比较与对话的意义及目的，两国文化思维方式比较研究以及此议题下振兴民族文化的时代背景等诸多课题展开了深入细致并卓有成效的探讨。

9月21日至22日，第九届全国俄语语言与文化学术研讨会在大连外国语学院举行，来自全国30多所院校近70余名专家学者出席了大会，收到论文75篇。

10月26至28日，"中国俄语教育三百年"大型国际学术研讨会在上海外国语大学召开。此次会议由国际俄语教师联合会、中国俄语教学研究会和上外俄语系共同主办。国际俄语联合会主席团成员、20多个国家的70余位国外学者和全国70余所院校的130多位学者出席了此次盛会，会议共收到论文210多篇。

2. 俄语语义学与语用学

语义学与语用学的研究仍然是最受关注的热点，发表了大量相关的论文及专著。徐翁宇以语用为主线，运用形式、语义和语用相结合的综合分析法，对对话结构及其运用的规律，对话中的交际单位、话语的含意、风格和体裁等方面进行了详细的分析和研究，阐明了"语言·人·社会"三者之间的紧密关系[23]。彭玉海提出"题元重合"的理论观点，并借助认知"构式语法"理论、莫斯科语义学派集成描写理论相关分析方法，对句法语义中一些独特的题元现象进行研究。作者认为"题元重合"背后隐藏的往往是情景—事件心理完形或格式塔的重合。这一研究一定程度上突破了纯粹客观意义的语义分析的局限，为从认知上观察和解释题元理论问题找到了一种新的方法，同时也为分析模糊语义现象，认识题元角色在概念结构、语义关系中的实质作用提供了新的理论线索[24]。霍花从题元的理论基础——动词中心论、题元的语义本质、语义题元与句法题元的关系几方面围绕着句法语义核心问题展开了研究，认为题元这一角度展现了语言中的意义相互作用原则，并在句子语义机制中起着积极建构的作用[25]。杜桂枝从结构主义角度出发，阐释俄语句法中的主从关系，证实任何一个体系本质上都是一种结构，而结构就是该体系的内部组织，也是这个组织中各个构成要素之间关系总和的形式体现，进而揭示出语言的体系性本质和结构关系[26]。

刘利民对语义多维性及语言性操作的模式进行了研究，提出语义是一个命题，即某个对象对于认知主体意味着什么。语义是多维度的，在核心定义性意义之外，还具有文化特异性、个体指向和时空动态性。依据语词所指意义的物指关涉度和可验证性，可以区分出现象性意义、本质性意义和存在性意义3种操作模式。从本质上说，哲学的价值就在于盯住语言并就语言提出问题，求解问题[27]。李红儒对西方语言哲学进行了探索性的批判，明确指出，就语言是什么这一问题而言，语言学的回答让人只见树木，不见森林；分析哲学建构科学语言的努力失败了；日常语言哲学的研究让人在具体语言现象的分析中看不到整体性希望；欧洲大陆哲学的回答同样存在需要商榷之处。在此基础上，作者建议将分析哲学和日常语言哲学整合为分析性语言哲学，进而与欧洲大陆本体论哲学实施整合，形成统一的语言哲学[28]。隋然从哲学分析的角度探讨了自然语言语义结构问题。人类语言意识系统直接涉及言语交际系统，表现为事物—（潜在）主体—普遍特征—（潜在）述谓形式的"主体—述谓"结构。语句的基础是现实时间的单向线性轴，其深层的离散性语义必然表现出一定的相关形式。语言思维系统和言语交际系统归根结底是言语主体意向生成的结果，一方面具有稳定性和目的性，另一方面具有机动性和灵活性[29]。

武瑷华指出言语交际的对抗性是一种与合作性相对立的言语互动方式，是对话性所决定的言语交际的自然特征。对抗性的语言机制在于语句主观内容方面的交际意图和情态的对立，以及在这种主观内容操纵下所形成的语义对立。副语言成分和语境也可以促成对抗的言语效果。对抗性与合作性的对立具有明显的不对称性，是一种标记现象，具有重要的语用学意义[30]。袁妮以 Н. К. Рябцева 的思想为基础，以语言学学科的学术专著为语料，深入研究了俄语思维施为句，补充了 3 种语法形态特征，分析了思维施为句在科学语篇中所处位置的规律，归纳出了它们所表达的主要逻辑语义功能[31]。许宏分析研究了言语行为视角下的俄语话语词功能。由语气词、副词、插入词、情态词和词组等组成的俄语话语词的使用具有重要的语用功能。从言语行为角度看，话语词传递的不是句子的真值条件，而是有关说话人对命题的态度或施为的信息，并能对话语的施事语力进行调控[32]。王金玲和马建光分析了俄语报刊政论语篇的纪实性、对话性、主观性、社会性和评价性等基本语用特征，指出这些特征通过大量使用引证和引语，借助于先例文本现象的相似联想以及各种具有暗示意义的评价词语等手段[33]。王福祥和吴汉樱全面介绍了语言学发展的历史，重点介绍了索绪尔理论、结构主义语言学及俄罗斯语言学，综述了普通语言学简论及语言学的研究方法[34]。

3. 俄语认知语言学

王松亭分析研究了语言符号的象似性和任意性问题，指出语言象似性应当从词（字）的象似性和句法象似性两个方面进行考虑，并分析了句法象似性研究兴起的理论背景，认为任意性和象似性两者之间是对立统一的相互关系，都是语言符号系统的固有特征[35]。易绵竹和姚爱钢尝试运用认知语义学的相关理论，从计算语言学的应用角度出发对俄语名词格范畴语义问题进行探讨，主要涉及俄语名词格的性质与分类标准、俄语名词格范畴语义的描写与解释方法以及俄语词法格与语义格的对应关系几个问题[36]。李善廷分析了隐喻的相似性，指出相似性是事物间存在的一种特征或属性，是隐喻建构的基础。事物间存在的相似性，不论是物理的，还是心理的，均是人类认知判断的结果。它体现着认知主体的主观经验，能被主体所认识和利用，但它的存在不以人的意志为转移，有其客观基础[37]。

4. 俄语语法学和口语学

黄颖对俄语语法进行了全面系统的梳理，指出了当代语法学的一些新现象、新倾向，并与教学实践紧密结合，通过丰富新颖的例句揭示了语法规律[38]。孙玉华和田秀坤从句法、语义、认知角度对俄语领属关系及领属结构进行分析，探讨了表达领属关系结构的最常用的中心句式，阐明了由于民族不同、认知方式不同决定了不同语言中领属结构的不同表达方式的观点。俄语领属关系通常是领属物在前，领有者在后，这折射的是俄罗斯民族先部分、后整体的认知心理[39]。王清华认为现代俄语功能语法的基础——语义已经不再是纯粹语言学领域的内容，它涉及逻辑学、认知学、心理学及语用学等学科。作者提出了狭义语义和广义语义的见解，为现代俄语功能语法学的发展提供了一个宽松的空间[40]。李锡奎和史铁强结合俄语超句体统一结构理念，通过剖析俄语书面表达中超句统一体结构的应用实例，探寻超句统一体结构在俄语书面表达中的潜在联系和规律，阐释超句统一体结构理念对于俄语写作的重要指导作用和实际应用价值[41]。赵蓉晖全面分析了中国俄语口语研究现状，指出我国的俄语口语研究已成为俄语口语学的有机组成部分，口语被看做是相对于书面语言的一种功能语体，研究的目标在于提高俄语教学质量，研究的方法以定性为主，很少依赖统计和试验数据。口语的动态研究成为近年的热点，其基本理论和语法体系研究成果丰硕。总的看来，我国的俄语口语研究目前还处于体系性指导阶段，应用型研究十分缺乏，研究手段也亟待改进[42]。

5. 俄语语言文化学

白春仁认为文化比较需要对文化具有一种宏观的视角，如实地将中俄文化都看做是完整的体系，在整体的背景下辨析比较的对象。比较研究可有 3 个层次，一是辨析异同，二是辨析普世性与民族性，三是对话创新。从文化比较到文化对话，既要有质实的辨析，又要有高远的追求[43]。彭文钊探究了语言世界图景的知识系统的结构与生成。指出语言世界图景是某一语言社团对外部世界素朴的概念及观念认识的总和。语言世界图景知识系统作为其内容平面经过范畴化、言语化、语义化凝结在语言之中，可以分为实体文化知识层、规范文化知识层和精神文化知识层三部分，对知识系统的描写与解释要在语言文化场内分层逐级进行[44]。郑文东基于洛特曼从时间视角对文化的拓扑结构作出的阐释——集中在文本中不同人物、不同环境的彼此同拓扑性质，认为洛特曼把立足前科学时代人类业已形成的神话认知模式作为构成文本情节的最原始语言，它完成着对叙事文本的情节建构功能。在它被从循环时间

（神话思维）翻译入线性时间（历史思维）后，不断地复杂化，人物在各个空间之间的往返，形成了现代文本中错综复杂的情节，但穿越时空的隧道，这种和神话核心同拓扑的结构依稀可辨[45]。付晓霞针对俄罗斯学的一些热点问题阐述了自己的观点，认为俄罗斯学是研究俄罗斯的一切的学科，其学科体系是多元交叉跨学科的，需要用人文的动态思维方式对其加以思考，将不同的研究对象放在统一的研究体系中加以观察，用整体互联、全面剖析、随机而变的方法开展研究，研究范畴包括俄罗斯社会、俄罗斯文化、俄罗斯民族和俄罗斯语言文学，研究对象是整个俄罗斯[46]。

6. 俄汉语对比研究

王福祥和吴汉樱出版了第一本《英汉·俄汉现代语言学词汇》[47]。姜宏分析研究了俄语中强烈程度意义的表达手段，指出俄汉语中有着大量共同的表达强烈程度意义的手段，它们不仅形式多样，搭配灵活，而且语义丰实，有着强烈的感情色彩和表现力。但两种语言又都有着各自特有的表达手段，如俄语的成语手段较为丰富，而汉语的词汇表达则更为多样，构词手段只存在于俄语中等，它们充分反映了俄汉语各自的语言特点[48]。李勤以俄汉语为语料，回顾了信息不足词的研究历史，对其界定进行讨论，指出其句法方面的特征。同时，还分析形成信息不足的句法条件，归纳信息不足词在词类中的分布，把信息不足词分成黏着性和非黏着性等类型[49]。赵洁回顾了俄汉对比修辞研究的历史，指出了国内俄汉对比修辞研究的特点以及今后需要努力拓展的方向，概括了俄汉对比修辞研究的具体课题[50]。徐英平从时体、数量和情态3个范畴对俄汉语空间意义词汇语法化现象进行了对比，在探寻语言演变与人类认知间内在的普遍联系的同时，对两种语言间语法化的个性表征进行了解析[51]。吴芳从俄汉熟语单位的形式相关性、功能—意义相关性及二者之间的相互关系等3个方面，对俄汉两种语言的熟语组成进行了对比，对俄汉两种语言熟语单位的语际相关性进行了分析和探讨[52]。

7. 俄语翻译理论与实践

李锡奎和史铁强结合超句统一体结构理念，通过对俄汉翻译中具体实例的分析，指出在实际翻译活动中，超句统一体是比句子更为重要的操作单位，以及如何在篇章的大背景下，以超句统一体为具体操作单位真实再现原文的本来面目，使译文在句义上及所传达的情感上与原文更趋于对等[53]。俞晶荷借鉴认知语言学研究领域中的“框架”概念，通过对框架语义学的学科属性及其基本原理的阐述，尝试论证从框架语义学角度进行翻译研究的可行性与必要性[54]。李畅试图以先例理论为依托，从跨文化交际的视角，提出文学作品中宗教文化元素翻译的原则，以求在文学翻译中准确地传达原作蕴涵的宗教文化信息[55]。

8. 俄语教学法研究

许高渝等系统介绍了俄罗斯心理语言学的理论成果和应用领域，深入讨论了俄罗斯心理语言学的理论概念和言语感知、生成等重要课题，又广泛涉及了儿童言语发展、法律和刑侦、大众传播（包括政治和广告宣传）、翻译、语言教学、言语病理、跨文化交际等方面的心理语言学问题，并对如何运用心理语言学成果指导我国外语教学的实践开展了初步探索[56]。崔卫强调信息技术与俄语教学的研究在中国和俄罗斯同样处于快速发展的阶段。信息化背景下的俄语教学研究也越来越成为当前俄语教学研究的前沿和重点课题，这一背景下的外语教学理论也更系统化，其实践领域集中在多媒体、网络和语料库的俄语教学应用中[57]。刘娴娴评介了《俄语多媒体教学软件》的研发及其在教学实践中取得的良好成效，为推进俄语教学的现代化变革发挥的积极作用。指出了该软件设计原理与编制方法，对于外语学科其他语种的新型软件开发所具有的普遍适用意义[58]。

（作者：彭广陆，北京大学教授；
鲍红，北京大学副教授；
周彤，北京科技大学讲师）

注：

①崔昆：《日语韵律单元边界的声学分析》，《日语学习与研究》，2008年增刊。

②赵志刚：《近代冲绳方言カ行辅音塞擦化现象——基于汉日对音资料进行的考察》，《日语学习与研究》，2008年第6期。

③靳卫卫：《日语汉字的演变》，《日语学习与研究》，2008年第5期。

④邱根成：《论促音对词的限定作用》，《日语学习与研究》，2008年第5期。

⑤铃木泰：《古代日本語の形態論》，《日语学习与研究》，2008年第6期。

⑥胡稹：《试论日语“格助辞＋ノ”的ノ》，《日语研究》第6辑，商务印书馆，2008年。

⑦黄成湘、张佩霞：《「格助词＋の」结构与连用格的对应关系考察——以「デノ」结构和「ヘノ」结构为中心》，《日语研究》第6辑，商务印书馆，2008年。

⑧于一乐：《「V＋ながらの＋NP」的成立条件

与 NP 的共现规则》，《日语研究》第 6 辑，商务印书馆，2008 年。

⑨杨文江：《「PながらQ」的语义类型分析》，《日语学习与研究》，2008 年第 1 期。

⑩都基祯：《『とはずがたり』の敬語研究——謙譲語を中心に》，《日语学习与研究》，2008 年第 1 期。

⑪森山卓郎：《「丁寧語」再考》，《日语学习与研究》，2008 年第 5 期。

⑫彭广陆：《从翻译看日汉移动动词「来る/行く」和“来/去”的差异》，《日语学习与研究》，2008 年第 4 期。

⑬贾黎黎：《试议量与肯定极项的关系》，《日语研究》第 6 辑，商务印书馆，2008 年。

⑭杨久成：《日语否定型拒绝策略组合使用的语力变化规律》，《日语研究》第 6 辑，商务印书馆，2008 年。

⑮李旖旎：《日语笑话的认知语用推理——关联性理论分析》，《日语研究》第 6 辑，商务印书馆，2008 年。

⑯施建军：《关于汉日通用语料库统计分析工具的设计》，《日本学研究》十八，学苑出版社，2008 年。

⑰宝玉：《接辞和副词兼类的「ヨリ」》，《日语学习与研究》，2008 年第 6 期。

⑱彭广陆：《从翻译看日汉移动动词「来る/行く」和“来/去”的差异》，《日语学习与研究》，2008 年第 4 期。

⑲林璋：《关于译文的质量指标——可接受性＋最大对应关系》，《日语学习与研究》，2008 年第 4 期。

⑳张慧霞：《试论日语专业日语教学的属性》，《日语研究》第 6 辑，商务印书馆，2008 年。

㉑刘元满：《日本语教育与对外汉语教学的学科特点比较》，《暨南大学华文学院学报》，2008 年第 4 期。

㉒何环、周浩：《日语专业学生对数量词读音习得的实证性研究》，商务印书馆，2008 年。

㉓徐翁宇：《俄语对话分析》，外语教学与研究出版社，2008 年 2 月。

㉔彭玉海：《论题元重合》，《中国俄语教学》，2008 年第 3 期。

㉕霍花：《俄语题元问题刍议》，《中国俄语教学》，2008 年第 3 期。

㉖杜桂枝：《俄语主从关系的结构语义阐释》，《外语学刊》，2008 年第 5 期。

㉗刘利民：《语义多维性及语言性操作的模式》，《外语学刊》，2008 年第 1 期。

㉘李红儒：《西方语言哲学批判——语言哲学系列探索之七》，《外语学刊》，2008 年第 6 期。

㉙隋然：《自然语言语义结构问题的哲学分析》，《外语学刊》，2008 年第 6 期。

㉚武瑗华：《透过反驳话语看言语交际的对抗性》，《外语学刊》，2008 年第 4 期。

㉛袁妮：《俄语思维施为句研究》，《中国俄语教学》，2008 年第 4 期。

㉜许宏：《言语行为视角下的俄语话语词功能研究》，《中国俄语教学》，2008 年第 4 期。

㉝王金玲、马建光：《俄语报刊政论语篇的语用特征及其语言表达手段》，《中国俄语教学》，2008 年第 4 期。

㉞王福祥、吴汉樱：《语言学历史 · 理论 · 方法》，外语教学与研究出版社，2008 年 6 月。

㉟王松亭：《论语言符号的象似性和任意性问题》，《中国俄语教学》，2008 年第 1 期。

㊱易绵竹、姚爱钢：《俄语名词格范畴语义的认知阐释》，《中国俄语教学》，2008 年第 3 期。

㊲李善廷：《论隐喻的相似性》，《中国俄语教学》，2008 年第 1 期。

㊳黄颖：《新编俄语语法》，外语教学与研究出版社，2008 年 7 月。

㊴孙玉华、田秀坤：《俄语领属关系与领属结构的功能阐释》，《中国俄语教学》，2008 年第 2 期。

㊵王清华：《俄语功能语法维度下的语义》，《中国俄语教学》，2008 年第 2 期。

㊶李锡奎、史铁强：《浅析俄语超句统一体结构理念在俄语写作中的应用》，《中国俄语教学》，2008 年第 4 期。

㊷赵蓉晖：《中国俄语口语研究现状分析》，《中国俄语教学》，2008 年第 4 期。

㊸白春仁：《整体性 · 普世性 · 对话性——思考文化的比较研究》，《中国俄语教学》，2008 年第 4 期。

㊹彭文钊：《语言世界图景的知识系统：结构与生成素》，《中国俄语教学》，2008 年第 1 期。

㊺郑文东：《文化拓扑结构中神话思维的作用——洛特曼文化符号学视角观察》，《中国俄语教学》，2008 年第 2 期。

㊻付晓霞：《探讨俄罗斯学》，《中国俄语教学》，2008 年第 3 期。

㊼王福祥、吴汉樱：《英汉 · 俄汉现代语言学词

汇》，外语教学与研究出版社，2008 年 11 月。

㊽姜宏：《俄汉语中强烈程度意义的表达手段》，《中国俄语教学》，2008 年第 3 期。

㊾李勤：《论信息不足词——以俄语和汉语为例》，《外语学刊》，2008 年第 2 期。

㊿赵洁：《俄汉对比修辞学·历史与任务》，《中国俄语教学》，2008 年第 2 期。

51徐英平：《俄汉语空间意义词汇语法化探析》，《中国俄语教学》，2008 年第 1 期。

52吴芳：《俄汉熟语单位语际相关性的对比分析》，《中国俄语教学》，2008 年第 4 期。

53李锡奎、史铁强：《浅析俄语超句统一体结构理念在翻译中的运用》，《中国俄语教学》，2008 年第 1 期。

54俞晶莹：《框架语义学角度下的翻译研究》，《中国俄语教学》，2008 年第 3 期。

55李畅：《先例现象与文学作品中宗教文化元素的翻译》，《中国俄语教学》，2008 年第 4 期。

56许高渝、赵秋野等：《俄罗斯心理语言学和外语教学》，北京大学出版社，2008 年 3 月。

57崔卫：《中俄信息技术环境下的俄语教学研究》，《中国俄语教学》，2008 年第 4 期。

58刘娌娌：《从研发走向应用的〈俄语多媒体教学软件〉》，《中国俄语教学》，2008 年第 1 期。

文 学

先秦两汉文学

刘书刚 常 森

2008 年度，北京地区先秦两汉文学研究进一步发展，研究成果主要集中在文学史及文学现象研究、作家作品研究、学术史以及文化史研究等方面。

一、文学现象及文学史研究

1. 关于《诗经》演唱方式

李炳海从《诗经·国风》文本出发，对《国风》歌诗的演唱情况作出了探索，认为各段歌词极其相似的风诗最有可能属于同调歌诗，即其各段在演唱时采用同一曲调而不发生变化；一些各段歌词文字差异较大，但每段句数、每句字数完全一致，各段、章、句呈整齐排列形态的诗歌，也当属于此类。由此可得出《国风》大部分作品为同调歌诗的结论。同调歌诗的地域分布并不均衡，且跟这种演唱方式相适应，大部分为短篇，各段之间遣词造句不避重复，同一句子或者相同结构的句型往往反复出现。同时，《国风》中还存在部分各段不用同一曲调演唱的异调歌诗，这其中又可以分为无规则和有规则两类。无规则的异调歌诗主要有如下几种形态：在重复演唱各段歌词时插入某些词语，使局部曲调相应变化；末段歌词用变调演唱，与前面段落曲调不同；首章变调，随后各章同调；首章末章变调，中间章节同调；几段歌词分作不均等的两部分，每部分采用相同曲调；各段歌词各有曲调。有规则的异调歌诗则主要有两种形态：一是整首歌分作前后等同的两部分，每部分之间用同一曲调，一是两种不同曲调严格交替出现，反复轮流演唱。异调歌诗的地域分布同样不平衡，其中邶、鄘、卫地区较多。《诗经》中的大部分诗歌都呈现出单唱形态，但对唱歌诗同样存在，这可以根据诗歌中出现的角色、诗歌的语气、诗歌出现的空间方位等因素进行辨析和确认[①]。

李炳海认为，《诗经·国风》中篇名相同的歌诗，可能用同一曲调进行演唱。它们各段歌词之间的句数相同或相近，每句诗的字数相差不大，诗歌的题材、主题、风格也多有相同。如《王风》、《郑风》、《唐风》中的《扬之水》，在歌词、章句方面具有同构性，且都为表现男女爱情婚姻的作品，取材相近；《邶风》、《鄘风》中的《柏舟》，不仅流传在同一地域，除《鄘风·柏舟》中出现的短暂变调外，用于演唱的曲调也基本相同；《郑风》、《唐风》、《桧风》中的《羔裘》，以贵族成员为主要角色，歌词文本形态惊人相似，当也采用同一曲调；《唐风》、《秦风》中的《无衣》，则都以赠衣为题材，表现人与人之间的亲密关系，用同一曲调演唱，也是顺理成章之事。这些也可以证明，《国风》篇目名称的确定很大程度上要考虑它们的演唱曲调，而不是简单地取首句或者其中几字。而《国风》与《小雅》之间的同名歌诗，因每段歌词的句数相差较大，不能用同一曲调演唱，这反映了地方歌诗与朝廷歌诗的差异，但在题材、内容和基调方面，二者之间仍有共通之处，有着明显的关联②。

李炳海还考辨了《诗经·周颂》中的大武歌诗。他在继承前人说法的基础上，认为《时迈》应为大武诗歌中的一篇，由此确定了大武诗歌的篇目，即《武》、《酌》、《桓》、《赉》、《般》、《时迈》6篇。他又根据《礼记·乐记》的记载，考订这6篇诗歌的演唱次序，认为《酌》所载的历史事实，与“再成而灭商”吻合，当为第二首；《般》记载周王巡守南国的事象，与“四成而南国是疆”的说法相应，当为第四首；《时迈》所叙述的偃武修文、天下太平的景象，与“五成而分，周公左，召公右”内容一致，且所述之事与《般》相承继，具有连续性，当为第五首。由此，再加上《左传·宣公十二年》以《武》、《赉》、《桓》为第一、第三、第六首的记载，大武歌诗的次序便可得到确定。此外他还考察了与各首诗相对应的歌舞状态，认为大武歌诗的纪实性和叙事性以及偃武修文的价值取向，对于《颂》诗具有典范意义，而大武舞所初步确立的四成为一单元的舞蹈体制，也成了先秦庙堂歌舞的基本体制③。

2. 关于“楚辞”、“诰”等文体

七言诗源自楚辞体，是现代学术界大多数人的看法，《相和歌·今有人》改编自《九歌·山鬼》，往往被视为这一演变的重要证据。赵敏俐对这一说法表示质疑，他指出两诗间的因袭改写并不等于文体的变化，从文体发展的渊源关系来看，楚辞体与骚体赋、散体赋中的六言句关系最为接近，属于直接演化，而三言、五言、七言等诗体都有自己独立发展的历史，并非直接演化自楚辞体。楚辞体与七言体在文体特征上存在巨大差异，在音乐上表现出“二分节奏”与“三分节奏”之别，在语言结构上则表现为句首一个“三字组”与两个“二字组”的不同。《山鬼》到《今有人》的改编实践，也说明从楚辞体中不可能自然演变出七言体。楚辞体以“兮”字为标志将一个诗句分为两个节奏单位，从而使节奏具有固定性，其典型句式与七言体相差甚远，学者论证楚辞与七言之间关系时，多看重其变体句式而忽略典型句式。汉代流行的楚歌与当时的七言诗没有关系这一历史事实，也说明七言体不可能直接演化自楚辞。当然，楚辞体在七言诗形成过程中可能发生过一定的影响，也是自然而然之事④。

过常宝探讨了《尚书》诰体的文化背景。他指出，周初巫政不能完全区分，《尚书》在其产生初期为礼仪的一部分，从《尚书》六体中可以约略看出其仪式性特点。典、谟、誓有不少改编自上古祭仪，并用于祭祀上古帝王的仪式，改编者借助上古帝王的神圣权威，推行某些政治理念和制度构想，使其成为追溯性的宪政法规类文献。而“诰”、“命”等则构成现实性较强的神道设教文献。在金文中，“诰”有对人训诫和遍告诸祖先神两种意义，这表明“诰”与告祭有着渊源关系。因此，“诰”其实是假祖先之名对参与祭祀者的训诫，是在宗庙中的一种仪式性话语。《尚书》周诰作者皆为周公，这与其摄政7年、主持朝廷祭祀的经历有关。周公作为周初的宗教领袖，其制礼作乐是他展示自己宗教权力，并利用宗教权力进行政治改革的重要手段。“诰”即是周公在庙祭中通过祖先名义阐发自己礼乐政治思想的载体，是其“神道设教”的具体形式之一⑤。

3. 关于散文中的人物形貌及战争中的声响描写

李炳海认为，先秦两汉散文中的人物形貌描写贯穿了两条线索：一是巫术与理性精神的矛盾并存，一是以壮观秀丽为美与以怪异荒诞为美的错杂。对于人的形貌差异，作者往往从地形、地貌、土质、水质等方面寻找原因，将其与所处空间方位对应起来，表现出类型化倾向，使某个固定地域的人在形貌上呈现出某种一致性。《山海经》、《淮南子》中的奇形怪状之人和《庄子》、《列女传》中的丑陋之人，都是依据巫术思维和相关理念，从地缘角度进行虚构和想象的产物。这种描述与现实不具有同一性，却富有艺术魅力⑥。

李炳海还指出，先秦两汉散文中以战争为题材的作品，往往从多个侧面展示战场上的声气状态，反映战争的残酷和参战将士的英雄气概以及权谋智慧。其中，鼓声与士气的关系最为密切，亲自击鼓、发布号令的统帅借之展现自己生命之气所处的状态，成为战争描写的重要对象。衅鼓将被杀者的生命力转移到战鼓之中，使之具有灵性而激励士气，是声与气密不可分的充分体现。而战场上的歌声、呐喊声、骂声、叱声、噪声，表现出参战者不同的生命之气，营造出多种多样的战场氛围。总之，声响描写作为战争描写的重要手法，在显示战争气势、刻画人物动态等方面，发挥了重要作用⑦。

二、作家及作品研究

1. 关于《诗经》、《楚辞》

姚小鸥、陈潇从先秦君子风范角度，对《曹

风·鸤鸠》进行了解读。他们总结前人观点，认为本篇主为国君而作，与国家政治有关，而对作品含义作出正确解读的关键，在于对诗中“仪”字的理解。文章认为，诗中“其仪一兮”、“其仪不忒”之“仪”当释为“容止”、“仪表”，这一解释可以获得《诗经》中大量文本的证明，由此出发，“仪”又可引申理解为“准则”、“榜样”、“效法”之意。诗歌赞美国君，正是言其“仪表”、“仪容”无差，是下民的良好榜样，而这里的“仪表”又特别指服饰而言。《诗经》中以仪表端正、服饰得体称颂国君的篇目为数不少，如此重视服饰仪容，甚至将其与道德发生关联，与当时礼乐文化浸染下的社会风尚及政治制度有关，而内具其德、外称其服对国君来说尤其重要。因此，《鸤鸠》篇赞美国君服饰端正，隐含着非常重要的文化意义，从一个侧面反映了作为当时社会主流文化的礼乐文化的道德规范和审美判断标准[⑧]。

方铭讨论了《楚辞·九歌》的主旨。他认为，《九歌》与《九辩》一样，本是古代的乐歌名，在夏代即已存在，且实际上是宫廷音乐而非楚地独有的民间音乐，其中所祀神祇也具有地域上的普遍性。他辨析《九歌》各章主旨，认为东皇太一神是最尊贵的神，但并非楚地之神，是天子的祭祀对象，非诸侯所得祭，楚国可能是模仿周天子而已；《云中君》为祭祀天上云神的诗歌，高度颂扬了云神的福威无边，泽及四海。《湘君》和《湘夫人》是对楚国境内最大河流湘江水神的祭歌，湘君为男神，湘夫人为女神，《湘君》表达了湘夫人由希望到失望再到怀疑、哀伤以至怨恨的复杂感情，《湘夫人》则描述了湘君来到约会地北渚却不见湘夫人的惆怅和迷惘，表达了他对湘夫人的思念，两首诗是一个完整的整体。湘君、湘夫人虽为湘水之神，但由于他们与舜的关系，也不能认为他们是楚国独有的神祇。《大司命》所祀为寿命之神，表现了人们对生命无常的看法，《少司命》中的神执掌人间子嗣及儿童命运，与《大司命》严肃的男神形象形成鲜明对比，可能是一位女神。《东君》是对太阳神的颂歌，《河伯》所祀为黄河之神，更非楚地所有，《山鬼》则可能是一切山中之神的代表，具有普遍性特征。他进而指出，将《九歌》中的“九”视为一个体现纲纪的数字而非篇章总数的说法不免牵强，《礼魂》本应为《国殇》的乱辞，而《国殇》这一明确为纪念楚国将士、独属楚国的作品并不属于《九歌》，是在流传过程中掺入的。因此，《九歌》所祀之神，皆非楚地独有，屈原创作时所依据的旧曲更非楚国一地之民谣，而与中原文化有着密切联系[⑨]。

李炳海分析了《离骚》中抒情主人公的佩饰意象。他指出，《离骚》中抒情主人公以多种方式与芳花香草发生联系，其中以之为佩饰出现频率最高。屈原对佩饰给予高度关注，继承的是原始文化和周代礼乐文明的传统，有其历史渊源和文化背景。但周代礼乐文明以玉佩而非香草作为威仪之美的重要标志，屈原以香草为佩饰，与楚地先民对植物的崇尚有直接关系，这可以与《山海经》中有关楚地植物佩饰的记载相互印证。在《山海经》中，佩饰是人与自然存在物进行生命感应的重要方式，楚地神话传说是从生命层面看待人与佩饰的关系。《山海经》中的佩饰或取自植物，或取自动物，《离骚》仅以植物为佩饰，则是由佩饰的实用性及社会风尚造成的。与《山海经》相同，《离骚》中用作佩饰的香草也都具有药物功能，与抒情主人公在生命层面发生关联。《离骚》对佩饰的描写突出其芳香和润泽，前者继承的是周人尚嗅的传统，关注人的嗅觉感受；后者则是受《山海经》佩饰传说的影响，将佩饰看做具有活力的生命机体，只是其佩饰描写展示了抒情主人公峻洁的人格，体现出更高层面的生命关怀。另外，《离骚》对佩饰的描写，所展示的形态、功能与《诗经》中的佩饰多有相通，佩饰不仅有多样的构成方式，且都可以作为礼品送与他人，这显示了《离骚》对《诗经》传统的继承，对周代礼乐文明、威仪之美的认同[⑩]。

李炳海对屈原在《九章》中所标明的创作缘起作了研究。他指出《九章》中有4篇作品明确标明了创作缘由：《惜诵》是为了表白自己的忠诚可信；《思美人》主要是出于情绪排遣、心理宣泄的需要；《抽思》将创作视为自我解救，以创作减轻、治疗心灵创伤；《悲回风》则认为创作是为了解释疑惑、阐明道理。屈原所交代的这些创作缘起，既有理性气质，又强调感情的抒发，且体现了真善美的精神。其对创作缘起的这些交代，是在人生境遇不断变化的情况下进行的，与屈原各阶段的生存状态、心理状态联系起来考察，可看出屈原对文学创作的理解随自身处境的变化而有不同侧重点。作品中交代创作缘由的传统，在《诗经》中既由周代贵族确立，《九章》无疑是对这一传统的继承。《诗经》、《九章》中标示创作缘由的作品多具批判性，对作品的称谓也都较为随意；然而，与《诗经》作品说明创作缘由的文字固定性地出现在篇末不同，《九章》中这类文字的位置比较灵活，创作主体因此具有了更多的变通性，使作品的结构不拘一格，富有变化[⑪]。

李炳海考察了宋玉《九辩》的篇章结构和写景抒情方式，认为宋玉《九辩》之名，是对古代乐章名称及内涵的沿用，既指乐章有9次变化，又有演奏9遍的含义。《九辩》处于屈原《九歌》、《九章》等组诗与汉代“九”体作品的中间阶段，具有承上启下的意义。从文体形态看，屈原组诗内部各篇作品较为独立，联系松散，而《九辩》各章联系紧密，构成了无法分割的有机整体，确立了汉代“九”体的基本结构方式。从诗与音乐的关系来看，屈原两组组诗与音乐或分或合，《九辩》则与音乐脱离关系，这在汉代“九”体中得到继承。在艺术上，《九辩》景物描写与言志抒情水乳交融，对情景交融的笔法有精心的调遣和周密的安排，使各个段落既相对独立，又一脉贯通。在意象运用上，《九辩》也颇具匠心，多种意象错落有致地分布在作品中，构成互相关联的意象群。《九辩》展现了作者复杂的心态和独特的心理历程，其中，表现受压抑的屈曲状态以及追求人生归宿过程中的曲折彷徨等，与《离骚》、《九章》有相承之处，但该诗较少涉及匡君救国的鸿图壮志，较少怀旧惜往的成分，以及以远游为人生历程的终结等，又与屈原作品有所不同，显示了抒情主人公独特的一面。此外，《九辩》兼取《离骚》、《九章》、《九歌》的句型，呈现出多种句型杂糅的形态，使诗歌呈现出新的面貌⑫。

2. 关于诸子

常森出版了40万字的专著《先秦诸子研究》，对儒家之《论语》、《孟子》、《荀子》，道家之《老子》、《庄子》，墨家之《墨子》，法家之《韩非子》等典籍，以及其撰著者或记述对象，作了系统的探析，既不像一般文学研究成果那样回避诸子的思想、哲理，又不像一般的哲学史学研究成果那样回避文章写作的艺术，立足于文本，求实、创新。该书在体例方面也有很多新的努力，比如对于所引录的大量原文都作了注释和翻译等，不仅适合研究者阅读，而且适合广大普通读者⑬。

对《论语·宪问》篇中“骈邑三百”的通常解释是“骈邑这个地方的三百户”，姚小鸥、王克家并不认同这一说法。他们首先对文献中“三百”的用法作了考察，认为在古人言语中，“三”常用来泛指数量之多，“百”也常被用作指示数量众多的虚数，“三百”连用更是古人极言数量之多的常用表达方式，在先秦文献中常见。因此在“邑三百”中，“三百”乃言“邑”数量多，孔安国“邑三百家”之说，在三百后平添一“家”字，有增字解经的嫌疑，并不妥当。“骈邑”为地名的说法自然也不能成立，文献中的大量语例表明，“骈”字有“相连”、“接合”之意，“骈邑”当指骈连在一起的邑。这一观点，宋人金履祥、元人陈士元已经提出，但未得到重视。“邑”字作为古代聚落的泛称，有时也可用“社”来代指，其范围亦当较“家”为大。因此此句的正解应为“连成一片的诸多属邑”⑭。

鲁洪生考辨了《论语》“侍坐”章曾点之志的本意，指出历代学者对曾点所言志的理解分歧很大，先后出现上巳祓除说、雩祭说、为师说、游春说、太平社会说等多种说法，而从文本内部看，“侍坐”中体现出两种截然不同的价值标准，孔子对子路等3人志向的评价，反映了其积极入世、治国以礼、为政以德的政治理想，对曾点志向的评价则表现出孔子在经历了理想与现实的尖锐冲突后，思想性格方面流露出的消极避世因素。从文本外部看，孔子长久奔波在外而不见成功的人生经历，有可能触发其思想中早已有之的安贫自守、安贫乐道的侧面。曾点本人恬淡放达、超脱事外、远离政治、不慕荣利，流露出消极意绪的可能性偏大，这种意绪正与孔子此时心境相合。历代学者对曾点之志的解释中，雩祭说、太平社会说与曾点所言不符，其他说法之间则并不存在本质差别，只是解读角度不同而已⑮。

3. 汉代作家作品

龙文玲、鲁洪生研究了汉武帝对东方朔《答客难》的影响。他们首先考证《答客难》当作于太初元年（公元前104）二月建章宫建造之后，天汉二年（公元前99）十月司马迁遭李陵之祸下狱之前，在主题表达上留下了汉武帝影响的深深印记。首先，汉武帝的用人不公，直接导致热心用世而不得的东方朔产生了强烈的不遇情绪，从而借创作表达其悲慨，《答客难》中对不遇原因的思考，深刻揭示了皇帝专制下士人命运往往取决于最高统治者喜怒哀乐的悲剧。其次，汉武帝的皇权专制影响了《答客难》消解不遇遭遇的基本方式。大一统政治使士人要入仕只能服务于中央政府，而别无其他选择，因此，面对不遇时无法奔走求仕，只能在对道德、自然的回归中求得心灵的平和，追求超然的人生境界。再次，受武帝独尊儒术之潜移默化的影响，《答客难》在语言运用上，重视征引、化用儒家经典，形成了用语典雅、情理结合的艺术特征。东方朔言语侍从之臣的地位，使他在创作时往往迎合武帝的文学趣味，使此赋表现了谐趣婉曲的特点⑯。

李山、邓田田论述了刘向在《列女传》中的政治寄寓。他们指出，《列女传》中存在着一个明显矛盾，即一方面在《仁智卷》中强调女子之德在贤良温厚相夫理家，一方面又在《辩通卷》中赞美女子高远卓越的政治见解与积极的参政意识，前者是刘向用心之所在，是其创作意图的直接展现，后者则根源于刘向的政治境遇，反映了他在创作过程中的潜意识。刘向著《列女传》的直接原因是反对后妃干政，因而塑造出大批贤良女子形象作为妇德代表。但因为其政治见解在多次进谏中都未得到采用，在书中遂情不自禁地借主角之口来表达自己的政治心声，造成了《辩通卷》的奇异之处。《辩通卷》在此书中想象成分最重，带有强烈的理想色彩，所辩主题中蕴涵的深厚政治寄寓，往往可与刘向的奏疏相互发明。因此，在这一卷中，女子的处境实际是对士人政治境遇的隐喻，刘向在这里实现了对屈原“香草美人”精神的继承[17]。

踪凡《司马相如资料汇编》收录了历代文人对司马相如生平仕履、思想品格、文学创作等方面的记载与评论，所收资料上起西汉，下至民国，历时2000多年，涉及古籍400多种。在编排上，按作者时代先后次序排列，同时代作者以生年先后为据，生年不详者，参照其交游情况酌定，无从考订者附于所在朝代之末。对于古人评论中陈陈相因之处，则一般采用其中最原始或最完备者。书中还以按语形式，对资料的真伪、价值等作出考辨和评述。该书附录部分收集了历代有关卓文君的资料，编有司马相如研究论著索引，表现相如生平及其与卓文君爱情故事的文艺作品和相关论著也予以搜集整理，编成了目录[18]。

三、学术史、文化史研究

1.《诗经》学研究

常森指出，孔子论《诗》、子夏《诗序》和郑笺在诠释“风雅颂”之“颂”时，均立足于盛德。《诗序》以“美盛德之形容”释之，郑玄径释之为“容”，并将其意义界定为德行广大崇高，至于“光被四表，格于上下，无不覆焘，无不持载”。被郑玄视作天子、“大人”极高道德境界的这种说法，早已见于《尚书》、《周易》、《左氏春秋》等典籍，有宽广厚实的历史文化背景，而作为中国社会和文化对帝王的强烈期许和要求，至高至大至广至深、如天如地的德行，在汉代依然没有改变。因此，后世学者将“颂之言容”之“容”理解为“舞容”，违背了孔子、子夏、郑玄等先儒说《诗》的本意，也违背了直到汉代仍有影响的历史和文化理念，模糊了先秦至汉代《诗经》学对帝王德行的高标准、高要求，也模糊了这一时期《诗经》学的特质。“风雅颂”与“赋比兴”作为诗之“六义”，是历代《诗经》学的核心范畴，今人在诠释“赋比兴”时，喜欢引用朱熹《诗集传》的说法，但往往以为朱子将“比”理解为修辞学上的比喻。究其实际，朱熹《诗经》学中的比乃是较比喻更高一层的“作诗之法”，具有“不说出那物事”、“不说破”等特点。故《诗经》中运用比喻的篇章，往往被朱子视为“赋”[19]。

马银琴对孟子的诗学思想作了研究。她首先辨析了孟子的学派归属，认为孟子虽属子思学派，但对子夏一派的《诗》说也十分熟悉，而孟子与《诗》的关系，主要在用《诗》、解《诗》两个层次上展开，后者集中表现了孟子在推动中国诗学理论向前发展时作出的贡献。“知人论世”和“以意逆志”作为孟子诗学思想的核心内容，其主要贡献在于“诗人”从此被正式纳入了研究视野，中国文学史正式进入了“有主名”的阶段；“诗人”的出现，又标志着诗歌作品的本体地位开始确立，文学批评的对象由此产生，孟子通过自己的说诗实践，在断章取义地说诗风气下，表现出一种回归诗歌本义的努力。因此，孟子的学说成为中国文学批评理论正式形成的标志。然而，诗是对“王者之迹”的记录和反映，“王者之迹熄”则“诗亡”，是孟子对诗之性质的最基本的理解，在这种崇尚“王道”的儒学世界观的支配下，“知人论世”“以意逆志”都不可能摆脱儒家先王之政、仁义道德等思想的影响。这是孟子说诗实践最终没能摆脱德义论范畴的根本原因，也是其说诗理论与实践产生矛盾的根本原因所在[20]。

马银琴对荀子传《诗》问题也作了考辨。她认为，《鲁诗》的传授系统信而有征，出自荀子的说法可视为信史，《韩诗》虽深受荀子的影响，但不专主于荀子，而《毛诗》出自荀子的说法则颇值得怀疑。《毛诗》的传授与子夏关系密切，而从《荀子》书中的记载来看，荀子之学最有可能出于子弓一派，对子夏学派则多有贬斥。荀子进入《毛诗》的传授系统是一种晚起的说法，最早出于三国时陆玑，而与此同时，徐整记载的传授系统中并无荀子的位置。且陆玑传《诗》谱系中的孟仲子一般认为属于思孟学派，这与荀子对思孟学派的批判态度构成矛盾，因此相比较而言，徐整的说法更接近事实。而就《荀子》引《诗》情况来看，所引《诗》句与传世《毛诗》在文字上颇有异同，除异体字、假借字之外，也存在着一些较大的差异，其中又有6条不见于今本《诗经》的逸诗，这些更表明《毛诗》的传授与荀子无关。然而荀子的传《诗》之功不容否认，出自他的《鲁诗》占据了汉代《诗经》学的主流。

同时，“隆礼”作为荀子学术思想的突出特征之一，直接影响了他对《诗经》的态度，他引议结合、断章取义的用《诗》方式，在《诗》与作为论说对象的礼义政教、忠信伦理之间建立起一种不可分割的联系，使《诗》逐渐失去了独立地位，成为“礼”的附庸。在汉初文化重建的过程中，《诗》成为汉代经学政治的重要组成部分，荀子起到枢纽性的作用[21]。

方铭分析了刘勰《文心雕龙》对《诗经》的评价，指出刘勰继承了宗经、征圣的观点，以孔子整理的六经为“道”的体现，《诗经》因此焕发出以中国传统道德为内容的精神光芒，不仅有教化人民、陶冶人民性情的巨大作用，而且有鼓动天下的精神力量和巨大感染能力。刘勰通过对《诗经》内容与时代关系的研究，得出了文学作品受时代影响、与社会政治善恶密切相关的结论，而由于承认因现实原因而产生各种感触及将这种感触表达出来的合理性，他肯定了《诗经》批判社会不公的创作态度。刘勰还从文学形象性、比兴、夸饰、四言句式、字句、声律、对偶等方面，全面详细地总结了《诗经》的艺术成就，认为《诗经》具有典雅美丽的艺术风骨，在表达内容及表现形式上均达成熟境界，足堪为人们借鉴的对象。总之，《文心雕龙》对《诗经》的评价，继承了孔子及《诗序》的论述，并加以系统化，同时又多有发明，为后世《诗经》研究奠定了基础[22]。

尚学锋讨论了竹简《诗论》“《卷耳》不知人”的阐释史意义。他对先秦汉代学者对此诗的解释作了考察，指出《左传》、《淮南子》、《毛传》的解释虽略有不同，但都将诗旨理解为选贤任官。其中，《淮南子·俶真》篇及高诱注提示的线索尤其值得重视，它们指出《左传》“能官人”的说法是指向远世而不是诗歌创作之时，从而明确地将这首诗理解为思古讽今的刺诗，同时也就将诗歌主旨与“不知人”联系起来。汉代各家对此诗的理解，都与《荀子·解蔽》篇中的解释发生联系，而考察荀子引用此诗的语境，可以发现，荀子已经涉及“知人”与“不知人”的问题，他很有可能知道《诗论》中的这一观点。《毛诗序》常把前人论诗的一些关键词语写入其中以表达自己的观点，因此，《卷耳》序中出现的“知”字，可能暗示着《毛诗》学派对《诗论》“不知人”之说的了解。这都表明，先秦两汉儒家在《诗经》阐释方面确实有着前后相继的师承关系，汉儒往往是在吸收、改造前人观点的基础上重建诗义，从而造成诗义的沿承和变异。汉人对《卷耳》的解释与“不知人”这一观点皆有关联，这一案例，有助于理解早期儒家《诗》学统绪的传承和嬗变，可以从中发现先秦两汉诗义的变化规律及汉代儒家重建诗义的工作途径[23]。

2. 汉赋研究史

踪凡继续关注汉赋研究史这一课题。他指出，古代小学类著作中蕴藏着零散但又弥足珍贵的汉赋资料，若能细心核查，往往会有意想不到的收获。铺陈是汉赋的重要特征，作家为了对事物进行穷形尽相的描绘，往往使用假借字，选用奇文玮字，甚至直接造字，而这些字往往只能在字书中保留下来。如《说文解字系传》即在其注释中大量引用汉赋语句，提供了很有价值的异文资料，有时甚至揭示通假、诠释语词、发明赋意。其他字书，也往往有这些特点，值得挖掘、研究。汉赋作为早期韵文，也是韵书的重要资料来源，往往被韵书征引，一些韵书在研究古今韵律的变迁之时，对汉赋的用韵规律也有所揭示，某些韵书如《屈宋古音义》甚至突破音韵范围，进入了赋史研究领域。雅书对汉赋语词、名物也多有研究，有时且可以由此出发，探究赋作意旨，而对联绵字的集中研究和准确解释，也能帮助读者正确理解汉赋语词[24]。

踪凡还评价了严可均《全汉文》、《全后汉文》在辑录汉赋方面的贡献。此前辑录汉赋最有成就的当属明万历年间李鸿的《赋苑》和清康熙年间陈元龙的《历代赋汇》，而严可均搜集汉赋作品多达75家258篇，超出李鸿82篇、陈元龙68篇，连只存片言只语的残篇亦不遗弃，足见其搜讨之细，用力之勤。此外，严氏对已经佚失的汉赋也略作交代，这不仅有助于了解汉赋全貌，还为以后的辑佚工作提供了重要线索。不仅在数量上超过前人，严可均所辑汉赋在内容的完备以及校勘整理的质量上也取得了重大突破。对每一篇赋的辑录，严氏都广搜资料、比堪异文、去其重复、审定次序，力图展示赋的原貌。其书虽无校勘记，但加按语考订可疑，申发己见，颇具价值，对因传抄而导致的错讹也有一些校补、纠正。此外，严可均辑录汉赋皆注明出处，有序排列，并为赋作者编撰小传，为读者提供了全面丰富的参考资料。因此，其《全汉文》、《全后汉文》集古代汉赋编录工作之大成，功绩卓著，不可磨灭[25]。

3. 文化史研究

过常宝出版了《原史文化及文献研究》一书。书中指出，司马迁及其以前的史官，在身分特征、文献方式和文化功能等方面都与后世史官形成区别。上古巫史不分，史官实际上是巫师中从事载录和文献保存的人员，具有宗教背景，并随着文献的积累，渐渐由天命神意的见证者、阐释者而拥有了意识形态话语权力，得到社会认可。史官的职业行为和文化精神因此依赖于一个遥远的巫史传统，而相对独立于治统之外。自西周到西汉中期，史官与君子和儒士一起，通过对文献的传递和阐释，构建了具有理性精神的礼乐文化制度，形成了以道自任、裁决天下的精神品格，此即原史传统。该书以原史文化的发展轨迹为线索，着重探讨史官体制、职业精神与文献形态、叙述方式之间的关系，探讨史官话语权力在文献中的表现方式，以及原史精神与道统之间的文化渊源。该书梳理了巫史文化的发展脉络，描述了巫史文化形态特别是史职从巫史文化中脱离的经过，以及史官的社会理想和社会活动，由此确认史官的文化品质和载录姿态；考察了上古史传作品的文体特征、发展过程以及其叙述方式的依据和文化功能，对史传作品在当时的传承、接受情况作了总结，并揭示了史传文体与史官职能之间的关系；分析了《春秋》、《左传》、《战国策》、《史记》等主要史传作品，努力揭示其不同叙述方式与各阶段史官话语权力的对应关系，并探寻这些史著的文学意蕴，以确认其文化和文学史地位；此外，还在文化转型过程中，探讨了原史秉承天命、裁决天下的载道意识的发展变化及其对士大夫道统观念的影响。总之，此书以“原史传统”为纲领，探讨中国早期史书的文化功能，为理解传统文化和文献发展提供了新的视角[26]。

李山《先秦文化史讲义》一书，表达了他对先秦诸多历史文化现象的意见。全书分为15讲，内容涉及中国文化的多元发生与中华民族的初步凝聚、夏商时期族群代兴的历史、作为统一化文明进程开始的西周分封建国、分封制与中国文化道路的关系、周礼对民族的教化、春秋时期社会民众即“国人”的历史品格、春秋战国的普遍变法及东西两大经国理念的诞生、地域风俗与思想突破、《老子》哲学及黄老思想的变异、孔子创立儒学、邓析杨朱墨家等“绝学”、教化论心性论及人性善恶问题、“百家争鸣”归于失败的历史进程等多个方面。该书对这些文化问题的研究，渗透了作者对民众与文化的关系、中国文化独特性的根源及中西文化差异如何形成等问题的长期思考[27]。

四、教材及普及读物编纂

韩兆琦《〈史记〉讲座》是供《史记》一般读者阅读使用的一部讲稿，全书分为3部分：第一部分介绍司马迁其人家世生平、所处社会政治环境、《史记》创作历程等，第二部分讲解《史记》基本常识、编撰体例、文学价值、修辞艺术等，第三部分选择《史记》中的名篇进行解读。书末还附有对6种重要《史记》注本的提要和评介。该书围绕读者最关心和感兴趣的一些基本问题及专题，用新材料，以新视角加以贯通，语言力求通畅流利、生动活泼[28]。韩兆琦还编著了《〈史记〉精讲》一书，除“概说”部分简介司马迁及《史记》相关情况外，选取了《史记》60多篇文章中100个段落进行讲说，各篇、段原文之后，编撰有简明注释、白话译文及评论[29]。《〈史记〉解读》是作者为中国人民大学国学院编写的“国学经典解读系列教材”的一种。该书前言部分对司马迁和《史记》的一些基本情况作了简要介绍，正文部分选取《史记》原文20多篇加以注释，附以解读[30]。

李炳海《〈诗经〉解读》也被列入中国人民大学“国学经典解读系列教材”。该书前言部分对《诗经》名称的由来，《诗经》的作者、采录和编辑，《诗经》的分类，《诗经》产生的地域和时代，《诗经》的早期传播等问题，作了简要介绍；正文部分是对《诗经》具体篇目的注解，包括语词注释、白话译文、篇旨解读等内容[31]。

鲁洪生《读懂〈周易〉》是他在朝阳图书馆文化讲堂讲演的讲稿。该书导言部分介绍了《周易》的性质、作者和成书年代、内容和体例、历来研究运用状况等。正文第一部分重在讲解阅读《周易》的方法，介绍了《周易》产生的文化背景、作为《周易》思考问题基本方式的类比联想思维和整体性思维、《周易》看待世界所采取的天道观及人道观等。第二部分则着重讲解对《周易》的运用，从“厚德载物”、“息争止讼”、“诚信”、“谦虚”4个方面，阐述了《周易》中的人生哲学[32]

马银琴所编《韩非子正宗》一书，也是面向普通读者的普及读本。该书以王先慎《韩非子集解》为底本，参考诸家注释，对《韩非子》全书55篇进行注解，并对原文进行了白话翻译，每篇篇题之下还有解题性文字，以介绍该篇的主要内容[33]。

（作者：刘书刚，北京大学研究生；
常森，北京大学副教授）

注：

①李炳海：《〈诗经·国风〉生成期的演唱方式》，《中州学刊》，2008年第1期。

②李炳海：《〈诗经·国风〉同名歌诗用相同曲调演唱考论》，《文艺研究》，2008年第1期。

③李炳海：《〈诗经·周颂〉大武歌诗论辨》，

《陕西师范大学学报》（哲学社会科学版），2008年第5期。

④赵敏俐：《七言诗并非源于楚辞体之辨说——从〈相和歌·今有人〉与〈九歌·山鬼〉的比较说起》，《深圳大学学报》（人文社会科学版），2008年第3期。

⑤过常宝：《论〈尚书〉诰体的文化背景》，《北京师范大学学报》（社会科学版），2008年第4期。

⑥李炳海：《先秦两汉散文人物形貌描写的地理依据》，《河北学刊》，2008年第1期。

⑦李炳海：《声气并茂的战争画面——早期史传文学的战争描写》，《北方论丛》，2008年第1期。

⑧姚小鸥、陈潇：《先秦君子风范与〈曹风·鸤鸠〉篇的解读》，《中国文化研究》，2008年秋之卷。

⑨方铭：《〈楚辞·九歌〉主旨发微》，《深圳大学学报》（人文社会科学版），2008年第3期。

⑩李炳海：《〈离骚〉抒情主人公的佩饰意象》，《华中师范大学学报》（人文社会科学版），2008年第5期。

⑪李炳海：《发愤以抒情的坦率表白和精心调遣——屈原〈九章〉对创作缘起的交代》，《江汉论坛》，2008年第6期。

⑫李炳海：《宋玉〈九辩〉的篇章结构及写景抒情方式》，《鞍山师范学院学报》，2008年第5期。

⑬常森：《先秦诸子研究》，人民教育出版社，2008年12月版。

⑭姚小鸥、王克家：《〈论语·宪问〉篇"骈邑三百"解》，《北方论丛》，2008年第5期。

⑮鲁洪生：《〈论语·侍坐〉曾点之志本意考辨》，《学术论坛》，2008年第3期。

⑯龙文玲、鲁洪生：《汉武帝对东方朔〈答客难〉影响考论》，《济南大学学报》（社会科学版），2008年第2期。

⑰李山、邓田田：《论刘向在〈列女传〉中的政治寄寓》，《中国文学研究》，2008年第2期。

⑱踪凡：《司马相如资料汇编》，中华书局，2008年11月版。

⑲常森：《诗经学误读二题》，《枣庄学院学报》，2008年第1期。

⑳马银琴：《孟子诗学思想二题》，《文学遗产》，2008年第4期。

㉑马银琴：《荀子与〈诗〉》，《清华大学学报》（哲学社会科学版），2008年第3期。

㉒方铭：《刘勰〈文心雕龙〉关于〈诗经〉的评价》，《解放军艺术学院学报》，2008年第1期。

㉓尚学锋：《竹简诗论"〈卷耳〉不知人"的阐释史意义》，《文献》季刊，2008年第4期。

㉔踪凡：《古代语言文字学著作中的汉赋资料》，《文献》季刊，2008年第1期。

㉕踪凡：《严可均〈全汉文〉〈全后汉文〉辑录汉赋之贡献》，《辽东学院学报》（社会科学版），2008年第6期。

㉖过常宝：《原史文化及文献研究》，北京大学出版社，2008年3月版。

㉗李山：《先秦文化史讲义》，中华书局，2008年2月版。

㉘韩兆琦：《〈史记〉讲座》，广西师范大学出版社，2008年1月版。

㉙韩兆琦：《〈史记〉精讲》，中国青年出版社，2008年3月版。

㉚韩兆琦：《〈史记〉解读》，中国人民大学出版社，2008年9月版。

㉛李炳海：《〈诗经〉解读》，中国人民大学出版社，2008年10月版。

㉜鲁洪生：《读懂〈周易〉》，中华书局，2008年7月版。

㉝马银琴：《韩非子正宗》，华夏出版社，2008年7月版。

魏晋南北朝隋唐五代文学

马自力　李　伟

2008年适逢改革开放30周年，关于新时期古代文学研究的总结和反思理所当然地成为古代文学界热议的话题。北京的许多学者，包括主要从事魏晋南北朝文学研究的学者踊跃参加了讨论，发表了若干形式多样的文字。这些文章，如袁行霈《走上宽广通达之路——新时期古代文学研究的趋向》[①]、胡明《为最近30年的中国古代文学研究立块碑石》[②]、蒋寅《古代文论研究的回顾与前瞻》[③]等等，既是改革开放30年来古代文学发展成长历程的回顾和总结，同时对本时段的文学史和相关问题研究亦具有启示意义。

在对于新时期古代文学研究的总结和反思中，可以梳理出几个带有全局性的问题或课题。这些问题或课题，在本年度魏晋南北朝隋唐五代文学研究中，同样也是值得关注的。故这里即以这些问题或课题为线索，展开本年度的研究综述。

一、古代文学研究的还原与重构

关于古代文学研究的还原与重构，无疑是近年来学界讨论的焦点问题之一。以往的讨论，集中在是否需要以及如何还原与重构，现在人们认识到，还原和重构不仅需要创新思维，面临纷繁复杂的学术环境和全球化浪潮，学者更需要清晰和正确的研究理念。随着对西方学术思想和学术理念反思的深入展开，人们开始注意到本民族文化传统与现代学术思想的“对接”问题：既要充分认识到本民族文化传统的“独特性”，又要避免在具体的研究中，用这种“独特性”去取代现代公认的学术范式和理念。所以，今天的古代文学界仍然面临着廓清基本架构、厘清基本理念的严峻任务。

从这种背景来看，陶礼天的《文化传统与〈文心雕龙〉之性质略论》[④]一文就有了某种特殊的意义和功效。针对近来有些学者把刘勰当做文章学家，把《文心雕龙》当做“文章学”著作的观点，该文强调了文化传统在文学研究中的作用，指出从内在理论结构、讨论问题的重点、论述文学性质的历史性深度等等“中和”起来看，《文心雕龙》应该定性为文学理论批评著作，犹如我们承认《庄子》是一部哲学著作，《史记》是一部历史著作，其间的道理是相同的。这一问题看似简单，然而它的确关系到今人用什么样的眼光去看待文学现象，用什么样的方法去驾驭文学史料的基本问题，因而值得引起我们的高度注意。

二、古代文学研究方法论的反思

改革开放30年，也是古代文学研究方法论取得自觉和突破的30年。2008年的方法论讨论，集中在以下几个方面：

1. 文学中的史学与史学中的文学

从文史结合的角度切入研究对象，往往能够有不同寻常的发现，如王国维就曾提出过著名的“二重证据”法，以后饶宗颐又在此基础上提出了“三重证据”法，这一规律被学术史多次证明。而把文史结合的方法运用到文学理论研究领域，以往还是不多见的，彭民权的《论刘勰的文学史书写——以〈文心雕龙·时序〉为中心》[⑤]是一个突出的例子。作者认为，从文学史视野考察《文心雕龙》有其积极意义。首先，历史书写是刘勰的言说习惯。从某种程度上说，《时序》可以看成一篇短小精悍的文学简史。以《时序》为中心，再结合其他诸篇，可以看到，刘勰客观上书写了一段从先秦到南朝宋的文学史。其次，历代文学的书写中，对帝王及帝王文学的大力书写是一大特色，充分体现了刘勰的文学理想。再次，从价值评价的角度看，历代文学的发展有高下之分。在刘勰看来，周代及其以前的文学是后代无法企及的高峰。文史贯通言易行难，特别是要对一部百科全书式的巨著进行文史贯通的考察，从中有所发现，更属不易。

2. 诗歌意象的计算机检索、统计和分析

随着计算机检索、统计和分析方法在学术研究中的广泛运用，近年这个问题越来越引起人们的关注。但是从方法论的角度正面论述，并结合实例展示其成果的文章并不多，蒋绍愚的《李白、杜甫诗中的“月”——计算机如何用于古典诗词鉴赏》[⑥]即是其中值得关注的代表作。该文探讨的是如何使用计算机进行诗歌鉴赏的问题，作者首先指出，计算机擅长的是检索、分类、统计，而诗歌是感情的结晶、创造的艺术，用机械的检索、分类、统计手段来分析诗歌，无异于扼杀诗歌的生命。然后提出正确的做法应该是将计算机和人脑相结合：利用计算机强有力的检索功能，快速、全面、准确地提供有关资料，然后由熟悉诗歌的研究者从审美的角度来探索诗歌艺术的奥秘。

运用计算机进行古典诗词的鉴赏，可以从诗歌意象入手。意象是古典诗词中艺术创造的重要因素，它是诗歌中经常出现的形象，这些形象以其自然的属性为基础，又融入了人文的因素，包含了深厚的文化积淀，如该文所考察的“月”。运用计算机技术鉴赏古典诗词，可以以意象为中心，用计算机提供某种意象在某个作家或某个时代的诗词中出现的全部例句和诗篇，在此基础上进行艺术分析，深入探究诗人的语言艺术。当然，利用计算机技术对古典诗词进行鉴赏，还有较大的局限性。用计算机鉴赏古典诗词，主要是在“炼字”、“炼句”两个层面，有时也可以涉及“炼意”，但那些不事雕饰、浑然一体、自然天成的“炼意”，还无法涉及。其实，那样的“炼意”应属诗歌的上品。

三、文学体裁相互影响的研究

前些年，一些高校纷纷成立文体研究中心，如北京大学中文系于2002年成立了中国古代文体研究中心，中山大学中文系于2003年成立了中国文体学研究中心。这些研究机构的成立，标志着中国古代文体研究正在从自由和分散的研究形态，向自觉和系统的研究形态“进化”。

2008年的古代文学文体研究依然保持了以往强劲的势头，而且从深度和广度来说，都比以往有所推进，其中“文体互参”是研究热点之一。

蒋寅的《中国古代文体互参中“以高行卑”的体位定势》[7]着眼于中国古代文体演变的一般规律，指出文体互参是中国古代文学创作中的一个习见现象。诗词曲之间，古文和时文、辞赋和史传之间，甚至在韵文和散文两大文类之间，都普遍存在着互参现象，并且互参之际显示出以高行卑的体位定势，即高体位的文体可以向低体位的文体渗透，而反之则不可。这种定势及其艺术效果，因为在书法中表现得最为直观易解，所以古代批评家常用书法来比喻和说明文体互参中的这种体位定势。“破体”这一书法术语也在唐代被引入文论，又在宋代浓厚的辨体意识中与“本色”构成一对有关文体互参的互补性概念，左右着人们对具体文体相参的审美评价。以高行卑的美学依据，实质就是木桶原理，即作品整体的风格品位取决于体位最低的局部，以高行卑可以提升作品的风格品位，反之就会降低作品的风格品位。不过问题的复杂在于，在跨文类互参之际，由于涉及文体的功能，也存在不同程度的例外。

陶文鹏、赵雪沛的《论唐宋词的戏剧性》[8]，着眼于词与戏曲这两种不同文体之间的相互借鉴和渗透，同时又注重其间的转化中介，这就是词与戏曲同为音乐文学。文章认为，唐宋词从多方面表现出明显的戏剧性。唐宋词的代言体特点、个性化抒情唱词、二人或多人的问答对唱方式，词中展示出戏剧冲突、戏剧动作、戏剧情境等各种戏剧因素，都是其戏剧性的体现。唐宋词中有正剧、喜剧、悲剧与带泪的喜剧、梦幻剧、寓言剧等多种风格形式。唐宋词对戏剧确实有巨大的影响，唐代参军戏与宋代杂剧或许也曾给予词的创作以一定的启迪。词与戏剧的关系也印证了宋代文学艺术不同体裁相互借鉴渗透的特征。

应该说，在中国文学史上，各种文体在形成过程中受其他文体影响是很自然的事情，小说与戏曲、诗与词、词与曲之间都有影响关系。但是在进行文体影响研究的时候，必须遵循一个原则：不仅要比较双方在表面形式上的异同，更要关注不同文体之间的本质特征，如此才不致流于为比较而比较。赵敏俐的《七言诗并非源于楚辞体之辨说——从〈相和歌·今有人〉与〈九歌·山鬼〉的比较说起》[9]一文，通过七言诗与楚辞体两种诗体的比较，具体说明了这一问题。七言诗源于楚辞体，是现代学术界大多数人的看法，其中一个重要材料就是沈约《宋书·乐志》中录有《今有人》一诗，是由《九歌·山鬼》改写而成。但是，两首诗之间的改写关系不能看成是两种文体的演化。从本质上讲，楚辞体与七言诗是两种不同的诗体，后者不可能是从前者演变而成。楚辞体在汉代沿着两条路线发展，一种是以楚歌的形式和骚体赋的形式继续存在，一种是变为散体赋中的六言句式，而七言诗的产生自有其独立的过程。

葛晓音的《先唐杂言诗的节奏特征和发展趋向——兼论六言和杂言的关系》[10]和《中古七言体式的转型——兼论“杂古”归入“七古”类的原因》[11]，是作者中国古代诗歌体式研究课题的系列成果。在这两篇论文中，作者继续沿用从节奏、音节的角度探讨诗歌的体式沿革的思路，取得了新的进展。特别是关于先唐杂言诗的探讨，填补了这方面的空白。关于诗体研究的论文，还有刘占召的《“以古为律”——盛中唐律诗创作的一个倾向》[12]等。

关于乐府诗的研究，有范子烨《论〈江南〉古辞——乐府诗中的明珠》[13]、《〈乐府诗集〉三题》[14]，梁海燕《汉唐舞曲乐府诗探析》[15]等。这些文章或探讨乐府诗中吴歌、西曲的相关概念，或考察乐府诗作为一种音乐体裁，其舞曲歌辞兼具表演艺术、歌辞文学的双重属性，揭示了汉唐之际乐府诗在表演、流传过程中，其舞曲本事、叙述内容、主题思想、舞蹈形象、演艺情况等，都对当时及后代文坛产生了独特影响。

四、完善文学传统对文学发展产生影响的链条

文学传统与文学发展的关系，无疑是文学史研究的题内之义。但是，由于涉及许多宏观和微观的文学、非文学因素，要梳理清楚某种文学传统与某一时段文学发展的内在关联，从而发掘出其中的文学史意义，绝非易事。

杜晓勤《北齐文学传统与初唐诗歌革新之关系》[16]指出，学界在研究盛唐风骨形成过程时，大多直接溯源到建安诗人，未曾注意到由北齐入周隋的卢思道、薛道衡、孙万寿等诗人的创作传统，是初唐诗歌革新派刚健诗风的近源这一中古诗歌史的重要环节，诸多研究成果，也都局限于隋代诗坛论述他们的诗歌特色和成就。其实，出身北齐、活跃在周隋易代之际，以卢思道、薛道衡等为代表的诗人群体，不仅自觉踵武建安诗人，抒发朝代更迭过程

中个人前途的忧虑和志不获骋的悲怨，使他们的作品成为继建安诗歌之后罕见的慷慨多气、风骨凛然之作，而且还对初唐一些革新派诗人的创作活动和革新理论发生了直接或间接的影响。他们的诗作是盛唐初诗人远绍建安诗歌、恢复汉魏风骨的重要津梁，在南北朝向唐代诗歌艺术转型过程中，具有相当重要的文学史意义。

五、从相互影响的角度观照文学思想和文学创作

把文学思想与文学创作联系起来，是罗宗强倡导的文学思想史研究的理念。但需要注意的是，文学思想史的研究，着重在从文学创作中发掘文学思想，而在文学史研究中，则更关注文学思想与文学创作的相互影响。可喜的是，学者们超越了学科的界限，用宏阔的眼光，多角度地观照这一问题，从而取得了积极的成果。刘跃进的《释“齐气”》[17]是其中的典型代表。该文从文献、地域、民俗、心理、文化的角度，比较了建安七子中齐鲁诸子在文学创作方面的异同，并进一步考察了“齐气”与“齐俗”、“齐学”的关系。虽然作者自称只是围绕着“齐气”钩稽了若干史料，弥缝折中，比类成编，深入系统的探讨，还有待于来日，但我们仍然可以感到作者已经搭建好了一个十分严密的阐释结构，而且在搭建的过程中不难看到钱锺书治学的影子。这方面的文章，还有李伟《王勃文学思想中的“文儒”特征》[18]、陈先明《张九龄的文学思想》[19]等。

六、诗歌与意象研究中的学理追求

这是古代文学研究的传统课题之一。值得注意的文章有钱志熙的《李白〈清平调词〉新解——从“叶想衣裳花想容”说起》[20]，王莹的《唐宋“国花”意象与中国文化精神》[21]，蒋寅的《贾岛与中晚唐诗歌的意象化进程》[22]，黄秀端、黄丹明的《唐诗里竹子造景的意象组合及意境创造》[23]，梁海燕的《论唐诗中的“牧童”意象》[24]等。

李白的《清平调词》3首，第一句“云想衣裳花想容”，北宋蔡襄书“云想”作“叶想”。然未为人所注意。清人王琦认为是蔡氏落笔之误。对于3首诗的本义，历来的解释都以为是咏人。钱志熙的《李白〈清平调词〉新解——从“叶想衣裳花想容”说起》从“叶想”非误的观点出发，重新论定三诗的本义为咏花之词。咏花为主，暗寓咏人。对于诗歌意象的探讨，意在纠正古今说诗者对此诗本义的误解。

王莹的《唐宋“国花”意象与中国文化精神》从文化精神层面观照诗歌意象，指出中国自古就有咏物传统，咏花诗是咏物诗的重要大类。“花”意象植根于中国文化的土壤，具有独特的审美意蕴与精神价值。唐宋两代声势浩大的“尚花”风习和咏花热潮，以国花产生的方式，推动中国精神体验的攀升。该文探究唐宋“国花”意象的生成过程及其流变，从而揭示出唐宋“国花”意象超越时代的思想艺术价值如何建构起圆融丰盈的中国文化精神。

中国的咏花诗词从《诗经》初见端倪，《楚辞》初步建立了“花”作为人格象征的意象内涵。唐宋诗词上承诗骚与魏晋风流，将“咏花”诗词的书写推向极致。花风即唐宋风，因缘于时代的政治、经济、社会、文化风气而呈现不同的气象。文人个体命运遭际、升迁贬谪、物喜己悲等主客观原因又导致他们对于“花”的书写融入了强烈的个性特征，生发出摇曳多姿的文化风貌。从审美文化史、文人思想心态史、绘画史等多角度，可以窥见从唐到宋的文化转型积淀了怎样的文化底蕴和人格形态，揭示出唐宋人文精神、文化心态、文人审美趣味的流变。两代国花由牡丹到梅花之更替，代表着截然不同的精神气质之转换，折射着潜在的文化裂变与重新整合，展示了中国文化精神整体的辩证统一构成的新境界。

从以上两篇文章中，我们可以清晰地看到学者们执著的学理追求。那就是不满足于文学现象的平面比较和线性认知，而力图建立各种相关现象之间的联系，从而构建出一幅立体的活生生的文学史图景。

七、突出文学题材和类型研究的文学史意义

这方面的文章有白岚玲的《唐传奇遇仙故事类型研究》[25]，陶文鹏、赵雪沛的《论唐宋梦幻词》[26]，孙明君的《咏新曲于故声——改造旧经典、再造新范型的陆机乐府》[27]等。它们的共同点在于把题材和类型进行有效的对比和沟通，从而突出对象的文学史意义。

八、从目录学切入文学传播问题

文学传播是近年来古代文学研究的热点之一。钱志熙的《早期诗文集形成问题新探——兼论其与公讌集、清谈集之关系》[28]，考察的是早期诗文集的形成与传播问题。集部的形成与发展是魏晋南北朝文学中最重要的问题之一。但由于文献的缺乏，此问题一直处于模糊认识之中。历来认为别集始于东汉，但对现存文献的研究表明，别集始于魏晋之际，且是从史部中派生出来的。通过对晋宋两代以集名书情况的集中考察，特别是对一些一向被忽略的重要文献信息（如鲍照《松柏篇序》中提到的《傅玄集》）的文献价值的发掘，可让我们窥探到早期别集的传播情况。而对晋宋清谈集、群体唱和的文人宴集与集部形成与流行之间可能存在的关系的探讨，则是研究集部成因的新角度。

九、重大问题的讨论和反思

关于重大问题的讨论和反思，始终是学界关注的焦点。除了本文开头提到的关于30年来古代文学研究的宏观问题的反思外，刘宁的《李白是浪漫诗人吗？——反思中国20世纪对李白的浪漫主义解读》[29]提出了一个20世纪学术史的公案，因而十分引人注目。

众所周知，20世纪的关于李白的研究，受到了欧美浪漫文学和浪漫主义文学批评的显著影响。作为外来的文学批评概念，“浪漫”与“浪漫主义”是否适合用来理解李白的人生与艺术，是一个很值得思考的问题。这些概念产生于与中国传统文学差异较大的西方文学传统之中，以之阐释中国的传统诗文艺术，枘凿之处自然不可避免。因此对这种做法的质疑，自其产生之日起，就从未停止。在这里，作者提出了一个出人意料而又发人深省的问题：外来的文学批评资源，对于我们理解中国的传统艺术是否只会带来障蔽和曲解，我们是否有可能，或者有必要彻底拒绝这些资源而重返传统的批评方式，我们该如何理解外来批评资源对于理解传统的意义？

基于以上认识，本文作者梳理了20世纪中国学者在李白研究中，对浪漫主义批评方式的接受与拒斥，分析了浪漫文学经验与浪漫主义批评视角对理解李白艺术的积极意义及其局限，对中国古典文学研究如何面对外来文学经验和文学批评传统的影响作出反思。本文的可贵之处，不仅在于具体地梳理了浪漫主义文学批评对20世纪李白研究的影响，更在于把理论的反思建筑在广阔的学术背景之上，不仅注目国内学界，更把眼光扩大到当今的西方汉学界，在古今中西的对比中，展示了新一代学者不拘一格的学术视野和冷静客观而又积极审慎的治学态度。

十、向历史本真和文学本真靠近

陈贻焮的《怎样读王维诗》[30]，是新近整理出的陈先生的遗作。整理者杜晓勤、陈瑜在附记中写道：“先生在这篇文章中以诗人之心去体味、欣赏王维诗艺的精妙之处，既空灵又到位，代表了先生晚年对王维诗歌艺术更为圆熟精微的理解。”从这篇旧文中，我们可以体会到老一辈学者严谨求真的治学态度：“10年浩劫期间，没想到李白竟给荒谬地吹捧成‘法家’，而现实主义大师杜甫却被定为‘儒家’遭到批判。（不管是扬还是抑，这样做，对李、杜都是歪曲和不敬）李、杜尚且如此，王维就更不在话下了。”这一段话，特别是括号里的文字，不仅批判了那个荒谬的年代，亦可为当下学界立一面镜子，照出许多学者不自觉的浮躁之气。故本文虽为旧文，亦诚弥足珍贵。

向历史本真和文学本真靠近，是文学研究者的追求和使命。这个过程无疑是漫长和艰辛的，而其靠近的方式和形态无疑应该是异彩纷呈的。这是我们的目标，也是我们的期待。

（作者：马自力，首都师范大学教授；
李伟，北京科技大学编审）

注：

①《文学遗产》，2008年第1期。
②《文学遗产》，2008年第1期。
③《文学遗产》，2008年第1期。
④首都师范大学文学院：《文学前沿》，学苑出版社，2008年版。
⑤《山西师大学报》，2009年第5期。
⑥《语文建设》，2008年第11期。
⑦《中国社会科学》，2008年第5期。
⑧《文学评论》，2008年第1期。
⑨《深圳大学学报》，2008年第3期。
⑩《文学遗产》，2008年第3期。
⑪《北京大学学报》，2008年第2期。
⑫《唐都学刊》，2008年第3期。
⑬《南阳师范学院学报》，2008年第11期。
⑭首都师范大学中国诗歌研究中心：《乐府学》第三辑，学苑出版社，2008年版。
⑮《南华大学学报》，2008年第6期。
⑯《文学评论》，2008年第5期。
⑰《文献》，2008年第1期。
⑱《武汉科技大学学报》（社会科学版），2008年第3期。
⑲《广东广播电视大学学报》，2008年第1期。
⑳《中国典籍与文化》，2008年第4期。
㉑《文学评论》，2008年第6期。
㉒《文学遗产》，2008年第5期。
㉓《理论观察》，2008年第3期。
㉔《华北工程大学学报》（社会科学版），2008年第3期。
㉕《湖南文理学院学报》，2008年第1期。
㉖《文学遗产》，2008年第6期。
㉗《北京大学学报》，2008年第3期。
㉘《齐鲁学刊》，2008年第1期。
㉙《文学遗产》，2008年第3期。
㉚《北京大学学报》，2008年第4期。

中国现代文学

陈帅锋

2008年适逢改革开放30周年，“总结”成为本年度人文社科界的关键词。2008年4月中国社科院文学研究所和河南大学文学院联合召开了“改革开放30年与中国文学研究”学术研讨会，朱德发《现代中国文学研究30年》对中国现代文学研究30年来的发展概貌作了总体性的勾勒[①]。和1978年的状况比较起来，2008年的中国现代文学研究面目颇不相同，不仅研究对象有了拓展、研究方法有了改进、研究范式发生了转换，更重要的是学科本身已经从与现实政治的缠绕中抽离出来，完成了向学院学术的回归，专业研究逐渐淡出公众的视野，收缩至学界内部。

作家研究是中国现代文学研究的主体，本年度周氏兄弟受到的关注较多，而前几年的热点作家如张爱玲、萧红、穆旦等则有所降温。2008年鲁迅研究中值得注意到的现象是“情感解读”，受李天明《难以直说的苦衷——鲁迅〈野草〉探秘》以及胡尹强《鲁迅：为爱情作证》等书影响，新千年以来“情感解读”成为《野草》研究的一个重要方法[②]，《鲁迅研究月刊》本年度刊发了9篇重读或“心读”《野草》的文章，角度、观点都不尽相同，相通之点在于不仅将《野草》视为“诗”，更视为“个人之诗”，结合鲁迅的人生困境去理解文本之后的意蕴[③]。一些研究者也以此类眼光研究鲁迅的小说，比如马宏柏、梁平的《关于“幸福”家庭的审视与两性困境的挣扎——〈伤逝〉与〈中国式离婚〉互文性解读》细味《伤逝》中的人生苦涩[④]。安文军《病、爱、生计及其他——〈孤独者〉与〈伤逝〉的并置阅读》更是紧紧结合鲁迅自身的生活经历来谈，虽有“坐实”之嫌，却也别开生面[⑤]。王学谦和李今分别从个人和历史的角度重读了《狂人日记》，共同凸显了《狂人日记》文本所具有的深层内涵[⑥]。郭小东、张克、朱崇科和吴康各选一个小侧面为切入点，研究鲁迅话语/思想的深层结构[⑦]。关于鲁迅思想如何“生成”的问题自经日本学者竹内好提出后，向为学界所重视，与竹内好将原点定位于“S”会馆不同，陈伟华《1907：思想家鲁迅的成熟》认为鲁迅的原点应是他1907年在《河南》上发表的文言论文[⑧]，而吕晓英《弃医从文：鲁迅的言说策略》和曹禧修《时间、修辞策略与鲁迅“铁屋子”的破题》在方法上皆袭承竹内好，关注“言说”、“修辞”和“本事”之间的差异，重勘鲁迅的心路历程[⑨]，彭明伟则关注了爱罗先珂对鲁迅的影响[⑩]。谢昭新和方岩的《1918年的鲁迅思想与文学革命之关系》申扬近年学界对于五四新文化阵营内部差异的“发见”，认为鲁迅参与新文化阵营之前的文言论文具有超前性，表现出了对“科学”所带来的物欲倾向和“民主”可能导致的新的话语霸权的警醒，实际上批判了其后《新青年》群体在新文化运动和文学革命参照系上的“西方文明中心论”倾向的批判；其意虽在再次确认鲁迅的正确与深刻，但鲁迅1918年以前的主张如何批判新文化阵营以后的“倾向”，在逻辑上尚有待圆通[⑪]。

在鲁迅与同时代人比较研究方面，首作帝、张卫中《鲁迅与郁达夫的“颓废”比较论》指出鲁迅和郁达夫分别代表了两种颓废风格：远奥繁缛与显附轻靡[⑫]，而朱崇科《鲁迅“神访”郁达夫：不在场的南洋遭遇》一文则重点解读了郁达夫1939年在南洋时对鲁迅的评价风波[⑬]。对鲁迅和高长虹之间的聚散，近些年鲜有人问津，廖久明等对此加以细细爬梳[⑭]。林分份和肖向明都从民间文学的角度来比较周氏兄弟，前者分析了鲁迅和周作人对民间文学的不同论述，探讨了他们的民间立场与新文学塑造的关系及其差异，并由此呈现身份认同的复杂性[⑮]；后者则认为“民间信仰”在周氏兄弟文本中的不同功能，鲁迅表现出塑造“民族魂”的顽强姿态，而周作人逐渐退守到“自己的园地”，孜孜于“生活之艺术”的追求[⑯]。李倩比较了鲁迅和张爱玲对家族的不同思考[⑰]，王福湘将陈独秀与鲁迅的宗教思想进行了对照[⑱]。朱寿桐则厘析了鲁迅和梁实秋面对新人文主义时的意气之争[⑲]。秦林芳论述了丁玲在延安早期对鲁迅杂文传统的继承[⑳]，这些研究都比较细致，有别于过去总体上的勾勒比较，此外王苹、张勐比较了鲁迅和外国作家[㉑]。还有一些学者将鲁迅置于文化史和社会史中去重新思考，富有新见，如王晓初从越文化的角度释读《祝福》[㉒]，缪君奇讨论了鲁迅与上海文化的互动关系[㉓]，徐研、段从学等考察了鲁迅形象的建构与阐释问题[㉔]。张全之、孙伟探析了鲁迅文学创作高峰出现的原因[25]，陈平原《长安的失落与重建——以鲁迅的旅行及写作为中心》则讨论了鲁迅未能写成长篇小说《杨贵妃》的遗憾，并借此重塑鲁迅西安之行的文化史意义[26]。另外，薄景听讨论了近年来学界关注较多的语文教育中的鲁迅作品问题，试图提醒人们关注鲁迅的整体性与“选编”之间的龃龉[27]，顾农、董炳月厘析了鲁迅的翻译理论[28]。

除鲁迅外，本年度受关注较多的作家是周作人和沈从文。周作人研究方面：刘绪源《〈中国的思想问题〉及其他》，认为周作人在沦陷时期“尊儒”言论的本意“正是为了‘接过’时已甚嚣尘上的日伪‘儒教’宣传，再作迎面反击”，对周氏附逆多有辩诬[29]；而高恒文对周作人附逆时期言论的解读，认为周氏借言说的契机将“下水”修饰成了伟大的义举[30]。张先飞《五四前期周作人新理想主义观研究》、哈迎飞《从国家意识、民族认同与思想革命论周作人的启蒙思想》、姜异新《浅谈周作人的生活启蒙》都关注到了“启蒙时代”周作人思想的独特面[31]。彭春凌《分道扬镳的方言调查——周作人与〈歌谣〉上的一场论争》在学科分化、革命潮涌等社会文化背景下解读了周作人与现代语言学家之间有关方言的论争[32]，胡辉杰《贵族与平民——周作人中庸范畴论之一》选取了3组具有代表性的概念：贵族与平民、载道与言志、人情与物理，并把它们还原到具体的历史情境中去分析[33]；倪墨炎则继续钩沉史料，致力于描述学界研究尚不深入的“晚年周作人”[34]；耿传明《“公共写作”和“私人书写”中的周作人》也通过对周作人在20世纪50年代“公”、“私”这两个领域写作的文本的综合研究，力图呈现“知堂老人”进入新时代的完整形象[35]。

沈从文研究方面，论者对于沈从文的“湘西世界”着力不多，而重在挖掘“另外的世界”。姜涛《从会馆到公寓：空间转移的文学认同——沈从文早年经历的社会学再考察》对沈氏早年经历的分析远超一般传记意义上的考订，释读出沈氏个人经历背后广阔的社会历史内涵，言约旨远，令人耳目一新[36]。解志熙《“乡下人”的经验与“自由派”的立场之窘困》和裴春芳《“看红摘星复论政”》方法和旨趣均很相近：通过对沈从文佚文的发掘与释读，展现“乡下人”为人所少知的一面。作为小说家，沈从文的艺术个性本年度受到了较多关注[37]，陕庆《从“抒情”到“抽象的抒情”》注意到沈从文创作风格在20世纪三四十年代的转变[38]。李蓉发现了“身体”在沈氏20世纪40年代创作中的重要功能[39]，周明娟则以“怀旧”来重新打量沈氏小说[40]，吴效刚讨论了沈氏小说叙事形态背后的思想内涵[41]。吴秀明、张翼《沈从文的另一个世界》对学界一些将沈从文“田园诗化”的倾向提出了质疑，通过对《长河》的解读，指出沈氏也试图介入“现实世界”，但遭遇了溃败[42]。罗宗宇《沈从文“乡下人”自我认同的内蕴新解》则继承了王晓明有关“乡下人”和“土绅士”的经典论述，拆解了沈氏自叙的神话[43]。李遇春的《沈从文晚年的旧体诗创作中的精神矛盾》和任葆华的《沈从文与赵树理》另辟蹊径，将研究视野延伸到了沈从文新中国成立后的文学生活[44]。

2008年是老舍逝世40周年和吴组缃诞辰100周年，《中国现代文学丛刊》等辟有研究专栏。傅光明《老舍：“人民艺术家”与自由作家》试图将老舍重新划归到自由主义的伟大传统中去[45]，方习文梳理了学界对于《骆驼祥子》结尾改编的评价[46]，谢昭新研究了老舍小说中的理想爱情[47]，周红讨论了老舍和“抗战文学”纷争的关系[48]；孙玉石对吴组缃早年的新诗进行了释读，袁良骏、孙芳重析了吴组缃的小说艺术[49]。此外，本年度对胡风、丁玲、萧红、张爱玲、林语堂等作家的研究也有斩获。张业松《胡风理论的错位与遭际》、《胡风问题的三个论域》两篇文章都采用了实证和理论演绎相结合的方法，是近年同类研究中较扎实的成果[50]，支克坚《冯雪峰、胡风中国现代马克思主义文艺理论的流派问题》秉承作者将左翼分为“温和的左翼”和“激进的左翼”的一贯思路，将胡风的文学理论置入到左翼文艺理论的整体脉络中去谈[51]，黄晓武《关于“小资产阶级改造”的论争——主观论与“香港批判”研究》和一般论者单纯从道义上同情胡风不同，避开人事冲突去重释历史公案的理论分歧[52]。丁玲“左转”的问题自重写文学史以来备受物议，王中从语言变迁的角度凿实了学界对于“转向”的批评[53]，而秦林芳则更看重左转后创作中的个性思想[54]，袁红涛重读《太阳照在桑干河上》，指出不仅呈现了中国农村的变化，小说文本也展露出“现实主义”变迁的痕迹[55]。林贤治将萧红的文学归纳为“弱者的文学”[56]，皇甫晓涛将《呼兰河传》与《回忆鲁迅》对读，皆有新意[57]；胡艳秋、邓如冰对张爱玲的文学和人生均有品题[58]。刘勇、杨志和巫小黎讨论了林语堂、许地山的宗教背景对文学创作的影响[59]，杨迎平指出了施蛰存的左翼倾向[60]。一些研究者还探讨了朱光潜、梁实秋、徐志摩的文学/美学思想，不过总体上多承前人余绪，拓进较少[61]。易彬《“穆旦”与“查良铮”在1950年代的沉浮》[62]、王毅《“山峡”内外：一个左翼作家的行走书写与笔名》[63]、秦燕春《1920年章太炎湖南之行：学问与事功》[64]和余斌《吴宓先生的昆明岁月》[65]等文章写法上都是截取作家人生的典型片段，将之置入社会史和文化史的背景中加以深究。

戏剧研究方面最引人注目的是葛飞《戏剧、革命与都市旋涡——1930年代左翼剧运、剧人在上海》，该书在戏剧研究和左翼研究两个方面都作了探索：研究的中心从剧本史转移到演出史，在方法论上借鉴了都市文化研究的方法，用“名利诱惑”和革命的“道德召唤”的矛盾运动来重新打量左翼戏剧在上海马赛克型文化空间中的位置和移动，立论宏阔新颖，但左翼文学和都市文学生产是否可以等同尚待学界细论[66]。张鸿声、祁洋波《周氏兄弟的戏剧观与戏剧家齐如山》[67]、孔刘辉《五四时期的戏剧论争探源——以〈新青年〉为中心》[68]、李国平《“文学革命”中的一场戏剧论争——1920年〈晶报〉的“评剧”事件述论》[69]都关注到中国戏剧的发生问题，朱文斌《论曹禺剧作在南洋的传播与影响》[70]和刘家思《关于〈雷雨〉首演的深度考证》[71]补充了对曹禺戏剧接受史的研究。张理明讨论了柯灵在上海沦陷时期的戏剧改编活动[72]。

诗歌研究多是旧题新论，如王荣探讨了新月诗派在叙事诗方面的创作和批评[73]，谭桂林[74]、王书婷[75]分别讨论了神秘主义诗学和纯诗理论，杨四平则对20世纪20年代和20世纪40年代的诗论进行了爬梳[76]，李静阐发近代“歌词改良”的启蒙意义[77]，略有新意的是姜云飞以“圜道思维”来讨论戴望舒的诗歌[78]，张志国《40年代“新生代”诗歌的诗学意义》[79]在史的脉络中衡估了20世纪40年代诗歌创作的新变。散文研究方面成果不多，值得注意的是丁晓原论证了“五四”散文与晚清散文间整体性的联系[80]，范培松深入分析了20世纪40年代的学者散文[81]。

文学史研究各个侧面都有所推进。晚清文学的现代性问题自经王德威等提出，一度成为“显学”，叶诚生《“越轨”的现代性：民初小说与叙事新伦理》[82]、杜新艳的《晚清报刊诙谐文学与谐趣文化潮流》[83]和潘盛《“泪世界”的形成——对民初言情小说一个侧面的考察》[84]都是用当下新理论去发掘清末民初文学的现代性，与此相类，朱瑜《林纾的翻译和时代》[85]延续近10年学界对“前五四”人与事的同情，对林氏多有褒扬。对五四的研究则以“重评”为主，钱雯[86]重绘了五四新小说的产生语境，朱恒、何锡章[87]从语言学角度考辨五四白话文运动，陈留生[88]再现了五四作家身上的传统伦理，苏美妮、颜琳《论五四新文学作家的身份确认》[89]和胡景敏《五四文学中的自我神话及其破灭》[90]从相反的向度聚焦于五四作家对“自我”的言说，稍有不同的是张宝明《主撰对〈新青年〉文化方向的引领》从编辑学的角度将陈独秀的“领导”策略加以凿实。左翼文学研究本年度也很受学界重视，和20世纪80年代前后的褒贬两极不同，学界逐渐意识到了左翼文学的复杂性[91]。支克坚等学者对左翼文学理论作了总括性的研究[92]，张传敏等则厘析了左翼文学发展史上的具体问题[93]。熊权讨论了“革命加恋爱”概念的建构问题[94]，李跃力重新阐释“蒋光慈现象”[95]，段从学、程鸿彬考辨了“文协”的成立[96]，李音《“群众”的发现与“革命文学”的发生》[97]和周维东《“突击文化”与延安文学引论》[98]都是选择一个小角度来讨论大问题，富有新意。李玮则继续围绕文学生产体制来研究左翼文学[99]。

在中外文学关系研究方面，余虎荣讨论了早期乡土文学与域外文学理论、思潮之关系[100]，朱寿桐分析了林语堂与白壁德主义的复杂关系[101]，日本学者对中国近现代文学的影响也广受关注[102]。此外，比较重要的还有祝宇红《“打倒孔家店，救出孔夫子”》研究了现代作家对孔子形象的改写，并借此辨析五四新文化运动对孔子的复杂态度[103]。郑亚婕《国语运动视野中的“边疆特殊语文”》拓宽了国语运动的研究范围[104]，张蕾[105]重估了“章回体小说”，李春雨《论出版与现代作家群体的关系》[106]和李永东《租界文化对现代文学风貌格调的影响》[107]描绘了文学生产体制对于现代文学的影响，季剑青讨论了20世纪30年代北平的学院批评[108]，陈宇航再次将创造社早期的翻译论战界定为“文坛攻防战”[109]。报刊研究和女性文学研究方面，也是成果斐然，但囿于篇幅，不能一一罗列。

史料的整理与研究是中国现代文学研究的重要一环。2008年度最重大的成果是8卷本《鲁迅译文全集》的问世，这是继自1958年版《鲁迅译文集》以来首次全面地整理鲁迅的文学翻译，极大地方便了研究者和一般读者全面了解鲁迅的文学世界[110]。较重要的史料还有《胡风致舒芜书信全编》，补充了《胡风全集》收录不全之憾[111]；王家平《世纪之交西方鲁迅研究的新趋势》对国外学界状况有专题绍介[112]，朱正《王明谈鲁迅》[113]、顾文勋《未刊文明戏剧本、幕表过眼录》[114]和薛松宝《清末民初南社社员的翻译活动综述》[115]和易彬、张业松等采写的作家访谈[116]都提供了珍贵的史料。姚丹[117]、张传敏[118]分别讨论了民国时期中小学和大学对新文学的教学，对中国现代文学学科的“前史”作了较为细致的描述，以往虽有类似的零星研究，但多语焉不详。

相较于前几年，2008年中国现代文学研究总体上是风平浪静，没有诞生轰动性的“关键词”，基本上形成了多元共存的格局，“现代性”、“抒情”、“启蒙”、“革命”等新老词汇并行不悖，基本上无禁区、无空白，反而呈现出某种“饱和感”。30年来，中国现代文学研究取得了重大的进展，研究环境有了很大改善，但学科又面临许多新的问题。一些研究者对此也有所思考，比如高玉提出重审中国现代翻译文学的性质和地位[119]，张宝明强调文学史与思想史的互动[120]，朱德发主张用“人道主义”来重组中国现代文学的评价标准[121]，汤哲声则重申现代通俗文学具有现代性，应入现代文学的“正史”[122]等等。不过更切近的问题是，在学科日益向内转的同时，外部环境却要求回答学科和当下文化的联系。显然，如果不能很好地回答这个问题，那么学科所面临的则不仅仅是“边缘化”的局面，而且还关涉着“合法性”的困境，2008年10月在河北大学召开的中国现代文学研究会第十届理事会第二次会议上，中国现代文学研究会会长温儒敏就此提出了“新传统”的概念[123]，这与王富仁提出的“新国学”异曲同工，试图将五四新文学作为当代价值重建的精神资源之一，并以此缓解学科和外新保守思潮的紧张感。

（作者：北京大学博士研究生）

注：

①《文学评论》，2008年第4期。

②参见田建民、贺莹：《近年来〈野草〉的情感解读和比较研究》，《中国现代文学研究》，2008年第5期。

③王兵：《论〈野草〉人生哲学的突破与超越》（2008年第2期），吴康：《作为希望追寻的绝望》、李玉明：《鲁迅〈野菜〉重释（其一）》（2008年第3期），刘骥鹏：《郁结与释放——从作者的人生困境与心理语境中去把握〈野草〉意蕴》（2008年第5期），沈金耀：《〈野草〉的追问——关于〈野草〉的一种解读》（2008年第6期），《朝向世内生存者的绝望》（2008年第7期），《深置于自身的绝望》（2008年第8期），汪卫东：《〈野草〉心解（三）》（2008年第11期）。

④《鲁迅研究月刊》，2008年第8期。

⑤《中国现代文学研究丛刊》，2008年第6期。

⑥《〈狂人日记〉与鲁迅文学的生命结构》，《鲁迅研究月刊》，2008年第4期；《文本·历史与主题——〈狂人日记〉再细读》，《文学评论》，2008年第3期。

⑦《论鲁迅小说的焦虑》，《文学评论》，2008年第3期；《“倘若”与“然而”——鲁迅话语世界的理想类型》，《鲁迅研究月刊》，2008年第4期；《当知识化为权力——论鲁迅小说中的“知识性”话语》，《鲁迅研究月刊》，2008年第2期；《鲁迅小说叙事方式的存在论视域》，《文学评论》，2008年第6期。

⑧《鲁迅研究月刊》，2008年第11期。

⑨《鲁迅研究月刊》，2008年第1期；《文学评论》，2008年第5期。

⑩《爱罗先珂与鲁迅1922年的思想转变》，《鲁迅研究月刊》，2008年第2期。

⑪《中国现代文学研究丛刊》，2008年第3期。

⑫《中国现代文学研究丛刊》，2008年第6期。

⑬《中国现代文学研究丛刊》，2008年第6期。

⑭廖久明：《高长虹与鲁迅——从友人到仇人》，董大中：《鲁迅的盖棺论定》，均载《新文学史料》，2008年第3期。

⑮《周氏兄弟的民间立场及其对新文学的塑造》，《中国现代文学研究丛刊》，2008年第1期。

⑯《民间信仰文化与鲁迅、周作人的不同文学书写》，《中国现代文学研究丛刊》，2008年第6期。

⑰《鲁迅与张爱玲家族思考之比较》，《鲁迅研究月刊》，2008年第10期。

⑱《“革命的前驱者”与“精神界之战士”（五）》，《鲁迅研究月刊》，2008年第2期。

⑲《面对新人文主义：鲁迅与梁实秋的意气之争》，《鲁迅研究月刊》，2008年第11期。

⑳《延安时期的丁玲与鲁迅杂文传统》，《鲁迅研究月刊》，2008年第8期。

㉑《飘落在死者和生者身上的雪——〈死者〉和〈在酒楼上〉比较》，《鲁迅研究月刊》，2008年第1期；《神性与魔性——鲁迅与陀思妥耶夫斯基精神气质比较论》，《鲁迅研究月刊》，2008年第6期。

㉒《鲁迅〈祝福〉的越文化解读》，《鲁迅研究月刊》，2008年第5期。

㉓《鲁迅与上海文化互动关系刍议》，《鲁迅研究月刊》，2008年第7期。

㉔徐研：《退居书斋的学人思路：90年代“学者”鲁迅被重构的逻辑和悖论》，段从学：《鲁迅在新文学传统中的领导地位之建立——文协与抗战初期的鲁迅纪念活动》，王晓初：《多元文化语境中的鲁迅——论鲁迅的生成与意义》，赵学勇、康凯：《叙事学视域中的鲁迅阐释》，分别载《鲁迅研究月

刊》，2008年第6、7、10、12期。

㉕《鲁迅文学创作高峰出现的原因探析》，《鲁迅研究月刊》，2008年第5期。

㉖《鲁迅研究月刊》，2008年第10期。

㉗《试论中学鲁迅作品的选编与政治文化的关系》、《圣化的背后——“文革”时期鲁迅作品在语文教学中的遭遇》，分别载《鲁迅研究月刊》，2008年第7期和11期。

㉘顾农：《鲁迅的“硬译”与周作人的“真翻译”》，董炳月：《翻译主体的身份和语言问题——以鲁迅与梁实秋的翻译论争为中心》，《鲁迅研究月刊》，2008年第2期、11期。

㉙《鲁迅研究月刊》，2008年第5期。

㉚《话里话外：1939年的周作人言论解读》，《中国现代文学研究丛刊》，2008年第2期。

㉛《中国现代文学研究丛刊》，2008年第6期。

㉜《中国现代文学研究丛刊》，2008年第1期。

㉝《鲁迅研究月刊》，2008年第4期。

㉞《晚年周作人》（连载五、连载六），分别见于《鲁迅研究月刊》，2008年第6期、8期。

㉟《新文学史料》，2008年第1期。

㊱《中国现代文学研究丛刊》，2008年第3期。

㊲《中国现代文学研究丛刊》，2008年第1期。

㊳《中国现代文学研究丛刊》，2008年第1期。

㊴《论“身体”在沈从文40年代创作中的审美意义》，《文学评论》，2008年第5期。

㊵《论沈从文的怀旧写作》，《文学评论》，2008年第6期。

㊶《伤怀善美中的叩问和凝眸——再论沈从文小说的叙述形态》，《中国现代文学研究丛刊》，2008年第1期。

㊷《文学评论》，2008年第3期。

㊸《中国现代文学研究丛刊》，2008年第4期。

㊹《文学评论》，2008年第3期；《新文学史料》，2008年第3期。

㊺《中国现代文学研究丛刊》，2008年第2期。

㊻《众说纷纭：关于〈骆驼祥子〉的结尾及其改编》，《中国现代文学研究丛刊》，2008年第2期。

㊼《在“传统”与“现代”之间徘徊——论老舍小说的理想爱情叙事》，《文学评论》，2008年第1期。

㊽《老舍的昆明讲演与“抗战文学”纷争》，《新文学史料》，2008年第2期。

㊾孙玉石：《论吴组缃清华时期的新诗创作》、袁良骏：《吴组缃小说艺术论》、孙芳：《吴组缃小说艺术三题》，均载《中国现代文学研究丛刊》，2008年第4期。

㊿《中国现代文学研究》，2008年第3期；《新文学史料》，2008年第4期。

51《中国现代文学研究》，2008年第4期。

52《中国现代文学研究》，2008年第3期。

53《论丁玲小说的语言变迁》，《中国现代文学研究丛刊》，2008年第5期。

54《独立性·真实性·批判性——40年代初期丁玲启蒙文艺思想试析》，《中国现代文学研究丛刊》，2008年第5期；《“转折”中的坚守》，《文学评论》，2008年第6期。

55《“一部关于中国变化的小说”》，《中国现代文学研究丛刊》，2008年第2期。

56《萧红和她的弱势文学》，《新文学史料》，2008年第2期。

57《〈呼兰河传〉与〈回忆鲁迅〉的跨文本阐释》，《中国现代文学研究》，2008年第2期。

58《自足与自困——张爱玲人生与创作得失简论》，《中国现代文学研究》，2008年第2期；《俗艳人生：张爱玲的服饰情感》，《中国现代文学研究》，2008年第5期。

59《论林语堂的宗教文化思想与文学创作》，《中国现代文学研究丛刊》，2008年第4期；《〈玉官〉与许地山“宗教沟通”的文化构想》，《文学评论》，2008年第3期。

60《现代派作家施蛰存的左翼倾向》，《鲁迅研究月刊》，2008年第11期。

61薛雯：《论朱光强“人生美学”的生成原因及现代批评意义》，《文学评论》，2008年第3期；许江：《朱光潜“静默”观念与欧洲近代美学思想的关系》，《中国现代文学研究丛刊》，2008年第5期；于文秀：《对文学本质的超越性诉求——梁实秋文学观论析》，《文学评论》，2008年第6期；张晓光：《徐志摩文学创作与生态美学思想》，《文学评论》，2008年第1期。

62《中国现代文学研究》，2008年第2期。

63《中国现代文学研究》，2008年第3期。

64《中国现代文学研究》，2008年第3期。

65《新文学史料》，2008年第3期、4期连载。

66北京大学出版社，2008年8月。

67《中国现代文学研究丛刊》，2008年第6期。

68《中国现代文学研究丛刊》，2008年第2期。

69《中国现代文学研究丛刊》，2008年第2期。

⑦⓪《文学评论》，2008年第5期。

⑦①《中国现代文学研究丛刊》，2008年第5期。

⑦②《柯灵在上海沦陷时期的话剧改编》，《中国现代文学研究丛刊》，2008年第5期。

⑦③《论“新月诗派”的现代叙事诗创作及理论批评》，《文学评论》，2008年第2期。

⑦④《论现代中国神秘主义诗学》，《文学评论》，2008年第1期。

⑦⑤《寻找“富于暗示的意义凑泊的诗”》，《中国现代文学研究丛刊》，2008年第3期。

⑦⑥《纠缠于新的审美原则的合法性——论20年代新诗理论批评》，《中国现代文学研究丛刊》，2008年第3期；《论40年代现实主义诗论》，《文学评论》，2008年第4期。

⑦⑦《从“杂歌谣”到“俗曲新唱”》，《中国现代文学研究丛刊》，2008年第3期。

⑦⑧《戴望舒的感觉想象逻辑与圜道思维特征》，《文学评论》，2008年第2期。

⑦⑨《文学评论》，2008年第4期。

⑧⓪《论晚清散文与五四散文的结构性逻辑》，《文学评论》，2008年第5期。

⑧①《论40年代梁实秋、钱钟书和王了一的学者散文》，《文学评论》，2008年第1期。

⑧②《文学评论》，2008年第4期。

⑧③《中国现代文学研究》，2008年第5期。

⑧④《中国现代文学研究》，2008年第6期。

⑧⑤《中国现代文学研究》，2008年第5期。

⑧⑥《在重绘的文学地图上——五四新小说的生成语境》，《文学评论》，2008年第2期。

⑧⑦《五四白话文运动的语言学考辨》，《文学评论》，2008年第2期。

⑧⑧《论传统伦理在五四作家人格铸就中的主体地位》，《文学评论》，2008年第6期。

⑧⑨《文学评论》，2008年第3期。

⑨⓪《文学评论》，2008年第5期。

⑨①《中国现代文学研究丛刊》，2008年第1期。

⑨②相关论文有支克坚：《论革命文学的理论遗产》，《鲁迅研究月刊》，2008年第1期；陈方竞：《中国现代文学批评发展中的左翼理论资源（五）、（六）》，《鲁迅研究月刊》，2008年第3期、6期；姜振昌：《鲁迅与中国新文学中的现实主义（上、下）》，《鲁迅研究月刊》，2008年第8期、9期；高永年、何永康：《百年中国文学与政治审美因素》，《文学评论》，2008年第4期；邝邦洪：《20世纪写实主义文学思潮论》，《文学评论》，2008年第5期。

⑨③张传敏：《中国左翼现实主义观念之发生》、徐改平：《早期共产党人对革命文学的倡导与实践》，《文学评论》，2008年第1期；刘卫国：《“巴尔扎克难题”与中国左翼文学批评中的世界观论述》，《文学评论》，2008年第2期；陈红旗：《论20世纪20年代革命文学的酝酿》、齐晓红：《论文艺自由论辩中的“同路人”问题》、杨慧《“现实”的诞生——再论瞿秋白对马克思文学理论的译介》，《中国现代文学研究丛刊》，2008年第3期；郭淑梅：《“红色之路”与哈尔滨左翼文学思潮》，《文学评论》，2008年第5期。

⑨④《论“革命加恋爱”概念的历史建构》，《中国现代文学研究》，2008年第5期。

⑨⑤《个体性革命话语生产的困境与失败——再论“蒋光慈现象”》，《中国现代文学研究》，2008年第5期。

⑨⑥段从学：《文协是怎样建立起来的》，程鸿彬：《延安“文抗”创建始末以及相关问题》，均载《新文学史料》，2008年第4期。

⑨⑦《中国现代文学研究》，2008年第2期。

⑨⑧《中国现代文学研究》，2008年第2期。

⑨⑨《从“直语”到“曲笔”——论30年代出版走向与左翼文学形式的审美变化》，《中国现代文学研究》，2008年第5期。

⑩⓪《早期乡土文学与域外文学理论、思潮之关系》，《中国现代文学研究丛刊》，2008年第5期。

⑩①《摆不脱的“意念沼泽”：林语堂与白璧德主义》，《中国现代文学研究丛刊》，2008年第4期。

⑩②［日］吉田薰：《梁启超对日本近代志士精神的探究与消化》，《中国现代文学研究》，2008年第2期；陈春香：《苏曼殊诗歌创作的中国传统与日本意象》，《文学评论》，2008年第3期；靳明全：《日本观照：从创造社到中国新感觉派》，《文学评论》，2008年第4期。

⑩③《中国现代文学研究丛刊》，2008年第1期。

⑩④《中国现代文学研究丛刊》，2008年第4期。

⑩⑤《文学史研究视野中的章回体小说》，《中国现代文学研究丛刊》，2008年第2期。

⑩⑥《中国现代文学研究丛刊》，2008年第6期。

⑩⑦《文学评论》，2008年第5期。

⑩⑧《“实际批评”的兴起：20世纪30年代北平的学院文学批评》，《中国现代文学研究丛刊》，2008年第1期。

⑩⑨《文坛攻占策略及前期创造社的翻译论战

——从〈夕阳楼日记〉谈开去》，《中国现代文学研究丛刊》，2008年第2期。

⑪⓪北京鲁迅博物馆编，福建教育出版社，2008年4月。

⑪①晓风辑注：《新文学史料》，2008年第1期、2期。

⑪②分上、下篇，连载于《鲁迅研究月刊》，2008年第11期、12期。

⑪③《鲁迅研究月刊》，2008年第5期。

⑪④《新文学史料》，2008年第4期。

⑪⑤《新文学史料》，2008年第2期。

⑪⑥易彬：《“我当然很想到解放区去”——访诗人彭燕郊》、《“那代人都很理想主义”》、《彭燕郊回忆同时代作家》，《新文学史料》，2008年第1期、2期、4期。张业松等：《鲁煤炭路翎》，《新文学史料》，2008年第2期。

⑪⑦《20世纪二三十年代中小学新文学教育——以教材为考察对象》，《鲁迅研究月刊》，2008年第8期。

⑪⑧《民国时期的大学新文学课程》、《民国时期大学里的新文学教师们》，《新文学史料》，2008年第2期、4期。

⑪⑨《重审中国现代翻译文学的性质和地位》，《中国现代文学研究丛刊》，2008年第3期。

⑫⓪《人文学：文学史与思想史关系的再诠释》，《文学评论》，2008年第2期。

⑫①《现代中国文学史重构的价值评估体系》，《中国社会科学》，2008年第6期。

⑫②《中国现代通俗文学的“现代性”和入史问题》，《文学评论》，2008年第2期。

⑫③参见温儒敏：《“新传统”资源的利用与当代价值重建——中国现代文学研究会十届二次理事会开幕词与闭幕词》，《中国现代文学研究丛刊》，2009年第3期。

中国当代文学

邵燕君　闫作雷　陈新榜

2008年的中国当代文学研究，在“重返80年代”的基础上进入对学科“历史化或基本历史态度”的探讨——尤其是对“新时期”以后这段“历史”。这意味着“新时期”30年的文学历程在不断走出“当下”的“见证人”式的评论，而获得一个有相对时间距离的“陌生化”视野；这也使“当代文学”这个概念不仅仅局限于20世纪50至70年代，而具有了贯穿当下的连续性。本年度在“底层文学”、诗歌、前沿研究方面都有收获，或对其进行理论化的清理，或对当下创作存在的问题作出诊断，或对新出现的文学现象进行文化研究式的分析、判断。此外，它还预示着对20世纪90年代的反思、“重返”或许即将开始。

一、文学史研究

程光炜2008年写了一系列关于当代文学史研究的文章，提倡当代文学研究的“陌生化”和“历史化”。他认为首先要对当代文学史上那些令人“熟悉”的经典进行怀疑性研究，当代文学学科对经典化的“积累模式”表示了高度认同，而且流通的这些“熟悉”的文学经典的研究方法已经形成一种“过滤”机制，这样就导致了学科研究的僵化。其次作者对“历史的同情和理解”这种较流行的研究方法作了辨析。作者认为这种历史研究都是主观的、建构性的。那些根据新材料所得出的“新结论”可能是按照研究者的“愿望”“重新建构”的“历史”，“它们更多时候是根据作者写某篇文章的‘临时需要’来决定的”；第二，那种对历史的本质化想像是一个被预设好的“历史”，是根据今天的社会意识形态和历史经验“建构”的历史，它实际上导致了一个“窄幅”的历史；还有就是根据20世纪90年代以后的“政治正确”或“新知识”对以前的历史/作家作品做了符合当下的改写。对于如何“陌生化”，作者认为首先要注意到学科“公共经验”的建构性和规训性，使那个“公共经验”的历史场域陌生化；其次“再次回到”本学科的“公共经验”，在艾略特所谓的“过去的过去性”和“过去的现存性”、共同性与差异性中做到统一。这样作者似乎就获得了一种“超脱”的视点，它是“研究之研究”，将研究者的研究对象化，研究他们背后的语境、知识、审美趣味、个人立场等。总之，所谓“陌生化”是一种回到“公共经验”又同时将之对象化的研究方法①。在“历史化”方法中，程光炜也表示了类似的看法，即，主要是“重新做”，而不是那种简单“认同”式的“接着做”，要摆脱历史控制的学术

"认同"，同时还要检讨对别人研究方法的认同，应在他们研究的基础上重新开始、"重返"[②]。另外，对于当代文学研究在目前很少有"共识"这个问题，程认为文学研究的"当代性"使之还来不及沉淀和经典化，人们对它的理解和运用就会处在四分五裂的状态[③]。

在"17年文学"研究中，一些学者对当时的一些文学现象、思潮进行了研究、考辨。陈晓明在"现代性"的视角下对"17年"部分"农村题材"作品作了分析。他认为现代性的视角让我们可以在较大的历史视域中看清这一现象，"既看到它的历史合理性，也看到它的意识形态化"，进而"认清这种虚构的历史必要在何种情境中产生和形成，另一方面，这种虚构真正的美学功能如何起作用"。作者认为"革命文艺不仅描写和建构了革命的暴力和断裂，同时也承担着抚平这些暴力的痕迹与历史断裂的任务"；对于那些"农村题材"作品，我们要做的是分析革命何以如此需要文学为社会历史的革命提供形象认同，同时理解政治压力之下文学依然保持的那些品质，那些依靠文学自身的力量表达的审美意义。对于作者所认为的"超级现实主义"《创业史》，作者是从艺术的角度肯定，因为"从主题思想深刻来论证这部作品的伟大意义、阐发它的'史诗'性是徒劳的"。总之它们为"革命想象提供了充足的范本和勉强的抚慰"[④]。陈晓明还在另一篇文章中对"现实主义"这一革命文艺理论作了"发生学"探讨。他认为现实主义是一种创作方法，但它同时也是一种世界观和意识形态，认为现实主义"最有可能与不断进步变异的历史相一致"。在具体的论述中作者以"胡风案"为个案探讨了现实主义的"源流与斗争"[⑤]。

对于文学史中常见的"断裂说"，韩毓海认为关于中国当代文学的一个基本历史态度是应该注意到当代历史的"连续性"，从五四到"革命文学"、到"讲话"展现了中国现代性发展的曲折历程，这是一种连续性。作者进一步分析了"文革"的发生及革命样板戏的特征，他认为文革具有群众自治的性质，而样板戏就是"无产阶级自我表现"的艺术形式。它不仅是传统戏剧现代化的突破点，而更重要的是它以"审美世界、理想的世界，来反观和质疑现实的世界。它以彻底的戏剧精神，彻底颠覆了现实世界的规范和戒律"，它提供了沟通真实世界与虚构世界戏剧行动的"样板"，具有彻底不妥协的反抗精神。他认为歌剧《白毛女》是一部尼采式的戏剧，是一部从"穷人"角度"讲述生存意志的重量的戏"。作者认为劳动者阶级在马克思那里有精神性的远大历史目标和物质性的强烈生存欲望两幅面孔，而20世纪90年代以后那些讲述生存意志的作品，"正是尼采的阳光照耀了马克思的晦暗，正是尼采的言说使得马克思主义真理可以在当代语境中继续充满活力，它为无数的女吊——白毛女们提供了一个新的视角"[⑥]。另外，韩毓海从"文化领导权"角度对中国革命当代历史所作的思想、文化及意识形态分析的一些文章，也对当代文学研究有重要的启发意义[⑦]。

二、"重返20世纪80年代"及其延展

2008年，"重返20世纪80年代"仍是当代文学研究界最热门的话题之一。关于80年代的史料不断浮现，而且随着史料清理工作的渐次深入，研究者掘进到相关文学史写作的层面，探寻其与权力、制度、意识形态之间复杂勾连。

贺桂梅关于"20世纪中国文学"的论述拓展她之前关于"纯文学"和"西方现代派"的研究思路，深入到知识范式的层面探讨20世纪80年代文学的意识形态性。她将"20世纪中国文学"拆解为"20世纪"、"中国"、"文学"3个关键词，通过谱系学式的清理，追究背后支撑其叙述结构的知识范式、知识谱系和话语机制，揭示其作为历史建构的意识形态功能[⑧]。值得注意的是，通过与毛泽东《新民主主义论》进行参照，作者发现，"20世纪中国文学"以"传统"与"现代"的二元结构来划分20世纪历史格局，而《新民主主义论》对待"现代"历史的态度更为复杂，它将"现代"定性为"民主主义"且区分为"旧"、"新"两个阶段，因此形成了旧民主主义、新民主主义和社会主义3个阶段并相应形成了近代、现代、当代3个学科方向的体制化叙述。将二者还原为历史"假说"，就可以看到"20世纪"概念背后是"现代化"话语取代了"革命"话语，从而遮蔽了"现代性"的内在矛盾与冲突，抹去了作为"资本主义"内部反动的"社会主义"现代性，20世纪50至70年代历史也因此被剔除而成为"20世纪"时间表当中的"例外"。贺桂梅还认为，"20世纪中国文学"论者忽略了"中国"与西方在民族国家形式上的差异以及当时中国的特殊历史情境，从而造成了对自身历史的"自我憎恨"，因此她引入了"冷战"地缘政治冲突以及"中国"在全球格局中位置的变动，指出"20世纪中国文学"这种想象"世界"的方式在当时之所以成立是因为它可以勾连起后冷战情境下的中国重建"想象的共同体"时的"现代化"意识形态与人文学科知识生产体制。谢俊通过对《班主任》的知识考古⑨，发现《班主任》创作及其发表过程与保守派、改革派政争之间存在着微妙的共振关系，这表明它和作为"作家"的刘心武都是体制的产物。刘心武作为"教师"的姿态与其启蒙叙事，是《班主任》在主体姿态上的最大的政治无意识，由此知识分子的形象从20世纪50至70年代不断接受思想改造再教育转变为"启蒙者"和"盗火者"，重新呼喊"救救孩子"。作品中张老师与谢惠敏、宋宝琦的启蒙与被启蒙的关系，恰恰是对"文革"叙事中师生权力关系的翻转，暗含着知识分子在"文革"中所受的创伤，作为知识分子的作家正是通过不断书写类似的"红卫兵"形象，以重新构造自我认同。

程光炜对当代文学在20世纪80年代的"转型"主要是从它与20世纪80年代语境的关系入手，从它对"17年"的接受、文学批评功能的转换、文学生产方式的改变以及外国文学作品翻译等4个方面来重新理解⑩。此外，程光炜还对1979年"四次文代会"、"伤痕文学"等专题进行了研究⑪。在程光炜的带动下，一批研究者就20世纪80年代进行了深入清理，寻找历史对话的可能性。他们采用与作家、批评家、文学编辑对话的形式切入20世纪80年代文学的历史语境，重返20世纪80年代⑫，同时还对新时期之初作家身份及其功能、文学"向内转"的再认识、20世纪80年代文化语境中的"救亡压倒启蒙"、新时期"社会主义现实主义"作品中"新人"的再造等一系列文学现象文学思潮进行再解读⑬。

"重写文学史"是20世纪80年代以来中国现当代文学研究领域最重要的事件之一。杨庆祥尝试通过重新辨析"重写文学史"的"审美原则"和"叙事体式"，考察它与20世纪80年代的历史语境、知识范型、话语策略的关系⑭。在讨论谢冕等人《新诗发展概况》时，冷霜就20世纪50年代"重写文学史"的现象与20世纪80年代的"重写文学史"潮流之间的关联进行辨析⑮。他认为，二者的历史叙述范式完成了从"革命范式"向"现代化范式"的转换，而后一次"重写"在很大程度上是对前一次"重写"所做的"颠倒"的再度颠倒。然而，尽管在具体观点和评价上二者差异很大，但它们都陷入了各自时代的主流历史观念或政治意识形态当中。他认为，两次"重写文学史"中，钱理群、谢冕、洪子诚等的部分研究者在"重写"时都有某种"叙述的暧昧"的叙述态度。他们一方面力求理解研究对象的内在逻辑，另一方面不断辨析自身的位置和依据，仍然坚持最低限度的价值尺度，但又和政治意识形态或新兴理论话语保持审慎的距离，不把任何一种文学的、历史的立场本质化，努力保留不同立场和历史叙述所形成的张力，使其叙述显出"节制"、"客观"、"冷静"的特点，成为他们在晚近的文学史研究中最深刻之处。

韩毓海不仅对20世纪80年代的李泽厚"主体实践性哲学"、刘再复"文学主体性"、甘阳与"文化热"等知识范型进行反思⑯，更进一步将反思的触角伸至"20世纪90年代"⑰。他认为，20世纪90年代中国社会最大的特征就是市场经济制度的形成，20世纪90年代文学的首要特征，就是20世纪80年代"大写的人"的意识形态遭遇了市场化，"人的文学"面临危机。20世纪90年代以来，这种"大写的人"世界观被普遍化和庸俗化，掩盖了市场化进程背后急遽的城乡差别、国际矛盾和阶层、阶级分化等问题。通过与洪子诚《中国当代文学史》中的相关论述进行对话，韩毓海从对《白鹿原》等经典化小说的解读入手，从中观察20世纪90年代的社会思想转型，他认为《白鹿原》秉承了20世纪80年代以来人的文学、人道主义文学的传统，是一种典型的人文知识分子自我的"投射"和外化，以理学世界观和非阶级化的人性论，把"民族的历史"演绎成"民族的秘史"；《尘埃落定》以其多元的地方性、民族性瓦解了抽象单一的"人性"，于边疆地区拒绝文化"市场化"与"体制化"，保持了多元文化的生机活力；《马桥词典》则复兴那些由于被视为"方言"而遭到排除、压抑的人类精神活动，反思作为中国现代文学制度化根源的"言文一致"，打破了20世纪80年代"人文主义"的精英和制度迷思。在20世纪90年代，随着社会分化、区域间隔以及全球化，大写的、抽象的"类本质的人"，正在分化显影为具体的人、阶级的人，唯有如此才可能看到真实的历史与现实，这正是危机中的机遇。

三、"底层文学"研究

底层文学研究在2008年依然强劲，对底层文学的阐发也越来越"理论化"。在提出底层是一种"先锋"后，李云雷进而认为底层文学在新世纪的崛起是一种美学原则的崛起⑱。首先他对底层文学的写作、批评的一些最基本问题进行了界定，这些问题是：底层文学的定义，底层文学作品的质量如何，以及提倡底层文学的原因。他认为底层文学"在内容上，它主要描写底层生活中的人与事；在形式上，它以现实主义为主，但并不排斥艺术上的创新与探索；在写作态度上，它是一种严肃认真的创造，对现实持一种反思、批判的态度，对底层有着同情与悲悯之心，但背后可以有不同的思想资源；在传统上，它主要继承了20世纪左翼文学与民主主义、自由主义的文学传统，但又融合了新的思想与新的创造”。最近几年出现了质量较高的底层文学作品，而且显示了一种确立民族主体性与底层主体性的新的可能性。至于提倡底层文学的原因，作者认为，底层是一种“先锋”，而且它还是五四文学的一种继承，是一种“新文化”，最重要的是，它有一种“翻心”的作用，在反抗、批判的过程中建立一种新的文化，新的社会与阶级的意识[19]。

针对底层文学抢占了“道德制高点”的说法，李云雷的观点是：“我们反对道德审判，但并不否定对道德问题的思考与探讨。20世纪80年代以来，中国文学在‘架空道德审判’的思维方式下，回避了对道德问题的关注，似乎文学就不应该关心道德，越不道德，‘文学性’就越高，甚至道德也成了题材的禁区，这就走向了自身的反面，从一种解放的思想变成了一种压抑的机制。”他认为今天我们需要的不是一种僵化的道德标准，而是对这一历史与现状的关注与思考，以及在此基础之上道德生活的重建，这对中国与中国文学都是极为重要的问题[20]。同时，在李云雷看来底层文学扭转了新时期以来文学的“向内转”趋势，开始建立文学与现实的鲜活联系。他以具体作家作品为例来说明这种转向。在他对王祥夫的访谈中，他认为底层文学应做到底层关怀、艺术传统与新“民族形式”的统一[21]。对于贾平凹，他认为贾平凹在底层文学中具有特殊性，他的新作《秦腔》、《高兴》等作品在关注底层的同时，在“民族形式”上也进行了探索。这使贾平凹的创作呈现出了不同于别人、也不同于自己以前创作的面貌，他的创作，既构建了底层的主体性，也构建了中国和中国文学的主体性[22]。

不同于李云雷对底层文学的肯定与“理论化”，张颐武对底层文学做了两种区分。一种是以曹征路等人为代表的具有“强烈概念性”的批判文学，它是以理念引导的底层文学；另一种如刘震云的《我叫刘跃进》、贾平凹的《高兴》等为代表的写作，作者从自己的感性体验出发，描述“民工”等群体的生活处境，具有较强的感性色彩。作者是肯定后者的。他认为前一种底层文学是20世纪中国悲情的反应，具有“民族寓言”色彩。“但今天的问题在于，中国的全球化和市场化所创造的‘新新中国’已经完全超越了20世纪中国‘现代性’对于贫穷的想象方式”。他认为面对崛起的“新新中国”、新的“中国梦”，底层文学的现实与经验存在着难以弥合的裂痕，底层文学的“概念化”已难以适应当下社会的复杂性，“如何在表现底层的弱势和困境的同时，以‘中国梦’的光芒照亮底层的生活，也是一个必须面对的挑战”[23]。

四、诗歌研究

谢冕的长篇诗歌论文《为了一个梦想（中国新诗1949—1959）》总结了新中国成立后10年的诗歌发展脉络和诗歌艺术的流变，同时也兼论到了由于历史原因所导致的台湾诗歌的发展状况。它将新中国成立10年的诗歌历程概括为“放声歌唱的年代”——“一体化的宏图”——“颂歌”与“抒情主体的移位”——“百花时代”——“新民歌”与“开一代诗风”——“自由格律体再思考”等不同阶段；对于台湾此时的诗歌，认为以“现代主义”占主导，同时亦有一种“彼岸悲情”的氛围。可以说这些诗歌都是“为了一个梦想”，百年中国的追求和一体化目标。最后作者总结道：“我们此刻加以辨识的、自1949—1959年间的这段诗歌历史，就是为了一个梦想而实施的诗歌策略的历史。梦还在继续，梦还不到醒的时候。诗歌将伴随着中国的痛苦和欢乐，一直走向‘中国梦’的成为现实。”[24]

洪子诚也注意到了20世纪60年代两岸的诗歌问题，并对之作了比较考察。他认为由于社会制度的差异，20世纪五六十年代两岸的当代诗歌选择了不同的起点。大陆诗歌继承并强化了现代革命/左翼诗歌传统，确立了“介入”的、直接参与到与现实事变中去的诗歌语言策略，催成了诗歌体式的“政治抒情诗”。与靠拢、进入“中心话语”的大陆诗歌取向不同，台湾这个时期的“诗歌政治”，选择了“去政治”的、疏离“中心”的“边缘化”道路，并以西方现代派作为诗歌精神和诗歌艺术的主要资源。两岸诗歌的这种状况，分别提出了有关诗歌功能，诗人身份，诗歌与现实，西化与传统，诗歌“经典”遴选标准方式等诸多存在争议的问题[25]。

臧棣注意到当下诗歌写作的“无焦虑”状态导致诗歌感受力的变化，他以诗人王敖为例分析了这一现象。在以往的新诗写作中，诗歌中的平衡寄身于对诸多诗歌元素的综合把握，这成为写作焦虑的最显著的体现。从这个角度说，王敖诗歌中的综合能力表现在他对想象力的不平衡的出色而又凌厉的驾御能力上。就当代诗歌的地理特征而言，这种不平衡标示着一种新的诗学的赫然登场[26]。与此同时，吴思敬则注意到当下诗歌写作的“中年化”现象[27]。

张清华对诗歌写作的“标准”、“权利”与“难度”作了澄清。他认为诗歌的标准在今天仅是一个“内心化的经验”，“它在不同语境，不同条件下的内容应该是相对和多元的。”对于网络时代的诗歌，作者认为它们“修改”了诗歌标准，但网络诗歌也应有一种“契约”和“网络伦理”[28]。敬文东通过对“第三代诗人”赵野的解析，认为诗歌的最主要的主题是“时间”，诗歌最主要的任务是“回返”[29]。程光炜对新时期的“朦胧诗论争”作了一种“陌生化”的“研究之研究”，注意到争论双方背后的“话语方式”[30]。

五、其他热点问题

1. “新时期”文学30年

2008年是改革开放30周年，许多批评家以此为契机就新时期以来的文学流脉进行梳理。张颐武主要探讨中国“走向世界”中的“中国”与“世界”关系的问题[31]。他认为改革开放初期的“走向世界”实际上还是中国文学内部的问题，是文学界要求改变文学形态的表征。而今天“走向世界”的要求就不再是“中国”意义上的焦虑，才真正提出了“文学”文化交流的问题。张炯认为最近30年文学相对于“新民主主义”和“社会主义”这前两个30年发展的超越性表现在4个方面：“当代马克思主义”成为创作思想的主导、开放的现实主义成为创作的主流、历史题材和长篇小说的高度繁荣[32]。白烨认为，“新时期”阶段受到政治浪潮冲击；20世纪90年代阶段受到商品经济大潮冲击；“新世纪”阶段则受到信息与媒体浪潮的冲击[33]。陈晓明则就30年来文学创作的变化进行归纳[34]，认为文学从宏大叙事转向个人，人物从观念化转向活生生的小人物，形式从不自觉转为自觉。20世纪80年代较一致的文学共同体在20世纪90年代分层分化，形成了女性文学、底层文学、青春文学、网络文学、本土化的后现代乡土叙事等多元化格局。

2. 最新作品评论

阎连科的长篇小说《风雅颂》发表后，其对北大的影射立即引起一些北大师生的激烈批评。邵燕君的直言批判则是从文学的角度通过对作品的细读和详析进行的[35]。她揭示了其中内在的“乡村”式的“官本位逻辑”，指出阎连科对大学文化中的现代文明精神内核的本质隔膜造成了小说根本逻辑的偏差与情节的离谱。出于“先锋”、“纯文学”的迷思，阎连科陷入了“寓言化”、“超现实”的创作追求，强调“荒诞”然而作品中却看不到“荒诞”所应有的对人类深层悖论情境的揭示。他借用“北大”和《诗经》符号来“渎圣”，却反而暴露其背后的男权、等级意识和淫邪想象。由此，邵燕君对阎连科提出写作伦理上的质疑，同时，她也进一步对相关的“纯文学”生产机制提出了批评。北大“当代最新作品论坛”对贾平凹的《高兴》的讨论主要从如何为“底层”说话、小说人物形象设定、小说的生活流描写与戏剧化情节之间的断裂等几个方面展开[36]。他们对吴玄的《陌生人》的讨论则分别从人生的“不可承受之轻”、叙事视角的选择、“陌生人”与其外国文学中的“多余人”、“局外人”之间的关系等方面进行[37]。

3. 浩然再评价

作为“文革”时期唯一的“一个作家”，浩然去世的消息，引发了一场关于他及其作品的讨论热潮。虽然有政治态度尖锐对立的争执，但大多数研究者还是认可浩然作品中包含了鲜活的“生活气息”、优美的风景描写、生动的人物形象等因素。程光炜认为，“文革”中成长的一代人的个体经验、历史记忆和文学教育，事实上留着浩然的影子[38]。贺桂梅则提出要清理那些潜在的制约着我们理解方式的理论、历史前提，将不同文学规范之间的冲突，视为特定历史语境中中国和中国文学“现代化”不同路径构想之间的争执[39]。浩然与激进政治/文学观念之间，存在着比“图解”、“御用”更复杂的关系。作者并不否认浩然视农村合作化为历史“本质”与“唯一道路”观念的历史局限性，她强调的是要细致地分析其历史构成，分析作品与更为广阔的历史语境间的关联方式，探询它在今天可能发挥作用的资源形态。

4. 最新文学现象观察

张颐武引用朱自清关于“新文学”的“严肃性”论述的框架[40]，认为“新文学”的“严肃性”来自民族国家的深刻危机，而在“新世纪”，全球化和市场化所创造的“新新中国”，已经完全超越了20世纪中国“现代性”的想象方式，原有的“严肃性”的框架已经难以继续。赵勇则敏锐地察觉到写作媒介更替所带来书写的变化[41]。他认为，“笔耕”时代的手稿带有写作的“痕迹”，充满本雅明所谓的“光晕”。从手写到电子书写的基本动力是技术进步主义的，而实际上，电子书写会引起写作心理的微妙变化，带来了高产的“无障碍写作”、“全速写作”等问题。与手写时代作家稳定、有序、均衡、统一的世界观相比，电子写作时代作家的精神世界呈现出不稳定、无序、断裂、破碎等特征。赵勇还以类似思路对短信取代传统书信现象的内在逻辑进行了深入的探讨[42]，认为它与现代化进程不断“加速”带来“时空虚化”与“时空压缩”的现代性体验紧密相连。陶东风尝试通过青春文学、玄幻文学与盗墓文学等3个代表性流向的解读来对“80后写作”进行整体性把握[43]，认为它们分别反映了“80后”一代纯真叛逆唯美的青春体验、“游戏机”化和犬儒主义的世界观、对充满神秘感刺激感奇观性事物的崇拜。

（作者：邵燕君，北京大学副教授；闫作雷、陈新榜，北京大学硕士研究生）

注：

①程光炜：《文学史研究的“陌生化”》，《文艺争鸣》，2008 年第 3 期。作者这方面的研究实践，如：《孙犁“复活”所牵涉的文学史问题》，《文艺争鸣》，2008 年第 7 期。

②程光炜：《当代学科的“历史化”》，《当代作家评论》，2008 年第 2 期。

③程光炜：《文学史研究的“当代性”问题》，《文艺研究》，2008 年第 11 期。

④陈晓明：《革命与抚慰：现代性激进化中的农村叙事》，《海南师范大学学报》，2008 年第 2 期。

⑤陈晓明：《重论现实主义理论的源流及其斗争》，《文艺争鸣》，2008 年第 11 期。

⑥韩毓海：《关于中国当代文学的基本历史态度》，《粤海风》，2008 年第 1 期。

⑦韩毓海：《“漫长的革命”——毛泽东与文化领导权问题》（上）、（下），《文化理论与批评》，2008 年第 1 期、2 期。

⑧贺桂梅：《重读“20 世纪中国文学”》，《当代作家评论》，2008 年第 4 期。

⑨谢俊：《可疑的起点——〈班主任〉的考古学探究》，《当代作家评论》，2008 年第 2 期。

⑩程光炜：《当代文学在 80 年代的“转型”》，《中山大学学报》（社会科学版），2008 年第 6 期。

⑪程光炜：《“四次文代会”与 1979 年的多重接受》，《花城》2008 年第 1 期；《“伤痕文学”的历史记忆》，《天涯》，2008 年第 3 期。

⑫迟子建、郭力：《迟子建与新时期文学——现代文明的伤怀者》，《南方文坛》，2008 年第 1 期；苏童、李建周：《纸上的海市蜃楼——与苏童对话》，《南方文坛》，2008 年第 4 期；吴亮、杨庆祥：《记忆阅读方法——程德培与新时期文学批评》，《南方文坛》，2008 年第 5 期；李陀、杨庆祥：《80 年代的先锋文学和先锋批评》，《南方文坛》，2008 年第 6 期。

⑬白亮：《“私人情感”与“道义承担”之间的裂隙——由遇罗锦的“童话”看新时期之初作家身份及其功能》，《南方文坛》2008 年第3 期，《“向内转”与 80 年代文学的知识谱系——对新时期文学“向内转”的再认识》，《当代文坛》，2008 年第 3 期；任南南：《元话语：80 年代文化语境中的“救亡压倒启蒙”》，《当代文坛》，2008 年第 2 期；黄平：《再造“新人”——新时期“社会主义现实主义”之调整及影响》，《海南师范大学学报》（社会科学版），2008 年第 1 期。

⑭杨庆祥：《审美原则、叙事体式和文学史的“权力”——再谈“重写文学史”》，《文艺研究》，2008 年第 4 期。

⑮冷霜：《在两次“重写文学史”之间》，《文艺争鸣》，2008 年第 2 期。

⑯韩毓海：《李泽厚、刘再复、甘阳对我们时代的影响——80 年代的反思与继承》，《绿叶》，2008 年第 5 期。

⑰韩毓海：《90 年代反思录（上）》，《长江师范学院学报》，2008 年第 5 期。

⑱李云雷：《底层文学，或一种新的美学原则》，《上海文学》，2008 年第 2 期。

⑲刘继明：李云雷：《“底层文学”在新世纪的崛起》，《天涯》，2008 年第 1 期。

⑳李云雷：《底层文学与“道德”问题》，《文艺报》，2008 年 3 月 25 日。另见李云雷、石天强的对话《底层文学：一种新的文学想象》，《中国教育报》，2008 年 10 月 10 日。

㉑李云雷：《底层关怀、艺术传统与新“民族形式”》，《文艺理论与批评》，2008 年第 2 期。

㉒李云雷：《贾平凹与新世纪文学的“底层”转向》，《兰州大学学报》（社会科学版），2008 年第 5 期。

㉓张颐武：《底层文学：认知的焦虑》，《探索与争鸣》，2008 年第 5 期。

㉔谢冕：《为了一个梦想（中国新诗 1949—1959）》，《文艺争鸣》，2008 年第 8 期。

㉕洪子诚：《1960 年代的两岸诗歌问题》，《北京大学学报》，2008 年第 4 期。

㉖臧棣：《无焦虑写作：当代诗歌感受力的变化——以王敖的诗为例》，《江汉大学学报》（人文科学版），2008 年第 2 期。

㉗吴思敬：《当下诗坛的中年写作》，《文艺争鸣》，2008 年第 6 期。

㉘张清华：《诗歌写作：标准、权利、难度》，《诗潮》，2008 年第 1 期。

㉙敬文东：《有一种被遗忘的时间形式仍在召唤我们》，《当代文坛》，2008 年第 6 期。

㉚程光炜：《批评对立面的确立》，《当代文坛》，2008 年第 3 期。

㉛张颐武：《三十年与今天——中国文学与世界》，《文艺争鸣》，2008 年第 12 期。

㉜张炯：《新三十年文学的超越性》，《文艺争鸣》，2008 年第 12 期。

㉝白烨：《三大浪潮、三次冲击》，《文艺研究》，2008 年第 12 期。

㉞陈晓明：《三十年来文学变革的十大后果》，《南方文坛》，2008 年第 6 期。

㉟邵燕君：《荒诞还是荒唐，渎圣还是亵渎？——由阎连科〈风雅颂〉批评某种不良的写作倾向》，《文艺争鸣》，2008 年第 10 期。

㊱邵燕君等：《当“乡土”进入“底层”——由贾平凹〈高兴〉谈“底层”与“乡土”写作的当下困境》，《上海文学》，2008 年第 2 期。

㊲刘晓南等：《“陌生人”：中国文学中陌生形象——关于吴玄长篇小说〈陌生人〉的讨论》，《海南师范大学学报》（社会科学版），2008 年第 4 期。

㊳程光炜：《我们这代人的文学教育——由此想到小说家浩然》，《南方文坛》，2008 年第 4 期。

㊴贺桂梅：《重读浩然：“金光”或“魅影”之外的文学世界》，《南方文坛》，2008 年第 4 期。

㊵张颐武：《新文学的“严肃性”与当下文学的“后严肃性”》，《河北学刊》，2008 年第 2 期。

㊶赵勇：《电子书写与文学的变迁》，《文艺争鸣》，2008 年第 7 期。

㊷赵勇：《书信的终结与短信的蔓延》，《当代文坛》，2008 年第 3 期。

㊸陶东风：《青春文学、玄幻文学与盗墓文学——“80 后写作”举要》，《中国政法大学学报》，2008 年第 5 期。

东方文学

魏丽明

2008 年，最令文学界关注的事件当属 2006 年诺贝尔文学奖得主奥尔罕·帕慕克的访华。应中国社科院外国文学研究所邀请，帕慕克携 2006 年布克文学奖最年轻得主基兰·德塞于 5 月 21 日抵京，开始了他为期 11 天的访华行程。5 月 22 日上午，帕慕克在中国社会科学院做了题为“我们究竟是谁?”的专题演讲。5 月 23 日，中国社会科学院外国文学研究所举行了帕慕克作品专题学术研讨会，5 月 24 日下午，帕慕克在北京大学为师生们作了题为“你为谁而写作？——凝视故乡的忧郁灵魂”的演讲。2008 年 1 月 22 日，中韩第二届古代文学学术研讨会在湖南师大召开。会议主题涉及湖湘文化与中韩两国的古代文学及两国文学文化的相互影响与交流等多个方面。8 月 19 日“日本文学研究会第十一次年会暨学术研讨会”在大连外国语学院召开。此次会议由中国社会科学院外国文学研究所、中国外国文学学会日本文学研究会主办，大连外国语学院承办。大会议题为“文化交流视野中的日本文学”。12 月 20 日由北京大学东方文学研究中心主办的“东方文学研究和教学：动态与趋势”学术研讨会在北京大学召开。会议汇聚了国内东方文学研究界的众多学者，各自就近期开展的重大研究课题作了总结和汇报，并对东方文学研究的最新动态和趋势展开深入探讨。

一、综合类

文学经典被认为是一个民族、一种文化历史积淀的精华，是构成文学史的基石。北京大学东方文学研究中心的《东方文学研究集刊》出版了一集《东方文学经典：翻译与研究》，收入 27 篇论文。本集刊分综论、经典翻译研究、经典研究 3 部分：综论部分涉及东方文学经典重构与经典翻译、经典翻译的战略自觉，翻译文学理论建构、东方文学研究现状分析等论题：经典翻译研究部分涉及缅甸《琉璃宫史》、泰戈尔《戈拉》和《吉檀迦利》、蒙古国达·纳楚克道尔基《我的祖国》、菲律宾史诗《呼德呼德》等经典的形成和翻译以及以色列作家奥兹在中国的经典化等问题；经典研究部分涉及波斯《列王纪》、日本《源氏物语》、越南《金云翘传》、日本《小说精髓》和《苦闷的象征》、阿拉伯《我们街区的孩子们》、印度《学徒》等作品的专题研究，并论及帕慕克、赫达雅特、纪伯伦、阿格农等作家的专题研究，本集刊充分展现了北京学界对东方文学经典研究从理论架构到文本细读的最新研究成果①。

对东方文学学科的梳理依然是学界继续关注的主题。卢铁澎在《中国东方文学学科的历史性建构》一文中认为，由于历史、社会、文化语境等因素的影响和制约，中国东方文学学科在自觉的建构过程中，带有不自觉地蹈袭东方主义的思维轨迹。学界应当抛弃“西方中心论”简单化思维模式，站在“世界文学”的高度，进行学科知识的生产②。罗世平在《后殖民小说与主体性》一文中认为后殖民小说中殖民地本土人接受或追求西方教育的行为是一种文化模仿复制行为，是主体性乏弱的表现，而后殖民小说的另一普遍性主题“腐败”则是殖民地本土人主体性乏弱的结果③。时胜勋的《地缘文明视角与当代东亚文论》一文从中国文论的生存角度提出以地缘文明审视东亚文论的观点，主张在东西方文论互动的过程中，不断完善地缘文论以促进自身的发展④。

奈保尔一直是东方文学界聚焦的对象。杜维平的论文《从未抵达吗？——破解〈抵达之谜〉》试图破解奈保尔的“抵达之谜”。作者认为在帝国意识形态的浸淫下，奈保尔并非像许多论者所言，无家可归，而是终于实现了自己童年时代“在林中拥有一个安全家园”的梦想，成为英国经典作家中的一员⑤。王刚的《以“自我”为圆心的圆形流散——评奈保尔新作〈作家周围的人〉》一文借助流散和圆形流散理论，从时间、自我、家园3个角度，评析身为流散作家的奈保尔的创作体现出以“自我”为圆心的圆形流散特点。值得一提的是，北京学界对英籍日裔作家石黑一雄的关注。作为当代重要的移民作家，石黑一雄与奈保尔，萨尔曼·拉什迪并称为英国文坛上的“移民三雄”⑥。方宸的《探寻岁月尘埃下的历史真实——读石黑一雄的〈上海孤儿〉》分析了该小说情节的3个层次，通过文本细读，深入分析了这部形似侦探小说的作品所采用的“病症叙写”方式，模糊了幻象与真实的界限，反映出历史真实的不可企及这一创作意图⑦。

二、比较文学

首先应该提及的是去年综述中未提及的一部比较文学专著：唐仁虎等著的《中印文学专题比较研究》。该书从中印文学的异同、中印古代文学经典的比较、中印现代文学专题、中印文论专题等13个专题入手，深入分析中印文学的不同的认知方式和不同的文化传统特质⑧。

孙晶的《古代东方哲学的宇宙创世说》选取中、印、日等国的创世神话，分成“从无到有”的世界生成图式、生殖诞生的宇宙生成模式、巨人解体式的宇宙生成模式3个模式，进而阐释原始哲学和伦理观的萌芽和发生过程。在一定程度上阐明东方世界观与伦理观的根源和独特性⑨。向柏松的《中外水生型创世神话比较研究》一文将目光集中在东方的四大文明古国，比较其水生型神话及其背景，认为以水为本的哲学观和世界本原意识源自于水生神话并于四大古国的原始农业社会息息相关⑩。杨彬的《“翻案”与日本古代小说创作方式的演进——以〈浦岛子传〉和〈日本灵异记〉为例》，“翻案”是日本小说独有的一种模仿创作手法，也是早期日本小说创作的主要方式之一。作者以颇具代表性的日本早期汉文小说《浦岛子传》及《日本灵异记》为例，对中国小说与日本汉文小说及日本民族小说创作手法进行比较研究，梳理日本小说创作方式在中国小说影响下一步步演进的基本线索。试图重新认识“翻案”的创作手法，阐明对于“翻案”的不同态度，某种程度上直接决定了日本汉文小说与其民族小说的不同品格⑪。李丽秋在《散曲与辞说时调的比较研究——以破格性为中心》一文中，从“破格性”出发，对我国的散曲和朝鲜辞说时调就形式和内容两方面进行比较。考察二者在突破传统诗歌在形式和内容方面所固有的创作模式特性，并结合时代背景分析产生破格性的原因，揭示二者破格性的意义⑫。葛兆光的《寰中谁是中华——从17世纪以后中朝文化差异看退溪学的影响》以李朝汉文文献为主，分析退溪学和程朱思想在清朝与李朝朝鲜的不同境遇，以及在恪守传统的朝鲜文人眼中，清朝已风俗败坏，反衬出对本国礼端乐正的自豪。本文还进而阐释退溪学影响下朝鲜文人价值观的不同及其后续影响，说明恪守与偏离究竟孰对孰错，不能妄下定论⑬。尹锡南的《〈诗学〉与〈舞论〉的戏剧理论比较》探讨了疏泄/味与模仿/Anuka ra na两组关键词，继而比较二者在分类、情节、角色、语言、舞台和观众等方面的不同，并进而阐述其影响、发展和在现代的运用⑭。徐武林的《汉语熟语在泰国的流传——以泰译本〈三国演义〉为例》概述了《三国演义》在泰国的翻译与影响，分析泰译本《三国演义》与汉语熟语在泰国的流传情况，说明直译、意译、增译3种翻译手段是汉语熟语流传于泰国的主要途径与方式，对丰富和发展泰语熟语起到了巨大的推动作用⑮。薛克翘的《佛陀与罗摩的血缘关系——读〈琉璃宫史〉之一得》细致考证缅甸历史名著《琉璃宫史》中佛教创始人释迦牟尼与印度史诗《罗摩衍那》主人公罗摩之间的血缘关系问题，并认为甘蔗族后裔罗摩是释迦牟尼远祖的结论⑯。

陈岗龙的论文《〈娜仁格日勒的故事〉和〈琵琶记〉比较研究》一文通过古代蒙古文小说《娜仁

格日勒的故事》与元代戏曲《琵琶记》的跨语言比较，确定了《娜仁格日勒的故事》的原型是《琵琶记》，继而分析了《娜仁格日勒的故事》的多元题材和复合型特征[17]。

埃及学者哈赛宁在《鲁迅对埃及作家阿卜杜·盖法尔·迈卡维的影响》一文中认为，翻译不仅为作家的创作提供了学习、借鉴的媒介，也是许多作家开始创作的先导。埃及当代作家、翻译家迈卡维的一生受到的影响是多元的，作为第一个直接受到鲁迅影响的阿拉伯作家，其小说的主题、技巧、表现手法、人物形象等都曾深深烙有鲁迅的影响痕迹[18]。

三、东北亚文学

日本一向是国内东方文学学界研究成果最多的一个国家，著述众多，类型丰富，学科建设也相对成熟。2008年日本文学研究的分布状况仍然以作家作品研究为主，思潮和文学现象等研究次之，教学研究、理论研究和研究述评较少。作家作品研究集中在近现代，古代次之，当代作家除村上春树外，相对欠缺。研究最多的对象还属川端康成，其次是村上春树、夏目漱石、芥川龙之介、紫式部等。

宏观研究方面，有赵志松的研究状况述评：《2007年日本文学研究现状——兼谈学术规范问题》。作者对2007年我国日本文学研究界的总体状况、特点和成果进行了概要性总结，并提出日本文学界研究有漠视先行研究资料和原典资料的问题[19]。唐月梅的《日本文学与当代中国邂逅的命运》选取川端康成、三岛由纪夫、大江健三郎三个典型个案，梳理了学界1976年至今，我国的日本文学译介历经艰难到正常发展的轨迹[20]。

川端康成一向是日本文学研究的热点。李均洋在《我就是佛——〈千羽鹤〉茶心·禅心美学论》一文中认为《千羽鹤》不仅是川端康成"日本式哀伤美"的体现，也是他自我观照、自我舍弃、自我救济、自我清净之"茶心·禅心"美学观念下浇灌出的一朵"幽艳的日本散文最后的花"[21]。何乃英在论文《〈水晶幻想〉·〈禽兽〉·〈雪国〉——川端康成小说创作中意识流方法的演变轨迹》中，论及川端的3部意识流小说，分析了川端创作中意识流小说方法从单纯模仿到创造性运用的演变轨迹[22]。周阅的《川端康成文学与中国宋元美术》一文选取美术的视角剖析中国宋元美术对川端康成的影响[23]。刘金举借精神分析法阐释自卑对芥川龙之介的影响，他的《自卑对芥川文学的决定作用——从精神分析的角度出发》一文，广泛取材，详细考证，深入地分析芥川自卑感的成因以及他克服自卑的尝试[24]。隽雪艳的《从〈徒然草〉看吉田兼好的生命美学》一文从"无常与感动"、"对盛衰之变的理性认识"和"兼好生命美学的价值"3个层面分析吉田兼好以《徒然草》为代表的生命美学。指出吉田兼好的死与美相结合的生命美学是古代日本人对待死亡情结的一种形而上学的解决方法[25]。《我的故事我诉说——荻野安娜与〈雪国舞女〉》的作者吕斌研究的是活跃于当今日本文坛的、具有代表性的新锐女性作家荻野安娜。论文探讨了荻野经典再创作的现实意义，生动地展现了男权文化背景下的日本女性命运[26]。杨伟的文章《吉本芭娜娜：漫画与文学》以吉本芭娜娜与漫画，特别是少女漫画的至深关系为切入点，探讨少女漫画对其小说的主题和结构、人物造型、言语感觉等诸方面的影响[27]。王向远在《江户时代日本民间文人学者的侵华迷梦——以近松门左卫门、佐藤信渊、吉田松阴为例》一文中认为日本觊觎中国，由来已久。通过详细的文本分析，作者认为最早通过文艺的形式表达侵华意念的是17世纪日本著名戏剧家近松门左卫门；最早系统全面地提出侵华方案的是19世纪初的布衣学者佐藤信渊；吉田松阴则进而提出了"垦虾夷，收琉球，取朝鲜，拉满洲，压支那，临印度"的狂妄设想[28]。

文艺理论、文学评论的研究方面，李强在《"现代"视野中的厨川白村与〈近代的恋爱观〉》一文中认为厨川白村对于"婚恋"这一文学的永恒主题，有着自己独特的"现代"见解和阐发。在他《近代的恋爱观》中对近代婚恋和性爱观念的转变，是研究厨川白村的文艺思想，尤其他的"苦闷的象征"观念的重要渠道[29]。杨炳菁的《历史记忆与文学语言——评小森阳一的〈村上春树论〉》评述了文学评论家小森阳一的《村上春树论：精读〈海边的卡夫卡〉》一书，指出小森阳一精细的文本分析法为研究村上文学提供了新的视角，促使读者重新思考后工业社会中文学的伦理性问题[30]。

2008年度朝鲜、韩国文学研究偏重古代作家作品研究。主要对象有李齐贤、李尚迪、崔致远、朴趾源、徐居正、李珥、《三国史记》等。研究视角比较丰富，有文学、诗学理论、跨文化比较、民间文学研究等多个角度。金长善的《韩国黑暗时期亲日文学研究新视角》详述了金在涌对韩国亲日文学的研究，总结了他的研究视角与结论，并认为黑暗时期韩国的亲日文学虽然留下了污点，但作为韩国现代史上无法磨灭的一部分，对之加以应有的研究将给世人提供前车之鉴[31]。肖伟山的《近年韩国文学动向——以获奖作家作品为中心》一文整理并介绍了韩国2008年11个文学奖项的获奖情况，为韩国2008年的文学创作和评介梳理出一个清楚的概观，有助于国内研究者了解韩国最近的文学动向及其文学经典化的取向[32]。

王浩在《比较文学与译介学——达木丁苏伦比较文学之路》一文中追溯达木丁苏伦的比较文学研究轨迹，从文学翻译本土化、文学翻译作为蒙古文学发展的主要建构力量、蒙古文学经典化的里程碑《蒙古古代文学精选百篇》以及界定翻译在文学史中的地位的《蒙古文学概要》4个层面介绍并探讨达木丁苏伦具有比较文学特质的文学翻译本土化研究实践，试图梳理并总结蒙古比较文学立足于本土所具有的发生发展特点[33]。

四、南亚文学

印度文学一向是南亚文学研究的重镇，由于教育部人文社会科学研究基地基金项目“印度近现代文学史”的带动，2008年印度近现代文学研究取得了可喜的成果。北京大学东方文学研究中心出版的《东方研究》收录了相关研究论文7篇，涉及苏非诗人瓦利斯·沙的诗剧《希尔》、阿格农的长篇小说《陌生人》、雷努的短篇小说、哈迪迦·玛斯杜尔的小说《庭院》、安妮塔·德塞的长篇小说《今年夏天我们去哪里?》、维克拉姆·塞特的长篇小说《如意郎君》和泰戈尔民族主义观点的解读[34]。此外，刘曙雄的论文《真实和朴素是传记文学的本源》在传记文学理论的基础上剖析印度现代文学开端时期的乌尔都语著作《生命之水》，并认为该书融语言史、文学史和传记文学为一体，朴素的纪实手法与优美的文学性是这部作品的两大特点，此书开启了印度现代乌尔都语传记文学先河[35]。王向远《印度宏观特性论》一文从宏观比较文学视野出发，认为印度文艺具有3大特征：内容泛神化、形象泛“众生”化、形式泛音乐化[36]。石海军的专著《后殖民：印英文学之间》从后殖民文化研究的角度关照印度现当代文学，解析印度侨民作家“想象的家园”与印度本土作家的精神家园之间的“殊途”和“同归”，文化的“杂交”与“同化”。在这本学术著作中后殖民文化研究由理论脱胎换骨为实绩性的文学研究：理论看似存在，但又隐形于文学和文化研究之中。作者恰当地将后殖民理论作为一个切入点，结合具体作家作品，对现当代印度文学、印度流散文学与西方文学的影响关系作了深入的考察。这种考察是综合性的，也是具体的，有时达到细致入微、发人深省的深刻[37]。此外，石海军还发表了《甘地主义与印度乡土文学》一文，阐述了作为政治学说的甘地主义将乡村与城市对立起来，但印度乡土文学作家却没有盲从于甘地主义，关注的是乡村世界在城市文明的侵袭下所发生的变化。乡村被赋予了“精神家园”的色彩，是同时期印度乡土文学创作中的普遍现象，是作家们的一种自觉选择，也是历史的必然[38]。范慕尤《从〈仲儿〉一剧管窥跋娑戏剧特色》一文以跋娑十三剧中的独幕剧《仲儿》为例，以印度戏剧理论的代表作《舞论》为据，从情节、味、语言等角度入手分析此剧所体现的跋娑的戏剧风格[39]。黎跃进在《爱情悲剧的背后——从〈失败〉看克里山·钱达尔对印度传统文化的反思》一文中挖掘乌尔都语作家克里山·钱达尔早期代表作《失败》是如何描述真与美被毁灭的爱情悲剧，以系列象征意象表达思想，充满诗情画意，渗透着作者对民族传统文化的深沉思考[40]。在通读乌尔都语短篇小说家金德尔·辛格·贝迪的《拉金德尔·辛格·贝迪作品集》和《贝迪的十篇最佳小说》原文文本的基础上，唐孟生的论文《独特的理念成功的尝试——论拉金德尔·辛格·贝迪的短篇小说创作》对贝迪的小说创作进行分析。探讨他作品所采用的现实主义叙述、自然主义结局、象征主义手法、暗喻和借喻运用等创作方法[41]。张嘉妹在《诗人阿米尔·霍斯陆刍议》一文中着重评价了印度中世纪波斯语诗人阿米尔·霍斯陆在印度文化发展史上的贡献与地位，并认为他的创作虽然有着不可避免的历史局限性，但仍不失为是“混合文化”的代表，是乌尔都语创作的先锋和印度历史上难得的纪实写照[42]。

王立的《季羡林教授与主题学研究方法》，论述季羡林的研究往往从细小的母题、意象着手，实践他“小题大做”的一贯主张。他力图追寻特定故事的同源性、跨文体性，始终不渝地关注具体文学母题、意象与套语等的印度渊源研究，探求将主题学与形象学理论结合的研究路径[43]。澳大利亚学者班固志的《季羡林与泰戈尔》高度评价了二人精神的同质性，阐明泰戈尔对季羡林的著述的影响，而季羡林不仅借鉴并弘扬了泰戈尔的思想和理想，更赋予它们以新的境界与意义[44]。

五、东南亚文学研究

东方文学的研究发展多年呈现出各区域不平衡的现象，其中最为突出的就是东南亚文学研究一直比较薄弱。近两年来，北京学界的东南亚文学研究取得了重大的突破。2008年，北京大学东方文学研究中心《东方研究》出版了《东南亚研究专辑》，收录北京大学东南亚研究所最新的研究成果，其中包括与东南亚文学有关的论文16篇。内容涉及两大主题，文学文化交流和文学经典解读。如：印度文化在越南的影响、印度宗教和阿拉伯伊斯兰教对东南亚文学的影响、菲律宾阿拉安——芒杨原住民看待神话的心理态度、越华文化传统与文学交流、佛教对越南古典文学的影响、《三国演义》在印度尼西亚、王昭君故事在越南的流传与影响；如：对印度尼西亚哇杨戏的介绍和分析、对《马来纪年》、《金云翘传》、《人世间》、《帕罗赋》和《呼德呼德》等经典作品的解读等。北京学界对越南文学经典《金云翘传》关注最多[45]。赵玉兰的《〈金云翘传〉中文翻译刍议》一文认为越南诗人阮攸《金云翘传》中译的难处在于该书同时具有中国文学文化的精粹，又具有鲜明的越南文化特色。指出了已有的两个中译本存在的问题，提出了《金云翘传》中译者所需具备的条件，并期待较为理想的《金云翘传》中译本的早日面世[46]。夏露的《〈红楼梦〉在越南的传播述略》介绍了《红楼梦》在越南的传播与翻译情况，包括《红楼梦》和其他明清小说在越南的早期流传和接受，现当代对《红楼梦》的翻译评介以及研究概况等[47]。杨芮琴的文章《马来西亚英语诗歌中的生态末日景象：赛西尔·哈日德拉和穆罕姆德·哈吉·萨勒》审视两位马来西亚诗人英文诗歌中的末日景象，重点分析他们的诗歌对生态灾难和环境荒原的表现。认为两位诗人分别从伦理层面和生态意识、传统沦丧的层面，对迅速变化的马来西亚自然景观所带来的环境和文化的影响表示深表担忧[48]。李健的《论翻译在泰国文学发展史上的地位和作用——以近代文学为中心》分析了翻译在泰国近代文学中的地位、兴起的原因和近代文学初期翻译的特点，认为泰国近代文学时期是外求他种文化的典型时期，翻译在其文学发展史上具有独特的地位和作用[49]。杨国影的《从〈琉璃宫史〉看东吁王朝的王族婚姻》以文学解读历史，通过梳理权威史书《琉璃宫史》中所记载的东吁王朝王族婚姻状况，对当时的王族婚制、后妃身份、婚礼、婚姻观念等进行文化意义上的分析，揭示王室婚姻对政治和社会的影响[50]。史阳的《保护东南亚的文化多样性：东南亚的人类口头非物质遗产》梳理了“口头非物质遗产”这一文化概念的定义，以及其中的社会话语内涵。把东南亚入选联合国教科文组织的9项“人类口头非物质遗产代表作”进行分类归纳，探讨它们的特点，分析这些代表作在文化多样性保护中面临的问题和相应的保护行动[51]。

六、西亚北非文学研究

2008年西亚北非文学研究的热点是土耳其，与去年相似，学界对土耳其的研究仍然集中于帕慕克一人，帕氏的中国之行对我国的帕慕克研究是个良好的促动。可喜的是有关帕慕克的文字除了若干重要访谈、综述以外全部是研究性文章，这表明我国的帕慕克研究已由普及性介绍转向深入的文学研究。《在卡夫山上追寻自我——奥尔罕·帕慕克的〈黑书〉解读》的作者穆宏燕深入探寻《黑书》的隐含深意，从宗教哲学背景、情节线索、耶拉和卡利普的觉悟等不同层面对作品展开分析，深入解读帕慕克心目中的伊斯坦布尔，并认为作者有借个人追寻自我之路，解民族之忧的意图[52]。李卫华在《文化冲突与文化杂合：〈我的名字叫红〉中的情节结构隐喻》中深入分析了帕慕克的小说《我的名字叫红》的结构隐喻，认为作者以融合东方和西方的小说技法实践了他所倡导的文化杂合思想[53]。杨克力、陈金在《浅谈小说〈我的名字叫红〉中的文化冲突》中认为帕慕克的代表作《我的名字叫红》再现了西方对东方的文化殖民，东方在西方文明大举入侵之后所处的混乱、毁灭、迷茫和忧郁的境地的历史[54]。

穆宏燕在《波斯苏非情诗审美论》一文中论述了波斯苏非情诗中最常见的“美人”与“美酒”意象所承载的深刻宗教文化内涵，认为苏非情诗具有亦世俗亦幽玄的二重美学特征。苏非信徒们常借世俗情诗为己所用，因此，苏非情诗具有广泛的审美共性，能够为审美大众普遍接受[55]。穆宏燕在《论〈玛斯纳维〉中的和平主义思想》中着重阐述《玛斯纳维》“主张摈弃宗教偏见，不同信仰的人应相互尊重相互理解”的和平主义思想，揭示了伊斯兰教的宗教包容性，指出在当前国际局势下，彰显《玛斯纳维》中的和平主义思想，具有十分重大的意义[56]。沈一鸣在《印度体诗歌研究——波斯诗歌改革道路上的一个尝试》一文中介绍了印度体诗歌在波斯文学史的概况、地位及其诗歌特点，认为波斯文学史上印度体诗歌的创新是一次成功的尝试[57]。

古代近东文明的文学研究大多是针对两河流域的研究。李政发表了两篇有关赫梯文学的综合性研究论文。在《浅析赫梯神灵的赞美特征——赫梯人的颂神诗研究之二》一文中作者认为神灵赞美特征是赫梯赞美诗研究的一个重要方面，也是赫梯人颂神诗研究的核心内容，探讨了赫梯神灵赞美特征的多样性与移植现象产生的原因[58]。在《赫梯人谚语警句的新思考》一文中，认为赫梯人的谚语警句的标准很可能未必限于美国著名学者贝克迈等学者的论述，还有进一步挖掘和研究的空间，对赫梯谚语警句的表现形式和具体内容提出了一些新的认识[59]。

希伯来文学研究的重心一直是《圣经》文学，王立新的《影响与超越：希伯来神话的文化品格与民族特质》一文考证希伯来神话与闪语族系的其他民族神话的密切联系，并认为经过祭司文人"借壳"而"质异"的加工，使希伯来神话最终文本呈现出与异教神话完全不同的性质和意义。作为一种"有目的性叙述"的希伯来神话，最终超越了异教神话的影响，显示了自己独有的文化品格和特质[60]。《古犹太流散写作与希伯来经典》一文作者梁工全面考察了大流散语境下希伯来经典《圣经》在成书过程中观念形态的延伸和发展、诗性话语的传承与变异，试图说明《圣经》是在犹太民族国破家亡之后的流散时期逐步完成其经典化过程的，并融会了多种异域文化要素，保持并运用了双重文化身份，为后世流散写作贡献了可资借鉴的范例[61]。从宏观比较文学的角度，王向远在《犹太—希伯来文学的民族特性》一文中认为可以把犹太—希伯来文学的民族特性概括为三个"一"，即：一本书——《希伯来圣经》与文学的一元化；一个神——耶和华的文学抽象；一个梦——从亡国到复国的题材主题。这三个"一"的概括不仅有助于理解和把握犹太文学的特性，也可为希伯来—犹太文学与其他民族文学的比较研究提供宏观参照[62]。

希伯来文学研究的另一重要领域是现当代作家文学。钟志清在《身份与记忆：论希伯来语大屠杀文学中的英雄主义》中认为，1948年新中国成立以来以色列重视对大屠杀英雄主义的界定与阐释，并将之视为塑造民族身份和大屠杀集体记忆过程中的一个重要环节。探讨希伯来语大屠杀文学中的英雄主义特征，以及这种英雄主义在塑造民族身份与重建民族记忆过程中的作用[63]。在《希伯来语大屠杀文学与幸存者作家》一文中，钟志清认为，二战结束后，犹太作家尤其是以色列希伯来语作家在反映与表述历史灾难方面面临着一种艰难的挑战。以卡—蔡特尼克和阿佩费尔德为代表的幸存者作家的文学既在解说民族历史，铸造民族记忆形式，又同现存社会语境与政治话语建构起某种象征性的联系[64]。傅勇《在父辈的世界里——对马拉默德小说中"父与子"母题的文化解读》一文的研究对象是美国犹太族裔作家，被誉为"犹太味最浓"的作家伯纳德·马拉默德，作者认为马拉默德几乎所有长篇作品中都隐含着对"父亲"形象和父性话语的重构，作者从希伯来文化角度探讨了马拉默德小说中"父与子"母题的诸种模式，试图探寻其历史演化轨迹和文化意蕴，并认为马拉默德式的主人公都经历了"寻父——叛父——弑父"的精神历程[65]。

2008年阿拉伯文学研究偏重于近现代作家作品。周烈的论文《〈日子〉——记忆与文学的完美结合》研究的是阿拉伯文学泰斗塔哈·侯赛因的代表作《日子》，作者评析了这部自传体小说用记忆与文学完美结合的艺术手法，向读者展示了一位盲人学者的求学历程，认为小说作者用真情、记忆和他的文学天赋塑造了一位真正战胜黑暗的人[66]。马征的《重建生命的神圣——纪伯伦〈人子耶稣〉中耶稣形象的隐喻意义》通过对《人子耶稣》的末篇《一个黎巴嫩人：19个世纪以后》的文本细读，深入剖析作品中耶稣形象的隐喻意义，认为《人子耶稣》中的耶稣形象，隐喻了作者重建生命神圣的创作理念，并由此彰显了纪伯伦与西方现代主义文学中生命理念的根本差异[67]。余玉萍在其《边界生存：当代巴勒斯坦文学的流散主题》一文中围绕"边界生存"的物理空间、思想空间和跨文化空间，清晰展现了20世纪下半叶以来，巴勒斯坦文学鲜明的流散特征[68]。倪颖发表了《不朽的文学丰碑——纳吉布·马哈福兹及其作品研究现状》一文，介绍了中外学者对其作品的研究现状[69]。蒋和平发表了《〈从我们街区的孩子们〉看纳吉布·马哈福兹的新现实主义创作》一文，作者认为马哈福兹在作品中不仅自如地运用阿拉伯文学的叙事手法，同时也采用象征主义、存在主义、自然主义、意识流等西方文学的表现手法，他的小说创作体现了作家深厚的创作功底和追求变革创新的艺术风格[70]。

古代埃及文学和现当代作家作品的研究是2008年北京学界的研究重点之一。郭丹彤的《阿蒙奈姆海特二世孟菲斯铭文译注》对阿蒙奈姆海特二世的孟菲斯铭文作了非常细致的翻译和注释。由于此铭文是迄今为止学界所知的唯一一篇古代埃及第十二王朝时期的王室年鉴，是研究中王国时期埃及及其周边地区关系的最为重要的文献资料，同时也为中王国时期埃及的政治、经济、宗教生活研究提供了文献支持[71]。金寿福的论文《古代埃及官吏的说话艺术》通过对埃及古代文学文本的研究，分析古代埃及官吏的说话艺术及其在培养年轻人以符合官场规则说话方面所发挥的重要作用，并认为官吏的自传揭示了他们说教的目的和缘由[72]。

七、黑非洲文学

2008年度黑非洲文学的研究重心是库切、索因卡、纳丁·戈迪默、奇努阿·阿契贝等作家，其中库切的研究文章数量最多。特别值得一提的是高文惠出版了《后殖民时代语境中的库切》一书。该书从混杂性身份和边缘写作、交互作用中的主体性、淤泥是权威的对抗和当下现实中的道德选择、反话语的文学实践等视角阐释了库切创作所呈现的文化多元性和文学多样性，深入分析其创作的理论自觉意识与实践自省精神[73]。赵白生在《“一切作品皆自传”——非洲作家自传个案研究》中分析了库切的《重谈录》，运用文类的并置效应这一概念来解读作品。认为虽然作者和编者都声称该书是“自传文本”，但实际上其中的大部分文章却是非自传性文章[74]。陈榕的《欧洲中心主义社会文化进步观的反话语——评阿契贝〈崩溃〉中的文化相对主义》一文深度解析了《崩溃》这部小说是如何挑战欧洲中心主义话语，解构了殖民话语所倡导的欧洲文明和非洲文明之间的歧视性等级差异。认为，在重构非洲文明时，阿契贝尽量回避了对非洲传统文化的美化，采取了文化相对主义的立场，使这部作品超越了二元对立的狭隘民族主义意识形态[75]。庞好农在《从双重意识到三重意识：非洲裔美国批评的新视野》一文中深入分析了理查德·赖特的创作，并认为他的创作开辟了非洲裔美国批评的新视野。他的创作不仅呈现黑人意识形态中普遍具有双重意识的现象，同时还揭示出有叛逆精神的一部分黑人的意识形态已发展到了三重意识。虽然黑人三重意识中的第三种意识具有消极性和积极性，但却戳穿了白人种族主义者贬低和丑化黑人的种种谬论[76]。

2008年是北京东方文学研究界成果丰硕的一年，显示出良好的发展趋势。但依然还存在一些问题，如部分领域研究力量薄弱，东方文学的学科理论建构还待加强，尤其是从事东方文论的研究力量匮乏，深度不够。这些问题不仅是2008年北京学界的问题，也是我国东方文学学科长期以来的弱势所在。

（作者：北京大学研究员）

注：

①王邦维主编：《东方文学研究集刊》（四），北岳文艺出版社，2008年版。

②《中国人民大学学报》，2008年第1期。

③《国外文学》，2008年第4期。

④《东方丛刊》，2008年第4期。

⑤《外国文学》，2008年第2期。

⑥《外国文学》，2008年第5期。

⑦《当代外国文学》，2008年第4期。

⑧唐仁虎等著：《中印文学专题比较研究》，北岳文艺出版社，2007年版。

⑨《社会科学战线》，2008年第6期。

⑩《中南民族大学学报》（人文社会科学版），2008年第1期。

⑪《中国比较文学》，2008年第4期。

⑫《当代韩国》，2008年春季号。

⑬《天津社会科学》，2008年第3期。

⑭《外国文学》，2008年第2期。

⑮《社会科学战线》，2008年第8期。

⑯《大连大学学报》，2008年第1期。

⑰《文学遗产》，2008年第5期。

⑱《鲁迅研究月刊》，2008年第3期。

⑲《日语学习与研究》，2008年第1期。

⑳《日本研究》，2008年第1期。

㉑《外国文学评论》，2008年第1期。

㉒《日语学习与研究》，2008年第1期。

㉓《外国文学》，2008年第6期。

㉔《国外文学》，2008年第1期。

㉕《外国文学研究》，2008年第5期。

㉖《当代外国文学》，2008年第3期。

㉗《国外文学》，2008年第4期。

㉘《重庆大学学报》（社会科学版），2008年第4期。

㉙《日本研究》，2008年第2期。

㉚《外国文学》，2008年第4期。

㉛《外国文学动态》，2008年第2期。

㉜《国外文学》，2008年第3期。

㉝《文艺理论与批评》，2008年第1期。

㉞《东方研究》（2008年），经济日报出版社，2008年版。

㉟《国外文学》，2008年第2期。

㊱《东方丛刊》，2008年第2期。

㊲《后殖民：印英文学之间》，北京大学出版社，2008年版。

㊳《大连大学学报》，2008年第2期。

㊴《南亚研究》，2008年第1期。

㊵《南亚研究》，2008年第1期。

㊶《南亚研究》，2008年第1期。

㊷《南亚研究》，2008年第1期。

㊸《外国文学评论》，2008年第3期。

㊹《南亚研究》，2008年第1期。

㊺《东方研究》（东南亚研究专辑），经济日报出版社，2008年版。

㊻《广西民族大学学报》（哲学社会科学版），2008年第2期。

㊼《红楼梦学刊》，2008 年第 4 辑。
㊽《外国文学研究》，2008 年第 5 期。
㊾《解放军外国语学院学报》，2008 年第 1 期。
㊿《东南亚研究》，2008 年第 2 期。
51《南洋问题研究》，2008 年第 2 期。
52《国外文学》，2008 年第 2 期。
53《外国文学研究》，2008 年第 1 期。
54《中国校外教育》（理论），2008 年第 7 期。
55《回族研究》，2008 年第 2 期。
56《回族研究》，2008 年第 1 期。
57《东方研究》（2008 年），经济日报出版社，2008 年版。
58《古代文明》，2008 年第 1 期。
59《东方研究》（2008 年），经济日报出版社，2008 年版。
60《社会科学战线》，2008 年第 6 期。
61《河南大学学报》（社会科学版），2008 年第 6 期。
62《西南民族大学学报》（人文社科版），2008 年第 7 期。
63《外国文学评论》，2008 年第 4 期。
64《四川师范大学学报》（社会科学版），2008 年第 4 期。
65《当代外国文学》，2008 年第 2 期。
66《外国文学》，2008 年第 5 期。
67《国外文学》，2008 年第 3 期。
68《世界文学评论》，2008 年第 2 期。
69《东方研究》（2008 年），经济日报出版社，2008 年版。
70《东方研究》（2008 年），经济日报出版社，2008 年版。
71《古代文明》，2008 年第 2 期。
72《古代文明》，2008 年第 4 期。
73《后殖民文化语境中的库切》，中国社科出版社，2008 年版。
74《国外文学》，2008 年第 2 期。
75《外国文学研究》，2008 年第 3 期。
76《中国校外教育》（理论），2008 年第 1 期。

西方文学（不含英美）

喻天舒　闫　静　丛治辰

2008 年北京学者的西方文学研究（不含英美）在诗歌、戏剧、小说、文论（包括翻译理论）方面都取得了一定的成果，以下仍分德语文学、法语文学、西班牙语文学及文论 4 部分，就笔者掌握的研究资料作一番简要的综述。

一、德语文学研究

2008 年度的德语文学研究首先显示出学者们对德语经典戏剧的关注。

歌德是世界公认的文学巨匠之一，也是一个近现代以来罕有其匹的像欧洲文艺复兴时期的那些知名人物一样的多面手：他是文艺批评家、新闻工作者、自然哲学家、剧院经理、政治家、教育家和画家，并在他所涉足的领域中都取得了值得夸耀的成绩。1773 年，歌德在莎士比亚剧作的影响下，发表了《铁手骑士葛兹·封·伯利欣根》一剧，引发了德国作家对莎士比亚的崇拜热，“狂飚突进”运动也产生了它的第一部天才作品。叶隽的论文即以歌德的早期名作《铁手骑士葛兹》为研究文本，在指出其题材选择的德意志性、在艺术形式上打破亚里士多德三一律的开创性等特点的同时，将 16 世纪德国的各阶层放置在一种宏观背景下进行考察，突出阶层博弈与群体互动的关系，以作为骑士阶层代表的葛兹为中心，分析他的言语作为的矛盾性特征，揭示骑士阶层乃是一种特殊历史时代的产物以及它在宗教改革过程中随时代发展将逐渐被淘汰的必然性。文章把骑士葛兹的形象放在了一个相对广阔的西方传统历史背景——教皇和皇帝权力斗争对峙的视野下所产生的阶级矛盾当中加以考察。文章认为，在当时的贵族、市民与骑士阶级之间的利益冲突与平衡中，葛兹所体现的那种清晰的“骑士”阶层的理念和诉求，必然导致骑士—农民联盟的不稳定性。换言之，骑士与农民貌似结盟，可由于骑士本身立场的游移不定，更重要的是由于骑士与农民彼此之间在理念上存在着重大的差异，并不能达到联盟的实质效果。因此，文章指出，歌德的葛兹的命运，如同历史上大多数悲剧英雄的命运一样，是矛盾而无望的。然而，也正是这种英雄末路的无奈，更易让人对英雄产生崇敬之心。文章由此提出，歌德的题材选择不仅具有当下的问题意识，而且在诗人的早期思想形成过程中也具有确立坐标的重要意义①。

席勒是歌德的挚友，同时也是在文学创作上能和歌德比肩的作家。作为德国文学史上最重要的诗人、文学理论家和最伟大的戏剧家之一，他的剧作一向是研究者们关注的重点。张玉书的两篇论文分别讨论了席勒的两部著名戏剧作品。其中之一着重分析的是《唐·卡洛斯》这一在席勒的文学创作中具有承上启下的名剧。历史悲剧《唐·卡洛斯》是席勒青年时代的最后一部剧本，也是他的创作由“狂飚突进”时期转入“古典时期”的一个标志。张文首先在革命风暴的背景下阐发了该剧的时代特点和剧作家的创作意图，指出“席勒研究尼德兰人民的革命，正好是在革命风暴在天边升起不久即将震撼整个欧洲封建制度的关键时刻。他决定用他的这部史籍，以及以《尼德兰革命史》为素材的戏剧来呼唤革命风暴。”②在分析该剧的人物形象时，文章认为，席勒最大的成功之处在于多层次地表现了人物内心的挣扎和悲剧的宿命感，而非单一的角色描摹。在评价该剧作为“时代传声筒”的历史地位时，文章也没有给予简单的肯定或者否定，而是借另一德国著名作家海涅之口称赞“席勒自己便是那个波萨侯爵，既是先知，又是战士，他也为他所预言的事情而战。在他那西班牙大氅下面怀着一颗最优美的心灵，这颗心灵当时在德国热爱过也受过苦”③。文章同时指出的，还有该剧在政治见解上所难以避免的牵强附会之处。作者的另一篇论文讨论的是席勒最大的一出历史剧《华伦斯坦》。这一剧作于1799年写成，分为序幕《华伦斯坦的军营》及两个五幕剧《皮柯洛米尼父子》和《华伦斯坦之死》三部。此三部曲同样取材于席勒曾经进行过深入研究的德国30年战争史。剧本基本忠实于史实，描写了在神圣罗马帝国皇帝斐迪南二世与北方诸侯间因权力之争而展开的以宗教为名的30年战争当中，作为神圣罗马帝国军队统帅的华伦斯坦戎马生涯中盛极而衰的命运。对于席勒的这部巅峰之作，张文从作者的写作意图、该剧的时代背景、30年战争的性质、主人公性格的分析等多方面进行探讨，在此基础上得出了“席勒从《华伦斯坦》起便以戏剧的形式进行‘审美教育’，宏扬人性的美奂，揭露非人性的丑恶”的结论④。

在德语小说方面，19世纪末期以来的一批有影响力的作家构成了学者们的研究焦点。这些作家包括：阿图尔·施尼茨勒、罗伯特·穆齐尔、君特·格拉斯、马克思·弗里斯。

1893年，奥地利作家阿图尔·施尼茨勒以独幕剧集《阿纳托尔》崛起于文坛，成为维也纳现代派的重要代表人物。虽然他的剧作和中、短篇小说为他带来了很高的声誉，吴晓樵的论文探讨的却是施尼茨勒的一部出版后相对颇受冷遇的长篇小说《通往旷野的路》。为了说明《通往旷野的路》的现代性，吴文考察了施尼茨勒在处理文本时有意识的划界行为以及在文本中对不同地理空间方位的区分和运用。同时考察的，还有施尼茨勒有意识地在文本中搭建文本与传统经典文本之间的桥梁的手法，即通过对传统文本的影射、戏拟和颠覆，在潜文本中构筑了一张复杂的互文性之网。文章最后得出了这样的结论：“施尼茨勒的小说《通往旷野的路》是一个十分独特的、洋溢着现代气息、魅力四射的文学文本。”⑤

另一位著名的奥地利作家是罗伯特·穆齐尔，他的长篇小说《没有个性的人》在20世纪的德语文学史中，一直以晦涩闻名。徐畅的论文从神秘主义这个新颖的角度切入该小说，提出了较有见地的理解。首先指出，在当时德国的时代精神中理性才是根本的主题，但是正是在这种绝对的理性精神主宰下，神秘主义才成为另一个激动人心的命题。文章特别将这种神秘主义定义为一种认识世界的经验，随即把这种体验和基督教的“千年王国”观念所带来的心醉神迷感受结合起来，认为“在神秘主义状态中，人们会体验到一种类似于神秘教徒所描绘的极乐天国般的心醉神迷的幸福感受。”从情节上看，该作品的神秘主义感受乃是以爱情的方式体验出来的，而且表现的是乱伦的兄妹之恋。最后，文章指出，西方传统的神秘主义体验在20世纪这个科技和理性昌明的时代得到复兴，反映的正是人类对科技幻想破灭情绪的一种积极回应。⑥

瑞士作家马克斯·弗里施的小说《认为技术决定一切的人》中的主人公法贝尔是工程师，他笃信技术至上，这是造成他自我异化的重要原因。赵蕾莲的论文通过具体的文本分析，从技术至上、憎恶自然属性和乱伦这3个方面，阐释了该作品所表达的工具理性使人异化这个核心主题。文章首先说明，工具理性异化是20世纪德国文学中常常使用的理论批判词汇，随后在概述小说《认为技术决定一切的人》的主要故事情节的基础上认为，通过对人物心灵裂变的描述，该小说成功地揭示出技术对人的异化。最后对弗里施的小说的时代意义进行了积极评价，认为“弗里施抨击了在技术时代用生活水平取代生活意义的物化趋势，宣告了西方技术人员灾难性的虚假胜利。他以诗艺为媒介，为面临道德危机、生存危机的现代人设计了一套解决现代矛盾的方案，给人启迪，引人深思。”⑦

诺贝尔文学奖获得者君特·格拉斯对二战后的德国文化生活产生了重大的影响。王维民的论文着重从格拉斯惯用的文学手法隐喻入手，探讨了格拉斯的创作意图和文学成就，并且认为格拉斯贯穿一生的文学驱动力“启蒙”正是通过这样的手段实现的。在论文中，作者首先梳理了西方文学传统在格拉斯作品中的当代借意，指出格拉斯喜欢用动物来比喻人类社会这一手法，正是根植于西班牙和摩尔人的文化传统之中。文章随后以《铁皮鼓》为例，具体说明了格拉斯的隐喻手法与宗教、理性和启蒙等内容的直接关联。与此同时，对格拉斯的文学宣言“我也想扩大启蒙的思想，我不想离开理智，但为了重新注入想象、观念以及接近生活，我想把理智从束缚中解放出来。这是我的尝试：用启蒙的方法来启蒙理智”，文章也给与了肯定的评价。最后，文章又以《局部麻醉》等作品为例，介绍了格拉斯的小说对政治、妇女问题的思考以及由此所引发的争议⑧。

二、法语文学研究

2008年的法语文学研究成果主要体现在法语小说和诗歌研究上。

“一切的科学最终陷于假设，阴暗的清醒最终陷于隐喻，而犹豫不定则化解为艺术作品。……这个世界本身并不合乎情理，这是人们所能说的一切”，正是说出这番话的加缪，写下了表现人类反抗主题的小说《鼠疫》，而《鼠疫》的杰出叙事方式，又使它的作者获得了诺贝尔文学奖。洪子诚的论文从相对个人化的阅读经验谈了自己对《鼠疫》的观感。首先谈到了《鼠疫》与所谓的“文革叙述”之间的联系，在“文革”后，相当部分的作家自动把《鼠疫》中对灾难的隐喻描写当成了“文革”。作者认为，在以历史灾变中的重大事件作为表现对象上、在近距离地回顾、反思历史上、在叙述者赋予自身的“代言”意识上、在同样持有强烈的道德责任和承担姿态上，都可以发现《鼠疫》和当年的“文革叙述”之间的相近特征。洪文还从《鼠疫》作为历史创伤证言的地位和小说主人公“幸存者”身份意识两方面作了探讨。最后，作者引用美国评论家苏珊·桑塔格对加缪的认识结束全文，认为加缪既有大丈夫气质，他的某些言论又过于流于说教⑨。

两次世界大战引发的西方社会精神危机在二战后的一段时间里尤其凸显，“理性主义”传统遭到全面质疑。在那个“怀疑的时代”中，关注诗歌本体重建和深思诗歌意义合理性的瑞士法语诗人雅各岱，“成为‘从狂热走向清醒’的战后第一代法国诗人的杰出代表”⑩。姜丹丹和苏薇星的两篇论文，分别从雅各岱诗学的两个不同侧面，阐发了雅各岱诗文创作的文化意义。认为：“作为‘后乌托邦’、‘后抒情’时代的诗人，雅各岱选择重新面向事物，面向感性的、具体的世界，为世界和诗歌重新赋予了一种人文意义，引导诗歌走出虚无主义。”⑪苏文则通过解读雅各岱的两篇散文，探讨了“诗人在其散文中发展、深化的散步诗学。”⑫

张琰的论文试图从3个角度，即“时间、空间与沉默”，解析法国作家乔治·贝尔纳诺斯的小说《乡村教士日记》的独特艺术手法。认为，《乡村教士日记》的叙事超越了线性的时间关系，力求达到常驻永恒的效果。也就是说，小说作者贝尔纳诺斯的时间是纯精神的、不动的、冥想的，与我们所熟悉的单线流动的时间迥然不同，因而，小说所产生的某种永恒的效果来自于作家对线性时间——过去、现在、未来——的调整和背弃。文章认为，贝尔纳诺斯的小说叙事具有独特的空间形式，它完全是故事依托的虚体，是虚幻的、非尘世的、充满象征意义的空间，是人物的落脚点，是人物延展的依托。而《教士日记》中主人公的缄默不语和字句删节，更与“空纳万境”的中国画的“留白”有异曲同工之妙，产生了“此时无声胜有声”强烈的艺术效果。通过以上3个角度，文章试图论证，法国小说家乔治·贝尔纳诺斯是一位行进在“他处”的跋涉者⑬。

马晓东的论文以比较文学的立场，对中国近代著名作家曾朴的创作进行了比较深入的研究，尤其关注到对曾朴的创作影响甚大的外国小说翻译的问题，认为翻译外国文学作品在曾朴的文学创作中起到了巨大的对话作用。文章首先简要评介了曾朴的小说创作，随后探讨了对曾朴的创作活动影响最大的法国作家皮埃尔·路易的小说《肉与死》。通过对曾朴和皮埃尔·路易两位作家的两篇小说的人物情节、语言风格、主人公心理的变化的相似性的分析，论证了“翻译作为一种最专注的阅读，在不断地呼唤着从事这一实践的译者积极地与域外文学对话，从而也潜在的改变着作为创作者的曾朴。正是在作者和译者进行对话的意义上，曾朴个人的创造与译介活动间的沟通，成为‘把外潮的汹涌来冲击自己的创造力’的生动解说。”⑭

三、西班牙语文学研究

诗人阿莱克桑德雷曾经是西班牙文学史上赫赫有名的“二七年一代”的重要成员。自20世纪20年代开始发表诗作到80年代诗人辞世，在长达半个多世纪的创作生涯中，阿莱克桑德雷的诗作既植根于西班牙的诗歌传统，又吸收了当代诗歌的丰富养分，这使他荣获了1977年的诺贝尔文学奖。赵振江的论文对阿莱克桑德雷的生平与创作进行了简要的梳理。通过解析阿莱克桑德雷《独处的世界》、《马德里前线无名的民兵》、《我要知道》、《老人与太阳》和《杨树》等5首诗歌，文章在对诗人关注宇宙命运、追求人类和谐的创作意图给予一定程度的分析归纳的同时，对诗人在继承传统与探索创新方面的理念和实践也加以了审视和评述。文章最后指出，阿莱克桑德雷的绝大部分诗作都是在病榻上写就的，“在与疾病抗争的60年中，支撑着他的，是对自然、对人类、对生命的爱，而始终与他相伴随的则是诗歌。”[15]

赵振江的第二篇论文关注的是另一位著名的“二七年一代”诗人、西班牙现代派作家加西亚·洛尔卡。在这篇论文中，作者首先介绍了洛尔卡的生平和生长环境。接着，作者对洛尔卡的作品从整体上进行了介绍。然后，又对洛尔卡的“乡村三部曲”:《血的婚礼》、《叶尔玛》和《贝纳尔达·阿尔瓦之家》，进行了具体的文本分析。最后文章得出结论认为，洛尔卡的“乡村三部曲”是源于生活又高于生活的文学创作典范[16]。

朱景东在论文中对拉美作家巴尔加斯·略萨2007年的文学活动进行了评介。文章首先介绍了略萨在2007年举办的略萨研讨会上所作的关于“文学的功能”的一场演讲。随后又介绍了略萨在接下来的柏林文学节中对拉美文学现状的说明，特别提到了略萨指出的不能用“魔幻现实主义”这个概念笼统地概括所有的拉美文学的问题。在谈及略萨在西班牙奥哈大学的访问时，对前者就他个人文学创作的根本动力来自读书的快乐这一提法进行了报道。同时还讲到了略萨出版于2006年的小说《顽皮的坏女孩》在2007年的世界各大媒体中仍然受到广泛关注的情况。作者最后总结了略萨在2007年获得的多项文学荣誉，并断言2007年是略萨文学生涯的丰收年[17]。

四、文论

基督教《圣经》对西方文学的影响是人所共知的。高峰枫的论文围绕早期基督教拉丁教父对圣经古拉丁文译本语言粗鄙的问题所进行的辩护展开讨论。文章认为这些“对圣经文体的辩护相当于对古典修辞学传统进行了一次‘价值重估’”。“古典世界本来秩序井然，人有高低贵贱之分，文体也有高雅和低俗之界限，一切均等级森严，不可混同，但基督教破坏了古代世界的等级秩序，神可以承担肉身，取人的样式，而神的道理也自然要寄托在凡俗、鄙俚的语言当中，因此原本低俗的可以一跃而成为神圣和庄严”，“在文体和文学理论方面，这种辩护乃是早期基督教文化自觉、文化重建、文化身份提升的一个具体例证。”[18]

汤凌云的论文关注的是德国文论研究。对莱辛论丑的意义作了3个方面的探讨。首先指出，汉语学界所了解的莱辛的美学思想，主要是《拉奥孔》中关于诗和画的界限问题的观点以及《汉堡剧评》中有关市民悲剧的理论，而对于莱辛论丑则关注较少。文章首先从启蒙主义的时代意义上肯定，“对‘丑角’在悲喜剧中的作用和意义的宣扬，回应着启蒙时代的民族召唤和文艺使命，可谓以艺术的手段宣扬自由、平等、民主的政治理想，提高一般市民地位与人权的一种努力与尝试。”；其次，文章又从美学角度，阐发了《拉奥孔》首次打破“丑”的禁令，给“丑”在诗歌艺术中的表现留下了宝贵的空间以及《汉堡剧评》中的“丑角论”赋予一般市民在戏剧中的出现以合法的身份、拓宽了戏剧形象塑造的领域的功绩。文章还从方法论上指出，莱辛无论是论“丑感”，还是论“丑角”，都以具体的现象或事例作为论说的材料支撑。与以往德国美学论著注重系统性、逻辑性相比，它既不乏严密的学理论证，又处处充满着现实气息和人文关怀，为创造性的批判式写作注入了新的生命活力[19]。

马克思不仅是影响20世纪的重要思想家，在文学批评领域，马克思主义也显现出巨大的生命力和影响力，并且随着时间的发展，对马克思主义思想的研究也越来越呈现出多元化的趋向。程正民的论文围绕文化多样性与20世纪马克思主义美学、文艺学的多种形态这个话题展开了讨论。文章首先认为，在到目前为止存在的马克思主义美学中，共有3种形态，一是苏联马克思主义美学，一是中国马克思主义美学，再有就是西方马克思主义美学。文章分别探讨了这3种形态与马克思主义美学之间的区别和联系。随后文章指出，文化是一个民族的血脉，不同的文化对马克思主义美学的不同进化起着决定的影响。作者以俄国为例，讨论了东正教和俄国农奴制对马克思主义美学的影响。最后提出，从不同的角度理解马克思主义美学，在新的世纪中对其学说的丰富和发展有着积极的影响：“我们的任务是运用新的思路和新的方法去描述新的现象是什么样的，新的现象是如何产生的。从文化多样性的角度去阐明20世纪马克思主义美学和文艺学的多种形态，就是一种新的尝试。”[20]

就马君武对歌德创作的译介，叶隽的论文作出了相对深入的探索。文章分析了马君武所处的时代背景与个人趣味，探讨了其接近歌德的原因。认为，马君武接近歌德，不仅仅是为了满足一点文学趣味，而是翻译者在国破家亡的历史大背景下，为中国找到新的有活力的思想源泉所付出的努力。指出，“马君武，具有强烈的爱国心与‘经世致用’抱负，而作为实用科学出身的学人，他又有着一般人所不具备的‘实践’能力；再加上留学德国的特殊背景，所有这一切，都决定了马君武对德国文化的选择和接受有其独到的眼光”。[21]

刘晖的论文对普鲁斯特的《驳圣伯夫》一文作出了相对独到的考证。文章首先对圣伯夫的批评方法进行了细致的梳理，肯定了圣伯夫批评方法的合理一面：“圣伯夫……把批评重心放在作为创造主体的作家身上，而且，他认为创造作品的人比作品本身更重要，理解人就可掌握作品产生的奥秘。这是他的首创。”随后，又对普鲁斯特反驳圣伯夫的批评方法加以必要的辨析。认为普鲁斯特是以巴尔扎克和波德莱尔的创作为依据，来展开其有关圣伯夫的批评理念的合理性和荒谬性的讨论的。最后指出，尽管普鲁斯特渴望文学批评革命的愿望，实际上并没有在文学历史的发展过程中得到实现，但普鲁斯特个人的文学创作却受益于他的文学批评。正是通过批判圣伯夫，普鲁斯特为自己的小说形式作出了有力的辩护，他的批评最终融入自己的小说创作之中。他从《驳圣伯夫》出发，走向了创作《追忆似水年华》[22]。

鲍叶宁的论文对20世纪法国文学批评因不同程度地受到人文学科各种思潮影响所带来的视角变化进行了考察，并对这一时期影响法国文学批评的主要流派和思潮进行了简单的回顾和梳理。文章对法国文献学批评、阐释学批评和形式主义批评的特点分别作出了说明，以此呈现了20世纪法国文学批评的演变过程，也对文学批评家的职能和工作、作家、作品和读者的关系等问题提出了自己的看法。文章认为，一种学术理论之所以有影响力，其根基在于文学评论家的社会责任感[23]。

安托瓦纳·贡巴尼翁的《反现代派》一书谈论的是与“现代主义”或“现代性”关系微妙的一部分人。在该书作者看来，他们其实是不合时宜的现代派，是现代派的精华。郭宏安以书评的方式对《反现代派》进行了系统介绍。在《反现代派》译后记中，作者从反现代派的定义、历史发展、六大特点、代表人物和其主要文学成就诸方面进行了评介。而在《自由的现代派—〈反现代派〉》导言中，郭宏安还翻译了法国学者安托万·康帕农的文章，从法国学者的角度为中国读者介绍了反现代派的前因后果[24]。

（作者：喻天舒，北京大学教授；闫静、丛治辰，北京大学硕士研究生）

注：

①叶隽：《歌德〈铁手骑士葛兹〉所反映的阶层博弈与群体互动》，《同济大学学报》（社会科学版），2008年第4期。

②③张玉书：《浅析席勒的历史悲剧〈唐·卡洛斯〉》，《北京大学学报》（哲学社会科学版），2008年第2期。

④张玉书：《浅析席勒的历史剧〈华伦斯坦〉三部曲》，《国外文学》，2008年第3期。

⑤吴晓樵：《越界与互文》，《国外文学》，2008年第2期。

⑥徐畅：《理性的他者：〈没有个性的人〉中的神秘主义》，《外国文学评论》，2008年第4期。

⑦赵蕾莲：《论马克斯·弗里施的小说〈认为技术决定一切的人〉对工具理性的批评》，《广东外语外贸大学学报》，2008年第5期。

⑧王维民：《隐喻的启蒙：君特·格拉斯文学思想纵论》，《理论月刊》，2008年第1期。

⑨洪子诚：《“幸存者”的证言——“我的阅读史”之〈鼠疫〉》，《南方文坛》，2008年第4期。

⑩⑪姜丹丹：《诗与思之清醒》，《国外文学》，2008年第4期。

⑫苏薇星：《散步诗学：读诗人雅各岱的两篇散文》，《国外文学》，2008年第4期。

⑬张琰：《“他处”的跋涉者——评法国小说〈乡村教士的日记〉》，《外语教学》，2008年第4期。

⑭马晓东：《作者与译者的对话：曾朴的〈鲁男子〉与法国小说〈肉与死〉》，《延边大学学报》（社会科学版），2008年第3期。

⑮赵振江：《关注宇宙命运，追求人类和谐》，《国外文学》，2008年第1期。

⑯赵振江：《加西亚·洛尔卡和他的“乡村三部曲”》，《艺术评论》，2008年第6期。

⑰朱景东：《巴尔加斯·略萨在2007年》，《外国文学动态》，2008年第4期。

⑱高峰枫：《早期基督教作家对圣经文体的辩护》，《国外文学》，2008年第3期。

⑲汤凌云：《莱辛论丑的意义》，《学术界》，2008年第5期。

⑳程正民：《文化多样性与20世纪马克思主义美学、文艺学的多种形态》，《湖北大学学报》（哲学社会科学版），2008年第6期。

㉑叶隽：《论马君武对歌德的译介》，《南京师范大学文学院学报》，2008年第2期。

㉒刘晖：《从圣伯夫出发——普鲁斯特驳圣伯夫之考证》，《外国文学评论》，2008年第1期。

㉓鲍叶宁：《20世纪影响法国的主要文学批评方法概述》，《北京第二外国语学院学报》，2008第10期。

㉔郭宏安：《〈反现代派〉译后记》，《中国图书评论》，2008年11月。

英美及主要英语文学

丁林棚

纵观2008年英美文学研究领域，我们大致可以看到以下几个显著特征，一、对英美文学，尤其是经典作家和作品的持续关注；二、美国文学研究的势力已经日益壮大并成为潮流；三、在文学理论和其他英语文学方面的学术兴趣，体现出更广的范围和更为多元的研究视角。由于英美文学论文的范围和数量相对较大，不可能对本学科的所有研究状况进行详尽评述，因此，代表性地选取发表于本年度重要学报和期刊的有关研究进行重点归纳和总结。

一、英国文学研究

乔治·艾略特是维多利亚时期的一位重要作家，她的小说中充满哲学思辨，反映出强烈的道德关怀和理性思索。学者们对艾略特的兴趣主要集中在其道德、宗教思想、伦理、女性主题等方面。例如，毛亮对乔治·艾略特的历史小说《罗慕拉》的伦理意识形态进行了深入阐释。指出，尽管《罗慕拉》表现的是15世纪末的佛罗伦萨的社会图景，但作者真正关注的却是英国19世纪维多利亚时期的社会思想状况，更进一步说，《罗慕拉》讨论的是现代性社会背景下人类精神信仰与伦理生活的问题。艾略特的宗教伦理观主要受到了孔德的实证主义影响，认为中世纪基督教的政治社会秩序不可能在现代社会继续存在，但纯粹的以欲望和理性为中心的人本主义及其道德伦埋也不能解决现代人面临的精神困境。《罗慕拉》不同于其他历史小说的地方在于，艾略特从政治与社会生活的角度来讨论人物的伦理教育过程，从而将人类社会整体演进的宏观表述同对个体道德的成长过程紧密结合起来，这是艾略特晚期小说作品的基本模式，标志着艾略特小说创作生涯中的一个承前启后的转折点[①]。

高晓玲撰文对艾略特的情感观念进行了探讨。认为，“情感”是艾略特小说中的一个核心词汇，也是理解其道德、宗教、科学观点的基础，但学界较少关注情感与认识论的联系。指出，艾略特的“情感”观念包括感受力、同情和直觉感受三个层面的内容，把“情感”看做“知识获得”的必要条件。这一观念是艾略特接受了浪漫主义和实证主义的部分内容，并吸收斯宾诺莎和费尔巴哈的哲学思想而形成的，代表了她对整个时代矛盾的思考与探索。此外，高晓玲另撰文[②]论述了艾略特作品中“感受”的概念，从乔治·艾略特“感受就是一种知识”的论点出发，指出艾略特的“感受”知识观影响到了她的宗教道德观，她意识到智性知识很难带来整体的和有机联系的知识，而文学则通过全方位展示人类生活，展示生活的本质内容和扩展同情心，能更全面地揭示人生真谛。论文分析了感受论的话语背景和内涵，指出这对于准确把握艾略特的思想和创作具有重要意义[③]。

简·奥斯丁也是英国文学研究的传统焦点之一。黄梅对国内《爱玛》研究进行了分析，指出国内传统评论常常是“上纲上线”的粗率解读，要么把小说中的主导男性人物奈特利定义为“父辈”角色，从而冠奥斯丁以“保守”之称，要么反其道而行之，论证奥斯丁的“进步”性的，认为作家对“父权”是持讥刺乃至抵制的态度。认为，此类评论或多或少曲解了作者小心、模糊的多向度思想探求。尝试从几个年长人物入手，分析说明书中“长者”的处境、性格及与爱玛的关系各有特点，从不同角度代表了社会群体。指出，作者着意将主人公个人心路细密地织进社会生活之网，表达了对传统农业社会解体后人际关系走向的近忧和远虑[④]。

在奥斯丁研究和接受史上，《简·奥斯丁回忆录》是一部起到重要作用的传记文献。针对20世纪90年代以来风靡全球的奥斯丁热潮，邱瑾借鉴哈布瓦赫的“集体记忆”理论，回顾和重读了19世纪末20世纪初相关的文化事件和现象，探讨“奥斯丁”的特定形象构建及成为文化能指的过程。文章认为，《回忆录》对于奥斯丁接受的最大影响在于构建了“英格兰的简姑妈”这一神话，使“奥斯丁”成为一个蕴涵着复杂的情感内涵、用以在特定历史语境中界定自身身份的文化符号[5]。

笛福的长篇小说《摩尔·弗兰德斯》因其主人公言语、行为模棱两可使得这本书的道德判断成为学界的一个争议话题。曹迪运用伊瑟的读者反应理论对《摩尔·弗兰德斯》进行了解读。他认为，《摩尔·弗兰德斯》的成书时代背景、生活背景、社会身份等为读者解读摩尔的矛盾行为以及对质疑小说所描绘的社会价值观提供了机会，使读者能够把自己的价值观念投射到小说中的人物身上，从而获得了对摩尔新的认识。读者会发现摩尔的言语、行为及性格中存在众多矛盾和模棱两可的地方，因此，读者会作出对摩尔的道德行为的不同评判[6]。

哥特小说是英国18世纪末和19世纪的重要小说形式，刘炅从拉德克利夫的哥特传奇《尤道弗秘密》入手，对哥特小说中的崇高美概念进行了分析和梳理，论述了自朗吉努斯以来，直至伯克、康德、弗洛伊德、列奥塔等人对崇高美的认识，指出在这些关于崇高的理论中，经历崇高的临界体验是共通之处。进而将拉德克利夫小说中“穿透帷幕”的崇高情感描写与“临界体验”进行对比，指出尽管拉德克利夫笔下的主人公不时被崇高自然所震慑，似乎要穿越一层肃穆的帷幕去企及隐藏在幕后的上帝，然而小说中帷幕之后的这个终极存在的面目却始终十分含混，所谓上帝只是在不断重复、不断被声张却又不断后退的帷幕中逐渐隐去。拉德克利夫的上帝转而变成一种文本功能，使哥特小说的情节片断化、无限化、哥特化。这一矛盾或许正是崇高作为一种哲学诉求与哥特传奇体裁要求之间的矛盾[7]。

戏剧方面，莎士比亚剧作历来是学者关注的焦点之一。邵雪萍对《泰特斯·安德罗尼克斯》中的主要女性人物即拉维妮娅与塔摩拉进行了形象分析，通过细读文本的方式分析了二者共有的意象和遭遇，并通过追溯该剧产生的社会背景来为其相似性提供解释。论文指出，莎士比亚在刻画她们时似乎有意使其在“对比中相互映衬”，通过情节设置与剧中其他人物对她们截然相反的描述与评价反复强调她们的相对性——拉维妮娅代表了“纯洁”，而塔摩拉则是“奸恶”的化身[8]。

莎士比亚和乔治·威尔金斯合作的《泰尔亲王配力克里斯》与托马斯·海伍德的《伦敦四学徒》都是传奇剧，其场景以地理范围广大而著称。郝田虎用约翰·吉利斯“差异地理学”的概念对两剧进行了分析，认为《伦敦四学徒》中的差异地理学体现出明显的欧洲中心主义和男性主导的意识形态，而《泰尔亲王配力克里斯》不仅在地理上，而且在精神认知层面，都倾向和指归于希腊城邦潘塔波里斯。后者中，地理流动性为诗性地理学服务，诗性地理学涵括了地理流动性。另一方面，从当时的历史背景来看，地理流动性与贵族意识形态之间存在着复杂的交互作用。从意识形态上说，《泰尔亲王配力克里斯》基本上是保守的，尽管它地理流动性强；而《伦敦四学徒》更直接地反映了它的时代，通过地理流动性以贵族意识形态颂扬了市民阶层。莎士比亚和威尔金斯及海伍德的戏剧实践代表了传奇剧这一体裁蕴涵的丰富可能性[9]。

历史剧《托马斯·莫尔爵士》的手稿自16世纪末、17世纪初写就之后，一直没有引起注意，但自19世纪以来却在批评界引起了不少争论，这是因为学者们怀疑其手稿中有多行可能出自莎士比亚之手。郝田虎从历史的可表演性这一角度切入，通过历史文本和戏剧文本的比较研究，探讨伊丽莎白时期审查官的角色定位以及戏剧审查与国家意识形态之间的微妙关系。首先考察了审查官蒂尔尼对《托马斯·莫尔爵士》剧的审查，指出蒂尔尼并不完全是专制纪律的执行者——他“既是国家机器的一部分，又是剧院的方便工具”。在都铎专制主义的严格审查制度下，《托马斯·莫尔爵士》剧并没有遭受严厉的禁演，相反，在当时“戏剧审查严厉的外表下其实仍隐藏着温柔”。其次，论文也认同《托马斯·莫尔爵士》剧乃出自1587年版的霍林希德《编年史》之说。但论文指出，剧本在写作过程中通过运用戏剧手法进行改编从而改造史书，糅合表演与非表演于一体。而当时审查官反对的并非这一因素，而是戏剧中有关反抗外国人的动乱的表演。此外，从霍林希德《编年史》出版的审查情况来看，枢密院行为的动机主要是政治考虑，其关心的是历史记载正确与否，并有意将有关时事的话题排除在外。由此可见，审查官在伊丽莎白女王时期既执行国家机器的功能，也能够发挥一定的个人作用[10]。

对于维多利亚时期英国伦敦剧场的“考古真实性”舞台，国内鲜有论述。于洋通过考察19世纪三维剧场艺术家的舞台实践对“考古真实性”舞台的发展历史和主要特点进行了简要梳理，并结合社会文本说明剧场与消费文化之间的关系。指出，“考古真实性”舞台追求历史准确性，具有“舞台似画”的特点。这一演出风格呼应了维多利亚时期新兴消费社会对景观化视觉形象的普遍奢好，而基于考古细察行为之上的历史再现恰恰说明了消费社会中真实体验的缺失⑪。

爱尔兰著名诗人受到达尔文、赫胥黎、廷德尔等英国思想家的怀疑主义影响，并由于父亲的影响，没有接受基督教，而是转而信奉被视为异端的东西方神秘信仰。傅浩对叶芝的作品进行了分析，探讨基督教对叶芝创作过程的影响。论文分别就叶芝诗歌、小说和戏剧3个方面进行了分析，指出基督教元素在其作品中的不同形式和手段，如对有关基督教的民间故事的引用和改写、基督教思想对诗歌的渗透、对圣经典故的袭用，志怪故事中的基督教因素等。论文结语认为，作为不信奉基督教的俗人，叶芝反而旁观者清，对基督教的本质有着自己独到的认识，虽不能诉诸理性，却也能客观批判。因此，这些品质和素养保证了叶芝既具现代性又不脱离传统，而终成大器⑫。

诗歌方面，学者的兴趣主要集中在浪漫主义诗人上面。丁宏为对柯尔律治的《伊俄勒斯之琴》的两个思想侧面进行了分析，认为这篇诗作既体现了极端的浪漫又包含了极端的教条，可以被视为开启诗人精神世界的钥匙。论文以该诗体现教条成分的尾段为起点，审视其所代表的有别于人们一般印象的一种气度，将诗人那貌似颠覆诗意的教条思维嵌入其整体的诗意框架，并对英国19世纪保守主义思想传统进行了梳理⑬。

张剑对英国浪漫主义诗歌在新时期的研究方法进行了分析，指出后现代批评中人们的关注从诗人自己怎么说开始转向他们作为被社会和历史塑造的主体能够说什么、如何去说。论文以20世纪80年代出现的“新历史主义”为典型分析了超越传统浪漫主义研究中的唯心主义范式，指出这种后现代批评模式突破了传统文学自律性的审美观，将文学与历史和政治联系起来，探讨审美话语与非审美话语之间的“谈判”和“交易”，以及文学与社会历史之间复杂的互文关系。指出，在浪漫主义诗歌的批评中，“新历史主义”存在着适应性的差异：它一方面更适合某些作家，例如华兹华斯和济慈，从文本中一个微不足道的细节开始，挖掘出背后所包含的历史渊源，然后利用这个历史渊源作为支点对文本中的意识形态或者思想倾向进行批判。而对于拜伦和雪莱，由于其诗作历史叙事过于明显，因此无需新历史主义进行解密⑭。

V. S. 奈保尔具有特立尼达、印度和英国3种不同的文化背景，近年来成为英国当代文学的研究热点之一，其作品也被从多种角度进行阐释。杜维平对《抵达之谜》进行了解读，指出奈保尔通过对自己在英国威尔特郡乡间10年生活经历的记录，向读者解开了他的“抵达之谜”：他并非像许多论者所言，无家可归，而是终于实现了自己童年时代“在林中拥有一个安全家园”的梦想，并且成为英国经典作家中的一员，同英国文化和社会水乳交融。谜底的解开主要是通过他对英国乡村的喜爱表达出来的，从中我们不难看出帝国意识形态的浸淫⑮。

著作方面，章燕按照20世纪英国诗歌发展的时间顺序，对各阶段的诗歌美学及重要的诗人及诗作进行了分析和梳理，并选择了部分重要诗人的作品，从20世纪英国诗歌中的民主意识、现当代英美诗歌中的传统问题、理想的失落与现代意识的萌动、英国运动派诗歌及其美学辨析等多个角度审视20世纪的英国诗歌，从而使读者有更清晰、更直接的了解和认识⑯。

二、美国文学研究

同英国文学研究相比，2008年北京学者显示出对美国文学强烈兴趣，论文数量颇丰，从研究范围来讲，包括对经典作家作品的研究以及对当代著名作家的研究，同时表现出一定的集中性，现仅摘其要者加以概述。

亨利·詹姆斯是美国文学研究的热点之一。本年度对詹姆斯的论述也有多篇发表在核心期刊上。毛亮对《悲剧缪斯神》进行了分析，指出尽管这部小说有单薄之处，但我们仍然能够从中看出詹姆斯的艺术观以及其中蕴涵的社会和伦理观念。通过对小说人物尼克·多默和梅丽安的分析，作者指出，《悲剧缪斯神》中关于艺术的讨论源于詹姆斯对个人主义的深刻反思，反映了詹姆斯对于个人自由与社会形式之间辩证关系的哲学理解。作为社会——伦理形式的艺术需要艺术家的自由，但同样重要的是，艺术自我只有在社会和伦理的生活世界中才能得到真实的“再现”⑰。

詹姆斯的小说《一位女士的画像》是其早期国际主题小说的代表作。代显梅对小说结尾伊莎贝尔放弃个人自由，回归不幸婚姻的动机提出了不同的解读。她指出，国内外评论者多从社会、传记的角度对结尾进行解释，而唯独缺少从作品本身来分析论证伊莎贝尔回归的内在原因。指出，小说中表现的主题乃是：痛苦是获得知识的必经之路，这是詹姆斯小说人物从天真武断走向成熟理智的催化剂。伊莎贝尔的个人主义是融合了自由精神与社会责任意识的个人主义，她的这种选择本身就是自由与责任的完美结合，这是在她付出了痛苦的代价之后，知识给予她的馈赠。伊莎贝尔最后没有回到美国，而是来到罗马，这个城市成为“痛苦”、“知识”和“责任”的凝聚点，成为伊莎贝尔的必然选择和人生归宿[18]。

桑塔格20世纪60年代创作的长篇小说《恩人》，以艺术表现形式形象地阐发她关于“反对阐释”及追求艺术本体的美学思想，因此她的文学作品可以被当做哲学读本，其人物也往往是思想的载体。王秋海认为，桑塔格的小说《恩人》一反传统现实主义的手法，对人的精神意识进行了实验性探索，在追求艺术形式方面与她60年代倡导的“反对阐释”的美学理念相呼应。然而她的小说在追求超现实主义叙事模式的同时，却深刻表现了人的异化状态。作家把作品当做一种精神意识领域中的实验，以拉康式的无意识的语言形式和想象力为我们的“意识”寻找“解药”，以达到艺术救赎和抚慰心灵创伤的目的[19]。

艾伦·坡的短篇小说独具魅力，同时也体现了作家本人的美学观念。申丹通过对坡的不同体裁作品比较指出，尽管中外坡研究者普遍认为坡的唯美思想是大一统的文学观，但若仔细考察坡的文论则会发现，坡的唯美主义实际上是一种体裁观，诗歌是唯美的文类，而小说则不然。具体对《泄密的心》进行了叙事学分析，揭示了不可靠叙述与道德教训在《泄密的心》中的关联，指出研究不可靠叙述的“认知派”的盲区，且坡的不同作品“隐含”不同的道德立场，或遵循或违背社会道德规范，因此，若要较好地把握作品的道德立场，需要综合考虑文内、文外、文间的因素，对作品进行“整体细读”[20]。

当代美国文学中，托尼·莫里森是唯一获得诺贝尔文学奖的美国黑人女作家，其作品受到了广泛关注，是学者研究最多的作家之一。朱小琳从修辞命名角度出发对莫里森小说中的身份政治主题进行了研究。认为，多元文化时代使边缘文化领域对身份的敏感性合法化，而莫里森小说中身份意识与人物和地名的命名方式有着密切的关系。小说中用典、反讽和启示等命名的重要手段显示了强烈的非裔美国文化政治诉求，表现了非裔美国人对身份的渴望与对种族歧视的抗争。这些命名方式突出了莫里森小说的主题，丰富了非裔美国文学的表现形式，显示了非裔美国作家为美国少数族裔人身份的重建所作出的努力[21]。

《柏油娃娃》是托妮·莫里森的另外一部重要作品，同时也是最有争议的一部作品。都岚岚从后殖民主义角度出发，通过分析《柏油娃娃》所采取的空间策略，分析美国社会中黑人与白人的文化冲突，以及黑人对自身文化身份认同的困惑、怀疑和追求。认为，小说中的主要人物在加勒比海的骑士岛、巴黎、纽约和佛罗里达州的埃罗等地域之间旅行、移位，对于后殖民时期的美国黑人对抗单一的、本质主义的黑人文化身份具有重要意义[22]。

王建平的论文解读了《漂浮的歌剧》中的叙事怪圈与人格分裂主题，指出小说中对存在主义哲学命题的处理具有明显的两重性：呈现人物对荒诞性的体验，同时人物的经历又演绎了命题本身的荒诞性，把承诺与自由的观念引向可笑的结局。这种处理现代主义文学和哲学观念的手法代表了巴斯小说起步的基调，也说明巴斯与现代主义文学的离异在其早期作品中已见端倪，注意这种两重性对理解巴斯后来的作品十分关键，也是讨论巴斯小说风格形成的重要依据[23]。

托姆·冈恩生于英国肯特郡格雷夫森市，后在美国教书，是20世纪中后叶重要而独特的诗人。针对冈恩的特殊个人和文化背景，章燕对其诗歌艺术进行了分析，认为诗人跨越英美两国，其诗歌在艺术形式、主题内容以及表现风格方面走出了英国诗歌一味追求本土主义的樊篱。在诗歌的艺术形式方面，他在坚持传统形式的同时积极吸收美国诗歌和现代主义诗歌的养分，并探索以传统诗歌形式抒写反传统的内容。在诗歌的主题内容方面，他深受存在主义哲学的影响，思考人的生存本质问题。在艺术风格方面，他集写实、浪漫、非理性的诗风于一体，实现了多重的跨越，从而实现了20世纪后半叶英语诗歌面向多元的开敞[24]。

美国当代小说家蒂姆·奥布赖恩的战争小说常常通过揭示“说故事”的过程来显现“事件”与“意义”之间的断裂关系，这使得奥布赖恩的作品被评论界贴上“后现代主义”的标签。王丽亚对奥布赖恩的《怎样讲述真实的战争故事》的叙述特色进行了分析，指出通过采用对同一事件的不同叙述、叠套叙事以及介入故事的作者评论，作者将“故事”及其虚构过程同时呈现给读者，以此提醒读者对故事表面宣称的“真实”、“道德”予以怀疑。换言之，通过将“怎样讲述真实的战争故事”有效地转变为“怎样解读真实的战争故事”，故事叙述者颇具悖论意味地向读者揭示了“故事”本身包含的一种抵抗的阅读立场，即对于任何一个声称“真实的战争故事”及其相关的道德说教，我们都应该予以警惕[25]。

休斯是美国迄今最伟大的黑人诗人，1967 年休斯逝世，标志着黑人诗歌一个时代的终结和另一个时代的肇始。北塔对休斯之后的美国黑人诗人的身份意识进行了研究，认为从 20 世纪 60 年代后期到 20 世纪 70 年代前期，很多黑人诗人充当起革命斗士和时代先锋的角色，极力维护他们的种族意识。大约到 20 世纪 70 年代中期，黑人的革命诗歌基本已经消弭。但是，黑人诗人们把对革命的激情转移到了诗歌本身。如果说在革命运动高涨时期，黑人诗人们在黑人和诗人这两种不同而交叉的身份的意识上更多倾向于前者的话，那么，从 20 世纪 70 年代中期之后，他们主要倾向于后者。20 世纪 70 年代中期以来黑人诗歌的另一个倾向是注重文化内涵和形而上思维[26]。

张在新从伊瑞格瑞的女性批评的角度解读了厄普代克的短篇小说《困境》，揭示小说的男性话语主题，认为作品揭露和描写了男性幻想，叙述者通过男性视角来讲述婚姻生活，当出现不和谐时，丈夫可以通过汽车从雪里解困的过程，夸大、炫耀男性的自我，以梦幻般的满足弥补他在现实生活中的缺失，用男性的记忆/时间去挤占、吞噬女性的身体/空间[27]。

三、文学理论研究及其他

创伤近年来成为文学研究的关注焦点，创伤者对过去创伤性情景的强迫性召回常常以记忆的变形、扭曲和伪装的形式出现，这就给如何评价创伤叙事带来了难度，也把创伤研究和历史叙事及文学叙事联系在了一起。林庆新对一种被认为适合于创伤叙事的写作方法即“不及物写作”进行了分别对弗洛伊德、罗兰·巴尔特、贝雷尔·兰、海登·怀特、多米尼克·拉卡普拉、卡西·卡鲁思、安妮·怀特黑德等学者的相关论述进行了梳理和分析，论述了见证创伤性事件的元素证词及历史真实性、创伤叙事的不及物写作，并探讨了创伤研究的文学意义[28]。

文学经典乃是文学批评中的一个核心话题，余石屹撰文讨论了美国文学批评家哈罗德·布鲁姆有关文学经典的论述，认为他的理论代表了文学批评对待文学经典的立场，跟文化批评的文学经典理论相对立。还进一步讨论了布鲁姆对美国经典的重新划分，并根据布鲁姆的经典理论，从身体书写的角度解析当代美国诗人斯奈德的诗歌入选美国经典的原因，以进一步说明布鲁姆经典理论的实用价值[29]。

通过把库恩的“范式”当做理解文学理论建构的总体构架，把韦伯的“理想型”用作抽象概括的基本方法论，最后还原于艾布拉姆斯所说的文学理论的“取向”，周宪讨论了 20 世纪文学理论从现代到后现代的范式转换，指出以语言学模式为基础的形式主义作品论，把文学作品视为一个自主的结构系统，通过语言、技巧、风格和结构功能的解析，确定了文学理论学科的特定研究对象及现代范式。后结构主义的兴起导致了一种新的文本观的诞生，它把文本当做一种方法论，强调文本是一个反学科对象，具有去中心化的网状结构，因此颠覆了作品观的基本理念。而超文本的出现，进一步发展了文本论的基本观念，更典型地呈现出文学理论的后现代范式特征本文所用的范式概念[30]。

元小说和元叙述常常被视为强调小说自我指涉、自我意识的同义词。王丽亚指出，虽然“元小说”和“元叙述”在本质上都具有“元语言”属性，但是，元叙述通常指向故事和叙述行为，不仅不涉及故事虚构实质，而且通过强调故事真实性引导读者认同叙述的可靠性和权威性。与之相反，元小说试图从整个叙述结构上构建“反身叙述”系统，不仅强调故事及其叙述行为的虚构性，而且通过模糊叙述者与故事、读者之界限，使读者拒绝认同任何一种意义上的真实性和权威性[31]。

陆贵山从文学与历史、文学与意识形态、文学与人、文学与文本和文学与文化的关系论述了现当代西方文论的理论本质，从人文诉求、审美乌托邦情结和批判精神诸方面论述了现当代西方文论的理论功能，并由此考察了现当代西方文论的魅力与局限。提出从整个西方的思想发展史的宏大视域来看，现当代西方文论实质上是一种文化思想的退却和转移，它的产生和表现形态有其深刻的社会政治根源[32]。

对于艺术的功能，素来具有通俗与高雅之争，谢江南和刘洪涛撰文评论了英国批评家约翰·凯利《艺术有什么用?》一书中关于艺术功用的理论。该书讨论了艺术品的定义、高雅艺术与大众艺术孰优孰劣、艺术能否改善人类等重大问题。

凯利认为，对艺术品的定义是完全主观的。大众艺术表达的情感远比高雅艺术表达的情感更广泛、更持久、更符合人类的普遍需要，因此它比高雅艺术更优越。对高雅艺术的追捧背后隐藏着阶级偏见和特权思想。艺术品具有净化心灵、完善道德、协调人类关系的功能的说法是缺乏事实根据的。凯利对艺术的“污名化”论断对经典艺术理论构成巨大的冲击。如何应对凯利提出的艺术问题，完善和发展我们的艺术理论，是摆在文化工作者面前的艰巨任务[33]。

在既往的研究中，伽达默尔常常被认为是西方20世纪“读者导向文论”的鼻祖。王业伟通过对伽达默尔美学的两个核心概念“游戏”和“构成体”的分析，说明了伽达默尔美学的深层理论指向，借此表明读者导向文论是对哲学解释学的狭窄化运用，并从根本上违背了伽达默尔的理论初衷。作者指出，我们应该将伽达默尔放在现代性问题论域中重新审视，这样才能更好地显示出哲学解释学的“事实本身”[34]。

后弗洛伊德时代，尼古拉·亚伯拉罕、玛丽·托罗克、D. W. 维尼柯特、安东·埃伦兹维格等学者持续研究自我心理成长过程中客体的中介/转化功能及相应的过渡现象，将文学这一独特的过渡客体视为文化的创新之源。以此为理论基础，伽达默尔对话诠释学第三代传人嘉贝丽·施瓦布传承伽氏对话精神，发掘文学独具的文化生成转换能量，继伍尔夫冈·伊泽尔的读者反应论和文学人类学理论之后提出融诗性语言论、文化接触论和创伤文化论为一体的接触空间理论。她既传承欧陆诠释学命脉，又从客体关系心理分析话语中汲取营养，持续关注心理、审美、文化、政治共同塑造的接触空间，重构以多维、动态、异质性为突出特征的接触空间中文学的认知模式及文学的文化价值和功能。从西方当代人文学术生态角度看，施瓦布立足接触空间的文学功能和价值重构行为呈现出一幅二源汇聚、景应时节而兴的动态思想景观[35]。

申丹以跨学科的角度研究了叙事学在英美短篇小说阅读中的作用。首先回顾了叙事学和文体学在美国和英国的发展史，讨论了两者既互补又相克的复杂关系，然后结合“细读”以新形式主义面貌在西方的复兴，探讨叙事学和文体学当前在国际上的学术位置。最后，在简要梳理“经典”和“潜文本”这两个概念的基础上，介绍了“叙事、文体与潜文本”这一课题的研究目的、所针对的阐释问题和解决问题的方法，以及全书的基本结构和采用的“整体细读”的分析途径[36]。

申丹在另外一篇论文中针对西方学界对经典短篇小说的阐释方法提出批评，认为西方学者常常流于表面，没有对作品加以认真细读，忽略作品各种成分之间的交互作用，忽略作品与语境的关联，没有对相关作品进行互文解读。为了弥补这些缺憾，更好地阐释文本的深层意义，申文提倡一种“整体细读”的批评方法，并选用了曼斯菲尔德的《启示》、肖邦的《黛西蕾的婴孩》和克莱恩的《一个战争片段》作为例证，旨在说明，通过“整体细读”，可以揭示出与表面文本大相径庭的作品的潜藏文本[37]。

“隐含作者”是韦恩·布思在《小说修辞学》中提出来的一个重要理论概念。40多年来，这一概念在国际叙事研究界被广为阐发应用，产生了很大影响。这一貌似简单的概念，实际上既涉及作者的编码又涉及读者的解码，涵盖了作者与读者的交流，然而西方学界却对之加以“单向”的理解，这引起了不少争论和混乱。申丹指出，西方学界的误解又可能在一定程度上导致了布思本人在近作中对这一概念自相矛盾的论述。作者对这一概念追根溯源，阐明其实质内涵，探讨其在历史上不同走向的变义，以便更清晰地看到其历史价值和现实意义，并更准确地把握作者、文本与读者之间的关系[38]。

加拿大文学研究在国内方兴未艾，丁林棚对加拿大文学中的地域主义进行了研究，指出是加拿大社会理论和文学批评界的一个敏感话题，对地域文学的争论和批判贯穿了加拿大文学的发展历程。文学界对于地域主义形成了不同的认知模式，包括形式主义、功能主义和神秘主义。“城市地域主义”是近期来出现的一种新的地域认知和写作模式，这进一步促进了安大略文学的地域化，消解了安大略文学的中心地位。后现代语境下的边缘化使得地域主义在加拿大摆脱了局部意义，更加强调地域和地域文学的不同和差异，从而解构了加拿大民族文学的单一形象[39]。

（作者：北京大学副教授）

注：

①《历史与伦理：乔治·艾略特的〈罗慕拉〉》，《外国文学评论》，2008年第2期。

②《“感受就是一种知识！”——乔治·艾略特作品中“感受”的认知作用》，《外国文学评论》，

2008年第3期。

③《乔治·爱略特的“情感观念”》，《国外文学》，2008年第2期。

④《〈爱玛〉中的长者》，《外国文学评论》，2008年第4期。

⑤《论〈回忆录〉与“简姑妈”神话》，《外国文学》，2008年第1期。

⑥《摩尔的是与非——从伊瑟读者反映理论视角解读〈摩尔·弗兰德斯〉》，《外国文学》，2008年第3期。

⑦《帷幕之后——崇高美的临界体验与拉德克利夫的哥特传奇》，《国外文学》，2008年第1期。

⑧《〈泰特斯·安德罗尼克斯〉中的主要女性人物形象分析》，《国外文学》，2008年第2期。

⑨《〈泰尔亲王配力克里斯〉与〈伦敦四学徒〉中的地理和意识形态》，《外国文学研究》，2008年第1期。

⑩《论历史剧〈托马斯·莫尔爵士〉的审查》，《外国文学评论》，2008年第1期。

⑪《“考古真实性”舞台的“冷辉煌”——试析维多利亚时期伦敦景观剧场》，《外国文学》，2008年第1期。

⑫《叶芝作品的基督教元素》，《外国文学研究》，2008年第6期。

⑬《神圣的教条——〈伊俄勒斯之琴〉所指向的一个思想侧面》，《国外文学》，2008年第3期。

⑭《英国浪漫主义诗歌与新历史主义批评》，《外国文学评论》，2008年第4期。

⑮《从未抵达吗？——破解〈抵达之谜〉》，《外国文学》，2008年第2期。

⑯《多元·融合·跨越——英国现当代诗歌及其研究》，人民文学出版社，2008年。

⑰《艺术自我与社会形势：亨利·詹姆斯的〈悲剧缪斯神〉》，《国外文学》，2008年第1期。

⑱《痛苦·知识·责任——论〈一位女士的画像〉的结尾》，《外国文学评论》，2008年第1期。

⑲《超现实的精神探索——论桑塔格的小说〈恩人〉》，《国外文学》，2008年第4期。

⑳《坡的短篇小说道德观、不可靠叙述与〈泄密的心〉》，《国外文学》，2008年第1期。

㉑《作为修辞的命名与托妮·莫里森小说的身份政治》，《国外文学》，2008年第4期。

㉒《空间策略与文化身份：从后殖民视角解读〈柏油娃娃〉》，《外国文学研究》，2008年第6期。

㉓《〈漂浮的歌剧〉中的叙事怪圈与人格分裂》，《外国文学》，2008年第6期。

㉔《跨越和超越中的活力——托姆·冈恩诗歌艺术初探》，《外国文学评论》，2008年第2期。

㉕《“真实故事”的虚构与阅读——评蒂姆·奥布赖恩的〈怎样讲述真实的战争故事〉》，《外国文学》，2008年第1期。

㉖《身份意识：由单一性到多样化——论休斯之后美国黑人诗人身份意识的嬗变》，《外国文学》，2008年第6期。

㉗《厄普代克的〈困境〉与男性记忆》，《外国文学》，2008年第3期。

㉘《创伤叙事的不及物写作》，《国外文学》，2008年第4期。

㉙《文学批评、文化批评及文学的经典性——兼谈身体在斯奈德诗歌中的经典意义》，《国外文学》，2008年第4期。

㉚《论作品与（超）文本》，《外国文学评论》，2008年第4期。

㉛《“元小说”与“元叙述”之差异及其对阐释的影响》，2008年第2期。

㉜《现当代西方文论的魅力与局限》，2008年第2期。

㉝《艺术功用的后现代诠释——约翰·凯利〈艺术有什么用?〉批评》，《外国文学》，2008年第1期。

㉞《伽达默尔对艺术作品存在方式的分析——兼论何以伽达默尔反对“接受美学”》，2008年第2期。

㉟陶家俊：《客体、文学与接触空间——通向接触空间诗学之路》，《当代外国文学》，2008年第4期。

㊱《跨学科角度的叙事分析——重读英美经典短篇小说》，《江西社会科学》，2008年第2期。

㊲《“整体细读”与经典短篇重释》，《四川外语学院学报》，2008年第1期。

㊳《何为“隐含作者”?》，《北京大学学报》，2008年第2期。

㊴《加拿大文学中的地域和地域主义》，《国外文学》，2008年第1期。

俄罗斯文学

赵桂莲　王　帅

一、古典文学研究

李建军在《小说评论》上开辟的“回归本源专栏”于2008年第4期上的文章试图通过透析俄罗斯文学价值来“回归本源”。研究者的目的不在于研究具体作家作品和俄罗斯文学的具体文学流派，而是剖析俄罗斯文学总体的精神价值和内涵，认为俄罗斯文学的本质和特点就是其表现出的高度的文化教养，俄罗斯作家鄙视一切粗俗和下流的东西，与之相应的是他们对庸俗和粗野具有天生的反感，俄罗斯文学在尊崇高尚、教养和优雅以及捍卫人格方面比任何文学都更为自觉[①]。

古典文学研究主要还是集中在普希金、陀思妥耶夫斯基、托尔斯泰和契诃夫身上。杨秀杰的文章以普希金为研究对象，通过对普希金创作中出现的三个同样表示“自由”的词汇的修辞学和文化学分析阐述了该理念在诗人思想中所具有的不同寓意：“Воля”表现的是“不受任何约束、属于人的天性的自由”，具有非理性、盲目性和原生性特点；“вольность”在诗人的创作中具有崇高古语色彩和传统诗体特点，表现的是往昔失却的、与大自然融为一体的具有浪漫主义色彩的自由，它兼有原始与文明、狂傲与和谐、毁灭与创造双重意义，通过这一词汇诗人表现的是追求人格独立和精神自由的创作理念；“свобода”主要在与社会政治、法律秩序和人权自由有关的语境中使用，频繁出现在诗人表现立宪思想、西方自由思想和俄国当时进步思想的诗歌之中[②]。吴泽霖认为我国学者对托尔斯泰著作的阐释多基于俄国和西方文化立场，对其精神探索中的东方走向、尤其是与中国文化思想的关系关注不够，而因为托尔斯泰与东方、与中国文化存在直接联系，对这种联系进行研究不仅有必要，而且会有新的发现。该研究者正是通过中国立场发现了作家创作的新的寓意：小说《战争与和平》书名的深刻内涵就在于作家试图在俄国民族文化传统（和平）中寻找到对抗西方文明（战争）的力量；从托尔斯泰东方走向传统文明的视角可以清楚地看出，《安娜·卡列尼娜》中两组几乎无关的情节线索并非真的无关，它们形成东西方两种文明中人的不同命运的鲜明对照，这两种对照的文明把两位同样可爱的主人公（安娜——西方，列文——东方）引向不同的结局；以中国文化思想阐释《复活》可以发现，以基督教的关键词“复活”命名的该部作品讲述的不是基督教的“复活”，而是如同中国人一样的良心发现和弃恶从善，主人公走的不是一条靠神恩和救赎获得的复活之路，而是中国人所走的自力提升、“内在超越”的道路[③]。刘超研究了托尔斯泰与中国儒家、道家和墨家学说的关系，认为在晚期精神危机和思想激变时，作家对中国的哲学思想产生了浓厚兴趣，把后者的基本精神与自身的艺术追求和创作融为一体，儒道墨学说成为托尔斯泰终极精神追求的“活命之水”[④]。

王志耕、陈遐通过细致的文本分析论证了陀思妥耶夫斯基的神正论思想，认为虽然作家的作品中留下了许多对上帝的质询，没有解决“无辜受难”的难题，但“上帝存在”在作家本人的思想中是一个无条件的前提，对此不能质疑，否则就会曲解其信仰立场，进而妨碍在许多方面正确地理解其艺术创作[⑤]。曾艳兵从比较文学的角度研究了陀思妥耶夫斯基对卡夫卡的影响或后者对前者的接受，认为后者作品的气息、形象的精神特征以及作家本人的怀疑、迷惘、焦虑和探索等都能从前者那里找到渊源，但尽管如此，卡夫卡还是走出了完全属于自己的路：比如前者的小人物走向内心分裂、精神变态，而后者的小人物走向变形；前者渴望从“地下室”走向“活生生的”世界，而后者则逃避它，把自己封闭起来；前者拷问灵魂时残酷到了冷静的程度，而后者面对人间的巨大灾变不动声色，冷静到了残酷的地步[⑥]。余岱宗探讨的是该作家小说中的“角色意识”，认为作家极富层次感地叙述了“角色意识”对人的控制，具有该意识的人物即使具备了敏感的自审能力依旧受困于这种意识的控制，只有人物被逼到非此即彼的两难境地时，角色面具才会剥落，人性中最隐秘的动机和情感才会暴露出来，而这表现了作家对人性的深刻洞察力[⑦]。朱建刚从“反虚无主义小说”的视角研究了19世纪60—80年代包括陀思妥耶夫斯基的创作在内的部分小说，总结了该类型创作的主要特点：一、过于强烈的思想性和倾向性导致了部分反虚无主义小说在艺术上相对薄弱，其倾向性表现为对西方思想的否定和对俄罗斯宗教思想的推崇；从人物形象体系上说，该类小说故意丑化所谓“新人”即平民知识分子形象，而正面人物往往是贵族或宗法制家长；该类小说基本都具有论战性质，论战对象是当时的革命民主小说，小说中的主要矛盾是革命民主主义和传统宗教思想的冲突。作者认为，研究反虚无主义小说有助于重塑真实的19世纪俄国文学全貌，有助于全面深入理解俄国虚无主义，此外，考察俄国反虚无主义小说的历史命运有助于后人反思二元对立的思维模式，以对话开放的形式审视历史和文化现象[8]。

徐乐综述了俄罗斯20世纪、主要是最近10年出版的有关契诃夫与古代俄罗斯文学、同时代作家、外国作家等关系的研究著作，借助其中一位作者的话该研究者认为，以契诃夫为中心绘制一幅完整的文学联系图不仅可以清晰地构建俄罗斯大文化史的纵向框架，而且可以在边缘领域开辟新的研究视角，有助于从总体上把握俄罗斯文学的发展演变[9]。何玉蔚通过对契诃夫小说《苦恼》细腻的文本、结构、细节分析总结了作家现实主义创作的基本特色：通过描写平凡人的日常生活事件、从平常的现象中揭示生活的本质[10]。

二、20世纪文学及当代文学研究

20至21世纪俄国文学研究主要集中在白银时代文学和最近十几年的文学上，中间的几十年几乎成为空缺。

学者对于白银时代俄国文学的研究依旧比较集中。郑体武追根溯源，探讨了俄国“老一代”象征主义诗人创作理念产生的渊源及其在创作中的不同表现。从哲学和伦理学上说，他们受到尼采哲学影响甚深，在美学和诗学方面受到法国象征主义、德国浪漫主义、俄国民粹派文学和19世纪俄国纯艺术派诗歌的多重影响，在排斥理性、崇尚直觉的前提下形成了个人主义和宗教神秘主义象征观与唯美主义象征观的多样性统一[11]。胡学星以文本分析和史料研究为基础证明了曼德尔施塔姆世界观和文化观的形成与十月革命以及革命后诗人所处的时代没有直接关联，其形成主要得益于帕格森的哲学和拉马克的变异理论，表现了诗人对庸俗进化论一贯的拒绝态度[12]。

周冰心的研究的内容比较有新意，通过对比瞿秋白和戈宝权翻译的高尔基的《海燕》，作者关注的是现代汉语成熟和发展的历程以及该小说对中国现代文学的影响。通过具体的例子比较中国两位译者的译文，作者得出的结论是：瞿秋白刻意依据外来文法对汉语的改造使译文读起来生硬，而戈宝权的译文顺其自然地根据汉语自身的发展规律，没有因为外来语法结构牺牲汉语特有的传统美感，从其译文中可以看到现代汉语在逐渐走向成熟；《海燕》对中国现代文学的影响也是毋庸置疑的，它不仅引出了一批仿作，而且带来了中国现代文学创作意象以及创作风格的变化[13]。李志强关注的是高尔基的小说《忏悔》，认为该小说就情节和人物形象而言与《圣经·约伯记》存在直接的关系：二者在情节上具有惊人的相似，所不同的是，《忏悔》的主人公在经历苦难的过程中看到了社会的不公和黑暗，对上帝创造的世界产生了怀疑，在俄罗斯的圣母崇拜传统中找到了困扰自己的问题的答案；从人物形象上看，《忏悔》的主人公是以约伯为原型的，同时具有圣经人物马太的影子，此外，高尔基将具有俄罗斯多神教因素的东正教特点赋予主人公，塑造了俄罗斯的约伯形象[14]。王树福梳理了我国对俄罗斯白银时代作家巴别尔的译介与研究情况，认为该作家在中国的接受历程与在俄国的境遇大体相似，经历了由推崇到沉默、由重识到迷恋的过程，大致说来我国对于巴别尔在20世纪上半叶是“初识”、下半叶是“重识”、21世纪初是“迷恋”，至于研究还只能说是处于起步阶段。作者认为，如果在跨文化或比较文学的视域内对该作家创作的艺术特色和思想内容展开研究，可能会对许多问题有更充分的说明[15]。高建华借助巴赫金的狂欢化理论探讨了这一时期的作家库普林的小说《亚玛镇》中体现的狂欢化文学特色：从狂欢化的角度看，整部小说从头至尾展示的场景犹如一个狂欢的广场或舞台，自始至终笼罩着狂欢的双重性，即悲喜交替、苦乐相间，小说的情节和结构呈现一种“看与被看”的模式，傻瓜、骗子、小丑等狂欢化文学固有的形象发挥着特殊的形式体裁面具功能，通过亚玛镇这个狂欢舞台，作家使人们发现了在日常状态下被掩盖的真相以及当时的时代和社会生活的本质[16]。淡修安研究了普拉东诺夫创作中的知识分子主题，认为作家创作中3种具有阶段性特征的叙述视角完整地演绎了其自身的知识分子视角，这3种视角分别是“狂热的技术布尔什维克视角”、“困惑的革命真理捍卫者视角”和“沉思的生活真谛探索者视角”，但不论是狂热、困惑，还是沉思，作家都是从人民的根本利益出发，满怀希望与绝望地走进人民之中，体验和传达人民的悲伤痛苦，寻觅和揭示人民的生存价值与意义，完成“深刻的人民作家”的神圣历史使命和社会责任[17]。谢周同样研究了“具有一贯的入世与经世作风、强烈的历史使命感和深刻的内省意识”的俄罗斯知识分子问题，以俄罗斯文学发展史为脉络梳理了文学创作中知识分子形象的变化线索，认为该形象在19世纪上半期主要表现为以抗议和流浪为特征的“多余人”，60年代是作为“理性的实践者”的“新人”，60年代末至70年代以回归民间和上帝的托尔斯泰及陀思妥耶夫斯基的知识分子为其主要代表，十月革命后的典型是寻找精神家园的帕斯捷尔纳克及布尔加科夫的主人公，而后苏联时代的知识分子表现出的是无所依托的“虚空”[18]。

刘燕的论文属于文化学研究，作者从旅行者心态、旅行者见闻及其目标三方面分析了俄国汉学家阿列克谢耶夫旅行日记体创作《1907年中国纪行》中体现的中国形象：由于作者本着“亲善、平等”的心态，故此其看到的是纷繁复杂、值得深入探究的文化中国，是活生生、充满魅力与朝气的现实中国；与此相关，作为“文化学者”来到中国的该汉学家力求从多个角度、尽可能中肯和客观地观察中国文化的多面性，不粉饰也不贬低，而是深入现象背后去探究其存在的理由和蕴涵的文化意义；本着这样的态度和观察角度，该汉学家发现中国文化与俄罗斯文化存在诸多重合交叠之处，发现两种文化相互印证，在中国旅行的过程中发现了真正的“自我”和自我所代表的俄罗斯文化的意义，进一步明确了自己作为汉学家的神圣使命，亦即其旅行的目的实现了对本民族文化的“反观和超越”[19]。冯玉文的小文聚焦的是迄今为止学界研究不多的、19至20世纪之交的中国俄罗斯侨民文学情况，具体关注的是其中表现的爱情主题：在中国的俄罗斯侨民作家既写出了爱情的甜蜜、幸福、热烈，也表现了其中的无奈和残酷，同时作家们对爱情的真谛进行了深刻的哲理思考，丰富多彩的爱情描写不仅丰富了该领域文学的内容，也是俄罗斯侨民情感生活的真实写照[20]。汪剑钊论述的是在此之前我国少有人关注的俄罗斯摇滚诗歌，指出俄罗斯20世纪60年代产生的摇滚诗歌与西方引入和本国的吟唱传统密切相关，因此除了表现出西方摇滚的特点以外，它更具有本土特色，比如在反文化和机械文明的同时保留了一定的文化和理性特征，避免了因彻底的颓废行为而造成的非理性、偏激、极端和虚无，有时会以抒情的声调关注日常生活主题，为20世纪后半期的俄罗斯诗歌史填写了新的一页[21]。萧瀚的长文是一篇“阅读札记”，而非文学研究，引发其思考的是《古拉格群岛》，而思考的对象却远不止这部小说，而是人类历史上的人为劫难以及导致劫难的动因。表面上看，劫难的产生与极权的、专制的政权有关，但从根本上说与独裁者在“目的证明手段正确”的理论基础上形成的追求终极真理、建立人间天国的美丽谎言有关，与群众在同样美丽谎言的召唤下的盲从有关，与为了所谓终极目的而漠视人性、人格尊严和人的个性自由有关，与信念伦理和责任伦理割裂有关。借助对历史上伟大的思想先知思想理论的梳理，该学者总结道：当一场惊天动地的政治运动与个人的生命发生尖锐冲突时，人应当坚守基本的伦理道德，任何理由都无法解释任何不人道的暴行，任何人都拥有人的基本权利和做人的尊严，没有人也没有任何借口可以未经公正的司法程序剥夺任何人的基本权利[22]。

对于近十几年来俄罗斯文学的研究成为学术界关注的另一个热点，相比较而言，宏观研究多，而个案研究少，研究主要集中在现实主义文学和后现代主义文学领域。张建华对当代俄罗斯作家拉斯普京的所谓“寻根小说”进行了分析，认为20世纪七八十年代包括该作家创作在内的“寻根小说”在社会主义现实主义文学呈现为文学主流时难能可贵，但作家90年代以后的该类小说存在审美观念的价值迷失，具体表现就是：一味萃取苦难，展示悲哀；规避现实发展进程和民族文化转型期的新文化景观；难以认同城市以及物质文明相对发达地区的精神文明；创作观念过于专制，依然把文学看成是一种工具和手段。作家创作的这种文化取向从本质上说是一种文化保守主义[23]。该学者的另一篇文章从宏观上把握了苏联解体后俄罗斯文化取向和文学特点的新变化：伴随着苏联的解体，文学的中心地位也逐渐丧失，新的文化空间催生出新的文化理念或曰出现了文化和文学的话语转型，具体表现为政治思想上的自由主义、市场经济的消费主义、审美标准的泛俗化和文化与文学价值的多元化，与之相应或者与之相对抗的，是在文化和文学中表现出4种不同的价值观念，即新根基主义、新启蒙主义、新虚无主义和“实用精神”[24]。通过梳理后苏联文学与20世纪50年代苏联“解冻”文学的关系，该研究者发现了后苏联文学现代性的精神价值所在，即后苏联文学总的叙事话语与之前的俄罗斯文学相比并未发生本质性的变化，其形式探索并未脱离作品的内容而单独发展，它不是超越现代性精神价值的文学，而是具有从普希金以来俄罗斯文学现代性的全部精神与理念，该现代性精神价值表现为文学对历史与现实的关注，对俄罗斯人精神世界的关注，现实主义文学如此，后现代主义文学也是如此[25]。该研究者还专门著文论述了当代俄罗斯现实主义文学的现状，开门见山地指出：“新世纪开端文学的特点是现实主义的胜利”，现代主义和后现代主义文学虽然一度打破了现实主义文学一统天下的格局，后者一贯主张的历史使命感和社会责任感逐渐遭到瓦解，文学价值观随之发生了很大变化，但只要民族历史和社会生活的要求没有得到充分有力的表达与宣泄，现实主义文学就不会死，不仅如此，文学价值观层面上的分流不仅不会窒息现实主义，反而为现实主义文学走出狭隘、走向丰富创造了契机，使其进入一种新的境界和状态：一方面，它保持了与生活本源、生存本源的血肉联系，另一方面，它表现了对最新的文化内容和现代意识的吸纳，具有很强的现代性，表现出与古典现实主义和社会主义现实主义明显不同的艺术范式。苏联解体后两种表面上背道而驰的文学思潮——现代主义文学思潮的兴起和现实主义文学的重生——实际上都基于对现代性的追求，自由精神和批判精神、主体性意识和悲剧性意识在今后很长一段时间里都将是俄罗斯文学的精神母题，也将是俄罗斯作家共同的思想追求[26]。

张捷总结了目前俄罗斯文学的几种特点：由于市场化而使部分文学出现低俗化倾向和多元化，其中既有大多遵循俄罗斯文学现实主义传统的传统派作家的创作，也有追求新奇、喜欢运用各种非现实主义手法、反传统的自由派作家的创作，还有在思想倾向和艺术观点上各有不同的游离于两大派别之外的创作，小说在整个文学创作中占主要地位。总的来说，苏联解体后的俄罗斯文学创作情况如同一个“嘈杂的市场”，产品良莠不齐，优秀作品数量少，与繁荣时期的苏联文学创作相比，当今的俄罗斯文学的创作图景是“昏暗”的，而这种昏暗将维持多久还很难确定[27]。刘文飞根据当下俄国文学的变化向中国学者提出了自己的建议：与当今俄罗斯文学的多元化特点相关，中国俄罗斯文学研究领域的个体学者对于研究对象应抱有开放、宽容的心态，研究团队应表现为不同学术兴趣、研究方法和不同形式之研究成果的有机整体，各抒己见、各执一词值得肯定；而与当今俄罗斯文学非意识形态化的特点相关，中国研究者相应的需要更新观念，破除对偶像和神话的迷信，在研究中做一些更具民主意识和自由精神的尝试。总之，要努力追求研究主体及其研究方法的个性化和独创性[28]。夏忠宪分析了苏联文学在苏联解体后的命运：苏联文学与影视联姻，形成了4种热播，即知识分子经典、雅俗共赏的经典、益智片和老片回放，使一些苏联文学作品借助这一形式重构了后苏联社会人们有关苏联的形象，影视热同时也带动了与其相关的图书热。该研究者认为，这种热潮产生的原因在于：人们对于当代社会和大众传媒一味抹黑苏联和苏联文学感到厌倦，经历过社会大动荡以后的很多俄罗斯作家和俄罗斯人渐趋冷静，对苏联文学和文化的认识和评价已相对客观；怀旧情绪开始弥漫，对苏联和苏联文化的政治评价趋于淡化，而其文化内涵和多重价值开始受到重视；苏联解体后俄罗斯人的精神并未找到真正的精神依托，空虚、无聊、无方向感是很多人的精神状态，苏联文学在一定程度上承担起了对抗西方和庸俗的大众文化的责任；利用苏联文学的爱国主义精神宣扬新的国家意识形态也是出现苏联文学与影视联姻并出现热播现象的一个原因；最后，俄罗斯人对待苏联文学的态度发生变化与民族性有关，从苏联解体之初的全盘否定到近年来的热潮与俄罗斯民族性的极端特性有关[29]。任光宣的关注对象是俄罗斯大众文学，认为俄罗斯大众文学存在以下特点：一、大众文学是文学的一个边缘化层次，其存在反映了大众的需求，表现了一个时代人们的意识特征；二、它有自身的价值和特点，故事情节引人入胜、悬念迭出，语言生动，通俗易懂，雅俗共赏；三、大众文学与严肃文学相互影响、作用，具有互补性，很多大众文学创作继承了19世纪以来俄罗斯文学的真实性传统。该文学形式如今在俄罗斯盛行存在多种原因：它是俄罗斯社会转型时期的产物，是后苏联时期涌现的文化现象；大众文学与大众传媒联姻是其盛行的重要原因；大众文学的盛行与物质刺激和奖励密切相关，作家们不仅收入丰厚，而且经常获得各种奖项；大众文学受到了文学理论界的关注，在一定程度上提高了它在社会和俄罗斯文学中的地位，改变了人们对它的看法和认识[30]。王树福通过具体分析2007年俄国畅销书奖评选结果印证了我国上述多位学者对当今俄罗斯文学的认识，该研究者认为，从该年度畅销书奖入围和获奖小说来看，它们普遍介于严肃小说与通俗小说之间，融合现实主义、新现实主义、后现代主义、先锋派等多种艺术风格，形成综合性小说创作趋势，这在一定程度上消解了严肃小说与通俗小说之间的界限，提升了通俗小说的文学地位，改变了当今俄罗斯文学史的建构[31]。

除了上述文章中研究者对俄罗斯后现代主义文学有所涉及以外，很多学者对这一文学样式从宏观到微观进行了多角度、多方位的专门研究。王宗琥追溯了俄罗斯后现代主义文学产生的源流并总结了其主要特点。借用俄国文化学者爱普施坦的认识，作者认为，俄罗斯后现代主义不是舶来品，而是固有的俄罗斯文化基因，是俄罗斯文学发展的自然进程，是对被人为中断的现代主义文学的恢复和发展。俄罗斯后现代主义文学经历了20世纪60年代末至70年代末的形成期、70年代末至80年代末的确立期和90年代以来的全面发展期，其发展的主要特点表现在三个方面：（1）建立起了关于后现代主义的美学理论；（2）作家群不断扩大、文学内容向更深更广的领域拓展；（3）艺术形式更加多样，各种类型、体裁的文学样式异彩纷呈。俄罗斯后现代主义文学的特点是：体裁具有互文性、颠覆神圣和消解一切[32]。李新梅同样从宏观角度研究了俄罗斯后现代主义文学，从该文学与现实的关系、其描绘的世界景观、作家的终极价值观、解构的任务和对象以及后现代主义文学的美学属性5个方面总结了其诗学特征[33]。

张冰以词源学为切入点分析了马卡宁小说《审判桌》中"桌子"与"政权"的关系，认为该小说反思和批判的内容已经超出苏联意识形态的边界，揭示的是苏联这种专制的国家制度和意识形态与俄罗斯历史传统的渊源，其中最为重要的就是东方的专制主义制度以及重集体轻个人的价值观体系。因此，马卡宁的这部小说是站在个人理性立场上对苏联意识形态进行深刻反思和批判的力作，而在理性与非理性层面，它是站在非理性立场上对太理性或苏联式的高度理性化进行深刻质疑的力作[34]。刘涛研究了佩列文小说《黄箭》中的象征世界和层次，认为作家在个体生命、俄罗斯现实社会和整个人类命运3个层面上运用列车"黄箭"作为象征，在貌似轻松的叙事中表现出对人生意义的追问和对人类命运的关切[35]。

谢春艳对俄罗斯学术界有关苏联解体后文学创作中女性形象的研究状况进行了总结和评述，从女性形象的叙事话语、现实主义作家笔下女性形象的变化、后现代主义文学以及其他文学流派中女性文学的特点、男女主人公的书写模式和女性形象与西方文学的对比5个方面指出了目前俄罗斯学界该领域研究存在的不足。弥补此不足应该做的是：对比分析苏联解体前后文学中女性形象在叙事方法和切入方式上的变化，以对女性形象的研究为手段凸显出解体后文学话语的转型；重视研究现实主义文学创作中传统型女性摆脱人生困境和悲剧的"非传统"之路；关注后现代语境下女性形象体系发生的根本性变化；对比研究后苏联文学中男女主人公书写模式发生的变化；在广泛受到西方文学影响的后苏联文化语境下深入探讨当代俄罗斯文学中女性形象与西方文学女性形象的异同，进而对俄罗斯文化之路进行反思[36]。该研究者撰文具体分析了女作家托尔斯泰娅的小说《野猫精》，认为以女性形象为载体揭示后现代文化背景下的人性裂变是该小说的价值所在，小说中的女性形象表现出物种退化、兽性膨胀和精神性缺失3个主要特点，以该小说为个案，研究者指出，在当代俄罗斯后现代主义文学创作中女性人物体现为一种从外形到内在都不确定的影子式的存在[37]。杨爱华从女性主义视角出发分析了拉斯普京小说《伊万的女儿，伊万的母亲》中女主人公的形象特点，认为该人物一反作家笔下传统女性的性格特点，兼具女性勤劳善良和男性果敢英明"双性气质"，这种"双性气质之美"的产生与时代背景密切相关[38]。

在总结中国改革开放30年经验的大背景上，陈建华梳理和总结了中俄文学关系30年来的发展历程，大体可以分为3个时期：（1）20世纪70年代末是从荒芜走向复苏的时期，这一时期的特点是谨慎小心，但学术领域对俄国古典文学的研究比较有起色；（2）1980年至1991年的这个时期中俄文学关系冲破禁区，交流空前繁荣，译介俄国文学作品出现热潮，与此相关，中国文学在题材选择、主题开拓和形式探索等方面受俄苏文学影响明显；（3）20世纪90年代至今中俄文学关系进入了在调整中发展的时期，这一时期中国学者对俄苏文学展开全方位的研究，研究者的主体意识得以加强，研究呈现出严谨、科学、求实的良好势头[39]。

三、文艺理论研究

程正民的文章关注的是俄罗斯文艺学如何把结构研究与历史研究有机地结合在一起，认为该结合是互补性的，结合研究所获得的新的经验在一定程度上纠正了俄国文艺学重内容而轻形式以及西方文艺学重形式而轻内容的偏颇，为文艺学的发展开拓了新的理论空间。具体而言，如果说普罗普的《故事形态学》运用的是形式结构分析的方法对童话故事的内部结构进行分析，揭示故事构成的结构要素和其他各种要素之间的联系，即坚持形态研究先于历史研究，那么在与该部著作密不可分的《神奇童话的历史根源》一书中普罗普着力完成的是另一项重要工作，即明确形态研究必须与历史研究结合起来，这就使其从结构、过程、根源3方面对故事循序渐进展开的研究构成一个完整的系统，同时在该研究领域中开了先河。洛特曼虽然是俄罗斯文艺学结构符号学派的代表人物，但他同样重视结构研究与历史研究的关系，认为不能孤立地研究艺术文本，而是要把它放在一定的历史文化语境中进行研究，艺术文本属于更大的系统，即非文本结构，而非文本结构包括文本产生和读者接受时的现实生活、社会心理、历史文化背景、思想观念、文学观念等，因此对艺术文本的理解必须了解非文本结构，在文本和非文本结构的统一体内进行。巴赫金在诗学研究中既注重文学的社会历史根源和文化根源的研究，同时也重视文学内部结构和文学体裁形式的研究，把二者有机地结合在一起，这使他的诗学研究成为一种整体诗学的研究，他对小说体裁形式的分析是与对其社会生活内容的分析紧密结合在一起的，其诗学研究从体裁研究切入，在深化的过程中一头伸向文化诗学，另一头伸向历史诗学[40]。何云波的文章虽不是文艺理论研究，但该文对如何撰写学术史提出的建议和设想具有实践和理论意义。文章指出，学术史的研究对象不应仅限于学术研究者的著述，还应考虑大众的“接受”和非专业角度的认识，文学学术史同时也应该是一部文学接受史；学术史不仅需要关注一个时期学术研究的普遍模式，同时也不能忽视其他声音，使学术史成为真正意义上的“批评之史”，而非一般的“研究综述”；学术史研究者应当有问题意识、主体意识，该研究不单单是“知识”的梳理，它需要敏锐的思想和独到的眼光[41]。

（作者：赵桂莲，北京大学教授；
王帅，北京大学博士研究生）

注：

①李建军：《俄罗斯经验：文化教养与反对庸俗》，《小说评论》，2008 年第 4 期。

②杨秀杰：《普希金的自由观》，《解放军外国语学院学报》，2008 年第 2 期。

③吴泽霖：《中国文化视野和托尔斯泰经典的重读》，《黑龙江社会科学》，2008 年第 3 期。

④刘超：《托尔斯泰的精神追求与儒道墨学说》，《保定学院学报》，2008 年第 1 期。

⑤王志耕、陈遐：《陀思妥耶夫斯基是否“怀疑”上帝存在?》，《俄罗斯文艺》，2008 年第 3 期。

⑥曾艳兵：《陀思妥耶夫斯基与卡夫卡》，《俄罗斯文艺》，2008 年第 1 期。

⑦余岱宗：《论陀思妥耶夫斯基小说的“角色意识”》，《俄罗斯文艺》，2008 年第 1 期。

⑧朱建刚：《经典掩盖下的“非经典”：19 世纪俄国反虚无主义小说初探》，《俄罗斯文艺》，2008 年第 3 期。

⑨徐乐：《绘制二十一世纪契诃夫的文学联系图——俄罗斯的契诃夫研究新论》，《外国文学动态》，2008 年第 6 期。

⑩何玉蔚：《描绘最平凡事情的现实主义——契诃夫短篇小说〈苦恼〉赏析》，《名作欣赏》，2008 年第 5 期。

⑪郑体武：《老一辈俄国象征派的“象征”观》，《俄罗斯文艺》，2008 年第 4 期。

⑫胡学星：《一首诗中隐藏的世界观：试析曼德尔施塔姆的〈拉马克〉》，《俄罗斯文艺》，2008 年第 1 期。

⑬周冰心：《高尔基〈海燕〉与中国现代语言文学——以瞿秋白、戈宝权的译文为例》，《俄罗斯文艺》，2008 年第 2 期。

⑭李志强：《〈忏悔〉与〈约伯记〉——浅析〈约伯记〉与〈忏悔〉的发生学关系》，《俄罗斯文艺》，2008 年第 1 期。

⑮王树福：《巴别尔在中国：译介与研究之路径变迁》，《外国文学动态》，2008 年第 1 期。

⑯高建华：《狂欢化视野中的〈亚玛镇〉》，《俄罗斯文艺》，2008 年第 1 期。

⑰淡修安：《狂热、困惑与沉思：安德烈·普拉东诺夫的知识分子视角辨析》，《俄罗斯文艺》，2008 年第 4 期。

⑱谢周：《从“多余”到“虚空”：俄罗斯文学中知识分子形象流变略述》，《俄罗斯文艺》，2008 年第 3 期。

⑲刘燕：《他者之镜：〈1907 年中国纪行〉中的中国形象》，《外国文学》，2008 年第 6 期。

⑳冯玉文：《在华俄侨文学的爱情阐释》，《殷都学刊》，2008 年。

㉑汪剑钊：《天堂只是狗的吠叫——俄罗斯摇滚诗歌片论》，《外国文学动态》，2008 年第 4 期。

㉒萧瀚：《二十世纪人类的一场劫难——〈古拉格群岛〉阅读札记》，《中国政法大学学报》，2008 年第 6 期。

㉓张建华：《拉斯普京“寻根小说”的文化取向及价值迷失》，《俄罗斯文艺》，2008 年第 4 期。

㉔张建华：《论后苏联文化及文学的话语转型》，《解放军外国语学院学报》，2008 年第 1 期。

㉕张建华：《后苏联文学现代性的精神价值何在?》，《俄罗斯文艺》，2008 年第 1 期。

㉖张建华：《俄国现实主义文学的重生》，《文艺报》，2008 年 1 月 26 日。

㉗张捷：《俄罗斯文学的现状和前景》，《文艺理论与批评》，2008 年第 1 期。

㉘刘文飞：《当下的俄国文学和我们》，《俄罗斯

文艺》，2008 年第 1 期。

㉙夏忠宪：《苏联文学在后苏联社会的命运》，《文艺报》，2008 年 3 月 29 日。

㉚任光宣：《当今俄罗斯大众文学谈片》，《俄罗斯文艺》，2008 年第 1 期。

㉛王树福：《在严肃小说与通俗读物之间：2007 年国家畅销书奖评选分析》，《俄罗斯文艺》，2008 年第 1 期。

㉜王宗琥：《俄罗斯的后现代主义文学：源流与特点》，《俄罗斯文艺》，2008 年第 2 期。

㉝李新梅：《俄罗斯后现代主义文学的诗学特征》，《俄罗斯文艺》，2008 年第 2 期。

㉞张冰：《马卡宁〈审判桌〉与俄罗斯传统文化》，《俄罗斯文艺》，2008 年第 1 期。

㉟刘涛：《佩列文小说〈黄箭〉的象征世界》，《俄罗斯文艺》，2008 年第 2 期。

㊱谢春艳：《俄罗斯文学界对后苏联文学中女性形象的研究》，《外国文学》，2008 年第 6 期。

㊲谢春艳：《后现代语境下的人性裂变：评达吉雅娜·托尔斯泰娅的小说〈野猫精〉中的女性形象》，《俄罗斯文艺》，2008 年第 2 期。

㊳杨爱华：《塔马拉·伊万诺夫娜的“双性气质”：从女性主义视角解读〈伊万的女儿，伊万的母亲〉》，《俄罗斯文艺》，2008 年第 4 期。

㊴陈建华：《中俄文学关系三十年》，《解放军艺术学院学报》，2008 年第 3 期。

㊵程正民：《俄罗斯文艺学结构研究和历史研究的结合》，《俄罗斯文艺》，2008 年第 3 期。

㊶何云波：《学术史的写法：兼评〈中国俄苏文学研究史论〉》，《俄罗斯文艺》，2008 年第 3 期。

管 理 学

工商管理学

邓荣霖　高　杰

一、企业管理

1. 中国企业改革 30 年

中国改革 30 年，取得了巨大的成就，站在新的历史起点上，总结与回顾 30 年中国企业改革具有举足轻重的意义。2008 年，北京地区的专家学者以中国企业改革发展为主题做了大量的研究工作，对国有企业和民营企业的发展历程进行了回顾与分析，总结了国有企业改革经验和民营企业出现的经营困境，并展望了未来的发展方向，这里对其中主要的、有代表性的观点进行综述。

关于国有企业改革历程。有的学者提出，中国国有企业 30 年的改革历程可以划分为 3 个阶段，即以“放权让利”为特征的扩大企业自主权阶段（1978 年底至 1984 年 9 月），以“两权分离”为特征的转换经营机制阶段（1984 年 10 月至 1993 年 10 月），以建立现代企业制度和实施战略性改组为特征的改革阶段（1993 年 11 月至今）①。有的学者对国有企业改革中 5 个具有重要意义的关键事件进行了总结：（1）1992 年从承包制转向以建立现代企业制度为方向，使国有企业改革从放权让利转向制度创新，指导了下一轮国有企业改革的方向。（2）1997 年提出从整体上搞好国有经济，而不是企求把每一个国有企业都搞好。（3）1997 年提出国有大中型企业 3 年脱困，即从 1998 年起，用 3 年时间采取措施使国有大中型工业企业脱困。（4）2003 年成立国务院国资委，履行 196 家中央企业的出资人职责，结束或初步结束了多年来“五龙治水”，特别是“内部人控制”的状况。（5）加快建设国有资产经营预算制度②。更有的学者指出，国有企业改革的历程实际上就是我们党和人民在微观经济领域对于所有权与经营权认识深化的历史，也是对于决定企业绩效的主要因素是所有权还是经营权认识深化的过程③。

关于国有企业改革经验。有的学者将国有企业改革基本经验总结为 8 个方面：（1）坚持社会主义市场经济改革方向，使国有企业成为与市场经济相适应的市场主体，实现微观经济基础再造；（2）坚持循序渐进，从放权让利到明确以建立现代企业制度为方向，从明晰产权到国有出资人到位，注重制度建设和创新，步步深入；（3）坚持从整体上搞好国有经济，使国有经济在国民经济中发挥主导作用，而不企求把每一个国有企业都搞好；（4）坚持"抓大放中小"，着力搞好中央企业；（5）坚持推进垄断行业改革，引入竞争机制，同时加强政府监管和社会监督；（6）坚持建立中央政府和地方政府分别代表国家履行出资人职责，享有所有者权益，权利、义务和责任相统一，管资产和管人、管事相结合的国有资产管理体制，加快建立国有资本经营预算制度；（7）坚持为国有企业改革创造良好的外部环境，加快建立健全社会保障体系，推进债务重组，剥离企业办社会负担；（8）坚持把改革的成功经验及时地上升为理论和提升为法律，指导改革规范进行[④]。

关于中国企业改革现状。有的学者提出，30年前只是政府附属物的国有企业经过改革其经营机制和经营活力发生了翻天覆地的变化。国有企业拥有了充分的自主权，基本成为适应市场经济的自主经营、自负盈亏的市场主体和法人主体[⑤]。还有的学者指出，经过两个阶段的改革努力，与社会主义市场体制相适应的现代企业制度体系框架已初步建立，主要体现在：企业所有制制度体系发生深刻变化，从国有企业一家独大的结构变为多种所有制企业共同发展的结构；企业组织制度发生深刻变化，企业从政府附属的生产型组织变为资本关系清楚、经营功能较完整的独立的市场主体，公司成为基本的企业组织形式；国有企业改革取得历史性的重大进展；中国开始出现一批有一定国际竞争力的企业；最重要的是，中国各界对通过企业改革，建立与社会主义市场经济体制相适应的现代企业制度的重大意义、目标和主要路径已形成基本共识[⑥]。有的学者提出央企改革的主要进展体现在：公司制改革步伐加快，大型央企整体上市取得初步进展；推行外部董事制度试点，完善公司治理结构；通过多种手段，企业重组与调整取得一定成效；按行业推进，垄断行业企业改革有所进展；以出资人角色，国资委积极探索央企的管控方式[⑦]。有的学者总结民营经济、中小企业发展的困难主要体现在：（1）我国民营企业的贡献与地位不符；（2）引发当前中小企业困境的政策因素；（3）民营企业价值观与发展模式问题；（4）中小企业融资难问题；（5）民营企业"死得快"问题[⑧]。

关于中国企业改革方向。有的学者提出下一步中央企业改革的方向为：（1）继续推进中央企业公司股份制改革；（2）继续完善中央企业公司治理结构；（3）继续推进中央企业重组调整；（4）完善企业经营者长期激励约束机制[⑨]。还有的学者指出，继续深化国有企业改革的重点应为：完善法人治理结构；进一步实行企业内部改革，包括激励机制和监督机制完善问题；加大自主创新力度；研究国有资产管理体制问题。有的学者对民营企业改革提出相应对策建议：（1）正视困难；（2）改善融资环境；（3）民营企业家自身素质建设；（4）产学研结合[⑩]。

2. 国有企业制度创新

国有企业制度创新一直是北京地区的学者专家们关注的重要问题之一。有的学者提出国有企业改制是国有企业改革的延续和发展。按照现代企业制度的目标要求，在国有企业改革过程中应当处理好社会主义市场经济体制3个成分的关系，即消费者、企业、政府的关系。国有企业改制中的制度创新包括产权制度创新、组织制度创新和管理制度创新，其中产权是前提，组织是保证，管理是基础[⑪]。有的学者认为制度建设是有特性的，它必须与本国的市场特征、制度环境以及社会传统相协调。制度的建立和完善必须依靠机制创新来保障，对于我国大批的国有企业按现代公司制度的模式作为市场独立主体的关键时刻，对机制的认识、建立和创新才是我国国有企业改制的关键[⑫]。还有的学者提出，伴随国有企业构成的变化，国有企业治理体制也在发生转变，具体体现为国有企业法律地位、国有企业目标、国有资产管理体制、国有股东权利和企业内部管理体制这5个方面的重要转变[⑬]。更有的学者认为国有企业改制是中央意识形态演变和地方制度创新相互作用的结果，并以中国国有企业的民营化为背景构建了一个内生制度变迁模型，它的主要特点是有限理性、意识形态的动态调整和民营化的多重均衡[⑭]。还有的学者指出，建立现代产权制度，是我们党关于社会主义市场经济理论的又一个重大发展，对完善国有资产管理体制和深化国有企业改革具有重要意义，体现在：（1）它是建立社会主义市场经济体制的制度基础；（2）它是完善国有资产管理体制和制度的理论基础；（3）它是构建现代企业制度的重要基础[⑮]。有的学者通过分析得出国企改革的脉络就隐含在共产党历届全会之中，从十四届三中全会"建立现代企业制度"的表述到十六届三中全会"建立现代产权制度"的指向，党的十七大又一次强调"以现代产权制度为基础"，既接续"既往"，又强化"开来"，将极大地冲破一些貌似公允实则僵化的传统意识束缚，从而深刻地改变并优化现代市场经济条件下的企业组织生态，激发起更多的竞争活力[⑯]。

还有部分专家学者针对具体的制度创新领域和举措展开了研究。有的学者认为国企改革取得的巨大成就中一个令人瞩目的亮点，就是按照市场经济规律，重新确定了国家与国企的关系，创立了一种新型的从出资人角度对国有企业进行监督的有效机制——外派监事会制度，在规范企业管理、纠正违规经营、防范腐败、防止决策失误和国有资产流失等方面作出了巨大成绩[17]。还有的学者提出科技创新状况在一定程度上对制度的选择有决定作用，制度创新对科技创新有推动或制约作用，两者是促进经济发展的独立变量。要推动我国科技创新的发展，为使企业更加适应国际竞争机制，就必须重视制度创新的作用[18]。也有的学者认为绩效评价是企业进行自我控制、实现目标管理的内部管理机制，是一种企业管理制度的创新。目前国内主要是推广杜邦财务评价法、经济增加值评价法、平衡记分卡评价法等，并呈现出如下发展趋势：绩效目标从一元向二元发展，评价手段从直接采用财政部绩效评价体系向借鉴国际先进评价体系发展，评价理念从直接向国外学习到融合不同企业文化方向发展[19]。中国国土资源经济研究院的有关专家通过对我国矿产资源产权关系的经济学分析，论证了产权制度创新对于矿业经济发展的重要性。并提出必须进一步深化矿产资源的改革，明确界定产权，既需要通过发展循环经济等措施来降低生产成本，也需要通过深化改革等措施来降低交易成本，通过组织制度上的比较优势来弥补和平衡，解决矿业权的取得、对环境的治理和生态的恢复、对安全的投入3大成本的缺失问题，缓解矿产资源的开发与劳动者和环境之间的矛盾[20]。

3. 民营企业管理创新

关于民营企业管理创新问题。有的学者通过回顾30年来我国企业管理现代化历程，总结出以下经验：（1）管理创新必须与技术创新、制度创新相结合；（2）管理的引进、学习必须与自主创新相结合；（3）必须将领导推动与群众性创新活动相结合；（4）管理创新必须以企业实践为基础，“官产学”相结合共同推动[21]。有的学者以近3届409项国家级企业管理创新成果为基本研究对象，通过对创新成果内容、企业管理创新行为进行分析，提出当前我国企业管理创新具有5大特点：（1）营销管理仍是企业管理创新活动的最大关注点；（2）根据自身需要选择合适的战略；（3）人力资源管理向更加注重人的价值方向发展；（4）自主创新仍然以集成创新和引进消化吸收再创新为主；（5）企业已开始主动承担节约资源、保护环境的责任[22]。有的学者提出，全方位创新管理应分为5个阶段：第一阶段是确定理想；第二阶段是测量差距；第三阶段是战略化决策；第四阶段是实施细节；第五阶段是规划结果，从结果中发现问题[23]。

2008年，北京地区部分学者还针对具体的管理创新内容进行了研究和分析。有的学者认为，知识管理是企业持续发展的基石，是一切创新的源泉。知识管理创新是企业向着未来型组织转化的核心要素之一，决定着企业未来的生命力[24]。还有的学者提出，方针管理与全面预算管理相结合，是企业管理模式的创新。全面预算以方针管理模式为载体，能够将公司的目标与全体员工意愿更好地结合起来，发挥团队协同能力，不断优化改善公司各项机能，推动企业资源的有效运用及成本的降低[25]。有的学者通过分析蓝海战略的营销思想和创新管理过程，提出重组竞争结构、合并细分市场、开发专业产品、占据对立定位、发动侧翼进攻和催化商业模式是蓝海战略对企业营销创新的6条启示[26]。有的学者根据循环经济理念，提出了管理控制的绿色内涵，从强化资源约束、创新节约型技术、绿化市场需求、转变战略目标、调整组织结构、更新企业文化等角度分析了循环经济对企业管理控制环境的影响，对企业管理控制的战略规划—预算体系—控制报告—评价体系—报酬机制的过程进行了绿化创新[27]。还有的学者通过构建创新动力模型，提出企业财务管理创新的途径主要包括5个方面：（1）营造良好的创新氛围；（2）确立正确的创新目标；（3）拓展广阔的创新空间；（4）建立健全创新奖励制度；（5）提供优质的创新环境[28]。有的学者认为，要顺利推动中国家族企业组织创新，得先明确创新受哪些因素的影响，而核心的创新内容要素则应对企业组织的构成3要素作分析，即从中国家族企业的组织结构、组织流程和组织文化3个方面来实施创新[29]。有的学者提出，重新回顾和探讨相关经济发展阶段的企业管理理论，分析和研究新形势下新型企业的形态和管理的主要特征，对我国电信运营商适应新的经济环境，改进组织管理，再造关键流程和创新管理模式，全面提升企业管理能力具有重要的借鉴意义[30]。

二、会计与财务管理

2008年，北京地区的专家学者主要围绕会计与财务管理领域的会计信息质量、内部控制、审计质量与大股东控制等问题进行了深入的研究和探讨。

关于会计信息质量。有的学者提出上市公司年度报告的及时性是会计信息质量的重要制约条件，更为监管部门和投资者所关注，所以通过评述年度报告及时性的经验研究，在时点界定、计量方法和框架安排等方面提出了相应的改进，为未来研究和监管政策的出台提供了有益的参考[31]。还有部分学者针对盈余管理问题展开不同层次的实证研究，有的学者从制度层面对会计制度变迁与盈余稳健性进行了理论分析，提出以盈余为基础的监管和评价制度是我国会计制度中稳健性原则强化的外在制度原因，而根本原因是稳健性原则的运用作为一种财务报告机制可以改善公司的盈余质量，并强化对投资者利益的保护[32]。有的学者通过实证研究发现独立董事监督力对盈余稳健性有显著正向影响，且这种影响随公司治理的改善而增强；独立董事的履职环境对盈余稳健性的影响最大，其次是人数规模和会计专业能力，薪酬和声誉的影响则相对最小[33]。有的学者对中国A股上市公司是否在第四季度进行盈余管理以避免当年亏损或下一年亏损进行了实证研究，发现上市公司的确会在第四季度进行盈余管理来实现当年扭亏为盈或者调低利润，为下一年扭亏做好准备。因此审计师与投资者对上市公司第四季度的财务数据应该高度关注，并提高对会计信息质量的鉴别能力[34]。还有的学者以我国通过控制权转移进行私有化的上市公司为样本，研究了国有股权私有化过程中的盈余管理以及信息披露对盈余管理影响的问题。提出国有企业在国有股权私有化前存在降低收益的盈余管理行为，信息及时披露对私有化前的盈余管理有显著的抑制作用[35]。

关于内部控制。有的学者提出，在公司治理中，内部控制通过风险监控和控制确认确保公司的内部利益相关者有效履行其受托经济责任，并为组织的其他治理主体提供信息支持。当内部控制有效时，能显著提高公司治理成功的可能性。但当公司治理不规范时，公司也不可能有健全、有效的内部控制[36]。还有的学者认为，由于企业的内部控制制度是由一系列使企业内部各工作部门、工作岗位在合理分工的基础上相互联系、相互协调、相互制约、相互督促的制度、措施和方法所组成的复杂系统，要对其作出较为准确的评价，必需建立一套能从总体上反映内部控制本质特征的评价指标体系，然后运用科学的评价方法对指标体系的评价结果进行定量分析，以提高内部控制评价的科学性和可比性[37]。有的学者对完善我国上市公司内部控制信息的披露提出4个方面的改进建议：（1）制定明确的内部控制框架，作为制定、执行、评估和审核的基础；（2）内部控制自评报告应采用强制披露和分步走相结合的做法；（3）内部控制审核报告应采用强制性披露和鼓励性披露相结合的做法；（4）加强对内部控制信息披露的监管[38]。有的学者提出，信息技术（Information Technology，简称“IT”）环境下企业内部控制模式应该包括内部控制系统、内部控制系统的工程实施体系、内部控制系统的评价体系3个要素。其中内部控制系统的设计中可以参考和借鉴已有的内部控制框架与规范；内部控制系统的实施可以引入工程学的理念和方法提高实施质量；为了了解和掌握企业内部控制的水平，内部控制系统的评价应该引入内部控制等级的概念[39]。还有的学者对持续改进的内部财务控制评估标准的特点进行了总结：（1）服务式管理的内部财务控制标准设计理念；（2）美国国家反欺诈性财务报告委员会发起组织委员会（Committee of Sponsoring Organization，简称“COSO”）报告5要素内控标准框架本土化；（3）动态调整和可持续改进的评估标准；（4）人—制度—执行三位一体的内部财务控制标准执行机制；（5）基于财务标准的内部财务控制相对有效性评估方法[40]。有的学者借鉴美国加强政府部门内部控制建设的实践经验，为我国开展政府部门内部控制建设提供了有益的参考：（1）加强政府部门内控建设是一个循序渐进、逐步发展的过程；（2）政府行政行为的合法性、财务报告的真实性与资源调配的适当性是美国政府内部控制的核心关注点；（3）政府部门内部控制的发展，与企业内部控制的发展相互影响、相互促进；（4）加强政府会计准则建设是推进政府内部控制建设的重要基础和内容；（5）政府部门内部审计机构，在加强政府内部控制建设中发挥着重要作用[41]。

关于审计质量。有的学者在系统分析会计信息与审计质量、公司治理之间相互联动关系的历史演进与现行态势的基础上，认为公司治理的实质性变化将有利于会计和审计质量的改进，而强制的会计师事务所轮换制将有利于注册会计师独立性的提高[42]。有的学者提出，效益审计纳入工作计划标志着我国审计工作进入较高阶段。如何发挥好审计对效益的支持作用，是效益审计的初衷和目标。由于我国效益审计尚处于探索阶段，在理论研究及实践上仍需较多借鉴和补充，应用财务诊断的方法和工具充实效益审计，可以使效益审计更加灵活有效[43]。还有的学者提出，不存在审计时，债权人会投资不足，引入审计会促进投资，但依据“审计保险功能”制定的严厉审计责任会造成审计供给不足进而形成投资不足，审计责任不应该基于投资者损失，而是应基于审计师自身的特点，建立基于审计师效用函数的审计法律责任体系，既能保证审计质量，又能消除审计供给不足进而减少投资不足[44]。

关于大股东控制。有的学者以我国A股市场

2006年5月8日至2007年12月31日期间的关联股权交易公司为样本展开实证研究，发现上市公司股票价格与大股东利益的关联度大大增强，在以股票为支付方式的上市公司股权交易过程中，上市公司大股东的利益将取决于交易双方股价高低的影响，从而大大激发了大股东对公司股价的关注度，通过影响股价来实现自身利益的最大化成为大股东的现实选择[45]。还有的学者提出，大股东占款是我国上市公司治理亟待解决的问题之一，通过研究发现上市公司上年盈利能力水平不同，大股东的占款行为不同。无论上市公司的盈利能力处在什么状态，大股东占款程度与大股东是政府控制具有显著的正相关关系，也就是说股权性质为政府控制的大股东更倾向于对上市公司进行资源侵占与支持[46]。

三、技术经济与管理

技术经济评价理论方法及应用、风险分析与投资决策、资源综合利用与循环经济、自主创新与创新型国家建设是2008年北京地区专家学者在技术经济与管理领域较为关注的热点问题。

关于技术经济评价理论方法及应用。有的学者提出，国内外技术经济评价发展动态主要是从项目评价、技术评价、风险评价、绩效评价、投资环境评价、经济价值评价、经济景气评价、政策评价、可持续发展评价、竞争力评价、战略评价等方面对技术经济评价的基础理论、科学原理、基本方法和具体实践进行了探讨[47]。还有的学者提出，科学选择具有商业化潜力的新兴技术进行重点资助和产业化推广具有重要的现实意义。未来新兴技术商业化潜力评价将注重以下几个方面：对复杂系统的模拟仿真、更加重视对海量数据库资源的利用、多种方法的综合利用以及商业化潜力评价软件的开发[48]。有的学者认为，对高新技术企业进行科学估值评价，一方面可以为创业风险投资提供决策支持，更好地引导风险投资市场发展；另一方面可以更好地为企业并购行为提出决策参考和依据；最后，高新技术企业自身也存在科学价值管理的需求。故提出针对高新技术企业特点，结合企业发展阶段，建立定量与定性结合、初评与调整结合的估值体系[49]。

关于风险分析与投资决策。有的学者提出，加强企业技术创新风险的防范与控制应做到以下几点：增强风险意识，强化风险管理；加强市场调研，把握用户需求；充分进行风险论证，科学决策；重视分析技术创新过程中的各种不确定因素；设立风险开发基金，以抵御风险；引入风险投资机制，以分散风险；建立快速反应机制，以驾驭风险；提高经营管理水平，避免风险产生[50]。还有的学者认为，电子政务的顺利进行以风险评估与防范为保障，360度全面风险评估将一个电子政务项目的相关者全部纳入评估范围内，从多角度、全方位评估了电子政务项目风险[51]。有的学者分析了国际技术扩散的路径，指出适配型人力资本存量是技术吸收能力的核心因素。然而，技能型人力资本投资的空间分布与产业空间集聚错位，严重限制了我国吸收国际技术外溢的能力，调整技能型人力资本投资的空间结构将有助于提高技术扩散速度，促进产业升级[52]。

关于资源综合利用与循环经济。有的学者提出，循环经济的国际发展趋势主要有以下几个方面：（1）把发展循环经济纳入法制化轨道；（2）形成政府倡导、全民参与的意识和环境；（3）大力促进循环经济产业化；（4）鼓励技术创新，促进循环经济的发展[53]。有的学者认为，我国循环经济尚处于试点和探索阶段，全社会性的循环经济还没有真正建立，而我国发展循环经济需要在遵循“废弃物”循环利用内在经济要求的基础上，探索出提高经济可循环度的有效途径：（1）加强产业耦合，大力发展范围经济；（2）健全循环经济的产业组织形式；（3）推进技术进步；（4）完善各种政策措施[54]。有的学者认为，科技发展为循环经济实践提供手段和方法，推动循环经济实践活动由低水平不断向高水平发展；反过来，循环经济发展催生资源节约型、环境友好型的技术，指引科技发展的方向，所以提出了北京发展循环经济的科技对策建议：（1）加大科技投入，支持社会发展科技；（2）产学研结合，有效集成研究力量；（3）强化技术共享，建设社会发展科技基础设施与条件平台；（4）广泛开展国际技术开发合作[55]。有的学者进一步对北京市能源发展提出可行性选择：（1）充分利用自然地理环境开发新型清洁能源；（2）通过科技创新开发人造新能源；（3）加强管理制度建设实现社会发展和环境保护相统一，包括要有相应的法规和政策支持，重视组织管理机构建设，广泛宣传得到全社会认同，建立能耗奖惩制度加强社会监管体系[56]。

自主创新与创新型国家建设是技术经济与管理的核心内容之一。2008年，专家学者对此进行了广泛深入的研究。有的学者提出，企业的自主创新能力是企业快速高效发展的保证，创新型国家政策的提出为我国企业提高自主创新能力提供了保障。此外，健全的知识产权保护制度能有效地促进企业自主创新的发展，从而为建立创新型国家打下坚实的基础[57]。有的学者提出，为了充分发挥科技型中小企业在推动国家创新体系建设过程中的巨大作用，要注重增强科技型中小企业的主体性，完善服务体系，保障良好的外部环境，并且要加强与大企业的创新协作[58]。有的学者通过运用数据包络分析法（Data Envelopment Analysis，简称“DEA”）和技术创新的两阶段模型来测度我国中低技术（Low - and medium - technology：LMT）产业技术创新活动的相对效率，并分析影响我国LMT产业创新绩效提高的关键因素，得出：（1）我国中技术产业的创新效率最低，而低技术产业却拥有比高技术产业更高的创新效率；（2）提高将技术成果转化为经济收益的效率是我国LMT产业创新发展的关键问题；（3）我国LMT产业在创新活动的各阶段主要表现为显著的规模报酬递增，因此加大LMT产业的创新投入更有经济价值[59]。有的学者提出，集群经济条件下企业技术创新的优势主要表现在动力激发和能力提升两个方面，其中动力激发主要包括：（1）激发企业技术创新的动力。“面对面”的市场激励、“面对面”的需求激励以及“面对面”的竞争激励；（2）针对性的政府激励——集群政策；（3）集群文化激励[60]。有的学者提出，奥运科技集群是由于奥运会科技投入而形成的一类特殊的科技集群，通过分析奥运科技集群的生命周期演化特征，论述了奥运科技集群在区域创新体系中的地位和作用，并针对性地提出加强集群创新能力的政策和建议[61]。

四、旅游管理

2008年，北京地区旅游管理研究领域的专家学者主要围绕旅游流及旅游行为、旅游生态环境承载力及其调控、乡村旅游与社区经济、区域旅游合作等问题开展了大量的研究工作。

关于旅游流及旅游行为。出境旅游是经济发展到一定阶段的必然产物，但当前学术界关于出境旅游的发展对服务贸易的影响存在争议。有的学者利用44个主要旅游国家与地区的面板数据，发现由于出境旅游与人口规模负相关的大国效应影响，我国出境旅游长期将自动保持在一个温和的范围内，而且出境旅游的增长速度将会高于入境旅游的增长速度，期望通过入境旅游的进一步增长弥补出境旅游的外汇与消费漏出缺乏国际经验的支持[62]。还有的学者通过对我国外汇储备构成和性质、我国出境旅游规模、中日出境旅游发展背景等方面的分析，亦得出在当前阶段我国不宜将发展出境旅游作为一种平衡国际收支的方式的结论[63]。有的学者利用1996至2005年入境游客旅游消费数据，对我国入境游客旅游消费变动进行了实证分析，发现在过去10年，入境旅游总体消费水平有显著增加，但仍属于滞后性消费。故提出塑造和完善旅游消费体系和保障体系，营造宽松的旅游消费环境，通过旅游产品供给结构优化调整来促进旅游消费质量的提档升级，将是实现入境旅游消费水平与入境旅游同步发展，入境旅游发展由数量扩张型向质量效益型转变的关键所在[64]。还有的学者认为，老龄人口可自由支配的时间、可自由支配的收入，与其心理需求的共存，正在成为当今老年旅游产生和发展的充分条件。不仅其年龄生理和年龄心理形成的银发族旅游消费特征值得学界业界充分关注与研究，其制约因素与克服机理也同样应该引起瞩目[65]。

关于旅游生态环境承载力及其调控。有的学者提出，探究旅游业发展过程中生态安全的预警和制约，保障旅游规划的健康实施，是现实发展的需要。为了探讨一种基于旅游业生态安全的规划编制模式，运用了生态足迹分析方法，分析旅游规划中的生态约束机制必要性，并提出从生态足迹分析角度进行旅游规划的思路与操作模型[66]。还有的学者提出，旅游规划环境影响评价是指在规划编制阶段，对规划实施可能造成的环境影响进行分析、预测和评价，并提出预防或者减轻不良环境影响的对策和措施的过程，它是旅游项目环境影响评价（EIA）在规划层次上的应用。由于其能帮助旅游规划实现其环境合理性和决策科学性的要求，有效避免或降低旅游对环境与资源的干扰或污染，促进旅游规划实施后的社会、经济与环境效益相协调，被认为是在规划阶段对旅游业可持续发展进行评估的重要工具，并日益受到旅游界与环境保护界的关注[67]。

关于区域旅游合作。有的学者认为，区域旅游合作研究在很多基本问题如合作空间范畴、主体和机制等方面都没有形成共识，这种状况制约着研究的进一步发展，并提出以下观点：（1）区域旅游合作应该理解为区域之间的旅游合作；（2）政府是区域旅游合作的主要主体；（3）区域旅游合作机制包括动力机制、过程机制、保障机制、空间作用机制等方面[68]。还有的学者提出，古典贸易理论关于相对优势的阐述，以及我国旅游发展的阶段性实务，都从不同侧面向我们提出了区域旅游合作的问题。其价值、意义和发展方向不言而喻。然而由于地区发展不平衡的现状、背景和各自的利益不尽相同，在近年的实际进程中，我国区域旅游合作的步伐却仍不理想，所以建议针对以下方面展开重点研究：研究各合作区内如何开发各地区间的差异性的和互补性的旅游产品、如何共同招徕和接待跨合作区外的国内外游客、如何相互输送客源、如何实现互利的无障碍旅游、合作区内的先进地区如何发挥自己已有发展的带动功能、其他地区如何发挥自己的后发优势、如何鼓励跨区域的旅游投资，等等[69]。

关于乡村旅游与社区经济。有的学者提出，良好的乡村旅游社区参与能够发挥多重功能：延长乡村旅游地作为旅游目的地的生命周期，为其塑造良好的旅游地形象，同时，促使当地居民的经济、生活状况得到提升和改善。因此，良好的社区参与是乡村旅游可持续发展的重要保障[70]。有的学者在对乡村旅游、旅游扶贫和社区参与旅游发展相关概念内涵及研究进展阐述的基础上，提出社区参与乡村旅游的一些思路，即发挥政府的主导作用，通过政策调控保障社区参与的主体地位，通过科学合理的利益分配政策框架确立社区居民参与的激励机制，提高社区居民的相关旅游知识及进行相关能力培训，提高非政府组织在旅游发展中的作用等[71]。还有的学者提出，乡村地区的各类旅游活动具有明显的文化特性，其发展给乡间传统文化带来巨大冲击。在旅游业发展迅速的大背景下探讨乡村文化的保护问题是当今学术界的一个热门话题。从传承角度来研究乡村旅游对乡村文化的影响，将有助于人们更客观、更全面地看待乡村地区旅游发展中出现的种种文化变迁现象，从而为乡村传统文化的保护与开发提供一个新的视角和方向[72]。

（作者：邓荣霖，中国人民大学教授；
高杰，中国人民大学博士研究生）

注：

①黄速建：《国有企业改革的实践演进与经验分析》，《经济与管理研究》，2008年第10期。

②原磊：《改革开放与工业发展——“中国工业发展与改革论坛”观点综述》，《中国工业经济》，2008年第5期。

③王金胜、陈明：《我国国有企业改革：历程、思路与展望》，《华东经济管理》，2008年第8期。

④张卓元：《中国国有企业改革30年：重大进展、基本经验和攻坚展望》，《经济与管理研究》，2008年第10期。

⑤郑海航：《必须坚持改革方向，肯定主流——对中国国有企业30年改革的思考》，《审计与理财》，2008年第11期。

⑥陈小洪：《中国企业改革的历史性成果及主要经验》，《湖北社会科学》，2008年第11期。

⑦臧跃茹、刘泉红等：《深化中央国有企业改革的总体思路和对策》，《宏观经济研究》，2008年第7期。

⑧张蒽：《中国企业改革发展30年：经验与问题——“中国企业改革发展30年理论与实践研讨会暨中国企业管理研究会2008年年会”观点综述》，《经济管理》，2008年第23—24期。

⑨吴冬梅：《中央企业的改革与展望》，《财经问题研究》，2008年第12期。

⑩马红丽：《企业改革任重道远——访国务院国资委原监事会主席朱焘》，《中国科技投资》，2008年第7期。

⑪邓荣霖：《制度创新是国有企业改革的方向》，《经济与管理研究》，2008年第10期。

⑫杨一平：《从制度与机制的角度对公司治理问题的研究》，《首都经济贸易大学学报》，2008年第3期。

⑬黄速建、余菁：《中国国有企业治理转型》，《经济管理》，2008年第19—20期。

⑭姚洋：《意识形态演变和制度变迁：以中国国有企业改制为例》，《江海学刊》，2008年第5期。

⑮刘长琨：《外派监事会：国有企业监督机制的改革与创新》，《董事会》，2008年第9期。

⑯钟琼：《建立企业技术创新制度》，《中国有色金属》，2008年第15期。

⑰李伟：《国有产权管理的规范、创新与发展》，《国有资产管理》，2008年第6期。

⑱王忠明：《国企改革：从现代企业制度到现代产权制度》，《城市住宅》，2008年第11期。

⑲金思宇、姜秀珍：《中国国有企业绩效评价：现状、趋势与指标选择》，《中国青年政治学院学报》，2008年第3期。

⑳王雪峰：《中国矿产资源产权创新的制度分析》，《国土资源导刊》，2008年第1期。

㉑蒋黔贵：《积极推动管理创新　提高企业核心竞争力》，《企业管理》，2008年第5期。

㉒刘刚：《当前我国企业管理创新特点分析》，《经济问题探索》，2008年第6期。

㉓胡晓敏、姚余雪：《全方位创新管理——中国企业实施创新的可行途径》，《企业家天地·理论版》，2008年第2期。

㉔刘德良：《知识管理创新与未来型企业组织》，《中国机电工业》，2008年第6期。

㉕鲁晓静：《全面预算与方针管理相结合的企业管理创新模式设计》，《经济论坛》，2008年第10期。

㉖杨继福：《论蓝海战略对企业营销创新的启示——基于创新管理与营销管理的交叉分析》，《消费

导刊》，2008 年第 7 期。

㉗柴金艳：《基于循环经济的企业管理控制系统创新》，《科技进步与对策》，2008 年第 1 期。

㉘工殿雄：《企业财务管理创新初论》，《经济师》，2008 年第 1 期。

㉙曾少军：《中国家族企业组织创新理论新框架》，《企业经济》，2008 年第 4 期。

㉚李跃：《后泰勒时代与创新企业管理》，《通信企业管理》，2008 年第 5 期。

㉛陈高才、周鲜华：《年度报告及时性的经验研究评述和未来研究》，《会计研究》，2008 年第 11 期。

㉜毛新述、戴德明：《会计制度变迁与盈余稳健性：一项理论分析》，《会计研究》，2008 年第 9 期。

㉝德武、曾力等：《独立董事监督力与盈余稳健性——基于中国上市公司的实证研究》，《会计研究》，2008 年第 9 期。

㉞张昕：《中国亏损上市公司第四季度盈余管理的实证研究》，《会计研究》，2008 年第 4 期。

㉟白云霞、吴联生：《信息披露与国有股权私有化中的盈余管理》，《会计研究》，2008 年第 10 期。

㊱秦荣生：《内部控制实施的理性与障碍》，《财会通讯》，2008 年第 11 期。

㊲徐程兴：《企业内部控制制度灰色评价方法研究》，《财会通讯》，2008 年第 1 期。

㊳杨有红、汪薇：《2006 年沪市公司内部控制信息披露研究》，《会计研究》，2008 年第 3 期。

㊴王海林：《IT 环境下企业内部控制模式探讨》，《会计研究》，2008 年第 11 期。

㊵李小燕、田也壮：《持续改进的企业内部财务控制有效性标准的研究——基于组织循环理论的分析框架》，《会计研究》，2008 年第 5 期。

㊶刘玉廷、王宏：《美国加强政府部门内部控制建设的有关情况及其启示》，《会计研究》，2008 年第 3 期。

㊷孙娜、张耀中：《基于公司治理与审计质量视角的会计信息思考》，《审计与经济研究》，2008 年第 3 期。

㊸钱春燕、王丽平等：《财务诊断对效益审计的影响分析》，《财会通讯》，2008 年第 9 期。

㊹刘锦、李金林等：《审计责任对审计质量及债权人投资影响研究》，《生产力研究》，2008 年第 19 期。

㊺陈宇、杨华等：《关联股权交易不同支付方式下的投资者收益研究——来自中国 A 股市场的经验证据》，《会计研究》，2008 年第 11 期。

㊻侯晓红、李琦等：《大股东占款与上市公司盈利能力关系研究》，《会计研究》，2008 年第 6 期。

㊼李京文：《加强技术经济学的学科建设与理论创新》，《青岛科技大学学报》，2008 年第 4 期。

㊽王吉武、黄鲁成等：《新兴技术商业化潜力评价研究综述》，《科技管理研究》，2008 年第 7 期。

㊾熊明：《高新技术企业综合价值评估体系的研究与设计》，《工业技术经济》，2008 年第 4 期。

㊿欧阳新年：《企业技术创新：投资回报与风险控制》，《北京市经济管理干部学院学报》，2008 年第 4 期。

51达建华、彭庚：《基于相关者理论的电子政务风险评估框架》，《工业技术经济》，2008 年第 3 期。

52宗晓华：《技术扩散与人力资本投资的空间结构》，《工业技术经济》，2008 年第 6 期。

53韩冰：《循环经济的国际发展趋势》，《再生资源与循环经济》，2008 年第 7 期。

54郭庆方：《循环经济——经济可循环度及其实现条件》，《工业技术经济》，2008 年第 2 期。

55郝春、刘学敏：《试论科技推动北京循环经济发展》，《中国流通经济》，2008 年第 5 期。

56邓俊英、曹淑艳：《北京市能源发展存在的问题及可持续发展模式》，《华北电力大学学报》，2008 年第 5 期。

57宋丽思：《创新型国家政策与企业自主创新能力探讨》，《技术与创新管理》，2008 年第 5 期。

58张丽玮、朱东华等：《科技型中小企业在技术创新中的作用和对策研究》，《科技管理研究》，2008 年第 11 期。

59江剑、官建成：《中国中低技术产业创新效率分析》，《科学学研究》，2008 年第 6 期。

60王向东、丁慧平：《基于产业集群视角的企业创新研究》，《中国流通经济》，2008 年第 11 期。

61罗亚非、张勇：《奥运科技集群生命周期演化及其对区域创新体系的影响研究》，《工业技术经济》，2008 年第 3 期。

62雷平、施祖麟：《出境旅游、服务贸易与经济发展水平关系的国际比较》，《旅游学刊》，2008 年第 7 期。

63戴学锋、王栋贵：《从外汇储备构成和性质看我国出境旅游发展政策》，《旅游学刊》，2008 年第 12 期。

64席建超、甘萌雨等：《中国入境游客旅游消费变动的实证分析》，《旅游学刊》，2008 年第 5 期。

(65)曹芙蓉：《旅游银发族的世界格局及其需求特征》，《旅游学刊》，2008 年第 6 期。

(66)王忠君、王忠杰：《生态足迹分析在旅游规划中的应用》，《中国园林》，2008 年第 11 期。

(67)钟林生：《旅游规划环境影响评价：促进旅游产业可持续发展的有效途径》，《旅游学刊》，2008 年第 9 期。

(68)宋子千：《对区域旅游合作研究几个基本问题的讨论》，《旅游学刊》，2008 年第 6 期。

(69)刘德谦：《关于区域旅游合作的思考——当前中国区域旅游合作的难点与机遇》，《旅游学刊》，2008 年第 3 期。

(70)汪芳、郝小斐：《基于层次分析法的乡村旅游地社区参与状况评价——以北京市平谷区黄松峪乡雕窝村为例》，2008 年第 8 期。

(71)陈丽华、董恒年：《可持续旅游扶贫开发模式研究——社区参与乡村旅游》，《淮海工学院学报》，2008 年第 1 期。

(72)朱丹丹、张玉钧：《旅游对乡村文化传承的影响研究综述》，《北京林业大学学报》（社会科学版），2008 年第 2 期。

公共行政学

孙彩红

2008 年，对于中国政府管理来说是不平常的一年，这一年我国南方发生了低温雨雪冰冻灾害，发生了历史上罕见的汶川大地震，还成功举办了第 29 届奥运会，又面临着国际金融危机的影响；而这一年开始了新一轮的机构改革，又是我国改革开放 30 周年，这一系列的社会、经济现实给政府管理带来了严峻挑战，也促使着行政管理理论的研究不断深入。

通过对 2008 年的主要报纸、核心期刊、学术专著等的检索，本年度行政学领域研究的主要问题有：以大部制为主的政府机构改革；以关注民生为主的政府公共服务职能的探讨；对改革开放 30 年来行政管理体制改革的经验总结；在管理方式创新方面主要探讨信息公开及公民参与；非常态下的政府应急管理体系健全与完善等。

一、学术研讨会

本年度的学术研讨会多是围绕政府管理领域的重要问题展开的，按时间顺序择其要者简述如下：

4 月 17 至 18 日，“2008 中国电子政务论坛”在国家行政学院举行。与会代表围绕“推进电子政务，构建服务型政府”的主题，针对当前我国电子政务发展需要，从理论和实践两方面重点探讨了电子政务与公共服务、信息公开与信息安全、跨部门信息共享与业务协同等热点问题。论坛在推动政府改进管理方式、提高行政效率、降低行政成本方面发挥了积极作用。

4 月 22 日，中国行政管理学会在北京召开了“中国特色行政管理科学体系研究”研讨会，与会人员从多个视角对构建中国特色行政管理科学体系提出了很多意见和建议。该研讨会对于中国行政学的理论发展具有重要指导意义。

6 月 28 至 29 日，由中央编译局比较政治与经济研究中心举办的“中国地方政府治理改革 30 年学术研讨会”在北京召开。与会专家围绕地方治理变革的制度背景、乡镇改革与民主、地方治理的多维度创新、研究路径与方法等专题进行了深入研讨。该学术交流对建构地方政府治理评估框架产生了重要影响。

9 月 24 至 26 日，由中国行政管理学会、电子科技大学、美国行政管理学会等共同主办的“2008 年公共管理国际会议”在美举行。会议围绕 21 世纪的公共管理面临的机遇和挑战等多个议题进行交流与讨论，达到了促进国际交流、了解和掌握国际公共管理研究新趋势、加强对现代公共管理学科研究的目的。

11 月 17 至 18 日，中国人民大学公共政策研究院和美国加图研究所联合举办的“通向和谐发展之路——中国改革 30 周年国际学术研讨会”在中国人民大学举行。150 多位国内外著名专家学者就土地制度与税收、地方自治、卫生改革、劳动力流动、公民社会、市场环保主义等议题展开了热烈的讨论和评议，还探讨了 30 年成就背后的制度因素，以及进一步发展所面临的机遇与挑战。

二、有代表性的学术著作

《中国政府创新蓝皮书》，该书忠实记录了过去一年在和谐社会建设中政府创新的实际历程和主要内容；重点对公共财政与公共服务、社会保障、阶层分化与社会共识、生态环境等政府创新重点以及部分创新案例进行了总结和深入剖析，使人们能够更为直接地了解政府创新的年度发展轨迹[①]。

《中国社会公共服务体制研究》，围绕构建新型的社会公共服务体制，从全国、北京、区县3个层次，就教育、就业、医疗、社保、财政等领域公共服务的主要问题和困难进行了调研和分析论证，从运用新机制、新组织、新资源要素等角度构思了与我国市场经济与和谐社会相适应的公共服务体制的基本框架与具体措施[②]。

《政府管理与服务方式创新》，书中对全面推进政务公开，加快电子政务建设，规范和发展行政服务性机构，利用行政规划、行政指导、行政合同等方面的政府管理方式进行了分析，对于政府管理的运作过程具有一定的现实意义[③]。

《建立与完善社会主义公共行政体制》，本书通过对改革开放以来行政体制改革的回顾和总结，提出了改革的总体目标是建立社会主义公共行政体制，而基本任务和工作重点则包括切实转变政府职能、改革优化组织结构、健全运行机制、创新管理方式、推进依法行政、建立行政问责和绩效管理制度等。该书对于新阶段继续全面深化行政管理体制改革具有现实价值[④]。

《中国行政改革前沿视点》，对党的十六大以来的行政改革实践进行了清点，对其中的热点、难点和焦点问题进行了比较全面的梳理。所涉领域和主题包括：大部门制建设，职能转变的实践方向，创建公共财政体制，发展和规范非政府组织，实施行政问责制等，并对今后发展趋势给予了理性分析与深刻阐述[⑤]。

三、本年度研究的几个重点问题的主要观点

（一）对以大部制为主的政府机构改革的研究

党的十七大报告中提出“探索职能有机统一的大部门体制”，激起专家学者、社会媒体等不同层面和角度的探讨，看法和观点不尽相同。

首先，对大部制改革给予肯定性评价。代表性观点认为：“第一，实行大部制能够减少部门机构的数量，降低行政成本。第二，实行大部制能够避免由政府职能交叉、职能重叠等引发政出多门、多头管理和低效率。第三，能够防止部门之间沟通难、协调难。”[⑥]可以说实行大部制对行政体制改革关系重大。

其次，讨论较多的是如何推进以大部制为主的政府机构改革。有人建议，“大部门体制变革一定要自上而下进行……构筑大部门体制需要对政府机构设置进行通盘考虑，充分考虑管理要素、行政任务和实际需要。”[⑦]有人认为，判断政府部门设立适当与否的根本标准，在于是否有利于政府有效地实施党和政府的政策，因此在进行大部制改革时，要“把政府机构的分立与合并作为实施政府政策的手段，并且把执行政策的需要作为确定部门职能内在统一性的主要标准。”[⑧]有人从权力划分角度指出了实行大部制的又一条件，“只有划清中央政府的部与部之间和中央与地方政府之间的两方面权力边界，大部门体制才能建立起来。”[⑨]如果中央和地方政府的权力关系划分不当，不管是大部制还是小部制，都可能治理无效。还有的建议，“抓住职能有机统一这个关键。大部门制改革的核心内涵，是在职能有机统一的基础上进行机构整合。”[⑩]政府职能始终是政府结构调整和改革的依据。

再次，认为大部制改革不是解决所有行政体制问题的唯一药方。因此，实行大部制改革还有一些问题是必须给予考虑而不能忽视的。在大部制改革的一些基本问题上，有观点强调指出，“建立大部门管理体制的价值和目的是什么？建立大部门体制的途径是什么？大部门体制，究竟应该大到什么程度？这大概取决于社会需要与决策过程中各方面的力量对比”。[⑪]只有把这些问题都彻底弄清楚了，实行大部制才具备基本的前提。有观点认为大部制可能产生一些负面效果，“大部门制有权力集中的特征，有些部门变成部委管理的国家局后，在某个角度说是增加了管理层次，增加了与政府首长沟通的层级……这一点也是应该引起注意的，是建构大部制时要充分考虑的”。[⑫]还有学者从国外大部制改革的角度来审视我国这次机构改革，认为“把大部制定位于‘引领’且足以‘代表’本次行政管理体制改革的一面旗帜，容易导致对改革综合性与复杂性漠视”[⑬]，这是对于大部制定位的反思。因此，要深入进行调研，切忌追求不切实际的目标。与此相联系，实行大部制改革“不能盲目照搬其他发达国家的大部门制。虽然实行大部门体制是发达国家的通行做法，但需考虑我国的经济社会发展阶段和具体国情，与国外的可比性问题值得思考”。[⑭]鉴于中国特殊国情，如人口众多、市场经济体制仍不完善等现状，不能简单与发达国家来比中央政府部门的多寡。

通过上述对大部制改革的建议、对所需解决问题的考虑可以看出，大部门体制改革关系到职能调整、机构重组和纵横向权力关系，应审时度势、慎重推进、充分考虑与之相关的权力配置、法律保障、利益分配、职能调整、中国特色等问题，尽可能避免负面效应。还有些问题是不能够期望通过大部制这一单一改革来解决的。例如，政府部门官僚主义、弄虚作假和奢侈浪费问题比较突出，权力滥用、权钱交易等各种腐败现象严重，大部门体制能否有效遏制当前的部门利益，这都是值得深思的问题。

（二）对以民生为主的政府公共服务职能的探讨

在全面建设小康社会的新发展阶段，民生问题是政府管理必须要解决的。因此，政府如何提供公共服务、履行服务职能成为本年度讨论较多的问题。

首先，提供优质高效的公共服务，必须强调政府的公共服务职能定位和能力提高。在这方面，有些观点认为，解决公共服务发展滞后、公共投入短缺、分配不平衡，关键是解决政府在社会公共领域的缺位问题。“政府管理理念创新和完善公共资源管理体制是完善政府公共服务功能，提高政府公共服务能力的关键。”[15]公共服务是政府的重要职能并等于公共服务必须由政府全部包揽，针对长期以来公共服务资源配置严重失衡，有人提出要“扭转公共资源配置失衡的偏向，让公共资源更多地向义务教育和基本医疗、特别是边远贫困的地区和社会群体倾斜，使之尽快改变基本公共服务严重不足的状况。”[16]还要以社会事业为依托，推动社会全面发展。

其次，保证公共服务均等化离不开财政支持与保障。针对公共财政体制制约政府公共服务职能发挥的主要问题，有学者提出改革财政体制的基本思路是：“采取从调整支出入手的思路，着眼于提高政府基本公共服务的效率，把财力和责任都下放给有比较优势的地方主要是县级政府，是比较稳妥的。”[17]与之相联系，还有学者指出，“建立财力与事权相匹配的财政体制，应当成为进一步深化财税体制改革的主要着力点”[18]。为此，地方政府投资应从一般竞争性生产建设领域退出，收缩到公益性公共工程和公共服务设施建设领域内。

再次，通过机构设置为政府履行公共服务职能提供载体。在这方面有对北京海淀区公共服务委员会的个案分析。“城区公共服务的政策制定者、服务举办者和行业管理者在政府部门之间的角色分化，为其从部门分割治理转向部门分工治理创造了条件，而这种转向正是我国城区公共服务体系建设可供选择的一条路径。”[19]还有对怀柔区社会管理服务中心的分析。怀柔区作为北京市行政管理体制改革的试点区，于2007年组建了社会管理服务中心。从该中心运作取得的成效来看，对于其他地方的公共服务提供有这样的启示，“政府工作机制服务方式要适应群众需求的不断变化而创新。群众服务诉求的有效办结率和满意度是检验政府管理服务工作成效的重要标准。”[20]可以说，基层政府的服务要把工作重点和核心放在解决群众最关心、最直接、最现实的问题上来，以此为基础建立完整的政府管理服务体系。

最后，对当前公共服务提供中的问题进行反思，从反面为政府公共服务职能履行提供建议。当前提供公共服务过程中的种种怪相有：把公共服务等同于无限服务、免费服务、豪华服务、拔尖服务、下放服务等，这些问题可以归纳为“公共服务的需求、供给、结果3类，源于当代中国公共服务体制的缺陷”。[21]针对这些问题，提出运用公共服务全程评估，作为公共服务改革策略和改善公共服务的机制保障。从宏观层面，为了促使政府更好地提供服务，有学者提出了“服务型政治管理模式”[22]，这种管理模式应当以为人民群众提供社会服务和政治服务为主旨，以平等的态度对待每一个公民，通过职能履行维护人民群众根本利益。

从上述对政府公共服务职能的研究来看，多数还是停留在较为宏观的层面，涉及服务资源配置、财政、评估等，但对基层政府到底应如何提供社会基本的公共服务，面临哪些困境，需要什么条件等，还缺少系统性研究。

（三）对改革开放30年来行政管理体制改革的经验总结

改革开放30年来，我国行政管理体制作为国家的上层建筑，其改革取得了多方面成就，有许多经验值得认真总结。不少学者分别从不同方面给予了总结。

30年行政体制改革历程的总括。有学者认为，“我国现行的行政管理体制是在我们党的领导下……各级政府在不断探索适应社会主义市场经济要求的管理路子中逐步尝试和调整而成的”，基本实现了从传统计划经济体制下的行政管理体制向适应社会主义市场经济需要的行政管理体制的转变[23]。纵观30年来行政体制改革历程可以看出，“诸次改革蕴涵着3大主题和4条主线：行政体制改革主要围绕着打破高度集中的计划管理体制、转变政府职能、建立宏观调控体系3大主题展开。与这3大主题相联系，还自始至终贯穿着4条主线：即机构改革、干部人事制度改革、中央和地方权限的调整与划分、行政法制建设”。[24]在改革内容上有代表性的总结是，“既包括集中进行的历次机构改革，又包括财政、金融、投资、科技、教育、文化、卫生等行业和领域的单项改革；既包括职能和机构的调整，又包括运行机制和管理方式的创新；既包括行政机构改革，又包括事业单位改革；既包括政府内部的体制改革，又包括政府与党委、人大、政协、司法、群团等方面的协同配套改革。”[25]可以说，这30年行政体制改革，是适应不同历史阶段经济社会发展要求，全方位、渐进式展开的。

行政管理体制改革的基本经验。有学者总结为6条，中国的行政管理体制改革必须“坚持正确的指导思想和方向；坚持解放思想、实事求是、与时俱进；坚持以人为本、执政为民；坚持与完善社会主义市场经济体制相适应，与建设社会主义民主政治和法治国家相协调；坚持发挥中央与地方两个积极性；坚持积极稳妥、循序渐进，正确处理改革、发展、稳定的关系。”[26]有学者认为30年政府改革的基本经验在于，从基本国情出发，既重视学习国际经验，又重视本土化的思考和行动，探索具有中国特色的行政管理体制[27]。从中国改革的特点可以看出，行政体制改革与经济体制改革是互相联动的，我国经济体制改革取得的丰富经验，大致可概括为坚持立足基本国情、坚定走中国特色社会主义道路、坚持不断解放思想、坚持市场取向改革、坚持体制机制创新、坚持渐进式改革方略、坚持以开放促改革、坚持加强和改善党的领导等“9个坚持”[28]。

从政府法治层面，有学者总结了30年我国法治发展的历史轨迹，“人治和法治，集权和自治，私权和公权，法制和法治，这4者的相对关系的变化是改革开放30年来我国法治发展的主线”。[29]在依法治国方略的实施过程中，政府是否依法行政成为重点和基础环节。从单纯依靠政策行政、到注重依法行政，从管理和治理百姓到依法治官治权，再到建设法治政府，30年来我国政府法制建设就是沿着这样的思路推进的。

当然，30年的改革也有反面经验，那就是存在的问题。对此有代表性的观点认为：虽然渐进式改革是中国行政体制改革的一个重要经验，显示了其有效性，但“改革不能一步到位，把最困难的留在后面，积累的问题也越来越多，这些问题逐渐成为制约经济进一步发展的巨大障碍”。[30]这些问题有：管制加剧与利益寻租，机构膨胀与成本难控制，中央与地方关系混乱。这些问题若得不到很好的解决，将会影响行政改革的初衷和目标的实现，还会制约经济发展。

上述对30年行政管理体制改革的总结，涉及改革主线与内容、基本经验、法制建设等方面，对于继续深化改革、为推动科学发展提供体制机制保障，具有重大意义。但对于人事行政、政府间关系、政府财政等方面的改革经验总结较少。而且，对于总结多数限于过去，如何从过去的改革发展预测未来，探讨未来的改革路径，成果还是较少的。

（四）对以公开和参与为主的政府管理方式创新的讨论

政府管理和运行的公开透明既是老问题也是新问题。2008年5月1日开始正式施行《中华人民共和国政府信息公开条例》，让公众对“阳光政府”寄予厚望。围绕该条例的实施对政府信息公开有些讨论和研究。

信息公开条例的实施意义重大，对此无可否认。它使得行政公开有了全国性较高位阶的法律依据，有助于增加行政过程的透明度，克服暗箱操作、滥用裁量权和行政不作为导致的腐败现象，为建设阳光政府提供了重要基础。但要真正实施该条例，还要求政府解决几个问题：“一是提高思想认识，消除认识误区、更新思想观念；二是进一步建设好政府网站以及其他政府信息公开场所、设施、设备，搭建起公开平台；三是明确工作重点，抓好制度建设。”[31]只有做好这些工作，才能真正推进阳光政府的建设。扎实推进政府信息公开工作还要做到：“抓紧建立健全有关政府信息发布协调机制和澄清机制，保证政府信息公开一致、及时、准确；处理好政府信息公开与保密、主动公开与依申请公开以及行政机关自我约束与社会监督这三大关系，确保条例规定的各项制度落到实处。”[32]

当然，真正建设透明政府仅仅依靠这个信息公开条例还不够，还需要配套措施。近年来，我国的立法数量并不少，但法律实施效果并不理想，因此信息公开条例也要避免这种结果。作为规范政府日常信息公开行为的条例，在实施过程中，要防止一种错误倾向，即盲目乐观、对于条例实施中可能会面临的困难估计不足。

政府管理方式创新的另一个重要方面的研究就是公民参与管理。

1. 对公民参与重要作用及其与民主关系的评判

有学者认为，“公民参与是现代民主政治的基本内容，也是现代公共行政的发展趋势。行政过程的公民参与有利于行政相对人和相关人在行政行为中，维护自己的合法权益……更有利于民主制度在行政过程的逐步确立”。[33]另有学者认为，“在微观层面上，公众参与是实践民主的重要形式。这种以公众参与机制为核心的参与式民主，既可以使宏观意义上的民主具有持续性和活力，也可以使微观治理更体现民主性和理性。”[34]因此，要通过相应的程序和制度支持公民参与，使得公民参与权得以实现，这样才能保障民主真正运转起来。还有学者认为，公民参与立法是我国民主政治不断深入发展的具体体现，“公民参与立法反映了我国法治进一步发展的某种内在要求。法治之法必须是‘良法’，而在现代社会中‘良法’的获得有赖于公民的广泛参与”。[35]因此，要把公民参与的这些能量在立法过程中发挥出来。

2. 对公民参与政府管理的一些具体领域的探讨

有些学者对绩效评估中的公民参与进行了研究。例如，有的指出绩效评估中的参与方向，“第一，绩效评估决策中的公民参与，在是否实施绩效评估、对哪些部门或项目实施评估等问题的决策中拥有发言权。第二，公民在界定目标和结果、确定评估内容及侧重点、设定评价标准和指标体系中的参与”。[36]有的对公民参与志愿服务进行了分析。例如，对北京公众不同群体的志愿服务动机进行实证考察，并提出了政策建议，“在组织动员机制方面，要调整行政性动员的倾向，避免以盲目型动机为主导的志愿者；在保障与激励机制方面，签订志愿服务协议、提供志愿服务证明、对志愿者进行评估和奖励等基本规范性措施应该尽快完善，而且对不同类型的志愿者群体应该区别对待”。[37]这些对于更好地组织志愿者参与提供公共服务具有重要意义。

3. 对当前公民参与存在问题的分析

公民参与政府管理的一些形式还存在问题。例如，公开征求群众意见就面临着一些难题，“公众并不满足于有公开渠道提出意见，更关注的，是相关部门对社会意见的态度。哪些公众意见在最终决策时被吸收，哪些意见没有吸收，理由是什么，公众翘首盼知。”[38]可见，如何对普通公民个人的声音给以回应，对提高公民参与的满意度是很重要的。公民参与在城市治理中的作用还没完全发挥出来，广大市民作为利益相关者没机会参与城市治理。当前，不少城市规划出现严重问题，其中一个重要原因就是公众参与的缺席，常常是由一个或几个领导说了算。至于完善城市管理中的公民参与，有些学者提出，“一方面是要强化‘以人为本’为宗旨的公众满意导向管理，而另一方面则是要强化以公众参与为方式的主体多元化管理。”[39]要把公众当做城市管理的积极参与者而非被动接受者，拓宽参与渠道，引导公众参与城市治理。

（五）对非常态下政府应急管理体系健全与完善的思考

2008年5月12日，四川汶川发生了8级特大地震，在抗震救灾过程中，最大限度地抢救更多生命，减少灾难带来的损失，政府起着至关重要的作用。这一特大灾难性事件也引起了不同学者对政府危机和应急管理的理论思考。

对抗震救灾成功经验的总结。有观点认为，从政府危机管理视角来看，“危机应对的价值定位、中枢决策指挥的集中程度、神经网络的协调能力、信息的沟通与传递状况以及多元力量应对危机的程度这几个因素直接决定了危机的应对效能。”[40]另有观点认为，“汶川大地震抗震救灾有3条宝贵经验：一是快速救援；二是快速自救；三是快速发展。根本经验是党的领导。”[41]正是快速救援、快速大规模源源不断投入人力物力财力同灾区广大党员和人民群众的快速自救，两股强大的力量交织在一起，确保了抗震救灾取得重大阶段性胜利。从汶川地震思考政府应急管理能力，首先值得肯定的一条就是信息披露公开、及时，“发布正面、准确、权威的信息，以信息传递的透明化与准确化，避免了在灾难面前不必要的恐慌，保持了社会稳定。”[42]及时准确的信息披露有助于赢得公众信任和救灾的顺利进行。

对完善政府应急体制机制的思考。当前我国正处于社会转型的矛盾凸显时期，公共危机具有突发性、紧迫性与复杂性等特征。至于如何完善我国的应急管理机制，有学者提出这样的思路：“在应急体制上，健全应急管理机构和应急管理组织体系的建设；在应急法制上，深入宣传贯彻《突发事件应对法》并加强可操作性；在应急机制上，真正形成统一指挥、反应灵敏、协调有序、运转高效的机制。”[43]在应急管理机构建设方面，有些学者建议“政府应急办与议事协调机构在职能划分上要各有侧重，避免交叉，分工明确协调互补；对议事协调机构和部际联席会议制度进行分类，进一步明确应急行政管理体制的边界。”[44]按照这样的思路把应急管理工作向纵深推进。为提升政府的危机管理能力，有观点认为，“强化公共危机管理意识，开展危机管理教育培训；建立健全快速、有效的公共危机管理机制；建立有效的危机信息沟通机制。”[45]只有建立起这样的应急管理体制和机制，才能为有效应对各种突发事件和危机提供保障。

另外，本年度研究中还涉及对行政问责制的探讨，主要是针对当前问责制中的问题提出如何完善问责制。例如，针对重大责任事故问责缺陷，建立规范的问责制度，让问责贯穿于政府管理的全过程，健全政府职责体系，实现问责的法定化、常态化、规范化等。还有对政府绩效管理和绩效评估的研究，例如，政府的考评如何做到真正让群众满意，改革当前的政绩考核制度，完善地方政府绩效评估的指标体系等。

总体上看，本年度的行政学研究能够做到理论联系实际，并且为实际的政府管理过程出谋划策，为政府应对各种管理挑战提供针对性的建议。这些从对大部制改革的讨论、公共服务的研究、政府信息公开的研究都可以体现出来。但是，对于三鹿奶粉这样的重大食品安全事故，对与之相关的市场监管职能的履行、政府与企业的关系以及对企业的管制、我国的食品监管体系和体制等一系列相关问题没有从行政学角度给予较多研究。

在研究深度上还有欠缺，比如，对于政府过程中的公民参与，对公民参与现有问题的分析还不够全面，而且对公民参与政府管理的理论，包括与民主政治关系的阐释还不够深刻。再如，对于政府信息公开条例的实施和透明政府建设遇到的问题，没有涉及政府部门关心的权力和利益问题，正是由于公开信息之后有些部门就没有利用掌握这些信息的权力来谋取一些不当利益的机会了，因此，这种利益成为阻碍信息公开的一个重要障碍。可以说，今后的行政学研究，在涉及政府管理中的这些重要问题上，还有待深入。

（作者：中国社会科学院助理研究员）

注：

①俞可平主编，社会科学文献出版社，2008年版。

②康绍邦等主编，中共中央党校出版社，2008年版。

③高小平主编，中国建筑工业出版社，2008年版。

④李军鹏著，国家行政学院出版社，2008年版。

⑤马庆钰著，中国人民大学出版社，2008年版。

⑥汪玉凯：《建设服务型政府与大部制改革》，《中国改革报》，2008年3月10日。

⑦熊文钊、张伟：《大部门循序渐进》，《瞭望新闻周刊》，2008年第5期。

⑧于安：《服务型政府机构的设置原则》，《瞭望新闻周刊》，2008年第5期。

⑨蔡永飞：《只有划清权力边界“大部制”才能正常运转》，《中国改革报》，2008年3月19日。

⑩沈荣华：《大部门制改革：背景、方向和途径》，《中国改革报》，2008年2月13日。

⑪《“政府营造环境，人民创造财富”——专访国家行政学院教授宋世明》，《中国改革》，2008年第1期。

⑫李宜春：《机构改革与部委管理的国家局》，《中国行政管理》，2008年第11期。

⑬周志忍：《大部制溯源：英国改革历程的观察与思考》，《行政论坛》，2008年第2期。

⑭孙彩红：《“大部门制”建立的条件与任务》，《学习月刊》，2008年第3期。

⑮丁元竹：《发展民生事业要求政府转变职能和创新社会体制》，《中国改革报》，2008年11月12日。

⑯卢中原：《促进基本公共服务均等化》，《人民日报》，2008年10月23日第15版。

⑰朱志刚：《健全中央和地方财力与事权相匹配的体制》，《人民日报》，2008年8月27日。

⑱贾康：《财力与事权如何匹配》，《人民日报》，2008年6月27日。

⑲李程伟等：《角色分化与治理转型》，《北京行政学院学报》，2008年第3期。

⑳杨万悦：《强化政府社会管理与公共服务职能的新探索》，《中国行政管理》，2008年公务创新专刊。

㉑刘小康：《当代中国公共服务实践反思》，《上海行政学院学报》，2008年第6期。

㉒李景鹏：《政治管理如何适应社会发展的要求》，《中共中央党校学报》，2008年第4期。

㉓石亚军：《中国行政管理体制改革：基于全国调研基础上的理论思考与对策建议》，《中国行政管理》，2008年第3期。

㉔汪玉凯等著：《中国行政体制改革30年回顾与展望》，北京：人民出版社，2008年版。

㉕《我国行政管理体制改革进程的回顾》，《人民日报》，2008年12月18日。

㉖唐铁汉：《中国行政管理体制改革的回顾与展望》，《新视野》，2008年第6期。

㉗张成福：《变革时代的中国政府改革与创新》，《中国人民大学学报》，2008年第5期。

㉘魏礼群：《经济体制改革的重大进展和丰富经验》，《人民日报》，2008年10月15日。

㉙江平：《中国三十年法治发展的重要轨迹》，《北京日报》，2008年12月15日。

㉚周天勇等著：《中国行政体制改革30年》，上海人民出版社，2008年版，第164页。

㉛莫于川：《公开的力量》，《人民日报》，2008年4月30日。

㉜张穹：《贯彻政府信息公开条例　开创政府工

作新局面》，《国家行政学院学报》，2008年第3期。

㉝李卫华：《公民参与对行政管理体制的影响》，《新视野》，2008年第2期。

㉞王锡锌：《公众参与：参与式民主的理论想象及制度实践》，《政治与法律》，2008年第6期。

㉟韩旭：《关于立法过程中公民政治参与的若干理论思考》，《新视野》，2008年第1期。

㊱周志忍：《政府绩效评估中的公民参与：我国的实践历程与前景》，《中国行政管理》，2008年第1期。

㊲唐杰：《北京公众参与志愿服务动机研究》，《北京社会科学》，2008年第3期。

㊳吴焰：《公开征求意见面临两大考验》，《人民日报》，2008年12月18日。

㊴李国平等：《试论城市管理中的公众参与及公众满意》，《中国城市经济》，2008年第8期。

㊵赵园园：《“5·12”大地震与我国政府危机管理》，《中国改革报》，2008年5月28日。

㊶段若鹏：《汶川抗震救灾的几条宝贵经验》，《理论前沿》，2008年第23期。

㊷丁元竹：《应急机制：抗震救灾的长城》，《浙江日报》，2008年6月16日。

㊸闪淳昌等：《从SARS到大雪灾：中国应急管理体系建设的发展脉络及经验反思》，《甘肃社会科学》，2008年第5期。

㊹《我国应急管理行政体制存在的问题和完善思路》，《中国发展观察》，2008年第3期。

㊺齐明山等：《社会转型时期政府危机管理能力的缺失及其提升路径分析》，《天津行政学院学报》，2008年第6期。

新闻传播学

新闻传播学

郭庆光　刘海龙　藤　乐

一、新闻学研究

2008年是改革开放30年，也是新闻改革和传播学正式引入中国30年。一批分析改革开放30年以来新闻理论研究和新闻改革成果的研究应运而生。有研究者通过对新闻改革30年来我国新闻理论教材结构的变化进行的分析发现其内容逐步回归新闻学本身；同时研究者也指出，当今的新闻理论教材中存在4个亟待解决的问题：（1）区分新闻理论和新闻业理论的问题，目前新闻理论内涵过大；（2）传媒基本职能的问题有待厘清，应从传媒本身来论证传媒的职能；（3）突出新闻理论的核心概念，将新闻价值作为新闻理论的核心予以阐述；（4）科学地论证新闻自由的问题，新闻自由不是一项资产阶级民主权利，而是一项具有普世意义的人权①。

有研究者认为中国新闻改革30年来，存在3次重大的学术大讨论：第一次是在改革开放之初，新闻界急于摆脱意识形态的束缚时，出现了关于新闻与宣传关系的讨论，促进了我国新闻事业由“宣传本位”转为“新闻本位”，传媒功能由单一走向多样化；第二次是在20世纪90年代之初，党的十四大确立了我国建立社会主义市场经济体制，报刊被列入第三产业后，关于传媒业归属问题的讨论确立了我国新闻事业“上层建筑、信息产业”双重属性，外化为“事业性质，企业管理”的管理方针，推动了传媒业与市场的融合与大众化发展道路；第三次是新闻改革20年后过度商业化的弊端日益凸显时关于新闻专业主义和传媒社会职能的讨论，促使传媒业对中国新闻事业现状进行反思，对新闻业“公共利益至上”理念进行理性思考。中国新闻改革30年取所得的进步，很大程度上得益于这三次大讨论的深刻思考与激烈碰撞，对于新闻媒体功能的多元化、媒体双重属性的确立以及新闻专业主义的建构产生了深远的影响②。

针对中国新闻改革30年内出现的从“宣传本位”到“新闻本位”的转变问题，有研究者认为可以从知识社会学的视角进行具有社会学意义的解读。还有研究者通过对电视媒体的分析提出，新中国成立以来至今中国电视媒体走了从“宣传品、作品到产品”的3个阶段[③]。与90年代初对新闻业双重属性的讨论中倾向于对媒体的商品性进行认可和对市场化进行鼓励不同，当下对于新闻业属性的研究，则更侧重于强调媒体由于过度商业化所导致的公共性的缺失，及其所导致的社会问题。有研究者针对这一问题提出了解决方法，研究者认为应当从媒体的人员选择，社会监督机制，报道选题原则传播理念，以及公共评价参与机制多个方面改变传媒行为过度商业化市场化的倾向[④]。

新闻专业主义仍然是新闻学界关注的焦点所在。2008年对新闻专业主义的研讨中，“新闻真实”是一个关注重点。研究者通过分析美国职业记者协会（SPJ）在1996年最新修订的“新闻真实”原则的表述中发现，“通常被当做描述性概念的‘真实’字眼，被更富有价值含义的启迪公众或服务公众所替代”，“新闻真实原则在表述上变化为通过‘寻找真相并报道’”。研究者认为，“全面真实”背后的价值导向应当是全面与公正，当新闻记者和受众一样不确定“真相”为何时，记者所做的应当是尽量减低受众被误导的程度，而不是倾向于叙述真相[⑤]。针对电视媒体中经常存在的真实影像误导观众的问题，有研究者指出，由于电视善于表现故事性内容，当今电视新闻故事化发展的趋向使得电视新闻的叙事表述日益接近故事性文学叙事。但由于电视新闻的本质属性是新闻，这就要求电视新闻必须服从真实性的叙事规律。作为一种叙事活动，电视新闻的言说真实还受到媒介特点的影响，这表现在影像特性的言说真实以及出镜叙述者的言说真实。三股合力，最终使电视新闻的叙事形成一种复合多元的传播效果[⑥]。

2008年是北京大学新闻学研究会成立90周年，借助纪念这一事件的契机，新闻史研究者回顾和梳理了中国新闻业发展的历程。并对新闻史教学与研究本身进行了反思和展望。研究者认为，中国新闻史研究的意义有：帮助我们掌握新闻事业的发展规律、帮助我们继承和发扬前人办报的优良传统、帮助我们借鉴前人的丰富的办报经验、帮助我们从前人的失误中汲取教训、帮助我们丰富自己的专业历史知识[⑦]。也有研究者针对新闻史正在被边缘化的现实，指出在新闻史的研究中应当突出新闻业的核心价值，用自己行业的言语来解释行业的发展是实现新闻史研究突破的必要条件[⑧]。

2008年的新闻史研究中，针对“邸报”以及“邸报”名称首次出现时间的考证都有了新发现。有研究者通过对两汉时期历史记录和出土文献进行的考证，质疑了戈公振提出的汉代存在“邸报”说。研究者指出，汉代的“邸”是接待诸侯王、少数民族首领及外国使节来京朝见时的就宿之舍，并不具备行政方面的传播职能。两汉时期，京师和地方之间的传播媒介并非“邸报”，而是非公开的比较原始的新闻信[⑨]。同时，也有研究者针对“邸报”名称首次出现的时间作出了考证。研究者发现，虽然“邸报”这一名称最早出现于宋代，但并非首次出现在公元1402年范仲淹和韩琦的通信中，而是出现在田锡《咸平集》卷二十五《贺杀下王均表》中，时间是公元1000年[⑩]。

二、传播学研究

2008年是改革开放30周年，也是传播学正式引入中国30周年。对传播学本土化历程的反思成为一个焦点。

有研究者认为，传播学研究的功能主义取向是我国传播学研究的一大特点，我国传播学研究的价值取向主要是社会需要与传媒发展。这甚至成为是一个不变的叙述分析框架。然而，这一叙述框架有必要加以转化。比如从功能主义向建构主义转化；从社会决定论向社会互动论转化；从抽象的因果关系向具体的事实描述转化；从事例归纳向意义解释转化。目的是理解个人和主体间的意义和动机，面对被建构出的社会现象给出合理解释[⑪]。

有研究者从中国传播学研究中成果最为丰富的受众研究入手，发现传播学在中国本土化的过程中，西方传播学不但未主导中国的受众研究，反而被整合进了中国的传播研究。中国的传播学研究不是缺乏本土化，而是过于本土化。其原因首先是传播学在引入中国的过程中被放在了新闻学的框架内进行解读，因而实用主义的特征远胜于学院研究的特征；而更深层次的社会根源，则是由于中国的新闻业，受到近代以来追求民族富强的民族主义理论诉求的影响和延安时期形成的理论和实践相结合的学术方针的影响，因此在中国的传播学研究中呈现出将“理论与实践相结合”的原则庸俗化的趋向，出现轻理论、重应用，轻批判、重管理的工具理性的特征。改变这一现状首先需要重新思考传播理论研究与实践的关系，防止政治和经济场域对学术场域的过度渗透[⑫]。

也有研究者针对传播学引入中国的过程中批判学派消失现象进行了反思，认为“批判学派消失”现象背后所昭示的正是30年来中国传播学研究主体所面临的生态困境。其实批判学派的理论一直根植于中国学者的内心，只不过中国学者迫于知识生态的压力采取了对外批判，对内行政主义的态度。经验学派旨在维护现存体制的行政研究更容易成为一种显在的学术形态，批判学派抨击现实体制的学术旨趣在1989年以后的一段时间内，几乎完全成为潜在的学术形态。在中国与世界特定的历史条件和互动关系中形成了对外批判主义，对内行政主义的双重学术标准[13]。

2008年的传播学研究在人际传播研究领域也有所突破。有研究者指出，当代中的人际传播，既不应当追求宏大叙事，导致貌似真理的空洞研究；也不应当固守个体主义，导致貌似真理的常识性结论，而应当从具体的人际关系互动中找出背后的结构性因素，并发现社会重大的结构性问题，建立属于自己的人际传播研究话语权[14]。也有研究者从知识社会学的角度思考了东西方社会结构给人际关系形成所带来的差异，指出，人际关系构成上的结构性需求，将会对具体研究中国的人际传播有很大启发。学习西方传播理论的意义并不在于简单套用，而在于启发自己去思考，发现他人如何发现问题。社会科学既不必要，也不可能建立一个放之四海而皆准的理论[15]。如果说，针对日常生活中的人际传播研究，重视的是传播过程中实现人际合作的可能性；那么，针对组织中的人际传播的研究，则更重视组织中权力的游戏规则。有研究者指出，虽然权力问题是一切组织理论中的核心问题，但是当我们把权力看成一种人际关系的本质时，会发现，组织中权力的实现却要靠给定关系里的人际传播才能进行。因此，建立一套信任与合作的人际传播关系，促进组织传播格局的改进，是组织成员实现良性互动的关键，也是组织对外实现既定目标的动因[16]。

2008年3月14日，发生在西藏自治区首府拉萨的暴力事件以及随后而来的奥运火炬传递受阻事件，成为中国的传播学界关注的问题。

有研究者从反思中国民族主义的视角对3·14事件中的话语冲突提供了分析，认为中外媒体围绕着3·14事件的新闻传播之间的矛盾是西方自由民族主义和中国传统民族主义之间的差别在各自媒体制度和国民心理上的反应。研究者认为，激进民族主义是酿成两次世界大战的重要原因之一，全球化时代是一个提倡多元价值共存的时代，在这样一个时代中，中国想要谋求长期高速发展，应当对传统的民族主义进行改造，在国际社会树立良好国家形象[17]。

有研究者运用话语分析的研究方法，分析了英语世界中主流媒体如美国《纽约时报》、《华盛顿邮报》、美国有线电视新闻网（CNN）的3·14事件报道，发现这些媒体对此事件的优势解释框架和话语是种族矛盾与侵占他国，并指出西方媒体为了显示自己框架的合理性，采取了二元对立的结构技巧、出场与缺席的语言技巧、说话人的轮番交替与话语权转换的会话技巧，并论证指出卡弗蒂的辱华言论只不过是西方媒体对西藏问题架构的产物[18]。类似的研究方法也被运用到了对法语世界中的主流媒体《世界报》在3·14事件中有关中国的报道和评论分析上。作者认为，一方面应该扩大对外传播的话语空间和努力消除西方对中国历史与现实的偏见，但另一方面，用新闻专业主义的标准批判法国媒体将无功而返，因为，那些具体事实千差万别、话语立场互相排斥的报道评论，所反映出的正是法国媒体基于整体政治认同所造成的对中国的误读，不能归结为某一个记者有意违背客观性、真实性原则而对中国进行的“妖魔化”活动[19]。

也有研究者运用框架理论来分析西藏报道中国及媒体的分化现象。并对于这种分化给出了4点原因：一是时效压力下对“旧框架”的依赖程度，是从业者对中国的报道被旧有框架所束缚；二是在党派的影响下，媒体对于“支持达赖”、“反对中国”所达成的共识；三是在利益驱动下，媒体为迎合受众而使用所谓客观性原则进行辱华报道；四是平民新闻对主流媒体歪曲真相的报道进行的一种补充[20]。

以上各种研究从新闻传播学各个分支学科的视角，运用不同的研究方法针对3·14事件进行了分析，但是，也许是由于时间的限制，致使深入社会心理进行考量的研究仍然有所欠缺，从而使“东西方话语冲突”成为未来在跨文化传播领域亟待突破的研究方向。

2008年“5·12”汶川大地震后，中国媒体的反应和报道出现了前所未有的公开和迅捷，这让很多研究者看到了一条体制化的信息公开之路。

有研究者从政府信息公开的角度，认为汶川地震中最可宝贵的遗产是异常开放的新闻传播政策；认为汶川地震中的信息公开模式至少包括5点经验：一是政府积极主动地发布信息，二是大众媒体的全方位参与，三是对国际媒体和国际公众的全方位开放，四是媒介议程设置与公共政策之间的有机互动，五是对公民新闻的无壁垒允许。研究者还指出，“新闻公开”是此次灾难传播的理性价值，未来也许政策层面不是没有倒退的可能，但是所付出的民意损失的代价将是巨大的[21]。

也有研究者站在健全和完善国家应急机制的角

度，对当前中国的传播体制建构中的问题进行了反思。研究者认为：一个好的社会传播基本制度应该以信息的公开、及时和平衡为基点。公开，即从制度上彻底废除那些阻碍信息公开的规定；及时，即从媒体使用上充分发挥新媒介的信息提纯能力；平衡，即从新闻报道的关注视角上，用社会本位的传播构架替代行政本位的传播构架。如果我们不能从一场巨大的灾难中收获一些制度性反思和构建成果，那么，灾难所造成的损失还将在未来出现[22]。

还有研究者从新闻媒体的危机传播推动中国制度变迁的角度提出，在汶川地震的报道中媒介逻辑第一次压倒了政治逻辑，中央电视台实现了由“及时上报”到“及时报道”的转变。这种按新闻规律办事的做法也是政府对应急管理机制的认识实现了从“压制有利”向“放开有利”的转变。但是，这种临时性制度创新最终能否固化为一种“常规路径”还将取决于政府对这一问题的认知[23]。

三、传媒经济学

2008年是新闻改革30年，传媒经济学研究在回顾了改革开放30年来，传媒产业变迁轨迹的同时，也在学科基础建设、传媒产品认识、传媒组织行为、媒体市场结构、传媒产业结构、政策与规制等6个方面都作出了突破。

2008年的传媒经济学研究在研究方法上实现了新的突破，将自然科学中最先进的一些研究方法引入到了媒介研究中。中国人民大学舆论研究所传播心理实验室进行了一项关于传播效果的ERP（一种测量大脑活动的时间相关电位分析技术）实验。这项研究旨在探索受众在接受信息环节上的胜利指标和心理指标等的变化，以期得到受众对信息资源的需求行为和偏好。该项研究在我国首次运用神经科学的研究方法和手段，运用脑电测量仪，对有关传播效果的问题进行了科学测定，对于如何基于神经科学进行传播学研究，提供了一个可供参考的基本范式[24]。

在对传媒产品的认识上，也有学者提出，媒介产品的性质并非一程不变，其性质也会随着各种条件的变化而变化。影响媒介产品性质变化的主要因素有技术、规制以及商业模式3个方面。其中，技术会赋予媒介产品以排他性；规则，主要是版权保护方面的规则会确保媒介产品以私人物品的属性依靠事成有效地配置资源；商业模式的选择会使媒介生产者放弃技术所提供的排他性，而使媒介产品成为公共物品。在这认识到互相转化的可能性和必要条件的基础上，研究者构建了媒介产品性质3种力量间相互关系和互相转化的动态模型机制。同时研究者也根据这一机制指出了中国现阶段难以真正实现电视频道专业化的症结所在[25]。

有研究者通过对我国大城市报业市场的市场集中度进行分析后发现，当今都市类报纸出现过度竞争的现象的原因之一就在于都市类报业市场的市场集中度偏低。研究者据此提出改善都市类报业市场集中度的方略是：在建立健全报业市场竞争机制的前提下，鼓励报业市场的合并和兼并[26]。

传媒经济学研究中，媒介消费领域的研究是一个新热点。有研究者拓展了凯库姆斯在1972年所提出的相对常数原理，即媒介指数由国家宏观经济水平决定。研究提议在新媒体环境下，未来的相对常数研究应当纳入到整个媒介消费研究领域中，并指出了媒介消费的四种可能性，分别为：常数状态，增长或减少，波动状态或随机状态[27]。

2008年是新闻改革30年，一批对改革开放以来传媒产业制度变迁进行回顾性分析的研究应运而生。有学者总结了中国传媒产业制度选择的过程，该过程可以被概括为制度默许（试点）——理性选择——制度确立（中止）推广的运行轨迹。在这一过程中，传媒产业为了争取政府对于制度变革者的支持，“必须在社会效益层面上的事业化和经济效益层面上的商业化双重压力之下，找到合理优化的均衡点”。而制度的形成也正是在这一双重压力之下，由政府、媒介、资本等行为主体不断反复博弈找到的一个最优策略[28]。

在回顾的同时，也有研究者站在数字时代的视角上，对未来媒介政策的建构进行展望。研究者认为，数字时代的广义媒介产业结构正在从垂直统合型向水平分离型转变。近几年来，传统的垂直统合性的产业结构由于技术的变革正在趋于解体，新型产业结构的主要特征是水平分离型的“模块化”结构。具有独立性的产业模块之间可以自由组合，形成更有效率、更低成本的信息传播路径。媒介政策为了适应这一变化，也开始出现“模块化”趋势。其理想的状态应当是“开放水平层面的市场，促进产业模块的竞争，促进模块之间的优化组合，选择最优模块组合并给予政策支持，为实现基本公共服务的均等化创造良好制度环境”[29]。

四、新媒体研究

2008年的新媒体研究在继续对各种微观层面的具体问题进行探讨的同时，在宏观层面的新媒体产业研究方面也有相当程度的发展。研究者对一些基本观念继续给予关注如web 2.0，新媒体技术发展，新媒体与传统媒体的关系等问题；也有研究者从宏观层面针对新媒体产业发展中的趋势，或对相关政策和管理体制进行研究。

由于新媒体本身既是一个不断发展变化的领域，因此，对新媒体概念的界定也成为新媒体研究中一个常新的讨论热点。有研究者认为，目前很多被我们定义为新媒体的媒体中，有很多是“新出现的旧媒体”。为了对二者进行区分，研究者从新媒体的内涵和外延两方面进行了界定。从新媒体的内涵方面来看，新媒体的本质特征是技术上的数字化，传播方式上的互动性。从外延上来看，新媒体包括以下3大类，即网络类媒体，数字广播电视类媒体，以及移动手机类媒体。鉴于新媒体这一“所有人面向所有人进行传播”的特征，研究者认为，在新媒体研究中应当用“用户”取代“受众”这一概念，以凸显新媒体在传播特征上与传统媒体的本质区别㉚。也有研究者通过深入挖掘新媒体在即时交互，无线兼容等数字媒体的特征，将新媒体定义为“以数字媒体为核心的新媒体”。即通过数字化交互性的固定或移动的多媒体终端，向用户提供信息和服务的传播形态㉛。还有研究者以更加动态化的视角审视新媒体的社会内涵和行动逻辑，认为新媒体意味着“无限的生产，即自媒体的崛起与传播权威的重新诠释；去中心化、无限的传播，即渠道的过剩与对传播实力的倚重；以及无限的需求，即个性化的媒体消费与媒介使用习惯及传播规则的改变”㉜。

Web2.0研究仍然是新媒体研究中的一个热点。当人们普遍认为Web2.0使信息消费的个性化大大增加时，也有研究者提出了不同意见。认为网络信息消费的社会化结果是人们的个性越来越趋同；而“个性化”这个特性，事实上是在加速信息消费的社会化，最终还是会加速人们的趋同过程㉝。作为Web2.0技术在信息传播领域运作最为成功的典范之一，维基技术（Wiki）为人类提供了一种新的信息创造模式。有研究者从维基技术对新闻传播方式的改变入手进行分析，认为“传统媒体垄断新闻信息传播将因公众参与而走向媒体与公众共同运营的新闻信息传播时代。因此着眼于新闻工作和个体报道技能培养的传统新闻教育体系必然发生改变”，以适应这个由新媒体所创造的人人都能做记者的时代㉞。

有研究者在反思中国传播学发展史的过程中，对现行的传媒管理体制提出质疑，认为现存的管理体制将互联网上各种相近、交叉但不相同的信息服务类型放在一个相同的平面上加以解读和管理。这样造成政治影响、社会效果、经济利益等不同价值取向势必产生多方位的冲突，直接影响到互联网事业和产业的良性发展㉟。

虽然我国的新媒体发展从政策层面和管理体制上仍然存在需要研究和完善的空间，但是我国的新媒体产业已经成为整个传媒行业发展的主要推动力量。研究者通过对我国传媒产业规模和结构的相关统计数据所进行的分析发现，在中国的传媒产业内，新媒体的快速成长是推动中国传媒产业发展变化的主要力量㊱。

（作者：郭庆光，清华大学教授；
刘海龙，中国人民大学副教授；
藤乐，中国人民大学博士研究生）

注：

①陈力丹：《回归新闻学本体——改革开放30年来我国新闻理论教材结构的变化》，《国际新闻界》，2008年第12期。

②李良荣、戴苏苏：《新闻改革30年：三次学术讨论引发三次思想解放》，《新闻大学》，2008年第4期。

③徐桂权：《新闻：从意识形态宣传到公共知识——知识社会学视野下的媒介研究及其理论意义》，《国际新闻界》，2008年第2期；胡智锋、周建新：《从“宣传品”、“作品”到“产品”——中国电视50年节目创新的三个发展阶段》，《新闻大学》，2008年冬季号。

④朱清河：《论传媒公共性及其实现途径》，《现代传播》，2008年第4期。

⑤阴卫芝：《主体性真实：公正的真实与全面的真实——以“SPJ规范改版”及“虐童报道案”为例》，《国际新闻界》，2008年第4期。

⑥欧阳照：《电视新闻传播言说真实的表现辨析》，《当代传播》，2008年第5期。

⑦方汉奇：《薪火相传　推动新闻学研究新高点——北大新闻学研究会恢复成立大会上的讲话》，《国际新闻界》，2008年第7期。

⑧王润泽：《专业化：新闻史研究的方法和路径的思考》，《国际新闻界》，2008年第4期。

⑨黄春平：《汉代邸报考》，《新闻与传播研究》，2008年第2期。

⑩焦中栋：《“邸报”名称首次出现时间新考》，《国际新闻界》，2008年第10期。

⑪黄旦：《由功能主义向建构主义转化》，《新闻大学》，2008年第2期。

⑫刘海龙：《从受众研究看“传播学本土化”话语》，《国际新闻界》，2008年第7期。

⑬胡翼青：《双重学术标准的形成：对批判学派“夭折”的反思》，《国际新闻界》，2008 年第 7 期。

⑭胡翼青：《流言传播背后的结构性因素——以“叫魂”和“非典”为例》，《新闻与传播研究》，2008 年第 3 期。

⑮翟学伟：《本土的人际传播研究：“关系”的视角与理论方向》，《新闻与传播研究》，2008 年第 3 期。

⑯胡河宁：《组织中的人际传播：权力游戏与政治知觉》，《新闻与传播研究》，2008 年第 3 期。

⑰李霞、李正：《从民族主义透视围绕“3·14”事件的中外新闻传播——兼谈中国民族主义转型》，《国际新闻界》，2008 年第 5 期。

⑱曾庆香：《西方某些媒体“3·14”报道的话语分析》，《国际新闻界》，2008 年第 5 期。

⑲陈继静：《事实、偏见与政治认同——解读法国〈世界报〉上的 3·14 事件和奥运火炬传递》，《国际新闻界》，2008 年第 5 期。

⑳唐闻佳：《3·14 西藏报道中的国际媒体分化现象分析》，《国际新闻界》，2008 年第 5 期。

㉑杜骏飞：《通往公开之路：汶川地震的传播学遗产》，《国际新闻界》，2008 年第 6 期。

㉒喻国明：《地震大考：关于传播体制构建的若干思考》，《现代传播》，2008 年第 4 期。

㉓邵培仁、潘祥辉：《危机传播推动中国媒介制度的变迁——从汶川地震看危机事件与媒介制度创新的内在关联》，《现代传播》，2008 年第 4 期。

㉔喻国明、李莹、李彪：《基于神经科学的传播学研究——工具、路径与研究框架》，《国际新闻界》，2008 年第 7 期。

㉕丁汉青：《论媒介产品性质的动态变化》，《国际新闻界》，2008 年第 9 期。

㉖商建辉：《都市类报业市场集中度分析》，《当代传播》，2008 年第 4 期。

㉗苏林森：《相对常数研究的方向：超越常数的媒介消费研究》，《国际新闻界》，2008 年第 9 期。

㉘黄蓉：《中国传媒产业的制度选择——基于博弈的分析视角》，《当代传播》，2008 年第 3 期。

㉙张志：《论数字时代媒介政策的“模块化”趋势》，《国际新闻界》，2008 年第 9 期。

㉚匡文波：《论 Web2.0 时代网络舆论的管理》，《国际新闻界》，2008 年第 12 期。

㉛廖祥忠：《何为新媒体?》，《现代传播》，2008 年第 5 期。

㉜喻国明：《谈谈 WebX.0 的社会内涵及其行动逻辑》，《新闻与传播》，2008 年第 3 期。

㉝彭兰：《个性化与社会化：Web2.0 时代信息消费的双重旋律》，《国际新闻界》，2008 年第 3 期。

㉞高钢：《谁是未来新闻的报道者？——维基技术的本质及对新闻报道的影响》，《国际新闻界》，2008 年第 6 期。

㉟熊澄宇：《一段史实　三点思考——兼论中国传播学的形态、业态与生态》，《新闻大学》，2008 年第 2 期。

㊱崔保国、张晓群：《新媒体对中国传媒产业的影响分析》，《现代传播》，2008 年第 1 期。

军 事 学

军 事 学

昝瑞礼

2008 年是我军建军 81 周年，也是军事科学院建院 50 周年。同时，2008 年还是我国改革开放 30 周年，我军参与破冰除雪，抗震救灾，2008 年北京奥运会、残奥会等任务作出重要贡献的一年。军队在应对多种安全威胁、完成多样化军事任务的实践中推动了军事科学的创新发展。

一、军事科学理论创新和实践创新的新进展

1. “砺兵—2008”演习是邀请国家最多、层次最高、规模最大的一次演习

“砺兵—2008”演习，这是我军首次举行迎外跨

军区联合军演，首次进行复杂电磁环境下实兵对抗演习，首次组织空降兵成建制人装同机空投空降陆空联合演练，也是我军自2003年对外开放演习以来，邀请国家最多、层次最高、规模最大的一次演习①。

2. 一场新中国成立以来罕见的大规模非战争军事行动

中国军队：让全球震撼的生命大救援。2008年5月12日，四川汶川地区发生8.0级特大地震灾害。媒体报道称，据国防部新闻发言人胡昌明大校介绍，截至5月18日12时，中国军队和武警部队共出动113080人参与四川抗震救灾。出动部队主要来自成都、济南、兰州、北京、广州军区，海军、空军、第二炮兵和武警等单位，涉及海军陆战队、空降兵等20多个兵种。一场新中国成立以来罕见的大规模非战争军事行动紧张地展开，人民军队在中国和世界树立了良好形象②。

3. 震撼世界的伟大创举

2008年北京奥运会、残奥会期间，我军始终把做好安保工作作为支援奥运的重中之重，投入兵力涉及4个军区和海、空军及总部直属部（分）队，包括陆军航空兵、工程兵、防化兵和卫勤专业力量，并动用了作战飞机、直升机、舰船、地空导弹、雷达、防化、工程保障等武器装备，在地面、海上、空中组织了全时辰、全方位的安全防范，为实现平安奥运目标作出了重大贡献。参加开闭幕式演出的部队始终瞄着“国内最高水平、世界一流水平”的标准，吃苦耐劳，严格训练，出色地完成了表演任务。在开幕式上，从全军5个军区抽调的2000多名官兵表演的开场戏《击缶而歌》，表达了“有朋自远方来，不亦乐乎”意蕴，震撼了在场和电视机前的所有观众。我军还积极承担奥运重点工程建设和首都绿化美化等任务，为贯彻绿色奥运、科技奥运、人文奥运理念贡献了力量③。

4. 2009年军队院校军队级教学成果

根据总参谋部、总政治部、总后勤部《2009年军队教学成果奖励工作》通知和有关文件，经2009年军队级教学成果奖评审委员会评审，评出军队级教学成果一等奖100项、二等奖141项、三等奖141项④。

5. 中国军事百科事业28年的辉煌历程

2008年3月15日是军事科学院成立50周年。伴随着中国军事科学的繁荣发展，中国军事百科事业也在其中走过28年的辉煌历程。《中国军事百科全书》的编纂汲取了古今中外优秀的军事文化成果，勾画了人类社会军事发展的整体脉络，汇聚了军事领域的丰富知识，展示了军事变革的辉煌成就，被誉为军事领域的“工具书之王”，一所“没有围墙的军事大学”，一座国防和军队建设的知识宝库，成为国家军事科学发展水平的重要标志。她以独特的功能和作用，拓展了该院的研究领域，丰富了军事科学的研究成果，为该院的建设和发展作出了应有的贡献⑤。

6. 2008年军事法学研究述要

2008年军事法学研究方面有影响的事件，一是历时4年编撰的《中国军事百科全书》第二版《军事法总论》学科分册由中国大百科全书出版社出版。《军事法总论》学科分册47万字、334条、配图145幅。知识结构分为军事法基本理论、军事立法、部门军事法、军事司法、军事法律监督、军队法律服务、军事法教育、军事法研究、军事法制机构和人员、军事法制史、世界部分国家军事法、国际军事法等12个部分。全面介绍了古今中外的军事法基础理论，客观分析了军事法的形成与发展，系统阐述了部门军事法知识，有重点地反映了现代军事法学的最新研究成果。与《军事法制》《战争法》学科分册共同构成军事法门类，成为军事法研究新水平的代表之作。二是红十字国际委员会和中国人民大学法学院于2008年1月11日至12日在北京联合举办了“当代武装冲突中的人道问题”学术研讨会。《红十字国际评论》编委会委员和来自中国多个单位的40多位专家学者参加。围绕武装冲突的社会和政治环境、法律视角下的武装冲突、武装冲突中的敌对行动、武装冲突中的人道行动等4个方面进行了交流和探讨。三是国家哲学社会科学基金资助的军事学项目《军事法理研究》由解放军出版社2008年1月出版。该书着重研究了军事法的概念、价值，以及依法治军、军事立法、军事指挥权与军事行政权、军事刑法、军事司法、军事法监督等理论与实践问题。该著作在军事法理研究上具有开拓性，对于贯彻依法治军方针，促进国防和军队法制建设，具有重要的理论价值和实践指导意义⑥。

7. 2008年世界海洋军事形势及2009年展望

2008年世界海洋军事形势可为风波迭起，各海洋大国针对海上利益热点多，为取得海洋战略主动权深化军事战略调整，加快新式武器装备研制，相互间展开明争暗斗，传统安全威胁与非传统安全威胁相交织，非传统安全威胁进一步凸显。2009年世界海洋军事展望，和平与发展仍然是世界的两大主题：多极化趋势继续发展，各国海上力量合作与竞争并存；世界海上安全形势仍然会继续呈总体缓和的趋势，但局部动荡也在所难免，一些不安全因素依然存在，随着世界金融海啸对各国经济冲击的加深，必然会对军事领域有所影响。在世界海洋的舞台上，各国只有不断增强自己的实力，才能增加博弈的筹码，维护好本国的安全和发展利益⑦。

二、改革开放以来军事理论的创新发展

1. 改革开放以来党的军事指导理论的创新和发展

经过30年的艰辛探索，改革开放以来党的军事指导理论的创新和发展主要是：一是把加强质量建设作为实现军队现代化的基本指导方针，减少数量，提高质量，坚持走有中国特色的精兵之路。二是实施科技强军战略，依靠科技进步提高军队质量，切实推动军队建设由数量规模型向质量效能型、由人力密集型向科技密集型转变，把军队战斗力生成模式切实转到依靠科技进步，特别是以信息技术为主要标志的高新技术进步上来，不断提高官兵的科技素质，积极开展信息化条件下的军事训练，充分发挥科技进步对战斗力提高的巨大推动作用。三是把改革创新作为军队现代化的强大动力，积极推进中国特色军事变革，通过更新武器装备体系，改革体制编制，实施人才战略工程，开展科技练兵，大力推进军事理论、军事技术、军事组织和军事管理的创新，注重通过调整改革军队体制编制和政策制度，逐步形成一整套既有中国特色又符合现代军队建设规律的科学的组织模式、制度安排和运作方式，把我军建设成为一支能够打赢未来信息化战争的强大现代化军队。四是以军事斗争准备为龙头，贯彻“整体谋求适度发展，局部争取大幅跃升”的总原则，统筹军队现代化建设全局，科学合理地确定军队现代化建设资源的投向和投量，正确处理中国特色军事变革与军事斗争准备，统筹机械化建设与信息化建设，统筹诸军兵种力量建设，统筹当前建设和长远发展，统筹主要战略方向与其他战略方向建设等一系列重大关系，以保持军队现代化建设全局的平衡和稳定。五是坚持走投入较少、效益较高的军队现代化建设路子，贯彻艰苦奋斗、勤俭建军方针，突出建设重点，不断提高军队现代化建设的质量和效益，把有限资源最大化地转化为国防实力和军队战斗力⑧。

2. 改革开放以来党的军事战略理论的创新发展

改革开放以来，党的军事战略理论创新发展经历了4次具有重要历史意义的创新发展。

（1）20世纪70年代末80年代初，以邓小平为核心的党的第二代中央领导集体赋予战略方针新的内容，为新时期军事战略理论的创新发展奠定了基础。

（2）80年代中期，邓小平明确作出新的战略判断，引领军队建设指导思想实行战略性转变，启动了军事战略理论的时代变革。

（3）20世纪90年代至21世纪初，在江泽民主持下，中央军委确立并充实完善新时期军事战略方针，加快推进了军事战略理论的创新发展。

（4）新世纪新阶段，在胡锦涛主席领导下，赋予军队新的历史使命，将军事战略理论的创新发展引上新的历史起点。胡锦涛主席站在党和国家发展全局的高度，总结改革开放以来战略指导的历史经验，着眼全面建设小康社会和社会主义和谐社会的战略需求，准确把握求和平、谋发展、促合作的时代潮流，深入分析国家发展战略机遇期面临的内外部矛盾，明确提出把科学发展观作为加强国防和军队建设的重要指导方针；明确提出全面履行“三个提供、一个发挥”的战略思想，加快推进中国特色军事变革；明确提出提高军队应对多种安全威胁，完成多样化军事任务，在各种复杂形势下有效应对危机，维护和平，遏制战争，打赢战争；明确提出在中国特色社会主义道路上实现富国与强军的统一，走军民结合、寓军于民的融合式发展路子。这些新的战略思想和论述，正在新世纪新阶段的军事实践中发挥着极为重要的指导作用⑨。

3. 改革开放30年军人价值观建设研究的新进展

培育当代革命军人的核心价值观，其时代意义：培育当代革命军人核心价值观，是应对思想文化建设面临新挑战的迫切需要。一是西方敌对势力搞垮我们党、搞垮社会主义中国的战略是一贯的，他们利用各种时机和手段对我军进行政治和思想文化渗透，竭力鼓吹“军队国家化”、“军队非党化、非政治化”，妄图搞乱官兵的思想。二是社会思潮的多样化使官兵的理想信念、奉献精神和价值追求受到冲击，有些官兵出现淡忘党的传统、淡化党的意识等倾向。三是网络不良信息对官兵的负面影响不可忽视。目前全球约有70万个色情网站、数万个赌博类网站、近2000家“法轮功”或“民运”反动网站。形形色色的网络信息，对官兵具有极大的诱惑力。网络的虚拟性、隐匿性和不可控性，增大了对官兵思想行为的管理难度。面对这些新挑战，迫切需要培育当代军人核心价值观，把官兵的意志和力量凝聚到党的旗帜下，引导到正确的人生追求上。

培育当代革命军人核心价值观基本要素：体现

政治属性，突出高举旗帜、听党指挥的政治信念；体现利益属性，突出忠诚于人民、服务于人民的宗旨意识；体现职业属性，突出不怕牺牲、英勇善战的战斗精神；体现纪律属性，突出遵纪守法、令行禁止的法纪观念；体现道德属性，突出知荣明辱、弘扬新风的高尚品质；体现创新属性，突出与时俱进、开拓进取的时代要求。

培育当代革命军人核心价值观基本要素主要途径：坚持以党的创新理论为指导。坚持用思想政治教育宣传渗透。坚持用军营文化提升官兵素质。坚持用岗位实践铸造合格人才[10]。

30年来，我军坚决听从党的指挥、全心全意为人民服务、无私奉献、艰苦奋斗，以实际行动诠释了军人价值观建设的丰硕成果。可以说，没有军人价值观念的深刻转变，就不可能理解改革开放以来党的路线方针政策，就很难端正对社会主义的认识、坚定对中国共产党的信赖和对中国特色社会主义的信念；没有军人价值观念的深刻转变，就不可能确立有效推进中国特色军事变革的新方针、新政策、新思路、新举措，就很难在国防和军队建设领域取得如此巨大的成就；没有军人价值观念的深刻转变，全体官兵精神面貌就不可能如此之好，履行历史使命的积极性主动性实效性就不可能如此之高[11]。

4. 改革开放30年来中国特色的国防经济理论创新发展

改革开放30年来，在指导国防经济建设的过程中，我们党对国防经济建设的思路更加清晰、更加系统，逐步形成了中国特色的国防经济理论体系，走出一条具有中国特色的国防经济发展新路子。

（1）在战略指导上，强调国防和军队建设是中国特色社会主义事业总体布局的重要组成部分，必须站在国家安全和发展战略全局的高度，统筹经济建设和国防建设，在全面建设小康社会进程中实现富国与强军的统一。

（2）在发展道路上，提出要把军队现代化建设深深融入经济社会发展体系之中，建立和完善军民结合、寓军于民的武器装备科研生产体系、军队人才培养体系和军队保障体系，走一条有中国特色军民融合式发展道路；既要引进国外先进的技术，又要始终把自力更生作为国防经济发展的根本立足点。

（3）在国防科技工业发展上，提出要坚持军民结合，寓军于民，军民互动，协调发展；坚持强化基础，自主创新，提高科研和制造水平；坚持改革，扩大开放，建立和完善适应国防建设需要和市场经济发展要求的体制、机制；调整改革国防科技工业体制和武器装备采购体制，提高武器装备研制的自主创新能力和重量效益。

（4）在武器装备建设上，提出要切实转变战斗力生成模式，高度重视武器装备的自主创新。要坚持有所为有所不为，推动高新技术武器装备的自主式发展、跨越式发展、可持续发展。

（5）在后勤建设上，提出要建立完善三军一体、军民兼容、平战结合后勤保障体制，全面建设现代后勤，继续推进军队后勤保障和其他保障的社会化，积极探索军民结合、寓军于民的路子。大力加强科学管理，切实转变传统的后勤管理模式。

（6）在国民经济动员上，提出国民经济动员是实现军民结合、寓军于民的重要组织形式和桥梁。要进一步完善国民经济动员体制和机制。突出抓好高新技术武器装备动员建设和综合保障动员建设。

中国特色的国防经济理论体系，是中国特色社会主义理论在国防经济领域的具体体现，是新世纪新阶段指导我们推进国防经济建设又好又快发展的科学指南[12]。

5. 改革开放以来党的军事后勤指导理论的创新发展

改革开放以来党的军事后勤指导理论，继承和发展了毛泽东军事后勤思想，集中体现在邓小平新时期军队建设思想、江泽民国防和军队建设思想、胡锦涛关于国防和军队建设的重要论述中，主要思想包括：着眼世界军事变革和我军未来作战，提升后勤地位作用；着眼履行我军新的历史使命，拓展后勤职能任务；着眼国防建设与经济建设协调发展，调整后勤发展战略；着眼建设信息化军队、打赢信息化战争，转变保障力生成模式；着眼适应新的“战场”和“市场”，明确后勤改革方向；着眼国防和军队现代化建设质量效益，创新后勤管理思路；着眼增强部队战斗力和凝聚力，强化后勤服务理念，着眼培养高素质新型军事人才，注重后勤人才战略[13]。

6. 新时期核威慑理论与实践的新发展

中国的核威慑理论是由我们党的第一代领导集体创立的。30年来，相继提出了“最低核威慑”理论，核常兼备“多种手段配合”战略威慑理论，满足国家安全需要，发展可靠和过硬的核威慑理论。在党的领导集体的努力下，以战略导弹部队为代表的战略核威慑力量建设不断发展壮大。新世纪新阶段，我们必须着眼国家发展利益和安全需要，以创新的精神来推进战略威慑理论研究，以发展的眼光继续加强战略威慑力量建设[14]。

7. 改革开放以来我国国防科技事业的创新和发展

改革开放以来，党的领导集体站在国家安全和发展战略全局，高度重视国防科技事业的发展，提出了一系列重要观点和论述，引领我国的国防科技事业，不断发展，取得了举世瞩目的成就。(1) 坚持用马克思主义的世界观、方法论分析国防和军队建设问题，着眼党和国家的长治久安，突出强调国防科技在国防和军队建设中的重要作用；(2) 坚持党的领导，发挥社会主义制度办大事的政治优势，以科学发展观为指导实现国防科技事业又好又快发展；(3) 坚持把提高自主创新能力摆在国防科技工作的首位，大力推进原始创新、集成创新和引进消化吸收再创新，牢牢掌握国防科技发展的主动权；(4) 坚持国防科技发展与国家经济科技发展的有机统一，建立军民结合、寓军于民的国防科技创新体系，提高国防科技发展的质量效益；(5) 坚持人才资源是第一资源，大力弘扬“两弹一星”和载人航天精神，建设一支精干高效的国防科技人才队伍⑮。

8. 科研成果——军事理论科学数字图书馆

“十五”以来，军事理论科学数字图书馆建设以适应军队院校教学科研和全军军事斗争信息需求为出发点，建立了一个开放式、有序化的知识资源生成、服务和管理系统，形成了以军事思想、战略、战役、战术、军队指挥、军队管理、国防与军队建设、军事工作、军队政治工作、后勤工作、装备工作、武器装备、国防工程、军事历史、军事人物等学科专业信息资源为主体的、学科门类较为齐全的、具有鲜明军事训练特色的数字化信息资源体系，为全军院校的教学科研和军事训练提供了丰富的信息保障。目前，上网电子图书145万种，军事期刊110万篇，声像资料1万多部，缩微资料200万页，自建和引进全文数据库200多个，数据总量达35TB，存储总量90TB。信息资源层次清晰、关联检索快捷。建立了“虚拟在线咨询”、“我校图书馆”和“信息推送”，实现了信息服务的个性化。被专家认为是目前军内外技术综合程度最高、信息资源最丰富、服务功能最强大的数字图书馆，不仅在全军而且在全国也处于领先水平，荣获军队科技进步一等奖⑯。

三、关于繁荣和发展军事科学研究的新进展

1. 开展创新中国军事科学体系研究

2006年12月，胡锦涛主席在接见军事科学院第六届党代会全体代表时，作出“创新具有中国特色、反映时代特征、充满发展活力的军事科学体系”的重要指示。笔者认为，胡锦涛主席的这一重要指示，是对新世纪新阶段军事科学研究任务和要求的高度概括。“具有中国特色”，主要是对中国军事科学性质的概括。要求我们，坚持马克思主义军事理论中国化，谱写中国特色社会主义理论的军事篇。“反映时代特征”，主要是对中国军事科学内容的概括。要求我们，站在新的历史起点上，创新维护世界和平、维护国家和平发展的军事科学，推进作战理论和军队建设理论由机械化战争条件向信息化战争条件的时代转型。“充满发展活力”，主要是对中国军事科学作用的概括。要求我们，在新的军事实践中创新军事理论，用发展着的军事理论指导新的军事实践⑰。

2. 繁荣和发展军事科学重要问题研究

胡锦涛总书记在党的十七大报告中提出繁荣和发展军事科学，强调深入研究新的历史条件下建军治军特点规律和人民战争战略战术。这是总的要求，总的攻关方向。具体地说，还要抓好9个方面的研究：一是如何更好地统筹经济建设和国防建设，在全面建设小康社会进程中实现富国和强军的统一。二是如何更好地把科学发展观作为国防和军队建设的重要指导方针，在新的历史起点上推进国防和军队建设又好又快发展。三是如何全面履行新世纪新阶段军队历史使命，贯彻新时期军事战略方针，扎实推进军事斗争准备，积极开展信息化条件下军事训练，加强后勤和装备建设，调整改革军队体制编制和政策制度，逐步形成一整套既有中国特色又符合现代军队建设规律的科学的组织模式、制度安排和运作方式，提高军队应对多种安全威胁、完成多样化任务的能力。四是如何加强军队革命化、现代化、正规化建设，始终坚持党对军队绝对领导的根本原则和人民军队的根本宗旨，深入进行军队历史使命、理想信念、战斗精神和社会主义荣辱观教育，大力弘扬听党指挥、服务人民、英勇善战的优良传统，确保军队正确的政治方向。五是如何适应世界军事发展新趋势，围绕建设信息化军队、打赢信息化战争的战略目标，加速推进中国特色军事变革。六是如何坚持科技强军，加快机械化和信息化复合发展，抓紧培养高素质新型军事人才，转变战斗力生成模式，切实提高部队战斗力。七是如何坚持依法治军、从严治军，完善军事法规，加强科学管理，提高部队正规化水平，确保部队安全稳定和高度集中统一。八是如何建立和完善军民结合、寓军于民的武器装备科研生产体系、军队人才培养体系和军队保障体系，坚持勤俭建军，走出一条有中国特色

军民融合式发展路子。九是如何增强全民国防观念，完善国防动员体系，加强国防动员建设，提高预备役部队和民兵建设的质量。以上 9 个方面的科研选题，都是胡锦涛总书记在党的十七大报告中提出来的。这就是说，党的十七大报告“开创国防和军队现代化建设新局面”的篇章，既为国防和军队建设指明了方向，又为繁荣和发展军事科学提出了研究课题。为此，要深化对这 9 个方面的研究，以实际行动学习贯彻落实好党的十七大精神[18]。

3. 构建国家军事创新体系

建设面向信息时代的军事创新体系，是赢得新军事革命和信息化战争的重要前提。军事创新体系的概念由国家创新体系引申而来。国家创新体系是指一个国家的公共和私有部门组成的为了创造、扩散和使用新知识、新技术的组织和制度网络，其中政府机构、企业、科研机构和高校是这一系统中最重要的要素。军事创新体系是国家创新体系的重要组成部分，它是由政府、军队和与国防建设有关的社会组织组成的，以维持军事技术创新为目的的机构和制度网络。其中，国家有关部门、军队各级领导机构、国防和军事科研机构、军队（地方）院校、军工企业是军队创新体系的主体。军事创新体系的主要任务是负责军事创新活动的创新体系的主要任务是负责军事创新活动的协调控制、军事创新活动的组织实施、军事创新资源的配置、军事创新制度的建立和相关基础设施的建设等。因此，我们必须从战略高度认识建立军事创新体系的重要意义，在国家发展战略的指导下，尽快筹划我国军事创新体系的建设与发展，全面推进我军现代化建设[19]。

4. 积极推进我国心理战理论创新发展

从心理战理论的科学性和系统性来看，我军心理战理论应包括 7 个基本板块：一是心理战思想。心理战思想是心理作战的战略理论，对运用心理战起着全局指导作用。二是战略、战役和战术心理战理论。心理战在战争的 3 个层次上的运用有着不同的特点和规律，它们的理论也有所不同。三是心理战技术。心理战总是建立在一定物质技术基础上的。技术的发展对心理战的发展具有十分重要的影响。四是心理战力量。在信息化战争时代，心理战力量的构成更加复杂，有专业化力量，有群众性力量。仅专业化力量就有心理战行动设计力量、心理战指挥力量和实施心理战的力量等。战争以开发运用的心理战力量更是多样化，需要我们深入研究他们的开发运用问题。五是心理战样式的理论。如欺诈心理战理论、宣传战理论、利诱心理战理论、威慑心理战、刺激心理战理论等，其中还有对各种心理样式中的方法、手段的理论研究。六是心理战历史。包括古今中外心理战的发展。目前心理战作战的历史还需要深入发掘。七是心理战谋略。心理战的运用也有谋略问题，而十分深奥的军事实践与理论。在现代战争心理战还有简单运用、协同运用和联合运用 3 种基本形态。在具体的战争、战役和战斗心理战的存在形态是十分复杂的，还应从实际出发，深入探索心理战运用的基本规律。在中国特色军事变革中，心理战理论研究应当在科学性和系统性方面争取有较大突破，建立起有我军特色的现代心理战理论体系，用以指导未来的心理作战实践[20]。

5. 关于军事理论、军事技术、军事组织、军事管理创新的辩证关系

积极推进军事理论、军事技术、军事组织、军事管理创新，是胡锦涛主席特别强调的重要思想。“四个创新”是紧密联系、有机统一的整体。其中，军事理论创新是先导，通过拓宽战略视野，更新发展观念，深化科研改革，努力构建具有我军特色、体现时代特征、充满发展活力的军事理论体系。军事技术创新是基础，进一步实施科技强军战略，依靠科技进步和创新加快战斗力生成模式转变，力争在一些基础性、前沿性、战略性技术领域取得重大突破。军事组织创新是关键，围绕深化领导指挥体制改革这个重点，积极稳妥地推进军事组织体制转型，逐步建立起适应信息化条件下作战方式变化的新型体制编制。军事管理创新是保证，积极探索具有我军特色的科学管理模式，建立健全科学的管理机制，实现军事管理的科学化和法制化[21]。

四、新时期军队建设的特点规律研究的新进展

1. 和平条件下军队建设的基本规律

和平条件下军队建设的基本规律主要有：始终把思想政治建设摆在全军一切工作的首位，确保人民军队时刻听从党的召唤；坚持人民军队根本宗旨，建设全心全意为人民服务的核心价值观念；继承发扬我军的优良传统和作风，切实履行人民军队的神圣使命；加强应战应急一体化建设，建立完善和平时期我军应对突发事件的应急机制；大力弘扬抢险救灾伟大精神，深入推进新时期军队党的建设[22]。

2. 军事训练发展规律

（1）需求牵引规律——军事训练发展的动因律。

军队是执行政治任务的武装集团。对提高军队履行使命任务能力的不懈追求，是军事训练发展的不竭动力。军事训练的历史反复证明，军队有什么

样的能力需求，必然要求有什么样的训练发展。需求牵引规律，是军事训练发展的根本规律。我们平常所说的“练为战”、“从实战需要出发”、“训战一致”等训练方针原则，都是这一规律在训练指导上的体现。

（2）科技推动规律——军事训练的条件律。

从历史看，科学技术进步与战争形态演变、军事训练发展是相生相伴的关系。金属冶炼技术催生了冷兵器战争，也促成了以体能为首要的农业时代的军事训练；内燃动力技术催生了机械化战争，也促成了以技能为关键的工业时代的军事训练；数字信息技术催生了信息化战争，也促成了以智能为核心的信息时代的军事训练。科技推动规律，是军事训练发展的基本规律。我们平时所说的“科技兴训”、“科技练兵”，就是这一规律在训练指导上的具体体现。

（3）滚动递进规律——军事训练发展的渐进律。

同任何事物的发展一样，军事训练的发展也是一个由简单到复杂、由低级到高级、由量变到质变的循序渐进过程，呈现出由训练的研究状态到训练的试验状态再到训练的现实状态，这样一种波浪式前进、螺旋式上升的训练、依法治训，这是一个由点上经验到面上普及的成果推广阶段。历史的经验证明，理论研究越透彻，实践探索就越科学；实践探索越科学，成果推广就越有效；成果推广越有效，新的需求就越清楚；新的需求越清楚，理论研究就越透彻。少数单位和同志在过去训练改革中发生的因循守旧、急躁冒进、脱离实际，打算当做经验、方法代替目的、动机掩盖效果等问题，都是违背军事训练发展滚动递进规律的结果。

（4）系统变革规律——军事训练发展的整体律。

军事训练发展是一个由诸多要素构成的复杂系统，各要素之间既相互促进，又相互制约。遵循军事训练的系统变革规律，就是要按照胡锦涛主席的要求，“通过改革创新，逐步构建体现时代特征、适应战争发展、符合使命要求、具有我军特色的信息化条件下军事训练的科学体系。”[23]

3. 军队信息化建设规律

军队信息化建设具有自身特定的规律，这些规律影响着军队信息化建设的目标、内容、方式和质量。军队信息化建设规律有：一是信息主导规律。信息主导规律，是指在军队信息化建设中，必须围绕信息的快速获取、流动和充分共享来发展信息基础设施、综合集成信息系统、研发信息化武器装备等，进而使信息贯穿于军队信息化建设的全过程，成为提高军队整体战斗力的主要驱动力。二是统筹规划规律。统筹规划规律，是指军队信息化建设必须着眼军队建设乃至国家建设的全局，对军队信息化建设的组织领导、目标途径、理论研究、装备发展、体制编制和人才培养等重大问题，进行统筹规划和宏观指导。三是需求牵引规律。需求牵引规律，是指军队信息化建设要着眼信息化战争的实际需求，坚持战斗力标准，紧密结合军队担负的使命任务，按照信息化条件下作战对军队作战能力提出的新要求，以信息化战场环境和联合作战为背景，科学确立军队信息化建设的目标任务，切实做到“信息化战争怎么打，军队信息化建设就怎么搞”。四是复合发展规律。复合发展规律，是指军队信息化建设要立足我军建设的实际状况，在确保信息化建设主体地位的同时，一方面要继续进行机械化建设，注重对机械化武器装备进行信息化改造；另一方面，要按照信息化建设的总体布局，以信息化建设带动机械化建设，以机械化建设促进信息化建设，从而把机械化建设与信息化建设统一起来，实现机械化建设与信息化建设的同步发展。这一规律反映了我军信息化建设进程与建设目标、建设环境之间的必然联系。五是军民相融规律。军民相融规律是指军队信息化建设是国家信息化建设的主要组成部分，二者相互依存、相互影响，需要在技术、人才、产品、生产能力以及基础设施等方面的高度结合，促进平战结合，平战转换，从而实现“双赢”[24]。

4. 关于我军武器装备建设的规律

武器装备建设应当遵循的规律是：（1）必须服务于国家安全利益和军事战略要求，超前谋划和部署。（2）必须坚持军事需求牵引和技术推动相结合，最大限度地实现需求与可能的平衡。（3）必须坚持立足国内、自主创新，充分利用国际资源提高装备建设起点。（4）必须着眼作战体系对抗，加强装备体系的顶层设计和协调发展。（5）必须坚持以重点突破、局部跃升带动整体提高，突出加强核心能力建设。（6）必须坚持科技先行，充分发挥预先研究的关键作用。（7）必须坚持全系统、全寿命管理，提高质量和效益。（8）必须坚持军民结合、寓军于民，植根于国家经济科技发展体系[25]。

5. 非战争军事行动政治工作特点规律

非战争军事行动政治工作介于平时政治工作与战时政治工作之间，既有政治工作的一般规律，也有自身的特殊规律。一是坚持用党中央、中央军委和胡锦涛主席指示统一思想，确保部队听党指挥、服务人民、履行使命，是非战争军事行动政治工作的首要任务；二是加强党组织和党员队伍建设，充分发挥党委的领导核心作用、基层党组织的战斗堡垒作用、领导干部的模范带头作用、共产党员的先锋模范作用，是非战争军事行动政治工作的关键环节；三是不断激发官兵的战斗精神、维护军政军民团结、搞好人才保障、提供法律服务、做好安全稳定工作，是非战争军事行动政治工作的重要内容；四是融入完成任务全过程、紧贴任务和官兵思想实际、运用军事行动这个“大课堂”，是非战争军事行动政治工作的有效形式；五是媒体宣传、现场鼓动、典型引导、政策激励、心理疏导，是非战争军事行动政治工作的主要方法；六是“快”、“新”、“活”、“实”、“预”，是非战争军事行动政治工作的基本要求[26]。

五、关于信息化作战理论转变的趋势

信息化作战理论转变的趋势：一是作战“核心能力”由机械能为主导向信息能为主导转变；二是作战“重心”由消灭有生力量向摧毁力量体系和抵抗意志转变；三是作战基本形式由合同战向一体化联合作战转变；四是作战体系结构由“大兵团合成”向“小型多功能集成”转变；五是作战方式和效能由“粗放式”向“精确化”转变；六是集中兵力的方式由“静态部署”向“动态聚能”转变；七是作战运行机制由“顺序作战”向“整体联动”转变[27]。

六、联合作战指挥人才培养研究的新进展

关于联合作战指挥人才的定义。大部分同志从联合作战指挥岗位出发来定义联合作战指挥人才。有的认为，指挥联合作战的人员，才是联合作战指挥人才，把联合作战指挥人才限定在指挥员特别是中高级指挥员这个较小的范围；有的认为，参与联合作战指挥的人员，就是联合作战指挥人才，把联合作战指挥人才界定在联合作战指挥员和参谋人员这个较大的范围；还有的认为，参加联合作战的各级指挥人员，都是联合作战指挥人才，把联合作战指挥人才扩大到所有指挥员和参谋人员。也有作者认为，定义联合作战指挥人才，应首先确立人才知识素质能力标准，不管参不参与联合作战指挥，只要达到了标准，就是联合作战指挥人才，反之，如果参与了联合作战指挥而达不到标准，也不能称为联合作战指挥人才。还有作者谈到，要切实明晰培养联合作战指挥人才与培养指挥人员联合作战指挥素质的区别与联系，防止联合作战指挥人才培养的泛化。综合起来看，大家相对统一的认识是：联合作战指挥人才，是指在联合指挥机构中任职，对联合部队作战行动实施运筹决策、计划组织、协调控制的指挥人员。现阶段，对联合作战指挥人才与联合作战指挥人员暂不作素质能力标准上的区别[28]。

七、关于军事软实力研究的新进展

军事软实力与军事硬实力相对应，它们是军事实力的两大板块，互为条件互相支撑，共同决定军事活动的水平和效率。现代战争一再证明，要赢得信息战争的胜利，二者缺一不可。军事软实力是指借以完成军事任务的精神文化，主要包括军事理念、战略思维、军队形象、内外关系和心理素质等。中国是世界文明古国，军事软实力作为数千年的客观存在，是一笔弥足珍贵的军事历史遗产。理论先行、引领实践、超前运作是当今国际军事软实力研究发展的趋向。我们应当着眼探索和开拓中国特色军事软实力建设发展道路，开展现代军事软实力运用特点和规律研究，开展军事软实力体系建设与发展研究，开展现代军事软实力理论体系创新与发展研究，开展军事软实力建设的宏观指导和微观落实研究，把经验上升为理论[29]。

应把文化软实力的运用作为实现祖国统一的一个重大战略问题来研究。应当充分发挥中华传统文化在联结两岸同胞感情中的纽带作用；发挥当代中国先进文化的辐射作用；发挥大众文化的渗透作用[30]。

八、关于军民融合思想研究的新进展

1. 军民融合思想形成发展

回顾军民融合思想形成发展的过程，带给我们许多重要启示。第一，发展，始终是军民融合思想的主题。第二，军民融合的目的是要提高打赢战争的能力。贯彻落实军民融合思想，就要牢牢把握这根主线。第三，贯穿军民融合思想的一个基本理念，就是要以更少的投入产出更多的产品，做到一笔投资，两笔或多笔收益。提高效益关键是要实现一系列“融入”，比如：国防和军队建设规划融入国家经济社会发展的总体规划；军事斗争准备需求和战场建设融入国家基础设施建设体系；国防科技和武器装备发展融入国家科技创新体系；国防和军队信息化建设融入国家信息化建设体系；军事人才基础教育培养融入国民教育体系；军队生活服务保障融入社会服务保障体系；等等。一句话，融合就是节约，融合就是效益。只有做好“融合”的文章，节约资源、提高效益才能真正落到实处，“数量规模型”建设才能真正转变为“质量效能型”建设[31]。

2. 军民融合发展思想的基本精神

军民融合发展思想是统筹国防和经济社会发展的重大战略思想和重要指导方针。军民融合发展思想的核心是融合。军民融合发展的根本目的是富国强军，基本方法是统筹兼顾，基本平台是市场，实践重点是“三个体系”。推进军民融合发展，更新观念是前提，创新理论是先导，改革体制是关键，完善机制是保证[32]。

3. 实现军民融合发展方向

向军民融合保障要效益。佘志英认为，向军民融合式保障要效益，必须在思想观念融合、体制机制融合、军费投入融合、战略规划融合、基建项目融合、科学技术融合、人才训用融合、物资保障融合、房地产集约融合等九个方面实现军民融合[33]。

九、关于实现富国与强军的统一问题研究的新进展

1. 充分认识富国和强军相统一的重大意义

人类数千年的文明史，从一定意义上说，就是一部各国各族人民追求富国强军的发展史。安全和发展、国防和经济、强军和富国，是任何一个国家生存、发展、振兴都必须面对的基本问题。富国和强军相统一，是中国特色社会主义的重要内容，是全面建设小康社会的迫切需要，是全面贯彻科学发展观的必然要求。

2. 在新的历史起点上、新的水平上实现富国和强军的统一的基本要求

实现富国和强军的统一，首先要使国防目标与经济社会发展目标相统一；实现富国和强军的统一，就要使国防和军队现代化与国家现代化进程相统一；实现富国和强军的统一，就要走出一条有中国特色军民融合式发展路子[34]。

3. 按照科学发展观的要求，实现富国与强军的统一的思路

一是在协调发展中实现富国与强军的统一；二是在同步发展中实现富国与强军的统一；三是在持续发展中实现富国与强军的统一。实现富国与强军的统一，是一项长期的战略任务，必须放长眼量、从长计议[35]。

4. 富国与强军是内在统一是基本的历史经验

走中国特色军民融合式发展路子目标就是要实现富国和强军的统一。历史经验一再告诉我们，一个国家要自立于世界民族之林，既要有雄厚的经济实力，又要有强大的国防力量。富国与强军，如同车之两轮、鸟之双翼，一直是中华民族魂牵梦萦的历史期盼。还要看到，富国与强军是内在统一、互为条件的。正如孙子所言：“兵不强则不可以摧敌，国不富则不可以养兵。”这就启迪我们，国富才能兵强，兵强才能安全，安全才能发展。所以，富国与强军，都是我国现代化建设的战略任务，都是发展中国特色社会主义、实现中华民族伟大复兴的重要基石，二者不可偏废[36]。

十、关于非战争军事行动问题研究的新进展

1. 对非战争军事行动内涵的认识

非战争军事行动，是指国家、民族、阶级或政治集团为一定政治、经济、军事目的，为维护国家利益，保障社会稳定，抵御自然灾害，保卫人民和平劳动和生命财产安全，直接或间接运用武装力量，采用非暴力手段，或在一定条件下有限度地运用暴力手段，所实施的军事行动[37]。

2. 非战争军事行动类型

2001 年，美军《联合作战纲要》具体列出 18 种非战争军事行动样式：（1）军备控制；（2）打击恐怖主义；（3）对禁毒行动的支援；（4）执行制裁；（5）强行隔离；（6）确保航行和飞行自由；（7）国外人道主义援助；（8）国内支援行动；（9）国家援助；（10）非战斗人员撤离行动；（11）和平行动；（12）护航；（13）救援行动；（14）显示武力行动；（15）打击与袭击；（16）对暴乱行动的支援；（17）反骚乱行动；（18）后果控制。这个纲要的核心是通过非战争军事行动，达成不需战争行动就可达成或战争行动不能达成的特定效果，实现某些连战争行为都难以实现的控制，为新的美国全球战略服务。

3. 非战争军事行动与核心军事能力

非战争军事行动能力并非军队的核心军事能力。就新世纪的中国人民解放军来说，核心军事能力依然是打赢信息化条件下局部战争的能力。我们依然需要牢记我军存在的“两个不适应”：现代化水平与打赢信息化条件下的局部战争的要求还不相适应；军事能力与履行新世纪新阶段我军历史使命的要求还不相适应。克服“两个不适应”，仍然是我们努力的主要目标和方向。我军要应对多种安全威胁，首要的是应对国家被侵略、被颠覆、被分裂的威胁；我军要承担多样化军事任务，首要的是打赢信息化条件下的局部战争。离开了这一核心能力，其他能力只能成为摆设。只有强化核心军事能力，完成其他军事任务才能获得坚实可靠的能力基础。

非战争军事行动能力检验、培育和辅助生成军队的核心军事能力，是新形势下增强我军核心军事能力的重要途径。特别是和平时期，非战争军事行动成为我军经常性、现实性重要任务。执行这一任务的过程，就是对我军现有理论、机制、装备、训练的检验过程[38]。

军事能力建设不仅仅是核心军事能力建设，还包括非战争军事能力建设。军事斗争准备除了核心军事能力的准备外，还有非战争军事能力的准备。因此，必须正确处理好核心军事能力与非战争军事能力的关系。一方面，核心军事能力的大小决定了军队应对多种威胁的能力，不具备打赢信息化条件下局部战争能力的军队，也无力应对多种安全威胁和完成多样化军事任务。另一方面，非战争军事能力建设对核心军事能力建设也有反作用，加强反恐维稳、平息暴乱、抢险救灾等非战争军事行动能力建设，可以有效促进核心军事能力各个要素的系统生存和配套，有助于推动核心军事能力体系的全面形成。我们必须统筹兼顾，正确处理二者的关系，扎扎实实做好军事斗争准备[39]。

4. 非战争军事行动的政治工作

（1）非战争军事行动具有政治性、全局性，政治工作必须坚持用党中央、中央军委的决策指示统一思想和行动。（2）非战争军事行动具有突发性、多样性。政治工作必须注重简化程序、创新方法手段。（3）非战争军事行动具有持续性、艰苦性。政治工作必须毫不松懈地激发官兵战斗精神。（4）非战争军事行动具有辐射性、斗争性，政治工作必须充分发挥作战功能。（5）非战争军事行动具有行业性、协同性。政治工作必须重视抓好人才队伍和法规制度建设[40]。

十一、关于军队战斗力理论研究的新进展

1. 具有我军特色的战斗力建设理论

改革开放以来，党的领导集体着眼战略环境变化、安全形势发展和世界新军事变革趋势，从国情军情出发，积极探索战斗力建设特点规律，科学回答了新时期军队应具备什么样的战斗力、怎样建设战斗力的问题，形成了具有我军特色的战斗力建设理论。主要体现在以下7个方面。（1）战斗力是军队的生命力，必须把提高战斗力作为国防和军队现代化建设的核心内容。（2）人是战斗力构成的决定性因素，必须着力提高官兵思想政治素质、军事技术素质和科学文化素质。（3）军事训练是平时生成和提高战斗力的基本途径，必须摆在战略位置常抓不懈。（4）武器装备是提升战斗力的物质基础，必须坚持科技强军加速推进武器装备现代化。（5）体制编制是人与武器结合的重要载体，必须建立适应武器装备发展和作战方式变化的体制编制。（6）依法从严治军是提高战斗力的内在要求，必须确保部队集中统一和安全稳定。（7）政治工作是构成战斗力的重要因素，必须充分发挥服务保证作用和直接作战功能[41]。

2. 关于科学技术是第一战斗力

“第一战斗力”的要件有两个：一是在战斗力系统向有序演化过程中起第一位推动作用；二是对战斗力发展的贡献率最大。科技进步与战斗力系统协同演化发展的历史表明：科学技术对战斗力系统发展的贡献率并非从来都是第一的，而是经历了一个由“隐含”到“显现”、再到“突出”，进而发展为“第一”的漫长过程，与其对应的战斗力系统分别为冷兵器时代战斗力系统、热兵器时代战斗力系统、核武器时代战斗力系统和信息化时代战斗力系统。也就是说，只有在信息化时代，科学技术才同时具备“第一战斗力”的两个要件，成为第一战斗力。马克思说过，科学，只有在它成功地运用数学时，才算达到完善的地步。这就是说，我们仅从定性分析上得出“科学技术是信息化时代第一战斗力”的结论，理由尚欠充分。根本出路在于运用现代数理科学，在建立信息化战斗力系统构成模型和数学模型的基础上，以军费投入为中介，把渗透于战斗力系统基本要素之中的科学技术含量剥离出来，进行量化描述，从而测度出科学技术对信息化战斗力发展的贡献率，用数据实证信息化条件下“科学技术是第一战斗力”[42]。

3. 影响战斗力生成的因素

科学技术特别是信息技术的迅猛发展及其在军事领域的广泛运用，深刻地改变着战斗力生成模式。从系统论角度，可以把影响战斗力生成的因素划分为导向性因素、结构性因素、途径性因素、环境性因素。

传统观念认为，战斗力生成的要素可简单地归结为人、武器以及人与武器的组合方式。然而，依照现代军事理论，军队战斗力系统是一个按照特定体制编制、指挥控制、战略战术方法武装起来的具有职业素养的人员和各种类型的武器装备组成的复杂系统。影响战斗力生成的具体因素还应包括指挥艺术、士气、凝聚力、纪律、部队传统、地形和气候等，这些因素通常难以测算，但有时却非常重要，甚至对战斗力生成产生决定性的影响。因此，分析信息化战争条件下战斗力生成因素，尤其是推动战斗力生成模式转变，不能仅从传统的战斗力要素看问题，而应当从系统论的角度，把战斗力生成的因素进一步分为导向性因素、结构性因素、途径性因素、环境性因素等，以科学把握战斗力生成的诸多因素[43]。

（作者：国防大学研究员）

注：

①尹庆文、鄢雁华：《“砺兵—2008”跨区对抗演习》，《现代军事》，2008年第12期。

②牛宏林：《中国军队：让全球震撼的生命大救援》，《军事文摘》，2008年第8期。

③张明庆：《改革开放30年军队群众工作的主要成就和经验》，《西安政治学院学报》，2008年第6期。

④军队院校教学成果奖励工作办公室：《二〇〇九年军队院校军队级教学成果评审结果》，《军队院校军队级教学成果》，《解放军报》，2009年4月24日。

⑤军全书：《担负起传承优秀军事文化的历史重任——庆祝军事科学院建院50周年》，《军事百科》，2008年第1期。

⑥陈耿：《2008年军事法学研究述要》，《西安政治学院学报》，2009年第1期。

⑦胡晋峰、王英超、刘江平：《当代海军》，2009年第3期。

⑧刘成军、刘源：《改革开放以来党的军事指导理论的创新和发展》，《中国军事科学》，2008年第5期。

⑨寿晓松：《改革开放以来党的军事战略理论的创新发展》，《中国军事科学》，2008年第6期。

⑩张卫兵：《培育当代革命军人的核心价值观》，《求是》杂志，2008年第15期。

⑪吴志忠：《改革开放30年与军人价值观建设》，《中国军事科学》，2008年第6期。

⑫许志功：《以科学发展观为指导努力推进国防经济理论创新》，《中国国防经济》，2008年第6期。

⑬廖锡龙：《改革开放以来党的军事后勤指导理论的创新发展》，《中国军事科学》，2008年第6期。

⑭赵泽宽：《新时期核威慑理论与实践的新发展》，《中国军事科学》，2009年第1期。

⑮张育林：《我国国防科技事业又好又快发展的科学指南——学习改革开放以来党的领导集体关于发展国防科学技术的重要论述的体会》，《中国军事科学》，2008年第6期。

⑯刘德茂：《科研成果——军事理论科学数字图书馆》，《解放军报》，2008年9月20日。

⑰邓晓宝：《开展创新中国军事科学体系研究》，《中国军事科学》，2008年第1期。

⑱刘继贤：《深入研究新情况新问题　繁荣和发展军事科学》，《中国军事科学》，2008年第1期。

⑲黄星：《试析党的军事创新理论的时代发展》，《中国军事科学》，2008年第1期。

⑳荆小平：《积极推进我国心理战理论创新发展》，《中国军队政治工作》，2008年第6期。

㉑范长龙：《改革开放以来党的领导集体对国防和军队建设特点规律的探索》，《中国军事科学》，2008年第5期。

㉒王忠、李书吾：《谱写军队与人民群众血肉相连新篇章——从改革开放以来我军参加抢险救灾实践看新时期军队建设的若干特点规律》，《西安政治学院学报》，2009年第6期。

㉓任海泉：《军事训练发展基本问题研究》，《中国军事科学》，2008年第4期。

㉔李言斌、彭默馨、于学国、曹民举：《军队信息化建设规律初探》，《中国军事科学》，2008年第5期。

㉕游光荣、徐旭、孙霞：《关于我军装备建设阶段性特征和规律的认识》，《中国军事科学》，2009年第1期。

㉖周培清、甘学荣、王欣田：《非战争军事行动政治工作特点规律研究》，《中国军事科学》，2009年第1期。

㉗李智林：《论信息化条件下作战理论转变趋势》，《中国军事科学》，2008年第3期。

㉘《军事》杂志编辑部：《联合作战指挥人才培养征文学术观点综述》，《军事》，2008年第1期。

㉙王连水、倪合良：《打赢信息化战争视阈中的军事软实力》，《中国军事科学》，2008年第2期。

㉚王幸生：《充分发挥文化软实力促进祖国和平统一的作用》，《中国军事科学》，2008年第2期。

㉛凌胜银、彭爱华、邹世猛：《军民融合思想发展的回顾与启示》，《中国军事科学》，2009年第1期。

㉜胡光正：《军民融合发展：统筹国防和经济社会发展的重大战略思想》，《中国军事科学》，2009年第1期。

㉝余志英：《向军民融合保障要效益》，《后勤学术》，2008年第1期。

㉞李怀信：《统筹经济建设和国防建设实现富国与强军的统一》，《后勤学术》，2008年第1期。

㉟王国生：《对我军历史使命的认识和思考》，《中国军事科学》，2008年第5期。

㊱凌胜银、彭爱华、邹世猛：《军民融合思想发展的回顾与启示》，《中国军事科学》，2009年第1期。

㊲刘向阳、徐升、熊开平，张春雨：《非战争军

事行动探要》，《中国军事科学》，2008年第3期。

㊳金一南：《沧海横流见英雄——我看新世纪中国人民解放军的非战争军事行动》，《中国青年》，2008年8月1日。

㊴周益锋：《完成多样化军事任务战略思想的时代价值》，《西安政治学院学报》，2009年第1期。

㊵傅懿韫：《适应非战争军事行动特点扎实做好政治工作》，《中国军队政治工作》，2008年第6期。

㊶赵克石：《改革开放以来党的领导集体关于军队战斗力建设的理论创新与科学实践》，《中国军事科学》，2008年第5期。

㊷宋黎：《科学技术：信息化时代的第一战斗力》，《中国军事科学》，2008年第2期。

㊸杨新、张治宇：《系统分析影响战斗力生成的因素》，《中国军事科学》，2008年第4期。

北京研究

北京经济

成志芬

一、重要学术会议简介

2008年4月20日，“第12次北京经济学博士论坛”在北京理工大学召开，主题为“中国改革开放的30年回顾”。2008年6月17日，由国际奥委会市场委员会、中国奥委会市场开发委员会共同主办的“2008奥运经济论坛”在北京举行，主题为“共享与责任——后奥运时代与中国经济”。北京奥组委官员及奥运经济专家等共同探讨后奥运时代的中国经济。2008年7月2日，由中国商业联合会指导，中国国际城市建设案例研究委员会执行主办，由崇文区人民政府、政协崇文区委员会、崇文区商务局协办，由国瑞地产、国瑞购物中心、《城市建设》杂志承办的“2008北京崇外商圈经济发展战略高峰论坛”在天坛饭店举行。论坛以“崇外商圈”为例，探讨国际大都市商业网点建设的特色。2008年11月1日，由北京农业经济学会与中国人民大学农业与农村发展学院联合主办的“北京农业经济学会2008学术年会暨2008学术前沿论坛农经分论坛”在中国人民大学举行。主题是“农村改革30周年纪念暨现代农业发展”，会议分成“市场流通、食品安全与产业组织”、“农业生产投入、资源环境与社会化服务”和“政府公共服务、农村社会保障与农民工问题”3个主题在3个会场进行了交流。2008年11月7日至9日，由北京大学、北京市教育委员会和韩国高等教育财团联合主办的国际性学术会议“北京论坛（2008）”举行。会议主题为“文明的和谐与共同繁荣——文明的普遍价值和发展趋势”。设有“生态文明：环境、能源与社会进步”分论坛。2008年11月11日，由北京市社会科学院主办的“奥运后北京经济发展论坛暨2008年北京经济形势分析会”在北京市社会科学院举行，专家学者集中研讨了当前的宏观经济形势，重点对奥运会后北京经济发展的战略重点、投资方向、城市空间布局等进行了深入分析。2008年11月14日至16日，由中国人民银行、中国银监会、中国证监会、中国保监会、北京市人民政府、联合国开发计划署、联合国系统机构共同联合主办，新布雷顿森林体系，欧盟50国集团协办的“北京国际金融论坛（IFF）第五届全球年会”在北京钓鱼台国宾馆举行。会议的主题是“全球金融危机对世界与中国的影响重建国际金融体系新秩序”，会议针对全球金融危机对世界和中国的影响以及所带来的风险、机遇和挑战，就诸多的关键性和焦点问题进行了深入讨论和协商。2008年11月21日，由台盟中央、北京航空航天大学、科技日报社和北京市科学技术委员会共同主办的“2008年京台经济科学发展论坛”在北京人民大会堂举行。会议的议题有“构建循环经济的统一体”、“知识经济与循环经济分析”、“京台资源循环利用的经济政策研究”、“京台的绿色经济、生态系统修复及宜居环境建设”、“京台的节能减排和低碳经济”、“京台产业内贸易研究”、“京台的金融合作与投资分析”等。2008年11月29日，由北京市社会科学界联合会主办，北京奥运经济研究会、北京联合大学奥林匹克文化研究中心承办的“2008学术前沿论坛——后奥运与首都经济发展论坛”在北京联合大学应用文理学院举行。与会人员分析了奥运后首都经济发展的走势，从不同角度探讨适合后奥运经济发展的思路。2008年12月21日，“第15次北京经济学博士论坛”在北京工商大学举行，主题为“金融危机的生成、传导与应对研究”。针对目前由美国次贷危机引发的全球金融危机的生成、传导机制进行了理论与现实的考察，对我国的应对策略进行了探讨。

二、重要学术专著简介

《北京郊区村级集体经济制度创新研究》（李俊英著，中国农业科学技术出版社）以北京郊区农村为研究对象，通过对不同村庄集体经济的实地考察，对北京郊区村级集体经济制度创新进行了研究。首先，研究北京郊区村级集体经济发展历程，提出村级集体经济新内涵、新功能和外延。其次，结合北京郊区村级集体经济制度创新实践，从村级集体经济产权制度（包括整合村庄全部资源的社区股份合作制、非农地制度、农地制度、村集体企业产权制度）、村集体经济组织制度、村集体经济分配制度进行了深入分析，找出了存在的问题，指出了创新的思路。最后，提出与村级集体经济制度创新配套的一系列外部相关对策措施。《北京农村产业发展理论与实践》（胡宝贵，邓蓉著，中国农业出版社）是一本研究农村产业结构的书籍。内容包括：农村产业发展是新农村建设的核心、农村产业发展理论综述、北京农村产业发展分析、北京农村产业发展问题分析、北京新农村建设中的产业发展对策、北京农村产业发展研究案例。《首都西南区域经济发展研究》（周茂非，倪国锋著，中国经济出版社）是第二届“首都西南区域经济发展论坛”的组委会专门组织开展的“首都西南区域经济发展专题研究”形成的成果汇编，包括一份综合研究报告，3份专题研究报告以及多篇专家文稿。该书以首都西南区域的经济发展作为研究对象，既立足于首都西南5区的实际，又不局限于某一个区，既立足于对5区现状和既有资源的分析，又放眼于未来的长远发展，特别是通过把握北京市在奥运后的发展新策略，研究和提出了西南区域的发展对策。《走出繁华都市边缘的贫困北京市门头沟区可持续发展战略》（张一弛主编，经济科学出版社）通过研究在大都市繁华的衬托之下，其周边地区（特别是郊区县）的相对贫困问题，揭示贫困的原因，提出贫困地区的脱贫建议——通过人力资源的开发进行脱贫，通过生态型产业的发展进行脱贫，通过制度建设来服务于当地的经济建设。《奥运机遇拉动下的北京休闲经济发展》（吴承忠等著，中国经济出版社）以休闲经济的有关理论和方法思考奥运机遇下相关产业的发展问题，对奥运会给北京休闲产业发展带来的机遇进行了分析，综合研究了奥运会机遇期（包括前奥运机遇期、奥运中和后奥运机遇期）北京休闲产业中重要组成部分的旅游产业、文化休闲产业（以传媒产业和艺术产业为重点）、体育休闲产业、娱乐产业（以主题公园业和网络游戏产业为重点）的发展现状、问题，从行业发展和公共管理的角度提出了战略、政策等建议。《2008奥运会对北京产业发展的联动作用》（何小锋等著，北京大学出版社）对2008奥运会对北京产业发展的联动作用和经济增长的影响进行了实证分析，如奥运会对北京金融业发展的作用、奥运会交通问题的解决与北京相关产业发展的关系、奥运会对旅游纪念品产业开发与经营的作用等。《北京市服务业就业发展战略研究》（韩景华著，现代教育出版社）选取北京作为研究对象，着力从产值构成、就业构成、产值增长率、就业增长率、就业弹性、比较劳动生产率、技术创新、产业集聚、支柱产业、大都市经济圈、长期发展趋势预测等方面，全面系统分析北京市服务业就业的现状、特征、突出问题和制约因素，提出发展服务业促进就业的对策建议。《临空经济发展的战略与对策：以首都国际机场为例》（张军扩等著，经济科学出版社）从区域协调发展的需要出发，运用定性和定量研究方法，研究了临空经济的内涵、特征及其发展的一般规律，并对北京临空经济发展进行了案例研究。《北京改革开放30年研究·经济卷》（刘牧雨、戚本超总编，赵弘卷主编，北京出版社）内容包括：北京经济体制改革30年的历史进程、北京经济体制改革30年的主要成就与经验、北京农村经济体制改革的回顾与展望等。

三、首都经济研究

1. 总部经济

总部经济是北京经济发展的主要形态之一，北京总部经济对货币政策传导影响表现出一些新的变化特点：一是减小了货币政策通过信贷渠道发挥作用的空间：企业集团资金的内部自我循环对银行信贷渠道产生了替代效应。紧缩性货币政策意图难以通过信贷渠道传导到企业集团层面。企业集团在金融市场上较强的融资能力降低了其对银行信贷渠道的依赖。二是降低了利率渠道的弹性。三是企业集团的金融创新活动对货币政策传导造成一定冲击：对货币供应量监测带来一定干扰。企业集团进行的信贷资产转让业务造成贷款规模虚减。企业集团开展的信托理财产品业务绕过信贷渠道；四是延长了货币政策时滞。由于总部经济具有较大的影响力，在当前从紧的政策货币背景下，更应关注其对货币政策传导机制的影响，以提高货币政策传导效率：一是加强对总部经济运行机制及其对经济金融运行影响的研究，探索建立反映总部经济运行形势的指标体系，加强对企业集团资金活动的监测和分析。二是进一步完善货币政策调控工具。三是引导总部企业所属的财务公司、信托公司等金融平台在货币政策传导中发挥积极作用。有学者认为，北京大力促进总部金融中心的发展，应该优化政策环境：总部经济的金融政策创新优化大致包括：跨国公司总部与其境内子公司的统一资金管理政策、总部的跨境资金管理政策、总部外汇管理政策、总部的资本运作与投融资管理政策，优化人才环境，硬件环境，市场环境，率先在全国建成较为完善的信用体系，强化对文化创意等新兴产业的金融服务，编制预案以积极防范和化解金融风险。

2. 循环经济

大力发展循环经济对于北京转变经济增长方式具有重要意义。北京市发展循环经济存在的问题和不足：有学者认为，主要是资源供需矛盾日益加剧，环境压力不断加大，增长方式转变的压力依然较大，政策法规体系仍需完善，市民节约意识有待提高。北京市发展循环经济的对策建议：有学者认为，要加强循环经济制度建设，完善保障体系和发展机制；加强高科技生态产业园和生态型服务业建设；促进物质资源的社会化循环。有学者认为，北京发展循环经济要立足科技创新，充分发挥科技资源优势，突破制约循环经济发展的技术障碍。科技发展与循环经济是相辅相成、相互促进、相互发展的关系。科技发展为循环经济实践提供手段和方法，推动循环经济实践活动由低水平不断向高水平发展；反过来，循环经济发展催生资源节约型、环境友好型的技术，指引科技发展的方向。具体的科技对策建议：一是加大科技投入，支持社会发展科技；二是产学研结合，有效集成研究力量；三是强化技术共享，建设社会发展科技基础设施与条件平台；四是广泛开展国际技术开发合作。有学者认为，目前北京循环经济的发展模式有：企业清洁生产模式，生态工业园区模式，工业废弃物综合利用模式。北京工业循环经济发展的重点是：（1）对于化学原料及化学制品制造业、黑色金属冶炼及压延工业、电力、热力的生产和供应业，应积极发展循环经济，实现产业转型。对于通讯设备、计算机及其他电子设备制造业和废弃资源和废旧材料回收加工业，应该优先通过政策激励等方式，推进清洁生产和循环经济发展。（2）高新技术产业的循环经济发展是北京市循环工业发展的关键环节。（3）建设重点生态工业示范园，如北京经济技术开发区（亦庄）、中关村软件园、中关村生命园、顺义林河工业开发区、顺义天竺空港工业区、北京国家环保产业园区等。

四、北京经济的发展目标、重点及对策研究

1. 区域协调发展

京津冀都市圈的区域合作已经进入高级阶段，产业合作、基础设施合作和区域贸易都有新的进展。但是京津冀都市圈内部的区域差异依然存在，而且还有扩大的趋势。在这样的背景下，有学者认为北京应当在京津冀都市圈区域合作中发挥要素集散、发展服务、辐射带动和区域创新等四项功能，并创建区域创新基地、高素质人才培养和输送基地、产业升级和转移基地、物流产业发展基地4大基地来巩固北京的核心城市地位。有学者提出了提升环渤海区域综合发展能力的战略思考：加强资源整合，建立区域合作共赢机制；以总部经济模式促进区域产业协调发展；构筑京津塘高科技产业带，加快创新成果转化；加强产业集群建设，优化区域空间产业布局。

具体到农业和旅游业，农业方面，有学者建议京津可以考虑把环京津地区作为发展的腹地，把环京津地区建成京津6大基地（产业带），即生态屏障与水源涵养基地、绿色农牧产品加工供应产业带、农业产业转移基地、农业科技成果转化基地、自然生态和文化旅游休闲度假基地、劳务输入基地。而环京津地区可以把京津作为商品市场、资金、技术和产业来源地、旅游客源地。加快实现京津冀在观念、产业、市场、人才和体制方面的融合，加快解决环京津贫困带问题的步伐，促进京津冀都市圈农业的可持续发展。可以把京津生态环境保护和水源涵养与解决区域“三农问题”相结合，以构建环京津绿色农牧产品加工供应产业带为重点，建立有效的投入和产出机制，实现良性循环。可以通过法规的方式推进合作，构建区域统一市场。可着重进行6个方面的合作：第一，开展农产品产销合作，调整京津冀农业产业发展布局，加强区域内农业资源的融合与有效利用，实现优势互补。第二，积极推动农产品流通，开辟京津冀农产品“绿色通道”，共同创造公平、开放、竞争、有序的市场环境，形成没有壁垒的农产品流通市场。第三，加强农业企业合作，建立产业转移与对接机制。第四，开展农业科技合作与交流，提高农业科技水平。第五，积极推动农业信息平台建设，实现信息网络互联互通。第六，推进农产品质量与安全管理合作，加大监管力度。旅游业方面，京津冀旅游资源的整体性和互补性为协同发展奠定了基础，但也存在一些制约因素，为此要打破行政区划，编制区域旅游发展总体规划；加大贫困落后地区的旅游业投入，缩小河北与京津旅游业的差距；加快京津冀都市圈旅游环境建设；加强京津冀旅游企业的合作。

2. 产业结构调整

产业结构升级可以促进国民经济的发展，有学者通过研究近年来北京郊区产业结构升级变化的动因，归纳了产业结构升级的几个主要影响因素：（1）需求变化的影响：在居民收入增加的同时，消费结构也在发生着显著的变化，居民的支出结构已经发生了有利于非农部门而不利于农业部门的变化；（2）生产率上升差异的影响：在近年的发展中，第一产业的生产率上升的幅度相对于第二、三产业在下降；（3）技术进步的影响：北京第二产业的技术进步和创新远高于第一产业，而第三产业则要高于第二产业；（4）产业政策的影响：近年来，北京市各级政府相继出台的政策对推动和加快北京郊区都市农业发展，以及第二、三产业发展起到了有力的促进作用；（5）资源供给的影响：近十几年来，由于人均自然资源数量进一步减少，北京郊区不可能发展资源密集型产业，第一产业的规模也会不断缩减，但丰富的人力资源和资金资源促使郊区可以发展第二、三产业，尤其是高科技产业和现代服务业；（6）经济全球化的影响：改革开放后，外来投资与对外出口已经成为郊区产业结构升级的重要影响因素；（7）北京郊区功能变化：北京郊区功能的转变促进了北京郊区第二、三产业的迅速发展，而随着北京政治文化中心、现代化国际大都市地位的建立和加强，劳动力密集型产业、化工冶金等资源密集型和有污染的重化工业项目则不适合在北京郊区投资。

生产性服务业逐步成为北京经济发展中的主导产业。深入分析并准确把握生产性服务业发展与北京产业结构升级的关系机理，有利于生产性服务业向北京经济和产业发展全面渗透，对于北京在生产性服务业与产业结构升级的互动中进一步提升产业竞争力，率先实现经济发展方式优化和产业升级，具有十分重要的意义。有学者认为，一方面，生产性服务业是北京产业结构升级的重要引擎：生产性服务业成为主导产业标志着北京产业结构提升到了新高度；生产性服务业推动北京实现创新驱动的经济增长；生产性服务业推动北京产业竞争力的提升；生产性服务业优化了北京产业升级的环境。另一方面，产业结构升级推动了北京生产性服务业的发展：产业结构升级所产生的需求推动了生产性服务业的发展；企业升级推动了生产性服务业的发展。

3. 现代农业

都市型现代农业是北京农业未来的发展定位。有学者在运用北京都市型现代农业评价指标体系和动态诊断模型对北京市都市型现代农业建设进程进行测算、评价、诊断与分析的基础上，得出结论：北京都市型现代农业整体进展较好，是可持续的，但区县之间发展不均衡。2005 年，北京都市型现代农业 5 大功能的实现度，依次为：区域和谐水平 > 服务功能 > 发展能力建设 > 生产功能 > 生态功能。这表明，在 2000 年至 2005 年 5 年中，对社会功能和服务功能关注程度较高，而对生态和生产功能关注与投入力度不够。并提出对策和建议：大力提升北京农业生产功能质量；加大对农业科技的投入，并加快农技推广体系的制度创新；农民教育要在培训、教育上实行由单纯的农业技术培训，延展为全面教育；大力提高农民的组织化程度；扩大生态补偿范围。

有学者基于区位商法分析了北京与周边省份农业各行业的比较优势，研究了农业结构内部各行业在北京 18 个区县的比较优势，提出了北京都市型现代农业产业发展的布局。结果表明：与周边省份相比，北京农业总体上没有比较优势，但林业和牧业比较优势明显，种植业和渔业完全没有比较优势。北京各区县比较，延庆县、密云县、平谷区、大兴区、通州区、顺义区、房山区农业占相当大比重。从农业内部结构看，种植业在丰台区、平谷区、昌平区、大兴区、通州区的比较优势明显，林业在门头沟区、朝阳区、丰台区、昌平区、怀柔区、海淀区比较优势明显，牧业在怀柔区、密云县、房山区、顺义区、门头沟区、延庆县有一定的比较优势，农业服务业在海淀区、朝阳区比较优势非常突出。结合北京市的资源禀赋、区位条件等，北京都市型现代农业产业的发展应按照近郊农业圈、远郊农业圈、山区生态涵养发展圈、合作农业圈 4 个圈层进行布局。

4. 现代服务业

服务业已成为北京的第一大支柱产业。有学者认为，奥运会的举办为北京现代服务业的发展创造了新的商机。经济影响是显著的。政策方面，产业政策将更加清晰明确，投融资政策将继续完善，知识产权政策将更为系统。文化方面，人文精神会更加浓郁，民族文化将焕发出更强的生命力，创新意识将显著增强。人力资源方面，人力资源素质水平的提高在短期内满足了北京现代服务业对人才的需求，长期来讲，高素质的人力资源环境对北京现代服务业及北京地区经济发展有着强有力的推动作用。但奥运会后的经济和部分产业（如证券市场业和房地产业）可能出现动荡，影响到现代服务业和经济的持续发展。有学者认为，北京创新型服务业的发展具有得天独厚的优势，具有的资源优势包括区位资源优势、科技资源优势和智力资源优势。但也有一些制约因素：国家宏观管理体制方面不够完善；北京地区生产总值偏低，产业结构不平衡；企业创新意识薄弱，科技投入不足，大量企业创新主体地位尚未确立；居民服务性消费需求仍然不高。

北京现代服务业发展的建议：有学者提出要建立健全市场宏观调控体系，引导奥运前后的合理投资；合理分布产业链中各行业相关业务；明确产业园、产业功能区和城市功能区的产业定位，突出特色；加大对服务基础设施以及专有技术与人才的投入。有学者认为，生活性服务业是服务业的重要组成部分，北京全面提升生活性服务业，对推动首都经济又好又快发展意义重大。北京提升生活性服务业：一要鼓励多业态、多形式发展，满足居民多样化需求。大力发展廉租房、经济适用房和“两限房”。建立和完善社区综合服务体系。整合旅游资源，改善旅游环境，打造旅游品牌，开发旅游产品。加快体育产业化进程，积极发展健身娱乐、体育旅游、拓展训练等健康休闲娱乐业。加快发展农村生活服务业。二是向高端化发展。运用现代经营方式、管理理念和信息技术改造提升传统消费服务业，鼓励连锁经营，发展差异化、个性化服务，培育一批旗舰品牌服务企业，打造推广一批重大知名服务品牌。三是不断完善发展环境。完善服务业价格政策，推进服务业的标准化建设，改革生活性服务业的准入政策，培养多元化的竞争主体，进一步规范消费服务市场。

5. 现代制造业

关于现代制造业与生产性服务业二者之间的产业关联，经研究，有学者得出结论：（1）生产性服务业投入与制造业效益提升呈现正相关性，制造业服务化对于提升制造业效益水平具有积极作用，但目前北京制造业服务化程度较低，生产性服务业与制造业互动发展并不突出；（2）北京制造业对生产性服务业的中间需求结构不断提升，对传统服务业的中间需求下降，对科技交流和推广服务业、商务服务业等知识密集型服务业的中间需求显著提高，不同类型制造业对生产性服务业的中间需求结构存在明显差异；（3）北京生产性服务业对资源密集型制造业的中间投入趋于下降，对技术密集型制造业的中间投入趋于上升，不同类型生产性服务业对制造业的中间投入结构存在明显差异。也有学者认为，一方面，强大的制造业是生产性服务业发展的良好基础。另一方面，生产性服务业的发展推动了制造业产业升级。

对于北京市制造业在下一阶段的发展，有学者从产业融合的角度提出建议：推进北京市现代制造业与金融服务业、信息服务业、商务服务业、研发服务业的融合发展。加快生产性服务业人力资源开发力度和幅度。应根据不同类型制造业的中间需求结构以及不同类型生产性服务业的中间投入结构，遵循供需特点，强化生产性服务业与制造业的产业融合。尤其要充分发挥北京的科教资源优势和金融管理中心优势，提升生产性服务业对制造业转型升级的引领、支撑作用。应加强二者在产业链上的融合以提升产业链综合功能和竞争能力。有学者从制造业全要素生产率的角度提出建议：注重技术效率的提高。技术效率主要受规模经济、纯技术效率以及就业人员的技术水平和企业经营管理水平的影响。北京制造业应继续加大产业布局的调整幅度，实现产业规模经济以及协同效应。同时，北京市制造业必须不断提高企业的经营管理水平，有效地去组织和整合企业资源；积极推进民营企业的发展，激活国有大型制造企业的忧患意识，增加传统制造企业的竞争能力。要继续推动技术的进步。北京市制造业全要素生产率提高的主要原因在于制造业技术的进步，而技术的进步主要受技术研发投入和关键生产设备引进更新的影响，北京制造业应当继续加大技术研发的投入，特别是通信设备、计算机设备制造业等信息产业以及交通运输设备制造业等基础设备产业。同时，北京制造业应当继续引进先进和更新落后的生产设备，吸收国外的先进技术和生产操作技术。

6. 文化创意产业

北京市依托区位优势、资源优势和物质基础条件发展文化创意产业，尤其是2008年奥运会从十大方面推动了北京文化创意产业的发展，目前北京文化创意产业的支柱地位已经确立，集聚效应进一步凸显，形成了一批特色鲜明的文化创意产业集聚区，它们共有4种发展模式：资源聚集自发形成模式

（如宋庄原创艺术与卡通产业集聚区、潘家园古玩艺术品交易园区等）、原有资源改造利用模式（如798艺术区）、依托原有资源提升模式（如中关村科技园区雍和园、北京数字娱乐产业示范基地、国家新媒体产业基地和中关村创意产业先导基地）、全新规划建设模式［如北京市DRC工业设计创意产业基地、中国（怀柔）影视基地和中关村软件园］。但有学者认为，北京市文化创意产业发展中还存在一些问题和不足：第一，产业内部各行业之间发展不平衡，部分领域还处于产业化起步阶段，部分新兴行业的发展落后于国内其他地区；第二，人才结构性短缺问题依然存在；第三，协调推进机制还需进一步完善；第四，集聚区的空间布局还需进一步加强引导；第五，扶持引导政策待进一步细化；第六，产业投融资渠道有待进一步拓宽。有学者认为，北京已有的创意产业基地大多是自发形成的，相对低廉的租金是吸引创意活动向旧城衰退区域或部分新城集聚的重要动力之一。创意产业集聚区内充斥着大量的低层次活动单位或产品，发展的软硬环境也与国外先进创意产业园区有着显著的差距。另外，创意元素在整个社会运行过程中所占的比重还很小，有待于变革与提升的传统要素还很多，创意北京建设任重道远。还有学者认为，北京文化创意产业集聚区仍然面临强烈的改善效率基础结构的迫切要求。

北京文化创意产业发展的对策与思路：有学者认为，建立创意社会背景下全新的经济结构、都市空间结构和社会组织结构是工作重心，完善符合各种创意活动运行需求的保障机制是重要任务。有学者认为，要摸清北京文化经济地理资源；提高北京文化经济政策的执行力；积极参与世界文化创意产业分工体系；利用新传媒创造新的业态和文化经济增长点；规划合理的知识产权制度；建立科学规范的文化经济调控机制；整合形成统一规划和预算的国家文化安全政策。有学者认为，必须加强文化创意人才的培养，文化创意人才的培养一定要改变过去只重教授，轻视实际操作的教学方式，并要加强知识面、合作精神和创造能力的培养。第一要在教学过程中融入接触实际项目的环节。第二，要提高教师水平，从企业聘用专家或技能高手走进讲堂，要定期送专职教师到企业进行实战训练和提高。第三，走校企合作之路，要在学校建立仿真工作室。既实现学生在校期间有机会接触到实际应用性的工作，也能为企业降低劳动用工成本起到应有的作用。第四，要在培养人的综合能力上下工夫。有学者认为，要充分挖掘、整合、转移和利用北京丰富的历史文化资源，通过创造性、创新性的创意把丰富深厚的历史文化资源转化为文化创意资本，扶持具有浓郁北京特色和中国特色的首都文化创意产业品牌。充分利用现代的技术、设计、创意和工艺，开发和生产具有丰富文化语义内涵和审美形式的文化创意品牌。在整合和利用北京历史文化资源的同时，大力发展体现首都文化、中国现代文化、北京都市文化的文化创意产业。关于文化创意产业聚集区的发展，要培育特色产业链，释放文化创意资源的整体效应；发挥市场机制作用，推动特色产业集聚区建设；打造文化创意企业和聚集区品牌，创造良好发展氛围；加强知识产权保护，为文化创意产业保驾护航。必须充分考虑创意产业的资源条件、产业基础和市场情况，同时考虑城市功能的合理布局及相应建设条件，做好创意产业的产业发展规划。此外，还应组织做好产业集聚区的建设规划，引导创意产业与城市建设协调发展：一是在高科技园区安排一定空间发展创意产业；二是利用存量房地资源如工业厂房、仓储用房等发展创意产业；三是挖掘并围绕一些创意产业的生长点，进一步规划完善和拓展发展空间。

7. 金融业

2008年4月，北京市委市政府正式发布《关于促进首都金融业发展的意见》，明确提出了将北京建设成为具有国际影响力的金融中心城市的目标。有学者在对北京地区经济增长与金融发展相关指标进行单整和协整检验的基础上，构造误差修正模型（DCM）对其进行实证并进行Granger检验，得出北京区域金融发展与区域经济增长关系的结论：北京地区金融发展与经济增长之间不仅存在正向促进关系，而且存在Granger意义上的因果关系，其中相比较，北京地区金融发展对经济增长的影响较为显著，二者将长期均衡发展。加快北京金融业发展、推动金融中心建设进程，对北京经济增长作用显著；同时北京地区持续的经济增长也将对北京金融资源聚集和金融中心建设产生促进作用。该学者提出北京金融业发展的对策建议：要促进国内外银行类金融资源和国内外证券、保险以及其他类型金融资源的聚集，加速金融中心建设的进程。培育金融市场，完善金融市场体系首先要培育和发展各种货币市场。北京发展货币市场的重点应当放在银行短期信贷市场、票据市场以及其他短期资金市场方面。其次要培育和完善资本市场。此外，还要着力培育和发展保险市场、信托市场和金融租赁市场等；科学规划金融发展布局，优化金融资源配置，优化金融业发展环境，增强对国内外金融机构的吸引力；继续保持实体经济的快速发展。

五、奥运经济与后奥运经济研究

北京奥运会会对北京经济产生正负两方面的效应。关于正面经济效应及影响，有学者认为，北京奥运会会有效地带动北京地区的投资需求和消费需求，为北京经济的高速增长提供动力；带动北京经济结构的调整，使北京经济更具活力；扩大就业。奥运会把北京朝国际化大都市的方向推进了一大步。北京奥运会大力推进城市基础设施建设，加快城市现代化建设，奥运会吸引众多的国内外观光者到北京观看奥运赛事，大量人流的涌入，不仅能够有效扩大旅游公司的业务量，也为酒店服务业、餐饮业和商业的飞速发展创造有利条件，在股市上形成奥运板块。北京奥运会将大力拉动北京地区第三产业的快速发展，给服务业造成巨大的发展空间。举办奥运会所建的城市基础设施、商业环境、环保措施等将使首都北京受益几十年，甚至更长时间，由奥运会带来的交通、通信、娱乐、餐饮、文化等各行各业的发展，必将涉及北京的周边地区乃至全国。北京奥运会带来了城建商机、环保商机、体育产业商机、旅游商机、汽车商机、数字商机、商业商机、就业商机等。有学者认为，注入主办城市的投资，通过投入产出链及乘数效应促使主办城市经济总量的增加。北京奥运会是促进北京城市现代化和城市营销的重要平台，其中对北京体育产业和旅游业的促进作用尤为突出。有学者认为，奥运给北京留下丰厚的“遗产”，这些设施在奥运之后会对北京经济社会生活起到巨大的推进作用；北京奥运会将对北京市的产业结构的调整给予积极的推进；人们所担心的后奥运综合征在中国基本不会发生。有学者认为，北京后奥运经济整体分析将保持乐观，北京经济发展有着持续的坚实的基础，将随着中国经济的发展而发展。北京奥运会后不会出现失业潮。但相对于前奥运阶段和奥运会举办当年，奥运会后的就业量的确会减少。而且，如果前期准备和预防工作不完善，使得低谷经济过于严重，GDP 年增长率低于 3% 或是呈现负增长的话，就业就会出现大幅度减少。

关于北京奥运会的负面经济效应及影响，有学者认为，主要有：（1）奥运低谷效应：奥运会结束后，大量的体育场馆和设施有可能被闲置或利用不足，一些与奥运相关的行业可能出现衰退；（2）房地产炒作导致奥运泡沫经济；（3）社会额外支出增加：社会额外支出即附加成本，是指在运动员、教练员、官员、记者、观众和游客等向当地居民或他人转嫁而没有给予补偿的费用，包括举办奥运会直接给当地居民和社会带来的负面影响，也包括举办奥运会给当地居民和政府带来的压力；（4）区域经济发展不平衡，在极大地改善北京基础设施和环境状况下，必然会加剧地区之间经济发展的不平衡、不协调，更大地加大经济差距；（5）产业内部结构失衡；（6）生态环保压力继续加大。除此之外，有学者认为有“虹吸效应”：国家投资优先考虑保证奥运会，这一方面会极大地改善北京的基础设施和环境状况，但另一方面也可能加剧地区之间发展不平衡、不协调，拉大经济差距；“挤出效应”：对固定资产的挤出效应（由于固定资产与非固定资产投资投向了奥运，在其他方面所产生的巨大的经济利益被挤出了，公共投资对私人投资产生挤出效应）及对消费、收入、劳动力低成本优势的挤出效应。有学者认为，产生的负面效应还有：奥运经济使国民经济波动风险加大；奥运经济成本高昂，使财政压力巨大。

对于“后奥运时期”的北京经济以及首都经济发展，北京奥运经济研究会执行会长陈剑提出对策：（1）把发展现代服务业放在突出地位；（2）加大城市基础设施投资；（3）加快奥运相关产业发展：旅游业、会展业、体育休闲产业、信息产业、金融业；（4）整合资源将“奥林匹克公园”主中心区打造成具有独特城市功能的新区——亚奥文化新区；（5）优化产业政策，加大力度支持滑坡产业，如建筑业；（6）通过选择适当的管理模式，开发体育场馆的无形资产，引进国际高水平体育赛事等来做好奥运会场馆的后续利用；（7）加快北京居民消费结构升级，提高居民在体育和健康产业的消费能力；（8）用绿色奥运理念打造绿色北京；（9）加快京津冀一体化进程；（10）有效控制北京人口增长。其他学者也提出措施：（1）大量引进国际高水平体育赛事；（2）利用场馆优势，开发周边设施：奥运会结束后，在没有比赛的时候还可以把场馆变成会议设施、零售场地、博物馆、展览厅、电影院、演唱会场地等，为其他商业、文化、娱乐活动的展开提供场所和设施，综合利用奥运场馆周边的饭店、基础设施、娱乐休闲场所设施，满足游客全方位的需求，此外，利用奥运会场馆和周边设施，吸引民间资本建设商业、会展、酒店互补项目，积极吸引大型文化体育活动、大型展览会议，形成以大型体育比赛、大型会展、人文生态旅游、高级商务为一体的体育会展产业区，同时带动商业、餐饮业、旅游业、酒店业的发展；（3）减少举办奥运会的支出；（4）提高

"辐射效应"；（5）强化旅游业等相关服务产业的经济推动作用；（6）重视生态环境的保护，提高市民环保意识。还有学者提出：奥运后要积极鼓励广大市民乘坐公共交通工具，提高公共资源使用效率。

（作者：北京联合大学助理研究员）

北京城市建设与管理

张景秋 陈媛媛

2008年北京抓紧奥运机遇，积极推进城市建设投资，城市道路、公用事业、房地产开发、城市改造与古都风貌恢复、奥运专项工程等方面取得突破性进展。北京城市道路建设迅猛发展，路网结构不断优化，便捷、高效、安全的交通体系正在形成，交通拥堵状况逐步缓解，积极推动了国际交流中心的功能定位。水、气、热、电、园林绿化、空气治理、污水垃圾处理等城市公用事业成果显著，城市环境质量大幅提升。

一、重要学术会议与学术论著简介

2008年11月26日，"北京城市管理创新发展研讨会"在北京会议中心召开，会议由北京市市政管理委员会和北京城市管理学会共同主办，城市管理与科技杂志社、北京城市运行与发展研究中心、北京社科院城市管理研究基地协办。北京市政管委、市城管执法局、18区县市政管委以及北京大学、清华大学、中国人民大学、中国科学院、北京社科院、市委研究室、市发改委、市规划委、市建委、市交通委、市水务局、市园林绿化局和新闻媒体的120余人参加了会议。7位专家学者围绕城市管理中的公共服务均等化和城乡一体化、城市管理长效机制建设、首都城市管理发展的客观趋势、宜居城市的评价指标、奥运城市运行对未来城市管理的启示、如何应对城市管理中的突发事件、数字化城市管理等主题，从不同角度和不同层面，对城市管理的理念、问题、方法及对策做了广泛和深入的研究和分析。会议同时发布了由北京市政管委委托北京城市管理学会编写的《2007年度市政管理发展报告》。

陈文占提出北京的城市管理要更加注重以人为本和全面协调可持续发展的现代城市管理理念。北京的城市管理在加强依法管理、综合管理和目标管理的基础上，要提高城市管理的科技含量，发挥信息化城市管理系统的作用，提升城市管理水平。中国社会科学院的辛向阳博士认为，今后北京城市管理的一个重要趋势就是要越来越国际化。

2008年9月10—12日，由清华大学建筑学院主办的"2008清华大学内地香港专家中国城市化论坛"在清华大学开幕。100多名师生和来自香港、内地各知名高校的40多位专家、学者参与了本次论坛。论坛从理论和实践两方面对中国城市化和城市化研究过程中面临的诸多问题进行了探索和研究，充分展示了内地与香港在中国城市化研究领域的最新动态。论坛上，香港浸会大学讲座教授李思铭就中国城市重建与通勤模式进行演讲。学者们就全球化与城市化、区域化与城市化、城市化与规划设计等主题进行了讨论。

2008年出版《北京城市湿地现状与保护管理对策研究》（温亚利等著，中国林业出版社），根据国外城市湿地保护管理经验，借鉴国内其他城市湿地实践做法，结合北京市水资源、人口和社会经济发展现状，作者将北京城市湿地保护战略定为：北京城市湿地是城市生态系统的重要组成部分，是北京城市可持续发展的保证，主体功能为水源涵养及供给、区域气候调节、景观服务、文化传承。应完善城市湿地政策保障体系，建立北京城市湿地生态补偿制度，加强各部门的协调，将城市湿地保护纳入到北京市社会经济总体发展规划，建立健全公众湿地保护管理参与机制。

2008年出版《北京形象——北京市城市形象识别系统（CIS）及舆论导向》（李兴国等著，中国国际广播出版社），运用CIS理论对北京的城市形象进行了思考，提出了具有可操作性的建议，对北京的物质文化及非物质文化遗产进行了梳理，提供了研究北京、宣传北京的大量信息资料，也为从事城市形象研究提供了范本。

二、建设"人文北京、科技北京、绿色北京"

2008年12月1日刘淇作了《建设"人文北京、科技北京、绿色北京"》报告，指出北京奥运会、残奥会的圆满成功，标志着首都的经济社会发展已经站在了一个新的起点上。面对新形势、新任务、新要求和人民群众的新期待，必须深入贯彻落实科学发展观，认真总结奥运会、残奥会的成功经验，按照首都工作的特点和规律，不断丰富、升华、发展人文、科技、绿色三大理念，把以人为本、科技创新、生态文明的要求摆在更加重要的位置，努力建设“人文北京、科技北京、绿色北京”。

建设“人文北京”，就是要在首都各项工作中全面落实“以人为本”的要求，尊重人民主体地位，发挥人民首创精神，真正做到发展为了人民、发展依靠人民、发展成果由人民共享；就是要切实保障人民群众的经济、政治、文化、社会权益，不断提高群众的思想道德素质、科学文化素质和健康素质，提高城市文明程度；就是要深入发掘首都丰厚的文化资源，大力发展文化事业和文化产业，充分展现首都文化的魅力；就是要妥善协调好各方面的利益关系，切实维护公平正义，不断促进首都的和谐与稳定。

建设“科技北京”，就是要充分发挥首都的科技智力优势，加快经济结构调整和经济发展方式转变，切实把经济发展转变到依靠科技进步、劳动者素质提高、管理创新的轨道上来；就是要切实增强自主创新能力，推动科技创新，推进高新技术成果在城市管理与群众生活中的应用，加快创新型城市建设；就是要大力推进改革创新，努力构建充满活力、富有效率、更加开放、有利于科学发展的体制机制。

建设“绿色北京”，就是要把城市的发展建设与改善生态环境紧密结合起来，努力建设生态文明，加快环境友好型和资源节约型城市建设；就是要加大环保基础设施的建设力度，继续下大力气治理空气质量，加强绿化美化，不断提升首都的环境质量；就是要大力推广节能环保新技术，加强节能减排，发展循环经济，使首都的发展更加可持续；就是要倡导绿色健康的生活方式和消费方式，不断增强全社会的环保意识。

推动“人文北京、科技北京、绿色北京”的建设，我们将重点抓好以下几方面的工作：一是着力调整产业结构和转变经济发展方式；二是着力推动科技进步和自主创新；三是着力加强城市建设与管理；四是着力推动节能减排；五是着力加强首都文化建设；六是着力推进改革创新。

深入贯彻落实科学发展观，建设“人文北京、科技北京、绿色北京”，是一项长期任务。我们一定要在以胡锦涛同志为总书记的党中央的坚强领导下，全面贯彻落实党的十七大和十七届一中、二中、三中全会精神，高举中国特色社会主义伟大旗帜，坚持以邓小平理论和“三个代表”重要思想为指导，深入贯彻落实科学发展观，进一步落实好人文、科技、绿色三大理念，不断开创首都改革开放和现代化建设的新局面，努力把北京建设成为繁荣、文明、和谐、宜居的首善之区①。

三、城市建设

1. 奥运与北京城市建设

许多专家认为奥运会对北京城市建设起到重要作用。专家指出，北京城市建设在取得巨大成就的同时也有诸多启示。第一，现代化的城市建设要拥有与国际化大都市身份相匹配、能够应对大型国际盛会的立体道路交通体系，实现人流、物流在城市空间中安全、方便、快捷地移动；第二，城市建设必须深入以人为本建设宜居城市的理念，大力发展城市居民必需的公用事业，美化城市环境，将城市建设寓于公共服务之中；第三，城市建设要同经济社会发展相结合，将城市建设纳入市场经济体系当中；第四，城市建设必须同城市发展的传统文化“灵魂”相结合，着力体现城市本身所具有的特色、底蕴；第五，城市建设必须强化相关领域硬件、软件等专项工程的规划实施②。

专家提出2008年北京奥运会的举办不仅将对北京城市规划发展产生重要的影响，也必然会大大推动北京的生态城市建设。奥林匹克公园的建设主题不应是“奥运中国龙”，而应当是“生态城市”。从北京未来的发展目标来看，建设宜居城市、生态城市是一个非常实际的发展目标，而引领这一目标实现的应该是奥林匹克公园建设。奥林匹克公园建设应继承北京作为历史文化名城的4个显著特点：辨正方位、突出中心、讲求对称、注重风水，在此基础上做进一步的发展。专家总结分析奥林匹克公园规划不同阶段方案调整中的优缺点，肯定了奥林匹克公园最终方案，提出最终方案不仅在解决北京城市发展与保护城市风貌的矛盾这一世纪难题方面迈出了可喜的一步，更大大推动了北京的生态城市和生态文明建设进程。但也提出方案的缺憾，奥林匹克公园作为北京城市中轴线的末端，没有标志性建筑③。

有专家提出奥运会后，北京应从提升城市品牌、增大经济规模、扩大全球政治经济影响力、打造世界性的金融中心和发展特色的旅游和会展业等几个方面入手，力争发展成为具有全球影响力的世界城市④。专家提出“后奥运时代”的定义，并对“后奥运效益”的历史进行总结，提出如何借助奥运契机，进一步推动北京的“城市形象”建设是北京城市建设面对的挑战之一，并提出如何深化北京市政建设、文化建设和服务行业的网络化建设，并能够同代表当今国际流行趋势的环保、节能、人文、高效等诸多评价指标结合起来，是北京城市建设的当务之急。针对"后奥运时代"的特点，专家提出北京城市建设应加大"软环境"的建设，将北京打造成为中国的"科技之都"、"教育之都"和"人文之都"。专家从城市交通、环境卫生、奥运场馆周边的地区开发、服务行业的整体化等方面对北京"城市形象"建设提出建议。专家提出未来北京经济的发展方向，必然是在高新技术的研发、服务业发展和房地产开发3个主要领域，围绕这3个主干行业，城市建设规划和战略布局必须进行及时和科学的调整。对中心城市区域以改造为主，对周边地区以"功能化转移"为主，形成"中心城区"的商业与国家行政功能与周边地区的城市分配性功能相结合的发展新模式⑤。

2. 北京城市空间发展研究

对于北京城市空间发展阶段，有专家提出方圆62km^{2}的明清北京城是北京城市空间的"第一秩序"；20世纪50年代，为迎接新中国成立10周年庆典兴建的十大建筑为北京城市空间注入新元素和活力，形成北京城市空间的"第二秩序"；2008年随着北京31个奥运场馆和大量重点项目的落成，北京城市空间将形成"第三秩序"，且"第三秩序"的形成，以北京定位"世界城市"为标志⑥。

近几年北京轨道交通建设迅猛发展，有专家认为北京轨道交通规划与北京城市总体规划（2004年至2020年）的"两轴—两带—多中心"的城市空间规划不协调。指出应从京津冀区域协调发展的角度看北京城市空间规划，发展策略应为：（1）在城市空间形态规划上，北京要明确向东向南的发展方向和指导思想；（2）优先建设向东向南的轨道交通和其他基础设施项目，形成引导城市发展的主轴；（3）在产业布局、北京城市功能转移上，主要安排在东南方向；（4）在建设用地安排上对北京西北部地区进行严格控制，适当扩大东南部的建设用地规模；（5）发挥市政府在协调北京各区县经济社会发展上的作用，建立京津冀两市一省行政首长协调机制，解决阻碍京津冀协调发展在基础设施和政策上的障碍⑦。还有专家进一步论证北京西北部应作为生态屏障，对改善北京生态环境具有重要意义。距离西山5—7公里范围内，应禁止进行城市建设，作为生态缓冲区。回龙观以北地区不宜作为城市发展用地。建议在北京东南方向选址建设第二城市中心，建设人口500万以上的新城，形成城市的"双核"结构，以改变北京城"摊大饼"式向外发展的现状⑧。有专家对新北京城市总体规划方案中的宏观经济问题研究提出几点展望：第一，制定科学的、合理的、符合北京实际情况的城市发展规模，其中人口发展规模仍是编制"方案"中的首要问题，也是核心问题。第二，新北京城市经济社会与城市空间协调发展应做到，严格控制规划市区范围内的经济社会、城市建设发展规模，特别是人口规模；规划市区范围内的建成区改建应严格控制，避免造成建成区规模过分膨胀；新占地开发区应严格控制占地规模；新农村建设要紧紧围绕发展生产、改善生活、整顿村容村貌主题，防止建设非村级性的大型公共建筑工程。第三，从京津冀乃至更大的地域空间研究新北京城市发展，重视环京城镇协调发展，实现首都城市功能、城市规模的疏导。第四，建立"规划经济数据库"⑨。另外专家指出北京城区展览馆的空间分布存在问题：市级以上展览馆数量在城区之间分布差异大；长安街及其延长线南北差异大；环线布局造成的交通压力。针对这些问题提出：重点建设亦庄展览中心区，拉动北京南城文化设施建设；可通过降低票价或减免票价及打造特色品牌的方法扩大展览馆的吸引范围；丰富展示内容，加快展示内容的更新；依托轨道交通及公共交通引导人流向外扩展⑩。

3. 建设特色北京

许多专家认为建设开展中国特色、北京特点城市发展道路的研究十分必要。专家提出中国城市化的3个特色：一是中国的城市化是在人多地少的特殊国情下推进的，我们的自然资源承载力很脆弱；二是中国的城市化道路很曲折；三是我国的城市化发展不均衡。另外还指出中国城市化道路的特色为：一是我们采取的是体系化战略，大中小城市发展相结合；二是城乡统筹，不能只顾一头，城市发展到一定阶段后，必须是以城带乡，以工业反哺农业，中国城市化的本质是关爱农民；三是城市化发展是不均衡的，不能把城市化率作为衡量一个地区发展的标志⑪。北京市规划委员会2005年委托中央美术学院建筑学院进行"北京旧城特色街道空间形态研究"，提出北京旧城街道的现状问题：在北京旧城历史文化保护区保护范围内的特色街道保存较好；拓宽的街道虽然注意保持历史风貌，但多数是简单地符号化北京旧城的风貌；对车行交通的优先考虑产生了不属于旧城风貌的街道空间尺度，失去了人性化的特征；随着时代的发展，旧城街道面临着功能的改变，大量增加的流动人口造成很多问题；色彩混乱、街道景观元素没有整体感、表示系统性差、街道基础设施不完备等⑫。

4. 卫星城市规划建设

有专家对北京卫星城建设和管理中存在的问题：卫星城的规划、建设只有大框架，没有具体的政策和有力的协调；各卫星城功能分工不明确；与主城区之间的安全、快速、廉价、大容量的交通、通勤网络尚未形成；教育、卫生水平亟待进一步提高，居住环境和社区环境需要进一步改善；土地政策和户籍政策过严过死；卫星城的可持续发展问题没有得到足够注意；卫星城建设、管理的内外体制不顺，管理水平不高。针对这些问题，专家提出：（1）通过突出城市设计来体现新城的现代化和设施的完备性，实现高密度的居住群落与宽敞的生态空间两者有机的结合，实现现代化生活条件与田园风光的珠联璧合，实现多样化的城市景观。（2）优化城际交通，人口规模在50万以上的新城与中心城之间必须要有二三条快速的交通通道。（3）管制非建设空间，利用绿线、蓝线、紫线等规划标志线的强制力对空间资源进行保护性管制。（4）建设资源节约型卫星城，要实现可步行的城市，突出公交优先，强调混合用地，实现水资源的循环使用，倡导绿色建筑。（5）防止社会分层，规划布局中防止大片、单一低收入阶层的居住区出现，中央部委和北京市市政府应有一些机构有计划地迁到新城，高起点地建设卫生教育设施，把文化设施迁移到新城[13]。

四、节约型城市构建——城市建设用地标准研究

北京市规划委员会、北京市国土资源局在2008年3月联合颁布了《北京市城市建设节约用地标准（试行）》，对居住、工作、公共服务设施、市政交通设施的用地标准进行了研究，制定了在用地紧张地区应执行节地建设标准。其中对基础教育、高等教育、医疗卫生、邮政设施、消防设施、应急避难场所6个方面做了详细的城市公共服务设施节约用地指标的制定[14]。市规委副总规划师温宗勇表示，“标准”实施后，本市各类城市建设用地将比以前节省10%～20%左右。专家对标准的制定作了深入研究，提出节约城市建设用地主要有4种途径：缩减建设用地，即通过优化布局或改进技术等手段，在满足功能正常使用和合理容量的前提下，减少建设用地规模；增加建筑容量，即通过优先提高建筑容积率而不是增加建设用地的途径，来满足各项功能的正常使用和合理安排；提高人口密度，即限制城市一类居住用地规划建设及投放规模，适量提高居住用地使用效率，在保障安全、配套服务设施和环境质量的前提下，适当增加住宅的套密度和居住人口密度；综合利用土地，即优先考虑某些设施兼容使用、合并设置或共享建设用地[15]。有专家研究《北京城市公共服务设施节约用地标准》，对高校如何集约利用土地提出建议：一是认真研究高等学校发展的总规模；二是严格控制各学校的发展规模；三是在不同区域采取不同的用地及建设指标；四是严格控制中心城区高校用地的发展；五是鼓励一校一址的发展模式；六是深入细致研究《92标准》，对其不合理的地方进行局部调整，如教工住宅用地不应包含在普通高校用地指标中；七是制定新的高校建设标准，适当提高容积率，鼓励综合和高效利用土地；八是充分利用现有资源。另外有专家对标准进行补充，提出交通场站设施节约标准，应适当降低绿地率要求，提高公交场站设施的使用率，将绿化率控制在10%～15%较为合适[16]。

五、城市管理

1. 城市管理与管理体制

专家总结改革开放30年北京城市管理的6个相适应：城市管理工作必须与经济社会发展状况相适应；城市管理工作必须与服务型政府的建设要求相适应；城市管理工作必须与行政体制改革相适应；城市管理工作必须与广大市民日益增长的管理需求相适应；城市管理工作必须与创新型城市建设相适应；城市管理工作必须与完善社会主义市场经济体制相适应[17]。有专家针对北京奥运会期间城市管理体制取得的成绩，提出奥运后北京管理体制机制改革的几点建议：过渡“2008”环境办的职能，建立北京市城市管理委员会；依托信息技术，在城市网络化管理理念的基础上，组建市级的城市运行监督中心以建立顺畅的城市管理运行机制；明确环境管理成果的公共产品属性，把环境建设作为基本的民生问题加以关注；理顺政府与公共服务企业的关系；政府的公共事务管理能力还要体现在对“突发事件”的管理能力上，并努力使政府信息公开透明[18]。

2. 交通道路

2008年奥运对北京城市交通发展起到重大影响：引发公共电汽车更新，促成相关基础设施优先建设，促成公交优先理念实施的深度和广度，促使建立起完善的智能交通信息平台，促进公共交通以人为本[19]。有专家对新中国成立到2006年北京交通发展做研究，提出2006年前的北京交通分4个阶段：水平较低的非机动化交通主导阶段（1949年至1977年），出行水平增长的公交主导发展阶段（1978年至1985年），出租车主导发展的机动化前期（1985年至1995年）以及私家车迅速增长的快速机动化阶段（1996年至2006年）。并指出北京目前处于“交通结构优化的战略调整阶段”[20]。专家认为轨道交通车站的未来应注重人性化设计。垂直交通设施，以自动扶梯为主，客流较大的车站采用上下行自动扶梯。水平交通设施，车站的出入口设置更加接近主要客流集散点，更加高水平的无障碍通行设施，换乘距离较长时设置水平自动步道等，车站出入口更加注重和周边地下开发的衔接，提供具有亲和力的连接界面。站内候车：安全门的设置，避免乘客跌落站台，环保节能的空调设施，保证候车环境的舒适。站内设施：注重细节，乘客信息显示、公用卫生间、直饮水、站台座椅、自助售货、公用电话、无线移动接入等服务设施齐备。另外，轨道交通车站的空间应表现北京特色人文景观并追求简约风格[21]。有专家提出大型交通设施对城市空间的切割和限定造成了城市的碎片化以及人性化城市空间的丧失，也对周边环境形成负面影响。通过对北京市中心区铁路沿线区域的调查，提出大型交通设施沿线区域空间发展遵循整体性原则，将铁路沿线空间纳入到地区的整体规划中。提出中心区铁路沿线区域更新整合应遵循：整体性原则、立体化原则、经济性原则。提出缝合裂缝、多维空间体系的建立、空间增值催化为北京市中心区铁路沿线区域更新整合的策略[22]。

3. 城市人口

北京的人口规模已达到国际大都市标准，第三产业就业及产值比重不断上升，人口城市化迅速提高；人均GDP快速增长，但与世界发达城市相比仍有很大差距[23]。针对北京城市人口规模、人口分布、人口结构和素质问题，北京市规划委员会副主任谈绪祥在北京城市规划新亮点新闻发布会上作《“奥运促进北京城市规划发展”》报告中提出，中国处在一个快速的城市化发展的阶段，人口在大规模的从农村向城市转移。中国在实行社会主义市场经济体制，在这个情况下，人口的流动已经成为一种经常性、规律性的现象。在复杂的背景下，解决好人口问题，应从4个方面做工作：第一，通过地区或者城市的产业结构的调整，降低人口过度集聚带来的压力。第二，关于人口的分布，在规划实施期内要大力发展北京的以通州、顺义、亦庄为重点的11个新城的建设，完善重点小城镇的建设，通过新城、小城镇的建设，促进本地的城镇化，同时成为北京疏解中心城和接纳外来来京工作人口的一个重要平台。第三，北京要解决好人口问题，必须要通过加强区域合作，最终使这个地区的整体发展水平得以提高，才能够真正地解决好这个地区的人口资源环境压力的问题。第四，要加强对新进入城市人口的服务与管理，来促进我们的服务与管理水平的提高[24]。专家提出后奥运时期的人口影响及后奥运时期首都人口发展态势：首都人口规模依然呈上升态势；人口老龄化趋势不可阻挡，流动人口将减轻年龄结构老化程度；人口密度进一步增加，但空间分布将由核心区向功能拓展区和新城区疏散；人口素质由于奥运影响会得到提升。提出后奥运时期首都人口与经济社会、资源环境可持续发展的对策：控制人口规模、促进人口在空间上的合理分布；优化人口结构；提高人口素质[25]。另外，对于流动人口的管理许多专家非常重视，有专家提出北京流动人口的管理思路为：以证管人、以房管人、以业控人。并进一步提出北京市流动人口管理服务工作的主要做法：一是调整理顺管理体制，构建流动人口和出租房管理服务工作新格局。二是全面落实流动人口属地化管理服务工作。三是结合城市功能定位，研究制定人口发展总体规划。四是加强基础建设，打牢流动人口管理服务工作的根基。五是落实以房管人工作思路，强化以出租房屋为重点的流动人口落脚点管理。六是积极推进信息化建设，以信息化手段提升流动人口和出租房屋管理工作水平。七是围绕和谐社会首善之区建设，做好流动人口服务保护工作。八是积极探索创新，努力开创流动人口管理工作新局面[26]。

（作者：张景秋，北京联合大学教授；
陈媛媛，北京联合大学讲师）

注：

①刘淇：《建设“人文北京、科技北京、绿色北京”》，《求是》，2008年第12期。

②戚本超、周达：《奥运会与北京城市建设》，《城市问题》，2008年第7期。

③李建平：《奥林匹克公园与北京生态城市建设》，《北京师范大学学报》（社会科学版），2008年第2期。

④王爱敏、吴文金：《奥运后北京建设世界城市的研究》，《北京农业职业学院学报》，2008年第6期。

⑤朱锋：《“后奥运时代”与推进北京的“城市形象”建设》，《北京观察》，2008年第11期。

⑥朱文一、赵建彤：《2008北京奥运城》，《时代建筑》，2008年第4期。

⑦赵坚：《从区域协调发展看北京城市空间规划问题》，《综合运输》，2008年第11期。

⑧陈鹭、王淑芬：《北京城市发展空间布局研究》，《城市问题》，2008年第6期。

⑨孙洪铭：《新北京城市总体规划方案中的宏观经济问题研究》，《北京联合大学学报》（人文社会科学版），2008 年第 2 期。

⑩陈卓、张景秋：《北京城区展览馆空间布局演变及特征》，《城市问题》，2008 年第 12 期。

⑪《把脉北京——中国特色、北京特点城市发展研讨会“纪实”》，《北京规划建设》，2008 年第 1 期。

⑫虞大鹏、吕品晶：《旧城街道的生与死：北京旧城特色街道空间形态研究》，《建筑创作》，2008 年第 3 期。

⑬李倞、徐析：《北京卫星城市规划建设的进展及建议》，《山东林业科技》，2008 年第 4 期。

⑭王亚钧、程海青：《北京城市公共服务设施节约用地标准研究》，《北京规划建设》，2008 年第 3 期。

⑮温宗勇：《一种新的城市革命——北京节约型城市的构建》，《北京规划建设》，2008 年第 3 期。

⑯刘欣、王晓明：《北京交通场站节地标准研究》，《北京规划建设》，2008 年第 3 期。

⑰辛向阳：《改革开放 30 年北京城市管理基本经验》，《城市管理与科技》，2008 年第 6 期。

⑱毛大庆：《对奥运后北京城市管理体制机制改革的建议》，《北京观察》，2008 年第 11 期。

⑲甄小燕：《2008 奥运对北京城市交通发展的影响》，《综合运输》，2008 年第 9 期。

⑳毛保华、郭继孚、陈金川、贾顺平：《北京城市交通发展的历史思考》，《交通运输系统工程与信息》，2008 年第 3 期。

㉑曹宗豪：《北京轨道交通车站的过去、现在和未来》，《世界建筑》，2008 年第 8 期。

㉒王珊、朱晓琳、杨姗：《北京市中心区铁路沿线区域更新整合研究》，《城市问题》，2008 年第 3 期。

㉓马寿海：《北京人口城市化发展》，《人口与经济》，2008 年第 1 期。

㉔陈卫、张耀军等：《奥运会与北京人口发展》，《人口研究》，2008 年第 2 期。

㉕张耀军：《奥运会的人口影响及后奥运时期首都人口发展态势》，《人口研究》，2008 年第 2 期。

㉖王粤、孙铁楠、丁凯：《北京建设国际化大都市进程中的流动人口服务与管理》，《人口研究》，2008 年第 2 期。

北京历史与文化

佟　洵　吕忠霖

一、重要的学术会议与学术论著简介

作为“奥运论坛”的一个重要组成部分，“北京 2008 奥运会会徽文化创新与景观设计研讨会”9 月 22 日在中华世纪坛举行。研讨会由第 29 届奥运会组委会主办，中国人民大学、中央美术学院和清华大学承办，主题是“2008 从人文奥运到北京形象”。国外奥运形象创造及管理人士、国内艺术及人文研究领域的专家围绕北京“人文奥运”及奥运标志的内涵作了侧重点不同的主题发言。与会学者无一例外都盛赞“中国印”设计之成功，也都将北京奥运会看成振兴民族文化的重要契机。

2008 年 10 月 24 日在北京外国语大学召开“文化断裂”国际学术研讨会。所谓文化断裂，是指历史上或当代生活中的文化骤变。这种骤变可能由社会、经济、技术、环境和政治等重大事件所引起，也可以是自然灾难与经济、政治整合带来的后果。这个学术会议主要针对具体历史情境下的文化断裂，进行深入的理论性探讨。会议邀请了中美双方学者各 7 人作专题发言，从不同文化、不同学科的多元视角，深入探讨文化断裂问题，并与代表们讨论交流。

2008 年 11 月 20 日，由北京市社科院、北京联合大学北京文化史研究所、北京市博物馆学会 3 家共同举办的“中国古都文化史学研讨会”在北京蟹岛会议中心召开。主要就北京古都文化研究的重要性以及如何推进古都文化研究进行了深入的探讨。

2008 年 12 月 14 日至 17 日，第三届“创意中国·和谐世界”文化产业国际论坛在河北省承德市举行，本届论坛揭晓了“中国文化产业新锐奖”榜单，北京大学文化产业研究院副院长向勇获得“2008 年度文化产业思想人物精英奖”，并发表主题为“文化产业与资本”的演讲。论坛以“资本·创新·融合”为主题，与会的专家学者分别从区域文化范式、文化体制改革、文化产品消费、国际文化产业发展趋势、创意投资等角度进行了大会发言。

2008年12月19日，由中国艺术研究院文化发展战略研究中心主办的“中国文化发展战略与国家文化软实力”学术研讨会在北京举行。来自中宣部、中央政策研究室和中国科学院、中国艺术研究院、北京大学、清华大学、中国人民大学、中国传媒大学的20多位专家学者，就传统文化是国家文化软实力的基础、少数民族文化资源的价值转换、中国电影与构建国家文化软实力、非物质文化遗产保护与国家文化软实力的提升等进行了深入的研讨。

在北京历史与文化研究方面，出版的主要论著有：《北京三千年》（余荔裳编著，中国三峡出版社），作者通过撷取发生在北京的重要历史事件及其相关重要人物，用几近特写的方式娓娓道来，向读者讲述自建城伊始至新中国成立3000年来发生在北京的重要故事。在结构安排上，以历史时间为经，以历史事件和人物为纬，选择典型史料，综合生动故事，透过生动叙述，再现了北京3000年的发展历程，就像用一条长线串起了一粒粒珍珠，把北京的风云际会和沧桑巨变呈现在读者面前，使读者在轻松阅读中了解北京悠久的历史和璀璨的文化。

《中国古都：北京》（阎崇年编著，中国民主法制出版社），是一部文图并茂的北京历史文化的实录。它以翔实的史料和精美的图片，记述了北京50万年以来发生、发展，特别是作为元、明、清3朝帝都的演变过程，及其作为国际大都会的重要地位。在对北京各个历史时期政治、经济、商贸、宗教等阐述的同时，重点介绍了每个时期的文化、艺术、园林、建筑及宫廷生活和市井民俗。既有全面系统的内容，又有文化艺术的价值，既有历史表述，又有国际视角，重现了古都北京的历史景象。

《北京记忆与记忆北京》（陈平原著，生活·读书·新知三联书店出版社），收录北京大学中文系教授陈平原关于北京和北大的历史、文化随笔计35题，依主题分为3辑：“关于城”从历史记忆、旅游资源、文学想象等多种角度进入北京的春夏秋冬、前世今生；“关于人”讲述自己旅食京华的心路历程；“关于书”则是游走北京书肆冷摊访书淘书的经验，以书架起城与人的结缘。作者试图用想象和记忆的碎片来重构一个精神的古都。

《这里是北京》（李欣主编，华艺出版社），以探访北京的人文古迹、巷陌民风，用独特的视角反映北京的历史、文化、名人、掌故，在变化中看传统的北京，在变化中看现在的北京，探寻老北京的人文精神，留住易逝的文化根脉。

《大城北京》（林语堂著，陕西师范大学出版社），旁征博引，纵横捭阖，以丰富的文史资料和自由的行文风格，重新演绎了北京数千年的历史演变，北京文化的各个层面——内城与外郭、市区与郊野、皇室与民众、皇宫、御苑、寺庙、佛塔、雕塑、绘画、书法等等城市名片也尽收其中。尽可能地辅之以大量珍贵的老北京照片和地图，全方位再现原味北京，贴心体会北京精神的大成之作！

《寻找北京城》（赵润田著，清华大学出版社），揭示千年古都的人文魅力，触摸街巷深处的历史印痕。北京青砖灰瓦笼罩下的胡同文化几乎遍地是金，一条偏僻的小巷，一个奇怪的街名，说不定就蕴涵着一段令人神往的故事，或与一位声名远播的人物有所关联。以往岁月的每一步都在青砖架构上留下了印记，北京胡同就是一部青砖砌成的历史。

《回梦京华——北京的历史与今天》（陆伟著，赵芸芸译，华龄出版社），不是单独地用图片和文字的形式把老北京孤单地呈现给读者，而是利用巧妙的设计，在标志性建筑上都有透明的插页，做了复原图，复原图后页是现存建筑的照片，两部分叠加便可以轻松做出对比，它使我们见证了北京这座永恒之城的过去与现在、古老与美丽。

《点藏老北京》（郭豫斌编著，华夏出版社），该丛书是一套具有极强收藏性的老北京全景地图。为我们保留了关于北京的记忆，还有珍贵的照片呈现着曾有过的市井繁华、皇家气派、名人风流、历史风貌，为我们还原一个口耳相传之外的老北京。这套丛书包括：《古城旧影》、《皇家气派》、《市井生活》、《燕京旧闻》。

《北京史通论》（于德源著，学苑出版社），全书从北京的城市起源讲起，系统、全面地详述了历代北京城的建制沿革，不同民族在此角逐、共同生活的历史，以及经济、文化的各个方面。内容丰富，分析透彻，具有很强的可读性。

《北京交通史》（颜吾佴等编著，清华大学出版社），按照时间顺序分为上、中、下3篇。上篇为古代部分，起自远古“北京人”时代，下限为1840年。重点研究了北京道路交通、水路交通，以及交通制度、交通工具、管理机构等发展演变过程，较为全面地勾勒出北京从一个原始聚落之地发展成为封建王朝都城所在地的交通历史的全貌。中篇为近代部分，上限为1840年，下限为1949年前后。下篇为现代部分，从1949年前后到21世纪初。在中、下两篇增加了公共交通、铁路交通、航空交通的产生与演变，尤其将改革开放以后北京交通事业发展的成果较为全面地展示出来。

此外还有由人民出版社出版的丛书《北京专史集成》系列，包括：《北京建置沿革史》（尹钧科主编），《北京政治史》（王岗主编），《北京教育史》（刘仲华主编）。丛书着重介绍了北京城市建置的历史，政治的历史，教育的历史，以让读者能更详细全面地了解北京的专门史。

《北京文化史研究》（朱耀廷主编，光明日报出版社），是北京联合大学北京文化史研究所编辑的一套论文集。主要是对北京文化史展开了分类研究，同时也是为“人文北京”、“古都保护”出谋献策，为“人文奥运”添砖加瓦。

《京剧与中国文化传统（上、下）》（林长胜主编，文化艺术出版社），辑录了“京剧与中国文化传统——第二届京剧学国际学术研讨会”上的60多篇议论文。以诠释历史疑点、解析京剧现状、共谋京剧复兴与发展、促进京剧研究与京剧学学科建设为宗旨。

《魅力北京中轴线》（李建平著，文化艺术出版社），选取中轴线作为审视北京文化历史的切入点。它将北京具有表征的地标性文化实体与历史文化内涵结合在一起，虚实相间地叙说了北京这座城市的精髓所在；同时又将北京城市中轴线放在中华文化大背景下加以考察，体现出北京文化乃至中华文化的巨大张力和无穷魅力。

《京味文化》（王勇编著，时事出版社），从古都北京、民俗北京、奇趣北京、风情北京、雅韵北京5个视角，回顾了千年古都北京的悠久历史，再现了当时的生活场景，全方位地展示了底蕴深厚的京味文化。

《道教与北京宫观文化》（佟洵编著，宗教文化出版社），为我们提供了一部有关北京地区道教发展的颇为翔实的“信史”。再现了北京30多座道教宫观的历史与全貌，并成为国内外人士了解北京道教与宫观的平台。

此外还有由当代中国出版社出版的当代北京社会生活史话丛书：《当代北京语言史话》（金汕著）、《当代北京戏剧史话》（胡金兆著）、《当代北京交通史话》（刘牧著）、《北京体育史话》（金汕著）。本套丛书普及当代北京史的研究成果，帮助大家了解时代的进步、社会的发展、人民生活水平的提高和思想观念的变化。《北京风俗史》（李宝臣主编，人民出版社），《符号北京：北京胡同》（陈光中编著，当代中国出版社），《图说北京四合院》（赵倩公、伟於飞编著，水利水电出版社），《当代北京四合院史话》（陈义风著，当代中国出版社），《北京胡同》（刘保全主编，中国旅游出版社），《老北京胡同里的传说》（刘秋霖编著，中国文联出版公司），这几篇著作通过对北京胡同和四合院的介绍，从不同角度反映了老北京的历史文化。

《中国历史文化名城》（阮仪三主编，国家历史文化名城研究中心编，中国铁道出版社），介绍了北京的古城遗产、长城明陵、燕幽名人、文化精粹、风味特产等内容。

《CBD文化创意产业发展研究》（于启武，蒋三庚主编，首都经济贸易大学出版社），内容包括：北京CBD文化创意产业发展概况分析、文化创意产业及其分类标准研究、国内外创意指数比较研究、北京CBD广播影视传媒业发展状况及对策研究等。

《北京文化发展报告2007—2008年》（刘川生，宋贵伦主编，文化艺术出版社），对2007年至2008年北京文化建设中的诸多难点问题进行了切实深入的调研，系统展示了北京文化发展的独特性和闪光点，也对当前文化发展存在的问题进行了认真的探讨和思考。

《北京文化创意产业研究报告》（刘牧雨主编，首都师范大学出版社），对北京文化创意产业的定位、科技支撑、政策扶持、国际化战略等方面展开研究。从国际借鉴、现状问题、发展趋势等多层面剖析探索北京在发展文化创意产业中的特征。

《北京文化发展报告2007—2008》（张泉主编，社会科学文献出版社），将北京奥运会与城市文化形象作为主题。总报告从奥运与文化产业和体育事业、文化创意产业、城市形象与文化发展、文化消费和文化安全几个方面，回顾2007年北京文化发展和奥运准备的情况，并总结经验，提出相关的对策建议。

在奥运北京系列，2008年出版的有关奥运历史文化方面的专著有：《走近北京》（梅松主编，首都师范大学出版社），《2008北京看奥运》（刘文忠编著，鹭江出版社），《盛世玉润：北京奥运与中国玉文化》（古方编著，新疆人民出版社），《北京魅力——北京文化与北京精神新论》（王东，王放著，北京大学出版社），《2008北京奥运大盘点》（周丛改主编，湖北科学技术出版社），《奥林匹克人文之光》（刘勇、杨志主编，文化艺术出版社）。

二、北京史研究

2008年，关于北京史学的研究领域广泛，学者们研究涉及的内容有城市史、环境史、宗教史、地方史等。

城市史方面。有学者通过对北京城市交通发展的历史过程及阶段分析，论述了在北京交通史发展的背景下能否真正做到公交优先，促进北京交通结构的显著改善，以最终实现北京交通系统运行效率和服务质量的全面提高至关重要。并由此认为，2006年以后，北京市交通发展进入到一个“交通结构优化的战略调整阶段”①。

环境保护史方面。有学者认为，北京地区风沙灾害的问题还远远没有根本解决。高空降沙、降土等灾害性天气现象仍然时有发生，由于沙源地是在北京西北陕、甘、内蒙古地区，而中国北部地区的干旱周期据气象学家估计还需半个世纪以上的时间才能度过，因此北京地区春、秋季节的风沙现象还不可能避免。在减少北京本地沙源方面，各级政府虽然做了很大努力，例如取缔了石景山地区永定河干涸河道上的所有采沙场，但干涸河床上厚厚的黄沙不可能清除，一遇强风仍然会产生风沙。另外，在温榆河下游和牛栏山以下潮白河干涸河道中也都存在相同的问题。关于这个问题的解决，本研究提出3个设想：一是仿照卢沟桥的经验，在河道中种植青草，以草固沙。二是在南水北调成功以后，如果可能的话，在季风较强的春、秋季节对以上3大河流适当通水，以水压沙，避免由于季风产生扬沙。三是地方政府要下决心，组织人力，坚持常年不懈地阻止、打击偷盗采掘河沙的行为。从而有效地减少北京本地的沙源地②。对于如何处理好城市现代化进程中的历史文化名城保护是个不可回避的问题，建设宜居城市和实现首都的可持续发展，对北京历史文化名城的保护策略提出了更多、更高的要求。该学者通过回顾北京历史文化名城的保护历程，描述了北京旧城现状，对北京历史文化名城保护过程中存在的问题进行了分析，并针对北京历史文化名城的保护提出了建设性策略③。有学者通过调查研究，分析了影响北京历史文化保护区居民生活质量的原因，并提出了改善这部分居民生活条件可采取的方法与措施④。有学者也同样认为目前北京的历史文化保护区规划及保护重点是历史建筑和传统民居，而忽略了对居民的保护，应对北京社区的发展进行长远规划，对民居与居民进行整体性保护，以达到保留保护区传统风貌，促进其文化、经济与社会和谐发展的目的。北京实施历史文化保护区民居与居民整体性⑤。

宗教史方面。有学者通过对历史文献考察了元大都时期佛教的传播与发展。该学者认为元统治者在宗教信仰上实行“兼容并包”和承认现状的政策，故在元朝形成了多种宗教与文化并存、共同发展的局面。另由于蒙、藏的特殊关系，元朝统治者对藏传佛教尤为尊崇，并且将藏传佛教的领袖由国师提为帝师，建立起元代特有的帝师制度，使藏传佛教及其领袖具有崇高的社会地位。在元帝国大都，即北京地区，无论是汉传佛教，还是藏传佛教都颇为兴盛。元朝政府在至元二十五年（1288年）改总制院为宣政院，进一步加强了对全国佛教的管理。元大都遂成为佛教发展的中心⑥。有学者通过研究什刹海寺观在各个历史时期的变迁情况，从唐代的火神庙到元代大力兴建广化寺、保安寺、护国寺等，寺观的数量在逐渐增多。明清时期寺观数量虽不及元代，但其规模亦十分壮观。什刹海地区修建了广福观、寿明寺、双寺、净业寺等一大批寺观，给什刹海平添了许多人文景观。什刹海的寺观经历了历史的变迁，虽然大部分未完整地保留下来，但能从胡同的院落中找到当年的景象，它们的存在是北京极其珍贵的文化遗产⑦。有学者通过对道教千峰派传承的梳理，归纳出该派是由由千峰老人赵避尘开创的，师承关系比较复杂，但从大的派系上归属于道教全真派系，在具体师承上主要源于道教全真南无派、龙门派以及伍柳派的传承，其思想体系主要归属于道教内丹派，其丹功宗派则主要归属于北派支流⑧。

三、北京文化研究

1. 和谐文化建设

在国家形象与文化建设方面。有学者认为国家形象涉及物质文化、制度文化、精神文化各个领域，表现在政治外交、出口商品、艺术交流、体育竞赛等众多方面，但最重要的则是根本性的要素，在中国来说，这个根本就是以人为本，就是以人为本位，以人为本的思想也可以称为人本主义思想。以人为本，是中国文化的根本，也是中国从传统走向现代，从本土走向世界的根本。塑造我国的国家形象就是要树立“以人为本”的国家形象⑨。

2. 奥运文化

2008年北京成功地举办了第29届奥运会，因此这一年对于奥运文化的研究成果也颇丰。

在奥运文化与中国传统文化结合方面。有学者认为，北京奥运会展现的许多具有代表性的中国传统文化元素，既是奥运会文化交流、彰显特色的成功保证，也让世人了解了悠久的华夏文明。后奥运时期，进一步挖掘这些传统文化元素符号背后的历史底蕴及其在奥运会当中的文化寓意，有利于弘扬和保护中华民族的传统文化，更好地发展奥林匹克精神[10]。有学者运用文献资料的研究方法，论述了北京奥运会是两种文化的碰撞与融合，在"人文奥运"的理念下，通过中国文化传统中的吉祥文化、印章文化、玉文化等文化元素，让世界人民感受到中国传统文化的精髓，让世人看到一个拥有优秀传统文化而富有文化包容性的中国[11]。有学者通过对中国"福"文化的理解和探究，来揭示出它与2008年北京奥运会的"人文奥运"理念的一些契合点，旨在借助北京奥运会这一世界体育盛事舞台，来展示中国优秀文化，丰富北京奥运会提出的"人文奥运"的理念，使得"人文奥运"的理念得到真正实现[12]。

奥运文化与国内校园体育文化方面。有学者认为，现代奥林匹克运动作为一种世界文化，经过一个多世纪的发展，已形成自己独特的文化体系。在高校校园这一特定的范围里，体育文化则是师生在实践过程中创造的体育精神财富和物质财富的总和。2008年奥运会在北京举行，这必将促进奥运文化与高校校园体育文化的融合与互动[13]。有学者认为，2008年北京奥运会作为一个重大的体育事件，对我国大、中、小学校园物质层面、制度层面和精神层面的体育文化都有着深远的影响和积极的促进作用。给学校师生带来的不仅是观念上的冲击，而且还带来了其行为的积极变化，尤其是对形成良好的校园体育文化氛围具有重要的作用和意义[14]。有学者认为，北京奥运会的真正成功需要充分发掘中国传统文化的底蕴；同时，奥运会给中国传统文化的传播带来了新的契机。因此，要充分利用这一难得的契机，让中国传统文化教育与北京奥运同行，引领大学生奥运热情，注重中国传统文化传播，增强高校德育的感召力和实效性[15]。

后奥运时代的文化创意方面。有学者认为奥运会在北京的成功举办无疑将成为北京发展史上的一个重要里程碑，为进一步推动北京经济的发展起到很大的作用。在此基础上文化创意产业也作为发展的引擎，拉动2008年奥运会后北京长期可持续的发展并成为北京的经济增长亮点。文化创意产业的发展自然离不开对创意人才的教育与培养，这是我国未来创意产业获得大发展的前提，更是我们高校抓住产业发展机会，努力培养合格人才的有利时机[16]。有学者认为文化创意产业是首都经济发展的重要支柱产业，已成为北京整体发展的"引擎"。北京提出发展文化创意产业，恰逢北京举办2008年奥运会。从经济形态上看，现代奥运是一种文化创意经济的重要资源和战略实践，是全球最大的文化展会，是世界会展经济和广告业的顶级实践。2008年奥运是北京文化创意产业的组成部分与阶段发展的中心；奥运产业已成为北京文化创意产业的重要组成部分。在奥运经济的推动下，北京将在与奥运紧密相关的10个方面全面推动文化创意产业的发展[17]。

3. 城市保护与建设

在北京城市保护与城市文化发展方面。有学者通过总结以往北京旧城保护与建设相关理论和经验的基础上，分析城市文化对于城市形象的重要性。文化因其主体的地域分布而具有独特性，并因其长期发展而具有延续性特征。北京旧城是其历史文化发展的一个重要源泉。北京旧城不仅为各种传统风俗习惯和生活方式的发展延续提供了亲切的宜人空间，而且还为各种传统文化产业的滋生繁衍创造了肥沃的"土壤"。反之，北京历史文化的发展积淀也推进了北京空间环境的演进，并逐渐形成了丰富多彩的北京城市空间特色[18]。

4. 北京文化产业方面

有学者对文化创意产业集聚区进行了研究，指出它是北京重要的文化生产基地、文化消费场所和文化经济政策的实验场所。集聚区的发展，应重视宽容的社会氛围的营造、创新基础结构的培育、适应型管理模式的确立并保持和扩大区域的决定性的竞争优势。北京市文化创意产业空间布局呈现鲜明的团块和带状特征，集聚区是承载文化生产和消费的重要场所。从文化产业到文化创意产业，北京优势文化行业呈现出向文化创意产业发展的明显趋势，总部经济特征明显，集聚效应初步确立。集聚区作为承载文化生产、文化消费和政策实验功能的平台，对北京文化经济发展产生深刻影响[19]。

5. 北京区域特色文化研究

从北京不同的区域来看，由于地理位置的不同，各个区域所承载的文化内涵有异，于是人们将其分为不同的文化圈。如：宣武区的"宣南文化圈"、东城区的"皇城文化圈"、海淀区的"科技文化圈"、门头沟区的“永定河文化圈”、崇文区的“天坛文化圈”，有学者在对“天坛文化圈”研究后，提出“天坛文化圈”在北京文化史研究中是一个新概念，从学术上看它有自己的文化内涵，从产业发展上看，它符合北京市文化创意产业的发展要求，从物质文化和非物质文化遗产的保护与利用来看，它正确地处理了文化遗产保护与国际大都市建设之间的矛盾。此外该学者还认为“天坛文化圈”的核心是祭天文化，祭天文化的核心是“天人合一”。它作为一种与国计民生密切相关的文化现象，天坛文化与周边各类文化不是各自独立、互不相干，而是相互影响，相辅相成。它们相互联系的共同点就是“天人合一”、天下太平、民生安乐与构建和谐社会⑳。

6. 宗教文化

有作者通过对北京清真寺的管理体制与经济状况，以及与伊斯兰教之间的关系作一探讨，认为北京清真寺是北京伊斯兰教的物质载体，与信仰伊斯兰教的回族的关系密不可分。清真寺的繁荣与否关系到北京广大穆斯林的切身利益。伊斯兰教的教义教法与礼仪规范，深深影响着北京广大回族穆斯林的观念和行为。北京清真寺管理体制与经济的发展，又赋予了伊斯兰教新的时代的特色㉑。

（作者：佟洵，北京联合大学教授；
吕忠霖，北京联合大学硕士研究生）

注：

①毛保华、郭继孚等：《北京城市交通发展的历史思考》，《交通运输系统工程与信息》，2008年6月第3期。

②于德源：《北京历史上的风沙灾害》，《城市问题》，2008年第6期。

③金峰：《北京历史文化名城的保护策略》，《北京工业大学学报》（社会科学版），2007年第4期。

④陆翔、蒋方：《关于改善北京旧城区历史文化保护区居民生活质量的研究》，《北京建筑工程学院学报》，2008年第2期。

⑤刘红、赵连稳：《北京历史文化保护区的整体性研究保护》，《北京联合大学学报》（人文社会科学版），2008年第2期。

⑥佟洵：《佛教在元大都传布的历史考察》，《北京联合大学学报》（人文社会科学版），2008年第2期。

⑦郭倩、陈连波、李雄：《北京寺观园林之什刹海的历史变迁》，《现代园林》，2008年第6期。

⑧傅凤英：《北京桃园观千峰派的历史传承初探》，《道教论坛》，2008年第3期。

⑨张路黎：《以人为本的国家形象与北京奥运会的文化传播》，《理论与实践》，2008年第4期。

⑩邢金善：《北京奥运会中国传统文化元素解析》，《郑州航空工业管理学院学报》，2008年第6期。

⑪王晓慧、余景阳：《北京“人文奥运”：中国传统文化精髓的诠释》，《山西师大体育学院学报研究生论文专刊》，2008年第3期。

⑫李磊、沈磊：《中国“福”文化与北京奥运会“人文奥运”》，《河北工程大学学报》（社会科学版），2008年第2期。

⑬朱迅华、何志林、须晓东：《北京奥运会对高校校园体育文化的影响》，《体育成人教育学刊》，2008年第5期。

⑭王乐：《北京奥运会对国内校园体育文化的影响》，《黑龙江科技信息》，2008年第30期。

⑮荀萍、刘世波：《让中国传统文化教育与北京奥运同行——大学德育的途径探索》，《思想教育研究》，2008年第5期。

⑯樊兰萍：《后奥运时代北京文化创意产业的发展》，《中国青年政治学院学报》，2008年第6期。

⑰金元浦：《北京奥运与首都文化创意产业的发展》，《河北学刊》，2008年第3期。

⑱李嫣：《论北京旧城保护与城市文化发展》，《环境与文脉》，2008年第4期。

⑲孔建华：《北京文化创意产业集聚区发展研究》，《文化建设》，2008年第2期。

⑳朱耀廷：《论“天坛文化圈”》，《北京联合大学学报》（人文社会科学版），2008年第1期。

㉑佟洵：《浅析北京清真寺管理体制和经济与伊斯兰教良性互动关系》，《中国穆斯林》，2008第1期。

北京奥运研究

人文奥运理念与实践

金元浦　张　力

2008年北京奥运会对于处在新的战略机遇期的中国而言，具有极为重要的历史和现实意义。2008年北京奥运会充分展示了改革开放并日益强大的中国和“人文北京”的绚丽景观，它所具有的全民参与的伟大实践创造了奥林匹克史上的无与伦比的奇迹，显示了强大的民族凝聚力和文化软实力。作为一个巨型的展示会，它所具有的独一无二的全球平台，吸引了全世界45亿人的目光聚焦中国，成为展示中国国际姿态、重建文化中国当代形象的历史性转折点。国际奥委会主席罗格认为北京奥运会是“一届真正的无与伦比的奥运会”。国际残奥委会主席克雷文认为北京残奥会是“有史以来最伟大的一届残奥会”。联合国秘书长潘基文认为中国政府和人民为举办北京奥运会作出了“前所未有的努力”，同时也取得了“前所未有的成功”。

一年来关于人文奥运的理念与实践也获得了极大的丰富和创新，全国各种报刊有数以万计的各类文章研究、论述和涉及“人文奥运”。这些文章从不同的角度、不同的层面发掘扩展了人文奥运的历史和现实的意义，而其最辉煌的亮点则是人文奥运的理论变成了千百万人的自觉实践。“和谐世界”观、多元文化对话、以人为本的人文关怀等重大命题，在后奥运学术研究中得到更深入的探讨。总体来看，这些研究和探讨，联系中国发展的现实，放眼全球视野，高瞻远瞩，深入务实，也更具人文关怀。

保护和发扬北京奥运会的人文遗产

北京奥运会圆满落下帷幕，取得了辉煌的成就，它奉献给奥林匹克运动的重要文化遗产和世界性的影响广大而深远。作为世界性的重大历史事件，北京奥运会无论对于中国，还是对于奥林匹克运动，都具有里程碑的意义。在国际奥委会第112次全会上，评估团团长海因·维尔布鲁根指出，在北京举办2008年奥运会，将给中国和体育运动留下独一无二的遗产。这“独一无二的遗产”便是“人文奥运”理念。北京申办和筹办奥运会的实践已经证明，最能体现北京奥运会的特色、最能凸现其独一无二的价值、最能对奥林匹克运动和世界有所贡献的，就在于“人文奥运”理念的阐释和具体实施。北京奥运会留下的最大遗产将是巨大而无法估量的“人文奥运”遗产。

胡锦涛指出，成功举办北京奥运会、残奥会，我们“收获了一笔丰厚的物质精神财富，特别是收获的精神财富弥足珍贵。我们一定要倍加珍惜、大力发扬”。那么，奥运丰厚的财富和宝贵的遗产具有什么特点呢?

北京奥组委副主席蒋效愚认为：1. 奥运遗产的丰厚性。奥运会给中国北京留下的遗产是丰厚的。物质方面既有直观的奥运场馆设施，也有实实在在的产业遗产和人才遗产。精神方面既有深入人心的奥运“三大理念”，也有感人至深的“北京奥运”5种精神，还有奥运志愿服务精神，以及中国体育健儿“为国争光，顽强拼搏”的中华体育精神等等。奥运会留下的财富也是多层面的，有国家层面的收获，如向世界展示了中国民主、开放、文明、进步的良好形象，扩大了国际影响力，传播了中华民族悠久灿烂的文化，提升了国家文化的软实力等。有城市层面的收获，如进一步打造了北京国际大都市的形象，扩大了北京市在国际社会的知名度和美誉度。这些遗产将长期持续地发挥重要作用，成为首都北京迈向现代化新阶段的持续发展动力。2. 奥运遗产的珍稀性。奥运会是一个大舞台，只有举办过奥运会的城市，才有资格使用“奥运城市”这个品牌概念。这在当今世界200多个国家（地区），成千上万个城市中，这种资源遗产是稀缺的、宝贵的。3. 奥运遗产的国际性。奥运遗产的国际性体现在：一是奥运遗产具有国际可比性。从北京奥运会开始，国际奥委会要求奥组委和主办城市要写出“奥运会总体影响评估报告”，规定从环境、经济、社会与文化等方面，列出从奥运会举办之年起3年内的总体影响，开列出一系列指标体系进行比较研究。这就使得奥运遗产的巩固利用具有国际可比性。二是奥运遗产的国际关注度高，媒体报道广泛。每届奥运会后，奥运场馆的赛后利用问题、奥运城市的可持续发展问题，都成为国际媒体关注的热点。4. 奥运遗产的机遇性。现代奥运会，4 年一届形成一个周期。这种周期特点形成了奥运遗产开发利用上的时效性。奥运主办城市往往都抓住机遇，趁热打铁，一鼓作气，形成热点①。

何振梁特别关注奥运人文遗产的发掘，他指出："奥林匹克运动的出发点和归宿，都是基于人文主义的考虑。奥林匹克运动的宗旨和奥林匹克主义的核心理念，赋予奥林匹克运动的人文精神，是在处理奥运会的事务中努力恪守以人为本的基本原则，把人文的关怀置于首位。世界各地不同的文化中，不约而同地都发展了与自己的文化精神相匹配的，或者体现本民族和地区文化精神的体育形式。不管体育方式多么分散，共同的基本特点，都是以人的身体意志精神的和谐发展，推动人与人之间，进而延伸国与国之间的相互尊重和交往为目标，表现出了强烈的人文关怀。"②

孙葆丽认为："'人文奥运'的核心价值更多地体现于它的无形遗产，认识和发掘无形遗产是将'人文奥运'理念发扬光大的前提。无形遗产是文化多样性的载体，是可持续发展的保证，是促进全人类相互了解与交流的要素，其作用是不可估量的。但转瞬即逝的特性使得它们非常脆弱。因而谁提早认识到它的价值，谁就能将这些珍贵的遗产留住。因此对'人文奥运'无形遗产的长久保护、创新与发展尤显重要。"③

郑小九指出："北京奥运会的社会价值大体上可以分为两个方面，一个方面是对于北京以至中国社会的价值，另一个方面是对于奥林匹克运动发展的价值。北京奥运会对中国社会的影响是全方位、综合性的，包括政治价值、经济价值、文化价值、教育价值、精神价值、环境价值等。尤其是在精神价值方面，在精神价值方面，奥林匹克运动具有巨大的精神价值，奥林匹克运动必然为中国社会注入新的活力，奥林匹克运动所倡导的积极健康的生活主张，必将对广大民众的思想观念产生积极的影响。北京奥运会的精神价值是多方面的，包括民族凝聚力的提升、文明素质的提高、开放观念的深入、健身意识的培养、竞争意识的激发、规则观念的养成等。"文章认为"中国对于奥林匹克运动所作的巨大贡献，其价值在于能够使奥林匹克运动更加充分地体现出世界性、开放性、文化多元性的追求，能够使奥林匹克运动得以广泛传扬，使奥林匹克运动的文化内涵更加丰富，北京奥运会由此将成为奥林匹克运动发展史上的一个巨大里程碑"。④

袁懋栓指出，"人文奥运"是世界奥运史上首次提出的一种崭新的"奥运"理念，不仅凸显了现代奥林匹克运动所具有的人文内涵和价值取向，也发扬和光大了中国传统文化中"以人为本"的思想。

袁懋栓分析指出："2008 年奥运会在北京举行，对于奥林匹克运动在全球推广和普及，对于东西方文化的交流与融合将是前所未有和独一无二的。人文奥运凸显了奥林匹克精神中的人文思想，而且将中国传统人文精神融入奥林匹克精神之中，丰富和拓展了奥林匹克人文精神的内涵。同时人文奥运强调展示和传播中华民族优秀文化，这样不仅使 2008 年奥运会成为展示中华文化的窗口和盛会，也成为东西方文化交流与融合的重要平台。国际奥委会 2000 年委员会提出'奥林匹克运动所推崇的绝不是一种标准的现代化或文化的单一化，更非欧洲化或西方化，未来的奥林匹克运动须是多文化的又是跨文化的'。人文奥运对中华 5000 年文明的展示，会加强世界对东方文化的了解，对中国传统文化的了解，从而促进东西方文化的交流与融合。东西方文化的交流与融合不仅将推进奥运文化的世界进程，而且使中华文化、西方文化以及世界上其他文化在奥运文化中得到共存和互补，使奥林匹克运动真正成为跨文化、跨民族、跨国度的世界性文化体系。"⑤

开拓和创新：从人文奥运到人文北京

在后奥运时代，如何继续开掘人文奥运的理念和精神，以北京奥运的文化与创意成果，启发国内相关文化创意产业的持续发展，推动城市经济建设，树立文化中国形象，构建人文北京，提升民族人文素质等，成为学术界继北京奥运成功举办之后研究探讨的热点。在深入学习实践科学发展观活动中，北京市委提出，将 2008 年北京奥运会提出的三大理念适时地转变为"人文北京、科技北京、绿色北京"的新理念，并作为学习实践活动的主题。这是一项重大的战略决策，具有继往开来的重要意义。而"人文北京"是新三大理念的核心，"科技北京、绿色北京"是实现"人文北京"的必要基础、现实环境、充分条件和实现途径，但说到底它们的内涵与宗旨依然是人文：人文化成。

"人文北京"新理念的提出具有重要的理论意义和实践价值。它既是对北京奥运辉煌遗产的总结和继承，又是对北京未来发展的开拓和创新。刘淇发表文章，指出：建设"人文北京"，就是要在首都各项工作中全面落实“以人为本”的要求，尊重人民主体地位，发挥人民首创精神，真正做到发展为了人民、发展依靠人民、发展成果由人民共享；就是要切实保障人民群众的经济、政治、文化、社会权益，不断提高群众的思想道德素质、科学文化素质和健康素质，提高城市文明程度；就是要深入发掘首都丰厚的文化资源，大力发展文化事业和文化产业，充分展现首都文化的魅力；就是要妥善协调好各方面的利益关系，切实维护公平正义，不断促进首都的和谐与稳定[6]。

蔡赴朝指出，从“绿色奥运、科技奥运、人文奥运”到“人文北京、科技北京、绿色北京”，不是简单地套用和照搬，也不是顺序上的简单调整和变化，而是科学地丰富、升华和发展。这其中凝聚了7年实践的经验和智慧，蕴涵着对科学发展观的新认识、新理解、新体会，体现着首都发展的新理念、新思路、新战略。“人文北京、科技北京、绿色北京”是体现科学发展观要求、符合北京发展实际的新的发展理念，是对北京新阶段实现什么样的发展这个问题的集中回答，是顺应首都人民群众新期待的新的发展取向，是对发展为了谁的具体解答；“人文北京、科技北京、绿色北京”描绘了首都未来发展的美好蓝图，是对可持续发展的生动阐释[7]。

金元浦认为，在奥运会之后的今天，我们面临着世界金融危机等严峻挑战，面临着国家产业转型、转变增长方式的严峻考验，也面临着共同参与构建国际经济文化新秩序、创建创新型中国的重大机遇，面临着发挥一个负责任的发展中大国在国际事务中应有的作用的重大机遇。如何成功化解危机，迎接挑战，把握机遇，是贯彻科学发展观的题中应有之义。人文北京的提出构建了一个落实科学发展观，以文化创新推动北京全面协调可持续发展的宽阔平台。它是贯彻科学发展观，改变单纯GDP经济方式，提升北京经济文化发展层次，调整经济结构，转变增长方式，建设文化北京、创意北京、创新型北京的重要决策，将全面开创和提升北京科学发展的水平，增强北京的文化软实力与国际竞争力。[8]

韩震认为，社会主义核心价值体系建设是构建人文北京的精神支柱和思想道德基础。建设人文北京，一是要求“以人为本”，即在首都各项工作中，尊重人民主体地位，发挥人民首创精神，真正做到发展为了人民、发展依靠人民、发展成果由人民共享；同时要切实保障人民群众的经济、政治、文化、社会权益，不断提高群众的思想道德素质、科学文化素质和健康素质，提高城市文明程度。二是要求“以文立市”，即深入发掘首都丰厚的文化资源，大力发展文化事业和文化产业，充分展现首都文化的魅力。三是构建和谐社会首善之区，即妥善协调好各方面的利益关系，切实维护公平正义，不断促进首都的和谐与稳定[9]。

刘勇论证了从人文奥运到人文北京的变化，指出：“人文北京是一项伟大的建设目标和计划，它不仅符合北京的城市特性和自我定位，而且也顺应了时代的趋势和人民的希望；建设人文北京也是庞大而复杂并很有难度的设想和计划，尤其是在具体的实施中，应如何把握多元化的要求和方向是需要花大力气去解决的。在这个设想和计划中，大学的作用是一个不容忽视的环节，具有极大的参考价值，它的宽广的内涵将成为人文北京建设的重要资源。”[10]

人文北京：多层次的深刻内涵

关于人文北京的主要内涵，存在着多种不同的看法。王岗认为，“人文北京”包括了十分丰富的内容，其主要内容为：政治民主完善、经济文明发展、文化高度繁荣、社会运行和谐，以及城市均衡建设等。政治文明建设包括了政治体制的进一步优化、政治民主化的有序发展，以及反腐倡廉机制的有效运行等。经济文明发展包括了又好又快的发展方针、高科技为主导的发展趋势，以及绿色环保的发展标准等。文化高度繁荣包括了广大民众享有越来越多的文化权益、文化创意产业健康发展，以及提供“百花齐放、百家争鸣”的宽阔文化发展空间等。社会运行和谐包括了社会分配体制的公平、社会保障体系的完善，以及社会舆论的公正等。城市均衡建设包括了城市公共设施的完备、城市不同功能区的合理布局，以及城乡之间的有机结合等。“人文北京”就是指导北京在政治、经济、文化、社会、城市建设等各主要方面科学发展的大政方针[11]。

金元浦则认为，“人文北京”的确有着多层次的深刻内涵，但仍须与“人文”紧紧相扣。他认为：第一，以人为本是“人文北京”理念的基础和根本。它关注人，热爱人，尊重人，提升人，追求人的本质力量的自由实现，推动人的全面和谐发展，是古今中外人本思想的集中体现，是北京未来发展的起点与归宿。第二，文化的继承和繁荣是科学发展观的重要组成部分。文化是北京面对世界最为深厚的积淀，是“人文北京”的必不可少的重要内涵，也是北京走向国际化大都市的必由之路。第三，“人文北京”倡导民为邦本，这是“人文北京”最深厚的基础。人文的北京是北京人自己的北京，是老百姓的北京，是全国人民的北京，也是全世界华人乃至全球热爱北京的人们的北京。"人文北京"体现了北京市委、市政府心系人民、关注百姓、服务大众、惠及于民的执政理念。第四，"人文北京"的内涵中自然包含着市民自我教育、不断提升精神文明的深刻内容。人文是"化成天下"的学问。"人文北京"秉承奥运精神，将奥运建立起来的市民教育、公民素质的提高，"我参与、我奉献、我快乐"的社会文明理念继续坚持下去，并不断提升，将北京建设成一个不断学习、不断创新的学习型社会。而"人文北京"多重内涵的灵魂，则是着力构建一个万方安和、共同繁荣的和谐社会、和谐北京[12]。

袁行霈希望，建设"人文北京"要彰显北京独特的个性和魅力。他认为现在许多城市的面貌大同小异，可谓百城一面。我们建设人文北京，究竟希望它在原有的基础上，发挥怎样的优势，或者说展现怎样的独特魅力呢？我想，不必追求豪华，但必须有雄伟的气象；不必追求时髦，但必须雍容大方；不必标新立异，但必须体现创新的理念。打个比方，它应当像一位充满活力的智慧老人，又像一位底蕴深厚的稳重青年。既是传统的，又是维新的；既不浮躁，又总是引领着时代的潮流[13]。

叶朗认为，建设人文北京，应当引领广大青少年和整个社会有一种更高的精神追求，向世人展示中国人高远的精神世界，增强中国文化在国际社会中的影响力和吸引力，提升我们国家的软实力[14]。

不少专家还从不同角度论述了人文北京的内涵。魏鹏举认为："人文"成为北京的第一发展理念，意味深长。奥运会无论规模多大、影响多深，它毕竟只是一个活动、一个项目。城市则是一个永久性的人类社会集聚地，以人为本、符合人文的发展，是城市发展的第一要义。首都社会经济发展研究所所长王鸿春则认为：科学发展观的核心是以人为本，而人民群众的健康则是以人为本的前提。没有健康，以人为本就成了无源之水、无本之木，科学发展就无从谈起。"人文北京"的核心也应是以人为本。建设"人文北京"就应将市民的健康放到社会发展的突出位置，努力建设一个健康的北京[15]。

博采兼容，实现人文北京的宏大目标

如何实现人文北京的宏大目标，很多学者提出了自己的看法。

纪宝成提出，建设人文北京，关键在于明确建设的理念与宗旨。应该本着"以人为本"的战略思维，卓有成效地实现博采兼容、理顺差异、相济互补、动态平衡的战略目标，从而使我们首善之区的社会生活呈现出最大限度上的"和谐"。"和谐"的本质属性可以概括为4个方面：就"海纳百川"的包容性来说，人文北京应当充分尊重和关照各方的意愿与利益，积极争取和赢得各方的理解与支持，虚心听取各种意见，择善而从，将决策建立在集思广益的基础之上，提高决策的科学性。就"和而不同"的差异性来说，建设人文北京，应承认"和谐"的差异性思维，确保人文北京建设呈现传统与现代的统一，继承与发展的统一，坚守主体与优势互补的统一。就"刚柔相济"的互补性来说，建设人文北京，一方面，提倡法治，立法必公，执法必严；另一方面，注重教化，以温和的德治方式争取民心，做到制度建设与道德教化有机统一，相辅相成，张弛有章法，宽严有节度。就"抑高举低"的平衡性来说，建设人文北京，要妥善协调好各方面的利益关系，切实维护公平正义，不断促进首都的和谐与稳定[16]。

马仲良认为，"人文北京"的基本内涵是"人文奥运"理念的继承和发展，就是"以人为本，以文化人"。这与学习型城市的核心理念完全一致。作为一项宏观战略，"人文北京"需要借助一套操作体系得以实现。学习型城市建设恰恰提供了完善的实践模式。人文北京是一个整体创新的过程。

北京创新学会会长、研究员路宁认为，从根本上说，人文北京是一个整体创新的过程，也是一个整体创新的结果。整体创新人文北京，是一个建立和完善北京多层次、多领域的人文资源，着眼于人的全面发展，着眼于多元文化的深度整合，从整体上创新大文化网络系统的过程[17]。

冯惠玲认为，一个人文精神匮乏的政府不可能成就高尚的城市品格和光辉的城市精神。伟大的城市总是拥有一批一流的思想家，他们成为城市品格和灵魂的主要代表者，引领公共精神和城市议程。有魅力的城市大多都有表征城市文化传统、市民性格和人文品位的公共仪式，越是全民参与、快乐参与、创造性参与，理性的公共精神、健康的文化风尚、传统与现代的有效统合也就越容易实现，社会也就越和谐[18]。

杜丽燕认为，改善公民教育的土壤，实现"以人为本"，应当从日常生活每个细节入手。人文精神的土壤是日常生活。重新塑造时代的人文精神，最重要的问题，依然是寻找能够在百姓的生活中扎根的东西，并且通过日常生活让它发扬光大[19]。

缪青认为：建设人文北京，需要成熟的现代精神，而成熟的现代精神主要的不是从那些震撼视听的东西中去寻找，而是在一些最平凡和最常见的东西，诸如城市和社区公共生活、普通市民的心态和谈吐、城市公共服务水准以及公民参与等等。营造一种轻松的公共生活的氛围，主要的不在于那些震撼视听的口号，而在于城市和社区公共生活中自然流淌出来的一种以人为本的氛围[20]。

尽管各种观点百花齐放，争妍斗奇，但有一点是共同的，那就是"人文北京"的最终目标是着力构建一个万方安和、共同繁荣的和谐社会、和谐北京。和谐思想，对北京、对中国、对世界未来的发展，都具有重要的现实意义和资源性价值。面对当代世界文化的巨大变革实践，"人文北京"诉诸文化的创造的多样性，诉诸人与自然的和谐共存和绿色文明的全球推动，诉诸当代社会的文化与经济、政治的相辅相成、和谐发展，诉诸人的健全人格的培育和民生的福祉，这一切在奥运会的理念和实践中创造的成就和宝贵经验，对于北京构建社会主义和谐社会首善之区具有重要的借鉴和继承的意义。

（作者：金元浦，中国人民大学教授；
张力，中国人民大学博士生）

注：

①蒋效愚：《巩固奥运成果，为"人文北京、科技北京、绿色北京"服务》，《前线》，2009年第8期。

②何振梁：《人文精神与奥运》，《杭州通讯》（下半月），2008年第7期。

③孙葆丽：《"人文奥运"给我们留下什么》，《前线》，2008年第3期。

④郑小九：《北京人文奥运的价值期待》，《中国发展观察》，2008年第8期。

⑤袁懋栓：《绿色奥运、科技奥运、人文奥运三大理念是奥运非物质遗产》，《北京社会科学》，2008年第3期。

⑥刘淇：《建设人文北京、科技北京、绿色北京》，《求是》，2008年第23期。

⑦蔡赴朝：《为人文北京　科技北京　绿色北京建设提供强大精神动力与智力支持》，《前线》，2009年第3期。

⑧金元浦：《人文北京的多层次内涵》，《前线》，2009年第5期。

⑨⑭⑯⑰⑱⑲⑳杜梅萍：《建言人文北京　共谋和谐发展——"人文北京"论坛综述》，《前线》，2009年第4期。

⑩刘勇：《从人文奥运到人文北京》，北京奥运城市发展促进会官方网站。www. beijing 2008. cn.

⑪王岗：《对"人文北京"的几点认识》，光明网，2009年7月2日。

⑫金元浦：《人文北京的多层次内涵》，《前线》，2009年第5期。

⑬袁行霈：《人文北京漫议》，北京社科规划办。

⑮《北京日报·人文北京论坛·精彩观点》，京报网 www. bjd. com. cn，2009年3月9日。

绿色奥运、科技奥运

陈　剑　毛雪峰

一、绿色奥运、科技奥运理念的几种表述

（一）绿色奥运

国家环保总局副局长潘岳认为，绿色行动、环境保护，不仅仅是为了奥运会，而真正的意义是通过绿色奥运理念的宣传和行动，增强每一个公民的环保意识，举不举办奥运会都要去做，都要走这条可持续发展的道路。

北京市环保局副局长杜少中从实际工作者的角度来理解"绿色奥运"。他认为绿色奥运有3层意思：第一是环境不影响奥运会；第二是奥运会不影响环境；第三是公众参与、环境意识提高。前面两个是硬件建设，后面一个是软件建设，硬件和软件结合，从理论到实践，构成"绿色奥运"比较完整的内容。

北京林业大学党委书记吴斌认为，绿色奥运理念的实质，就是以促进人与自然、人与人、人与社会和谐发展为宗旨，通过采取综合性的措施和途径，全面落实以人为本的思想，通过承办世界性的体育盛会，促进世界各国的可持续发展和保护整个人类的生存环境。

环境保护部环境与经济政策研究中心国际所副所长周国梅认为，绿色奥运不仅体现在城市环境质量的改观上，还有更深层次的影响，如促进生态文明理念的树立、促进环境与经济的高度融合、推动绿色环保技术发展、提升环境管理水平等。这些影响从长远来看提升了整个社会经济发展的可持续性，

改变着人们的生活方式。

薛世君认为，绿色奥运不应该只局限于奥运会期间的绿色，它应该是持之以恒的；也不应该只是“天蓝水清空气好”这样的浅层表现，还应该包括环境意识的提升，绿色的生活方式、绿色的价值观和绿色意识的深入人心，以更深层次的绿色理念、更广泛的公众参与、更多的举措推动绿色生活。

陈谦认为，绿色奥运是中国对现代奥运精神的继承和发扬，将摈弃偏见、消融隔阂、展现自我、超越自我的奥运精神与保护环境、追求和谐的理念有机结合在一起，体现了可持续发展的价值观。

还有一种观点认为，绿色奥运不仅是指生态绿色、环境绿色、场馆建设的绿色和可持续利用等，还有组织管理的绿色，即人、财、物的合理协调、利用，科学的管理程序等。

（二）科技奥运

科技部副司长秦勇认为，“科技奥运”，实质上包含两个层次：一个是发挥科技在奥运会中的支撑和保障作用，全方位地运用最新的科技成果；另一个则强调以奥运会为载体，进一步在中国传播科技思想和知识，并且带动相关产业进步。

北京科技大学博士张友春在《奥运中国报告》中发表观点：科技奥运的实质是科技创新。科技创新的竞争跟奥运会上的竞争是一致的，在奥运会上拿的金牌数量和在科技上拿的金牌数量是成正比的。所以科技奥运的深刻含义，就是怎样在这样一个理念下推动科技，也在这个理念下去展开竞争。

《科技日报》7月30日发表评论认为，“科技奥运”的主要目的是通过奥林匹克精神与科学技术的融合，使奥运会成为传播科学知识、体验先进技术、提高公众科学素质、促进科技进步与经济社会发展并惠及人民大众的平台。它用科学思想统领奥运战略，有效集成满足奥运需求的科技资源，为奥运会的成功提供各种技术保障。

《中国经济网》6月23日刊文认为：科技奥运的内涵就是紧密结合国内外科技最新进展，集成全国科技创新成果，举办一届高科技含量的体育盛会；提高北京科技创新能力，推进高新技术成果的产业化和在人民生活中的广泛应用，使北京奥运会成为展示新技术成果和创新实力的窗口。

还有观点认为，所谓科技奥运是指把现代科学技术多角度、多渠道地嵌入奥运会，通过广泛应用当代最先进的科技成果，让科学精神、思维和科技成就渗透到奥运会的每一个细节，使2008年北京奥运会成为被先进科技成果装备起来的体育盛会。

二、有关绿色奥运、科技奥运学术观点

（一）绿色奥运

联合国副秘书长阿齐姆·施泰纳认为，奥运留给北京、留给中国的意义，不在于外国人有什么感受，而在于北京的居民对环保的认识。他认为，公共环保意识是绿色奥运的最终遗产。

北京奥组委工程环境部副部长余小萱认为，利用行政管理手段推广科研成果，实际效果不一定好。绿色奥运成果的继续利用和推广，将更多依赖市场作用和公众环境意识的提升。

国家发展和改革委员会林峰博士提出，“绿色奥运”为空气净化业提供一顿饕餮大餐，但也对企业提出前所未有的挑战。全面升级产品对于企业来讲是当务之急。借奥运标准，规范调整企业产品质量体系，从优化产品供应链开始，以品牌企业为龙头，打造绿色环保产业链，才能使空气净化业真正走得更远。

首都经贸大学副教授张贵祥认为，北京绿色奥运理念与生态文化体现在以下方面：一是北京奥运会广泛使用清洁能源和环保材料，二是北京奥运会场馆周围80%～90%的路灯利用太阳能光伏发电技术，三是北京奥运会设施和路线均避开了水源及自然保护区，四是北京2008年采用全玻璃真空太阳能集热技术，供应奥运会90%的洗浴热水，五是在治理城市环境方面，北京以防治大气污染和保护饮用水源为重点，六是新建举世瞩目的两大绿色奥运的标志性建筑物。

王旭东认为，在后奥运时代，环保是接力赛。绿色奥运作为“第一棒”，已开了一个令人满意的好头。环保不在一时，更在长久，更在长效。在绿色奥运理念指导下，建立健全环保的长效机制，依赖于各级政府、非政府组织和广大民众的齐心协力、步伐一致。为奥运加油之后，更要为环保接力加油。

《北京商报》8月14日发表评论认为，奥运不仅仅是几天的比赛，更是一种理念和精神的传达。“绿色奥运”是承诺，但更应该成为北京这座城市的灵魂，并将之注入每一个人的血液之中，真正地从每一个人做到“绿色”，从每一天做到“绿色”。

《明报》提出观点认为：北京打造“绿色奥运”固然其志可嘉，然而，洗净污黑的中国天空不可能是几个月之间的易事，这是一场漫长的战争，需要的不仅是减少排污这些规定，更重要的是普及环保观念及保护教育。硬是要求在2008年奥运实现真正的绿色奥运不切实际。观点提出中国应以本届奥运为起点，立誓当中国举办下一次奥运时，960万平方公里土地上的是货真价实的绿色奥运。

《法新社》7月23日在《绿色奥运会为中国未来指明道路》的特稿中提出，中国为把北京奥运会举办成一次绿色奥运会而付出了巨大努力，尽管奥运会不能解决中国的环境问题，但为中国未来实现可持续发展指明道路。

（二）科技奥运

科技部部长万钢表示，科技奥运不只是在奥运会上展现，也是产业化的开端。他认为："科技奥运"从理念变成了实际行动，为北京奥运会建设提供了全方位的科技支撑；集成应用了一批绿色环保和节能减排技术，以科技创新支撑"绿色奥运"的理念；大量运用了信息通信和智能交通等先进技术成果，丰富了"人文奥运"内涵。

《投资者报》记者冯昭提出"科技奥运与道德问题"的观点，他认为借助现代高科技手段提高比赛成绩的现象显失公平，只有当奥运回归到以人为本，才能正本清源，回归充满人本关照和体育价值的奥林匹克运动。中央电视台1月27日在栏目里提出类似的观点，观点认为，一方面科学辅助器材和兴奋剂是被禁止的，另一方面科学的训练方法又是被鼓励的，因此，如何在科技和公平之间寻求平衡，多年来一直是体育竞赛面临的问题。

北京市建委张农科认为，奥运工程是展现工程质量和技术水平的一个大舞台，整个奥运工程的建设实践当中，造就了一大批建筑设计、建筑管理、施工组织等方面的领军人才。他认为这也是科技奥运留下的重要遗产之一。

三、会议论坛

（一）绿色奥运

7月12日，中国环境科学出版社主办的"奥运和后奥运环保时代高层研讨会"，主题为"后奥运环保时代"，探讨了如何为北京、中国和世界体育留下一份丰厚的环境保护遗产，如何鼓励公众积极参与环保工作的机制，如何确保北京环境的持续改善以及如何将奥运会在环境保护方面的成功经验推广到全国等诸多问题。研讨会上专家认为具有中国特色的绿色奥运只是北京环境保护更高水平、更新阶段的开始，而绝非结束，北京以及中国的环保事业将以绿色奥运为契机，在更高层面上、更广范围内全面提高。

11月21日，"北京奥运会空气质量保障工作经验交流暨学术研讨会"上，来自北京大学、清华大学、中科院等专家学者介绍了北京奥运会空气质量保障措施的研究制定及其实施效果、京津唐地区区域空气质量管理及协调机制研究、区域空气污染传输及其控制措施研究等，为上海世博会的相关工作提供丰富的经验。

（二）科技奥运

2月20日，第29届奥林匹克运动会科学技术委员会举办"科技奥运与工业设计"论坛。论坛主旨为：探讨科技、奥运与设计间的关系，研究如何把握奥运机遇提升我国的自主创新水平和能力。与会专家认为工业设计将对奥运的筹办、举办及后奥运时期社会经济发展发挥着重要的推动作用；有专家从奥运促进我国设计实力提升及推动企业自主创新等方面进行了形象的解读，还有专家则从"科技奥运"的角度探讨了奥运与可持续设计的关系。

5月20日，由科技部、商务部、北京市政府等共同主办的第十一届科博会，以"科技奥运与科技创新"为主题，突出显示"科技奥运"理念、"自主创新"主线、"生态文明"内涵等三大内容。包括"资源节约与循环经济论坛"、"能源利用与新能源开发国际论坛"等在内的多个分论坛，体现了"建设生态文明"的主题要求。

5月24日，北京市科协、北京社科联共同举办"北京自然科学界和社会科学界联席会议——2008·高峰论坛"。论坛以"奥运北京·和谐社会"为主题，围绕"绿色奥运、科技奥运、人文奥运"三大理念的实践，从奥运与北京生态建设、人文奥运对奥林匹克文化的丰富，以及人文奥运对构建和谐社会的意义等进行了深入研讨。两界专家一致认为，注重奥运理念的可持续发展，将对和谐社会与和谐世界建设有重大的时代意义。

7月20日，国家国防科技工业局、北京奥运经济研究会举办的"军工服务奥运及国民经济建设高峰论坛"，分别就国防科技工业服务北京奥运的总体情况、科技奥运——北京的创新与发展、举航天之力为国家贡献、奥运与直升机产业发展、后奥运经济形势分析等话题进行研讨。

8月1日，国际奥委会、国家体育总局和广东省政府举办的"2008年奥林匹克科学大会"，主题为"21世纪的体育科学与和谐社会"，探讨了体育运动所涉及的医学、文化与社会心理学等问题。会上有专家表示，奥运会会徽、吉祥物、火炬等的设计都浓缩了中国的文化元素，而这些文化元素借奥运契机走向国际，在国际上刮起"中国风"。

9月4日，中国科学院在北京残奥会主新闻中心举行"科技奥运行动规划"新闻发布会。会议就近几年来中国科学院的成果以及在残奥期间为社会及广大残疾人所做的工作成果，在环保、安保、交通、场馆建设、数字奥运、运动科研等方面的成果进行了汇报和总结。

11月4日，科技部、北京奥组委举办“科技奥运论坛”。论坛主题为“科技奥运与世博科技”，围绕高科技在北京奥运会开闭幕式上的应用、奥运会技术运行保障、奥运工程建设创新、火炬传递技术保障、节能与新能源汽车示范运行推广、奥运智能交通管理、奥运气象科技保障、奥运科技安保，以及上海世博会科技应用及筹备进展等方面作了主题报告。

四、政策建议

环境保护部部长周生贤建议：进一步增强发展质量的协调性，发展循环经济，构建全方位的污染防控体系，促进速度、结构、效益协调发展，促进人与自然协调发展；进一步增强发展动力的协调性，积极扶持环保产业发展；进一步增强发展格局的协调性，全面推进城乡和区域环境保护；进一步增强发展要素的协调性，动员全社会的力量推进生态文明建设。

北京市园林绿化局副局长强健认为，要传承奥运绿化新理念，在生态第一的基础上把绿地的景观、文化、游憩、避险等多种功能较好地统一起来。他认为应提倡以下几个方面：强调生态优先，突出以人为本；追求自然简约，淡化设计痕迹；坚持适地适树，放大资源效益；贯彻节约原则，选择绿色材料。

北京林业大学党委书记吴斌建议，应更多地借鉴和渗透绿色奥运理念推进大学教育，主要有以下3个方面：一是将可持续发展融入教育思想，努力造就具有可持续发展理念的高素质人才，在“培养什么样的人”和“如何培养人”这两个根本问题上，都必须强化可持续发展理念，在教育教学思想中突出绿色理念，坚持以学生为本，广泛开展自主、和谐、合作互动的教育；二是发挥高校学科优势，通过科学研究、技术创新、社会服务，为可持续发展提供科技支撑和智力支持；三是发挥大学的文化引领作用，努力建设绿色校园文化，示范和带动全社会实践生态文明。

印度非政府组织“科学与环境中心”主任苏尼特·纳雷认为，为了建设一个绿色、和平的世界，中国应首先加强和发展中国家的合作，特别是新兴发展中国家如印度、巴西、南非等，因为这些国家有着更多的共同关切，容易形成统一意见。如果这样的话，中国在国际事务中将会有更大的作为。西方终究是维护西方的利益，不会帮助发展中国家崛起的。只有发展中国家团结起来，才能共同崛起，也才能保证自己的崛起而不倒。

中国民主建国会北京市委员会，提出推进北京市经济绿色转型的对策与建议：1. 培育绿色发展理念，作为支撑。绿色理念体现在绿色政府、绿色文化与绿色教育上。绿色文化体现在社会经济生活的各个方面；绿色教育体现在教育理念、教育手段、人才多样化。2. 开发绿色产业主体。3. 构建绿色产业布局。

中国农业银行研究室副主任董玉华提出“用绿色奥运理念推动绿色信贷”的观点。他建议商业银行支持绿色奥运，配合政府环保部门，对不符合环保要求的企业和项目，实行一票否决制，切断对其资金的供应，釜底抽薪是治本之策。

北京学者王徽提出建议：政府出台各项政策措施，鼓励骑自行车，让自行车回到生活中来，重新成为一道人文风景。这既是朴素生活理念的回归，更将为绿色奥运增色。

“人民网环保频道”观点认为，环境意识的培养不能停止，应做好以下几点：首先，要继续宣传奥运会留下来的环境成果，让绿色奥运成为一种经典的教材、固定手段，教育和感染人们；其次，要继续调动公众的积极性，促进环境质量提升；同时，总结绿色奥运宣传中所得到的成功经验，分析不同媒体优势，继续开展多种方式、多渠道的环保宣传活动。

五、课题报告

（一）课题报告

《碳平衡和绿色奥运》课题，国家发改委能源研究所等承担，项目研究员徐华清。课题采用排放量及减排量估算方法，主要依据IPCC国家温室气体清单编制指南和ISO温室气体量化及报告的规范与指南（ISO 14064），活动水平数据主要由北京奥组委及北京市有关部门提供，排放因子数据主要基于中国初始国家信息通报有关排放因子的研究成果。课题初步估算认为，北京奥运会直接产生的温室气体排放量约为118万吨二氧化碳当量，基本上做到碳平衡。

《奥运会空气质量保障研究课题》，北京大学教授朱彤任首席科学家。课题主要任务是在奥运会期间进行高精度的、实时的综合空气质量观测，对各种污染控制手段的效果进行评估，为奥运会期间的污染源控制应急措施提供科技保障。

《科技奥运需求调研及分析》，北京发明协会承担，研究员胡小征。课题分为科技奥运总体情况介绍、科技奥运总体思路和主要任务、科技奥运需要分析三大部分。第三部分重点介绍了场馆建设、清洁能源、数字奥运、大型活动、运动科技等方面的需求分析内容。

《科技奥运研究》，北京大学首都发展研究院、北京市科学技术委员会承担，参与人员迟惠生、范伯元等。课题分科技奥运内涵、科技奥运框架、科技奥运5大战略、科技奥运实施的战略措施、科技奥运战备的影响5大部分。第三部分科技奥运5大战略包括：数学奥运战略、新建筑战略、新材料战略、环保科技战略、生物医药战略。第五部分奥运战备措施里面，重点谈到了开放战略措施，营销奥运、营销北京战略措施，官产学民媒互动的组织战略措施，投融资战略措施，人才战略措施。

《绿色奥运专项调查项目研究报告》，北京市环保局承担。报告显示绿色奥运理念在北京市民中有较为广泛的认知度，仅有0.5%的受访者表示没有听说过这个词语。9成多的北京市民对于绿色奥运是北京奥运会的3大理念之一表示肯定，认为绿色奥运不仅有助于提高北京的环境管理水平，并且倡导公众健康环保的生活方式，有助于提高公众的环境意识。

（二）成果转化

1. 截至2008年7月26日，中国科学院承担奥运科技项目成果成功应用于北京奥运工程的主要有："奥运村及示范小区优质饮用水净化技术与集成系统"、"北京夏季异常天气预测关键技术及应急措施研究"、"海量数据存储和处理技术研究"课题、"数字化三维人体运动的计算机仿真研究"、"奥运体育场馆防火系统设计技术研究"、"奥运环境遥感动态监测研究"、"体育竞技项目综合训练指导系统的开发"、"激光显示技术奥运应用演示验证"等。

2. 截至2008年7月16日，"科技奥运（2008）行动计划"共安排支持项目（课题）超过1234项（个），社会总投入35.95亿元，参与的科技人员超过3.5万人。项目（课题）国内外专利申请数量已超过320项，授权专利已逾180项。

3. 北京市科委将实施的"科技奥运成果推广计划"，对奥运会筹备和建设过程中形成的科技成果进行收集、整理和推介，实现科技奥运成果在更大范围内的共享和应用，促进北京科技成果产业化服务业发展。计划利用2—3年的时间，建立起较为完善的科技奥运成果推广工作机制，形成采集、整理、筛选、分析、发布、推介等一条龙的科技奥运成果推广服务。计划到2010年，实现对100项以上科技奥运成果的推广应用，形成5—10个在国内外具有一定知名度的科技奥运成果推广服务品牌，带动相关产品和服务收入超过100亿元。

六、文献资料

《科技与奥运》35集系列专题片，中央电视台和武汉电视台联合录制，讲述了百年奥运中许多经典赛事和有趣故事，介绍了体育运动中的许多科学现象。科学家周光召盛赞该片帮助观众"通过科学欣赏体育，通过体育理解科学"。

《科技奥运科普宣传素材光盘》，"奥运科技（2008）行动计划"领导小组支持，中国科协科普部、第29届奥林匹克运动会科学技术委员会办公室等共同编写，主题是"传播科技奥运、倡导科学健身"。光盘汇聚了奥运会、科学健身的基本知识和北京奥运会科技奥运的最新成果等相关素材。

《奥运科技——我国科技产业新发展》，作者黄鲁成，2008年7月科学出版社出版，由"方法篇"和"源泉篇"两部分组成。"方法篇"重点研究了总体方法论及奥运科技产业化的主客观评估方法，并提出了评估奥运科技潜在市场的评估方法和奥运科技产业化推进方法。"源泉篇"主要介绍了部分奥运科技项目研究内容、技术创新点及主要创新成果，旨在给企业创新提供更多的选择机会，更好地推广奥运科技成果。

（作者：陈剑，北京奥运经济研究会执行会长，研究员；毛雪峰，北京奥运经济研究会秘书处主任，经济师）

注：

①陈剑主编：《2008北京奥运经济报告》，北京出版社，2008年5月。

②百度网站新闻栏目、北京市发展和改革委员会网站、北京奥运经济研究会网站（http//www.2008boa. org. cn）及其他媒体资料。

北京奥运经济

陈 剑 毛雪峰

2008年北京奥运会已经圆满结束，并且取得巨大成功。北京奥运会的成功举办，揭开了中华民族发展历史的新篇章，成为中国现代化进程中具有里程碑意义的事件。

一、奥运经济概念、内涵理论研究

魏纪中认为，奥运经济并非是普遍规律，并不能成为经济学科。奥运会并没有提供无限的商机，不可能使所有的行业都受益。毕竟它不是宏观经济现象，它只有局部的、微观的经济影响。

金元浦认为，奥运经济是文化创意产业的重要组成部分，是重要的战略实践，当代创意产业经济提出一系列新的产业模式、新的行业，都是与奥运会密切联系。

9月2日香港《大公报》评论认为，把先进的奥运理念导入中国正在进行的宏观调控行动中，将开放的形象和中国不断壮大的实体经济相结合，将会推动中国经济的健康升级和稳步发展。“后奥运经济”这一概念在中国将会获得全新的诠释，也必将改写后奥运经济的传统含义。

《南方都市报》评论认为，申奥成功以来，奥运经济的说法不断膨胀，不间断地演绎，甚至笼罩着对经济基本面的主流判断，以夸张的姿态受到大规模推介，仿佛已经成为一种可靠的盈利模式，奥运经济已经成了奥运经济主义。对此，高析发表观点认为，对于中国来说，“后奥运效应”并不可怕，可怕的是楼市、股市、物价都拿奥运会来说事，什么都往奥运上“套”，形成“绑架奥运会”的怪现象，产生了非理性的投机性预期。候宁持类似观点，他认为，中国需要善待奥运经济，既不要在宣传上盲目夸大奥运经济的魔力，也不要在现实中企图借奥运经济一步登天，更要防止有人想借奥运邀功请赏、借奥运大发横财的徇私冲动。奥运就是一次盛大的体育盛会，以平常心待之，以节制心用之，以发展心导之。

二、奥运对经济影响的学术观点

（一）奥运对宏观经济影响的学术观点

对于“举办奥运会是否给中国经济带来好处”这个命题，许多专家认为奥运会对中国经济有推动作用，也有人认为中国经济将进入“后奥运警戒水域”，但国际舆论普遍认为，奥运会对中国经济影响甚微。

有观点认为，北京奥运会产生的间接经济影响大约2500亿元，再加上直接经济影响3467亿元，奥运总体的经济影响大约为6000亿元。近7年来北京GDP增速高于全国平均速度约2%，比20年平均的1.3%要高近5成，这高出的部分，则应归功于奥运经济的刺激，而这种刺激的消失将使得后奥运的北京经济受到冲击。

国务院发展研究中心研究员程秀生认为，北京虽然举办奥运会投入很大，但它背后有举国之力的巨大支持。虽然北京市每年GDP总量达400亿元，但对拉动全国GDP增长只有百分之零点几的贡献率，北京办奥运并不会“撼动”中国经济的宏观面。

国家发改委研究员王一鸣认为，奥运会后中国经济面临的最大挑战，就是要成功地完成转型，北京奥运会所提出的“绿色奥运、科技奥运、人文奥运”，恰恰是经济转型中最需要的理念。

日本《福布斯》月刊认为，北京奥运会的经济效果是促进中国向消费大国转变。该刊援引野村证券公司金融经济研究所亚洲调查部部长山口正章的话说，中国将以奥运会为契机在大众中普及体育，中国体育用品市场将进一步扩大，而现代零售、通信基础设施等行业也迎来快速发展期。

摩根大通的观点认为，举办奥运会只不过是为中国锦上添花，那些认为奥运会将是中国经济转折点的人夸大了它的重要性。他们认为，举办奥运会是中国经济近年来显著增长的结果，而不是原因。

张肇麟认为，分析奥运的经济效应可有若干角度。第一，赛事经济的角度。第二，重大事件的角度。第三，国家资本角度，涉及国际问题的时候经济总是与政治连在一起的。第三个角度最能显示平中见奇、小中见大的智慧。

《经济参考报》发表观点认为，奥运经济对全国经济的直接拉动力有限，但长远推动力不容忽视。奥运会带来的可持续、高附加值、国际化等理念，长远看将转化为一种软实力。

8月13日“人民网”评论，奥运经济账不能只算经济上的盈亏账，要从政治、社会、经济等各个方面，全面看奥运的深远意义，只打小算盘未免有点小家子气。

8月11日香港《经济日报》评论认为，真正威胁未来经济的绝非奥运后遗症那么简单，而是中国经济在过去5年每年都急速增长超逾10%，势将盛极而调整，又遇美欧经济停滞，经济滑坡风险急速上升。

8月18日《京华时报》发表评论认为，在政府、企业、开发商高打“奥运牌”时，奥运经济也面临着缺乏产业支撑、场馆经营存疑、概念泡沫过大三大问题。

（二）奥运对城市、产业经济影响的学术观点

北京奥运经济研究会执行会长陈剑认为，“后奥运”对旅游的拉动将至少持续5至10年。北京、青岛等城市接待境外游客的数量将保持持续增长，增长势头至少保持10年以上，进而推动中国旅游业整体发展。

德国世界经济研究所专家罗德曼教授认为，到2010年前，北京将增加50万旅游者，但近期旅馆业、会展业等服务业还是受到短暂冲击。

法国巴黎亚洲证券首席经济师陈兴动认为，一方面有助理解的角度是对有奥运和没有奥运两种情形进行比较。如果没有奥运，北京的基础设施如地铁建设，10年后才能达到现在这个水平。另一方面，既然很多的基础设施建设提前了，那么未来的发展肯定会受到影响。奥运之后，这些城市未来的发展需要去寻找新的经济增长点。

有专家认为，奥运在天津，尤其是以“水滴”为核心的奥体板块，已经成为城市发展的新引擎，促进着天津南的腾飞，天津城市重心正逐渐向南转移。

“中新网”8月9日刊登文章认为，北京奥运会不仅实现了奥林匹克大家庭有史以来最大规模的团聚，也加速了中国体育产业的全球化、竞技化、商业化、娱乐化进程。

针对后奥运房地产业发展趋势，学术界大致有以下几种观点：

武汉大学教授卢洪友认为奥运后北京房价大幅度下跌的可能性比较小。在全国范围内，房价出现大幅回落的可能性很小，特别是二线三线城市，不但不会下跌，有可能还会慢慢爬升。

中国社会科学院曹建海、人民大学教授黄卫平认为，虽然奥运后全盘经济波澜不惊继续上行，但积累了短期投机的楼市却可能单单陷进停滞里，这不是奥运后经济衰退，而是用原本应有的“长期”来等待泡沫消弭。

经济学家郎咸平认为，楼市没有“后奥运经济说”，当前楼市不需要政府伸出援手，政府的主要力量就是做好经济适用房、廉租房等社会保障住房，满足低收入群体的居住需求。

国家发改委研究员王小广强调，对房地产的调控政策不能松动。中国经济不能再依赖房地产，房地产充分调整是中国经济下一轮增长的保障。

（三）后奥运经济学术观点

厉以宁认为，中国不会在2008年北京奥运会之后出现所谓的“后奥运衰退”。他认为中国目前还处于工业化中期，由于更加重视环保和资源消耗率，固定资产面临大规模更新，中国工业仍将保持快速增长，服务业的重要性也在不断增强。

北大经济学院院长刘伟认为，中国尚处于城市化基础设施建设阶段，本应有的场馆设施，因资金限制未建设，现在奥运场馆的建设可以说是“还账”，自然不存在过剩，强大的消费能力轻易就能吸纳奥运产物，因此，不会出现“后奥运”现象。国内众多学者持以上两种观点。

对中国“后奥运经济”的看法，国际上既有乐观派，也有悲观言论。韩国《朝鲜日报》报道说，按“国际惯例”，夏季奥运会举办国的经济增长通常会在奥运会后第二年受到影响，只有1996年的亚特兰大奥运会例外，中国也可能经历所谓的“低谷效应”。

日本《富士产经商报》援引日本贸易振兴机构海外调查部部长薮内正树的话报道说，出口依存度高的中国极易受到世界经济的影响，政府为抑制通货膨胀实施的价格管理也开始产生影响，奥运会后中国经济可能进入“警戒水域”。

默多克新闻集团旗下的财经新闻网站“MarketWatch”8月20日刊文认为，中国的经济增长会在奥运后放缓，中国在奥运后将集中释放刺激经济的政策。

与此相反，国际经济界人士普遍认同另一种观点，日本《福布斯》月刊认为，北京奥运会的经济效果是促进中国向消费大国转变。该媒体援引野村证券公司金融经济研究所亚洲调查部部长山口正章的话说，中国将以奥运会为契机在大众中普及体育，中国体育用品市场将进一步扩大，而现代零售、通信基础设施等行业也迎来快速发展期。

日本《每日新闻》刊文认为，奥运后中国将启动众多大型项目，包括上海世博会、广州亚运会以及京沪高速铁路等，再加上四川地震灾区重建事业，因此“曾被遏制的投资将再度开始加速”。该报认为，目前中国良好的国内消费能否在奥运会后继续维持，是中国经济能否强劲发展的要点所在。

法国《论坛报》、奥地利《新闻报》、美国《商业周刊》、《法新社》等报刊发表类似观点，评论认为，北京经济占中国GDP总量的比重很小，因此北京奥运会对中国经济的抬升作用不像另外一些国家那样明显。

持相同观点的还有世界银行副行长兼首席经济学家林毅夫。他同时认为，上海世博会等大型活动接踵而至、中国产业升级空间大等因素都表明中国不会出现“后奥运经济萧条”。1993年诺贝尔经济学奖得主福格尔同样是中国经济的“乐观派”。他认为在未来几十年，中国经济仍将可以保持8%到10%的增长速度。

亚洲开发银行驻中国代表处高级经济学家庄健认为，奥运经济对中国这样一个经济总量相当庞大的实体来说，影响相当有限。摩根大通支持这种观点。世界银行高级经济学家高路易对庄健的观点表示赞同，他认为尽管上半年动荡的国际资本市场和突发因素给中国造成了一定的负面影响，政府的紧缩政策也使经济增长在上半年相应放缓，长期来看，中国经济发展仍保持着强劲的增长势头。

三、重要会议、论坛

2008年1月16日，“奥运版权保护论坛”共同探讨了加强奥运版权保护，促进奥运经济健康发展的热点问题，会议发出《迎奥运、护版权、守规则——我们一起行动!》的倡议。

2008年3月29日，北京奥运经济研究会、德国阿德纳基金会共同举办“2008年奥运会：世界聚焦中国——经济增长，可持续发展，社会凝聚力”高峰论坛。论坛设6个专题，分别是：“同一个世界，同一个梦想”、“奥运会对举办国的经济影响”、“奥运会与提升社会凝聚力”、“绿色奥运”、“奥运会与媒体”、“奥运会与国家品牌”等。

2008年6月3日，“2008卓越理财财富论坛——后奥运经济：大国崛起中的机遇与挑战”，论坛主要议题：奥运会、市场预期与中国经济的发展、财富之道以及不动产走势、后奥运经济时代的投资机会等。

2008年7月17日，国际奥委会、中国奥委会共同举办的“第二届奥运经济（北京）论坛”。论坛主题：“共享与责任——后奥运时代与中国经济”。英国经济学教授克里斯·格拉顿先生预测北京奥运会的经济总量能达到300亿美元，北京大学教授樊纲对“奥运会后中国经济会产生衰退”的说法表示否定，与会专家一致认为，“后奥运经济”依然充满活力。

2008年8月17日，“奥运会与中国经济发展新闻发布会”。与会专家王一鸣认为奥运不会成为中国经济分水岭，他认为房价的上涨和下跌与奥运无关，楼市低迷属于挤泡沫，应该从更多地补贴生产者逐步转向补贴消费者。杨开忠认为从宏观经济的层面来看，中国经济受到美国次级债、全球经济减速、金融危机加深的影响，中国经济面临的不确定性也在增加。

2008年8月21日，北京奥组委、北京奥运经济研究会共同召开“北京奥运与北京经济”新闻发布会，会议发布了北京奥运经济研究会近6年来的研究成果，从7个方面解释了北京奥运直接推动了北京经济的发展。

2008年10月31日，北京市发改委主办“北京奥运经济市场推介会”，推介会分别以“新北京、新发展、新商机”、“高端聚集协同发展——全球格局下北京高端产业功能区发展”为主题举办两场国际论坛。本次推介会将六大高端产业功能区整合成为一个整体品牌向外推介，通过政府搭建的平台，让投资者能够了解北京市高科技、金融、生产制造业等各个产业在哪个功能区是主导产业，每个区域的主导产业政策会优惠很多。

2008年10月10日，中国市场学会、北京奥运经济研究会等举办的“奥运经济持续创新与提升中国品牌高峰论坛”，论坛宣布“奥运经济持续创新与中国品牌营销工程”正式启动。与会专家认为，企业应该形成力量持续推进奥运对中国经济与创新的推动作用，恪守职业道德，承担社会责任，继续发扬奥运精神，提升中国品牌的国际形象和影响力。

四、重要课题、论著

（一）重要课题

《后奥运时期首都经济发展趋势与对策研究》，北京市委研究室承担。课题总结了奥运筹办期间首都经济发展取得的巨大成就，结合后奥运时期发展经济的国际经验，对后奥运时期首都经济发展的趋势进行了分析，提出后奥运时期首都经济发展的战略重点和对策措施。

《奥林匹克公园赛后运营与管理研究》，北京市新奥集团与清华大学联合承担。课题在总结悉尼奥运场馆运营经验基础上，对奥林匹克公园中心区的赛后运营与管理提出了建议，并为其他奥运物业的赛后管理提供了参考。

《奥运对北京科技发展和知识经济影响》，北京循环经济促进会、北京航空航天大学经济管理学院承担。本课题从北京奥运会的三大理念出发，分别探讨奥运对北京科技发展、知识经济、循环经济以及北京国际大都市的影响。

《奥运会税收政策及征管执行情况调研》，北京市地方税务局课题。课题介绍了奥运会税收政策及征管办法概况，总结了奥运会税收政策及征管执行情况，对奥运会税收政策及征管措施执行效果进行了分析，并对促进后奥运经济和首都科学发展税收政策建议。

《奥帆赛对青岛发展的影响》，奥帆赛对青岛发展的影响评估课题组承担，课题认为奥帆赛对青岛发展的影响主要体现在：拉动经济持续增长、促进城市更加繁荣、不断提高城市现代化建设水平、推动社会事业全面进步、促进生态环境进一步优化、惠及人民生活质量明显提高、提升城市文明程度和人文环境、加快城市国际化进程等8个方面，并对后奥运时期青岛经济的发展提出了对策建议。

《奥运会后北京经济新增长点的识辨分析及政策建议》课题，中国人民大学经济学院课题组承担，课题从核心增长点、辅助增长点、新兴经济增长点3个方面分析了奥运会后北京市新经济增长点识别确立，并针对这3个方面提出了相应的政策建议。

（二）重要论著

《2008北京奥运经济报告》，北京奥运经济研究会编辑出版的、奥运期间出版的最后一期奥运经济年度报告。2003年以来，北京奥运经济研究会陆续编辑出版6期《北京奥运经济报告》，共约420多字，6期报告全面反映了2001年申奥成功至2008年北京奥运会成功举办期间奥运的筹备和组织工作，得到了国际奥委会、北京奥组委和社会各界的好评，被称作“奥运遗产的重要组成部分”。

《我谈奥运经济》，作者魏纪中，国际排联主席、北京奥运经济研究会会长。本书记录了魏纪中在奥运经济研究与实战操作中的精华，收录了他对奥运经济重要的理念观点。

《和局：后奥运会时代》，作者张永恒、宣国祥。本书从体育、房地产业、旅游业等多方面全面解读奥运会给中国带来的深刻影响，深刻分析改革开放30年中国的发展趋势。

《奥运品牌模式》，作者杨曦沦，全书由世界品牌管理发展趋势与奥林匹克标杆、奥林匹克品牌战略形成与发展、奥林匹克品牌战略架构等章节组成。提出品牌组织、品牌形象、品牌资产三位一体的品牌经营模式和营销价值观、营销体验感品牌整合营销策略等。

五、政策建议

北京奥运经济研究会执行会长陈剑提出推动奥运会后首都经济持续发展的若干措施：（一）大力发展现代化服务业；（二）加大对城市基础设施的投资；（三）加快奥运相关产业发展；（四）整合资源，打造以体育文化产业、娱乐业和会展业为主要内容的亚奥新区；（五）优化产业政策，加大对滑坡产业如建筑业的支持力度；（六）做好奥运会场馆的后续利用；（七）用绿色奥运理念打造绿色北京；（八）加快京津冀一体化进程，通过发展北京生产性服务业带动天津制造业；（九）有效控制北京人口增长。

针对体育产业发展，北京奥运经济研究会副会长杜巍建议：（一）将奥运结余资金转化为“北京奥林匹克城市成果基金”，用于奥运城市体育产业发展的专项资金；（二）颁布北京奥林匹克遗产保护条例，通过立法形式有效保护好奥运遗产，为开发北京体育产业创造有利的条件；（三）盘活体育经营资源，组建以国有为主导的较大型体育产业集团；（四）培育和打造国际体育经纪机构和培训基地；（五）积极开发体育创意产业，创新研发可持续的品牌项目。

全国政协委员卞志良提议建立全国体育产业协会。他认为可以借奥运平台，整合体育产业资源，积极主动协调企业与企业、部门与部门间的关系，形成全国体育产业发展的整体合力。

北京社科院副院长梅松提出，后奥运时期，北京经济应该着眼于以下几个方面：积极发展体育产业；将举办奥运的科技成果积极转化为经济产出；借奥运机遇积极拓展第三产业发展空间；积极引进社会上专业的体育场馆管理公司，改善奥运场馆的经营模式，灵活使用场馆，提高场馆使用效率。

金三林提出，奥运会后北京应注意3个方面：一是努力将北京打造成国际重要体育赛事中心；二是利用场馆优势，发展旅游、会展、体育产业；三是根据奥运场馆特点，采取适当的运作模式和管理模式，探索市场化运营。

香港《文汇报》8月12日社评说，中国后奥运经济有危亦有机，只要内地抓住卸下奥运包袱的时机，在以食品价格为主的通胀局势稳定的同时，有效地理顺价格形成机制，进一步发挥市场在调节资源配置中的基础作用，后奥运经济应不至于太悲观。

北京大学教授夏业良认为，真正值得担忧的不是奥运之后中国经济有可能出现明显下滑或者衰退，而是我们历经30年的转轨进程将面临拐点，由于改革的动力已经衰竭，下一轮发力需要寻找到新的发动机和动力源泉。根本层面上的制度变革和生产要素的全面市场化交易，才是解决问题的最终途径。

中国社会科学院研究员易宪容提出与夏业良相近的观点，他认为未来中国经济的增长点与动力，是通过城市化进程提高广大农民的生活水平，激励农民消费，最为重要的就是对中国的土地制度进行根本性改变，把农民的宅基地、承包地的产权界定到农民身上，形成有效的土地交易市场，这也是解决目前中国农村问题的根本所在。

针对新兴经济增长点壮大发展，中国人民大学经济学院课题组提出以下对策：（一）加大财政支持和税收优惠力度，支持文化创意研发；（二）完善产业链，促进北京文化创意产业上下游协调发展；（三）发挥资源禀赋优势，加快文化产业基地建设（集聚区），完善创意文化展示交易平台，促进文化、科技与经济的有效融合；（四）增强国民体育意识，加快普及和推广群众体育的步伐；（五）盘活体育场地设施等国有资产，调动各种社会力量兴办体育产业；（六）加快培养大批体育产业方面的优秀人才；（七）整合和优化现有运输资源，促进多式联运的完善与升级；（八）进一步促进企业“大而全”、“小而全”的传统经营模式，通过专业化的运作实现经营主体的多赢，为北京物流业的壮大提供更大的空间；（九）坚持标准化、规范化，建立高效的物流网络体系，逐步实现物流业的规模化、网络化发展。

（作者：陈剑，北京奥运经济研究会执行会长，研究员；毛雪峰，北京奥运经济研究会秘书处主任，经济师）

注：

①陈剑主编：《2008 北京奥运经济报告》，北京出版社，2008 年 5 月。

②百度网站新闻栏目、北京市发展和改革委员会网站、北京奥运经济研究会网站（http//www. 2008boa. org. cn）及其他媒体资料。

附：

2008 年理论学术新见要览

马克思主义哲学篇

● 回顾 30 年来的理论争论和曲折

回顾 30 年来的理论争论和曲折，指出争论的症结和需要进一步研究的问题，总结哲学理论发展的经验，成为本年度的一个热点。这方面主要有：关于本体论研究的总结，关于意识形态研究的总结，关于价值论研究的总结，还有人学研究方面的总结，社会发展理论研究的总结，关于马克思主义哲学中国化方面的总结，等等。由《中国社会科学》杂志和武汉大学哲学院举办的第八届“马克思哲学论坛”，就以马克思主义哲学中国化为主题，集中展示了这方面的研究成果。

● 关注历史唯物主义的当代解读

连续多年来哲学界一直存在关于如何理解马克思主义哲学实现的革命性变革的争论，《哲学研究》为此开辟了关于如何理解历史唯物主义的专栏。为推动研究的深入，《哲学研究》编辑部还与中国人民大学哲学院共同发起召开“历史唯物主义的当代解读”研讨会，许多重点高校和研究机构的专家都提出了自己的观点。主要有两种意见：一种认为历史唯物主义是马克思的两大理论贡献之一，也是其哲学主题转换的具体形式，旧哲学被“终结”了，新哲学以现实的人和人的现实实践为出发点，以实现人类解放何以可能为主要致思旨向，从而使得哲学观、哲学的内容和形式都发生了根本转变。第二种观点则认为，马克思创立的历史唯物主义本质上还是历史观，它是马克思主义哲学的中心内容，但不能说是新哲学的全部。唯物主义历史观同样还需要有世界观和方法论方面的支撑，否则其基础就是不稳固的。

● 政治哲学的研究和讨论持续增温

表现在：一方面是围绕着政治哲学的核心概念和主题即公平正义的讨论越发深入，学者们不仅借助于思想史的资源进行纯学理的研究，而且结合经济学、社会学、政治学、法学研究的成果进行比较具体的讨论，从价值论、人学等方面也作了新的开掘，比如从女性主义或女权主义角度、从不同群体的利益诉求和价值表达方面、从社会公正与社会和谐和制度安排方面，都有相关的文章发表。另一方面，结合社会转型，从市民社会理论、中国市民社会发育和成长、国家与社会的合理关系、法治与善治的关系等角度对如何建构公正的制度进行了积极的探索。

● 公共性问题研究形成一个新的热点

随着社会主义市场经济的建立和市民社会的发育壮大而形成的利益分化和主体多元化的格局，在激活各种主体的积极性和主动性的同时，使传统的集中统一决策逐步让位于多主体的分散决策，各种主体之间的博弈日益明显，不同主体之间的合理关系问题也突出出来并引起了广泛的关注，公共领域、公共物品、普遍共识、游戏规则、价值规范等等，这些概念都获得了很高的使用频率。而主体责任感和自我约束力差、社会信任度偏低，特别是政府公信力不足、人们对许多公权力使用之合法性的质疑，也都暴露了主体性的不足，同时折射出当代中国人的公民意识、法制意识有了很大提高，对民主权利的诉求成为一种重要的社会潮流。公共性研究就是在这个大背景下兴起的。（以上由中国人民大学哲学院教授马俊峰撰写）

经济学篇

● 金融危机对中国经济的影响及应对措施，备受学界关注

一些学者认为，金融危机不仅导致我国金融机构对美国的金融投资受损和在国外的中资公司利润缩减，而且会由于美国的经济衰退导致美元贬值。而人民币的升值则直接导致汇兑损失，侵蚀我国庞大的外汇储备资产。另一些学者指出，金融危机对我国经济的隐性影响危害性更大，因为它增加了出口成本，抑制了我国外向型出口企业的利润增长，挤压了出口和消费，从而削弱了我国经济增长的动力。也有一些学者认为，金融危机对中国来说也是一个机遇，因为出口贸易的萎缩，可以给国内企业增加更大的压力，促使其转变经营模式，逐步重视技术进步，进而带动整个经济的转型。同时，在全球金融危机中人民币地位的稳固，可以提高中国在国际市场中的地位，增强中国对国际金融秩序的发言权。

●如何防止通货紧缩、如何刺激内需，学者献计献策

一部分学者提出，我国居民储蓄余额不断创下历史新高，因而应采取降低利息的方法来刺激消费。另一些人则认为，影响内需的主要因素不是储蓄总量而是储蓄结构，如果脱离收入分配格局来扩大内需，国内庞大的内需市场就只能存在于想象之中。一些学者认为，面临外部冲击产生的经济问题，应通过扩大政府基础投资的反周期性调节来扭转。有的学者提出，政府投资尽管能缓解内需不足的矛盾，但需要注重投资质量，防范重复投资和盲目投资。还有学者认为，扩大内需知易行难，要剪断脐带，改变对出口贸易与投资这两驾“马车”的路径依赖，需要经历漫长而痛苦的转型过程，当务之急是要扶植内需企业和完善分配机制。但更多的学者认为，内需不足的主要根源在于收入分配问题，只有采取更加公平的社会分配，切实减轻中低收入者的负担，才能拉动消费和扩大内需，防止通货紧缩的恶化。部分学者提出，扩大内需要注重投资结构，在投资方向上应更关注与民生相关的保障性项目，而不能将大部分用于基本建设。有的学者甚至建议，通过长工资或发放消费代金券的办法刺激消费需求。

●如何缓解就业压力成为热点

在解决就业的对策上，一些学者认为，要解决就业问题，首先要保住企业，支持企业发展，因而就业政策应优先于“提高工人工资”的劳动者权益维护，并鼓励更多企业吸纳就业。而更多的经济学家则指出，中国企业之所以在危机冲击下出现倒闭和开工不足，就是因为国内市场萎缩，根源则是工人工资太低和缺乏社保保障。因而，处理不好内需和就业的关系，将会带来失业与内需不足的恶性循环，当务之急是扩大内需带动就业。还有一些专家提出，解决就业需要与加快产业转型同步进行，政府需要扶持吸纳劳动力较多的行业的发展。对于大学生就业问题，可通过研究生扩招、向各院校毕业生征兵、调整教学内容和专业方向，鼓励大学生到西部去等解决。

●“土地流转”得到多层次关注

党的十七届三中全会通过的《关于推进农村改革发展若干重大问题的决定》指出，“允许农民以转包、出租、互换、转让、股份合作等形式流转土地承包经营权，发展多种形式的适度规模经营”。这一思路引起了理论界关于“土地流转”的热烈解读。有些学者认为，允许“土地流转”，将引发土地所有制层面的剧变，其意义绝不亚于30年前的“承包到户”，这标志着“第三次土地革命”或“新土改”的到来。也有些学者对此观点表示了忧虑，认为这是对三中全会决定一个最大的误解，如果地方政府错误解读和执行将导致失地流民的出现。但也有许多学者否认了新土地政策从宽的说法，他们认为新土地政策是要完善土地承包经营权的权能。土地流转的3个限定，即不得改变农村集体土地所有性质、不得改变土地的用途、不得损害农民的土地承包权益，将起到保护农民利益的作用，在鼓励农民进城和在城乡间双向流动的同时，确保他们不丧失土地，因而有利于社会的稳定与和谐。（以上由首都师范大学副教授孙咏梅撰写）

社会心理学篇

●民族凝聚力研究持续走热

民族凝聚力是衡量国家力量的重要标志之一，其核心是为国争光的爱国精神。“5·12”汶川大地震中的赈灾行动和中国成功举办奥运会，把民族精神中凝聚力和爱国主义精神展示得淋漓尽致，诠释了中华民族万众一心、众志成城的精神。学者们在考察了民族凝聚力对社会发展的民族凝聚、精神激励、价值整合和稳定社会的重要功能之后指出，在社会剧烈变迁、价值观多元化的今天，更需要铸就强大的民族凝聚力。学者们认为，经济发展是民族凝聚力形成和发展的基础，政治稳定是民族凝聚力的核心因素。理想信念是凝聚人心的精神支柱，是构建社会主义和谐社会的强大精神动力和根本保证。因此学者们倡议要大力加强理想信念的建设。

●群体性事件形成的社会心态受到学者们高度关注

针对近几年发生的群体性事件，有学者认为，几起较大事件都是由群众的利益诉求长期得不到有效解决、一些领导干部对群众的感情冷淡麻木和滥用警力激化矛盾等造成的，因此要加强民众的政治认同、建立科学的司法制衡制度和改进管治技术等。还有学者认为，社会心理、心态失常是生成群体性事件的一个重要因素。通过研究，学者们发现在“无直接利益冲突”事件中蕴涵的社会心态主要有：失落的社会心态、逆反的社会心态和盲从的社会心态3种。有学者强调，社会心态的调控是解决“无直接利益冲突”的根本途径。在转型期社会中，为了有效控制群体性突发事件发生，一要保持畅通的公力救济渠道，当权利人的权利受到侵害或者有被侵害之可能时，国家机关要及时运用公权力对被侵害者实施救济；二要坚持社会公平的制度取向，防止贫富差别日益扩大；三要转变政府职能，规范政府行为，切实维护群众利益；四要建立起相应的利益表达机制。

• 心理危机干预进入学者视野

心理危机干预是指针对处于心理危机状态的个人及时给予适当的心理援助。有学者指出，及时有效地进行心理危机干预是社会的进步和对人真正的精神关怀，有利于社会的稳定与和谐。有学者指出，在我国社会转型时期，各种突发公共事件发生的可能性较以前有所增加，而在应急管理和善后恢复重建过程中，往往重视物质因素，而忽视了心理干预。在2003年的非典事件、2008年春的南方冰雪灾害以及“5·12”汶川特大地震灾害的救援中，虽然心理救援工作受到重视，但还是零星的、被动的，远远没有达到规范化和制度化的层面。不少学者提出，当前中国心理危机干预应急机制亟待建立与完善，并应尽快建立起一个长效机制，确保心理干预工作持续有效。也有学者认为，应将心理危机干预作为公民的一项公共福利，作为政府的一项公共管理和公共服务的任务。

• 诚信问题受到学者的重视

诚实守信是构建和谐社会的重要内容，然而目前我国社会经济领域却出现了严重的诚信危机，特别是“三鹿奶粉事件”将中国奶制品企业推向了信用危机的顶峰，一度极大地影响了人们的信任心理。一些学者指出造成诚信危机的原因主要有：企业经营者诚信意识淡薄、企业失信成本偏低、失信惩罚制度不健全、信息严重不对称、我国市场经济发展不成熟、社会道德秩序失衡、法律法规的不健全等因素。在此基础上，他们提出，要构建和谐社会，就必须加强诚信建设，通过思想教育树立诚信光荣的价值观；用法律法规强化诚信意识和诚信行为；建立完善的信用制度和诚信监督体系；提高政府公信度和党员干部的表率性。

• 幸福感研究逐渐升温

幸福感是人们超越了物质享受的更广泛的正向主观感受。幸福指数是衡量这种感受具体程度的客观指标数值，是社会良性、健康运行的指标，也是社会心理的综合指标以及衡量社会效益的重要尺度。科学地监测幸福指数，有助于建设社会主义和谐社会。学者们通过考察指出，幸福感具有主观性、稳定性和主体性3个特征。学者们指出，发展经济并非终极目的，而是一种手段。看一个社会发展和谐与否，不能仅仅看经济增长，更应该关注社会总体主观幸福感的增长状况。在此基础上学者们提出：经济总量因素是提升幸福感的基础；居民收入因素是提升幸福感的关键；政府公共服务能力是提升幸福感的动力；社会保障是提升幸福感的重点；政治民主是提升幸福感的条件。而个人的健康状况、财富、社会关系、婚姻状况等则是影响幸福感的微观因素。（以上由中央党校社会学教授向春玲、中央党校社会学硕士研究生张玉洁撰写）

法学篇

• 法理学的元问题是人的问题

有学者认为，30年来，中国法理学实现了从革命到建设、从斗争到和谐、从政本到人本的精神转向。人本地位与和谐理念，是中国法理学的精神转型。法理学的元问题是人的问题，是法律中的人的问题，是人与自身、人与自然、人与社会的关系在法律视野中的展开问题。中国法理学的当下使命就是回到中国哲学的元问题上，恢复人的主体地位，从人的所思、所欲、所求出发，构设一个具备自由品格、独立精神的“人”，然后让他去参与对法律的思考和对法治的建构，方是法理学的首要使命。

基于实践问题的思辨，是中国法理学的范式转换。现代法理学在本质上应是如何以人为本建构制度，如何在制度中关怀人、在实践中实现人的价值的学问。实践性的问题思考模式是中国法理学发展的出路所在，但实践性的问题思考模式的倡导并不构成对“形而上”思辨的否定。我们所要否定的是没有问题根基的“形而上”而不是“形而上”思辨本身。法理学的学科特征就在于“形而上”思辨，只不过我们所倡导的思辨是基于法理学元问题的思辨，是“基于实践问题”的思辨。

• 宪法学：关注学术自主性问题

有学者认为，在改革开放30年的中国社会变迁中，宪法学积极承担了推动社会发展与进步的学术使命，承担了为社会转型提供合法性、正当性基础的任务，宪法学自身的知识体系与自主性得到了强化。30年宪法学发展留给我们的最大财富是，社会重新寻求了人的主体性价值，作为宪法学逻辑基础的人的价值逐步成为社会共享的基本价值。通过宪法学者基于自身的学术使命而进行的各种努力，以个体价值为基础而建立的社会共同体得到了正当性基础，普及了宪法的基本价值，同时出现了重视宪法文本、强调规范体系、重视个案和现实问题研究、强调研究方法综合化等新的发展趋势。

• 刑事诉讼法学：刑事诉讼法制建设要有明确的理念

有学者认为，刑事诉讼法制建设应当坚持以下理念：以建设公正、高效、权威的社会主义司法制度，促进构建和谐社会为目标。在公正、高效、权威的关系上应当坚持以公正为灵魂，构建三者的有机统一。举凡改革简易程序、二审和再审程序等，均应处理好三者的关系。要加强司法民主。司法民主的内涵包括司法的权力来自人民，司法服务于人民，人民有权参与司法、监督司法。应当进一步完善人民陪审员制度、人民监督员制度。坚持实体公正与程序公正并重。要加强对犯罪嫌疑人、被告人和被害人的程序人权保障，最大限度地杜绝和纠正四大严重程序不公问题：刑讯逼供、超期羁押、律师辩护难和证人不出庭。坚持客观真实与法律真实相结合，这是我们建立刑事证据规则和层次性证明标准的重要指导理念。有学者提出，要创建刑事和解机制，弘扬“和为贵”的传统精神，实现法律效果与社会效果的统一。建议在刑事诉讼法修改中将刑事和解增订为一项基本原则。（以上由司法部《中国司法》副总编刘武俊撰写）

史学篇

• 回顾30年来史学的成就，研究存在的问题

回顾和总结30年来中国史学走过的历程、取得的成就和存在的问题，是史学界共同关注的热点。如何坚持与发展唯物史观指导下的历史研究、如何借鉴与应对西方史学思潮的影响、怎样在理论和方法上开拓出中国历史研究的新路径、怎样使中国的历史研究成果进一步获得国际史学界的关注与重视等问题，不仅在30年的史学发展中显得愈来愈突出，而且也成为中国史学今后继续探索的主要问题。随着中国综合国力的不断加强，中国史学家用自己的能力和自己的研究解读自己的历史和自己所认识到的世界，是改革开放30年后中国史学所面临的任务，也是中国史学家的责任。

• “封建”名实问题与马列主义封建观

2008年，对“封建”名实问题的讨论持续升温。反对称秦至清的中国为封建社会的学者认为，史学界流行的“封建社会”论，乃是一种“泛封建观”，与“封建”的“本义”、“西义”和马克思的“原论”均有悖离；有人进一步认为，“封建”既不是社会形态也不是社会阶段，而是一种国家结构形式、一种政治制度。与之相对的另一种观点认为，“泛化封建观”既不符合事实，也不利于百家争鸣，而是把大半个世纪以来的历史分期问题讨论完全政治化了。秦以后的中国是有中国特色的封建社会，我们今天所讲的封建主义不一定是有明确标准的封建主义。理论探讨在对一些概念、名词作分析的时候不应离开事物的本质与实际。关于封建名实、译名以及如何认识马克思主义封建观的探讨，不断见诸报刊，形成了尖锐对立的不同意见。这场讨论涉及中国封建社会的再认识，关系重大，意义深远。

• 在近代史分期问题上学界存在不少分歧

近一个时期，有学者对中国近代史的分期问题提出自己的观点。如，有人认为，1840年到辛亥革命是一个时期，辛亥革命到改革开放是另一个时期；也有人提出，鸦片战争到新中国成立前是近代历史时期，新中国成立后到1978年十一届三中全会是现代历史时期，三中全会至今是当代历史时期。相反的观点则认为，将鸦片战争爆发、辛亥革命、新中国建立和十一届三中全会作为中国近代史断限的标志性事件，表面上看，是重视并抬高十一届三中全会的地位，而这样的历史断限存在着“理论陷阱”，会在无形中抹杀和贬低中华人民共和国成立在中国近代史以来的历史上的划时代意义。新中国建立前的中国是半殖民地半封建的社会性质，新中国建立后是社会主义制度，辛亥革命并没有改变半殖民地半封建的社会性质，十一届三中全会也没有改变社会主义社会的性质。因此，中华人民共和国的成立才标志着改变了中国的社会性质，历史断限应该统一以社会形态的变化为标准。

• 建设有中国特色的世界史体系的观点引人关注

2008年，强调扬弃以“西欧中心论”为核心所构建的世界史体系、建设有中国特色的世界史体系的观点引人关注。讨论的分歧主要在于以什么为核心来构建、怎样构建有中国特色的世界史体系。一种观点认为，在对世界历史这个概念的主观性和客观性作科学分析的前提下，为了适应时代的要求，以现代化为主题构建世界近现代史新的学科体系，是最为明显的努力方向。也有学者认为，应对重大问题作全面深入的专题研究，在此基础上再考虑怎样在现有基础上改进，而不应该抛弃社会形态从低级向高级发展的主线另起炉灶。还有学者提出，中国学者构建有中国特色的世界史体系应该强调中国史研究的“国际化”，诸如开展生态环境史研究等。中国世界史学的框架体系的构筑，已经有了一个良好的开端，但是仍然处于初级阶段，还有很长的路要走。

● 研究证实光绪帝死于砒霜中毒

光绪皇帝驾崩于慈禧太后死前22小时，时间如此接近，使光绪的死因一直受到人们的猜测。2008年11月，国家清史编纂委员会举行“清光绪皇帝死因报告会”，宣布通过对光绪的头发、遗骨以及衣服和墓内外样品等进行反复检验和缜密研究，得出了光绪帝死于急性砒霜中毒的结论，从而使光绪死因这个中国近代史上的一桩悬案终于真相大白。由于此项研究运用了自然科学的方法和先进的技术手段，在历史研究领域所获得的新进展和新突破颇为引人注目，因而受到学界的高度关注。（以上由北京师范大学历史学院史学研究所副所长、教授张越撰写）

伦理学篇

● 伦理学界对30年来的伦理学研究进行自我总结与反思

近30年来，在发展的马克思主义指导下，当代伦理学者们充分运用中国丰富的传统思想资源，围绕伦理学的基本问题和中国自身的特殊问题展开深入研究，建构起具有中国特色的伦理学研究体系。大家普遍认为，处理好“中西马”的关系，超越西方模式，在与国际学术界不断接触、交流和对话中，在世界伦理学研究领域发出中国的声音，是伦理学学科发展的方向。

● 公众参与伦理思考和讨论的热情空前高涨

2008年的伦理学研究的推进，不仅有赖于学者的辛勤耕耘，更得益于社会公众的热情参与。伦理学研究的问题具有很强的实践性，因而长期以来受到普通人的关注。但公众参与讨论的热情从来没有像2008年这样高涨。在南方冰雪灾害、奥运火炬海外传递受阻、汶川特大地震、北京奥运会等重大事件中，中国人的爱国热情和奉献互助精神使世界为之震动，也使公众对爱国主义、集体主义有了新的认识。在范跑跑事件、周老虎事件、襄汾“9·8”尾矿库溃坝事故、公务员巨额公款出国游事件等所引发的讨论中，众多公民对道德的评价方式逐渐开始从“冷漠”、“挑刺”或“发泄”转向理性地思考和合理地批判，与此同时，公众也看到个人道德的局限性，开始从制度伦理的角度思考社会伦理问题。

● 关注德性伦理的中国语境

德性伦理本是西方伦理学研究的一个重要流派，在20世纪末期的中国伦理学界曾经引发热论。2008年，在几个学术研讨会的推动下，中国伦理学界深化了德性伦理问题的研究。除了当代德性伦理研究的一般理论外，中国的学者更关注中国道德文化的特殊语境中的德性问题。不仅表现在学者对中国传统伦理思想中的德性意义进行发挥，还明显表现在学者对个人德性（品德）的关注上。中国传统伦理在道德修养问题上有系统的论述和独到的见解，在德性伦理这一问题上有丰富的资源可以挖掘。而中国学术界对未成年人德性培养问题的极大关注，更显示出德性伦理研究的中国语境这一特征。可以说，德性伦理在中国的研究已经远远超出西方的讨论范围，成就了中国式的德性伦理研究。

● 政治伦理成为热点中的热点

雪灾、地震中的一些事情，让我们感受到公民社会的成长。一些与我们切实利益相关的法律如新劳动合同法的颁布也引发我们思考与法律相关的政治伦理问题。2008年伦理学界对政治伦理的解读，一方面，对西方政治伦理的理论研究继续推进，对古典政治理论、自由主义以及社群主义等方面的研究进一步加强。另一方面，将学术的研究与现实问题紧密结合起来，对政治价值、政治正义、政治自由、政治民主、政治道德等问题进行深入的探讨，正义（社会正义、民族正义、生态正义等）、公平、自由、民主、认同、族性、宽容等，成为政治伦理的关注焦点。

● 责任伦理引起普遍的关注

如果说范跑跑事件引发了我们对公民之社会责任的思考，那么“三鹿奶粉事件”则引起我们对企业社会责任的呼唤，而襄汾“9·8”尾矿库溃坝事故、公务员巨额公款出国游等，吸引我们的则是对政治责任的关注。全社会对于责任伦理的关注也反映在伦理学学术研究上。学者对责任问题的分析，落脚于中国社会的现实，尤其强调制度建设的重要性，如对个人责任的讨论侧重其公民身份。有学者认为，要通过制度建设实现社会的自由、平等和正义，为公民责任建设营造一个良好的制度环境，培养公民的责任能力。对于企业的社会责任，有学者认为，中国现阶段各种“企业社会责任”缺失问题的出现，固然与企业制度不完善、企业家个人素质低下有关，但更与整个经济生活的不完善和不成熟的体制背景相关。因此，为合理地理解和处理当今的“企业社会责任”问题，学术界应该采取制度伦理学为主、企业伦理学为辅的战略和策略。对于政府责任的分析，学者也强调制度建设的重要性。（以上由中国人民大学哲学院副教授郭清香撰写）

党建篇

● 十七大党章修改体现党建新走向

党的十七大确定了“必须以改革创新精神加强自身建设”这一关于党的建设的主基调。十七大党章修改是中国共产党“以改革创新精神加强自身建设”的一个范例。论者认为，十七大党章的修改对党建改革创新具有指向意义：通过聚合优势，树立党章权威，努力养成全党依法活动、依法开展工作的意识；通过调整党员和组织的关系，尊重党员主体地位，培养和发展党内的民主意识；通过创新机制，引导全党树立科学意识。十七大这一改革创新的目的在于引导我们党的各级组织和广大党员领导干部进一步树立科学意识，以更好地适应科学执政的要求。

• 问责制是官员权责理念再造的重要一环

2008年，在几起重大事故之后，中央对相关领导干部的“问责霹雳”，彰显了新一届中央领导集体严肃查处追究失职官员责任的果断决心。有研究者指出，问责制是官员权责理念再造的重要一环。问责制使传统的为官理念发生了根本性的转变。这种转变主要体现在如下4个方面：一、从“官本位”到“民本位”的转变；二、从“官多大权多大”到“官多大责多大”的转变；三、从“能上不能下”到“能上也能下”的转变；四、从“对上不对下”到“对上也对下”的转变。然而目前，问责制度的推行面临诸多困境：偏重同体问责，即政府对官员，上级对下级的内部问责，而忽视异体问责，即人大代表、民主党派、新闻媒体和社会公众对执政党、政府和官员的外部问责；问责对象不清，责任人界定不明往往会使问责制归于无效和不公平；官员问责缺乏充分的法律保障和制度支撑。因此，只有加强异体问责，完善官员权责体系，界定问责范围及标准，同时健全法律法规制度，才能使“明确责任—实施问责—责任追究”的制度体系得以更好确立和运作。

• 党内民主新思路与党内和谐建设

党内民主是党的生命。许多研究者依旧对此问题给予关注。研究者们普遍认为，党内民主建设深受党员民主意识和民主权利、民主制度建设及民主程序设计等诸多因素的影响。新时期推进党内民主建设，要着眼于提高党员民主意识、保障党员民主权利，着力于党内民主制度与民主程度建设。有学者提出竞争性选举是党内民主发展的新思路，是党内民主较为恰当的突破口，认为竞争性选举是民主的普适性原则，是判断民主的一个标准。推行竞争性选举，可以使党内民主从选拔政治转变为选举政治，革新和厘清党内权力授受关系，从而推进党内民主的整体发展。也有学者将票决制看做是党内民主的“助推器”，认为党委票决制的提出和实行是对传统党委议决制决策模式的重大超越。实行票决制，能使民主集中制原则成为一种可量化、可操作的制度。

同时，有研究者指出，在建立和完善社会主义市场经济体制的历史条件下，阻碍党内和谐的主要因素是党内成员间突出的利益矛盾和失范的党内权力运作。要克服这些障碍因素，必须通过发展党内民主，整合党内利益，保障党员权利，规范党内权力。（曹普、韩玉瑜：中央党校党史部）

党史篇

• 纪念十一届三中全会开辟改革开放史研究新领域

2008年适逢改革开放30年，学者对十一届三中全会和改革开放史的研究达到高潮。关于前者，有人对全会召开的历史背景、会议经过、文件形成等方面做了详细考察。有人探讨三中全会与中国特色社会主义建设的联系，指出三中全会是开辟中国特色社会主义道路的起点；全会提出的重要观点是中国特色社会主义理论体系的思想来源；全会的精神是建设中国特色社会主义的巨大动力。有学者指出研究的不足：若干档案未见公布，资料零散而不成系统，对众多历史人物在全会期间发挥的作用缺乏深入研究等，提出今后应在充分占有史料基础上结合新的实践，联系新情况，针对新问题，深化研究。关于后者，学者提出：改革开放史是一个新研究领域，存在史料不齐全不确切、沉淀不充分、阶段呈现不明显等特征，要以深远的历史眼光，将改革视为“一个极其复杂的互动过程”来研究，并重视我国为什么能够顺利建立市场经济体制等问题的研究。关于30年的历史分期，大体有两种意见：一是以中央重要会议为据，认为三中全会前有一过渡阶段，其后至今分4个阶段，即1978年12月至1982年8月，1982年9月至1992年1月，1992年1月至2002年11月，2002年11月以来。二是以真理标准大讨论为酝酿期，再以党的领导集体任期依次分3个阶段。此外还有若干专题研究，涉及党和国家各方面重大改革的历史总结。

• 关于周恩来和刘少奇的研究成为热点

2008年是周恩来和刘少奇诞辰110周年，相关研究成为热点。有关周恩来的研究突出表现周恩来精神和外交思想，认为周恩来精神的最本质特征是全心全意为人民服务，甘当人民公仆；周恩来外交思想根本前提是和平共处，终极目标是共同发展，现实路径是互利合作，思维方法是求同存异等。也有人认为周恩来在某个阶段某些事情上缺乏些原则性等。有人提出：“周恩来其人、其史，是我们党和国家的丰厚精神资源，以实事求是的科学态度研究周恩来是一个永久性的课题。”中央文献出版社出版3册本《建国以来周恩来文稿》，提供了丰富珍贵的史料。

有关刘少奇的研究较多集中于其思想认识的地位和价值，指出刘少奇不仅最早提出人民内部矛盾的概念，而且概括了我国社会存在的两大类社会矛盾的性质、特点及处理和解决的方法，是社会主义创立时期人民内部矛盾学说的理论开拓者。相对于毛泽东强调新民主主义社会的过渡性，刘少奇更强调其稳定性。在利用资本主义经济方面，刘少奇主张在平等基础上利用外资来发展新中国的经济以推动工业化的实现。

● 周年纪念活动成为一种党史研究资源

2008年还是中共六大80周年、六届六中全会70周年、“五一”口号提出60周年、真理标准讨论30周年、王震和薄一波诞辰100周年等。有人考察了六大会议召开地点、人数、代表情况。有人指出六大研究以往叙述过多、分析较少、观点重复、新观点新视角少。有人讨论了“五一”口号的发布及其统战意义、时代价值。关于王震、薄一波，学界集中于他们的生平事迹回忆研究。学者指出纪念党史人物的任务越来越重，需要加强研究，才能为树碑、立传、搞展览、拍电视片等宣传提供基本依据，也有利于处理、答复各地有关部门及家属提出的问题。党史人物和重大事件的纪念有助于推动研究工作。今后仍需继续挖掘党史纪念活动资源，发挥其独特优势，为建设社会主义核心价值体系服务。（朱志敏、胡国胜：北京师范大学中共党史党建研究所）

政治学篇

● 关于“普世价值”的争论成为政治学理论的热点问题

民主、自由等是否具有“普世价值”问题成为政治学理论的热点问题。有的认为，民主、自由、人权等具有“普世价值”，承认不承认、接受不接受普世价值，是一个国家、民族、社会成熟、进步的标志。英美民主就是“普世价值”民主的典型代表，不能用“中国特色”来排斥民主的普世性。也有不少学者认为，没有绝对的普世价值，只有相对的普世价值，那种所谓的适用于所有人适用于所有时间、所有地点，不以任何条件为转移的、必然性的“普世价值”，事实上是不存在的。普世价值的标准也不应该是具体哪个国家可以规定的，人类社会的政治实践已经表明，不存在统一的民主政体形式，几千年来民主发展史上也没有形成一个共同认可的民主理念和各国通用的民主体制模式，各国都有自身特色的民主建设之路，“普世价值”根本就是个坑人的骗局。还有人认为把某些西方国家一些具体的民主等政治制度设计及实践看做是普世价值是错误的。但忽视民主等理念不存在价值共同性的观点也是片面的。

实际上，认为民主具有“普世价值”，这种观点实际上是不讲界限、不讲差异、不讲情境、不讲条件，只讲抽象的普遍原则。当中国的民主发展的具体措施与这种普世价值主张不一致时，不是认为这种理论本身有问题，而是认为中国的民主实践有问题；当中国决心不照搬西方政治制度，不搞多党轮流执政、三权鼎立、两院制，走中国特色民主政治发展之路时，就抱怨中国的民主实践没有按照“普世价值”的标准来进行，并且要求中国的政治实践生硬地去适应这种标准。因此，“普世价值”某种程度上成了一套用来对抗社会主义核心价值体系的东西。

● 中国公民社会建设取得了突出成就

无论是“5·12”汶川大地震的抗震救灾，还是2008年北京奥运会的成功举办，社会志愿者都作出了突出的贡献。因此，政治学研究者认为，这大大推进了中国公民社会的发展进程。有人认为，公民社会雏形在中国的出现，并不是因为先有了西方的公民社会理论才有了中国的实践，而是中国公民社会雏形的出现，迫使人们去关注这一问题，否则西方的概念根本不存在传入中国的基础。也有人认为，中国社会组织的发展为促进我国公民社会建设起到了至关重要的作用。当前如何加强执政党对社会组织的领导，成为维护社会稳定、化解社会矛盾、推进公民社会发展的重要问题。有的学者提出这涉及党的执政理念。只有确立立党为公、执政为民的理念，只有当人民群众认可了党的服务行为时，才能最大限度得到人民群众的支持，才能赢得人心，形成各方良性互动的基础。

● 如何正确对待和发展协商民主

有学者认为，协商民主体现了民主发展的一种新的趋势，在我国协商民主有广阔的发展空间，协商民主理论应是我国发展民主政治的主要理论之一。我国的社会主义民主政治在实践中建立的人民代表大会制度和政治协商制度，就其民主形式而言，正是“选举（票决）+协商”两种形式构成的。西方的“协商民主”与我们的政治协商制度有很多相似之处，我们的政治协商制度已经有半个多世纪的实践，西方的“协商民主”还处在理论研究和局部实践阶段，因此，协商民主在中国有广阔的发展前景。但是，协商民主理论首先产生于西方的特殊语境中，虽然中国民主政治制度的协商元素与西方协商民主中协商成分有部分耦合，但二者有着本质的区别。协商民主也没有统一的制度模式，西方协商民主理论只是对其选举民主的一种批判与修补，并没有根本改变西方民主的实质，并不完全适合中国。（田改伟：中国社会科学院政治学研究所）

社会学篇

● 民生内涵得到充分探讨

加快推进社会建设必须以改善民生为重点。有学者提出，民生有广义和狭义之分。广义的民生包括同人民群众生存和发展相关的所有领域、方面和事项。这样理解民生问题过于宽泛，可以说，经济建设、政治建设、文化建设、社会建设和生态建设都属于民生问题。狭义的民生则特指人民群众的基本生存问题。具体来讲，大致可以分为两个层次：一是民众基本生活需要的满足或生存权的保障，二是民众的一般生存和发展问题。我们通常所讲的民生，是指狭义的民生概念。当前解决民生问题的着力点，是着力解决民众基本生活需要的满足或生存权的保障问题，也就是党的十七大明确提出的“五有”目标，即“努力使全体人民学有所教、劳有所得、病有所医、老有所养、住有所居”。也有学者提出，民生问题包括由低到高、呈现出一种递进状态的3个层面，即民众基本生计状态的底线、民众基本的发展机会和发展能力、民众基本生存线以上的社会福利状况。

● 改革开放30年来中国社会的变化特征得到理性梳理

在纪念改革开放30周年的今天，社会学界非常重视对这些变化进行理性的梳理。有学者把这些变化归纳为这样几个方面：一是社会转型加速，我国从传统社会向现代社会的转变步伐加快；二是打开国门融入世界，我国从一个封闭半封闭社会转变为一个开放的社会；三是社会流动加剧，我国从一个壁垒森严的社会转变为一个流动的社会；四是“单位制”被打破，社会成员从“单位人”转变为“社会人”；五是社会分化明显，我国社会结构从简单的板块式结构转变为复杂的层化结构；六是社会矛盾凸显，解决矛盾的思路从“斗”字当头转变为构建和谐社会；七是民生问题受到广泛重视，社会建设从“短腿”逐步转变为“长腿”。改革开放30年来的中国社会之巨变，还体现在很多方面，比如越来越重视“三农”问题，在处理城乡关系上从“重城轻乡”转变为统筹城乡发展；促进社会公平正义的理念深入人心，各项制度建设加速推进，等等。毫无疑问，中国社会之巨变，根本的动力在于改革开放。（青连斌、刘晶晶：中共中央党校社会学教研部）

传媒学篇

● 我国传媒工作的环境发生了历史性变化

《人民日报》在胡锦涛2008年6月20日视察报社的第二天发表社论《让党放心，让人民满意》，文中写道：“伴随着新闻舆论工作环境的历史性变化，我们的工作任务更为艰巨、责任更加重大。”研究者认为，这种“历史性变化”主要表现在两方面：

第一是中国已经逐渐纳入了世界交往的体系，中国的一举一动与世界相关，而不再独立于世界之外了。在这种新的情形下，信息的传播如果还像以前那样“新闻，旧闻，不闻”，最终损害的是中国的形象。我们需要有对世界大家庭负责的意识，因为如今的世界各国、各文化板块之间已经紧密相连，“蝴蝶效应”随时发生。

第二是中国在技术上进入了信息社会，信息的封闭不可能了。当今世界的物质基础（生产结构），已经不再以工业为主导，而是以信息业和服务业为主导了；当今世界的社会环境也发生了巨大变化，全球经济一体化带来了世界各地动一牵万的格局，以往封闭发展的环境不再复现；当今世界信息的传播，由于传播科技的发展使得世界传播几乎同步，天涯若比邻的传播效果正在普及，通过封闭信息来实行控制已经不可能了。

● 信息公开：从临时应对转变为社会常态

信息公开的研究这几年较为集中。新闻传播学界对信息公开研究主要体现为两点：一是信息公开对危机事件的作用机制。研究者普遍认为，社会恐慌的根源来自信息的不确定和不平衡，而不是信息的公开。一个好的社会传播机制的构建应该以公开、及时、平衡为基点。汶川大地震报道和三鹿奶粉事件，从正反两方面凸显了危急时刻信息公开与信息封锁的结果。汶川大地震伤亡十分严重，却基本没出现谣言，这主要因为我国媒体信息发布及时而详尽，公开的程度为历次灾难报道所少见；境外媒体的报道的信息源多数来自中国传媒，我们掌握了报道基调。

二是信息公开的制度变迁路径。多数研究者强调，重大危机事件推动信息公开，体现了因事成制的路径依赖。研究者认为，抗震救灾报道不应该是一次报道的战役，而应该引起制度性的反思，其成功的经验应该沉淀为制度层面的改进，而其传播体制、运作机制及运营模式的缺陷，则有待于进一步的改进。胡锦涛同志评价中国及时公布震情灾情和抗震救灾情况时说："其中的成功经验值得认真总结，并要形成制度长期坚持。"

• 搜索引擎已成为有影响力的新型传媒

11 月发生的百度竞价排名事件，引来新闻传播学研究者对搜索引擎性质的关注。有的研究者认为，百度、谷歌等搜索引擎服务商并非传统意义上的大众媒体，它们应该属于企业范畴。但在实际运作中，搜索引擎已经不仅仅是一项网络技术和一个提供信息的普通平台，它发展成为一种新型的、有影响力的媒介公器，能够控制信息流动，起到舆论导向作用，直接影响人们认知世界的方式。搜索引擎是一种形态上不同于以往的新型传媒，它具有两个主要特点：

一是不生产内容却是信息的集大成者。搜索引擎一般并不直接生产内容，而是使用某些程序对互联网上的信息资源进行搜集整理，然后供用户查询，但搜索引擎上的信息流量却是巨大的。可以说，它是信息的集大成者。

二是不能控制信息的内容却能够控制信息的传播。传统媒体在信息的内容采集上有绝对优势，它们决定了可供传播的内容。但是再好的内容，如果没有传播渠道，也不一定能够到达受众。而搜索引擎既可以帮助网民与感兴趣的信息直接建立最短链接的关系，实现高度集中、高度有效的信息获取，也有可能被用来阻止信息的获取。（陈力丹：中国人民大学新闻研究所）

行政管理与公共治理学篇

• 大部门制改革不能搞运动式的调整

2008 年年初推进的大部门制改革，是本年行政管理领域研究的重点。有专家指出，实行"大部门制"，最核心的目标是转变政府职能，提高政府效能，就是使得政府在企业、社会真正成为投资建设主体后把政府该做的事情做好。以经济建设为中心是社会的共识。但是，以经济建设为中心的主体是企业、是社会，而政府更多的则是要提供有效的服务，包括政策、规划、信息、市场、重要基础设施等等方面，这是很重要的。对地方政府大部门制改革，专家认为，在不强调中央和地方简单对口的前提下，并不希望盲目地来推动地方的大部门制的改革。在明确划分事权的前提下，在解决现行财政税收体制的前提下，地方机构改革才有了一个很重要的前提。因此，从这个意义上来说，地方机构改革包括地方行政管理体制改革要成熟一步做一步，绝不搞运动式的调整。

• 2008 年重大事件频发，关于民间组织作用研究凸显

2008 年最重大的公共事件是北京奥运的召开。从行政管理角度看，民间组织发挥了重要的作用。专家指出，现代社会如果缺少了民间组织（也称非政府组织、非营利组织、第三部门或非营利机构），就意味着社会缺少了一种黏合剂、缺少了一种生长点。在市场经济条件下，政府的一项重要作用是为广大公民提供公共产品和公共服务。但这项工作，除了政府以外，还包括各种社会组织，如各种协会、志愿团体等现代社会的民间组织。专家甚至把民间组织参与奥运的程度，视为我国社会成熟的指标之一。

• 加快建立公共服务体制，推进基本公共服务均等化

基本公共服务均等化是 2008 年研究的一个重点。从行政管理体制角度看，有专家认为，必须明确界定政府的基本公共服务供给责任，并将这种责任的履行作为政府行政管理体制改革和能力建设的基石。为了实现公平和质量有保障的基本公共服务供给，在中国社会发展新阶段，应该将行政管理体制改革作为改革攻坚的重点。第一，政府基本公共服务均等化政策的目标必须明确建立在社会公平和正义等核心价值观的基础之上，以此作为采取有效行动、排除各种障碍的基础；第二，必须尽快制定全国性的基本公共服务均等化战略规划，明确基本公共服务均等化的具体要求；第三，政府行政管理体制要与有效履行为全体社会成员提供基本公共服务的责任相适应，必须加强上下级政府之间的分工与协作，改变公共服务机构"上下一般粗"、职能趋同化严重的现象，提高公共服务供给效率；第四，按照构建公共服务体系的要求，统筹设计和推进事业单位改革。［匡贤明：中国（海南）改革发展研究院］

人口学篇

• 中国总和生育率究竟处于何种水平

目前，在计划生育政策的持续贯彻执行中，中国进入了低生育水平时期。可以说，中国人口的总和生育率，是当前争论最多的人口学问题。自 20 世纪 90 年代始，中国人口的总和生育率就长期低于 2.1 的更替水平——这意味着人口金字塔底部加速了收缩。进入 21 世纪，国家计生委的数据是 1.8，但绝大多数学者研究得到的数据在 1.6 左右或在 1.6

以下。这就意味着，中国的生育率已经低于更替水平。长期低于更替水平将导致老龄化问题更为严重。如果这一指标真的这样低的话，人口形势就与国家人口战略所说的长期保持 1.8 的政策有矛盾了。另外，原来预测中可能出现的第四次人口出生小高峰，尚未见端倪。这也强化了人口出生率一步步迅速降低的态势。

• 延长退休年龄的争论还会持续

在人口金字塔底部迅速收缩的同时，劳动部门感觉到了未来的养老压力。当然，现在中国人口正处于“人口红利期”——15～64 岁劳动力人口占总人口的比重在 70% 以上——这一态势会继续维持到 2020 年以后。但由于少儿人口比重的缩减，未来每年新增加的劳动力人口会越来越少，但 65 岁及以上年龄段人口则会在逐渐的长寿中越来越多。这一减一增，必然越来越加大劳动力人口的老年负担系数。学术界关于延长退休年龄的争论正由此而发。提倡延长退休年龄的人，说退休年龄的延长会增加人们的劳动贡献，并降低退休金的支出负担；反对延长退休年龄的人，认为在当前的就业压力下讨论这一问题不合时宜。而且，在退休年龄延长中得益的往往是公务员和事业单位的人，而不是体力工人。所以，有关这一问题的争论会持续很长时间，起码在 2020 年之前不会有明确的结果。

• 性别比造成婚姻挤压的研究成新领域

人口出生性别比指每新出生 100 个女婴相对应出生的男婴数。自从 20 世纪 80 年代以来，我国的人口出生性别比就开始上升。截至目前，根据 2007 年国家统计局公布的数字，中国的人口出生性别比已经上升到 100：120。原来，有关人口出生性别比问题的争论，主要集中在是否存在出生性别比的现实失衡上，也存在于对失衡问题严重程度的判断上。曾几何时，有一些人不承认人口出生性别比的失衡问题，认为是女婴的漏报导致了数字的失衡，认为实际人口出生性别比在正常范围内。近期，由于国家统计局对性别比问题的公布，认为出生性别比在正常范围的观点越来越少，但认为出生性别比的严重程度低于所公布数据的观点仍然较多。可不管怎么样，人口出生性别比已经造成了小学生和初中生性别比的失衡。未来婚龄人口的失衡问题，是迟早要发生的事情。当下有关出生性别比会造成未来婚龄人口婚姻挤压的研究，正越来越多。（张翼：中国社科院人口研究所）

（《北京日报·理论周刊》，2009 年 2 月 2 日）

关于“五种社会形态说”的若干论争

季正矩

在理论界关于马克思主义经典作家理论研究中，社会形态理论至今一直是一个争论不休的热点问题，现将有关研究观点择要综述如下。

一、社会历史发展道路是单线还是多线

主要有 6 种观点：

1. 单线论。有的学者认为，人类社会发展形态依次由低级向高级更替和表现为原始社会、奴隶社会、封建社会、资本主义社会、共产主义社会。主张世界各民族的历史发展是统一的，各民族的历史发展进程只有一种序列，马克思主义社会经济形态理论的任务就是揭示世界各民族历史发展中的共性。

2. 多线论。不少学者认为，各民族、国家或地区的历史发展道路都有自己特殊的历史发展序列。人类一旦走出原始社会，从野蛮进入文明，历史就开始呈现多样化的文明图景。这不仅体现在所有制形态上，而且体现在人类历史丰富多彩、复杂多变的历史发展的多种可能性或多种途径与方式上。因为真正的历史总是活生生的人的历史，历史是人的作品，而非既定的思想和概念的历史。

3. 先单线后多线论。一些学者认为，19 世纪 70 年代中期以前，马克思坚持单线历史观，他从“世界历史”思想出发，认为一切民族和国家都必须经历西方资本主义发展阶段后进入世界历史；70 年代中期以后，特别是马克思晚年的笔记表明，马克思关于俄国社会发展道路问题的思想由“单线论”转向了“多线论”，承认在一个资本主义占统治地位、各种经济成分相互依赖的世界里多向性发展的可能性。

4. 一元多线论。有的学者认为，在早期人类社会发展中，由于环境的孤立封闭，历史发展是单线的；近代以后，由于交往和环境的变化，社会发展是多线的。所谓社会发展的单线和多线问题，只是指社会发展的具体道路、具体形式。无论是社会的单线发展还是多线发展，都根源于生产力的发展；单线与多线只是一个形式和具体模式问题，而生产力是更深层次的社会内在结构运动，社会发展是一元的，又是多线的。

5. 一般性与多样性统一论。一些学者认为，历史发展既不是单线的，也不是多线的，而是一般性与多样性的统一。马克思是从“世界历史”的观点出发，在人类社会发展的统一历史过程中，来把握各个国家和民族发展的特殊性和多样性的；同时又把各个国家和民族发展的特殊规律看做是人类社会发展普遍规律的前提。“单线论”把在“世界历史”中体现出来的社会所有制形态依次更替的过程机械地理解为所有国家发展的唯一道路，没有认识到像列宁所说的“世界历史发展的一般规律，不仅丝毫不排斥个别发展阶段在发展的形式或顺序上表现出特殊性，反而是以此为前提的”。“多线论”则片面地夸大东方社会的特殊性，没有在世界历史中把握东方社会的特殊道路，把社会发展的普遍规律和特殊规律完全对立起来了。

6. 常规与变异说。有学者从“单线论”延伸出一种“变异道路说”，以历史发展“多样性规律”补充“序列即规律论”，把符合单线发展序列的某些民族、国家或地区的历史进程说成是“常规”道路，除此之外则划归到“变异”的非常规道路行列中，以“常规”与“变异”的对立统一解决“单线”与“多线”的矛盾。认为符合5种生产方式序列的西欧历史进程是人类历史的“常规道路”，而不吻合5种生产方式序列的非西欧民族、国家或地区的历史进程是“变异”道路。

二、关于“5种社会形态说”的争论

长期以来《联共（布）党史简明教程》所划定的关于马克思社会形态理论的“五种社会形态说”被视为普遍的世界历史发展图式。近年来，很多学者认为，这既缺乏充分的马克思的文本依据，又有明显的理论缺陷，也没有世界性的普遍的事实依据作支撑。

（1）“五种社会形态说”是后人对马克思社会发展理论的一种阐释，它发轫于苏联。1897年，列宁在为波格丹诺夫《经济学简明教程》写的书评中讲，政治经济学应该这样来叙述经济发展的各个时期，即原始氏族共产主义时期、奴隶制时期、封建主义和行会时期、资本主义时期。1919年，列宁在《论国家》中再次勾勒了这样一个历史发展脉络。1938年，斯大林在《论辩证唯物主义和历史唯物主义》中将这一观点进一步明确化了。由于历史的原因，马克思主义传入中国本身就带有浓重的苏俄色彩。列宁和斯大林在社会主义运动中的至高威望决定了他们关于社会形态的论述具有不容置疑的权威性，以《论辩证唯物主义和历史唯物主义》为理论基础的《联共（布）党史简明教程》更一度被认为“是一百年来全世界共产主义运动的最高的综合和总结，是理论和实际结合的典型”，成为中国马克思主义者学习、研究马克思主义理论的中心材料，而“五种社会形态说”成为理论界阐述中国乃至世界历史演进规律的基本法则就是很自然的了。

（2）“五种社会形态说”缺乏充分的文本依据。《德意志意识形态》中的“部落所有制”并非“五种社会形态说”者所理解的原始社会。将《（政治经济学批判）序言》中的“亚细亚生产方式”简单地解读为原始社会生产方式，是对马克思原意的误解。将五种社会形态作为人类历史发展必经的循序渐进的普遍规律，从根本上违背了马克思主义的历史观。一句“大体说来”已经从文字上表明，马克思并无意将他的结论作为世界发展的唯一图式，而只将其看做基于对现有资料的分析得出的大概认识。马克思生前对于把一种类似于“五种社会形态说”的历史分期模式强加到自己名下表示了明确的反对：“他（米海洛夫斯基）一定要把我关于西欧资本主义起源的历史概述彻底变成一般发展道路的历史哲学理论，一切民族，不管它们所处的历史环境如何，都注定要走这条路——以便最后都达到在保证社会劳动生产力极高度发展的同时又保证人类最全面的发展的这样一种经济形态。但是我要请他原谅。他这样做，会给我过多的荣誉，同时也会给我过多的侮辱。”

（3）“五种社会形态说”缺乏充分的事实依据。通观世界历史进程，“五种社会形态说”无法解释这样一个历史事实，即除了西欧之外，几乎没有一个民族的发展是依次经历“五种社会形态”的。对历史的深入考察使我们得知，奴隶社会、封建社会、资本主义社会都被不同的民族在不同的历史条件下超越过。在欧洲，日耳曼民族超越了奴隶制而直接进入封建社会，斯拉夫人走着类似的道路；在美国，“资本主义社会不是在封建制度的基础上发展起来的，而是从自身开始的”；在非洲，许多民族从奴隶制甚至从原始社会直接走向资本主义社会；在亚洲，中国跨越了完整的资本主义阶段，从半封建半殖民地社会直接走向社会主义，等等。马克思本人就把从封建社会到资本主义社会的，“‘历史必然性’明确地限于西欧各国”。马克思还反对将印度、阿尔及利亚等地的“公职承包制”、“荫庇制”简单等同于西欧的封建制。农奴制是西欧封建主义时一个基本因素，而亚洲一些国家根本就不存在具有人身依附身份的农奴，至于其他封建主义因素，也一样无法套用于亚洲社会。

（4）“五种社会形态说”的历史观造成了社会主义理论与实践的矛盾与冲突，使当代人产生理论上的困惑。有学者认为，“把生产关系作为衡量社会发展水平的主轴，按照生产关系来排列社会发展顺序，这就不能不受到意识形态与价值观念的重大影响。过去人们认为，现实的社会主义生产关系优于资本主义，从而引申出其发展水平已进入比资本主义更高的阶段。这一历史观长期以来教导人们要使生产力跟上‘优越性’的生产关系，结果导致实践上的唯意识论”。同样，坚持“五种社会形态说”也使人们无法解释落后国家经过社会革命进入社会主义社会的问题。因为按照“五种社会形态说”的逻辑思路，“五种社会形态”之间是循序渐进的关系，在资本主义尚存的条件下发展社会主义，是不符合历史发展规律的，这也给一些宣扬落后国家要“补资本主义课”主张的人提供了口实。（作者为中央编译局世界所副所长、研究员，河南大学兼职教授、博士生导师）

背景资料

“五种社会形态说”的发展脉络

● 马克思提出了五种所有制形式的构想。1846年，马克思写作《德意志意识形态》一书时就已经有了五种所有制形式的构想。马克思又在《共产党宣言》、《雇佣劳动与资本》中都讲到奴隶制社会、封建制社会和资本主义社会，如果加上原始社会和共产主义社会，也是五种所有制形式。

● 恩格斯提出了“五种社会形态说”。恩格斯在《家庭、私有制和国家的起源》中明确地指出了人类历史发展的如下5个阶段——原始氏族社会、古代奴隶制社会、中世纪农奴制社会、近代雇佣劳动制（资本主义）社会、未来的共产主义社会。

● 列宁主张“五种社会形态说”。1919年，列宁在《论国家》的演讲中主张“五种社会形态说”。列宁没有说到社会主义，但这篇演讲词作于1919年，此时社会主义已在苏联成为历史的现实。就是说，在当时的列宁看来，人类历史是沿着原始社会——奴隶制社会——封建制社会——资本主义社会——社会主义社会的单线序列发展着的。

● 斯大林明确提出“五种社会形态说”。1938年，斯大林在《论辩证唯物主义与历史唯物主义》一文中明确地指出：“历史上有五种基本类型的生产关系：原始公社制的、奴隶占有制的、封建制的、资本主义的、社会主义的。”大概从此以后，“五种社会形态说”就开始被当做历史分期的权威性理论为人们所广泛接受。

（《北京日报·理论周刊·争鸣》，2008年5月5日）

·科研课题·

概述

本栏目记述2008年度北京地区10个国家部级和5个北京市级在社科研究方面的课题指南及已立项的（北京地区）重要课题，这些课题涉及哲学社会科学20多个学科及众多研究领域，内容包括重要项目、一般项目、青年项目，以及这些课题的项目名称、研究单位、项目负责人、成果形式等内容。本栏目还记述北京地区32个高校、科研单位承担的省部级以上人文社会科学研究项目及部分院校级文科项目等内容。本栏目反映了北京地区社科研究的全貌及2008年度社科研究的重点和特点，有助于全面了解科研动态，推动学术交流。

国家社会科学基金项目 2008年度课题指南

说　明

一、国家社科基金项目2008年度课题指南的指导思想是，全面贯彻落实和充分体现党的十七大精神，高举中国特色社会主义伟大旗帜，以邓小平理论和“三个代表”重要思想为指导，深入贯彻落实科学发展观，继续解放思想，坚持改革开放，推动科学发展，促进社会和谐，大力推进理论创新，服务于党和政府决策，服务于社会主义经济、政治、文化、社会和党的建设，服务于哲学社会科学繁荣发展。

二、国家社科基金项目以研究十七大报告重大理论观点、重大战略思想、重大工作部署为主攻方向，紧密联系发展中国特色社会主义的实际，深入研究阐释高举中国特色社会主义伟大旗帜、坚持中国特色社会主义道路和中国特色社会主义理论体系的重大意义、丰富内涵，研究阐释改革开放的伟大历程和宝贵经验，研究阐释科学发展观的科学内涵、精神实质和根本要求，研究阐释全面建设小康社会的新要求、新部署，研究阐释以改革创新精神全面推进党的建设新的伟大工程。基础理论和学科建设方面的研究鼓励原创性和开拓性，倡导哲学社会科学各学科相互结合、哲学社会科学与自然科学相互渗透，推进学科体系、学术观点和科研方法创新，着力推出代表国家水平的哲学社会科学研究成果。

三、国家社科基金项目申请人要按照《国家社会科学基金项目管理办法》的相关规定，选择申报年度项目中的重点项目、一般项目或青年项目。跨学科的课题要选择为主的学科进行申报，并注明主要涉及学科；“公共管理学科”在“政治学其他学科（ZZE）”中申报；管理学其他学科可选择相关学科进行申报。所有学科的申报都要按照我办公布的《国家社会科学基金项目申报数据代码表》填写。

四、国家社科基金项目申请人要按照《课题指南》的要求进行申报。基础理论研究方面的条目，一般只规定研究范围、方向和重点，申请人可按要求自行拟定题目。应用对策研究方面的条目（带※标志），一般要求按题申报，不能改变题意，题目的文字表述可自行确定。

五、国家社科基金项目完成时限，基础研究一般为2至3年，也可根据研究工作的实际需要适当延长；应用对策研究要根据研究问题的紧迫性和时效性确定。

六、申请国家社科基金项目，课题负责人同年度只能申报一个课题，且不能作为课题组成员参加其他国家社科基金项目的申请；课题组成员最多只能同时参加两个国家社科基金项目的申请。在研的国家社科基金各类项目的负责人不能申报。申报国家社科基金项目的负责人同年度不能申报国家自然科学基金项目或其他国家科技计划项目，其课题组成员也不能作为负责人以内容相同或相近的课题申报国家自然科学基金项目或其他国家科技计划项目。

七、申请国家社科基金项目要如实填写申请材料，并保证没有知识产权争议。凡在申请中弄虚作假者，一经发现并查实后，取消3年申报资格；如获准立项即作撤项处理并通报批评。为保证申报和评审工作的公正性和严肃性，在评审会召开之前，申报单位或个人均不得以任何名义走访、咨询学科评审组专家或邀请学科评审组专家进行申报辅导。

八、获准立项的国家社科基金项目负责人在项目执行期间要遵守相关承诺，履行约定义务，按期完成研究任务。项目研究的最终成果将实行匿名通讯鉴定制度，鉴定等级予以公示。除特殊情况外，计划出版的成果须先鉴定后出版，违反规定擅自出版者视为自行终止相关资助协议；经批准同意出版的成果出版后须报送全国哲学社会科学规划办公室2套样书。成果鉴定为优秀的项目负责人和信誉良好的鉴定专家，在申请新项目或成果出版方面将优先考虑；成果鉴定不合格或被撤项的项目负责人3年内不得申请新项目。

九、各省（区、市）和新疆生产建设兵团哲学社会科学规划办公室、全国哲学社会科学规划办公室在京委托管理单位和基层科研管理单位要加强对项目申报工作的组织与指导，认真审核，严格把关，努力提高申报质量。

十、教育学、艺术学、军事学3个单列学科申报事宜，将分别由全国教育科学规划办公室、全国艺术科学规划办公室、全军哲学社会科学规划办公室另行组织。

马克思主义·科学社会主义

本学科课题申报要深入贯彻落实科学发展观，把学习、研究和阐释十七大报告中提出的中国特色社会主义道路、中国特色社会主义理论体系等一系列重大战略思想作为调查研究和理论攻关任务的重中之重，同时要根据当前的实践需要和学科发展的要求，研究与本学科相关的重大理论和现实问题。申报者应当立足国情、立足当代、立足实践，把握理论上实践上的已有进展和发展趋向，运用马克思主义的立场、观点和方法，选择和确定具体课题。2008年是我国改革开放30周年，要以全局性、战略性和前瞻性的眼光，致力于重大国情调研、经验总结和理论攻关。要把改革开放和社会主义现代化建设的经验总结，与解决广大干部群众和学术界关注的热点难点问题有机地结合起来，研究新情况、总结新经验、解决新问题。基础理论研究要围绕学科建设和学术发展的前沿问题，总结国内外的实践发展和各门具体学科的新成果，勇于进行理论探索，注意借鉴吸收古今中外的优秀成果，不断推进马克思主义中国化，不断推进马克思主义理论创新。课题申报和研究要本着解放思想、实事求是、与时俱进、严谨治学、追求真理的科学精神，以促进本学科的理论创新和实践应用。

1. 马克思主义基本理论与重要著作研究

研究和阐明马克思主义基本原理；马克思主义的科学体系及其各部分之间的内在联系；马克思主义的社会形态理论；无产阶级革命理论；科学社会主义基本原则及其在不同历史条件下的应用和发展；社会主义民主理论及其实践的新发展；反马克思主义思潮剖析；马克思列宁主义重要著作。

2. 马克思主义发展史研究

结合当代世界社会主义运动的实际和意识形态领域斗争的需要，深入研究马克思主义发展史和学说史；针对关于马克思主义发展史和马克思主义在世界各国传播、应用的歪曲，阐明马克思主义传播和发展的规律性、曲折性和光明前景；研究马克思主义发展史上的重大事件和重要历史人物，并对其作出实事求是的分析和评价。

3. 马克思主义中国化研究

研究和阐明马克思列宁主义在中国传播和应用的历史条件，马克思主义中国化不断与时俱进的历史过程，在这个过程之中形成的历史性的理论成果，包括新民主主义理论、社会主义改造理论和马克思主义中国化的最新成果——中国特色社会主义理论体系等；马克思主义基本原理与中国实际和时代特征相结合的客观必然性，以及这种结合过程中的经验教训，马克思主义与中国实际相结合的两次历史性飞跃；马克思主义中国化与中国传统文化的关系；坚持用发展着的马克思主义指导新的实践；当代中国马克思主义的实践特色、民族特色和时代特色；当代中国马克思主义大众化研究。

4. 毛泽东思想、邓小平理论、“三个代表”重要思想研究

研究和阐明毛泽东思想的基本原理及其思想方

法和工作方法；邓小平创立中国特色社会主义理论、开辟中国特色社会主义道路的历史性贡献；“三个代表”重要思想对中国特色社会主义的理论和实践的发展；以上三大理论成果各自的系统性、阶段性特征与它们所包含的共同主题、共同的实质和共同的发展规律。

5. 深入研究和贯彻落实科学发展观

研究和阐明科学发展观提出的历史背景、科学内涵、精神实质和根本要求；科学发展观的第一要义、核心、基本要求、根本方法及其相互关系；科学发展观的世界观和方法论意义；科学发展观对马克思列宁主义、毛泽东思想、邓小平理论、“三个代表”重要思想的继承、发展和创新；深入贯彻落实科学发展观与全面建设小康社会的新要求和战略部署；科学发展观在发展中国特色社会主义中的重要指导作用。

6. 中国特色社会主义理论体系研究

研究和阐明党的十七大主题；高举中国特色社会主义伟大旗帜的重大意义；中国特色社会主义理论体系形成的理论前提、历史条件和时代特征，它对当代中国马克思主义一系列重大理论创新成果的统一和整合；中国特色社会主义理论体系的实践依据、科学内涵、精神实质、发展过程和指导意义；中国特色社会主义理论体系与马列主义毛泽东思想的继承与发展关系；中国特色社会主义理论体系几个组成部分的相互关系；中国特色社会主义理论体系与民主社会主义等资产阶级社会主义流派的本质区别。

7. 中国特色社会主义道路研究

研究和阐明中国特色社会主义道路与中国特色社会主义理论体系的关系；中国特色社会主义道路开辟的根本政治前提和制度基础；中国特色社会主义道路提出的理论基础、时代背景、实践依据和主要内容；坚持中国特色社会主义道路与坚持党在社会主义初级阶段的基本理论、基本路线、基本纲领、基本经验的关系；坚持中国特色社会主义道路与中国实现社会主义现代化、与中华民族实现伟大复兴的关系；中国特色社会主义道路和发展模式的创新性及其国际意义。

8. 构建社会主义和谐社会研究

研究和阐明构建社会主义和谐社会的必要性和紧迫性；构建社会主义和谐社会与深入贯彻落实科学发展观；构建社会主义和谐社会的哲学基础、理论贡献和实践意义；社会和谐是中国特色社会主义的本质属性；和谐社会建设与“四位一体”的社会主义现代化建设的战略布局；构建社会主义和谐社会的指导思想、目标任务、基本原则和制度保障；构建社会主义和谐社会与坚持以人为本；构建社会主义和谐社会与正确认识和化解人民内部矛盾；构建社会主义和谐社会的总体要求。

9. 社会主义核心价值体系研究

研究和阐明社会主义核心价值体系是社会主义意识形态的本质体现；社会主义核心价值体系的基本内容；建设社会主义核心价值体系与建设社会主义和谐文化的关系；建设社会主义核心价值体系与确立正确的世界观、人生观和价值观的关系；运用社会主义核心价值体系引领社会思潮和舆论导向。

10. 社会主义民主政治建设研究

研究和阐明马克思主义关于社会主义民主政治的基本原理；中国特色社会主义政治发展道路；中国特色社会主义政治制度的特点和优势；中国特色社会主义民主政治建设和法制建设的历史过程、重要成就和基本经验；坚持党的领导、人民当家做主、依法治国的有机统一；深化政治体制改革；社会主义民主与资本主义民主的本质区别；党的十七大报告关于坚持、完善和发展社会主义民主制度建设，加强基层民主建设，以党内民主建设带动社会民主建设的论断和贯彻落实。

11. 新时期人民内部矛盾问题研究

研究和阐明毛泽东的两类社会矛盾学说及其现实意义；新时期人民内部矛盾的状况、根源、特点及其解决的新思路；正确认识和积极化解当前人民内部矛盾中一些突出问题的紧迫性和现实意义；解决人民内部矛盾的基本制度保证和具体制度建设；正确解决人民内部矛盾与构建社会主义和谐社会。

12. 科学社会主义的分配理论与完善我国现阶段分配制度研究

研究和阐明马克思主义关于社会主义分配的基本原理与我国现阶段分配制度的内在联系；我国现阶段的基本经济制度和分配制度；初次分配和再次分配的关系；让一部分地区和一部分人先富起来和共同富裕的关系；目前分配中存在的突出问题产生的原因及对策。

13. 马克思主义政党理论与党的执政能力建设和先进性建设研究

研究和阐明马克思主义政党理论的基本原理、体系结构和精神实质；共产党执政的本质、目的、要求和基本规律、基本经验，以及当前面临的挑战和考验；以改革创新精神全面推进党的建设新的伟大工程；共产党执政地位的巩固与党的先进性建设；

党的十七大关于加强党的自身建设的总要求和战略部署；积极推进党内民主建设，着力增强党的团结统一；科学执政、民主执政、依法执政；党的建设的两大历史性课题；巩固党的执政地位，实现党长期执政、国家长治久安的目标；借鉴其他社会主义国家的执政党，以及一些资产阶级国家执政党的经验教训。

14. 坚持马克思主义在我国意识形态领域的指导地位研究

研究和阐明马克思主义关于意识形态，特别是社会主义意识形态的基本理论及其现实意义；坚持马克思主义在意识形态领域的指导地位；我国意识形态的现状分析；用马克思主义引领多元化的社会思潮的重要性、紧迫性和方法途径；剖析和批评反对或违背马克思主义、冲击我国主流意识形态的种种错误思潮，维护和巩固全国各族人民团结奋斗的共同思想基础。

15. 马克思主义生态思想和建设生态文明

研究和阐明马克思主义关于生态的思想和建设生态文明；马克思恩格斯关于人与人的社会关系和人与自然的关系及其相互制约思想，以及人类应当尊重自然规律和自然辩证法的思想；近代以来工业化过程中人与自然矛盾的激化和生态问题的提出；资本主义的历史进程与全球生态问题；我国生态问题的现状及对策；党的十七大提出建设生态文明的理论意义和实践意义；坚持以科学发展观指导生态文明建设；生态文明建设的国际合作与国际斗争。

16. 科学社会主义与民主社会主义比较研究

研究民主社会主义的由来和演变，以及它与科学社会主义的根本区别；科学社会主义与民主社会主义，共产党与社会民主党在经济、政治、文化和社会纲领及其实践上的区别；戈尔巴乔夫人道的民主的社会主义的本质和危害性；中国为什么不能走民主社会主义道路，必须坚定不移地走中国特色社会主义道路。

17. 当代国外马克思主义研究

坚持用马克思主义的立场、观点和方法研究国外马克思主义的最新情况和进展，包括对其他社会主义国家执政党思想理论的研究；对西方国家共产党人思想理论的研究；西方马克思主义和其他左翼思潮和流派研究；发展中国家马克思主义、社会主义思想研究；上述理论思潮和学术流派的代表人物和重要著作研究。

18. 马克思主义“世界历史”理论与经济全球化问题研究

19. 当代世界社会主义与当代资本主义研究

20. 国际共产主义运动和世界社会主义运动史研究

党史·党建

一、中共党史研究

中共党史研究党性、政治性很强。申报课题必须认真贯彻党的十七大精神，着重深化对党领导革命、建设和改革的基本经验的研究；深化对马克思主义中国化历史进程和基本规律的研究；深化对科学发展观的提出及其意义的研究；深化对党的执政能力建设和先进性建设的历史经验研究；深化对党领导经济、政治、文化与社会建设的历史进程及其基本经验的研究；深化对党的历史上的重大事件、重要会议、重要人物等的研究。要注意为庆祝党的十一届三中全会召开与改革开放30周年（2008年）和新中国成立60周年（2009年）提供有重要思想价值的研究成果。要注意正确评析中共党史研究与阐释中的历史虚无主义。

党史研究提倡专题研究、个案研究和比较研究，以深化对基本规律、基本经验的认识；提倡研究的细密化，研究课题一般不宜过于宽泛。要充分利用已有的文献和档案资料，深入挖掘和梳理新的历史资料，注意利用和鉴别口述历史资料，增强论证的科学性和说服力。所列选题可综合研究，也可分时期、分专题研究。

1. 中共十一届三中全会的伟大历史转折与中国特色社会主义道路的开辟

系统研究十一届三中全会前后的历史，从理论和实践的结合上深入阐述全会召开的历史背景、全会的主要内容及其伟大历史意义，深刻阐明全会实现的伟大历史转折同中国特色社会主义道路开辟的历史关联。

2. 以毛泽东同志为核心的党的第一代中央领导集体对中国社会主义建设道路的探索与中国特色社会主义的由来

深入研究改革开放伟大事业是在以毛泽东同志为核心的党的第一代中央领导集体创立毛泽东思想，带领全党全国各族人民建立新中国、取得社会主义革命和建设伟大成就以及艰辛探索社会主义建设规律取得宝贵经验的基础上进行的；深刻阐明新民主主义革命的胜利，社会主义基本制度的建立，为当代中国一切发展进步奠定了根本政治前提和制度基础。例如，毛泽东关于社会主义社会基本矛盾学说、关于中国现代化建设的制度选择等对改革开放事业的意义等。

3. 以邓小平同志为核心的党的第二代中央领导集体与改革开放伟大事业的开创

深入研究党的第二代中央领导集体开创改革开放伟大事业的历史进程；深刻阐明中国特色社会主义命题的提出及其意义；深化对邓小平理论形成的研究。

4. 以江泽民同志为核心的党的第三代中央领导集体与改革开放伟大事业成功推向21世纪

深入研究党的第三代中央领导集体在历史重大关头和世纪之交，继承、发展并将改革开放事业成功推向21世纪的历史进程；深化对“三个代表”重要思想形成的研究。

5. 中国共产党在认识和处理发展问题上的历史经验与科学发展观的提出及其意义

深入研究中共十六大以来，以胡锦涛同志为总书记的党中央总结党在认识和处理发展问题上的历史经验，提出科学发展观、构建社会主义和谐社会等一系列重大战略思想的历史背景及深远意义。

6. 社会主义时期马克思主义中国化的历史进程与中国特色社会主义理论体系的形成及发展

深入研究改革开放和现代化建设新时期党的理论创新与中国特色社会主义理论体系的形成；深化对社会主义时期马克思主义中国化的历史进程与基本经验的研究。

7. 中国共产党加强党的先进性建设的历史经验

注意研究党在领导中国革命、建设和改革的各个时期，如何研判国际国内形势和党所处的历史方位，分析党肩负的历史使命和党员队伍状况，加强党的先进性建设的经验。

8. 中国共产党执政理论建设和执政能力建设的历史考察以及党在全国范围执政的基本经验研究

考察党在全国执政50多年间完善执政理论、提高执政能力的历史进程，探寻其中的规律性。对党的执政经验，可就执政方略、执政体制、执政方式和执政基础等问题进行综合研究，也可就其中一个方面开展专题研究。对新中国成立以前党在根据地、解放区局部执政的经验。

9. 中国共产党领导社会主义经济建设的历史进程及其基本经验研究

考察党建立社会主义基本经济制度，推进经济体制改革，建立和完善社会主义市场经济体制的历史进程，总结经验，探寻其中的规律性。

10. 中国共产党领导社会主义政治建设的历史进程及其基本经验研究

考察党建立社会主义基本政治制度，推进政治体制改革，发展社会主义民主政治的历史进程，总结经验，探寻其中的规律性。例如，人民代表大会制度、共产党领导的多党合作与政治协商制度、民族区域自治制度以及基层群众自治制度的形成、发展及其基本经验。

11. 中国共产党领导社会主义文化建设的历史进程及其基本经验研究

考察党领导社会主义文化建设，推进社会主义文化发展繁荣的历史进程，总结经验，探寻其中的规律性。

12. 中国共产党领导社会主义社会建设的历史进程及其基本经验研究

阐释党对社会主义社会建设的认识历程，揭示社会主义社会建设的规律；研究党正确处理人民内部矛盾，协调利益关系，关注民生，促进社会和谐的历史经验。着重研究改革开放以来加快推进以改善民生为重点的社会建设的历史进程及其经验。

13. 新民主主义革命时期党史研究

可综合研究中国共产党领导新民主主义革命的基本历史经验；也可就新民主主义革命时期某些需要继续探讨的问题进行再研究。

14. 基本完成社会主义改造、开始全面建设社会主义和“文化大革命”时期党史研究

可按历史阶段或分专题研究。例如：社会主义政治制度的形成及其历史特点；社会主义改造的基本完成和社会主义基本经济制度的确立；全面建设社会主义的成就及其经验。要注意开展对“文化大革命”历史资料的搜集、整理以及对有关问题的研究。

15. 改革开放和现代化建设新时期党史研究

可分阶段或分专题研究。着重研究实行改革开放、开创社会主义现代化建设新局面的历史进程，阐述改革开放和现代化建设取得的巨大成就及其基本经验。

16. 党领导各条战线工作的历史考察和历史经验研究

党领导工会工作、共青团工作、妇女和少年儿童工作、宗教工作、民族工作、侨务工作，发展统一战线、促进祖国统一、保障国家安全和制定国际战略等工作的历史经验。

17. 中国共产党历史上重大决策与事件以及重要会议与重要文献研究

党史上重大决策与事件的原因、进程及影响；党的重要会议，特别是党的全国代表大会和中央全会的历史贡献和历史地位；党的重要文献整理、汇

编、研究。

18. 中国共产党历史上重要人物研究

重要人物的生平业绩或思想历程；可将重大决策与事件同重要人物结合起来研究，也可做人物群体研究。

19. 马克思主义历史观、方法论与中共党史研究

研究马克思主义经典作家关于历史观、方法论的论述；研究中国共产党领导人关于学习和研究中共党史的论述，为党史研究提供理论指导。注意运用马克思主义的历史观、方法论，对党史上若干有争议的问题作出科学的阐释，并加强对党史领域中的历史虚无主义思潮的评析。

20. 中国共产党妇女政策史研究

二、党的建设研究

党的建设研究课题申报要深入学习贯彻落实党的十七大精神，全面把握十七大报告中确立的党的建设的重大战略思想、重大理论观点、重大工作部署，紧紧围绕高举中国特色社会主义伟大旗帜，坚持中国特色社会主义道路和中国特色社会主义理论体系，以改革创新精神全面推进党的建设新的伟大工程来开展研究活动，既深化理论研究，又加强应用对策研究。

党建研究要大力弘扬求真务实的科学态度和科学精神。基础研究应把课题针对性同政治上的正确性、理论上的创新性有机结合起来，力戒从概念到概念，停留在简单的文献综述上。应用对策研究，应以科学理论为指导，在掌握真实情况的基础上，力求破解面临的难点，加强可操作性。选报课题要避免对以往研究的简单重复，如选择与近几年相同或相近的课题，必须阐明新的研究视角、内容和拟提出的新观点、新方法。

※21. 党的建设改革创新研究

着重研究以改革创新精神加强党的建设的重要性、紧迫性及重大意义，党的建设改革创新的科学内涵、应遵循的方针，如何推进党的思想建设、组织建设、作风建设、制度建设和反腐倡廉建设的改革创新等。

※22. 高举中国特色社会主义伟大旗帜对党的建设的新要求研究

着重研究在新的历史起点上，全党同心同德高举中国特色社会主义伟大旗帜，坚持这条道路和这个理论体系的重大意义，这对以执政能力建设和先进性建设为主线全面推进党的建设新的伟大工程，注入了哪些新内容，提出了哪些新要求，怎样才能凝聚全党进一步举好伟大旗帜不动摇。

※23. 贯彻落实科学发展观与加强党的执政能力建设和先进性建设研究

着重研究如何把提高党的执政能力、保持和发展党的先进性，体现到领导科学发展、促进社会和谐上来，落实到引领中国发展进步、更好代表和实现最广大人民的根本利益上来，使党的工作和党的建设更加符合科学发展观的要求，为实现科学发展、夺取全面建设小康社会新胜利提供可靠的政治和组织保障。

※24. 党的十六大以来党建理论与实践的新发展研究

着重研究党的十六大以来党的建设创新取得了哪些实践成果和理论成果，这些来自波澜壮阔伟大实践的理论成果从哪些方面丰富和发展了马克思主义执政党建设理论。

※25. 用中国特色社会主义理论体系武装全党研究

重点研究中国特色社会主义理论体系的时代背景、科学内涵、实践基础、历史地位，用这个理论体系武装全党的重大意义。深入研究帮助党员、干部认真弘扬理论联系实际的优良学风，提高用这个理论体系去既改造客观世界又改造主观世界的能力的基本经验，以及这些经验如何在当前有效地运用。

※26. 加强党的执政能力建设与建设高素质领导班子的关系

着重研究如何体现把提高领导水平和执政能力作为各级领导班子建设的核心内容和工作着力点，怎样推动各级领导班子领导干部珍惜和用好改革开放伟大历程积累的宝贵经验，不断提高高举伟大旗帜、坚持伟大道路、领导科学发展、促进社会和谐的自觉性和本领，做到善于改革、勇于创新，不为任何风险所惧、不被任何干扰所惑。

※27. 推进党内民主建设和增强党的创新活力与巩固党的团结统一研究

着重研究积极发展党内民主的重要性，近几年推进党内民主建设的新进展、新创造，推进党内民主建设面临的新趋势，扩大党内基层民主多种实现形式，如何抓住关键环节推进党内民主的观念创新、制度创新、方法创新，坚持和健全民主集中制，加强党内监督，不断增强党的创造力、凝聚力和战斗力，巩固全党的团结和统一。

※28. 尊重党员主体地位和保障党员民主权利研究

着重研究党员主体地位的内涵，如何把中央关

于保障党员民主权利的一系列举措落到实处，并在实践中进一步完善党员民主权利的制度。

※29. 实行党的代表大会代表任期制研究

着重研究各级党代会代表任期制的内涵，代表在闭会期间的职责、权利与义务，如何组织代表卓有成效地开展活动，如何收集和处理代表的意见、建议，以及如何保证代表能受到党员的监督。

※30. 坚持正确用人导向与提高选人用人公信度研究

着重研究如何在坚持党的干部政策导向、贯彻党管干部原则的前提下，提高选人用人的公信度。选人用人公信度的内涵是什么，其构成要素有哪些，需要着力从哪些方面为提高选人用人公信度创造良好的环境条件和制度保证。

※31. 建立健全城乡一体党员动态管理机制研究

着眼于加强和改进流动党员管理，建立健全城乡一体党员动态管理机制，是基层党的建设的一个新课题。着重研究如何科学界定流出地（农村）与流入地（城市）党组织在流动党员管理方面的责任，如何建立流出地与流入地党组织之间的沟通机制，如何发挥流动党员的作用等。

※32. 建立健全党内激励、关怀、帮扶机制研究

着重研究党内激励、关怀、帮扶机制的内涵，建立健全党内激励、关怀、帮扶机制的制度设计等。

※33. 加强反腐倡廉建设研究

着重研究提出反腐倡廉建设的意义，反腐倡廉建设的内涵，反腐倡廉建设的基本思路、目标要求和重要举措。

※34. 健全惩治和预防腐败体系问题研究

在分析惩治和预防腐败体系运行状况的基础上，从完善体系和落实体系两个方面提出进一步加强惩治和预防腐败体系建设的对策建议。

哲学

1. 中国特色社会主义理论体系的哲学基础
2. 中国特色社会主义理论体系的科学性与开放性研究
3. 改革开放以来马克思主义哲学的发展
4. 改革开放与发展中国特色社会主义
5. 马克思主义基本原理与马克思主义中国化相结合
6. 全面把握科学发展观的科学内涵和精髓
7. 以人为本在科学发展观中的核心地位问题研究
8. 社会主义和谐社会中的公平与正义问题研究
9. 马克思主义的矛盾学说与社会主义和谐社会构建
10. 社会和谐与中国特色社会主义本质属性研究
11. 科学发展与社会和谐辩证关系研究
12. 马克思主义关于发展理论问题研究
13. 科学发展、和谐发展、和平发展有机统一研究
14. 马克思主义政治哲学与我国当代社会主义民主政治建设问题研究
15. 我国当代社会发展中的机遇与挑战
16. 改革开放新时期社会基本矛盾的重大变化和特点
17. 社会主义初级阶段基本特征研究
18. 经济基础变革与上层建筑改革相结合研究
19. 社会主义意识形态理论研究
20. 社会主义核心价值在社会思潮中的引领作用
21. 新时期意识形态工作的基本原则和方法研究
22. 和谐文化与社会主义文明风尚培育问题研究
23. 道德模范榜样在道德建设中的地位和作用
24. 发展社会生产力与提高全民族文明素质研究
25. 解放思想的辩证法研究
26. 尊重差异与包容多样研究
27. 弘扬中华文化的马克思主义基本原则探索
28. 文化软实力中的哲学问题研究
29. 推进文化创新与增强文化活力问题研究
30. 生态文明建设研究
31. 马克思主义科学技术观研究
32. 自主创新能力和创新哲学问题研究
33. 当代科技革命与资本主义社会研究
34. 马克思主义哲学基本原理及其发展问题研究

改革开放在马克思主义中国化中作用的地位问题研究；当代中国马克思主义哲学的实践特色、民族特色和时代特色；新时期马克思主义哲学研究面临的新课题。马克思主义理论创新问题研究，马克思主义哲学世界观与保持党的先进性问题，人在马克思主义哲学中的地位和作用，以人为本在科学发展观中的核心地位，社会主义核心价值与马克思主义世界观关系。坚持马克思主义哲学观的当代意义，现时代马克思主义哲学中的本体论（存在论）、认识论、价值论、方法论和辩证法诸方面前沿问题和重大问题研究。马克思和恩格斯等经典作家的哲学文本研究，马克思主义哲学发展规律研究，国外马克思主义哲学流派研究，西方马克思主义流派研究，马克思主义哲学发展的主要国别史、断代史研究，著名的马克思主义哲学家研究等。历史唯物主义与当代社会主义实践，社会主义发展的辩证法问题研

究，马克思主义的文化理论研究，关于坚持先进文化，意识形态和社会主义意识形态发展规律问题研究，关于人与自然和谐问题，唯物史观与社会科学，马克思的世界历史理论，当代科学技术革命与马克思主义哲学的发展。

35. 无神论问题研究

科学与宗教的关系及其演变历史研究，社会主义建设中宗教功能问题研究，中国无神论史、西方无神论史研究，马克思主义科学无神论理论研究，无神论思想的宣传与教育研究。

36. 哲学学科的建设与改革中的重大问题研究

马克思主义发展观问题研究，改革开放与我国哲学学科发展，哲学基本理论问题研究在马克思主义理论研究和建设工程中的地位和作用，新时期哲学学科改革与建设中的问题研究，哲学研究对象、范围和构成部分，哲学与其他学科的关系，哲学在人类文化发展中的作用，哲学基本问题的当代意义，哲学的科学性与价值性的关系，哲学的民族性、阶级性问题，马克思主义哲学在哲学学科建设中指导地位的确立与巩固，我国哲学教学和课程改革状况评价，中国特色、中国风格和中国气派哲学学科体系和教材建设研究。

37. 中国哲学与民族精神研究

中华传统文化与中华民族精神，中国传统哲学家与中华民族复兴，中国哲学的经典、人物、流派及近年来出土的哲学文献研究，中国哲学中的本体论、认识论和历史观问题研究，中国哲学的特点和发展规律研究，中国传统哲学的当代价值研究，中国哲学关于和谐思想问题研究。港台及国外新儒学状况研究和评述，中国少数民族地区传统文化和哲学研究。中华民族的民族精神与民族凝聚力，中国哲学与社会主义精神文明建设研究。

38. 外国哲学与中西哲学比较研究

新时期西方哲学思想研究状况评述，西方哲学的主要国别史、断代史、专门史研究，日本哲学、韩国哲学、东南亚哲学、伊斯兰哲学研究，当代西方哲学流派、哲学分支、哲学问题研究，当代美国哲学研究，苏联和当代俄罗斯哲学研究。中西哲学比较研究的意义和价值，中西哲学重要概念和问题的比较研究，中国哲学思想在世界的传播与影响。改革开放以来西方哲学对中国的影响和对中国哲学思想影响的评价。

39. 伦理学研究

社会主义核心价值体系与社会主义意识形态；社会主义核心价值体系在中国道德建设中的地位、道德建设与社会主义和谐社会的建设。伦理学基本原理研究，中外伦理史研究，现当代西方伦理学研究等。未成年人思想道德建设研究，大学生思想道德建设研究，加强社会公德、职业道德、家庭美德建设研究，商业伦理研究，社会诚信问题研究，公民道德建设与公民道德榜样作用问题研究，经济全球化与国际政治道德问题研究。社会公共伦理和制度伦理研究，行政伦理问题研究，当代科技前沿中的伦理问题研究。

40. 科学技术哲学研究

科学技术生产相互关系及其转化机制研究，式程技术革新方法论问题研究，当代后实证主义和后现代主义研究，中西文化传统对科技发展影响问题研究，科学技术各学科前沿中的哲学问题研究，科技创新中的思维方法问题研究，科技在构建和谐社会中的作用问题研究，科学技术的社会影响以及与社会文化互动关系问题研究，科技文化与人文文化的关系研究，当代西方科学哲学状况研究和评述，当代中国科技哲学研究状况等。建设国家创新体系和创新型国家研究。

41. 美学研究

美学基本原理、范畴与当代审美教育研究，中外美学史专题研究，中国传统审美观念研究，当代中国审美观念变化研究，应用美学研究，美育研究，当代中国美学讨论中重大问题及其总结。

42. 逻辑学研究

符号逻辑基础理论研究。哲学逻辑（广义模态逻辑）的基础理论研究，哲学逻辑各分支的基本理论及其应用研究。逻辑哲学研究。中外逻辑史及其比较研究。现代逻辑在哲学、语言学、认知科学和人工智能等方面的应用研究。逻辑与批判性思维研究。

43. 哲学新兴学科研究

社会哲学、人的哲学、发展哲学、价值哲学、经济哲学、政治哲学、领导哲学、系统哲学、生态文明哲学等。

44. 文化问题研究

推动社会主义文化大发展大繁荣的道路、途径与方法研究，文化凝聚力和创造力源泉问题研究，文化在综合国力中的地位问题研究，社会主义和谐文化研究，弘扬中华文化与中华民族共有精神家园研究，文化的民族性、时代性问题研究，弘扬中华文化问题研究，加强中华优秀文化传统教育问题研究，社会主义文化建设指导思想和方针研究，完善公共文化建设问题研究，非物质文化问题研究，世界文化多样性问题研究，文化产业的经济价值与文化传承，经济全球化中的价值冲突与我国文化发展战略，我国文化历史资源和现实资源的开发，对外开放与文化安全战略，消费文化研究，对外文化交流问题研究等。

经济理论

1. 中国特色社会主义经济理论研究
2. 科学发展观的定位、内涵和实质研究
3. 统筹国内发展和对外开放研究
4. 改革开放30年的伟大历程和基本经验研究
5. 促进社会和谐的经济学研究
6. 社会主义初级阶段新的阶段性特征的经济学研究
7. 工业化、信息化、城镇化、市场化、国际化深入发展的新形势新任务研究
8. 实现全面建设小康社会奋斗目标新要求的经济学研究
9. 转变经济发展方式研究
10. 促进经济增长由主要依靠投资、出口拉动向依靠消费、投资、出口协调拉动转变研究
11. 促进经济增长由主要依靠第二产业带动向依靠第一、第二、第三产业协同带动转变研究
12. 促进经济增长由主要依靠增加物质资源消耗向主要依靠科技进步、劳动者素质提高、管理创新转变研究
13. 走中国特色自主创新道路研究
14. 走中国特色新型工业化道路研究
15. 走中国特色农业现代化道路研究
16. 走中国特色城镇化道路研究
17. 立足内需、扩大消费的理论和对策研究
18. 确保国家粮食安全研究
19. 生产发展、生活富裕、生态良好的文明发展道路研究
20. 节能减排的经济学研究
21. 节能环保的产业结构、增长方式和消费模式研究
22. 区域协调发展的经济学研究
23. 城乡、区域协调互动发展机制和主体功能区布局研究
24. 城乡经济社会发展一体化新格局研究
25. 坚持社会主义基本制度与发展市场经济研究
26. 不断完善社会主义市场经济体制研究
27. 完善基本经济制度和形成各种所有制经济平等竞争和相互促进新格局研究
28. 提高效率与促进社会公平研究
29. 深化国有企业改革和完善国有资产管理体制研究
30. 中小企业创业问题研究
31. 深化财税体制改革研究
32. 深化金融体制改革研究
33. 优化资本市场结构与防范化解金融风险研究
34. 流动性过剩问题研究
35. 深化投资体制改革研究
36. 从制度上更好发挥市场在资源配置中的基础性作用研究
37. 加快形成统一开放竞争有序的现代市场体系研究
38. 完善反映市场供求关系、资源稀缺程度、环境损害成本的生产要素和资源价格形成机制研究
39. 形成有利于科学发展的宏观调控体系研究
40. 开放条件下的宏观经济稳定研究
41. 转变外贸增长方式和提高开放型经济水平研究
42. 完善人民币汇率形成机制和逐步实现资本项目可兑换研究
43. 防范国际经济风险的研究
44. 完善国际贸易和金融体制研究
45. 劳动力资源合理开发配置与扩大就业的理论和政策研究
46. 深化收入分配制度改革的研究
47. 初次分配和再分配中的效率与公平问题研究
48. 逐步扭转收入分配差距扩大趋势的研究
49. 居民财产性收入问题研究
50. 加快建立覆盖城乡居民的社会保障体系的研究
51. 住房制度和房地产市场研究
52. 加快行政管理体制改革和建设服务型政府的经济学研究
53. 当代国外马克思主义经济学研究的新进展
54. 西方经济学的前沿发展研究
55. 中外经济史重大专题问题研究
56. 中外经济思想史重大专题问题研究

应用经济

※1. 转变经济发展方式的内涵与对策研究

※2. 从制度上发挥市场在资源配置中基础性作用研究

※3. 有利于科学发展的宏观调控体系研究

※4. 2003年以来宏观调控基本特点和经验研究

※5. 新形势下宏观调控有效性研究

※6. 宏观调控中土地政策作用研究

※7. 扩大消费对经济增长的影响研究
※8. 防止经济增长由偏快转为过热对策研究
※9. 调整和改善投资结构研究
※10. 深化和完善投资体制改革研究
※11. 完善投资项目市场准入制度研究
※12. 国内外价格相互影响研究
※13. 完善价格统计指标体系研究
※14. 今后几年我国价格波动趋势及其动因研究
※15. 公共产品定价方法与效率研究
※16. 我国资金流动性过剩的原因与对策研究
※17. 全球流动性过剩对我国影响研究
※18. 中国特色新型工业化道路的内涵与实施策略研究
※19. 中国特色城镇化道路的内涵与实施策略研究
※20. 中国特色农业现代化道路的内涵与实施策略研究
※21. 新农村建设中的新情况新问题研究
※22. 健全土地承包经营权流转市场研究
※23. 农村集体土地管理问题研究
※24. 调整城市土地利用结构问题研究
※25. 促进农民增收对策研究
※26. 新形势下粮食安全问题研究
※27. 多渠道转移农民就业研究
※28. 农业补贴的国际比较研究
※29. 农村债务问题研究
※30. 发挥新农村建设中农民的主体作用研究
※31. 发展农民专业合作组织研究
※32. 加强农业社会化服务体系研究
※33. 加强农田水利建设体制机制研究
※34. 我国林权制度改革研究
※35. 我国畜牧业发展模式研究
※36. 加强农产品质量安全研究
※37. 加快发展清洁能源和可再生能源政策研究
※38. 建立健全节能减排的市场机制与政策体系研究
※39. 建立健全节能减排评价体系、监测体系和考核体系研究
※40. 发展循环经济的机制与对策研究
※41. 土地资源合理和集约利用对策研究
※42. 自然资源管理问题研究
※43. 非经营性国有资产管理问题研究
※44. 深化资源性产品和要素价格改革研究
※45. 我国主要矿产资源的开发与利用问题研究
※46. 建立健全资源有偿使用制度研究
※47. 建立健全生态环境补偿机制研究
※48. 资源产权与交易问题研究
※49. 促进生态文明建设的产业结构研究
※50. 建立科学合理的资源能源利用体系研究
※51. 改善城乡人居环境问题研究
※52. 发展环保产业对策研究
※53. 促进生态修复对策研究
※54. 加强应对气候变化能力建设研究
※55. 完善自主创新激励机制和政策研究
※56. 科技进步对经济增长的贡献率研究
※57. 建立技术创新体系研究
※58. 提升高新技术产业研究
※59. 创业企业孵育体系建设研究
※60. 发展现代产业体系研究
※61. 中国产业安全问题研究
※62. 推进信息化与工业化融合研究
※63. 发展综合运输体系研究
※64. 促进中小企业发展对策研究
※65. 供应链管理国际化下的企业关系研究
※66. 培育我国的跨国公司和国际知名品牌对策研究
※67. 推进垄断行业改革研究
※68. 加快发展现代服务业研究
※69. 创新文化生产方式和培育新的文化业态研究
※70. 提高文化产业在国民经济中的比重研究
※71. 旅游业可持续发展问题研究
※72. 实现区域之间基本公共服务均等化对策研究
※73. 主体功能区的配套政策研究
※74. 优化国土开发布局对策研究
※75. 我国主要经济圈和经济带发展战略研究
※76. 促进大中小城市和小城镇协调发展研究
※77. 经济特区、上海浦东新区、天津滨海新区在改革开放和自主创新中的作用研究
※78. 增强城市群的综合承载能力和培育新的经济增长极研究
※79. 沿海开放、内地开放和沿边开放综合研究
※80. 资源枯竭型地区经济转型和可持续发展研究
※81. 促进城乡经济社会一体化体制对策研究
※82. 中西部承接东部产业转移的问题与对策研究
※83. 扶持中西部地区发展的财税政策研究
※84. 外贸顺差问题研究

※85. 新形势下统筹内外资使用研究

※86. 创新对外投资与合作方式研究

※87. 发展对外服务贸易对策研究

※88. 开展国际能源资源互利合作对策研究

※89. 国有金融资产管理问题研究

※90. 国有资本经营预算制度研究

※91. 国有企业公司制股份制改革研究

※92. 集体企业改革研究

※93. 发展多种形式的合作经济研究

※94. 发展混合所有制经济研究

※95. 规范发展行业协会和市场中介组织研究

※96. 公平准入与非公有制经济发展对策研究

※97. 健全社会信用体系研究

※98. 完善国家规划体系研究

※99. 政府采购制度实施中问题和对策研究

※100. 完善公共财政体系问题研究

※101. 健全中央与地方财力与事权相匹配的体制研究

※102. 完善省以下财政体制、增强基层政府公共服务能力研究

※103. 建立有利于科学发展的财税制度研究

※104. 完善农村金融体系和强化农村金融服务研究

※105. 优化资本市场结构对策研究

※106. 完善汇率形成机制及应对人民币升值压力研究

※107. 提高银行业、证券业、保险业竞争力研究

※108. 外汇储备使用和风险控制问题研究

※109. 促进股票市场健康发展问题研究

※110. 防止资产价格过快上涨和抑制资产泡沫问题研究

※111. 加快发展债券市场研究

※112. 加快发展风险投资研究

※113. 新形势下防范金融风险研究

※114. 防范境外短期资本流动对我国金融安全影响研究

※115. 加强食品药品流通体系建设和安全监管研究

※116. 促进房地产业健康发展研究

※117. 中国特色住房建设及其消费模式研究

※118. 完善我国住房金融制度研究

※119. 完善廉租房制度研究

※120. 完善经济适用房制度研究

※121. 建立健全房地产市场统计指标体系研究

※122. 正确处理“小产权房”问题研究

※123. 完善社会保障基金管理研究

※124. 完善住房公积金管理研究

※125. 房地产税收制度研究

※126. 资本所得税问题研究

※127. 促进以创业带动就业的对策研究

※128. 提高中国劳动力市场运行效率研究

※129. 促进公平就业对策研究

※130. 完善就业援助制度研究

※131. 城乡劳动者平等就业制度研究

※132. 高校毕业生就业问题研究

※133. 初次分配和再分配中的效率与公平问题研究

※134. 扩大中等收入者比重问题研究

※135. 提高居民收入在国民收入分配中的比重研究

※136. 调节税收与扭转收入分配差距扩大趋势问题研究

※137. 最低工资标准问题研究

※138. 增加居民财产性收入对策研究

※139. 建立国有垄断行业收入分配规则和监管机制研究

※140. 提高劳动报酬在初次分配中比重问题研究

※141. 完善城乡社会救助体系研究

※142. 建立农村养老保险制度研究

※143. 完善城乡居民最低生活保障制度研究

※144. 推进新型农村合作医疗制度建设研究

※145. 深化公立医院改革研究

※146. 建立企业职工工资正常增长与支付保障机制研究

※147. 鼓励慈善事业发展研究

※148. 完善社会保险制度研究

※149. 提高扶贫标准问题研究

※150. 进城农民工子女融入城市生活问题研究

※151. 创新型技术人才问题研究

※152. 中西部地区人才支撑问题研究

※153. 深化内地与港澳台经贸合作关系研究

※154. 实施自由贸易区战略问题研究

※155. 促进国际收支基本平衡对策研究

※156. 应用经济学科理论与方法研究

政治学

本年度课题申报要求从理论与实践的结合上，重点研究深入贯彻科学发展观，构建社会主义和谐社会，进一步有效治国理政的政治建设任务。同时，

根据政治学和公共管理学科的发展状况，开展学科基础研究，以适应社会和政治发展对学科建设的要求。

1. 中国特色社会主义政治理论研究

按照中国特色社会主义理论体系，结合我国社会主义建设和改革开放的政治实践，深入阐发邓小平理论、“三个代表”重要思想以及科学发展观等重大战略思想包含的政治思想和理论，总结我国改革开放30年来的实践经验，阐述具有中国特色、中国风格和中国气派的政治理论。

2. 改革开放30年来中国政治发展的模式研究

运用马克思主义理论和方法，从世界历史和现代化发展的视角，回顾和总结改革开放30年来的社会和政治发展的历史进程，深入分析中国政治发展的目标、任务、途径和方式，阐述中国特色社会主义政治发展的模式，阐明这一发展模式与社会、经济、文化发展和现代化建设的关系。

3. 全面建设小康社会总体布局下的政治建设的任务与途径研究

从全面建设小康社会的总体布局和经济建设、政治建设、文化建设和社会建设的总体任务出发，定位社会主义政治建设的作用和功能，阐明政治建设与其他建设的联系，确定政治建设的目标、任务和实施途径。

4. 科学发展观与我国政府公共政策创新研究

阐明以人为本、全面协调可持续的科学发展观对于我国政府公共政策的指导意义，在此基础上，分析社会主义建设中的重大关系，阐述实现统筹发展的公共政策的创新思路，创新和设计相关公共政策。

5. 发展和保障社会公平正义的政治途径研究

以马克思主义为指导，阐述社会主义社会公平和正义的基本价值内涵，密切联系我国社会发展的实际，分析和论述发展和保障社会主义社会公平正义的政治制度途径、机制途径和政策途径。

6. 社会阶层结构变化对我国政治发展的影响研究

深入分析我国改革开放以来社会阶层结构的变化，尤其是新阶层的形成和发展，分析不同阶层的政治态度、政策选择和政治行为状况，在此基础上，分析不同阶层及其相互作用对我国政治发展的影响。

7. 社会主义核心价值体系与社会主义政治文化建设的关系研究

研究社会主义核心价值体系与社会主义政治文化建设之间的双向关系。分析和阐述社会主义核心价值体系，阐明这些核心价值对社会主义政治文化建设的指导意义。同时，分析社会主义政治文化建设对社会主义核心价值体系建设的作用和意义。在此基础上，分析和论证实现两者良性互动的机制和途径。

8. 中国传统政治文化与现代公民教育的关系研究

阐明现代公民教育的价值取向和基本要求，分析传统政治文化及其构成要素与现代公民教育之间的关系，吸取精华，去其糟粕，服务于社会主义现代化和政治文化建设。

9. 政治学分支学科和交叉学科及其方法发展研究

在把握和分析国内外政治学分支学、交叉学科及其方法的基础上，根据我国社会政治和政府管理发展的要求，联系我国政治学科发展、科学研究和人才培养的要求，阐述我国政治学分支学科、交叉学科及其方法的变迁发展。此外，可对特定分支学科和交叉学科及其方法进行系统研究和阐述。

10. 公共管理和公共行政理论和方法的最新发展研究

跟踪国内外公共管理和公共行政的最新发展，深入分析和研究这些发展对于我国公共管理和公共行政学科发展的意义，并结合我国的公共管理和公共行政的实践，探讨我国公共管理和公共行政的学科发展方向和内容。

※11. 中国特色社会主义政治发展道路研究

※12. 贯彻落实科学发展观与深化政治体制改革研究

※13. 社会主义民主政治制度化、规范化、程序化研究

※14. 发展中国特色社会主义的动力和体制保障研究

※15. 加强党的执政能力的制度研究

※16. 党的先进性建设的机制研究

※17. 党内民主与人民民主的关系研究

※18. 发展基层民主的途径和机制研究

※19. 公民政治权利与城乡人民代表选举问题研究

※20. 协商民主与票决民主的关系研究

※21. 我国政治发展过程中政治协商与政治决策的关系研究

※22. 社会主义政治建设与政治社团建设和发展研究

※23. 公民合法权益保障与社会主义和谐社会建

设研究

※24. 工业化、信息化、城镇化、市场化和国际化形势下政府职能全面转变问题研究

※25. 党委政府人大、政协机构设置统筹规划研究

※26. 党的代表大会常任制研究

※27. 党委领导、政府负责、社会协同、公众参与的社会管理格局研究

※28. 基本公共服务均等化的政府管理机制和公共政策研究

※29. 我国区域经济发展的政治协调和区域公共管理研究

※30. 公共服务的基层政府供给能力研究

※31. 社会风险的防范与治理机制研究

※32. 公共预算与责任政府建设研究

※33. 垄断行业的改革与政府监管研究

※34. 审计与政府绩效评估研究

※35. 政企、政资、政事、政府与市场中介组织的关系跟踪研究

※36. 制定行政管理体制改革总体方案对策研究

※37. 健全干部双重管理体制研究

※38. 领导干部问责制度研究

※39. 政府管理透明度和公信力研究

※40. 规范垂直管理部门与地方政府的关系研究

※41. 政府部门协调配合机制与职能有机统一的大部门体制研究

※42. 完善决策信息和智力支持系统研究

※43. 决策权、执行权、监督权相互制约相互协调的权利结构和运行机制研究

※44. 政府行政管理与基层群众自治的有效衔接和良性互动研究

※45. 事业单位分类改革研究

※46. 电子政务建设跟踪研究

※47. 加强廉政文化建设研究

※48. 设立国家荣誉制度研究

※49. 民族地区社会建设与社会和谐研究

※50. 新的社会阶层政治参与研究

※51. 爱国统一战线和党的侨务政策研究

※52. 民主党派和无党派人士参政议政、民主监督机制研究

※53. 改革开放以来中国妇女参与政治与决策的实证研究

※54. 国家安全战略和安全体制研究

※55. 坚持“一国两制”与两岸和平发展研究

※56. 两岸同胞共同反对和遏止“台独”分裂活动研究

※57. 港澳地区社会稳定和政治发展研究

社会学

本学科课题申报既要关注中国社会发展过程中全局性、战略性的重大理论问题和国家急需的应用对策性课题，又要重视社会学基础理论研究和马克思主义社会学研究，大力推动中国社会学学科体系、学术观点和研究方法的创新。本学科基础理论条目是研究的范围和方向，申报者可依此拟定具体研究题目；应用对策研究条目（带星号※）请不要改变题义。本学科也接受符合本指南指导思想的自主选题。

1. 以改善民生为重点的社会建设的理论研究

探索以保障和改善民生为重点的社会建设的基本理论、主要内容和领域、基本目标、途径与方法，以及基本政策建构等。

2. 中国特色社会建设思想研究

3. 中国特色社会工作体系研究

中国特色社会工作体系的构建，各类社会工作（如社区工作者、学校社会工作、社会工作、民政工作、社会福利工作等）存在的问题，关系的协调，社会工作政策及制度的创新与耦合等方面。

4. 中国特色社会学研究

中国特色社会学的主要理论、研究领域和研究方法等。

5. 改革开放以来中国社会结构变迁及其趋势研究

6. 社会管理的社会协同问题研究

社会管理中各系统、各部门、各阶层的协同及其机制研究。

7. 社会价值观与社会整合问题研究

社会利益分化背景下社会价值观念多元化的表现、原因，及其对社会整合的影响等，以社会主义核心价值体系促进社会整合的探索。

8. 社会工作职业化的比较研究

社会工作职业化的国家、地区比较，以及历史比较等方面的研究。

9. 社会转型中的制度创新与制度耦合研究

制度创新与制度耦合的理论研究或案例研究等。

10. 新的社会阶层研究

民营科技企业的创业人员和技术人员、受聘于外资企业的管理技术人员、个体户、私营企业主、中介组织的从业人员、自由职业人员等阶层研究。

11. 中国社会学30年

中国社会学恢复和重建以来的发展历程、主要理论创新和研究方法进展，中国社会学与中国改革

开放和现代化建设实践的关系等。

12. 西方社会学理论新趋势

13. 社会学研究方法新进展

中西方社会学研究方法的新进展、主要方法及其应用等。

※14. 社会建设与中国特色社会主义事业总体布局研究

※15. 社会公平正义与发展中国特色社会主义研究

※16. 保障社会公平正义与促进社会和谐研究

※17. 科学发展与社会和谐的内在统一研究

※18. 社会创造活力与和谐社会建设

※19. 建设人力资源强国的社会学研究

※20. 改革发展成果由人民共享的体制机制研究

※21. 教育发展与社会公平研究

※22. 卫生体制与社会公平研究

※23. 社会保障与社会安定研究

※24. 城乡居民最低生活保障制度研究

※25. 农村养老保障制度研究

※26. 进城农民工子女教育问题研究

※27. 城乡劳动者平等就业的社会政策研究

※28. 困难群体的就业援助制度研究

※29. 收入分配与社会公平研究

※30. 新时期劳资关系研究

※31. 新时期社会结构、社会组织形式、社会利益格局深刻变化问题研究

※32. 新社会组织研究

※33. 单位制度变迁中的社区建设研究

※34. 社区自治与社区参与研究

※35. 健全基层社会管理体制研究

※36. 社会自治与城乡社区建设研究

※37. 当代中国社会流动机制变化研究

※38. 移民视角下的劳动力流动研究

※39. 流动人口与社区融合研究

※40. 完善流动人口服务和管理研究

※41. 公共服务组织与其服务对象关系的社会学研究

※42. 和谐社会建设中企业社会责任的社会学研究

※43. 社会管理的公众参与问题研究

※44. 服务型政府体系研究

※45. 创新人才工作体制机制研究

※46. 社会性别视角下的制度公正问题研究

※47. 中近期中国社会问题演化的趋势研究

※48. 多元化解社会矛盾纠纷的新型机制研究

※49. 安全生产与社会稳定研究

※50. 完善突发事件应急管理机制研究

※51. 完善信访制度研究

※52. 健全党和政府主导的维护群众权益机制研究

※53. 农村社会治理的新问题和新机制研究

※54. 用社会主义核心价值体系引领社会思潮的有效途径研究

※55. 建立覆盖全社会的公共文化服务体系研究

※56. 人文关怀、心理疏导与思想政治工作研究

※57. 新时期居民精神健康问题的社会学研究

※58. 创造青少年健康成长的良好社会环境研究

※59. 青少年社会关系的干预研究

※60. 建设学习型社会研究

※61. 创新文化内容形式、体制机制和传播手段研究

※62. 和谐文化与社会风尚研究

※63. 社区和乡村文化建设研究

※64. 社会诚信建设研究

※65. 公民意识教育研究

※66. 社会转型中的民间信仰研究

※67. 农村民俗变迁及其社会影响研究

※68. 扶贫开发政策的社会效益研究

※69. 民族关系与民族地区和谐社会构建研究

※70. 生态文明的环境社会学研究

※71. 环境治理失灵的对策研究

法学

法学研究要高举中国特色社会主义伟大旗帜，继续解放思想，实事求是，立足理论前沿，紧密联系实际，反映时代要求，不断推动理论创新和制度创新，促进公平正义与社会和谐的实现；要坚持运用马克思主义立场与方法，弘扬当代中国化马克思主义，坚持邓小平理论、“三个代表”重要思想和科学发展观的正确指导；要更好地服务于并推动经济社会发展大局，为经济社会又好又快发展创造制度环境；要进一步探索中国特色社会主义法律体系的建设，为推动经济建设、政治建设、文化建设、社会建设四位一体的中国特色社会主义事业营造良好的法治氛围。

本年度课题申报必须坚持以中国特色社会主义理论为指导，深入贯彻落实科学发展观，从法学角度研究贯彻落实科学发展观、促进公平正义与社会和谐、弘扬社会主义法律权威的战略性、前瞻性和全局性的基础理论和制度建设问题；研究改革开放、经济社会又好又快发展和维护稳定的重大理论与实

践问题；研究构建中国特色社会主义法律体系、全面落实依法治国基本方略、加快社会主义法治国家建设和“一国两制”的法律问题；研究社会主义中国发展的国际环境，国际合作的法律机制、法律框架等全球化进程中面临的重大法律理论与实践问题；研究当代中国社会主义法治理论中各法学学科的基础理论、前沿问题和热点疑难问题。

1. 马克思主义法学基础理论

研究中国特色社会主义法律体系的理论基础，坚持党的领导、人民当家做主和依法治国有机统一的理论，依法执政理论，立法基本理论研究，中国特色社会主义法治道路，马克思主义权利义务理论，马克思主义的平等自由公平正义理论，依法治国与政治文明建设，社会主义法治文化。

2. 科学发展观与中国特色社会主义法治建设

研究科学发展观对中国特色社会主义法治理论与实践的指导意义，深入贯彻落实科学发展观需要的法治观念更新与法律制度建构，以人为本的法治观，全面协调可持续发展与法制变革，生态文明与法治建设，节约型社会、环境友好型社会与法治建设，社会和谐与法治保障以及法治自身的和谐发展。

3. 社会主义法治文化、法治精神与法治理念研究

研究法治文化与法治精神的内涵与价值，社会主义法治文化、法治精神的共性与规律，贯彻落实社会主义法治理念的原则与体制机制等问题。

4. 加快建设社会主义法治国家理论与实践研究

研究社会主义法治国家建设的规律、内容，总结中国特色社会主义法治国家建设的经验，以及加快社会主义法治国家建设面临的重大理论与实践问题。

5. 社会主义法律权威维护

研究社会主义法律权威的本质，社会主义法治精神的基础理论，维护社会主义法律权威对社会主义经济建设、政治建设、文化建设、社会建设的重大意义，以及通过完善立法、司法、执法、法律服务、普法制度，更好维护法律权威的基本问题与基本经验。

6. 社会主义民主政治发展与法治建设

研究中国特色社会主义民主政治发展中的法治理论与实践问题，中国特色社会主义宪政发展与实践，社会主义民主政治与人民代表大会制度、政治协商制度、民族区域自治制度、基层民主制度的发展与完善，社会主义民主政治建设与依法行政，法治政府建设的理论与实践，社会主义民主政治与公民基本权利、自由的实现，基层群众自治制度的完善，社会主义民主政治与党的领导，人民当家做主与依法治国有机统一的理论与实践，党依法执政与提高执政能力的理论与实践。

7. 反腐败法律制度研究

研究权力制约监督机制的建立与健全，国外反腐败法律理论与实践的借鉴，国际反腐败法律合作的体制机制完善，中国特色反腐败法律体系的完善。

8. 人权法理论研究领域

研究人权的普遍性与特殊性、公民权利和政治权利保护、生存权与发展权保护、经济社会文化权利保护、少数人权利保护、弱势群体权利保护、国际人权保护的原理和制度。

9. 法律史学的建设与发展

研究法律史学的沿革与发展、学科结构与演化规律，法律制度史、法律思想史、法律社会史、法律文化史、比较法律史、各部门法律史以及中外法律史学的发展规律。

10. 行政法基础理论

研究行政法的基本精神、功能、范畴、体系与原则，依法行政与法治政府建设以及行政主体、行政行为、行政救济、行政监督等基本制度。

11. 民商法基础理论

研究民商法基本原则，民事主体制度，债权法总论，商法基础理论，公司法、票据法、保险法、证券法、合同法、侵权责任法、亲属法的基础理论。

12. 经济法基础理论

研究经济法的范畴、原则、体系、功能和实施，宏观经济调控法的原理以及通过法律规制市场经济运行的原理、原则和机制，反垄断法、反不正当竞争法、市场监管法的基本理论。

13. 知识产权法基础理论

研究知识产权战略的制定与实施，专利法、商标法、商业秘密保护法、互联网上知识产权法律保护的基础理论。

14. 刑法基础理论

研究犯罪成立理论，刑法的人权保障，被害人刑事保护，刑事责任基本理论，刑罚基本理论，西方刑事政策的运作机制，中国特色社会主义刑事政策的基本原理与经验。

15. 诉讼法基础理论

研究诉讼程序对维护公平正义的重要意义，诉讼模式、证据制度的基础理论，诉讼文化的现代转型，诉权理论与诉讼行为理论，司法公正的价值诉求与基本理念。

16. 社会法基础理论

研究社会法的基本原理、构成体系与基本原则，劳动法、社会保障法的基本理论，社会救助法的基本原理和运作机制，以及完善社会法进一步促进经济社会协调发展、保护民生、实现社会公平正义的原理与机制。

17. 国际法基础理论

研究国际法与维护国家主权、安全与权益，国际法治与促进世界和谐与国际民商事交往，国际法与国际关系，国际法与国内法的关系。

※18. 全面落实依法治国基本方略研究

※19. 权力在阳光下运行的法治保障

※20. 改革开放与法制改革

※21. 科学发展观与和谐社会法治保障问题研究

※22. 社会主义核心价值体系与法律制度建设

※23. 中国特色社会主义宪政理论与实践研究

※24. 社会主义民主政治的法治化研究

※25. 人民代表大会职能及其行使问题研究

※26. 决策权、执行权、监督权相互制约协调的法律制度

※27. 基层民主制度研究

※28. 公民参与权法律制度研究

※29. 社会主义廉政法制建设研究

※30. 宪法与法律实施机制研究

※31. 特别行政区基本法实施研究

※32. 服务型政府和法治政府法制建设研究

※33. 立法的民主化与科学化研究

※34. 软法的基础理论研究

※35. 行政体制改革与行政机关组织职权编制程序法治化研究

※36. 问责法律制度研究

※37. 公开听证制度研究

※38. 行政程序法立法研究

※39. 违法行为矫正法律制度研究

※40. 政务公开法律制度建设

※41. 个人信息保护立法研究

※42. 完善行政执法法律制度研究

※43. 非政府组织法律制度研究

※44. 信访制度的完善与改革

※45. 社会主义文化产业与文化市场法律制度研究

※46. 传媒法律制度建设

※47. 民法总论研究

※48. 侵权责任法立法疑难问题研究

※49. 金融服务合同法律问题研究

※50. 财产性收入法律保障研究

※51. 城市住宅小区法律问题研究

※52. 土地承包经营权流转法律制度研究

※53. 中国宽严相济刑事政策研究

※54. 死刑适用标准研究

※55. 涉众型犯罪研究

※56. 商业贿赂研究

※57. 非监禁刑研究

※58. 民刑交叉案件的司法规则研究

※59. 知识产权的刑法保护

※60. 刑事诉讼法修改难点问题研究

※61. 证据立法问题研究

※62. 刑事和解制度研究

※63. 公益诉讼问题研究

※64. 公正高效权威司法制度建设

※65. 司法职权优化配置研究

※66. 民事调解研究

※67. 民事诉讼法实施问题研究

※68. 再审的理论与实践问题研究

※69. 司法队伍建设的制度保障

※70. 律师法实施问题研究

※71. 科学发展观与完善宏观调控法律制度

※72. 加快经济发展方式转变立法研究

※73. 我国商事法律体系的构建与完善

※74. 公司社会责任法律问题研究

※75. 非上市公众公司法律问题研究

※76. 国有资产管理立法研究

※77. 国有股权行使和监管法律制度研究

※78. 产权交易的规范化研究

※79. 区域协调发展立法研究

※80. 城乡协调发展立法研究

※81. 新能源与可再生能源立法研究

※82. 农村金融法律制度改革与创新

※83. 垄断行业改革的法律问题

※84. 国家外汇储备管理法律问题研究

※85. 特许经营权法律问题研究

※86. 财税法律制度完善问题

※87. 金融衍生工具法律规制

※88. 金融控股公司法律制度

※89. 非公有制经济的法律保障

※90. 公平交易法律制度建设

※91. 科学发展观与知识产权战略法治保障问题研究

※92. 产学研结合创新体系的法制建设

※93. 网络知识产权保护研究

※94. 技术自主创新和科技成果产业化的法治保障

※95. 食品药品安全监管法律制度建设

※96. 节约型社会与环境友好型社会的法治基础研究

※97. 生态文明发展战略法律问题研究

※98. 中国特色农业现代化法律问题研究

※99. 公共服务法律制度建设

※100. 多元化纠纷解决机制建设

※101. 建立覆盖城乡居民社会保障体系法律问题研究

※102. 新型农村合作医疗法律制度研究

※103. 医疗损害赔偿与医疗保险法律问题研究

※104. 城乡最低生活保障法律制度研究

※105. 分配制度改革与增加城乡居民收入法律问题研究

※106. 完善社会管理与维护社会稳定法律问题研究

※107. 户籍制度改革研究

※108. 城乡社区法律制度建设

※109. 扩大就业法律制度建设

※110. 农民工法律保障研究

※111. 住房保障法律问题研究

※112. 健全与完善社会救助体制机制的法律问题研究

※113. 社会信用体系法律制度建设

※114. 优先发展教育的法律保障

※115. 养老社会保险法律制度的理论与实践

※116. 基本医疗卫生法律制度建设

※117. 经济社会文化权利公约的实施问题研究

※118. 经济权利社会权利文化权利可诉性问题研究

※119. 经济全球化与国际贸易新壁垒法律问题研究

※120. 互利共赢对外开放法律问题研究

※121. 中国东盟自由贸易区法律问题研究

※122. 国际法治与和谐世界构建研究

※123. 国际海洋法新问题研究

※124. CEPA 协议及其实施中的法律问题研究

※125. 国际环境公约的国内实施问题研究

※126. WTO 与农业补贴法律问题研究

※127. WTO 贸易救济权研究

※128. 防范国际金融风险的法律制度建设

※129. 区域合作的法律框架与机制建设

※130. 国际金融体制的健全与完善法律问题研究

国际问题研究

1. 中国和平发展与推动建设和谐世界关系研究

2. 马克思主义国际关系理论研究

3. 中国特色社会主义国际关系理论研究

4. 马克思主义时代问题研究

5. 国外国际关系前沿理论研究

6. 经济全球化条件下的国际金融理论研究

7. 经济全球化条件下的国际贸易体制理论研究

8. 经济全球化条件下的经济周期研究

9. 经济全球化条件下的文化霸权主义与文化多样性以及话语体系研究

※10. 当今世界形势下我国走和平发展道路面临的机遇与挑战问题研究

※11. 坚持独立自主与参与经济全球化相结合问题研究

※12. 高举和平、发展、合作旗帜与奉行独立自主的和平外交政策研究

※13. 国际霸权主义对“台独”分裂活动的立场评析及我国对策研究

※14. 国际和地区安全合作机制研究

※15. 非传统安全威胁问题研究

※16. 人民币升值对我国发展的影响及对策研究

※17. 我国国际投资的机遇、挑战及对策研究

※18. 国际资本流动特点与我国的对策研究

※19. 国际石油价格高涨对我国的影响及对策研究

※20. 冷战后美国全球战略新特点及对我国的影响研究

※21. 美日等国推行所谓“民主国家同盟”战略及我国对策研究

※22. 日本福田康夫内阁的对外关系调整及中日关系发展前景研究

※23. 美俄关系的现状与发展趋势及其对中美中俄关系的影响研究

※24. 欧盟内外政策调整对我国的影响及对策研究

※25. 中国—欧盟及与德、法、英等欧盟主要成员国关系现状、发展趋势研究

※26. 东北亚地区安全机制构建及中国的对策研究

※27. 中印关系前景及其影响因素研究

※28. 中印俄经济发展的比较研究

※29. 国际上解决领海（岛屿）争端的案例研究及对我国的启示

※30. 气候变化问题的国际博弈及我国对策研究

※31. 深化中非合作关系问题研究与所谓“中国新殖民主义论”评析

※32. 加强同发达国家战略对话与同广大发展中国家的团结合作研究

※33. 美国经济和美元的现状和前景研究

※34. 美国对我国的中长期战略研究

※35. 冷战后美国的核战略与核不扩散体制危机问题研究

※36. 欧盟制宪进程评估与欧洲一体化发展研究

※37. 俄罗斯社会经济发展模式、普京后时代俄罗斯政治经济走势问题研究

※38. 东亚区域一体化前景问题研究

※39. 《东盟宪章》、《东盟经济共同体蓝图》等文件生效后的中国—东盟合作关系研究

※40. 东欧、中亚发生“颜色革命”的国家政治经济现状与发展趋势研究

※41. 拉美国家左翼思潮对其发展道路的选择及区域合作模式的影响

※42. 当前国际经济格局条件下发展中国家的经济发展道路研究

※43. 推动经济全球化向均衡、普惠、共赢方向发展研究

※44. 经济全球化条件下国家间贫富差距及南北矛盾问题研究

※45. 极地问题（极地主权、极地国际法及解决北冰洋问题的国际机制等）研究

中国历史

本年度课题指南提出的研究重点，一方面要继续深入研究马克思主义史学理论，巩固历史唯物主义对史学研究的指导地位；另一方面也要进一步关注同现实生活联系紧密、具有重要历史借鉴意义的课题，以及对历史学科建设具有重大学术价值的课题。本指南提出的课题，主要是研究范围和研究方向，不是具体的研究题目。申报人应根据自己的学术基础和学术专长，对课题范围加以必要的分解，作具体细致的设计，避免选题和内容的空疏和大而无当。此外，欢迎申报有长期研究积累的自选项目。

1. 唯物史观与中国特色社会主义理论体系

2. 传统文化与建设中华民族共有精神家园研究

3. 唯物史观关于社会经济形态的理论研究

4. 关于历史发展动力的再探讨

5. 中国传统理想政治模式理论研究

中国传统理想政治模式理论是围绕“太平盛世”的政治目标而形成的理论体系的总称，它是当时社会建设理论的基础。从理论与实践、思想与社会互动的角度，审视传统理想政治模式理论，在揭示本质、分析利弊、评价得失的基础上，取其精华，弃其糟粕，有助于客观、全面、准确地认识中国古代政治文明，为政治发展和社会建设提供可资借鉴的传统文化资源。

6. 中国生态环境历史研究

上古以降直到近现代，中国自然界生态环境都有不同程度的变化，环境的保护和破坏都有许多经验和教训值得总结。这方面待研究的问题甚多，如：生态环境各要素的历史研究，区域生态环境的历史研究，历史上的社会变迁与环境压力，历代人地关系研究，中国古代环境思想研究等。

7. 中国古代宗教与神话研究

8. 中国历史上的无神论研究

9. 中国历史上的孝文化研究

中国历史上的孝文化丰富而庞杂，其影响渗透到社会生活的各个方面。用唯物史观对某个历史时段或某个历史侧面进行深入具体的评析，分清精华与糟粕，将对社会主义道德建设提供有益的历史借鉴。

10. 中国传统道德与道德环境研究

11. 中国传统文化中的科学思想和科学方法

12. 构建社会主义和谐社会的历史学思考

13. 中华民族精神的形成与发展

14. 近代中国的民族精神与民族振兴

15. 古代中国区域文化的互动研究

16. 中国历史上的谏官制度研究

17. 中国古代农民、农业、农村问题研究

18. 中国古代医药文化发展的社会政治环境研究

19. 晚清瘟疫与卫生防疫机制的演进

20. 中国近代学术史研究

21. 近代社会危机与政府对策

22. 中国近代金融制度变迁研究

对鸦片战争以来中国货币体系和金融机构的演变、金融市场的运作和监管制度的变迁进行全面梳理，揭示中国金融近代化、国际化进程的曲折性和复杂性。

23. 20 世纪的中国乡村社会变迁

24. 近代中国思想界对封建专制主义的认识

25. 近代史上的“实业救国论”和“教育救国论”

世界历史

申报者可根据党的十七大报告中提出的开创我

国经济建设、政治建设、文化建设和社会建设四位一体的中国特色社会主义事业新局面的精神，结合“十一五”期间世界历史学科发展情况和自己的专业特长，自行设计课题。

1. 世界主要国家经济制度演变史专题研究

研究世界上主要国家经济制度产生和演变的历史，并通过这些研究，反映这些国家经济管理体制建设、监督机制建设及其变革情况。研究方向包括财政、金融、税收、环保、关税、出口、贸易等各方面的内容。

2. 外国社会史专题研究

指不同国家、不同时期的社会史研究，研究者可从人口、家庭、妇女、阶层、社区等各方面中任选其一进行研究。

3. 区域史研究

包括两个方面，一是我国迄今研究比较薄弱的国别史，另一个是跨国家的地区史，即在特定历史时期由若干互相关联的国家组成的“区域共同体”的历史，如亚太地区史、环印度洋贸易圈的历史等。

4. 科学社会主义及其实践的历史考察

不同国家在不同历史时期将科学社会主义诉诸实践的过程及经验均属本选题范围。研究者既可对某一国家的实践进行考察，也可对不同国家的历史实践进行比较研究。

5. 国外对社会发展有重大影响的立法的专题考察

从历史的角度考察世界主要国家进行过的一些对社会发展有重大影响的立法，包括政治、经济、环保、社会保障、教育文化和外交等各方面的重大立法，揭示其立法的进程、特色、内容、实施情况，及其对该国法制建设所起的作用和对社会发展的影响。

6. 当代重大国际冲突的历史考察

当代世界，和平与发展仍然是时代主题，但霸权主义和强权政治依然存在，局部冲突和热点问题此起彼伏，世界和平与发展面临诸多难题和挑战。中国作为一个负责任的世界大国，有责任在解决国际冲突中发挥自己的作用。为此，需要对冲突的根源有充分的了解。本课题要求对重大国际冲突作个案历史考察，提倡对一项具体冲突做深入研究。

7. 20世纪发达国家社会分配机制的历史演变研究

在社会经济和政治的历史实践中，分配机制直接关系到权益得失和社会稳定。本课题要求对主要发达国家百年来的社会分配机制发展、变化及其作用，进行详细的实证研究和理论分析。

8. 西方发达国家建立社会稳定过程的历史考察

西方发达国家缓和社会矛盾的措施、经验和教训；建立比较适合的政治体制、司法制度、社会保障机制；调整产业关系，民族、种族关系，社会集团与阶级关系；用新理论、新思维化解社会冲突等。

9. 世界历史上的宗教与社会关系研究

如宗教与政治、宗教与社会稳定的关系。

10. 欧洲社会主义运动、社会主义政党与工人运动研究

欧洲工人党、社会党及各种流派的社会主义政党的产生、发展及其对欧洲各国历史发展的影响。

11. 世界文明多样性研究

考古学

本学科课题申报要贯彻落实十七大精神，贯彻落实“十一五”社科规划提出的研究目标，推动我国考古学科沿着正确方向发展。要重视考古学科的基础研究，加强资料整理和综合研究中的科学性和严肃性。

1. 中国新石器时代诸文化的研究

中国新石器时代诸文化的考古资料，经过半个多世纪的积累，十分丰富，应当及时进行深入的个案研究，也可以作某个地区诸文化之间融合互变的研究，为使考古学文化向有文字记录的历史时期升华衔接作新的探索。

2. 夏商周三代考古学研究

在夏商周三代考古学研究的基础上，通过城市考古、陵墓考古和手工业遗址考古，以及各项遗物的制作和工艺的分析研究，结合甲骨文、金文和历史文献记录，开展夏商周三代历史考古学的研究，侧重于经济生产、社会结构、等级制度和文化艺术等各方面，充分体现物质文化重现历史的价值，为重新构架夏商周三代历史奠定基础。

3. 中国古代聚落和城市遗址的考古研究

中国史前聚落的演变与城市的起源。中国古代城市的发展阶段和特点的研究，以及重要城市遗址的个案研究，尤其是历代都城遗址的研究。宋明时代中国地方城市考古的调查和研究，要特别关注不同类型市镇的研究。中国古代城市与欧洲、东亚城市的比较研究。

4. 中国区域考古学研究

在考古文化类型学分区、分期研究的基础上，研究不同地区、不同类型文化的形成、发展和互相融合的过程，进一步研究中华文化多元一体和中华民族共同体的形成。

5. 中国古代手工业的考古研究

在制陶、制瓷、金属冶铸、纺织、雕版印刷、机械制造和土木建筑的考古学研究中，除研究其工艺外，还应研究这些手工业生产的社会关系、产品运销及其在社会经济和生活方面的作用。

6. 古代中外文化交流的考古学研究

通过在中国境内“丝绸之路”沿线及其附近地区发现的外国遗物和境外“丝绸之路”沿线发现的中国遗物来研究中外文化交流，弘扬中华文明，加强中国与世界各国在文化交流上的沟通。

7. 中国考古学史研究

根据中国考古学科的实际，继承中国考古学科的传统，正确认识世界考古学界的各种思潮，坚持走符合中国实际的考古学研究之路，认真总结中国考古学发展的历史，以史为鉴，建设中国特色的中国现代考古学。

8. 中国考古学调查发掘报告

田野考古调查发掘报告是中国考古学的基础资料，包括重要遗址、墓地（或大型墓葬）的考古发掘报告，重要专题或地区的考古调查报告等。

9. 非物质文化遗产保护研究

民族问题研究

1. 中国特色社会主义理论体系与民族理论研究

根据党的十七大报告关于中国特色社会主义理论体系的阐释，从马克思主义民族理论基本原理与中国民族问题基本国情实际相结合的视角，对马克思主义民族理论中国化的新境界进行研究。

2. 少数民族地区贯彻落实科学发展观研究

根据党的十七大报告有关科学发展观理论意义和基本内涵的要求，对少数民族地区经济社会发展方式以及如何实现因地制宜，又好又快的发展进行研究。

3. 社会主义核心价值体系与统一的多民族国家国情

根据党的十七大报告关于社会主义核心价值体系的论述，从我国统一的多民族国家国情实际出发，深入研究社会主义核心价值体系中的民族观。

4. 社会主义文化建设与少数民族文化研究

根据党的十七大报告关于加强中华优秀文化传统教育，运用现代科技手段开发利用民族文化丰厚资源；加强对各民族文化的挖掘和保护，重视文物和非物质文化遗产保护，做好文化典籍整理工作；加强对外文化交流，吸收各国优秀文明成果，增强中华文化国际影响力的精神，就少数民族文化在社会主义文化建设中的地位、作用及其重要意义进行研究。

5. 优化民族地区和边疆地区国土开发格局研究

6. 沿边开放和提高边疆民族地区开放型经济水平研究

7. 生态文明与少数民族地区生态建设和环境保护研究

8. 缩小区域发展差距与实现基本公共服务均等化研究

9. 少数民族地区基层政权建设研究

10. 少数民族地区社会保障体系研究

11. 少数民族教育事业中的母语、双语教育研究

12. 人口较少民族聚居地区全面建设小康社会研究

13. 少数民族地区城镇化研究

14. 少数民族特色产业创新发展问题研究

15. 少数民族聚居地区的基层民主与社会自治研究

16. 中国古代民族史（志）研究

17. 当代世界民族问题及其发展态势研究（以地区、国别个案为主）

18. 多民族国家的国家认同与族别认同问题研究（以国别、族别为实证进行理论探讨）

19. 民族问题研究学科基础理论研究

包括民族理论、民族史学、少数民族语言文字、蒙古学、藏学、文化人类学与民俗学、世界民族等。

宗教学

本学科课题申报要贯彻落实党的十七大精神，以科学发展观为指导，促进宗教在构建和谐社会中的积极作用。继续加强宗教学基础理论研究，加强对宗教现实问题及宗教发展态势的研究，推动有中国特色的宗教学体系的建设和发展。申报者可参考以下研究范围及内容，亦可根据这些领域所涉及的内容自行设计具体题目。

1. 中国特色社会主义宗教理论研究

以新时期以来的理论发展为主，包括宗教与社会主义核心价值观关系研究、宗教在中国文化发展战略中的地位和作用研究等。

2. 现阶段宗教关系与社会和谐研究

对促进中国宗教关系和谐、发挥宗教在促进社会和谐方面积极作用的理论探讨；对宗教在世界多极化、文化多样化发展和建立国际政治经济新秩序过程中的作用，进行宏观与微观相结合的研究。

3. 我国宗教发展的新特点新趋势研究

包括当代中国宗教生态研究，民族与宗教关系的文化比较学研究，寺庙宫观管理的现状与走向研

究，当代宗教公益事业的地域特征比较研究，世俗化研究，转型时期民间信仰的地位与作用研究，儒教的存在现状研究等。

4. 宗教文化与非物质文化遗产保护研究

以中国的非物质文化遗产为主，包括宗教建筑的深层理念研究、寺庙文化研究等。

5. 宗教与经济研究

市场经济对宗教思想、宗教组织、宗教制度的影响，宗教文化产业特点和发展趋势，宗教（如道教）文化与旅游研究等。

6. 宗教文献整理与名著翻译

稀见、散佚宗教文献的整理（如佛教文献研究），国外宗教学经典著作和近期名著的翻译，海外研究中国宗教（如道教）学术精品系列翻译等。

7. 宗教与社会政治关系研究

包括对宗教与法律关系的研究，中国政教关系的历史与特点研究（跨代、断代和比较研究）等。

8. 宗教思想史研究

各宗教的思想史研究（如基督教思想史研究）。

9. 宗教发展与变革研究

中国和世界历史中具体宗教的发展进程和机制、改革动因和过程的研究。包括教派史研究（如藏传佛教各大教派研究、中国伊斯兰教门宦研究、苏菲主义研究），断代史研究（如明清汉地佛教研究、基督新教在华传教200年研究），海外研究（如国外佛教研究，东南亚的儒教复兴运动研究），苏联宗教理论与实践的经验教训研究，世界宗教历史与发展趋势研究，描述性的世界宗教通史和区域史研究（如基督教在亚非拉美的当代发展、南亚东南亚伊斯兰教研究），专题性研究（如基督教与中美关系研究）等。

10. 宗教学理论体系研究

宗教哲学（如汉传密教语言哲学）、宗教人类学、宗教社会学、宗教心理学、宗教现象学、宗教伦理学及其他宗教学理论分支的研究。

11. 中国宗教现状社会调研

运用现代学术方法对中国宗教现状的区域性（如江南城市穆斯林群体研究）、个案性、专题性（如藏传佛教在当代藏区农牧区的发展及其影响）基础调研等。

※12. 宗教与经济社会建设关系的专题调研

※13. 新农村建设中的宗教问题研究

※14. 当前宗教传播与对话的趋势及特点研究

※15. 当代宗教公益事业的地域特征比较研究

※16. 寺庙宫观管理的现状与走向研究

※17. 新兴宗教的发展趋势及影响研究（包括后现代宗教之特性研究）

※18. 增强我国宗教在对外交流中的作用研究

※19. 我国周边地区宗教现状研究

※20. 小区域多宗教共存（互动关系）现状调研

※21. 城市社区现代化进程中的宗教问题研究

※22. 宗教与特定人群（如女性群体、职业群体、人口较少民族等）的关系与特征专题调研

中国文学

申请本学科项目要贯彻落实党的十七大精神，高举中国特色社会主义伟大旗帜，着力于学科体系、学术观点和科研方法创新。要加强从科学发展观视阈研究文学发展的基本理论、文学现象和内在规律。要从中国特色社会主义理论体系和意识形态的联系中，着力建构中国特色马克思主义文艺理论体系，重点研究弘扬社会主义核心价值体系，体现“以人为本”，建设和谐文化与和谐社会。要按照体现先进文化前进方向的要求，大力倡导文学的民族性和时代性，运用历史唯物主义和辩证唯物主义的立场、观点和方法，提倡宏观综合研究，推进理论创新。要紧密联系夺取全面建设小康社会新胜利的新要求，更加自觉、更加主动地推动社会主义文化大发展大繁荣。

1. 科学发展观与文学研究

运用科学发展观的世界观和方法论考察和研究重要的文学理论、文学思潮、文学创作、作家作品和文学现象，体现文学研究的科学态度和科学精神。

2. 文学发展与社会主义核心价值体系

文学研究、文学批评、文学创作、文艺思潮都要用中国特色社会主义共同理想凝聚力量，用以爱国主义为核心的民族精神和以改革创新为核心的时代精神鼓舞斗志，用社会主义荣辱观引领风尚，以有利于培育人民特别是青年一代的思想文化素质和伦理道德情操。

3. 文学发展与建设中华民族共有精神家园

4. 改革开放30年来的文学创作研究

5. 马克思主义中国化与现当代文学的发展

6. 文学创作与和谐文化建设

文学通过表现人与人、人与社会、人与自然的和谐精神，推动“以人为本”的和谐社会建设。

7. 文学研究与文化大繁荣大发展

8. 文学创作与文化繁荣研究

9. 文学发展与精神文明建设研究

10. 文学艺术与培育文明风尚研究

11. 文艺基础理论创新研究

包括文艺理论的哲学基础和基本范畴研究，文学研究和诗学研究的关系研究，现实主义和表现主义的关系研究，反映论和价值论的关系研究，审美和意识形态的关系研究，文学的人学研究和神学研究的关系研究，文学的内部规律和外部规律的关系研究。

12. 当代文艺思潮研究

包括对新人本主义、新历史主义、历史虚无主义、后现代主义、形式主义、“语言转向”、“文化转向”和西方马克思主义研究。

13. 生态美学与生态文明研究

14. 历代重要作家作品研究

15. 历代社会转型时期的文学变革研究

着重论述文学的历史演变对当今文学发展的启示。

16. 历代文学社团和作家群体研究

17. 中国文学史专题研究

18. 文体发展史研究

19. 少数民族文学作家作品研究

20. 民族民间文学作家作品研究

21. 儿童文学作家作品研究

22. 女性文学作家作品研究

23. 文学创作与女性形象研究

24. 中国文学与世界文化交流

25. 世界华文文学作家作品研究

26. 网络文学研究

外国文学

1. 外国生态文学与生态文明

根据党的十七大报告中提出的生态文明的思想，对外国文学中的生态文学、生态文化等相关内涵、经验和问题进行国别的、语种的或作家作品的研究。力求以科学发展观为指导，就人与自然、科技发展与生态保护等关系提出新见解。可做重点项目申报。

2. 十一届三中全会以来外国文学研究30年

对十一届三中全会以来的30年里，我国外国文学研究各领域的进程和特点、变化和发展、成就和经验、不足和问题等进行全面和客观、认真和细致的梳理和总结，并提出未来的发展趋势以及需要研究的重要课题。可进行综合研究，也可进行国别研究。可做重点项目申报。

3. 20世纪外国文论与马克思主义

20世纪西方重要文论家（包括某些宣称反对或批判马克思主义理论的文论家）都承认受到过马克思主义的影响。本课题可选择某一国别的某一位或几位文论家，着重研究其文论著述与马克思主义的关系，分析马克思主义对他们形成自己理论过程中的影响，并阐述和评价马克思主义在20世纪欧美思想史上的历史地位和作用。

4. 国外重要文论家批评家研究

从中华民族的主体性出发，对东西方各国古典与现代文论发展史上重要文论家和批评家的学说思想进行具体而深入的梳理，运用第一手资料进行全面的解读，采用跨文化的视界对其学说思想发生的文化语境与历史影响加以考察。

5. 外国文学思潮流派研究

外国文学思潮流派的形成演变与发展构成了外国文学历史的主体脉络。在系统梳理某一特定历史时期文学思潮或流派的研究史基础上，结合社会政治经济和思想文化艺术的宏观环境，对外国文学思潮流派进行新的理解与认知，探讨其在整个外国文学发展进程中的意义与特征。

6. 国别文论史研究

从历史的角度对某一国文论的产生、发展、演变进行全面和系统的梳理与阐述；在历史的传承和影响中，考察各国文论的代表人物和作品，及其在自身历史发展过程中所形成的独特性。特别要注意不能重复国家社科基金已经立过项的国别文论史。

7. 国外重要作家作品研究

对国外古典和现当代的重要作家作品进行深入阐述，提出新见解。

语言学

一、语言理论研究

本年度要继续在“词汇扩散理论”和相关研究、“语言联盟”的概念和相关研究、韵律构词学和韵律句法学研究、语言起源和建模仿真的研究、语言符号的任意性和相似性研究等方面深入开展研究，继续强化我国语言学研究的理论意识，逐步改变理论研究与事实描写脱节的现象。

二、汉语研究

1. 现代汉语研究

随着语音应用技术和相关理论的发展需求，对自然口语的研究特别是面向语音合成的韵律研究已成为热点。词汇方面应加强语用环境下词义变异研究和类义词的语言/方言类型研究，开展对词汇的系统化研究和词典学研究。形式语法研究和功能语法研究都有实质性的进展，韵律句法和韵律词法理论渐趋深入。语言类型学比较研究和语义系统研究较为薄弱，认知语法研究也须加强。另外还应开展和加强形式语法学和形式语义学的研究，特别是积极尝试应用国外的理论和方法来研究汉语的音系、句法、语义和语用问题。

2. 汉语方言研究

近几年研究的热点是：方言地理和分区、方言历史层次、方言语法的调查研究等问题。不足之处是：在许多领域理论探讨尚不足，与普通话和汉语史研究相结合也做得不够，缺少比较研究和综合研究。应继续加强对汉语方言语音演变和方言语法的研究，在研究中注意横向与纵向的联系，加强方言接触和类型学研究；同时提倡利用各种文献资料，开展对方言史和通语史的研究，开展方言的社会语言学研究。

3. 历史语法词汇研究

词汇史研究开始注意常用词演变研究，专书和断代语法词汇研究都有一些新的成果。语法史方面的热点是语法化和语言接触研究。总的来看，研究比较零散，理论思考还不够深入。今后要在发掘事实和理论探讨的基础上，以建立更为翔实的汉语词汇史、语法史为目标，开展系列专题、专书、断代研究。当前，建设一个精加工的汉语史研究语料库十分必要。

4. 文字学、音韵学、训诂学研究

文字学研究比较活跃，现代汉字与汉字应用研究、《说文》学与传统文字研究、古文字研究、俗字研究等方面都有长足的进步。应加强汉字理论和汉字发展史研究，开展比较文字学研究，规范汉字的理论研究和规范字的确定和整理等问题也很重要。音韵学、训诂学研究继续推进，音韵学的研究应注重文献考证法与历史比较法的结合；方言音韵的研究在共时描写的同时，应注意与方言的历史联系和语音史的逻辑关系；训诂学在词源研究上有新进展，但从宏观着眼的论著不多。今后研究中可加强文字学、音韵学、训诂学研究与古籍整理和上古史研究的联系。

5. 计算语言学研究

当前国外计算语言学的显著特点是：提倡建立语料库，使用计算机学习的方法获取语言知识；越来越多地使用统计数学方法分析语言数据；构造通用和专用的语料库。我国计算语言学研究应瞄准学科研究的方向，开展一些扎实的基础研究。比如，面向中文信息处理的语言文字研究，包括实用的词典、语义系统、语法规则、完备的语言知识体系等，特别要加强面向大规模真实文本的内容计算的语言知识的挖掘和形式表达等方面的研究。

6. 对外汉语教学研究

近几年语音教学滑坡，词汇教学研究比较薄弱。今后应以教学模式研究为突破口，取得教材的创新；以汉字研究为突破口，加强书面语的教学；以语料库建设和多媒体、网络教学等现代教育技术研究和运用为突破口，指导和带动教学理论、学习理论的研究。同时，还要加强语言能力和水平测试的标准化和客观化方面的研究。

7. 社会语言学研究

双语双方言、语言接触、言语社区理论、城市语言调查等方面的研究都有进展，而且学科研究呈现出方言学与社会语言学相交叉、相融合的趋势。可继续进行上述各领域的研究，并应在理论探讨和方法科学化上有所推进。语言政策与语言规划研究一直是语言学中的薄弱环节。当前一方面应系统梳理我国现有的语言政策，深入考察我国当前的语言生活，另一方面应了解世界上一些国家和地区的语言政策，研究其经验与教训，在此基础上构建全球化、信息化时代我国语言发展的宏观战略。应加强当代移民、人口流动和语言（方言和普通话）使用与语言变化之间的关系研究。应加强名词术语标准化研究，逐步建立起我国的术语学理论体系。

8. 心理语言学与神经语言学研究

探索语言理解和生成中大脑词库和演算系统的神经机制，全方位揭示它们在语音、语义、语法、语用和正字法等方面的基本特征和规律。在应用研究方面，近期应着重开展语言障碍评估和康复的研究，制订出在临床上具有指导意义和可操作性强的语言障碍测试量表和康复方案。

三、少数民族语言研究

在语言共时描写、历史比较研究、语言接触和语言对比研究、濒危语言研究、双语教育研究和文献文字研究等方面继续深入开展研究，同时加强民族语言语法研究，特别是有关民族语言语法化的研究；对于新时期少数民族语言使用和语言教育问题也应给予必要的关注。要积极展开对少数民族语言资源的抢救与保护，通过协调机制，建立少数民族语言资源联盟，统筹进行标准化、信息化语料库建设，防止低水平重复。

四、外国语言研究（包括外语教学研究）

继续在功能语言学（包括语用学）、认知语言学、应用语言学（外语教学）、翻译学等方面深入开展研究。其中在有关语义的研究、语料库语言学研究、第二语言习得研究等方面深入开展原创性研究，特别是进行语言对比研究，在外语教学理论和实践的研究方面投入更多的力量。此外，也要适当开展对非通用语种研究。

新闻学与传播学

1. 新闻传媒与贯彻落实科学发展观

2. 大众媒体与促进社会主义文化大发展大繁荣

研究大众传媒如何使自己成为社会主义文化的重要组成部分，如何通过自己的传播活动促使我国的社会主义文化大发展、大繁荣。

3. 新媒体的发展态势与党的执政能力建设

研究新媒体的发展态势，以及党和政府如何使用和管理新媒体，用其利而尽可能地减少其弊。

4. 大众传媒正确行使舆论监督权并接受党和人民监督问题研究

重点研究大众传媒如何正确行使舆论监督权，发挥好舆论监督作用，以促进中国特色社会主义事业的健康发展；大众传媒如何接受党和人民（以及其他传媒）的监督。

5. 大众传媒保障公民知情权与表达权问题研究

研究党和国家的哪些事情可以而且应该在传媒上公布，哪些事情不能公开报道；人民的哪些意见可以在大众传媒上公开发表，哪些意见不宜在大众传媒上广泛传播；上述界限如何确定。

6. 大众传媒与社会主义核心价值体系建设

研究大众传媒应如何运用社会主义核心价值体系引领社会思潮，抵制各种错误和腐朽思想的影响。

※7. 新闻传媒与构建和谐社会研究

※8. 中国特色社会主义理论体系宣传普及研究

※9. 构建传输快捷、覆盖广泛的文化传播体系研究

※10. 新闻出版、广播影视事业坚持正确导向和弘扬社会正气研究

※11. 民生新闻研究

※12. 新闻出版工作者的职业道德研究

※13. 大众传媒之间的竞争与合作研究

※14. 对近几年出现的重大失实报道的分析研究

※15. 我国传媒集团的经营管理体制研究

※16. 广播理论、电视理论、广告理论研究

※17. 广播、电视节目中的低俗化问题和净化传媒视听环境研究

※18. 广电产业与广电体制改革研究

※19. 大众传媒的公信力与价值追求研究

※20. 中外电视文化的比较研究

※21. 出版学基本范畴研究、出版价格体系研究

※22. 公益性出版单位的体制改革与发展研究

※23. 经营性出版单位转企改制研究

※24. 新闻出版业的运行与监测研究

※25. 新闻出版的国际标准或国外先进标准的跟踪研究

※26. 新闻学期刊的经营与评价研究

※27. 广告业的发展与社会和谐

※28. 传媒、广告与企业开展国际化经营研究

※29. 对外传播与我国的和平外交政策

※30. 境外中文网络媒体发展与我国的外宣对策研究

※31. 我国对外宣传品在对象国广泛传播的途径和机制研究

※32. 新闻发言人的电视形象塑造研究

※33. 大众传媒的绩效考核机制和模式的比较研究

※34. 新媒体与传统媒介融合研究

※35. 营造良好的网络环境研究

图书馆、情报与文献学

1. 图书馆在国家文化事业体系中的地位和作用分析

探讨作为国家文化事业重要组成部分的图书馆，在保存、保护、传播中华优秀文化方面的地位和作用。

2. 图书馆在和谐社会建设中的作用研究

探索公共图书馆和大学图书馆作为一种社会教育机构，在藏书建设、阅读辅导和宣传推广工作中如何配合建设和谐社会开展工作，以及工作的内容和方式。

3. 图书馆在推动社会主义文化大发展大繁荣中的作用及其实现途径

研究图书馆在国家文化产业中的重要地位和作用；新形势下文献信息服务的特点、作用及实施途径。

4. 图书馆多元文化服务

探讨公共图书馆在多元文化共存的地区如何开展无差异的信息服务；如何建立适应外来移民文化需求的城市公共文化服务体系；图书馆多元服务体系的建设、管理和服务。

5. 图书馆学情报学基础理论中的知识论研究

研究知识基础论、知识管理论，以及知识管理

活动环节与分支的知识交流、知识组织和知识集合等。

6. 图书馆在社会主义新农村建设中的科学发展研究

研究农村图书馆服务与农村居民科学文化素质的提高的关系，及其在新农村建设中的作用。应选点进行研究。

7. 图书馆战略规划

研究图书馆未来发展战略性规划，包括机构的使命、核心价值观、目标以及行动纲领等。着重探讨图书馆如何适应形势发展需要，设计和制订有效的战略规划和行动计划。

8. 图书馆与和谐文化建设研究

探讨图书馆与和谐文化建设的关系，在和谐文化视角中的图书馆的功能；图书馆管理文化、服务文化的变化与发展；图书馆对大学校园文化、社区文化及和谐文化建设的意义和作用。

9. 生态图书馆研究

用生态学来透视图书馆现实活动和现象范式，探讨生态图书馆的基本特征、内涵、本质、作用。研究如何建立具备崇尚生态、优先节能、富集人文等特点的现代图书馆，研究如何实现尊重自然，追求人、图书馆建筑与自然的和谐统一。

10. 图书馆危机管理

探讨错综复杂的社会环境和网络时代的危机特点为图书馆管理带来的新挑战；图书馆危机管理的性质、特点、制度以及措施等。

11. 企业图书馆在企业自主创新体系建设中的作用

探讨企业图书馆如何利用自身的专业优势，优化企业情报服务，支持企业自主创新。通过企业情报服务和企业知识管理的融合，发挥企业图书馆在企业自主创新体系建设中的作用。

12. 文化典籍整理与开发

探讨如何有计划、有重点、有步骤地整理开发我国丰富的文化典籍资源。

13. 知识服务与图书馆管理研究

研究图书馆如何为社会提供知识服务，图书馆员隐形知识挖掘方法和激励机制。

14. 国外关于“信息资源管理”的研究

研究信息资源管理作为一门新兴学科的基础理论和实际应用，包括其定义、性质、内容、涉及领域、应用价值等。

15. 国外复合图书馆进展研究

研究国外学者关于复合图书馆（传统图书馆和现代数字图书馆相结合的一种中介形式）研究的最新进展、发展趋势及对我国图书情报学科发展的借鉴意义。

16. 数字资源生命周期管理的理论与实践研究

研究网络时代信息生命周期（或文献的半衰期）的发展变化，数字资源的长期保存与它的生命周期的关系，数字资源的生命周期与数字资源管理等问题。

17. 网络社区与信息运动模式研究

研究随着互联网的发展和Web2.0的兴起，网络社区何以成为一种不可忽视的用户生产、获取、交流、共享信息与知识的微观环境；探讨社会网络情景下网络社区的运动规律、用户的价值和作用，以及如何改进网络服务效率，创造新的服务模型和服务系统。

18. 新一代网络服务体系给情报学的影响研究

研究以Web2.0为代表的新一代网络服务体系给情报学带来的挑战和提供的发展空间，如何以此为契机调整和丰富情报学科体系和理论框架，以及为信息资源开发与管理提供操作指南。

19. 数字内容产业的管理与创新研究

力求从技术、经济和人文三个维度综合性地研究数字内容产业发展面临的众多难题，如技术标准、法规政策、商业模式等，并就如何克服这些障碍，全方位地推动数字内容产业的发展和信息产业的升级换代，提出建设性的意见和解决方案。

20. 信息资源权益分享机制研究

研究数字资源知识产权保护、公共利益，以及所有人与用户之间的利益协调机制。应从知识产权管理理论与技术等方面开展探索。

21. 社会网络与企业内部知识共享研究

研究知识共享的主体和客体，企业内部知识的存在形式和传递方式，社会网络中影响知识共享的因素，判断知识共享效果和衡量指标，优化企业内部知识共享的策略。

22. 信息生态系统构建的理论与应用研究

研究信息生态学的概念、特征及其产生过程和背景，信息生态系统的构成要素及其相互作用关系，信息生态系统形成机理、运行机制及构建方法，信息生态系统下信息组织、知识管理及信息资源优化配置的模式与策略。

23. 文献资源共享评估

探讨文献资源共享评估的理论、方法、选择模式以及操作方法，将资源评估的重心放在共享性文献资源上，针对各类文献资源共享的组织体制、运行机制以及效用开展科学有效的测评。

24. 企业知识管理绩效研究

着重研究企业知识管理绩效的表现形式和测度方法。

25. 农村信息化过程中的知识服务研究

研究如何通过信息技术的应用和信息资源共享来加速农村现代化，图书馆和其他知识组织如何在推进农村信息化、为农民提供知识服务、促进农业跨越式发展作出贡献。

26. 青少年知识利用习惯和模式研究

通过大规模实证调查方式，对当代青少年的阅读方式、阅读习惯、获取知识途径、共享知识方式、应用知识模式等进行研究，以期指导未来知识管理活动和图书馆工作。

27. 知识成本研究

研究知识成本如何测度，如何降低组织的知识成本，如何最大限度地提高组织的知识成本效益比等。

28. 中文原生数字资源管理研究

从理论与实践上探讨中文原生数字资源何以成为数字时代和网络空间中一种新的文化形式，对这部分新的文化信息资源如何加以管理等。

29. 知识构建与知识服务

研究知识构建所具有的知识组织、知识导航、知识标志和知识检索等方面的功能，以及如何从根本上利用知识构建提供良好的知识服务。

30. 情报学的核心竞争力与可持续发展研究

研究当前情报学理论泛化对情报学可持续发展的影响，明确情报学的价值，有针对性地提出改进学科设置的建议。

31. 面向决策信息和智力支持的竞争情报运作机制研究

本研究着眼于科学决策过程中，为组织的决策提供情报和智力支持的竞争情报活动，将其作为一种工具和手段，探讨其过程、模式、作用机理及运行机制。

32. 虚拟团队中的信息管理和知识共享研究

研究如何对虚拟团队的信息资源进行构建和有效的管理，虚拟团队如何利用信息技术进行辅助决策，分析哪些是影响虚拟团队成员之间有效合作的积极因素以及怎样提高项目成员间沟通的效率。

33. 新网络环境下的个人信息组织研究

研究从用户的双重身份角度考虑个人信息组织需求及其特点、对信息组织的影响及相应的信息组织方式、系统研究符合个人信息综合组织与管理需要的方法和工具。

34. 信息时代的国家安全与信息安全研究

主要研究当今国内外信息安全研究的基本状况，探讨信息化趋势对于国家安全环境的影响。在内容和发展方向研究的基础上，提出信息安全策略和实施方案。

35. 公共管理理论对档案学理论发展的影响

研究中外公共管理理论在信息社会，特别是政府管理变革期对档案学理论发展所产生的实际影响，剖析产生这一系列影响的社会根源，界定公共管理理论与档案学理论的关系，探索进一步发展档案学理论的基本途径和主要的动力来源。

36. 中国特色电子文件管理理论体系的建构

分析中国电子文件管理理论产生的实践基础，梳理中国电子文件管理理论发展的基本脉络，概括中国电子文件管理理论的基本特征和功能定位，提出中国特色电子文件管理理论体系的基本框架，分析研究中国电子文件管理理论发展的基本走向。

37. 档案所有权问题研究

分析研究《中华人民共和国物权法》实施后，档案权属问题的深层理论意义和实践价值，探索有效处理与档案所有权相关的各种复杂社会关系的基本原理与基本方法途径。

38. 政府信息公开环境下的档案开放问题研究

分析研究《中华人民共和国政府信息公开条例》实施后，档案信息开放所面临的新的社会需求，在充分借鉴其他国家档案信息开放经验教训的基础上，提出我国进一步开放档案信息的指导思想，探索界定档案信息开放范围的标准依据，探究档案信息开放的创新方式与政策制度保障。

39. 档案信息资源国家控制力问题研究

研究档案信息资源国家控制力的基本构成与战略价值，以当前存在的基本问题为导向，探索强化档案信息资源国家控制力的基本途径，规划旨在强化档案信息资源国家控制力的公共政策体系的框架。

40. 国家档案资源的目录控制研究

着重探讨国家档案资源的著录、目录数据交换、资源共享与开发利用等问题。

41. 档案信息资源的资产化管理体系研究

探讨档案信息资源资产化管理的基本原理，分析研究对档案信息资源实现资产化管理的客观环境条件，提出档案信息资源资产化管理体系的基本框架，提出构建这一管理体系的基本原则与方法。

42. 档案信息资源开发利用对经济社会发展影响力测度问题研究

探究档案信息资源开发利用工作对经济社会和谐发展、科学发展影响力进行测度的客观必要性，提出测度档案信息资源开发利用工作社会影响力的理论模型，提出基本的测度方法体系。

43. 科学技术档案信息资源开发利用与国家知识产权战略研究

分析科学技术档案信息资源开发利用与实施国家知识产权战略之间的关系，提出深度开发科学技术档案信息资源、全面实施国家知识产权战略的构想与政策框架。

※44. 构建我国图书馆公共文化服务体系研究

※45. 文化典籍整理与开发

※46. 区域性图书馆服务体系研究

※47. 网站分类目录研究

※48. 自动分类技术研究

※49. 缩小信息差距的政策与策略研究

※50. 政府信息资源的图书馆开发利用模式研究

※51. 面向企业创新发展的行业信息服务重组研究

※52. 虚拟企业知识管理模型及其应用研究

※53. 信息资源管理创新人才培养模式研究

※54. 基于网格的数字图书馆建设研究

※55. 图书馆服务质量评价体系

※56. 图书馆版权制度研究

※57. 图书馆财政改革研究

※58. 中部崛起战略中的图书馆发展研究

※59. 图书馆特色知识库构建与知识服务

※60. 领域实用分类系统的编制与应用

※61. 基于网站信息的电子商务企业竞争情报研究

※62. 电子商务环境下 Web 数据挖掘技术的应用研究

※63. 基于信息抽取的知识挖掘技术

※64. 图书馆知识网络中基于 Ontology 的知识管理

※65. Web 环境下信息服务评测体系研究

※66. 电子政务环境下政府信息资源共享模式与运行机制研究

※67. 电子文件管理标准体系研究

※68. 档案网站信息资源的组织与利用

※69. 公共档案馆馆藏结构优化策略研究

※70. 流失海外重要档案文献的追索研究

※71. 北京奥运会文献遗产的保护与传承

※72. 档案真伪辨识方法体系研究

※73. 企业档案知识管理模式研究

※74. 企业数字档案馆的设计与优化

※75. 数字档案馆环境下知识生成与知识服务研究

※76. 基于 OAIS 的电子文件长久保存研究

※77. 我国电子化档案数据安全管理模式研究

人口学

1. 统筹解决人口问题的思路研究

深入分析如何稳定低生育水平、提高人口素质、改善人口结构和人口分布等问题，探寻人口与经济、社会、资源、环境协调和可持续发展的途径，并就相关问题提出系统性的对策建议。

2. 中国生育控制政策前景研究

着重进行计划生育前瞻与机制转变研究，不同生育政策的人口学和经济社会后果比较研究，未来计划生育政策模式论证和选择研究。

3. 中国出生性别比偏高问题研究

从多学科角度分析性别比偏高形成的原因，性别比偏高对中国社会发展的影响，探讨解决性别比偏高问题的制度性措施。

4. 中国城乡劳动力供给的人口基础研究

从人口年龄结构，特别是劳动人口年龄的角度，研究未来我国劳动力供给的基础，包括增量和存量的变化和趋势；分析人口年龄结构变动对经济发展的影响。

5. 中国人口城市化的新形势及国际比较研究

分析当前中国人口城市化新的特征和趋向，人口城市化对环境和资源利用方式的影响，人口城市化对城市地方财政收支的影响；探讨人口加速城市化过程中流动人口的管理模式；研究国外不同经济类型国家人口城市化的经验、教训和政策导向。

6. 农村劳动力转移新问题研究

认识当前农村劳动力转移方式、数量、结构和流向的变化和原因，研究如何从制度和政策角度解决相关问题，促进农村劳动力更加健康、有序地向非农领域转移。

※7. “人口盈利”、“人口红利”综合比较研究

※8. 从人口大国转变到人力资源强国战略研究

※9. 提高人口素质的公共财政政策研究

※10. 人口与建设资源节约型社会的关系研究

※11. 中国“四二一”家庭结构现状与和谐社会构建

※12. 农村家庭代际关系研究

※13. 大城市二代移民研究

※14. 城乡人口流动背景下的老龄化问题研究

※15. 我国人口老龄化对医疗卫生服务和长期照料需求研究

※16. 农村计划生育家庭老人老年保障问题研究

※17. 超低生育率对经济社会发展影响的国际视野

※18. 中国“关爱女孩”行动的制度设计和政策创新研究

统计学

本年度课题申报要继续围绕统计调查方法、统计分析方法和统计信息技术等内容，并体现统计学为社会经济建设服务的特点，着重研究社会实践中的新理论、新方法和新技术。既鼓励研究统计科学发展的前沿理论问题，也鼓励研究体现党的十七大精神的统计实践问题。

1. 政府统计标准和质量管理问题研究

重点研究如何建立一套适合我国国情的评价政府统计的原则和程序，促进和保证政府统计质量，建立质量标准和全面质量管理办法。包括统计过程，统计产品的质量，统计机构的效率，统计人员的胜任程度，以及向数据使用者提供服务的质量等。

2. 人口迁移统计方法研究

研究在我国工业化、城镇化进程中人口流动十分频繁的背景下，如何及时准确地提供移民的流量和存量数据及分析流动趋势，如何确定可靠准确的数据来源，如何对移民数据进行描述，采取什么方法对移民流量和存量及动态变化进行科学测算等。

3. 收入分配公平度的统计方法研究

研究如何正确测算收入分配公平度，为制定收入分配政策、整顿分配秩序、改革财税制度提供科学依据。本课题要求联系我国国情，既研究测度方法，又进行实证分析。

4. 模糊统计方法及其应用研究

本课题要求将模糊现象纳入统计学的研究范围，在探讨模糊统计的基本理论问题、介绍国外发展趋势的基础上，构建一套完整的专门研究模糊现象的模糊统计方法体系，并且对从中选取的几种重要模糊统计方法在经济管理领域中的应用进行研究，从而为处理复杂性数据提供新思路和新方法，也为将来建立一门专门研究模糊现象的统计学分支——模糊统计学奠定基础。

5. 我国住户生产核算研究

根据1993年SNA建议“在某一个国家内，当住户内部生产的货物和服务相对本国的货物总供应量非常重要时，就应该记录这种生产”的思想，本课题要求研究住户生产的产品和服务的有关概念和分类方法、住户生产的产品和服务的实物量虚拟计算方法、资料来源、住户生产的产品和服务货币价值估算等内容。

6. 金融风险管理的贝叶斯模型研究

本课题要求联系实际，着重研究金融数据挖掘问题，并建立运营风险管理的贝叶斯模型。

※7. 社会保障统计指标体系研究

※8. 人力资源统计学研究

※9. 公共文化服务建设的统计指标研究

※10. 节能减排统计指标体系研究

※11. 我国能源利用效率和统计测度方法研究

※12. 利用购买力评价方法研究和分析我国贫困状况

※13. 普查与抽样调查结合问题研究

※14. 我国政府统计管理体制改革研究

※15. 网络调查及其软件研究

体育学

本年度课题申报要以科学发展观为指导，抓住体育事业发展和学科建设中关键性问题和基础性问题，避免泛泛而论和低水平重复。选题要与自己的阅历和学术背景相接近，实事求是，加强针对性。

1. 体育与经济、社会协调发展研究

以科学发展观为指导，考察历史经验，联系当前实际，探寻体育的科学发展规律，使体育工作更好地适应时代要求，更好地为人民服务。

2. 体育的功能和体育的价值取向

考察体育功能的发展变化，追究原因和后果，进行客观评价，并结合当前实际，对如何树立全面正确的体育价值取向提出建议。

3. 有中国特色的体育体制研究

对半个多世纪以来形成的体育体制进行综合历

史考察，提出改革和完善有中国特色的体育体制的思路和建议。

4. 经济全球化条件下大众体育发展的新趋势

研究经济全球化对大众体育发展的影响，以及世界上一些主要国家的应对措施。我国的大众体育在经济全球化进程中，如何沿着以人为本的正确道路向前发展。

5. "阳光体育"研究

对教育部、国家体育总局、团中央开展"阳光体育"的意义、内容、方法、步骤等进行综合或专题研究。

6. 北京奥运会后竞技体育发展战略研究

研究北京奥运后竞技体育发展战略的调整及对策建议。

7. 体育学的大学教材研究

分析评价大学体育学教材建设现状，提出改进这方面工作的思路和建议，回应社会对体育专业人才的知识结构的要求。

8. 我国体育区域发展研究

根据地域、人口、气候条件和经济社会发展程度不同，研究不同的体育发展模式以及各种都市体育圈构建模式。

※9. 体育传播与体育发展研究

※10. 举办北京奥运会的效益评价研究

※11. 城市举办国内外体育赛事的条件研究

※12. 加快体育产业发展问题研究

※13. 体育设施建设的类型、档次和布局研究

※14. 中国体育文化的传承与演变研究

※15. 体育资源的合理配置与社会公平研究

※16. 促进体育事业可持续发展研究

※17. 海峡两岸在处理体育事务中的经验、问题和对策研究

※18. 体育文化多样性研究

※19. 体育品牌和体育市场开发研究

※20. 体育与休闲研究

※21. 妇女与我国民族传统体育研究

（全国哲学社会科学规划办公室供稿）

国家社会科学基金项目 2008 年度立项课题（北京地区）

马克思主义·科学社会主义

重点项目

项目名称	负责人	工作单位	预期成果	完成时间
公众科学发展素养研究	詹正茂	科学时报社	专著	2012. 6. 30

一般项目

项目名称	负责人	工作单位	预期成果	完成时间
马克思主义视野中的社会主义改革	毛立言	中国社会科学院马克思主义研究院	专著	2010. 6. 30
科学社会主义与中国特色社会主义理论体系关系之研究	孙代尧	北京大学马克思主义学院	专著	2011. 9. 30
军民融合与富国强军的统一	张幼明	军事科学院军队建设研究部	专著 研究报告	2010. 3. 23

续表

项目名称	负责人	工作单位	预期成果	完成时间
中国社会结构转型中的民生问题研究	张 弥	中共中央党校科学社会主义教研部	专著	2010.10.30
独联体国家共产党的理论与实践研究	刘淑春	中国社会科学院马克思主义研究院	专著	2011.12.30
特权阶层与苏联社会主义的演变	郭春生	中国人民大学国际关系学院	专著	2011.9.30
社会民主主义的若干历史与理论问题研究	张光明	北京大学国际关系学院	专著 研究报告	2011.9.30
世界社会主义运动视阈中的国外社会主义流派研究	吕薇洲	中国社会科学院马克思主义研究院	专著	2011.5.31
文化生产力与人类文明的跃迁	李春华	中国社会科学院马克思主义研究院	专著	2010.12.30

青年项目

项目名称	负责人	工作单位	预期成果	完成时间
马克思国家理论的文本研究与当代发展	刘 军	北京大学马克思主义学院	专著	2011.9.30
科学发展观与发展模式的创新	陈志刚	中国社会科学院马克思主义研究院	专著	2010.12.31
价值冲突与体系构建——新的历史起点上的社会主义核心价值体系建设研究	张学森	中共中央党校科研部	专著	2010.12.30

党史·党建

重点项目

项目名称	负责人	工作单位	预期成果	完成时间
新中国成立60年基本历史经验研究	杨凤城 齐鹏飞	中国人民大学	专著	2012.6.30
新中国成立60年国防和军队建设理论与实践研究	朱成虎	国防大学	专著	2012.6.30

一般项目

项目名称	负责人	工作单位	预期成果	完成时间
中国共产党与中国民族问题(1921—1949)	陈 夕	中共中央党史研究室	专著	2010.10.1
中国传统政治文化与执政党建设研究	王保庆	国家新闻出版总署	专著	2010.6.30
教育系统廉政文化建设的中外比较研究	曹文泽	北京外国语大学	研究报告	2010.3.30

青年项目

项目名称	负责人	工作单位	预期成果	完成时间
建国以来中国共产党的减灾对策研究	赵朝峰	北京师范大学政治与国际关系学院	专著	2011. 10. 1
中国共产党领导妇女工作的历史考察与历史经验研究	耿化敏	中国人民大学马克思主义学院中共党史系	专著	2011. 3. 30

哲　学

重点项目

项目名称	负责人	工作单位	预期成果	完成时间
马克思的上层建筑理论和当代社会上层建筑	胡为雄	中共中央党校哲学教研部	专著	2010. 12. 31
马克思主义科学技术观与当代科学技术论研究	刘大椿	中国人民大学哲学院	专著 研究报告	2010. 12. 31
科学发展观视野中的以人为本理论与实践问题研究	韩庆祥	中共中央党校	专著	2012. 6. 30
建设社会主义核心价值体系研究	孙伟平	中国社会科学院哲学研究所	专著	2012. 6. 30

一般项目

项目名称	负责人	工作单位	预期成果	完成时间
《德意志意识形态》研究	聂锦芳	北京大学哲学系	专著	2011. 5. 1
马克思的哲学观	李文阁	求是杂志社文化编辑部	专著	2010. 12. 31
社会主义和谐社会中的政治信仰研究	荆学民	北京交通大学人文社会科学学院	专著	2011. 6. 30
管理哲学的主要问题研究	刘敬鲁	中国人民大学哲学院	专著	2010. 12. 1
公共价值、核心价值与社会主义核心价值体系建设研究	胡敏中	北京师范大学哲学与社会学学院	专著 论文（集）	2010. 12. 31
新出土文献与荀子哲学研究	梁　涛	中国人民大学国学院	专著	2011. 9. 30
注释、诠释与建构——四书学与宋明理学的发展	陈　静	中国社会科学院哲学研究所	专著	2010. 12. 31
康有为与儒学的近代转型	干春松	中国人民大学哲学院	专著	2011. 9. 30
自由与希望：对康德实践哲学与美学的存在论阐释	黄裕生	中国社会科学院哲学研究所	专著	2012. 12. 20
托马斯·阿奎那宗教伦理思想的人学解读	刘素民	中国社会科学院哲学研究所	专著研究报告	2011. 9. 30
希腊罗马伦理学史	廖申白	北京师范大学哲学与社会学学院	专著	2012. 12. 31

续表

项目名称	负责人	工作单位	预期成果	完成时间
农村学校美育研究和创新人才培养	王懿颖	北京师范大学教育学院	研究报告	2010.8.31
中国城市景观文化与公共艺术研究	翁剑青	北京大学	专著 研究报告	2010.3.30
宗教美学研究——宗教作为存在方式的审美向度	黄文杰	北京师范大学哲学系美学研究所	专著	2011.3.12
科学共同体、公民参与和中国科技政策的制定	刘　立	清华大学科学技术与社会研究中心	专著	2010.10.30
科学知识社会学及其近期发展	刘文旋	中国社会科学院哲学研究所	专著 研究报告	2011.4.15

青年项目

项目名称	负责人	工作单位	预期成果	完成时间
西方反现代性发展思潮对中国实践科学发展观的镜鉴与挑战	王晓林	中共中央党校哲学教研部	专著	2010.3.30
性别与知识：女性主义知识论研究	魏开琼	中国人民大学书报资料中心	专著	2011.6.30
真理与明证性：胡塞尔的知识论研究	吴增定	北京大学哲学系	专著	2011.9.30
一阶逻辑片段研究	夏素敏	中国社会科学院哲学研究所	专著	2011.7.1
女性主义公民资格与社会正义	宋建丽	清华大学人文学院哲学系	研究报告	2010.7.1

经济理论

重点项目

项目名称	负责人	工作单位	预期成果	完成时间
中国特色社会主义经济理论体系研究	黄泰岩	中国人民大学中国经济改革与发展研究院	专著	2011.9.30
中国经济改革的基本经验及其理论启示	张　宇	中国人民大学	专著	2012.6.30

一般项目

项目名称	负责人	工作单位	预期成果	完成时间
中国社会主义经济理论的主体、主义、主题、主张	刘永佶	中央民族大学经济学院	专著	2010. 12. 31
结构调整与就业增长的稳定性：基于产业层次上技术扩散方式的分析	汪红驹	中国社会科学院经济研究所	研究报告	2009. 12. 1
外贸增长方式转变和出口企业生产率研究	葛　赢	对外经济贸易大学国际经济贸易学院	论文（集） 研究报告	2011. 8. 30
经济全球化对中国能源消费的影响及节能政策研究	赵晓丽	华北电力大学	研究报告	2010. 12. 31
日本制造业演进的创新经济学分析：对技术创新与组织创新的一种新认识	李　毅	中国社会科学院世界经济与政治研究所	专著	2010. 1. 31

青年项目

项目名称	负责人	工作单位	预期成果	完成时间
中国金融发展的决定因素研究：1978—2007 年	应展宇	中央财经大学金融学院	论文（集） 研究报告	2009. 12. 30
海曼·明斯基关于稳定宏观经济的政治经济学分析	赵　准	清华大学人文学院经济学所	译著 论文（集）	2010. 7. 1
信息化对中国经济增长贡献的实证研究	孙琳琳	北京航空航天大学人文社会科学学院	论文（集） 研究报告	2009. 12. 30
中国通货膨胀中的需求拉动与成本推动因素研究及其政策选择	范志勇	中国人民大学经济学院	论文（集） 研究报告	2009. 12. 31
资产价格波动的非对称性效应、金融稳定与货币政策	伍超明	中国人民银行金融研究所	研究报告	2010. 3. 30
中国投资品相对价格上涨的理论与经验解释	赵留彦	北京大学经济学院	论文（集） 研究报告	2011. 9. 30
我国企业出口模式研究	路江涌	清华大学	论文（集） 专著	2009. 12. 31
我国典型城市经济环境复合系统耦合机制研究	温宗国	清华大学环境科学与工程系	专著 研究报告	2009. 12. 31

应用经济

重点项目

项目名称	负责人	工作单位	预期成果	完成时间
计量经济学模型方法论基础研究	李子奈	清华大学	专著 论文（集）	2010.6.30
中国产业安全问题研究	李孟刚	北京交通大学中国产业安全研究中心	专著 研究报告	2009.12.31
调控环境敏感产品进出口贸易的综合决策研究	杨昌举	中国人民大学环境学院	研究报告	2010.8.31
分离生产性投资与非生产性投资走出资金流动性过剩困境	王国刚	中国社会科学院金融研究所	专著 研究报告	2010.3.31
粮食主产区社会主义新农村建设的理论、机制与模式研究	蒋和平	中国农业科学院	专著	2012.6.30
面向农村弱势群体的金融组织及服务创新研究	马九杰	中国人民大学	专著	2012.6.30
保持经济稳定、金融稳定和资本市场稳定对策研究	席　涛	中国政法大学	专著	2012.6.30
扩大农业对外开放战略研究	曾寅初	中国人民大学	专著	2012.6.30
生态文明取向的区域经济协调发展战略研究	张可云	中国人民大学	专著	2012.6.30
国际金融风险预警体系研究	周　宏	中央财经大学	专著	2012.6.30

一般项目

项目名称	负责人	工作单位	预期成果	完成时间
提高农村扶贫标准研究	杨立雄	中国人民大学劳动人事学院	专著	2010.12.31
完善自主创新激励机制和政策研究：基于产业创新系统的视角	李显君	清华大学	论文（集） 研究报告	2009.12.30
统筹城乡基本医疗保障体系研究	仇雨临	中国人民大学劳动人事学院	专著研究报告	2010.9.30
劳动合同法背景下雇主用工需求研究	唐　矿	中国人民大学劳动人事学院	专著研究报告	2011.9.30
中国本土心理资本量表的开发及其应用研究	孙健敏	中国人民大学劳动人事学院	专著 论文（集）	2010.8.31
宏观调控中土地政策作用研究	严金明	中国人民大学公共管理学院	专著 研究报告	2009.12.30

续表

项目名称	负责人	工作单位	预期成果	完成时间
中国钢铁工业发展循环经济的机制与对策研究	戴淑芬	北京科技大学经济管理学院	论文（集） 研究报告	2010. 6. 30
供应链管理国际化下的企业关系研究	宋　华	中国人民大学商学院	专著 研究报告	2010. 12. 30
供应链管理国际化下的企业关系研究——以中国汽车制造企业为例	赵忠秀	对外经济贸易大学国际经济贸易学院	论文（集） 研究报告	2009. 11. 30
并购中的经济网络协同研究	张秋生	北京交通大学经济管理学院	专著 研究报告	2010. 12. 31
农村集体建设用地潜力释放及其管理问题研究	张军连	中国农业大学资源与环境学院	研究报告	2009. 12. 30
农村集体土地管理问题研究——“做实”村民小组集体土地产权，构建农民土地权益保障	程漱兰	中国人民大学农业与农村发展学院	论文（集） 研究报告	2009. 12. 31
农业补贴政策的国际比较研究	李先德	中国农业科学院农业经济与发展研究所	专著 研究报告	2010. 6. 30
政府采购制度实施中问题和对策研究	马海涛	中央财经大学财政学院	专著 研究报告	2009. 12. 30
完善省以下财政体制、增强基层政府公共服务能力研究	杨志勇	中国社会科学院财政与贸易经济研究所	论文（集） 研究报告	2009. 10. 31
建立有利于科学发展的税收制度研究	马衍伟	财政部财政科学研究所	专著	2009. 12. 30
防范金融风险的中国银行业市场结构设计	黄　隽	中国人民大学经济学院	专著 研究报告	2010. 9. 30
股权分置改革对我国资本市场和公司治理的影响研究	廖　理	清华大学	专著 研究报告	2010. 6. 30
新形势下防范金融风险研究	门　明	对外经济贸易大学	研究报告	2010. 12. 31
银行业战略引资、绩效引进与盈余管理	王立彦	北京大学光华管理学院	专著 研究报告	2010. 9. 30
基本养老保险个人账户基金市场化管理研究	李　珍	中国人民大学公共管理学院	论文（集） 研究报告	2010. 12. 31

青年项目

项目名称	负责人	工作单位	预期成果	完成时间
宏观经济政策效应非线性与宏观调控有效性研究	王立勇	中央财经大学经济学院	研究报告	2009. 8. 10
初次分配和再分配中的效率与公平问题研究	王亚柯	对外经济贸易大学保险学院	论文（集）研究报告	2010. 5. 10
中国慈善事业捐赠人结构现状及其合理化的对策研究	蒋　晶	中国人民大学商学院市场营销系	论文（集）研究报告	2010. 7. 1
上市公司的自利性业绩归因行为分析及经济后果研究	孙蔓莉	中国人民大学商学院	研究报告	2010. 9. 30
基于新会计准则的会计信息价值相关性研究	王建新	财政部财政科学研究所	研究报告	2009. 12. 30
人力资本、社会资本与大学生就业：基于问卷调查的经验研究	孟大虎	北京师范大学文科学报编辑部	研究报告	2010. 7. 1
提升大学生就业能力：我国高校毕业生结构性失业问题及对策研究	王　霆	中国政法大学商学院	研究报告	2009. 12. 30
促进循环经济发展的延伸生产者责任机制设计与实施对策研究	王兆华	北京理工大学管理与经济学院	研究报告	2010. 6. 30
今后几年我国价格波动趋势及其动因研究	张成思	中国人民大学财政金融学院	论文（集）研究报告	2009. 9. 1
外贸并购对行业竞争格局影响研究	曾亚敏	清华大学	论文（集）研究报告	2010. 6. 30
建立健全低碳经济的金融创新机制研究	王卉彤	中央财经大学	论文（集）研究报告	2009. 8. 31

统计学

重点项目

项目名称	负责人	工作单位	预期成果	完成时间
收入分配公平度的统计方法研究——基于收入分配的公平度测算及因素分解	刘　扬	中央财经大学统计学院	研究报告	2010. 6. 30

一般项目

项目名称	负责人	工作单位	预期成果	完成时间
过程能力的统计分析	孙　静	清华大学	专著 其他	2010. 6. 30
中国住户生产核算理论与方法研究——账户、模型与非参数方法的组合设计	李金华	中国社会科学院数量经济与技术经济研究所	专著	2011. 6. 30

青年项目

项目名称	负责人	工作单位	预期成果	完成时间
我国时序数据移动假日因素调整与影响时效测定研究	石　刚	中央财经大学统计学院	论文（集） 研究报告	2009. 12. 30

政治学

重点项目

项目名称	负责人	工作单位	预期成果	完成时间
社会性别视角下当代中国女性政治参与实证研究——以对男女公务员同龄退休政策的参与为例	鲍　静	中国行政管理学会	专著 研究报告	2011. 12. 31
构建惩治和预防腐败体系问题研究	李玉赋	中共中央纪律检查委员会	论文（集）	2010. 12. 30

一般项目

项目名称	负责人	工作单位	预期成果	完成时间
改革开放30年来中国政治发展的模式研究	韩冬雪	清华大学政治学系	专著 论文（集）	2010. 12. 30
我国流动人口政治参与问题研究	戴长征	对外经济贸易大学人文与社会科学学院	专著 研究报告	2010. 5. 20
西方政党学说史	吴　辉	中共中央党校党的建设教研部	专著	2010. 12. 20
“台湾意识”与台湾战略思维	李劲松	军事科学院世界军事研究部	专著	2009. 12. 31
香港的政党演进与政治发展研究	朱世海	中央社会主义学院	专著	2010. 8. 30

青年项目

项目名称	负责人	工作单位	预期成果	完成时间
新的社会阶层政治参与研究	卢春龙	中国政法大学政治与公共管理学院	论文（集） 研究报告	2009. 11. 30
协商民主、票决民主及其关系之研究	马　奔	清华大学公共管理学院公共政策研究所	论文（集） 研究报告	2010. 6. 30
政治转型与本土意识——国民党“本土化”的政治社会学研究	郑振清	清华大学公共管理学院	论文（集）	2010. 6. 1
基于流程优化的政府应急管理机制研究	钟开斌	国家行政学院	研究报告	2009. 12. 31
社会减灾能力信任对公众应急行为决策的影响研究——以长江流域水灾为例	苏　筠	北京师范大学地理学与遥感科学学院	论文（集） 研究报告	2010. 12. 31

法　学

重点项目

项目名称	负责人	工作单位	预期成果	完成时间
给付行政法原理与民生行政研究	杨建顺	中国人民大学法学院	专著	2010. 12. 10

一般项目

项目名称	负责人	工作单位	预期成果	完成时间
民法典的精神	石佳友	中国人民大学法学院	专著	2010. 6. 30
信赖意思原则研究	冉　昊	中国社会科学院法学研究所	专著	2010. 8. 30
中国商事习惯与商事立法问题研究	王志华	中国政法大学比较法研究所	专著 研究报告	2010. 12. 31
国有股权行使和监管法律制度研究	徐晓松	中国政法大学民商经济法学院	研究报告	2010. 5. 31
中国保险法的修订建议	邢海宝	中国人民大学法学院	研究报告	2010. 8. 31
网络环境下版权保护模式研究——版权自助协议的构建	张　平	北京大学法学院	专著 研究报告	2010. 12. 31
中国宽严相济刑事政策研究	张小虎	中国人民大学法学院	专著 论文（集）	2011. 9. 30
死刑适用标准研究	张　军	中华人民共和国最高人民法院	研究报告	2009. 12. 31
我国协同主义诉讼模式的构建研究——以当事人与法院的作用分担为视角	熊跃敏	北京师范大学法学院	专著	2011. 12. 31
危害社会行为的制裁模式研究	谢川豫	中国人民公安大学治安系	专著 研究报告	2010. 9. 30

续表

项目名称	负责人	工作单位	预期成果	完成时间
民法中的事实行为研究	常鹏翱	中国社会科学院法学研究所	论文（集） 研究报告	2010.7.31
民事实体法与程序法的制度衔接与规则协调	刘保玉	北京航空航天大学法学院	专著	2010.8.30
我国企业技术创新与知识产权战略融合的法律运行机制研究	冯晓青	中国政法大学民商经济法学院	研究报告	2010.5.31
WTO 贸易救济权——从国外对华反补贴措施及二反并用看国外对华贸易救济权的新发展	史晓丽	中国政法大学国际法学院	专著 论文（集）	2010.12.31

青年项目

项目名称	负责人	工作单位	预期成果	完成时间
党的领导和人民当家做主的统一之道	翟小波	北京大学法学院	专著 译著	2011.12.31
社会主义法律权威维护的微观研究——以派出所为切入点	李奋飞	中国人民大学法学院	专著	2010.8.1
社会转型与近代中国刑法变革研究	高汉成	中国社会科学院法学研究所	专著 论文（集）	2009.3.24
行政诉讼调解理论与制度建构研究	解志勇	中国政法大学法学院	专著 研究报告	2009.12.31
比附问题研究	陈新宇	清华大学法学院	专著 译著	2010.7.1
《合同法》分则的完善与我国典型合同立法的体系性研究	宁红丽	对外经济贸易大学法学院	研究报告	2010.6.1
专家对第三人责任制度研究	周友军	北京航空航天大学法学院	专著 研究报告	2010.12.30
政府规制公司法律问题研究	李建伟	中国政法大学民商经济法学院	专著	2010.5.31
政府间财政关系之法治化研究——以财政转移支付立法为重点	徐阳光	北京大学法学院	论文（集） 研究报告	2010.9.30
网络时代刑事司法的理念与制度创新	刘品新	中国人民大学法学院	专著	2011.9.30
最高人民法院判决研究	侯　猛	对外经济贸易大学法学院	论文（集）	2010.9.1
网络空间中知识产权的刑法保护	于志刚	中国政法大学刑事司法学院	研究报告	2011.10.30

续表

项目名称	负责人	工作单位	预期成果	完成时间
法律政策在侵权民事案件司法裁判中的运用与考量——以中国法院侵权民事案件为研究样本	林　敏	对外经济贸易大学法学院	论文（集）	2011. 6. 8
国际法治与和谐世界构建研究——条约法律冲突及其解决的中国视角	廖诗评	北京师范大学法学院	研究报告	2009. 3. 17

社会学

重点项目

项目名称	负责人	工作单位	预期成果	完成时间
生态文明的环境社会学研究——西方生态现代化理论的分析与借鉴	洪大用	中国人民大学社会与人口学院	研究报告 专著	2011. 9. 30
教育促进农村社会综合进步的状况及对策研究	朱小蔓	北京师范大学	专著	2012. 6. 30

一般项目

项目名称	负责人	工作单位	预期成果	完成时间
国家生物安全防范应用理论研究	秦长畦	解放军防化指挥工程学院科研部	研究报告	2009. 12. 31
美国社会工作职业化与专业化的发展道路及其对中国的启示	隋玉杰	中国人民大学社会与人口学院	专著 研究报告	2010. 7. 31
中国特色社会工作体系研究——企业工会社会工作在构建和谐劳动关系中的作用	张　默	中国劳动关系学院工会学系	专著 研究报告	2010. 12. 10
劳资冲突与劳资和谐的机制研究	许叶萍	北京邮电大学	研究报告	2010. 4. 30
华北宗族组织与村落政治：同姓不同宗的本土解说	兰林友	中央民族大学民族学与社会学学院	研究报告	2010. 9. 30
公共服务组织与其服务对象间相互关系的社会学研究	陶传进	北京师范大学社会发展与公共政策研究所	论文（集） 研究报告	2010. 12. 31
和谐社会建设中企业社会责任的社会学研究	刘爱玉	北京大学社会学系	论文（集） 研究报告	2010. 9. 30
中国社会转型：转型心理学的路径	方　文	北京大学社会学系	论文（集） 译著	2011. 9. 30

青年项目

项目名称	负责人	工作单位	预期成果	完成时间
教育发展与社会公平研究	熊春文	中国农业大学人文与发展学院	专著 研究报告	2010. 12. 31
近十年来结构方程模型的新发展	赵　锋	中国社会科学院社会学研究所	研究报告	2011. 6. 30
移民视角下的劳动力流动研究	谢桂华	中国人民大学社会与人口学院	论文（集）	2011. 9. 30
后社会史的理论范式变革及其经验研究启示——当代西方历史社会学新趋向	李　康	北京大学社会学系	论文（集） 译著	2011. 9. 30
“我们感”的建构——以维权群体为例	施芸卿	中国社会科学院社会学研究所	研究报告	2010. 6. 30
社会转型期外来农民工文化适应问题、影响机制及干预研究	林丹华	北京师范大学发展心理研究所	研究报告	2010. 12. 31

人口学

重点项目

项目名称	负责人	工作单位	预期成果	完成时间
我国人口发展与经济社会可持续发展战略研究	郭志刚	北京大学	专著	2012. 6. 30

一般项目

项目名称	负责人	工作单位	预期成果	完成时间
从人口大国走向人力资源强国战略：基于人本视角的整合研究	李宝元	北京师范大学经济与工商管理学院	专著 论文（集）	2010. 6. 1
运用长期护理保险解决我国人口老龄化医疗卫生服务和长期照料问题的研究	荆　涛	对外经济贸易大学保险学院	研究报告	2009. 12. 31
中国“四二一”家庭结构现状与和谐社会构建	宋　健	中国人民大学社会与人口学院	论文（集）	2010. 12. 30

青年项目

项目名称	负责人	工作单位	预期成果	完成时间
在华外国人及其就业研究	庞丽华	北京大学人口研究所	论文（集） 研究报告	2010. 9. 30
农村家庭代际关系研究	伍海霞	中国社会科学院人口与劳动经济研究所	论文（集） 研究报告	2010. 6. 30

民族问题研究

一般项目

项目名称	负责人	工作单位	预期成果	完成时间
中国历代民族政策与中国共产党民族政策相关性研究	余梓东	中央民族大学科研处	专著	2011. 9. 30
军机处满文准噶尔使者档之比较研究	赵令志	中央民族大学历史系	专著	2010. 12. 31
清末以来华北民间宗教图像的人类学调查与研究	梁景之	中国社会科学院民族学与人类学研究所	专著	2010. 11. 1
内蒙古地区蒙古族中小学双语教学现状分析与发展对策研究	苏　德	中央民族大学教育学院	专著 研究报告	2010. 12. 30

青年项目

项目名称	负责人	工作单位	预期成果	完成时间
民族地区缩小区域发展差距与实现基本公共服务均等化的法律保障研究	黄　伟	中央民族大学法学院	专著 研究报告	2010. 6. 30

国际问题研究

重点项目

项目名称	负责人	工作单位	预期成果	完成时间
美国对中国的中长期战略研究	王　帆	外交学院	专著 研究报告	2011. 12. 31
中国应对全球性问题的战略定位与建设性作用研究	蔡　拓	中国政法大学	专著	2012. 6. 30

一般项目

项目名称	负责人	工作单位	预期成果	完成时间
东北亚安全机制构建及中国的对策研究	杨伯江	中国现代国际关系研究院	专著 研究报告	2009. 6. 30
冷战后大国的核战略、防扩散战略的调整与核不扩散体制危机的解决思路	邵　峰	中国社会科学院世界经济与政治研究所	专著 研究报告	2010. 6. 30
全球气候变化对中国国家安全的威胁与对策	曾凡祥	军事科学院军队建设研究部	研究报告	2009. 10. 30
东亚区域一体化进程中的机遇与挑战	苏　浩	外交学院	专著 研究报告	2010. 12. 31

续表

项目名称	负责人	工作单位	预期成果	完成时间
东亚一体化前景问题研究：地区秩序与中国战略	门洪华	中共中央党校国际战略研究所	专著 研究报告	2009. 12. 31
美国贸易决策机制与中美关系	余万里	北京大学国际关系学院	专著	2011. 9. 30
德国文化论	李伯杰	对外经济贸易大学外语学院	专著	2010. 12. 31
当代俄罗斯青年政治组织	曲延明	中共中央编译局马恩列斯著作编译部	专著	2010. 5. 31

青年项目

项目名称	负责人	工作单位	预期成果	完成时间
参与国际合作机制和维护国家自主性的关系研究	田　野	中国人民大学国际关系学院	专著 论文（集）	2011. 3. 20
构建和谐世界的重要实践：中国参与联合国维持和平行动研究	赵　磊	中共中央党校国际战略研究所	专著	2010. 6. 30
经济全球化下的国际贸易体制理论研究：基于美国与WTO双层博弈的政治经济分析	屠新泉	对外经济贸易大学中国WTO研究院	论文（集）	2010. 6. 13
美国贸易协定与国内经济调整——美国的经验及对中国的借鉴作用	田　丰	中国社会科学院世界经济与政治研究所	研究报告	2010. 2. 28
欧盟非洲政策调整对中国的影响及对策研究	金　玲	中国国际问题研究所	研究报告	2009. 12. 30

中国历史

一般项目

项目名称	负责人	工作单位	预期成果	完成时间
汉唐户籍文书研究	张荣强	北京师范大学历史学院	专著	2010. 12. 31
16世纪明代财政研究——以《万历会计录》的整理为中心	万　明	中国社会科学院历史研究所	专著 工具书	2010. 9. 30
晚清中法政治关系研究（1840—1911）	葛夫平	中国社会科学院近代史研究所	专著	2011. 12. 31
20世纪前半期北京周边地区农家生活及其变迁研究	朱汉国	北京师范大学历史学院	专著	2011. 6. 30

青年项目

项目名称	负责人	工作单位	预期成果	完成时间
秦汉律令法系研究——从新出简牍看律、令、科及其关系	张忠炜	中国人民大学历史学院	专著	2010. 6. 1
唐宋天文星占与帝王政治	赵　贞	北京师范大学历史学院	专著 论文（集）	2010. 7. 1

世界历史

一般项目

项目名称	负责人	工作单位	预期成果	完成时间
阿拉伯古籍中的“中国”研究——以史学著作为中心	葛铁鹰	对外经济贸易大学外语学院	专著	2010. 12. 31
中国收藏的古埃及文物	颜海英	北京大学历史系	专著 研究报告	2011. 9. 30
苏联东部移民史研究（1917—1991）	王晓菊	中国社会科学院世界历史研究所	专著	2010. 12. 1

青年项目

项目名称	负责人	工作单位	预期成果	完成时间
亚述赋役制度研究	国洪更	中国社会科学院世界历史研究所	专著	2011. 12. 31

考古学

重点项目

项目名称	负责人	工作单位	预期成果	完成时间
殷墟孝民屯	王学荣	中国社会科学院考古研究所	专著	2010. 12. 31

一般项目

项目名称	负责人	工作单位	预期成果	完成时间
东胡林文化遗存研究	赵朝洪	北京大学考古文博学院	研究报告	2009. 3. 17
莫维斯线与中国早期人类文化的发展	王幼平	北京大学考古文博学院	专著	2011. 9. 30

宗教学

一般项目

项目名称	负责人	工作单位	预期成果	完成时间
清代藏传佛教研究	尕藏加	中国社会科学院世界宗教研究所	专著	2010.5.30
西藏苯教发展史	才让太	中央民族大学藏学研究院	专著	2011.12.30

青年项目

项目名称	负责人	工作单位	预期成果	完成时间
“理一分殊”——当代宗教多元现象与理论研究	李　林	中国社会科学院世界宗教研究所	专著	2011.12.31

中国文学

一般项目

项目名称	负责人	工作单位	预期成果	完成时间
中国古代文体论若干基础理论问题研究	姚爱斌	北京师范大学文学院	专著	2010.6.30
汉代文献阐释的文学研究	尚学锋	北京师范大学文学院	专著	2011.12.31
冯梦龙文学活动研究	傅承洲	中央民族大学文学与新闻传播学院	专著	2010.12.31
桐城派与清季民国学坛	王达敏	中国社会科学院文学研究所	专著	2012.2.25
中国当代文学对外译介研究	李朝全	中国作家协会创作研究部	专著 研究报告	2010.3.31
感性解放的现代审美潮流——对艺术革命后果的美学阐释	陈晓明	北京大学中文系	专著	2011.6.30
诗人译诗与中国新诗的“现代性”	王家新	中国人民大学文学院	专著 论文（集）	2011.12.30
“网络鲁迅”研究	葛　涛	北京鲁迅博物馆	专著	2009.12.1
清代蒙古的藏文文学研究	乌力吉巴雅尔	中央民族大学蒙古语言文学系	专著	2010.12.20
突厥语民族英雄史诗结构与母题比较研究	阿地里·居玛吐尔地	中国社会科学院民族文学研究所	专著	2012.8.30

青年项目

项目名称	负责人	工作单位	预期成果	完成时间
秦汉魏晋南北朝乐府制度研究	许继起	中国社会科学院文学研究所	专著	2010. 12. 31
日本中国文学研究会研究	熊文莉	北京外国语大学日语系	专著	2009. 3. 17
民族主义与台港文学	沈庆利	北京师范大学文学院	专著 研究报告	2010. 12. 31

外国文学

一般项目

项目名称	负责人	工作单位	预期成果	完成时间
美国文论通史	盛　宁	中国社会科学院外国文学研究所	专著	2012. 12. 31
阿拉伯传记文学及其研究	邹兰芳	对外经济贸易大学外语学院	专著 论文（集）	2010. 12. 31
蒙古国现代文论史研究	王满特嘎	中央民族大学蒙古语言文学系	专著	2011. 12. 31
近代以降日本的中国戏曲小说研究	周　阅	北京语言大学汉语速成学院	论文（集）	2010. 7. 31
柿本人麻吕研究	吕　莉	中国社会科学院外国文学研究所	专著	2011. 12. 31
文化的越境：日本文化的形成与白居易受容	隽雪艳	清华大学人文学院外语系	专著 论文（集）	2011. 6. 30

青年项目

项目名称	负责人	工作单位	预期成果	完成时间
作为文论家的谢林研究	杨俊杰	北京师范大学文学院	专著 译著	2011. 9. 1

语言学

重点项目

项目名称	负责人	工作单位	预期成果	完成时间
普通话婴幼儿的早期词汇及语音发展	李爱军	中国社会科学院语言研究所	论文（集） 研究报告	2011. 12. 31
外国学生汉语书面语习得与认知研究	崔希亮	北京语言大学对外汉语研究中心	论文（集） 研究报告	2011. 12. 31
语言接触和语言演变：汉语同阿尔泰语语言接触的历时与共时研究	祖生利 周　磊	中国社会科学院语言研究所	专著 研究报告	2012. 6. 30

一般项目

项目名称	负责人	工作单位	预期成果	完成时间
生态翻译学：译学的生态视角研究	胡庚申	清华大学外语系	专著	2010. 12. 30
多语环境下的西北地区少数民族语言使用策略个案研究	邢　欣	中国传媒大学	专著	2010. 6. 30
泰国汉语快速传播模式及其对汉语国际传播的启示研究	吴应辉	中央民族大学国际教育学院	论文（集） 研究报告	2009. 12. 31
第二语言学习者汉语声调范畴习得模拟研究	王建勤	北京语言大学对外汉语研究中心	论文（集） 研究报告	2010. 12. 30
我国外语类大学生思维能力现状的研究	文秋芳	北京外国语大学中国外语教育研究中心	研究报告	2011. 12. 31
基于对外汉语教学的汉语问答句衔接语模式研究	孙雁雁	北京邮电大学语言学院	专著	2010. 12. 31
秦汉简牍名物词语集考	王贵元	中国人民大学文学院	专著	2011. 8. 30
类型学视野的汉语广义体貌标记语法化研究	陈前瑞	北京语言大学对外汉语研究中心	论文（集）	2011. 9. 30
指称与句法结构	王灿龙	中国社会科学院语言研究所	专著	2011. 7. 30
面向信息处理的词义问题探索	刘　扬	北京大学信息科学技术学院	论文（集） 其他	2010. 12. 31
满通古斯诸语基本词汇研究	朝　克	中国社会科学院民族学与人类学研究所	专著	2011. 12. 31
实体语法理论研究——以哈萨克语为例	张定京	中央民族大学哈萨克语言文学系	专著	2010. 12. 31
纳西东巴经语言研究	木仕华	中国社会科学院民族学与人类学研究所	专著	2012. 10. 1
俄语功能语言学研究	王福祥	北京外国语大学	专著	2009. 12. 30

青年项目

项目名称	负责人	工作单位	预期成果	完成时间
面向对外汉语教学的汉字学习难度数据库的建设	徐彩华	北京师范大学汉语文化学院	研究报告 其他	2010. 12. 30
面向网络文本的词语情感义自动标注研究	吴云芳	北京大学信息科学技术学院	论文（集） 其他	2010. 12. 30
汉语的词汇化与句法演变	董秀芳	北京大学中文系	专著	2011. 9. 30

新闻学

重点项目

项目名称	负责人	工作单位	预期成果	完成时间
中央电视台品牌战略研究	赵化勇	中央电视台	专著 研究报告	2010.5.1
新形势下提高舆论引导能力研究	郑保卫	中国人民大学	专著	2012.6.30

一般项目

项目名称	负责人	工作单位	预期成果	完成时间
近几年出现的重大失实报道的分析研究	李勇华	新华社新闻研究所	研究报告	2009.7.30
新闻出版业国际标准及国外先进标准跟踪研究	李　中	中国出版科学研究所	研究报告	2009.7.31
对外传播与我国的和平外交政策——国际公共关系学视角的研究	陈开和	北京大学新闻与传播学院	论文（集） 研究报告	2010.8.30
境外中文网络媒体发展与我国对外传播策略研究	刘　昶	中国传媒大学	专著 研究报告	2010.6.30
外交新闻发言人的语言传播形象、机制及策略调查研究	谢爱伟	国家新闻出版总署	专著 研究报告	2010.6.30

青年项目

项目名称	负责人	工作单位	预期成果	完成时间
中德比较视野中的我国广电制度变革研究	李德刚	北京师范大学教育学院	专著	2010.9.10
中国大众传媒竞争与合作研究——从对抗式竞争转向合作竞争	丁汉青	中国人民大学新闻学院	研究报告	2010.3.30
大众传播符号研究	曾庆香	中国传媒大学	专著	2010.12.30

图书馆、情报与文献学

一般项目

项目名称	负责人	工作单位	预期成果	完成时间
数字时代图书馆危机管理研究	周金龙	中国科学院国家科学图书馆	专著 研究报告	2010.6.30
图书馆特色知识库构建与知识服务实证研究	李晨英	中国农业大学图书馆	研究报告	2010.11.30
知识组织系统构建与知识服务研究	卜书庆	国家图书馆	研究报告 其他	2011.7.31
数字资源老化机理和生命周期测度的理论与实证研究	索传军	国家图书馆	研究报告	2010.12.30
新信息环境下中国高校图书馆发展方向研究	代根兴	北京邮电大学图书馆	研究报告	2010.6.30
藏文古籍元数据著录标准化研究	木雅·公布	中国民族图书馆·古籍特藏部	研究报告	2009.6.1
基于引文的知识链接服务研究	曾建勋	中国科学技术信息研究所	论文（集） 研究报告	2009.12.31
档案所有权理论与实践研究	张世林	中国人民大学档案馆	专著 研究报告	2010.12.31
档案真伪辩识方法体系研究	何　庄	中国人民大学信息资源管理学院	论文（集） 研究报告	2010.12.31

青年项目

项目名称	负责人	工作单位	预期成果	完成时间
电子文件管理标准体系研究	钱　毅	中国人民大学信息资源管理学院	论文（集） 研究报告	2009.12.31

体育学

重点项目

项目名称	负责人	工作单位	预期成果	完成时间
北京奥运会成功举办的重大意义和基本经验研究	陈　旭	清华大学	专著	2012.6.30

一般项目

项目名称	负责人	工作单位	预期成果	完成时间
国家体育管理组织新结构研究	祝 莉	国家体育总局体育科学研究所	研究报告	2009.12.31
残疾人体育与和谐社会发展的研究	卢 雁	北京体育大学	专著 研究报告	2010.7.31
建国以来我国重大体育决策的历史审视	熊晓正	北京体育大学	研究报告	2011.10.31
试论体育资源的配置效率	隋 路	中国农工民主党中央委员会参政议政部	专著	2010.3.3

青年项目

项目名称	负责人	工作单位	预期成果	完成时间
北美职业体育发展的成功启示与2008年奥运会后我国职业体育发展对策研究	赵长杰	中央财经大学	研究报告	2010.6.30
我国体育标准化体系理论架构与实证	雷 厉	北京体育大学	研究报告	2010.12.31
奥运会前后主办城市税收经济与税收政策发展变化研究——以北京为例	杨 越	国家体育总局体育科学研究所	专著	2010.12.31

（全国哲学社会科学规划办公室供稿）

全国教育科学“十一五”规划2008年度课题指南

说明：

本年度课题依据《全国教育科学“十一五”规划纲要》，与2006年度、2007年度课题相衔接，立足国情，国际视野，全局把握，围绕本年度教育部中心工作，反映当前教育重大理论和实践问题，集中破解当前教育热点、难点问题，关注前沿问题，注意追踪研究，区别不同类型课题要求，注重观点和方法的创新，重在提高研究质量和使用效益。

国家重点招标课题事关我国教育改革与发展的基础性、全局性、战略性、前瞻性、长远性问题，要以科学发展观为指导，以全面建设小康社会为目标，以建设人力资源强国和创新型国家为主旨，以教育理论重大创新和教育改革发展的重要现实问题为重点，组织跨学科和跨部门的协同攻关，形成标志性成果，代表教育科学研究最高学术水平，为推动教育创新作出重要贡献。申报者应有承担省部级课题的经验，熟悉已有研究成果，研究团队合理，运用适切的研究技术和方法，立论有据，论证有力，结论可信，对策可行，成为精品力作，成果要求出版40万字以上的专著，在SSCI（社会科学引文索引）和CSSCI（中文社会科学引文索引）上发表3篇以上的学术论文，并在学术界和实践领域产生重要的影响。

会议评审课题以建设人力资源强国为目标，围绕落实教育优先发展战略、全面推进素质教育、促进教育公平、提高教育质量、建设终身教育体系和学习型社会为主题，以教师专业化发展和促进学生全面发展为重点，探索适应不同地区、民族和学科特点的教育观念、标准条件、体制机制、实践模式和经验案例。此类课题要突出“小、精、深、实、新”的特点，研究要深化、细化、量化，注重学科体系、理论观点和研究方法的创新，成果要求公开发表或产生实际效用。

一、国家重点招标课题

1. 改革开放以来教育发展历史性成就和基本经验研究

研究要点：（1）教育改革重要理论建树；（2）教育重大政策；（3）教育体制改革；（4）教育发展重大历史事件；（5）教育发展对经济和社会发展的重要贡献；（6）教育发展的经验总结；（7）教育科学领域的突破和进展；（8）教育事业面向未来科学发展的战略抉择。

2. 教育优先发展的政策和制度保障研究

研究要点：（1）教育优先发展的科学内涵和指标体系；（2）经济和社会发展规划优先安排教育发展的思路与举措；（3）公共资源优先满足教育和人力资源开发需要；（4）公共财政资金优先保障教育投入的政策和机制；（5）公共教育资源向农村、中西部地区、贫困地区、边疆地区、民族地区倾斜政策；（6）政府和社会在教育优先发展中的责任；（7）教育优先发展的国际经验；（8）教育优先发展的地方行动。

3. 当代社会发展中的中国农村教育发展问题研究

研究要点：（1）社会进程中的农村教育变革溯源和发展经验；（2）农村教育变革的社会环境；（3）教育政策变化对农村家庭教育消费的影响；（4）农村学校改革路径及其成功案例；（5）城镇化过程中进城农民工子女和农村留守儿童教育问题；（6）教育变革对农村社会阶层流动的影响；（7）建设社会主义新农村视野下的农村教育综合改革；（8）农村学校生源变化对当前农村教育的影响。

4. 普及高中阶段教育发展战略研究

研究要点：（1）高中阶段教育发展现状分析；（2）普及高中阶段教育发展的阶段性目标；（3）普及高中阶段教育的制度创新；（4）普及高中阶段教育的多样化路径；（5）发达国家普及高中阶段教育的进程和经验；（6）普及高中阶段教育拟突破的重点难题；（7）普及高中阶段教育的战略抉择。

5. 高校财务管理与资金使用效益研究

研究要点：（1）高校资产评估；（2）高校预算管理改革；（3）高校防范和化解投融资风险能力评估；（4）高校资源配置与使用效益；（5）高校收入分配制度；（6）高校教育产业财务管理与效益评价；（7）高校资金安全与可持续发展。

6. 高等教育应用型创新人才培养研究

研究要点：（1）创新型国家建设中高校应用型人才培养目标；（2）一流应用型高校发展方向、培养模式和制度创新；（3）应用型高校学科和专业建设的国际先进经验；（4）高校自主创新能力现状、问题分析及对策建议；（5）高校创新环境和先进文化建设；（6）国际高校优质教育资源有效利用；（7）一线工作创新人才继续学习的制度模式和评估机制；（8）企业参与高校应用型创新人才培养。

7. 研究生教育质量标准及其保障体系研究

研究要点：（1）研究生教育机构质量标准；（2）不同类型和层次研究生教育师资质量标准；（3）研究生（含专业硕士）教育课程质量标准；（4）不同类型和层次研究生学业成就质量标准；（5）研究生学位论文质量调查；（6）研究生教育的社会评价。

8. 建设创新型国家背景下的青少年创新能力认知神经基础及其培养研究

研究要点：（1）青少年创新人格；（2）青少年创新思维品质；（3）青少年创新能力的认知与脑科学机制研究；（4）青少年创新教育；（5）青少年科学思想、科学方法和科学实验教育；（6）青少年创新能力的评价与测量研究；（7）青少年创新环境与成才机制。

9. 成人学习状况调查及制度保障研究

研究要点：（1）各类成人学习状况调查；（2）特殊群体（如农民工）学习途径、时间调查；（3）成人学习资源调查；（4）成人教育机构建设标准和服务体系；（5）成人学习绩效评价；（6）成人学习可持续发展的制度创新。

10. 民族教育质量保障和特色发展研究

研究要点：（1）民族教育发展现状；（2）民族教育办学特色；（3）跨境民族教育比较；（4）民族教育发展国际经验；（5）民族教育质量保障与监测体系；（6）民族教育融入社会生活；（7）民族教育与文化保护和国家安全；（8）民族教育制度创新。

二、会议评审课题

（一）教育理论和教育史研究

1. 教育理论研究

中国特色社会主义教育理论体系；和谐社会视野下的教育基本矛盾；现代教育的民生意义；现代教育对社会分层和流动的影响；工业化、信息化、城镇化、市场化、国际化对现代教育的影响；现代教育国际化与本土化的关系；非义务教育公益性和产业属性；信息社会中的教育文化传承；教育与幸福；特色学校建设；现代师生关系；信息社会中小学生社会性发展问题（情感、集体观念、公众意识、合作与竞争、防范意识等）；当代社会文化对校园文化及学生人文素养影响；教育学科体系建设；教育学名词术语；教育学研究新方法；教育学科发展前沿问题等。

2. 教育史研究

重大教育历史事件；教育思想流派形成与传播；现代教育思潮；古代私学和官学；中国书院；教育争鸣史；传统教育中的“和谐教育思想”；道德教育史；课程教材史；学科教学史；教师教育史；地方教育史志；城市教育史；社会教育史；女子教育史；边疆教育史；民族教育史；教会教育史；留学教育史（庚款留学百年）；教育社团史；近代国学教育；教育督导史；名校校史；学校故事；教育名人传记；诺贝尔奖获得者成才规律追踪；中外教育交流史；国外中国教育史等。

（二）教育发展战略研究

1. 国家总体发展中的教育发展战略

实现全面建设小康社会目标与经济科技文化教育协调发展；教科文卫体事业协调发展；“大部门制”取向的教育发展；2020 年建设教育强国（省、市、县）的战略选择和指标体系；各类学校教育发展规模、速度与途径；教育体制与劳动人事制度协同改革；不同类型学校教育质量状况；区域教育城乡统筹发展；满足终身学习需要的教育培训投入和学习资助体制；非学历教育学习成绩的评估、鉴定和学分互认制度；都市教育发展竞争力；东部教育高质量发展；中部城市圈（武汉、长株潭）“两型社会”综合改革实验区教育发展；西部地区后“两基”攻坚发展等。

2. 国外和境外教育发展战略

美国教育创新和竞争力发展；德国职业教育发展趋势；英国留学教育发展；俄罗斯高等教育发展动向；印度 IT 教育发展经验；芬兰等北欧国家基础教育发展；丹麦等国家成人教育发展；部分国家义务学前教育发展；世界大都市教育竞争力；我国港澳台地区教育发展等。

3. 全球化中的中国教育发展战略

中国与国际组织教育合作；中国与发达国家教育合作；中国与周边国家教育合作；上海合作组织教育发展合作；中国与非洲国家教育合作；全球化进程中的中国教育开放战略等。

（三）教育经济与管理研究

1. 教育政策与法律

免费义务教育政策追踪；非义务教育入学政策改革；普通高中贫困生资助政策；受助贫困生资格认定和有效资助模式；国家扶持贫困地区特殊教育政策的成效评估；常住外来人口义务教育后就学问题；教育捐赠制度；出国和来华留学教育政策；城乡二元背景下教育制度和政策特征等。

教育法律体系改革与完善；教育政策法律伦理；教育执法检查机制；教师教育行为的法学分析；学生权益保障；教育法律常识普及；教育科研成果知识产权的法律保护和共享机制等。

2. 教育经济

学前教育的成本收益；义务教育的家庭支出；非义务教育规范收费；教师合理薪酬标准；研究生资助模式改革；普通高中教育投入体制；中等职业教育与普通高中教育成本效益比较；学校布局调整的经济学分析；学校预算管理等。

3. 教育管理

“大部门制”取向的教育行政部门改革；乡镇合并下的基层公共教育服务体系；新《劳动合同法》对学校用人机制和学生就业的影响；发展性教育指标在政策和管理中的有效运用；政府教育管理服务绩效评价；政府教育信息服务体系创新；学校办学标准与适度规模；义务教育均衡发展督导评估；高中课程改革与高考改革关联；研究生招生考试改革；教育领导力研究；幼教、社教和外教师资准入制度；学前教育办学体制；社会教育的政府职责；幼儿园办园标准与评估体系；学校治理结构变革；教师评价体系创新；学生事务管理；学校社会实践长效机制；学校公共安全教育模式等。

（四）基础教育研究

1. 课程与教材

义务教育课程标准修订；新教材特点比较；教材编审出版选用制度；课程目标的情感、态度、价值观综合评价；高中课改推进与发展；高中课程改革试验等。

2. 学与教

汉语拼音教学有效性；母语、外语、数学、科学等学科教学；教学模式、教学方法改革有效性；教育教学实验；学生综合素质和学生学习活动的分析；学生课业负担和学业成就的关系；师生教学互动模式；提高课堂教学质量；教师专业化发展；教师综合素质的发展；教师培训模式与实效性的调查；农村教师教学质量调查等。

3. 幼儿教育

适龄儿童入园率调查；中西部农村幼教事业发展现状与对策；幼小衔接教育；民办园发展现状与可持续发展调查；幼儿入学准备与适应性的调查与干预；幼儿课程资源开发；幼儿游戏、童谣、卡通、儿童剧等寓教于乐活动；家园合作等。

4. 特殊教育

特殊教育发展思路与对策；特殊教育机构；特殊教育师资；特殊儿童教育资源开发；特殊教育教学模式；特殊儿童学习状况；特殊儿童生存能力、生活能力和职业技能培训；特殊儿童融合教育；义务教育后的特殊教育等。

（五）高等教育研究

1. 办学模式

高校在国家创新体系中的作用；高水平特色型大学发展模式；高校应用型人才培养模式；大学本科专业调整；通识教育的有效实践模式；区域高等教育发展模式；民办高校和独立学院办学模式；来华留学生教育模式；东西部高校对口支援模式及效果；研究生培养新机制等。

2. 院校发展与学科专业建设

大学组织特性；高校专业和学科建设；高校弹性学分制；高校学术生态；高校创新性科研团队行为模式特征；高校科研成果绩效评价制度；与行业职业资格和国际职业资格标准相衔接的应用型人才专业建设；学科教学；大学师生关系；学科名师；教学评价标准等。

3. 教育质量

现行高等教育质量标准及评价体系实效性；“211”和“985”高校质量效益；高等教育质量与公平评估标准；学生参与高等教育质量评估机制；独立学院教育教学质量监测与评估；高校优质教学资源共享平台建设；国家精品课程；高校教师专业化发展；高校教材审定选用制度；教育硕士质量；学科型和应用型研究生教育质量分类评价；大学生实践教学体系；大学生毕业论文（设计）；大学生学业质量监控评价；大学生介入科研活动；高校社会化服务；高校国际化发展等。

4. 毕业生就业与创业

高校毕业生就业状况监测体系；毕业生就业质量跟踪；毕业生就业指导体系建设；毕业生创业服务体系建设等。

（六）职业教育研究

1. 办学模式

现代制造业和服务业急需人才培养；职业院校的定位和办学模式；职业技能大赛选拔机制；职业教育实践性办学模式；行业职业教育办学模式特点；跨区域职业教育办学模式；新农村建设过程中的职业教育发展等。

2. 课程与教材

职业教育课程项目化、模块化改革；职业院校实践类教材改革；职业教育教学模式创新与学习方式变革；职业院校课程改革的质量标准与评价等。

3. 学与教

职业院校文化课教师和实践课教师专业化发展；职业学校技能培训与社会服务创新实践；工学结合、半工半读、顶岗实习等教学制度创新；职业教育专业课教学模式和实训方法；职业院校实训基地建设与教学管理模式；职业院校各类专业教学指导方案研究与开发；职业院校教师教育；职业院校学生学习质量；职业院校教学方法、学生成绩评分方法和评价方案创新等。

4. 招生和就业指导服务体系

职业院校招生资格；学生职业性向测试；学生职业心理适应性；职业院校校园文化建设和人文素养教育等。

（七）德育研究

1. 学校道德教育

青少年思想道德素质发展状况的实证研究；道德教育的理论创新与实践探索；教师职业道德素养；媒体时代的学校德育；学校德育一体化；德育教材的比较；学校道德环境及其建设；教学活动中的德育；城市化进程中的农村学校道德教育；学校公民道德教育；学生励志教育；学生感恩教育；德育实践模式案例等。

2. 家庭美德教育

新时期的家庭伦理观与家庭道德教育；家庭变革与家庭德育；家校合作的道德教育；家庭生活方式与家庭德育的关系；家庭传统美德教育的案例研究等。

3. 社会公德教育

特殊教育对象（如单亲家庭、弱势群体的子女）德育工作；和谐社会建设中的青少年道德发展与道德教育；大众文化对青少年价值观的影响及教育对策；多元文化背景下的青少年思想道德发展状况；农民工子女的道德发展与道德教育；社区道德教育；教师职业道德；民族精神教育等。

（八）教育心理研究

1. 教学心理与学习心理

学科教学中学生创造力培养及评价；学生学科

能力发展和学习潜能；有效学习策略与效能感；发展性评价策略与方法；基于网络环境下的学习心理等。

2. 心理健康教育与教师心理研究

生涯规划与青少年心理健康教育；大学生择业心理及其调适；学校心理健康教育评价体系与干预机制；心理健康教育中的伦理问题；教师工作压力及其应对；教师胜任力与主观幸福感；教师教学自我效能感；教师教学监控能力等。

3. 儿童青少年心理发展的特点和规律

青少年的情绪调适与学业情绪；青少年的自我认知和社会认知；影响学生身心发育的环境因素；学生的记忆机制与记忆能力培养；超常儿童的心理特征；青少年社会性发展与教育；学生品德发展及评价的心理分析；网络对青少年人格发展的影响等。

4. 弱势群体学生心理发展特点与干预

学习不良儿童心理发展新的特点与教育对策；孤残儿童的心理状况调查及其心理援助；离异家庭子女心理行为问题与教育对策；农村留守儿童的心理发展特点与教育对策；学生网络性心理障碍的分析与干预等。

（九）体育、卫生和美育研究

1. 学校体育改革创新

体育课程改革的反思与推进策略；动作技能学习原理；学生体育成绩考核标准；体育教学的社会学问题；体育教法与体育学法；学校体育促进学生人格与社会性发展；奥运会后学校竞技体育发展；学校体育伤害事故的归责；现代社会生活方式与学校体育改革；体育教师职业认同与专业化发展；学校体育工作的保障条件与工作绩效等。

2. 学生体质健康的系统干预

有效推进“阳光体育运动”的原理与方法；“阳光体育运动”的实时监控和实效性评价；学生体质健康突出问题的医学干预；学生体质健康新的影响因素与促进学生运动参与对策；艾滋孤儿健康教育及心理干预；学生体质健康状况的预警机制及综合评价；学校健康教育实施模式与效果评价标准与策略；学校卫生人员队伍现状与培养；中外健康教育比较；中外学校卫生管理比较；学校公共卫生安全管理机制；高等医学教育的课程建设和教学模式等。

3. 学校美育与艺术教育

不同教育阶段的艺术教育规律与价值；艺术教育与本土文化的继承发展；学校艺术教育现状调查（开课率、师资配备、教学条件配置等）；艺术教育促进青少年心理健康；中外艺术教育课程教材比较；艺术教育课程评价体系；学校实施美育的保障机制；大众传媒背景下的审美教育；文化创意产业与当代艺术教育；特殊儿童艺术教育现状及发展对策；民族地区艺术教育特点；课外、校外艺术活动开展与校园文化建设；优秀传统艺术资源开发与利用等。

（十）教育技术与传播研究

1. 教育技术基本问题

教育信息化发展促进国家竞争力；教育信息化与城乡社区发展；信息技术课程发展研究；信息技术教育目标与实施；信息技术教师专业发展；教育信息化发展规划与政策；教育技术应用的规范和管理等。

2. 信息技术促进教育教学创新

e－learning（数字化学习）/u－learning（泛在学习）；现代远程教育有效提高农村中小学教育质量案例；实验教学技术装备研发和学生实践能力培养；教学环境优化设计及新技术产品教学应用效果；知识工程建设及其教育应用；教育管理办公自动化；信息技术学科教学应用有效性实证研究；高校信息技术课程与教学改革；基于网络的教研活动；教育信息化效能开发与评估等。

3. 远程教育与终身学习

终身教育视野下教育技术促进继续教育方式创新；高校远程教育模式；网络环境下知识传播和教学模式；教师网络教育活动设计；学生在线学习模式与效果；远程教育资源共享机制；社会性软件支持师生教学；农村中小学现代远程教育有效性；中小学教师教育技术能力标准实施；高师院校教育技术课程与教学改革；高校学生网络学习等。

4. 教育信息资源与产品开发

著名教育网站核心竞争力；数字教育电视节目的应用创新；娱教产品的应用与评价；基于 Web2.0 技术支持的教育资源开发；民族教育数字化教学资源建设；特色教育网站信息构架调查；儿童绘画书；教育出版物；学具软件开发；教育数字化信息资源开发；移动教育技术设备开发与研制等。

（十一）成人教育研究

1. 成人学历教育

成人教育学校机构现状调查分析；成人学校教育转型与创新；成人教育学校教学质量评估；成人学历教育考试和自学考试途径等。

2. 成人非学历教育

教育培训机构现状调查分析；教育管理干部继续学习需求和有效培训模式；教师继续学习需求和有效培训模式；企业员工继续教育；职工继续教育

和再就业培训；新型农民培训；农民工职业素养和技术培训；城镇化进程与农村劳动力转移培训；农村扫盲教育有效模式；国际劳务人员输出技能培训等。

3. 成人学习

成人教育与社会流动；学习型社会的区域发展；职场、家庭、社区和网络虚拟环境中的成人学习；成人闲暇教育；成人技能学习；成人发展性教育；老年教育；社区教育；校外教育场所使用状况；社会教育组织发展状况；科普教育与公民科学素质等。

（十二）民族教育研究

1. 民族教育特殊政策与保障制度

民族教育执法及施法效果；民族教育特殊政策保障机制；不同类型民族学校发展；民族教育目标选择；民族教育投入效益；跨境民族教育比较等。

2. 民族地区教育发展标准和特色

民族地区学校建设标准；民族地区校本特色课程；民族学校信息技术配置标准与有效利用；民族学校评估体系；民族教育国家标准等。

3. 跨文化民族心理与民族文化传承

民族杂居区学生生活方式变迁与心理适应；少数民族大学毕业生跨文化适应能力；民族认同和国家认同教育；少数民族文化传承的教育对策；传统民族宗教文化对教育的影响；民族风俗文化与教育互动；民族非物质文化保护教育策略等。

4. 民族地区教育生态发展

民族地区教育环境与教育发展；民族文化传统生态观及其教育传承；民族环境维护、民族风俗传承的教育策略；民族学校文化生态等。

（十三）国际与比较教育研究

1. 国际教育与区域性组织教育

国际组织在世界教育发展中的影响；国际理解教育；欧盟教育一体化趋势；区域性组织（如八国集团、发展五国、APEC组织、上海合作组织、GMS组织）教育，多元文化与国际教育交流问题；国际教育合作和开发问题等。

2. 国别教育

不同国家教育与社会发展模式；发展中国家教育政策发展特征；韩国新村教育运动；国外教育涉外监管体系；亚洲国家教育发展；发展中国家教育移植与创新；福利国家教育改革等。

3. 教育专题比较

国际教育标准分类；国际著名教育报告分析；国际教育合作与援助；学前教育发展的国际比较；基础教育均衡发展中的资源配置政策国际比较；跨境交付的教育质量监管体系；世界大学评价比较；亚洲高等教育改革中的模式移植及其本土化；主要发达国家研究生教育模式比较；发达国家拓展境外教育的政策法律与实施策略；发展中国家青少年文化认同教育；国际高等教育区域合作；国际视野中的中国高等教育质量；高校教师职业模式的国际比较；外籍教师专业标准的国际比较；国际汉语教师标准；海外教育（孔子学院）办学模式；中国在国际合作教育科研项目中的自主性等。

（全国教育科学规划领导小组办公室供稿）

全国教育科学“十一五”规划2008年度立项重点课题（北京地区）

课题批准号	课题名称	姓名	工作单位	课题类别	备注
ZAA080001	改革开放以来的教育发展历史性成就和基本经验研究	袁贵仁	教育部	国家重大课题	委托
AFA080002	研究生教育质量标准及其保障体系研究	张斌贤	北京师范大学	国家重点课题	招标
ABA080004	青少年创新能力的认知神经基础及其培养	邹　泓	北京师范大学	国家重点课题	招标
AMA080005	民族教育质量保障和特色发展研究	苏　德	中央民族大学	国家重点课题	招标

续表

课题批准号	课题名称	姓名	工作单位	课题类别	备注
AFA080006	当代社会发展中的中国农村教育发展问题研究	袁桂林	北京师范大学	国家重点课题	招标
AGA080340	建设高等教育强国发展战略研究	周远清	中国高等教育学会	国家重点课题	委托
BGA080007	提高教育舆论引导能力的战略研究	赵书生	中国教育报刊社	国家一般课题	
BHA080017	推进区域基础教育均衡发展的伙伴协作研究	刘新成	首都师范大学	国家一般课题	
BIA080023	高等学校学术生态系统研究	赵婷婷	北京航空航天大学	国家一般课题	
BIA080035	全球化进程中我国高等教育发展战略研究	毛亚庆	北京师范大学	国家一般课题	
BCA080037	隐性知识习得与公安人才培养创新研究	马　丁	中国人民公安大学	国家一般课题	
BBA080042	中学超常儿童的创造力培养研究	刘彭芝	中国人民大学附属中学	国家一般课题	
BFA080046	基于合作的学校组织再造研究	孟繁华	首都师范大学	国家一般课题	
BMA080053	文化多样性与壮汉双语教育发展研究	滕　星	中央民族大学	国家一般课题	
BLA080061	学龄前儿童软性健身器材及其多元应用方法研究	王凯珍	首都体育学院	国家一般课题	
DGA080067	城乡二元结构背景下我国教育政策与制度特征研究	柯春晖	教育部政策研究与法制建设司	教育部重点课题	
DHA080078	农村中小学教学模式变革的研究与实验	王　岳	人民教育出版社	教育部重点课题	
DHA080083	小学科学教育现状与效果评估研究——基于对北京市十所优质小学的调研	詹正茂	中国科学传播研究所	教育部重点课题	
DAA080085	均衡发展进程下的中部地区免费义务教育政策实施效应追踪——以安徽省为个案	许　杰	国家教育行政学院	教育部重点课题	
DIA080135	公平视角下美国大学生就业预警机制和危机处理研究	洪成文	北京师范大学	教育部重点课题	
DCA080138	教师网络教育活动的设计理论与实践	王　陆	首都师范大学	教育部重点课题	
DCA080140	教育技术原理研究	李　芒	北京师范大学	教育部重点课题	
DCA080143	全国义务教育阶段学生实验活动与实践能力关系的研究	刘诗海	教育部教学仪器研究所	教育部重点课题	
DCA080144	“一对一”网络环境下的教学效率提升研究	余胜泉	北京师范大学	教育部重点课题	
DCA080148	泛在学习中数字化学习资源的开发与应用	杨孝堂	中央广播电视大学	教育部重点课题	
DDA080150	中印人才培养与国际竞争力比较研究	卫　灵	中国政法大学	教育部重点课题	

续表

课题批准号	课题名称	姓名	工作单位	课题类别	备注
DKA080151	教育培训机构的现状调查及其建设标准研究	胡东成	清华大学	教育部重点课题	
DKA080152	学习型社会建设研究	朱新均	中国成人教育协会	教育部重点课题	
DFA080153	我国高校资源配置模式及绩效研究	李文长	国家教育行政学院	教育部重点课题	
DKA080155	农村劳动力转移就业引导培训与农民工职业技能培训的机制创新研究	马九杰	中国人民大学	教育部重点课题	
DDA080156	若干发达国家研究生教育模式比较研究	马健生	北京师范大学	教育部重点课题	
DIA080160	新形势下特色型大学的发展模式研究	张彦通	北京航空航天大学	教育部重点课题	
DBA080165	中美小学教师课堂教学方式及特点的比较研究	张学民	北京师范大学	教育部重点课题	
DBA080172	应用戏剧教学法促进教师专业发展与学生心理健康实验研究	马利文	北京师范大学实验小学	教育部重点课题	
DBA080173	未来取向应对与大学生压力管理研究	甘怡群	北京大学	教育部重点课题	
DFA080333	我国中小学学校督导与评估研究	董　奇	教育部基础教育质量监测中心	教育部重点课题	
DEA080184	媒体时代大中学生处理色情与暴力信息的德育问题研究	覃　川	清华大学	教育部重点课题	
DGA080329	教育政策的传播战略与策略研究	王旭明	教育部办公厅	教育部重点课题	
DHA080332	基础教育学科资源保护开发与应用研究	曹志祥	教育部基础教育课程教材发展中心	教育部重点课题	
DJA080193	全国中等职业学校学生管理信息系统数据统计指标和分析应用研究	张　旭	教育部职业技术教育中心研究所	教育部重点课题	
DLA080199	中国学生体质健康测量与评价方法的研究	乔德才	北京师范大学	教育部重点课题	
DLA080205	我国学校体育的安全生命教育体系构建研究	王子朴	首都体育学院	教育部重点课题	
DBA080337	基于学生身心和谐发展的“中华传统健身操”的研究与实验	谷晓红	北京中医药大学	教育部重点课题	
DLA080206	普通高校体育专业研究生知识能力结构与就业现状的研究	王培勇	清华大学	教育部重点课题	
CGA080210	中国乡村教育变迁中的传统与现代研究——基于我国东、南、西、北、中部五村教育变迁的历史人类学分析	容中逵	中央教育科学研究所	国家青年基金课题	
CHA080216	教师学习有效性及有效学习研究	邓友超	中央教育科学研究所	国家青年基金课题	

续表

课题批准号	课题名称	姓名	工作单位	课题类别	备注
CIA080219	国家创新体系下大学、政府与企业间关系研究	马永斌	清华大学	国家青年基金课题	
CIA080222	高校学生学习质量评价研究	周廷勇	中国传媒大学	国家青年基金课题	
CCA080229	利用教育游戏丰富与深化综合实践活动课程教与学的理论与实践研究	尚俊杰	北京大学	国家青年基金课题	
CFA080242	幼教师资准入制度研究	易凌云	中央教育科学研究所	国家青年基金课题	
EFA080246	助学贷款回收、风险控制与担保机构研究	魏建国	北京大学	教育部青年专项课题	
EFA080250	新农村建设过程中农村教育问题的系统分析与管理策略仿真研究	贾晓菁	中央财经大学	教育部青年专项课题	
EIA080266	扩招后高校教育质量与学生学业成就间关联性的实证研究	鲍　威	北京大学	教育部青年专项课题	
EIA080274	本科生导师制与大学生成长的实证研究	尉建文	中央财经大学	教育部青年专项课题	
EIA080280	大学生可就业能力的结构、发展、对求职行为的影响及干预策略	于海波	北京师范大学	教育部青年专项课题	
ECA080289	免费教育师范生核心能力结构及同伴协作网络系统的研究	董　艳	北京师范大学	教育部青年专项课题	
ECA080291	中小学教师教育技术能力标准下的农村区域性教师专业化发展模式研究	乔爱玲	首都师范大学	教育部青年专项课题	
EFA080293	农村中小学教师素质与教育质量关系的多水平模型分析	薛海平	首都师范大学	教育部青年专项课题	
EKA080297	企业员工继续教育课程开发研究	郜　岭	北京理工大学	教育部青年专项课题	
EDA080298	海外孔子学院办学模式研究	黄晓琴	北京师范大学	教育部青年专项课题	
EBA080302	中学生学业羞愧情绪研究	董　妍	中国人民大学	教育部青年专项课题	
EBA080303	数学学优生的认知特点及其影响因素研究	辛自强	北京师范大学	教育部青年专项课题	
EBA080305	教师心理健康及其对学生心理行为问题的影响研究	金东贤	中央教育科学研究所	教育部青年专项课题	

（全国教育科学规划领导小组办公室供稿）

全国教育科学规划2008年度单位资助教育部规划课题（北京地区）

课题名称	学　科	负责人	单位
中小学生命教育的家校协作方式的研究	德育	徐向东	北京师范大学亚太实验学校
具有地方特色的高中地理案例教学研究	基础教育	梁　博	北京顺义牛栏山第一中学
应用型大学发展与学科专业建设研究	高等教育	孙建京	北京联合大学
数字化校园环境中的校本教研方式研究	教育信息技术	陈立华	朝阳区实验小学
数学思想方法在小学数学教育中运用的研究	基础教育	李丽红	北京市朝阳区芳草地小学
幼儿生活数学学习能力研究	基础教育	林玉萍	北京市朝阳区教育研究中心
中等职业学校双师型教师队伍培养的校本研究	职业技术教育	张长谦	北京现代职业学校
职业教育校企合作的机制与模式研究	职业技术教育	明　航	中央教育科学研究所
不同类型幼儿读物的特点与阅读指导研究	基础教育	白爱宝	中央教育科学研究所
学前双语教育师资培训研究	基础教育	孟吉平	教育部语言应用管理司
构建算法模式的中小学数学教材研究	基础教育	蒋建华	中国教育报刊社
大部门制背景下我国县级教育行政部门改革问题研究	教育经济管理	杨润勇	中央教育科学研究所
学习型军营的学习支持服务体系建设的研究与实践	成人教育	王淑娟	中央广播电视大学

（全国教育科学规划领导小组办公室供稿）

全国教育科学规划2008年度职业教育研究专项课题（北京地区）

课题批准号	课题名称	负责人	单位
GJA080001	现代职业教育理论体系研究与构建	黄　尧	教育部职业教育与成人教育司
GJA080002	行业参与职业教育的体制机制研究	孙长庆	中国机械协会
GJA080004	关于增强职业教育吸引力的问题研究	余祖光	教育部职教中心研究所
GJA080006	职业教育终身化的理论和实践研究	白汉刚	教育部职教中心研究所
GJA080013	高职院校学生人文素质培养研究	杭国英	北京财贸职业学院
GJA080022	高职院校专业理论课程过程性评价体系研究	屈玉霞	中华女子学院山东分院
GJA080030	中等职业学校有效教学模式研究	李兴洲	北京师范大学

（全国教育科学规划领导小组办公室供稿）

国家社会科学基金艺术学项目2008年度课题指南

说明：

一、国家社会科学基金艺术学项目2008年度课题指南的指导思想是：全面贯彻落实和充分体现党的十七大精神，高举中国特色社会主义伟大旗帜，以邓小平理论和“三个代表”重要思想为指导，深入贯彻落实科学发展观，继续解放思想，坚持改革开放，推动科学发展，促进社会和谐，大力推进理论创新，服务于党和政府决策，服务于社会主义经济、政治、文化和社会建设，服务于艺术科学繁荣发展，更加自觉、主动地推动社会主义文化大发展大繁荣。

二、申报国家社会科学基金艺术学2008年度项目要围绕党和国家经济、政治、文化及和谐社会建设的大局，紧密联系我国改革开放、发展中国特色社会主义特别是文化艺术建设的实际，以研究十七大报告关于深入贯彻落实科学发展观、实现全面建设小康社会奋斗目标的新要求、推动社会主义文化大发展大繁荣以及建设社会主义核心价值体系、建设和谐文化、弘扬中华文化、推进文化创新等重大理论观点、重大战略思想、重大工作部署为主攻方向，深化、拓展新世纪新阶段我国文化艺术建设实践中的重大现实问题研究，加强、完善中国特色社会主义艺术科学学科体系建设。基础研究要力求具有原创性和开拓性，努力推动传统学科、新兴学科和交叉学科健康发展，推进学科体系、学术观点和科研方法创新，力求居于学科前沿；应用研究要具有针对性和实效性，力求避免低水平重复研究。

三、本《课题指南》所列条目分为两大类别，第一类为综合性研究，第二类为分类研究。目的在于大致确定2008年度我国艺术科学研究的重点领域和范围，为全国艺术科研机构、科研人员和社会各界有关人士提供研究参考，所列条目均可开展综合性研究或分类研究以及跨学科研究。申请者应根据自身研究实力和当地文化艺术资源优势及事业发展需求自行设计具体题目。

四、为切实提高规划水平和研究水平，国家社会科学基金艺术学2008年度项目的评审立项要与学科建设、队伍建设、人才培养及科研结构调整、合理布局结合起来，加强协同攻关，加强整合创新。在选题上应注意处理好几个方面的关系：

1. 注意处理好总结历史、研究现实以及准确把握未来三者之间的关系，将综合研究和分类研究结合起来，使年度项目尽量体现出科学性、时代性和前瞻性。

2. 注意处理好理论与实践统一的关系，防止理论与实践脱节的倾向。

3. 注意处理好共性和个性的关系，既要认真开展对当前文艺建设和发展有普遍指导意义的课题研究，也要针对本学科领域和本地区存在的特殊问题，深入开展个案研究和实证性研究。

4. 在数量和质量上注意做到缩短战线，控制规模，注重立项课题的质量，杜绝低水平重复选题，切实提高全国艺术科学研究的整体水平。

5. 在研究方法上，提倡运用现代科技手段，提倡定性研究与定量研究相结合，提倡理论研究与实证研究相结合，实现研究方法的科学性、规范性和严谨性。

五、根据突出重点，兼顾一般，控制规模，提高质量的要求，本年度项目应以我国文化建设与发展战略中急需解决的重大现实问题、热点难点问题和涉及文化建设现状的数据调查研究等应用对策研究为主攻方向，同时对在学科建设方面具有填补空白意义的基础理论研究、民族民间文化艺术遗产研究等集体攻关课题以及边远贫困地区和少数民族地区特别是西部地区文化艺术研究给予倾斜。

六、经过评审后，正式列入国家社会基金艺术学2008年度项目的，多数应是国家急需的综合性应用课题；理论上有新的突破和建树、具有较高学术价值的基础理论课题和填补空白的课题。除重要的基础研究外，鼓励以论文和研究报告作为最终研究成果进行申报。

一、综合研究

1. 中国共产党与中国文艺事业发展研究

2. 科学发展观与新世纪新阶段我国文艺发展战略研究

3. 文化大发展大繁荣与社会主义核心价值体系

建设研究

4. 改革开放30年我国艺术发展

5. 文艺创新的理论与实践研究

6. 深化文艺体制改革的理论与实践研究

7. 社会主义新农村文化建设问题研究

8. 当代中国公众艺术需求调查

9. 西部大开发与西部艺术研究

10. 民族民间文化遗产研究

11. 少年儿童艺术研究

12. 少数民族艺术研究

13. 海峡两岸艺术交流现状与发展研究

14. 海外华人艺术研究

15. 中外重要艺术家研究

16. 重要艺术文献研究

二、分类研究

（一）艺术基础理论研究

17. 马克思主义艺术学基本原理

18. 毛泽东、邓小平文艺思想及中国化的马克思主义艺术理论研究

19. 文化大发展大繁荣与我国艺术科学建设研究

20. 改革开放30年中国艺术学发展研究

21. 中国新媒体艺术研究

22. 外国艺术史、艺术理论和艺术思潮研究

23. 曲艺史论研究

24. 杂技、魔术史论研究

（二）戏剧研究

25. 中国现当代戏剧理论批评研究

26. 中国戏剧当代发展研究

27. 戏剧表演艺术理论研究

28. 戏剧剧场史演出史研究

29. 戏剧影像、口述资料研究

30. 中外戏剧比较研究

31. 外国戏剧思潮研究

32. 木偶戏、皮影戏史论研究

（三）电影、电视剧及广播艺术研究

33. 电影学科现状与前沿问题研究

34. 中国电影史学与文献研究

35. 中国电影理论与批评研究

36. 全球化与中国电影民族主体性研究

37. 港台电影、电视剧艺术研究

38. 中国电影电视戏曲资料库建设问题研究

39. 中外电影比较研究

40. 动画艺术研究

41. 广播艺术研究

（四）音乐研究

42. 中国音乐史学研究

43. 音乐美学研究

44. 音乐创作研究

45. 中外民族音乐学研究

46. 西方音乐史学研究

47. 通俗音乐现状及发展趋势研究

（五）舞蹈研究

48. 中国舞蹈史学研究

49. 中外传统舞蹈史研究

50. 中外现代舞研究

51. 舞蹈美学与舞蹈批评研究

52. 舞蹈编导、舞蹈表演研究

（六）美术研究

53. 中国美术史方法论研究

54. 中国传统美术研究

55. 中国古典绘画艺术研究

56. 美术批评研究

57. 当代西方美术思潮研究

58. 中国书法、篆刻理论与批评研究

59. 艺术设计史论研究

60. 20世纪装饰艺术研究

61. 建筑与环境艺术研究

62. 美术图像、文献资料数字化建设研究

63. 摄影艺术研究

（七）文化艺术管理研究

64. 我国文化产业、文化市场与文化经济政策研究

65. 全球化背景下国家“软实力”与文化安全体系构建研究

66. 公共文化服务体系研究

67. 国家艺术荣誉制度研究

68. 中外文化艺术交流现状与发展战略研究

69. 文化艺术信息化建设研究

70. 民营表演团体现状与发展研究

71. 文化娱乐业现状及发展趋势研究

72. 文化艺术经营管理人才培养模式及发展战略研究

73. 外国艺术法规译介与研究

（全国艺术科学规划领导小组办公室供稿）

国家社会科学基金艺术学“十一五”规划2008年度项目（北京地区）

项目名称	负责人	负责人所在单位	批准号	项目类别	预期成果形式	计划完成时间
中国电影史学与资料库建设研究	丁亚平	中国艺术研究院	08AC03	国家重点项目	专著	2011.12.31
西方现代视觉文化与艺术研究	易　英 邵亦杨	中央美术学院	08AF05	国家重点项目	专著	2011.12.31
我国文化服务业发展及政策研究——基于产业特性视角	杨玉英	国家发展改革委员会	08AG06	国家重点项目	研究报告	2009.12.31
我国数字媒体艺术的理论构建与学科发展研究	廖祥忠	中国传媒大学	08BA09	国家一般项目	论文 专著	2010.12.31
戏剧表、导演的中国学派	林兆华	北京大学	08BB11	国家一般项目	专著 其他	2011.12.31
皮影新媒体传播研究	王　珉	北京交通大学	08BB12	国家一般项目	论文 其他	2009.12.31
中国电影全面实施产业化政策以来电影产业成果及问题研究	陆绍阳	北京大学	08BC18	国家一般项目	研究报告	2009.12.31
新时期中国文献纪录片研究	张宗伟	中国传媒大学	08BC21	国家一般项目	专著	2011.12.31
音乐的网络传播研究	曾遂今	中国传媒大学	08BD27	国家一般项目	专著 其他	2011.12.31
传统的蜕变——中国现代民族管弦乐队百年鉴思	薛艺兵	中国艺术研究院	08BD28	国家一般项目	专著	2010.12.31
客家宗祠及其仪式音乐——以赣南客家宗族祭祖仪式为例	张振涛	中国艺术研究院	08BD29	国家一般项目	专著 论文	2011.12.31
中国乐器学概论	刘　勇	中国音乐学院	08BD30	国家一般项目	专著	2010.12.31
西方音乐史学理论研究	刘经树	中央音乐学院	08BD31	国家一般项目	专著 论文	2009.12.31
印度音乐文化	陈自明	中央音乐学院	08BD32	国家一般项目	专著	2011.12.31
中国古代舞蹈研究与复现	孙　颖	北京舞蹈学院	08BE33	国家一般项目	研究报告	2011.12.31
新农村规划建设的环境艺术设计研究	周浩明	清华大学	08BF40	国家一般项目	专著 论文	2010.12.31

续表

项目名称	负责人	负责人所在单位	批准号	项目类别	预期成果形式	计划完成时间
中国书法文献研究	任　平	中国艺术研究院	08BF49	国家一般项目	专著	2010. 12. 31
中国少数民族刺绣工艺文化研究	李宏复	中国艺术研究院	08BF50	国家一般项目	专著	2011. 12. 31
中国当代美术口述史	王　林	中国艺术研究院	08BF51	国家一般项目	研究报告 其他	2011. 12. 31
文化行业中的标准化问题理论与实证研究	闫贤良	中国艺术科技研究所	08BG57	国家一般项目	研究报告 专著	2009. 12. 31
“跨媒介艺术”：当代艺术创作中的多媒介和跨学科现象研究	庄维嘉	北京航空航天大学	08CA58	国家青年项目	专著 其他	2009. 12. 31
梨园行会与中国戏曲衍生规律——古代梨园会馆碑刻文献整理与研究	王　馗	中国艺术研究院	08CB61	国家青年项目	专著 研究报告	2010. 12. 31
电影台词的设置与艺术张力研究	张　冲	北京电影学院	08CC62	国家青年项目	专著	2009. 12. 31
美国电影中的华人形象及中国身份认同	黎　煜	中国电影艺术研究中心	08CC63	国家青年项目	专著 论文	2011. 12. 31
彝族音乐与彝语的关系研究	徐健顺	中央民族大学	08CD66	国家青年项目	专著 论文	2010. 12. 31
20 世纪中国装饰艺术研究	周爱民	清华大学	08CF67	国家青年项目	专著 论文	2011. 12. 31
1978—2008 年中国画之当代研究	张冬卉	中国国家画院	08CF69	国家青年项目	研究报告 专著	2011. 12. 31
绘画与诗意——丰子恺的艺术	张　斌	中国艺术研究院	08CF71	国家青年项目	专著	2011. 12. 31
中国现代漆艺史	丛玲玲	中国艺术研究院	08CF72	国家青年项目	专著	2011. 12. 31
民初北京传统派画家“美术改良”之价值重审	杭春晓	中国艺术研究院	08CF73	国家青年项目	专著	2011. 12. 31
留学生与中国近现代美术	傅怡静	中央美术学院	08CF74	国家青年项目	专著 研究报告	2009. 12. 31
我国文化产业融资问题研究	赵建军	文化部	08CG76	国家青年项目	专著	2010. 12. 31
网络文化特征及表现形式	王　路	中国艺术研究院	08HG91	国家数据库专项	专著	2011. 10. 30
全国文化艺术类网站调查与研究报告	吴祚来	中国艺术研究院	08HG92	国家数据库专项	专著	2011. 10. 30

批准号释义：

一、“08”—2008 年度。

二、第一个英文字母分别代表：A－国家重点项目；B－国家一般项目；C－国家青年项目；H－国家数据库专项。

三、第二个英文字母分别代表：A－艺术基础理论研究；B－戏剧戏曲研究；C－电影、电视及广播艺术研究；D－音乐研究；E－舞蹈研究；F－美术研究；G－文化艺术管理研究。

四、最后两位数字为序号。

（全国艺术科学规划领导小组办公室供稿）

2008年度教育部人文社会科学重点研究基地项目（北京地区）

所在学校	基地名称	招标课题名称	中标者	所在单位
北京大学	邓小平理论研究中心	全球化视野中的中国社会发展	丰子义	北京大学
北京大学	邓小平理论研究中心	马克思主义中国化与中国传统文化	孙熙国	北京大学
北京大学	东方文学研究中心	东亚文学的发生学研究	严绍璗	北京大学
北京大学	东方文学研究中心	东方学视野下的文学、学术思想文化与学科认同	罗志田	北京大学
北京大学	汉语语言学研究中心	《韩非子》实词及相关句法结构研究	宋绍年	北京大学
北京大学	汉语语言学研究中心	汉语多功能语法形式的语义地图研究	李小凡	北京大学
北京大学	教育经济研究所	中国高等职业教育的经济与非经济收益研究	陈良焜	北京大学
北京大学	教育经济研究所	教育政策目标与执行过程偏离问题研究：以独立学院为例	陈学飞	北京大学
北京大学	美学与美育研究中心	中国艺术批评通史（第五、六、七卷）	陈旭光	北京大学
北京大学	美学与美育研究中心	中国美学通史（第五、六、七卷）	丁　宁	北京大学
北京大学	外国哲学研究所	自由意志与道德责任问题研究	徐向东	北京大学
北京大学	外国哲学研究所	印度婆罗门教哲学与佛教哲学比较研究	姚卫群	北京大学
北京大学	宪法与行政法研究中心	“参与式行政”与中国行政法制模式变革研究	方世荣 王锡锌	北京大学
北京大学	宪法与行政法研究中心	风险管制与行政法新发展研究	张　骐 沈　岿	北京大学
北京大学	政治发展与政府管理研究所	当代中国廉政预警体系建设研究	李成言	北京大学
北京大学	政治发展与政府管理研究所	政府治理机制研究	燕继荣	北京大学
北京大学	中国古代史研究中心	战国秦汉简牍所见制度与社会综合研究	吴荣曾	北京大学
北京大学	中国古代史研究中心	《至正条格》与元代法制研究	张　帆	北京大学
北京大学	中国古文献研究中心	日本国立公文书馆（原内阁文库）藏珍稀本汉籍选刊	杨　忠	北京大学
北京大学	中国古文献研究中心	日本国会图书馆藏珍稀本汉籍选刊	刘玉才	北京大学
北京大学	中国经济研究中心	并购重组在中国股票市场的经济功能研究	巫和懋	北京大学

续表

所在学校	基地名称	招标课题名称	中标者	所在单位
北京大学	中国考古学研究中心	河西魏晋十六国墓葬研究——以敦煌佛爷庙湾出土资料为中心	赵化成 韦　正	北京大学
北京大学	中国考古学研究中心	宝鸡青铜器博物馆藏商周青铜器的整理与研究	徐天进	北京大学
北京大学	中国社会与发展研究中心	和谐社会建设中企业社会责任的社会学研究	刘爱玉	北京大学
北京师范大学	比较教育研究中心	学术规范与学术道德建设的国际比较研究	王晓辉	北京师范大学
北京师范大学	比较教育研究中心	高等教育质量保证体系的国际比较研究	马健生	北京师范大学
北京师范大学	发展心理研究所	促进心脑血管疾病老年患者康复的心理因素研究	申继亮	北京师范大学
北京师范大学	发展心理研究所	基于心理辅导的青少年犯教育改造途径研究	张文新	山东师范大学
北京师范大学	价值与文化研究中心	中国近代以来文化价值秩序变迁与社会主义核心价值体系研究	吴向东	北京师范大学
北京师范大学	价值与文化研究中心	中国文化与中国人的精神家园——从近代到现代	朱红文	北京师范大学
北京师范大学	教师教育研究中心	我国教师劳动的经济学分析	曲恒昌 曾晓东	北京师范大学
北京师范大学	教师教育研究中心	政治社会学视角下的现当代中国中小学教师专业化进程研究	高　奇 胡　艳	北京师范大学
北京师范大学	民俗典籍文字研究中心	隋唐五代碑刻及手写文献电子典藏及属性描述	秦永龙	北京师范大学
北京师范大学	民俗典籍文字研究中心	《〈四库全书总目提要〉校正》	龚鹏程	北京师范大学
北京师范大学	史学理论与史学史研究中心	中国古代史学中的生态环境思想研究——以农业与生态环境关系为中心的考察	王培华	北京师范大学
北京师范大学	史学理论与史学史研究中心	中国、日本及朝、韩史学发展比较研究	乔治忠	南开大学
北京师范大学	文艺学研究中心	海外汉学与中国文论	黄卓越	北京语言大学
北京师范大学	文艺学研究中心	中国现当代文学理论重要概念的起源和发展	王向远	北京师范大学
北京语言大学	对外汉语研究中心	留学生汉语词汇习得的计算机模拟研究	邢红兵	北京语言大学
对外经济贸易大学	中国 WTO 研究院	国际服务经济一体化理论与实证研究	杨荣珍	对外经济贸易大学

续表

所在学校	基地名称	招标课题名称	中标者	所在单位
对外经济贸易大学	中国WTO研究院	博弈论与多边贸易体制	刘光溪	对外经济贸易大学
清华大学	技术创新研究中心	中国重化工产业发展中的技术创新理论与对策研究	李廉水	南京信息工程大学
清华大学	现代管理研究中心	新兴电子商务环境下市场形成机制和电子市场微观交易机制设计与优化研究	陈　剑	清华大学
清华大学	现代管理研究中心	改革开放以来中国公司权力扩张问题的研究	宁向东	清华大学
中国传媒大学	广播电视研究中心	社会转型期的媒介伦理问题研究	龙　耘	中国传媒大学
中国人民大学	佛教与宗教学理论研究所	宗教学专业系列教材一	末木文美　士	中国人民大学
中国人民大学	佛教与宗教学理论研究所	宗教学专业系列教材二	罗秉祥	中国人民大学
中国人民大学	伦理学与道德建设研究中心	马克思主义伦理思想研究	宋希仁	中国人民大学
中国人民大学	伦理学与道德建设研究中心	中外道德教育比较研究	金生鈜	南京师范大学
中国人民大学	民商事法律科学研究中心	民法学方法论研究	姚　辉	中国人民大学
中国人民大学	民商事法律科学研究中心	他物权制度的现代化问题研究	刘保玉	北京航空航天大学
中国人民大学	欧洲问题研究中心	欧洲一体化进程中“法治”原则的建构历程及其对中国的借鉴意义	郭寿康	中国人民大学
中国人民大学	欧洲问题研究中心	经济全球化和欧盟东扩背景下的欧盟市场一体化研究：规制、进展、问题、前景与借鉴	丁　纯	复旦大学
中国人民大学	清史研究所	清代政治文化研究	杨念群	中国人民大学
中国人民大学	清史研究所	清代中西、中日文化关系史研究——以语言的交流互动为中心	黄兴涛	中国人民大学
中国人民大学	人口与发展研究中心	中国流动人口研究	杨菊华	中国人民大学
中国人民大学	人口与发展研究中心	西部生态移民研究（跟踪调查）	侯东民	中国人民大学
中国人民大学	“三个代表”重要思想研究中心	“三个代表”重要思想与中国改革开放的历史经验研究	陶文昭	中国人民大学
中国人民大学	“三个代表”重要思想研究中心	“一国两制”在香港、澳门的成功实践及历史经验研究	齐鹏飞	中国人民大学

续表

所在学校	基地名称	招标课题名称	中标者	所在单位
中国人民大学	社会学理论与方法研究中心	社区理论与我国和谐社区建设研究	夏建中	中国人民大学
中国人民大学	社会学理论与方法研究中心	民间纠纷解决模式的法社会学研究	郭星华	中国人民大学
中国人民大学	新闻与社会发展研究中心	新闻学学术规范研究	郑保卫	中国人民大学
中国人民大学	新闻与社会发展研究中心	新一代互联网环境下舆论引导与控制对策研究	匡文波	中国人民大学
中国人民大学	刑事法律科学研究中心	当代中国社会结构与犯罪问题研究	戴玉忠	中国人民大学
中国人民大学	刑事法律科学研究中心	社会变迁、刑法发展与立法模式的变革	肖中华	中国人民大学
中国人民大学	应用统计中心	多水平数据中的统计理论、方法及其应用研究	田茂再	中国人民大学
中国人民大学	应用统计中心	基于微观数据的我国统计核算数据估算模型方法研究	赵彦云	中国人民大学
中国人民大学	中国财政金融政策研究中心	财政扶贫、转移支付与最终消除绝对贫困	岳希明	中国人民大学
中国人民大学	中国财政金融政策研究中心	现代财政金融理论的中国渊源——17－19世纪中国财政金融问题及其文献研究	何　平	中国人民大学
中国政法大学	法律史学研究院	唐宋社会变动与法律变化研究	陈景良	河南大学
中国政法大学	法律史学研究院	中国少数民族法制史研究	张晋藩	中国政法大学
中国政法大学	诉讼法学研究院	刑事和解与程序分流研究	顾永忠	中国政法大学
中国政法大学	诉讼法学研究院	民事纠纷的多元化解决机制与构建和谐社会的理论与实证研究	乔　欣	中国政法大学
中央财经大学	中国精算研究院	我国自然灾害保险制度研究	郝演苏	中央财经大学
中央财经大学	中国精算研究院	精算学的量化方法及原理在信用风险管理中的应用	杨静平	中央财经大学
中央民族大学	中国少数民族研究中心	少数民族非物质文化遗产	祁庆富 文日焕 苍　铭	中央民族大学
中央民族大学	中国少数民族研究中心	藏族文化遗产传承保护与旅游开发调查研究	喜饶尼玛	中央民族大学
中央音乐学院	音乐研究所	中国新疆木卡姆研究	肖学俊	新疆艺术学院
中央音乐学院	音乐研究所	中国歌剧与音乐剧发展状况研究	居其宏	南京艺术学院

（高校社科管理中心白晓供稿）

2008年度教育部在京高校国家社会科学基金重大招标项目中标课题

课题名称	首席专家	责任单位
科学发展观引领下的教育创新与创新型国家建设重大问题研究	刘川生	北京师范大学
建设社会主义核心价值体系的几个重大关系研究	龚　群	中国人民大学
重大自然灾害和重大突发公共事件应对新框架研究——基于汶川大地震的实证研究	张秀兰	北京师范大学
应对国家重大突发事件武装力量运用研究	王朝田	国防大学
应对重大自然灾害与构建我国粮食安全保障体系对策研究	郑新立 李孟刚	北京交通大学
保障农民权益的分类对策研究	王宝明	国家行政学院
发展农民专业合作组织和完善农村基本经营制度研究	孔祥智	中国人民大学
建立现代农村金融制度对策研究	何广文	中国农业大学
生产三要素市场统一构建与城乡经济社会一体化战略实施	朱善利 范恒山	北京大学
促进农村社会全面进步对策研究——我国农村信仰问题与公共事业发展关系研究	郑风田	中国人民大学
全球金融危机下我国先进制造业发展战略研究	林汉川	对外经济贸易大学
推进我国多元城镇化战略模式研究	李　强	清华大学
妥善应对国际金融风险对策研究	俞　樵	清华大学
影响边疆少数民族地区社会稳定的突出问题及对策研究	李俊清	中央民族大学
我国对外传播文化软实力研究	关世杰	北京大学
舆论引导力与社会舆情预警系统研究	李希光	清华大学
北京奥运会成功举办的重大意义和基本经验研究	冯惠玲	中国人民大学
体育大国迈进体育强国的战略研究	池　建	北京体育大学

（高校社科管理中心白晓供稿）

2008年度教育部人文社会科学研究一般项目（北京地区）

学校	课题名称	类别	项目批准号	学科门类	申请人
北京大学	分类推进我国事业单位管理体制改革研究	规划基金	08JA630006	管理学	黄恒学
北京大学	投资者保护导向的审计治理效应	规划基金	08JA630007	管理学	伍利娜
北京大学	日语复合格助词在语法结构中的地位研究	规划基金	08JA740002	语言学	马小兵
北京大学	汉唐时期葬俗研究	规划基金	08JA780001	考古学	沈睿文
北京大学	北京奥运遗产的旅游开发——基于入京游客旅游行为时空间特征的研究	规划基金	08JA790003	经济学	卿前龙
北京大学	梅德韦杰夫执政后俄罗斯的外交战略走势	规划基金	08JA810001	政治学	柳丰华
北京大学	高校人文社科外文文献资源的布局与保障研究	规划基金	08JA870002	图书情报文献学	肖　珑
北京大学	欧盟共同农业政策实施与改革对我国农业发展的启示	规划基金	08JA790004	经济学	吴侨玲
北京大学	投资者法律保护、政治关联与经济后果研究	青年基金	08JC630001	管理学	许年行
北京大学	英国文学札记书研究：以《缪斯的花园》为中心	青年基金	08JC752001	外国文学	郝田虎
北京大学	我国增值税转型对财政体系代际平衡状况的影响研究	青年基金	08JC790005	经济学	蒋云赟
北京大学	经济增长背景下的执政党认同：以墨西哥、意大利、印度、俄罗斯等国为例	青年基金	08JC810001	政治学	祝灵君
北京大学	《资政院议场会议速记录》校注	青年基金	08JC820002	法学	李启成
北京大学	非物质文化遗产法律保护研究	青年基金	08JC820003	法学	杨　明
北京大学	扩招后我国高校学生学习行为特征及其影响因素研究	青年基金	08JC880002	教育学	鲍　威
北京大学	同伴关系与初中学生表现研究	青年基金	08JC880003	教育学	杨　钋
北京大学	北京大学文化百年研究	青年基金	08JC770100	历史学	杨　河
北京大学	高校人文社会科学研究与境外基金利用	专项任务	08JD630006	管理学	范世明
北京第二外国语学院	基于生产效率与交易效率的中小企业发展环境分析与政策研究	青年基金	08JC790006	经济学	王成慧
北京电影学院	实拍转换动画——电影新技术研发	规划基金	08JA760001	艺术学	段　佳

续表

学校	课题名称	类别	项目批准号	学科门类	申请人
北京工商大学	基于消费价值的中国农村消费者分群范式及品牌选择研究	青年基金	08JC630002	管理学	刘　勇
北京工商大学	全球粮食价格长期上涨条件下的中国国内粮价稳定对策研究	青年基金	08JC790007	经济学	李　宁
北京工业大学	基于混沌理论的上市公司大股东持股行为研究	规划基金	08JA630008	管理学	尚洪涛
北京航空航天大学	美国自白诗研究	规划基金	08JA752001	外国文学	彭　予
北京航空航天大学	中美动产担保制度比较研究	规划基金	08JA820001	法学	孙新强
北京航空航天大学	特色型大学发展的政策环境研究	规划基金	08JA880003	教育学	张彦通
北京化工大学	新企业会计准则下盈余结构的价值相关性研究	规划基金	08JA630009	管理学	程小可
北京建筑工程学院	城市雨水排放许可与雨水资源化激励政策研究	规划基金	08JA630010	管理学	李俊奇
北京交通大学	索绪尔与海德格尔语言观对比研究	规划基金	08JA740003	语言学	叶起昌
北京交通大学	基于复杂性理论的创意产业集群创新动力机制研究	规划基金	08JA790005	经济学	张梅青
北京交通大学	企业并购的可预测性研究	青年基金	08JC630003	管理学	谢纪刚
北京交通大学	中国产业合并的影响因素和演进趋势：理论与实证	青年基金	08JC630004	管理学	张金鑫
北京交通大学	人文关怀视阈下思想政治教育范式转换新探	青年基金	08JC710001	马克思主义	吴　琼
北京科技大学	“80后”新入职大学生组织社会化障碍及培训干预机制研究	青年基金	08JC630005	管理学	魏　钧
北京理工大学	主权财富基金投资模式与投资策略研究	规划基金	08JA790006	经济学	刘　云
北京理工大学	生态安全预警——中国西部脆弱生态环境与可持续发展研究	规划基金	08JA790007	经济学	温明春
北京理工大学	公共政策制定中多方利益协调的共赢方法论研究	青年基金	08JC630006	管理学	李　亚
北京理工大学	基于超售策略的航空旅客决策行为机理研究	青年基金	08JC630007	管理学	张　祥
北京理工大学	风险社会与人的发展	青年基金	08JC710002	马克思主义	刘　婧
北京理工大学	中印关系前景及其影响因素研究	青年基金	08JC810002	政治学	陈宗海

续表

学校	课题名称	类别	项目批准号	学科门类	申请人
北京联合大学	环境制度变迁对工业企业排污行为影响的实证研究	规划基金	08JA790008	经济学	穆红莉
北京联合大学	纪录改革开放：中国纪录片 30 年研究	青年基金	08JC760002	艺术学	孙红云
北京师范大学	我国非点源污染防治的立法研究	规划基金	08JA820002	法学	冷罗生
北京师范大学	中国环境下英语学习中任务的作用	规划基金	08JA740004	语言学	罗少茜
北京师范大学	刑事领域的非正式处罚研究	规划基金	08JA820003	法学	李汉军
北京师范大学	基于设计的研究：教育研究的范式创新	规划基金	08JA880008	教育学	王文静
北京师范大学	南宋哲学的学派冲突与问题争论	规划基金	08JA720002	哲学	李祥俊
北京师范大学	“211 工程”高校科研生产率动态变化评估	规划基金	08JA880006	教育学	胡咏梅
北京师范大学	英美等国学校改进理论与实践的研究与借鉴	规划基金	08JA880004	教育学	程凤春
北京师范大学	解放思想与中国特色社会主义道路的形成研究	规划基金	08JA710002	马克思主义	王炳林
北京师范大学	非对称：世界创生之源与演化的推力	规划基金	08JA720001	哲学	董春雨
北京师范大学	中、美学生英语硕士论文语类结构的对比分析	规划基金	08JA740005	语言学	孙迎晖
北京师范大学	西方后现代戏剧与中国当代大都市舞台艺术比较研究	规划基金	08JA760002	艺术学	曹雷雨
北京师范大学	维护统一与制造分裂的斗争：1927—1949 年中英两国政府关于西藏问题的交涉与争论	规划基金	08JA770001	历史学	张　皓
北京师范大学	劳动定价与收入差别——对中国收入差距的一个理论解释	规划基金	08JA790009	经济学	杨晓维
北京师范大学	全球公益与全球治理研究	规划基金	08JA810002	政治学	刘小林
北京师范大学	中国播客发展及影响力研究	规划基金	08JA860001	新闻学与传播学	王长潇
北京师范大学	中国特殊教育史研究	规划基金	08JA880005	教育学	顾定倩
北京师范大学	全球化进程中我国高等教育资助发展模式研究	规划基金	08JA880007	教育学	毛亚庆
北京师范大学	父亲参与儿童教养行为的基本特点及影响因素研究	规划基金	08JAXLX001	心理学	伍新春
北京师范大学	公司、企业领导人刑事责任研究	青年基金	08JC820005	法学	李山河
北京师范大学	中国竞技体育软实力建设研究	青年基金	08JC630008	管理学	苗向军
北京师范大学	语篇向心理论的发展及应用研究	青年基金	08JC740001	语言学	王德亮

续表

学校	课题名称	类别	项目批准号	学科门类	申请人
北京师范大学	民国时期北京、天津城市社会救助比较研究	青年基金	08JC770001	历史学	李小尉
北京师范大学	儒学与日本社会——以幕府体制的统治原理为中心	青年基金	08JC770002	历史学	唐利国
北京师范大学	城乡劳动力流动与收入差距	青年基金	08JC790008	经济学	邢春冰
北京师范大学	中国经济市场化程度的测度与分析(1978—2008)	青年基金	08JC790009	经济学	曾学文
北京师范大学	上市公司重整法律问题研究	青年基金	08JC820004	法学	贺　丹
北京师范大学	义务教育财政制度公平性研究	青年基金	08JC880004	教育学	成　刚
北京师范大学	大学的兴起及其对近代西文文明的影响	青年基金	08JC880005	教育学	孙　益
北京师范大学	西方保守主义大学思想史研究	青年基金	08JC880006	教育学	王　晨
北京师范大学	评价中心技术在研究生复试中的应用研究	青年基金	08JCXLX001	心理学	孙晓敏
北京师范大学	老年人的夫妻依恋特点及其与婚姻法冲突管理和婚姻满意度的关系	青年基金	08JCXLX002	心理学	王大华
北京石油化工学院	高油价对我国国民经济影响的实证研究	青年基金	08JC790010	经济学	王风云
北京外国语大学	基于语料库的中国大学生英语口语话语特征研究	青年基金	08JC740002	语言学	许家金
北京外国语大学	宫崎骏动画电影的文化研究	青年基金	08JC760003	艺术学	秦　刚
北京外国语大学	跨国民主及其限度：欧盟宪法进程及其启示	青年基金	08JC810003	政治学	王展鹏
北京物资学院	中国农产品质量安全保障机制研究	青年基金	08JC630009	管理学	王可山
北京邮电大学	基于移动通信网的手机文化研究	规划基金	08JA840003	社会学	王　欢
北京邮电大学	研究型大学的科研特色与定位	规划基金	08JA880009	教育学	吕廷杰
北京邮电大学	特色型大学的形成与发展道路研究	规划基金	08JA880010	教育学	王亚杰
北京邮电大学	争议的在线解决机制研究	青年基金	08JC820006	法学	丁　颖
北京信息科技大学	乡村民俗文化的濡化与新农村建设	规划基金	08JA840002	社会学	梁冬梅
北京语言大学	基于语料库的外国人汉语句式习得研究	规划基金	08JA740006	语言学	张宝林
北京语言大学	钱塘江流域的九姓渔民方言——濒危方言个案研究	青年基金	08JC740003	语言学	黄晓东
北京语言大学	基于句法——语义界面的中古汉语“完成”范畴研究	青年基金	08JC740005	语言学	帅志嵩
北京语言大学	英美当代女性作家童话改写研究	青年基金	08JC752002	外国文学	穆　杨
北京语言大学	基于语料库的对外汉字教学研究	青年基金	08JC740004	语言学	梁彦民

续表

学校	课题名称	类别	项目批准号	学科门类	申请人
对外经济贸易大学	采购供应链的协调及腐败问题研究	规划基金	08JA630015	管理学	马　俊
对外经济贸易大学	我国巨灾风险管理的财政支持体系研究	规划基金	08JA790018	经济学	林　晶
对外经济贸易大学	面向低收入群体市场的创新研究	青年基金	08JC630015	管理学	邢小强
对外经济贸易大学	我国对外直接投资绩效分析与策略研究	青年基金	08JC790015	经济学	蓝庆新
对外经济贸易大学	部属高校补充性养老金制度建设研究	青年基金	08JC790016	经济学	刘经纬
对外经济贸易大学	考虑合谋因素的政府安全管制效果研究	青年基金	08JC790017	经济学	吴　伟
清华大学	互动视频节目形态与商业模式研究	规划基金	08JA860008	新闻学与传播学	刘惠芬
清华大学	基于无线广域网的移动数字图书馆实现和服务机制的若干关键问题	规划基金	08JA870010	图书情报文献学	张成昱
清华大学	敦煌隋唐写经书法研究	青年基金	08JC760016	艺术学	邱才桢
清华大学	中国制造业的绿色生产率核算	青年基金	08JC790060	经济学	曹　静
清华大学	当代中国家事法制道德基础研究	青年基金	08JC820028	法学	巫若枝
清华大学	公共服务合同外包中的政府责任研究	青年基金	08JC820029	法学	杨　欣
清华大学	中美新闻发布的机制构建和传播效果比较研究	青年基金	08JC860005	新闻学与传播学	史安斌
清华大学	学校体育和社区体育结合的“阳光周末”体育活动的可持续发展研究	专项任务	08JD880003	教育学	王培勇
首都经济贸易大学	我国城市居民奢侈品购买行为的价值观解析与区域差异比较	规划基金	08JA630052	管理学	张梦霞
首都经济贸易大学	中国绿色 GDP 投入产出表编制与分析研究	规划基金	08JA790086	经济学	廖明球
首都经济贸易大学	中国垄断行业服务质量监管问题研究	规划基金	08JA790087	经济学	柳学信
首都经济贸易大学	分阶段推进我国基本公共服务均等化的制度改革设计研究	青年基金	08JC630057	管理学	刘业进
首都师范大学	构建大学生思想政治工作“心理疏导”的长效机制研究	规划基金	08JA710028	马克思主义	杨芷英

续表

学校	课题名称	类别	项目批准号	学科门类	申请人
首都师范大学	唐代官僚体制与书法	规划基金	08JA760016	艺术学	王元军
首都师范大学	转变经济发展方式与我国重化工业的发展	规划基金	08JA790088	经济学	孙咏梅
首都师范大学	尚韵书风流变研究——兼论书家的“切时如需”思想	青年基金	08JC760019	艺术学	解小青
首都师范大学	基于网络的基础教育校际教师协作与发展共同体构建的研究	青年基金	08JC880025	教育学	任剑锋
首都师范大学	农村义务教育投入与教育质量关系的多水平模型分析	青年基金	08JC880026	教育学	薛海平
首都师范大学	从“规训”到“对话”：走向对话的教学研究	青年基金	08JC880027	教育学	张增田
首都医科大学	提高社区医生转诊能力的辅助诊断系统研究	规划基金	08JA840023	社会学	郭秀花
中国传媒大学	20世纪中国戏剧理论批评的历史走向与价值重建	规划基金	08JA760030	艺术学	周靖波
中国传媒大学	典型报道的社会效果评析	青年基金	08JC860009	新闻学与传播学	丁　迈
中国传媒大学	全球化媒介事件的外宣传播效果及策略研究：以北京奥运为案例	青年基金	08JC860010	新闻学与传播学	罗　青
中国传媒大学	公共突发事件中广播媒体的责任、功能及应急体系建设	青年基金	08JC860011	新闻学与传播学	王　宇
中国传媒大学	媒介文本分析：方法与案例	青年基金	08JC860012	新闻学与传播学	张　磊
中国地质大学(北京)	矿业城市经济转型制度变迁的差异性及可持续发展机制研究	规划基金	08JA790124	经济学	汪安佑
中国地质大学(北京)	国家地质公园地质旅游开发和管理模式研究	青年基金	08JC630081	管理学	许　涛
中国矿业大学(北京)	中国英语学习者语调重音的优选论分析	规划基金	08JA740043	语言学	王红梅
中国农业大学	农村劳动力就业与流动的性别差异及其对新农村建设的影响	规划基金	08JA790129	经济学	刘晓昀
中国农业大学	全球化背景下母语与外语的关系研究	规划基金	08JA740044	语言学	李建华
中国农业大学	基于NPO的教材循环利用供应链运作机制及实践研究	规划基金	08JA790127	经济学	侯云先
中国农业大学	劳动力流动背景下的农村基本医疗卫生服务政策研究	规划基金	08JA790128	经济学	林万龙

续表

学校	课题名称	类别	项目批准号	学科门类	申请人
中国农业大学	中国当代农民工城市化过程中的审美趣味转变研究	青年基金	08JC760024	艺术学	柳　沙
中国人民大学	建筑物区分所有权登记制度研究	规划基金	08JA820035	法学	谭　峻
中国人民大学	青海三江源地区生态移民工程对移民的影响研究	规划基金	08JA840028	社会学	孟向京
中国人民大学	《劳动合同法》对劳动力市场效率影响的实证研究	规划基金	08JA790130	经济学	程延园
中国人民大学	我国生态消费模式的构建路径与评价指标研究	规划基金	08JA630085	管理学	江　林
中国人民大学	基于目标定向理论的下属领导行为	规划基金	08JA630087	管理学	章　凯
中国人民大学	北约模式与亚洲安全模式比较研究	规划基金	08JA810024	政治学	许海云
中国人民大学	财政转移支付立法问题研究	规划基金	08JA820036	法学	徐孟洲
中国人民大学	公共外交理论建构与案例库建设	规划基金	08JA860014	新闻学与传播学	钟　新
中国人民大学	青少年生活事件、心理弹性与其互联网使用的关系	规划基金	08JAXLX015	心理学	雷　雳
中国人民大学	不对称营销渠道环境下的中国家电企业产品创新策略研究	规划基金	08JA630084	管理学	黄江明
中国人民大学	退耕新政对西部退耕区的影响及对策研究——以吴旗县为案例	规划基金	08JA840027	社会学	侯东民
中国人民大学	战略领导、两栖学习与技术创新关系的研究	规划基金	08JA630086	管理学	王凤彬
中国人民大学	20世纪宣传观念的变迁	青年基金	08JC860013	新闻学与传播学	刘海龙
中国人民大学	和谐社会构建中的新闻传媒与农民工研究	青年基金	08JC860014	新闻学与传播学	许向东
中国人民大学	改革开放30年来中国共产党理论创新基本经验问题研究	青年基金	08JC710014	马克思主义	王海军
中国人民大学	我国农民工回乡创业理论及实证研究	青年基金	08JC630083	管理学	崔海兴
中国人民大学	中国转型期职业伤亡事故预防机制研究	青年基金	08JC630084	管理学	乔庆梅
中国人民大学	《孝经》学史	青年基金	08JC720017	哲学	陈壁生
中国人民大学	特殊抵押权制度研究	青年基金	08JC820041	法学	高圣平
中国人民大学	驻京外国人对中国形象建构因素分析	青年基金	08JC860015	新闻学与传播学	赵云泽

续表

学校	课题名称	类别	项目批准号	学科门类	申请人
中国人民大学	美国研究型大学竞争力形成机制分析及启示	青年基金	08JC880038	教育学	胡　娟
中国人民大学	我国大学人文社会科学的国际化策略研究	青年基金	08JC880039	教育学	张　伟
中国人民大学	重复测量数据模型的推断及其应用	青年基金	08JC910002	统计学	许王莉
中国人民大学	高等学校领导班子结构与班子效能模型研究	专项任务	08JD630005	管理学	牛维麟
中国石油大学（北京）	跨国石油投资与并购研究	规划基金	08JA790131	经济学	王　震
中国政法大学	律师法实施问题研究（以律师执业组织形式和律师管理为视角）	规划基金	08JA820037	法学	陈　宜
中国政法大学	思考与反思：俄罗斯犯罪构成理论研究	规划基金	08JA820043	法学	薛瑞麟
中国政法大学	中国传统价值观创新研究：以信仰和信念为中心	规划基金	08JA720025	哲学	孙美堂
中国政法大学	钱端升民主宪政思想研究——兼与同时代自由派学人之比较	规划基金	08JA810025	政治学	常保国
中国政法大学	刑事证据规则实证研究	规划基金	08JA820038	法学	房保国
中国政法大学	法律信息元数据及其语义检索研究	规划基金	08JA820039	法学	黄都培
中国政法大学	清代档案与民事诉讼制度	规划基金	08JA820040	法学	李　青
中国政法大学	仲裁证据制度研究	规划基金	08JA820041	法学	宋朝武
中国政法大学	构建和谐世界的国际法基础	规划基金	08JA820042	法学	宣增益
中国政法大学	当代中国的利益集团和社会主义法治	规划基金	08JA820044	法学	杨　帆
中国政法大学	美国律师协会与美国的法学教育	青年基金	08JC820042	法学	胡晓进
中国政法大学	死刑案件证明标准实证研究	青年基金	08JC820043	法学	李训虎
中国政法大学	法治与党治：20 世纪 20—30 年代中国司法党化研究	青年基金	08JC820044	法学	李在全
中国政法大学	欧洲一体化与欧盟行政法研究	青年基金	08JC820045	法学	王敬波
中国政法大学	证据立法问题研究	青年基金	08JC820046	法学	吴丹红
中国政法大学	合作社主体地位与立法研究	专项任务	08JD820002	法学	朱晓娟
中华女子学院	青少年成长的社会微环境研究	青年基金	08JCXLX009	心理学	池丽萍
中央财经大学	政府支持与中小企业成长性：基于创新基金财务有效度研究	规划基金	08JA630091	管理学	余应敏
中央财经大学	基于不确定的企业债券信用风险度量研究	规划基金	08JA630092	管理学	周　宏
中央财经大学	国际贸易的动态分析与要素价格均等化研究	规划基金	08JA790138	经济学	齐　玲

续表

学校	课题名称	类别	项目批准号	学科门类	申请人
中央财经大学	生态城市环境建设项目绩效审计方法体系研究	规划基金	08JA790139	经济学	闫天池
中央财经大学	城市管理社会化改革及利益均衡机制研究	青年基金	08JC630088	管理学	王志锋
中央财经大学	通货膨胀目标制度下的货币政策规则：理论及其在中国的检验	青年基金	08JC790108	经济学	谭小芬
中央财经大学	证券市场中介机构作用和约束机制研究	青年基金	08JC820047	法学	耿利航
中央财经大学	全球化背景下的中国金融机构风险管理研究——基于财务与会计视角下的分析	青年基金	08JC630087	管理学	潘秀丽
中央财经大学	预测建模中基于 L1 罚函数的规则化建模理论	青年基金	08JC910003	统计学	马景义
中央财经大学	金融发展对债务融资治理效应的影响研究	青年基金	08JC630086	管理学	廖冠民
中央财经大学	基于股权结构视角的企业资本性支出研究	青年基金	08JC630089	管理学	徐惠玲
中央财经大学	股权分置改革与现金股利发放：基于大股东利益实现方式的分析	青年基金	08JC630090	管理学	袁　淳
中央财经大学	促进区域经济协调发展的空间管理方式研究——以长江三角洲为例	青年基金	08JC790105	经济学	姜　玲
中央财经大学	基于子市场的住房价格模型与物业税税基评估	青年基金	08JC790106	经济学	李文斌
中央财经大学	我国居民个人生命周期内消费与资产组合选择研究	青年基金	08JC790107	经济学	刘志东
中央财经大学	跨国公司中心——外围结构与区域协调发展研究	青年基金	08JC790109	经济学	邢　华
中央财经大学	基于行为金融的中国股市传闻研究	青年基金	08JC790110	经济学	周战强
中央财经大学	中国能源利用效率的统计测度——各地区视角的实证研究	青年基金	08JC910004	统计学	赵　楠
中央财经大学	有限合伙创业投资基金公司治理机制及其在我国的适用性研究	专项任务	08JD630004	管理学	郭建鸾
中央美术学院	日常生活批判与当代中国设计发展研究	青年基金	08JC760026	艺术学	海　军
中央民族大学	跨境语言——哈萨克语研究	规划基金	08JA740046	语言学	阿力肯
中央民族大学	中国少数民族濒危语言语料数据库的规范化设计及开发	规划基金	08JA740047	语言学	郑玉彤
中央民族大学	《玛纳斯》史诗与柯尔克孜民俗研究	规划基金	08JA751042	中国文学	托　汗
中央民族大学	西藏本土宗教（文化）——本教音乐研究	规划基金	08JA760032	艺术学	嘉雍群培
中央民族大学	我国百万人口以上少数民族受教育程度及公平性的统计分析	规划基金	08JA850011	民族学	徐世英

续表

学校	课题名称	类别	项目批准号	学科门类	申请人
中央民族大学	少数民族地区县域经济发展模式研究	规划基金	08JA850010	民族学	黄健英
中央民族大学	中国西南山地农村地方社区变迁研究——以新山村为例	青年基金	08JC850008	民族学	伊利贵
中央民族大学	民族纪录片研究	青年基金	08JC860016	新闻学与传播学	汤文靖
中央民族大学	老龄化背景下的老年传播研究	青年基金	08JC860017	新闻学与传播学	汪　露

（高校社科管理中心白晓供稿）

2008年度教育部哲学社会科学研究重大课题攻关项目（北京地区）

课题名称	中标单位	首席专家	立项类别
中国侵权责任法立法疑难问题研究	中国人民大学	王利明	重大攻关
知识产权行政与司法保护绩效研究	中国政法大学	张　楚	重大攻关
全球新型金融危机与中国外汇储备问题研究	中国人民大学	陈雨露	重大攻关
税收对国民收入分配调控作用研究	中国人民大学	郭庆旺	重大攻关
效率和公平相互协调的初次分配制度改革研究	中国人民大学	黄泰岩	重大攻关
我国货币政策体系与传导机制研究	北京大学	刘　伟	重大攻关
高校专利技术转化成功模式及相关政策研究	北京大学	张　平	重大攻关
边疆民族心理、文化特征与社会稳定研究	中央民族大学	杨圣敏	重大攻关
中国性别失衡与社会稳定研究	中国人民大学	翟振武	重大攻关
灾后中小学生心理疏导研究	北京师范大学	林崇德	重大攻关
职业教育与城乡统筹发展研究	北京师范大学	俞启定	重大攻关
建设高等教育强国研究（委托研究）	高等教育学会	周远清	重大攻关
中国艺术学文献整理与研究	北京大学	彭吉象	重大攻关
世界历史进程中多元文明互动与共生研究	首都师范大学	刘新成	重大攻关
中国特色国际关系与外交理论创新研究	北京大学	朱　锋	重大攻关
金融危机及其对教育的影响（委托研究）	中国人民大学	纪宝成	重大攻关

（高校社科管理中心白晓供稿）

2008 年度教育部哲学社会科学研究后期资助项目（北京地区）

项目批准号	项目名称	学校	负责人	立项类别
08JHQ0001	《方言》与两汉语言研究	北京语言大学	华学诚	重大
08JHQ0004	用益债权原论	中国政法大学	隋彭生	重点
08JHQ0005	知识输入还是制度重建：公立学校制度改革的中国道路	北京师范大学	康永久	重点
08JHQ0014	战争受害中国公民法律救济中的国际法问题	清华大学	张新军	一般
08JHQ0024	互文性与翻译	清华大学	罗选民	一般
08JHQ0053	中国东部地区能源发展模式研究	中国矿业大学	聂　锐	一般

（高校社科管理中心白晓供稿）

2008 年北京市哲学社会科学“十一五”规划项目

项目编号	项目名称	项目负责人	学　科	项目级别	项目类别	最终成果形式	承担单位	完成时间
08AbCS017	2008 年北京学研究报告	张妙弟	城市学	重点	研究基地项目	论文集	北京联合大学	2008. 12. 31
08BaFX039	海峡两岸文化交流合作与中国统一大业	娄　杰	法学		教委	专著	北京联合大学	2009. 12. 30
08BaFX040	北京市旅游业发展法制保障研究	王天星	法学		教委	研究报告/论文	北京第二外国语学院	2009. 12. 31
08BaFX041	建立公正、高效、权威的社会主义司法制度研究	怀效锋	法学		规划项目	专著	国家法官学院	2011. 9. 30
08BeFX042	北京市建筑节能法律问题研究	姜　军	法学		自选项目	专著	北京建筑工程学院	2009. 3. 20
08BfFX043	人大在发展社会主义民主政治中的地位和作用	蒋劲松	法学		自筹资金项目	研究报告	北京市人大理论研究会	2009. 5. 28

续表

项目编号	项目名称	项目负责人	学 科	项目级别	项目类别	最终成果形式	承担单位	完成时间
08BfFX044	试论发挥人大代表主体作用，推进基层民主政治建设	王力军	法学		自筹资金项目	研究报告	北京市人大理论研究会	2009.4.30
08BfFX045	地方人大在发展社会主义民主政治中的地位和作用研究	李忠普	法学		自筹资金项目	研究报告	北京市人大理论研究会	2009.6.30
08BfFX046	地方人大立法体制改革问题研究	齐良如	法学		自筹资金项目	研究报告	北京市人大理论研究会	2009.4.30
08BfFX047	人大监督实效评价标准问题研究	唐莹莹	法学		自筹资金项目	研究报告	北京市人大理论研究会	2009.4.30
08BfFX048	听取和审议"一府两院"专项工作报告	刘维林	法学		自筹资金项目	研究报告	北京市人大理论研究会	2009.4.30
08BeJY050	提升首都高校核心竞争力战略研究	周 燕	教育学		自选项目	研究报告	中国人民大学	2009.12.30
08BfJY051	北京市儿童体质问题干预模式研究	丛中笑	教育学		自筹资金项目	研究报告/论文集	中国儿童中心	2010.7.30
08BfJY052	构建小学英语整体改革课程体系与教学模式，推动学校教育创新和培养质量的全面提升	王 蔷	教育学		自筹资金项目	论文集/其他	北京师范大学	2010.12.31
08BaJG199	产品族规划与成本测算方法研究	宗 刚	经济·管理		教委	专著	北京工业大学	2009.4.30
08BaJG200	北京市农产品流通体系与协调机制研究	冯中越	经济·管理		教委	研究报告	北京工商大学	2010.6.30
08BaJG201	我国具体会计准则实施的效果、问题与对策研究	欧阳爱平	经济·管理		教委	研究报告	北京工商大学	2009.12.30
08BaJG202	北京农村可再生能源产业化问题研究	陈彦玲	经济·管理		教委	研究报告/论文	北京石油化工学院	2009.12.30
08BaJG203	当前医院发展战略定位原则的研究	王 辰	经济·管理		教委	论文	首都医科大学	2010.6.30
08BaJG204	动态协同型都市物流系统构建	邬 跃	经济·管理		教委	研究报告/论文	北京物资学院	2009.12.30
08BaJG205	新定位下的京津合作发展研究	祝尔娟	经济·管理		教委	研究报告	首都经济贸易大学	2010.1.30

续表

项目编号	项目名称	项目负责人	学 科	项目级别	项目类别	最终成果形式	承担单位	完成时间
08BaJG206	北京市金融产业集聚效应问题研究	王曼怡	经济·管理		教委	专著	首都经济贸易大学	2009. 12. 30
08BaJG207	北京市财政支出项目绩效评价存在的问题及对策	崔也光	经济·管理		教委	研究报告/专著	首都经济贸易大学	2009. 6. 30
08BaJG208	基于供应链管理的企业物流风险预警研究	刘永胜	经济·管理		教委	专著/论文	北京物资学院	2009. 12. 30
08BaJG209	北京郊区村级集体经济组织研究	李俊英	经济·管理		规划项目	研究报告	北京农业职业学院	2009. 12. 31
08BaJG210	北京市文化创意产业集聚区发展研究	周　航	经济·管理		规划项目	研究报告	北京市社会科学院	2010. 6. 30
08BaJG211	北京地区图书版权贸易面临的问题及对策研究	陈之昌	经济·管理		规划项目	研究报告	北京市哲学社会科学规划办公室	2008. 12. 30
08BaJG212	CERA框架下加强京港现代服务业合作的新机制研究	张汉林	经济·管理		规划项目	研究报告	对外经济贸易大学	2009. 12. 31
08BaJG213	北京金融中心建设路径研究	谢太峰	经济·管理		规划项目	专著	首都经济贸易大学	2010. 12. 31
08AbJG214	北京服装自主品牌个性的国际化研究	宁　俊	经济·管理	重点	研究基地项目	研究报告	北京服装学院	2009. 12. 30
08AbJG215	首都流通企业价值链管理创新研究	崔学刚	经济·管理	重点	研究基地项目	研究报告	北京工商大学	2010. 7. 31
08AbJG216	北京大型农产品批发市场交易模式演进研究	庞　毅	经济·管理	重点	研究基地项目	研究报告	北京工商大学	2010. 7. 31
08AbJG217	北京物流史	孙前进	经济·管理	重点	研究基地项目	专著	北京物资学院	2010. 12. 30
08AbJG218	基于社科研究成果转化的知识服务体系构建研究	刘　宇	经济·管理	重点	研究基地项目	研究报告/其他	北京信息科技大学	2010. 3. 30
08AbJG219	北京报业数字化发展现状与对策研究	张新华	经济·管理	重点	研究基地项目	研究报告	北京印刷学院	2009. 12. 31
08AbJG220	体育赛事商务运作	王守恒	经济·管理	重点	研究基地项目	研究报告	首都体育学院	2009. 9. 10
08AbJG221	奥运应用对首都新媒体经济的推动与影响	丁俊杰	经济·管理	重点	研究基地项目	研究报告	中国传媒大学	2009. 10. 30

续表

项目编号	项目名称	项目负责人	学科	项目级别	项目类别	最终成果形式	承担单位	完成时间
08AbJG222	北京市民生服务财政支持问题研究	王雍君	经济·管理	重点	研究基地项目	研究报告	中央财经大学	2010.10.31
08BeJG223	北京市保险业营销人员胜仕特征模型的构建与应用研究	李海	经济·管理		自选项目	研究报告	北京师范大学	2010.12.30
08BeJG224	贯彻《护士条例》中护理人力资源配置方案的研究	孙继红	经济·管理		自选项目	研究报告	首都医科大学	2010.12.31
08BeJG225	北京市城镇居民收入分配制度改革研究——基于消费需求视角	韩金华	经济·管理		自选项目	专著	中央财经大学	2010.9.30
08AbJG226	北京农产品流通研究——首都流通业研究报告2008	庞毅	经济·管理	重点	研究基地项目	研究报告	北京工商大学	2008.7.31
08AbJG227	2008北京企业国际化经营研究报告	林汉川	经济·管理	重点	研究基地项目	研究报告	对外经济贸易大学	2008.10.31
08AbJG228	中国都市经济研究报告(2008)	张辉	经济·管理	重点	研究基地项目	专著	北京大学	2009.9.30
08AbJG229	北京旅游发展研究报告(2008)	唐鸣镝	经济·管理	重点	研究基地项目	专著	北京第二外国语学院	2008.12.31
08AbJG230	北京现代物流研究报告(2008)	孙前进	经济·管理	重点	研究基地项目	专著	北京物资学院	2008.8.1
08AbJG231	数字电视业务研究——数字高清电视商业模式研究	赵子忠	经济·管理	重点	研究基地项目	专著	中国传媒大学	2009.3.30
08BaJG232	新媒介发展研究	赵多佳	经济·管理		规划项目	研究报告/专著	北京北广传媒集团	2009.12.31
08AaJG233	北京社科项目管理机制创新研究	李建平	经济·管理	重点	规划项目	调研报告	北京市哲学社会科学规划办公室	2009.12.30
08AbJG234	北京市高科技企业加快发展国际知名品牌战略研究	林汉川	经济·管理	重点	研究基地项目		对外经济贸易大学	2011.12.31
08AbJG235	2009—2010年北京服装市场分析及发展前景预测研究	王革非	经济·管理	重点	研究基地项目		北京服装学院	2009.12.31

续表

项目编号	项目名称	项目负责人	学　科	项目级别	项目类别	最终成果形式	承担单位	完成时间
08AbJG236	北京现代制造企业供应链协同优化问题研究	李京文	经济·管理	重点	研究基地项目		北京工业大学	2009. 12. 31
08AbJG237	北京新农村建设中的地方公共物品供给效率研究	昌忠泽	经济·管理	重点	研究基地项目		中央财经大学	2009. 12. 31
08BaJG238	国际经贸渠道对北京科技产业竞争力提升的作用机理研究	杨学成	经济·管理		规划项目	研究报告	北京邮电大学	2009. 12. 31
08BaKD054	北京文联职能拓展与我国文化管理体制改革和构建公共文化服务体系关系之研究	索　谦	科社·党建·政治学		规划项目	专著	北京市文学艺术界联合会	2010. 6. 30
08BaKD055	北京市干部队伍建设情况统计调查和优秀主要领导干部成长规律研究	李维良	科社·党建·政治学		规划项目	研究报告	中共北京市委组织部	2008. 6. 10
08BeKD056	社会主义核心价值体系视域下大学生思想政治教育创新研究	田　霞	科社·党建·政治学		自选项目	研究报告	中国矿业大学	2009. 12. 30
08BaKD057	区县人民代表大会行使法定职权的状况研究——以海淀区第十四届人民代表大会第三次会议为例	袁达毅	科社·党建·政治学		规划项目	专著	中共北京市委党校	2009. 6. 30
08BeKD058	公民政治参与组织化实现路径设计	何深思	科社·党建·政治学		自选项目	专著	北京信息科技大学	2011. 12. 30
08BeKD059	新时期北京市流动人口政治管理研究	戴长征	科社·党建·政治学		自选项目	研究报告/专著	对外经济贸易大学	2010. 5. 30
08AbKD060	中国特色社会主义政治文明建设与发展研究	唐莹莹	科社·党建·政治学	重点	研究基地项目	研究报告	北京联合大学	2009. 12. 30
08AbKD061	北京市社会群体性突发事件应急管理机制研究	彭宗超	科社·党建·政治学	重点	研究基地项目		清华大学	2009. 12. 31
08BfKD062	关于保障公民知情权、参与权、表达权、监督权的调研	刘朋庆	科社·党建·政治学		自筹资金项目	研究报告	北京市人大理论研究会	2009. 4. 30
08BaLS033	丰台区历史文化专题研究	李明圣	历史学		规划项目	专著	中共北京市丰台区委宣传部	2009. 12. 31

续表

项目编号	项目名称	项目负责人	学　科	项目级别	项目类别	最终成果形式	承担单位	完成时间
08BfLS034	清代园寝志	宋大川	历史学		自筹资金项目	专著	北京市文物局	2010.5.31
08AaLS035	北京专史集成	王　岗	历史学	重点	规划项目	专著	北京市社会科学院	2008.12.31
08BaSH038	首都文化创意产业人才开发和整合机制研究	张　荆	社会学		教委	研究报告	北京工业大学	2009.12.30
08BaSH039	华北农民三十年的就业与流动——以北京为就业地	吴力子	社会学		教委	研究报告	北京工业大学	2009.12.31
08AaSH040	关于首钢搬迁调整后社会建设等若干难点问题与对策研究	荣　华	社会学	重点	规划项目	研究报告	中共北京市石景山区委	2009.12.30
08BaSH041	北京市拆迁改造后少数民族新聚居情况调查研究	良警宇	社会学		规划项目	研究报告	中央民族大学	2009.12.31
08BdSH042	北京市社区常见疾病症状与体征的转诊指征和转诊优先级的研究	赵亚利	社会学		青年项目	研究报告	首都医科大学	2010.12.31
08AbSH043	国企在构建和谐社会中的心理疏导研究	钟　岩	社会学	重点	研究基地项目	研究报告	北京市思想政治工作研究会	2009.8.29
08BaWY044	中国、日本传统染织工艺之融合在艺术纺织品中的表现应用研发	王志惠	文学·艺术		教委	论文/专著	北京服装学院	2009.12.30
08BaWY045	改革开放时期都市流行文化艺术生产与文艺思潮研究	包晓光	文学·艺术		教委	专著	首都师范大学	2009.12.31
08BaWY046	《中国电影专业史发展研究》	张会军	文学·艺术		教委	专著	北京电影学院	2010.12.30
08AaWY047	北京市对外宣传的语言现状调查与规范	衡孝军	文学·艺术	重点	规划项目	专著	外交学院	2010.4.30
08AbWY048	数字媒体艺术在北京市文化创意产业中应用实证研究	田忠利	文学·艺术	重点	研究基地项目	研究报告	北京印刷学院	2010.6.30
08BfWY049	汉英北京奥运会、残奥会常用词语手册	黄宗英	文学·艺术		自筹资金项目	专著	北京联合大学	2008.9.30
08BaZX031	交往方式对社区道德建设的影响研究——以北京市天通苑社区为例	高春花	哲学		规划项目	研究报告	北京建筑工程学院	2010.12.30

续表

项目编号	项目名称	项目负责人	学科	项目级别	项目类别	最终成果形式	承担单位	完成时间
08BaZH085	青少年情绪调节策略发展及其影响机制研究	方平	综合		教委	研究报告	首都师范大学	2009.12.30
08BaZH086	我国职业社会体育指导员发展的现状与对策研究	李相如	综合		教委	研究报告/论文	首都体育学院	2010.10.30
08BaZH087	北京青年高知识群体宗教信仰现状调查与研究	李素菊	综合		教委	研究报告/专著	北京青年政治学院	2010.4.30
08AaZH088	首都宣传文化人才队伍建设研究	陈启刚	综合	重点	规划项目	研究报告	中共北京市委宣传部	2008.10.30
08BaZH089	北京市非物质文化遗产（传统戏剧、曲艺、杂技与竞技类、民俗类）传承人才培养工作专题调研	何昕		综合	规划项目	研究报告	北京市文化局	2008.12.1
08BaZH090	北京市非物质文化遗产传承人才培养之文物鉴定、修复和文件修缮类人才培养工作调研	齐心	综合		规划项目	研究报告	北京市文物局	2008.12.30
08BaZH091	北京市非物质文化遗产传承人才培养	张占琴	综合		规划项目	专著	北京市文学艺术界联合会	2008.12.31
08BaZH092	北京市古籍装帧修补及木版水印传承人才培养情况调研	冯俊科	综合		规划项目	研究报告	北京市新闻出版局	2008.9.10
08BaZH093	北京“非物质文化遗产（工艺美术类、酿酒类）”传承人才培养工作调研	张兰青	综合		规划项目	研究报告	北京市工业促进局	2008.10.30
08AaZH094	首都人才发展总体战略研究	史绍洁	综合	重点	规划项目	研究报告	中共北京市委组织部	2008.10.30
08AaZH095	北京市党政人才队伍建设研究	李维良	综合	重点	规划项目	其他	中共北京市委组织部	2008.9.30
08BaZH096	首都经济社会发展人才需求和发展目标研究	王景山	综合		规划项目	研究报告	北京市经济与社会发展研究所	2008.8.15
08BaZH097	北京市高层次创新型科技人才队伍建设研究	李永进	综合		规划项目	研究报告	北京市科学技术研究院	2008.12.10
08BaZH098	首都技能人才队伍建设研究	任建新	综合		规划项目	研究报告	北京市劳动和社会保障局	2008.9.30

续表

项目编号	项目名称	项目负责人	学　科	项目级别	项目类别	最终成果形式	承担单位	完成时间
08BaZH099	北京非公有制企业劳动关系现状分析及和谐构建研究	张卫江	综合		规划项目	研究报告	北京市工商联	2010.2.20
08BaZH100	现代北京中医群体养生文化研究	张其成	综合		规划项目	专著	北京中医药大学	2009.7.31
08BaZH101	北京民族监测系统构成及作用研究	李俊清	综合		规划项目	研究报告	中央民族大学	2011.12.30
08AbZH102	北京奥运新闻传播与提升北京国际影响力	刘霆昭	综合	重点	研究基地项目	研究报告/专著	北京市社会科学院	2008.12.30
08AbZH103	国外大城市公共服务研究	王力丁	综合	重点	研究基地项目	专著	首都社会经济发展研究所	2008.9.30
08AbZH104	基于首都科技创新资源特点的产学研合作典型模式研究	李敬德	综合	重点	研究基地项目	研究报告	首都师范大学	2009.6.30
08AbZH105	医院细节文化建设对构建和谐医患关系的作用研究	王晓燕	综合	重点	研究基地项目	研究报告	首都医科大学	2011.6.30
08AbZH106	2008年人文奥运研究报告	金元浦	综合	重点	研究基地项目	研究报告	中国人民大学	2008.6.30
08AbZH107	改革开放三十年与马克思主义经济学中国化	张　宇	综合	重点	研究基地项目	研究报告	中国人民大学	2008.10.30
08AbZH108	首都卫生管理与政策研究报告	王晓燕	综合	重点	研究基地项目	研究报告	首都医科大学	2011.6.30
08BfZH109	北京奥运会筹办工作历程及经验借鉴	孔繁敏	综合		自筹资金项目	研究报告	北京联合大学	2009.1.30
08BfZH110	北京奥运会《奥运影像知识转让》研究	夏伦好	综合		自筹资金项目	光盘	北京体育大学	2009.1.31
08BfZH111	奥运与国际化大都市建设	李　旦	综合		自筹资金项目	研究报告	外交学院	2009.3.31
08BfZH112	《北京残奥会工作报告》的研究与创作	王　蒲	综合		自筹资金项目	研究报告	首都体育学院	2009.8.31
08BaZH113	北京市直机关公务员健康状况调研	王玉忠	综合		自选项目	研究报告	北京市直属机关工会工作委员会	2008.12.30
08AbZH114	改革开放三十年北京文化生态的发展变化	刘　勇	综合	重点	研究基地项目	研究报告	北京师范大学	2010.10.31

续表

项目编号	项目名称	项目负责人	学科	项目级别	项目类别	最终成果形式	承担单位	完成时间
08AbZH115	2008北京奥运会的人文遗产研究	金元浦	综合	重点	研究基地项目	研究报告	中国人民大学	2009.6.30
08AaZH116	科学发展在北京	常卫	综合	重点	规划项目		中共北京市委宣传部	2009.6.30
08AcZH117	北京市第二批哲学社会科学研究基地绩效考核研究	葛新权	综合	重点	委托项目	研究报告	北京机械工业学院	2009.5.31

（北京市哲学社会科学规划办公室供稿）

2008年评出的2009年度北京市教育委员会社会科学计划批准立项重点项目

项目编号	项目名称	承担单位	项目负责人	成果形式	拟完成时间
SZ200910005001	碳贸易与碳税对北京节能减排的效果研究	北京工业大学	廖玫	研究报告	2010.12
SZ200910005002	资本再造与身份重构——对改制国企中转岗职工的社会学研究	北京工业大学	唐军	论文、专著	2010.12
SZ200910011003	扩大开放经济条件下北京银行业的稳定与发展	北京工商大学	刘毅	专著	2010.12
SZ200910011004	集团资金集中控制模式下的风险控制框架研究	北京工商大学	袁琳	论文、研究报告	2010.12
SZ200910017005	北京农村可再生能源服务产业的构建与发展	北京石油化工学院	李欣	论文、研究报告	2010.12
SZ200910025006	北京特定历史时期赤脚医生现象的反思性研究	首都医科大学	吕兆丰	论文、专著	2011.12
SZ200910028007	高校涉台教育中的台湾政治问题分析	首都师范大学	崔萍	论文、研究报告	2010.12
SZ200910028008	19世纪晚期至20世纪初英帝国国防御研究	首都师范大学	赵军秀	论文、专著	2011.6
SZ200910028009	大众文学与媒体——日本的大众文学与改革开放后的中国	首都师范大学	王成	论文、其他	2010.12
SZ200910029010	北京奥运传播与国家文化软实力的研究	首都体育学院	刘斌	论文、研究报告	2010.12

续表

项目编号	项目名称	承担单位	项目负责人	成果形式	拟完成时间
SZ200910031011	多维文化视野中的浪漫主义诗学研究	北京第二外国语学院	袁宪军	专著	2010. 12
SZ200910031012	北京市旅游业与会展业互动机制研究	北京第二外国语学院	刘大可	专著	2010. 12
SZ200910037013	北京市宏观经济动态监测指标体系研究	北京物资学院	王汝芳	论文、专著、研究报告	2010. 12
SZ200910038014	大学生健康人格教育的实证研究	首都经济贸易大学	杨　眉	研究报告	2011. 12
SZ200910038015	企业破产重整价值评估研究	首都经济贸易大学	栾甫贵	论文、计算机软件	2011. 12
SZ200910038016	北京村级公共物品与和谐新农村建设研究	首都经济贸易大学	蔡秀云	论文、研究报告	2010. 12
SZ200910038017	新农村建设中京郊支农资金运行的绩效分析与对策研究	首都经济贸易大学	龙　菊	论文、研究报告	2010. 12
SZ200910046018	20 世纪中国古代音乐史学科成果的创新与拓展研究	中国音乐学院	修海林	专著	2012. 12
SZ200910049019	中国古典戏曲概念范畴	中国戏曲学院	赵建伟	专著	2012. 1
SZ200910050020	改革开放 30 年中国电影研究(1978—2008)	北京电影学院	陈晓云	论文、专著、研究报告	2011. 12
SZ200910050021	舞台文献记录电影实践理论研究	北京电影学院	王鸿海	论文、专著	2011. 12
SZ200910050122	舞蹈舞台调度的能指与所指	北京舞蹈学院	刘　建	教材	2010. 12
SZ200911417023	反洗钱机制与法律问题研究	北京联合大学	赵永林	专著	2011. 6
SZ200911626024	中晚明儒家士人的政治生活与政治论理	北京青年政治学院	任文利	论文、研究报告	2010. 12

(北京市教育委员会科学技术与研究生工作处供稿)

2008年评出的2009年度北京市教育委员会社会科学计划批准立项面上项目

项目编号	项目名称	承担单位	项目负责人	成果形式	拟完成时间
SM200910005001	基于COLSEC的中国英语学习者口语能力研究	北京工业大学	周俊英	论文、研究报告	2010.12
SM200910005002	企业生态系统的形成机制研究	北京工业大学	顾力刚	研究报告	2010.12
SM200910005003	文化创意产业基地带动北京文化贸易发展研究	北京工业大学	李　薇	论文、研究报告	2010.12
SM200910005004	建设新农村背景下的大学生村官政策研究	北京工业大学	李君甫	论文、研究报告	2010.12
SM200910005005	北京当代视觉艺术的文化形态研究	北京工业大学	赵　斌	论文	2010.12
SM200910005006	综合媒介创新产品开发	北京工业大学	徐光东	实物、研究报告	2010.12
SM200910005007	金属工艺在商务礼品设计与开发中的应用	北京工业大学	胡　俊	实物、研究报告	2010.9
SM200910005008	基于网络技术的大学生形体礼仪教育系统的研制与开发	北京工业大学	胡晓华	论文、计算机软件	2010.12
SM200910005009	高校辅导员队伍建设创新及长效机制研究	北京工业大学	张　革	论文、研究报告	2010.12
SM200910005010	北京城市快速道路交通模式的研究	北京工业大学	葛志远	论文、计算机软件	2010.12
SM200910005011	马克思现代性视域下的中国社会建设理论走向	北京工业大学	邢　荣	论文	2010.12
SM200910005012	竞技体育越轨行为及其控制对策研究	北京工业大学	赵桂生	论文、研究报告	2010.12
SM200910005013	非英语专业博士生论文英文摘要错误成因研究——基于北京工业大学非英语专业博士生论文英文摘要的研究	北京工业大学	马晓梅	论文	2010.12
SM200910005014	高等教育质量体系与高校分类研究	北京工业大学	苏林琴	论文、研究报告	2010.12
SM200910005015	学科文献保障能力的评价方法研究	北京工业大学	魏育辉	论文	2010.12
SM200910005016	培养创新性研究生人才的国际化环境研究	北京工业大学	黄　帅	论文、研究报告	2011.12

续表

项目编号	项目名称	承担单位	项目负责人	成果形式	拟完成时间
SM200910009001	关注于环境与资源保护的通用设计方法研究	北方工业大学	刘永翔	论文、研究报告	2010. 12
SM200910009002	北京市理工科高校科技道德素养教育状况的实证研究——基于北京市企业问卷调查的实证研究	北方工业大学	李志强	论文、研究报告	2010. 12
SM200910009003	环境信息披露、环境绩效与经济绩效相关性的研究	北方工业大学	程晋烽	论文、研究报告	2010. 12
SM200910009004	怪诞艺术研究	北方工业大学	王文革	专著	2010. 12
SM200910009005	北京和上海利用外商直接投资（FDI）的比较研究	北方工业大学	潘素昆	论文、研究报告	2010. 12
SM200910009006	人民币升值背景下北京市产业结构演进研究	北方工业大学	郑春梅	论文、研究报告	2010. 12
SM200910011001	市场化进程中的北京城市信用体系建设研究	北京工商大学	刘肖原	论文、研究报告	2010. 12
SM200910011002	北京市农村生活垃圾减物质化的经济研究	北京工商大学	张宏艳	论文、研究报告	2010. 12
SM200910011003	北京生产性服务业发展的战略选择——基于产业互动的研究视角	北京工商大学	孙永波	论文、研究报告	2009. 12
SM200910011004	《会计准则、会计信息有用性与会计契约》——基于资产减值准则的经验研究	北京工商大学	何玉润	论文、专著	2011. 1
SM200910011005	北京数字电视用户节目收视状况及市场拓展策略	北京工商大学	吴玉玲	论文、研究报告	2010. 12
SM200910011006	北京市高校体育教育学生满意度评价体系构建及应用研究	北京工商大学	王立红	论文、研究报告	2010. 12
SM200910011007	非法证据排除规则研究	北京工商大学	谢安平	专著	2010. 12
SM200910011008	支持中小企业发展的融资体系研究	北京工商大学	田　芬	论文、研究报告	2010. 12
SM200910012001	中国明清时期的视觉传达设计研究	北京服装学院	陈　芳	专著	2011. 12
SM200910012002	中式礼仪服饰的传承与发展研究	北京服装学院	尤　珈	论文、研究报告	2010. 12
SM200910012003	民间组织参与新农村建设的方式与途径研究——基层党组织与民间组织关系的视角	北京服装学院	闫　东	研究报告	2010. 12
SM200910015001	数字摄影艺术研究	北京印刷学院	史民峰	专著	2010. 12

续表

项目编号	项目名称	承担单位	项目负责人	成果形式	拟完成时间
SM200910015002	北京地区出版企业市场导向战略影响因素的实证研究	北京印刷学院	高海涛	论文、研究报告	2010. 12
SM200910015003	西方文化思想对我国文化产业国际化的影响及对策研究	北京印刷学院	崔存明	论文、研究报告	2010. 12
SM200910015004	基于 Web2. 0 的多人协同知识生产模式研究	北京印刷学院	王京山	论文、研究报告	2010. 12
SM200910015005	出版社数字媒体资源平台设计与开发	北京印刷学院	黄孝章	论文、计算机软件、研究报告	2009. 12
SM200910016001	北京市房地产经纪行业监管模式创新研究	北京建筑工程学院	张　丽	论文、研究报告	2011. 12
SM200910016002	政治合法性视域下的科学发展观与执政党建设	北京建筑工程学院	肖建杰	论文、专著	2010. 12
SM200910016003	市属市管高校人力资源管理现状、特点及对策研究	北京建筑工程学院	赵金瑞	论文、研究报告	2010. 12
SM200910016004	京郊乡村环境建设中乡土艺术的应用研究	北京建筑工程学院	朱　军	论文、研究报告	2010. 12
SM200910017001	北京城市居民能源消费的可持续性研究	北京石油化工学院	白瑷峥	论文、研究报告	2010. 12
SM200910017002	北京生态涵养区发展生态旅游对生态安全问题的影响	北京石油化工学院	刘　啸	论文、研究报告	2010. 12
SM200910017003	中年教职工体质状况研究与运动处方、营养处方制定——以北京石油化工学院为例	北京石油化工学院	范钦标	论文、研究报告	2010. 12
SM200910017004	加强执委会职责管理，推进高校领导干部队伍建设	北京石油化工学院	曹长兴	研究报告	2010. 12
SM200910020001	新会计准则对上市公司会计信息质量的影响研究	北京农学院	张　宁	论文、研究报告	2010. 12
SM200910020002	外来物种入侵的民事责任研究	北京农学院	童光法	专著	2010. 12
SM200910020003	北京都市型现代农民培育研究	北京农学院	何忠伟	论文、研究报告	2010. 12
SM200910020004	北京乡村文化创意产业发展研究——京郊农村手工艺（纸贴画等）产品的研制与开发	北京农学院	赵　晖	论文、著作、产品	2010. 12
SM200910025001	北京市食品安全监管法制现状与对策研究	首都医科大学	张　英	研究报告	2010. 12

续表

项目编号	项目名称	承担单位	项目负责人	成果形式	拟完成时间
SM200910025002	提高医学院校学生体质健康的教学模式研究	首都医科大学	王钟音	论文、其他	2011. 12
SM200910025003	提升医学生职业心理素质的情商培养模式的研究	首都医科大学	孙　红	论文、研究报告	2011. 12
SM200910025004	医学英语与医学双语教学的理论与实践研究	首都医科大学	顾维萍	论文、教材	2010. 12
SM200910025005	新民主主义革命时期中国共产党领导人卫生健康思想研究	首都医科大学	田　刚	论文、工具书	2011. 12
SM200910025006	社区卫生专业技术人员培训规范研究	首都医科大学	郭爱民	论文、研究报告	2010. 12
SM200910028001	王道与霸道——中国早期政治哲学研究	首都师范大学	陈　明	论文、专著	2010. 12
SM200910028002	构建大学生思想政治工作“心理疏导”的长效机制研究	首都师范大学	杨芷英	论文、研究报告	2010. 12
SM200910028003	首都新农村农民受教育状况调查与研究——兼与发达国家的教育经验比较	首都师范大学	田国秀	论文、研究报告	2010. 12
SM200910028004	本科学历小学音乐教师培养模式的研究	首都师范大学	舒　京	论文、研究报告	2010. 12
SM200910028005	母语、二语类型差异与视听工作记忆广度研究	首都师范大学	徐　浩	论文、其他	2010. 12
SM200910028006	高等教育与中国现代女性文学(1907—1927)	首都师范大学	黄　华	专著	2010. 12
SM200910028007	北京语音现状研究	首都师范大学	江海燕	专著	2010. 12
SM200910028008	民国城市妇女婚姻问题研究	首都师范大学	余华林	专著	2010. 12
SM200910028009	义务教育物理科学方法教育内容的显化与教育途径研究	首都师范大学	邢红军	论文、研究报告	2010. 12
SM200910028010	促进有效教学的教师课堂对话能力研究	首都师范大学	孙素英	论文、研究报告	2010. 12
SM200910028011	新中国初期社会文化访谈录	首都师范大学	梁景和	著作	2010. 12
SM200910028012	天长纪庄汉墓木牍研究	首都师范大学	蔡万进	专著、论文	2010. 12
SM200910028013	20 世纪中国美术思潮研究	首都师范大学	于　洋	专著、论文	2010. 12
SM200910028014	文化创新与构建和谐社会研究	首都师范大学	王树祥	论文	2010. 12
SM200910028015	深化大学与中小学的合作，探索教师专业自主发展的新模式	首都师范大学	朱晓宏	论文、研究报告	2010. 12

续表

项目编号	项目名称	承担单位	项目负责人	成果形式	拟完成时间
SM200910029001	北京奥运会沙滩排球场馆赛后综合开发利用研究	首都体育学院	陆卫平	论文、研究报告	2009.12
SM200910029002	北京奥林匹克教育示范校建设及其可持续发展研究	首都体育学院	裴东光	论文、研究报告	2010.12
SM200910029003	北京市青少年学生“系列校园青春健身操推广活动”的综合效益之研究	首都体育学院	王　美	论文、研究报告	2009.12
SM200910029004	久坐生活方式的综合干预策略和措施对公务员体质的影响研究	首都体育学院	杨少峰	论文、研究报告	2009.12
SM200910029005	后奥运北京市全民健身服务业发展研究	首都体育学院	骆秉全	论文、研究报告	2010.12
SM200910031001	外语篇章阅读理解的抑制机制及其与阅读效率的关系	北京第二外国语学院	闫　嵘	研究报告	2010.12
SM200910031002	汉韩连动句对比研究	北京第二外国语学院	鲁锦松	论文	2009.12
SM200910031003	北京旅游语言文字解说系统研究	北京第二外国语学院	韩荔华	专著	2010.12
SM200910031004	电视节目中的低俗化问题和净化传媒视听环境研究	北京第二外国语学院	曲　茹	研究报告	2010.12
SM200910031005	中美外交关系的文化阐释	北京第二外国语学院	董秀丽	专著	2010.12
SM200910031006	经济效率的决定框架：基于闲暇的增长模型及其实证研究	北京第二外国语学院	魏　翔	论文	2009.12
SM200910037001	北京市属高校社会服务职能研究	北京物资学院	王旭东	论文、研究报告	2010.12
SM200910037002	编制“人民币汇率指数”的意义及编制方案研究	北京物资学院	刘崇献	论文、研究报告	2010.12
SM200910037003	北京市通州区产品出口企业发展问题研究	北京物资学院	郝玉柱	论文、研究报告	2009.12
SM200910037004	基于零售业发展的流通法制研究	北京物资学院	尚　珂	专著	2010.12
SM200910037005	城市物流配送中心选址与路径优化问题研究	北京物资学院	李珍萍	论文、研究报告	2010.12
SM200910037006	柔性配送中心构建模式研究	北京物资学院	王成林	论文、研究报告	2009.12
SM200910037007	基于U—网络环境的物流企业商务创新研究	北京物资学院	齐　严	论文、研究报告	2009.12

续表

项目编号	项目名称	承担单位	项目负责人	成果形式	拟完成时间
SM200910037008	北京高校运动队对大学生体育认知方式影响的研究	北京物资学院	杨建平	论文、研究报告	2010.12
SM200910038001	中国古代流通领域中的法制研究	首都经济贸易大学	尚　琤	专著	2010.12
SM200910038002	电子与电气废旧物品回收物流系统优化研究	首都经济贸易大学	赵　艳	论文、研究报告	2009.12
SM200910038003	北京市高科技企业海外融资战略——基于全球化战略财务管理的研究	首都经济贸易大学	邹　颖	论文、专著	2010.12
SM200910038004	北京市和谐社区建设研究	首都经济贸易大学	周宇宏	研究报告	2010.8
SM200910038005	模糊可能性投资组合选择模型及实证研究	首都经济贸易大学	陈　炜	论文、研究报告	2010.7
SM200910038006	两岸三地文化差异及融合研究——基于译文差异的对比研究	首都经济贸易大学	张慧宇	论文、研究报告	2010.12
SM200910038007	城市品牌理论研究与北京市实证分析	首都经济贸易大学	王　晖	论文、研究报告	2009.12
SM200910038008	中国净外国资产（NFI）结构、汇率风险与最优量均衡研究	首都经济贸易大学	朱　超	论文、研究报告	2010.6
SM200910038009	低保边缘群体问题研究——城市贫民心理保护因子的结构及其对社会适应水平的影响	首都经济贸易大学	张杉杉	论文、研究报告	2010.12
SM200910038010	北京市政府土地收益问题研究	首都经济贸易大学	张立彦	研究报告	2010.6
SM200910038011	北京市房地产业与金融业的产业关联度研究	首都经济贸易大学	刘水杏	研究报告	2010.7
SM200910038012	推进北京市新型农村合作医疗制度建设的理论、思路与对策	首都经济贸易大学	朱俊生	研究报告	2010.6
SM200910038013	北京市社会保障供给责任界定研究	首都经济贸易大学	郎大鹏	研究报告	2009.12
SM200910038014	产业集聚背景下的北京 CBD 金融服务业集群路径研究	首都经济贸易大学	祁敬宇	论文、研究报告、专著	2010.6
SM200910046001	筝流派风格之技巧训练研究	中国音乐学院	邱　霁	专著	2010.12
SM200910046002	节奏与打击乐基础训练研究	中国音乐学院	王以东	研究报告、配套教材	2010.12
SM200910046003	钢琴艺术的多维度研究	中国音乐学院	周为民	专著	2010.12

续表

项目编号	项目名称	承担单位	项目负责人	成果形式	拟完成时间
SM200910046004	巴托克复调现代技法与民族特性相结合的研究	中国音乐学院	刘　青	论文	2010. 12
SM200910046005	《中国三弦音乐生存状况调查》之一（闽南、潮汕、河南、山西、陕西地区三弦音乐调查）	中国音乐学院	赵承伟	研究报告	2011. 12
SM200910046006	弦索备考筝曲研究	中国音乐学院	林　玲	论文	2011. 12
SM200910049001	中国京剧服饰研究	中国戏曲学院	刘小庆	论文	2011. 12
SM200910049002	中国京剧批语史	中国戏曲学院	谢柏梁	专著	2011. 12
SM200910049003	戏曲动画角色设计概述	中国戏曲学院	李　莘	教材	2011. 12
SM200910049004	程派表演艺术研究	中国戏曲学院	王晓燕	专著	2011. 12
SM200910049005	戏曲把子课程中"枪"的舞蹈化研究	中国戏曲学院	邵　洋	教材	2011. 12
SM200910049006	国家舞台艺术精品工程戏曲精品剧目（2002—2007 年度）研究	中国戏曲学院	赵锡淮	专著	2011. 12
SM200910050001	影视演员语言艺术基础与修养	北京电影学院	张　华	专著	2011. 12
SM200910050002	电影表演美学研究	北京电影学院	张　辉	专著	2010. 12
SM200910050003	中国电视动画创作研究	北京电影学院	李剑平	专著	2010. 1
SM200910050004	电影企业上市运营研究	北京电影学院	吴曼芳	专著	2010. 12
SM200910050005	影视照明器材操作指南	北京电影学院	蔡全永	工具书	2009. 12
SM200910050006	艺术院校师德建设长效机制研究	北京电影学院	陆　花	专著	2010. 12
SM200910050007	叛逆的天使——好莱坞女性明星制度研究	北京电影学院	米　静	专著	2010. 12
SM200910050008	影视产业项目管理研究	北京电影学院	郁笑丰	专著	2009. 12
SM200910050009	影视动画后期创作	北京电影学院	徐　铮	专著	2010. 3
SM200910051001	中国古典舞袖舞传统审美调查与研究	北京舞蹈学院	邵未秋	论文、研究报告	2010. 12
SM200910051002	当代中国舞蹈创作的政治文化研究	北京舞蹈学院	慕　羽	论文、研究报告	2010. 12
SM200910051003	新疆维吾尔族萨玛舞研究	北京舞蹈学院	王　昕	专著	2010. 12
SM200910051004	法国、丹麦芭蕾教学训练体系研究	北京舞蹈学院	张玉萍	教材	2010. 12
SM200910051005	近代国人眼中的西方舞蹈	北京舞蹈学院	张　艳	专著	2010. 12
SM200910772001	北京地区上市公司资本结构选择与企业价值研究	北京信息科技大学	王　斌	论文、研究报告	2010. 12
SM200910772002	企业年金基金运营中的激励约束机制研究	北京信息科技大学	孙　静	论文、研究报告	2010. 12

续表

项目编号	项目名称	承担单位	项目负责人	成果形式	拟完成时间
SM200910772003	北京分时度假研究：国际经验与政策建议	北京信息科技大学	周　觉	论文	2010. 12
SM200910772004	基于知识管理的北京文化创意产业发展策略研究	北京信息科技大学	周秀玲	论文、研究报告	2010. 12
SM200910772005	非对称信息下的供应链应急协调机制研究	北京信息科技大学	吴丽花	论文、研究报告	2010. 12
SM200910772006	北京市民政策参与行为研究	北京信息科技大学	杨成虎	专著、研究报告	2010. 12
SM200910772007	乡村民俗文化的濡化与新农村建设——以北京大兴长子营五音大鼓为例	北京信息科技大学	梁冬梅	论文、研究报告	2010. 12
SM200910772009	英语校园学习网络平台建设与研究	北京信息科技大学	邱国旺	论文、研究报告、教学网络平台	2010. 12
SM200910772009	北京市所得税会计应用问题研究	北京信息科技大学	张志凤	论文	2010. 12
SM200910772010	北京市高校科技创新体系研究	北京信息科技大学	周飞跃	论文、研究报告	2010. 12
SM200911417001	明清以来北京地区基督教著名人物的历史考察	北京联合大学	杨靖筠	专著	2011. 12
SM200911417002	明清时期北京士人社会生活研究	北京联合大学	吕红梅	专著	2011. 12
SM200911417003	高校学报数字化学术平台建设研究	北京联合大学	冯　虹	论文、研究报告、软件	2010. 12
SM200911417004	应用型大学“形势与政策”课程教育教学模式创新研究	北京联合大学	高　东	论文	2010. 12
SM200911417005	北京市中小企业适应性成长力系统研究	北京联合大学	陶秋燕	论文、研究报告	2010. 12
SM200911417006	游戏治疗在孤独症幼儿康复训练中的应用研究	北京联合大学	毛颖梅	研究报告	2010. 12
SM200911417007	战略性贸易政策在北京高新技术产业的适用性研究	北京联合大学	郑春芳	论文、研究报告	2009. 12
SM200911417008	自驾车旅游团队研究	北京联合大学	孙惠君	论文、研究报告	2010. 12
SM200911417009	人力资本与北京率先实现现代化的动力关系研究	北京联合大学	刘凤霞	论文、研究报告	2010. 12
SM200911417010	首都政府已公开信息利用服务模式及对策研究	北京联合大学	孙爱萍	论文、研究报告	2010. 12

续表

项目编号	项目名称	承担单位	项目负责人	成果形式	拟完成时间
SM200911417011	北京非物质文化遗产传承人才培养科研和教学工作	北京联合大学	张宝秀	研究报告	2009. 12
SM200911626001	中国少年儿童电视剧理论与批评史研究	北京青年政治学院	彭笑远	论文、研究报告	2010. 12
SM200911626002	首都社区电子政务模式的研究	北京青年政治学院	蔡大鹏	论文、研究报告	2010. 12
SM200911626003	情绪调节策略对青少年心理健康的影响研究	北京青年政治学院	仲宁宁	论文、研究报告	2010. 12
SM200911626004	未成年人违法犯罪处置措施研究	北京青年政治学院	赵志宏	论文、专著	2010. 12
SM200911626005	北京市信息内容服务业发展现状及对策研究	北京青年政治学院	高　诚	论文、研究报告	2010. 12
SM200911626006	复合型秘书人才的培养目标与模式研究	北京青年政治学院	陈小英	论文、研究报告	2010. 12
SM200900001001	财经类高职院校发展与对策研究——以首都现代服务业发展需求为视角	北京财贸职业学院	范法明	研究报告	2010. 12
SM200900001002	北京证券行业营销模式创新研究	北京财贸职业学院	武　飞	研究报告	2010. 12
SM200900001003	商业连锁技术发展研究	北京财贸职业学院	孙　林	论文、研究报告、软件	2009. 12
SM200900001004	北京零售业态创新研究	北京财贸职业学院	康　健	研究报告	2009. 12
SM200900001005	北京创意文化旅游发展的研究	北京财贸职业学院	罗　清	论文、研究报告	2009. 12
SM200900002001	《学会做事》选修课课程资源开发	北京电子科技职业学院	张俊茹	论文、教材、网络课程	2010. 12
SM200900002002	服饰先进制造工艺——数码工艺与古绣工艺应用性比较研究	北京电子科技职业学院	丰　蔚	论文、研究报告、样品实物	2010. 12
SM200900003001	高职院校法律援助机构运行模式研究	北京工业职业技术学院	王　芳	论文、研究报告	2009. 12
SM200900005001	北京农产品流通产业链研究	北京农业职业学院	王绍飞	研究报告	2010. 12
SM200900005002	京郊农民专业合作社财务管理与会计核算问题研究	北京农业职业学院	白兆秀	论文、研究报告	2009. 12

续表

项目编号	项目名称	承担单位	项目负责人	成果形式	拟完成时间
SM200900006001	北京市启蒙教师科学素养调查及提高对策的研究	北京教育学院	王凌诗	论文	2010. 12
SM200900006002	中小学英语教师群体科研意识、科研能力的培养和普及的研究	北京教育学院	邸　磊	论文、研究报告	2010. 12
SM200900006003	北京市中小学体育市级骨干教师科研意识、科研能力的现状与培训对策研究	北京教育学院	陈雁飞	论文、研究报告	2009. 12

说明：北京市教育委员会从1996年度开始设立人文社会科学研究计划项目。从2003年开始，该计划项目分为重点项目和面上项目。北京市教育委员会人文社会科学研究计划重点项目同时列入北京市哲学社会科学规划项目，由北京市教委和北京市哲学社会科学规划办公室联合立项。从2007年度开始，依据《北京市市级教育经费项目支出预算管理办法（试行）》的规定，北京市教育委员会人文社会科学研究计划项目更名为“北京市教育委员会社科计划项目”。

北京市教育委员会2009年度社科计划项目共批准立项194项，其中：重点项目24项，面上项目170项。

（北京市教育委员会科学技术与研究生工作处供稿）

2008年北京市科学技术委员会软科学计划项目

编号	合同号	项目名称	承担单位	负责人	起止年月
RK08－17	Z080008022408139	北京市民间组织国际交往现状、问题和对策研究	北京市民间组织国际交流协会	潘友生	2008. 9. 26－2009. 8. 31
RK08－04	Z080008022408145	北京新能源服务基地（中国绿能港）战略规划及品牌营销研究	北京市石景山区科学技术委员会北京中关村国际环保产业促进中心有限公司北京市长城企业战略研究所	李　艳 徐　云 王德禄	2008. 9. 25－2009. 5. 31
RK08－06	Z080010022408147	围绕促进企业成为技术创新主体的重大科技项目管理创新研究	北京决策咨询中心北京城市系统工程研究中心中国科学院科技政策与管理科学研究所	王　立 穆荣平	2008. 9. 16－2009. 5. 30
RK08－11	Z080010022408152	面向科技型中小企业的创业导师制孵化模式研究	中关村科技园区海淀园创业服务中心	赵新鸣	2008. 9. 1－2009. 10. 31

续表

编号	合同号	项目名称	承担单位	负责人	起止年月
RK05－14	Z0005171044611	北京消除城乡二元经济结构的相关问题研究	北京师范大学	孙　津	2008.9－2009.8
RK08－02	Z080008022408143	建立北京市服务中央单位和驻京部队综合服务平台研究	北京市人民政府对外联络办公室北京科学学研究中心	刘京生 张士运	2008.8.1－2009.3.1
RK08－03	Z080008022408144	北京市市级国家行政机关绩效管理体系建设研究	中国行政管理学会《中国行政管理》杂志社	高小平	2008.7.29－2009.3.31
RK08－07	Z080010022408148	北京创新型乡镇建设实践与理论研究	北京师广联教育科技发展中心	李敬德	2008.7.15－2009.8.30
RK08－01	Z080008022408141	北京市公务员分类分等考核指标体系研究	北京市人事局北京市决策学学会	张志伟 王力丁	2008.6.30－2009.7.31
RK08－18	Z080010022408160	北京科技奖励促进科技创新的实践总结与工作机制研究	北京市科学技术奖励工作办公室北京市长城企业战略研究所	高柏杨 王德禄	2008.12.23－2009.6.30
RK08－10	Z080010022408151	国外科技发展趋势及科技政策跟踪研究	中国科学院国家科学图书馆	张晓林	2008.12.20－2009.11.30
RK08－12	Z080010022408154	北京城市智能“雷达”管理系统建设可行性研究	北京速鉴软件设计有限公司	季　铸	2008.11.20－2009.2.28
RK08－08	Z080010022408149	平谷区发展总部经济相关问题及对策研究	北京市平谷区科学技术委员会北京市平谷区投资促进局北京大思潮投资顾问有限公司	陈占国 李显福 林远福	2008.11.19－2009.6.30
RK08－14	Z080010022408157	大兴科技园区工业用地定价标准研究	中关村科技园区大兴生物医药产业基地管理委员会	温　震	2008.11.19－2009.12.31
RK08－09	Z080010022408150	北京籽种产业发展战略研究	北京市种子管理站北京市农林科学院北京大北农饲料科技有限责任公司	赵山普 李云伏 邵根伙	2008.11.18－2009.5.31
RK08－16	Z080010022408159	全球金融危机背景下的首都经济发展对策研究	中共北京市委研究室	王力丁	2008.11.17－2009.6.30
RK08－15	Z080010022408158	生物医药研发产业对日合作研究	北京生物技术和新医药产业促进中心	雷　霆	2008.11.1－2009.11.30

续表

编号	合同号	项目名称	承担单位	负责人	起止年月
RK08－05	Z080010022408146	社会公益性重大科技项目组织模式研究	北京城市系统工程研究中心北京机械工业学院中国科学技术发展战略研究院	王 立 杜 林 王 元	2008. 10. 1－2009. 5. 31
RK08－13	Z080008022408156	软件研发高端人才能力测评及应用研究	北京环度智慧智能技术研究所	沃建中	2008. 10. 1－2009. 11. 30

（摘自北京市科学技术委员会网站）

2008年北京市调查研究重点课题

中共北京市委、北京市政府调研重点课题

题目	研究单位
促进首都城乡经济社会发展一体化研究	北京市委农工委、北京市农委
奥运后首都经济社会可持续发展的研究	北京市发改委
和谐社会建设有关问题的研究	北京市委社会工委
2008年奥运会留下的宝贵遗产研究	北京北京奥组委
行政管理体制和政府机构改革研究	北京市编办
区县局级领导班子和领导干部提高领导科学发展能力问题的研究	北京市委组织部
促进首都文化大发展大繁荣的研究	北京市委宣传部
提高基层化解矛盾的能力、维护首都社会和谐稳定的研究	北京市委政法委
总结推广廉政风险防范管理研究	北京市纪委

北京市人大调研重点课题

题目	主持人	研究单位
本市东南部地区水污染问题及对策研究	杜德印	北京市人大城建环保办
依法推进农村专业合作组织发展促进农民增收问题研究	赵凤山	北京市人大农村办
人大代表密切联系群众机制问题研究	刘晓晨	北京市人大代表联络室
北京市实施劳动合同法办法立法研究	吴世雄	北京市人大财政经济办
本市五年立法规划要点（2008－2012）编制问题研究	柳纪纲	北京市人大法制办

北京市政协调研重点课题

题目	主持人	研究单位
关于城市垃圾分类处理的调研	阳安江	北京市政协城建环保委
关于奥运后首都经济可持续发展的调研	沈宝昌	北京市政协经济委员会
关于继承奥运遗产的调研	陈　平	北京市政协文史和学习委员会
关于残疾人事业发展的调研	赵文芝	北京市政协社会和法制委员会
关于推进产业结构优化升级，转变经济发展方式的调研	熊大新	北京市政协经济委员会

民主党派调研重点课题

题目	主持人	研究单位
加大对周边地区发展环保产业的领导力度、确保和构筑北京的环保屏障的研究	傅惠民	民革北京市委
关于首都城乡经济社会发展一体化的调研	葛剑平	民盟北京市委
北京经济的绿色转型研究	王永庆	民建北京市委
首都城区社区文化建设状况调研	刘新成	民进北京市委
关于北京市老年医疗服务体系建设的调研	于文明	农工党北京市委
关于树立首都意识，创制和建设北京新型城市形态的研究	李昭玲	致公党北京市委
统筹水资源管理、促进生态市建设研究	马大龙	九三学社北京市委
京台两地学前教育状况的比较研究	蔡国雄	台盟北京市委

（中共北京市委研究室供稿）

各高校、科研单位承担省部级以上人文社会科学研究项目及部分院校校级文科项目

北京大学

2008 年国家社会科学基金重大项目

项目名称	项目负责人	项目批准号	单位	成果形式	完成日期	项目来源
生产三要素市场统一构建与城乡经济社会一体化战略实施	朱善利 范恒山	08&ZD026	光华管理学院	专著/研究报告	2011 年	全国哲学社会科学规划办公室
我国对外传播文化软实力研究	关世杰	08&ZD057	新闻与传播学院	专著/研究报告	2011 年	全国哲学社会科学规划办公室

（北京大学社会科学部倪润安供稿）

2008 年国家社会科学基金项目

承担部门	负责人	项目名称	项目类别	成果形式	计划完成时间	项目来源
法学院	张　平	网络环境下版权保护模式研究	一般项目	专著、研究报告	2010. 12. 31	全国哲学社会科学规划办公室
法学院	翟小波	党的领导和人民当家做主的统一之道	青年项目	专著、译著	2011. 12. 31	全国哲学社会科学规划办公室
法学院	徐阳光	政府间财政关系之法治化研究	青年项目	论文集、研究报告	2010. 9. 30	全国哲学社会科学规划办公室
光华管理学院	王立彦	银行业战略引资、绩效引进与盈余管理	一般项目	专著、研究报告	2010. 9. 30	全国哲学社会科学规划办公室
国际关系学院	张光明	社会民主主义的若干历史与理论问题研究	一般项目	专著、研究报告	2011. 9. 30	全国哲学社会科学规划办公室
国际关系学院	余万里	美国贸易决策机制与中美关系	一般项目	专著	2011. 9. 30	全国哲学社会科学规划办公室
经济学院	赵留彦	中国投资品相对价格上涨的理论与经验解释	青年项目	论文集、研究报告	2011. 9. 30	全国哲学社会科学规划办公室
考古文博学院	赵朝洪	东胡林文化遗存研究	一般项目	研究报告	2011. 9. 30	全国哲学社会科学规划办公室
考古文博学院	王幼平	莫维斯线与中国早期人类文化的发展	一般项目	专著	2011. 9. 30	全国哲学社会科学规划办公室
历史系	颜海英	中国收藏的古埃及文物	一般项目	专著、研究报告	2011. 9. 30	全国哲学社会科学规划办公室
马克思主义学院	孙代尧	科学社会主义与中国特色社会主义理论体系关系之研究	一般项目	专著	2011. 9. 30	全国哲学社会科学规划办公室
马克思主义学院	刘　军	马克思国家理论的文本研究与当代发展	青年项目	专著	2011. 9. 30	全国哲学社会科学规划办公室
人口研究所	庞丽华	在华外国人及其就业研究	青年项目	论文集、研究报告	2010. 9. 30	全国哲学社会科学规划办公室
社会学系	郭志刚	我国人口发展与经济社会可持续发展战略研究	重点项目	研究报告	2011. 12. 1	全国哲学社会科学规划办公室
社会学系	刘爱玉	和谐社会建设中企业社会责任的社会学研究	一般项目	研究报告、论文集	2010. 9. 30	全国哲学社会科学规划办公室
社会学系	方　文	中国社会转型：转型心理学的路径	一般项目	论文集、译著	2011. 9. 30	全国哲学社会科学规划办公室
社会学系	李　康	后社会史的理论范式变革及其经验研究启示	青年项目	论文集、译著	2011. 9. 30	全国哲学社会科学规划办公室

续表

承担部门	负责人	项目名称	项目类别	成果形式	计划完成时间	项目来源
新闻与传播学院	陈开和	对外传播与我国的和平外交政策	一般项目	论文集、研究报告	2010. 8. 30	全国哲学社会科学规划办公室
信息科学技术学院	刘　扬	面向信息处理的词义问题探索	一般项目	论文集	2010. 12. 31	全国哲学社会科学规划办公室
信息科学技术学院	吴云芳	面向网络文本的词语情感义自动标注研究	青年项目	论文集	2010. 12. 30	全国哲学社会科学规划办公室
艺术学院	翁剑青	中国城市景观文化与公共艺术研究	一般项目	专著、研究报告	2010. 3. 30	全国哲学社会科学规划办公室
哲学系	聂锦芳	《德意志意识形态》研究	一般项目	专著	2011. 5. 1	全国哲学社会科学规划办公室
哲学系	刘素民	托马斯·阿奎那宗教伦理思想的人学解读	一般项目	专著、研究报告	2011. 9. 30	全国哲学社会科学规划办公室
哲学系	吴增定	胡塞尔的知识论研究	青年项目	专著	2011. 9. 30	全国哲学社会科学规划办公室
中文系	陈晓明	感性解放的现代审美潮流——对艺术革命后果的美学阐释	一般项目	专著	2011. 6. 30	全国哲学社会科学规划办公室
中文系	董秀芳	汉语的词汇化与句法演变	青年项目	专著	2011. 9. 30	全国哲学社会科学规划办公室

（北京大学社会科学部秦化真供稿）

2008 年国家自然科学基金项目（人文社科部分）

课题名称	负责人	工作单位	项目类型
采用动态策略的库存——运输整合优化问题研究	翟　昕	光华管理学院	青年科学基金项目
中国证券市场股价同步性的理论与实证研究	许年行	光华管理学院	青年科学基金项目
会计准则变更、企业行为选择与证券市场反应	张　然	光华管理学院	青年科学基金项目
返券促销和黄牛应该被禁止吗？中间人的存在对商家利润和消费者福利的影响分析	苏　萌	光华管理学院	青年科学基金项目
中国民营企业的政治行为研究：制度的视角	张建君	光华管理学院	面上项目
员工的价值观与冲突情境认知及影响冲突处理的组织因素	张志学	光华管理学院	面上项目
多元资本网络：框架研究与实践验证	蒋　琰	光华管理学院	面上项目
公司治理、审计师选择与审计治理效应	吴联生	光华管理学院	面上项目

续表

课题名称	负责人	工作单位	项目类型
专家影评和口碑传播对电影消费的影响机制——一项跨文化研究	郭贤达	光华管理学院	面上项目
奢侈品生态及消费者消费动机研究	江明华	光华管理学院	面上项目
追求归属感还是个性化？消费者身份构建动态性及其对品牌偏好影响	徐　菁	光华管理学院	面上项目
投资者特征、投资需求与市场回报率	刘玉珍	光华管理学院	面上项目
中国股票市场的同步性：成因、信息含量及应用	王亚平	光华管理学院	面上项目
我国企业基本养老保险的代际平衡研究	蒋云赟	经济学院	青年科学基金项目
累进设计：个人所得税改革模拟研究	刘　怡	经济学院	面上项目
中国健康与养老追踪调查试调查培训	赵耀辉	国家发展研究院	国际（地区）合作与交流项目

（北京大学社会科学部刘睿供稿）

2008年度全国教育科学“十一五”规划课题

承担部门	负责人	项目名称	项目类别	成果形式	计划完成时间	项目来源
心理学系	甘怡群	未来取向应对与大学生压力管理研究	教育部重点课题	研究论文	2011.8.31	全国教育科学规划办
教育学院	尚俊杰	利用教育游戏丰富与深化综合实践活动课程教与学的理论与实践研究	国家青年基金课题	研究论文、研究报告	2010.12.31	全国教育科学规划办
中国教育财政科学研究所	魏建国	助学贷款回收风险控制与担保机构研究	教育部青年专项课题	研究论文、研究报告	2009.5.20	全国教育科学规划办
教育学院	鲍　威	扩招后高校教育质量与学生学业成就间关联性的实证研究	教育部青年专项课题	研究论文、研究报告	2011.7.1	全国教育科学规划办

（北京大学社会科学部秦化真供稿）

2008年度国家社会科学基金艺术学“十一五”立项课题

承担部门	负责人	项目名称	项目类别	成果形式	计划完成时间	项目来源
新闻与传播学院	陆绍阳	中国电影全面实施产业化政策以来电影产业成果及问题研究	国家一般	研究报告	2009.7.1	全国艺术科学规划办
艺术学院	林兆华	戏剧表导演的中国学派	国家一般	专著	2011.3.31	全国艺术科学规划办

（北京大学社会科学部秦化真供稿）

2008 年教育部哲学社会科学研究重大课题攻关项目

项目名称	项目负责人	项目批准号	单位	成果形式	完成日期	项目来源
我国货币政策体系与传导机制研究	刘　伟	08JZD0015	经济学院	专著	2011 年	教育部社科司
高校专利技术转化成功模式及相关政策研究	张　平	08JZD0020	法学院	专著	2011 年	教育部社科司
中国艺术学文献整理与研究	彭吉象	08JZD0030	艺术学院	专著	2011 年	教育部社科司
中国特色国际关系与外交理论创新研究	朱　锋	08JZD0038	国际关系学院	专著	2011 年	教育部社科司

（北京大学社会科学部倪润安供稿）

2008 年度教育部人文社会科学重点研究基地重大项目

项目名称	负责人	基地名称	项目来源	成果形式	完成日期
全球化视野中的中国社会发展	丰子义	邓小平理论研究中心	教育部	专著	2011 年底
马克思主义中国化与中国传统文化	孙熙国	邓小平理论研究中心	教育部	专著	2011 年底
中国艺术批评通史（第五、六、七卷）	陈旭光	美学与美育研究中心	教育部	专著	2011 年底
中国美学通史（第五、六、七卷）	丁　宁	美学与美育研究中心	教育部	专著	2011 年底
自由意志与道德责任问题研究	徐向东	外国哲学研究所	教育部	专著	2011 年底
印度婆罗门教哲学与佛教哲学比较研究	姚卫群	外国哲学研究所	教育部	专著	2011 年底
《韩非子》实词及相关句法结构研究	宋绍年	汉语语言学研究中心	教育部	专著	2011 年底
汉语多功能语法形式的语义地图研究	李小凡	汉语语言学研究中心	教育部	专著	2011 年底
日本国立公文书馆（原内阁文库）藏珍稀本汉籍选刊	杨　忠	中国古文献研究中心	教育部	专著	2011 年底
日本国会图书馆藏珍稀本汉籍选刊	刘玉才	中国古文献研究中心	教育部	专著	2011 年底
东亚文学的发生学研究	严绍璗	东方文学研究中心	教育部	专著	2011 年底
东方学视野下的文学、学术思想文化与学科认同	罗志田	东方文学研究中心	教育部	专著	2011 年底
战国秦汉简牍所见制度与社会综合研究	吴荣曾	中国古代史研究中心	教育部	专著	2011 年底
《至正条格》与元代法制研究	张　帆	中国古代史研究中心	教育部	专著	2011 年底
河西魏晋十六国墓葬研究——以敦煌佛爷庙湾出土资料为中心	赵化成 韦　正	中国考古学研究中心	教育部	专著	2011 年底
宝鸡青铜器博物馆藏商周青铜器的整理与研究	徐天进	中国考古学研究中心	教育部	专著	2011 年底
当代中国廉政预警体系建设研究	李成言	政治发展与政府管理研究所	教育部	专著	2011 年底

续表

项目名称	负责人	基地名称	项目来源	成果形式	完成日期
政府治理机制研究	燕继荣	政治发展与政府管理研究所	教育部	专著	2011 年底
“参与式行政”和中国行政法治模式的变革	方世荣 王锡锌	宪法与行政法研究中心	教育部	专著	2011 年底
风险管制与行政法新发展研究	张　骐 沈　岿	宪法与行政法研究中心	教育部	专著	2011 年底
并购重组在中国股票市场的经济功能研究	巫和懋	中国经济研究中心	教育部	专著	2011 年底
和谐社会建设中企业社会责任的社会学研究	刘爱玉	中国社会与发展研究中心	教育部	专著	2011 年底
中国高等职业教育的经济与非经济收益研究	陈良焜	教育经济研究所	教育部	专著	2011 年底
教育政策目标与执行过程偏离问题研究：以独立学院为例	陈学飞	教育经济研究所	教育部	专著	2011 年底

（北京大学社会科学部李净供稿）

2008 年度北京市教育科学“十一五”规划项目

承担部门	负责人	项目名称	项目类别	成果形式	计划完成时间	项目来源
医学部	郝卫东	创新型与应用型公共卫生人才培养模式研究	重点课题	研究报告、论文	2010. 8	北京市教育科学规划办
医学部	李榴柏	学生营养与体力活动网络咨询系统的建立及应用研究	重点课题	研究报告、论文、电脑软件	2009. 12	北京市教育科学规划办
体育教研部	赫忠慧	大学生亚健康状况及运动干预研究	青年专项	研究报告、论文	2010. 9	北京市教育科学规划办

（北京大学社会科学部秦化真供稿）

2008 年度国家体育总局社会科学研究项目

课题名称	负责人	工作单位	项目来源
国外体育法规的翻译与研究	凌　斌	法学院	国家体育总局
全民健身问题立法难点研究	朱苏力	法学院	国家体育总局
体育外交研究	何仲恺	体育教研部	国家体育总局

（北京大学社会科学部刘睿供稿）

2008 年度国务院侨务办公室立项课题

课题名称	负责人	工作单位	项目来源
拉丁美洲华侨华人分布状况与发展趋势	李安山	国际关系学院	国务院侨办
2008 年“大选”对台湾侨务政策的影响	印红标	国际关系学院	国务院侨办

（北京大学社会科学部刘睿供稿）

2008 年度国家广电总局立项课题

课题名称	负责人	工作单位	项目来源
广播电视节目评估体系研究	陆　地	新闻与传播学院	国家广电总局
建国 60 年以来革命历史题材电影研究	陆绍阳	新闻与传播学院	国家广电总局
国产纪录片繁荣发展对策研究	彭吉象	艺术学院	国家广电总局

（北京大学社会科学部刘睿供稿）

2008 年度国家司法部立项课题

课题名称	负责人	工作单位	项目来源
中国婚姻法传统与变革研究	徐爱国	法学院	司法部
魏玛德国宪政思想史研究	刘　毅	法学院	司法部
预算法修改与预算国家的建构研究	徐阳光	法学院	司法部
公司诉讼的民事、行政程序交错研究	蒋大兴	法学院	司法部
中国农村金融体制重建中的法律问题研究	王曙光	经济学院	司法部

（北京大学社会科学部刘睿供稿）

2008 年霍英东教育基金会青年教师基金项目

课题名称	负责人	所在单位	项目来源
大规模中文树库构建及其对外汉语教学中的应用	詹卫东	中文系	霍英东教育基金会

（北京大学社会科学部刘睿供稿）

2008 年教育部留学回国人员科研启动基金项目

课题名称	负责人
20 世纪末期和 21 世纪初期欧洲私法理论的最新发展	薛　军
会计准则变迁环境下企业资产减值行为选择研究	张　然
扩招后高校贷款的成因及影响机制的实证研究	鲍　威
我国高等教育机构高层领导胜任力模型研究	乔学军
两战间“泛欧”联合思想研究	李　维
宗教与社会和谐	卢云峰
伦理意识与心理意识：亨利·詹姆斯的小说研究	毛　亮

续表

课题名称	负责人
弥尔顿在中国	郝田虎
德语自传文学研究——理论和文本	胡　蔚
中美说理文写作教学中的基本概念比较	刘　璐
“但泽三部曲”的文化记忆阐释	潘　璐
韩国语形容词释义研究	王　丹
西班牙女性小说	王　军
儒家中道观与和谐社会的伦理建设	温海明

（北京大学社会科学部刘睿供稿）

2008年度教育部“新世纪优秀人才支持计划”北京大学人文社科入选者名单

编号	姓名	所在学科
NCET－08－0017	徐凤林	哲学
NCET－08－0018	董　强	语言
NCET－08－0019	李　杨	语言
NCET－08－0020	陈贻绎	语言
NCET－08－0021	罗　新	历史学
NCET－08－0022	张　博	经济学
NCET－08－0023	雷　明	经济学
NCET－08－0024	唐方方	经济学
NCET－08－0025	方　文	社会学
NCET－08－0026	王锡锌	法学
NCET－08－0027	王　勇	政治学
NCET－08－0028	蒋　凯	教育学

（北京大学社会科学部王周谊供稿）

2008年获北京市社会科学理论著作出版基金资助著作名单

申报著作	申请人	所在单位
唐陵的布局：空间与秩序	沈睿文	考古文博学院
从心灵中来——但愿再次——回到心灵	刘小龙	艺术学院
中国教育经费合理配置研究	睢国余	经济学院
数字图书馆的知识组织系统——从理论到实践	王　军	信息管理系
中国社会建设：战略思路与基本对策	丁元竹	政府管理学院
叙事、文体与文本——重读英美经典短篇小说	申　丹	外国语学院
苏联作家肖洛霍夫的传奇人生	李毓榛	外国语学院
哥特小说：社会转型时期的矛盾文学	苏耕欣	外国语学院

续表

申报著作	申请人	所在单位
转型期中国城镇医疗保险体系中的政府与市场——角色定位与模式选择	锁凌燕	经济学院
“里约”十年中国资源—经济—环境绿色核算（1992－2002）	雷　明	光华管理学院
中国图书馆学研究史稿（1949. 10－1979. 12）	周文骏	信息管理系
普通话韵律词的实验研究	邓　丹	汉语教育学院
南非史	郑家馨	历史学系
中国农村生殖健康卫生资源优化和转型实证调查报告——基层的声音	郑晓瑛	人口研究所
财政转移支付法的理念与制度	徐阳光	法学院
朝向真无限的思想自由	刘　哲	哲学系
东坡词研究	郑　园	北京大学学报
中国一至十六世纪政治文化研究	陈苏镇	历史学系
宋辽金元城市发展研究	韩光辉	城环学院

（北京大学社会科学部王周谊供稿）

中国人民大学

2008 年国家社会科学基金重大项目

项目名称	所在院系	负责人
贯彻落实科学发展观与深化财税体制改革研究	财政金融学院	安体富 朱　青
建设公正高效权威的社会主义司法制度研究	法学院	陈卫东
区域协调发展的目标选择、实现路径与动态评价研究	公共管理学院	陈秀山
两岸关系和平发展架构研究	国际关系学院	黄嘉树
科学发展观在完善宏观调控体系中的体现研究	经济学院	刘　瑞
完善社会管理与维护社会稳定机制研究——农村对抗性冲突及其化解机制研究	农业与农村发展学院	温铁军
贯彻落实科学发展观与深化垄断行业改革——大型国有垄断企业的治理结构和政府规制结构研究	经济学院	于同申
实施扩大就业的发展战略：岗位创造、能力提升、中介服务及反歧视的机理和政策	劳动人事学院	曾湘泉

2008 年国家社会科学基金重点项目

项目名称	所在院系	负责人
中国特色社会主义经济理论体系研究	经济学院	黄泰岩
马克思主义科学技术观与当代科学技术论研究	哲学院	刘大椿
给付行政法原理与民生行政研究	法学院	杨建顺
调控环境敏感产品进出口贸易的综合决策研究	环境学院	杨昌举
生态文明的环境社会学研究	社会与人口学院	洪大用

2008 年国家社会科学基金一般项目

项目名称	所在院系	负责人
特权阶层与苏联社会主义的演变	国际关系学院	郭春生
新出土文献与荀子哲学研究	国学院	梁 涛
诗人译诗与中国新诗的“现代性”	文学院	王家新
秦汉简牍名物词语集考	文学院	王贵元
档案真伪辨识方法体系研究	信息资源管理学院	何 庄
管理哲学的主要问题研究	哲学院	刘敬鲁
康有为与儒学的近代转型	哲学院	干春松
民法典的精神	法学院	石佳友
中国保险法的修订建议	法学院	邢海宝
中国宽严相济刑事政策研究	法学院	张小虎
宏观调控中土地政策作用研究	公共管理学院	严金明
基本养老保险个人账户基金市场化管理研究	公共管理学院	李 珍
防范金融风险的中国银行业市场结构设计	经济学院	黄 隽
提高农村扶贫标准研究	劳动人事学院	杨立雄
统筹城乡基本医疗保障体系研究	劳动人事学院	仇雨临
劳动合同法背景下雇主用工需求研究	劳动人事学院	唐 矿
农村集体土地管理问题研究	农业与农村发展学院	程漱兰
供应链管理国际化下的企业关系研究	商学院	宋 华
美国社会工作职业化与专业化的发展道路及其对中国的启示	社会与人口学院	隋玉杰
档案所有权理论与实践研究	档案馆	张世林
中国本土心理资本量表的开发及其应用研究	劳动人事学院	孙健敏
中国“四二一”家庭结构现状与和谐社会构建	社会与人口学院	宋 健

2008 年国家社会科学基金青年项目

项目名称	所在院系	负责人
网络时代刑事司法的理念与制度创新	法学院	刘品新
中国通货膨胀中的需求拉动与成本推动因素研究及其政策选择	经济学院	范志勇
秦汉律令法系研究——从新出简牍看律、令、科及其关系	历史学院	张忠炜
中国共产党领导妇女工作的历史考察与历史经验研究	马克思主义学院	耿化敏
性别与知识：女性主义知识论研究	书报资料中心	魏开琼
今后几年我国价格波动趋势及其动因研究	财政金融学院	张成思
上市公司的自利性业绩归因行为分析及经济后果研究	商学院	孙蔓莉
中国慈善事业捐赠人结构现状及其合理化的对策研究	商学院	蒋　晶
移民视角下的劳动力流动研究	社会与人口学院	谢桂华
中国大众传媒竞争与合作研究	新闻学院	丁汉青
社会主义法律权威维护的微观研究——以派出所为切入点	法学院	李奋飞
参与国际合作机制和维护国家自主性的关系研究	国际关系学院	田　野
电子文件管理标准体系研究	信息资源管理学院	钱　毅

2008 年国家社会科学基金特别委托项目

项目名称	所在院系	负责人
国际产业分工深化与我国产业结构升级研究	商学院	徐佳宾

2008 年国家科技支撑计划

项目名称	所在院系	负责人
土地整理规划、设计技术研究	公共管理学院	严金明
村镇消费信贷服务产品设计与风险防控技术研究	财政金融学院	赵锡军

2008 年国家 863 计划专题课题

项目名称	所在院系	负责人
大规模无线传感器网络适应性查询处理关键技术研究	信息学院	陈　红

2008 年科技基础性工作专项

项目名称	所在院系	负责人
卓越科学家的工作与创新方法系列研究	哲学院	刘大椿

2008 年国家杰出青年科学基金（外籍）项目

项目名称	所在院系	负责人
管理信息系统实施过程中的用户行为研究	商学院	毛基业

2008 年国家自然科学基金重点项目

项目名称	所在院系	负责人
闪存数据库技术研究	信息学院	孟小峰

2008 年国家自然科学基金面上项目

项目名称	所在院系	负责人
一个新的环丙酮等价物的合成应用	化学系	陈自立
基于 DNA 自组装构筑手性配体和催化剂及它们的催化性能研究	化学系	徐立进
超临界二氧化碳微乳液用于相转移催化反应体系的研究	化学系	张小岗
网络 DEA 的理论基础研究	经济学院	魏权龄
反生产力工作行为（CWB）的结构测量及其产生机制与作用机制的研究	劳动人事学院	徐世勇
劳动规制对农民工的就业影响及管理政策研究：以提高最低工资标准为例	农业与农村发展学院	丁守海
中国农民工回乡创业行为的理论及实证研究	农业与农村发展学院	崔海兴
内部资本市场运作、配置效率与盈余质量	商学院	王化成
领导—部属交换对领导和部属工作结果的双向影响机制研究	商学院	仲理峰
财务信息重述、盈余质量与资本市场效率	商学院	王　霞
大型赛事服务平台的即时构造方法研究	商学院	马龙龙
新李嘉图模型的拓展构造与中国贸易流动的预期应用研究	商学院	谷克鉴
物业税对房价的影响研究——基于市场结构、供求弹性和经济地理的分析	商学院	况伟大
自我意识情绪：学习不良儿童的理解、效应和调节	社会与人口学院	俞国良
高维复杂分层数据分析与鞍点逼近方法及其在流行病风险中的应用	统计学院	田茂再
微观尺度下热传导的精确控制及热信息处理	物理学系	王　雷
超冷原子气体光格子系统中的新奇量子效应——大规模密度矩阵重整化群计算	物理学系	王孝群
基于 RDF 自适应存储的 SPARQL 查询优化技术研究	信息学院	杜小勇
基于数据挖掘的安全漏洞静态检测方法研究	信息学院	梁　彬
基于听觉感知的音乐结构分析研究	信息学院	许洁萍
基于语义的 Web 可用性评估研究	信息学院	杨小平
分形、图和距离空间上的分析及其应用	信息学院	林　勇

2008 年国家自然科学基金青年科学基金项目

项目名称	所在院系	负责人
城市交通结构与土地利用形态的组合优化研究	公共管理学院	杨励雅
我国转型时期土地利用规划中的利益机制研究	公共管理学院	陈　丽
飞秒相干光谱测量蛋白质的低频振动	化学系	吕　荣
金属复合氧化物单分散纳米晶的合成及性能研究	化学系	刘军枫
脂质体中类黄酮化合物的抗氧化自由基反应动力学研究	化学系	韩瑞敏
模糊随机网络优化及其在供应链设计中的应用研究	商学院	计小宇
大学毕业生入职后政治技能的发展及其影响：一项追踪研究	商学院	刘　军

2008 年国家自然科学基金科学部主任基金项目

项目名称	所在院系	负责人
基于全球化、市场化条件下价格总水平调控策略与政策研究	经济学院	陈彦斌

2008 年国家自然科学基金数学天元青年基金项目

项目名称	所在院系	负责人
有限群的局部结构与块代数的 Morita 稳定等价	信息学院	黄文林

2008 年国家自然科学基金政策局委托项目

项目名称	所在院系	负责人
对《国家自然科学基金条例》评估方法研究	法学院	刘春田

2008 年教育部社科司重大课题攻关项目

项目名称	所在院系	负责人
全球新型金融危机与中国外汇储备问题研究	财政金融学院	陈雨露
税收对国民收入分配调控作用研究	财政金融学院	郭庆旺
中国侵权责任法立法疑难问题研究	法学院	王利明
效率和公平相互协调的初次分配制度改革研究	经济学院	黄泰岩
中国性别失衡与社会稳定研究	社会与人口学院	翟振武
哲学社会科学“走出去”战略研究	统计学院	袁　卫
金融危机及其对教育的影响（委托研究）	商学院	纪宝成

2008 年教育部人文社会科学研究基地重大项目

项目名称	所在院系	负责人
宗教学专业系列教材一（印度佛教思想史·中国佛教思想史·道教思想史）	佛教与宗教学理论研究所	末木文美士
宗教学专业系列教材二（宗教学概论·宗教哲学·基督教思想史）	佛教与宗教学理论研究所	罗秉祥
马克思主义伦理思想研究	伦理学与道德建设研究中心	宋希仁
中外道德教育比较研究	伦理学与道德建设研究中心	金生鈜
民法学方法论研究	民商事法律科学研究中心	姚　辉
他物权制度的现代化问题研究	民商事法律科学研究中心	刘保玉
欧洲一体化进程中“法治”原则的建构历程及其对中国的借鉴意义	欧洲问题研究中心	郭寿康
经济全球化和欧盟东扩背景下的欧盟市场一体化研究：规制、进展、问题、前景与借鉴	欧洲问题研究中心	丁　纯
清代政治文化研究	清史研究所	杨念群
清代中西、中日文化关系史研究——以语言的交流互动为中心	清史研究所	黄兴涛
中国流动人口研究	人口与发展研究中心	杨菊华
西部生态移民研究（跟踪调查）	人口与发展研究中心	侯东民
“三个代表”重要思想与中国改革开放的历史经验研究	“三个代表”重要思想研究中心	陶文昭
“一国两制”在香港、澳门的成功实践及历史经验研究	“三个代表”重要思想研究中心	齐鹏飞
社区理论与我国和谐社区建设研究	社会学理论与方法研究中心	夏建中
民间纠纷解决模式的法社会学研究	社会学理论与方法研究中心	郭星华
新闻学学术规范研究	新闻与社会发展研究中心	郑保卫
新一代互联网环境下舆论引导与控制对策研究	新闻与社会发展研究中心	匡文波
当代中国社会结构与犯罪问题研究	刑事法律科学研究中心	戴玉忠
社会变迁、刑法发展与立法模式的变革	刑事法律科学研究中心	肖中华
多水平数据中的统计理论、方法及其应用研究	应用统计中心	田茂再
基于微观数据的我国统计核算数据估算模型方法研究	应用统计中心	赵彦云
财政扶贫、转移支付与最终消除绝对贫困	中国财政金融政策研究中心	岳希明
现代财政金融理论的中国渊源——17—19 世纪中国财政金融问题及其文献研究	中国财政金融政策研究中心	何　平
中国民营经济 30 年	中国经济发展研究院	高德步

2008年教育部人文社会科学规划基金项目

项目名称	所在院系	负责人
财政转移支付立法问题研究	法学院	徐孟洲
建筑物区分所有权登记制度研究	公共管理学院	谭　峻
《劳动合同法》对劳动力市场效率影响的实证研究	劳动人事学院	程延园
北约模式与亚洲安全模式比较研究	历史学院	许海云
我国生态消费模式的构建路径与评价指标研究	商学院	江　林
基于目标定向理论的下属领导行为	商学院	章　凯
不对称营销渠道环境下的中国家电企业产品创新策略研究	商学院	黄江明
战略领导、两栖学习与技术创新关系的研究	商学院	王凤彬
青海三江源地区生态移民工程对移民的影响研究	社会与人口学院	孟向京
青少年生活事件、心理弹性与其互联网使用的关系	社会与人口学院	雷　雳
退耕新政对西部退耕区的影响及对策研究——以吴旗县为案例	社会与人口学院	侯东民
公共外交理论建构与案例库建设	新闻学院	钟　新

2008年教育部人文社会科学青年基金项目

项目名称	所在院系	负责人
美国研究型大学竞争力形成机制分析及启示	发展规划处	胡　娟
我国大学人文社会科学的国际化策略研究	发展规划处	张　伟
抵押权制度研究	法学院	高圣平
《孝经》学史	国学院	陈壁生
中国转型期职业伤亡事故预防机制研究	劳动人事学院	乔庆梅
改革开放30年来中国共产党理论创新基本经验问题研究	马克思主义学院	王海军
我国农民工回乡创业理论及实证研究	农业与农村发展学院	崔海兴
重复测量数据模型的推断及其应用	统计学院	许王莉
20世纪宣传观念的变迁	新闻学院	刘海龙
和谐社会构建中的新闻传媒与农民工研究	新闻学院	许向东
驻京外国人对中国形象建构因素分析	新闻学院	赵云泽

2008年北京市社会科学基金规划项目

项目名称	所在院系	负责人
提升首都高校核心竞争力战略研究	研究生院	周　燕

2008 年北京市自然科学基金面上项目

项目名称	所在院系	负责人
北京城乡统筹发展与新农村建设模式研究	农业与农村发展学院	郑风田
基于静态检测的 Web 信息系统安全漏洞发掘方法研究	信息学院	梁　彬

2008 年教育部人文社会科学专项任务项目

项目名称	所在院系	负责人
高等学校领导班子结构与班子效能模型研究	学校	牛维麟

2008 年教育部社科司应急项目

项目名称	所在院系	负责人
改革开放三十年的光辉历程、巨大成就和宝贵经验	法学院	程天权
中国特色社会主义与世界社会主义发展研究	国际关系学院	蒲国良
改革开放以来公平与效率关系的理论与实践研究	经济学院	卫兴华
改革开放以来中国对外开放的进程、成就和基本经验研究	经济学院	黄卫平
中国特色社会主义本质属性与构建社会主义和谐社会研究	经济学院	陈勇勤
马克思列宁主义与中国特色社会主义理论体系关系研究	马克思主义学院	刘建军
改革开放以来党的六次全国代表大会报告理论创新研究	马克思主义学院	杨凤城
十一届三中全会以来党的理论创新与历史经验研究	马克思主义学院	梁树发
坚持马克思主义基本原理与推进马克思主义中国化研究	马克思主义学院	张雷声
科学社会主义基本原则与中国社会主义道路研究	马克思主义学院	秦　宣
“三个代表”重要思想与中国特色社会主义理论体系研究	马克思主义学院	齐鹏飞
贯彻科学发展观与实现全面建设小康社会奋斗目标的新要求研究	马克思主义学院	张云飞
改革开放三十年以来中国社会利益关系的演变及其未来趋势	社会与人口学院	刘少杰
改革、发展、稳定、和谐互动机制研究	哲学院	郭　湛
改革开放以来中国社会价值观念的变迁研究	哲学院	吴潜涛

2008 年教育部社科司专项任务项目

项目名称	所在院系	负责人
中国高校哲学社会科学发展报告 1978—2008（国际问题卷）	国际关系学院	金灿荣
中国高校哲学社会科学发展报告 1978—2008（经济学卷）	经济学院	杨瑞龙
中国高校哲学社会科学发展报告 1978—2008（交叉学科卷）	哲学院	刘大椿
中国高校哲学社会科学发展报告 1978—2008（文艺学卷）	哲学院	张　法

2008 年全国教育科学规划教育部青年专项项目

项目名称	所在院系	负责人
中学生学业羞愧情绪研究	社会与人口学院	董　妍

2008 年全国教育科学规划教育部重点项目

项目名称	所在院系	负责人
农村劳动力转移就业引导培训与农民工职业技能培训的机制创新研究	农业与农村发展学院	马九杰

2008 年中国人民大学科学研究基金项目（面上重点项目）

项目名称	所在院系	负责人
保险风险管理研究	财政金融学院	魏　丽
劳动关系中劳动者基本权利研究	法学院	郑爱青
群体纠纷诉讼解决的公益性脉络及逻辑——司法技术与社会自我修正的和谐互动	法学院	许尚豪
权力政治的谱系：现实主义理论与国际关系研究	国际关系学院	吴征宇
汉魏六朝时期风水信仰的宗教形态研究	国学院	张齐明
中国低碳技术研发战略及国际合作机制研究	环境学院	王　克
环境金融理论的构建与中国环境金融的实践	环境学院	安树民
农村市场发展的制度创新与制度建设研究——CGSS 数据分析与个案研究的结合	社会与人口学院	陆益龙
美国总统候选人政治演讲的批评式话语分析	外国语学院	杨　敏
国家、市场与技术变革背景下的全球传播与中国媒体的创新能力	新闻学院	陈　阳
西方学者亚里士多德注疏基本经典文献研究	哲学院	聂敏里
河套地区秦汉时期城址的考古学调查	历史学院	王晓琨

2008 年中国人民大学科学研究基金项目（面上一般项目）

项目名称	所在院系	负责人
纳税遵从水平测算新方法研究：数据挖掘、模式识别和组合预测	财政金融学院	谢波峰
信息流与换手率的周末效应：基于高频数据的研究	财政金融学院	谭松涛
责任保险与侵权损害赔偿社会化	财政金融学院	张俊岩
行政裁量的正义	法学院	王贵松
次贷危机对金融控股公司法制的影响及我国的应对策略	法学院	杨　东
中、日、韩法学教育制度改革比较研究	法学院	丁相顺
国有资本经营预算法律制度研究	法学院	姚海放

续表

项目名称	所在院系	负责人
公立学校中流动人口子女的教育公平问题研究	公共管理学院	罗　云
中国食品安全监管体制的历史——比较研究	公共管理学院	刘　鹏
基于 DEA 视角的我国研究型大学科研绩效评估	公共管理学院	钟　卫
乡镇村产业用地规模影响因素及管理对策分析——以辽宁省为例	公共管理学院	张秀智
转型期中国城市的企业空间结构研究：以上海和深圳为例	公共管理学院	秦　波
东亚一体化中的区域意识研究——从制度分析的角度	国际关系学院	韩彩珍
未来台湾“中华民国宪法”的处理方案研究	国际关系学院	王英津
“上海合作组织”框架内的区域能源一体化问题研究	国际关系学院	陈小沁
2006 年以来欧盟对华战略认知变化与对策研究	国际关系学院	房乐宪
新中国周边外交	国际关系学院	成晓河
国际非政府组织针对中国的倡导及中国的战略应对	国际关系学院	徐　莹
《春秋公羊经传解诂》版本及校勘新考	国学院	刁小龙
我国征收独立环境税的经济影响及节能减排效果分析	环境学院	庞　军
扩大国内居民消费需求的收入分配政策研究	经济学院	杨天宇
公共品的个人捐献行为和实验研究	经济学院	王湘红
跨国公司控制国际合资子公司的机制研究	经济学院	罗来军
经济危机下企业调整劳动关系运行机制的策略与趋势	劳动人事学院	吴清军
清代宫廷下层女性群体研究	历史学院	毛立平
民间信仰与社会变迁：明清时期张王信仰研究	历史学院	皮庆生
1895 年后日本人在东北的社会调查状况	历史学院	曹　雯
民变、邪教与清中叶统治政策之调整——以嘉庆朝为中心的考察	历史学院	张瑞龙
抗战时期中国经济困难及中外经济对策研究	历史学院	杨雨青
尼泊尔共产党（毛主义者）的历史、执政现状与尼泊尔政局研究	马克思主义学院	汪亭友
林农集体林林地流转决策影响因素的实证研究	农业与农村发展学院	李彧挥
控制权对上市公司融资行为的影响研究	商学院	黎来芳
男性建筑工人中的性文化、健康与艾滋病风险研究	社会与人口学院	黄盈盈
结构方程模型在社会学研究中的应用	社会与人口学院	王卫东
中国农村老年人心理健康状况及影响因素研究	社会与人口学院	唐　丹
中国农村留守儿童健康状况研究	社会与人口学院	宋月萍
北京市外来老年人口状况与管理机制研究	社会与人口学院	孙鹃娟
拓展训练与大学生心理健康发展的研究	体育部	张　磊
统计机器学习中的模型选择算法应用基础研究	统计学院	王　星

续表

项目名称	所在院系	负责人
国际因素对中国价格总水平的影响分析	统计学院	肖争艳
非线性时间序列分析中若干前沿问题的基础理论研究	统计学院	金　阳
中国汽车保险奖惩系统的设计与优化	统计学院	肖宇谷
图书馆数字资源的建设、存储及利用	图书馆	宋姬芳
语言文化学与跨文化交际研究	外国语学院	马继红
请求言语行为的对比分析——一项基于话语补全测试和自然方法的实证调查	外国语学院	王晓彤
日汉语致使移动句式的对比研究——从认知语法和类型学的角度	外国语学院	王轶群
村社文化与俄罗斯社会发展	外国语学院	赵　岩
文学神学家奥康纳研究	外国语学院	宋传民
壮美的启示——美国生态文学与中国生态旅游	外国语学院	龙　艳
构式语法理论与汉语研究	文学院	陈满华
手部动作到口部动作的转移	文学院	董正存
汉语的词化模式研究	文学院	高增霞
对外汉语听力理解中的元认知策略培训研究	文学院	傅　由
“兴”的嬗变：一种跨文化视角	文学院	陈　倩
清前期文人对成化正德间吴中诗派的批评	文学院	徐　楠
话本小说文体与编创方式研究	文学院	王　昕
战国秦汉间儒家类互见文献与古文献的撰述、流传与积累	文学院	徐建委
民国宗教报刊传播与社会互动研究	新闻学院	王润泽
网络媒介事件的叙事框架研究	新闻学院	方　洁
报刊市场进退机制之中外比较及对策研究	新闻学院	韩晓宁
新闻失范的理论建构研究	新闻学院	周　俊
数据包络分析方法在供应链管理绩效评价中的应用	信息学院	张倩伟
基于环境本体的 Web 服务动态组合研究	信息学院	王璞巍
专业领域术语的自动抽取方法研究	信息学院	刘　桃
基于语义网技术的知识组织系统概念建模研究	信息资源管理学院	王应解
WEB2.0 网站的数据采集研究	信息资源管理学院	夏　天
“第三条道路”价值观批判	宣传部	侯衍社
西方严肃音乐在北京地区现场演出的消费者购买行为研究	艺术学院	齐　悦
画家村的两个“破除”及政府角色	艺术学院	陈　炯
景观建筑学的植物设计研究	艺术学院	李宇宏
全球化与信息化中的公共性问题	哲学院	常晋芳
复杂性科学对整体论方法的新发展	哲学院	刘劲杨

续表

项目名称	所在院系	负责人
阅读你的症状——拉康的视线	哲学院	吴 琼
自由主义与共同体主义的争论及其演进	哲学院	杨伟清
逻辑与哲学——从逻辑与概念理论的关系看	哲学院	余俊伟
不羞辱、自尊与幸福：当代政治哲学的伦理学目标	哲学院	周 濂
维特根斯坦《哲学研究》解读	哲学院	刘 畅
管理研究中的理论建构及本土化问题研究	哲学院	徐尚昆

2008 年中国人民大学科学研究基金项目（社会调查项目）

项目名称	所在院系	负责人
高校人文社科工作者科学素养调查研究	财政金融学院	黄文彬
对大学生创业融资环境调查及对策研究	财政金融学院	刘曼红
我国民营中小企业风险管理现状调研与对策分析——侧重于金融危机影响下浙江宁波地区的调研	财政金融学院	许 荣
当前我国宗教活动法律化状况调查与研究	法学院	冯玉军
返乡农民工生活状况调查	公共管理学院	唐 杰
金融危机对大学生就业的影响及对策	劳动人事学院	葛玉好
知识型员工的工作压力、管理策略及其敬业度的关系研究	劳动人事学院	李育辉
辱虐管理：一项多层次的调查研究	商学院	刘 军
当代中国大学生的政治社会化研究：以学生积极分子为中心	社会与人口学院	冯仕政
群体性突发事件中的官民对话模式调查研究	新闻学院	胡百精
大学生价值观测评指标体系模型研究	马克思主义学院	邱 吉

2008 年中国人民大学科学研究基金项目（教育管理项目）

项目名称	所在院系	负责人
中国人文社会科学评价研究	科研处/书报中心	杜 鹏 高自龙
中国人民大学在新中国高等教育史上的地位和作用研究	校办	刘向兵
美国的研究生培养与我国的研究生培养机制改革	研究生院	吴晓求
中国研究型大学跨学科研究的组织路径与管理模式研究	发展规划处/科研处	赵玉麟等
构建人文社会科学为主的综合性大学本科实践教学体系研究	教务处	王 建
研究性大学内部权利运行现状与特征的实证调查研究	发展规划处	陈英霞
中国重点高校异地办学模式及对策研究——重点高校异地研究院运行模式比较研究	国际学院	关 伟
高校心理危机干预体系的研究	学工部	周 莉
中国人民大学通识课程实施情况调查研究	教务处	蒋香仙
高等教育与良好社会	外国语学院	李 荷

续表

项目名称	所在院系	负责人
优化中国人民大学教职工体育参与模式的对策研究	工会	李树旺
大学风物文化研究	校办	梁敬芝
新媒体时代的大学形象建设研究	宣传部	刘成运
中国人民大学本科生国学观及国学课程需求的调查研究	教务处	柳晓妮
高等学校形象识别系统的构建研究：理念和方法	校办	王小虎
大学人文社会科学综合应用型实验室建设研究	设备处	武宝瑞
研究型大学学科制度建设研究	书报中心	宣小红
新世纪高校干部教育培训的模式研究——构建中国人民大学干部培训体系的探索	组织部	张晓辉
美国高校学生事务管理的理念与专业化模式研究	学工部	张晓京
研究型大学学生创造能力培养的新型模式研究——基于中关村文化科技园的实践平台	团委	郑品石

2008 年中国人民大学科学研究基金项目（新教师启动基金）

项目名称	所在院系	负责人
法国宪法委员会研究	法学院	余履雪
战后日本的“和平民主思想”——丸山真男的护宪思想与政治思想研究	国际关系学院	邱　静
国际气候变化政治研究	国际关系学院	李　伟
杨简《诗经》学研究	国学院	吴　洋
计量经济学的几个基础问题研究	经济学院	孙文凯
中国企业人力资源管理信息化的现状、效果及其对企业竞争力的影响	劳动人事学院	苏中兴
邑·郊·牧·野：元代京畿地区城市——区域地理研究	历史学院	丁　超
“双高”现象、银企博弈与转型经济融资制度环境的影响	商学院	戴　璐
人格特质的自评——他评一致性及关系质量的调节作用研究	社会与人口学院	张登浩
识别“买春”行为的文化要素及其干预研究	社会与人口学院	刘　谦
体育教学对大学生社会适应能力的培养研究	体育部	高富贵
中国人民大学本科生“体适能”调查及体育生活方式的构建	体育部	秦　霞
凯瑟琳·安·波特创作深层结构研究	外国语学院	周　铭
传媒数字化管理研究	新闻学院	黄　河
早期汉译般若类经典研究	哲学院	张雪松
茨威格小说中的心理描写与弗洛伊德心理分析学派	外国语学院	张　晏
供应链资源整合中的主导因素关系研究	商学院	姚建明

续表

项目名称	所在院系	负责人
吸附原子覆盖度和衬底门电压对石墨烯物理性质的调控：第一性原理计算模拟	物理系	刘　凯
计算机辅助问卷调查中敏感问题回答的质量评价	统计学院	王　瑜
脑神经化学过程电化学分析新方法的研究	化学系	张美宁
马克思的存在范畴	哲学院	罗　骞

（中国人民大学科研处关晓斌供稿）

清华大学

2008年国家社会科学基金项目

项目批准号	院系	负责人	项目名称	项目来源
08AJY001	经济管理学院	李子奈	计量经济学模型方法论基础研究	国家社会科学基金
08BJY151	经济管理学院	廖　理	股权分置改革对我国资本市场和公司治理的影响研究	国家社会科学基金
08BTJ002	经济管理学院	孙　静	过程能力的统计分析	国家社会科学基金
08CJL024	经济管理学院	路江涌	我国企业出口模式研究	国家社会科学基金
08CJY049	经济管理学院	曾亚敏	外贸并购对行业竞争格局影响研究	国家社会科学基金
08CZZ009	公共管理学院	马　奔	协商民主、票决民主及其关系之研究	国家社会科学基金
08CZZ011	公共管理学院	郑振清	政治转型与本土意识——国民党“本土化”的政治社会学研究	国家社会科学基金
08BZX076	人文社会科学学院	刘　立	科学共同体、公民参与和中国科技政策的制定	国家社会科学基金
08CZX034	人文社会科学学院	宋建丽	女性主义公民资格与社会正义	国家社会科学基金
08CJL004	人文社会科学学院	赵　准	海曼·明斯基关于稳定宏观经济的政治经济学分析	国家社会科学基金
08BWW024	人文社会科学学院	隽雪艳	文化的越境：日本文化的形成与白居易受容	国家社会科学基金
08BYY007	人文社会科学学院	胡庚申	生态翻译学：译学的生态视角研究	国家社会科学基金
08BZZ002	马克思主义学院	韩冬雪	改革开放三十年来中国政治发展的模式研究	国家社会科学基金
08CFX019	法学院	陈新宇	比附问题研究	国家社会科学基金
08BJY028	汽车工程系	李显君	完善自主创新激励机制和政策研究：基于产业创新系统的视角	国家社会科学基金
08CJL027	环境科学与工程系	温宗国	我国典型城市经济环境复合系统耦合机制研究	国家社会科学基金

续表

项目批准号	院系	负责人	项目名称	项目来源
08&ZD059	新闻与传播学院	李希光	舆论引导力与社会舆情预警系统研究	国家社会科学基金重大项目
08&ZD045	人文社会科学学院	李　强	推进多元城镇化战略模式研究	国家社会科学基金重大项目
08&ZD050	公共管理学院	俞　樵	妥善应对国际金融风险对策研究	国家社会科学基金重大项目
08ATY001	教育研究院	陈　旭	北京奥运会成功举办的重大意义和基本经验	国家社会科学基金重点项目

2008 年马克思主义理论研究和建设工程重大项目

项目批准号	院系	负责人	项目名称	项目来源
08MZD001	马克思主义学院	曹德本	马克思主义理论研究和建设工程——中国政治思想史教材编写	国家社会科学基金重大项目
08MZD005	人文社会科学学院	万俊人	马克思主义理论研究和建设工程伦理学教材编写	国家社会科学基金重大项目

2008 年国家社会科学基金艺术学项目

项目批准号	院系	负责人	项目名称	项目来源
08BF40	美术学院	周浩明	新农村规划建设的环境艺术设计研究	全国艺术科学规划办
08CF67	美术学院	周爱民	20 世纪中国装饰艺术研究	全国艺术科学规划办

2008 年国家自然科学基金项目

项目批准号	院系	负责人	项目名称	项目来源
70841017	公共管理学院	陈　升	基于灾区居民当前需求及重建意愿差异的有关群体特征分析、科学划分及相关政策研究	国家自然科学基金
70801038	公共管理学院	郭　琼	B2B 电子市场基于能力预定的供应链期权契约随机模型与优化	国家自然科学基金
70803025	公共管理学院	过　勇	基于博弈论的我国转轨期集体腐败的实证研究	国家自然科学基金
70873068	公共管理学院	韩廷春	金融生态演进与实体经济发展：理论与实证研究	国家自然科学基金
70873069	公共管理学院	李明（洺）	物业税税基的理论创新、关键技术整合和管理流程再造	国家自然科学基金

续表

项目批准号	院系	负责人	项目名称	项目来源
70872061	公共管理学院	刘求实	重大危机事件应对过程中 NGO 参与的时机和模式研究	国家自然科学基金
40801056	公共管理学院	刘志林	中国大城市低收入者居住困境的空间格局及制度透视	国家自然科学基金
70803023	公共管理学院	吕冰洋	促进经济增长的非中性技术进步研究	国家自然科学基金
J0824303	公共管理学院	沈群红	重大项目管理办法的政策研究	国家自然科学基金
70833002	公共管理学院	王有强	中国政府部门的结构与运作研究	国家自然科学基金
70840016	公共管理学院	薛　澜	管理科学技术名词审定——公共管理分册	国家自然科学基金
50808112	公共管理学院	杨东峰	我国大城市地区基于空间绩效视角的可持续形态研究	国家自然科学基金
70803026	经济管理学院	曹　静	全球化背景下中国环境税改革的政策选择及影响分析：基于中国动态 CGE 模型与 GTAP 国际模型的联结模型分析	国家自然科学基金
70890081	经济管理学院	陈国青	新兴电子商务参与者行为规律研究	国家自然科学基金
70890082	经济管理学院	陈　剑	电子商务微观市场结构与商务模式研究	国家自然科学基金
70872057	经济管理学院	陈　荣	概率有奖促销效果的影响因素研究	国家自然科学基金
70872056	经济管理学院	陈　晓	新会计准则的估值效应和行为效应研究	国家自然科学基金
40871064	经济管理学院	程　源	我国微电子产业集群空间网络特征、机制和趋势研究	国家自然科学基金
70841023	经济管理学院	何　平	中国消费品价格及资产价格的共生模型分析及宏观政策建议	国家自然科学基金
70831003	经济管理学院	黄京华	信息系统的采纳、扩散与商业价值机理研究	国家自然科学基金
70872060	经济管理学院	姜彦福	中国创业投资家与创业企业家之间的信任关系研究	国家自然科学基金
10801086	经济管理学院	黎　波	对半参数模型设定的稳健性检验方法研究	国家自然科学基金
70873070	经济管理学院	李纪珍	产业共性技术扩散体系研究	国家自然科学基金
70871068	经济管理学院	刘红岩	基于数据挖掘的用户网上行为模式的发现技术与应用研究	国家自然科学基金
70873071	经济管理学院	潘文卿	中国多区域经济空间关联的动态投入产出分析	国家自然科学基金
70872055	经济管理学院	肖　星	无形资产与公司治理和企业价值关系的实证研究	国家自然科学基金
70871071	经济管理学院	杨之曙	卖空限制，资产价格和信息效率	国家自然科学基金
70871070	经济管理学院	张金水	基于 CNIO 模型或 CGE 模型的宏观经济政策设计	国家自然科学基金

续表

项目批准号	院系	负责人	项目名称	项目来源
70872059	经济管理学院	朱　岩	信任及其在电子交易市场中的采纳和使用影响机制研究	国家自然科学基金
30800305	人文社会科学学院	尹　莉	2~6岁汉语儿童早期书写能力的发展：书写与绘画、汉字书写与英文书写比较研究	国家自然科学基金

2008年教育部人文社会科学竞争性项目

项目批准号	院系	负责人	项目名称	项目来源
08JC820028	法学院	巫若枝	当代中国家事法制道德基础研究	教育部一般项目
08JC820029	公共管理学院	杨　欣	公共服务合同外包中的政府责任	教育部一般项目
08JC860005	新闻与传播学院	史安斌	中美新闻发布的机制构建和传播效果比较研究	教育部一般项目
08JA860008	新闻与传播学院	刘惠芬	互动视频节目形态与商业模式研究	教育部一般项目
08JC760016	美术学院	邱才桢	敦煌隋唐写经书法研究	教育部一般项目
08JC790060	经济管理学院	曹　静	中国制造业的绿色生产率核算	教育部一般项目
08JA870010	图书馆	张成昱	基于无线广域网的移动数字图书馆实现和服务机制的若干关键问题	教育部一般项目
08JD880003	体育部	王培勇	学校体育和社区结合的“阳光周末”体育活动的可持续发展研究	教育部一般项目
08JHQ0014	法学院	张新军	战争受害中国公民法律救济中的国际法问题	教育部后期资助
08JHQ0024	人文社会科学学院	罗选民	互文性与翻译	教育部后期资助
2008JYJ014	法学院	王振民	“一国两制”在香港、澳门的成功实践及历史经验研究	教育部应急课题
2008JYJ003	马克思主义学院	刘敬东	十一届三中全会以来党的理论创新与历史经验研究	教育部应急课题
2008JYJ044	马克思主义学院	刘书林	增强社会主义意识形态的吸引力和影响力研究	教育部应急课题
2008JYJ051	人文社会科学学院	孔祥云	“三个代表”重要思想与中国特色社会主义理论体系研究	教育部应急课题
2008JYJW025	党办校办	陈　希	以改革创新精神加强党的执政能力和先进性建设研究	教育部应急课题
08JJD630001	经济管理学院	陈　剑	新兴电子商务环境下市场形成机制和电子市场微观交易机制设计与优化研究	教育部基地项目
08JJD630004	经济管理学院	姜彦福	创业企业与创业投资机构合作关系形成机制研究	教育部基地项目

续表

项目批准号	院系	负责人	项目名称	项目来源
08JJD630009	经济管理学院	宁向东	改革开放以来中国公司权力扩张问题研究	教育部基地项目
08JJDGJW251	公共管理学院	楚树龙	美国政府、政治和政策研究	教育部基地项目
08JJD880233	马克思主义学院	刘书林	思想政治教育学原理突出理论问题研究	教育部基地项目

2008 年省部级人文社会科学竞争性项目

项目批准号	院系	负责人	项目名称	项目来源
08SFB3038	法学院	邓海峰	能源基本法国别比较研究	司法部
08SFB2034	法学院	韩世远	连带债务研究	司法部
GD0878	信研院	赵　黎	互联网音频服务安全监管政策研究	国家广电总局社科研究项目
1278SS08096	体育部	仇　军	体育社会问题及其控制研究	国家体育总局
1253SS08071	法学院	田思源	后奥运时代我国《体育法》的修改与体育法制度建设	国家体育总局
1196SS08014	公共管理学院	胡光宇	中国体育彩票及博彩业发展战略与公共政策研究	国家体育总局
DEA080184	宣传部	覃　川	媒体时代大中学生处理色情与暴力信息的德育问题研究	全国教育科学规划办
DKA080151	继教学院	胡东成	教育培训机构的现状调查及其建设标准研究	全国教育科学规划办
DLA080206	体育部	王培勇	普通高校体育专业研究生知识能力结构与就业现状的研究	全国教育科学规划办
CIA080219	教研所	马永斌	国家创新体系下大学、政府与企业间的关系研究	全国教育科学规划办
BJA08073	电教中心	李　斌	网络教学环境下教师共同体的建立与教育资源共建、共享和开放机制的研究	北京市教育科学规划办
ADA08028	土木系	王守清	项目管理领域工程硕士教育质量保障体系的研究	北京市教育科学规划办
07BeZH084	美术学院	李　飒	空间合理与健康和谐——中国城市老年人住宅尺度科学性调查与研究	北京市哲学社科规划办

（清华大学文科建设处刘金梅供稿）

北京师范大学

2008 年承担国家或省部级以上社科研究项目

项目名称	项目负责人	承担部门	项目来源	成果形式	计划完成时间
北京市城乡之间教师交流机制研究	鲍传友	教育管理学院	北京市教育科学规划领导小组办公室	研究报告、论文	2010. 12. 1
基于教学自主的教师工作满意度预测模型实证研究	姚计海	教育管理学院	北京市教育科学规划领导小组办公室	研究报告、论文	2010. 6. 1
城乡之间校际协作学习组织策略模型的研究和工具开发	冯晓英	教育技术学院	北京市教育科学规划领导小组办公室	研究报告、论文、软件	2010. 9. 1
“混合式学习”课程设计研究	黄荣怀	教育技术学院	北京市教育科学规划领导小组办公室	论文、专著	2010. 12. 1
网络教师在线指导活动的绩效研究	武法提	教育技术学院	北京市教育科学规划领导小组办公室	研究报告、论文	2009. 12. 1
公民教育视野中的教师民族身份认同与传统文化特色学校建设	杜　亮	教育学院	北京市教育科学规划领导小组办公室	研究报告、论文	2010. 9. 1
提高初中基础薄弱校教学效能的教学模式研究	胡定荣	教育学院	北京市教育科学规划领导小组办公室	研究报告	2010. 12. 1
北京市义务教育阶段中外学校交流研究	姜星海	教育学院	北京市教育科学规划领导小组办公室	研究报告	2010. 12. 1
推进北京市基础教育区域均衡发展的研究——国际比较的视角	马健生	教育学院	北京市教育科学规划领导小组办公室	研究报告、论文	2010. 9. 1
小学生入学准备与适应指导研究	钱志亮	教育学院	北京市教育科学规划领导小组办公室	研究报告	2010. 12. 1
课程改革与教师专业学习共同体——以北京市为例探索校本教师专业发展模式	宋　萑	教师教育研究中心	北京市教育科学规划领导小组办公室	研究报告、论文	2010. 6. 1
在京流动儿童的学校表现、影响因素和应对策略研究	蔺秀云	心理学院	北京市教育科学规划领导小组办公室	研究报告、论文	2011. 12. 1
两种亚型 ADHD 儿童认知机制研究及其干预	刘翔平	心理学院	北京市教育科学规划领导小组办公室	研究报告、论文、电脑软件	2011. 9. 1
中小学教师动机激发风格及其对学生自主型学习动机的影响	伍新春	心理学院	北京市教育科学规划领导小组办公室	研究报告、论文	2010. 10. 1
从合格、胜任到卓越：优秀中小学教师成长历程个案研究及规律探索	徐建平	心理学院	北京市教育科学规划领导小组办公室	研究报告、专著、论文	2011. 12. 1
北京市小学生数学学习困难的现状调查、影响因素和干预研究	陈英和	发展心理研究所	北京市教育科学规划领导小组办公室	研究报告、论文	2011. 12. 1

续表

项目名称	项目负责人	承担部门	项目来源	成果形式	计划完成时间
改革开放三十年北京文化生态的发展变化	刘　勇	北京文化发展研究院	北京市哲学社会科学规划办公室	研究报告、专著	2010. 10. 30
北京市保险业营销人员胜任特征模型的构建与应用研究	李　海	经济与工商管理学院	北京市哲学社会科学规划办公室	论文、研究报告	2010. 7. 30
构建小学英语整体改革课程体系与教学模式，推动学校教育创新和培养质量的全面提升	王　蔷	外国语言文学学院	北京市哲学社会科学规划办公室	论文集、其他	2010. 12. 31
实施扩大就业战略研究	赖德胜	经济与工商管理学院	国家发展与改革委员会	论文、研究报告	2009. 9. 30
深化收入分配制度改革研究	李　实	经济与工商管理学院	国家发展与改革委员会	论文、研究报告	2009. 9. 30
"十二五"期间中国宏观经济走势及政策取向研究	曾学文	经济与资源管理研究院	国家发展与改革委员会	论文、研究报告	2009. 9. 30
"十二五"时期我国就业结构与城镇化的时空变化趋势及对策	田　明	社会发展与公共政策学院	国家发展与改革委员会	论文、研究报告	2009. 9. 30
网络电影传播及管理研究	耿　骞	管理学院	国家广播电影电视总局	研究报告	2009. 12. 31
改革开放 30 年电影发展与电影文化学	王一川	艺术与传媒学院	国家广播电影电视总局	专著	2010. 12. 31
汉唐户籍文书研究	张荣强	历史学院	霍英东教育基金会	专著、论文	2011. 5. 1
高等教育质量保证体系的国际比较研究	马健生	比较教育研究中心	教育部社科司	专著	2011. 12. 31
学术规范与学术道德建设的国际比较研究	王晓辉	比较教育研究中心	教育部社科司	专著	2011. 12. 31
促进心脑血管疾病老年患者康复的心理因素研究	申继亮	发展心理研究所	教育部社科司	专著	2011. 12. 31
上市公司重整法律问题研究	贺　丹	法学院	教育部社科司	专著	2009. 6. 1
我国非点源污染防治的立法研究	冷罗生	法学院	教育部社科司	论文、调查报告	2010. 8. 1
改革开放以来中国社会建设的进程、成就和基本经验介绍	徐家良	管理学院	教育部社科司	系列论文	2008. 12. 31
中国近代以来文化价值秩序变迁与社会主义核心价值体系研究	吴向东	价值与文化研究中心	教育部社科司	专著	2011. 12. 31
中国文化与中国人的精神家园——从近代到现代	朱红文	价值与文化研究中心	教育部社科司	专著	2011. 12. 31

续表

项目名称	项目负责人	承担部门	项目来源	成果形式	计划完成时间
政治社会学视角下的现当代中国中小学教师专业化进程研究	高　奇 胡　艳	教师教育研究中心	教育部社科司	专著	2011. 12. 31
我国教师劳动的经济学分析	曲恒昌 曾晓东	教师教育研究中心	教育部社科司	专著	2011. 12. 31
英美等国学校改进理论与实践的研究与借鉴	程凤春	教育管理学院	教育部社科司	专著、研究报告	2010. 12. 31
“211 工程”高校科研生产率动态变化评估	胡咏梅	教育管理学院	教育部社科司	研究报告、系列论文	2010. 10. 1
全球化进程中我国高等教育资助发展模式研究	毛亚庆	教育管理学院	教育部社科司	系列论文	2010. 12. 31
中国特殊教育史研究	顾定倩	教育学院	教育部社科司	编著	2009. 9. 30
中国教育改革与发展三十年研究	顾明远 李敏谊	教育学院	教育部社科司	系列论文	2008. 12. 31
知识输入还是制度重建：公立学校制度改革的中国道路	康永久	教育学院	教育部社科司	专著	2008. 12. 31
高校哲学社会科学人才队伍建设研究	刘复兴	教育学院	教育部社科司	研究报告、专家建议稿	2008. 4. 30
加快我国教育强国建设研究	马健生	教育学院	教育部社科司	系列论文	2008. 12. 31
大学的兴起及其对近代西文文明的影响	孙　益	教育学院	教育部社科司	系列论文、译著	2009. 9. 30
西方保守主义大学思想史研究	王　晨	教育学院	教育部社科司	专著	2010. 12. 30
职业教育与城乡统筹发展研究	俞启定	教育学院	教育部社科司	专著	2011. 12. 31
城乡劳动力流动与收入差距	邢春冰	经济与工商管理学院	教育部社科司	研究报告、论文	2010. 12. 31
劳动定价与收入差别——对中国收入差距的一个理论解释	杨晓维	经济与工商管理学院	教育部社科司	论文、研究报告	2011. 12. 31
改革开放以来中国经济体制改革进程、成就和基本经验研究	李晓西	经济与资源管理研究院	教育部社科司	论文	2009. 1. 31
中国经济市场化程度的测度与分析（1978 - 2008）	曾学文	经济与资源管理研究院	教育部社科司	专著	2009. 12. 31
民国时期北京、天津城市社会救助比较研究	李小尉	历史学院	教育部社科司	专著、系列论文	2009. 7. 31
儒学与日本社会——以幕藩体制的统治原理为中心	唐利国	历史学院	教育部社科司	系列论文、专著	2011. 12. 31

续表

项目名称	项目负责人	承担部门	项目来源	成果形式	计划完成时间
维护统一与制造分裂的斗争：1927－1949年中英两国政府关于西藏问题的交涉与争论	张　皓	历史学院	教育部社科司	专著	2013.12.31
《〈四库全书总目提要〉校正》	龚鹏程	民俗典籍文字研究中心	教育部社科司	专著	2011.12.31
隋唐五代碑刻及手写文献电子典藏及属性描述	秦永龙	民俗典籍文字研究中心	教育部社科司	专著	2011.12.31
基于设计的研究：教育研究的范式创新	王文静	认知神经科学与学习研究所	教育部社科司	系列论文、工具书、调研报告	2010.12.31
中国古代史学中的生态环境思想研究	王培华	史学理论与史学史研究中心	教育部社科司	专著	2011.12.31
中国现当代文学理论重要概念的起源和发展	王向远	史学理论与史学史研究中心	教育部社科司	专著	2011.12.31
义务教育财政制度公平性研究	成　刚	首都基础教育研究院	教育部社科司	系列论文	2010.11.1
中国竞技体育软实力建设研究	苗向军	体育与运动学院	教育部社科司	研究报告	2010.12.31
西方后现代戏剧与中国当代大都市舞台艺术比较研究	曹雷雨	外国语言文学学院	教育部社科司	专著、系列论文	2011.9.1
中国环境下英语学习中任务的作用	罗少茜	外国语言文学学院	教育部社科司	专著、系列论文	2010.12.31
中、美学生英语硕士论文语类结构的对比分析	孙迎晖	外国语言文学学院	教育部社科司	系列论文、专著	2011.9.1
语篇向心理论的发展及应用研究	王德亮	外国语言文学学院	教育部社科司	专著	2011.12.31
中国播客发展及影响力研究	王长潇	文学院	教育部社科司	系列论文、研究报告	2009.12.31
灾后中小学生心理疏导研究	林崇德	心理学院	教育部社科司	专著	2011.12.31
评价中心技术在研究生复试中的应用研究	孙晓敏	心理学院	教育部社科司	系列论文、研究或咨询报告	2012.12.31
老年人夫妻依恋特点及其与婚姻法冲突管理和婚姻满意度的关系	王大华	心理学院	教育部社科司	系列论文、研究报告	2011.12.31
父亲参与儿教养行为的基本特点及影响因素研究	伍新春	心理学院	教育部社科司	系列论文、研究报告	2011.10.1

续表

项目名称	项目负责人	承担部门	项目来源	成果形式	计划完成时间
刑事领域的非正式处罚研究	李汉军	刑事法律科学研究院	教育部社科司	专著	2008.12.31
公司、企业领导人刑事责任研究	李山河	刑事法律科学研究院	教育部社科司	研究报告、专著	2010.12.31
非对称：世界创生之源与演化的推力	董春雨	哲学与社会学学院	教育部社科司	专著、系列论文	2011.5.31
以社会主义核心价值体系引领社会思潮	韩　震	哲学与社会学学院	教育部社科司	论文	2010.1.31
国外高校人文社会科学发展报告2008	韩　震	哲学与社会学学院	教育部社科司	研究报告	2008.9.1
南宋哲学的学派冲突与问题争论	李祥俊	哲学与社会学学院	教育部社科司	专著、系列论文	2011.12.31
中国特色社会主义理论与社会主义核心价值体系研究	吴向东	哲学与社会学学院	教育部社科司	论文	2010.1.31
中国特色社会主义理论体系研究	杨　耕	哲学与社会学学院	教育部社科司	专著、论文	2010.1.31
全球公益与全球治理研究	刘小林	政治学与国际关系学院	教育部社科司	专著	2011.12.31
中国特色社会主义政治发展道路研究	施雪华	政治学与国际关系学院	教育部社科司	系列论文	2008.12.31
解放思想与中国特色社会主义道路的形成研究	王炳林	政治学与国际关系学院	教育部社科司	系列论文、专著	2010.5.31
大学生可就业能力的结构、发展、对求职行为的影响及干预策略	于海波	管理学院	全国教育科学规划领导小组办公室	论文、研究报告	2011.12.20
海外孔子学院办学模式研究	黄晓琴	汉语文化学院	全国教育科学规划领导小组办公室	专著、论文、研究报告	2010.9.1
公平视角下美国大学生就业预警机制和危机处理研究	洪成文	教育管理学院	全国教育科学规划领导小组办公室	专著、论文、研究报告	2011.5.1
全球化进程中我国高等教育发展战略研究	毛亚庆	教育管理学院	全国教育科学规划领导小组办公室	专著、论文	2011.5.1
免费教育师范生核心能力结构及同伴协作网络系统的研究	董　艳	教育技术学院	全国教育科学规划领导小组办公室	研究报告、电脑软件	2011.12.30
教育技术原理研究	李　芒	教育技术学院	全国教育科学规划领导小组办公室	专著、论文	2012.3.1

续表

项目名称	项目负责人	承担部门	项目来源	成果形式	计划完成时间
"一对一"网络环境下的教学效率提升研究	余胜泉	教育技术学院	全国教育科学规划领导小组办公室	专著、论文、研究报告	2011.8.30
中等职业学校有效教学模式研究	李兴洲	教育学院	全国教育科学规划领导小组办公室	论文、研究报告	2012.3.1
若干发达国家研究生教育模式比较研究	马健生	教育学院	全国教育科学规划领导小组办公室	论文、研究报告	2010.6.30
当代社会发展中的中国农村教育发展问题研究	袁桂林	教育学院	全国教育科学规划领导小组办公室	专著、系列论文、研究报告	2011.5.1
研究生教育质量标准及其保障体系研究	张斌贤	教育学院	全国教育科学规划领导小组办公室	专著、系列论文、研究报告	2009.9.30
中国学生体质健康测量与评价方法的研究	乔德才	体育与运动学院	全国教育科学规划领导小组办公室	研究报告、研究论文	2009.12.30
数学学优生的认知特点及其影响因素研究	辛自强	心理学院	全国教育科学规划领导小组办公室	研究报告、研究论文	2011.10.20
中美小学教师课堂教学方式及特点的比较研究	张学民	心理学院	全国教育科学规划领导小组办公室	专著、论文、研究报告	2011.12.31
青少年创新能力的认知神经基础及其培养	邹　泓	心理学院	全国教育科学规划领导小组办公室	系列论文、研究报告	2009.9.30
公共服务组织与其服务对象间相互关系的社会学研究	陶传进	社会发展与公共政策学院	全国哲学社会科学规划办公室	论文集、研究报告	2010.12.31
科学发展观引领下的教育创新与创新型国家建设重大问题研究	刘川生	党委办公室	全国哲学社会科学规划办公室	论文、研究报告	2011.5.1
社会减灾能力信任对公众应急行为决策的影响研究——以长江流域水灾为例	苏　筠	地理学与遥感科学学院	全国哲学社会科学规划办公室	论文集、研究报告	2010.12.31
国际法治与和谐世界构建研究	廖诗评	法学院	全国哲学社会科学规划办公室	研究报告	2009.3.17
我国协同主义诉讼模式的构建研究	熊跃敏	法学院	全国哲学社会科学规划办公室	专著	2011.12.31
面向对外汉语教学的汉字学习难度数据库的建设	徐彩华	汉语文化学院	全国哲学社会科学规划办公室	研究报告	2010.12.30
中德比较视野中的我国广电制度变革研究	李德刚	教育学院	全国哲学社会科学规划办公室	专著	2010.9.10

续表

项目名称	项目负责人	承担部门	项目来源	成果形式	计划完成时间
农村学校美育研究和创新人才培养	王懿颖	教育学院	全国哲学社会科学规划办公室	研究报告	2010.8.31
从人口大国走向人力资源强国战略：基于人本视角的整合研究	李宝元	经济与工商管理学院	全国哲学社会科学规划办公室	专著、论文集	2010.6.1
汉唐户籍文书研究	张荣强	历史学院	全国哲学社会科学规划办公室	专著	2010.12.31
唐宋天文星占与帝王政治	赵　贞	历史学院	全国哲学社会科学规划办公室	专著、论文集	2010.7.1
20世纪前半期北京周边地区农家生活及其变迁研究	朱汉国	历史学院	全国哲学社会科学规划办公室	专著	2011.6.30
教育促进农村社会综合进步的状况及对策研究	朱小蔓	农村教育与农村发展研究院	全国哲学社会科学规划办公室	论文、研究报告	2011.5.1
重大自然灾害和重大突发公共事件应对新框架研究——基于汶川大地震的实证研究	张秀兰	社会发展与公共政策学院	全国哲学社会科学规划办公室	论文、研究报告	2011.5.1
人力资本、社会资本与大学生就业研究	孟大虎	文科学报	全国哲学社会科学规划办公室	研究报告	2010.7.1
汉代文献阐释的文学研究	尚学锋	文学院	全国哲学社会科学规划办公室	专著	2011.12.31
民族主义与台港文学	沈庆利	文学院	全国哲学社会科学规划办公室	专著、研究报告	2010.12.31
作为文论家的谢林研究	杨俊杰	文学院	全国哲学社会科学规划办公室	专著、译著	2011.9.1
中国古代文体论若干基础理论问题研究	姚爱斌	文学院	全国哲学社会科学规划办公室	专著	2010.6.30
社会转型期外来农民工文化适应问题、影响机制及干预研究	林丹华	发展心理研究所	全国哲学社会科学规划办公室	研究报告	2010.12.31
公共价值、核心价值与社会主义核心价值体系建设研究	胡敏中	哲学与社会学学院	全国哲学社会科学规划办公室	专著、论文集	2010.12.31
宗教美学研究	黄文杰	哲学与社会学学院	全国哲学社会科学规划办公室	专著	2011.3.12
希腊罗马伦理学史	廖申白	哲学与社会学学院	全国哲学社会科学规划办公室	专著	2012.12.31
建国以来中国共产党的减灾对策研究	赵朝峰	政治学与国际关系学院	全国哲学社会科学规划办公室	专著	2011.10.1

续表

项目名称	项目负责人	承担部门	项目来源	成果形式	计划完成时间
英美法系法律方法研究	梁迎修	法学院	司法部	专著	2010.12.31
欧盟体育法律政策研究	裴　洋	法学院	司法部	专著	2010.12.31
社区矫正立法问题研究	刘志伟	刑事法律科学研究院	司法部	专著	2010.9.30
暴力犯罪死刑适用标准问题研究	赵秉志	刑事法律科学研究院	司法部	专著	2010.12.31

2008 年校级青年教师人文社会科学研究基金立项项目

项目名称	项目负责人	承担部门	成果形式	计划完成时间
国际习惯法规范形成理论的研究	赵英军	法学院	论文	2010.10
元儒苏天爵研究	毛瑞方	古籍与传统文化研究院	论文	2010.10
中国本土心理资本的测量及其效应研究	柯江林	管理学院	论文	2010.10
汉语单音节形容词与名词搭配研究	步延新	汉语文化学院	论文	2010.10
课堂任务动机研究	李　娜	汉语文化学院	论文	2010.10
对外汉语教学中的形容词重叠研究	汝淑媛	汉语文化学院	论文	2010.10
促进学生认识素养发展的化学教学研究	胡久华	化学学院	论文	2010.10
促进学生观念建构的化学课程编制与实施研究	魏　锐	化学学院	论文	2010.10
特征概率对类别学习的影响	温红博	基础教育质量监测中心	论文	2010.10
基础教育质量检测题库管理系统的设计与开发	张　生	基础教育质量监测中心	论文	2010.10
中国的财政分权与教育服务提供	郑　磊	教育管理学院	论文	2010.10
全球化背景下的传统文化教育与民族身份认同：中美个案比较研究	杜　亮	教育学院	论文	2010.10
中学教师师徒关系：对课程改革的影响	阚　维	教育学院	论文	2010.10
课程改革背景下教师专业发展新模式的探索性研究	宋　萑	教育学院	论文	2010.10
世界教育文化：斯坦福学派的全球教育发展观	孙　进	教育学院	论文	2010.10
教师教育课程的国际比较研究	赵　萍	教育学院	论文	2010.10
民众教育馆与新农村建设组织依托研究	周慧梅	教育学院	论文	2010.10
主权财富基金投资管理的国际比较研究	武燕然	经济与工商管理学院	论文	2010.10
金字塔层级、内部资本市场与上市公司资本投资	朱　松	经济与工商管理学院	论文	2010.10

续表

项目名称	项目负责人	承担部门	成果形式	计划完成时间
全球价值链下的地方产业集群动态创新能力研究	韩　晶	经济与资源管理研究院	论文	2010.10
电力市场竞争模式与中国电力体制改革	林卫斌	经济与资源管理研究院	论文	2010.10
城市产业空间结构演变机理研究	邵　晖	经济与资源管理研究院	论文	2010.10
技术市场在区域经济发展中的作用	张江雪	经济与资源管理研究院	论文	2010.10
程颐《易》学思想研究	姜海军	历史学院	论文	2010.10
1853－1885年清廷与湘淮集团的财权争夺	邱　涛	历史学院	论文	2010.10
乡村社区里的学校教育与地方知识——一项教育民族志研究	巴战龙	社会发展与公共政策学院	论文	2010.10
农民工融入不同城市的差异性研究	田　明	社会发展与公共政策学院	论文	2010.10
汶川地震灾后重建中社会工作者的角色和定位	王曦影	社会发展与公共政策学院	论文	2010.10
中国企业社会责任的制度创新研究	余晓敏	社会发展与公共政策学院	论文	2010.10
我国应急管理能力建设实证研究	张　强	社会发展与公共政策学院	论文	2010.10
小学阅读环境与文化创设研究	杜　霞	首都基础教育研究院	论文	2010.11
农村中小学教师专业发展环境研究	杜瑞军	首都基础教育研究院	论文	2010.10
影响汉语儿童英语阅读能力发展的因素	罗　良	首都基础教育研究院	论文	2010.11
《商君书》研究	仝卫敏	图书馆	论文	2010.11
行动研究在大学英语教学中的应用	师　曼	外国语言文学院	论文	2010.11
中国高校英语学习者“目标语文化能力”探究	谭思坦	外国语言文学院	论文	2010.11
中国学生的母语修养对英语学习的影响	王漠琳	外国语言文学院	论文	2010.11
“展示”的美学：公共领域视角下的英国唯美主义	于　洋	外国语言文学院	论文	2010.11
塔尔科夫斯基诗学研究	张晓东	外国语言文学院	论文	2010.11
中国古典小说书名研究	李小龙	文学院	论文	2010.11
周作人对儒、释思想的接受	林分份	文学院	论文	2010.11
英语作为建构中国的力量——以现代中国的两种英文杂志为例	吕　黎	文学院	论文	2010.11
特困刑事被害人救助制度研究	何　挺	刑事法律科学研究院	论文	2010.11
中西洗钱犯罪法律控制的批判性分析	蒋　娜	刑事法律科学研究院	论文	2010.11
女性性工作者被害问题经验研究	赵　军	刑事法律科学研究院	论文	2010.11
转型国家刑法发展与法典编纂——以俄罗斯与东欧国家为基点的考察	赵　路	刑事法律科学研究院	论文	2010.11

续表

项目名称	项目负责人	承担部门	成果形式	计划完成时间
昆曲音乐文献辑要	蒯卫华	艺术与传媒学院	论文	2010. 11
新时期北方山水画创作研究	黎加多	艺术与传媒学院	论文	2010. 11
国家形象建构视野中的我国电视对外传播的现状与对策	王　韵	艺术与传媒学院	论文	2010. 11
动画本体幻变思维在三维动画中的创新探索	王海波	艺术与传媒学院	论文	2010. 11
中国商业电影视觉效果实证研究	周　雯	艺术与传媒学院	论文	2010. 11
王弼《老子注》与崇宁五注的比较研究	蒋丽梅	哲学与社会学学院	论文	2010. 11
死生与善恶：儒家道德哲学研究——一种生命伦理学的视角	王　楷	哲学与社会学学院	论文	2010. 11
启蒙话语中的教育现代性反思——从洛克、卢梭到康德	王　葎	哲学与社会学学院	论文	2010. 11
社区就业的性别结构调查及国际比较	周群英	中国劳工问题研究中心	论文	2010. 11

（北京师范大学社会科学处吴慧涵供稿）

中央民族大学

2008 年承担国家或省部级以上社科研究项目

项目名称	项目负责人	承担部门	项目来源	成果形式	完成日期
民族学导论教材编写	杨圣敏	民族学与社会学学院	国家社会科学基金重大项目	教材	2010. 12
影响边疆少数民族地区社会稳定的突出问题及对策研究	李俊清	管理学院	国家社会科学基金重大项目	著作	2012. 12
清代蒙古的藏文文学研究	乌力吉巴雅尔	蒙古语言文学系	国家社会科学基金	著作	2010. 12
蒙古国现代文论史研究	王满特嘎	蒙古语言文学系	国家社会科学基金	著作	2011. 12
实体语法理论研究	张定京	哈萨克语言文学系	国家社会科学基金	著作	2010. 12
冯梦龙文学活动研究	傅承洲	文学与新闻传播学院	国家社会科学基金	著作	2010. 12
华北宗族组织与村落政治：同姓不同宗的本土解说	兰林友	民族学与社会学学院	国家社会科学基金	著作	2010. 9
中国历代民族政策与中国共产党民族政策相关性研究	余梓东	科研处	国家社会科学基金	著作	2011. 9
军机处满文准噶尔使者档之比较研究	赵令志	历史文化学院	国家社会科学基金	著作	2010. 12

续表

项目名称	项目负责人	承担部门	项目来源	成果形式	完成日期
内蒙古地区蒙古族中小学双语教学现状分析与发展对策研究	苏　德	教育学院	国家社会科学基金	著作	2010.12
泰国汉语快速传播模式及其对汉语国际传播的启示研究	吴应辉	国际教育学院	国家社会科学基金	著作	2010.12
西藏本教发展史	才让太	藏学研究院	国家社会科学基金	著作	2011.12
中国社会主义经济理论的主体、主义、主题、主张	刘永佶	经济学院	国家社会科学基金	著作	2010.12
民族地区缩小区域发展差距与实现基本公共服务均等化的法律保障研究	黄　伟	科研处	国家社会科学基金	著作	2011.12
中国民族古文字文献珍品图典	张公瑾	少数民族语言文学系	国家社会科学基金后期资助	著作	2010.12
民族教育质量保障和特色发展研究	苏　德	教育学院	国家社会科学基金“十一五”规划2008年度教育学重点课题	著作	2010.12
文化多样性与壮汉双语教育发展研究	滕　星	教育学院	国家社会科学基金“十一五”规划2008年度教育学一般课题	著作	2010.12
彝族音乐与彝语的关系研究	徐健顺	少数民族语言文学系	2008年度国家社会科学基金艺术学项目	著作	2010.12
边疆民族心理、文化特征与社会稳定研究	杨圣敏	民族学与社会学学院	教育部重大招标项目	著作	2010.12
《玛纳斯》史诗与柯尔克孜民俗研究	托　汗	哈萨克语言文学系	教育部规划基金	著作	2011.12
跨境语言——哈萨克语研究	阿力肯	哈萨克语言文学系	教育部规划基金	著作	2011.12
少数民族地区县域经济发展模式研究	黄健英	经济学院	教育部规划基金	著作	2011.12
西藏本土宗教（文化）——本教音乐研究	嘉雍群培	音乐学院	教育部规划基金	著作	2011.12
中国西南山地农村地方社区变迁研究——以新山村为例	伊利贵	科研处	教育部青年基金	研究报告、论文	2011.12
老龄化背景下的老年传播研究	汪　露	文学与新闻传播学院	教育部青年基金	研究报告、论文	2011.12

续表

项目名称	项目负责人	承担部门	项目来源	成果形式	完成日期
民族纪录片研究	汤文靖	文学与新闻传播学院	教育部青年基金	研究报告、论文	2011. 12
少数民族非物质文化遗产	祁庆富 文日焕 苍　铭	少数民族研究中心	教育部重点基地重大项目	著作	2011. 12
藏族文化遗产传承保护与旅游开发调查研究	喜饶尼玛	校办	教育部重点基地重大项目	著作	2011. 12
全球化时代的跨国交流与跨境民族的社会变迁：以朝鲜族为例	朴光星	民族学与社会学学院	教育部留学回国人员科研启动基金	著作	2010. 12
翻译与诠释：近代中文圣经译本比较研究	游　斌	哲学与宗教学学院	教育部留学回国人员科研启动基金	著作	2010. 12
中国少数民族地区的观光开发——应用人类学的理论运用	张　曦	民族学与社会学学院	教育部留学回国人员科研启动基金	研究报告、论文	2010. 12
西部裕固语口语例句辞典	钟进文	少数民族语言文学系	教育部留学回国人员科研启动基金	著作	2010. 12
中国高校哲学社会科学发展报告1978－2008（民族学卷）	杨圣敏	民族学与社会学学院	教育部社科司	研究报告、	2008. 10
北京市拆迁改造后少数民族新聚居情况调查研究	良警宇	民族学与社会学学院	北京市哲学社会科学规划办公室	研究报告、论文	2009. 12
北京民族监测系统构成及作用研究	李俊清	管理学院	北京市哲学社会科学规划办公室	研究报告、论文	2009. 12
边疆民族地区民族宗教问题与北京发展稳定关系研究	陈　理	校办	北京市教委共建项目	研究报告、	2008. 12
少数民族传统体育纳入体育课程体系优化方案的论证设计与实施	张　涛	体育学院	北京市教育科学“十一五”规划课题	研究报告、论文	2012. 12
中国牧区社会经济调查与研究	杨圣敏	民族学与社会学学院	国家民委	研究报告、论文	2008. 12
中国特色社会主义民族理论体系研究	金炳镐	马列主义学院	国家民委	研究报告、论文	2008. 12
科学发展观与民族地区又好又快发展研究	李曦辉	成人教育学院	国家民委	研究报告、论文	2008. 12
自治区自治条例制定过程中的问题研究	陆平辉	法学院	国家民委	研究报告、论文	2008. 12

续表

项目名称	项目负责人	承担部门	项目来源	成果形式	完成日期
内蒙古地区民族关系发展与边疆安全研究	青　觉	研究生院	国家民委	研究报告、论文	2008. 12
境外文化（宗教）渗透对东北边疆发展稳定的威胁	董　艳	教育学院	国家民委	研究报告、论文	2008. 12
西藏民族关系与中国西南边疆稳定	苏发祥	民族学与社会学学院	国家民委	研究报告、论文	2008. 12
中国西北边疆与周边国家发展现状及边境政策比较研究	王建民	民族学与社会学学院	国家民委	研究报告、论文	2008. 12
跨境交往视野中的内蒙古发展与稳定研究	余梓东	科研处	国家民委	研究报告、论文	2008. 12
危机与聚合——关于中国近代民族关系的动态历史分析与研究	彭武麟	历史文化学院	国家民委	著作	2009. 6
旧中国少数民族参加国家代议机构研究	苏　钦	法学院	国家民委	著作	2009. 6
当代中国民族发展的基本趋势研究	青　觉	研究生院	国家民委	著作	2009. 6
民族史研究中的“他者”视角：多重语境下回回形象的综合透视	钟　焓	历史文化学院	国家民委	著作	2009. 6
驻藏大臣制度研究	曾国庆	藏学研究院	国家民委	著作	2009. 6
全面建设小康社会进程中少数民族经济权利的实现和法律保障研究	匡爱民	法学院	国家民委	著作	2009. 6
少数民族科技史研究	鄂义太	校办	国家民委	著作	2009. 6
高等学校学生培养成本核算问题研究	张艳丽	财务处	国家民委	研究报告、论文	2008. 12
中国共产党新疆民族工作发展史研究	熊坤新	马列主义学院	国家民委	著作	2009. 6
少数民族地区宗教与构建和谐社会研究	何其敏	哲学与宗教学院	国家民委	著作	2009. 6
四川凉山吉木毕摩家支世传彝文文物古籍研究	曲木铁西	校办	国家民委	著作	2009. 6
生活环境的变迁对鄂伦春族狩猎文化和猎民体质健康的影响	方　征	体育学院	国家民委	研究报告、论文	2009. 6
反垄断管制放松背景下的民族地区农村金融体系重构	郭利华	经济学院	国家民委	著作	2009. 6
南方大石山区少数民族农村现代化建设研究	李　澜	经济学院	国家民委	著作	2009. 6

续表

项目名称	项目负责人	承担部门	项目来源	成果形式	完成日期
二十一世纪中央民族大学音乐学院专业理论教材丛书	孟新洋	音乐学院	国家民委	著作	2009.6
蒙古语与汉语句法结构对比研究	德力格尔玛	蒙古语言文学系	国家民委	著作	2009.6
中国少数民族音乐传统元素与创新研究	张　纯	音乐学院	国家民委	著作	2009.6
少数民族地区旅游扶贫的政府治理创新研究	李燕琴	管理学院	国家民委	著作	2009.6
北京市少数民族残疾人权益保障研究	吴月刚	马列主义学院	国家民委	研究报告、论文	2008.12
少数民族弱势群体权益保障研究	金锡华	法学院	国家民委	研究报告、论文	2008.12
民族关系预警机制	金炳镐	马列主义学院	国家民委	著作	2009.12
新时期土地流转制度改革与民族地区现代农业发展研究	刘璐琳	管理学院	国家民委	研究报告、论文	2009.12
美国对西藏政策研究	陆平辉	法学院	国家民委	研究报告、论文	2009.12

2008年校级社科研究项目

项目名称	项目负责人	承担部门	成果形式	完成日期
民族地区实现基本公共服务均等化的法律调整机制研究	黄　伟	科研处	研究报告、论文	2010.12
多民族散居城市老年人生命预后预测因子的研究	艾　斌	民族学与社会学学院	研究报告、论文	2010.12
明清山东方言语气助词研究	翟　燕	文学与新闻传播学院	著作	2010.12
大学生民族认同心理问题研究	靳晓芳	科研处	研究报告、论文	2010.12
民族村寨旅游开发中的社区参与研究	谷　明	管理学院	研究报告、论文	2010.12
当前反华势力对西藏问题的国际评价	王云芳	马列主义学院	研究报告、论文	2010.12
少数民族服饰手工艺研究	周　莹	美术学院	研究报告、论文	2010.12
民族自治地区地方税系研究	王玉玲	经济学院	研究报告、论文	2010.12
民族地区新农村建设中的宗教因素研究	王冬丽	马列主义学院	研究报告、论文	2010.12
语言相对论的跨文化心理学研究	高　兵	教育学院	研究报告、论文	2010.12
"东突"论的跨境民族考察——一个民族宗教学的视角	张　咏	哲学与宗教学学院	研究报告、论文	2010.12

续表

项目名称	项目负责人	承担部门	成果形式	完成日期
民族纪录片研究	汤文靖	文学与新闻传播学院	研究报告、论文	2010. 12
湘语语法的类型学研究	卢小群	文学与新闻传播学院	著作	2010. 12
哈尼族语词汇学研究	李泽然	中国少数民族语言文学学院	著作	2010. 12
少数民族双语与双语教育研究	关辛秋	中国少数民族语言文学学院	研究报告、论文	2010. 12
新疆维吾尔族农村剩余劳动力转移的制约因素及对策研究——以新疆和田县为例	阿不都艾尼	成教学院	研究报告、论文	2010. 12
当代中国少数民族地区公共卫生危机管理研究与对策分析	张红梅	经济学院	研究报告、论文	2010. 12
民族地区公共文化服务体系创新研究	周晓丽	管理学院	研究报告、论文	2010. 12
后冷战时期中国的民族主义研究	王　军	马列主义学院	研究报告、论文	2010. 12
《蒙古秘史》编纂学研究	色吉拉夫	蒙古语言文学系	研究报告、论文	2010. 12

（中央民族大学科研处陈海如供稿）

中国政法大学

2008 年国家社会科学基金一般项目

项目名称	负责人	所在单位	项目类别
中国商事习惯与商事立法问题研究	王志华	比较法研究所	一般项目
国有股权行使和监管法律制度研究	徐晓松	民商经济法学院	一般项目
我国企业技术创新与知识产权战略融合的法律运行机制研究	冯晓青	民商经济法学院	一般项目
WTO 贸易救济权——从国外对华反补贴措施及二反并用看国外对华贸易救济权的新发展	史晓丽	国际法学院	一般项目
行政诉讼调解理论与制度建构研究	解志勇	法学院	青年项目
政府规制公司法律问题研究	李建伟	民商经济法学院	青年项目
网络空间中知识产权的刑法保护	于志刚	刑事司法学院	青年项目
提升大学生就业能力：我国高校毕业生结构性失业问题及对策研究	王　霆	商学院	青年项目
新的社会阶层政治参与研究	卢春龙	政治与公共管理学院	青年项目

2008 年国家社会科学基金后期资助项目

项目名称	负责人	所在单位
后殖民主义时代的金融帝国	宋朝龙	马克思主义学院

2008 年国家自然科学基金项目

项目名称	负责人	所在单位	项目类别
事实调查模式下的证据管理研究	张保生	证据科学研究院	面上项目
基于创内残留成分分析判定金属与陶瓷类凶器	百茹峰	证据科学研究院	青年项目
法医难检 DNA 样本的 Y 染色体 MiniSTR 分型体系研究	石美森	证据科学研究院	青年项目
基于技术创新绩效的企业专利组合决策模型及其实证研究	王　玲	商学院	青年项目

2008 年全国教育科学规划项目

项目名称	负责人	所在单位	项目类别
中印人才培养与国际竞争力比较研究	卫　灵	马克思主义学院	规划项目

2008 年教育部哲学社会科学研究重大课题攻关项目

项目名称	负责人	所在单位
知识产权行政与司法保护绩效研究	张　楚	科学技术教学部

2008 年教育部人文社会科学重点研究基地重大项目

项目名称	负责人	所在单位
唐宋社会变动与法律变化研究	陈景良	法律史学研究院
中国少数民族法制史研究	张晋藩	法律史学研究院
刑事和解与程序分流研究	顾永忠	诉讼法研究院
民事纠纷的多元化解决机制与构建和谐社会的理论与实证研究	乔　欣	诉讼法研究院

2008 年教育部哲学社会科学研究课题重大委托项目

项目名称	负责人	所在单位
社会主义核心价值体系寓于大学生思想政治教育	马抗美	学校办公室

2008 年教育部哲学社会科学研究一般项目

项目名称	负责人	所在单位	项目类别
律师法实施问题研究（以律师执业组织形式和律师管理为视角）	陈　宜	法学院	一般项目
仲裁证据制度研究	宋朝武	民商经济法学院	一般项目
构建和谐世界的国际法基础	宣增益	国际法学院	一般项目
当代中国的利益集团和社会主义法治	杨　帆	商学院	一般项目
思考与反思：俄罗斯犯罪构成理论研究	薛瑞麟	刑事司法学院	一般项目
钱端升民主宪政思想研究——兼与同时代自由派学人之比较	常保国	政治与公共管理学院	一般项目
中国传统价值观创新研究：以信仰和信念为中心	孙美堂	马克思主义学院	一般项目
法律信息元数据及其语义检索研究	黄都培	科学技术教学部	一般项目
清代档案与民事诉讼制度	李　青	法律史学研究院	一般项目
刑事证据规则实证研究	房保国	证据科学研究院	一般项目
法治与党治：20 世纪 20－30 年代中国司法党化研究	李在全	法学院	青年项目
美国律师协会与美国的法学教育	胡晓进	法学教育研究与评估中心	青年项目
欧洲一体化与欧盟行政法研究	王敬波	法治政府研究院	青年项目
证据立法问题研究	吴丹红	证据科学研究院	青年项目
死刑案件证明标准实证研究	李训虎	证据科学研究院	青年项目
合作社主体地位与立法研究	朱晓娟	继续教育学院	专项项目

2008 年教育部哲学社会科学研究后期资助重点项目

项目名称	负责人	所在单位
用益债权原论	隋彭生	继续教育学院

2008 年教育部留学回国人员科研启动基金

项目名称	负责人	所在单位
知识产权保护与人权保护的关系及其对我国知识产权法律体系的影响	罗　莉	中德法学院
东海争端提交第三方解决程序研究	高健军	国际法学院
社会资本与中国的社会发展	卢春龙	政治与公共管理学院

2008 年教育部委托项目

项目名称	负责人	所在单位	项目类别
“马克思主义基本原理概论”“精彩一课”教学片第二章	赵卯生	马克思主义学院	委托项目
“毛泽东思想、邓小平理论和‘三个代表’重要思想概论”“精彩一课”教学片第十二章	胡尚元	马克思主义学院	委托项目

2008 年司法部“法治建设与法学理论研究”科研项目

项目名称	负责人	所在单位	项目类别
中国婚姻法传统与变革研究	金　眉	民商经济法学院	一般项目
暴力犯罪死刑适用的实体标准和证据标准	顾永忠	诉讼法学研究院	一般项目
司法（法务）会计鉴定制度研究	张苏彤	民商经济法学院	一般项目
公司出资制度研究	李建伟	民商经济法学院	一般项目
中国税收通则立法基本问题研究	施正文	民商经济法学院	一般项目
国际私法条约在调整民商事关系中的适用	赵相林	国际法学院	一般项目
环境责任保险的立法研究	竺　效	民商经济法学院	中青年项目
论宪法解释——以平等权、财产权、言论出版自由、结社自由、劳动权条款为例	谢立斌	法学院	专项任务项目

2008 年北京市自然科学基金项目

项目名称	负责人	所在单位
基于创新能力的高新技术企业专利组合理论与实践研究	王　玲	商学院

2008 年北京市教育科学规划项目

项目名称	负责人	所在单位
首都高校国际化发展战略及其模式研究	许　兰	外国语学院

2008 年其他国家或省部级以上科研项目

项目名称	负责人	负责单位	资金来源
中国统一司法考试标准化问题研究	曹义孙	法学教育评估中心	国家质量监督检验检疫总局
200 海里外大陆架界限划定研究	高键军	国际法学院	国家海洋局
司法改革方法论研究——以刑事诉讼为视角	郭志媛	刑事司法学院	司法部专项任务项目（北京中智锐信知识产权代理有限责任公司）
社会主义政治文明与宪政建设	胡叔宝	政管学院	北京大学
北京市人大常委会奥运立法评估	焦洪昌	法学院	北京市人大常委会
《政府信息公开条例》的颁布对价格部门的影响及对策研究	解志勇	法学院	国家发展和改革委员会
文化创意产业资产评估研究	来小鹏	民商经济法学院	国家知识产权局
侵犯老年人合法权益案例分析及老年法修订意见	李　超	商学院	全国老龄工作委员会办公室
城市突发事件应对研究——《当代中国城市发展》丛书北京卷	李程伟	政管学院	北京市人民政府
矿业权作为用益物权与行政许可权之间的关系	李显冬	民商经济法学院	国土资源部

续表

项目名称	负责人	负责单位	资金来源
研究生心理危机干预与预警机制研究	李秀云	学生处	北京市教育工作委员会
体育法律制度比较研究	马宏俊	法学院	国家体育总局
体育博彩业法律保障比较研究	马宏俊	法学院	国家体育总局
北京市政府信息公开考核评议指标体系研究	马怀德	校办	北京市政府信息公开办公室
跨界河流污染损害的救助措施研究	莫世健	国际法学院	国家环保总局
社区建设术语	潘小娟	政管学院	国家民政部
和谐社区建设标准	潘小娟	政管学院	国家民政部
日本海洋立法问题研究（追加）	辛崇阳	法硕学院	国家海洋局
新世界新阶段依法治军问题研究	薛刚凌	法学院	中央军委法制局
行政认定与刑事司法之关系研究	薛瑞麟	刑事司法学院	公安部
司法鉴定技术标准及准入机制研究	张　楚	中关村法大科技园	中国科协
外观设计专利侵权判定标准	张广良	中德法学院	国家知识产权局
发明和实用新型专利侵权判定标准	张广良	中德法学院	国家知识产权局
海岛政策与法制建设研究	赵红梅	民商经济法学院	国家海洋局
世界各法系主要国家社会工作者立法情况研究	竺　效	民商院	民政部
新时期中国环境立法经验教训研究	孙佑海	民商经济法学院（兼职）	国家环境保护部
翻译森林防火条例	沙丽金	外国语学院	国家林业局
主流媒体机构进入新兴传播领域研究	宋建武	新闻传播学院	新闻局
改革开放三十年新闻宣传工作研究	宋建武	新闻传播学院	中共中央宣传部

2008 年校级项目

课题名称	负责人	承担部门	项目类型
行政诉讼调解理论与制度建构研究	解志勇	法学院	规划
美利坚合众国史	杨玉圣	法学院	规划
中国地理标志法律保护研究及立法建议	李祖明	民商经济法学院	规划
犯罪学在中国刑事学科建设中的地位与功能	皮艺军	刑事司法学院	规划
通过公共政策解决犯罪问题——寻求解决犯罪问题的政治之道与伦理之道	赵宝成	刑事司法学院	规划
转型期中国社会有组织犯罪成因及防控对策研究	李方晓	刑事司法学院	规划
侦查讯问科学性与正当性研究	郭金霞	刑事司法学院	规划

续表

课题名称	负责人	承担部门	项目类型
日本的“软实力”研究	孙 承	政治与公共管理学院	规划
伍廷芳与清末民初的政治和外交	郭世佑	人文学院	规划
戏曲电视传播与文化自觉	刘徐州	人文学院	规划
帛书《易传》研究	刘 震	人文学院	规划
国际法与近代中日台湾事件外交	赵国辉	人文学院	规划
《诗经》的文学研究	黄震云	人文学院	规划
儒家修身理论研究	王心竹	人文学院	规划
法学界反右派斗争研究	胡尚元	马克思主义学院	规划
中国崛起背景下大学生国际理解观塑造	林海虹	马克思主义学院	规划
群体诉讼研究	薛永慧	继续教育学院	规划
合作社主体地位与立法研究	朱晓娟	继续教育学院	规划
劳动与社会保障纠纷电脑辅助定性、量化规则模型	王广彬	继续教育学院	规划
刑事证据规则实证分析	房保国	证据科学研究院	规划
司法制度改革中司法精神病学鉴定问题研究	邢学毅	证据科学研究院	规划
刑事诉讼中的被害人问题研究	卫跃宁	科研处	规划
国家人权机构的有效性研究	袁 钢	法学院	青年
环境责任保险立法研究	竺 效	民商经济法学院	青年
劳动宪法研究	杨 飞	民商经济法学院	青年
和谐社会背景下的税收法治建设	翟继光	民商经济法学院	青年
从天下观到国际观——近代中国与国际法	曾 涛	国际法学院	青年
宽严相济视野下的被害人承诺制度	罗 翔	刑事司法学院	青年
中国大学生的国家认同现状分析——以首都高校为例	吕 芳	政治与公共管理学院	青年
中国学生英语词汇学习过程中的母语迁移现象研究	马丽娟	外国语学院	青年
电信业政府监管行政法问题研究	王湘军	马克思主义学院	青年
家庭与伦理——伦理核心价值体系研究	赵庆杰	马克思主义学院	青年
边缘社会主义的起源	宋朝龙	马克思主义学院	青年
城市空间建设用地法律问题研究	薄燕娜	比较法研究所	青年
人权的中国式表达：中国历部宪法中的人权条款分析	徐 爽	人权与人道主义法研究所	青年
精神病人民事行为能力相关问题研究	马长锁	证据科学研究院	青年
证据法学的启蒙	吴丹红	证据科学研究院	青年

（中国政法大学科研处杜学亮供稿）

中央财经大学

2008 年承担省部级以上科研课题

项目名称	负责人	所属部门	项目来源	成果形式	完成时间
基于人才强国战略的高校创业教育课程体系构建的理论研究和实践	孙国辉	商学院	北京市教育科学规划项目	研究或咨询报告	2010. 12
基于北京市经管类大学生就业状况实证分析的人才需求预测系统研究	傅　强	仿真实验室	北京市教育科学规划项目	研究或咨询报告	2010. 9
教师网络教学活动研究——教师的网络教学模式组合选择研究	涂　艳	信息学院	北京市教育科学规划项目	研究或咨询报告	2010. 12
北京市城镇居民收入分配制度改革研究	韩金华	经济学院	北京市社科规划项目	专著	2010. 9
北京新农村建设中的地方公共物品供给效率研究	昌忠泽	财经研究院	北京市社科基地项目	研究或咨询报告	2009. 12
北京市民生服务财政支持问题研究	王雍君	财经研究院	北京市社科基地项目	研究或咨询报告	2009. 12
通用可组合安全的协议分析与设计	朱建明	信息学院	北京市自然科学基金项目	研究或咨询报告	2010. 12
北美职业体育发展的成功启示与 2008 年奥运会后我国职业体育发展对策研究	赵长杰	体育经济与管理学院	国家社会科学基金项目	研究或咨询报告	2010. 6
中国金融发展的决定因素研究：1978 - 2007 年	应展宇	金融学院	国家社会科学基金项目	研究或咨询报告	2009. 12
我国时序数据移动假日因素调整与影响时效测定研究	石　刚	统计学院	国家社会科学基金项目	研究或咨询报告	2009. 12
收入分配公平度的统计方法研究——基于收入分配的公平度测算及因素分解	刘　扬	统计学院	国家社会科学基金项目	研究或咨询报告	2010. 12
宏观经济政策效应非线性与宏观调控有效性研究	王立勇	经济学院	国家社会科学基金项目	研究或咨询报告	2009. 9
建立健全低碳经济的金融创新机制研究	王卉彤	财经研究院	国家社会科学基金项目	研究或咨询报告	2009. 9
政府采购制度实施中问题和对策研究	马海涛	财政学院	国家社会科学基金项目	研究或咨询报告	2009. 12
贯彻落实科学发展观与完善社会主义市场经济体制	邹东涛	中国发展和改革研究院	国家社会科学基金项目	研究或咨询报告	2010. 12
货币政策冲击与农产品价格超调研究——理论模型与中国的经验分析	于爱芝	经济学院	国家自然科学基金项目	研究或咨询报告	2011. 12
政府干预、银行治理与上市公司投资行为分析：基于预算软约束视角	袁　淳	会计学院	国家自然科学基金项目	研究或咨询报告	2011. 12

续表

项目名称	负责人	所属部门	项目来源	成果形式	完成时间
凸分析及优化理论在复杂摩擦市场的无套利分析中的应用	董洪斌	中国精算研究院	国家自然科学基金项目	研究或咨询报告	2011.12
中国农村人力资本积累面临新问题的反馈动态复杂性系统仿真研究	贾晓菁	MBA 教育中心	国家自然科学基金项目	研究或咨询报告	2011.12
我国转基因作物抗性的动态优化政策和管理研究	乔方彬	中国经济与管理研究院	国家自然科学基金项目	研究或咨询报告	2011.12
中国个人所得税遵从行为的实证分析与优化个人所得税管理研究	樊　勇	税务学院	国家自然科学基金项目	研究或咨询报告	2011.12
基于动态流程的信息系统战略规划方法研究	王天梅	信息学院	国家自然科学基金项目	研究或咨询报告	2011.12
面向动态环境的电子商务模式优化组合方法研究	孙宝文	信息学院	国家自然科学基金项目	研究或咨询报告	2011.12
基于随即分析的利率衍生产品定价和对冲技术的研究	韦　晓	保险学院	国家自然科学基金项目	研究或咨询报告	2011.12
税收的公司治理效应：理论分析与经验检验	张俊生	会计学院	国家自然科学基金项目	研究或咨询报告	2011.12
北美职业体育发展启示研究	赵长杰	体育经济与管理学院	教育部留学回国人员科研启动基金项目	研究或咨询报告	2010.12
跳跃过程的检验问题	史秀红	金融学院	教育部留学回国人员科研启动基金项目	研究或咨询报告	2010.12
数字盗版经济学	卢远瞩	中国经济与管理研究院	教育部留学回国人员科研启动基金项目	研究或咨询报告	2010.12
中国大学广告教育的方向性的实证研究	宫丽颖	文化与传媒学院	教育部留学回国人员科研启动基金项目	研究或咨询报告	2010.12
本科生导师制与大学生成长的实证研究	尉建文	社会发展学院	教育部青年专项课题	研究或咨询报告	2009.1
新农村建设过程中农村教育问题的系统分析与管理策略仿真研究	贾晓菁	MBA 教育中心	教育部青年专项课题	研究或咨询报告	2010.12
有限合伙创业投资基金公司治理机制及其在我国的适用性研究	郭建鸾	商学院	教育部人文社科研究项目	论文	2011.12
预测建模中基于 L1 罚函数的规则化建模理论	马景义	统计学院	教育部人文社科研究项目	论文	2011.12
中国能源利用效率的统计测度——各地区视角的实证研究	赵　楠	统计学院	教育部人文社科研究项目	论文	2011.12
证券市场中介机构作用和约束机制研究	耿利航	法学院	教育部人文社科研究项目	论文	2011.12

续表

项目名称	负责人	所属部门	项目来源	成果形式	完成时间
基于子市场的住房价格模型与物业税税基评估	李文斌	管理科学与工程学院	教育部人文社科研究项目	研究或咨询报告	2011.12
我国居民个人生命周期内消费与资产组合选择研究	刘志东	管理科学与工程学院	教育部人文社科研究项目	研究或咨询报告	2011.12
通货膨胀目标制度下的货币政策规则：理论及其在中国的检验	谭小芬	金融学院	教育部人文社科研究项目	研究或咨询报告	2011.12
国际贸易的动态分析与要素价格均等化研究	齐　玲	中国精算研究院	教育部人文社科研究项目	研究或咨询报告	2011.12
生态城市环境建设项目绩效审计方法体系研究	闫天池	行政机关	教育部人文社科研究项目	研究或咨询报告	2011.12
基于行为金融的中国股市传闻研究	周战强	经济学院	教育部人文社科研究项目	研究或咨询报告	2011.12
促进区域经济协调发展的空间管理方式研究——以长江三角洲为例	姜　玲	政府管理学院	教育部人文社科研究项目	研究或咨询报告	2011.12
跨国公司中心——外围结构与区域协调发展研究	邢　华	政府管理学院	教育部人文社科研究项目	研究或咨询报告	2011.12
城市管理社会化改革及利益均衡机制研究	王志锋	管理科学与工程学院	教育部人文社科研究项目	研究或咨询报告	2011.12
基于股权结构视角的企业资本性支出研究	徐惠玲	会计学院	教育部人文社科研究项目	研究或咨询报告	2011.12
全球化背景下的中国金融机构风险管理研究——基于财务与会计视角下的分析	潘秀丽	会计学院	教育部人文社科研究项目	研究或咨询报告	2011.12
金融发展对债务融资治理效应的影响研究	廖冠民	会计学院	教育部人文社科研究项目	研究或咨询报告	2011.12
股权分置改革与现金股利发放：基于大股东利益实现方式的分析	袁　淳	会计学院	教育部人文社科研究项目	研究或咨询报告	2011.12
基于不确定的企业债券信用风险度量研究	周　宏	会计学院	教育部人文社科研究项目	专著	2011.12
政府支持与中小企业成长性：基于创新基金财务有效度研究	余应敏	会计学院	教育部人文社科研究项目	研究或咨询报告	2011.12
精算学的量化方法及原理在信用风险管理中的应用	杨静平	中国精算研究院	教育部人文社科重点研究基地项目	研究或咨询报告	2011.12
我国自然灾害保险制度研究	郝演苏	保险学院	教育部人文社科重点研究基地项目	研究或咨询报告	2011.12
大学生“朋辈支持”应用研究	朱继光	管理科学与工程学院	教育部思政课题	论文	2009.12

续表

项目名称	负责人	所属部门	项目来源	成果形式	完成时间
中国改革与原社会主义国家改革的比较研究	刘文革	经济学院	教育部应急项目	论文	2008. 12
“有指导”的电话调查技术——基于数据挖掘的理念	马景义	统计学院	国家统计局	研究或咨询报告	2010. 12
空间视角下的中国经济增长与经济结构——基于投入产出地区间分析框架的实证与对策研究	张宝军	统计学院	国家统计局	研究或咨询报告	2010. 12
中国经济系统物质流核算与评估	王亚菲	统计学院	国家统计局	研究或咨询报告	2010. 12
证券执法机制研究	耿利航	法学院	司法部	研究或咨询报告	2010. 12
青少年网络成瘾与应对方式、家庭功能的关系研究	刘凤娥	行政机关	国家统计局	研究或咨询报告	2010. 12
北京材料领域物流服务业发展的需求分析与技术选择	李德峰	外国语学院	北京市科委	研究或咨询报告	2009. 6
放权与经济增长：对我国计划单列城市的实证研究	史宇鹏	经济学院	国家统计局	论文	2010. 12
侵权法替代责任研究	尹　飞	法学院	司法部	专著	2009. 12
青少年罪犯社区矫正制度研究	郭　华	法学院	共青团中央	研究或咨询报告	2009. 12
支持大学生创业的政策服务体系研究	林　嵩	商学院	共青团中央	研究或咨询报告	2009. 12
国家发改委部门预算管理内部控制制度的设计及国家发改委绩效评价体系研究	李晓慧	会计学院	国家发展和改革委员会	研究或咨询报告	2009. 7
巨灾风险损失评估方法研究	韦　晓	保险学院	中国保险监督管理委员会	论文集	2008. 12
政府会计准则及政府债务核算	李晓慧	会计学院	财政部	研究或咨询报告	2009. 7
我国农村老龄化发展趋势及养老保障问题研究	谢　安	应用数学学院	国务院第二次全国农业普查领导小组办公室	论文	2008. 12
巨灾保险制度研究	林光彬	中国精算研究院	中国保险监督管理委员会	论文	2009. 9
和谐社会建设与保险的关系研究	寇业富	中国精算研究院	中国保险监督管理委员会	文章	2009. 9

续表

项目名称	负责人	所属部门	项目来源	成果形式	完成时间
保险公司信息披露机制研究	高洪忠	中国精算研究院	中国保险监督管理委员会	文章	2008. 12
巨灾保险证券化研究	董洪斌	中国精算研究院	中国保险监督管理委员会	研究或咨询报告	2009. 9
农村养老保险制度研究	杨再贵	保险学院	中国保险监督管理委员会	论文	2009. 9
中小保险公司发展战略与发展模式研究	郭丽军	保险学院	中国保险监督管理委员会	研究或咨询报告	2008. 12
保险业税制研究	郑苏晋	保险学院	中国保险监督管理委员会	研究或咨询报告	2008. 12
综合经营环境下保险监管模式研究	陶存文	保险学院	中国保险监督管理委员会	研究或咨询报告	2008. 12
《奥林匹克标志保护条例》修改的若干问题研究	马法超	体育经济与管理学院	国家体育总局	论文	2009. 8
外汇风险管理体系研究	苗润生	会计学院	财政部	研究或咨询报告	2008. 12
新型保险业务会计问题研究	赵雪媛	会计学院	财政部	研究或咨询报告	2009. 6
投资内部控制操作指引与典型案例研究	袁　淳	会计学院	财政部	研究或咨询报告	2008. 12
政策性农业保险研究	周县华	保险学院	中国保险监督管理委员会	论文	2009. 10
国际旅游、泡沫、经济安全与金融审计监督	孟　焰	会计学院	中华人民共和国审计署	研究或咨询报告	2009. 7
统筹城乡就业和社会保障课题研究	褚福灵	保险学院	劳动和社会保障部	研究或咨询报告	2009. 3
国家法律职业资格标准研究	李　轩	法学院	司法部	研究或咨询报告	2009. 10
旅游业、国际竞争力与税收政策效应研究	林秀香	会计学院	国家旅游局	研究或咨询报告	2008. 11

（中央财经大学科研处供稿）

对外经济贸易大学

2008年承担国家级科研课题

课题名称	负责人	课题来源	课题起止时间	备注
德国文化论	李伯杰	国家社会科学基金08BGJ022	2008.7－2010.12	一般项目
阿拉伯传记文学及其研究	邹兰芳	国家社会科学基金08BWW014	2008.7－2010.12	一般项目
我国流动人口政治参与问题研究	戴长征	国家社会科学基金08BZZ006	2008.7－2010.5	一般项目
新形势下防范金融风险研究	门 明	国家社会科学基金08BJY155	2008.7－2010.12	一般项目
供应链管理国际化下的企业关系研究——以中国汽车制造企业为例	赵忠秀	国家社会科学基金08BJY079	2008.7－2009.11	一般项目
外贸增长方式转变和出口企业生产率研究	葛 赢	国家社会科学基金08BJL047	2008.7－2011.8	一般项目
阿拉伯古籍中的“中国”研究——以史学著作为中心	葛铁鹰	国家社会科学基金08BSS001	2008.7－2010.12	一般项目
运用长期护理保险解决我国人口老龄化医疗卫生服务和长期照料问题的研究	荆 涛	国家社会科学基金08BRK003	2008.7－2009.12	一般项目
《合同法》分则的完善与我国典型合同立法的体系性研究	宁红丽	国家社会科学基金08CFX020	2008.7－2010.6	青年项目
法律政策在侵权民事案件司法裁判中的运用与考量——以中国法院侵权民事案件为研究样本	林 敏	国家社会科学基金08CFX047	2008.7－2011.6	青年自选项目
经济全球化下的国际贸易体制理论研究：基于美国与WTO双层博弈的政治经济分析	屠新泉	国家社会科学基金08CGJ006	2008.7－2010.6	青年项目
初次分配和再分配中的效率与公平问题研究	王亚柯	国家社会科学基金08CJY006	2008.7－2010.6	青年项目
最高人民法院判决研究	侯 猛	国家社会科学基金08CFX042	2008.7－2010.9	青年项目
实物期权视角下新技术商业化过程中的不确定性、学习与投资决策研究	邢小强	国家自然科学基金70802013	2009.1－2011.12	青年项目
多边市场条件下石油市场风险管理技术研究	吕文栋	国家自然科学基金70871023	2009.1－2011.12	面上项目
风险视角下的中国保险机构效率模型构建及应用研究	黄 薇	国家自然科学基金70803036	2009.1－2011.12	青年项目

2008年承担省部级科研课题

课题名称	负责人	课题来源	课题起止时间
新时期北京市流动人口政治管理研究	戴长征	北京市哲学社科规划办一般项目08BeKD059	2008.7－2010.5
CEPA框架下加强京港现代服务业合作的新机制研究	张汉林	北京市哲学社科规划办一般项目08BaJG212	2008.7－2009.12
改革开放以来中国对外开放的进程、成就和基本经验研究	桑百川	教育部应急项目（2008JYJW050）	2008.2－2009.1
研究开发投入、技术进步与利用外资	崔　凡	教育部留学回国人员科研启动金	2008
美国对华贸易政策的政治经济分析	屠新泉	教育部留学回国人员科研启动金	2008
中国家户投资组合调查和实证研究	吴卫星	霍英东基金	2008.10－2011.12
博弈论与多边贸易体制	刘光溪	教育部重点研究基地重大项目08JJD790132	2008.12－2011.12
国际服务经济一体化理论与实证研究	杨荣珍	教育部重点研究基地重大项目08JJD790146	2008.12－2011.12
采购供应链的协调及腐败问题研究	马　俊	教育部规划基金08JA630015	2008.12－2011.12
我国巨灾风险管理的财政支持体系研究	林　晶	教育部规划基金08JA790018	2008.12－2011.12
部属高校补充性养老金制度建设研究	刘经纬	教育部规划基金青年项目08JC790016	2008.12－2011.12
考虑合谋因素的政府安全管制效果研究	吴　伟	教育部规划基金青年项目08JC790017	2008.12－2011.12
面向低收入群体市场的创新研究	邢小强	教育部规划基金青年项目08JC630015	2008.12－2011.12
我国对外直接投资绩效分析与策略研究	蓝庆新	教育部规划基金青年项目08JC790015	2008.12－2011.12
维护高校安全稳定预防预警体系	王　玲	教育部	2008.12－2010.12
大学生网络道德的培育与实践	张　楠	教育部	2008.12－2009.12
非法传销组织对高校渗透的特点研究	张志娟	教育部	2008.12－2009.12
北京市企业资本国际化战略研究	张新民	北京市教委共建项目	2008
北京企业技术创新能力与知识管理体系研究	范黎波	北京市教委共建项目	2008
商务外语与跨文化商务竞争力研究	陈准民	北京市教委共建项目	2008
北京市深入发展生产性服务业问题研究	华晓红	北京市教委共建项目	2008
北京“空港综合保税港区”制度创新与溢出效应研究	郑俊田	北京市教委共建项目	2008

续表

课题名称	负责人	课题来源	课题起止时间
国际经贸摩擦对北京市相关产业发展和安全的影响及对策研究	张汉林	北京市教委共建项目	2008
全民公决制度的法理学辨析	廉 思	司法部	2008.12－2010.11
合同法中的消费者保护问题研究	苏号朋	司法部	2008.12－2010.7
支持我市中小企业利用国内外资本市场融资政策研究	尹建华	北京市发展和改革委员会	2008.1－2008.11
北京市硬盘主轴电机产业发展模式研究	杨宝峰	北京市科委	2008.1－2008.6
基于一站式服务的现代服务业一般商业模式及国际贸易流程研究	赵忠秀	科技部	2008.1－2008.12
中国—塞尔维亚农业合作计划	张海森	农业部	2008.6－2009.6
我国大宗农产品贸易政策协调研究	张海森	农业部	2008.6－2009.6
农村信贷担保机制研究	田秀娟	农业部软科学委员会	2008.6－2008.9
高校安全稳定动态预警体系研究	廉 思	北京市教育科学规划领导小组办公室	2008.9－2008.12
城市品牌战略研究——晋江体育城市品牌战略规划	陈 可	国务院发展研究中心	2008.9－2008.12
农村新型合作医疗制度的农民意愿与选择研究	田秀娟	国务院第二次农业普查领导小组办公室	2008.6－2008.10
改革开放30年北京高校德育工作总结与研究	陈建香	北京市教委首都大学生思想政治教育研究中心	2008.10－2009.7
新形势下首都高校维护稳定工作动态预警体系（DPUS）研究	廉 思	北京市教育工作委员会	2008.10－2008.11
能源企业境外合作回顾与展望	魏巍贤	国家能源领导小组	2008.10－2009.4
信用保险内部控制操作指引与典型案例研究	张新民	财政部（中国会计学会）	2008.10－2009.12
政府采购促进知识产权创造和运用的政策研究	张汉林	国家知识产权局	2008.10－2009.8
中国企业国际化问题研究	冯鹏程	全国高科技投融资委员会	2008.11－2009.10
中外资本运营比较研究	冯鹏程	全国高科技投融资委员会	2008.11－2009.10
国际信贷业务中争议解决方式及地点比较	沈四宝	国家开发银行	2008.10－2009.6
高校安全稳定动态预警体系研究	廉 思	北京市教育科学规划领导小组	2008.11－2008.12
中国农业的国际环境与竞争力研究	张汉林	国务院第二次全国农业普查领导小组办公室	2008.6－2008.12

2008 年校级科研课题

课题名称	负责人	所在单位	学科分类	项目类别	成果形式
开放经济下中国制造业国际竞争力研究	张军生	WTO 研究院	经济学	一般项目	论文
开放经济条件下中国 IPO 市场效率的数量研究	贺炎林	金融学院	经济学	一般项目	论文
经济发展水平、治理环境与银行贷款质量——来自我国 31 个省份的证据	潘慧峰	金融学院	经济学	一般项目	论文
主要国家跨国公司培育比较研究	杨国亮	经贸学院	经济学	一般项目	论文
实施新会计准则和新企业所得税法对上市公司税负影响研究	王素荣	国际商学院	经济学	一般项目	论文
高校节能减排效益分析与潜力研究——以对外经济贸易大学为例	苏隆中	后勤管理处	管理学	一般项目	论文
异常事件驱动的协同服务管理研究	李　兵	信息学院	管理学	一般项目	论文
应急物流中运输优化问题研究	黄　浩	信息学院	管理学	一般项目	论文
中国服务外包企业能力评估模型及提升对策研究	殷国鹏	信息学院	管理学	一般项目	论文
跨境上市、投资者利益保护与公司增长——基于中国跨境上市公司的经验证据	孔宁宁	国际商学院	管理学	一般项目	论文
高科技企业中层管理人员绩效模型研究	陈胜军	国际商学院	管理学	一般项目	论文
跨文化交际与跨文化能力培养	潘亚玲	外语学院	语言学	一般项目	专著
跨国人口流动对国家间关系的影响	李小圣	人文学院	政治学	一般项目	专著
日本住宅保障体系试析——兼论我国住房保障体系的构建	吴丹红	外语学院	社会学	一般项目	论文
社会主义新农村建设与马克思主义中国化的理论创新研究	刘宏元	人文学院	马克思主义	一般项目	论文
高校党员教育学习网络平台建设	张　楠	组织部	教育学	一般项目	论文
如何使用 Serv Qual 评估大学图书馆服务质量——对外经济贸易大学图书馆案例分析	邱小红	图书馆	图书馆学	一般项目	论文
弹性振动系统的自适应边界镇定及参数在线辨识	郭　伟	信息学院	应用数学	一般项目	论文
国际贸易行业继续教育现状和改革发展研究	谢毅斌	继续教育院	综合研究	一般项目	论文
中国企业对外直接投资问题研究	冯鹏程	国际经济研究院	经济学	新进教师项目	论文
经济全球化背景下中国主要农产品国际竞争力分析	孟庆亮	人文学院	经济学	新进教师项目	论文

续表

课题名称	负责人	所在单位	学科分类	项目类别	成果形式
中国服务业生产率测度研究	李　杨	WTO研究院	经济学	新进教师项目	论文
中国保险业规模扩张与经营绩效研究	黄　薇	保险学院	经济学	新进教师项目	论文
人身保险、居民消费与经济增长	张　冀	保险学院	经济学	新进教师项目	论文
生物能源对国际农产品贸易的影响及中国对策	樊　瑛	经贸学院	经济学	新进教师项目	论文
条件风险价值CvaR理论的创新研究	柴文义	信息学院	管理学	新进教师项目	论文
新媒介环境下我国文化创意产业政策的现状、问题和对策研究	贾　佳	公管学院	管理学	新进教师项目	论文
顾客创新过程及其绩效影响研究	王永贵	国际商学院	管理学	新进教师项目	论文
消费者服务购买决策过程的影响机制研究	孙　谨	国际商学院	管理学	新进教师项目	论文
面向BOP市场的技术与商业模式创新研究	邢小强	国际商学院	管理学	新进教师项目	论文
我国民事判决书论证现状的实证调查	杨　贝	法学院	法　学	新进教师项目	论文
版权客体制度研究	卢海君	法学院	法　学	新进教师项目	论文
美国对华公共外交研究	檀有志	人文学院	国际问题研究	新进教师项目	论文
论当代中国国家形象的构建——以文化外交战略为视角	乔　旋	人文学院	国际问题研究	新进教师项目	论文
试析“日华垦”及日本台海政策走向	王海滨	人文学院	国际问题研究	新进教师项目	论文
本科韩国语专业视听说教学研究与实践	申　泉	外语学院	语言学	新进教师项目	论文
转喻与间接言语行为	陈香兰	英语学院	语言学	新进教师项目	论文
转喻的认知语用研究	孙　亚	英语学院	语言学	新进教师项目	论文
美国女性成长小说的特点及分期研究	李贺青	英语学院	外国文学	新进教师项目	论文
小说《我的名字叫红》中的视觉叙事	郭　巍	英语学院	外国文学	新进教师项目	论文
吉卜林的帝国意识与文学写作	李秀清	英语学院	外国文学	新进教师项目	论文
华夏边缘叙述与新时期文化	刘　岩	中文学院	中国语言文学	新进教师项目	论文
先秦儒家“仁”的思想与现代管理情感维度的省察	张玉新	人文学院	哲　学	新进教师项目	论文
文化产业项目风险管理	王文杰	公管学院	新闻学与传播学	新进教师项目	论文
鲁迅与夏目漱石的比较文学研究	于　丽	外语学院	外国文学	新进教师项目	论文
尼·雅·丹尼列夫斯基的文化思想研究	孙　芳	外语学院	综合研究	新进教师项目	论文
统计学习算法的理论分析	佟宏志	信息学院	数　学	新进教师项目	论文
中国语境中的英语报章变革动词研究：一项基于语料库的研究	高　超	英语学院	语言学	新进教师项目	论文
一体化经济时代方言变化模式及主导因素	谷小娟	英语学院	语言学	新进教师项目	论文

（对外经济贸易大学科研处张瑞供稿）

中国传媒大学

2008 年承担省部级以上科研课题

项目名称	负责人	项目来源	成果形式	承担部门	完成日期
境外中文网络媒体发展与我国对外传播策略研究	刘　昶	国家社会科学规划基金项目	专著	欧洲研究中心	2010. 6. 30
多语环境下的西北地区少数民族语言使用策略个案研究	邢　欣	国家社会科学规划基金项目	专著	对外汉语教育学院	2010. 6. 30
大众传播符号研究	曾庆香	国家社会科学规划基金项目	专著	电视与新闻学院	2010. 12. 30
我国数字媒体艺术的理论建构与学科发展研究	廖祥忠	国家社会科学规划基金艺术学项目	专著	动画学院	2010. 12. 30
新时期中国文献纪录片研究	张宗伟	国家社会科学规划基金艺术学项目	专著	影视艺术学院	2011. 12. 30
音乐的网络传播研究	曾遂今	国家社会科学规划基金艺术学项目	专著	影视艺术学院	2011. 12. 30
高校学生学习质量评价研究	周廷勇	国家社会科学基金教育学青年课题	研究或咨询报告	发展战略研究中心	2011. 7. 1
从西藏 3 · 14 事件看西方媒体的所谓客观公正	胡智锋	国家社会科学规划基金特别委托项目	论文	文科科研处	2008. 5. 24
北京市文化创意产业研发与人才培训	范　周	北京市社会科学规划基金特别委托项目	论文、研究或咨询报告、教材、著作	文化产业研究院	2012. 12. 30
奥运应用对首都新媒体经济的推动与影响	丁俊杰	北京社会科学基地研究项目	研究或咨询报告	校党办	2009. 10. 31
数字高清电视商业模式研究	赵子忠	北京社会科学基地研究项目	专著	新媒体研究中心	2009. 3. 31
媒介素养教育课程研究	张　玲	北京市教育科学规划重点课题	研究或咨询报告	发展战略研究中心	2011. 10. 1
中国文化产品进出口指数体系设计与编制研究	李怀亮	文化部基地社科研究项目	研究或咨询报告	媒体管理学院	2008. 10. 20
新媒体影像互动艺术研究	金　妹	文化部社科研究项目	专著	影视艺术学院	2011. 12. 30
20 世纪中国戏剧理论批评的历史走向与价值重建	周靖波	教育部人文社会科学研究项目	专著	图书馆	2011. 12. 31
典型报道的社会效果评析	丁　迈	教育部人文社会科学研究项目	专著	电视与新闻学院	2011. 12. 31

续表

项目名称	负责人	项目来源	成果形式	承担部门	完成日期
全球化媒介事件的外宣传播效果及策略研究	罗 青	教育部人文社会科学研究项目	专著	欧洲研究中心	2011. 12. 31
公共突发事件中广播媒体的责任、功能及应急体系建设	王 宇	教育部人文社会科学研究项目	研究或咨询报告	学科办公室	2011. 12. 31
媒介文本分析：方法与案例	张 磊	教育部人文社会科学研究项目	专著	广播电视研究中心	2011. 12. 31
社会转型期的媒介伦理问题研究	龙 耘	教育部人文社会科学重点研究基地重大项目	专著	广播电视研究中心	2011. 12. 31
移动广播电视发展及管理政策研究	丁俊杰	国家广电总局社科研究项目	研究或咨询报告	校党办	2009. 10. 10
应对重大突发事件的媒介整合与信息传播应急体系构建	高晓虹	国家广电总局社科研究项目	专著	电视与新闻学院	2010. 9. 30
中国广电产业与管理体制改革研究	刘 昶	国家广电总局社科研究项目	研究或咨询报告	欧洲研究中心	2010. 6. 30
广播电视公共服务指标、运营、保障体系研究	胡智锋	国家广电总局社科研究项目	专著	文科科研处	2010. 12. 31
中国电视剧产业发展战略研究	宋培义	国家广电总局社科研究项目	研究或咨询报告	媒体管理学院	2010. 9. 30
促进国产纪录片繁荣发展策略研究	何苏六	国家广电总局社科研究项目	研究或咨询报告	电视与新闻学院	2010. 7. 30
中国公益广告发展与管理对策研究	刘林清	国家广电总局社科研究项目	研究或咨询报告	广告学院	2010. 6. 30
中国电影内容生产及青年编剧人才培养模式研究	周 涌	国家广电总局社科研究项目	研究或咨询报告	影视艺术学院	2010. 12. 31
改革开放30年电影表演艺术发展成就和经验研究	赵宁宇	国家广电总局社科研究项目	专著	影视艺术学院	2011. 12. 30
广播影视产品进出口统计比较研究	卜彦芳	国家广电总局社科研究项目	研究或咨询报告	媒体管理学院	2009. 9. 1
中国专业电视频道品牌建设战略研究	乔保平	国家广电总局社科研究项目	专著	校电视台	2009. 12. 31
复杂经济环境对我国广播电视业的影响研究	李怀亮	国家广电总局社科特别委托研究项目	研究或咨询报告	媒体管理学院	2010. 12. 31
科学发展观指导下的广播影视工作新观念体系研究	胡正荣	国家广电总局社科特别委托研究项目	研究或咨询报告	校党办	2009. 5. 31

续表

项目名称	负责人	项目来源	成果形式	承担部门	完成日期
海外华侨华人与中国国家软实力的关系研究	刘　昶	国务院侨办基金项目	论文和研究报告	欧洲研究中心	2009. 12. 30
华侨华人与涉藏外宣研究	郑世明	国务院侨办基金项目	论文和研究报告	文科科研处	2009. 12. 30
新媒体时代体育赛事转播权开发研究	金雪涛	国家体育总局体育哲学社会科学研究项目	研究或咨询报告	媒体管理学院	2009. 9. 30
亚洲动画教育比较研究	贾秀清	教育部留学基金研究项目	专著	动画学院	2010. 11. 30
中韩传媒体制与传媒政策比较研究	郎劲松	教育部留学基金研究项目	论文	电视与新闻学院	2009. 11. 30
互联网与可持续发展：对欠发达地区农村使用互联网的考察	赵靳秋	教育部留学基金研究项目	论文	外国语学院	2011. 12. 31
中韩历史题材电视剧儒家文化内涵的比较研究	郑世明	教育部留学基金研究项目	专著	文科科研处	2010. 11. 30

2008 年校级立项科研项目

项目名称	负责人	承担部门	成果形式	完成日期
中、日、韩三国公共文化服务体系多元化供给模式研究	金雪涛	媒体管理学院	专著	2010. 6. 30
汉城（首尔）和北京奥运会传媒营销城市对比研究	李竹荣	媒体管理学院	专著	2010. 12. 31
欧美电影中的中国人形象（1949 年至今）	王　田	文科科研处	专著	2010. 12. 31
中国电视对相邻亚洲国家的影响力研究	张雅欣	电视与新闻学院	专著	2010. 8. 31
中日媒介素养教育比较研究	张　洁	发展战略研究中心	专著	2009. 12. 31
FTA 背景下东亚区域文化贸易研究	卜彦芳	媒体管理学院	专著	2010. 10. 31
新媒体环境下的亚洲公共危机研究	齐小华	广告学院	专著	2009. 12. 30
韩国非物质文化遗产保护与开发政策研究	王　永	文学院	专著	2010. 10. 31
中日韩体育播音风格变迁的文化学探析	王　群	播音主持艺术学院	专著	2010. 12. 31
中日韩文化产业政策研究	刘　钰	媒体管理学院	专著	2010. 9. 30
纪录片在构建东亚和谐文化圈中的功能和策略研究	何苏六	电视与新闻学院	专著	2010. 6. 10
中日对比探索亚洲新媒体经营发展	邵华冬	广告学院	专著	2010. 10. 1
媒体语言规范化问题：外来语及汉语专有名词音译现象调查及其策略研究	张民权	文学院	专著	2011. 10. 1

续表

项目名称	负责人	承担部门	成果形式	完成日期
我国有声媒体资源开发与播音主持创新	李晓华	播音主持艺术学院、文学院	专著、研究报告、论文	2011.6.30
新闻传播学体系创新与中国特色研究	高晓虹	电视与新闻学院、广告学院	专著、研究报告、论文	2011.6.30
科学发展观与中国广播影视艺术	仲呈祥	影视艺术学院、文学院	专著、研究报告、论文	2011.6.30
数字媒体技术与艺术	刘剑波	信息工程学院、动画学院	实验室、论文、专著	2011.6.30
广播电视与新媒体的信息安全及新媒体内容产业	王永滨	计算机学院、新媒体研究院	软件、专利、专著、行业报告	2011.6.30
国家文化产业建设与创新	范　周	媒体管理学院、文化产业研究院	专著、研究报告、论文	2011.6.30
我国中部农村信息传播的实政研究	王锡苓	电视与新闻学院	论文、研究报告	2011.6
传播心理效果对和谐社会的影响研究	余小梅	电视与新闻学院	论文、研究报告	2011.6
跨学科大众传播理论研究	隋　岩	电视与新闻学院	著作和系列论文	2011.6
软实力与电视媒介——欧美发达国家媒介权力研究	郑世明	电视与新闻学院	论文和研究报告	2011.6
社会主义新闻自由研究	丰纯高	电视与新闻学院	专著	2011.6
数字化时代的编辑思维创新与实践	王晓红	电视与新闻学院	教材、调查报告	2011.6
中美财经类电视节目比较研究	董瑞峰	电视与新闻学院	教材、论文、调查报告	2011.6
媒介融合背景下的影像革命与新闻传播	孙振虎	电视与新闻学院	专著	2011.6
新闻叙事学	方毅华	电视与新闻学院	论文、专著	2011.6
国际政治传播研究	李　智	国际传播学院	专著	2011.6
媒介与女性理论框架研究	刘利群	国际传播学院	论文、专著	2011.6
整合营销传播理论在我国的研究及应用	初广志	广告学院	论文、研究报告	2011.6
源流与衍生：中国广告媒介传播史的实证研究	刘英华	广告学院	专著	2011.6
广告文案创作的理论与方法	何　辉	广告学院	专著	2011.6
媒介文化研究	刘　宏	广告学院	论文、专著	2011.6
中央电视台社会与法频道新闻化可行性研究	张绍刚	电视与新闻学院	论文集	2011.6
民族主义、国家主义与东亚地区主义的未来	肖欢容	国际传播学院	论文、专著	2011.6
西方跨文化传播理论前沿	孙英春	国际传播学院	论文、专著	2011.6
网络在资源整合中的作用	姚林青	媒体管理学院	论文	2011.6
文化创意产业价值链开发战略与建设对策研究	任锦鸾	媒体管理学院	专著、论文，研究报告	2011.6

续表

项目名称	负责人	承担部门	成果形式	完成日期
媒介视角的政治社会化问题研究	刘东建	政治与法律学院	论文、研究报告	2011.6
网络与民主政治研究	吕艳君	政治与法律学院	论文	2011.6
传播法基本理论——历史与现实语境中的表达自由	王四新	政治与法律学院	论文、专著	2011.6
全球化过程中社会价值的冲突与转化	邹千江	政治与法律学院	论文	2011.6
汉魏六朝音乐美学研究——以文论与乐论关系为核心	白岚玲	文学院	系列论文	2011.6
六朝问题嬗变与骈化研究	钟　涛	文学院	系列论文	2011.6
宋词词乐系统研究	董希平	文学院	专著、论文	2011.6
先秦两汉玺印姓名用字研究	肖晓晖	文学院	论文、数据库	2011.6
鲁迅与孔子	刘春勇	文学院	论文、论著	2011.6
生命哲思与诗意言说——庄子文学新探	刁生虎	文学院	专著、论文	2011.6
中国传媒大学体育部开展球类项目互动教研活动研究	白敬锋	体育部	论文、科研课题	2011.6
中国传媒高等教育现状调查和趋势分析	王保华	高教所	调研报告和专著	2011.6
全球华语广播文艺娱乐节目发展策略研究	关　玲	影视艺术学院	论文、专著，调研报告	2011.6
视觉艺术表现的形式语言研究	宋东葵	影视艺术学院	论著	2011.6
多声道环绕声制作系统规范	胡　泽	影视艺术学院	标准、相关分析报告和实验数据	2011.6
影视表演中的身体语言	杨　扬	影视艺术学院	论文、专著	2011.6
“电视剧基本理论”课程建设与教学研究	卢　蓉	影视艺术学院	论文、专著	2011.6
中国电视剧基本风格研究	秦俊香	影视艺术学院	论文、专著	2011.6
“表现与重构”：反思人类学电影的真实性	王杰文	影视艺术学院	专著、纪录片	2011.6
电影美学	徐　辉	影视艺术学院	专著、论文	2011.6
世界电影理论史	张宗伟	影视艺术学院	专著	2011.6
当代法国电影史（1959－2000）	祝　虹	电视与新闻学院	专著	2011.6
历史的天空——历史文化纪录片	周　文	电视与新闻学院	著作	2011.6
语言的转向——数字媒体艺术美学本体论	贾秀清	动画学院	论文	2011.6
动画产业模式的实证研究	高薇华	动画学院	研究报告	2011.6
实时3D游戏渲染引擎	郑福仁	动画学院	原型软件	2011.6
面向特殊人群的计算机辅助汉语处理系统	姜　浩	动画学院	论文、出版物副本、原型系统	2011.6
新媒体艺术教育研究	白雪竹	动画学院	论文、研究报告	2011.6

续表

项目名称	负责人	承担部门	成果形式	完成日期
电视节目主持人在社会主义和谐社会建设中的地位、作用	曾志华	播音主持艺术学院	论文、专著	2011.6
新媒体时代广播电视语言传播对策研究	李洪岩	播音主持艺术学院	系列论文、专著	2011.6
广播电视体育类节目有声语言传播培养研究	王　群	播音主持艺术学院	多媒体和著作	2011.6
汉语播音研究与英语播音研究之比较	徐树华	播音主持艺术学院	论文、专著	2011.6
广播电视语言传播哲学	李凤辉	播音主持艺术学院	专著书稿	2011.6
20世纪90年代中国艺术学的回顾和评述	杜寒风	文学院	专著	2011.6
中国影视剧音乐研究	李俊梅	实验教学中心	论文、专著	2011.6
中国电视剧类型研究	彭文祥	宣传部	专著	2011.6

（中国传媒大学文科科研处程爱晶供稿）

中国农业大学

2008年承担省部级以上科研课题

项目名称	主持人	承担部门	项目来源	成果形式	完成日期
我国食品消费支出中形成农业收入份额的测度问题研究	王秀清	经济管理学院	国家软科学计划项目	论文、研究报告	2009
图书馆特色知识库构建与知识服务实证研究	李晨英	图书馆	国家社会科学基金	研究报告	2010
教育发展与社会公平研究	熊春文	社会学系	国家社会科学基金	研究报告	2010
农村集体建设用地潜力释放及其管理问题研究	张军连	人文与发展学院	国家社会科学基金	研究报告	2009
城乡差距及其变化趋势研究——侧重于收入和消费差距	穆月英	经济管理学院	国家统计局	论文、研究报告	2008
国际农产品供求形势及其对中国农业发展的影响	乔　娟	经济管理学院	国家统计局	研究或咨询报告	2008
粮食主产区农作物保险模式研究	杨芮华	经济管理学院	国家统计局	论文、研究报告	2008

续表

项目名称	主持人	承担部门	项目来源	成果形式	完成日期
第二语言学习焦虑影响语言产生的神经机制	李鲁平	人文与发展学院	国家自然科学基金	论文	2009
区域序列创新研究	刘　丽	经济管理学院	国家自然科学基金	论文	2011
生猪健康养殖业的利益保障与示范推广机制研究	卢凤君	经济管理学院	国家自然科学基金	论文	2011
基于供应链的中国食品追溯体系激励与监管机制研究	乔　娟	经济管理学院	国家自然科学基金	论文、研究报告	2011
石油价格变动对我国农业的影响研究	田志宏	经济管理学院	国家自然科学基金	论文	2011
近海水产养殖生态环境评价方法与生态补偿机制	王瑞梅	经济管理学院	国家自然科学基金	论文	2011
现代农业发展过程中的食品质量安全战略研究（子课题）	安玉发	经济管理学院	教育部人文社科研究项目	研究报告	2010
基于 NPO 的教材循环利用供应链运作机制及实践研究	侯云先	经济管理学院	教育部人文社科研究项目	论文、研究报告	2010
全球化背景下的母语与外语的关系研究	李建华	人文与发展学院	教育部人文社科研究项目	论文、研究报告	2009
劳动力流动背景下的农村基本医疗卫生服务政策研究	林万龙	经济管理学院	教育部人文社科研究项目	论文、研究报告	2010
农村劳动力就业与流动的性别差异及其对新农村建设的影响	刘晓昀	人文与发展学院	教育部人文社科研究项目	研究或咨询报告	2010
中国当代农民工城市化过程中的审美趣味转变研究	柳　沙	工学院	教育部人文社科研究项目	论文	2010
高校学风现状及影响因素研究	岳　敏	经济管理学院	教育部哲学社会科学研究重大课题（高校思政、党建、稳定、网络）委托研究项目	论文、研究报告	2011
现代村镇服务业关键技术研究与示范	侯云先	经济管理学院	科技部	研究报告	2010
村镇集贸市场设施配置技术与展示平台开发	乔　忠	经济管理学院	科技部	研究报告	2010

续表

项目名称	主持人	承担部门	项目来源	成果形式	完成日期
村镇跨区域劳务中介与培训服务技术研究	乔 忠	经济管理学院	科技部	研究报告	2010
油料产业发展研究	陈永福	经济管理学院	农业部软科学	编著或教材	2008
农村资金互助组织问题研究	何广文	经济管理学院	农业部软科学	研究或咨询报告	2008
发达国家公益性农业技术推广模式研究	李 岩	国际学院	农业部软科学	研究报告	2008
农业补贴国际比较研究	穆月英	经济管理学院	农业部软科学	研究报告	2008
小型农田水利设施建设与管护新机制研究	王秀清	经济管理学院	农业部软科学	研究或咨询报告	2008
完善政策性农业保险经营机制研究	肖海峰	经济管理学院	农业部软科学	研究或咨询报告	2008
我国农产品市场信息服务对策研究	张小栓	信息与电气工程学院	农业部软科学	研究报告	2008
关于土地永包制可行性问题的研究	朱启臻	人文与发展学院	农业部软科学	研究或咨询报告	2008
民俗体育传承可持续机制研究	武晓君	体育教学部	国家体育总局	论文、研究报告	2009
社区主导型发展项目操作规程	简小鹰	人文与发展学院	国务院扶贫办	研究报告	2008
防灾减灾和缓解贫困关系课题研究	李小云	人文与发展学院	国务院扶贫办	研究或咨询报告	2008
中国贫困问题研究（实践篇）	李小云	人文与发展学院	国务院扶贫办	研究或咨询报告	2009
东西协作扶贫绩效评估研究方法	李小云	人文与发展学院	国务院扶贫办	研究报告	2008
从全球农业发展的趋势审视我国农业发展现状和未来（四）	程 序	农学与生物技术学院	中国工程院	研究报告	2009
江苏沿海地区农业秸秆合理利用及生物质能源基地建设的可行性	程 序	农学与生物技术学院	中国工程院	研究报告	2008
自然灾害对小城镇建设的影响与对策研究	辛 贤	经济管理学院	国家发展和改革委员会	研究或咨询报告	2009

续表

项目名称	主持人	承担部门	项目来源	成果形式	完成日期
海河流域水资源补偿机制研究	赵 霞	经济管理学院	国家发展和改革委员会	研究或咨询报告	2009
大学生村官跟踪教育与工作指导研究	秦世成	食品科学与营养工程学院	北京市教育工作委员会	论文	2008
引进国外智力与农业发展研究	田志宏	经济管理学院	国家外国专家局	研究报告	2008
流动人口计划生育管理利益导向研究	朱启臻	人文与发展学院	国家人口和计划生育委员会	研究或咨询报告	2009
餐饮服务业中女性农民工预防艾滋病信息传播效果及干预模式研究	李红艳	人文与发展学院	国务院防治艾滋病工作委员会办公室	论文/研究报告	2009
援菲律宾农业技术合作项目综合评估	陈前恒	经济管理学院	商务部	研究或咨询报告	2008
中澳自贸区谈判羊毛生产及供求情况课题研究	田维明	经济管理学院	商务部	研究或咨询报告	2008
现代农业科研院所建设与发展综合调研	邓心安	人文与发展学院	中国农业科学院	论文/研究报告	2008
《农产品质量安全法》实施效果评价方法及应用研究	韩 青	经济管理学院	中国农业科学院	研究或咨询报告	2009
公共支出账户及其与 GDP 和投入产出的核算关系	赵 霞	经济管理学院	中国社会科学院	研究或咨询报告	2009

（中国农业大学科学技术发展研究院王虹供稿）

北京科技大学

2008 年承担国家或省部级以上社科研究项目

项目名称	项目负责人	承担部门	项目来源	成果形式	完成日期
中国钢铁工业发展循环经济的机制与对策研究	戴淑芬	管理学院	国家社会科学基金	专著、论文	2010.6
我国 3G 国际标准 TD－SCDMA 资助创新典型案例研究之子课题一：政府在 TD－SCDMA 创新中的作用研究	周天勇	管理学院	国家软科学研究计划子课题	调研报告、论文	2008.7
我国 3G 国际标准 TD－SCDMA 资助创新典型案例研究之子课题一：TD－SCDMA 创新机制的进一步发展和应用	张 群	管理学院	国家软科学研究计划子课题	调研报告、论文	2008.7
维护高校安全稳定预防预警体系	罗维东	机关	教育部哲学社会科学研究重大课题	调研报告	2010.3

续表

项目名称	项目负责人	承担部门	项目来源	成果形式	完成日期
"80后"新入职大学生组织社会化障碍及培训干预机制研究	魏　均	管理学院	教育部哲学社会科学一般规划项目	论文	2011.7
"高校思想政治理论课'精彩一课'教学片研究制作"之"中国近现代史纲要""精彩一课"教学片下篇综述	刘丽敏	文法学院	教育部哲学社会科学重大课题委托研究项目	教学片	2009.6
高校思想政治教育队伍建设长效机制研究	陈　曦	机关	北京市教工委2007—2008年度首都大学生思政教育研究课题	调研报告、论文集	2008.12
北京市大学生宗教信仰状况的调查研究	左　鹏	文法学院	北京市教工委2007—2008年度首都大学生思政教育研究课题	调研报告	2008.12
北京市道路智能交通开放式综合应用平台的需求分析与技术选择	刘　立	土环学院	北京市科技计划课题软科学研究类	报告	2008.4
北京高校辅导员履历系统建设	何　进	学生处	北京市教工委《首都大学生思政教育研究课题》	系统	2009.12
改革开放30年北京市高校德育工作总结与研究之子课题——改革开放30年北京科技大学德育工作总结与研究	陈　曦	机关	北京市教工委《首都大学生思政教育研究课题》	调研报告	2009.3
我国劳教所艾滋病治疗服务需求评估研究	钱振华	文法学院	司法部科研课题任务	研究报告	2008.12
社会工作在民间组织管理领域中的功能与作用评估	许　斌	文法学院	民政部科研任务书	研究报告	2009.4
莫高窟起甲壁画病害机理初步研究	李延祥	冶金学院	古代壁画保护国家文物局重点科研基地开放课题	报告、论文	2008.3
中国古代发明创造国家级名录标准研究	潜　伟	冶金学院	国家文物局指南针计划专项	研究报告、相关标准	2009.9
黑水河流域早期冶铜技术研究	李延祥	冶金学院	金属与矿冶文化遗产研究国家文物局重点科研基地项目	报告、专著、论文	2011.11
陕西汉中出土商代铜器的科学分析研究：区域性特征的揭示及其意义	梅建军	冶金学院	金属与矿冶文化遗产研究国家文物局重点科研基地项目	报告、专著、论文	2010.9
中国古代生铁发明创造挖掘和展示	潜　伟	冶金学院	国家文物局指南针计划专项	报告	2009.12
我国高校专利维持与实施状况调查研究	刘月娥	科技处	国家知识产权局软科学研究	论文	2009.11

（北京科技大学科技处供稿）

首都师范大学

2008 年度国家社会科学基金项目

项目名称	负责人	所属单位	成果形式	项目来源	计划完成日期
《日书》类文献综合研究	刘乐贤	历史学院	专著	国家社会科学基金	2011. 12. 31
宋代文人的社会角色与文学活动	马自力	文学院	专著	国家社会科学基金	2011. 6. 30
唐后新乐府辞研究	张　煜	中国诗歌研究中心	专著、论文集	国家社会科学基金	2010. 6. 30
法国 1945 年以来诗歌中风景意识的演变	姜丹丹	外国语学院	专著	国家社会科学基金	2010. 6. 30
中亚与中国新疆政治文化建设比较研究	张友国	政法学院	专著、研究报告	国家社会科学基金	2010. 6. 30
城乡人口流动背景下的老龄化问题研究	明　艳	政法学院	研究报告	国家社会科学基金	2009. 12. 31
马克思主义政治哲学与中国特色社会主义民主政治建设研究	程广云	政法学院	专著、论文集	国家社会科学基金	2011. 6. 30
汉代监狱制度研究	宋　杰	历史学院	专著、论文集	国家社会科学基金	2011. 6. 30

2008 年度国家教育科学规划项目

项目名称	负责人	所属单位	成果形式	项目来源	计划完成日期
基于合作的学校组织再造	孟繁华	教育科学学院	研究报告、论文	全国教育科学规划项目	2010. 12. 30
推进区域基础教育均衡发展的伙伴协作研究	刘新成	历史学院	专著、研究论文	全国教育科学规划项目	2011. 5. 31
中小学教师教育技术能力标准下的农村区域性教师专业化发展模式研究	乔爱玲	教育技术系	研究论文、研究报告	全国教育科学规划项目	2010. 9. 30
教师网络教育活动的设计理论与实践	王　陆	教育技术系	专著、研究报告	全国教育科学规划项目	2011. 6. 30
农村中小学教师素质与教育质量关系的多水平模型分析	薛海平	教育科学学院	论文、研究报告	全国教育科学规划项目	2009. 9. 15

2008 年教育部人文社会科学研究重大项目

项目名称	负责人	所属单位	项目来源	成果形式	计划完成日期
日本汉诗研究	李均洋	外国语学院	教育部重点研究基地重大项目	诗集注释	2013. 12. 31
世界历史进程中多元文明互动与共生研究	刘新成	历史学院	教育部人文社科研究重大攻关项目	专著、译著、论文	2011. 12. 30

2008 年教育部人文社会科学研究一般项目

项目名称	负责人	所属单位	项目来源	成果形式	计划完成日期
转变经济发展方式与我国重化工业的发展	孙咏梅	政法学院	教育部人文社科研究项目	系列论文、研究报告	2010. 12. 31
从“规训”到“对话”：走向对话的教学研究	张增田	教育科学学院	教育部人文社科研究项目	专著或系列论文	2011. 12. 31
农村义务教育投入与教育质量关系的多水平模型分析	薛海平	教育科学学院	教育部人文社科研究项目	研究报告、系列论文	2009. 12. 31
基于网络的基础教育校际教师协作与发展共同体构建的研究	任剑锋	教育技术系	教育部人文社科研究项目	系列论文、研究报告	2010. 9. 30
构建大学生思想政治工作“心理疏导”的长效机制研究	杨芷英	政法学院	教育部人文社科研究项目	系列论文、研究报告	2010. 12. 31
尚韵书风流变研究——兼论书家的“切时如需”思想	解小青	中国书法文化研究所	教育部人文社科研究项目	论文、专著	2010. 12. 31
唐代官僚体制与书法	王元军	中国书法文化研究所	教育部人文社科研究项目	论文、专著	2010. 12. 31
研究生思想政治教育创新	陈 宁	学校办公室	教育部人文社科研究项目	研究报告	2009. 12. 31
地理学科远程培训开发	林培英	资源环境与旅游学院	教育部人文社科研究项目	课程开发	2008. 12. 31
普通高中课改实验省教师远程培训课程开发	王尚志	基础教育研究院	教育部人文社科研究项目	研究报告、论文	2008. 6. 23

2008 年北京市教育科学“十一五”规划项目

项目名称	负责人	所属单位	项目来源单位	成果形式	计划完成日期
网络环境下的基于 PDS 的区域性农村中小学教师专业发展模式研究	乔爱玲	教育技术系	北京市教育科学规划领导小组办公室	研究报告、论文	2010. 9. 30
基础教育中基于网络的教师校际协作发展策略与支持系统研究	任剑锋	教育技术系	北京市教育科学规划领导小组办公室	研究报告、论文、电脑软件	2010. 12. 31
首都区域教育均衡发展的理论与实践研究	刘新成	历史学院	北京市教育科学规划领导小组办公室	研究报告、专著、论文	2011. 5. 31
大学与中小学合作探索学士后教师培养新模式	朱晓宏	教育科学学院	北京市教育科学规划领导小组办公室	研究报告、论文	2011. 12. 31
高中物理科学方法教育内容显化的理论与实践研究	邢红军	物理系	北京市教育科学规划领导小组办公室	研究报告、论文	2011. 12. 31

2008年北京市教育委员会人文社会科学研究计划项目

项目名称	负责人	所属单位	项目来源单位	成果形式	计划完成日期
公共教育的核心价值及制度建设	邢永富	教育科学学院	北京市教委	专著、研究报告、论文	2009.12.31
优育援助行动："敏感妈妈"培训模式研究	王争艳	教育科学学院	北京市教委	研究报告及其他	2009.12.31
基于语料库的早期儿童语言发展与认知发展共变关系研究	张云秋	文学院	北京市教委	论文	2010.12.31
大学生语文素质研究	汪大昌	文学院	北京市教委	专著	2009.12.31
公共职能分散化的行政法学透视	李　昕	政法学院	北京市教委	研究报告、论文	2009.12.31
后奥运首都经济研究	杨充霖	政法学院	北京市教委	研究报告	2009.12.31
外国留学生汉语阅读能力发展研究	付玉萍	国际文化学院	北京市教委	论文	2009.12.31
混合型乐队配器基础	尹铁良	音乐学院	北京市教委	教材	2009.12.31
对"解放神学"的马克思主义研究	刘春晓	马克思主义教育学院	北京市教委	专著、论文	2009.12.31
利用眼动技术研究英语考试阅读有效模式	王　志	大学英语教研部	北京市教委	专著、论文、研究报告	2009.12.31
高校须强化发展观教育的理论与实践探索	李彩英	青年教育艺术研究所	北京市教委	研究报告、论文	2009.12.31
俄罗斯语言哲学思想研究	隋　然	外国语学院	北京市教委	专著	2009.12.31
小学古典文学教学及读物编纂研究	崔增亮	初等教育学院	北京市教委	研究报告	2009.12.31
中国书法史	张同印	中国书法文化研究所	北京市教委	专著	2009.12.31
北京乡土历史的教育与传播	郗志群	历史学院	北京市教委	教材	2009.12.31
青少年情绪调节策略发展及其影响因素的研究	方　平	教育科学学院	北京市教委	研究报告、论文	2009.12.31
改革开放时期都市流行文化艺术生产与文艺思潮研究	包晓光	文学院	北京市教委	专著、研究报告、论文	2010.1.31

2008年全国高等院校古籍整理研究工作委员会资助项目

项目名称	负责人	所属单位	项目来源单位	项目来源	成果形式	计划完成日期
秦汉丧葬简牍集释	蔡万进	历史学院	高校古籍整理委员会	高校古籍整理研究项目	古籍整理著作	2013.1.31

2008 年校级科研项目

项目名称	负责人	所属单位	成果形式	计划完成日期
人口变动对教育的影响	谷 琳	高等教育研究所	论文	2009. 12. 31
文化产业专业本科教育现状与发展研究	李 艳	文学院	论文	2009. 12. 31
民国城市妇女婚姻问题——一项观念史的新研究	余华林	历史学院	论文	2009. 12. 31
中国马克思主义政治学科发展史研究	王冠中	政法学院	论文	2009. 12. 31
老年人休闲行为及相关因素的影响机制研究	明 艳	政法学院	论文	2009. 12. 31
公共事业民营问题研究	李水金	政法学院	论文	2009. 12. 31
全面建设小康社会进程中的思想政治教育研究	韩 华	政法学院	论文	2009. 12. 31
马尔库塞在新时期语境中的接受与影响	孙士聪	文学院	论文	2009. 12. 31
明清女词人对李清照的审美接受	赵雪沛	文学院	论文	2009. 12. 31
明清之际的游学活动	张敏杰	文学院	论文	2009. 12. 31
佩雷克研究	龚 觅	外国语学院	论文	2009. 12. 31
菲利普·雅各泰诗学研究	姜丹丹	外国语学院	论文	2009. 12. 31
大学与中学伙伴协作中的大学教师	杨 光	基础教育研究院	论文	2009. 12. 31
延安时期中国共产党传统文化研究与党的建设	黄延敏	马克思主义教育学院	论文	2009. 12. 31
师范大学教师隐型文化对师范生职前准备的影响	姜 月	教育科学学院	论文	2009. 12. 31
知识的社会特质与课程设计	李殿森	教育科学学院	论文	2009. 12. 31
美国多元化教育：历史、问题与趋势	杜 钢	教育科学学院	论文	2009. 12. 31
中国城镇学生教育补习研究	薛海平	教育科学学院	论文	2009. 12. 31
幼儿手工制作活动中的问题解决及教师指导策略研究	于开莲	教育科学学院	论文	2009. 12. 31
柯勒律治浪漫主义神学思想研究	李 枫	国际文化学院	论文	2009. 12. 31
论元结构变化研究及其教学对策	应晨锦	国际文化学院	论文	2009. 12. 31
基于语言经济学的对外汉语教育研究	姜国权	国际文化学院	论文	2009. 12. 31
汉语拟声词的跨方言研究	王晓君	国际文化学院	论文	2009. 12. 31
明清官话介音研究	陈雪竹	国际文化学院	论文	2009. 12. 31
网络语言结构、功能、特点研究及考察	惠天罡	国际文化学院	论文	2009. 12. 31
美国作曲家塞缪尔·巴伯作品体系研究	徐 璐	初等教育学院	论文	2009. 12. 31

（首都师范大学社会科学处黄胤英供稿）

首都经济贸易大学

2008 年国家自然科学基金项目

项目名称	负责人	承担单位	项目来源	项目类别	最终成果	计划结项
我国上市公司"信息界圈"现象分析及其治理研究	马元驹	会计学院	国家自然科学基金	面上项目	研究报告	2011. 12

2008 年北京市社会科学规划项目

项目名称	负责人	承担单位	项目来源	项目类别	最终成果	计划结项
北京金融中心建设的路径研究	谢太峰	金融学院	北京市社科规划办	委托项目	研究报告	2009. 12
新定位下的京津合作发展研究	祝尔娟	北京市经济社会发展研究中心	北京市教育委员会、北京市社科规划办	市教委重点项目、北京市社科规划项目	研究报告	2009. 12
北京市金融产业集聚效应问题研究	王曼怡	金融学院	北京市教育委员会、北京市社科规划办	市教委重点项目、北京市社科规划项目	研究报告	2009. 12
北京市财政支出项目绩效评价存在的问题及对策	崔也光	会计学院	北京市教育委员会、北京市社科规划办	市教委重点项目、北京市社科规划项目	研究报告	2010. 7

2008 年北京市自然科学基金项目

项目名称	负责人	承担单位	项目来源	项目类别	最终成果	计划结项
北京市服务企业顾客信任度及顾客选择行为研究	赵　冰	工商学院	北京市自然科学基金	面上项目	研究报告	2009. 12

2008 年教育部人文社会科学项目

项目名称	负责人	承担单位	项目来源	项目类别	最终成果	计划结项
分阶段推进我国基本公共服务均等化的制度改革设计研究	刘业进	城市学院	教育部	一般项目	系列论文、研究报告	2010. 9
我国城市居民奢侈品购买行为的价值观解析与区域差异比较	张梦霞	工商学院	教育部	一般项目	研究报告	2011. 8
中国绿色 GDP 投入产出表编制与分析研究	廖明球	经济学院	教育部	一般项目	研究或咨询报告	2011. 8
中国垄断行业服务质量监管问题研究	柳学信	工商学院	教育部	一般项目	研究报告	2011. 9

2008年其他省、部级科研项目

项目名称	负责人	承担单位	项目来源	项目类别	最终成果	计划结项
非上市公司执行企业会计准则问题研究	崔也光	会计学院	财政部	一般项目	专著或研究报告	2010.1
政务公章及饮痕中的动态信息注入与加密研究	刘克强	信息学院	国土资源部	委托课题	研究报告	2009.12
我国《农民专业合作社法》实施问题研究	米新丽	法学院	司法部	中青年项目	专著	2010.12

2008年北京市教委科研项目

项目名称	负责人	承担单位	项目来源	项目类别	最终成果	计划结项
水气两相流动的数字图像测量方法研究	许联锋	安工学院	北京市教委	面上项目	论文、研究报告	2009.12
信息资源的共享范式与耦合度评价模式的研究	马　慧	信息学院	北京市教委	面上项目	论文、研究报告	2010.12
企业会计信息质量及其评鉴模式与方法研究	杨世忠	会计学院	北京市教委	面上项目	研究报告	2009.12
我国企业安全文化量化评价指标体系研究	毛海峰	安工学院	北京市教委	面上项目	研究报告	2008.12
中国大学生批判思维能力培养与跨国企业员工批判思维技能开发比较研究	刘丽玲	劳经学院	北京市教委	面上项目	研究报告	2009.12
非"孤立国"的"中心地"景观：历史时期咸阳地区人类家园的营造研究	张祖群	工商学院	北京市教委	面上项目	研究报告	2009.6
在青年学生中牢固树立社会主义核心价值体系	李久林	人文学院	北京市教委	面上项目	研究报告	2009.12
基于社会公平的会计公正问题研究	马元驹	会计学院	北京市教委	面上项目	研究报告	2009.12
北京普通高校音乐教育现状调查研究	申建军	城市学院	北京市教委	面上项目	研究报告	2009.12
北京高校预算管理及其绩效评价问题研究	许江波	工商学院	北京市教委	面上项目	研究报告	2009.12
北京市文化创意产业的消费者行为研究	赵　冰	工商学院	北京市教委	面上项目	研究报告	2009.12
对外贸易顺差对我国国民经济发展的影响及政策选择	徐　雪	经济学院	北京市教委	面上项目	研究报告	2009.12

续表

项目名称	负责人	承担单位	项目来源	项目类别	最终成果	计划结项
北京市社区养老资源对于老年健康的影响及政策分析	曾宪新	经济学院	北京市教委	面上项目	研究报告	2009. 12
基于新会计准则价值导向的会计信息系统相关问题研究	王凡林	会计学院	北京市教委	面上项目	研究报告	2009. 12
北京市农村居民点用地变化及合理布局研究	刘正恩	城市学院	北京市教委	面上项目	研究报告	2009. 12
专利价值评估研究	张晓慧	财税学院	北京市教委	面上项目	研究报告	2008. 12
大学生跨文化意识的培养与研究	郝钦海	外语系	北京市教委	面上项目	研究报告	2009. 12
强化大学生公务员《申论》考试能力研究	张小乐	人文学院	北京市教委	面上项目	研究报告	2008. 12

2008 年其他委办局项目

项目名称	负责人	承担单位	项目来源	项目类别	最终成果	计划结项
关于高校内部控制审计实务问题的研究	杨庆英	会计学院	北京市教工委、北京市教委	一般项目	研究报告	2009. 9
基于新会计准则价值导向的会计信息系统研究	王凡林	会计学院	博士后基金资助项目	一般项目	研究报告	2009. 4
大学生村官在新农村建设中发挥作用的途径和方式问题研究	王文举 张文启	经济学院	北京市社科联	委托课题	研究报告	2008. 12
北京地区大学生职业生涯规划现状与管理研究	赵　耀	劳经学院	北京市教育科学规划办	重点项目	研究报告、论文	2010. 9
基于文化教育的视角：北京古都艺术资源有效利用研究	张祖群	工商学院	北京市教育科学规划办	青年项目	研究报告	2010. 7
“东亚地区的安全结构、变化及其前途”著作出版资助	段　霞	人文学院	北京市委组织部	E 类	专著	2009. 12
北京市餐饮业税收研究	赵书博	财税学院	北京市委组织部	D 类	研究报告	2009. 12
业主权利与城市小区治理研究	李长城	法学院	北京市委组织部	D 类	研究报告	2009. 12
北京市城市品牌理论研究与实证分析	王　晖	城市学院	北京市委组织部	D 类	研究报告	2009. 12
SaaS（软件服务化）生态系统研究	陈蔚珠	工商学院	北京市委组织部	D 类	研究报告	2009. 12
首都区域人才竞争力检测与发布系统研究	杨河清	劳经学院	北京市委组织部（重点项目）	委托项目	研究报告	2008. 1

续表

项目名称	负责人	承担单位	项目来源	项目类别	最终成果	计划结项
建立覆盖城乡的社会保障体系——第二届中国社会保障社坛成果评析	吕学静	劳经学院	劳动和社会保障部	委托项目	研究报告	2008.1
基于社会交易过程的公共安全收入模型和预算收入完整性研究	杨全社	财税学院	国家行政学院	委托项目	研究报告	2009.12
阳光酒店占集团战略分析	李云鹏	工商学院	清华大学	委托项目	研究报告	2008.11
我国未来人口流动规模与趋势预测	齐明珠	劳经学院	北京师范大学	委托项目	研究报告	2009.12

2008 年校级科研项目

项目名称	负责人	承担单位	项目类别	最终成果	计划结项
预算形态演进理论及中国绩效预算改革路径研究	杨全社	财税学院	重点项目	研究报告、论文	2008.12
北京教育财政体制创新研究	蔡秀云	财税学院	重点项目	研究报告	2008.12
工商行政管理与企业社会责任研究	张国山	城市学院	重点项目	研究报告	2008.12
从物权法的规定看被拆迁人房屋产权的保护问题	郑文科	法学系	重点项目	研究报告	2008.12
公立大学章程地位及作用的探析	焦志勇	法学系	重点项目	研究报告	2008.12
北京市农民住房转让调查与研究	王德山	法学系	重点项目	研究报告	2008.12
社区医药供应链构建与管理研究	赵　艳	工商学院	重点项目	研究报告	2008.12
基于 web2.0 的旅游企业网络营销研究——以北京为例	李云鹏	工商学院	重点项目	研究报告	2008.12
我国农村金融协调发展及其监管问题研究	祁敬宇	金融学院	重点项目	研究报告	2008.12
中国金融结构缺陷与流动性过剩问题研究	马方方	经济学院	重点项目	研究报告	2008.12
北京市垄断性产业管理体系改革研究	沈宏亮	经济学院	重点项目	研究报告	2008.12
文化创意产业的国际比较与借鉴	王晓红	人文学院	重点项目	研究报告	2008.12
汉语写作能力的标准化测试	田小野	人文学院	重点项目	研究报告	2008.12
大学生心理健康状况普查测评	王　玉	人文学院	重点项目	研究报告	2008.12
健康礼仪——成功之潜在资本	刘　婷	体育部	重点项目	著作	2008.12
北京市地方政府债务风险预警指标体系研究	刘　辉	财税学院	一般项目	研究报告	2008.12
台湾社会保障制度建设给我们的启示——构建覆盖首都城乡居民的社会保障制度	郎大鹏	财税学院	一般项目	研究报告	2008.12
城乡一体化进程中的村庄数量经济模型研究	周　伟	城市学院	一般项目	研究报告	2008.12

续表

项目名称	负责人	承担单位	项目类别	最终成果	计划结项
法律诊所教育在我国法学教育实践中存在的问题及管理规范研究	李长城	法学系	一般项目	研究报告	2008.12
和谐社会视角下的金融破产立法研究	张世君	法学系	一般项目	研究报告	2008.12
中关村高科技企业竞争禁止的法治考察	翟业虎	法学系	一般项目	研究报告	2008.12
北京市典当行业发展现状以及监管制度的完善	刘润仙	法学系	一般项目	研究报告	2008.12
供应链协调方法的选择研究——从节点企业角度	周永强	工商学院	一般项目	研究报告	2008.12
基于执行力的战略性人力资源管理研究	肖　霞	工商学院	一般项目	研究报告	2008.12
基于“数据挖掘”信息技术的计算机审计实施研究	王海洪	会计学院	一般项目	研究报告	2008.12
汇率冲击下的中国货币错配研究	朱　超	金融学院	一般项目	研究报告	2008.12
北京农业风险区域化特征及多层次农业保险制度研究	王雅婷	金融学院	一般项目	研究报告	2008.12
北京市文化创意产业发展与信用支持研究	高杰英	金融学院	一般项目	研究报告	2008.12
产出、信贷与汇率波动——基于中国特殊国情的研究	周　晔	金融学院	一般项目	研究报告	2008.12
北京市企业对俄罗斯直接投资现实性研究	张锦冬	经济学院	一般项目	研究报告	2008.12
我国服务业开放与服务贸易发展问题研究	王佃凯	经济学院	一般项目	研究报告	2008.12
大学生亲密人际关系的建立与不良人际关系的修复	张杉杉	劳经学院	一般项目	研究报告	2008.12
我国劳动力市场制度建设的目标模式研究——兼论刘易斯转折区域内的劳动力市场政策	黎　煦	劳经学院	一般项目	研究报告	2008.12
北京市高校大学生法律素质现状分析及对策研究	王　颖	人文学院	一般项目	研究报告	2008.12
影视传播学（青年项目）	王　昕	人文学院	一般项目	研究报告	2008.12
高等院校弱势群体（学生）体制状况与健康促进因素研究	杨　华	体育部	一般项目	研究报告	2008.12
北京市基础设施建设中的融资问题	郭文英	统计学院	一般项目	研究报告	2008.12
北京市中小企业发展现状及政策和服务体系研究	吴启富	统计学院	一般项目	研究报告	2008.12
高校公共英语教学、专业英语教学及双语教学一体化可行性研究	赵海燕	外语系	一般项目	研究报告	2008.12
北京市高校英语专业口译课教学现状调查及对策研究	葛卫红	外语系	一般项目	研究报告	2008.12

（首都经济贸易大学科研处供稿）

北京工商大学

2008年承担省部级以上人文社科立项研究项目

项目名称	项目负责人	承担部门	项目来源	成果形式	完成日期
北京市农产品流通体系与协调机制研究	冯中越	经济学院	北京市教委	研究报告、论文	2010.12
我国具体会计准则实施的效果、问题与对策研究	欧阳爱平	商学院	北京市教委	研究报告、论文	2009.12
北京地区食品安全与政府规制问题研究	周清杰	经济学院	北京市教委	研究报告、论文	2009.12
首都会计服务业现状及发展路径研究	陈凌云	商学院	北京市教委	研究报告、论文	2009.12
北京市物流发展战略下虚拟共同配送联盟构建与优化研究	杨浩雄	商学院	北京市教委	研究报告、论文	2009.12
网络文化与和谐社会建设的创新研究	陈晋文	法学院(马克思主义学院)	北京市教委	研究报告、论文	2009.12
北京广告业发展史研究	高丽华	传播与艺术学院	北京市教委	研究报告、论文	2009.12
中西文明概要	杨怀恩	外语部	北京市教委	研究报告、论文	2010.12
北京市文化创意企业案例分析及产业发展对策研究	侯汉坡	商学院	北京市教委	研究报告、论文	2009.12
企业集团整体上市及其对公司价值的影响	唐欲静	商学院	北京市教委	研究报告、论文	2009.12
党委领导下的校长负责制工作流程研究	唐立军	商学院	北京市教委	研究报告、论文	2009.12
和谐社会条件下强化企业社会责任研究	冯　梅	经济学院	北京哲学社科“十一五”规划项目	研究报告、论文	2009.12
中外合资企业管理控制问题的比较案例研究	高　晨	商学院	国家自然科学基金	研究报告、论文	2010.1
提高企业持续技术创新能力的技术并购战略和模式研究	侯汉坡	商学院	国家软科学研究计划项目	研究报告、论文	2009.3
大学生心理健康援助体系的研究	刘立新	法学院(马克思主义学院)	北京教育科学规划办公室	研究报告、论文	2009.12
生态城市环境建设项目绩效审计方法体系研究	张庆龙	商学院	教育部	研究报告、论文	2009.1
基于消费价值的中国农村消费者分群范式及品牌选择研究	刘　勇	商学院	教育部	研究报告、论文	2010.8

续表

项目名称	项目负责人	承担部门	项目来源	成果形式	完成日期
全球粮食价格长期上涨条件下的中国国内粮价稳定对策研究	李　宁	商学院	教育部	研究报告、论文	2010. 8
中国未来价格波动及其波动趋势	李朝鲜	经济学院	国家社会科学基金	研究报告、论文	2009. 12
会计信息质量与投资者保护效果研究	崔学刚	商学院	国家社会科学基金	研究报告、论文	2009. 1
北京生产性服务业与区域经济发展互动机制研究	张　耘	商学院	北京市社科联	研究报告、论文	2009. 1
企业内部控制自我评价指引与典型案例研究	杨有红	商学院	财政部	研究报告、论文	2009. 12
基于成本预算角度的国家审计成本控制研究	赵宝卿	商学院	国家审计署	研究报告	2009. 12
国际商务执业资格考试方案设计	李时民	经济学院	商务部	研究报告	2009. 12
新时期农村人口特征与人口战略研究	黄桂芝	商学院	国务院第二次全国农业普查领导小组办公室	研究报告	2009. 12

2008 年校级人文社科立项研究项目

项目名称	项目负责人	承担部门	成果形式	完成日期
法学本科商法课程教学案例库建设	董　彪	法学院（马克思主义学院）	研究报告、论文	2009. 12
高校教学管理信息化的发展模式比较研究	王　轶	教务处	研究报告、论文	2009. 12
以市场需求为导向的财经类大学生培养模式创新研究	张庆龙	商学院	研究报告、论文	2009. 12
“思想政治理论课”考试考核方式改革研究	王鲁娜	法学院（马克思主义学院）	研究报告、论文	2009. 12
开放式案例在企业战略管理案例教学中的运用	甘亚平	商学院	研究报告、论文	2009. 12
外贸单证模拟实践课程的教学研究	侯海英	经济学院	研究报告、论文	2009. 12
构建基于维果斯基的社会文化理论的二语习得课堂	苗天顺	外国语学院	研究报告	2009. 12
现代服务业人才创业教育支持体系研究	赵学凯	文科实践中心	研究报告	2009. 12
“毛特”课程案例教学的研究与实践	姚洪越	法学院（马克思主义学院）	研究报告	2009. 12
让学生动起来——新闻学实践教学体系的构建与应用	王　擎	艺术与传媒学院	研究报告	2009. 12

续表

项目名称	项目负责人	承担部门	成果形式	完成日期
探索新型授课模式，实践前瞻性英语教学	张卫晴	外国语学院	研究报告	2009.12
Web2.0 环境下图书馆信息服务研究	李艳芬	图书馆	研究报告	2009.12
混合式学习在经济管理类学科实践教学中的应用研究	朱建方	文科实践中心	研究报告	2009.12
游泳队建设与管理策略优化研究	杨君建	体育部	研究报告	2009.12
法学科研与法学教育的良性互动机制研究	张　龙	法学院（马克思主义学院）	研究报告	2009.12
北京工商大学旅游管理专业实践教学研究	刘晓芬	商学院	研究报告	2009.12
建构主义学习环境下的保险学教学研究与实践	徐　徐	经济学院	研究报告	2009.12
物流管理专业相关课程联动教学模式研究	杨浩雄	商学院	研究报告	2009.12
北京工商大学人力资源管理实验课程教学体系研究	李春玲	商学院	研究报告	2009.12
高级财务会计（全英）案例教学的研究与实践	王纪平	商学院	研究报告	2009.12

（北京工商大学科学技术处供稿）

北京工业大学

2008 年承担国家或省部级以上社科研究项目

项目名称	负责人	所属单位	项目分类	成果形式	计划完成日期
三种权利视野下中国大学组织特性研究	李晓婷	人文学院	教育部科学研究重点项目	研究报告、论文	2009.9
我国 R&D 相关指标国际比较跟踪研究	罗亚非	经管学院	国家软科学研究计划项目	研究报告、论文	2008.12
外资研发机构对国家创新体系的影响和对策研究之五：北京市外资研发活动的调查及分析研究	黄鲁成	经管学院	国家软科学研究计划项目	研究报告、论文	2008.12
上市公司股东行为实证研究	杨松令	经管学院	北京市自然科学基金面上项目	研究报告、论文	2010.12
北京经济技术开发区产业集群及区域发展战略研究	章　帆	经管学院	北京市教委科研计划面上项目	研究报告、论文	2009.12
从新媒体艺术途径到视觉艺术与设计表达应用研究	谭铁志	艺术设计学院	北京市教委科研计划面上项目	研究报告、论文	2009.12
北京城市家具设置通用标准编制	枣　林	艺术设计学院	北京市教委社科发展面上项目	报告	2009.12

续表

项目名称	负责人	所属单位	项目分类	成果形式	计划完成日期
原生态包装艺术与现代消费市场关系的研究	苏毅敏	艺术设计学院	北京市教委社科发展面上项目	专著、论文	2009. 12
生态学视野中北京高等教育学科发展模式研究——论北京高等教育全面、系统、协调和可持续发展	崔建华	研究生部	北京市教委社科发展面上项目	研究报告、论文	2009. 12
日本循环经济政策实践与启示	张婉茹	外语学院	北京市教委社科发展面上项目	专著	2009. 12
大学英语中的修辞现象使用分析与研究	闫岫峰	外语学院	北京市教委社科发展面上项目	论文集	2009. 12
北京市流通企业物流配送体系优化研究	张卫星	经管学院	北京市教委社科发展面上项目	研究报告、论文	2009. 12
马克思主义社会发展理论与首都社会发展战略研究	吴宝晶	人文学院	北京市教委社科发展面上项目	研究报告、论文、专著	2009. 12
首都高校学术生态建设研究	张风帆	人文学院	北京市教委社科发展面上项目	研究报告、论文	2009. 12
基于金融成长差异分析的环渤海区域金融合作研究	贺晓波	经管学院	北京市教委社科发展面上项目	研究报告、论文	2009. 12
企业形态体系及演化机制研究	于唤洲	经管学院	北京市教委社科发展面上项目	专著、论文	2009. 12
北京城市社区权力结构及其运行机制研究	杨　荣	人文学院	北京市教委社科发展面上项目	调查报告、论文	2009. 12
地方高校创新教育体系的建立及对策研究	范　明	高教所	北京市教委社科发展面上项目	研究报告、论文	2009. 12
北京市农村医疗卫生体制建设研究	赵卫华	人文学院	北京市教委社科发展面上项目	研究报告、论文	2009. 12
将现代建筑形式应用于北京传统式住宅设计的研究	赵　航	艺术设计学院	北京市教委社科发展面上项目	研究报告、论文	2009. 12
普通高等学校体育课程模式构建	谢伦立	体育部	北京市教委社科发展面上项目	研究报告、论文	2009. 12
北京市社会保障税开征与运行环境评价研究	朱远程	经管学院	北京市教委社科发展面上项目	研究报告、论文	2009. 12
市属市管高校基层学科组织创新研究	张晓玲	发展规划处	北京市教委社科发展面上项目	研究报告、论文	2009. 12
数字动画的全局光艺术化表现研究	吴伟和	艺术设计学院	北京市教委社科发展面上项目	研究报告、论文	2009. 12

续表

项目名称	负责人	所属单位	项目分类	成果形式	计划完成日期
中国传统吉祥文化元素在现代礼品设计中的应用研究	王毅强	艺术设计学院	北京市教委社科发展面上项目	研究报告、论文	2009.12
跨文化语境中的美国女性文学	李 晋	外语学院	北京市教委社科发展面上项目	研究报告、论文	2009.12
北京汽车制造企业循环经济管理模式的研究	赵立祥	经管学院	北京市教委社科发展面上项目	研究报告、论文	2009.12
性别、种族与文化身份：亚裔美国女性文学研究	张 丽	外语学院	北京市教委社科发展面上项目	研究报告、论文	2009.12
适度与最优外汇储备的数量模型和在中国的应用研究	曾诗鸿	经管学院	北京市教委社科发展面上项目	研究报告、论文	2009.12
“80后”北京学生行为习惯分析及对策研究	高春娣	学生处	北京市教委社科发展面上项目	研究报告、论文	2009.12
荣辱观及其权利约束功能与机制研究	艾 国	人文学院	北京市教委社科发展面上项目	研究报告、论文	2009.12
非线性相关性指标在我国金融证券市场分析中的应用研究	张 杰	经管学院	北京市教委社科发展面上项目	研究报告、论文	2009.12
改革开放30年北京工业大学德育工作总结与研究	张 革	校领导	北京市教委社科发展重点项目	研究报告、论文	2009.12
首都文化创意产业人力资源整合机制的社会学研究	张 荆	人文学院	北京市教委社科发展重点项目	研究报告、论文	2009.12
华北农民1980年的就业流动——以北京为就业地	吴力子	人文学院	北京市教委社科发展重点项目	研究报告、论文	2009.12
产品族规划与成本测算方法研究——以北京市零部件产业为例	宗 刚	循环经济研究院	北京市教委社科发展重点项目	研究报告、论文、专著	2009.12
北京高新技术企业集群网络化的机理、模式与政策导向研究	张永安	经管学院	北京市教委社科发展重点项目	研究报告、论文	2009.12
高校学生事务管理研究	王秀彦	学生处	北京市教委社科发展重点项目	研究报告、论文	2009.12
北京市哲学社会科学研究基地——首都经济发展与规划重点研究基地	李京文	经管学院	北京市哲学社会科学研究基地项目	研究报告、论文	2008.12
北京地区软科学资源共享文献库建设	张 革	经管学院	北京市软科学研究计划课题	研究报告、论文	2009.3
北京经济的绿色转型研究	黄海峰	经管学院	北京市新世纪百千万人才工程	研究报告、论文	2010.8

续表

项目名称	负责人	所属单位	项目分类	成果形式	计划完成日期
北京市社区矫正模式研究	张　荆	人文学院	北京市社科规划项目	研究报告、论文	2009. 6
北京制造业发展史研究	蒋国瑞	经管学院	北京市社科规划项目	研究报告、论文	2009. 6
北京服务贸易现状及增长潜力与发展趋势研究	赵书华	经管学院	北京市社科规划项目	研究报告、论文	2008. 12
再生资源产业化政策与经济机制的理论与实践	崔铁宁	经管学院	北京市委组织部优秀人才培养计划	研究报告、论文	2009. 12
大学文化引领社会文化的机制与政策研究	李四平	宣传部	北京市委组织部优秀人才培养计划	研究报告、论文	2010. 12
外来流动人口社会融合研究——以建外街道为例	宋国恺	人文学院	北京市委组织部优秀人才培养计划	研究报告、论文	2010. 12
北京地区高校学生权利保障研究	苏林琴	高教所	教育科学规划项目	研究报告、论文	2010. 12
北京市属高校研究生学位点建设与管理研究	范　明	高教所	教育科学规划项目	研究报告、论文	2010. 12
北京地区理工类学科与人文类学科本科生生均培养成本的构成及差异分析	李国俊	财务处	教育科学规划项目	研究报告、论文	2009. 12

（北京工业大学科技处杨东升供稿）

北京林业大学

2008年立项的省部级以上人文社科研究项目

项目名称	项目负责人	承担部门	项目来源	完成时间
林农法律意识现状调查及对策研究	戴秀丽	人文学院	国家林业局企事业单位委托研究项目	2009. 5
林业行政执法案例研究	魏　华	人文学院	国家林业局企事业单位委托研究项目	2008. 12
林业立法后评估方法研究	徐　平	人文学院	国家林业局委托项目	2009
林业行政执法存在问题及其对策研究	徐　平	人文学院	国家林业局委托项目	2008
生态文明研究	严　耕 杨志华	人文学院	国家林业局横向课题	2008. 12

（北京林业大学科技处张力供稿）

北京联合大学

2008 年承担省部级科研项目

项目名称	项目负责人	承担单位	项目来源	成果形式	完成日期
中国特色社会主义文明建设与发展研究	唐莹莹	北京联合大学	北京市哲学社会科学规划办公室	研究报告	2009. 12
2008 北京学研究报告	张妙弟	北京联合大学	北京市哲学社会科学规划办公室	论文集	2008. 12
北京奥运会筹办工作历程及经验借鉴	孔繁敏	北京联合大学	北京市哲学社会科学规划办公室	研究报告	2009. 1
汉英北京奥运会、残奥会常用词语手册	黄宗英	北京联合大学	北京市哲学社会科学规划办公室	专著	2008. 9
海峡两岸文化交流合作与中国统一大业	娄　杰	北京联合大学	北京市教育委员会/北京市哲学社会科学规划办公室	专著	2009. 12
环境制度变迁对工业企业排污行为影响的实证研究	穆红莉	北京联合大学	教育部	专著	2011. 12
记录改革开放：中国记录片 30 年研究	孙红云	北京联合大学	教育部	专著	2011. 12

（北京联合大学科研处供稿）

外交学院

2008 年承担国家或省部级以上社科研究项目

项目名称	负责人	承担部门	项目来源	成果形式	完成日期
美国对中国的中长期战略研究	王　帆	外交学院	国家社会科学基金项目	著作	2010
东亚区域一体化进程中的机遇与挑战	苏　浩	外交学院	国家社会科学基金项目	著作	2009
在京留学生法制化管理研究	许军珂	外交学院	北京市教委	著作	2009
北京市对外宣传的语言现状调查与规范	衡孝军	外交学院	北京市哲学社会科学规划办公室基地项目	著作	2010
奥运与国际化大都市建设	李　旦	外交学院	北京市哲学社会科学规划办公室基地项目	著作	2009
中国与欧美的价值观异同对双边关系的影响和对策	秦亚青	外交学院	外交部部级项目	著作	2008
改革开放三十年中国外交的成就、经验与理论思考	郑启荣	外交学院	外交部部级项目	著作	2008
如何应对外交工作对象的多元化	朱立群	外交学院	外交部部级项目	著作	2008

（外交学院科研处李慧供稿）

国家行政学院

2008年国家社会科学基金项目立项课题

项目名称	负责人	承担部门	项目来源	成果形式	完成日期
有效防范和抑制通货膨胀研究（特别委托项目）	魏礼群（院长）	院领导	国家社会科学基金	研究报告	2009. 12
给予流程优化的政府应急管理机制研究（青年项目）	钟开斌	公共管理教研部	国家社会科学基金	研究报告	2009. 12

2008年国家软科学项目立项课题

项目名称	负责人	承担部门	项目来源	预期成果	完成日期
学习实践科学发展观与政府职能转变和创新研究（重大项目）	魏礼群（院长）	院领导	国家软科学基金	研究报告	2009. 11
我国政府绩效管理制度的环境优化问题研究（面上项目）	刘旭涛	公共管理教研部	国家软科学基金	研究报告	2010. 12
科技公共服务均等化问题研究（面上项目）	蔡春红	经济学部	国家软科学基金	研究报告	2010. 12
公开选拔党政领导干部创新机制研究（面上项目）	胡月星	考评中心	国家软科学基金	研究报告	2010. 12

2008年国家自然科学基金项目立项课题

项目名称	负责人	承担部门	项目来源	预期成果	完成日期
微电子技术与激光技术国家基础研究发展需求调研	许正中	经济学部	国家自然科学基金	研究报告	2009. 10
基于工具创新的绩效预算研究	许正中	经济学部	国家自然科学基金	研究报告	2011. 12

2008年招标项目立项课题

项目名称	负责人	承担部门	成果形式	完成日期
中外政府绩效管理制度比较研究（重点项目）	刘旭涛	公共管理教研部	研究报告	2009
我国宗教法制问题研究（重点项目）	魏　宏	法学教研部	研究报告	2009
地方公共行政体制改革的方向与路径	时和兴	公共管理教研部	著作	2009
主体功能区建设与生态补偿机制研究	董小君	经济学教研部	研究报告	2009
经济开放条件下的国家经济安全研究	许正中	经济学教研部	专著	2009
发展基层民主的基本途径与长效机制研究	马宝成	科研部	论文	2009
NGO有序参与应急管理的机制研究	钟开斌	公共管理教研部	研究报告	2009
国外大部门模式与我国大部门体制改革研究	宋世明	公共管理教研部	论文	2009

续表

项目名称	负责人	承担部门	成果形式	完成日期
城乡统筹发展中的基本公共服务均等化——基于公共经济学的分析框架	樊继达	经济学教研部	研究报告、专著	2009
垂直管理体制法律问题研究	杨伟东	法学教研部	研究报告	2009
政务公开中的个人信息保护研究	刘　锐	法学教研部	论文	2009
金融监管架构改革的国际比较研究	李清池	法学教研部	研究报告	2009
基层群众自治制度与机制研究	舒绍福	公共管理教研部	研究报告	2009

2008 年委托项目立项课题

项目名称	负责人	承担部门	预期成果	完成日期
行动学习法在我国公务员培训机构中的应用	陈伟兰	院领导	研究报告	2009
公共服务的绩效评估体系研究	薄贵利	公共管理教研部	研究报告、咨询报告	2009
中国公共经济研究报告	王　健	经济学教研部	著作、研究报告	2009
我国公民参与制度化研究	刘　峰	政治学教研部	研究报告	2009
政府法制未来发展的总体框架与行政立法	应松年	法学教研部	研究报告	2009
文化政策研究年度报告	廖自力 祁述裕	综合教研部	著作	2009

2008 年中组部委托立项课题

项目名称	负责人	承担部门	成果形式	完成日期
关于党内民主建设若干理论问题研究	许耀桐	科研部	研究报告	2009
深化干部人事制度改革拓展研究	宋世明	公共管理教研部	研究报告	2009

（国家行政学院科研部项纪旸供稿）

中国青年政治学院

2008 年承担省部级以上科研课题

项目名称	项目负责人	学科类别	项目来源	成果形式
职务犯罪侦查优先权研究	李卫红	法学	最高检察院	专著
法科学生司法能力之培养	王新清	法学	北京市教委	专著
青少年性与生殖健康参与式方法研究	任　伟	社会学	北京市教委	研究报告
就业能力导向的高校教学改革研究	黄敬宝	社会学	北京市教委	研究报告

（中国青年政治学院曹骏供稿）

中国劳动关系学院

2008 年承担的国家或省部级社科研究课题

课题名称	课题负责人	课题来源	成果形式	完成时间
中国特色社会工作体系研究——企业工会社会工作在构建和谐劳动关系中的作用	张　默	国家社会科学基金	专著、研究报告	2010. 12
本科四年全程学涯与职涯指导行动研究	张　默	北京市教委教改项目	教材、研究报告	2012. 7
跨（多）学科的综合性课程及课程群建设研究——经典著作与公共管理专业课程教学的有机结合	黄任民	北京市教委教改项目	教材	2010. 7
饭店业“金蓝领”人才培养校企合作模式研究	曹延平	北京市教委教改项目	研究报告、论文	2010. 7

（中国劳动关系学院科研处陈邓海供稿）

中国社会科学院

中国社会科学院 2000—2008 年度各类在研科研课题①

中国社会科学院获国家社科基金在研项目一览表（共 270 项）

表 1－1

序号	2000 年获国家社科基金在研项目名称（8 项）	负责人	单位
1	清代满汉关系史 *	刘小萌	近代史所
2	统一性和多样性与社会主义社会的发展 *	赵凤岐	哲学所
3	越南儒学研究 *	何成轩	哲学所
4	中国民法典立法研究 *	梁慧星	法学所
5	WTO 与中国知识产权法律制度研究 *	李顺德	法学所
6	农村社会稳定与农民公正观念的表达 *	王晓毅	社会学所
7	政治变革与避免社会动荡——南非经验研究 *	杨立华	西亚非所
8	国外社会主义跟踪研究（滚动）*	李慎明	院部

注：标 * 者为拟于 2008 年年底前完成的项目（8 项）

表 1－2

序号	2001 年获国家社科基金在研项目名称（13 项）	负责人	单位
1	比较诗学 *	周启超	外文所
2	湘粤桂三省区土话平话及其周边方言比较 *	张振兴	语言所
3	20 世纪中国近代史的走向 *	张海鹏	近代史所
4	当代西方史学思想中的叙述问题 *	陈　新	世历所

① 关于刊出中国社会科学院 2008 年度各类在研科研课题的说明：中国社会科学院 2008 年度的各类在研科研课题，于 2009 年首次由《北京社会科学年鉴》2009 版“科研课题”栏目收录。考虑到《北京社会科学年鉴》于 2000 年创刊，因此，《北京社会科学年鉴》2009 版仅收录了中国社会科学院 2000 年以后立项的各类在研科研课题。

续表

序号	2001 年获国家社科基金在研项目名称（13 项）	负责人	单位
5	中国宗教艺术史（通论）＊	王志远	宗教所
6	中国西部人口较少民族可持续发展＊	高春燕 胡　振	人口所
7	科技创新法律制度＊	唐广良	法学所
8	WTO 解决争端机制之研究＊	赵维田	法学所
9	民族－国家与多民族国家理论研究＊	朱　伦	民族所
10	中国视野中的社会文化人类学——民族学理论和方法＊	纳日碧力戈	民族所
11	欧洲发达资本主义国家共产党的理论政策调整和发展前景＊	姜　辉	马列所
12	中国传统哲学的走向＊	方克立	研究生院
13	1958－1965 中华人民共和国经济档案资料选编＊	刘国光	院部

注：标＊者为拟于 2008 年年底前完成的项目（13 项）

表 1－3

序号	2002 年获国家社科基金在研项目名称（22 项）	负责人	单位
1	文学理论基本问题与后结构主义批判＊	金惠敏	文学所
2	贵州汉语方言调查研究＊	李　蓝	语言所
3	西部大开发中的环境保护、水资源管理与农业可持续发展研究＊	李　周	农发所
4	商人外交与近代中国的殖民地化和反殖民地化＊	虞和平	近代史所
5	经济全球化下的民族文化——道家与传统文化的综合创新＊	胡孚琛	哲学所
6	马克思主义哲学当代形态的存在论基础＊	杨学功	哲学所
7	罗马天主教在当代的革新＊	任延黎	宗教所
8	伊斯兰教苏非主义研究＊	周燮藩	宗教所
9	应对巨灾事件的策略研究＊	栾存存	经济所
10	股票市场发展与货币政策改革的数量关系及对策研究＊	张　平	经济所
11	亚洲地区金融合作的趋势和影响：数量分析和对策研究＊	王宏伟	数技经所
12	新疆维吾尔自治区四个人口较少民族人口素质研究＊	司　秀 葛丰交	人口所
13	未来中国不同环保税制的社会经济生态效果仿真研究＊	梁本凡	城市中心
14	国际条约在国内的适用：基于国际人权公约及 WTO 的视角＊	朱晓青	法学所
15	WTO 法律框架内贸易与环境的关系研究＊	张若思	法学所
16	改革开放以来党的西藏政策与反分裂斗争研究＊	宋月红	政治学所
17	中国原始宗教与原始文化＊	孟慧英	民族所
18	亚华人族群的形成与发展＊	曾少聪	民族所
19	俄罗斯民族国家的建立——理论与实践＊	杨艳丽	民族所
20	中国私营企业人力资本理论与实践研究＊	张厚义	社会学所
21	政府赤字、实际利率与国民经济健康成长——扩大内需的政策研究＊	刘迎秋	科研局
22	苏共与苏联衰亡＊	李慎明	院　部

注：标＊者为拟于 2008 年年底前完成的项目（22 项）

表 1－4

序号	2003 年获国家社科基金在研项目名称（48 项）	负责人	单位
1	敦煌赞颂文学写本整理与研究 *	徐 俊	文学所
2	中国共产党领导的文艺运动与文艺实践的历史经验研究 *	朱 寨	文学所
3	口传《格斯尔》史诗研究 *	斯钦孟和	民文所
4	眼光的交织：在普鲁斯特与曹雪芹之间 *	涂卫群	外文所
5	名词性短语句法结构的类型学比较 *	刘丹青	语言所
6	汉语疑问句的实验研究 *	林茂灿	语言所
7	中国早期城市化的探索：18－19 世纪的北京外来人口 *	郭松义	历史所
8	十九世纪中叶的江南农村 *	夏春涛	近代史所
9	民国北京地区房契研究 *	张小林	近代史所
10	晚清华北村落研究 *	王庆成	近代史所
11	世界现代化进程中的苏联社会经济发展：历史比较研究 *	吴恩远	世历所
12	美国公民权利观念的发展与社会变革：1776－2000 *	刘 军	世历所
13	俄国民粹主义和它在 20 世纪的影响 *	马龙闪	世历所
14	当代西方环境伦理思想研究 *	杨通进	哲学所
15	先进文化建设与文化体制改革 *	李德顺 张晓明	哲学所
16	认识的另一半——非理性认识论研究 *	张 浩	哲学所
17	相对论和二十世纪哲学 *	罗嘉昌	哲学所
18	中国哲学的实在论与道德论 *	李存山	哲学所
19	德国哲学发展史——从德国哲学发生至今的历史 *	谢地坤	哲学所
20	唐－辽－南诏大理－南宋密教考古研究 *	罗 炤	宗教所
21	印度教概论 *	邱永辉	宗教所
22	道教闾山派研究——明清道、儒、佛关系的一种个案分析 *	陈进国	宗教所
23	核心就业扩展与中国就业模式转型——新就业理论及政策研究 *	王 诚	经济所
24	中国当前宏观经济政策的选择——以消费和社会投资启动内需的理论与实践研究 *	于祖尧	经济所
25	中华人民共和国经济史（1953—1957） *	董志凯	经济所
26	全面小康社会的政府教育支出研究 *	杨之刚	财贸所
27	全面建设小康社会人口与发展研究 *	田雪原	人口所
28	出生性别比升高与应对决策选择研究 *	张羚广	人口所
29	生育率变动对劳动供求及中国长期经济增长的影响 *	都 阳	人口所
30	历史法学派与德国民法 *	谢鸿飞	法学所
31	论坚持党的领导、人民当家做主和依法治国的有机统一 *	白 钢	政治学所
32	少数民族农牧区家庭小康建设研究 *	吴兴旺	民族所
33	文化产业对民族文化保护、传承与发展的作用研究 *	王晓丽	民族所
34	全球化进程中民族问题的发展趋势 *	王希恩	民族所

续表

序号	2003 年获国家社科基金在研项目名称（48 项）	负责人	单位
35	大型水电工程对加快少数民族地区经济社会发展的预期研究 *	周竞红	民族所
36	社科专题文献数据库系统功能设计研究 *	孔　敬	民族所
37	苗语动词的句法语义属性研究 *	李云兵	民族所
38	社会监督机制及其效度 *	景天魁	社会学所
39	城市社区治理结构研究 *	王　颖	社会学所
40	中外传媒集团比较研究 *	唐绪军	新闻所
41	电视娱乐节目：传播形态及社会影响研究 *	殷　乐	新闻所
42	美国贸易逆差的可持续性及其对世界经济的影响 *	何　帆	世经政所
43	巴以冲突与当代国际关系 *	殷　罡	西亚非所
44	从“制度霸权”走向“新帝国”——美国大战略的调整 *	王缉思	美国所
45	苏联模式与中国特色社会主义体制研究 *	沈宗武	马列所
46	新中国社会形态研究 *	吴　波	马列所
47	人类实践形态的当代发展研究 *	赵剑英	社科杂志社
48	中国百县（市）经济社会跟踪调查 *	何秉孟	研究室

注：标 * 者为拟于 2008 年年底前完成的项目（48 项）

表 1－5

序号	2004 年获国家社科基金在研项目名称（40 项）	负责人	单位
1	语言转换中的文体与思想 *	董炳月	文学所
2	二十世纪中国文学史通论 *	杨　义	文学所
3	口头论辩与史诗演述：彝族民间叙事传统研究 *	巴莫曲布嫫	民文所
4	中古译经专书语法研究 *	赵长才	语言所
5	明清时代“府政”研究 *	阿　风	历史所
6	中国古代政治文化中的民主性因素及其现代价值研究 *	耿云志	近代史所
7	晚清督抚与新政研究 *	李细珠	近代史所
8	第五次反“围剿”中的红军、苏维埃政权与苏区社会 *	黄道炫	近代史所
9	环境、瘟疫与人类社会历史发展研究 *	王旭东	世历所
10	中东现代化进程中的民主问题比较研究 *	毕健康	世历所
11	京都学派的历史哲学研究 *	卞崇道	哲学所
12	中国马克思主义美学研究 *	徐碧辉	哲学所
13	知识、信念和行为的逻辑 *	刘奋荣	哲学所
14	中国传统儒学中的宗教性研究 *	王　健	宗教所
15	中国古代农业、农村与农民研究 *	李根蟠	经济所
16	中国经济转型期消费与投资非均衡增长关系的实证研究及预测 *	桁　林	经济所
17	中国各地区经济增长差异的制度分析 *	韩朝华	经济所

续表

序号	2004年获国家社科基金在研项目名称（40项）	负责人	单位
18	中国国家资本的历史分析 *	武　力	经济所
19	历史上西北民族贸易与民族地区经济开发 *	魏明孔	经济所
20	区域创新体系与区域科技发展战略研究 *	周民良	工经所
21	调整消费和投资关系研究——我国消费与投资比例调整及其机制 *	吴忠群	金融所
22	城乡差距的状况、根源及缩小差距的实证研究 *	王德文	人口所
23	制度人口学 *	王跃生	人口所
24	资源枯竭型城市产业转型与社会稳定问题研究 *	吴要武	人口所
25	国有财产权的性质、行使、管理与保护法律制度 *	孙宪忠	法学所
26	宪法监督制度研究——违宪审查制度构建 *	陈云生	法学所
27	生物技术与信息技术知识产权保护研究 *	张玉瑞	法学所
28	社会政治制度与可持续发展 *	秦益成	政治学所
29	世界地区性民族问题研究 *	刘　泓	民族所
30	西北牧区城镇化进程中的生态移民 *	杜发春	民族所
31	白语方言比较研究 *	王　锋	民族所
32	重构的公共空间：变迁中的公民性与社区公共参与 *	杨宜音	社会学所
33	大城市发展的中外比较研究 *	李国庆	社会学所
34	关于中国乡村建设与改造的案例研究 *	许欣欣	社会学所
35	媒介行为的伦理道德问题研究 *	孟　威	新闻所
36	完善我国媒介消费投诉的受理机制 *	宋小卫	新闻所
37	伊斯兰国家面临的挑战、发展趋势及我国应对策略 *	唐宝才	西亚非所
38	跨国公司制造业和服务业外包发展趋势与我国政策研究 *	柴　瑜	亚太所
39	当代资本主义世界体系及其与社会主义的关系问题研究 *	刘海霞	马列所
40	中华人民共和国史研究的理论与方法 *	朱佳木	当代所

注：标 * 者为拟于2008年年底前完成的项目（40项）

表1－6

序号	2005年获国家社科基金在研项目名称（41项）	负责人	单位
1	周秦时代《诗》的传播史 *	马银琴	文学所
2	二十年代革命文学的思想脉络与历史根源 *	程　凯	文学所
3	后殖民台湾 *	赵稀方	文学所
4	藏族史诗《格萨尔王传》说唱艺人调查研究 *	杨恩洪	民文所
5	中国现代神话学研究的思想渊源和学术范式 *	刘宗迪	民文所
6	汉语动态呈现语法研究 *	方　梅	语言所
7	中国陶瓷史 *	徐苹芳	考古所

续表

序号	2005年获国家社科基金在研项目名称（41项）	负责人	单位
8	花园庄东地甲骨文例研究	孙亚冰	历史所
9	传统农村社会文化的近代变迁 *	李长莉	近代史所
10	国民党的权力重组——1930年代宁粤对峙研究 *	金以林	近代史所
11	十九世纪——马克思主义产生的世纪 *	张椿年	世历所
12	荀子其人其书及思想源流借鉴意义综合研究（简称荀子综合研究）	高　正	哲学所
13	日本“批判佛教”思潮的佛教批判思想研究 *	周贵华	哲学所
14	图式逻辑研究 *	刘新文	哲学所
15	伊斯兰哲理与古典文学 *	王家瑛	哲学所
16	中国三阶教史——一个佛教史上湮灭的宗派 *	张　总	宗教所
17	道教碑刻集成 *	吴受琚	宗教所
18	瑜伽与佛教的比较研究 *	李建欣	宗教所
19	伊斯兰教什叶派研究 *	王宇洁	宗教所
20	西方宗教哲学传统的反思与展望 *	单　纯	宗教所
21	中国城乡市场长期发展研究 *	吴承明	经济所
22	企业文化与企业竞争力 *	张其仔	工经所
23	产权市场的建设和管理问题研究 *	周茂清	金融所
24	国有商业银行股份制改造问题跟踪研究 *	王　力	金融所
25	参与区域贸易自由化问题研究 *	樊明太	数技经所
26	农村流动人口向城市的婚恋迁移趋势研究 *	张　翼	人口所
27	宏观调控法律制度研究 *	邱　本	法学所
28	刑事诉讼法修改与被指控人权利保护 *	熊秋红	法学所
29	公法人理论与中国公共组织变革 *	李洪雷	法学所
30	规范、健全、发展资本市场的法律问题研究 *	刘俊海	法学所
31	双边海洋渔业协定的理论与实践 *	王翰灵	国际法中心
32	民族地理学的理论与方法 *	管彦波	民族所
33	汉藏语系藏缅语族羌语支研究	孙宏开	民族所
34	欧洲联盟制宪及其人权问题研究：世界民族问题的视角 *	冯卫民	民族所
35	媒介话语：语言与意识的博弈 *	姜　飞	新闻所
36	欧洲一体化对世界多极化进程的意义研究 *	周　弘	欧洲所
37	巴西的崛起对国际格局及中国的影响 *	周志伟	拉美所
38	文献信息服务在当代社会中的作用和地位 *	黄长著	院图书馆
39	苏联解体过程中的苏联史学 *	刘　爽	科研局
40	新科技革命和全球化条件下西方工人阶级的变化与社会主义运动 *	姜　辉	政策研究室
41	建国以来气象灾害与农业经济关系史 *	陈东林	当代所

注：标 * 者为拟于2008年年底前完成的项目（38项）

表 1－7

序号	2006 年获国家社科基金在研项目名称（57 项）	负责人	单位
1	两宋士大夫文学研究	陶文鹏	文学所
2	女性言说百年思考：中国女性文学发展史论＊	常　彬	文学所
3	满族小说与中华文化	关纪新	民文所
4	变革中的 20 世纪希伯来文学	钟志清	外文所
5	艺术与真理——海德格尔的艺术观念	梁　展	外文所
6	汉语的句位义研究	张国宪	语言所
7	汉语与同语系语言的同源词根研究及同源字总谱	郑张尚芳	语言所
8	现代汉语篇章现象研究＊	徐赳赳	语言所
9	新疆汉语方言与阿尔泰语接触研究＊	周　磊	语言所
10	偃师二里头（1999—2005 年田野考古报告）	许　宏	考古所
11	中国古代国家的起源与王权的形成——早期文明史研究之一	王震中	历史所
12	殷墟花园庄东地 H3 甲骨文研究＊	刘　源	历史所
13	清朝嘉道财政与社会	倪玉平	近代史所
14	建国以来的中国历史学研究	王建朗	近代史所
15	中日历史问题与中日关系＊	步　平	近代史所
16	1945 年以来的朝韩关系研究＊	李敦球	世历所
17	美国环境史学研究＊	高国荣	世历所
18	哲学的拓扑学研究	江　怡	哲学所
19	法国哲学精神与当代欧洲社会＊	尚　杰	哲学所
20	三论宗思想史	华方田	宗教所
21	犹太教通史	黄陵渝	宗教所
22	十九世纪西苏丹伊斯兰教运动研究＊	李维建	宗教所
23	敦煌道教文献·图录/释文＊	王　卡	宗教所
24	中梵关系再研究	王美秀	宗教所
25	尼采的宗教神学批判及其意义	赵广明	宗教所
26	中国农村借贷与农村金融体系变迁（1949—2000 年）研究＊	赵学军	经济所
27	科学发展观的财富基础研究	裴小革	经济所
28	中国经济理论发展史——以传统经济范畴为中心	叶　坦	经济所
29	我国能源供应体系研究＊	史　丹	工经所
30	消费信贷与中国经济增长＊	刘彦平	财贸所
31	公共财政建设指标体系研究＊	高培勇	财贸所
32	城市社区结构与流动人口就业、居住和融入研究＊	张展新	人口所
33	城市收入差距的构成因素及变化＊	王美艳	人口所
34	外来农民工融入城市问题研究——以社会网络为重要视角＊	单菁菁	城市中心
35	代理制度研究——以民法典中体系整合与制度构造为中心＊	尹　飞	法学所

续表

序号	2006 年获国家社科基金在研项目名称（57 项）	负责人	单位
36	中国古代地方法制研究	杨一凡	法学所
37	公司刑事责任若干问题研究 *	蒋熙辉	法学所
38	法律与社会理论 *	胡水君	法学所
39	“华夷译语”与明代北方汉语音系	聂鸿音	民族所
40	冷战结束以来民族冲突问题的国际层面：变化与趋势 *	王剑峰	民族所
41	西部农村少数民族劳动力转移问题研究——基于民族地区农村微观数据 *	丁　赛	民族所
42	西方现代社会理论与当代思潮 *	苏国勋	社会学所
43	弱势群体共享社会发展成果问题的社会学研究 *	石秀印	社会学所
44	中国制度变迁过程中的员工参与 *	李汉林	社会学所
45	欧盟媒介政策与法规研究 *	王怡红	新闻所
46	俄罗斯的现状及其发展趋势 *	许志新	俄欧亚所
47	“颜色革命”与执政能力关系研究——以中亚国家为例 *	赵常庆	俄欧亚所
48	中亚宗教极端势力问题及我国应对策略 *	苏　畅	俄欧亚所
49	21 世纪初的非洲发展与国际合作——现实与前景 *	张永蓬	西亚非所
50	世界主要发达国家的社会发展与政策选择——我国建设和谐社会国外可借鉴经验研究 *	蒋立峰	日本所
51	马克思主义在意识形态领域中的指导地位研究	侯惠勤	马研院
52	马克思主义执政理论的历史发展与实践运用研究	罗文东	马研院
53	列宁的社会主义观及当代启示 *	苑秀丽	马研院
54	批判性论辩与马克思主义哲学创新逻辑研究 *	孙　麾	杂志社
55	近代中国西南边疆纷争的历史与现状研究——以中印东段边界争议历史根源与政府交涉为中心 *	张永攀	杂志社
56	1975—1982：历史转折研究 *	程中原	当代所
57	土地制度变动与中国乡村社会变革——以建国初期土改运动为中心的考察 *	王瑞芳	当代所

注：标 * 者为拟于 2008 年年底前完成的项目（36 项）

表 1－8

序号	2007 年获国家社科基金在研项目名称（41 项）	负责人	单位
1	反垄断立法疑难问题研究	王晓晔	法学所
2	现代商业保险规范发展与金融稳定关系的综合研究	郭金龙	金融所
3	农民健康保障与农村卫生服务体系研究	杨　团	社会学所
4	法规、司法解释的合法性审查	莫纪宏	法学所
5	侵权行为法立法研究	于　敏	法学所

续表

序号	2007 年获国家社科基金在研项目名称（41 项）	负责人	单位
6	天下的法：中国公益法实践问题研究	贺海仁	法学所
7	构建我国刑事诉讼中的控辩平等	冀祥德	法学所
8	日本的战略文化与中日战略互惠关系的建构	卢国学	世经政所
9	当代国外马克思主义经济学前沿问题研究	胡乐明	马研院
10	中国现代流通服务业影响力研究	宋　则	财贸所
11	我国治理商业贿赂的体制机制研究	刘戒骄	工经所
12	“人道的民主的社会主义”与苏联演变研究	李瑞琴	马研院
13	新疆若干文物、文书调查与研究	何星亮	民族所
14	西夏社会经济文书研究	史金波	民族所
15	中国私营企业主阶层的现状与发展趋势研究	陈光金	社会学所
16	社会学视野中的和谐社会研究：阶层结构的区域差距	樊　平	社会学所
17	《礼记》元文学理论形态研究	王秀臣	文学所
18	桂北平话语音历史层次及语言接触研究	覃远雄	语言所
19	蒙古语朗读话语韵律特征研究	呼　和	民族所
20	藏语比较语法	周毛草	民族所
21	《分别论》的翻译及研究	韩廷杰	宗教所
22	道教内丹学研究	戈国龙	宗教所
23	元代法律史研究	刘　晓	历史所
24	中法建交始末——20 世纪中叶巴黎－台北－北京关系	黄庆华	近代史所
25	美国政府与甲午战争以来的晚清政治（1895－1912 年）	崔志海	近代史所
26	啸史：中国古代文学与音乐关系之个案研究	范子烨	文学所
27	宋代家族与文学研究	张　剑	文学所
28	信息时代唯物史观的新发展	孙伟平	哲学所
29	技术化科学的哲学研究	段伟文	哲学所
30	俄罗斯金融制度变迁的状况与发展趋势——兼论对我国金融改革的借鉴	米　军	世经政所
31	家庭迁移视角的农村“留守儿童”问题研究	檀学文	农发所
32	古村镇旅游开发与利益相关者互动机制研究	宋　瑞	财贸所
33	历史唯物主义视野中的后现代政治哲学研究	罗　骞	马研院
34	当代独生子女生育意愿对生育政策调整的影响	田　丰	社会学所
35	寺院经济及其社会影响：对宗教团体的经济经营的综合研究	何　蓉	社会学所
36	汉语“主句现象”与从句环境的类型学研究	唐正大	语言所
37	明清鼓山曹洞宗文献研究	纪华传	宗教所
38	云南临沧地区南传上座部佛教现状调查研究	郑筱筠	宗教所
39	阶级与封建：中国近代马克思主义话语论考	赵利栋	近代史所
40	本子故事抄本与口头异文比较研究	纳　钦	民文所
41	文化在制度变迁中的地位和作用——对一个重大历史唯物主义问题的研究	任　洁	马研院

中国社会科学院重大课题（A 类）在研项目一览表（共 109 项）

表 2－1

序号	A 类 2000 年立项在研项目名称（23 项）	负责人	单位
1	中国古代都城的考古发现与研究＊	刘庆柱	考古所
2	生态环境的变迁与黄河中下游地区古代文明的形成和发展之间的关系＊	王　巍	考古所
3	汉唐西域中外文化关系的考古学研究＊	孟凡人	考古所
4	中国历代自然灾害及其对策研究＊	赫治清	历史所
5	中国历史的发展道路＊	卢钟锋	历史所
6	世界历史＊	武　寅	世历所
7	中国历代边事与边政研究＊	厉　声	边疆中心
8	梵蒂冈及天主教问题研究＊	任延黎	宗教所
9	宗教改革史	周燮藩	宗教所
10	农村城镇化与农业剩余劳动力转移问题研究＊	杜志雄	农发所
11	中国律学（多卷本）＊	吴建璠	法学所
12	当代中国城乡社会变迁研究＊	沈崇麟	社会学所
13	WTO 与世界经济新秩序＊	李向阳	世经政所
14	欧洲一体化与巴尔干欧洲化＊	朱晓中	俄欧亚所
15	欧洲一体化与外部世界＊	周　弘 吴　弦	欧洲所
16	阿拉伯研究＊	杨　光 王京烈	西亚非所
17	西亚非洲重点国家跟踪研究＊	杨立华	西亚非所
18	面向 21 世纪的拉丁美洲＊	江时学	拉美所
19	唯物史观与中国历史发展的道路＊	李延明	马列所
20	社会主义市场经济理论研究＊	李铁映	研究生院
21	数字图书馆理论、实践与中国社科院数字图书馆建设＊	杨沛超	院图书馆
22	民主问题研究＊	李铁映	院　部
23	“经济全球化”中的价值冲突与我国文化战略＊	江蓝生	院　部

注：标＊者为拟于 2008 年年底前完成的项目（22 项）

表 2－2

序号	A 类 2001 年立项在研项目名称（26 项）	负责人	单位
1	古典文学与华夏民族精神的建构＊	刘扬忠 蒋　寅	文学所
2	跨文化的文学理论＊	周启超 郭宏安	外文所

续表

序号	A类2001年立项在研项目名称（26项）	负责人	单位
3	断代汉语语法史研究＊	江蓝生 曹广顺	语言所
4	中国古代文明起源与早期发展研究＊	王　巍	考古所
5	中国国民党台湾时期史＊	王奇生	近代史所
6	经济伦理与社会发展＊	孙春晨	哲学所
7	科技哲学与当代科技发展＊	金吾伦	哲学所
8	艺术哲学与国民素质的全面提高＊	章建刚	哲学所
9	政治哲学研究＊	李鹏程	哲学所
10	中国近代企业史＊	刘兰兮	经济所
11	中国粮食流通体制改革研究＊	李成贵	农发所
12	知识（新）经济的基本理论、发展现状、趋势及我国发展战略选择研究＊	齐建国	数技经所
13	中国政治思想通史＊	白　钢	政治学所
14	《蒙古秘史》研究＊	乌　兰	民族所
15	20世纪中国民族问题报告＊	王希恩	民族所
16	20世纪世界民族问题报告＊	葛公尚 王建娥	民族所
17	中国人类学民族学基础理论研究＊	何星亮	民族所
18	中国市场经济体制条件下的社会保障与社会政策＊	景天魁 唐　钧	社会学所
19	社会稳定和预警系统研究＊	单光鼐	社会学所
20	苏联通史＊	张盛发	俄欧亚所
21	北约战略调整与欧盟共同防务及其对我国安全环境的影响＊	潘琪昌 赵俊杰	欧洲所
22	西亚非洲资源、市场与中国经济发展＊	李智彪	西亚非所
23	拉美经济改革的经验及其教训＊	吴国平	拉美所
24	21世纪初亚洲东南部的国际环境及对我国的影响＊	韩　锋	亚太所
25	21世纪中国面临的重大理论和对策问题＊	李铁映	院学术委员会
26	无产阶级专政的历史经验研究＊	朱佳木	当代所

注：标＊者为拟于2008年年底前完成的项目（26项）

表 2-3

序号	A 类 2002 年立项在研项目名称（20 项）	负责人	单位
1	元诗与元诗文献研究＊	杨　镰	文学所
2	中国史诗类型学研究＊	尹虎彬	民文所
3	偃师商城研究＊	杜金鹏	考古所
4	郭沫若生平与学术思想研究＊	林甘泉 蔡　震	郭沫若纪念馆
5	东北边疆历史与现状研究＊	马大正	边疆中心
6	马克思主义与时俱进的思想源头——马恩全集（MEGA）研究＊	魏小萍	哲学所
7	中华人民共和国经济史第二卷＊	董志凯	经济所
8	马克思主义政治学理论研究＊	王一程	政治学所
9	汉藏语声调及发声的声学研究＊	孔江平	民族所
10	全球化条件下中国对外经济发展战略＊	李向阳	世经政所
11	独联体国家投资环境研究＊	李建民	俄欧亚所
12	欧洲法律制度和市场经济秩序——欧洲法院功能及其司法判例与中国相关问题的比较研究＊	裘元伦	欧洲所
13	当代非洲政治中的民族与宗教问题＊	张宏明	西亚非所
14	亚太地区产业结构、投资结构、贸易结构之间的变动关系研究＊	陆建人	亚太所
15	美国宏观经济监管＊	胡国成	美国所
16	《列国志》	各所研究员	国际学科片
17	邓小平理论与马克思主义＊	李崇富	马列所
18	人文社会科学领域文献计量学的理论与应用＊	蒋　颖	院图书馆
19	中国历史上的腐败与反腐败问题研究＊	李英唐	纪　检
20	世界文明通论＊	汝　信 陈筠泉 陈启能	院　部

注：标＊者为拟于 2008 年年底前完成的项目（19 项）

表 2-4

序号	A 类 2003 年立项在研项目名称（11 项）	负责人	单位
1	发展先进文化与文化体制改革＊	江蓝生 张晓明	哲学所
2	马克思主义哲学创新研究＊	李景源	哲学所
3	农村全面小康社会建设的机制研究＊	李　周	农发所
4	失业严重地区再就业和社会保障问题研究＊	张车伟	人口所
5	文化建设与文化体制改革的法律保障＊	冯　军	法学所
6	中国特色社会主义民主政治研究＊	房　宁	政治学所
7	台湾原住民问题与“台独”研究＊	陈建樾	民族所

续表

序号	A 类 2003 年立项在研项目名称（11 项）	负责人	单位
8	中东战争史 *	王　建	西亚非所
9	中国企业“走出去”战略与拉美投资环境 *	宋晓平	拉美所
10	社会主义市场经济理论问题研究 *	李铁映	院　部
11	1958－1976 中华人民共和国经济档案资料研究	刘国光 董志凯	院　部

注：标 * 者为拟于 2008 年年底前完成的项目（10 项）

表 2－5

序号	A 类 2004 年立项在研项目名称（29 项）	负责人	单位
1	台湾文学史料编纂与研究 *	黎湘萍	文学所
2	汉语语音及拼音标准的研究与制定 *	董　琨	语言所
3	汉语方言词汇数据库	麦　耘	语言所
4	中国考古学的方法和技术 *	袁　靖	考古所
5	礼与中国古代社会	吴丽娱	历史所
6	中华民国外交史（1911—1949）	刘存宽	近代史所
7	20 世纪美国环保运动与环保政策研究 *	徐再荣	世历所
8	西方科学与宗教关系之哲学研究 *	叶秀山	哲学所
9	当代国外马克思主义新思潮研究 *	孔明安	哲学所
10	马克思主义宗教理论研究 *	吕大吉	宗教所
11	南亚地区宗教发展态势及其对我国的影响研究 *	邱永辉	宗教所
12	家庭经营对中国经济长期发展的影响	林　刚 封越键	经济所
13	中国农村民间金融：信用、利率与市场均衡 *	张元红	农发所
14	国家能源发展战略研究 *	李　平	数技经所
15	“一国两制”实施过程中的法律问题研究 *	李明德	法学所
16	中国文化与中国法律现代化	苏亦工	法学所
17	经济全球化与中国竞争法研究 *	王晓晔	法学所
18	清末民初民族主义思潮与国族建构研究 *	郑信哲	民族所
19	藏彝走廊族群认同及其社会文化背景的人类学研究 *	翁乃群	民族所
20	语言接触研究 *	周庆生	民族所
21	社区转型的制度建构过程：乡村工业化社区组织与制度变迁研究 *	折晓叶	社会学所
22	公共服务的“义务化”：社会协调发展的社会人类学分析 *	罗红光	社会学所
23	开放条件下的宏观经济政策——理论框架、国际经验与中国问题 *	余永定	世经政所

续表

序号	A类2004年立项在研项目名称（29项）	负责人	单位
24	欧洲社会保障制度改革的理论和实践——全球比较的视角 *	郑秉文	欧洲所
25	拉丁美洲现代思潮 *	徐世澄	拉美所
26	世界及区域市场格局的未来发展潜力研究——从对外贸易看中国的未来增长环境 *	张蕴岭	亚太所
27	日本政治结构变动与“民族保守主义” *	张进山	日本所
28	科学社会主义若干重大理论问题研究 *	吴　敏	马列所
29	中国人文社会科学引文数据库建设 *	姜晓辉	院图书馆

注：标 * 者为拟于2008年年底前完成的项目（24项）

中国社会科学院重大课题（B类）在研项目一览表（共189项）

表3-1

序号	B类2001年立项在研项目名称（30项）	负责人	单位
1	敦煌赞颂文学研究 *	徐　俊	文学所
2	洛阳隋唐城考古发掘报告（1959—2000） *	陈良伟	考古所
3	秦汉国家社会形态研究 *	卜宪群	历史所
4	中国古代历史图谱	王曾瑜	历史所
5	中俄关系史研究（1689—1917） *	栾景河	近代史所
6	馆藏珍稀期刊的数字化处理 *	闵　杰	近代史所
7	近代中法文化交流史 *	葛夫平	近代史所
8	近代中国社会文化变迁录（续篇） *	刘志琴	近代史所
9	世界历史地图集（古代部分） *	郭　方	世历所
10	世界历史地图集（近代部分） *	俞金尧	世历所
11	世界历史地图集（现代部分）	葛新生	世历所
12	云南广西边疆地区稳定研究 *	李国强	边疆中心
13	马克思主义哲学形态研究 *	吴元梁	哲学所
14	阿多诺思想研究 *	谢地坤	哲学所
15	中国文化系统和国际文化竞争 *	闵家胤	哲学所
16	中国农村家庭人口变动的社会透视——立足于体制转换背景下的考察 *	王跃生	人口所
17	金融犯罪若干理论问题研究 *	冯　锐	法学所
18	藏传佛教艺术发展史 *	谢继胜	民族所
19	民族研究文献信息的开发与发布 *	揣振宇	民族所
20	中国社科院民族所藏近现代维吾尔文社会经济文书整理（一期） *	雅　森	民族所
21	大众媒介中的成就观念及其与传统文化的关系 *	刘小红	新闻所

续表

序号	B 类 2001 年立项在研项目名称（30 项）	负责人	单位
22	清末官方新闻活动研究 *	李斯颐	新闻所
23	过渡经济学 *	许　新	俄欧亚所
24	阿富汗问题与中亚安全格局 *	孙壮志	俄欧亚所
25	欧元问世与 21 世纪初欧洲经济发展前景 *	罗红波	俄欧洲所
26	大国对非洲战略的比较研究及对我国的启示 *	贺文萍	西亚非所
27	墨西哥的政治经济改革及模式转换 *	徐世澄	拉美所
28	冷战后美国对华政策 *	陶文钊	美国所
29	日本经济发展模式再探讨 *	张舒英	日本所
30	当前发达资本主义国家左翼的理论与实践 *	姜　辉	马列所

注：标 * 者为拟于 2008 年年底前完成的项目（28 项）

表 3－2

序号	B 类 2002 年立项在研项目名称（26 项）	负责人	单位
1	中国民间叙事诗：传播载体的并生与置换 *	贺学君	文学所
2	《蒙古秘史》人文精神研究 *	扎拉嘎	民文所
3	现当代视野中的荷尔德林 *	李永平	外文所
4	敖汉兴隆沟——新石器时代聚落发掘报告 *	刘国祥	考古所
5	隋唐长安佛寺的考古发现与研究——西明寺和青龙寺 *	安家瑶	考古所
6	唐宋道教文化史研究 *	王育成	历史所
7	近代中国人的国家观念与近代中国政治 *	邹小站	近代史所
8	地方督抚与清末新政研究 *	李细珠	近代史所
9	近代中国文化保守主义思潮研究 *	郑大华	近代史所
10	中国三至九世纪高昌至西州政治制度研究 *	李　方	边疆中心
11	二十世纪佛教思潮与中国思想的现代转换 *	张志强	哲学所
12	中国城市移民棚户社区和城市贫困问题研究 *	高春燕	人口所
13	我国经济、社会结构变化对政治体制的影响 *	张明澍	政治学所
14	国家－农村干部－农民利益互动与信任关系研究 *	陈光金	社会学所
15	西部大开发中的少数民族文化遗产保护对策研究 *	色　音	民族所
16	民国时期民族问题研究资料汇编 *	张世和 王戈柳	民族所
17	西部少数民族农牧民收入及增长问题研究 *	龙远蔚	民族所
18	全球公共资源的利用格局与中国的公平博弈方略——以温室气体为例 *	潘家华	世经政所
19	开放条件下，跨国公司与发展中国家的产业成长 *	宋　泓	世经政所
20	外交政策分析：理论、方法与案例 *	王鸣鸣	世经政所

续表

序号	B类2002年立项在研项目名称（26项）	负责人	单位
21	新世纪的俄罗斯外交 *	姜 毅	俄欧亚所
22	国际经济环境与非洲发展 *	姚桂梅	西亚非所
23	非洲国家反贫困行动 *	安春英	西亚非所
24	日本自民党研究 *	高 洪	日本所
25	日本现代化过程中的文化建设问题 *	崔世广	日本所
26	中国人文社科计量指标的统计与分析 *	尹国其	院图书馆

注：标 * 者为拟于2008年年底前完成的项目（26项）

表3-3

序号	B类2003年立项在研项目名称（55项）	负责人	单位
1	桐城派史论 *	王达敏	文学所
2	瞿秋白文学创作与文学思想研究 *	胡 明	文学所
3	20世纪中国女性诗歌史论 *	周亚琴	文学所
4	21世纪中国文学发展趋向研究 *	王 绯	文学所
5	柯尔克孜史诗传承的调查与研究 *	郎 樱	民文所
6	金巴扎木苏及其说唱《格斯尔》研究 *	斯钦孟和	民文所
7	中印古代诗学比较研究 *	黄宝生	外文所
8	在伦理学和宗教背景下的俄罗斯文学 *	汪剑钊	外文所
9	意大利文学史 *	吴正仪	外文所
10	汉语方言语法类型比较与汉语方言语法语料库 *	刘丹青	语言所
11	中国方志方言资料总集 *	周 磊	语言所
12	洛阳汉墓发掘与研究 *	白云翔	考古所
13	安阳殷墟白家坟商代遗址 *	徐广德	考古所
14	历史研究所图书馆特藏文献数据库 *	袁立泽	历史所
15	历史研究所科研基础数据库 *	齐克琛	历史所
16	《水经注》城邑考 *	曲英杰	历史所
17	元代的法制史研究 *	刘 晓	历史所
18	晚清政府与社会各阶级 *	姜 涛	近代史所
19	美国与晚清改革运动 *	崔志海	近代史所
20	孔子之道与近代中国社会 *	左玉河	近代史所
21	近代中国社会生活与观念变迁 *	李长莉	近代史所
22	近代日本对东亚的历史影响 *	汤重南	世历所
23	中国哲学的实在论与道德论 *	李存山	哲学所
24	遗传学与人文研究 *	赵功民	哲学所
25	社会伦理与社会发展 *	余 涌	哲学所

续表

序号	B 类 2003 年立项在研项目名称（55 项）	负责人	单位
26	2001—2006 年宗教研究论文数据库增补版	于　光	宗教所
27	当代西方经济学前沿研究 *	胡怀国	经济所
28	中国国家资本的历史分析 *	吴太昌	经济所
29	就业优先的宏观调控目标体系研究 *	王　诚	经济所
30	居民健康、劳动就业与经济增长 *	魏　众	经济所
31	产业集群与区域竞争力研究 *	陈　耀	工经所
32	环境政策的效益评价 *	张　晓	数技经所
33	中国法治进程中权利冲突的解决机制研究 *	刘作翔	法学所
34	刑法的宪法根基与制约 *	宗建文	法学所
35	民族地区全面建设小康社会研究 *	刘小珉	民族所
36	满族社会文化变迁研究 *	邸永君	民族所
37	中国少数民族语言语料库 *	蓝庆元	民族所
38	民族地图制作研究 *	陈好林	民族所
39	中国少数民族文献典籍辞典 *	魏　忠	民族所
40	当代中国人的生活动力 *	陈午晴	社会学所
41	现阶段中国社会中间阶层的现状——对“海归派”的个案研究 *	张宛丽	社会学所
42	电视娱乐节目：传播形态与社会影响研究 *	杨瑞明	新闻所
43	传染病对经济发展和国家安全的影响和对策 *	何　帆	世经政所
44	俄罗斯腐败问题研究 *	马维先	俄欧亚所
45	苏联东欧国家转轨比较研究 *	潘德礼	俄欧亚所
46	欧洲政治文化 *	马胜利	欧洲所
47	中东石油输出国组织经济发展研究 *	陈　沫	西亚非所
48	伊斯兰现实问题的考察 *	刘月琴	西亚非所
49	拉美热点问题的跟踪研究 *	袁东振	拉美所
50	中国周边国家的安全思想与安全战略 *	朴键一 庞中英	亚太所
51	九一一后美国“单边主义”研究 *	李晓岗	美国所
52	日本研究资料数据库 *	蒋立峰	日本所
53	日本与朝鲜核危机 *	姚文礼	日本所
54	资本主义向社会主义过渡的理论与实践问题研究 *	吕薇洲	马列所
55	当代社会形态研究 *	赵剑英	杂志社

注：标 * 者为拟于 2008 年年底前完成的项目（54 项）

表 3－4

序号	B 类 2004 年立项在研项目名称（78 项）	负责人	单位
1	美学的文化学转向及其在中国的发展＊	高建平	文学所
2	近 30 年中国小说发展综论＊	曾镇南	文学所
3	家乡民间文学研究：中国民间文艺学中的一个重要学术流派＊	安德明	文学所
4	网络时代的文学生产与消费＊	陈定家	文学所
5	中国文学研究论文数据库（论文索引）	陶国斌 徐公持	文学所
6	口头诗学与中国民族民间文学研究的理论转型＊	刘宗迪	民文所
7	《福乐智慧》与《四书》——喀喇汗王朝时期维、汉文化关系及比较研究＊	热依汗·卡德尔	民文所
8	生成结构主义——布尔迪厄的社会文化理论研究	刘　晖	外文所
9	20 与 21 世纪之交的俄罗斯小说研究＊	侯玮红	外文所
10	二十世纪俄罗斯戏剧文学史	苏　玲	外文所
11	语文词典编纂规范与难点研究＊	陆尊梧	语言所
12	汉语方言重点调查＊	熊正辉	语言所
13	殷墟小屯村中村南甲骨＊	刘一曼	考古所
14	安阳郭家湾商代遗址＊	刘忠伏	考古所
15	文物基础信息数据库＊	李健民	考古所
16	殷墟孝民屯＊	王学荣	考古所
17	宋元明礼学思想研究＊	王启发	历史所
18	唐代西域文献整理与研究＊	李锦绣	历史所
19	《元典章·户部》校释＊	陈高华	历史所
20	近代中国研究网站的建设＊	黄春生	近代史所
21	近代史研究所科研管理综合系列数据库＊	刘　红	近代史所
22	民国思想家群体研究＊	郑匡民	近代史所
23	中国社会史大论战研究（1927—1937）＊	李洪岩	近代史所
24	古罗马共和时期的平民职官研究＊	胡玉娟	世历所
25	安萨里思想研究	王　希	世历所
26	欧洲一体化进程中的大国关系与国家主权研究（1945—1973）＊	姜　南	世历所
27	大国在中亚的争夺	侯艾君	世历所
28	美国环境史研究＊	高国荣	世历所
29	“东突”恐怖主义势力研究＊	许建英	边疆中心
30	中国传统美学与西方美学的沟通	滕守尧	哲学所
31	西方哲学的当代问题	江　怡	哲学所
32	国外马克思主义哲学发展轨迹、趋势研究＊	魏小萍	哲学所
33	逻辑研究数据库	张清宇	哲学所

续表

序号	B类2004年立项在研项目名称（78项）	负责人	单位
34	西方经济学传入中国考 *	叶　坦	经济所
35	投资波动与利率相关性专题研究：理论、实证与对策 *	桁　林	经济所
36	社会主义政治经济学基本问题反思与探索 *	毛立言	经济所
37	影响各地区经济增长水平的制度因素 *	贺晓东	经济所
38	1949年以来中国城乡经济关系若干问题研究 *	徐建青	经济所
39	当代西方规制理论与实践的最新进展及其对中国网络型产业规制改革的启示 *	常　欣	经济所
40	中国近代工业之地理分布研究：影响因素、变化趋势、时空特征及评价 *	袁为鹏	经济所
41	产业结构的模块化问题研究 *	张其仔	工经所
42	企业投资策略理论前沿及其应用研究 *	曹建海	工经所
43	中国工业增长过程中的环境污染控制研究 *	周民良	工经所
44	当前企业产权制度创新问题 *	杨　斌	工经所
45	集团企业财务控制 *	杜莹芬	工经所
46	房地产融资创新研究 *	王诚庆	财贸所
47	中国保险机构资金运用问题研究 *	王松奇	金融所
48	纳米技术产业化与对策研究 *	刘满强	数技经所
49	产业经济系统分析的理论与应用研究 *	曾力生	数技经所
50	知识产生、扩散与区域创新 *	李　青	数技经所
51	中国城市经济数据库构建及其应用 *	刘治彦	城市中心
52	税费改革与法治政府建设 *	韩　旭	政治学所
53	“执政为民”与政府治理方式的转变 *	赵秀玲	政治学所
54	台独的政治理论话语批判 *	王　焱	政治学所
55	近代藏汉关系研究 *	泰永章	民族所
56	西部草原畜牧业经济转型研究 *	杜发春	民族所
57	文化产业对民族文化保护、传承与发展的作用研究 *	王晓丽	民族所
58	国际金融学科建设 *	高海红 陈　虹	世经政所
59	中国跨国公司50家数据库 *	鲁　桐	世经政所
60	2004年国际政治和安全形势战略评估 *	邵　峰	世经政所
61	2004年世界经济与政治研究所网站创新工程 *	石新香	世经政所
62	俄罗斯地方权力研究 *	董晓阳	俄欧亚所
63	全球化、制度变迁与中东欧国家的赶超 *	孔田平	俄欧亚所
64	乌克兰的国际地位及其对外政策 *	何　卫	俄欧亚所
65	欧洲经济 *	王　鹤	欧洲所

续表

序号	B类2004年立项在研项目名称（78项）	负责人	单位
66	中东伊斯兰国家民主化问题研究 *	王林聪	西亚非所
67	巴西外交政策与中巴关系 *	贺双荣	拉美所
68	东南亚政党政治 *	贾都强	亚太所
69	印度的结构变迁与经济增长 *	王小敏	亚太所
70	东南亚的恐怖主义 *	张　洁	亚太所
71	投机性攻击金融危机：诱因与预防 *	王玉主	亚太所
72	美国资本流动 *	王孜弘	美国所
73	中日农村劳动力转移比较研究 *	张季风	日本所
74	中国特色社会主义若干重大问题研究 *	吴　波	马列所
75	中国现代化道路与先进文化研究 *	周晓英	马列所
76	“新帝国主义”论研究 *	黄华德	马列所
77	《历史研究》与新中国历史学——关于《历史研究》的口述史 *	王　和	杂志社
78	数字化参考咨询服务研究	顾　红	院图书馆

注：标 * 者为拟于2008年年底前完成的项目（69项）

中国社会科学院重大课题在研项目一览表（共74项）

表4－1

序号	院重大课题2005年立项在研项目名称（19项）	负责人	单位
1	现代汉语大词典	江蓝生	语言所
2	面向生理的语音产生理论与方法研究 *	李爱军	语言所
3	20世纪中国考古影像数字化集成和田野考古资料数字化 *	朱乃诚	考古所
4	中国古代历史图谱 *	王曾瑜	历史所
5	台湾史研究 *	张海鹏	近代史所
6	马克思主义史学思想史 *	于　沛	世历所
7	新疆历史与现状综合研究	厉　声	边疆中心
8	黑格尔文集编译	梁存秀	哲学所
9	宗教在文化发展战略中的地位与作用	卢国龙	宗教所
10	和谐社会与社会公平政策的选择 *	朱　玲 李　实	经济所
11	完善住宅金融体制，构建和谐社会 *	李　扬	金融所
12	构建和谐社会的法治基础 *	李　林	法学所
13	WTO法律框架下国有企业补贴问题研究 *	黄东黎	国际法中心
14	中国新发现语言调查研究（第二期）	孙宏开	民族所
15	构建和谐社会面临的挑战——拉美人均GDP1000到3000美元阶段的经验教训 *	苏振兴	拉美所

续表

序号	院重大课题2005年立项在研项目名称（19项）	负责人	单位
16	“颜色革命”研究＊	孙壮志	俄欧亚所
17	中国经济形势跟踪分析＊	陈佳贵	院　部
18	中国传统文化中的科学思想、方法和价值取向研究	汝　信 李惠国	院　部
19	国际热点重大突发事件跟踪应急研究（简称应急问题研究）＊	王立强	院　部

注：标＊者为拟于2008年年底前完成的项目（13项）

表4－2

序号	院重大课题2006年立项在研项目名称（32项）	负责人	单位
1	元代文献数据库	邓绍基 郑永晓	文学所
2	中国少数民族文学研究资料库（二期工程）	汤晓青	民文所
3	外国文学学术史研究工程·经典作家系列	陈众议	外文所
4	中国濒危语言方言调查研究与新编《中国语言地图集》（第二期）＊	张振兴	语言所
5	中华民族抗日战争史	步　平	近代史所
6	近代中朝界务研究＊	李大龙	边疆中心
7	模态逻辑以及几个最新分支的内容、方法和意义研究	张清宇	哲学所
8	梵蒂冈研究	卓新平	宗教所
9	我国国家区域政策与区域发展新格局研究＊	魏后凯	工经所
10	新农村建设财政转移支付效率与公平问题研究——以农村义务教育为例	朱　钢	农发所
11	社会主义新农村建设中的金融支持问题＊	王松奇	金融所
12	和谐社会系统分析理论与实证研究	李　军	数技经所
13	未富先老国情下中国经济增长潜力研究	蔡　昉	人口所
14	马克思主义法学原理	高全喜	法学所
15	当代国际法的现状与变化趋势	朱晓青	国际法中心
16	中国县政与农村政治建设研究	史卫民	政治学所
17	民族主义基本理论与实践问题	朱　伦	民族所
18	中国城市家庭结构与家庭关系变迁	李银河	社会学所
19	社会心态及其变动趋势的分析与预测	杨宜音	社会学所
20	中国加入国际汇率政策合作机制研究＊	高海红 张　斌	世经政所
21	世界经济模型	何新华	世经政所
22	朝鲜半岛局势与东北亚新安全框架＊	朴键一 吴献斌	亚太所

续表

序号	院重大课题 2006 年立项在研项目名称（32 项）	负责人	单位
23	21 世纪初期日本的东亚政策 *	金熙德	日本所
24	科学发展观与十六大以来党中央的理论创新 *	冷 溶	马研院
25	当代国外马克思主义经济学基本理论研究	程恩富	马研院
26	当代世界社会主义重大历史与现实问题 *	吴恩远	马研院
27	马克思主义意识形态思想史	侯惠勤	马研院
28	改革开放三十年思想史论 *	赵智奎	马研院
29	马克思主义文献资料与整理研究（一期）	庄前生	马研院
30	社会主义和谐社会中的社团管理——法律视角 *	吴玉章	杂志社
31	中国的工业大国国情与工业现代化战略研究 *	陈佳贵	院 部
32	中国近代经济史（1937—1949）	王洛林	院 部

注：标 * 者为拟于 2008 年年底前完成的项目（12 项）

表 4－3

序号	院重大课题 2007 年立项在研项目名称（23 项）	负责人	单位
1	蒙古族口传经典大系	朝戈金	民文所
2	基于语言资源数据处理的汉语辞书编纂系统	傅爱平 顾曰国	语言所
3	中国近代社会经济史	虞和平	近代史所
4	整体论及其对当代科学与社会发展的重大影响研究	罗嘉昌	哲学所
5	世界佛教通史	魏道儒	宗教所
6	世界语言大词典	黄长著	院图书馆
7	中国经济改革开放 30 年历史经验问题研究 *	陈佳贵	经济学部
8	对自由市场制度的两种理解的比较研究	左大培	经济所
9	资源环境管制改革与工业竞争力提升研究 *	金 碚	工经所
10	政府、市场和社会组织在减缓贫困中的作用研究	吴国宝	农发所
11	实现降耗减排目标的经济影响分析与政策选择——降耗减排目标实现与经济增长速度关系研究	郑玉歆	数技经所
12	我国人口流动、未来空间分布与区域协调发展	张车伟	人口所
13	物权法实施中的重大法律问题 *	孙宪忠	法学所
14	《联合国反腐败公约》与我国刑事法制的完善	陈泽宪	国际法中心
15	中国少数民族地区发展三十年（1978－2008）	吴兴旺	民族所
16	九十年代以来中国社会转型过程中的工会角色和作用	渠敬东	社会学所
17	我国网络媒体的发展态势、影响力与和谐社会的构建	尹韵公 孟 威	新闻所
18	国际体系与中国的对外战略选择	李少军	世经政所

续表

序号	院重大课题 2007 年立项在研项目名称（23 项）	负责人	单位
19	共建和谐世界：中俄崛起的战略互动	吴大辉	俄欧亚所
20	构建亚太和谐地区的文化基础研究	刘　建 许利平	亚太所
21	美国能源安全政策与其全球战略	周　琪	美国所
22	日本智库与对华政策	王　屏	日本所
23	改革开放以来党的建设的实践发展和理论创新研究	罗文东	马研院

注：标＊者为拟于 2008 年年底前完成的项目（3 项）

中国社会科学院重点课题在研项目一览表（共 248 项）

表 5－1

序号	院重点课题 2005 年立项在研项目名称（68 项）	负责人	单位
1	社会生活史中的 4—6 世纪文学	戴　燕	文学所
2	中国现代文学中的民族国家问题	张中良	文学所
3	格萨尔掘藏艺人研究——以丹增扎巴为个案＊	诺布旺丹	民文所
4	新疆阿合奇县《玛纳斯》歌手传承研究＊	阿地里·居玛吐尔地	民文所
5	普通话语音基础数据库和音高模式研究＊	熊子瑜 吴宗济	语言所
6	偃师二里头（1999—2005）	许　宏	考古所
7	安阳大司空＊	岳洪彬	考古所
8	隋唐宋元壁画墓综合研究＊	赵　超	考古所
9	新疆策勒县托普鲁克墩佛寺报告＊	巫新华	考古所
10	《宋会要辑稿》研究与整理	江小涛	历史所
11	中国古代国家的起源与王权的形成	王震中	历史所
12	中国古史研究二十年＊	刘洪波	历史所
13	晚清满汉关系研究	刘小萌	近代史所
14	中国近代工业化研究	郑起东	近代史所
15	中国抗战人口损失结构研究	卞修跃	近代史所
16	德国近现代史上的民族、民主与民生问题＊	景德祥	世历所
17	俄罗斯东部移民问题研究（1917—1991）	王晓菊	世历所
18	欧美现代警察制度的历史考察＊	谢闻歌	世历所
19	古代中国疆域构造及属国形态研究＊	于逢春	边疆中心
20	《剑桥哲学史》翻译＊	周晓亮	哲学所
21	印度吠檀多哲学史	孙　晶	哲学所
22	魏晋隋唐时期的文化与玄学	王葆玄 邹昌林	哲学所

续表

序号	院重点课题2005年立项在研项目名称（68项）	负责人	单位
23	中国遗传伦理前沿问题研究 *	王延光	哲学所
24	道教心性学的建构 *	郑　开	宗教所
25	收入风险与消费平滑——对中国农户的实证分析 *	岳希明	经济所
26	重新反思“社会主义经济核算大论战”的理论遗产 *	杨春学	经济所
27	产权改革与政府职能转换 *	韩朝华	经济所
28	中国企业税费负担分析 *	方晓霞	工经所
29	农村信用社向合作银行转制的研究——体制、管理与政策选择 *	张　军	农发所
30	黄河流域大型灌区不同管理方式的比较研究——以内蒙古河套灌区为例	于法稳	农发所
31	中国房地产与宏观经济关系研究	倪鹏飞	财贸所
32	海峡两岸经济合作模式研究 *	冯　雷 赵　瑾	财贸所
33	中国电价形成机制与电价管制制度改革 *	温桂芳	财贸所
34	中国城市金融生态研究 *	殷剑峰	金融所
35	中国工业经济效益变动趋势及其来源 *	郑玉歆	数技经所
36	投资体制改革与政府投资项目评价及大型项目对区域经济的影响研究 *	郭树声	数技经所
37	中国城镇非正规就业问题研究	吴要武	人口所
38	中国的贸易增长与就业 *	王智勇	人口所
39	生态城市规划建设的理论与实践 *	盛广耀	城市中心
40	中国经济低碳发展的潜力和途径分析 *	陈　迎	城市中心
41	中国近代司法改革研究	徐立志	法学所
42	鉴定制度改革与司法公正 *	王敏远 刘荣军	法学所
43	中国社会法基本理论研究 *	刘俊海 刘翠霄	法学所
44	宪法上的平等权研究 *	李　忠 李洪雷	法学所
45	当代国际政治中的民主问题 *	张树华	政治学所
46	面向信息处理的藏语词库与词法研究 *	江　荻	民族所
47	彝族地区习惯法影视人类学研究 *	陈景源	民族所
48	中国古代民族志 *	方素梅	民族所
49	北方民族语言变迁之现状调查研究 *	曹道巴特尔	民族所
50	劳资关系从冲突到和谐的实现方式研究 *	石秀印	社会学所
51	构建社会主义和谐社会研究 *	李汉林	社会学所

续表

序号	院重点课题 2005 年立项在研项目名称（68 项）	负责人	单位
52	反思青年研究：80 年代以来青年话语变迁的视角 *	吴小英	社会学所
53	当代中国人际传播的现实与观念	王怡红	新闻所
54	中国民营传媒业发展报告	唐绪军	新闻所
55	国际生产与分工网络：模式、原因与收益 *	姚枝仲	世经政所
56	中国与周边国家经济、安全合作的统筹政策研究 *	沈骥如 邵　峰	世经政所
57	后冷战时期美国和欧洲对华政策的形成及其相互影响 *	吴白乙	欧洲所
58	全球化趋势下非洲国家间关系——现实、未来走向与中国国家利益 *	张永蓬	西亚非所
59	拉美国家经济、社会转型过程中的重大社会问题与政府对策研究 *	刘纪新	拉美所
60	拉美国家可治理性危机问题研究 *	袁东振	拉美所
61	中国印度文化交流史 *	薛克翘	亚太所
62	东亚发展中国家政治转型中的非暴力群众运动 *	李　文	亚太所
63	当代美国保守主义研究 *	倪　峰	美国所
64	美国军事战略的后冷战时代调整与中国安全 *	樊吉社	美国所
65	日本的社会结构变迁与政策抉择——我国构建社会主义和谐社会的重要参考 *	王　伟	日本所
66	西方现代马列主义经典著作介绍与研究	陆象淦	国际片
67	20 世纪末新马克思主义的西方阶级和社会结构新变化理论评析 *	马志良	马列所
68	英语世界中的《论语》 *	崔玉军	院图书馆

注：标 * 者为拟于 2008 年年底前完成的项目（50 项）

表 5 - 2

序号	院重点课题 2006 年立项在研项目名称（84 项）	负责人	单位
1	周氏兄弟与日本	赵京华	文学所
2	蒙古文译本《三国志演义》研究	巴雅尔图	民文所
3	波斯古典诗学研究	穆宏燕	外文所
4	普里什文研究 *	刘文飞	外文所
5	近代汉语语法研究 *	杨永龙	语言所
6	汉长安城未央宫骨签发现与研究	李毓芳	考古所
7	唐大明宫太液池 *	龚国强	考古所
8	山东旧石器文化研究——从沂沭河流域的细石器工艺传统看东亚地区的文化交流与传播 *	梁中合	考古所

续表

序号	院重点课题2006年立项在研项目名称（84项）	负责人	单位
9	龙王辿遗址的研究——黄河中游地区旧石器时代向新石器时代过渡的考古学探索	王小庆	考古所
10	新疆巴州古墓葬研究——和静县察吾乎沟、轮台县群巴克及且末县加瓦艾日克墓地	丛德新	考古所
11	汉长安城出土的北朝佛教造像	刘振东	考古所
12	天一阁藏宋《天圣令》研究	黄正建	历史所
13	九至十一世纪敦煌地方政权与中央关系研究	杨宝玉	历史所
14	西方文化视域中的《老子》	张海燕	历史所
15	从《唐将书帖》看南兵北将	杨海英	历史所
16	建国以来的中国历史学研究	金以林	近代史所
17	西南联合大学研究	闻黎明	近代史所
18	中国国民党与越南独立运动	罗　敏	近代史所
19	民国人物传增订合编本	赵利栋	近代史所
20	新经济政策时期的苏维埃社会*	黄立茀	世历所
21	中国世界史学科信息门户系统研究*	王旭东	世历所
22	战后初期美国保守主义权势集团对杜鲁门政府外交政策的影响	金　海	世历所
23	注释、诠释与建构——四书学与宋明理学的发展	陈　静	哲学所
24	信息时代唯物史观的新发展	孙伟平	哲学所
25	第一哲学的中国进路*	赵汀阳	哲学所
26	当代科学基础的哲学分析*	段伟文	哲学所
27	葛兰西翻译及研究*	田时纲	哲学所
28	当代法国哲学的语言视野——中西文字的哲学差异研究*	尚　杰	哲学所
29	新勘汉文佛教大藏经总录	何　梅	宗教所
30	农民工基本健康保障政策研究*	朱恒鹏	经济所
31	1953—1957年中国经济运行分析*	武　力	经济所
32	经济增长、技术进步与我国就业问题研究*	刘霞辉	经济所
33	开放新阶段对宏观稳定的影响*	汪红驹	经济所
34	中国民营企业公司治理问题研究*	黄速建	工经所
35	企业税费与企业发展的关系研究*	杜莹芬	工经所
36	转轨经济时期的中国煤矿企业安全生产管理研究*	黄群慧	工经所
37	治理商业贿赂问题研究*	刘戒骄	工经所
38	农村劳动力转移的波动研究*	张兴华	农发所
39	新农村建设组织方式转变与贫困村庄社区发展——社区主导发展（CDD）在中国相关理论与实践的实证研究*	李人庆	农发所
40	中国农村经济市场化研究*	李　静	农发所

续表

序号	院重点课题2006年立项在研项目名称（84项）	负责人	单位
41	新一轮税制改革：税收收入预测与改革时机选择＊	杨之刚	财贸所
42	“十一五”时期中国现代流通服务业影响力研究＊	宋　则	财贸所
43	跨越城乡数字鸿沟　实现城乡普遍服务＊	荆林波	财贸所
44	服务经济理论前沿与中国服务业发展＊	夏杰长	财贸所
45	结构金融研究＊	殷剑峰	金融所
46	基于结构协整VARX的中国经济季度预测＊	张　涛	数技经所
47	中国公司管理者监督机制实证研究＊	李朝霞	数技经所
48	1996－2002年中国部门生产率变化分析＊	王宏伟	数技经所
49	中国二元经济结构微观基础的数理分析与拓展研究＊	赵京兴	数技经所
50	中国城镇居民收入的地区差距和行业差距研究＊	王德文	人口所
51	农民工向城市的婚恋与家庭迁移趋势研究＊	张　翼	人口所
52	全球化背景下我国城市化动力机制研究＊	黄顺江	城市中心
53	房地产业发展与建设和谐社会＊	尚教蔚	城市中心
54	再审程序研究	熊秋红	法学所
55	行政程序立法研究＊	张明杰	法学所
56	信息内容安全的法律规制＊	陈欣新	法学所
57	和谐社会与劳动合同法制定中的热点和疑难问题研究＊	谢增毅	法学所
58	中国商事法治的理论与实践	邹海林	法学所
59	自主科技创新与传统知识法律保护研究	周　林	法学所
60	国际人权法律制度的现状、问题与发展	孙世彦	国际法中心
61	海洋划界的国际法问题	王翰灵	国际法中心
62	中国国际私法立法理论研究	沈　涓	国际法中心
63	社会主义条件下的国家与社会关系研究＊	周少来	政治学所
64	中国政府层级和行政区划改革问题研究	贠　杰	政治学所
65	中国民族学人类学文献信息数据库＊	陈好林 陈　杰	民族所
66	城市少数民族流动人口与各民族散居化趋势＊	张继焦	民族所
67	魏晋南北朝北方少数民族政权建立与中原王朝体制的更新＊	陈　勇	民族所
68	广义线性回归模型分析和社会学分析软件应用研究	赵　平	社会学所
69	劳动力市场的性别不平等与职业地位获得的性别差异＊	李春玲	社会学所
70	中日传播比较研究＊	刘志明	新闻所
71	区域债券市场发展的比较研究＊	孙　杰	世经政所
72	社会责任投资绩效分析：美国、日本、中国的比较研究＊	陈　虹	世经政所
73	中亚地区发展与国际合作机制研究＊	吴宏伟	俄欧亚所
74	俄罗斯人口安全与社会发展＊	程亦军	俄欧亚所

续表

序号	院重点课题 2006 年立项在研项目名称（84 项）	负责人	单位
75	欧洲工业化时期的利用外资与自主创新 *	薛彦平	欧洲所
76	大国中东战略的调整与我国的对策	余国庆	西亚非所
77	拉美“三农”问题研究 *	谢文泽	拉美所
78	全球经济失衡与中美经贸关系 *	王荣军	美国所
79	日本克服长期萧条的经验教训	张季风	日本所
80	越南社会主义体制改革及其与中国的比较 *	潘金娥	马研院
81	列宁的帝国主义理论与当代资本主义 *	许建康	马研院
82	十六大以来社会主义先进文化建设的理论与实践研究 *	张小平	马研院
83	国外人文社会科学发展政策与管理 *	何培忠	图书馆
84	人文社会科学论文转摘率指标的构成及作用 *	王力力	图书馆

注：标 * 者为拟于 2008 年年底前完成的项目（55 项）

表 5－3

序号	院重点课题 2007 年立项在研项目名称（96 项）	负责人	单位
1	秦汉文学史	刘跃进	文学所
2	清代戏曲史论	李　玫	文学所
3	南方民族创世神话研究	刘亚虎	民文所
4	青海蒙古史诗研究	斯钦巴图	民文所
5	奈保尔研究	石海军	外文所
6	论元结构与现代汉语形式句法研究	胡建华	语言所
7	宋代文人的社会角色与文学活动	马自力	社科杂志社
8	喇家遗址	叶茂林	考古所
9	哈克－团结遗址（1985—2004 年考古报告）	刘景芝 朱延平	考古所
10	中国考古学论文资料数据库	辛爱罡	考古所
11	安阳殷墟 54 号墓出土陶容器内存积土的化学分析及埋藏环境特征重建 *	赵春燕	考古所
12	明代诏令文书整理与研究	万　明	历史所
13	出土《日书》类文献研究	刘乐贤	历史所
14	明清徽州诉讼文书的整理与研究	阿　风	历史所
15	改革开放三十年的中国古代史研究	陈祖武	历史所
16	清代新疆的内地移民研究	贾建飞	历史所
17	义和团战争起源、转折及后果	马　勇	近代史所
18	1940 年代国共两党的组织与资源吸取	黄道炫	近代史所
19	历史嬗变中的俄国史学（十月革命前）	朱剑利	世历所

续表

序号	院重点课题2007年立项在研项目名称（96项）	负责人	单位
20	世纪之交的西方史学	姜　芃	世历所
21	柏拉图晚年的道德诗学研究	王柯平	哲学所
22	三论宗哲学研究	成建华	哲学所
23	二十世纪哲学中的翻译话题	单继刚	哲学所
24	儒学创新与民族主体价值之重塑——马克思主义指导下的当代儒学范式	郭　沂	哲学所
25	劳动与欲望的历史辩证法批判——一项基于历史唯物主义的研究	崔唯航	哲学所
26	东正教与当代俄罗斯社会	张雅平	宗教所
27	元代也里可温综论	唐晓峰	宗教所
28	抢救当代中国基督教活史料（口述史）	段　琦	宗教所
29	徐梵澄先生学术思想传记	孙　波	宗教所
30	中国人文社会科学国际论文统计分析（2005—2009）	郑海燕	图书馆
31	我国收入分配格局演变：改革30年来的经验与相关政策调整 *	罗楚亮	经济所
32	中国改革开放的理论和实践背景 *	刘小玄	经济所
33	培育市场体系、完善宏观调控体系与政府职能转型 *	钱　津	经济所
34	经济体制转轨的“中国模式”研究	张晓晶	经济所
35	中国改革开放的历史起点及路径研究 *	朱文强	经济所
36	抗战前中国产业经济发展状况研究 *	徐建生	经济所
37	中国民营企业的制度创新——从家族制向现代企业制度的转变 *	沈志渔	工经所
38	中国产业政策变动趋势实证分析 *	赵　英	工经所
39	我国能源管理体制改革研究 *	朱　彤	工经所
40	战略管理思维创新及其案例研究 *	李海舰	工经所
41	中国企业自主创新战略研究 *	王　钦	工经所
42	调整放宽农村地区银行业金融机构准入政策对农村金融市场的影响 *	任常青	农发所
43	劳动力乡城迁移与留守儿童、流动儿童问题研究	檀学文	农发所
44	新农村建设中非政府小额信贷组织制度研究	孙同全	农发所
45	中国财权事权分配机制与运行模式研究 *	张　斌	财贸所
46	技术进步与现代服务业的融合与互动关系研究 *	姚战琪	财贸所
47	中国出境旅游研究 *	戴学峰	财贸所
48	探索政策性金融的理论基础与实现模式——兼论中国政策性银行的困境与出路 *	杨　涛	金融所
49	资本充足率监管与银行业转型 *	曾　刚	金融所
50	经济全球化背景下的中国外汇储备管理 *	余维彬	金融所
51	信息化与和谐社会建设 *	汪向东	数技经所

续表

序号	院重点课题 2007 年立项在研项目名称（96 项）	负责人	单位
52	中国价格形成机制——基于协整向量自回归模型（CVAR）的实证研究 *	张延群	数技经所
53	中国对外贸易的“环境成本”——评估及对策研究	张友国	数技经所
54	人民币汇率变动的经济效应跟踪研究	李文军	数技经所
55	建立和完善专家决策咨询机制研究——以社科院系统的专家咨询为例 *	李　群	数技经所
56	新型农村合作医疗与农户经济行为分析 *	都　阳	人口所
57	城市“外来市民”参与养老保险的意愿与行为研究	张展新	人口所
58	城市化进程中流动人口居住问题研究	侯慧丽	人口所
59	农民工融入城市的经济学分析——以社会网络为重要视角	单菁菁	城市中心
60	社区物业管理模式与评估体系研究	李国庆	城市中心
61	土地非农化与人口城镇化的时空对应关系及统筹管理机制研究 *	李恩平	城市中心
62	法庭审判中的科学证据——科学的有效性与证据规则	叶自强	法学所
63	亚洲反腐败法制研究 *	田　禾	法学所
64	社会法体系与和谐社会构建	常纪文	法学所
65	法规、司法解释的合法性审查	莫纪宏	法学所
66	信息技术知识产权保护研究	李顺德	法学所
67	互联网垃圾信息的法律规制	沈卫利	法学所
68	人民自决权的权利内容及其行使问题	赵建文	国际法中心
69	中国少数民族语言空间认知研究	黄成龙	民族所
70	西夏军事文书研究	史金波	民族所
71	回鹘语文献《金光明最胜王经》语言结构研究	赵明鸣	民族所
72	中国农村发展道路探索：就地现代化与农民组织化	杨　团	社会学所
73	建立和完善我国农村低保制度的对策研究 *	张时飞	社会学所
74	文明传播学的跨学科研究与学科创建 *	张　丹	新闻所
75	反垄断法的执行制度研究	文学国	研究生院
76	东亚共同体形成的动力与机制	李　文	亚太所
77	印度佛教密宗金刚乘	李　南	亚太所
78	中日两国事业单位改革比较研究	韩铁英	日本所
79	中国和平发展战略与日本	吕耀东	日本所
80	当代西班牙经济 *	张　敏	欧洲所
81	当前拉美社会结构研究	林　华	拉美所
82	拉美银行危机研究	高　静	拉美所
83	美国思想库与冷战后美国对华政策	陶文钊	美国所
84	国际多边机制下的中美互动	袁　征	美国所

续表

序号	院重点课题 2007 年立项在研项目名称（96 项）	负责人	单位
85	美国公众外交研究	仇朝兵	美国所
86	美国国会政治与中美关系（2000 年—2008 年）	张立平	美国所
87	俄罗斯精英集团研究	李雅君	俄欧亚所
88	俄罗斯地缘政治学与外交行为	顾志红	俄欧亚所
89	中国与国际组织：一项遵约行为研究	袁正清	世经政所
90	居民生活和收入满意度的国家比较研究 *	涂　勤	世经政所
91	国外大型客机产业发展的比较研究 *	万　军	世经政所
92	外商直接投资对中国居民收入差距的影响	刘仕国	世经政所
93	和谐社会构建中的生态文明观 *	徐更生	马研院
94	社会主义政治文明建设中的公正问题研究	陈志刚	马研院
95	西欧资本主义政党政治的危机与走向	罗云力	马研院
96	列宁社会主义建设理论与实践研究	刘志明	马研院

注：标 * 者为拟于 2008 年年底前完成的项目（30 项）

中国社会科学院青年科研启动基金在研项目一览表（共 208 项）

表 6－1

序号	青年基金 2003 年立项在研项目名称（5 项）	负责人	单位
1	靺鞨、渤海与东北亚各国各族关系史研究 *	马一虹	历史所
2	颜钧与泰州学派研究 *	马晓英	哲学所
3	中国城市发展研究：理论与实践 *	郭冠清	经济所
4	明清江南农民家庭与社会变迁 *	苏金花	经济所
5	大都市中的小市民 *	阎　明	社会学所

注：标 * 者为拟于 2008 年年底前完成的项目（5 项）

表 6－2

序号	青年基金 2004 年立项在研项目名称（14 项）	负责人	单位
1	“二二八事件”研究 *	褚静涛	近代史所
2	政治价值论纲 *	熊在高	哲学所
3	关于马克思主义哲学创新的存在论研究 *	崔唯航	哲学所
4	哈萨克斯坦政治文化建构与民族主义研究 *	包胜利	民族所
5	女真文碑铭汇释 *	孙伯君	民族所
6	非洲大湖地区民族问题研究 *	于　红	民族所
7	韩国政党的社会基础研究 *	董向荣	亚太所
8	伊斯兰祈祷团的影响、发展及其影响 *	许利平	亚太所
9	茶道文化与日本社会 *	张建立	日本所

续表

序号	青年基金 2004 年立项在研项目名称（14 项）	负责人	单位
10	有关日本历史认识问题的研究计划＊	吴万虹	日本所
11	日本经济实力分析＊	姚海天	日本所
12	中印东段边界争议的历史根源与政府交涉＊	张永攀	社科杂志社
13	外商在华直接投资比较研究——1840 年至 1936 年与 1978 年至 2000 年＊	梁　华	社科杂志社
14	中国加工贸易：理论和实证研究＊	郭建宏	科研局

注：标＊者为计划在 2008 年年底前完成的项目（14 项）

表 6－3

序号	青年基金 2005 年立项在研项目名称（38 项）	负责人	单位
1	鲁迅“转变期”思想研究＊	程　凯	文学所
2	自然语音合成系统的研究＊	方　强	语言所
3	中国古代的水门和水关＊	汪　勃	考古所
4	19 世纪前半期中国民间救荒事业的发展＊	朱　浒	近代史所
5	知识社会学：曼海姆以后的发展＊	刘文旋	哲学所
6	儒家政治哲学的建构：战国礼学研究的新视角＊	刘　丰	哲学所
7	宗教复兴与地方传统；福建西部地区“罗祖教”发展现状调查＊	陈进国	宗教所
8	云南南传上座部佛教研究＊	郑筱筠	宗教所
9	农村居民消费行为研究＊	罗楚亮	经济所
10	政府诚信与民营企业成长＊	赵世勇	经济所
11	价值衡量指标研究＊	李春瑜	工经所
12	优势企业财务结构研究＊	汪晓春	工经所
13	产业集群的风险及反衰退机制与老工业基地的振兴＊	石碧华	工经所
14	跨境外包——特征、影响及对我国企业的借鉴意义和机遇＊	李　蕊	财贸所
15	农村保险市场研究＊	阎建军	金融所
16	电力价格变化对中国的产业结构和大气污染的影响＊	张友国	数技经所
17	中国石油安全问题研究＊	刘　强	数技经所
18	农民工子女的教育选择＊	胡　涛	人口所
19	劳动教养立法研究＊	张绍彦	法学所
20	预算法律问题研究＊	丁　一	法学所
21	刑事附带民事诉讼精神损害赔偿制度研究＊	祁建建	法学所
22	法的实证分析＊	冉井富	法学所
23	法律与道德的关系问题＊	邹利琴	法学所
24	“依法治税”的宪政考量——以财产权为媒介＊	李　霞	法学所
25	专属经济区和大陆架外国军事活动的法律问题＊	王翰灵	国际法中心
26	少数民族地区基础教育发展及影响因素的实证分析＊	丁　赛	民族所

续表

序号	青年基金 2005 年立项在研项目名称（38 项）	负责人	单位
27	全球化过程中傣族水文化的象征意义及实践意义 *	艾菊红	民族所
28	西北穆斯林社会组织研究 *	郭宏珍	民族所
29	澳大利亚政府对土著人的政策之研究 *	刘晓丹	民族所
30	俄罗斯各级政府财政间改革：进程、问题与启示 *	张中华	俄欧亚所
31	欧盟产业政策调整研究 *	孙彦红	欧洲所
32	对拉美发展模式的可持续性分析及其警示 *	赵丽红	拉美所
33	韩国投资模式研究 *	刘均胜	亚太所
34	日本对华日圆贷款援助外交政策研究 *	朱凤岚	亚太所
35	印度的双重国际政策：变迁、效用和对中国的启示 *	蓝建学	亚太所
36	最高人民法院的公共政策 *	侯　猛	杂志社
37	图书馆知识管理模式研究 *	王秀玲	院图书馆
38	我国社科文献分散规律的研究及参数估计 *	刘晓红	院图书馆

注：标 * 者为计划在 2008 年年底前完成的项目（38 项）

表 6－4

序号	青年基金 2006 年立项在研项目名称（60 项）	负责人	单位
1	中国现代故事学理论与方法研究 *	施爱东	文学所
2	秦汉礼乐资料编年 *	许继起	文学所
3	海外文学中的女性写作 *	刘　艳	文学所
4	浅析壮族民间韵体长诗的特征 *	李斯颖	民文所
5	查尔斯·狄更斯小说中的责任观念与社会变革 *	乔修峰	外文所
6	中日韩女神神话比较研究——以熊、猪、鹰等象征形象为中心 *	唐　卉	外文所
7	汉语关系从句的类型学研究和优选论分析 *	唐正大	语言所
8	石质尖状器钻孔痕迹的实验研究 *	谢礼晔	考古所
9	中国古代筑城史研究 *	成一农	历史所
10	王莽改制文物研究 *	王　艺	历史所
11	俄国东正教驻北京布道团与清代中俄文化关系研究 *	陈开科	近代史所
12	民国初年的中英禁烟交涉 *	张志勇	近代史所
13	民族主义与时间观念 *	刘清涛	边疆中心
14	柏拉图后期数学哲学研究 *	郝一江	哲学所
15	道教身体观研究 *	陈　霞	哲学所
16	实在论与物理学 *	蔡肖兵	哲学所
17	《太平经》的生命思想 *	姜守诚	哲学所
18	中国非正规就业研究——上海案例 *	姚　宇	经济所
19	劳动力比较优势的福利效应及策略权衡 *	袁富华	经济所

续表

序号	青年基金 2006 年立项在研项目名称（60 项）	负责人	单位
20	经济平衡增长与政府支出政策研究 *	于长革	经济所
21	加入 WTO 后中国制造业国际竞争力变化趋势研究 *	李　钢	工经所
22	价值链的片面化及其影响 *	李晓华	工经所
23	城市品牌化战略与城市竞争力的关系研究 *	刘彦平	财贸所
24	北京金融后台服务体系研究 *	盛　逖	财贸所
25	比较财政制度分析 *	杨志勇	财贸所
26	共同治理视野中的转型期政府预算管理气度创新 *	马蔡琛	财贸所
27	住房投资与经济增长 *	张清勇	财贸所
28	药品流通市场结构与政府规划 *	刘　奕	财贸所
29	个人金融与服务政策 *	袁增霆	金融所
30	我国城镇居民收入差距对消费影响的面板数据分析 *	娄　峰	数技经所
31	八十年代以来我国初婚初育间隔变动情况分析 *	李玉柱	人口所
32	用博弈模型分析房地产的波动 *	廖茂林	城市中心
33	中国科技人才创新能力及政策环境评价 *	娄　伟	城市中心
34	国有资产信托法律制度研究 *	席月民	法学所
35	中国法院对规范性法律文件的司法审查权 *	黄金荣	法学所
36	当前农民土地权益维权过程中的法律障碍调查 *	贺海仁	法学所
37	金融集团的法律规制 *	廖　凡	国际法中心
38	论消费者保护规制 *	钟瑞华	国际法中心
39	《古代汉语发音学》汉译 *	胡鸿雁	民族所
40	藏语动词性语素的构词研究及语素库的构建 *	龙从军	民族所
41	宗教理念、社会阶层与社会和谐：从经典社会理论的视角对中国佛教的考察 *	何　蓉	社会学所
42	中国儿童肥胖症发生与发展的制度因素及对策 *	宋时歌	社会学所
43	试论法国大众传媒与法兰西文化保护政策的互动关系 *	谢　明	新闻所
44	我国区域自主技术创新能力决定的环境因素分析 *	乔为国	世经政所
45	中国国际关系理论中的全球化与全球主义 *	但兴悟	世经政所
46	技术能力建设与后发工业国的技术赶超 *	万　军	世经政所
47	发展中国家与 WTO 争端解决机制 *	田　丰	世经政所
48	20 世纪 90 年代以来日本政府对经济复苏的作用 *	李素华	亚太所
49	后 9.11 时期亚太战略三角关系与安全合作机制的构建 *	杨丹志	亚太所
50	韩国文化产业政策透析 *	马军伟	亚太所
51	中国加入 WTO 后的美国对华贸易政策：利益集团视角的研究 *	何兴强	美国所
52	生态税：美国的经验和教训 *	赵行姝	美国所
53	近代日本中间阶层的对华观	吴怀中	日本所

续表

序号	青年基金2006年立项在研项目名称（60项）	负责人	单位
54	科学发展观的基本问题研究 *	辛向阳	马研院
55	马克思理性批判思想及其对当代中国发展道路的指导意义 *	陈志刚	马研院
56	构建和谐社会需以人为本 *	侯迎欣	马研院
57	中国社会科学院研究生院数字化教学管理平台建设应用研究 *	苏　希	研究生院
58	在新农村建设中完善公共产品供给与筹资方式 *	林　立	办公厅
59	在对话中构建生动的文学口述史——以当代作家访谈录为例谈文学口述史实践的可能性 *	郑瑞萍	科研局
60	青年的社会压力与心理情绪调节 *	葛吉艳	科研局

注：标 * 者为计划在2008年年底前完成的项目（59项）

表6－5

序号	青年基金2007年立项在研项目名称（91项）	负责人	单位
1	《世说新语》之文献学研究	范子烨	文学所
2	台湾文学与现代性问题 *	张重岗	文学所
3	论李健吾小说的女性形象 *	程朝霞	文学所
4	图尼埃作品中的两性世界 *	孙婷婷	外文所
5	汉语方言中的后口化鼻辅音与去鼻化历史音变 *	胡　方	语言所
6	中原龙山文化城址的聚落形态研究 *	高江涛	考古所
7	北魏时期关中地区地方行政体制变革	戴卫红	历史所
8	洪武开科：心态、任职与社会现实 *	胡吉勋	历史所
9	晚明理学界“由王反朱”趋势探析 *	朱昌荣	历史所
10	俄国汉学家比丘林的中国边疆史地研究	李伟丽	历史所
11	清代方略类书目研究 *	邱源媛	历史所
12	商周青铜豆类器物及其礼制研究 *	张　翀	历史所
13	中国近代教科书编审制度的演变 *	毕　苑	近代史所
14	准条约概念在近代中国不平等条约研究中的运用及其影响	侯中军	近代史所
15	法国旧制度末年财税体制下的教会特权问题：一个剖析 *	黄艳红	世历所
16	试析E. P. 汤普森与佩里·安德森之间的一场争论 *	张文涛	世历所
17	“世界史知识组织”与科研资源优化 *	陈　蓉	世历所
18	关系实在论研究	张昌盛	哲学所
19	柏拉图哲学的体系与演变	詹文杰	哲学所
20	模态Lindström定理	夏素敏	哲学所
21	莫尔特曼神学与马克思主义 *	杨华明	宗教所
22	清朝度牒制度 *	杨　健	宗教所
23	我国参与经济全球化利益博弈的策略选择 *	王中保	马研院

续表

序号	青年基金 2007 年立项在研项目名称（91 项）	负责人	单位
24	后现代语境中的现代性批判及其限度	罗 骞	马研院
25	构建社会主义和谐社会的基本制度保障	任 洁	马研院
26	论和谐社会的公正内涵	刘须宽	马研院
27	改革开放以来我国新闻政策研究 *	郭志法	马研院
28	宏观经济区划的实证分析 *	谢士强	马研院
29	社会科学的“价值中立观”研究 *	梁 孝	马研院
30	全球化背景下民族国家的定位及其走向	张晓敏	马研院
31	马克思主义城乡发展理论视野下的中国城乡统筹发展问题研究 *	杨 静	马研院
32	发展国有经济是完善社会主义市场经济的重要保证 *	张建刚	马研院
33	改革开放三十年的思想主线与社会思潮研究 *	钟 君	马研院
34	马克思产权理论的形成和发展	彭五堂	马研院
35	拉丁美洲非政府组织问题初探	贺 钦	马研院
36	马克思货币理论研究	陈秋贵	马研院
37	团结工会与波兰剧变	宋丽丹	马研院
38	苏联官僚特权阶层问题研究	张飞岸	马研院
39	社会主义和谐社会的世界观基础：对立统一与和合文化	夏一璞	马研院
40	帝国主义——概念演变背后的问题意识	陈人江	马研院
41	俄罗斯共产党组织建设与发展的最新趋势研究	康晏如	马研院
42	文艺在构建和谐文化中的地位和作用 *	宗 波	马研院
43	消费文化前沿问题研究 *	王 静	马研院
44	国外马克思主义重要公正思想研究	马颜利	马研院
45	世纪之交中国共产党的文化创新理论与实践研究	李春华	马研院
46	中国的金融结构和经济增长 *	张 磊	经济所
47	中国地区工业知识生产函数实证研究 *	吴延兵	经济所
48	1949－1978 年东北地区的工业发展研究	石建国	经济所
49	海外中资企业社会责任研究 *	钟宏武	经济所
50	农民地权与资源开发的冲突 *	杨一介	农发所
51	中国政府间财权事权分配机制研究 *	张 斌	财贸所
52	企业并购与重组涉税问题研究 *	冯 静	财贸所
53	中国电子支付产业的环境研究 *	刘 波	财贸所
54	流通产业理论的经济学基础 *	张 琦	财贸所
55	企业高级管理层薪酬激励机制研究 *	董裕平	金融所
56	货币政策传导中的信贷渠道研究 *	胡志浩	金融所
57	国有大型企业的出资人监督机制问题研究 *	吕 峻	数技经所
58	基于 Web2.0 的邮箱发展趋势研究 *	叶秀敏	数技经所

续表

序号	青年基金 2007 年立项在研项目名称（91 项）	负责人	单位
59	国际碳市场的发展趋势与中国 CDM 供给管理策略研究＊	陈洪波	城市中心
60	外观设计法律保护制度研究＊	管育鹰	法学所
61	社会弱势群体犯罪问题研究＊	余少祥	法学所
62	论 WTO 法律制度中的诚信原则＊	刘敬东	国际法中心
63	国际人权法与国际人道法的关系	戴瑞君	国际法中心
64	德治及其实现方式研究＊	林立公	政治学所
65	全球化背景中的现代国家＊	王　利	政治学所
66	俄藏黑水城出土藏文文书初探＊	苏　航	民族所
67	数字时代的农民工生活＊	杨　可	社会学所
68	综合农协的个案研究——永济市农民协会发展状况调查＊	李振刚	社会学所
69	中国新闻评价标准研究＊	钱连生	新闻所
70	网络“客”文化研究＊	张化冰	新闻所
71	网络传播侵犯隐私权研究＊	王　颖	新闻所
72	人民币升值对我国不同产业的影响研究＊	李众敏	世经政所
73	可计算的一般均衡模型（CGE）及其在经济政策研究中的应用＊	田慧芳	世经政所
74	宪政维度下的税收研究＊	崔皓旭	俄欧亚所
75	欧盟对塞尔维亚和黑山的冲突调解政策	刘作奎	欧洲所
76	企业年金管理的英美模式和拉美模式及对中国的启示＊	黄　念	拉美所
77	阿根廷的政党治理危机及其原因探析＊	郭存海	拉美所
78	和谐世界与中国外交＊	周方银	亚太所
79	FDI 在加强中国与东亚地区联系中的作用＊	李淑娟	亚太所
80	中国与澳大利亚的双边经贸关系及 FTA 的可行性研究＊	高　程	亚太所
81	韩国的社会保障运动以及对社会不平等的影响＊	王晓玲	亚太所
82	“9·11”以后美国战略文化的转型与重塑＊	李　枏	美国所
83	从克林顿到小布什第一任期美国不扩散出口管制政策的调整分析＊	李恒阳	美国所
84	中日银行组织制度比较研究＊	刘　瑞	日本所
85	中江兆民的国际政治思想研究＊	唐永亮	日本所
86	“惯用句”翻译及文化背景浅析＊	李璇夏	日本所
87	我国科研投入体制研究＊	鄂宏哲	直属机关党委
88	“科技反腐”论纲——以浙江为例＊	高　波	监察局
89	构建和谐社会与完善政府公共服务＊	张菀洺	研究生院
90	国外中国学的学科定位及其发展＊	唐　磊	院图书馆
91	波斯纳的司法理念与方法	张芝梅	社科杂志社

注：标＊者为拟于 2008 年年底前完成的项目（67 项）

中国社会科学院国情调研在研项目一览表（共156项）

表7－1

序号	院国情调研2006年立项在研项目名称（42项）	负责人	单位	项目类型
1	贯彻落实科学发展观、构建社会主义和谐社会在基层＊	冷 溶	院部	重大项目
2	中国（大陆）少数民族地区文化建设状况调查研究＊	江蓝生	院部	重大项目
3	中国企业调研（第一期）（含10项子课题）	陈佳贵	院部	重大项目
4	惩治和预防腐败体系实施情况调研＊	李秋芳	院部	重大项目
5	中国研究生就业状况调查＊	武 寅	院部	重大项目
6	我国城乡社区发展调查＊	朱锦昌 景天魁	院部	重大项目
7	中国乡镇调研（第一期）（含9项子课题）	刘树成 王延中	经济学部	重大项目
8	中国农村（村庄）国情调研（第一期）（含9项子课题）	张晓山 蔡 昉	经济学部	重大项目
9	关于落实“十一五”规划的问题和建议政策反馈（2006）（含10项子课题）＊	汪同三 吕 政	经济学部	重大项目
10	中国道德国情调研	余 涌	哲学所	重大项目
11	正确处理群体利益关系，构建和谐社会＊	王春光	社会学所	重大项目
12	特大城市社会治安调查研究＊	朱佳木 景天魁	社会学所	重大项目
13	中国民众如何看待并理解欧盟及中欧关系（含5项子课题）＊	周 弘 将立峰	国际研究学部	重大项目
14	北京地区戏剧演出市场调查研究＊	陶庆梅	文学所	重点项目
15	从定县农民戏剧运动看当代新农村文化建设模式＊	胡 博	文学所	重点项目
16	当代中国文学生产、传播与影响情况调查＊	包明德 陈福民	文学所	重点项目
17	广西大中城市多语状况和语言态度调查＊	周 磊 覃远雄	语言所	重点项目
18	与元白话相关的碑刻资料及接触语言的调查＊	曹广顺 祖生利	语言所	重点项目
19	滇西道教及民间宗教文化遗产调研＊	王 卡	宗教所	重点项目
20	企业、市场和政府转型＊	刘小玄	经济所	重点项目
21	地方政府职能转换与机构改革＊	胡家勇 陈 健	经济所	重点项目
22	城乡关系与工农业协调发展调查＊	林 刚 封越建	经济所	重点项目
23	生态村变迁的追踪调查＊	孙若梅	农发所	重点项目

续表

序号	院国情调研2006年立项在研项目名称（42项）	负责人	单位	项目类型
24	关于外资进入我国零售业的国情调研＊	荆林波	财贸所	重点项目
25	中国城市国际竞争力调研＊	倪鹏飞	财贸所	重点项目
26	科学发展观与实现我国经济社会可持续发展——内蒙古生态环境约束下的经济社会发展调研	张　晓	数技经所	重点项目
27	“十一五”期间地方投资调研——以忻州为案例	赵京兴	数技经所	重点项目
28	农村生育状况调查＊	郑真真	人口所	重点项目
29	中国土地制度与乡村法律治理状况＊	易继明 孙宪忠	法学所	重点项目
30	未成年人犯罪的现状、刑罚适应及其对策研究＊	屈学武	法学所	重点项目
31	我国法律信息资源现状调查——以建构保障体系为中心	渠　涛 林　青	法学所	重点项目
32	国际法对中国法治建设的作用与影响	孙世彦 朱晓青	国际法中心	重点项目
33	青藏地区活佛转世工作现状调查及对策研究＊	秦永章	民族所	重点项目
34	中国少数民族语言文字信息化国情调查	江　荻 周学文	民族所	重点项目
35	改革开放以来基督教在东北地区朝鲜族中的传播现状调查＊	揣振宇 孟慧英	民族所	重点项目
36	改革开放后福州地区移民美国情况调研	曾少聪	民族所	重点项目
37	鄂伦春族乡村经济社会发展调查	刘晓春 龙远蔚	民族所	重点项目
38	敖鲁古雅鄂温克族现状调查	朝　克	民族所	重点项目
39	百色、河池两地西部大开发重点工程中的少数民族权益保护调研＊	周竞红	民族所	重点项目
40	中国企业在西亚非洲投资问题调研	杨　光	西亚非所	重点项目
41	城市外来务工人员子女享受免费义务教育情况调研＊	柯锦华	社科杂志社	重点项目
42	社会主义新农村的图书馆事业＊	杨沛超	院图书馆	重点项目

注：标＊者为拟于2008年年底前完成的项目（29项）

表7－2

序号	院国情调研2007年立项在研项目名称（114项）	负责人	单位	项目类型
1	关于社会主义核心价值体系的研究和践行情况调查	程恩富	马研学部	重大项目
2	中国农村、少数民族地区的社会保障发展与法制建设	郝时远 王延中	社会政法学部	重大项目
3	事业单位人事制度改革调研＊	高全立 王苏粤	院领导	重大项目

续表

序号	院国情调研2007年立项在研项目名称（114项）	负责人	单位	项目类型
4	建立惩治和预防腐败体系经验调研	李秋芳	院领导	重大项目
5	开放经济条件下东中西部县城经济发展比较＊	裴长洪 彭　磊	财贸所	调研项目
6	中国公共财政建设的现状与问题＊	高培勇	财贸所	调研项目
7	旅游业在资源枯竭型城市社会转型中的作用＊	王诚庆 戴学锋	财贸所	调研项目
8	我国煤炭产品价格情况调查＊	温桂芳	财贸所	调研项目
9	纳西族东巴造纸传统知识法律保护状况调查及制度＊	周　林	法学所	调研项目
10	法律援助实施状况调研＊	熊秋红 肖贤富	法学所	调研项目
11	中国银行业的竞争及其法律规制＊	王晓晔 邱　本	法学所	调研项目
12	2006年至2007年县乡两级同步直接选举问题研究＊	莫纪宏	法学所	调研项目
13	司法鉴定现存问题的根源性调查报告＊	王敏远	法学所	调研项目
14	WTO体制下的争端解决机制与贸易摩擦＊	陈泽宪 黄东黎	国际法中心	调研项目
15	中国金融生态与金融法治环境调研＊	胡　滨	金融所	调研项目
16	新型农村金融机构：案例分析与深度访谈＊	杨　涛	金融所	调研项目
17	历史教育国情调研	步　平	近代史所	调研项目
18	河南台村：京郊山区农民家庭经济调查＊	王小嘉	经济所	调研项目
19	西北干旱地区农户经营调查——以甘肃省皋兰县阳洼窑村为个案＊	高超群	经济所	调研项目
20	农业村农户经济状况——生产、收入与生活	安东建	经济所	调研项目
21	玉东村10年变化——1997年第四次无锡保定农村调查跟踪研究＊	曲　韵	经济所	调研项目
22	拉美国家农村发展的经验教训及其对北京周边地区“三农”问题的启示＊	谢文泽	拉美所	调研项目
23	集体经济实践形式与社会主义新农村建设	赵智奎 龚　云	马研院	调研项目
24	新世纪新阶段如何加强党的思想理论建设＊	辛向阳 毛立言	马研院	调研项目
25	中国环境保护的现状＊	袁　征	美国所	调研项目
26	KTV版权受费调查	倪　峰	美国所	调研项目
27	青海热贡藏区传统文化的世俗化与产业化调查研究＊	诺布旺丹	民文所	调研项目

续表

序号	院国情调研 2007 年立项在研项目名称（114 项）	负责人	单位	项目类型
28	元代入居内地维吾尔人的历史与现状	热依汗·卡德尔	民文所	调研项目
29	河北易县、涞水县的民间宗教调查与研究	尹虎彬	民文所	调研项目
30	新疆克孜勒苏自治州边境地区民间文化资源调查 *	阿地里·居玛吐尔地	民文所	调研项目
31	内蒙古科尔沁地区非物质文化传承情况调查 *	斯钦巴图	民文所	调研项目
32	藏传佛教文化圈中基督教的传播及其影响调查研究 *	东主才让	民族所	调研项目
33	新疆双语教学和大专毕业生就业情况调查与研究 *	何星亮	民族所	调研项目
34	城市化过程中延边朝鲜族自治州基督徒流动情况调查 *	揣振宇 郑信哲	民族所	调研项目
35	“垃圾围城”与都市环保的对策——对昆明市的普通市民和拾荒者的人类学调查 *	张继焦	民族所	调研项目
36	近期民族地区和谐社会建设的问题及解决方案的调查研究：以四川省凉山彝族自治州的经济社会发展为例	冯卫民	民族所	调研项目
37	西夏故城“兀剌海”遗迹探查	聂鸿音 孙伯君	民族所	调研项目
38	宁夏回族自治区农村劳动力转移个案访谈调查研究 *	刘小珉	民族所	调研项目
39	台湾史前文明的来历——高山族历史情况调查 *	吴安其	民族所	调研项目
40	互联网上的民族网站与新兴民族问题调研 *	石茂明	民族所	调研项目
41	FPC（小额信贷）研究总结 *	李谊青 任常青	农发所	调研项目
42	国有林区产权制度改革的跟踪研究 *	朱洪革	农发所	调研项目
43	中国相关人群如何看待中欧经贸关系	周　弘 董礼胜	欧洲所	调研项目
44	当代农村家庭生命周期变动调查 *	王跃生	人口所	调研项目
45	工业企业就业、用工管理和竞争力调查 *	王德文	人口所	调研项目
46	农村养老保障现状与需求调查 *	王广州	人口所	调研项目
47	中小企业发展与扩大就业调查 *	都　阳	人口所	调研项目
48	日本大众文化对中国青少年的影响	王　伟	日本所	调研项目
49	中国青少年对日意识调查 *	张伯玉	日本所	调研项目
50	当前公众社会风险心态测量与调查	王俊秀	社会学所	调研项目
51	县域社会的组织机制与制度变迁——一项社会学长期追踪研究	折晓叶	社会学所	调研项目
52	农民新合作组织：综合性农业协会状况调研 *	杨　团	社会学所	调研项目
53	中国工人状况与劳动关系调研	石秀印	社会学所	调研项目

续表

序号	院国情调研 2007 年立项在研项目名称（114 项）	负责人	单位	项目类型
54	中国非物质文化遗产状况的人类学调查	罗红光	社会学所	调研项目
55	中国中产阶级状况访谈调查：收入、消费、价值理念及政治态度	李春玲	社会学所	调研项目
56	农村年轻女性的流动模式与城市适应研究 *	杨　可	社会学所	调研项目
57	世界农业发展一般规律与中国现代农业建设	吴广义	世经政所	调研项目
58	关于尽快建立我国 FAST 统计制度	吴海英	世经政所	调研项目
59	煤炭产业的发展、环境污染的治理与地方政府的作用 *	何　帆	世经政所	调研项目
60	珠三角地区外资企业收入分配调查 *	刘仕国	世经政所	调研项目
61	中国应急管理机制现状调研——以北京、重庆、内蒙古为例 *	王德迅 邵　峰	世经政所	调研项目
62	中国经济形势分析与预测调研基地 *	汪同三	数技经所	调研项目
63	当前社会主义新农村建设中的信息化发展：现状、问题、难点调查与研究 *	赵燕平 张树华	图书馆	调研项目
64	外国文学在我国社会主义精神文明建设中地位和作用 *	陈众议 陆建德	外文所	调研项目
65	全国文学网站年度调查报告（蓝皮书）	党圣元	文学所	调研项目
66	新疆绿洲文明调查	杨　镰	文学所	调研项目
67	中国文学物质性遗产调研（中原地区）	杨　义	文学所	调研项目
68	中国传媒业投资多元态势及文化安全对策调研 *	唐绪军	新闻所	调研项目
69	西部革命老区经济发展及其影响因素	黄晓勇	研究生院	调研项目
70	西部民族地区农村义务教育发展状况调查研究	文学国	研究生院	调研项目
71	信息化的飞速发展对社会学习方式变革的影响 *	杨　燕	研究生院	调研项目
72	徽语调查 *	沈　明 刘祥柏	语言所	调研项目
73	我国社会科学发展实力现状的跨地区比较调查	吴玉章	杂志社	调研项目
74	当代中国社会价值观的现状与发展趋势	孙伟平	哲学所	调研项目
75	中国特色社会主义民主政治建设系列调研之二：地方和基层民主政治建设实践探索典型调查 *	王一程 房　宁	政治学所	调研项目
76	临夏州伊斯兰教门宦调研	周燮藩	宗教所	调研项目
77	云南宗教文化遗产保护对策调研	何劲松 王志远	宗教所	调研项目
78	地方社科院决策咨询现状调研	孙海泉	办公厅	考察活动
79	外资金融机构进入中国：影响与对策调查 *	何德旭	财贸所	考察活动
80	根河市城市转型中的下岗失业问题 *	李学锋	城市中心	考察活动
81	北京四合院居民生存状况调查	孟雨岩	城市中心	考察活动

续表

序号	院国情调研2007年立项在研项目名称（114项）	负责人	单位	项目类型
82	现阶段司法能力建设情况调研 *	陈　甦	法学所	考察活动
83	企业制度与管理经验 *	李维民	工经所	考察活动
84	中国参加国际公约的立法及实施情况 *	蒋小红	国际法中心	考察活动
85	新农村建设下的新型农村金融机构调研	李　扬	金融所	考察活动
86	河南省息县东岳镇经济社会发展调查 *	周　济	经济所	考察活动
87	山东沂蒙山地区域巴西落后贫困问题的比较及对策 *	江时学	拉美所	考察活动
88	离退休人员收入和生活情况调查及我们的对策建议	高来发	老干部局	考察活动
89	江西革命老区新农村建设情况调研 *	侯惠勤 张祖英	马研院	考察活动
90	贵州黎平县新农村建设与侗族民间文化原生态保护情况调查 *	汤晓青	民文所	考察活动
91	西藏民族工作近况考察 *	郝时远	民族所	考察活动
92	生态农业在贫困地区“新农村建设”中的作用 *	吴国宝	农发所	考察活动
93	中国相关人群如何看待中欧经贸关系	周　弘 董礼胜	欧洲所	考察活动
94	新农村建设中的人口问题考察 *	张世生	人口所	考察活动
95	我国社会工作人才队伍建设调研 *	潘晨光	人事局	考察活动
96	湖南社会发展与对日交流情况考察	蒋立峰	日本所	考察活动
97	南疆地区国情考察	周荣耀	世历所	考察活动
98	循环经济发展国情考察	郑玉歆	数技经所	考察活动
99	改革开放与中国的图书馆事业	杨沛超 赵燕平	图书馆	考察活动
100	西部文化的战略发展设想：以重庆和和成都为中心	陈众议 陆建德	外文所	考察活动
101	西部文学的历史与现状	杨　义	文学所	考察活动
102	西部地区党史与经济社会发展 *	尹韵公	新闻所	考察活动
103	我国西部青海、甘肃两省在西部大开发中的文化发展战略及前景 *	刘　建	亚太所	考察活动
104	我国民间组织发展考察 *	蔡礼强	研究生院	考察活动
105	中国高级专业学位教育状况考察	赵　睿	研究生院	考察活动
106	当代吴语吴文化调研 *	刘丹青 李爱军	语言所	考察活动
107	近年广东梅州客家方言和文化状况 *	麦　耘	语言所	考察活动
108	2007年度青年学者国情考察活动	张冠梓	院青年中心	考察活动
109	民族文化在社会主义新农村建设中的作用——对青海省的调查研究	高　翔	杂志社	考察活动

续表

序号	院国情调研2007年立项在研项目名称（114项）	负责人	单位	项目类型
110	社会主要矛盾的当代表现与和谐社会建设＊	吴尚民 孙伟平	哲学所	考察活动
111	地方和基层政治建设实践调查＊	云　杰 韩　旭	政治学所	考察活动
112	江西革命老区的社会主义新农村建设	张昌东	直属机关党委	考察活动
113	构建和谐社会主义进程中的教育公平状况	张顺洪	直属机关党委	考察活动
114	贵州等地宗教国情调研活动＊	曹中建	宗教所	考察活动

注：标＊者为拟于2008年年底前完成的项目（69项）

（中国社会科学院朱丽雅供稿）

国务院发展研究中心

2008年软科学项目

课题名称	承担单位	课题负责人
扩大内需的财政政策与经济发展阶段	国务院发展研究中心	余　斌
行政体制改革与公共财政体制研究	国务院发展研究中心	余　斌
世界产业结构变动趋势和我国的战略选择	国务院发展研究中心	余　斌
武汉城市圈“两型”社会建设综合配套改革方案	国务院发展研究中心	余　斌
陕甘宁老区生态能源循环经济示范区建设研究	国务院发展研究中心	余　斌
中国特色城市化道路研究	国务院发展研究中心	张军扩
淮河流域经济社会与水利协调发展研究	国务院发展研究中心	张军扩
新时期区域协调发展战略和政策研究	国务院发展研究中心	张军扩
中国区域经济动态研究	国务院发展研究中心	张军扩
我国粮食市场调控与储备体系研究	国务院发展研究中心	韩　俊
农民工发展战略研究	国务院发展研究中心	韩　俊
农民工回乡创业问题研究	国务院发展研究中心	崔传义
农村改革30年回顾与深化农村改革研究	国务院发展研究中心	谢　杨
农村土地制度改革与失地农民问题研究	国务院发展研究中心	刘守英
我国主要农产品生产能力与供求平衡研究	国务院发展研究中心	徐小青
农业保险问题研究	国务院发展研究中心	郭建军
农村劳动力外出对输出地社会经济影响研究	国务院发展研究中心	崔传义
中国农村发展政策评价	国务院发展研究中心	谢　杨
转基因玉米社会经济影响研究	国务院发展研究中心	徐小青
农村信息与村务公开研究	国务院发展研究中心	郭建军
公共财政支持农村义务教育问题研究	国务院发展研究中心	秦中春
应对国际资源环境变化加快我国发展方式转变研究	国务院发展研究中心	张玉台 刘世锦

续表

课题名称	承担单位	课题负责人
转变工业经济发展方式研究	国务院发展研究中心	冯　飞
我国产业结构升级的风险与对策	国务院发展研究中心	冯　飞
“十一五”节能减排中期评估	国务院发展研究中心	冯　飞
我国经济形势分析和产业跟踪研究	国务院发展研究中心	刘世锦
我国成品油价格改革的对策建议	国务院发展研究中心	刘　鹤
改革开放以来中国工业经济的改革与发展	国务院发展研究中心	冯　飞
“十一五”中期规划评估	国务院发展研究中心	张玉台 刘世锦
中国低碳经济发展途径研究	国务院发展研究中心	刘世锦 冯　飞
我国能源产品价格改革研究	国务院发展研究中心	刘世锦 冯　飞
我国铁路改革与发展若干问题研究	国务院发展研究中心	张玉台 刘世锦
能源领域体制机制改革研究	国务院发展研究中心	冯　飞
我国民航运输业发展研究	国务院发展研究中心	冯　飞
迎峰度夏节能减排电价政策研究	国务院发展研究中心	冯　飞
核电产业对国民经济社会的带动效应研究	国务院发展研究中心	冯　飞
民航产业经济与国民经济发展	国务院发展研究中心	吕　薇
合肥科技创新实验区研究	国务院发展研究中心	吕　薇
中国创新体系建设三十年	国务院发展研究中心	吕　薇
国家火炬计划实施20周年评估	国务院发展研究中心	刘世锦 吕　薇
专利收费制度比较研究	国务院发展研究中心	吕　薇
北京市科技管理工作中的知识产权管理研究	国务院发展研究中心	李志军
北京综合类公益科研院所发展规划纲要	国务院发展研究中心	马名杰
中日韩合作研究	国务院发展研究中心	张小济
中俄合作研究	国务院发展研究中心	张小济
与周边国家经贸关系研究	国务院发展研究中心	张小济
新形势下对外关系研究	国务院发展研究中心	张小济
产业安全形势与对策研究	国务院发展研究中心	赵晋平
中美产业互补性研究	国务院发展研究中心	隆国强
荒漠化与经济社会发展的关系研究	国务院发展研究中心	苏　杨
中国文化遗产事业发展报告	国务院发展研究中心	苏　杨
环境与健康战略研究	国务院发展研究中心	苏　杨

续表

课题名称	承担单位	课题负责人
PoPs 污染控制协同技术及技术标准	国务院发展研究中心	周宏春
中长期发展及其对地质工作的需求	国务院发展研究中心	周宏春
主体功能区的人口政策研究	国务院发展研究中心	贡　森
完善中国矿产资源管理体制研究	国务院发展研究中心	林家彬
长春经开区转型与优势产业发展战略研究	国务院发展研究中心	米建国
天津市汉沽区产业和功能区规划研究	国务院发展研究中心	程秀生
中国城市商业银行发展战略研究	国务院发展研究中心	米建国
贸易进一步自由化对产业的影响研究	国务院发展研究中心	任兴洲
大宗电子市场研究	国务院发展研究中心	任兴洲
三峡水库体制研究	国务院发展研究中心	程国强
天然气持续研究	国务院发展研究中心	任兴洲 邓郁松
锦江产业结构调整研究	国务院发展研究中心	任兴洲 王　微
绍兴产业研究	国务院发展研究中心	任兴洲 王　微
太仓港口体制研究	国务院发展研究中心	任兴洲
三峡船闸体制研究	国务院发展研究中心	任兴洲 程国强
建设部住房保障研究	国务院发展研究中心	任兴洲
煤炭交易研究	国务院发展研究中心	任兴洲
中国中化产业研究	国务院发展研究中心	邓郁松
三峡新业务发展战略研究	国务院发展研究中心	陈小洪
中国电信发展环境变化和战略研究	国务院发展研究中心	马　骏
南方电网国际化战略研究	国务院发展研究中心	陈小洪
国有企业股权管理办法研究	国务院发展研究中心	张文魁
中国石油价格和燃油税政策研究	国务院发展研究中心	陈小洪
香港促进我国对外投资的政策措施与发挥香港平台作用研究	国务院发展研究中心	夏　斌
香港“国家金融发展”问题研究	国务院发展研究中心	夏　斌
海外资源开发与保险资金全球配置研究	国务院发展研究中心	张承惠
上海国际金融中心建设的若干问题研究	国务院发展研究中心	张承惠
三峡金融控股问题研究	国务院发展研究中心	夏　斌
基金会保险课题	国务院发展研究中心	张承惠
西安金融商务区发展战略研究	国务院发展研究中心	张承惠

续表

课题名称	承担单位	课题负责人
中国城镇居民投资意愿调研	国务院发展研究中心	张承惠
巨灾保险问题研究	国务院发展研究中心	张承惠
2006—2020 年江苏省成品油市场需求预测及竞争趋势分析	国务院发展研究中心	曹小齐
2006—2020 年湖北省成品油市场需求预测及竞争趋势分析	国务院发展研究中心	曹小齐
国际石油市场变革下的中国石化勘探定位和对策研究	国务院发展研究中心	曹小齐

（国务院发展研究中心科研处李佐军、张力供稿）

国家发展和改革委员会宏观经济研究院

2008 年度重点课题

课题名称	负责人	承担单位	成果形式	完成时间
新一轮价格总水平上升问题研究	孙学工	经济所	研究报告	2008. 12
人民币实现资本项目可兑换的必要前提和制度建设	姚淑梅	外经所	研究报告	2008. 12
人民币汇率变动对就业的影响	毕吉耀 陈长缨	外经所	研究报告	2008. 12
加强粤港服务业合作研究	刘　旭 郝　洁	外经所	研究报告	2008. 12
我国城镇社会住房保障制度研究	刘　琳	投资所	研究报告	2008. 12
统筹城乡义务教育投入问题研究	王元京	投资所	研究报告	2008. 12
成本快速上升背景下的农业补贴政策研究	王为农 方松海	产业所	研究报告	2008. 12
我国生产性服务业发展的制约因素与对策研究	杨玉英 郭怀英	产业所	研究报告	2008. 12
我国流域生态补偿机制研究——以海河流域为例	宋建军	国地所	研究报告	2008. 12
推动区域协调发展的管理体制及机制研究	张庆杰 申　兵	国地所	研究报告	2008. 12
促进形成合理的居民收入分配机制研究	常兴华	社会所	研究报告	2008. 12
《劳动合同法》实施后的影响及对策研究	李　爽	社会所	研究报告	2008. 12
主要国家温室气体减排目标或行动对我国能源发展的影响及对策	李俊峰	能源所	研究报告	2008. 12
以大城市为中心的综合运输系统研究	罗仁坚	运输所	研究报告	2008. 12

（国家发展和改革委员会宏观经济研究院丁刚供稿）

中共中央编译局

2008 年社科基金资助项目

类别	项目负责人	课题名称	完成时间
A	鲁　路	批判理论与解释学的对话	2008—2011
A	刘庸安	劳动关系与社会主义和谐社会之研究——以《中华人民共和国劳动合同法》为例	2008—2011
B	陈雪莲	合法性建设视角下的行政管理体制改革——地方干部的改革取向	2008—2010
B	李义天	公民认同与和谐社会：关于政治共同体的批判性考察	2008—2010
B	朱艳圣	战后日本政党政治研究	2008—2010
B	刘仁胜	德国生态治理对中国生态文明建设的启示	2008—2010
B	张文镝	建立和完善党内重大决策征求意见制度问题研究	2008—2010
C	黄文前	资本主义的公理化——德勒兹和加塔利的精神分裂分析研究	2008—2009
C	姚　颖	《哲学的贫困》出版史及苏联学者的文本学研究	2008—2009
C	闫　健	资源型地区治理模式研究	2008—2009
C	李姿姿	法国政党与福利制度改革的关系	2008—2009
C	刘承礼	劳资关系与和谐社会构建	2008—2009

（中共中央编译局徐元宫供稿）

北京市人大常委会

2008 年北京市人大常委会主任、副主任重点调研课题

题目名称	负责人	工作单位	成果形式	完成时间
北运河水系及东南郊水网水污染问题及对策研究	杜德印	北京市人大常委会	调研报告	12 月
提高农民组织化程度，促进专业合作组织发展问题研究	赵凤山	北京市人大常委会	调研报告	12 月
市人大机关干部队伍建设现状、问题及对策研究	赵凤山	北京市人大常委会	调研报告	12 月
人大代表密切联系人民群众机制问题研究	刘晓晨	北京市人大常委会	调研报告	12 月
北京市实施劳动合同法办法立法研究	吴世雄	北京市人大常委会	调研报告	12 月
市人大常委会五年立法规划要点（2008 - 2012）编制问题研究	柳纪纲	北京市人大常委会	调研报告	12 月
北京市科学技术普及条例修订调研	刘新成	北京市人大常委会	调研报告	12 月

（北京市人大常委会研究室艾淑英供稿）

中共北京市委党校　北京行政学院

2008 年承担国家和省部级科研项目

项目名称	项目负责人	项目来源	成果形式	完成时间
中国共产党执政以来民主观演变进程研究	马占稳	国家社会科学基金一般项目	专著、论文集	2012.7
20 世纪三四十年代中国共产党对知识分子影响与政策	李明伟	国家社会科学基金一般项目	专著	2010.12
区县人民代表大会行使法定职权的状况研究	袁达毅	北京市哲学社会科学“十一五”规划一般项目	专著	2010.7
当代中国先进文化原论	侯且岸	全国党校系统重点课题	研究报告	2009.7
规范和完善首都公共财政支出深入贯彻落实科学发展观	王振锋	全国党校系统重点课题	研究报告	2009.7
借鉴北京实践经验，加快发展我国现代服务业	朱晓青	全国党校系统重点课题	研究报告	2009.7
北京酒仙桥“投票拆迁”给政府管理的启示	何　军	全国党校系统重点课题	研究报告	2009.7
新时期我国公民教育的内容体系和实施途径	李　罡	全国党校系统重点课题	研究报告	2009.7
社会主义是非观研究	任小波	全国党校系统重点课题	研究报告	2009.7
北京市文化遗产保护执法中的法律问题调查研究	李秀梅	全国党校系统重点课题	研究报告	2009.7
在改革的十字路口：农村集体经济怎么办——对北京农村集体经济的调查与思考	殷庆言	全国党校系统重点课题	研究报告	2009.7
强化我国农村金融服务体系的路径研究	盖艳梅	全国党校系统重点课题	研究报告	2009.7
北京市农村基层党内激励与关怀机制的有效探索	张海荣	全国党校系统重点课题	研究报告	2009.7
新时期领导干部腐败频度和反腐败对策研究报告	江　伟	全国党校系统重点课题	研究报告	2009.7
北京新社会阶层的政治参与状况、问题及对策	王春红	全国行政学院系统合作基金课题	研究报告	2009.7
互联网环境下政府应急对策研究	许平沧	全国行政学院系统合作基金课题	研究报告	2009.7
宋庄画家村的小产权房纠纷案	王　梅	全国行政学院系统合作基金课题	教学案例	2009.7
什刹海胡同游政府特许经营研究	宋　冰	全国行政学院系统合作基金课题	教学案例	2009.7

2008年度校级社科研究项目

课题名称	负责人	承担部门	成果形式	完成时间
798艺术区现状的调查分析	张海平	哲学教研部	研究报告	2008.11
首都特色的社会工作体系研究：以服务于流动人口为例	王雪梅	社会学教研部	研究报告	2008.11
和谐社会视野下的社会分层与收入流动研究——以北京流动人口为例	尹德挺	社会学教研部	研究报告	2008.11
北京市农村基层党内民主建设新模式调查	李明伟	党史党建教研部	研究报告	2008.11
加强首都社会主义民主政治建设亟待解决的问题——关于北京市党员干部对多党合作与政治协商制度相关问题认知的调研与思考	丁　青	党史党建教研部	研究报告	2008.11
社团组织与首都协商民主建设研究	马占稳	政治学教研部	研究报告	2008.11
北京市人大常委会民主立法的现状调查与思考	蔡春玲	政治学教研部	研究报告	2008.11
地方政府财政支出法律约束机制探究	熊　英	法学教研部	研究报告	2008.11
完善北京市城市拆迁制度研究	傅　强	法学教研部	研究报告	2008.11
北京市公共服务提供机制的创新研究	董晓宇	公共管理教研部	研究报告	2008.11
北京市科级公务员量化考核方法调研	周美雷	公共管理教研部	研究报告	2008.11
北京在环渤海经济发展中的地位与作用研究	曾宪植	工商管理教研部	研究报告	2008.11
国有经济在首都经济中的功能定位	赵虹君	工商管理教研部	研究报告	2008.11
后奥运时期，首都经济社会发展面临的机遇、挑战及工作思路研究	赵　莉	经济学教研部	研究报告	2008.11
宏观调控的中央地方分工研究：基于首都城市的视角	张　勇	经济学教研部	研究报告	2008.11
北京市领导干部英语水平现状调查与思考	汪　消	外语教研部	研究报告	2008.11
政务信息资源为公共服务提供支撑问题研究——北京市电子政务平台应用现状的调查	张　玲	计算机网络中心	研究报告	2008.11
北京市社区图书馆运行机制创新问题研究	于书平	图书馆	研究报告	2008.11
“中西哲学比较研究”之史的检讨	张耀南	哲学教研部	论文	2008.12
马克思主义宗教观及其中国化研究	王志捷	哲学教研部	论文	2008.12
我国城市创意产业发展的机制创新与路径选择	贺　艳	经济学教研部	论文	2008.12
我国外贸发展存在的问题及政策取向研究	吴晓荧	经济学教研部	论文	2008.12
公民参与的理论与现状研究	林　泉	政治学教研部	论文	2008.12
宪政视阈下的人民代表大会制度建设与完善	韩玉芳	政治学教研部	论文	2008.12
政治体制改革基本问题研究	刘智峰	党史党建教研部	论文	2008.12

续表

课题名称	负责人	承担部门	成果形式	完成时间
改革开放三十年党史若干重大问题的研究综述	李秀云	党史党建教研部	论文	2008. 12
构建社会主义和谐社会与领导方式的变革	孙奎贞	公共管理教研部	论文	2008. 12
我国当代行政监督体制的改革与完善	郭志平	公共管理教研部	论文	2008. 12
企业管理人员创新能力解析与测评研究	杨东德	工商管理教研部	论文	2008. 12
主体班工商管理教学课程建设研究	张隆华	工商管理教研部	论文	2008. 12
法理学视野中的国家权力	鄂振辉	法学教研部	论文	2008. 12
社会保障法前沿问题研究	贾小雷	法学教研部	论文	2008. 12
经济社会学研究	李　兵	社会学教研部	论文	2008. 12
社会学视角的生育理论——西方生育社会学研究现状与趋势	马小红	社会学教研部	论文	2008. 12
《政府信息公开条例》实施后的政务信息写作问题研究	洪坚毅	外语教研部	论文	2008. 12
非语言因素对英语阅读教学的影响研究	王全珍	外语教研部	论文	2008. 12
电子政务技术的发展与电子政务理论和技能的培训方法研究	梁　丽	计算机网络中心	论文	2008. 12
政府信息公开与图书馆的历史性功能转型	何晓莉	图书馆	论文	2008. 12
公共文化服务供给机制创新——基于朝阳区文化馆的个案分析	童　萍	哲学教研部	教学案例	2008. 12
首都经济中的市场监督：基于北京二手房交易的案例分析	王振峰	经济学教研部	教学案例	2008. 12
振兴北京传统老字号企业的案例	王　昊	工商管理教研部	教学案例	2008. 12
北京酒仙桥“投票拆迁”给政府管理的启示	何　军	政治学教研部	教学案例	2008. 12
民主集中制执行中的困境——毕玉玺案例思考	靳连芳	党史党建教研部	教学案例	2008. 12
北京市非物质文化遗产保护中的法律问题研究——以同仁堂中医药文化保护为例	李秀梅	法学教研部	教学案例	2008. 12
城管执法如何从困境中走出——“李志强被刺事件”引发的思考与探讨	王立霞	法学教研部	教学案例	2008. 12
如何提高领导干部国际交流中的跨文化沟通能力——以2008年奥运火炬传递为个案	高咏梅	外语教研部	教学案例	2008. 12
惠民政策连带效应引发的国策困境与出路——以北京征地补偿为例	洪小良	社会学教研部	教学案例	2008. 12

（中共北京市委党校、北京行政学院科研处供稿）

北京市社会科学院

2008 年国家社科规划项目

题目	项目负责人	承担部门	成果形式	完成日期
以总部经济模式推动大城市与中小城市分工合作协调发展研究	赵　弘	经济所	研究报告	2010. 3. 31

2008 年北京市哲学社会科学项目

题目	项目负责人	承担部门	成果形式	完成日期
北京文化创意产业集聚区发展研究	周　航	院	研究报告	2010. 6. 30
北京专史集成	王　岗	历史所	专著	2010. 12. 31
北京奥运新闻传播与提升北京国际影响力	刘霆昭	北京市马克思主义理论研究与传播基地	研究报告	2009. 3. 30

2008 年院级重大课题目录

题目名称	项目负责人	承担部门	成果形式	结项时间
北京社会管理体制研究	于燕燕	北京社区研究基地	著作、研究报告	2008. 12
治理商业贿赂的长效机制研究	岳　勇	纪检处	调研报告	2008. 12
2008 年奥运会对北京城市人文精神可能产生的影响	杜丽燕	哲学所	调研报告、专著	2008. 12
核心价值体系建设与北京市民价值取向调查模型研究	李贺林	马列研究与传播基地	调研报告	2008. 12
申奥成功后的北京城市发展	黄　序	跨所	专著	2009. 12
北京改革开放三十年	齐大芝	跨所	系列报告、专著	2008. 12
西方人文精神的构建	杜丽燕	哲学所	系列专著	2010. 12

2008 年院级蓝皮书

项目名称	项目负责人	承担部门	成果形式	完成日期
北京文化发展报告	张　泉	文学所	编著	2008. 12
北京社会发展报告	戴建中	社会学所	编著	2008. 12
北京经济发展报告	梅　松	院	编著	2008. 12
中国区域经济发展报告	戚本超 魏书华	经济所	编著	2008. 12
中国总部经济发展报告	赵　弘	经济所	编著	2008. 12
北京城乡发展报告	黄　序	城市所	编著	2008. 12
中国社区发展报告	于燕燕	科社所	编著	2008. 12
北京公共服务发展报告	张　耘	管理所	编著	2008. 12

2008 年院级重点课题

项目名称	项目负责人	承担部门	成果形式	完成日期
社会转型期政府治理变革研究	张洪武	科社所	系列论文	2008. 12
抗战文化研究——以北京为中心	张　泉	文学所	系列论文	2008. 12
首都慈善事业运营管理模式研究	施昌奎	管理所	专著	2008. 12
北京元代文学	傅秋爽	文学所	专著	2010. 12
现代公共治理视野下的北京市场监管改革研究——北京市市场监督管理的体制、范围及运行方式	杨　松	管理所	系列论文	2008. 12
北京城市运行管理体制研究	冯　刚	城市所	研究报告	2008. 12
北京数字化城市管理的理论视角与完善思路	冯晓英	社会学所	系列论文	2008. 12
城市反恐——分析与准备	殷星辰	综治所	专著	2008. 12
首都社会安全的治道变革研究	袁振龙	综治所	研究报告	2008. 12
新生代农民工社会适应问题研究	李伟东	社会学所	系列论文	2008. 12
中国特色社会主义道路研究——“北京共识”与中国道路	左宪民	科社所	系列论文	2008. 12
开放型文化传统影响下的北京语言研究	金　汕	文学所	专著	2008. 12
市民参与与都市再生——日本造街运动给我们的启示	张　暄	外国所	专著	2010. 12
理性的回归：中国传统文化的现实境遇	刘　东	哲学所	专著	2009. 12
北京社区管理模式研究	于燕燕	科社所	专著	2008. 12
选民参与的过程与逻辑——北京市区县人大代表选举实证研究	雷　弢	社会学所	专著	2009. 12

续表

项目名称	项目负责人	承担部门	成果形式	完成日期
北京进入新阶段（6000－10000美元）经济发展战略研究	赵　弘	经济所	研究报告	2008.12
医疗制度改革与北京医药市场监管问题研究	庞世辉	管理所	系列论文	2008.12

2008年院级青年课题

项目名称	项目负责人	承担部门	成果形式	完成日期
首都社会多元化纠纷化解机制研究	汤道刚	综治所	研究报告	2008.12
隋唐时期幽州地域研究——以地方与中央关系为中心	许　辉	历史所	专著	2010.12
清代考课制度研究	常越男	满学所	专著	2009.12
网络色情治理研究	张真理	综治所	系列论文	2008.12
首都人口、资源、环境协调发展研究	梁昊光	经济所	系列论文	2008.12
北京庙宇变迁史	何岩巍	历史所	专著	2009.12
城市劳动力的收入决定与流动过程	高　勇	社会学所	专著	2009.12

（北京市社会科学院科研处朱庆华供稿）

北京市社会科学界联合会

2008年度决策咨询课题

课题名称	课题来源	信誉保证单位	课题负责人（承担人）	成果形式	结项日期
知识流动和技术转移机制、模式研究	北京市社科联	北京创新研究院	李敬德	调研报告	2009.9
产学研结合的新模式——学科集群与产业集群的协同创新研究	北京市社科联	北京创新研究院	汪馥郁	调研报告	2009.9
北京文化软实力与文化资源调研转化及应用平台	北京市社科联	中国社会科学院	王筱云	调研报告	2009.9
民营医院创新型医疗技术推广中的问题和对策	北京市社科联	北京东方文化研究所	陆莉娜 陈卫平	调研报告	2009.9
首都城乡一体化进程中的障碍及排除的思路与对策	北京市社科联	首都经济研究会	张昌法	调研报告	2009.9
当代宗教与政治生态环境关系研究	北京市社科联	北京语言大学	张　华	调研报告	2009.9
振兴北京服务业的新的发展方式——实施创新商业模式与创新城市建设	北京市社科联	北京市社会科学院世界新经济研究中心	陈　瑜 刘俊峰	调研报告	2009.9
北京生产性服务业与区域经济发展互动机制研究	北京市社科联	北京工商大学	张　耘	调研报告	2009.9
兴起社会主义文化建设新高潮研究	蔡赴朝	北京文化发展研究院	韩　震	调研报告	2009.1

（北京市社会科学界联合会科研工作部供稿）

北京市邓小平理论和“三个代表”重要思想研究中心

2008 年立项课题

项目名称	项目负责人	承担部门	项目来源	成果形式	完成日期
中华人民共和国通史	张静如	北京市邓小平理论和“三个代表”重要思想研究中心	北京市邓小平理论和“三个代表”重要思想研究中心基础理论研究课题	专著	2009
改革开放 30 年宣传思想工作研究	韩　震	北京师范大学价值与文化研究中心	市委宣传部委托课题	调研报告	2008
伟大的抗震救灾精神深化了以改革创新为核心的时代精神	韩　震 万俊人	北京市邓小平理论和“三个代表”重要思想研究中心	中宣部委托课题	论文	2008

（北京市邓小平理论和“三个代表”重要思想研究中心办公室供稿）

北京市档案局

2008 年承担省部级以上社科研究项目

项目名称	负责人	承担单位	项目来源	成果形式	完成时间
重大活动档案工作监督对策研究——以第 29 届奥林匹克运动会为例（2008－R－05）	陈乐人	北京市档案局（馆）	国家档案局	研究报告	2010. 10
档案网站建设与测评体系研究（2008－X－18）	张　宁	中国人民大学	国家档案局	研究报告	2010. 5

（北京市档案局科教处李海英供稿）

北京市教育学会

2008 年承担国家或省部级以上课题研究项目

项目名称	项目负责人	承担部门	项目来源	成果形式	完成日期
北京市幼儿园、小学科学启蒙教育实验工程	李观政	北京市教育学会	北京市教委委托	可行性报告	2008. 12
普通高中新课程资源开发及教材建设项目（子项：北京市普通高中新课程“选修模块”的网络资源开发与实施）	李观政	北京市教育学会	北京市教委委托	可行性报告	2008. 12
北京市义务教育阶段农村地区学生学习困难问题研究	李观政	北京市教育学会	北京市教委委托	评估报告	2008. 12

（北京市教育学会李文骞供稿）

·获奖成果·

概述

本栏目记述2008年度北京地区获全国优秀博士学位论文的9位作者的论文简介；记述北京市第十届哲学社会科学优秀成果奖获奖目录及特等、一等奖成果简介；记述北京市优秀调查研究成果奖名单及一等奖简介；记述北京地区20个高校、科研单位获省部级以上人文社会科学研究成果获奖情况，其中包括奖励等级、成果名称、作者姓名、颁奖单位、成果形式和出版单位、出版时间，以及部分一等奖成果简介等内容，反映出北京地区在社科研究方面的最新成果。

2008年全国优秀博士论文（社会科学）北京地区作者论文简介

《声誉、人力资本和企业理论：一个不完全契约理论分析框架》

中国人民大学　聂辉华

本文主要讨论这样一个充满争议的问题：如果契约是不完全的，当事人的专用性人力资本投资水平是否有效率？经典的交易费用经济学或企业的不完全契约理论（如GHM模型）的回答是否定的，因此难以解释现实中为什么会存在大量的有效投资现象；本文的回答则是肯定的。如果把“契约不完全导致投资无效率”这一经典命题分解为“契约不完全导致敲竹杠”和“敲竹杠导致投资无效率”两部分，那么本文的基本观点是：契约不完全一定会导致敲竹杠，但是由于声誉的作用，在一定的条件下敲竹杠并不妨碍投资效率。背后的基本逻辑是：如果当事人类型是不确定的，只要未来的收益足够大，或者合作破裂的损失足够大，那么当事人为了向市场显示有利的信号，有可能在博弈过程中作出社会最优的有效投资。

（中国人民大学科研处张玉洁供稿）

《中国经济周期波动特征及原因研究》

中国人民大学　贾俊雪

本文以现代经济周期理论为基础，首先从总体经济、省份经济和开放经济三个视角出发考察中国经济周期波动的总体特征、省份动态特征和开放特征，进而揭示出中国经济周期波动特征；然后从现代经济周期理论强调的主要因素、中国经济的现实情况和开放经济视角出发考察了实际因素包括需求因素和供给因素与名义因素以及地方政府行为冲击和外部冲击对我国经济周期波动形成的重要性，从而揭示出我国经济周期波动的主要原因，并对我国经济周期波动特征进行解释；最后，通过经济周期波动特征和原因的相互验证，最终给出我国经济周期波动的一般经验规律和解释。

（中国人民大学科研处张玉洁供稿）

《刑法解释的权力分析》

北京大学　林　维

该论文将刑法解释作为一种行为、过程或者制度的产物，从权力的角度，研究特定刑法解释权力的生成、演变及其中的权力纠葛，包括刑法解释体制外的权力主体，如行政权、利益团体以及政策等如何影响甚至参与刑法解释的制作过程中来，以及作为刑法解释体制内的各种权力之间的斗争与合作。

该论文：第一部分主要从权力角度分析了刑法解释本身这一范畴；第二部分围绕刑法解释对象的遴选制度，刑法解释形成，刑法解释提请主体中的权力问题如内部层报制度、非规范化解释形式的存在、解释形式的抽象性、提起主体的内部性和机构导向性等，以及刑法解释的利益相关性等刑法解释活动的程序性问题进行了权力分析；第三部分主要是对现行刑法解释权力体制中不同类型的权力（刑事立法解释、刑事司法解释、非正式刑法解释）进行了分析，从而对整个刑法解释体制的框架和权力运行，进行了逻辑说明。

作者试图初步地描绘刑法解释权力体制在中国语境中的现实运行，并且通过探索其内在的权力逻辑来客观、真实地观察其权力运作自身的合理程度，并在此基础上探讨解释体制中所存在的一系列问题，对刑法解释权力体制的建构提出自己的观点。

（中国青年政治学院曹骏供稿）

《任务定势与位置和颜色返回抑制：两个 FMRI 实验》

北京大学　陈　骐

在本研究的两个实验中，我们利用功能性核磁共振成像技术（functional magneticresonance imaging, fMRI）考察了外源选择性注意领域内的两个问题：（1）基于位置和基于颜色的返回抑制（inhibition of return，IOR）之间共同的和各自特有的神经机制；（2）任务定势对基于位置和基于颜色 IOR 之间交互作用的影响。

这些结果表明：（1）基于位置的 IOR 在检测和定位任务中对应不同的神经机制。（2）基于颜色的重复劣势效应在不同的时程上有不同的机制。短时程上的重复劣势效应是一种重复知盲（repetition blindness，RB）效应，而长时程上的重复劣势效应是一种基于非空间性注意特征的 IOR 效应。（3）双侧额顶网络不仅在空间和非空间特征之间的内源性转移过程中有普遍性作用，而且在空间和非空间外源性注意转移过程中也有普遍性的作用。（4）前部执行性脑区和后部视觉表征脑区负责颜色辨别任务中基于位置和基于颜色 IOR 之间的交互作用。前部执行性脑区负责建立和保持不同的注意定势，并自上而下地调节双侧额顶网络中的注意加工，以及双侧梭状回对线索和靶子的视觉客体表征的整合。

（摘自“教育部学位与研究生教育发展中心网站”）

《礼乐传统与中国文论》

中国社会科学院研究生院　夏　静

本文的研究内容：在上古思想的整体知识系统中，从礼乐的思想谱系、知识谱系及思维构型、文化基因、精神品格等角度出发，通过梳理礼乐文化在先秦两汉从发生、发展、鼎盛、解体、总结到复兴的历史进程，动态地考察早期思想传统、学术传统、文学传统与礼乐之间的血肉关联，并将古代文论的发生作为礼乐传统一个不可或缺的次生系统，宏观地考察了乐教、礼教、诗教传统与中国文化、文学、文论精神之间相互依存、交叉的关联，微观地探讨了“象”、“文”、“和”等原初范畴对文论传统形成的深刻影响，旨在对中国文论自发生期以来所独有的文化特质、审美品格以及演变历程重新作一个审视，填补古代文学研究领域的一个空白，重新梳理一部先秦两汉的文学思想发生、发展史。

（摘自“教育部学位与研究生教育发展中心网站”）

《天道人妖：中古〈五行志〉的怪异世界》

首都师范大学　游自勇

《五行志》是中国古代一种专记咎征的史书体例，“怪异”是它最重要的特征。本文以中古《五行志》的“怪异”为中心，从史学史、文化史和思想史的角度考察了这一志书，包括怪异的书写模式、记录方式、象征涵义及主题，最后探讨这种怪异书写模式与社会的关系及其文化意义。全文主体部分包括以下四个方面的内容：第一章探究《五行志》的创立及其演变过程；第二章探究中古《五行志》的编撰方式；第三章探究中古《五行志》怪异记录的思想主题；第四章探究中古《五行志》怪异书写模式与社会的关系。

（摘自“教育部学位与研究生教育发展中心网站”）

《军事斗争后勤准备战略指导研究》

后勤指挥学院　杨文哲

本文综合运用矛盾分析、比较研究、预测方法和系统科学方法，按照战略预测——战略分析——战略判断——战略指导——实践筹划这一主线，对军事斗争后勤准备战略指导进行了较为系统的研究。论文主体部分包括机遇挑战、矛盾分析、轨迹透析、理性思考、顶层设计和实践筹划。

论文从分析军事斗争后勤准备的战略环境入手，着眼后勤准备战略指导的发展历程及外军后勤准备战略指导的不同特色，立足军事斗争后勤准备的现状，就新世纪新阶段后勤准备的立足点以及准备什么和怎么准备等问题进行了探讨，提出了一些新的认识、思路和对策。(一) 对军事斗争后勤准备战略指导进行了系统的研究，拓宽了战略理论和后勤理论的研究视角；(二) 运用风险管理、危机管理、博弈论、预测理论、系统论、运筹学等现代宏观经济和管理学理论，对军事斗争后勤准备与指导的运动发展规律进行了分析，形成了六点认识；(三) 指出新时期新阶段军事斗争后勤准备战略指导要立足信息主导，确立了一体化准备、精确保障、进行后勤准备的四个指导思想：慑战一体，军民兼容；作战牵引，突出重点；一体联动，快速转换；动静并重，攻防兼备四个指导原则。

（摘自“教育部学位与研究生教育发展中心网站”）

《关联规则属性值域扩展研究》

清华大学　闫　鹏

“数据爆炸”问题开始日益充斥商业、政府和科学研究领域。与此同时，企业所面临的竞争压力越来越大，问题更加庞大、复杂和棘手，市场更加敏感。在商业活动中及时获取必要的信息，发现和利用知识进行科学的管理和决策是提高企业的竞争优势和持续动态发展的一个重大课题。在这样的背景下，商务智能（Business Intelligence）领域应运而生。商务智能可以被看做是一个从海量数据中发现新颖的、潜在有用的，并最终能够被理解的知识的过程，旨在支持业务运作和管理决策。商务智能的核心技术是数据挖掘（Data Minling）。商务智能领域近年来受到学术界和业界的广泛关注，也是管理、信息、工程等诸多学科理论与应用的焦点之一。

本论文研究关联规则（Association Rule）这一重要知识形式（特别是反向关联规则和数量关联规则）的挖掘方法，在丰富知识表达及其语义、提高挖掘效率、扩展应用领域等方面获得了若干具有创新性的成果。

（摘自“教育部学位与研究生教育发展中心网站”）

《全球化背景下的中国糖业：价格、成本与技术效率》

中国农业大学　司　伟

虽然中国在糖料作物生产上具有一定的比较优势，但同时却面临进口食糖潜在的巨大冲击。为解释这一奇怪的现象，并提出相应的对策，本研究把糖料种植业和制糖工业视为一个整体，从整个产业链的角度分析中国糖业各个环节存在的问题、比较产业链各个环节与主要国际竞争、糖料种植农户应对国际化挑战作基础性研究工作，并力图提供一套在提高糖业竞争力方面，既具有理论深度，又便于实际操作的方案。

第一，系统地描述了国际食糖市场的运行机制与各个国家的糖业政策。第二，分别评估了中国食糖市场一体化程度、中国市场与国际市场的一体化程度。第三，从世界糖业发展史中的中国糖业、中国制糖业的市场结构与绩效、制糖业的生产效率三个纬度研究中国糖业的面上情况。第四，研究制糖企业的技术效率、生产成本差异及利润率的决定。第五，制糖企业与糖料农户之间的交易关系。第六，对糖料种植环节的研究，包括糖料生产的地区优势、生产效率及成本差异、糖料供给反应与糖料农户的作物选择行为等几个方面。接下来比较了中国与主要食糖生产国产业链各个环节的生产成本。最后从产业链各个环节彼此协调的角度提出了完整的解决对策。

（摘自“教育部学位与研究生教育发展中心网站”）

北京市第十届哲学社会科学优秀成果奖获奖成果目录及特等、一等奖成果简介

一、优秀成果奖目录

特　等　奖

（2 项　排名不分先后）

历史学 2 项

1. 中华文明史（1 至 4 卷）　专著　北京大学　袁行霈　北京大学出版社　2006 年 4 月
2. 何兹全文集（1 至 6 卷）　专著　北京师范大学　何兹全　中华书局　2006 年 7 月

一　等　奖

（41 项　排名不分先后）

哲学 4 项

1. 自我、他人与道德——道德哲学导论（上下卷）　专著　北京大学　徐向东　商务印书馆　2007 年 1 月
2. 时间的观念　专著　北京大学　吴国盛　北京大学出版社　2006 年 11 月
3. 教化的哲学：儒学思想的一种新诠释　专著　北京师范大学　李景林　黑龙江人民出版社　2006 年 1 月
4. 郭象评传　专著　清华大学　王晓毅　南京大学出版社　2006 年 8 月

社会学 2 项

5. 牛街：一个城市回族社区的变迁　专著　中央民族大学　良警宇　中央民族大学出版社　2006 年 5 月
6. 肌肤上的文化符号——黎族和傣族传统文身研究　专著　中央民族大学　刘　军　民族出版社　2007 年 5 月

经济学 5 项

7. 价值价格通论　专著　北京师范大学　白暴力　经济科学出版社　2006 年 6 月
8. 中国工薪所得税有效税率研究　论文　北京大学　刘　怡　《中国社会科学》　2006 年 6 月
9. 积极财政政策效果及淡出策略研究　著作　中国人民大学　郭庆旺　中国人民大学出版社　2007 年 1 月
10. 面向市场的中国就业与失业测量研究　专著　中国人民大学　曾湘泉　中国人民大学出版社　2006 年 4 月
11. 保守工资假说：关于我国城市失业问题的一种解释　专著　北京市劳动和社会保障局　宋丰景　中国劳动和社会保障出版社　2007 年 6 月

马克思主义理论·政治学4项

12. 中美经贸关系　专著　北京大学　王　勇　中国市场出版社　2007年6月
13. 美国对台军售政策研究：决策的视角　专著　北京大学　张清敏　世界知识出版社　2006年4月
14. 中国与日本：变化中的“政冷经热”关系　专著　清华大学　刘江永　人民出版社　2007年2月
15. 党内和谐的辩证法　论文　中共北京市委党校　姚　桓　《中国党政干部论坛》2006年第12期

教育学5项

16. 农村中小学布局调整的问题、原因与对策　论文　北京师范大学　庞丽娟　《教育学报》2005年第4期　2005年8月
17. 中国教育与人力资源发展报告2005—2006　专著　北京大学　闵维方　北京大学出版社　2006年6月
18. 中国学位与研究生教育发展报告1978—2003　专著　北京大学　陈学飞　高等教育出版社　2006年3月
19. 2008年奥运会提升中国国际地位和声望的研究　专著　北京体育大学　杨　桦　中国法制出版社　2007年4月
20. 汉语认知研究——从认知科学到认知神经科学　论文集　北京师范大学　彭聃龄　北京师范大学出版社　2006年10月

法学4项

21. 侦查讯问程序改革实证研究：侦查讯问中律师在场、录音、录像制度试验　专著　中国政法大学　樊崇义　中国人民公安大学出版社　2007年3月
22. 刑事制裁：方式与选择　专著　北京大学　梁根林　法律出版社　2006年5月
23. 刑事证据调查行为研究：以行为科学为视角　专著　中国人民公安大学　刘为军　中国政法大学出版社　2007年5月
24. 生物安全国际法导论　专著　中国政法大学　王灿发　中国政法大学出版社　2006年9月

历史学3项

25. 启蒙时代欧洲的中国观——一个历史的巡礼与反思　专著　清华大学　张国刚　上海古籍出版社　2006年7月
26. 中古时期社邑研究　专著　首都师范大学　郝春文　新文丰出版公司（台北）　2006年11月
27. 中国史学史　专著　北京师范大学　白寿彝　上海人民出版社　2006年12月

管理学6项

28. 全球创业观察中国报告：基于2005年数据的分析　调研报告　清华大学　高　建　姜彦福　李习保　程　源　清华大学出版社　2006年12月
29. 农民视角的新农村建设　调研报告　中国农业大学　叶敬忠　社会科学文献出版社　2006年11月
30. 中国经济增长数据可信度检验研究：理论、模型与实证检验　专著　北京师范大学　杨冠琼　经济管理出版社　2006年4月
31. 社会保障：从二元到三维——中国城乡社会保障制度的比较与统筹　专著　对外经济贸易大学　王国军　对外经济贸易大学出版社　2005年10月
32. 北京奥运与中国国家形象战略研究报告　调研报告　中国人民大学　冯惠玲　2007年5月
33. 大国卫生之论：农村卫生枢纽与农民的选择　专著　北京大学　王红漫　北京大学出版社　2006年4月

语言文学 4 项

34. 日藏汉籍善本书录（三卷）　专著　北京大学　严绍璗　中华书局　2007 年 3 月
35. 张清常文集　专著　北京语言大学　张清常　北京语言大学出版社　2006 年 1 月
36. 汉赋研究史论　专著　首都师范大学　踪　凡（踪训国）　北京大学出版社　2007 年 5 月
37. 系统功能语言学概论　教材　北京大学　胡壮麟　北京大学出版社　2005 年 9 月

艺术学 · 新闻传播学 4 项

38. 马克思主义新闻观思想体系　专著　中国人民大学　陈力丹　中国人民大学出版社　2006 年 5 月
39. 当代社会变迁中的二人台研究　专著　中国音乐学院　杨　红　中央音乐学院出版社　2006 年 7 月
40. 中国工艺美学史　专著　清华大学　杭　间　人民美术出版社　2007 年 5 月
41. 数字艺术论（上下册）　专著　中国传媒大学　廖祥忠　中国广播电视出版社　2006 年 5 月

二　等　奖

（165 项　排名不分先后）

哲学 14 项

1. 情感主义及其当代意义　论文　中国青年政治学院　周　枫　《哲学研究》　2007 年 1 期
2. 从中心到边缘：科学、哲学、人文之反思　著作
中国人民大学　刘大椿　北京师范大学出版社　2006 年 5 月
3. 希伯来圣经的文本、历史与思想世界　著作　中央民族大学　游　斌　宗教文化出版社　2007 年 3 月
4. 发展的反思与探索　专著　北京大学　丰子义　中国人民大学出版社　2006 年 12 月
5. 心学论集　专著　北京大学　张学智　中国社会科学出版社　2006 年 10 月
6. 建筑的伦理意蕴：建筑伦理学引论　专著
北京建筑工程学院　秦红岭　中国建筑工业出版社　2006 年 3 月
7. 形而下的不朽：汉代身体美学考论　专著　北京师范大学　刘成纪　人民出版社　2007 年 4 月
8. 重构现代性：当代社会主义价值观研究　专著
北京师范大学　吴向东　北京师范大学出版社　2006 年 3 月
9. 逻辑与哲学　专著　清华大学　王　路　人民出版社　2007 年 6 月
10. 东西方文化碰撞中的人：东正教与俄罗斯人道主义　专著
中国青年政治学院　雷永生　华夏出版社　2007 年 6 月
11. 罗尔斯政治哲学　专著　中国人民大学　龚　群　商务印书馆　2006 年 7 月
12. 可持续发展的伦理视角　专著　中共北京市委党校　鄱爱红　北京出版社　2007 年 5 月
13. 试论普兰丁格宗教认识论的基本特征　论文
中共北京市委党校　梁　骏　《世界宗教研究》　2006 年 2 期
14. 北京市高新技术企业青年思想政治工作状况调研报告　调研报告
北京市思想政治工作研究会　史秋秋等　内部　2006 年

社会学 9 项

15. 艾滋病、污名和社会歧视：中国乡村社区中两类人群的一个定量分析　论文
北京大学　刘　能　《社会学研究》　2005 年 6 期
16. 中国水问题　专著　清华大学　李　强等　中国人民大学出版社　2005 年 10 月
17. 为了亿万农民的生存安全：中国农村社会保障体系研究　专著
中国人民大学　李迎生　安徽人民出版社　2006 年 9 月

18. 非正式支持的理论与实践：北京市老龄问题应对方式的再研究　专著
中国人民大学　姚　远　知识产权出版社　2005 年 9 月
19. 对 2000 年人口普查出生性别比的分层模型分析　论文
北京大学　郭志刚　《人口研究》　2007 年 3 期
20. 社会变迁与文化调适　专著　北京市社会科学院　包路芳　中央民族大学出版社　2006 年 6 月
21. 城市拆迁中的利益冲突及其调整　论文
北京市社会科学院　雷　弢　《北京社会科学》　2006 年 2 期
22. 中国高龄老人日常生活自理能力的个体因素和区域因素分析：HLM 模型在老年健康中的应用　论文　中共北京市委党校　尹德挺　《人口研究》　2007 年 3 期
23. 首都：落实科学发展观研究　专著　中共北京市委研究室　王力丁　同心出版社　2007 年 1 月

经济学 30 项

24. 宏观经济学（中国版）　教材　北京师范大学　李晓西　中国人民大学出版社　2005 年 12 月
25. 供给管理与我国现阶段的宏观经济调控　论文　北京大学　刘　伟　《经济研究》　2007 年 2 期
26. 论经济增长的阶段性与经济增长适度区间的界定与控制　论文
首都经济贸易大学　张连城　《经济与管理研究》　2006 年 1 期
27. 网络经济条件下自主技术创新的技术选择问题　论文
中国人民大学　于同申　《经济理论与经济管理》（《新华文摘》全文转载）　2006 年 4 期
28. 中国资本市场分析要义　专著　中国人民大学　吴晓求　中国人民大学出版社　2006 年 4 月
29. 社会经济发展战略与规划　专著　中国人民大学　刘　瑞　中国人民大学出版社　2006 年 5 月
30. 中国城镇居民收入差距　专著　中国人民大学　黄泰岩　经济科学出版社　2007 年 5 月
31. 2006 首都流通业研究报告　调研报告　北京工商大学　谢志华　同心出版社　2006 年 5 月
32. 中国税制（第二版）　教材　中央财经大学　马海涛　中国人民大学出版社　2004 年 5 月
33. 中国不应在自愿消耗问题上过于自责：基于“资源消耗层级论”的思考　论文
中央财经大学　邱　东　《统计研究》　2007 年 2 期
34. 产业安全理论研究　专著　北京交通大学　李孟刚　经济科学出版社　2006 年 6 月
35. 金融学文献通论　著作　中国人民大学　陈雨露　中国人民大学出版社　2006 年 4 月
36. 经济社会发展视角下的中国保险业：评价、问题与前景　专著
北京大学　孙祁祥　经济科学出版社　2007 年 6 月
37. 国际企业制度创新　专著　北京大学　王跃生　北京大学出版社　2007 年 1 月
38. 信念、偏好与行为金融　专著　北京大学　刘　力　北京大学出版社　2007 年 3 月
39. 理论与量化：现代服务产业发展研究　专著　北京工商大学　李朝鲜　中国经济出版社　2006 年 1 月
40. 外商直接投资：中国的实践与论争　专著
对外经济贸易大学　桑百川　经济管理出版社　2006 年 12 月
41. 贸易自由化与投资自由化互动关系研究　专著
对外经济贸易大学　郭　飞　人民出版社　2006 年 11 月
42. 中国北京奥运经济投入产出与计量模型研究　专著
首都经济贸易大学　廖明球　首都经济贸易大学出版社　2007 年 1 月
43. 中国的经济转型与贸易流动：基于制度和技术因素的理论考察和计量研究　专著
中国人民大学　谷克鉴　中国人民大学出版社　2006 年 4 月
44. 中国居民收入分配问题研究：以北京市为例的考察　专著
中央财经大学　刘　扬　首都经济贸易大学出版社　2007 年 1 月
45. 乡村与城市融合发展的选择：北京市城乡一体化发展研究　专著
首都经济贸易大学　张　强　中国农业出版社　2006 年 7 月
46. 首都可持续发展战略资源研究　专著　北京市社会科学院　张　耘　中国经济出版社　2007 年 6 月

47. 会展经济：运营管理模式　专著　北京市社会科学院　施昌奎　中国经济出版社　2006 年 6 月
48. 首钢涉钢部分整体外迁后产业发展战略研究　调研报告
北京市社会科学院　赵　弘　内部　2005 年 12 月
49. 北京现代化报告 2006：北京城市化进程评价研究　专著
北京科学研究中心　张士运　北京科学技术出版社　2006 年 12 月
50. 北京西北郊水源地涵养与保护对策研究报告　调研报告
北京新闻文化研究咨询中心　段天顺　内部　2005 年 12 月
51. “十一五”期间北京产业结构调整研究　调研报告　北京市政府研究室　唐　龙　内部　2006 年 3 月
52. 变革与繁荣：中国经济崛起的制度视角　专著
中共北京市委社会工委　吴群刚　清华大学出版社　2006 年 7 月
53. 中关村科技园区自主创新研究　调研报告
北京市邓小平理论和“三个代表”重要思想研究中心　金吾伦　内部　2007 年 5 月

马克思主义理论 · 政治学 16 项

54. 资本主义劳动过程与马克思主义经济学　论文
中国人民大学　谢富胜　《教学与研究》（《新华文摘》全文转载）　2007 年 5 期
55. 国家安全学　教材　国际关系学院　刘跃进　中国政法大学出版社　2004 年 5 月
56. 国际关系理论中国学派生成的可能和必然　论文
外交学院　秦亚青　《世界经济与政治》　2006 年 3 期
57. 进化论与中国激进主义（1859—1924）　专著　北京大学　吴　丕　北京大学出版社　2005 年 9 月
58. 霸权的神话：米尔斯海默进攻性现实主义理论研究　专著
北京外国语大学　李永成　世界知识出版社　2007 年 5 月
59. 联合国框架下的中美关系　专著　北京语言大学　李铁城　人民出版社　2006 年 6 月
60. 白宫的诱惑：美国总统选举政治研究（1952—2004）　专著
国际关系学院　林宏宇　天津人民出版社　2006 年 3 月
61. 美国的亚太联盟　专著　外交学院　王　帆　世界知识出版社　2007 年 1 月
62. 制度变迁与国家治理：中国政治发展研究　专著　中国人民大学　杨光斌　人民出版社　2006 年 1 月
63. 经济全球化与后发资本主义国家　专著　北京市社会科学院　张登文　人民出版社　2007 年 3 月
64. 认知中国：文化研究的路径　专著　中共北京市委党校　侯且岸　北京出版社　2006 年 12 月
65. 谁保护了故宫　论文　中共北京市委党史研究室　谢荫明　《党的文献》　2006 年 5 期
66. 中国共产党对非公经济的认识与重新定位　论文
中共北京市委党史研究室　郭晓燕　《中共党史研究》　2007 年 1 期
67. 论增强忧患意识　论文　北京市邓小平理论和“三个代表”重要思想研究中心
左宪民　《光明日报》（1 版转 3 版）　2007 年 3 月 30 日
68. 区县党委新的领导体制下工作运行机制问题研究　调研报告
中共北京市委组织部　孟秀勤　内部　2007 年 4 月
69. 中国政党制度研究　专著　北京社会主义学院　廖继红　中国社会出版社　2005 年 8 月

教育学 17 项

70. 课程与教学论　教材　北京师范大学　王本陆　高等教育出版社　2004 年 4 月
71. 现代教育制度与思想　教材　北京师范大学　马健生　高等教育出版社　2004 年 7 月
72. 数学的观念、思想和方法　教材　首都师范大学　郜舒竹　首都师范大学出版社　2004 年 4 月
73. 教育体制改革中的高等学校法律地位变迁　论文
北京师范大学　劳凯声　《北京师范大学学报》（社会科学版）　2007 年 2 期

74. 初中阶段校本课程开发与校本化课程实施行动研究总报告　调研报告
首都师范大学　徐玉珍　首都师范大学出版社　2005 年 9 月
75. State Schooling and Ethnic Identity: The Politics of a Tibetan Neidi Secondary School in China　英文专著
北京师范大学　朱志勇　Lexington Books A Division of Rowan & Littlefield Publishers Inc　2007 年 6 月
76. 让德育成为美丽的风景　专著　北京师范大学　檀传宝　安徽教育出版社　2006 年 12 月
77. 台湾教育改革纵论　专著　首都师范大学　崔　萍　首都师范大学出版社　2006 年 6 月
78. 美国大学课程思想的历史演进　专著　中央财经大学　郭德红　中央编译出版社　2007 年 5 月
79. 我国高等体育院（校）系改革与发展的战略研究　专著
首都体育学院　李鸿江　北京体育大学出版社　2007 年 3 月
80. 奥林匹克运动　教材　北京体育大学　任　海　人民体育出版社　2005 年 8 月
81. 非英语教师教英语：攀登英语方案的实验和启示　论文
北京师范大学　董　奇　中国教育科学载，人民教育出版社　2007 年 12 月
82. 儿童思维发展新论　专著　北京师范大学　何克抗　北京师范大学出版社　2007 年 3 月
83. 公众、事务与形象：学校公共关系管理导论　教材
北京师范大学　张东娇　重庆大学出版社　2005 年 12 月
84. 表现性评定的理论与实验研究　专著　北京教育科学研究院　张咏梅　北京出版社　2007 年 5 月
85. 课程改革与管理创新　调研报告　北京市教育学会　李观政　内部
86. 教育发展与经济增长　专著　北京市教育委员会　叶茂林　社会科学文献出版社　2005 年 8 月

法学 16 项

87. 中国银行业创新与发展的法律思考　专著　北京大学　郭　雳　北京大学出版社　2006 年 7 月
88. 死刑改革探索　专著　北京师范大学　赵秉志　法律出版社　2006 年 12 月
89. 期待权基本理论研究　专著　清华大学　申卫星　中国人民大学出版社　2006 年 8 月
90. 认真对待刑事推定　论文　清华大学　劳东燕　《法学研究》　2007 年 2 期
91. 全球化条件下的法治国家　专著　中国人民大学　朱景文　中国人民大学出版社　2006 年 11 月
92. “法与人文”的方法论意义：以著作权法为模型　论文
中国人民大学　李　琛　《中国社会科学》　2007 年 3 期
93. 中国刑事政策研究　专著　中国人民大学　谢望原　中国人民大学出版社　2006 年 2 月
94. 清末民事习惯调查与《大清民律草案》的编纂　论文
中国政法大学　张　生　《法学研究》　2007 年 1 期
95. 知识产权法利益平衡理论　专著　中国政法大学　冯晓青　中国政法大学出版社　2006 年 8 月
96. 不当得利的国际私法问题　专著　中国政法大学　霍政欣　武汉大学出版社　2006 年 9 月
97. 中国刑事司法改革探索　专著　中国政法大学　卞建林　中国人民公安大学出版社　2007 年 1 月
98. 行政程序立法研究：《行政程序法》草案建议稿及理由说明书　专著
中国政法大学　马怀德　法律出版社　2005 年 12 月
99. 财产权利的贫困：中国传统民事法研究　专著　中央民族大学　邓建鹏　法律出版社　2006 年 12 月
100. 刑事诉讼关系的社会学分析　专著　中国政法大学　张　中　中国人民公安大学出版社　2006 年 6 月
101. 消极自由的宪政价值　专著　中共北京市委党校　吕廷君　山东人民出版社　2007 年 2 月
102. 未成年人适用非羁押性强制措施可行性评估机制研究　论文
北京市石景山区人民检察院　门美子　《中国人民公安大学学报》　2007 年 5 期

历史学 12 项

103. 史学理论研讨讲义　教材　首都师范大学　宁　可　福建鹭江出版社　2005 年 8 月
104. 明代班军制度研究：以京操班军为中心　专著
中央民族大学　彭　勇　中央民族大学出版社　2006 年 1 月

105. 祖宗之法：北宋前期政治述略　专著　北京大学　邓小南　三联书店　2006 年 9 月
106. 近代普鲁士官僚制度研究　专著　北京大学　徐　健　北京大学出版社　2005 年 9 月
107. 赫梯条约研究　专著　北京大学　李　政　昆仑出版社　2006 年 10 月
108. 荷马社会研究　专著　首都师范大学　晏绍祥　上海三联书店　2006 年 6 月
109. 中国西部开发与近代化　专著　中国人民大学　戴　逸　广东教育出版社　2006 年 6 月
110. 清代理学史　专著　北京师范大学　龚书铎　广东教育出版社　2007 年 1 月
111. 北京近百年生活变迁 1840—1949　专著　北京市社会科学院　袁　熹　同心出版社　2007 年 5 月
112. 明代农业经济与农村社会　专著　中共北京市委党校　高寿仙　黄山书社　2006 年 3 月
113. 中西文化交流的历史见证：明末清初北京天主教堂　专著
中共北京市委党校　余三乐　广东人民出版社　2006 年 7 月
114. 中国抗日战争图鉴　专著　中国人民抗日战争纪念馆　齐密云　湖南人民出版社　2005 年 7 月

管理学 21 项

115. 中国海关通关实务　教材　对外经济贸易大学　郑俊田　中国商务出版社　2005 年 7 月
116. 上市公司控制权转移预测研究　论文　北京工商大学　崔学刚　《会计研究》　2006 年 1 期
117. 高校合并前后科研生产率动态变化的 Malmquist 指数分析　论文
北京师范大学　胡咏梅　《清华大学教育研究》　2007 年 1 期
118. 大股东控制、融资规模与盈余操纵程度　论文
对外经济贸易大学　雷光勇　《管理世界》　2006 年 1 期
119. 清算教育产业化　论文　中国人民大学　纪宝成　《南方周末》　2006 年 3 月
120. 支出周期：构造政府预算会计框架的逻辑起点——兼论我国政府会计改革的核心命题和战略次序　论文　中央财经大学　王雍君　《会计研究》　2007 年 5 期
121. 协调发展：京郊乡镇企业中长期发展规划研究　专著
北方工业大学　吴永林　方志出版社　2006 年 9 月
122. 企业信息化与竞争情报　专著　北京大学　谢新洲　北京大学出版社　2006 年 6 月
123. 中国农业补贴政策效果与体系研究　专著　北京农学院　何忠伟　中国农业出版社　2005 年 12 月
124. 区域科技论　专著　清华大学　吴贵生　清华大学出版社　2007 年 5 月
125. 中国企业家成长问题研究　专著　首都经济贸易大学　郑海航　经济管理出版社　2006 年 8 月
126. 中国农产品国际竞争力研究　专著　中国农业大学　乔　娟　中国人民大学出版社　2006 年 8 月
127. 中国社会养老保险基金管理体制选择：以国际比较为基础　专著
、中国人民大学　李　珍　人民出版社　2005 年 8 月
128. 财务管理理论结构　专著　中国人民大学　王化成　中国人民大学出版社　2006 年 4 月
129. 农业经济数理分析　专著　中国人民大学　孙中才　中国农业出版社　2006 年 1 月
130. 管理会计理论框架研究　专著　中央财经大学　孟　焰　东北财经大学出版社　2007 年 5 月
131. 基于知识挖掘的北京市属市管高校科技项目的管理创新研究　调研报告
北京信息科技大学　葛新权　北京信息科技大学　2007 年 5 月
132. 政府干预的理论与政策选择　专著　北京师范大学　卫志民　北京大学出版社　2006 年 3 月
133. 中国城市生活质量报告 NO. 1　专著
北京国际城市发展研究院　连玉明　中国时代经济出版社　2006 年 9 月
134. 政府的自我革命：中国行政审批制度改革研究　专著
中共海淀区委党校　廖扬丽　法律出版社　2006 年 11 月
135. 在集约利用中推进流转：北京市集体建设用地使用权流转制度改革调查研究　调研报告
中共北京市委研究室　王　新　报送市政府领导　2006 年 10 月

语言文学 15 项

136. 东方民间文学概论 专著 北京大学 张玉安 昆仑出版社 2006 年 10 月
137. 上古汉语同源词意义系统研究 专著 北京师范大学 黄易青 商务印书馆 2007 年 4 月
138. 中国现当代文学学科概要 教材 北京大学 温儒敏 北京大学出版社 2005 年 1 月
139. 扬雄方言校释汇证 专著 北京语言大学 华学诚 中华书局 2006 年 9 月
140. 中国古代文体学论稿 专著 北京师范大学 郭英德 北京大学出版社 2005 年 9 月
141. Comparison of Languages in Contact—The Distillation Method and the Case of Bai 专著 北京大学 汪 锋 中央研究院语言学研究所 2006 年 6 月
142. 永明体与音乐关系研究 专著 首都师范大学 吴相洲 北京大学出版社 2006 年 7 月
143. 黄天树古文字论集 专著 首都师范大学 黄天树 学苑出版社 2006 年 8 月
144. Intratextuality, Extratextuality, In tertextuality: Unreliability in Autobiography versus Fiction 论文 北京大学 申 丹 Duke University Press, Poetics Today Spring 2007
145. 西南地区濒危语言调查研究 专著 中央民族大学 李锦芳 中央民族大学出版社 2006 年 6 月
146. 当代中国的文化批评 专著 首都师范大学 陶东风 北京大学出版社 2006 年 1 月
147. 美学的延展 专著 中国传媒大学 张 晶 商务印书馆 2006 年 10 月
148. 中唐文人之社会角色与文学活动 专著 首都师范大学 马自力 中国社会科学出版社 2005 年 8 月
149. 陀思妥耶夫斯基小说艺术研究 专著 北京大学 彭克巽 北京大学出版社 2006 年 8 月
150. 现代语言学视角下的俄语成语学 专著 对外经济贸易大学 吴 军 首都师范大学出版社 2006 年 10 月

艺术学 · 新闻传播学 15 项

151. 中国当代电影史：1977 年以来 教材 北京大学 陆绍阳 北京大学出版社 2004 年 7 月
152. 中国期刊发展报告：区域发展与类群分析 调研报告 北京印刷学院 李 频 社会科学文献出版社 2007 年 5 月
153. "拐点"中的传媒抉择 专著 中国人民大学 喻国明 经济日报出版社 2007 年 1 月
154. 21 世纪初我国大众传媒发展战略研究 专著 中国传媒大学 胡正荣 中国广播电视出版社 2007 年 6 月
155. 中国形象：中国国家形象的国际传播现状与对策 专著 中国传媒大学 刘继南 中国传媒大学出版社 2006 年 3 月
156. 中国广告图史 专著 中国传媒大学 黄升民 南方日报出版社 2006 年 11 月
157. 出版产业研究 专著 中国人民大学 周蔚华 中国人民大学出版社 2005 年 9 月
158. 中华戏曲文化学 教材 中国戏曲学院 谢柏梁 南京师范大学出版社 2004 年 7 月
159. 数字媒体在创意产业发展中的地位 论文 北京师范大学 肖永亮 《现代传播》 2005 年 10 期
160. 青海台吉乃尔蒙古人人生仪礼及其音乐研究 专著 中央民族大学 崔玲玲 中央民族大学出版社 2006 年 1 月
161. 现代电影美学体系 专著 北京电影学院 王志敏 北京大学出版社 2006 年 1 月
162. 中国传统文化与舞蹈 专著 北京师范大学 金千秋 中国社会科学出版社 2006 年 9 月
163. 中国古典舞评说集 专著 北京舞蹈学院 孙 颖 中国文联出版社 2006 年 8 月
164. 赵孟頫书法艺术 专著 首都师范大学 解小青 上海书画出版社 2007 年 1 月
165. 脱口成"秀"：电视谈话节目的理念与技巧 专著 中国传媒大学 苗 棣 中国广播电视出版社 2006 年 1 月

（北京哲学社会科学优秀成果评奖委员会办公室编《北京市第十届哲学社会科学奖获奖成果简介》）

二、获特等、一等奖成果简介

特等奖

《中华文明史》（1至4卷）

北京大学　袁行霈等主编

北京大学出版社

2006年4月出版　1656千字

该书突现文明史既是人类的创造史也是人类的演进史这一观点，并将物质文明、政治文明、精神文明，分别对应人与自然的关系、人类社会的组织方式以及人的心灵世界，展示其错综复杂的关系，做出总体性的描述，以突出中华民族的创造力以及中华文明生生不息的过程。该书将中华文明分为四个时期，以中华文明史上重大的转型作为分期的依据，细致地描绘了各个时期文明的特点、亮点及其承上启下的关系，彰显那些对文明发展作出重大贡献的人物，探讨对文明发展起关键作用的各种因素，从而全面论述了中华文明发展的历程，提示了若干发展规律和历史经验。该书有三个特点：1. 是一部多学科交叉融合的学术前沿著作。2. 注重考古资料和传世文献的结合，坚持了严谨、求实的学风。在文字表达上，将史笔、议论、才情三者相结合。3. 体现了立足中国、放眼世界的学术视野。

《中华文明史》问世后，已受到国内外学界的重视和广大读者的一致欢迎。

袁行霈，男，江苏人，1936年4月生。1957年在北京大学中文系毕业后留校。现为北京大学中文系教授，北京大学哲学社会科学资深教授。历任北京大学国学研究院院长、《国学研究》主编，人文学部主任，国务院学位委员会评议组成员、民盟中央副主席，中央文史研究馆副馆长、馆长等职。主要研究方向为中国文学史、中国诗歌艺术、陶渊明研究等。主要成果：《中国诗歌艺术研究》、《陶渊明研究》、《中国诗学通论》（合著）、《中国文学史》（四卷本，主编）、《陶渊明笺注》等。

（北京大学社会科学部王周谊供稿）

《何兹全文集》（1至6卷）

北京师范大学　何兹全著

中华书局

2006年7月出版　2413千字

该书是年近百岁的作者从事学术研究70多年的结晶，为我国历史学研究的重大标志性成果。第一卷，中国社全史论。一是与汉魏之际封建说有关的代表性论文；二是作者着重关注的佛教寺院经济、依附关系的深化等问题；三是对重大理论问题的探讨；四是断代史中的有关问题。第二卷，中国史综论为论文集。分为“兵志”、“人物”、“玄和儒”、“史与论”、“序跋”等五部分。第三卷，中国古代社会是作者为“魏晋封建说”立论的一部专著。第四卷，中国古代及中世纪讲义。第五卷，秦汉史略和三国史。第六卷，杂著，由几部分组成，一是《爱国一书生——八十五自述》，是作者十年前对85年人生的回顾；二是作者对“时势”发表的一些看法；三是“忆师友亲朋”；四是“自我学业剖析”。以上的观点及学术成就，在海内外学术界影响重大，深受专家学者的高度重视。

多位学者撰文高度评价作者的学术观点和成就。其论文转引转摘率很高。

何兹全，男，1911年生，山东菏泽人。1935年北京大学史学系毕业，曾在中央研究院历史语言研究所做助理研究员，留学日本、美国。1950年，自美国回国一直在北京师范大学，历史系任教，任教授、博导。何先生主要研究领域是魏晋南北朝政治制度史。出版著作数本，论文数十篇。代表作有：《何兹全文集》、《中国古代社会》、《中国文化六讲》。

（北京师范大学社科处吴慧涵供稿）

一等奖

《自我、他人与道德——道德哲学导论》（上下卷）

北京大学　徐向东著

商务印书馆

2007年1月出版　700千字

最近10多年来，国内学者和读者开始对西方伦理理论产生兴趣，但同时也缺乏一部系统地阐述这个领域的主要理论、核心争论和发展动向的专著，与此同时，国内也开始了对西方政治哲学的介绍和研究，但政治哲学和规范的政治理论的研究也需要道德哲学作为背景和基础，国内对政治哲学的研究者普遍缺乏这方面的理论准备。

该书试图从元伦理学和规范伦理学的角度对道德哲学的根本问题给出一个基本的澄清和说明，探究了道德哲学的基本和主要的规范伦理学理论，分析了当代伦理学理论对道德要求的本质的讨论，并试图提示道德在人类生活中的地位以及道德哲学与当代政治哲学的基本关联。本书分为三个部分，前两个部分基本上是介绍性的，力图客观地介绍伦理学的基本观念和西方主要的规范伦理学理论。第三个部分特别针对西方伦理学界最近几十年来对道德要求的本质和限度的讨论。本书是目前国内第一部系统地论述西方主要的伦理理论，对于国内读者了解这个领域目前的争论和未来的发展，并运用有关的理论和观点去处理应用伦理学和政治哲学中的问题具有重要的参考价值。

徐向东，男，贵州人，1965 年 11 月生。1986 年获北京大学学士学位，1989 年获中国社会科学院硕士学位，1998 年获美国哥伦比亚大学博士学位。1998 年—2001 年美国哥伦比亚大学助教，2002 年 1 月进入北京大学工作，历任副教授、教授。主要研究方向为伦理学与政治哲学、知识论、早期现代哲学等。主要成果：《自由主义、社会契约与政治辩护》、《道德哲学与实践理性》、《怀疑论、知识与辩护》等。

（北京大学社会科学部王周谊供稿）

《时间的观念》

北京大学　吴国盛著

北京大学出版社

2006 年 11 月出版　200 千字

该书的主要创见和贡献是辨明了两类原型时间经验即标度时间经验和时间之流经验，这个辨明提供了将科学意义上的时间下人文意义上的时间加以沟通的可能性。也为时间观念的历史叙述提供了框架和线索。由于引入两类原型时间经验所带来的理论创新有：1. 用本源性的标度时间“时”来代替过去比较重视的物理测度时间“久”作为中国传统时间观的阐释重点。2. 提出“缺乏一个纯粹的测试时间是中国未诞生近代科学的重要原因之一”。3. 讨论了古代世界的循环时间观向近代的线性时间观的转化对塑造近代生活方式的意义。“钟表”的支配性被作为最重要的文化现象，从而与现代性问题关联起来。4. 在传统的牛顿绝对时间观、爱因斯坦相对论时间观思路之外，增添了以热力学第二定律和非线性科学为代表的物理时间箭头的发现这一大思路。在此基础上，探讨近代科学的两大传统——数理传统与博物学传统——之交汇融合的可能性。5. 指出了时间作为本世纪一个重大哲学主题的事实。第一次向国内学界介绍了英美分析传统最重视的时间哲学家麦克塔加（McTaggart）的工作。

吴国盛，男，湖北人，1964 年 9 月生。1983 年于北京大学地球物理系本科毕业，1986 年在北京大学获哲学硕士学位。1995 年—1998 年中国社会科学院在职博士生。1986 年进入中国社会科学院哲学研究所，1997 年被破格晋升为研究员。1999 年进入北京大学任哲学系教授。主要研究方向为自然哲学、科学思想史、科学哲学、技术哲学。主要成果：《希腊空间概念的发展》、《科学的历程》等。

（北京大学社会科学部王周谊供稿）

《教化的哲学：儒学思想的一种新诠释》

北京师范大学　李景林著

黑龙江人民出版社

2006 年 1 月出版　450 千字

面对西方文化和话语霸权，如何准确定位中国哲学及儒学，揭示其固有的精神特质和文化内涵，如何接续儒家文化传统，使其在现代化和全球化背景下的中国焕发新的活力是当代中国哲学研究的重点。本书从“教化”这一独特视角对作为“哲学”的儒学思想做了新的诠释，对解决以上问题具有启发意义。

第一，首次提出“教化的哲学”这一儒学特质，同时对儒学作为“教化的哲学”提出了自己的定义。第二，以西方文化为参照背景，深入剖析了儒学与西方哲学、宗教的异同关系，凸显了“中道理性”这一儒学精神物质。本书揭示了儒家理性人文主义精神特质，对儒学与宗教的区别，做了深入的分析。第三，本书指出，重建儒学与民众生活的关联，是重建儒学当代形态的重要环节。儒学作为教化的哲学，内在蕴涵着必然关联现实生活的品格。教化理念的这种特性可概括为“本虚而实”。重建儒学与生活的联系，也就是要恢复儒学切合、回应、反思、升华当下民众生活意识的能力。这需要在儒学传统与民众意识的双向诠释、双向互动中才能实现。

该书在孔子前史的宗教伦理精神、儒学的价值论、儒学研究的方法论问题等方面，也都提出了自己独到的看法。

李景林，男，1954年11月生。毕业于吉林大学古籍研究所，获历史学博士学位。2001年7月进入北京师范大学哲学系任教。现任北京师范大学哲学与社会学学院教授、博士生导师，教育部人文社会科学重点研究基地北京师范大学价值与文化研究中心研究员，价值观与民族精神国家哲学社会科学重点创新基地研究员。主要研究方向：儒家哲学、道家哲学、中国传统文化。著有《教化的哲学》、《教养的本原——哲学突破期的儒家心性论》、《仪礼译注》（合著）、《中国哲学通史》（合著）等学术著作，发表学术论文100余篇。

（北京师范大学社科处吴慧涵供稿）

《郭象评传》

清华大学　王晓毅著

南京大学出版社

2006年8月出版　348千字

该书由《前篇：向秀评传》与《正篇：郭象评传》组成，以魏晋之际玄学思潮60多年的变化为背景，从社会政治史与哲学史结合的视角，在对向秀与郭象分属的竹林、元康名士群体进行动态考察的基础上，深入探讨了向秀、郭象生平与哲学思想，对他们各自所著《庄子注》作了全面分析，提出了一系列学术新见，形成了系统的学理体系：向秀经历了正始、魏末和晋初三个文化时代，提出了“性分”学说，开辟了以“入世”精神诠释《庄子》的玄学新思路。郭象在元康贵“无”派的支持下走上了历史舞台，其《庄子注》的主要创建为，彻底消除宇宙本原论，破“君权神授”说，确立了个性的本体地位；进而指出人性由圣人（理想君主）与凡人（臣民）两大类型构成，圣人之性以“因循”凡人之性为特征，而凡人则以实现个性为最佳境界；圣人治国的本质，是凡人的“自治”。该学说将黄老“因循”政治功利主义与老庄自由主义融为一体，为在君主政体与士族自治之间建立新型关系，提供理论支持。

王晓毅，男，1954年生，山东五莲县人。1978年考入山东大学历史系，1988年获历史学博士学位。现为清华大学历史系教授、博士生导师。主要研究方向为魏晋南北朝思想史，注重学术思潮与社会政治相结合，对魏晋玄学及与儒释道关系用力较多。著有《儒释道与魏晋玄学形成》、《王弼评传》、中国文化的清流等。

（清华大学文科处供稿）

《牛街：一个城市回族社区的变迁》

中央民族大学　良警宇著

中央民族大学出版社

2006年5月出版　275千字

该书以作者在北京牛街的实地调查及文献研究资料为基础，以国家与社会关系、文化变迁和城市社会空间理论为研究视角，探讨了北京牛街这一中国典型城市回族社区的变迁历程。认为牛街经历了从传统的互不隶属、相对独立的封闭性的传统寺坊社区，转变为开放性的对北京市乃至对中国和来华的外国穆斯林有影响力的象征性社区以及北京市穆斯林民族文化和经济服务中心的发展过程。其变迁受多种因素影响，在国家与社会关系变化的背景下，民族政策的目标和实施发挥了非同寻常的作用。该书是国内较早使用民族学研究方法深入而系统研究中国城市回族社区的成果之一，具有很强的文献价值。该研究对于考察处于主体文化包围中的少数民族社区如何随着制度和历史环境的变化而变迁，以及在特定的制度框架和特定的历史阶段与文化环境中，弱势文化如何在与强势文化的交流、冲突过程中适应、保持和变革自己的民族传统有重要的参考价值；对于认识和分析中国城市少数民族的生存状况，城市民族社区存在和发展的内在和外在机制，影响其变迁的因素和变迁趋势，以及由此进一步考察多元文化的互动、发展，中国的民族关系以及国家与社会关系变迁特点等问题有重要的理论价值和现实意义。

良警宇，女，回族，1969年2月生于山东省淄博。现为中央民族大学民族学与社会学学院教授、博士生导师。主要从事城市社会学、都市人类学研究。发表独著1部，译著2部，主编3部，论文10余篇。主持和参与研究课题10余项。研究和教学成果获得省部级奖励3项。

（中央民族大学科研处陈海如供稿）

《肌肤上的文化符号——黎族和傣族传统文身研究》

中央民族大学　刘　军著

民族出版社

2007 年 5 月出版　292 千字

该书是第一部以黎族和傣族传统文身为主要对象并进行比较研究的学术著作。它以史料和前人研究成果为基础，以作者深入、扎实的民族学田野调查资料为依据。与以往的研究成果相比，内容更加全面系统，资料更加丰富翔实。尤其是图片和标本实物资料的采集与运用方面有重大突破。在研究范围和方法、理论运用和学术观点等方面也不乏突破和创新之处。特别是有关黎族和傣族文身的历史变迁、图式的象征意义、功能的自观与他观、长期留存传承的原因和文化价值的阐述与研究方面，均具开拓和创新意义，该书还打破传统观念，提出了传统文身已经是一种行将消亡的物质性非物质文化遗产的观点，将其提高到了文化遗产的地位和高度加以阐释和研究，并指出对其进行抢救性记录和静态保护的迫切性，既具有深刻的理论意义，也具有重要的现实意义，符合国际社会和国家大力抢救和保护各民族物质与非物质文化遗产的要求。

刘军，男，蒙古族，博士，1965 年 4 月 26 日生于内蒙古赤峰市喀喇沁旗。现任中央民族大学民族博物馆副馆长、研究馆员，兼任中国博物馆学会保管专业委员会副秘书长、民族博物馆专业委员会副秘书长、服装专业委员会副主任和中国民族服饰研究会副秘书长等职。主要从事少数民族物质与非物质文化遗产的研究工作。发表论文和文章数十篇，出版《中国少数民族服饰》、《中国少数民族风俗志》等著作多部。研究成果多次获奖，曾主持或参加国家民委、国家文物局学科研项目多项。

（中央民族大学科研处陈海如供稿）

《价值价格通论》

北京师范大学　白暴力著

经济科学出版社

2006 年 6 月出版　880 千字

该书作为国家社会科学基金项目，在验收时被评为优秀。鉴定专家认为该成果是“一部有显著创新性的成果”，“实现了价值价格理论上的革命，具有价值价格理论发展中的里程碑意义”（见 2006 年 8 月国家社科基金成果验收情况报告）。

该书由两卷构成。上卷，在劳动价值理论基础上，建立由两个方面和六个层次构成的统一的价值价格理论。两个方面是：价位范畴上的财富论和价值范畴上的价格论。六个层次是：价值与价格的本质、价值实体（价值最终基础）、交换价值（价格直接基础）、市场价值与市场价格、绝对价格与价格总水平、价格管理与调控。这是一个超越现有价值价格理论的更一般的理论，以劳动价值为基础，并包含着其他价值理论。下卷，指出现代西方经济学对劳动价值理论的否定分为外部否定和内部否定两个方面。主要论点有：边际生产理论、均衡价格理论、实物价格理论、价值转型问题、“存在固定资本时价值量的计算”和“联合产品价值量的计算”。在六个层次统一的价值价格理论基础上，使用现代数学的方法，论证现代西方经济学对劳动价值理论的否定是不能成立的。

该研究成果对经济学基础理论建设具有重要的理论价值，为进一步发展经济理论构建了坚实的理论基础；对于进一步阐明马克思主义经济学的科学性，具有重要的理论价值；对市场价格运动的分析也具有重要的现实意义，对科学地制定价格政策和市场经济实践有重要的参考作用。

白暴力，男，1954 年生，现任北京师范大学教授、博士生导师、当代经济理论研究中心主任。主要研究方向为：价值与价格理论、政治经济学原理及其应用、现代西方经济理论及经济政策。已出版学术著作 23 部，发表学术论文 100 余篇；获学术成果奖 27 项，其中省部级以上奖 17 项；主持完成国家级和省部级科研项目 9 项。

（北京师范大学社科处吴慧涵供稿）

《中国工薪所得税有效税率研究》

北京大学　刘　怡著

《中国社会科学》

2006 年 6 月　7000 字

该文利用统计局家庭入户调查数据，使用经济研究方法研究了工薪所得税税基和税率的分布，得到考察期中国工薪分布的基本信息，为研究中国收入分布状况提供了基本的事实特征。在国内首次提供了工薪所得税的实际负担信息。研究表明，由于税级蔓延的缘故，中国的工资薪金所得税的主要功能是提供财政收入而不是调节收入分配，低收入和中等收入的劳动者是工薪所得税的主要承担者。此研究有助于政策制定者了解政策变动影响的人群和程度，增强决策的科学性。

该项成果得到了财政部税政司和国家税务总局所得税司的充分肯定。

刘怡，女，四川人，1963年6月生。1980年—1984年在中央财经大学财政系本科毕业，先后在财政部科学研究所、北京大学获经济学硕士、博士学位。1994年进入北京大学经济学院，历任讲师、副教授、教授。1999年—2000年，英国牛津大学访问学者。主要研究方向为公共财政与税收、财务分析。主要成果：《间接税负担对收入分配的影响分析》、《中国政府预算监督》、《出口退税：理论与实践》等。

（北京大学社会科学部王周谊供稿）

《积极财政政策效果及淡出策略研究》

中国人民大学　郭庆旺著

中国人民大学出版社

2007年1月出版　38000字

本项研究通过探究积极财政政策的需求效应、供给效应、增长效应，分析了积极财政政策在治理经济不景气中的限制效果；同时，通过现实与潜在产出的比较分析、通货膨胀率变化趋势分析和周期拐点分析，考察了积极财政政策淡出条件和时机，并从财政调整解毒探讨了积极财政政策淡出策略，即主要是从增收还是减支来降低财政赤字，以确保积极财政政策顺利淡出及其可持续性。本研究在静态与动态的定性分析基础上，突出了现代计量分析。

本课题研究的一些阶段性成果在刊物上发表后，在学术界引起很好的反响。特别是本课程回答了积极财政政策为什么以需求管理政策为主、为什么能够扩大总需求甚至存在一定的供给效应、为什么以增加公共投资为主、为什么没有产生明显的排挤效应等诸多问题，初步构建了符合中国国情的财政政策理论框架，对合理调整财政支出结构、推进财税体制和制度创新、保证稳健财政政策顺利实施、建立有利于经济自主增长的长效机制具有重要意义。

郭庆旺，1964年2月生。毕业于东北财经大学，获得经济学士、硕士和博士学位。1996年破格晋升为教授。曾任中国人民大学财政金融学院副院长、常务副院长，现任财政金融学院院长。主要研究领域包括财政税收理论与政策、经济增长理论与政策等。出版学术著作16部，译著16部，发表论文140余篇。兼职任中国税务学会副会长。曾荣获人事部“新世纪百千万人才工程国家级人选”、人事部“全国优秀博士后”称号、国务院政府特殊津贴、教育部“高校青年教师奖”等。

（中国人民大学科研处张玉洁供稿）

《面向市场的中国就业与失业测量研究》

中国人民大学　曾湘泉著

中国人民大学出版社

2006年4月出版　330千字

该研究是在国家有关部门的大力支持下，历时两年多时间所取得的重要研究成果。该研究针对我国经济转轨过程中公布的就业和失业数据与实际状况不相吻合这一现象，运用文献研究、历史回顾、深度访谈、计量模型构建和计算等方法，从理论分析、历史回顾、体系设计和实证研究四个角度，对我国面向市场的就业与失业测量体系建设进行了深入的研究和探讨。该成果涉及的我国自然失业率的测量、职位空缺的调查分析、单位就业测量体系的构建等，在国内都很少有人研究和探讨，填补了国内这一研究领域的空白。所提出的一系列有关政策建议，已被国家有关部门加以采纳和吸收。

曾湘泉，男，湖南湘乡人。1955年11月出生在陕西咸阳。在中国人民大学经济学系获博士学位。曾为美国富布莱特项目高级访问学者和德国国家学术交流中心项目访问学者。现任中国人民大学劳动人事学院院长、教授、博士生导师。兼任中国劳动学会副会长、中国劳动学会劳动科学教育分会会长。出版和发表了大量的劳动经济和人力资源管理的学术著作和论文。数10项研究成果曾获国家人事部、北京市人民政府、中国劳动学会优秀成果奖。在中共中央政治局第三次集体学习时，应邀就“世界就业趋势及我国的就业政策研究”进行讲解。曾荣获“北京市有突出贡献的科学、技术、管理人才”称号。

（中国人民大学科研处张玉洁供稿）

《保守工资假说：关于我国城市失业问题的一种解释》

北京市劳动和社会保障局　宋丰景著

中国劳动和社会保障出版社

2007年6月出版　241千字

该书第一次运用保守工资理论解释我国的城市

失业问题，取得了一系列的重要理论创新成果，对于失业理论的创新和城市失业治理具有重要的现实意义。该书运用职业寻访理论的分析框架，以消费者效用最大化理论和买方垄断厂商的利润最大化理论为基础，以寻访者的保守工资为切入点，建立了一个解释我国城市失业问题“保守工资”模型。

基本观点：一、在城市劳动力市场上，不同的寻访群体具有不同的保守工资水平；二、城市失业率的高低取决于城乡寻访者之间保守工资水平差距的大小；三、由于城乡寻访群体的保守工资水平反映了城乡之间、不同地区之间的经济和社会发展水平，因此，我国城市失业问题本质上是一种由城乡、地区差别引起的“非均衡失业”。

学术贡献：一是引入人力资本理论，创新了职业寻访及其保守工资理论；二是创造性地提出了农村劳动力转移就业的“保守工资”理论，弥补了传统农村劳动力转移“绝对收入差距”理论、“相对经济地位”理论的缺陷和不足；三是建立了一个用于研究和解释我国城市失业问题的理论模型——保守工资失业模型。

宋丰景，男，河南南乐县人，1965 年出生。经济学博士，高级经济师，历任副处长、处长，现任北京市人力资源和社会保障局副局长，中国就业促进会副会长。专业特长：就业、职业教育、社会保障。主要科研成果：著有：《保守工资假说：关于我国城市失业问题的一种解释》、《劳动力市场景气指数研究与应用》（华龄出版社）、《技能人才培养与首都经济发展》。论文有：《我国城市失业的本质特征及治理事业的战略选择》、《国内失业问题研究的最新进展》、《专用性人力资源与劳务派遣——劳务派遣的新制度经济学分析》等。

（作者自撰）

《中美经贸关系》

北京大学　王　勇著

中国市场出版社

2007 年 6 月出版　490 千字

该书运用国际政治经济学与贸易政治理论，提示了“入世”以来中美经贸关系出现的新格局、新特点和新动力。涉及问题包括分析框架、经济全球化加深发展对于中美经贸关系的影响，中国入世与 PNTR 的政治经济学分析，中国“入世”以来双边重大经贸摩擦问题分析，中美纺织品贸易谈判、出口管制问题、人民币汇率问题，中美在国际经济体系中的竞争与合作关系等重大问题。并就把握中美经贸摩擦的规律以及中国应对策略提出了系统的政策建设。

作者深入剖析了经济全球化加深发展对中美内政治经济及对外经济关系的影响，展现了两国市场、政府与社会集团之间复杂的互动网络。还对中美经济相互依赖与两国在地区和全球范围内的政治安全关系之相关性做了开创性的探讨。尤其重要的是，作者提出了国际政治经济学“国家—市场—社会”三维度、两层次、多角度互动的新分析框架，对于深化中美经贸关系与国际关系问题的研究，具有切实的理论指导意义。

王勇，男，安徽人，1966 年 10 月生。1987 年北京大学国际政治系本科毕业，1990 年北京大学国际关系研究所硕士生毕业，1993 年—1996 年北京大学国际关系学院在职博士生。1990 年起在北京大学国际关系学，历任讲师、副教授、教授。1994 年—1995 年，美国加州大学圣迭戈分校访问学者。主要研究方向为中美关系、中美经贸关系、国际贸易政治、国际政治经济学。主要成果：《国际贸易政治经济学》，《中国与美国的经贸关系》，《最惠国待遇的回合——1989 年至 1997 年美国对华贸易政策》等。

（北京大学社会科学部王周谊供稿）

《美国对台军售政策研究：决策的视角》

北京大学　张清敏著

世界知识出版社

2006 年 4 月出版　410 千字

美国对台军售是美国将台湾当做独立的政治实体的标志，是美国在台湾问题上干涉中国内政的主要手段，也是近年来中美之间矛盾和斗争的焦点之一。此书是这个领域内第一个系统和深入地对这一重要问题进行研究的成果。

该书深入和详细地探讨了中美建交以来美国向台湾出售武器的决策过程和决策结果，借助外交政策分析的不同概念模式，采用宏观和微观结合的方式，分析了美国对台军售政策的动机和战略意图，研究了不同总统任期内美国外交决策机构及其运作的特点，官僚政治对决策结果的影响，以及国会参与决策过程的方式、程度及规律，提示了诸多因素在美售台武器决策过程中的作用。通过美国对台军售的决策过程认清美国对华政策的总体，而且在理论上对不同外交政策决策模式的功效进行了评估，在实践上探讨了美向台湾出售武器的决策过程和决策结果，揭示了美国对台军售的本质，内在矛盾及发展趋势，为中国处理这一对美关系中的难题提出了多管齐下，釜底抽薪的政策建议。

张清敏，男，河南人，1966年7月生。1988年河南师范大学本科毕业，1997年在外交学院获博士学位，曾在美国杨百瀚大学获硕士学位。历任北京科技大学英语系教师，外交学院讲师、副教授、教授。现为北京大学国际关系学院教授。2004年—2005年美国乔治·华盛顿大学富布莱特访问学者。主要研究方向为当代中国外交、外交学，对外政策分析、美国外交等，主要成果：《美国对台军售政策研究：决策的视角》、《中国对外关系读本》等。

（北京大学社会科学部王周谊供稿）

《中国与日本：变化中的“政冷经热”关系》

清华大学 刘江永著

人民出版社

2007年2月出版 621千字

该书以21世纪初中日关系出现的“政冷经热”矛盾现象为切入点，运用多学科知识全面论述了当代中日关系，不仅对中日关系中的若干难点问题作出独到的深入解析，而且创造性地提出了解决问题的思路、途径与方法。

全书共分十章，环环相扣。第一章论述中日“政冷经热”现象产生的原因和中日关系研究的方法论。第二章揭示中日经贸关系与政治因素的相互影响。第三章分析日本政治右倾化对中日关系的影响。第四章论述日美同盟、台湾问题与中日关系。第五章专门谈钓鱼岛问题及其影响。第六章分析中日两国民间感情的变化及原因。第七章论述东亚竞争合作与中日“政冷经热”。第八章站在时代背景和国家战略高度分析中日关系。第九章论述中日矛盾的理性思考。第十章提出发展中日关系的建议。

本书不仅为中国有关政府部门了解和处理中日关系提供了重要参考，而且成为相关专业研究生的必读书，受到广泛好评和引用。《世界知识》杂志2007年第14期书评称，本书最大特点是“对中日关系准确把脉，回答了人们最关心的问题”。

刘江永，男，籍贯北京房山，1953年4月在南京出生。清华大学法学博士，清华大学国际问题研究所教授兼副所长、博士生导师。北京外国语大学毕业后进入中国现代国际关系研究所工作。曾任该研究所研究员兼东北亚研究室主任。1994年荣获“全国有突出贡献的中青年专家”称号。1995年国务院颁发特殊津贴表彰。1999年任中央外办参赞（副局长）。曾在日本早稻田大学留学。研究领域：国际关系，重点方向是日本及东亚地区。近年来，在国际政治金融学、人工增雨雪治理沙尘暴等领域的研究也取得进展。迄今合著及独著书30余部，发表论文和时评文章300多篇。

（作者自撰）

《党内和谐的辩证法》

中共北京市委党校 姚 桓著

《中国党政干部论坛》

2006年第12期 5000字

该文对近年来出现的“党内和谐”这个新理念做了界定。以党内和谐促进社会和谐，是对党的执政规律和社会主义建设规律的新认识，是治党治国的新理念。党内和谐，是党的团结统一概念的扩展和延伸，是针对新形势下党内情况更为复杂、利益关系更加多样的现实提出来的，有着时代赋予的新内容；党内和谐既是一种状态，又是争取实现的目标和实现过程，它要求恰当地处理复杂问题，防止简单化、绝对化，呼唤着科学的意识和辩证的思维。

该文还提出了一些新观点，提出，党内和谐不否定必要的党内斗争，现阶段的党内矛盾是复杂的，有些需要用斗争来解决，有些则不适用；认为要把民主作为激发党员积极性的“酵母”，把“四个服从”和“四个尊重”统一起来；对影响党内和谐做了分析，提出从建立融合机制和树立正确的利益观两方面加以解决；对党性与个性关系这个老问题也根据新情况提出了新的见解。

（摘自《北京第十届哲学社会科学优秀成果奖获奖成果简介》）

《农村中小学布局调整的问题、原因与对策》

北京师范大学 庞丽娟著

《教育学报》

2005年第4期 9000字

研究报告以全局、高位的政策视角，敏感抓住当前我国教育改革实践中的一个重大问题，在丰富、翔实的调研数据和地区案例分析基础上，对农村中小学布局调整政策本身及其推行过程、问题、影响、原因等多方面进行了系统、深入的实证研究与理性分析，将教育基本理论、教育政策分析和实证调研等较为成功地运用于研究和解决教育重大现实问题。该成果不仅揭示出我国当前部分地区在农村中小学布局调整中存在问题，揭示出其已凸现的各种问题及其消极影响，而且深入剖析了原因，并且对我国今后农村中小学布局调整政策及其实施提出了具有建设性、战略性和科学性的有效政策建议。也正因此，其在发表后引起多家重要报刊、杂志和网络媒体的报道和转载，引发国务院、教育部领导和社会各方面的高度关注，教育部连发两个文件及时纠正了对农村中小学布局调整工作的偏差理解，有效地刹住了盲目撤并风，遏止了因不合理撤并调整而造成的农村中小学生上学远、上学难问题。

庞丽娟，女，1962 年 8 月出生，浙江宁海人。毕业于北京师范大学教育系获学士学位，于美国伊利诺大学教育系获硕士学位，于北京师范大学发展心理研究所获博士学位。现为北京师范大学教育学院教授、博士生导师。兼任全国人大常委、国家督学、世界学前教育组织中国委员会主席等职。教育部首批“跨世纪优秀人才”、“首批新世纪百千万人才工程”国家级人选，1999 年获国务院“政府特殊津贴”奖。主要从事基础教育政策与法律、教师发展、儿童发展与教育研究。承担了国家级、省部级项目多项。出版著作 14 本，发表论文 120 余篇。并获得国家、省部级奖多项。

（摘自《北京市第十届哲学社会科学优秀成果奖获奖成果简介》 北京师范大学社科处吴慧涵供稿）

《中国教育与人力资源发展报告 2005—2006》

北京大学 闵维方主编

北京大学出版社

2006 年 6 月出版 460 千字

该报告是教育部哲学社会科学重大课题攻关项目“中国教育与人力资源问题研究”的重要研究成果。人才竞争，是我国面临的一个十分严峻的挑战。人是生产力中最活跃的因素，人力资源是第一资源。如何把我国人口大国变为人力资源强国是全面建设小康国家、构建和谐社会的关键课题。

报告分两个部分呈现。第一部分从总体上对我国教育与人力资源问题进行了全面而深入的研究与调查，涉及教育发展观、教育需求状态、教育提供机制、教育财政体系、教育后培训体系。第二部分从比较的角度，剖析了中国各省区市的教育成就、教育投入、教育发展和教育贡献，并分别在四个维度上对各省区市教育情况进行了比较。报告的核心观点是：为了建设和谐社会的目标，未来的教育发展应该将“以人为本”的教育发展观作为指导思想和行动圭臬，以人民的学习需求为教育发展战略的根本依据，以全体人民的能力建设为目的，以满足弱势群体的教育需求为重点，解放思想、鼓励创新，加速完善与改革教育和培训体系，办好让人民满意的教育。

该报告出版以来，得到国内外许多研究机构的高度评价，在社会上产生了重要的影响。

闵维方，男，黑龙江人，1950 年 10 月生。1982 年在北京师范大学教育系本科毕业；在美国斯坦福大学获硕士、博士学位。1987 年 6 月—1988 年 8 月，美国得克萨斯大学博士后、校长助理。1988 年进入北京大学工作，历任高等教育科学研究所副教授、教授，副所长、所长，北京大学校长助理、副校长、常务副校长、常务副书记、现任党委书记，兼教育学院院长。中国共产党十六届、十七届中央候补委员。主要研究方向为教育经济学、教育财政学、教育管理学、国际比较教育学。主要成果：《教育投资的社会经济效益》、《高等教育的发展形式与办学效益》、《高等教育运行机制研究》等。

（北京大学社会科学部王周谊供稿）

《中国学位与研究生教育发展报告 1978—2003》

北京大学 陈学飞著

高等教育出版社

2006 年 3 月出版 460 千字

该成果是国内第一部对改革开放以来有关学位与研究生教育历史发展进行系统实证研究的专题报告。报告由主报告和六个专题报告组成。主报告对 1978 年—2003 年我国学位与研究生教育发展的主要成就、特色与经验进行了回顾和总结，并客观分析了我国学位与研究生教育发展中存在的主要问题。六个专题报告分别就我国的国家发展战略与研究生教育发展、生教育的经费投入与资助等进行了实证研究。

为了获得对我国学位与研究生教育发展的事实材料和客观评价，在查阅大量文献的基础上，向 97 所普通高等学校和 22 个科研机构（其中 20 个研究所，2 个研究生院）的管理者、研究生导师和研究生发放问卷，其中有效回收问卷 4109 份，有效回收率为 57.6%。先后在华东地区、西北地区和北京地区开展了实地调研工作，访谈共计 104 次，涉及人员 200 余人。课题组还多次召开专家咨询会，讨论和评价研究的数据和结果。

该报告对研究生培养单位具有重要的启示意义，国家研究生教育主管部门也给予了很高评价，并成了研究生教育政策制定和调整的重要依据。

陈学飞，黑龙江人，1949 年 2 月生。1974 年毕业于北京大学中文系中国文学专业；1996 年 9 月北京大学高教所在职博士生。1980 年 4 月到北京大学高等教育科学研究所工作，历任助教、讲师、副教授、教授。教育学院常务副院长。主要研究方向为比较高等教育、中国高等教育、外国高等教育史、高等教育政策。主要成果：《八十年代发达国家教育改革的动向和趋势述评》、《西方国家教育新进展》、《中国高等教育结构研究》等。

（北京大学社会科学部王周谊供稿）

《2008 年奥运会提升中国国际地位和声望的研究》

北京体育大学　杨　桦著

中国法制出版社

2007 年 4 月出版　362 千字

该研究成果以宽广的国际视野，从战略的高度将举办奥运会纳入到经济社会发展的大局中去思考，系统探讨奥运会对于提升中国国际地位和声望的影响，全面论证 2008 年奥运会的效益与价值，着重于 2008 年奥运会预期效应及应对策略。为充分认识和把握奥运机遇，加速发展，树立中国良好国际形象，提供理论支撑和对策建议。此研究不仅对 2008 年奥运会组织管理部门的实际工作具有参考价值，而且对于研究中国全面建设小康社会的政治、经济、文化、科技和教育等，也具有重要的借鉴意义。在理论探索方面，该成果突破竞技体育的局限，将奥运会的研究领域置于全人类全景发展的坐标系之中，具有显著的创新性。该成果对奥运会国际影响的方法论进行了新的系统论证，确立了奥运会对于提升主办国家国际地位和声望研究的基本方法和一般框架。

该研究成果中《关于抓住举办奥运会这一有利时机提升我国国际地位和声望的对策建议》被选登在 2007 年第 3 期《国家社会科学基金项目成果要报》上，同时国家体育总局局长刘鹏等领导同志对该研究成果给予了很高评价，认为是北京体育大学生坚持正确办学方向取得了新收获。

杨桦，男，四川雅安人，1955 年 5 月出生。北京体育大学任教。专业特长：体育发展战略、体育教育训练学。出版著作教材 10 部，发表论文数篇。获奖成果 7 项。

（作者自撰）

《汉语认知研究——从认知科学到认知神经科学》

北京师范大学　彭聃龄著

北京师范大学出版社

2006 年 10 月出版　956 千字

该书汇集了作者在本领域 20 多年来的一系列有重要影响的研究成果，包括近年来发表在国际著名刊物上的成果。该成果从行为、认知、计算机模拟和脑机制等多个层面上探讨了语言认知的一系列重要科学问题，具有系统性、基础性和前沿性，在理论上有创新，内容丰富，手段先进，体现了人文科学与自然科学的紧密结合、基础研究与应用研究的结合、多种研究方法的密切结合。该书的研究报告对国际认知心理学和跨语言比较的研究产生了重要影响。在该书收入的 56 篇研究成果中，以英文发表的文章有 14 篇，受到国际学术界的广泛关注。

彭聃龄，男，1935 年生，1958 年毕业于北京师范大学教育系。现任北京师范大学认知神经科学与学习研究所教授。长期从事汉语认知的研究，同时，还进行汉语词汇产生、快速阅读和口吃的认知神经机制方面的研究。近年来先后主持和参加了国家自然科学基金委、国家教育部各类科研课题 15 项，在国内外优秀期刊上发表论文数十篇，出版专著多本，并获得国家、省部级奖项多项。

（北京师范大学社科处吴慧涵供稿）

《侦查讯问程序改革实证研究：侦查讯问中律师在场、录音、录像制度试验》

中国政法大学　樊崇义著

中国人民公安大学出版社

2007 年 3 月出版　53 万字

1. 首次在我国的刑事诉讼法学研究中采用大规模的实证研究方法。提出了改革现行讯问方式的初步方案。具体包括：在讯问方式的种类安排上，应当4种方式并存；在不同讯问方式的适用上，应当尊重犯罪嫌疑人的意愿；在具体讯问方式选用上，实行自愿与协调相结合的原则；在讯问方式改革的推进上，采取循序渐进、逐步到位的步骤。

2. 为我国的侦查讯问改革指明了方向。该书通过实证、比较等研究方法的采用，通过试验，对我国的侦查讯问方式改革的发展趋势进行了科学的预测。对在刑事侦查讯问中建立律师在场、录音、录像制度的必要性、可行性进行了深入论证。

3. 为刑事诉讼程序的正当化改造提供了一个良好的契机。将律师在场、录音、录像制度引入侦查讯问程序之中，为侦查讯问程序的公开、透明提供了良好的条件和契机。

4. 成果的实践意义。该成果配合了我国刑事诉讼法的修改，为侦查程序的改革和完善提供了客观的依据和方向。受到立法机关重视，欲将该成果吸收进《刑事诉讼法》中，得到执法部门认可，成为部门改革的重要举措。

樊崇义，河南内乡县人，1940 年 11 月出生，中国政法大学教授，博士研究生导师。长期从事刑事诉讼法学和证据法学的教学和科研工作，积极主张我国刑事诉讼程序科学化与民主化。参加了 1996 年我国刑事诉讼法的修改工作，是提出《中华人民共和国刑事诉讼法修改建议稿》的主要成员之一。兼任教育部法学教学指导委员会委员，海峡两岸法律问题研究会理事，最高人民检察院专家咨询委员会委员。

（中国政法大学科研处供稿）

《刑事制裁：方式与选择》

北京大学　梁根林著

法律出版社

2006 年 5 月出版　34 万字

该书是关于国家如何合理而有效地组织以刑罚和保安处分为核心对犯罪进行反应的研究。

首先，剖析了作为观念性刑事政策的刑罚哲学，主张以报应与功利二元统一的刑罚目的论为基础设计我国刑罚政策与刑罚制度；论证了我国刑罚政策的应然选择，主张抛弃“重刑化”或者“轻刑化”的单极化的刑事政策，选择“重重轻轻、整体趋轻”的两极化刑事政策；从实现刑罚威慑效应最大化与最优化的角度探讨了刑罚惩罚的艺术。

其次，重点对主导当代刑罚政策基本走向与刑罚制度基本格局的死刑进行了专题性研究。不同于以往的死刑理论研究过多地纠缠于死刑的正义与威慑效果的辩驳与考证。该书主张，死刑的存废、去留，并不取决于其自身无法辩明的正义性（或非正义性）以及无法证实或证伪的威慑性。

再次，对当代刑罚改革运动中的自由刑的政策功能及其悖论、未来走向等政策性选择问题进行了考察与设计，特别对短期自由刑的困境与出路以及我国正在试点的社区矫正面。

最后，对世界范围内的保安处分制度发端的刑事政策背景、保安处分的当代命运以及保安处分的中国选择特别是作为当代中国法治进程中热点问题的劳动教养制度何去何从等问题进行了研究，主张将劳动教养易名为强制教养，使之刑罚化和司法化，在充分利用和发挥现有的劳教设施、机构、人员的基础上，还劳动教养不完全剥夺自由的本来面目，并对劳动教养的适用对象、处遇期限、决定程序进行必要的改造，将劳动教养就改造成剥夺自由刑向自由刑替代措施过渡的一种半自由刑，并纳入司法程序的规制之下。

梁根林，男，江苏人，1964 年 6 月生。1984 年—1997 年北京大学法律学系读本科，获法学硕士博士学位。1997 年入北京大学法学院任教，历任讲师、副教授、教授。2001 年—2002 年，德国图宾根大学访问学者。主要研究方向为刑法学、刑事政策。主要成果：《刑事政策：立场与范畴》、《刑事法网：扩张与限缩》、《刑事制裁：方式与选择》 等。

（北京大学社会科学部王周谊供稿）

《刑事证据调查行为研究：以行为科学为视角》

中国人民公安大学　刘为军著

中国政法大学出版社

2007 年 5 月出版　24.5 万字

该书主要观点有：1. 行为科学与证据学、侦查学在研究对象上具有共通性，行为科学上的一些成熟的理论和方法可以用来解释证据现象和改善证据调查行为品质；2. 行为科学上的个人行为、群体行为、领导行为和组织行为的分类方法很难适用于证据调查行为，但是行为背后的个体因素、群体因素和组织因素等却是有价值的；3. 行为实施者的个体因素、群体因素和组织因素等都将对调查行为产生重大影响，必须针对调查组织的结构和调查人员的心理结构作出适当调整；4. 个案侦查行为的过程可以划分为一般模式和特殊模式两种，在行为过程的特殊模式方面，改善我国危机管理水平的关键是要使危机管理机制程序化和规范化，建立专门的危机管理领导机构和专业机构，建立完善的危机预警系统和保障系统，培育危机意识，制定危机预案并进行模拟演练；5. 调查行为激励机制以复杂人的人性假设和委托代理理论为理论前提，在具体操作时需要着重分析被激励者的需求结构、激励的目标结构和激励的诱导因素，并遵循实用性、效能性和持续性原则；6. 在评价证据调查行为时，不能坚持结果评价的唯一标准，而应兼顾过程性评价，只要对案件确已全力加以侦办，且所有破案线索均被确实查证检验时，即可称为成功的调查作为。

作为国内首部从行为科学视角系统研究刑事证据调查行为和侦查行为的著作，该书将大量成熟的行为科学理论引入证据学和侦查学领域，填补了相关领域的理论空白，对刑事证据调查行为和侦查行为的理论基础建设作出了宝贵的方向性探索。该书还对该领域许多重要但长期为人们所忽视的问题特别是现行的一些调查政策进行了多方位的评析，提出了大量有价值的改进建议，有些建议可以直接用作实践工作的操作指南，因而也具有较高的实践意义。

刘为军，男，江西于都人，1978 年 1 月生。1999 年毕业于中南政法学院法律系，获法学学士学位；2002 年毕业于中南财经政法大学法学院刑法学专业，获法学硕士学位；2005 年毕业于中国人民大学法学院诉讼法学专业，获法学博士学位。现为中国人民公安大学侦查系副教授，兼任中国人民大学证据学研究所研究员。著有《刑事证据调查行为研究——以行为科学为视角》，合著《侦查方法论》，参编《证据法学研究》、《中外司法体制比较研究》、《新编犯罪侦查学》、《检察制度比较研究》、《刑事司法大趋势》、《侦查学》、《侦查学总论》等；译作《瑞典诉讼法典》，合译《漂移的证据法》、《英国刑事司法程序》等；发表论文 30 余篇。

（作者自撰）

《生物安全国际法导论》

中国政法大学　王灿发著

中国政法大学出版社

2006 年 9 月出版　30 万字

该书全面考察了生物安全国际法的发展历史和现状，分析了主要国家对生物安全国际法的实施状况，总结了生物安全国际法的演进阶段及其特点，为生物安全国际法史研究提供了一个崭新的视角。构建了生物安全国际法的基础理论体系，创造性地提出了生物安全国际法的基本原则、基本制度及其相互关系，为进一步研究提供了理论参考。在此基础上，探讨了生物安全与知识产权的国际法保护的措施和方法，提出了生物安全损害赔偿国际立法的原则和制度构建框架，对我国正在参加的有关国际谈判具有相当大的参考价值。还深入分析了我国生物安全立法的现状和存在的问题，提出了相应的立法建议，为我国生物安全立法提供了重要的学术支持。

该书是我国生物安全国际法领域的第一部专著，填补了我国乃至世界生物安全国际法研究领域的若干空白。出版以来，该书不仅成为国际法、环境法和生物安全法律与政策研究人员的重要参考文献，而且为国家立法机关和有关行政主管部门开展生物安全立法和相关国际谈判工作提供了重要的借鉴。

王灿发，男，山东省成武县人，1958 年出生，现为中国政法大学民商经济法学院教授，博士生导师，环境资源法研究所所长。兼任中国法学会环境资源法研究会常务理事、副会长，北京市法学会环境资源法研究会副会长。曾经参加起草 1990 年以后的国家和地方的多部环境法律、法规，发表论文 70 多篇，独立和与他人合作完成环境资源法专著、教材 40 多部。是我国最早涉足生物安全立法研究的法律学者。先后被评为北京市优秀教师、北京市先进工作者（劳动模范）。被全国人大环资委、全国政协人资环委等单位评为“2005 绿色中国年度人物”。

（中国政法大学资源法研究和服务中心于文轩供稿）

《启蒙时代欧洲的中国观——一个历史的巡礼与反思》

清华大学　张国刚　吴莉苇著

上海古籍出版社

2006 年 7 月出版　420 千字

该书是国内首次对 16—18 世纪以耶稣会士为主要媒介的中欧交往进行全面叙述，对该对程的描述、对交往中突出背景的介绍，以及对中国知识在欧洲所引起的反响，其全面程度为国内同类著作所不见。该书的思想深度在于试图分析“中国本身——耶稣会士叙述的中国形象——欧洲人理解的中国”这三个环节之间是否吻合，并在叙事中贯穿历史比较思路，在历史情境的变化中来比较西方人对中国的认识差异。力求把这场中西交往还原到欧洲的社会和思想发展脉络之中进行审视，把握16—18世纪欧洲思想界和知识界变迁的线索，进而认识他们对中国的各种言论，整合出一个随着欧洲社会变化而变化的整体性的中国形象。欧洲人的中国观实际上是欧洲人在特定环境下的文化意识、思想意识和民族意识的折射，而中国的本来面目并非大多数欧洲人所关心的内容。研究这种形象的主要功用不在于借以追溯欧洲人对中国人友好态度的开端，而首先是一个借以辨析欧洲社会史、思想史和学术史特征的窗口，同时也帮助我们认识到文化本位主义如何普遍和深刻地存在，促使我们去反思，在中西交流中我们应立于何处、应如何正确地就欧洲人对中国的态度做出反应。海内外学术界对该书多有肯定评价，认为是迄今关于中国学者该问题权威、有影响的一部专著。

张国刚，男，1956年6月生，历史博士，清华大学历史系教授兼系主任，教育部长江学者特聘教授。主要研究中国古代史、中西文化关系史，著有《德国的汉学研究》、《从中西初识到礼仪之争》、《中国家庭史》。曾获教育部人文社会科学优秀成果奖、中华优秀图书奖、国家级优秀教学成果一等奖。

（清华大学文科处供稿）

《中古时期社邑研究》

首都师范大学　郝春文著

新文丰出版公司（台北）

2006年11月出版　356千字

该专著与同类著作相比，具有以下特点、贡献和意义：一、最大限度搜集材料。二十多年来，作者致力于搜集相关资料，不仅敦煌文献中的有关资料被网罗殆尽，石刻资料、佛教典籍和传世史籍中的资料也被最大限度的发掘出来，为此研究提供了坚实的基础。二、视野开阔。该书将敦煌文献与佛教典籍和石刻资料贯通，把研究范围从敦煌拓展到中原地区，研究时限则上溯到了魏晋南北朝时期。发现了一些局限于短时段和敦煌一地不能看到的重要问题。三、研究具有理论意义。该书的看法和观点具有原创或独创性。作者未停留在就事论事的史实描述层面，而是尽量从历史个案中提炼或抽象出具有一般意义的论点。如该书上篇关于传统私社与佛教关系的研究，就总结出了“在两种文化、两种观念或行为方式发生碰撞时，双方都应该采取互相尊重、平等相待的态度，采用求同存异的策略，只有这样，二者才有可能和平相处，并进而达到融合的目标”。这样的历史经验对我们今天处理类似问题也仍然具有借鉴意义。四、采用了新的论证方法。该书使用传统史学的例证论证方法，也使用多种图表和量化分析等新的论证方法，使该书的论断更加可靠。

该书出版后，得到学术界的高度关注，先后发表了书评4篇。有作者认为该书是这个研究领域的一座里程碑。

郝春文，男，北京通州人，1955年7月出生。1999年毕业于首都师范大学，历史学博士，主要从事敦煌学和魏晋南北朝隋唐五代史研究。现任首都师范大学历史学院教授、院长，兼任中国敦煌吐鲁番学会副会长、《敦煌学国际联络委员会通讯》主编。曾出版《唐后期五代宋初敦煌僧尼的社会生活》、《英藏敦煌社会历史文献释录》（1至7卷）等著作10多种；发表等论文和书评100多篇；承担或主持国家和省部级项目多项，获国家和省部级奖励多项；曾十多次应邀到英、法、美、加拿大、日、俄、泰国和台湾、香港等地从事学术研究或参加大型国际学术会议。

（首都师范大学社科处黄胤英供稿）

《中国史学史》

北京师范大学　白寿彝主编

上海人民出版社

2006年12月出版　2394千字

该书是白寿彝先生生前主持的国家哲学社会科学“七五”规划重点项目，是迄今为止国内外关于中国史学史研究内容最全、规模最大、水平最高的一项学术成果，是北京师范大学史学研究所老、中、青三代学人共同努力的结晶。

该书详细论述了中国史学史研究的对象、任务、范围和意义，对中国史学史研究和学科建设具有全局思考。在史学史的理论和方法论研究方面具有重要创获，对史学史的分期上注重历史时代与史学自身特征相结合，深刻揭示出史学与社会的关系。

白寿彝（1909—2000），中国著名史学家、回族史和伊斯兰教史专家，回族，河南开封人。早年在河南中州大学和上海文治大学读书，1929年考入燕京大学国学研究所。先后在云南大学、中央大学执教。曾任北京师范大学教授、历史系主任、史学所所长、校学术委员会及学位委员会主任，并任国务院学位委员会委员、全国高等院校古籍整理研究工作指导委员会副主任、北京历史学会会长、中国民族研究学会副会长、《中国大百科全书·中国历史》编辑委员会副主任等职。白先生学术研究领域十分广泛，在中国交通史、中国伊斯兰教史、回族史、中国民族关系史、中国思想史、中国史学史、中国通史和史学理论方面都作出了突出的贡献。

（北京师范大学社科处吴慧涵供稿）

《全球创业观察中国报告：基于2005年数据的分析》

清华大学　高　建　姜彦福
李习保　程　源著
清华大学出版社
2006年12月出版　172千字

该出是全球唯一具有国际可比性和国际视野、基于每年获取的原始数据完成的中国创业报告，为全面认识中国当前创业活动提供了一手的信息。此报告在国内创业研究中独树一帜，具有引领作用，其理论价值在于：（1）为中国创业研究提供了一个可资借鉴的创业活动概念框架，具有较强的理论解释力和预见力；（2）生存型创业是我国创业的主导形式，这一发现为研究中国当前创业规律提供了重要理论研究方向。

同时，该报告还具有重要的理论实践意义：（1）回答了中国在全球创业活动中的地位和创业者的创业特性；（2）系统地揭示了中国创业环境的优劣方面及其表现，指出了改善创业环境的方向；（3）机会型创业和生存型创业的概念得到广泛利用，中央和地方政府的劳动就业部门，从中深得其益，作为思考中国创业促进就业工作的一项理论依据。

（摘自《北京市第十届哲学社会科学优秀成果奖获奖成果简介》）

《农民视角的新农村建设》

中国农业大学　叶敬忠著
社会科学文献出版社
2006年11月出版　559千字

该书是我国第一部从农民视角深入探讨新农村建设的学术专著。区别于同类成果多以专家学者和政府官员的主张和建议作为新农村建设的主要依据，忽视农民对新农村建设的需求和态度的现象，该研究从客观的立场还农民以话语权，反映农民的真实意愿和想法，全面地展示与分析了农民对新农村建设的态度和需求，为从事新农村建设研究的机构和个人提供了第一手资料和学术参考，为政府提供了制定新农村建设政策和措施的依据。该研究认为，在生产发展方面，农民面临缺少生产性贷款等困难，再生产投入不足；乡风文明建设的村级公共活动和设施匮乏；村庄亮化等工程并非农民最急需开展的村容整洁活动，改造农村卫生条件等亟待解决的问题却被束之高阁；农村民主选举和民主监督流于形式，民主管理与民主决策方面缺乏公众参与，等等。

该研究填补了关于新农村建设的学术研究空白，所提出的“建议关注社会主义新农村建设中的九个问题”得到了温家宝总理和回良玉副总理的重要批示，部分政策和措施也已得到政府及相关部门的采纳，具有重要的社会价值和政策借鉴意义。国内多家媒体报道或转载了该研究成果及其观点。

叶敬忠，男，生于1967年11月，江苏省沭阳人，教授、博士生导师。自1988年起在中国农业大学工作，2002年获荷兰瓦赫宁根大学社会学博士，历任中国农业大学国际农村发展中心副主任、农村发展学院副院长、人文与发展学院副院长；曾被评为中国农业大学优秀教师、国家林业局优秀专家称号、获得霍英东教育基金会第九届青年教师奖、入选教育部“新世纪优秀人才支持计划”。主要从事发展干预社会学、发展理论、发展规划与社会问题研究。主持的研究课题包括“中国留守人口研究”，“县级发展规划中的公民参与研究”，“参与式新农村政策研究”等15项，以及发展项目6项；发表研究论文90余篇，著作20余部。

（中国农业大学科技发展研究院王虹供稿）

《中国经济增长数据可信度检验研究：理论、模型与实证检验》

北京师范大学　杨冠琼著
经济管理出版社
2006年4月出版　213千字

该书旨在探索中国经济增长数据的可靠性问题以及相关的研究方法问题。在定性分析的基础上，运用协整与误差修正模型、向量自回归模型、超越对数生产函数模型、数据包络（DEA）模型以及随机前沿生产函数模型对典型省份的数据进行了多角度、多层次的系统检验与分析，探索了非 GDP 核算数据与 GDP 核算数据、全要素生产率和能源消费等与经济增长、GDP 核算误差之间的关系。该书是国内第一部运用多种新的假设检验方法，系统检验典型省份经济增长数据可信性的专著。该研究对于进一步探讨这一总题、对于推动公共管理定量分析技术的发展、对于提高公共政策分析和项目评估的科学化水平具有重要意义。

杨冠琼，男，1961 年 8 月生，现任北京师范大学管理学院教授、博士生导师。先后于兰州大学，主修数学专业，获学士学位；又于中国人民大学主修行政管理专业，获硕士学位；于北京师范大学，主修行政管理与公共政策，获博士学位。曾作为高级访问学者，在美国洛杉矶加州大学学习与研究。主要从事行政管理改革、公共政策分析、行政管理的定量研究方法、宏观经济政策以及区域协调发展等领域的研究。先后承担了国家社科规划项目、教育部项目、北京市政府项目以及各部委项目。发表论文 60 余篇，出版专著多部。

（北京师范大学社科处吴慧涵供稿）

《社会保障：从二元到三维——中国城乡社会保障制度的比较与统筹》

对外经济贸易大学　王国军著

对外经济贸易大学出版社

2005 年 10 月出版　266 千字

中国应该采取一种什么样的方式来解决最需要社会保障的人群（特别是农民）在生命波折期的生存问题？针对这些问题，作者开展了系统研究。

作者对中国城乡当前的社会保障制度进行比较并做出绩效评价，认为目前“二元”社会保障制度既缺乏效率也未实现公平。强调建立城乡有机衔接的社会保障制度非常必要，但这并不排斥家庭保障和土地保障在农村的长期存在，相反，家庭保障也有其不可比拟的优势，农村社会保障需要家庭保障的补充和配合。利用计量模型和精算技术分析和确立了三维社会保障制度所需的政治和经济条件；然后提出应设计分阶段的多维度社会保障制度模式。

作者按三维社会保障制度的发展思路设计出了中国城乡社会保障制度的过渡模式与目标模式，系统地提出了我国呈现健康保障制度、养老保障制度，以及其他社会保障制度的衔接方案。分析了实现城乡社会保障制度统筹的步骤和各步的难点，提出了解决难点问题的思路。

该书是国内第一本以城乡社会保障制度统筹为主题的专著，对促进我国城乡社会保障制度的建立与完善具有较强的理论和实践价值。

王国军，对外经济贸易大学保险学院教授，博士生导师；北京大学中国保险与社会保障研究中心研究员。专业特长：保险学与社会保障学。主讲课程有保险经济学、保险经济分析、保险法学、保险法研究、保险精算、保险理财规划等。发表论文 60 余篇，完成著作 8 部，曾主持完成国家自然科学基金、国家社会科学基金、教育部留学归国人员科研启动基金资助课题各一项，获得国家图书奖，多次获得教育部、北京市科研成果奖。

（作者自撰）

《北京奥运与中国国家形象战略研究报告》

中国人民大学　冯惠玲主持

2007 年 5 月出版　55 千字

该研究报告是国内唯一一部以大规模实证研究方式开展的中国国家形象研究报告，提出独创性的文化中国国家形象战略模型。其核心内容是：文化中国应成为国家形象战略的重心，并基于科学的文化要素排序，构建了国家形象战略的理论谱系和实践框架。同时明确了北京奥运语境下的国家形象表达形态和传播策略，如构建国家议题库、建立海外第三方国家话语同盟、开展国家游说等。

该报告开创了国家形象研究的新范式，即以对话为国家形象问题的元理由，实现体用且并彰，同时对国家形象传播实践也具有重要的指导意义。报告中有关北京奥运、公众外交和国家形象的研究内容，被党和国家领导人所重视，部分观点和结论被采纳或广为引用。

冯惠玲，江苏仪征人。中国共产党党员。在中国人民大学档案系获硕士、博士学位。曾在日本东京大学进修历任中国人民大学档案学系副主任、主任、档案学院院长、教授博士生师、中国人民大学副校长，兼任档案馆馆长。兼任教育部社会科学委员会委员，教育部档案学科教学指导委员会主任，中国档案学会副理事长，北京市社会科学联合会副主席等社会职务。主持多项国家和省部级科研项目，撰写和主持编写著作、教材 20 余部，发表论文百余篇。两度被评为北京市优秀教师，入选北京市“跨世纪优秀理论人才百人工程”和教育部“跨世纪优秀人才培养计划”，获国务院颁发的政府特殊津贴。

（中国人民大学科研处张玉洁供稿）

《大国卫生之论：农村卫生枢纽与农民的选择》

北京大学　王红漫著

北京大学出版社

2006 年 4 月出版　218 千字

作者历时 4 年，行程 25000 公里，对 15 个省市的农村医疗卫生状况进行实地调研。在获得第一手资料基础上，结合社会实际，经过深入分析研究，讨论建立农民需要、政府预期和实际运行效绩相契合的农村医疗保障体制的可行性，从战略角度重点研究我国农村农民医疗卫生保障体系及制度设计，包括基层医疗卫生机构的配置维度、财务制度、人事制度和社会保障制度。

该书以农村卫生枢纽——乡镇卫生院为切入点，探讨了如何盘活资源、节约公共物品供给成本、优化社会资源配置以及提供无差异医疗卫生服务。该书以公共经济学、管理学、社会学、法学、卫生学等多学科视角，综合评估并力图整合政府预期、卫生服务方利益、农民个体理性的不同取向，以新中国成立以来卫生组织制度、机构设置以及历次合作医疗的经验和教训为借鉴，构建中国特色的农村卫生医疗保障体制框架，并依此提出统筹城乡，改革政府投入方式，医保剥离、管办分开，化解群众“看病难、看病贵”的可操作性政策建议。

王红漫，女，黑龙江人，1970 年 1 月生。1998 年获医学博士；2000 年入北京大学医学部任教，历任讲师、副研究员、研究员。主要研究方向为医学社会学、卫生外交、健康与社会发展理论与实证研究、卫生人力资源开发的理论与方法、中医药发展战略研究。主要成果：《大国卫生之论》、《大国卫生之道》等。

（北京大学社会科学部王周谊供稿）

《日藏汉籍善本书录》（三卷）

北京大学　严绍璗著

中华书局

2007 年 3 月出版　3800 千字

该成果是作者花费 20 余年 30 余次前往日本，调查、整理完成的。该书著录了自上古以来到明代末年传入日本而至今仍然保留的中国文献凡 10800 余种，考察了版本状态，并尽量地考察了它们传播的基本轨迹，并较为详细地调查与记载了汉籍进入日本后在多种文化层面中保存的记录与留存的痕迹，从而较全面地展示了中日两国以“汉字”为文化联系的纽带，以“汉籍”为文化连接的通道而构成的“东亚文化圈”的基本的文化特征，并为进一步的研究提供了难得的原典文本。

该书是既是一部文献学著作，又超越了传统的目录学概念而贯穿着比较文化研究的学理与方法的“跨文化”研究著作。从目录学的意义上说，该书其中著录了数百种希世文献，是我国研究“域外汉籍”中至今最宏大的著录。从比较文化研究领域来说，该书的文献著录特别强调了汉籍进入日本后的“被接受状态”，在多学科中以及民族学、民俗学海关入境文献中考察汉籍在日本文化中的价值意义。这样的研究与表述，为我国学界所仅见。

严绍璗，男，上海人，1940 年 9 月生。毕业于北京大学中文系，留校任教至今。现任北京大学中文系教授，比较文学和比较文化研究所所长。主要研究方向为东亚文化与文学关系、日本藏汉籍善本调查与整理、中日文化关系研究等。主要成果：《中日古代文学关系史稿》、《中国与东北亚文化关系志》、《日本藏宋人文集善本钩沉》等。

（北京大学社会科学部王周谊供稿）

《张清常文集》

北京语言大学　张清常著

北京语言大学出版社

2006 年 1 月出版　2035 千字

第一卷音韵学；第二卷汉语史和词汇学；第三卷胡同研究；第四卷《音韵学讲义》和《唐代长安方音》中译本；第五卷方言、学术通信及其他。《文集》收录了作者的绝大多数著述，其中《中国上古音乐史论丛》、《唐代长安方音》（马伯乐著）中译本、《音韵学讲义》等是首次正式发表。

《文集》全面反映了作者一生的学术成就。《中国上古＊-b 声尾的遗迹》、《古音无轻唇舌上八纽再证》、《〈释名〉声训所反映的古声母现象》等篇目是张先生音韵学研究的代表作。《中国上古音乐史论丛》、《中国声韵学所借用的音乐术语》、《中国声韵学里面的宫商角徵羽》、《李登〈声类〉和“五音之家”的关系》等深入讨论汉语音韵与音乐的关系。

作者晚年着力研究北京的胡同，首先，他论证“胡同”是蒙语借词，否定了“胡同”是汉语固有词的说法。他的这一观点已为语言学界接受。然后他又做了三个方面的工作，第一，给明朝张爵的《京师五城坊巷胡同》作今注；第二，以北京街巷名称为资料，探索汉语本身的问题；第三，研究语言与历史、地理、民族、文化之间的关系。在广阔的历史、文化背景下全面阐释了北京街巷名称的内涵，这项研究具有很浓的中国语言学流派的特色。

文集中的若干重要观点已成定论，并在学界产生了极大的影响。

张清常（1915年7月—1998年1月），男，贵州安顺县人，音韵学家和语言学家。早年师从钱玄同、沈兼士、商承祚、唐兰等名家。1934年秋至1937年夏，在清华大学研究院中文系做研究生，得到杨树达、罗常培、王力等文字音韵学家的指导。历任浙江大学中文系讲师，西南联合大学中文系讲师、副教授、教授，天津南开大学中文系教授兼任系主任，曾作过清华大学和北京大学的兼职教授，内蒙古大学中文系教授兼主任。1975年回到南开大学任中文系教授。1981年调到北京语言大学，曾任北京语言大学校学位评定委员会副主席。

（北京语言大学科研处王峻岭供稿）

《汉赋研究史论》

首都师范大学　踪　凡著

北京大学出版社

2007年5月出版　650千字

该书将中国古代的汉赋研究划分为两汉、魏晋南北朝、唐宋元、明清及近代凡4个时期，系统梳理汉赋研究的历史嬗变。对中国古代的汉赋研究资料进行了穷尽式搜集，并且将这些研究成果分为评论、编集、注释等三大方面进行全面考察和学术总结，避免一般研究史注重评论而忽视编录、注释和随文评点的偏颇。作为第一部汉赋研究史专著，还对中国古代的汉赋研究进行理论思考，探讨其产生的学术背景、包蕴的文化内涵以及可资借鉴的合理因素，认识其在中国文学思想史和中国学术史上的价值地位。

该书出版后在学术界产生良好反响，发表书评4篇。全国赋学会秘书长朝晖教授在书评中说：“踪著不仅为赋学研究开辟了一片新天地，而且以其完备信实的资料考订、文献学和注释学方法的精妙运用、严密系统的结构体系、全面深刻的分析和迭出的新见而当之无愧地成为赋学研究领域的一部上乘佳作。”

踪凡，原名踪训国，江苏沛县人，1967年8月15日生。1997年于陕西师范大学辞书编纂研究所，获文学硕士学位；2000年于山东大学获文学博士学位。现为首都师范大学文学院教授，中文系主任，硕士生导师。专业特长是中国古代文学和中国古典文献学。发表论文50余篇，出版专著《汉赋研究史论》、《司马相如资料汇编》等多部。2008年入选教育部“新世纪优秀人才支持计划”。

（首都师范大学社科处黄胤英供稿）

《系统功能语言学概论》

北京大学　胡壮麟著

北京大学出版社

2005年9月出版　668千字

该书不仅介绍系统功能语言学的经典理论，而且具有教材编写和科学研究相结合的特点。作者鲜明地指出我国学者罗常培先生和王力先生对韩礼德的影响，具有学术回归的重大意义，同时也反映了我国本土的系统功能语言学家对于如何发展该学派的创新观点，对促进语言学研究中本土化和国际化的结合具有深远意义。

该书的特色在于：1. 作者在悉尼大学受韩礼德和马丁等指导，具有权威性。2. 不仅对国内比较熟悉的功能语法作了介绍，对难度较大的系统语法也有介绍，既全面又浅近。3. 能从语言学史的发展观点论述韩礼德思想的本质和核心内容。4. 在保留经典内容的基础上，注意研究该学派的发展，如语类理论、隐喻理论、评价理论等。5. 注意结合汉语理论，探索该理论的概括力和可行性。6. 对有些观点能大胆质疑和提出不同意见，使本书具有高度科学性和创新性。7. 为我国语言学工作者如何实现国际化和本土化的结合提供了启示。

由于该书深入浅出，紧跟该学派的最新发展，加之结合汉语实践，已成为国内语言学学者常用的权威参考书，也为各高校语言学研究生教学用书。

胡壮麟，男，上海人，1933年3月生。1954年毕业于北京大学西语系英语专业，1981年澳大利亚悉尼大学硕士生。1973年到北京大学工作，历任英语语言文学系副教授、教授、副系主任、系主任。

主要研究方向为国外语言学、功能语言学、语用学等，主要成果：《语言学教程》、《系统功能语法概论》等。

（北京大学社会科学部王周谊供稿）

《马克思主义新闻观思想体系》

中国人民大学　陈力丹著

中国人民大学出版社

2006年5月出版　694千字

将马克思主义新闻观的研究科学化和完整性，是这本专著试图解决的问题。在以下两方面做了扩展：第一，把对马克思和恩格斯、列宁、斯大林、毛泽东个人思想的研究，扩展为与他们共同创建革命政党和从事革命活动的领导集体的思想研究，包括争论的话题。其中第一国际、第二国际、第三国际党内交流的经验或教训，是首次进行研究。第二，不仅局限于研究领导人的思想，也要研究党的各种会议和文件中关于新闻、宣传、文化的观点，这些会议和文件是时代集体思维的结晶。

研究马克思主义新闻观，实事求是是一个基本原则。历史上，从国际到中国，马克思主义政党在新闻、宣传、文化等方面的工作，有成功的经验，也有惨痛的教训，总结这方面指导思想和政策制定的经验和教训，是该项研究的目的之一。因而，该项研究不回避国际共运历史中出现的错误和教训，例如列宁1918年提出苏维埃报刊的任务时错误的军事共产主义背景、斯大林禁止党内思想交流造成的苏联党内部的大屠杀，以及中共解放后20年的指导思想“左”倾错误在新闻观方面的表现等等。

该项研究涉及的材料浩瀚，作者倾注全力，通读马克思和恩格斯、列宁、斯大林和中国老一代无产阶级革命家的全部公开发表的著作，以及中国党的老一代著名新闻工作领导者的著作，查阅了大量国际共运和中共党史材料。

陈力丹，男，1951年2月出生，江苏通州人。现为中国人民大学二级教授，该校新闻学院新闻学责任教授、传播学方向博士生导师、博士后流动站站长、《国际新闻界》月刊主编、新闻与社会发展研究中心新闻传播所所长。毕业于北京大学中文系新闻专业和中国社会科学院研究生院新闻系。曾为《光明日报》编辑，在中国社会科学院新闻与传播研究所研究员。享受国务院特殊津贴。主要研究方向：新闻理论、新闻史、传播学、舆论学。出版独著20本、编著6本、合著合编的书十几种；发表论文200多篇。

（中国人民大学科研处张玉洁供稿）

《当代社会变迁中的二人台研究》

中国音乐学院　杨　红著

中央音乐学院出版社

2006年7月出版　300千字

该书以历时三年持久扎实的田野考察以及丰厚的田野资料为本，吸纳当今世界民族音乐学前沿学术理论，结合相关历史及中外文献，将“二人台”这一由蒙汉文化交融而产生的民间综合演艺品种置于历史与地理纵横交错的宏伟坐标中，确认它为三大文化板块地缘交融所形成的“西口路”经济文化生活的结晶，对它进行高视角的观照和细致入微的透视，从而提供了一个跨多学科的民族音乐学综合研究范例。

该书上篇是对二人台的历史文化语境和当今二人台生存现状进行的宏观研究和实地普查结果的综述；中篇是对两个不同类型的河曲民间戏班的个案调查和具体的微观比较研究；下篇则通过9个不同文化事件的个案研究之比较，探讨河曲民间戏班与西口路不同地域的各类非定时和定时性乡俗礼仪生活的互动关系，从而论证了二人台作为西口路文化的重要组成部分之深厚音乐文化内涵。

《中央音乐学院学报》等刊发表书评，认为该书是戏曲音乐文化的系统性研究，填补了戏曲理论研究中的学术空白，该书在内容和理论上的深度，是近年我国传统音乐研究，特别是戏曲研究领域的佳作。

杨红，女，1959年4月出生于山东济南市。曾就读于中国音乐学院和香港中文大学研究院，分别获文学硕士和哲学博士学位。现为中国音乐学院音乐学系教授、民族音乐教研室主任、民族音乐学及中国传统音乐研究生导师。长期从事中国传统音乐的田野调查与研究工作，主要教学与研究领域为民族音乐学和中国传统音乐。著有《当代社会变迁中的二人台研究》、《中国传统音乐引论》、《中国民族民间音乐》（合著）等专著，发表学术论文60余篇。并独立完成若干项国家、北京市人文社会科学及院级重点和香港科研项目。

（作者自撰）

《中国工艺美学史》

清华大学　杭　间著

人民美术出版社

2007年5月出版　300千字

在中国设计界深受欧美设计的影响十余年后，由于全球化经济对各区域文化所造成的冲击，本土设计又重新被提起，这是一种从建构民族文化自尊心的内在需求的重提。但是，在此时设计界反求诸传统精华的时候，我们的学术却没有应有的准备，为数众多的设计图书出版热的背后，掩盖着“中国设计学”的学科基本建设的苍白。正是在这种情形下，作者将其获首届全国优秀博士学位论文《中国工艺美学思想史》修订再版为《中国工艺美学史》。该著作是中国首部论述工艺美学思想的书，具有学科专业坚实的理论基础，具有理论的创新性和建设性。史料丰富、论证全面、观点鲜明，是一部工艺美学研究的开创性的研究著作。

（摘自《北京市第十届哲学社会科学优秀成果奖获奖成果简介》）

《数字艺术论》（上下册）

中国传媒大学　廖祥忠主编

中国广播电视出版社

2006年5月出版　546千字

该书首先从对数字艺术的定义出发，阐述了科技发展带来的数字化语境下艺术的变迁。同时探讨了数字艺术的社会属性，以及数字艺术的出现为信息社会带来的双刃剑。在此基础上，深刻剖析了数字艺术的人文特征，根据数字艺术的表现形式将数字艺术分为：传统艺术的数字化作品、借助数学创作的艺术作品、给予数字平台创作和传播的艺术作品、基于宽带交互式多媒体应用系统的艺术作品4种类型，并从宏观的角度概括了数字艺术的基本特征。该书还探讨了数字化对传统艺术的冲击，并分别从网络文学、电影、电视、动画和网络游戏5种不同的艺术门类探讨数字艺术的美学特征和审美表现。在总结了各类型数字艺术的美学艺术的美学意义和未来发展的基础上，还大胆预测了数字艺术的未来走向——互动艺术。该书对数字艺术的基础理论进行了全面的梳理和概括，并结合产业实力和社会发展，深入浅出。被很多高等院校的相关专业作为教学用书以及研究生专业入学考试的必读书目。在第五届全国广播电视学术著作评选中，还被评选为一等奖。

廖祥忠，男，湖北人，1968年12月11日出生。毕业于中国传媒大学电视系广播电视艺术学专业，博士学位，教授。曾任中国传媒大学信息工程学院副院长，现任动画学院院长，擅长广播电视艺术学、数字媒体艺术理论的研究，先后在全国核心期刊上发表文章：《数字媒介与艺术创新》、《“超越逻辑”：数字人文的时代特征》、《网络游戏——带刺的玫瑰》、《数字技术对影视艺术的影响》等，主编了《首届中国国际动漫节优秀论文集》、《首届中国国际动漫节原创动漫大赛优秀作品集》、《第二届中国国际动漫节学生原创动漫大赛获奖作品集》等，已完成的国家211重点学科项目《数字艺术论》，《超越逻辑：数字人文的时代特征》获2005年首届“中国学院奖”文艺理论比赛优秀奖。

（中国传媒大学科研处供稿）

附：

北京市哲学社会科学优秀成果奖评选条例

（2008 年 4 月修订）

第一章　总　　则

第一条　为进一步繁荣发展首都哲学社会科学事业，鼓励哲学社会科学工作者以马克思主义为指导，高举中国特色社会主义伟大旗帜，全面贯彻落实科学发展观，为首都经济建设、政治建设、文化建设和社会建设服务，根据市委、市政府《关于以中共北京市委、北京市人民政府名义表彰奖励工作的管理规定》（京发〔1996〕21 号，以下简称《规定》），特制定本条例。

第二条　中共北京市委、北京市人民政府设立北京市哲学社会科学优秀成果奖，作为对全市哲学社会科学优秀成果的市级奖励。

第三条　北京市哲学社会科学优秀成果奖每两年评选一次。

第四条　根据《规定》要求，北京市哲学社会科学优秀成果奖评选工作由中共北京市委宣传部、北京市教育委员会、北京市人事局共同承办。

第二章　评选范围

第五条　哲学社会科学研究成果，凡符合下列条件之一者均可参加评奖：

（一）北京市哲学社会科学研究和教学单位（包括北京市与中央各部委双管单位）、学术团体、民办社会科学研究机构、政策研究机构、实际工作部门的研究成果；

（二）中央、国家机关和军队系统在京单位研究北京历史和现状的研究成果；

（三）以北京市单位为主，有北京市以外单位参加的研究成果。

第六条　参加评选的哲学社会科学研究成果的主要形式包括：专著、教材、工具书、普及读物、古籍整理作品、论文、调研报告。

第七条　已获得省部级以上奖励的哲学社会科学研究成果（不包括民间奖励），不在参评之列。

第三章　奖励等级和标准

第八条　北京市哲学社会科学优秀成果奖设特等奖、一等奖、二等奖。

第九条　获北京市哲学社会科学优秀成果奖的研究成果，须具备以下条件：

（一）坚持以马克思主义为指导，高举中国特色社会主义伟大旗帜，全面贯彻落实科学发展观；

（二）在本学科研究领域有新观点、新论证、新方法或对改革开放和社会主义现代化建设事业有较高应用价值。

第十条　获北京市哲学社会科学优秀成果奖特等奖的研究成果，除须具备第九条规定的条件外，还必须具备下列条件之一：

（一）理论上有重大创新；

（二）对本学科建设有重大贡献或对改革开放和社会主义现代化建设事业有重大应用价值。

第四章　组织领导和程序

第十一条　评奖工作由北京市哲学社会科学优秀成果评奖委员会负责。评奖委员会委员由中共北京市委宣传部会同各有关部门协商提名，报请市委批准后组成。

评奖委员会的职责是：

1. 根据本条例规定，制定评奖工作实施细则；

2. 选聘评奖委员会各学科评选小组的成员，领导各学科评选小组的工作；

3. 评出获奖成果，并公布获奖名单；

4. 决定评奖工作中的其他重大事项。

第十二条 评奖委员会下设若干学科评选小组。学科评选小组由本学科的专家、学者组成。学科评选小组的职责主要是评选本学科报送市评奖委员会终评的成果。

第十三条 评奖工作的程序是：作者申请、单位推荐、系统初评、学科评选小组评选、评奖委员会终评。

第十四条 评奖委员会及各学科评选小组在评选过程中，以成果质量为依据，坚持公正、公平的原则、少数服从多数的原则和回避制度，通过民主评议，采用无记名投票方式确定获奖成果。

第十五条 经评奖委员会终评的获奖成果，向社会公示。

第十六条 北京市社会科学界联合会承担评奖委员会办公室的职责，负责评奖的日常工作。

第五章 奖励、奖励撤销和经费

第十七条 对获奖成果以市委、市政府的名义给予表彰奖励，并颁发获奖证书。

第十八条 对伪造材料、弄虚作假、骗取奖励的成果，由中共北京市委宣传部、北京市教育委员会和北京市人事局核实后，报中共北京市委、北京市人民政府批准，撤销其奖励。

第十九条 评奖所需经费，由北京市社会科学界联合会编制预算，市财政拨款，专款专用。

第二十条 本条例由北京市哲学社会科学优秀成果评奖委员会负责解释。

第二十一条 本条例自发布之日起施行。

（转自《关于开展北京市第十届哲学社会科学优秀成果评奖工作的通知》）

北京市优秀调查研究成果奖名单及一等奖简介（2006 年—2007 年）

一、获奖成果名单

单位	主持人	执笔人	课题名称	获奖等次
市委研究室	康庆强	康庆强、高凤云、刘翠兰、肖湘	2007 年北京社情民意调查报告	一等奖
市政府研究室	聂新生	郝留亮	关于加快构建我市公共住房保障体系的建议	一等奖
市人大常委会研究室	市人大常委会课题组	市人大常委会研究室	北京市第十二届人大常委会五年工作及经验总结报告	一等奖
市政协研究室	张平夫、董援朝	杨清柏、王晓欣、胡占利、高林宇	关于加强新世纪新阶段人民政协工作的调研报告	一等奖
市纪委研究室	王海平	吴问平、刘永强、夏立忠、毛百战、钟成	关于加强对政府投资项目监督管理的调查报告	一等奖
市委宣传部	陈冬	窦晓东、彭司海、杨建英、孙浩、齐福全	北京市文化创意产业发展研究报告	一等奖
市委政法委	刘伟	彭波、徐延彬	关于加强和改进党对政法工作领导的调查与思考	一等奖

续表

单位	主持人	执笔人	课题名称	获奖等次
市教委	李观政、罗洁、董奇	乔树平、王文静、成刚、张云运、柯李等	北京市义务教育均衡发展现状调查	一等奖
市编办	黄强	刘剑松、黄安、邹宇、杨志勇、王建	以转变政府职能为重点进一步深化行政管理体制改革	一等奖
市发改委	王海平、卢映川、刘志、翟振武	王景山、尉高师、梁昌新、刘存良、张耀军等	首都人口资源环境协调发展研究与对策建议	一等奖
市委农工委、市农委	李进山	王修达	新农村建设农民需求调查报告	一等奖
市公安局	张卫华	刘斌、马波、宋红、龙显雷、徐暖保	坚持科学发展立足整体防控扎实推进公安基层基础建设	一等奖
市民政局	赵义	李彦昌、张培祥、杨宝山	关于北京市社会组织培育和管理的思考	一等奖
朝阳区	程连元	程连元、赵建国、郜杰、王震	朝阳区人口承载力预警机制研究	一等奖
密云县	夏强	朱贺生、梁奕喜	关于提高农民致富本领和非农就业技能的研究	一等奖
市委研究室	林向阳	胡雪峰、胡睿宪、刘洪波、胡春皓	加快发展首都生产性服务业的思路和对策	二等奖
市委研究室	赵小卫	赵小卫、郑红君、马亚西、姚斌	北京市社会管理体制创新研究	二等奖
市政府研究室	唐龙、史利国、卢映川	欧阳彤、牛争芳、牛振华	关于京津塘区域经济发展问题的初步思考	二等奖
市政府研究室	史利国、顾晓园	孙进军	新农村建设中应注意保护古村落——京郊古村（落）镇保护、利用研究报告	二等奖
市政协城建环保委	张燕生	王跃荣、王东	关于加强城市户外广告设置管理的调研报告	二等奖
市政协经济科技委	张嘉兴	朱钢、张军、张嘉兴	关于本市社会主义新农村建设若干问题的调研报告	二等奖
市委组织部	孟秀勤	陈建领、桂生	地方党委换届后新的领导体制和运行机制问题研究	二等奖
市委统战部	闵克	刘先传、马振生、张静生、刘新乾、曾召贵等	党外代表人士综合评价体系研究	二等奖
市维稳办	周继红	李鹤、沈卫、张彬	关于我市敌对势力插手利用人民内部矛盾情况的调研报告	二等奖

续表

单位	主持人	执笔人	课题名称	获奖等次
首都文明办	张慧光	尹学龙、孙平、沙莲香、廖菲、李建国	北京市民公共行为文明指数调查报告	二等奖
市总工会	王北平	周玉忠、向德行、高媛、邢祎、柳艳等	北京市职工队伍状况研究——北京市第六次职工队伍状况调查总报告	二等奖
市国资委	熊大新、张宪平	满志德、温育梁、王杰、靳峰、杨军	国有企业在首都社会经济发展中的地位和作用研究	二等奖
市科委	马林	颜振军、马斌、李伟	需求分析与技术选择	二等奖
市规划委	黄艳、谈绪祥、周楠森	王飞、马哲军、彭珂	北京轨道交通规划建设与城市功能优化研究	二等奖
市市政管委	母秉杰、郭维圻、赫迎秋	郭维圻、赫迎秋、贾建强、鹿春江	北京市冬季采暖补贴办法研究	二等奖
市交通委	刘小明	刘小明、王兆荣、陈金川	奥运赛时交通需求管理政策研究	二等奖
市政府法制办	周继东	鲁安东	深化首都城市管理执法体制改革问题研究	二等奖
市检察院	卢希、高凯	张豫、董常青、孙春雨、刘慧	全面优化检力资源配置建设高素质专业化首都检察队伍	二等奖
财政局	吴世雄、徐熙	王琪、孟景伟、聂锋杰、商玉芝、翟景明	北京地方政府债务管理研究	二等奖
市人事局	刘江平	韦秀峰、孙莹、韩瑞青	首都地区社会工作岗位设置及人才使用问题研究	二等奖
市劳动和社会保障局	张欣庆	吕学静、史慧	北京市农民社会保障问题研究	二等奖
市文化局	降巩民	降巩民、关宇、常林、徐轶尊、贺雪梅等	北京市新农村公共文化服务体系构建研究	二等奖
市园林绿化局	董瑞龙、甘敬	蔡宝军、袁士保、于宝辉	关于进一步完善山区生态林补偿机制的调研报告	二等奖
市安监局	汪卫国	汪卫国、李东洲、刘毅	北京市安全生产变化趋势与主要影响因素研究	二等奖
东城区	杨艺文	杨艺文、陈本宇、苏广交	东城区物业管理纠纷现状、问题及对策研究	二等奖
西城区	林铎	王风、吴江明、关欣、张小梅、芦先国	关于改善低收入群众生活状况促进社会和谐的思考	二等奖
崇文区	李晓光	盛继洪、周克武	关于崇文区矛盾纠纷排查化解工作的调查与思考	二等奖

续表

单位	主持人	执笔人	课题名称	获奖等次
海淀区	林抚生	赖东、李振宇、祁明军、王歌红	加大海淀城乡统筹力度实现维护和发展好农民利益	二等奖
石景山区	荣华	岳林华、姚茂文	石景山区农转居后续工作面临的难点问题及对策研究	二等奖
大兴区	郭宝东	王志刚、武凌君	关于绿化隔离区建设与农民利益保障问题的调研报告	二等奖
市委党校	王江渝	张军	北京市领导干部工作价值观状况调查与研究	二等奖
市社科院	江树革	江树革	完善首都低保制度的社会政策研究	二等奖
首都社会经济发展研究所	王力丁、王鸿春、马仲良	马仲良、于晓静	社会经济——拓宽构建和谐社会的新思路	二等奖
思想政治工作研究会	史秋秋	朱华东	北京市民奥运人文素质现状及提升对策调查报告	二等奖
市农村经济研究中心	席成奉	李明瑞、王新、熊文武、李笑英	北京市乡村社区集体经济组织的实现形式及其创新研究	二等奖
市人大研究室	市人大研究室	刘维林、齐良如、田洪俊	本市贯彻实施监督法情况及制定监督法实施性法规立法研究	三等奖
市人大代表联络室	市人大代表联络室	陶世欣、张燕华、黄玉清	进一步加强代表工作发挥代表作用调研报告	三等奖
市人大教科文卫体办公室	史炳忠、江镜波	朱文杰	北京市精神卫生立法研究	三等奖
市人大城建环保办公室	市人大城建环保办公室	李盈	北京市居住区物业管理现状、问题和对策研究	三等奖
市政协文史资料委员会	冯书亮	何卓新、陶信成、路舒平、张宝秀等	关于北京文物周边环境保护的调研报告	三等奖
市政协社会和法制委员会	刘宝成	雷承佐、郭南方	关于本市社会化养老服务的调研报告	三等奖
市纪委研究室	王海平、刘经宇	吴问平、夏立忠、毛百战	关于加强领导干部作风建设的调查报告	三等奖
市委统战部	周伯琦	崔华	北京市基督教聚会点情况的调研	三等奖
首都综治办	李万钧、张家旺	兰彪、徐世辉、沈光雄	关于全市农村地区维护稳定和社会治安综合治理工作情况的调查报告	三等奖
市直机关工委	夏尚武	钟显林、林艳坤	创新机关党建工作推进党的先进性建设	三等奖

续表

单位	主持人	执笔人	课题名称	获奖等次
市妇联	赵津芳、尹玲珍、梅松	韩桂华、孙竹君、齐心、袁蕾	北京市和谐家庭建设评价指标体系研究报告	三等奖
团市委	王粤	邵锋、王立华、孙铁楠、徐帅	青年组织开展社会公益事业研究	三等奖
市发改委	卢映川	耿书文、梁义、赵晓伟、王建宙	北京市“十一五”期间重大项目配置相关问题研究	三等奖
市市政管委	车克欣、辛向阳	车克欣	北京市街面谋生群体现状分析与对策性思考	三等奖
市交通委	谷胜利、李建国	王兆荣、杨忠伟、周天	北京市轨道交通网票制票价研究	三等奖
市委农工委、市农委	杨德宏	张新、王修达、魏惠东、张文茂等	关于建立农村基础设施和公共服务设施管护长效机制的调查报告	三等奖
市委农工委、市农委	杨德宏	王修达	关于我市农村集体经济组织产权制度改革的调查报告	三等奖
市商务局	卢彦	雷堃、张盛军	北京老字号发展情况、存在问题及对策建议	三等奖
市外办	杨柳荫	胡东	北京市国际友好城市研究	三等奖
市侨办	初世敏	初世敏、米满	北京侨资企业的调查及发展研究	三等奖
市高级人民法院	秦正安	贺荣、马强、范跃如	关于完善案例指导制度的调研报告	三等奖
市第二中级人民法院	王振清	郭鹏、张素莲	关于诉讼调解、仲裁等多元化纠纷解决机制的调查研究	三等奖
市民政局	赵义	李彦昌、张培祥、杨宝山	关于转变民政事业发展方式的思考	三等奖
市司法局	吴玉华	高鹏	关于构建农村公益法律服务体系的探讨	三等奖
市地税局	王纪平	朱青、谢波峰、郭雪剑	促进经济增长方式转变的税收政策和征管改革研究	三等奖
市统计局	王健华	林涛	北京市农民工生活质量状况调查报告	三等奖
市旅游局	顾晓园	魏小安、付磊	北京旅游发展战略研究报告	三等奖
市环保局	史捍民	陈添、李昕、乔淑芳、王大卫、张峰等	第29届奥运会北京空气质量保障方案研究	三等奖
市水务局	焦志忠	冉连起	本市污水处理再生水利用情况的调查和对策研究	三等奖
市工商局	张志宽、王建华	陶红、唐云华、路勇	关于奥运会食品安全监督工作的调研报告	三等奖

续表

单位	主持人	执笔人	课题名称	获奖等次
市广电局	何桂芝	邓永斌	北京市广播电视无线覆盖情况调研报告	三等奖
西城区	张建东	王风、王旭、周爱峰、丁永耀、田洁	中关村德胜科技园功能定位及产业发展思路研究	三等奖
宣武区	唐大生	张骏	建设宣南文化园打造首都文化强区	三等奖
朝阳区	陈刚	李波	朝阳区和谐社区建设研究	三等奖
丰台区	王子生	王跃进、杜彦奎	丰台区拓展城市功能问题研究	三等奖
房山区	聂玉藻	魏广勋、邢东升、李鹏飞	关于房山区农村劳动力就业问题研究	三等奖
通州区	杨林	马峰成	通州区农村基层党建创新的调研	三等奖
顺义区	张延昆	周继武	发展空港自由贸易，优化临空经济结构	三等奖
昌平区	佟根柱	李志杰、胡锋	昌平区关于政府、农民和社会力量共同推动新农村建设的实践与思考	三等奖
怀柔区	王海平	鲍晓健	怀柔区加强社会管理和公共服务体系建设的探索与实践	三等奖
平谷区	秦刚	任建义	关于深化平谷区事业单位改革的研究与思考	三等奖
密云县	夏强	朱贺生、郭生河、梁奕喜	关于推进密云城镇化问题的研究	三等奖
延庆县	侯君舒	陈仲华、杨青林、盛德林	落实科学发展观实施生态文明战略	三等奖
市委党校	王丽霞	王丽霞	从败诉案件中探究北京市依法行政存在的问题及对策	三等奖
市社科院	邱莉莉	邱莉莉	城市贫困家庭就业扶持对策研究——对北京市西城区、宣武区贫困家庭再就业状况的调查分析	三等奖
市社科联	焦守田	张文茂、季虹	北京市郊区新农村建设中的农民教育培训	三等奖
市科协	田小平	彭树堂、刘丁丁、王善杰、赵勇、王爱凤	科协团体在建设创新型国家中的地位与作用研究	三等奖
市农业局科技教育处	吴建繁	吴建繁	北京市农业“生产发展”农民需求调研	三等奖
首都社会经济发展研究所	王鸿春	王鸿春、张晓冰	借鉴国际经验有效解决北京市中低收入家庭住房问题对策研究	三等奖
市农村经济研究中心	焦守田	焦守田、冯建国、杨玉林	农村生活垃圾源头分类、资源化利用模式研究	三等奖

二、一等奖成果简介

《2007年北京社情民意调查报告》

主持人：康庆强

执笔人：康庆强 高凤云 刘翠兰 肖 湘

课题把民生问题作为主要关注点，通过电话调查、抽样问卷、专题座谈、群体访谈等多种方式深入调查了市民的真实反映，为市委了解政策落实提供了一个直接平台。报告针对社情民意中值得关注的新情况和突出问题，建议继续加强对重大决策贯彻落实情况的民意反映，积极开展全面深入的社情民意调查；密切关注各类群体的情绪变化；高度重视科学决策的执行效果等。

《关于加快构建我市公共住房保障体系的建议》

主持人：聂新生 执笔人：郝留亮

该课题通过国内外大量数据的综合分析，对当前北京城镇居民住房水平进行定性判断。并基于对市情以及未来发展目标等影响因素的分析，得出了“北京住房市场是解决（局部）住房短缺、扩大住房面积、提高住房质量及提高生活整体条件四种阶段的形态和需求同时处于一个市场之中”的具体判断。同时，在总结以往经验教训、借鉴国外好的做法的基础上，提出了建立完善基于我市当前发展阶段和住房水平的住房保障制度的基本思路、路径选择及具体政策建议。

《北京市第十二届人大常委会五年工作及经验总结报告》

主持人：市人大常委会课题组

执笔人：市人大常委会研究室

为客观、全面、深入地搞好第十二届人大常委会五年工作总结，市人大常委会确立了该课题，并将此课题分解为8个子课题。调研过程中注重与机关各部门的五年工作总结密切结合，在子课题报告的基础上，集中起草了北京市第十二届人大常委会五年工作及经验总结报告。经多次向常委会领导汇报和开展一系列的座谈、征求意见，课题组集中研究反复修改、完善形成了此报告，为起草常委会工作报告和新一届代表培训创造了条件。

《关于加强新世纪新阶段人民政协工作的调研报告》

主持人：张平夫 董援朝

执笔人：杨清柏 王晓欣 胡占利 高林宇

课题组结合协调市委筹备召开第二次全市政协工作会议，通过座谈、调查问卷等形式了解、摸清问题，广泛听取、征求各有关方面和各界委员的意见建议。课题组还参与了对各区县党委和政协、市委市政府各有关部门、市高法和市检察院贯彻落实2002年市政协工作会议精神的情况检查。在深入调查和认真分析的基础上，形成了许多对策建议并被吸纳到市委制定的《关于贯彻落实〈中共中央关于加强人民政协工作的意见〉的实施意见》中，最终形成了此报告。

《关于加强对政府投资项目监督管理的调查报告》

主持人：王海平

执笔人：吴问平 刘永强 夏立忠 毛百战 钟 成

报告主要分析了当前北京市政府投资项目监督管理工作的主要成效，找出了当前我市政府投资项目监管中存在的问题，提出了加强对政府投资项目监管的对策建议，为切实推进首都反腐倡廉制度建设提高了重要的参考依据。

《北京市文化创意产业发展研究报告》

主持人：陈 冬

执笔人：窦晓东 彭司海 杨建英 孙 浩 齐福全

为认真贯彻大力发展文化创业产业的重要决策部署，市委宣传部组织专家学者、社会文化研究机构、民营文化企业和党委政府主管部门，组建了三个调研小组，分别从不同层面和角度，对北京市文化创意产业进行专题调研，形成了三份主报告和相关附件。与此同时，又与市统计局、各区县及相关的部门、单位就文化创意产业的概念、分类标准进行反复的推敲研究，对相关数据进行认真测算。在认真调查，客观分析的基础上，形成了该报告。

《关于加强和改进党对政法工作领导的调查与思考》

主持人：刘　伟

执笔人：彭　波　徐延彬

该课题是为贯彻《中共中央关于加强和改进党对政法工作领导的意见》精神，结合北京市实际开展的调研。课题分为三个部分，从回顾近年来北京市加强党对政法工作领导的做法入手，分析了当前党对政法工作领导面临的形势和问题，特别是对于落实党对政法工作领导在体制、机制、制度、方式及工作措施方面存在的问题、原因进行了分析研究，提出加强和各改进党对政法工作领导的建议。

《北京市义务教育均衡发展现状调查》

主持人：李观政　罗　洁　董　奇

执笔人：乔树平　王文静　成　刚

张云运　柯　李等

报告包括一个总报告和四个专题报告。内容重视调研结果与现实问题的结合，提出了具有现实可操作性的政策建议，特别是将促进北京市义务教育均衡发展的工作重点放在农村，提高农村教师工资待遇、加强农村中小学校长、教师队伍建设，重视农村学生科学、艺术和健康教育等建议已经被采纳成为相关政策文件。

《以转变政府职能为重点进一步深化行政管理体制改革》

主持人：黄　强

执笔人：刘剑松　黄　安　邹　宇

杨志勇　王　建

报告回顾了改革开放以来历次机构改革所取得的成就，同时找出目前仍存在的问题，在分析原因的基础上提出了四项对策建议：调整和完善经济调节职能，健全经济调节体系；强化和整合市场监管职能，提高监管水平和效能；增强和规范社会管理职能，构建社会管理新格局；加强和健全政府公共服务职能，形成惠及全民的基本公共服务体系。

《首都人口资源环境协调发展研究与对策建议》

主持人：王海平　卢映川　刘　志　翟振武

执笔人：王景山　尉高师　梁昌新

刘存良　张耀军等

该课题从分析首都人口资源环境与发展的主要制约因素入手，对人口规模、发展与影响可持续发展的主要制约因素：水资源平衡、土地利用、能源消费及当前我市环境治理面临的主要问题进行分析，从而得出对目前人口资源环境状况的基本判断和未来五年北京市人口资源环境发展的基本趋势，据此提出协调首都人口资源环境三方面的对策建议。

《新农村建设农民需求调查报告》

主持人：李进山　执笔人：王修达

为了解新农村建设中农民的需求，解决农民最关心、最直接、最现实的利益问题，更有效地制定新农村建设的各项政策，开展了此项调查。调查集中在农村经济、农村基础设施建设、农村社会事业、农村管理等方面。

《坚持科学发展立足整体防控扎实推进公安基层基础建设》

主持人：张卫华

执笔人：刘　斌　马　波　宋　红

龙显雷　徐暖保

该课题紧密结合公安部党委2006年提出的“抓基层、打基础、苦练基本功”的部署要求，立足首都的特殊地位和“平安奥运”的现实要求，对首都公安机关在社会治安防空体系建设中加强基层基础工作的工作思路进行了系统理论研究。

《关于北京市社会组织培育和管理的思考》

主持人：赵　义

执笔人：李彦昌　张培祥　杨宝山

该报告从北京市社会组织发展的现状入手，在对北京市社会组织的发展形势进行分析的基础上，借鉴国外培育与管理社会组织的经验，提出了北京市培育与管理社会组织的四点对策即：创新管理理念，明确社会组织发展的基本思路；健全管理体系，突破社会组织发展的体制障碍；完善发展政策，加大社会组织培育扶持力度；加强管理监督，促进社会组织健康有序发展。

《朝阳区人口承载力预警机制研究》

主持人：程连元

执笔人：程连元　赵建国　郜　杰　王　震

报告阐述了开展人口承载力预警机制研究的意义，借鉴了国际大都市人口演变的一般规律，分析了人口承载力的一般影响因素、基本特征及具体到朝阳区人口承载力的影响因素，通过调查在掌握区属人口状况的前提下，分析得出对区域人口承载力的判断，据此提出了朝阳区人口承载力预警机制的四项内容和加强人口管理与服务工作的六项措施。

《关于提高农民致富本领和非农就业技能的研究》

主持人：夏　强

执笔人：朱贺生　梁奕喜

该报告列举了近年来密云县在农村劳动力培训与就业工作中取得的成效，同时也提出了仍然影响农村劳动力培训与就业的突出问题，对劳动力培训与就业形势进行了分析，提出了今后工作思路，就进一步加强农村劳动力培训与就业工作提出了七项建议意见。

（中共北京市委研究室冀淑萍供稿）

各高校、科研单位获省部级以上人文社会科学研究成果奖

北京大学

北京市第十届哲学社会科学优秀成果奖名单

成果名称	成果形式	所在单位	申报者	等级
中华文明史	专著	中文系	袁行霈	特等奖
日藏汉籍善本书录（三卷）	专著	中文系	严绍璗	一等奖
系统功能语言学概论	教材	外国语学院	胡壮麟	一等奖
中国教育与人力资源发展报告 2005—2006	专著	教育学院	闵维方	一等奖
中国学位与研究生教育发展报告 1978—2003	专著	教育学院	陈学飞	一等奖
自我、他人与道德（上下卷）	专著	哲学系	徐向东	一等奖
时间的观念	专著	哲学系	吴国盛	一等奖
中国工薪所得税有效税率研究	论文	经济学院	刘　怡	一等奖
中美经贸关系	专著	国际关系学院	王　勇	一等奖
美国对台军售政策研究：决策的视角	专著	国际关系学院	张清敏	一等奖
刑事制裁：方式与选择	专著	法学院	梁根林	一等奖
大国卫生之论：农村卫生枢纽与农民的选择	专著	医学部	王红漫	一等奖
发展的反思与探索	专著	哲学系	丰子义	二等奖
心学论集	专著	哲学系	张学智	二等奖

续表

成果名称	成果形式	所在单位	申报者	等级
艾滋病、污名和社会歧视：中国乡村社区中两类人群的一个定量分析	论文	社会学系	刘　能	二等奖
对2000年人口普查出生性别比的分层模型分析	论文	社会学系	郭志刚	二等奖
供给管理与我国现阶段的宏观经济调控	论文	经济学院	刘　伟	二等奖
经济社会发展视角下的中国保险业：评价、问题与前景	专著	经济学院	孙祁祥	二等奖
国际企业制度创新	专著	经济学院	王跃生	二等奖
信念、偏好与行为金融	专著	光华管理学院	刘　力	二等奖
进化论与中国激进主义（1859—1924）	专著	政府管理学院	吴　丕	二等奖
中国银行业创新与发展的法律思考	专著	法学院	郭　雳	二等奖
祖宗之法：北宋前期政治述略	专著	历史系	邓小南	二等奖
近代普鲁士官僚制度研究	专著	历史系	徐　健	二等奖
赫梯条约研究	专著	外国语学院	李　政	二等奖
企业信息化与竞争情报	专著	新闻与传播学院	谢新洲	二等奖
东方民间文学概论	专著	外国语学院	张玉安	二等奖
中国现当代文学学科概要	教材	中文系	温儒敏	二等奖
Comparison of Languages in Contact-The Distillation Method and the Case of Bai	专著	中文系	汪　锋	二等奖
Intratextuality，Extratextuality，Intertextuality：Unreliability in Autobiography versus Fiction	论文	外国语学院	申　丹	二等奖
陀思妥耶夫斯基小说艺术研究	专著	外国语学院	彭克巽	二等奖
中国当代电影史：1977年以来	教材	新闻与传播学院	陆绍阳	二等奖

其他省部级奖获奖成果

成果名称	成果形式	申报者	获奖名称	等级
因果推断的统计方法研究	论文	耿　直	第九届全国统计科学研究优秀成果奖	一等奖
经济法理论的重构	著作	张守文	第二届钱端升法学研究成果奖	二等奖
国际贸易的麦敕勒悖论及其验证	论文	余淼杰	第十五届安子介国际贸易研究奖	二等奖
缺失数据的因果推断和统计分析	论文	陈　华	第九届全国统计科学研究优秀成果奖	博士论文二等奖
欧洲共同体法律的制定与执行	著作	王世洲	第二届钱端升法学研究成果奖	提名奖

（北京大学社会科学部王周谊供稿）

中国人民大学

北京市第十届哲学社会科学优秀成果奖名单

序号	成果名称	申报者	成果形式	出版/发表单位	奖励等级
1	北京奥运与中国国家形象战略研究报告	冯惠玲	调研报告	中国人民大学	一等奖
2	积极财政政策效果及淡出策略研究	郭庆旺	著作	中国人民大学出版社	一等奖

续表

序号	成果名称	申报者	成果形式	出版/发表单位	奖励等级
3	面向市场的中国就业与失业测量研究	曾湘泉	专著	中国人民大学出版社	一等奖
4	马克思主义新闻观思想体系	陈力丹	专著	中国人民大学出版社	一等奖
5	全球化条件下的法治国家	朱景文	专著	中国人民大学出版社	二等奖
6	“法与人文”的方法论意义：以著作权法为模型	李　琛	论文	《中国社会科学》	二等奖
7	中国刑事政策研究	谢望原	专著	中国人民大学出版社	二等奖
8	清算教育产业化	纪宝成	论文	南方周末	二等奖
9	中国社会养老保险基金管理体制选择：以国际比较为基础	李　珍	专著	人民出版社	二等奖
10	财务管理理论结构	王化成	专著	中国人民大学出版社	二等奖
11	农业经济数理分析	孙中才	专著	中国农业出版社	二等奖
12	网络经济条件下自主技术创新的技术选择问题	于同申	论文	《经济理论与经济管理》（新华文摘全文转载）	二等奖
13	中国资本市场分析要义	吴晓求	专著	中国人民大学出版社	二等奖
14	社会经济发展战略与规划	刘　瑞	专著	中国人民大学出版社	二等奖
15	中国城镇居民收入差距	黄泰岩	专著	经济科学出版社	二等奖
16	金融学文献通论	陈雨露	著作	中国人民大学出版社	二等奖
17	中国的经济转型与贸易流动：基于制度和技术因素的理论考察和计量研究	谷克鉴	专著	中国人民大学出版社	二等奖
18	中国西部开发与近代化	戴　逸	专著	广东教育出版社	二等奖
19	资本主义劳动过程与马克思主义经济学	谢富胜	论文	《教学与研究（新华文摘全文转载）》	二等奖
20	制度变迁与国家治理：中国政治发展研究	杨光斌	专著	人民出版社	二等奖
21	为了亿万农民的生存安全：中国农村社会保障体系研究	李迎生	专著	安徽人民出版社	二等奖
22	非正式支持的理论与实践：北京市老龄问题应对方式的再研究	姚　远	专著	知识产权出版社	二等奖
23	“拐点”中的传媒抉择	喻国明	专著	经济日报出版社	二等奖
24	出版产业研究	周蔚华	专著	中国人民大学出版社	二等奖
25	从中心到边缘：科学、哲学、人文之反思	刘大椿	著作	北京师范大学出版社	二等奖
26	罗尔斯政治哲学	龚　群	专著	商务印书馆	二等奖

（中国人民大学科研处张玉洁供稿）

北京师范大学

一、获奖成果

序号	成果名称	作　者	获奖来源	成果形式	奖励等级
1	何兹全文集	何兹全	北京市第十届哲学社会科学优秀成果奖	专著	特等奖
2	价值价格通论	白暴力	北京市第十届哲学社会科学优秀成果奖	专著	一等奖
3	中国史学史	白寿彝	北京市第十届哲学社会科学优秀成果奖	专著	一等奖
4	教化的哲学：儒学思想的一种新诠释	李景林	北京市第十届哲学社会科学优秀成果奖	专著	一等奖
5	农村中小学布局调整的问题、原因与对策	庞丽娟	北京市第十届哲学社会科学优秀成果奖	论文	一等奖
6	汉语认知研究：从认知科学到认知神经科学	彭聃龄	北京市第十届哲学社会科学优秀成果奖	论文集	一等奖
7	中国经济增长数据可信度检验研究：理论、模型与实证检验	杨冠琼	北京市第十届哲学社会科学优秀成果奖	专著	一等奖
8	非英语教师教英语：攀登英语方案的实验和启示	董　奇	北京市第十届哲学社会科学优秀成果奖	论文	二等奖
9	清代理学史	龚书铎	北京市第十届哲学社会科学优秀成果奖	专著	二等奖
10	中国古代文体学论稿	郭英德	北京市第十届哲学社会科学优秀成果奖	专著	二等奖
11	儿童思维发展新论：及其在语文教学中的应用	何克抗	北京市第十届哲学社会科学优秀成果奖	专著	二等奖
12	高校合并前后科研生产率动态变化的 Malmquist 指数分析	胡咏梅	北京市第十届哲学社会科学优秀成果奖	论文	二等奖
13	上古汉语同源词意义系统研究	黄易青	北京市第十届哲学社会科学优秀成果奖	专著	二等奖
14	中国传统文化与舞蹈	金千秋	北京市第十届哲学社会科学优秀成果奖	专著	二等奖
15	教育体制改革中的高等学校法律地位变迁	劳凯声	北京市第十届哲学社会科学优秀成果奖	论文	二等奖
16	宏观经济学（中国版）	李晓西	北京市第十届哲学社会科学优秀成果奖	教材	二等奖

续表

序号	成果名称	作　者	获奖来源	成果形式	奖励等级
17	形而下的不朽：汉代身体美学考论	刘成纪	北京市第十届哲学社会科学优秀成果奖	专著	二等奖
18	现代教育制度与思想	马健生	北京市第十届哲学社会科学优秀成果奖	教材	二等奖
19	让德育成为美丽的风景	檀传宝	北京市第十届哲学社会科学优秀成果奖	专著	二等奖
20	课程与教学论	王本陆	北京市第十届哲学社会科学优秀成果奖	教材	二等奖
21	政府干预的理论与政策选择	卫志民	北京市第十届哲学社会科学优秀成果奖	专著	二等奖
22	重构现代性：当代社会主义价值观研究	吴向东	北京市第十届哲学社会科学优秀成果奖	专著	二等奖
23	数字媒体在创意产业发展中的地位	肖永亮	北京市第十届哲学社会科学优秀成果奖	论文	二等奖
24	公众、事务与形象：学校公共关系管理导论	张东娇	北京市第十届哲学社会科学优秀成果奖	教材	二等奖
25	死刑改革探索	赵秉志	北京市第十届哲学社会科学优秀成果奖	专著	二等奖
26	State Schooling and Ethnic Identity: The Politics of a Tibetan Neidi Secondary School in China	朱志勇	北京市第十届哲学社会科学优秀成果奖	英文专著	二等奖
27	中国逐步废止死刑论纲	赵秉志	第二届钱端升法学成果奖	论文	三等奖

注：作者顺序按拼音字母排序。

二、优秀成果推介

钟敬文教授主编《中国民俗史》入选《国家社科基金成果文库》

2008年9月20日上午，由国家社科规划办主办的《国家社科基金成果文库》第三批优秀成果出版座谈会在京西宾馆举行。会议由国家社科规划办张国祚主持。国家社科规划办副主任佘志远宣读了钟敬文主编六卷本《中国民俗史》等十部获奖成果名单。与会资深专家分别就各自熟悉领域对十部成果作了专门与综合的评价，一致认为这十部优秀成果具有标志意义。著名社会学家、人民大学郑杭生教授专门评点了我校钟敬文教授主编的六卷本《中国民俗史》，对钟先生学术思想进行了剖析，认为这是中国民俗研究的里程碑，是“中国民俗界的一部争气之作”。

（北京师范大学社科处吴慧涵供稿）

中央民族大学

北京市第十届哲学社会科学优秀成果奖

项目名称	项目负责人	颁奖单位	成果形式	获奖等级
牛街：一个城市回族社区的变迁	良警宇	中共北京市委、市政府	著作	一等奖
肌肤上的文化符号——黎族和傣族传统文身研究	刘　军	中共北京市委、市政府	著作	一等奖
希伯来圣经的文本、历史与思想世界	游　斌	中共北京市委、市政府	著作	二等奖
财产权利的贫困：中国传统民事法研究	邓建鹏	中共北京市委、市政府	著作	二等奖
明代班军制度研究——以京操班军为中心	彭　勇	中共北京市委、市政府	著作	二等奖
西南地区濒危语言调查研究	李锦芳	中共北京市委、市政府	著作	二等奖
青海台吉乃尔蒙古人人生仪礼及其音乐研究	崔玲玲	中共北京市委、市政府	著作	二等奖

国家民委 2007 年度调研报告奖

项目名称	项目负责人	颁奖单位	成果形式	获奖等级
中国朝鲜族的民族认同与国家认同的调查与研究	李俊清等	国家民族事务委员会	调研报告	一等奖
我国少数民族地区自然资源生态补偿现状调查	夏建新等	国家民族事务委员会	调研报告	二等奖
民族医药传统知识传承与惠益分享调查与研究报告——藏、蒙、彝、苗、侗族典型案例分析	薛达元等	国家民族事务委员会	调研报告	二等奖
新阶段贵州省民族地区扶贫开发工作调研报告	金炳镐等	国家民族事务委员会	调研报告	三等奖
新疆维吾尔自治区艾滋病流行现状与防治对策调研报告	阿布都热西提·基力力等	国家民族事务委员会	调研报告	三等奖
新疆塔什库尔干县库克西力克乡阿克其克村塔吉克族长寿人群形成机制的调查分析	张　涛等	国家民族事务委员会	调研报告	三等奖
壮医药事业的发展现状与问题调研报告	覃筱燕等	国家民族事务委员会	调研报告	三等奖

注：该奖项 2008 年颁发。

《中国朝鲜族的民族认同与国家认同》

作品类别：调研报告

作者：李俊清　王纪芒

中国朝鲜族作为一个跨界民族，他们有对自己民族归属的清晰认同，同时也有对中国坚定的国家认同，对中国的国家认同基本上建立在对中华人民共和国的历史记忆之上。目前在全球化的背景下，国家意识形态的力量正在发生转型，社会认同纽带趋于多元化，境外势力的影响不可忽视，如何构建新的国家认同的纽带，是急迫而具有现实意义的问题。该研究创新之处在于，一方面通过研究发现，中国朝鲜族的民族认同和国家认同都比较清晰和坚定，但另一方面也发现了隐含在这种认同里面的危机因素。中国朝鲜族在国家认同之下，亦发展出了多元化的社会认同，表现为他们一方面努力寻找历史认同，另一方面也在寻找宗教认同，新的认同纽带的缺乏可能会使原来比较稳固的国家认同发生改变，这是关乎国家安全的重要问题。该研究最后提出保证多民族国有认同的根本是建立起一个公民国家，强化国家内部的所有族群（民族）的公民身份和权利意识，通过加快民族地区的经济发展，坚持民族间的平等与团结，加强国家主流价值观的教育，以加强少数民族对国家的向心力。

李俊清，男，汉族，1958 年 8 月生于山西大同。毕业于中国人民大学国际关系学院，获政治学博士学位。现任中央民族大学管理学院院长、教授，博士生导师、MPA教育中心主任、中国少数民族地区公共管理与公共政策研究中心主任。兼国家行政学院教授、北京大学多元文化教育研究中心客座研究员、中国行政管理教学研究会副会长等。并在法国、德国、瑞典、墨西哥等国家的多所大学进行学术交流。出版《现代文官制度在中国的创构》等专著15部。发表学术论文及译文80余篇，多项成果获奖。曾主持国家社会科学基金重大项目、国家社会科学基金研究项目、教育部人文社会科学研究项目、国家民委科研项目、北京市社会科学规划项目、北京市高等教育精品教材建设立项项目等多项科研和教改项目。

（中央民族大学科研处陈海如供稿）

中国政法大学

奖励名称	成果名称	获奖作者	颁奖单位	获奖等级	成果形式
北京市第十届哲学社会科学优秀成果奖	侦查讯问程序改革实证研究	樊崇义 顾永忠	中共北京市委、市政府	一等奖	专著
北京市第十届哲学社会科学优秀成果奖	生物安全国际法导论	王灿发	中共北京市委、市政府	一等奖	专著
北京市第十届哲学社会科学优秀成果奖	刑事诉讼关系的社会学分析	张　中	中共北京市委、市政府	二等奖	专著
北京市第十届哲学社会科学优秀成果奖	不当得利的国际私法问题	霍政欣	中共北京市委、市政府	二等奖	专著
北京市第十届哲学社会科学优秀成果奖	《清末民事习惯调查与大清民律草案的编纂》	张　生	中共北京市委、市政府	二等奖	论文
北京市第十届哲学社会科学优秀成果奖	行政程序立法研究：《行政程序法》草案建议稿及理由说明书	马怀德	中共北京市委、市政府	二等奖	专著
北京市第十届哲学社会科学优秀成果奖	中国刑事司法改革探索	卞建林	中共北京市委、市政府	二等奖	专著
北京市第十届哲学社会科学优秀成果奖	知识产权法利益平衡理论	冯晓青	中共北京市委、市政府	二等奖	专著
第二届钱端升法学研究成果奖	电子商务法初论	张　楚	钱端升法学研究成果奖基金理事会	二等奖	专著
第二届钱端升法学研究成果奖	中国近代民法法典化研究	张　生	钱端升法学研究成果奖基金理事会	二等奖	专著
第二届钱端升法学研究成果奖	合同法	李永军	钱端升法学研究成果奖基金理事会	二等奖	专著
第二届钱端升法学研究成果奖	网络空间中虚拟财产的刑法保护	于志刚	钱端升法学研究成果奖基金理事会	三等奖	专著
第二届钱端升法学研究成果奖	经济法词义解释与理论研究的重心	李曙光	钱端升法学研究成果奖基金理事会	提名奖	论文

（中国政法大学科研处供稿）

中央财经大学

序号	获奖成果名称	成果类别	第一作者	奖励名称	获奖等级
1	中国不应在资源消耗问题上过于自责	论文	邱　东	北京市第十届哲学社会科学优秀成果奖	二等奖
2	美国大学课程思想的历史演进	著作	郭德红	北京市第十届哲学社会科学优秀成果奖	二等奖
3	中国税制（第二版）	著作	马海涛	北京市第十届哲学社会科学优秀成果奖	二等奖
4	管理会计理论框架研究	著作	孟　焰	北京市第十届哲学社会科学优秀成果奖	二等奖
5	支出周期：构造政府预算会计框架的逻辑起点——兼论我国政府会计改革的核心命题与战略次序	论文	王雍君	北京市第十届哲学社会科学优秀成果奖	二等奖
6	中国居民收入分配问题研究：以北京市为例的考察	著作	刘　扬	北京市第十届哲学社会科学优秀成果奖	二等奖
7	国民经济统计前沿问题（上中下）	著作	邱　东	第九届全国统计科研优秀成果奖	一等奖
8	基于核算方法的中国国际服务贸易测度研究	项目	王亚菲	第九届全国统计科研优秀成果奖	二等奖
9	中国人口老龄化趋势与养老保障体系的完善	项目	谢　安	第九届全国统计科研优秀成果奖	二等奖
10	中国居民收入分配问题研究：以北京市为例的考察	著作	刘　扬	第九届全国统计科研优秀成果奖	二等奖
11	大都市统计体系研究	项目	于秀琴	第九届全国统计科研优秀成果奖	三等奖
12	相对绩效评价方法与评价体系研究	项目	周　宏	第九届全国统计科研优秀成果奖	三等奖
13	中国各地区金融发展的统计学描述	论文	赵　楠	第九届全国统计科研优秀成果奖	三等奖

《国民经济统计前沿问题（上、中、下）》

邱　东著

中国统计出版社出版

2008 年 4 月出版

该书在编写过程中参考了大量的国内外国民经济统计研究的最新理论与成果，全面、翔实、系统地介绍了国民经济统计理论与实践的最新进展，既有良好的知识性和实用性，又高度的权威性。内容包括导论、基础方法篇、SNA（1993）的补充与扩展篇、SNA（1993）的完善篇、SNA（1993）的评估与修订篇、财政金融与经济运行篇、国际收支与比较篇、资源与人口篇、经济计量方法篇等几大篇章。其中的旅游核算、季度国民经济核算、无形资产核算、非市场服务核算、新经济核算、未观测经济核算、非营利机构核算、SNA 的评估与修订、政府财政统计（GFS）、金融稳健统计、生产率统计、国际服务贸易统计、资源统计、人口统计、贫困统计、经济计量方法等内容是多数同类著作所未涉及或较少涉及的，体现了独特的及时性与前瞻性，为国民经济统计理论研究和实际工作都将提供指导与帮助。

邱东，经济学博士，教授，博士生导师。主要研究方向：国民经济核算、中国统计改革与发展、多指标综合评价、可持续发展、宏观调节与区域发展等。兼任中国统计学会副会长、中国统计教育学会副会长、中国国民经济核算研究会副理事长、中国市场调查业协会副会长、中国国情研究会副会长等职。发表论文90余篇，主持完成国家社会科学基金项目、财政部项目、教育部项目、国务院第五次人口普查办项目等近20项，出版学术专著10余部，主持或参与完成教材、工具书和译著20余部，曾50余次获得国家统计局、教育部、财政部、北京市、辽宁省、大连市等科研奖励。他主持的《国民经济统计学》为教育部国家级精品课程，《国民经济核算》为北京市精品课程。

（中央财经大学科研处供稿）

对外经济贸易大学

2008年省部级科研成果获奖情况一览表

序号	成果名称	作　者	成果形式	奖项名称	获奖等级
1	社会保障：从二元到三维——中国城乡社会保障制度的比较与统筹	王国军	著作	北京市第十届哲学社会科学优秀成果奖	一等奖
2	外商直接投资：中国的实践与论争	桑百川	著作	北京市第十届哲学社会科学优秀成果奖	二等奖
3	贸易自由化与投资自由化互动关系研究	郭　飞	著作	北京市第十届哲学社会科学优秀成果奖	二等奖
4	中国海关通关实务	郑俊田	教材	北京市第十届哲学社会科学优秀成果奖	二等奖
5	大股东控制、融资规模与盈余操纵程度	雷光勇	论文	北京市第十届哲学社会科学优秀成果奖	二等奖
6	现代语言学视角下的俄语成语学	吴　军	著作	北京市第十届哲学社会科学优秀成果奖	二等奖
7	贸易差额的衡量：基于所有权还是所在地	孙华妤 许亦平	论文	第十五届安子介国际贸易研究奖	优秀论文一等奖

（对外经济贸易大学科研处张瑞供稿）

中国传媒大学

项目名称	项目负责人	颁奖单位	成果形式	获奖等级
数字艺术论（上下册）	廖祥忠	北京市第十届哲学社会科学优秀成果奖	专著	一等奖
美学的延展	张　晶	北京市第十届哲学社会科学优秀成果奖	专著	二等奖
21世纪初我国大众传媒发展战略研究	胡正荣	北京市第十届哲学社会科学优秀成果奖	专著	二等奖

续表

项目名称	项目负责人	颁奖单位	成果形式	获奖等级
中国形象：中国国家形象的国际传播现状与对策	刘继南	北京市第十届哲学社会科学优秀成果奖	专著	二等奖
中国广告图史	黄升民	北京市第十届哲学社会科学优秀成果奖	专著	二等奖
脱口成“秀”：电视谈话节目的理念与技巧	苗　棣	北京市第十届哲学社会科学优秀成果奖	专著	二等奖

（中国传媒大学科研处供稿）

中国农业大学

奖项名称	项目名称	项目负责人	颁奖单位	成果形式	获奖等级
北京市第十届哲学社会科学优秀成果奖	农民视角的新农村建设	叶敬忠	中共北京市委、市政府	调研报告	一
北京市第十届哲学社会科学优秀成果奖	中国农产品国际竞争力研究	乔　娟	中共北京市委、市政府	专著	二

（中国农业大学科学技术发展研究院王虹）

首都师范大学

奖励名称	成果名称	所属单位	获奖作者	获奖等级	颁奖单位	成果形式
北京市第十届哲学社会科学优秀成果奖	汉赋研究史论	文学院	踪训国	一等奖	中共北京市委、市政府	专著
北京市第十届哲学社会科学优秀成果奖	中古时期社邑研究	历史学院	郝春文	一等奖	中共北京市委、市政府	专著
北京市第十届哲学社会科学优秀成果奖	初中阶段校本课程开发与校本化课程实施行动研究总报告	教育科学学院	徐玉珍、王云峰（外校）、刘晓玫、林立、于会祥（外校）、梁宇学（外校）	二等奖	中共北京市委、市政府	研究或咨询报告
北京市第十届哲学社会科学优秀成果奖	永明体与音乐关系研究	文学院	吴相洲、冯蒸	二等奖	中共北京市委、市政府	专著
北京市第十届哲学社会科学优秀成果奖	荷马社会研究	历史学院	晏绍祥	二等奖	中共北京市委、市政府	专著
北京市第十届哲学社会科学优秀成果奖	台湾教育改革纵论	政法学院	崔萍	二等奖	中共北京市委、市政府	专著
北京市第十届哲学社会科学优秀成果奖	史学理论研讨讲义	历史学院	宁可	二等奖	中共北京市委、市政府	编著或教材

续表

奖励名称	成果名称	所属单位	获奖作者	获奖等级	颁奖单位	成果形式
北京市第十届哲学社会科学优秀成果奖	数学的观念、思想和方法	初等教育学院	郜舒竹、李文林（外校）、程小红、刘长虹	二等奖	中共北京市委、市政府	编著或教材
北京市第十届哲学社会科学优秀成果奖	赵孟頫书法艺术	中国书法文化研究所	解小青	二等奖	中共北京市委、市政府	专著
北京市第五届教育科学优秀成果奖	北京市农村中小学信息化应用模式与策略研究	教育技术系	王陆、张敏霞、刘菁、杨卉、董乐、冯涛	一等奖	北京市教委、北京市教育科学规划办公室	研究或咨询报告
北京市第五届教育科学优秀成果奖	北京市中小学生思想道德发展评价指标体系的研制与应用	政法学院	蓝维、田国秀、廖凤林、陈宁、关国珍（外校）	一等奖	北京市教委、北京市教育科学规划办公室	研究或咨询报告
北京市第五届教育科学优秀成果奖	校本课程开发的理论与案例	教育科学学院	徐玉珍、吴刚平（外校）、张万波（外校）	二等奖	北京市教委、北京市教育科学规划办	编著或教材
北京市第五届教育科学研究优秀成果奖	思想政治理论课教学模式研究	马克思主义教育学院	李松林、朱平平、李会先	二等奖	北京市教委、北京市教育科学规划办	专著
北京市第五届教育科学优秀成果奖	中国高等教育治理：现实还是理想？	教育科学学院	陈正华	三等奖	北京市教委、北京市教育科学规划办	论文
北京市第五届教育科学研究优秀成果奖	秀炼诗心	政法学院	史红	三等奖	北京市教委、北京市教育科学规划办	专著
北京市第十届哲学社会科学优秀成果奖	中唐文人之社会角色与文学活动	文学院	马自力	二等奖	北京市教委	专著
北京市第十届哲学社会科学优秀成果奖	当代中国的文化批评	文学院	陶东风、徐艳蕊（外校）	二等奖	北京市教委	专著

（首都师范大学社科处黄胤英供稿）

首都经济贸易大学

成果名称	第一作者	奖励单位	成果形式	获奖等级
适度普惠型社会福利发展研究——基于中国人口老龄化背景的研究	蔡秀云	中华人民共和国民政部	论文	三等奖
城镇居民基本医疗保险的比较制度分析——基于东、中、西部3省9市试点方案的比较	朱俊生	中国人力资源和社会保障部	论文	二等奖
城镇社会保障“扩面”政策的局限及对未参保人群的保护——基于北京市某区8个街道428个样本“应保未保”情况的问卷调查	朱俊生	中国人力资源和社会保障部	论文	三等奖
透过医患双方不同视野解读目前的医患关系——以北京市医患关系调查数据为例	张　琪	中国社会保障论坛组委会	论文	其他奖
工伤社会保险与民事侵权法律竞合问题研究	王显勇	中华人民共和国司法部	论文	其他奖
中国中心城市的功能和空间结构研究	黄荣清	中国国家统计局	研究或咨询报告	三等奖
论经济增长的阶段性与经济增长适度区间的界定与控制	张连城	北京市人民政府	论文	二等奖
中国企业家成长问题研究	郑海航	北京市人民政府	专著	二等奖
中国北京奥运经济投入产出与计量模型研究	廖明球	北京市人民政府	专著	二等奖
乡村与城市融合发展的选择：北京市城乡一体化发展研究	张　强	北京市人民政府	专著	二等奖

（首都经济贸易大学科研处杨建华供稿）

北京工商大学

序号	获奖成员	获奖项目名称	奖励级别	获奖日期	成果形式
1	李朝鲜	理论与量化——现代服务产业发展研究	第十届哲学社会科学优秀成果奖二等奖	2008.09	专著
2	谢志华	2006首都流通业研究报告	第十届哲学社会科学优秀成果奖二等奖	2008.09	调研报告
3	崔学刚	上市公司控制权转移预测研究	第十届哲学社会科学优秀成果奖二等奖	2008.09	论文

（北京工商大学科学技术处王葳供稿）

中国青年政治学院

作者	成果名称	成果形式	获奖名称	奖励等级
周　枫	情感主义及其当代意义	论文	北京市第十届哲学社会科学优秀成果奖	二等奖
雷永生	东西方文化碰撞中的人：东正教与俄罗斯人道主义	专著	北京市第十届哲学社会科学优秀成果奖	二等奖

（中国青年政治学院曹骏供稿）

国家发展和改革委员会宏观经济研究院

获国家发展和改革委员会优秀研究成果奖项目

项目名称	负责人	完成单位	成果形式	获奖等级
实现单位 GDP 能耗降低 20% 左右目标的途径和措施研究	戴彦德	国家发改委能源所	研究报告	二等奖
外汇储备多元化管理使用研究	朱之鑫	国家发改委财金司、综合司、外经所	研究报告	三等奖
我国主体功能区划分及其分类政策研究	高国力	国家发改委国地所	研究报告	三等奖
我国中长期粮食安全若干重大问题研究	蓝海涛	国家发改委产业所	研究报告	三等奖
外汇储备研究	姚淑梅	国家发改委外经所	研究报告	三等奖
我国储蓄投资失衡问题研究	岳国强	国家发改委投资所	研究报告	三等奖
增强消费对经济增长的拉动作用	陈新年	国家发改委经济所	研究报告	三等奖

（国家发展和改革委员会宏观经济研究院丁刚供稿）

中共北京市委党校　北京行政学院

获奖成果名称	作者	奖励名称	颁奖单位	成果形式	获奖等级
党内和谐的辩证法	姚　桓	北京市第十届哲学社会科学优秀成果奖	中共北京市委、市政府	论文	一等奖
可持续发展的伦理视角	鄯爱红	北京市第十届哲学社会科学优秀成果奖	中共北京市委、市政府	专著	二等奖
试论普兰丁格宗教认识论的基本特征	梁　骏	北京市第十届哲学社会科学优秀成果奖	中共北京市委、市政府	论文	二等奖
中国高龄老人日常生活自理能力的个体因素和区域因素分析：HLM 模型在老年健康中的应用	尹德挺	北京市第十届哲学社会科学优秀成果奖	中共北京市委、市政府	论文	二等奖
认知中国：文化研究的路径	侯且岸	北京市第十届哲学社会科学优秀成果奖	中共北京市委、市政府	专著	二等奖
消极自由的宪政价值	吕廷君	北京市第十届哲学社会科学优秀成果奖	中共北京市委、市政府	专著	二等奖
明代农业经济与农村社会	高寿仙	北京市第十届哲学社会科学优秀成果奖	中共北京市委、市政府	专著	二等奖
中西文化交流的历史见证：明末清初北京天主教堂	余三乐	北京市第十届哲学社会科学优秀成果奖	中共北京市委、市政府	专著	二等奖
李大钊与中国先进文化	侯且岸	全国党校系统第七届优秀科研成果奖	中央党校	论文	一等奖
普兰丁格的宗教认识论	梁　骏	全国党校系统第七届优秀科研成果奖	中央党校	专著	二等奖

续表

获奖成果名称	作者	奖励名称	颁奖单位	成果形式	获奖等级
文化环境与教育选择——文化视野中的少数民族教育发展研究	胡玉萍	全国党校系统第七届优秀科研成果奖	中央党校	专著	二等奖
“公款消费”居高不下的潜规则分析	靳连芳	全国党校系统第七届优秀科研成果奖	中央党校	论文	二等奖
北京现代服务业发展战略研究	朱晓青	全国党校系统第七届优秀科研成果奖	中央党校	专著	三等奖
北京市领导干部工作价值观状况调查与研究	王江渝主持、张军执笔	优秀调查研究成果奖	中共北京市委、市政府	调研报告	二等奖
从败诉案件中探究北京市依法行政存在的问题及对策	王丽霞	优秀调查研究成果	中共北京市委、市政府	调研报告	三等奖

《李大钊与中国先进文化》

侯且岸撰写

《党史研究与教学》2007 年第 4 期

2008 年获全国党校系统第七届优秀科研成果一等奖。

该文以历史主义的态度，从遵循文化发展的特殊规律出发，通过解析先进文化的基本属性，进而揭示李大钊思想与中国先进文化的内在联系，从理论上深化对先进文化的认知，增强实践的自觉性。主要创新之处在于：将中国先进文化的形成看做是一个基本的历史过程，以中国共产主义运动创始人的思想为切入点，深入发掘中国共产党人的珍贵思想资源，丰富中国先进文化的思想内涵。在思想史研究的基础上，探究中国先进文化的发展规律。重视历史的反思，通过对经验教训的总结，阐明构建和谐文化、和谐社会的重要学术意义和现实意义。

侯且岸，男，汉族，中共党员，出生于 1953 年 10 月 26 日，山西平遥人。法学博士。现任中共北京市委党校研究生部主任，教授。北京师范大学法政所兼职教授、博士生导师。

主要研究专长为中国共产党思想史、国外现代中国学和中国现当代文化。

主要成果：1995 年，主持国家社科基金项目“中西毛泽东邓小平研究比较”；1999 年，参加美国政府“国际访问者”项目。《认知中国：文化研究的路径》、《从抗日战争时期的学术个案看民族的思想启蒙》、《认知学理：马克思主义中国化的方法论思考》、《培育“和谐文化”推动文化繁荣》等。

（中共北京市委党校科研处供稿）

北京市社会科学院

北京市第十届哲学社会科学优秀成果奖

项目名称	项目负责人	成果形式	获奖等级
北京近百年生活变迁 1840—1949	袁　熹	专著	二等奖
首都可持续发展战略资源研究	张　耘	专著	二等奖
经济全球化与后发资本主义国家	张登文	专著	二等奖
会展经济：运营管理模式	施昌奎	专著	二等奖
社会变迁与文化调适	包路芳	专著	二等奖
城市拆迁中的利益冲突及其调整	雷　弢	论文	二等奖
首钢涉钢部分整体外迁后产业发展战略研究	赵　弘	调研报告	二等奖

2007年度北京市宣传系统优秀调研报告奖（2008年参评）

项目名称	项目负责人	成果形式	获奖等级
首都市民价值观取向调查报告	李贺林　杨　奎	调研报告	二等奖

（北京市社会科学院科研处朱庆华供稿）

北京市邓小平理论和“三个代表”重要思想研究中心

项目名称	项目负责人	颁奖单位	成果形式	获奖等级
北京郊区新农村建设中的农民教育培训	焦守田	中共北京市委	调研报告	北京市优秀调研成果三等奖
《加强党的执政能力建设丛书（五卷）》	张静如	国家新闻出版总署	专著	“三个一百”原创图书出版工程
论增强忧患意识	左宪民	中共北京市委、市政府	论文	北京市哲学社会科学优秀成果二等奖
中关村科技园区自主创新研究	金吾伦	中共北京市委、市政府	调研报告	北京市哲学社会科学优秀成果二等奖

（北京市邓小平理论和“三个代表”重要思想研究中心办公室供稿）

中共北京市委党史研究室

成果名称	项目负责人	颁奖单位	成果形式	获奖等级
谁保护了故宫	谢荫明、瞿宛林	中共北京市委、市政府	论文	北京市哲学社会科学优秀成果二等奖
中国共产党对非公经济的认识与重新定位	郭晓燕	中共北京市委、市政府	论文	北京市哲学社会科学优秀成果二等奖

（中共北京市委党史研究室科研处提供）

北京市档案局

一、北京市获得省部级优秀科技成果奖励项目

项目名称	负责人	颁奖单位	成果形式	获奖等级
政府信息公开提速下的档案开放与共享对策研究（2008—1—01）	姜之茂	国家档案局	研究报告	一等奖
数字档案馆建设整体方案研究（2008—3—08）	陈乐人 杨吉江	国家档案局	研究报告	三等奖

二、成果简介和作者简介

《政府信息公开提速下的档案开放与共享对策研究》

该课题通过全面分析在当前日益提速的政府信息公开工作时代背景下档案开放工作所切实感受到的强烈震撼和冲击，深入探讨档案部门应对档案开放和共享全面提速这一挑战和机遇的重大时代课题，全面阐述档案开放与共享的法律依据和立法现状，

科学地提出其立法趋势，深入探讨实现档案资源共享的途径、条件及措施。课题研究报告分为四个部分，即：政府信息公开是建设民主法治国家的必由之路；档案部门在政府信息公开工作中发挥着重要作用；档案开放与共享的现状及存在的主要问题；政府信息公开提速下做好对档案开放与共享工作的政策。对《档案法》中加大档案开放力度，缩短档案开放期限等方面提出了具体的修改意见。

姜之茂，男，1960 年 9 月生人，现任北京市档案局副局长。著有《档案馆理论与实践新探》，主编《档案人员上岗必读》；曾主持国家社科基金项目和北京市社科规划项目及国家档案局科技项目等。

（北京市档案局科教处李海英供稿）

北京市教育学会

奖项名称	项目名称	项目负责人	颁奖单位	成果形式	获奖等级	获奖时间
北京市第五届教育科学研究优秀成果奖	课程改革与管理创新	李观政	北京市教育委员会 北京市教育科学规划领导小组	研究报告	二等奖	2008 年 7 月
北京市第十届哲学社会科学优秀成果奖	课程改革与管理创新	李观政	中共北京市委、市政府	研究报告	二等奖	2008 年 12 月

（北京市教育学会李文鸾供稿）

·学术活动·

概述

本栏目记述2008年度北京地区哲学社会科学20多个学科的学术活动简况，包括国内与国际的理论研讨会、学术报告会、选题策划会、纪念座谈会、学术讲座、论坛、学会年会以及社科普及周活动等各项学术活动。简介内容包括活动主题、主办协办单位、参与单位与人员、主要观点、主要成果及社会效果等。这些学术活动反映了首都哲学社会科学事业蓬勃发展的大好形势。

马克思主义　科学社会主义

理论界纪念《共产党宣言》发表160周年　2月29日，中国社科院世界社会主义研究中心和社科文献出版社在京召开“2008世界社会主义黄皮书暨纪念《共产党宣言》发表160年——坚持走中国特色社会主义道路”理论研讨会。

中宣部理论局局长张西明代表中宣部副部长雒树刚致辞。中国社科院副院长李慎明、世界社会主义研究中心顾问张全景等与来自中宣部、中组部、中联部、中央政策研究室、中央党校、中央编译局、中国社科院等有关部门领导和专家学者200余人出席会议。

知名专家郑科扬、张全景、李慎明、侯惠勤、潘维、胡振良、谷源洋、徐世澄、王立强等在主题发言中说，1848年2月发表的《共产党宣言》是科学社会主义第一个纲领性文献。160年来，《共产党宣言》被译成一二百种文字，出版1000多次，成为社会主义文献中最具国际性的著作，其传播之广、影响之深，举世无双。今天，重温《共产党宣言》阐述的马克思主义基本原理，对于深入学习贯彻党的十七大精神意义十分重大。大家强调，马克思主义是不断发展的理论，它必然随着时代、实践和科学的发展而不断发展。中国特色社会主义之所以能够引领中国发展进步，就在于中国共产党坚持马克思主义基本原理，坚持科学社会主义基本原则，并赋予它们以鲜明的中国特色和时代特征。专家们指出，中国的改革开放与科学社会主义共命运。我们要高高举起中国特色社会主义伟大旗帜，让中国特色社会主义的伟大成果来展示科学社会主义的生命力和真理的光辉。

（参见《光明日报》2008年3月15日第2版）

第五届“马克思学论坛”　第五届“马克思学论坛”暨纪念《共产党宣言》发表160周年学术研讨会，3月29日在中央编译局召开。来自理论界的数十位专家学者出席会议，并就《共产党宣言》的写作时间、写作背景、文本结构、基本思想及现实意义进行了深入研讨。

中央编译局副秘书长杨金海研究员作了“《共产党宣言》的文本解读及其当代意义”的主题报告，对《共产党宣言》在中国的传播过程进行了深入分析，并结合中国特色社会主义的实际，对《共产党宣言》所蕴涵的社会发展一般规律，如社会发展的纵向规律（社会形态）、横向规律（全球化）和总体运动规律（世界体系），社会发展的特殊规律（阶级斗争、现代化、产业结构转化）以及社会主义的本质、根本任务和发展阶段等进行了阐发。北京大学哲学系丰子义教授认为，《共产党宣言》发表160年后，时代的总体性质、时代发展的内在逻辑和时代存在的主要问题并没有发生根本性变化，这就决定了《共产党宣言》仍具有其当代价值。中国人民大学哲学系安启念教授强调，《共产党宣言》发表160年来，共产主义事业从来没有像今天这样正在我们身边迅速发展。北京大学哲学系王东教授认为，《共产党宣言》的基本思想可分为四个层次即新唯物主义的世界观、实践观，以经济基础论为内容的唯物史观，以交往观为起点的世界史观，以每个人自由而全面发展为核心的共产主义观。

（《光明日报》2008 年 4 月 15 日第 9 版）

理论界纪念真理标准问题讨论 30 周年 中国社科院马克思主义研究学部和马克思主义研究院 4 月 30 日在京举办思想家论坛——纪念真理标准问题讨论 30 周年。中国社科院副院长武寅、马克思主义研究学部主任程恩富等与来自中国社会科学院、中国人民大学、中央党校、北京大学、清华大学等单位的 100 多名专家学者围绕继续解放思想，深入落实科学发展观课题，进行了深入研讨。

与会同志说，30 年前的真理标准问题讨论是一次伟大的思想解放运动，经过争鸣与讨论，“实践是检验真理的唯一标准”这一马克思主义的基本观点成为全党全国人民的共识。从此，解放思想、实事求是的思想路线得到确立，以“一个中心，两个基本点”为主要内容的基本路线逐步形成，进而实现了党的历史和我国社会生活的重大转折，开辟了改革开放的历史新时期。大家强调，回顾 30 年来我们党在实践上的每一个重大发展，在理论上的每一个重大突破，都是与解放思想、实事求是这一马克思主义思想路线分不开的。新世纪新阶段，我们继续解放思想必须以中国特色社会主义理论体系为指导，全面贯彻落实科学发展观。科学发展观是解放思想、实事求是、与时俱进的典范，是立足社会主义初级阶段基本国情，总结我国发展实践，借鉴国外发展经验，适应新的发展要求提出的。科学发展观是在实践中形成、在实践中验证、在实践中丰富的同时又不断指导实践发展的科学思想，我们必须长期坚持。

（《光明日报》2008 年 5 月 13 日第 9 版）

中共中央宣传部等单位举行纪念关于真理标准问题的讨论 30 周年座谈会 由中共中央宣传部、中共中央党校、光明日报社联合召开的此次座谈会，于 5 月 8 日在北京举行。

中共中央政治局常委李长春出席会议并作重要讲话。他强调，今天我们纪念关于真理标准问题的讨论 30 周年，就是要认真学习贯彻党的十七大精神，高举中国特色社会主义伟大旗帜，以邓小平理论和“三个代表”重要思想为指导，深入贯彻落实科学发展观，深刻总结改革开放 30 年来我们在坚持党的思想路线、坚持解放思想、实事求是、与时俱进中积累的丰富经验，把思想和行动统一到党的十七大精神上来，继续解放思想，坚持改革开放，推动科学发展，促进社会和谐，为夺取全面建设小康社会新胜利而奋斗。

中共中央政治局委员、书记处书记、中宣部部长刘云山主持座谈会，全国政协副主席、中国社会科学院院长陈奎元出席座谈会。

邵华泽、邢贲思、李景田、王伟光、苟天林等同志在座谈会上发言。中央宣传思想工作领导小组成员、中央有关部门负责同志、理论界专家学者近 200 人参加座谈会。

（参见《光明日报》2008 年 5 月 8 日第 4 版，5 月 9 日第 5 版）

光明日报社举行纪念关于真理标准问题讨论 30 周年座谈会 光明日报社为纪念关于真理标准问题讨论暨《实践是检验真理的唯一标准》发表 30 周年，于 5 月 13 日举行了座谈会。

与会同志强调，纪念关于真理标准问题讨论 30 周年，作为光明日报人，我们要继承和发扬光明日报的好传统好作风，始终坚持与胡锦涛同志为总书记的党中央保持一致，坚持新闻的党性原则，坚持正确的舆论导向，坚持实践是检验真理的唯一标准；深入宣传好党的十七大精神，深入宣传好中国特色社会主义理论体系；立足本职，尽职尽责，努力工作，认真学习，不断提高思想、业务水平，保持奋发有为的精神状态；不断突出报纸特色，提高报纸质量，努力把《光明日报》办成广大知识界喜闻乐见的报纸，充分发挥党联系广大知识界的桥梁和纽带作用。

（参见《光明日报》2008 年 5 月 14 日第 2 版）

纪念真理标准讨论与改革开放 30 周年全国理论研讨会 此次研讨会由北京师范大学、中国社会科学院文史哲学部、人民出版社等单位联合主办，于 6 月 7 日在北京师范大学英东学术会堂举行。

教育部副部长袁贵仁、北京师范大学党委书记刘川生、副校长韩震等有关领导以及来自哲学界、政治学界、法学界、教育学界和社会学界等相关领域的知名学者出席了研讨会。

袁贵仁副部长、刘川生书记在开幕式上致辞。开幕式结束后，中央党校原副校长邢贲思、中国政法大学原校长江平、中国教育学会会长顾明远、中国社会学会会长郑杭生、中国社科院文史哲学部副主任李景源和中央编译局副局长俞可平等知名学者先后作了主题演讲。在分会环节中，来自中国社会科学院、中共中央党校、北京大学、清华大学、中国人民大学、北京师范大学、复旦大学、南开大学、武汉大学、吉林大学等科研院校的50多名专家参与了讨论。与会代表从理论上概括了改革开放30年来社会发展的基本经验；梳理了在经济和社会发展的大背景下，哲学社会科学所取得的成就和存在的问题，并围绕学术自觉、理论创新和中国现实生活实践的关系、对全球化的语境中中国与西方学术思想的碰撞和交流等热点问题展开了深入的探讨和交流；以期探索中国哲学社会科学理论创新的措施和具体路径，推动有中国特色哲学社会科学的建设。

（北京师范大学社科处吴慧涵供稿）

马克思主义中国化论坛　6月20日，北京市邓小平理论和“三个代表”重要思想研究中心、北京大学、北京市社会科学界联合会在北京大学联合举办“马克思主义中国化论坛·2008”，首都理论界近百名专家学者围绕马克思主义中国化最新成果——中国特色社会主义理论体系进行专题研讨，著名专家学者李君如、章百家、吴树青等出席论坛，市委宣传部副部长、市邓小平理论和“三个代表”重要思想研究中心常务副主任常卫，北京大学党委副书记杨河致辞。市社科联党组书记、市邓小平理论和“三个代表”重要思想研究中心常务副主任史秋秋，北京大学校务委员会副主任、北京大学邓小平理论研究中心主任赵存生分别主持两阶段论坛。

论坛上，专家学者们围绕中国特色社会主义理论体系这一主题进行了深入研讨，从不同角度交流了各自的研究成果。李君如、章百家、夏兴有、郭建宁、胡振良、辛向阳、孙代尧、梁树发等先后就党的十七大报告对马克思主义中国化的新概括新贡献、中国特色社会主义的理论基石、马克思主义发展阶段与中国特色社会主义理论体系、中国特色社会主义理论体系的人民性等方面作了精彩发言。

与会专家学者一致认为，党的十七大在总结改革开放历史进程和宝贵经验的基础上，创造性地提出并深刻阐述了中国特色社会主义理论体系。准确理解和全面把握中国特色社会主义理论体系，对于深刻认识党的十七大提出的一系列新思想、新观点、新论断、新举措的正确性和科学性，切实把思想和行动统一到党的十七大精神上来，把智慧和力量凝聚到实现党的十七大确定的各项任务上来，具有至关重要的意义。

与会专家学者指出，中国特色社会主义理论体系是马克思主义中国化最新成果，是改革开放和社会主义现代化建设伟大实践的重要理论结晶，开辟了马克思主义在中国发展的新境界。这一理论体系与马克思列宁主义、毛泽东思想既一脉相承又与时俱进，既坚持了科学社会主义的基本原则，又具有鲜明的时代特色、民族特色、实践特色，是坚持和发展马克思主义的典范。在当代中国，坚持中国特色社会主义理论体系，就是真正坚持马克思主义。

与会专家学者强调，首都理论界当前应切实把中国特色社会主义理论体系研究作为头等重要课题，尤其要注重对中国特色社会主义理论体系形成的思想渊源，中国特色社会主义理论体系的框架结构和主要内容，中国特色社会主义理论体系与马克思列宁主义、毛泽东思想既一脉相承又与时俱进的关系，科学发展观对中国特色社会主义理论体系的理论贡献等问题进行深入研究，形成一批有价值的研究成果，在加强中国特色社会主义理论体系研究方面发挥应有作用，作出重要贡献。

全国邓小平理论和“三个代表”重要思想研究基地代表，“马克思主义中国化的历史进程和基本经验”课题组成员，马克思主义中国化论坛征文活动优秀论文作者代表，有关专家学者和理论工作者等参加了论坛。

（北京市邓小平理论和“三个代表”重要思想研究中心卢颖华、许星供稿）

中共中央文献研究室召开纪念改革开放30周年学术研讨会　7月24日，为纪念改革开放30周年，中共中央文献研究室第一、二编研部和科研管理部在京召开“毛泽东的探索与改革开放伟大事业”学术研讨会。中共中央党校、中共中央党史研究室、中国社会科学院的专家学者出席了研讨会。

与会者一致认为，改革开放伟大事业，是在以毛泽东为核心的党的第一代中央领导集体创立毛泽东思想，带领全党全国各族人民建立新中国、取得社会主义革命和建设伟大成就的基础上进行的，是在毛泽东等老一辈革命家艰辛探索社会主义建设规律取得宝贵经验的基础上进行的。毛泽东领导党和人民取得的新民主主义革命的胜利和社会主义基本制度的建立，为当代中国一切发展进步，奠定了根本政治前提和制度基础。

与会者指出，开创改革开放伟大事业，是以邓小平为核心的党的第二代中央领导集体作出的伟大贡献。中国特色社会主义理论体系，是对毛泽东思想的继承和发展，是马克思主义中国化的最新成果，是进行改革开放和社会主义现代化建设的指导思想。高举中国特色社会主义伟大旗帜，坚持中国特色社会主义理论体系，就是真正坚持马克思列宁主义、毛泽东思想。

（《光明日报》2008 年 7 月 25 日第 3 版）

21 世纪东亚的马克思主义学术报告　9 月 22 日，日本东京大学综合文化研究科教授佐佐木力在新斋 353 会议室为马克思主义学院和教育部人文社会科学重点研究基地——清华大学高校德育研究中心的师生作了题为《二十一世纪东亚的马克思主义》的学术报告。报告深刻分析了马克思主义诞生的历史背景和当时英、法、德三国资本主义发展的不同状况，对战后的资本主义和新自由主义在全球化进程中的影响提出了见解。同时，报告探讨了社会主义计划经济与政治体制的关系，并比较分析了苏联社会主义模式，以及列宁、托洛茨基和斯大林的社会主义经济发展思想。佐佐木力教授还回答了现场学生的提问，对清华大学成立马克思主义学院表示赞赏，并表示今后会在马克思主义研究和科技哲学史等领域与清华大学马克思主义学院展开进一步的交流和合作。马克思主义学院副院长韩冬雪主持报告会，副院长蔡乐苏参加报告会。

（清华大学学科建设处刘金梅供稿）

中国延安精神研究会举行纪念《共产党宣言》发表 160 周年座谈会　中国延安精神研究会 2 月 19 日在京举行座谈会，纪念《共产党宣言》发表 160 周年。中国延安精神研究会常务副会长伍绍祖、有林、郑幼枚等与来自理论界的 100 多位专家学者围绕学习贯彻党的十七大精神，就《共产党宣言》的伟大意义、历史价值等课题，进行了深入研讨。著名学者吴雄丞、赵曜、荀春荣、钟哲明、刘书林、闫志民等先后作主题发言。

与会同志说，1848 年 2 月公开发表的《共产党宣言》是人类思想史上伟大的著作，是马克思主义学说第一次完整、系统、成熟的阐述，是科学社会主义第一个纲领性的文献。它的发表，标志着马克思主义诞生，标志着国际共产主义运动进入一个新阶段。

与会同志认为，马克思主义是不断发展的理论，它必然随着时代、实践和科学的发展而不断发展。党的十七大指出，《共产党宣言》发表 160 年的实践证明，马克思主义只有与本国国情相结合、与时代发展同进步、与人民群众同命运，才能焕发出强大的生命力、创造力、感召力。

（参见《光明日报》2008 年 2 月 26 日第 9 版）

“改革开放 30 年：中国道路与世界视野”国际学术研讨会　10 月 30—31 日，教育部人文社会科学重点研究基地北京大学邓小平理论研究中心、北京大学党委宣传部、北京大学社会科学部和北京大学马克思主义学院联合举办了本次学术研讨会。教育部社科司司长杨光、北京大学党委常务副书记吴志攀到会致辞。著名学者黄楠森、吴树青、李忠杰、王东、陈占安等，以及来自美国、日本、俄罗斯、韩国、越南等国家的专家学者近百人出席了研讨会。

会议围绕改革开放的国际影响与历史地位、中国经验的理论总结与哲学升华、中国发展的迫切问题与解决思路、中国哲学社会科学 30 年的发展等专题，进行了研讨交流。

这次学术研讨会的鲜明特点，是学术性、创新性和国际性。在大会发言阶段，中央党史研究室副主任李忠杰教授作了“从世界历史高度看中国特色社会主义新型文明”的主题发言，将“中国道路”上升到世界文明新形态的高度，注重发掘蕴涵其中的新的思维方式与价值观念。北京大学黄楠森教授以“改革开放与马克思主义思想路线”为题，指出改革开放方针的确立是马克思主义思想路线的胜利。北京大学哲学系王东教授将改革开放 30 年的成就、问题、前景归结为五大创新与五个难题。美国哥伦比亚大学著名教授萨卡·考培拉为大家剖析了中国 30 年改革开放对其他发展中国家的重要意义。俄罗斯科学院远东研究所副所长安德烈以“从计划经济到市场经济的转型”的角度，对中俄两国的改革之路进行了比较研究。北京大学曹凤岐教授以“金融深化、金融自由化和金融全球化与实体经济关系研究”为主题，系统阐发了他对当前金融危机与中国对策的基本观点。北大国际关系学院院长王缉思教授探讨了改革开放 30 年来中国国际环境的演变轨迹，并对中国未来发展 10 年、20 年乃至 30 年的国际环境问题做出了分析与预测。会议为期两天，共收到国内外学者的学术论文 60 余篇，即将结集出版。

（北京大学社会科学部郭琳供稿）

中国青年政治学院举行深入学习实践科学发展观专题报告会　10 月 31 日，中国青年政治学院举行

"深入学习实践科学发展观专题报告会"校科学发展观研究中心校外特聘研究员、中国人民大学教授秦宣作了题为《科学发展观的科学内涵和历史地位》的专题报告。校党委书记倪邦文主持报告会。

报告主要阐述了科学发展观的形成和发展、科学发展观的科学内涵两个问题。

在阐述"科学发展观的形成和发展"时，他认为，科学发展观的理论来源是马克思主义关于发展的理论。随后，他从国际、国内两个方面分析了科学发展观的产生背景，指出了我国目前发展面临的严峻形势：一是作为发展中国家，我国正处在人均收入1000—3000美元的敏感发展期，面临着难以避免的社会、政治、经济的挑战；二是复杂多变的国际环境对我国发展形成的外部压力。报告简要总结了科学发展观的提出、形成、完善的过程，并总结道：历史和实践告诉我们，科学发展观的提出符合时代的发展要求。

在阐述"科学发展观的科学内涵"时，秦宣教授用5个问题引导大家对科学发展观进行全面深入的理解：第一，为何必须把发展作为第一要义？因为发展是当今时代的主题，是解决中国所有问题的关键，具有决定性意义；第二，为何把以人为本作为科学发展观的核心？我们之所以强调"以人为本"，是因为我国发展中遇到的许多问题都是民生问题。他用确凿的数据向大家展示了我国在就业、教育、医疗等方面存在的缺陷与不足，强调了以人为本、科学发展的必要性；第三，为什么必须坚持全面协调？这是由我国发展的结构性矛盾和不平衡性所决定的；第四，为什么要实现可持续发展？因为我国是人口大国，却是资源弱国，人均资源占有量少，并且存在资源浪费、利用效率低下等状况，发展过程中的资源瓶颈越来越严重；第五，为什么必须坚持统筹兼顾的根本方法？因为中国面临的发展问题是复合型问题，必须在发展的同时妥善处理中国特色社会主义事业中的各种重大关系。

（中国青年政治学院曹骏供稿）

改革开放与理论创新研讨会　为回顾和总结30年来我国高校哲学社会科学繁荣发展的成绩和经验，反映高校哲学社会科学对推动改革开放伟大事业的理论贡献，在"历史新起点"重大课题研究及系列丛书编写取得阶段性成果的基础上，进一步推进课题研究工作、提升丛书编写质量，教育部高等学校社会科学发展研究中心11月25日在北京举办"改革开放与理论创新暨'历史新起点'系列丛书编写专题理论研讨会"。教育部副部长李卫红，北京大学、清华大学、中国人民大学、北京师范大学、武汉大学、四川大学、西南大学、中央财经大学、中国政法大学、南开大学、北京化工大学、湖南大学、西南政法大学、华东师范大学等高校的专家学者出席了研讨会。

教育部副部长李卫红发言指出：新中国成立以来，特别是改革开放30年来，在党中央的高度重视和正确领导下，经过40多万高校哲学社会科学工作者的共同努力，高校哲学社会科学工作取得了显著成绩，在党和国家全局工作中、在教育改革发展中发挥了重要作用。从整体上讲，高校哲学社会科学的实力大大增强。团队攻关、整体作战的观念和能力大大增强，研究解决重大理论和现实问题的能力明显提高，参与国际对话的能力与范围大为拓展。目前，高校已成为繁荣发展哲学社会科学的主力军，为发展社会主义先进文化，推进党的理论创新作出了重要贡献。特别是近年来，高校哲学社会科学工作者既教书育人又潜心治学，积极参与马克思主义理论研究和建设工程，努力构建以当代中国马克思主义为指导，具有中国特色、中国风格、中国气派的哲学社会科学学科体系和教材体系，为丰富和发展中国化马克思主义作出了重要贡献。

全面贯彻落实科学发展观，要求更加自觉地推动哲学社会科学的繁荣发展。当前，教育部正在中央的领导下抓紧研究制订《国家中长期教育改革和发展规划纲要》。高校哲学社会科学是我国高等教育事业的重要组成部分，在研究制订《国家中长期教育改革和发展规划纲要》的过程中，要认真谋划高校哲学社会科学的发展问题。要根据全面建设小康社会的紧迫需求，对高校哲学社会科学做出总体部署，统筹当前和长远，把握高校哲学社会科学发展的战略重点，确定若干重点领域，抓住一批重大课题，实施若干重大专项，新增一批哲学社会科学创新基地，培育一批创新团队，全面提升高校哲学社会科学研究的质量和水平，为国家经济建设和社会发展更为全面、更为有效地服务。

（参见《光明日报》2008年11月28日第7版）

科学发展观与中国特色社会主义论坛　12月12日，"科学发展观与中国特色社会主义论坛"在中国人民大学召开。中央党史研究室副主任李忠杰教授、中央文献研究室副主任李捷研究员、中国人民大学党委书记程天权教授、武汉大学校长顾海良教授、北京师范大学党委书记刘川生教授，中宣部理论局、教育部社科司有关负责人出席论坛。来自中国社会科学院、北京大学、清华大学、中国人民大学、复旦大学、同济大学的70余位专家学者参加。受教育部副部长李卫红委托，教育部社科司司长杨光作书面发言。

与会专家围绕“科学发展观与中国特色社会主义”这一主题，深入研讨了科学发展观与解放思想和改革开放、与办好人民满意的高等教育、与推进高校哲学社会科学的繁荣发展，用科学发展观武装、教育高校师生等重大理论与实践问题。

此次论坛是首届“中国特色社会主义理论体系论坛”，由教育部邓小平理论和“三个代表”重要思想研究中心、教育部高等学校社会科学发展研究中心和中国教育报社共同主办，中国人民大学“三个代表”重要思想研究中心承办。

（中国人民大学科研处关晓斌供稿）

首都理论界举办学习胡锦涛同志重要讲话、纪念改革开放30周年理论研讨会 12月29日，中共北京市委宣传部、北京市邓小平理论和“三个代表”重要思想研究中心、北京日报社、前线杂志社、北京市社科院、北京市社科联、北京市社科规划办等单位联合举办首都理论界学习胡锦涛同志重要讲话、纪念改革开放30周年理论研讨会。中央文献研究室主任冷溶、中央政策研究室副主任郑新立出席，市委常委、宣传部部长、副市长蔡赴朝讲话，市委宣传部副部长常卫主持，首都理论界140余位专家学者参加。

研讨会上，郑新立、赵曜、黄枬森、刘牧雨、文魁、姚桓等专家作了专题发言，与会专家畅谈了学习胡锦涛总书记在纪念党的十一届三中全会召开30周年大会上发表的重要讲话的体会，并围绕坚持马克思主义中国化的根本方向、坚持中国特色社会主义道路和中国特色社会主义理论体系、坚持党的十一届三中全会精神、社会主义的理论创新、改革30年的成功规律、经济体制改革的成就与经验、改革开放对繁荣发展社会主义文化的指导作用、改革开放对马克思主义哲学学科建设的推动作用、改革开放以来党内民主建设的发展历程与基本经验等内容进行了深入研讨。会议还对“北京市第十届哲学社会科学优秀成果奖”获奖成果进行了表彰。

蔡赴朝在讲话中指出，胡锦涛总书记在纪念党的十一届三中全会召开30周年大会上发表的重要讲话，高屋建瓴，思想深刻，内涵丰富，通篇闪耀着马克思主义真理的光辉，是指导我们继续把改革开放伟大事业推向前进的纲领性文献，对于社科理论工作具有重要的指导意义。首都社科理论工作者要以高度的使命感和责任感，深入学习、研究、宣传胡锦涛总书记重要讲话，深入学习、研究、宣传改革开放30年的辉煌成就和“十个结合”的宝贵经验，紧密结合深入学习实践科学发展观行动，把思想认识统一到讲话精神上来，统一到中央关于当前经济形势的分析判断和决策部署上来。

蔡赴朝指出，改革开放30年来，首都社科理论工作者在为首都经济社会发展提供理论支撑、营造思想舆论氛围、服务重要决策等方面，发挥了不可替代的重要作用。当前，要以纪念改革开放30周年为契机，紧密结合当前形势和中央、市委的决策，发挥解疑释惑、增强信心、振奋精神和鼓舞士气的作用，积极营造攻坚克难、共度时艰的思想舆论氛围；要深入持久地进行改革开放宣传教育，在改革开放的理论研究和实践探索方面，推出新理念、新思路、新成果、新对策；要以改革创新的精神推动社科理论工作出成果、上水平，为首都文化的大发展、大繁荣作出新贡献；要紧紧围绕首都改革开放和社会主义现代化建设大局，为建设“人文北京、科技北京、绿色北京”服好务；要坚持正确的政治方面，进一步加强社科理论人才队伍建设，切实增强做好首都社科理论工作的使命感和责任感，在新的历史起点上开创首都社科理论工作新局面。

（北京市邓小平理论和“三个代表”重要思想研究中心卢颖华、许星供稿）

哲学（含自然辩证法、逻辑学、伦理学、美学）

中国社会科学院文史哲学部举行学术动态报告会

中国社科院文史哲学部2月21日在京举行学术动态报告会。全国政协副主席、中国社会科学院院长陈奎元，常务副院长王伟光；文史哲学部主任江蓝生，副主任张海鹏、李景源等与来自文史哲学部的30多位学部委员、荣誉学部委员和各研究所的负责同志及专家学者100多人出席报告会。

宗教所所长、学部委员卓新平研究员报告了当代宗教新现象，指出在经济全球化中传统宗教格局被打破，宗教正以多种形式成为其“小社会”或子系统，并以“公民宗教”、“非政府组织”、“民间社团”、“社区文化”或“企业文化”等形态影响社会。哲学所研究员李甦平介绍了21世纪东方哲学研究，认为由我国学者完成的5卷本、250多万字的

《东方哲学史》，是世界上第一部内容翔实的研究东方哲学的学术著作。该书概括了上下千年印度哲学、中国哲学、阿拉伯伊斯兰哲学、日本哲学、朝鲜半岛哲学、越南哲学及东南亚的缅甸、泰国、柬埔寨、老挝、斯里兰卡哲学等。外文所副所长、研究员陆建德分析了现代化过程中的外国文学，指出自清末民初以来，文学在现代化过程中的作用一直是我国知识分子关心的话题，提出文学不仅反映世界，而且积极参与改变世界，因此在现代化过程中文学也是一只“看不见的手”。历史所学部委员林甘泉研究员回顾了20世纪孔子及其思想研究，认为孔子作为中国古代伟大的思想家和教育家的历史地位在学界已成共识，但对孔子思想的当代价值存在不同看法。研究孔子及其思想应以马克思主义理论为指导。在建设中国特色社会主义文化中，要旗帜鲜明地反对“儒化中国”的错误观点。近代史所所长、研究员步平评述了中日历史问题，指出中日之间在历史认识方面产生分歧原因来自多方面，有国内外政治的影响，也有历史感觉的不同和学术研究条件的差异，需要对诸多分歧分门别类地加以具体分析，不能一概而论。考古所所长、研究员王巍通报了考古学研究的近期动态，关于粟作农业起源问题，一般认为起源于中国，而黍的起源地却一直是个谜。近来，植物淀粉粒分析方法已开始在我国考古学中应用。这种方法比应用孢粉和植硅体分析方法在鉴定植物种属时具有更大的优越性，可以通过分析工具或器皿上的残渍以辨明当时的植物种属。

（《光明日报》2008年2月26日第9版）

向德才兼备典范赵朴初学习座谈会　为纪念世界著名宗教学家和享誉海内外的大学者赵朴初先生逝世8周年，中国伦理学会、曲阜孔子书院、中国社科院东方文化研究中心5月21日在京举行“向德才兼备典范赵朴初学习座谈会”。中国社科院原副院长汝信、中国社科院哲学所所长李景源、曲阜孔子书院院长李敏生等与来自全国学术界的80多位专家学者出席会议。

李敏生在会上作了《赵朴初是新中国的文化巨匠》的主题发言。与会同志说，赵朴初先生在世界佛教界有很高的威望和影响，他一生为传播中华民族文化，增进中国与世界各国的友好和交流作出了历史性贡献。作为一代国学大家，他学识渊博，对中国传统文化有着十分精湛的研究。他是佛学大师，但不排斥儒学和道学，主张中华文化和谐融合、共同发展；他是著名诗人、书法家和作家，但主动普及社会科学知识，创作了诗词、书法数千首。赵朴初先生在学术方面的贡献是多方面的，特别是在我国文学史、诗歌史上独树一帜，产生了较大的学术影响。学者们说，赵朴初先生在德的方面，严于律己，处处体现回报祖国和人民的“知恩报恩”思想；在生活的各个方面，他均可称为清廉的典范；他资助教育、向一些贫困地区捐款的事迹更是感人至深。大家强调，学术界应深入研究和学习赵朴初先生的学术思想、爱国主义精神和实事求是的学风，以及踏踏实实做人、做学问的高尚品格。

（参见《光明日报》2008年6月3日第9版）

自然与社会论坛　中国自然辩证法研究会举办的自然与社会论坛系列活动之三——“从汶川大地震谈人与自然的关系”学术座谈会，5月23日在京举行。中国科协书记处书记冯长根、中国自然辩证法研究会常务理事王玉平、中国科学院院士何祚庥等与来自自然科学界和社会科学界的60多位专家学者出席会议。

与会同志说，发生在汶川的强烈地震，给灾区人民的生命和财产带来了巨大的损失，也给中华民族留下了巨大的心理创伤。然而，灾难凝聚力量，更激发和彰显伟大的中华民族精神。中国自然灾害研究会第六届理事会理事长朱训说，从汶川大地震探讨人与自然的关系，要求自然辩证法工作者认真研究科技快速发展的时代，人类社会、科学技术和自然现象三者间的关系，以用科学的知识规划灾区重建家园和恢复灾区人民的身心健康。何祚庥院士指出，在人和自然的关系上，仍然有一些争论，如是天定胜人，还是人定胜天，还是人天和谐。这是一个发展阶段的问题，人和自然的关系是随着人的水平不断提高而提高的。在人和自然的关系问题上，相当一部分人忽视了我们的初级阶段，把未来理想中的事情当做现实的事情来做，这是一个很大的认识误区。中国自然辩证法研究会原理事姚监复强调，人是自然大系统中的子系统，是大自然的一部分，人必须尊重自然，对生态环境既要保护，又要养育。清华大学教授曾国屏分析指出，在人和自然的关系上，必须懂得自然是人和社会生存发展的基础。在自然面前，人类要有所作为，但这个作为不仅要依靠科学技术，还要有人文社科关怀，才能与自然和谐相处。中国社科院研究员余谋昌说，汶川大地震显示了自然界巨大的力量，同时又显示了我们对大自然的认识是非常有限的。为此，我们要尊重自然，热爱自然，敬畏自然，保护生灵。在这次地震中，大自然巨大力量的显示和人民的伟大援救行动，显示了人与社会和自然是一个生命的共同体。

（《光明日报》2008 年 5 月 27 日第 9 版）

启蒙的当代理解国际学术会议 10 月 10—11 日，由北京大学哲学系和北京大学外国哲学研究所主办，歌德学院北京分院、北京大学德国研究中心、柏林自由大学哲学院协办的“理性的命运——启蒙的当代理解”学术会议在北京召开。参加这次会议的有来自德国、法国、美国、中国内地以及中国台湾、香港等地海内外哲学、历史、德国文学等各个领域的著名学者 30 多人。北京大学哲学系主任赵敦华教授和德国柏林—勃兰登堡科学院副院长、洪堡大学教授 Volker Gerhardt 分别作开幕演讲。参加此次学术会议的国内外知名学者还有韩水法、江怡、张志伟、翟振明、尚新建、高毅、钱永祥、关子尹、Manfred Baum、Rainer Enskat、Jürgen Stolzenberg 和李文潮等人。

在为期两天的会议中，30 多位中外学者在 6 个专题研讨会上发表了 30 份学术报告，围绕“启蒙的概念”、“启蒙与现代性”、“启蒙与宗教”、“启蒙与后现代”以及“启蒙与反启蒙”等等主题进行了深入的讨论，并取得了卓著的成效。正像 Jürgen Stolzenberg 教授在大会总结中所说的那样，“这次大会是一次意义深远的大会，它一方面为我们展现了中国哲学界对启蒙精神研究的丰富性和多样性，另一方面也为今后中外哲学的进一步交流和合作开启了一些很好的议题”。韩水法教授在会议闭幕词中也表示：“在中国，虽然人们对理性的研究的历史并不长，但是启蒙的问题既是一个民族的问题，也是全人类的问题。在当代中国，理性的命运现为与西方思想的紧密联系。庄子说，吾生也有涯，而知也无涯；启蒙和理性的问题虽然很多，却依然要讨论下去。”与会的中外学者最后决定，会议论文集将以中文和德文两种文字分别在中国和德国出版。

（北京大学社会科学部郭琳供稿）

马克思主义与儒学高层论坛 中央党校哲学部和中国孔子基金会主办，华夏文化纽带工程组委会和中国实学研究会协办的“2008 · 马克思主义与儒家高层论坛”，10 月 19—20 日在京召开。来自全国各地的专家学者 80 多人参加论坛。

关于如何看待马克思主义与包括儒学在内的中国传统文化之间的关系，与会者指出，要坚持马克思主义的指导地位，但马克思主义与中国传统文化不是对立的，而是相互借鉴，相互吸收，相互促进的关系。与会者认为，要充分认识马克思主义与包括儒学在内的中国传统文化相结合对当前中国社会发展的重要性。马克思主义与中国优秀传统文化相结合，一方面使得马克思主义有了民族文化的“土壤”，另一方面也使得中国传统文化有了新的时代内涵。马克思主义的生命力在于与各国的具体实际相结合，并为人民群众所掌握。在新的形势下，马克思主义应积极汲取包括儒学在内的中国传统文化的精华，以促进自身的发展，特别是要促进马克思主义的中国化，使之更好地与中国实际相结合，有效地发挥其指导作用。从研究方法来看，马克思主义研究者既要深刻了解中国的国情，也要深刻了解包括儒学在内的中国传统文化，以便使马克思主义中国化深深扎根在传统文化的土壤之中；要按照实事求是和唯物辩证法来吸收借鉴中国传统优秀文化以发展马克思主义，使马克思主义中国化得到健康发展。从具体研究内容来看，马克思主义研究者一方面要使马克思主义与中国哲学传统建立联系，另一方面则是要以马克思主义指导现代中国哲学的建构。只有当马克思主义与中国文化有了共同的传统之后，才能真正实现马克思主义中国化，使马克思主义在当今中国成为既能上承中国历史优秀传统，又能下开中国特色社会主义发展模式的文化。

关于如何弘扬包括儒学在内的中国传统文化为当前社会发展服务，大家认为，要以马克思主义的立场、观点、方法为指导对儒学传统进行研究；坚持批判性与构建性相统一的原则，对包括儒学在内的中国传统文化进行精粗优劣的鉴别。既要坚持马克思主义基本原则不动摇，又要充分汲取包括儒学在内的中国传统优秀文化，还要分析马克思主义与儒学的相异之处，使儒学走向现代化，更好地为当代中国的社会发展服务，成为中国特色社会主义文化的重要元素。

（《光明日报》2008 年 10 月 28 日第 9 版）

政治学（含思想政治工作、党建、统战）

经济全球化与工会论坛 “2008 经济全球化与工会”国际论坛于 1 月 7—8 日在北京举行，来自 4 个国际和区域工会组织以及 24 个国家的工会组织的 62 位工会领导人出席论坛。此次论坛的主题为“可持续发展、体面劳动和工会的作用”。

中共中央总总记、国家主席胡锦涛出席开幕式并致辞。他说，本次论坛以“可持续发展、体面劳动和工会的作用”为主题，围绕促进可持续发展、实现社会公平正义等人们普遍关心的问题进行研讨和交流，对增进各国工会的相互了解和合作、促进工会组织在经济社会发展中更好地发挥作用，对推动国际工会运动健康发展，具有十分重要的意义。

中共中央政治局委员、全国人大常委会副委员长、中华全国总工会主席王兆国今天在“2008经济全球化与工会”国际论坛开幕式上讲话指出，世界各国工会应树立互利共赢的理念，尊重不同模式，促进对话交流，协商应对挑战，共享发展机遇。

［参见《人民日报》（海外版）2008年1月8日第1版］

北京市第十八届“灵山杯”优秀报告（党课）评选活动　1月1日至4月24日，市委讲师团组织实施了北京市第十八届“灵山杯”优秀报告（党课）评选活动。申报的476件作品中有195件作品获奖，其中一等奖34件，二等奖114件，三等奖46件，特别奖1件。本次评选的主要特点：一是参评作品数量大幅提高。申报作品比第十七届增长17%，是第一届申报作品的5.7倍。二是参评作品质量高、形式新、效果好。宣讲报告紧紧围绕学习贯彻党的十七大精神和胡锦涛总书记“6.25”重要讲话精神的主题，坚持正确的理论宣讲导向，面向基层贴近群众，广泛传播以胡锦涛为总书记的党中央的一系列重大战略思想和理论创新成果，科学引领、解疑释惑、沟通交流，彰显宣讲零距离的优势。三是评审方式更加科学、规范。首次采用网络评选与会议集体审定相结合的方式。同时采用光盘加文稿的“1＋1”模式，提高了评审精确性，最后由总评委集体投票选定获奖作品，确保公开、公平、公正。四是组织工作体现人性化、个性化。评选工作开展前，市委讲师团对各区县局、各工委负责申报的工作人员进行集中培训。评选过程中，市委讲师团提供了各种评审所需材料以及手机短信提示等周到服务，使评委在程序上的劳动最小化，集中精力搞好评审。五是充分发挥网络新媒体的优势，对优秀宣讲作品在宣讲家网站播发，在网上发挥了导向作用，形成了“集团优势”，浏览的网友每天达2万多人。《前线》、《支部生活》、北京电视台等媒体对北京市第十八届“灵山杯”优秀报告（党课）评选活动给予了报道。

（北京市委讲师团高亚雄供稿）

中共中央举行纪念周恩来同志诞辰110周年座谈会

2月29日，中共中央在人民大会堂举行座谈会，纪念周恩来同志诞辰110周年。

中共中央总书记、国家主席、中央军委主席胡锦涛发表重要讲话强调，我们要全面贯彻党的十七大精神，高举中国特色社会主义伟大旗帜，坚持以邓小平理论和“三个代表”重要思想为指导，深入贯彻落实科学发展观，同心同德、齐心协力、求真务实、锐意进取，把老一辈革命家孜孜以求的美好理想变成现实，为把我国建设成为富强、民主、文明、和谐的社会主义现代化国家而不懈奋斗。

中共中央政治局常委吴邦国、贾庆林、李长春、习近平、李克强、贺国强、周永康出席座谈会，座谈会由中共中央政治局常委、国务院总理温家宝主持。

胡锦涛指出，我们缅怀周恩来同志，就是要永远铭记和认真学习周恩来同志的精神，使之不断发扬光大。周恩来同志始终信仰坚定、理想崇高，集中表现为他对党和人民无限忠诚的精神；始终热爱人民、勤政为民，集中表现为他甘当人民公仆的精神；始终顾全大局、光明磊落，集中表现为他高度珍视和自觉维护党的团结统一的精神；始终实事求是、严谨细致，集中表现为他求真务实的精神；始终虚怀若谷、戒骄戒躁，集中表现为他谦虚谨慎的精神；始终严于律己、廉洁奉公，集中表现为他无私奉献的精神。

（参见《光明日报》2008年3月1日第1版）

建设社会主义核心价值体系研讨会　由中宣部于4月9日在北京召开此次研讨会。

中共中央政治局委员、书记处书记、中宣部部长刘云山出席会议并讲话，强调要深入贯彻党的十七大精神，从推进中国特色社会主义事业、巩固党的执政地位的高度来认识和谋划核心价值体系建设，切实把这件关系全局、事关长远的大事抓紧抓好。

会议指出，建设社会主义核心价值体系，要解决好认识、认知、认同的问题。要深刻认识社会主义核心价值体系把党的主张、国家意志和人民意愿统一起来，把政治与伦理、理想与现实结合起来，是一个结构完备、逻辑缜密的科学体系；深刻认识社会主义核心价值体系的现实目标，就是团结动员全党全国各族人民为建设富强、民主、文明、和谐的社会主义现代化国家而奋斗；深刻认识社会主义核心价值体系具有鲜明的科学性、民族性、时代性和开放性，拥有广泛而雄厚的历史基础和现实基础。

会议提出，进一步研究社会主义核心价值体系建设的重大意义、深刻内涵和实践要求，探讨用核心价值体系引领社会思潮、增强社会主义意识形态吸引力凝聚力的有效途径。要组织各方面力量集中攻关，从不同角度、不同层面进行深入研究，不断取得新的研究成果，努力为建设社会主义核心价值体系提供有力的理论支持。

中央有关部门和部分省市党委宣传部负责同志以及专家学者在会上发言。各省区市党委宣传部主管理论工作的副部长、马克思主义理论研究和建设工程专家学者100多人参加了会议。

（参见《北京日报》2008年4月10日第2版）

纪念中共中央发布“五一口号”60周年座谈会

为纪念这一重要历史事件，4月10日，中共北京市委统战部召开座谈会，回顾历史，畅谈未来。市委常委、统战部部长尤兰田出席会议并讲话。

会上，民盟市委主委葛剑平、无党派人士唐晓青等民主党派、无党派人士与理论界专家学者、当年亲历过这一重要事件的代表，从历史与现实、理论与实践、党内与党外等不同角度、不同侧面作了发言。

尤兰田在讲话中说，深刻认识这一重大事件的历史作用，回顾总结多党合作的实践经验，继承发扬老一辈的优良传统，对于进一步坚持和完善中国共产党领导的多党合作和政治协商制度，巩固壮大新世纪新阶段统一战线事业具有十分重要的现实意义。今天我们重温“五一口号”，就是要在新世纪新阶段，高举中国特色社会主义伟大旗帜，继承和发扬多党合作的优良传统，落实政治交接的重大任务，团结和带领广大统一战线成员坚定不移地走中国特色社会主义政治发展道路。要高举中国特色社会主义伟大旗帜，坚持和把握多党合作的正确方向；要深入贯彻落实科学发展观，积极投身全面建设小康社会的伟大实践；要加强多党合作制度建设，不断增强我国政治制度的活力；要坚持走中国特色政治发展道路，认真落实政治交接的重大任务。

市各民主党派负责人傅惠民、于文明、李昭玲、马大龙、蔡国雄出席座谈会。

（参见《北京日报》2008年4月11日第3版，4月14日第4版）

全国工会领导干部理论研讨会　研讨会于4月17—18日在北京举行。中共中央政治局委员、全国人大常委会副委员长、中华全国总工会主席王兆国出席会议。

中华全国总工会副主席、书记处第一书记孙春兰作总结讲话。孙春兰要求各级工会组织围绕大局、突出重点，进一步做好维护职工队伍和社会政治稳定工作，进一步推动《劳动合同法》等法律法规贯彻实施，进一步推动解决涉及职工切身利益的突出问题，切实维护农民工合法权益，进一步强化工会源头参与和宏观维护，切实加大基层工会组建工作力度，扎实做好工会十五大各项筹备工作。

孙春兰强调，站在新的历史起点上，做好新形势下的工会工作，必须弘扬改革创新精神，加大改革创新力度，加强工会自身建设，努力破解工作难题，推动工会工作的创新发展。各级工会组织要创新思想观念，始终保持昂扬向上、奋发有为的精神状态，努力在改革创新上下工夫，在突破重点难点上下工夫，在做好基础工作上下工夫，在提高工作水平上下工夫，做到在继承中发展、在实践中完善、在创新中提高；要创新工会体制机制，努力使工会工作更好地适应社会主义经济发展的需要，与完善党的领导方式和执政方式相衔接，使工会组织更加具有生机和活力；要创新工会工作方式，增强工会工作实效，提高工会工作整体水平，以优异成绩迎接中国工会十五大的胜利召开。

（参见《人民日报》2008年4月18日第2版）

中国电子政务论坛　4月17—18日，“2008中国电子政务论坛”在国家行政学院会议中心举行。副院长洪毅出席开幕式并代表学院致辞。工业和信息化部副部长杨学山同志作“电子政务的发展阶段和当前工作重点”的主题报告。来自中央有关部门、地方政府以及地方行政学院、高等院校、科研机构的470多名从事电子政务实务和研究工作的同志参加了论坛。

与会代表围绕“推进电子政务，构建服务型政府”的主题，针对当前我国电子政务发展的需要，从理论和实践两个方面重点探讨了电子政务与公共服务、信息安全与政府信息公开、跨部门信息共享与业务协同等热点问题。论坛还邀请了北美数字政府学会主席谢润·道斯介绍美国电子政务发展的经验。

“中国电子政务”论坛由国家行政学院和国家信息中心共同主办，自2006年以来已经连续举办三届，得到中央办公厅、国务院办公厅、国家发改委、工业和信息化部等部门的支持和肯定。论坛对信息化时代推进电子政务建设的一些重大理论和实践问题进行了深入研究，在推动政府改进管理方式、提高行政效率、降低行政成本方面发挥了积极作用。

（国家行政学院科研部项纪旸供稿）

“一国两制：比较的视角”研讨会 4月25日，清华大学法学院港澳法律研究项目与北京大学港澳台法律研究中心联合在清华大学法学楼举办“一国两制：比较的视角”研讨会。全国人大常委会香港特区基本法委员会副主任梁爱诗、委员饶戈平、研究室主任张荣顺，美国斯坦福大学胡佛研究所陈明銶、东吴大学前法学院院长杨祯，法学院院长王晨光等出席。两岸三地及海外的50多名学界、政界人士参加研讨会。与会者回顾了“一国两制”在香港和澳门特区的实施情况，总结了其中的经验教训，并对“一国两制”运用于台湾地区的前景进行了展望。与会者对于祖国两岸三地的融合统一表示了乐观的态度。杨祯就最近的台湾大选发表了午餐讲座。各海外学者还对欧盟、北美等地不同制度的共处、融合情况进行了介绍。

（清华大学文科建设处刘金梅供稿）

北京市第二届人大理论研究会举行第一次会议 会议于4月29日举行，会上通过了《北京市人大理论研究会常务理事会工作报告》等。市人大常委会主任杜德印出席会议并讲话。

杜德印指出，市人大理论研究会要活跃学术研究，不断增强工作实效。市人大理论研究会的工作要与市人大及其常委会工作统筹衔接、紧紧结合起来，市人大常委会也要主动发挥市人大理论研究会的作用，围绕人大工作中的重点、难点问题展开研究，为人大各项工作提供理论支持；市人大常委会及区县人大常委会要加强对市人大理论研究会领导和支持力度，在党的政策和国家法律允许的范围内，认真选好理论研究题目，不断解放思想，大胆改革创新，增强理论研究工作的实效。

（参见《北京日报》2008年5月1日第1版）

改革开放30年与共青团工作理论研讨会暨全国团校校长论坛 9月15日，“改革开放30年与青少年发展”论坛之分论坛“改革开放30年与共青团工作理论研讨会暨全国团校校长论坛”在中国青年政治学院学术报告厅举行。来自全国共青团工作理论与实践领域的专家学者、基层团干部围绕共青团工作职能转变、理论研究等议题展开了研讨。

一些学者认为，在改革开放30年的新时期里，共青团工作实现了五大转变：由“团本位”到“青年本位”，共青团实现了工作主体的转变；由运动、指挥青年到全心全意服务青年，共青团实现了工作思路的转变；由“统筹指挥”、“一刀切”到分层分类指导，共青团实现了工作方式的转变；由思想政治理念的单一灌输到社会主义信念的全面渗透，共青团实现了工作方法的转变；由青年找组织到组织找青年，共青团实现了组织模式的转变。

另有学者认为，共青团组织在服务青年的总体供给上具备一定的优势，共青团应充分利用市场供求的杠杆借助社会资源真正为青年服务。

还有学者认为，共青团基层工作要实现“重心下移”，团组织要加强社区内的资源整合，促进社区和利益单位的紧密融合；基层团组织要转变服务观念和活动方式，改变滞后于青年和社区发展需要的现实窘境，要根据青年人的需要开展服务，要根据青年的客观需要选择活动方式。与会者认为，改革开放以来，共青团逐渐恢复了为青年服务的职能，并随着改革的深化不断加强，共青团在服务青年的工作上，取得了开拓性的发展，创造了新的经验。社会化运作，网络化手段，事业化发展已经成为共青团事业发展的新特点。与会专家认为，青年工作是一门科学，作为共青团的最高学府，中央团校在青年学研究领域发挥了领先作用和组织作用，取得了青年工作理论和青年工作建设上的成就，已成为青年工作理论研究的基地。这也是中央团校30年来的一个重大成就。

（中国青年政治学院曹骏供稿）

团中央书记处第一书记陆昊在中国青年政治学院建校60周年座谈会上发表讲话 9月16日，中央团校、中国青年政治学院建校60周年座谈会隆重举行。共青团中央书记处第一书记，中央团校、中国青年政治学院校（院）长陆昊、团中央书记处常务书记杨岳以及团中央组织部、宣传部、办公厅负责人和各地团校嘉宾、校友代表、离退休老同志和师生代表出席了座谈会。

陆昊同志在讲话中指出，60年来，学校在发展过程中始终围绕着党和国家的发展大局，为共青团事业的发展提供理论研究和人才支持，在服务团的事业、服务青年的工作中作出了突出贡献。同时，学校不断适应社会和时代变革的要求，改革创新，在学科建设、师资队伍建设、学术科研能力的提高、校园环境建设等方面都取得了可喜的成绩。学校完成了从一个干部培训学校向普通高等院校与团干部培训并重的转变，并且从新兴的高等院校跻身于国内优秀高等院校的行列。

在谈到学校的发展目标和定位时，陆昊指出，一般大学的发展和影响力取决于两个因素：一是基本学术水平；二是有自己学术研究的特色。从中国青年政治学院的名称定位和办学积累出发，学校可以在青年学以及与青年相关的政治、经济、法律和公共政策等领域，努力代表中国最高的学术研究水平。青年问题是世界关注的问题，对青年问题的研究是很有学术价值和学术深度的。青年学不仅是对青年问题的一般性特征描述，更重要的是运用政治学、经济学、法学、社会学等主要社会科学的理论框架和研究方法，通过实证研究和规范研究的结合，对青年人的政治行为、组织行为、消费行为、与传媒的互动反应方式等重要问题进行深入的、综合的、学科交叉式的学术研究。共青团的事业和青年工作也需要这样的理论支持和指导。

中国青年政治学院党委书记倪邦文同志回顾了学校建立和发展的历程，介绍了学校在学生培养、师资队伍、学术科研、基础建设、国际交流和精神文明建设等方面的情况。

来自北京青年政治学院、中国政治大学、中国青年报社以及全国各地的中央团校校友、中青院本科生校友代表、教师代表也都作了热烈的发言。

（中国青年政治学院曹骏供稿）

人民政协与信息化建设高级研讨会　人民政协与信息化建设高级研讨会10月29日在北京召开。中共中央政治局常委、全国政协主席贾庆林在研讨会开幕前会见了出席会议的代表。

中共中央政治局委员、全国政协副主席王刚出席研讨会并讲话。

王刚指出，信息化是当今世界发展的大趋势，顺应世界信息化发展潮流，大力推进我国国民经济和社会信息化，对于推动我国经济社会又好又快发展、实现全面建设小康社会宏伟目标具有重大意义。人民政协信息化建设是国家信息化建设的重要组成部分。高度重视和大力推进人民政协信息化建设，是信息时代加强人民政协工作、促进人民政协事业发展的必然要求。

王刚强调，要进一步增强做好人民政协信息化工作的责任感，准确把握人民政协信息化的职能定位，不断提高服务社会公众、政协委员和政协机关的水平。要积极服务于广大人民群众，引导社会公众关心、理解和支持人民政协工作，努力为人民政协事业发展营造良好的舆论氛围。要积极探索政协委员利用信息网络技术履行职责的新方式，搭建人民政协的信息网络平台，提供便捷畅通的信息化手段，为政协参加单位和政协委员履行职责、发挥作用创造良好条件。要强化机关办公自动化的物质技术保障，加大机关工作人员信息化知识和技能的培训力度，提高政协机关的工作质量和效率。要加强对人民政协信息化建设的组织领导，加大工作协调力度，解决面临的突出困难和问题，不断开创新形势下人民政协信息化工作的新局面。

全国政协副主席兼秘书长钱运录主持开幕式。来自全国各省、自治区、直辖市及副省级市政协负责信息化工作的同志和专家学者一百余人出席研讨会。

（《光明日报》2008年10月30日第1版）

中共中央组织部纪念改革开放30周年理论研讨会

中共中央组织部、全国党建研究会11月6日在北京召开纪念改革开放30周年党的建设和组织工作理论研讨会，中共中央政治局委员、中央书记处书记、中央组织部部长李源潮出席会议并讲话。他强调，要以邓小平理论和“三个代表”重要思想为指导，深入贯彻落实科学发展观，在推进中国特色社会主义伟大事业和党的建设新的伟大工程的历史进程上，以更加开阔的视野、更加开阔的思想、更加开阔的胸襟，不断推进组织工作改革创新，努力开创组织工作新局面。

李源潮回顾总结了30年来组织工作的发展历程和成就。他说，党的十一届三中全会以来，组织工作适应党所处历史方位和肩负历史使命的深刻变化，围绕中心、服务大局，一以贯之地解放思想、实事求是、改革创新、与时俱进，坚持用马克思主义中国化最新成果教育党员、培训干部，加强领导班子和干部队伍建设，提高各级领导班子领导水平和执政能力，坚持党管干部原则、推进干部工作的科学化民主化制度化，坚持党管人才原则，创新人才工作，坚持抓基层、打基础，加强党的基层组织建设和党员队伍建设，坚持建立健全以民主集中制为核心的组织制度体系，取得了重大进步。30年来组织工作的历史是一部解放思想、改革创新的发展史。

（参见《人民日报》2008年11月7日第4版）

北京市纪念改革开放30周年党建研讨会　11月10日，中共北京市委组织部、北京市党的建设研究会共同召开北京市纪念改革开放30周年党的建设和组织工作理论研讨会。全国党建研究会副会长、市党建研究会会长于均波传达了全国纪念改革开放30周年党的建设和组织工作理论研讨会会议精神，市人大常委会主任、市党建研究会副会长杜德印主持会议。

会上，来自117个论文推荐单位的5位代表，分别结合改革开放30年来党内民主建设、基层党建工作创新、国企党委班子思想政治建设、非公经济党的建设以及反腐倡廉建设等方面的经验与启示作了大会交流发言。

市委常委、宣传部部长、副市长、市党建研究会副会长蔡赴朝出席会议，市委常委、组织部部长、市党建研究会副会长吕锡文出席会议并讲话。

吕锡文在讲话中说，要充分认识北京市改革开放30年来党的建设和组织工作所取得的成就，进一步增强工作责任感和使命感；总结运用改革开放30年来党的建设和组织工作探索积累的成功经验，在新的历史起点上开创全市党的建设和组织工作新局面；充分发挥党建研究和理论创新对实际工作的指导和推动作用，努力把全市党的建设和组织工作提高到一个新水平。

杜德印在讲话中指出，要按照中央精神和市委部署，在解放思想、改革创新中，进一步发挥组织部门和党建研究会的优势。要站在完成党的执政兴国使命的高度来谋划党的建设和组织工作，为实现"人文北京、科技北京、绿色北京"，提供坚强的政治保证和组织保证。

全国党建研究会顾问张全景，市党建研究会副会长赵家骐等出席会议。

（《北京日报》2008年11月11日第1版）

首都理论界召开学习落实党的十七届三中全会精神座谈会　11月20日，北京市邓小平理论和"三个代表"重要思想研究中心在京举行学习落实党的十七届三中全会精神座谈会，市社科联党组副书记、邓小平理论和"三个代表"重要思想研究中心副主任辛国安主持会议，郭书田、张文茂、李敬德、解安、田国秀、史亚军、刘文江、刘宝忠等专家学者和实际工作部门的同志参加，围绕贯彻十七届三中全会精神，推进北京郊区社会主义新农村建设进行了座谈讨论。

与会者一致认为，党的十七届三中全会在改革开放30周年之际，系统回顾总结我国农村改革发展的光辉历程和宝贵经验，进一步统一全党全社会认识，加快推进社会主义新农村建设，大力推动城乡统筹发展，对于全面贯彻党的十七大精神，深入贯彻落实科学发展观，夺取全面建设小康社会新胜利、开创中国特色社会主义事业新局面，具有重大而深远的意义。全会通过的《中共中央关于推进农村改革发展若干重大问题的决定》，明确了新形势下推进农村改革发展的指导思想、目标任务、重大原则和战略举措，是指导当前和今后一个时期推进农村改革发展的行动纲领。

与会者指出，要在深入学习领会全会精神的基础上，按照《决定》的要求不断推进北京郊区社会主义新农村建设。要根据《决定》提出的城乡二元结构造成深层次矛盾突出这一问题，和对"农业基础仍然薄弱、农村发展仍然滞后、农民增收仍然困难"的概括，对北京郊区农村改革发展的现状作出科学准确的判断。要积极开展地区间比较研究，在与浙江等城乡差距较小、农村发展水平较高的地区比较中，探寻可供北京郊区农村改革发展借鉴的经验。要全面总结改革开放30年来北京郊区农村改革发展的经验和规律，根据对发展现状的科学判断，制定切实可行的分类指导政策。

与会者表示，首都社科理论工作者要认真学习、准确理解和全面阐释全会精神，紧密联系北京实际积极开展调查研究，力争取得新的突破，推出一批有分量、有深度、有说服力的研究成果，为北京郊区农村改革发展贡献力量。

（北京市邓小平理论和"三个代表"重要思想研究中心卢颖华、许星供稿）

第一届"中国工会·劳动关系论坛"　为促进劳动关系的理论研究和学科建设的深入发展，发挥工会在劳动关系协调中的作用，11月22日，由中国劳动关系学院主办，劳动关系系和科研处承办的第一届"中国工会·劳动关系论坛——改革创新工会体制，构建和谐劳动关系"在紫玉饭店举行。

论坛由中国劳动关系学院科研处处长黄河涛教授主持，副院长沈琴琴教授致开幕词。参加此次论坛并发表主题演讲的院外专家有来自澳大利亚国立大学当代中国中心高级研究员陈佩华博士、香港浸会大学政治系陈峰教授、日本明治大学商学部石井知章副教授、全国总工会民主管理部郭军部长、ILO北京局高级劳资关系专家李昌徽博士、广州市总工会陈伟光主席、浙江大学公共管理学院院长姚先国教授、中国社会科学院农发所于建嵘研究员、清华大学社科院沈原教授、首都经贸大学劳动经济学院陶文忠副教授等专家学者。本院冯同庆教授和工会学系、经济管理系、法学系、劳动关系系的学者也先后作大会发言。副院长杨汉平教授和劳动关系系郑桥教授分别主持了两节研讨。

论坛的研讨内容包括企业职工民主管理的立法问题、工会权利的授予及其功能的关系、基层工会组织作用的实证调查、工会直选问题、工会干部职业化研究、如何发挥产业工会在集体协商和集体合同制度中的作用等涉及工会体制改革的重大和前沿议题。论坛还探讨了改革开放30年来劳动法制的发展变迁：一年来劳动关系的重大变化，特别是金融危机对就业与劳动关系现状的影响；对劳动合同法实施的不同评价及其对劳动关系的影响；不同国家罢工立法的经验及对中国的比较和借鉴；中国劳动争议制度的历史演变、新法存在的问题和对策等课题。论坛共收到论文27篇，共计50多万字。许多论文直接回应了当前我国工会和劳动关系面临的一系列重大问题。论坛以其直面、深入和独立的学术性而受到与会者的称道。

最后，劳动关系系主任乔健副教授和浙江大学姚先国教授分别作会议综述和总结。中国劳动关系学院党委书记颜辉致闭幕辞。

（中国劳动关系学院科研处陈邓海供稿）

首都统战人士举行纪念改革开放30周年座谈会 11月26日，市委统战部组织首都统一战线各界人士召开座谈会，纪念改革开放30周年。市委常委、统战部部长牛有成出席会议并讲话。

牛有成在讲话中说，改革开放以来的30年，是统一战线从恢复到巩固发展的30年，是党领导的统一战线历史上最好的时期之一，爱国统一战线呈现出了新的时代特征，发生了巨大的变化。新时期爱国统一战线在改革开放中形成、发展和壮大，同时也为推进改革开放和现代化建设作出了历史性贡献。首都统一战线全面贯彻落实党的统一战线理论方针政策，实现统一战线最广泛的团结；主动适应党和国家工作重心的转移，为经济建设服务作出重要贡献；大力加强统一战线制度建设，不断发展首都社会主义民主政治；正确协调和处理政党关系、民族关系、宗教关系、阶层关系和海内外同胞关系，着力构建社会主义和谐社会首善之区。

会后，与会领导、专家和学者就改革开放30年统一战线理论与实践进行了研讨。

市领导刘新成、李昭玲、程红、沈宝昌、唐晓青、傅惠民、蔡国雄等出席会议。

（参见《北京日报》2008年11月27日第1版）

北京市政协纪念改革开放30周年研讨会 11月27日，市政协召开改革开放与人民政协——纪念改革开放30周年研讨会暨研究会三届二次理事大会。全国政协副主席郑万通出席会议，市政协主席阳安江讲话。

与会人士围绕改革开放以来人民政协事业的新发展、人民政协在历史新时期的重要作用、人民政协履行职能工作的新拓展、人民政协自身建设的推进、我国政党制度的完善和参政党建设的加强等议题进行了深入探讨。

阳安江在讲话中说，深深扎根于改革开放伟大事业，是人民政协30年来永葆生机、不断发展的根本所在。改革开放以来人民政协取得一切成绩和进步的根本原因在于：人民政协始终把自身的存在和发展统一于探索和建设中国特色社会主义的伟大实践中，人民政协构成了中国特色社会主义政治体制的重要方面，人民政协理论构成了中国特色社会主义理论体系的重要内容，人民政协事业构成了中国特色社会主义事业的重要组成部分。新世纪新阶段，要始终坚持把人民政协的全部工作融入到继续推进改革开放和社会主义现代化建设的伟大历史进程中，在继承中创新，在创新中发展，不断开创人民政协事业发展的新局面。

会议还听取并审议了北京市人民政协理论与实践研究会2008年工作报告。

市政协副主席沈宝昌、陈平、熊大新、蔡国雄，秘书长阎仲秋出席会议。

（参见《北京日报》2008年11月30日第1版）

两岸关系回顾与展望座谈会 全国台湾研究会12月2日在京举行座谈会，专家们就2008年台湾政局暨两岸关系进行了回顾与展望。与会者认为，自今年“5·20”台湾政党轮替以来，台湾政局发生了重大积极的变化，两岸关系出现了难得的发展机遇。在双方的共同努力下，两岸关系目前已步入和平发展的轨道，未来将呈现加快发展的态势。

专家学者们认为，2008年以来是两岸关系史上最为重要的一年。岛内政党轮替，海协会与海基会恢复了停顿多年的接触和商谈，特别是陈云林会长首次赴台，两会签署四项协议，为两岸关系的进一步发展，实现两岸全面“三通”铺平了道路。

中国社会科学院台湾研究所研究员谢郁认为，2008年以来的两会复谈，使中断多年的两岸对话协商机制得以重续，双方一系列重要协议的签署和“三通”的基本形成，为未来两岸协商对话的深入推进积累了互信并营造了良好的氛围。

[参见《人民日报》(海外版)
2008年12月4日第4版]

中央纪委召开反腐倡廉建设理论研讨会 12月4-5日，中央纪委在北京召开纪念党的纪律检察机关恢复重建30周年暨反腐倡廉建设理论研讨会。

中共中央政治局常委、中央纪委书记贺国强出席会议并讲话。他强调，要高举中国特色社会主义伟大旗帜，以邓小平理论和“三个代表”重要思想为指导，深入贯彻落实科学发展观，深刻总结党的纪律检察机关恢复重建30年来的历史经验，坚定不移地走中国特色反腐倡廉道路，加强以保持党同人民群众血肉联系为重点的作风建设，加强以完善惩治和预防腐败体系为重点的反腐倡廉建设，以改革创新精神深入推进党风廉政建设和反腐败斗争，为夺取全面建设小康社会新胜利、开创中国特色社会主义事业新局面提供有力保证。

贺国强强调，30年来，我们党在推进党风廉政建设和反腐败斗争的实践中，逐步走出了一条中国特色反腐倡廉道路。这条道路是中国特色社会主义道路的重要组成部分，是我们党把马克思主义反腐倡廉理论与中国反腐倡廉建设实际相结合的一大创举，是发展中国特色社会主义的重要保证。

出席会议的领导同志还有：李源潮、尉健行、吴官正、王沪宁。中共中央书记处书记、中央纪委副书记何勇主持会议。

(参见《北京日报》2008年12月6日第2版)

中央单位纪念党的十一届三中全会召开30周年理论研讨会 中央宣传部、中央党校、中央文献研究室、中央党史研究室、国家发展和改革委员会、教育部、国务院发展研究中心、中国社会科学院、解放军总政治部于12月18—20日在北京联合召开纪念党的十一届三中全会召开30周年理论研讨会。与会代表参加了中央召开的纪念大会，聆听了胡锦涛总书记的重要讲话，进行了学习、研讨和交流。20日下午，中共中央政治局常委李长春出席会议并作重要讲话。他强调，胡锦涛总书记在纪念党的十一届三中全会召开30周年大会上的重要讲话，高度评价了党的十一届三中全会的重大意义和历史功绩，全面回顾和总结了改革开放30年的伟大历程和辉煌成就，系统阐述了改革开放“十个结合”的宝贵经验，鲜明强调了在中国特色社会主义道路上实现中华民族伟大复兴的历史使命，通篇闪耀着马克思主义理论创新的光辉，是指导我们继续推进改革开放伟大事业的纲领性文献。我们一定要认真学习，深刻领会，把思想统一到讲话精神上来。

中共中央政治局委员、书记处书记、中央宣传部部长刘云山主持会议，全国政协副主席、中国社会科学院院长陈奎元出席。

这次理论研讨会，是对改革开放30年来理论工作成果的一次集中检阅。研讨会期间，代表们紧密联系改革开放和现代化建设的实际，联系各地区各部门的工作实际，联系理论工作的实际，畅谈了学习胡锦涛总书记重要讲话的体会，交流了总结改革开放30年伟大实践和成功经验、深入研究中国特色社会主义理论体系的成果，进一步明确了理论工作者的历史责任。会议始终洋溢着解放思想、求真务实、团结和谐的浓厚气氛。有关部门和地区负责同志、专家学者19人作了大会发言。

中央宣传思想工作领导小组成员，部分专家学者和有关部门负责同志、地方宣传部的有关负责同志，约230多人参加会议。

(参见《人民日报》2008年12月21日第1版)

统一战线各界人士纪念中共十一届三中全会召开30周年座谈会 统一战线各界人士纪念中共十一届三中全会召开30周年座谈会12月19日在北京召开。会议总结了30年统一战线的成就和经验，研究了改革开放条件下统一战线的发展规律，明确了新世纪新阶段统一战线的发展方向。全国政协副主席、中共中央统战部部长杜青林出席会议并讲话。

杜青林指出，30年来，统一战线顺应时代要求不断壮大，紧紧围绕中心、服务大局，为改革开放和社会主义现代化建设凝聚了广泛的思想共识、提供了强大的力量支持，作出了历史性贡献。30年的发展启示我们：坚持加强和改善党对统一战线的领导，是增强统一战线凝聚力和向心力的根本保证；坚持以中国特色社会主义理论体系为指导，是推动统一战线理论和实践创新发展的思想基础；坚持把发展作为第一要务，是实现统一战线广大成员团结奋斗的共同目标；坚持高举社会主义、爱国主义两面旗帜，是形成海内外中华儿女大团结大联合的关键所在；坚持尊重、维护和照顾同盟者利益，是巩固党与党外人士联盟的基本要求；坚持和而不同、求同存异的理论，是始终保持统一战线团结稳定、宽松和谐的重要条件。

座谈会上，全国人大常委会副委员长、民进中央主席严隽琪，全国政协副主席、全国工商联主席黄孟复，无党派人士代表、中国工程院院长、国家林业局社会林业发展研究中心主任王涛，中国藏学研究中心总干事拉巴平措，中国基督教三自爱国运动委员会主席傅先伟，全国台联会长梁国扬等分别发言。大家高度评价了中国共产党带领全国各族人民解放思想、大胆探索、团结奋斗、勇往直前，战胜了一个又一个困难，夺取一个又一个胜利，成功开辟了一条具有中国特色、中国气派的社会主义道路。大家表示，要始终同中国共产党风雨同舟、荣辱与共，始终坚持科学发展，积极参政议政、建言献策，为全面建设小康社会、构建社会主义和谐社会作出新贡献。

座谈会由中共中央统战部常务副部长朱维群主持。韩启德、周铁农、张克辉、张怀西、李蒙等出席座谈会。各民主党派中央、全国工商联负责人，无党派人士代表，民族宗教界、新的社会阶层、港澳台侨界的代表，中央统战部和统战系统单位负责同志约150人参加座谈会。

（参见《人民日报》2008年12月20日第4版）

北京社会主义学院召开改革开放30年理论研讨会

为纪念改革开放30周年，北京社会主义学院、民革北京市委、民盟北京市委、九三学社北京市委主办的“改革开放30年与中国政治文明建设”理论研讨会，12月21日在京举行。会议围绕改革开放30年来我国在政治文明建设所取得的成就以及如何进一步继续解放思想，推动中国政治文明建设、促进社会和谐等课题进行了深入研讨。北京市政协副主席傅惠民、葛剑平等出席会议。中共北京市委统战部副部长李卫东出席会议并讲话。来自中央和北京市统战系统的有关部门领导和专家学者200余人出席会议。

与会同志认为，在新的历史时期，中国政治文明建设涉及的范围更加广泛、任务更为艰巨。统一战线的工作必须紧密结合学习实践科学发展观活动和我们的发展战略目标及要求，认真分析和掌握当今社会各方面在根本利益一致性不断增强的同时所呈现出的不同思想观念、价值取向、行为方式和利益要求，以及选择性、自主性、差异性日益增强的发展趋势，坚定不移地把科学发展观的科学内涵、精神实质贯彻落实到推进新时期政治文明建设的思维观念、理论创新、机制建设、工作途径、工作方式等方面的有效探索与实践上，为经济社会发展作出新的贡献。

（参见《光明日报》2008年12月30日第9版）

经济学

《物权法》与证券市场投资者权益保护高层论坛

1月8日，由中国证券业协会、中国人民大学法学院、中国法学会民法学研究会主办，国泰君安证券股份有限公司协办，中国人民大学商法研究所承办的“2008年《物权法》与证券市场投资者权益保护高层论坛”在中国人民大学举行。

中国人民大学党委书记程天权首先致辞，他希望论坛研讨活动对《物权法》的适用和证券投资者权益保护起到积极的推动作用。

全国人大常委会副委员长成思危出席论坛并作重要讲话。全国人大法工委副主任安建、最高人民检察院副检察长姜建初、中国法学会副会长孙在雍等先后讲话。著名法学家江平、王家福，中国人民大学法学院院长、中国人大法律委员会委员、中国法学会民法学研究会会长王利明教授等专家学者围绕《物权法》的实施与证券市场投资者权益保护问题发表了许多具有建设性的观点和建议。

来自最高人民法院、最高人民检察院、全国人大法工委、全国人大财经委、中国证监会、中国证券业协会、上海证券交易所、深圳证券交易所、中国证券登记结算公司等相关部门和机构的领导，来自中国人民大学、中国社会科学院、北京大学、清华大学、中国政法大学、对外经济贸易大学、华东政法大学、南京大学、四川省社会科学院等国内著名高校和科研机构的专家学者，以及来自国泰君安证券股份有限公司等企业界和律师界等相关方面的代表400多人出席了论坛。

（中国人民大学科研处关晓斌供稿）

中国资本市场论坛　1月12日，第十二届（2008年度）中国资本市场论坛暨庆祝《中国证券报》创刊15周年大会在中国人民大学举行。本届论坛的主题是“全球视野下的中国资本市场”，全国人大常委会副委员长蒋正华、中国证监会主席尚福林、中国人民大学校长纪宝成、新华社副社长鲁炜、中国人民大学校长助理吴晓求等出席论坛并发表演讲。

论坛由中国人民大学金融与证券研究所、中国证券报社、上海重阳投资有限公司、资本市场杂志社共同主办，中国人民大学副校长冯惠玲主持。与会专家学者围绕“资本市场与大国金融博弈”、“政策重心：从需求管理到供给管理”、“畅想2008：市场将如何演绎?”等模块进行了讨论。

（中国人民大学科研处关晓斌供稿）

中国特色国有公司治理高层论坛　1月16日，“中国特色国有公司治理高层论坛”在北京昆仑饭店隆重举行。本次论坛由首都经济贸易大学与中国企业管理研究会联合主办，首都企业改革与发展研究会和北京市行为科学学会协办。出席论坛的主要嘉宾有：中国社会科学院副院长陈佳贵研究员，国务院国有资产监督管理委员会副主任邵宁，中国社会科学院学部委员张卓元研究员，国务院国有资产监督管理委员会企业改革局局长刘东生，中国社会科学院工业经济研究所党委书记、副所长金碚研究员等。

在论坛开幕式上，首都经济贸易大学校长文魁教授、中国企业管理研究会理事长黄速建研究员分别代表主办单位致辞。

论坛上，首都经济贸易大学校长顾问郑海航教授作了题为“国有独资公司及国有控股公司董事会与监事会研究”的主题演讲。他提出的国有企业“内外主体平衡论”这一新的理论，详细介绍了针对中央企业董事会试点的15条政策建议。邵宁副主任在演讲中指出，国有独资公司董事会试点就是要改变决策层与执行层高度重合的局面，通过引入外部董事、建立规范的董事会，提升国有企业决策的科学性、降低决策风险。陈佳贵副院长就国有资产法的有关争论进行了总结、分析和评论。他分析了国有公司治理的重点和难点问题。张卓元研究员指出自国资委成立以来我们的中央企业的改革取得了很大的进展，他希望中央企业的改革能够进一步加快，除了极少数需要保留国有独资以外，大力推动股份制改革。

首都经济贸易大学工商管理学院院长戚聿东教授在演讲中从4个方面深化中央企业治理结构改革：深化产权制度改革，构建母公司股权多元化的国有控股公司制度；深化干部人事制度改革，形成董监管队伍的职业化和多元化；理顺完善国有企业董事会、监事会及其相互的关系；建立中国特色的国有公司治理结构。

（首都经济贸易大学工商管理学院徐炜供稿）

（科研处杨建华编辑）

第四届中国精算国际论坛　2月28日，中央财经大学中国精算研究院、保险学院和英国精算师学会共同主办的第四届中国精算国际论坛在京召开。英国精算师学会前主席、英国政府精算署前署长、国际著名精算专家戴克礼（Mr. Chris Daykin）先生，英国精算师学会主席登伯克（Mr. Nick Dumbreck）先生和香港精算师学会中国委员会主席李仕达（Mr. Stuart Leckie）先生作为本次会议的演讲嘉宾出席了本次会议，并作了具有重要意义的主题报告。来自高校以及保险行业等专家、学者参加了会议并进行了交流。

英国精算师学会主席登伯克先生作了题为“Actuaries as Risk Managers”的报告，主要内容包括：（1）Financial sector failures and major losses;（2）Solvency II-a risk-based capital regime for European insurers;（3）Expanding the role of acturaies in risk mangement。以专业和全球性视野分析了精算师在风险管理领域的重要作用。

英国政府精算署署长戴克礼先生作了题为“Serving the Public interest——Actuaries in Public Policy”的专题报告。从教授职责、公共利益、公共政策以及精算师对政府的政策建议等方面对精算师的全新解读。

香港精算师学会中国委员会主席李仕达先生的报告题目是“Actuaries in Pensions”，主要内容包括：（1）Demographics of the World, China and Hong Kong;（2）World Bank Pension Model;（3）Pension System in China;（4）National Social Security Fund;（5）The Perfect Pension System。

（中央财经大学科研处供稿）

瑞穗基金金融论坛　3月17日，对外经济贸易大学第二届“瑞穗基金金融论坛”在诚信楼三层国际会议厅隆重开幕。对外经济贸易大学副校长林桂军教授、金融学院院长吴军教授、瑞穗实业银行常务董事中村英刚先生等有关领导以及各界嘉宾出席了开幕式。

“瑞穗基金金融论坛”秉承“富士银行国际经济金融讲座基金”设立的宗旨，以“培养中国的金融领域人才”为目的，于2005年10月成功举办了首届“瑞穗基金金融论坛”，扩大了学校和该论坛的社会影响，促进学校经济和金融学科的发展，加强了学校对外交流与合作的进程。

论坛的主题演讲由对外金融学院丁建臣教授主持。首先演讲的是瑞穗综合研究所金融调查部主席研究员长谷川克之先生，他演讲的主题是“全球金融流向与金融机构战略”，第二位演讲人是中国银行（澳大利亚）有限公司董事王元龙先生，演讲主题是“中国银行业跨国发展的若干问题”，最后一位是瑞穗实业银行全球结构融资营业部可持续发展室室长小田原先生。他演讲的主题是“瑞穗实业银行的绿色金融实践”，每位演讲人演讲结束后，在座的嘉宾、学生、媒体积极提问，与瑞穗金融集团的专家进行深层次的交流和探讨。

（对外经贸大学科研处张瑞供稿）

中国财税改革论坛　由中央财经大学财经研究院主办，中央财经大学政府预算研究中心、北京财经研究基地和中财讯财税筹划技术研究院协办的“2008 中国财税改革论坛”，于3月20日在京西宾馆拉开帷幕。

与会专家分别作的报告是：李朴民指出了当前经济发展呈现稳定性、协调性、效益性和可持续性的态势，认为深化财税体制改革是促进经济又快又好发展的重要举措；朱少平从政府管理角度出发，提出应以环境的可持续性为财税政策导向，完善税收体制，运用财税手段促进“三农发展”；刘佐介绍了我国税制改革的总体情况，着重讲解了企业所得税和资源税改革的要点；高培勇认为只要坚持财政公共化这一主线索，最终必将形成成熟的公共财政体制。刘尚希提出2008年在经济运行中存在着物价上涨的风险，宏观经济失衡或失稳的风险，经济不平等加剧的风险以及资源环境与发展冲突加剧的风险，而财税改革可在降低和规避这些风险中发挥更大的作用。

（中央财经大学科研处供稿）

中国宏观经济论坛　3月22日，由中国人民大学经济学研究所主办，中国人民大学经济学院、东海证券有限责任公司和中国诚信信用管理公司共同承办的“中国宏观经济论坛（2008年第一季度）”在中国人民大学举行。论坛由经济学院副院长、经济学研究所联席副所长刘元春教授和经济学研究所联席所长毛振华教授共同主持。

中国人民大学经济学院副院长刘凤良教授代表经济学研究所课题组发布了《2008年第一季度中国宏观经济分析与预测报告——经济繁荣期的财政政策调整》。会上，原国家统计局局长、经济学院兼教授李德水，国家发改委宏观经济研究院常务副院长王一鸣教授，中国人民大学财政金融学院院长郭庆旺教授，中国社会科学院财贸所副所长高培勇教授，北京大学中国经济研究中心平新乔教授，东海证券有限责任公司研究所所长朱戎博士等专家学者以及经济学研究所的全体研究人员，围绕人大报告，就宏观经济形势与近期财政政策性质、稳健财政政策在总量与结构上的内涵、中短期财政超收水平的预测与财政收入结构调整的可能路径、财政支出结构调整的宏观效应以及民生供给型财政定位的意义及其中短期可行性等问题进行了讨论。

（中国人民大学科研处关晓斌供稿）

中国发展高层论坛　3月23—24日，由国务院发展研究中心主办的中国发展高层论坛2008年年会在钓鱼台国宾馆举行。温家宝总理会见出席论坛的外方代表，李克强副总理出席开幕式并发表重要讲话。国务院发展研究中心张玉台主任担任论坛中方主席，主持开幕式、晚宴演讲并作论坛总结讲话。该中心李剑阁、刘世锦、金人庆、卢中原副主任和蒋省三同志出席会议，李剑阁、刘世锦、金人庆、卢中原副主任分别主持了相关主题单元。中国发展研究基金会理事长王梦奎同志也出席会议并主持了有关主题单元。路甬祥副委员长，张平、张国宝、杨洁篪、周生贤、姜伟新、陈竺、周小川、郭金龙、谢伏瞻、于广州等国务院有关部委、直属机构和北京市政府领导出席会议并发表演讲。中心各部门负责人以及来自著名跨国公司的领导人、国际组织高级官员、国际知名学者，国内政府部门、研究机构、大型企业、地方政府的负责人和专家学者共400多人出席了会议。

（国务院发展研究中心科研处李佐军、张力供稿）

西部开发及其经济社会变迁中加国际学术研讨会

由中国社会科学院民族学与人类学研究所和加拿大哥伦比亚大学主办的此次研讨会，于3月28—30日在北京召开。

中国社科院社会政法学部主任、民族所所长、学部委员郝时远，加拿大哥伦比亚大学中国研究中心主任艾莉森·贝利等与来自中外学术理论界的100多名专家学者就社会协调发展、农村养老保险、民族文化多样性保护、生态移民与环境、教育与减贫等课题进行研讨。

在讨论社会协调发展时，与会者说，中国地域辽阔，由于历史、地理位置及经济基础等原因，东西部地区经济发展水平差异较大。中国改革开放以来，特别是实施西部大开发战略以来，西部经济社会发展很快，但与东部发展相比发展差距仍未根本改变，解决区域发展差距是个长期的历史任务。缩小区域发展差距不能只注重经济总量；重要的是要注重提高人民的生活水平。因此，首先要解决缩小区域间基本公共服务的差距，实现基本公共服务均等化，以使不同区域的人民生活水平的差距不断缩小。

在讨论农村养老保险时，有学者建议西部农村应建立形式多样、覆盖面广的多层次养老保障体系。这就要求：第一，为避免养老金入不敷出导致财政负担过重的窘况，要努力提高个人在养老保障中责任的意识。第二，确立合理的筹资基数和筹资标准，以确保农民退休时的养老待遇能够保障基本生活。

在讨论民族文化多样性时，与会者认为“尊重差异、包容多样”是构建和谐社会、建设创新型国家、发展社会主义先进文化的观念保证，也是中国共产党人在新的历史条件下遵循人类社会发展的客观规律提出的新的文明观念。这种观念无论对于中国这个多民族国家，还是对于多样化的世界，都揭示了处理包括族际关系在内的社会关系、国际关系的新境界。

（参见《光明日报》2008年4月8日第9版）

农村流通改革30年回顾与展望研讨会　由北京工商大学主办的此次研讨会于4月11日召开。此次研讨会也是北京三校（即中国人民大学、北京工商大学、首都经贸大学）一中心（即工商商业经济研究中心）沙龙的启动仪式。中国商业经济学会副会长、中国人民大学教授马龙龙主持会议，中国商业经济学会副会长、北京工商大学副校长、首都流通业研究基地负责人谢志华教授致辞，中国人民大学黄国雄教授、首都经贸大学祝合良教授、北京财贸管理干部学院王成荣副院长、中商生产力促进中心主任刘普合、副主任王德利、国家粮食局法规司副司长颜波、国务院发展研究中心市场经济研究所副所长程国强、中商商业经济研究中心副主任于淑华、北京工商大学洪涛教授、庞毅教授等专家学者出席了会议。此外，《中国市场》、《中国商贸》等媒体的记者和北京工商大学的部分研究生也参加了会议。

黄国雄教授指出，现在流通研究领域一个很迫切的问题是，流通研究力量的分散。流通研究的一些前沿理论进入不了上层决策渠道。所以这一平台的搭建对促进流通研究的发展意义重大。黄国雄教授对沙龙的启动提出了几个建议：论坛的目的是要推动流通业的发展；这个讨论会要上为国家政策服务，下为企业服务；每次论坛应该有一个成果。另外，他建议这个讨论会应该作为培养博士生和硕士生的开放式基地。其他专家也对论坛提出了建议和希望。商业实践的突破有赖于商业理论的突破，目前流通理论研究取得了很多进展，但是也存在一些问题，比较突出的就是缺乏系统研究和基础理论与背景的研究。所以沙龙的成立，应该承担起整合国内流通领域研究资源，加大研究力度的有力纽带。本次会议的另一主题是农产品流通改革30年回顾与展望。洪涛教授从流通改革实际和理论认识发展两个角度进行了总结，并提出了今后发展的趋势展望。黄国雄教授指出，农村流通体制改革的整体思路应该是以农村生产方式的改革为动力，以价格改革为突破口，以政府政策调控为重点，构建以交易（批发市场）为中心的新的流通体系。他认为，农村的流通主体应该是农民，不应搞包办式、替代式、运动式、注入式的流通方式，应该充分发挥农民主体的力量；农产品市场还是中国商品市场的基础；农村消费品比重的下降是经济进步的表现，是城市化的必然过程；农产品价格上涨是正常现象。他还重申农村问题说到底还是流通问题。现场很多专家都表示，农村流通问题十分重要，应该把它看成是中国城市化过程当中的一个战略决策问题。现在突出要解决的主要是：农村流通相关体制问题亟待解决，二元结构仍然存在；城乡流通差异加大，不同地区农村流通发展情况也迥异；农村市场是两个市场的统一，农村流通问题已经到了关系三农问题解决的关键时刻；农村流通的市场化程度较高，但是组织化程度非常低等。以上问题都需要进行深入调查，系统分析。

（北京工商大学科学技术处王葳供稿）

中国与欧盟经济贸易关系热点问题国际学术研讨会

4月12—13日，由对外经济贸易大学、德国海因里希·伯尔基金会联合主办的“竞争与伙伴关系：中国与欧盟经济贸易关系热点问题”国际学术研讨会在对外经济贸易大学国际会议厅隆重举行。来自德国罗斯托克汉萨大学、德国波鸿鲁尔大学、德国乌波塔尔大学、德国发展政策研究所、欧洲“阿尔契德·加斯贝利”研究院、德国汉堡和平与安全政策研究所，清华大学、复旦大学、对外经济贸易大学、中国社会科学院、国务院发展研究中心、国家发展和改革委员会对外经济研究所、中国现代国际关系研究院等国内外高等院校和科研机构的60多名专家和学者，以及欧盟驻华使团、德国、法国驻华使馆以及欧盟驻华商会的代表汇聚对外经济贸易大学，深入分析中国与欧盟在世界经济中的地位，全面探讨双方贸易政策及市场准入规定的利弊得失，理性展望中欧在自然资源、气候变化、能源安全等方面的合作潜力，共同讨论中国—欧盟政治经济中的新问题和新发展，以此加深对中国和欧盟在全球经济中重要地位的认识，并进一步促进双方加强双边合作的愿望与行动。

（对外经贸大学科研处张瑞供稿）

中国宏观调控30年理论研讨会 4月17日，“中国宏观调控30年理论研讨会”在国家行政学院举行。来自国家行政学院、中央党校、国家发改委、国家外汇管理局、中国银行、中国社会科学院等单位的专家学者以及全国20多个地区的厅局级公务员共50多名代表参加研讨会。

研讨会上，与会代表对改革开放30年以来我国健全宏观调控体制和完善宏观调控政策的历程进行了回顾，总结了加强和改善宏观调控促进经济发展的成绩和经验，围绕宏观调控理论与政策、财税体制与财政政策、金融体制与金融政策、中国对外经济贸易体制与国际经济政策等四个专题进行了广泛交流和深入探讨。

国家行政学院教务长姜洪出席研讨会开幕式并讲话。经济学教研部主任王健主持研讨会。正在学院参加培训的第21期厅局级公务员任职培训班的学员参加研讨会。

（国家行政学院科研部项纪旸供稿）

改革开放30年来中国工业改革与发展专家座谈会 4月17日，国务院发展研究中心产业经济研究部举办“改革开放30年来中国工业改革与发展”专家座谈会，座谈会围绕“改革开放30年来我国工业改革与发展的主线、阶段和重点问题”进行了研讨，产业经济研究部部长冯飞主持，汪海波、周叔莲、张卓元等著名经济学家和中心各部研究人员30余人参加。

（国务院发展研究中心科研处李佐军、张力供稿）

中央财经大学“部长论坛” 4月24日，现任全国社会保障基金理事会理事长戴相龙做客中央财经大学作了题为“关于金融业改革开放问题”的学术讲座。

戴相龙在报告中对我国改革开放30年来金融业改革和发展问题进行了深入分析，从五个方面总结了中国金融业改革成功的经验：一是邓小平理论的科学指导，邓小平理论中有很多关于金融改革的论述非常深刻，例如金融是现代经济的核心等等。二是党中央国务院的重要决策。他通过回顾三个决定、两个会议说明了党中央和国务院的正确决策对金融体制改革起到了决定性的作用。三是正确地制定和实施货币政策为金融业改革提供了良好的宏观环境。四是通过改革使金融业产生动力和压力。五是把金融监管作为金融业发展的重中之重。他还从三个方面指出了我国金融业改革的方向：一是提高直接融资的比例，二是努力改善国际收支状况、防范国际金融风险，三是要管好、用好社会保障基金，促进金融市场发展。

（中央财经大学科研处供稿）

物价调控对策研讨会 4月26日，首都经济贸易大学与北京市经济法学会在学校会议中心联合举办了“物价调控对策研讨会”。来自北京大学、中国人民大学、中央财经大学、国家发改委、国资委、中国人民银行等专家、领导共40多人参加了研讨。

研讨会由首都经济贸易大学副校长王文举教授主持。首都经济贸易大学党委副书记冯培教授致开幕词。冯培教授指出，当前物价不断上涨，中国通货膨胀压力较大，物价及其宏观调控问题已经成为了民生问题。在这样的背景下召开本次学术研讨会具有重要意义。

北京大学校长助理、经济学院院长刘伟教授首先发言。刘教授认为：本轮物价上涨与以往的物价上涨情况相比，明显呈现出三个全新的特点：第一，本轮物价上涨是中国经济运行长期失衡所积累的结果，因此，物价治理对策应当是长时期的治理，不能幻想一蹴而就。第二，本轮物价上涨的体制背景与以往物价上涨的背景不同。当前的物价上涨是市场经济体制本身作用的结果。因此，应当通过市场机制进行治理。第三，本轮物价上涨的成本推进的迹象比较明显。其治理应当主要依靠降低成本，政府的物价调控政策应主要作用于供给方，而不能是需求方。

中国人民大学法学院史际春教授从经济法学的角度对物价调控问题进行了深入的阐释，提出了四点意见。第一，必须坚持社会主义市场经济，防止计划经济和简单粗暴干预的思潮回头。第二，物价调控首选市场机制，在法律上就表现为反垄断、反价格卡特尔、反不当高价。第三，行政调控要尽量基于市场，要建立起基于市场的储备制度。第四，要保证行政调控的民主决策和正当程序，把行政干预建立在正当程序的基础之上，要透过体制内的人民代表大会制度和社会中的各类媒体监督行政干预的合法性。

首都经济贸易大学经济学院院长张连城教授从具体的因素和数据入手，分析了本轮通货膨胀的性质、预测了今明两年的价格走势，并提出了若干基本对策。

北京市经济法学会会长刘文华教授在会议总结时指出：中国的物价问题应当从战略上加以重视，控制通货膨胀应当是今年的首要任务。我们要正确估量当前价格上涨的形势、性质，防止物价调控过程中过度的行政干预；同时要千方百计增加生产，从供求平衡的角度介入，实现平衡物价、经济增长、社会和谐的目标。

（首都经贸大学法学院张世君供稿）

（科研处杨建华编辑）

全球视野下的中国改革30年圆桌讨论会　4月27日，国务院发展研究中心宏观经济研究部和澳大利亚东亚经济研究共同主办的“全球视野下的中国改革30年：经验和挑战”圆桌讨论会在北京召开，国务院发展研究中心副主任卢中原出席并致辞。该中心宏观经济研究部部长余斌、国际局局长孙兰兰分别主持了会议，张小济、魏加宁、李善同、张永生等分别作了发言。

（国务院发展研究中心科研处李佐军、张力供稿）

投资市场论坛　4月27日，为庆祝清华大学建校97周年，清华大学经济管理学院毕业20周年的1983级校友在经管西楼401举办主题为“2008年投资市场：‘天使’与‘魔鬼’共舞”的论坛。经济管理学院院长钱颖一、院党委书记杨斌出席。300多位校友与在校生参加论坛。钱颖一在致辞中表示，校友们用自己的知识和经验反馈母校、反馈学生，为校友和同学们提供了非常难得的理论联系实践的鲜活案例，这种行为与精神正是清华文化薪火相传的最好表现。论坛中，清华科技园启迪创业投资管理有限公司董事总经理薛军，涌金集团董事、执行总裁谢超，瑞银证券有限公司董事总经理赵驹，诺德基金管理有限公司董事、副总经理潘福祥，美国林顿投资基金中国地区投资经理袁明伟等嘉宾分别作了主题发言。

（清华大学文科建设处刘金梅供稿）

首届东北亚劳动关系论坛　4月29日，由中国劳动关系学院、韩国劳动教育学院、俄罗斯劳动与社会关系学院、日本社会经济发展生产力中心共同发起、中国劳动关系学院承办的首届东北亚劳动关系论坛在中工大厦举办。来自中韩俄日四方的20多位专家学者齐聚一堂；共同就“中国劳动立法：变化与影响”进行研讨。中华全国总工会国际部彭勇副部长、中国劳动保障科学院院长田小宝研究员、中国人民大学劳动人事学院程延园教授应邀出席了论坛。

论坛开幕式由副院长沈琴琴教授主持。彭勇副部长对本届论坛的召开表示祝贺。中方的李德齐院长、韩方的孙汉森院长、俄方的舒鲁斯院长、日方的谷口恒明主任分别代表四方致辞。然后，中国劳动关系学院法学系姜颖教授就“中国劳动合同法及中国政府的政策”作主题发言。田小宝研究员、程延园教授也就劳动合同法的立法及影响发表了各自的观点。其他三方相继作主题发言，分别介绍三国的劳动立法情况及其在华投资企业对中国劳动合同法的反应。在充分交流的基础上，四方就本届论坛的主题进行了深入的互动讨论。

（中国劳动关系学院科研处陈邓海供稿）

OECD与中国国民经济核算发展专家研讨会　5月14日，由中央财经大学举办的OECD与中国国民经济核算发展专家研讨会召开。本次会议由国家统计局许宪春副局长和经济合作发展组织（OECD）国民核算与金融统计司郭杰民博士共同发起，由西安统计研究院院长王振龙教授担任主持。

OECD国民核算与金融统计司郭杰民博士以“OECD与中国的国民经济核算发展与合作研究”为题作了特邀报告，国家统计局副局长、中国国民经济核算研究会秘书长许宪春博士以“中国政府统计面临的挑战和发展机遇”为题，分析了中国政府统计面临的前所未有的发展机遇以及来自社会环境、基层基础薄弱、统计调查制度不完善等多方面的挑战，提出了推动中国政府统计改革与发展的对策建议。随后，与会专家还深入讨论了中国高校与OECD在国民经济核算教育和科研方面的国际合作问题。

（中央财经大学科研处供稿）

“院长学术论坛”——对外开放战略的变革　5月21日，北京市社会科学院“院长学术论坛”邀请到了清华大学企业战略与政策系主任魏杰教授来作“对外开放战略的变革”的专题报告。刘牧雨院长主持了论坛。魏杰教授认为从经济角度看，我国实行开放政策以来，在经济上实行了两大战略，即鼓励出口和吸引外资，同时实行严格的外汇管制。2008年以来，随着我国经济的不断发展，过度出口和引进外资导致国际收支严重失衡，大量外汇流入中国，加上外汇的国家严格控制体制，出现了国内经济失衡的现象，消费品、投资品价格和资产价格均出现较大幅度的上涨，于是，国家从2007年开始着手调整对外开放战略，如通过修改出口退税政策、降低进口关税、减少外资过度进入、推动中资走出去、启动国内市场等方法来解决国际收支失衡等问题，同时积极推进我国的外汇体制改革，如外汇买卖、汇价改革等。

（北京市社会科学院科研处朱庆华供稿）

中国生产性服务业发展高层论坛　5月22日，北京市社会科学院与中国北京国际科技产业博览会组委会办公室共同主办的“中国生产性服务业发展高层论坛”在北京外国专家大厦隆重举行。本次论坛是“第十一届中国（北京）国际科技产业博览会”的重要专题论坛之一，论坛的主题是“发展生产性服务业　提升产业国际竞争力”。北京市贸促会副会长左欣、北京市社会科学院院长刘牧雨出席论坛开幕式并代表主办方致辞。来自国家有关部委、北京市及各区县领导，以及全国各地的专家学者、政府官员、企业家及社会各界260多位嘉宾齐聚一堂，围绕“全球生产性服务业发展趋势”、“工业化进程与我国生产性服务业发展”、“服务外包与生产性服务业发展”和“我国生产性服务业对外开放区域战略选择”等议题，进行了理论和实践多个层面的深入交流和研讨。论坛由北京市社科院梅松副院长主持。

（北京市社会科学院科研处朱庆华供稿）

中国人文社会科学论坛　5月28日，“中国人文社会科学论坛2008”在中国人民大学逸夫会堂隆重举行。中国人民大学校长纪宝成教授，中国社会科学院学部委员、原副院长刘国光研究员，北京大学原校长吴树青教授，国家发改委宏观经济研究院副院长马晓河教授，中国人民大学经济学院卫兴华教授，南京大学党委书记洪银兴教授，国家发改委宏观经济研究院副院长陈东琪研究员，国务院国资委企业改革局副局长贾小梁出席主论坛并作主题报告。中国人民大学副校长、中国经济改革与发展研究院院长林岗教授主持论坛。中国人民大学副校长冯惠玲出席。

与会者指出，中国改革开放以来，经济改革日益全面，不断深入，实现了从计划经济体制到充满活力的社会主义市场经济体制的历史转折，实现了从封闭、半封闭到全方位开放的历史转折，经济从几乎崩溃的边缘发展到总量跃居世界前列，人民生活从温饱不足发展到总体小康。中国经济改革和经济发展取得成功，原因就是坚持了社会主义条件下发展市场经济，坚持社会主义市场经济的改革方向。

在纪念改革开放30周年之际，本次论坛以“中国特色社会主义市场经济道路与模式”为主题，系统回顾总结了改革开放的伟大成就和经济启示，深入阐述探讨了中国经济发展的成功模式与未来之路、中国特色社会主义市场经济体系的建设与完善。

（中国人民大学科研处关晓斌供稿）

统计学国际论坛　6月21—22日，“2008统计学国际论坛”在中国人民大学逸夫会堂隆重召开，此次论坛由中国人民大学统计学院、中国人民大学应用统计科学研究中心和国家统计局统计科学研究所联合举办，是继2004年、2006年两届论坛的成功举办后，在中国人民大学举行的第三届统计学国际论坛。本届论坛共收到来自中国、美国、日本及中国香港、台湾地区等上百位学者的100多篇论文。研讨的内容涉及社会经济统计、数理统计、生物及卫生统计、风险管理与精算学等重要统计学领域的理论研究及应用研究。

袁卫常务副校长代表学校在开幕式上致欢迎词。我国台湾“中央研究院”统计研究所赵民德先生、威斯康星大学邵军教授、中央财经大学党委书记邱东教授、中科院应用数学所所长巩馥洲研究员等也先后在开幕式上讲话。

同时，2008年是我国著名统计学家、教育学家戴世光教授诞辰100周年。戴世光教授是中国人民大学统计学系第一任系主任，早在20世纪80年代初期，戴世光教授率先提出了“统计教育与科研应该与国际接轨”的观点，对学校统计学研究的发展，以及我国统计专业教育产生了巨大影响。本次大会特设“戴世光教授百年诞辰学术研讨会”，纪念戴教授为我国统计学科和统计教育事业发展所作出的重要贡献。

（中国人民大学科研处关晓斌供稿）

中国经济增长与周期高峰论坛　由首都经济贸易大学、中国社会科学院经济研究所、香港经济导报社共同主办的“中国经济增长与周期（2008）”高峰论坛于6月21—22日在北京春晖园温泉度假村国际会议中心隆重举行。会议聚集了来自中国社会科学院、首都经济贸易大学、国家发展改革委员会、商务部、国家统计局、中国人民大学、厦门大学、南京大学、北京大学、上海期货交易所等单位的专家学者及《人民日报》、《光明日报》、《经济日报》、《香港经济导报》、新华社、中国新闻社、新浪网等多家新闻媒体的代表90多人。

开幕式由首都经济贸易大学经济学院院长张连城教授主持。论坛主席中国社科院经济研究所所长刘树成研究员、首都经济贸易大学校长文魁教授、香港《经济导报》总编辑郑光兴分别向大会致辞。

会议围绕论坛主题“中国经济周期与物价稳定”进行了探讨。论坛主席中国社科院经济研究所所长刘树成、首都经济贸易大学经济学院院长张连城、中国社会科学院经济研究所宏观经济室主任张晓晶作了主题报告。中国社会科学院经济研究所原所长张卓元研究员、中国社会科学院财贸经济研究所原所长杨圣明研究员、国家发展改革委员会经济研究院常务副院长林兆木研究员、中国人民大学胡乃武教授、中国社会科学院张曙光研究员、国家发展改革委员会宏观经济学院副院长陈东琪研究员、国务院发展研究中心市场经济研究所副所长程国强研究员、商务部政策研究室研究员吴国华、中国人民大学经济学院院长杨瑞龙教授、上海财经大学经济学院院长田国强教授、厦门大学经济学院副院长李文溥教授、上海期货交易所发展研究中心执行总监鲍建平博士等专家学者分别作了发言。

论坛分析了今明两年我国宏观经济走势和通货膨胀的发展趋势，探讨了我国宏观经济政策的基本取向和政策效应。

（首都经贸大学经济学院祝合良供稿）

（科研处杨建华编辑）

环渤海区域合作发展高层论坛　6月26日，由北京市社会科学院主办的“环渤海区域合作发展高层论坛”在北京会议中心隆重举行。论坛的主题是推进区域合作，实现共赢发展。北京市社会科学院院长刘牧雨出席论坛开幕式，并代表主办方致词。来自中国科学院、中国社会科学院、国务院发展研究中心、国家发改委宏观经济研究院以及著名高校和环渤海地区社科院的知名专家、学者共100多人齐聚一堂，围绕国家“十一五规划”制定的发展战略和工作思路，结合现阶段环渤海地区面临的重大机遇和严峻挑战，就“十一五”期间环渤海地区如何推进区域一体化进程、消除市场和地区壁垒、促进区域产业分工、加强区域内整体规划功能、实现区域效益最大化、区域生态建设、港口建设等热点问题进行了深入的研究和交流。

（北京市社会科学院科研处朱庆华供稿）

“公共预算与政府会计：协调与发展”国际学术研讨会　9月20日，由中央财经大学财政学院主办的“公共预算与政府会计：协调与发展”国际学术研讨会在专家宾馆四层会议室举行。来自财政部、中国社会科学院、北京市地税局、美国伊利诺伊大学、武汉大学、上海财经大学、中南财经政法大学、南京大学、山东大学、厦门大学、天津财经大学、江西财经大学、北京师范大学、东北财经大学、复旦大学、上海大学、中国会计报编辑部及财政与会计杂志社等单位的40多位专家、学者参加了会议。美国伊利诺伊大学政府会计研究专家陈立齐教授、上海财经大学马国贤教授、厦门大学陈工教授、武汉大学卢洪友教授、天津财经大学李兰英教授分别作了题为“THE STRUCTURE AND CHOICES IN AMERICAN GOVERNMENT ACCOUNTING STANDARDS”、“服务型政府预算框架研究”、“英国资源预算与会计的改革与借鉴”、“新公共管理视野下的政府会计改革”和“权责发生制：政府会计核算基础改革的理性思考”的演讲。中南财经政法大学王金秀教授、财政部财科所陈穗红研究员、中央财经大学财经研究院院长王雍君教授、中国社会科学院马蔡琛副研究员、本校财政学院副院长李燕教授分别作了题为“借鉴美国运行模式　探讨我国预算会计改革的基本框架”、“论我国政府会计主体的选择”、“基于支出周期的政府预算会计账户与方法研究”、“政府财务报告信息建设与控制的构想—基于财政透明度的视角”的学术报告。山东大学李一花副教授、江西财经大学蔡芳宏博士、财政部会计司程晓佳副处长、南京大学陈志斌副教授、中国社会科学院李冬妍博士、东北财经大学崔惠玉副教授、中南财经政法大学张琦博士、上海大学王瑶博士、复旦大学王芳博士、中南财经政法大学王银海博士分别作了题为“对公共预算改革与政府会计改革协调推进的思考”、“中国全口径预算管理制度演进”、“政府会计改革：理论分析框架的构建与初步应用”、“政府会计与预算基础：非对称的改革进程分析”、“国外政府会计信息披露研究：综述与启示”和“从信息的有用性谈政府会计改革”的学术报告。

（中央财经大学科研处供稿）

中国模式与中国经济学的发展国际学术研讨会　9月20—21日，为纪念改革开放30周年，由教育部经济学教学指导委员会和中国人民大学经济学院联合主办的“中国模式与中国经济学的发展国际学术研讨会暨中国经济学教育第三届年会”在中国人民大学逸夫会堂隆重举行。

原北京大学校长、原教育部经济学教学指导委员会主任吴树青教授，中国人民大学校长纪宝成教授，教育部高等教育司副司长石鹏建，南京大学党委书记洪银兴教授，教育部经济学教学指导委员会主任逄锦聚教授，中央财经大学校长王广谦教授，党委书记邱东教授，辽宁大学校长程伟教授，南京财经大学校长徐从才教授，首都经贸大学校长文魁教授，天津商业大学校长刘书瀚教授，中国人民大学副校长陈雨露教授，西南财经大学副校长刘灿教授，浙江工商大学副校长李金昌教授等来自全国70多所高校的学校领导、经济学院院长、系主任，以及大会入选论文的作者等180多名代表出席了会议。

会上，南京大学党委书记洪银兴教授、中国人民大学副校长林岗教授、中央财经大学校长王广谦教授、北京大学校长助理、经济学院院长刘伟教授等专家围绕“中国模式与中国经济学的发展”这一主题发表了主题演讲。同时，举行了三个分论坛：“中国经济改革的理论与实践”、“中国经济发展与对外开放”和“国际知名学者论中国改革开放”。在9月20日，教育部经济学教学指导委员会扩大会议暨全国高校经济学院院长、系主任联席会议在逸夫会堂召开，会议就高等学校经济类专业的指导性规范和核心课程方案进行了讨论。

（中国人民大学科研处关晓斌供稿）

中国外经贸形势与热点问题研讨会 10月11日，由北京市经济学总会主办，对外经济贸易大学国际经济研究院承办的“中国外经贸形势与热点问题”研讨会在该校召开。来自高校和相关研究机构的70余名专家学者参加了研讨会。

对外经济贸易大学副校长林桂军教授致开幕词，国际经济研究院院长华晓红主持会议，国务院发展研究中心副部长隆国强、中国社科院财贸所所长裴长洪、商务部外贸处处长吴国华、香港华腾投资CEO华东明、北京经贸大学金融学院副院长丁志杰出席研讨会并作演讲。国务院发展研究中心副部长隆国强的演讲指出了目前国际经济发展形势的难点和热点问题；中国社科院财贸所所长裴长洪演讲题目为“当前我国对外经贸发展问题”，主要介绍2008年前8个月外贸形势的五大特色；国务院发展中心副部长吴国华作了题为“中国外经贸形势研究”的报告，指出目前大家在对外开放方面的一些误区；香港华腾投行CEO华东明先生详细分析了雷曼倒闭的背景，并结合日本实际展示了投行模式的终结；金融学院副院长丁志杰作题为“次贷危机与国际金融秩序重构”的演讲，认为次贷是美国的，次贷的损失是世界的，美国人是从次贷中获益的，并运用翔实的数据佐证了自己的观点。

（对外经贸大学科研处张瑞供稿）

中国产业经济发展回顾与展望研讨会 “中国工业经济学会成立30周年庆典暨中国产业经济发展回顾与展望研讨会”于10月11—12日在北京会议中心举行。该研讨会由首都经济贸易大学和中国工业经济学会（以下简称“学会”）主办。有近300位来自国家机关、科研院所和高等学校等单位的领导、专家学者出席了会议。

研讨会分4个阶段举行。在第一阶段，首都经济贸易大学校长顾问、中国工业经济学会副会长郑海航教授主持开幕式，中国社会科学院工业经济研究所所长吕政研究员和首都经济贸易大学校长文魁教授分别致开幕词。接着，全国人大常委、中国社会科学院副院长陈佳贵研究员、原国家计委副主任兼学会原会长房维中和国务院发展研究中心副主任刘世锦分别向大会致贺词。最后，学会理事长吴家骏教授作中国工业经济学会2008年工作报告。

第二阶段是主题报告。第一位报告人是中共中央政策研究室副主任、中国工业经济学会会长郑新立，他报告的题目是“从六个方面看未来宏观调控政策取向”；第二位报告人是国务院研究室副主任江小涓研究员，她报告的题目是“如何看待改革开放未来需要面临的新问题”。接着，18位著名专家和学者进行了主题发言。其中，首都经贸大学工商管理学院院长戚聿东教授发言的题目是“深化垄断行业改革的模式与路径：整体渐进改革观”，受到与会者们的普遍赞赏。

第三阶段是分会场发言。主题分别是：“产业结构与产业组织”；“全球背景下中国产业竞争力研究”和“反垄断与深化垄断行业改革”。

第四阶段，首都经济贸易大学的党委书记柯文进教授代表大会主办方致闭幕词。柯教授指出，此次庆典和研讨会不仅是中国工业经济学会也是中国学术界的一大盛事，也充分说明了中国工业经济学会经过30年的发展历程，已经成为中国工业经济学界和产业经济学界的权威性学术团体，有着非常强的凝聚力。

（首都经贸大学工商管理学院张梦霞供稿）

（科研处杨建华编辑）

中国对外开放30周年及全球化经济伦理国际研讨会

10月18—20日，由对外经济贸易大学开放型经济研究所和国际经济伦理研究中心携手德国阿登纳基金会主办的“开放与责任——中国对外开放30周年及全球化经济伦理”国际研讨会在该校诚信楼国际会议厅召开。

大会开幕式由对外经济贸易大学中国开放型经济研究所所长夏友富教授主持，对外经济贸易大学党委书记王玲书记和德国阿登纳基金会驻北京代表沃尔夫冈·梅耶先生（Wolfgang Meyer）致欢迎辞。

“30年改革开放回顾与展望”和“开放经济与经济伦理”是本次国际研讨会的两大主题，来自国内外著名学府的专家学者和政府机构的官员等作了发言。原国家体改委副主任、中国经济体制改革研究会会长高尚全就中国改革开放30年发表主题演讲。全国政协委员、原中国驻欧盟使团团长关呈远就中欧合作30年作了回顾与展望。来自国内外著名学府和研究机构的专家学者、来自政府相关部门的官员、来自商界的精英分别从不同的视角对于中国改革开放30年的光辉历程和全球化经济伦理作了简要而精辟的分析和阐述。

（对外经贸大学科研处张瑞供稿）

第三届中国劳动论坛　第三届中国劳动论坛10月21日在京举行，全国人大常委会副委员长华建敏出席论坛并致辞。

华建敏指出，改革开放30年来，我国劳动和社会保障制度的改革适应社会主义市场经济体制的要求，与时俱进、不断探索，取得了显著成就。一是实施积极的就业政策，建立政府促进就业的目标责任体系，市场导向的就业机制基本形成。二是劳动合同制度顺利推进，劳动关系调整机制初步形成，劳动争议处理工作得到加强，企业工资分配体制初步建立。三是社会保障基本制度和政策体系框架初步建立，劳动保障法律体系框架初步形成。

华建敏强调，在新的历史时期，要按照科学发展观和构建社会主义和谐社会的要求，加快完善我国人力资源和社会保障制度体系。一是把就业作为宏观调控的一项重要目标给予特别关注，千方百计解决就业问题。二是切实贯彻劳动合同法及其实施条例，积极构建和谐稳定的劳动关系，维护劳动者的合法权益。三是坚持“广覆盖、保基本、多层次、可持续”的方针，加快建立覆盖城乡居民的社会保障体系。四是继续抓紧解决农民工最关心的利益问题，为农民工办几件实实在在的好事。

第三届中国劳动论坛以“伟大变革与科学发展”为主题，由中国劳动保障科学研究院、中国劳动学会和国际劳工组织北京局联合举办。

（参见《人民日报》2008年10月22日第4版）

气候变化的经济后果及其政策含义论坛　由中国社会科学院经济学部主办，人口与劳动经济研究所承办的“气候变化的经济后果及其政策含义论坛”于10月24日在中国社会科学院学术报告厅召开。来自国务院发展研究中心、发改委、农业部、中国科学院和中国社会科学院等研究单位，以及北京大学、清华大学等高等院校的专家学者100余人与会。

由于人类的经济活动排放出大量的温室气体，引起了全球气候的变化，要减缓对气候的不利影响，削减温室气体的排放，必然对经济发展产生直接和间接的影响。我国正在全面建设小康社会，保障经济发展，做到资源节约、环境友好，促进经济发展与人口资源环境协调发展，是十分艰巨的任务。气候变化与经济发展不仅关系到我国经济社会发展和人民群众的切身利益，同时也关系到世界的发展。因此，此次论坛的召开具有重要的现实意义。

论坛邀请了4位知名学者，围绕气候变化的经济后果及其政策含义发表演讲，他们分别是：英国伦敦经济学院教授、世界银行前任首席经济学家和高级副行长尼古拉斯·斯特恩（Nicholas Stern）博士，澳大利亚国立大学亚太经济管理学院教授、经济学家、澳大利亚前驻华大使郜若泰（Ross Garnaut）教授，全国政协常委、中国科学院院士秦大河教授和第十一届全国人大常委会委员、中国社会科学院人口与劳动经济研究所所长蔡昉研究员。

斯特恩教授演讲的主题是：气候变化的经济学问题和气候变化的国际制度构建。他向与会代表介绍了全球协议的主要内容，及目前的全球金融危机对其产生的影响，以及它对中国“十二五”计划的影响。秦大河教授阐述了全球变暖的科学问题，以及气候变化对中国社会及经济的影响。郜若素先生简单介绍了联合国政府间气候变化专门委员会（IPCC）工作的内容，以及它对澳大利亚及澳大利亚邻国产生的影响。蔡昉教授阐述了节能减排对我国就业产生的影响。他的结论是节能减排要付出代价，要牺牲GDP增长，但可以通过改进经济增长的方式来取得节能减排和就业的平衡，问题是采取什么样的减排方式达到减排与就业的平衡。

主题演讲之后，与会代表积极发言，分别就气候变暖给世界经济带来的影响、气候变化对中国经济的影响、气候变暖与自然灾害的关系，以及减排对我国GDP的影响、我们应该采取什么样的减排措施等相关问题进行了热烈的讨论。

（中国社会科学院办公厅朱丽雅供稿）

全国财务理论与实践研讨会　10月25—26日，由首都经济贸易大学会计学院、首都经济贸易大学会计学院理财研究所、经济与管理研究杂志社以及北京会计学会、北京市总会计师协会、中国商业会计学会联合主办的第七届全国财务理论与实践研讨会开幕式及主题报告在北京首都经济贸易大学举行。本次研讨会得到了全国各地及台湾地区多个兄弟院校以及政界、企业界的160多名专家、教授、政府官员和实务工作者的积极响应和大力支持，共收录了校内外专家学者以及社会各界人士的文章84篇。

开幕式由首都经济贸易大学会计学院院长付磊教授主持。

本次会议除大会发言外，分三个会场讨论，分别涉及财务理论与政策、会计理论与准则、审计与成本管理三个方面。这些研究成果覆盖了会计界前沿领域的方方面面，其中不乏许多创新的观点。诸如在财务理论与政策研讨组，代表们对股利政策、营运资本政策等在内的财务决策问题进行了深入解读；而在会计理论与准则研讨组，代表们则对会计改革以及新会计准则实施中涉及的问题进行了分析与探讨；在审计与成本研讨组，代表们也对效益审计等实际问题进行了思考与点评。

（首都经贸大学会计学院王银江供稿）

工资集体协商专题研讨会　10月29日，由中国劳动关系学院主办、该院工会学系承办的工资集体协商专题研讨会在中工大厦二层多功能厅举办。党委书记颜辉、院长李德齐、副院长沈琴琴出席会议并讲话，杨汉平副院长出席。劳动关系系、公共管理系、法学系、基础部、安全工程系、经济管理系、干部培训部、科研处、图书馆、高职学院、继续教育学院等系部主任、教师及工会系师生共50余人参加会议。研讨会由工会学系主任杨冬梅教授主持。

研讨会上，干部培训部主任欧阳骏教授、劳动关系系副主任郑桥教授、公共管理系主任黄任民教授、公共管理系副主任余云霞教授、工会学系许晓军教授和经济管理系任小平副教授等工资集体协商问题专家，分别作了题为“工资集体协商的必要性和紧迫性”、“我国工资集体协商的现状与问题探讨”、“政府的工资政策与工会工资谈判的关系”、“国外工资集体谈判制度”、“工资集体协商的策略和技巧”、“工资合约定价机制”的发言。会上，与会师生还就工资集体协商制度有关问题展开了热烈讨论。

（中国劳动关系学院科研处陈邓海供稿）

北京农业经济学会学术年会　11月1日，“北京农业经济学会2008学术年会暨2008学术前沿论坛农经分论坛”在中国人民大学举行。本次会议由北京农业经济学会和中国人民大学农业与农村发展学院联合主办，北京市社科联党组副书记张兆民、北京市农村经济研究中心主任焦守田、中国人民大学副校长陈一兵出席开幕式并致辞。

国务院研究室农村司巡视员、司长郭玮，北京市农村经济研究中心主任焦守田，斯坦福大学教授、中国人民大学长江学者讲座教授Scott Rozelle，农业部农村经济研究中心研究员徐伯园，中央党校经济学部教授徐祥临，中国人民大学农业与农村发展学院教授唐忠等围绕“农村改革30周年暨现代农业发展”、“市场流通、食品安全与产业组织，农业生产投入”、“资源环境与社会化服务”、“政府公共服务、农村社会保障与农民工问题”等问题进行了热烈讨论。在特别报告会上，日本京都大学星野敏（HOSHINO Satoshi）教授就日本的公众参与型乡村建设规划进行了介绍。

（中国人民大学科研处关晓斌供稿）

首届中国经济增长与就业国际论坛　11月7日，首届中国经济增长与就业国际论坛在中工大厦成功举行。此次论坛由首都经济贸易大学劳动经济学院发起并与中国劳动关系学院科研处共同举办。

参加本次论坛的中外专家、学者、政府官员有230多人。到会的国内贵宾有原国家人事部常务副部长程连昌先生，第九、十届全国人大常委、中华全国总工会原副主席杨兴富先生，首都经济贸易大学校长、教授、博士生导师文魁先生。到会的外国贵宾有乌干达共和国驻华特命全权大使瓦吉多索先生，乌干达管理学院院长马加·恩苏布加教授，世界贸易组织监事、著名学者艾哈迈德·蒙尼尔·那加尔教授等，外国驻华使馆官员、学者代表共46人。本院经济管理系、公共管理系等系部的部分教师和学生参加了大会。大会共收到学术论文60篇，有15位代表进行了专题发言。

本次论坛主要采取主题报告的形式进行。发言人主要有：人力资源和社会保障部劳动科学研究所莫荣研究员，清华大学公共管理学院崔之元教授，国务院参事、北京交通大学袁伦渠教授，中国人民大学公共管理学院董克用院长，中国人民大学劳动人事学院姚裕群教授，首都经济贸易大学劳动经济学院杨河清院长，北京师范大学经济学院赖德胜教授，国家发展与改革委员会社会发展研究所杨宜勇所长，中国劳动关系学院副院长沈琴琴教授，约旦大学瓦迪尔·沙莱哈博士，科威特大学那加尔教授等。本次论坛旨在介绍中国经济快速增长的成因以及数亿城镇人口和2亿农民进城就业的问题，探讨如何处理劳工成本上升与经济可持续发展，如何解决劳动就业和劳资关系等全国性与国际性难题。

沈琴琴副院长作了题为“人力资本对城乡经济增长的贡献分析”的主题报告。张方伟副处长主持了大会闭幕式，黄任民教授作了大会综述。

（中国劳动关系学院科研处陈邓海供稿）

中国国际贸易学会年会暨国际贸易发展论坛 11月8日，“2008年中国国际贸易学会年会暨国际贸易发展论坛”在对外经贸大学举行。商务部副部长易小准，中国国际贸易学会会长施用海，对外经济贸易大学校长陈准民，原外经贸部副部长程飞、刘向东，原外经贸部副部长、现任中国企业协会会长周可仁，中国国际贸易学会副会长、北京国际贸易学会会长姚望、中国国际贸易学会副会长、对外经济贸易大学副校长林桂军，中国国际贸易学会副会长兼秘书长刘宝荣，中国国际贸易学会副会长李鹏旺，商务部政策研究室主任柴海涛，国务院发展研究中心对外经济研究部副部长隆国强等领导出席开幕式。刘宝荣主持开幕式。

本次会议以“改革开放30周年回顾与展望——中国对外经贸发展新思路”为主题。来自全国各地的200多位国际经济贸易领域的领导、专家、学者齐聚一堂，就我国对外开放30年的经验进行回顾和总结，并探讨我国对外经贸发展的新思路。

此次年会为期两天，开幕式后进行多场专题演讲。9日与会人员分为国际贸易、FDI、国际收支，中国对外贸易政策与战略，对外开放与区域发展，三个分论坛进行学术交流。

（对外经贸大学科研处张瑞供稿）

全国地方院校金融论坛 11月8日，由首都经济贸易大学金融学院牵头，联合天津财经大学金融学院、河北经贸大学金融学院、浙江财经学院金融学院共同发起，并由首都经贸大学金融学院承办的首届“全国地方院校金融论坛”在北京银龙苑宾馆召开。来自天津财经大学、河北经贸大学、南京财经大学、深圳大学、郑州大学等近30所地方高校的领导和专家共90余人出席了本次论坛。

开幕式由该校金融学院院长蒋三庚教授主持。校党委书记柯文进教授和副校长郝如玉教授分别致开幕词。

本届论坛的主题是“区域金融发展与金融中心建设”，与会专家学者围绕这一主题进行了探讨和交流。主题发言分别由天津财经大学金融学院副院长张涌泉教授、河北经贸大学金融学院院长杨兆延教授以及浙江财经学院金融学院院长虞群娥教授主持。深圳大学金融系教授徐进，北京农学院教授陈跃雪，南京财经大学教授闫海峰，湖北大学教授朱小梅等一批学者在会上作了演讲。

郑州大学商学院副院长蔡玉平教授分析了宏观经济形势对中部地区的影响。

首都经济贸易大学博士生导师李树生教授认为，发展区域金融要立足于本国国情。面对各地区产业发展的不平衡，区域金融政策应本着因地制宜、区别对待的原则，在不同的地域、时间和阶段利用多种金融手段调整产业布局、配置资源。

浙江财经学院盛超明副教授在杭州区域金融中心构建的基础上，提出了一系列关于构建区域金融中心的对策。

首都经济贸易大学李新副教授针对泡沫经济问题展开了演讲。他谈到，股市、房产价格的大幅波动是泡沫经济规律起作用的结果。产生泡沫经济的原动力正是人们逐利、投机的心理及行为。运转需要一定载体，股市和房地产就自然成为了这样一种优质的载体。同时，各种信贷金融机构以及繁多的金融产品也对泡沫的产生起到助推器的作用。

首都经济贸易大学徐洪才教授就中国股市问题作了深刻的阐述。

（首都经贸大学金融学院供稿）

（科研处杨建华编辑）

海峡两岸应用统计学术研讨会 11月10日，由首都经济贸易大学、中央财经大学、西南财经大学和台湾淡江大学共同举办的第四届“海峡两岸应用统计学术研讨会”在首都经贸大学5号楼报告厅举行。

来自国家统计局、北京大学、清华大学、中国人民大学、复旦大学、香港城市大学、台湾政治大学、台北大学、台湾辅仁大学等两岸三地60余所高校和国家机关的100余名专家、学者和领导出席了研讨会。

开幕式由首都经济贸易大学副校长丁立宏教授主持。台湾淡江大学统计学系主任蔡宗儒教授、西南财经大学统计学院院长史代敏教授、中央财经大学副校长李俊生教授及首都经济贸易大学党委书记柯文进教授先后向大会致辞。

学术报告由首都经济贸易大学统计学院院长、博士生导师纪宏教授和台湾淡江大学统计学系系主任蔡宗儒教授主持。首都经济贸易大学副校长王文举教授、美国宾夕法尼亚州立大学林共进教授、台湾政治大学统计学系系主任刘惠美教授、中国人民大学张波教授分别作了主题报告，主题报告紧扣统计研究前沿，引起与会学者和同学的思考和共鸣。

研讨会分“统计理论与方法”、“经济统计”、“金融统计”、“工业统计与数据挖掘”、“调查方法与实务”、“应用统计”、“统计教育”等8个分会场进行了研讨，来自中国内地各高校的代表与来自台湾、香港、澳门等地的院校代表就相关专题展开了讨论。

研讨会分别在首都经济贸易大学、中央财经大学、中国人民大学及河北大学进行学术研讨，共收到两岸学者提交的应用统计领域相关论文百余篇。

（首都经贸大学统计学院李娟婷供稿）

（科研处杨建华编辑）

奥运后北京经济发展论坛　11月11日，由北京市社会科学院和北京市委研究室、北京市政府研究室、北京市发展和改革委员会、北京市统计局共同举办的“奥运后北京经济发展暨2008年北京经济形势分析会”在北京市社会科学院召开。来自首都理论界、经济界、企业界和政府部门的主要领导和专家学者100余人参加了论坛，围绕“2008—2009年北京经济形势分析与预测”、“奥运后北京经济发展趋势与战略”、“国内外宏观经济走势及对北京的影响”等议题进行了深入研讨。

会议由北京市社会科学院戚本超副院长主持。国务院发展研究中心宏观经济研究部副部长魏加宁、北京市发展和改革委员会副主任王海平、北京市政府研究室主任周立云、首都经济贸易大学党委书记文魁、北京市统计局副局长于秀琴等领导和专家围绕奥运后国家宏观经济走势和北京经济发展形势，发表了精彩的演讲。首钢集团总经济师毛武从企业角度，分析了企业在奥运后的经济发展前景。

（北京市社会科学院科研处朱庆华供稿）

中国世界经济学会常务理事会暨理论研讨会　11月13日，由中国世界经济学会主办、中国人民大学经济学院承办的2008年中国世界经济学会常务理事会暨理论研讨会在学校逸夫会堂举行。中国人民大学副校长林岗教授，中国世界经济学会会长余永定教授，辽宁大学校长程伟教授，南开大学副校长佟家栋教授，中国银行总行副行长朱民博士，中国社会科学院原副院长王洛林教授，中国人民大学原副校长杜厚文教授，浦山教授夫人陈秀煐女士，中国人民大学经济学院院长杨瑞龙教授，以及中国世界经济学会顾问、副会长、常务理事，各兄弟院校的院长、系主任，来自国内60多所高等院校、学术科研机构的140余位世界经济学界的专家出席了会议。会议共收到学术论文40余篇。

与会专家学者就“美国次贷危机及其影响”、“国际金融体系的困境与出路”、“中国宏观经济走势与问题”等热点问题，展开了深入的探讨和交流。

（中国人民大学科研处关晓斌供稿）

“世界经济与中国2009：变化中的世界和机遇”国际研讨会　由中国社会科学院国际研究学部主办、世界经济与政治研究所承办的“世界经济与中国2009：变化中的世界和机遇”国际研讨会于11月14日在北京举行。来自中国社会科学院及世界银行、摩根斯坦利、美林证券、世界大型企业联合会、瑞士信贷、雷曼兄弟、日本国际公共政策研究中心等研究机构的资深专家和国内著名专家学者200余人参加会议。

2008年是中国经济乃至世界经济都比较困难的一年，中国经济与世界经济的相互影响、相互作用日渐突出，与会者深度分析了世界经济金融与中国经济金融共同发展等重大问题。

关于美国金融危机的发展和蔓延。世界大型企业联合会总裁盖尔·福斯特女士指出，现在的经济衰退并不是世界末日，美国经济能够在4个季度以后实现复苏。美国加州大学伯克利分校教授劳拉、摩根斯坦利亚洲主席史蒂芬·罗奇、美林证券亚太区首席经济学家蒂默生·邦德、摩根大通中国区研究部主管龚方雄等认为这次危机非同寻常。其中，劳拉认为这轮衰退，无论在持续时间还是严重程度方面，都将更甚于1990年的情况。在已经发生的金融危机过程中，美联储表现出了极大的勇气和智慧，而美国财政部的行动则相对滞后，而且7000亿救市计划的力度仍远远不够的。史蒂芬则认为这次美国金融危机是各种泡沫放大和破灭催生的，要避免危机则需要很长时间来进行相应的调整。中国银行副行为朱民博士指出，目前的金融危机除了向其他行业蔓延之外，还已经在空间上向全世界扩展。与此同时，国际金融市场的流动性大为紧张，其程度亦为百年所不遇。

关于危机原因。史蒂芬则认为，格林斯潘时代的美联储，执行了非常错误的货币政策，这是之后美国经济进入泡沫时代，并进而爆发金融危机的原因。而经济学家谢国忠认为：自由经济、市场模式并非这次危机的原因，监管层的失误才是金融危机的原因所在。

关于危机背景下的中国经济。花旗集团大中华区首席经济学家黄益平和朱民博士认为中国的金融部门所受影响将会较小。但劳拉表示为中国感到担忧，史蒂芬、麦克农、龚方雄博士皆认为中国将难以独善其身。中国社会科学院世界经济与政治研究所所长余永定分析了近期中国经济意外减速的原因和机制，认为其中有三大因素发挥了作用，他还进一步指出：目前的突然减速，除了前期紧缩政策意料之中的结果之外，主要还有供需两方面因素。另有黄益平博士分析认为中国的实体经济中仍存在着一些稳定因素。

关于各国应对的政策。朱民博士对美国的救市措施总结为十个方面，并进一步指出，这些措施虽已见成效，但仍有一些问题是其尚未解决的。蒂默生对美联储所采取的救市政策表示了肯定。盖尔强调了重建市场信心是关键所在。劳拉认为美国政府应该着手短期和长期的政策调整，并积极促成国际协调。蒂默生特别强调宽松型、支持性的宏观经济政策。对于中国的经济政策，UBS全球新兴市场高级经济学家乔纳森·安德森对中国近期的财政刺激计划进行了评价。余永定认为，中国的经济增速降温是不可避免的，并特别强调了结构调整是中国经济持续稳定增长的根本保证。黄益平博士认为，中国应强调防范金融风险，以维护金融安全。龚方雄博士对中国的财政刺激计划的实施提出参考意见。

关于中国与世界经济的展望。多数学者预计2009年到2010年，中国经济增长速度可能保持在8%到9%左右。盖尔认为全球经济的增长将几乎全部来自于新兴市场国家的贡献。

（中国社会科学院办公厅朱丽雅供稿）

博彩产业与公益事业国际学术研讨会　“博彩产业与公益事业”研讨会于11月22—24日在北京召开。会议的主办单位包括北京大学中国公益彩票事业研究所、澳门理工学院、澳门旅游学院、澳门旅游博彩技术培训中心，协办单位为财政部财政科学研究所、澳门社会工作局。

本次研讨会共有150余名代表参会，其中国内代表130余名，包括30名港澳代表，国外代表近30名。这些代表涵盖了国内外知名的学者、政府相关部门官员、国内各省市财政系统和彩票系统的代表以及国际知名博彩公司的高级管理人员。其中学术界代表分别来自北京大学、财政部财政科学研究所、澳门理工学院、澳门大学、美国内华达大学、美国Salford大学等。

会议期间，国内外博彩业界专家学者围绕“全球休闲旅游与娱乐博彩业的发展趋势”，对各国博彩业营运与监管体制的发展进行研究和探讨，对包括港澳台在内的我国彩票业的健康有序发展起到了积极的推动作用。同时，也有利于不断提升我国博彩营运与监管的水平，从而推动了中国公益事业与彩票产业的进一步发展。

（北京大学社会科学部郭琳供稿）

当前我国经济形势分析讲座　11月23日，国家统计局总经济师、新闻发言人姚景源应邀在清华大学法学院作题为《当前我国经济形势分析》的讲座。法学院共40余人听取讲座。讲座中，姚景源深入分析了我国当前经济形势的基本态势，剖析了因美国次贷危机引发的全球经济危机对中国经济的影响，并用16个字概括了中国经济的基本形势：增长较快、结构趋优、效益提高、民生改善。他认为，支撑中国经济增长的主要力量——工业化、城市化、市场化、国际化等方面都具有较大的发展空间和增长潜力，是中国扩大内需政策得以有效实施的重要保证；明年的出口仍面临诸多不利，需要采取多种方式来转移因出口萎缩而产生的连续不良后果；政府现在最重要的任务就是稳定和保障就业，只有千方百计扩大就业，我国经济才能在金融危机中逆势而行。他指出，虽然世界金融危机对中国的影响有扩大趋势，但国内经济基本面是好的，应该坚定对中国经济的信心。全国上下应紧密团结在党中央周围，齐心协力、信心满怀地应对危机、迎接挑战。

（清华大学文科建设处刘金梅供稿）

两岸金融学术研讨会　第十四届两岸金融学术研

讨会11月25日在北京开幕，来自海峡两岸的近400名金融业界代表和专家与会，他们将围绕现阶段两岸金融合作与展望、商业银行的风险管理、金融风暴下的证券业发展等专题展开讨论。

中国金融学会副会长、中国农业银行行长项俊波表示，两岸实体经济层面交流合作的拓展与升级，必然要求金融业提供与之相配套的产品和服务。目前，两岸在货币兑换、直接通汇、市场开放、异地上市和金融学术交流方面取得了显著进展，但这些还远远不够。提升两岸金融合作层次，拓宽合作领域，必须尽快提上议事日程。台湾金融代表团团长、台湾金融控股公司董事长张秀莲表示，目前两岸都在为应对世界金融危机进行各自的努力，本届研讨会为双方交换意见、交流合作提供了良好契机，相信不久两岸金融合作将有进一步突破与发展。

［《人民日报》（海外版）2008年11月26日第5版］

中国宏观经济论坛　11月26日，由中国人民大学经济学研究所主办，中国人民大学经济学院、东海证券有限责任公司和中国诚信信用管理公司共同承办的“中国宏观经济论坛（2008—2009）”在逸夫会堂第一报告厅举行，纪宝成校长出席论坛并致辞。

纪宝成校长在致辞中指出，作为中国人民大学的三大发布指数之一，中国宏观经济论坛赢得了较为良好的社会声誉，成为中国人民大学近年来实施创新型科研的重大成果之一。论坛定期发布宏观经济报告，为政府、企业和其他经济部门的决策提供了信息服务，是一种很有意义的探索，希望这种探索能够为国家经济的发展作出中国人民大学应有的贡献。

中国人民大学经济学院副院长、经济学研究所常务副所长刘元春教授在论坛上代表经济学研究所课题组发布了《中国宏观经济形势分析与预测报告（2008—2009）——深度下滑中的中国宏观经济》。会上，各位领导和专家围绕人大报告，就2008年中国宏观经济回落的性质、未来宏观经济下滑的深度与时限、未来房地产市场调整的模式、中国未来“硬着陆”风险的来源以及未来宏观经济调控的模式与核心等问题进行了积极有益的讨论。

论坛由中国人民大学经济学院院长、经济学研究所联席所长杨瑞龙教授和东海证券有限责任公司执行总裁章涌涛先生共同主持。国家统计局总经济师姚景源，中银国际首席经济学家曹远征，清华大学经济管理学院金融系主任李稻葵，中国人民大学校长助理、研究生院常务副院长吴晓求，英国蓝橡投资首席经济学家Michael Taylor（迈克尔·泰勒），中国社会科学院经济研究所袁纲明研究员，中国人民大学经济研究所联席所长毛振华教授，东海证券有限责任公司研究所所长、中国人民大学经济研究所联席副所长朱戎等参加。

（中国人民大学科研处关晓斌供稿）

纪念改革开放30年商业发展论坛　12月13日，由首都经济贸易大学、中国商业经济学会和北京工商大学共同主办、首都经济贸易大学经济学院与首都流通业研究基地承办的“纪念改革开放30年商业发展论坛”在京举行。来自国家发改委、商务部等部委的领导和北京大学、中国人民大学、中国社会科学院、首都经济贸易大学、北京工商大学、上海财经大学等20余所高校专家学者以及全国主要省市商业经济学会的代表160余人参加了此次高层论坛。

首都经贸大学副校长杨世忠教授出席了此次高层论坛，并代表学校致欢迎词。校经济学院院长张连城教授主持了论坛的主题发言。全国政协委员、原商务部党组成员、部长助理黄海先生作了题为“商业改革开放30年”的主题报告。全国著名商业经济学家、中国社会科学院名誉学部委员高涤陈研究员、中国社科院财贸所所长助理荆林波研究员、南京财经大学校长徐从才教授、中国社科院财贸经济研究所流通产业研究室主任宋则研究员、中国人民大学商学院贸易系主任马龙龙教授、上海财经大学现代市场营销研究中心主任晁钢令教授、上海大学国际工商管理学院教授李骏阳、西安交通大学文启湘教授、中国商业联合会研究室主任傅龙成、湖南商学院教授柳思维、北京工商大学教授洪涛、首都经济贸易大学教授祝合良等作了专题演讲。

（首都经贸大学经济学院祝合良供稿）

（科研处杨建华编辑）

APEA第四届国际会议　12月13—14日，亚太经济学协会（Asia-Pacific Economic Association，简称APEA）第四届国际会议在中国北京成功举办。此次年会由中央财经大学中国金融发展研究院承办，来自中国、美国、欧洲、日本、韩国、中国香港和台湾地区的近百名国内外经济学家与会。加州大学JOSHUA AIZENMAN教授等作了主题演讲，与会专家学者们分别就不同的经济领域进行了展示交流和讨论，共涉及东亚宏观经济问题、贸易与经济发展、货币与汇率、股票市场与信息、亚洲金融问题和开放经济等35个论题，提交论文百余篇。此次年会的成功举办在加深亚太地区以及世界其他地区经济学家的交流、促进各地区的经济研究、传播普及研究成果方面起到了积极的作用。

（中央财经大学科研处供稿）

中国企业实施走出去战略论坛 欧美同学会企业家联谊会主办的第七届中国企业实施走出去战略论坛12月19日在人民大会堂举行。此次论坛的主题是：中国在全球金融危机形势下面临的挑战和机遇；如何保持经济又好又快地持续发展；企业在海外投资过程中如何加强对金融风险的控制。全国政协原副主席王忠禹致开幕词。王忠禹强调，中国企业“走出去”的方向和决心不能动摇，要同舟共济，实现多赢，寻求优势互补，共创未来。商务部副部长陈健、美国商务部前部长峰田、中信国安集团公司董事长李士林分别作了主旨演讲。为充分讨论金融危机形势下企业面临的挑战和机遇、中国企业如何走出去，会议还安排了两场圆桌论坛。

据悉，中国企业实施走出去战略论坛已经成为欧美同学会企业家联谊会一年一度的品牌活动，该论坛以其前瞻性和务实性在海内外产生广泛影响，对引导中国企业加快国际化进程起到推动作用。

（《光明日报》2008年12月20日第4版）

中国企业改革与发展30年回顾与展望学术论坛 12月19日，“2008·学术前沿论坛首都企业改革与发展研究会专场—中国企业改革与发展30年回顾与展望”研讨会在北京银龙宛宾馆隆重召开。会议由北京市社会科学界联合会、北京师范大学和首都企业改革与发展研究会联合主办。首都经济贸易大学工商管理学院承办。

论坛由首都企业改革发展研究会会长、首都经济贸易大学校长顾问郑海航教授和首都企业改革与发展研究会监事长、清华大学公共管理学院韩廷春教授主持。光临论坛的演讲嘉宾有全国人大常委、中国社会科学院副院长陈佳贵研究员，中国社会科学院学术委员、经济研究所原所长张卓元研究员，国务院国资委企业改革局于宝恒副局长，北京市社会科学界联合会副主席、首都经贸大学校长文魁教授，北京师范大学经济与资源研究院院长李晓西教授，中国人民大学经济学院院长杨瑞龙教授，中国社会科学院经济学部工作室主任黄群慧研究员，《光明日报》理论部主任孙明权先生，清华大学公共管理学院教授，中油燃料油股份有限公司副总裁、首都企业改革与发展研究会王力国副会长等政府官员、学者和企业界高管近百人出席了会议。

会上，17位演讲嘉宾从国有企业下一步改革中的若干重要问题；公有经济与非公有经济的和谐发展；制度创新是国企改革的方向；金融海啸前的企业行为分析；国有企业30年的经济学思考；题目：国有企业改革与发展30年回顾与展望；深化中国垄断行业的产权制度改革；石油企业价格机制改革；公用事业的性质与改革方略；经济全球化与我国产业发展；我国的产业升级与自主创新；央企公司治理改革模式和30年国企改革历程评析多个方面进行了广泛的交流和探讨。

首都企业改革与发展研究会秘书长、首都经贸大学工商管理学院院长戚聿东教授在闭幕词中总结说，此次论坛可以用“四高”来概括，即高层、高端、高见、高兴。

（首都经贸大学工商管理学院张梦霞供稿）

（科研处杨建华编辑）

北京经济学博士论坛 由北京工商大学、北京经济学博士论坛组委会主办的此次论坛，于12月21日在北京工商大学召开。

来自北京大学、清华大学、中国人民大学、中国社会科学院、中央党校、中央编译局等高校和研究单位等13所单位的60多位在京经济学博士与会。对目前由美国次贷危机引发的全球金融危机的生成、传导机制及我国的应对策略进行讨论。在本次论坛上，清华大学马克思主义研究院朱安东博士就“国际金融危机及中国的应对”问题作了专题报告；中国人民大学经济学院教授博士生导师杨志博士的报告题目是“碳交易——关乎未来经济全球化转变的金融战备设计”；本校经济学院教授杨德勇博士就“金融危机预警研究”问题与到会学者们展开交流和探讨。中央编译局严海波博士、中央党校经济学部李省龙博士、中央财经大学经济学林光彬博士对他们的报告进行了精彩点评。

（北京工商大学科学技术处王葳供稿）

社会学（含人口学）

“迎奥运、讲文明、树新风”提升公共文明水平研讨会 3月25日，由北京市政协举办本次研讨会。市政协主席阳安江出席会议并讲话，市委常委、宣传部部长、副市长蔡赴朝出席会议。

蔡赴朝向与会委员介绍了“人文奥运”行动计

划和“迎讲树”活动的开展情况。他表示，长期以来，市政协和广大政协委员一直关心支持首都精神文明建设，提出了许多针对性和操作性极强的建议，市委市政府将继续采取多种形式与委员们进行沟通交流，将委员们的真知灼见转化为具体行动，大力提升城市公共文明水平，实践“人文奥运”理念。

阳安江在讲话中说，成功举办一届有特色、高水平的奥运会，对于提升我国的国际地位、扩大国际影响、激发广大同胞建设祖国的激情具有极其重要的意义。提升北京公共文明水平，是落实“人文奥运”理念的具体体现，也是贯彻落实科学发展观、构建社会主义和谐社会首善之区的必然要求。市政协和广大政协委员要发挥自身优势，为提升北京公共文明水平作出新贡献。全体政协委员要以身作则、率先垂范，带头做提升北京公共文明的践行者；要积极宣传文明知识、倡导文明礼仪，带头做提升北京公共文明的倡导者；要积极建言献策，认真履行职责，带头做提升北京公共文明的促进者。我们一定要谦虚谨慎、不骄不躁、积极参与“迎讲树”活动，不断提高自身文明素质，提升北京公共文明水平，为奥运会营造欢乐祥和的社会氛围。

市政协副主席沈宝昌、秘书长阎仲秋出席研讨会。

（参见《北京日报》2008 年 3 月 26 日第 1 版）

中国梦与和谐世界研讨会　由中国国际关系学会、北京外国语大学、天津外国语学院、北京语言大学、外交学院联合举办的“中国梦与和谐世界”研讨会于 2008 年 3 月 29 日在北京钓鱼台国宾馆举行。来自官、产、学三方代表近 200 人聚集一堂，进行讨论与交流。全国政协副主席、中国科学院院士王志珍，外交部副部长张业遂，中国国际关系学会常务副会长、外交学院院长吴建民在研讨会开幕式上致词。

2008 年是中国的奥运年，党的十七大的召开为中国的发展指明了方向。经过 30 年的改革开放，中国正在进一步走向世界。中国梦、奥运梦、世界梦是不断延续的梦想和创新与进步。为了更好地以“中国梦”为平台，进一步弘扬“中国梦就是建设一个和谐世界，中国的发展和机遇与世界人民一道分享”的精神。举办第三届“中国梦与和谐世界研讨会”。具体设想：保持框架、突出主题、充实内容，与会嘉宾围绕奥运年和改革开放 30 年，每人讲述一个成功的故事，给人以深刻的启迪。主题：“中国梦”的理念试图在国内提倡一种主流、健康和积极进取的社会意识，引导年轻一代树立正确的世界观，促进国内和谐社会的建设，为中国的整体外交服务；在国际上提倡和平、合作、共赢，让中国人、外国人、年青人，中国和世界共同发展。加强中国的软实力，塑造中国负责任大国的国际形象，为创建和谐世界作出贡献。

（外交学院科研处郦莉供稿）

首届北京社会建设论坛　4 月 18 日，由中共北京市委社会工委、市教委、市社科联、市科协、市社科规划办与中国人民大学联合主办，中国人民大学社会与人口学院、北京市邓小平理论和“三个代表”重要思想研究中心办公室承办的“首届北京社会建设论坛”在中国人民大学举行。市委党委梁伟、中国人民大学党委书记程天权出席并讲话，市社科联主席满运来，市委社会工委书记宋贵伦，市社科联党组书记史秋秋，市科协党组书记、常务副主席田小平，市社科规划办主任陈之昌，中国人民大学副校长冯惠玲等出席论坛。

首届论坛以“关注民生、构建和谐”为主题。北京大学教授杨开忠、中国人民大学教授郑功成、北京师范大学教授赵孟营、首都师范大学副校长周建设、首都经贸大学校长文魁分别从不同角度发表演讲。与会者一致认为，社会建设是崭新的理论问题，是新的伟大实践。民生问题是社会建设第一任务。现代社会视角的民生问题，要坚持以人为本，要以构建和谐为目标，要从社会科学与自然科学相结合、理论与实践相结合的角度进行深入研究，要从政治、经济、文化与社会建设相结合的角度去探讨，要从与加强城市管理、加强新农村建设相结合的角度去研究，要从解决实际问题与创新管理体制角度去研究。

会上，由市委社会工委、市教委、市社科联、市科协、市社科规划办等单位与中国人民大学共同筹建的“北京社会建设研究院”正式成立，中国社会工作者协会主席徐瑞新和市社科联主席满运来为研究院揭牌。研究院作为首都社会建设的重要研究基地，今后每年要举办一次高层次、高质量的社会建设论坛，出版一本北京市社会建设发展概况蓝皮书，并紧密依托中国人民大学的学术资源和首都人才优势，逐步建立内容丰富、分类科学的资料库，使之成为在全国有影响的优势品牌。有关部门将在沟通信息、选择题目、开展调查研究和提供实习基地等方面为研究院提供便利条件。

梁伟在讲话中希望通过论坛和研究院这个平台，把首都得天独厚的学术、人才、科技资源优势转化为发展优势，广泛吸纳各方面的专家学者，促成不同部门、不同学校、不同领域、不同学科专家之间的互动，在理论和实践的碰撞和不同学科的交流中互相启发、互相补充，形成学术研究中的合力，培养一批活跃在社会建设各个领域的专家，培训一批实际工作者，不断壮大社会工作队伍，为首都社会建设提供智力支持，为决策和民主决策提供依据。

（北京市邓小平理论和“三个代表”重要思想研究中心卢颖华、许星供稿）

社会理论：社会学、人类学、社会史跨学科研讨会

4月11—13日，中央民族大学民族学与人类学理论与方法研究中心在京组织召开了“社会理论：社会学、人类学、社会史跨学科研究会”。来自中央民族大学、北京大学、中国社会科学院、中国政法大学、北京师范大学、中国农业大学的10余名专家学者及中央民族大学、北京大学的社会学和人类学相关专业的部分研究生参加了研讨会。会议四个主题分别是：“经典社会学理论”、“人类学与社会思考”、“社会理论与社会史：中国研究”、“文化与民族：思考中国学术的近代传统”。此外还举行了以“关于整理民国社会科学思想的初步设想”为主题的圆桌会议。

（中央民族大学科研处陈海如供稿）

“院长学术论坛”——改革开放30年社会分层结构的变迁　4月23日，北京市社会科学院“院长学术论坛”邀请清华大学人文社会科学学院院长李强教授作题为“改革开放30年社会分层结构的变迁”的学术报告。刘牧雨院长主持了论坛。报告从“改革开放前我们的社会是什么样的社会”开始，李强教授深入分析了改革开放前我国社会的四大特征，即“非财产型的社会结构”、“新的收入分配结构”、“身份体系”和“整体性聚合群体”。这些特征有着非常鲜明的时代特点，经过30年改革开放的风风雨雨，已经荡然无存，呈现给我们的是完全不同的新的社会分层结构特点：经济分层、贫富外显化、利益碎片化、阶级结构出现定型化。在这30年中我们重塑了社会竞争机制并使之成熟化，社会流动更加常规化了，社会的缓冲带机制也发挥了不可磨灭的作用。

（北京市社会科学院科研处朱庆华供稿）

残疾人事业发展青年论坛　6月13日，在中国人民大学残疾人事业发展研究院成立一周年之际，首届残疾人事业发展青年论坛在中国人民大学逸夫会议中心隆重举行。中国人民大学副校长冯惠玲、中国人民大学残疾人事业发展研究院院长郑功成以及来自校内外的青年代表60多人出席了本次论坛。论坛由中国人民大学残疾人事业发展研究院院长郑功成教授主持。

来自中国人民大学、北京大学、中国社科院、中国残联、北京市残联等单位青年学者围绕残疾人事业的新理念、残疾人社会保障、残疾人就业、残疾人特殊教育、残疾人福利服务，以及国外残疾人事业发展研究等问题作了主题发言。

（中国人民大学科研处关晓斌供稿）

中国社会体制改革30年学术研讨会　6月21—22日，由中国人民大学社会学理论与方法研究中心和社会学系联合举办的“中国社会体制改革30年”学术研讨会在中国人民大学成功召开。来自北京大学、中国人民大学、复旦大学、中央党校、上海大学、武汉大学、中山大学、吉林大学、南开大学、国务院发展研究中心、国家行政学院、新加坡国立大学、波士顿学院等40余家国内外科研单位的近80名代表出席会议。

中国人民大学副校长冯惠玲教授，中国社会学会会长、中国人民大学社会学理论与方法研究中心主任郑杭生教授，中国人民大学社会与人口学院院长翟振武教授出席开幕式并分别致词。

学者们围绕“深化社会体制改革，服务和谐社会建设”这一主题展开了深入的研讨。在闭幕式上，中国社会学会会长、中国人民大学社会学理论与方法研究中心主任郑杭生教授在会议总结时高度评价了会议成果，并围绕影响社会学发展的几个全局性重大问题——科学性与价值观、经验性与理论性、建设性和批判性、传统性与现代性、本土性与国际性阐述了自己的看法。

（中国人民大学科研处关晓斌供稿）

首都和谐社会高层论坛　7月3日，首都经贸大学人文学院、首都和谐社会发展研究基地在学校行政楼五层会议室联合举办第二届“首都和谐社会高层论坛”。

北京市民族事务委员会主任申建军、北京市委农工委社会处处长王小冬、北京市民政局基层政权处处长李建国、北京市农村经济合作管理站书记黄中廷、国务院发展研究中心研究员刘守英、中国人民大学教授夏建中、北京市行政学院教授吴刚、北京日报社理论版主编李庆英、中国经济科学出版社编辑范莹、首都经济贸易大学党委副书记冯培、党委副书记杨军出席论坛。来自城八区街道办事处、社区和村镇的基层领导代表等约百人参加。

北京市民委主任申建军致欢迎辞。国务院发展研究中心研究员刘守英在“深化制度创新、促进首都和谐”的演讲中论述了近年来中国在城市化进程中的征地矛盾与维护农民合法权益的解决办法。人民大学教授夏建中向与会者介绍了“新型社区中的和谐建设研究”。他着重介绍了与商品房社区相关的物业发展历史与国内物业管理现状与问题解决。北京市农村合作经济经营管理站站长黄中廷就“深化农村体制改革、促进农村和谐建设”阐述了影响政府和农村、农民之间和谐关系的矛盾及解决建议。北京市行政学院教授吴刚向与会者着重介绍了“城市管理与和谐社区建设”的问题及英国社区建设的成功经验和做法。北京市民政局基层政权建设处处长李建国就“加强城乡基础建设”为题介绍了促进基层“理论、思维与实践”建设的新思路。北京市委农工委社会处处长王小冬就“化解矛盾，构建和谐”为题介绍了本部门涉农信仿情况以及怀柔、潭柘寺镇等乡镇建立信访调处机制化解矛盾的成功经验。

论坛还以“城市社区和谐”与“北京村镇和谐”两个专题进行分组讨论。

首都经济贸易大学党委副书记冯培作总结发言。他谈到，30年的改革开放使中国社会和经济变化巨大，成就突出，但贫富差距等矛盾还不少。建设和谐社会需要政府在“自身定位、决策转变和利益平衡等方面”作出更大贡献。

（首都经贸大学人文学院郭锦鹏供稿）

（科研处杨建华编辑）

地震灾后重建国际经验研讨会　地震灾后重建国际经验研讨会7月14日在北京召开，来自联合国21家单位和印度、日本、印尼、巴基斯坦、英、法等14个国家的官员、学者与中国同行等200多人参加了此次研讨会。

此次研讨会由中国商务部与联合国驻华系统共同召开。在为期两天的研讨中，中外官员、学者将就分享多国灾后恢复重建的经验，住房及社区重建的可持续性，就业、民生等地方经济恢复，有利于扶贫和弱势群体的规划及社会和谐，公共服务恢复，伙伴关系、筹资与监测等方面议题深入交流与探讨，为中国四川地震灾后重建提供有益的经验及帮助。

［《人民日报》（海外版）2008年7月15日第5版］

改革开放30年与青少年发展论坛　在庆祝中央团校、中国青年政治学院建校60周年之际，“改革开放30年与青少年发展”论坛于9月15日在中国青年政治学院举办。共青团中央书记处常务书记、中华全国青年联合会主席杨岳，中共北京市委教育工作委员会常务副书记张建明，教育部高校社科发展研究中心主任冯刚出席开幕式并讲话。中国青年政治学院党委书记倪邦文致词。论坛由党委副书记、常务副院长王新清主持。

论坛下设“改革开放30年与青少年实务”和“改革开放30年与共青团工作理论研讨会”两个分论坛。全国有关大专院校、科研机构的专家学者，各兄弟团校的来宾以及中青院师生代表也参加了本次论坛。

杨岳同志代表共青团中央在讲话中指出，30年的改革开放改变了当代中国和当代青年的面貌和命运，改革开放带给青年深刻的变化和影响，青年也在改革开放的洪流中奋力前行。他强调，拓展新空间，运用新方式，占领新阵地已经成为促进青少年健康发展的紧迫任务。希望各位专家和同志们以此次论坛为契机，根据青少年发展的新变化，广泛交流思想，深刻研究问题，推出具有实践价值的研究成果。

张建明同志在讲话中指出，正确认识当代青年特别是首都大学生在改革开放伟大社会实践中的地位、充当的角色、起到怎样的作用这一问题，对于在未来社会发展中理解大学生、引导大学生、发展大学生可以起到更大更好的作用。

冯刚同志在讲话中分析了我国改革开放30年来，三个历史阶段大学生思想政治教育的不同表现，指出在新的历史层面上进一步推进大学生思想政治教育的创新和发展的重要性。

中国国际共运史学会副会长、中国科学社会主义学会副会长、中共中央党史研究室副主任李忠杰教授作了题为《改革开放的历史进程和启示》的主题报告。

与会的其他专家学者就“社会变迁中的学生亚文化与学校社会问题”、“创新青少年志愿服务体制和机制”、“和谐社会视野下的共青团组织的功能定位”、“改革开放以来思想政治教育研究的学术版图”等议题展开研讨。

（中国青年政治学院曹骏供稿）

改革开放30年与青少年事务论坛　9月15日，“改革开放30年与青少年发展”论坛之分论坛“改革开放30年与青少年事务论坛暨第十一届全国青年与青年工作理论研讨会”在中国青年政治学院举行。中国青年政治学院、南京大学、北京师范大学、中国政法大学的20多位专家学者作了主题发言，从社会学、教育学、法学等不同角度共同探讨了改革开放30年背景下青少年事务。

一些学者以“80后”一代为研究对象，对当前青年研究的对象和内容做了探讨。他们从社会学角度对青年加以定义，提出青年是社会的新成员，是社会物质财富和精神财富的新生创造力量，也是社会文化的传递者和继承者。学者们用“过渡、转折、超前”三个主题词概括出个青年时期的特点，认为，青年在这一时期经历着不成熟到成熟的发展过程，面临着受教育到工作任务的转变。他们认为，在研究青年问题上，要注意挖掘现象背后的无形之手——社会结构，多给予青年一些理解与宽容。

一些学者就“关注青少年的首要问题是‘问题少年’”作了发言。认为社会对犯罪青年应加以宽容；“问题少年”的问题不解决，无论是对社会或是青少年自身的发展都是极具危害性的。而“问题少年”理应成为关注青年的首要问题，这是客观的现实，也是主观上的需要。

在论坛上，有的学者认为，随着社会发展，过去传统的控制、处罚、强制、统一观念来避免青年问题的产生从而达到维护社会稳定的方式已经过时。处理青年事务的角度上应转向从个人发展问题出发，推动青少年的发展。青年事务的主体主要是政府，而其内容与目标则要把青年的发展纳入社会总体发展目标中。青少年事务中三个大手段主要包括教育、管理和服务。

（中国青年政治学院曹骏供稿）

首都新农村生态建设座谈会　为认真贯彻党的十七届三中全会精神，深入推动首都新农村建设研究工作，根据北京市社会工委的工作部署和相关要求，10月29日，刘新成校长主持召开首都新农村生态建设研究座谈会。首都新农村社会与文化建设研究中心主任梁景和以及政法学院、文学院、资环学院、生命科学院等相关单位的部分专家参加了座谈会议。

刘新成校长在会上指出，2008年6月首都师范大学成立首都新农村社会与文化建设研究中心以来，得到了北京市政府的高度重视以及相关政府部门的大力支持，各项工作进展较为顺利。今后研究中心工作的着力点要放在首都新农村生态文明建设和发展上，本着服务社会需要、发挥自身优势、实现效益最大化的原则，围绕首都新农村发展过程中面临着具体的生态环境问题，积极组织开展相关课题研究，为京郊农村建设提供良好的决策服务，并以此逐步推动首都师范大学应用学科的建设和发展。

梁景和主任在会上简要介绍了研究中心成立以来的工作情况，并就下一步如何围绕首都新农村生态建设开展课题研究提出了具体要求。

（首都师范大学社科处黄胤英供稿）

北京市纪念农村改革开放30周年研讨会　11月3日，北京市纪念农村改革开放30周年理论研讨会召开。市委常委牛有成、副市长赵凤桐出席研讨会。

这次研讨会的主题是“深化改革开放、推动科学发展、促进社会和谐”。研讨会通过主题报告、专题研讨、互动交流等多种形式，全面回顾北京郊区农村改革30周年的基本历程，深入探讨农村改革发展过程中在组织与体制变革、农业产业发展演变、城乡一体化推进以及土地、金融、财政等各项基本制度建设方面取得的经验、面临的紧迫问题和今后发展的重大方略，以进一步推动郊区农村深化改革和加快发展。

牛有成指出，农村改革发展30年来，北京郊区已经实现了由传统农业到城郊型再到都市型农业的产业升级，农民已经实现由解决温饱问题到基本实现小康生活的转变。在新的发展阶段，要深入学习贯彻落实党的十七届三中全会精神，按照科学发展观的要求，进一步推动京郊农村改革发展，为建设人文北京、科技北京、绿色北京作出更大的贡献。

市委、市政府各相关单位、驻京部分科研院所、高等院校、农业产业化龙头企业、各郊区县、乡镇、村的代表200余人参加会议。

（参见《北京日报》2008年11月4日第1版）

中国社会建设理论与实践研讨会　11月9日，“中国社会建设理论与实践”研讨会暨《北京社会建设60年》出版发布会在北京工业大学逸夫图书馆举行。出席首发式的有：国务院发展研究中心、中国社会科学院、国家行政学院、国务院农村发展研究中心、教育部、中国社会学会、北京市人大常委会、民政部、北京市社会工作委员会、北京市教委、北京市社科联、江苏省社会科学院、北京市社会科学院的有关领导，来自北大、清华、人大、南开等高校的知名学者，北工大校级领导班子成员范伯元、王守法、张泽、马志成、张革、纪树兰，各院部处党政领导，以及北工大人文社科学院的部分师生200

余人。人文社科学院常务副院长钱伟量、院长陆学艺分别主持了出版发布会和学术研讨会。

北京工业大学人文社会科学学院“北京社会建设研究”课题组在著名社会学家陆学艺教授带领下，历时两年多时间，面向北京社会建设，深入实际调查研究，完成了《北京社会建设60年》一书，目前已由科学出版社正式出版。此项研究在总结当代北京社会建设60年经验的基础上，对社会建设理论与实践进行了积极的探索。

该校党委书记王守法教授在首发式上指出，《北京社会建设60年》的出版对于社会建设理论与实践具有重要的意义，同时，这也是北京工业大学“立足北京，服务首都”的办学宗旨和向多科性教学研究型大学转变的生动实践。作为北京市属高校，发挥自身科学研究和人才培养的优势与特色，全面参与北京社会发展和社会建设的过程，是北京工业大学的责任与义务，《北京社会建设60年》的出版正是学校办学指导思想的具体体现。

《北京社会建设60年》全书174万字，这部资料性的学术著作，从26个方面专章论述了北京的教育、医疗、就业、社会保障、住房、社会治安等事关民生的重大问题，并提出了解决这些民生问题的政策建议。

在为期一天的研讨会上，正如原中国社科院副院长丁伟志所说，大家身处中国文化转型的历史隧道当中，对社会的变化在亲身感受着；对变化的性质在着力探讨着；对变化的历史在积极总结着。

（北京工业大学科技处杨东升供稿）

奥运影响与中国发展研讨会　11月14日，2008北京文化论坛——奥运影响与中国发展研讨会在京举行。论坛围绕北京奥运会对中国发展的影响，通过探讨与奥运会相关的社会、经济、文化及后奥运的可持续发展问题，为北京的发展提供更丰富、更权威、更有价值的信息。

此次论坛由北京中华文化学院、中国民主促进会北京市委员会、北京联合大学应用文理学院、北京联合大学奥林匹克文化研究中心、北京北奥有限责任公司和北京奥运经济研究会联合举办。论坛认为，成功举办北京奥运会是中国融入国际化进程的结果，是中国更加融入国际化的加速器；提升了整个民族自信心和包容力，是中国继续发展强大的契机，推动了中国和谐社会建设。

（《北京日报》2008年11月15日第8版）

“转型中的中国社会与中国社会学：纪念中国改革开放30周年”国际学术研讨会　中国的改革开放已走过30年的历程，中国的社会学也经历了一个从恢复、重建到渐趋成熟的发展历程。为了能够更好地理解中国社会和中国社会学在这30年里走过的路程，北京大学社会学系、北京大学社会学人类学研究所、北京大学中国社会与发展研究中心、北京大学社会理论研究中心、北京大学中国工人与劳动研究中心和北京大学余天休社会学基金会于11月29—30日在北京大学共同举办了“转型中的中国社会和中国社会学：纪念中国改革开放30周年”国际学术研讨会。

来自美国斯坦福大学、明尼苏达大学、英国牛津大学、澳大利亚国立大学、法国国家科学研究中心、韩国中央大学、中国社会科学院、国家行政学院、北京大学、清华大学、中国人民大学、北京师范大学、台湾东吴大学、香港科技大学、中国社会科学杂志社等单位的近百位社会学、人类学、人口学、社会工作和社会政策研究方面的著名专家学者，以及中国早期著名社会学家、20世纪20年代曾经在北京大学任教的美籍华人学者余天休先生的后代——美国海伦娜投资咨询公司、投资发展公司董事长、美国胡氏慈善教育基金会董事长胡余锦明女士，美国克勤国际企业集团公司总裁、北京大学特聘教授顾衍时先生等海外嘉宾出席了本次研讨会。北京大学副校长张国有教授、北京大学社会科学部常务副部长萧群先生分别代表学校和社会科学部在会上致辞。

研讨会围绕着“中国改革30年以来的社会变迁”、“转型社会与中国社会学”、“社会研究的反思”、“社会转型及其理论分析”、“转型社会的文化维度”、“转型过程中的社会心态和宗教信仰”、“技术变迁、经济增长与社会发展之间的关系”、“社会转型过程中的社会问题”、“转型过程中的社会工作与社会政策”、“转型过程中的劳动关系”、“转型进程中的农民工问题”、“转型过程中的工会组织与产业民主”、“社会转型与人口研究”等专题，与会者进行了紧张而热烈的讨论。

（北京大学社会科学部郭琳供稿）

中国农村留守人口研讨会　12月2—4日，由中国农业大学人文与发展学院主办的“中国农村留守人口研讨会”在北京召开。该院叶敬忠教授主持的“中国农村留守儿童研究”课题，在中国农业大学“985工程”中国农村政策研究哲学社会科学创新基地、教育部“新世界优秀人才支持计划”和德国EED基金会的支持下，自2004年开始对我国中西部农村地区留守儿童的研究。2006年，课题组又在安徽、江西、湖南、河南、四川等五省对农村留守儿童、留守妇女、留守老人三个群体进行了深入调研，分别出版了专著《别样童年——中国农村留守儿童》、《阡陌独舞——中国农村留守妇女》、《静寞夕阳——中国农村留守老人》。

研讨会上，与会专家一致认为，农村留守人口现象在我国一定发展阶段内将长期存在，农村留守人口问题与三农问题的破解、城乡社会的和谐发展密切联系在一起。对农村留守人口问题的关注既需要学术界各学科之间的交流、探讨和深入研究，更需要政府决策部门从制度程序安排上对城乡和谐发展提供支持和保障。

来自高等学校、社科院、政府机构、国际组织、NGO组织等的专家学者对“中国农村留守儿童研究”的系列成果给予了高度评价。研讨会还专门邀请了70多位来自研究社区的留守儿童、留守妇女、留守老人及村干部、教师、县乡干部、城市务工人员等地方代表参加了会议。

（中国农业大学科学技术研究院王虹供稿）

改革开放与人权发展研讨会　为纪念《世界人权宣言》发表60周年和中国实行改革开放30周年，中国人权研究会12月2—3日在北京举办“中国改革开放与人权发展30年”学术研讨会。

国务院新闻办公室主任王晨在致辞时说，30年来，人权对外宣传工作从无到有，不断发展，为向世界阐明我国的人权状况和观点，展示我国尊重和保障人权的良好形象，为改革开放和现代化建设营造客观友善的舆论环境作出了重要贡献。

中国人权研究会会长罗豪才说，改革开放以来，中国的人权状况伴随着现代化建设事业发展不断进步，人民的生活水平大幅提高，经济、社会、文化权利迅速改善，公民、政治权利不断扩大，少数民族合法权益得到切实保障，人权理论建设和人权对外交流合作不断发展。中央党校副校长、中国人权研究会副会长李君如在闭幕发言中强调，面临压力与挑战，中国仍将一如既往地走中国特色人权发展道路，一如既往地推动世界人权事业发展。

［参见《人民日报》(海外版)
2008年12月3日第8版，
《光明日报》2008年12月4日第2版］

中国绿色跨越倡议国际研讨会　12月8日，由清华大学技术创新研究中心、美国密歇根大学William Davidson研究院和美国康奈尔大学Johnson管理学院联合主办的中国绿色跨越倡议国际研讨会在经济管理学院举行。40余位政府部门、高校和研究机构、企业及NGO组织的代表与会。会议主讲嘉宾、密歇根大学William Davidson研究院教授Stuart L. Hart介绍了“绿色跨越”这一创意的含义。他表示，要实现可持续发展，就要把“绿色跨越”和“金字塔底层”（BoP，Base of the Pyramid）人群结合起来。中国要实现经济的可持续发展，在推广绿色技术的同时，要让广大的农业人口加入到这个“跨越”过程中，同时企业也要进行相应的商业模式开发，推动这一“跨越”。由他发起的“绿色跨越倡议”项目已在印度等发展中国家进行了不少调研和商业模式开发，这次研讨会也标志着该项目在中国的启动。经济管理学院副院长仝允桓在会上作了关于“在中国推行可持续创新”的发言。国家环保部宣教中心副主任贾峰，绿创环保董事长姜鹏明，山东长星集团董事长助理吕建波，《中国企业家》社长刘东华和《经理人》杂志总编杨俊杰也就相关主题进行发言。会前，清华大学常务副校长陈吉宁会见Stuart L. Hart和康奈尔大学企业可持续发展全球研究中心主任Mark Milstein。

（清华大学文科建设处刘金梅供稿）

首都社会和谐建设与社会工作人才队伍发展学术论坛　“首都和谐社会建设与社会工作人才队伍发展”学术论坛于12月19日于北京社会工作人才发展研究院成立的当天在中国青年政治学院举办。来自中国青年政治学院、北京大学、中国人民大学、香港理工大学、南开大学、中国社会工作教育协会、中国社会学会等高校及科研机构的20余名专家教授分别围绕论坛主题发言。论坛由中国老龄事业发展基金会会长、中青院社工学院院长李宝库主持。

香港理工大学副校长、国际社会工作学校联会主席阮曾媛琪教授首先代表香港理工大学和国际社会工作教育协会对北京社会工作人才发展研究院的成立表示祝贺。她在发言中希望社工同仁们在社会工作教育、实务等方面更加努力，并建议与会同行承担起社会责任，在建立适合中国国情的本土化的社会工作理论和实践的同时，搭建国际交流平台。

中国社会工作教育协会会长、北京大学王思斌教授在发言中分别从社工教育专业角度和社工横纵体系两个方面阐述了社会工作目前的人才需求及价值观层面的重要性。

中国社会学会副秘书长、中国人民大学教务处处长洪大用教授在发言中说，在培养社会工作人才方面，国家需要平衡经济学科和社会学科的人才配置，要更多地重视社工本土化，并且处理好主体意识关系。针对社会工作教育理念存在的问题，洪教授希望在理论和实务两方面建立良性互动的关系。以实务为师，在培养本科生的基础上也应在培训社会工作人员方面多投入精力。

南开大学社会工作与社会政策系主任关信平教授在发言中提到了社会工作的发展和研究结合的重要性。他认为，社会需要，政府重视，资源足够，制度可行，是社工发展的关键。在社会工作研究和教学本土化方面，关教授认为，我国应该立足中国，借鉴西方。社会工作概念的使用和理论体系的建设都要跟本土中国的情况密切结合。

中国青年政治学院陆士桢教授重点谈了自己对社会工作和传统的群众工作之间的关系的理解。

李宝库同志在总结发言中说，人才队伍发展是理论与实际、研究与实务、教育与就业等方面的结合。社会工作是一个基础性工作，是推动社会发展的不可缺少的重要方面。

（中国青年政治学院曹骏供稿）

法　学

反腐败法制建设国际学术研讨会　1月12—13日，由北京大学宪法与行政法研究中心和耶鲁大学法学院中国法律中心联合主办的“反腐败法制建设”国际学术研讨会在北京大学英杰交流中心隆重举行。来自北京大学、清华大学、中国人民大学、中国政法大学、中国社会科学院、耶鲁大学等国内外著名高校和研究机构的专家学者及全国人大、全国政协、最高人民法院、最高人民检察院、国务院法制办、国家预防腐败局等单位的官员共计60余名代表与会。

与会代表围绕“中国转型时期的腐败现象：表现形式和原因分析”、“透明政府：政务信息公开”、“舆论监督、人大监督与公共参与”、“行政程序、行政许可和规制改革”、“反腐败机构、官员晋升与财产申报”、“反腐败机制：政治、社会、经济的廉政基础与人文环境”六个议题进行了深入探讨和交流。

本次会议还收到国内外专家学者的诸多交流论文。

（北京大学社会科学部郭琳供稿）

综合行政执法体制学术研讨会　1月14日，由中央民族大学法学院与中国行政法学会城市管理专业委员会联合举办的“综合行政执法体制学术研讨会”在中央民族大学召开。来自北京大学、清华大学、中国人民大学、中国社会科学院等高等院校和研究机构的学者，以及来自全国人大法工委、最高人民法院、国务院法制办、北京市法制办等实务界的专家80余人围绕“综合行政执法体制的基本问题和基本范畴”、“综合行政执法体制面临的改革及其原因”、“首都综合行政执法的经验研究”、“综合行政执法体制的创新与发展”等议题进行了研讨。

（中央民族大学科研处陈海如供稿）

我国司法制度改革研讨会　5月10—11日，由中国政法大学诉讼法学研究院主办的“我国司法制度改革研讨会”在北邮科技大厦四层会议室举行。会议由诉讼法学研究院院长卞建林教授主持，副校长张保生教授首先发表开幕致辞，最高人民法院副院长熊选国大法官、最高人民检察院副检察长朱孝清大检察官随后发表重要讲话。该校终身教授、诉讼法学研究院名誉院长陈光中教授在会议闭幕时作总结致辞。本次研讨会主要围绕该校终身教授陈光中承担的教育部重大攻关项目《司法制度基础理论研究》以及诉讼法学研究院院长卞建林教授承担的国家社科基金重大项目《建设公正、高效、权威的社会主义司法制度研究》所涉及的六个主题展开，它们分别是司法制度的中国解读、检察权的配置与制约、侦查权的配置与制约、高效司法制度之构建、公正司法制度之构建、权威司法制度之构建。与会代表对此进行了深入的讨论。

（中国政法大学科研处供稿）

多重维度时代的法律与发展讲座　5月13日，美国威斯康星大学法学院教授、世界问题与全球经济研究中心高级研究员戴维·楚柏克（David Trubek）在清华大学法学院一楼报告厅作了题为《多重维度时代的法律与发展》的讲座。法学院院长王晨光主持讲座，法学院近50名师生听取了讲座。戴维·楚柏克在讲座中对当今时代多维度多视角情境下法律的建设与发展的问题谈了自己的看法。戴维·楚柏克，1973年毕业于耶鲁法学院，曾在联邦第二上诉法院任法官助理，在美国国务院和国际发展署任法律顾问，在耶鲁、哈佛、天主教大学和威斯康星大学法学院任教；2001年获法国政府颁发的“学院棕榈荣誉骑士勋章”，他的研究领域为法理学、比较法学和法律社会学。

（清华大学文科建设处刘金梅供稿）

环境法论坛　6月18日，清华大学环境资源能源法研究中心邀请美国威廉与玛丽大学法学院副院长Ronald H. Rosenberg教授做客清华大学环境法论坛，在法学楼532室作了题为Making Renewable Energy a Reality-Expanding Wind Power in America的讲座。讲座中，Roseberg教授详细介绍了可再生能源——尤其是风能在美国发展的历史、现状及趋势，并回答了与会者的提问。中心执行主任王明远博士及中心师生，环境法专业的同学约30人参加了本次讲座。“清华大学环境资源与能源法研究中心系列学术讲座”（清华环境法论坛）是由清华大学环境资源能源法研究中心策划和主持的学术论坛。其宗旨在于，为环境资源与能源法研究提供制度化、长期化的学术平台，通过国内外有关领域专家、学者和学生的广泛参与，促进我国环境资源与能源法学的交流和学科发展，以便为国家的环境保护与可持续发展事业服务。

（清华大学文科建设处刘金梅供稿）

全球化与法律国际化研讨会　由北京师范大学刑科院、法学院主办的此次研讨会，于10月6—8日在香山饭店召开。

出席本次研讨会的法方代表团一行9人，由法兰西院士、法兰西学院教授Mireille Delmas-Marty女士带队，中方负责人为高铭暄教授，与会人员包括前任最高人民法院院长肖扬，最高人民检察院副检察长朱孝清，最高人民法院行政庭副庭长杨临萍女士，北师大刑科院兼法学院院长赵秉志教授，刑科院常务副院长卢建平教授，中国社会科学院法学所、北师大法学院教授陈云生，中国人民大学法学院副院长胡锦光教授，中国人民大学法学院法律与全球化研究中心主任朱景文教授等。

本次研讨的主题是行政监督，会议分为五个单元，围绕行政监督的历史与现状、警察权的监督、公务人员的腐败犯罪防治等核心议题，探讨国际法对于国内法的影响和国内法对国际法的贡献，并最后进行总结和展望。

（北京师范大学社科处吴慧涵供稿）

中法宪法国际研讨会　10月10日，“中法宪法国际研讨会——法国宪法50年（1958—2008）”在清华大学法学院举行。清华大学法学院院长王振民致开幕词。他结合法国的宪政历史指出，任何一个国家的宪政体制都必须从自己的国情、文化、传统出发，把理想与实际相结合。来自法国宪法委员会、法国驻华大使馆及巴黎政治学院的4位法方学者及来自全国人大常委会法工委、全国人大常委会基本法委员会、国家行政学院法学部、中国人民大学法学院、北京大学法学院、清华大学法学院等12所院校与部委的22位中方学者参加研讨会。与会学者从法国议会传统及其与行政权力的平衡；法国法的分散化与欧洲化；法国宪法委员会制度的最新发展及中国违宪审查的实践四个方面交流了各自的学术观点。

（清华大学文科建设处刘金梅供稿）

审计风暴的理性思考讲座　10月16日，国家审计署法规司副司长彭华彰到访清华大学法学院并在模拟法庭作了题为《审计风暴的理性思考》的讲座，学院百余名学生听取了讲座。讲座中，彭华彰讲述了审计工作的一些基础知识、我国古代相关的审计制度沿革，然后对比西方国家审计制度的构建，谈了我国审计工作国际化的趋势及我国目前审计制度的构建和机构设置。他重点讲解了我国审计工作在组织、人事任免、经费使用等方面的相对独立性，强调审计制度既是民主政治发展的产物，最终也服务于民主政治，对推动我国廉政建设和中国特色社会主义的建设有着重要意义。

（清华大学文科建设处刘金梅供稿）

行政诉讼的合法性审查讲座　10月17日，最高人民法院行政审判庭审判长王振宇做客清华大学法学院德恒行政法论坛，在法学楼一楼报告厅作了题为《行政诉讼的合法性审查》的讲座。40余名学生听取了讲座。讲座中，王振宇立足丰富的审判实践和扎实的理论素养，展示了我国行政诉讼审判工作的基本情况和完善进程，并重点介绍了行政诉讼过程中对于行政行为合法性审查的理论方法和相关实践。他强调，我国行政诉讼审判制度正走向成熟和完善，法院在充分总结审判实践经验的基础上，发挥着积极而务实的推动作用。他还从行政行为的职能、执法主体资格、证据、法律适用以及行政程序、行政自由裁量的合法性审查等诸多方面，阐释了在实践中法院对行政行为合法性审查的相关理论和具体经验，并结合案例分析具体审查方法在实践中的重要性和适用情况。

（清华大学文科建设处刘金梅供稿）

北京市人大常委会举行贯彻实施监督法研讨会 10月23日，市人大常委会召开贯彻实施监督法研讨会。市和区县人大常委会领导、市人大常委会机关各厅办室主要负责人、“一府两院”有关负责人、部分市人大代表、专家学者100多人参加了会议。与会人员认真总结了本市各级人大常委会贯彻实施监督法的做法、取得的经验和存在的问题，对今后深入贯彻实施监督法、加强和改进本市人大监督工作提出了很好的建议和思路。市人大常委会党组副书记、副主任赵凤山作了深入贯彻实施监督法，努力增强监督实效的主题发言，市和区县人大常委会、市政府、市人大代表、专家学者代表作了发言，市人大常委会主任杜德印出席会议并作总结讲话。

（北京市人大常委会研究室艾淑英供稿）

改革开放30年刑事法治发展高层论坛 此次论坛由最高人民法院研究室、最高人民检察院法律政策研究室、司法部研究室和北师大刑事法律科学研究院共同主办，11月9日在北京师范大学英东学术会堂举行。

全国人大常委会法工委原主任顾昂然和副主任安建，最高人民法院原副院长刘家琛大法官、黄尔梅大法官，最高人民检察院朱孝清副检察长、中国法学会孙在雍副会长，天津市高级人民法院李少平院长，以及来自全国人大常委会、最高人民法院、最高人民检察院、公安部、司法部等中央与地方政法机关和刑事法学界的专家、学者近200人出席了此次论坛。

此次论坛由最高人民法院张军副院长和中国法学会刑法学研究会会长、北师大刑事法律科学研究院院长赵秉志教授共同主持。最高人民法院常务副院长沈德咏、最高人民检察院常务副检察长张耕、司法部副部长张苏军、公安部法制局局长柯良栋、中国法学会刑法学研究会名誉会长高铭暄教授、中国法学会刑事诉讼法学研究会名誉会长陈光中教授等6位专家学者，分别代表中央各政法机关或刑事法学术界围绕改革开放30年来我国刑事审判、刑事检察、刑罚执行、刑事侦查、刑法学研究和刑事诉讼法学研究等刑事法治领域的发展作了主题发言。与会代表也即席发言，畅谈改革开放30年来我国刑事法治建设的成就和未来的发展方向。论坛的成功召开，对于完善我国刑事立法和刑事司法，推动社会主义法治建设深入进行，加快社会主义和谐社会的构建，乃至进一步发展我国改革开放的事业，无疑均会具有非常重要的现实意义。

（北京师范大学社科处吴慧涵供稿）

《国家赔偿法》修改研讨会 11月10日，由中国政法大学法治政府研究院主办的《国家赔偿法》修改研讨会在北京世纪金源大饭店召开。近40余位国家赔偿领域的学者和实务部门的相关领导参加了本次研讨会。本次研讨会共分四个议题展开：国家赔偿法基本理论、行政赔偿制度与实践、司法赔偿制度与实践以及国家赔偿方式、标准与费用。参会专家和学者分别就国家赔偿理论、行政赔偿、司法赔偿，赔偿的标准、方式、费用以及各种相关的国家赔偿问题展开讨论和深入的分析，许多观点非常富有建设性。

（中国政法大学科研处供稿）

改革开放与中国对外关系30年学术研讨会 11月22日，由全国高校国际政治研究会、中国政法大学政治与公共管理学院、全球化与全球问题研究所联合承办的《改革开放与中国对外关系30年》学术研讨会在北邮科技大厦举行，来自北京大学、中国人民大学、外交学院、中国传媒大学、北京师范大学、北京语言大学、国际关系学院、现代国际关系研究院等单位的10余位国内著名专家学者参加了会议。会议由中国政法大学全球化与全球问题研究所所长蔡拓教授主持。与会专家主要围绕三个主题展开深入探讨：改革开放30年中国对外关系的主要成就与经验，改革开放30年中国对外战略的转型与创新，当代中国对外关系面临的主要问题、挑战及其应对。

（中国政法大学科研处供稿）

第四届中国财经法律论坛 11月28日，“第四届中国财经法律论坛——公共采购国际论坛2008”在中央财经大学隆重开幕。全国政协经济委员会副主任、中共中央政策研究室副主任郑新立，中国法学会财税法学研究会会长刘建文，财政部条法司司长杨敏，欧洲委员会内部市场与服务总司公共财政司司长伯特兰·卡桑，美国环保协会中国项目负责人张建宇，中国政府采购杂志社主编王晓光以及来自联合国国际贸易法委员会、国家发展和改革委员会、中国法学会财税法学研究会、环境保护环境认证中心、国家能源局、部分省市发改委、财政厅（局）、大陆和台湾地区部分高等院校的知名学者及其他相关领域的代表和新闻界的记者约150余人参加了此次盛会。政府采购正在成为实现自主创新、可持续发展，构建和谐社会等重要国家战略手段，中国公共采购法律制度正在经历着一个关键的发展时期，在这一背景下，本届中国财经法律论坛以“公共政府采购”为主题，思考和研讨中国公共采购法的基础理论和实际问题，无疑具有非常重要的理论和现实意义。《法制日报》、《中国青年报》等全国性新闻媒体对论坛作了报道，并在搜狐网、新华网等大型门户网站上广泛转载。曹富国教授在论坛上的主题演讲“万亿经济刺激计划考验中国公共采购法治”、郑新立教授的即席发言“依法办事是确保四万亿投资无虞的关键”等言论引起了巨大的社会反响。

（中央财经大学科研处供稿）

房地产法与宏观调控法律政策高级论坛 11月28日，首都经济贸易大学法学院与《政治与法律》编辑部共同举办的“房地产法与宏观调控法律政策高级论坛”在该校召开。上海财经大学法学院李红梅副教授、本校法学院符启林教授、焦志勇教授、王德山副教授、中国政法大学民竺效博士出席大会并作了主题发言。法学院的教师和研究生参加了旁听并积极参与了互动。会议由《政治与法律》编辑部主编徐澜波教授与法学院副院长周序中副教授共同主持。

与会的专家学者就当前金融危机的大背景下，从不同视角，运用不同的方法，深入探讨了房地产法和宏观调控法之间的关系，并在预测、判断、评判房地产行业和房地产法律的发展和协调方面深入交换了意见。

最后，法学院副院长周序中副教授作了总结发言。

（首都经贸大学法学院供稿）

企业国有资产法律问题高级论坛 11月28日，由首都经济贸易大学法学院与《政治与法律》编辑部共同举办的“企业国有资产法律问题高级论坛”在本校召开。北京大学教授、博士生导师、中国法学会财税法学研究会会长刘剑文教授、中国政法大学民商经济法学院教授、博士研究生导师徐晓松教授、首都经贸大学法学院王雨本教授、高桂林教授、张世君副教授等出席了此次论坛并作了主题发言。法学院的部分教师和研究生参加了大会。会议由《政治与法律》编辑部主编徐澜波教授和法学院副院长谢海霞博士共同主持。

此次论坛的召开时值《中华人民共和国企业国有资产法》新颁布之际，与会的专家学者就国有资本经营预算制度的核心问题和制度的建立、国企的利润分配、公共预算与国企预算的关系、国资委的相关职能、非常时期的国有企业的特殊作用、国有企业的政策以及立法以及国有企业法律模式的监管机制等方面展开了讨论。

（首都经贸大学法学院供稿）

（科研处杨建华编辑）

税收执法风险防范对策研讨会 12月5日，由首都经济贸易大学法学院和北京市延庆县地方税务局共同主办的“税收执法风险防范对策”研讨会在北京市延庆县地方税务局老干部培训中心举行。来自北京市地方税务局、北京市法学会金融与财税法学研究会、北京市律师协会、北京市延庆县人民法院、北京市延庆县人民检察院、首都经济贸易大学财政税务学院等单位的专家、学者30多人参加了此次会议。会议由首都经济贸易大学法学院副院长、中国法学会财税法学研究会秘书长周序中副教授主持。

与会的专家、学者就税收执法风险的产生、成因、特点、预防与控制措施等问题从实务与理论两个层面上进行了研讨，在很多方面达成了共识。该校财政税务学院丁芸教授、法学院高桂林教授与翟业虎老师在会议上作了主题发言。会议最后，由主持人周序中副教授作大会总结，延庆县地方税务局领导致闭幕词。

（首都经贸大学法学院供稿）

（科研处杨建华编辑）

刑事和解与程序分流专题研讨会 12月6—7日，由中国政法大学诉讼法学研究院和北京市朝阳区人民检察院共同主办的“刑事和解与程序分流”研讨会在北京市朝阳区人民检察院召开。参加会议的有中央政法委、全国人大法工委、最高人民检察院、北京市各级检察机关的领导和专家，来自北京大学、清华大学、中国人民大学、中国政法大学、北京师范大学、中国人民公安大学、社科院法学所和四川大学、中南财经政法大学、上海交通大学、华东政法大学的教授和学者。会议还邀请了上海、江苏、山东、吉林等地开展刑事和解探索实践的检察机关的代表和刑事辩护律师的代表参加。“刑事和解与程序分流”项目是该校诉讼法学研究院和朝阳区人民检察院合作实施的一项司法改革实验，旨在探索刑事和解的工作机制，实现刑事和解工作的制度化、规范化，从而完善程序分流机制，同时促进理论成果向实践的转化。此次研讨会是朝阳区检察院长期以来刑事和解工作改革探索的一次阶段性成果展示。

（中国政法大学科研处供稿）

首都民主法制建设研讨会　12月9日，纪念改革开放30年首都民主法制建设研讨会举行。市人大常委会主任杜德印出席会议并讲话。

此次研讨会召开的主要目的是全面总结本市各级人大及其常委会在推进首都民主法制建设实践中取得的成绩和经验，提出进一步加强和改进人大工作、更好地推进首都民主法制建设的建议，为贯彻落实科学发展观，提高人大工作质量和实效，促进首都民主法制建设提供思想理论支持和决策参考。在研讨会上，8位市、区人大常委会组成人员和专家学者作了主题发言。

杜德印在讲话中指出，要充分认识改革开放30年民主法制取得的巨大进步，明确民主法制建设是改革开放伟大事业的重要组成部分，提高对推进首都民主法制建设重要性的认识。要充分认识坚持和改善人民代表大会制度在民主法制建设中的作用，明晰人民民主是人民代表大会制度的根本属性和内在优势，自觉地把人民代表大会制度坚持好、完善好。

市人大常委会副主任赵凤山、秘书长唐龙等出席研讨会。

（参见《北京日报》2008年12月10日第1版）

北京奥运安保遗产论坛　12月12日，由北京市社会科学院主办、首都综治研究所承办的“2008北京奥运安保遗产论坛”在京召开，30多位专家学者出席了本次会议。会议由北京市社会科学院戚本超副院长主持。会议的议题是：如何认识和看待北京奥运安保模式的主要经验与主要特点、北京奥运安保工作的成功有哪些有益启示、如何固化转化北京奥运安保工作的丰富遗产以及面向未来的首都安全稳定工作。中国人民公安大学治安系主任郭太生教授、研究生部主任王大为教授、治安系副主任张弘副教授、中国国际现代关系研究院反恐研究中心主任李伟研究员、北京警察学院治安系主任杨玉海教授、北京政法职业学院科研处处长李克教授和北京社科院首都综治所所长殷星辰副研究员、副所长袁振龙副研究员等专家和领导围绕着上述问题进行了研讨。

本次论坛为奥运安保遗产的转化和继承起到了积极的促进作用。与会专家们一致认为，在北京奥运安保取得巨大成就的同时，应看到影响北京安全和稳定的因素没有得到根本的消除，首都北京还面临着非常严峻的安全挑战。研究奥运安保遗产的转化和固化问题，对于构建平安北京，打造首善之区至关重要。

（北京市社会科学院科研处朱庆华供稿）

民族学　宗教学

宗教与法治国际学术研讨会　由中国社科院世界宗教所主办，普世社会科学研究所、美国杨百翰大学法学院等协办的“宗教与法治国际学术研讨会——和谐社会中的法律制度与宗教”，于5月31日至6月1日在京举行。国家宗教局副局长王作安、中国社科院世界宗教所所长卓新平等与来自越南、老挝、新加坡、韩国、印度、巴基斯坦、肯尼亚、德国、法国、意大利、比利时、美国、挪威等国家和中国香港、台湾地区的宗教学、法学、社会学、政治学、民族学、国际关系、行政及公共管理等领域的专家和政府宗教管理部门的负责人等百余人出席研讨会。

会议以宗教与法治为主题，重点讨论了如何使宗教为构建和谐社会发挥积极作用和处理好宗教与法律、宗教与管理的关系。作为一次跨学科、跨文化的中西方学术对话，与会者围绕宗教在构建和谐社会中的作用、政教关系模式比较、各国和地区宗教立法比较、宗教团体的财务管理、宗教团体参与社会服务的途径、宗教与公共秩序等议题展开对话与讨论，涉及的范围包括各国和地区关于宗教的法律法规比较、国家与宗教组织的关系、政府管理宗教的模式以及宗教与社会公共秩序的关系等课题。

来自不同国家和地区的与会者介绍了各国和地区在宗教与法治关系认识和处理上的不同特点与经验。大家一致认为，宗教是人类社会长期存在的一种社会现象，宗教与法治的关系是世界各国和地区面临的共同课题之一，也是各国和地区法学、政治学、宗教学界共同关注的问题。人类社会有信仰，现代国家离不开法律。国家要处理好法律与宗教的关系，必须完善宗教立法、依法管理宗教、发挥宗教在社会中的积极作用，才能促进社会和谐与发展。

（参见《光明日报》2008年6月10日第9版）

新媒体与民族文化传播论坛　9月27日，由中央民族大学主办、国家广播电影电视总局广播影视发展研究中心视听新媒体研究所和中央民族大学文学与新闻传播学院承办的新媒体与民族文化传播论坛在中央民族大学召开。本次论坛的主题是“新媒体与民族文化传播：和谐、共赢与突破”，与会100多位来宾在中国传媒产业飞速发展的大背景下，围绕当前国内外新媒体的技术突破、民族文化产业发展和政策调整等热点问题，透视当前中国新媒体的发展及其对社会经济、政治、文化的影响和冲击，同时深入探讨了新媒体与传统媒体的竞争与合作潮流下的民族文化产业的发展趋势和突破点，力图实现新媒体和民族文化传播研究的学术界与业界的思维碰撞与互动，把握中国新传媒产业和民族文化产业发展面临的挑战和机遇。

来自北京大学、清华大学、中国人民大学、中国传媒大学、北京师范大学、中央民族大学等50多所高校的教授、专家与会。和来自中华传媒网、《中国青年报》、《光明日报》等多家电视台、报社、网站、传媒公司的传媒业人士共同探讨了新媒体与民族文化传播的热点话题。

（中央民族大学科研处陈海如供稿）

第五届宗教社会科学国际研讨会　北京大学社会与发展研究中心于10月8—9日主办了第五届宗教社会科学国际研讨会。本次研讨会的主要内容是中国当代宗教研究的学术热点、理论重点、方法论难点等问题的探讨。

会议围绕中国宗教与社会的主题，分别对新兴的中国宗教社会科学研究，当代社会中的历史因素，中国社会中的宗教多元融合，中国宗教、信仰与灵性的实证研究，当今世界的儒学与儒教，运用当代理论理解中国的宗教，全球化与中国宗教，宗教与和谐社会，中国市场经济中的社会资本与精神资本等问题进行了专场发言和讨论。学者们对中国宗教社会科学的学术规范也提出了有益的建议。

研讨会上对儒学与儒教精彩的讨论引起大家广泛的思索，阐释了儒家传统、新儒家、儒教对中国和世界宗教的影响与意义。美国哈佛大学著名学者杜维明教授作了题为“当代中国的儒家精神”的主题演讲，他认为儒家人文主义由于自身强调了身、心、智、魂的合一，自我与社会的互动，人类与自然之间的和谐以及人的心智与天道之间的交感，因此既可以对启蒙运动思维予以同情性理解，又对之进行批判性反思。他通过把儒教还原在历史中进行分析得出结论，在儒家人性思想的影响下，中国宗教性是极其内敛的。儒家世界观一个明显的负面结果是宗教的工具化和庸俗化。而在表面上功利性的、物质的利用宗教理念的行为之下，存在着生活的礼仪化。这对于理解中国宗教，如何实际地在中国社会中发挥作用具有重大意义。这种现象的含义深远，它表现在许多不同形式的宗教包含的礼仪中，迥异的宗教社会群和平共处中，宗教间的相互尊重和学习，在一个以上的宗教传统中双重或多重的身份，以及宗教间的对话。他强调，从多种文明之间的角度来看，其意义是值得探索的。

（北京大学社会科学部郭琳供稿）

中国民族古文字文献学术研讨会　10月15—17日，由中央民族大学和中国民族古文字研究会共同举办的“中国民族古文字研究会第八次代表大会暨中国民族古文字文献学术研讨会”在京召开。来自全国各地的近百名代表出席了这次学术研讨会。大会收到论文82篇，论文中既有新发掘的材料，又有新的理论探讨点，内容涉及藏、彝、纳西、白、壮、傣、布依、水、女书、蒙、维、哈萨克、满、契丹、女真、回鹘、突厥等文种。此次会议，完成了中国民族古文字研究会的换届选举工作。

（中央民族大学科研处陈海如供稿）

第四届北京藏学讨论会　讨论会于10月15—17日在北京举行。会议的主办方中国藏学研究中心党组书记朱晓明研究员在致辞中表示：与会的各位专家学者，积极参与，深入交流，展示了各自的研究成果，为促进藏学事业的发展贡献了力量。

本次会议共吸引了来自17个国家的200多位学者参与。在会上，许多专家学者都发布了最新的学术资料和最新的研究成果。如古代历史组学者关于西藏本土非佛教文献，博物馆组学者有关考古发现，都是最新的学术资料；除了藏研中心发表的几项成果之外，各组专家学者都以学术讲演方式发表了自己最新的研究成果，其中不乏一批高质量的学术论文。

（参见《光明日报》2008年10月17日第6版）

纪念麻赫穆德·喀什噶里诞辰1000周年国际学术研讨会　2008年是联合国教科文组织认定的“麻赫穆德·喀什噶里年”（2008 Kaşgarlı Mahmud Yılı），11月23—26日，由中央民族大学和土耳其共和国语言协会主办的纪念麻赫穆德·喀什噶里诞辰1000周年国际学术研讨会在中央民族大学召开。来自包括中国、德国、荷兰、阿塞拜疆等国家的突厥语言文学专家和学者130人集聚北京，纪念这位历史上最重要的突厥文化传播人。本次会议的主题为：麻赫穆德·喀什噶里及其《突厥语大辞典》语言研究；麻赫穆德·喀什噶里文化遗产研究。会议除了纪念缅怀麻赫穆德·喀什噶里这位大师，诸位学者还将多年研究的突厥文化、历史、语言等方面的学术成就一起分享和讨论。

（中央民族大学科研处陈海如供稿）

城市科学

创新型城市论坛 11月29日由科技日报社、北京大学创新研究院、全国科技振兴城市经济研究会联合主办的2008创新型城市论坛，在人民大会堂举办。来自全国43个城市的百余名城市的代表和专家学者围绕提高城市创新力进行了研讨。

会上首次发布了由北京大学战略研究所编制的《中国城市创新评价报告》，报告公布了中国城市综合创新能力50强。北京、上海、天津、重庆、深圳等城市榜上有名。该报告创新性地构造了城市创新力评价系统的指标体系及其计算模型，突出城市的创新绩效和创新潜力。通过对这些城市的系统分析和抽样调研，建立了中国城市创新力提升的基础理论框架并得到评价结果。

报告认为，当前我国城市创新力较强的城市仍集中在京津及珠三角和长三角地区，部分西部城市和中部城市创新力显著增强。但城市创新力水平与国外发达城市创新力仍然存在显著的差距，特别是在城市创新动力方面。

（《光明日报》2008年11月30日第2版）

纪念改革开放30周年座谈会暨《北京改革开放30年》丛书首发式 12月9日，中共北京市委组织部、中共北京市委党史研究室、北京市中共党史学会联合召开纪念改革开放30周年座谈会暨《北京改革开放30年》丛书首发式。

《北京改革开放30年》系列丛书由中央文献出版社出版，中共北京市委副书记王安顺任丛书编委会主任，市委常委、组织部长吕锡文任副主任。丛书包括《北京改革开放简史》、《北京改革开放大事记》和全市18区县改革开放专题共20本，近800万字。该丛书被中央宣传部、国家新闻出版总署列为全国纪念改革开放30年百种重点图书选题。

市委副书记王安顺在首发式上讲话时指出：改革开放以来，在党中央的正确领导下，北京取得了巨大的成就，积累了丰富的经验。纪念改革开放30年，展示成就，总结经验，对于我们在新的历史起点上，促进首都经济社会健康发展具有重要的现实意义。在改革开放30周年即将来临之际，《北京改革开放30年》丛书的出版，为改革开放30周年献了一份厚礼，丛书记述了全市和18个区县改革开放取得的巨大成就和经验，对于推动首都科学发展，建设“人文北京、科技北京、绿色北京”必将起到重要作用。

会议由市委常委、组织部长吕锡文主持。市委党史研究室主任谢荫明介绍丛书的编写和出版情况，中央党史研究室副主任李忠杰、中央文献研究室办公厅主任高屹出席会议并讲话。北京师范大学教授张静如、解放军后勤学院教授邵维正、中央党史研究室研究员孙大力等首都社科界专家学者作了主题发言。

（中共北京市委党史研究室苏峰供稿）

《改革开放话北京》出版座谈会 12月26日，《改革开放话北京》出版座谈会在市政协会议室召开。市政协主席阳安江出席并讲话，市老领导白介夫等出席座谈会。

为纪念改革开放30周年取得的伟大成就和经济社会发生的巨大变化，2008年3月，市政协文史和学习委员会、市委党史研究室、市老干部局面向全社会公开征集文稿和照片，历时半年，经广泛征文和约稿，在近300篇文章的基础上，《改革开放话北京》于2008年12月由北京出版社出版。

《改革开放话北京》内容涉及首都改革开放的诸多领域，作者既有领导干部、政协委员、国有企业负责人、民营企业家、村镇干部，又有科学家、艺术家、作家、记者。他们从自己的亲历、亲闻、亲见出发，多角度、多层次地反映出首都北京改革开放的伟大成就和深刻变化。座谈会上，作者代表踊跃发言，畅谈了在改革大潮中的经历和感受。

（中共北京市委党史研究室苏峰供稿）

地方文化与地方学学术研讨会 11月1日，北京学研究所、北京学研究基地主办的“地方文化与地方学学术研讨会”在北京科技活动中心召开。此次研讨会的主要内容包括地方学研究、地方文化研究、地方文化与区域发展等。

来自内蒙古鄂尔多斯学研究会、锡林郭勒盟元上都历史文化研究会、包头市西口文化研究会，山西师范大学晋学研究中心，山东师范大学齐鲁文化研究中心，成都市社科院巴蜀文化研究中心，永定河文化研究会等30余家地方学研究机构的专家、学者百余人参加了此次会议，会议共收到论文60

余篇。

会议开幕式由北京学研究基地副主任兼北京学研究所常务副所长李洵主持。市哲社规划办李建平副主任，校党委副书记高东同志作了讲话；北京学研究所所长兼北京学研究基地主任张宝秀介绍了“北京学”的由来和北京学研究所的工作情况。

会上，各地专家学者在发言中就地方学、地方文化相关学术问题进行了探讨，并就所在研究机构的发展情况和工作经验进行了交流。

（北京联合大学北京学研究基地供稿）

第五届北京论坛 11 月 7 日，北京论坛（2008）在钓鱼台国宾馆开幕。本届论坛以“文明的和谐与共同繁荣”为总主题，以“文明的普遍价值和发展趋向”为副主题，来自世界各地的 30 多名专家学者在历史、艺术、国际关系、奥林匹克、高等教育、环境科学等六个领域进行广泛深入的交流和探讨。

中国全国政协前副主席罗豪才，北京市副市长赵凤桐，中国教育部国际合作与交流司司长张秀琴，北京市教育委员会主任刘利民，韩国 SK 集团董事长崔泰源，泰国 SK 集团副董事长崔再源，韩国高等教育财团事务总长金在烈，韩国首尔国立大学校长李长茂，北京大学校长许智宏院士，北京论坛学术委员会副主任、北京大学副校长张国有教授等出席了开幕式。开幕式由北京大学校务委员会主任闵维方教授主持。

大会主旨报告环节，2007 年诺贝尔和平奖共同获得者——联合国政府间气候变化专门委员会副主席默罕·穆那辛何（Mohan Munasinghe）教授，日本东京大学校长小宫山宏（Hiroshi Komiyama），英国皇家历史协会及大英历史学会副主席哈里·托马斯·狄金森（Harry T. Dickinson），北京大学国际关系学院院长王辑思教授分别作了题为《直面可持续发展与气候变化的挑战，可持续增长模式的应用》、《文明和谐发展与大学的角色》、《历史、学术与社会进步》、《当代世界政治发展趋势与中国的全球角色》的演讲。主旨报告环节由北京大学副校长张国有教授主持。

在随后的两天时间里，论坛共设“生态文明：环境、能源与社会进步”、“传统与现代的国家建构与政治文明”、“艺术的超越与文明的发展”、“奥林匹克精神与世界和谐”、“世界政治变迁与文明的互动”五个分论坛及“国际合作与大学发展”圆桌会议。在 20 多场次的专题讨论中，中外学者依托北京论坛的学术平台，围绕人类文明的普遍价值和发展趋向问题发表真知灼见，并产生了诸多思想的共鸣和丰富的学术成果。

11 月 9 日论坛在北京大学英杰交流中心闭幕。联合国副秘书长沙祖康先生出席闭幕式并发表讲话，北京大学校长许智宏院士、韩国高等教育财团事务总长金在烈先生分别致辞。北京外国语大学校长郝平、北京大学党委常务副书记吴志攀、北京大学副校长张国有、北京大学校长助理李岩松等出席了闭幕式。仪式由北京大学常务副校长柯杨主持。

（北京大学社会科学部郭琳供稿）

城市形象传播论坛 11 月 16 日，2008 年第六届亚洲传媒论坛之城市形象传播分论坛在中国传媒大学综合楼 904 举行。中国传媒大学副校长、亚洲传媒研究中心主任丁俊杰致开幕词。中国社会科学院财政与贸易经济研究所、城市与房地产经济研究室主任倪鹏飞教授，韩国首尔市政府城市营销担当官尹永硕，美国纽约市规划局前局长饶及人、美国国家地理频道亚洲区副总裁郑楚卿、中央电视台 CTR 副总裁田涛等分别发表了主题演讲。各城市外宣办、新闻办的领导，国际研究城市形象与城市规划建设的专家学者、城市形象媒体代理公司等 50 余人，就“城市竞争力和城市品牌形象建立”、“城市规划与城市形象”、“国家形象与城市形象”、“全球化与城市形象”等议题，进行了交流与探讨。论坛的成功举办对塑造城市品牌及推动城市形象建设起到了积极的作用。

（中国传媒大学文科科研处程爱晶供稿）

历史学（含中共历史、中外史、考古）

中日共同历史研究第三次全体会议 本次会议于 1 月 6—7 日在北京举行，中日双方共计 30 多名委员以及外部执笔者参加。

中日共同历史研究是中日两国政府于 2006 年达成的共识，定位为中日间战略互惠关系的重要环节之一。双方约定，由双方政府牵头，两国民间研究机构和学者具体负责，本着《中日联合声明》、《中日和平友好条约》、《中日联合宣言》的精神，通过共同研究，交换意见，以史为鉴、面向未来，对中日间历史认识问题的解决起到积极的促进作用。

本次会议双方分成“古代史”和“近现代史”两个小组，就已完成的论文进行了讨论。据悉，在受外界极大关注的近现代史部分，双方共确定了 9

个题目，由中日学者分别就此研究，并共同提交18篇论文。

双方委员认为，对于两国间关于历史问题认识的差异，历史学者有责任、有必要从中日两国关系的大局出发，结合近代两国不同的历史发展道路，并从亚洲乃至世界的国际历史背景出发，进行深入的研究、说明和解释。

中方主席、中国社会科学院近代史研究所所长步平向本报记者表示，历史认识比历史问题更重要。比方说，讨论死伤的人数固然无可厚非，但是更重要的是要分析为什么会发生，以及怎样避免不幸的重演，这是我们学术讨论的主要目的。形成分歧的原因有很多。由于对战争的经历和感觉不同形成分歧很正常。作为学者，这个时候需要冷静地倾听对方的理解并认真地探讨。我们的研究创造了这种共同思考和探讨的环境。

（参见《人民日报》2008年1月7日第3版）

《中国共产党北京历史》（第二卷）第六次审稿会
1月12日，市委党史研究室召开《中国共产党北京历史》（第二卷）审稿会。市委党史研究室主任谢荫明主持会议，副主任陈煦、陆兵，副巡视员籍援朝、范登生以及第二研究处人员参加会议，会议就《中国共产党北京历史》（第二卷）第12章的书稿进行全面审读，提出修改意见。

会上，谢荫明主任就6次审稿会进行全面总结，他认为，通过这一轮的修改工作，直接推动了这一时期的研究工作。目前的本子有一定质量，体现了当前的认识水平，在政治上把握了主流认识，在史实上查阅了很多史料，结构比较合理，文字基本通畅，为以后的修改提供了很好的基础。但在处理好史料和现实的关系方面，在整体篇幅的压缩方面还要做很大的努力。修改要有一个标准或目标，就是要和全国范围内的好史书比；要让老同志认可满意；要有利于首都的发展和稳定；要能引起读者的思考，对现在的工作有所帮助。所以，内部要抓紧进行节、目调整，在进一步充实、丰富和精选史料的同时，做好专题研究工作，并将全书文字和注释规范化。对外要征求专家和老同志意见，学习外省市好的经验和做法。

（中共北京市委党史研究室韩勤英供稿）

首都党史界纪念关于真理标准问题讨论30周年座谈会　4月15日，市委党史研究室、北京市中共党史学会联合召开“纪念关于真理标准问题讨论30周年座谈会”。中央党史研究室原副主任石仲泉、北京师范大学政治学与国际关系学院教授张静如、中央党校《理论动态》原主任沈宝祥、中央党校党史教研部教授陈述、北京大学马克思主义学院院长陈占安、中央文献研究室龙平平等分别在会上发言。

座谈会上，各位学者充分肯定了关于真理标准问题讨论的重大历史意义，高度评价了邓小平、胡耀邦在真理标准问题讨论上的重要贡献，一致认为关于真理标准问题的讨论及由此引发的思想解放是改革开放伟大事业的先导，对于探索中国特色社会主义道路、构建中国特色社会主义理论体系具有重要历史作用。学者们表示：当前，我国依然处在广泛而深刻的变革之中，经济社会发展还面临许多思想观念束缚和体制机制障碍，党的自身建设也面临前所未有的挑战。改革开放是没有止境的，解放思想也不能一劳永逸，必须始终坚持实事求是的思想路线，不断解放思想，才能真正准确把握和贯彻落实好科学发展观。

座谈会由市委党史研究室主任谢荫明主持，副主任陆兵、副巡视员范登生及相关人员参加座谈。

（中共北京市委党史研究室张东明供稿）

中国朝鲜民族史学会年会暨第一届学术会议　4月26—27日由中央民族大学韩国研究所主办的中国朝鲜民族史学会年会暨第一届学术会议在北京西苑饭店举行。中国翻译局、中国民族杂志社、中央民族大学、延边大学、东北师范大学、中国社会科学院民族研究所等研究朝鲜族历史和文化的领导、专家和学者，以及朝鲜族发展的企业界人士等128名参加了会议。本次会议主题为“中国朝鲜民族史研究回顾与展望”。会议代表围绕中国朝鲜民族移民史，中国朝鲜民族革命斗争史、朝鲜民族社会发展史、朝鲜民族专题史研究等四个专题，提交32篇论文。会议不仅研讨了历史学的相关问题，也为中国朝鲜史学会今后的发展指明了方向。会议还审议通过了《中国朝鲜民族史学会章程》，并为新当选的名誉会长、顾问、会长、副会长、秘书长、副秘书长、常务理事及理事颁发了聘书。

（中央民族大学科研处陈海如供稿）

用科学发展观反思“大跃进”和人民公社化运动学术座谈会　为全面总结“大跃进”和人民公社化运动的经验教训，增强对科学发展观的认识，5月9日，市委党史研究室联合中央党校党史教研部、中国人民大学马克思主义学院、北京市中共党史学会，在北京会议中心召开“用科学发展观反思‘大跃进’和人民公社化运动学术座谈会”。中央党史研究室研究员郑谦、王素莉，中央党校教授柳建辉、罗平汉，中国人民大学教授杨凤城，北京大学教授牛大勇、沈志华，国防大学教授林蕴晖，中国社会科学院近代史研究所研究员王也扬等先后在座谈会上发言。座谈会由市委党史研究室主任谢荫明主持，市委党史研究室副主任陈煦、陆兵及相关人员出席座谈会。

（中共北京市委党史研究室瞿宛林供稿）

部级领导干部举办百期历史文化讲座 部级领导干部历史文化讲座第100期于6月28日在北京国家图书馆古籍馆举行。这次讲座由北京大学历史学系教授邓小南主讲，题目是《宋代历史再认识》。100多位部级领导干部聆听讲座。

部级领导干部历史文化讲座从2002年开始，由中央国家机关工委、文化部、中国社会科学院联合主办，国家图书馆承办。6年来，讲座积极适应部级领导干部把握历史脉络和发展趋势，提供历史借鉴的需要，介绍中国历史和世界历史发展进程、重要历史时期概况和重大历史事件。积极适应部级领导干部拓宽人文视野，深入了解世界主要民族的文化特色、文化内涵及其影响力的需要，介绍中国传统文化、中国特色社会主义文化以及西方文化和社会思潮。积极适应领导干部进一步了解中华民族以及世界各国的优秀艺术、提高艺术鉴别力和自身修养的需要，介绍古今中外主要艺术流派、代表人物、作品、风格特点。

讲座的主讲人均为国内相关领域著名学者和资深专家，不仅学识渊博，而且精于表达。6年来，讲座努力体现高品位，达到高层次，做到高质量。部级领导干部普遍反映，讲座人文气息浓厚，历史文化特色鲜明，旁征博引、谈古论今，融历史与现实、知识与思想于一体，体现了大视野、多学科、纵横贯通的特点，对更好地认识和把握历史发展规律和社会文明进程，汲取历史文化营养，把握时代大势，指导工作实践很有裨益。

（《人民日报》2008年6月29日第4版）

纪念“戊戌变法”110周年暨北京史研究学术研讨会 10月16—17日北京市社会科学院历史所在西山大觉寺召开了纪念“戊戌变法”110周年暨北京史研究学术研讨会，共50余人出席会议。会议开幕式由北京市社科院历史所副所长吴文涛主持，北京市社科院副院长周航、北京市社科联副书记陆奇、北京联合大学前校长张妙第分别到会祝贺，北京史研究会会长王玲致开幕词。与会学者围绕会议主题，从戊戌变法在北京兴起的条件及影响，宣南与戊戌维新运动的关系，乙未新政上谕的颁布执行及历史作用，戊戌时期的社会动员，戊戌变法的领导者与指导思想，戊戌政变中的中外关系，戊戌维新思想与近代自由主义、保守主义和激进主义的关系，戊戌维新时期的学术与教育等问题出发，进行多重角度的解读。

（北京市社会科学院科研处朱庆华供稿）

辽夏金元历史文献国际研讨会 11月3日，中国社会科学院和中央民族大学中国少数民族研究中心联合举办的“辽夏金元历史文献国际研讨会”在文华楼一层报告厅举行，中国、俄国、日本和蒙古国的60多名历史文献专家和考古学家出席了这次研讨会。会上，专家学者表示，宋辽夏金元时代由少数民族建立的地方政权和中央王朝都不乏政治创新和文化创意，充分展示了多元一体的中国文化的潜质和特点。但由于中国北方历史起伏跌宕、战乱频仍，一些文明遗产没有得到保存，许多历史文献也大量散失，因此，各国专家学者希望通过会议展示新发现的历史文献和成果。

（中央民族大学科研处陈海如供稿）

“人类文化遗产的诠释——共享与传播”国际学术研讨会 11月4—7日，由韩国高等教育财团赞助，北京大学考古文博学院、英国伦敦大学考古学院、纽卡斯尔大学文化与遗产国际中心联合主办的“人类遗产的诠释——共享与传播”国际学术研讨会在北京大学召开。

共有50余名来自中、美、英、意、加、日、荷、澳、南非、印度、黎巴嫩等十几个国家的考古学家、文化遗产管理方面的著名学者和相关政府官员、重大遗址项目的主持者、资深媒体人士及其他相关代表参加了会议。北京大学党委副书记杨河、伦敦大学考古学院院长Stephen Shennan和北京大学考古文博学院院长赵辉出席会议并致辞，国家文物局局长单霁翔、英国纽卡斯尔大学艺术与文化学院院长Peter Stone作主题发言。

本次会议围绕着考古学研究、文化遗产、公众参与之间的关系展开了多层次多角度的讨论。会议包括3个议题：考古学与其他学科或领域的共享；考古学与公众的共享；考古学与文化遗产保护的关系。与会代表分别从科技考古、古环境学、博物馆学、教育学、历史地理学、数字化技术等不同的角度介绍其与考古学的共享，指出共享中的收获与困境；还进行了一系列有关公众考古的讨论，如中国公众考古、南非考古与社区参与、日本考古与新闻报告、主动性的考古发掘中考古学成果的即时展示、考古报道中的传媒职责、中国考古网的建设以及中学生与考古学教育等；此外，与会代表还讨论了关于中国大遗址保护面临的问题、遗址“整体保护”理念、文化遗产保护意识的普及教育、考古发掘与文化遗产保护过程中不同社群利益的均衡、艺术品收藏与抵制非法文物买卖活动的关系等社会热点问题。

（北京大学社会科学部郭琳供稿）

华北五省区市党史部门协作会　11月6—8日，华北五省区市党史部门协作会在北京召开。北京、天津、河北、山西、内蒙古等地党史部门领导和有关同志参加了会议。中央党史研究室副主任章百家、中共北京市委组织部副部长史绍洁出席会议并讲话。中共北京市委党史研究室主任谢荫明主持会议。

章百家副主任代表中央党史研究室对于华北五省区市党史工作协作会的成功召开表示祝贺。要求进一步加强中央党史研究室和地方党史部门合作，在科学发展观的指引下，把党史研究和宣传工作提高到新水平。

中共北京市委组织部副部长史绍洁代表市委领导对中央党史研究室和华北各省区市党史部门的同志表示热烈欢迎，并希望党史部门能加强地方党组织历史的总结和研究，为加强党的建设提供有力的参考和借鉴。

协作会就纪念改革开放30周年、纪念新中国成立60周年和深入学习实践科学发展观活动的实际，交流了2007年协作会以来华北五省区市党史工作在研究、宣传和内部管理等方面的新经验和新做法，探讨了如何结合深入学习实践科学发展观活动进一步搞好党史工作等问题。会议还征求了对《华北五省区市党史工作协作会章程》的修改意见。

与会同志一致表示，几年来，华北五省区市委党史部门领导非常重视协作会的举办工作，协作会带着题目，研究问题，办出特色，加强了华北五省区市党史部门的交流，促进了联系，加深了友谊，也得到中央党史研究室领导同志的充分肯定，要继续坚持下去。

（中共北京市委党史研究室张东明供稿）

历史认知与东亚和平论坛　11月7日由中国人权发展基金会、中国社会科学院近代史研究所主办，日本青少年与教科书全国网络21、韩国亚洲和平与历史教育协会协办的“第七届历史认知与东亚和平论坛”在北京中国社会科学院近代史研究所举行，来自中、日、韩三方的70多位专家学者参加了本次论坛。

中、日、韩三方代表均就“东亚国际关系的变化和历史认识”这一主题作了基调发言。论坛还特别邀请了德国学者介绍第二次世界大战后欧洲各国在历史教科书撰写方面的合作情况。

“历史认知与东亚和平论坛”是由中、日、韩三国学者与民间人士于2002年发起的，其主旨是通过东亚三国近代史与现实问题的研讨，加强三国民间在历史与现实问题上的理解与沟通，共同促进东亚和平事业向前发展。

（《光明日报》2008年11月9日第8版）

北京师范大学历史学院纪念改革开放30周年研讨会

研讨会于11月29日在北京师范大学历史学院举行，30余名教师参加了研讨会。

研讨会上，老师们回顾了中国改革开放的历史，并结合历史学院30年来的变化和自己的研究领域，畅谈了感受。老师们一致认为，改革开放是中华民族复兴的必由之路，中国改革开放30年取得了举世公认的成就，这是有目共睹的。30年来国家物质财富极大丰富，文化事业得到快速发展。历史学界思想活跃，视野开阔，在中国史、世界史等领域都有了开拓性的研究。老师们认为，历史学院的发展变化是整个国家改革开放的一个缩影。30年来，历史学院在几届领导班子和教师们的共同努力下，工作环境和生活条件都有了明显的改善，学院为教师的教学科研搭建了很好的平台，历史学院的事业蒸蒸日上。老师们表示，我们纪念改革开放30周年，在肯定成就的同时，更应该看到面临的问题和挑战，找到解决问题的办法。

（北京师范大学社科处吴慧涵供稿）

世界通史教材编写研讨会　11月29—30日，由首都师范大学和高等教育出版社共同主办的“世界通史教材编写研讨会”在紫玉饭店举行。来自于北京大学、清华大学、北京师范大学、中国人民大学、南开大学、武汉大学、浙江大学、香港中文大学、中国社会科学院、高等教育出版社、光明日报社等高等院校、科研机构和出版单位的世界史学科各专业方向的专家学者共100余人参加了会议。

首都师范大学历史学院齐世荣教授主持开幕式，中国社会科学院副院长武寅研究员致贺词。随后，会议围绕“世界通史教材的编纂体系、结构”、“世界通史教材的编纂内容”、“世界通史的理论和方法论问题”等展开了为期两天的主题发言和分组讨论。

世界通史教材的编写一直是世界史学科发展的重要基础工程。首都师范大学作为国内世界史研究和教学的主要基地之一，一直积极参与世界通史教材的编写。由武汉大学吴于廑教授和首都师范大学齐世荣教授共同主编的《世界史》（6卷本）自1992—1994年出版以来，共发行80多万册，产生了广泛的影响。2006—2007年，由齐世荣教授主编的《世界史》（4卷本）教材出版，该教材被列为教育部十五规划教材，并被评为北京市高等教育精品教材。

（首都师范大学社会科学处黄胤英供稿）

首都史学界纪念改革开放30周年座谈会 12月21日，首都史学界纪念中共十一届三中全会召开30周年座谈会在中国人民大学召开。

本次会议由中国人民大学历史学院主办，北京师范大学史学史研究杂志社协办，来自中国社会科学院、北京大学、清华大学、北京师范大学、首都师范大学以及《光明日报》等近50位专家学者，围绕“新时期史学理论与史学史研究成就和学科建设”这一主题展开研讨，还回顾了老一辈学者白寿彝、吴泽、杨翼骧、尹达等作出的重大贡献。

（中国人民大学科研处关晓斌供稿）

第五届京津暨华北地区研究生世界史论坛 由北京师范大学历史学院主办的此次论坛，于12月28日在北京师范大学举行。来自北京、天津、河北、山东、陕西等五个省市的13所知名高校和研究机构的世界史专业博士、硕士研究生与会。

本次论坛的主题是“新史学与世界史研究”，分为主论坛和三个分论坛，分论坛的主题分别是“古代与中世纪：文明勃兴与冲突下的社会和思想”、“近代世界的进步与革新？社会、文化与史学理论”、“大国兴衰改革及现当代国际关系史”。来自中国社会科学院、北京大学、南开大学、首都师范大学、清华大学、北京师范大学的6名同学分别就自己所研究的题目作了主题发言并由评议人做出评议，同时展开了热烈而充分的讨论。与往届相比，本届论坛规模最大、参会单位最多、主题覆盖面积最广，大家围绕近30年来世界历史研究的新趋向、新课题和新成果进行学术交流。

（北京师范大学社科处吴慧涵供稿）

教育学 心理学

学习型社会建设高峰研讨会 研讨会由北京师范大学教育学院于3月1—2日在英东学术会堂举办。来自北京、上海、武汉、苏州、香港、辽宁、河南和福建等地区的大学校长、专家学者、继续教育和终身教育机构负责人、编辑出版工作者等50多人与会。

会议由我国著名教育学家、中国教育学会会长、北京师范大学顾明远教授主持的教育部哲学社会科学研究重大课题攻关项目“构建学习型社会研究”课题组主办，会议的主题是：“走向学习型社会的中国：机遇、挑战与政策”。

课题首席专家顾明远先生致开幕词。与会人员就推进中国学习型社会建设的机遇、挑战、理论、实践、法律、制度与政策等重大问题以及学习型城市、学习型社区、学习型政府、学习型企业、学习型学校和学习型新农村建设等具体问题进行了广泛而深入的交流和探讨，并发布了“2007年中国公民学习状况调查”的部分数据。与会者普遍认为，这是一次有观点、有水平、有价值的高水平学术讨论会，全面展示了该课题的理论创新成果，提出了许多值得进一步深入思考的理论、实践与政策问题。本次会议所取得的成果对于贯彻落实中国共产党第十七次全国代表大会的精神，全面落实科学发展观，加快建设全民学习、终身学习的学习型社会的进程，创造满足全民基本学习、终身学习、多样化和个性化学习的政策环境，促进新时代人的全面发展和社会的可持续、协调发展，都具有十分重要的意义。

（北京师范大学社科处吴慧涵供稿）

中国—OECD教育决策与教育指标研讨会 由教育部发展规划司、OECD、北京师范大学共同主办的本次研讨会，于4月16—17日在北京师范大学举行。教育部发展规划司领导，北师大副校长董奇教授，来自OECD的6位专家，各省教育厅负责教育规划的副厅长、规划处处长以及国内部分学者共120余人与会。

与会专家就中国和OECD国家教育发展的关键问题及其指标体现进行了深入研讨。中方专家介绍了中国教育发展所取得成就以及当前教育发展中存在的质量有待提高、发展不够均衡等主要问题。国外专家介绍了OECD国家在教育质量、公平、效率和投入等方面的情况及其度量指标。中外专家学者和从事教育行政管理实践工作的官员就如何建构符合中国国情的教育质量、公平和效率等方面的指标体系为教育决策服务展开了热烈讨论。

（北京师范大学社科处吴慧涵供稿）

教育部分类评估研讨会　4月23日，教育部本科教学工作分类评估研讨会在中国青年政治学院召开。

教育部高教司副司长杨志坚、高教教学评估中心主任季平以及来自10余个教学科研单位的21位专家学者出席了研讨会。北京师范大学校长钟秉林教授、复旦大学原副校长孙莱祥教授分别作了专题发言。钟秉林教授在谈到我国高校教学水平评估工作的背景、目的、意义、评估历程时指出，中国高等教育已经进入了新的历史发展阶段，从规模上讲中国已是名副其实的高等教育大国，大众化教育已经到来，与此同时，我国高校的教育质量也成为社会广泛关注的涉及学校生存和发展的问题。在这种情况下，高校的教学水平评估就十分必要和重要。教育是为了服务社会，在今天，社会对于人才的需求是多样化、分层次、分类型的。作为学校来讲，应该扎扎实实地搞内涵建设和发展，要明确自己的发展思路，做到规模、结构、质量、效益、速度这5个方面如何协调发展。我们要有一个多元化的人才观、质量观，而且要有一个多元化的评估体系和分类评估体系。

复旦大学原副校长孙莱祥教授在发言中深刻阐述了我国本科教学工作水平评估的本质、目的、形式和方法，简要介绍了教育评估的发展历程与现状，深入分析了评估指标体系的内涵，并对本科教学工作分类评估提出了建议。

其他与会专家也就教学评估的目的、定位、分类、周期等问题展开热烈讨论。与会专家建议今后的高等教学评估工作应坚持“分类指导，强化特色”原则。

（中国青年政治学院曹骏供稿）

信息化与教学方式改革研讨会　5月8日，北京市教育学会与北京市教委在昌平区君度度假村联合举办了“信息化与教学方式改革”全国研讨会。教育部基础教育司巡视员、基础教育课程教材发展中心主任朱慕菊，北京市教育学会会长李观政，北京市教委副主任罗洁，北京教育科学研究院院长时龙、副院长张铁道，北京教育学院副院长方中雄等领导和有关方面专家，来自津、沪、渝等8个省区的代表，各区县教委、区县教育学会负责人，项目组专家及实验校代表近400人出席了会议。

会议就一年来“高中新课程选修模块网络资源开发与实施”项目的进展情况和该项目的创新、突破之处进行了总结。对下一阶段的工作提出了意见和要求。对在项目中表现突出的教师进行了表彰。

会上展示了“信息化与教学方式改革”项目的基本情况及取得的阶段成果。该项目在信息化方面的取向，超越了多媒体课件的应用。其基本思路是：把资源开发与教学方式改革结合起来，把促进学生个性健康发展和全面提高教学质量结合起来。具体方法是：借助网络工具——即“虚拟教室”，整合现实课堂，从而实现教学方式的改革，优化学科教学。

利用“虚拟教室”这一网络教学工具，组织并开展个性化的学习活动。利用现实课堂，解决教学过程中的共性问题。从而使学生的多种需求得到满足，实现因材施教。

（北京市教育学会李文鸾供稿）

北京社会心理学高端论坛　此次论坛由北京师范大学心理学院和北京市社会心理学会联合主办，于5月10日在北京师范大学英东学术会堂举行。来自中国科学院、中国社会科学院、北京大学、清华大学、中国人民大学和北京师范大学等单位的近300位专家学者和研究生出席了会议。

论坛开幕式由国家语言文字工作委员会副主任、北京大学人格与社会心理学中心主任王登峰教授主持；北京师范大学党委常委、心理学院院长许燕教授，北京师范大学社会科学处处长刘复兴教授和北京市社会科学界联合会王彦京主任分别致辞。在高端论坛上，中国科学院心理研究所学位委员会主席、社会与经济行为研究中心主任、中国科学院“百人计划”入选者李纾研究员，中国社会心理学副理事长、中国社会科学院社会心理研究中心主任杨宜音研究员，北京大学人格与社会心理学中心主任王登峰教授，清华大学人文社会科学学院樊富珉教授，北京师范大学认知神经科学与学习国家重点实验室主任罗跃嘉教授五位专家应邀作了主题演讲。

（北京师范大学社科处吴慧涵供稿）

促进学生与教师共同发展研讨会　6月5日，“关注农村、关爱学生，促进学生与教师共同发展”研讨会在密云县第四中学召开。会议由北京市教育委员会、北京市教育学会、北京师范大学与密云县人民政府共同主办，密云县教委承办。北京市教育委员会罗洁副主任，北京市教育学会李观政会长，北京师范大学董奇常务副校长，中共密云县委常委、副县长王春林等领导出席了会议。各区县教委中小教科、教育学会、教研部门相关人员及实验区校长、教师代表参加了会议。

本次研讨会的主题：关注农村、关爱学生，促进学生与教师的共同发展。紧紧抓住通过素质教育的促进学生发展这个核心，从学科教学研究和基于学生发展的校本研究两个方面入手，改进学校管理模式和课堂教学模式，创设多学科教师联动共同研究学生的平台，给予学生尤其是学习困难学生更多关注，挖掘他们的自身优势，帮助他们树立学习和生活的信心，有力地促进农村中小学学生、教师、学校的发展。

（北京市教育学会李文鸾供稿）

第三届中日创业教育研讨会　9月17日，第三届中日创业教育研讨会在中央财经大学召开。该研讨会从2006年开始，由中央财经大学与日本大阪商业大学联合举办，分别在北京和大阪举行，已经成为中日两国创业教育领域学者和青年学生进行学习、交流的平台。中央财经大学副校长李俊生教授、日本大阪商业大学片山隆男副校长出席大会并致开幕词。中央财经大学陈高生博士、大阪商业大学酒井理副教授分别以《中央财经大学创业教育实践》、《创业教育与实践》为题，介绍了一年来两校创业教育的开展情况，与会代表围绕创业教育的历史使命、培养目标、课程体系和教学手段等内容进行了富有成效的探讨。学生活动报告分别由双方的学生就学生自身具体创业教育和创业活动进行了相关主题汇报交流，来自两校创业先锋班的12名同学汇报了自身的研究成果和创业计划。本次研讨会为加强中日两国在创业教育领域的合作和学术交流搭建了良好的平台，必将对两国高等学校创业教育产生深远的影响。

（中央财经大学科研处供稿）

第三届世界比较教育论坛　由北师大主办，北师大比较教育研究中心承办，中国教育学会比较教育分会、香港大学比较教育研究中心、北师大社会科学处和国际交流与合作处协办的本次论坛于10月12日在北京师范大学英东学术会堂举行。

世界比较教育学会会长克莱因·索迪安教授、世界比较教育学会前会长、联合国教科文组织国际教育规划研究所所长马克·贝磊教授、欧洲比较教育学会会长罗伯特·柯文教授、欧洲比较教育学会前会长于根·施瑞尔教授、比较与国际教育学会会长亨利·莱文、日本比较教育学会会长大丰教授、日本早稻田大学荣誉教授铃木慎一等作为主题发言人参加了此次论坛并阐述了他们关于在全球化背景下教育改革的见解，发表了他们的最新研究成果。中国教育学会会长顾明远教授、中国教育学会比较教育分会会长钟启泉教授、中国教育学会比较教育分会副会长王英杰教授等中国比较教育学家出席论坛。民盟北京市委主委、北京市政协副主席、北师大副校长葛剑平出席论坛并致辞。来自15个国家和地区的近200名比较教育学家和师生参加了这一学术集会。论坛由第三届世界比较教育论坛组委会秘书长、北师大国际与比较教育研究所所长项贤明教授主持。

本次论坛的主题为“教育全球化：和谐、差异和共生”。教育全球化是世界各国教育改革与发展的一大共同特征。在经济全球化趋势日益显著和国际关系日趋紧密的时代背景下，各国一方面通过教育改革提高本国的国际竞争力，但与此同时，各国又需要通过国际教育与文化交流增进彼此的了解和促进世界的和谐，需要通过国际理解教育弘扬宽容多元、尊重差异的精神，通过教育政策和制度的调整加强国际间的教育合作。因此，和谐、差异、共生是教育全球化必须面对的重大主题。除此之外，此次论坛会议的分主题还包括：全球化时代与建设和谐世界；经济全球化、政治多极化、文化多元化背景下的教育发展；教育全球化、和谐教育与文明冲突；不同文化传统中的教育及其发展；教育全球化与人类共同生存等。

（北京师范大学社科处吴慧涵供稿）

大学的责任高层论坛　10月17—18日，首都师范大学教育科学学院在国际文化大厦学术报告厅举办“教师专业发展：大学的责任”高层论坛。出席本次高层论坛的领导和嘉宾有中国教育学会会长顾明远教授，全国人大常委、民进中央副主席朱永新教授，教育部师范教育司管培俊司长、中央教科所所长袁振国教授，北京市教委的吴松元委员，华东师范大学教育科学学院院长丁钢教授。参加本次论坛的代表还有来自北京师范大学、华东师范大学等全国28家高等师范院校的领导和专家。

全国人大常委、北京市人大副主任、首都师范大学校长刘新成教授在致辞中向来自全国各地的专家学者热烈欢迎，并详尽地阐述了本次论坛的宗旨，即通过讨论师范大学的责任，使师范大学有一种自觉的责任意识，使师范大学能更好地把教育的责任伦理立场与大学的责任伦理立场统一起来，从而更好地促进教师专业发展，培养合格、优秀的教师，使学校对职前教师的发展负责，对国家的教育事业负责，对人类的理解力与创造力负责。

本次论坛的议程分为三个阶段：大会主报告、分论坛研讨、大会交流。各位专家就会议主题展开了深入的学术对话，并达成了广泛的学术共识。

（首都师范大学社科处黄胤英供稿）

全国教育学博士生学术论坛　本次论坛于10月23日在北京师范大学举行。教育部学位管理与研究生教育司文理医科处处长黄宝印、常务副校长史培军和教育学院院长张斌贤先后致辞，127位博士生代表参会。

开幕式上，北京师范大学劳凯声教授、华东师范大学丁钢教授、首都师范大学孟繁华教授和北京师范大学裴娣娜教授分别作了专题学术报告。本次论坛以“中国教育改革之路：回顾与前瞻”为主题，以“交流学术、开阔视野、探索前沿、激励创新”为宗旨，依托北师大教育学科优势，力求为全国各高等院校及科研院所的在读博士生提供一个高起点、宽范围、多领域的学术交流平台，以达到丰富知识、交流思想、探索前沿、加强友谊之目的。

本届论坛共收到来自全国44所高校的280余篇论文，经专家评审，共127位博士生代表参会。论坛持续3天，共设9个分论坛，覆盖学前教育、基础教育、高等教育、职业教育和终身教育等多个领域，探讨了教育研究的前沿动态和热点问题，20余位知识教育学专家对参与交流的论文现场点评。

（北京师范大学社科处吴慧涵供稿）

全国高校传媒实验教学学术研讨会　10月31日由中国传媒大学广播电视与新媒体实验教学中心主办的“全国高校传媒实验教学学术研讨会”在该校举行。来自全国10余所高校的国家级、省级实验教学示范中心的代表出席了大会。全国高等学校实验教学示范中心联席会秘书长王兴邦、北京市高教处处长黄侃和中国传媒大学副校长胡正荣出席会议并致辞。教育部“长江学者特聘教授”、中国传媒大学文科科研处处长、国家名刊《现代传播》主编、博士生导师胡智锋教授从战略层面、人才培养需求、科学研究和社会服务等几个方面对传媒类实验教学中心发展提出了中肯的建议。中国传媒大学、安徽大学、华南师范大学、南京大学、东北师范大学、上海理工大学、陕西师范大学等高校的实验教学中心负责人相继作了主题发言，详细介绍了各自实验中心的发展和实验教学改革的经验。

（中国传媒大学文科科研处程爱晶供稿）

全国高校思想政治教育研究会第七次代表大会

11月8—9日，由全国高校思想政治教育研究会主办，北京市委教育工委、首都师范大学承办的全国高校思想政治教育研究会第七次代表大会暨2008年年会在首都师范大学召开，教育部副部长李卫红出席大会并讲话。出席会议的领导还有中国高教学会会长、全国高校思想政治教育研究会会长周远清、教育部思想政治工作司司长杨振斌、教育部思政司副司长刘贵芹、共青团中央学校部部长李小豹、全国高校思政教育研究会常务副会长徐文良、北京市委教育工委常务副书记张建明、副书记刘建、王民忠等，首都师范大学党委书记张雪、副书记陈宁出席会议。

大会选举产生了第七届理事会，北京师范大学党委书记刘川生当选为新会长，首都师范大学党委书记张雪当选为副会长。

（首都师范大学社科处黄胤英供稿）

第二届BNU—IOE教育国际研讨会　研讨会由北京师范大学和伦敦大学教育学院（IOE）联合主办，于11月11日在北京师范大学召开。

来自世界9个国家和地区，120余位专家学者参加本次会议。印度国家教育研究与培训委员会主任Krishna Kumar教授，伦敦大学教育学院院长Geoff Whitty教授，伦敦大学教育学院David Watson教授，北京师范大学教育学院顾明远教授和香港中文大学卢乃桂教授以及众多国内外知名学者出席了本次研讨会。

本次论坛的主题是“学习型社会的领导力”。与会的专家学者们就“道德领导力和公民化社会、构建可持续的学习社群、领导城市学校和教育领导者的培养”四个论题展开了讨论。与会者认为今年是我国改革开放30周年，30年来中国的经济增长超出了任何一个人当初的想象。在影响中国经济增长的诸因素中，中国政府始终坚持的“科教优先”发展战略发挥了重要的作用。正是受过良好教育的劳动力队伍和中国传统文化所传承的“勤奋、节俭”传统，成为推动中国经济增长的最重要的力量。今后，中国经济面临转型，教育也需要立足21世纪的需要，努力培养创新性、国际性的人才，探索在不断富裕起来的社会中，如何培养负责任、具备国际视野的下一代。在这个过程中，家长、民众、教育机构、教育体系都会发挥重要的力量，而其中，教育机构，尤其是教育机构的领导者无疑发挥不可替代的作用。

（北京师范大学社科处吴慧涵供稿）

第三届中日教师教育研讨会　由北京师范大学教育学院与日本鸣门教育大学联合举办的此次研讨会于11月19—20日在北京师范大学召开。

日本鸣门教育大学校长高桥启教授领队的日本7所高校的40多位日本学者和国内各地学者40多人参加了大会。钟秉林校长出席了研讨会开幕式。

本次研讨会的主题为“实践中的教师专业发展”，旨在为中日两国的教育研究者与实践者提供交流平台，共同分享教师教育的理论及实践智慧。教育部师范司于兴国处长从政策的角度，介绍了中国近30年来在加强和改革教师教育领域所提出的一系列举措，特别是为提高农村教师质量，中国政府实施了免费的师范生教育、农村教师特岗计划、教育硕士等积极措施，为提高农村义务教育质量，促进教育公平具有重要意义。日本鸣门教育大学高桥启校长介绍了日本教师培养与培训的现状与面临的课题，特别是在社会急剧变化中，涉及学校与孩子们的教育界出现了各种各样应解决的课题与问题。北京师范大学庞丽娟教授从大学、中小学与政府的不同层面出发，探讨了三方力量的有力合作是提高教师教育质量的突破口。中日双方学者就两国的教育改革、教师培养与培训、教学改革、教师德育等共同关心的问题表达了不同的见解。

（北京师范大学社科处吴慧涵供稿）

亚欧会议终身学习论坛　11月25日，亚欧会议终身学习论坛在北京举行。本次论坛的主题是“探索支持终身学习的框架”，会议由北京大学教育经济研究所主办，亚欧会议终身学习教育与研究中心（ASEM Education and Research Hub for Lifelong Learning）协办。会议还得到了北京大学、北京大学教育学院、亚欧基金会、丹麦教育部、丹麦外交部和丹麦教育学院的支持。

来自世界20多个国家的260余名学者、大学代表、政府机构代表和研究生围绕本次论坛的4个主题（即“终身学习的概念框架”、“终身学习的制度或组织创新”、“终身学习的法律环境和立法支持”以及“终身学习的财政支持”）进行了深入的探讨和交流。会议共分两个部分：主题发言与分论坛讨论。

会议的3个主题发言围绕亚欧各国终身学习的实践展开。发言人分别是中国教育发展战略学会会长郝克明女士，奥地利茵斯布鲁克大学 Lynne Chisholm 教授，以及韩国国立首尔大学 Soonghee Han 教授。3位主讲人不约而同地把成人教育，特别是从业人员继续教育的制度构建作为报告的主题，从不同的视角对中国、欧洲和亚洲终身学习实践中的突出问题进行了解读，提出了切实可行的建议。

5个分论坛的核心分别是在终身学习中发展ICT技能、工作场所学习对能力发展的作用、终身学习的专业化进程、国家终身学习战略研究和ASEM核心能力。

（北京大学社会科学部郭琳供稿）

中国化马克思主义教学研究会成立30周年学术研讨会　12月27—28日，由中国传媒大学政治与法律学院（思想政治理论课教研部）与北京市高教学会马克思主义教研会联合举办“纪念改革开放30周年暨研究会成立30周年大会”分别在该校和京郊蟹岛召开。丁俊杰副校长出席大会开幕式并讲话。来自北京大学、清华大学、中国人民大学、中国传媒大学等北京各高校从事中国化马克思主义教学和研究工作的近90名专家学者参加了会议。在为期两天的会议中，代表们听取了研究会会长、北京大学陈占安教授的主题报告。与会人员围绕中国化马克思主义的学科建设、《毛泽东思想和中国特色社会主义理论体系概论》的教学以及相关学术问题进行了深入讨论。会议受到了北京电视台、《光明日报》、《北京日报》等多家媒体的关注。

（中国传媒大学文科科研处程爱晶供稿）

语言文学

仁荷大学—北京大学韩国学学术会议　北京大学外国语学院东语系朝鲜语教研室与韩国仁荷大学合作于1月18日在北京大学英杰交流中心共同成功地举办了“仁荷大学—北京大学韩国学学术会议”。此次会议共有38人参加，其中包括来自韩国仁荷大学的6位教授和11位在读硕士生、博士生，5位来自北京大学朝鲜语专业在职教师、3 位退休老教师、1 位韩国外教及 12 位在读硕士生、博士生。会议上共有 10 位与会者（其中韩方 5 人、中方 5 人）宣读了论文，13 人作为指定讨论者对所发表论文提出了中肯的意见。

此次会议的主题为“韩国学教育的现况和课题”。与会代表本着严谨的学术态度，在友好、融洽的氛围下进行了充分的学术交流，共同探讨了韩国学（韩国语）专业的教育课程设置问题和针对中国学生的韩国语形容词教育、词汇教育、语音教育中的具体教学方法、教材编写等问题，以及韩国文学教育中利用寓言的教育和韩国知识文化的教育方法及教材编写等问题，取得了较丰硕的学术成果。与此同时，还增进了中韩两方的教授间和学生之间的相互了解和友谊，为今后的进一步合作打下了良好的基础。

（北京大学社会科学部郭琳供稿）

第八届中国系统功能语言学学术活动周　由中国功能语言学研究会主办，北京科技大学外国语学院承办的“第八届中国系统功能语言学学术活动周”（The 8th Chinese Systemics Week），于 3 月 10—14 日在北京科技大学逸夫科技馆二层报告厅和北京科技大学外国语学院 304 学术报告厅举行。

本届活动周的主题是“系统功能语言学”研究，特别是“加的夫语法”专题探讨。

活动周期间，共有 13 位专家先后作了 16 场专题学术报告。学术报告的题目与主讲人为：Robin P. Fawcett 先生在本届活动周内共作了总题为《加的夫语法介绍：21 世纪系统功能语法认知一互动模式》的 4 场专题报告；胡壮麟教授的报告题目是：《系统功能语言学的社会语言学渊源》；朱永生教授的报告题目是：《多元读写能力研究及其对我国教学改革的启示》；方琰教授的报告题目是：《在系统功能语言学的视角下看汉语的发展》；张德禄教授的报告题目是：《汉语语气系统的特点》；李战子教授的报告题目是：《从语气、情态到评价》；姜望琪教授的报告题目是：《Martin 的语篇语义学思想》；杨信彰教授的报告题目是：《科学语篇和教育语篇的分析》；田贵森教授的报告题目是：《功能语言学在中国的应用研究与发展》；任绍曾教授的报告题目是：《信息的另外一种分析方式》；程晓堂教授的报告题目是：《欠连贯语篇的语篇特征研究》；刘世生教授的报告题目是：《语言中的权力与礼貌：适用修辞学模式探讨》；黄国文教授的报告题目是：《系统功能语言学发展评述》。

（北京科技大学科技处供稿）

“跨文化性：英语研究与世界文学在中国”国际学术研讨会　研讨会于 4 月 23—25 日在北京大学举办，来自中国、法国、英国等国的 50 多位学者和研究生参加了会议，提交会议论文 27 篇。会议集中讨论了“英语研究在中国的学科发展史”、“英语概念在不同文化传递中的变形”、“中国的英语教学模式”、“中国英语文学史的撰写”、“世界文学在中国的研究历史”、“世界文学研究的新模式”、“世界文学的概念阐发”、“世界文学与经典作家”等论题。会议对英语研究和世界文学领域的一些前沿问题做了深入的探讨，通过本次国际学术研讨会，与会学者以学科史的研究为切入点，探讨了学科发展的新方向；经过这次国际学术交流，了解了国际学术界的前沿成果；通过国际合作，加强了与英语国家的学术交流。

（北京大学社会科学部郭琳供稿）

中国古代文论研究方法国际学术研讨会　此次研讨会由北京师范大学文艺学研究中心和北京师范大学文学院共同举办，于 10 月 11—12 日在北京师范大学举行。

来自中国内地、香港、台湾以及瑞士、韩国、美国等国家的 60 多位学者与会。

会上，与会专家学者就 20 世纪中国古代文论与文学史研究方法的反思、中国古代文论话语的独特性及相应的阐释策略、现代学术言说和运思方式与作为研究对象的古代文论的适应性问题、中国古代文论与文学史自身的方法论研究、中国古代文论的话语特征对今日学术研究的启示、中国古代文论与文学史研究与西方古代文学批评史诗学史研究的比较、中国古代文论的现代转化提出以来取得的成绩和存在问题等 7 个议题进行发言和讨论。

（北京师范大学社科处吴慧涵供稿）

达木丁苏伦百年诞辰暨国际学术研讨会　10 月 25 日，北京大学外国语学院、北京大学亚太研究院、北京大学蒙古学研究中心在北京大学民主楼多功能厅联合举办了“纪念达木丁苏伦百年诞辰暨国际学术研讨会”，隆重纪念蒙古国第一位人民作家、3 次国家奖获得者、著名文学家、语言学家和社会活动家策·达木丁苏伦院士百年诞辰。

来自蒙古国国家科学院、蒙古国国立大学、俄罗斯人文大学和北京大学、中国社会科学院、中央民族大学、内蒙古大学、内蒙古师范大学、洛阳外国语大学等国内外的50多位专家学者，以及达木丁苏伦先生的亲属、学生分别就策·达木丁苏伦与文学研究、文学创作、翻译研究、语言发展等议题进行了广泛而深入的研讨。

专家、学者一致认为，本次研讨会成为“达木丁苏伦学”研究的一个里程碑，促进了国际“达木丁苏伦学”研究的深入开展，具有极其重要的学术意义与学术价值，同时也进一步拓宽了蒙古学的研究领域，推动了蒙古学研究的繁荣，促进了国内外专家学者的交流，增进了中蒙两国人民的友谊。

（北京大学社会科学部郭琳供稿）

中国视角下的德国文学史和德国文学史撰写研讨会

由北京大学德语系资深教授范大灿主编、译林出版社出版的5卷本《德国文学史》已在近期悉数付梓出版。为此，北京大学德语系和译林出版社于10月25—26日在北京大学举行该书的首发式和“文学史和文学的历史性：中国视角下的德国文学史和德国文学史撰写”研讨会。

参加发行仪式和研讨会的有《德国文学史》的主创人员，有来自中国社会科学院、北京外国语大学、对外经济贸易大学、青岛海洋大学等国内十几个高校和研究机构的德语文学专家，有包括国际知名学者迪特·博希迈耶在内的几位德国和韩国德语文学教授。在京数家媒体也派记者对活动进行了采访报道。德语系主任黄燎宇教授致欢迎辞，强调用“中国视角”和“本土话语”撰写文学史的重要性。

“文学史和文学的历史性：中国视角下的德国文学史和德国文学史撰写”研讨会为期一天半。范大灿教授在主题发言中向与会者介绍了这部文学史的撰写思路、过程和体会，德语系王建教授、胡蔚博士、马剑博士作了大会发言，探讨了戏剧史和自传文学撰写等问题。来自德国和韩国的学者则对德国近期的文学史撰写的新趋势和20世纪德语经典作家穆齐尔的文学史观进行了梳理和评论。会议就文学史撰写的历史与现状、成就与困境展开交流和讨论。

（北京大学社会科学部郭琳供稿）

汉语国际教育人才培养研讨会　由北京汉语国际推广中心和北京师范大学汉语文化学院共同承办的此次研讨会于11月8—9日在北京师范大学召开。

许嘉璐先生、国家汉办许琳主任、钟秉林校长分别在研讨会开幕式上致辞。北京大学、华东师范大学、南京大学、南京师范大学、上海外国语大学、四川大学、中山大学、吉林大学、首都师范大学等十几所试点院校及来自香港的相关专家学者与会。

与会专家围绕汉语国际教育专业硕士课程设置研究、汉语国际教育专业硕士实习与管理研究、汉语国际教育专业硕士学位入学考试及学位论文的思考、目前培养中存在的问题与思考等议题，对汉语国际教育专业硕士的培养进行了全面回顾与展望，就汉语国际教育人才培养的理论和实践经验交换了意见。许嘉璐先生在讲话中指出，汉语国际教育专业硕士的培养，仍需各院校联合起来，共同探索，在课程设置、文化教学与外语教学等方面进一步深化改革，以适应社会需求和汉语国际推广的新形势。

（北京师范大学社科处吴慧涵供稿）

普通话教学与测试学术研讨会　由首都师范大学文学院与国家语委普通话培训测试中心主办、香港岭南大学协办的普通话教学与测试学术研讨会，于12月7—8日在北京召开。首都师范大学副校长周建设、国家语委普通话培训测试中心主任姚喜双、国家语委普通话培训测试中心副主任韩其洲、香港岭南大学中国语言教学与测试中心主任田小琳等出席了会议开幕式。

周建设副校长首先介绍了学校教学与科研工作的基本情况和总体思路，他指出：推广普通话意义重大，我校在普通话教学、测试与研究工作中，坚持发挥自身的区位优势和资源优势，取得了令人满意的成绩，为促进语言规范和文化传播作出了贡献。周建设副校长表示，要继续加强与国家语委普通话培训测试中心和香港各高校的交流与合作，学校将在人力、财力上加大对文学院普通话教学和测试工作的支持，推动我校普通话教学、测试和研究工作取得更大发展。

会议开幕式由首都师范大学文学院院长左东岭主持，国家语委普通话培训测试中心、文学院以及北京、香港10余所高校的50余名代表参加会议，大会宣读学术论文26篇。与会代表在交流发言中分别介绍了自己最新的科研成果，围绕普通话教学和测试的理论和实践问题进行了深入的研讨。

（首都师范大学社科处黄胤英供稿）

上海合作组织成员国语言类高校国际研讨会　12月8—9日，由首都师范大学和莫斯科国立语言大学共同举办的“上海合作组织成员国语言类高校教育合作互动前瞻：上海合作组织大学方案框架下共同教育计划的制定与实施”国际研讨会在首都师范大学召开。来自中华人民共和国、俄罗斯联邦、哈萨克斯坦共和国、吉尔吉斯共和国、塔吉克斯坦共和国的8所高校校长，俄罗斯联邦教育部、吉尔吉斯共和国教育与科技部、北京市教委领导及相关国家机构和社会组织代表20余人参加了本次会议。

在12月8日举行的开幕式上，首都师范大学校长刘新成致欢迎辞，北京市教委主任刘利民、哈萨克斯坦国际关系及世界语言大学副校长娜·阿·萨尔辛巴耶娃、吉尔吉斯共和国教育与科技部国务秘书（副部长）阿·巴·阿勃德拉舍夫、莫斯科国立语言大学副校长尤·亚·苏哈列夫、俄罗斯—塔吉克斯坦（斯拉夫）大学校长穆·萨·依莫莫夫先生分别发表了讲话。

莫斯科国立语言大学副校长尤·亚·苏哈列夫教授和我校外国语学院副院长隋然教授以双主席身份分别主持了为期两天的研讨会。与会各国高校领导人就上海合作组织成员国高校之间的国际联系、参与制定创立上海合作组织网络大学方案、为上海合作组织成员国所需专业人才进行语言培训等问题富有成效地交换了意见。

（首都师范大学社科处黄胤英供稿）

古代文学研究讲座　12月18日，清华大学中文讲座第四讲在四教4103室举行，古典文献学家、清华大学古典文献研究中心主任傅璇琮担任主讲人。讲座中，傅璇琮回顾总结近30年来古代文学研究方面的新思路、新方法和新课题，认为“文化探索”即研究当时社会的文化形态、知识分子的历史变化，是古代文学研究的重要方法。前人就此已做出很多成果，后人依然可以继续开展。他以自己的研究为实例，以唐代翰林学士为中心，具体展示了“文化探索”如何与文学研究的结合，及由此带来的新观点和新发现。中文系主任刘石主持讲座。中文系师生及校内外学者100余人听取讲座。这也是傅璇琮在清华大学工作以来第一次正式面向全体学生的学术讲座。

（清华大学文科建设处刘金梅供稿）

文化艺术

2008文化遗产保护论坛　1月18日中国社会科学院“2008文化遗产保护论坛”在京举办。本次论坛的主题是考古发掘研究与大遗址保护。来自全国的考古学、文化遗产保护研究、古代遗址保护规划、文物保护技术等学科领域的百余位专家学者参加了论坛。

与会者一致认为，保护大遗址是考古学者义不容辞的责任。正如中国社会科学院考古研究所所长王巍所说：“在文化遗产中，与考古学关系最为密切的是大遗址，它们往往集中体现了某个时代、某个区域、某个朝代的最高经济、文化水平，为我们提供了认识那个时代社会和文化的重要信息。保护好大遗址，也就保存了一个时代文化遗存的关键。”国家文物局考古专家组成员徐光冀研究员也指出：“遗产保护的核心是保存本体。所有的利用、开发等都必须以保护本体为前提。”专家们还说，遗址保护和考古发掘的学术研究是相辅相成的。科学的考古发掘是大遗址保护不可缺少的环节。没有科学的考古发掘和研究，遗址的内涵和价值就不会被充分认识，遗址的保护规划就缺乏坚实的学术基础，就缺乏针对性和可操作性，遗址也就不可能保护好。

（《光明日报》2008年1月20日第2版）

首都商业文明论坛　1月27日，首都商业文明论坛开幕，与会专家学者和业内人士剖析了商业企业存在商业贿赂、商业欺诈和诚信危机等不文明行为产生的原因和遏制手段，首次发表了《首都商业文明宣言》。副市长程红出席。

据不完全统计，目前在服装、化妆品、美容品等领域有不下数百个虚构品牌。一些“假品牌”打着国外技术、国外基地、国外合作、国外贴牌的旗号进行虚幻包装，欺骗合作伙伴和消费者。还有一些领域存在商业贿赂行为，严重干扰了正常的商业活动，不仅与中华民族的传统文明观相悖，还违反了法律。

今年文明论坛的主题确定为“文明传播：中华文明与世界的和谐发展”与“商业文明：质量标准品牌与首善文化”。

（参见《北京日报》2008年1月28日第1版）

东岳论坛　1月30日，由中国民俗学会和北京民俗博物馆共同主办的第四届“东岳论坛”在京举行。与此同时，第七届北京民俗文化节暨第十届东岳庙会拉开帷幕。

中国民俗协会理事长叶涛告诉记者，本届论坛的主题是“东岳文化与大众生活”，这是他们响应党的十七大报告中提出的加强民生工作，开展和谐社会研究的一次有益尝试。同时，由于2007年北京东岳庙庙会已经成功申报为北京市非物质文化遗产文化保护项目，而且在刚刚公布的第二批国家非物质文化遗产名录推荐名单中也榜上有名，因此会议的讨论内容将对进一步研究和保护北京东岳庙庙会提供切实的指导和帮助。

（参见《光明日报》2008年1月31日第3版）

国家大剧院京剧系列讲座 3月15日，国家大剧院京剧系列讲座开讲。首都师范大学欧阳中石先生应邀在经典艺术讲堂，以“如何鉴赏京剧之美”为题，作了专题讲座，成为京剧艺术系列讲座的首位学者。

中石先生结合自己的亲身经历，讲述了京剧艺术带给他的精神享受、人生启迪以及生活热情。中石先生的讲解，得到了听众的赞同，大家认为讲座澄清了大家看待京剧的误区，有助于重新认识京剧的价值。

（首都师范大学社科处黄胤英供稿）

“院长学术论坛”——当代文化语境中的孔夫子 3月19日，北京市社会科学院“院长学术论坛”邀请著名学者、北京大学中文系教授钱理群来做题为“当代文化语境中的孔夫子”的学术报告。戚本超副院长主持论坛。

钱理群教授深入考察和分析了2007年有关孔子的若干文化现象，从“作为国家软实力的孔夫子”、“作为新国家意识形态的孔夫子”、“作为儒教教主的孔夫子”、“作为心灵于丹的孔夫子”、“作为文化产业的孔夫子”等五个方面，对孔子的政治化、意识形态化、宗教化、道德化和商业化提出了深刻的批评，然后从“作为‘丧家狗’的孔夫子”出发，强调应该恢复孔子的常态，恢复孔子作为有学问、有道德、无权势、敢批评的独立知识分子的面目。随后，钱理群教授又讨论了相关的两个问题。一是如何看待五四的批孔。二是如何看待孔子和传统文化在当代的意义。

（北京市社会科学院科研处朱庆华供稿）

《中国民俗史》（六卷本）首发仪式暨钟敬文历史民俗学思想研讨会 此次研讨会由北京师范大学、人民出版社联合主办，于6月14日在北京师范大学召开。

全国哲学社会科学规划办公室张国祚主任、人民出版社黄书元社长、文化部民族民间文艺发展中心李松主任、北师大唐伟副书记到会祝贺。国内社会学、民俗学、文化遗产学方面的数十位知识专家学者应邀参加首发式。《光明日报》、《中国教育报》、《中华读书报》等媒体到会。首发式由社科处刘复兴处长主持。

唐伟副书记代表学校致欢迎辞，感谢全国社科规划办、国家出版部门和兄弟院校对本校民俗学学科发展的支持。全国哲学社会科学规划办公室张国祚主任在讲话中指出，《中国民俗史》的出版是国家重视民族传统文化总结研究的重要导向。人民出版社黄书元社长表示人民出版社对《中国民俗史》高度重视，以高质量编辑、印刷标准出版这部著作。中国民俗学会理事长刘魁立教授、民俗典籍文字研究中心主任王宁教授以亲身经历介绍了《中国民俗史》在钟先生生前与身后的著述历程。研讨会在文学院励耘学术报告厅举行。专家学者对钟敬文历史民俗学思想进行了热烈的讨论，认为《中国民俗史》（六卷本）共400万字，是历史民俗学的重要成果，是钟敬文先生建立中国民俗学派理论的重要实践，在学科建设上具有里程碑的意义。国家社科基金鉴定专家认为该成果“规模宏大、学术性强、有历史厚重感”。

（北京师范大学社科处吴慧涵供稿）

第十次北京学学术研讨会 在北京学研究所成立十周年之际，“庆祝北京学研究所成立十周年暨第十次北京学学术研讨会”于6月27日在北京联合大学北院报告厅召开。会议由北京学研究所常务副所长李洵主持。

出席此次会议的有中国人民大学清史研究所王道成教授，北京大学卢培元教授，北京地理学会朱祖希副理事长、王越秘书长，北京城市规划设计研究院教授级高工张敬淦先生等。北京联合大学柳贡慧校长、冯虹副校长、孙权副书记及学校各相关部门的领导、专家和研究人员也出席了此次会议。

在学术研讨会上，王道成教授作了题为“废墟与重建”的发言，他以圆明园为例，阐述了关于整修历史文物古迹的观点。应用文理学院的韩建业教授作了“北京先秦考古学文化”的发言，从考古学角度介绍了先秦北京地区文化发展进程。旅游学院的荆艳峰老师和师范学院的林妍梅老师也分别作了“商业街旅游商品发展现状”和“老字号企业产权改革问题及对策”的发言。

最后，新任北京学研究基地主任、北京学研究所所长张宝秀作了会议总结。她认为此次会议意义重大，并表示北京学研究所今后将“合力谋新篇”，加强理论研究，加强队伍建设，加大宣传力度，提升科研水平和质量，“立足北京、面向全国、走向世界”。

（北京联合大学北京学研究基地供稿）

中国社会科学院举行首次“国学研究论坛” 此次论坛于7月4日在北京举行。其主题为“何为国学、国学何为”。讲演会由4位著名专家主讲，他们是：中央文史馆馆长、北京大学国学研究院院长袁行霈教授，题目为《国学当代形态与当代意义》；中国人民大学校长兼国学院院长纪宝成教授，题目是《国学何为》；中国社科院历史研究所卢钟锋研究员，题目为《回顾国学，反思国学》；中国社科院学部委员方克立教授，题目是《创建适应时代需要的新国学》。

袁行霈指出，研究国学不是复古倒退，也不是抱残守缺，而是具有革新意义的、面向未来和世界的学术创造活动。纪宝成认为，国学是中华民族的文化之根，民族之魂。重振国学，对于唤起文化自觉，恢复文化自信，实现文化认同，增强民族凝聚力有重要意义，应成为国家的重大文化战略。卢钟锋提出，“国学”一词歧义太多，难于统一，且容易引起误解和产生纷争，建议“国学”一词慎用为好，可以改用“中华文化”、“中华传统文化”。方克立不赞成将国学与文学、史学、哲学等并列为一级学科。他强调，国学不是一个学科，而是一个学科体系，一个不同于现代学科体系的传统学科体系。国学中除了有小学、经学、文学、史学、哲学等传统人文学科内容外，还包括政治学、经济学、法学、军事学、民俗学等社会科学，天文、地理、历法、算法、医学等自然科学，农学、水利、工艺、建筑等实用技术科学内容，甚至琴、棋、书、画，诗、词、歌、赋、京剧等传统艺术和武术、杂技等也包括在内。如果将国学与文、史、哲并列为一级学科，就从逻辑上忽略了种属关系，不是提高而是降低了国学的地位。

首次“国学研究论坛”由中国社科院学部主席团主办，来自学术理论界的百余名专家学者出席会议。

（参见《光明日报》2008年7月6日第2版）

中华再造善本工程二期启动 本期善本工程于9月9日在国家图书馆正式启动。同时确立的原则，是以明清两朝学术代表人物的代表性著作的珍稀版本为主，并针对一期选目所遗漏的珍贵古籍查缺补漏。

2002年至2007年，中华再造善本工程一期按计划完成《唐宋编》和《金元编》758种1394函8990册的出版工作，并向国家图书馆及31个省市自治区公共图书馆各赠送一套，教育部向全国100所重点高校图书馆配送一套，受到学界及广大读者的热烈欢迎，较好地解决了古籍“藏”与“用”的矛盾。文化部副部长周和平说，中央重视、各方配合，统筹规划、科学管理，充分发挥专家作用，是再造善本工程一期顺利实施的成功经验。

“二期要制作的是明清时期版印、传抄的典籍，其特点是时代较近，存量较大，如何选好一份目录至关重要。”中华再造善本编纂出版委员会主任李致忠介绍，“几经专家讨论，最后确定‘扬学传本’的指导思想，即遴选明清两代学术代表人物的代表性著作，择其最早、最好、流传最少的版本进入二期选目。一期强调的是继绝本传真迹，旨在传本扬学；二期强调的是继绝学传真迹，旨在扬学传本。”目前，中华再造善本工程编纂出版委员会组织专家已初步完成选目556种。

（参见《人民日报》2008年9月10日第2版）

“图书馆：学科化、个性化服务的发展”国际学术研讨会 由中国图书馆学会高校分会、BALIS北京高校网络图书馆、首都师范大学图书馆主办的“图书馆：学科化、个性化服务的发展”国际学术研讨会于10月14日在首都师范大学图书馆召开。来自国内外图书馆界、IT界、教育界知名专家、学者及相关人士近200人参加了大会。首都师范大学常务副校长宫辉力教授、教育部图书情报工作指导委员会副主任兼秘书长、北京大学图书馆馆长朱强教授，北京地区高校图工委副主任、中国人民大学图书馆馆长倪宁教授，美国俄亥俄州立大学图书馆馆长约瑟夫·布朗宁教授等著名专家学者应邀出席本次会议。

来自耶鲁医学院医学图书馆的简·格罗芙教授、北京大学图书馆副馆长肖珑教授、校图书馆副馆长熊丽教授、美国伊利诺伊大学图书馆蒋树勇教授、上海大学图书馆任树怀教授、美国石溪大学医学图书馆黄柏楼教授、美国俄亥俄州立大学图书馆馆长约瑟夫·布朗宁教授、清华大学图书馆馆长薛芳渝教授、国家科学图书馆初景利教授分别围绕会议主题作了报告。美国俄克拉荷马州大学的卡伦·恩特尔教授、新泽西州立大学的卡宁·奥教授、加拿大英属哥伦比亚大学的刘静教授等50余位专家学者就相关问题发表了见解。

（首都师范大学社科处黄胤英供稿）

奥林匹克的精神财富论坛　10月15日，北京市邓小平理论和“三个代表”重要思想研究中心、中国人民大学、北京市社会科学界联合会共同在中国人民大学逸夫会议中心举行“北京创举：奥林匹克的精神财富”论坛，认真研究和总结北京奥运会的成功经验和精神财富。市政协原副主席、市社科联主席满运来出席论坛。市委宣传部副部长、市邓小平理论和“三个代表”重要思想研究中心常务副主任常卫在致辞中指出，要认真学习贯彻胡锦涛总书记在北京奥运会、残奥会总结表彰大会上的重要讲话精神，认真研究和总结北京奥运会的成功经验和精神财富，并使之转化为建设“人文北京、科技北京、绿色北京”的强大精神动力。市社科联党组书记、市邓小平理论和“三个代表”重要思想研究中心常务副主任史秋秋和中国人民大学副校长、人文奥运研究中心主任、教授冯惠玲分别主持两阶段论坛。

冯惠玲副校长和著名乒乓球运动员、前世界冠军、北京奥组委奥运村部副部长邓亚萍，共青团北京市委副书记沈千帆，西城区委常委、宣传部长傅华，北京体育大学奥林匹克研究中心主任、教授黄亚玲，新华社高级编辑刘光牛，首都经贸大学教授段霞，中国人民大学人文奥运研究中心执行主任、教授金元浦等先后在论坛上发言。发言者都结合自己的切身经历和感受，从北京奥运会与中国国民心态的成熟、世界舆论特别是国外媒体对北京奥运的评价、奥运精神对国家文化软实力提升的意义和作用、奥运对北京国际化大都市建设的影响与推动、奥运志愿工作的精神理念与实践成果等不同角度、不同侧面，深刻揭示了奥运精神的内涵和本质，全面阐发了北京奥运会留下的精神遗产和精神财富。

与会者一致认为，在2008年北京奥运会、残奥会举办的40多天里，我们与世界共同分享了一届真正的无与伦比的奥运会和有史以来最伟大的残奥会，中国人民用汗水和智慧兑现了自己的庄严承诺。两个奥运留下了丰厚的精神财富，一定要倍加珍惜、大力发扬。首都社科界的专家学者要按照胡锦涛总书记的重要讲话精神，依托各自的学科背景和专业优势，通过认真研究和总结北京奥运会的成功经验和精神财富，传承奥运遗产，弘扬奥运精神，将北京奥运会弥足珍贵的精神财富转化为推动各项工作的强大动力，扎扎实实做好首都各项工作，在科学发展观指导下，建设好“人文北京、科技北京、绿色北京”。

论坛由中国人民大学人文奥运研究中心（北京人文奥运研究基地）、北京市邓小平理论和“三个代表”重要思想研究中心办公室承办。各区县委、市委各工委宣传部门有关负责人，市社科理论研究部门有关负责同志，有关专家学者和理论工作者等百余人参加了论坛。

（北京市邓小平理论和“三个代表”重要思想研究中心卢颖华、许星供稿）

梵文写本研讨会　为了促进古代印度梵语佛教文献写本的研究，加强国际交流合作，10月19日，由北京大学印度研究中心主办，梵文贝叶经与佛教文献研究所承办的“梵文写本研讨会”在北京大学外文楼召开。会议以英文为报告语言，由北京大学的写本研究队伍报告发言，介绍成果，同时邀请来自世界各国的专家学者深入交流。与会的学者有：施坦因凯勒教授（E. Steinkellner 奥地利科学院）、颜子伯教授（J. Braarvig 奥斯陆大学）、哈特曼教授（J. U. Hartmann 慕尼黑大学）、伊萨克森教授（H. Isaacson 汉堡大学）、卡普斯坦教授（M. T. Kapstein 巴黎高等研究实践学院）、桂绍隆教授（日本龙谷大学）、克拉瑟教授（H. Krasser 奥地利科学院）、松田和信教授（日本佛教大学）、斯费拉教授（F. Sferra 那不勒斯东方大学）和苫米地等流博士（奥地利科学院）等。

古代印度梵语佛教文献的写本，伴随佛教在印度本土的消亡而散失殆尽。20世纪以来，在尼泊尔、克什米尔、阿富汗等地都有写本的重大发现，国际学术界继而掀起了研究写本的热潮。而我国特别是西藏自治区遗存的大量梵文写本，虽然受到举世瞩目，却除了在20世纪30年代曾被国外学者部分拍照带回并校勘研究，以及80年代由我国学者初步整理编目等工作之外，还一直尘封于馆室塔庙之内。直到近年，以北京大学“梵文贝叶经与佛教文献研究所”的成立为契机，我国学者才成规模、有系统地展开研究并收获成果。这些文化遗产承载着印度佛教以及其他一些哲学、文学流派的宝贵思想文化，是研究其哲学、宗教、历史的起点与基石，其中很多文献先前已被认为失传，学者只能从汉、藏译典窥探其容。西藏地区所存梵文写本的数量之多、意义之重，堪称第二敦煌，而较之敦煌幸甚之至的是，这些写本原件都还悉数藏于国内，且现在北京大学梵文专业的师生是研究的主力军。

会议在外国语学院副院长刘树森教授致欢迎词

之后，首先由中国社会科学院罗炤教授作题为“梵文贝叶经的编目情况及20余年的曲折经历”的报告。罗炤教授是探访西藏梵文写本的先锋，曾于80年代中期受季羡林先生之托赴藏调研编目，报告历述了在藏地寻访的艰辛以及其后梵文写本工作的曲折，这些经历从未公开发表，令从事写本研究的在座学者深受震动。北京大学东语系讲师萨尔吉博士的发言题目为“对梵文写本《梦分别》及其藏译的初步报告”，介绍了新发现的贝叶经残本《梦分别》及其与藏译的对堪研究工作。研讨会的发言还有：藏学研究中心罗鸿博士“《律经注》中《律经》藏译的文本概览”；东语系博士生麦文彪“《八千颂般若》及其注释中的‘常啼品’”；东语系博士生范慕尤“《佛说无二平等最上瑜伽大教王经》的编辑方法”。东语系博士生叶少勇“西藏现存中观派梵文写本概览”等。最后由东语系教授、梵文贝叶经与佛教文献研究所主任段晴博士作题为“利用于阗文献为梵文写本断代”的发言，讨论了通过有纪年的于阗语写本的字体学特征，来比定新发现的梵语《贤劫经》残片的年代。

与会的外国学者对北京大学梵文贝叶经与佛教文献研究所在短时间内所取得的丰富成果给予充分肯定，对今后的中国梵文写本研究事业寄予厚望，并且表示今后应继续开展国际学术合作与人员互访。

（北京大学社会科学部郭琳供稿）

纪念国际档案理事会成立60周年座谈会　2008年是国际档案理事会成立60周年，为了更好地秉承国际档案理事会的宗旨，促进档案学的发展，10月21日，北京市档案学会和中国老教授协会档案与文秘专业委员会联合召开座谈会。党组副书记、副局（馆）长姜之茂到会并首先代表北京市档案局（馆）致辞，向到会的档案界老领导、老专家、老前辈表示敬意和欢迎，他还向与会者介绍了近期北京市档案局（馆）的主要工作情况，并预祝会议取得圆满成功。会上，中国老教授协会档案与文秘专业委员会常务副主任王德俊教授从国际档案理事会成立的背景、宗旨、任务和组织体系等方面介绍了国际档案理事会情况；国家档案局原副局长刘国能对1996年在北京召开的第十三届国际档案大会的特点进行了总结，并对总体档案、虚拟档案、信息自由权等问题进行了阐述；《中国档案报》副总编傅华介绍了今年在马来西亚召开的第十六届国际档案大会的有关情况；中国老教授协会档案与文秘专业委员会副主任、北京市档案局原副局长包金春代表中国老教授协会档案与文秘专业委员会讲话。会议由马素萍副局长主持，她总结会议有三点收获，即增进了我们对国际档案理事会和两届国际档案大会有关情况的了解；密切了两个学术组织之间的沟通联系；引发了对一些理论和实践问题的深入思考。会议达到了预期的目的。档案与文秘专业委员会成员、团体会员单位学会负责人及局馆部分会员50余人参加了座谈会。

（北京市档案局科教处李海英供稿）

北京市档案局纪念改革开放30周年座谈会　11月7日，本市档案系统召开纪念改革开放30周年座谈会。姜之茂副局长主持会议。马素萍副局长作了题为《改革开放30年北京市档案事业取得新发展》的工作报告。报告介绍了改革开放以来，我市档案事业紧跟国家改革开放历史进程，实现由封闭、半封闭性工作向为社会各界服务的开放性事业的转变，各项建设取得长足进展的情况。报告从档案行政管理、档案资源建设、档案管理水平、档案部门服务能力和档案干部队伍建设5个方面进行全面总结，通过大量翔实的数据和客观的分析，阐述了改革开放30年本市档案事业取得的辉煌成绩。

国家档案局经济科技司司长李晓明讲话中充分肯定北京市档案局（馆）在坚持以法治档、加强档案资源建设、围绕中心服务大局、抓住机遇创新工作等方面取得了令人瞩目的成就。并从7个方面简要介绍了改革开放30年来全国档案事业的发展历程。

北京市档案局局长陈乐人在讲话中强调4点意见：要进一步增强做好档案工作的责任感和使命感；要进一步把握新时期档案工作的发展规律，更充分的发挥档案工作的作用；要进一步围绕全市工作大局积极开展档案服务；要进一步加强与各部门的合作，积极主动开展档案工作。她还指出，总结改革开放30年取得的成果，对于开展深入学习实践科学发展观活动，引导全市广大档案干部坚定继续改革开放的信念，促进我市档案事业在新的起点上取得更大的发展，具有重要的意义。来自市档案局（馆）、区县档案局（馆）及市属单位70余人齐聚一堂，共同回顾改革开放30年来全市档案事业的发展历程。

（北京市档案局科教处李海英供稿）

改革开放30周年周易回顾与展望高峰论坛　2008年学术前沿论坛北京周易研讨会分论坛、改革开放

30周年周易回顾与展望暨周易申报世界非物质文化遗产高峰论坛于11月15日在北京举行。论坛由首都经济贸易大学、北京市社科联等单位主办，北京周易研究会、安阳周易研究会等单位承办。首都经济贸易大学校长顾问郑海航在开幕式上致辞，北京周易研究会秘书长、《当代经理人》副主编徐坤等发表主题演讲。

郑海航教授在开幕式上说："周易"是儒、道两家经典之首，涵盖了中国文化的四大主要内容：阴阳五行、天人合一、中庸和合、克己修身。"周易"是中国文化的源头活水，是大道之源，周易学是包罗万象的东方智慧，其内容十分丰富，它包括了对阴阳变易法则的阐发、宇宙人生根本原理的探讨，易学原理的理解和总结，并依据对易学原理的理解考察社会乱治、王朝的兴衰、人生的顺逆、做人处世的常规，道德修养的境界、审美的准则以及经国治世的策略。依其所理解的原理考察天文气象、生命和人体功能、地理和物理等自然现象的变化规律以及数学中的演算法则等等。

大国的崛起与守望我们的精神家园是本次论坛主题。与会者认为，作为中华民族的重要文化象征，在21世纪的今天，"周易"理论完全有理由走向世界。会议回顾了"周易"研究在国内外发展的历史和现状，指出了国内"周易"研究中所存在的问题以及来自日本、韩国等国《周易》研究成果的挑战。与会代表在发言讨论中达成共识，在当代重新阐释《周易》理论，将"周易文化"申报为世界非物质文化遗产，不仅仅是保护和弘扬传统文化，更是为了守望中华民族的精神家园。

北京周易研究会秘书长徐坤说，"世界之易学"时代是由欧洲传教士开启的。明末清初时期，以意大利传教士利马窦、法国传教士金尼格、德国传教士卫礼贤向西方世界介绍了包括《周易》在内的中国文化典籍，把易学的影响扩大到世界范围。《周易》中"自强不息"、"天人合一"以及阴阳五行和朴素的辩证思想，对中国文化乃至整个东方文化都有极大的影响。

（首都经贸大学宣传部刘增荣供稿）

（科研处杨建华编辑）

华北地区档案学会学术讨论会　11月18日，第五次华北地区档案学会学术讨论会在京举行。中国档案学会理事长冯鹤旺、中国档案学会秘书长孙森林到会祝贺，北京市档案局局长陈乐人、天津市档案局副局长刘同芝、河北省档案局副局长李量到会并致词。北京市档案局副局长马素萍主持会议，市档案局陈伟处长和北京联大应用文理学院贺真教授主持学术研讨。会议围绕档案工作与改善民生、档案资源建设和档案信息化建设三个主题进行深入交流与研讨，总结档案事业发展的成功经验，破解档案工作中急需解决的难题，探寻档案工作服务科学发展的途径。来自天津、河北、山西、内蒙古、北京5省市档案学会的代表及论文作者150余人参会，听取了5省市9位同志围绕会议主题而作的大会学术交流。会议提出要继续加强档案学会的合作、交流，为档案行政管理部门的科学决策提供智力支持；为会员开阔眼界、提高业务水平和科学文化素质创造条件；同时还要加强档案学术成果转化为工作成果的研究，用档案学术研究成果促进档案工作水平的提高，为推动档案事业又好又快发展作出应有的贡献。

（北京市档案局科教处李海英供稿）

中国文化创意产业国际论坛　12月18日，第三届文博会主论坛"中国文化创意产业国际论坛"在京举行。来自中外相关方面的著名专家、企业界代表汇聚一堂；围绕"中华文化与世界文明"的主题，从中华文化与世界文明进一步融合、自我开发与创意实践愈加社会化的发展趋势中，探讨中国文化创意产业的持续发展。市委常委、宣传部部长、副市长蔡赴朝出席论坛并讲话。

2006年诺贝尔经济学奖得主埃德蒙·菲尔普斯在论坛上建议，中国经济已得到很大发展，如今应加强产品创新，更多的创意产业应尝试走到国外。联合国贸发会议创意产业顾问德海因策琳表示，传统产业靠房产、土地等有形资产来发展，但数量终究有限，而创意文化产品属于无形资源，就像知识可以被更多的人分享。中国历史悠久，有着大量无形文化资产，在创意产品上可以大有作为。

中国人民大学创意产业研究所所长金元浦结合北京奥运会，畅谈了中国文化元素在奥运会上的成功运用，认为这对创意产业是有益的经验借鉴。歌剧《图兰朵》执行导演陈维亚也介绍，当初《图兰朵》能在世界各国引起巨大轰动，就在于充分利用了中国元素的长处。

蔡赴朝在讲话中指出，文化创意产业作为文化、科技和经济综合运作的产物，目前在全球蓬勃发展。市委市政府出台了一系列扶持政策，北京市文化创意产业硕果累累，成为首都经济的一大支柱产业，2007年产值达到4601.6亿元，从2004年至2007年平均每年增长率为23.1%。在全球金融危机下，北京文博会旨在加强交流、分析经验，以扩大中国文化的国际影响力，为振兴经济、提供就业、增强国际合作交流作出贡献。

（《北京日报》2008年12月19日第4版）

“汉字·书法·文化”高层论坛 11月30日，由教育部语言文字信息管理司、中国教育学会与首都师范大学主办，首都师范大学中国书法文化研究院承办的“汉字·书法·文化”高层论坛在京举行。

著名学者、全国人大原副委员长许嘉璐，著名文字学家周有光，著名语言文字学家、北京大学教授高明，著名学者、书法教育家、中国书法文化研究院名誉院长欧阳中石，著名文字学家、中国社会科学院语言研究所副所长董琨，中国书法家协会党组书记赵长青，全国哲学社会科学规划办公室杨庆存教授，教育部语言文字信息管理司司长李宇明，副司长王铁琨，文化部教育科技司副司长吴开英，首都师范大学党委书记张雪，首都师范大学校长刘新成等参加了高层论坛。

论坛由教育部语言文字信息管理司王铁琨副司长主持。教育部语言文字信息管理司李宇明司长对召开这次“高层论坛”的目的意义作了阐述。首都师范大学校长刘新成向与会专家表示了欢迎，并简述了首都师范大学书法学科的建设、发展、人才培养、取得的成绩以及欧阳中石教授建设书法学科的思想。

在此次高层论坛上，各位专家从不同的角度对汉字文化、书法文化的意义、价值、发展趋向进行探讨。首都师范大学以及兄弟院校的研究生聆听了专家的精彩讲述。中央电视台、《光明日报》、《中国文化报》、《中国教育报》、《中国书法杂志》等媒体单位记者参与报道。

（首都师范大学社科处黄胤英供稿）

管理学（含人才学、信息学）

电视频道经营管理创新实战研讨会 4月19—20日，由中国传媒大学媒体管理学院主办的“2008年电视频道经营管理创新实战研讨会”在北京大方饭店隆重召开。山东齐鲁电视台台长闫爱华、央视索福瑞媒介研究有限公司副总经理郑维东、央视广告部市场总监余贤君、中国传媒大学媒体管理学院副教授王晓艳、口口口品牌管理公司总裁罗军以及北京大兴广电中心主任李岭涛等作了演讲，涉及的话题包括电视收视数据分析与媒体营销对策，媒体广告经营的新动态，电视频道品牌管理，省级地面频道的创新与实践以及电视媒体经营管理中的财务问题等。研讨会选取近年来国内电视界在节目创新、经营创新、管理创新等方面具有代表性的成功案例，邀请高层管理者现身说法，采取“嘉宾演讲+互动研讨”的模式，对每一个涉及的话题进行了深入的讲解和探讨，为电视业界搭建了一个在经验交流中激发创新灵感的平台，受到各地方电视台从业人员等与会人员的好评，取得了良好效果。

（中国传媒大学文科科研处程爱晶供稿）

“社会科学研究政策：项目管理”国际研讨会 由中国社科院主办、中国社科院科研局和国际合作局承办的“社会科学研究政策：项目管理”国际研讨会，4月20日在京举行。中国社科院副院长武寅致开幕词，全国社科规划办主任张国祚作专题报告。会议由中国社科院科研局局长李汉林主持。

武寅说，中国社会科学已形成颇具规模的科研体系，全国有社会科学院、高校文科、政府部门、党校行政学院、军事院校5大社科研究系统，从事教研人员有30多万，其中专职研究人员3万多，研究范围涉及社会科学各个学科领域。但是，社会科学作为一项重要的公共事业，其发展离不开有效的学术研究政策和项目管理。作为拥有36个研究所（中心）、3000多名专业人员的国家级社会科学研究机构的中国社会科学院一直积极探索符合社会科学发展规律和研究特点的项目管理制度，目前已基本形成了比较完整的课题、成果、学科、出版、期刊等制度。

来自英国研究理事会、欧洲科学基金会、美国国家科学基金会、德意志研究联合会和中国社科院、全国社科规划办及各省市社科院的中外学者等百余人出席会议，就社会科学研究项目管理、项目政策制定、项目方案编制、项目评选方法、项目监管方式、项目效益评估等课题，进行了深入研讨。

（《光明日报》2008年5月6日第9版）

“将创业进行到底”校友论坛 4月27日，清华MBA创业与投资俱乐部在清华大学经济管理学院举办题为“将创业进行到底”的校友论坛。论坛分主题演讲和互动讨论两个阶段。经管07EMBA、北京派克兰帝有限责任公司总裁罗建凡，02EMBA、Myspace中国CEO罗川，07EMBA、中信基金有限责任公司投资管理部总监郑煜作为演讲嘉宾参加论坛。罗建凡就“创业机会的识别和商业模式的选择”作了演讲。罗川着重强调了“创业团队的选择和建设”，也就是“人的重要性”。郑煜讲述了“如何看待创业行业及创业企业的选择”等问题。在互动讨论阶段，大家就内外部创业管理、团队授权、公司治理等问题进行深入讨论。

（清华大学文科建设处刘金梅供稿）

第九届移动数据管理国际会议 4月27—30日，“第九届移动数据管理国际会议（The 9th International Conference on Mobile Data management，简称MDM2008）”在中国人民大学逸夫会堂举行。这是该会议首次在中国内地举办。

MDM2008汇集了全球知名专家，香港科技大学、本会议的创始人Dik Lee教授，澳大利亚Monash大学、本会议的指导委员会主席Arkady Zaslavsky教授，以及来自美国、德国、法国、日本、韩国、新加坡、瑞典、芬兰、挪威、奥地利、希腊、印度、西班牙、土耳其、丹麦、塞浦路斯、英国等20个国家和地区的100多位海外学者和来自北京大学、中科院软件所、浙江大学、中国科大、东北大学等10多位国内学者参加本次会议。

中国人民大学信息学院孟小峰教授应邀担任本次会议的程序委员会主席，这是中国学者首次担任该主席。

本次会议也是信息学院成立30周年重要活动之一。中国人民大学冯惠玲副校长代表学校到会致辞，向与会者介绍了学校学科特色和近年的发展情况。孟小峰教授代表程序委员会介绍论文评审和会议组织情况。

MDM2008共收到来自世界22个国家和地区的论文119篇。会议邀请了法国INRIA的Denis Caromel博士，美国Bell实验室Richard Hull博士，中国Google的Hanping Feng博士作特邀报告。会议内容涵盖了移动数据管理的若干方面，如移动对象管理，移动用户查询，情境感知，隐私与安全，传感器网络，数据广播等。

（中国人民大学科研处关晓斌供稿）

干部成长路径研讨会 4月29日，北京市委党校与人民论坛杂志社共同举办“干部成长路径（规律）专题研讨会”。北京市委党校副校长殷庆言、人民论坛杂志社副总编陶建群以及市委党校的专家学者和学员代表参加了研讨会。

会上，与会学者和学员代表一道围绕当前干部成长中的各类难题及对策、干部成长路径的新趋势及未来发展方向等问题进行了热烈的讨论。北京市委党校副校长殷庆言认为，从干部准入资格看，应不拘一格，不宜对年龄等资质要求过严；从干部竞争上看，应逐渐加大竞争力度，形成实际意义上的民主竞争；从干部勤政廉政看，应着力推动人大、媒体的监督；从干部配备看，应逐渐减少一刀切的现象，针对不同领域不同类型的干部建立有针对性地选拔指标和体系。北京市委党校张勤教授认为，探寻干部成长规律应从领导干部是体制提拔还是上级领导提拔、是学习成才还是实践成才、是机会晋升还是实力晋升、是主动升官还是被动升官等因素的协调搭配来研究。

学员代表围绕干部成长的内在因素、干部成长的外在因素、个人的成长与对成长环境的领悟、对个人进步中一些阻碍因素谈了认识与看法。

（北京市委党校科研处供稿）

信息技术对企业管理、物流管理、营销管理的影响国际论坛 由北京工商大学商学院、研究生部、人事处、教务处、外事办、首都流通业研究基地联合承办的此次论坛于5月27日在北京工商大学举行。副校长谢志华教授代表学校到会祝贺此次国际论坛顺利召开，希望该论坛取得丰硕成果。研究生部主任李明义教授、商学院党总支书记庞毅教授、美国北伊利诺伊大学商学院院长Denise Schoenbachler教授、瑞典哥德堡大学Martin Oberg教授等分别代表有关各方对论坛的召开表示祝贺。特地前来参加此次国际论坛的外国专家还有：美国北伊利诺伊大学商学院副院长Paul Prabhaker教授、美国北伊利诺伊大学商学院Chang Liu教授、瑞典哥德堡大学Bernt Saxin教授。美国北伊利诺伊大学商学院11名来访的本科生及北京工商大学有关学院100多名研究生参加了此次论坛。此次国际论坛采取国际流行的论坛组织形式，分主题演讲和互动两个阶段，全部采用英语，第一阶段请6位专家进行主题演讲，主题包括：创建客户信任作为竞争优势、可持续企业绩效、信息技术在中美两国应用情况、市场细分——物流服务研究的工具、如何建立持续经营的且有吸引力的购物中心、新物流信息技术等。第二阶段为互动环节，参会的中、美两国学生十分踊跃地就演讲主题进行了提问。北京工商大学商学院院长何明珂教授与美国北伊利诺伊大学商学院院长Denise Schoenbachler教授签署了进行学术交流合作的备忘录，标志着此次国际论坛的圆满结束和三方合作关系的确立和加强。

（北京工商大学科学技术处王葳供稿）

第二届北京中青年社会科学理论人才“百人工程”学者论坛 6月14日，以“改革开放与理论创新”为主题的第二届北京中青年社会科学理论人才“百人工程”学者论坛在首都师范大学正式拉开帷幕。开幕式由北京市社会科学界联合会党组书记史秋秋主持。中共北京市委宣传部副部长常卫，民进中央副主席、北京市人大常委会副主任、首都师范大学校长刘新成相继致辞。百余名北京中青年社科理论人才“百人工程”学者和研究生参加了论坛。

论坛由北京市哲学社会科学规划办公室主任陈之昌、首师大副校长周建设主持。北京师范大学教授王向远、首都师范大学教授郝春文、北京大学教授聂锦芳、首都经济贸易大学教授戚聿东、清华大学教授王振民、中国人民大学教授杜鹏分别从文学、史学、哲学、经济学、法学和社会学等学科角度，论述了改革开放以来的哲学社会科学的理论创新。

北京师范大学曹卫东教授、首都师范大学陈新夏教授、首都经济贸易大学文魁教授、清华大学李强教授即席作了点评。

（北京市社科联学术活动部张涛供稿）

中国会计学会会计信息化专业委员会高层论坛 7月4—5日，中国会计学会会计信息化专业委员会高层论坛在北京召开，会计信息化专业委员会主任、副主任和委员，深交所、上交所与立信会计师事务所的代表及部分程序委员会委员及首都经贸大学会计学院的部分师生共50多人出席了本次会议。

大会由首都经贸大学会计学院院长付磊教授主持，副校长杨世忠教授到会致辞。财政部会计司领导应唯副司长出席会议并作了重要讲话。会计信息化专业委员主任杨周南教授布置了关于会计与改革开放30年纪念活动的有关事项。会计学院王海林副教授作了题为“会计信息化人才培养和高等教育的变迁”的大会主题发言。

会议还就组织与研究XBRL重大课题、落实中国会计与改革开放30周年纪念活动两个方面的议题进行了专题论坛与分组讨论。XBRL重大课题的专题论坛主要对XBRL重大课题应完成的目标和内容、组织统一团队承接课题的必要性与可行性、团队的组织方式与分工合作实施规划进行了研讨。中国会计与改革开放30周年纪念活动的分组讨论，分别对会计信息化理论研究的演变、会计信息化技术和应用发展的演变、会计信息化市场和政府监管职能的演变以及会计信息化人才培训和教育体系的演变进行了研讨。

（首都经贸大学会计学院王银江供稿）

（科研处杨建华编辑）

北京市档案学会举办青年学术骨干研讨班 为培养档案青年学术人才，7月31—8月1日，北京市档案学会举办了第五期青年学术骨干研讨班，本期研讨班安排18位同志以PPT形式在模拟论坛上陈述自己论文的观点，聘请有论文写作经验的5位同志进行现场提问和点评。论文内容涉及档案法制建设、基础业务建设和信息化建设等方面。本次研讨班还邀请了区县档案学会秘书长、部分分会负责人及部分年轻会员参会观摩。本次活动使参会人员在论文写作、表述技巧、PPT文件制作等方面都有所收获。马素萍副局长到会并讲话，她希望参会学员要根据点评同志提出的意见对论文进行认真修改；参加观摩人员要积极研究问题、撰写文章，争取明年能够以文赴会；学会要总结经验，不断改进工作，提高办班质量，使之成为培养、锻炼档案青年学术骨干的摇篮，为北京市档案部门培养学术人才发挥积极作用。约40人参加了本次研讨班。

（北京市档案局科教处李海英供稿）

奥运后公共管理新趋势研讨会 10月15日，由北京市行政管理学会、北京市领导科学学会和美兰德信息咨询公司共同举办的“北京论坛——奥运后公共管理新趋势研讨会”在北京市委党校召开。北京市人事系统的负责人及专家、学者、企业家120人出席研讨会。

中国行政管理学会副会长兼秘书长高小平教授、朝阳区委书记陈刚、北京大学政府管理学院周志忍教授、美兰德信息咨询公司总经理周江先生和北京市委党校公共管理教研部张勤教授等，分别以“发挥奥运效应、体制效应、机制效应，提升北京公共服务水平”、“朝阳区筹办奥运的实践和启示”、“奥运后公共管理的三个发展趋势”、“用好民意调查提高奥运后公共管理水平”及“培养国际眼光，提升北京公共管理的文化水准”等主题作了主旨发言。

（《北京日报》2008年10月17日第2版）

全国行为科学学会联席会暨第十九届学术研讨会

10月17日，由首都经济贸易大学、北京行为科学学会共同举办的“全国行为科学学会联席会暨第十九届学术研讨会”在北京科协会议中心隆重召开。来自北京、上海、辽宁、浙江、山东、福建、广西等15个省、市、自治区的行为科学学会代表，以及中国人民大学、清华大学、中国科学院研究生院、北京师范大学、赛特集团、第二机床厂、广西玉林制药等高校和企业界代表150余人参加。

北京行为科学学会秘书长中国人民大学孙健敏教授主持了开幕式。北京行为科学学会会长、首都经济贸易大学校长顾问郑海航教授首先致开幕词。他指出自1985年北京行为科学学会成立以来就采取了学者、官员和企业家三结合的行为科学研究模式，特别是通过与北京开关厂、赛特集团、北京第二机床厂等一批企业合作研究，实践与理论紧密结合，逐步形成了北京行为科学学会的三个特点：融洽有凝聚力；年轻有活力；不同专业背景包容平等互补，形成了具有鲜明特色的学会文化。

中科院心理学研究所时勘研究员就灾后重建的民众心理援助作了主题发言，时勘研究员从环境、方法、措施政策建议等方面进行了全方位阐述。清华大学经管学院陈国权教授主题发言的题目是“组织学习与学习型组织的多层次研究及在中国企业的应用”，陈国权教授从学习的概念入手，融会贯通了中西方学习理论，与中国企业实践相结合，提出并分析了领导者的LED理论及在我国的应用。中国人民大学劳动人事学院孙健敏教授诙谐幽默地阐述了西方管理者角色理论，进而细致地讲解了他的员工心理契约的探索性和经验性研究成果。

之后，会议分为“组织行为与人力资源管理”、“管理实践中的行为科学”和“和谐社会与行为科学”三个分论坛继续进行。

（首都经贸大学工商管理学院徐炜供稿）

（科研处杨建华编辑）

中国企业管理案例论坛　11月13日，中国企业管理案例论坛暨第二届中国人民大学管理论坛在明德堂举行，中国人民大学常务副书记兼副校长牛维麟教授出席论坛开幕式并致词。来自台湾大学、台湾政治大学、新加坡国立大学、北京大学、南开大学、中欧国际工商学院等多所海内外著名高校的学者出席了此次会议。中国人民大学商学院院长、论坛指导委员会主任伊志宏教授主持开幕式。

两天的论坛分为三个板块，包括研究型案例报告与讨论；教学型案例报告、开发和使用经验交流；案例研究方法培训。与会者围绕改革开放30周年以来管理理论的创新与发展，并就如何推动中国特色的案例开发与研究、促进中国企业案例研究与国际接轨、构建自主的中国企业管理知识体系展开讨论。

本届论坛共收到来自全国40余所高校及台湾等地区学者寄来的115篇论文，同比上届论坛论文总数上升了17%。本届论坛评选出优秀论文5篇。

（中国人民大学科研处关晓斌供稿）

全国深化行政管理体制改革研讨会　12月1日，国家行政学院召开“全国深化行政管理体制改革研讨会”，国务委员兼国务院秘书长、国家行政学院院长马凯同志出席研讨会开幕式并致辞，学院党委书记、常务副院长魏礼群主持开幕式并作主题报告。

马凯同志在讲话中强调，要坚持以科学发展观为指导，加强对深化行政管理体制改革的研究，着力探索解决行政管理体制与科学发展观不相适应的地方，为建立和完善中国特色社会主义行政管理体制提供理论支撑。他指出，党的十一届三中全会以来，党中央、国务院高度重视行政管理体制改革，围绕建立中国特色社会主义行政管理体制，进行了积极探索，在政府职能转变、法治政府建设等方面取得了重大进展。但随着改革开放的深入推进和经济社会的快速发展，我国行政管理体制也面临许多新情况、新问题，特别是与科学发展观的要求还存在一些不相适应的方面。为此，党的十七大和十七届二中全会对深化行政管理体制改革进行了全面部署，目前各项改革工作正在有序进行。

魏礼群同志作了“建立和完善中国特色社会主义行政管理体制”主题报告。

韩康副院长主持研讨会，全国政协委员、学院原副院长唐铁汉，中国行政管理学会副会长兼秘书长高小平，中国人民大学公共管理学院院长董克用教授、副院长张成福教授，北京大学政府管理学院周志忍教授分别作了大会发言。副院长洪毅、袁曙宏，院党委委员、人事局局长杨文明出席研讨会，京内外有关专家学者、地方行政学院代表和学院副局级以上干部、全体教师约400人参加。

（国家行政学院科研部项纪旸供稿）

社会建设与管理体制改革论坛　为纪念改革开放30周年，由北京市发改委和市委社会工委于12月12日举行本次论坛。市委常委梁伟出席论坛并致辞。

来自首都高校、研究机构社会管理方面的专家学者，国家和市有关部门负责同志，各区县、基层街道社区、社会组织、新经济组织一线的工作者畅所欲言，回顾改革开放以来本市改善民生和推进社会管理体制改革的历程，总结社会建设工作的经验，提出加强和改善首都社会建设与管理工作的意见和建议。

梁伟指出，党的十一届三中全会以来的30年，是首都社会建设快速发展的30年，也是社会体制改革硕果累累的30年，首都社会领域的改革不断向纵深发展。推进社会建设必须进一步深化改革，改革创新将贯穿于社会建设工作的全过程。奥运会成功举办之后，市委、市政府及时召开首次全市社会建设大会，出台《北京市加强社会建设实施纲要》及配套文件，首都社会建设工作站在了一个新的起点上。建设“人文北京、科技北京、绿色北京”，对社会建设工作提出了更高的要求。当前，要以解放思想为先导，以体制创新为动力，以改善民生为重点，以科学发展、构建和谐为目标，以统筹协调为手段，大力推进全市社会领域的改革和发展。

（参见《北京日报》2008年12月13日第1版）

综合（含新闻、国际关系、其他）

“合作亚洲、和谐世界”——2008年北京大学亚洲国际模拟联合国大会　3月13—16日，在北京大学国际合作部和对外交流中心的支持下，由北京大学国际关系学院和模拟联合国协会主办的第二届北京大学亚洲国际模拟联合国大会（Asian International Model United Nations，AIMUN 2008）在英杰交流中心召开。

本届大会上，来自中国大陆和港、澳地区，以及亚洲、欧洲、非洲和美洲等20多个国家和地区的400多名代表齐聚燕园。参会学校包括50所中国著名的高等学府，如北京大学、清华大学、中国人民大学、南开大学、天津大学、南京大学、暨南大学、厦门大学、香港大学、香港科技大学等，29所国外大学中包括了美国耶鲁大学、日本早稻田大学、英国伦敦政治经济学院、德国图宾根大学、新加坡国立大学、韩国庆熙大学等世界名校。

作为世界上第一个将亚洲作为关注点的模拟联合国大会，“立足亚洲，放眼世界”是AIMUN一贯的宗旨。本届大会以“合作世界，和谐亚洲”为主题，开设了联合国大会、安全理事会、联合国教科文组织、东盟部长级会议等9个委员会，就消除种族歧视、联合国改革、世界物质文化遗产保护、东亚能源合作等热点话题进行了讨论。

联合国秘书长潘基文先生为本次大会撰写了欢迎辞。北京大学校长许智宏院士也在欢迎辞中指出，合作与和谐在当今世界具有重要意义，希望与会各国代表加强交流、增进了解，更加深刻、准确地把握世界发展的脉络。

开幕式上，北京大学校务委员会迟惠生副主任在发言中对与会嘉宾和大会的工作人员表示了感谢，同时也提出了对大会和与会代表的期望。联合国前副秘书长莫里斯·斯特朗（Maurice Strong）先生和联合国前副秘书长、中国联合国协会会长陈健先生随后致词，两位以在联合国的工作经历为切入点，表示人类的和谐和共同繁荣是我们的共同利益。大会的主要赞助方、香港信兴集团董事长蒙民伟博士也强调了本次会议对青年学生的重要意义。北京大学国际关系学院王缉思院长则从国际关系的视角出发，提出与会代表以共同的学生身份（identity）超越国家身份，凝聚思想（idea），在理想主义（idealism）的指引下为未来奋斗。

（北京大学社会科学部郭琳供稿）

周恩来外交学学术研讨会　3月24日，纪念周恩来诞辰110周年暨全国第二届周恩来外交学学术研讨会在外交学院召开。此次会议由本院外交学系组织承办，吴建民院长，全国人大外事委员会主任、外交学院外交与国际关系学院院长李肇星部长，中国前驻APEC高级专员王嵎生大使，世界知识出版社前社长张宏喜大使，中国前驻贝宁、刚果（布）袁国厚大使等领导嘉宾及国内外多位知名学者教授参加了此次会议。

会议共分两个议题。第一议题由本院党委副书记衡孝军教授主持，主题为“周恩来对新中国优良外交传统的贡献”。李肇星部长、王嵎生大使、张宏喜大使、吴建民院长分别作了发言。外交学院苏浩教授、杨闯教授、赵铁生老师也分别就主题发表了各自的观点。会议第二阶段由吴建民院长主持，讨论主题为“周恩来‘求同存异’思想对当今建设‘和谐世界’的启示”。袁国厚大使、北京大学国际关系学院副院长关贵海教授、外交学院张历历教授、英语系大学二年级本科生王晓年、俄罗斯远东国立大学区域学教研室主任费奥多罗维奇教授分别发表了对该主题的理解。

会议最后由吴建民院长作总结发言。吴院长指出，周恩来外交思想不仅是中国的，也是世界的，我们应不断深入地研究下去，使之为当今的中国外交工作提供有益养分。

（外交学院科研处李敏供稿）

中国和非洲的贫困与援贫研讨会 3月28日，由中国农业大学人文与发展学院、中国扶贫基金会、英国国际发展部驻华代表处、英国海外发展研究所共同举办的“中国和非洲的贫困与援贫”研讨会在北京召开，会上通报了“中国和非洲发展与援贫多元视角的比较”研究成果，该课题运用比较研究法，立足中国发展和援贫经验，参考非洲的发展和援贫历程，对中国和非洲在国家发展和援贫方面进行比较性研究，进而为更好地开展援非工作和促进世界摆脱贫困提供借鉴。

首席教授，中国农业大学人文与发展学院李小云首先作了“中非的贫困与援贫对比研究：主要的观点和建议”的主旨报告。来自高等学校、社科研究机构、农业科学院、英国海外发展研究所的国内外知名学者就“中非贫困状况和援贫经验”、“中非贫困和援贫的政治经济和社会文化要素”、“中非援贫与国际援助”、“后续行动”等议题进行了理论阐述和研究交流。国务院扶贫办、外交部、商务部等国家机关部委机构，中国国际扶贫中心、世界银行驻华代表处等国内外知名扶贫机构相关负责人也在研讨会上进行了交流、评价。

（中国农业大学科学技术发展研究院王虹供稿）

第二届中韩大学生精英论坛 3月29日，“第二届中韩大学生精英论坛（春季）”在首都师范大学国际文化大厦报告厅举行。数百名中韩大学生就“青年与环保”、“青年与创新”和“青年与和谐”三个分领域进行了专题论文发表和互动交流，从两国大学生的视角探讨了中韩青年在社会和谐发展过程中的责任与义务。

团市委副书记王粤、首都师范大学党委副书记陈宁、韩国大学生志愿者代表团团长权丙玄先生以及中韩青年志愿者200余人参加了当天的论坛活动。首都师范大学研究生许萍等4人荣获论文一等奖，并就“青年与环保”进行了主题发言。

第二届中韩大学生精英论坛是中韩大学生志愿者交流营活动的重要组成部分，该活动是共青团北京市委员会和韩国韩中文化青少年协会（韩国未来林）、北京市青年联合会和北京市学生联合会共同主办的两国大学生交流活动，本次第七届中韩大学生志愿者交流营继承了中韩两国大学生定期互访、环保实践和论坛交流的传统，用共同的微笑携手两国青年绿色的祝福。截至今年，已有上千名中韩大学生参与了此项交流活动，它为增进中韩两国的青年友谊作出了重要贡献。

（首都师范大学社科处黄胤英供稿）

中国对外开放30年回顾与展望全国学术研讨会 3月29日，由中国世界经济学会和对外经济贸易大学联合主办的首届中国国际商务发展论坛“开放型经济体系：中国对外开放30年回顾与展望”全国学术研讨会，在对外经济贸易大学宁远楼3层会议厅举行。出席会议的专家学者及政府官员、企业界人士、学校师生近300人。

会议全面回顾了中国的对外开放战略，梳理了党和国家领导人的对外开放思想及其发展脉络，分析了中国对外开放战略对我国经济发展的作用，探讨了中国服务贸易开放的新格局、开放经济条件下我国的资本流动、对外开放与国家经济安全、新形势下的我国对外开放战略等问题，并从微观层面上，邀请BP公司、北京华旗资讯有限公司介绍了中国商务发展的实践。

（对外经贸大学科研处张瑞供稿）

全国新闻学与传播学博士生学术研讨会 4月26日，第二届全国新闻学与传播学博士生学术研讨会在中国传媒大学动画学院学术报告厅举行。本次研讨会由中国传媒大学主办，中国传媒大学研究生院承办，国际传播学院、动画学院、中华传媒网有限公司协办，《现代传播》、《国际新闻界》、《中国传媒报告》等单位为研讨会提供学术期刊支持。本届研讨会的主题是“传播、和谐与发展”，来自北京、上海、广州、香港、武汉等地10多家传媒科研院所的40多名博士生和本校在读研究生欢聚一堂，围绕新闻传播理论和实践议题展开学术研讨。中国青年政治学院展江教授、上海大学戴元光教授、中国传媒大学陈卫星教授分别作题为《比较媒介研究五十年》、《中国传播学面临困境》以及《什么是“软实力”?》的主题演讲，并与现场的硕士生和博士生展开互动交流。

本次研讨会共设两个分会场，参会博士生围绕6个主题展开研讨，包括新闻舆论与伦理、传媒话语与文化、传媒实践与历史、传媒经济与产业、传播制度与观念以及数字媒体与网络。展江教授、陈力丹教授、陆地教授、陈卫星教授、刘燕南教授、陈默教授、龙耘教授等知名新闻传播学者参与现场点评。

中国人民大学陈力丹教授和中国传媒大学刘燕南教授担任闭幕式总评议人，从学术规范、问题意识、学科建设等角度对研讨会进行总体评议，并对博士生的学术研究提出建议和期望。校在读研究生约200多人参与旁听了研讨会。

（中国传媒大学文科科研处程爱晶供稿）

北京自然科学界和社会科学界联席会议（2008）高峰论坛 5月24日，以“奥运北京·和谐社会”为主题的北京自然科学界和社会科学界联席会议2008·高峰论坛在京民大厦三层会议室举办。中科院院士、北京市科学技术协会名誉主席陈佳洱，中共北京市委宣传部副部长常卫，北京市社会科学界联合会主席满运来，北京市科学技术协会党组书记、常务副主席田小平，北京市社会科学界联合会党组书记史秋秋等领导，与两界专家顾问代表、两界学会代表共同回顾北京7年来的奥运筹办历程，总结奥运筹办经验，展望举办一届高水平、有特色奥运会的美好前景，探讨北京奥运“三大理念”与奥运精神、民族精神和时代精神相结合的实践成果和理论意义。

论坛上，北京奥组委执行委员、北京奥运经济研究会会长魏纪中先生进行了题目为“绿色奥运、科技奥运、人文奥运理念的落实”的基调报告，以对北京奥运的具体筹办过程进行背景性回顾。以此为基础，来自北京自然科学界和社会科学界的7位专家学者围绕“奥运北京·和谐社会”的主题，着眼于“绿色奥运、科技奥运、人文奥运”三大理念的具体实践，对北京奥运的筹办经验进行全面的总结和理论的提升。

“人文奥运”，作为2008年北京奥运会“绿色奥运、科技奥运、人文奥运”三大理念的灵魂和亮点，成为与会人文学者着力研讨的对象。中国人民大学人文奥运研究中心执行主任、文学院教授金元浦的发言“北京理念：和谐奥运 和谐世界”，从北京奥运对“人文奥运”理念的提炼和实践出发，指出北京奥运所弘扬的和谐世界、和谐奥运的人文精神，是对奥林匹克主义的独特贡献；所倡导的全民奥运、全民健身的奥运实践，是对国际奥林匹克运动的巨大推动；所弘扬和彰显的东方，既是对以西方文化为主的奥林匹克文化的生动的对比与补充，也体现了多元文化交融互补的奥林匹克精神；而它所开创的发展中国家举办奥运的先例，所积累的经验教训，也将成为奥运史上弥足珍贵的文化遗产。

与会学者达成共识的是，绿色奥运、科技奥运、人文奥运的三大理念，如何与可持续发展的原则充分结合起来，使得我们通过北京奥运，获得的不仅仅是奖牌，更是一种可持续发展的长效机制。而奥运所留下的以北京理念、奥运精神为代表的丰厚的文化遗产，如何持续地转化为推进中国特色社会主义建设事业，落实市第十次党代会“新北京、新奥运”战略构想，建设繁荣、文明、和谐、宜居的首善之区的巨大动力，也是后奥运时期的努力方向。

（北京市社科联学术活动部张涛供稿）

德国副总理兼外长施泰因迈尔在外交学院发表演讲

6月13日，德国副总理兼外长施泰因迈尔应邀在外交学院就“中德关系”发表演讲，外交部部长助理吴红波、德国驻华大使施明贤等陪同参加，讲演由外交学院赵进军院长主持。

在谈到全球性问题时，施泰因迈尔坦言，世界正在发生巨大的变化，中国的国际地位越来越高，所发挥的作用也越来越重要，在应对诸如气候变化、能源安全，防扩散等一系列问题上，世界需要中国。他表示，解决问题要有新办法，但如果没有中国的参与，就找不到好的解决办法。施泰因迈尔认为，随着自身实力的增长，中国势必承担起更多的大国责任。在经济增长模式方面，施泰因迈尔倡议，发展经济一定要将环境因素考虑到其中，这需要科学家和经济学家间的对话与交流。他还表示，当今合作的空间不仅有政治领域，同时也应涵盖环境、科学技术等诸多领域。

最后，施泰因迈尔副总理兼外长回答了外交学院学生关心的德国市场经济问题、全球化和联合国安理会改革、包括经济外交和文化外交在内的外交方式的变化、欧盟与北约的关系、当前世界粮食和石油价格上涨，北约东扩等问题。

（外交学院科研处郦莉供稿）

新闻传媒事业的现状和未来发展座谈会 7月8日，国家新闻出版总署署长柳斌杰一行到清华大学新闻与传播学院，与学院师生座谈新闻传媒事业的现状和未来发展。柳斌杰听取了学院党委书记王健华就学院概况、学科地位、办学理念、师资队伍、教学特色、毕业生情况、科研工作及成果和国际合作等情况的介绍后，对学院的学科发展构架和研究工作给予肯定，对新闻传媒事业的现状和未来走向趋势发表了自己的看法。他指出，信息传播无国界已成大势所趋，新闻传媒介入社会生活和国际事务等越来越多的领域，发挥着越来越重要的作用。特别是地震灾害后，政府和社会对新闻传媒有了新的认识，新闻传媒业的发展前景更加广阔，但当前的体制、机制、制度建设远远滞后于传媒行业快速发展的趋势，有很多的工作可以做。希望清华新闻与传播学院在已有研究工作的基础上进一步加大对新闻出版体制改革、产业发展、制度建设的研究力度，加大高层次新闻出版人才的培养力度。他还表示，希望今后与清华新闻与传播学院开展更多的交流与合作。座谈会后，柳斌杰一行还参观了学院的印刷媒体实验室、媒介调查实验室、彭博数据终端实验室。国家新闻出版总署副署长邬书林、图书出版管理司司长吴尚之、影像电子和网络出版管理司司长王国庆等9人参加座谈和参观。校长顾秉林、副校长谢维和、校党委副书记韩景阳、校务委员会副主任荣泳霖，及清华大学文科处、校办等有关部门负责人和新闻与传播学院部分师生参加座谈。

（清华大学文科建设处刘金梅供稿）

纪念中日和平友好条约签订30周年暨改革开放后中日关系论坛 2008年8月12日是《中日和平友好条约》签订30周年，为纪念这一中日关系史上的重要事件，由《人民日报》（海外版）、《世界知识》、《北京周报》、中国日本商会联合于7月30日举行本次论坛。来自政府有关部门、中日双方的专家学者和部分日本跨国公司高管近百人出席了此次论坛。全国政协副主席、中日友好协会会长宋健致贺词，他说：

发展中日友好合作关系是人心所向，是两国人民的根本利益和长远利益所在。近年来，两国领导人频繁互访，人民之间友好情谊不断增进。中国四川5月12日发生大地震后，日本各界人民捐款捐物，并组成救援队来华，这种芳邻厚谊令中国人民感动。日本发生灾害的时候，中国领导人和各界人民也表示了深切的同情和慰问。两国政府和人民在灾害面前相互救援携手共进的情景，为两国新时期的睦邻友好关系的提升丰富了新的内涵。中日两国一衣带水，有着悠久的友好交往历史。中日两国为亚洲和世界的和平稳定与发展作出贡献的能力，从未像今天这样强大。我们应该充分认识新时期中日关系的重要性。邓小平先生曾劝导说：中日永远友好这事“超过了中日之间一切问题的重要性”。

北京大学萧琛教授、清华大学刘江永教授和日本富士通株式会社渡边诚分别作了专题发言。

［参见《人民日报》（海外版）
2008年8月5日第8版］

世界论坛主席施瓦布莅临外交学院演讲 9月22日，正在北京访问的世界经济论坛（WEF）主席施瓦布（Klaus SCHWAB）应邀在外交学院演讲，他以“21世纪的全球治理（Global Governance in the 21st Century）”为题，中国通过2008年北京奥运会向世界展现了一个开放的友好的蓬勃发展的大国形象，同时中国也越来越在许多方面加强自身对世界的影响力，而这一切都得益于改革开放，中国与世界接轨。

施瓦布说30年前他就曾来过中国，他清楚地看到了中国在这30年中的巨变和取得的巨大成就，并将这些归结于中国顺应了全球化趋势。他说，全球化在当今世界已经是一个不可逆转的趋势，不是哪一个人或者哪一个国家可以阻止的。很多国家都受益于融入全球的政治经济体制。中国的前领导人邓小平正是顺应了这一趋势，提出了改革开放这一伟大决策，让中国打开了国门，迈出了脚步，大踏步的搭上全球经济一体化这趟列车，加入WTO，发展各个双边多边贸易关系；同时也越来越以负责任的大国形象出现在世界政治舞台，多次组织六方会谈，在国际事务中发挥越来越重要的作用。

他表示，对于中国而言，正处于这样一个时代背景。如今的“超级力量”已经不再是核力量和军队的力量。更是指“软实力”。而中国也越来越在许多方面加强自身对世界的影响力。2008年北京奥运会，中国就向世界展现了一个开放的友好的蓬勃发展的大国形象。这一切都得益于改革开放，中国与世界接轨。中国是一个大的全球行为者，在以后的发展中，中国仍要致力于环境等全球问题，达到国内外平衡。

（外交学院科研处郦莉供稿）

北京社会科学普及周活动 由中共北京市委宣传部、北京市社会科学界联合会共同主办的“2008·北京社会科学普及周”活动，于10月11日在地坛公园方泽坛拉开帷幕。本届社科普及周坚持“以人为本、传承文明、构建和谐、科学发展”的宗旨，在地坛公园方泽坛搭建“2008·北京社会科学普及园”，集中举办5项社科普及主题活动，以科普展览、名家讲坛、“人文之歌”广场演出、社科知识现场咨询、优秀社科图书展销等多种形式，把大学课堂延伸到社会，把高雅文化普及大众，以实际行动学习、宣传、实践科学发展观，为提升市民的科学文化素质，营造良好的人文环境，建设社会主义和谐社会首善之区贡献力量。

为了更好地普及社科知识，社科联在地坛公园方泽坛内搭建总面积近2700平方米的科普园区，制作240余块社科知识展板，铺设200延米展线，举办“2008·北京社会科学普及展”。展览内容涉及古都保护、历史文化、书标收藏等诸多领域，通过展柜、展墙、展板等多种形式对北京市社科联成立25年来的学术成就进行展示，并特辟专题，举办“北京生活变迁展”，以图片的形式，对中国改革开放30年来北京市民生活变化做出集中展示，从京城百姓衣食住行等方面的发展变化，反映出时代的发展、社会的进步、人民生活水平的提高和思想观念的变化，吸引市民纷纷驻足浏览。

社科联根据市民的需求，努力创新，积极尝试，将群众喜闻乐见的文艺形式加入到社科普及活动中来，今年先后在平谷、密云等远郊区县举办“和谐之声”科普下乡活动，将名家讲座、社科咨询、诗歌朗诵表演结合在一起，受到郊区听众的热烈欢迎。

本次科普周不仅对2008·北京周末社区大讲堂活动评选出的20位专家进行表彰，还从中精选优秀教授团成员，开辟“名家讲坛”，作为2008·北京周末社区大讲堂的特殊讲坛，邀请名家走进公园，走进图书节，为广大市民进行精彩的社科知识普及并签名售书。

10月11日、12日，社科联在科普园内开辟社科咨询区域，设置30个咨询台，邀请北京市文保协会、北京市群众文化学会等近30家学会（协会、研究会）及民办社科研究机构，组织专家学者参与园区的咨询活动，通过“百姓博览会”、非物质文化遗产现场展示和咨询、灯谜现场有奖竞猜、广场舞现场教学等活动，对群众关心的家庭教育、健康保健、消费者权益保护、劳动与社会保障等热点问题进行现场解答，发放科普地图、宣传资料等2000余份，猜灯谜、对对联等互动活动更是受到市民的广泛欢迎。

（北京市社科联科普部李海荣供稿）

第七届欧亚人民论坛　第七届亚欧人民论坛于10月13—15日在北京召开。500多位亚欧会议成员国和地区的非政府组织代表及中国民间组织代表出席了此次论坛。中国外交部部长杨洁篪在开幕式致辞中表示，希望会议增进亚欧之间的相互理解和信任，推进多边主义，推动可持续发展进程，推动全球化朝互利共赢的方向发展，为维护和促进世界的和平与发展，造福两大洲人民作出贡献。

论坛围绕“社会与经济权利及环境公正、和平与安全、参与式民主及人权”三大议题展开讨论并就当前世界金融危机问题进行了深入探讨。论坛呼吁，建立和加强亚欧各国间的合作机制，鼓励民间交往，促进相互理解，支持亚欧人民为争取和平、公正和可持续发展、民主、民族及性别平等所采取的共同行动。论坛呼吁亚欧会议成员国政府为世界和平与安全作出积极贡献，阻止战争，在国际法和尊重国家主权平等的基础上和平解决冲突。论坛还要求西方政府加强银行和资本的监管，转变银行服务职能。

（参见《光明日报》2008年10月17日第8版）

中国劳动关系学院承办非洲国家工会领导人研修班

商务部2008年度第四期援外人力资源开发项目——非洲国家工会领导人研修班由中国劳动关系学院承办。10月13—26日，来自非洲12个国家的27位工会领导人参加了此次研修班。中共中央政治局委员、全国人大党委会副委员长、中华全国总工会主席王兆国在人民大会堂亲切会见了全体学员。

本次研修班的主题为可持续发展与工会的工作。研修班期间，中非双方围绕本次研修班的主题进行了深入研讨。中华全国总工会基层组织部、集体合同部、国际部的负责同志向非洲工会领导人介绍了中国工会的相关情况。中国劳动关系学院院长李德齐教授、副院长沈琴琴教授、刘元文教授分别为学员分析了我国工会面临的新形势、社会保障状况和职工民主管理的情况。

10月15日，研修班全体学员访问了该院。李德齐院长接待了研修班学员并介绍了该院的历史沿革、专业设置、工会干部培训和对外交流合作情况。

（中国劳动关系学院科研处陈邓海供稿）

中国社会科学院举行纪念改革开放30周年系列学术报告会　为纪念改革开放30周年，中国社科院于10月14日在京开始举行纪念改革开放30周年系列学术报告会。报告会共18讲，由各学部的著名专家就政治、经济、哲学、法治、文学、历史、语言、外交、社会学等学科的发展、成就及其在社会发展中的重大意义和作用，进行系统的介绍与评述。首场报告由中国社科院副院长朱佳木作题为《党的十一届三中全会与中国当代史上的伟大转折》的主讲。

朱佳木说，1978年召开的党的十一届三中全会，重新确立了党的马克思主义思想路线，开启了改革开放的历史新时期，实现了中国当代史的伟大转折。这一历史转折不是自然形成的，是在老一辈无产阶级革命家的努力斗争下取得的；这个转折也不是偶然发生的，是我们党在思想上、组织上做了大量的准备工作的必然结果。改革开放，既不是一般方针、政策的转变，也不是社会主义基本制度的改变，而是从对什么是社会主义、怎样建设社会主义的问题由不完全清楚到比较清楚的转变，从探索中国自己的建设社会主义的道路到开辟中国特色社会主义道路的转变，是以经济建设为中心、改革开放与四项基本原则的有机结合，是社会主义制度的自我完善与发展。

（《光明日报》2008年10月15日第2版）

北京联合大学旅游学院博雅论坛　10月17日，“博雅论坛”如期举行。副院长王美萍出席了论坛。此次论坛共有3位博士作了报告。

首先，旅游学院学刊编辑部的张宪玉博士作了题为“欲善研究·先利方法——旅游研究方法简论”的报告。他从机遇与困境——方法缺位论、基础与前提——科学知识论、难题与破题——工事器道论、方法之方法——科学方法论、规范与八股——量化研究论、美丽与哀愁——质性研究论、融合与集成——混合研究论、规划与设计——方法理性论8个角度系统阐述了学术报告的研究规划与设计以及学术报告的主要内容。

随后，休闲与旅游管理系的王静博士根据自己的一项院级课题的研究成果作了“北京博物馆休闲旅游现状及发展对策”的报告，论述了北京博物馆资源概况、北京博物馆休闲旅游现状及问题以及对策。

最后，休闲与旅游管理系的在读博士刘宇作了“区域经济学：理论及运用”的报告，系统介绍了区域经济学的渊源、特点、外延、内容层次及区位理论与新经济地理理论，并从区域经济学在旅游理论研究中的运用、区域分析方法在旅游规划中运用、区域理论在区域政策及规制中的运用三个角度阐释了区域经济学的运用。

论坛上，旅游学院多位教师还与三位报告人进行了自由的交流。

（北京联合大学旅游学院供稿）

欧盟委员会主席巴罗佐在国家行政学院发表演讲

前来北京出席第七届亚欧首脑会议的欧盟委员会主席若泽·曼努埃尔·巴罗佐10月23日到国家行政学院发表演讲。国务委员兼国务院秘书长、国家行政学院院长马凯会见了巴罗佐并主持演讲会。国家行政学院党委书记、常务副院长魏礼群陪同马凯参加会见。

巴罗佐在演讲中对中国成功举办奥运会、残奥会表示祝贺。他认为在经济全球化条件下发生的金融危机是跨国界的，需要进一步加强全球合作。中国对世界经济的贡献是十分重要的。近年来欧中关系保持着积极发展势头，希望双方进一步加强合作，发展欧中全面战略伙伴关系。巴罗佐还对当前国际社会普遍关注的国际金融、经济、能源、气候变化等问题发表了看法，并回答了学员和教师的提问。

马凯对巴罗佐关于发展中欧双边关系的见解表示赞赏。他说，中国政府一贯高度重视发展同欧盟的关系，中欧加强全面战略伙伴关系符合双方的根本利益。国家行政学院多年来与欧盟有关方面进行了广泛而深入的交流与合作，希望双方进一步拓宽合作领域，创新合作形式，提高合作成效。

中国驻欧盟使团团长宋哲大使、欧盟驻华大使赛日·安博、国家行政学院副院长袁曙宏参加会见和演讲会，国家行政学院副院长韩康、国家行政学院党委委员、人事局局长杨文明参加演讲会。在国家行政学院学习的省部级干部培训班、县（市）长进修班、香港和澳门特别行政区研习班学员，以及学院教职员工共400多人参加了演讲会。

（国家行政学院科研部项纪旸供稿）

爱尔兰总理科恩在外交学院演讲　前来参加第七届亚欧首脑会议的爱尔兰总理布赖恩·科恩（Brian COWEN）10月23日在外交学院发表演讲时表示，中国改革开放30年来取得了巨大的经济成就，中国有能力也有责任解决目前所面临的金融危机。

科恩高度评价了中国改革开放30年来的建设成就。他指出，30年来，约5亿中国人实现脱贫，同时中国不断融入全球经济，取得了前所未有的成绩。据他介绍，爱尔兰其实从上个世纪50年代末起也进行了改革开放，内容包括提出促进贸易的战略、实现传统市场的多样化、提供免费的高中教育等等。过去30年来，爱尔兰从落后的农耕国家发展成为了重视创新的高科技、知识型经济体，目前人均GDP位居欧洲第二，仅次于卢森堡。

谈到如何应对当前的国际金融危机，他认为，中国在此次危机中应该起表率作用。他希望通过此次亚欧首脑会议，各国能够商讨出一系列应对此次金融危机的措施，建立一个多边机制，不仅在与会各国之间合作，还应扩展到全球层面，建立第二个

“布雷顿森林体系”，共同解决经济危机。

（外交学院科研处郦莉供稿）

中韩日学术交流会 10月23日，2008年中韩日学术交流会在对外经济贸易大学隆重举行。此次研讨会由中国国际贸易学会、天津市国际贸易学会与对外经济贸易大学联合主办，主题是“东北亚区域经济合作 环渤海经济圈的发展”。中外嘉宾近50人出席了本次研讨会。研讨会由中国国际贸易学会副会长兼秘书长刘宝荣、对外经济贸易大学副校长林桂军分别主持。中国国际贸易学会施用海会长、对外经济贸易大学陈准民校长、天津市国际贸易学会陈明铎会长致辞。

研讨会采用专题发言与点评相结合的方式，商务部亚洲司副司长宋耀明、国务院发展研究中心对外经济部副部长赵晋平、韩国贸易学会名誉会长尹忠沅和尹基官教授、天津市国际贸易学会副会长闫金明、外经贸大学赵忠秀、李爱文教授、韩国对外经济政策研究院研究员洪裕洙作了专题发言。专题发言分别就东北亚区域经济合作机制的现状与问题、东亚经济一体化与中日韩三国的作用、环渤海地区经济整合发展的机遇与对策、环渤海经济圈在东北亚区域经济合作中的作用和环渤海经济圈与中日韩自由贸易区等问题，阐述了各自见解，并提出了相应的对策。

（对外经贸大学科研处张瑞供稿）

面向世界的韩国（朝鲜）学国际学术研讨会 10月25日，由中央民族大学朝鲜语言文学系主办的“面向世界的韩国（朝鲜）学国际学术研讨会”在文华楼西区一层报告厅召开，来自全国各地和韩国的100多位韩国（朝鲜）学专家学者汇聚一堂，广泛交流了最新学术研究成果。在为期两天的会议上，与会专家学者在五个分会场深入探讨了相关研究领域内的学术问题，并发表了70篇论文，内容涵盖语言、文学、社会、艺术四大领域。

（中央民族大学科研处陈海如供稿）

第五届世界华人论坛在京举行 由国务院侨办、科技部和中国海外交流协会联合举办的本次论坛于10月27—28日举行，本次论坛的主题是“海外华侨华人高端人才与建设创新型国家”。来自16个国家和地区的华侨华人专家学者、企业家以及国内代表近200人与会。

国务委员戴秉国，全国政协副主席、致公党中央主席、科技部部长万钢出席论坛开幕式。

戴秉国代表中国政府欢迎海内外专家学者、企业家出席“第五届世界华人论坛”。他指出，经过包括一大批海外归国科技专家在内的广大科技工作者30年来艰苦卓绝的不懈努力，中国科技事业取得了辉煌的成就，但总体上同世界先进水平相比仍有较大差距。为了实现科学发展，迫切需要加快建设创新型国家。建设创新型国家关键是人才，人才是兴国之本、富民之基、发展之源。海外华侨华人人才济济，遍布经贸、科技、金融、教育和法律等各个领域，研究领域和研究成果几乎涉及当今世界所有高科技领域。

万钢在开幕式上作了题为《建设创新型国家呼唤高层次创新人才》的主旨报告。他指出，中国将继续坚持“支持留学，鼓励回国，来去自由”的出国留学工作方针，针对国家发展的战略需求，加快引进一批处于世界科技前沿的一流杰出人才和创新团队，在加快创新人才的培养和造就的同时，欢迎海外高层创新人才参与国家建设。

（参见《人民日报》2008年10月29日第2版，《人民日报》（海外版）2008年10月30日第6版）

首届两岸三地媒介批评学术研讨会 11月1—2日，由中国传媒大学电视与新闻学院、中国传媒大学广播电视研究中心、《现代传播——中国传媒大学学报》编辑部、中国新闻史学会与台湾世新大学新闻传播学院共同主办“首届两岸三地媒介批评学术研讨会”在中国传媒大学国际交流中心隆重召开。来自内地、台湾和香港的30余位新闻传播学界、文艺文化学界的著名专家学者与清华大学、中国社会科学院、中国人民大学、浙江大学、复旦大学、中国传媒大学、吉林大学、北京师范大学、新华社新闻研究所、四川大学、武汉大学、兰州大学、广东外语外贸大学、中国青年政治学院、南京理工大学、中国传媒大学南广学院、河北大学、苏州大学、陕西师范大学、福建师范大学等内地高校和研究机构的40多名教师、研究人员及博硕士生参加了会议。研讨会围绕中国内地、香港、台湾媒介批评的前沿话题展开了全面深入的专题研讨。会议的主题是“使命与责任——媒介批评的历史、现状与未来”。学者们围绕“媒体失范与媒介批评的责任”、“大众文化与媒介批评”、“媒介批评理论与方法论建设”等7个分议题展开探讨。中国传媒大学副校长丁俊杰教授和副校长胡正荣教授以及文科科研处长胡智峰教授等出席了研讨会。研讨会媒体协办单位人民网传媒频道、中华传媒学术网、媒介批评网的相关负责人和代表到会并发言，新闻战线、《新闻出版报》等新闻媒体代表对会议进行了报道。

（中国传媒大学文科科研处程爱晶供稿）

诺贝尔奖获得者北京论坛　11月11日2008年诺贝尔奖获得者北京论坛开幕。全国人大常委会副委员长、中国科学院院长路甬祥，全国人大常委会原副委员长许嘉璐，北京市市长郭金龙出席并致辞。

郭金龙在致辞中说，本次论坛选择“信息与创新”作为主题，具有十分重要的意义。信息化是当今世界发展的重要趋势，以信息技术为代表的科技成果的广泛应用，极大地解放和发展了生产力，引领人类文明和社会发展迈向新的历史高度。面向未来，追求以科技创新为支撑的可持续发展，是各国各地区面临的共同任务。我国政府高度重视信息化建设，把提高自主创新能力、建设创新型国家作为发展战略的核心，大力促进信息化与工业化融合，提升高新技术产业发展水平，加快产业结构调整和发展方式转变。深刻变革的时代，充满活力的中国，为经历奥运洗礼的北京创造了良好的发展机遇。我们将深入贯彻落实科学发展观，继承奥运财富，巩固奥运成果，以“人文北京、科技北京、绿色北京”为主题，努力走出一条有中国特色的首都城市科学发展道路，把北京打造成创新人才聚集、创新体系完善，具有国际影响力的科技创新中心，为建设创新型国家作出应有贡献。副市长赵凤桐在首场“信息与创新战略论坛”上表示，欢迎国内外专家学者利用论坛这个平台畅所欲言，为建设“科技北京”建言献策。

（参见《北京日报》2008年11月12日第1版）

第六届亚洲传媒论坛　11月15日由中国传媒大学与韩国高等教育财团共同举办，亚洲传媒研究中心承办，公关舆情研究所协办的第六届亚洲传媒论坛在该校400人报告厅开幕。此次论坛聚焦“国家形象传播”和“城市形象传播”两大议题，邀请到了来自18个国家和地区的200余位顶尖专家学者及业界精英到会。开幕式由中国传媒大学副校长、亚洲传媒研究中心主任丁俊杰教授主持，中国传媒大学党委书记陈维嘉教授致欢迎辞，全国政协外事委员会副主任杨正泉及世界知识出版社总编辑沈国放分别发表基调演讲。中央电视台、凤凰卫视、路透社、新华社、《光明日报》、香港《大公报》、新加坡《联合早报》、人民网、搜狐网、中华传媒网、学术会议在线、《新周刊》、《对外大传播》、《今日中国》等70余家媒体，从不同角度、多个层面报道了此次盛会。作为中国传媒大学最具规模与影响力的国际学术论坛，亚洲传媒论坛已经成为中国传媒大学的品牌论坛，为构建亚洲传媒研究的资源网络，促进世界各国之间的跨文化交流和资源共享作出了积极贡献。

（中国传媒大学文科科研处程爱晶供稿）

国家形象传播论坛　11月15日，在中国传媒大学开幕的第六届亚洲传媒论坛：国家形象传播分论坛，首次从学术的角度全面、系统地总结国家形象传播理论。国家形象传播分论坛共邀请到了来自10余个国家与地区的40多位顶尖专家与会发言，他们在为期两天的议程中，分别围绕“国家形象与北京奥运”、“国家形象与国际传播”、“国家形象的自我描绘”、“中国的国家形象”、“国家形象与影视媒体”、“国家形象与品牌营销”、“国家形象与媒体建构”、“国家形象的建构”八大主题进行了讨论。第29届奥林匹克运动会组织委员会北京奥运新闻中心高级顾问杰夫·纳弗罗（Jeff Ruffolo）、美国哈佛大学费正清中国研究中心博士后研究员叶叙理（Ashley Esarey）、泰国朱拉隆功大学文学院首席教授巴屏（Parpin Manomaivibool）、韩国釜庆国立大学大众传播系副教授南寅勇、日本庆应义塾大学媒体和传播学院研究院志岐裕等国际嘉宾，以及《人民日报》（海外版）副总编辑钱江、该校电视与新闻学院教授柯惠新、中国社科院新闻与传播研究所教授明安香、复旦大学新闻学院教授孟建等国内知名学者，作了关于国家形象的主题发言，并就多项议题进行了开放式讨论。此次国家形象论坛受到了国内媒体的广泛关注，同时吸引了本校广大师生的积极参与。

（中国传媒大学文科科研处程爱晶供稿）

首届中国新闻学学术年会　11月15—16日，由中国新闻教育学会新闻学分会筹备组和中国人民大学新闻学院、中国人民大学新闻与社会发展研究中心共同主办的“中国新闻教育学会新闻学分会成立大会暨新闻学分会首届中国新闻学学术年会”在中国人民大学召开。中国人民大学党委副书记马俊杰教授和中国新闻教育学会会长、中国人民大学新闻学院常务副院长高钢教授出席开幕式并致词祝贺。

100余名来自全国各高校新闻院系和科研机构的学科负责人，新闻教育界的专家、学者，以及新闻媒体的代表与会，共同总结和交流改革开放30年来我国新闻学学科建设的成就、经验与问题，探讨今后新闻学学科发展的趋势与战略。

成立大会后举行的学术年会的主题是“新时期中国新闻学学科建设30年”。会议主办者特别邀请了对我国新闻教育事业发展和新闻学科建设作出过突出贡献的新闻教育界资深专家和媒体人士，包括中国人民大学新闻与社会发展研究中心学术委员会主任、中国新闻史学会名誉会长、中国人民大学名誉教授方汉奇等新闻学领域知名专家和学者参加会议并作主题演讲。

（中国人民大学科研处关晓斌供稿）

学术前沿论坛　11月22日，由北京市社会科学界联合会和北京师范大学联合打造的“2008 · 学术前沿论坛”在北京师范大学英东学术会堂开幕。论坛以“科学发展：社会秩序与价值建构”为主题，旨在“科学发展”这一主题下探讨处于深刻变革下的中国社会的社会秩序与价值建构问题。北京师范大学党委书记刘川生和北京市社会科学界联合会党组书记史秋秋为论坛致辞。市社科联党组副书记、副主席张兆民主持论坛。首都各界专家学者、北师大等高校师生共400余人参加了论坛。

主论坛上，围绕“科学发展：社会秩序与价值建构”的主题，中国社科院社会学所的陆学艺研究员、北京大学的刘伟教授、清华大学的秦晖教授、复旦大学的邓正来教授、北京师范大学的张曙光教授等先后以“30年来中国社会改革变迁的一些问题”、“应当以怎样的价值取向认识改革”、“全球化时代与中国理想图景的建构”、“关于土地问题的思考”、“中国：问题、经济与理论”为题发表演讲。

与主论坛同步或在前后进行的则是由43家学会举办的几乎涵盖哲学社会科学各主要学科和研究领域的40个分论坛。从11月中旬到12月上旬近一个月的时间里，各分论坛的举办此起彼伏，与主论坛形成呼应之势。和主论坛略有不同的是，发动了首都学术界千余名学者参与进来的学术前沿论坛分论坛侧重围绕改革开放30年来哲学社会科学各学科和研究领域的发展脉络，系统总结和回顾其理论创新历程，并结合现实进行深入探讨。论坛上，近280名哲学、社会学、历史学、经济学、金融学、人口学等诸多学科一流的专家学者和相关政府官员就各自学科领域进行高水准的学术报告，其范围涉及社会主义核心价值与抗震救灾、社会变迁与社会心态、改革开放：发展社会主义的必由之路、社会学茁壮成长的30年、中国经济改革的回顾与前瞻、中国企业改革与发展30年回顾与展望、北京金融改革30年、土地制度改革与城乡统筹、后奥运与首都经济发展、城市运行与管理、精神慰藉与老年人心理健康、性别平等与妇女发展等，具有很强的学术性和现实指导意义。

在本届论坛上，论坛组委会还提前编辑出版了近120余万字的《科学发展：社会秩序与价值建构暨纪念改革开放30周年文集》，作为向中国改革开放30周年和北京市社科联成立25周年的献礼。

（北京市社科联学术活动部张涛供稿）

谭云山、师觉月诞辰110周年国际学术研讨会　11月24日，中印关系国际学术研讨会在北京大学召开，来自中国、印度、美国和加拿大等国的100余名学者齐聚一堂，纪念谭云山、师觉月诞辰110周年。本次研讨会由北京大学印度研究中心主办，得到了印度驻华使馆的积极支持。

谭云山、师觉月（P. C. Bagchi）两位教授是现代中印关系史上的丰碑性人物。谭云山教授是印度文豪泰戈尔的朋友，曾任印度国际大学中国学院院长，长期在印度执教，教授中文及中国文化。谭教授在抗日战争期间积极促成了中印两国领导人的互访，为印度支持中国抗日战争起到了重要的作用。新中国成立及印度独立后，谭云山教授也为两国的交往作出了重大贡献。师觉月教授是谭云山教授在国际大学的同事，是印度重要的语言学家、宗教学家和中印文化史学者，他对印度古代语言、印度佛教以及中印文化交流的研究成果至今不衰，仍有借鉴和指导价值，为相关领域学者所遵奉。

北京大学文科资深教授刘安武先生、谭云山教授长子谭中教授、师觉月教授女儿拉德纳 · 辛哈女士、印度国际大学泰戈尔馆馆长马宗达教授等出席了本次国际学术研讨会。

大会伊始，北京大学印度研究中心主任王邦维教授致辞，代表北京大学印度研究中心欢迎前来参加研讨会的各位嘉宾。王邦维教授回顾了北京大学印度研究的传统，介绍了北京大学在印度研究方面所取得的成就。北京大学印度研究肇始于1917年，后由季羡林先生、金克木先生等继承，在他们的引领下，北京大学印度研究稳步发展，逐渐形成了自己的架构和传统。2003年，在中印两国政府的支持下，北京大学成立了印度研究中心。谭云山和师觉月教授生前与北京大学渊源颇深。前者几度访问北大，后者是印度独立后第一位在北京大学执教的印度专家。他们与北大相关学者一道，为中印两国的友谊作出了重要贡献。

在研讨会上，国内外学者在缅怀谭云山和师觉月两位先驱的同时，就中印关系、中印文化交流等问题进行了全方位的研讨。大家祝愿中国的印度研究和印度的中国研究更上一层楼，祝愿中印关系在新时期更上一层楼。

（北京大学社会科学部郭琳供稿）

现代化进程中的中国与后现代的欧洲研讨会 12月2日，由外交学院（Institut de Diplomatie de Chine）欧洲研究中心和法国战略学会（Société de Stratégie de France）联合举办、法国驻华大使馆文化科技合作处资助的“现代化进程中的中国与后现代的欧洲”（L'Europe post-moderne vue par la Chine en modernisation）研讨会在外交学院国际交流中心举行。欧盟驻华大使、法国驻华大使及公使、法国战略学会以及中国外交部、中联部、商务部、社科院、国研所、中央编译局、北京外国语大学、《人民日报》、外交学院等研究机构和新华社、中国国际广播电台约15名专家学者和编辑记者代表参会。会议语言为法语。

如何看待新形势下的中欧关系，如何使中欧关系跨越眼前的困难、继续稳定发展，是本次研讨会的重要议题。

中国外交学院院长赵进军、法国驻华使馆公使衔参赞郁白、法国战略学会会长马翼科以及来自中、法、欧盟的20余位学者等有关人士，出席了研讨会开幕式。

赵进军说，当前世界正在发生深刻快速的变化，更需要中欧加强合作，如共同应对金融危机的挑战，共同应对全球气候变化、国际恐怖活动、大规模杀伤性武器扩散以及全球性贫困与疾病的挑战。

郁白在会上作题为《法国担任欧盟轮值主席国：回顾与总结》的发言。按照研讨会日程安排，中外与会者将就当前中欧关系、中法关系、欧盟探索新模式、人权问题等展开交流。

（外交学院科研处郦莉供稿）

中巴关系现状与未来学术研讨会 12月12日，由北京大学巴基斯坦研究中心主办的“中巴关系现状与未来”学术研讨会在英杰交流中心举行。来自北京大学、外交部、巴基斯坦驻华大使馆、中国社会科学院、《人民日报》、中国国际广播电台等单位的70多名学者、官员、媒体人员和学生出席了本次研讨会。巴基斯坦驻华大使马德·汗先生在开幕式上发表题为《巴中关系：现状与未来》的讲演。马德·汗先生回顾了中巴两国之间“全天候”“比山高、比海深”的友谊，以具体的历史事件描绘出中巴关系历经考验，继往开来的现状，并展望了中巴关系美好的未来。演讲结束后，马德·汗先生与在座的学者和学生进行了交流互动。

会议期间，与会学者就中巴关系历史和现状进行讨论，积极为中巴关系朝着更美好的方向发展出谋划策。中国南亚学会会长孙士海教授从中巴战略关系、全天候方位的长期合作关系、好朋友好兄弟好邻居好伙伴的关系三方面阐述出中巴关系的特殊性，并指出中巴关系发展需要注意的几个问题。前驻巴基斯坦伊斯兰堡总领事安启光先生以自身驻巴经历，讲述中巴关系的重要性，呼吁珍惜中巴友好关系，做一切有利于中巴友好的事情，使这种建立在道义基础上的关系天长地久。前中国外交部巴基斯坦处处长魏渭康先生以亲身经历的诸多事件，强调中巴友谊之“历经考验”，并就发展中巴文化关系提出了若干具体建议，包括高层互访和民间文化团体互访相结合的多层次交流活动，文化旅游领域和教育领域的合作，等等。社科院学者刘学成先生从巴基斯坦在中国的战略地位和中巴关系之间的挑战两方面论述了中巴关系的未来方向。中国国际战略学会副会长蔡炳魁先生从巩固中巴战略合作的政治基础谈如何深化两国战略合作关系。中国军控与裁军协会副秘书长翟德泉先生从军控角度论述中巴关系及其未来发展方向。中国社科院年轻学者蓝建学博士从近年来中巴经贸关系和国际关系角度阐述了中巴未来发展中需值得注意的若干问题，他认为巴中贸易逆差需要引起双方的重视。《人民日报》驻巴基斯坦首席记者王南先生就媒体在中巴关系中所扮演的角色论述中巴关系，他认为中巴媒体交流与中巴两国关系之友好程度不匹配，提出两国媒体需增多交流与合作，建立信息共享平台，共同抵制西方媒体妖魔中巴两国的做法。中国社科院经济学博士刘小雪女士，以详细的数据，从国际经济学角度论述中国投资巴基斯坦的优劣势，认为中巴两国政府需联手解决中巴贸易逆差问题，巴方需致力于建设更好的国际投资环境，吸引外资，促进经济发展。前中国驻巴基斯坦文化参赞易如成先生简要回顾中巴千年交流史，并就中巴文化交流提出具体的看法，包括加强中巴青年交流，培养中巴文化交流的接班人，建立民间文化艺术团体交流机制，发展特色文化旅游，等等。最后，北京大学巴基斯坦研究中心主任唐孟生教授总结本次研讨会，他表示，作为一个学术机构，北京大学巴基斯坦研究中心将继续致力于中巴研究，开展更多的学术活动，培养更多的优秀人才，促进中巴关系走向更美好的未来。

（北京大学社会科学部郭琳供稿）

纪念中美建交30周年国际研讨会　12月15—16日，纪念中美建交30周年国际研讨会在北京举行。美国著名中国问题专家兰普顿和李侃如、前美国驻华大使芮效俭、美中政策基金会理事傅立民等数十位中美专家和前大使与会。

专家们认为，中美关系的发展是建立在利益驱动而不是价值观的基础上。比如：台湾是中国的核心利益所在，一个中国原则是中美关系的政治基础。历史经验表明，维护这一政治基础，中美关系就健康发展，损害它则阻碍两国关系发展。中国专家强调，在未来，美国仍需要慎重处理包括中国台湾和涉藏问题在内的敏感问题。现在，台海局势发生积极变化，双方的交流合作不断扩大，大三通已经开启。这为中美关系的发展提供了有利的环境。

研讨会上，中美专家肯定中国改革开放30年对世界格局和中美关系的积极影响，赞扬改革开放总设计师邓小平30年前首次访问美国，揭开中美关系新的一页。专家们认为，两国长期互利合作使中国发展受益，也使美国获益匪浅。如今中国成为世界第四大经济体，中国的持续快速发展成为影响中美两国关系的重要因素之一，美国国内开始围绕中国的崛起对美国的利弊得失展开了长期、深入的辩论。中国坚持和平发展，已经得到了越来越多美国人的认同。美国还有学者认为，中国强大后不会搞霸权的看法和昔日甚嚣尘上的“中国威胁论”相比，“应该说是对中国认识上的进步”。

（参见《人民日报》2008年12月18日第3版）

改革开放30周年国际学术研讨会　12月16日，中国社会科学院学部主席团举办的“改革开放30周年国际学术研讨会”在北京国际饭店会议中心举行。全国政协副主席、中国社会科学院院长陈奎元，中央文献研究室主任冷溶，国务院研究室副主任江小娟、商务部副部长马秀红等领导出席，中国社会科学院常务副院长王伟光致辞，副院长陈佳贵主持开幕式。

王伟光在致辞中指出，30年前那个孕育着希望的冬天，以中国共产党十一届三中全会的召开为标志，中国改革开放的航船破开坚冰，扬帆启航，中华民族迎来了发展腾飞的春天，并在此后30年间谱写了一部改革开放的辉煌壮丽史诗。召开此次国际研讨会，汇集国内外专家学者于一堂，对30年来中国走过的历程和取得的成就进行系统的回顾和总结，对中国未来发展的相关问题进行深入研讨，具有十分重要的意义。

在开幕式后的主题发言中，中国社会科学院学部委员刘树成、中国社会科学院荣誉学部委员陆学艺、中国社会科学院学部委员张蕴岭、英国伦敦经济学院（LSE）教授巴里·布赞进行了4个主题发言。

刘树成研究员在题为“中国经济改革发展30年”的发言中，概括了中国经济体制改革的九个方面，同时指出：中国的改革与发展正处于关键阶段，既要在利益主体多元化的情况下统筹协调好国内各方面的利益关系，又要在复杂多变的国际环境中趋利避害。特别是对于改革的领导者而言，面临着毫不动摇地坚持改革方向，完善改革方式，增强改革动力，进一步提高改革决策的科学性，增强改革措施的协调性的重要使命。

陆学艺研究员在题为“中国社会发展30年”的发言中，分析了改革开放以来我国社会结构发生的四个主要变化，指出中国在总体上已经从农业、农村的传统社会结构转变为工业化、城市化的现代社会结构。但是，中国现在的社会结构，同已有的经济结构还不相适应，由于各种原因，社会结构还明显滞后于经济结构。党中央提出的科学发展，首先就是经济社会要协调发展，社会结构与经济结构要互相适应。随着经济发展，经济结构进一步调整，中国的社会结构还将继续变动，一个充满活力的现代化的社会结构一定会在不久的将来形成。

张蕴岭研究员在“中国对外开放与和平发展30年”的发言中，从“积极参与国际分工”、“坚持走和平发展的道路”两个方面分析总结了改革开放以来我国的最重要的经验，并指出从经济发展的意义上，对外开放就是把中国的发展与外部发展连接起来，改变封闭的计划经济模式，通过积极参与国际分工，利用外部资源，加快发展自己，而创建和平发展环境与集中精力搞建设两个方面是相辅相成的。改革开放后，我国的外交就是紧紧围绕创建和平发展环境这个根本任务而努力。一方面，中国做出多种努力改善与各国的关系；另一方面积极参与国际和地区事务，发挥自己的力量与影响，构建新的合作与和平机制。

巴里·布赞教授在“中国在未来几十年里面临的机遇与挑战”的发言中强调，每一个问题就是机遇，对中国来说不抓住现有的机遇，这些机遇就会变成问题。中国对外关系中有三大机遇（问题），即：处理好中美关系、融入国际社会、处理好中日关系。当下是庆祝改革开放取得巨大成就的好时候，同时也是为未来进行规划，保证在未来30年取得更大成就的时候。

为期两天的研讨会除开幕式和主旨发言以外，安排了三场分组会，来自海内外的百余名专家学者就“中国经济改革发展30年”、“中国社会发展30年”、“中国对外开放与和平发展30年”继续进行深入研讨。

（中国社会科学院办公厅朱丽雅供稿）

对日本右翼历史教科书的批判国际学术讨论会 12月19—20日，北京大学历史学系与韩国东北亚历史财团、朝鲜社会科学院以及中华文化交流与合作促进会，在北京大学共同举行了“历史的记忆——对日本右翼历史教科书的批判”国际学术讨论会。北大历史学系代表团学者10人、韩国东北亚历史财团代表团学者8人、朝鲜社会科学院历史研究所代表团5人，共发表论文18篇。

日本文部科学省预计2009年4月将通过右翼团体“历史教科书编纂会”的《新历史教科书》。日本右翼历史教科书问题涉及重大的政治原则问题，对历史的歪曲损害了各受害国人民的感情，破坏了中日韩朝的和平关系。同时，该问题也涉及若干历史事实的辨析。

本次会议的主要论题包括：日本右翼历史教科书出台的背景、历史沿革、基本观点和对其开展批判的意义；古代史领域对右翼历史教科书的分析和批判；近现代史领域的批判。

（北京大学社会科学部郭琳供稿）

中国国际关系学会年会 12月26日，中国国际关系学会2008年年会在北京召开，与会各级领导、嘉宾以及来自全国各地的专家、学者共计100多人参加了本次会议。

首先，戴秉国国务委员就当前国际形势与中国外交作了讲话。接下来，与会代表还就中国外交的理论与实践以及学会工作展开了广泛、深刻的研讨。年会的工作讨论分两组进行，分别由王逸舟副会长和俞新天副会长主持。与会学家、学者围绕“国际关系理论与中国外交”“中国外交政策和国际形势”等议题展开了热烈的讨论，并就中国国际关系学会的能力建设和机制建设等问题提出了一系列具有很强建设性和可操作性的建议和措施。最后，赵进军常务副会长就中国国际关系学会工作做了总结部署。

赵进军常务副会长充分肯定了本届年会所取得的一系列成果。他指出，自2004年唐家璇国委任会长以来，学会在以下四个方面的工作有进展：第一，开展国际交流，增信释疑，提高学会的国际知名度；第二，定期召开学术和政策研究会议，为有关部门献计献策；第三，开展政策宣讲，引导社会舆论；第四，加强学科建设，推动中国国际关系研究的发展。

（中国国际关系学会孙俊华供稿）

中共北京市委讲师团推出2008年度辅导报告“精品超市” 1月初，市委讲师团紧紧围绕党的中心工作，关注干部群众普遍关心的热点、难点问题，推出2008年度辅导报告“精品超市”，共开列25个专题、372个讲座题目供社会各界选择；同时开设6部热线电话，2部手机24小时有人值守，为基层免费代请报告人、协办报告会、培训班，适应了社会各界对思想理论和形势政策教育的宣讲需求。其主要特点：一是宣讲重点突出。主要围绕学习宣传贯彻党的十七大和十七届三中全会精神、抗震救灾精神、迎接北京奥运会及科学发展观学习实践活动、纪念改革开放30周年，在全市广泛开展宣讲活动3000余场次，受众达200多万人次。二是宣讲服务到位。热线电话每天接听和处理达100多人次，包括中央和外省市代请报告人的要求也尽量满足，适应了社会各界对思想理论和形势政策教育的宣讲需求。三是宣讲人才优化。讲师团重视加强辅导报告“专家库”的骨干队伍建设，及时进行调整充实，为“精品超市”的宣讲人才资源提供了有力保证。

（北京市委讲师团高亚雄供稿）

北京市社科联系列专题讲座 1月5日，北京市社会科学界联合会与所属北京史研究会、北京市文艺学会、北京市文物保护协会、北京市家庭教育研究会、北京市社会心理学会等10余个学会（协会、研究会）共同启动“2008·北京市社科联系列专题讲座”活动。“以人为本，传承文明，构建和谐，迎接奥运”是今年活动的主题，社科联动员广大社会科学工作者贴近实际、贴近生活、贴近群众，经常性地向广大市民讲授人文知识、奥运知识、礼仪知识，传播科学思想、科学精神、科学方法，促进全北京市民积极投身到迎奥运的活动中来。全年共举办讲座200余讲，邀请中国中医科学院西苑医院杨力教授、北京文史研究馆民俗专家赵书先生等百余位知名人士在王府井新华书店、首都图书馆、中关村图书大厦、东四奥林匹克社区等场所为市民答疑解惑。

社会科学普及工作是北京市社科联重点工作之一。从2002年起北京市社科联举办近千场系列专题讲座，内容涉及政治、经济、历史、教育、传统文化、医学保健、心理健康等社会科学诸多方面。系列专题讲座由社科联主办、重点学会承办，以系列专题讲座为主要活动形式，场次多、受众面广、社会反响强烈，6年来向广大北京市民普及科学知识，弘扬科学精神，传播科学思想，倡导科学方法，在讲座中突出浓厚的人文精神，为提高北京市民素质、营造“人文奥运”良好氛围贡献力量。此项活动与每年4月启动的“北京周末社区大讲堂”、9月举办的“北京社科普及周”共同组成北京市社科联社科普及三大重要板块，在社会上引起巨大的反响。

（北京市社科联李海荣供稿）

中共北京市委讲师团着力抓好理论宣讲示范基地建设 市委讲师团对覆盖全市各系统、各群体的30个理论宣讲示范基地建设工作，自1月初开始，于12月结束。理论宣讲示范基地建设注重以人为本，为不同行业、不同系统、不同群体的理论宣讲示范基地“量身定做”宣讲报告，及时收集反馈信息，积极开展宣讲互动，全年共为理论宣讲示范基地举办理论学习报告会50余场；并召开理论宣讲示范基地总结表彰会、举办理论宣讲骨干培训班，及时交流经验，提升理论宣讲水平。讲师团还积极探索基地理论学习新形式，年初与中央国家机关工委共同推出“部委基层主题联学”活动，先后在建国门外街道、中关村和花乡等基地分别举办了与文化部、科技部、农业部、民政部等部委的主题联学活动，以十七大精神和十七届三中全会精神为主题，把制定政策的国家最高决策机关与执行政策的国家最基层政权结合起来，从制定政策和执行政策两个层面，加深对党的创新理论和方针政策的理解。刘云山同志在全国宣传部长会上对这一形式就给予充分肯定。

（北京市委讲师团高亚雄供稿）

2008·和谐之声科普下乡活动 为了进一步促进社会主义新农村文化建设，丰富广大农民群众的精神文化生活，提高郊区县群众社科知识文化水平，北京社科联不断根据郊区人民的需求，努力创新，积极尝试，送科普书籍下乡、送知识讲座下乡、送社科咨询下乡、送文艺节目下乡、送医疗服务下乡，将人民群众喜闻乐见的多种形式加入到社科普及活动中来，不仅丰富了科普活动的内容，活跃了科普活动的形式，增强了科普活动的吸引力、凝聚力，还使得广大市民在领略到社科知识魅力的同时，感受到更多的艺术熏陶。

2008年北京社科联会同相关单位共举办和谐之声科普下乡活动2次。5月30日，2008·平谷区和谐之声科普下乡活动隆重举行。本次活动由北京市社科联、平谷区委宣传部共同主办。社科联党组书记史秋秋、副书记张兆民，平谷区委宣传部部长江涛、副部长王秋芬，社科联学术活动部主任王彦京等与来自各机关工委、滨河社区的300多名干部群众一起参加了活动。

活动中，同仁医院传统医学科主任杨威老师的讲座，深入浅出、图文并茂，从按摩原理、按摩手法等方面向大家讲解了家庭常用穴位的按摩和自我保健的知识，台上台下和谐互动，效果十分明显；讲座后，曹灿、殷之光、卞小贞等著名表演艺术家的精彩表演，道出了北京构建社会主义和谐社会首善之区的激情与豪迈，尤其是《献给不屈的生命》、《向灾区前进》等与抗震救灾有关的节目，更是让听众深受感染、热泪盈眶，更加树立起众志成城、共建祖国的决心。

6月21日，2008·密云县和谐之声科普下乡活动也相继举行。本次活动由北京市社科联、密云县委宣传部共同主办。社科联党组书记史秋秋、副书记张兆民，市委宣传部理论处处长崔新建，密云县委常委、宣传部长向德春、副部长黄松柏等，与来自巨各庄菜家洼村的300多名干部群众一起参加了活动。

（北京市社科联科普部李海荣供稿）

2008·北京周末社区大讲堂 为了进一步提高全民科学素质，推动“迎奥运、讲文明、树新风——我参与、我奉献、我快乐”活动向纵深方向发展，把建设学习型城市工作落到实处，在去年大讲堂活动的基础上，2008年4月，市委宣传部、市委社会工委、市社科联会同有关部门在全市开展2008·北京周末社区大讲堂活动，向广大市民讲授奥运知识、传播人文思想、弘扬文明新风、倡导科学方法，对市民素质的提升，城市形象的改善，和谐社区、和谐村镇的建设起到了重要的意义和深远的影响。

活动自开展以来，通过讲座的形式向市民进行社科知识普及、奥运知识培训、文明礼仪讲解，备受市民欢迎，社会反响十分强烈。截至10月底，已有近百位专家学者，深入到全市18个区县举办科普讲座193场，内容涉及历史文化、奥运知识、心理健康、家庭教育等诸多方面，直接受众4万余人次，产生了广泛的社会反响。

受大讲堂活动的启发，不少区县还自发地结合各自实际，成立自己的“和谐社区宣讲队”，开展常年的科普讲座活动。

北京周末社区大讲堂活动在实践中注重大局意识、责任意识、品牌意识，兼负文化建设与社会建设的双重使命，是宣传思想、传播文明、服务群众，培养首都人文精神，构建社会和谐文化的重要阵地，效果显著，覆盖面广，百姓、学者、地方多方受益。

本年度大讲堂活动主题为“以人为本、传承文明、构建和谐、迎接奥运”，一个主题四个方面，四个方面有机统一，体现了鲜明的时代特征。2008年是奥运之年，进一步做好社会科学知识普及、奥运知识培训工作，对于提高首都市民文明素质、建设学习型城市、弘扬人文精神、办好一届有特色、高水平奥运会意义重大。所以大讲堂以“以人为本、传承文明、构建和谐、迎接奥运”为主题，举办不同内容的科普讲座，目的是让首都广大市民共享社科研究成果，推动“迎奥运、讲文明、树新风——我参与、我奉献、我快乐”活动向纵深发展。仅上半年，111场讲座中，奥运主题讲座共计举办52场，约占讲座总数的1/2，《奥运安全从白金十分钟做起》、《奥运礼仪在社区》、《奥运赛事观赏指南》、《奥运文明礼仪知识》、《奥运中的美学》、《奥运来了，做个热情的东道主》等讲座从不同角度拉近了市民与奥运的距离。不少市民表示，奥运的脚步日益临近，各种奥运相关知识的讲座不但丰富了群众业余文化生活，还增长了大家的奥运知识，更加激发了大家支持奥运、参与奥运、奉献奥运的热情。

北京周末社区大讲堂活动在一年多的实践中，始终把群众的需求放在首位，尽可能地为基层安排自主选择的讲座，坚定群众的理想信念，丰富群众的精神世界，摸索总结出了以下几个方面的条件及经验。

一是领导重视，周密部署。

二是精心选题，精心把关。

三是积极协调，积极引导。

2008年北京周末社区大讲堂活动持续到10月底，坚持“公益讲座，百姓点题”的模式，通过一场场生动有力的讲座，将党的方针政策、群众需要的文化知识传送到社区，传送到乡镇，在丰富北京市民精神文化生活的同时，为全面推动基层群众思想文化建设，提升市民整体素质，促进教育优势资源共享等方面，开辟崭新而宽广的社会平台，为2008年北京奥运会的成功举办营造良好的舆论氛围和人文环境。

（北京市社科联科普部李海荣供稿）

·机 构·

概述

本栏目记述2008年度北京市哲学社会科学规划办公室和北京市教育委员会审批确定的2个北京市社会科学研究基地，内容包括每个基地的科研任务、研究方向、负责人、首席专家及地址、联系电话等内容；记述2个新成立的北京市民营社会科学研究机构，内容包括每个研究机构的主要负责人、研究宗旨、业务范围及地址、联系电话等内容；在已刊机构补充介绍中，记述北京地区14个高校、科研单位的领导成员任免、新成立的社科研究机构等内容，反映了北京地区社科研究机构的基本状况及其动态变化。

2008年成立的北京市哲学社会科学研究机构

2008年12月8日，北京市哲学社会科学规划办公室和北京市教育委员会联合发文（京社科规划文〔2008〕17号）《关于在中国人民大学和北京语言大学建立北京市哲学社会科学研究基地的决定》。决定在中国人民大学建立"北京社会建设研究基地"，在北京语言大学建立"首都国际文化研究基地"。

北京社会建设研究基地

研究基地依托中国人民大学建立。主要研究方向为北京社会建设中遇到的基本理论和重大问题。研究基地主要通过承担北京社科规划项目和有关北京市社会建设研究项目，为北京市社会建设提供理论服务和智力支持。研究基地还将与中共北京市社会建设工委、北京市社会建设办公室紧密合作，进行信息交流和开展调查研究工作。

基地负责人：纪宝成

基地首席专家：冯惠玲

基地日常工作联系人：沃晓静

电　　话：62511037

地　　址：海淀区海淀路175号

邮　　编：100872

首都国际文化研究基地

研究基地依托北京语言大学建立。主要研究方向：利用北京语言大学长期从事对外汉语教学的优势，发挥跨文化教育的特色，立足首都文化建设和发展的需要，研究中华文化的国际传播，研究首善之区的北京文化走向世界。下设7个部门：首善之区文化发展与传播研究中心，世界宗教研究中心，"京味"语言文化研究所，留学生博雅教育研究所，联合国研究中心，《中国文化研究》编辑部，《汉学研究》编辑部。

基地负责人和首席专家：韩经太

基地日常工作联系人：孙海燕

电　　话：82303253

地　　址：北京市海淀区学院路15号

邮　　编：100083

（北京市哲学社会科学规划办公室供稿）

北京市社科联所属民办社科研究机构

北京圣陶教育发展与创新研究院

北京圣陶教育发展与创新研究院是于2008年3月由北京市民政局正式批准成立的一家民办非企业单位，业务主管单位为北京市社会科学界联合会。该院是使用非国有资产，由出资人自愿举办，从事非营利性教育研究以服务于教育的社会研究组织。

北京圣陶教育发展与创新研究院通过收集、整合和综合利用国内各种与教育相关的优质资源和先进信息为手段，以促进校长专业化成长、帮助学校创新发展，帮助教育科研成果转化，最终推动我国基础教育长远发展。

该院以"锻造国际合作创新链、助推基础教育研究发展"为目标，致力于发展成为拥有世界先进水平的基础教育研究机构，围绕国家基础教育发展中的重大战略问题和重大政策性问题开展研究，探索新颖的发展模式，从而为中国基础教育发展与创新探索新的成长之路。其业务范围：开展教育发展与创新研究、教育研究成果的转化与应用推广、教育实践的诊断与咨询、教育活动的指导与服务、组织学术交流研讨活动、接受委托开展相关培训。

院　　长：陶西平
执行院长：王本中
理 事 长：赵光华
学会地址：北京市海淀区阜成路73号世纪裕惠大厦B0905
邮　　编：100036
电　　话：63170866
传　　真：63170866
电子信箱：shengtaoedu@163.com

北京三生环境与发展研究院

北京三生环境与发展研究院成立于2008年3月，是一个从事非营利性学术活动及相应社会服务的民办研究机构，业务主管单位是北京市社会科学界联合会，登记管理机关是北京市民政局。研究院的运作机制是，以中国社会发展中迫切需要解决的问题为导向，以项目或任务为中心，以不同形式的合作共赢和协同发展为工作准则，整合国内外社会各界的先进思想和智慧，为社会发展学理论体系的丰富、完善和深化搭建平台，为社会发展实际问题的解决提供科学和技术服务。

研究院院长、本届（第一届）理事会理事长：叶文虎；副院长、理事：宋豫秦、孙津；理事：张象枢、张虎林、薛纪渝、蒋国平。

该院依照中华人民共和国宪法和各项法律以及主管单位和登记机关的相关规定，整合各方面学科的学术力量，研究有关环境与发展中的重大问题，探索落实科学发展观的具体理论及相应的方法体系，特别是为北京市的环境保护和治理以及可持续发展提供理论与方法上的支持。

该院环境与发展的关系是人类社会进步必须面对的永恒命题，也是人类文明进程中的一个核心问题，当然也就成为一个最新的最具活力的综合学科。事实表明，物质层面的环境恶化和发展局限实质上都是由人的认识不够和社会行为不当造成的。针对当前关于环境与发展关系的研究中存在着的学科、体制、机制以及实践性等方面的局限，本研究院将针对这些问题，组织相关专家开展综合研究，探索落实科学发展观的具体理论及相应的方法体系，为国家和地区的环境保护与可持续发展提供理论与方法上的支持和服务。其开展有关环境与发展的理论研究及其实践应用、学术交流、咨询服务、委托培训。

院　　长：叶文虎
副 院 长：宋豫秦　孙　津
地　　址：北京市海淀区中关村北大街151号资源大厦713室
邮　　编：100080
电　　话：58876640
传　　真：58876642
电子信箱：yuantong66@sohu.com（暂代）
网　　址：http://www.beijingsansheng.org.cn

（北京市社科联学会管理部供稿）

已刊机构补充介绍

北京大学

国家发展研究院

北京大学国家发展研究院是2008年10月25日在北京大学中国经济研究中心基础上组建的一个以综合性社会科学研究为主的科研教学机构，致力于中国社会科学的国际化、规范化、本土化，推进学科体系、学术观点和研究方法的创新。该院直属北京大学，实行学校和董事会领导下的院长负责制。

该院将以国家发展为中心议题，立足于中国改革发展与现代化的实践，前瞻性地提出重大的战略、制度、政策和基础理论问题，持续关注全球格局的演变，参与改革发展与建设国际新秩序的高层对话。按照"小机构、大网络"的原则，组织跨学科的综合研究，培养综合性的国家发展高级人才，成为中国集结高水平综合性知识的一个学界思想库。

学院在教学方面，按国际一流大学的标准开设博士、硕士、本科生双学位和国际MBA课程，培养了大量经济管理人才。博士硕士专业包括经济学、金融学和管理学等；经济学双学位（学士学位）和辅修招收北京大学非经济学专业的本科生和校外符合条件的其他学生。学院还与美国20余所大学联合举办北京大学国际MBA项目（英文简称为BiMBA），共同培养面向国际、面向未来的高级经营管理人员。

在研究方面，学院专职研究人员根据个人学术专长和兴趣对经济管理理论和我国经济改革与发展中各个领域的主要问题进行研究，撰写了一系列报告，在国际国内一流学术期刊发表论文和出版专著。

在学术交流方面，除参加各种国内外学术会议外，学院经常邀请国内外著名学者、政要、企业家等来中心讲学和访问。定期举办“经济理论与政策研究”、“金融论坛”、“BiMBA讲座”等系列讲座；不定期主办或与国内外其他机构合办国际性学术会议，以加强学术交流和提高研究水平或对国内外重大政策问题进行讨论。学院还设立客座研究项目，每年邀请国内外经济学者到中心进行短期客座研究。

此外，学院还出版内部讨论稿、简报以及《经济学季刊》等各种出版物，在学术界、决策界和舆论界普受好评。内部讨论稿为中英文双语刊物，刊登学院研究人员、客座研究人员及其他学者的学术研究成果。内部讨论稿主要用于国内外学术机构、政策研究部门和学者之间的交流。学院不定期出版的简报主要用于向决策部门及媒体报道中心的活动和介绍中心的研究成果。

院　　长：周其仁

电　　话：62766005

外国语学院

北京大学外国语学院成立于1999年6月22日，是北京大学第一个多系、多学科的学院。学院下设英语语言文学系、东方语言文化系、法语语言文学系、德语语言文学系、西班牙语言文学系、俄罗斯语言文学系、日语语言文化系和阿拉伯语言文化系八个系，以及世界文学研究所。2003年由教育部评定为外国语言文学一级学科博士点。

北京大学外国语学院由原北京大学英语语言文学系、西方语言文学系、俄罗斯语言文学系和东方语言文学系合并而成。作为外国语学院前身的四个系历史悠久，名师荟萃。这里曾经汇聚了中国20世纪最优秀的一批外国语言文学大师，包括朱光潜、曹靖华、冯至、马坚、季羡林、金克木、田德望、闻家驷、俞大絪、吴达元、赵萝蕤、杨周翰、李赋宁等知名教授。进入世纪之交，这里又出现了以申丹和王邦维为代表的在国内外具有影响力的新一代学科带头人。这里源源不断地培养出数以万计德才兼备的优秀外语人才，其中包括国家外交部长、大使等数十位出类拔萃的外交官。

外国语学院目前拥有19个语种的专业，包括英语、法语、德语、西班牙语、俄语、日语、阿拉伯语、蒙古语、朝鲜语、越南语、泰国语、缅甸语、印尼语、菲律宾语、印度（印地）语、梵语、巴利语、乌尔都语、波斯语、希伯来语。其中英语语言文学、印度语言文学为国家重点学科；外国语学院的世界文学与中文系的比较文学联合组成一个重点学科。学院的教学包括本科、硕士研究生与博士研究生等不同层次，其中梵巴文和希伯来语言文化专业目前属于国内唯一的专业设置。苏美尔文化、巴比伦—亚述文化和赫梯文化、佛教学、敦煌学、中亚学等研究领域拥有国内最多、最优秀的人才。外国语学院设有一个一级学科博士点和九个二级学科博士点与一个博士后流动站，另有与法国等国家联合培养博士的合作项目。

学院依托设在北京大学的教育部人文社科重点研究基地“东方文学研究中心”和国家非通用语种本科人才培养基地，以及北京大学“欧美文学研究中心”，还有东方学研究院等二十多个学术研究机构，学院的骨干教师构成这些研究基地和学术机构的主体。外国语学院的学术刊物《国外文学》属于列入中文社会科学引文索引（CSSCI）的核心期刊。学院图书馆共有19个语种的23万册藏书。

院　　长：程朝翔

电　　话：62751570

中国社会科学调查中心

北京大学中国社会科学调查中心（Institute of Social Science Survey，ISSS）成立于2006年9月，是直接隶属于北京大学的教学科研实体。作为中国家庭动态跟踪调查的执行机构，北京大学中国社会科学调查中心还承担国内外学术和政府机构的委托调研，以调查、收集、整理、集成中国社会经济和社会科学研究数据为目的，为教学、科研、政策分析和决策提供数据平台。

中国社会科学调查中心开展的中国家庭动态跟踪调查（Chinese Family Panel Studies，CFPS）是北京大学中国社会科学调查中心实施的一项旨在通过跟踪搜集个体、家庭、社区三个层次的数据，反映中国社会、经济、人口、教育和健康的变迁，为学术研究和政策决策提供数据为目标的重大社会科学项目。

项目的前期经费由教育部985二期计划支持，从2005年开始进行筹备，2006年成立机构，2007年正式进入前期工作，在北京、河北、上海完成了两次共计140户的测试性调查，问卷工具基本成熟。

2008 年在北京、上海、广东的展开探索性调查，调查规模为 2400 户；2009 年在北京、上海、广东三地展开工具性测试跟踪调查，测试 CAPI 技术、调查进程实时管理技术、调查进程实时技术支持系统、数据质量实时监控技术的稳定性和可靠性。2010 年在全国（西藏、青海、新疆、宁夏、内蒙古、海南、香港、澳门、台湾不在其列）正式实施，调查规模为 16000 户，每年一次跟踪调查。

中国家庭动态跟踪调查第一期计划为 12 年（2008—2020）。2010 年开始，每年 3—7 月在全国展开实地调查，8—10 月清理数据，11 月—次年 2 月向北京大学及调查合作院校师生提供数据，撰写关键指标报告（《中国报告》），并交由北京大学出版社出版；3 月发布前一年关键指标的公开报告；再次年 3 月对社会公开数据。

主　　任：邱泽奇

电　　话：62767151

法学院

北京大学法学院于 1999 年 6 月 26 日正式宣布成立。她的前身是北京大学法律学系。北京大学法律学系始建于 1904 年，在中国现代法学教育中，历史最为悠久。1952 年，国家进行院系调整，北京大学法律学系并入北京政法学院。1954 年，在政务院副总理、中央政法委员会主任董必武的直接指导下，北京大学法律学系得以重建。“文革”中，北京大学法律学系是全国仅有的两个免遭解散厄运的政法院系之一。随着 1977 年正常的高考招生制度在全国得以恢复和 1978 年我国改革开放的全面启动，北京大学法律学系在最近的 25 年中取得了飞速的发展，在加强学科建设、培养引进师资、扩大办学规模、培育优秀人才和积极参与国家法制建设等方面始终走在全国法律院系的前列。自 1977 年以来，先后担任法律学系（法学院）主任（院长）的有陈守一、马振明、张国华、赵震江、魏振瀛、吴志攀、朱苏力。

北大法学院有法理学、宪法与行政法、经济法、刑法四个国家重点学科。北大法学院在国际法学、民商法学、诉讼法学、法律史、环境法等学科都有很强的教学和科研实力，近年来又通过引进人才和选留博士后流动站出站人员等方式进一步完善了师资队伍，并在教学和科研方面取得了出色的成果，为创建世界一流法学院打下了坚实的基础。

北大法学院还设有经济法研究所、国际法研究所、国际经济法研究所、劳动法与社会保障法研究所、刑事法理论研究所、世界贸易组织法律研究中心、公法研究中心、税法研究中心、金融法研究中心、人权研究中心、法制信息中心等三十多个研究机构。这些研究机构每年组织许多专业的学术活动，并为研究生提供许多学术交流和研讨的机会，对法学院整体学术氛围的营造起到良好的作用。

北大法学院所属的法律图书馆馆藏量和自动化水平在综合大学法律院系中居于领先地位。现有中外书刊 8 万余册，阅览座位 190 个和两个“电子阅览室”，共有 50 余台联网电脑，可以浏览国际网和迅速地查询信息，使法学院的学生与世界法律发展同步。

在国际交流方面，伴随着中国改革开放的步伐，北京大学法学院也迅速地迈向开放的、国际化的法学院。北大法学院大力开展了海外研究与进修计划，为教员及研究生提供扩展学术视野和增进国际交流的机会。频繁而深入的对外学术交流与合作，遍布海外的校友和朋友，使北京大学法学院与世界十多个国家和地区的法学院、法学教育和研究机构、律师事务所和政府司法机构建立了密切的联系和深厚的友谊。目前，北京大学法学院与日本、新加坡、加拿大、美国、荷兰、英国、中国台湾、中国香港以及世界贸易组织、联合国亚太经社理事会、联合国国际刑事法庭等国际组织建立了持续稳定的交流合作关系，在学者互访、合作研究、交换图书资料和信息以及互派学生等方面取得了累累硕果。

院　　长：朱苏力

电　　话：62758791

（北京大学社会科学部王周谊供稿）

中国人民大学

全国马克思列宁主义经济学说史学会

全国马克思列宁主义经济学说史学会成立于 1987 年，挂靠在中国人民大学，是由全国从事马克思列宁主义经济学说史的教学、研究、翻译、出版等工作的人员自愿结成的全国性、学术性、非营利性组织。该团体的宗旨是：遵守宪法、法律、法规和国家政策，在马克思列宁主义和毛泽东思想、邓小平理论的指引下，团结全国从事马克思列宁主义经济学说史的教学、研究、翻译、出版工作者，贯彻理论联系实际的原则和百花齐放、百家争鸣的方针，对马克思主义经济学说形成和发展的历史及其规律进行系统的研究，促进我国经济科学的发展，为建设具有中国特色的社会主义服务。学会主要开展以下几项活动：（1）协调各方面研究马克思主义经济学说史的计划和活动，开展学术交流；（2）组织学术研讨会和报告会，编辑出版学术论文集和学术著作；（3）采取多种形式，开展马克思主义经济学说史的普及工作；（4）开展国际学术交流和收集整理国外学术研究动态。

会　　长：顾海良

秘 书 长：姚开建

联 系 人：武京闽

电　　话：62514768

全国经济地理研究会

全国经济地理研究会成立于1983年6月，是在国家民政部注册、挂靠中国人民大学的全国高校经济地理学科和区域经济学科的学术组织。主要业务范围是学术交流、理论研究、业务培训、国际合作和咨询服务等。学会每年举办全国性的学术研讨会，并组织国内相关院校进行学科前沿领域的研究工作，同时鼓励会员以研究会的名义，参与各项为经济建设服务的研究项目和咨询项目。学会每年一届的学术年会在全国经济地理学界和区域经济学学界具有广泛影响，至今已举办十一届。

会　　长：陈秀山（中国人民大学区域经济与城市管理研究所所长）

秘 书 长：孙久文

联 系 人：林　勇

电　　话：62511254

全国高校社科信息资料研究会

全国高校社科信息资料研究会，是高校社科信息资料工作者（含部分高校图书馆、理工农医高校院、系、所的信息资料工作人员）自愿组成的并在教育部指导下，经民政部注册登记的全国一级群众性学术团体。本团体的前身为“全国高等学校政治理论情报资料工作研究会”，于1988年9月在安徽省屯溪成立。1993年3月经原国家教委批准并于1993年7月在民政部注册登记后，更名为“全国高校社科信息资料研究会”。本团体在中国共产党领导下，拥护党的路线和各项方针、政策，遵守我国宪法、法律法规和社会主义道德规范；旨在把高校社科信息资料工作者组织起来，深化改革，形成系统，加强联系，进行协作，提高信息资料工作为高校教学科研服务的能力；接受教育部、民政部的业务指导和监督管理。本团体的最高权力机构是会员代表大会，每四年召开一次。本团体设有理事会、常务理事会和秘书处，秘书处设有理论部和事业发展部。

会　　长：刘希明

副 会 长：朱志强　甘月文　宋爱珍　马雪梅等

秘 书 长：杨亚利

电　　话：62511125

中国商品学会

中国商品学会是全国性学术团体，成立于1995年，在民政部注册登记，业务主管单位是教育部，挂靠单位是中国人民大学。中国商品学会代表中国参加国际商品学会（总部设在维也纳）的各项活动，并为副会长单位。学会的宗旨是团结全国商品科学工作者，坚持“四项基本原则”，坚持实事求是的科学态度和严谨的科学作风，贯彻“百花齐放、百家争鸣”的方针和理论联系实际的原则，积极开展商品科学研究和国内外学术交流活动，促进我国商品科学的发展，为我国社会主义现代化建设和社会主义市场经济发展作出贡献。学会的主要业务范围是开展国内外学术交流活动，主办国内外学术研讨会，代表中国参加国际商品学学术活动；编辑和出版中国商品学会通讯；推动商品学教育工作，开展相关的培训普及活动；开展商品科学基础理论研究，促进商品学的发展；面向经济建设，开展商品学应用研究，进行商品指导与咨询、商品质量诊断分析、指导新产品开发等工作；参与商品质量监督管理与认证。

会　　长：万　融

秘 书 长：傅绪哲

电　　话：62511042

中国实学研究会

中国实学研究会成立于1992年10月，是由中华人民共和国教育部主管，在中华人民共和国民政部注册登记的，由团体会员和个人会员自愿组成的，具有独立法人资格的，非营利性的全国性学术团体。本会宗旨是：以“实事求是”的理论为指导，团结、组织海内外热心中国传统文化的专家学者，对中国和亚太地区的实学思想及其相关的问题进行历史的、全面的、系统的研究。本会业务范围包括：组织有关学者开展实学方面的研究；召集国际、国内有关的学术研讨会；传播与推广优秀的中国传统文化知识；举办有关实学的各种讲习班和咨询服务；出版有关实学的著作、刊物、资料；开展与社会各界的学术联谊活动；参与实学研究的国际学术活动；开展与中国传统文化研究与传播有关的其他活动。

会　　长：葛荣晋

副 会 长：张　践　朱汉民　李志军　冯天瑜　王俊山

秘 书 长：王　杰

电　　话：62512384

中国高等院校市场学研究会

中国高等院校市场学研究会成立于1984年1月，是全国各高等院校从事市场学教学、研究的专家、学者自愿组成的非营利的学术团体，系国家一级学会，由教育部主管，现任会长为中国人民大学校长纪宝成教授。学会的宗旨是：坚持四项基本原则和现行的各种法律法规，联系中国的市场营销实践，结合高等院校教学过程中遇到的问题，本着“百家争鸣，百花齐放”的原则，定期、不定期地进行各种形式的市场学学术研究和交流，为繁荣中国的市场学教学和研究作出自己的贡献。学会主要是通过组织全国高校和社会各界有志于市场学教学和研究的专业人员，从事市场学领域的学术研究，推动中国营销进步。具体业务范围包括：（1）通过定期（如年会）或不定期（如不同专题的研讨会）的形式，为全国高校从事市场学教学、研究的专业人员提供交流的机会；（2）通过出版物为全国高校从事市场学教学、研究的专业人员和社会各界的有关人士提供发表研究成果的园地。

会　　长：纪宝成
秘 书 长：吕一林
电　　话：82509144

中国信息经济学会

中国信息经济学会成立于1989年，是由从事信息经济学科研、教学的人员与从事信息经济的实际工作者组成的全国性非盈利学术团体，全国一级学会。挂靠单位为中国人民大学，主管单位为教育部。宗旨是团结全体会员，坚持百花齐放、百家争鸣的方针，开展信息经济学的研究，组织国内外信息经济学的学术交流，提高我国信息经济学和信息管理工作的水平，开展信息咨询服务，推进我国社会与经济的信息化。中国信息经济学会自成立以来，紧密结合信息化建设的实际，积极开展学术研究和普及工作，在社会上和学术界产生了积极的推动作用，团结了国内各部门、各院校和企业界的热心于信息经济领域从事研究和应用工作的人士，形成了稳定和广泛的学术群体，得到了经济学界、管理学界、信息学界与其他学术界人士的承认与肯定。

会　　长：陈　禹
秘 书 长：方美琪
电　　话：62511264

中国人民大学校友会

中国人民大学校友会的前身是中国延安陕北公学华北联合大学校友会（以下简称陕公联大校友会）。陕公联大校友会成立于1995年5月9日，是由陕北公学、华北联合大学老校友组成的校友联谊组织，会员人数680余人。陕公联大校友会成立以来，积极开展各项联谊活动，有力地充当了学校与老校友之间的纽带。但随着校友会成员年龄增长，已经超过了民政部规定的70岁的任职年限，故老校友于2005年4月向中国人民大学提出希望将校友会交给学校，并更名为中国人民大学校友会。法定代表人更换人纪宝成校长。具体更名事宜由校友工作办公室承担。经过3年多的工作，2008年10月6日民政部正式发布民函〔2008〕274号文件《民政部关于中国延安陕北公学华北联合大学校友会更名为中国人民大学校友会的批复》，同意校友会更名。同时，核准校友会章程（民社登〔2008〕第2128号）及法定代表人变更（民社登〔2008〕第9039号）。

会　　长：纪宝成
副 会 长：程天权　袁　卫　牛维麟　马俊杰
　　　　　陈雨露　杨慧林　刘彭芝
秘 书 长：刘向兵
电　　话：62511422

（中国人民大学科研处孙璐供稿）

北京师范大学

社会发展与公共政策学院

北京师范大学社会发展与公共政策学院2008年9月正式成立，前身是始建于1999年的社会发展与公共政策研究所。近十年来，在全院教职工的共同努力下，社发所（院）先后建立了社会保障、社会医学与卫生事业管理、非营利组织管理硕博学位点和社会政策硕士点。学院致力于我国社会政策的研究，涉及弱势群体、医疗卫生、社区建设、老龄健康、家庭政策、社会救助、国家能力建设以及和谐社会建设等研究领域。社会发展与公共政策学院是一个人才济济、朝气蓬勃、国内一流并贴近世界前沿的政策研究与人才培养机构。

主要研究领域：社会福利与社会保障、弱势群体研究、医疗卫生服务和管理、卫生经济和卫生政策、社区参与和公民社会、社会发展理论与实践、城市化与城市问题。

学院目标：打造贴近世界水平的公共政策研究和人才培养的研究型学院，增创学术品牌。

负 责 人：张秀兰
电　　话：58805389
传　　真：58800366

马克思主义学院（政治学与国际关系学院）

2008 年 11 月 18 日，政治学与国际关系学院整体划入马克思主义学院，校内外保留政治学与国际关系学院名称。政治学与国际关系学院组建于 2003 年 10 月，其前身先后为政治教育系（1953 年）、马列主义毛泽东思想研究所（1978 年）、法律与政治研究所（1994 年）。学院现有教职工 47 人，其中教授 17 名、副教授 15 名、讲师 11 名，教辅人员 4 人，另有客座和兼职教授 10 余名。教师中具有博士学位的 32 人、硕士学位的 12 人、在读博士 1 人。

学院以培养研究生为主，拥有博士学位授权点 6 个：中共党史党建、行政管理学、马克思主义基本原理、马克思主义中国化研究、马克思主义发展史、思想政治教育；硕士学位授权点 8 个：政治学理论、国际关系、中共党史党建、行政管理学、马克思主义基本原理、马克思主义中国化研究、马克思主义发展史、思想政治教育。此外还招收政治学博士后科研人员、高级访问学者、国际事务等专业的本科生。现在读的本科生、硕士生、博士生、高级访问学者、博士后科研人员 300 余人。

学院秉承百年老校“爱国进步、诚信质朴、求真创新、为人师表”的优良传统和“学为人师，行为世范”的校训精神，形成了“治学修身，兼济天下”的育人理念。致力于把学院办成一个有凝聚力的、高水平的、开放的教学与科研机构。

负 责 人：白暴力
电　　话：58808909　58808292
传　　真：58801856

古籍与传统文化研究院

2008 年 7 月 9 日正式成立，其前身为古籍研究所，是由原国家教委批准成立的全国第一个古籍整理研究机构。该所以整理研究中国古代（尤其是元代）文献为主要发展方向。1988 年，该所的《国内所藏元人文集版本目录》被批准列入全国高校古籍整理研究工作委员会“七五”资助项目。1990 年，该所的《全元文》被批准列入古委会“八五”重点资助项目，两年后，该项目又被列入国家《中国古籍整理出版十年规划》和国家“八五”重点项目。目前，《全元文》编纂工作已经基本完成。该所是全国培养古籍整理研究人才的基地之一。目前，具有中国古典文献学和中国历史文献学两个博士点。

负 责 人：韩格平
电　　话：58808320
传　　真：58800567

（北京师范大学社科处吴慧涵供稿）

中央民族大学

中央民族大学是国家民族事务委员会直属的综合性重点大学，是全国唯一进入国家“211 工程”和“985 工程”建设的民族高等院校，在我国高等教育体系和民族团结进步事业中具有十分重要的地位。学校前身为 1941 年 9 月成立的延安民族学院。1951 年 6 月，中央民族学院在北京正式成立，乌兰夫同志任首任院长。1993 年 11 月，更名为中央民族大学。

党和国家历届领导集体始终关心和重视中央民族大学的建设与发展。建校初至 1966 年，毛泽东、刘少奇、周恩来、朱德等党和国家领导人先后 14 次接见学校师生代表。改革开放以后，邓小平同志 3 次接见师生代表。1993 年时任国家主席江泽民同志为学校题写了新校名。2001 年，胡锦涛、李岚清等国家领导人亲自审批了国家民委、教育部、国家计委、财政部四部委联合上报的《关于进一步办好中央民族大学的请示》。2002 年 6 月，国家民委、教育部、北京市人民政府共同签署了《关于重点共建中央民族大学的协议》。在党和国家的高度重视下，学校 1978 年被批准为国家重点大学，1999 年成为国家“211 工程”重点建设大学，2004 年成为国家“985 工程”重点建设大学。

学校拥有一支高素质、高水平、民族成分众多的师资队伍。现有教职工总数为 1900 余人，其中专任教师 1000 余人，学校目前有国务院学位委员会学科评议组、全国哲学社会科学规划领导小组学科评议组、全国地方志领导小组、教育部社会科学委员会、中央新疆工作协调小组、上海合作组织中方教育咨询机构、国务院发展研究中心等国家学科规划和评审机构成员 18 人，双聘院士 2 人，国家教学名师 2 人、北京市教学名师 8 人，“新世纪百千万人才工程”国家级人选 4 人，教育部“新世纪优秀人才支持计划”人选 13 人，国家民委突出贡献专家 6 人，学校特聘教授 1 人，学科带头人、学术带头人和教学带头人近百人。

学校经过 60 年的发展建设，现有 23 个学院，覆盖 10 个学科门类的 55 个本科专业、25 个博士学位授权点和 64 个硕士学位授权点，2 个国家一级学科博士学位授权点，4 个博士后流动站，3 个国家级重点学科、24 个省部级重点学科，2 个国家文科基础学科人才培养和科学研究基地，1 个教育部人文社会科学重点研究基地，3 个国家“985 工程”哲学社会科学创新基地。学校现有全日制在校本科生 11000

余人，硕士、博士研究生2700余人，少数民族预科生400余人。

学校现占地面积为37.8万平方米，另规划新校区81万平方米。校园建筑面积58.3万平方米，资产总值19.8亿元。拥有各类图书224万余册（含电子图书52万余册），民族学、中国少数民族语言文学图书文献资料藏量居国内高校前列。《中央民族大学学报》和《民族教育研究》是面向国内外发行的全国核心期刊。民族博物馆藏有2万余件珍贵的民族文物，已经成为学生爱国主义教育和教学实践基地。

历任校长：乌兰夫　刘格平　刘　春　李　力
宗　群　江　云　任世琦　哈经雄
荣仕星　鄂义太

校　　长：陈　理

民族学与社会学学院

该院前身为20世纪50年代初的中央民族学院研究部，是新中国最早创建的民族学科教学与研究中心，是当时中国顶尖级的民族学家、社会学家、人类学家和民族史学家最集中之地，也是当时国家制定民族政策、处理民族事务最重要的研究咨询机构之一。在此基础上，1983年建立了全国第一个民族学系，1994年扩建为学院。20世纪80年代就已具有民族学专业博士授予权，被评为国家级重点学科点。教育部从1997年开始的全国高校学科专业评比中，中央民族大学的民族学专业被评为全国第一，并保持至今。

学院目前开设民族学（文化人类学）、博物馆学、社会学等3个本科专业，民族学、人类学、社会学3个硕士学位授权点；民族学、人类学2个博士学位授权点；1个博士后流动站，是“211工程”、“985工程”重点建设单位。

该院教学强调以学生为主体，以教师为主导，对低年级实行“宽口径、厚基础”的通才教育，对高年级实施“参与式研究型”的培养模式。该院的培养目标是在研究型大学中，把学生培养成适应和谐社会和创新型国家需求的专业人才。

院　　长：杨圣敏（国家级教学名师）

电　　话：68932214　68932424

马列主义学院
（中国民族理论与民族政策研究院）

该院是在中央民族大学马列主义教科部、民族理论与民族政策教科部基础上2004年3月组建的。学院现有6个教研室，1个教学研究中心和2个研究所，3个学科点。是国家部委级重点学科——民族理论与民族政策学科所在单位，是国家“211工程”和“985工程”重点建设单位，在全国同类专业中第一个设立本科专业，第一个获得硕士学位、博士学位授予权，是全国唯一具有民族理论与民族政策专业本科、硕士、博士培养系列的单位。该院拥有一支年龄结构、职称结构、学历结构合理优化的师资队伍，拥有本专业全国第一位博士生导师、全国民族院校首位国家级教学名师。

院　　长：金炳镐（国家级教学名师）

电　　话：68932693　68932650

藏学研究院

藏学研究院的前身是1951年9月创建的中央民族学院藏语文教研室，由我国藏学奠基人、著名藏学家于道泉先生创办，与当时筹建中的中央民族学院相伴而生，成为学院的“半壁江山”（建院初期只有藏语文和军政干部训练班两个专业）。学院于1951年5月开办了第一个藏语班，70年代藏语文教研组改为藏语文教研室。1981年成立了全国首家藏学研究所。1993年中央民族大学语文系藏文教研室和藏学研究所合并成立了中央民族大学藏学系，成为全国高校中唯一的藏学系。2000年9月在学校藏学系和藏学研究所的基础上成立了中央民族大学藏学研究院。

经过半个多世纪的发展，藏学研究院有中国少数民族（藏）语言文学专业和藏学与行政管理双学位2个本科专业，3个硕士点和1个藏学专业博士点，3个教研室即语言教研室、文学教研室和综合教研室。

该院在国家和学校有关部门的关怀下，经过几代藏学工作者的努力，已经形成了丰富的人文资源和强劲学术发展势头并与国内外藏学界保持着良好的学术交流，其藏学研究水平在全国名列前茅，为我国藏族地区社会历史调查、重大民族政策和民族理论问题的研究、民族团结进步和社会发展发挥了重要的作用。

院　　长：才让太

电　　话：68931978　68933299

历史文化学院

历史系始建于1956年，是学校建设最早、最有影响的系科之一，吴文藻、潘光旦、费孝通、林耀华、翁独建、傅乐焕、张锡同、王钟翰等一大批著名学者相继在该系执教，在高校中享有很高的声誉。2008年7月更名为历史文化学院。目前，该院拥有1个本科历史学专业、9个硕士点、2个博士点和一个博士后流动站。具备了培养历史学本科、硕士、博士和博士后等层次人才的资格和条件。该院是国家文科基础学科人才培养与科学研究基地，国家民委重点建设学科、国家“211工程”和“985工程”重点建设单位。

在50年余年的发展历程中，历史文化学院教师集体参与了民族识别和民族社会历史调查，参与编写出版了著名的《民族问题五套丛书》，《清史稿》、《中苏、中印边界问题史料》、《中国历史地图集》等国家重大历史项目的工作；90年代在南沙、西沙开展了考古研究，参与了中华民族形成理论的研究，为维护南海主权，为民族理论创新作出了重要贡献。已故王钟翰先生主编的《中国民族史》等学术著作先后获国家及省部级奖励，成为中国民族通史研究的经典型著作。

经过50余年的建设，该院已发展成为学术底蕴深厚、特色鲜明且具有博士、硕士、本科学位授予权及博士后流动站的历史学人才培养综合学院。

主　　任：苍　铭

电　　话：68932363　68932813

预科教育学院

民族预科教育创办于1951年建校初期，1953年正式成立预科部，是中央民族大学成立最早，培养人才最多的教学单位之一，也是民族高等教育的重要组成部分。2008年7月更名为预科教育学院。

半个多世纪以来，中央民族大学民族预科教育为民族地区和近100所高等学校培养、输送了近16000名各类人才，其中包括12名省部级领导和鄂伦春族、裕固族、佤族等少数民族的第一位博士，为民族地区的社会经济发展和现代化建设、为少数民族人才的培养作出了巨大贡献。

目前，预科部下设语文教研室、汉语教研室、英语教研室和数学教研室。现有教师31人，其中副教授9人，讲师13人。

院　　长：吕炳丽

电　　话：68932245　68932347

经济学院（少数民族经济研究所）

经济学院前身是1952年成立的中央民族学院政治系政治经济学教研室与1980年成立中央民族学院少数民族经济研究所。1986年3月政治经济学教研室从政治系分离成立经济系，2000年8月组建经济学院，包括经济与管理系和少数民族经济研究所。2004年3月，划出经济与管理系，实行院所一体，即经济学院（少数民族经济研究所）。

该院是国家“211工程”研究基地、“985工程”哲学社会科学研究创新基地。现有经济学、财政学、金融学、国际经济与贸易4个本科专业，以及政治经济学、区域经济学、中国少数民族经济等3个硕士学位授予权；中国少数民族经济博士学位授予权及博士后流动站。现有专职教师55人，其中正副教授31人，教师中获得博士学位的有30人。学院已经形成了一支结构合理、年富力强的高素质教师队伍。

院长、所长：刘永佶

电　　话：68937149　68932302

法学院

1979年中央民族学院在政治系设立法学本科专业并开始招生，成为改革开放初期全国较早招收法学专业本科生和全国较早设立法学专业的学校之一。为适应民族地区对法学人才的需求，特别是《民族区域自治法》实施后，针对民族地区对法律人才的需求，1986年成立法律系。2000年8月在此基础上建立了法学院。现有法学、法学与经济学、法学与英语双学位3个本科专业（方向），有经济法学、宪法学与行政法学、民族法学3个硕士学位授权点，1个民族法学博士学位授予点。专任教师40人，其中教授、副教授为17人。教师中少数民族11人，分别来自7个民族。

经过30年的建设，该院已发展成为具有一定办学规模办学实体。并形成了由不同民族教师组成的具有较高教学和研究水平的教师队伍。历届毕业生多就职于国家机关及各地党政、司法机关、企事业单位、涉外机构、律师事务所等。

院　　长：徐中起

电　　话：68931158　68932664

管理学院

管理学院成立于2002年12月，由学校经济学院的原工商管理、市场营销和会计学专业，法学院的原行政管理、政治学与行政学专业，历史文化学院的原旅游管理专业共同组建而成。学院现设有工商管理、市场营销、会计学、财务管理、人力资源管理、旅游管理、行政管理、政治学与行政学等9个本科专业；企业管理、技术经济与管理、行政管理、民族地区公共管理、民族地区政治学、国际共产主义运动与科学社会主义6个硕士学位授予权和公共管理专业硕士（MPA）学位授予权；民族地区行政管理、民族政治学2个博士学位授予权，具备了从本科、硕士到博士的完整的办学层次。

该院拥有良好教学设施，学院现有工商管理和公共管理等9个实验室以及科学社会主义研究中心、MPA教育中心。现有专职教师49人，其中35人具有博士学位，10 位具有硕士学位，分别承担了学校“985 工程”项目和多项省部级科研项目，发表和出版了一大批较高水平的论文与著作。

院　　长：李俊清

电　　话：68936716　68932107

哲学与宗教学学院

哲学与宗教学学院创建于 1956 年的中央民族学院政治系哲学专业。1986 年政治系一分为三，哲学专业独立建系。同年获得马克思主义哲学专业硕士学位授予权。1988 年哲学系经国家民委批准创办宗教研究所，成为系所合一的教学科研单位。2000 年更名为哲学与宗教学系，同年获得宗教学专业博士学位授予权，中国哲学专业硕士学位授予权。2008 年 7 月更名为哲学与宗教学学院。在 50 余年的历史中，该院为民族地区输送了大量政治工作干部和哲学工作的专门人才，并且是中国少数民族哲学学会的发起单位。1986 年、1989 年开始招收宗教学专业的专科学生，1994 年开始招收宗教学本科生。1998 年获得宗教学专业硕士学位授予权。2005 年获伦理学专业硕士学位授予权。2001 年宗教学成为国家民族事务委员会的重点学科。

该院的发展见证了中央民族大学从培养民族政治工作干部到培养专门人才的历程。宗教学专业的设立更体现了党和政府对民族事业全面发展的关注，相继得到“211 工程”、“985 工程”的支持，宗教学专业已经形成了从本科到博士的培养体系。该院在民族宗教研究和中华哲学研究方面，多有建树，完成了多项国家级、省部级重点科研项目，在国内外学术界有较大的影响。

主　　任：宫玉宽

电　　话：68938991　68932409

中国少数民族语言文学学院

中国少数民族语言文学学院建于 20 世纪 50 年代初期，现为国家级重点学科，国家文科基础学科人才培育和科学研究基地，“九五”、“十五”、“211 工程”、“985 工程”重点建设单位。该院拥有中国语言文学博士一级学科学位授予权和硕士学位授予权，并设有中国语言文学博士后流动站。该院是全国研究和传承少数民族语言最多的教学科研单位，下设少数民族语言文学系、蒙古语言文学系、维吾尔语言文学系、哈萨克语言文学系、朝鲜语言文学 5 个系、少数民族语言研究所以及 11 个研究机构。拥有正副教授近 60 人。学科涉及五大语系的 80 多种语言和 30 多种文字以及 50 多个民族的文学和文献，并与欧美和中亚、南亚的 10 余个国家建立了学术交流关系。

院　　长：文日焕

电　　话：68937889　68932647

国际教育学院

中央民族大学早在 20 世纪 60 年代开始招收外国留学生。2004 年在学校国际交流处留学生办公室的基础上筹建了国际教育学院，专门负责中央民族大学留学生招生、教学、管理和服务。学院硬件设施完备，有一支优秀的师资队伍，90% 以上的专职教师具有汉语作为外语教学能力。近年来，已培养世界各地学位生数百人，为推动我国和各国人民的文化了解起到了积极的作用。

院　　长：吴应辉

电　　话：68933469　68933306

文学与新闻传播学院

文学与新闻传播学院前身是中央民族学院中文系汉语文学班，始建于 1958 年，1964 年正式设立汉语言文学系。1993 年更名为中国汉语言文学系。2002 年设立文学与新闻传播学院。经过 50 多年的建设与发展，目前已成为兼有本科、研究生、留学生多种培养层次的、学生规模最大的文科学院。

该院现有中国汉语言文学系，下设汉语言文学专业、对外汉语专业；新闻传播学系，下设新闻学专业、广告学专业。学院有新闻学、中国少数民族语言文学、中国古代文学、民俗学 4 个硕士授予权和民俗学（含：中国民间文学）博士授予权。学院教师先后主持了国家“十五”、“十一五”社科基金项目和国家民族事务委员会科学研究等项目。在“211 工程”、“985 工程”建设过程中，学院的办学质量、社会声誉伴随学校的发展而稳步前进。

院　　长：白　薇

电　　话：68932911　68932311

外国语学院

外国语学院前身是 1956 年成立的中央民族学院外语教研室。1984 年至 1992 年相继招收英语本科专业、俄语专科生和本科生。1986 年 2 月成立外语系。2002 年 12 月成立外国语学院。该院现有英语、俄语、日语、韩语 4 个本科专业。2004 年开始招收语言学与应用语言学（翻译方向）硕士生。2007 年开始招收比较文学与世界文学专业硕士生和博士生。同时，承担全校本科生外语教学、研究生公共外语教学任务。该院共有专任教师 94 人，其中正副教授 23 人。学院有语音实验室 8 间，网络语音实验室 11 间，外语卫星专用教室 1 间，资料室 1 间。

该院与美、法、日、俄、韩等国家有着广泛的校、院、系的合作办学和科研合作，每年聘有外籍教师近15人。每年选拔数十名学生赴上述国家高校交流学习。

院　　长：郭英剑

电　　话：68932002　68933462　68932139

美术学院

美术学院的前身是成立于1959年的中央民族学院艺术系，1983年在此基础上成立了美术系，2002年成立了美术学院。经过50年的发展，已形成了自己的办学特色和风格，具有美术学硕士授予权和中国少数民族艺术博士授予权。学院现设有绘画、艺术设计、美术学3个本科专业，6个专业方向，还建有服装设计、丝网印刷、多媒体设计、陶艺、影像制作等5个工作室。学院现有专业教师44人，其中教授、副教授15人、讲师22人。近5年来，该院教师承担国家级项目10项，出版个人专著60余部，发表论文190余篇，发表绘画作品700余幅。完成国家“十五”“211工程”重点项目17项。

目前，该院在校本科学生500多人，硕士、博士研究生20多人。多年来，美术学院秉承严谨的教学作风和严格的管理制度，尊重美术教学的规律，注重对学生素质和创造能力的培养，已为国家培养了2500多名本专科毕业生。

院　　长：殷会利

电　　话：68933274　68932806

音乐学院

音乐学院始建于1959年，是培养少数民族高级音乐人才的摇篮。经过50余年的发展，形成融教学、学术研究、创作与艺术实践于一体的办学模式，2002年成立了音乐学院。该院现设有音乐学、作曲、声乐表演、民乐表演、管弦表演、钢琴表演、音乐教育7个系、3大专业（音乐学、作曲与作曲理论、音乐表演）30多个方向，并设有相应的教研室和基础教研室、中专部等教学部门。现有中国少数民族艺术、教育学原理2个硕士授予权，专任教师85人，其中教授、副教授24人；少数民族教师占66%，形成了中专、本科、研究生三个教学层次，为国家培养了大批优秀音乐人才。

建院以来，该院教师在国内外各类比赛中获奖300余人次，音乐作品获奖35人次。近年来，音乐作品《滇南山谣三首》与《春天来了》、《吉祥三宝》分获中国文联、中国音乐家协会颁发的“金钟奖”和中宣部第十届“五个一工程”奖。

院　　长：孟新洋

电　　话：68936969　68932217

舞蹈学院

舞蹈学院是国家级少数民族艺术重点学科基地，是中国民族舞蹈家的摇篮。经过近50年的发展，已成为融少数民族舞蹈教育、表演、研究、创作为一体的中国少数民族舞蹈艺术中心，形成了含中专、本科、研究生等多个层次和舞蹈学（舞蹈教育）、舞蹈表演、舞蹈编导、音乐学（钢琴伴奏）等4个专业的教学培养结构，一个中国少数民族艺术硕士授予权。舞蹈学院有一支荟萃了14个民族，实力雄厚，教学经验丰富，老中青相结合的教师队伍。其中有享誉国内外的著名舞蹈教育家、编导家和国家级的表演艺术家。

目前该院有在读中专生、本科生、研究生共513人。多年来，该院培养了数千名优秀的民族舞蹈编导、教育、表演及管理人才，先后出版了《东方风韵》等少数民族舞蹈系列教材14部；荣获国家级、省部级教学科研奖10项；省部级教材奖5项；荣获国内外舞蹈大赛金、银、铜奖100余项。近5年来，获得国家级、国际创作金奖、省部级创作金奖20项，其中《奔腾》、《牛背摇篮》、《红河谷—序》等舞蹈得到广泛赞誉。

舞蹈学院除经常承接国内大型演出外，还先后数十次应邀赴亚洲、欧洲、北美洲的十余个国家以及我国港澳台等地区访问演出，并以鲜明独特的舞蹈风格、精湛的表演艺术赢得了外国友人的高度赞扬，还受到国家领导人的亲切接见，为我国少数民族舞蹈教育事业的繁荣发展作出了贡献。

主　　任：苏自红

电　　话：68931656　68932435

体育学院

体育学院的前身系成立于1951年的中央民族学院体育组。2000年在体育教学部的基础上成立体育系。2008年7月更名为体育学院。该院从2001年开始面向全国招生，现有1个体育教育本科专业，5个教研室、1个学生体质测试中心、1个北京市民族传统体育训练基地。现有专任教师31人，其中教授、副教授11人。承担着学校体育教育专业和公共体育的教学、训练、科研及传承中国民族体育文化的光荣任务。

主　　任：韦晓康

电　　话：68932443　68932493

教育学院

教育学院是一个集教育和艺术、教学和研究为一体的跨学科新型教育学院。2003 年在教育系基础上成立教育学院，下设民族教育研究所和艺术研究所。该院现有一个教育学本科专业，4 个硕士学位授权点和 1 个博士学位点。设有教育学、教育史、心理学、艺术教育中心 4 个教研室，图书资料室和教育心理学综合实验室。该院师资力量雄厚，现有专任教师 25 人，具有高级职称的教师 11 人，64% 教师具有博士学位，并曾在国外留学、访问、任教。学院与美国、日本、加拿大、法国、俄罗斯、韩国等国具有广泛的学术交流和教育合作。

院　　长：苏德毕力格

电　　话：68932725　68932225

成人教育学院

成人教育学院是在原管理干部学院、成人教育处、夜大函授部、干部培训部基础上于 2000 年成立的。该院下设学院办公室、招生培训办公室、学生工作办公室、教学管理办公室、教材管理办公室、艺术教育教学管理办公室。教育有学历教育和非学历教育两种形式。学历教育有专科、本科两个办学层次 37 个专业，在全国设有 28 个函授站。非学历教育有大专专业证书班、教师进修班、国内访问学者班，也有根据社会需要举办的各类长、短期培训班和岗位培训班等。

院　　长：李曦辉

电　　话：68932270　68932343

理学院

1978 年成立数理系，1986 年学校进行系科调整，成立物理系与数学系。2004 年数学系发展为数学与计算机科学学院，物理系发展为物理与电子工程学院。2007 年 7 月，在上述两学院的基础上组建了理学院。该院现设有信息与计算科学系、统计学系、应用物理学系、光信息科学与技术系。此外还有高等数学教学部、材料科学研究所和实验中心。学院现有基础数学、概率论与数理统计 2 个硕士点；专任教师 54 人，其中教授、副教授 32 人。

院　　长：王义全

电　　话：68932205　68933910－112、113

信息工程学院

2007 年 7 月，信息工程学院在数学与计算机科学学院与物理与电子工程学院的基础上组建。该院下设计算机科学与技术系、自动化系、电子信息工程系和通信工程系，1 个实验中心、1 个公共计算机教学部和 1 个资料室。学院现有专任教师 62 人，教授、副教授 30 人，博士（含博士后）18 人，硕士 21 人。

该院主要以培养应用型高级人才为主，学院学科发展定位及特色是：为少数民族、少数民族地区培养具有计算机、自动化、电子信息和通信工程等厚实专业知识和创新能力的应用型专门人才为中心，加强和发展研究生教育，以科研促教学，以学科建设带动本科专业及师资队伍建设，努力创建高质量的民族信息类人才培养基地。

院　　长：杨国胜

电　　话：68933205　68932970

生命与环境科学学院

生命与环境科学学院前身是生物与化学系，是中央民族大学“211 工程”和“985 工程”项目建设单位。近年来，在学科建设、教学改革和科学研究等方面取得了丰硕成果，教学质量、教学水平和科研水平有了很大提高。该院现有一支业务素质良好的高水平师资队伍。其中“双聘院士”1 人；“985 工程”首席科学家 1 人；教授 10 人；教师队伍中，60% 的教师具有博士学位。该院现有生物实验中心、化学实验中心、分析测试中心，分为教学实验室、科研实验室、大型仪器实验室三大类，另外还专门设置了本科学生创新实验室及科学研究实验室。现有 4 个硕士点和 1 个博士点。

院　　长：冯金朝

电　　话：68932922　68932633

中国少数民族传统医学研究院

中国少数民族传统医学研究中心于 2004 年在国家“985 工程”建设基础上进行筹建，2006 年 10 月经国家民委和教育部批准，成为国家民委－教育部共建重点实验室，也是中央民族大学首个科研型实验室。2008 年 6 月，经学校研究决定将中国少数民族传统医学研究中心更名为中国少数民族传统医学研究院。研究院现有实验室总建筑面积 2000 多平方米。专职科研人员 20 余人，其中“院士”1 人，学科带头人和首席科学家 1 人，具有高级职称教师或有博士学位者 11 人，硕士研究生导师 10 人；另外通过兼职形式的合作人员 25 人。现有 2 个硕士点和 1 个博士点。

中国少数民族传统医学研究院自成立以来，立足保护和发掘少数民族传统医药，在学校“985 工程”、“211 工程”项目支持下，加强科学研究、高层次人才培养及学术交流，完善民族医学学科发展的支撑体系建设，促进科研成果的社会转化，努力为少数民族健康与少数民族传统医药事业发展作贡献。

院　　长：崔　箭

电　　话：68932022　68939935

民族博物馆

民族博物馆是我国历史较长、规模较大、藏品较多的民族学专业博物馆之一，始建于1952年。现收藏有中国56个民族的14大类文物2万余件，品种繁多，内容广泛。有反映解放前各民族不同社会发展阶段的生产工具；有说明各民族历史发展的出土文物；有标志各族人民在中国共产党领导下浴血奋战时的文物；有各民族的历史文献资料；有各民族的工艺品；有各民族日常生活用品；有式样繁多、色彩斑斓的传统民族服装、精美的饰物；有少数民族的宗教器物；有反映民族地区美丽富饶的土特产品的标本等。馆内现设有“中国少数民族服饰”基本陈列。民族博物馆下设办公室、陈列部、藏品部和资料室。全馆共有汉、蒙、藏、回、苗、黎、土、鄂伦春等8个民族成分的13名工作人员。

馆　　长：宋才发

电　　话：68933402　68933425

图书馆

图书馆始建于1951年，民族学科类书籍收藏独具优势。目前，初步形成结构合理、文种多样、针对性强等特点。1988年全国文献资源调查结果显示，该馆文献总藏量在北京地区高校图书馆中居第6位、汉文线装书居第6位、少数民族文字图书居第1位。现在馆内拥有中外文图书120余万册、线装古籍25万余册。其中宋、元、明、清各种善本古籍1434种。本馆现有线装地方志书3200余册，占全国该类地方志总量的三分之一。大部分是边疆少数民族地区方志，内容涉及政治、历史、地理、民俗、气象、水利、物业等。其中的《新疆四道志》（手抄本）等方志，系稀世珍本。古籍中众多的汉文年谱、家谱、传记等和近30余种少数民族文字的写本、刻本、金石拓片、清人画册，其中不乏稿本、孤本，可谓价值连城。如明万历刻本《两朝平攘录》、清乾隆武英殿本《平定准噶尔方略》等为全国罕见。清驻新疆大臣饶应琪后裔捐赠本馆的稿本《饶应琪奏稿》等是该馆独有的重要史料。全馆现有9个民族成分的工作人员70人。

该馆内设有办公室、技术部、采编部、古籍部、流通部、阅览部、报刊部。

馆　　长：李德龙

电　　话：68933976　68932489

（中央民族大学科研处陈海如供稿）

中国政法大学

中欧法学院

中欧法学院赖以成立的基础关系是一个合同网络，包括：中国政府和欧洲委员会的“财务协议”、16所中国和欧洲大学的“加盟协议”、欧洲委员会和汉堡大学的“资助协议”，以及汉堡大学和中国政法大学的“组建中国政法大学中欧法学院的中外合作办学协议”。

2008年2月，中国政法大学和汉堡大学联合提出组建中欧法学院的申请；2008年9月17日，教育部批准了该申请。

中欧法学院的使命是，通过倡导比较法学和引进国际社会的法学教育经验，培养熟知中国法和国际法的新一代法律职业人士。中欧法学院的一切活动将严格遵循非营利原则，因为，它认知这一经验事实：全世界处于引领地位的教育机构，其共性之一就是它们的非营利性。中欧法学院的潜力来自其师资——一支从中国政法大学和其他15所院校精选的、多元的、与众不同的和具有奉献精神的队伍。中欧法学院能够有所作为，其基础是中国政府、欧盟、加盟团队、教师和学生的鼎力支持。

中欧法学院开展的项目有：（1）硕士项目：中国法律硕士和欧洲法学硕士；（2）律师、法官和检察官培训项目；（3）研究和咨询项目，包括博士生联合培养。中欧法学院的管理结构包括：合伙人大会、联合管理委员会、顾问委员会和联席院长。

院　　长：方流芳

电　　话：59915792

新闻与传播学院

中国政法大学新闻与传播学院经2008年7月2日校长办公会研究通过，7月10日校党委常委会议批准，决定成立。其前身是2002年6月成立的中国政法大学新闻系。学院旨在培养具备深厚的法学素养和牢固的法治价值观，知识基础宽、综合素质高、操作能力强，能够适应未来媒体机构和其他社会组织多媒体综合传播需要的高层次的传播领域专门人才。

学院现有全职教职工21人，其中教师17人。下设传播理论与传播法、传播方法与传播技术、媒介经济与文化产业三个教研室；学院下辖新闻传播实验室，拥有媒体基础技术教室、数字图像与动画专业技术教室、多媒体新闻信息综合处理平台三个专业技术教室。跨部门机构中国政法大学新闻传播实验教学中心的办事机构设在本院，本院还代管中国政法大学传媒与文化产业研究中心、中国政法大学传播法研究中心等两个非在编研究机构。

目前学院设有新闻学本科专业，拥有法理学和新闻学的硕士学位授予权，招收法制新闻、新闻政策与法规和媒介经营管理三个方向的硕士研究生。现有在读本科生238人，研究生81人。已有3届本科生共计160人和1届研究生19人毕业于上述专业和方向。该院将根据新闻传播领域及相关领域的社会需要，以发展新兴交叉学科和专业为重点，全面提升专业建设水平和科研水平。

院　　长：宋建武

电　　话：59915574

法务会计研究中心

该中心成立于2008年8月11日，中心的宗旨：综合发挥中国政法大学的学科优势，联合校内外、海内外有关学术力量，积极争取各种科研项目与经费；组织开展各类相关的学术交流活动；面向各级政府和社会各界开展咨询服务，为社会各界提供与法务会计有关的短期培训，培养高层次法务会计研究人才，以推进我国法务会计及相关学科的建设和发展。中心将努力建成为我国重要的法务会计研究基地、对外服务基地、学术交流基地、人才培养基地；使法务会计科学研究的整体水平在全国居于显著的领先地位，并在国际领域享有较高的学术声誉，成为公认的法务会计重点研究中心。

中心的任务：在学术研究方面，中心的工作任务是：（1）组织申报各级各类课题，参与重大课题的招标和联合攻关；（2）规划与法务会计相关的重大研究项目的选题；（3）为中心专兼职研究人员根据个人学术专长和兴趣对相关理论与实践问题的研究提供便利条件；（4）接受政府部门、国际组织以及企业的委托，对相关领域热点难点问题的专题研究；（5）依托相关学科点（学院）资料室，建立本研究领域的图书资料网络，向研究中心全体专兼职人员开放。在服务教学方面的工作任务是：（1）中心专兼职研究人员直接为博士生、硕士生和本科生开设研究生课程，或通过名家论坛、专题讲座、学术研讨等载体为各层次学生提供教学服务；（2）建立服务于研究生与本科生的研究和实习基地；（3）建立知识交流网络，为教师和研究生提供项目资料库、案例库，共享知识和研究成果。在合作与交流方面的工作任务：（1）承接政府部门与企事业单位的项目委托，参与横向课题的招标和联合攻关；（2）开展学术交流，与国内外相关单位和研究机构建立合作关系；（3）与其他高校、研究机构共建研究和实习基地；（4）接受校外访问学者。

联 系 人：张苏彤

电　　话：58909198

国际教育非政府组织研究中心

该中心成立于2008年8月11日，中心以恪守独立、客观、公正、诚信的原则，发扬求真务实、开拓创新、服务社会的精神，紧扣现实需要和时代脉搏，以政学密切互动的方式，推进我国非政府组织研究领域的理论探索与实证研究、政策咨询与对策研究、知识传播与实际应用。

中心以中国政法大学政治学与国际政治学科为依托，联合校内法学和管理学有关力量以及校外相关组织的力量，充分利用共建合作单位各项资源，着力搭建官、产、学、研互动交流的知识平台和科研转化机制。中心强调学术研究和实践应用并重及其相互促进，重视科研成果向实践应用的转化。它同时也是一个开放的平台，不仅以开放的全球化视野研究非政府组织，而且也努力通过共同关心的课题来汇聚国内乃至国外的强势力量开展协同研究，争取为推动我国非政府组织研究领域的发展作出应有的贡献，为中国多边外交的成熟提供相应的有现实意义的学术成果。

中心设想的发展目标是：1. 成为中国政法大学在非政府组织研究领域多学科协同攻关的平台；2. 成为我国相关政府部门处理教育类非政府组织问题的咨询服务机构之一；3. 成为我国非政府组织研究领域的专家库与信息库之一；4. 成为我国非政府组织问题相关专业技能及人才的培训基地。

联 系 人：孙洁婉

电　　话：58909393

沈家本研究中心

该中心成立于2008年12月8日，沈家本研究中心以通过对沈家本先生的深入研究，弘扬中国传统法律文化，促进我国当今法律文化的发展，促进我国法制建设的进一步完善。沈家本研究中心将努力动员和组织校内外、国内外有志于沈家本研究的专家学者，有计划地对沈家本先生的诸多方面的成就、沈家本先生的生平、经历的历史事件等等进行深入细致的考察研究，以期达到沈家本研究的学术水平的新高。

中心的研究方向：1. 沈家本著作进行深化的整理与研究：编纂《沈家本全集签注》和《沈家本法学著作总纂注签》。《沈家本全集》整理工作完成后，沈家本先生的著作的校点整理工作，除《刑案汇览三编》及一些散在的遗墨外已基本得到了整理。但由于语言文字的障碍、历史事件以及人物关系的障碍，使得学者的深入研究不能自如，因此当前这一工作显得尤为重要。将沈家本先生著作集中签注出版，只要做到精心制作，高水平出版，该书必定是经世之作。2. 沈家本的家世、社会关系、经历的考察研究，从而更深层次地研究生家本先生的思想、法律思想及其对后世的影响。3. 研究沈家本的立法、执法及法学教育的实践活动，深入探讨其历史意义和对后世的影响。4. 沈家本著作的全面研究，首先是对沈家本法学著作的研究，也包括对沈家本先生的经学、史学著作及日记、笔记、杂记杂说、诗歌作品的全面研究。从而全面诠释学者沈家本先生的灿烂人生。沈家本先生的经史著作，历来得到经学界和史学界的重视，沈家本先生的实用训诂学在训诂学界及有很大影响，也应成为研究的重要方面。

联 系 人：沈厚铎

电　　话：58908274

疑难证据问题研究中心

该研究中心是中国政法大学目前唯一一个以疑难证据问题为研究对象的非在编机构，其致力于沟通证据科学的理论和实践，搭建教学科研和司法实践之间的桥梁。该机构的成立，为证据科学研究院的专职研究人员提供了一个了解实践中出现的新问题的窗口，也为司法机关和当事人提供了可以分享证据科学研究成果的机会。除此之外，该中心还能为传播证据理念，扩大证据科学重点实验室的影响提供契机，具有不可低估的现实意义。

该研究中心的定位是：以证据科学研究为依托，以专门性证据实务问题为对象，集科研和对外服务为一体的开放型咨询机构。该中心的发展设想包括但不限于以下方面：第一，为满足科研需要，创立一个疑难证据案例数据库，包括刑事、民事和行政诉讼中涉及重要证据问题的案例，在适当的时候编写并出版相关案例分析丛书；第二，根据社会需要，接受司法机关和当事人就疑难证据问题请求分析、论证的委托，组织专家学者进行研讨、会诊，提供专业的咨询、法律意见和法律论证服务；第三，关注司法实践中新出现的疑难证据问题，通过小型研讨会、讲座、授课等方式进行系统的研究，在条件允许下向司法机关、律所或企事业单位提供专业培训，拓展向实务部门提供短期培训的空间。

联 系 人：吴丹红

电　　话：58908029

（中国政法大学科研处杜学亮供稿）

中央财经大学

中国社会保障研究中心

中央财经大学中国社会保障研究中心挂靠我校保险学院，主要从事社会保障体制与政策、社会保障体系与运行等方面的研究，同时突出保险与保障在优势互补方面的研究，致力构建中国的大保障架构，实现保险方面的技术经验与保障方面的政策规范之间的融合与共享。

中心未来发展设想是：建成社会保障人才培养基地；建成社会保障科学研究基地；建成社会保障学术活动基地；建成社会保障“产学研”结合基地。

负 责 人：褚福灵

电　　话：62288077

经济心理研究所

中央财经大学经济心理研究所挂靠我校社会发展学院，以促进和谐社会全面健康发展为宗旨，致力于人类社会经济活动中发生的心理与行为等问题的研究。目前主要研究方向为：经济心理的理论研究，对个体在经济活动中的各种心理变量的形成过程、机制以及心理对经济活动的影响等问题进行研究，作出理论概括；投资心理学研究，采用心理学理论与原理考察需要、动机、认知等心理因素对投资者决策行为的影响；市场心理学研究，运用心理学基本理论与研究方法对市场营销过程中，人的需求、动机和认知对信息加工的影响，预求揭示广告受众的心理加工机制，为提高广告效果提供更多的理论和实证依据。

负 责 人：翁学东

电　　话：62288634

环境经济研究所

中央财经大学环境经济研究所挂靠我校财经研究院，着重研究社会经济再生产的各个环节中实现减量化、资源化和无害化。主要研究方向为环境经济学、环境财政、环境金融、可持续发展、环境史。目前环境经济研究所已经拥有一批专家学者，环境经济学科初具特色，承担过教育部哲学社会科学重大公关项目“我国资源、环境、人口与经济承载能力研究”；北京市哲学社会科学重点项目“北京市资源、环境、人口与经济承载能力研究”；国家社科基金项目“建立健全低碳经济的金融创新机制研究”；教育部规划项目“构建金融类上市公司的社会责任机制研究”；另外还承接了联合国等国际机构委托研究的多项相关课题。

负 责 人：王雍君
电　　话：62288367

（中央财经大学科研处供稿）

对外经济贸易大学

中国开放型经济研究所

对外经济贸易大学中国开放型经济研究所（英文简称 CIFOE，UIBE）是 2008 年 2 月成立的非实体性学术研究机构，其宗旨是研究全球化和区域经济一体化发展新趋势以及中国开放型经济发展的理论、战略、政策及重大问题，系统总结国内外发展的经验与教训，积极开展国际学术交流与合作，提出促进中国开放型经济可持续发展的思路与建议，为政府高层决策提供咨询服务，为产业和企业发展提供指导、咨询和培训服务，为学校的教学和科研服务。

所　　长：夏友富（对外经济贸易大学国际经济研究院）
地　　址：对外经济贸易大学博学楼 710 室
电　　话：64492060
E-mail：youfuxia@ china. com

中国风险管理与保险（数据）研究中心

中国风险管理与保险（数据）研究中心是对外经济贸易大学 2008 年 2 月成立的非实体性学术研究机构。该中心由中国保监会风险管理推动，知名保险数据标准企业出资和申办，集国际著名保险数据专家、国内著名保险学、信息技术专家，自愿结合，从事非营利性的保险行业保险数据研究和服务。

主　　任：王　稳（对外经济贸易大学保险学院院长）
秘　　书：章添香（对外经济贸易大学保险学院科研秘书）
地　　址：对外经济贸易大学博学楼 811 室
电　　话：64495039/5042
E-mail：uibeztx@ yahoo. cn

国际新能源战略研究中心

国际新能源战略研究中心是对外经济贸易大学 2008 年 3 月成立的国内外合作的非实体性学术研究机构。其宗旨是：在经济全球化和区域一体化发展新趋势及我国新一轮的开放型经济发展过程中，研究能源对经济发展的影响，国外对新能源的研究与开发；国外在耗能与节能方面的主要经验教训。主要研究领域为能源与经济可持续发展的关系、环境与新能源开发利用和能源有效利用的国际比较。该中心的定位是：积极配合我国开放型经济发展，潜心研究国内外新能源的开发与利用对经济发展的影响；努力成为中央及地方政府的环保、新能源战略决策的智库、地方、企业发展的指导与咨询中心、专门技术人员的培训基地和国际新能源研究、开发、利用及学术交流的重要平台。

理 事 长：罗世鹏（中国青年实业发展促进会副会长）
秘 书 长：夏占友（对外经济贸易大学国际经济研究院研究员、副院长）
常务理事：板垣敏秀（日本百年植林事务局长）
　　　　　黄荣茂（贵州大学教授）
地　　址：对外经济贸易大学博学楼 705 室
电　　话：64492361
E-mail：xzy2853777@ vipsohu. com

中国能源经济研究中心

对外经济贸易大学中国能源经济研究中心（英文简称：CCEER，UIBE），2008 年 4 月成立的非实体性学术研究机构。该中心的宗旨是：通过组织能源经济领域的学术活动，认真研究我国能源经济的重大理论和政策问题，为各级政府和能源部门提供决策建议；培养具有现代开放经济视野，能够驾驭复杂能源环境，掌握先进能源经济知识的高级专业人才；为企业和社会提供高质量的能源研究服务，架起与国内外能源经济学者相互沟通的桥梁，创造国内外能源经济学者进行学术交流与研究合作的机会和环境，成为全国能源经济研究领域的专门人才库和培训中心，为能源经济学科的发展做贡献。

主　　任：魏巍贤（对外经济贸易大学国际经济贸易学院）
秘　　书：尚曼龙
地　　址：对外经济贸易大学求索楼 2 层
电　　话：64492451

国际经济与金融学会中国分会

国际经济与金融学会（英文全称为：International Economics and Finance Society，简称 IEFS）是唯一一个纯学术的、着重国际经济学（即国际贸易与国际金融）且以贸易为主的世界性学术组织，总部设在美国，海外分会已有英国、日本、西班牙和中国香港。

为提高我国国际经济学研究水平，加强我校在经济学尤其是国际经济学（贸易与金融）领域的研究，提高和扩展我校国际经济学研究在亚洲及以外地区的地位与声誉，保持我校此领域在全国的领先地位，2008 年 5 月成立了国际经济与金融学会中国分会。

会　　长：林桂军（对外经济贸易大学副校长）

副 会 长：赵忠秀（对外经济贸易大学国际经济贸易学院院长）

佟家栋（中国世界经济学会副会长）

裴长洪（中国社会科学院财政与贸易经济研究所所长）

俞肇熊（香港城市大学经济及金融系主任）

秘　　书：殷晓鹏（对外经济贸易大学国际经济贸易学院）

地　　址：对外经济贸易大学博学楼1211室

电　　话：64493689

E-mail：x_ yin@ iefschina. org

中国资本运营研究中心

对外经济贸易大学中国资本运营研究中心（英文简称：CRCCM）是2008年5月批准成立的非实体性学术研究机构。该中心的宗旨是研究资本运营的理论、政策及重大问题，系统总结国内外发展的经验与教训，积极开展国际学术交流与合作，提出中国企业资本运营的思路与建议，为政府高层决策提供咨询服务，为产业和企业发展提供指导、咨询和培训服务，为学校的教学和科研服务。

主　　任：冯鹏程（对外经济贸易大学国际经济研究院副研究员、博士后）

常务副主任：黄欣琪（香港汇财资本有限公司总经理）

地　　址：对外经济贸易大学博学楼716室

电　　话：64495082

E-mail：fengpc@ 126. com

社会稳定与危机管理研究中心

对外经济贸易大学社会稳定与危机管理研究中心（英文简称：CSCM，UIBE）成立于2008年9月，是非实体性的学术研究机构，致力于对当前中国社会稳定与危机管理所面临的重大问题进行高层次研究，特别是对影响中国社会稳定的因素以及由于社会不稳定而导致的危机事件，展开理论探讨，提供政策建议。中心将兼顾理论深度与实证精神，力争体现交叉学科的特点和跨学科的研究方法。

名誉主任：郑俊田（对外经济贸易大学公共管理学院院长）

常务主任：廉　思

地　　址：对外经济贸易大学知行楼505室

电　　话：64493403

E-mail：cscmuibe@ 163. com

比较法与欧盟法研究所

对外经济贸易大学比较法与欧盟法研究所（英文简称：ICEL，UIBE）是2008年10月批准成立的非实体性学术研究机构，宗旨是推进比较法学和欧盟法研究的全面深入展开，建立学科发展新的增长点，培养高素质的学术带头人、学术骨干和研究后备人才。

所　　长：鲍　禄（对外经济贸易大学法学院）

地　　址：对外经济贸易大学宁远楼707室

电　　话：64493028

E-mail：baolu@ uibe. edu. cn

（对外经济贸易大学科研处张瑞供稿）

首都师范大学

继续教育学院

首都师范大学继续教育学院于2008年12月25日成立。首都师范大学成人与继续教育自建校初期到现在已有近五十多年的历史，其发展主要经历了以下阶段：

以进修部和师训部为管理机构，采取中短期培训或专题讲座的形式，对北京市的中小学教师进行“丰富知识、提高学识”方面的培训。1977年开始创办函授教育，1981年创办夜大学。1983年学校被首批列入中央教育部公布的北京地区普通高等学校函授及夜大学教育招生校之列。1994年学校成立成人教育学院，作为学校成人教育办学的管理机构。2008年，为落实党的“十七大”提出的优先发展教育，建设人力资源强国，办好人民满意的教育，发展远程教育和继续教育，学校决定撤销成人教育学院，成立继续教育学院。

首都师范大学现有19个学院（系）独立承担继续教育的具体办学工作。成人高等学历教育招生专业涉及文史、艺术、理工、教育、法学、经管等多个门类共有60余个，在校生11060人，分布在校内及全国多个省市、自治区的教学站（点）。此外，首都师范大学继续教育系统每年还为社会各界提供上千人次的各级各类非学历继续教育培训。

院　　长：张汝胜

副 院 长：王晓华　胡　洁　付　华

电　　话：68901568

中国戏曲研究中心

首都师范大学、中国戏曲学院“中国戏曲研究中心”于2008年9月25日正式成立。中心成立的主要目的是为完善戏剧戏曲学科建设，培养教学与实践兼顾的复合型戏曲艺术人才。该中心是首都师范大学与中国戏曲学院合作，共同成立的。中国戏曲学院和首都师范大学近日联合成立中国戏曲研究中心，两校资源整合，优势互补，旨在打破戏曲研究中学院派与实践派长期分离的格局，培养教学与实践的复合型戏曲艺术人才，共同组成集戏曲文化与舞台艺术研究为一体的体现戏剧戏曲学特点的教学、科研机构，并承担硕士、博士研究生培养工作。

该中心名誉主任和学术学位委员会主任由欧阳中石担任，中国戏曲学院戏文系主任谢柏梁任研究中心副主任，中国戏曲学院研究所所长傅谨出任学术委员会副主任。

中国戏曲研究中心是学校的学术研究机构，中心名誉主任由欧阳中石教授担任，主任由张燕瑾教授担任。

主　　任：张燕瑾

电　　话：68902966

首都新农村社会与文化建设研究中心

首都新农村社会与文化建设研究中心于2008年6月15日正式成立，是学校的学术研究机构。该研究中心将全面整合首都师范大学政法学院、文学院、历史学院、资源环境与旅游学院、教育科学学院、首都创新研究院等院（系）的学科建设与创新研究资源，充分发挥社会学、经济学、政治学、伦理学、教育学、北京史、文化产业、资源环境以及旅游管理等相关学科的研究优势，以首都新农村社会与文化建设研究为中心，以新农村建设的战略、道路和政策研究为重点，逐步拓展研究领域，积极为首都新农村政治、经济、文化、社会建设服务。

该研究中心主要承担五大任务：一是开展重要课题研究。瞄准北京京郊农村建设中的现实问题，以具有重要实践价值的项目和课题为抓手，整合学科资源。二是开展教育培训。重点培育新农村建设创新型管理人才。三是举办（或承办）新农村建设和区域创新发展论坛。四是开展技术转移，促进成果转化。重点是发展循环经济、生态环保、都市现代农业。五是策划和开展促进新农村社会和文化建设的活动。

主　　任：梁景和

电　　话：68907106

（首都师范大学科研处供稿）

首都经济贸易大学

校领导人事变动

2008年6月4日，中共北京市委关于柯文进同志任职的通知。中共首都经济贸易大学委员会：市委决定，柯文进同志任中共首都经济贸易大学委员会书记。

中国人力资源和社会保障发展研究院

2008年3月26日上午，首都经济贸易大学与国家发展和改革委员会社会发展研究所共同举办了首都经济贸易大学中国人力资源和社会保障发展研究院成立大会暨学术论坛。

首都经济贸易大学中国人力资源和社会保障发展研究院依托首都经济贸易大学、国家发展和改革委员会社会发展研究所日常办事机构设在首都经济贸易大学劳动经济学院。2008年研究院科研规划成果有：《中国人力资源和社会保障发展研究报告（2008）》、《首届中国经济增长与就业国际论坛论文集》、《中国劳动人事改革30年》、《中国人力资源和社会保障发展研究报告（2009）》等。

院　　长：文　魁　杨宜勇

副 院 长：杨河清　常兴华

电　　话：65976425

（首都经济贸易大学科研处供稿）

北京林业大学

国家林业局生态文明研究中心

2008年9月4日，根据《国家林业局关于同意依托北京林业大学组建"国家林业局生态文明研究中心"的函》（林函科字〔2008〕188号），"国家林业局生态文明研究中心"暨北京林业大学生态文明研究中心正式成立。该中心为非独立法人机构，旨在发挥人才优势，围绕中国林业发展实际，开展生态文明研究与实践，为中国林业生态文化体系建设提供咨询服务和智力支持。该中心整合全校教师资源，以人文学院教师为主，组成了多学科的研究群体。

主　　　任：吴　斌（北京林业大学党委书记）

常务副主任：严　耕（北京林业大学人文社会科学学院院长）

副　主　任：李铁铮（北京林业大学党委宣传部部长）

电　　话：62338076

（北京林业大学科技处供稿）

外交学院

行政主要负责变动

2008 年，原外交学院院长吴建民调回外交部，现任院长为中国原驻法兰西共和国大使赵进军。

科研（教研）机构调整

2008 年，外交学院进行了新的岗位调整，各研究、教学等业务单位及科研管理部门正处级负责人的情况如下：

科研处处长：高　飞　副教授

教务处处长：谭继军　副教授

基础教学部主任：余科杰　教授

外交学与外事管理系系主任：王春英　教授

英语与国际问题研究系系主任：孙吉胜　副教授

外语系系主任：苑崇利　教授

国际法系系主任：卢　松　副教授

国际经济学院常务副院长：刘曙光　副教授

外交学与外事管理系

经外交部 2008 年 3 月 19 日批准，同意将外交学院原“外交学系”更名为“外交学与外事管理系”，同时适当增设外事管理方面的课程，并在实践活动上更多地与地方外办联系，使学生适应多方面的人才需求。更名后，外交学与外事管理系的职能是：为国家培养德、智、体全面发展、具有坚实的外语基础、掌握外交业务基本理论和技能的高素质、复合型外交外事人才。系领导职位人数仍为 3 名。

学术团体

自 1994 年以来，外交学院陆续成立了五个地区（欧洲、俄罗斯、美国、亚太、中国港澳台）研究中心和三个专题（国际安全、国际金融、经济外交）研究中心（以下简称“中心”）。作为学院的学术研究机构，各中心活跃在学科前沿，为促进地区或专题研究与教学作出了贡献。随着热点问题的变化和发展，2008 年，学院增设、取消了一些中心，负责人也有相应变化，调整后的情况如下（排名不分先后）：

	中心名称	负责人
1	欧洲研究中心	国际关系研究所　赵怀普　教授
2	俄罗斯研究中心	国际关系研究所　林　军　教授
3	联合国研究中心	国际法系　江国青　教授
4	美国研究中心	外交学与外事管理系　熊志勇　教授
5	国际安全研究中心	国际关系研究所所长　王　帆　教授
6	国际金融研究中心	国际经济学院　欧明刚　副教授
7	经济外交研究中心	外交学院院长助理　江瑞平　教授
8	亚太研究中心	东亚研究中心副主任　魏　玲　副教授
9	当代中国外交研究中心	外交学与外事管理系　张历历　教授
10	中东研究中心	国际关系研究所　宫少朋　教授
11	战略与冲突管理研究中心	外交学与外事管理系　苏　浩　教授
12	翻译研究中心	中国翻译协会理事、翻译理论与翻译教学委员会委员　范守义　教授
13	美国社会文化研究中心	英语与国际问题研究系　孙吉胜　副教授
14	日本研究中心	外语系主任　苑崇利　教授
15	WTO 法与国际商法研究中心	英语与国际问题研究系　于丹翎　副教授
16	争议解决研究中心	国际法系系主任、国际法研究所所长　卢　松　副教授

联合国研究中心

外交学院联合国研究中心于2008年10月成立。现任中心主任为国际法系江国青教授。在中心初创之际，各项工作的开展仍处于前期和摸索阶段，本中心拟依托外交学院联合国研究的良好基础和强大资源，巩固和提高我院在联合国研究方面的学术地位和科研水平，力争扩大我院在联合国研究方面的国内外影响力，推动培养和建设一批有一定学术影响力的后备研究力量。本中心的建设目标是：力争在5—10年内将中心建设成为国内领先的联合国问题研究基地。

战略与冲突管理研究中心

2008年，外交学院战略与冲突管理研究中心成立，现任中心主任为外交学与外事管理系苏浩教授。学院范围内对战略理论、外交战略、国际安全和冲突问题有兴趣的教师、有相关兴趣的博士、硕士和本科生也可参与中心的活动，在条件许可的情况下聘请院外的知名专家担任中心的名誉/兼职研究员。中心将成为外交学院相关教师和学生在战略理论、外交战略、冲突管理等领域的一个研究、教学和对外交流的平台。中心将争取与国内外战略研究和冲突预防/管理/解决研究领域的学术单位建立交流与合作关系。

战略与冲突管理研究中心近期工作设想：

中心近期内将召开以此小型座谈会，邀请院内外有关战略与冲突管理研究的知名专家学者与会，讨论相关学科的发展前景和政策运用问题；

近期内中心将建立一个网站，争取将该网站建成具有战略理论和冲突管理问题特色的学术网站；

中心将寻找申请研究项目的机会，以便获得开展研究与活动的经费；

中心将争取与国内外的相关研究机构建立交流与合作的关系；

中心将邀请国内外的知名学者到学院进行学术交流，推动战略与冲突管理的学术研究；

中心将把一些有关中国外交和国际关系方面的有价值的信息通过学院及时提交到外交部，为外交决策提供参考。

（外交学院科研处郦莉供稿）

中国青年政治学院

科学发展观研究中心

中国青年政治学院科学发展观研究中心2008年10月31日正式挂牌成立。研究中心属学校党委直接领导的开放式校级理论研究阵地。

研究中心以中国特色社会主义理论体系为指导，坚持理论与实践相结合，深入研究贯彻落实科学发展观的重大理论和实际问题，推动学校各项事业又好又快发展，更好地服务国家经济社会发展和共青团事业。研究中心的主要任务是聚集校内外研究资源，围绕世情、党情、国情以及团情、校情，对当前重大理论课题、学科前沿问题和现实问题进行全面系统的研究，对当前实践探索的鲜活事例、生动素材和新鲜经验进行总结、归纳和提炼，力争推出有理论创新和实践价值的研究成果。

研究中心聘请校内外专家学者为兼职研究人员，重点进行有关课题研究，其运行机构设在党委宣传部。中宣部全国社科规划办副主任姜培茂、中国社科院马克思主义研究院研究员赵智奎、中国人民大学马克思主义学院院长秦宣教授、中国石化集团炼化公司党委副书记周新民高级经济师为特聘校外研究员。

主　　任：倪邦文

常务主任：李宝国

地　　址：西三环北路25号

邮政编码：100089

电　　话：88568256

北京社会工作人才发展研究院

北京社会工作人才发展研究院于2008年12月19日在中国青年政治学院挂牌成立。北京市委常委梁伟、北京市副市长丁向阳、团中央书记处常务书记杨岳、中国社会工作协会会长徐瑞新担任研究院顾问。

研究院由北京市委社会工作委员会与中国青年政治学院联合组建，下设学术咨询委员会和实务咨询委员会，以及社会工作人才队伍建设研究所、社会工作实务研究及示范中心、社会工作培训中心、社会工作资源中心。中国社会科学院社会学所所长李培林等21名专家学者担任学术咨询委员，北京市区县社工委、中国社工协会和北京社工协会的工作人员担任实务咨询委员。

北京社会工作人才发展研究院的主要任务和宗旨为：广泛吸纳国内外专家学者、实务工作者及政府部门人员，研究首都社会工作人才队伍发展中的重大问题，开展社会工作学术交流，提供社会工作专业培训，推广社会工作实务模式，成为北京市委、市政府在社会工作人才队伍发展方面的决策咨询机构，为专家学者、实务工作者及政府部门人员提供一个学术与实务研究和交流的平台。

名誉院长：宋贵伦（北京市委社会工作委员会书记、北京市社会建设办公室主任）

院　　长：王新清

常务副院长：陈树强

地　　址：西三环北路25号

邮政编码：100089

电　　话：88569829

（中国青年政治学院曹骏供稿）

北京市社会科学院

北京社会管理研究中心

北京社会管理研究中心于2008年11月19日在京成立，是由北京市委社会工作委员会和北京市社会科学院合作共建的高水平学术研究平台，是集党和政府管理资源、学界研究资源为一体的研究基地。中心设在北京市社会科学院，以北京市社会管理和公共服务为主要研究对象；以社会管理一般理论与北京市的具体情况相结合为研究特点；以致力于将学术研究成果转化为政府决策和社会实践为研究目标。

中心发挥北京社科院综合性研究机构的优势，联合北京社科院城市问题研究所、管理研究所、外国问题研究所、首都社会治安综合治理研究所的研究人员，共同开展社会管理与公共服务体系研究。

中心除了北京社会科学院自身的研究力量之外，还汇集了一批国内在相关研究领域有影响力的知名专家学者，大大增强了中心的学术研究实力。

名誉主任：宋贵伦

主　　任：刘牧雨（北京市社会科学院院长）

电　　话：64877641

传　　真：64872765

北京城市管理研究基地

北京市社会科学院城市管理研究基地于2008年1月在京成立，是在联合国全球城市发展组织、建设部全国市长培训中心等机构的大力支持下，经北京市社会科学院批准成立的专门研究现代城市运行管理的机构。基地以科学发展观为指导，致力于探索具有中国特色的现代城市运行管理的新思路和新模式。

基地的主要任务是：研究我国快速城市化发展中的管理难题，推动我国城市运行管理理论和应用对策研究创新。促进我国城市运行管理水平的提升。基地重点研究现代城市管理体系和管理体制的构建、城市社会管理体制与运行机制、城市环境秩序管理、城市公共安全管理以及城市数字化管理体系等问题。并利用研究成果，为政府提供决策支持。

基地负责人：戚本超（北京市社会科学院副院长）

电　　话：64871823

传　　真：64872765

北京市区域经济研究基地

北京市社会科学院区域经济研究基地是由北京市社会科学院于2008年11月29日在京成立的，其目的是要在对区域经济理论和实践进行系统、深入研究的基础上，重点对北京及环渤海区域有关的区域经济现象与问题开展深入探讨，为区域经济发展，特别是首都经济实践提供决策参考。

区域经济研究基地是一个开放的区域经济交流与研究平台。通过这一平台，聚集相关大专院校、研究机构、政府管理部门的专家学者进行交流与合作，共同研究和探索区域经济理论和实践中的热点和难点问题，使区域经济理论研究和应用对策研究更好地服务于区域经济实际。

区域经济研究基地邀请区域经济研究资深专家作为学术顾问，特别聘请知名高等院校、科研机构以及政府部门长期从事区域经济、首都经济理论与实践研究的专家组成专家团队，研究团队主要由北京市社会科学院经济研究所、管理研究所、城市问题研究所以及天津、河北、山东、辽宁等社会科学院相关研究人员组成。

基地主任：赵　弘（北京市社会科学院经济研究所所长）

电　　话：13501381602

传　　真：64872765

地　　址：北京市北四环中路33号

邮　　编：100101

电　　话：64879709

邮　　件：basskyc@263. net. cn

网　　址：www. bass. gov. cn

（北京市社会科学院科研处供稿）

北京市社会科学界联合会

2001年以来，北京市社科联主席、常务副主席、党组书记沿革

主席：

2001年11月至2007年1月，北京市人大常委会原副主任陶西平任主席

2007 年 1 月至今，北京市政协原副主席满运来任主席

常务副主席：

2001 年 11 月至 2007 年 1 月，北京市社科联党组书记张文启任常务副主席

2007 年 1 月至 2009 年 5 月，北京市委宣传部副部长、北京市社科联党组书记宋贵伦任常务副主席

2009 年 5 月至今，北京市社科联党组书记史秋秋任常务副主席

党组书记：

2001 年 1 月至 2005 年 9 月，张文启任党组书记

2005 年 9 月至 2008 年 3 月，北京市委宣传部副部长宋贵伦兼任党组书记

2008 年 3 月至今，史秋秋任党组书记

北京市社科联机构设置

2008 年 3 月，经北京市机构编制委员会办公室审核，报经市委批准，北京市社科联内设机构设置如下：

办公室、研究室、学术活动部、学会管理部（民办社科研究机构工作部）、科研工作部、社科普及部、社科基金管理部、中国特色社会主义理论研究部、人事部、财务部、机关党总支。

（北京市社科联办公室供稿）

·学术团体·

概述

本栏目记述北京市社会科学界联合会所属33个直属学会、协会、研究会、基金会的基本情况，包括成立时间、历届会长、学会宗旨、业务范围、机构设置、学会特点、学会任务及地址、联系电话等内容，反映出北京市各学术团体在繁荣学术、服务首都方面所发挥的社会功能。

北京市社会科学界联合会所属学术团体*

北京市历史学会

北京市历史学会成立于1960年12月24日。第一、二届会长：吴晗；第三届会长：白寿彝；第四、五届会长：戴逸；第六、七、八届会长：龚书铎；现任会长：何芳川。北京市历史学会直属北京市社会科学界联合会。

学会宗旨：以马克思主义为指导，提倡实事求是、理论联系实际的学风，贯彻百家争鸣的方针，促进历史科学研究和历史教学的繁荣发展。

学会任务：（1）开展学术研究和学术交流活动；（2）普及历史知识；（3）组织历史教学经验交流；（4）编印本会主持的学术研究成果和与本会有关的出版物。学会成立40多年来，除了“文化大革命”期间一度中断活动外，一直坚持开展多种形式的学术活动。

机构设置：下设中国古代史、中国近代史、中国现代史、世界古代史、世界近代史、世界现代史、中学历史教学、文博、民族史、史学理论与史学史等10个专业组，开展有关学术活动。学会每3年举行1次代表大会。常务理事会主持学会会务工作，日常办事机构为学会秘书处。学会历年来组织编写的有影响的主要出版物：《中国历史小丛书》、《外国历史小丛书》、《吴晗文集》、《吴晗史学论著选集》、《人类历史的进程》、《中国现代史教学大纲》、《北平抗日斗争史》、《历史学百年》、《郑和研究百年论文选》等。

地　　址：北京市新街口外大街19号北京师范大学历史学系
邮　　编：100875
电　　话：58808357
传　　真：58808357
电子信箱：linhailiu@163.com

北京市国际共产主义运动史学会

北京市国际共产主义运动史学会，1980年2月成立。直属北京市社会科学界联合会。学会第一届理事会会长：成仿吾；第二、三届理事会会长：高放；第四、五届理事会会长：曹长盛；第六届理事会会长：李景治。本届为第六届理事会。理事会设会长1人，副会长若干人；秘书长1人，理事若干人。学会现有理事单位54个。

学会宗旨：以马克思列宁主义、毛泽东思想、邓小平理论和“三个代表”重要思想为指导，团结和组织北京市国际共产主义运动史和世界社会主义运动学界的工作者，积极开展对共产主义运动和世界社会主义运动的历史和现状的研究，并对其面临

* 本年鉴2000年版、2001年版曾收录北京市社科联所属学术团体简介。由于近年来学术团体变化较大，并新成立了一些学术团体，故本年鉴自2008年开始，对北京市社科联所属学术团体全部再行收录。

的重大理论与实际问题进行交流和探讨，以期促进世界社会主义、共产主义运动史的教学与研究工作，为繁荣北京市哲学社会科学服务，为中国特色社会主义现代化建设服务。

学会任务：

（1）组织学习马克思列宁主义、毛泽东思想、邓小平理论和“三个代表”重要思想，坚持正确的政治方向；

（2）开展有关国际共产主义运动和世界社会主义运动的理论研究；

（3）开展有关国际共产主义运动和世界社会主义运动的学术信息交流；

（4）举办有关国际共产主义运动和世界社会主义运动学界的学术研讨会、联谊会和经验交流会；

（5）加强对热心从事国际共产主义运动和世界社会主义运动教学与研究的青年学者的培养与扶持。

学会刊物：1980 年与中国人民大学科社系联合创办《国际共运教研参考》（内部不定期期刊），1983 年更名为《国际共运》，1987 年，因缺少经费，交由中国国际共运史学会主办。

地　　址：北京市海淀区中关村大街 45 号中国人民大学国际关系学院

邮　　编：100872

电　　话：62511350

电子信箱：pugl@ sina. com

北京市文艺学会

北京市文艺学会成立于 1980 年 12 月 25 日，直属北京市社会科学界联合会。

学会第一、二届会长：何洛（1992 年 6 月何洛去世后，由曹子西代理会长），第三、四届会长：曹子西，现在是第五届理事会会长：张泉。

学会宗旨：团结本市文艺科学工作者，进行学术交流，推动本市文艺科学工作的开展；特别是开展对改革开放以来在文艺领域中出现的新情况、新问题的研究，促进社会主义文艺的繁荣。学会坚持以马列主义、毛泽东思想和邓小平理论为指导，贯彻“百花齐放，百家争鸣”的方针，提倡理论与实际相结合，为首都社会主义精神文明建设服务。

业务范围：开展文艺学理论研究、学术交流、作品讨论、编辑专业刊物。

机构设置：5 个下属研究分会。

学会刊物：《文艺动态》，1988 年 10 月创办，内部刊物，赠送会员。共出版了 38 期，于 1998 年停刊。

地　　址：北京市西城区新风街 1 号院 1 楼 204 室

邮　　编：100088

电子信箱：lsm001007@ sina. com

北京市语言学会

北京市语言学会成立于 1980 年 6 月 18 日，直属北京市社会科学界联合会。学会一至三届理事会会长：张志公；第四届理事会会长：胡明扬；第五届理事会会长：赵金铭；2008 年，选举产生了第六届理事会会长：崔希亮。

学会宗旨：团结在北京工作的语言学工作者，贯彻“双百”方针，遵照我国有关法规和政策，开展学术活动；推动语言科学的理论研究和语言文字应用研究，促进语言文字的现代化，维护国家的根本利益，从而使语言科学为我国的社会主义物质文明和精神文明建设更好地服务。

机构设置：语言理论研究分会，语言现代化研究分会，朗诵研究分会，应用语言学研究分会，语言与文学研究分会，古汉语研究分会，幼儿语言研究分会，科技语言研究分会，秘书处。

学会刊物：学会成立初期办有《语言知识丛刊》，公开发行，后停刊。现办有《北京市语言学会通讯》主要在会员中交流，不定期发行。

地　　址：北京市海淀区北京语言大学对外汉语研究中心

邮　　编：100083

电　　话：82303416　82303686

传　　真：82303416

电子信箱：jidi2@ blcu. edu. cn

北京市世界语协会

北京市世界语协会成立于 1981 年 1 月 25 日。直属北京市社会科学界联合会，受中华全国世界语协会指导。协会一至四届理事会会长：戈宝权、曾禾尧、南由礼、李威伦。三至四届监事长：原明、南由礼。本届理事会会长：南由礼。

协会宗旨：以马列主义、毛泽东思想、邓小平理论和“三个代表”重要思想为指导，坚持和贯彻党的基本路线及各项方针政策，团结和组织北京的世界语者，研究、应用、宣传和推广世界语，提高世界语者的语文水平，培养新的世界语人才；同国内外世界语者组织建立会务联系，开展中外文化、科技、经贸交流活动，增进各国人民之间的友谊；应用世界语为我国的改革开放和社会主义现代化建设服务，为世界和平与发展服务。

业务范围：组织会员开展各种形式的咨询服务和宣传普及活动，开办各类世界语培训班，研究并应用世界语开展中外文化、科技、经贸交流等活动，以充分体现社团应有的社会功能和社会作用。

机构设置：办公室，为协会日常办事机构。

学会刊物：《绿满京华》，不定期发行，已编发59期。

地　　址：北京市朝阳区北四环中路33号

邮　　编：100101

电　　话：64878905

传　　真：64878905

电子信箱：bjwyj@163.net

网　　址：http：//verdapekino.com

北京市逻辑学会

北京市逻辑学会，原为北京市哲学会逻辑学专业委员会，1979年4月3日在“文化大革命”中停止活动的哲学会恢复活动独立成为学会，直属北京市社会科学界联合会。

学会第一届会长：王宪均，秘书长：吴家国；第二届会长：方华，秘书长：赵总宽；第三届会长：方华，秘书长：赵总宽；第四届会长：吴家国，秘书长：赵总宽；第五届会长：赵总宽，秘书长：周北海；第六届会长：赵总宽，秘书长：周北海；第七届、第八届会长：周北海；本会设会长1人，副会长若干人，秘书长1人，理事若干人，秘书长负责学会日常事务。

学会宗旨：团结并推动北京市的逻辑学工作者，在马克思列宁主义、毛泽东思想和邓小平理论的指导下，贯彻“百花齐放、百家争鸣”的方针和理论联系实际的原则，开展逻辑学研究，特别是对现代逻辑学的学习和研究，并且把逻辑的普及和提高密切地结合起来，为实现四个现代化和建设有中国特色的社会主义服务。

业务范围：开展逻辑学理论研究、学术交流、专业培训、咨询服务、编辑专业刊物。

地　　址：北京市海淀区中关村大街45号中国人民大学哲学系

邮　　编：100872

电　　话：62512710

北京市领导科学学会

北京市领导科学学会于1993年由北京市委党校、北京市社会科学界联合会、中国管理科学研究院领导科学研究所共同发起成立。主办单位为北京市委党校。学会第一届至第四届理事会会长：封明为，本届理事会是第五届理事会，会长为赵凤山（市人大常委会副主任）。会址设在北京市委党校公共管理教研部。

学会宗旨：团结并推动北京市的领导科学理论的研究力量，通过学者交流、实地考察，与实际领导者座谈，与兄弟省市领导科学学会或研究会互访等活动，探索具有中国特色社会主义领导科学理论，为实际领导工作提供咨询服务。

学会任务：以有中国特色社会主义理论为指导，围绕北京市各级领导工作存在的主要问题，进行调查研究，探索解决途径，为领导工作的科学化和规范化提供咨询和建议；开展领导理论和实践的研究活动，组织学术会议，进行理论研究和学术交流；搜集国内外有关领导问题研究的信息资料，为实际工作者和理论工作者提供信息服务；组织编印出版领导学教材、理论专著、一般读物和内部刊物；组织领导科学培训工作；开展对外学术交流活动和合作事项；承担政府或有关部门委托的任务，对其提供咨询服务，同时自主地开展一些有偿咨询服务；经有关部门批准，合法经营领导科学书刊。

业务范围：开展领导科学理论研究、学术交流，承办委托、专业培训，以及咨询服务、编辑专刊等。每年组织在京高校学者，领导干部进行学术交流或实地考察。

机构设置：理论部、培训部、办公室。

地　　址：北京市西城区车公庄大街6号北京市委党校

邮　　编：100044

电　　话：68007159　68007075

传　　真：68007078

电子信箱：licd108@sina.com

北京市宏观经济学会

北京市宏观经济学会（原北京市计划学会）成立于1990年8月11日，2004年更名。主办单位：北京市发展和改革委员会。学会第一届会长：王军。现有团体会员91个，个人会员324人。在团体会员中，市政府各委、办、局、行、总公司55个，区县发改委18个，其余为中央和市属教学、科研单位及大中型企业。

学会宗旨：以马列主义、毛泽东思想和邓小平理论为指导，坚持四项基本原则，坚持实事求是、理论联系实际的学风和“百花齐放、百家争鸣”的方针，广泛团结社会力量，积极开展社会主义市场经济理论和实践问题的研究，为提高首都经济发展理论和管理水平，促进经济体制改革，促进政府行为和宏观决策科学化、规范化，更好地实现社会主义现代化的宏伟目标服务。

学会任务：

（1）组织推动会员调查研究，向有关部门提供对策建议和咨询服务；

（2）组织经济管理者与理论工作者间的学术和信息交流；

（3）每年召开学术年会，并根据需要不定期地举办学术报告会、专题研讨会和讲座；

（4）编辑出版有关宏观经济研究的书刊和资料，宣传和普及宏观经济理论和经济管理知识；

（5）建立和加强同各省市宏观经济学会及本市其他学术团体的联系和合作。

机构设置：学会下设纺织分会和电力分会。

地　　址：北京市西城区德胜门外滨河路7号

邮　　编：100011

电　　话：62043782

传　　真：62043782

北京农业经济学会

北京农业经济学会成立于1980年，是在中国共产党领导下的学术性群众团体。北京农业经济学会第一届理事会理事长王耕今，秘书长周诚；第二届理事会理事长周诚，秘书长秦其明；第三届理事会，名誉理事长周诚，理事长先后是周志祥（1995年去世）、缪建平，常务副理事长徐柏园，秘书长唐忠。

本届理事会是第四届理事会，名誉理事长周诚，总顾问缪建平、首席顾问郑大豪、顾问洪乌金、罗伟雄、徐更生等；理事长徐柏园，秘书长唐忠。

学会宗旨：团结北京地区农业经济理论界和实际部门的单位及个人，通过开展农业及农村经济问题的调查研究和学术探讨等，为发展北京与全国的农业和农村经济，促进农业和农村改革，实现社会主义农业现代化服务。

学会任务：团结北京地区农经界的人士从事农村调查、开展农业与农村经济政策研究、组织农业经济理论探讨，推动学科建设，发展研究队伍，为北京及全国的农业与农村的现代化建设服务。本会吸收单位为团体会员，吸收个人为个人会员。团体会员是从事农业与农村经济事业的单位和组织。从事农业与农村经济工作，有一定学术成就者，可申请成为个人会员；在校硕士生和博士生可以申请为本会学生会员。

学会曾与中国农业经济学会经济理论与学科建设专业委员会合作编辑出版《农经理论研究》2期。

地　　址：北京市海淀区中关村大街45号中国人民大学农业与农村发展学院（明德主楼）

邮　　编：100872

电　　话：62511063

传　　真：62511063

电子信箱：xuby3796@163.com

北京商业经济学会

北京商业经济学会于1980年成立，是研究商业经济科学的群众性学术团体。主办单位：北京市商务局。学会第一至四届理事会会长：杨用之；第五届理事会会长：臧洪阁。本届理事会为第五届。

学会宗旨：学会以团结和组织北京市各种经济成分企业家和教学、科研人员，对商业理论问题和重要实际问题进行研究和探讨，为促进我国社会主义市场经济的发展和社会主义现代化建设服务。

学会任务：

（1）研究社会主义市场经济的基本理论，探索社会主义市场经济运行的规律，总结我国商业发展的历史经验；

（2）研究发展商业经济和深化商业改革的途径；

（3）开展多种形式的学术研讨和资料交流活动；

（4）研究介绍国外商业经济理论及商业经营管理经验；

（5）根据形势发展及企业的需要，开办短训班及讲座；

（6）开展咨询服务，组织理事成员到先进单位学习考察；

（7）参加学术团体及有关社团组织的有益活动；

（8）评选商业经济研究的优秀成果和学会先进工作者。

业务范围：开展商业经济理论研究、成果鉴评、信息交流、学术交流、专业培训、咨询服务、编辑专业刊物。

机构设置：学会下设学术委员会、编辑委员会、咨询委员会。

学会刊物：《北京商业》，目前在北京商业界享有较高的知名度，深得商业企业界的好评。

地　　址：北京市东城区东四礼士胡同41号

邮　　编：100010

电　　话：65231127　65130390

传　　真：65128343

电子信箱：weigang1973@vip.sina.com

北京市书标收藏协会

北京市书标收藏协会于2004年1月1日成立。北京市书标收藏协会是研究、探讨书标的文化内涵，组织收藏者交流收藏心得的群众性团体。是北京市社会科学界联合会的团体会员。主办单位：北京出版集团有限责任公司。现有团体会员10个，个人会员102人。协会第一届理事会会长：王武，秘书长：管陆琪。

协会宗旨：弘扬中华民族的先进文化，宣传、推广精品图书，繁荣促进图书市场发展。组织书标收藏者在遵守宪法、法律、法规和国家政策，遵守社会道德风尚的前提下，开展交流收藏心得，探讨书标收藏内涵，了解我国出版业的发展水平的活动。并主要开展组织会员开展书标展览活动，深入企事业单位和社区，提高书标的知名度，发挥书标在宣传、推广精品图书的作用等项工作。

地　　址：北京市美术馆东街22号309室

邮　　编：100010

电　　话：84044779

传　　真：81545753

电子信箱：wangwu@shubiao.com

网　　址：www.shubiao.com

首都企业改革与发展研究会

首都企业改革与发展研究会，成立于1993年2月，同时产生了第一届理事会，主办单位：首都经济贸易大学。首都企业改革与发展研究会第一届理事会会长：邬凤祥；现任理事会会长：郑海航。

学会宗旨：遵守宪法和有关法律、法规，坚持“一个中心，两个基本点”的基本路线；组织会员着力研究如何提高企业管理者的素质，如何加速企业改革与发展，如何提高管理水平，增强社会主义企业活力，特别是搞好国有大中型企业，为建设有中国特色的社会主义企业管理现代化目标服务。

地　　址：北京市朝阳区红庙首都经济贸易大学4号楼502室

邮　　编：100026

电　　话：65976470

传　　真：65976471

电子信箱：fafo@2911.net

北京满学会

北京满学会于1993年3月24日成立，由北京市社会科学院主办。

本会设有理事会、常务理事会。本会第一、二届理事会会长：阎崇年。

学会宗旨：联络满学研究力量，开展学术交流，提高研究水平，增强民族团结，促进满学发展。

学会任务：本会依托在京高校、科研等单位的专家学者，满族界著名人士优势，广泛联系国内满学领域专家教授和台、港、澳地区以及日、韩、蒙、俄、美、加、德、法、意、英等国专家教授主办高层次国际满学学术会议，交流总结学术成果，宏扬优秀民族文化遗产。团结满学诸领域专家合作研究。与中央电视台等媒体合作，普及正确的满学知识。

学会刊物：《满学研究》，已出版7辑，受到国内外的好评。本会本着开展满学研究、加强学术交流的原则，出版学术研讨会的论文集3辑。

地　　址：北京市北四环中路33号　北京市社会科学院满学所

邮　　编：100101

电　　话：64877642　64877643

传　　真：64872765

电子信箱：deken0215@sohu.com

北京外国问题研究会

北京外国问题研究会于1989年3月成立，是研究外国问题的民间学术团体。主办单位：北京市社会科学院。本会第一、二届理事会会长：张芝联。

学会宗旨：贯彻理论联系实际，实事求是的原则，发扬学术民主，推动开展外国问题研究，组织国内外学术交流，促进中外相互了解和友好合作，为深化改革和扩大开放服务。

业务范围：开展外国问题研究、国际学术交流、专业培训、咨询服务、编辑专业刊物。

机构设置：本会设秘书处负责处理日常事务。并在该处下设办公室、联络部、编辑部，为便于开展学术研究和交流活动，本会下设美国研究中心、俄罗斯研究中心、欧洲研究中心、中亚研究中心、西亚非洲研究中心、东北亚研究中心、东南亚研究中心、南亚研究中心、伊斯兰研究中心、犹太研究中心、乌克兰学委员会等机构。

学会刊物：《外国问题研究》，季刊，创刊于1989年5月，每期发行2000份，为内部学术交流刊物。

地　　址：北京市西城区大帽胡同16号
邮　　编：100035
电　　话：66182266
传　　真：66182228
电子信箱：bscis@ sina. com

北京城市科学研究会

北京城市科学研究会，简称北京城科会，成立于1987年4月，主办单位：首都规划建设委员会办公室（北京市规划委员会）。本会现有集体会员、理事100人。

北京城科会第一、二届理事会会长：周永源（原首规委建筑艺术委员会主任）连任，第三届理事会会长为宣祥鎏同志（首都规划建设委员会副主任兼首都建筑艺术委员会主任）。

学会宗旨：团结和组织北京地区有关学科的学者、专家和实际工作者，对城市建设和发展的重大实际问题，开展城市科学综合研究，为发展有中国特色的城市科学理论，为把首都建设成为社会主义高度文明的现代化城市充分发挥其全国政治中心、文化中心的功能服务。

业务范围：开展城市科学综合研究、学术交流、承办委托、进行科研成果鉴评，开展科学考察、专业培训、咨询服务、编辑专刊。

机构设置：下设京津冀城市协调发展委员会、学术委员会、城市管理委员会、历史文化名城委员会、城市综合交通学术委员会、远郊地区城市化委员会、《京华博览丛书》编委会和北京城科会办公室。

学会刊物：《北京规划建设》，对外发行。并办有《城科通讯》，内部刊物。

地　　址：北京市西城区三里河东路乙10号
邮　　编：100045
电　　话：68011663

北京市社会心理学会

北京市社会心理学会成立于1983年7月12日，是由北京地区研究和应用社会心理学的学者和实际工作者组成的群众性学术团体，现有会员近200人。

学会第一届理事长：孙运仁；第二届理事长：沈德灿；第三、四届理事长：章志光；第五届理事长：郑日昌；第六届理事长：金盛华；第七届理事长：许燕。

学会宗旨：团结北京地区的广大社会心理学学者和实际工作者，开展学术活动，进行学术上的自由讨论，以促进北京地区社会心理科学的繁荣和发展，为北京市公共政策制定和实施提供社会心理学的支持和依据，为实现我国的社会主义现代化作出应有的贡献。

业务范围：组织会员从事社会心理学的研究，开展国内外学术交流活动；关注并研究首都建设的社会热点问题，探讨解决问题的途径与方法，为首都的发展和稳定服务；宣传并普及社会心理学知识，培训社会心理学的社会工作者；大力开展社会心理的咨询工作，为首都的精神文明建设服务。

地　　址：北京市新街口外大街19号北京师范大学心理学院
邮　　编：100875
电　　话：58805184
传　　真：58808187
电子信箱：socialpsy@ sina. com

北京外国经济学说研究会

北京外国经济学说研究会成立于2004年6月30日，其前身是北京市经济学总会下属的外国经济学说分会。主办单位为中国人民大学，业务主管单位为北京市社会科学界联合会。

本会第一届理事会会长兼法人代表为方福前。

学会宗旨：坚持以马克思主义、毛泽东思想、邓小平理论和“三个代表”重要思想为指导，贯彻“百家争鸣”、“洋为中用”的方针，积极开展对外国经济学说的研究，为我国社会主义现代化建设和改革开放事业服务。在活动中遵守宪法、法律和国家政策。

业务范围：开展外国经济学说理论研究，学术交流，科学普及，编辑专刊，承办委托。

地　　址：北京市海淀区中关村大街59号中国人民大学校明德主楼611
邮　　编：100872
电　　话：62513337
传　　真：62513162
电子信箱：fangfq@ ruc. edu. cn

北京市青年研究会

北京市青年研究会成立于1982年1月20日，由共青团北京市委员会、北京青年政治学院联合发起，是北京各界热心青年问题和青年关心问题研究的人士组成的群众性学术团体，主办单位：共青团北京市委。1990年作为团体会员加入北京市社会科学界联合会。

本会第一届理事会会长：金鉴；第二届理事会会长：强卫；第三、四届理事会会长：姚望；第五届理事会会长：张效廉；第六届理事会会长：关成华。

学会宗旨：团结北京各界热心青年问题和青年关心问题研究的中青年学者，通过社会调查、学术研讨、交流培训等活动，研究青年、青年工作和青年关心的问题，为培养和造就有理想、有道德、有文化、有纪律的“四有”新人服务。

学会任务：

（1）组织有关青年、青年工作和青年关心问题的社会调查、学术研讨和学术交流活动；

（2）组织编写理论文章和书籍；

（3）开展培训、咨询服务工作；

（4）出版会刊《北京青年工作研究》；

（5）通过研究会的活动，为党、政府和共青团组织发现推荐各方面人才。

机构设置：本会下设青年教育、青年文化、青年科技、青年经济四个委员会。

学会刊物：《北京青年工作研究》，月刊，面向全国，内部发行。

地　　址：北京市东城区台基厂大街3号团市委研究室

邮　　编：100743

电　　话：65192925

传　　真：65192927

电子信箱：byra@ sina. com

网　　址：www. byra. org

北京妇女理论研究会

北京妇女理论研究会原名北京妇女问题理论研究会，成立于1985年12月，1986年成为北京市社会科学界联合会的团体会员。主办单位：北京市妇女联合会。

研究会第一、二届理事会会长：李钢钟；第三、四届理事会会长：李巧云。

学会宗旨：发挥首都政治、文化中心，专家、学者荟萃，人才相对集中的优势，对妇女问题、妇女运动的理论与实践进行多学科、多层次的研究，为指导当前妇女运动和妇女工作服务，为促进妇女解放和首都的现代化建设事业服务。

学会任务：

（1）对妇女现状、妇女问题进行社会调查和理论研究；

（2）组织开展国内外妇女界的学术交流与合作；

（3）从事妇女理论与实际相结合的实验性研究；

（4）收集整理国内外妇女研究资料、信息；

（5）编辑出版妇女理论研究成果。本会会员由社会科学界高等院校的专家、学者、妇女工作者等热心于妇女问题研究和各行各业人士组成，目前拥有200余名会员。与北京地区7所高等院校的妇女研究机构建立了联系。

学会会刊：《妇女理论研究动态》

地　　址：北京市东城区台基厂3号北京市妇联

邮　　编：100743

电　　话：63089814　63089816

传　　真：65192648

北京市家庭教育研究会

北京市家庭教育研究会成立于1980年9月。主办单位：北京市妇女联合会。

研究会第一、二届理事会会长：韩作黎；第三、四届理事会会长：徐惟诚；第五届理事会会长：陆宇澄；第六届理事会会长：陶西平；第七届理事会会长：兰宏生。

学会宗旨：开展家庭教育理论研究，宣传、普及家庭教育科学知识，全面提高广大家长的素质和家庭教育水平，促进家庭、学校、社会教育紧密结合，为北京市的物质文明和精神文明建设和培养21世纪合格的建设者服务。

学会任务：

（1）结合北京实际，调查家庭教育现状，研究家庭教育和科学育儿的基础理论和应用理论，为开展家庭教育实践提供理论指导；

（2）推动有关部门家庭教育研究工作的开展；

（3）普及家庭教育科学知识，总结、交流家庭教育先进经验；

（4）培训家庭教育骨干，开展咨询服务，帮助家长端正家教观念，掌握家庭教育的科学方法；

（5）编辑出版有关理论书籍、资料，办好刊物，及时编辑家庭教育信息；

（6）开展家庭教育及家庭教育工作的学术交流活动。

业务范围：组织理论研究，学术研讨、专题培训、咨询服务、编书出报。

学会刊物：《家教动态》，内部刊物。《婴幼儿家教报》，创刊于1991年5月，内部发行，每月1期。

后于1993年5月经国家新闻出版署批准为公开发行，又于1999年3月更名为《当代家庭教育报》。

地　　址：北京市东城区台基厂3号北京市妇联儿童部
邮　　编：100743
电　　话：65192623
传　　真：65193876
电子信箱：womenbjet@china.com

北京市婚姻家庭研究会

北京市婚姻家庭研究会成立于1982年1月9日，由北京市妇联发起，经北京市社会团体行政主管机关核准注册登记，由有志于婚姻家庭方面研究的社会学、心理学、伦理学等专家、理论工作者和新闻工作者组成的群众团体。主办单位：北京市妇女联合会。

学会宗旨：以马列主义、毛泽东思想、邓小平理论为指导，贯彻“百花齐放、百家争鸣”的方针和理论联系实际的原则，组织、协调北京市各方面的力量，开展婚姻家庭方面的理论研究、实际调查和向群众进行普及、宣传、教育的活动，为巩固社会主义婚姻家庭制度，搞好首都精神文明建设和实现四个现代化服务。

学会任务：对北京市家庭历史、现状、问题进行社会调查和理论研究，组织撰写、出版有关的论文与著作、科普文章等，参与大众传媒有关节目的制作，开展国内、国际间学术交流，对有关工作者进行培训，并开办婚姻学校，普及有关婚姻、家庭等方面的科学知识。

地　　址：北京市东城区台基厂3号北京市妇联
邮　　编：100743
联系电话：65192643

北京市写作学会

北京市写作学会成立于1986年8月16日，是由中央财经大学主办的市一级社团学术组织，具有独立法人资格。

《人民文学》副主编、著名作家名誉会长肖复兴；中央财经大学文化与传媒学院院长、书法家王强教授为会长；中央财经大学新闻教研室主任谭云明博士为副会长兼秘书长。

学会宗旨：高举邓小平理论伟大旗帜，以“三个代表”重要思想为指导，团结和组织本市业余和专业从事写作、书画活动的爱好者开展社会文化活动，为建设中国特色社会主义服务。

业务范围：组织和推动广大会员开展写作学科的调查和研究；开展文化交流与群众性评比活动；组织专业培训、咨询服务、编辑撰写文章和知识性资料为社会服务。学会每年要搞一次学术年会，每一年或两年搞一次“写作文化节”，通过对会员的作品进行讲评，促进和推动写作事业的提高和发展。学会对会员的各种体裁的作品，无偿向报刊编辑部和出版单位推荐；对于在文化节期间的获奖作品，适时结集出版；对个人写作成绩突出者提供出版方便。

机构设置：常设机构为秘书处，负责日常事务性工作。另设：学术研究委员会，编辑出版研究委员会，写作教育培训中心。

地　　址：北京市海淀区三虎桥南路12号院1－408
邮　　编：100044
电　　话：68455011

北京市杂文学会

北京市杂文学会成立于1985年11月。由中央机关、军地报刊和北京市的多名杂文家发起成立，业务主管单位为北京市社会科学界联合会，主办单位：北京日报社。

学会第一、二届理事会会长：胡昭衡；第三届理事会会长：徐惟诚。

学会宗旨：广泛团结积极从事杂文事业的同志，在马列主义、毛泽东思想、邓小平理论的指导下，遵循党在社会主义初级阶段的基本路线，坚持文艺为人民服务、为社会主义服务的方向，贯彻“双百”方针，为社会主义的两个文明建设作出积极贡献。

学会任务：

（1）发动会员认真学习马列主义、毛泽东思想、邓小平理论，学习杂文理论和业务知识，为繁荣新时期的杂文创作和理论研究，培养壮大杂文队伍而努力。

（2）组织、协调杂文创作和研究活动，举办有关杂文的学术讨论会、报告和讲座等，致力于杂文的普及与提高工作。

（3）编辑出版杂文书籍。学会与《北京日报》编辑部合办有《北京杂文》专版。

地　　址：北京市东城区建国门内大街20号
邮　　编：100734
联系电话：65298222

北京市档案学会

北京市档案学会于1981年成立。1985年和1995年换届产生第二、三届理事会，2000年4月选举产生第四届理事会。主办单位：北京市档案局。本届理事会理事长：陈乐人，秘书长：桂玉兰。

学会宗旨：团结全市广大档案工作者，坚持民主办会的原则，充分发扬学术民主，倡导献身、创新、求实、协作的科学精神；促进档案学、档案事业的发展，为实现我国社会主义现代化作出贡献。

业务范围：

（1）开展档案科学技术、理论研究和调查研究等学术活动，促进本学科发展；

（2）编辑、出版、发行会刊、论文集和有关学术研究资料；

（3）开展对会员的继续教育和培训工作，普及档案科学技术知识；

（4）在会员中评选和奖励优秀档案学术研究成果，表彰在学会工作中做出优异成绩的学会专兼职工作人员；

（5）发展同国内外档案及相关学术团体的联系和交往，开展民间档案学术交流；

（6）开展档案科学技术咨询，组织、举办档案设备用品及应用技术的展览和交流；

（7）接受有关部门委托进行专题调研、档案科学技术项目评估、科研成果鉴定及业务技术标准起草和编审，为有关部门提供决策依据；

（8）开发和推广档案科学技术成果，提供技术咨询和技术服务。

学会刊物：《北京档案》，创刊于1984年10月，与北京市档案局合办，现为月刊，公开发行，发行分数12000余份，入选全国档案事业核心期刊和北京市优秀社科期刊行列。

地　　址：北京市东城区建国门内贡院西街8号
邮　　编：100005
电　　话：65270402
传　　真：65270402
电子信箱：daxh@ bjma. gov. cn
网　　址：www. bjma. gov. cn

北京市广播电视学会

北京市广播电视学会成立于1987年7月15日，主办单位：北京市广播电视局。

第一至三届理事会会长：于云先。

学会宗旨：以马列主义、毛泽东思想、邓小平理论为指导，遵循党的基本路线，团结本市广播电视工作者，开展广播电视学术理论研究，促进北京市广播电视的改革，为发展广播电视事业，提高宣传质量和广播电视队伍素质服务。

学会任务：

（1）推动广播电视工作者学习马列主义、毛泽东思想、邓小平理论，贯彻执行党的路线、方针、政策和国家的法律、法规，坚持正确的舆论导向，发扬广播电视工作的优良传统，不断提高广播电视工作水平；

（2）开展调查研究和广播电视学术研讨活动，编辑出版学术期刊，为发展具有中国特色社会主义广播电视理论作出贡献；

（3）协同有关部门组织广播电视评奖活动，组织广播电视优秀论文评奖，促进多出精品，多出人才，推动广播电视节目质量的提高和学术理论研究的开展；

（4）协同有关部门培训干部，为建设一支政治强、业务精、纪律严、作风正的广播电视队伍服务；

（5）开展有关业务的社会咨询，开展同国内、国外有关学术团体的学术交流与合作。

学会刊物：《北京广播电视》，内部发行，1988年3月创刊，现为双月刊，已出版90期。

地　　址：北京市东城区建国门外大街14号
邮　　编：100022
电　　话：65159074
传　　真：65159074
电子信箱：xgch@ bjrt. gov. cn

北京市书刊发行业协会

北京市书刊发行业协会成立于1991年8月15日，是由北京市从事书刊总发行，批发、零售、进出口和古旧书籍收售的企事业单位自愿组成的全市行业性组织，经北京市社会团体管理办公室核准注册登记的社会团体法人。

协会宗旨：遵守中华人民共和国宪法、法律、法规和国家政策，遵守社会道德风尚，团结全市书刊发行业，维护会员单位的合法权益，规范本行业职业道德和行业自律，倡导会员单位积极发行优秀书刊，拒绝发行非法出版物，为繁荣首都图书市场，努力为首都的社会主义物质文明和精神文明建设服务。

业务范围：宣传贯彻中国共产党和人民政府对

书刊发行工作的方针政策，起到政府和会员单位之间的桥梁作用；协助政府对本行业进行规划、协调、咨询服务；加强行业自律；举办各种形式的订货会、展销会和信息交流；开展书刊发行调查研究和学术交流；表彰评比北京市书刊发行系统先进集体和先进个人；培训发行人才；进行图书展评；组织国内外交流。

机构设置：本会设秘书处和3个专业委员会："社店协调委员会"、"农村发行工作委员会"、"社会办书店工作委员会"。

地　　址：北京市宣武区椿树园小区18号楼甲3号

邮　　编：100052

电　　话：63105296

传　　真：63105296

电子信箱：shukanfaxing@ etang. com

北京市高等学校校报研究会

北京市高等学校校报研究会成立于1991年11月，是由北京市高等学校校报工作者组成的群众性学术团体，参加中国教育新闻工作者协会、北京市社会科学界联合会、北京市新闻工作者协会和北京市新闻学会，由中共北京市委宣传部和中共北京市委教育工委主管。研究会第一届理事会理事长：刘葆观；第二至三届理事长：魏国英，本届是第四届理事会。研究会现有团体会员单位46家。

学会宗旨：团结北京市高等学校校报工作者，以马列主义、毛泽东思想和邓小平理论为指导，全面贯彻中国共产党的基本路线、教育方针和新闻工作方针，推动校报建设，提高校报质量，繁荣首都高校校报事业，为坚持社会主义办学方向，深化教育改革，培养社会主义事业的建设者和接班人作出贡献。

学会任务：开展校报工作信息和经验交流，组织学术研讨和业务培训；组织校报优秀作品、优秀研究成果、校报先进个人、先进集体的评选活动和校报评估；编辑出版有关报刊、书籍和学术资料；参加国内新闻出版团体的业务活动，开展国际学术交流；发展社团经济，创办经济实体，开展新闻报道和信息、咨询等方面的服务；沟通校报与有关部门的联系，反映会员的意见和要求，维护会员的正当权益。

学会刊物：会刊《北京高校校报研究》。

地　　址：北京林业大学党委宣传部

邮　　编：100083

电　　话：62338202

电子信箱：gaoxiaoxiaobao@ 163. com

北京科学技术美学协会

北京科学技术美学协会于1992年8月成立。主办单位：中国人民大学。历届理事会成员：第一届理事会会长：涂武生；秘书长：王德和。第二届常务理事会会长：涂武生；常务副会长、法定代表人：周忠厚；监事长：陆贵山；秘书长：潘天强。协会现任会长、法定代表人：金元浦；秘书长：张良村，常务副秘书长：王大隆。

协会宗旨：团结从事科学技术美学的单位和个人，通过学术研讨，技术交流，业务培训等活动，为提高科学技术美学的学术水平，普及科学技术美学知识，把科技美学理论运用到国家建设的实际部门作出贡献。

业务范围：开展科技美学专业研究、学术交流、成果展评、咨询服务、专业培训、新技术推广、编辑专刊。对渗透科技美学的文化产业，如传媒艺术产业、建筑美学、互联网艺术、数码艺术、动漫、多媒体产业、商品美学等进行研究、开发和服务。

地　　址：北京市海淀区中关村大街59号中国人民大学文学院

邮　　编：100872

电　　话：88794320　87954320

传　　真：62511149

电子信箱：keji@ vip. sina. com

北京周易研究会

北京周易研究会成立于1993年，是北京市一级学术团体，是经北京市社团管理部门批准的法人社团。主办单位：首都经济贸易大学。第一任会长：周止礼，现任会长、法人代表：杨力，副会长兼秘书长：徐坤。

北京周易研究会是以"为往圣继绝学"为己任，以"活着的易经"为研究对象，集"古医易研究"、"易与养生研究"、"易与中医学研究"、"易与住居文化研究"、"易与中国本土心理学研究"、"易与经济管理研究"、"易与教育研究"、"易与现代科技研究""易与天文历法研究"、"易与地质研究"、"易与术研究"等各路易学专家为一体的北京市法人社团，研究会现有个人会员300人，理事30人，常务理事7人。

学会宗旨：以马克思主义思想为指导，进行学术研讨活动；联络有关专家、学者深入发掘周易宝藏；与国际易学界共同弘扬中华民族优秀文化。

业务范围：弘扬传统文化，科学研易、破除迷信，推动易经与现代经济管理，为现代化服务，为北京的建设与发展服务。

机构设置：研究会下设周易养生研究部、周易管理研究部、周易河洛学研究部、开发部、秘书处。

地　　址：北京市丰台区张家路口121号首都经济贸易大学

邮　　编：100070

电　　话：63541492

手　　机：13301123265

传　　真：63541492

电子信箱：jhm@ vip. 163. com

网　　址：www. bjzyyjh. com

北京东巴文化艺术发展促进会

北京东巴文化艺术发展促进会成立于1997年，由北京市广播电视局、北京电视艺术中心联合主办，本届促进会会长：张旭，名誉会长：云南省丽江市委书记欧阳坚。

学会宗旨：团结国内外各民族人士，抢救、保护、研究和传播这个世界文化史上独一无二的东巴文化，通过开展传播、研究、创作、交流和发展纳西族东巴文化艺术的各种活动，弘扬民族文化，促进少数民族地区和民族地区文化艺术事业的繁荣，推动东巴文化研究和东巴艺术创作走向世界。

学会任务：

（1）联系国内外对东巴文化有研究、有贡献的团体和个人深入研究和探讨东巴文化，在学术领域中进一步揭示这一在人类文明史上绝无仅有的文化现象；

（2）纳西族是世界上唯一还在使用象形文字的民族，我们要以各种形式尽快记录这一现存的真实情况，并采取各种适当的方式使这一古老文化传统得以继续传承；

（3）号召国内外各民族人士对纳西族东巴文化给予关注，通过开展各种社会活动，争取更多的有识之士的支持与帮助；

（4）促进国际间东巴文化艺术的广泛交流。

学会任务：本会多年来在国内外举办学术讲座，并与其他机构联合举办东巴文化艺术展览；策划和协拍有关宣传丽江古城和东巴文化的电视片，并在中央电视台和北京电视台播出；协助第一、二届丽江国际东巴文化艺术节的传媒工作，参加丽江国际东巴文化学术研讨会的研究工作；促进会的志愿者还组成电视摄制组，赴纳西族偏远山区拍摄尚存活的东巴祭师，制作完成的影视人类学纪录片在国内外若干电影节和中国文化节展映。

地　　址：北京经济技术开发区贵园东里境界家园52号楼

邮　　编：100044

电　　话：67826058

电子信箱：dongba@ public. bta. net. cn

北京新四军暨华中抗日根据地研究会

北京新四军暨华中抗日根据地研究会成立于1997年10月。主办单位：北京师范大学。名誉会长：张震、张劲夫、彭冲、迟浩田、洪学智、廖汉生、钱正英、聂菊荪；法人代表：陈昊苏；秘书长：朱介元。

学会宗旨：以马列主义、毛泽东思想、邓小平建设有中国特色社会主义理论为指导，以尊重历史、尊重科学为原则，系统地研究与总结新四军和华中抗日根据地的历史；继承和发扬新四军和华中抗日根据地的优良传统和作风，促进精神文明建设，为把北京建设成为社会主义现代化首都贡献力量。

业务范围：研究与宣传新四军和华中抗日根据地的历史，积极开展革命传统教育与爱国主义教育，积极组织有益于社会的各项活动。

（1）系统收集整理有关新四军和华中抗日根据地政治、军事、经济、行政管理、科技、文化等方面的历史资料；

（2）组织新四军老战士撰写回忆录，编辑出版有关新四军和华中抗日根据地革命历史的书刊及影视节目；

（3）举办有关新四军和华中抗日根据地革命历史的学术研讨会、展览会等；

（4）组织各类活动，宣传新四军的光荣传统，促进精神文明建设。

学会会刊：《铁流》，1999年7月出版，发本会会员、赠上级和兄弟单位及相关单位。

地　　址：北京市西城区阜成门外大街八号楼2单元12号

邮　　编：100037

电　　话：66707351

北京地方志学会

北京地方志学会经北市社会团体登记管理机关

核准，于2001年9月10日成立。由北京市地方志编纂委员会办公室等单位发起成立，是进行地方志编纂和利用的学术团体，非盈利性社会团体法人。主办单位：北京市地方志编纂委员会办公室。《北京志》副主编许文担任学会的监事长。学会会长由中国地方志指导小组成员、北京市地方志编纂委员会常务副主任、《北京志》主编段柄仁担任；常务副会长：王国华、王昭钺、田耕、徐俊德、赵庚奇、王铁鹏；其他副会长由在京院校、科研院所和参与修志的北京市委、办、局主要领导担任。

学会宗旨：遵守宪法、法律、法规和国家政策，遵守社会道德风尚，团结北京地区地方志工作者，为加强方志理论研究，提高志书的编写质量，为繁荣发展方志事业，推进两个文明建设，提高中华民族的科学文化水平而发挥积极作用。

业务范围：广泛团结从事地方志事业编修、整理、研究、教学、出版等方面的人员，培养有志于新方志编纂和研究的人才；积极组织地方志学术活动，研究新编地方志理论与实践；通过各种形式的学术活动，了解国内外研究中国地方志的动态，介绍研究成果，促进方志的对外学术交流；举办和参加方志学术评选活动，对北京新方志编纂的优秀成果、旧志整理和理论研究的优秀著述，组织评选，并给予宣传和奖励。

机构设置：学会下设办公室、理论部、培训部。

地　　址：北京市朝阳区东三环南路19号联合国际大厦

邮　　编：100088

电　　话：87663320

电子信箱：bifzh2004@126.com

北京创新学会

北京创新学会经北京市社会团体登记管理机关核准，于2001年12月25日成立。学会由北京联合大学应用文理学院、中国逻辑与语言函授大学等单位发起成立，是一个涉及哲学、心理学、逻辑学、社会学、教育学、科学方法论等多种学科的学术团体，非营利性社会团体法人。学会现有个人会员110余人。

学会宗旨：团结、组织热心于创新的人士探讨创新理论、传播创新知识、交流创新经验、推动创新实践。

业务范围：开展创新教育，传播创新知识，宣传创新办法，完善创新理论，组织经验交流，创新培训、编辑刊物。

机构设置：学会下设办公室、学术部、教育培训部。

地　　址：北京市海淀区北三环西路43号满庭芳园A座407

邮　　编：100086

电　　话：62130065　62132658

传　　真：62130052

电子信箱：chuangxinyjs@vip.sina.com

（北京市社会科学界联合会学会管理部供稿）

·大　事　记·

2008年

1月

3日　中纪委中组部联合召开视频会议提出明确“十个严禁”要求，加强基层换届工作督导。这“十个严禁”包括：第一，严禁采取打电话、发短信、请客、送礼等方式拉选票。第二，严禁托人说情、打招呼，搞串联、做工作。第三，严禁私自散发各种宣传材料，赠送纪念品。第四，严禁以同学、同乡、同事、战友等联谊活动的名义，搞拉帮结伙。第五，严禁送钱、送物和各类有价证券，搞贿选活动。第六，严禁收受他人贿赂、参加有拉票意图的吃请。第七，严禁隐瞒、包庇、袒护换届选举中搞非组织活动的行为。第八，严禁传播小道消息，编造谣言，或通过信件、传单、短信、网络等方式，诋毁中伤他人。第九，严禁以威胁恐吓、弄虚作假等手段，妨碍、侵犯代表、委员的民主权利。第十，严禁封官许愿、突击提干。

4日　北京师范大学学术期刊入选CSSCI2008—2009年来源期刊目录。中国社会科学研究评价中心公布了2008—2009年CSSCI来源期刊目录，528种学术期刊入选。该校主办的《俄罗斯文艺》、《北京师范大学学报》（人文社会科学版）、《教师教育研究》、《比较教育研究》、《心理发展与教育》、《教育学报》和《史学史研究》等7份期刊入选，占该校主办人文社科类期刊的70%。（北京师范大学社科处　吴慧涵）

5日　备受各界关注的“2008中国文化产业新年国际论坛”开幕式在北京大学隆重举行。全国政协副主席罗豪才，全国政协常委刘忠德，原国家文化部党组书记、全国政协常委、中华民族文化促进会主席高占祥等领导人，北京大学副校长张国有、北京大学文化产业研究院院长叶朗等，与来自美国、英国、丹麦、韩国、日本、中国香港、中国台湾等国家和地区的近千位参会嘉宾就“创意时代的文化创新与国家文化软实力”等重要议题进行了深入的阐述和讨论。（北京大学社会科学部　赵毓荷）

7日　中共中央总书记、国家主席胡锦涛在人民大会堂出席“2008’经济全球化与工会”国际论坛开幕式并致辞。他说，本次论坛以“可持续发展、体面劳动和工会的作用”为主题，围绕促进可持续发展、实现社会公平正义等人们普遍关心的问题进行研讨和交流，对增进各国工会的相互了解和合作、促进工会组织在经济社会发展中更好地发挥作用，对推动国际工会运动健康发展，具有十分重要的意义。

同日　清华大学经济管理学院中国财政税收研究所正式成立。经济管理学院经济系主任白重恩教授为研究所所长。中国财政税收研究所旨在对重大财政税收问题及相关问题进行具有前瞻性、科学性的深入研究，为我国财政税收及相关方面的重大政策提出具有专业性与独立性的见解与依据，并通过各种渠道对有关政策的制定产生影响，以提高政策的有效性；探索研究财政税收问题的新思路、新方法，为相关学术研究提供新知；在充分借鉴国际经验的同时，总结中国的经验及教训，为提高全球发展中国家财政税收政策的质量作出贡献。（清华大学文科建设处　刘金梅）

9日　国务院总理温家宝主持召开国务院常务会议，研究部署保持物价稳定工作，作出修改《价格违法行为行政处罚规定》的决定。会议指出，国务院高度重视物价稳定，去年以来采取了一系列有效措施，促进生产发展，保障市场供应和低收入群众生活。目前，生猪生产正在恢复增长，粮食和油料作物播种面积稳定增加，国家粮食库存充裕，主要工业消费品供大于求，完全能够保证市场供应。但是，当前国际市场原油和粮食等初级产品价格仍在上涨，国内价格上涨的压力较大。值得注意的是，一些地方出现少数企业串通涨价、囤积居奇、哄抬价格的现象；有的企业故意散布涨价信息，扰乱市场秩序，推动物价上涨。

16日　经国务院批准，国家发改委公布了《关于对部分重要商品及服务实行临时价格干预措施的实施办法》，宣布根据《价格法》有关规定，从即日起启动临时价格干预措施。《办法》规定了实行临时价格干预措施的品种范围、干预形式和具体办法。这次启动的临时价格干预措施主要是提价申报和调价备案，提价申报和（或）调价备案的品种范围主要是成品粮及粮食制品、食用植物油、猪肉和牛羊肉及其制品、牛奶、鸡蛋、液化石油气等重要商品。

18日　国务院总理温家宝和来华访问的英国首相布朗莅临中国人民大学，以“合作　发展　共赢——全球化背景下的中英伙伴关系”为主题，与100多位来自中英学术、企业、文化、体育等各界人士，以及北京市民进行面对面的交流。两国领导人与公众就“中英合作应对全球化挑战”、“加强中英发展理念契合点，共享社会发展成果”、“抓住时代机遇，实现共赢”等三大议题进行了讨论。（中国人民大学科研处　李素萍）

21—25日　国务院总理温家宝在中南海主持召开五次座谈会，征求对即将提请十一届全国人大一次会议审议的《政府工作报告》（征求意见稿）的意见。各民主党派中央、全国工商联负责人和无党派人士，经济、社会和自然科学领域的专家学者，科技、教育、卫生、文化、体育界代表，企业界代表和工人、农民等基层群众代表，分别出席了座谈会。在专家座谈会上，经济学界、社会学界、法学界和自然科学界的10位专家作了发言。大家认为，过去五年政府工作的一个显著特点，是围绕保持经济平稳快速发展，注重加强和改善宏观调控，实践证明这是完全必要的、正确的、有效的，对于成功推进全面建设小康社会进程至关重要。

22日　中共中央总书记、国家主席、中央军委主席胡锦涛在北京同全国宣传工作会议代表座谈。他强调：“我们一定要牢牢掌握宣传思想工作的领导权和主动权，高举伟大旗帜，唱响奋进凯歌，振奋民族精神，服务人民大众，以更深刻的认识、更开阔的思路、更有效的政策、更得力的措施，着力建设社会主义核心价值体系，着力巩固壮大主流思想舆论，着力推进改革创新，推动社会主义文化大发展大繁荣，提高国家文化软实力，为继续解放思想、坚持改革开放、推动科学发展、促进社会和谐营造良好氛围，为夺取全面建设小康社会新胜利、开创中国特色社会主义事业新局面提供强大思想文化保证。”

22—23日　北京市委党史研究室举办“区县纪念改革开放30年业务培训班”，全市18个区县党史部门负责人和有关业务人员近100人参加培训。培训班上，中央党史研究室副主任章百家作了题为《改革开放历史研究的若干问题》的报告。他首先介绍了改革开放历史研究中的一般状况，使大家开阔视野。其次，重点讲述了改革开放历史的分期及每一个阶段需要关注的问题，最后，就改革开放和中国近代历史发展的关系、改革开放取得成就的原因等问题进行了辅导。北京市委党史研究室主任谢荫明在总结中说，区县改革开放30年专题丛书的编写，要用正确的思想作指导，把握好政治方向；对专题的选择和全书的框架要进行认真推敲，提前想到可能出现的问题，不要简单地罗列事件，分期要准备，重点要清楚，要突出决策的过程及影响；注意普遍发动和精编精选相结合，在大量资料的基础上精选，做到精益求精；在编书的过程中，要把研究和宣传教育结合起来，阶段性成果及时利用，广泛宣传；领导要充分重视，抓好组织落实。（市委党史研究室　高俊良）

24日　国家统计局局长谢伏瞻宣布，据初步核算，2007年我国国内生产总值246619亿元，比上年增长11.4%，加快0.3个百分点，连续5年增速达到或超过10%。国民经济呈现出增长较快、结构优化、效益提高、民生改善的良好运行态势。谢伏瞻还介绍了2007年国民经济各项指标的统计数据：农业生产继续稳定发展，粮食再获丰收。全年粮食总产量达到50150万吨，比上年增产350万吨，增长0.7%。工业生产增长加快，企业效益提高。全年规模以上工业增加值比上年增长18.5%，加快1.9个百分点。固定资产投资快速增长，房地产开发投资明显加快。全年全社会固定资产投资137239亿元，比上年增长24.8%，加快0.9个百分点。全年房地产开发投资25280亿元，比上年增长30.2%，加快8.4个百分点。市场销售增长较快，增速呈现逐步提高态势。全年社会消费品零售总额89210亿元，比上年增长16.8%，提高3.1个百分点。

同日　中国法学会在北京举行常务理事扩大会议。中共中央政治局常委、中央政法委书记周永康致信本次会议。他勉励中国法学会和各地方法学会，坚持正确的政治方向，立足中国国情，不断与时俱进，服从、服务于党和国家工作大局，为发展中国特色社会主义伟大事业提供强有力的法学理论支持。

29日　中共中央政治局召开会议，专门研究当前雨雪冰冻灾情，部署做好保障群众生产生活工作。各地区、各部门要按照中央的部署，紧急行动起来，以对人民群众高度负责的精神，全力开展抗灾救灾，坚决打好抗灾救灾这场硬仗。这次雨雪冰冻灾情持续时间长，影响范围大，导致交通运输受阻，旅客大量滞留，煤电油运紧张，部分地方供水管道破裂、电力设施受损。要求各地区、各部门务必充分认识灾情的严重性，紧紧依靠广大人民群众，把抗灾救灾作为当前最紧迫的任务切实抓紧抓好。

2月

1日　中台办、国台办就陈水扁当局公告举办“入联公投”发表受权声明。声明全文如下：陈水扁当局不顾两岸同胞的强烈反对和国际社会的谴责，公然决定于3月22日举办所谓以台湾名义加入联合国的公投。陈水扁当局执意举办“入联公投”，是谋求改变大陆和台湾同属一个中国的现状、走向“台湾法理独立”的重要步骤，是变相的“台独公投”。这一图谋一旦得逞，势必严重冲击两岸关系，严重损害两岸同胞的根本利益，严重危害台海地区乃至亚太地区的和平。

11日　《人民日报》发表本报评论员文章《推行汉语拼音促进文化创新》——纪念《汉语拼音方案》颁布50周年，指出：1958年2月11日，第一届全国人民代表大会第五次会议批准颁布《汉语拼音方案》，《汉语拼音方案》采用世界上通行的拉丁字母为汉字注音，拼写汉语，是吸收借鉴外来文化、进行民族文化创新的一次科学尝试。推行汉语拼音50年来的实践表明，作为拼写和注音工具，汉语拼音在发展科学文化事业等方面发挥了重要作用，显示出巨大的现实意义和旺盛的生命力。它在小学教育中的普及，提高了识字和语文学习的效率，惠及亿万人。汉语拼音应用在现代科技文化领域，为我国生产生活的现代化提供了诸多便利；在我国推进信息化和对外开放进程中，汉语拼音也发挥了独特作用。在中国工程院倡议主办的“20世纪我国重大工程技术成就”评选中，“汉字信息处理与印刷革命”仅次于“两弹一星”，位居第二。今天，海外学习汉语的人已达4000多万，226所孔子学院遍布66个国家，汉语拼音教学成为海外汉语教学的重要方式。

18日　温家宝总理签署国务院令公布《国务院关于修改〈中华人民共和国个人所得税法实施条例〉的决定》，自2008年3月1日起施行。2007年12月29日，第十届全国人大常委会第三十一次会议审议通过了《全国人民代表大会常务委员会关于修改〈中华人民共和国个人所得税法〉的决定》，将《中华人民共和国个人所得税法》（以下简称《个人所得税法》）规定的工资、薪金所得减除费用标准由1600元/月提高到2000元/月。新修订的《个人所得税法》将从2008年3月1日起施行。《实施条例》作为《个人所得税法》的配套行政法规，也应作相应修改。因此，国务院决定修改《实施条例》，与新修订的《个人所得税法》同时于2008年3月1日起施行。

22日　据国家统计局发布的第二次全国农业普查结果，到2006年末，全国共有农业生产经营户20016万户，农业生产经营单位39.5万个；农业从业人员34874万人（是指在2006年从业人员中，以从事农业为主的从业人员，包括我国境内全部农村住户、城镇农业生产经营户和农业生产经营单位中的农业从业人员）；农村劳动力资源（是指2006年末农村住户常住人口中16周岁及以上具有劳动能力的人员）总量53100万人，其中男劳动力占50.8%；农村外出从业劳动力13181万人，其中男劳动力占64%。

同日　我国第一部《中国海洋发展报告》在京首发。这部被称为海洋“国情咨文”的发展报告由国家海洋局海洋发展战略研究所课题组编写，可提供给广大的社会公众阅读和参考。《中国海洋发展报告》涵盖了我国海洋发展的国际环境、法律与权益、经济与科技、环境与资源、政策与管理等多个领域，总结了我国当前海洋发展的进程和成就，分析了当前海洋事业发展中存在的问题，并对海洋事业发展的方向和重点进行了预测。

27日　在国家林业局编发的第13期值班快讯（雨雪冰冻林业抗灾救灾专题）中，发表了题为北京林业大学“26位院士专家赴灾区考察后建议紧急采取10项措施进行生态恢复重建”的文章。文章说：最近，北京林业大学26名专家，分赴湖南、贵州、江西等重灾区进行实地考察，针对灾区森林资源损毁惨重、基础设施毁坏严重、森林生态效益急剧下降、森林次生灾害隐患增多和林农直接经济损失巨大等一系列问题，建议紧急采取10项措施进行灾后生态恢复重建。（北京林业大学科技处　张力）

28日　深入学习实践科学发展观活动试点工作座谈会在北京召开，中央政治局委员、中央书记处书记、中央组织部部长李源潮在讲话中强调，要按照党的十七大精神和中央要求，研究部署深入学习实践科学发展观活动试点工作，各试点单位要牢牢把握试点工作的指导思想：高举中国特色社会主义伟大旗帜，认真学习实践科学发展观、增强贯彻落实科学发展观自觉性坚定性，以领导班子和党员领导干部为重点，着力转变不适应不符合科学发展观的思想观念，着力提高推进改革开放、领导科学发展、促进社会和谐的能力，着力解决影响和制约科学发展的突出问题，着力解决群众反映强烈的突出问题，着力构建充满活力、富有效率、更加开放、有利于科学发展的体制机制。要牢牢把握试点工作的基本原则，以正面教育为主，突出实践特点，坚持群众路线，解决突出问题，努力实现干部受教育、发展上水平、群众得实惠。

29 日　由北京大学张国有副校长主持的“2008—2012 年高校哲学社会科学繁荣计划”座谈会在北京大学办公楼举行。教育部社科司副司长张东刚、北京大学社科部部长程郁缀，以及来自哲学系、历史学系、法学院、经济学院、信息管理系等文科院系的十余位院长、教授出席。首先，张东刚副司长介绍了此次会议的背景。教育部为贯彻落实党的十七大精神，实施《2008—2012 年教育振兴行动计划》，现正在制定《2008—2012 年高校哲学社会科学繁荣计划》。该计划既要继承以往的发展成果，又要吸收近年来国家发展规划的新思想和高校哲学社会科学的实际，尤其是要抓住全局性、战略性、关键性的问题，提出有效的解决办法，因此就需要工作在第一线的高校领导和专家们提出宝贵的意见。张国有副校长更进一步地为人文和社会科学的分类管理勾画出了探索方向，其关键点在于解放思想。张东刚副司长认真听取了各位专家的意见，他表示，《2008—2012 年高校哲学社会科学繁荣计划》将结合国家发展和学科特点，满足现实需求，把握未来趋势，制定战略措施，落实国家打造文化软实力、促进文化大繁荣的总体要求。（北京大学社会科学部　赵毓荷）

3月

1 日　中共中央政治局常委、中央书记处书记、中央党校校长习近平在中央党校春季开学典礼上强调，中国特色社会主义理论体系，集中体现了当今世界和当代中国的发展变化对党和国家工作的新要求，集中体现了全党全国各族人民的意志，集中体现了当代中国马克思主义的实践特色、民族特色、时代特点，是我们党励精图治、开拓进取、探索真理、把握规律的结果。他从五个方面谈了对中国特色社会主义理论体系的学习体会和认识。第一，中国特色社会主义理论体系是改革开放历史新时期我们党推进马克思主义中国化所取得的理论创新成果，是沿着中国特色社会主义道路实现中华民族伟大复兴唯一正确的理论；第二，中国特色社会主义理论体系围绕探索和回答三大基本问题展开，深化和丰富了对三大规律的认识，是内涵丰富、思想深刻、系统科学的理论体系；第三，中国特色社会主义理论体系同马克思列宁主义、毛泽东思想既一脉相承又与时俱进，以新的思想、观点继承、丰富和发展了马克思主义；第四，在新的历史起点上坚持和发展中国特色社会主义理论体系，必须深入贯彻落实科学发展观，必须继续解放思想，必须推进改革开放，必须准确把握初级阶段的基本国情，必须以改革创新精神全面加强党的建设；第五，大力推进中国特色社会主义理论体系的学习和研究，进一步提高全党的马克思主义理论水平。

同日　清华大学人文与社会科学学院国际关系学系建系典礼在主楼报告厅举行。副校长陈旭、人文社会科学学院党委书记王孙禺、国际关系学系主任阎学通和国关系全体师生出席。外交部前部长李肇星出席庆典，并围绕“国际形势与中国外交”发表了演讲。北京大学、人民大学、国际关系学院、中央党校、国防大学、北京师范大学、外交学院七所院校的国际关系学院的有关负责人到场祝贺。校内外共 500 余位师生参加了典礼。清华大学国际关系学系是以清华大学国际问题研究所为基础成立的，简称国关系，阎学通出任系主任。（清华大学文科建设处　刘金梅）

3 日　国务院农民工办主任、劳动和社会保障部副部长杨志明今天透露，我国农民工总数已达到 2.1 亿人，初步统计，2007 年农民工月人均工资性收入超千元。从输出地统计看，农民工工资性收入已占到农民人均纯收入的 1/3，占新增纯收入的一半以上。据介绍，近年来农民工工资拖欠现象得到明显遏制，工资水平逐步提高。各地各部门通过联合执法、集中整治和日常督察等措施，近几年共清理补发农民工工资约 430 多亿元。所有省份都调整了最低工资标准，使农民工平均工资水平普遍得到提高。今年要在工资支付、社会保险、公共服务、权益维护等多个方面取得新的成效。

同日　UNESCO 国际农村教育研究与培训中心迁址北京师范大学。根据联合国教科文组织全国委员会“关于在北京师范大学建立‘联合国教科文组织国际农村教育研究与培训中心’的通知”，按照教育部的要求，“联合国教科文组织国际农村教育研究与培训中心”迁址北京师范大学，朱小蔓教授被任命为中心主任。“国际农村教育研究与培训中心”系联合国教科文组织设在中国的专门机构，其中心任务是开展农村教育研究，加强国际农村教育研究和经验交流，为联合国教科文组织成员国培训农村教育人才，接受外国从事农村教育专业的留学生。（北京师范大学社科处　吴慧涵）

8—9日　为了进一步探讨商务汉语考试（BCT）在国际、国内的宣传推广策略和最佳途径，由对外经济贸易大学主办，高等教育出版社、外语教学与研究出版社协办的全国首届商务汉语考试（BCT）研讨会召开，校党委书记、对外经济贸易大学汉语国际推广领导小组组长王玲、国家汉语国际推广领导小组办公室副主任赵国成以及来自全国18家商务汉语考试（BCT）考点的负责人和日本东电超远景公司北京办事处代表共60余人参加了此次研讨会。《中国教育报》、《国际商报》、《北京晚报》、《北京考试报》等媒体也派记者前来参加。（对外经济贸易大学科研处　张瑞）

15日　中共中央总书记、国家主席、中央军委主席胡锦涛莅临中国人民大学，出席在世纪馆举行的“中日青少年友好交流年”开幕式活动。中共中央书记处书记、中央办公厅主任令计划、国务委员唐家璇、共青团中央第一书记胡春华、外交部部长杨洁篪、教育部部长周济等随行。胡锦涛总书记观看了两国青少年的茶艺交流、书法交流，并亲笔题词：“举青春之力，谋世代友好！”在百家园，胡锦涛总书记与包括中国人民大学学生在内的中日两国青少年代表共同植下象征中日青年世代友好的玉兰树和樱花树。胡锦涛总书记还会见了人民大学校领导，并对该校提出了“发扬传统、办出特色、办出水平”的要求。（中国人民大学科研处　李素萍）

18日　中华人民共和国第十一届全国人民代表大会第一次会议，在圆满完成各项议程，产生新一届国家机构组成人员后在人民大会堂闭幕。

国家主席胡锦涛在闭幕会上发表了重要讲话。胡锦涛说，我们新一届国家机构工作人员肩负着人民赋予的重任，一定要响应时代的召唤、顺应人民的意愿，在履行职责的过程中切实做到：第一，坚持民主法治。我们要始终遵循党的领导、人民当家做主、依法治国有机统一，坚定不移地维护社会主义民主制度、发展社会主义民主政治，坚定不移地维护社会主义法制的统一、尊严、权威，弘扬法治精神，促进社会公平正义，确保社会和谐稳定。第二，坚持以人为本。我们要始终履行全心全意为人民服务的根本宗旨，尊重人民主体地位，发挥人民首创精神，保障人民各项权益，当好人民公仆，诚心诚意为人民造福。第三，坚持求真务实。我们要始终发扬解放思想、实事求是、与时俱进的精神，深入实际、深入群众，抓住机遇、应对挑战，勇于变革、勇于创新，按照客观规律办事，不断开创各项工作新局面。第四，坚持清正廉洁。我们要始终保持不骄不躁、艰苦奋斗的作风，自觉树立社会主义荣辱观，正确使用手中的权力，诚心诚意接受人民监督，严于律己、廉洁奉公，兢兢业业、干干净净为国家和人民工作。

19日　中共中央政治局委员、中共北京市委书记刘淇在北京档案局报送的工作报告上作出批示：档案部门围绕全市工作大局，依法加强档案管理，丰富国家档案资源，积极主动开展档案服务，成效显著。档案工作是保存历史、服务当代、惠及后世的基础性工作，首都的档案工作尤为重要。希望全市广大档案工作者以党的十七大精神为指导，奋发有为，无私奉献，开拓进取，争创一流，为建设繁荣、文明、和谐、宜居的首善之区作出新贡献。（北京市档案局科教处　刘海英）

同日　北京市社会科学院召开2008年北京蓝皮书系列新闻发布会。各蓝皮书主编及编写组成员和新闻媒体的记者等50余人出席了发布会。北京市社会科学院2007—2008年北京蓝皮书系列包括《北京经济发展报告》、《北京社会发展报告》、《北京文化发展报告》、《中国总部经济发展报告》、《北京城乡发展报告》、《中国社区发展报告》、《中国区域经济发展报告》和《北京公共服务发展报告》共8本书。这8本蓝皮书，大都围绕服务奥运这条主线，突出推动首都经济社会协调发展、构建和谐社会这一主题，反映了所涉及领域的发展情况，提出了专家学者关于发展问题的真知灼见，体现了学术性和实用性的较好结合。（北京市社会科学院科研处　朱庆华）

21日　由北京大学，早稻田大学，东京海上日动火灾保险株式会社主办的《可持续发展新进展》国际学术研讨会在北京大学正大国际会议中心隆重召开。北京大学常务副校长林建华教授和早稻田大学副总长堀口健治教授以及东京海上日动火灾保险株式会社董事长石原邦夫分别致欢迎词，日本国驻中华人民共和国大使馆公使香川刚宏、中华人民共和国环境保护部副部长潘岳、中国保险监督管理委员会政策研究室主任周道许等嘉宾到场并致词。（北京大学社会科学部　赵毓荷）

25日 按照中宣部理论局的要求，北京市邓小平理论和“三个代表”重要思想研究中心承担了组织研讨并编写中国特色社会主义理论体系框架结构三级提纲的任务。研究中心办公室召开研讨会，邀请有关专家集思广益，支持和协助完成此项任务。会议由研究中心副主任、市社科联党组副书记辛国安主持，研究中心副主任、市社科联副主席张文启出席，侯树栋、赵曜、徐鸿武、闫志民、赵存生、文魁、秦宣等专家参加了研讨。与会专家对中国特色社会主义理论体系的重大意义、科学内涵和历史地位等问题发表了见解，并重点围绕框架结构的合理建构展开了讨论。会议决定，请赵曜集中与会专家意见编写出三级提纲初稿，再请与会专家协助修改定稿，上报中宣部理论局。（北京市邓小平理论和“三个代表”重要思想研究中心 许星）

28日 《人民日报》发布《关于进一步做好评选表彰全国道德模范工作的决定》。决定指出，进一步做好评选表彰全国道德模范工作，有利于深入持久地运用榜样的力量，普及道德规范，引领社会风尚，提高公民文明素质和社会文明程度，促进全面建设小康社会奋斗目标的实现；有利于弘扬中华民族传统美德，有利于弘扬社会发展进步的时代精神；有利于加深人们对社会主义核心价值体系的理解认同，是用社会主义核心价值体系引领社会价值取向的有效途径和成功实践。

同日 北京市党史工作会议在北京会议中心召开。中央党史研究室副主任龙新民，室务委员、秘书长黄小同，市委常委、组织部长吕锡文出席会议。市委各部委办、区（县）、部分局（总公司）、高校及有关单位负责党史工作的领导和党史工作部门负责人190余人到会。

会议传达了全国党史研究室主任会议精神和中央领导有关党史工作的讲话精神。总结了近两年来全市党史工作，部署了今年及近一时期的任务，对2005年至2006年全市党史工作先进集体和先进工作者进行了表彰。

吕锡文在讲话中指出，全市党史工作者要深入学习贯彻党的十七大精神，紧紧围绕奥运筹办工作，进一步增强使命感和责任感，不断强化旗帜意识、责任意识和创新意识，扎实做好改革开放30周年和国庆60周年纪念活动，充分发挥好党史资政育人的作用。各级党委要重视党史工作，为党史工作的开展创造条件。

龙新民在讲话中充分肯定了北京市党史工作所取得的成绩。他要求，新时期、新阶段党史工作者要以党的十七大精神为指引，遵照中央领导同志的指示，深入学习、宣传、贯彻党的十七大精神，抓住改革开放30周年和北京奥运会等重点工作，围绕中心，服务大局，确保各项党史工作落到实处，更好地为首都经济社会发展服务。（市委党史研究室 常颖）

31日 点燃奥运激情，传递人类梦想。象征着和平、友谊、希望的奥林匹克圣火，31日上午抵达第29届奥林匹克运动会主办城市中国首都北京。北京2008年奥运会圣火欢迎仪式暨火炬接力启动仪式随即在天安门广场隆重举行。中共中央总书记、国家主席胡锦涛在仪式上亲手点燃圣火盆，并宣布北京2008年奥运会火炬接力开始。中共中央政治局常委、国家副主席习近平在仪式上致辞，习近平说，北京奥运会的火炬将在我国31个省、自治区、直辖市的113个城市中传递，以最广泛、最直接、最生动的形式，在13亿中国人民中传播奥林匹克理想，弘扬奥林匹克精神。这将有力地激发全国各族人民的奥运热情，在全社会形成空前热烈的奥运氛围，向世界展示我国人民期盼奥运、参与奥运、奉献奥运的精神面貌。这将进一步凝聚起全体人民的力量，为实现举办一届有特色、高水平奥运会的目标，为促进国家发展、社会进步和人民幸福作出新的更大的贡献！北京2008年奥运会火炬接力的主题是“和谐之旅”。从4月1日起，火炬接力将在世界五大洲和中国全境展开。这是奥运史上传递线路最长、传递范围最广、参与人数最多的一次火炬接力活动。8月8日，经过2万多名火炬手、13.7万公里传递的圣火，将点燃北京奥运会主体育场上的主火炬。

3月 中共北京市委宣传部副部长常卫、市社科联党组书记史秋秋任北京市邓小平理论和“三个代表”重要思想研究中心常务副主任，宋贵伦、张文启不再担任研究中心常务副主任。（北京市邓小平理论和“三个代表”重要思想研究中心办公室）

4月

2日 备受各界关注的“2008奥运·冠军论坛”拉开了系列活动的序幕。首先登场的将是“相约冠军·名家讲坛”系列活动，由澳大利亚昆士兰州州长白黎安女士担任首讲，剖析成就冠军之道。“2008奥运·冠军论坛”得到国际奥委会和北京奥组委的联合授权，是2008年奥运会开幕前层次较高的论坛活动，同时已被列入奥运会文化活动计划。论坛将作为北京大学110周年校庆系列庆祝活动的重要组成部分，有力地诠释“百年北大牵手百年奥运”这一年度主题。北京大学是中国人文学科的著名学府，长期以来一直是独具原创性和批判性的思想基地。“相约冠军·名家讲坛”的独特之处，在于依托北大丰厚的人文底蕴和卓越影响力，努力还原“冠军”背后的种种因素，剖析“冠军”的心路历程，为渴望成为冠军的年轻人留下一笔心灵财富，也将构成奥运会前一道别致的人文风景。（北京大学社会科学部　赵毓荷）

同日　由团中央、全国学联主办中国青年政治学院协办的第二期中国大学生骨干培养学校在人民大会堂进行开学仪式。中共中央政治局委员、全国人大常委会副委员长王兆国发表重要讲话，勉励青年学生深入学习党的理论创新成果，努力成长为坚定的青年马克思主义者，为社会主义建设贡献力量。他向青年大学生提出了殷切希望：高举旗帜，坚定信念，努力成为中国特色社会主义事业的合格建设者和可靠接班人；勤奋学习，勇于创新，甘于奉献，成就事业，成为中国特色社会主义事业的生力军；要努力成为促进社会和谐、维护社会稳定的重要支柱力量。团中央书记处书记贺军科出席总结会议并向大学生们提出“志存高远，不断增强思辨能力；努力学习，不断提高社会化能力；勇于实践，不断提高道德品质”的期望。（中国青年政治学院　曹骏）

3日　国家语委在京宣布，我国将以清明、端午、中秋和春节4个传统节日为主题，发动全民开展“中华经典诵读”和“中华赞·诗词歌赋征集”活动。“以传统节日为主题开展诵读，人们能够感悟节日的文化内涵和深厚的民族传统。”国家语委副主任、教育部语言文字应用管理司司长王登峰强调，这些活动还可以引导群众体验中华语言的魅力，促使全社会关注语言文字应用现状，提高国家通用语言文字应用水平。

同日　全国青少年生态环保社团骨干培训北京林业大学在北京林业大学拉开帷幕。来自全国50余所高校的青少年生态环保社团学生代表、京外奥运志愿者参加培训，首都各大社区的居委会代表也参加了开班仪式。北京林业大学党委副书记、副校长钱军、美国新一代研究院院长丹尼尔·泰勒博士、团中央农村青年工作部生态环保处副处长计亚春、团北京市委大学中专部部长胡九龙等出席开班仪式。（北京林业大学科技处　张力）

5日　“微笑北京、绿色长征”——首都大学生第十二届“绿桥”暨第二届全国青少年绿色长征接力活动在我校隆重开幕。中纪委驻国家林业局纪检组组长、国家林业局党组成员杨继平出席开幕式并发表重要讲话。新一代研究院院长丹尼尔·泰勒博士作为本届“绿桥”活动支持方代表，在开幕式上介绍了新一代研究院的环保理念和在中国开展20多年的环保工作。与会领导在开幕式上为全国青少年绿色长征各分团授旗，为首都大学生奥运志愿者绿化美化志愿服务队授旗。开幕式上，与会领导还为全国青少年生态环保社团骨干培训班学员代表颁发了结业证书。开幕式后，与会领导、形象大使和环保志愿者代表共同种植了“奥运友谊树”。（北京林业大学科技处　张力）

8日　由中国美术学院举办的“国际当代艺术教育与传播峰会”在该校象山校区举行。清华大学美术学院党委书记、院长李当岐应邀出席，并在会上作了题为《继承传统，开拓进取，在综合大学平台上推进艺术学科建设》的发言，阐述了清华大学美术学院面对新的历史时期的机遇和挑战，对于发展目标、指导思想、办学特色等问题的思考以及在人才培养、学科建设等工作中的思路和做法。美国芝加哥美术学院院长托尼·琼斯、俄罗斯国立列宾美术学院院长艾伯特·恰尔金、法国巴黎国立高等美术学院院长亨利·克劳德·科索等国际知名美术院校校长、博物馆馆长，中央美术学院院长潘公凯、广州美术学院院长黎明、湖北美术学院院长徐勇民、西安美术学院院长杨晓阳等三十余位国内外专家参加峰会并就“境遇与策略：当代艺术教育与传播”的主题展开对话。（清华大学文科建设处　刘金梅）

9日　国务院总理温家宝主持召开国务院常务会议，审议并原则通过《国家知识产权战略纲要》。会议指出，实施国家知识产权战略，要实行激励创造、有效运用、依法保护、科学管理的方针。

同日　教育部党组书记、部长周济来到北京师范大学，在英东学术会堂作了主题为《以科学发展观统领高等学校的改革和发展》的辅导报告，这是该校作为试点单位开展深入学习实践科学发展观活动以来的首场报告会。（北京师范大学社科处　吴慧涵）

10日至11日　全国文化体制改革工作会议在北京举行。中共中央政治局委员、书记处书记、中宣部部长刘云山出席会议并讲话，强调要按照党的十七大和全国宣传思想工作会议精神，进一步解放思想、转变观念，加大力度、加快进度，推动文化体制改革取得新的实质性进展，为促进社会主义文化大发展大繁荣提供良好体制环境。

11日　中共中央宣传部、中央政法委、司法部、中国法学会组织的“百名法学家百场报告会”活动在北京开讲。“双百”活动自2006年7月启动以来，先后在我国中部、西部地区22个省、自治区、直辖市举办了报告会，今年已进入第三年。根据活动计划，预计2008年4月到6月，“双百”活动将在我国东部沿海地区的北京、天津、江苏等9省（市）举办。北京的“双百”报告会共举办5场，持续到5月下旬。作为今年开讲的首场报告会，全国人大法工委副主任、著名法学家信春鹰教授作了题为“完善中国特色社会主义法律体系　全面落实依法治国基本方略”的报告，从我国法治的历史沿革，中国特色社会主义法律体系的架构和主要内容，完善中国特色社会主义法律体系，加强宪法和法律实施等内容进行了重点宣讲。

14日　纪念翦伯赞先生诞辰110周年暨《翦伯赞全集》首发大会在北京大学隆重举行。出席此次纪念大会的有全国人大常委会副委员长司马义·铁力瓦尔地，中国史学会会长李文海，北京大学校长许智宏，史学界的专家学者以及翦伯赞先生的亲属代表。（北京大学社会科学部　赵毓荷）

15日　北京大学新闻学研究会正式恢复成立，并聘任首批10位海内外知名学者担任研究会导师。90年前，北京大学新闻学研究会的成立开启了中国新闻学教育和研究的先河；90年后，这个有着优良学风和传统的学术团体得以恢复。历史上的北京大学新闻学研究会创建于1918年10月14日，由时任校长蔡元培亲自发起并担任会长，由徐玉璜和邵飘萍任研究会导师。成立仪式上，北京大学校长、北京大学新闻学研究会会长许智宏教授宣布北京大学新闻学研究会恢复成立，并与北京大学新闻与传播学院院长、北京大学新闻学研究会学术总顾问邵华泽教授一同为研究会揭牌。（北京大学社会科学部　赵毓荷）

21日　中国人权研究会举办的首届“北京人权论坛”在北京开幕，来自5大洲31个国家和国际组织的110多位中外人权高级官员和专家、学者参加论坛。中国人权研究会会长罗豪才、国务院新闻办主任王晨出席开幕式并致辞。罗豪才说，60年来，在《世界人权宣言》的激励下，国际人权事业取得了长足的进步，人权的内涵也不断丰富。本次会议的主题是“发展、安全与人权”。发展、安全与人权密切相连，相互促进。没有发展，我们就无法享有安全；没有安全，我们就无法享有发展；不尊重人权，我们既不能享有安全，也不能享有发展。改革开放30年来，中国不但在经济建设方面取得了举世公认的成就，而且在人权建设方面也实现了巨大的进步。中国人民的公民权利和政治权利得到充分保障。在人民代表大会制度下，中国人民广泛参与政治生活，充分行使知情权、监督权、选举权和被选举权，并在城乡基层群众性自治组织中直接行使民主选举、民主决策、民主管理和民主监督的权利。

同日　美国斯坦福大学校长约翰·亨尼斯率团访问北京大学，并在北京大学秋林报告厅发表了题为《大学该如何改革以适应21世纪社会需要》的演讲。演讲会由常务副校长林建华教授主持，校务委员会主任闵维方教授在演讲会上致辞。他在致辞中回顾了两校数十年来的合作交流情况，并称“北大斯坦福中心”的建立将使双方的合作迈上新的台阶。（北京大学社会科学部　赵毓荷）

26日　北京市社科联、中国辩证唯物主义研究会、中共中央党校哲学教研部、北京市邓小平理论和“三个代表”重要思想研究中心、《中国特色社会主义研究》杂志社联合在京召开“纪念真理标准讨论30周年首都理论界座谈会”。中国辩证唯物主义研究会会长、中央党校原副校长杨春贵，中央党校副校长李君如，国防大学原副校长侯树栋等与来自中央党校、中国社科院、北京大学、中国人民大学、中国政法大学、北京师范大学、北京航空航天大学、首都师范大学、北京市委党校等单位的有关领导、宣传部门的负责同志、专家学者等50余人出席会议。会议由市社科联党组书记史秋秋主持。（北京市社科联大事记）

26—27日　中宣部、教育部在北京召开地方哲学社会科学教学科研骨干研修工作会议，深入学习贯彻党的十七大精神和中央领导同志指示精神，总结交流一年来各省区市组织哲学社会科学教学科研骨干研修工作的经验，研究加强和改进措施，进一步推动2008年地方哲学社会科学教学科研骨干研修工作的不断深入。2005年以来，中央有关部门已经举办了22期研修班，培训学员2300多人；各地在中央有关部门办班的示范推动下，共举办研修班200余期，培训学员2万多人。通过研修，广大哲学社会科学工作者进一步深化了对党的十七大精神的领会和把握，深化了对中国特色社会主义理论体系的领会和把握，深化了对科学发展观的领会和把握；进一步增强了坚持和巩固马克思主义在意识形态领域指导地位的认识；进一步增强了坚持德育为先、教书育人，做好哲学社会科学教学科研工作和大学生思想政治工作的认识。

28日　由新华社、韩国中央日报社和日本经济新闻社三家新闻机构共同发起，旨在促进中日韩三国的民间交流的“东北亚名人会”第三次会议在北京举行，来自中日韩三国政界、学界的知名人士围绕“可持续发展和东北亚区域合作”这一主题进行了充分讨论，并分别从贸易与金融、环境与资源、文化与教育三个方面提出“东北亚名人会共同倡议”。中国国务院前副总理钱其琛、韩国前国务总理李洪九、日本前首相中曾根康弘分别率三国代表团出席会议。钱其琛在会议上发表演讲时说，虽然三国的自然、历史、社会和发展水平存在差异，但是，中日韩三国地域相连、人缘相亲、文化相融、经济相通，在实现可持续发展方面有很强的互补性。为推动区域一体化发展，不仅是三国政府，中日韩的知名学者、专家及民间人士也应当为此作出努力。

29日　纪念中共中央发布“五一口号”60周年座谈会在北京举行。中共中央政治局常委、全国政协主席贾庆林出席座谈会并讲话。1948年4月30日，中共中央发布纪念“五一劳动节”口号，号召“各民主党派、各人民团体、各社会贤达迅速召开政治协商会议，讨论并实现召集人民代表大会，成立民主联合政府”，得到各民主党派、无党派人士的热烈响应。贾庆林在讲话中说，各民主党派、无党派人士热烈响应“五一口号”，标志着各民主党派、无党派人士自觉选择了中国共产党的领导，走上了新民主主义、社会主义的道路，揭开了我国多党合作事业发展的历史新篇章。60年来，我国多党合作事业蓬勃发展，为社会主义革命、建设和改革事业作出了重要贡献。

同日　清华大学经济管理学院中国保险与风险管理研究中心成立仪式暨2008清华保险发展论坛在经管西楼多功能厅举行。清华大学党委副书记史宗恺、中国保险监督管理委员会副主席李克穆、苏黎世金融服务集团首席执行官金世禄（James J. Schiro）出席并致辞。活动开始前，为苏黎世金融服务集团在经济管理学院的冠名教室经管西楼202教室揭牌，该教室被命名为“苏黎世金融服务集团教室”。（清华大学文科建设处　刘金梅）

5月

3日　在北京大学建校110周年之际，中共中央总书记、国家主席胡锦涛冒雨来到北京大学考察，在讲话中对北京大学师生提出了4点殷切希望：

——要大力弘扬爱国主义精神，坚持爱国主义与社会主义的高度统一，时刻心系民族命运、心系国家发展、心系人民福祉，当前要把爱国热情转化为立足岗位、刻苦学习、发奋工作、支持奥运的实际行动，倍加珍惜我国安定团结的良好局面，自觉维护社会稳定，维护国家利益；

——要努力造就高素质人才，希望同学们在深入学习中国特色社会主义理论体系上狠下工夫，在提高综合素质上狠下工夫，在提高实践本领上狠下工夫，努力成为德智体美全面发展的社会主义建设者和接班人；

——要不断创造一流学术成果，着力强化基础研究，重视提高应用研究水平，进一步完善科研体制机制，广泛参与国际学术交流合作，努力创造更多具有重要价值和广泛影响的学术成果；

——要积极培育优良校风，教师要认认真真教书、扎扎实实治学，学生要尊敬师生、关心同学、热爱学校、热心公益，为形成蓬勃向上、文明和谐的校园文化氛围共同努力。

4日　中共中央政治局常委、国务院总理温家宝应学生们的热情邀请来到中国政法大学，与大家一起共度青年节。

温家宝在讲话中解释法治精神：“一是宪法和法律的尊严高于一切；二是法律面前，人人平等；三是一切组织和机构都要在宪法和法律的范围内活动；四是立法要发扬民主，法律要在群众中宣传普及；五是有法可依，有法必依，执法必严，违法必究。”说到这里，总理加重了语气：“天下之事，不难于立法，而难于法之必行。”

同日　今天是五四青年节，中央组织部在北京召开青年科技创新创业人才座谈会。中共中央政治局常委、中央书记处书记、国家副主席习近平在座谈会上强调，我们党带领人民正在建设的中国特色社会主义，是中国历史上前所未有的非常伟大、非常豪迈、非常壮丽的事业，是承前启后、继往开来的事业，是任重道远、始终面向青年的事业。伟大的事业呼唤创新的人才，伟大的事业也造就创新的人才。

同日　北京大学迎来了110周年华诞。上午9点30分，北京大学建校110周年暨实施“985工程”10周年庆祝大会在百周年纪念讲堂隆重举行。在庆祝建校110周年大会这一具有历史意义的时刻，北京大学隆重颁发学生五四奖章、班级五四奖杯、“蔡元培奖”、“杰出校友奖”、杰出教育贡献奖等奖项，对贡献卓著的在校教师代表、校友代表、社会各界人士和机构代表，以及优秀学生群体进行了隆重表彰。颁奖仪式由学校党委常务副书记吴志攀主持。（北京大学社会科学部　赵毓荷）

5日　蔡元培先生诞辰140周年纪念大会在北京大学英杰交流中心召开。全国人大常务委员会副委员长韩启德、北京大学校长许智宏、北大党委常务副书记吴志攀、党委副书记杨河、副校长张国有出席了会议。蔡元培先生及其同时代人的亲属代表、北京大学教育学院教授、蔡元培研究会的部分学者专家也应邀出席。大会由副校长张国有主持。（北京大学社会科学部　赵毓荷）

6日　首届大学生生态科普创意大赛评选结果于日前揭晓。北京林业大学的文字作品《命韵之舞》和南京林业大学的flash作品《海的女儿——环保篇》夺得一等奖。本届大赛共收到参赛作品2000余件，其中摄影作品1500幅，文字作品300篇，flash作品70幅，漫画作品150幅，最终评选出51件获奖作品，其中一等奖2名，二等奖9名，三等奖17名，优秀奖23名。（北京林业大学科技处　张力）

7日　“教育创新大讨论”在北京师范大学举办。这是该校学习实践科学发展观活动“教育创新大讨论”首次主论坛，这既是前一阶段教育创新讨论的深化和提高，又是进一步解放思想、更新教育观念、提高认识的重要环节。本次研讨会的主题是“创新教师教育，强化办学特色”，围绕进一步突出办学特色，深化教师教育改革，切实做好免费师范生培养和教育管理工作展开深入的讨论。华东师范大学党委书记张济顺教授和北京师范大学常务副校长董奇教授分别作了题为“教师教育创新与师范大学的使命”及“强化办学特色，创新教师教育”的主题发言。（北京师范大学社科处　吴慧涵）

10日　北京市中共党史学会召开第七届会员大会。北京市社会科学界联合会党组副书记张兆民，北京市中共党史学会名誉会长张静如，北京市中共党史学会会长谢荫明等党史学会领导、理事、会员100余人参加会议。

会议首先由谢荫明会长代表学会第六届理事会作学会工作报告，常务理事陆兵作了《关于修改〈北京市中共党史学会章程〉的报告》，监事王玥作了监事会工作报告，副秘书长刘岳作了财务工作报告。大会按照章程规定投票选出了第七届理事64人、监事3人、常务理事20人。会议选举出会长：谢荫明，秘书长：杨凤城，推举张静如为名誉会长。（市委党史研究室　常颖）

11日　“迎奥运”首都高校第46届学生田径运动会开幕式在我校隆重举行。来自首都57所大专院校的1000多名运动员、教练员参加了开幕仪式。北京市副市长赵凤桐、北京市教育委员会主任刘利民、中共北京市委教育工委常务副书记张建明等领导出席了开幕式。我校党委书记吴斌、校长尹伟伦及部分兄弟院校领导也来到了开幕式现场。开幕式上，进行了大型团体操表演，除抖空竹、武术、健美操等传统项目外，还增加了时装秀、响铃鼓等特色项目，充分体现了绿色奥运、人文奥运的北京奥运理念。（北京林业大学科技处　张力）

12日　下午2时28分，四川省汶川县发生大地震。地震波及的有感范围包括四川、宁夏、甘肃、青海、陕西、山西、山东、河南、湖北、湖南、重庆、江苏、北京、上海、贵州、西藏等16个省、自治区、直辖市。地震发生后，中共中央政治局常委、国务院总理温家宝12日下午乘坐专机赶赴四川，前往受灾严重的地区现场指挥抗震救灾工作。下午4时40分许，飞机起飞后，温家宝就主持召开紧急会议部署工作。

同日　当晚中共中央政治局常务委员会召开会议，全面部署当前抗震救灾工作。中共中央总书记胡锦涛主持会议。会议强调，灾区各级党委、政府和中央有关部门一定要紧急行动起来，把抗震救灾作为当前的首要任务，尽最大努力把地震灾害造成的损失减少到最低程度。全国各地区各部门一定要大力发扬“一方有难，八方支援”的精神，万众一心、众志成城，迎难而上，百折不挠，共同夺取抗震救灾斗争的胜利。

13日　中央党校2008年春季学期第二批进修班暨师资班开学典礼举行。中共中央政治局常委、中央书记处书记、中央党校校长习近平出席开学典礼并作重要讲话。他强调，新世纪新阶段，面对前所未有的机遇和挑战，各级领导干部要进一步增强大局意识、忧患意识、责任意识，按照党章的要求认认真真学习、老老实实做人、干干净净干事，在全面建设小康社会、开创中国特色社会主义新局面的伟大实践中锐意进取、建功立业。

14日　2008年国家社科基金年度项目评审工作会议在京召开。中共中央政治局委员、书记处书记、中宣部部长、全国哲学社会科学规划领导小组组长刘云山出席会议并讲话。刘云山强调，当前哲学社会科学工作的重中之重，就是深入研究阐释党的十七大提出的重大理论观点、重大战略思想、重大工作部署，为学习宣传贯彻党的十七大精神提供理论支撑。要在深入研究阐释中国特色社会主义理论体系上取得重大成果，在系统总结改革开放30年、新中国成立60年、中国共产党成立90年的历史经验上取得重大成果，在深入研究阐释社会主义核心价值体系上取得重大成果，在深入研究改革开放和现代化建设重大现实问题上取得重大成果。据了解，今年国家社科基金22个学科共申报了18353项课题，申报数量为历年最多，申报质量也明显提高。经过匿名通讯初评，有4000项课题入围本次会议评审，会议将评审出1600个左右拟立项目。会议强调，要牢固树立导向意识、大局意识、精品意识、服务意识，本着对国家负责、对人民负责、对学术负责的精神，坚持公平公正、质量第一的原则，严格把关、严格程序，认真做好今年国家社科基金项目评审工作。

15日　“5·12”汶川大地震发生之后，清华大学公共管理学院北京市哲社应急管理研究基地迅速开展抗震救灾应急管理研究。基地召开汶川大地震专题研讨会，此后陆续发布五期《危机管理研究通讯汶川大地震特刊》，基在研究人员及研究生围绕目前的抗震救灾、中期的灾后恢复重建和长期的制度、体制建设等积极建言献策。特刊已报送国务院应急办、北京市应急办等有关部门参阅。（清华大学文科建设处　刘金梅）

17日　北京师范大学联合成立汶川地震应对政策专家行动组。该校社会发展与公共政策研究所、心理学院以及教育部、民政部减灾与应急管理研究院等单位专家召开会议，讨论了联合成立汶川地震应对政策专家行动组的工作方案和计划。刘川生书记出席会议，并希望专家行动组通过深入灾区现场的研究，摸索抗震救灾和恢复重建经验，提供有关标准和政策建议，为抗震救灾工作作出贡献。汶川地震应对政策专家行动组下设现场实践平台、北京研究平台、国际交流平台、信息网络平台，秘书处设在北京师范大学社会发展与公共政策研究所。灾区第一分队将由北京师范大学风险治理与社会创新中心主任张强带队赴四川灾区现场参与抗震救灾工作。（北京师范大学社科处　吴慧涵）

18日　由中宣部、中央外宣办、文化部、国家广电总局、新闻出版总署、解放军总政治部、中国文联、中国作协、中国记协共同发起，在中央电视台举行的“《爱的奉献》——2008抗震救灾大型募捐活动”，将中华儿女的炽热情怀、博大爱心，以及中华民族的强大凝聚力展现于世界。参加活动的演员激情投入，各方捐款热烈踊跃。据了解，募捐活动结束时，现场共募集各类款项15.1429亿元人民币。

同日　据记者从中国地震局获悉：在5月12日四川汶川地震发生后，中国地震台网中心利用国家地震台网的实时观测数据，速报的震级为里氏7.8级。随后，根据国际惯例，地震专家利用包括全球地震台网在内的更多台站资料，对这次地震的参数进行了详细测定，据此对震级进行修订，修订后震级为里氏8.0级。

20日　北京市哲学社会科学规划办公室和北京市教育委员会联合召开了北京市哲学社会科学研究基地工作会议，来自37个研究基地的百余名基地负责人、首席专家、科研管理工作者应邀参加了会议。北京市社科规划办公室主任陈之昌作了首批研究基地的建设情况报告。来自北京人文奥运研究基地的金元浦教授、北京企业国际化经营研究基地的林汉川教授、首都服饰文化与服装产业研究基地的宁俊教授分别向大会介绍了各自基地在开展科研活动、培养人才队伍、整合研究资源方面的一些做法和经验。中共北京市委宣传部副部长常卫等领导出席会议并讲话。（北京市哲学社会科学规划办公室）

23日　北京市十三届人大常委会第四次会议审议通过了《北京市实施〈中华人民共和国突发事件应对办法〉办法》。实施办法针对应对突发事件的薄弱环节，就明确各级政府的责任，建立统一高效的应急管理体制，健全突发事件的预防与应急准备制度，完善突发事件信息的收集、报送、监测与预警发布机制等方面作出具体规定。该办法自2008年7月1日起施行。（市人大常委会研究室　艾淑英）

同日　国务院新闻办公室根据国务院抗震救灾总指挥部授权发布：据民政部报告，截至23日12时，四川汶川地震已造成55740人遇难，292481人受伤，失踪24960人，紧急转移安置1136.7929万人。截至23日12时，共接受国内外捐赠款物246.44亿元，其中实际到账捐款160.24亿元，已向灾区拨付30.04亿元。向灾区调运的救灾帐篷共计44.334万顶、简易房18334间、被子231.9347万床、衣物307.4526万件、燃油31.5万吨、煤炭67.9万吨。据卫生部报告，截至23日12时，因地震受伤住院治疗合计73939人，已出院38683人，院内死亡3451人，仍有28377人住院，从四川转外省治疗3428人。投入四川灾区的医疗卫生人员累计86517人。

24日　以“奥运北京·和谐社会”为主题的北京自然科学界和社会科学界联席会议2008·高峰论坛在京举办。市社科联主席满运来主持会议，中科院院士、市科协会名誉主席陈佳洱，市委宣传部副部长常卫，市社科联党组书记史秋秋，市科协党组书记、常务副主席田小平等领导，两界专家顾问代表、两界学会代表出席论坛。北京奥组委执行委员、北京奥运经济研究会会长魏纪中作了题目为《绿色奥运、科技奥运、人文奥运理念的落实》的主题报告。来自北京自然科学界和社会科学界的7位专家学者分别围绕论坛主题，着眼于“绿色奥运、科技奥运、人文奥运”三大理念的具体实践，对北京奥运的筹办经验从理论与实践的角度进行总结和阐述，并积极建言献策。（北京市社科联大事记）

6月

5日　由北京市档案局（馆）主办的“北京档案珍藏展”在皇城艺术馆隆重开幕。中共北京市委常委、市委秘书长李士祥，国家档案局局长、中央档案馆馆长杨冬权等出席开幕式，北京市档案局（馆）长陈乐人在开幕式上致辞：全市20个国家档案馆运用自身优势，深入挖掘，全面整合，隆重推出了“北京档案珍藏展”，作为档案部门迎接奥运会的一份深情厚礼，作为档案部门为“人文奥运”增光添彩的实际行动，作为档案部门参与奥运、服务奥运、奉献奥运的重要举措。展览展出的百余件展品，是从全市20个国家档案馆馆藏档案445万卷（件）中遴选出的珍品。展品中有纸质文献、照片、实物、录音录像及图片。（北京市档案局科教处　李海英）

同日　“关注农村、关爱学生，促进学生与教师共同发展”研讨会在密云县第四中学召开。本次研讨会的主题：关注农村、关爱学生，促进学生与教师的共同发展。紧紧抓住素质教育的促进学生发展这个核心，从学科教学研究和基于学生发展的校本研究两个方面入手，改进学校管理模式和课堂教学模式，创设多学科教师联动共同研究学生的平台，给予学生尤其是学习困难学生更多关注，挖掘他们的自身优势，帮助他们树立学习和生活的信心，有力地促进了农村中小学学生、教师、学校的发展。（北京市教育学会　李文鸾）

6—9日　由中华全国青联和香港中联办联合主办，中共团校承办的国际青年商会香港总会国情研习班在中央团校开班，来自香港特别行政区的28名青年领袖参加了为期4天的学习培训和考察交流活动，这是中央团校举办的首期香港青年社团领袖培训班。

此次研习班的课程涉及我国经济、政治、外交以及法制等方面。我国著名宪法学家、原香港澳门特别行政区基本法起草委员会委员、原香港澳门特别行政区筹备委员会委员、中国人民大学许崇德教授，中国社会科学院王振中教授，中国政法大学常保国教授，中国人民大学金灿荣教授等分别为培训班授课。在研习期间，学员们还拜会了国务院港澳办、北京奥组委志愿者部和华旗资讯数码科技有限公司等。（中国青年政治学院　曹骏）

7日　由中国老教授协会、清华大学、北京林业大学、中国农业大学、联合国工业发展组织中国投资与技术促进处绿色专家委员会主办，北林大人文学院承办的“中国生态文明建设论坛”在校图书馆报告厅隆重开幕。来自中国老教授协会、各高校老教授协会、各专业委员会等30余家高校、研究机构的85名专家学者、来自《人民日报》、新华社、《光明日报》、《科技日报》、《中国教育报》、中央人民广播电台等14家媒体单位以及部分研究生参加了本次论坛。会上，共有13位专家进行主题发言。各位专家围绕“中国生态文明建设”这一主题，从工业、农业、林业、能源、文化5个方面畅谈生态文明理念，交流生态文明建设经验，对生态文明建设起到推动作用。（北京林业大学科技处　张力）

11日　抗震抗灾英模事迹首场报告会在北京人民大会堂举行。中共中央政治局常委李长春，中共中央政治局常委、中央书记处书记、国家副主席习近平出席报告会。报告会前，李长春、习近平亲切会见了抗震救灾英模事迹报告团全体成员。李长春在讲话中强调，要在全社会大力弘扬英雄模范身上体现出来的万众一心、众志成城、不畏艰险、百折不挠的伟大抗震救灾精神，唱响共产党好、社会主义好、改革开放好、人民军队好、人民群众好、伟大祖国好的时代主旋律。

12日　《人民日报》载：2008年度国家社科基金项目评审工作日前圆满结束，1588项课题获得全国哲学社会科学规划领导小组批准立项资助。今年国家社科基金项目22个学科共受理申报18353项，比去年增加2126项，增长13.1%。

同日　为大力宣传抗震救灾英雄模范的感人事迹和崇高精神，经中央批准，中央宣传部、中央组织部、解放军总政治部、四川省委联合组织了抗震救灾英模事迹报告团。抗震救灾英模事迹报告团来到北京大学百周年纪念讲堂，为北京大学师生代表举行报告会。（北京大学社会科学部　赵毓荷）

12—16日　清华大学美术学院2008年北京奥运会设计与创作项目校内汇报展在美术学院B区大厅举行。展览展出了自2001年北京成功获得2008年奥运会及残奥会举办权以来，美术学院各系师生及校友参与的与奥运有关的设计及创作活动。具体包括

2008 年北京奥运会会徽设计、吉祥物设计、残奥会吉祥物设计、体育图标设计、奥运会核心图形设计、火炬设计备选方案、奥运会有关工作人员及代表队运动员服装设计、观赛物资设计、场馆标识导示设计、奥林匹克公园雕塑整体规划与设计等，以及与奥运有关的城市景观改造、景观深化设计及安装布置设计、公共交通车身设计等近百个设计项目。此外，美术学院还派出多位教师到北京奥组委工作，近 60 位学生担任奥运会及测试赛赛会志愿者。（清华大学文科建设处　刘金梅）

14 日　由中共北京市委宣传部、北京市社会科学界联合会、北京市哲学社会科学规划办公室主办，首都师范大学承办第二届北京中青年社科理论人才“百人工程”学者论坛在首都师范大学隆重举行。北京市社会科学界联合会主席满运来、党组书记史秋秋、市委宣传部副部长常卫、北京市社会科学界联合会党组副书记张兆民、北京市哲学社会科学规划办公室主任陈之昌等出席，北京大学、清华大学、中国人民大学、北京师范大学、首都经济贸易大学等高校领导和近百名北京中青年社科理论人才“百人工程”学者，首都师范大学政法学院、马克思主义教育学院百余名研究生参加论坛。论坛以“改革开放与理论创新”为主题，探讨我国改革开放 30 年来哲学社会科学走过的历程，深入研究继续推进改革开放伟大事业的重大理论和现实问题。（首都师范大学科研处　黄胤英）

19 日　北京大学巴基斯坦研究中心成立仪式在北京大学举行。巴基斯坦外交国务秘书、驻华大使萨尔曼·巴希尔、北京大学常务副校长林建华在成立仪式上致词，并共同为中心揭牌。北京大学巴基斯坦研究中心是在巴总统穆沙拉夫的关心下，经过北京大学相关部门和院系筹备成立的一个教学与科研相结合的学术研究机构。它既是中巴友谊的体现，也是北京大学外国语学院学科建设的一个新起点。

20 日　在《人民日报》创刊 60 周年之际，胡锦涛总书记来到人民日报社，亲切看望人民日报工作人员，并发表重要讲话。他充分肯定了《人民日报》和全国新闻战线的成绩和贡献，深刻阐述了新闻宣传工作的重要地位和作用，全面分析了新闻宣传工作面临的形势和任务，着重强调了要把提高舆论引导能力放在更加突出的位置，并就提高舆论引导能力从 5 个方面提出了明确要求：就必须坚持党性原则，牢牢把握正确舆论导向；必须坚持以人为本，增强新闻报道的亲和力、吸引力、感染力；必须不断改革创新，增强舆论引导的针对性和实效性；必须加强主流媒体建设和新兴媒体建设，形成舆论引导新格局；必须切实抓好队伍建设，增强凝聚力和战斗力，更好地发挥新闻宣传工作在推动经济发展、引导人民思想、培育社会风尚、促进社会和谐等方面的重要作用。

21—22 日　“中央实施马克思主义理论研究和建设工程”《马克思主义哲学史》教材课题组工作会议在北京大学哲学系召开。按照中央工程统一规划，教材于 2007 年 11 月正式启动，迄今为止已经修改出提纲 3 稿，向中宣部工程办公室提交简报 7 份，并于 2008 年 2 月 20—22 日在广东肇庆召开过课题组成员全体会议，还在北京大学召开过在京课题组部分成员参加的会议 4 次。这次会议是在以前工作的基础上，进一步确定拟于 6 月底向中央提交的提纲。北京大学党委杨河副书记、社会科学部程郁缀部长、哲学系赵敦华主任出席了开幕式并发表讲话，在课题组首席专家、北大哲学系赵家祥教授的主持下，课题组成员经过两天认真的讨论，完成了既定的工作规划。（北京大学社会科学部　赵毓荷）

22 日　《人民日报》刊载：中共中央近日印发了《建立健全惩治和预防腐败体系 2008—2012 年工作规划》，并发出通知，要求各地区各部门结合实际情况，认真贯彻执行。通知指出，加强以完善惩治和预防腐败体系为重点的反腐倡廉建设，是我们党深刻总结反腐倡廉实践经验、准确把握我国现阶段反腐倡廉形势得出的科学结论，是从提高党的执政能力、保持和发展党的先进性全局的高度作出的重大决策，是发展中国特色社会主义、推进党的建设新的伟大工程的必然要求，对于实现党的十七大确定的各项任务、夺取全面建设小康社会新胜利，具有十分重要的意义。

23 日　国务院新闻办公室 23 日根据国务院抗震救灾总指挥部授权发布：据民政部报告，截至 23 日 12 时，四川汶川地震已造成 69181 人遇难，374171 人受伤，失踪 18498 人。据总参谋部报告，截至 22 日 24 时，抢险救灾人员已累计解救和转移 1466054 人。据四川省抗震救灾指挥部报告，截至 23 日，军队、武警、公安、各类专业救援队伍以及四川地方共从废墟中救出 83988 人。据卫生部报告，截至 23 日 12 时，因地震受伤住院治疗累计 96140 人（不包括灾区病员人数），已出院 82325 人，仍有 11179 人住院，其中四川转外省市伤员仍住院 6910 人，共救治伤病员 2040174 人次。

同日　北京市哲学社会科学规划办公室组织召开了 2008 年度国家社科基金项目中标下达会。北京市属单位科研管理部门负责人以及项目负责人60余人出席了会议。大会公布中标项目16项，其中一般项目9项，青年项目7项。从立项学科上看，应用经济、外国文学、中国历史、中国文学各2项；经济理论、社会学、马列科社、党史党建、政治学、哲学、人口学、体育学各1项。（北京市哲学社会科学规划办公室）

24日 北京市2008年高校毕业生到农村工作欢送暨表彰大会在京召开。中共中央政治局委员、北京市委书记刘淇，中共中央政治局委员、中央书记处书记、中组部部长李源潮出席会议并讲话。北京市在前两年选聘5041名高校毕业生到农村担任村党支部书记助理、村委会主任助理的基础上，今年又选聘3095名大学生“村官”。至此，北京市已有8136名高校毕业生在农村基层任职，基本实现每村有两名大学生的目标。李源潮在讲话中说，选聘高校毕业生到村任职，是党中央作出的一项具有长远战略意义的重要决策。北京市行动早、规模大，目前大学生“村官”队伍已达到8000多名，实现了村村都有大学生的目标，在全国起到了很好的示范带动作用。

25日 教育部语言文字应用管理司与中国传媒大学举行全面战略合作协议签字仪式暨“中华经典诵读·中华赞诗词歌赋创作活动网站”开通仪式。“中华经典诵读·中华赞诗词歌赋创作活动”由中宣部、教育部、国家语委等六部委联合发起，教育部语用司主办，是一项面向全社会，以弘扬中华传统文化，促进普通话推广，推行规范汉字，构建和谐语言生活，建设社会主义先进文化为主题的重要活动。中国传媒大学远程与继续教育学院“中传在线”网站是该活动的官方指定网站。这将使“中华经典诵读·中华赞诗词歌赋创作活动”更具社会性、群众性，活动组织更为便捷化。（中国传媒大学文科科研处 程爱晶）

26日 中央文明办、教育部、团中央、全国妇联表彰了林浩等20名“抗震救灾英雄少年”和马小凤等30名“抗震救灾优秀少年”。为了更好地发挥“抗震救灾英雄少年”和“抗震救灾优秀少年”的榜样作用，激励广大未成年人奋发向上、健康成长，中央文明办、教育部、团中央、全国妇联27日下发通知，决定在未成年人中开展向“抗震救灾英雄少年”和“抗震救灾优秀少年”学习活动。

29日 由中国传媒大学文化产业研究中心、《中国文化报·文化产业周刊》共同举办的“思考与前瞻：当前经济状况与中国文化产业的发展趋向”高峰论坛在中国传媒大学国际交流中心召开。“论坛”以“当前经济背景下文化产业的现实作用与发展策略”、“社会主义文化建设中文化产业与文化软实力的关系辨析与互动”、“体制改革大潮中中国文化和文化产业的定位与发展路径”等为主题，旨在推动当前中国文化产业大发展大繁荣的深入发展。（中国传媒大学文科科研处 程爱晶）

6月 中共北京市委研究室完成“后奥运时期首都经济发展趋势与对策研究”。该课题在全面总结和剖析奥运筹办期间首都经济发展成就和国际经验、后奥运时期首都经济发展趋势和阶段特征的基础上，结合首都发展实际和奥运影响因素，阐述了后奥运时期首都经济发展面临的事件性影响、阶段性问题和长期性挑战，提出了后奥运时期首都经济发展在全球开放、遗产利用、投资转移、服务提升、发展转型、改革创新等六大领域的战略重点，进而从全局高度和战略角度提出了一系列重大对策举措。（中共北京市委研究室 胡春皓）

7月

4日 从《红旗》杂志到《求是》杂志，新中国成立以来的党中央机关刊走过了50年的不平凡历程。为此，求是杂志社举行纪念创刊50周年大会，中共中央总书记、国家主席、中央军委主席胡锦涛发来贺信，代表党中央，向杂志社全体工作人员和离退休同志表示热烈的祝贺。中共中央政治局常委李长春出席纪念大会并发表重要讲话。胡锦涛在贺信中指出，《求是》暨《红旗》杂志是党中央指导全党全国工作的重要思想理论阵地。自创刊以来，为探索我国社会主义建设和党的建设规律作出了艰辛努力。特别是在改革开放的历史新时期，深入宣传马克思列宁主义、毛泽东思想、邓小平理论和“三个代表”重要思想，深入宣传科学发展观，着力阐述党的路线方针政策和中央的决策部署，及时回答广大干部群众关心的重大理论和实际问题，为提高全党的马克思主义理论水平、推动党和国家各项事业发展作出了重要贡献。

5日 由中国人民大学与北京奥组委、北京市“2008”环境建设指挥部办公室共同主办，中国人民大学人文奥运研究中心承办的“北京奥运国际论坛2008大会”召开。纪宝成校长、人文奥运研究中心主任冯惠玲副校长、北京奥组委执行副主席蒋效愚等出席。蒋效愚副主席和纪宝成校长共同启动了“文明观赛”行动口号征集活动。“北京奥运国际论坛2008大会”为期3天，以“伟大的跨越：奥林匹克理论与实践在东方”为主题，来自13个国家和地区的40余名专家围绕奥运环境建设与城市发展、奥林匹克的理念发展与文化创新等议题进行了研讨。（中国人民大学科研处　李素萍）

6日　清华大学马克思主义学院成立大会隆重举行。教育部部长周济、中共中央文献研究室主任冷溶、中宣部副秘书长路建平、北京市委教育工委常务副书记张建明，校长顾秉林、校党委书记陈希出席大会。马克思主义理论界的一批著名专家学者，及部分高校的马克思主义学院院长等参加大会。清华大学马克思主义学院是清华大学教学、科研与学科建设相结合的实体机构。成立后的马克思主义学院将负责组织、管理全校思想政治理论课教学工作，承担马克思主义理论一级学科的建设任务，培养研究生，开展科学研究和学术交流。国家马克思主义理论研究与建设工程咨询委员会委员邢贲思担任马克思主义学院院长。（清华大学文科建设处　刘金梅）

8—9日　中央宣传部、教育部7月8日至9日在京联合召开加强和改进高校思想政治理论课工作会议。中共中央政治局常委李长春会见会议代表并作重要讲话，对加强和改进高校思想政治理论课工作会议的召开表示热烈祝贺，转达胡锦涛总书记对全国高校思想政治理论课教师的亲切问候。李长春指出，高校思想政治理论课是对大学生进行思想政治教育的主渠道，对大学生世界观、人生观、价值观的形成有着不可替代的作用，是培养中国特色社会主义事业合格建设者和可靠接班人的重要途径，也是社会主义大学的本质体现。在以胡锦涛同志为总书记的党中央高度重视下，高校思想政治理论课教育工作取得明显阶段性成果。

9日　中国人权研究会会长罗豪才在北京举行的学习中央和胡锦涛同志有关人权论述座谈会上表示，深刻领会党在新时期的重大战略思想中所包含的人权内容，特别是深入挖掘党的十七大报告中包含的人权思想和精神，并据此研究和创新人权理论，探讨人权建设新途径，依然是中国人权研究会下一步的工作重点。罗豪才表示，近年来，我国的人权建设在理论和实践的结合上取得了历史性成就。尊重和保障人权写入了宪法、载入“十一五”发展规划纲要，是中国共产党执政兴国的重要理念，成为以人为本的科学发展观和构建社会主义和谐社会重大战略思想的重要组成部分。

14日　中国人民银行公布的上半年金融统计数据显示，6月末，国家外汇储备余额为18088亿美元，同比增长35.73%。上半年国家外汇储备增加2806亿美元，同比多增143亿美元。4月末、5月末的外汇储备余额分别为17566.55亿美元和17969.61亿美元。另据央行统计，6月末，居民本外币储蓄存款达197603.72亿元，其中人民币储蓄存款为194400.13亿元。央行有关负责人表示，上半年，央行综合运用多种货币政策工具，引导货币信贷合理增长，金融运行平稳。

30日　国务院总理温家宝主持召开国务院常务会议，研究部署全面免除城市义务教育阶段学生学杂费工作，审议并原则通过《中华人民共和国专利法修正案（草案）》。会议决定，从2008年秋季学期开始，在全国范围内全部免除城市义务教育阶段学生学杂费。对享受城市居民最低生活保障政策家庭的义务教育阶段学生，继续免费提供教科书，对家庭经济困难的寄宿学生补助生活费。

8月

8日　晚8时，举世瞩目的北京第29届奥林匹克运动会开幕式在国家体育场隆重举行。国家主席胡锦涛出席开幕式并宣布本届奥运会开幕。具有两千多年历史的奥林匹克运动与五千多年传承的灿烂中华文化交相辉映，共同谱写人类文明气势恢弘的新篇章。

24日　第29届奥林匹克运动会闭幕式在国家体育场隆重举行。北京奥运会是在奥林匹克运动史上留下辉煌一页的体育盛会。来自204个国家和地区的1万余名运动员在过去16天里挑战极限、攀越新高，刷新了38项世界纪录和85项奥运会纪录，多个国家和地区实现了奥运会金牌和奖牌零的突破。作为东道主的中国，为把北京奥运会办成一届有特色、高水平的奥运会作出了巨大努力，完善的比赛场馆设施，出色的组织服务工作，赢得了奥林匹克大家庭和国际社会的广泛好评。中国体育代表团取得了51枚金牌、100枚奖牌的优异成绩，第一次名列奥运会金牌榜首位，创造了中国体育代表团参加奥运会以来的最好成绩。

9月

4日　据民政部报告，截至9月4日12时，四川汶川地震已确认69226人遇难，374643人受伤，失踪17923人。国家汶川地震专家委员会副主任史培军4日在国务院新闻办公室举行的发布会上说：汶川地震造成直接经济损失8451亿元，其中四川的损失占到总损失的91.3%，甘肃占5.8%，陕西占

2.9%。国家汶川地震专家委员会对汶川地震及次生灾害的调查与评估表明，初步统计，地震造成地质灾害多达12000多处，潜在隐患点近8700处。国家汶川地震专家委员会主任马宗晋4日在国务院新闻办公室举行的发布会上表示，汶川地震引发如此多的次生灾害，主要是震级大、震源浅、活动断裂多、山高深谷等自然因素所致。国家汶川地震专家委员会委员董树文表示，经过初步判断，整个汶川地震的损失约有三分之一不是地震直接造成的，而是由于滑坡、崩塌和泥石流造成的。

6日　北京2008年残奥会开幕式6日晚在国家体育场隆重举行，国家主席胡锦涛出席开幕式并宣布北京残奥会开幕。来自147个国家和地区的残疾人运动员，同全场9万多名观众共同分享这一期盼已久的盛会。来自世界各地的4000多名运动员，将在未来11天里参加20个大项的比赛。三次获得残奥会跳高金牌的侯斌在祥云台上接过火炬。在现场观众的注目下，坐在轮椅上的侯斌用自己的双手，用力拉着绳子向上攀升，一直升到39米高的火炬燃点，点燃了北京残奥会主火炬塔。熊熊燃烧的残奥会圣火和腾空而起的焰火交相辉映，点燃了人们心中的激情，体育场内一片欢腾。独具创意的火炬点燃仪式，充分体现了残疾人自强不息、超越自我、追求梦想、永不放弃的精神。

9日　中共中央政治局常委、国务院总理温家宝邀请8位来自基层的中小学教师，参观中南海，并进行座谈。温家宝说，教育是国家发展的基石。有一流的教育，才能有一流的人才，才能建设一流的国家。我们必须目光远大，把教育搞上去。办好教育，教师是关键。他对教师们提出几点希望：第一，要志存高远、爱国敬业。人民教师的神圣职责就是传授知识、传承民族精神、弘扬爱国主义，为祖国和人民培养合格的人才。教师要忠诚于人民教育事业。第二，要为人师表。教书者须先强己，育人者须先律己。教师的道德品质和人格对学生有重要影响。要重言教，更要重身教。第三，要严谨督学，与时俱进。教师在教育创新中承担着重要使命，教师富有创新精神，才能培养出创新人才。教师是知识的重要传播者和创造者，连接着文明进步的历史、现在和未来，更应该与时俱进，不断以新的知识充实自己，成为热爱学习、学会学习、终身学习的楷模。

同日　适逢国家图书馆建馆99周年，国家图书馆二期暨国家数字图书馆正式开馆接待读者。中共中央政治局委员、国务委员刘延东，全国政协副主席孙家正出席了开馆仪式。

14日　全国青年工作院校发展研讨会在中国青年政治学院举行。校党委书记倪邦文、常务副校长王新清、副校长李家华等出席了研讨会。来自全国各地的与会者畅所欲言，为团校建设以及共青团事业发展提出了建议。浙江、上海、河北、广东、青岛等省、市青年工作院校的领导分析了全国各地团校事业现状及存在的问题，提出团校教育应遵循办学有特色、教师有特长、学生有特质的原则。并对青年工作院校的建设、发展以及师资队伍建设、专业学科建设、团干部培训模式等提出了建议。（中国青年政治学院　曹骏）

17日　北京2008年残奥会闭幕式在国家体育场隆重举行。来自世界各国各地区的数千名残疾人运动员、教练员和来宾，同现场9万多名观众一起，热烈庆祝北京残奥会取得圆满成功。党和国家领导人胡锦涛、江泽民、吴邦国、温家宝、贾庆林、李长春、习近平、李克强、贺国强、周永康，国际残奥委会主席克雷文，国际奥委会主席罗格，以及来自世界各地的贵宾出席闭幕式。“两个奥运同样精彩”是中国对世界的庄严承诺。北京残奥会出色的赛事组织、完善的无障碍设施、人性化的服务，赢得了运动员、教练员和国际社会的广泛赞誉。在残奥会赛场上，来自147个国家和地区的4000多名残疾人运动员顽强拼搏、奋勇争先，刷新了279项残疾人世界纪录和339项残奥会纪录。中国体育代表团获得89枚金牌、211枚奖牌，名列金牌榜和奖牌榜首位，创造了中国体育代表团参加残奥会以来的最好成绩。

18日　国务院总理温家宝签署第535号国务院令，公布《中华人民共和国劳动合同法实施条例》。《条例》包括6章38条，旨在贯彻实施《中华人民共和国劳动合同法》，使劳动合同法更具操作性。《条例》围绕劳动合同的订立、劳动合同的解除和终止，劳务派遣、法律责任等作出详细规定。《条例》要求，各级人民政府和县级以上人民政府劳动行政等有关部门以及工会等组织，应当采取措施，推动劳动合同法的贯彻实施，促进劳动关系的和谐。《条例》规定，依法成立的会计师事务所、律师事务所等合伙组织和基金会，属于劳动合同法规定的用人单位。《条例》自公布之日起施行。

19日　全党深入学习实践科学发展观活动动员大会暨省部级主要领导干部专题研讨班开班式在中央党校举行。胡锦涛总书记发表了重要讲话，对在全党开展深入学习实践科学发展观活动进行了全面部署。

20日　全国哲学社会科学规划办公室邀请社科界部分资深专家学者对近日由人民出版社、商务印书馆、中国社会科学出版社、中央编译出版社、学习出版社共同出版的《国家社科基金成果文库》第三批10部优秀成果进行了座谈。这10部著作包括：《中国民俗史（6卷本）》（钟敬文、萧放著）、《理气性心之间——宋明理学的分系与四系》（向世陵著）、《秦至汉初简帛文字研究》（黄文杰著）、《重识老子与〈老子〉——其人其书其术其演变》（尹振环著）、《古罗马文学史》（王焕生著）、《〈二十四诗品〉诗歌美学》（张国庆著）、《中国军旅文学50年》（朱向前著）、《〈昭明文选〉研究发展史》（王书才著）、《郑玄三礼注研究》（杨天宇著）、《明代国家宗教管理制度与政策研究》（赵轶峰著）。

同日　"万众一心　众志成城——抗震救灾主题展览"在中国人民革命军事博物馆隆重开幕。中共中央政治局常委李长春出席开幕式并宣布展览开幕。展览以全面展现抗震救灾斗争历程为主线，以大力弘扬伟大抗震救灾精神为主题，分为序篇"特大地震　举世震惊"和"坚强领导　心系人民"、"争分夺秒　全力营救""临危不惧　奋起自救"、"八方支援　共克时艰"、"恢复生产　重建家园"、"伟大精神　不竭动力"等6个主体部分。

25日　北京市十三届人大常委会第六次会议依法作出了《关于加强人民检察院对诉讼活动的法律监督工作的决议》。决议以促进公正司法、提高司法效率、维护司法权威为目标，明确要求人民检察院把依法行使法律监督职能放在更加突出的地位，切实加强对公安机关行使侦查权、审判机关行使审判权、监狱机关行使监管权的监督；强调检察院要不断健全法律监督机制和程序，以人民群众反映强烈的影响公正司法的突出问题为重点，高度关注涉及民生和社会和谐稳定的执法、司法活动，积极稳妥地探索加强对民事审判和行政诉讼活动的法律监督；要求公安、人民法院和监狱等机关自觉接受检察院的法律监督，并切实加强内部监督工作。（市人大常委会研究室　艾淑英）

27日　中国社会科学院研究生院建校30周年庆祝大会暨2008年全国博士生学术论坛开幕式在京举行。全国政协副主席、中国社会科学院院长陈奎元出席庆祝大会及论坛开幕式。30年来，包括外国留学生和港澳台学生，研究生院先后培养并授予博士学位研究生2574名、硕士学位研究生4198名，专业硕士学位研究生339名，并培养出数以万计的研究生课程班和高级研修班学员。2008年全国博士生学术论坛以"科学发展与和谐社会建设"为主题，设两个经济学分论坛和一个法学分论坛，来自北京大学、清华大学、中国人民大学、中国社会科学院研究生院等79所高校和科研院所的170余名博士生就经济学和法学领域的最新研究成果进行了广泛交流。

同日　国家"友谊奖"颁奖仪式在人民大会堂隆重举行，清华大学经济管理学院美籍专家、美国艺术与科学院院士约翰·桑顿（John L. Thornton）教授获奖。国务院总理温家宝、副总理张德江等国家领导人接见了桑顿教授等50名本年度"友谊奖"获得者。约翰·桑顿，原任美国高盛公司总裁兼首席运营官，自2000年起担任清华大学经济管理学院顾问委员会委员，2003年正式受聘为清华大学客座教授。在清华大学开设《全球领导力》课程，邀请中国乃至全球企业界、学术界知名人士和政府领导人前来授课。国家"友谊奖"是中国政府授予来华外国专家的最高荣誉奖项，由国务院授权、国家外国专家局设立，旨在感谢和表彰外国专家在我国社会发展和经济、技术、教育、文化等建设事业以及人才培养中所作出的突出贡献。自1991年设立至今，已有来自58个国家的999名外国专家获奖。清华大学历年来共有包括理论计算机中心的姚期智教授、工业工程系的萨文迪（Gavriel Salvendy）教授等在内的6位外国专家获此殊荣。（清华大学文科建设处　刘金梅）

29日　北京奥运会、残奥会总结表彰大会在人民大会堂隆重举行。中共中央总书记、国家主席、中央军委主席胡锦涛在会上发表重要讲话。他指出，举办一届有特色、高水平的奥运会、残奥会，实现两个奥运同样精彩，这是中国人民对国际社会的郑重承诺。经过7年多不懈努力，我们终于取得北京奥运会、残奥会的巨大成功，广泛弘扬了团结、友谊、和平的奥林匹克精神，大力促进了世界各国人民的相互了解和友谊，让同一个世界、同一个梦想的口号响彻寰球。中国人民以坚忍不拔的执著和努力，实现了中华民族的百年期盼，完成了海内外中华儿女的共同心愿，履行了对国际社会的郑重承诺，赢得了国际社会高度评价，在现代奥林匹克运动史册上深深钤上了彤红的中国印。

10月

5日　中共中央政治局委员、国务委员刘延东出席中国人民大学复校30周年座谈会，并考察学校工作。她指出，要深入总结经验，进一步改革创新，提高质量，办出特色，多出人才，多出成果，努力建设以人文社会科学为强项的世界一流大学。刘延东指出，人文社会科学集中体现着国家和民族的思维能力、理论素养、精神状况和文明素质，是国家极其重要的软实力。人文社会科学和自然科学是“车之两轮，鸟之两翼”，在实施科教兴国和人才强国战略、建设创新型国家中具有同等重要的地位。面对新形势、新变化、新机遇和新挑战，迫切需要加强人文社会科学人才培养和学术研究。越是改革开放和现代化建设事业深入推进，越是综合国力竞争日益加剧，就越凸显出人文社会科学的重要地位和作用。

8日　中共中央、国务院、中央军委在人民大会堂隆重举行全国抗震救灾总结表彰大会，中共中央总书记、国家主席、中央军委主席胡锦涛在会上发表重要讲话。胡锦涛强调，在波澜壮阔的抗震救灾斗争中，我们用理想凝聚力量、用信念铸就坚强、用真情凝结关爱，大力培育和弘扬了万众一心、众志成城、不畏艰险、百折不挠，以人为本、尊重科学的伟大抗震救灾精神。伟大抗震救灾精神，是党和人民极为宝贵的精神财富。我们要在全党全社会大力弘扬伟大抗震救灾精神，使之转化为艰苦奋斗、重建家园的坚定意志，转化为推动经济社会又好又快发展的强大力量。

同日　中共中央政治局常委、全国政协主席贾庆林致信祝贺，中共中央政治局委员、国务委员刘延东出席成立大会并致辞，全国人大常委会副委员长路甬祥、全国政协副主席孙家正出席成立大会。中国生态文化协会是经国务院批准成立的全国性社会团体。协会的宗旨是弘扬生态文化，倡导绿色生活，共建生态文明。

12日　北京工商大学承办的“产业经济学导师论坛暨改革开放三十年回顾与展望”在北京华融大厦举行。本次论坛回顾了我国改革开放30周年的成就，分析了当前面临的国际国内经济形势，并探讨了我国产业可持续发展趋势以及产业经济的热点问题。参加论坛的有来自国家机关、高校的专家、学者，及企业界人士40多人。（北京工商大学科技处　王葳）

17日　清华大学人文与社会科学学院心理学系复系大会在主楼接待厅举行。校长顾秉林出席大会并致辞。顾秉林在致辞中表示，心理学系的复建既是对老清华心理学教育传统的追寻和继承，也是学校建设世界一流大学的发展需要。他希望心理学系的发展第一要选准方向，开展一流学术研究，使心理学科的发展，既要高水平，也要有特色；第二要以人为本，吸引世界一流人才；第三要开放办学，积极寻求外部支持，促进自身快速发展。国际著名心理学家、美国加州大学伯克利分校心理学系终身教授彭凯平出任清华大学心理学系复建后的首位系主任。复建后的清华心理学系规划于2009年面向全国招收本科生和研究生，文理兼招，理科生为主；同时在清华大学选拔和培养具有跨学科创新能力的本科生、硕士生和博士生。（清华大学文科建设处　刘金梅）

同日　北京大学医学人文研究院揭牌仪式举行。全国人大常委会副委员长、中国科协主席韩启德在揭牌仪式上强调：“现代医学技术在过去一个世纪的飞速发展给人类带来了福音，但它像脱缰的野马，速度与方向越来越难以驾驭，其原因就是医学与人文社会科学的脱离。”教育部社会科学司副司长张东刚、北京大学常务副校长柯杨等学者出席仪式并发言。数十位来自国际国内的有关专家还将在未来一周内在此举办中国高校医学人文社会科学发展论坛，教育部高等医药学校人文社科课程指导委员会第一次会议也同时开幕。（北京大学社会科学部　赵毓荷）

18日　庆祝中国人民公安大学建校60周年大会在北京举行。中共中央政治局常委、中央政法委书记周永康出席庆祝大会，并与公安大学师生代表座谈。周永康指出，当前，公安大学正站在一个新的历史起点上，要以建校60周年为契机，加快推动创建世界一流警校的步伐，铸就公安大学新辉煌。

21日　国家级动漫盛会［Aniwow！2008］第三届中国（北京）国际大学生动画节开幕式暨中国动画艺术陈列馆揭幕仪式在中国传媒大学隆重举行。国家广电总局副总编辑、宣传管理司司长金德龙，北京市委宣传部副部长陈冬，中国动画学会会长、中央电视台青少中心主任余培侠等领导及国内外的200余位动漫界专家学者应邀出席了开幕式。

本届中国国际大学生动画节将联合国内外动画学院及相关学科研究机构，推出白杨奖的评选、动画片展映、学术论坛、大师课程等重要活动，旨在促进原创、开阔视野、融合观念、加强合作、提升我国动画及相关学科理论研究水平，扩大我国动画教育教学的国际影响力，为国内外动画人才与创作团队提供展现才华、交流思想的国际舞台。（中国传媒大学科研处　程爱晶）

22日　首都师范大学与平谷区人民政府区域教

育合作项目启动仪式在平谷区教育培训中心举行。该项目是继首都师范大学与密云县、顺义区、延庆县人民政府开展区域教育合作，共同提升远郊区县基础教育质量，积极为远郊区县基础教育发展提供学术支持开展的又一大型社会服务项目。项目依据平谷区基础教育发展的需求及首都师范大学学科优势，以双方共同制定的《平谷区“干部、教师专业化水平提升”培训计划》为中心，将平谷区作为提升远郊区县基础教育质量的研究基地，为平谷区基础教育的发展提供人才和物质支持。（首都师范大学科研处　黄胤英）

23 日　中国政法大学中欧法学院成立。中共中央政治局常委、国务院副总理李克强与欧盟委员会主席巴罗佐共同出席了成立庆典并致辞。中国政法大学中欧法学院由中国政法大学、德国汉堡大学等 16 所中欧高等院校合作举办，主要培养中国法律硕士和欧洲法学硕士，开展学术研究，培训律师、法官和检察官。中国政法大学中欧法学院的成立，是中欧全面战略伙伴关系发展的重要成果，是中国举办、中欧合办、面向世界。（中国政法大学科研处供稿）

24 日　第七届亚欧首脑会议在北京人民大会堂隆重开幕。中国国家主席胡锦涛发表了题为《亚欧携手　合作共赢》的重要讲话。胡锦涛指出，近来，由美国次贷危机引发的金融危机对国际金融市场造成严重冲击，给世界各国经济发展和人民生活带来严重影响，引起了世界各国政府和人民的忧虑。面对这一全球性挑战，世界各国需加强政策协调、密切合作、共同应对。在此关键时刻，坚定信心比什么都重要。只有坚定信心、携手努力，我们才能共同渡过难关。

25 日　北京大学国家发展研究院揭幕仪式在北京大学中国经济研究中心隆重举行。国家发改委副主任张茅，教育部部长助理郭向远，世界银行副行长、首席经济学家、北京大学中国经济研究中心原主任林毅夫，北京大学校长许智宏，北京大学党委常务副书记吴志攀，北京大学副校长张国有，澳大利亚总理顾问、澳大利亚国立大学教授郜若素（Ross Garnaut）等四十多名中外嘉宾和百余名中国经济研究中心校友参加了揭幕仪式。北京大学国家发展研究院是在北京大学中国经济研究中心基础上新组建的一个以综合性社会科学研究为主的科研教学机构，致力于中国社会科学的国际化、规范化、本土化，推进学科体系、学术观点和研究方法的创新。北京大学中国经济研究中心将作为国家发展研究院的一个机构继续存在。（北京大学社会科学部　赵毓荷）

28 日　全国政协主席贾庆林在全国政协宴会厅设宴祝贺首都师范大学全国政协委员欧阳中石先生八十华诞。他感谢欧阳中石先生担任四届政协委员以来对政协工作的参与和支持，热烈赞扬欧阳中石先生的作品是全国政协的三大品牌之一。他说，欧阳先生有三点精神值得大学学习，第一，是对工作、对艺术精益求精的精神；第二，是甘做人梯的精神，培养了那么一大批人才；第三，是对全国政协工作热心参与、积极建言献策的精神。（首都师范大学科研处　黄胤英）

同日　奥组委物流部与北京工商大学联合举行奥运物流实习生工作总结会并赠匾旗。奥组委物流部向该校赠送了“同心同德，共育英才”的烫金匾额，感谢北京工商大学全体奥运物流实习生为奥运物流工作作出的突出贡献，感谢学校各级领导为奥运物流工作给予的支持、关心和帮助。（中国工商大学科技处　王葳）

同日　北京市社会科学院建院 30 周年庆祝大会在北京市社会科学院报告大厅隆重举行。中央政治局委员、市委书记刘淇出席大会并讲话。中国社会科学院常务副院长王伟光，市人大常委会主任杜德印，市政协主席阳安江，市委副书记、市委政法委书记王安顺，市委常委、宣传部部长、副市长蔡赴朝，市委常委、常务副市长吉林，市社科联主席满运来和市人大常委会秘书长唐龙等出席大会。市有关部门负责同志，外省市社科院院长联席会代表，北京社科院全体职工参加了庆祝大会。（北京市社会科学院科研处　朱庆华）

11月

1 日　第 21 期《求是》杂志，发表了中共中央政治局常委、国务院总理温家宝的重要文章《关于深入贯彻落实科学发展观的若干重大问题》。文章论述了 6 个问题：一、必须加强和改善宏观调控，促进经济长期又好又快发展；二、必须统筹城乡发展，坚持把解决好“三农”问题作为全党工作的重中之重；三、必须大力推进自主创新，加快经济结构战略性调整；四、必须坚持资源节约和环境保护的基本国策，增强可持续发展能力；五、必须坚持以人为本、执政为民，着力发展以改善民生为重点的社会事业；六、必须深化改革开放，构建有利于科学发展的体制机制。

5 日　国务院总理温家宝主持召开国务院常务会

议，研究部署进一步扩大内需促进经济平稳较快增长的十项措施：一是加快建设保障性安居工程。二是加快农村基础设施建设。三是加快铁路、公路和机场等重大基础设施建设。四是加快医疗卫生、文化教育事业发展。五是加强生态环境建设。六是加快自主创新和结构调整。七是加快地震灾区灾后重建各项工作。八是提高城乡居民收入。九是在全国所有地区、所有行业全面实施增值税转型改革，鼓励企业技术改造，减轻企业负担1200亿元。十是加大金融对经济的支持力度。初步匡算，实施上述工程建设。到2010年底约需投资4万亿元。为加快建设进度，会议决定，今年四季度先增加安排中央投资1000亿元，明年灾后重建基金提前安排200亿元，带动地方和社会投资，总规模达到4000亿元。

12日　中国教育学会、北京市教育系统关心下一代工作委员会、北京市哲学社会科学规划办公室、北京市教育学会和北京教育学院联合主办的“温寒江教育科研30年研讨会”在北京会议中心隆重举行。来自首都教育界的部分老领导和专家学者以及课题组代表150余人出席了会议。温寒江作了《教育科研30年概述》的发言。市教育学会副会长、北京教育学院院长李方回顾了温老在工作期间为首都基础教育和教师培训工作作出的贡献，他号召大家学习温老“敬业垂范，严谨治学，务本求实，锲而不舍的精神，不断提高教师教育工作的科学性。”陶西平在发言中指出：“温老已经80余岁高龄，但是，他仍在带领一批年轻的有志者进行不懈的求索，取得的成果受到多方面的关注。”特别是借助国内外关于脑科学研究的成果来进行教育的实验和研究的《开发右脑》那本书，它不是脑科学的研究，而是教育的实验研究，这场实验研究所取得的成果引起了各方面的关注。（北京市教育学会　李文鸾）

21日　北京市十三届人大常委会第七次会议审议修订了《北京市实施〈中华人民共和国义务教育法〉办法》。实施办法从本市实际出发，强调了市政府统筹教育资源配置、促进义务教育均衡发展的责任，明确了市和区县政府在居住区配套义务教育学校建设中的职责，充实了推进素质教育的内容，保障了外来务工人员子女接受义务教育的权利，规定了社会、家庭保障适龄儿童接受义务教育的义务，特别是针对汶川地震中暴露的校舍安全问题，提高了校舍建设的安全标准，为促进义务教育均衡发展，维护少年儿童接受义务教育的权利，提高全市义务教育发展水平，提供了法制保障。该办法自2009年3月1日起实施。（北京市人大常委会研究室　艾淑英）

25日　中共北京市委机关刊物《前线》杂志创刊50周年座谈会召开。市委书记刘淇发来贺信，祝愿《前线》杂志进一步办出特色、办出水平，成为党员干部群众理论学习的良师益友。市委常委、宣传部部长、副市长蔡赴朝出席会议并讲话。

他在讲话中要求，《前线》杂志要牢牢把握理论宣传的正确方向，坚持“从现实生活中提出问题，从思想理论上回答问题”的办刊宗旨。

26日　央行宣布降息1.08个百分点，这是10年来最大的单次利率调整幅度。同时宣布下调存款准备金。从2008年11月27日起下调金融机构一年期人民币存贷款基准率各1.08个百分点。下调中央银行再贷款、再贴现等利率。从2008年12月5日起，下调工商银行、农业银行、中国银行、建设银行、交通银行、邮政储蓄银行等大型存款类金融机构人民币存款准备金率1个百分点。下调中小型存款类金融机构人民币存款准备金率2个百分点。“调整力度之大，频率之快，为历史罕见。”此次银行宣布大幅下调“二率”，远远超过市场预期，此举直接作用，无疑是对企业、楼市、股市“利好”刺激，有助于百姓分享财富效应。

27—28日　北京市教育学会、朝阳区教委主办的“质量·特色·品牌—2008年全国中小学校长论坛”在北京昆泰嘉华酒店隆重召开。来自全国22个省、市、自治区的近70位中小学校长，北京市各区县干训院校领导及校长代表，朝阳区中小学校长代表，以及北京市教委、中央教科所、北京师范大学等各级领导与专家180余人出席了论坛，分别围绕着“质量·特色·品牌”的主题做了精彩的主题发言。北京市教科院原副院长文喆研究员、中央教科所原所长卓晴君研究员分别做主题报告。国家督学董奇教授对部分校长的发言作了点评。（北京市教育学会　李文鸾）

30日　由团中央组织部主办，中央团校承办的团中央“百千万”教育培训工程第35期团干部培训班在中国青年政治学院开班。培训班以“科学发展观与新时期共青团工作”为主题，来自全国69个地（市）的69名团地市委书记参加学习。（中国教育政治学院　曹骏）

12月

4日　第五次中美战略经济对话在北京钓鱼台国宾馆开幕。中国国家主席胡锦涛的特别代表、国务院副总理王岐山和美国总统布什的特别代表、财政部长保尔森共同主持对话。王岐山在致辞中表示，两年前，胡锦涛主席和布什总统高瞻远瞩共同倡导建立了中美战略经济对话机制。两年来，双方通过对话机制，加强沟通协调，战略互信不断加深，各领域合作不断扩大，取得了一大批互利共赢成果。能源和环境合作、产品质量和食品安全等领域合作更成为中美两国建设性合作的亮点，不少敏感和复杂问题得到了妥善解决。特别是在这次应对国际金融危机过程中，双方充分利用对话机制进行及时、充分、深入沟通，为两国加强政策协调、共同应对危机提供了重要平台。事实表明，中美战略经济对话机制的建立，是富有远见和卓有成效的。

同日　人文之光——2008·北京社会科学普及主题晚会在北京电视台成功录制。本台晚会由中共北京市委宣传部、北京市社会科学界联合会共同主办。人文之光主题晚会紧密围绕“以人为本、传承文明、构建和谐、科学发展”的主题，从人文视角深情回顾了改革开放30年，特别是自2001年申奥成功以来首都社会生活的沧桑巨变。为凸现人文社科的魅力与风采，本台晚会请社科专家做主角，以现场访谈为主线，具有较高的人文内涵，强调了感性、理性与艺术性的交融，通过文艺演出、纪录短片和社科专家现场访谈三种艺术形式的穿插互补，实现寓教于乐的科学普及目的。纪录短片从普通百姓的视角感性叙述时代变迁；社科专家则以理性思维解析时代特征、畅想未来；李健、苏曼、老狼等歌手的激情演绎将理性与感性自然地衔接，使得整合晚会浑然一体，成为2008年度社科联科学普及工作的压轴大戏。（北京市社科联科普部　李海荣）

6日　第二届钱端升法学研究成果奖颁奖大会在人民大会堂举行。第二届钱端升法学研究成果奖评奖于2008年3月12日启动，共评选出获奖成果41项，其中一等奖1项、二等奖9项、三等奖14项和提名奖17项。中国人民大学范愉凭借《非诉讼纠纷解决机制研究》（中国人民大学出版社2006年6月版）获得一等奖。全国人大常委会副委员长严隽琪为一等奖获得者颁奖。（中国政法大学科研处供稿）

同日　第二届中国法治论坛在中国政法大学昌平校区举行。中国政法大学副校长张桂琳主持论坛，吉林大学法学院教授姚建宗、中国社会科学院法学研究所所长李林、北京师范大学中国刑事法律研究院院长赵秉志、西南政法大学副校长付子堂、中国政法大学研究生院常务副院长李曙光出席了本次论坛，并分别做了简要学术报告。（中国政法大学科研处供稿）

10日　北京市社科联召开纪念成立25周年大会。社科联名誉主席王大明、顾问徐惟诚等老领导出席大会，会议由社科联主席满运来主持。市委宣传部副部长常卫出席并代表市委常委、宣传部长、副市长蔡赴朝讲话。社科联党组书记史秋秋作了《在探索中前进、在创新中发展》的工作汇报。大会授予北京市科社学会等24个学会“第五届先进学会”称号；授予北京国际城市发展研究院等2个民办社科研究机构“第一届优秀民办社科研究机构”称号；授予张革新等100名学会工作者“第五届优秀学会工作者”称号；对50项优秀社科学术活动进行了表彰。社科联名誉主席陶西平代表社科联老领导讲话；北京市科社学会会长闫志民代表112家学会、北京方迪经济发展研究院院长赵弘代表29家民办社科研究机构、中国人民大学教授黄泰岩代表首都哲学社会科学工作者作了大会发言。（北京市社科联大事记）

11日　中共中央在人民大会堂举行座谈会纪念刘少奇同志诞辰110周年。中共中央总书记、国家主席、中央军委主席胡锦涛发表重要讲话。他强调，改革开放历史新时期，在老一辈革命家带领党和人民建设社会主义的基础上，我们成功开辟了中国特色社会主义道路、形成了中国特色社会主义理论体系，中国特色社会主义焕发出更加蓬勃的活力，中华民族伟大复兴展现出更加广阔的前景。我们一定要全面贯彻党的十七大精神，高举中国特色社会主义伟大旗帜，以邓小平理论和“三个代表”重要思想为指导，深入贯彻落实科学发展观，为全面建设小康社会、实现中华民族伟大复兴而继续奋斗。

同日　郑和研究会在北京正式成立。郑和研究会是我国从事郑和研究的第一个全国性学会，旨在团结组织从事郑和下西洋学术研究的国内外人士进行学术交流，为实现中国和平发展战略、推动睦邻友好、弘扬中华民族精神、推动建设航运强国作出贡献。

15日　大陆海协会与台湾海基会11月4日签署的有关两岸海运直航、空运直航、直接通邮的三项协议正式生效并成为现实，这标志着两岸“三通”基本实现，也标志着两岸关系发展取得重大进展，站上了新的历史起点。

16日　中共中央政治局常委李长春到中国出版集团公司调研时强调，要深入学习实践科学发展观，进一步解放思想、转变观念，推动出版领域抓住机遇、深化改革、加快发展，努力培育跨领域跨地区跨国经营，具有国际竞争力和影响力的大型出版传媒集团公司，在推动社会主义文化大发展大繁荣中发挥主力军和主阵地作用。中国出版集团公司是经国务院批准成立的大型出版发行机构，旗下荟萃了商务印书馆、中华书局、三联书店、荣宝斋等一批国内一流的出版品牌，现有各类出版社29家、期刊44种、报纸3种以及80多家子公司、控股公司、参股公司。

同日　清华大学经济管理学院医疗健康管理研究中心签约成立仪式在经管楼248室举行。清华大学教育基金会副理事长杨家庆，经济管理学院院长钱颖一、党委副书记朱岩、高级管理培训（EDP）中心主任薛镭和江苏正大天晴药业股份有限公司总裁孙键等出席仪式。签约仪式后，与会代表召开研究中心理事会第一次会议，讨论研究中心章程，确立组织架构、管理队伍。理事会认命薛镭为研究中心主任，朱岩为研究中心常务副主任，医院管理专家周生来为专聘主任。经会议决定，钱颖一担任理事会主席。（清华大学文科建设处　刘金梅）

18日　纪念党的十一届三中全会召开30周年大会在北京人民大会堂隆重举行。中共中央总书记、国家主席、中央军委主席胡锦涛在会上发表重要讲话。他强调，实践充分证明，党的十一届三中全会以来我们党团结带领人民开辟的中国特色社会主义道路、形成的理论和路线方针政策是完全正确的。党的十一届三中全会的伟大意义和深远影响，已经、正在并将进一步在党和国家事业蓬勃发展的进程中充分显现出来。并进一步指出，我们的伟大目标是，到我们党成立100周年时建成惠及十几亿人口的更高水平的小康社会，到新中国成立100周年时基本实现现代化，建成富强民主文明和谐的社会主义现代化国家。只要我们不动摇、不懈怠、不折腾，坚定不移地推进改革开放，坚定不移地走中国特色的社会主义道路，就一定能够胜利实现这一宏伟蓝图和奋斗目标。

同日　据国家统计局发布的《2007年中国全面建设小康社会进程统计监测报告》，2007年我国小康社会的实现程度比上年提高了2.88个百分点，是2000年以来进展最快的一年。自2000年以来，中国全面建设小康社会进程逐步加快，实现程度从59.3%稳步提升到2007年的72.9%，平均每年增加1.95个百分点。按此发展趋势，到2020年我国完全可以实现全面建设小康社会的奋斗目标。根据这份报告，2007年小康程度提高首先体现在经济保持较快发展，第二体现在社会和谐程度逐步改善，第三体现在城乡居民生活质量实现程度为78.3%，第四体现在文化教育实现程度为67.3%，第五体现在资源环境实现程度为72.0%。

19日　北京市十三届人大常委会第八次会议审议通过了《北京市法律援助条件》。条件扩大了法律援助的事项范围，降低了法律援助的门槛，将法律援助的范围，由最低生活保障家庭放宽到低收入家庭，明确了政府在实施法律援助方面的责任，规范了法律援助活动和相关程序，对于保护经济困难群众的合法利益，促进社会和谐稳定，具有重要作用。该条例自2009年3月1日施行。（市人大常委研究室　艾淑英）

20日　纪念中国电视事业诞生暨中央电视台建台50周年大会在京举行。中共中央总书记、国家主席、中央军委主席胡锦涛发来贺信。贺信指出，中央电视台是党和国家的重要舆论阵地和文化阵地，是中国了解世界、世界了解中国的重要窗口。建台50年来特别是改革开放30年来，中央电视台紧紧围绕党和国家工作全局，牢牢把握正确舆论导向，积极宣传党的主张，充分反映人民心声，热情讴歌火热生活，及时传播国内外重要信息，为满足人民群众日益增长的精神文化需求、为推动党和国家事业发展发挥了不可替代的重要作用。

同日　以“后奥运时代旅游发展与对策”为主题的2008年第四届旅游研究北京论坛在北京林业大学举行。来自北京地区旅游管理学科领域的政府机构、高等院校、科研院所、实业界100多名专家学者参加论坛。本次论坛将在后奥运时代旅游效应、后奥运时代旅游产业发展，后奥运时代旅游管理学科构建三个方面安排业内专家进行主题报告。同时还特别安排研究生汇报板块，让专家学者与后辈们面对面共同深入研讨新问题。（北京林业大学科技处　张力）

22—23日　中国北方退耕还林工程建设与效益评价研讨会在北京召开。这次研讨会是由国家林业局退耕办主办的，中国林学会、中国水土保持学会、中国治沙暨沙业学会和北京林业大学协办，北京林业大学水土保持学院承办。这也是我国首次召开退耕还林工程领域的学术研讨会。国家林业局副局长李育材出席会议，并发生重要讲话。北京林业大学党委书记吴斌教授出席会议并发言。中国水土保护学会副理事长、北京林业大学朱金兆教授作为大会嘉宾发言。全国北方各省市自治区退耕还林管理部门负责人，退耕还林效益监测重点县有关部门负责人和技术骨干，10多所高校、科研院所、勘察设计院的专家学者共计130多人参加了会议。（北京林业

大学科技处　张力）

25 日　北京师范大学教育技术学科成立 30 周年暨教育技术学院成立 4 周年大会在英东学术会堂隆重召开。中国工程院院士、教育部高等教育司司长张尧学、该校副校长董奇等出席大会，全院师生和其他部门、院、系、所、研究中心、馆社及后勤单位的领导一起参加了这次庆祝大会。与会者在发言中回顾了改革开放 30 年来，教育技术学科取得的飞速发展，深情回顾了老一辈教育技术工作者为本学科的建立和大发展作出的卓越贡献。（北京师范大学社科处　吴慧涵）

26 日　由北京市社会科学院、北京出版社主办，北京马克思主义理论研究与传播基地承办的“北京市社会科学院纪念改革开放 30 周年理论研讨会暨《北京改革开放 30 年研究》丛书首发式”在京召开。中央文献研究室、中央党史研究室、北京市社会科学界联合会的领导和专家李捷、李忠杰、满运来出席座谈会并讲话。与会领导和专家对改革开放 30 年首都北京在政治、经济、文化、社会等方面所取得的成就进行了回顾和总结；对 6 卷本的《北京改革开放 30 年研究》丛书的编撰和出版给予了充分的肯定。大家一致认为，改革开放 30 年，是我国经济稳步快速发展、人民得到实惠最多的时期；是民主政治稳定健康发展、人民民主权利发挥最充分的时期；是社会主义文化大繁荣大发展、人民的精神生活最丰富的时期；是社会建设日益走向前台、人民更加关注公共事业、公益事业、社会走向更加和谐的时期。（北京市社会科学院科研处　朱庆华）

27 日　来自全国各地的数十位专家学者齐聚北京师范大学，纪念著名国学大师章太炎诞辰 140 周年，同时，中华书局也推出了由著名语言文字学家王宁整理的《章太炎〈说文解字〉授课笔记》，学界由此得见大师当年讲学之精妙。章太炎是清末民初的民主革命家、思想家和著名学者，其学贯中西，著述颇丰，研究领域涉及语言文字学、历史学、哲学、政治学等，是近现代中国首屈一指的国学大师，而其学术根底在于中国传统学术中的“小学”。完成革命和推广国学一直是他所毕生追求的双重理想。1908 年，他曾在日本为留学生开设讲座，并为鲁迅、钱玄同、朱希祖、许寿裳等人单独开设一班讲授《说文解字》。这批学生日后或成为新文化运动的主将、先锋，或成为弘扬国学的著名学者。

29 日　邓小平理论和“三个代表”重要思想研究中心与中共北京市委宣传部、北京日报社、前线杂志社、市社科院、市社科联、市社科规划办等单位联合举办首都理论界学习胡锦涛同志重要讲话、纪念改革开放 30 周年理论研讨会。中央文献研究室主任冷溶、中央政策研究室副主任郑新立出席，市委常委、宣传部长、副市长蔡赴朝讲话，市委宣传部副部长常卫主持，首都理论界 140 多位专家学者参加。研讨会上，郑新立、赵曜、黄枬森、刘牧雨、文魁、姚桓等专家作了专题发言，与会专家畅谈了学习胡锦涛总书记在纪念党的十一届三中全会召开 30 周年大会上发表的重要讲话的体会，交流了对改革开放 30 年的理论思考。会议还对“北京市第十届哲学社会科学优秀成果奖”获奖成果进行了表彰。此次研讨会在全市征文基础上举办，年初，研究中心与市委宣传部等有关单位联合开展“纪念改革开放 30 周年，贯彻落实科学发展观”主题征文活动，在全市范围内征集纪念改革开放 30 周年的论文。研究中心办公室共征集论文近 200 篇，组织专家评选出优秀论文 37 篇。（邓小平理论和“三个代表”重要思想研究中心　许星）

12 月　中共北京市委研究室社情民意课题组完成了总报告。本年度社情民意调查以深入学习实践科学发展观为主线，围绕全市中心工作，在城区、郊区开展了抽样问卷调查、电话调查、座谈和实地考察。调查报告内容涉及市民对个人工作生活状况的主观评价、对社会热点和重大事件的民意反映以及对市委市政府政策措施的评价建议等，并针对首都科学发展中存在的突出问题，提出了六点建议：进一步重视调查研究；进一步增强责任意识；进一步加大力度办实事；进一步提高决策能力；进一步提高决策执行力度和效果；着力解决涉及群众利益的特点难点问题。（中共北京市委研究室　刘翠兰）

·附　录[1]·

概述

本栏目记述三部分信息。《2008年北京市社会科学理论著作出版基金资助情况一览表》，包括2008年上半年，总第32批47部学术专著。2008年下半年，总第33批45部学术专著。每部专著的推荐单位、著作名称、申请人、出版社等内容；《北京地区普通高等学校2008年社会科学研究情况统计》，包括统计范围、指标解释、统计数据等内容；《北京地区社科研究单位（部分）2008年社会科学研究情况统计》，包括北京市社会科学院等4个单位2008年社会科学科研队伍统计情况。

2008年北京市社会科学理论著作出版基金资助情况一览表

2008年上半年　总第32批

编号	推荐单位	著作名称	申请人	出版社
1	北京大学	唐陵的布局：空间与秩序	沈睿文	北京大学出版社
2	北京师范大学	中国民间叙事文学的主题学研究	万建中 漆凌云	北京大学出版社
3	北京师范大学	义类与形类——汉语作为第二语言词汇教学研究	张和生	北京大学出版社
4	北京林业大学	语用和认知概论	孙　亚	北京大学出版社
5	中国政法大学	当代中国债权立法问题研究	柳经纬	北京大学出版社
6	北京大学	中国教育经费合理配置研究	睢国余 麻勇爱	北京大学出版社
7	北京大学	知识型生产组织的结构治理研究	姜万军	北京大学出版社
8	北京大学	“从心灵中来—但愿再次—回到心灵”——贝多芬《庄严弥撒》的创作特征、信仰内容和宗教文化背景	刘小龙	北京大学出版社

[1] 关于“附录”栏目暂缺《2008年北京地区人文社会科学博士论文目录》的说明：《北京社会科学年鉴》“附录”栏目自2001年卷始，收录了各年度的“北京地区人文社会科学博士论文目录”。目前，因原供稿单位相关政策的变化已不能提供有关资料，故该项内容暂缺。特此告知。

续表

编号	推荐单位	著作名称	申请人	出版社
9	北京大学	数字图书馆的知识组织系统——从理论到实践	王　军	北京大学出版社
10	中国人民大学	郭店竹简与思孟学派	梁　涛	中国人民大学出版社
11	中国政法大学	人文素质论	解战原	中国人民大学出版社
12	中国人民大学	和谐社会经济利益论	胡乃武 等4人	中国人民大学出版社
13	中国人民大学	劳动剩余与工资上涨条件下的工业化	丁守海	中国人民大学出版社
14	中国人民大学	汇率变化与中国产业结构调整研究	古克鉴 余　剑	中国人民大学出版社
15	中国人民大学	西方异端经济学研究	贾根良	中国人民大学出版社
16	中国人民大学	现代化案例：北京现代经济成长研究	贺耀敏 项志华	中国人民大学出版社
17	中央财经大学	过渡经济：历史、理论与现实	张维闵	中国人民大学出版社
18	中国政法大学	刑事证据规则实证研究	房保国	中国人民大学出版社
19	中国人民大学	中国企业可持续发展的自主创新能力研究	伊志宏 等8人	中国人民大学出版社
20	中国人民大学	新竞争环境下战略成本管理研究：基于价值链的视角	戴德明 何广涛	中国人民大学出版社
21	中国人民大学	房地产信贷资金配置效率研究	李　霞	中国人民大学出版社
22	中国人民大学	企业知识管理战略研究	霍国庆	中国人民大学出版社
23	中国人民大学	营销理论发展史	郭国庆	中国人民大学出版社
24	中国农业大学	文化的表达——人类学的视角与回顾	赵旭东	中国人民大学出版社
25	清华大学	复归科学实践——一种科学哲学新的反思	吴　彤 等15人	清华大学出版社
26	中央财经大学	北京中低收入阶层住房问题研究	季　雪	清华大学出版社
27	清华大学	生物安全立法研究	于文轩	清华大学出版社
28	清华大学	文化管理——对科学管理的超越	张　德 吴剑平	清华大学出版社
29	北京理工大学	创业型企业组织发育研究——中国私营企业的成长实践	刘平青	清华大学出版社
30	北京理工大学	收益管理理论与现实	李金林 冉　伦	清华大学出版社
31	首都师范大学	早商青铜器分期与区域类型研究	朱光华	首都师范大学出版社
32	首都师范大学	《四库全书》与十八世纪的中国知识分子	程晓华	首都师范大学出版社
33	首都师范大学	梁启超和中国现代文化思潮	易鑫鼎	首都师范大学出版社
34	首都师范大学	现代性理论与中国现当代文学研究转型	张志忠	首都师范大学出版社

续表

编号	推荐单位	著作名称	申请人	出版社
35	首都师范大学	民国初期中国画论争研究	于　洋	首都师范大学出版社
36	首都经贸大学	汇率冲击下的货币错配：理论模型、实证测度与政策选择	朱　超	首都经贸大学出版社
37	北京市社会科学院	北京地名研究	尹钧科 孙冬虎	北京燕山出版社
38	北京市社会科学院	气象服务的经济分析	吴向阳	北京燕山出版社
39	中央财经大学	中国金融体制改革30年的理性思考	江世银	京华出版社
40	北京师范大学	“镜”看北京：电影中的北京记忆与想象	蔡晓芳	京华出版社
41	中共北京市委研究室	国外大城市公共服务研究	王力丁	同心出版社
42	对外经济贸易大学	世界贸易组织保障措施成案研究	王　军 等3人	北京大学出版社
43	清华大学	民主、正义与全球化：哈贝马斯政治哲学研究	艾四林 等3人	北京大学出版社
44	清华大学	我国应急立法研究	戚建刚	北京大学出版社
45	北京师范大学	现代性语境下的价值与价值观	晏　辉	北京师范大学出版社
46	中共北京市委党校	20世纪五六十年代农村包产到户变迁问题研究	张海荣	北京出版社
47	中共北京市委组织部	党政领导干部选拔任用制度改革与完善研究	兰喜阳	同心出版社

2008年下半年　总第33批

编号	推荐单位	著作名称	申请人	出版社
1	北京大学	朝向真无限的思想自由	刘　哲	北京大学出版社
2	北京大学	中国一至十六世纪政治文化研究	陈苏镇	北京大学出版社
3	北京大学	宋辽金元城市发展研究	韩光辉	北京大学出版社
4	北京大学	南非史	郑家馨	北京大学出版社
5	中国人民大学	敦煌民间结社研究	孟宪实	北京大学出版社
6	北京大学	“里约”十年中国资源—经济—环境绿色核算	雷　明	北京大学出版社
7	北京大学	转型期中国城镇医疗保险体系中的政府与市场——角色定位与模式选择	锁凌燕	北京大学出版社
8	北京大学	叙事、文体与潜文本——重读英美经典短篇小说	申　丹	北京大学出版社
9	北京大学	苏联作家萧洛霍夫的传奇人生	李毓榛	北京大学出版社
10	北京大学	哥特小说：社会转型时期的矛盾文学	苏耕欣	北京大学出版社
11	北京大学	东坡词研究	郑　园	北京大学出版社
12	北京师范大学	中国古典小说回目研究	李小龙	北京大学出版社
13	北京师范大学	中国现代学引论——现代文学的文化维度	王一川	北京大学出版社

续表

编号	推荐单位	著作名称	申请人	出版社
14	清华大学	《淮南子》考论	马庆洲	北京大学出版社
15	首都师范大学	论中国现代“重写型”小说	祝宇红	北京大学出版社
16	北京第二外国语学院	中国文化精神的审美维度——宗白华美学简论	胡继华	北京大学出版社
17	北京邮电大学	理想人格的追寻——论批评家李长之	梁　刚	北京大学出版社
18	北京大学	普通话韵律词的实验研究	邓　丹	北京大学出版社
19	北京大学	财政转移支付法的理念与之制度	徐阳光	北京大学出版社
20	中央财经大学	城市治理的经济学分析	王志锋	北京大学出版社
21	北京大学	中国农村生殖健康卫生资源优化和转型实证调查报告——基层的声音	郑晓瑛	北京大学出版社
22	北京大学	中国图书馆学研究史稿（1949 年 10 月至 1979 年 12 月）	周文骏	北京大学出版社
23	中国人民大学	东亚地区的过渡外汇储备：原因与风险	王三兴	中国人民大学出版社
24	中国人民大学	崛起与超越——中国农村改革的过程及机理分析	孔祥智	中国人民大学出版社
25	北京市人大常委会	立法过程：制度选择的进路	王爱声	中国人民大学出版社
26	中国人民大学	重大突发事件的应对机制研究	董克用 王宏伟	中国人民大学出版社
27	北京物资学院	流通经济学概论	丁俊发	中国人民大学出版社
28	中国人民大学	北洋政府时期的新闻业及其现代化（1916—1928）	王润泽	中国人民大学出版社
29	中国人民大学	美国大众传播中的公共诽谤问题研究	张金玺	中国人民大学出版社
30	中国人民大学	新的伟大工程三十年	吴美华 等 5 人	中国人民大学出版社
31	北京大学	浮生取义：对华北某县自杀现象的文化解读	吴　飞	中国人民大学出版社
32	中国人民大学	人口转变与老年贫困	杨菊华	中国人民大学出版社
33	中国人民大学	我国城市社区治理结构研究	夏建中	中国人民大学出版社
34	中国人民大学	后乡土中国与新农村建设	陆益龙	中国人民大学出版社
35	中国人民大学	西方世界的衰落	高德步	中国人民大学出版社
36	首都师范大学	市场社会主义劳动产权理论研究	姜国权	首都师范大学出版社
37	中央财经大学	国际资本流动对世界经济体系的影响	张碧琼	清华大学出版社
38	北京师范大学	法老与学者：埃及学的历史	王海利	北京师范大学出版社
39	北京师范大学	中国法治政府建设的基本逻辑——跨国比较与制度设计	汪　波	北京师范大学出版社
40	北京林业大学	网络信息的意识形态功能	严　耕	北京出版社
41	北京外国语大学	汉语口语交际常用句式的语用研究	吴丽君	北京出版社

续表

编号	推荐单位	著作名称	申请人	出版社
42	北京联合大学	20世纪80年代以来美国公共基础教育改革研究——国家、市场与公民社会视角	段素菊	北京出版社
43	首都经济贸易大学	晚唐洛下文人群研究——以晚年白居易为中心	赵建梅	京华出版社
44	北京邮电大学	管制治理——中国电信产业实证研究	苑春荟	北京燕山出版社
45	中共北京市委党校	马克思主义战略思维理论研究	王建铨	北京出版社

（北京市社会科学理论著作出版基金办公室供稿）

北京地区普通高等学校2008年社会科学研究情况统计

主要指标解释

人文、社会科学活动人员情况表

（1）“人文、社会科学活动人员”：指高等院校职工中，在本年内从事大专以上人文社会科学教学、研究与咨询工作以及直接为教学、研究与咨询工作服务的教师和其他技术职务人员、辅助人员，按年末实有人数统计。

（2）“按职称划分”：根据《全国普通高等学校人文社会科学研究管理系统手册》附录8“教师和各类专业技术职称对应关系表”填报，具有大学本科毕业及以上学历，或具有技术员任职资格和大专、中专毕业学历而未评定任职资格的在编教师和其他技术职务人员，在“初级”栏填报。

（3）“其他”：指除研究生和本科生学历以外的人员，包括大专生（指大学专科毕业生，包括大学本科肄业生）、中专生（指中等专业学校毕业生，包括大专肄业生）。

（4）“其他人员”：指具有高中及以下学历未评定职称，从事与教学、科研活动的实施有关的工作人员，包括教学、科研秘书、办事员等一切为人文、社会科学活动提供直接服务的人员，不包括司机、医务人员、清洁工等。

人文、社会科学研究与发展人员情况表

（1）社科“研究与发展”：指为了增进知识、发现规律，解释、说明社会现象以及利用这些知识和规律去发展新的应用而进行的系统的创造性工作。

（2）本表的学科分类：指人文、社会科学研究与发展人员现从事研究的项目的学科领域。

（3）“全时人数”：指在本年度内从事人文社科研究（科研管理）工作时间占本人全部工作时间90%以上（即9个月以上，含9个月，超过9个月者只能按一个全时人数填报）的人员数。

（4）“非全时人数”：指在本年度内从事人文社科研究（科研管理）工作时间占本人全部工作时间10%—90%（即1—9个月，不含9个月）的人员数。

（5）“非全时折合全时人数”：指几个非全时人员从事人文社科研究（科研管理）工作时间的百分比相加达100%（10个月），即折合一个全时人数。

人文、社会科学研究与发展经费情况表

（1）科研活动经费：指本年度由各级政府部门下拨的用于科研活动的经费。

（2）教育部科研项目经费：指由教育部批准设立的人文社科规划及专项研究项目。包括：哲学社会科学重大攻关项目、教育部人文社会科学重点研究基地重大项目、后期资助项目、一般项目、青年项目、专项任务、委托项目等。

（3）教育部其他科研经费：指教育部下拨的除科研项目经费以外的用于人文社会科学研究活动的经费。如：985社科创新基地建设经费等。

（4）中央其他部门科研项目经费：指教育部以外中央（国务院）各部门下拨的各专项科研经费。如：全国社科基金项目经费、国家自然科学基金项目经费、高校古籍整理研究项目、国侨办项目、司法部项目等。

（5）省、市、自治区社科基金项目：指省、自治区、直辖市社科规划办下拨的社科基金项目经费，以及省、市、自治区党委、政府下拨的专项科研经费。

（6）省教育厅科研项目经费：指由各省教育厅立项的人文社会科学项目经费。

（7）省教育厅其他科研经费：指由各省教育厅下拨的除科研项目经费外用于人文社会科学科研活动的经费。

（8）其他各类地方政府经费：指由各地、市、厅、局立项下拨的人文社会科学项目经费。

（9）“科研人员工资”：指学校上级主管部门按预算下达的工资总额中用于科研活动人员的部分。

（10）“科研基建费”：指各级政府部门下拨的用于科研的基建专项经费。

（11）“企、事业单位委托项目经费”：指学校从校外企、事业单位获得的人文、社会科学研究与发展活动项目经费。

（12）“金融机构贷款”：指在报告期内从金融机构获得的用于科研活动的各种贷款。

（13）“国外资金”：指从中国境外的各种组织、机构、企业、大学等获得的用于科研活动的经费。包括合作研究、捐赠等。统计时，按当时国家外汇兑换率折合成人民币填报。

（14）“自筹经费”：指学校从自有资金或其他收入中提取并转用于社科研究与发展的经费。

（15）“其他收入”：指难以计入上述各栏的其他社科研究与发展经费。

（16）“港、澳、台地区资金”：指从港澳台地区获得的合作研究、捐赠等科研经费，如霍英东基金等。统计时，按当时国家外汇兑换率折合成人民币填报。

（17）“转拨给外单位经费”：指学校委托外单位或与外单位合作进行社科研究与发展活动而拨付给对方的经费。

（18）“科研人员费”：指学校当年以货币和实物形式直接和间接付给从事人文、社会科学研究与发展活动人员的劳动报酬及各种费用。包括各种形式的工资（补助工资）、补贴、奖金、酬金、福利、离退休人员费用等。

（19）“科研基建费”：指在报告期内本进行科研活动而进行的基建、改扩建、装修等项目的实际支出。

（20）“业务费”：指学校从事人文、社会科学研究与发展活动的全部实际消耗性支出，如原材料费、水电费、差旅费、计算机机时费、资料印刷费、学术会议费等。

（21）“仪器设备费”：指人文、社会科学研究项目经费中用于购买仪器设备的经费。

（22）“图书资料费”：指人文、社会科学研究项目经费中用于购买图书资料的经费。

（23）“管理费”：指学校从人文、社会科学研究项目经费中提取的不再直接用于该项目的经费。

（24）“其他支出”：指业务费、仪器设备费、图书资料费、管理费以外的一切其他支出。

（25）“暂付款”：指款额已经拨出，但尚未核销冲账的经费。

人文、社会科学研究课题情况表（一）

（1）基础研究：指为获得关于现象和可观察事实的基本原理及新知识而进行的实验性和理论性工作，它不以任何专门或特定的应用或使用为目的。

（2）应用研究：指为获得新知识而进行的创造性的研究，它主要是针对某一特定的实际目的或目标。

（3）实验与发展：在社会科学领域，指把通过基础研究、应用研究所获得的知识转变成可以实施的计划

（包括为进行检验和评估实施示范项目）的过程。

人文、社会科学研究课题情况表（二）

（1）“国家社科基金项目”：指全国哲学社会科学规划领导小组批准的哲学社会科学重大项目和社会科学基金年度项目（包括青年基金项目）。

（2）“国家社科基金单列学科项目”：指全国教育、艺术、军事科学规划领导小组批准的国家级项目。

（3）“教育部人文社科研究项目”：指教育部批准下达的人文社科研究项目，包括教育部哲学社会科学重大攻关项目、教育部人文社会科学重点研究基地项目、一般项目、青年项目、专项任务等。

（4）“高校古籍整理研究项目”：指教育部高校古籍整理委员会批准和备案的高校古籍整理研究项目。

（5）“国家自然科学基金项目”：指国家自然科学基金批准的各类项目。

（6）“中央其他部门社科专门项目”：指中央、国务院各部门（教育部除外）批准的各种社科研究项目。

（7）“省、市、自治区社科基金项目”：指省、自治区、直辖市社科规划办下拨的社科基金项目经费，以及省、市、自治区党委、政府下拨的专项科研经费。

（8）“省教育厅社科项目”：指省教育厅批准的社科研究项目。

（9）“地、市、厅、局等政府部门项目”：指由地、市、厅、局等政府部门批准的各种社科研究项目。

（10）“国际合作研究项目”：指我国高校与他国高校、政府、基金会之间共同承担的人文、社会科学研究项目（包括互派专家、学者到对方参加研究的项目）。统计时，经费按国家当时外汇兑换率折合成人民币填报。

（11）“与港、澳、台合作研究项目”：指大陆高校与港、澳、台地区高校、基金会之间共同承担的研究项目（包括互派专家、学者到对方参加研究的项目）。教育部管理的霍英东基金项目在此栏统计。统计时，经费按国家当时外汇兑换率折合成人民币填报。

（12）“企、事业单位委托项目”：指学校从校外企、事业单位获得的人文、社会科学研究项目。

（13）“学校社科项目”：指学校批准的人文、社会科学研究项目。

（14）“外资项目”：指海外独立资助的人文、社会科学研究项目。统计时，经费按国家当时外汇兑换率折合成人民币填报。

（15）“其他项目”：指难以计入上述各栏的其他人文、社会科学研究项目。

（16）“当年新开课题”：指本年度内批准立项的人文、社会科学研究课题。

（17）“当年完成课题”：指本年度内完成的人文、社会科学研究课题。

（18）“当年立项项目拨入经费”：指本年度内批准立项的人文、社会科学研究课题划拨到校的科研经费。

（19）“当年新开课题批准经费”：指本年度内批准立项的人文、社会科学研究课题的批准或合同约定经费。

人文、社会科学研究成果情况表（一）

（1）本表统计本年度人文、社科研究成果情况，包括立项和非立项研究成果。所有研究成果均由第一署名者单位（以成果的版权页为准）填报。

（2）“出版著作”：指有国标书号（ISBN），由正式出版部门出版的公开或内部发行的出版物，不包括只有内部准印证的出版物。

（3）“译著”、“译文”：只包括外文译成中文的著作和文章。

（4）“国内学术刊物”：指由国务院或地方政府新闻出版管理部门批准公开发行的学术刊物。正式出版的学术会议论文集中的论文，在国内公开发行栏（L12）填报，但应符合本说明（2）关于“出版物”的规定。

（5）“国内外公开发行”：指在具有 ISSN 刊号的刊物上发表的论文。

（6）“国内公开发行”：指在具有 CN 刊号的刊物上发表的论文。

（7）“国外学术刊物”：指国外单位主办、国际上公开发行的学术刊物和各种国际学术会议论文集；港澳台刊物指在港澳台地区的单位主办和公开发行的学术刊物。

（8）“国家级奖”：指以中央（国务院）名义颁发的社科或科技优秀成果奖，如国家科技进步奖等。

（9）“部级奖”：指以中央（国务院）各部委名义颁发的社科优秀成果奖，如教育部人文社会科学研究优秀成果奖、全国哲学社会科学规划办的社科优秀成果奖、国家教育科学优秀成果奖等。全国性的各类基金奖经认定后可视为相当于部级奖，已经过认定的奖项有：霍英东基金奖，安子介国际贸易研究奖，孙冶方研究基金会、吴玉章研究基金会、陶行知研究基金会、钱端升基金会颁发的社科优秀成果奖。

（10）“省级奖”：省、自治区、直辖市政府名义颁发的社科优秀成果奖，包括省社科联的优秀成果奖。

（11）“成果应用”：指人文、社科研究成果应用情况。

（12）“提交有关部门数”：指正式提交有关部门的调查报告、研究报告、咨询报告等研究成果数。“被采纳数”是指上述成果中具有采用单位证明材料的。

（13）“电子出版物”：照新闻出版总署的规定，电子出版物是指以数字代码方式将图文声像等信息编辑加工存储在磁、光、电介质上，通过计算机或者具有类似功能的设备读取使用，用以表达思想、普及知识和积累文化，并可复制发行的大众传播媒体。

人文、社会科学研究成果情况表（二）

本表统计本年度列入学校社科计划课题的研究成果情况，均由第一署名者单位（以成果的版权页为准）填报。

人文、社会科学学术交流情况表

（1）“校办学术会议”指由学校举办的全国性、地区性学术会议，国际学术会议和与港、澳、台地区的学术会议。

（2）“国际学术会议”：指有两个及以上国家的人文、社会科学专家学者参加的学术会议。

（3）“国内学术会议”：指在国内举行，且只有本国专家学者参加的学术会议。

（4）“与港澳台地区的学术会议”：包括在大陆或港澳台地区举行，有港澳台地区专家学者参加的学术会议。

（5）“受聘讲学”：指社科教学与研究人员受对方聘请，传播科学研究与应用发展的新理论、新方法等信息的学术性讲学，包括受聘作学术报告和担任研究生导师。不包括以培训大学专科生、本科生为目的的受聘讲学教师。

（6）“社科考察”：指中外、大陆同港澳台地区社科教学与研究人员或科研管理人员所进行的以了解对方学术动态、科研计划与管理为目的的交流活动。包括与国外或港澳台地区对应的研究所或大学直接挂钩、互派访问学者的交流活动。“进修学习”：指社科教学与研究人员或科研管理人员所进行的人文、社会科学与社科管理方面的学习。

（7）“合作研究”：指高校与海内外高校或其他研究单位间共同承担的研究项目；包括互派专家学者到对方参加研究的项目。

表一

北京地区普通高等学校人文、社会科学研究统计数据(2008年度)

序号	学校名称	人文社会科学活动人员	研究与发展人员		研究与发展经费(百元)			研究与发展课题				研究与发展成果						获奖成果	
												出版著作		发表论文		应用成果			
			合计	折合全时人员	当年收入	其中:政府拨款	当年内部支出	课题数	当年投入人数	当年投入经费(百元)	当年支出经费(百元)	合计	其中:专著	合计	其中:国外刊物发表	提交有关部门	被采纳数	合计	其中:国家级、省部级
合计		27771	13147	4669.1	9,750,484.04	5,242,886.31	8,975,853.19	16570	7581.0	7,087,351.85	5,699,246.96	5003	2048	31178	1106	1196	312	199	199
1	北京大学	1553	763	432.0	1,499,244.60	688,026.20	1,225,216.10	1825	1608.0	1,023,954.00	855,887.00	465	203	2586	175	83	58	32	32
2	中国人民大学	1687	1039	340.6	1,057,969.00	321,483.00	950,810.63	1608	519.4	1,016,845.00	912,565.00	524	236	4681	44	353	94	32	32
3	清华大学	1191	980	341.8	1,492,864.56	778,173.44	1,236,843.36	1310	461.2	1,288,694.56	811,275.39	284	125	1834	191	64	58	12	12
4	北京交通大学	506	201	106.8	294,201.67	142,196.67	271,660.22	430	150.9	256,045.39	113,758.45	56	16	226	6	7	7	2	2
5	北京工业大学	575	455	105.6	200,804.76	144,236.68	218,823.42	446	186.6	121,884.76	134,133.32	69	22	486	3	7	5	1	1
6	北京航空航天大学	394	136	34.2	81,903.82	52,257.82	22,824.89	170	34.1	73,778.19	21,674.26	28	27	272	1	1	1	0	0
7	北京理工大学	490	212	83.0	129,123.88	92,465.17	123,489.24	150	245.1	112,133.38	106,353.54	41	11	711	105	38	10	1	1
8	北京科技大学	203	108	77.6	68,163.46	34,150.00	54,649.54	96	77.6	54,763.46	46,099.54	40	7	140	11	26	0	0	0
9	北方工业大学	236	54	37.0	20,357.00	12,641.00	19,138.00	50	46.0	14,437.00	13,218.00	34	10	313	15	0	0	1	1
10	北京化工大学	314	69	24.5	38,638.00	14,960.00	36,522.19	81	28.3	28,118.00	26,002.19	44	1	192	5	0	0	0	0
11	北京工商大学	520	313	87.0	46,310.00	22,516.00	41,413.00	185	126.4	32,160.00	23,995.00	125	40	703	9	0	0	3	3
12	北京服装学院	325	99	19.3	115,976.51	42,458.00	111,607.64	129	19.2	112,888.51	108,519.64	25	5	120	0	3	0	0	0
13	北京邮电大学	272	138	30.7	34,542.00	17,852.00	31,934.87	65	39.8	29,890.00	27,282.87	34	17	137	2	4	0	0	0
14	北京印刷学院	306	154	48.0	57,065.00	46,712.00	45,887.30	123	50.4	17,953.00	13,131.08	32	7	278	2	0	0	1	1
15	北京建筑工程学院	153	77	18.9	13,706.00	11,234.00	9,571.50	50	19.2	8,830.00	4,695.50	26	6	221	2	0	0	1	1
16	北京石油化工学院	234	140	52.6	38,566.00	22,979.00	35,140.70	64	62.1	18,572.00	15,146.70	10	5	108	0	0	0	0	0
17	北京电子科技学院	42	0	0.0	0	0	94	0	0.0	0.00	0.00	1	0	13	0	0	0	0	0
18	中国农业大学	426	423	104.2	291,334.45	138,000.16	206,408.82	647	326.6	273,620.45	220,091.28	69	46	338	16	4	0	4	4

续表

序号	学校名称	人文社会科学活动人员	研究与发展人员		研究与发展经费（百元）			研究与发展课题				研究与发展成果						获奖成果	
			合计	折合全时人员	当年收入	其中：政府拨款	当年内部支出	课题数	当年投入人数	当年投入经费（百元）	当年支出经费（百元）	出版著作 合计	出版著作 其中：专著	发表论文 合计	发表论文 其中：国外刊物发表	应用成果 提交有关部门	应用成果 被采纳数	合计	其中：国家级、省部级
19	北京农学院	167	71	32.5	28,166.26	12,676.26	30,765.61	98	32.9	19,043.00	10,752.00	44	0	180	0	22	0	0	0
20	北京林业大学	382	174	50.0	50,869.89	39,590.00	39,404.55	128	168.6	42,869.89	30,064.55	39	14	264	2	1	0	0	0
21	首都医科大学	241	238	66.2	64,598.89	26,124.11	47,804.35	170	70.3	53,231.78	36,953.24	35	3	174	4	24	22	0	0
22	北京中医药大学	160	49	11.0	3,810.00	2,700.00	3,810.00	29	11.0	720.00	720.00	0	0	17	2	1	1	0	0
23	北京师范大学	976	493	203.8	625,407.47	166,739.30	793,501.32	1053	239.9	592,895.47	804,756.83	384	157	2862	119	41	1	26	26
24	首都师范大学	845	587	166.8	168,465.71	157,884.12	231,289.51	452	213.2	93,697.41	76,832.22	100	44	822	6	5	3	12	12
25	首都体育学院	265	198	60.1	43,584.00	34,364.00	41,949.00	134	63.1	35,559.00	20,356.00	41	7	245	2	5	0	1	1
26	北京外国语大学	818	107	44.3	35,400.00	30,970.00	28,064.00	199	44.7	18,275.00	10,022.00	183	38	754	68	0	0	1	1
27	北京第二外国语学院	649	460	100.0	108,346.21	77,372.65	107,290.55	261	106.1	85,059.14	82,607.46	77	28	527	12	0	0	0	0
28	北京语言大学	721	307	102.0	278,480.10	143,100.00	230,037.71	265	138.9	52,998.10	36,483.71	119	30	487	25	6	2	2	2
29	中国传媒大学	1230	377	174.2	108,863.89	53,166.90	90,678.19	746	212.9	74,023.89	55,872.38	135	45	789	14	25	20	6	6
30	中央财经大学	771	412	97.4	210,070.40	63,375.93	252,308.25	715	108.4	193,793.47	135,511.87	320	111	2000	59	0	0	8	8
31	对外经济贸易大学	779	122	42.3	241,988.68	165,858.68	161,361.00	204	53.9	124,880.68	63,981.90	202	59	900	43	50	0	7	7
32	北京物资学院	483	70	24.1	227,833.62	202,106.62	152,504.78	134	24.1	27,823.18	18,520.00	39	18	379	7	0	0	0	0
33	首都经济贸易大学	806	507	231.8	197,536.08	166,237.08	182,554.79	441	276.2	79,061.55	78,956.22	135	44	897	7	22	0	10	10
34	外交学院	253	130	40.0	51,318.00	37,428.00	62,982.00	48	54.0	43,540.00	27,140.00	48	18	292	4	39	0	2	2
35	中国人民公安大学	469	155	25.4	26,140.00	19,760.00	30,713.58	297	25.8	22,450.00	19,856.58	49	26	412	4	64	0	1	1
36	国际关系学院	180	48	17.5	14,466.80	12,576.80	7,926.41	46	18.2	10,040.00	1,060.01	35	2	110	1	0	0	2	2
37	北京体育大学	633	225	134.9	260,660.00	251,160.00	258,336.20	160	167.7	122,160.00	119,285.00	39	0	254	4	0	0	2	2

续表

序号	学校名称	人文社会科学活动人员	研究与发展人员		研究与发展经费(百元)			研究与发展课题				研究与发展成果						获奖成果	
												出版著作		发表论文		应用成果			
			合计	折合全时人员	当年收入	其中：政府拨款	当年内部支出	课题数	当年投入人数	当年投入经费(百元)	当年支出经费(百元)	合计	其中：专著	合计	其中：国外刊物发表	提交有关部门	被采纳数	合计	其中：国家级、省部级
38	中央音乐学院	321	86	39.0	16,830.00	12,230.00	62,580.00	111	39.0	8,342.00	35,044.00	29	14	53	3	0	0	0	0
39	中国音乐学院	284	76	15.4	50,673.18	48,173.18	59,802.56	91	15.6	6,075.18	4,520.38	8	7	145	5	0	0	1	1
40	中央美术学院	368	60	50.0	81,420.34	65,340.45	82,806.76	109	66.0	68,740.34	69,872.89	102	99	207	1	0	0	0	0
41	中央戏剧学院	248	24	9、1	2,147.11	1,907.11	13,045.76	33	9.1	740.00	12,805.76	5	4	95	0	0	0	0	0
42	中国戏曲学院	251	60	30.0	13,219.71	13,019.71	13,947.00	18	37.0	4,400.00	3,200.00	18	10	101	0	0	0	0	0
43	北京电影学院	379	194	89.4	43,373.32	39,353.32	53,754.56	257	267.9	28,417.00	38,798.26	49	24	89	0	2	0	1	1
44	北京舞蹈学院	289	11	4.1	179,320.00	179,320.00	179,613.00	9	4.1	2,900.00	3,193.00	3	1	26	0	27	27	0	0
45	中央民族大学	835	539	206.9	158,955.00	96,860.00	162,817.00	729	281.0	116,368.00	86,659.00	250	201	813	24	0	0	11	11
46	中国政法大学	1050	588	178.2	333,873.04	113,094.00	375,583.50	688	201.5	278,679.04	103,188.39	258	118	909	44	210	0	13	13
47	华北电力大学	553	47	19.6	14,620.00	13,420.00	9,441.00	172	19.6	10,700.00	1,879.00	10	6	330	1	0	0	0	0
48	北京信息科技大学	476	167	63.8	37,764.50	25,957.20	22,366.65	143	133.5	25,064.50	9,666.65	10	7	218	1	0	0	1	1
49	中华女子学院	150	105	23.2	13,998.28	6,241.00	12,110.99	118	24.3	11,467.28	9,815.35	38	10	221	4	1	0	0	0
50	中国矿业大学(北京)	120	27	13.7	18,206.00	6,946.00	29,301.94	39	35.7	16,151.00	28,476.94	12	6	161	22	8	0	0	0
51	中国石油大学(北京)	215	92	38.1	70,498.20	30,905.00	44,741.30	44	63.0	64,783.20	52,709.70	19	6	258	14	4	0	0	0
52	中国地质大学(北京)	182	106	27.9	42,541.10	16,959.00	34,396.20	67	44.2	38,541.10	30,496.20	46	19	280	5	0	0	0	0
53	北京联合大学	897	361	134.4	252,998.87	176,476.70	243,484.77	263	144.4	83,653.87	66,142.67	96	40	699	3	45	0	0	0
54	中国青年政治学院	396	121	47.4	71,744.55	40,653.92	54,012.01	402	51.7	54,697.35	36,964.81	52	31	386	3	0	0	2	2
55	北京青年政治学院	233	232	58.3	45,993.13	43,643.13	48,301.01	84	59.8	25,971.73	13,560.27	21	2	148	0	2	1	0	0
56	中国劳动关系学院	269	160	52.5	75,531.00	66,855.00	78,429.96	184	52.8	64,971.00	8,692.96	46	15	315	6	2	2	0	0

表二

人文、社会科学活动人员情况表

		编号	总计		按职称划分						按最后学历划分			其他人员	按最后学位划分	
				女性	小计	教授	副教授	讲师	助教	初级	研究生	本科生	其他		博士	硕士
			L1	L2	L3	L4	L5	L6	L7	L8	L9	L10	L11	L12	L13	L14
合　计		1	27771	14790	27613	4641	8580	11347	2139	906	17579	8349	1685	158	7019	10197
按现从事学科划分	管理学	2	4364	2198	4329	693	1314	1809	334	179	2660	1294	375	35	1216	1404
	马克思主义	3	674	350	673	142	262	231	24	14	488	173	12	1	168	324
	哲学	4	643	230	641	179	247	187	19	9	510	122	9	2	278	218
	逻辑学	5	31	14	31	13	13	5	0	0	28	3	0	0	18	10
	宗教学	6	36	6	36	17	12	7	0	0	31	5	0	0	15	14
	语言学	7	4693	3453	4682	440	1437	2225	474	106	3251	1345	86	11	579	2583
	中国文学	8	844	425	841	203	336	266	25	11	645	181	15	3	359	246
	外国文学	9	564	368	564	117	145	229	53	20	480	82	2	0	173	282
	艺术学	10	3365	1500	3343	590	820	1353	439	141	1768	1358	217	22	349	1376
	历史学	11	542	188	542	195	176	156	7	8	455	81	6	0	282	146
	考古学	12	75	19	75	28	28	19	0	0	66	9	0	0	44	22
	经济学	13	2813	1458	2799	641	1024	1005	94	35	2246	492	61	14	1255	933
	政治学	14	534	183	533	160	173	165	23	12	422	98	13	1	245	173
	法学	15	1920	862	1916	432	656	712	84	32	1527	349	40	4	822	707
	社会学	16	541	263	539	135	170	199	24	11	419	105	15	2	237	171
	民族学	17	63	28	63	28	12	20	2	1	46	15	2	0	25	21
	新闻学与传播学	18	629	340	629	109	179	275	34	32	475	127	27	0	195	270
	图书、情报、文献学	19	1961	1306	1911	100	406	1082	148	175	402	871	638	50	67	351
	教育学	20	1077	607	1073	147	314	499	79	34	683	338	52	4	293	366
	统计学	21	175	105	174	24	59	77	6	8	111	48	15	1	46	67
	心理学	22	299	175	299	62	101	119	12	5	266	30	3	0	163	76
	体育学	23	1928	712	1920	186	696	707	258	73	600	1223	97	8	190	437

续表

			总计		按职称划分					按最后学历划分			其他人员	按最后学位划分	
				女性	小计	教授	副教授	讲师	助教	初级	研究生	本科生	其他		博士	硕士
		编号	L1	L2	L3	L4	L5	L6	L7	L8	L9	L10	L11	L12	L13	L14
按年龄划分	61 岁及以上	24	599	157	597	491	78	24	3	1	211	337	49	2	51	120
	56 岁—60 岁	25	1368	413	1355	596	509	212	24	14	503	663	189	13	165	301
	51 岁—55 岁	26	3341	1459	3308	1306	1168	693	72	69	1376	1412	520	33	635	680
	46 岁—50 岁	27	3232	1564	3200	956	1282	786	102	74	1538	1260	402	32	700	775
	41 岁—45 岁	28	5547	3003	5511	1061	2801	1493	94	62	3465	1785	261	36	1584	1808
	36 岁—40 岁	29	5125	2841	5111	196	1995	2684	173	63	3793	1169	149	14	1696	2119
	31 岁—35 岁	30	4891	2998	4879	24	678	3599	465	113	3947	857	75	12	1550	2362
	30 岁及以下	31	3668	2355	3652	11	69	1856	1206	510	2746	866	40	16	638	2032

表三

人文、社会科学研究与发展人员情况表

		合计			管理学			马克思主义			哲学			逻辑学			宗教学		
		全时人数	非全时人数	非全时折合全时人数	全时人数	非全时人数	非全时折合全时人数	全时人数	非全时人数	非全时折合全时人数	全时人数	非全时人数	非全时折合全时人数	全时人数	非全时人数	非全时折合全时人数	全时人数	非全时人数	非全时折合全时人数
	编号	L1	L2	L3	L4	L5	L6	L7	L8	L9	L10	L11	L12	L13	L14	L15	L16	L17	L18
合计	1	892	12255	3777. 10	181	2615	793. 7	14	335	84. 1	23	309	94. 9	1	19	4. 5	4	45	11. 7
教授	2	397	3435	1162. 10	82	705	223. 9	9	94	27. 6	12	108	36. 0	1	11	2. 0	1	13	4. 8
副教授	3	278	4293	1338. 3	55	887	265. 5	3	107	29. 1	9	125	37. 9	0	4	1. 2	2	13	3. 2
讲师	4	188	3836	1096. 3	41	853	259. 3	2	116	24. 5	2	73	20. 3	0	4	1. 3	1	14	2. 8
助教	5	20	454	118. 40	3	113	31. 3	0	14	2. 1	0	3	0. 7	0	0	0. 0	0	3	0. 6
初级	6	4	165	44. 7	0	38	8. 7	0	4	0. 8	0	0	0. 0	0	0	0. 0	0	2	0. 3
其他人员	7	5	72	17. 3	0	19	5. 0	0	0	0. 0	0	0	0. 0	0	0	0. 0	0	0	0. 0

		语言学			中国文学			外国文学			艺术学			历史学			考古学		
		全时人数	非全时人数	非全时折合全时人数	全时人数	非全时人数	非全时折合全时人数	全时人数	非全时人数	非全时折合全时人数	全时人数	非全时人数	非全时折合全时人数	全时人数	非全时人数	非全时折合全时人数	全时人数	非全时人数	非全时折合全时人数
	编号	L19	L20	L21	L22	L23	L24	L25	L26	L27	L28	L29	L30	L31	L32	L33	L34	L35	L36
合计	1	42	1009	293. 8	14	278	100. 4	16	173	52. 4	100	891	320. 9	16	285	92. 6	6	22	8. 1
教授	2	16	221	70. 4	7	96	44. 5	6	66	21. 6	45	297	109. 8	9	117	44. 1	3	12	4. 0
副教授	3	15	367	114. 9	4	97	34. 3	6	47	16. 4	30	276	105. 3	5	93	26. 8	3	7	2. 7
讲师	4	9	347	87. 6	3	75	18. 9	4	58	13. 9	21	251	85. 8	2	66	19. 4	0	3	1. 4
助教	5	1	49	13. 9	0	9	2. 5	0	2	0. 5	2	60	18. 1	0	7	1. 4	0	0	0. 0
初级	6	0	16	4. 7	0	1	0. 2	0	0	0. 0	2	6	1. 8	0	2	0. 9	0	0	0. 0
其他人员	7	1	9	2. 3	0	0	0. 0	0	0	0. 0	0	1	0. 1	0	0	0. 0	0	0	0. 0

续表

		经济学			政治学			法学			社会学			民族学			新闻学与传播学		
		全时人数	非全时人数	非全时折合全时人数	全时人数	非全时人数	非全时折合全时人数	全时人数	非全时人数	非全时折合全时人数	全时人数	非全时人数	非全时折合全时人数	全时人数	非全时人数	非全时折合全时人数	全时人数	非全时人数	非全时折合全时人数
	编号	L37	L38	L39	L40	L41	L42	L43	L44	L45	L46	L47	L48	L49	L50	L51	L52	L53	L54
合计	1	158	1731	557.90	17	371	105.9	77	1052	316.3	40	597	175.2	7	92	31.0	31	379	124.4
教授	2	67	482	172.7	10	131	42.0	33	324	101.5	17	159	54.0	4	40	17.3	19	114	42.9
副教授	3	47	625	201.1	6	135	37.8	23	377	113.3	13	227	65.0	3	24	7.0	9	136	41.6
讲师	4	40	549	163.8	1	93	23.3	17	308	90.7	9	187	50.0	0	26	6.3	3	116	36.8
助教	5	4	42	11.20	0	2	0.5	0	22	6.0	1	18	4.7	0	1	0.2	0	5	1.3
初级	6	0	25	6.8	0	3	0.6	0	12	2.4	0	4	0.9	0	1	0.2	0	8	1.8
其他人员	7	0	8	2.3	0	7	1.7	4	9	2.4	0	2	0.6	0	0	0.0	0	0	0.0

		图书、情报、文献学			教育学			统计学			心理学			体育学		
		全时人数	非全时人数	非全时折合全时人数	全时人数	非全时人数	非全时折合全时人数	全时人数	非全时人数	非全时折合全时人数	全时人数	非全时人数	非全时折合全时人数	全时人数	非全时人数	非全时折合全时人数
	编号	L55	L56	L57	L58	L59	L60	L61	L62	L63	L64	L65	L66	L67	L68	L69
合计	1	12	220	59.6	48	1120	323.3	8	119	26.7	10	162	45.9	67	431	153.8
教授	2	4	49	15.3	24	233	74.4	4	39	5.7	2	34	12.0	22	90	35.6
副教授	3	3	75	19.8	14	395	123.6	1	43	10.0	4	48	14.5	23	185	67.3
讲师	4	4	74	18.4	8	409	108.4	3	33	10.2	2	67	17.3	16	114	35.9
助教	5	1	12	3.2	1	49	9.0	0	2	0.4	1	13	2.1	6	28	8.7
初级	6	0	9	2.6	1	20	5.8	0	2	0.4	1	0	0.0	0	12	5.8
其他人员	7	0	1	0.3	0	14	2.1	0	0	0.0	0	0	0.0	0	2	0.5

表四

人文、社会科学研究与发展经费情况表

经费名称	编号	单位(百元)	经费名称	编号	单位(百元)
上年结转经费	1	5666218.03	当年经费支出合计	21	9135615.46
当年经费收入合计	2	9750484.04	转拨给外单位经费	22	159762.27
政府资金投入	3	5242886.31	内部支出经费	23	8975853.19
科研活动经费	4	4323901.00	科研人员费	24	1430610.72
其中:教育部科研项目经费	5	347419.06	业务费	25	4994061.07
教育部其他科研经费	6	474978.00	科研基建费	26	109000.00
中央其他部门科研项目经费	7	1555753.52	仪器设备费	27	736694.00
省市自治区社科基金项目	8	204984.30	其中:单价在1万元以上的设备费	28	358301.71
省教育厅科研项目经费	9	388081.62	图书资料费	29	666843.38
省教育厅其他科研经费	10	817068.47	管理费	30	266518.88
其他各类地方政府经费	11	535616.03	其他支出	31	772125.14
科研活动人员工资	12	813985.31	当年结余经费	32	6281086.61
科研基建费	13	105000.00	其中:银行存款	33	6169458.71
非政府资金投入	14	4507597.73	暂付款	34	111627.90
企、事业单位委托项目经费	15	3004312.98			
金融机构贷款	16	0.00			
自筹经费	17	623084.06			
国外资金	18	703303.58			
其他收入	19	176897.11			
其中:港澳台地区合作项目经费	20	67956.32			

表五

人文、社会科学研究课题情况表(一)

学科门类		总数					基础研究					应用研究					实验与发展				
		课题数	当年投入人数(人/年)	其中:研究生	当年拨入经费(百元)	当年支出经费(百元)	课题数	当年投入人数(人/年)	其中:研究生	当年拨入经费(百元)	当年支出经费(百元)	课题数	当年投入人数(人/年)	其中:研究生	当年拨入经费(百元)	当年支出经费(百元)	课题数	当年投入人数(人/年)	其中:研究生	当年拨入经费(百元)	当年支出经费(百元)
	编号	L1	L2	L3	L4	L5	L6	L7	L8	L9	L10	L11	L12	L13	L14	L15	L16	L17	L18	L19	L20
合计	1	16570	7581.0	3019.8	7087351.85	5699246.96	6158	2484.1	913.9	2197238.80	1832152.78	10043	4844.4	2016.1	4612967.45	3622012.03	369	252.5	89.8	277145.60	245082.15
管理学	2	3472	1759.4	781.2	1966255.00	1471896.00	800	332.4	152.6	423154.70	361405.40	2577	1363.0	607.8	1438089.00	1010824.80	95	64.0	20.8	105011.30	99665.80
马克思主义	3	371	140.7	40.8	91859.10	75870.70	201	79.9	27.8	53007.60	34967.00	167	56.3	10.7	38401.50	40723.70	3	4.5	2.3	450.00	180.00
哲学	4	423	173.9	52.3	116533.80	79475.80	274	111.2	36.5	59643.20	46547.70	142	59.2	14.8	54690.60	32728.10	7	3.5	1.0	2200.00	200.00
逻辑学	5	16	7.3	2.4	1678.00	2328.27	14	6.7	2.1	1478.00	2178.27	2	0.6	0.3	200.00	150.00	0	0.0	0.0	0.00	0.00
宗教学	6	50	21.5	6.7	10171.00	6633.74	36	17.2	5.7	6856.00	3916.21	14	4.3	1.0	3315.00	2717.53	0	0.0	0.0	0.00	0.00
语言学	7	835	465.8	133.5	158823.30	178107.77	446	255.8	68.5	108851.00	101613.50	381	205.7	61.7	48487.30	75477.55	8	4.3	3.3	1485.00	1016.72
中国文学	8	382	146.0	31.6	99837.30	81311.70	305	123.6	25.5	67656.30	55184.70	75	22.4	6.1	32181.00	26127.00	2	0.0	0.0	0.00	0.00
外国文学	9	208	101.9	34.1	37798.65	36904.35	172	86.5	28.5	30005.60	31066.50	36	15.4	5.6	7793.00	5837.85	0	0.0	0.0	0.00	0.00
艺术学	10	1396	693.7	270.8	925922.90	770481.90	568	329.0	138.4	79212.40	103619.70	809	324.7	119.6	817512.00	625043.90	19	40.0	12.8	29198.50	41818.30
历史学	11	407	169.5	66.1	99274.20	74167.10	327	140.2	61.5	73384.20	54239.40	78	29.3	4.6	25690.00	19727.70	2	0.0	0.0	200.00	200.00
考古学	12	115	58.3	44.9	54805.00	44136.00	89	38.7	29.0	31431.00	25418.00	26	19.6	15.9	23374.00	18718.00	0	0.0	0.0	0.00	0.00
经济学	13	2723	1359.9	673.0	1318265.75	1077937.30	741	300.6	130.3	412432.00	321174.00	1908	1007.9	523.0	847628.55	707153.90	74	51.4	19.7	58205.20	49609.40
政治学	14	399	198.4	73.0	193828.00	132227.70	180	79.3	21.6	51949.00	30472.10	208	104.6	43.4	133139.00	96005.60	11	14.5	8.0	8740.00	5750.00
法学	15	1617	483.8	181.5	457796.00	313871.00	725	165.3	51.8	202843.00	116343.00	826	290.0	121.0	238097.50	192385.52	66	28.5	8.7	16855.50	5142.48
社会学	16	1117	461.1	243.1	533434.20	469139.41	344	109.3	56.2	235731.00	219204.50	756	343.3	183.5	289185.50	241605.50	17	8.5	3.4	8517.70	8329.41
民族学	17	147	53.9	12.4	26330.50	21144.00	71	22.5	4.4	15730.00	11234.00	76	31.4	8.0	10600.50	9910.00	0	0.0	0.0	0.00	0.00
新闻学与传播学	18	662	233.1	76.0	172616.00	88936.06	122	44.5	12.5	19417.90	13255.70	527	181.8	62.7	142168.60	73125.98	13	6.8	0.8	11029.50	2554.38
图书、情报、文献学	19	225	110.9	39.3	70164.60	69479.10	79	41.2	17.7	20596.00	21837.50	144	68.5	21.3	49168.60	47316.60	2	1.2	0.3	400.00	325.00

续表

学科门类		总数					基础研究					应用研究					实验与发展				
		课题数	当年投入人数（人/年）	其中：研究生	当年拨入经费（百元）	当年支出经费（百元）	课题数	当年投入人数（人/年）	其中：研究生	当年拨入经费（百元）	当年支出经费（百元）	课题数	当年投入人数（人/年）	其中：研究生	当年拨入经费（百元）	当年支出经费（百元）	课题数	当年投入人数（人/年）	其中：研究生	当年拨入经费（百元）	当年支出经费（百元）
	编号	L1	L2	L3	L4	L5	L6	L7	L8	L9	L10	L11	L12	L13	L14	L15	L16	L17	L18	L19	L20
教育学	20	1230	507.3	135.4	480508.20	470639.60	458	127.2	26.9	242353.50	220942.50	743	367.2	102.9	210892.50	226827.50	29	12.9	5.6	27262.20	22869.60
统计学	21	139	87.0	52.0	45725.60	32696.58	37	14.6	4.3	13210.50	10759.90	97	69.5	46.5	31235.10	20426.85	5	2.9	1.2	1280.00	1509.83
心理学	22	229	77.1	20.8	47161.70	47349.88	78	19.0	4.3	35407.90	35162.90	143	56.3	16.0	10313.70	11622.95	8	1.8	0.5	1440.10	564.03
体育学	23	407	270.5	48.9	178563.10	154513.00	91	39.4	7.8	12888.00	11610.30	308	223.4	39.7	160804.50	137555.50	8	7.7	1.4	4870.60	5347.20

人文、社会科学研究课题情况表（二）

		课题来源															
		合计	国家社科基金项目	国家社科基金单列学科项目	教育部人文社科研究项目	高校古籍整理研究项目	国家自然科学基金项目	中央其他部门社科专门项目	省市自治区社科基金项目	省教育厅社科项目	地、市、厅、局等政府部门项目	国际合作研究项目	与港、澳、台合作研究项目	企事业单位委托项目	学校社科项目	外资项目	其他
	编号	L1	L2	L3	L4	L5	L6	L7	L8	L9	L10	L11	L12	L13	L14	L15	L16
课题数（项）	1	16570	1195	96	1728	64	220	2352	930	742	630	353	89	4043	3307	211	610
当年投入人数（人/年）	2	7581.0	623.8	50.0	714.7	45.6	148.8	1042.5	482.6	496.5	520.7	171.3	36.9	1887.7	996.2	145.0	218.7
其中：研究生	3	3019.8	251.1	16.5	299.7	23.3	61.5	496.3	141.6	156.8	254.3	86.3	15.4	854.1	214.5	83.2	65.2
当年拨入经费（百元）	4	7087351.85	234051.49	19896.18	349919.06	30210.00	271462.40	1000133.49	204984.35	388082.00	535616.08	577331.20	67956.32	3004312.90	171933.26	125972.37	105490.75
其中：当年立项项目拨入经费（百元）	5	5388480.00	188813.80	15193.95	245659.69	28969.00	216645.24	685767.44	121824.36	285940.15	460744.76	343917.85	59874.12	2440177.90	120875.42	105403.68	68672.64
当年支出经费（百元）	6	5699246.96	171912.10	25565.59	248960.66	36465.25	194834.26	691358.89	154533.66	335827.48	394231.99	630905.07	63811.160	2433826.40	140474.59	87822.03	88717.83
今年新开课题数（项）	7	6487	269	48	487	27	121	768	227	301	378	135	43	2349	1104	70	160
今年新开课题批准经费（百元）	8	8169354	399971.0	21822.0	403719.68	30490.0	454230.0	1220054.0	174768.7	546919.8	695284.6	553568.63	66283.81	3189331	196764.6	120715.2	95430.32
当年完成课题数（项）	9	4007	109	18	199	24	23	533	169	95	229	91	25	1661	645	46	140

表六

人文、社会科学研究成果情况表(一)

		出版专著(部)					古籍整理(部)	译著(部)	发表译文(篇)	电子出版物(件)	发表论文(篇)					获奖成果数(项)				成果应用	
		合计	专著		编著教材	工具书参考书					合计	国内学术刊物		国外学术刊物	港澳台刊物	合计	国家级奖	部级奖	省级奖	提交有关部门	
			合计	被译成外文								国内外公开发行	国内公开发行							合计	其中:被采纳数
	编号	L1	L2	L3	L4	L5	L6	L7	L8	L9	L10	L11	L12	L13	L14	L15	L16	L17	L18	L19	L20
合计	1	5003	2048	128	2723	232	27	502	554	62	31178	21346	8574	1106	152	199	0	31	168	1196	312
管理学	2	816	302	19	492	22	2	63	141	5	6010	4006	1680	311	13	17	0	0	17	286	89
马克思主义	3	122	40	0	75	7	0	2	8	2	930	646	278	3	3	2	0	0	2	4	1
哲学	4	152	98	10	53	1	2	47	20	1	1174	838	309	22	5	11	0	0	11	17	2
逻辑学	5	4	3	0	1	0	0	1	2	0	37	16	19	2	0	0	0	0	0	0	0
宗教学	6	16	10	0	6	0	2	7	6	0	207	108	96	3	0	0	0	0	0	0	0
语言学	7	642	111	13	441	90	3	48	70	7	2353	1575	656	108	14	5	0	0	5	72	13
中国文学	8	224	115	6	99	10	8	11	6	1	1167	916	206	34	11	10	0	0	10	8	0
外国文学	9	100	38	5	59	3	0	76	36	1	601	365	192	44	0	4	0	0	4	14	1
艺术学	10	468	236	5	226	6	1	10	16	17	1773	1253	486	27	7	8	0	0	8	42	28
历史学	11	166	91	3	70	5	5	25	14	2	1126	924	160	26	16	12	0	0	12	5	1
考古学	12	14	7	1	7	0	0	1	0	0	169	129	25	14	1	0	0	0	0	2	1
经济学	13	615	267	15	335	13	0	53	86	1	4626	3227	1236	139	24	42	0	9	33	202	36
政治学	14	122	69	4	46	7	0	18	14	12	1039	776	245	13	5	8	0	0	8	69	6
法学	15	719	323	13	384	12	1	32	81	5	3078	2152	826	84	16	26	0	9	17	304	33
社会学	16	171	88	10	78	5	0	39	18	0	1084	691	297	83	13	10	0	2	8	37	23
民族学	17	38	26	1	12	0	0	3	1	0	21	19	1	1	0	6	0	3	3	0	0
新闻学与传播学	18	139	54	4	78	7	0	14	8	3	1289	919	351	15	4	9	0	0	9	37	24
图书、情报、文献学	19	40	11	1	28	1	3	0	5	1	657	454	197	2	4	0	0	0	0	10	2
教育学	20	225	97	16	102	26	0	30	12	4	2031	1277	636	104	14	15	0	0	15	53	41
统计学	21	26	11	0	10	5	0	6	1	0	171	117	40	14	0	9	0	8	1	4	4
心理学	22	62	19	0	39	4	0	13	0	0	428	297	98	33	0	2	0	0	2	9	3
体育学	23	122	32	2	82	8	0	3	9	0	1207	641	540	24	2	3	0	0	3	21	4

人文、社会科学研究成果情况表（二）

	编号	出版专著（部）合计	专著 合计	专著 被译成外文	编著教材	工具书参考书	古籍整理（部）	译著（部）	发表译文（篇）	电子出版物（件）	发表论文（篇）合计	国内学术刊物 国内外公开发行	国内学术刊物 国内公开发行	国外学术刊物	港澳台刊物	成果应用 提交有关部门 合计	其中：被采纳数
		L1	L2	L3	L4	L5	L6	L7	L8	L9	L10	L11	L12	L13	L14	L15	L16
合计	1	2011	947	61	993	71	12	173	312	18	11701	7635	3437	572	57	506	176
国家社科基金项目	2	146	95	6	51	0	1	7	5	0	1080	736	290	49	5	44	17
国家社科基金单列学科项目	3	19	9	0	10	0	0	0	0	0	154	82	68	4	0	1	0
教育部人文社科研究项目	4	218	141	6	74	3	2	22	8	0	981	737	193	47	4	26	20
高校古籍整理研究项目	5	5	1	0	4	0	6	0	1	0	10	10	0	0	0	12	4
国家自然科学基金项目	6	25	21	3	4	0	0	3	0	0	383	241	103	39	0	6	4
中央其他部门社科专门项目	7	187	111	5	73	3	1	8	10	1	852	613	194	44	1	103	34
省市自治区社科基金项目	8	130	81	5	47	2	0	5	14	1	872	594	259	17	2	49	22
省教育厅社科项目	9	51	32	0	19	0	0	0	6	1	296	211	82	1	2	10	3
地、市、厅、局等政府部门项目	10	65	28	1	37	0	0	2	6	1	416	185	226	4	1	19	9
国际合作研究项目	11	30	18	8	12	0	0	5	9	0	190	88	67	35	0	8	3
与港、澳、台合作研究项目	12	5	3	0	2	0	0	0	1	0	9	4	1	1	3	1	0
企事业单位委托项目	13	87	18	0	66	3	0	10	18	2	1755	1442	232	74	7	124	30
学校社科项目	14	246	109	2	131	6	0	15	22	1	1671	1079	548	36	8	53	10
外资项目	15	15	5	2	10	0	0	3	0	0	45	22	12	11	0	5	5
其他项目	16	782	275	23	453	54	2	93	212	11	2987	1591	1162	210	24	45	15

表七

人文、社会科学学术交流情况表

学术交流类别		校办学术会议		学术会议		受聘讲学		社科考察		进修学习		合作研究		
		本校独办数	与外单位合办数	参加人次	提交论文（篇）	派出人次	来校人次	派出人次	来校人次	派出人次	来校人次	派出人次	来校人次	课题数（项）
	编号	L1	L2	L3	L4	L5	L6	L7	L8	L9	L10	L11	L12	L13
合　计	1	635	454	30358	11796	3341	4795	5896	6256	2537	3086	1785	1455	1516
国际学术交流	2	180	186	9284	4156	695	1814	1523	2230	954	859	521	504	426
国内学术交流	3	425	242	19739	7199	2387	2694	3737	3248	1496	2125	1148	845	1058
与港澳台地区学术交流	4	30	26	1335	441	259	287	636	778	87	102	116	106	32

（北京市教育委员会科学技术与研究生工作处供稿）

北京地区社科研究单位（部分）2008年社会科学研究情况统计

北京市社会科学院2008年科研队伍统计表

所别名称	总计	性别		按职称划分				按最后学历划分					
		男	女	正高	副高	中级	初级	博士	硕士	本科	专科	中专	其他
文学所	11	6	5	4	4	3		4	3	2	1		1
历史所	14	8	6	2	8	4	0	9	4	1	0		0
哲学所	8	5	3	1	3	4		3	3	2	0		
经济所	16	11	5	2	7	7	0	4	7	3	1		1
社会学所	16	8	8	4	7	5	0	4	5	6	1		0
城市所	8	4	4		5	3	0	2	3	3			
管理所	10	6	4	1	5	4	0	2	5	3			
满学所	7	4	3	1		5	1	2	1	3	1		
科社所	11	6	5	1	5	4	1	3	3	5			
外国所	6	3	3		4	1	1	0	1	5			
编辑部	10	2	8	1	2	3	2	2	3	3	1	1	0
图书馆	12	5	7	1	1	6	2		1	2	7		2
综治所	7	6	1	1	2	3	1	2	5				
其他													
合计	136	74	62	19	53	52	8	37	44	38	12	1	4

（北京市社会科学院科研处供稿）

中国政法大学人文、社科活动人员情况表(2008年度)

		编号			按职称划分						按最后学历划分			其他人员	按最后学位划分	
				女性	小计	教授	副教授	讲师	助教	初级	研究生	本科生	其他		博士	硕士
			L1	L2	L3	L4	L5	L6	L7	L8	L9	L10	L11	L12	L13	L14
合计		1	1050	530	1046	235	366	351	66	28	751	242	53	4	444	304
按现从事学科划分	管理学	2	71	34	70	7	21	38	3	1	41	22	7	1	26	14
	马克思主义	3	21	15	20	1	4	10	2	3	15	5	0	1	5	12
	哲学	4	31	9	31	11	10	10	0	0	25	6	0	0	18	8
	逻辑学	5	7	5	7	1	5	1	0	0	7	0	0	0	3	4
	宗教学	6	0	0	0	0	0	0	0	0	0	0	0	0	0	0
	语言学	7	87	70	87	9	27	36	12	3	63	23	1	0	9	55
	中国文学	8	11	8	11	1	5	4	1	0	9	2	0	0	8	1
	外国文学	9	14	10	14	2	0	6	6	0	14	0	0	0	2	12
	艺术学	10	7	5	7	0	2	3	2	0	3	4	0	0	1	2
	历史学	11	21	10	21	7	6	7	1	0	18	3	0	0	10	9
	考古学	12	0	0	0	0	0	0	0	0	0	0	0	0	0	0
	经济学	13	43	20	43	11	17	10	3	2	36	7	0	0	29	8
	政治学	14	40	17	40	12	17	10	0	1	35	4	1	0	29	7
	法学	15	517	224	516	159	203	124	20	10	416	94	6	1	273	135
	社会学	16	16	8	15	2	5	6	2	0	14	1	0	1	10	4
	民族学	17	0	0	0	0	0	0	0	0	0	0	0	0	0	0
	新闻学与传播学	18	19	12	19	1	2	9	3	4	17	2	0	0	8	9
	图书、情报、文献学	19	51	40	51	2	11	38	0	0	4	21	26	0	0	1
	教育学	20	14	8	14	1	2	7	1	3	10	2	2	0	4	5
	统计学	21	29	22	29	4	11	12	2	0	5	15	9	0	0	6
	心理学	22	13	7	13	2	6	4	0	1	12	1	0	0	9	4
	体育学	23	38	6	38	2	12	16	8	0	7	30	1	0	0	8

续表

				按职称划分						按最后学历划分			其他	按最后学位划分	
			女性	小计	教授	副教授	讲师	助教	初级	研究生	本科生	其他	人员	博士	硕士
	编号	L1	L2	L3	L4	L5	L6	L7	L8	L9	L10	L11	L12	L13	L14
按年龄划分 61 岁及其以上	24	45	19	45	43	2	0	0	0	18	26	1	0	3	10
56 岁—60 岁	25	45	22	45	19	12	14	0	0	15	16	14	0	7	7
51 岁—55 岁	26	146	57	146	79	37	29	1	0	79	43	24	0	49	30
46 岁—50 岁	27	129	68	129	44	63	22	0	0	71	51	7	0	38	34
41 岁—45 岁	28	216	116	215	38	129	46	0	2	156	54	5	1	90	63
36 岁—40 岁	29	183	88	182	10	88	73	7	4	155	25	2	1	110	47
31 岁—35 岁	30	177	94	176	2	33	118	16	7	161	15	0	1	109	55
30 岁及以下	31	109	66	108	0	2	49	42	15	96	12	0	1	38	58

（中国政法大学科研处杜学亮供稿）

中共北京市委党校北京行政学院社会科学队伍统计表

学科门类	按职称划分					按最后学历划分					按最后学位划分	
	小计	正高	副高	中级	初级	研究生	本科生	大专生	中专生	其他	博士	硕士
	L1	L2	L3	L4	L5	L6	L7	L8	L9	L10	L11	L12
合计	151	19	59	67	6	107	33	9	0	2	44	36
哲学	14	3	7	4	0	14	0	0	0	0	9	4
经济学	12	1	5	6	0	10	2	0	0	0	5	1
政治学	14	4	7	3	0	12	2	0	0	0	6	3
党史党建	13	3	8	2	0	10	3	0	0	0	5	2
公共管理	13	4	5	4	0	12	1	0	0	0	4	5
工商管理	12	0	7	5	0	9	3	0	0	0	3	4
法学	13	1	5	7	0	12	1	0	0	0	5	5
社会学	10	2	5	3	0	10	0	0	0	0	6	2
语言文学	7	0	2	5	0	5	2	0	0	0	0	4
历史学	1	1	0	0	0	1	0	0	0	0	0	1
计算机	14	0	6	7	1	3	9	2	0	0	1	2
图书、情报、文献学	19	0	0	15	4	6	7	4	0	2	0	2
其他学科	9	0	2	6	1	3	3	3	0	0	0	1

（中共北京市委党校　北京行政学院科研处供稿）

中共北京市委党史研究室社会科学队伍统计表

副高职称（人）	博士后（人）	博士（人）	研究生（人）	本科生（人）
3（女1人）	1	4（女1人）	16（女6人）	4人（女2人）

中共北京市委党史研究室科研成果统计表

著　作	刊　物	论　文	调查报告
29册　973.1万字	6期　78万字	54篇　63.2万字	1篇　0.8万字

（中共北京市委党史研究室科研处供稿）